Handbuch Umwandlungssteuerrecht

Handbuch Umwandlungssteuerrecht

Kommentar für die praktische Fallbearbeitung

Deutsch - englische Textausgabe
mit Gesetzesbegründung

von

Prof. Dr. Norbert Winkeljohann
Wirtschaftsprüfer / Steuerberater

und

Dipl.-Kfm. Sven Fuhrmann
Wirtschaftsprüfer / Steuerberater
Certified Public Accountant (U.S.)

Düsseldorf 2007

Bibliografische Information Der Deutschen Bibliothek
Die Deutsche Bibliothek verzeichnet diese Publikation
in der Deutschen Nationalbibliografie:
detaillierte bibliografische Daten sind im Internet über
http://dnb.ddb.de abrufbar.

ISBN 978-3-8021-1296-6

© 2007 IDW Verlag GmbH, Tersteegenstr. 14, 40474 Düsseldorf
Die IDW Verlag GmbH ist ein Unternehmen
des Instituts der Wirtschaftsprüfer in Deutschland e.V. (IDW).
www.idw-verlag.de

Das Werk einschließlich aller seiner Teile ist urheberrechtlich geschützt. Jede Verwertung außerhalb der engen Grenzen des Urheberrechtsgesetzes ist ohne vorherige schriftliche Einwilligung des Verlages unzulässig und strafbar. Dies gilt insbesondere für Vervielfältigungen, Übersetzungen, Mikroverfilmungen und die Einspeicherung und Verbreitung in elektronischen Systemen. Es wird darauf hingewiesen, dass im Werk verwendete Markennamen und Produktbezeichnungen dem marken-, kennzeichen- oder urheberrechtlichen Schutz unterliegen.

Die Angaben in diesem Werk wurden sorgfältig erstellt und entsprechen dem Wissensstand bei Redaktionsschluss. Da Hinweise und Fakten jedoch dem Wandel der Rechtsprechung und der Gesetzgebung unterliegen, kann für die Richtigkeit und Vollständigkeit der Angaben in diesem Werk keine Haftung übernommen werden. Gleichfalls werden die in diesem Werk abgedruckten Texte und Abbildungen einer üblichen Kontrolle unterzogen; das Auftreten von Druckfehlern kann jedoch gleichwohl nicht völlig ausgeschlossen werden, so dass für aufgrund von Druckfehlern fehlerhafte Texte und Abbildungen ebenfalls keine Haftung übernommen werden kann.

Satz: Merlin Digital GmbH, Essen
Druck und Verarbeitung: B.O.S.S. Druck und Medien GmbH, Goch

Vorwort

Das Gesetz über steuerliche Begleitmaßnahmen zur Einführung der Europäischen Gesellschaft und zur Änderung weiterer steuerrechtlicher Vorschriften (SEStEG) hat gravierende Auswirkungen auf die Behandlung innerstaatlicher und grenzüberschreitender Umwandlungsvorgänge im deutschen Ertragsteuerrecht. Mit der Änderung der Fusionsrichtlinie und der Umsetzung der Verschmelzungsrichtlinie durch das Zweite Gesetz zur Änderung des Umwandlungsgesetzes werden darüber hinaus wesentliche europarechtliche Rahmenbedingungen für nationale und internationale Umstrukturierungen neu definiert. Vor diesem Hintergrund ist es für den Rechtsanwender unabdingbar, sich systematisch mit den Neuregelungen des Umwandlungssteuerrechts und des Umwandlungsgesetzes unter Berücksichtigung der Vorgaben des Europarechts sowie den wichtigsten Änderungen zur Entstrickung und Verstrickung von Wirtschaftsgütern in den Einzelsteuergesetzen (KStG, EStG und AStG) auseinanderzusetzen.

Mit diesem Handbuch werden erstmalig alle wesentlichen Informationen für die ertragsteuerliche Behandlung innerstaatlicher und grenzüberschreitender Umwandlungsvorgänge in komprimierter Form für den Rechtsanwender zusammengefasst:

- Deutsch-englische Textausgabe der wesentlichen nationalen Gesetzesmaterialen und gemeinschaftsrechtlichen Rahmenbedingungen;
- Aufbereitung der Gesetzesbegründungen zum Zweiten Gesetz zur Änderung des Umwandlungsgesetzes und SEStEG;
- Synoptische Darstellung des bisherigen und neuen UmwStG und der entsprechenden Vorschriften in den Einzelsteuergesetzen (EStG, KStG und AStG);
- Kommentierung der gesellschaftsrechtlichen und steuerrechtlichen Rahmenbedingungen sowie der wesentlichen Neuregelungen des UmwG und UmwStG;
- Konsolidierte Aufbereitung der UmwSt-Erlasse unter Berücksichtigung der wesentlichen seit deren Erscheinen ergangenen Rechtsprechung des Bundesfinanzhofs und der Finanzgerichte sowie der Stellungnahmen durch die Finanzverwaltung.

Wir wünschen diesem Handbuch, dass es seinen Benutzern in der täglichen Arbeit einen ersten Hinweis zur Lösung der anstehenden Rechtsfragen rund um das neue Umwandlungssteuerrecht und einen schnellen Zugriff auf die erforderlichen Gesetzesmaterialien, die Auffassung der Finanzverwaltung und die Rechtsprechung gewährt. Für Hinweise auf Lücken und für Verbesserungsvorschläge sind wir dankbar.

Bei der Erstellung dieses Handbuches haben Frau StB Dr. Christine Ruhwinkel, deren engagierte Tätigkeit hervorzuheben ist, und Frau Dipl.-Kffr. Ulrike Nicolaus umfangreich mitgewirkt. Ihnen sei an dieser Stelle herzlich gedankt.

Frankfurt, im April 2007

Prof. Dr. Norbert Winkeljohann   Sven Fuhrmann

Inhaltsübersicht

Vorwort V

DEUTSCH-ENGLISCHE GESETZESSYNOPSE

Abschnitt A

Deutsche gesellschafts- und steuerrechtliche Gesetzesvorschriften
German company law and tax law provisions

I. **Umwandlungsgesetz (UmwG)**
German Reorganisation Act 2

II. **Wichtige steuerrechtliche Gesetzesvorschriften**
Relevant tax law provisions 186

   1. Einkommensteuergesetz (EStG) in Auszügen
      German Income Tax Act (excerpts) 186

   2. Körperschaftsteuergesetz (KStG) in Auszügen
      German Corporation Tax Act (excerpts) 216

   3. Gewerbesteuergesetz (GewStG) in Auszügen
      German Trade Tax Act (excerpts) 236

   4. Umwandlungssteuergesetz (UmwStG)
      German Reorganisation Tax Act 248

   5. Gesetz über die Besteuerung bei Auslandsbeziehungen
      (Außensteuergesetz - AStG) in Auszügen
      German Foreign Transactions Tax Act (excerpts) 284

Abschnitt B

Gemeinschaftsrechtliche Rahmenbedingungen für grenzüberschreitende Umstrukturierungen
European framework regarding cross-border reorganisations

I. **Verordnung (EG) Nr. 2157/2001 des Rates v. 08.10.2001 über das Statut der Europäischen Gesellschaft (SE) (ABl. Nr. L 294 v. 10.11.2001 S. 1)**
Council Regulation (EC) No 2157/2001 of 08/10/2001 on the Statute for a European Company (SE) (OJ No L 294 of 10/11/2001 p. 1) 294

II. **Richtlinie 2005/56/EG des Europäischen Parlaments und des Rates v. 26.10.2005 über die Verschmelzung von Kapitalgesellschaften aus verschiedenen Mitgliedstaaten (ABl. Nr. L 310 v. 25.11.2005 S. 1)**
Directive 2005/56/EC of the European Parliament and of the Council of 26/10/2005 on cross-border mergers of limited liability companies (OJ No L 310 of 25/11/2005 p. 1) 352

Inhaltsübersicht

III. Richtlinie 90/434/EWG des Rates v. 23.07.1990 über das gemeinsame Steuersystem für Fusionen, Spaltungen, Abspaltungen, die Einbringung von Unternehmensteilen und den Austausch von Anteilen, die Gesellschaften verschiedener Mitgliedstaaten betreffen, sowie für die Verlegung des Sitzes einer Europäischen Gesellschaft oder einer Europäischen Genossenschaft von einem Mitgliedstaat in einen anderen Mitgliedstaat (ABl. Nr. L 225 v. 20.08.1990 S. 1)
Council Directive 90/434/EEC of 23/07/1990 on the common system of taxation applicable to mergers, divisions, partial divisions, transfers of assets and exchanges of shares concerning companies of different Member States and to the transfer of the registered office, of an SE or SCE, between Member States (OJ No L 225 of 20/08/1990 p. 1) 376

IV. Richtlinie 90/435/EWG des Rates v. 23.07.1990 über das gemeinsame Steuersystem der Mutter- und Tochtergesellschaften verschiedener Mitgliedstaaten (ABl. Nr. L 225 v. 20.08.1990 S. 6)
Council Directive 90/435/EEC of 23/07/1990 on the common system of taxation applicable in the case of parent companies and subsidiaries of different Member States (OJ No L 225 of 20/08/1990 p. 6) 400

GESETZESBEGRÜNDUNGEN

Abschnitt C

Zweites Gesetz zur Änderung des Umwandlungsgesetzes

I. Überblick über das Gesetzgebungsverfahren 415
II. Gesetzesbegründung v. 12.10.2006 (Gesetzentwurf der Bundesregierung „Entwurf eines Zweiten Gesetzes zur Änderung des Umwandlungsgesetzes", BT-Drs. 16/2919) 417
III. Gesetzesbegründung v. 31.01.2007 (Beschlussempfehlung und Bericht des Rechtsausschusses zum Gesetzentwurf der Bundesregierung „Entwurf eines Zweiten Gesetzes zur Änderung des Umwandlungsgesetzes", BT-Drs. 16/4193) 430

Abschnitt D

Gesetz über steuerliche Begleitmaßnahmen zur Einführung der Europäischen Gesellschaft und zur Änderung weiterer steuerrechtlicher Vorschriften (SEStEG) v. 07.12.2006

I. Überblick über das Gesetzgebungsverfahren 431
II. Gesetzesbegründung v. 25.09.2006 (Gesetzentwurf der Bundesregierung „Entwurf eines Gesetzes über steuerliche Begleitmaßnahmen zur Einführung der Europäischen Gesellschaft und zur Änderung weiterer steuerrechtlicher Vorschriften (SEStEG)", BT-Drs. 16/2710) 433
   1. Einkommensteuergesetz (EStG) 433
   2. Körperschaftsteuergesetz (KStG) 437
   3. Gewerbesteuergesetz (GewStG) 444
   4. Umwandlungssteuergesetz (UmwStG) 444
   5. Außensteuergesetz (AStG) 474
   6. Inkrafttreten des Gesetzes über steuerliche Begleitmaßnahmen zur Einführung der Europäischen Gesellschaft und zur Änderung weiterer steuerrechtlicher Vorschriften (SEStEG) 481

Inhaltsübersicht VIII

III. Gesetzesbegründung v. 09.11.2006 (Bericht des Finanzausschusses zum Gesetzentwurf der Bundesregierung „Entwurf eines Gesetzes über steuerliche Begleitmaßnahmen zur Einführung der Europäischen Gesellschaft und zur Änderung weiterer steuerrechtlicher Vorschriften (SEStEG)", BT-Drs. 16/3369) 481
    1. Einkommensteuergesetz (EStG)................................ 481
    2. Körperschaftsteuergesetz (KStG)............................... 486
    3. Gewerbesteuergesetz (GewStG)................................ 488
    4. Umwandlungssteuergesetz (UmwStG)........................... 488
    5. Außensteuergesetz (AStG).................................... 497
    6. Inkrafttreten des Gesetzes über steuerliche Begleitmaßnahmen zur Einführung der Europäischen Gesellschaft und zur Änderung weiterer steuerrechtlicher Vorschriften (SEStEG) 499

KOMMENTIERUNG

Abschnitt E
Gesellschaftsrechtliche Rahmenbedingungen für grenzüberschreitende Umwandlungen in der EU und im EWR

I. Gesellschaftsrechtliche Rahmenbedingungen grenzüberschreitender Umwandlungen 501
II. Übersicht gesellschaftsrechtlicher Umwandlungen 502
    1. Innerstaatliche Umwandlungen nach dem UmwG 502
    2. Grenzüberschreitende Umwandlungen 502
III. Zusammenfassende Darstellung gesellschaftsrechtlicher Umwandlungen . 503
    1. Verschmelzung 503
    2. Spaltung 504
    3. Formwechsel 505
IV. Kodifizierung europäischen Gesellschaftsrechts 508
    1. Grundlagen europäischer Rechtssetzung 508
    2. Grundlagen grenzüberschreitender Umwandlungen 508
V. Kodifizierung innerstaatlichen Gesellschaftsrechts 512

Abschnitt F
Zweites Gesetz zur Änderung des Umwandlungsgesetzes

I. Umsetzung der Verschmelzungsrichtlinie 545
II. Sachlicher und persönlicher Anwendungsbereich 548
    1. Grenzüberschreitende Verschmelzung - sachlicher Anwendungsbereich (§ 122a Abs. 1 UmwG) 548
    2. Verschmelzungsfähige Gesellschaften - persönlicher Anwendungsbereich (§ 122b UmwG) 549
III. Verfahren 550
    1. Allgemeines (§ 122a Abs. 2 UmwG)............................. 550
    2. Verschmelzungsplan (§ 122c UmwG)............................ 551
    3. Verschmelzungsbericht (§ 122e UmwG).......................... 553
    4. Verschmelzungsprüfung und Prüfungsbericht (§ 122f UmwG) 554

		5. Vorbereitung der Anteilsinhaberversammlung (§ 122a Abs. 2, § 49 Abs. 2, § 63, § 78 i.V.m. § 63 UmwG)	555

      5. Vorbereitung der Anteilsinhaberversammlung
(§ 122a Abs. 2, § 49 Abs. 2, § 63, § 78 i.V.m. § 63 UmwG) 555
      6. Zustimmung der Anteilsinhaber / Verschmelzungsbeschluss
(§ 122g, § 13 UmwG) 556
      7. Registerverfahren: Verschmelzungsbescheinigung und Eintragung
der Verschmelzung (§ 122k, § 122l UmwG) 557

IV. Schutz von Minderheitsgesellschaftern, Gläubigern und Arbeitnehmern 560
      1. Schutz der Minderheitsgesellschafter (§ 122h, § 122i UmwG) 560
      2. Gläubigerschutz (§ 122j UmwG) 561
      3. Arbeitnehmerschutz 563

V. Ausgewählte sonstige Änderungen im UmwG 563
      1. Nichtanwendbarkeit der §§ 122a ff. UmwG auf Spaltungen
(§ 125 UmwG) 563
      2. Aufhebung des § 132 UmwG, Anpassung des § 131 UmwG 564
      3. Abfindungsangebot (§ 29 Abs. 1 Satz 1 1. HS UmwG) 565
      4. Bezeichnung unbekannter Aktionäre; Ruhen des Stimmrechts
(§ 35, § 125, § 213 UmwG) 565
      5. Prüfung der Verschmelzung bei Antragserfordernis (§ 44, § 48 UmwG) ... 566
      6. Ausnahmen von der Anteilsgewährungspflicht
(§ 54 Abs. 1 Satz 3, § 68 Abs. 1 Satz 3 UmwG) 566

VI. Anwendungsvorschriften des Zweiten Gesetzes zur Änderung des UmwG 567

Abschnitt G
Fusionsrichtlinie

I. Rechtsgrundlagen der Fusionsrichtlinie 569
      1. Überblick 569
      2. Fusionsrichtlinie in der Fassung v. 23.07.1990
(Richtlinie 90/434/EWG) 571
      3. Fusionsrichtlinie in der ergänzten Fassung v. 17.02.2005
(Richtlinie 2005/19/EG) 572

II. Anwendungsbereich der Fusionsrichtlinie 575
      1. Sachlicher Anwendungsbereich der Fusionsrichtlinie 575
      2. Persönlicher Anwendungsbereich der Fusionsrichtlinie 578
      3. Missbrauchsvorbehalt i.S.v. Art. 11 FRL 581

III. Besteuerung der von der Fusionsrichtlinie erfassten grenzüberschreitenden Umstrukturierungen 584
      1. Fusion (Art. 2 Buchst. a) FRL) 584
      2. Spaltung und Abspaltung (Art. 2 Buchst. b) und ba) FRL) 594
      3. Einbringung von Unternehmensteilen (Art. 2 Buchst. c) FRL) und
Austausch von Anteilen (Art. 2 Buchst. d) FRL) 598
      4. Grenzüberschreitende Sitzverlegung der SE bzw. SCE
(Art. 2 Buchst. j) FRL) 599

IV. Steuerlich transparente (hybride) Gesellschaften (Art. 10a FRL) 601
      1. Art. 10a FRL i.V.m. Art. 4 Abs. 2 (i.V.m. Art. 9) und Art. 8 Abs. 3 FRL ... 601
      2. Vollständiger optionaler Anwendungsausschluss
(Art. 10a Abs. 1 und 2 FRL) 603
      3. Teilweiser optionaler Anwendungsausschluss (Art. 10a Abs. 3 FRL) 604
      4. Gleichbehandlungsgrundsatz (Art. 10a Abs. 4 FRL) 605

Abschnitt H

Änderungen im EStG, KStG und AStG

I. Entstrickungs- und Verstrickungskonzeption im EStG, KStG und AStG .. 607
  1. Entstrickung im Betriebsvermögen 622
  2. Verstrickung im Betriebsvermögen 643
  3. Entstrickung von Anteilen i.S.d. § 17 EStG 646
  4. Verstrickung von Anteilen i.S.v. § 17 EStG 654

II. Steuerliches Einlagekonto, Körperschaftsteuer-Minderung und -Erhöhung 657
  1. Änderungen beim steuerlichen Einlagekonto (§ 27 - § 29 KStG) 666
  2. Realisierung des Körperschaftsteuer-Guthabens (§ 37 KStG) 672
  3. Nachversteuerung von sog. EK 02-Beträgen (§ 40 KStG) 680

III. Umwandlungen und Hinzurechnungsbesteuerung 683
  1. Neueinfügung des § 8 Abs. 1 Nr. 10 AStG 686
  2. Ermittlung des Hinzurechnungsbetrags gem. § 10 Abs. 3 Satz 4 AStG 691
  3. Anwendungsvorschriften 691

IV. Anwendungsvorschriften 692
  1. Einkommensteuergesetz (EStG) 698
  2. Körperschaftsteuergesetz (KStG) 700
  3. Gesetz über die Besteuerung bei Auslandsbeziehungen (Außensteuergesetz - AStG) 702
  4. Gewerbesteuergesetz (GewStG) 702

Abschnitt I

Änderungen im UmwStG

I. Neukonzeption des UmwStG 703
  1. Sachlicher und persönlicher Anwendungsbereich des UmwStG (§ 1 UmwStG) 703
  2. Rückbeziehung des Umwandlungsstichtags bei grenzüberschreitenden Umwandlungsvorgängen (§ 2 Abs. 3 UmwStG) 722
  3. Erweiterte Wertaufholung bei vorangegangenen steuerwirksamen Teilwertabschreibungen und Abzügen nach § 6b EStG bzw. hiermit vergleichbaren Abzügen 728

II. Vermögensübergang bei Verschmelzung auf eine Personengesellschaft oder auf eine natürliche Person und Formwechsel einer Kapitalgesellschaft in eine Personengesellschaft (§ 3 - § 10 UmwStG) 731
  1. Anwendungsbereich der § 3 - § 10 UmwStG 739
  2. Anwendungsvorschriften 745
  3. Neukonzeption der Besteuerung nach § 3 - § 10 UmwStG 745
  4. Bewertung in der Schlussbilanz der übertragenden Körperschaft (§ 3 UmwStG) 746
  5. Ebene der übernehmenden Personengesellschaft bzw. natürlichen Person: Ermittlung des Übernahmeergebnisses (§ 4 UmwStG) 756
  6. Ausschüttungsfiktion des § 7 UmwStG 762
  7. Sonstige Änderungen in § 6, § 9 und § 10 UmwStG 764

Inhaltsübersicht

III. Verschmelzung oder Vermögensübertragung (Vollübertragung) auf eine andere Körperschaft (§ 11 - § 13 UmwStG) 765
1. Anwendungsbereich der § 11 - § 13 UmwStG 769
2. Anwendungsvorschriften 776
3. Bewertung in der Schlussbilanz der übertragenden Körperschaft (§ 11 UmwStG) 776
4. Ebene der übernehmenden Körperschaft (§ 12 UmwStG) 787
5. Ebene der Anteilseigner der übertragenden Körperschaft (§ 13 UmwStG) 793
6. Exkurs: Verschmelzung beschränkt steuerpflichtiger Körperschaften außerhalb der EU bzw. des EWR i.S.v. § 12 Abs. 2 KStG 796

IV. Aufspaltung, Abspaltung und Vermögensübertragung (Teilübertragung) (§ 15 - § 16 UmwStG) 798
1. Anwendungsbereich des § 15 - § 16 UmwStG 801
2. Anwendungsvorschriften 807
3. Aufspaltung, Abspaltung und Teilübertragung auf andere Körperschaften (§ 15 UmwStG) 807
4. Aufspaltung oder Abspaltung auf eine Personengesellschaft (§ 16 UmwStG) 814

V. Einbringung von Unternehmensteilen in eine Kapitalgesellschaft oder Genossenschaft und Anteilstausch (§ 20 - 23 UmwStG) 815
1. Anwendungsbereich der § 20 - § 23 UmwStG 827
2. Anwendungsvorschriften der § 20 - § 23 UmwStG 837
3. Einbringung eines Betriebs, Teilbetriebs oder Mitunternehmeranteils in eine Kapitalgesellschaft (§ 20 UmwStG) 837
4. Einbringung von Anteilen an Kapitalgesellschaften bzw. Genossenschaften in eine Kapitalgesellschaft bzw. Genossenschaft (§ 21 UmwStG) 864
5. Zusammenfassende Prüfschemata 880

VI. Einbringung eines Betriebs, Teilbetriebs oder Mitunternehmeranteils in eine Personengesellschaft (§ 24 UmwStG) 886
1. Anwendungsbereich des § 24 UmwStG 888
2. Anwendungsvorschriften 895
3. Bewertung des eingebrachten Betriebs, Teilbetriebs oder Mitunternehmeranteils bei der übernehmenden Personengesellschaft (§ 24 Abs. 2 und 4 UmwStG) 896
4. Besteuerung des Einbringenden anlässlich der Einbringung (§ 23 Abs. 3 UmwStG) 898
5. Missbrauchsklausel (§ 24 Abs. 5 UmwStG) 898

VII. Formwechsel einer Personengesellschaft in eine Kapitalgesellschaft oder Genossenschaft (§ 25 UmwStG) 900
1. Anwendungsbereich des § 25 UmwStG 901
2. Anwendungsvorschriften 904
3. Besonderheiten des Formwechsels i.S.v. § 25 UmwStG 904
4. Entsprechende Anwendung der § 20 - § 23 UmwStG 905

VIII. Anwendungsvorschriften 906
1. Neue oder geänderte Vorschriften des UmwStG 907
2. Weitergeltung von Vorschriften des UmwStG a.F. 910

ERLASSE ZUM UMWANDLUNGSSTEUERGESETZ ERGÄNZT UM SEIT VERÖFFENTLICHUNG ERGANGENE RECHTSPRECHUNG UND VERWALTUNGSANWEISUNGEN

Abschnitt J

Schreiben betr. Umwandlungssteuergesetz 1995 (UmwStG 1995); Zweifels- und Auslegungsfragen v. 25.03.1998 913

Abschnitt K

Schreiben betr. Zweifelsfragen zu den Änderungen durch das Steuersenkungsgesetz (StSenkG) und das Gesetz zur Fortentwicklung des Unternehmenssteuerrechts (UntStFG) v. 16.12.2003 1079

Abkürzungsverzeichnis 1097

Stichwortverzeichnis 1109

Inhaltsverzeichnis

Vorwort V

DEUTSCH-ENGLISCHE GESETZESSYNOPSE

Abschnitt A
Deutsche gesellschafts- und steuerrechtliche Gesetzesvorschriften
German company law and tax law provisions

I. **Umwandlungsgesetz (UmwG)**
   German Reorganisation Act 2

II. **Wichtige steuerrechtliche Gesetzesvorschriften**
    Relevant tax law provisions 186

   1. Einkommensteuergesetz (EStG) in Auszügen
      German Income Tax Act (excerpts) 186
   2. Körperschaftsteuergesetz (KStG) in Auszügen
      German Corporation Tax Act (excerpts) 216
   3. Gewerbesteuergesetz (GewStG) in Auszügen
      German Trade Tax Act (excerpts) 236
   4. Umwandlungssteuergesetz (UmwStG)
      German Reorganisation Tax Act 248
   5. Gesetz über die Besteuerung bei Auslandsbeziehungen
      (Außensteuergesetz - AStG) in Auszügen
      German Foreign Transactions Tax Act (excerpts) 284

Abschnitt B
Gemeinschaftsrechtliche Rahmenbedingungen für grenzüberschreitende Umstrukturierungen
European framework regarding cross-border reorganisations

I. **Verordnung (EG) Nr. 2157/2001 des Rates v. 08.10.2001 über das Statut der Europäischen Gesellschaft (SE) (ABl. Nr. L 294 v. 10.11.2001 S. 1)**
   Council Regulation (EC) No 2157/2001 of 08/10/2001 on the Statute for a European Company (SE) (OJ No L 294 of 10/11/2001 p. 1) 294

II. **Richtlinie 2005/56/EG des Europäischen Parlaments und des Rates v. 26.10.2005 über die Verschmelzung von Kapitalgesellschaften aus verschiedenen Mitgliedstaaten (ABl. Nr. L 310 v. 25.11.2005 S. 1)**
    Directive 2005/56/EC of the European Parliament and of the Council of 26/10/2005 on cross-border mergers of limited liability companies (OJ No L 310 of 25/11/2005 p. 1) 352

Inhaltsverzeichnis

III. Richtlinie 90/434/EWG des Rates v. 23.07.1990 über das gemeinsame Steuersystem für Fusionen, Spaltungen, Abspaltungen, die Einbringung von Unternehmensteilen und den Austausch von Anteilen, die Gesellschaften verschiedener Mitgliedstaaten betreffen, sowie für die Verlegung des Sitzes einer Europäischen Gesellschaft oder einer Europäischen Genossenschaft von einem Mitgliedstaat in einen anderen Mitgliedstaat (ABl. Nr. L 225 v. 20.08.1990 S. 1)
Council Directive 90/434/EEC of 23/07/1990 on the common system of taxation applicable to mergers, divisions, partial divisions, transfers of assets and exchanges of shares concerning companies of different Member States and to the transfer of the registered office, of an SE or SCE, between Member States (OJ No L 225 of 20/08/1990 p. 1) 376

IV. Richtlinie 90/435/EWG des Rates v. 23.07.1990 über das gemeinsame Steuersystem der Mutter- und Tochtergesellschaften verschiedener Mitgliedstaaten (ABl. Nr. L 225 v. 20.08.1990 S. 6)
Council Directive 90/435/EEC of 23/07/1990 on the common system of taxation applicable in the case of parent companies and subsidiaries of different Member States (OJ No L 225 of 20/08/1990 p. 6) 400

GESETZESBEGRÜNDUNGEN

Abschnitt C

Zweites Gesetz zur Änderung des Umwandlungsgesetzes

I. Überblick über das Gesetzgebungsverfahren	415
II. Gesetzesbegründung v. 12.10.2006 (Gesetzentwurf der Bundesregierung „Entwurf eines Zweiten Gesetzes zur Änderung des Umwandlungsgesetzes", BT-Drs. 16/2919)	417
III. Gesetzesbegründung v. 31.01.2007 (Beschlussempfehlung und Bericht des Rechtsausschusses zum Gesetzentwurf der Bundesregierung „Entwurf eines Zweiten Gesetzes zur Änderung des Umwandlungsgesetzes", BT-Drs. 16/4193)	430

Abschnitt D

Gesetz über steuerliche Begleitmaßnahmen zur Einführung der Europäischen Gesellschaft und zur Änderung weiterer steuerrechtlicher Vorschriften (SEStEG) v. 07.12.2006

I. Überblick über das Gesetzgebungsverfahren	431
II. Gesetzesbegründung v. 25.09.2006 (Gesetzentwurf der Bundesregierung „Entwurf eines Gesetzes über steuerliche Begleitmaßnahmen zur Einführung der Europäischen Gesellschaft und zur Änderung weiterer steuerrechtlicher Vorschriften (SEStEG)", BT-Drs. 16/2710)	433
1. Einkommensteuergesetz (EStG)	433
2. Körperschaftsteuergesetz (KStG)	437
3. Gewerbesteuergesetz (GewStG)	444
4. Umwandlungssteuergesetz (UmwStG)	444
5. Außensteuergesetz (AStG)	474
6. Inkrafttreten des Gesetzes über steuerliche Begleitmaßnahmen zur Einführung der Europäischen Gesellschaft und zur Änderung weiterer steuerrechtlicher Vorschriften (SEStEG)	481

III. Gesetzesbegründung v. 09.11.2006 (Bericht des Finanzausschusses zum Gesetzentwurf der Bundesregierung „Entwurf eines Gesetzes über steuerliche Begleitmaßnahmen zur Einführung der Europäischen Gesellschaft und zur Änderung weiterer steuerrechtlicher Vorschriften (SEStEG)", BT-Drs. 16/3369)	481
1. Einkommensteuergesetz (EStG)	481
2. Körperschaftsteuergesetz (KStG)	486
3. Gewerbesteuergesetz (GewStG)	488
4. Umwandlungssteuergesetz (UmwStG)	488
5. Außensteuergesetz (AStG)	497
6. Inkrafttreten des Gesetzes über steuerliche Begleitmaßnahmen zur Einführung der Europäischen Gesellschaft und zur Änderung weiterer steuerrechtlicher Vorschriften (SEStEG)	499

KOMMENTIERUNG

Abschnitt E

Gesellschaftsrechtliche Rahmenbedingungen für grenzüberschreitende Umwandlungen in der EU und im EWR

I. Gesellschaftsrechtliche Rahmenbedingungen grenzüberschreitender Umwandlungen	501
II. Übersicht gesellschaftsrechtlicher Umwandlungen	502
1. Innerstaatliche Umwandlungen nach dem UmwG	502
2. Grenzüberschreitende Umwandlungen	502
III. Zusammenfassende Darstellung gesellschaftsrechtlicher Umwandlungen	503
1. Verschmelzung	503
a) Innerstaatlich	503
b) Grenzüberschreitend	503
2. Spaltung	504
a) Innerstaatlich	504
b) Grenzüberschreitend	505
3. Formwechsel	505
a) Innerstaatlich	505
b) Grenzüberschreitend	506
aa) Sitzverlegung unter Wahrung der Rechtsform: Verlegung des Verwaltungssitzes	506
bb) Sitzverlegung unter Wechsel der Rechtsform: Verlegung des Satzungssitzes	506
IV. Kodifizierung europäischen Gesellschaftsrechts	508
1. Grundlagen europäischer Rechtssetzung	508
2. Grundlagen grenzüberschreitender Umwandlungen	508
a) SE-VO und SE-RL	508
aa) Gründung einer SE durch Verschmelzung	509
bb) Gründung einer Holding-SE	509
cc) Gründung einer Tochter-SE	509
dd) Gründung einer SE durch Umwandlung einer nationalen Aktiengesellschaft	510
ee) Gründung einer Tochter-SE durch eine SE	510
ff) Überblick über die abschließenden Möglichkeiten zur Gründung einer SE	511

Inhaltsverzeichnis XVI

		b)	SCE-VO und SCE-RL	511
		c)	Verschmelzungsrichtlinie	512
V.	Kodifizierung innerstaatlichen Gesellschaftsrechts			512

Abschnitt F
Zweites Gesetz zur Änderung des Umwandlungsgesetzes

I.	Umsetzung der Verschmelzungsrichtlinie	545
II.	**Sachlicher und persönlicher Anwendungsbereich**	548
	1. Grenzüberschreitende Verschmelzung - sachlicher Anwendungsbereich (§ 122a Abs. 1 UmwG)	548
	2. Verschmelzungsfähige Gesellschaften - persönlicher Anwendungsbereich (§ 122b UmwG)	549
III.	**Verfahren**	550
	1. Allgemeines (§ 122a Abs. 2 UmwG)	550
	2. Verschmelzungsplan (§ 122c UmwG)	551
	a) Gemeinsamer Verschmelzungsplan (§ 122c Abs. 1 UmwG)	551
	b) Inhalt des Verschmelzungsplans (§ 122c Abs. 2 UmwG)	551
	c) Notarielle Beurkundung des Verschmelzungsplan (§ 122c Abs. 4 UmwG)	553
	d) Bekanntmachung des Verschmelzungsplans (§ 122d UmwG)	553
	3. Verschmelzungsbericht (§ 122e UmwG)	553
	a) Erstellung des Verschmelzungsberichts (§ 122a Abs. 2, § 8, § 122e Satz 3 UmwG)	553
	b) Inhalt des Verschmelzungsberichts (§ 122a Abs. 2, § 8, § 122e Satz 1 UmwG)	554
	c) Offenlegung des Verschmelzungsberichts gegenüber Anteilsinhabern und Betriebsrat (§ 122e Satz 2, § 63 Abs. 1 Nr. 4 UmwG)	554
	4. Verschmelzungsprüfung und Prüfungsbericht (§ 122f UmwG)	554
	5. Vorbereitung der Anteilsinhaberversammlung (§ 122a Abs. 2, § 49 Abs. 2, § 63, § 78 i.V.m. § 63 UmwG)	555
	6. Zustimmung der Anteilsinhaber / Verschmelzungsbeschluss (§ 122g, § 13 UmwG)	556
	7. Registerverfahren: Verschmelzungsbescheinigung und Eintragung der Verschmelzung (§ 122k, § 122l UmwG)	557
	a) Allgemeines	557
	b) Erste Stufe: deutsche Gesellschaft als übertragender Rechtsträger (§ 122k UmwG)	558
	c) Zweite Stufe: deutsche Gesellschaft als aufnehmender oder durch Verschmelzung neu entstehender Rechtsträger (§ 122l UmwG)	559
	d) Wirkung der Verschmelzung und Bestandskraft	560
IV.	**Schutz von Minderheitsgesellschaftern, Gläubigern und Arbeitnehmern**	560
	1. Schutz der Minderheitsgesellschafter (§ 122h, § 122i UmwG)	560
	a) Kontrolle des Umtauschverhältnisses (§ 122h UmwG)	560
	b) Abfindungsangebot im Verschmelzungsplan (§ 122i UmwG)	561
	2. Gläubigerschutz (§ 122j UmwG)	561
	3. Arbeitnehmerschutz	563
V.	**Ausgewählte sonstige Änderungen im UmwG**	563
	1. Nichtanwendbarkeit der §§ 122a ff. UmwG auf Spaltungen (§ 125 UmwG)	563

2.	Aufhebung des § 132 UmwG, Anpassung des § 131 UmwG	564
3.	Abfindungsangebot (§ 29 Abs. 1 Satz 1 1. HS UmwG)	565
4.	Bezeichnung unbekannter Aktionäre; Ruhen des Stimmrechts (§ 35, § 125, § 213 UmwG)	565
5.	Prüfung der Verschmelzung bei Antragserfordernis (§ 44, § 48 UmwG)	566
6.	Ausnahmen von der Anteilsgewährungspflicht (§ 54 Abs. 1 Satz 3, § 68 Abs. 1 Satz 3 UmwG)	566
VI.	Anwendungsvorschriften des Zweiten Gesetzes zur Änderung des UmwG	567

Abschnitt G
Fusionsrichtlinie

I. Rechtsgrundlagen der Fusionsrichtlinie ... 569
1. Überblick ... 569
2. Fusionsrichtlinie in der Fassung v. 23.07.1990 (Richtlinie 90/434/EWG) ... 571
3. Fusionsrichtlinie in der ergänzten Fassung v. 17.02.2005 (Richtlinie 2005/19/EG) ... 572

II. Anwendungsbereich der Fusionsrichtlinie ... 575
1. Sachlicher Anwendungsbereich der Fusionsrichtlinie ... 575
   a) Fusion (Art. 2 Buchst. a) FRL) ... 575
   b) Spaltung und Abspaltung (Art. 2 Buchst. b) und Buchst. ba) FRL) ... 576
   c) Einbringung von Unternehmensteilen (Art. 2 Buchst. c) FRL) ... 577
   d) Austausch von Anteilen (Art. 2 Buchst. d) FRL) ... 577
   e) Sitzverlegung der SE und der SCE (Art. 2 Buchst. j) FRL) ... 578
2. Persönlicher Anwendungsbereich der Fusionsrichtlinie ... 578
   a) Begriff der Gesellschaft (Art. 3 FRL) ... 578
   b) Europäische Gesellschaft (SE), Europäische Genossenschaft (SCE) und andere Körperschaften, Personenvereinigungen und Vermögensmassen ... 579
   c) Ergänzende Regelungen für steuerlich transparente (hybride) Gesellschaften ... 580
   d) EU-Gesellschaften mit Drittstaaten-Anteilseignern ... 580
3. Missbrauchsvorbehalt i.S.v. Art. 11 FRL ... 581

III. Besteuerung der von der Fusionsrichtlinie erfassten grenzüberschreitenden Umstrukturierungen ... 584
1. Fusion (Art. 2 Buchst. a) FRL) ... 584
   a) Ebene der einbringenden Gesellschaft ... 584
      aa) Besteuerung des Stammhauses ... 584
         (1) Grundsatz und Voraussetzungen der Steuerneutralität i.S.v. Art. 4 FRL ... 584
         (2) Betriebsstättenbedingung ... 585
            (a) Überblick ... 585
            (b) Auslegung des Betriebsstätten-Begriffs mangels Definition in der Fusionsrichtlinie ... 585
            (c) Betriebsstättenzurechnung von Wirtschaftsgütern nach dem OECD-MA ... 586
         (3) Steuerverhaftungsbedingung ... 587
         (4) Buchwertverknüpfungsbedingung ... 588

Inhaltsverzeichnis XVIII

		bb) Besteuerung der Betriebsstätten	588
		(1) Deutsche Betriebsstätte einer in einem ausländischen EU-Mitgliedstaat ansässigen einbringenden Gesellschaft	588
		(2) Betriebsstätte einer in Deutschland ansässigen einbringenden Gesellschaft in einem anderen EU-Mitgliedstaat	589
	b)	Ebene der übernehmenden Gesellschaft	589
		aa) Bewertung der übernommenen Wirtschaftsgüter und Eintritt in die steuerliche Rechtsstellung der einbringenden Gesellschaft .	590
		bb) Transfer von Verlustvorträgen (Art. 6 FRL)	590
		cc) Übernahmegewinn und Übernahmefolgegewinn (Art. 7 FRL) ...	591
	c)	Ebene der Gesellschafter (Art. 8 FRL)	592
		aa) Zuteilung von Kapitalanteilen	592
		bb) Behandlung barer Zuzahlungen	593
2.	Spaltung und Abspaltung (Art. 2 Buchst. b) und ba) FRL)		594
	a)	Ebene der einbringenden Gesellschaft	594
		aa) Grundsatz und Voraussetzungen der Steuerneutralität i.S.v. Art. 4 FRL	594
		bb) Teilbetriebsbedingung im Fall der Abspaltung i.S.v. Art. 2 Buchst. ba) FRL	595
		(1) Überblick	595
		(2) Teilbetriebsbegriff i.S.v. Art. 2 Buchst. i) FRL	595
		(3) Zuordnung von Wirtschaftsgütern zu einem Teilbetrieb	596
	b)	Ebene der übernehmenden Gesellschaft	597
	c)	Ebene der Gesellschafter	597
3.	Einbringung von Unternehmensteilen (Art. 2 Buchst. c) FRL) und Austausch von Anteilen (Art. 2 Buchst. d) FRL)		598
	a)	Regelungen für die Einbringung von Unternehmensteilen auf Gesellschaftsebene (Art. 9 FRL)	598
	b)	Doppelbesteuerung stiller Reserven	598
4.	Grenzüberschreitende Sitzverlegung der SE bzw. SCE (Art. 2 Buchst. j) FRL)		599
	a)	Gesellschaftsebene (Art. 10b und Art. 10c FRL)	599
	b)	Gesellschafterebene (Art. 10d FRL)	601

IV. Steuerlich transparente (hybride) Gesellschaften (Art. 10a FRL) 601
 1. Art. 10a FRL i.V.m. Art. 4 Abs. 2 (i.V.m. Art. 9) und Art. 8 Abs. 3 FRL ... 601
 2. Vollständiger optionaler Anwendungsausschluss
    (Art. 10a Abs. 1 und 2 FRL) 603
 3. Teilweiser optionaler Anwendungsausschluss (Art. 10a Abs. 3 FRL) 604
 4. Gleichbehandlungsgrundsatz (Art. 10a Abs. 4 FRL) 605

Abschnitt H
Änderungen im EStG, KStG und AStG

I. Entstrickungs- und Verstrickungskonzeption im EStG, KStG und AStG .. 607
 1. Entstrickung im Betriebsvermögen 622
  a) Entstrickung bei natürlichen Personen und Personengesellschaften ... 622
   aa) Entstrickung dem Grunde nach (§ 4 Abs. 1 Satz 3 EStG) 622
    (1) Grundsatz der Neuregelung 622
    (2) Unterschied zwischen Entstrickungs-Entnahme und
        Regel-Entnahme 623
    (3) Erfüllung des Tatbestandsmerkmals „Beschränkung des
        deutschen Besteuerungsrechts" i.S.d. § 4 Abs. 1 Satz 3 EStG .. 624

			(4) Entstrickungsfälle des § 4 Abs. 1 Satz 3 EStG	626
			(5) Anrechnungsüberhänge i.S.v. § 34c EStG durch Entstrickung bei Überführung eines Wirtschaftsgutes	627
			(6) Mehrfache Entstrickung bei wiederholter Überführung eines Wirtschaftsgutes	627
			(7) Ausnahme bei Entstrickung aufgrund der Sitzverlegung einer SE und SCE	628
			(8) Konkurrenzverhältnis zwischen § 4 Abs. 1 Satz 3 EStG und § 6 Abs. 5 Satz 1 EStG	628
		bb)	Entstrickung der Höhe nach (§ 6 Abs. 1 Nr. 4 2. HS EStG)	629
			(1) Entstrickung zum gemeinen Wert	629
			(2) Bewertung bei der Überführung von Sachgesamtheiten	631
			(3) Fehlende Berücksichtigung bei Wertminderungen	631
		cc)	Entstrickung in zeitlicher Hinsicht (§ 4g EStG)	632
			(1) Grundsatz der Sofortversteuerung	632
			(2) Bildung eines Ausgleichspostens bei Überführung in eine EU-Betriebsstätte	632
			(3) Ratierliche Auflösung des Ausgleichspostens	634
			(4) Sofortige Auflösung des Ausgleichspostens bei Realisierung der stillen Reserven	634
			(5) Rückführung des Wirtschaftsgutes	635
			(6) Entscheidung über Antrag auf Bildung des Ausgleichspostens	637
		dd)	Zeitliche Anwendung	637
	b)	Entstrickung bei Körperschaften, Personenvereinigungen oder Vermögensmassen (§ 12 KStG)		638
		aa)	Entstrickung dem Grunde nach	638
			(1) Entstrickung durch Ausschluss oder Beschränkung des deutschen Besteuerungsrechts	638
			(a) Grundsatz der Neuregelung	638
			(b) Entstrickung bei Rechtsträgerwechsel (§ 12 Abs. 1 KStG)	639
			(c) Entstrickung durch Sitzverlegung in einen EU-/EWR-Staat	639
			(2) Entstrickung durch Verschmelzung im Drittstaat (§ 12 Abs. 2 KStG)	640
			(a) Entstrickung auf Gesellschaftsebene	640
			(b) Entstrickung auf Gesellschafter-Ebene	641
			(3) Entstrickung durch grenzüberschreitende Verlegung von Sitz und/oder Ort der Geschäftsleitung in einen Drittstaat (§ 12 Abs. 3 KStG)	641
		bb)	Entstrickung der Höhe nach	642
		cc)	Entstrickung in zeitlicher Hinsicht	643
		dd)	Zeitliche Anwendung	643
2.	Verstrickung im Betriebsvermögen			643
	a)	Verstrickung durch Begründung des deutschen Besteuerungsrechts bei natürlichen Personen und Personengesellschaften		643
		aa)	Verstrickung dem Grunde nach (§ 4 Abs. 1 Satz 7 2. HS EStG) ...	643
		bb)	Verstrickung der Höhe nach (§ 6 Abs. 1 Nr. 5a EStG)	645
		cc)	Zeitliche Anwendung	645
	b)	Verstrickung durch Begründung des deutschen Besteuerungsrechts bei Körperschaften		646

Inhaltsverzeichnis

	3.	Entstrickung von Anteilen i.S.d. § 17 EStG		646
		a) Entstrickung durch Wegzug der Gesellschaft (§ 17 Abs. 5 Satz 1 und Abs. 7 EStG)		646
			aa) Entstrickung dem Grunde nach	646
			(1) Grundsatz der Neuregelung	646
			(2) Anwendung nur bei identitätswahrender Sitzverlegung	646
			(3) Entstrickungsfälle gem. § 17 Abs. 5 EStG	647
			(4) Ausnahme bei Entstrickung aufgrund der Sitzverlegung einer SE	648
			bb) Entstrickung der Höhe nach	649
		b) Entstrickung durch Wegzug des Gesellschafters (§ 6 AStG)		649
			aa) Grundsatz: Sofortversteuerung bei Wegfall der unbeschränkten Steuerpflicht durch Wegzug	649
			bb) Ersatztatbestände zur Vermeidung von Besteuerungslücken	649
			cc) Stundung und Wegfall der Steuer bei Rückkehr nach Wegzug in einen Drittstaat	651
			dd) Stundung bei Wegzug in einen EU-/EWR-Staat	652
			(1) Grundsatz	652
			(2) Aufhebung der Stundung	653
			(3) Behandlung von Wertverlusten zwischen Wegzug und Realisierung	653
			(4) Mitteilungspflichten	654
	4.	Verstrickung von Anteilen i.S.v. § 17 EStG		654
		a) Verstrickung durch Zuzug der Gesellschaft		654
		b) Verstrickung durch Zuzug des Gesellschafters (§ 17 Abs. 2 Satz 3 EStG, § 6 AStG)		654
II.	**Steuerliches Einlagekonto, Körperschaftsteuer-Minderung und -Erhöhung**			**657**
	1.	Änderungen beim steuerlichen Einlagekonto (§ 27 - § 29 KStG)		666
		a) Ermittlung des steuerlichen Einlagekontos (§ 27 Abs. 1 Satz 3 KStG)		666
		b) Direktzugriff auf das steuerliche Einlagekonto		667
		c) Negativausweis des steuerlichen Einlagekontos		669
		d) Einführung eines gesonderten Feststellungsverfahrens bei Eintritt in die unbeschränkte Steuerpflicht (§ 27 Abs. 2 Satz 3 KStG)		669
		e) Ausdehnung des Konzepts der Einlagenrückgewähr auf EU-Kapitalgesellschaften (§ 27 Abs. 8 Satz 1 KStG)		670
		f) Verwendungsfestschreibung des steuerlichen Einlagekontos (§ 27 Abs. 5 KStG)		671
	2.	Realisierung des Körperschaftsteuer-Guthabens (§ 37 KStG)		672
		a) Letztmalige Feststellung eines Körperschaftsteuer-Guthabens		673
			aa) Feststellung des Körperschaftsteuer-Guthabens auf den 31.12.2006	673
			bb) Feststellung des Körperschaftsteuer-Guthabens in Umwandlungs- und Liquidationsfällen	673
			cc) Keine gesonderte Feststellung des Körperschaftsteuer-Guthabens	674
		b) Ratierliche Auszahlung des Körperschaftsteuer-Guthabens		675
		c) Aufhebung oder Änderung des Bescheides über die Festsetzung des Anspruchs auf Auszahlung des Körperschaftsteuer-Guthabens		676
		d) Übertragung des Anspruchs auf Auszahlung des Körperschaftsteuer-Guthabens		676

	e)	Handels- und steuerbilanzielle Behandlung des Anspruchs auf Auszahlung des Körperschaftsteuer-Guthabens	676
	f)	Ertragsteuerliche Behandlung des Auszahlungsanspruchs	678
3.		Nachversteuerung von sog. EK 02-Beträgen (§ 40 KStG)	680

III. Umwandlungen und Hinzurechnungsbesteuerung 683
    1. Neueinfügung des § 8 Abs. 1 Nr. 10 AStG 686
        a) Regelfall der aktiven Einkünfte i.S.v. § 8 Abs. 1 Nr. 10 1. HS AStG .. 687
        b) Rückausnahme gem. § 8 Abs. 1 Nr. 10 2. HS AStG 687
            aa) Verschmelzung einer Auslandsholding (Beispiel 1) 688
            bb) Verschmelzung einer der Auslandsholding nachgeschalteten Gesellschaft (Beispiel 2) 689
            cc) Ergebnis 690
    2. Ermittlung des Hinzurechnungsbetrags gem. § 10 Abs. 3 Satz 4 AStG 691
    3. Anwendungsvorschriften 691

IV. Anwendungsvorschriften 697
    1. Einkommensteuergesetz (EStG) 698
        a) Neue oder geänderte Vorschriften im EStG 698
        b) Weitergeltung bzw. letztmalige Anwendung von Vorschriften des EStG a.F. 699
    2. Körperschaftsteuergesetz (KStG) 700
        a) Neue oder geänderte Vorschriften im KStG 700
        b) Weitergeltung bzw. letztmalige Anwendung von Vorschriften des KStG a.F. 701
    3. Gesetz über die Besteuerung bei Auslandsbeziehungen (Außensteuergesetz - AStG) 702
        a) Neue oder geänderte Vorschriften im AStG 702
        b) Weitergeltung bzw. letztmalige Anwendung von Vorschriften des AStG a.F. 702
    4. Gewerbesteuergesetz (GewStG) 702

Abschnitt I
Änderungen im UmwStG

I. Neukonzeption des UmwStG 703
    1. Sachlicher und persönlicher Anwendungsbereich des UmwStG (§ 1 UmwStG) 703
        a) Überblick 707
        b) Sachlicher Anwendungsbereich des UmwStG 708
            aa) Zweiter bis Fünfter Teil des UmwStG (§ 3 - § 19 UmwStG) 708
                (1) Kategorisierung der im Zweiten bis Fünften Teil des UmwStG geregelten Umwandlungsvorgänge 708
                (2) Gesellschaftsrechtliche Grundlagen der im Zweiten bis Fünften Teil des UmwStG geregelten Umwandlungsvorgänge 709
                    (a) Innerstaatliche Umwandlungsvorgänge 709
                    (b) Grenzüberschreitende Umwandlungsvorgänge 710
            bb) Sechster bis Achter Teil des UmwStG (§ 20 - § 25 UmwStG) 712
                (1) Kategorisierung der im Sechsten bis Achten Teil des UmwStG geregelten Umwandlungsvorgänge 712
                (2) Gesellschaftsrechtliche Grundlagen der im Sechsten bis Achten Teil des UmwStG geregelten Umwandlungsvorgänge . 713
                    (a) Innerstaatliche Umwandlungsvorgänge 713

Inhaltsverzeichnis XXII

				(b) Grenzüberschreitende Umwandlungsvorgänge	714

        cc) Erweiterung des sachlichen Anwendungsbereiches des UmwStG auf vergleichbare inländische und ausländische Vorgänge 714
   c) Persönlicher Anwendungsbereich des UmwStG 715
      aa) Ansässigkeitserfordernisse hinsichtlich der am Umwandlungsvorgang beteiligten Rechtsträger 715
         (1) Ansässigkeitserfordernisse bei Umwandlungsvorgängen nach dem Zweiten bis Fünften Teil des UmwStG 715
         (2) Ansässigkeitserfordernisse bei Umwandlungsvorgängen nach dem Sechsten bis Achten Teil des UmwStG 716
      bb) Rechtstypenvergleich 716
         (1) Kriterien des Rechtstypenvergleichs 716
         (2) Einordnung ausländischer Rechtsträger nach dem LLC-Erlass 717
         (3) Einordnung ausländischer Rechtsträger nach dem Betriebsstätten-Erlass 717
2. Rückbeziehung des Umwandlungsstichtags bei grenzüberschreitenden Umwandlungsvorgängen (§ 2 Abs. 3 UmwStG) 722
   a) Regelungen zur steuerlichen Rückwirkung bei Umwandlungsvorgängen 723
   b) Steuerliche Rückwirkung bei Umwandlungsvorgängen mit Auslandsberührungen 723
      aa) Keine Besteuerungslücke bei aufnehmendem Rechtsträger in Deutschland 725
      bb) Besteuerungslücke bei aufnehmendem Rechtsträger in anderem EU-/EWR-Staat 726
3. Erweiterte Wertaufholung bei vorangegangenen steuerwirksamen Teilwertabschreibungen und Abzügen nach § 6b EStG bzw. hiermit vergleichbaren Abzügen 728

II. Vermögensübergang bei Verschmelzung auf eine Personengesellschaft oder auf eine natürliche Person und Formwechsel einer Kapitalgesellschaft in eine Personengesellschaft (§ 3 - § 10 UmwStG) 731
1. Anwendungsbereich der § 3 - § 10 UmwStG 739
   a) Überblick 739
   b) Sachlicher Anwendungsbereich der § 3 - § 10 UmwStG 740
      aa) Gesellschaftsrechtliche Grundlagen 740
      bb) Sachliche Vergleichbarkeitsprüfung 741
      cc) Zusammenfassung 742
   c) Persönlicher Anwendungsbereich der § 3 - § 10 UmwStG. 743
      aa) Anforderungen an die Ansässigkeit der beteiligten Rechtsträger .. 743
      bb) Anforderungen an den Rechtstypus der beteiligten Rechtsträger .. 744
2. Anwendungsvorschriften 745
3. Neukonzeption der Besteuerung nach § 3 - § 10 UmwStG 745
4. Bewertung in der Schlussbilanz der übertragenden Körperschaft (§ 3 UmwStG) 746
   a) Grundsatz: Ansatz mit dem gemeinen Wert 746
   b) Auf Antrag: Ansatz mit dem Buchwert oder einem Zwischenwert 748
      aa) Voraussetzungen des § 3 Abs. 2 Satz 1 Nr. 1 - 3 UmwStG 748
      bb) Sicherstellung der Besteuerung der in den übergehenden Wirtschaftsgütern enthaltenen stillen Reserven (§ 3 Abs. 2 Satz 1 Nr. 1 und 2 UmwStG) 750
         (1) Verschmelzung einer Körperschaft auf eine in Deutschland ansässige Personengesellschaft oder eine natürliche Person .. 751

			(2)	Innerstaatliche Verschmelzung ausländischer EU-/EWR-Körperschaften auf ausländische EU-/EWR-Personengesellschaften	753

        cc) Keine Gegenleistung oder Gegenleistung, die ausschließlich in Gesellschaftsrechten besteht (§ 3 Abs. 2 Satz 1 Nr. 3 UmwStG) .. 754

    c) Sonderfall: Betriebsstätten in einem ausländischen EU-Staat ohne DBA-Freistellung (§ 3 Abs. 3 UmwStG) 754

  5. Ebene der übernehmenden Personengesellschaft bzw. natürlichen Person: Ermittlung des Übernahmeergebnisses (§ 4 UmwStG) 756

    a) Ermittlung des Übernahmegewinns/Übernahmeverlustes 756

        aa) Bewertung der übergehenden Wirtschaftsgüter/Anteile an der übertragenden Körperschaft 756

        bb) Eintritt in die Rechtsstellung der übertragenden Körperschaft 756

        cc) Erweiterte Einlagefiktion i.S.v. § 5 Abs. 2 UmwStG/ Wertaufholungsfiktion i.S.v. § 5 Abs. 3 UmwStG 757

        dd) Wertansatz von Wirtschaftsgütern, soweit Deutschland kein Recht zur Besteuerung des Gewinns aus einer Veräußerung zusteht (§ 4 Abs. 4 Satz 2 UmwStG) 758

            (1) Verschmelzung einer Körperschaft auf eine in Deutschland ansässige Personengesellschaft 758

            (2) Innerstaatliche Verschmelzung einer ausländischen EU-/EWR-Körperschaft auf eine ausländische EU-/EWR-Personengesellschaft 759

        ee) Korrektur des Übernahmegewinns/Übernahmeverlustes i.S.v. § 4 Abs. 4 UmwStG 760

        ff) Schema zur Ermittlung des Übernahmegewinns/ Übernahmeverlusts 761

    b) Besteuerung des Übernahmegewinns/Übernahmeverlustes 761

        (aa) Übernahmegewinn (§ 4 Abs. 7 UmwStG) 761

        (bb) Übernahmeverlust (§ 4 Abs. 6 UmwStG) 761

  6. Ausschüttungsfiktion des § 7 UmwStG 762

    a) Bezüge i.S.v. § 20 Abs. 1 Nr. 1 EStG 762

    b) Kapitalertragsteuerabzug 763

  7. Sonstige Änderungen in § 6, § 9 und § 10 UmwStG 764

III. Verschmelzung oder Vermögensübertragung (Vollübertragung) auf eine andere Körperschaft (§ 11 - § 13 UmwStG) 765

  1. Anwendungsbereich der § 11 - § 13 UmwStG 769

    a) Überblick 769

    b) Sachlicher Anwendungsbereich der § 11 - § 13 UmwStG 770

        aa) Gesellschaftsrechtliche Grundlagen 770

        bb) Sachliche Vergleichbarkeitsprüfung 772

        cc) Zusammenfassung 774

    c) Persönlicher Anwendungsbereich der § 11 - § 13 UmwStG 774

        aa) Anforderungen an die Ansässigkeit der beteiligten Rechtsträger .. 775

        bb) Anforderungen an den Rechtstypus der beteiligten Rechtsträger .. 775

  2. Anwendungsvorschriften 776

  3. Bewertung in der Schlussbilanz der übertragenden Körperschaft (§ 11 UmwStG) 776

    a) Grundsatz: Ansatz mit dem gemeinen Wert 776

    b) Auf Antrag: Ansatz mit dem Buchwert oder einem Zwischenwert 777

        aa) Voraussetzungen des § 11 Abs. 2 Satz 1 Nr. 1 - 3 UmwStG 778

Inhaltsverzeichnis   XXIV

		bb)	Sicherstellung der Besteuerung der in den übertragenen Wirtschaftsgütern enthaltenen stillen Reserven (§ 11 Abs. 2 Satz 1 Nr. 1 und 2 UmwStG)		779
			(1) Inlandsverschmelzung und Hinausverschmelzung		780
				(a) Überblick	780
				(b) Inlandsverschmelzung	780
				(c) Hinausverschmelzung	781
			(2) Hineinverschmelzung und Auslandsverschmelzung mit Inlandsbezug		784
				(a) Überblick	784
				(b) Hineinverschmelzung	785
				(c) Auslandsverschmelzung mit Inlandsbezug	785
		cc)	Keine Gegenleistung oder Gegenleistung, die ausschließlich in Gesellschaftsrechten besteht (§ 11 Abs. 2 Satz 1 Nr. 3 UmwStG) . .		786
	c)	Down-stream Verschmelzung			786
4.	Ebene der übernehmenden Körperschaft (§ 12 UmwStG)				787
	a)	Wertverknüpfung			787
	b)	Ermittlung des Übernahmegewinns/Übernahmeverlusts			787
	c)	Eintritt in die steuerliche Rechtsstellung der übertragenden Körperschaft			790
	d)	Erweiterte Wertaufholung			792
5.	Ebene der Anteilseigner der übertragenden Körperschaft (§ 13 UmwStG)				793
	a)	Grundsatz: Veräußerung zum gemeinen Wert			793
	b)	Auf Antrag: Buchwertansatz bzw. Fortführung der Anschaffungskosten			793
		aa)	Voraussetzungen des § 13 Abs. 2 UmwStG		793
		bb)	Kein Ausschluss oder keine Beschränkung des deutschen Besteuerungsrechts hinsichtlich des Gewinns aus der Veräußerung der Anteile		794
6.	Exkurs: Verschmelzung beschränkt steuerpflichtiger Körperschaften außerhalb der EU bzw. des EWR i.S.v. § 12 Abs. 2 KStG				796
IV.	**Aufspaltung, Abspaltung und Vermögensübertragung (Teilübertragung) (§ 15 - § 16 UmwStG)**					798
1.	Anwendungsbereich der § 15 - § 16 UmwStG				801
	a)	Überblick			801
	b)	Sachlicher Anwendungsbereich der § 15 - § 16 UmwStG			802
		aa)	Gesellschaftsrechtliche Grundlagen		802
		bb)	Sachliche Vergleichbarkeitsprüfung		803
		cc)	Zusammenfassung		805
	c)	Persönlicher Anwendungsbereich der § 15 - § 16 UmwStG			806
		aa)	Anforderungen an die Ansässigkeit der beteiligten Rechtsträger . .		806
		bb)	Anforderungen an den Rechtstypus der beteiligten Rechtsträger . .		806
2.	Anwendungsvorschriften				807
3.	Aufspaltung, Abspaltung und Teilübertragung auf andere Körperschaften (§ 15 UmwStG)				807
	a)	Entsprechende Anwendung der § 11 - § 13 UmwStG			807
	b)	Teilbetriebserfordernis			808
		aa)	Überblick		808
		bb)	Begriff des Teilbetriebs		809
		cc)	Zuordnung von wesentlichen Betriebsgrundlagen zu einem Teilbetrieb		810

		c)	Missbrauchstatbestände i.S.v. § 15 Abs. 2 UmwStG	812
			aa) Fiktive Teilbetriebe mind. 3 Jahre vor der Aufspaltung bzw. Abspaltung (§ 15 Abs. 2 Satz 1 UmwStG)	812
			bb) Keine Veräußerung an außenstehende Personen oder deren Vorbereitung (§ 15 Abs. 2 Satz 3 und 4 UmwStG)	813
			cc) Trennung von Gesellschafterstämmen (§ 15 Abs. 2 Satz 5 UmwStG)	813
		d)	Wegfall steuerlicher Vorlustvorträge (§ 15 Abs. 3 UmwStG)	814
	4.	Aufspaltung oder Abspaltung auf eine Personengesellschaft (§ 16 UmwStG)		814
V.	**Einbringung von Unternehmensteilen in eine Kapitalgesellschaft oder Genossenschaft und Anteilstausch (§ 20 - 23 UmwStG)**			**815**
	1.	Anwendungsbereich der § 20 - § 23 UmwStG		827
		a)	Überblick über den Regelungsbereich der § 20 - § 23 UmwStG	827
			aa) Konzeptionswechsel	827
			bb) Nebeneinander des bisherigen Konzepts und des neuen Konzepts auf unbestimmte Zeit	828
		b)	Zivilrechtliche Formen der Einbringung	828
			aa) Einbringung eines Betriebs, Teilbetriebs oder Mitunternehmeranteils in eine Kapitalgesellschaft oder Genossenschaft i.S.v. § 20 Abs. 1 UmwStG	828
			(1) Übersicht der zulässigen Einbringungsvorgänge	828
			(2) Einbringungen durch Gesamtrechtsnachfolge	831
			(3) Einbringungen durch Einzelrechtsnachfolge	833
			bb) Einbringung von Anteilen an einer Kapitalgesellschaft oder Genossenschaft in eine Kapitalgesellschaft oder Genossenschaft i.S.v. § 21 Abs. 1 UmwStG	834
			(1) Übersicht der zulässigen Einbringungsvorgänge	834
			(2) Einbringungen durch Gesamtrechtsnachfolge	835
			(3) Einbringungen durch Einzelrechtsnachfolge	836
	2.	Anwendungsvorschriften der § 20 - § 23 UmwStG		837
	3.	Einbringung eines Betriebs, Teilbetriebs oder Mitunternehmeranteils in eine Kapitalgesellschaft (§ 20 UmwStG)		837
		a)	Persönlicher Anwendungsbereich	837
			aa) Einbringender Rechtsträger	837
			bb) Übernehmender Rechtsträger	839
			cc) Zusammenfassung	840
		b)	Sachlicher Anwendungsbereich	841
			aa) Gegenstand der Sacheinlage (§ 20 Abs. 1 UmwStG)	841
			bb) Gewährung neuer Anteile als Gegenleistung für die Sacheinlage (§ 20 Abs. 1 UmwStG)	842
		c)	Bewertung des eingebrachten Betriebsvermögens bei der übernehmenden Gesellschaft (§ 20 Abs. 2, 7 und 8 UmwStG)	844
			aa) Grundsatz: Ansatz mit dem gemeinen Wert	844
			bb) Auf Antrag: Ansatz mit dem Buchwert oder einem Zwischenwert .	844
			(1) Überblick	844
			(2) Voraussetzungen für den Buchwert- bzw. Zwischenwertansatz i.S.v. § 20 Abs. 2 Satz 1 UmwStG	846
			(a) Sicherstellung der Besteuerung des eingebrachten Betriebsvermögens mit Körperschaftsteuer bei der übernehmenden Gesellschaft (§ 20 Abs. 2 Satz 1 Nr. 1 UmwStG)	846

Inhaltsverzeichnis

XXVI

			(b) Passivposten des eingebrachten Betriebsvermögens übersteigen nicht die Aktivposten (§ 20 Abs. 2 Satz 1 Nr. 2 UmwStG)	847
			(c) Kein Ausschluss und keine Beschränkung des deutschen Besteuerungsrechts hinsichtlich des Gewinns aus der Veräußerung des eingebrachten Betriebsvermögens (§ 20 Abs. 2 Satz 1 Nr. 3 UmwStG)	847

                (b) Passivposten des eingebrachten Betriebsvermögens übersteigen nicht die Aktivposten (§ 20 Abs. 2 Satz 1 Nr. 2 UmwStG) 847
                (c) Kein Ausschluss und keine Beschränkung des deutschen Besteuerungsrechts hinsichtlich des Gewinns aus der Veräußerung des eingebrachten Betriebsvermögens (§ 20 Abs. 2 Satz 1 Nr. 3 UmwStG) 847
            cc) Verlust des deutschen Besteuerungsrechts an ausländischer Betriebsstätte im eingebrachten Betriebsvermögen (§ 20 Abs. 7 UmwStG) 848
            dd) Einbringende EU-Gesellschaft ist aus deutscher steuerlicher Sicht transparent i.S.v. Art. 3 i.V.m. Art. 10a FRL (§ 20 Abs. 8 UmwStG) 849
            ee) Steuerliche Behandlung des eingebrachten Betriebsvermögens bei der übernehmenden Gesellschaft 850
        d) Besteuerung des Einbringenden anlässlich der Einbringung 852
            aa) Ermittlung des Einbringungsgewinns 852
            bb) Ermittlung der Anschaffungskosten der als Gegenleistung für die Sacheinlage neu gewährten Anteile und Steuerverstrickung (§ 20 Abs. 3 Satz 1 und 2 UmwStG) 853
        e) Rückwirkende Besteuerung des Einbringungsgewinns im Einbringungszeitpunkt bei Veräußerung der erhaltenen Anteile innerhalb der Sperrfrist 856
            aa) Überblick 856
            bb) Ermittlung und Besteuerung des Einbringungsgewinns I (§ 22 Abs. 1 UmwStG) 857
            cc) Einer steuerschädlichen Veräußerung gleichgestellte Vorgänge (§ 22 Abs. 1 Satz 6 Nr. 1 - 6 UmwStG) 860
            dd) Erhöhung der Anschaffungskosten an den neu gewährten Anteilen beim Einbringenden 861
            ee) Erhöhung der Wertansätze für das übernommene Betriebsvermögen bei der übernehmenden Gesellschaft 862
        f) Nachweiserfordernisse i.S.v. § 22 Abs. 3 UmwStG 864
    4. Einbringung von Anteilen an Kapitalgesellschaften bzw. Genossenschaften in eine Kapitalgesellschaft bzw. Genossenschaft (§ 21 UmwStG) 864
        a) Persönlicher Anwendungsbereich 864
            aa) Einbringender Rechtsträger 864
            bb) Übernehmender Rechtsträger 865
            cc) Zusammenfassung 865
        b) Sachlicher Anwendungsbereich 866
            aa) Gegenstand des Anteilstauschs (§ 21 Abs. 1 UmwStG) 866
            bb) Gewährung neuer Anteile als Gegenleistung für die Anteilseinbringung (§ 20 Abs. 1 UmwStG) 866
        c) Bewertung der eingebrachten Anteile bei der übernehmenden Gesellschaft (§ 21 Abs. 1 UmwStG) 867
            aa) Einfacher Anteilstausch (§ 21 Abs. 1 Satz 1 UmwStG) 867
            bb) Qualifizierter Anteilstausch (§ 21 Abs. 1 Satz 2 UmwStG) 867
            cc) Sonstige Gegenleistung (§ 21 Abs. 1 Satz 3 UmwStG) 868
        d) Besteuerung des Einbringenden anlässlich der Einbringung (§ 21 Abs. 2 UmwStG) 868
            aa) Überblick 868
            bb) Grundsatz der doppelten Buchwertverknüpfung im Inlandsfall (§ 21 Abs. 2 Satz 1 UmwStG) 869

  f) Einbringung von Unternehmensteilen in eine Kapitalgesellschaft oder Genossenschaft und Anteilstausch (§ 20 - § 23 UmwStG) 909
  g) Einbringung eines Betriebs, Teilbetriebs oder Mitunternehmeranteils in eine Personengesellschaft (§ 24 UmwStG) 909
  h) Formwechsel einer Personengesellschaft in eine Kapitalgesellschaft oder Genossenschaft (§ 25 UmwStG) 910
 2. Weitergeltung von Vorschriften des UmwStG a.F. 910
  a) Vermögensübergang auf eine Personengesellschaft oder auf eine natürliche Person (§ 3 - § 10 UmwStG a.F.) 910
  b) Einbringung eines Betriebs, Teilbetriebs oder Mitunternehmeranteils in eine Kapitalgesellschaft gegen Gewährung von Gesellschaftsanteilen (§ 20 - § 23 UmwStG a.F.) 910

ERLASSE ZUM UMWANDLUNGSSTEUERGESETZ ERGÄNZT UM SEIT VERÖFFENTLICHUNG ERGANGENE RECHTSPRECHUNG UND VERWALTUNGSANWEISUNGEN

Abschnitt J

Schreiben betr. Umwandlungssteuergesetz 1995 (UmwStG 1995); Zweifels- und Auslegungsfragen v. 25.03.1998 913

Abschnitt K

Schreiben betr. Zweifelsfragen zu den Änderungen durch das Steuersenkungsgesetz (StSenkG) und das Gesetz zur Fortentwicklung des Unternehmenssteuerrechts (UntStFG) v. 16.12.2003 1079

Abkürzungsverzeichnis 1097
Stichwortverzeichnis 1109

Chapter A
German company law and tax law provision

I. German Reorganisation Act

in the version of the announcement of 28/10/1994 (Federal Law Gazette I 1994 p. 3210; 1995 p. 428), last amended by *Second Act for the Amendment of the German Reorganisation Act*

Contents

Book 1. Forms of Reorganisation

Sec. 1 Types of reorganisation, statutory restrictions

Book 2. Merger
Part 1. General Provisions
Chapter 1. Conditions for Merger

Sec. 2 Types of merger
Sec. 3 Legal entities entitled to merge

Chapter 2. Merger by Means of Acquisition

Sec. 4 Merger agreement
Sec. 5 Contents of the merger agreement
Sec. 6 Form of the merger agreement
Sec. 7 Termination of the merger agreement
Sec. 8 Merger report
Sec. 9 Merger audit
Sec. 10 Appointment of the merger auditors
Sec. 11 Status and accountability of the merger auditors
Sec. 12 Audit report
Sec. 13 Resolutions with regard to the merger agreement
Sec. 14 Time limit for and exclusion of legal actions against the merger resolution
Sec. 15 Improvement of the share exchange ratio
Sec. 16 Application for registration of the merger
Sec. 17 Enclosures to the application for registration
Sec. 18 Business name or name of the receiving legal entity
Sec. 19 Registration and announcement of the merger
Sec. 20 Effects of the registration
Sec. 21 Effect on mutual agreements
Sec. 22 Protection of creditors
Sec. 23 Protection of holders of special rights
Sec. 24 Valuation by the receiving legal entity
Sec. 25 Liability for damages of the administrative bodies of the transferring legal entities
Sec. 26 Assertion of claims for damages
Sec. 27 Liability for damages of the administrative bodies of the receiving legal entity
Sec. 28 Ineffectiveness of the merger resolution of a transferring legal entity

Subchapter 2. Merger by Means of the Formation of a New Company

Sec. 56   Applicable provisions
Sec. 57   Contents of the articles of association
Sec. 58   Report on the formation by contribution in kind
Sec. 59   Merger resolutions

Chapter 3. Merger Involving Stock Corporations

Subchapter 1. Merger by Means of Acquisition

Sec. 60   Merger audit, appointment of the merger auditors
Sec. 61   Announcement of the merger agreement
Sec. 62   General meeting in special cases
Sec. 63   Preparation of the general meeting
Sec. 64   Holding of the general meeting
Sec. 65   Resolution by the general meeting
Sec. 66   Registration in the case of an increase in the share capital
Sec. 67   Application of the provisions with regard to post-formation acquisition
Sec. 68   Merger without capital increase
Sec. 69   Merger with capital increase
Sec. 70   Assertion of claims for damages
Sec. 71   Appointment of a trustee
Sec. 72   Exchange of stocks

Subchapter 2. Merger by Means of the Formation of a New Company

Sec. 73   Applicable provisions
Sec. 74   Contents of the articles of association
Sec. 75   Formation report and formation audit
Sec. 76   Merger resolutions
Sec. 77   *(cancelled)*

Chapter 4. Merger Involving Partnerships Limited by Shares

Sec. 78   Applicable provisions

Chapter 5. Merger Involving Registered Cooperative Societies

Subchapter 1. Merger by Means of Acquisition

Sec. 79   Conditions for merger
Sec. 80   Contents of the merger agreement in the case of acquisition by a cooperative society
Sec. 81   Opinion by the auditing association
Sec. 82   Preparation of the general meeting
Sec. 83   Holding of the general meeting
Sec. 84   Resolution by the general meeting
Sec. 85   Improvement of the exchange ratio
Sec. 86   Enclosures to the application for registration
Sec. 87   Exchange of shares

5 Deutsche gesellschafts- und steuerrechtliche Gesetzesvorschriften

- § 29 Abfindungsangebot im Verschmelzungsvertrag
- § 30 Inhalt des Anspruchs auf Barabfindung und Prüfung der Barabfindung

- § 31 Annahme des Angebots
- § 32 Ausschluss von Klagen gegen den Verschmelzungsbeschluss
- § 33 Anderweitige Veräußerung
- § 34 Gerichtliche Nachprüfung der Abfindung
- § 35 Bezeichnung unbekannter Aktionäre; Ruhen des Stimmrechts

Dritter Abschnitt. Verschmelzung durch Neugründung
- § 36 Anzuwendende Vorschriften
- § 37 Inhalt des Verschmelzungsvertrags
- § 38 Anmeldung der Verschmelzung und des neuen Rechtsträgers

Zweiter Teil. Besondere Vorschriften
Erster Abschnitt. Verschmelzung unter Beteiligung von Personengesellschaften
Erster Unterabschnitt. Verschmelzung unter Beteiligung von Personenhandelsgesellschaften
- § 39 Ausschluss der Verschmelzung
- § 40 Inhalt des Verschmelzungsvertrags
- § 41 Verschmelzungsbericht
- § 42 Unterrichtung der Gesellschafter
- § 43 Beschluss der Gesellschafterversammlung
- § 44 Prüfung der Verschmelzung
- § 45 Zeitliche Begrenzung der Haftung persönlich haftender Gesellschafter

Zweiter Unterabschnitt. Verschmelzung unter Beteiligung von Partnerschaftsgesellschaften
- § 45a Möglichkeit der Verschmelzung
- § 45b Inhalt des Verschmelzungsvertrages
- § 45c Verschmelzungsbericht und Unterrichtung der Partner
- § 45d Beschluss der Gesellschafterversammlung
- § 45e Anzuwendende Vorschriften

Zweiter Abschnitt. Verschmelzung unter Beteiligung von Gesellschaften mit beschränkter Haftung
Erster Unterabschnitt. Verschmelzung durch Aufnahme
- § 46 Inhalt des Verschmelzungsvertrags
- § 47 Unterrichtung der Gesellschafter
- § 48 Prüfung der Verschmelzung
- § 49 Vorbereitung der Gesellschafterversammlung
- § 50 Beschluss der Gesellschafterversammlung
- § 51 Zustimmungserfordernisse in Sonderfällen
- § 52 Anmeldung der Verschmelzung
- § 53 Eintragung bei Erhöhung des Stammkapitals
- § 54 Verschmelzung ohne Kapitalerhöhung
- § 55 Verschmelzung mit Kapitalerhöhung

German company law and tax law provision

- Sec. 29 Compensatory cash payment offered in the merger agreement
- Sec. 30 Terms of the claim for a compensatory cash payment and audit of the compensatory cash payment
- Sec. 31 Acceptance of the offer
- Sec. 32 Exclusion of legal actions against the merger resolution
- Sec. 33 Other disposal
- Sec. 34 Judicial review of the compensatory cash payment
- Sec. 35 Denomination of unknown stockholders, suspension of voting right

Chapter 3. Merger by Means of the Formation of a New Company

- Sec. 36 Applicable provisions
- Sec. 37 Contents of the merger agreement
- Sec. 38 Application for registration of the merger and the new legal entity

Part 2. Special Provisions
Chapter 1. Merger Involving Partnerships

Subchapter 1. Merger Involving Commercial Partnerships

- Sec. 39 Exclusion of merger
- Sec. 40 Contents of the merger agreement
- Sec. 41 Merger report
- Sec. 42 Notification of the partners
- Sec. 43 Resolution by the partners' meeting
- Sec. 44 Merger audit
- Sec. 45 Time limit for the liability of general partners

Subchapter 2. Merger Involving Professional Partnership Companies

- Sec. 45a Conditions for merger
- Sec. 45b Contents of the merger agreement
- Sec. 45c Merger report and notification of the partners
- Sec. 45d Resolution by the partners' meeting
- Sec. 45e Applicable provisions

Chapter 2. Merger Involving Limited Liability Companies

Subchapter 1. Merger by Means of Acquisition

- Sec. 46 Contents of the merger agreement
- Sec. 47 Notification of the shareholders
- Sec. 48 Merger audit
- Sec. 49 Preparation of the shareholders' meeting
- Sec. 50 Resolution by the shareholders' meeting
- Sec. 51 Approval requirements in special cases
- Sec. 52 Application for registration of the merger
- Sec. 53 Registration in the case of an increase in the share capital
- Sec. 54 Merger without capital increase
- Sec. 55 Merger with capital increase

3 Deutsche gesellschafts- und steuerrechtliche Gesetzesvorschriften

Abschnitt A
Deutsche gesellschafts- und steuerrechtliche Gesetzesvorschriften

I. Umwandlungsgesetz (UmwG)

in der Fassung der Bekanntmachung v. 28.10.1994 (BGBl. I 1994 S. 3210; 1995 S. 428), zuletzt geändert durch *Zweites Gesetz zur Änderung des Umwandlungsgesetzes*

Inhaltsübersicht

Erstes Buch. Möglichkeiten von Umwandlungen

§ 1 Arten der Umwandlung, gesetzliche Beschränkungen

Zweites Buch. Verschmelzung
Erster Teil. Allgemeine Vorschriften
Erster Abschnitt. Möglichkeit der Verschmelzung

§ 2 Arten der Verschmelzung
§ 3 Verschmelzungsfähige Rechtsträger

Zweiter Abschnitt. Verschmelzung durch Aufnahme

§ 4 Verschmelzungsvertrag
§ 5 Inhalt des Verschmelzungsvertrags
§ 6 Form des Verschmelzungsvertrags
§ 7 Kündigung des Verschmelzungsvertrags
§ 8 Verschmelzungsbericht
§ 9 Prüfung der Verschmelzung
§ 10 Bestellung der Verschmelzungsprüfer
§ 11 Stellung und Verantwortlichkeit der Verschmelzungsprüfer
§ 12 Prüfungsbericht
§ 13 Beschlüsse über den Verschmelzungsvertrag
§ 14 Befristung und Ausschluss von Klagen gegen den Verschmelzungsbeschluss
§ 15 Verbesserung des Umtauschverhältnisses
§ 16 Anmeldung der Verschmelzung
§ 17 Anlagen der Anmeldung
§ 18 Firma oder Name des übernehmenden Rechtsträgers
§ 19 Eintragung und Bekanntmachung der Verschmelzung
§ 20 Wirkungen der Eintragung
§ 21 Wirkung auf gegenseitige Verträge
§ 22 Gläubigerschutz
§ 23 Schutz der Inhaber von Sonderrechten
§ 24 Wertansätze des übernehmenden Rechtsträgers
§ 25 Schadenersatzpflicht der Verwaltungsträger der übertragenden Rechtsträger
§ 26 Geltendmachung des Schadenersatzanspruchs
§ 27 Schadenersatzpflicht der Verwaltungsträger des übernehmenden Rechtsträgers
§ 28 Unwirksamkeit des Verschmelzungsbeschlusses eines übertragenden Rechtsträgers

7 Deutsche gesellschafts- und steuerrechtliche Gesetzesvorschriften

Zweiter Unterabschnitt. Verschmelzung durch Neugründung
- § 56 Anzuwendende Vorschriften
- § 57 Inhalt des Gesellschaftsvertrags
- § 58 Sachgründungsbericht
- § 59 Verschmelzungsbeschlüsse

Dritter Abschnitt. Verschmelzung unter Beteiligung von Aktiengesellschaften
Erster Unterabschnitt. Verschmelzung durch Aufnahme
- § 60 Prüfung der Verschmelzung, Bestellung der Verschmelzungsprüfer
- § 61 Bekanntmachung des Verschmelzungsvertrags
- § 62 Hauptversammlung in besonderen Fällen
- § 63 Vorbereitung der Hauptversammlung
- § 64 Durchführung der Hauptversammlung
- § 65 Beschluss der Hauptversammlung
- § 66 Eintragung bei Erhöhung des Grundkapitals
- § 67 Anwendung der Vorschriften über die Nachgründung
- § 68 Verschmelzung ohne Kapitalerhöhung
- § 69 Verschmelzung mit Kapitalerhöhung
- § 70 Geltendmachung eines Schadenersatzanspruchs
- § 71 Bestellung eines Treuhänders
- § 72 Umtausch von Aktien

Zweiter Unterabschnitt. Verschmelzung durch Neugründung
- § 73 Anzuwendende Vorschriften
- § 74 Inhalt der Satzung
- § 75 Gründungsbericht und Gründungsprüfung
- § 76 Verschmelzungsbeschlüsse
- § 77 *(weggefallen)*

Vierter Abschnitt. Verschmelzung unter Beteiligung von Kommanditgesellschaften auf Aktien
- § 78 Anzuwendende Vorschriften

Fünfter Abschnitt. Verschmelzung unter Beteiligung eingetragener Genossenschaften
Erster Unterabschnitt. Verschmelzung durch Aufnahme
- § 79 Möglichkeit der Verschmelzung
- § 80 Inhalt des Verschmelzungsvertrags bei Aufnahme durch eine Genossenschaft
- § 81 Gutachten des Prüfungsverbandes
- § 82 Vorbereitung der Generalversammlung
- § 83 Durchführung der Generalversammlung
- § 84 Beschluss der Generalversammlung
- § 85 Verbesserung des Umtauschverhältnisses
- § 86 Anlagen der Anmeldung
- § 87 Anteilstausch

German company law and tax law provision

- Sec. 88 Cooperative share in the case of acquisition of corporations and societies with legal capacity
- Sec. 89 Entry of members in the membership register, notification
- Sec. 90 Rejection by individual shareholders
- Sec. 91 Form of rejection and time limit of rejection
- Sec. 92 Entry of the rejection in the membership register
- Sec. 93 Settlement
- Sec. 94 Payment of the credit balance on settlement
- Sec. 95 Continuation of the obligation to make additional contributions

Subchapter 2. Merger by Means of the Formation of a New Company

- Sec. 96 Applicable provisions
- Sec. 97 Duties of the representative bodies of the transferring legal entities
- Sec. 98 Merger resolutions

Chapter 6. Merger Involving Societies with Legal Capacity

- Sec. 99 Conditions for merger
- Sec. 100 Merger audit
- Sec. 101 Preparation of the members' meeting
- Sec. 102 Holding of the members' meeting
- Sec. 103 Resolution by the members' meeting
- Sec. 104 Announcement of the merger
- Sec. 104a Exclusion of a compensatory cash payment in particular cases

Chapter 7. Merger of Cooperative Auditing Associations

- Sec. 105 Conditions for merger
- Sec. 106 Preparation of, holding of and resolution by the members' meeting
- Sec. 107 Duties of the executive boards
- Sec. 108 Withdrawal of members of the transferring association

Chapter 8. Merger of Mutual Insurance Societies

Subchapter 1. Conditions for Merger

- Sec. 109 Legal entities entitled to merge

Subchapter 2. Merger by Means of Acquisition

- Sec. 110 Contents of the merger agreement
- Sec. 111 Announcement of the merger agreement
- Sec. 112 Preparation of, holding of and resolution by the meeting of the representative council
- Sec. 113 No judicial review

Subchapter 3. Merger by Means of the Formation of a New Company

- Sec. 114 Applicable provisions
- Sec. 115 Appointment of the bodies of the society
- Sec. 116 Resolutions by the representative councils
- Sec. 117 Formation and announcement of the new society

9 Deutsche gesellschafts- und steuerrechtliche Gesetzesvorschriften

§ 88 Geschäftsguthaben bei der Aufnahme von Kapitalgesellschaften und rechtsfähigen Vereinen
§ 89 Eintragung der Genossen in die Mitgliederliste, Benachrichtigung
§ 90 Ausschlagung durch einzelne Anteilsinhaber
§ 91 Form und Frist der Ausschlagung
§ 92 Eintragung der Ausschlagung in die Mitgliederliste
§ 93 Auseinandersetzung
§ 94 Auszahlung des Auseinandersetzungsguthabens
§ 95 Fortdauer der Nachschusspflicht

Zweiter Unterabschnitt. Verschmelzung durch Neugründung
§ 96 Anzuwendende Vorschriften
§ 97 Pflichten der Vertretungsorgane der übertragenden Rechtsträger
§ 98 Verschmelzungsbeschlüsse

Sechster Abschnitt. Verschmelzung unter Beteiligung rechtsfähiger Vereine
§ 99 Möglichkeit der Verschmelzung
§ 100 Prüfung der Verschmelzung
§ 101 Vorbereitung der Mitgliederversammlung
§ 102 Durchführung der Mitgliederversammlung
§ 103 Beschluss der Mitgliederversammlung
§ 104 Bekanntmachung der Verschmelzung
§ 104a Ausschluss der Barabfindung in bestimmten Fällen

Siebenter Abschnitt. Verschmelzung genossenschaftlicher Prüfungsverbände
§ 105 Möglichkeit der Verschmelzung
§ 106 Vorbereitung, Durchführung und Beschluss der Mitgliederversammlung
§ 107 Pflichten der Vorstände
§ 108 Austritt von Mitgliedern des übertragenden Verbandes

Achter Abschnitt. Verschmelzung von Versicherungsvereinen auf Gegenseitigkeit
Erster Unterabschnitt. Möglichkeit der Verschmelzung
§ 109 Verschmelzungsfähige Rechtsträger

Zweiter Unterabschnitt. Verschmelzung durch Aufnahme
§ 110 Inhalt des Verschmelzungsvertrags
§ 111 Bekanntmachung des Verschmelzungsvertrags
§ 112 Vorbereitung, Durchführung und Beschluss der Versammlung der obersten Vertretung
§ 113 Keine gerichtliche Nachprüfung

Dritter Unterabschnitt. Verschmelzung durch Neugründung
§ 114 Anzuwendende Vorschriften
§ 115 Bestellung der Vereinsorgane
§ 116 Beschlüsse der obersten Vertretungen
§ 117 Entstehung und Bekanntmachung des neuen Vereins

German company law and tax law provision

Subchapter 4. Merger of Small Societies
Sec. 118 Applicable provisions
Sec. 119 Announcement of the merger

Chapter 9. Merger of Corporations with the Assets and Liabilities of a Sole Shareholder

Sec. 120 Conditions for merger
Sec. 121 Applicable provisions
Sec. 122 Entry in the commercial register

Chapter 10. Cross-border Merger of Corporations

Sec. 122a Cross-border merger
Sec. 122b Companies entitled to merge
Sec. 122c Merger plan
Sec. 122d Announcement of the merger plan
Sec. 122e Merger report
Sec. 122f Merger audit
Sec. 122g Approval of the shareholders
Sec. 122h Improvement of the share exchange ratio
Sec. 122i Compensatory cash payment offered in the merger plan
Sec. 122j Protection of the creditors of the transferring company
Sec. 122k Merger certificate
Sec. 122l Registration of the cross-border merger

Book 3. Division
Part 1. General Provisions
Chapter 1. Conditions for Division

Sec. 123 Types of division
Sec. 124 Legal entities entitled to divide
Sec. 125 Applicable provisions

Chapter 2. Division by Means of Acquisition

Sec. 126 Contents of the division and takeover agreement
Sec. 127 Division report
Sec. 128 Approval of the division in special cases
Sec. 129 Application for registration of the division
Sec. 130 Registration of the division
Sec. 131 Effects of the registration
Sec. 132 *(cancelled)*
Sec. 133 Protection of creditors and holders of special rights
Sec. 134 Protection of creditors in special cases

Chapter 3. Division by Means of the Formation of a New Company

Sec. 135 Applicable provisions
Sec. 136 Division plan

11 Deutsche gesellschafts- und steuerrechtliche Gesetzesvorschriften

Vierter Unterabschnitt. Verschmelzung kleinerer Vereine
§ 118 Anzuwendende Vorschriften
§ 119 Bekanntmachung der Verschmelzung

Neunter Abschnitt. Verschmelzung von Kapitalgesellschaften mit dem Vermögen eines Alleingesellschafters
§ 120 Möglichkeit der Verschmelzung
§ 121 Anzuwendende Vorschriften
§ 122 Eintragung in das Handelsregister

Zehnter Abschnitt. Grenzüberschreitende Verschmelzung von Kapitalgesellschaften
§ 122a Grenzüberschreitende Verschmelzung
§ 122b Verschmelzungsfähige Gesellschaften
§ 122c Verschmelzungsplan
§ 122d Bekanntmachung des Verschmelzungsplans
§ 122e Verschmelzungsbericht
§ 122f Verschmelzungsprüfung
§ 122g Zustimmung der Anteilsinhaber
§ 122h Verbesserung des Umtauschverhältnisses
§ 122i Abfindungsangebot im Verschmelzungsplan
§ 122j Schutz der Gläubiger der übertragenden Gesellschaft
§ 122k Verschmelzungsbescheinigung
§ 122l Eintragung der grenzüberschreitenden Verschmelzung

Drittes Buch. Spaltung
Erster Teil. Allgemeine Vorschriften
Erster Abschnitt. Möglichkeit der Spaltung
§ 123 Arten der Spaltung
§ 124 Spaltungsfähige Rechtsträger
§ 125 Anzuwendende Vorschriften

Zweiter Abschnitt. Spaltung zur Aufnahme
§ 126 Inhalt des Spaltungs- und Übernahmevertrags
§ 127 Spaltungsbericht
§ 128 Zustimmung zur Spaltung in Sonderfällen
§ 129 Anmeldung der Spaltung
§ 130 Eintragung der Spaltung
§ 131 Wirkungen der Eintragung
§ 132 *(weggefallen)*
§ 133 Schutz der Gläubiger und der Inhaber von Sonderrechten
§ 134 Schutz der Gläubiger in besonderen Fällen

Dritter Abschnitt. Spaltung zur Neugründung
§ 135 Anzuwendende Vorschriften
§ 136 Spaltungsplan

German company law and tax law provision

Sec. 137 Application for registration and entry of the new legal entities and the division

Part 2. Special Provisions
Chapter 1. Division Involving Limited Liability Companies

Sec. 138 Report on the formation by contribution in kind
Sec. 139 Reduction of the share capital
Sec. 140 Application for registration of the partial division or the spin-off

Chapter 2. Division Involving Stock Corporations and Partnerships Limited by Shares

Sec. 141 Exclusion of division
Sec. 142 Division with capital increase, division report
Sec. 143 Special notification of changes in assets and liabilities
Sec. 144 Formation report and formation audit
Sec. 145 Reduction of the share capital
Sec. 146 Application for registration of the partial division or the spin-off

Chapter 3. Division Involving Registered Cooperative Societies
Sec. 147 Conditions for division
Sec. 148 Application for registration of the partial division or the spin-off

Chapter 4. Division Involving Societies with Legal Capacity
Sec. 149 Conditions for division

Chapter 5. Division Involving Cooperative Auditing Associations
Sec. 150 Conditions for division

Chapter 6. Division Involving Mutual Insurance Societies

Sec. 151 Conditions for division

Chapter 7. Spin-off from the Assets and Liabilities of a Sole Trader
Subchapter 1. Conditions for Spin-off
Sec. 152 Receiving or new legal entities

Subchapter 2. Spin-off by Means of Acquisition
Sec. 153 Spin-off report
Sec. 154 Registration of the spin-off
Sec. 155 Effects of the spin-off
Sec. 156 Liability of the sole trader
Sec. 157 Time limit for the liability for liabilities transferred

Subchapter 3. Spin-off by Means of the Formation of a New Company
Sec. 158 Applicable provisions
Sec. 159 Report on the formation by contribution in kind, formation report and formation audit
Sec. 160 Application for registration and entry

15 Deutsche gesellschafts- und steuerrechtliche Gesetzesvorschriften

Achter Abschnitt. Ausgliederung aus dem Vermögen rechtsfähiger Stiftungen
§ 161 Möglichkeit der Ausgliederung
§ 162 Ausgliederungsbericht
§ 163 Beschluss über den Vertrag
§ 164 Genehmigung der Ausgliederung
§ 165 Sachgründungsbericht und Gründungsbericht
§ 166 Haftung der Stiftung
§ 167 Zeitliche Begrenzung der Haftung für übertragene Verbindlichkeiten

Neunter Abschnitt. Ausgliederung aus dem Vermögen von Gebietskörperschaften oder Zusammenschlüssen von Gebietskörperschaften
§ 168 Möglichkeit der Ausgliederung
§ 169 Ausgliederungsbericht, Ausgliederungsbeschluss
§ 170 Sachgründungsbericht und Gründungsbericht
§ 171 Wirksamwerden der Ausgliederung
§ 172 Haftung der Körperschaft oder des Zusammenschlusses
§ 173 Zeitliche Begrenzung der Haftung für übertragene Verbindlichkeiten

Viertes Buch. Vermögensübertragung
Erster Teil. Möglichkeit der Vermögensübertragung
§ 174 Arten der Vermögensübertragung
§ 175 Beteiligte Rechtsträger

Zweiter Teil. Übertragung des Vermögens oder von Vermögensteilen einer Kapitalgesellschaft auf die öffentliche Hand
Erster Abschnitt. Vollübertragung
§ 176 Anwendung der Verschmelzungsvorschriften

Zweiter Abschnitt. Teilübertragung
§ 177 Anwendung der Spaltungsvorschriften

Dritter Teil. Vermögensübertragung unter Versicherungsunternehmen
Erster Abschnitt. Übertragung des Vermögens einer Aktiengesellschaft auf Versicherungsvereine auf Gegenseitigkeit oder öffentlich-rechtliche Versicherungsunternehmen
Erster Unterabschnitt. Vollübertragung
§ 178 Anwendung der Verschmelzungsvorschriften
Zweiter Unterabschnitt. Teilübertragung
§ 179 Anwendung der Spaltungsvorschriften

Zweiter Abschnitt. Übertragung des Vermögens eines Versicherungsvereins auf Gegenseitigkeit auf Aktiengesellschaften oder öffentlich-rechtliche Versicherungsunternehmen
Erster Unterabschnitt. Vollübertragung
§ 180 Anwendung der Verschmelzungsvorschriften
§ 181 Gewährung der Gegenleistung
§ 182 Unterrichtung der Mitglieder

German company law and tax law provision

Sec. 183 Appointment of a trustee

Subchapter 2. Partial Transfer

Sec. 184 Application of the division provisions

Chapter 3. Transfer of the Assets and Liabilities of a Small Mutual Insurance Society to a Stock Corporation or a Public Law Insurance Company

Sec. 185 Conditions for the transfer of assets and liabilities

Sec. 186 Applicable provisions

Sec. 187 Announcement of the transfer of assets and liabilities

Chapter 4. Transfer of the Assets and Liabilities of a Public Law Insurance Company to Stock Corporations or Mutual Insurance Societies

Subchapter 1. Complete Transfer

Sec. 188 Application of the merger provisions

Subchapter 2. Partial Transfer

Sec. 189 Application of the division provisions

Book 5. Change of Legal Form
Part 1. General Provisions

Sec. 190 General scope of application

Sec. 191 Legal entities involved

Sec. 192 Reorganisation report

Sec. 193 Reorganisation resolution

Sec. 194 Contents of the reorganisation resolution

Sec. 195 Time limit for and exclusion of legal actions against the reorganisation resolution

Sec. 196 Improvement of the participation ratio

Sec. 197 Applicable formation provisions

Sec. 198 Application for registration of the change of legal form

Sec. 199 Enclosures to the application for registration

Sec. 200 Business name or name of the legal entity

Sec. 201 Announcement of the change of legal form

Sec. 202 Effects of the registration

Sec. 203 Term of office of supervisory board members

Sec. 204 Protection of creditors and holders of special rights

Sec. 205 Liability for damages of the administrative bodies of the legal entity changing its legal form

Sec. 206 Assertion of claims for damages

Sec. 207 Compensatory cash payment offer

Sec. 208 Terms of the claim for a compensatory cash payment and audit of the compensatory cash payment

Sec. 209 Acceptance of the offer

Sec. 210 Exclusion of legal actions against the reorganisation resolution

§ 183 Bestellung eines Treuhänders

Zweiter Unterabschnitt. Teilübertragung
§ 184 Anwendung der Spaltungsvorschriften

Dritter Abschnitt. *Übertragung des Vermögens eines kleineren Versicherungsvereins auf Gegenseitigkeit auf eine Aktiengesellschaft oder auf ein öffentlich-rechtliches Versicherungsunternehmen*
§ 185 Möglichkeit der Vermögensübertragung
§ 186 Anzuwendende Vorschriften
§ 187 Bekanntmachung der Vermögensübertragung

Vierter Abschnitt. *Übertragung des Vermögens eines öffentlich-rechtlichen Versicherungsunternehmens auf Aktiengesellschaften oder Versicherungsvereine auf Gegenseitigkeit*
Erster Unterabschnitt. Vollübertragung
§ 188 Anwendung der Verschmelzungsvorschriften
Zweiter Unterabschnitt. Teilübertragung
§ 189 Anwendung der Spaltungsvorschriften

Fünftes Buch. Formwechsel
Erster Teil. Allgemeine Vorschriften
§ 190 Allgemeiner Anwendungsbereich
§ 191 Einbezogene Rechtsträger
§ 192 Umwandlungsbericht
§ 193 Umwandlungsbeschluss
§ 194 Inhalt des Umwandlungsbeschlusses
§ 195 Befristung und Ausschluss von Klagen gegen den Umwandlungsbeschluss
§ 196 Verbesserung des Beteiligungsverhältnisses
§ 197 Anzuwendende Gründungsvorschriften
§ 198 Anmeldung des Formwechsels
§ 199 Anlagen der Anmeldung
§ 200 Firma oder Name des Rechtsträgers
§ 201 Bekanntmachung des Formwechsels
§ 202 Wirkungen der Eintragung
§ 203 Amtsdauer von Aufsichtsratsmitgliedern
§ 204 Schutz der Gläubiger und der Inhaber von Sonderrechten
§ 205 Schadenersatzpflicht der Verwaltungsträger des formwechselnden Rechtsträgers

§ 206 Geltendmachung des Schadenersatzanspruchs
§ 207 Angebot der Barabfindung
§ 208 Inhalt des Anspruchs auf Barabfindung und Prüfung der Barabfindung

§ 209 Annahme des Angebots
§ 210 Ausschluss von Klagen gegen den Umwandlungsbeschluss

German company law and tax law provision

Sec. 211 Other disposal
Sec. 212 Judicial review of the compensatory cash payment
Sec. 213 Unknown stockholders

Part 2. Special Provisions
Chapter 1. Change of Legal Form of Partnerships
Subchapter 1. Change of Legal Form of Commercial Partnerships

Sec. 214 Conditions for change of legal form
Sec. 215 Reorganisation report
Sec. 216 Notification of the partners
Sec. 217 Resolution by the partners' meeting
Sec. 218 Contents of the reorganisation resolution
Sec. 219 Legal status as founder
Sec. 220 Capital protection
Sec. 221 Entry of general partners
Sec. 222 Application for registration of the change of legal form
Sec. 223 Enclosures to the application for registration
Sec. 224 Continuation of and time limit for personal liability
Sec. 225 Audit of the compensatory cash payment

Subchapter 2. Change of Legal Form of Professional Partnership Companies

Sec. 225a Conditions for change of legal form
Sec. 225b Reorganisation report and notification of the partners
Sec. 225c Applicable provisions

Chapter 2. Change of Legal Form of Corporations
Subchapter 1. General Provisions

Sec. 226 Conditions for change of legal form
Sec. 227 Inapplicable provisions

Subchapter 2. Change of Legal Form into a Partnership

Sec. 228 Conditions for change of legal form
Sec. 229 *(cancelled)*
Sec. 230 Preparation of the shareholders' meeting
Sec. 231 Notification of the compensatory cash payment
Sec. 232 Holding of the shareholders' meeting
Sec. 233 Resolution by the shareholders' meeting
Sec. 234 Contents of the reorganisation resolution
Sec. 235 Application for registration of the change of legal form
Sec. 236 Effects of the change of legal form
Sec. 237 Continuation of and time limit for personal liability

Subchapter 3. Change of Legal Form into a Corporation of a Different Legal Form

Sec. 238 Preparation of the shareholders' meeting
Sec. 239 Holding of the shareholders' meeting

19 Deutsche gesellschafts- und steuerrechtliche Gesetzesvorschriften

§ 211 Anderweitige Veräußerung
§ 212 Gerichtliche Nachprüfung der Abfindung
§ 213 Unbekannte Aktionäre

Zweiter Teil. Besondere Vorschriften
Erster Abschnitt. Formwechsel von Personengesellschaften
Erster Unterabschnitt. Formwechsel von Personenhandelsgesellschaften
§ 214 Möglichkeit des Formwechsels
§ 215 Umwandlungsbericht
§ 216 Unterrichtung der Gesellschafter
§ 217 Beschluss der Gesellschafterversammlung
§ 218 Inhalt des Umwandlungsbeschlusses
§ 219 Rechtsstellung als Gründer
§ 220 Kapitalschutz
§ 221 Beitritt persönlich haftender Gesellschafter
§ 222 Anmeldung des Formwechsels
§ 223 Anlagen der Anmeldung
§ 224 Fortdauer und zeitliche Begrenzung der persönlichen Haftung
§ 225 Prüfung des Abfindungsangebots

Zweiter Unterabschnitt. Formwechsel von Partnerschaftsgesellschaften
§ 225a Möglichkeit des Formwechsels
§ 225b Umwandlungsbericht und Unterrichtung der Partner
§ 225c Anzuwendende Vorschriften

Zweiter Abschnitt. Formwechsel von Kapitalgesellschaften
Erster Unterabschnitt. Allgemeine Vorschriften
§ 226 Möglichkeit des Formwechsels
§ 227 Nicht anzuwendende Vorschriften

Zweiter Unterabschnitt. Formwechsel in eine Personengesellschaft
§ 228 Möglichkeit des Formwechsels
§ 229 *(weggefallen)*
§ 230 Vorbereitung der Versammlung der Anteilsinhaber
§ 231 Mitteilung des Abfindungsangebots
§ 232 Durchführung der Versammlung der Anteilsinhaber
§ 233 Beschluss der Versammlung der Anteilsinhaber
§ 234 Inhalt des Umwandlungsbeschlusses
§ 235 Anmeldung des Formwechsels
§ 236 Wirkungen des Formwechsels
§ 237 Fortdauer und zeitliche Begrenzung der persönlichen Haftung

Dritter Unterabschnitt. Formwechsel in eine Kapitalgesellschaft anderer Rechtsform
§ 238 Vorbereitung der Versammlung der Anteilsinhaber
§ 239 Durchführung der Versammlung der Anteilsinhaber

German company law and tax law provision

Sec. 240 Resolution by the shareholders' meeting
Sec. 241 Approval requirements in the case of change of legal form of a limited liability company
Sec. 242 Approval requirements in the case of change of legal form of a stock corporation or a partnership limited by shares
Sec. 243 Contents of the reorganisation resolution
Sec. 244 Record of the reorganisation resolution, articles of association
Sec. 245 Legal status as founder; capital protection
Sec. 246 Application for registration of the change of legal form
Sec. 247 Effects of the change of legal form
Sec. 248 Exchange of shares
Sec. 249 Protection of creditors
Sec. 250 Inapplicable provisions

Subchapter 4. Change of Legal Form into a Registered Cooperative Society

Sec. 251 Preparation and holding of the shareholders' meeting
Sec. 252 Resolution by the shareholders' meeting
Sec. 253 Contents of the reorganisation resolution
Sec. 254 Application for registration of the change of legal form
Sec. 255 Effects of the change of legal form
Sec. 256 Cooperative share, notification of the members
Sec. 257 Protection of creditors

Chapter 3. Change of Legal Form of Registered Cooperative Societies

Sec. 258 Conditions for change of legal form
Sec. 259 Opinion by the audit association
Sec. 260 Preparation of the general meeting
Sec. 261 Holding of the general meeting
Sec. 262 Resolution by the general meeting
Sec. 263 Contents of the reorganisation resolution
Sec. 264 Capital protection
Sec. 265 Application for registration of the change of legal form
Sec. 266 Effects of the change of legal form
Sec. 267 Notification of the shareholders
Sec. 268 Request to the stockholders, disposal of stocks
Sec. 269 Resolution by the general meeting, authorised capital
Sec. 270 Compensatory cash payment offer
Sec. 271 Continuation of the obligation to make additional contributions

Chapter 4. Change of Legal Form of Societies with Legal Capacity

Subchapter 1. General Provisions

Sec. 272 Conditions for change of legal form

Subchapter 2. Change of Legal Form into a Corporation

Sec. 273 Conditions for change of legal form

21 Deutsche gesellschafts- und steuerrechtliche Gesetzesvorschriften

§ 240 Beschluss der Versammlung der Anteilsinhaber
§ 241 Zustimmungserfordernisse beim Formwechsel einer Gesellschaft mit beschränkter Haftung
§ 242 Zustimmungserfordernis beim Formwechsel einer Aktiengesellschaft oder einer Kommanditgesellschaft auf Aktien
§ 243 Inhalt des Umwandlungsbeschlusses
§ 244 Niederschrift über den Umwandlungsbeschluss, Gesellschaftsvertrag
§ 245 Rechtsstellung als Gründer; Kapitalschutz
§ 246 Anmeldung des Formwechsels
§ 247 Wirkungen des Formwechsels
§ 248 Umtausch der Anteile
§ 249 Gläubigerschutz
§ 250 Nicht anzuwendende Vorschriften

Vierter Unterabschnitt. Formwechsel in eine eingetragene Genossenschaft
§ 251 Vorbereitung und Durchführung der Versammlung der Anteilsinhaber
§ 252 Beschluss der Versammlung der Anteilsinhaber
§ 253 Inhalt des Umwandlungsbeschlusses
§ 254 Anmeldung des Formwechsels
§ 255 Wirkungen des Formwechsels
§ 256 Geschäftsguthaben, Benachrichtigung der Mitglieder
§ 257 Gläubigerschutz

Dritter Abschnitt. Formwechsel eingetragener Genossenschaften
§ 258 Möglichkeit des Formwechsels
§ 259 Gutachten des Prüfungsverbandes
§ 260 Vorbereitung der Generalversammlung
§ 261 Durchführung der Generalversammlung
§ 262 Beschluss der Generalversammlung
§ 263 Inhalt des Umwandlungsbeschlusses
§ 264 Kapitalschutz
§ 265 Anmeldung des Formwechsels
§ 266 Wirkungen des Formwechsels
§ 267 Benachrichtigung der Anteilsinhaber
§ 268 Aufforderung an die Aktionäre, Veräußerung von Aktien
§ 269 Hauptversammlungsbeschlüsse, genehmigtes Kapital
§ 270 Abfindungsangebot
§ 271 Fortdauer der Nachschusspflicht

Vierter Abschnitt. Formwechsel rechtsfähiger Vereine
Erster Unterabschnitt. Allgemeine Vorschriften
§ 272 Möglichkeit des Formwechsels

Zweiter Unterabschnitt. Formwechsel in eine Kapitalgesellschaft
§ 273 Möglichkeit des Formwechsels

- Sec. 274 Preparation and holding of the members' meeting
- Sec. 275 Resolution by the members' meeting
- Sec. 276 Contents of the reorganisation resolution
- Sec. 277 Capital protection
- Sec. 278 Application for registration of the change of legal form
- Sec. 279 *(cancelled)*
- Sec. 280 Effects of the change of legal form
- Sec. 281 Notification of the shareholders, disposal of stocks, resolutions by the general meeting
- Sec. 282 Compensatory cash payment offer

Subchapter 3. Change of Legal Form into a Registered Cooperative Society

- Sec. 283 Preparation and holding of the members' meeting
- Sec. 284 Resolution by the members' meeting
- Sec. 285 Contents of the reorganisation resolution
- Sec. 286 Application for registration of the change of legal form
- Sec. 287 *(cancelled)*
- Sec. 288 Effects of the change of legal form
- Sec. 289 Cooperative share, notification of the members
- Sec. 290 Compensatory cash payment offer

Chapter 5. Change of Legal Form of Mutual Insurance Societies

- Sec. 291 Conditions for change of legal form
- Sec. 292 Preparation and holding of the meeting of the representative council
- Sec. 293 Resolution by the representative council
- Sec. 294 Contents of the reorganisation resolution
- Sec. 295 Capital protection
- Sec. 296 Application for registration of the change of legal form
- Sec. 297 *(cancelled)*
- Sec. 298 Effects of the change of legal form
- Sec. 299 Notification of the stockholders, disposal of stocks, resolutions by the general meeting
- Sec. 300 Compensatory cash payment offer

Chapter 6. Change of Legal Form of Public Law Corporate Entities and Institutions under Public Law

- Sec. 301 Conditions for change of legal form
- Sec. 302 Applicable provisions
- Sec. 303 Capital protection, approval requirements
- Sec. 304 Coming into effect of the change of legal form
- Secs. 305 - 312 *(cancelled)*

Book 6. Penal Provisions and Administrative Fines

- Sec. 313 Misrepresentation
- Sec. 314 Breach of duty to report

23 Deutsche gesellschafts- und steuerrechtliche Gesetzesvorschriften

§ 274 Vorbereitung und Durchführung der Mitgliederversammlung
§ 275 Beschluss der Mitgliederversammlung
§ 276 Inhalt des Umwandlungsbeschlusses
§ 277 Kapitalschutz
§ 278 Anmeldung des Formwechsels
§ 279 *(weggefallen)*
§ 280 Wirkungen des Formwechsels
§ 281 Benachrichtigung der Anteilsinhaber, Veräußerung von Aktien, Hauptversammlungsbeschlüsse
§ 282 Abfindungsangebot

Dritter Unterabschnitt. Formwechsel in eine eingetragene Genossenschaft
§ 283 Vorbereitung und Durchführung der Mitgliederversammlung
§ 284 Beschluss der Mitgliederversammlung
§ 285 Inhalt des Umwandlungsbeschlusses
§ 286 Anmeldung des Formwechsels
§ 287 *(weggefallen)*
§ 288 Wirkungen des Formwechsels
§ 289 Geschäftsguthaben, Benachrichtigung der Mitglieder
§ 290 Abfindungsangebot

Fünfter Abschnitt. Formwechsel von Versicherungsvereinen auf Gegenseitigkeit
§ 291 Möglichkeit des Formwechsels
§ 292 Vorbereitung und Durchführung der Versammlung der obersten Vertretung
§ 293 Beschluss der obersten Vertretung
§ 294 Inhalt des Umwandlungsbeschlusses
§ 295 Kapitalschutz
§ 296 Anmeldung des Formwechsels
§ 297 *(weggefallen)*
§ 298 Wirkungen des Formwechsels
§ 299 Benachrichtigung der Aktionäre, Veräußerung von Aktien, Hauptversammlungsbeschlüsse
§ 300 Abfindungsangebot

Sechster Abschnitt. Formwechsel von Körperschaften und Anstalten des öffentlichen Rechts
§ 301 Möglichkeit des Formwechsels
§ 302 Anzuwendende Vorschriften
§ 303 Kapitalschutz, Zustimmungserfordernisse
§ 304 Wirksamwerden des Formwechsels
§§ 305 - 312 *(weggefallen)*

Sechstes Buch. Strafvorschriften und Zwangsgelder
§ 313 Unrichtige Darstellung
§ 314 Verletzung der Berichtspflicht

German company law and tax law provision

Sec. 314a False information
Sec. 315 Breach of duty of confidentiality
Sec. 316 Administrative fines

Book 7. Transitional and Concluding Provisions

Sec. 317 Reorganisation of existing formerly founded legal persons
Sec. 318 Initiated reorganisations, conversion to Euro
Sec. 319 Release from liability with regard to existing formerly incurred liabilities
Sec. 320 Cancellation of the German Reorganisation Act of 1969
Sec. 321 *(cancelled)*
Sec. 322 Joint business
Sec. 323 Legal status under dismissal protection law
Sec. 324 Rights and duties on the transfer of a business
Sec. 325 Maintenance of codetermination

Deutsche gesellschafts- und steuerrechtliche Gesetzesvorschriften

§ 314a Falsche Angaben
§ 315 Verletzung der Geheimhaltungspflicht
§ 316 Zwangsgelder

Siebentes Buch. Übergangs- und Schlussvorschriften
§ 317 Umwandlung alter juristischer Personen
§ 318 Eingeleitete Umwandlungen. Umstellung auf den Euro
§ 319 Enthaftung bei Altverbindlichkeiten
§ 320 Aufhebung des Umwandlungsgesetzes 1969
§ 321 *(weggefallen)*
§ 322 Gemeinsamer Betrieb
§ 323 Kündigungsrechtliche Stellung
§ 324 Rechte und Pflichten bei Betriebsübergang
§ 325 Mitbestimmungsbeibehaltung

Book 1: Forms of Reorganisation

Sec. 1 Types of reorganisation, statutory restrictions

(1) Legal entities with a domestic registered office may be transformed
    1. by merger;
    2. by division (division, partial division, spin-off by operation of law);
    3. by transfer of assets and liabilities;
    4. by change of legal form.

(2) Apart from the cases regulated by this Act, any reorganisation within the meaning of Paragraph 1 shall only be possible if expressly provided for by another Federal act of law or any Land legislation.

(3) ¹Any derogation from the provisions of this Act shall require express permission. ²Supplementary provisions in agreements, statutes or declarations of intention shall be permissible, unless this Act provides a final regulation.

Book 2: Merger

Part 1: General Provisions

Chapter 1: Conditions for Merger

Sec. 2 Types of merger

Legal entities may merge on dissolution without liquidation

1. by means of merger by acquisition through the transfer of the assets and liabilities of one legal entity or several legal entities (transferring legal entities) as a whole to another existing legal entity (receiving legal entity), or
2. by means of the formation of a new company through the transfer of the assets and liabilities of two or more legal entities (transferring legal entities), each time as a whole, to a new legal entity formed by them through this transaction,

against the grant of shares or memberships in the receiving or new legal entity to the shareholders (shareholders, partners, stockholders or members) of the transferring legal entities.

Sec. 3 Legal entities entitled to merge

(1) The following legal entities may be involved in a merger as transferring, receiving or new legal entities:
    1. commercial partnerships (general commercial partnerships, limited partnerships) and professional partnership companies;
    2. corporations (limited liability companies, stock corporations, partnerships limited by shares);
    3. registered cooperative societies;
    4. incorporated societies (Sec. 21 German Civil Code);
    5. cooperative auditing associations;
    6. mutual insurance societies.

(2) Furthermore, the following legal entities may be involved in a merger:

# Deutsche gesellschafts- und steuerrechtliche Gesetzesvorschriften

Erstes Buch: Möglichkeiten von Umwandlungen

§ 1 Arten der Umwandlung, gesetzliche Beschränkungen

(1) Rechtsträger mit Sitz im Inland können umgewandelt werden
   1. durch Verschmelzung;
   2. durch Spaltung (Aufspaltung, Abspaltung, Ausgliederung);
   3. durch Vermögensübertragung;
   4. durch Formwechsel.

(2) Eine Umwandlung im Sinne des Absatzes 1 ist außer in den in diesem Gesetz geregelten Fällen nur möglich, wenn sie durch ein anderes Bundesgesetz oder ein Landesgesetz ausdrücklich vorgesehen ist.

(3) [1]Von den Vorschriften dieses Gesetzes kann nur abgewichen werden, wenn dies ausdrücklich zugelassen ist. [2]Ergänzende Bestimmungen in Verträgen, Satzungen oder Willenserklärungen sind zulässig, es sei denn, dass dieses Gesetz eine abschließende Regelung enthält.

Zweites Buch: Verschmelzung

Erster Teil: Allgemeine Vorschriften

Erster Abschnitt: Möglichkeit der Verschmelzung

§ 2 Arten der Verschmelzung

Rechtsträger können unter Auflösung ohne Abwicklung verschmolzen werden

1. im Wege der Aufnahme durch Übertragung des Vermögens eines Rechtsträgers oder mehrerer Rechtsträger (übertragende Rechtsträger) als Ganzes auf einen anderen bestehenden Rechtsträger (übernehmender Rechtsträger) oder
2. im Wege der Neugründung durch Übertragung der Vermögen zweier oder mehrerer Rechtsträger (übertragende Rechtsträger) jeweils als Ganzes auf einen neuen, von ihnen dadurch gegründeten Rechtsträger

gegen Gewährung von Anteilen oder Mitgliedschaften des übernehmenden oder neuen Rechtsträgers an die Anteilsinhaber (Gesellschafter, Partner, Aktionäre oder Mitglieder) der übertragenden Rechtsträger.

§ 3 Verschmelzungsfähige Rechtsträger

(1) An Verschmelzungen können als übertragende, übernehmende oder neue Rechtsträger beteiligt sein:
   1. Personenhandelsgesellschaften (offene Handelsgesellschaften, Kommanditgesellschaften) und Partnerschaftsgesellschaften;
   2. Kapitalgesellschaften (Gesellschaften mit beschränkter Haftung, Aktiengesellschaften, Kommanditgesellschaften auf Aktien);
   3. eingetragene Genossenschaften;
   4. eingetragene Vereine (§ 21 des Bürgerlichen Gesetzbuchs);
   5. genossenschaftliche Prüfungsverbände;
   6. Versicherungsvereine auf Gegenseitigkeit.

(2) An einer Verschmelzung können ferner beteiligt sein:

German company law and tax law provision

1. for-profit societies (Sec. 22 German Civil Code), provided that they are the transferring legal entity;
2. natural persons receiving the assets and liabilities of a corporation as sole shareholder of the latter.

(3) Even dissolved legal entities may be involved in the merger as transferring legal entities if the continuation of such dissolved legal entities might be decided.

(4) In the absence of any provision to the contrary, the merger may be effected with the concurrent involvement of legal entities of the same legal form and legal entities of a different legal form.

Chapter 2: Merger by Means of Acquisition

Sec. 4 Merger agreement

(1) ^{1}The representative bodies of the legal entities involved in the merger shall enter into a merger agreement. ^{2}Sec. 311b (2) German Civil Code shall not apply to such an agreement.

(2) In the event that the agreement is to be concluded in accordance with any of the resolutions required pursuant to Sec. 13, a written draft of the agreement has to be prepared before that resolution.

Sec. 5 Contents of the merger agreement

(1) The agreement or the draft agreement must at least provide the following information:
   1. the name or business name and the registered office of the legal entities involved in the merger;
   2. the agreement with regard to the transfer of the assets and liabilities of each transferring legal entity as a whole against the grant of shares or memberships in the receiving legal entity;
   3. the share exchange ratio and, where appropriate, the amount of the additional cash payment or details of the membership in the receiving legal entity;
   4. details with regard to the transfer of the shares of the receiving legal entity or the acquisition of membership in the receiving legal entity;
   5. the date as from which such shares or memberships will grant a right to a share in the net profit for the year, as well as any special terms in respect of that right;
   6. the date as from which the acts effected by the transferring legal entities shall be deemed performed for the account of the receiving legal entity (effective merger date);
   7. the rights granted by the receiving legal entity to individual shareholders and to the holders of special rights as, for example, non-voting shares, preference shares, multiple voting shares, bonds and profit participation rights, or any measures envisaged for such persons;
   8. any special benefit granted to a member of a representative body or a supervisory body of the legal entities involved in the merger, a managing partner, a partner, an auditor or a merger auditor;
   9. the consequences of the merger for the employees and their representative bodies as well as any measures so far envisaged.

1. wirtschaftliche Vereine (§ 22 des Bürgerlichen Gesetzbuchs), soweit sie übertragender Rechtsträger sind;
2. natürliche Personen, die als Alleingesellschafter einer Kapitalgesellschaft deren Vermögen übernehmen.

(3) An der Verschmelzung können als übertragende Rechtsträger auch aufgelöste Rechtsträger beteiligt sein, wenn die Fortsetzung dieser Rechtsträger beschlossen werden könnte.

(4) Die Verschmelzung kann sowohl unter gleichzeitiger Beteiligung von Rechtsträgern derselben Rechtsform als auch von Rechtsträgern unterschiedlicher Rechtsform erfolgen, soweit nicht etwas anderes bestimmt ist.

Zweiter Abschnitt: Verschmelzung durch Aufnahme

§ 4 Verschmelzungsvertrag

(1) ¹Die Vertretungsorgane der an der Verschmelzung beteiligten Rechtsträger schließen einen Verschmelzungsvertrag. ²§ 311b Abs. 2 des Bürgerlichen Gesetzbuchs gilt für ihn nicht.

(2) Soll der Vertrag nach einem der nach § 13 erforderlichen Beschlüsse geschlossen werden, so ist vor diesem Beschluss ein schriftlicher Entwurf des Vertrags aufzustellen.

§ 5 Inhalt des Verschmelzungsvertrags

(1) Der Vertrag oder sein Entwurf muss mindestens folgende Angaben enthalten:
1. den Namen oder die Firma und den Sitz der an der Verschmelzung beteiligten Rechtsträger;
2. die Vereinbarung über die Übertragung des Vermögens jedes übertragenden Rechtsträgers als Ganzes gegen Gewährung von Anteilen oder Mitgliedschaften an dem übernehmenden Rechtsträger;
3. das Umtauschverhältnis der Anteile und gegebenenfalls die Höhe der baren Zuzahlung oder Angaben über die Mitgliedschaft bei dem übernehmenden Rechtsträger;
4. die Einzelheiten für die Übertragung der Anteile des übernehmenden Rechtsträgers oder über den Erwerb der Mitgliedschaft bei dem übernehmenden Rechtsträger;
5. den Zeitpunkt, von dem an diese Anteile oder die Mitgliedschaften einen Anspruch auf einen Anteil am Bilanzgewinn gewähren, sowie alle Besonderheiten in Bezug auf diesen Anspruch;
6. den Zeitpunkt, von dem an die Handlungen der übertragenden Rechtsträger als für Rechnung des übernehmenden Rechtsträgers vorgenommen gelten (Verschmelzungsstichtag);
7. die Rechte, die der übernehmende Rechtsträger einzelnen Anteilsinhabern sowie den Inhabern besonderer Rechte wie Anteile ohne Stimmrecht, Vorzugsaktien, Mehrstimmrechtsaktien, Schuldverschreibungen und Genussrechte gewährt, oder die für diese Personen vorgesehenen Maßnahmen;
8. jeden besonderen Vorteil, der einem Mitglied eines Vertretungsorgans oder eines Aufsichtsorgans der an der Verschmelzung beteiligten Rechtsträger, einem geschäftsführenden Gesellschafter, einem Partner, einem Abschlussprüfer oder einem Verschmelzungsprüfer gewährt wird;
9. die Folgen der Verschmelzung für die Arbeitnehmer und ihre Vertretungen sowie die insoweit vorgesehenen Maßnahmen.

German company law and tax law provision

(2) In the event that all shares of a transferring legal entity are held by the receiving legal entity, the information on the exchange of the shares (Paragraph 1 No. 2 to 5) shall not be required in so far as the acquisition of that legal entity is concerned.

(3) The agreement or the draft agreement is to be forwarded to the competent works council of each involved legal entity at the latest one month before the date of the meeting of the shareholders of such a legal entity which is to decide on the approval of the merger agreement pursuant to Sec. 13 (1).

Sec. 6 Form of the merger agreement

The merger agreement must be officially recorded by a notary.

Sec. 7 Termination of the merger agreement

[1]In the event that the merger agreement has been entered into subject to a condition which has not occurred within five years from the conclusion of the agreement, each party may terminate the agreement after five years by giving six months' notice; a period of less than five years may be agreed upon in the merger agreement. [2]Notice of termination may always only be given by the end of the fiscal year of the legal entity vis-à-vis which it is declared.

Sec. 8 Merger report

(1) [1]The representative bodies of each legal entity involved in the merger must give a detailed written report, in which they explain the legal and economic aspects of and the reasons for the merger, the merger agreement or the draft agreement in detail and, in particular, the share exchange ratio or the details of membership in the receiving legal entity, as well as the amount of any compensatory cash payment to be offered (merger report); the report may also be submitted jointly by the representative bodies. [2]Reference is to be made to any particular difficulties with regard to the valuation of the legal entities, as well as to the consequences for the holdings of the shareholders. [3]In the event that a legal entity involved in the merger is a related company within the meaning of Sec. 15 German Stock Corporation Act, the report must also provide information on all matters of the other related companies relevant to the merger. [4]The representative bodies' obligation to provide information shall also extend to such matters.

(2) [1]There is no need for the report to include any facts the emergence of which might adversely affect any of the legal entities involved or any related company in a non-immaterial way. [2]The report must in this case explain the reasons why such facts have not been taken down.

(3) [1]The report shall not be required if all shareholders of all legal entities involved waive such a report or if all shares of the transferring legal entity are held by the receiving legal entity. [2]Waivers are to be officially recorded by a notary.

Sec. 9 Merger audit

(1) In so far as provided for in this Act, the merger agreement or the draft agreement have to be audited by one or several competent auditors (merger auditors).

(2) In the event that all shares of a transferring legal entity are held by the receiving legal entity, a merger audit as per Paragraph 1 shall not be required in so far as the acquisition of that legal entity is concerned.

31 Deutsche gesellschafts- und steuerrechtliche Gesetzesvorschriften

(2) Befinden sich alle Anteile eines übertragenden Rechtsträgers in der Hand des übernehmenden Rechtsträgers, so entfallen die Angaben über den Umtausch der Anteile (Absatz 1 Nr. 2 bis 5), soweit sie die Aufnahme dieses Rechtsträgers betreffen.

(3) Der Vertrag oder sein Entwurf ist spätestens einen Monat vor dem Tage der Versammlung der Anteilsinhaber jedes beteiligten Rechtsträgers, die gemäß § 13 Abs. 1 über die Zustimmung zum Verschmelzungsvertrag beschließen soll, dem zuständigen Betriebsrat dieses Rechtsträgers zuzuleiten.

§ 6 Form des Verschmelzungsvertrags
Der Verschmelzungsvertrag muss notariell beurkundet werden.

§ 7 Kündigung des Verschmelzungsvertrags
[1]Ist der Verschmelzungsvertrag unter einer Bedingung geschlossen worden und ist diese binnen fünf Jahren nach Abschluss des Vertrags nicht eingetreten, so kann jeder Teil den Vertrag nach fünf Jahren mit halbjähriger Frist kündigen; im Verschmelzungsvertrag kann eine kürzere Zeit als fünf Jahre vereinbart werden. [2]Die Kündigung kann stets nur für den Schluss des Geschäftsjahres des Rechtsträgers, dem gegenüber sie erklärt wird, ausgesprochen werden.

§ 8 Verschmelzungsbericht
(1) [1]Die Vertretungsorgane jedes der an der Verschmelzung beteiligten Rechtsträger haben einen ausführlichen schriftlichen Bericht zu erstatten, in dem die Verschmelzung, der Verschmelzungsvertrag oder sein Entwurf im einzelnen und insbesondere das Umtauschverhältnis der Anteile oder die Angaben über die Mitgliedschaft bei dem übernehmenden Rechtsträger sowie die Höhe einer anzubietenden Barabfindung rechtlich und wirtschaftlich erläutert und begründet werden (Verschmelzungsbericht); der Bericht kann von den Vertretungsorganen auch gemeinsam erstattet werden. [2]Auf besondere Schwierigkeiten bei der Bewertung der Rechtsträger sowie auf die Folgen für die Beteiligung der Anteilsinhaber ist hinzuweisen. [3]Ist ein an der Verschmelzung beteiligter Rechtsträger ein verbundenes Unternehmen im Sinne des § 15 des Aktiengesetzes, so sind in dem Bericht auch Angaben über alle für die Verschmelzung wesentlichen Angelegenheiten der anderen verbundenen Unternehmen zu machen. [4]Auskunftspflichten der Vertretungsorgane erstrecken sich auch auf diese Angelegenheiten.

(2) [1]In den Bericht brauchen Tatsachen nicht aufgenommen zu werden, deren Bekanntwerden geeignet ist, einem der beteiligten Rechtsträger oder einem verbundenen Unternehmen einen nicht unerheblichen Nachteil zuzufügen. [2]In diesem Falle sind in dem Bericht die Gründe, aus denen die Tatsachen nicht aufgenommen worden sind, darzulegen.

(3) [1]Der Bericht ist nicht erforderlich, wenn alle Anteilsinhaber aller beteiligten Rechtsträger auf seine Erstattung verzichten oder sich alle Anteile des übertragenden Rechtsträgers in der Hand des übernehmenden Rechtsträgers befinden. [2]Die Verzichtserklärungen sind notariell zu beurkunden.

§ 9 Prüfung der Verschmelzung
(1) Soweit in diesem Gesetz vorgeschrieben, ist der Verschmelzungsvertrag oder sein Entwurf durch einen oder mehrere sachverständige Prüfer (Verschmelzungsprüfer) zu prüfen.

(2) Befinden sich alle Anteile eines übertragenden Rechtsträgers in der Hand des übernehmenden Rechtsträgers, so ist eine Verschmelzungsprüfung nach Absatz 1 nicht erforderlich, soweit sie die Aufnahme dieses Rechtsträgers betrifft.

(3) Sec. 8 (3) shall apply *mutatis mutandis*.

Sec. 10 Appointment of the merger auditors

(1) ¹The merger auditors shall be elected and appointed by the court at the request of the representative body. ²They may be appointed jointly upon joint application by the representative bodies for several or all legal entities involved. ³Sec. 318 (5) German Commercial Code shall apply to the reimbursement of expenses and the payment of the auditors appointed by the court.

(2) ¹The competent court shall be any regional court in whose district the registered office of a transferring legal entity is located. ²In the event that the regional court has a commercial division, the presiding judge of the latter shall decide in lieu of the civil division.

(3) Unless otherwise provided for in the following paragraphs, the legal provisions on matters of non-contentious jurisdiction shall apply to the procedure.

(4) ¹The government of a Land may by an ordinance with regard to the districts of several regional courts delegate the decision to any of these regional courts if this serves the purpose of securing consistent jurisdiction. ²The government of the Land may delegate the authorisation to the Land administration of justice.

(5) ¹The decision shall be subject to immediate appeal. ²The appeal may only be lodged by filing a notice of appeal signed by a lawyer.

(6) ¹The higher regional court shall decide on the appeal. ²Sec. 28 (2) and (3) of the legal provisions on matters of non-contentious jurisdiction shall apply *mutatis mutandis*. ³The decision shall not be subject to further appeal.

(7) ¹The government of a Land may by an ordinance with regard to the districts of several higher regional courts delegate the decision on the appeal to any of the higher regional courts or to the highest regional court of a Land if this serves the purpose of securing consistent jurisdiction. ²The government of a Land may delegate the authorisation to the Land administration of justice.

Sec. 11 Status and accountability of the merger auditors

(1) ¹Sec. 319 (1) to (4), Sec. 319a (1), Sec. 320 (1) Sentence 2 and (2) Sentences 1 and 2 German Commercial Code shall *mutatis mutandis* apply to the merger auditors' election and their right to information. ²In so far as any legal entities not being under an obligation to have their annual accounts audited are concerned, Sentence 1 shall apply *mutatis mutandis*. ³In this respect, Sec. 267 (1) to (3) German Commercial Code shall *mutatis mutandis* apply to the determination of size classes. ⁴There shall be a right to information vis-à-vis all legal entities involved in the merger and vis-à-vis group companies as well as vis-à-vis controlled and controlling companies.

(2) ¹Sec. 323 German Commercial Code shall *mutatis mutandis* apply to the liability of the merger auditors, their vicarious agents, and the legal representatives of an auditing company participating in the audit. ²Liability shall exist vis-à-vis the legal entities involved in the merger and their shareholders.

Sec. 12 Audit report

(1) ¹The merger auditors must report in writing on the result of their audit. ²The audit report may also be submitted jointly.

(2) ¹The audit report must end with a statement as to whether the proposed share exchange ratio and, where appropriate, the amount of the additional cash payment, or the mem-

33 Deutsche gesellschafts- und steuerrechtliche Gesetzesvorschriften

(3) § 8 Abs. 3 ist entsprechend anzuwenden.

§ 10 Bestellung der Verschmelzungsprüfer

(1) ¹Die Verschmelzungsprüfer werden auf Antrag des Vertretungsorgans vom Gericht ausgewählt und bestellt. ²Sie können auf gemeinsamen Antrag der Vertretungsorgane für mehrere oder alle beteiligten Rechtsträger gemeinsam bestellt werden. ³Für den Ersatz von Auslagen und für die Vergütung der vom Gericht bestellten Prüfer gilt § 318 Abs. 5 des Handelsgesetzbuchs.

(2) ¹Zuständig ist jedes Landgericht, in dessen Bezirk ein übertragender Rechtsträger seinen Sitz hat. ²Ist bei dem Landgericht eine Kammer für Handelssachen gebildet, so entscheidet deren Vorsitzender an Stelle der Zivilkammer.

(3) Auf das Verfahren ist das Gesetz über die Angelegenheiten der freiwilligen Gerichtsbarkeit anzuwenden, soweit in den folgenden Absätzen nicht anderes bestimmt ist.

(4) ¹Die Landesregierung kann die Entscheidung durch Rechtsverordnung für die Bezirke mehrerer Landgerichte einem der Landgerichte übertragen, wenn dies der Sicherung einer einheitlichen Rechtsprechung dient. ²Die Landesregierung kann die Ermächtigung auf die Landesjustizverwaltung übertragen.

(5) ¹Gegen die Entscheidung findet die sofortige Beschwerde statt. ²Sie kann nur durch Einreichung einer von einem Rechtsanwalt unterzeichneten Beschwerdeschrift eingelegt werden.

(6) ¹Über die Beschwerde entscheidet das Oberlandesgericht. ²§ 28 Abs. 2 und 3 des Gesetzes über die Angelegenheiten der freiwilligen Gerichtsbarkeit gilt entsprechend. ³Die weitere Beschwerde ist ausgeschlossen.

(7) ¹Die Landesregierung kann die Entscheidung über die Beschwerde durch Rechtsverordnung für die Bezirke mehrerer Oberlandesgerichte einem der Oberlandesgerichte oder dem Obersten Landesgericht übertragen, wenn dies der Sicherung einer einheitlichen Rechtsprechung dient. ²Die Landesregierung kann die Ermächtigung auf die Landesjustizverwaltung übertragen.

§ 11 Stellung und Verantwortlichkeit der Verschmelzungsprüfer

(1) ¹Für die Auswahl und das Auskunftsrecht der Verschmelzungsprüfer gelten § 319 Abs. 1 bis 4, § 319a Abs. 1, § 320 Abs. 1 Satz 2 und Abs. 2 Satz 1 und 2 des Handelsgesetzbuchs entsprechend. ²Soweit Rechtsträger betroffen sind, für die keine Pflicht zur Prüfung des Jahresabschlusses besteht, gilt Satz 1 entsprechend. ³Dabei findet § 267 Abs. 1 bis 3 des Handelsgesetzbuchs für die Umschreibung der Größenklassen entsprechende Anwendung. ⁴Das Auskunftsrecht besteht gegenüber allen an der Verschmelzung beteiligten Rechtsträgern und gegenüber einem Konzernunternehmen sowie einem abhängigen und einem herrschenden Unternehmen.

(2) ¹Für die Verantwortlichkeit der Verschmelzungsprüfer, ihrer Gehilfen und der bei der Prüfung mitwirkenden gesetzlichen Vertreter einer Prüfungsgesellschaft gilt § 323 des Handelsgesetzbuchs entsprechend. ²Die Verantwortlichkeit besteht gegenüber den an der Verschmelzung beteiligten Rechtsträgern und deren Anteilsinhabern.

§ 12 Prüfungsbericht

(1) ¹Die Verschmelzungsprüfer haben über das Ergebnis der Prüfung schriftlich zu berichten. ²Der Prüfungsbericht kann auch gemeinsam erstattet werden.

(2) ¹Der Prüfungsbericht ist mit einer Erklärung darüber abzuschließen, ob das vorgeschlagene Umtauschverhältnis der Anteile, gegebenenfalls die Höhe der baren Zuzahlung

German company law and tax law provision

bership in the receiving legal entity is an adequate consideration. ²The auditors must in this respect state

1. the methods by which the proposed exchange ratio has been determined;
2. the reasons why the use of those methods is appropriate;
3. provided that several methods have been applied, the exchange ratio or consideration which would in each case result from the use of such different methods; furthermore, the weight attached to the different methods used in the determination of the proposed exchange ratio or the consideration, and any special problems occurred in the valuation of the legal entities.

(3) Sec. 8 (2) and (3) shall apply *mutatis mutandis*.

Sec. 13 Resolutions with regard to the merger agreement

(1) ¹The merger agreement shall only become effective if the shareholders of the legal entities involved approve of it by a resolution (merger resolution). ²The resolution may only be passed at a meeting of the shareholders.
(2) In the event that the assignment of the shares of a transferring legal entity is subject to approval by particular individual shareholders, the merger resolution by this legal entity shall require the approval of such shareholders in order to take effect.
(3) ¹The merger resolution and the declarations of approval by individual shareholders required under this Act, including the necessary declarations of approval of any shareholders in default, must be recorded by a notary. ²The agreement or the draft agreement is to be enclosed with the resolution. ³Upon request, the legal entity must immediately issue a copie of the agreement or its draft and the record of the resolution to every shareholder at the expense of the latter.

Sec. 14 Time limit for and exclusion of legal actions against the merger resolution

(1) Legal action against the effectiveness of the merger resolution must be taken within one month from the passing of the resolution.
(2) Legal action against the effectiveness of the merger resolution by a transferring legal entity may not be based on the assertion that the assessment of the share exchange ratio was too low or that membership in the receiving legal entity was no adequate consideration for the shares or membership in the transferring legal entity.

Sec. 15 Improvement of the share exchange ratio

(1) ¹In the event that the share exchange ratio is underrated or the membership in the receiving legal entity is no adequate consideration for the share in or membership in a transferring legal entity, each of the shareholders of that transferring legal entity whose right to take legal action against the effectiveness of the merger resolution is excluded pursuant to Sec. 14 (2) may demand compensation by an additional cash payment from the receiving legal entity; such additional payments may exceed one-tenth of the amount of the share capital allocable to the granted shares. ²The adequate additional payment shall upon request be determined by the court in accordance with the provisions of the New German Act on Appraisal Proceedings.

oder die Mitgliedschaft bei dem übernehmenden Rechtsträger als Gegenwert angemessen ist. ²Dabei ist anzugeben,

1. nach welchen Methoden das vorgeschlagene Umtauschverhältnis ermittelt worden ist;
2. aus welchen Gründen die Anwendung dieser Methoden angemessen ist;
3. welches Umtauschverhältnis oder welcher Gegenwert sich bei der Anwendung verschiedener Methoden, sofern mehrere angewandt worden sind, jeweils ergeben würde; zugleich ist darzulegen, welches Gewicht den verschiedenen Methoden bei der Bestimmung des vorgeschlagenen Umtauschverhältnisses oder des Gegenwerts und der ihnen zugrundeliegenden Werte beigemessen worden ist und welche besonderen Schwierigkeiten bei der Bewertung der Rechtsträger aufgetreten sind.

(3) § 8 Abs. 2 und 3 ist entsprechend anzuwenden.

§ 13 Beschlüsse über den Verschmelzungsvertrag

(1) ¹Der Verschmelzungsvertrag wird nur wirksam, wenn die Anteilsinhaber der beteiligten Rechtsträger ihm durch Beschluss (Verschmelzungsbeschluss) zustimmen. ²Der Beschluss kann nur in einer Versammlung der Anteilsinhaber gefasst werden.

(2) Ist die Abtretung der Anteile eines übertragenden Rechtsträgers von der Genehmigung bestimmter einzelner Anteilsinhaber abhängig, so bedarf der Verschmelzungsbeschluss dieses Rechtsträgers zu seiner Wirksamkeit ihrer Zustimmung.

(3) ¹Der Verschmelzungsbeschluss und die nach diesem Gesetz erforderlichen Zustimmungserklärungen einzelner Anteilsinhaber einschließlich der erforderlichen Zustimmungserklärungen nicht erschienener Anteilsinhaber müssen notariell beurkundet werden. ²Der Vertrag oder sein Entwurf ist dem Beschluss als Anlage beizufügen. ³Auf Verlangen hat der Rechtsträger jedem Anteilsinhaber auf dessen Kosten unverzüglich eine Abschrift des Vertrags oder seines Entwurfs und der Niederschrift des Beschlusses zu erteilen.

§ 14 Befristung und Ausschluss von Klagen gegen den Verschmelzungsbeschluss

(1) Eine Klage gegen die Wirksamkeit eines Verschmelzungsbeschlusses muss binnen eines Monats nach der Beschlussfassung erhoben werden.

(2) Eine Klage gegen die Wirksamkeit des Verschmelzungsbeschlusses eines übertragenden Rechtsträgers kann nicht darauf gestützt werden, dass das Umtauschverhältnis der Anteile zu niedrig bemessen ist oder dass die Mitgliedschaft bei dem übernehmenden Rechtsträger kein ausreichender Gegenwert für die Anteile oder die Mitgliedschaft bei dem übertragenden Rechtsträger ist.

§ 15 Verbesserung des Umtauschverhältnisses

(1) ¹Ist das Umtauschverhältnis der Anteile zu niedrig bemessen oder ist die Mitgliedschaft bei dem übernehmenden Rechtsträger kein ausreichender Gegenwert für den Anteil oder die Mitgliedschaft bei einem übertragenden Rechtsträger, so kann jeder Anteilsinhaber dieses übertragenden Rechtsträgers, dessen Recht, gegen die Wirksamkeit des Verschmelzungsbeschlusses Klage zu erheben, nach § 14 Abs. 2 ausgeschlossen ist, von dem übernehmenden Rechtsträger einen Ausgleich durch bare Zuzahlung verlangen; die Zuzahlungen können den zehnten Teil des auf die gewährten Anteile entfallenden Betrags des Grund- oder Stammkapitals übersteigen. ²Die angemessene Zuzahlung wird auf Antrag durch das Gericht nach den Vorschriften des Spruchverfahrensgesetzes bestimmt.

(2) ¹The additional cash payment shall as from expiration of the date when the entry of the merger in the register of the registered office of the receiving legal entity has been announced pursuant to Sec. 19 (3), bear annual interest at two per cent above the discount rate of the German Federal Bank applicable at that time. ²The assertion of any further losses shall not be excluded.

Sec. 16 Application for registration of the merger

(1) ¹The representative bodies of each legal entity involved in the merger must apply for entry of the merger in the register (commercial register, membership register, register of cooperative societies or register of associations/societies) of the registered office of their legal entity. ²The representative body of the receiving legal entity shall be entitled to apply for registration of the merger in the register of the registered office of each of the transferring legal entities.

(2) ¹On application, the representative bodies must declare that legal action against the effectiveness of the merger resolution has not or not within the set period been taken, or that such an action has been dismissed finally or withdrawn; the representative bodies must inform the registration court about this even after application for registration. ²In the event a declaration as per Sentence 1 is not available, the merger must not be entered in the register, unless the shareholders entitled to take legal action waive action against the effectiveness of the merger resolution by a waiver recorded by a notary.

(3) ¹The declaration as per Paragraph 2 Sentence 1 shall be equated with a situation in which, following commencement of an action against the effectiveness of a merger resolution, the competent trial court has, at the request of the legal entity against whose merger resolution the action is directed, declared by a non-appealable order that the commencement of the action does not conflict with the entry. ²The order as per Sentence 1 may be issued only if the action against the effectiveness of the merger resolution is inadmissible or obviously unfounded or, considering the severity of the offences asserted by the action, the merger's immediate coming into effect appears to have priority according to the independent conviction of the court in order to avoid material detriments to the legal entities involved in the merger and their shareholders as set out by the applicant. ³The order may in urgent cases be issued without a hearing in court. ⁴The order ought to be issued at the latest three months from application; any delays with regard to the decision are to be supported by a non-appealable order. ⁵Probable cause is to be given for the facts stated, on the basis of which the order as per Sentence 2 may be issued. ⁶The order shall be subject to immediate appeal. ⁷Appeal on a point of law shall be excluded. ⁸In the event that the action turns out to have good reasons, the legal entity which has obtained the order shall be obligated to indemnify the opponent for the loss the latter has incurred from registration of the merger on the basis of such an order; the elimination of the effects of the entry of the merger in the register of the registered office of the receiving legal entity cannot be demanded as reparation for the damage.

Sec. 17 Enclosures to the application for registration

(1) An official copy or an attested copy or, in so far as no recording by a notary is required, the original or a copy of the merger agreement, the records of the merger resolutions, the declarations of approval by individual shareholders required pursuant to this Act, including the declarations of approval by any defaulting shareholders, the merger report, the merger audit report or the waivers pursuant to Sec. 8 (3), Sec. 9 (3), Sec. 12 (3), Sec. 54 (1) Sentence 3 or Sec. 68 (1) Sentence 3, proof of the timely forwarding of the

37 Deutsche gesellschafts- und steuerrechtliche Gesetzesvorschriften

(2) ¹Die bare Zuzahlung ist nach Ablauf des Tages, an dem die Eintragung der Verschmelzung in das Register des Sitzes des übernehmenden Rechtsträgers nach § 19 Abs. 3 bekannt gemacht worden ist, mit jährlich zwei vom Hundert über dem jeweiligen Diskontsatz der Deutschen Bundesbank zu verzinsen. ²Die Geltendmachung eines weiteren Schadens ist nicht ausgeschlossen.

§ 16 Anmeldung der Verschmelzung

(1) ¹Die Vertretungsorgane jedes der an der Verschmelzung beteiligten Rechtsträger haben die Verschmelzung zur Eintragung in das Register (Handelsregister, Partnerschaftsregister, Genossenschaftsregister oder Vereinsregister) des Sitzes ihres Rechtsträgers anzumelden. ²Das Vertretungsorgan des übernehmenden Rechtsträgers ist berechtigt, die Verschmelzung auch zur Eintragung in das Register des Sitzes jedes der übertragenden Rechtsträger anzumelden.

(2) ¹Bei der Anmeldung haben die Vertretungsorgane zu erklären, dass eine Klage gegen die Wirksamkeit eines Verschmelzungsbeschlusses nicht oder nicht fristgemäß erhoben oder eine solche Klage rechtskräftig abgewiesen oder zurückgenommen worden ist; hierüber haben die Vertretungsorgane dem Registergericht auch nach der Anmeldung Mitteilung zu machen. ²Liegt die Erklärung nicht vor, so darf die Verschmelzung nicht eingetragen werden, es sei denn, dass die klageberechtigten Anteilsinhaber durch notariell beurkundete Verzichtserklärung auf die Klage gegen die Wirksamkeit des Verschmelzungsbeschlusses verzichten.

(3) ¹Der Erklärung nach Absatz 2 Satz 1 steht es gleich, wenn nach Erhebung einer Klage gegen die Wirksamkeit eines Verschmelzungsbeschlusses das für diese Klage zuständige Prozessgericht auf Antrag des Rechtsträgers, gegen dessen Verschmelzungsbeschluss sich die Klage richtet, durch rechtskräftigen Beschluss festgestellt hat, dass die Erhebung der Klage der Eintragung nicht entgegensteht. ²Der Beschluss nach Satz 1 darf nur ergehen, wenn die Klage gegen die Wirksamkeit des Verschmelzungsbeschlusses unzulässig oder offensichtlich unbegründet ist oder wenn das alsbaldige Wirksamwerden der Verschmelzung nach freier Überzeugung des Gerichts unter Berücksichtigung der Schwere der mit der Klage geltend gemachten Rechtsverletzungen zur Abwendung der vom Antragsteller dargelegten wesentlichen Nachteile für die an der Verschmelzung beteiligten Rechtsträger und ihre Anteilsinhaber vorrangig erscheint. ³Der Beschluss kann in dringenden Fällen ohne mündliche Verhandlung ergehen. ⁴Der Beschluss soll spätestens drei Monate nach Antragstellung ergehen; Verzögerungen der Entscheidung sind durch unanfechtbaren Beschluss zu begründen. ⁵Die vorgebrachten Tatsachen, aufgrund derer der Beschluss nach Satz 2 ergehen kann, sind glaubhaft zu machen. ⁶Gegen den Beschluss findet die sofortige Beschwerde statt. ⁷Die Rechtsbeschwerde ist ausgeschlossen. ⁸Erweist sich die Klage als begründet, so ist der Rechtsträger, der den Beschluss erwirkt hat, verpflichtet, dem Antragsgegner den Schaden zu ersetzen, der ihm aus einer auf dem Beschluss beruhenden Eintragung der Verschmelzung entstanden ist; als Ersatz des Schadens kann nicht die Beseitigung der Wirkungen der Eintragung der Verschmelzung im Register des Sitzes des übernehmenden Rechtsträgers verlangt werden.

§ 17 Anlagen der Anmeldung

(1) Der Anmeldung sind in Ausfertigung oder öffentlich beglaubigter Abschrift oder, soweit sie nicht notariell zu beurkunden sind, in Urschrift oder Abschrift der Verschmelzungsvertrag, die Niederschriften der Verschmelzungsbeschlüsse, die nach diesem Gesetz erforderlichen Zustimmungserklärungen einzelner Anteilsinhaber einschließlich der Zustimmungserklärungen nicht erschienener Anteilsinhaber, der Verschmelzungsbericht, der Prüfungsbericht oder die Verzichtserklärungen nach § 8 Abs. 3, § 9 Abs. 3, § 12

German company law and tax law provision

merger agreement or the draft agreement to the responsible works council, as well as, if the merger requires governmental authorisation, the government permit are to be enclosed with the registration.

(2) ¹Furthermore, the application for entry in the register of the registered office of each of the transferring legal entities is to include a balance sheet of this legal entity (closing balance sheet). ²The provisions applicable to annual balance sheets and their audit shall *mutatis mutandis* apply to that balance sheet. It shall not need to be published. ³The registration court may enter the merger in the register only if the balance sheet has not been prepared as of a reporting date earlier than eight months prior to the application for registration.

Sec. 18 Business name or name of the receiving legal entity

(1) The receiving legal entity shall be allowed to continue the business name of any of the transferring legal entities whose commercial business is acquired by it through the merger with or without adding a suffix indicating the successor relationship.

(2) In the event that a natural person who will not participate in the receiving legal entity is a shareholder of any of the transferring legal entities, the receiving legal entity shall only be allowed to continue the name of that shareholder in the business name continued as per Paragraph 1 or newly formed if the shareholder concerned or its heirs give their express approval.

(3) ¹In the event that a professional partnership company is involved in the merger, Paragraphs 1 and 2 shall *mutatis mutandis* apply to the continuation of the business name or name. ²A business name may only be continued as the name of a professional partnership company subject to the conditions of Sec. 2 (1) of the German Professional Partnership Companies Act. ³Sec. 1 (3) and Sec. 11 of the German Professional Partnership Companies Act shall apply *mutatis mutandis*.

Sec. 19 Registration and announcement of the merger

(1) ¹The merger must not be entered in the register of the registered office of the receiving legal entity before it has been entered in the register of the registered office of each of the transferring legal entities. ²The entry in the register of the registered office of each of the transferring legal entities is to be provided with a note indicating that the merger will not take effect before entry in the register of the registered office of the receiving legal entity, unless entry in the registers of all legal entities involved is effected at the same date.

(2) ¹The court of the registered office of the receiving legal entity must *ex officio* inform the court of the registered office of each of the transferring legal entities of the date of the registration of the merger. ²Following receipt of such a notice, the court of the registered office of each of the transferring legal entities must *ex officio* note the date of the entry of the merger in the register of the registered office of the receiving legal entity in the register of the registered office of the transferring legal entity and forward the documents kept with it to the court of the registered office of the receiving legal entity for recordkeeping.

(3) The court of the registered office of every legal entity involved in the merger must pursuant to Sec. 10 German Commercial Code each time *ex officio* announce the complete entry of the merger effected by it.

Abs. 3, § 54 Abs. 1 Satz 3 oder § 68 Abs. 1 Satz 3, ein Nachweis über die rechtzeitige Zuleitung des Verschmelzungsvertrages oder seines Entwurfs an den zuständigen Betriebsrat sowie, wenn die Verschmelzung der staatlichen Genehmigung bedarf, die Genehmigungsurkunde beizufügen.

(2) ¹Der Anmeldung zum Register des Sitzes jedes der übertragenden Rechtsträger ist ferner eine Bilanz dieses Rechtsträgers beizufügen (Schlussbilanz). ²Für diese Bilanz gelten die Vorschriften über die Jahresbilanz und deren Prüfung entsprechend. ³Sie braucht nicht bekanntgemacht zu werden. ⁴Das Registergericht darf die Verschmelzung nur eintragen, wenn die Bilanz auf einen höchstens acht Monate vor der Anmeldung liegenden Stichtag aufgestellt worden ist.

§ 18 Firma oder Name des übernehmenden Rechtsträgers

(1) Der übernehmende Rechtsträger darf die Firma eines der übertragenden Rechtsträger, dessen Handelsgeschäft er durch die Verschmelzung erwirbt, mit oder ohne Beifügung eines das Nachfolgeverhältnis andeutenden Zusatzes fortführen.

(2) Ist an einem der übertragenden Rechtsträger eine natürliche Person beteiligt, die an dem übernehmenden Rechtsträger nicht beteiligt wird, so darf der übernehmende Rechtsträger den Namen dieses Anteilsinhabers nur dann in der nach Absatz 1 fortgeführten oder in der neu gebildeten Firma verwenden, wenn der betroffene Anteilsinhaber oder dessen Erben ausdrücklich in die Verwendung einwilligen.

(3) ¹Ist eine Partnerschaftsgesellschaft an der Verschmelzung beteiligt, gelten für die Fortführung der Firma oder des Namens die Absätze 1 und 2 entsprechend. ²Eine Firma darf als Name einer Partnerschaftsgesellschaft nur unter den Voraussetzungen des § 2 Abs. 1 des Partnerschaftsgesellschaftsgesetzes fortgeführt werden. ³§ 1 Abs. 3 und § 11 des Partnerschaftsgesellschaftsgesetzes sind entsprechend anzuwenden.

§ 19 Eintragung und Bekanntmachung der Verschmelzung

(1) ¹Die Verschmelzung darf in das Register des Sitzes des übernehmenden Rechtsträgers erst eingetragen werden, nachdem sie im Register des Sitzes jedes der übertragenden Rechtsträger eingetragen worden ist. ²Die Eintragung im Register des Sitzes jedes der übertragenden Rechtsträger ist mit dem Vermerk zu versehen, dass die Verschmelzung erst mit der Eintragung im Register des Sitzes des übernehmenden Rechtsträgers wirksam wird, sofern die Eintragungen in den Registern aller beteiligten Rechtsträger nicht am selben Tag erfolgen.

(2) ¹Das Gericht des Sitzes des übernehmenden Rechtsträgers hat von Amts wegen dem Gericht des Sitzes jedes der übertragenden Rechtsträger den Tag der Eintragung der Verschmelzung mitzuteilen. ²Nach Eingang der Mitteilung hat das Gericht des Sitzes jedes der übertragenden Rechtsträger von Amts wegen den Tag der Eintragung der Verschmelzung im Register des Sitzes des übernehmenden Rechtsträgers im Register des Sitzes des übertragenden Rechtsträgers zu vermerken und die bei ihm aufbewahrten Dokumente dem Gericht des Sitzes des übernehmenden Rechtsträgers zur Aufbewahrung zu übermitteln.

(3) Das Gericht des Sitzes jedes der an der Verschmelzung beteiligten Rechtsträger hat jeweils die von ihm vorgenommene Eintragung der Verschmelzung von Amts wegen nach § 10 des Handelsgesetzbuchs ihrem ganzen Inhalt nach bekanntzumachen.

German company law and tax law provision

Sec. 20 Effects of the registration

(1) The entry of the merger in the register of the registered office of the receiving legal entity shall have the following effects:

1. The assets of the transferring legal entities, including their liabilities, shall pass to the receiving legal entity.
2. ¹The transferring legal entities shall cease to exist. ²There shall be no need for any special cancellation.
3. ¹The shareholders of the transferring legal entities shall become shareholders of the receiving legal entity; this shall not apply in so far as the receiving legal entity or any third party acting in its own name but for the account of that legal entity, is a shareholder of the transferring legal entity, or the transferring legal entity is holding own shares, or any third party acting in its own name but for the account of that legal entity, is a shareholder of the latter. ²Any third-party rights in the shares or memberships in the transferring legal entities shall continue to exist in the shares or memberships in the receiving legal entity.
4. The lack of notarial records of the merger agreement and, where appropriate, any required declarations of approval or waiver by individual shareholders shall be remedied.

(2) Any deficiencies in the merger shall not impair the effects of the registration as per Paragraph 1.

Sec. 21 Effect on mutual agreements

In the event that any purchase and supply commitments or similar obligations which have not fully been met by either party at the time of the merger, and which commitments are incompatible with each other or the fulfilment of both of which would mean a severe inequity to the receiving legal entity, the extent of the obligations shall be determined by equitable principles taking account of the contractual rights of all parties involved.

Sec. 22 Protection of creditors

(1) ¹In so far as they may not demand satisfaction, security has to be furnished to the creditors of the legal entities involved in the merger, provided that they assert their claims on the merits and in terms of amount in writing within six months from the date of the announcement pursuant to Sec. 19 (3) of the entry of the merger in the register of the registered office of the legal entity whose creditors they are. ²However, this right shall only be granted to the creditors if they show probable cause that the satisfaction of their claim is put in danger by the merger. ³The creditors are to be advised of this right in the announcement of the respective register entries.

(2) Any creditors having in the case of insolvency a right to preferential satisfaction from a cover fund set up for their protection and supervised by the government, shall not be entitled to demand the provision of security.

Sec. 23 Protection of holders of special rights

Equivalent rights in the receiving legal entity have to be granted to the holders of special rights in a transferring legal entity giving no voting right, in particular to holders of non-voting shares, convertible bonds, participating bonds and profit participation rights.

§ 20 Wirkungen der Eintragung

(1) Die Eintragung der Verschmelzung in das Register des Sitzes des übernehmenden Rechtsträgers hat folgende Wirkungen:
1. Das Vermögen der übertragenden Rechtsträger geht einschließlich der Verbindlichkeiten auf den übernehmenden Rechtsträger über.
2. ¹Die übertragenden Rechtsträger erlöschen. ²Einer besonderen Löschung bedarf es nicht.
3. ¹Die Anteilsinhaber der übertragenden Rechtsträger werden Anteilsinhaber des übernehmenden Rechtsträgers; dies gilt nicht, soweit der übernehmende Rechtsträger oder ein Dritter, der im eigenen Namen, jedoch für Rechnung dieses Rechtsträgers handelt, Anteilsinhaber des übertragenden Rechtsträgers ist oder der übertragende Rechtsträger eigene Anteile innehat oder ein Dritter, der im eigenen Namen, jedoch für Rechnung dieses Rechtsträgers handelt, dessen Anteilsinhaber ist. ²Rechte Dritter an den Anteilen oder Mitgliedschaften der übertragenden Rechtsträger bestehen an den an ihre Stelle tretenden Anteilen oder Mitgliedschaften des übernehmenden Rechtsträgers weiter.
4. Der Mangel der notariellen Beurkundung des Verschmelzungsvertrags und gegebenenfalls erforderlicher Zustimmungs- oder Verzichtserklärungen einzelner Anteilsinhaber wird geheilt.

(2) Mängel der Verschmelzung lassen die Wirkungen der Eintragung nach Absatz 1 unberührt.

§ 21 Wirkung auf gegenseitige Verträge

Treffen bei einer Verschmelzung aus gegenseitigen Verträgen, die zur Zeit der Verschmelzung von keiner Seite vollständig erfüllt sind, Abnahme-, Lieferungs- oder ähnliche Verpflichtungen zusammen, die miteinander unvereinbar sind oder die beide zu erfüllen eine schwere Unbilligkeit für den übernehmenden Rechtsträger bedeuten würde, so bestimmt sich der Umfang der Verpflichtungen nach Billigkeit unter Würdigung der vertraglichen Rechte aller Beteiligten.

§ 22 Gläubigerschutz

(1) ¹Den Gläubigern der an der Verschmelzung beteiligten Rechtsträger ist, wenn sie binnen sechs Monaten nach dem Tag, an dem die Eintragung der Verschmelzung in das Register des Sitzes desjenigen Rechtsträgers, dessen Gläubiger sie sind, nach § 19 Abs. 3 bekannt gemacht worden ist, ihren Anspruch nach Grund und Höhe schriftlich anmelden, Sicherheit zu leisten, soweit sie nicht Befriedigung verlangen können. ²Dieses Recht steht den Gläubigern jedoch nur zu, wenn sie glaubhaft machen, dass durch die Verschmelzung die Erfüllung ihrer Forderung gefährdet wird. ³Die Gläubiger sind in der Bekanntmachung der jeweiligen Eintragung auf dieses Recht hinzuweisen.

(2) Das Recht, Sicherheitsleistung zu verlangen, steht Gläubigern nicht zu, die im Falle der Insolvenz ein Recht auf vorzugsweise Befriedigung aus einer Deckungsmasse haben, die nach gesetzlicher Vorschrift zu ihrem Schutz errichtet und staatlich überwacht ist.

§ 23 Schutz der Inhaber von Sonderrechten

Den Inhabern von Rechten in einem übertragenden Rechtsträger, die kein Stimmrecht gewähren, insbesondere den Inhabern von Anteilen ohne Stimmrecht, von Wandelschuldverschreibungen, von Gewinnschuldverschreibungen und von Genussrechten, sind gleichwertige Rechte in dem übernehmenden Rechtsträger zu gewähren.

German company law and tax law provision

Sec. 24 Valuation by the receiving legal entity

The values reported in the closing balance sheet of a transferring legal entity may also be reported in the annual balance sheets of the receiving legal entity as acquisition cost within the meaning of Sec. 253 (1) German Commercial Code.

Sec. 25 Liability for damages of the administrative bodies of the transferring legal entities

(1) [1]The members of the administrative body and, in case a supervisory body exists, of such a supervisory body of a transferring legal entity shall as joint and several debtors be liable to pay the damages incurred by that transferring legal entity, its shareholders or its creditors due to the merger. [2]Any members of the bodies having complied with their duty of care in the audit of the financial position of the legal entities and on conclusion of the merger agreement shall be exempt from liability for damages.

(2) [1]As regards the aforesaid claims as well as any further claims arising, pursuant to the general provisions, for and against the transferring legal entity from the merger, this legal entity shall be deemed continued. [2]Accounts receivable and payable shall in so far not be consolidated by the merger.

(3) The claims as per Paragraph 1 shall become statute-barred five years from the date when the entry of the merger in the register of the registered office of the receiving legal entity has been announced pursuant to Sec. 19 (3).

Sec. 26 Assertion of claims for damages

(1) [1]Claims pursuant to Sec. 25 (1) and (2) may only be asserted by a special representative. [2]The court of the registered office of a transferring legal entity must appoint such a representative at the request of a shareholder or a creditor of that legal entity. [3]Creditors shall only be entitled to apply if they cannot obtain satisfaction from the receiving legal entity. [4]The decision shall be subject to immediate appeal.

(2) [1]Referring to the purpose of his appointment, the representative must request the shareholders and creditors of the transferring legal entity concerned to present their claims pursuant to Sec. 25 (1) and (2) within a reasonable time limit, which shall at least be one month. [2]The request is to be announced in the Electronic Federal Gazette and, provided that any other papers had been specified for public announcements by the transferring legal entity in the articles of association, the partnership agreement or the articles of association, in those papers as well.

(3) [1]The representative must use the amount obtained from the assertion of the claims of a transferring legal entity for satisfying the creditors of such a legal entity, in so far as the creditors are not satisfied or secured by the receiving legal entity. [2]As regards division, the rules governing division in the case of liquidation of a legal entity having the same legal form as the transferring legal entity shall apply *mutatis mutandis*. [3]Any creditors and shareholders not reporting in due time shall not be considered on division.

(4) [1]The representative shall be entitled to receive reimbursement of adequate cash outlay and consideration for his work. [2]The outlay and the consideration shall be fixed by the court. [3]Taking account of all circumstances of a particular case, the court shall in its own discretion determine the extent to which the outlay and the consideration are to be borne by any shareholders and creditors involved. [4]The decision shall be subject to immediate appeal; any further appeal shall be excluded. [5]The final decision shall be executed in accordance with the German Code of Civil Procedure.

Deutsche gesellschafts- und steuerrechtliche Gesetzesvorschriften

§ 24 Wertansätze des übernehmenden Rechtsträgers

In den Jahresbilanzen des übernehmenden Rechtsträgers können als Anschaffungskosten im Sinne des § 253 Abs. 1 des Handelsgesetzbuchs auch die in der Schlussbilanz eines übertragenden Rechtsträgers angesetzten Werte angesetzt werden.

§ 25 Schadenersatzpflicht der Verwaltungsträger der übertragenden Rechtsträger

(1) ¹Die Mitglieder des Vertretungsorgans und, wenn ein Aufsichtsorgan vorhanden ist, des Aufsichtsorgans eines übertragenden Rechtsträgers sind als Gesamtschuldner zum Ersatz des Schadens verpflichtet, den dieser Rechtsträger, seine Anteilsinhaber oder seine Gläubiger durch die Verschmelzung erleiden. ²Mitglieder der Organe, die bei der Prüfung der Vermögenslage der Rechtsträger und beim Abschluss des Verschmelzungsvertrags ihre Sorgfaltspflicht beobachtet haben, sind von der Ersatzpflicht befreit.

(2) ¹Für diese Ansprüche sowie weitere Ansprüche, die sich für und gegen den übertragenden Rechtsträger nach den allgemeinen Vorschriften aufgrund der Verschmelzung ergeben, gilt dieser Rechtsträger als fortbestehend. ²Forderungen und Verbindlichkeiten vereinigen sich insoweit durch die Verschmelzung nicht.

(3) Die Ansprüche aus Absatz 1 verjähren in fünf Jahren seit dem Tage, an dem die Eintragung der Verschmelzung in das Register des Sitzes des übernehmenden Rechtsträgers nach § 19 Abs. 3 bekannt gemacht worden ist.

§ 26 Geltendmachung des Schadenersatzanspruchs

(1) ¹Die Ansprüche nach § 25 Abs. 1 und 2 können nur durch einen besonderen Vertreter geltend gemacht werden. ²Das Gericht des Sitzes eines übertragenden Rechtsträgers hat einen solchen Vertreter auf Antrag eines Anteilsinhabers oder eines Gläubigers dieses Rechtsträgers zu bestellen. ³Gläubiger sind nur antragsberechtigt, wenn sie von dem übernehmenden Rechtsträger keine Befriedigung erlangen können. ⁴Gegen die Entscheidung findet die sofortige Beschwerde statt.

(2) ¹Der Vertreter hat unter Hinweis auf den Zweck seiner Bestellung die Anteilsinhaber und Gläubiger des betroffenen übertragenden Rechtsträgers aufzufordern, die Ansprüche nach § 25 Abs. 1 und 2 binnen einer angemessenen Frist, die mindestens einen Monat betragen soll, anzumelden. ²Die Aufforderung ist im elektronischen Bundesanzeiger und, wenn der Gesellschaftsvertrag, der Partnerschaftsvertrag oder die Satzung andere Blätter für die öffentlichen Bekanntmachungen des übertragenden Rechtsträgers bestimmt hatte, auch in diesen Blättern bekanntzumachen.

(3) ¹Der Vertreter hat den Betrag, der aus der Geltendmachung der Ansprüche eines übertragenden Rechtsträgers erzielt wird, zur Befriedigung der Gläubiger dieses Rechtsträgers zu verwenden, soweit die Gläubiger nicht durch den übernehmenden Rechtsträger befriedigt oder sichergestellt sind. ²Für die Verteilung gelten die Vorschriften über die Verteilung, die im Falle der Abwicklung eines Rechtsträgers in der Rechtsform des übertragenden Rechtsträgers anzuwenden sind, entsprechend. ³Gläubiger und Anteilsinhaber, die sich nicht fristgemäß gemeldet haben, werden bei der Verteilung nicht berücksichtigt.

(4) ¹Der Vertreter hat Anspruch auf Ersatz angemessener barer Auslagen und auf Vergütung für seine Tätigkeit. ²Die Auslagen und die Vergütung setzt das Gericht fest. ³Es bestimmt nach den gesamten Verhältnissen des einzelnen Falles nach freiem Ermessen, in welchem Umfange die Auslagen und die Vergütung von beteiligten Anteilsinhabern und Gläubigern zu tragen sind. ⁴Gegen die Entscheidung findet die sofortige Beschwerde statt; die weitere Beschwerde ist ausgeschlossen. ⁵Aus der rechtskräftigen Entscheidung findet die Zwangsvollstreckung nach der Zivilprozessordnung statt.

Sec. 27 Liability for damages of the administrative bodies of the receiving legal entity

Claims for damages arising against a member of the representative body or, in case a supervisory body exists, against a member of the supervisory body of the receiving legal entity by reason of the merger shall become statute-barred five years from the date when the entry of the merger in the register of the registered office of the receiving legal entity has been announced pursuant to Sec. 19 (3).

Sec. 28 Ineffectiveness of the merger resolution of a transferring legal entity

After entry of the merger in the register of the registered office of the receiving legal entity, any legal action against the effectiveness of the merger resolution by a transferring legal entity is to be addressed to the receiving legal entity.

Sec. 29 Compensatory cash payment offered in the merger agreement

(1) [1]In the case of merger of a legal entity by means of acquisition by a legal entity of a different legal form or in the case of merger of a listed stock corporation into a non-listed stock corporation, the receiving legal entity must in the merger agreement or the draft agreement offer any shareholder objecting to the record against the merger resolution by the transferring legal entity to acquire its shares or memberships against an adequate compensatory cash payment; Sec. 71 (4) Sentence 2 German Stock Corporation Act and Sec. 33 (2) Sentence 3 Clause 2 Alternative 1 German Limited Liability Companies Act shall in so far not apply. [2]The same shall apply if the shares in or memberships in the receiving legal entity are subject to any restraints on disposal in the case of merger of legal entities of the same legal form. [3]In the event that the receiving legal entity cannot acquire shares or memberships in itself because of its legal form, a compensatory cash payment is to be offered in the event that the shareholder declares its withdrawal from the legal entity. [4]Any necessary announcement of the merger agreement or the draft agreement as subject matter of resolution must include the wording of this offer. [5]The receiving legal entity must bear the cost of transfer.

(2) Objection to the record within the meaning of Paragraph 1 shall be equated with a situation in which a defaulting shareholder has not been admitted to the shareholders' meeting wrongfully, the meeting has not been convened duly or the subject matter of resolution has not been announced properly.

Sec. 30 Terms of the claim for a compensatory cash payment and audit of the compensatory cash payment

(1) [1]The compensatory cash payment must take account of the circumstances of the transferring legal entity at the time the merger is decided upon. [2]Sec. 15 (2) shall be applied to the compensatory cash payment *mutatis mutandis*.

(2) [1]The adequateness of a compensatory cash payment to be offered must always be examined by merger auditors. [2]Secs. 10 to 12 shall be applied *mutatis mutandis*. [3]The rightful claimants may dispense with the audit or the audit report; waivers are to be recorded by a notary.

§ 27 Schadenersatzpflicht der Verwaltungsträger des übernehmenden Rechtsträgers

Ansprüche auf Schadenersatz, die sich aufgrund der Verschmelzung gegen ein Mitglied des Vertretungsorgans oder, wenn ein Aufsichtsorgan vorhanden ist, des Aufsichtsorgans des übernehmenden Rechtsträgers ergeben, verjähren in fünf Jahren seit dem Tage, an dem die Eintragung der Verschmelzung in das Register des Sitzes des übernehmenden Rechtsträgers nach § 19 Abs. 3 bekannt gemacht worden ist.

§ 28 Unwirksamkeit des Verschmelzungsbeschlusses eines übertragenden Rechtsträgers

Nach Eintragung der Verschmelzung in das Register des Sitzes des übernehmenden Rechtsträgers ist eine Klage gegen die Wirksamkeit des Verschmelzungsbeschlusses eines übertragenden Rechtsträgers gegen den übernehmenden Rechtsträger zu richten.

§ 29 Abfindungsangebot im Verschmelzungsvertrag

(1) ¹Bei der Verschmelzung eines Rechtsträgers im Wege der Aufnahme durch einen Rechtsträger anderer Rechtsform oder bei der Verschmelzung einer börsennotierten Aktiengesellschaft auf eine nicht börsennotierte Aktiengesellschaft hat der übernehmende Rechtsträger im Verschmelzungsvertrag oder in seinem Entwurf jedem Anteilsinhaber, der gegen den Verschmelzungsbeschluss des übertragenden Rechtsträgers Widerspruch zur Niederschrift erklärt, den Erwerb seiner Anteile oder Mitgliedschaften gegen eine angemessene Barabfindung anzubieten; § 71 Abs. 4 Satz 2 des Aktiengesetzes und § 33 Abs. 2 Satz 3 zweiter Halbsatz erste Alternative des Gesetzes betreffend die Gesellschaften mit beschränkter Haftung sind insoweit nicht anzuwenden. ²Das gleiche gilt, wenn bei einer Verschmelzung von Rechtsträgern derselben Rechtsform die Anteile oder Mitgliedschaften an dem übernehmenden Rechtsträger Verfügungsbeschränkungen unterworfen sind. ³Kann der übernehmende Rechtsträger aufgrund seiner Rechtsform eigene Anteile oder Mitgliedschaften nicht erwerben, so ist die Barabfindung für den Fall anzubieten, dass der Anteilsinhaber sein Ausscheiden aus dem Rechtsträger erklärt. ⁴Eine erforderliche Bekanntmachung des Verschmelzungsvertrags oder seines Entwurfs als Gegenstand der Beschlussfassung muss den Wortlaut dieses Angebots enthalten. ⁵Der übernehmende Rechtsträger hat die Kosten für eine Übertragung zu tragen.

(2) Dem Widerspruch zur Niederschrift im Sinne des Absatzes 1 steht es gleich, wenn ein nicht erschienener Anteilsinhaber zu der Versammlung der Anteilsinhaber zu Unrecht nicht zugelassen worden ist oder die Versammlung nicht ordnungsgemäß einberufen oder der Gegenstand der Beschlussfassung nicht ordnungsgemäß bekanntgemacht worden ist.

§ 30 Inhalt des Anspruchs auf Barabfindung und Prüfung der Barabfindung

(1) ¹Die Barabfindung muss die Verhältnisse des übertragenden Rechtsträgers im Zeitpunkt der Beschlussfassung über die Verschmelzung berücksichtigen. ²§ 15 Abs. 2 ist auf die Barabfindung entsprechend anzuwenden.

(2) ¹Die Angemessenheit einer anzubietenden Barabfindung ist stets durch Verschmelzungsprüfer zu prüfen. ²Die §§ 10 bis 12 sind entsprechend anzuwenden. ³Die Berechtigten können auf die Prüfung oder den Prüfungsbericht verzichten; die Verzichtserklärungen sind notariell zu beurkunden.

German company law and tax law provision 46

Sec. 31 Acceptance of the offer

¹The offer as per Sec. 29 may only be accepted within two months from the date when the entry of the merger in the register of the registered office of the receiving legal entity has been announced pursuant to Sec. 19 (3). ²In the event that an application for determination of the compensatory cash payment by the court has been filed pursuant to Sec. 34, the offer may be accepted within two months from the date when the decision has been announced in the Electronic Federal Gazette.

Sec. 32 Exclusion of legal actions against the merger resolution

Legal action against the effectiveness of the merger resolution of a transferring legal entity may not be based on the assertion that the offer as per Sec. 29 was too low or the compensatory cash payment has not or not properly been offered in the merger agreement.

Sec. 33 Other disposal

Following the merger resolution, any restraints on disposal with the legal entities involved shall until expiration of the time limit set in Sec. 31 not impede any other disposal of the share by the shareholder.

Sec. 34 Judicial review of the compensatory cash payment

¹In the event that a shareholder claims that the amount of a compensatory cash payment specified in the merger agreement or the draft agreement, which compensatory cash payment had to be offered to that shareholder pursuant to Sec. 29, is too low, the court must at the request of such a shareholder determine an adequate compensatory cash payment in accordance with the provisions of the New German Act on Appraisal Proceedings. ²The same shall apply if the compensatory cash payment has not or not properly been offered.

Sec. 35 Denomination of unknown stockholders, suspension of voting right

¹Any unknown stockholders of a transferring stock corporation or partnership limited by shares are to be denominated in the merger agreement, in applications for registration or in the case of entry in a list of shareholders by indicating the total share of the company's share capital allocable to them, as well as the shares allocable to them after the merger, in so far as denomination of the shareholders is required by operation of law for the receiving legal entity; this type of denomination shall only be admissible with regard to any shareholders whose shares do in the aggregate not exceed one-twentieth of the share capital of the transferring company. ²In the event that such shareholders become known later, registers and lists are to be adjusted *ex officio*. ³The voting right in the receiving legal entity associated with the shares concerned cannot be exercised until this date.

Chapter 3: Merger by Means of the Formation of a New Company

Sec. 36 Applicable provisions

(1) ¹The provisions of Chapter 2, with the exception of Sec. 16 (1) and Sec. 27 shall *mutatis mutandis* apply to mergers by the formation of a new company. ²The receiving legal entity shall be replaced by the new legal entity, and the entry of the merger in the register of the registered office of the receiving legal entity shall be replaced by the entry of the new legal entity in the register.

(2) ¹The formation provisions applicable to the legal form of the new legal entity are to be applied to the formation of the new legal entity in so far as nothing else ensues from this

§ 31 Annahme des Angebots

[1]Das Angebot nach § 29 kann nur binnen zwei Monaten nach dem Tage angenommen werden, an dem die Eintragung der Verschmelzung in das Register des Sitzes des übernehmenden Rechtsträgers nach § 19 Abs. 3 bekannt gemacht worden ist. [2]Ist nach § 34 ein Antrag auf Bestimmung der Barabfindung durch das Gericht gestellt worden, so kann das Angebot binnen zwei Monaten nach dem Tage angenommen werden, an dem die Entscheidung im elektronischen Bundesanzeiger bekanntgemacht worden ist.

§ 32 Ausschluss von Klagen gegen den Verschmelzungsbeschluss

Eine Klage gegen die Wirksamkeit des Verschmelzungsbeschlusses eines übertragenden Rechtsträgers kann nicht darauf gestützt werden, dass das Angebot nach § 29 zu niedrig bemessen oder dass die Barabfindung im Verschmelzungsvertrag nicht oder nicht ordnungsgemäß angeboten worden ist.

§ 33 Anderweitige Veräußerung

Einer anderweitigen Veräußerung des Anteils durch den Anteilsinhaber stehen nach Fassung des Verschmelzungsbeschlusses bis zum Ablauf der in § 31 bestimmten Frist Verfügungsbeschränkungen bei den beteiligten Rechtsträgern nicht entgegen.

§ 34 Gerichtliche Nachprüfung der Abfindung

[1]Macht ein Anteilsinhaber geltend, dass eine im Verschmelzungsvertrag oder in seinem Entwurf bestimmte Barabfindung, die ihm nach § 29 anzubieten war, zu niedrig bemessen sei, so hat auf seinen Antrag das Gericht nach den Vorschriften des Spruchverfahrensgesetzes die angemessene Barabfindung zu bestimmen. [2]Das gleiche gilt, wenn die Barabfindung nicht oder nicht ordnungsgemäß angeboten worden ist.

§ 35 Bezeichnung unbekannter Aktionäre; Ruhen des Stimmrechts

[1]Unbekannte Aktionäre einer übertragenden Aktiengesellschaft oder Kommanditgesellschaft auf Aktien sind im Verschmelzungsvertrag, bei Anmeldungen zur Eintragung in ein Register oder bei der Eintragung in eine Liste von Anteilsinhabern durch die Angabe des insgesamt auf sie entfallenden Teils des Grundkapitals der Gesellschaft und der auf sie nach der Verschmelzung entfallenden Anteile zu bezeichnen, soweit eine Benennung der Anteilsinhaber für den übernehmenden Rechtsträger gesetzlich vorgeschrieben ist; eine Bezeichnung in dieser Form ist nur zulässig für Anteilsinhaber, deren Anteile zusammen den 20. Teil des Grundkapitals der übertragenden Gesellschaft nicht überschreiten. [2]Werden solche Anteilsinhaber später bekannt, so sind Register oder Listen von Amts wegen zu berichtigen. [3]Bis zu diesem Zeitpunkt kann das Stimmrecht aus den betreffenden Anteilen in dem übernehmenden Rechtsträger nicht ausgeübt werden.

Dritter Abschnitt: Verschmelzung durch Neugründung

§ 36 Anzuwendende Vorschriften

(1) [1]Auf die Verschmelzung durch Neugründung sind die Vorschriften des Zweiten Abschnitts mit Ausnahme des § 16 Abs. 1 und des § 27 entsprechend anzuwenden. [2]An die Stelle des übernehmenden Rechtsträgers tritt der neue Rechtsträger, an die Stelle der Eintragung der Verschmelzung in das Register des Sitzes des übernehmenden Rechtsträgers tritt die Eintragung des neuen Rechtsträgers in das Register.

(2) [1]Auf die Gründung des neuen Rechtsträgers sind die für dessen Rechtsform geltenden Gründungsvorschriften anzuwenden, soweit sich aus diesem Buch nichts anderes ergibt.

Book. ²The transferring legal entities shall be equal to the founders. ³Any rules providing for a minimum number of founders for the formation shall not apply.

Sec. 37 Contents of the merger agreement

The articles of association, the partnership agreement or the charter or rules of the new legal entity must be included or established in the merger agreement.

Sec. 38 Application for registration of the merger and the new legal entity

(1) The representative bodies of each of the transferring legal entities must apply for the merger to be entered in the register of the registered office of their respective legal entities.

(2) The representative bodies of all transferring legal entities must apply for registration of the new legal entity with the court in whose district the registered office of the new entity shall be located.

Part 2: Special Provisions
Chapter 1: Merger Involving Partnerships
Subchapter 1: Merger Involving Commercial Partnerships

Sec. 39 Exclusion of merger

A dissolved commercial partnership may not take part in a merger as a transferring legal entity if the partners have pursuant to Sec. 145 German Commercial Code agreed upon a form of settlement other than liquidation or merger.

Sec. 40 Contents of the merger agreement

(1) ¹The merger agreement or the draft agreement must additionally determine for each shareholder of a transferring legal entity whether that shareholder will be granted the position of a general partner or a limited partner in the receiving or new commercial partnership. ²The amount of the contribution of each partner is in this respect to be fixed.

(2) ¹Those shareholders of a transferring legal entity not subject to unlimited personal liability as joint and several debtors with regard to such an entity's liabilities, are to be granted the position of a limited partner. ²Any deviating provisions shall only take effect if the shareholders concerned approve of the merger resolution by the transferring legal entity.

Sec. 41 Merger report

A merger report shall not be required for a commercial partnership involved in the merger if all partners of this company are authorised to manage the business.

Sec. 42 Notification of the partners

The merger agreement or the draft agreement and the merger report must be sent to the partners excluded from managing the business at the latest together with the invitation to the

²Den Gründern stehen die übertragenden Rechtsträger gleich. ³Vorschriften, die für die Gründung eine Mindestzahl der Gründer vorschreiben, sind nicht anzuwenden.

§ 37 Inhalt des Verschmelzungsvertrags

In dem Verschmelzungsvertrag muss der Gesellschaftsvertrag, der Partnerschaftsvertrag oder die Satzung des neuen Rechtsträgers enthalten sein oder festgestellt werden.

§ 38 Anmeldung der Verschmelzung und des neuen Rechtsträgers

(1) Die Vertretungsorgane jedes der übertragenden Rechtsträger haben die Verschmelzung zur Eintragung in das Register des Sitzes ihres Rechtsträgers anzumelden.

(2) Die Vertretungsorgane aller übertragenden Rechtsträger haben den neuen Rechtsträger bei dem Gericht, in dessen Bezirk er seinen Sitz haben soll, zur Eintragung in das Register anzumelden.

Zweiter Teil: Besondere Vorschriften

Erster Abschnitt: Verschmelzung unter Beteiligung von Personengesellschaften

Erster Unterabschnitt: Verschmelzung unter Beteiligung von Personenhandelsgesellschaften

§ 39 Ausschluss der Verschmelzung

Eine aufgelöste Personenhandelsgesellschaft kann sich nicht als übertragender Rechtsträger an einer Verschmelzung beteiligen, wenn die Gesellschafter nach § 145 des Handelsgesetzbuchs eine andere Art der Auseinandersetzung als die Abwicklung oder als die Verschmelzung vereinbart haben.

§ 40 Inhalt des Verschmelzungsvertrags

(1) ¹Der Verschmelzungsvertrag oder sein Entwurf hat zusätzlich für jeden Anteilsinhaber eines übertragenden Rechtsträgers zu bestimmen, ob ihm in der übernehmenden oder der neuen Personenhandelsgesellschaft die Stellung eines persönlich haftenden Gesellschafters oder eines Kommanditisten gewährt wird. ²Dabei ist der Betrag der Einlage jedes Gesellschafters festzusetzen.

(2) ¹Anteilsinhabern eines übertragenden Rechtsträgers, die für dessen Verbindlichkeiten nicht als Gesamtschuldner persönlich unbeschränkt haften, ist die Stellung eines Kommanditisten zu gewähren. ²Abweichende Bestimmungen sind nur wirksam, wenn die betroffenen Anteilsinhaber dem Verschmelzungsbeschluss des übertragenden Rechtsträgers zustimmen.

§ 41 Verschmelzungsbericht

Ein Verschmelzungsbericht ist für eine an der Verschmelzung beteiligte Personenhandelsgesellschaft nicht erforderlich, wenn alle Gesellschafter dieser Gesellschaft zur Geschäftsführung berechtigt sind.

§ 42 Unterrichtung der Gesellschafter

Der Verschmelzungsvertrag oder sein Entwurf und der Verschmelzungsbericht sind den Gesellschaftern, die von der Geschäftsführung ausgeschlossen sind, spätestens zusammen mit

partners' meeting which is to decide on the approval of the merger agreement pursuant to Sec. 13 (1).

Sec. 43 Resolution by the partners' meeting

(1) The merger resolution by the partners' meeting shall require the approval of all partners present; even the defaulting partners must approve of it.

(2) [1]The partnership agreement may provide for a majority decision by the partners. [2]The majority must amount to at least three quarters of the votes cast. [3]In the event that a shareholder of a transferring legal entity subject to unlimited personal liability with regard to the liabilities of that legal entity objects to the merger, it is to be granted the position of a limited partner in the receiving or new commercial partnership; the same shall apply to a shareholder of the receiving commercial partnership subject to personal unlimited liability for the liabilities of the latter if that shareholder objects to the merger.

Sec. 44 Merger audit

[1]In the case of Sec. 43 (2), the merger agreement or the draft agreement for a commercial partnership has to be audited pursuant to Secs. 9 to 12 if any of its partners should request so within a time limit of one week from receipt of the documents referred to in Sec. 42. [2]The company shall bear the cost of the audit.

Sec. 45 Time limit for the liability of general partners

(1) In the event that a commercial partnership transfers its assets and liabilities by means of merger to a legal entity of a different legal form whose shareholders are not subject to unlimited liability for the liabilities of that legal entity, a partner of the commercial partnership shall be liable for the liabilities of that partnership if they fall due before expiration of five years from the merger and any claims from this have been established against it in a way referred to in Sec. 197 (1) No. 3 to 5 German Civil Code, or if any judicial or official execution is performed or applied for; in the case of liabilities under public law, the order of an administrative act shall suffice.

(2) [1]The time limit shall commence at the date when the entry of the merger in the register of the registered office of the receiving legal entity has been announced pursuant to Sec. 19 (3). [2]Secs. 204, 206, 210, 211 and 212 (2) and (3) German Civil Code applicable to the statute of limitations shall apply *mutatis mutandis*.

(3) No establishment in a manner referred to in Sec. 197 (1) No. 3 to 5 German Civil Code shall be required in so far as the partner has accepted the claim in writing.

(4) Paragraphs 1 to 3 shall also apply if the partner will act in a managing capacity in the legal entity of a different legal form.

Subchapter 2: Merger Involving Professional Partnership Companies

Sec. 45a Conditions for merger

[1]Merger into a professional partnership company shall only be possible if at the date of its coming into effect all shareholders of the transferring legal entities are natural persons ex-

der Einberufung der Gesellschafterversammlung, die gemäß § 13 Abs. 1 über die Zustimmung zum Verschmelzungsvertrag beschließen soll, zu übersenden.

§ 43 Beschluss der Gesellschafterversammlung

(1) Der Verschmelzungsbeschluss der Gesellschafterversammlung bedarf der Zustimmung aller anwesenden Gesellschafter; ihm müssen auch die nicht erschienenen Gesellschafter zustimmen.

(2) ¹Der Gesellschaftsvertrag kann eine Mehrheitsentscheidung der Gesellschafter vorsehen. ²Die Mehrheit muss mindestens drei Viertel der abgegebenen Stimmen betragen. ³Widerspricht ein Anteilsinhaber eines übertragenden Rechtsträgers, der für dessen Verbindlichkeiten persönlich unbeschränkt haftet, der Verschmelzung, so ist ihm in der übernehmenden oder der neuen Personenhandelsgesellschaft die Stellung eines Kommanditisten zu gewähren; das gleiche gilt für einen Anteilsinhaber der übernehmenden Personenhandelsgesellschaft, der für deren Verbindlichkeiten persönlich unbeschränkt haftet, wenn er der Verschmelzung widerspricht.

§ 44 Prüfung der Verschmelzung

¹Im Fall des § 43 Abs. 2 ist der Verschmelzungsvertrag oder sein Entwurf für eine Personenhandelsgesellschaft nach den §§ 9 bis 12 zu prüfen, wenn dies einer ihrer Gesellschafter innerhalb einer Frist von einer Woche verlangt, nachdem er die in § 42 genannten Unterlagen erhalten hat. ²Die Kosten der Prüfung trägt die Gesellschaft.

§ 45 Zeitliche Begrenzung der Haftung persönlich haftender Gesellschafter

(1) Überträgt eine Personenhandelsgesellschaft ihr Vermögen durch Verschmelzung auf einen Rechtsträger anderer Rechtsform, dessen Anteilsinhaber für die Verbindlichkeiten dieses Rechtsträgers nicht unbeschränkt haften, so haftet ein Gesellschafter der Personenhandelsgesellschaft für ihre Verbindlichkeiten, wenn sie vor Ablauf von fünf Jahren nach der Verschmelzung fällig und daraus Ansprüche gegen ihn in einer in § 197 Abs. 1 Nr. 3 bis 5 des Bürgerlichen Gesetzbuchs bezeichneten Art festgestellt sind oder eine gerichtliche oder behördliche Vollstreckungshandlung vorgenommen oder beantragt wird; bei öffentlich-rechtlichen Verbindlichkeiten genügt der Erlass eines Verwaltungsakts.

(2) ¹Die Frist beginnt mit dem Tage, an dem die Eintragung der Verschmelzung in das Register des Sitzes des übernehmenden Rechtsträgers nach § 19 Abs. 3 bekannt gemacht worden ist. ²Die für die Verjährung geltenden §§ 204, 206, 210, 211 und 212 Abs. 2 und 3 des Bürgerlichen Gesetzbuchs sind entsprechend anzuwenden.

(3) Einer Feststellung in einer in § 197 Abs. 1 Nr. 3 bis 5 des Bürgerlichen Gesetzbuchs bezeichneten Art bedarf es nicht, soweit der Gesellschafter den Anspruch schriftlich anerkannt hat.

(4) Die Absätze 1 bis 3 sind auch anzuwenden, wenn der Gesellschafter in dem Rechtsträger anderer Rechtsform geschäftsführend tätig wird.

Zweiter Unterabschnitt: Verschmelzung unter Beteiligung von Partnerschaftsgesellschaften

§ 45a Möglichkeit der Verschmelzung

¹Eine Verschmelzung auf eine Partnerschaftsgesellschaft ist nur möglich, wenn im Zeitpunkt ihres Wirksamwerdens alle Anteilsinhaber übertragender Rechtsträger natürliche Personen

German company law and tax law provision

ercising a liberal profession (Sec. 1 (1) and (2) of the German Professional Partnership Companies Act). ²This shall not affect Sec. 1 (3) of the German Professional Partnership Companies Act.

Sec. 45b Contents of the merger agreement

(1) The merger agreement or the draft agreement must additionally contain the name and first name of every shareholder of a transferring legal entity as well as the profession practised in the receiving professional partnership company and the domicile of each partner.

(2) Sec. 35 shall not apply.

Sec. 45c Merger report and notification of the partners

¹A merger report shall only be required for a professional partnership company involved in the merger if any of the partners is excluded from managing the business pursuant to Sec. 6 (2) of the German Professional Partnership Companies Act. ²Any partners excluded from management must be notified in accordance with Sec. 42.

Sec. 45d Resolution by the partners' meeting

(1) The merger resolution by the partners' meeting shall require the approval of all partners present; it must also be approved by the defaulting partners.

(2) ¹The partnership agreement may provide for a majority decision by the partners. ²The majority must amount to at least three quarters of the votes cast.

Sec. 45e Applicable provisions

¹Secs. 39 and 45 shall apply *mutatis mutandis*. ²In the cases of Sec. 45d (2), Sec. 44 shall apply *mutatis mutandis* too.

Chapter 2: Merger Involving Limited Liability Companies

Subchapter 1: Merger by Means of Acquisition

Sec. 46 Contents of the merger agreement

(1) ¹The merger agreement or the draft agreement must for each shareholder of a transferring legal entity additionally specify the nominal amount of the share such a shareholder must be granted by the receiving limited liability company. ²The nominal amount may be set at an amount other than the amount allocable to the stocks of a transferring stock corporation or partnership limited by shares as prorated portion of its share capital. ³It must amount to at least fifty Euro and be divisible by ten.

(2) In the event that the shares to be granted shall be created by means of a capital increase and provided with rights and duties different from those the other shares of the receiving limited liability company are provided with, such differences must also be specified in the merger agreement or the draft agreement.

(3) In the event that any shareholders of a transferring legal entity are supposed to receive already existing shares of the receiving company, the shareholders and the nominal amounts of the shares they are to receive must separately be specified in the merger agreement or the draft agreement.

sind, die einen Freien Beruf ausüben (§ 1 Abs. 1 und 2 des Partnerschaftsgesellschaftsgesetzes). ²§ 1 Abs. 3 des Partnerschaftsgesellschaftsgesetzes bleibt unberührt.

§ 45b Inhalt des Verschmelzungsvertrages

(1) Der Verschmelzungsvertrag oder sein Entwurf hat zusätzlich für jeden Anteilsinhaber eines übertragenden Rechtsträgers den Namen und den Vornamen sowie den in der übernehmenden Partnerschaftsgesellschaft ausgeübten Beruf und den Wohnort jedes Partners zu enthalten.
(2) § 35 ist nicht anzuwenden.

§ 45c Verschmelzungsbericht und Unterrichtung der Partner

¹Ein Verschmelzungsbericht ist für eine an der Verschmelzung beteiligte Partnerschaftsgesellschaft nur erforderlich, wenn ein Partner gemäß § 6 Abs. 2 des Partnerschaftsgesellschaftsgesetzes von der Geschäftsführung ausgeschlossen ist. ²Von der Geschäftsführung ausgeschlossene Partner sind entsprechend § 42 zu unterrichten.

§ 45d Beschluss der Gesellschafterversammlung

(1) Der Verschmelzungsbeschluss der Gesellschafterversammlung bedarf der Zustimmung aller anwesenden Partner; ihm müssen auch die nicht erschienenen Partner zustimmen.
(2) ¹Der Partnerschaftsvertrag kann eine Mehrheitsentscheidung der Partner vorsehen. ²Die Mehrheit muss mindestens drei Viertel der abgegebenen Stimmen betragen.

§ 45e Anzuwendende Vorschriften

¹Die §§ 39 und 45 sind entsprechend anzuwenden. ²In den Fällen des § 45d Abs. 2 ist auch § 44 entsprechend anzuwenden.

Zweiter Abschnitt: Verschmelzung unter Beteiligung von Gesellschaften mit beschränkter Haftung

Erster Unterabschnitt: Verschmelzung durch Aufnahme

§ 46 Inhalt des Verschmelzungsvertrags

(1) ¹Der Verschmelzungsvertrag oder sein Entwurf hat zusätzlich für jeden Anteilsinhaber eines übertragenden Rechtsträgers den Nennbetrag des Geschäftsanteils zu bestimmen, den die übernehmende Gesellschaft mit beschränkter Haftung ihm zu gewähren hat. ²Der Nennbetrag kann abweichend von dem Betrag festgesetzt werden, der auf die Aktien einer übertragenden Aktiengesellschaft oder Kommanditgesellschaft auf Aktien als anteiliger Betrag ihres Grundkapitals entfällt. ³Er muss mindestens fünfzig Euro betragen und durch zehn teilbar sein.
(2) Sollen die zu gewährenden Geschäftsanteile im Wege der Kapitalerhöhung geschaffen und mit anderen Rechten und Pflichten als sonstige Geschäftsanteile der übernehmenden Gesellschaft mit beschränkter Haftung ausgestattet werden, so sind auch die Abweichungen im Verschmelzungsvertrag oder in seinem Entwurf festzusetzen.
(3) Sollen Anteilsinhaber eines übertragenden Rechtsträgers schon vorhandene Geschäftsanteile der übernehmenden Gesellschaft erhalten, so müssen die Anteilsinhaber und die Nennbeträge der Geschäftsanteile, die sie erhalten sollen, im Verschmelzungsvertrag oder in seinem Entwurf besonders bestimmt werden.

Sec. 47 Notification of the shareholders

The merger agreement or its draft and the merger report must be sent to the shareholders at the latest together with the invitation to the shareholders' meeting which is to decide on the approval of the merger pursuant to Sec. 13 (1).

Sec. 48 Merger Audit

¹The merger agreement or its draft is to be audited for a limited liability company pursuant to Secs. 9 to 12 if this is requested by any of its shareholders within a time limit of one week following receipt of the documents referred to in Sec. 47. ²The cost of the audit shall be borne by the company.

Sec. 49 Preparation of the shareholders' meeting

(1) The managing directors must announce the merger as subject matter of resolution in the invitation to the shareholders' meeting which is to decide on the approval of the merger agreement pursuant to Sec. 13 (1).

(2) As from the invitation, the annual accounts and the management reports for the last three fiscal years of the legal entities involved in the merger must be displayed for inspection by the shareholders at the premises of the company.

(3) The managing directors must any time inform every shareholder at the request of the latter on all matters relevant to the merger having regard to the other legal entities involved.

Sec. 50 Resolution by the shareholders' meeting

(1) ¹The merger resolution by the shareholders' meeting shall require a majority of at least three quarters of the votes cast. ²The articles of association may specify a higher majority and further requirements.

(2) In the event that any minority rights of an individual shareholder of a transferring company based on the articles of association or the special rights individual shareholders of that company are entitled to according to the articles of association with regard to the management of the company, the appointment of the managing directors or a right of nomination with regard to the management should be impaired by the merger, the merger resolution by this transferring company shall require the approval of those shareholders.

Sec. 51 Approval requirements in special cases

(1) ¹In the event that a limited liability company with regard to whose shares not all contributions payable have been effected in full is involved in the merger as receiving legal entity, the merger resolution by a transferring legal entity shall require the approval of all shareholders of that legal entity present at resolution. ²In the event that the transferring legal entity is a commercial partnership, a professional partnership company or a limited liability company, the merger resolution shall also require the approval of the defaulting partners/shareholders. ³In the event that a limited liability company with regard to whose shares not all contributions payable have been effected in full is acquired by means of merger by a limited liability company, the merger resolution shall require the approval of all shareholders of the receiving company.

(2) In the event that any different assessment of the nominal amount is in the case of Sec. 46 (1) Sentence 2 not caused by Sec. 46 (1) Sentence 3, it shall require the approval of every shareholder unable to participate by its entire share.

55 Deutsche gesellschafts- und steuerrechtliche Gesetzesvorschriften

§ 47 Unterrichtung der Gesellschafter

Der Verschmelzungsvertrag oder sein Entwurf und der Verschmelzungsbericht sind den Gesellschaftern spätestens zusammen mit der Einberufung der Gesellschafterversammlung, die gemäß § 13 Abs. 1 über die Zustimmung beschließen soll, zu übersenden.

§ 48 Prüfung der Verschmelzung

¹Der Verschmelzungsvertrag oder sein Entwurf ist für eine Gesellschaft mit beschränkter Haftung nach den §§ 9 bis 12 zu prüfen, wenn dies einer ihrer Gesellschafter innerhalb einer Frist von einer Woche verlangt, nachdem er die in § 47 genannten Unterlagen erhalten hat. ²Die Kosten der Prüfung trägt die Gesellschaft.

§ 49 Vorbereitung der Gesellschafterversammlung

(1) Die Geschäftsführer haben in der Einberufung der Gesellschafterversammlung, die gemäß § 13 Abs. 1 über die Zustimmung zum Verschmelzungsvertrag beschließen soll, die Verschmelzung als Gegenstand der Beschlussfassung anzukündigen.

(2) Von der Einberufung an sind in den Geschäftsraum der Gesellschaft die Jahresabschlüsse und die Lageberichte der an der Verschmelzung beteiligten Rechtsträger für die letzten drei Geschäftsjahre zur Einsicht durch die Gesellschafter auszulegen.

(3) Die Geschäftsführer haben jedem Gesellschafter auf Verlangen jederzeit Auskunft auch über alle für die Verschmelzung wesentlichen Angelegenheiten der anderen beteiligten Rechtsträger zu geben.

§ 50 Beschluss der Gesellschafterversammlung

(1) ¹Der Verschmelzungsbeschluss der Gesellschafterversammlung bedarf einer Mehrheit von mindestens drei Vierteln der abgegebenen Stimmen. ²Der Gesellschaftsvertrag kann eine größere Mehrheit und weitere Erfordernisse bestimmen.

(2) Werden durch die Verschmelzung auf dem Gesellschaftsvertrag beruhende Minderheitsrechte eines einzelnen Gesellschafters einer übertragenden Gesellschaft oder die einzelnen Gesellschaftern einer solchen Gesellschaft nach dem Gesellschaftsvertrag zustehenden besonderen Rechte in der Geschäftsführung der Gesellschaft, bei der Bestellung der Geschäftsführer oder hinsichtlich eines Vorschlagsrechts für die Geschäftsführung beeinträchtigt, so bedarf der Verschmelzungsbeschluss dieser übertragenden Gesellschaft der Zustimmung dieser Gesellschafter.

§ 51 Zustimmungserfordernisse in Sonderfällen

(1) ¹Ist an der Verschmelzung eine Gesellschaft mit beschränkter Haftung, auf deren Geschäftsanteile nicht alle zu leistenden Einlagen in voller Höhe bewirkt sind, als übernehmender Rechtsträger beteiligt, so bedarf der Verschmelzungsbeschluss eines übertragenden Rechtsträgers der Zustimmung aller bei der Beschlussfassung anwesenden Anteilsinhaber dieses Rechtsträgers. ²Ist der übertragende Rechtsträger eine Personenhandelsgesellschaft, eine Partnerschaftsgesellschaft oder eine Gesellschaft mit beschränkter Haftung, so bedarf der Verschmelzungsbeschluss auch der Zustimmung der nicht erschienenen Gesellschafter. ³Wird eine Gesellschaft mit beschränkter Haftung, auf deren Geschäftsanteile nicht alle zu leistenden Einlagen in voller Höhe bewirkt sind, von einer Gesellschaft mit beschränkter Haftung durch Verschmelzung aufgenommen, bedarf der Verschmelzungsbeschluss der Zustimmung aller Gesellschafter der übernehmenden Gesellschaft.

(2) Ist im Falle des § 46 Abs. 1 Satz 2 die abweichende Festsetzung des Nennbetrages nicht durch § 46 Abs. 1 Satz 3 bedingt, so bedarf sie der Zustimmung jedes Aktionärs, der sich nicht mit seinem gesamten Anteil beteiligen kann.

Sec. 52 Application for registration of the merger

(1) ¹On application for registration of the merger, the representative bodies of the legal entities involved in the merger must in the case of Sec. 51 (1) also declare that all shareholders of each of the transferring legal entities present at resolution and, in so far as the transferring legal entity is a commercial partnership, a professional partnership company or a limited liability company, even the defaulting partners/shareholders of this company, have approved the merger resolution of each of the transferring legal entities. ²In the event that a limited liability company with regard to whose shares not all contributions payable have been effected in full is acquired by a limited liability company by means of merger, the declaration must also include that all shareholders of that company have approved of the merger resolution.

(2) An adjusted shareholders' list signed by the managing directors of the receiving company is to be enclosed with the application for entry in the register of the registered office of that company.

Sec. 53 Registration in the case of an increase in the share capital

In the event that the receiving company increases its share capital in order to effect the merger, the merger must not be registered before the increase in the share capital has been entered in the register.

Sec. 54 Merger without capital increase

(1) ¹The receiving company shall not be entitled to increase its share capital in order to effect the merger in so far as
   1. it is holding shares in a transferring legal entity;
   2. a transferring legal entity is holding own shares, or
   3. a transferring legal entity is holding any shares in that company, with regard to which shares the contributions have not been paid in full.

   ²The receiving company shall not need to increase its share capital in so far as
   1. it is holding own shares, or
   2. a transferring legal entity is holding shares in that company, with regard to which shares the contributions have already been paid in full.

   ³The receiving company may refrain from the grant of shares if all shareholders of a transferring legal entity waive such a grant; waivers are to be recorded by a notary.

(2) Paragraph 1 shall *mutatis mutandis* apply if the holder of the shares referred to in that Paragraph is a third party acting in its own name, but in the case of Paragraph 1 Sentence 1 No. 1 or Paragraph 1 Sentence 2 No. 1, for the account of the receiving company or, in any of the other cases referred to in Paragraph 1, for the account of the transferring legal entity.

(3) ¹In so far as any shares of the receiving company held by the company itself or by a transferring legal entity have to be divided for the purpose of transacting the merger so that they may be granted to the shareholders of a transferring legal entity, any provisions of the articles of association excluding or hampering the division of the shares of the receiving company, as well as Sec. 5 (1) Clause 2 and (3) Sentence 2 of the German Limited Liability Companies Act shall not apply; however, the nominal amount of each portion of the shares must be at least fifty Euro and divisible by ten. ²Sentence 1 shall *mutatis mutandis* apply if a third party acting in its own name, but for the account of the receiving company or a transferring legal entity, is holding the shares.

§ 52 Anmeldung der Verschmelzung

(1) ¹Bei der Anmeldung der Verschmelzung zur Eintragung in das Register haben die Vertretungsorgane der an der Verschmelzung beteiligten Rechtsträger im Falle des § 51 Abs. 1 auch zu erklären, dass dem Verschmelzungsbeschluss jedes der übertragenden Rechtsträger alle bei der Beschlussfassung anwesenden Anteilsinhaber dieses Rechtsträgers und, sofern der übertragende Rechtsträger eine Personenhandelsgesellschaft, eine Partnerschaftsgesellschaft oder eine Gesellschaft mit beschränkter Haftung ist, auch die nicht erschienenen Gesellschafter dieser Gesellschaft zugestimmt haben. ²Wird eine Gesellschaft mit beschränkter Haftung, auf deren Geschäftsanteile nicht alle zu leistenden Einlagen in voller Höhe bewirkt sind, von einer Gesellschaft mit beschränkter Haftung durch Verschmelzung aufgenommen, so ist auch zu erklären, dass alle Gesellschafter dieser Gesellschaft dem Verschmelzungsbeschluss zugestimmt haben.

(2) Der Anmeldung zum Register des Sitzes der übernehmenden Gesellschaft ist eine von den Geschäftsführern dieser Gesellschaft unterschriebene berichtigte Gesellschafterliste beizufügen.

§ 53 Eintragung bei Erhöhung des Stammkapitals

Erhöht die übernehmende Gesellschaft zur Durchführung der Verschmelzung ihr Stammkapital, so darf die Verschmelzung erst eingetragen werden, nachdem die Erhöhung des Stammkapitals im Register eingetragen worden ist.

§ 54 Verschmelzung ohne Kapitalerhöhung

(1) ¹Die übernehmende Gesellschaft darf zur Durchführung der Verschmelzung ihr Stammkapital nicht erhöhen, soweit

1. sie Anteile eines übertragenden Rechtsträgers innehat;
2. ein übertragender Rechtsträger eigene Anteile innehat oder
3. ein übertragender Rechtsträger Geschäftsanteile dieser Gesellschaft innehat, auf welche die Einlagen nicht in voller Höhe bewirkt sind.

²Die übernehmende Gesellschaft braucht ihr Stammkapital nicht zu erhöhen, soweit

1. sie eigene Geschäftsanteile innehat oder
2. ein übertragender Rechtsträger Geschäftsanteile dieser Gesellschaft innehat, auf welche die Einlagen bereits in voller Höhe bewirkt sind.

³Die übernehmende Gesellschaft darf von der Gewährung von Geschäftsanteilen absehen, wenn alle Anteilsinhaber eines übertragenden Rechtsträgers darauf verzichten; die Verzichtserklärungen sind notariell zu beurkunden.

(2) Absatz 1 gilt entsprechend, wenn Inhaber der dort bezeichneten Anteile ein Dritter ist, der im eigenen Namen, jedoch in einem Fall des Absatzes 1 Satz 1 Nr. 1 oder des Absatzes 1 Satz 2 Nr. 1 für Rechnung der übernehmenden Gesellschaft oder in einem der anderen Fälle des Absatzes 1 für Rechnung des übertragenden Rechtsträgers handelt.

(3) ¹Soweit zur Durchführung der Verschmelzung Geschäftsanteile der übernehmenden Gesellschaft, die sie selbst oder ein übertragender Rechtsträger innehat, geteilt werden müssen, um sie den Anteilsinhabern eines übertragenden Rechtsträgers gewähren zu können, sind Bestimmungen des Gesellschaftsvertrags, welche die Teilung der Geschäftsanteile der übernehmenden Gesellschaft ausschließen oder erschweren, sowie § 5 Abs. 1 zweiter Halbsatz und Abs. 3 Satz 2 des Gesetzes betreffend die Gesellschaften mit beschränkter Haftung nicht anzuwenden; jedoch muss der Nennbetrag jedes Teils der Geschäftsanteile mindestens fünfzig Euro betragen und durch zehn teilbar sein. ²Satz 1 gilt entsprechend, wenn Inhaber der Geschäftsanteile ein Dritter ist, der im eigenen Na-

German company law and tax law provision

(4) Any additional cash payments stipulated in the merger agreement must not exceed one-tenth of the total nominal amount of the shares granted in the receiving company.

Sec. 55 Merger with capital increase

(1) ¹In the event that the receiving company increases its share capital for the purpose of transacting the merger, Sec. 55 (1), Secs. 56a, 57 (2), (3) No. 1 German Limited Liability Companies Act shall not apply. ²Sec. 5 (1) Clause 2 and (3) Sentence 2 German Limited Liability Companies Act shall not apply to the new shares; however, the amount of each new original capital contribution must amount to at least fifty Euro and be divisible by ten.

(2) In addition to the documents referred to in Sec. 57 (3) No. 2 and 3 German Limited Liability Companies Act, official copies or attested copies of the merger agreement and the records of the resolutions authorising the merger are to be enclosed with the application for registration of the capital increase.

Subchapter 2: Merger by Means of the Formation of a New Company

Sec. 56 Applicable provisions

The provisions of Subchapter 2 with the exception of Secs. 51, 52 (1), Secs. 53, 54 (1) to (3) as well as Sec. 55 shall *mutatis mutandis* apply to merger by means of the formation of a new company.

Sec. 57 Contents of the articles of association

Any stipulations as to special benefits, formation expense, contributions in kind and transfers of assets contained in the articles of association, partnership agreements or rules or charters of any transferring legal entities are to be incorporated in the articles of association.

Sec. 58 Report on the formation by contribution in kind

(1) The report on the formation by contribution in kind (Sec. 5 (4) German Limited Liability Companies Act) must also explain the course of business and the position of the transferring legal entities.

(2) No report on the formation by contribution in kind shall be required if the transferring legal entity is a corporation or a registered cooperative society.

Sec. 59 Merger resolutions

¹The articles of association of the new company shall only become effective if approved by the shareholders of each of the transferring legal entities by a merger resolution. ²This shall *mutatis mutandis* apply to the appointment of the managing directors and the members of the supervisory board of the new company, provided that they have to be elected by the shareholders of the transferring legal entities.

men, jedoch für Rechnung der übernehmenden Gesellschaft oder eines übertragenden Rechtsträgers handelt.

(4) Im Verschmelzungsvertrag festgesetzte bare Zuzahlungen dürfen nicht den zehnten Teil des Gesamtnennbetrags der gewährten Geschäftsanteile der übernehmenden Gesellschaft übersteigen.

§ 55 Verschmelzung mit Kapitalerhöhung

(1) ¹Erhöht die übernehmende Gesellschaft zur Durchführung der Verschmelzung ihr Stammkapital, so sind § 55 Abs. 1, §§ 56a, 57 Abs. 2, Abs. 3 Nr. 1 des Gesetzes betreffend die Gesellschaften mit beschränkter Haftung nicht anzuwenden. ²Auf die neuen Geschäftsanteile ist § 5 Abs. 1 zweiter Halbsatz und Abs. 3 Satz 2 des Gesetzes betreffend die Gesellschaften mit beschränkter Haftung nicht anzuwenden; jedoch muss der Betrag jeder neuen Stammeinlage mindestens fünfzig Euro betragen und durch zehn teilbar sein.

(2) Der Anmeldung der Kapitalerhöhung zum Register sind außer den in § 57 Abs. 3 Nr. 2 und 3 des Gesetzes betreffend die Gesellschaften mit beschränkter Haftung bezeichneten Schriftstücken der Verschmelzungsvertrag und die Niederschriften der Verschmelzungsbeschlüsse in Ausfertigung oder öffentlich beglaubigter Abschrift beizufügen.

Zweiter Unterabschnitt: Verschmelzung durch Neugründung

§ 56 Anzuwendende Vorschriften

Auf die Verschmelzung durch Neugründung sind die Vorschriften des Ersten Unterabschnitts mit Ausnahme der §§ 51, 52 Abs. 1, §§ 53, 54 Abs. 1 bis 3 sowie des § 55 entsprechend anzuwenden.

§ 57 Inhalt des Gesellschaftsvertrags

In den Gesellschaftsvertrag sind Festsetzungen über Sondervorteile, Gründungsaufwand, Sacheinlagen und Sachübernahmen, die in den Gesellschaftsverträgen, Partnerschaftsverträgen oder Satzungen übertragender Rechtsträger enthalten waren, zu übernehmen.

§ 58 Sachgründungsbericht

(1) In dem Sachgründungsbericht (§ 5 Abs. 4 des Gesetzes betreffend die Gesellschaften mit beschränkter Haftung) sind auch der Geschäftsverlauf und die Lage der übertragenden Rechtsträger darzulegen.

(2) Ein Sachgründungsbericht ist nicht erforderlich, soweit eine Kapitalgesellschaft oder eine eingetragene Genossenschaft übertragender Rechtsträger ist.

§ 59 Verschmelzungsbeschlüsse

¹Der Gesellschaftsvertrag der neuen Gesellschaft wird nur wirksam, wenn ihm die Anteilsinhaber jedes der übertragenden Rechtsträger durch Verschmelzungsbeschluss zustimmen. ²Dies gilt entsprechend für die Bestellung der Geschäftsführer und der Mitglieder des Aufsichtsrats der neuen Gesellschaft, soweit sie von den Anteilsinhabern der übertragenden Rechtsträger zu wählen sind.

Chapter 3: Merger Involving Stock Corporations
Subchapter 1: Merger by Means of Acquisition

Sec. 60 Merger audit, appointment of the merger auditors

The merger agreement or its draft must be audited for every stock corporation pursuant to Secs. 9 to 12.

Sec. 61 Announcement of the merger agreement

[1]The merger agreement or its draft is to be filed with the register before the invitation to the general meeting which is to decide on the approval pursuant to Sec. 13 (1). [2]In the announcement pursuant to Sec. 10 German Commercial Code, the court must provide a reference to the fact that the agreement or the draft agreement has been filed with the commercial register.

Sec. 62 General meeting in special cases

(1) [1]In the event that at least nine-tenths of the share capital of a transferring corporation are held by a receiving stock corporation, no merger resolution by the receiving stock corporation for the acquisition of that transferring company shall be required. [2]Any own shares of the transferring company as well as any shares owned by a third party for the account of that company are to be deducted from the share capital.

(2) [1]Paragraph 1 shall not apply if any stockholders of the receiving company whose shares amount in the aggregate to one-twentieth of the share capital of that company demand the convening of a general meeting to decide on the approval of the merger. [2]The articles of association can make the right to demand the convening of the general meeting subject to ownership of a lower portion of the share capital of the receiving company.

(3) [1]The documents referred to in Sec. 63 (1) must be displayed at the premises of the receiving company for inspection by the stockholders one month before the date of the shareholders' meeting or the general meeting of the transferring company which is to decide on the approval of the merger agreement pursuant to Sec. 13 (1). [2]The board of directors of the receiving company must at the same time announce a reference to the upcoming merger in the corporate papers of the receiving company and file the merger agreement or its draft with the register of the receiving company; Sec. 61 Sentence 2 shall be applied *mutatis mutandis*. [3]The stockholders must be advised of their right as per Paragraph 2 in the announcement as per Sentence 2 Clause 1. [4]Proof of the announcement is to be enclosed with the application for registration of the merger in the commercial register. [5]The board of directors must on application declare whether a request as per Paragraph 2 has been filed. [6]Every stockholder of the receiving company must on request be issued a copy of the documents referred to in Sentence 1 immediately and at no charge.

Sec. 63 Preparation of the general meeting

(1) As from the invitation to the general meeting which is to decide on the approval of the merger agreement pursuant to Sec. 13 (1), the following documents are to be displayed at the premises of the company for inspection by the stockholders:

   1. the merger agreement or its draft;
   2. the annual accounts and the management reports for the last three fiscal years of the legal entities involved in the merger;

Deutsche gesellschafts- und steuerrechtliche Gesetzesvorschriften

Dritter Abschnitt: Verschmelzung unter Beteiligung von Aktiengesellschaften

Erster Unterabschnitt: Verschmelzung durch Aufnahme

§ 60 Prüfung der Verschmelzung, Bestellung der Verschmelzungsprüfer

Der Verschmelzungsvertrag oder sein Entwurf ist für jede Aktiengesellschaft nach den §§ 9 bis 12 zu prüfen.

§ 61 Bekanntmachung des Verschmelzungsvertrags

¹Der Verschmelzungsvertrag oder sein Entwurf ist vor der Einberufung der Hauptversammlung, die gemäß § 13 Abs. 1 über die Zustimmung beschließen soll, zum Register einzureichen. ²Das Gericht hat in der Bekanntmachung nach § 10 des Handelsgesetzbuchs einen Hinweis darauf bekanntzumachen, dass der Vertrag oder sein Entwurf beim Handelsregister eingereicht worden ist.

§ 62 Hauptversammlung in besonderen Fällen

(1) ¹Befinden sich mindestens neun Zehntel des Stammkapitals oder des Grundkapitals einer übertragenden Kapitalgesellschaft in der Hand einer übernehmenden Aktiengesellschaft, so ist ein Verschmelzungsbeschluss der übernehmenden Aktiengesellschaft zur Aufnahme dieser übertragenden Gesellschaft nicht erforderlich. ²Eigene Anteile der übertragenden Gesellschaft und Anteile, die einem anderen für Rechnung dieser Gesellschaft gehören, sind vom Stammkapital oder Grundkapital abzusetzen.

(2) ¹Absatz 1 gilt nicht, wenn Aktionäre der übernehmenden Gesellschaft, deren Anteile zusammen den zwanzigsten Teil des Grundkapitals dieser Gesellschaft erreichen, die Einberufung einer Hauptversammlung verlangen, in der über die Zustimmung zu der Verschmelzung beschlossen wird. ²Die Satzung kann das Recht, die Einberufung der Hauptversammlung zu verlangen, an den Besitz eines geringeren Teils am Grundkapital der übernehmenden Gesellschaft knüpfen.

(3) ¹Einen Monat vor dem Tage der Gesellschafterversammlung oder der Hauptversammlung der übertragenden Gesellschaft, die gemäß § 13 Abs. 1 über die Zustimmung zum Verschmelzungsvertrag beschließen soll, sind in dem Geschäftsraum der übernehmenden Gesellschaft zur Einsicht der Aktionäre die in § 63 Abs. 1 bezeichneten Unterlagen auszulegen. ²Gleichzeitig hat der Vorstand der übernehmenden Gesellschaft einen Hinweis auf die bevorstehende Verschmelzung in den Gesellschaftsblättern der übernehmenden Gesellschaft bekanntzumachen und den Verschmelzungsvertrag oder seinen Entwurf zum Register der übernehmenden Gesellschaft einzureichen; § 61 Satz 2 ist entsprechend anzuwenden. ³Die Aktionäre sind in der Bekanntmachung nach Satz 2 erster Halbsatz auf ihr Recht nach Absatz 2 hinzuweisen. ⁴Der Anmeldung der Verschmelzung zur Eintragung in das Handelsregister ist der Nachweis der Bekanntmachung beizufügen. ⁵Der Vorstand hat bei der Anmeldung zu erklären, ob ein Antrag nach Absatz 2 gestellt worden ist. ⁶Auf Verlangen ist jedem Aktionär der übernehmenden Gesellschaft unverzüglich und kostenlos eine Abschrift der in Satz 1 bezeichneten Unterlagen zu erteilen.

§ 63 Vorbereitung der Hauptversammlung

(1) Von der Einberufung der Hauptversammlung an, die gemäß § 13 Abs. 1 über die Zustimmung zum Verschmelzungsvertrag beschließen soll, sind in dem Geschäftsraum der Gesellschaft zur Einsicht der Aktionäre auszulegen

1. der Verschmelzungsvertrag oder sein Entwurf;
2. die Jahresabschlüsse und die Lageberichte der an der Verschmelzung beteiligten Rechtsträger für die letzten drei Geschäftsjahre;

3. provided that the last annual accounts relate to a fiscal year expired more than six months before the closing of the merger agreement or the preparation of the draft, a balance sheet as of a reference date which does not lie before the first day of the third month preceding the closing or the preparation of the agreement (interim balance sheet);
4. the merger reports submitted pursuant to Sec. 8;
5. the audit reports prepared pursuant to Sec. 60 in conjunction with Sec. 12.

(2) ¹The interim balance sheet (Paragraph 1 No. 3) is to be prepared in accordance with the provisions applied to the last annual balance sheet of the legal entity. ²Physical inventory taking shall not be required. ³The values reported in the last annual balance sheet may be adopted. ⁴However, amortisation and depreciation, value adjustments and provisions as well as any material changes in the real values of assets by the closing date of the interim balance sheet are to be taken into account.

(3) A copy of the documents referred to in Paragraph 1 is on request to be issued to every stockholder immediately and at no charge.

Sec. 64 Holding of the general meeting

(1) ¹The documents referred to in Sec. 63 (1) are to be displayed at the general meeting. ²The board of directors must at the beginning of the meeting verbally explain the merger agreement or its draft.
(2) Upon request, every stockholder is at the general meeting to be provided with information on all matters relevant to the merger with regard to the other legal entities involved.

Sec. 65 Resolution by the general meeting

(1) ¹The merger resolution by the general meeting shall require a majority of at least three quarters of the share capital represented at resolution. ²The articles of association may specify a higher capital majority and further requirements.
(2) ¹In the event that several classes of stock exist, the resolution by the general meeting shall require the approval of the stockholders of each class of stock entitled to vote. ²The stockholders of every class must pass a special resolution on approval. ³Paragraph 1 shall apply to this resolution.

Sec. 66 Registration in the case of an increase in the share capital

In the event that the receiving company increases its share capital for the purpose of transacting the merger, the merger must not be entered in the register before the effected increase in the share capital has been entered in the register.

Sec. 67 Application of the provisions with regard to post-formation acquisition

¹In the event that the merger agreement is concluded in the first two years since the registration of the receiving company, Sec. 52 (3), (4), (6) to (9) German Stock Corporation Act regarding post-formation acquisition is to be applied *mutatis mutandis*. ²This shall not apply if no more than one-tenth of the share capital of the company concerned is allocable to the stock to be granted, or if that company has obtained its legal form through a change of form of a limited liability company, which company had previously been registered in the commercial register for at least two years. ³In the event that the share capital is increased for the purpose of transacting the merger, the computation is to be based on the increased share capital.

3. falls sich der letzte Jahresabschluss auf ein Geschäftsjahr bezieht, das mehr als sechs Monate vor dem Abschluss des Verschmelzungsvertrags oder der Aufstellung des Entwurfs abgelaufen ist, eine Bilanz auf einen Stichtag, der nicht vor dem ersten Tag des dritten Monats liegt, der dem Abschluss oder der Aufstellung vorausgeht (Zwischenbilanz);
4. die nach § 8 erstatteten Verschmelzungsberichte;
5. die nach § 60 in Verbindung mit § 12 erstatteten Prüfungsberichte.

(2) ¹Die Zwischenbilanz (Absatz 1 Nr. 3) ist nach den Vorschriften aufzustellen, die auf die letzte Jahresbilanz des Rechtsträgers angewendet worden sind. ²Eine körperliche Bestandsaufnahme ist nicht erforderlich. ³Die Wertansätze der letzten Jahresbilanz dürfen übernommen werden. ⁴Dabei sind jedoch Abschreibungen, Wertberichtigungen und Rückstellungen sowie wesentliche, aus den Büchern nicht ersichtliche Veränderungen der wirklichen Werte von Vermögensgegenständen bis zum Stichtag der Zwischenbilanz zu berücksichtigen.

(3) Auf Verlangen ist jedem Aktionär unverzüglich und kostenlos eine Abschrift der in Absatz 1 bezeichneten Unterlagen zu erteilen.

§ 64 Durchführung der Hauptversammlung

(1) ¹In der Hauptversammlung sind die in § 63 Abs. 1 bezeichneten Unterlagen auszulegen. ²Der Vorstand hat den Verschmelzungsvertrag oder seinen Entwurf zu Beginn der Verhandlung mündlich zu erläutern.

(2) Jedem Aktionär ist auf Verlangen in der Hauptversammlung Auskunft auch über alle für die Verschmelzung wesentlichen Angelegenheiten der anderen beteiligten Rechtsträger zu geben.

§ 65 Beschluss der Hauptversammlung

(1) ¹Der Verschmelzungsbeschluss der Hauptversammlung bedarf einer Mehrheit, die mindestens drei Viertel des bei der Beschlussfassung vertretenen Grundkapitals umfasst. ²Die Satzung kann eine größere Kapitalmehrheit und weitere Erfordernisse bestimmen.

(2) ¹Sind mehrere Gattungen von Aktien vorhanden, so bedarf der Beschluss der Hauptversammlung zu seiner Wirksamkeit der Zustimmung der stimmberechtigten Aktionäre jeder Gattung. ²Über die Zustimmung haben die Aktionäre jeder Gattung einen Sonderbeschluss zu fassen. ³Für diesen gilt Absatz 1.

§ 66 Eintragung bei Erhöhung des Grundkapitals

Erhöht die übernehmende Gesellschaft zur Durchführung der Verschmelzung ihr Grundkapital, so darf die Verschmelzung erst eingetragen werden, nachdem die Durchführung der Erhöhung des Grundkapitals im Register eingetragen worden ist.

§ 67 Anwendung der Vorschriften über die Nachgründung

¹Wird der Verschmelzungsvertrag in den ersten zwei Jahren seit Eintragung der übernehmenden Gesellschaft in das Register geschlossen, so ist § 52 Abs. 3, 4, 6 bis 9 des Aktiengesetzes über die Nachgründung entsprechend anzuwenden. ²Dies gilt nicht, wenn auf die zu gewährenden Aktien nicht mehr als der zehnte Teil des Grundkapitals dieser Gesellschaft entfällt oder wenn diese Gesellschaft ihre Rechtsform durch Formwechsel einer Gesellschaft mit beschränkter Haftung erlangt hat, die zuvor bereits seit mindestens zwei Jahren im Handelsregister eingetragen war. ³Wird zur Durchführung der Verschmelzung das Grundkapital erhöht, so ist der Berechnung das erhöhte Grundkapital zugrunde zu legen.

German company law and tax law provision

Sec. 68 Merger without capital increase

(1) ¹The receiving company must not increase its share capital for the purpose of transacting the merger in so far as

1. it is holding any shares of a transferring legal entity;
2. a transferring legal entity is holding own shares, or
3. a transferring legal entity owns stocks of that company, with regard to which stocks the respective amount of issue has not been paid in full.

²The receiving company shall not need to increase its share capital in so far as

1. it is holding own shares, or
2. a transferring legal entity is holding stocks of that company, with regard to which stocks the amount of issue has already been paid in full.

³The receiving company may dispense with the grant of stocks if all shareholders of a transferring legal entity waive such a grant; waivers are to be recorded by a notary.

(2) Paragraph 1 shall *mutatis mutandis* apply if the holder of the shares referred to in that Paragraph is a third party acting in its own name but, in the case of Paragraph 1 Sentence 1 No. 1 or Paragraph 1 Sentence 2 No. 1, for the account of the receiving company or, in any of the other cases of Paragraph 1, for the account of the transferring legal entity.

(3) Any additional cash payments stipulated in the merger agreement must not exceed one-tenth of the prorated amount of the share capital of the receiving company allocable to the granted stock of that company.

Sec. 69 Merger with capital increase

(1) ¹In the event that the receiving company increases its share capital for the purpose of transacting the merger, Sec. 182 (4), Sec. 184 (2), Secs. 185, 186, 187 (1), Sec. 188 (2) and (3) No. 1 German Stock Corporation Act shall not apply; an audit of the contribution in kind pursuant to Sec. 183 (3) German Stock Corporation Act shall be performed only if any transferring legal entities are of the form of a commercial partnership, a professional partnership company or a society with legal capacity, if any assets in the closing balance sheet of a transferring legal entity have been assessed at a value higher than that in its last annual balance sheet, if the values reported in a closing balance sheet are not reported as acquisition cost in the annual balance sheets of the receiving company, or if the court doubts whether the value of the contribution in kind approaches the minimum amount of issue of the stocks to be granted in exchange therefore. ²This shall also apply if the share capital is increased by the issue of new stocks on the basis of the authorisation pursuant to Sec. 202 German Stock Corporation Act. ³Furthermore, Sec. 203 (3) German Stock Corporation Act shall in this case not apply.

(2) In addition to the documents referred to in Sec. 188 (3) No. 2 to 4 German Stock Corporation Act, official copies or attested copies of the merger agreement and the records of the resolutions authorising the merger are to be enclosed with the application for registration of the capital increase.

Sec. 70 Assertion of claims for damages

The appointment of a special representative pursuant to Sec. 26 (1) Sentence 2 may only be applied for by those stockholders of a transferring company which have already exchanged their stocks for shares in the receiving legal entity.

§ 68 Verschmelzung ohne Kapitalerhöhung

(1) ¹Die übernehmende Gesellschaft darf zur Durchführung der Verschmelzung ihr Grundkapital nicht erhöhen, soweit
  1. sie Anteile eines übertragenden Rechtsträgers innehat;
  2. ein übertragender Rechtsträger eigene Anteile innehat oder
  3. ein übertragender Rechtsträger Aktien dieser Gesellschaft besitzt, auf die der Ausgabebetrag nicht voll geleistet ist.

  ²Die übernehmende Gesellschaft braucht ihr Grundkapital nicht zu erhöhen, soweit
  1. sie eigene Aktien besitzt oder
  2. ein übertragender Rechtsträger Aktien dieser Gesellschaft besitzt, auf die der Ausgabebetrag bereits voll geleistet ist.

  ³Die übernehmende Gesellschaft darf von der Gewährung von Aktien absehen, wenn alle Anteilsinhaber eines übertragenden Rechtsträgers darauf verzichten; die Verzichtserklärungen sind notariell zu beurkunden.

(2) Absatz 1 gilt entsprechend, wenn Inhaber der dort bezeichneten Anteile ein Dritter ist, der im eigenen Namen, jedoch in einem Fall des Absatzes 1 Satz 1 Nr. 1 oder des Absatzes 1 Satz 2 Nr. 1 für Rechnung der übernehmenden Gesellschaft oder in einem der anderen Fälle des Absatzes 1 für Rechnung des übertragenden Rechtsträgers handelt.

(3) Im Verschmelzungsvertrag festgesetzte bare Zuzahlungen dürfen nicht den zehnten Teil des auf die gewährten Aktien der übernehmenden Gesellschaft entfallenden anteiligen Betrags ihres Grundkapitals übersteigen.

§ 69 Verschmelzung mit Kapitalerhöhung

(1) ¹Erhöht die übernehmende Gesellschaft zur Durchführung der Verschmelzung ihr Grundkapital, so sind § 182 Abs. 4, § 184 Abs. 2, §§ 185, 186, 187 Abs. 1, § 188 Abs. 2 und 3 Nr. 1 des Aktiengesetzes nicht anzuwenden; eine Prüfung der Sacheinlage nach § 183 Abs. 3 des Aktiengesetzes findet nur statt, soweit übertragende Rechtsträger die Rechtsform einer Personenhandelsgesellschaft, einer Partnerschaftsgesellschaft oder eines rechtsfähigen Vereins haben, wenn Vermögensgegenstände in der Schlussbilanz eines übertragenden Rechtsträgers höher bewertet worden sind als in dessen letzter Jahresbilanz, wenn die in einer Schlussbilanz angesetzten Werte nicht als Anschaffungskosten in den Jahresbilanzen der übernehmenden Gesellschaft angesetzt werden oder wenn das Gericht Zweifel hat, ob der Wert der Sacheinlage den geringsten Ausgabebetrag der dafür zu gewährenden Aktien erreicht. ²Dies gilt auch dann, wenn das Grundkapital durch Ausgabe neuer Aktien aufgrund der Ermächtigung nach § 202 des Aktiengesetzes erhöht wird. ³In diesem Fall ist außerdem § 203 Abs. 3 des Aktiengesetzes nicht anzuwenden.

(2) Der Anmeldung der Kapitalerhöhung zum Register sind außer den in § 188 Abs. 3 Nr. 2 bis 4 des Aktiengesetzes bezeichneten Schriftstücken der Verschmelzungsvertrag und die Niederschriften der Verschmelzungsbeschlüsse in Ausfertigung oder öffentlich beglaubigter Abschrift beizufügen.

§ 70 Geltendmachung eines Schadenersatzanspruchs

Die Bestellung eines besonderen Vertreters nach § 26 Abs. 1 Satz 2 können nur solche Aktionäre einer übertragenden Gesellschaft beantragen, die ihre Aktien bereits gegen Anteile des übernehmenden Rechtsträgers umgetauscht haben.

Sec. 71 Appointment of a trustee

(1) ¹Every transferring legal entity must appoint a trustee to receive the stocks to be granted and the additional cash payments. ²The merger must not be registered before the trustee has notified the court that it is in possession of the stock and the additional cash payments stipulated in the merger agreement.

(2) Sec. 26 (4) shall apply *mutatis mutandis*.

Sec. 72 Exchange of stocks

(1) ¹Sec. 73 (1) and (2) German Stock Corporation Act shall apply to the exchange of the stocks of a transferring company, whereas Sec. 226 (1) and (2) German Stock Corporation Act governing the invalidation of stock shall *mutatis mutandis* apply to the consolidation of stocks. ²Authorisation by the court shall not be required.

(2) In the event that the receiving legal entity is also a stock corporation, Sec. 73 (3) German Stock Corporation Act and, in the case of the consolidation of stock, Sec. 73 (4) and Sec. 226 (3) German Stock Corporation Act shall apply *mutatis mutandis*.

Subchapter 2: Merger by Means of the Formation of a New Company

Sec. 73 Applicable provisions

The provisions of Subchapter 1 with the exception of Secs. 66, 67, 68 (1) and (2) and Sec. 69 shall *mutatis mutandis* apply to merger by means of the formation of a new company.

Sec. 74 Contents of the articles of association

¹Any stipulations as to special benefits, formation expense, contributions in kind and transfers of assets contained in the articles of association, partnership agreements or rules or charters of transferring legal entities are to be included in the articles of association. ²Sec. 26 (4) and (5) German Stock Corporation Act shall remain unaffected.

Sec. 75 Formation report and formation audit

(1) The formation report (Sec. 32 German Stock Corporation Act) has, inter alia, to explain the course of business and the position of the transferring legal entities.

(2) Provided that the transferring legal entity is a corporation or a registered cooperative society, no formation report and no formation audit (Sec. 33 (2) German Stock Corporation Act) shall be required.

Sec. 76 Merger resolutions

(1) A transferring stock corporation may only decide to merge if that company and any other transferring stock corporation have already been in the register for two years.

(2) ¹The articles of association of the new company shall only take effect if the shareholders of each of the transferring legal entities approval to this by a merger resolution. ²This shall *mutatis mutandis* apply to the appointment of the members of the supervisory board of the new company, provided that they are to be elected pursuant to Sec. 31 German Stock Corporation Act. ³Sec. 124 (2) Sentence 2, (3) Sentences 1 and 3 German Stock Corporation Act shall *mutatis mutandis* apply to a transferring stock corporation.

Sec. 77

(cancelled)

Deutsche gesellschafts- und steuerrechtliche Gesetzesvorschriften

§ 71 Bestellung eines Treuhänders

(1) ¹Jeder übertragende Rechtsträger hat für den Empfang der zu gewährenden Aktien und der baren Zuzahlungen einen Treuhänder zu bestellen. ²Die Verschmelzung darf erst eingetragen werden, wenn der Treuhänder dem Gericht angezeigt hat, dass er im Besitz der Aktien und der im Verschmelzungsvertrag festgesetzten baren Zuzahlungen ist.

(2) § 26 Abs. 4 ist entsprechend anzuwenden.

§ 72 Umtausch von Aktien

(1) ¹Für den Umtausch der Aktien einer übertragenden Gesellschaft gilt § 73 Abs. 1 und 2 des Aktiengesetzes, bei Zusammenlegung von Aktien dieser Gesellschaft § 226 Abs. 1 und 2 des Aktiengesetzes über die Kraftloserklärung von Aktien entsprechend. ²Einer Genehmigung des Gerichts bedarf es nicht.

(2) Ist der übernehmende Rechtsträger ebenfalls eine Aktiengesellschaft, so gelten ferner § 73 Abs. 3 des Aktiengesetzes sowie bei Zusammenlegung von Aktien § 73 Abs. 4 und § 226 Abs. 3 des Aktiengesetzes entsprechend.

Zweiter Unterabschnitt: Verschmelzung durch Neugründung

§ 73 Anzuwendende Vorschriften

Auf die Verschmelzung durch Neugründung sind die Vorschriften des Ersten Unterabschnitts mit Ausnahme der §§ 66, 67, 68 Abs. 1 und 2 und des § 69 entsprechend anzuwenden.

§ 74 Inhalt der Satzung

¹In die Satzung sind Festsetzungen über Sondervorteile, Gründungsaufwand, Sacheinlagen und Sachübernahmen, die in den Gesellschaftsverträgen, Partnerschaftsverträgen oder Satzungen übertragender Rechtsträger enthalten waren, zu übernehmen. ²§ 26 Abs. 4 und 5 des Aktiengesetzes bleibt unberührt.

§ 75 Gründungsbericht und Gründungsprüfung

(1) In dem Gründungsbericht (§ 32 des Aktiengesetzes) sind auch der Geschäftsverlauf und die Lage der übertragenden Rechtsträger darzustellen.

(2) Ein Gründungsbericht und eine Gründungsprüfung (§ 33 Abs. 2 des Aktiengesetzes) sind nicht erforderlich, soweit eine Kapitalgesellschaft oder eine eingetragene Genossenschaft übertragender Rechtsträger ist.

§ 76 Verschmelzungsbeschlüsse

(1) Eine übertragende Aktiengesellschaft darf die Verschmelzung erst beschließen, wenn sie und jede andere übertragende Aktiengesellschaft bereits zwei Jahre im Register eingetragen sind.

(2) ¹Die Satzung der neuen Gesellschaft wird nur wirksam, wenn ihr die Anteilsinhaber jedes der übertragenden Rechtsträger durch Verschmelzungsbeschluss zustimmen. ²Dies gilt entsprechend für die Bestellung der Mitglieder des Aufsichtsrats der neuen Gesellschaft, soweit diese nach § 31 des Aktiengesetzes zu wählen sind. ³Auf eine übertragende Aktiengesellschaft ist § 124 Abs. 2 Satz 2, Abs. 3 Satz 1 und 3 des Aktiengesetzes entsprechend anzuwenden.

§ 77
(weggefallen)

Chapter 4: Merger Involving Partnerships Limited by Shares

Sec. 78 Applicable provisions

¹The provisions of Chapter 3 shall *mutatis mutandis* apply to mergers involving partnerships limited by shares. ²The partnership limited by shares and the general partners authorised to represent the company shall be substituted for the stock corporation and its board of directors. ³The merger resolution shall also require the approval of the general partners; the articles of association of the partnership limited by shares may provide for a majority decision by those partners. ⁴As regards their mutual relationship, stock corporations and partnerships limited by shares shall not be deemed legal entities of a different legal form within the meaning of Secs. 29 and 34.

Chapter 5: Merger Involving Registered Cooperative Societies

Subchapter 1: Merger by Means of Acquisition

Sec. 79 Conditions for merger

A legal entity of a different legal form can only be merged into a registered cooperative society by means of acquisition if any required modification of the articles of association of the receiving cooperative society is decided concurrently with the merger.

Sec. 80 Contents of the merger agreement in the case of acquisition by a cooperative society

(1) ¹As regards the determination of the share exchange ratio (Sec. 5 (1) No. 3), the merger agreement or its draft must in the case of mergers by means of acquisition by a registered cooperative society provide the information

1. that each member of a transferring cooperative society will hold one share in the receiving cooperative society, provided that the articles of association of that cooperative society should not allow a holding of more than one share, or

2. that each member of a transferring cooperative society will hold at least one share in the receiving cooperative society and, apart from this, as many shares as are to be deemed fully paid in view of its cooperative share with the transferring cooperative society, provided that the articles of association of the receiving cooperative society allows a member to hold several shares or obligates the members to take several shares; the merger agreement or its draft may provide for another determination of the number of shares to be granted.

²In the case of mergers by means of acquisition of a legal entity of a different legal form by a registered cooperative society, the merger agreement or its draft must for each shareholder of such a legal entity additionally state the amount of the share as well as the number of shares it is to hold in the cooperative society.

(2) The merger agreement or its draft must indicate the reference date of the closing balance sheet for every transferring cooperative society.

Vierter Abschnitt: Verschmelzung unter Beteiligung von Kommanditgesellschaften auf Aktien

§ 78 Anzuwendende Vorschriften

[1]Auf Verschmelzungen unter Beteiligung von Kommanditgesellschaften auf Aktien sind die Vorschriften des Dritten Abschnitts entsprechend anzuwenden. [2]An die Stelle der Aktiengesellschaft und ihres Vorstands treten die Kommanditgesellschaft auf Aktien und die zu ihrer Vertretung ermächtigten persönlich haftenden Gesellschafter. [3]Der Verschmelzungsbeschluss bedarf auch der Zustimmung der persönlich haftenden Gesellschafter; die Satzung der Kommanditgesellschaft auf Aktien kann eine Mehrheitsentscheidung dieser Gesellschafter vorsehen. [4]Im Verhältnis zueinander gelten Aktiengesellschaften und Kommanditgesellschaften auf Aktien nicht als Rechtsträger anderer Rechtsform im Sinne der §§ 29 und 34.

Fünfter Abschnitt: Verschmelzung unter Beteiligung eingetragener Genossenschaften

Erster Unterabschnitt: Verschmelzung durch Aufnahme

§ 79 Möglichkeit der Verschmelzung

Ein Rechtsträger anderer Rechtsform kann im Wege der Aufnahme mit einer eingetragenen Genossenschaft nur verschmolzen werden, wenn eine erforderliche Änderung der Satzung der übernehmenden Genossenschaft gleichzeitig mit der Verschmelzung beschlossen wird.

§ 80 Inhalt des Verschmelzungsvertrags bei Aufnahme durch eine Genossenschaft

(1) [1]Der Verschmelzungsvertrag oder sein Entwurf hat bei Verschmelzungen im Wege der Aufnahme durch eine eingetragene Genossenschaft für die Festlegung des Umtauschverhältnisses der Anteile (§ 5 Abs. 1 Nr. 3) die Angabe zu enthalten,

1. dass jedes Mitglied einer übertragenden Genossenschaft mit einem Geschäftsanteil bei der übernehmenden Genossenschaft beteiligt wird, sofern die Satzung dieser Genossenschaft die Beteiligung mit mehr als einem Geschäftsanteil nicht zulässt, oder

2. dass jedes Mitglied einer übertragenden Genossenschaft mit mindestens einem und im übrigen mit so vielen Geschäftsanteilen bei der übernehmenden Genossenschaft beteiligt wird, wie durch Anrechnung seines Geschäftsguthabens bei der übertragenden Genossenschaft als voll eingezahlt anzusehen sind, sofern die Satzung der übernehmenden Genossenschaft die Beteiligung eines Mitglieds mit mehreren Geschäftsanteilen zulässt oder die Mitglieder zur Übernahme mehrerer Geschäftsanteile verpflichtet; der Verschmelzungsvertrag oder sein Entwurf kann eine andere Berechnung der Zahl der zu gewährenden Geschäftsanteile vorsehen.

[2]Bei Verschmelzungen im Wege der Aufnahme eines Rechtsträgers anderer Rechtsform durch eine eingetragene Genossenschaft hat der Verschmelzungsvertrag oder sein Entwurf zusätzlich für jeden Anteilsinhaber eines solchen Rechtsträgers den Betrag des Geschäftsanteils und die Zahl der Geschäftsanteile anzugeben, mit denen er bei der Genossenschaft beteiligt wird.

(2) Der Verschmelzungsvertrag oder sein Entwurf hat für jede übertragende Genossenschaft den Stichtag der Schlussbilanz anzugeben.

Sec. 81 Opinion by the auditing association

(1) ¹Before the invitation to the general meeting which is to decide on the approval of the merger agreement pursuant to Sec. 13 (1), an expert opinion by the auditing association is to be obtained with regard to every cooperative society involved as to whether the merger is compatible with the interests of the members and creditors of the cooperative society (audit opinion). ²The audit opinion may also be prepared jointly for several cooperative societies involved.

(2) In the event that the requirements of Article 25 (1) of the Introductory Act to the German Commercial Code in the wording of Article 21 Sec. 5 (2) of the Act of 25 July 1988 (Federal Law Gazette I, p. 1093) are met, the merger audit (Secs. 9 to 12) for the legal entities referred to thereunder may also be performed by the competent audit association.

Sec. 82 Preparation of the general meeting

(1) ¹As from the invitation to the general meeting which is to decide on the approval of the merger agreement pursuant to Sec. 13 (1), the documents referred to in Sec. 63 (1) No. 1 to 4 as well as the audit opinions delivered pursuant to Sec. 81 must also be displayed for inspection by the members at the premises of every cooperative society involved. ²Any required interim balance sheets are to be prepared in accordance with Sec. 63 (2).

(2) Every member must on request be issued a copy of the documents referred to in Paragraph 1 immediately and at no cost.

Sec. 83 Holding of the general meeting

(1) ¹The documents referred to in Sec. 63 (1) No. 1 to 4 as well as the audit opinions delivered pursuant to Sec. 81 must be displayed at the general meeting. ²The merger agreement or its draft must verbally be explained at the beginning of the conference by the management body. ³Sec. 64 (2) shall apply *mutatis mutandis*.

(2) ¹The audit opinion delivered for the decision-making cooperative society is to be read out at the general meeting. ²The audit association shall be entitled to take part in the general meeting in an advisory capacity.

Sec. 84 Resolution by the general meeting

¹The merger resolution by the general meeting shall require a majority of three quarters of the votes cast. ²The articles of association may specify a larger majority and further requirements.

Sec. 85 Improvement of the exchange ratio

(1) In the case of merger of cooperative societies, Sec. 15 shall be applied only if and in so far as the cooperative share of a member in the receiving cooperative society is inferior to the cooperative share in the transferring cooperative society.

(2) The claim pursuant to Sec. 15 may also be satisfied by appreciation of the cooperative share, in so far as the total amount of the shares of the member with the receiving cooperative society is not exceeded.

Sec. 86 Enclosures to the application for registration

(1) In addition to any other required documents, the original or an attested copy of the audit opinion delivered for the cooperative society applying for registration is to be enclosed with the application for registration of the merger.

§ 81 Gutachten des Prüfungsverbandes

(1) ¹Vor der Einberufung der Generalversammlung, die gemäß § 13 Abs. 1 über die Zustimmung zum Verschmelzungsvertrag beschließen soll, ist für jede beteiligte Genossenschaft eine gutachtliche Äußerung des Prüfungsverbandes einzuholen, ob die Verschmelzung mit den Belangen der Mitglieder und der Gläubiger der Genossenschaft vereinbar ist (Prüfungsgutachten). ²Das Prüfungsgutachten kann für mehrere beteiligte Genossenschaften auch gemeinsam erstattet werden.

(2) Liegen die Voraussetzungen des Artikels 25 Abs. 1 des Einführungsgesetzes zum Handelsgesetzbuch in der Fassung des Artikels 21 § 5 Abs. 2 des Gesetzes vom 25. Juli 1988 (BGBl. I S. 1093) vor, so kann die Prüfung der Verschmelzung (§§ 9 bis 12) für die dort bezeichneten Rechtsträger auch von dem zuständigen Prüfungsverband durchgeführt werden.

§ 82 Vorbereitung der Generalversammlung

(1) ¹Von der Einberufung der Generalversammlung an, die gemäß § 13 Abs. 1 über die Zustimmung zum Verschmelzungsvertrag beschließen soll, sind auch in dem Geschäftsraum jeder beteiligten Genossenschaft die in § 63 Abs. 1 Nr. 1 bis 4 bezeichneten Unterlagen sowie die nach § 81 erstatteten Prüfungsgutachten zur Einsicht der Mitglieder auszulegen. ²Dazu erforderliche Zwischenbilanzen sind gemäß § 63 Abs. 2 aufzustellen.

(2) Auf Verlangen ist jedem Mitglied unverzüglich und kostenlos eine Abschrift der in Absatz 1 bezeichneten Unterlagen zu erteilen.

§ 83 Durchführung der Generalversammlung

(1) ¹In der Generalversammlung sind die in § 63 Abs. 1 Nr. 1 bis 4 bezeichneten Unterlagen sowie die nach § 81 erstatteten Prüfungsgutachten auszulegen. ²Der Vorstand hat den Verschmelzungsvertrag oder seinen Entwurf zu Beginn der Verhandlung mündlich zu erläutern. ³§ 64 Abs. 2 ist entsprechend anzuwenden.

(2) ¹Das für die beschließende Genossenschaft erstattete Prüfungsgutachten ist in der Generalversammlung zu verlesen. ²Der Prüfungsverband ist berechtigt, an der Generalversammlung beratend teilzunehmen.

§ 84 Beschluss der Generalversammlung

¹Der Verschmelzungsbeschluss der Generalversammlung bedarf einer Mehrheit von drei Vierteln der abgegebenen Stimmen. ²Die Satzung kann eine größere Mehrheit und weitere Erfordernisse bestimmen.

§ 85 Verbesserung des Umtauschverhältnisses

(1) Bei der Verschmelzung von Genossenschaften miteinander ist § 15 nur anzuwenden, wenn und soweit das Geschäftsguthaben eines Mitglieds in der übernehmenden Genossenschaft niedriger als das Geschäftsguthaben in der übertragenden Genossenschaft ist.

(2) Der Anspruch nach § 15 kann auch durch Zuschreibung auf das Geschäftsguthaben erfüllt werden, soweit nicht der Gesamtbetrag der Geschäftsanteile des Mitglieds bei der übernehmenden Genossenschaft überschritten wird.

§ 86 Anlagen der Anmeldung

(1) Der Anmeldung der Verschmelzung ist außer den sonst erforderlichen Unterlagen auch das für die anmeldende Genossenschaft erstattete Prüfungsgutachten in Urschrift oder in öffentlich beglaubigter Abschrift beizufügen.

(2) Furthermore, the original or an attested copy of any other audit opinion delivered for a transferring cooperative society is to be enclosed with the application for entry in the register of the registered office of the receiving legal entity.

Sec. 87 Exchange of shares

(1) ¹By virtue of the merger, every member of a transferring cooperative society shall participate in the receiving legal entity in accordance with the merger agreement. ²Any commitment to acquire additional shares in a receiving cooperative society shall remain unaffected. ³Any third party rights in the cooperative shares with a transferring cooperative society shall continue to exist in the shares or memberships in the receiving legal entity of a different legal form being substituted for the shares of the transferring cooperative society. ⁴Any third party rights in the shares or memberships in the transferring legal entity shall continue to exist in the cooperative shares obtained with the receiving cooperative society.

(2) ¹In the event that the cooperative share held with a transferring cooperative society by a member exceeds the total amount of the shares comprising its holding as per Paragraph 1 in a receiving cooperative society, the excess amount is to be paid to the member after expiration of six months from the date when the entry of the merger in the register of the registered office of the receiving cooperative society has been announced pursuant to Sec. 19 (3); however, payment must not be effected before the creditors reporting pursuant to Sec. 22 have been satisfied or secured. ²Any additional cash payments stipulated in the merger agreement must not exceed one-tenth of the total nominal amount of the granted shares in the receiving cooperative society.

(3) The closing balance sheet of a transferring cooperative society shall be relevant to the computation of the cooperative share the member has been entitled to with that cooperative society.

Sec. 88 Cooperative share in the case of acquisition of corporations and societies with legal capacity

(1) ¹In the event that a corporation is involved in the merger as transferring legal entity, the value of the shares or the stocks a shareholder has been holding in the transferring company is to be passed to the credit of every shareholder of the transferring company as its cooperative share with the receiving cooperative society. ²The closing balance sheet of the transferring company shall be relevant to the determination of the value of such a holding. ³In the event that the cooperative share of a member obtained owing to the merger exceeds the total amount of the shares such a member holds in the receiving cooperative society, the excess amount is to be paid to the member after expiration of six months from the date when the entry of the merger in the register of the registered office of the receiving cooperative society has been announced pursuant to Sec. 19 (3); payment must, however, not be effected before the creditors reporting pursuant to Sec. 22 are satisfied or secured.

(2) In the event that a society with legal capacity is involved in the merger as transferring legal entity, the nominal amount of the shares a member of that society holds in the receiving cooperative society may maximally be passed to the credit of every member of such a society as its cooperative share with the receiving cooperative society.

Sec. 89 Entry of members in the membership register, notification

(1) ¹Following entry of the merger in the register of the registered office of the receiving cooperative society, the latter must immediately enter every new member in the mem-

Deutsche gesellschafts- und steuerrechtliche Gesetzesvorschriften

(2) Der Anmeldung zur Eintragung in das Register des Sitzes des übernehmenden Rechtsträgers ist ferner jedes andere für eine übertragende Genossenschaft erstattete Prüfungsgutachten in Urschrift oder in öffentlich beglaubigter Abschrift beizufügen.

§ 87 Anteilstausch

(1) ¹Aufgrund der Verschmelzung ist jedes Mitglied einer übertragenden Genossenschaft entsprechend dem Verschmelzungsvertrag an dem übernehmenden Rechtsträger beteiligt. ²Eine Verpflichtung, bei einer übernehmenden Genossenschaft weitere Geschäftsanteile zu übernehmen, bleibt unberührt. ³Rechte Dritter an den Geschäftsguthaben bei einer übertragenden Genossenschaft bestehen an den Anteilen oder Mitgliedschaften des übernehmenden Rechtsträgers anderer Rechtsform weiter, die an die Stelle der Geschäftsanteile der übertragenden Genossenschaft treten. ⁴Rechte Dritter an den Anteilen oder Mitgliedschaften des übertragenden Rechtsträgers bestehen an den bei der übernehmenden Genossenschaft erlangten Geschäftsguthaben weiter.

(2) ¹Übersteigt das Geschäftsguthaben, das das Mitglied bei einer übertragenden Genossenschaft hatte, den Gesamtbetrag der Geschäftsanteile, mit denen er nach Absatz 1 bei einer übernehmenden Genossenschaft beteiligt ist, so ist der übersteigende Betrag nach Ablauf von sechs Monaten seit dem Tage, an dem die Eintragung der Verschmelzung in das Register des Sitzes der übernehmenden Genossenschaft nach § 19 Abs. 3 bekannt gemacht worden ist, an das Mitglied auszuzahlen; die Auszahlung darf jedoch nicht erfolgen, bevor die Gläubiger, die sich nach § 22 gemeldet haben, befriedigt oder sichergestellt sind. ²Im Verschmelzungsvertrag festgesetzte bare Zuzahlungen dürfen nicht den zehnten Teil des Gesamtnennbetrags der gewährten Geschäftsanteile der übernehmenden Genossenschaft übersteigen.

(3) Für die Berechnung des Geschäftsguthabens, das dem Mitglied bei einer übertragenden Genossenschaft zugestanden hat, ist deren Schlussbilanz maßgebend.

§ 88 Geschäftsguthaben bei der Aufnahme von Kapitalgesellschaften und rechtsfähigen Vereinen

(1) ¹Ist an der Verschmelzung eine Kapitalgesellschaft als übertragender Rechtsträger beteiligt, so ist jedem Anteilsinhaber dieser Gesellschaft als Geschäftsguthaben bei der übernehmenden Genossenschaft der Wert der Geschäftsanteile oder der Aktien gutzuschreiben, mit denen er an der übertragenden Gesellschaft beteiligt war. ²Für die Feststellung des Wertes dieser Beteiligung ist die Schlussbilanz der übertragenden Gesellschaft maßgebend. ³Übersteigt das durch die Verschmelzung erlangte Geschäftsguthaben eines Mitglieds den Gesamtbetrag der Geschäftsanteile, mit denen es bei der übernehmenden Genossenschaft beteiligt ist, so ist der übersteigende Betrag nach Ablauf von sechs Monaten seit dem Tage, an dem die Eintragung der Verschmelzung in das Register des Sitzes der übernehmenden Genossenschaft nach § 19 Abs. 3 bekannt gemacht worden ist, an das Mitglied auszuzahlen; die Auszahlung darf jedoch nicht erfolgen, bevor die Gläubiger, die sich nach § 22 gemeldet haben, befriedigt oder sichergestellt sind.

(2) Ist an der Verschmelzung ein rechtsfähiger Verein als übertragender Rechtsträger beteiligt, so kann jedem Mitglied dieses Vereins als Geschäftsguthaben bei der übernehmenden Genossenschaft höchstens der Nennbetrag der Geschäftsanteile gutgeschrieben werden, mit denen es an der übernehmenden Genossenschaft beteiligt ist.

§ 89 Eintragung der Genossen in die Mitgliederliste, Benachrichtigung

(1) ¹Die übernehmende Genossenschaft hat jedes neue Mitglied nach der Eintragung der Verschmelzung in das Register des Sitzes der übernehmenden Genossenschaft unver-

bership register and promptly inform the members thereof. ²Furthermore, it has to enter the number of shares held by the member, provided that member holds more than one share.

(2) The receiving cooperative society must immediately provide every shareholder of a transferring legal entity and, in the case of unknown shareholders, the trustee of the transferring legal entity, with the following textual information:

1. the amount of the cooperative share with the receiving cooperative society;
2. the amount of the share with the receiving cooperative society;
3. the number of shares the shareholder holds in the receiving cooperative society;
4. the amount which has still to be paid by the member after account has been taken of its cooperative share, or the amount which has to be paid to it pursuant to Sec. 87 (2) or Sec. 88 (1), as well as
5. the amount of the liability coverage of the receiving cooperative society, provided that its members must effect additional contributions up to a liability coverage.

Sec. 90 Rejection by individual shareholders

(1) Secs. 29 to 34 shall not apply to the members of a transferring cooperative society.

(2) Any shares and memberships in the receiving legal entity based on the effect of the merger shall, if rejected, be deemed not acquired.

(3) ¹Every member of a transferring cooperative society shall be entitled to rejection, provided the member

1. appears and objects to the record against the merger resolution, or
2. does not appear, unless it has been denied admission to the meeting wrongfully or the meeting has not been convened duly or the subject matter of resolution has not been announced properly at the general meeting or, as a representative, at the representatives' meeting which is to decide on the approval of the merger resolution pursuant to Sec. 13 (1).

²In the event that the merger resolution by a transferring cooperative society is passed by a representatives' meeting, any other member of this cooperative society not being a representative at the time of resolution shall have a right of rejection as well.

Sec. 91 Form of rejection and time limit of rejection

(1) Rejection is to be declared in writing vis-à-vis the receiving legal entity.

(2) Rejection may only be declared within six months from the date when the entry of the merger in the register of the registered office of the receiving legal entity has been announced pursuant to Sec. 19 (3).

(3) Rejection cannot be declared subject to a condition or a stipulation as to time.

züglich in die Mitgliederliste einzutragen und hiervon unverzüglich zu benachrichtigen. ²Sie hat ferner die Zahl der Geschäftsanteile des Mitglieds einzutragen, sofern das Mitglied mit mehr als einem Geschäftsanteil beteiligt ist.

(2) Die übernehmende Genossenschaft hat jedem Anteilsinhaber eines übertragenden Rechtsträgers, bei unbekannten Aktionären dem Treuhänder der übertragenden Gesellschaft, unverzüglich in Textform mitzuteilen:

1. den Betrag des Geschäftsguthabens bei der übernehmenden Genossenschaft;
2. den Betrag des Geschäftsanteils bei der übernehmenden Genossenschaft;
3. die Zahl der Geschäftsanteile, mit denen der Anteilsinhaber bei der übernehmenden Genossenschaft beteiligt ist;
4. den Betrag der von dem Mitglied nach Anrechnung seines Geschäftsguthabens noch zu leistenden Einzahlung oder den Betrag, der ihm nach § 87 Abs. 2 oder nach § 88 Abs. 1 auszuzahlen ist, sowie
5. den Betrag der Haftsumme der übernehmenden Genossenschaft, sofern deren Mitglieder Nachschüsse bis zu einer Haftsumme zu leisten haben.

§ 90 Ausschlagung durch einzelne Anteilsinhaber

(1) Die §§ 29 bis 34 sind auf die Mitglieder einer übertragenden Genossenschaft nicht anzuwenden.

(2) Auf der Verschmelzungswirkung beruhende Anteile und Mitgliedschaften an dem übernehmenden Rechtsträger gelten als nicht erworben, wenn sie ausgeschlagen werden.

(3) ¹Das Recht zur Ausschlagung hat jedes Mitglied einer übertragenden Genossenschaft, wenn es in der Generalversammlung oder als Vertreter in der Vertreterversammlung, die gemäß § 13 Abs. 1 über die Zustimmung zum Verschmelzungsvertrag beschließen soll,

1. erscheint und gegen den Verschmelzungsbeschluss Widerspruch zur Niederschrift erklärt oder
2. nicht erscheint, sofern es zu der Versammlung zu Unrecht nicht zugelassen worden ist oder die Versammlung nicht ordnungsgemäß einberufen oder der Gegenstand der Beschlussfassung nicht ordnungsgemäß bekanntgemacht worden ist.

²Wird der Verschmelzungsbeschluss einer übertragenden Genossenschaft von einer Vertreterversammlung gefasst, so steht das Recht zur Ausschlagung auch jedem anderen Mitglied dieser Genossenschaft zu, das im Zeitpunkt der Beschlussfassung nicht Vertreter ist.

§ 91 Form und Frist der Ausschlagung

(1) Die Ausschlagung ist gegenüber dem übernehmenden Rechtsträger schriftlich zu erklären.

(2) Die Ausschlagung kann nur binnen sechs Monaten nach dem Tage erklärt werden, an dem die Eintragung der Verschmelzung in das Register des Sitzes des übernehmenden Rechtsträgers nach § 19 Abs. 3 bekannt gemacht worden ist.

(3) Die Ausschlagung kann nicht unter einer Bedingung oder einer Zeitbestimmung erklärt werden.

Sec. 92 Entry of the rejection in the membership register

(1) The receiving cooperative society must immediately enter every rejection in the membership register and promptly inform the member of such an entry.

(2) The rejection shall become effective at the date when the statement of rejection is received by the receiving legal entity.

Sec. 93 Settlement

(1) ¹The receiving legal entity must come to a settlement with a former member whose holding in the receiving legal entity shall be deemed not acquired pursuant to Sec. 90 (2). ²The closing balance sheet of the transferring legal entity shall be relevant.

(2) Such a member may demand payment of the cooperative share held by it in the transferring cooperative society; subject to Sec. 73 (3) German Cooperative Societies Act, it shall have no share in the reserves and the other assets and liabilities of the transferring cooperative society even if they are upon merger attributed to the cooperative shares of other members not using their right of rejection.

(3) ¹In the event that the cooperative shares and the reserves reported in the closing balance sheet of a transferring cooperative society do not suffice to cover a loss reported in that balance sheet, the receiving legal entity may request the former member, whose holding is to be deemed not acquired, to pay the prorated loss if and in so far as that member would have had to make additional contributions to the transferring cooperative society in case of insolvency. ²If not otherwise provided for in the articles of association of the transferring cooperative society, the prorated loss shall be determined by the number of members.

(4) *(cancelled)*

Sec. 94 Payment of the credit balance on settlement

Any claims for payment of the cooperative share pursuant to Sec. 93 (2) are to be satisfied within six months from rejection; payment must, however, not be effected before the creditors reporting pursuant to Sec. 22 have been satisfied or secured, and not either before expiration of six months from the date when the entry of the merger in the register of the registered office of the receiving legal entity has been announced pursuant to Sec. 19 (3).

Sec. 95 Continuation of the obligation to make additional contributions

(1) ¹In the event that liability coverage with a receiving cooperative society is lower than that of a transferring cooperative society, or if not all the shareholders of a receiving legal entity are subject to unlimited liability vis-à-vis the creditors of that receiving legal entity, the shareholders which have been members of the transferring cooperative society must make further additional contributions up to the amount of the liability coverage with the transferring cooperative society, provided that the creditors reporting pursuant to Sec. 22 cannot obtain satisfaction or indemnification with regard to their claim from the additional contributions called in from the members. ²Secs. 105 to 115a German Cooperative Societies Act shall apply *mutatis mutandis* to the collection of the additional contributions.

(2) Paragraph 1 shall apply only if the assets and liabilities of the receiving legal entity are subjected to insolvency proceedings within two years from the date when the entry of the merger in the register of the registered office of that legal entity has been announced pursuant to Sec. 19 (3).

Deutsche gesellschafts- und steuerrechtliche Gesetzesvorschriften

§ 92 Eintragung der Ausschlagung in die Mitgliederliste

(1) Die übernehmende Genossenschaft hat jede Ausschlagung unverzüglich in die Mitgliederliste einzutragen und das Mitglied von der Eintragung unverzüglich zu benachrichtigen.

(2) Die Ausschlagung wird in dem Zeitpunkt wirksam, in dem die Ausschlagungserklärung dem übernehmenden Rechtsträger zugeht.

§ 93 Auseinandersetzung

(1) ¹Mit einem früheren Mitglied, dessen Beteiligung an dem übernehmenden Rechtsträger nach § 90 Abs. 2 als nicht erworben gilt, hat der übernehmende Rechtsträger sich auseinanderzusetzen. ²Maßgebend ist die Schlussbilanz der übertragenden Genossenschaft.

(2) Dieses Mitglied kann die Auszahlung des Geschäftsguthabens, das es bei der übertragenden Genossenschaft hatte, verlangen; an den Rücklagen und dem sonstigen Vermögen der übertragenden Genossenschaft hat es vorbehaltlich des § 73 Abs. 3 des Genossenschaftsgesetzes keinen Anteil, auch wenn sie bei der Verschmelzung den Geschäftsguthaben anderer Mitglieder, die von dem Recht zur Ausschlagung keinen Gebrauch machen, zugerechnet werden.

(3) ¹Reichen die Geschäftsguthaben und die in der Schlussbilanz einer übertragenden Genossenschaft ausgewiesenen Rücklagen zur Deckung eines in dieser Bilanz ausgewiesenen Verlustes nicht aus, so kann der übernehmende Rechtsträger von dem früheren Mitglied, dessen Beteiligung als nicht erworben gilt, die Zahlung des anteiligen Fehlbetrags verlangen, wenn und soweit dieses Mitglied im Falle der Insolvenz Nachschüsse an die übertragende Genossenschaft zu leisten gehabt hätte. ²Der anteilige Fehlbetrag wird, falls die Satzung der übertragenden Genossenschaft nichts anderes bestimmt, nach der Zahl ihrer Mitglieder berechnet.

(4) *(weggefallen)*

§ 94 Auszahlung des Auseinandersetzungsguthabens

Ansprüche auf Auszahlung des Geschäftsguthabens nach § 93 Abs. 2 sind binnen sechs Monaten seit der Ausschlagung zu befriedigen; die Auszahlung darf jedoch nicht erfolgen, bevor die Gläubiger, die sich nach § 22 gemeldet haben, befriedigt oder sichergestellt sind, und nicht vor Ablauf von sechs Monaten seit dem Tag, an dem die Eintragung der Verschmelzung in das Register des Sitzes des übernehmenden Rechtsträgers nach § 19 Abs. 3 bekannt gemacht worden ist.

§ 95 Fortdauer der Nachschusspflicht

(1) ¹Ist die Haftsumme bei einer übernehmenden Genossenschaft geringer, als sie bei einer übertragenden Genossenschaft war, oder haften den Gläubigern eines übernehmenden Rechtsträgers nicht alle Anteilsinhaber dieses Rechtsträgers unbeschränkt, so haben zur Befriedigung der Gläubiger der übertragenden Genossenschaft diejenigen Anteilsinhaber, die Mitglieder der übertragenden Genossenschaft waren, weitere Nachschüsse bis zur Höhe der Haftsumme bei der übertragenden Genossenschaft zu leisten, sofern die Gläubiger, die sich nach § 22 gemeldet haben, wegen ihrer Forderung Befriedigung oder Sicherstellung auch nicht aus den von den Mitgliedern eingezogenen Nachschüssen erlangen können. ²Für die Einziehung der Nachschüsse gelten die §§ 105 bis 115a Genossenschaftsgesetzes entsprechend.

(2) Absatz 1 ist nur anzuwenden, wenn das Insolvenzverfahren über das Vermögen des übernehmenden Rechtsträgers binnen zwei Jahren nach dem Tage eröffnet wird, an dem die Eintragung der Verschmelzung in das Register des Sitzes dieses Rechtsträgers nach § 19 Abs. 3 bekannt gemacht worden ist.

Subchapter 2: Merger by Means of the Formation of a New Company

Sec. 96 Applicable provisions

The provisions of Subchapter 1 shall *mutatis mutandis* apply to merger by means of the formation of a new company.

Sec. 97 Duties of the representative bodies of the transferring legal entities

(1) The articles of association of the new cooperative society must be prepared and signed by all the members of the representative body of each transferring legal entity.

(2) ¹The representative bodies of all transferring legal entities must appoint the first supervisory board of the new cooperative society. ²The same shall apply to the appointment of the first management body, unless the articles of association of the new cooperative society provide that the management body shall be elected in a way other than election by the general meeting.

Sec. 98 Merger resolutions

¹The articles of association of the new cooperative society shall become effective only if the shareholders of each of the transferring legal entities give their approval by a merger resolution. ²This shall *mutatis mutandis* apply to the appointment of the members of the management body and the supervisory board of the new cooperative society, however, to the appointment of the management body only if the latter has been appointed by the representative bodies of all transferring legal entities.

Chapter 6: Merger Involving Societies with Legal Capacity

Sec. 99 Conditions for merger

(1) A society with legal capacity may take part in a merger only if this does not conflict with the rules of the society or any Land law provisions.

(2) An incorporated society must neither acquire legal entities of a different legal form by means of merger nor be formed by the merger of such legal entities.

Sec. 100 Merger audit

¹The merger agreement or its draft is to be audited pursuant to Secs. 9 to 12 for a for-profit society. ²As regards incorporated societies, such an audit shall be required only if ten per cent of the members request the audit in writing.

Sec. 101 Preparation of the members' meeting

(1) ¹The documents referred to in Sec. 63 (1) No. 1 to 4 as well as any audit report required as per Sec. 100 must be displayed at the premises of the society for inspection by the members as from the invitation to the members' meeting which is to decide on the approval of the merger agreement pursuant to Sec. 13 (1). ²Any interim balance sheets required for this are to be prepared pursuant to Sec. 63 (2).

(2) Every member must on request be issued a copy of the documents referred to in Paragraph 1 immediately and at no charge.

Zweiter Unterabschnitt: Verschmelzung durch Neugründung

§ 96 Anzuwendende Vorschriften

Auf die Verschmelzung durch Neugründung sind die Vorschriften des Ersten Unterabschnitts entsprechend anzuwenden.

§ 97 Pflichten der Vertretungsorgane der übertragenden Rechtsträger

(1) Die Satzung der neuen Genossenschaft ist durch sämtliche Mitglieder des Vertretungsorgans jedes der übertragenden Rechtsträger aufzustellen und zu unterzeichnen.

(2) ¹Die Vertretungsorgane aller übertragenden Rechtsträger haben den ersten Aufsichtsrat der neuen Genossenschaft zu bestellen. ²Das gleiche gilt für die Bestellung des ersten Vorstands, sofern nicht durch die Satzung der neuen Genossenschaft anstelle der Wahl durch die Generalversammlung eine andere Art der Bestellung des Vorstands festgesetzt ist.

§ 98 Verschmelzungsbeschlüsse

¹Die Satzung der neuen Genossenschaft wird nur wirksam, wenn ihm die Anteilsinhaber jedes der übertragenden Rechtsträger durch Verschmelzungsbeschluss zustimmen. ²Dies gilt entsprechend für die Bestellung der Mitglieder des Vorstands und des Aufsichtsrats der neuen Genossenschaft, für die Bestellung des Vorstands jedoch nur, wenn dieser von den Vertretungsorganen aller übertragenden Rechtsträger bestellt worden ist.

Sechster Abschnitt: Verschmelzung unter Beteiligung rechtsfähiger Vereine

§ 99 Möglichkeit der Verschmelzung

(1) Ein rechtsfähiger Verein kann sich an einer Verschmelzung nur beteiligen, wenn die Satzung des Vereins oder Vorschriften des Landesrechts nicht entgegenstehen.

(2) Ein eingetragener Verein darf im Wege der Verschmelzung Rechtsträger anderer Rechtsform nicht aufnehmen und durch die Verschmelzung solcher Rechtsträger nicht gegründet werden.

§ 100 Prüfung der Verschmelzung

¹Der Verschmelzungsvertrag oder sein Entwurf ist für einen wirtschaftlichen Verein nach den §§ 9 bis 12 zu prüfen. ²Bei einem eingetragenen Verein ist diese Prüfung nur erforderlich, wenn mindestens zehn vom Hundert der Mitglieder sie schriftlich verlangen.

§ 101 Vorbereitung der Mitgliederversammlung

(1) ¹Von der Einberufung der Mitgliederversammlung an, die gemäß § 13 Abs. 1 über die Zustimmung zum Verschmelzungsvertrag beschließen soll, sind in dem Geschäftsraum des Vereins die in § 63 Abs. 1 Nr. 1 bis 4 bezeichneten Unterlagen sowie ein nach § 100 erforderlicher Prüfungsbericht zur Einsicht der Mitglieder auszulegen. ²Dazu erforderliche Zwischenbilanzen sind gemäß § 63 Abs. 2 aufzustellen.

(2) Auf Verlangen ist jedem Mitglied unverzüglich und kostenlos eine Abschrift der in Absatz 1 bezeichneten Unterlagen zu erteilen.

German company law and tax law provision

Sec. 102 Holding of the members' meeting

¹The documents referred to in Sec. 63 (1) No. 1 to 4 as well as any audit report required as per Sec. 100 are to be displayed at the members' meeting. ²Sec. 64 (1) Sentence 2 and (2) are to be applied *mutatis mutandis*.

Sec. 103 Resolution by the members' meeting

¹The merger resolution by the members' meeting shall require a majority of three quarters of the members appearing. ²The rules may specify a higher majority and further requirements.

Sec. 104 Announcement of the merger

(1) ¹In the event that a transferring for-profit society has not been entered in a commercial register, its executive committee must announce the impending merger in the Electronic Federal Gazette. ²The announcement in the Electronic Federal Gazette shall be substituted for the entry in the register. ³It is to be provided with a note indicating that the merger will not become effective before the entry in the register of the registered office of the receiving legal entity. ⁴Secs. 16 and 17 (1) and Sec. 19 (1) Sentence 2, (2) and (3) are not to be applied in so far as they relate to the entry and registration of the transferring society.

(2) The closing balance sheet of such a transferring society is to be enclosed with the application for entry in the register of the registered office of the receiving legal entity.

Sec. 104a Exclusion of a compensatory cash payment in particular cases

Secs. 29 to 34 shall not apply to the merger of an incorporated society exempt from corporation tax pursuant to Sec. 5 (1) No. 9 German Corporation Tax Act.

Chapter 7: Merger of Cooperative Auditing Associations

Sec. 105 Conditions for merger

¹Cooperative auditing associations can only merge into each other. ²Furthermore, a cooperative auditing association as a receiving association may acquire a society with legal capacity, provided that the conditions of Sec. 63b (2) Sentence 1 German Cooperative Societies Act¹⁾ exist with regard to that society and the authority referred to in Sec. 107 (2) has approved of the merger agreement.

Sec. 106 Preparation of, holding of and resolution by the members' meeting

Secs. 101 to 103 shall *mutatis mutandis* apply to the preparation and holding of and resolution by the general assembly of members.

Sec. 107 Duties of the executive boards

(1) ¹The executive boards of both associations must immediately jointly apply for the registration of the merger in the register of the registered office of each association, provided that the association has been registered. ²In the event that the transferring association is not registered, Sec. 104 shall apply *mutatis mutandis*.

---

0) Short name introduced by Article 3 (1) No. 1 of a draft bill for the introduction of the European Cooperative Society and the Amendment of the German Cooperative Societies Act (Federal Parliament Paper 16/1025, 16/1524).

§ 102 Durchführung der Mitgliederversammlung

¹In der Mitgliederversammlung sind die in § 63 Abs. 1 Nr. 1 bis 4 bezeichneten Unterlagen sowie ein nach § 100 erforderlicher Prüfungsbericht auszulegen. ²§ 64 Abs. 1 Satz 2 und Abs. 2 ist entsprechend anzuwenden.

§ 103 Beschluss der Mitgliederversammlung

¹Der Verschmelzungsbeschluss der Mitgliederversammlung bedarf einer Mehrheit von drei Vierteln der erschienenen Mitglieder. ²Die Satzung kann eine größere Mehrheit und weitere Erfordernisse bestimmen.

§ 104 Bekanntmachung der Verschmelzung

(1) ¹Ist ein übertragender wirtschaftlicher Verein nicht in ein Handelsregister eingetragen, so hat sein Vorstand die bevorstehende Verschmelzung durch den elektronischen Bundesanzeiger bekanntzumachen. ²Die Bekanntmachung im elektronischen Bundesanzeiger tritt an die Stelle der Eintragung im Register. ³Sie ist mit einem Vermerk zu versehen, dass die Verschmelzung erst mit der Eintragung im Register des Sitzes des übernehmenden Rechtsträgers wirksam wird. ⁴Die §§ 16 und 17 Abs. 1 und § 19 Abs. 1 Satz 2, Abs. 2 und Abs. 3 sind nicht anzuwenden, soweit sie sich auf die Anmeldung und Eintragung dieses übertragenden Vereins beziehen.

(2) Die Schlussbilanz eines solchen übertragenden Vereins ist der Anmeldung zum Register des Sitzes des übernehmenden Rechtsträgers beizufügen.

§ 104a Ausschluss der Barabfindung in bestimmten Fällen

Die §§ 29 bis 34 sind auf die Verschmelzung eines eingetragenen Vereins, der nach § 5 Abs. 1 Nr. 9 des Körperschaftsteuergesetzes von der Körperschaftsteuer befreit ist, nicht anzuwenden.

Siebenter Abschnitt: Verschmelzung genossenschaftlicher Prüfungsverbände

§ 105 Möglichkeit der Verschmelzung

¹Genossenschaftliche Prüfungsverbände können nur miteinander verschmolzen werden. ²Ein genossenschaftlicher Prüfungsverband kann ferner als übernehmender Verband einen rechtsfähigen Verein aufnehmen, wenn bei diesem die Voraussetzungen des § 63b Abs. 2 Satz 1 des Genossenschaftsgesetzes[1)] bestehen und die in § 107 Abs. 2 genannte Behörde dem Verschmelzungsvertrag zugestimmt hat.

§ 106 Vorbereitung, Durchführung und Beschluss der Mitgliederversammlung

Auf die Vorbereitung, die Durchführung und den Beschluss der Mitgliederversammlung sind die §§ 101 bis 103 entsprechend anzuwenden.

§ 107 Pflichten der Vorstände

(1) ¹Die Vorstände beider Verbände haben die Verschmelzung gemeinschaftlich unverzüglich zur Eintragung in die Register des Sitzes jedes Verbandes anzumelden, soweit der Verband eingetragen ist. ²Ist der übertragende Verband nicht eingetragen, so ist § 104 entsprechend anzuwenden.

) Kurzbezeichnung eingeführt durch Artikel 3 Abs. 1 Nr. 1 des Entwurfs eines Gesetzes zur Einführung der Europäischen Genossenschaft und zur Änderung des Genossenschaftsrechts (BT-Drs. 16/1025, 16/1524).

(2) Furthermore, the executive boards must jointly inform the highest Land authorities responsible for granting the right to audit of the registration.

(3) The executive board of the receiving association must immediately inform the members of the registration.

Sec. 108 Withdrawal of members of the transferring association

In the event that a former member of the transferring association withdraws from the receiving association pursuant to Sec. 39 German Civil Code, any provisions in the rules of the receiving association providing, pursuant to Sec. 39 (2) German Civil Code, for a longer period of notice than by the end of the fiscal year, shall not apply.

Chapter 8: Merger of Mutual Insurance Societies

Subchapter 1: Conditions for Merger

Sec. 109 Legal entities entitled to merge

[1]Mutual insurance societies may only be merged into each other. [2]Furthermore, they may be acquired by means of merger by a stock corporation the purpose of which is the transaction of insurance business (stock insurance company).

Subchapter 2: Merger by Means of Acquisition

Sec. 110 Contents of the merger agreement

If only mutual insurance societies are involved in the merger, the merger agreement or its draft shall not need to include the particulars as per Sec. 5 (1) No. 3 to 5 and 7.

Sec. 111 Announcement of the merger agreement

[1]The merger agreement or its draft has to be filed with the register before the representative council, which is to decide on the approval of the merger agreement pursuant to Sec. 13 (1), is convened. [2]In its announcement pursuant to Sec. 10 German Commercial Code, the court must refer to the fact that the agreement or the draft agreement has been filed with the commercial register.

Sec. 112 Preparation of, holding of and resolution by the meeting of the representative council

(1) [1]The documents referred to in Sec. 63 (1) have to be displayed at the premises of the society for inspection by the members as from the invitation to the meeting of the representative council which is to decide on the approval of the merger agreement pursuant to Sec. 13 (1). [2]Any interim balance sheets required for this have to be prepared pursuant to Sec. 63 (2).

(2) [1]The documents referred to in Sec. 63 (1) have to be displayed at the meeting of the representative council. [2]Sec. 64 (1) Sentence 2 and (2) shall be applied *mutatis mutandis*.

(3) [1]The merger resolution by the representative council shall require a majority of three quarters of the votes cast. [2]The rules may specify a higher majority and further requirements.

(2) Die Vorstände haben ferner gemeinschaftlich den für die Verleihung des Prüfungsrechts zuständigen obersten Landesbehörden die Eintragung unverzüglich mitzuteilen.

(3) Der Vorstand des übernehmenden Verbandes hat die Mitglieder unverzüglich von der Eintragung zu benachrichtigen.

§ 108 Austritt von Mitgliedern des übertragenden Verbandes

Tritt ein ehemaliges Mitglied des übertragenden Verbandes gemäß § 39 des Bürgerlichen Gesetzbuchs aus dem übernehmenden Verband aus, so sind Bestimmungen der Satzung des übernehmenden Verbandes, die gemäß § 39 Abs. 2 des Bürgerlichen Gesetzbuchs eine längere Kündigungsfrist als zum Schlusse des Geschäftsjahres vorsehen, nicht anzuwenden.

Achter Abschnitt: Verschmelzung von Versicherungsvereinen auf Gegenseitigkeit

Erster Unterabschnitt: Möglichkeit der Verschmelzung

§ 109 Verschmelzungsfähige Rechtsträger

[1]Versicherungsvereine auf Gegenseitigkeit können nur miteinander verschmolzen werden. [2]Sie können ferner im Wege der Verschmelzung durch eine Aktiengesellschaft, die den Betrieb von Versicherungsgeschäften zum Gegenstand hat (Versicherungs-Aktiengesellschaft), aufgenommen werden.

Zweiter Unterabschnitt: Verschmelzung durch Aufnahme

§ 110 Inhalt des Verschmelzungsvertrags

Sind nur Versicherungsvereine auf Gegenseitigkeit an der Verschmelzung beteiligt, braucht der Verschmelzungsvertrag oder sein Entwurf die Angaben nach § 5 Abs. 1 Nr. 3 bis 5 und 7 nicht zu enthalten.

§ 111 Bekanntmachung des Verschmelzungsvertrags

[1]Der Verschmelzungsvertrag oder sein Entwurf ist vor der Einberufung der obersten Vertretung, die gemäß § 13 Abs. 1 über die Zustimmung zum Verschmelzungsvertrag beschließen soll, zum Register einzureichen. [2]Das Gericht hat in der Bekanntmachung nach § 10 des Handelsgesetzbuchs einen Hinweis darauf bekanntzumachen, dass der Vertrag oder sein Entwurf beim Handelsregister eingereicht worden ist.

§ 112 Vorbereitung, Durchführung und Beschluss der Versammlung der obersten Vertretung

(1) [1]Von der Einberufung der Versammlung der obersten Vertretung an, die gemäß § 13 Abs. 1 über die Zustimmung zum Verschmelzungsvertrag beschließen soll, sind in dem Geschäftsraum des Vereins die in § 63 Abs. 1 bezeichneten Unterlagen zur Einsicht der Mitglieder auszulegen. [2]Dazu erforderliche Zwischenbilanzen sind gemäß § 63 Abs. 2 aufzustellen.

(2) [1]In der Versammlung der obersten Vertretung sind die in § 63 Abs. 1 bezeichneten Unterlagen auszulegen. [2]§ 64 Abs. 1 Satz 2 und Abs. 2 ist entsprechend anzuwenden.

(3) [1]Der Verschmelzungsbeschluss der obersten Vertretung bedarf einer Mehrheit von drei Vierteln der abgegebenen Stimmen. [2]Die Satzung kann eine größere Mehrheit und weitere Erfordernisse bestimmen.

German company law and tax law provision

Sec. 113 No judicial review
In the event that only mutual insurance societies are involved in the merger, there shall be no judicial review of the membership exchange ratio.

Subchapter 3: Merger by Means of the Formation of a New Company

Sec. 114 Applicable provisions
The provisions of Subchapter 2 shall *mutatis mutandis* apply to merger by means of the formation of a new company, provided that nothing else ensues from the following provisions.

Sec. 115 Appointment of the bodies of the society
¹The executive committees of the transferring societies must appoint the first supervisory board of the new legal entity and the statutory auditor for the first complete or short fiscal year. ²The appointment shall require recording by a notary. ³The supervisory board shall appoint the first executive committee.

Sec. 116 Resolutions by the representative councils
(1) ¹The rules of the new legal entity and the appointment of its supervisory board members shall require the approval of the transferring societies by means of resolutions authorising the merger. ²Sec. 76 (2) and Sec. 112 (3) shall apply *mutatis mutandis*.

(2) ¹The essence of the merger agreement is to be disclosed in the announcement of the agenda of a society. ²The executive committee and the supervisory board shall submit proposals with regard to resolution; as regards the election of members of the supervisory board and auditors, only the supervisory board shall submit such proposals. ³In the event that the supervisory board must also comprise members from the employees, resolutions by the supervisory board with regard to the nomination of supervisory board members shall only require the majority of the votes of the members of the society being on the supervisory board.

Sec. 117 Formation and announcement of the new society
¹A new society shall not exist as such before it has been registered. ²Any persons who acts on behalf of the society before its registration, shall be personally liable; in the event that several persons act, they shall be joint and severally liable.

Subchapter 4: Merger of Small Societies

Sec. 118 Applicable provisions
¹The provisions of Subchapters 2 and 3 shall *mutatis mutandis* apply to the merger of small societies within the meaning of Sec. 53 German Insurance Supervisory Act. ²With small societies, the application for permission to the supervisory authority shall in this respect be substituted for the application for registration, and the announcement in the Electronic Federal Gazette pursuant to Sec. 199 shall replace the entry in the register and its announcement.

Sec. 119 Announcement of the merger
As soon as the merger has been authorised by all supervisory authorities involved, the supervisory authority responsible for the receiving small society shall announce the merger and its authorisation in the Electronic Federal Gazette, whereas in the case of merger by means of the

§ 113 Keine gerichtliche Nachprüfung

Sind nur Versicherungsvereine auf Gegenseitigkeit an der Verschmelzung beteiligt, findet eine gerichtliche Nachprüfung des Umtauschverhältnisses der Mitgliedschaften nicht statt.

Dritter Unterabschnitt: Verschmelzung durch Neugründung

§ 114 Anzuwendende Vorschriften

Auf die Verschmelzung durch Neugründung sind die Vorschriften des Zweiten Unterabschnitts entsprechend anzuwenden, soweit sich aus den folgenden Vorschriften nichts anderes ergibt.

§ 115 Bestellung der Vereinsorgane

[1]Die Vorstände der übertragenden Vereine haben den ersten Aufsichtsrat des neuen Rechtsträgers und den Abschlussprüfer für das erste Voll- oder Rumpfgeschäftsjahr zu bestellen. [2]Die Bestellung bedarf notarieller Beurkundung. [3]Der Aufsichtsrat bestellt den ersten Vorstand.

§ 116 Beschlüsse der obersten Vertretungen

(1) [1]Die Satzung des neuen Rechtsträgers und die Bestellung seiner Aufsichtsratsmitglieder bedürfen der Zustimmung der übertragenden Vereine durch Verschmelzungsbeschlüsse. [2]§ 76 Abs. 2 und § 112 Abs. 3 sind entsprechend anzuwenden.

(2) [1]In der Bekanntmachung der Tagesordnung eines Vereins ist der wesentliche Inhalt des Verschmelzungsvertrags bekanntzumachen. [2]In der Bekanntmachung haben der Vorstand und der Aufsichtsrat, zur Wahl von Aufsichtsratsmitgliedern und Prüfern nur der Aufsichtsrat, Vorschläge zur Beschlussfassung zu machen. [3]Hat der Aufsichtsrat auch aus Aufsichtsratsmitgliedern der Arbeitnehmer zu bestehen, so bedürfen Beschlüsse des Aufsichtsrats über Vorschläge zur Wahl von Aufsichtsratsmitgliedern nur der Mehrheit der Stimmen der Aufsichtsratsmitglieder der Mitglieder des Vereins.

§ 117 Entstehung und Bekanntmachung des neuen Vereins

[1]Vor der Eintragung in das Register besteht ein neuer Verein als solcher nicht. [2]Wer vor der Eintragung des Vereins in seinem Namen handelt, haftet persönlich; handeln mehrere, so haften sie als Gesamtschuldner.

Vierter Unterabschnitt: Verschmelzung kleinerer Vereine

§ 118 Anzuwendende Vorschriften

[1]Auf die Verschmelzung kleinerer Vereine im Sinne des § 53 des Versicherungsaufsichtsgesetzes sind die Vorschriften des Zweiten und des Dritten Unterabschnitts entsprechend anzuwenden. [2]Dabei treten bei kleineren Vereinen an die Stelle der Anmeldung zur Eintragung in das Register der Antrag an die Aufsichtsbehörde auf Genehmigung, an die Stelle der Eintragung in das Register und ihrer Bekanntmachung die Bekanntmachung im elektronischen Bundesanzeiger nach § 119.

§ 119 Bekanntmachung der Verschmelzung

Sobald die Verschmelzung von allen beteiligten Aufsichtsbehörden genehmigt worden ist, macht die für den übernehmenden kleineren Verein zuständige Aufsichtsbehörde, bei einer Verschmelzung durch Neugründung eines kleineren Vereins die für den neuen Verein zu-

Chapter 9: Merger of Corporations with the Assets and Liabilities of a Sole Shareholder

Sec. 120 Conditions for merger

(1) In the event that a merger pursuant to the provisions of Chapters 1 to 8 is impossible, a corporation may be merged with the assets and liabilities of a shareholder or a stockholder by means of acquisition, provided that all shares or stocks of the company are held by the shareholder or stockholder.

(2) If the corporation should hold any own shares, the latter shall be attributed to the shareholder or stockholder upon establishment of the prerequisites for merger.

Sec. 121 Applicable provisions

The provisions of Part 1 and Part 2 applicable to the legal form of the corporation shall be applied to the company.

Sec. 122 Entry in the commercial register

(1) Any sole shareholder or stockholder not yet entered in the commercial register is to be registered in accordance with the provisions of the German Commercial Code; Sec. 18 (1) shall remain unaffected.

(2) If registration is ruled out, the effects referred to in Sec. 20 shall occur through the entry of the merger in the register of the registered office of the transferring corporation.

Chapter 10: Cross-border Merger of Corporations

Sec. 122a Cross-border merger

(1) A cross-border merger shall be a merger in the case of which at least one of the companies involved is subject to the law of another member state of the European Union or of another contracting party to the EEA Agreement.

(2) The provisions of Part 1 and of Chapter 2, 3 and 4 of Part 2 shall *mutatis mutandis* apply to the involvement of a corporation (Sec. 3 (1) No. 2) in a cross-border merger, unless something else ensues from this Chapter.

Sec. 122b Companies entitled to merge

(1) Only corporations within the meaning of Article 2 No. 1 of Directive 2005/56/EC by the European Parliament and the Council of 26 October 2005 on cross-border mergers of corporations of different member states (OJ EC L 310, p. 1) may be involved in a cross-border merger as transferring, receiving or new companies; furthermore, these companies must have been formed under the law of a member state of the European Union or another contracting party to the EEA Agreement and have their statutory seat, their head

ständige Aufsichtsbehörde die Verschmelzung und ihre Genehmigung im elektronischen Bundesanzeiger bekannt.

Neunter Abschnitt: Verschmelzung von Kapitalgesellschaften mit dem Vermögen eines Alleingesellschafters

§ 120 Möglichkeit der Verschmelzung

(1) Ist eine Verschmelzung nach den Vorschriften des Ersten bis Achten Abschnitts nicht möglich, so kann eine Kapitalgesellschaft im Wege der Aufnahme mit dem Vermögen eines Gesellschafters oder eines Aktionärs verschmolzen werden, sofern sich alle Geschäftsanteile oder alle Aktien der Gesellschaft in der Hand des Gesellschafters oder Aktionärs befinden.

(2) Befinden sich eigene Anteile in der Hand der Kapitalgesellschaft, so werden sie bei der Feststellung der Voraussetzungen der Verschmelzung dem Gesellschafter oder Aktionär zugerechnet.

§ 121 Anzuwendende Vorschriften

Auf die Kapitalgesellschaft sind die für ihre Rechtsform geltenden Vorschriften des Ersten und Zweiten Teils anzuwenden.

§ 122 Eintragung in das Handelsregister

(1) Ein noch nicht in das Handelsregister eingetragener Alleingesellschafter oder Alleinaktionär ist nach den Vorschriften des Handelsgesetzbuchs in das Handelsregister einzutragen; § 18 Abs. 1 bleibt unberührt.

(2) Kommt eine Eintragung nicht in Betracht, treten die in § 20 genannten Wirkungen durch die Eintragung der Verschmelzung in das Register des Sitzes der übertragenden Kapitalgesellschaft ein.

Zehnter Abschnitt: Grenzüberschreitende Verschmelzung von Kapitalgesellschaften

§ 122a Grenzüberschreitende Verschmelzung

(1) Eine grenzüberschreitende Verschmelzung ist eine Verschmelzung, bei der mindestens eine der beteiligten Gesellschaften dem Recht eines anderen Mitgliedstaats der Europäischen Union oder eines anderen Vertragsstaats des Abkommens über den Europäischen Wirtschaftsraum unterliegt.

(2) Auf die Beteiligung einer Kapitalgesellschaft (§ 3 Abs. 1 Nr. 2) an einer grenzüberschreitenden Verschmelzung sind die Vorschriften des Ersten Teils und des Zweiten, Dritten und Vierten Abschnitts des Zweiten Teils entsprechend anzuwenden, soweit sich aus diesem Abschnitt nichts anderes ergibt.

§ 122b Verschmelzungsfähige Gesellschaften

(1) An einer grenzüberschreitenden Verschmelzung können als übertragende, übernehmende oder neue Gesellschaften nur Kapitalgesellschaften im Sinne des Artikels 2 Nr. 1 der Richtlinie 2005/56/EG des Europäischen Parlaments und des Rates vom 26. Oktober 2005 über die Verschmelzung von Kapitalgesellschaften aus verschiedenen Mitgliedstaaten (ABl. EU Nr. L 310 S. 1) beteiligt sein, die nach dem Recht eines Mitgliedstaats der Europäischen Union oder eines anderen Vertragsstaats des Abkommens über den Europäischen Wirtschaftsraum gegründet worden sind und ihren satzungs-

office or their principal office in a member state of the European Union or another contracting party to the EEA Agreement.

(2) ¹The following companies shall not be entitled to take part in a cross-border merger:
1. cooperative societies, even if they come within the scope of the definition in Article 2 No. 1 of the Directive under the law of another member state of the European Union or another contracting party to the EEA Agreement;

2. companies the purpose of which is to jointly invest the funds deposited with them by the public in accordance with the principle of risk spreading, and the shares of which are on request of the shareholders directly or indirectly withdrawn or paid out to the debit of the assets and liabilities of such companies. ²Any acts by which such companies may try to ensure that the market price of their shares does not differ materially from their net investment value shall be equal to such withdrawals or payments.

Sec. 122c Merger plan

(1) The representative body of a company involved shall prepare a joint merger plan together with the representative bodies of the other companies involved.

(2) The merger plan or its draft must at least provide the following details:

1. the legal form, business name and registered office of the transferring and the receiving or new company;
2. the share exchange ratio and, where appropriate, the amount of the additional cash payments;
3. details with regard to the transfer of the shares of the receiving or new company;
4. the anticipated effects of the merger to employment;
5. the date as from which the shares will grant their holders the right to a share in the profits, as well as any special conditions affecting that right;
6. the date as from which the acts of the transferring companies shall, for the purpose of accounting, be deemed effected for the account of the receiving or new company (effective merger date);
7. the rights granted by the receiving or new company to any shareholders provided with special rights and to the holders of securities other than shares, or the measures envisaged for these persons;
8. any special benefits granted to the experts examining the merger plan or to the members of the administrative, management, supervisory or controlling bodies of the companies involved in the merger;
9. the articles of association/statutes of the receiving or new company;
10. where appropriate, information about the procedure to be followed for arranging the details of employee involvement in the stipulation of their rights of codetermination in the company emerging from the cross-border merger;

mäßigen Sitz, ihre Hauptverwaltung oder ihre Hauptniederlassung in einem Mitgliedstaat der Europäischen Union oder einem anderen Vertragsstaat des Abkommens über den Europäischen Wirtschaftsraum haben.

(2) ¹An einer grenzüberschreitenden Verschmelzung können nicht beteiligt sein:
  1. Genossenschaften, selbst wenn sie nach dem Recht eines anderen Mitgliedstaats der Europäischen Union oder eines anderen Vertragsstaats des Abkommens über den Europäischen Wirtschaftsraum unter die Definition des Artikels 2 Nr. 1 der Richtlinie fallen;
  2. Gesellschaften, deren Zweck es ist, die vom Publikum bei ihnen eingelegten Gelder nach dem Grundsatz der Risikostreuung gemeinsam anzulegen und deren Anteile auf Verlangen der Anteilsinhaber unmittelbar oder mittelbar zulasten des Vermögens dieser Gesellschaft zurückgenommen oder ausgezahlt werden. ²Diesen Rücknahmen oder Auszahlungen gleichgestellt sind Handlungen, mit denen eine solche Gesellschaft sicherstellen will, dass der Börsenwert ihrer Anteile nicht erheblich von deren Nettoinventarwert abweicht.

§ 122c Verschmelzungsplan

(1) Das Vertretungsorgan einer beteiligten Gesellschaft stellt zusammen mit den Vertretungsorganen der übrigen beteiligten Gesellschaften einen gemeinsamen Verschmelzungsplan auf.

(2) Der Verschmelzungsplan oder sein Entwurf muss mindestens folgende Angaben enthalten:
  1. Rechtsform, Firma und Sitz der übertragenden und übernehmenden oder neuen Gesellschaft,
  2. das Umtauschverhältnis der Gesellschaftsanteile und gegebenenfalls die Höhe der baren Zuzahlungen,
  3. die Einzelheiten hinsichtlich der Übertragung der Gesellschaftsanteile der übernehmenden oder neuen Gesellschaft,
  4. die voraussichtlichen Auswirkungen der Verschmelzung auf die Beschäftigung,
  5. den Zeitpunkt, von dem an die Gesellschaftsanteile deren Inhabern das Recht auf Beteiligung am Gewinn gewähren, sowie alle Besonderheiten, die eine Auswirkung auf dieses Recht haben,
  6. den Zeitpunkt, von dem an die Handlungen der übertragenden Gesellschaften unter dem Gesichtspunkt der Rechnungslegung als für Rechnung der übernehmenden oder neuen Gesellschaft vorgenommen gelten (Verschmelzungsstichtag),
  7. die Rechte, die die übernehmende oder neue Gesellschaft den mit Sonderrechten ausgestatteten Gesellschaftern und den Inhabern von anderen Wertpapieren als Gesellschaftsanteilen gewährt, oder die für diese Personen vorgeschlagenen Maßnahmen,
  8. etwaige besondere Vorteile, die den Sachverständigen, die den Verschmelzungsplan prüfen, oder den Mitgliedern der Verwaltungs-, Leitungs-, Aufsichts- oder Kontrollorgane der an der Verschmelzung beteiligten Gesellschaften gewährt werden,
  9. die Satzung der übernehmenden oder neuen Gesellschaft,
  10. gegebenenfalls Angaben zu dem Verfahren, nach dem die Einzelheiten über die Beteiligung der Arbeitnehmer an der Festlegung ihrer Mitbestimmungsrechte in der aus der grenzüberschreitenden Verschmelzung hervorgehenden Gesellschaft geregelt werden,

11. information on the valuation of the assets and liabilities transferred to the receiving or new company;
12. the reference dates of the balance sheets of the companies involved in the merger used to stipulate the conditions of the merger.

(3) In the event that all shares of a transferring company are held by the receiving company, the details on the exchange of the shares (Paragraph 2 No. 2, 3 and 5) shall not be required in so far as they relate to the acquisition of that company.

(4) The merger plan must be recorded by a notary.

Sec. 122d Announcement of the merger plan

¹The merger plan or its draft is to be filed with the register at the latest one month before the meeting of the shareholders which is to decide on the approval of the merger plan pursuant to Sec. 13. ²The court has to disclose the following information in its announcement pursuant to Sec. 10 German Commercial Code:

1. a reference to the fact that the merger plan or its draft has been filed with the commercial register;
2. the legal form, business name and registered office of the companies involved in the cross-border merger;
3. the register in which the companies involved in the cross-border merger have been entered, including the respective numbers of the entries;
4. a reference to the terms under which the rights of the creditors and minority shareholders of the companies involved in the cross-border merger may be exercised, as well as the address from which full details of these terms may be obtained free of charge.

³The register is to be notified of the information to be announced on the filing of the merger plan or its draft.

Sec. 122e Merger report

¹The merger report as per Sec. 8 must also explain the effects of the cross-border merger on the creditors and employees of the company involved in the merger. ²Pursuant to Sec. 63 (1) No. 4, the merger report has to be made available to the shareholders and the competent works council or, if there is no works council, the employees of the company involved in the cross-border merger at the latest one month before the shareholders' meeting which is to decide on the approval of the merger plan pursuant to Sec. 13. ³Sec. 8 (3) shall not be applied.

Sec. 122f Merger audit

¹The merger plan or its draft is to be audited pursuant to Secs. 9 to 12; Sec. 48 shall not apply. ²The audit report must be available at the latest one month before the meeting of the shareholders which is to decide on the approval of the merger plan pursuant to Sec. 13.

Sec. 122g Approval of the shareholders

(1) The shareholders may make their approval as per Sec. 13 conditional upon their express confirmation of the mode of employee codetermination in the receiving or new company.

11. Angaben zur Bewertung des Aktiv- und Passivvermögens, das auf die übernehmende oder neue Gesellschaft übertragen wird,

12. den Stichtag der Bilanzen der an der Verschmelzung beteiligten Gesellschaften, die zur Festlegung der Bedingungen der Verschmelzung verwendet werden.

(3) Befinden sich alle Anteile einer übertragenden Gesellschaft in der Hand der übernehmenden Gesellschaft, so entfallen die Angaben über den Umtausch der Anteile (Absatz 2 Nr. 2, 3 und 5), soweit sie die Aufnahme dieser Gesellschaft betreffen.

(4) Der Verschmelzungsplan muss notariell beurkundet werden.

§ 122d Bekanntmachung des Verschmelzungsplans

[1]Der Verschmelzungsplan oder sein Entwurf ist spätestens einen Monat vor der Versammlung der Anteilsinhaber, die nach § 13 über die Zustimmung zum Verschmelzungsplan beschließen soll, zum Register einzureichen. [2]Das Gericht hat in der Bekanntmachung nach § 10 des Handelsgesetzbuchs unverzüglich die folgenden Angaben bekannt zu machen:

1. einen Hinweis darauf, dass der Verschmelzungsplan oder sein Entwurf beim Handelsregister eingereicht worden ist,

2. Rechtsform, Firma und Sitz der an der grenzüberschreitenden Verschmelzung beteiligten Gesellschaften,

3. die Register, bei denen die an der grenzüberschreitenden Verschmelzung beteiligten Gesellschaften eingetragen sind, sowie die jeweilige Nummer der Eintragung,

4. einen Hinweis auf die Modalitäten für die Ausübung der Rechte der Gläubiger und der Minderheitsgesellschafter der an der grenzüberschreitenden Verschmelzung beteiligten Gesellschaften sowie die Anschrift, unter der vollständige Auskünfte über diese Modalitäten kostenlos eingeholt werden können.

[3]Die bekannt zu machenden Angaben sind dem Register bei Einreichung des Verschmelzungsplans oder seines Entwurfs mitzuteilen.

§ 122e Verschmelzungsbericht

[1]Im Verschmelzungsbericht nach § 8 sind auch die Auswirkungen der grenzüberschreitenden Verschmelzung auf die Gläubiger und Arbeitnehmer der an der Verschmelzung beteiligten Gesellschaft zu erläutern. [2]Der Verschmelzungsbericht ist den Anteilsinhabern sowie dem zuständigen Betriebsrat oder, falls es keinen Betriebsrat gibt, den Arbeitnehmern der an der grenzüberschreitenden Verschmelzung beteiligten Gesellschaft spätestens einen Monat vor der Versammlung der Anteilsinhaber, die nach § 13 über die Zustimmung zum Verschmelzungsplan beschließen soll, nach § 63 Abs. 1 Nr. 4 zugänglich zu machen. [3]§ 8 Abs. 3 ist nicht anzuwenden.

§ 122f Verschmelzungsprüfung

[1]Der Verschmelzungsplan oder sein Entwurf ist nach den §§ 9 bis 12 zu prüfen; § 48 ist nicht anzuwenden. [2]Der Prüfungsbericht muss spätestens einen Monat vor der Versammlung der Anteilsinhaber, die nach § 13 über die Zustimmung zum Verschmelzungsplan beschließen soll, vorliegen.

§ 122g Zustimmung der Anteilsinhaber

(1) Die Anteilsinhaber können ihre Zustimmung nach § 13 davon abhängig machen, dass die Art und Weise der Mitbestimmung der Arbeitnehmer der übernehmenden oder neuen Gesellschaft ausdrücklich von ihnen bestätigt wird.

(2) In the event that all shares of a transferring company are held by the receiving company, a merger resolution by the shareholders of the transferring company shall not be required.

Sec. 122h Improvement of the share exchange ratio

(1) Sec. 14 (2) and Sec. 15 shall apply to the shareholders of a transferring company only in so far as the shareholders of the companies involved in the cross-border merger which are subject to the law of another member state of the European Union or another contracting party to the EEA Agreement whose legislation does not provide for a procedure for monitoring and changing the share exchange ratio, give their express approval in the merger resolution.

(2) Sec. 15 shall also apply to the shareholders of a transferring company being subject to the legislation of another member state of the European Union or another contracting party to the EEA Agreement if, under the law of that state, a procedure for monitoring and changing the share exchange ratio is provided for and German courts have international jurisdiction with regard to the implementation of such a procedure.

Sec. 122i Compensatory cash payment offered in the merger plan

(1) [1]In the event that the receiving or new company is not subject to German law, the transferring company must offer every shareholder objecting to the record against the merger plan of the company the acquisition of its shares in exchange for an adequate compensatory cash payment in the merger plan or its draft. [2]The provisions of the German Stock Corporation Act with regard to the acquisition of own stocks and of the German Limited Liability Companies Act with regard to the acquisition of own shares shall apply *mutatis mutandis*, however, Sec. 71 (4) Sentence 2 German Stock Corporation Act and Sec. 33 (2) Sentence 3 Clause 2 Alternative 1 of the German Limited Liability Companies Act shall in so far not apply. [3]Sec. 29 (1) Sentences 4 and 5 as well as Paragraph 2 and Secs. 30, 31 and 33 shall apply *mutatis mutandis*.

(2) [1]Secs. 32 and 34 shall only apply to the shareholders of a transferring company in so far as the shareholders of the companies involved in the cross-border merger and subject to the legislation of another member state of the European Union or another contracting party to the EEA Agreement whose legislation does not provide for a procedure for compensating minority shareholders, give their express approval in the merger resolution. [2]Sec. 34 shall also apply to the shareholders of a transferring company being subject to the law of another member state of the European Union or another contracting party to the EEA Agreement if the legislation of such a state provides for a procedure for compensating minority shareholders and German courts have international jurisdiction with regard to the implementation of such a procedure.

Sec. 122j Protection of the creditors of the transferring company

(1) [1]In the event that the receiving or new company is not governed by German law, security is to be furnished to the creditors of a transferring company, in so far as they may not demand satisfaction. [2]However, the creditors shall be entitled so only if they assert their claims on the merits and in terms of amount in writing within two months from the date of the announcement of the merger plan or its draft and show probable cause that the satisfaction of their claim is put in danger by the merger.

93 Deutsche gesellschafts- und steuerrechtliche Gesetzesvorschriften

(2) Befinden sich alle Anteile einer übertragenden Gesellschaft in der Hand der übernehmenden Gesellschaft, so ist ein Verschmelzungsbeschluss der Anteilsinhaber der übertragenden Gesellschaft nicht erforderlich.

§ 122h Verbesserung des Umtauschverhältnisses

(1) § 14 Abs. 2 und § 15 gelten für die Anteilsinhaber einer übertragenden Gesellschaft nur, sofern die Anteilsinhaber der an der grenzüberschreitenden Verschmelzung beteiligten Gesellschaften, die dem Recht eines anderen Mitgliedstaats der Europäischen Union oder eines anderen Vertragsstaats des Abkommens über den Europäischen Wirtschaftsraum unterliegen, dessen Rechtsvorschriften ein Verfahren zur Kontrolle und Änderung des Umtauschverhältnisses der Anteile nicht vorsehen, im Verschmelzungsbeschluss ausdrücklich zustimmen.

(2) § 15 gilt auch für Anteilsinhaber einer übertragenden Gesellschaft, die dem Recht eines anderen Mitgliedstaats der Europäischen Union oder eines anderen Vertragsstaats des Abkommens über den Europäischen Wirtschaftsraum unterliegt, wenn nach dem Recht dieses Staats ein Verfahren zur Kontrolle und Änderung des Umtauschverhältnisses der Anteile vorgesehen ist und deutsche Gerichte für die Durchführung eines solchen Verfahrens international zuständig sind.

§ 122i Abfindungsangebot im Verschmelzungsplan

(1) [1]Unterliegt die übernehmende oder neue Gesellschaft nicht dem deutschen Recht, hat die übertragende Gesellschaft im Verschmelzungsplan oder in seinem Entwurf jedem Anteilsinhaber, der gegen den Verschmelzungsbeschluss der Gesellschaft Widerspruch zur Niederschrift erklärt, den Erwerb seiner Anteile gegen eine angemessene Barabfindung anzubieten. [2]Die Vorschriften des Aktiengesetzes über den Erwerb eigener Aktien sowie des Gesetzes betreffend die Gesellschaften mit beschränkter Haftung über den Erwerb eigener Geschäftsanteile gelten entsprechend, jedoch sind § 71 Abs. 4 Satz 2 des Aktiengesetzes und § 33 Abs. 2 Satz 3 zweiter Halbsatz erste Alternative des Gesetzes betreffend die Gesellschaften mit beschränkter Haftung insoweit nicht anzuwenden. [3]§ 29 Abs. 1 Satz 4 und 5 sowie Abs. 2 und die §§ 30, 31 und 33 gelten entsprechend.

(2) [1]Die §§ 32 und 34 gelten für die Anteilsinhaber einer übertragenden Gesellschaft nur, sofern die Anteilsinhaber der an der grenzüberschreitenden Verschmelzung beteiligten Gesellschaften, die dem Recht eines anderen Mitgliedstaats der Europäischen Union oder eines anderen Vertragsstaats des Abkommens über den Europäischen Wirtschaftsraum unterliegen, dessen Rechtsvorschriften ein Verfahren zur Abfindung von Minderheitsgesellschaftern nicht vorsehen, im Verschmelzungsbeschluss ausdrücklich zustimmen. [2]§ 34 gilt auch für Anteilsinhaber einer übertragenden Gesellschaft, die dem Recht eines anderen Mitgliedstaats der Europäischen Union oder eines anderen Vertragsstaats des Abkommens über den Europäischen Wirtschaftsraum unterliegt, wenn nach dem Recht dieses Staats ein Verfahren zur Abfindung von Minderheitsgesellschaftern vorgesehen ist und deutsche Gerichte für die Durchführung eines solchen Verfahrens international zuständig sind.

§ 122j Schutz der Gläubiger der übertragenden Gesellschaft

(1) [1]Unterliegt die übernehmende oder neue Gesellschaft nicht dem deutschen Recht, ist den Gläubigern einer übertragenden Gesellschaft Sicherheit zu leisten, soweit sie nicht Befriedigung verlangen können. [2]Dieses Recht steht den Gläubigern jedoch nur zu, wenn sie binnen zwei Monaten nach dem Tag, an dem der Verschmelzungsplan oder sein Entwurf bekannt gemacht worden ist, ihren Anspruch nach Grund und Höhe schriftlich anmelden und glaubhaft machen, dass durch die Verschmelzung die Erfüllung ihrer Forderung gefährdet wird.

(2) The creditors shall only be entitled to the provision of security as per Paragraph 1 with regard to any claims arisen before or maximally 15 days after the announcement of the merger plan or its draft.

Sec. 122k Merger certificate

(1) [1]The representative body of a transferring company has to apply for registration of the existence of the prerequisites for the cross-border merger with regard to that company with the register of the registered office of the company. [2]Sec. 16 (2) and (3) and Sec. 17 shall apply *mutatis mutandis*. [3]The members of the representative body have to assure that adequate security has been furnished to all creditors entitled to the provision of security pursuant to Sec. 122j.

(2) [1]The court shall examine whether the prerequisites for the cross-border merger exist with the company, and immediately issue a certificate with regard to this (merger certificate). [2]Notification of the entry in the register shall be deemed certificate of merger. [3]The entry has to be provided with the note that the cross-border merger will become effective on the conditions set by the legislation of the state whose law the receiving or new company is subject to. [4]The certificate of merger may be issued only if an affirmation as per Paragraph 1 Sentence 3 has been submitted. [5]In the event that appraisal proceedings are pending, this has to be indicated in the certificate of merger.

(3) The representative body of the company has to submit the certificate of merger within six months from issuance, together with the merger plan, to the competent authority of the state whose law governs the receiving or new company.

(4) Following receipt of a notification by the register in which the receiving or new company has been entered on the coming into effect of the merger, the court at the place of the registered office of the transferring company has to take note of the effective date and transmit the electronic document kept with the court to that register.

Sec. 122l Registration of the cross-border merger

(1) [1]In the case of merger by means of acquisition, the representative body of the receiving company must apply for registration of the merger, whereas in the case of merger by means of the formation of a new company, the representative bodies of the transferring companies must apply for registration of the new company in the register of the registered office of the company. [2]The certificates of merger of all transferring companies, the joint merger plan and, where appropriate, the agreement on employee involvement, are to be enclosed with the application. [3]The certificates of merger must not be older than six months; Sec. 16 (2) and (3) and Sec. 17 shall not apply to the transferring companies.

(2) The examination of the prerequisites for registration shall in particular cover the question whether the shareholders of all companies involved in the cross-border merger have approved a joint identical merger plan and whether, if applicable, an agreement on employee involvement has been concluded.

(3) The court at the place of the registered office of the receiving or new company must *ex officio* notify every register, with which any of the transferring companies had to deposit its documents, of the date of the registration of the merger.

95 Deutsche gesellschafts- und steuerrechtliche Gesetzesvorschriften

(2) Das Recht auf Sicherheitsleistung nach Absatz 1 steht Gläubigern nur im Hinblick auf solche Forderungen zu, die vor oder bis zu 15 Tage nach Bekanntmachung des Verschmelzungsplans oder seines Entwurfs entstanden sind.

§ 122k Verschmelzungsbescheinigung

(1) [1]Das Vertretungsorgan einer übertragenden Gesellschaft hat das Vorliegen der sie betreffenden Voraussetzungen für die grenzüberschreitende Verschmelzung zur Eintragung bei dem Register des Sitzes der Gesellschaft anzumelden. [2]§ 16 Abs. 2 und 3 und § 17 gelten entsprechend. [3]Die Mitglieder des Vertretungsorgans haben eine Versicherung abzugeben, dass allen Gläubigern, die nach § 122j einen Anspruch auf Sicherheitsleistung haben, eine angemessene Sicherheit geleistet wurde.

(2) [1]Das Gericht prüft, ob für die Gesellschaft die Voraussetzungen für die grenzüberschreitende Verschmelzung vorliegen, und stellt hierüber unverzüglich eine Bescheinigung (Verschmelzungsbescheinigung) aus. [2]Als Verschmelzungsbescheinigung gilt die Nachricht über die Eintragung der Verschmelzung im Register. [3]Die Eintragung ist mit dem Vermerk zu versehen, dass die grenzüberschreitende Verschmelzung unter den Voraussetzungen des Rechts des Staates, dem die übernehmende oder neue Gesellschaft unterliegt, wirksam wird. [4]Die Verschmelzungsbescheinigung darf nur ausgestellt werden, wenn eine Versicherung nach Absatz 1 Satz 3 vorliegt. [5]Ist ein Spruchverfahren anhängig, ist dies in der Verschmelzungsbescheinigung anzugeben.

(3) Das Vertretungsorgan der Gesellschaft hat die Verschmelzungsbescheinigung innerhalb von sechs Monaten nach ihrer Ausstellung zusammen mit dem Verschmelzungsplan der zuständigen Stelle des Staates vorzulegen, dessen Recht die übernehmende oder neue Gesellschaft unterliegt.

(4) Nach Eingang einer Mitteilung des Registers, in dem die übernehmende oder neue Gesellschaft eingetragen ist, über das Wirksamwerden der Verschmelzung hat das Gericht des Sitzes der übertragenden Gesellschaft den Tag des Wirksamwerdens zu vermerken und die bei ihm aufbewahrten elektronischen Dokumente diesem Register zu übermitteln.

§ 122l Eintragung der grenzüberschreitenden Verschmelzung

(1) [1]Bei einer Verschmelzung durch Aufnahme hat das Vertretungsorgan der übernehmenden Gesellschaft die Verschmelzung und bei einer Verschmelzung durch Neugründung haben die Vertretungsorgane der übertragenden Gesellschaften die neue Gesellschaft zur Eintragung in das Register des Sitzes der Gesellschaft anzumelden. [2]Der Anmeldung sind die Verschmelzungsbescheinigungen aller übertragenden Gesellschaften, der gemeinsame Verschmelzungsplan und gegebenenfalls die Vereinbarung über die Beteiligung der Arbeitnehmer beizufügen. [3]Die Verschmelzungsbescheinigungen dürfen nicht älter als sechs Monate sein; § 16 Abs. 2 und 3 und § 17 finden auf die übertragenden Gesellschaften keine Anwendung.

(2) Die Prüfung der Eintragungsvoraussetzungen erstreckt sich insbesondere darauf, ob die Anteilsinhaber aller an der grenzüberschreitenden Verschmelzung beteiligten Gesellschaften einem gemeinsamen, gleich lautenden Verschmelzungsplan zugestimmt haben und ob gegebenenfalls eine Vereinbarung über die Beteiligung der Arbeitnehmer geschlossen worden ist.

(3) Das Gericht des Sitzes der übernehmenden oder neuen Gesellschaft hat den Tag der Eintragung der Verschmelzung von Amts wegen jedem Register mitzuteilen, bei dem eine der übertragenden Gesellschaften ihre Unterlagen zu hinterlegen hatte.

Book 3: Division

Part 1: General Provisions

Chapter 1: Conditions for Division

Sec. 123 Types of division

(1) A legal entity (transferring legal entity) may on dissolution without liquidation divide its assets and liabilities
   1. by means of acquisition through the concurrent transfer of the parts of assets and liabilities, each time collectively, to other existing legal entities (receiving legal entities), or
   2. by means of the formation of a new company through the concurrent transfer of the parts of assets and liabilities, each time collectively, to other new legal entities formed by it this way,

   in exchange for the grant of shares or memberships in those legal entities to the shareholders of the transferring legal entity (division).

(2) A legal entity (transferring legal entity) may separate one or several parts from its assets and liabilities
   1. by means of acquisition through the transfer of such a part or such parts, each time collectively, to one or more existing legal entities (receiving legal entities), or
   2. by means of the formation of a new company through the transfer of such a part or such parts, each time collectively, to one new legal entity or several new legal entities formed by it this way,

   in exchange for the grant of shares or memberships in that legal entity or those legal entities to the shareholders of the transferring legal entity (partial division).

(3) A legal entity (transferring legal entity) may spin off one or several parts of its assets and liabilities
   1. by means of acquisition through the transfer of such a part or such parts, each time collectively, to one or several existing legal entities (receiving legal entities), or
   2. by means of the formation of a new company through the transfer of such a part or such parts, each time collectively, to one new legal entity or several new legal entities formed by it this way,

   in exchange for the grant of shares or memberships in that legal entity or those legal entities to the transferring legal entity (spin-off by operation of law).

(4) The division may also be effected by a concurrent transfer to existing and new legal entities.

Sec. 124 Legal entities entitled to divide

(1) The legal entities referred to in Sec. 3 (1) may take part in a division or partial division as transferring, receiving or new legal entities, and for-profit societies may be involved as transferring legal entities, whereas the legal entities referred to in Sec. 3 (1) may be involved in a spin-off as transferring, receiving or new legal entities, and for-profit societies, sole traders, trusts, as well as regional authorities and associations of regional authorities not being regional authorities may be involved as transferring legal entities.

(2) Sec. 3 (3) and (4) shall *mutatis mutandis* be applied to divisions.

Drittes Buch: Spaltung

Erster Teil: Allgemeine Vorschriften

Erster Abschnitt: Möglichkeit der Spaltung

§ 123 Arten der Spaltung

(1) Ein Rechtsträger (übertragender Rechtsträger) kann unter Auflösung ohne Abwicklung sein Vermögen aufspalten

1. zur Aufnahme durch gleichzeitige Übertragung der Vermögensteile jeweils als Gesamtheit auf andere bestehende Rechtsträger (übernehmende Rechtsträger) oder

2. zur Neugründung durch gleichzeitige Übertragung der Vermögensteile jeweils als Gesamtheit auf andere, von ihm dadurch gegründete neue Rechtsträger

gegen Gewährung von Anteilen oder Mitgliedschaften dieser Rechtsträger an die Anteilsinhaber des übertragenden Rechtsträgers (Aufspaltung).

(2) Ein Rechtsträger (übertragender Rechtsträger) kann von seinem Vermögen einen Teil oder mehrere Teile abspalten

1. zur Aufnahme durch Übertragung dieses Teils oder dieser Teile jeweils als Gesamtheit auf einen bestehenden oder mehrere bestehende Rechtsträger (übernehmende Rechtsträger) oder

2. zur Neugründung durch Übertragung dieses Teils oder dieser Teile jeweils als Gesamtheit auf einen oder mehrere, von ihm dadurch gegründeten neuen oder gegründete neue Rechtsträger

gegen Gewährung von Anteilen oder Mitgliedschaften dieses Rechtsträgers oder dieser Rechtsträger an die Anteilsinhaber des übertragenden Rechtsträgers (Abspaltung).

(3) Ein Rechtsträger (übertragender Rechtsträger) kann aus seinem Vermögen einen Teil oder mehrere Teile ausgliedern

1. zur Aufnahme durch Übertragung dieses Teils oder dieser Teile jeweils als Gesamtheit auf einen bestehenden oder mehrere bestehende Rechtsträger (übernehmende Rechtsträger) oder

2. zur Neugründung durch Übertragung dieses Teils oder dieser Teile jeweils als Gesamtheit auf einen oder mehrere, von ihm dadurch gegründeten neuen oder gegründete neue Rechtsträger

gegen Gewährung von Anteilen oder Mitgliedschaften dieses Rechtsträgers oder dieser Rechtsträger an den übertragenden Rechtsträger (Ausgliederung).

(4) Die Spaltung kann auch durch gleichzeitige Übertragung auf bestehende und neue Rechtsträger erfolgen.

§ 124 Spaltungsfähige Rechtsträger

(1) An einer Aufspaltung oder einer Abspaltung können als übertragende, übernehmende oder neue Rechtsträger die in § 3 Abs. 1 genannten Rechtsträger sowie als übertragende Rechtsträger wirtschaftliche Vereine, an einer Ausgliederung können als übertragende, übernehmende oder neue Rechtsträger die in § 3 Abs. 1 genannten Rechtsträger sowie als übertragende Rechtsträger wirtschaftliche Vereine, Einzelkaufleute, Stiftungen sowie Gebietskörperschaften oder Zusammenschlüsse von Gebietskörperschaften, die nicht Gebietskörperschaften sind, beteiligt sein.

(2) § 3 Abs. 3 und 4 ist auf die Spaltung entsprechend anzuwenden.

Sec. 125 Applicable provisions

¹The provisions of Chapters 1 to 9 of the Book 2 except for Sec. 9 (2) and in the case of partial division and spin-off except for Sec. 18, as well as in the case of spin-off except for Sec. 14 (2) and Secs. 15, 29 to 34, 54, 68 and 71, shall *mutatis mutandis* apply to divisions, in so far as nothing else ensues from this Book. ²There shall be no audit within the meaning of Secs. 9 to 12 in the case of spin-off. ³The transferring legal entity shall be substituted for the transferring legal entities and, if applicable, the receiving or new legal entities shall be substituted for the receiving or new legal entity.

Chapter 2: Division by Means of Acquisition

Sec. 126 Contents of the division and takeover agreement

(1) The division and takeover agreement or its draft must contain at least the following information:

1. the name or the business name and the registered office of the legal entities involved in the division;

2. the agreement on the transfer of the parts of the assets and liabilities of the transferring legal entity, each time collectively, in exchange for the grant of shares or memberships in the receiving legal entities;

3. in the case of division and partial division the share exchange ratio and, where appropriate, the amount of the additional cash payment or information on membership in the receiving legal entities;

4. in the case of division and partial division details with regard to the transfer of the shares in the receiving legal entities or the acquisition of membership in the receiving legal entities;

5. the date as from which such shares or memberships will grant a right to participate in the balance sheet profit, as well as any special terms with regard to such a right;

6. the date as from which the acts performed by the transferring legal entity shall be deemed effected for the account of each of the receiving legal entities (effective division date);

7. the rights granted by the receiving legal entities to individual shareholders as well as to the holders of special rights such as non-voting shares, preferences shares, multiple voting shares, bonds and profit participation rights, or the measures envisaged for such persons;

8. every special benefit granted to a member of a representative body or a supervisory body of the legal entities involved in the division, a managing partner, a partner, an auditor or a division auditor;

9. the detailed designation and division of the items of the assets and liabilities transferred to each of the receiving legal entities, as well as of the businesses and divisions transferred, inclusive of their allocation to the receiving legal entities;

10. in the case of division and partial division the division of the shares or memberships in each of the legal entities involved to the shareholders of the transferring legal entity, and the division ratio;

§ 125 Anzuwendende Vorschriften

[1]Auf die Spaltung sind die Vorschriften des Ersten bis Neunten Abschnitts des Zweiten Buches mit Ausnahme des § 9 Abs. 2, bei Abspaltung und Ausgliederung mit Ausnahme des § 18 sowie bei Ausgliederung mit Ausnahme des § 14 Abs. 2 und der §§ 15, 29 bis 34, 54, 68 und 71 entsprechend anzuwenden, soweit sich aus diesem Buch nichts anderes ergibt. [2]Eine Prüfung im Sinne der §§ 9 bis 12 findet bei Ausgliederung nicht statt. [3]An die Stelle der übertragenden Rechtsträger tritt der übertragende Rechtsträger, an die Stelle des übernehmenden oder neuen Rechtsträgers treten gegebenenfalls die übernehmenden oder neuen Rechtsträger.

Zweiter Abschnitt: Spaltung zur Aufnahme

§ 126 Inhalt des Spaltungs- und Übernahmevertrags

(1) Der Spaltungs- und Übernahmevertrag oder sein Entwurf muss mindestens folgende Angaben enthalten:

1. den Namen oder die Firma und den Sitz der an der Spaltung beteiligten Rechtsträger;

2. die Vereinbarung über die Übertragung der Teile des Vermögens des übertragenden Rechtsträgers jeweils als Gesamtheit gegen Gewährung von Anteilen oder Mitgliedschaften an den übernehmenden Rechtsträgern;

3. bei Aufspaltung und Abspaltung das Umtauschverhältnis der Anteile und gegebenenfalls die Höhe der baren Zuzahlung oder Angaben über die Mitgliedschaft bei den übernehmenden Rechtsträgern;

4. bei Aufspaltung und Abspaltung die Einzelheiten für die Übertragung der Anteile der übernehmenden Rechtsträger oder über den Erwerb der Mitgliedschaft bei den übernehmenden Rechtsträgern;

5. den Zeitpunkt, von dem an diese Anteile oder die Mitgliedschaft einen Anspruch auf einen Anteil am Bilanzgewinn gewähren, sowie alle Besonderheiten in Bezug auf diesen Anspruch;

6. den Zeitpunkt, von dem an die Handlungen des übertragenden Rechtsträgers als für Rechnung jedes der übernehmenden Rechtsträger vorgenommen gelten (Spaltungsstichtag);

7. die Rechte, welche die übernehmenden Rechtsträger einzelnen Anteilsinhabern sowie den Inhabern besonderer Rechte wie Anteile ohne Stimmrecht, Vorzugsaktien, Mehrstimmrechtsaktien, Schuldverschreibungen und Genussrechte gewähren, oder die für diese Personen vorgesehenen Maßnahmen;

8. jeden besonderen Vorteil, der einem Mitglied eines Vertretungsorgans oder eines Aufsichtsorgans der an der Spaltung beteiligten Rechtsträger, einem geschäftsführenden Gesellschafter, einem Partner, einem Abschlussprüfer oder einem Spaltungsprüfer gewährt wird;

9. die genaue Bezeichnung und Aufteilung der Gegenstände des Aktiv- und Passivvermögens, die an jeden der übernehmenden Rechtsträger übertragen werden, sowie der übergehenden Betriebe und Betriebsteile unter Zuordnung zu den übernehmenden Rechtsträgern;

10. bei Aufspaltung und Abspaltung die Aufteilung der Anteile oder Mitgliedschaften jedes der beteiligten Rechtsträger auf die Anteilsinhaber des übertragenden Rechtsträgers sowie den Maßstab für die Aufteilung;

11. the consequences of the division for the employees and their representatives as well as the measures so far planned.

(2) ¹In so far as a special form of designation has been stipulated in the general provisions for the transfer of objects in the case of singular succession, these arrangements shall also apply to the designation of the items of assets and liabilities (Paragraph 1 No. 9). ²Sec. 28 of the German Land Register Code is to be observed. ³In other respects, documents such as balance sheets and lists of assets and liabilities allowing the individual items to be allocated may be referred to; these documents have to be enclosed with the division and takeover agreement.

(3) The agreement or the draft agreement is to be forwarded at the latest one month before the date of the meeting of the shareholders of each legal entity involved which is to decide on the approval of the division and takeover agreement pursuant to Sec. 125 in conjunction with Sec. 13 (1) to the competent works council of that legal entity.

Sec. 127 Division report

¹The representative bodies of each of the legal entities involved in the division must give a detailed written report, in which they explain the legal and economic aspects of and the reasons for the division, the agreement or the draft agreement in detail and, in the case of division and partial division, in particular the share exchange ratio or the details of membership in the receiving legal entities, the ratio applied to their division as well as the amount of any compensatory cash payment to be offered (division report); the report may also be prepared jointly by the representative bodies. ²Sec. 8 (1) Sentences 2 to 4, Paragraphs 2 and 3 shall apply *mutatis mutandis.*

Sec. 128 Approval of the division in special cases

¹In the event that, on division or partial division, the shares or memberships in the receiving legal entities should not be allocated to the shareholders of the transferring legal entity at the ratio corresponding to their holding in the transferring legal entity, the division and takeover agreement shall only take effect provided it is approved by all shareholders of the transferring legal entity. ²In the case of division by means of acquisition, the computation of the participation ratio is to be based on the portion of the assets and liabilities to be transferred in a particular case.

Sec. 129 Application for registration of the division

The representative body of each of the receiving legal entities shall also be entitled to apply for the registration of the division.

Sec. 130 Registration of the division

(1) ¹The division must not be entered in the register of the registered office of the transferring legal entity before it has been entered in the register of the registered office of each of the receiving legal entities. ²The entry in the register of the registered office of each of the receiving legal entities has to be provided with a note that the division will not take effect before entry in the register of the registered office of the transferring legal entity, unless the entries in the registers of all legal entities involved are effected at the same date.

(2) ¹The court of the registered office of the transferring legal entity must *ex officio* inform the court of the registered office of each receiving legal entity of the date of registration of the division and transmit an extract from the register and the articles of association, partnership agreement or the statutes of the transferring legal entity in the form of a copy, a print out or by electronic means. ²After receipt of the notification, the court of the

Deutsche gesellschafts- und steuerrechtliche Gesetzesvorschriften

11. die Folgen der Spaltung für die Arbeitnehmer und ihre Vertretungen sowie die insoweit vorgesehenen Maßnahmen.

(2) ¹Soweit für die Übertragung von Gegenständen im Falle der Einzelrechtsnachfolge in den allgemeinen Vorschriften eine besondere Art der Bezeichnung bestimmt ist, sind diese Regelungen auch für die Bezeichnung der Gegenstände des Aktiv- und Passivvermögens (Absatz 1 Nr. 9) anzuwenden. ²§ 28 der Grundbuchordnung ist zu beachten. ³Im Übrigen kann auf Urkunden wie Bilanzen und Inventare Bezug genommen werden, deren Inhalt eine Zuweisung des einzelnen Gegenstandes ermöglicht; die Urkunden sind dem Spaltungs- und Übernahmevertrag als Anlagen beizufügen.

(3) Der Vertrag oder sein Entwurf ist spätestens einen Monat vor dem Tag der Versammlung der Anteilsinhaber jedes beteiligten Rechtsträgers, die gemäß § 125 in Verbindung mit § 13 Abs. 1 über die Zustimmung zum Spaltungs- und Übernahmevertrag beschließen soll, dem zuständigen Betriebsrat dieses Rechtsträgers zuzuleiten.

§ 127 Spaltungsbericht

¹Die Vertretungsorgane jedes der an der Spaltung beteiligten Rechtsträger haben einen ausführlichen schriftlichen Bericht zu erstatten, in dem die Spaltung, der Vertrag oder sein Entwurf im einzelnen und bei Aufspaltung und Abspaltung insbesondere das Umtauschverhältnis der Anteile oder die Angaben über die Mitgliedschaften bei den übernehmenden Rechtsträgern, der Maßstab für ihre Aufteilung sowie die Höhe einer anzubietenden Barabfindung rechtlich und wirtschaftlich erläutert und begründet werden (Spaltungsbericht); der Bericht kann von den Vertretungsorganen auch gemeinsam erstattet werden. ²§ 8 Abs. 1 Satz 2 bis 4, Abs. 2 und 3 ist entsprechend anzuwenden.

§ 128 Zustimmung zur Spaltung in Sonderfällen

¹Werden bei Aufspaltung oder Abspaltung die Anteile oder Mitgliedschaften der übernehmenden Rechtsträger den Anteilsinhabern des übertragenden Rechtsträgers nicht in dem Verhältnis zugeteilt, das ihrer Beteiligung an dem übertragenden Rechtsträger entspricht, so wird der Spaltungs- und Übernahmevertrag nur wirksam, wenn ihm alle Anteilsinhaber des übertragenden Rechtsträgers zustimmen. ²Bei einer Spaltung zur Aufnahme ist der Berechnung des Beteiligungsverhältnisses der jeweils zu übertragende Teil des Vermögens zugrunde zu legen.

§ 129 Anmeldung der Spaltung

Zur Anmeldung der Spaltung ist auch das Vertretungsorgan jedes der übernehmenden Rechtsträger berechtigt.

§ 130 Eintragung der Spaltung

(1) ¹Die Spaltung darf in das Register des Sitzes des übertragenden Rechtsträgers erst eingetragen werden, nachdem sie im Register des Sitzes jedes der übernehmenden Rechtsträger eingetragen worden ist. ²Die Eintragung im Register des Sitzes jedes der übernehmenden Rechtsträger ist mit dem Vermerk zu versehen, dass die Spaltung erst mit der Eintragung im Register des Sitzes des übertragenden Rechtsträgers wirksam wird, sofern die Eintragungen in den Registern aller beteiligten Rechtsträger nicht am selben Tag erfolgen.

(2) ¹Das Gericht des Sitzes des übertragenden Rechtsträgers hat von Amts wegen dem Gericht des Sitzes jedes der übernehmenden Rechtsträger den Tag der Eintragung der Spaltung mitzuteilen sowie einen Registerauszug und den Gesellschaftsvertrag, den Partnerschaftsvertrag oder die Satzung des übertragenden Rechtsträgers in Abschrift, als Ausdruck oder elektronisch zu übermitteln. ²Nach Eingang der Mitteilung hat das Ge-

registered office of each of the receiving legal entities must *ex officio* take note of the date of the entry of the division in the register of the registered office of the transferring legal entity.

Sec. 131 Effects of the registration

(1) The entry of the division in the register of the registered office of the transferring legal entity shall have the following effects:

1. The assets and liabilities of the transferring legal entity, in the case of partial division and spin-off the separated or spun-off part(s) of the assets and liabilities, shall pass to the receiving legal entities, each time collectively, in accordance with the division provided for in the division and takeover agreement.

2. ¹The transferring legal entity shall cease to exist upon division. ²This shall not require any special cancellation.

3. ¹In the case of division and partial division, the shareholders of the transferring legal entity shall become shareholders of the legal entities involved in accordance with the division provided for in the division and takeover agreement; this shall not apply in so far as the receiving legal entity or a third party acting in its own name but for the account of that legal entity, is a shareholder of the transferring legal entity, or if the transferring legal entity is holding own shares or a third party acting in its own name but for the account of that legal entity, is holding shares in the latter. ²Any third-party rights in the shares or memberships in the transferring legal entity shall continue to exist in the shares or memberships in the receiving legal entities. ³In the case of spin-off, the transferring legal entity shall become a shareholder of the receiving legal entities in accordance with the spin-off and takeover agreement.

4. The lack of notarial records of the division and takeover agreement and, if applicable, any required declarations of approval or waiver by individual shareholders shall be remedied.

(2) Any deficiencies of the division shall not impair the effects of the registration as per Paragraph 1.

(3) In the event that, in the case of division, an item should not have been allocated to any of the receiving legal entities and the allocation cannot even be derived from the interpretation of the agreement, that item shall pass to all receiving legal entities at the ratio resulting from the agreement with regard to the division of the excess of the assets side of the closing balance sheet over its liabilities side; in case it should be impossible to allocate the item to several legal entities, its equivalent has to be divided at the specified ratio.

Sec. 132

(cancelled)

Sec. 133 Protection of creditors and holders of special rights

(1) ¹The legal entities involved in the division shall be jointly and severally liable for the liabilities of the transferring legal entity substantiated before the coming into effect of the division. ²Secs. 25, 26 and 28 German Commercial Code as well as Sec. 125 in conjunction with Sec. 22 shall remain unaffected; only the legal entity involved in the division to whom the claim is addressed shall be obligated to furnish security.

(2) ¹The legal entities involved in the division shall be jointly and severally liable for meeting the obligation as per Sec. 125 in conjunction with Sec. 23. ²In the case of partial

richt des Sitzes jedes der übernehmenden Rechtsträger von Amts wegen den Tag der Eintragung der Spaltung im Register des Sitzes des übertragenden Rechtsträgers zu vermerken.

§ 131 Wirkungen der Eintragung

(1) Die Eintragung der Spaltung in das Register des Sitzes des übertragenden Rechtsträgers hat folgende Wirkungen:

1. Das Vermögen des übertragenden Rechtsträgers, bei Abspaltung und Ausgliederung der abgespaltene oder ausgegliederte Teil oder die abgespaltenen oder ausgegliederten Teile des Vermögens einschließlich der Verbindlichkeiten gehen entsprechend der im Spaltungs- und Übernahmevertrag vorgesehenen Aufteilung jeweils als Gesamtheit auf die übernehmenden Rechtsträger über.

2. ¹Bei der Aufspaltung erlischt der übertragende Rechtsträger. ²Einer besonderen Löschung bedarf es nicht.

3. ¹Bei Aufspaltung und Abspaltung werden die Anteilsinhaber des übertragenden Rechtsträgers entsprechend der im Spaltungs- und Übernahmevertrag vorgesehenen Aufteilung Anteilsinhaber der beteiligten Rechtsträger; dies gilt nicht, soweit der übernehmende Rechtsträger oder ein Dritter, der im eigenen Namen, jedoch für Rechnung dieses Rechtsträgers handelt, Anteilsinhaber des übertragenden Rechtsträgers ist oder der übertragende Rechtsträger eigene Anteile innehat oder ein Dritter, der im eigenen Namen, jedoch für Rechnung dieses Rechtsträgers handelt, dessen Anteilsinhaber ist. ²Rechte Dritter an den Anteilen oder Mitgliedschaften des übertragenden Rechtsträgers bestehen an den an ihre Stelle tretenden Anteilen oder Mitgliedschaften der übernehmenden Rechtsträger weiter. ³Bei Ausgliederung wird der übertragende Rechtsträger entsprechend dem Ausgliederungs- und Übernahmevertrag Anteilsinhaber der übernehmenden Rechtsträger.

4. Der Mangel der notariellen Beurkundung des Spaltungs- und Übernahmevertrags und gegebenenfalls erforderlicher Zustimmungs- oder Verzichtserklärungen einzelner Anteilsinhaber wird geheilt.

(2) Mängel der Spaltung lassen die Wirkungen der Eintragung nach Absatz 1 unberührt.

(3) Ist bei einer Aufspaltung ein Gegenstand im Vertrag keinem der übernehmenden Rechtsträger zugeteilt worden und lässt sich die Zuteilung auch nicht durch Auslegung des Vertrags ermitteln, so geht der Gegenstand auf alle übernehmenden Rechtsträger in dem Verhältnis über, das sich aus dem Vertrag für die Aufteilung des Überschusses der Aktivseite der Schlussbilanz über deren Passivseite ergibt; ist eine Zuteilung des Gegenstandes an mehrere Rechtsträger nicht möglich, so ist sein Gegenwert in dem bezeichneten Verhältnis zu verteilen.

§ 132

(weggefallen)

§ 133 Schutz der Gläubiger und der Inhaber von Sonderrechten

(1) ¹Für die Verbindlichkeiten des übertragenden Rechtsträgers, die vor dem Wirksamwerden der Spaltung begründet worden sind, haften die an der Spaltung beteiligten Rechtsträger als Gesamtschuldner. ²Die §§ 25, 26 und 28 des Handelsgesetzbuchs sowie § 125 in Verbindung mit § 22 bleiben unberührt; zur Sicherheitsleistung ist nur der an der Spaltung beteiligte Rechtsträger verpflichtet, gegen den sich der Anspruch richtet.

(2) ¹Für die Erfüllung der Verpflichtung nach § 125 in Verbindung mit § 23 haften die an der Spaltung beteiligten Rechtsträger als Gesamtschuldner. ²Bei Abspaltung und Ausglie-

German company law and tax law provision

division and spin-off, the equal rights within the meaning of Sec. 125 in conjunction with Sec. 23 may be granted also to the transferring legal entity.

(3) The legal entities which have not been allocated the liabilities as per Paragraph 1 Sentence 1 in the division and takeover agreement shall be liable for those liabilities if the latter become due before expiration of five years from the division and claims have been established vis-à-vis the legal entities in a manner specified in Sec. 197 (1) No. 3 to 5 German Civil Code, or any court or public enforcement act is effected or applied for; in the case of liabilities under public law, the issue of an administrative act shall suffice. ²As regards pension liabilities on the basis of the German Company Pensions Act substantiated before the coming into effect of the division, the time limit referred to in Sentence 1 shall be ten years.

(4) ¹The time limit shall commence at the date of the announcement of the entry of the division in the register of the registered office of the transferring legal entity pursuant to Sec. 125 in conjunction with Sec. 19 (3). ²Secs. 204, 206, 210, 211 and 212 (2) and (3) German Civil Code applicable to statutory limitation shall apply *mutatis mutandis*.

(5) No establishment in a manner specified in Sec. 197 (1) No. 3 to 5 German Civil Code shall be required, provided that the legal entities referred to in Paragraph 3 have accepted the claim in writing.

(6) ¹The claims as per Paragraph 2 shall become statute-barred after five years. ²Paragraph 4 Sentence 1 shall *mutatis mutandis* apply to the commencement of statutory limitation.

Sec. 134 Protection of creditors in special cases

(1) ¹In the event that a legal entity divides its assets and liabilities in such a way that the parts of assets and liabilities required to run a business are mainly transferred to one or several receiving or to one or several new legal entities and the activity of the latter is, in essence, limited to the management of such parts of assets and liabilities (investment company), whereas the transferring legal entity is permitted to use these parts of assets and liabilities in running its business (operating company), and mainly the same persons have holdings in the legal entities involved in the division, the investment company shall also be joint and severally liable for any claims of the employees of the operating company substantiated within five years from the coming into effect of the division by virtue of Secs. 111 to 113 German Works Constitution Act. ²This shall also apply if the parts of assets and liabilities remain with the transferring legal entity and are transferred for use to the receiving or new legal entity/entities.

(2) Joint and several liability as per Paragraph 1 shall also apply to any pension obligations based on the German Company Pensions Act substantiated before the coming into effect of the division.

(3) Sec. 133 (3) Sentence1, (4) and (5) shall *mutatis mutandis* apply to any claims against the investment company as per Paragraphs 1 and 2, provided that the time limit commences five years from the date referred to in Sec. 133 (4) Sentence 1.

Chapter 3: Division by Means of the Formation of a New Company

Sec. 135 Applicable provisions

(1) ¹The provisions of Chapter 2 shall *mutatis mutandis* apply to the division of a legal entity by means of the formation of a new company, however, with the exception of Secs. 129 and 130 (2) as well as Secs. 4, 7 and 16 (1) which have *mutatis mutandis* to be applied

105 Deutsche gesellschafts- und steuerrechtliche Gesetzesvorschriften

derung können die gleichwertigen Rechte im Sinne des § 125 in Verbindung mit § 23 auch in dem übertragenden Rechtsträger gewährt werden.

(3) ¹Diejenigen Rechtsträger, denen die Verbindlichkeiten nach Absatz 1 Satz 1 im Spaltungs- und Übernahmevertrag nicht zugewiesen worden sind, haften für diese Verbindlichkeiten, wenn sie vor Ablauf von fünf Jahren nach der Spaltung fällig und daraus Ansprüche gegen sie in einer in § 197 Abs. 1 Nr. 3 bis 5 des Bürgerlichen Gesetzbuchs bezeichneten Art festgestellt sind oder eine gerichtliche oder behördliche Vollstreckungshandlung vorgenommen oder beantragt wird; bei öffentlich-rechtlichen Verbindlichkeiten genügt der Erlass eines Verwaltungsakts. ²Für vor dem Wirksamwerden der Spaltung begründete Versorgungsverpflichtungen aufgrund des Betriebsrentengesetzes beträgt die in Satz 1 genannte Frist zehn Jahre.

(4) ¹Die Frist beginnt mit dem Tage, an dem die Eintragung der Spaltung in das Register des Sitzes des übertragenden Rechtsträgers nach § 125 in Verbindung mit § 19 Abs. 3 bekannt gemacht worden ist. ²Die für die Verjährung geltenden §§ 204, 206, 210, 211 und 212 Abs. 2 und 3 des Bürgerlichen Gesetzbuchs sind entsprechend anzuwenden.

(5) Einer Feststellung in einer in § 197 Abs. 1 Nr. 3 bis 5 des Bürgerlichen Gesetzbuchs bezeichneten Art bedarf es nicht, soweit die in Absatz 3 bezeichneten Rechtsträger den Anspruch schriftlich anerkannt haben.

(6) ¹Die Ansprüche nach Absatz 2 verjähren in fünf Jahren. ²Für den Beginn der Verjährung gilt Absatz 4 Satz 1 entsprechend.

§ 134 Schutz der Gläubiger in besonderen Fällen

(1) ¹Spaltet ein Rechtsträger sein Vermögen in der Weise, dass die zur Führung eines Betriebes notwendigen Vermögensteile im wesentlichen auf einen übernehmenden oder mehrere übernehmende oder auf einen neuen oder mehrere neue Rechtsträger übertragen werden und die Tätigkeit dieses Rechtsträgers oder dieser Rechtsträger sich im wesentlichen auf die Verwaltung dieser Vermögensteile beschränkt (Anlagegesellschaft), während dem übertragenden Rechtsträger diese Vermögensteile bei der Führung seines Betriebes zur Nutzung überlassen werden (Betriebsgesellschaft), und sind an den an der Spaltung beteiligten Rechtsträgern im wesentlichen dieselben Personen beteiligt, so haftet die Anlagegesellschaft auch für die Forderungen der Arbeitnehmer der Betriebsgesellschaft als Gesamtschuldner, die binnen fünf Jahren nach dem Wirksamwerden der Spaltung aufgrund der §§ 111 bis 113 des Betriebsverfassungsgesetzes begründet werden. ²Dies gilt auch dann, wenn die Vermögensteile bei dem übertragenden Rechtsträger verbleiben und dem übernehmenden oder neuen Rechtsträger oder den übernehmenden oder neuen Rechtsträgern zur Nutzung überlassen werden.

(2) Die gesamtschuldnerische Haftung nach Absatz 1 gilt auch für vor dem Wirksamwerden der Spaltung begründete Versorgungsverpflichtungen aufgrund des Betriebsrentengesetzes.

(3) Für die Ansprüche gegen die Anlagegesellschaft nach den Absätzen 1 und 2 gilt § 133 Abs. 3 Satz 1, Abs. 4 und 5 entsprechend mit der Maßgabe, dass die Frist fünf Jahre nach dem in § 133 Abs. 4 Satz 1 bezeichneten Tage beginnt.

Dritter Abschnitt: Spaltung zur Neugründung

§ 135 Anzuwendende Vorschriften

(1) ¹Auf die Spaltung eines Rechtsträgers zur Neugründung sind die Vorschriften des Zweiten Abschnitts entsprechend anzuwenden, jedoch mit Ausnahme der §§ 129 und 130 Abs. 2 sowie der nach § 125 entsprechend anzuwendenden §§ 4, 7 und 16

pursuant to Sec. 125, and except for Sec. 27. ²The new legal entities shall be substituted for the receiving legal entities, and the entry of each of the new legal entities in the register shall be substituted for the entry of the division in the register of the registered office of each of the receiving legal entities.

(2) ¹The formation provisions applicable to the respective legal forms of the new legal entities shall be applied to the formation of the new legal entities, in so far as nothing else ensues from this Book. ²The founders shall be equal to the transferring legal entity. ³Any provisions requiring a minimum number of founders shall not apply.

Sec. 136 Division plan

¹The representative body of the transferring legal entity must prepare a division plan. ²The division plan shall be substituted for the division and takeover agreement.

Sec. 137 Application for registration and entry of the new legal entities and the division

(1) The representative body of the transferring legal entity must apply for the registration of each new legal entity with the court in whose district its registered office is to be located.

(2) The representative body of the transferring legal entity must apply for the division to be entered in the register of the registered office of the transferring legal entity.

(3) ¹The court of the registered office of each new legal entity must *ex officio* inform the court of the registered office of the transferring legal entity of the date of the registration of the new legal entity. ²After receipt of the notifications for all new legal entities, the court of the registered office of the transferring legal entity must enter the division and *ex officio* inform the courts of the registered office of each of the new legal entities of the date of registration and transmit an extract from the register as well as the articles of association, the partnership agreement or the statutes of the transferring legal entity in the form of a copy, a print out or by electronic means. ³The date of the registration of the division must *ex officio* be entered in the registers of the registered office of each new legal entity; any notification on the registration of the new legal entities provided for by law shall only be permitted after this has been done.

Part 2: Special Provisions

Chapter 1: Division Involving Limited Liability Companies

Sec. 138 Report on the formation by contribution in kind

A report on the formation by contribution in kind (Sec. 5 (4) German Limited Liability Companies Act) shall always be required.

Sec. 139 Reduction of the share capital

In the event that the share capital of a transferring limited liability company must be reduced in order to effect the partial division or the spin-off, such a capital reduction may also be performed in a simplified way. If the share capital is reduced, the division or spin-off must not be registered before the reduction of the share capital has been entered in the register.

Abs. 1 und des § 27. ²An die Stelle der übernehmenden Rechtsträger treten die neuen Rechtsträger, an die Stelle der Eintragung der Spaltung im Register des Sitzes jeder der übernehmenden Rechtsträger tritt die Eintragung jedes der neuen Rechtsträger in das Register.

(2) ¹Auf die Gründung der neuen Rechtsträger sind die für die jeweilige Rechtsform des neuen Rechtsträgers geltenden Gründungsvorschriften anzuwenden, soweit sich aus diesem Buch nichts anderes ergibt. ²Den Gründern steht der übertragende Rechtsträger gleich. ³Vorschriften, die für die Gründung eine Mindestzahl der Gründer vorschreiben, sind nicht anzuwenden.

§ 136 Spaltungsplan

¹Das Vertretungsorgan des übertragenden Rechtsträgers hat einen Spaltungsplan aufzustellen. ²Der Spaltungsplan tritt an die Stelle des Spaltungs- und Übernahmevertrags.

§ 137 Anmeldung und Eintragung der neuen Rechtsträger und der Spaltung

(1) Das Vertretungsorgan des übertragenden Rechtsträgers hat jeden der neuen Rechtsträger bei dem Gericht, in dessen Bezirk er seinen Sitz haben soll, zur Eintragung in das Register anzumelden.

(2) Das Vertretungsorgan des übertragenden Rechtsträgers hat die Spaltung zur Eintragung in das Register des Sitzes des übertragenden Rechtsträgers anzumelden.

(3) ¹Das Gericht des Sitzes jedes der neuen Rechtsträger hat von Amts wegen dem Gericht des Sitzes des übertragenden Rechtsträgers den Tag der Eintragung des neuen Rechtsträgers mitzuteilen. ²Nach Eingang der Mitteilungen für alle neuen Rechtsträger hat das Gericht des Sitzes des übertragenden Rechtsträgers die Spaltung einzutragen sowie von Amts wegen den Zeitpunkt der Eintragung den Gerichten des Sitzes jedes der neuen Rechtsträger mitzuteilen sowie ihnen einen Registerauszug und den Gesellschaftsvertrag, den Partnerschaftsvertrag oder die Satzung des übertragenden Rechtsträgers in Abschrift, als Ausdruck oder elektronisch zu übermitteln. ³Der Zeitpunkt der Eintragung der Spaltung ist in den Registern des Sitzes jedes der neuen Rechtsträger von Amts wegen einzutragen; gesetzlich vorgesehene Bekanntmachungen über die Eintragung der neuen Rechtsträger sind erst danach zulässig.

Zweiter Teil: Besondere Vorschriften

Erster Abschnitt: Spaltung unter Beteiligung von Gesellschaften mit beschränkter Haftung

§ 138 Sachgründungsbericht

Ein Sachgründungsbericht (§ 5 Abs. 4 des Gesetzes betreffend die Gesellschaften mit beschränkter Haftung) ist stets erforderlich.

§ 139 Herabsetzung des Stammkapitals

Ist zur Durchführung der Abspaltung oder der Ausgliederung eine Herabsetzung des Stammkapitals einer übertragenden Gesellschaft mit beschränkter Haftung erforderlich, so kann diese auch in vereinfachter Form vorgenommen werden. Wird das Stammkapital herabgesetzt, so darf die Abspaltung oder die Ausgliederung erst eingetragen werden, nachdem die Herabsetzung des Stammkapitals im Register eingetragen worden ist.

German company law and tax law provision

Sec. 140 Application for registration of the partial division or the spin-off

On their application for entry of the partial division or the spin-off in the register of the registered office of a transferring limited liability company, its managing directors must also declare that the prerequisites for the incorporation of this company provided by law and the articles of association, taking account of the partial division or the spin-off, exist at the time of application for registration.

Chapter 2: Division Involving Stock Corporations and Partnerships Limited by Shares

Sec. 141 Exclusion of division

A stock corporation or a partnership limited by shares which has not yet been registered for a period of two years may not be divided except for by spin-off by means of the formation of a new company.

Sec. 142 Division with capital increase, division report

(1) Sec. 69 shall be applied with the proviso that an audit of the contribution in kind pursuant to Sec. 183 (3) German Stock Corporation Act has to be performed always.

(2) If applicable, the division report shall refer to the report on the audit of contributions in kind with a receiving stock corporation pursuant to Sec. 183 (3) German Stock Corporation Act as well as to the register with whom the report has to be placed.

Sec. 143 Special notification of changes in assets and liabilities

¹The board of directors of a transferring stock corporation or a partnership limited by shares has to inform its stockholders before resolution of any material change in the assets and liabilities of the company occurred between the conclusion of the agreement or the preparation of the draft agreement and the date of resolution. ²The board of directors must also inform the representative bodies of the receiving legal entities; the latter must in turn inform the shareholders of the legal entity they represent before resolution on the division.

Sec. 144 Formation report and formation audit

A formation report (Sec. 32 German Stock Corporation Act) and a formation audit (Sec. 33 (2) German Stock Corporation Act) shall be required always.

Sec. 145 Reduction of the share capital

¹In the event that the share capital of a transferring stock corporation or partnership limited by shares must be reduced in order to effect the partial division or the spin-off, such a capital reduction may also be performed in a simplified way. ²If the share capital is reduced, the division or spin-off must not be registered before the reduction of the share capital has been entered in the register.

Sec. 146 Application for registration of the partial division or the spin-off

(1) On their application for entry of the partial division or the spin-off in the register of the registered office of a transferring stock corporation, its board of directors or, in the case of a partnership limited by shares, the general partners authorised to represent the company, must also declare that the prerequisites provided for the formation of this company by law or the articles of association, taking account of the partial division or the spin-off, exist at the time of application for registration.

109 Deutsche gesellschafts- und steuerrechtliche Gesetzesvorschriften

§ 140 Anmeldung der Abspaltung oder der Ausgliederung

Bei der Anmeldung der Abspaltung oder der Ausgliederung zur Eintragung in das Register des Sitzes einer übertragenden Gesellschaft mit beschränkter Haftung haben deren Geschäftsführer auch zu erklären, dass die durch Gesetz und Gesellschaftsvertrag vorgesehenen Voraussetzungen für die Gründung dieser Gesellschaft unter Berücksichtigung der Abspaltung oder der Ausgliederung im Zeitpunkt der Anmeldung vorliegen.

Zweiter Abschnitt: Spaltung unter Beteiligung von Aktiengesellschaften und Kommanditgesellschaften auf Aktien

§ 141 Ausschluss der Spaltung

Eine Aktiengesellschaft oder eine Kommanditgesellschaft auf Aktien, die noch nicht zwei Jahre im Register eingetragen ist, kann außer durch Ausgliederung zur Neugründung nicht gespalten werden.

§ 142 Spaltung mit Kapitalerhöhung, Spaltungsbericht

(1) § 69 ist mit der Maßgabe anzuwenden, dass eine Prüfung der Sacheinlage nach § 183 Abs. 3 des Aktiengesetzes stets stattzufinden hat.

(2) In dem Spaltungsbericht ist gegebenenfalls auf den Bericht über die Prüfung von Sacheinlagen bei einer übernehmenden Aktiengesellschaft nach § 183 Abs. 3 des Aktiengesetzes sowie auf das Register, bei dem dieser Bericht zu hinterlegen ist, hinzuweisen.

§ 143 Besondere Unterrichtung über Vermögensveränderungen

¹Der Vorstand einer übertragenden Aktiengesellschaft oder Kommanditgesellschaft auf Aktien hat deren Aktionäre vor der Beschlussfassung über jede wesentliche Veränderung des Vermögens dieser Gesellschaft, die zwischen dem Abschluss des Vertrags oder der Aufstellung des Entwurfs und dem Zeitpunkt der Beschlussfassung eingetreten ist, zu unterrichten. ²Der Vorstand hat hierüber auch die Vertretungsorgane der übernehmenden Rechtsträger zu unterrichten; diese haben ihrerseits die Anteilsinhaber des von ihnen vertretenen Rechtsträgers vor der Beschlussfassung über die Spaltung zu unterrichten.

§ 144 Gründungsbericht und Gründungsprüfung

Ein Gründungsbericht (§ 32 des Aktiengesetzes) und eine Gründungsprüfung (§ 33 Abs. 2 des Aktiengesetzes) sind stets erforderlich.

§ 145 Herabsetzung des Grundkapitals

¹Ist zur Durchführung der Abspaltung oder der Ausgliederung eine Herabsetzung des Grundkapitals einer übertragenden Aktiengesellschaft oder Kommanditgesellschaft auf Aktien erforderlich, so kann diese auch in vereinfachter Form vorgenommen werden. ²Wird das Grundkapital herabgesetzt, so darf die Abspaltung oder die Ausgliederung erst eingetragen werden, nachdem die Durchführung der Herabsetzung des Grundkapitals im Register eingetragen worden ist.

§ 146 Anmeldung der Abspaltung oder der Ausgliederung

(1) Bei der Anmeldung der Abspaltung oder der Ausgliederung zur Eintragung in das Register des Sitzes einer übertragenden Aktiengesellschaft hat deren Vorstand oder einer Kommanditgesellschaft auf Aktien haben deren zu ihrer Vertretung ermächtigte persönlich haftende Gesellschafter auch zu erklären, dass die durch Gesetz und Satzung vorgesehenen Voraussetzungen für die Gründung dieser Gesellschaft unter Berücksichtigung der Abspaltung oder der Ausgliederung im Zeitpunkt der Anmeldung vorliegen.

(2) In addition to any other required documents, the following papers have to be enclosed with the application for registration of the partial division or the spin-off:
1. the division report as per Sec. 127;
2. in the case of partial division, the audit report as per Sec. 125 in conjunction with Sec. 12.

Chapter 3: Division Involving Registered Cooperative Societies

Sec. 147 Conditions for division
The division of a legal entity of a different legal form by means of acquisition of parts of its assets and liabilities by a registered cooperative society shall only be possible if any required amendment to the articles of association of the receiving cooperative society is decided concurrently with the division.

Sec. 148 Application for registration of the partial division or the spin-off
(1) On application for entry of the partial division or the spin-off in the register of the registered office of a transferring cooperative society, its management body must also declare that the prerequisites provided for the formation of that cooperative society by law or the articles of association, taking account of the partial division or the spin-off, exist at the time of application for registration.
(2) In addition to any other required documents, the following papers have to be enclosed with the application for registration of the partial division or the spin-off:
1. the division report as per Sec. 127;
2. the audit opinion as per Sec. 125 in conjunction with Sec. 81.

Chapter 4: Division Involving Societies with Legal Capacity

Sec. 149 Conditions for division
(1) A society with legal capacity may only take part in a division if neither the rules of the society nor any Land law provisions preclude this.
(2) An incorporated society as receiving legal entity may only acquire other incorporated societies by means of division, or by setting up an incorporated society with such other incorporated societies.

Chapter 5: Division Involving Cooperative Auditing Associations

Sec. 150 Conditions for division
The division of cooperative auditing associations or the partial division or spin-off of parts of such an association may only be effected by means of acquisition of the parts of an association (transferring association) by another association (receiving association), whereas a spin-off can also be effected by means of acquisition of parts of the association by a corporation or by means of the formation of a new corporation.

111 Deutsche gesellschafts- und steuerrechtliche Gesetzesvorschriften

(2) Der Anmeldung der Abspaltung oder der Ausgliederung sind außer den sonst erforderlichen Unterlagen auch beizufügen:
 1. der Spaltungsbericht nach § 127;
 2. bei Abspaltung der Prüfungsbericht nach § 125 in Verbindung mit § 12.

Dritter Abschnitt: Spaltung unter Beteiligung eingetragener Genossenschaften

§ 147 Möglichkeit der Spaltung

Die Spaltung eines Rechtsträgers anderer Rechtsform zur Aufnahme von Teilen seines Vermögens durch eine eingetragene Genossenschaft kann nur erfolgen, wenn eine erforderliche Änderung der Satzung der übernehmenden Genossenschaft gleichzeitig mit der Spaltung beschlossen wird.

§ 148 Anmeldung der Abspaltung oder der Ausgliederung

(1) Bei der Anmeldung der Abspaltung oder der Ausgliederung zur Eintragung in das Register des Sitzes einer übertragenden Genossenschaft hat deren Vorstand auch zu erklären, dass die durch Gesetz und Satzung vorgesehenen Voraussetzungen für die Gründung dieser Genossenschaft unter Berücksichtigung der Abspaltung oder der Ausgliederung im Zeitpunkt der Anmeldung vorliegen.

(2) Der Anmeldung der Abspaltung oder der Ausgliederung sind außer den sonst erforderlichen Unterlagen auch beizufügen:
 1. der Spaltungsbericht nach § 127;
 2. das Prüfungsgutachten nach § 125 in Verbindung mit § 81.

Vierter Abschnitt: Spaltung unter Beteiligung rechtsfähiger Vereine

§ 149 Möglichkeit der Spaltung

(1) Ein rechtsfähiger Verein kann sich an einer Spaltung nur beteiligen, wenn die Satzung des Vereins oder Vorschriften des Landesrechts nicht entgegenstehen.

(2) Ein eingetragener Verein kann als übernehmender Rechtsträger im Wege der Spaltung nur andere eingetragene Vereine aufnehmen oder mit ihnen einen eingetragenen Verein gründen.

Fünfter Abschnitt: Spaltung unter Beteiligung genossenschaftlicher Prüfungsverbände

§ 150 Möglichkeit der Spaltung

Die Aufspaltung genossenschaftlicher Prüfungsverbände oder die Abspaltung oder Ausgliederung von Teilen eines solchen Verbandes kann nur zur Aufnahme der Teile eines Verbandes (übertragender Verband) durch einen anderen Verband (übernehmender Verband), die Ausgliederung auch zur Aufnahme von Teilen des Verbandes durch eine oder zur Neugründung einer Kapitalgesellschaft erfolgen.

Chapter 6: Division Involving Mutual Insurance Societies

Sec. 151 Conditions for division

¹Divisions involving mutual insurance societies may only be effected by division or partial division in such a way that the parts of a transferring society pass to other existing or new mutual insurance societies or to stock insurance companies. ²Furthermore, a mutual insurance society may transfer part of the assets and liabilities to an existing or new limited liability company or an existing or new stock corporation by means of spin-off, provided that this does not involve any transfer of insurance contracts.

Chapter 7: Spin-off from the Assets and Liabilities of a Sole Trader

Subchapter 1: Conditions for Spin-off

Sec. 152 Receiving or new legal entities

¹The spin-off of the business run by a sole trader, whose firm is registered in the commercial register, or of parts of the business from the assets and liabilities of that sole trader may only be effected by means of acquisition of this business or of parts of the latter by commercial partnerships, corporations or registered cooperative societies, or by means of the formation of new corporations. ²It cannot occur if the liabilities of the sole trader exceed its assets.

Subchapter 2: Spin-off by Means of Acquisition

Sec. 153 Spin-off report

A spin-off report shall not be required for the sole trader.

Sec. 154 Registration of the spin-off

The court of the registered office of the sole trader must refuse to enter the spin-off in the register even if it is obvious that the liabilities of the sole trader exceed his/her assets.

Sec. 155 Effects of the spin-off

¹In the event that the spin-off covers the entire business of the sole trader, the registration of the spin-off as per Sec. 131 shall cause the firm of the sole trader to become extinct. ²The firm's extinguishment has to be entered in the register *ex officio*.

Sec. 156 Liability of the sole trader

¹The transfer of the liabilities to receiving or new companies shall not release the sole trader from liability for the liabilities. ²Sec. 418 German Civil Code shall not apply.

Sec. 157 Time limit for the liability for liabilities transferred

(1) ¹The sole trader shall be liable for the liabilities listed in the spin-off and takeover agreement, provided that they become due before expiration of five years from the spin-off and claims have been established therefrom against him/her in a manner specified in

113 Deutsche gesellschafts- und steuerrechtliche Gesetzesvorschriften

Sechster Abschnitt: Spaltung unter Beteiligung von Versicherungsvereinen auf Gegenseitigkeit

§ 151 Möglichkeit der Spaltung

[1]Die Spaltung unter Beteiligung von Versicherungsvereinen auf Gegenseitigkeit kann nur durch Aufspaltung oder Abspaltung und nur in der Weise erfolgen, dass die Teile eines übertragenden Vereins auf andere bestehende oder neue Versicherungsvereine auf Gegenseitigkeit oder auf Versicherungs-Aktiengesellschaften übergehen. [2]Ein Versicherungsverein auf Gegenseitigkeit kann ferner im Wege der Ausgliederung einen Vermögensteil auf eine bestehende oder neue Gesellschaft mit beschränkter Haftung oder eine bestehende oder neue Aktiengesellschaft übertragen, sofern damit keine Übertragung von Versicherungsverträgen verbunden ist.

Siebenter Abschnitt: Ausgliederung aus dem Vermögen eines Einzelkaufmanns

Erster Unterabschnitt: Möglichkeit der Ausgliederung

§ 152 Übernehmende oder neue Rechtsträger

[1]Die Ausgliederung des von einem Einzelkaufmann betriebenen Unternehmens, dessen Firma im Handelsregister eingetragen ist, oder von Teilen desselben aus dem Vermögen dieses Kaufmanns kann nur zur Aufnahme dieses Unternehmens oder von Teilen dieses Unternehmens durch Personenhandelsgesellschaften, Kapitalgesellschaften oder eingetragene Genossenschaften oder zur Neugründung von Kapitalgesellschaften erfolgen. [2]Sie kann nicht erfolgen, wenn die Verbindlichkeiten des Einzelkaufmanns sein Vermögen übersteigen.

Zweiter Unterabschnitt: Ausgliederung zur Aufnahme

§ 153 Ausgliederungsbericht

Ein Ausgliederungsbericht ist für den Einzelkaufmann nicht erforderlich.

§ 154 Eintragung der Ausgliederung

Das Gericht des Sitzes des Einzelkaufmanns hat die Eintragung der Ausgliederung auch dann abzulehnen, wenn offensichtlich ist, dass die Verbindlichkeiten des Einzelkaufmanns sein Vermögen übersteigen.

§ 155 Wirkungen der Ausgliederung

[1]Erfasst die Ausgliederung das gesamte Unternehmen des Einzelkaufmanns, so bewirkt die Eintragung der Ausgliederung nach § 131 das Erlöschen der von dem Einzelkaufmann geführten Firma. [2]Das Erlöschen der Firma ist von Amts wegen in das Register einzutragen.

§ 156 Haftung des Einzelkaufmanns

[1]Durch den Übergang der Verbindlichkeiten auf übernehmende oder neue Gesellschaften wird der Einzelkaufmann von der Haftung für die Verbindlichkeiten nicht befreit. [2]§ 418 des Bürgerlichen Gesetzbuchs ist nicht anzuwenden.

§ 157 Zeitliche Begrenzung der Haftung für übertragene Verbindlichkeiten

(1) [1]Der Einzelkaufmann haftet für die im Ausgliederungs- und Übernahmevertrag aufgeführten Verbindlichkeiten, wenn sie vor Ablauf von fünf Jahren nach der Ausgliederung fällig und daraus Ansprüche gegen ihn in einer in § 197 Abs. 1 Nr. 3 bis 5 des Bürger-

German company law and tax law provision

Sec. 197 (1) No. 3 to 5 German Civil Code, or any court or public enforcement act is effected or applied for; in the case of liabilities under public law, the issue of an administrative act shall suffice. ²This shall not affect any liability of the sole trader as a shareholder of the receiving legal entity pursuant to Sec. 128 German Commercial Code.

(2) ¹The time limit shall commence at the date when the entry of the spin-off in the register of the registered office of the sole trader has been announced as per Sec. 125 in conjunction with Sec. 19 (3). ²Secs. 204, 206, 210, 211 and 212 (2) and (3) German Civil Code applicable to statutory limitation shall apply *mutatis mutandis*.

(3) No establishment in a manner referred to in Sec. 197 (1) No. 3 to 5 German Civil Code shall be required, provided that the sole trader has accepted the claim in writing.

(4) Paragraphs 1 to 3 shall apply also if the sole trader will work in a managerial capacity with the legal entity of a different legal form.

Subchapter 3: Spin-off by Means of the Formation of a New Company

Sec. 158 Applicable provisions

The provisions of Subchapter 2 shall *mutatis mutandis* apply to spin-off by means of the formation of a new company, in so far as nothing else ensues from this Subchapter.

Sec. 159 Report on the formation by contribution in kind, formation report and formation audit

(1) As regards the report on the formation by contribution in kind (Sec. 5 (4) German Limited Liability Companies Act), Sec. 58 (1) shall apply *mutatis mutandis*, whereas Sec. 75 (1) shall *mutatis mutandis* apply to the formation report (Sec. 32 German Stock Corporation Act).

(2) In the event that a stock corporation or a partnership limited by shares is incorporated, the audit by the members of the board of directors and the supervisory board (Sec. 33 (1) German Stock Corporation Act) as well as the audit by one or several auditors (Sec. 33 (2) German Stock Corporation Act) must include an examination of whether the liabilities of the sole trader exceed his/her assets.

(3) ¹In order to examine whether the liabilities of the sole trader exceed his/her assets, the sole trader has to provide the auditors with a statement comparing his/her assets and liabilities. ²This statement has to be classified to the extent necessary for the audit. ³Sec. 320 (1) Sentence 2 and Paragraph 2 Sentence 1 German Commercial Code shall *mutatis mutandis* apply if there is cause to assume that any asset items listed in the statement have been overvalued or liabilities have not or not completely been listed.

Sec. 160 Application for registration and entry

(1) The application for registration as per Sec. 137 (1) has to be effected by the sole trader and the managing directors or members of the board of directors and the supervisory board of any new company.

(2) The registration of the company has to be rejected if the liabilities of the sole trader exceed his/her assets.

lichen Gesetzbuchs bezeichneten Art festgestellt sind oder eine gerichtliche oder behördliche Vollstreckungshandlung vorgenommen oder beantragt wird; bei öffentlich-rechtlichen Verbindlichkeiten genügt der Erlass eines Verwaltungsakts. ²Eine Haftung des Einzelkaufmanns als Gesellschafter des aufnehmenden Rechtsträgers nach § 128 des Handelsgesetzbuchs bleibt unberührt.

(2) ¹Die Frist beginnt mit dem Tage, an dem die Eintragung der Ausgliederung in das Register des Sitzes des Einzelkaufmanns nach § 125 in Verbindung mit § 19 Abs. 3 bekannt gemacht worden ist. ²Die für die Verjährung geltenden §§ 204, 206, 210, 211 und 212 Abs. 2 und 3 des Bürgerlichen Gesetzbuchs sind entsprechend anzuwenden.

(3) Einer Feststellung in einer in § 197 Abs. 1 Nr. 3 bis 5 des Bürgerlichen Gesetzbuchs bezeichneten Art bedarf es nicht, soweit der Einzelkaufmann den Anspruch schriftlich anerkannt hat.

(4) Die Absätze 1 bis 3 sind auch anzuwenden, wenn der Einzelkaufmann in dem Rechtsträger anderer Rechtsform geschäftsführend tätig wird.

Dritter Unterabschnitt: Ausgliederung zur Neugründung

§ 158 Anzuwendende Vorschriften

Auf die Ausgliederung zur Neugründung sind die Vorschriften des Zweiten Unterabschnitts entsprechend anzuwenden, soweit sich aus diesem Unterabschnitt nichts anderes ergibt.

§ 159 Sachgründungsbericht, Gründungsbericht und Gründungsprüfung

(1) Auf den Sachgründungsbericht (§ 5 Abs. 4 des Gesetzes betreffend die Gesellschaften mit beschränkter Haftung) ist § 58 Abs. 1, auf den Gründungsbericht (§ 32 des Aktiengesetzes) § 75 Abs. 1 entsprechend anzuwenden.

(2) Im Falle der Gründung einer Aktiengesellschaft oder einer Kommanditgesellschaft auf Aktien haben die Prüfung durch die Mitglieder des Vorstands und des Aufsichtsrats (§ 33 Abs. 1 des Aktiengesetzes) sowie die Prüfung durch einen oder mehrere Prüfer (§ 33 Abs. 2 des Aktiengesetzes) sich auch darauf zu erstrecken, ob die Verbindlichkeiten des Einzelkaufmanns sein Vermögen übersteigen.

(3) ¹Zur Prüfung, ob die Verbindlichkeiten des Einzelkaufmanns sein Vermögen übersteigen, hat der Einzelkaufmann den Prüfern eine Aufstellung vorzulegen, in der sein Vermögen seinen Verbindlichkeiten gegenübergestellt ist. ²Die Aufstellung ist zu gliedern, soweit das für die Prüfung notwendig ist. ³§ 320 Abs. 1 Satz 2 und Abs. 2 Satz 1 des Handelsgesetzbuchs gilt entsprechend, wenn Anlass für die Annahme besteht, dass in der Aufstellung aufgeführte Vermögensgegenstände überbewertet oder Verbindlichkeiten nicht oder nicht vollständig aufgeführt worden sind.

§ 160 Anmeldung und Eintragung

(1) Die Anmeldung nach § 137 Abs. 1 ist von dem Einzelkaufmann und den Geschäftsführern oder den Mitgliedern des Vorstands und des Aufsichtsrats einer neuen Gesellschaft vorzunehmen.

(2) Die Eintragung der Gesellschaft ist abzulehnen, wenn die Verbindlichkeiten des Einzelkaufmanns sein Vermögen übersteigen.

Chapter 8: Spin-off from the Assets and Liabilities of a Trust with Legal Capacity

Sec. 161 Conditions for spin-off

The spin-off of the business run by a trust with legal capacity (Sec. 80 German Civil Code) or of parts of such a business from the assets and liabilities of that trust may only be effected by means of acquisition of the business or parts of the business by commercial partnerships or corporations or for the purpose of the formation of new corporations.

Sec. 162 Spin-off report

(1) A spin-off report shall be required only if the spin-off needs permission by the government pursuant to Sec. 164 (1) or is, during the life of the founder, subject to the latter's approval.

(2) In so far as the spin-off requires permission by the government pursuant to Sec. 164 (1) or the founder's approval, the spin-off report has to be transmitted to the competent authority and the founder.

Sec. 163 Resolution on the agreement

(1) The provisions of the law on trusts with regard to resolutions on amendments to the rules shall *mutatis mutandis* apply to the resolution authorising the spin-off.

(2) Provided that the law on trusts to be applied as per Paragraph 1 does not specify anything else, the spin-off resolution must be passed by the body which is, according to the rules, responsible for resolution on amendments to the rules or, if such a body is not specified, unanimously by the executive committee of the trust.

(3) The resolution and the approval as per Paragraphs 1 and 2 have to be recorded by a notary.

Sec. 164 Permission of the spin-off

(1) The spin-off shall require permission by the government, provided that this is envisaged by the law on trusts.

(2) In so far as the spin-off as per Paragraph 1 does not require permission by the government, the court of the registered office of the trust must refuse the registration of the spin-off even if it is obvious that the liabilities of the trust exceed its assets.

Sec. 165 Report on the formation by contribution in kind and formation report

As regards the report on the formation by contribution in kind (Sec. 5 (4) German Limited Liability Companies Act), Sec. 58 (1) shall apply *mutatis mutandis*, whereas Sec. 75 (1) shall *mutatis mutandis* apply to the formation report (Sec. 32 German Stock Corporation Act).

Sec. 166 Liability of the trust

[1]The transfer of the liabilities to receiving or new companies shall not release the trust from liability for the liabilities. [2]Sec. 418 German Civil Code shall not apply.

Sec. 167 Time limit for the liability for liabilities transferred

Sec. 157 shall *mutatis mutandis* apply to the time limit for the trust's liability for the liabilities listed in the spin-off and takeover agreement.

117 Deutsche gesellschafts- und steuerrechtliche Gesetzesvorschriften

Achter Abschnitt: Ausgliederung aus dem Vermögen rechtsfähiger Stiftungen

§ 161 Möglichkeit der Ausgliederung

Die Ausgliederung des von einer rechtsfähigen Stiftung (§ 80 des Bürgerlichen Gesetzbuchs) betriebenen Unternehmens oder von Teilen desselben aus dem Vermögen dieser Stiftung kann nur zur Aufnahme dieses Unternehmens oder von Teilen dieses Unternehmens durch Personenhandelsgesellschaften oder Kapitalgesellschaften oder zur Neugründung von Kapitalgesellschaften erfolgen.

§ 162 Ausgliederungsbericht

(1) Ein Ausgliederungsbericht ist nur erforderlich, wenn die Ausgliederung nach § 164 Abs. 1 der staatlichen Genehmigung bedarf oder wenn sie bei Lebzeiten des Stifters von dessen Zustimmung abhängig ist.

(2) Soweit nach § 164 Abs. 1 die Ausgliederung der staatlichen Genehmigung oder der Zustimmung des Stifters bedarf, ist der Ausgliederungsbericht der zuständigen Behörde und dem Stifter zu übermitteln.

§ 163 Beschluss über den Vertrag

(1) Auf den Ausgliederungsbeschluss sind die Vorschriften des Stiftungsrechts für die Beschlussfassung über Satzungsänderungen entsprechend anzuwenden.

(2) Sofern das nach Absatz 1 anzuwendende Stiftungsrecht nicht etwas anderes bestimmt, muss der Ausgliederungsbeschluss von dem für die Beschlussfassung über Satzungsänderungen nach der Satzung zuständigen Organ oder, wenn ein solches Organ nicht bestimmt ist, vom Vorstand der Stiftung einstimmig gefasst werden.

(3) Der Beschluss und die Zustimmung nach den Absätzen 1 und 2 müssen notariell beurkundet werden.

§ 164 Genehmigung der Ausgliederung

(1) Die Ausgliederung bedarf der staatlichen Genehmigung, sofern das Stiftungsrecht dies vorsieht.

(2) Soweit die Ausgliederung nach Absatz 1 der staatlichen Genehmigung nicht bedarf, hat das Gericht des Sitzes der Stiftung die Eintragung der Ausgliederung auch dann abzulehnen, wenn offensichtlich ist, dass die Verbindlichkeiten der Stiftung ihr Vermögen übersteigen.

§ 165 Sachgründungsbericht und Gründungsbericht

Auf den Sachgründungsbericht (§ 5 Abs. 4 des Gesetzes betreffend die Gesellschaften mit beschränkter Haftung) ist § 58 Abs. 1, auf den Gründungsbericht (§ 32 des Aktiengesetzes) § 75 Abs. 1 entsprechend anzuwenden.

§ 166 Haftung der Stiftung

[1]Durch den Übergang der Verbindlichkeiten auf übernehmende oder neue Gesellschaften wird die Stiftung von der Haftung für die Verbindlichkeiten nicht befreit. [2]§ 418 des Bürgerlichen Gesetzbuchs ist nicht anzuwenden.

§ 167 Zeitliche Begrenzung der Haftung für übertragene Verbindlichkeiten

Auf die zeitliche Begrenzung der Haftung der Stiftung für die im Ausgliederungs- und Übernahmevertrag aufgeführten Verbindlichkeiten ist § 157 entsprechend anzuwenden.

German company law and tax law provision

Chapter 9: Spin-off from the Assets and Liabilities of Regional Authorities or Associations of Regional Authorities

Sec. 168 Conditions for spin-off

The spin-off of a business carried on by a regional authority or an association of regional authorities not being a regional authority from the assets and liabilities of that regional authority or association may only be effected by means of acquisition of the business by a commercial partnership, a corporation or a registered cooperative society or by means of the formation of a new corporation or a registered cooperative society, and only if Federal or Land law relevant to the authority do not preclude such a spin-off.

Sec. 169 Spin-off report, spin-off resolution

[1]A spin-off report shall not be required for the regional authority or the association. [2]The organisational law the authority or association is subject to determines whether and on which conditions a spin-off resolution shall be necessary.

Sec. 170 Report on the formation by contribution in kind and formation report

As regards the report on the formation by contribution in kind (Sec. 5 (4) German Limited Liability Companies Act), Sec. 58 (1) shall apply *mutatis mutandis*, whereas Sec. 75 (1) shall *mutatis mutandis* apply to the formation report (Sec. 32 German Stock Corporation Act).

Sec. 171 Coming into effect of the spin-off

The effects of the spin-off as per Sec. 131 shall occur upon its entry in the register of the registered office of the receiving legal entity or upon registration of the new legal entity.

Sec. 172 Liability of the regional authority or the association of regional authorities

[1]The transfer of the liabilities to the receiving or new legal entity shall not release the authority or the association from liability for the liabilities. [2]Sec. 418 German Civil Code shall not apply.

Sec. 173 Time limit for the liability for liabilities transferred

Sec. 157 shall *mutatis mutandis* apply to the time limit for the liability for liabilities listed in the spin-off and takeover agreement.

Book 4: Transfer of Assets and Liabilities

Part 1: Conditions for Transfer of Assets and Liabilities

Sec. 174 Types of transfer of assets and liabilities

(1) A legal entity (transferring legal entity) may on dissolution without liquidation transfer its assets and liabilities as a whole to another existing legal entity (receiving legal entity) in exchange for a consideration to the shareholders of the transferring legal entity, which consideration does not consist of shares or memberships (complete transfer).

119 Deutsche gesellschafts- und steuerrechtliche Gesetzesvorschriften

Neunter Abschnitt: Ausgliederung aus dem Vermögen von Gebietskörperschaften oder Zusammenschlüssen von Gebietskörperschaften

§ 168 Möglichkeit der Ausgliederung

Die Ausgliederung eines Unternehmens, das von einer Gebietskörperschaft oder von einem Zusammenschluss von Gebietskörperschaften, der nicht Gebietskörperschaft ist, betrieben wird, aus dem Vermögen dieser Körperschaft oder dieses Zusammenschlusses kann nur zur Aufnahme dieses Unternehmens durch eine Personenhandelsgesellschaft, eine Kapitalgesellschaft oder eine eingetragene Genossenschaft oder zur Neugründung einer Kapitalgesellschaft oder einer eingetragenen Genossenschaft sowie nur dann erfolgen, wenn das für die Körperschaft oder den Zusammenschluss maßgebende Bundes- oder Landesrecht einer Ausgliederung nicht entgegensteht.

§ 169 Ausgliederungsbericht, Ausgliederungsbeschluss

¹Ein Ausgliederungsbericht ist für die Körperschaft oder den Zusammenschluss nicht erforderlich. ²Das Organisationsrecht der Körperschaft oder des Zusammenschlusses bestimmt, ob und unter welchen Voraussetzungen ein Ausgliederungsbeschluss erforderlich ist.

§ 170 Sachgründungsbericht und Gründungsbericht

Auf den Sachgründungsbericht (§ 5 Abs. 4 des Gesetzes betreffend die Gesellschaften mit beschränkter Haftung) ist § 58 Abs. 1, auf den Gründungsbericht (§ 32 des Aktiengesetzes) § 75 Abs. 1 entsprechend anzuwenden.

§ 171 Wirksamwerden der Ausgliederung

Die Wirkungen der Ausgliederung nach § 131 treten mit deren Eintragung in das Register des Sitzes des übernehmenden Rechtsträgers oder mit der Eintragung des neuen Rechtsträgers ein.

§ 172 Haftung der Körperschaft oder des Zusammenschlusses

¹Durch den Übergang der Verbindlichkeiten auf den übernehmenden oder neuen Rechtsträger wird die Körperschaft oder der Zusammenschluss von der Haftung für die Verbindlichkeiten nicht befreit. ²§ 418 des Bürgerlichen Gesetzbuchs ist nicht anzuwenden.

§ 173 Zeitliche Begrenzung der Haftung für übertragene Verbindlichkeiten

Auf die zeitliche Begrenzung der Haftung für die im Ausgliederungs- und Übernahmevertrag aufgeführten Verbindlichkeiten ist § 157 entsprechend anzuwenden.

Viertes Buch: Vermögensübertragung

Erster Teil: Möglichkeit der Vermögensübertragung

§ 174 Arten der Vermögensübertragung

(1) Ein Rechtsträger (übertragender Rechtsträger) kann unter Auflösung ohne Abwicklung sein Vermögen als Ganzes auf einen anderen bestehenden Rechtsträger (übernehmender Rechtsträger) gegen Gewährung einer Gegenleistung an die Anteilsinhaber des übertragenden Rechtsträgers, die nicht in Anteilen oder Mitgliedschaften besteht, übertragen (Vollübertragung).

German company law and tax law provision

(2) A legal entity (transferring legal entity) may

1. on dissolution without liquidation divide its assets and liabilities by the concurrent transfer of the parts of assets and liabilities, each time collectively, to other existing legal entities;

2. separate one or several parts from its assets and liabilities by transferring such a part or parts, each time collectively, to one or several existing legal entities;

3. spin-off from its assets and liabilities one or several parts by transferring such a part or parts, each time collectively, to one or several existing legal entities

in exchange for the grant of the consideration referred to in Paragraph 1 in the cases of No. 1 and 2 to the shareholders of the transferring legal entity, in the case of No. 3 to the transferring legal entity (partial transfer).

Sec. 175 Legal entities involved

A complete transfer or partial transfers shall each time only be possible

1. by a corporation to the Federal Government, a Land, a regional authority or an association of regional authorities;

2. a) by a stock insurance company to mutual insurance societies or public law insurance companies;

    b) by a mutual insurance society to stock insurance companies or public law insurance companies;

    c) by a public law insurance company to stock insurance companies or mutual insurance societies.

Part 2: Transfer of the Assets and Liabilities or of Parts of the Assets and Liabilities of a Corporation to Public Authorities

Chapter 1: Complete Transfer

Sec. 176 Application of the merger provisions

(1) In the case of a complete transfer pursuant to Sec. 175 No. 1, the respective provisions of Book 2 applicable to merger by means of acquisition of corporations shall apply to the transferring corporation, unless anything else ensues from the following provisions.

(2) [1]The particulars in the transfer agreement as per Sec. 5 (1) No. 4, 5 and 7 shall not be required. [2]The register of the registered office of the transferring legal entity shall be substituted for the register of the registered office of the receiving legal entity. [3]The type and amount of the consideration shall be substituted for the share exchange ratio. [4]The claim as per Sec. 23 shall be replaced by a claim for a compensatory cash payment, to which claim Sec. 29 (1), Sec. 30 and Sec. 34 shall apply *mutatis mutandis*.

(3) [1]Upon entry of the transfer of the assets and liabilities in the commercial register of the registered office of the transferring company, the assets and liabilities of the latter shall pass to the receiving legal entity. [2]The transferring company shall cease to exist; this shall not require special cancellation.

(4) The participation of the receiving legal entity in the transfer of assets and liabilities shall follow the provisions applicable to that entity.

(2) Ein Rechtsträger (übertragender Rechtsträger) kann

1. unter Auflösung ohne Abwicklung sein Vermögen aufspalten durch gleichzeitige Übertragung der Vermögensteile jeweils als Gesamtheit auf andere bestehende Rechtsträger,
2. von seinem Vermögen einen Teil oder mehrere Teile abspalten durch Übertragung dieses Teils oder dieser Teile jeweils als Gesamtheit auf einen oder mehrere bestehende Rechtsträger oder
3. aus seinem Vermögen einen Teil oder mehrere Teile ausgliedern durch Übertragung dieses Teils oder dieser Teile jeweils als Gesamtheit auf einen oder mehrere bestehende Rechtsträger

gegen Gewährung der in Absatz 1 bezeichneten Gegenleistung in den Fällen der Nummer 1 oder 2 an die Anteilsinhaber des übertragenden Rechtsträgers, im Falle der Nummer 3 an den übertragenden Rechtsträger (Teilübertragung).

§ 175 Beteiligte Rechtsträger

Eine Vollübertragung ist oder Teilübertragungen sind jeweils nur möglich

1. von einer Kapitalgesellschaft auf den Bund, ein Land, eine Gebietskörperschaft oder einen Zusammenschluss von Gebietskörperschaften;
2. a) von einer Versicherungs-Aktiengesellschaft auf Versicherungsvereine auf Gegenseitigkeit oder auf öffentlich-rechtliche Versicherungsunternehmen;
   b) von einem Versicherungsverein auf Gegenseitigkeit auf Versicherungs-Aktiengesellschaften oder auf öffentlich-rechtliche Versicherungsunternehmen;
   c) von einem öffentlich-rechtlichen Versicherungsunternehmen auf Versicherungs-Aktiengesellschaften oder auf Versicherungsvereine auf Gegenseitigkeit.

Zweiter Teil: Übertragung des Vermögens oder von Vermögensteilen einer Kapitalgesellschaft auf die öffentliche Hand

Erster Abschnitt: Vollübertragung

§ 176 Anwendung der Verschmelzungsvorschriften

(1) Bei einer Vollübertragung nach § 175 Nr. 1 sind auf die übertragende Kapitalgesellschaft die für die Verschmelzung durch Aufnahme einer solchen übertragenden Gesellschaft jeweils geltenden Vorschriften des Zweiten Buches entsprechend anzuwenden, soweit sich aus den folgenden Vorschriften nichts anderes ergibt.

(2) ^{1}Die Angaben im Übertragungsvertrag nach § 5 Abs. 1 Nr. 4, 5 und 7 entfallen. ^{2}An die Stelle des Registers des Sitzes des übernehmenden Rechtsträgers tritt das Register des Sitzes der übertragenden Gesellschaft. ^{3}An die Stelle des Umtauschverhältnisses der Anteile treten Art und Höhe der Gegenleistung. ^{4}An die Stelle des Anspruchs nach § 23 tritt ein Anspruch auf Barabfindung; auf diesen sind § 29 Abs. 1, § 30 und § 34 entsprechend anzuwenden.

(3) ^{1}Mit der Eintragung der Vermögensübertragung in das Handelsregister des Sitzes der übertragenden Gesellschaft geht deren Vermögen einschließlich der Verbindlichkeiten auf den übernehmenden Rechtsträger über. ^{2}Die übertragende Gesellschaft erlischt; einer besonderen Löschung bedarf es nicht.

(4) Die Beteiligung des übernehmenden Rechtsträgers an der Vermögensübertragung richtet sich nach den für ihn geltenden Vorschriften.

Chapter 2: Partial Transfer

Sec. 177 Application of the division provisions

(1) In the case of a partial transfer pursuant to Sec. 175 No. 1, the provisions of Book 3 applicable to divisions, partial divisions or spin-offs by means of acquisition of parts of a transferring corporation as well as the provisions of Book 2 declared there to be *mutatis mutandis* applicable shall apply to the transferring corporation with regard to a comparable transaction, unless anything else ensues from the following provisions.

(2) [1]Sec. 176 (2) to (4) shall apply *mutatis mutandis.* [2]Sec. 126 (1) No. 4, 5, 7 and 10 shall be substituted for Sec. 5 (1) No. 4, 5 and 7.

Part 3: Transfer of Assets and Liabilities among Insurance Companies

Chapter 1: Transfer of the Assets and Liabilities of a Stock Corporation to Mutual Insurance Societies or Public Law Insurance Companies

Subchapter 1: Complete Transfer

Sec. 178 Application of the merger provisions

(1) In the case of a complete transfer pursuant to Sec. 175 No. 2 (a), the respective provisions of Book 2 applicable to merger by means of acquisition of a stock corporation and the provisions applicable to a receiving mutual insurance society in the case of merger shall *mutatis mutandis* apply to the legal entities involved, unless anything else ensues from the following provisions.

(2) Sec. 176 (2) to (4) shall apply *mutatis mutandis.*

(3) The Federal law or the Land law relevant to a receiving public law insurance company shall determine whether the transfer agreement, in order to come into effect, shall also require approval by a body of the public law insurance company other than the body authorised to represent the company, or by another authority, as well as the requirements for approval.

Subchapter 2: Partial Transfer

Sec. 179 Application of the division provisions

(1) In the case of a partial transfer pursuant to Sec. 175 No. 2 (a), the provisions of Book 3 applicable to divisions, partial divisions or spin-offs by means of acquisition of parts of a stock corporation and the provisions applicable to receiving mutual insurance societies in the case of the division, partial division or spin-off of assets and liabilities of Book 3 as well as the provisions of Book 2 declared there to be *mutatis mutandis* applicable shall apply to the legal entities involved with regard to a comparable transaction, unless anything else ensues from the following provisions.

(2) Sec. 176 (2) to (4) as well as Sec. 178 (3) shall apply *mutatis mutandis.*

Zweiter Abschnitt: Teilübertragung

§ 177 Anwendung der Spaltungsvorschriften

(1) Bei einer Teilübertragung nach § 175 Nr. 1 sind auf die übertragende Kapitalgesellschaft die für die Aufspaltung, Abspaltung oder Ausgliederung zur Aufnahme von Teilen einer solchen übertragenden Gesellschaft geltenden Vorschriften des Dritten Buches sowie die dort für entsprechend anwendbar erklärten Vorschriften des Zweiten Buches auf den vergleichbaren Vorgang entsprechend anzuwenden, soweit sich aus den folgenden Vorschriften nichts anderes ergibt.

(2) ¹§ 176 Abs. 2 bis 4 ist entsprechend anzuwenden. ²An die Stelle des § 5 Abs. 1 Nr. 4, 5 und 7 tritt § 126 Abs. 1 Nr. 4, 5, 7 und 10.

Dritter Teil: Vermögensübertragung unter Versicherungsunternehmen

Erster Abschnitt: Übertragung des Vermögens einer Aktiengesellschaft auf Versicherungsvereine auf Gegenseitigkeit oder öffentlich-rechtliche Versicherungsunternehmen

Erster Unterabschnitt: Vollübertragung

§ 178 Anwendung der Verschmelzungsvorschriften

(1) Bei einer Vollübertragung nach § 175 Nr. 2 Buchstabe a sind auf die beteiligten Rechtsträger die für die Verschmelzung durch Aufnahme einer Aktiengesellschaft und die für einen übernehmenden Versicherungsverein im Falle der Verschmelzung jeweils geltenden Vorschriften des Zweiten Buches entsprechend anzuwenden, soweit sich aus den folgenden Vorschriften nichts anderes ergibt.

(2) § 176 Abs. 2 bis 4 ist entsprechend anzuwenden.

(3) Das für ein übernehmendes öffentlich-rechtliches Versicherungsunternehmen maßgebende Bundes- oder Landesrecht bestimmt, ob der Vertrag über die Vermögensübertragung zu seiner Wirksamkeit auch der Zustimmung eines anderen als des zur Vertretung befugten Organs des öffentlich-rechtlichen Versicherungsunternehmens oder einer anderen Stelle und welcher Erfordernisse die Zustimmung bedarf.

Zweiter Unterabschnitt: Teilübertragung

§ 179 Anwendung der Spaltungsvorschriften

(1) Bei einer Teilübertragung nach § 175 Nr. 2 Buchstabe a sind auf die beteiligten Rechtsträger die für die Aufspaltung, Abspaltung oder Ausgliederung zur Aufnahme von Teilen einer Aktiengesellschaft und die für übernehmende Versicherungsvereine auf Gegenseitigkeit im Falle der Aufspaltung, Abspaltung oder Ausgliederung von Vermögensteilen geltenden Vorschriften des Dritten Buches und die dort für entsprechend anwendbar erklärten Vorschriften des Zweiten Buches auf den vergleichbaren Vorgang entsprechend anzuwenden, soweit sich aus den folgenden Vorschriften nichts anderes ergibt.

(2) § 176 Abs. 2 bis 4 sowie § 178 Abs. 3 sind entsprechend anzuwenden.

Chapter 2: Transfer of the Assets and Liabilities of a Mutual Insurance Society to Stock Corporations or Public Law Insurance Companies

Subchapter 1: Complete Transfer

Sec. 180 Application of the merger provisions

(1) In the case of a complete transfer pursuant to Sec. 175 No. 2 (b), the provisions applicable to merger by means of acquisition of a mutual insurance society and the respective provisions applicable to a receiving stock corporation in the case of merger of Book 2 shall *mutatis mutandis* apply to the legal entities involved, unless anything else ensues from the following provisions.

(2) Sec. 176 (2) to (4) as well as Sec. 178 (3) shall apply *mutatis mutandis*.

(3) In the event that a member or a third party holds, by virtue of the rules of the society, an undeprivable right to the liquidation surplus or part thereof, the resolution authorising the transfer of assets and liabilities shall require approval by that member or that third party; approval has to be recorded by a notary.

Sec. 181 Grant of consideration

(1) The receiving legal entity shall be obligated to grant an adequate consideration if this is justified taking account of the financial and earnings position of the transferring society at the time of resolution by the representative council.

(2) ¹The resolution approving the transfer agreement must stipulate that the division of the consideration must consider every member belonging to the society for at least three months before the date of resolution. ²Furthermore, the ratio according to which the consideration is to be divided among the members must be determined in the resolution.

(3) ¹Every eligible member shall receive an equal amount of consideration. ²Any other division may only be determined in accordance with any or several of the following ratios:
   1. the amount of insurance;
   2. the amount of the premiums;
   3. the amount of the actuarial reserves with life insurance;
   4. the ratio for the division of the surplus stipulated in the rules of the society;
   5. the ratio for the division of the assets and liabilities stipulated in the rules of the society;
   6. the duration of membership.

(4) In the event that, contrary to Paragraph 1, no consideration has been agreed, that consideration is on request to be determined by the court; Sec. 30 (1) and Sec. 34 shall apply *mutatis mutandis*.

Sec. 182 Notification of the members

¹As soon as the transfer of assets and liabilities has taken effect, the representative body of the receiving legal entity must inform all members which have belonged to the society at least for a period of three months before the resolution by the representative council authorising the transfer of assets and liabilities of the wording of the agreement in textual form. ²The notifi-

Zweiter Abschnitt: Übertragung des Vermögens eines Versicherungsvereins auf Gegenseitigkeit auf Aktiengesellschaften oder öffentlich-rechtliche Versicherungsunternehmen

Erster Unterabschnitt: Vollübertragung

§ 180 Anwendung der Verschmelzungsvorschriften

(1) Bei einer Vollübertragung nach § 175 Nr. 2 Buchstabe b sind auf die beteiligten Rechtsträger die für die Verschmelzung durch Aufnahme eines Versicherungsvereins und die für eine übernehmende Aktiengesellschaft im Falle der Verschmelzung jeweils geltenden Vorschriften des Zweiten Buches entsprechend anzuwenden, soweit sich aus den folgenden Vorschriften nichts anderes ergibt.

(2) § 176 Abs. 2 bis 4 sowie § 178 Abs. 3 sind entsprechend anzuwenden.

(3) Hat ein Mitglied oder ein Dritter nach der Satzung des Vereins ein unentziehbares Recht auf den Abwicklungsüberschuss oder einen Teil davon, so bedarf der Beschluss über die Vermögensübertragung der Zustimmung des Mitglieds oder des Dritten; die Zustimmung muss notariell beurkundet werden.

§ 181 Gewährung der Gegenleistung

(1) Der übernehmende Rechtsträger ist zur Gewährung einer angemessenen Gegenleistung verpflichtet, wenn dies unter Berücksichtigung der Vermögens- und Ertragslage des übertragenden Vereins im Zeitpunkt der Beschlussfassung der obersten Vertretung gerechtfertigt ist.

(2) ¹In dem Beschluss, durch den dem Übertragungsvertrag zugestimmt wird, ist zu bestimmen, dass bei der Verteilung der Gegenleistung jedes Mitglied zu berücksichtigen ist, das dem Verein seit mindestens drei Monaten vor dem Beschluss angehört hat. ²Ferner sind in dem Beschluss die Maßstäbe festzusetzen, nach denen die Gegenleistung auf die Mitglieder zu verteilen ist.

(3) ¹Jedes berechtigte Mitglied erhält eine Gegenleistung in gleicher Höhe. ²Eine andere Verteilung kann nur nach einem oder mehreren der folgenden Maßstäbe festgesetzt werden:

1. die Höhe der Versicherungssumme,
2. die Höhe der Beiträge,
3. die Höhe der Deckungsrückstellung in der Lebensversicherung,
4. der in der Satzung des Vereins bestimmte Maßstab für die Verteilung des Überschusses,
5. der in der Satzung des Vereins bestimmte Maßstab für die Verteilung des Vermögens,
6. die Dauer der Mitgliedschaft.

(4) Ist eine Gegenleistung entgegen Absatz 1 nicht vereinbart worden, so ist sie auf Antrag vom Gericht zu bestimmen; § 30 Abs. 1 und § 34 sind entsprechend anzuwenden.

§ 182 Unterrichtung der Mitglieder

¹Sobald die Vermögensübertragung wirksam geworden ist, hat das Vertretungsorgan des übernehmenden Rechtsträgers allen Mitgliedern, die dem Verein seit mindestens drei Monaten vor dem Beschluss der obersten Vertretung über die Vermögensübertragung angehört haben, den Wortlaut des Vertrags in Textform mitzuteilen. ²In der Mitteilung ist auf die

cation must refer to the possibility of requesting the determination of an adequate consideration by the court.

Sec. 183 Appointment of a trustee

(1) ¹In the event that a consideration has been agreed for the transfer of assets and liabilities, the transferring society must appoint a trustee to receive those assets and liabilities. ²The transfer of assets and liabilities may not be registered before the trustee has informed the court that it has received the consideration.

(2) ¹In the event that the court determines the consideration pursuant to Sec. 181 (4), it must *ex officio* appoint a trustee to receive the consideration. ²The consideration shall be due at equal parts to the members belonging to the society for a period of at least three months before the resolution on the transfer of assets and liabilities by the representative council. ³Sec. 26 (4) shall apply *mutatis mutandis*.

Subchapter 2: Partial Transfer

Sec. 184 Application of the division provisions

(1) In the case of a partial transfer pursuant to Sec. 175 No. 2 Lit. (b), the provisions of Book 3 applicable to the division, partial division or spin-off by means of acquisition of parts of a mutual insurance society and to receiving stock corporations in the case of a division, partial division or spin-off, as well as the provisions of Book 2 declared there to be *mutatis mutandis* applicable, shall apply to the legal entities involved with regard to a comparable transaction, unless anything else ensues from the following provisions.

(2) Sec. 176 (2) to (4) as well as Sec. 178 (3) shall apply *mutatis mutandis*.

Chapter 3: Transfer of the Assets and Liabilities of a Small Mutual Insurance Society to a Stock Corporation or a Public Law Insurance Company

Sec. 185 Conditions for the transfer of assets and liabilities

A small mutual insurance society may only transfer its assets and liabilities by means of a complete transfer to a stock insurance company or a public law insurance company.

Sec. 186 Applicable provisions

¹The provisions of Chapter 2 shall *mutatis mutandis* apply to the transfer of assets and liabilities. ²With small societies, the application for permission to the supervisory authority shall be substituted for the application for registration, and the announcement in the Electronic Federal Gazette pursuant to Sec. 187 shall replace the registration and its announcement.

Sec. 187 Announcement of the transfer of assets and liabilities

As soon as the transfer of assets and liabilities has been approved by all supervisory authorities involved, the supervisory authority responsible for the transferring small society shall in the case of the transfer of assets and liabilities to a public law insurance company announce the transfer and its approval in the Electronic Federal Gazette.

Möglichkeit hinzuweisen, die gerichtliche Bestimmung der angemessenen Gegenleistung zu verlangen.

§ 183 Bestellung eines Treuhänders

(1) ¹Ist für die Vermögensübertragung eine Gegenleistung vereinbart worden, so hat der übertragende Verein einen Treuhänder für deren Empfang zu bestellen. ²Die Vermögensübertragung darf erst eingetragen werden, wenn der Treuhänder dem Gericht angezeigt hat, dass er im Besitz der Gegenleistung ist.

(2) ¹Bestimmt das Gericht nach § 181 Abs. 4 die Gegenleistung, so hat es von Amts wegen einen Treuhänder für deren Empfang zu bestellen. ²Die Gegenleistung steht zu gleichen Teilen den Mitgliedern zu, die dem Verein seit mindestens drei Monaten vor dem Beschluss der obersten Vertretung über die Vermögensübertragung angehört haben. ³§ 26 Abs. 4 ist entsprechend anzuwenden.

Zweiter Unterabschnitt: Teilübertragung

§ 184 Anwendung der Spaltungsvorschriften

(1) Bei einer Teilübertragung nach § 175 Nr. 2 Buchstabe b sind auf die beteiligten Rechtsträger die für die Aufspaltung, Abspaltung oder Ausgliederung zur Aufnahme von Teilen eines Versicherungsvereins auf Gegenseitigkeit und die für übernehmende Aktiengesellschaften im Falle der Aufspaltung, Abspaltung oder Ausgliederung geltenden Vorschriften des Dritten Buches und die dort für entsprechend anwendbar erklärten Vorschriften des Zweiten Buches auf den vergleichbaren Vorgang entsprechend anzuwenden, soweit sich aus den folgenden Vorschriften nichts anderes ergibt.

(2) § 176 Abs. 2 bis 4 sowie § 178 Abs. 3 sind entsprechend anzuwenden.

Dritter Abschnitt: Übertragung des Vermögens eines kleineren Versicherungsvereins auf Gegenseitigkeit auf eine Aktiengesellschaft oder auf ein öffentlich-rechtliches Versicherungsunternehmen

§ 185 Möglichkeit der Vermögensübertragung

Ein kleinerer Versicherungsverein auf Gegenseitigkeit kann sein Vermögen nur im Wege der Vollübertragung auf eine Versicherungs-Aktiengesellschaft oder auf ein öffentlich-rechtliches Versicherungsunternehmen übertragen.

§ 186 Anzuwendende Vorschriften

¹Auf die Vermögensübertragung sind die Vorschriften des Zweiten Abschnitts entsprechend anzuwenden. ²Dabei treten bei kleineren Vereinen an die Stelle der Anmeldung zur Eintragung in das Register der Antrag an die Aufsichtsbehörde auf Genehmigung, an die Stelle der Eintragung in das Register und ihrer Bekanntmachung die Bekanntmachung im elektronischen Bundesanzeiger nach § 187.

§ 187 Bekanntmachung der Vermögensübertragung

Sobald die Vermögensübertragung von allen beteiligten Aufsichtsbehörden genehmigt worden ist, macht bei einer Vermögensübertragung auf ein öffentlich-rechtliches Versicherungsunternehmen die für den übertragenden kleineren Verein zuständige Aufsichtsbehörde die Vermögensübertragung und ihre Genehmigung im elektronischen Bundesanzeiger bekannt.

Chapter 4: Transfer of the Assets and Liabilities of a Public Law Insurance Company to Stock Corporations or Mutual Insurance Societies

Subchapter 1: Complete Transfer

Sec. 188 Application of the merger provisions

(1) In the case of a complete transfer pursuant to Sec. 175 No. 2 Lit. (c), the provisions of Book 2 applicable to merger by means of acquisition shall *mutatis mutandis* apply to the receiving legal entities, and Sec. 176 (3) shall *mutatis mutandis* apply to the transferring insurance company, unless anything else ensues from the following provisions.

(2) Sec. 176 (2) and (4) as well as Sec. 178 (3) shall apply *mutatis mutandis.*

(3) [1]With public law insurance companies, the application for registration shall be replaced by the application for permission to the supervisory authority, and the entry in the register and its announcement shall be replaced by the announcement as per Sentence 2. [2]As soon as the transfer of assets and liabilities has been approved by all supervisory authorities involved, the supervisory authority responsible for the public law insurance company shall announce the transfer of assets and liabilities and its approval in the Electronic Federal Gazette.

Subchapter 2: Partial Transfer

Sec. 189 Application of the division provisions

(1) In the case of a partial transfer pursuant to Sec. 175 No. 2 Lit. (c), the provisions of Book 3 applicable to a division, partial division or spin-off by means of acquisition and the provisions of Book 2 declared there to be *mutatis mutandis* applicable shall apply to the receiving legal entities involved with regard to a comparable transaction, and Sec. 176 (3) shall *mutatis mutandis* apply to the transferring insurance company, unless anything else ensues from the following provisions.

(2) Sec. 176 (2) and (4), Sec. 178 (3), as well as Sec. 188 (3) shall apply *mutatis mutandis.*

Book 5: Change of Legal Form

Part 1: General Provisions

Sec. 190 General scope of application

(1) A legal entity may obtain another legal form by changing its legal form.

(2) In so far as nothing else is stipulated in this Book, the provisions with regard to the change of legal form shall not apply to any changes of legal form provided for or permitted in other acts of law.

Sec. 191 Legal entities involved

(1) The following legal entities may change their legal form:
   1. commercial partnerships (Sec. 3 (1) No. 1) and professional partnership companies;
   2. corporations (Sec. 3 (1) No. 2);
   3. registered cooperative societies;
   4. societies with legal capacity;

Deutsche gesellschafts- und steuerrechtliche Gesetzesvorschriften

Vierter Abschnitt: Übertragung des Vermögens eines öffentlich-rechtlichen Versicherungsunternehmens auf Aktiengesellschaften oder Versicherungsvereine auf Gegenseitigkeit

Erster Unterabschnitt: Vollübertragung

§ 188 Anwendung der Verschmelzungsvorschriften

(1) Bei einer Vollübertragung nach § 175 Nr. 2 Buchstabe c sind auf die übernehmenden Rechtsträger die für die Verschmelzung durch Aufnahme geltenden Vorschriften des Zweiten Buches sowie auf das übertragende Versicherungsunternehmen § 176 Abs. 3 entsprechend anzuwenden, soweit sich aus den folgenden Vorschriften nichts anderes ergibt.

(2) § 176 Abs. 2 und 4 sowie § 178 Abs. 3 sind entsprechend anzuwenden.

(3) ¹An die Stelle der Anmeldung zur Eintragung in das Register treten bei den öffentlich-rechtlichen Versicherungsunternehmen der Antrag an die Aufsichtsbehörde auf Genehmigung, an die Stelle der Eintragung in das Register und ihrer Bekanntmachung die Bekanntmachung nach Satz 2. ²Die für das öffentlich-rechtliche Versicherungsunternehmen zuständige Aufsichtsbehörde macht, sobald die Vermögensübertragung von allen beteiligten Aufsichtsbehörden genehmigt worden ist, die Übertragung und ihre Genehmigung im elektronischen Bundesanzeiger bekannt.

Zweiter Unterabschnitt: Teilübertragung

§ 189 Anwendung der Spaltungsvorschriften

(1) Bei einer Teilübertragung nach § 175 Nr. 2 Buchstabe c sind auf die übernehmenden Rechtsträger die für die Aufspaltung, Abspaltung oder Ausgliederung zur Aufnahme geltenden Vorschriften des Dritten Buches und die dort für entsprechend anwendbar erklärten Vorschriften des Zweiten Buches auf den vergleichbaren Vorgang sowie auf das übertragende Versicherungsunternehmen § 176 Abs. 3 entsprechend anzuwenden, soweit sich aus den folgenden Vorschriften nichts anderes ergibt.

(2) § 176 Abs. 2 und 4, § 178 Abs. 3 sowie § 188 Abs. 3 sind entsprechend anzuwenden.

Fünftes Buch: Formwechsel

Erster Teil: Allgemeine Vorschriften

§ 190 Allgemeiner Anwendungsbereich

(1) Ein Rechtsträger kann durch Formwechsel eine andere Rechtsform erhalten.

(2) Soweit nicht in diesem Buch etwas anderes bestimmt ist, gelten die Vorschriften über den Formwechsel nicht für Änderungen der Rechtsform, die in anderen Gesetzen vorgesehen oder zugelassen sind.

§ 191 Einbezogene Rechtsträger

(1) Formwechselnde Rechtsträger können sein:
 1. Personenhandelsgesellschaften (§ 3 Abs. 1 Nr. 1) und Partnerschaftsgesellschaften;
 2. Kapitalgesellschaften (§ 3 Abs. 1 Nr. 2);
 3. eingetragene Genossenschaften;
 4. rechtsfähige Vereine;

5. mutual insurance societies;
6. public law corporate entities and institutions under public law.

(2) Legal entities of a new legal form may be:
1. civil law associations;
2. commercial partnerships and professional partnership companies;
3. corporations;
4. registered cooperative societies.

(3) Even dissolved legal entities may change their legal form, provided that their continuation in the previous legal form might be decided.

Sec. 192 Reorganisation report

(1) ¹The representative body of the legal entity changing its legal form must submit a detailed written report explaining and justifying the change of legal form and, in particular, the future holding of the shareholders in the legal entity under legal and economic aspects (reorganisation report). ²Sec. 8 (1) Sentences 2 to 4 and (2) shall apply *mutatis mutandis*. ³The reorganisation report must include a draft of the reorganisation resolution.

(2) ¹A reorganisation report shall not be required if only one shareholder has a holding in the legal entity changing its legal form, or if all shareholders waive submission of such a report. ²Waivers have to be reported by a notary.

Sec. 193 Reorganisation resolution

(1) ¹A resolution by the shareholders of the legal entity changing its legal form shall be required for the change of legal form (reorganisation resolution). ²This resolution may only be passed by a shareholders' meeting.

(2) In the event that the assignment of the shares of the legal entity changing its legal form is subject to the approval by individual shareholders, the reorganisation resolution shall require their approval in order to take effect.

(3) ¹The reorganisation resolution as well as the declarations of approval by individual shareholders required under this Act, including the necessary declarations of approval of any shareholders in default, must be recorded by a notary. ²On request, a copy of the record of the resolution must immediately be issued to each shareholder at the expense of the latter.

Sec. 194 Contents of the reorganisation resolution

(1) The reorganisation resolution must at least specify:
1. the legal form the legal entity is supposed to obtain through the change of its legal form;
2. the name or the business name of the legal entity of new legal form;
3. the holding of the previous shareholders in the legal entity in accordance with the provisions applicable to the new legal form, in so far as their participation does not cease to exist under this Book;
4. the number, type and size of the shares or memberships the shareholders are supposed to acquire through the change of legal form or which are to be granted to an entering general partner;
5. the rights in the legal entity supposed to be granted to individual shareholders as well as to the holders of special rights such as non-voting shares, preference shares, mul-

5. Versicherungsvereine auf Gegenseitigkeit;
6. Körperschaften und Anstalten des öffentlichen Rechts.

(2) Rechtsträger neuer Rechtsform können sein:
1. Gesellschaften des bürgerlichen Rechts;
2. Personenhandelsgesellschaften und Partnerschaftsgesellschaften;
3. Kapitalgesellschaften;
4. eingetragene Genossenschaften.

(3) Der Formwechsel ist auch bei aufgelösten Rechtsträgern möglich, wenn ihre Fortsetzung in der bisherigen Rechtsform beschlossen werden könnte.

§ 192 Umwandlungsbericht

(1) ¹Das Vertretungsorgan des formwechselnden Rechtsträgers hat einen ausführlichen schriftlichen Bericht zu erstatten, in dem der Formwechsel und insbesondere die künftige Beteiligung der Anteilsinhaber an dem Rechtsträger rechtlich und wirtschaftlich erläutert und begründet werden (Umwandlungsbericht). ²§ 8 Abs. 1 Satz 2 bis 4 und Abs. 2 ist entsprechend anzuwenden. ³Der Umwandlungsbericht muss einen Entwurf des Umwandlungsbeschlusses enthalten.

(2) ¹Ein Umwandlungsbericht ist nicht erforderlich, wenn an dem formwechselnden Rechtsträger nur ein Anteilsinhaber beteiligt ist oder wenn alle Anteilsinhaber auf seine Erstattung verzichten. ²Die Verzichtserklärungen sind notariell zu beurkunden.

§ 193 Umwandlungsbeschluss

(1) ¹Für den Formwechsel ist ein Beschluss der Anteilsinhaber des formwechselnden Rechtsträgers (Umwandlungsbeschluss) erforderlich. ²Der Beschluss kann nur in einer Versammlung der Anteilsinhaber gefasst werden.

(2) Ist die Abtretung der Anteile des formwechselnden Rechtsträgers von der Genehmigung einzelner Anteilsinhaber abhängig, so bedarf der Umwandlungsbeschluss zu seiner Wirksamkeit ihrer Zustimmung.

(3) ¹Der Umwandlungsbeschluss und die nach diesem Gesetz erforderlichen Zustimmungserklärungen einzelner Anteilsinhaber einschließlich der erforderlichen Zustimmungserklärungen nicht erschienener Anteilsinhaber müssen notariell beurkundet werden. ²Auf Verlangen ist jedem Anteilsinhaber auf seine Kosten unverzüglich eine Abschrift der Niederschrift des Beschlusses zu erteilen.

§ 194 Inhalt des Umwandlungsbeschlusses

(1) In dem Umwandlungsbeschluss müssen mindestens bestimmt werden:
1. die Rechtsform, die der Rechtsträger durch den Formwechsel erlangen soll;
2. der Name oder die Firma des Rechtsträgers neuer Rechtsform;
3. eine Beteiligung der bisherigen Anteilsinhaber an dem Rechtsträger nach den für die neue Rechtsform geltenden Vorschriften, soweit ihre Beteiligung nicht nach diesem Buch entfällt;
4. Zahl, Art und Umfang der Anteile oder der Mitgliedschaften, welche die Anteilsinhaber durch den Formwechsel erlangen sollen oder die einem beitretenden persönlich haftenden Gesellschafter eingeräumt werden sollen;
5. die Rechte, die einzelnen Anteilsinhabern sowie den Inhabern besonderer Rechte wie Anteile ohne Stimmrecht, Vorzugsaktien, Mehrstimmrechtsaktien, Schuldver-

tiple voting shares, bonds and profit participation rights, or the measures envisaged for such persons;
6. a compensatory cash payment pursuant to Sec. 207, unless the reorganisation resolution requires approval by all shareholders in order to become effective or only one shareholder has a holding in the legal entity changing its legal form;
7. the consequences of the change of legal form for the employees and their representative bodies as well as any measures so far envisaged.

(2) The draft of the reorganisation resolution must be forwarded to the competent works council of the legal entity changing its legal form at the latest one month before the date of the shareholders' meeting which is to decide the change of legal form.

Sec. 195 Time limit for and exclusion of legal actions against the reorganisation resolution

(1) Any legal action against the coming into effect of the reorganisation resolution has to be taken within one month after resolution.

(2) Legal action against the effectiveness of the reorganisation resolution may not be based on the assertion that the assessment of the shares in the legal entity of new legal form as determined in the resolution was too low or that the membership was no adequate consideration for the shares or membership in the legal entity changing its legal form.

Sec. 196 Improvement of the participation ratio

¹In the event that the shares in the legal entity of new legal form specified in the resolution authorising the change of legal form are underrated or membership in that legal entity is no adequate consideration for the shares or membership in the legal entity changing its legal form, each shareholder whose right to take legal action against the effectiveness of the reorganisation resolution is excluded pursuant to Sec. 195 (2) may request compensation by an additional cash payment from the legal entity. ²The appropriate additional payment shall on request be determined by the court in accordance with the rules of the New German Act on Appraisal Proceedings. ³Sec. 15 (2) shall apply *mutatis mutandis.*

Sec. 197 Applicable formation provisions

¹The formation provisions applicable to the new legal form shall apply to the change of legal form, in so far as nothing else ensues from this Book. ²Any provisions requiring a minimum number of founders for the formation, as well as the provisions with regard to the formation and composition of the first supervisory board shall not apply. ³Sec. 31 German Stock Corporation Act shall be applicable to a legal entity's change of legal form to that of a stock corporation.

Sec. 198 Application for registration of the change of legal form

(1) Application for entry of the new legal form of the legal entity must be filed with the register of the legal entity changing its legal form.

(2) ¹In the event that the legal entity changing its legal form has not been registered, application for entry of the legal entity of new legal form in the register relevant to the new legal form must be filed with the competent court. ²The same shall apply if the type of the register relevant to the legal entity changes due to the change of legal form, or competence of another registration court is created due to a transfer of the registered office associated with the change of legal form. ³In the case of Sentence 2, application for registration of the reorganisation has also to be filed with the register in which the legal entity changing its legal form has been entered. ⁴This entry is to be provided with a note that the

schreibungen und Genussrechte in dem Rechtsträger gewährt werden sollen, oder die Maßnahmen, die für diese Personen vorgesehen sind;
6. ein Abfindungsangebot nach § 207, sofern nicht der Umwandlungsbeschluss zu seiner Wirksamkeit der Zustimmung aller Anteilsinhaber bedarf oder an dem formwechselnden Rechtsträger nur ein Anteilsinhaber beteiligt ist;
7. die Folgen des Formwechsels für die Arbeitnehmer und ihre Vertretungen sowie die insoweit vorgesehenen Maßnahmen.

(2) Der Entwurf des Umwandlungsbeschlusses ist spätestens einen Monat vor dem Tage der Versammlung der Anteilsinhaber, die den Formwechsel beschließen soll, dem zuständigen Betriebsrat des formwechselnden Rechtsträgers zuzuleiten.

§ 195 Befristung und Ausschluss von Klagen gegen den Umwandlungsbeschluss

(1) Eine Klage gegen die Wirksamkeit des Umwandlungsbeschlusses muss binnen eines Monats nach der Beschlussfassung erhoben werden.

(2) Eine Klage gegen die Wirksamkeit des Umwandlungsbeschlusses kann nicht darauf gestützt werden, dass die in dem Beschluss bestimmten Anteile an dem Rechtsträger neuer Rechtsform zu niedrig bemessen sind oder dass die Mitgliedschaft kein ausreichender Gegenwert für die Anteile oder die Mitgliedschaft bei dem formwechselnden Rechtsträger ist.

§ 196 Verbesserung des Beteiligungsverhältnisses

¹Sind die in dem Umwandlungsbeschluss bestimmten Anteile an dem Rechtsträger neuer Rechtsform zu niedrig bemessen oder ist die Mitgliedschaft bei diesem kein ausreichender Gegenwert für die Anteile oder die Mitgliedschaft bei dem formwechselnden Rechtsträger, so kann jeder Anteilsinhaber, dessen Recht, gegen die Wirksamkeit des Umwandlungsbeschlusses Klage zu erheben, nach § 195 Abs. 2 ausgeschlossen ist, von dem Rechtsträger einen Ausgleich durch bare Zuzahlung verlangen. ²Die angemessene Zuzahlung wird auf Antrag durch das Gericht nach den Vorschriften des Spruchverfahrensgesetzes bestimmt. ³§ 15 Abs. 2 ist entsprechend anzuwenden.

§ 197 Anzuwendende Gründungsvorschriften

¹Auf den Formwechsel sind die für die neue Rechtsform geltenden Gründungsvorschriften anzuwenden, soweit sich aus diesem Buch nichts anderes ergibt. ²Vorschriften, die für die Gründung eine Mindestzahl der Gründer vorschreiben, sowie die Vorschriften über die Bildung und Zusammensetzung des ersten Aufsichtsrats sind nicht anzuwenden. ³Beim Formwechsel eines Rechtsträgers in eine Aktiengesellschaft ist § 31 des Aktiengesetzes anwendbar.

§ 198 Anmeldung des Formwechsels

(1) Die neue Rechtsform des Rechtsträgers ist zur Eintragung in das Register, in dem der formwechselnde Rechtsträger eingetragen ist, anzumelden.

(2) ¹Ist der formwechselnde Rechtsträger nicht in einem Register eingetragen, so ist der Rechtsträger neuer Rechtsform bei dem zuständigen Gericht zur Eintragung in das für die neue Rechtsform maßgebende Register anzumelden. ²Das gleiche gilt, wenn sich durch den Formwechsel die Art des für den Rechtsträger maßgebenden Registers ändert oder durch eine mit dem Formwechsel verbundene Sitzverlegung die Zuständigkeit eines anderen Registergerichts begründet wird. ³Im Falle des Satzes 2 ist die Umwandlung auch zur Eintragung in das Register anzumelden, in dem der formwechselnde Rechtsträger eingetragen ist. ⁴Diese Eintragung ist mit dem Vermerk zu versehen, dass die

reorganisation will not come into effect before entry of the legal entity of new legal form in the register relevant to that legal entity, unless entry in the registers of all legal entities involved is effected at the same date.⁵The legal entity of new legal form may not be entered in the register before the reorganisation as per Sentences 3 and 4 has been entered.

(3) Sec. 16 (2) and (3) shall apply *mutatis mutandis*.

Sec. 199 Enclosures to the application for registration

In addition to any other necessary documents, an official copy or an attested copy, or in so far as no recording by a notary is required, the original or a copy of the record of the reorganisation resolution, the declarations of approval by individual shareholders, including the declarations of approval by defaulting shareholders, required under this Act, the reorganisation report or the waivers of its preparation, proof of transmission as per Sec. 194 (2), as well as, if the change of legal form should require permission by the government, the permit, must be enclosed with the application for registration of the new legal form or the legal entity of new legal form.

Sec. 200 Business name or name of the legal entity

(1) ¹The legal entity of new legal form may maintain its previous business name, provided that nothing else ensues from this Book. ²Any additional designations referring to the legal form of the company changing its legal form must not be used even if the legal entity keeps to its previous business name.

(2) Sec. 19 German Commercial Code, Sec. 4 German Limited Liability Companies Act, Secs. 4, 279 German Stock Corporation Act or Sec. 3 German Cooperative Societies Act shall *mutatis mutandis* apply to a business name maintained after the change of legal form.

(3) In the event that a natural person whose holding in the legal entity of new legal form ceases to exist had a holding in the legal entity changing its legal form, the name of that shareholder may be used in the maintained previous or in the new business name if the shareholder concerned or its heirs expressly approval to the use of that name.

(4) ¹In the event that a professional partnership company is the legal entity changing its legal form or the legal entity of new legal form, Paragraph 1 and Paragraph 3 shall *mutatis mutandis* apply to the maintenance or formation of the business name or name. ²A business name may only be maintained as the name of a professional partnership company subject to the conditions of Sec. 2 (1) of the German Professional Partnership Companies Act. ³Sec. 1 (3) and Sec. 11 of the German Professional Partnership Companies Act shall apply *mutatis mutandis*.

(5) The change of legal form to a civil law association shall cause the business name of the company changing its legal form to become extinct.

Sec. 201 Announcement of the change of legal form

The court responsible for registration of the new legal form or the legal entity of new legal form must announce the complete contents of the entry of the new legal form or the legal entity of new legal form pursuant to Sec. 10 German Commercial Code.

Sec. 202 Effects of the registration

(1) The entry of the new legal form in the register shall have the following effects:

135 Deutsche gesellschafts- und steuerrechtliche Gesetzesvorschriften

Umwandlung erst mit der Eintragung des Rechtsträgers neuer Rechtsform in das für diese maßgebende Register wirksam wird, sofern die Eintragungen in den Registern aller beteiligten Rechtsträger nicht am selben Tag erfolgen. [5]Der Rechtsträger neuer Rechtsform darf erst eingetragen werden, nachdem die Umwandlung nach den Sätzen 3 und 4 eingetragen worden ist.

(3) § 16 Abs. 2 und 3 ist entsprechend anzuwenden.

§ 199 Anlagen der Anmeldung

Der Anmeldung der neuen Rechtsform oder des Rechtsträgers neuer Rechtsform sind in Ausfertigung oder öffentlich beglaubigter Abschrift oder, soweit sie nicht notariell zu beurkunden sind, in Urschrift oder Abschrift außer den sonst erforderlichen Unterlagen auch die Niederschrift des Umwandlungsbeschlusses, die nach diesem Gesetz erforderlichen Zustimmungserklärungen einzelner Anteilsinhaber einschließlich der Zustimmungserklärungen nicht erschienener Anteilsinhaber, der Umwandlungsbericht oder die Erklärungen über den Verzicht auf seine Erstellung, ein Nachweis über die Zuleitung nach § 194 Abs. 2 sowie, wenn der Formwechsel der staatlichen Genehmigung bedarf, die Genehmigungsurkunde beizufügen.

§ 200 Firma oder Name des Rechtsträgers

(1) [1]Der Rechtsträger neuer Rechtsform darf seine bisher geführte Firma beibehalten, soweit sich aus diesem Buch nichts anderes ergibt. [2]Zusätzliche Bezeichnungen, die auf die Rechtsform der formwechselnden Gesellschaft hinweisen, dürfen auch dann nicht verwendet werden, wenn der Rechtsträger die bisher geführte Firma beibehält.

(2) Auf eine nach dem Formwechsel beibehaltene Firma ist § 19 des Handelsgesetzbuchs, § 4 des Gesetzes betreffend die Gesellschaften mit beschränkter Haftung, §§ 4, 279 des Aktiengesetzes oder § 3 des Genossenschaftsgesetzes entsprechend anzuwenden.

(3) War an dem formwechselnden Rechtsträger eine natürliche Person beteiligt, deren Beteiligung an dem Rechtsträger neuer Rechtsform entfällt, so darf der Name dieses Anteilsinhabers nur dann in der beibehaltenen bisherigen oder in der neu gebildeten Firma verwendet werden, wenn der betroffene Anteilsinhaber oder dessen Erben ausdrücklich in die Verwendung des Namens einwilligen.

(4) [1]Ist formwechselnder Rechtsträger oder Rechtsträger neuer Rechtsform eine Partnerschaftsgesellschaft, gelten für die Beibehaltung oder Bildung der Firma oder des Namens die Absätze 1 und 3 entsprechend. [2]Eine Firma darf als Name einer Partnerschaftsgesellschaft nur unter den Voraussetzungen des § 2 Abs. 1 des Partnerschaftsgesellschaftsgesetzes beibehalten werden. [3]§ 1 Abs. 3 und § 11 des Partnerschaftsgesellschaftsgesetzes sind entsprechend anzuwenden.

(5) Durch den Formwechsel in eine Gesellschaft des bürgerlichen Rechts erlischt die Firma der formwechselnden Gesellschaft.

§ 201 Bekanntmachung des Formwechsels

Das für die Anmeldung der neuen Rechtsform oder des Rechtsträgers neuer Rechtsform zuständige Gericht hat die Eintragung der neuen Rechtsform oder des Rechtsträgers neuer Rechtsform nach § 10 des Handelsgesetzbuchs ihrem ganzen Inhalt nach bekanntzumachen.

§ 202 Wirkungen der Eintragung

(1) Die Eintragung der neuen Rechtsform in das Register hat folgende Wirkungen:

1. The legal entity changing its legal form shall continue to exist in the legal form specified in the reorganisation resolution.
2. ¹The shareholders of the legal entity changing its legal form shall participate in the legal entity in accordance with the provisions applicable to the new legal form, in so far as their holding does not cease to exist pursuant to this Book. ²Any third-party right in the shares or memberships in the legal entity changing its legal form shall continue to exist in the shares or memberships in the legal entity of new legal form replacing such shares or memberships.
3. The lack of notarial records of the reorganisation resolution and, if applicable, any required declarations of approval or waiver by individual shareholders shall be remedied.

(2) The effects specified in Paragraph 1 shall in the cases of Sec. 198 (2) become effective upon entry of the legal entity of new legal form in the register.

(3) Any deficiencies of the change of legal form shall not impair the effects of the entry of the new legal form or the legal entity of new legal form in the register.

Sec. 203 Term of office of supervisory board members

¹In the event that, on the occasion of a change of legal form, a supervisory board is formed and composed with the legal entity of new legal form in the same manner as with the legal entity changing its legal form, the members of the supervisory board shall remain in office as members of the supervisory board of the legal entity of new legal form for the residual term of their election period. ²The shareholders of the legal entity changing its legal form may in the reorganisation resolution stipulate that the term of office of their supervisory board members shall cease.

Sec. 204 Protection of creditors and holders of special rights

Sec. 22 shall *mutatis mutandis* apply to the protection of creditors, and Sec. 23 shall *mutatis mutandis* apply to the protection of the holders of special rights.

Sec. 205 Liability for damages of the administrative bodies of the legal entity changing its legal form

(1) ¹The members of the administrative body and, in case a supervisory body exists, of such supervisory body of the legal entity changing its legal form shall as joint and several debtors be liable to pay the damages incurred by the legal entity, its shareholders or creditors due to the change of legal form. ²Sec. 25 (1) Sentence 2 shall apply *mutatis mutandis*.

(2) The claims pursuant to Paragraph 1 shall become statute-barred after five years from the date when the notifiable entry of the new legal form or the legal entity of new legal form in the register has been announced.

Sec. 206 Assertion of claims for damages

¹Claims pursuant to Sec. 205 (1) may only be asserted by a special representative. ²The court of the registered office of the legal entity of new legal form must appoint such a representative at the request of a shareholder or a creditor of the legal entity changing its legal form. ³Sec. 26 (1) Sentences 3 and 4, (2), (3) Sentences 2 and 3 and (4) shall apply *mutatis mutandis*; the papers for public announcements by the transferring legal entity shall be replaced by the appropriate papers of the legal entity changing its legal form.

1. Der formwechselnde Rechtsträger besteht in der in dem Umwandlungsbeschluss bestimmten Rechtsform weiter.
2. ¹Die Anteilsinhaber des formwechselnden Rechtsträgers sind an dem Rechtsträger nach den für die neue Rechtsform geltenden Vorschriften beteiligt, soweit ihre Beteiligung nicht nach diesem Buch entfällt. ²Rechte Dritter an den Anteilen oder Mitgliedschaften des formwechselnden Rechtsträgers bestehen an den an ihre Stelle tretenden Anteilen oder Mitgliedschaften des Rechtsträgers neuer Rechtsform weiter.
3. Der Mangel der notariellen Beurkundung des Umwandlungsbeschlusses und gegebenenfalls erforderlicher Zustimmungs- oder Verzichtserklärungen einzelner Anteilsinhaber wird geheilt.

(2) Die in Absatz 1 bestimmten Wirkungen treten in den Fällen des § 198 Abs. 2 mit der Eintragung des Rechtsträgers neuer Rechtsform in das Register ein.

(3) Mängel des Formwechsels lassen die Wirkungen der Eintragung der neuen Rechtsform oder des Rechtsträgers neuer Rechtsform in das Register unberührt.

§ 203 Amtsdauer von Aufsichtsratsmitgliedern

¹Wird bei einem Formwechsel bei dem Rechtsträger neuer Rechtsform in gleicher Weise wie bei dem formwechselnden Rechtsträger ein Aufsichtsrat gebildet und zusammengesetzt, so bleiben die Mitglieder des Aufsichtsrats für den Rest ihrer Wahlzeit als Mitglieder des Aufsichtsrats des Rechtsträgers neuer Rechtsform im Amt. ²Die Anteilsinhaber des formwechselnden Rechtsträgers können im Umwandlungsbeschluss für ihre Aufsichtsratsmitglieder die Beendigung des Amtes bestimmen.

§ 204 Schutz der Gläubiger und der Inhaber von Sonderrechten

Auf den Schutz der Gläubiger ist § 22, auf den Schutz der Inhaber von Sonderrechten § 23 entsprechend anzuwenden.

§ 205 Schadenersatzpflicht der Verwaltungsträger des formwechselnden Rechtsträgers

(1) ¹Die Mitglieder des Vertretungsorgans und, wenn ein Aufsichtsorgan vorhanden ist, des Aufsichtsorgans des formwechselnden Rechtsträgers sind als Gesamtschuldner zum Ersatz des Schadens verpflichtet, den der Rechtsträger, seine Anteilsinhaber oder seine Gläubiger durch den Formwechsel erleiden. ²§ 25 Abs. 1 Satz 2 ist entsprechend anzuwenden.

(2) Die Ansprüche nach Absatz 1 verjähren in fünf Jahren seit dem Tage, an dem die anzumeldende Eintragung der neuen Rechtsform oder des Rechtsträgers neuer Rechtsform in das Register bekannt gemacht worden ist.

§ 206 Geltendmachung des Schadenersatzanspruchs

Die Ansprüche nach § 205 Abs. 1 können nur durch einen besonderen Vertreter geltend gemacht werden. ²Das Gericht des Sitzes des Rechtsträgers neuer Rechtsform hat einen solchen Vertreter auf Antrag eines Anteilsinhabers oder eines Gläubigers des formwechselnden Rechtsträgers zu bestellen. ³§ 26 Abs. 1 Satz 3 und 4, Abs. 2, Abs. 3 Satz 2 und 3 und Abs. 4 ist entsprechend anzuwenden; an die Stelle der Blätter für die öffentlichen Bekanntmachungen des übertragenden Rechtsträgers treten die entsprechenden Blätter des Rechtsträgers neuer Rechtsform.

Sec. 207 Compensatory cash payment offer

(1) ¹The legal entity changing its legal form must offer each shareholder objecting to the record against the reorganisation resolution to acquire its transformed shares or memberships in exchange for an adequate compensatory cash payment; Sec. 71 (4) Sentence 2 German Stock Corporation Act shall in so far not apply. ²In the event that the legal entity is, due to its new legal form, unable to acquire own shares or memberships, the compensatory cash payment must be offered in case the shareholder declares its withdrawal from the legal entity. ³The legal entity must bear the cost of transfer.

(2) Sec. 29 (2) shall apply *mutatis mutandis*.

Sec. 208 Terms of the claim for a compensatory cash payment and audit of the compensatory cash payment

Sec. 30 shall *mutatis mutandis* apply to the compensatory cash payment.

Sec. 209 Acceptance of the offer

¹The offer as per Sec. 207 may only be accepted within two months from the date when the entry of the new legal form or the legal entity of new legal form in the register has been announced. ²In the event that an application for determination of the compensatory cash payment by the court pursuant to Sec. 212 has been filed, the offer may be accepted within two months from the date when the decision has been announced in the Electronic Federal Gazette.

Sec. 210 Exclusion of legal actions against the reorganisation resolution

Legal action against the effectiveness of the reorganisation resolution may not be based on the assertion that the assessment of the offer as per Sec. 207 was too low or that the compensatory cash payment had not or not properly been offered in the reorganisation resolution.

Sec. 211 Other disposal

Until expiration of the time limit specified in Sec. 209, no restraints on disposal shall impede any other disposal of the share by the shareholder after the passing of the reorganisation resolution.

Sec. 212 Judicial review of the compensatory cash payment

¹In the event that a shareholder asserts that a compensatory cash payment specified in the reorganisation resolution, which payment had to be offered to that shareholder pursuant to Sec. 207 (1), was underrated, the court must at the request of this shareholder determine the adequate compensatory cash payment in accordance with the rules of the New German Act on Appraisal Proceedings. ²The same shall apply if the compensatory cash payment has not or not properly been offered.

Sec. 213 Unknown stockholders

Sec. 35 shall *mutatis mutandis* apply to unknown shareholders.

§ 207 Angebot der Barabfindung

(1) [1]Der formwechselnde Rechtsträger hat jedem Anteilsinhaber, der gegen den Umwandlungsbeschluss Widerspruch zur Niederschrift erklärt, den Erwerb seiner umgewandelten Anteile oder Mitgliedschaften gegen eine angemessene Barabfindung anzubieten; § 71 Abs. 4 Satz 2 des Aktiengesetzes ist insoweit nicht anzuwenden. [2]Kann der Rechtsträger aufgrund seiner neuen Rechtsform eigene Anteile oder Mitgliedschaften nicht erwerben, so ist die Barabfindung für den Fall anzubieten, dass der Anteilsinhaber sein Ausscheiden aus dem Rechtsträger erklärt. [3]Der Rechtsträger hat die Kosten für eine Übertragung zu tragen.

(2) § 29 Abs. 2 ist entsprechend anzuwenden.

§ 208 Inhalt des Anspruchs auf Barabfindung und Prüfung der Barabfindung

Auf den Anspruch auf Barabfindung ist § 30 entsprechend anzuwenden.

§ 209 Annahme des Angebots

[1]Das Angebot nach § 207 kann nur binnen zwei Monaten nach dem Tage angenommen werden, an dem die Eintragung der neuen Rechtsform oder des Rechtsträgers neuer Rechtsform in das Register bekannt gemacht worden ist. [2]Ist nach § 212 ein Antrag auf Bestimmung der Barabfindung durch das Gericht gestellt worden, so kann das Angebot binnen zwei Monaten nach dem Tage angenommen werden, an dem die Entscheidung im elektronischen Bundesanzeiger bekanntgemacht worden ist.

§ 210 Ausschluss von Klagen gegen den Umwandlungsbeschluss

Eine Klage gegen die Wirksamkeit des Umwandlungsbeschlusses kann nicht darauf gestützt werden, dass das Angebot nach § 207 zu niedrig bemessen oder dass die Barabfindung im Umwandlungsbeschluss nicht oder nicht ordnungsgemäß angeboten worden ist.

§ 211 Anderweitige Veräußerung

Einer anderweitigen Veräußerung des Anteils durch den Anteilsinhaber stehen nach Fassung des Umwandlungsbeschlusses bis zum Ablauf der in § 209 bestimmten Frist Verfügungsbeschränkungen nicht entgegen.

§ 212 Gerichtliche Nachprüfung der Abfindung

[1]Macht ein Anteilsinhaber geltend, dass eine im Umwandlungsbeschluss bestimmte Barabfindung, die ihm nach § 207 Abs. 1 anzubieten war, zu niedrig bemessen sei, so hat auf seinen Antrag das Gericht nach den Vorschriften des Spruchverfahrensgesetzes die angemessene Barabfindung zu bestimmen. [2]Das gleiche gilt, wenn die Barabfindung nicht oder nicht ordnungsgemäß angeboten worden ist.

§ 213 Unbekannte Aktionäre

Auf unbekannte Aktionäre ist § 35 entsprechend anzuwenden.

German company law and tax law provision

Part 2: Special Provisions

Chapter 1: Change of Legal Form of Partnerships

Subchapter 1: Change of Legal Form of Commercial Partnerships

Sec. 214 Conditions for change of legal form

(1) A commercial partnership may by virtue of a reorganisation resolution under this Act only acquire the legal form of a corporation or a registered cooperative society.

(2) A dissolved commercial partnership may not change its legal form if the partners have pursuant to Sec. 145 German Commercial Code agreed upon a form of settlement other than liquidation or change of legal form.

Sec. 215 Reorganisation report

No reorganisation report shall be required if all partners of the company changing its legal form are authorised to manage the business.

Sec. 216 Notification of the partners

The representative body of the company changing its legal form must announce the change of legal form as subject matter of resolution in textual form to all partners excluded from managing the business at the latest together with the invitation to the partners' meeting which is to approve the change of legal form, and transmit a reorganisation report required pursuant to this Book as well as the offer of a compensatory cash payment as per Sec. 207.

Sec. 217 Resolution by the partners' meeting

(1) ¹The reorganisation resolution by the partners' meeting shall require the approval of all partners present; any defaulting partners must approve of it too. ²The partnership agreement of the company changing its legal form may provide for a majority decision by the partners. ³The majority must be at least three quarters of the votes cast.

(2) The partners opting for the change of legal form in the case of a majority decision have to be listed by name in the record of the reorganisation resolution.

(3) A change of the legal form to a partnership limited by shares must be approved by all partners supposed to hold the position of a general partner in that company.

Sec. 218 Contents of the reorganisation resolution

(1) ¹The reorganisation resolution must also include the articles of association of the limited liability company or the cooperative society or establish the articles of association of a stock corporation or the partnership limited by shares. ²The respective documents shall not need to be signed by the members.

(2) The reorganisation resolution to a partnership limited by shares must provide for at least one partner of the company changing its legal form to participate in the company as a general partner, or for at least one general partner to enter the company.

(3) The reorganisation resolution to a cooperative society must provide for the participation of each member by at least one share. The resolution may also specify that each member will have at least one share in the cooperative society, and apart from this, as many shares

Zweiter Teil: Besondere Vorschriften
Erster Abschnitt: Formwechsel von Personengesellschaften
Erster Unterabschnitt: Formwechsel von Personenhandelsgesellschaften

§ 214 Möglichkeit des Formwechsels

(1) Eine Personenhandelsgesellschaft kann aufgrund eines Umwandlungsbeschlusses nach diesem Gesetz nur die Rechtsform einer Kapitalgesellschaft oder einer eingetragenen Genossenschaft erlangen.

(2) Eine aufgelöste Personenhandelsgesellschaft kann die Rechtsform nicht wechseln, wenn die Gesellschafter nach § 145 des Handelsgesetzbuchs eine andere Art der Auseinandersetzung als die Abwicklung oder als den Formwechsel vereinbart haben.

§ 215 Umwandlungsbericht

Ein Umwandlungsbericht ist nicht erforderlich, wenn alle Gesellschafter der formwechselnden Gesellschaft zur Geschäftsführung berechtigt sind.

§ 216 Unterrichtung der Gesellschafter

Das Vertretungsorgan der formwechselnden Gesellschaft hat allen von der Geschäftsführung ausgeschlossenen Gesellschaftern spätestens zusammen mit der Einberufung der Gesellschafterversammlung, die den Formwechsel beschließen soll, diesen Formwechsel als Gegenstand der Beschlussfassung in Textform anzukündigen und einen nach diesem Buch erforderlichen Umwandlungsbericht sowie ein Abfindungsangebot nach § 207 zu übersenden.

§ 217 Beschluss der Gesellschafterversammlung

(1) ¹Der Umwandlungsbeschluss der Gesellschafterversammlung bedarf der Zustimmung aller anwesenden Gesellschafter; ihm müssen auch die nicht erschienenen Gesellschafter zustimmen. ²Der Gesellschaftsvertrag der formwechselnden Gesellschaft kann eine Mehrheitsentscheidung der Gesellschafter vorsehen. ³Die Mehrheit muss mindestens drei Viertel der abgegebenen Stimmen betragen.

(2) Die Gesellschafter, die im Falle einer Mehrheitsentscheidung für den Formwechsel gestimmt haben, sind in der Niederschrift über den Umwandlungsbeschluss namentlich aufzuführen.

(3) Dem Formwechsel in eine Kommanditgesellschaft auf Aktien müssen alle Gesellschafter zustimmen, die in dieser Gesellschaft die Stellung eines persönlich haftenden Gesellschafters haben sollen.

§ 218 Inhalt des Umwandlungsbeschlusses

(1) ¹In dem Umwandlungsbeschluss muss auch der Gesellschaftsvertrag der Gesellschaft mit beschränkter Haftung oder die Satzung der Genossenschaft enthalten sein oder die Satzung der Aktiengesellschaft oder der Kommanditgesellschaft auf Aktien festgestellt werden. ²Eine Unterzeichnung der Satzung durch die Mitglieder ist nicht erforderlich.

(2) Der Beschluss zur Umwandlung in eine Kommanditgesellschaft auf Aktien muss vorsehen, dass sich an dieser Gesellschaft mindestens ein Gesellschafter der formwechselnden Gesellschaft als persönlich haftender Gesellschafter beteiligt oder dass der Gesellschaft mindestens ein persönlich haftender Gesellschafter beitritt.

(3) Der Beschluss zur Umwandlung in eine Genossenschaft muss die Beteiligung jedes Mitglieds mit mindestens einem Geschäftsanteil vorsehen. In dem Beschluss kann auch bestimmt werden, dass jedes Mitglied bei der Genossenschaft mit mindestens einem und im übrigen mit so vielen Geschäftsanteilen, wie sie durch Anrechnung seines Ge-

as are to be deemed fully paid taking its cooperative share with this cooperative society into account.

Sec. 219 Legal status as founder

¹As regards the application of the formation provisions, the founders shall be equal to the partners of the company changing its legal form. ²In the case of a majority decision, the partners having voted for the change of form as well as, in the case of change of form to a partnership limited by shares, also any entering general partners shall be substituted for the founders.

Sec. 220 Capital protection

(1) The nominal amount of the share capital of a limited liability company, a stock corporation or a partnership limited by shares must not exceed the assets of the company changing its legal form remaining after deduction of its liabilities.

(2) The report on the formation by contribution in kind in the case of change of legal form to a limited liability company or the formation report in the case of change of legal form to a stock corporation or a partnership limited by shares must also explain the course of business and the position of the company changing its legal form.

(3) ¹In the case of change of legal form to a stock corporation or a partnership limited by shares, a formation audit by one or several auditors (Sec. 33 (2) German Stock Corporation Act) must in any case be performed. ²The time limit of two years for post-formation acquisitions specified in Sec. 52 (1) German Stock Corporation Act shall commence upon the coming into effect of the change of legal form.

Sec. 221 Entry of general partners

¹The entry of any partner which has not belonged to the company changing its legal form provided for in a reorganisation resolution to a partnership limited by shares must be recorded by a notary. ²The articles of association of the partnership limited by shares must be approved by each entering general partner.

Sec. 222 Application for registration of the change of legal form

(1) ¹The application for registration pursuant to Sec. 198, including the application for registration of the articles of association of the cooperative society, must be effected by all members of the future representative body and if, pursuant to the provisions applicable to the new legal form, the legal entity must have a supervisory board, also by all members of that supervisory board. ²The registration of the members of the management body must be applied for together with that of the cooperative society.

(2) In the event that the legal entity of new legal form is a stock corporation or a partnership limited by shares, the application for registration as per Paragraph 1 must also be effected by all partners being equal to the founders of that company pursuant to Sec. 219.

(3) The registration of the reorganisation pursuant to Sec. 198 (2) Sentence 3 may also be applied for by the partners authorised to represent the company changing its legal form.

Sec. 223 Enclosures to the application for registration

In addition to any other documents required, an official copy or an attested copy of the documents in respect of the entry of all general partners must be enclosed with the application for registration of the new legal form or the legal entity of new legal form in the case of a change of legal form to a partnership limited by shares.

schäftsguthabens bei dieser Genossenschaft als voll eingezahlt anzusehen sind, beteiligt wird.

§ 219 Rechtsstellung als Gründer

[1]Bei der Anwendung der Gründungsvorschriften stehen den Gründern die Gesellschafter der formwechselnden Gesellschaft gleich. [2]Im Falle einer Mehrheitsentscheidung treten an die Stelle der Gründer die Gesellschafter, die für den Formwechsel gestimmt haben, sowie beim Formwechsel in eine Kommanditgesellschaft auf Aktien auch beitretende persönlich haftende Gesellschafter.

§ 220 Kapitalschutz

(1) Der Nennbetrag des Stammkapitals einer Gesellschaft mit beschränkter Haftung oder des Grundkapitals einer Aktiengesellschaft oder einer Kommanditgesellschaft auf Aktien darf das nach Abzug der Schulden verbleibende Vermögen der formwechselnden Gesellschaft nicht übersteigen.

(2) In dem Sachgründungsbericht beim Formwechsel in eine Gesellschaft mit beschränkter Haftung oder in dem Gründungsbericht beim Formwechsel in eine Aktiengesellschaft oder in eine Kommanditgesellschaft auf Aktien sind auch der bisherige Geschäftsverlauf und die Lage der formwechselnden Gesellschaft darzulegen.

(3) [1]Beim Formwechsel in eine Aktiengesellschaft oder in eine Kommanditgesellschaft auf Aktien hat die Gründungsprüfung durch einen oder mehrere Prüfer (§ 33 Abs. 2 des Aktiengesetzes) in jedem Fall stattzufinden. [2]Die für Nachgründungen in § 52 Abs. 1 des Aktiengesetzes bestimmte Frist von zwei Jahren beginnt mit dem Wirksamwerden des Formwechsels.

§ 221 Beitritt persönlich haftender Gesellschafter

[1]Der in einem Beschluss zur Umwandlung in eine Kommanditgesellschaft auf Aktien vorgesehene Beitritt eines Gesellschafters, welcher der formwechselnden Gesellschaft nicht angehört hat, muss notariell beurkundet werden. [2]Die Satzung der Kommanditgesellschaft auf Aktien ist von jedem beitretenden persönlich haftenden Gesellschafter zu genehmigen.

§ 222 Anmeldung des Formwechsels

(1) [1]Die Anmeldung nach § 198 einschließlich der Anmeldung der Satzung der Genossenschaft ist durch alle Mitglieder des künftigen Vertretungsorgans sowie, wenn der Rechtsträger nach den für die neue Rechtsform geltenden Vorschriften einen Aufsichtsrat haben muss, auch durch alle Mitglieder dieses Aufsichtsrats vorzunehmen. [2]Zugleich mit der Genossenschaft sind die Mitglieder ihres Vorstandes zur Eintragung in das Register anzumelden.

(2) Ist der Rechtsträger neuer Rechtsform eine Aktiengesellschaft oder eine Kommanditgesellschaft auf Aktien, so haben die Anmeldung nach Absatz 1 auch alle Gesellschafter vorzunehmen, die nach § 219 den Gründern dieser Gesellschaft gleichstehen.

(3) Die Anmeldung der Umwandlung zur Eintragung in das Register nach § 198 Abs. 2 Satz 3 kann auch von den zur Vertretung der formwechselnden Gesellschaft ermächtigten Gesellschaftern vorgenommen werden.

§ 223 Anlagen der Anmeldung

Der Anmeldung der neuen Rechtsform oder des Rechtsträgers neuer Rechtsform sind beim Formwechsel in eine Kommanditgesellschaft auf Aktien außer den sonst erforderlichen Unterlagen auch die Urkunden über den Beitritt aller beitretenden persönlich haftenden Gesellschafter in Ausfertigung oder öffentlich beglaubigter Abschrift beizufügen.

Sec. 224 Continuation of and time limit for personal liability

(1) The change of legal form shall not affect the claims of the creditors of the company against any of its partners from liabilities of the company changing its legal form for which liabilities that partner is personally liable pursuant to Sec. 128 German Commercial Code at the time of the change of legal form.

(2) The partner shall be liable for the aforesaid liabilities if the latter become due before expiration of five years from the change of legal form and claims of a type specified in Sec. 197 (1) No. 3 to 5 German Civil Code against the partner have been established, or any court or public enforcement act is effected or applied for; in the case of liabilities under public law, the issue of an administrative act shall suffice.

(3) ¹The time limit shall commence at the date when the registration of the new legal form or the legal entity of new legal form has been announced. ²Secs. 204, 206, 210, 211 and 212 (2) and (3) German Civil Code applicable to statutory limitation shall apply *mutatis mutandis*.

(4) No establishment in a manner specified in Sec. 197 (1) No. 3 to 5 German Civil Code shall be required in so far as the partner has accepted the claim in writing.

(5) Paragraphs 1 to 4 shall also apply if the partner will act in a managerial capacity with the legal entity of a different legal form.

Sec. 225 Audit of the compensatory cash payment

¹In the case of Sec. 217 (1) Sentence 2, the adequateness of the offered compensatory cash payment as per Sec. 208 in conjunction with Sec. 30 (2) is to be audited only at the request of a partner. ²The cost shall be borne by the company.

Subchapter 2: Change of Legal Form of Professional Partnership Companies

Sec. 225a Conditions for change of legal form

A professional partnership company may by virtue of a reorganisation resolution under this Act only acquire the legal form of a corporation or a registered cooperative society.

Sec. 225b Reorganisation report and notification of the partners

¹A reorganisation report shall be required only if a partner of the partnership company changing its legal form is excluded from managing the business pursuant to Sec. 6 (2) of the German Professional Partnership Companies Act. ²Any partners excluded from managing the company's business have to be informed in accordance with Sec. 216.

Sec. 225c Applicable provisions

Sec. 214 (2) and Secs. 217 to 225 shall *mutatis mutandis* apply to a change of the legal form of a professional partnership company.

Deutsche gesellschafts- und steuerrechtliche Gesetzesvorschriften

§ 224 Fortdauer und zeitliche Begrenzung der persönlichen Haftung

(1) Der Formwechsel berührt nicht die Ansprüche der Gläubiger der Gesellschaft gegen einen ihrer Gesellschafter aus Verbindlichkeiten der formwechselnden Gesellschaft, für die dieser im Zeitpunkt des Formwechsels nach § 128 des Handelsgesetzbuchs persönlich haftet.

(2) Der Gesellschafter haftet für diese Verbindlichkeiten, wenn sie vor Ablauf von fünf Jahren nach dem Formwechsel fällig und daraus Ansprüche gegen ihn in einer in § 197 Abs. 1 Nr. 3 bis 5 des Bürgerlichen Gesetzbuchs bezeichneten Art festgestellt sind oder eine gerichtliche oder behördliche Vollstreckungshandlung vorgenommen oder beantragt wird; bei öffentlich-rechtlichen Verbindlichkeiten genügt der Erlass eines Verwaltungsakts.

(3) ¹Die Frist beginnt mit dem Tage, an dem die Eintragung der neuen Rechtsform oder des Rechtsträgers neuer Rechtsform in das Register bekannt gemacht worden ist. ²Die für die Verjährung geltenden §§ 204, 206, 210, 211 und 212 Abs. 2 und 3 des Bürgerlichen Gesetzbuchs sind entsprechend anzuwenden.

(4) Einer Feststellung in einer in § 197 Abs. 1 Nr. 3 bis 5 des Bürgerlichen Gesetzbuchs bezeichneten Art bedarf es nicht, soweit der Gesellschafter den Anspruch schriftlich anerkannt hat.

(5) Die Absätze 1 bis 4 sind auch anzuwenden, wenn der Gesellschafter in dem Rechtsträger anderer Rechtsform geschäftsführend tätig wird.

§ 225 Prüfung des Abfindungsangebots

¹Im Falle des § 217 Abs. 1 Satz 2 ist die Angemessenheit der angebotenen Barabfindung nach § 208 in Verbindung mit § 30 Abs. 2 nur auf Verlangen eines Gesellschafters zu prüfen. ²Die Kosten trägt die Gesellschaft.

Zweiter Unterabschnitt: Formwechsel von Partnerschaftsgesellschaften

§ 225a Möglichkeit des Formwechsels

Eine Partnerschaftsgesellschaft kann aufgrund eines Umwandlungsbeschlusses nach diesem Gesetz nur die Rechtsform einer Kapitalgesellschaft oder einer eingetragenen Genossenschaft erlangen.

§ 225b Umwandlungsbericht und Unterrichtung der Partner

¹Ein Umwandlungsbericht ist nur erforderlich, wenn ein Partner der formwechselnden Partnerschaft gemäß § 6 Abs. 2 des Partnerschaftsgesellschaftsgesetzes von der Geschäftsführung ausgeschlossen ist. ²Von der Geschäftsführung ausgeschlossene Partner sind entsprechend § 216 zu unterrichten.

§ 225c Anzuwendende Vorschriften

Auf den Formwechsel einer Partnerschaftsgesellschaft sind § 214 Abs. 2 und die §§ 217 bis 225 entsprechend anzuwenden.

Chapter 2: Change of Legal Form of Corporations

Subchapter 1: General Provisions

Sec. 226 Conditions for change of legal form

A corporation may by virtue of a reorganisation resolution under this Act only acquire the legal form of a civil law association, a commercial partnership, a professional partnership company, another corporation or a registered cooperative society.

Sec. 227 Inapplicable provisions

Secs. 207 to 212 shall in the case of change of legal form to a partnership limited by shares not apply to the general partners of that company.

Subchapter 2: Change of Legal Form into a Partnership

Sec. 228 Conditions for change of legal form

(1) A corporation may acquire the legal form of a commercial partnership through a change of legal form only if the purpose of the company complies with the provisions on the formation of a general commercial partnership at the time of the coming into effect of the change of legal form (Sec. 105 (1) and (2) German Commercial Code).

(2) ^{1}A change of legal form to a professional partnership company shall only be possible if, at the time of its coming into effect, all shareholders of the legal entity changing its form are natural persons exercising a liberal profession (Sec. 1 (1) and (2) German Professional Partnership Companies Act). ^{2}Sec. 1 (3) German Professional Partnership Companies Act shall remain unaffected.

Sec. 229

(cancelled)

Sec. 230 Preparation of the shareholders' meeting

(1) The managing directors of a limited liability company changing its legal form must announce this change of form as a subject matter of resolution in textual form to all shareholders at the latest together with the invitation to the shareholders' meeting which is to decide the change of legal form, and transmit the reorganisation report.

(2) ^{1}The reorganisation report of a stock corporation or a partnership limited by shares must be displayed at the premises of the company for inspection by the stockholders as from the invitation to the general meeting which is to decide the change of legal form. ^{2}A copy of the reorganisation report must on request be issued to every stockholder and each general partner excluded from managing the business immediately and at no charge.

Sec. 231 Notification of the compensatory cash payment

^{1}The representative body of the company changing its legal form must transmit the offer of a compensatory cash payment as per Sec. 207 to the shareholders or stockholders at the latest together with the invitation to the shareholders' meeting or the general meeting which is to decide on the change of legal form. ^{2}Transmission shall be equal to the announcement of the offer of a compensatory cash payment in the Electronic Federal Gazette and any other corporate papers specified.

147 Deutsche gesellschafts- und steuerrechtliche Gesetzesvorschriften

Zweiter Abschnitt: Formwechsel von Kapitalgesellschaften
Erster Unterabschnitt: Allgemeine Vorschriften

§ 226 Möglichkeit des Formwechsels

Eine Kapitalgesellschaft kann aufgrund eines Umwandlungsbeschlusses nach diesem Gesetz nur die Rechtsform einer Gesellschaft des bürgerlichen Rechts, einer Personenhandelsgesellschaft, einer Partnerschaftsgesellschaft, einer anderen Kapitalgesellschaft oder einer eingetragenen Genossenschaft erlangen.

§ 227 Nicht anzuwendende Vorschriften

Die §§ 207 bis 212 sind beim Formwechsel einer Kommanditgesellschaft auf Aktien nicht auf deren persönlich haftende Gesellschafter anzuwenden.

Zweiter Unterabschnitt: Formwechsel in eine Personengesellschaft

§ 228 Möglichkeit des Formwechsels

(1) Durch den Formwechsel kann eine Kapitalgesellschaft die Rechtsform einer Personenhandelsgesellschaft nur erlangen, wenn der Unternehmensgegenstand im Zeitpunkt des Wirksamwerdens des Formwechsels den Vorschriften über die Gründung einer offenen Handelsgesellschaft (§ 105 Abs. 1 und 2 des Handelsgesetzbuchs) genügt.

(2) ¹Ein Formwechsel in eine Partnerschaftsgesellschaft ist nur möglich, wenn im Zeitpunkt seines Wirksamwerdens alle Anteilsinhaber des formwechselnden Rechtsträgers natürliche Personen sind, die einen Freien Beruf ausüben (§ 1 Abs. 1 und 2 des Partnerschaftsgesellschaftsgesetzes). ²§ 1 Abs. 3 des Partnerschaftsgesellschaftsgesetzes bleibt unberührt.

§ 229

(weggefallen)

§ 230 Vorbereitung der Versammlung der Anteilsinhaber

(1) Die Geschäftsführer einer formwechselnden Gesellschaft mit beschränkter Haftung haben allen Gesellschaftern spätestens zusammen mit der Einberufung der Gesellschafterversammlung, die den Formwechsel beschließen soll, diesen Formwechsel als Gegenstand der Beschlussfassung in Textform anzukündigen und den Umwandlungsbericht zu übersenden.

(2) ¹Der Umwandlungsbericht einer Aktiengesellschaft oder einer Kommanditgesellschaft auf Aktien ist von der Einberufung der Hauptversammlung an, die den Formwechsel beschließen soll, in dem Geschäftsraum der Gesellschaft zur Einsicht der Aktionäre auszulegen. ²Auf Verlangen ist jedem Aktionär und jedem von der Geschäftsführung ausgeschlossenen persönlich haftenden Gesellschafter unverzüglich und kostenlos eine Abschrift des Umwandlungsberichts zu erteilen.

§ 231 Mitteilung des Abfindungsangebots

¹Das Vertretungsorgan der formwechselnden Gesellschaft hat den Gesellschaftern oder Aktionären spätestens zusammen mit der Einberufung der Gesellschafterversammlung oder der Hauptversammlung, die den Formwechsel beschließen soll, das Abfindungsangebot nach § 207 zu übersenden. ²Der Übersendung steht es gleich, wenn das Abfindungsangebot im elektronischen Bundesanzeiger und den sonst bestimmten Gesellschaftsblättern bekannt gemacht wird.

Sec. 232 Holding of the shareholders' meeting

(1) The reorganisation report must be displayed at the shareholders' meeting or the general meeting which is to decide the change of legal form.

(2) The draft of the reorganisation resolution by a stock corporation or a partnership limited by shares has to be explained verbally by the representative body of that company at the beginning of the meeting.

Sec. 233 Resolution by the shareholders' meeting

(1) The reorganisation resolution by the shareholders' meeting or the general meeting shall require the approval of all shareholders or stockholders present if the company changing its legal form is supposed to acquire the legal form of a civil law association, a general commercial partnership or a professional partnership company; any defaulting shareholders must approve of the resolution too.

(2) ¹In the event that the company changing its legal form is to be transformed to a limited partnership, the reorganisation resolution shall require a majority of at least three quarters of the votes cast at the shareholders' meeting of a limited liability company or the share capital present at resolution by a stock corporation or a partnership limited by shares; Sec. 50 (2) and Sec. 65 (2) shall apply *mutatis mutandis*. ²The articles of association of the company changing its legal form may specify a higher majority and further requirements. ³The change of legal form must be approved by all shareholders or stockholders supposed to hold the position of a general partner in the limited partnership.

(3) ¹Furthermore, the change of legal form of a partnership limited by shares must be approved by the general partners of the latter. ²The articles of association of the company changing its legal form may in the case of change of form to a limited partnership provide for a majority decision by those partners. ³Any of the aforesaid partners may declare its withdrawal from the legal entity as of the date when the change of legal form takes effect.

Sec. 234 Contents of the reorganisation resolution

¹The reorganisation resolution must also include:

1. the specification of the registered office of the partnership;
2. in the case of change of legal form to a limited partnership, the limited partners and the amount of their respective contributions;
3. the partnership agreement of the partnership. ²Sec. 213 shall not apply to the partnership agreement in the case of change of legal form to a professional partnership company.

Sec. 235 Application for registration of the change of legal form

(1) ¹In the case of change of legal form to a civil law association, the entry of the reorganisation of the company in the register in which the company changing its form is registered shall be applied for instead of the entry of the new legal form. ²Sec. 198 (2) shall not apply.

(2) The application for registration as per Paragraph 1 or Sec. 198 must be effected by the representative body of the company changing its legal form.

§ 232 Durchführung der Versammlung der Anteilsinhaber

(1) In der Gesellschafterversammlung oder in der Hauptversammlung, die den Formwechsel beschließen soll, ist der Umwandlungsbericht auszulegen.

(2) Der Entwurf des Umwandlungsbeschlusses einer Aktiengesellschaft oder einer Kommanditgesellschaft auf Aktien ist von deren Vertretungsorgan zu Beginn der Verhandlung mündlich zu erläutern.

§ 233 Beschluss der Versammlung der Anteilsinhaber

(1) Der Umwandlungsbeschluss der Gesellschafterversammlung oder der Hauptversammlung bedarf, wenn die formwechselnde Gesellschaft die Rechtsform einer Gesellschaft des bürgerlichen Rechts, einer offenen Handelsgesellschaft oder einer Partnerschaftsgesellschaft erlangen soll, der Zustimmung aller anwesenden Gesellschafter oder Aktionäre; ihm müssen auch die nicht erschienenen Anteilsinhaber zustimmen.

(2) ¹Soll die formwechselnde Gesellschaft in eine Kommanditgesellschaft umgewandelt werden, so bedarf der Umwandlungsbeschluss einer Mehrheit von mindestens drei Vierteln der bei der Gesellschafterversammlung einer Gesellschaft mit beschränkter Haftung abgegebenen Stimmen oder des bei der Beschlussfassung einer Aktiengesellschaft oder einer Kommanditgesellschaft auf Aktien vertretenen Grundkapitals; § 50 Abs. 2 und § 65 Abs. 2 sind entsprechend anzuwenden. ²Der Gesellschaftsvertrag oder die Satzung der formwechselnden Gesellschaft kann eine größere Mehrheit und weitere Erfordernisse bestimmen. ³Dem Formwechsel müssen alle Gesellschafter oder Aktionäre zustimmen, die in der Kommanditgesellschaft die Stellung eines persönlich haftenden Gesellschafters haben sollen.

(3) ¹Dem Formwechsel einer Kommanditgesellschaft auf Aktien müssen ferner deren persönlich haftende Gesellschafter zustimmen. ²Die Satzung der formwechselnden Gesellschaft kann für den Fall des Formwechsels in eine Kommanditgesellschaft eine Mehrheitsentscheidung dieser Gesellschafter vorsehen. ³Jeder dieser Gesellschafter kann sein Ausscheiden aus dem Rechtsträger für den Zeitpunkt erklären, in dem der Formwechsel wirksam wird.

§ 234 Inhalt des Umwandlungsbeschlusses

¹In dem Umwandlungsbeschluss müssen auch enthalten sein:

1. die Bestimmung des Sitzes der Personengesellschaft;
2. beim Formwechsel in eine Kommanditgesellschaft die Angabe der Kommanditisten sowie des Betrages der Einlage eines jeden von ihnen;
3. der Gesellschaftsvertrag der Personengesellschaft. ²Beim Formwechsel in eine Partnerschaftsgesellschaft ist § 213 auf den Partnerschaftsvertrag nicht anzuwenden.

§ 235 Anmeldung des Formwechsels

(1) ¹Beim Formwechsel in eine Gesellschaft des bürgerlichen Rechts ist statt der neuen Rechtsform die Umwandlung der Gesellschaft zur Eintragung in das Register, in dem die formwechselnde Gesellschaft eingetragen ist, anzumelden. ²§ 198 Abs. 2 ist nicht anzuwenden.

(2) Die Anmeldung nach Absatz 1 oder nach § 198 ist durch das Vertretungsorgan der formwechselnden Gesellschaft vorzunehmen.

German company law and tax law provision

Sec. 236 Effects of the change of legal form

Upon the coming into effect of the change of legal form of a partnership limited by shares, any general partners having declared their withdrawal from the legal entity pursuant to Sec. 233 (3) Sentence 3 shall leave the company.

Sec. 237 Continuation of and time limit for personal liability

In the event that a general partner of a partnership limited by shares changing its legal form acquires the legal status of a limited partner upon the change of legal form to a limited partnership, Sec. 224 shall *mutatis mutandis* apply to its liability for the liabilities of the company changing its form substantiated at the time of change of legal form.

Subchapter 3: Change of Legal Form into a Corporation of a Different Legal Form

Sec. 238 Preparation of the shareholders' meeting

[1]Secs. 230 and 231 shall *mutatis mutandis* apply to the preparation of the shareholders' meeting or the general meeting which is to decide the change of legal form. [2]Sec. 192 (2) shall remain unaffected.

Sec. 239 Holding of the shareholders' meeting

(1) The reorganisation report must be displayed at the shareholders' meeting or the general meeting which is to decide the change of legal form.

(2) The draft of the reorganisation resolution by a stock corporation or a partnership limited by shares is to be explained verbally by the representative body of that company at the beginning of the meeting.

Sec. 240 Resolution by the shareholders' meeting

(1) [1]The reorganisation resolution shall require a majority of at least three quarters of the votes cast at the shareholders' meeting of a limited liability company or the share capital present at resolution by a stock corporation or a partnership limited by shares; Sec. 65 (2) shall apply *mutatis mutandis*. [2]The articles of association of the company changing its legal form may specify a higher majority and further requirements; in the case of change of legal form of a partnership limited by shares to a stock corporation they may even specify a lower majority.

(2) [1]Any shareholders supposed to hold the position of a general partner in the company of new legal form must approve the change of legal form of a limited liability company or a stock corporation to a partnership limited by shares. [2]Sec. 221 shall *mutatis mutandis* apply to the entry of general partners.

(3) [1]Furthermore, the general partners of a partnership limited by shares must approve the change of legal form of such a company. [2]The articles of association of the company changing its legal form may provide for a majority decision of such partners.

Sec. 241 Approval requirements in the case of change of legal form of a limited liability company

(1) [1]In the event that the reorganisation resolution by a limited liability company changing its legal form causes the stocks in the articles of association of the stock corporation or the partnership limited by shares to total an amount which is higher than the minimum

§ 236 Wirkungen des Formwechsels

Mit dem Wirksamwerden des Formwechsels einer Kommanditgesellschaft auf Aktien scheiden persönlich haftende Gesellschafter, die nach § 233 Abs. 3 Satz 3 ihr Ausscheiden aus dem Rechtsträger erklärt haben, aus der Gesellschaft aus.

§ 237 Fortdauer und zeitliche Begrenzung der persönlichen Haftung

Erlangt ein persönlich haftender Gesellschafter einer formwechselnden Kommanditgesellschaft auf Aktien beim Formwechsel in eine Kommanditgesellschaft die Rechtsstellung eines Kommanditisten, so ist auf seine Haftung für die im Zeitpunkt des Formwechsels begründeten Verbindlichkeiten der formwechselnden Gesellschaft § 224 entsprechend anzuwenden.

Dritter Unterabschnitt: Formwechsel in eine Kapitalgesellschaft anderer Rechtsform

§ 238 Vorbereitung der Versammlung der Anteilsinhaber

[1]Auf die Vorbereitung der Gesellschafterversammlung oder der Hauptversammlung, die den Formwechsel beschließen soll, sind die §§ 230 und 231 entsprechend anzuwenden. [2]§ 192 Abs. 2 bleibt unberührt.

§ 239 Durchführung der Versammlung der Anteilsinhaber

(1) In der Gesellschafterversammlung oder in der Hauptversammlung, die den Formwechsel beschließen soll, ist der Umwandlungsbericht auszulegen.

(2) Der Entwurf des Umwandlungsbeschlusses einer Aktiengesellschaft oder einer Kommanditgesellschaft auf Aktien ist von deren Vertretungsorgan zu Beginn der Verhandlung mündlich zu erläutern.

§ 240 Beschluss der Versammlung der Anteilsinhaber

(1) [1]Der Umwandlungsbeschluss bedarf einer Mehrheit von mindestens drei Vierteln der bei der Gesellschafterversammlung einer Gesellschaft mit beschränkter Haftung abgegebenen Stimmen oder des bei der Beschlussfassung einer Aktiengesellschaft oder einer Kommanditgesellschaft auf Aktien vertretenen Grundkapitals; § 65 Abs. 2 ist entsprechend anzuwenden. [2]Der Gesellschaftsvertrag oder die Satzung der formwechselnden Gesellschaft kann eine größere Mehrheit und weitere Erfordernisse, beim Formwechsel einer Kommanditgesellschaft auf Aktien in eine Aktiengesellschaft auch eine geringere Mehrheit bestimmen.

(2) [1]Dem Formwechsel einer Gesellschaft mit beschränkter Haftung oder einer Aktiengesellschaft in eine Kommanditgesellschaft auf Aktien müssen alle Gesellschafter oder Aktionäre zustimmen, die in der Gesellschaft neuer Rechtsform die Stellung eines persönlich haftenden Gesellschafters haben sollen. [2]Auf den Beitritt persönlich haftender Gesellschafter ist § 221 entsprechend anzuwenden.

(3) [1]Dem Formwechsel einer Kommanditgesellschaft auf Aktien müssen ferner deren persönlich haftende Gesellschafter zustimmen. [2]Die Satzung der formwechselnden Gesellschaft kann eine Mehrheitsentscheidung dieser Gesellschafter vorsehen.

§ 241 Zustimmungserfordernisse beim Formwechsel einer Gesellschaft mit beschränkter Haftung

(1) [1]Werden durch den Umwandlungsbeschluss einer formwechselnden Gesellschaft mit beschränkter Haftung die Aktien in der Satzung der Aktiengesellschaft oder der Kommanditgesellschaft auf Aktien auf einen höheren als den Mindestbetrag nach § 8 Abs. 2

German company law and tax law provision

amount pursuant to Sec. 8 (2) or (3) German Stock Corporation Act and differs from the nominal amount of the shares of the company changing its legal form, each shareholder unable to participate relative to the total nominal amount of its shares must approve of this. ²Sec. 17 (6) of the German Limited Liability Companies Act shall in so far not apply.

(2) Furthermore, Sec. 50 (2) shall *mutatis mutandis* apply to the requirement of approval by individual shareholders.

(3) If, apart from the provision of capital contributions, other obligations vis-à-vis the company have been imposed on individual shareholders, which obligations cannot be maintained upon the change of legal form due to the restrictive provision in Sec. 55 German Stock Corporation Act, the change of legal form shall also require the approval of those shareholders.

Sec. 242 Approval requirements in the case of change of legal form of a stock corporation or a partnership limited by shares

In the event that the nominal amount of the shares in the articles of association of the corporation is fixed at an amount deviating from the amount of the stocks in the reorganisation resolution by a stock corporation or a partnership limited by shares changing its legal form, and this is not caused by Sec. 243 (3) Sentence 2, each stockholder unable to participate with its total share must approve of that amount fixed.

Sec. 243 Contents of the reorganisation resolution

(1) ¹Sec. 218 shall *mutatis mutandis* apply to the reorganisation resolution. Any stipulations as to special benefits, formation expense, contributions in kind and transfers of assets contained in the articles of association of the company changing its legal form have to be incorporated in the articles of association of the company of new legal form. ²This shall not affect Sec. 26 (4) and (5) German Stock Corporation Act.

(2) Any provisions in other acts of law with regard to share capital changes shall remain unaffected.

(3) ¹The amount of the share capital allocable to the shares fixed in the articles of association of the company of new legal form may differ from the amount of the shares of the company changing its legal form. ²In the case of a limited liability company, the amount must in any case be at least Euro 50 and divisible by ten.

Sec. 244 Record of the reorganisation resolution, articles of association

(1) The persons equated with the founders of the company pursuant to Sec. 245 (1) to (3) are to be listed by name in the record of the reorganisation resolution.

(2) In the case of change of legal form of a stock corporation or a partnership limited by shares to a limited liability company, the articles of association shall not need to be signed by the shareholders.

Sec. 245 Legal status as founder; capital protection

(1) ¹In the case of change of legal form of a limited liability company to a stock corporation or a partnership limited by shares to which the formation provisions of the German Stock Corporation Act are applied, the shareholders having opted for the change of legal form and, in the case of change of legal form of a limited liability company to a partnership limited by shares, also any entering general partners shall be substituted for the founders. ²Sec. 220 shall apply *mutatis mutandis*. ³Sec. 52 German Stock Corporation Act is not to

oder 3 des Aktiengesetzes und abweichend vom Nennbetrag der Geschäftsanteile der formwechselnden Gesellschaft gestellt, so muss dem jeder Gesellschafter zustimmen, der sich nicht dem Gesamtnennbetrag seiner Geschäftsanteile entsprechend beteiligen kann. ²§ 17 Abs. 6 des Gesetzes betreffend die Gesellschaften mit beschränkter Haftung gilt insoweit nicht.

(2) Auf das Erfordernis der Zustimmung einzelner Gesellschafter ist ferner § 50 Abs. 2 entsprechend anzuwenden.

(3) Sind einzelnen Gesellschaftern außer der Leistung von Kapitaleinlagen noch andere Verpflichtungen gegenüber der Gesellschaft auferlegt und können diese wegen der einschränkenden Bestimmung des § 55 des Aktiengesetzes bei dem Formwechsel nicht aufrechterhalten werden, so bedarf der Formwechsel auch der Zustimmung dieser Gesellschafter.

§ 242 Zustimmungserfordernis beim Formwechsel einer Aktiengesellschaft oder einer Kommanditgesellschaft auf Aktien

Wird durch den Umwandlungsbeschluss einer formwechselnden Aktiengesellschaft oder Kommanditgesellschaft auf Aktien der Nennbetrag der Geschäftsanteile in dem Gesellschaftsvertrag der Gesellschaft mit beschränkter Haftung abweichend vom Betrag der Aktien festgesetzt und ist dies nicht durch § 243 Abs. 3 Satz 2 bedingt, so muss der Festsetzung jeder Aktionär zustimmen, der sich nicht mit seinem gesamten Anteil beteiligen kann.

§ 243 Inhalt des Umwandlungsbeschlusses

(1) ¹Auf den Umwandlungsbeschluss ist § 218 entsprechend anzuwenden. Festsetzungen über Sondervorteile, Gründungsaufwand, Sacheinlagen und Sachübernahmen, die in dem Gesellschaftsvertrag oder in der Satzung der formwechselnden Gesellschaft enthalten sind, sind in den Gesellschaftsvertrag oder in die Satzung der Gesellschaft neuer Rechtsform zu übernehmen. ²§ 26 Abs. 4 und 5 des Aktiengesetzes bleibt unberührt.

(2) Vorschriften anderer Gesetze über die Änderung des Stammkapitals oder des Grundkapitals bleiben unberührt.

(3) ¹In dem Gesellschaftsvertrag oder in der Satzung der Gesellschaft neuer Rechtsform kann der auf die Anteile entfallende Betrag des Stamm- oder Grundkapitals abweichend vom Betrag der Anteile der formwechselnden Gesellschaft festgesetzt werden. ²Bei einer Gesellschaft mit beschränkter Haftung muss er in jedem Fall mindestens fünfzig Euro betragen und durch zehn teilbar sein.

§ 244 Niederschrift über den Umwandlungsbeschluss, Gesellschaftsvertrag

(1) In der Niederschrift über den Umwandlungsbeschluss sind die Personen, die nach § 245 Abs. 1 bis 3 den Gründern der Gesellschaft gleichstehen, namentlich aufzuführen.

(2) Beim Formwechsel einer Aktiengesellschaft oder einer Kommanditgesellschaft auf Aktien in eine Gesellschaft mit beschränkter Haftung braucht der Gesellschaftsvertrag von den Gesellschaftern nicht unterzeichnet zu werden.

§ 245 Rechtsstellung als Gründer; Kapitalschutz

(1) ¹Bei einem Formwechsel einer Gesellschaft mit beschränkter Haftung in eine Aktiengesellschaft oder in eine Kommanditgesellschaft auf Aktien treten bei der Anwendung der Gründungsvorschriften des Aktiengesetzes an die Stelle der Gründer die Gesellschafter, die für den Formwechsel gestimmt haben, sowie beim Formwechsel einer Gesellschaft mit beschränkter Haftung in eine Kommanditgesellschaft auf Aktien auch beitretende persönlich haftende Gesellschafter. ²§ 220 ist entsprechend anzuwenden. ³§ 52 des Aktiengesetzes ist nicht anzuwenden, wenn die Gesellschaft mit beschränkter

German company law and tax law provision

be applied if the limited liability company has already been registered for more than two years before the coming into effect of the change of legal form.

(2) ¹In the event of change of legal form of a stock corporation to a partnership limited by shares, the general partners of the company of new legal form shall in the case of application of the formation provisions of the German Stock Corporation Act be substituted for the founders. ³Sec. 52 German Stock Corporation Act shall not apply.

(3) ¹In the event of change of legal form of a partnership limited by shares to a stock corporation, the general partners of the company changing its legal form shall in the case of application of the formation provisions of the German Stock Corporation Act be substituted for the founders. ²Sec. 220 shall apply *mutatis mutandis*. ³Sec. 52 German Stock Corporation Act shall not apply.

(4) In the event of change of legal form of a stock corporation or a partnership limited by shares to a limited liability company, no report on the formation by contribution in kind shall be required.

Sec. 246 Application for registration of the change of legal form

(1) The application for registration pursuant to Sec. 198 is to be effected by the representative body of the company changing its form.

(2) The registration of the managing directors of the limited liability company, the members of the board of directors of the stock corporation or the general partners of the partnership limited by shares must be applied for concurrently with the registration of the new legal form or the legal entity of new form.

(3) Sec. 8 (2) of the German Limited Liability Companies Act and Sec. 37 (1) German Stock Corporation Act shall not apply to the application for registration as per Sec. 198.

Sec. 247 Effects of the change of legal form

(1) The change of legal form shall cause the previous share capital of a limited liability company changing its legal form to become the share capital of the company of new legal form and the previous share capital of a stock corporation or a partnership limited by shares changing its legal form, respectively, to become the share capital of the company of new legal form.

(2) The change of legal form of a partnership limited by shares causes its general partners to withdraw from the company in this capacity.

Sec. 248 Exchange of shares

(1) Sec. 73 German Stock Corporation Act and, in the case of the consolidation of shares, Sec. 226 German Stock Corporation Act on the invalidation of stock shall *mutatis mutandis* apply to the exchange of the shares of a limited liability company changing its legal form for stocks.

(2) Sec. 73 (1) and (2) German Stock Corporation Act and, in the case of the consolidation of stocks, Sec. 226 (1) and (2) German Stock Corporation Act on the invalidation of stock shall *mutatis mutandis* apply to the exchange of the stocks of a stock corporation or a partnership limited by shares changing its legal form for shares of a limited liability company.

(3) This shall not require any court permission.

Sec. 249 Protection of creditors

Sec. 224 shall *mutatis mutandis* also apply to the change of legal form of a partnership limited by shares to a limited liability company or a stock corporation.

Haftung vor dem Wirksamwerden des Formwechsels bereits länger als zwei Jahre in das Register eingetragen war.

(2) ¹Beim Formwechsel einer Aktiengesellschaft in eine Kommanditgesellschaft auf Aktien treten bei der Anwendung der Gründungsvorschriften des Aktiengesetzes an die Stelle der Gründer die persönlich haftenden Gesellschafter der Gesellschaft neuer Rechtsform. ²§ 220 ist entsprechend anzuwenden. ³§ 52 des Aktiengesetzes ist nicht anzuwenden.

(3) ¹Beim Formwechsel einer Kommanditgesellschaft auf Aktien in eine Aktiengesellschaft treten bei der Anwendung der Gründungsvorschriften des Aktiengesetzes an die Stelle der Gründer die persönlich haftenden Gesellschafter der formwechselnden Gesellschaft. ²§ 220 ist entsprechend anzuwenden. ³§ 52 des Aktiengesetzes ist nicht anzuwenden.

(4) Beim Formwechsel einer Aktiengesellschaft oder einer Kommanditgesellschaft auf Aktien in eine Gesellschaft mit beschränkter Haftung ist ein Sachgründungsbericht nicht erforderlich.

§ 246 Anmeldung des Formwechsels

(1) Die Anmeldung nach § 198 ist durch das Vertretungsorgan der formwechselnden Gesellschaft vorzunehmen.

(2) Zugleich mit der neuen Rechtsform oder mit dem Rechtsträger neuer Rechtsform sind die Geschäftsführer der Gesellschaft mit beschränkter Haftung, die Vorstandsmitglieder der Aktiengesellschaft oder die persönlich haftenden Gesellschafter der Kommanditgesellschaft auf Aktien zur Eintragung in das Register anzumelden.

(3) § 8 Abs. 2 des Gesetzes betreffend die Gesellschaften mit beschränkter Haftung und § 37 Abs. 1 des Aktiengesetzes sind auf die Anmeldung nach § 198 nicht anzuwenden.

§ 247 Wirkungen des Formwechsels

(1) Durch den Formwechsel wird das bisherige Stammkapital einer formwechselnden Gesellschaft mit beschränkter Haftung zum Grundkapital der Gesellschaft neuer Rechtsform oder das bisherige Grundkapital einer formwechselnden Aktiengesellschaft oder Kommanditgesellschaft auf Aktien zum Stammkapital der Gesellschaft neuer Rechtsform.

(2) Durch den Formwechsel einer Kommanditgesellschaft auf Aktien scheiden deren persönlich haftende Gesellschafter als solche aus der Gesellschaft aus.

§ 248 Umtausch der Anteile

(1) Auf den Umtausch der Geschäftsanteile einer formwechselnden Gesellschaft mit beschränkter Haftung gegen Aktien ist § 73 des Aktiengesetzes, bei Zusammenlegung von Geschäftsanteilen § 226 des Aktiengesetzes über die Kraftloserklärung von Aktien entsprechend anzuwenden.

(2) Auf den Umtausch der Aktien einer formwechselnden Aktiengesellschaft oder Kommanditgesellschaft auf Aktien gegen Geschäftsanteile einer Gesellschaft mit beschränkter Haftung ist § 73 Abs. 1 und 2 des Aktiengesetzes, bei Zusammenlegung von Aktien § 226 Abs. 1 und 2 des Aktiengesetzes über die Kraftloserklärung von Aktien entsprechend anzuwenden.

(3) Einer Genehmigung des Gerichts bedarf es nicht.

§ 249 Gläubigerschutz

Auf den Formwechsel einer Kommanditgesellschaft auf Aktien in eine Gesellschaft mit beschränkter Haftung oder in eine Aktiengesellschaft ist auch § 224 entsprechend anzuwenden.

Sec. 250 Inapplicable provisions

Secs. 207 to 212 shall not apply to the change of legal form of a stock corporation to a partnership limited by shares or of a partnership limited by shares to a stock corporation.

Subchapter 4: Change of Legal Form into a Registered Cooperative Society

Sec. 251 Preparation and holding of the shareholders' meeting

(1) ¹Secs. 229 to 231 shall *mutatis mutandis* apply to the preparation of the shareholders' meeting or the general meeting which is to decide the change of legal form. ²Sec. 192 (2) shall remain unaffected.

(2) Sec. 239 (1) shall *mutatis mutandis* apply to the shareholders' meeting or the general meeting which is to decide the change of legal form; as regards the general meeting, Sec. 239 (2) shall *mutatis mutandis* apply as well.

Sec. 252 Resolution by the shareholders' meeting

(1) The reorganisation resolution by the shareholders' meeting or the general meeting shall, in the event that the articles of association of the cooperative society provide for an obligation of the members to make additional contributions, require the approval of all shareholders present; even any defaulting shareholders must approve of the resolution.

(2) ¹In the event that the members are not to be obligated to make additional contributions, the reorganisation resolution shall require a majority of at least three quarters of the votes cast at the shareholders' meeting of a limited liability company or of the share capital represented at resolution by a stock corporation or a partnership limited by shares; Sec. 50 (2) and Sec. 65 (2) shall apply *mutatis mutandis.* ²The articles of association of the company changing its legal form may specify a higher majority and further requirements.

(3) Sec. 240 (3) shall *mutatis mutandis* apply to the change of legal form of a partnership limited by shares.

Sec. 253 Contents of the reorganisation resolution

(1) ¹The reorganisation resolution must also include the articles of association of the cooperative society. ²The articles of association shall not need to be signed by the members.

(2) ¹The reorganisation resolution must provide for each member to participate with at least one share. ²The resolution may also stipulate that every member shall participate in the cooperative society with at least one and, apart from this, with as many shares as have to be deemed fully paid taking its cooperative share with this cooperative society into account.

Sec. 254 Application for registration of the change of legal form

(1) The application for registration pursuant to Sec. 198, including the application for registration of the articles of association of the cooperative society, has to be effected by the representative body of the company changing its legal form.

(2) The registration of the members of the management body of the cooperative society has to be applied for concurrently with that of the cooperative society.

157 Deutsche gesellschafts- und steuerrechtliche Gesetzesvorschriften

§ 250 Nicht anzuwendende Vorschriften

Die §§ 207 bis 212 sind auf den Formwechsel einer Aktiengesellschaft in eine Kommanditgesellschaft auf Aktien oder einer Kommanditgesellschaft auf Aktien in eine Aktiengesellschaft nicht anzuwenden.

Vierter Unterabschnitt: Formwechsel in eine eingetragene Genossenschaft

§ 251 Vorbereitung und Durchführung der Versammlung der Anteilsinhaber

(1) ¹Auf die Vorbereitung der Gesellschafterversammlung oder der Hauptversammlung, die den Formwechsel beschließen soll, sind die §§ 229 bis 231 entsprechend anzuwenden. ²§ 192 Abs. 2 bleibt unberührt.

(2) Auf die Gesellschafterversammlung oder die Hauptversammlung, die den Formwechsel beschließen soll, ist § 239 Abs. 1, auf die Hauptversammlung auch § 239 Abs. 2 entsprechend anzuwenden.

§ 252 Beschluss der Versammlung der Anteilsinhaber

(1) Der Umwandlungsbeschluss der Gesellschafterversammlung oder der Hauptversammlung bedarf, wenn die Satzung der Genossenschaft eine Verpflichtung der Mitglieder zur Leistung von Nachschüssen vorsieht, der Zustimmung aller anwesenden Gesellschafter oder Aktionäre; ihm müssen auch die nicht erschienenen Anteilsinhaber zustimmen.

(2) ¹Sollen die Mitglieder nicht zur Leistung von Nachschüssen verpflichtet werden, so bedarf der Umwandlungsbeschluss einer Mehrheit von mindestens drei Vierteln der bei der Gesellschafterversammlung einer Gesellschaft mit beschränkter Haftung abgegebenen Stimmen oder des bei der Beschlussfassung einer Aktiengesellschaft oder einer Kommanditgesellschaft auf Aktien vertretenen Grundkapitals; § 50 Abs. 2 und § 65 Abs. 2 sind entsprechend anzuwenden. ²Der Gesellschaftsvertrag oder die Satzung der formwechselnden Gesellschaft kann eine größere Mehrheit und weitere Erfordernisse bestimmen.

(3) Auf den Formwechsel einer Kommanditgesellschaft auf Aktien ist § 240 Abs. 3 entsprechend anzuwenden.

§ 253 Inhalt des Umwandlungsbeschlusses

(1) ¹In dem Umwandlungsbeschluss muss auch die Satzung der Genossenschaft enthalten sein. ²Eine Unterzeichnung der Satzung durch die Mitglieder ist nicht erforderlich.

(2) ¹Der Umwandlungsbeschluss muss die Beteiligung jedes Mitglieds mit mindestens einem Geschäftsanteil vorsehen. ²In dem Beschluss kann auch bestimmt werden, dass jedes Mitglied bei der Genossenschaft mit mindestens einem und im übrigen mit so vielen Geschäftsanteilen, wie sie durch Anrechnung seines Geschäftsguthabens bei dieser Genossenschaft als voll eingezahlt anzusehen sind, beteiligt wird.

§ 254 Anmeldung des Formwechsels

(1) Die Anmeldung nach § 198 einschließlich der Anmeldung der Satzung der Genossenschaft ist durch das Vertretungsorgan der formwechselnden Gesellschaft vorzunehmen.

(2) Zugleich mit der Genossenschaft sind die Mitglieder ihres Vorstandes zur Eintragung in das Register anzumelden.

German company law and tax law provision

Sec. 255 Effects of the change of legal form

(1) ¹Every shareholder acquiring the status of a member shall participate in the cooperative society subject to the terms of the reorganisation resolution. ²This shall not affect any obligation to acquire additional shares. ³Sec. 202 (1) No. 2 Sentence 2 is to be applied subject to the proviso that any existing third-party rights in the previous shares continue to exist in the cooperative shares obtained owing to the change of legal form.

(2) Pursuant to Sec. 80 German Cooperative Societies Act, the court must not declare the dissolution of the cooperative society *ex officio* before expiration of one year from the coming into effect of the change of legal form.

(3) The change of legal form of a partnership limited by shares causes its general partners to withdraw from the legal entity in this capacity.

Sec. 256 Cooperative share, notification of the members

(1) The value of the shares or stocks constituting the member's holding in the company changing its legal form is to be credited to each member as its cooperative share.

(2) ¹In the event that the cooperative share of a member obtained owing to the change of legal form exceeds the total amount of the shares constituting its holding in the cooperative society, the excess amount is to be paid to the member after expiration of six months from the date when the registration of the cooperative society has been announced. ²However, payment must not be effected before the creditors having reported pursuant to Sec. 204 in conjunction with Sec. 22 have been satisfied or secured.

(3) The cooperative society must inform each member in textual form immediately after the announcement of the registration of the cooperative society of the following:
   1. the amount of its cooperative share;
   2. the amount and the number of shares constituting its holding in the cooperative society;
   3. the amount yet to be paid by the member after taking account of its cooperative share, or the amount to be paid to that member as per Paragraph 2;
   4. the cooperative society's amount of liability coverage, provided that the members have to make additional contributions up to an amount of liability coverage.

Sec. 257 Protection of creditors

Sec. 224 shall *mutatis mutandis* also apply to the change of legal form of a partnership limited by shares.

Chapter 3: Change of Legal Form of Registered Cooperative Societies

Sec. 258 Conditions for change of legal form

(1) A registered cooperative society may by virtue of a reorganisation resolution under this Act only acquire the legal form of a corporation.

(2) The change of legal form shall only be possible if a share divisible by ten of at least Euro 50 is allocable to each member going to participate in the company of new legal form as a partner with limited liability and if at least one full stock is allocable to a member which will participate in that company as a stockholder.

§ 255 Wirkungen des Formwechsels

(1) ¹Jeder Anteilsinhaber, der die Rechtsstellung eines Mitglieds erlangt, ist bei der Genossenschaft nach Maßgabe des Umwandlungsbeschlusses beteiligt. ²Eine Verpflichtung zur Übernahme weiterer Geschäftsanteile bleibt unberührt. ³§ 202 Abs. 1 Nr. 2 Satz 2 ist mit der Maßgabe anzuwenden, dass die an den bisherigen Anteilen bestehenden Rechte Dritter an den durch den Formwechsel erlangten Geschäftsguthaben weiterbestehen.

(2) Das Gericht darf eine Auflösung der Genossenschaft von Amts wegen nach § 80 des Genossenschaftsgesetzes nicht vor Ablauf eines Jahres seit dem Wirksamwerden des Formwechsels aussprechen.

(3) Durch den Formwechsel einer Kommanditgesellschaft auf Aktien scheiden deren persönlich haftende Gesellschafter als solche aus dem Rechtsträger aus.

§ 256 Geschäftsguthaben, Benachrichtigung der Mitglieder

(1) Jedem Mitglied ist als Geschäftsguthaben der Wert der Geschäftsanteile oder der Aktien gutzuschreiben, mit denen es an der formwechselnden Gesellschaft beteiligt war.

(2) ¹Übersteigt das durch den Formwechsel erlangte Geschäftsguthaben eines Mitglieds den Gesamtbetrag der Geschäftsanteile, mit denen es bei der Genossenschaft beteiligt ist, so ist der übersteigende Betrag nach Ablauf von sechs Monaten seit dem Tage, an dem die Eintragung der Genossenschaft in das Register bekannt gemacht worden ist, an das Mitglied auszuzahlen. ²Die Auszahlung darf jedoch nicht erfolgen, bevor die Gläubiger, die sich nach § 204 in Verbindung mit § 22 gemeldet haben, befriedigt oder sichergestellt sind.

(3) Die Genossenschaft hat jedem Mitglied unverzüglich nach der Bekanntmachung der Eintragung der Genossenschaft in das Register in Textform mitzuteilen:

1. den Betrag seines Geschäftsguthabens;
2. den Betrag und die Zahl der Geschäftsanteile, mit denen er bei der Genossenschaft beteiligt ist;
3. den Betrag der von dem Mitglied nach Anrechnung seines Geschäftsguthabens noch zu leistenden Einzahlung oder den Betrag, der nach Absatz 2 an ihn auszuzahlen ist;
4. den Betrag der Haftsumme der Genossenschaft, sofern die Mitglieder Nachschüsse bis zu einer Haftsumme zu leisten haben.

§ 257 Gläubigerschutz

Auf den Formwechsel einer Kommanditgesellschaft auf Aktien ist auch § 224 entsprechend anzuwenden.

Dritter Abschnitt: Formwechsel eingetragener Genossenschaften

§ 258 Möglichkeit des Formwechsels

(1) Eine eingetragene Genossenschaft kann aufgrund eines Umwandlungsbeschlusses nach diesem Gesetz nur die Rechtsform einer Kapitalgesellschaft erlangen.

(2) Der Formwechsel ist nur möglich, wenn auf jedes Mitglied, das an der Gesellschaft neuer Rechtsform beteiligt wird, als beschränkt haftender Gesellschafter ein durch zehn teilbarer Geschäftsanteil von mindestens fünfzig Euro oder als Aktionär mindestens eine volle Aktie entfällt.

Sec. 259 Opinion by the audit association

An expert opinion by the audit association as to whether the change of legal form is compatible with the interests of the members and the creditors of the cooperative society and, in particular, whether Sec. 263 (2) Sentence 2 and Sec. 264 (1) have been complied with in the determination of the share capital, has to be obtained before invitation to the general meeting which is to decide the change of legal form (audit opinion).

Sec. 260 Preparation of the general meeting

(1) ¹The management body of the cooperative society changing its legal form must announce such a change of form as subject matter of resolution in textual form to all members at the latest together with the invitation to the general meeting which is to decide the change of legal form. ²The announcement must refer to the majorities required for resolution pursuant to Sec. 262 (1) as well as to the option to object and the rights ensuing therefrom.

(2) ¹Secs. 229, 230 (2) and Sec. 231 Sentence 1 shall apply *mutatis mutandis.* ²Sec. 192 (2) shall remain unaffected.

(3) ¹In addition to any other documents required, the audit opinion submitted pursuant to Sec. 259 has to be displayed at the premises of the cooperative society changing its legal form for inspection by the members. ²A copy of this audit opinion has on request to be issued to every shareholder immediately and at no charge.

Sec. 261 Holding of the general meeting

(1) ¹Provided that this is required under this Book, the reorganisation report has to be disclosed at the general meeting which is to decide the change of legal form together with the audit opinion submitted pursuant to Sec. 259. ²The management body must at the beginning of the meeting verbally explain the reorganisation resolution.

(2) ¹The audit opinion has to be read out at the general meeting. ²The audit association shall be entitled to take part in the general meeting in an advisory capacity.

Sec. 262 Resolution by the general meeting

(1) ¹The reorganisation resolution by the general meeting shall require a majority of at least three quarters of the votes cast. ²It shall require a majority of nine-tenths of the votes cast if at the latest by expiration of the third day before the general meeting at least 100 members, in the case of cooperative societies with less than 1,000 members one-tenth of the members, have objected to the change of legal form by registered letter. ³The articles of association may provide for a higher majority and further requirements.

(2) ¹Sec. 240 (2) shall *mutatis mutandis* apply to a change of legal form to a partnership limited by shares.

Sec. 263 Contents of the reorganisation resolution

(1) ¹Secs. 218, 243 (3) and Sec. 244 (2) shall *mutatis mutandis* apply to the reorganisation resolution.

(2) ¹As regards the determination of the number, type and size of the shares (Sec. 194 (1) No. 4), the resolution is to stipulate that every member acquiring the status of a limited partner or a stockholder shall participate in the share capital of the company of new legal form at the ratio of its cooperative share to the aggregate of the cooperative shares of all the members which have become partners or stockholders through the change of legal form at the end of the last fiscal year expired before resolution on the change of legal

§ 259 Gutachten des Prüfungsverbandes

Vor der Einberufung der Generalversammlung, die den Formwechsel beschließen soll, ist eine gutachtliche Äußerung des Prüfungsverbandes einzuholen, ob der Formwechsel mit den Belangen der Mitglieder und der Gläubiger der Genossenschaft vereinbar ist, insbesondere ob bei der Festsetzung des Stammkapitals oder des Grundkapitals § 263 Abs. 2 Satz 2 und § 264 Abs. 1 beachtet sind (Prüfungsgutachten).

§ 260 Vorbereitung der Generalversammlung

(1) ¹Der Vorstand der formwechselnden Genossenschaft hat allen Mitgliedern spätestens zusammen mit der Einberufung der Generalversammlung, die den Formwechsel beschließen soll, diesen Formwechsel als Gegenstand der Beschlussfassung in Textform anzukündigen. ²In der Ankündigung ist auf die für die Beschlussfassung nach § 262 Abs. 1 erforderlichen Mehrheiten sowie auf die Möglichkeit der Erhebung eines Widerspruchs und die sich daraus ergebenden Rechte hinzuweisen.

(2) ¹Auf die Vorbereitung der Generalversammlung sind die §§ 229, 230 Abs. 2 und § 231 Satz 1 entsprechend anzuwenden. ²§ 192 Abs. 2 bleibt unberührt.

(3) ¹In dem Geschäftsraum der formwechselnden Genossenschaft ist außer den sonst erforderlichen Unterlagen auch das nach § 259 erstattete Prüfungsgutachten zur Einsicht der Mitglieder auszulegen. ²Auf Verlangen ist jedem Mitglied unverzüglich und kostenlos eine Abschrift dieses Prüfungsgutachtens zu erteilen.

§ 261 Durchführung der Generalversammlung

(1) ¹In der Generalversammlung, die den Formwechsel beschließen soll, ist der Umwandlungsbericht, sofern er nach diesem Buch erforderlich ist, und das nach § 259 erstattete Prüfungsgutachten auszulegen. ²Der Vorstand hat den Umwandlungsbeschluss zu Beginn der Verhandlung mündlich zu erläutern.

(2) ¹Das Prüfungsgutachten ist in der Generalversammlung zu verlesen. ²Der Prüfungsverband ist berechtigt, an der Generalversammlung beratend teilzunehmen.

§ 262 Beschluss der Generalversammlung

(1) ¹Der Umwandlungsbeschluss der Generalversammlung bedarf einer Mehrheit von mindestens drei Vierteln der abgegebenen Stimmen. ²Er bedarf einer Mehrheit von neun Zehnteln der abgegebenen Stimmen, wenn spätestens bis zum Ablauf des dritten Tages vor der Generalversammlung mindestens 100 Mitglieder, bei Genossenschaften mit weniger als 1.000 Mitgliedern ein Zehntel der Mitglieder, durch eingeschriebenen Brief Widerspruch gegen den Formwechsel erhoben haben. ³Die Satzung kann größere Mehrheiten und weitere Erfordernisse bestimmen.

(2) ¹Auf den Formwechsel in eine Kommanditgesellschaft auf Aktien ist § 240 Abs. 2 entsprechend anzuwenden.

§ 263 Inhalt des Umwandlungsbeschlusses

(1) ¹Auf den Umwandlungsbeschluss sind auch die §§ 218, 243 Abs. 3 und § 244 Abs. 2 entsprechend anzuwenden.

(2) ¹In dem Beschluss ist bei der Festlegung von Zahl, Art und Umfang der Anteile (§ 194 Abs. 1 Nr. 4) zu bestimmen, dass an dem Stammkapital oder an dem Grundkapital der Gesellschaft neuer Rechtsform jedes Mitglied, das die Rechtsstellung eines beschränkt haftenden Gesellschafters oder eines Aktionärs erlangt, in dem Verhältnis beteiligt wird, in dem am Ende des letzten vor der Beschlussfassung über den Formwechsel abgelaufenen Geschäftsjahres sein Geschäftsguthaben zur Summe der Geschäftsguthaben aller Mitglieder gestanden hat, die durch den Formwechsel Gesellschafter oder Aktio-

form. ²The nominal amount of the share capital has to be assessed in such a way that, if possible, full stocks are allocable to each member.

(3) ¹The shares of a limited liability company shall only total a nominal amount exceeding Euro 100 in so far as full shares at the higher nominal value are allocable to the members of the cooperative society changing its legal form. ²Stocks may only total an amount exceeding the minimum amount as per Sec. 8 (2) and (3) German Stock Corporation Act in so far as full stocks at the higher amount are allocable to the members. ³In the event that the representative body of the stock corporation or the partnership limited by shares is authorised by the articles of association to increase the share capital up to a certain nominal amount by issuing new stocks against contributions, the authorisation must not provide for the representative body to decide on the exclusion of the subscription right.

Sec. 264 Capital protection

(1) ¹The nominal amount of the share capital of a limited liability company, a stock corporation or a partnership limited by shares must not exceed the assets of the cooperative society changing its legal form remaining after deduction of its liabilities.

(2) In the event of change of legal form to a limited liability company, the members of the cooperative society changing its legal form shall not be obligated to submit a report on the formation by contribution in kind.

(3) ¹In the event of change of legal form to a stock corporation or a partnership limited by shares, the formation audit by one or several auditors (Sec. 33 (2) German Stock Corporation Act) must in any case be performed. ²The members of the cooperative society changing its legal form shall, however, not be obligated to submit a formation report; Secs. 32, 35 (1) and (2) and Sec. 46 German Stock Corporation Act shall not apply. ³The time limit of two years for post-formation acquisitions specified in Sec. 52 (1) German Stock Corporation Act shall commence upon the coming into effect of the change of legal form.

Sec. 265 Application for registration of the change of legal form

Sec. 222 (1) Sentence 1 and (3) shall *mutatis mutandis* apply to the application pursuant to Sec. 198. ²The original or an attested copy of the audit opinion submitted pursuant to Sec. 259 has to be enclosed with the application.

Sec. 266 Effects of the change of legal form

(1) ¹The change of legal form shall cause the previous shares to become shares in the company of new legal form and partial rights. ²Sec. 202 (1) No. 2 Sentence 2 shall be applied subject to the proviso that any third-party rights existing in the previous cooperative shares shall continue in the shares and partial rights obtained by the change of legal form.

(2) ¹Any partial rights arising from the change of legal form may be disposed of and devised independently.

(3) ¹The rights from a stock including the right to the issuance of a stock document may only be exercised if partial rights, which together give a full stock, are held by one party or if several parties having title, whose partial rights give a full stock, unite for the purpose of exercising the rights. ²The legal entity shall arrange for the consolidation of partial rights to full stocks.

näre geworden sind. ²Der Nennbetrag des Grundkapitals ist so zu bemessen, dass auf jedes Mitglied möglichst volle Aktien entfallen.

(3) ¹Die Geschäftsanteile einer Gesellschaft mit beschränkter Haftung sollen auf einen höheren Nennbetrag als hundert Euro nur gestellt werden, soweit auf die Mitglieder der formwechselnden Genossenschaft volle Geschäftsanteile mit dem höheren Nennbetrag entfallen. ²Aktien können auf einen höheren Betrag als den Mindestbetrag nach § 8 Abs. 2 und 3 des Aktiengesetzes nur gestellt werden, soweit volle Aktien mit dem höheren Betrag auf die Mitglieder entfallen. ³Wird das Vertretungsorgan der Aktiengesellschaft oder der Kommanditgesellschaft auf Aktien in der Satzung ermächtigt, das Grundkapital bis zu einem bestimmten Nennbetrag durch Ausgabe neuer Aktien gegen Einlagen zu erhöhen, so darf die Ermächtigung nicht vorsehen, dass das Vertretungsorgan über den Ausschluss des Bezugsrechts entscheidet.

§ 264 Kapitalschutz

(1) ¹Der Nennbetrag des Stammkapitals einer Gesellschaft mit beschränkter Haftung oder des Grundkapitals einer Aktiengesellschaft oder einer Kommanditgesellschaft auf Aktien darf das nach Abzug der Schulden verbleibende Vermögen der formwechselnden Genossenschaft nicht übersteigen.

(2) Beim Formwechsel in eine Gesellschaft mit beschränkter Haftung sind die Mitglieder der formwechselnden Genossenschaft nicht verpflichtet, einen Sachgründungsbericht zu erstatten.

(3) ¹Beim Formwechsel in eine Aktiengesellschaft oder in eine Kommanditgesellschaft auf Aktien hat die Gründungsprüfung durch einen oder mehrere Prüfer (§ 33 Abs. 2 des Aktiengesetzes) in jedem Fall stattzufinden. ²Jedoch sind die Mitglieder der formwechselnden Genossenschaft nicht verpflichtet, einen Gründungsbericht zu erstatten; die §§ 32, 35 Abs. 1 und 2 und § 46 des Aktiengesetzes sind nicht anzuwenden. ³Die für Nachgründungen in § 52 Abs. 1 des Aktiengesetzes bestimmte Frist von zwei Jahren beginnt mit dem Wirksamwerden des Formwechsels.

§ 265 Anmeldung des Formwechsels

¹Auf die Anmeldung nach § 198 ist § 222 Abs. 1 Satz 1 und Abs. 3 entsprechend anzuwenden. ²Der Anmeldung ist das nach § 259 erstattete Prüfungsgutachten in Urschrift oder in öffentlich beglaubigter Abschrift beizufügen.

§ 266 Wirkungen des Formwechsels

(1) ¹Durch den Formwechsel werden die bisherigen Geschäftsanteile zu Anteilen an der Gesellschaft neuer Rechtsform und zu Teilrechten. ²§ 202 Abs. 1 Nr. 2 Satz 2 ist mit der Maßgabe anzuwenden, dass die an den bisherigen Geschäftsguthaben bestehenden Rechte Dritter an den durch den Formwechsel erlangten Anteilen und Teilrechten weiterbestehen.

(2) Teilrechte, die durch den Formwechsel entstehen, sind selbständig veräußerlich und vererblich.

(3) ¹Die Rechte aus einer Aktie einschließlich des Anspruchs auf Ausstellung einer Aktienurkunde können nur ausgeübt werden, wenn Teilrechte, die zusammen eine volle Aktie ergeben, in einer Hand vereinigt sind oder wenn mehrere Berechtigte, deren Teilrechte zusammen eine volle Aktie ergeben, sich zur Ausübung der Rechte zusammenschließen. ²Der Rechtsträger soll die Zusammenführung von Teilrechten zu vollen Aktien vermitteln.

Sec. 267 Notification of the shareholders

(1) ¹The representative body of the company of new legal form must inform every shareholder in textual form immediately after the announcement of the registration of the company of the contents of the entry as well as of the number and, except for no par value shares, the nominal value of the shares and the partial right allocable to the shareholder. ²Reference has in this respect to be made to the provisions on partial rights in Sec. 266.

(2) ¹The essence of the announcement has to be published together with the notification in the corporate papers. ²The reference as per Paragraph 1 Sentence 2 shall not need to be included in the announcement.

Sec. 268 Request to the stockholders, disposal of stocks

(1) ¹The notification as per Sec. 267 must request the stockholders to call for the stocks they are entitled to. ²Reference is in this respect to be made to the fact that, after three warnings, the company is entitled to dispose of any stocks which have not been called for within six months from the announcement of the request in the corporate papers for the account of the parties involved. ³This reference shall not need to be included in the announcement of the request in the corporate papers.

(2) ¹After expiration of six months from the announcement of the request in the corporate papers, the company of new legal form must give warning of the disposal of the uncollected stocks. ²The warning has to be announced in the corporate papers three times at intervals of at least one month. ³The last announcement must be made before expiration of one year from the announcement of the request.

(3) ¹After expiration of six months from the last announcement of the warning, the company must dispose of the uncollected stocks for the account of the parties involved at the official stock exchange quotation through the intermediary of an official ledger broker and, in the absence of an official stock exchange quotation, by public auction. ²Sec. 226 (3) Sentences 2 to 6 German Stock Corporation Act shall apply *mutatis mutandis*.

Sec. 269 Resolution by the general meeting, authorised capital

¹As long as, in the case of change of legal form to a stock corporation or partnership limited by shares, the stocks collected or disposed of as per Sec. 268 (3) do not total at least six-tenths of the share capital, the general meeting of the company of new legal form may not pass any resolution requiring a capital majority. ²The representative body of the company must during this period not use any authorisation to increase the share capital.

Sec. 270 Compensatory cash payment offer

(1) The compensatory cash payment offer as per Sec. 207 (1) Sentence 1 shall also apply to each member which has objected to the change of legal form by registered letter before expiration of the third day before the date when the reorganisation resolution has been passed.

(2) ¹An expert opinion by the audit association is to be obtained with regard to the compensatory cash payment. ²Sec. 30 (2) Sentences 2 and 3 shall not apply.

Sec. 271 Continuation of the obligation to make additional contributions

¹In the event that the assets of the company of new legal form are subjected to insolvency proceedings within two years after the date when their entry in the register has been announced, each member having acquired the status of a limited partner or a stockholder through the change of legal form shall within the scope of the articles of association of the

§ 267 Benachrichtigung der Anteilsinhaber

(1) ¹Das Vertretungsorgan der Gesellschaft neuer Rechtsform hat jedem Anteilsinhaber unverzüglich nach der Bekanntmachung der Eintragung der Gesellschaft in das Register deren Inhalt sowie die Zahl und, mit Ausnahme von Stückaktien, den Nennbetrag der Anteile und des Teilrechts, die auf ihn entfallen sind, in Textform mitzuteilen. ²Dabei soll auf die Vorschriften über Teilrechte in § 266 hingewiesen werden.

(2) ¹Zugleich mit der Mitteilung ist deren wesentlicher Inhalt in den Gesellschaftsblättern bekanntzumachen. ²Der Hinweis nach Absatz 1 Satz 2 braucht in die Bekanntmachung nicht aufgenommen zu werden.

§ 268 Aufforderung an die Aktionäre, Veräußerung von Aktien

(1) ¹In der Mitteilung nach § 267 sind Aktionäre aufzufordern, die ihnen zustehenden Aktien abzuholen. ²Dabei ist darauf hinzuweisen, dass die Gesellschaft berechtigt ist, Aktien, die nicht binnen sechs Monaten seit der Bekanntmachung der Aufforderung in den Gesellschaftsblättern abgeholt werden, nach dreimaliger Androhung für Rechnung der Beteiligten zu veräußern. ³Dieser Hinweis braucht nicht in die Bekanntmachung der Aufforderung in den Gesellschaftsblättern aufgenommen zu werden.

(2) ¹Nach Ablauf von sechs Monaten seit der Bekanntmachung der Aufforderung in den Gesellschaftsblättern hat die Gesellschaft neuer Rechtsform die Veräußerung der nicht abgeholten Aktien anzudrohen. ²Die Androhung ist dreimal in Abständen von mindestens einem Monat in den Gesellschaftsblättern bekanntzumachen. ³Die letzte Bekanntmachung muss vor dem Ablauf von einem Jahr seit der Bekanntmachung der Aufforderung ergehen.

(3) ¹Nach Ablauf von sechs Monaten seit der letzten Bekanntmachung der Androhung hat die Gesellschaft die nicht abgeholten Aktien für Rechnung der Beteiligten zum amtlichen Börsenpreis durch Vermittlung eines Kursmaklers und beim Fehlen eines Börsenpreises durch öffentliche Versteigerung zu veräußern. ²§ 226 Abs. 3 Satz 2 bis 6 des Aktiengesetzes ist entsprechend anzuwenden.

§ 269 Hauptversammlungsbeschlüsse, genehmigtes Kapital

Solange beim Formwechsel in eine Aktiengesellschaft oder in eine Kommanditgesellschaft auf Aktien die abgeholten oder nach § 268 Abs. 3 veräußerten Aktien nicht insgesamt mindestens sechs Zehntel des Grundkapitals erreichen, kann die Hauptversammlung der Gesellschaft neuer Rechtsform keine Beschlüsse fassen, die nach Gesetz oder Satzung einer Kapitalmehrheit bedürfen. ²Das Vertretungsorgan der Gesellschaft darf während dieses Zeitraums von einer Ermächtigung zu einer Erhöhung des Grundkapitals keinen Gebrauch machen.

§ 270 Abfindungsangebot

(1) Das Abfindungsangebot nach § 207 Abs. 1 Satz 1 gilt auch für jedes Mitglied, das dem Formwechsel bis zum Ablauf des dritten Tages vor dem Tage, an dem der Umwandlungsbeschluss gefasst worden ist, durch eingeschriebenen Brief widersprochen hat.

(2) ¹Zu dem Abfindungsangebot ist eine gutachtliche Äußerung des Prüfungsverbandes einzuholen. ²§ 30 Abs. 2 Satz 2 und 3 ist nicht anzuwenden.

§ 271 Fortdauer der Nachschusspflicht

Wird über das Vermögen der Gesellschaft neuer Rechtsform binnen zwei Jahren nach dem Tage, an dem ihre Eintragung in das Register bekannt gemacht worden ist, das Insolvenzverfahren eröffnet, so ist jedes Mitglied, das durch den Formwechsel die Rechtsstellung eines beschränkt haftenden Gesellschafters oder eines Aktionärs erlangt hat, im Rahmen der Satz-

German company law and tax law provision

cooperative society changing its legal form (Sec. 6 No. 3 German Cooperative Societies Act) be obligated to make additional contributions, even if it has disposed of its share or stock.
²Secs. 105 to 115a German Cooperative Societies Act shall *mutatis mutandis* apply subject to the proviso that only those liabilities of the company which had already been substantiated at the date of change of legal form have to be taken into account.

Chapter 4: Change of Legal Form of Societies with Legal Capacity

Subchapter 1: General Provisions

Sec. 272 Conditions for change of legal form

(1) A society with legal capacity may by virtue of a reorganisation resolution only acquire the legal form of a corporation or a registered cooperative society.

(2) A society may only change its legal form if neither its rules nor any Land legislation preclude this.

Subchapter 2: Change of Legal Form into a Corporation

Sec. 273 Conditions for change of legal form

The change of legal form shall only be possible if a share divisible by ten of at least Euro 50 is allocable to each member going to participate in the company of new legal form as a partner with limited liability and if at least one full stock is allocable to a member which will participate in that company as a stockholder.

Sec. 274 Preparation and holding of the members' meeting

(1) ¹Secs. 229, 230 (2), Sec. 231 Sentence 1 and Sec. 260 (1) shall *mutatis mutandis* apply to the preparation of the members' meeting which is to decide the change of legal form ²Sec. 192 (2) shall remain unaffected.

(2) Sec. 239 shall *mutatis mutandis* apply to the members' meeting which is to decide the change of legal form.

Sec. 275 Resolution by the members' meeting

(1) If the purpose of the legal entity is to be changed (Sec. 33 (1) Sentence 2 German Civil Code), the reorganisation resolution by the members' meeting shall require the approval of all members present; any defaulting members must give their approval too.

(2) ¹In other cases, the reorganisation resolution shall require a majority of at least three quarters of the members appearing. ²It shall require a majority of at least nine-tenths of the members appearing if at the latest by expiration of the third day before the members meeting at least one hundred members, in the case of societies with less than a thousand members one-tenth of the members, have objected to the change of legal form by registered letter. ³The rules may specify higher majorities and further requirements.

(3) Sec. 240 (2) shall *mutatis mutandis* apply to the change of legal form to a partnership limited by shares.

ung der formwechselnden Genossenschaft (§ 6 Nr. 3 des Genossenschaftsgesetzes) zu Nachschüssen verpflichtet, auch wenn es seinen Geschäftsanteil oder seine Aktie veräußert hat. ²Die §§ 105 bis 115a des Genossenschaftsgesetzes sind mit der Maßgabe entsprechend anzuwenden, dass nur solche Verbindlichkeiten der Gesellschaft zu berücksichtigen sind, die bereits im Zeitpunkt des Formwechsels begründet waren.

Vierter Abschnitt: Formwechsel rechtsfähiger Vereine

Erster Unterabschnitt: Allgemeine Vorschriften

§ 272 Möglichkeit des Formwechsels

(1) Ein rechtsfähiger Verein kann aufgrund eines Umwandlungsbeschlusses nur die Rechtsform einer Kapitalgesellschaft oder einer eingetragenen Genossenschaft erlangen.

(2) Ein Verein kann die Rechtsform nur wechseln, wenn seine Satzung oder Vorschriften des Landesrechts nicht entgegenstehen.

Zweiter Unterabschnitt: Formwechsel in eine Kapitalgesellschaft

§ 273 Möglichkeit des Formwechsels

Der Formwechsel ist nur möglich, wenn auf jedes Mitglied, das an der Gesellschaft neuer Rechtsform beteiligt wird, als beschränkt haftender Gesellschafter ein durch zehn teilbarer Geschäftsanteil von mindestens fünfzig Euro oder als Aktionär mindestens eine volle Aktie entfällt.

§ 274 Vorbereitung und Durchführung der Mitgliederversammlung

(1) ¹Auf die Vorbereitung der Mitgliederversammlung, die den Formwechsel beschließen soll, sind die §§ 229, 230 Abs. 2, § 231 Satz 1 und § 260 Abs. 1 entsprechend anzuwenden. ²§ 192 Abs. 2 bleibt unberührt.

(2) Auf die Mitgliederversammlung, die den Formwechsel beschließen soll, ist § 239 entsprechend anzuwenden.

§ 275 Beschluss der Mitgliederversammlung

(1) Der Umwandlungsbeschluss der Mitgliederversammlung bedarf, wenn der Zweck des Rechtsträgers geändert werden soll (§ 33 Abs. 1 Satz 2 des Bürgerlichen Gesetzbuchs), der Zustimmung aller anwesenden Mitglieder; ihm müssen auch die nicht erschienenen Mitglieder zustimmen.

(2) ¹In anderen Fällen bedarf der Umwandlungsbeschluss einer Mehrheit von mindestens drei Vierteln der erschienenen Mitglieder. ²Er bedarf einer Mehrheit von mindestens neun Zehnteln der erschienenen Mitglieder, wenn spätestens bis zum Ablauf des dritten Tages vor der Mitgliederversammlung wenigstens hundert Mitglieder, bei Vereinen mit weniger als tausend Mitgliedern ein Zehntel der Mitglieder, durch eingeschriebenen Brief Widerspruch gegen den Formwechsel erhoben haben. ³Die Satzung kann größere Mehrheiten und weitere Erfordernisse bestimmen.

(3) Auf den Formwechsel in eine Kommanditgesellschaft auf Aktien ist § 240 Abs. 2 entsprechend anzuwenden.

Sec. 276 Contents of the reorganisation resolution

(1) Secs. 218, 243 (3), Sec. 244 (2) and Sec. 263 (2) Sentence 2, (3) shall *mutatis mutandis* apply to the reorganisation resolution.

(2) Provided that not all members are to receive a share of the same amount, the participation of the members in the share capital of the company of new legal form may only be determined in accordance with any or several of the following measures:

1. in the case of societies whose assets and liabilities are divided into assignable shares, the nominal amount or the value of those shares;
2. the amount of the contributions;
3. in the case of societies having contractual business relations with their members or part of their members, the extent of recourse of the members to payments by the society or the extent of recourse of the society to payments by the members;
4. a ratio for the division of the surplus specified in the rules;
5. a ratio for the division of the assets and liabilities specified in the rules;
6. the period of membership.

Sec. 277 Capital protection

Sec. 264 shall *mutatis mutandis* also apply in the case of application of the formation provisions relevant to the new legal form.

Sec. 278 Application for registration of the change of legal form

(1) Sec. 222 (1) and (3) shall *mutatis mutandis* apply to the application for registration as per Sec. 198.

(2) ¹In the event that the society changing its legal form has not been entered in a commercial register, its executive committee must announce the impending change of legal form in the paper which is to be used for publications according to the rules and, in the absence of such a paper, in the paper specified for announcements by the local court in whose district the registered office of the society changing its legal form is located. ²The announcement shall be substituted for the entry of the reorganisation in the register pursuant to Sec. 198 (2) Sentence 3. ³Sec. 50 (1) Sentence 4 German Civil Code shall apply *mutatis mutandis*.

Sec. 279

(cancelled)

Sec. 280 Effects of the change of legal form

¹The change of legal form shall cause the previous memberships to become shares in the company of new legal form and partial rights. ²Sec. 266 (1) Sentence 2, (2) and (3) shall apply *mutatis mutandis*.

Sec. 281 Notification of the shareholders, disposal of stocks, resolutions by the general meeting

(1) Secs. 267 and 268 shall *mutatis mutandis* apply to the notification of the shareholders by the company, the call on stockholders to collect the stocks they are entitled to and to the disposal of any uncollected stocks.

§ 276 Inhalt des Umwandlungsbeschlusses

(1) Auf den Umwandlungsbeschluss sind auch die §§ 218, 243 Abs. 3, § 244 Abs. 2 und § 263 Abs. 2 Satz 2, Abs. 3 entsprechend anzuwenden.

(2) Die Beteiligung der Mitglieder am Stammkapital oder am Grundkapital der Gesellschaft neuer Rechtsform darf, wenn nicht alle Mitglieder einen gleich hohen Anteil erhalten sollen, nur nach einem oder mehreren der folgenden Maßstäbe festgesetzt werden:

1. bei Vereinen, deren Vermögen in übertragbare Anteile zerlegt ist, der Nennbetrag oder der Wert dieser Anteile;
2. die Höhe der Beiträge;
3. bei Vereinen, die zu ihren Mitgliedern oder einem Teil der Mitglieder in vertraglichen Geschäftsbeziehungen stehen, der Umfang der Inanspruchnahme von Leistungen des Vereins durch die Mitglieder oder der Umfang der Inanspruchnahme von Leistungen der Mitglieder durch den Verein;
4. ein in der Satzung bestimmter Maßstab für die Verteilung des Überschusses;
5. ein in der Satzung bestimmter Maßstab für die Verteilung des Vermögens;
6. die Dauer der Mitgliedschaft.

§ 277 Kapitalschutz

Bei der Anwendung der für die neue Rechtsform maßgebenden Gründungsvorschriften ist auch § 264 entsprechend anzuwenden.

§ 278 Anmeldung des Formwechsels

(1) Auf die Anmeldung nach § 198 ist § 222 Abs. 1 und 3 entsprechend anzuwenden.

(2) ¹Ist der formwechselnde Verein nicht in ein Handelsregister eingetragen, so hat sein Vorstand den bevorstehenden Formwechsel durch das in der Vereinssatzung für Veröffentlichungen bestimmte Blatt, in Ermangelung eines solchen durch dasjenige Blatt bekanntzumachen, das für Bekanntmachungen des Amtsgerichts bestimmt ist, in dessen Bezirk der formwechselnde Verein seinen Sitz hat. ²Die Bekanntmachung tritt an die Stelle der Eintragung der Umwandlung in das Register nach § 198 Abs. 2 Satz 3. ³§ 50 Abs. 1 Satz 4 des Bürgerlichen Gesetzbuchs ist entsprechend anzuwenden.

§ 279

(weggefallen)

§ 280 Wirkungen des Formwechsels

Durch den Formwechsel werden die bisherigen Mitgliedschaften zu Anteilen an der Gesellschaft neuer Rechtsform und zu Teilrechten. ²§ 266 Abs. 1 Satz 2, Abs. 2 und 3 ist entsprechend anzuwenden.

§ 281 Benachrichtigung der Anteilsinhaber, Veräußerung von Aktien, Hauptversammlungsbeschlüsse

(1) Auf die Benachrichtigung der Anteilsinhaber durch die Gesellschaft, auf die Aufforderung von Aktionären zur Abholung der ihnen zustehenden Aktien und auf die Veräußerung nicht abgeholter Aktien sind die §§ 267 und 268 entsprechend anzuwenden.

German company law and tax law provision

(2) Sec. 269 shall *mutatis mutandis* apply to resolutions by the general meeting of the company of new legal form as well as to an authorisation of the representative body to increase the share capital.

Sec. 282 Compensatory cash payment offer

(1) Sec. 270 (1) shall *mutatis mutandis* apply to the compensatory cash payment offer as per Sec. 207 (1) Sentence 1.

(2) Paragraph 1 and Secs. 207 to 212 shall not apply to the change of legal form of a registered society exempt from corporation tax pursuant to Sec. 5 (1) No. 9 German Stock Corporation Act.

Subchapter 3: Change of Legal Form into a Registered Cooperative Society

Sec. 283 Preparation and holding of the members' meeting

(1) [1]Secs. 229 and 230 (2), Sec. 231 Sentence 1 and Sec. 260 (1) shall *mutatis mutandis* apply to the preparation of the members' meeting which is to decide the change of legal form. [2]Sec. 192 (2) shall remain unaffected.

(2) Sec. 239 shall *mutatis mutandis* apply to the members' meeting which is to decide the change of legal form.

Sec. 284 Resolution by the members' meeting

[1]If the purpose of the legal entity is to be changed (Sec. 33 (1) Sentence 2 German Civil Code), or if the articles of association of the cooperative society provide for an obligation of the members of the cooperative society to make additional contributions, the reorganisation resolution by the members' meeting shall require the approval of all members present; any defaulting members must approve of the resolution too. [2]In other respects, Sec. 275 (2) shall apply *mutatis mutandis*.

Sec. 285 Contents of the reorganisation resolution

(1) Sec. 253 (1) and (2) Sentence 1 shall *mutatis mutandis* also apply to the reorganisation resolution.

(2) In the event that not all members are to participate in the cooperative society with the same number of shares, the different holdings may only be stipulated in accordance with any or several of the measures and ratios referred to in Sec. 276 (2) Sentence 1.

Sec. 286 Application for registration of the change of legal form

Secs. 254 and 278 (2) shall *mutatis mutandis* apply to the application for registration as per Sec. 198.

Sec. 287

(cancelled)

Sec. 288 Effects of the change of legal form

(1) [1]Each member acquiring the legal status of a member of the cooperative society shall participate in the cooperative society in accordance with the reorganisation resolution. [2]Any obligation to acquire additional shares shall remain unaffected. [3]Sec. 255 (1) Sentence 3 shall apply *mutatis mutandis*.

Deutsche gesellschafts- und steuerrechtliche Gesetzesvorschriften

(2) Auf Beschlüsse der Hauptversammlung der Gesellschaft neuer Rechtsform sowie auf eine Ermächtigung des Vertretungsorgans zur Erhöhung des Grundkapitals ist § 269 entsprechend anzuwenden.

§ 282 Abfindungsangebot

(1) Auf das Abfindungsangebot nach § 207 Abs. 1 Satz 1 ist § 270 Abs. 1 entsprechend anzuwenden.

(2) Absatz 1 und die §§ 207 bis 212 sind auf den Formwechsel eines eingetragenen Vereins, der nach § 5 Abs. 1 Nr. 9 des Körperschaftsteuergesetzes von der Körperschaftsteuer befreit ist, nicht anzuwenden.

Dritter Unterabschnitt: Formwechsel in eine eingetragene Genossenschaft

§ 283 Vorbereitung und Durchführung der Mitgliederversammlung

(1) ¹Auf die Vorbereitung der Mitgliederversammlung, die den Formwechsel beschließen soll, sind die §§ 229 und 230 Abs. 2, § 231 Satz 1 und § 260 Abs. 1 entsprechend anzuwenden. ²§ 192 Abs. 2 bleibt unberührt.

(2) Auf die Mitgliederversammlung, die den Formwechsel beschließen soll, ist § 239 entsprechend anzuwenden.

§ 284 Beschluss der Mitgliederversammlung

¹Der Umwandlungsbeschluss der Mitgliederversammlung bedarf, wenn der Zweck des Rechtsträgers geändert werden soll (§ 33 Abs. 1 Satz 2 des Bürgerlichen Gesetzbuchs) oder wenn die Satzung der Genossenschaft eine Verpflichtung der Mitglieder der Genossenschaft zur Leistung von Nachschüssen vorsieht, der Zustimmung aller anwesenden Mitglieder; ihm müssen auch die nicht erschienenen Mitglieder zustimmen. ²Im Übrigen ist § 275 Abs. 2 entsprechend anzuwenden.

§ 285 Inhalt des Umwandlungsbeschlusses

(1) Auf den Umwandlungsbeschluss ist auch § 253 Abs. 1 und Abs. 2 Satz 1 entsprechend anzuwenden.

(2) Sollen bei der Genossenschaft nicht alle Mitglieder mit der gleichen Zahl von Geschäftsanteilen beteiligt werden, so darf die unterschiedlich hohe Beteiligung nur nach einem oder mehreren der in § 276 Abs. 2 Satz 1 bezeichneten Maßstäbe festgesetzt werden.

§ 286 Anmeldung des Formwechsels

Auf die Anmeldung nach § 198 sind die §§ 254 und 278 Abs. 2 entsprechend anzuwenden.

§ 287

(weggefallen)

§ 288 Wirkungen des Formwechsels

(1) ¹Jedes Mitglied, das die Rechtsstellung eines Mitglieds der Genossenschaft erlangt, ist bei der Genossenschaft nach Maßgabe des Umwandlungsbeschlusses beteiligt. ²Eine Verpflichtung zur Übernahme weiterer Geschäftsanteile bleibt unberührt. ³§ 255 Abs. 1 Satz 3 ist entsprechend anzuwenden.

Sec. 289 Cooperative share, notification of the members

(1) The nominal amount of the shares representing a member's holding in the cooperative society may maximally be credited to that member as its cooperative share by virtue of the change of legal form.

(2) Sec. 256 (3) shall apply *mutatis mutandis.*

Sec. 290 Compensatory cash payment offer

Sec. 270 (1) as well as Sec. 282 (2) shall *mutatis mutandis* apply to the compensatory cash payment offer as per Sec. 207 (1) Sentence 2.

Chapter 5: Change of Legal Form of Mutual Insurance Societies

Sec. 291 Conditions for change of legal form

(1) A mutual insurance society which is no small society within the meaning of Sec. 53 German Insurance Supervisory Act may by virtue of a reorganisation resolution only acquire the legal form of a stock corporation.

(2) The change of legal form shall only be possible if at least one full stock is allocable to each member of the society which is to participate in the stock corporation.

Sec. 292 Preparation and holding of the meeting of the representative council

(1) Secs. 229 and 230 (2), Sec. 231 Sentence 1 and Sec. 260 (1) shall *mutatis mutandis* apply to the preparation of the meeting of the representative council which is to decide the change of legal form.

(2) Sec. 239 shall *mutatis mutandis* apply to the holding of the meeting of the representative council which is to decide the change of legal form.

Sec. 293 Resolution by the representative council

[1]The reorganisation resolution by the representative council shall require a majority of at least three quarters of the votes cast. [2]It shall require a majority of nine-tenths of the votes cast if at least one hundred members of the society have at the latest by expiration of the third day before the meeting of the representative council objected to the change of legal form by registered letter. [3]The rules may specify higher majorities and further requirements.

Sec. 294 Contents of the reorganisation resolution

(1) [1]Sec. 218 (1) and Sec. 263 (3) Sentences 2 and 3 shall *mutatis mutandis* also apply to the reorganisation resolution. [2]The reorganisation resolution may stipulate that any members belonging to the society for a period of less than three years at the date of resolution on the change of legal form shall be excluded from participating in the stock corporation.

(2) [1]The share capital of the stock corporation is to be fixed at the amount of the share capital of comparable insurance companies having the legal form of a stock corporation. [2]In the event that the supervisory authority would only grant a stock insurance company the

173 Deutsche gesellschafts- und steuerrechtliche Gesetzesvorschriften

(2) Das Gericht darf eine Auflösung der Genossenschaft von Amts wegen nach § 80 des Genossenschaftsgesetzes nicht vor Ablauf eines Jahres seit dem Wirksamwerden des Formwechsels aussprechen.

§ 289 Geschäftsguthaben, Benachrichtigung der Mitglieder

(1) Jedem Mitglied der Genossenschaft kann als Geschäftsguthaben aufgrund des Formwechsels höchstens der Nennbetrag der Geschäftsanteile gutgeschrieben werden, mit denen es bei der Genossenschaft beteiligt ist.

(2) § 256 Abs. 3 ist entsprechend anzuwenden.

§ 290 Abfindungsangebot

Auf das Abfindungsangebot nach § 207 Abs. 1 Satz 2 sind § 270 Abs. 1 sowie § 282 Abs. 2 entsprechend anzuwenden.

Fünfter Abschnitt: Formwechsel von Versicherungsvereinen auf Gegenseitigkeit

§ 291 Möglichkeit des Formwechsels

(1) Ein Versicherungsverein auf Gegenseitigkeit, der kein kleinerer Verein im Sinne des § 53 des Versicherungsaufsichtsgesetzes ist, kann aufgrund eines Umwandlungsbeschlusses nur die Rechtsform einer Aktiengesellschaft erlangen.

(2) Der Formwechsel ist nur möglich, wenn auf jedes Mitglied des Vereins, das an der Aktiengesellschaft beteiligt wird, mindestens eine volle Aktie entfällt.

§ 292 Vorbereitung und Durchführung der Versammlung der obersten Vertretung

(1) Auf die Vorbereitung der Versammlung der obersten Vertretung, die den Formwechsel beschließen soll, sind die §§ 229 und 230 Abs. 2, § 231 Satz 1 und § 260 Abs. 1 entsprechend anzuwenden.

(2) Auf die Durchführung der Versammlung der obersten Vertretung, die den Formwechsel beschließen soll, ist § 239 entsprechend anzuwenden.

§ 293 Beschluss der obersten Vertretung

[1]Der Umwandlungsbeschluss der obersten Vertretung bedarf einer Mehrheit von mindestens drei Vierteln der abgegebenen Stimmen. [2]Er bedarf einer Mehrheit von neun Zehnteln der abgegebenen Stimmen, wenn spätestens bis zum Ablauf des dritten Tages vor der Versammlung der obersten Vertretung wenigstens hundert Mitglieder des Vereins durch eingeschriebenen Brief Widerspruch gegen den Formwechsel erhoben haben. [3]Die Satzung kann größere Mehrheiten und weitere Erfordernisse bestimmen.

§ 294 Inhalt des Umwandlungsbeschlusses

(1) [1]Auf den Umwandlungsbeschluss sind auch § 218 Abs. 1 und § 263 Abs. 3 Satz 2 und 3 entsprechend anzuwenden. [2]In dem Umwandlungsbeschluss kann bestimmt werden, dass Mitglieder, die dem formwechselnden Verein weniger als drei Jahre vor der Beschlussfassung über den Formwechsel angehören, von der Beteiligung an der Aktiengesellschaft ausgeschlossen sind.

(2) [1]Das Grundkapital der Aktiengesellschaft ist in der Höhe des Grundkapitals vergleichbarer Versicherungsunternehmen in der Rechtsform der Aktiengesellschaft festzusetzen. [2]Würde die Aufsichtsbehörde einer neu zu gründenden Versicherungs-Aktiengesell-

permit to transact business if a higher share capital is fixed, the share capital must be fixed at this amount, provided that this is possible considering the financial position of the society changing its legal form. ³If it is, in view of the financial position of the society, impossible to fix the share capital in such a way, the nominal amount of the share capital must be assessed such that, if possible, full stocks are allocable to each member acquiring the status of a stockholder.

(3) Provided that not all members are to receive an equal share, the participation of the members in the share capital of the stock corporation may only be fixed according to one or several of the following measures or ratios:

1. the amount of insurance;
2. the amount of the premiums;
3. the amount of the actuarial reserves with life insurance;
4. the ratio for the division of the surplus stipulated in the rules of the society;
5. the ratio for the division of the assets and liabilities stipulated in the rules of the society;
6. the duration of membership.

Sec. 295 Capital protection

In the case of application of the formation provisions of the German Stock Corporation Act, Sec. 264 (1) and (3) shall also apply *mutatis mutandis*.

Sec. 296 Application for registration of the change of legal form

Sec. 246 (1) and (2) shall *mutatis mutandis* apply to the application for registration as per Sec. 198.

Sec. 297

(cancelled)

Sec. 298 Effects of the change of legal form

¹The change of legal form shall cause the previous memberships to become stocks and partial rights. ²Sec. 266 (1) Sentence 2, (2) and (3) shall apply *mutatis mutandis*.

Sec. 299 Notification of the stockholders, disposal of stocks, resolutions by the general meeting

(1) Sec. 267 shall *mutatis mutandis* apply to notification of the stockholders by the company, whereas Sec. 268 shall *mutatis mutandis* apply to the request for collection of the stocks the stockholders are entitled to and to the disposal of uncollected stocks.

(2) ¹Sec. 269 shall *mutatis mutandis* apply to resolutions by the general meeting of the stock corporation as well as to any authorisation of the board of directors to increase the share capital. ²The supervisory authority may permit exceptions from the corresponding application of Sec. 269 Sentence 1 if this is necessary in order to prevent the stock corporation from incurring material disadvantages.

Sec. 300 Compensatory cash payment offer

Sec. 270 (1) shall *mutatis mutandis* apply to the compensatory cash payment offer as per Sec. 207 (1) Sentence 1.

schaft die Erlaubnis zum Geschäftsbetrieb nur bei Festsetzung eines höheren Grundkapitals erteilen, so ist das Grundkapital auf diesen Betrag festzusetzen, soweit dies nach den Vermögensverhältnissen des formwechselnden Vereins möglich ist. ³Ist eine solche Festsetzung nach den Vermögensverhältnissen des Vereins nicht möglich, so ist der Nennbetrag des Grundkapitals so zu bemessen, dass auf jedes Mitglied, das die Rechtsstellung eines Aktionärs erlangt, möglichst volle Aktien entfallen.

(3) Die Beteiligung der Mitglieder am Grundkapital der Aktiengesellschaft darf, wenn nicht alle Mitglieder einen gleich hohen Anteil erhalten sollen, nur nach einem oder mehreren der folgenden Maßstäbe festgesetzt werden:
   1. die Höhe der Versicherungssumme;
   2. die Höhe der Beiträge;
   3. die Höhe der Deckungsrückstellung in der Lebensversicherung;
   4. der in der Satzung bestimmte Maßstab für die Verteilung des Überschusses;
   5. ein in der Satzung bestimmter Maßstab für die Verteilung des Vermögens;
   6. die Dauer der Mitgliedschaft.

§ 295 Kapitalschutz
Bei der Anwendung der Gründungsvorschriften des Aktiengesetzes ist auch § 264 Abs. 1 und 3 entsprechend anzuwenden.

§ 296 Anmeldung des Formwechsels
Auf die Anmeldung nach § 198 ist § 246 Abs. 1 und 2 entsprechend anzuwenden.

§ 297
(weggefallen)

§ 298 Wirkungen des Formwechsels
¹Durch den Formwechsel werden die bisherigen Mitgliedschaften zu Aktien und Teilrechten. ²§ 266 Abs. 1 Satz 2, Abs. 2 und 3 ist entsprechend anzuwenden.

§ 299 Benachrichtigung der Aktionäre, Veräußerung von Aktien, Hauptversammlungsbeschlüsse

(1) Auf die Benachrichtigung der Aktionäre durch die Gesellschaft ist § 267, auf die Aufforderung zur Abholung der ihnen zustehenden Aktien und auf die Veräußerung nicht abgeholter Aktien ist § 268 entsprechend anzuwenden.

(2) ¹Auf Beschlüsse der Hauptversammlung der Aktiengesellschaft sowie auf eine Ermächtigung des Vorstandes zur Erhöhung des Grundkapitals ist § 269 entsprechend anzuwenden. ²Die Aufsichtsbehörde kann Ausnahmen von der entsprechenden Anwendung des § 269 Satz 1 zulassen, wenn dies erforderlich ist, um zu verhindern, dass der Aktiengesellschaft erhebliche Nachteile entstehen.

§ 300 Abfindungsangebot
Auf das Abfindungsangebot nach § 207 Abs. 1 Satz 1 ist § 270 Abs. 1 entsprechend anzuwenden.

Chapter 6: Change of Legal Form of Public Law Corporate Entities and Institutions under Public Law

Sec. 301 Conditions for change of legal form

(1) In so far as not otherwise provided by law, a public law corporate entity or institution under public law may by virtue of a change of legal form only acquire the legal form of a corporation.

(2) The change of legal form shall only be possible if the corporate body or institution has legal capacity and the relevant Federal or Land legislation provides for or admits a change of legal form.

Sec. 302 Applicable provisions

¹The provisions of Part 1 shall only apply to the change of legal form in so far as nothing else follows from Federal or Land legislation relevant to the public law corporate body or institution changing its legal form. ²This legislation shall in particular determine the manner in which the articles of association of the company of new legal form will be concluded, who will participate in this company as a shareholder and which person(s) shall be equal to the founders of the company; Secs. 28 and 29 German Stock Corporation Act shall not apply.

Sec. 303 Capital protection, approval requirements

(1) In addition to the formation provisions relevant to the new legal form, Sec. 220 shall apply *mutatis mutandis*.

(2) ¹The change of legal form to a partnership limited by shares shall require the approval of all shareholders supposed to acquire the status of a general partner in the company. ²Sec. 221 shall *mutatis mutandis* apply to the entry of general partners.

Sec. 304 Coming into effect of the change of legal form

¹The change of legal form shall take effect upon entry of the corporation in the commercial register. ²Any deficiencies of the change of legal form shall not impair the effects of the registration.

Secs. 305 - 312

(cancelled)

Book 6: Penal Provisions and Administrative Fines

Sec. 313 Misrepresentation

(1) Any person who in its capacity as a member of a representative body, as a shareholder or partner authorised to represent, as a member of a supervisory board or as a liquidator of a legal entity involved in a reorganisation should on the occasion of that reorganisation

1. misrepresent or conceal the situation of the legal entity, including its relationships to related companies, in any report (merger report, division report, transfer report, reorganisation report) provided for in this Act, in statements of assets and liabilities, in lectures or information at the shareholders' meeting, if the offence is not subject to a penalty in Sec. 331 No. 1 or No. 1a German Commercial Code, or

Sechster Abschnitt: Formwechsel von Körperschaften und Anstalten des öffentlichen Rechts

§ 301 Möglichkeit des Formwechsels

(1) Soweit gesetzlich nichts anderes bestimmt ist, kann eine Körperschaft oder Anstalt des öffentlichen Rechts durch Formwechsel nur die Rechtsform einer Kapitalgesellschaft erlangen.

(2) Der Formwechsel ist nur möglich, wenn die Körperschaft oder Anstalt rechtsfähig ist und das für sie maßgebende Bundes- oder Landesrecht einen Formwechsel vorsieht oder zulässt.

§ 302 Anzuwendende Vorschriften

¹Die Vorschriften des Ersten Teils sind auf den Formwechsel nur anzuwenden, soweit sich aus dem für die formwechselnde Körperschaft oder Anstalt maßgebenden Bundes- oder Landesrecht nichts anderes ergibt. ²Nach diesem Recht richtet es sich insbesondere, auf welche Weise der Gesellschaftsvertrag oder die Satzung der Gesellschaft neuer Rechtsform abgeschlossen oder festgestellt wird, wer an dieser Gesellschaft als Anteilsinhaber beteiligt wird und welche Person oder welche Personen den Gründern der Gesellschaft gleichstehen; die §§ 28 und 29 des Aktiengesetzes sind nicht anzuwenden.

§ 303 Kapitalschutz, Zustimmungserfordernisse

(1) Außer den für die neue Rechtsform maßgebenden Gründungsvorschriften ist auch § 220 entsprechend anzuwenden.

(2) ¹Ein Formwechsel in eine Kommanditgesellschaft auf Aktien bedarf der Zustimmung aller Anteilsinhaber, die in dieser Gesellschaft die Stellung eines persönlich haftenden Gesellschafters haben sollen. ²Auf den Beitritt persönlich haftender Gesellschafter ist § 221 entsprechend anzuwenden.

§ 304 Wirksamwerden des Formwechsels

Der Formwechsel wird mit der Eintragung der Kapitalgesellschaft in das Handelsregister wirksam. ²Mängel des Formwechsels lassen die Wirkungen der Eintragung unberührt.

§§ 305 - 312

(weggefallen)

Sechstes Buch: Strafvorschriften und Zwangsgelder

§ 313 Unrichtige Darstellung

(1) Mit Freiheitsstrafe bis zu drei Jahren oder mit Geldstrafe wird bestraft, wer als Mitglied eines Vertretungsorgans, als vertretungsberechtigter Gesellschafter oder Partner, als Mitglied eines Aufsichtsrats oder als Abwickler eines an einer Umwandlung beteiligten Rechtsträgers bei dieser Umwandlung

1. die Verhältnisse des Rechtsträgers einschließlich seiner Beziehungen zu verbundenen Unternehmen in einem in diesem Gesetz vorgesehenen Bericht (Verschmelzungsbericht, Spaltungsbericht, Übertragungsbericht, Umwandlungsbericht), in Darstellungen oder Übersichten über den Vermögensstand, in Vorträgen oder Auskünften in der Versammlung der Anteilsinhaber unrichtig wiedergibt oder

2. make false statements or misrepresent or conceal the situation of the legal entity, including its relationships to related companies, in any explanations and proofs which have pursuant to the provisions of this Act to be provided to a merger, division or transfer auditor, shall be liable to a term of imprisonment not exceeding three years or to a fine.

(2) Any person who makes false statements or bases his/her statements on false information as a managing director [Geschäftsführer] of a limited liability company, as a member of the board of directors of a stock corporation, as a general partner authorised to represent the company of a partnership limited by shares or as liquidator of such a company in any declaration pursuant to Sec. 52 (1) with regard to the approval of the shareholders of this legal entity or in any declaration pursuant to Sec. 140 or Sec. 146 (1) with regard to the cover of the share capital of the transferring company shall be liable to equal punishment.

Sec. 314 Breach of duty to report

(1) Any person who as a merger, division or transfer auditor or as an assistant of such an auditor renders a false report on the result of an audit required on the occasion of a reorganisation or conceals material facts in the audit report shall be liable to a term of imprisonment not exceeding three years or to a fine.

(2) In the event that the offender acts for a consideration or with the intent to enrich himself/herself or any other person or cause damage to any other person, the punishment shall be a term of imprisonment not exceeding five years or a fine.

Sec. 314a False information

Any person who makes a false affirmation contrary to Sec. 122k (1) Sentence 3, shall be liable to a term of imprisonment not exceeding three years or to a fine.

Sec. 315 Breach of duty of confidentiality

(1) Any person who without authorisation discloses a secret of a legal entity involved in a reorganisation, namely a business or trade secret, which has come to his/her knowledge in his/her capacity as

 1. a member of the representative body, a shareholder or a partner authorised to represent the company, a member of a supervisory board or a liquidator of this or another legal entity involved in the reorganisation;
 2. a merger, division or transfer auditor or an assistant of such an auditor,

shall be liable to a term of imprisonment not exceeding one year or to a fine if the offence is in the case of No. 1 not subject to a penalty in Sec. 85 German Limited Liability Companies Act, Sec. 404 German Stock Corporation Act, Sec. 151 German Cooperative Societies Act or Sec. 138 German Insurance Supervisory Act and, in the case of No. 2 Sec. 333 German Commercial Code.

(2) ¹In the event that the offender acts for a consideration or with the intent to enrich himself, herself or any other person or cause damage to any other person, the punishment shall be a term of imprisonment not exceeding two years or a fine. ²Any person who makes unauthorised use of a secret of the kind referred to in Paragraph 1, namely a business or trade secret, which has come to his/her knowledge on the conditions of Paragraph 1 shall be liable to equal punishment.

verschleiert, wenn die Tat nicht in § 331 Nr. 1 oder Nr. 1a des Handelsgesetzbuchs mit Strafe bedroht ist, oder

2. in Aufklärungen und Nachweisen, die nach den Vorschriften dieses Gesetzes einem Verschmelzungs-, Spaltungs- oder Übertragungsprüfer zu geben sind, unrichtige Angaben macht oder die Verhältnisse des Rechtsträgers einschließlich seiner Beziehungen zu verbundenen Unternehmen unrichtig wiedergibt oder verschleiert.

(2) Ebenso wird bestraft, wer als Geschäftsführer einer Gesellschaft mit beschränkter Haftung, als Mitglied des Vorstands einer Aktiengesellschaft, als zur Vertretung ermächtigter persönlich haftender Gesellschafter einer Kommanditgesellschaft auf Aktien oder als Abwickler einer solchen Gesellschaft in einer Erklärung nach § 52 Abs. 1 über die Zustimmung der Anteilsinhaber dieses Rechtsträgers oder in einer Erklärung nach § 140 oder § 146 Abs. 1 über die Deckung des Stammkapitals oder Grundkapitals der übertragenden Gesellschaft unrichtige Angaben macht oder seiner Erklärung zugrunde legt.

§ 314 Verletzung der Berichtspflicht

(1) Mit Freiheitsstrafe bis zu drei Jahren oder mit Geldstrafe wird bestraft, wer als Verschmelzungs-, Spaltungs- oder Übertragungsprüfer oder als Gehilfe eines solchen Prüfers über das Ergebnis einer aus Anlass einer Umwandlung erforderlichen Prüfung falsch berichtet oder erhebliche Umstände in dem Prüfungsbericht verschweigt.

(2) Handelt der Täter gegen Entgelt oder in der Absicht, sich oder einen anderen zu bereichern oder einen anderen zu schädigen, so ist die Strafe Freiheitsstrafe bis zu fünf Jahren oder Geldstrafe.

§ 314a Falsche Angaben

Mit Freiheitsstrafe bis zu drei Jahren oder mit Geldstrafe wird bestraft, wer entgegen § 122k Abs. 1 Satz 3 eine Versicherung nicht richtig abgibt.

§ 315 Verletzung der Geheimhaltungspflicht

(1) Mit Freiheitsstrafe bis zu einem Jahr oder mit Geldstrafe wird bestraft, wer ein Geheimnis eines an einer Umwandlung beteiligten Rechtsträgers, namentlich ein Betriebs- oder Geschäftsgeheimnis, das ihm in seiner Eigenschaft als

1. Mitglied des Vertretungsorgans, vertretungsberechtigter Gesellschafter oder Partner, Mitglied eines Aufsichtsrats oder Abwickler dieses oder eines anderen an der Umwandlung beteiligten Rechtsträgers,

2. Verschmelzungs-, Spaltungs- oder Übertragungsprüfer oder Gehilfe eines solchen Prüfers

bekannt geworden ist, unbefugt offenbart, wenn die Tat im Falle der Nummer 1 nicht in § 85 des Gesetzes betreffend die Gesellschaften mit beschränkter Haftung, § 404 des Aktiengesetzes, § 151 des Genossenschaftsgesetzes oder § 138 des Versicherungsaufsichtsgesetzes, im Falle der Nummer 2 nicht in § 333 des Handelsgesetzbuchs mit Strafe bedroht ist.

2) ¹Handelt der Täter gegen Entgelt oder in der Absicht, sich oder einen anderen zu bereichern oder einen anderen zu schädigen, so ist die Strafe Freiheitsstrafe bis zu zwei Jahren oder Geldstrafe. ²Ebenso wird bestraft, wer ein Geheimnis der in Absatz 1 bezeichneten Art, namentlich ein Betriebs- oder Geschäftsgeheimnis, das ihm unter den Voraussetzungen des Absatzes 1 bekannt geworden ist, unbefugt verwertet.

(3) ¹The offence shall only be prosecuted at the request of any of the legal entities involved in the reorganisation. ²In the event that a member of a representative body, a shareholder or a partner authorised to represent the legal entity or a liquidator has committed the offence, application may be filed also by a supervisory board or a shareholder or a partner not being authorised to represent that legal entity. ³In the event that a member of a supervisory board has committed the offence, application may be filed also by the members of the board of directors, the shareholders or the partners authorised to represent the legal entity or the liquidators.

Sec. 316 Administrative fines

(1) ¹Any members of a representative body, shareholders authorised to represent, partners authorised to represent or liquidators not complying with Sec. 13 (3) Sentence 3 as well as Sec. 125 Sentence 1, Sec. 176 (1), Sec. 177 (1), Sec. 178 (1), Sec. 179 (1), Sec. 180 (1), Sec. 184 (1), Sec. 186 Sentence 1, Sec. 188 (1) and Sec. 189 (1), each time in conjunction with Sec. 13 (3) Sentence 3, as well as with Sec. 193 (3) Sentence 2, have to be urged to do so by the competent Registration Court by fixing an administrative fine; Sec. 14 German Commercial Code shall remain unaffected. ²An individual fine must not exceed five thousand Euro.

(2) Applications for entry of a reorganisation in the relevant register pursuant to Sec. 16 (1), Secs. 38, 122k (1), Sec. 122l (1), Secs. 129 and 137 (1) and (2), Sec. 176 (1), Sec. 177 (1), Sec. 178 (1), Sec. 179 (1), Sec. 180 (1), Sec. 184 (1), Secs. 186, 188 (1), Sec. 189 (1), Secs. 198, 222, 235, 246, 254, 265, 278 (1), Secs. 286 and 296 shall not be enforced by fixing administrative fines.

Book 7: Transitional and Concluding Provisions

Sec. 317 Reorganisation of existing formerly founded legal persons

¹A legal person within the meaning of Sec. 163 of the Introductory Act to the German Civil Code may be transformed under the provisions of this Act applicable to for-profit societies. ²In the event that such a legal person has no members, it may be transformed under the provisions of this Act applicable to trusts.

Sec. 318 Initiated reorganisations, conversion to Euro

(1) ¹The provisions of this Act shall not apply to any reorganisations with regard to whose preparation an agreement or declaration has already been recorded or attested by a notary or a meeting of the shareholders convened before 1 January 1995. ²As regards these reorganisations, the regulations applicable until that date shall continue to apply.

(2) ¹In the event that a reorganisation is entered in the commercial register after 31 December 1998, the nominal amounts of shares in a corporation as the receiving legal entity whose shares still comply with the division method applicable until that date, are reassessed in accordance with the provisions applicable until that date. ²Where this Act refers, with regard to a new legal entity or a legal entity of new legal form, to the respective formation provisions or does not affect the provisions of other acts of law concerning the change of share capital in the case of change of legal form into a corporation of a different legal form, this shall each time also apply to the appropriate transitional provisions in respect of the introduction of the Euro in the Introductory Act to the German Stock Corporation Act and in the German Limited Liability Companies Act; in the event that the entry of a new legal entity or a legal entity of new legal form in the com

(3) ¹Die Tat wird nur auf Antrag eines der an der Umwandlung beteiligten Rechtsträger verfolgt. ²Hat ein Mitglied eines Vertretungsorgans, ein vertretungsberechtigter Gesellschafter oder Partner oder ein Abwickler die Tat begangen, so sind auch ein Aufsichtsrat oder ein nicht vertretungsberechtigter Gesellschafter oder Partner antragsberechtigt. ³Hat ein Mitglied eines Aufsichtsrats die Tat begangen, sind auch die Mitglieder des Vorstands, die vertretungsberechtigten Gesellschafter oder Partner oder die Abwickler antragsberechtigt.

§ 316 Zwangsgelder

(1) ¹Mitglieder eines Vertretungsorgans, vertretungsberechtigte Gesellschafter, vertretungsberechtigte Partner oder Abwickler, die § 13 Abs. 3 Satz 3 sowie § 125 Satz 1, § 176 Abs. 1, § 177 Abs. 1, § 178 Abs. 1, § 179 Abs. 1, § 180 Abs. 1, § 184 Abs. 1, § 186 Satz 1, § 188 Abs. 1 und § 189 Abs. 1, jeweils in Verbindung mit § 13 Abs. 3 Satz 3, sowie § 193 Abs. 3 Satz 2 nicht befolgen, sind hierzu von dem zuständigen Registergericht durch Festsetzung von Zwangsgeld anzuhalten; § 14 des Handelsgesetzbuchs bleibt unberührt. ²Das einzelne Zwangsgeld darf den Betrag von fünftausend Euro nicht übersteigen.

(2) Die Anmeldungen einer Umwandlung zu dem zuständigen Register nach § 16 Abs. 1, den §§ 38, 122k Abs. 1, § 122l Abs. 1, §§ 129 und 137 Abs. 1 und 2, § 176 Abs. 1, § 177 Abs. 1, § 178 Abs. 1, § 179 Abs. 1, § 180 Abs. 1, § 184 Abs. 1, §§ 186, 188 Abs. 1, § 189 Abs. 1, §§ 198, 222, 235, 246, 254, 265, 278 Abs. 1, §§ 286 und 296 werden durch Festsetzung von Zwangsgeld nicht erzwungen.

Siebentes Buch: Übergangs- und Schlussvorschriften

§ 317 Umwandlung alter juristischer Personen

¹Eine juristische Person im Sinne des Artikels 163 des Einführungsgesetzes zum Bürgerlichen Gesetzbuche kann nach den für wirtschaftliche Vereine geltenden Vorschriften dieses Gesetzes umgewandelt werden. ²Hat eine solche juristische Person keine Mitglieder, so kann sie nach den für Stiftungen geltenden Vorschriften dieses Gesetzes umgewandelt werden.

§ 318 Eingeleitete Umwandlungen. Umstellung auf den Euro

(1) ¹Die Vorschriften dieses Gesetzes sind nicht auf solche Umwandlungen anzuwenden, zu deren Vorbereitung bereits vor dem 1. Januar 1995 ein Vertrag oder eine Erklärung beurkundet oder notariell beglaubigt oder eine Versammlung der Anteilsinhaber einberufen worden ist. ²Für diese Umwandlungen bleibt es bei der Anwendung der bis zu diesem Tage geltenden Vorschriften.

(2) ¹Wird eine Umwandlung nach dem 31. Dezember 1998 in das Handelsregister eingetragen, so erfolgt eine Neufestsetzung der Nennbeträge von Anteilen einer Kapitalgesellschaft als übernehmendem Rechtsträger, deren Anteile noch der bis dahin gültigen Nennbetragseinteilung entsprechen, nach den bis zu diesem Zeitpunkt geltenden Vorschriften. ²Wo dieses Gesetz für einen neuen Rechtsträger oder einen Rechtsträger neuer Rechtsform auf die jeweils geltenden Gründungsvorschriften verweist oder bei dem Formwechsel in eine Kapitalgesellschaft anderer Rechtsform die Vorschriften anderer Gesetze über die Änderung des Stammkapitals oder des Grundkapitals unberührt lässt, gilt dies jeweils auch für die entsprechenden Überleitungsvorschriften zur Einführung des Euro im Einführungsgesetz zum Aktiengesetz und im Gesetz betreffend die Gesellschaften mit beschränkter Haftung; ist ein neuer Rechtsträger oder ein Rechtsträger neuer Rechtsform bis zum 31. Dezember 1998 zur Eintragung in das Handelsregister

Sec. 319 Release from liability with regard to existing formerly incurred liabilities

¹Secs. 45, 133 (1) (3) to (5), Secs. 157, 167, 173, 224, 237, 249 and 257 shall apply also to any liabilities incurred before 1 January 1995 if

1. the reorganisation is subsequently entered in the register, and
2. the liabilities become due not later than four years from the date when the entry of the reorganisation in the register has been announced or have been substantiated after the coming into effect of the Act concerning the time limit to secondary liability of shareholders/partners of 18 March 1994 (Federal Law Gazette I, p. 560).

²Any liabilities due at a later date and incurred before the coming into effect of the Act concerning the time limit to secondary liability of shareholders/partners of 18 March 1994 (Federal Law Gazette I, p. 560) shall be governed by Secs. 45, 49 (4), Secs. 56, 56f (2), Sec. 57 (2) and Sec. 58 (2) German Reorganisation Act in the version amended by Article 10 (8) of the Act of 19 December 1985 (Federal Law Gazette I, p. 2355) of the announcement of 6 November 1969 (Federal Law Gazette I, p. 2081) subject to the proviso that the statutory limitation shall be one year. ³In any cases for which the previously applicable law did not provide for a reorganisation option, the liabilities referred to in Sentence 2 shall come within the scope of the statute of limitation in accordance with the provisions referred to thereunder.

Sec. 320 Cancellation of the German Reorganisation Act of 1969

-

Sec. 321

(cancelled)

Sec. 322 Joint business

In the event that any legal entities involved in a division or partial transfer pursuant to Book 3 or Book 4 jointly run a business after the coming into effect of the division or partial transfer, this business shall be deemed a business within the meaning of the German Dismissal Protection Act.

Sec. 323 Legal status under dismissal protection law

(1) The legal status under dismissal protection law aspects of an employee employed with the transferring legal entity before the coming into effect of a division or partial transfer pursuant to Book 3 or 4 shall not deteriorate by reason of the division or partial transfer for a period of two years from its coming into effect.

(2) In the event that there is a settlement of interests on the occasion of a merger, division or transfer of assets and liabilities, which settlement refers by name to those employees who will be assigned to a particular business or division after the reorganisation, the labour court can only examine the assignment of the employees for gross incorrectness.

Sec. 324 Rights and duties on the transfer of a business

Sec. 613a (1), (4) to (6) German Civil Code shall remain unaffected by the effects of the registration of a merger, division or transfer of assets and liabilities.

angemeldet worden, bleibt es bei der Anwendung der bis zu diesem Tage geltenden Gründungsvorschriften.

§ 319 Enthaftung bei Altverbindlichkeiten

¹Die §§ 45, 133 Abs. 1, 3 bis 5, §§ 157, 167, 173, 224, 237, 249 und 257 sind auch auf vor dem 1. Januar 1995 entstandene Verbindlichkeiten anzuwenden, wenn
1. die Umwandlung danach in das Register eingetragen wird und
2. die Verbindlichkeiten nicht später als vier Jahre nach dem Zeitpunkt, an dem die Eintragung der Umwandlung in das Register bekannt gemacht worden ist, fällig werden oder nach Inkrafttreten des Gesetzes zur zeitlichen Begrenzung der Nachhaftung von Gesellschaftern vom 18. März 1994 (BGBl. I S. 560) begründet worden sind.

²Auf später fällig werdende und vor Inkrafttreten des Gesetzes zur zeitlichen Begrenzung der Nachhaftung von Gesellschaftern vom 18. März 1994 (BGBl. I S. 560) entstandene Verbindlichkeiten sind die §§ 45, 49 Abs. 4, §§ 56, 56f Abs. 2, § 57 Abs. 2 und § 58 Abs. 2 des Umwandlungsgesetzes in der durch Artikel 10 Abs. 8 des Gesetzes vom 19. Dezember 1985 (BGBl. I S. 2355) geänderten Fassung der Bekanntmachung vom 6. November 1969 (BGBl. I S. 2081) mit der Maßgabe anwendbar, dass die Verjährungsfrist ein Jahr beträgt. ³In den Fällen, in denen das bisher geltende Recht eine Umwandlungsmöglichkeit nicht vorsah, verjähren die in Satz 2 genannten Verbindlichkeiten entsprechend den dort genannten Vorschriften.

§ 320 Aufhebung des Umwandlungsgesetzes 1969

-

§ 321

(weggefallen)

§ 322 Gemeinsamer Betrieb

Führen an einer Spaltung oder an einer Teilübertragung nach dem Dritten oder Vierten Buch beteiligte Rechtsträger nach dem Wirksamwerden der Spaltung oder der Teilübertragung einen Betrieb gemeinsam, gilt dieser als Betrieb im Sinne des Kündigungsschutzrechts.

§ 323 Kündigungsrechtliche Stellung

(1) Die kündigungsrechtliche Stellung eines Arbeitnehmers, der vor dem Wirksamwerden einer Spaltung oder Teilübertragung nach dem Dritten oder Vierten Buch zu dem übertragenden Rechtsträger in einem Arbeitsverhältnis steht, verschlechtert sich aufgrund der Spaltung oder Teilübertragung für die Dauer von zwei Jahren ab dem Zeitpunkt ihres Wirksamwerdens nicht.

(2) Kommt bei einer Verschmelzung, Spaltung oder Vermögensübertragung ein Interessenausgleich zustande, in dem diejenigen Arbeitnehmer namentlich bezeichnet werden, die nach der Umwandlung einem bestimmten Betrieb oder Betriebsteil zugeordnet werden, so kann die Zuordnung der Arbeitnehmer durch das Arbeitsgericht nur auf grobe Fehlerhaftigkeit überprüft werden.

§ 324 Rechte und Pflichten bei Betriebsübergang

§ 613a Abs. 1, 4 bis 6 des Bürgerlichen Gesetzbuchs bleibt durch die Wirkungen der Eintragung einer Verschmelzung, Spaltung oder Vermögensübertragung unberührt.

Sec. 325 Maintenance of codetermination

(1) ¹In the event that the legal requirements for the participation of employees in the supervisory board are no longer met with a transferring legal entity because of a partial division or a spin-off within the meaning of Sec. 123 (2) and (3), the provisions applicable before the division or the spin-off shall continue to apply for a period of five years from the coming into effect of the partial division or the spin-off. ²This shall not apply if the provisions concerned require a minimum number of employees and the number of employees of the transferring legal entity then calculated decreases to less than usually a quarter of that minimum number.

(2) ¹In the event that the division or partial transfer of a legal entity entails the division of a business and any rights or participation rights of the works council lapse with regard to the businesses emerging from the division, the continuance of those rights and participation rights may be agreed by a works agreement or a collective labour agreement. ²Secs. 9 and 27 German Works Constitution Act shall remain unaffected.

§ 325 Mitbestimmungsbeibehaltung

(1) ¹Entfallen durch Abspaltung oder Ausgliederung im Sinne des § 123 Abs. 2 und 3 bei einem übertragenden Rechtsträger die gesetzlichen Voraussetzungen für die Beteiligung der Arbeitnehmer im Aufsichtsrat, so finden die vor der Spaltung geltenden Vorschriften noch für einen Zeitraum von fünf Jahren nach dem Wirksamwerden der Abspaltung oder Ausgliederung Anwendung. ²Dies gilt nicht, wenn die betreffenden Vorschriften eine Mindestzahl von Arbeitnehmern voraussetzen und die danach berechnete Zahl der Arbeitnehmer des übertragenden Rechtsträgers auf weniger als in der Regel ein Viertel dieser Mindestzahl sinkt.

(2) ¹Hat die Spaltung oder Teilübertragung eines Rechtsträgers die Spaltung eines Betriebes zur Folge und entfallen für die aus der Spaltung hervorgegangenen Betriebe Rechte oder Beteiligungsrechte des Betriebsrats, so kann durch Betriebsvereinbarung oder Tarifvertrag die Fortgeltung dieser Rechte und Beteiligungsrechte vereinbart werden. ²Die §§ 9 und 27 des Betriebsverfassungsgesetzes bleiben unberührt.

Chapter A

German company law and tax law provisions

II. Relevant tax law provisions
1. German Income Tax Act (excerpts)

in the version of the announcement of 19/10/2002 (Federal Law Gazette I 2002 p. 4210; adjusted I 2003 p. 179), last amended by *Bill on Tax Measures accompanying the introduction of the European Company and the amendment of other tax regulations* of 07/12/2006 (Federal Law Gazette I 2006 p. 2782) and *German Annual Tax Bill 2007* of 13/12/2006 (Federal Law Gazette I 2006 p. 2878)

Sec. 3 Tax-free income

[1]Tax-free shall be

[…]

40. half of
    a) the increases in equity or the income from the disposal or withdrawal of shares in corporate entities, associations of persons and conglomerations of assets and liabilities the payments of which are allocated to income within the meaning of Sec. 20 (1) No. 1 with the recipient, or of shares in a controlled company within the meaning of Secs. 14, 17 or 18 Corporation Tax Act, or from the dissolution of that company or a reduction of its nominal capital, or from the assessment of such an asset at the value resulting pursuant to Sec. 6 (1) No. 2 Sentence 3, in so far as they belong to income from agriculture and forestry, income from trade or business or income from independent personal services. [2]This shall not apply in so far as the assessment at the lower going-concern value has full-scale given rise to a reduction of income, and in so far as that reduction of income has not been compensated for by the application of the value resulting pursuant to Sec. 6 (1) No. 2 Sentence 3. [3]Sentence 1 shall neither apply to increases in equity resulting from the application of the value ensuing pursuant to Sec. 6 (1) No. 2 Sentence 3 nor in so far as any deductions as per Sec. 6b or similar deductions have been performed with full effect for tax purposes;
    b) the purchase price within the meaning of Sec. 16 (2), in so far as it relates to the disposal of shares in corporate entities, associations of persons and conglomerations of assets and liabilities the payments of which are allocated to income within the meaning of Sec. 20 (1) No. 1 with the recipient, or in a controlled company within the meaning of Secs. 14, 17 or 18 Corporation Tax Act. [2]Sentence 1 shall *mutatis mutandis* apply in the cases of Sec. 16 (3). [3]Lit. (a) Sentence 3 shall apply *mutatis mutandis*;
    c) the purchase price or the fair market value within the meaning of Sec. 17 (2). [2]Sentence 1 shall *mutatis mutandis* apply in the cases of Sec. 17 (4);
    d) the earnings within the meaning of Sec. 20 (1) No. 1 and the income within the meaning of Sec. 20 (1) No. 9. This shall apply to other earnings within the meaning of Sec. 20 (1) No. 1 Sentence 2 and income within the meaning of Sec. 20 (1) No. 9 Clause 2 only in so far as they have not given rise to a reduction of the income of the tax-paying corporate entity (Sec. 8 (3) Sentence 2 Corporation Tax Act). Sentence 1 Lit. (d) Sentence 2 shall not apply in so far as the hidden profit distribution has increased the income of a person related with the taxpayer and Sec. 32a Corporation Tax Act is not applied to the assessment of such a related person;
    e) the earnings within the meaning of Sec. 20 (1) No. 2;

Abschnitt A

Deutsche gesellschafts- und steuerrechtliche Gesetzesvorschriften

II. Wichtige steuerrechtliche Gesetzesvorschriften
1. Einkommensteuergesetz (EStG) in Auszügen

in der Fassung der Bekanntmachung v. 19.10.2002 (BGBl. I 2002 S. 4210; ber. I 2003 S. 179), zuletzt geändert durch *Gesetz über steuerliche Begleitmaßnahmen zur Einführung der Europäischen Gesellschaft und zur Änderung weiterer steuerrechtlicher Vorschriften (SEStEG)* v. 07.12.2006 (BGBl. I 2006 S. 2782) und *Jahressteuergesetz 2007* v. 13.12.2006 (BGBl. I 2006 S. 2878)

§ 3 Steuerfreie Einnahmen

¹Steuerfrei sind

[…]

40. die Hälfte

   a) der Betriebsvermögensmehrungen oder Einnahmen aus der Veräußerung oder der Entnahme von Anteilen an Körperschaften, Personenvereinigungen und Vermögensmassen, deren Leistungen beim Empfänger zu Einnahmen im Sinne des § 20 Abs. 1 Nr. 1 gehören, oder an einer Organgesellschaft im Sinne der §§ 14, 17 oder 18 des Körperschaftsteuergesetzes, oder aus deren Auflösung oder Herabsetzung von deren Nennkapital oder aus dem Ansatz eines solchen Wirtschaftsguts mit dem Wert, der sich nach § 6 Abs. 1 Nr. 2 Satz 3 ergibt, soweit sie zu den Einkünften aus Land- und Forstwirtschaft, aus Gewerbebetrieb oder aus selbständiger Arbeit gehören. ²Dies gilt nicht, soweit der Ansatz des niedrigeren Teilwertes in vollem Umfang zu einer Gewinnminderung geführt hat und soweit diese Gewinnminderung nicht durch Ansatz eines Wertes, der sich nach § 6 Abs. 1 Nr. 2 Satz 3 ergibt, ausgeglichen worden ist. ³Satz 1 gilt außer für Betriebsvermögensmehrungen aus dem Ansatz mit dem Wert, der sich nach § 6 Abs. 1 Nr. 2 Satz 3 ergibt, ebenfalls nicht, soweit Abzüge nach § 6b oder ähnliche Abzüge voll steuerwirksam vorgenommen worden sind,

   b) des Veräußerungspreises im Sinne des § 16 Abs. 2, soweit er auf die Veräußerung von Anteilen an Körperschaften, Personenvereinigungen und Vermögensmassen entfällt, deren Leistungen beim Empfänger zu Einnahmen im Sinne des § 20 Abs. 1 Nr. 1 gehören, oder an einer Organgesellschaft im Sinne der §§ 14, 17 oder 18 des Körperschaftsteuergesetzes. ²Satz 1 ist in den Fällen des § 16 Abs. 3 entsprechend anzuwenden. ³Buchstabe a Satz 3 gilt entsprechend,

   c) des Veräußerungspreises oder des gemeinen Wertes im Sinne des § 17 Abs. 2. ²Satz 1 ist in den Fällen des § 17 Abs. 4 entsprechend anzuwenden,

   d) der Bezüge im Sinne des § 20 Abs. 1 Nr. 1 und der Einnahmen im Sinne des § 20 Abs. 1 Nr. 9. Dies gilt für sonstige Bezüge im Sinne des § 20 Abs. 1 Nr. 1 Satz 2 und der Einnahmen im Sinne des § 20 Abs. 1 Nr. 9 zweiter Halbsatz nur, soweit sie das Einkommen der leistenden Körperschaft nicht gemindert haben (§ 8 Abs. 3 Satz 2 des Körperschaftsteuergesetzes). Satz 1 Buchstabe d Satz 2 gilt nicht, soweit die verdeckte Gewinnausschüttung das Einkommen einer dem Steuerpflichtigen nahe stehenden Person erhöht hat und § 32a des Körperschaftsteuergesetzes auf die Veranlagung dieser nahe stehenden Person keine Anwendung findet.

   e) der Bezüge im Sinne des § 20 Abs. 1 Nr. 2,

f) the special remuneration or benefits within meaning of Sec. 20 (2) Sentence 1 No. 1 granted in addition to or instead of the income referred to in Sec. 20 (1) No. 1 and (2) Sentence 1 No. 2 Lit. (a);
g) the income from the disposal of dividend coupons and other claims within the meaning of Sec. 20 (2) Sentence 1 No. 2 Lit. (a);
h) the income from the assignment of rights to receive a dividend or any other claims within the meaning of Sec. 20 (2) Sentence 2;
i) the earnings within the meaning of Sec. 22 No. 1 Sentence 2, in so far as such earnings originate from a corporate entity, association of persons or conglomeration of assets and liabilities not exempt from corporation tax;
j) the purchase price within the meaning of Sec. 23 (3) on the disposal of shares in corporate entities, associations of persons or conglomerations of assets and liabilities the payments of which are allocated to income within the meaning of Sec. 20 (1) No. 1 with the recipient.

[2]This shall apply to Sentence 1 Lit. (d) to (h) also in conjunction with Sec. 20 (3). [3]Sentence 1 Lit. (a), (b) and (d) to (h) is not to be applied to any shares attributable to the trading book with financial institutions and financial services institutions pursuant to Sec. 1 German Banking Act; the same shall apply to shares acquired by financial companies within the meaning of the German Banking Act with the intent to realise income from proprietary trading in the short term. [4]Sentence 3 Clause 2 shall also apply to financial institutions, financial services institutions and financial companies the registered office of which is located in another member state of the European Community or in another contracting party to the EEA Agreement;

[…]

Sec. 3c Pro rata deductions

(1) In so far as there is a direct economic connection with tax-free income, expenses may not be deducted as business expenses or income-related expenses; this shall not affect Paragraph 2.

(2) [1]Any reductions of equity, business expenses, disposition cost or income-related expenses economically connected with the increases in equity or income Sec. 3 No. 40 is based on may irrespective of the assessment period in which the increases in equity or the income accrue only be deducted by half in the determination of income; the same shall *mutatis mutandis* apply if the determination of income must take account of the value of the business assets and liabilities or the share in the business assets and liabilities or the acquisition cost or any value replacing the latter with a reducing effect. [2]Sentence 1 shall also apply to any decreases in the value of the share in a controlled company not attributable to the distribution of profits.

Sec. 4 General concept of profit

(1) [1]Profit shall be the difference between the business assets and liabilities at the end of a fiscal year and the business assets and liabilities at the end of the previous fiscal year, increased by the value of the withdrawals and reduced by the value of the contributions. [2]Withdrawals shall mean all assets (cash withdrawals, goods, products, uses and payments) the taxpayer has withdrawn from the business for itself, its budget or any other non-operating purposes in the course of the fiscal year. [3]Withdrawals for non-operating purposes shall have equal tax status with the exclusion or limitation of the right of the Federal Republic of Germany to tax the profit on the disposal or use of an asset. [4]Sen-

f) der besonderen Entgelte oder Vorteile im Sinne des § 20 Abs. 2 Satz 1 Nr. 1, die neben den in § 20 Abs. 1 Nr. 1 und Abs. 2 Satz 1 Nr. 2 Buchstabe a bezeichneten Einnahmen oder an deren Stelle gewährt werden,

g) der Einnahmen aus der Veräußerung von Dividendenscheinen und sonstigen Ansprüchen im Sinne des § 20 Abs. 2 Satz 1 Nr. 2 Buchstabe a,

h) der Einnahmen aus der Abtretung von Dividendenansprüchen oder sonstigen Ansprüchen im Sinne des § 20 Abs. 2 Satz 2,

i) der Bezüge im Sinne des § 22 Nr. 1 Satz 2, soweit diese von einer nicht von der Körperschaftsteuer befreiten Körperschaft, Personenvereinigung oder Vermögensmasse stammen,

j) des Veräußerungspreises im Sinne des § 23 Abs. 3 bei der Veräußerung von Anteilen an Körperschaften, Personenvereinigungen oder Vermögensmassen, deren Leistungen beim Empfänger zu Einnahmen im Sinne des § 20 Abs. 1 Nr. 1 gehören.

[2]Dies gilt für Satz 1 Buchstabe d bis h auch in Verbindung mit § 20 Abs. 3. [3]Satz 1 Buchstabe a, b und d bis h ist nicht anzuwenden für Anteile, die bei Kreditinstituten und Finanzdienstleistungsinstituten nach § 1a des Kreditwesengesetzes dem Handelsbuch zuzurechnen sind; gleiches gilt für Anteile, die von Finanzunternehmen im Sinne des Gesetzes über das Kreditwesen mit dem Ziel der kurzfristigen Erzielung eines Eigenhandelserfolges erworben werden. [4]Satz 3 zweiter Halbsatz gilt auch für Kreditinstitute, Finanzdienstleistungsinstitute und Finanzunternehmen mit Sitz in einem anderen Mitgliedstaat der Europäischen Gemeinschaft oder in einem anderen Vertragsstaat des EWR-Abkommens;

[...]

§ 3c Anteilige Abzüge

1) Ausgaben dürfen, soweit sie mit steuerfreien Einnahmen in unmittelbarem wirtschaftlichen Zusammenhang stehen, nicht als Betriebsausgaben oder Werbungskosten abgezogen werden; Absatz 2 bleibt unberührt.

2) [1]Betriebsvermögensminderungen, Betriebsausgaben, Veräußerungskosten oder Werbungskosten, die mit den dem § 3 Nr. 40 zugrunde liegenden Betriebsvermögensmehrungen oder Einnahmen in wirtschaftlichem Zusammenhang stehen, dürfen unabhängig davon, in welchem Veranlagungszeitraum die Betriebsvermögensmehrungen oder Einnahmen anfallen, bei der Ermittlung der Einkünfte nur zur Hälfte abgezogen werden; Entsprechendes gilt, wenn bei der Ermittlung der Einkünfte der Wert des Betriebsvermögens oder des Anteils am Betriebsvermögen oder die Anschaffungs- oder Herstellungskosten oder der an deren Stelle tretende Wert mindernd zu berücksichtigen sind. [2]Satz 1 gilt auch für Wertminderungen des Anteils an einer Organgesellschaft, die nicht auf Gewinnausschüttungen zurückzuführen sind.

§ 4 Gewinnbegriff im Allgemeinen

1) [1]Gewinn ist der Unterschiedsbetrag zwischen dem Betriebsvermögen am Schluss des Wirtschaftsjahres und dem Betriebsvermögen am Schluss des vorangegangenen Wirtschaftsjahres, vermehrt um den Wert der Entnahmen und vermindert um den Wert der Einlagen. [2]Entnahmen sind alle Wirtschaftsgüter (Barentnahmen, Waren, Erzeugnisse, Nutzungen und Leistungen), die der Steuerpflichtige dem Betrieb für sich, für seinen Haushalt oder für andere betriebsfremde Zwecke im Laufe des Wirtschaftsjahres entnommen hat. [3]Einer Entnahme für betriebsfremde Zwecke steht der Ausschluss oder die Beschränkung des Besteuerungsrechts der Bundesrepublik Deutschland hinsichtlich des Gewinns aus der Veräußerung oder der Nutzung eines Wirtschaftsguts gleich. [4]Satz 3 gilt

tence 3 shall not apply to shares in a European Company (SE) or a European Cooperative Society (SCE) in the following cases:

1. transfer of the registered office of a European Company (SE) pursuant to Article 8 of Council Regulation (EC) 2157/2001 of 8 October 2001 on the Statute of the European Company (SE) (OJ EC L 294 p. 1), last amended by Council Regulation (EC) No. 885/2004 of 26 April 2004 (OJ EC L 168 p. 1), and
2. transfer of the registered office of a European Corporation (SCE) pursuant to Article 7 of Council Regulation (EC) 1435/2003 of 22 July 2003 on the Statute of the European Corporation (SCE) (OJ EC L 207 p. 1).

⁵The taxpayer's transition to profit determination as per Sec. 13a shall not be deemed withdrawal of an asset. ⁶Any changed use of an asset not deemed withdrawal in the case of profit determination as per Sentence 1 shall not be deemed withdrawal in the case of profit determination as per Sec. 13a either. ⁷Any assets (cash deposits and other assets) provided to the business in the course of the fiscal year by the taxpayer shall be deemed contributions; a contribution shall have equal tax status with the creation of the right of the Federal Republic of Germany to tax the profit from the disposal of an asset. ⁸The provisions relevant to business expenses, valuation as well as depreciation and depletion have to be complied with in profit determination.

[…]

(4) Business expenses shall be any expenses induced by the business.

(4a) ¹Subject to Sentences 2 to 4, interest expenses shall not be deductible if excess withdrawals have been effected. ²An excess withdrawal shall be the amount by which the withdrawals exceed the aggregate of the profit and the contributions for the fiscal year. ³The non-deductible interest expenses shall be determined typified at 6 per cent of the excess withdrawal for the fiscal year, plus the excess withdrawals for preceding fiscal years and net of the amounts by which the profit and the contributions exceeded the withdrawals in the preceding fiscal years (short withdrawals); the determination of the excess withdrawal is to be based on the profit without taking account of the interest expenses non-deductible subject to this Paragraph. ⁴The resulting amount, however, maximally the amount of the interest expenses accrued in the fiscal year reduced by Euro 2,050, is to be added to the profit. ⁵This shall not affect the deduction of interest expenses on loans for financing the acquisition cost of fixed assets. ⁶Sentences 1 to 5 shall *mutatis mutandis* be applied in profit determination as per Sec. 4 (3); for this purpose, withdrawals and contributions have to be recorded separately.

[…]

Sec. 4g Setting up of a deferred item in the case of withdrawals as per Sec. 4 (1) Sentence 3

(1) ¹A taxpayer subject to unlimited tax liability may on request set up a deferred item in the amount of the difference between the book value and the value to be reported pursuant to Sec. 6 (1) No. 4 Sentence 1 Clause 2 of a fixed asset, in so far as the asset is to be deemed withdrawn as per Sec. 4 (1) Sentence 3 as a consequence of its allocation to a permanent establishment of the same taxpayer in another member state of the European Union. ²The deferred item is to be disclosed separately for each asset. ³The right of application may for each fiscal year only be exercised consistently for all the assets. ⁴The application shall be irrevocable. ⁵This shall not affect the provisions of the German Reorganisation Tax Act.

nicht für Anteile an einer Europäischen Gesellschaft oder Europäischen Genossenschaft in den Fällen

1. einer Sitzverlegung der Europäischen Gesellschaft nach Artikel 8 der Verordnung (EG) Nr. 2157/2001 des Rates vom 8. Oktober 2001 über das Statut der Europäischen Gesellschaft (SE) (ABl. Nr. L 294 S. 1), zuletzt geändert durch Verordnung (EG) Nr. 885/2004 des Rates vom 26. April 2004 (ABl. Nr. L 168 S. 1), und

2. einer Sitzverlegung der Europäischen Genossenschaft nach Artikel 7 der Verordnung (EG) Nr. 1435/2003 des Rates vom 22. Juli 2003 über das Statut der Europäischen Genossenschaft (SCE) (ABl. Nr. L 207 S. 1).

[5]Ein Wirtschaftsgut wird nicht dadurch entnommen, dass der Steuerpflichtige zur Gewinnermittlung nach § 13a übergeht. [6]Eine Änderung der Nutzung eines Wirtschaftsguts, die bei Gewinnermittlung nach Satz 1 keine Entnahme ist, ist auch bei Gewinnermittlung nach § 13a keine Entnahme. [7]Einlagen sind alle Wirtschaftsgüter (Bareinzahlungen und sonstige Wirtschaftsgüter), die der Steuerpflichtige dem Betrieb im Laufe des Wirtschaftsjahres zugeführt hat; einer Einlage steht die Begründung des Besteuerungsrechts der Bundesrepublik Deutschland hinsichtlich des Gewinns aus der Veräußerung eines Wirtschaftsguts gleich. [8]Bei der Ermittlung des Gewinns sind die Vorschriften über die Betriebsausgaben, über die Bewertung und über die Absetzung für Abnutzung oder Substanzverringerung zu befolgen.

[...]

(4) Betriebsausgaben sind die Aufwendungen, die durch den Betrieb veranlasst sind.

(4a) [1]Schuldzinsen sind nach Maßgabe der Sätze 2 bis 4 nicht abziehbar, wenn Überentnahmen getätigt worden sind. [2]Eine Überentnahme ist der Betrag, um den die Entnahmen die Summe des Gewinns und der Einlagen des Wirtschaftsjahres übersteigen. [3]Die nicht abziehbaren Schuldzinsen werden typisiert mit 6 Prozent der Überentnahme des Wirtschaftsjahres zuzüglich der Überentnahme vorangegangener Wirtschaftsjahre und abzüglich der Beträge, um die in den vorangegangenen Wirtschaftsjahren der Gewinn und die Einlagen die Entnahmen überstiegen haben (Unterentnahmen), ermittelt; bei der Ermittlung der Überentnahme ist vom Gewinn ohne Berücksichtigung der nach Maßgabe dieses Absatzes nicht abziehbaren Schuldzinsen auszugehen. [4]Der sich dabei ergebende Betrag, höchstens jedoch der um 2.050 Euro verminderte Betrag der im Wirtschaftsjahr angefallenen Schuldzinsen, ist dem Gewinn hinzuzurechnen. [5]Der Abzug von Schuldzinsen für Darlehen zur Finanzierung von Anschaffungs- oder Herstellungskosten von Wirtschaftsgütern des Anlagevermögens bleibt unberührt. [6]Die Sätze 1 bis 5 sind bei Gewinnermittlung nach § 4 Abs. 3 sinngemäß anzuwenden; hierzu sind Entnahmen und Einlagen gesondert aufzuzeichnen.

[...]

§ 4g Bildung eines Ausgleichspostens bei Entnahme nach § 4 Abs. 1 Satz 3

(1) [1]Ein unbeschränkt Steuerpflichtiger kann in Höhe des Unterschiedsbetrags zwischen dem Buchwert und dem nach § 6 Abs. 1 Nr. 4 Satz 1 zweiter Halbsatz anzusetzenden Wert eines Wirtschaftsguts des Anlagevermögens auf Antrag einen Ausgleichsposten bilden, soweit das Wirtschaftsgut infolge seiner Zuordnung zu einer Betriebsstätte desselben Steuerpflichtigen in einem anderen Mitgliedstaat der Europäischen Union gemäß § 4 Abs. 1 Satz 3 als entnommen gilt. [2]Der Ausgleichsposten ist für jedes Wirtschaftsgut getrennt auszuweisen. [3]Das Antragsrecht kann für jedes Wirtschaftsjahr nur einheitlich für sämtliche Wirtschaftsgüter ausgeübt werden. [4]Der Antrag ist unwiderruflich. [5]Die Vorschriften des Umwandlungssteuergesetzes bleiben unberührt.

(2) ¹The deferred item has to be reversed in the fiscal year of its formation and in the following four fiscal years by each time one-fifth with profit-increasing effect. ²It is to be fully reversed with profit-increasing effect if
1. the asset deemed to be withdrawn retires from the taxpayer's business assets and liabilities,
2. the asset deemed to be withdrawn retires from the taxing power of the member states of the European Union or
3. the hidden reserves of the asset deemed to be withdrawn are disclosed abroad or would have had to be disclosed by application *mutatis mutandis* of the German tax regulations.

(3) ¹In the event that the allocation of an asset to another permanent establishment of the taxpayer in another EU member state within the meaning of Paragraph 1 is reversed during the actual useful economic life, however, at the latest before expiration of five years from the allocation change, the deferred item set up for that asset is to be reversed without any effect on income, and the asset is to be reported at net book value, increased by any reversal amounts within the meaning of Paragraph 2 and Paragraph 5 Sentence 2 in the meantime accounted for with incoming-increasing effect and by the difference between the repatriation value and the book value at the time of repatriation, however, maximally at fair market value. ²The reversal of the changed allocation shall be an event within the meaning of Sec. 175 (1) No. 2 General Fiscal Code.

(4) ¹Paragraphs 1 to 4 shall *mutatis mutandis* be applied in the determination of the surplus of business receipts over business expenses in accordance with Sec. 4 (3). ²Assets for which a deferred item as per Paragraph 1 has been set up are to be entered in a directory which must be kept up-to-date. ³In addition, the taxpayer has to keep records showing the setting-up and reversal of deferred items. ⁴The records required as per Sentences 2 and 3 are to be enclosed with the tax return.

(5) ¹The taxpayer shall be obligated to inform the competent fiscal authority immediately of the withdrawal or any event within the meaning of Paragraph 2. ²In the event that the taxpayer should not comply with this duty to notify, its legal obligation to keep records as per Paragraph 4 or its other duties to cooperate within the meaning of Sec. 90 General Fiscal Code, the deferred item for this business asset has to be reversed with income-increasing effect.

Sec. 5 Profit in the case of business people and specific other persons engaged in a trade or business

(1) ¹As regards persons engaged in a trade or business obligated to keep books and records and prepare financial accounts at regular intervals by virtue of legal provisions or keeping books and records and preparing financial accounts at regular intervals without such an obligation, the business assets and liabilities (Sec. 4 (1) Sentence 1) to be disclosed in accordance with the commercial law accounting principles *(GoB)* have to be reported at of the end of the fiscal year. ²Any options provided in the tax regulations with regard to profit determination are to be exercised in conformity with the annual commercial balance sheet.

[…]

(2) ¹Der Ausgleichsposten ist im Wirtschaftsjahr der Bildung und in den vier folgenden Wirtschaftsjahren zu jeweils einem Fünftel gewinnerhöhend aufzulösen. ²Er ist in vollem Umfang gewinnerhöhend aufzulösen,

1. wenn das als entnommen geltende Wirtschaftsgut aus dem Betriebsvermögen des Steuerpflichtigen ausscheidet,
2. wenn das als entnommen geltende Wirtschaftsgut aus der Besteuerungshoheit der Mitgliedstaaten der Europäischen Union ausscheidet oder
3. wenn die stillen Reserven des als entnommen geltenden Wirtschaftsgutes im Ausland aufgedeckt werden oder in entsprechender Anwendung der Vorschriften des deutschen Steuerrechts hätten aufgedeckt werden müssen.

(3) ¹Wird die Zuordnung eines Wirtschaftsguts zu einer anderen Betriebsstätte des Steuerpflichtigen in einem anderen Mitgliedstaat der Europäischen Union im Sinne des Absatzes 1 innerhalb der tatsächlichen Nutzungsdauer, spätestens jedoch vor Ablauf von fünf Jahren nach Änderung der Zuordnung, aufgehoben, ist der für dieses Wirtschaftsgut gebildete Ausgleichsposten ohne Auswirkungen auf den Gewinn aufzulösen und das Wirtschaftsgut mit den fortgeführten Anschaffungskosten, erhöht um zwischenzeitlich gewinnerhöhend berücksichtigte Auflösungsbeträge im Sinne des Absatzes 2 und 5 Satz 2 und um den Unterschiedsbetrag zwischen dem Rückführungswert und dem Buchwert im Zeitpunkt der Rückführung, höchstens jedoch mit dem gemeinen Wert, anzusetzen. ²Die Aufhebung der geänderten Zuordnung ist ein Ereignis im Sinne des § 175 Abs. 1 Nr. 2 der Abgabenordnung.

(4) ¹Die Absätze 1 bis 4 finden entsprechende Anwendung bei der Ermittlung des Überschusses der Betriebseinnahmen über die Betriebsausgaben gemäß § 4 Abs. 3. ²Wirtschaftsgüter, für die ein Ausgleichsposten nach Absatz 1 gebildet worden ist, sind in ein laufend zu führendes Verzeichnis aufzunehmen. ³Der Steuerpflichtige hat darüber hinaus Aufzeichnungen zu führen, aus denen die Bildung und Auflösung der Ausgleichsposten hervorgeht. ⁴Die Aufzeichnungen nach den Sätzen 2 und 3 sind der Steuererklärung beizufügen.

(5) ¹Der Steuerpflichtige ist verpflichtet, der zuständigen Finanzbehörde die Entnahme oder ein Ereignis im Sinne des Absatzes 2 unverzüglich anzuzeigen. ²Kommt der Steuerpflichtige dieser Anzeigepflicht, seiner Aufzeichnungspflicht nach Absatz 4 oder seinen sonstigen Mitwirkungspflichten im Sinne der § 90 der Abgabenordnung nicht nach, ist der Ausgleichsposten dieses Wirtschaftsgutes gewinnerhöhend aufzulösen.

§ 5 Gewinn bei Kaufleuten und bei bestimmten anderen Gewerbetreibenden

1) ¹Bei Gewerbetreibenden, die aufgrund gesetzlicher Vorschriften verpflichtet sind, Bücher zu führen und regelmäßig Abschlüsse zu machen, oder die ohne eine solche Verpflichtung Bücher führen und regelmäßig Abschlüsse machen, ist für den Schluss des Wirtschaftsjahres das Betriebsvermögen anzusetzen (§ 4 Abs. 1 Satz 1), das nach den handelsrechtlichen Grundsätzen ordnungsmäßiger Buchführung auszuweisen ist. ²Steuerrechtliche Wahlrechte bei der Gewinnermittlung sind in Übereinstimmung mit der handelsrechtlichen Jahresbilanz auszuüben.

…]

Sec. 6 Valuation

(1) The following shall apply to the valuation of the individual assets to be considered business assets and liabilities pursuant to Sec. 4 (1) or Sec. 5:

[…]

4. [1]Withdrawals by the taxpayer for itself, its household or any other non-operating purposes are to be accounted for at the going-concern value; in the cases of Sec. 4 (1) Sentence 3, the withdrawal is to be accounted for at fair market value. […]

5. [1]Contributions are to be accounted for at the going-concern value at the date of allocation; however, maximally at acquisition cost if the allocated asset

   a) has been acquired or produced within the last three years before the date of allocation, or
   b) is a share in a corporation and the taxpayer has a holding in this company within the meaning of Sec. 17 (1) or (6); Sec. 17 (2) Sentence 4 shall apply *mutatis mutandis*.

   [2]In the event that the contribution is a depreciable asset, the acquisition cost is to be reduced by the amount of depreciation relating to the period between the acquisition or production of the asset and its contribution. [3]In the event that the contribution is an asset withdrawn from any business assets and liabilities of the taxpayer before allocation, the value assessed for the withdrawal shall be substituted for the acquisition cost, and the date of withdrawal shall be substituted for the date of acquisition or production.

5a. [1]In the cases of Sec. 4 (1) Sentence 7 Clause 2, the asset has to be accounted for at fair market value.

[…]

(2) [1]The acquisition cost or the value of depreciable movable fixed assets capable of being used independently, which value is substituted for such cost pursuant to Paragraph 1 No. 5 to 6, may completely be deducted as business expenses in the fiscal year of the acquisition, production or contribution of the asset or the opening of the business, provided that the acquisition cost, reduced by any included amount of input VAT (Sec. 9b (1)) or the value substituted for such cost pursuant to Paragraph 1 No. 5 to 6 of the individual asset does not exceed Euro 410. [2]An asset shall be deemed incapable of being used independently if, as per its intended purpose, it may only be used jointly with other fixed assets and the assets which are to be used jointly are coordinated with each other from a technical point of view. [3]This shall also apply if the asset may be disconnected from this operating context and introduced into another context of use. [4]Sentence 1 is to be applied only to assets listed in a special directory, which must be kept up-to-date, indicating the date of acquisition, production or contribution of the asset or the opening of the business and the acquisition cost or the value substituted for such cost as per Paragraph 1 No. 5 to 6. [5]This directory does not need to be kept if the aforesaid information can be gathered from the accounting.

[…]

(4) In the event that, except for contributions (Sec. 4 (1) Sentence 7), an individual asset is transferred to the business assets and liabilities of another taxpayer without a con-

§ 6 Bewertung

(1) Für die Bewertung der einzelnen Wirtschaftsgüter, die nach § 4 Abs. 1 oder nach § 5 als Betriebsvermögen anzusehen sind, gilt das Folgende:

[…]

4. ¹Entnahmen des Steuerpflichtigen für sich, für seinen Haushalt oder für andere betriebsfremde Zwecke sind mit dem Teilwert anzusetzen; in den Fällen des § 4 Abs. 1 Satz 3 ist die Entnahme mit dem gemeinen Wert anzusetzen. […]

5. ¹Einlagen sind mit dem Teilwert für den Zeitpunkt der Zuführung anzusetzen; sie sind jedoch höchstens mit den Anschaffungs- oder Herstellungskosten anzusetzen, wenn das zugeführte Wirtschaftsgut

   a) innerhalb der letzten drei Jahre vor dem Zeitpunkt der Zuführung angeschafft oder hergestellt worden ist oder

   b) ein Anteil an einer Kapitalgesellschaft ist und der Steuerpflichtige an der Gesellschaft im Sinne des § 17 Abs. 1 oder 6 beteiligt ist; § 17 Abs. 2 Satz 4 gilt entsprechend.

   ²Ist die Einlage ein abnutzbares Wirtschaftsgut, so sind die Anschaffungs- oder Herstellungskosten um Absetzungen für Abnutzung zu kürzen, die auf den Zeitraum zwischen der Anschaffung oder Herstellung des Wirtschaftsguts und der Einlage entfallen. ³Ist die Einlage ein Wirtschaftsgut, das vor der Zuführung aus einem Betriebsvermögen des Steuerpflichtigen entnommen worden ist, so tritt an die Stelle der Anschaffungs- oder Herstellungskosten der Wert, mit dem die Entnahme angesetzt worden ist, und an die Stelle des Zeitpunkts der Anschaffung oder Herstellung der Zeitpunkt der Entnahme.

5a. ¹In den Fällen des § 4 Abs. 1 Satz 7 zweiter Halbsatz ist das Wirtschaftsgut mit dem gemeinen Wert anzusetzen.

[…]

(2) ¹Die Anschaffungs- oder Herstellungskosten oder der nach Absatz 1 Nr. 5 bis 6 an deren Stelle tretende Wert von abnutzbaren beweglichen Wirtschaftsgütern des Anlagevermögens, die einer selbständigen Nutzung fähig sind, können im Wirtschaftsjahr der Anschaffung, Herstellung oder Einlage des Wirtschaftsguts oder der Eröffnung des Betriebs in voller Höhe als Betriebsausgaben abgesetzt werden, wenn die Anschaffungs- oder Herstellungskosten, vermindert um einen darin enthaltenen Vorsteuerbetrag (§ 9b Abs. 1), oder der nach Absatz 1 Nr. 5 bis 6 an deren Stelle tretende Wert für das einzelne Wirtschaftsgut 410 Euro nicht übersteigen. ²Ein Wirtschaftsgut ist einer selbständigen Nutzung nicht fähig, wenn es nach seiner betrieblichen Zweckbestimmung nur zusammen mit anderen Wirtschaftsgütern des Anlagevermögens genutzt werden kann und die in den Nutzungszusammenhang eingefügten Wirtschaftsgüter technisch aufeinander abgestimmt sind. ³Das gilt auch, wenn das Wirtschaftsgut aus dem betrieblichen Nutzungszusammenhang gelöst und in einen anderen betrieblichen Nutzungszusammenhang eingefügt werden kann. ⁴Satz 1 ist nur bei Wirtschaftsgütern anzuwenden, die unter Angabe des Tages der Anschaffung, Herstellung oder Einlage des Wirtschaftsguts oder der Eröffnung des Betriebs und der Anschaffungs- oder Herstellungskosten oder des nach Absatz 1 Nr. 5 bis 6 an deren Stelle tretenden Werts in einem besonderen, laufend zu führenden Verzeichnis aufgeführt sind. ⁵Das Verzeichnis braucht nicht geführt zu werden, wenn diese Angaben aus der Buchhaltung ersichtlich sind.

[…]

(4) Wird ein einzelnes Wirtschaftsgut außer in den Fällen der Einlage (§ 4 Abs. 1 Satz 7) unentgeltlich in das Betriebsvermögen eines anderen Steuerpflichtigen übertragen, gilt sein gemeiner Wert für das aufnehmende Betriebsvermögen als Anschaffungskosten.

sideration, its fair market value shall for the receiving business assets and liabilities be deemed acquisition cost.

[…]

Sec. 10d Loss deduction

(1) ¹Any negative income not balanced in the determination of the total amount of income is to be deducted up to an amount of Euro 511,500, with spouses assessed jointly pursuant to Secs. 26, 26b up to an amount of Euro 1,023,000, from the total amount of income for the immediately preceding assessment period, with preference to special expenses, extraordinary financial expenses and other deductible amounts (loss carryback). ²If a tax assessment notice for the immediately preceding assessment period has already been issued, that notice has to be amended in so far as the loss carryback is to be granted or adjusted. ³This shall also apply if the tax assessment notice has become non-appealable; the assessment period shall in so far not end before expiration of the assessment period in which the negative income is not balanced. ⁴At the taxpayer's request, the application of Sentence 1 is to be refrained from in whole or in part. ⁵The amount of the loss carryback is to be stated in the request.

(2) ¹Any unbalanced negative income not deducted as per Paragraph 1 is to be deducted in the following assessment periods without any limitation up to a total amount of income of Euro 1 million, and above that, at up to 60 per cent of the total amount of income exceeding Euro 1 million, with preference to special expenses, extraordinary financial expenses and any other deductible amounts (loss carryforward). ²As regards spouses assessed jointly as per Secs. 26, 26b, an amount of Euro 2 million shall be substituted for the amount of Euro 1 million. ³The deduction shall be admissible only in so far as the losses have not been deducted as per Paragraph 1 and could not be deducted in the preceding assessment periods as per Sentences 1 and 2.

[…]

Sec. 15 Income from trade or business

(1) ¹The following shall be deemed income from trade or business
   1. income from commercial establishments. ²This shall also include income from the commercial extraction of minerals and other deposits, e.g. from mining companies and businesses extracting peat and non-metallic minerals, in so far as they are no establishments incident to agriculture and forestry;
   2. the profit shares of the partners of a general commercial partnership, a limited partnership and any other company with regard to which the partner is to be considered as an entrepreneur (co-entrepreneur) of the business, as well as the compensation the partner has received from the company for its services for the latter or for the lending of credit or the transfer of assets for use. ²Any partner participating indirectly through one or more partnerships shall have equal tax status with a directly participating partner; it is to be considered as a co-entrepreneur of the business of the company in which it has an indirect holding, provided that the partner and the respective partnerships arranging for its holding are to be considered as co-entrepreneurs of the businesses of the partnerships in which they have a direct holding;
   3. the profit shares of the general partners of a partnership limited by shares, in so far as they do not relate to shares in the share capital, as well as the compensation the gen-

[…]

§ 10d Verlustabzug

(1) ¹Negative Einkünfte, die bei der Ermittlung des Gesamtbetrags der Einkünfte nicht ausgeglichen werden, sind bis zu einem Betrag von 511.500 Euro, bei Ehegatten, die nach den §§ 26, 26b zusammenveranlagt werden, bis zu einem Betrag von 1.023.000 Euro vom Gesamtbetrag der Einkünfte des unmittelbar vorangegangenen Veranlagungszeitraums vorrangig vor Sonderausgaben, außergewöhnlichen Belastungen und sonstigen Abzugsbeträgen abzuziehen (Verlustrücktrag). ²Ist für den unmittelbar vorangegangenen Veranlagungszeitraum bereits ein Steuerbescheid erlassen worden, so ist er insoweit zu ändern, als der Verlustrücktrag zu gewähren oder zu berichtigen ist. ³Das gilt auch dann, wenn der Steuerbescheid unanfechtbar geworden ist; die Festsetzungsfrist endet insoweit nicht, bevor die Festsetzungsfrist für den Veranlagungszeitraum abgelaufen ist, in dem die negativen Einkünfte nicht ausgeglichen werden. ⁴Auf Antrag des Steuerpflichtigen ist ganz oder teilweise von der Anwendung des Satzes 1 abzusehen. ⁵Im Antrag ist die Höhe des Verlustrücktrags anzugeben.

(2) ¹Nicht ausgeglichene negative Einkünfte, die nicht nach Absatz 1 abgezogen worden sind, sind in den folgenden Veranlagungszeiträumen bis zu einem Gesamtbetrag der Einkünfte von 1 Million Euro unbeschränkt, darüber hinaus bis zu 60 Prozent des 1 Million Euro übersteigenden Gesamtbetrags der Einkünfte vorrangig vor Sonderausgaben, außergewöhnlichen Belastungen und sonstigen Abzugsbeträgen abzuziehen (Verlustvortrag). ²Bei Ehegatten, die nach §§ 26, 26b zusammenveranlagt werden, tritt an die Stelle des Betrags von 1 Million Euro ein Betrag von 2 Millionen Euro. ³Der Abzug ist nur insoweit zulässig, als die Verluste nicht nach Absatz 1 abgezogen worden sind und in den vorangegangenen Veranlagungszeiträumen nicht nach Satz 1 und 2 abgezogen werden konnten.

[…]

§ 15 Einkünfte aus Gewerbebetrieb

(1) ¹Einkünfte aus Gewerbebetrieb sind
1. Einkünfte aus gewerblichen Unternehmen. ²Dazu gehören auch Einkünfte aus gewerblicher Bodenbewirtschaftung, z.B. aus Bergbauunternehmen und aus Betrieben zur Gewinnung von Torf, Steinen und Erden, soweit sie nicht land- oder forstwirtschaftliche Nebenbetriebe sind;
2. die Gewinnanteile der Gesellschafter einer Offenen Handelsgesellschaft, einer Kommanditgesellschaft und einer anderen Gesellschaft, bei der der Gesellschafter als Unternehmer (Mitunternehmer) des Betriebs anzusehen ist, und die Vergütungen, die der Gesellschafter von der Gesellschaft für seine Tätigkeit im Dienst der Gesellschaft oder für die Hingabe von Darlehen oder für die Überlassung von Wirtschaftsgütern bezogen hat. ²Der mittelbar über eine oder mehrere Personengesellschaften beteiligte Gesellschafter steht dem unmittelbar beteiligten Gesellschafter gleich; er ist als Mitunternehmer des Betriebs der Gesellschaft anzusehen, an der er mittelbar beteiligt ist, wenn er und die Personengesellschaften, die seine Beteiligung vermitteln, jeweils als Mitunternehmer der Betriebe der Personengesellschaften anzusehen sind, an denen sie unmittelbar beteiligt sind;
3. die Gewinnanteile der persönlich haftenden Gesellschafter einer Kommanditgesellschaft auf Aktien, soweit sie nicht auf Anteile am Grundkapital entfallen, und die Vergütungen, die der persönlich haftende Gesellschafter von der Gesellschaft für

eral partner has received from the company for its services for the company or for the lending of credit or the transfer of assets for use.
²Sentence 1 No. 2 and 3 shall also apply to any compensation received as subsequent income (Sec. 24 No. 2). ³Sec. 13 (5) shall apply *mutatis mutandis*, provided that the piece of land belonged to commercial business assets and liabilities in assessment period 1986.

(1a) ¹In the cases of Sec. 4 (1) Sentence 4, the capital gain from a subsequent disposal of the shares is to be taxed irregardless of the provisions of any double taxation treaty in the same way as the sale of such shares in a European Company or a European Cooperative Society would have had to be taxed if no transfer of registered office had taken place. ²This shall also apply if such shares are later transferred to a corporation by way of a hidden contribution, the European Company or the European Cooperative Society is dissolved or its capital reduced and repaid, or in the event that any amounts from the contribution account for tax purposes within the meaning of Sec. 27 Corporation Tax Act are distributed or repaid.

(2) ¹Any independent lasting activity undertaken with the intent to realise taxable profits and presenting itself as participation in the open marketplace shall be deemed trade or business if the activity can neither be considered as the exercise of agriculture and forestry nor the performance of a professional service or any other work performed self-employed. ²Any reduction of the taxes on income caused by the activity shall not be deemed profit within the meaning of Sentence 1. ³In the event that the relevant conditions exist in other respects, trade or business shall exist even if the intent to realise taxable profits is only a secondary objective.

(3) Any activity performed with the intent to generate income by

1. a general commercial partnership, a limited partnership and any other partnership, if the company also performs an activity within the meaning of Paragraph 1 Sentence 1 No. 1 or derives income from trade or business within the meaning of Paragraph 1 Sentence 1 No. 2;
2. a partnership not performing an activity within the meaning of Paragraph 1 Sentence 1 No. 1, whose general partners are exclusively one or several corporations, and with regard to which only the general partners or any persons being no partners are authorised to manage the business of the company (partnership of a commercial character). ²In the event that a partnership of a commercial character participates in another partnership as a general partner, the partnership of a commercial character shall for the assessment of whether the activity of that partnership shall be deemed trade or business according to the tax status of a corporation;

shall in its entirety be deemed trade or business.

(4) ¹Losses from commercial livestock farming or the commercial keeping of animals must not be offset against other income from trade or business or income from other sources of taxable income; they may not be deducted as per Sec. 10d either. ²Subject to Sec. 10d, such losses shall, however, reduce the profits made or to be made by the taxpayer from commercial livestock farming or the commercial keeping of animals in the immediately preceding fiscal year and in subsequent fiscal years. ³Sentences 1 and 2 shall *mutatis mutandis* apply to losses from forward transactions enabling the taxpayer to obtain an offset of the difference or an amount of cash or a benefit determined by the value of a variable unit of reference. ⁴Sentence 3 shall not apply to any transactions serving the usual business with financial institutions, financial services institutions and financial companies within the meaning of the German Banking Act, or the hedging of usual business transactions. ⁵Sentence 4 shall not apply if transactions serving the hedging of

seine Tätigkeit im Dienst der Gesellschaft oder für die Hingabe von Darlehen oder für die Überlassung von Wirtschaftsgütern bezogen hat. ²Satz 1 Nr. 2 und 3 gilt auch für Vergütungen, die als nachträgliche Einkünfte (§ 24 Nr. 2) bezogen werden. ³§ 13 Abs. 5 gilt entsprechend, sofern das Grundstück im Veranlagungszeitraum 1986 zu einem gewerblichen Betriebsvermögen gehört hat.

(1a) ¹In den Fällen des § 4 Abs. 1 Satz 4 ist der Gewinn aus einer späteren Veräußerung der Anteile ungeachtet der Bestimmungen eines Abkommens zur Vermeidung der Doppelbesteuerung in der gleichen Art und Weise zu besteuern, wie die Veräußerung dieser Anteile an der Europäischen Gesellschaft oder Europäischen Genossenschaft zu besteuern gewesen wäre, wenn keine Sitzverlegung stattgefunden hätte. ²Dies gilt auch, wenn später die Anteile verdeckt in eine Kapitalgesellschaft eingelegt werden, die Europäische Gesellschaft oder Europäische Genossenschaft aufgelöst wird oder wenn ihr Kapital herabgesetzt und zurückgezahlt wird oder wenn Beträge aus dem steuerlichen Einlagenkonto im Sinne des § 27 des Körperschaftsteuergesetzes ausgeschüttet oder zurückgezahlt werden.

(2) ¹Eine selbständige nachhaltige Betätigung, die mit der Absicht, Gewinn zu erzielen, unternommen wird und sich als Beteiligung am allgemeinen wirtschaftlichen Verkehr darstellt, ist Gewerbebetrieb, wenn die Betätigung weder als Ausübung von Land- und Forstwirtschaft noch als Ausübung eines freien Berufs noch als eine andere selbständige Arbeit anzusehen ist. ²Eine durch die Betätigung verursachte Minderung der Steuern vom Einkommen ist kein Gewinn im Sinne des Satzes 1. ³Ein Gewerbebetrieb liegt, wenn seine Voraussetzungen im Übrigen gegeben sind, auch dann vor, wenn die Gewinnerzielungsabsicht nur ein Nebenzweck ist.

(3) Als Gewerbebetrieb gilt in vollem Umfang die mit Einkünfteerzielungsabsicht unternommene Tätigkeit

1. einer offenen Handelsgesellschaft, einer Kommanditgesellschaft oder einer anderen Personengesellschaft, wenn die Gesellschaft auch eine Tätigkeit im Sinne des Absatzes 1 Satz 1 Nr. 1 ausübt oder gewerbliche Einkünfte im Sinne des Absatzes 1 Satz 1 Nr. 2 bezieht,

2. einer Personengesellschaft, die keine Tätigkeit im Sinne des Absatzes 1 Satz 1 Nr. 1 ausübt und bei der ausschließlich eine oder mehrere Kapitalgesellschaften persönlich haftende Gesellschafter sind und nur diese oder Personen, die nicht Gesellschafter sind, zur Geschäftsführung befugt sind (gewerblich geprägte Personengesellschaft). ²Ist eine gewerblich geprägte Personengesellschaft als persönlich haftender Gesellschafter an einer anderen Personengesellschaft beteiligt, so steht für die Beurteilung, ob die Tätigkeit dieser Personengesellschaft als Gewerbebetrieb gilt, die gewerblich geprägte Personengesellschaft einer Kapitalgesellschaft gleich.

(4) ¹Verluste aus gewerblicher Tierzucht oder gewerblicher Tierhaltung dürfen weder mit anderen Einkünften aus Gewerbebetrieb noch mit Einkünften aus anderen Einkunftsarten ausgeglichen werden; sie dürfen auch nicht nach § 10d abgezogen werden. ²Die Verluste mindern jedoch nach Maßgabe des § 10d die Gewinne, die der Steuerpflichtige in dem unmittelbar vorangegangenen und in den folgenden Wirtschaftsjahren aus gewerblicher Tierzucht oder gewerblicher Tierhaltung erzielt hat oder erzielt. ³Die Sätze 1 und 2 gelten entsprechend für Verluste aus Termingeschäften, durch die der Steuerpflichtige einen Differenzausgleich oder einen durch den Wert einer veränderlichen Bezugsgröße bestimmten Geldbetrag oder Vorteil erlangt. ⁴Satz 3 gilt nicht für die Geschäfte, die zum gewöhnlichen Geschäftsbetrieb bei Kreditinstituten, Finanzdienstleistungsinstituten und Finanzunternehmen im Sinne des Gesetzes über das Kreditwesen gehören oder die der Absicherung von Geschäften des gewöhnlichen Ge-

equity dealings are concerned, the capital gains from which dealings are partly exempt from tax pursuant to Sec. 3 No. 40 Sentence 1 Lit. (a) and (b) in conjunction with Sec. 3c (2), or which are not accounted for in the determination of income according to Sec. 8b (2) Corporation Tax Act. [6]Losses from silent partnerships, subparticipations or other internal partnerships in corporations, with regard to which the partner or participant has to be considered as a co-entrepreneur must not be offset against income from trade or business or income from any other sources of taxable income; they may not be deducted as per Sec. 10d either. [7]Subject to Sec. 10d, such losses shall, however, reduce the profits the partner or the participant derives in the immediately preceding fiscal year or will derive in the following fiscal years from the same silent partnership, subparticipation or internal partnership. [8]Sentences 6 and 7 shall not apply in so far as the loss relates to a natural person as a directly or indirectly participating co-entrepreneur.

Sec. 15a Losses in the case of limited liability

(1) [1]The share in the loss of the limited partnership to be attributed to a limited partner must not be offset against other income from trade or business or income from other sources of taxable income in so far as a negative limited partner's capital account would be created or increase; the loss must in so far not be deducted as per Sec. 10d either. [2]In the event that the limited partner is at the balance sheet date liable to the creditors of the company by virtue of Sec. 171 (1) German Commercial Code, any losses incurred by the limited partner may, in derogation from Sentence 1, be offset or deducted up to the amount by which the limited partner's contribution entered in the commercial register exceeds the contribution provided by that limited partner, in so far as the loss gives rise to a negative capital account or increase an existing negative capital account. [3]Sentence 2 shall apply only if the one to whom the share has to be attributed has been entered in the commercial register, the existence of liability is proved and a reduction of the assets and liabilities by virtue of the liability is not excluded by contract or is, in view of the type of business activities, improbable.

(2) In so far as the loss as per Paragraph 1 must not be offset or deducted, it shall reduce the profits to be attributed to the limited partner in subsequent fiscal years from its interest in the limited partnership.

(3) [1]In so far as a negative limited partner's capital account arises or increases due to withdrawals (reduction of contributions), and provided that no liability to be taken into account pursuant to Paragraph 1 Sentence 2 arises or exists due to such withdrawals, the amount of the reduction of contributions is to be attributed to the limited partner as profit. [2]The amount to be attributed pursuant to Sentence 1 must not exceed the amount of the shares in the loss of the limited partnership offsettable or deductible in the fiscal year of the reduction of contributions and in the ten preceding fiscal years. [3]In the event that the amount of liability is reduced within the meaning of Paragraph 1 Sentence 2 (reduction of liability) and any losses have been offsettable or deductible as per Paragraph 1 Sentence 2 in the fiscal year of the reduction of liability and the ten preceding fiscal years, the amount of the reduction of liability, reduced by any amounts actually paid by virtue of its liability, has to be attributed to the limited partner as profit; Sentence 2 shall apply *mutatis mutandis*. [4]The amounts to be attributed as per Sentences 1 to 3 shall reduce the profits from the interest of the limited partner in the limited partnership to be attributed to that limited partner in the fiscal year of attribution or in subsequent fiscal years.

(4) [1]The loss of a limited partner not offsettable or deductible pursuant to Paragraph 1, reduced by the amounts to be deducted according to Paragraph 2 and increased by the amounts to be added according to Paragraph 3 (offsettable loss), is to be determined

schäftsbetriebs dienen. ⁵Satz 4 gilt nicht, wenn es sich um Geschäfte handelt, die der Absicherung von Aktiengeschäften dienen, bei denen der Veräußerungsgewinn nach § 3 Nr. 40 Satz 1 Buchstabe a und b in Verbindung mit § 3c Abs. 2 teilweise steuerfrei ist, oder die nach § 8b Abs. 2 des Körperschaftsteuergesetzes bei der Ermittlung des Einkommens außer Ansatz bleiben. ⁶Verluste aus stillen Gesellschaften, Unterbeteiligungen oder sonstigen Innengesellschaften an Kapitalgesellschaften, bei denen der Gesellschafter oder Beteiligte als Mitunternehmer anzusehen ist, dürfen weder mit Einkünften aus Gewerbebetrieb noch aus anderen Einkunftsarten ausgeglichen werden; sie dürfen auch nicht nach § 10d abgezogen werden. ⁷Die Verluste mindern jedoch nach Maßgabe des § 10d die Gewinne, die der Gesellschafter oder Beteiligte in dem unmittelbar vorangegangenen Wirtschaftsjahr oder in den folgenden Wirtschaftsjahren aus derselben stillen Gesellschaft, Unterbeteiligung oder sonstigen Innengesellschaft bezieht. ⁸Satz 6 und 7 gelten nicht, soweit der Verlust auf eine natürliche Person als unmittelbar oder mittelbar beteiligter Mitunternehmer entfällt.

§ 15a Verluste bei beschränkter Haftung

(1) ¹Der einem Kommanditisten zuzurechnende Anteil am Verlust der Kommanditgesellschaft darf weder mit anderen Einkünften aus Gewerbebetrieb noch mit Einkünften aus anderen Einkunftsarten ausgeglichen werden, soweit ein negatives Kapitalkonto des Kommanditisten entsteht oder sich erhöht; er darf insoweit auch nicht nach § 10d abgezogen werden. ²Haftet der Kommanditist am Bilanzstichtag den Gläubigern der Gesellschaft aufgrund des § 171 Abs. 1 des Handelsgesetzbuchs, so können abweichend von Satz 1 Verluste des Kommanditisten bis zur Höhe des Betrags, um den die im Handelsregister eingetragene Einlage des Kommanditisten seine geleistete Einlage übersteigt, auch ausgeglichen oder abgezogen werden, soweit durch den Verlust ein negatives Kapitalkonto entsteht oder sich erhöht. ³Satz 2 ist nur anzuwenden, wenn derjenige, dem der Anteil zuzurechnen ist, im Handelsregister eingetragen ist, das Bestehen der Haftung nachgewiesen wird und eine Vermögensminderung aufgrund der Haftung nicht durch Vertrag ausgeschlossen oder nach Art und Weise des Geschäftsbetriebs unwahrscheinlich ist.

(2) Soweit der Verlust nach Absatz 1 nicht ausgeglichen oder abgezogen werden darf, mindert er die Gewinne, die dem Kommanditisten in späteren Wirtschaftsjahren aus seiner Beteiligung an der Kommanditgesellschaft zuzurechnen sind.

(3) ¹Soweit ein negatives Kapitalkonto des Kommanditisten durch Entnahmen entsteht oder sich erhöht (Einlageminderung) und soweit nicht aufgrund der Entnahmen eine nach Absatz 1 Satz 2 zu berücksichtigende Haftung besteht oder entsteht, ist dem Kommanditisten der Betrag der Einlageminderung als Gewinn zuzurechnen. ²Der nach Satz 1 zuzurechnende Betrag darf den Betrag der Anteile am Verlust der Kommanditgesellschaft nicht übersteigen, der im Wirtschaftsjahr der Einlageminderung und in den zehn vorangegangenen Wirtschaftsjahren ausgleichs- oder abzugsfähig gewesen ist. ³Wird der Haftungsbetrag im Sinne des Absatzes 1 Satz 2 gemindert (Haftungsminderung) und sind im Wirtschaftsjahr der Haftungsminderung und den zehn vorangegangenen Wirtschaftsjahren Verluste nach Absatz 1 Satz 2 ausgleichs- oder abzugsfähig gewesen, so ist dem Kommanditisten der Betrag der Haftungsminderung, vermindert um aufgrund der Haftung tatsächlich geleistete Beträge, als Gewinn zuzurechnen; Satz 2 gilt sinngemäß. ⁴Die nach den Sätzen 1 bis 3 zuzurechnenden Beträge mindern die Gewinne, die dem Kommanditisten im Wirtschaftsjahr der Zurechnung oder in späteren Wirtschaftsjahren aus seiner Beteiligung an der Kommanditgesellschaft zuzurechnen sind.

(4) ¹Der nach Absatz 1 nicht ausgleichs- oder abzugsfähige Verlust eines Kommanditisten, vermindert um die nach Absatz 2 abzuziehenden und vermehrt um die nach Absatz 3 hinzuzurechnenden Beträge (verrechenbarer Verlust), ist jährlich gesondert festzu-

separately on an annual basis. ²The determination is to be based on the offsettable loss for the preceding fiscal year. ³The notice of income determination shall be issued by the tax office responsible for the separate determination of the company's profit and loss. ⁴The notice of income determination may only be contested in so far as the offsettable loss has changed in comparison with the preceding fiscal year. ⁵Separate determination as per Sentence 1 may be coupled with the separate and uniform determination of the income subject to income and corporation tax. ⁶In these cases, the separate determination of the offsettable loss has to be performed consistently.

(5) Paragraph 1 Sentence 1, Paragraph 2, Paragraph 3 Sentences 1, 2 and 4 as well as Paragraph 4 shall *mutatis mutandis* apply to other entrepreneurs in so far as their liability is comparable to that of a limited partner, in particular to

1. silent partners of a silent partnership within the meaning of Sec. 230 German Commercial Code, in the case of which the silent partner is to be considered as an entrepreneur (co-entrepreneur);
2. partners of a civil law association, in the case of which the partner is to be considered as an entrepreneur (co-entrepreneur), in so far as recourse to the partner for any debt related with the business has been excluded by contract or is improbable in view of the type of business;
3. partners of a foreign partnership, in the case of which the partner is to be considered as an entrepreneur (co-entrepreneur), in so far as the partner's liability for any debt related with the business corresponds to that of a limited partner or a silent partner, or in so far as recourse to the partner for any debt related with the business has been excluded by contract or is improbable in view of the type of business;
4. entrepreneurs, in so far as liabilities have to be repaid only subject to revenue or profits from the use, disposal or other utilisation of assets;
5. co-owners of a shipping company within the meaning of Sec. 489 German Commercial Code, in the case of which the co-owner is to be considered as an entrepreneur (co-entrepreneur), if the co-owner's personal liability for the shipping company's liabilities has been excluded in whole or in part, or in so far as recourse to the co-owner for the shipping company's liabilities is improbable in view of the type of business.

Sec. 16 Sale of the business

(1) ¹Income from trade or business shall also include any profits realised on the disposal of

1. the entire trade or business or an operating business unit. ²A holding in a corporation comprising the entire nominal capital shall also be deemed an operating business unit; in the event of liquidation of the corporation, Sec. 17 (4) Sentence 3 is to be applied *mutatis mutandis*;
2. the entire interest of a partner to be considered as an entrepreneur (co-entrepreneur) of the business (Sec. 15 (1) Sentence 1 No. 2);
3. the entire interest of a general partner of a partnership limited by shares (Sec. 15 (1) Sentence 1 No. 3).

²Profits realised upon disposal of part of an interest within the meaning of Sentence 1 No. 2 or 3 shall be deemed current profits.

stellen. ²Dabei ist von dem verrechenbaren Verlust des vorangegangenen Wirtschaftsjahres auszugehen. ³Zuständig für den Erlass des Feststellungsbescheids ist das für die gesonderte Feststellung des Gewinns und Verlustes der Gesellschaft zuständige Finanzamt. ⁴Der Feststellungsbescheid kann nur insoweit angegriffen werden, als der verrechenbare Verlust gegenüber dem verrechenbaren Verlust des vorangegangenen Wirtschaftsjahres sich verändert hat. ⁵Die gesonderten Feststellungen nach Satz 1 können mit der gesonderten und einheitlichen Feststellung der einkommensteuerpflichtigen und körperschaftsteuerpflichtigen Einkünfte verbunden werden. ⁶In diesen Fällen sind die gesonderten Feststellungen des verrechenbaren Verlustes einheitlich durchzuführen.

(5) Absatz 1 Satz 1, Absatz 2, Absatz 3 Satz 1, 2 und 4 sowie Absatz 4 gelten sinngemäß für andere Unternehmer, soweit deren Haftung der eines Kommanditisten vergleichbar ist, insbesondere für

1. stille Gesellschafter einer stillen Gesellschaft im Sinne des § 230 des Handelsgesetzbuchs, bei der der stille Gesellschafter als Unternehmer (Mitunternehmer) anzusehen ist,

2. Gesellschafter einer Gesellschaft im Sinne des Bürgerlichen Gesetzbuchs, bei der der Gesellschafter als Unternehmer (Mitunternehmer) anzusehen ist, soweit die Inanspruchnahme des Gesellschafters für Schulden in Zusammenhang mit dem Betrieb durch Vertrag ausgeschlossen oder nach Art und Weise des Geschäftsbetriebs unwahrscheinlich ist,

3. Gesellschafter einer ausländischen Personengesellschaft, bei der der Gesellschafter als Unternehmer (Mitunternehmer) anzusehen ist, soweit die Haftung des Gesellschafters für Schulden in Zusammenhang mit dem Betrieb der eines Kommanditisten oder eines stillen Gesellschafters entspricht oder soweit die Inanspruchnahme des Gesellschafters für Schulden in Zusammenhang mit dem Betrieb durch Vertrag ausgeschlossen oder nach Art und Weise des Geschäftsbetriebs unwahrscheinlich ist,

4. Unternehmer, soweit Verbindlichkeiten nur in Abhängigkeit von Erlösen oder Gewinnen aus der Nutzung, Veräußerung oder sonstigen Verwertung von Wirtschaftsgütern zu tilgen sind,

5. Mitreeder einer Reederei im Sinne des § 489 des Handelsgesetzbuchs, bei der der Mitreeder als Unternehmer (Mitunternehmer) anzusehen ist, wenn die persönliche Haftung des Mitreeders für die Verbindlichkeiten der Reederei ganz oder teilweise ausgeschlossen oder soweit die Inanspruchnahme des Mitreeders für Verbindlichkeiten der Reederei nach Art und Weise des Geschäftsbetriebs unwahrscheinlich ist.

§ 16 Veräußerung des Betriebs

(1) ¹Zu den Einkünften aus Gewerbebetrieb gehören auch Gewinne, die erzielt werden bei der Veräußerung

1. des ganzen Gewerbebetriebs oder eines Teilbetriebs. ²Als Teilbetrieb gilt auch die das gesamte Nennkapital umfassende Beteiligung an einer Kapitalgesellschaft; im Fall der Auflösung der Kapitalgesellschaft ist § 17 Abs. 4 Satz 3 sinngemäß anzuwenden;

2. des gesamten Anteils eines Gesellschafters, der als Unternehmer (Mitunternehmer) des Betriebs anzusehen ist (§ 15 Abs. 1 Satz 1 Nr. 2);

3. des gesamten Anteils eines persönlich haftenden Gesellschafters einer Kommanditgesellschaft auf Aktien (§ 15 Abs. 1 Satz 1 Nr. 3).

²Gewinne, die bei der Veräußerung eines Teils eines Anteils im Sinne von Satz 1 Nr. 2 oder 3 erzielt werden, sind laufende Gewinne.

Relevant tax law provisions

(2) ¹Capital gains within the meaning of Paragraph 1 shall be the amount by which the purchase price net of the disposition cost exceeds the value of the business assets and liabilities (Paragraph 1 Sentence 1 No. 1) or the value of the share in the business assets and liabilities (Paragraph 1 Sentence 1 No. 2 and 3). ²The value of the business assets and liabilities or the share is to be determined as of the date of disposal in accordance with Sec. 4 (1) or Sec. 5. ³Provided that on the part of the seller and on the part of the acquirer the same persons are entrepreneurs or co-entrepreneurs, the profit shall, however, in so far be deemed current profit.

(3) ¹The discontinuance of the trade or business as well as of a share within the meaning of Paragraph 1 Sentence 1 No. 2 or No. 3 shall also be deemed disposal. ²In the event that independent operating business units, interests of co-entrepreneurs or individual assets are in the case of a division of a co-entrepreneurship transferred to the respective business assets and liabilities of the individual co-entrepreneurs, the assets must in the determination of the profit of the co-entrepreneurship be accounted for at the values resulting in accordance with the provisions on profit determination, provided that the taxation of the hidden reserves is ensured; the receiving co-entrepreneur shall be bound to such values. ³Contrary to this, the transfer transaction concerned must retroactively be accounted for at fair market value, in so far as in the case of a division of a co-entrepreneurship involving the transfer of individual assets, any real estate transferred at book value, buildings or other material business bases transferred are disposed of or withdrawn within a blocking period following the transfer; this blocking period shall end three years after filing of the tax return of the co-entrepreneurship for the assessment period of the division of a co-entrepreneurship. ⁴Sentence 2 shall not apply to a division of a co-entrepreneurship involving the transfer of individual assets, in so far as such assets are directly or indirectly transferred to a corporate entity, association of persons or conglomeration of assets and liabilities; the fair market value is in this case to be applied to the transfer. ⁵In so far as individual assets dedicated to the business are disposed of in the context of the discontinuation of the trade or business, and provided that the same persons are entrepreneurs or co-entrepreneurs on the seller side and on the acquirer side, the profit from the discontinuation of the trade or business shall be deemed current profit. ⁶In the event that the individual assets dedicated to the business are disposed of in the context of the discontinuation of the business, the purchase prices have to be applied. ⁷If the assets are not disposed of, the fair market value at the date of discontinuation is to be applied. ⁸In the case of discontinuation of a trade or business in which several persons had a holding, the fair market value of the assets each party in interest has received on division is to be applied.

(4) ¹In the event that the taxpayer has attained the age of 55 or is permanently unable to work within the meaning of social security law, the capital gain shall on request be subjected to income tax only in so far as it exceeds Euro 45,000. ²The allowance is to be granted to the taxpayer only once. ³It shall be reduced by the amount by which the capital gain exceeds Euro 136,000.

(5) In the event that, on the occasion of a division of a co-entrepreneurship involving the transfer of operating business units to individual co-entrepreneurs, shares in a corporate entity, association of persons or conglomeration of assets and liabilities are directly or indirectly transferred by a taxpayer not privileged by Sec. 8b (2) Corporation Tax Act to a co-entrepreneur privileged by Sec. 8b (2) Corporation Tax Act, the fair market value is, in derogation from Paragraph 3 Sentence 2, to be applied retroactively as from the date of the division of a co-entrepreneurship if the receiving co-entrepreneur should sell the shares directly or indirectly or retransfer the shares by way of a transaction pursuant to Sec. 22 (1) Sentence 6 No. 1 to 5 German Reorganisation Tax Act within a period of

(2) ¹Veräußerungsgewinn im Sinne des Absatzes 1 ist der Betrag, um den der Veräußerungspreis nach Abzug der Veräußerungskosten den Wert des Betriebsvermögens (Absatz 1 Satz 1 Nr. 1) oder den Wert des Anteils am Betriebsvermögen (Absatz 1 Satz 1 Nr. 2 und 3) übersteigt. ²Der Wert des Betriebsvermögens oder des Anteils ist für den Zeitpunkt der Veräußerung nach § 4 Abs. 1 oder nach § 5 zu ermitteln. ³Soweit auf der Seite des Veräußerers und auf der Seite des Erwerbers dieselben Personen Unternehmer oder Mitunternehmer sind, gilt der Gewinn insoweit jedoch als laufender Gewinn.

(3) ¹Als Veräußerung gilt auch die Aufgabe des Gewerbebetriebs sowie eines Anteils im Sinne des Absatzes 1 Satz 1 Nr. 2 oder Nr. 3. ²Werden im Zuge der Realteilung einer Mitunternehmerschaft Teilbetriebe, Mitunternehmeranteile oder einzelne Wirtschaftsgüter in das jeweilige Betriebsvermögen der einzelnen Mitunternehmer übertragen, so sind bei der Ermittlung des Gewinns der Mitunternehmerschaft die Wirtschaftsgüter mit den Werten anzusetzen, die sich nach den Vorschriften über die Gewinnermittlung ergeben, sofern die Besteuerung der stillen Reserven sichergestellt ist; der übernehmende Mitunternehmer ist an diese Werte gebunden. ³Dagegen ist für den jeweiligen Übertragungsvorgang rückwirkend der gemeine Wert anzusetzen, soweit bei einer Realteilung, bei der einzelne Wirtschaftsgüter übertragen worden sind, zum Buchwert übertragener Grund und Boden, übertragene Gebäude oder andere übertragene wesentliche Betriebsgrundlagen innerhalb einer Sperrfrist nach der Übertragung veräußert oder entnommen werden; diese Sperrfrist endet drei Jahre nach Abgabe der Steuererklärung der Mitunternehmerschaft für den Veranlagungszeitraum der Realteilung. ⁴Satz 2 ist bei einer Realteilung, bei der einzelne Wirtschaftsgüter übertragen werden, nicht anzuwenden, soweit die Wirtschaftsgüter unmittelbar oder mittelbar auf eine Körperschaft, Personenvereinigung oder Vermögensmasse übertragen werden; in diesem Fall ist bei der Übertragung der gemeine Wert anzusetzen. ⁵Soweit einzelne dem Betrieb gewidmete Wirtschaftsgüter im Rahmen der Aufgabe des Betriebs veräußert werden und soweit auf der Seite des Veräußerers und auf der Seite des Erwerbers dieselben Personen Unternehmer oder Mitunternehmer sind, gilt der Gewinn aus der Aufgabe des Gewerbebetriebs als laufender Gewinn. ⁶Werden die einzelnen dem Betrieb gewidmeten Wirtschaftsgüter im Rahmen der Aufgabe des Betriebs veräußert, so sind die Veräußerungspreise anzusetzen. ⁷Werden die Wirtschaftsgüter nicht veräußert, so ist der gemeine Wert im Zeitpunkt der Aufgabe anzusetzen. ⁸Bei Aufgabe eines Gewerbebetriebs, an dem mehrere Personen beteiligt waren, ist für jeden einzelnen Beteiligten der gemeine Wert der Wirtschaftsgüter anzusetzen, die er bei der Auseinandersetzung erhalten hat.

(4) ¹Hat der Steuerpflichtige das 55. Lebensjahr vollendet oder ist er im sozialversicherungsrechtlichen Sinne dauernd berufsunfähig, so wird der Veräußerungsgewinn auf Antrag zur Einkommensteuer nur herangezogen, soweit er 45.000 Euro übersteigt. ²Der Freibetrag ist dem Steuerpflichtigen nur einmal zu gewähren. ³Er ermäßigt sich um den Betrag, um den der Veräußerungsgewinn 136.000 Euro übersteigt.

(5) Werden bei einer Realteilung, bei der Teilbetriebe auf einzelne Mitunternehmer übertragen werden, Anteile an einer Körperschaft, Personenvereinigung oder Vermögensmasse unmittelbar oder mittelbar von einem nicht von § 8b Abs. 2 des Körperschaftsteuergesetzes begünstigten Steuerpflichtigen auf einen von § 8b Abs. 2 des Körperschaftsteuergesetzes begünstigten Mitunternehmer übertragen, ist abweichend von Absatz 3 Satz 2 rückwirkend auf den Zeitpunkt der Realteilung der gemeine Wert anzusetzen, wenn der übernehmende Mitunternehmer dieser Anteile innerhalb eines Zeitraums von sieben Jahren nach der Realteilung unmittelbar oder mittelbar veräußert oder durch einen Vorgang nach § 22 Abs. 1 Satz 6 Nr. 1 bis 5 des Umwandlungssteuergesetzes weiter überträgt; § 22 Abs. 2 Satz 3 des Umwandlungssteuergesetzes gilt entsprechend.

seven years after the division of a co-entrepreneurship; Sec. 22 (2) Sentence 3 German Reorganisation Tax Act shall apply *mutatis mutandis*.

Sec. 17 Disposal of shares in corporations

(1) ¹Income from trade or business shall also include the capital gain from the disposal of shares in a corporation if the seller has had a direct or indirect holding in the capital of the company of at least 1 per cent within the last five years. ²The hidden contribution of shares in a corporation to a corporation shall have equal tax status with a disposal of the shares. ³Shares in a corporation shall be stock, shares in a limited liability company, profit participation certificates or similar participating interests and expectancies to such participating interests. ⁴In the event that the seller has acquired the sold share without a consideration within the last five years preceding the sale, Sentence 1 shall *mutatis mutandis* apply if not the seller himself, but his legal predecessor or, in so far as the share has successively been transferred without a consideration, any of the legal predecessors had a holding within the meaning of Sentence 1 within the last five years.

(2) ¹Capital gains within the meaning of Paragraph 1 shall be the amount by which the purchase price exceeds the acquisition cost after deduction of the disposition cost. ²In the cases of Paragraph 1 Sentence 2, the fair market value of the shares shall be substituted for their purchase price. ³In the event that the seller proves that the shares had to be attributed to it as early as at the time of creation of unlimited tax liability pursuant to Sec. 1 (1) and that the capital appreciation accrued until that date has, by virtue of the legislation of the state of departure, in that state been subject to a tax comparable to the tax pursuant to Sec. 6 Foreign Transactions Tax Act, the value applied by the state of departure in computing the tax comparable to the tax pursuant to Sec. 6 Foreign Transactions Tax Act shall be substituted for the acquisition cost, however, maximally the fair market value. ⁴Sentence 3 shall not apply in the cases of Sec. 6 (3) Foreign Transactions Tax Act. ⁵In the event that the seller has acquired the sold share without a consideration, the acquisition cost incurred by the legal predecessor being the last to acquire the share for a consideration shall be deemed the relevant acquisition cost of the share. ⁶A capital loss is not to be taken into account in so far as it relates to any shares

 a) acquired by the taxpayer without a consideration within the last five years. ²This shall not apply in so far as the legal predecessor would have been able to assert the capital loss in lieu of the taxpayer;

 b) acquired for a consideration and not belonging to a holding of the taxpayer within the meaning of Paragraph 1 Sentence 1 within the entire last five years. ²This shall not apply to any shares acquired within the last five years the acquisition of which has led to the creation of a holding of the taxpayer within the meaning of Paragraph 1 Sentence 1, or which have been acquired after the creation of the holding within the meaning of Paragraph 1 Sentence 1.

(3) ¹The capital gain shall be subjected to income tax only in so far as it exceeds the portion of Euro 9,060 corresponding to the sold share in the corporation. ²The allowance shall be reduced by the amount by which the capital gain exceeds the portion of Euro 36,100 corresponding to the sold share in the corporation.

(4) ¹The dissolution of a corporation, capital reduction upon repayment of capital, as well as the distribution or repayment of any amounts from the contribution account for tax purposes within the meaning of Sec. 27 Corporation Tax Act shall also be deemed disposal within the meaning of Paragraph 1. ²In the aforesaid cases, the fair market value of the assets and liabilities of the corporation allotted or repaid to the taxpayer shall be con-

§ 17 Veräußerung von Anteilen an Kapitalgesellschaften

(1) [1]Zu den Einkünften aus Gewerbebetrieb gehört auch der Gewinn aus der Veräußerung von Anteilen an einer Kapitalgesellschaft, wenn der Veräußerer innerhalb der letzten fünf Jahre am Kapital der Gesellschaft unmittelbar oder mittelbar zu mindestens 1 Prozent beteiligt war. [2]Die verdeckte Einlage von Anteilen an einer Kapitalgesellschaft in eine Kapitalgesellschaft steht der Veräußerung der Anteile gleich. [3]Anteile an einer Kapitalgesellschaft sind Aktien, Anteile an einer Gesellschaft mit beschränkter Haftung, Genussscheine oder ähnliche Beteiligungen und Anwartschaften auf solche Beteiligungen. [4]Hat der Veräußerer den veräußerten Anteil innerhalb der letzten fünf Jahre vor der Veräußerung unentgeltlich erworben, so gilt Satz 1 entsprechend, wenn der Veräußerer zwar nicht selbst, aber der Rechtsvorgänger oder, sofern der Anteil nacheinander unentgeltlich übertragen worden ist, einer der Rechtsvorgänger innerhalb der letzten fünf Jahre im Sinne von Satz 1 beteiligt war.

(2) [1]Veräußerungsgewinn im Sinne des Absatzes 1 ist der Betrag, um den der Veräußerungspreis nach Abzug der Veräußerungskosten die Anschaffungskosten übersteigt. [2]In den Fällen des Absatzes 1 Satz 2 tritt an die Stelle des Veräußerungspreises der Anteile ihr gemeiner Wert. [3]Weist der Veräußerer nach, dass ihm die Anteile bereits im Zeitpunkt der Begründung der unbeschränkten Steuerpflicht nach § 1 Abs. 1 zuzurechnen waren und dass der bis zu diesem Zeitpunkt entstandene Vermögenszuwachs aufgrund gesetzlicher Bestimmungen des Wegzugsstaats im Wegzugsstaat einer der Steuer nach § 6 des Außensteuergesetzes vergleichbaren Steuer unterlegen hat, tritt an die Stelle der Anschaffungskosten der Wert, den der Wegzugsstaat bei der Berechnung der Steuer nach § 6 des Außensteuergesetzes vergleichbaren Steuer angesetzt hat, höchstens jedoch der gemeine Wert. [4]Satz 3 ist in den Fällen des § 6 Abs. 3 des Außensteuergesetzes nicht anzuwenden. [5]Hat der Veräußerer den veräußerten Anteil unentgeltlich erworben, so sind als Anschaffungskosten des Anteils die Anschaffungskosten des Rechtsvorgängers maßgebend, der den Anteil zuletzt entgeltlich erworben hat. [6]Ein Veräußerungsverlust ist nicht zu berücksichtigen, soweit er auf Anteile entfällt,

a) die der Steuerpflichtige innerhalb der letzten fünf Jahre unentgeltlich erworben hatte. [2]Dies gilt nicht, soweit der Rechtsvorgänger an Stelle des Steuerpflichtigen den Veräußerungsverlust hätte geltend machen können;

b) die entgeltlich erworben worden sind und nicht innerhalb der gesamten letzten fünf Jahre zu einer Beteiligung des Steuerpflichtigen im Sinne von Absatz 1 Satz 1 gehört haben. [2]Dies gilt nicht für innerhalb der letzten fünf Jahre erworbene Anteile, deren Erwerb zur Begründung einer Beteiligung des Steuerpflichtigen im Sinne von Absatz 1 Satz 1 geführt hat oder die nach Begründung der Beteiligung im Sinne von Absatz 1 Satz 1 erworben worden sind.

(3) [1]Der Veräußerungsgewinn wird zur Einkommensteuer nur herangezogen, soweit er den Teil von 9.060 Euro übersteigt, der dem veräußerten Anteil an der Kapitalgesellschaft entspricht. [2]Der Freibetrag ermäßigt sich um den Betrag, um den der Veräußerungsgewinn den Teil von 36.100 Euro übersteigt, der dem veräußerten Anteil an der Kapitalgesellschaft entspricht.

(4) [1]Als Veräußerung im Sinne des Absatzes 1 gilt auch die Auflösung einer Kapitalgesellschaft, die Kapitalherabsetzung, wenn das Kapital zurückgezahlt wird, und die Ausschüttung oder Zurückzahlung von Beträgen aus dem steuerlichen Einlagenkonto im Sinne des § 27 des Körperschaftsteuergesetzes. [2]In diesen Fällen ist als Veräußerungspreis der gemeine Wert des dem Steuerpflichtigen zugeteilten oder zurückgezahlten

sidered the purchase price. ³Sentence 1 shall not apply in so far as the earnings as per Sec. 20 (1) No. 1 or 2 belong to income from capital investment.

(5) ¹The limitation or exclusion of the right of the Federal Republic of Germany to tax the gain on the disposal of the shares in a corporation in the case of transfer of registered office or place of management of the corporation to another state shall have equal tax status with a disposal of the shares at fair market value. ²This shall not apply in the cases of transfer of the registered office of a European Company pursuant to Article 8 of Regulation (EC) 2157/2001 and transfer of the registered office of another corporation to another member state of the European Union. ³Irregardless of the provisions of any double taxation treaty, the gain on a subsequent disposal of the shares must in these cases be taxed in the same way as theses shares would have had to be taxed if no transfer of the registered office had occurred. ⁴Sec. 15 (1a) Sentence 2 shall apply *mutatis mutandis*.

(6) Shares in corporations in whose capital the seller had no direct or indirect holding of at least 1 per cent within the last five years shall also be deemed shares within the meaning of Paragraph 1 Sentence 1, provided that
   1. the shares have been acquired by virtue of a transfer transaction within the meaning of the German Reorganisation Tax Act without the fair market value having been applied, and
   2. the requirements of Paragraph 1 Sentence 1 have for the transferred shares been met at the transfer date, or the shares are based on a contribution in kind within the meaning of Sec. 20 (1) German Reorganisation Tax Act of 7 December 2006 (Federal Law Gazette I p. 2782, 2791), as amended.

(7) Shares in a cooperative society, including the European Cooperative Society, shall also be deemed shares within the meaning of Paragraph 1 Sentence 1.

Sec. 20 Income from capital investment

(1) Income from capital investment shall include
   1. ¹profit shares (dividends), yields and other earnings from stock, profit participation rights associated with rights in the profit and the liquidation proceeds of a corporation, from shares in limited liability companies, commercial cooperatives as well as in mining associations endowed with the rights of a legal person. ²Other earnings shall also include hidden profit distributions. ³The earnings shall not belong to income in so far as they originate from distributions by a corporate entity with regard to which distribution amounts from the contribution account for tax purposes within the meaning of Sec. 27 Corporation Tax Act are deemed appropriated. Income received by a person other than the shareholder as per Paragraph 2a instead of the earnings within the meaning of Sentence 1 shall also be deemed other earnings if the stock has been acquired with entitlement to dividends, but are delivered without the right to receive a dividend;
   2. ¹earnings accruing after the dissolution of a corporate entity or an association of persons within the meaning of No. 1 and not consisting in the repayment of nominal capital; No. 1 Sentence 2 shall apply *mutatis mutandis*. ²The same shall apply to earnings accruing due to a capital reduction or following the dissolution of a corporate entity or an association of persons subject to unlimited tax liability within the meaning of No. 1 and deemed to be profit distributions within the meaning of Sec. 28 (2) Sentences 2 and 4 Corporation Tax Act;

[…]

Vermögens der Kapitalgesellschaft anzusehen. ³Satz 1 gilt nicht, soweit die Bezüge nach § 20 Abs. 1 Nr. 1 oder 2 zu den Einnahmen aus Kapitalvermögen gehören.

(5) ¹Die Beschränkung oder der Ausschluss des Besteuerungsrechts der Bundesrepublik Deutschland hinsichtlich des Gewinns aus der Veräußerung der Anteile an einer Kapitalgesellschaft im Fall der Verlegung des Sitzes oder des Orts der Geschäftsleitung der Kapitalgesellschaft in einen anderen Staat stehen der Veräußerung der Anteile zum gemeinen Wert gleich. ²Dies gilt nicht in den Fällen der Sitzverlegung einer Europäischen Gesellschaft nach Artikel 8 der Verordnung (EG) Nr. 2157/2001 und der Sitzverlegung einer anderen Kapitalgesellschaft in einen anderen Mitgliedstaat der Europäischen Union. ³In diesen Fällen ist der Gewinn aus einer späteren Veräußerung der Anteile ungeachtet der Bestimmungen eines Abkommens zur Vermeidung der Doppelbesteuerung in der gleichen Art und Weise zu besteuern, wie die Veräußerung dieser Anteile zu besteuern gewesen wäre, wenn keine Sitzverlegung stattgefunden hätte. ⁴§ 15 Abs. 1a Satz 2 ist entsprechend anzuwenden.

(6) Als Anteile im Sinne des Absatzes 1 Satz 1 gelten auch Anteile an Kapitalgesellschaften, an denen der Veräußerer innerhalb der letzten fünf Jahre am Kapital der Gesellschaft nicht unmittelbar oder mittelbar zu mindestens 1 Prozent beteiligt war, wenn

1. die Anteile aufgrund eines Einbringungsvorgangs im Sinne des Umwandlungssteuergesetzes, bei dem nicht der gemeine Wert zum Ansatz kam, erworben wurden und

2. zum Einbringungszeitpunkt für die eingebrachten Anteile die Voraussetzungen von Absatz 1 Satz 1 erfüllt waren oder die Anteile auf einer Sacheinlage im Sinne von § 20 Abs. 1 des Umwandlungssteuergesetzes vom 7. Dezember 2006 (BGBl. I S. 2782, 2791) in der jeweils geltenden Fassung beruhen.

(7) Als Anteile im Sinne des Absatzes 1 Satz 1 gelten auch Anteile an einer Genossenschaft einschließlich der Europäischen Genossenschaft.

§ 20 Einkünfte aus Kapitalvermögen

(1) Zu den Einkünften aus Kapitalvermögen gehören

1. Gewinnanteile (Dividenden), Ausbeuten und sonstige Bezüge aus Aktien, Genussrechten, mit denen das Recht am Gewinn und Liquidationserlös einer Kapitalgesellschaft verbunden ist, aus Anteilen an Gesellschaften mit beschränkter Haftung, an Erwerbs- und Wirtschaftsgenossenschaften sowie an bergbautreibenden Vereinigungen, die die Rechte einer juristischen Person haben. ²Zu den sonstigen Bezügen gehören auch verdeckte Gewinnausschüttungen. ³Die Bezüge gehören nicht zu den Einnahmen, soweit sie aus Ausschüttungen einer Körperschaft stammen, für die Beträge aus dem steuerlichen Einlagekonto im Sinne des § 27 des Körperschaftsteuergesetzes als verwendet gelten. Als sonstige Bezüge gelten auch Einnahmen, die an Stelle der Bezüge im Sinne des Satzes 1 von einem anderen als dem Anteilseigner nach Absatz 2a bezogen werden, wenn die Aktien mit Dividendenberechtigung erworben, aber ohne Dividendenanspruch geliefert werden;

2. Bezüge, die nach der Auflösung einer Körperschaft oder Personenvereinigung im Sinne der Nummer 1 anfallen und die nicht in der Rückzahlung von Nennkapital bestehen; Nummer 1 Satz 3 gilt entsprechend. ²Gleiches gilt für Bezüge, die aufgrund einer Kapitalherabsetzung oder nach der Auflösung einer unbeschränkt steuerpflichtigen Körperschaft oder Personenvereinigung im Sinne der Nummer 1 anfallen und die als Gewinnausschüttung im Sinne des § 28 Abs. 2 Satz 2 und 4 des Körperschaftsteuergesetzes gelten;

[…]

Sec. 43 Withholding tax on capital investment income

(1) ¹With the following domestic and, in the cases of No. 7 Lit. (a) and No. 8 as well as Sentence 2, even foreign capital investment income, income tax is levied by deduction from the capital investment income (withholding tax on capital investment income):

1. capital investment income within the meaning of Sec. 20 (1) No. 1 and 2. ²The same shall *mutatis mutandis* apply to capital investment income within the meaning of Sec. 20 (2) Sentence 1 No. 2 Lit. (a) and Sentence 2;

[…]

Sec. 43a Assessment of the withholding tax on capital investment income

(1) The withholding tax on capital investment income shall amount

1. in the cases of Sec. 43 (1) Sentence 1 No. 1:

   to 20 per cent of the capital investment income, provided that the creditor bears the withholding tax on capital investment income;

   to 25 per cent of the amount actually paid, provided that the debtor bears the withholding tax on capital investment income;

[…]

Sec. 43b Assessment of the withholding tax on capital investment income with specific companies

(1) ¹The withholding tax on capital investment income within the meaning of Sec. 20 (1) No. 1 accruing to a parent company having neither its registered office nor its place of management within the country, or to a permanent establishment of that parent company located in another member state of the European Union, from distributions by a subsidiary shall on request not be levied. ²Sentence 1 shall apply also to distributions by a subsidiary accruing to a permanent establishment located in another member state of the European Union of a parent company subject to unlimited tax liability. ³Accrual to the permanent establishment shall exist only if the holding in the subsidiary actually belongs to the business assets and liabilities of that permanent establishment. ⁴Sentences 1 to 3 shall not apply to capital investment income within the meaning of Sec. 20 (1) No. 1 accruing on the occasion of the liquidation or transformation of a subsidiary.

(2) ¹Any company meeting the requirements listed in Annex 2 to this Act, which has at the time of accrual of the withholding tax on capital investment income as per Sec. 44 (1) Sentence 2 demonstrably had a direct holding of at least 20 per cent in the capital of the subsidiary (minimum holding) in accordance with Article 3 (1) Lit. (a) of Council Directive 90/435/EEC of 23 July 1990 on the common system of taxation applicable in the case of parent companies and subsidiary companies of different member states (OJ EC L 225 p. 6, L 266 p. 20, 1997 L 16 p. 98), last amended by Council Directive 2003/123/EC of 22 December 2003 (OJ EC 2004 L 7 p. 41), shall be a parent company within the meaning of Paragraph 1. ²In the event that the minimum holding is not met at the date of accrual of the withholding tax, the date of the resolution authorising the distribution of profits shall be relevant. ³Any company subject to unlimited tax liability meeting the requirements listed in Annex 2 to this Act and in Article 3 (1) Lit. (b) of Council Directive 90/435/EEC shall be a subsidiary within the meaning of Paragraph 1 and Sentence 1. ⁴An additional requirement shall be that the holding has demonstrably been existing for an uninterrupted period of twelve months. ⁵In the event that such holding period is completed after the time of accrual of the withholding tax on capital investment income as per Sec. 44 (1) Sentence 2, the tax on capital investment income

§ 43 Kapitalerträge mit Steuerabzug

(1) ¹Bei den folgenden inländischen und in den Fällen der Nummer 7 Buchstabe a und Nummer 8 sowie Satz 2 auch ausländischen Kapitalerträgen wird die Einkommensteuer durch Abzug vom Kapitalertrag (Kapitalertragsteuer) erhoben:
1. Kapitalerträgen im Sinne des § 20 Abs. 1 Nr. 1 und 2. ²Entsprechendes gilt für Kapitalerträge im Sinne des § 20 Abs. 2 Satz 1 Nr. 2 Buchstabe a und Satz 2;

[...]

§ 43a Bemessung der Kapitalertragsteuer

(1) Die Kapitalertragsteuer beträgt
1. in den Fällen des § 43 Abs. 1 Satz 1 Nr. 1:

    20 Prozent des Kapitalertrags, wenn der Gläubiger die Kapitalertragsteuer trägt,

    25 Prozent des tatsächlich ausgezahlten Betrags, wenn der Schuldner die Kapitalertragsteuer übernimmt;

[...]

§ 43b Bemessung der Kapitalertragsteuer bei bestimmten Gesellschaften

(1) ¹Auf Antrag wird die Kapitalertragsteuer für Kapitalerträge im Sinne des § 20 Abs. 1 Nr. 1, die einer Muttergesellschaft, die weder ihren Sitz noch ihre Geschäftsleitung im Inland hat, oder einer in einem anderen Mitgliedstaat der Europäischen Union gelegenen Betriebsstätte dieser Muttergesellschaft, aus Ausschüttungen einer Tochtergesellschaft zufließen, nicht erhoben. ²Satz 1 gilt auch für Ausschüttungen einer Tochtergesellschaft, die einer in einem anderen Mitgliedstaat der Europäischen Union gelegenen Betriebsstätte einer unbeschränkt steuerpflichtigen Muttergesellschaft zufließen. ³Ein Zufluss an die Betriebsstätte liegt nur vor, wenn die Beteiligung an der Tochtergesellschaft tatsächlich zu dem Betriebsvermögen der Betriebsstätte gehört. ⁴Sätze 1 bis 3 gelten nicht für Kapitalerträge im Sinne des § 20 Abs. 1 Nr. 1, die anlässlich der Liquidation oder Umwandlung einer Tochtergesellschaft zufließen.

(2) ¹Muttergesellschaft im Sinne des Absatzes 1 ist jede Gesellschaft, die die in der Anlage 2 zu diesem Gesetz bezeichneten Voraussetzungen erfüllt und nach Artikel 3 Abs. 1 Buchstabe a der Richtlinie 90/435/EWG des Rates vom 23. Juli 1990 über das gemeinsame Steuersystem der Mutter- und Tochtergesellschaften verschiedener Mitgliedstaaten (ABl. Nr. L 225 S. 6, Nr. L 266 S. 20, 1997 Nr. L 16 S. 98), zuletzt geändert durch die Richtlinie 2003/123/EG des Rates vom 22. Dezember 2003 (ABl. 2004 Nr. L 7 S. 41), im Zeitpunkt der Entstehung der Kapitalertragsteuer gemäß § 44 Abs. 1 Satz 2 nachweislich mindestens zu 20 Prozent unmittelbar am Kapital der Tochtergesellschaft (Mindestbeteiligung) beteiligt ist. ²Ist die Mindestbeteiligung zu diesem Zeitpunkt nicht erfüllt, ist der Zeitpunkt des Gewinnverteilungsbeschlusses maßgeblich. ³Tochtergesellschaft im Sinne des Absatzes 1 sowie des Satzes 1 ist jede unbeschränkt steuerpflichtige Gesellschaft, die die in der Anlage 2 zu diesem Gesetz und in Artikel 3 Abs. 1 Buchstabe b der Richtlinie 90/435/EWG bezeichneten Voraussetzungen erfüllt. ⁴Weitere Voraussetzung ist, dass die Beteiligung nachweislich ununterbrochen zwölf Monate besteht. ⁵Wird dieser Beteiligungszeitraum nach dem Zeitpunkt der Entstehung der Kapitalertragsteuer gemäß § 44 Abs. 1 Satz 2 vollendet, ist die einbehaltene und abgeführte Kapitalertragsteuer nach § 50d Abs. 1 zu erstatten; das Freistellungsverfahren nach § 50d Abs. 2 ist ausgeschlossen.

withheld and paid over must be refunded pursuant to Sec. 50d (1); the exemption method under the double taxation treaty pursuant to Sec. 50d (2) shall be excluded.

(2a) A permanent establishment within the meaning of Paragraphs 1 and 2 shall be a fixed place of business in another member state of the European Union through which the activities of the parent company are performed in whole or in part if the right to tax the profits of this place of business is under the respective double taxation treaty assigned to the state in which the place of business is located and the profits are subject to taxation in that state.

(3) Paragraph 1 in conjunction with Paragraph 2 shall apply also if the holding of the parent company in the capital of the subsidiary is at least 10 per cent and the state in which the parent company is deemed resident pursuant to a double taxation treaty concluded with another member state of the European Union grants that company a tax exemption or a credit of the German corporation tax to the parent company's tax with regard to distributions by the subsidiary and, on its part, exempts distributions to a parent company subject to unlimited tax liability from withholding tax on capital investment income as from the same holding percentage.

(4) *(cancelled)*

Sec. 44 Payment of the withholding tax on capital investment income

(1) [1]The debtor of the withholding tax on capital investment income shall in the cases of Sec. 43 (1) Sentence 1 No. 1 to 7b and 8 as well as of Sentence 2 be the creditor of the capital investment income. [2]Withholding tax on capital income shall accrue at the time when the capital investment income accrues to the creditor. [3]In the cases of Sec. 43 (1) Sentence 1 No. 1 to 4 as well as of 7a and 7b, the debtor of the capital investment income, however, in the cases of Sec. 20 (1) No. 1 Sentence 4, the domestic financial institution or the financial services institution performing the selling order for the seller of the stock within the meaning of Sec. 43 (1) Sentence 1 No. 7 Lit. (b) (the corporate entity performing the selling order), and in the cases of Sec. 43 (1) Sentence 1 No. 7 and 8 as well as of Sentence 2, the corporate entity paying the capital investment income must at this time withhold the tax for account of the creditor of the capital investment income. [4]The corporate entity paying the capital investment income shall be

1. in the cases of Sec. 43 (1) Sentence 1 No. 7 Lit. (a) and No. 8 as well as Sentence 2

    a) the domestic financial institution or the domestic financial services institution within the meaning of Sec. 43 (1) Sentence 1 No. 7 Lit. (b),

    aa) holding in custody or managing the bonds, shares of a collective debt register claim, book entry securities or interest coupons, and paying or crediting the capital investment income;

    bb) paying or crediting the capital investment income to an institute other than a foreign financial institution or a foreign financial services institution against delivery of the interest coupons or the bonds;

    b) the debtor of the capital investment income in the cases of Lit. (a) if the corporate entity paying the capital investment income is no domestic financial institution or domestic financial services institution;

2. in the cases of Sec. 43 (1) Sentence 1 No. 7 Lit. (b), the domestic financial institution or the domestic financial services institution paying or crediting the capital investment income in its capacity as debtor.

(2a) Betriebsstätte im Sinne der Absätze 1 und 2 ist eine feste Geschäftseinrichtung in einem anderen Mitgliedstaat der Europäischen Union, durch die die Tätigkeit der Muttergesellschaft ganz oder teilweise ausgeübt wird, wenn das Besteuerungsrecht für die Gewinne dieser Geschäftseinrichtung nach dem jeweils geltenden Abkommen zur Vermeidung der Doppelbesteuerung dem Staat, in dem sie gelegen ist, zugewiesen wird und diese Gewinne in diesem Staat der Besteuerung unterliegen.

(3) Absatz 1 in Verbindung mit Absätze 2 gilt auch, wenn die Beteiligung der Muttergesellschaft am Kapital der Tochtergesellschaft mindestens 10 Prozent beträgt und der Staat, in dem die Muttergesellschaft nach einem mit einem anderen Mitgliedstaat der Europäischen Union abgeschlossenen Abkommen zur Vermeidung der Doppelbesteuerung als ansässig gilt, dieser Gesellschaft für Ausschüttungen der Tochtergesellschaft eine Steuerbefreiung oder eine Anrechnung der deutschen Körperschaftsteuer auf die Steuer der Muttergesellschaft gewährt und seinerseits Ausschüttungen an eine unbeschränkt steuerpflichtige Muttergesellschaft ab der gleichen Beteiligungshöhe von der Kapitalertragsteuer befreit.

(4) *(weggefallen)*

§ 44 Entrichtung der Kapitalertragsteuer

(1) ¹Schuldner der Kapitalertragsteuer ist in den Fällen des § 43 Abs. 1 Satz 1 Nr. 1 bis 7b und 8 sowie Satz 2 der Gläubiger der Kapitalerträge. ²Die Kapitalertragsteuer entsteht in dem Zeitpunkt, in dem die Kapitalerträge dem Gläubiger zufließen. ³In diesem Zeitpunkt haben in den Fällen des § 43 Abs. 1 Satz 1 Nr. 1 bis 4 sowie 7a und 7b der Schuldner der Kapitalerträge, in den Fällen des § 20 Abs. 1 Nr. 1 Satz 4 jedoch das für den Verkäufer der Aktien den Verkaufsauftrag ausführende inländische Kreditinstitut oder Finanzdienstleistungsinstitut im Sinne des § 43 Abs. 1 Satz 1 Nr. 7 Buchstabe b (den Verkaufsauftrag ausführende Stelle), und in den Fällen des § 43 Abs. 1 Satz 1 Nr. 7 und 8 sowie Satz 2 die die Kapitalerträge auszahlende Stelle den Steuerabzug für Rechnung des Gläubigers der Kapitalerträge vorzunehmen. ⁴Die die Kapitalerträge auszahlende Stelle ist

1. in den Fällen des § 43 Abs. 1 Satz 1 Nr. 7 Buchstabe a und Nr. 8 sowie Satz 2

   a) das inländische Kreditinstitut oder das inländische Finanzdienstleistungsinstitut im Sinne des § 43 Abs. 1 Satz 1 Nr. 7 Buchstabe b,

      aa) das die Teilschuldverschreibungen, die Anteile an einer Sammelschuldbuchforderung, die Wertrechte oder die Zinsscheine verwahrt oder verwaltet und die Kapitalerträge auszahlt oder gutschreibt,

      bb) das die Kapitalerträge gegen Aushändigung der Zinsscheine oder der Teilschuldverschreibungen einem anderen als einem ausländischen Kreditinstitut oder einem ausländischen Finanzdienstleistungsinstitut auszahlt oder gutschreibt;

   b) der Schuldner der Kapitalerträge in den Fällen des Buchstabens a, wenn kein inländisches Kreditinstitut oder kein inländisches Finanzdienstleistungsinstitut die die Kapitalerträge auszahlende Stelle ist;

2. in den Fällen des § 43 Abs. 1 Satz 1 Nr. 7 Buchstabe b das inländische Kreditinstitut oder das inländische Finanzdienstleistungsinstitut, das die Kapitalerträge als Schuldner auszahlt oder gutschreibt.

⁵The tax withheld within a calendar month must by each tenth day of the following month be paid over to the tax office responsible for taxing

1. the debtor of the capital investment income,
2. the corporate entity performing the selling order, or
3. the corporate entity paying the capital investment income

according to income; as regards capital investment income within the meaning of Sec. 43 (1) Sentence 1 No. 1, the tax withheld is, in so far as no capital investment income within the meaning of Sec. 20 (1) No. 1 Sentence 4 is concerned, to be paid over at the time when the capital investment income accrues to the creditor. ⁶The withholding tax on capital investment income and the interest discount to be paid at the same point in time must in this respect be rounded down to the next full Euro amount. ⁷In the event that all or part of the capital investment income does not consist of money (Sec. 8 (2)) and the capital investment income provided in money does not suffice to cover the withholding tax on capital investment income, the creditor of the capital investment income has to make the deficit available to the party liable to withhold the tax. ⁸In the event that the creditor should not comply with its obligation, the party liable to withhold the tax must inform the competent tax office in charge of permanent establishments. ⁹The tax office must subsequently claim the deficit amount of withholding tax on capital investment income from the creditor of the capital investment income.

(2) ¹Profit shares (dividends) and other capital investment income the distribution of which is decided by a corporate entity shall accrue to the creditor of the capital investment income at the date (Paragraph 1) specified as the date of payment in the resolution. ²In the event that distribution is declared without a date for payment having been decided on, the day following the date of resolution shall be deemed the date of accrual. ³The aforesaid accrual dates shall *mutatis mutandis* apply to capital investment income within the meaning of Sec. 20 (1) No. 1 Sentence 4.

[…]

Sec. 49 Income subject to limited tax liability

(1) Domestic income for the purposes of limited tax liability (Sec. 1 (4)) shall be

   […]

   2. Income from trade or business (Secs. 15 to 17),
      a) with regard to which a permanent establishment is run or a permanent representative is appointed within the country,

      […]

      e) generated under the conditions of Sec. 17, provided that shares in a corporation

         aa) the registered office or place of management of which is located within the country is concerned, or
         bb) on the acquisition of which the fair market value of the transferred shares has, by virtue of a request as per Sec. 13 (2) or Sec. 21 (2) Sentence 3 No. 2 German Reorganisation Tax Act, not been applied or to which Sec. 17 (5) Sentence 2 had to be applied, or

      f) ¹which, in so far as it does not belong to income within the meaning of Lit. (a), is derived from the disposal of domestic immovable property, conglomerations of assets and liabilities or any rights situated within the country or entered into a domestic public book or register or utilised at a domestic permanent establish

[5]Die innerhalb eines Kalendermonats einbehaltene Steuer ist jeweils bis zum zehnten des folgenden Monats an das Finanzamt abzuführen, das für die Besteuerung

1. des Schuldners der Kapitalerträge,
2. der den Verkaufsauftrag ausführenden Stelle oder
3. der die Kapitalerträge auszahlenden Stelle

nach dem Einkommen zuständig ist; bei Kapitalerträgen im Sinne des § 43 Abs. 1 Satz 1 Nr. 1 ist die einbehaltene Steuer, soweit es sich nicht um Kapitalerträge im Sinne des § 20 Abs. 1 Nr. 1 Satz 4 handelt, in dem Zeitpunkt abzuführen, in dem die Kapitalerträge dem Gläubiger zufließen. [6]Dabei sind die Kapitalertragsteuer und der Zinsabschlag, die zu demselben Zeitpunkt abzuführen sind, jeweils auf den nächsten vollen Euro-Betrag abzurunden. [7]Wenn Kapitalerträge ganz oder teilweise nicht in Geld bestehen (§ 8 Abs. 2) und der in Geld geleistete Kapitalertrag nicht zur Deckung der Kapitalertragsteuer ausreicht, hat der Gläubiger der Kapitalerträge dem zum Steuerabzug Verpflichteten den Fehlbetrag zur Verfügung zu stellen. [8]Soweit der Gläubiger seiner Verpflichtung nicht nachkommt, hat der zum Steuerabzug Verpflichtete dies dem für ihn zuständigen Betriebsstättenfinanzamt anzuzeigen. [9]Das Finanzamt hat die zu wenig erhobene Kapitalertragsteuer vom Gläubiger der Kapitalerträge nachzufordern.

(2) [1]Gewinnanteile (Dividenden) und andere Kapitalerträge, deren Ausschüttung von einer Körperschaft beschlossen wird, fließen dem Gläubiger der Kapitalerträge an dem Tag zu (Absatz 1), der im Beschluss als Tag der Auszahlung bestimmt worden ist. [2]Ist die Ausschüttung nur festgesetzt, ohne dass über den Zeitpunkt der Auszahlung ein Beschluss gefasst worden ist, so gilt als Zeitpunkt des Zufließens der Tag nach der Beschlussfassung. [3]Für Kapitalerträge im Sinne des § 20 Abs. 1 Nr. 1 Satz 4 gelten diese Zuflusszeitpunkte entsprechend.

[…]

§ 49 Beschränkt steuerpflichtige Einkünfte

(1) Inländische Einkünfte im Sinne der beschränkten Einkommensteuerpflicht (§ 1 Abs. 4) sind

  […]

  2. Einkünfte aus Gewerbebetrieb (§§ 15 bis 17),

   a) für den im Inland eine Betriebsstätte unterhalten wird oder ein ständiger Vertreter bestellt ist,

   […]

   e) die unter den Voraussetzungen des § 17 erzielt werden, wenn es sich um Anteile an einer Kapitalgesellschaft handelt,

   aa) die ihren Sitz oder ihre Geschäftsleitung im Inland hat oder

   bb) bei deren Erwerb aufgrund eines Antrags nach § 13 Abs. 2 oder § 21 Abs. 2 Satz 3 Nr. 2 des Umwandlungssteuergesetzes nicht der gemeine Wert der eingebrachten Anteile angesetzt worden ist oder auf die § 17 Abs. 5 Satz 2 anzuwenden war, oder

   f) [1]die, soweit sie nicht zu den Einkünften im Sinne des Buchstaben a gehören, durch Veräußerung von inländischem unbeweglichen Vermögen, von Sachinbegriffen oder Rechten, die im Inland belegen oder in ein inländisches öffentliches Buch oder Register eingetragen sind oder deren Verwertung in einer inländischen

ment or another establishment. ²Income within the meaning of this subparagraph derived by a corporate entity within the meaning of Sec. 2 No. 1 Corporation Tax Act comparable with a corporation or another legal person within the meaning of Sec. 1 (1) No. 1 to 3 Corporation Tax Act shall also be deemed income from trade or business;

[…]

8. other income within the meaning of Sec. 22 No. 2, provided that private sales are concerned, with regard to

   a) domestic real estate,

   b) domestic rights subject to civil law provisions with regard to real estate, or

   c) shares in corporations

      aa) with their place of management or registered office within the country, or

      bb) on the acquisition of which the fair market value of the transferred shares has, by virtue of a request as per Sec. 13 (2) or Sec. 21 (2) Sentence 3 No. 2 German Reorganisation Tax Act not been applied, or to which Sec. 17 (5) Sentence 2 had to be applied;

   in the case of a holding within the meaning of Sec. 17 (1) or (6);

[…]

2. German Corporation Tax Act (excerpts)

in the version of the announcement of 15/10/2002 (Federal Law Gazette I 2002 p. 4144), last amended by *Bill on Tax Measures accompanying the introduction of the European Company and the amendment of other tax regulations* of 07/12/2006 (Federal Law Gazette I 2006 p. 2787), *German Annual Tax Bill 2007* of 13/12/2006 (Federal Law Gazette I 2006 p. 2890) *and Adjustment* of *Bill on Tax Measures accompanying the introduction of the European Company and the amendment of other tax regulations* of 24/01/2007 (Federal Law Gazette I 2007 p. 68)

Sec. 8b Holdings in other corporate entities and associations of persons

(1) ¹Income within the meaning of Sec. 20 (1) No. 1, 2, 9 and 10 Lit. (a) Income Tax Act shall not be accounted for in the determination of income. ²Sentence 1 shall apply to other earnings within the meaning of Sec. 20 (1) No. 1 Sentence 2 Income Tax Act and income within the meaning of Sec. 20 (1) No. 9 Clause 2 as well as of Sec. 20 (1) No. 10 Lit. (a) Clause 2 only in so far as such earnings have not reduced the income of the tax-paying corporate entity (Sec. 8 (3) Sentence 2). ³In the event that the earnings within the meaning of Sentence 1 are to be exempted from the corporation tax base pursuant to a double taxation treaty, Sentence 2 shall *mutatis mutandis* apply to the exemption irregardless of the wording of the treaty. ⁴Sentence 2 shall not apply in so far as the hidden profit distribution has increased the income of a person related to the taxpayer and Sec. 32a Corporation Tax Act does not apply to the tax assessment of that related person. ⁵Income from the disposal of dividend coupons and other claims within the meaning of Sec. 20 (2) Sentence 1 No. 2 Lit. (a) Income Tax Act as well as income from the assignment of rights to receive a dividend or other claims within the meaning of Sec. 20 (2) Sentence 2 Income Tax Act shall also be deemed earnings within the meaning of Sentence 1.

Betriebsstätte oder anderen Einrichtung erfolgt, erzielt werden. ²Als Einkünfte aus Gewerbebetrieb gelten auch die Einkünfte aus Tätigkeiten im Sinne dieses Buchstabens, die von einer Körperschaft im Sinne des § 2 Nr. 1 des Körperschaftsteuergesetzes erzielt werden, die mit einer Kapitalgesellschaft oder sonstigen juristischen Person im Sinne des § 1 Abs. 1 Nr. 1 bis 3 des Körperschaftsteuergesetzes vergleichbar ist;

[…]

8. sonstige Einkünfte im Sinne des § 22 Nr. 2, soweit es sich um private Veräußerungsgeschäfte handelt, mit

    a) inländischen Grundstücken,
    b) inländischen Rechten, die den Vorschriften des bürgerlichen Rechts über Grundstücke unterliegen, oder
    c) Anteilen an Kapitalgesellschaften
        aa) mit Geschäftsleitung oder Sitz im Inland oder
        bb) bei deren Erwerb aufgrund eines Antrages nach § 13 Abs. 2 oder § 21 Abs. 2 Satz 3 Nr. 2 des Umwandlungssteuergesetzes nicht der gemeine Wert der eingebrachten Anteile angesetzt worden ist oder auf die § 17 Abs. 5 Satz 2 anzuwenden war

    bei Beteiligung im Sinne des § 17 Abs. 1 oder Abs. 6;

[…]

2. Körperschaftsteuergesetz (KStG) in Auszügen

in der Fassung der Bekanntmachung v. 15.10.2002 (BGBl. I 2002 S. 4144), zuletzt geändert durch *Gesetz über steuerliche Begleitmaßnahmen zur Einführung der Europäischen Gesellschaft und zur Änderung weiterer steuerrechtlicher Vorschriften (SEStEG)* v. 07.12.2006 (BGBl. I 2006 S. 2787), *Jahressteuergesetz 2007* v. 13.12.2006 (BGBl. I 2006 S. 2890) und *Berichtigung des Gesetzes über steuerliche Begleitmaßnahmen zur Einführung der Europäischen Gesellschaft und zur Änderung weiterer steuerrechtlicher Vorschriften* v. 24.01.2007 (BGBl. I 2007 S. 68)

§ 8b Beteiligung an anderen Körperschaften und Personenvereinigungen

(1) ¹Bezüge im Sinne des § 20 Abs. 1 Nr. 1, 2, 9 und 10 Buchstabe a des Einkommensteuergesetzes bleiben bei der Ermittlung des Einkommens außer Ansatz. ²Satz 1 gilt für sonstige Bezüge im Sinne des § 20 Abs. 1 Nr. 1 Satz 2 des Einkommensteuergesetzes und der Einnahmen im Sinne des § 20 Abs. 1 Nr. 9 zweiter Halbsatz sowie des § 20 Abs. 1 Nr. 10 Buchstabe a zweiter Halbsatz des Einkommensteuergesetzes nur, soweit sie das Einkommen der leistenden Körperschaft nicht gemindert haben (§ 8 Abs. 3 Satz 2). ³Sind die Bezüge im Sinne des Satzes 1 nach einem Abkommen zur Vermeidung der Doppelbesteuerung von der Bemessungsgrundlage für die Körperschaftsteuer auszunehmen, gilt Satz 2 ungeachtet des Wortlauts des Abkommens für diese Freistellung entsprechend. ⁴Satz 2 gilt nicht, soweit die verdeckte Gewinnausschüttung das Einkommen einer dem Steuerpflichtigen nahe stehenden Person erhöht hat und § 32a des Körperschaftsteuergesetzes auf die Veranlagung dieser nahe stehenden Person keine Anwendung findet. ⁵Bezüge im Sinne des Satzes 1 sind auch Einnahmen aus der Veräußerung von Dividendenscheinen und sonstigen Ansprüchen im Sinne des § 20 Abs. 2 Satz 1 Nr. 2 Buchstabe a des Einkommensteuergesetzes sowie Einnahmen aus der Abtretung von Dividendenansprüchen oder sonstigen Ansprüchen im Sinne des § 20 Abs. 2 Satz 2 des Einkommensteuergesetzes.

(2) ¹Gains realised by the disposal of a share in a corporate entity or an association of persons the payments of which belong to income within the meaning of Sec. 20 (1) No. 1, 2, 9 and 10 Lit. (a) Income Tax Act with the recipient, or in a controlled company within the meaning of Secs. 14, 17 or 18 shall not be accounted for in income determination. ²Capital gains within the meaning of Sentence 1 shall be the amount by which the purchase price or the value substituted for such price, net of the disposition cost, exceeds the value resulting according to the provisions on the determination of taxable income at the time of disposal (book value). ³Sentence 1 shall *mutatis mutandis* apply to gains on liquidation or reduction of the nominal capital or from the application of the value referred to in Sec. 6 (1) Sentence 1 No. 2 Sentence 3 Income Tax Act. ⁴Sentences 1 and 3 shall not apply in so far as the share has in previous years been written down to the lower going-concern value effective for tax purposes and the profit reduction has not been compensated for by applying a higher value. ⁵In addition to gains from the application of the value resulting pursuant to Sec. 6 (1) No. 2 Sentence 3 Income Tax Act, Sentence 4 shall apply also to tax-effective deductions pursuant to Sec. 6b Income Tax Act and similar deductions. ⁶A hidden contribution shall also be deemed disposal within the aforesaid meaning.

(3) ¹Five per cent of the respective gains within the meaning of Paragraph 2 Sentences 1, 3 and 5 shall be deemed expenses which must not be deducted as business expenses. ²Sec. 3c (1) Income Tax Act shall not apply. ³Profit reductions arising in connection with the share referred to in Paragraph 2 are not to be accounted for in the determination of income.

(4) *(cancelled)*

(5) ¹Five per cent of the earnings within the meaning of Paragraph 1 not assumed in the determination of income shall be deemed expenses which must not be deducted as business expenses. ²Sec. 3c (1) Income Tax Act is not to be applied.

(6) ¹Paragraphs 1 to 5 shall also apply to the earnings, profits and profit reductions as mentioned there attributed to the taxpayer as profit share from a co-entrepreneurship, as well as to profits and losses in so far as they relate to shares within the meaning of Paragraph 2 in the case of disposal or discontinuance of an interest of a co-entrepreneur. ²Paragraphs 1 to 5 shall *mutatis mutandis* apply to earnings and profits accruing to a business enterprise of a public authority through other legal persons under public law via which that legal person is indirectly participating in the rendering corporate entity, association of persons or conglomeration of assets and liabilities, and in the case of which payments are not attributed to a business enterprise of a public authority, and to any related profit reductions.

(7) ¹Paragraphs 1 to 6 shall not apply to any shares to be allocated to the trading book with financial institutions and financial services institutions under Sec. 1 German Banking Act. ²The same shall apply to any shares acquired by financial enterprises within the meaning of the German Banking Act with the intent to realise income from proprietary trading in the short term. ³Sentence 2 shall also apply to financial institutions, financial services institutions and financial companies the registered office of which is located in another member state of the European Community or in another contracting party to the EEA Agreement.

(8) ¹Paragraphs 1 to 7 are not to be applied to any shares which are to be allocated to capital investments with life and health insurance companies. ²Sentence 1 shall not apply to any profits within the meaning of Paragraph 2, in so far as a write-down to the going-concern value in previous years has not been taken into account in income determination pursuant to Paragraph 3 and this reduction has not been compensated for by applying a

(2) ¹Bei der Ermittlung des Einkommens bleiben Gewinne aus der Veräußerung eines Anteils an einer Körperschaft oder Personenvereinigung, deren Leistungen beim Empfänger zu Einnahmen im Sinne des § 20 Abs. 1 Nr. 1, 2, 9 und 10 Buchstabe a des Einkommensteuergesetzes gehören, oder an einer Organgesellschaft im Sinne der §§ 14, 17 oder 18 außer Ansatz. ²Veräußerungsgewinn im Sinne des Satzes 1 ist der Betrag, um den der Veräußerungspreis oder der an dessen Stelle tretende Wert nach Abzug der Veräußerungskosten den Wert übersteigt, der sich nach den Vorschriften über die steuerliche Gewinnermittlung im Zeitpunkt der Veräußerung ergibt (Buchwert). ³Satz 1 gilt entsprechend für Gewinne aus der Auflösung oder der Herabsetzung des Nennkapitals oder aus dem Ansatz des in § 6 Abs. 1 Satz 1 Nr. 2 Satz 3 des Einkommensteuergesetzes bezeichneten Werts. ⁴Die Sätze 1 und 3 gelten nicht, soweit der Anteil in früheren Jahren steuerwirksam auf den niedrigeren Teilwert abgeschrieben und die Gewinnminderung nicht durch den Ansatz eines höheren Werts ausgeglichen worden ist. ⁵Satz 4 gilt außer für Gewinne aus dem Ansatz mit dem Wert, der sich nach § 6 Abs. 1 Nr. 2 Satz 3 des Einkommensteuergesetzes ergibt, auch für steuerwirksam vorgenommene Abzüge nach § 6b des Einkommensteuergesetzes und ähnliche Abzüge. ⁶Veräußerung im vorstehenden Sinne ist auch die verdeckte Einlage.

(3) ¹Von dem jeweiligen Gewinn im Sinne des Absatzes 2 Satz 1, 3 und 5 gelten 5 Prozent als Ausgaben, die nicht als Betriebsausgaben abgezogen werden dürfen. ²§ 3c Abs. 1 des Einkommensteuergesetzes ist nicht anzuwenden. ³Gewinnminderungen, die im Zusammenhang mit dem in Absatz 2 genannten Anteil entstehen, sind bei der Ermittlung des Einkommens nicht zu berücksichtigen.

(4) *(weggefallen)*

(5) ¹Von den Bezügen im Sinne des Absatzes 1, die bei der Ermittlung des Einkommens außer Ansatz bleiben, gelten 5 Prozent als Ausgaben, die nicht als Betriebsausgaben abgezogen werden dürfen. ²§ 3c Abs. 1 des Einkommensteuergesetzes ist nicht anzuwenden.

(6) ¹Die Absätze 1 bis 5 gelten auch für die dort genannten Bezüge, Gewinne und Gewinnminderungen, die dem Steuerpflichtigen im Rahmen des Gewinnanteils aus einer Mitunternehmerschaft zugerechnet werden, sowie für Gewinne und Verluste, soweit sie bei der Veräußerung oder Aufgabe eines Mitunternehmeranteils auf Anteile im Sinne des Absatzes 2 entfallen. ²Die Absätze 1 bis 5 gelten für Bezüge und Gewinne, die einem Betrieb gewerblicher Art einer juristischen Person des öffentlichen Rechts über andere juristische Personen des öffentlichen Rechts zufließen, über die sie mittelbar an der leistenden Körperschaft, Personenvereinigung oder Vermögensmasse beteiligt ist und bei denen die Leistungen nicht im Rahmen eines Betriebs gewerblicher Art erfasst werden, und damit in Zusammenhang stehende Gewinnminderungen entsprechend.

(7) ¹Die Absätze 1 bis 6 sind nicht auf Anteile anzuwenden, die bei Kreditinstituten und Finanzdienstleistungsinstituten nach § 1a des Kreditwesengesetzes dem Handelsbuch zuzurechnen sind. ²Gleiches gilt für Anteile, die von Finanzunternehmen im Sinne des Gesetzes über das Kreditwesen mit dem Ziel der kurzfristigen Erzielung eines Eigenhandelserfolges erworben werden. ³Satz 2 gilt auch für Kreditinstitute, Finanzdienstleistungsinstitute und Finanzunternehmen mit Sitz in einem anderen Mitgliedstaat der Europäischen Gemeinschaft oder in einem anderen Vertragsstaat des EWR-Abkommens.

(8) ¹Die Absätze 1 bis 7 sind nicht anzuwenden auf Anteile, die bei Lebens- und Krankenversicherungsunternehmen den Kapitalanlagen zuzurechnen sind. ²Satz 1 gilt nicht für Gewinne im Sinne des Absatzes 2, soweit eine Teilwertabschreibung in früheren Jahren nach Absatz 3 bei der Ermittlung des Einkommens unberücksichtigt geblieben ist und diese Minderung nicht durch den Ansatz eines höheren Werts ausgeglichen worden ist.

higher value. ³Profit reductions relating to shares within the meaning of Sentence 1 are to be ignored in income determination if the life or health insurance company acquired the shares from an associated company (Sec. 15 German Stock Corporation Act), in so far as a capital gain for the associated company has not been taken into account in income determination pursuant to Paragraph 2 in the wording of Article 3 of the Act of 23 October 2000 (Federal Law Gazette I p. 1433). ⁴As regards the determination of income, the shares are to be assessed at the values recorded in accordance with the commercial law provisions taken as a basis for the determination of the amounts deductible pursuant to Sec. 21. ⁵The same shall *mutatis mutandis* apply to pension funds.

(9) Paragraphs 7 and 8 shall not apply to earnings within the meaning of Paragraph 1 to which the member states of the European Union must apply Article 4 (1) of Council Directive 90/435/EEC of 23 July 1990 on the common system of taxation applicable in the case of parent companies and subsidiaries of different member states (OJ EC L 225 p. 6, No. L 266 p. 20, 1997, L 16 p. 98), last amended by Council Directive 2003/123/EC of 22 December 2003 (OJ EC 2004 L 7 p. 41).

Sec. 12 Loss or limitation of the right to tax of the Federal Republic of Germany

(1) In the event that the right of the Federal Republic of Germany to tax gains on the disposal or use of an asset is excluded or limited in the case of a corporate entity, association of persons or conglomeration of assets and liabilities, this shall be deemed disposal or transfer for use of that asset at fair market value; Sec. 4 (1) Sentence 4, Sec. 15 (1a) Income Tax Act shall apply *mutatis mutandis*.

(2) ¹In the event that the assets and liabilities of a corporate entity, association of persons or conglomeration of assets and liabilities subject to limited tax liability are in their entirety transferred to another corporate entity of the same foreign state by a transaction comparable to a merger within the meaning of Sec. 2 German Reorganisation Act of 28 October 1994 (Federal Law Gazette I p. 3210, 1995 I p. 428), last amended by Article 10 of the Act of 9 December 2004 (Federal Law Gazette I p. 3214), in the current version, the assets transferred have, in derogation from Paragraph 1, to be assessed at book value, provided that

1. it is ensured that they will later be subject to corporation tax with the corporate entity receiving the assets;
2. there is no limitation as to the right of the Federal Republic of Germany to tax the transferred assets with the receiving corporate entity;
3. no consideration is granted, or such a consideration consists in shares; and
4. the receiving and the transferring legal entity do not meet the requirements of Sec. 1 (2) Sentences 1 and 2 German Reorganisation Tax Act of 7 December 2006 (Federal Law Gazette I p. 2782, 2791) as amended.

²In the event that the assets and liabilities of a corporate entity are transferred to another entity by a transaction within the meaning of Sentence 1, Sec. 13 German Reorganisation Tax Act shall *mutatis mutandis* apply to the taxation of the shareholders of the transferring entity.

(3) ¹In the event that a corporate entity, conglomeration of assets and liabilities or association of persons transfers its place of management or its registered office, thus leaving unlimited tax liability in a member state of the European Union or any state falling within the scope of the EEA Agreement, it shall be deemed dissolved, and Sec. 11 is to be applied *mutatis mutandis*. ²The same shall apply if the corporate entity, conglomeration

³Gewinnminderungen, die im Zusammenhang mit den Anteilen im Sinne des Satzes 1 stehen, sind bei der Ermittlung des Einkommens nicht zu berücksichtigen, wenn das Lebens- oder Krankenversicherungsunternehmen die Anteile von einem verbundenen Unternehmen (§ 15 des Aktiengesetzes) erworben hat, soweit ein Veräußerungsgewinn für das verbundene Unternehmen nach Absatz 2 in der Fassung des Artikels 3 des Gesetzes vom 23. Oktober 2000 (BGBl. I S. 1433) bei der Ermittlung des Einkommens außer Ansatz geblieben ist. ⁴Für die Ermittlung des Einkommens sind die Anteile mit den nach handelsrechtlichen Vorschriften ausgewiesenen Werten anzusetzen, die bei der Ermittlung der nach § 21 abziehbaren Beträge zugrunde gelegt wurden. ⁵Entsprechendes gilt für Pensionsfonds.

(9) Die Absätze 7 und 8 gelten nicht für Bezüge im Sinne des Absatzes 1, auf die die Mitgliedstaaten der Europäischen Union Artikel 4 Abs. 1 der Richtlinie 90/435/EWG des Rates vom 23. Juli 1990 über das gemeinsame Steuersystem der Mutter- und Tochtergesellschaften verschiedener Mitgliedstaaten (ABl. Nr. L 225 S. 6, Nr. L 266 S. 20, 1997 Nr. L 16 S. 98), zuletzt geändert durch die Richtlinie 2003/123/EG des Rates vom 22. Dezember 2003 (ABl. 2004 Nr. L 7 S. 41), anzuwenden haben.

§ 12 Verlust oder Beschränkung des Besteuerungsrechts der Bundesrepublik Deutschland

(1) Wird bei der Körperschaft, Personenvereinigung oder Vermögensmasse das Besteuerungsrecht der Bundesrepublik Deutschland hinsichtlich des Gewinns aus der Veräußerung oder der Nutzung eines Wirtschaftsguts ausgeschlossen oder beschränkt, gilt dies als Veräußerung oder Überlassung des Wirtschaftsguts zum gemeinen Wert; § 4 Abs. 1 Satz 4, § 15 Abs. 1a des Einkommensteuergesetzes gelten entsprechend.

(2) ¹Wird das Vermögen einer beschränkt steuerpflichtigen Körperschaft, Personenvereinigung oder Vermögensmasse als Ganzes auf eine andere Körperschaft desselben ausländischen Staates durch einen Vorgang übertragen, der einer Verschmelzung im Sinne des § 2 des Umwandlungsgesetzes vom 28. Oktober 1994 (BGBl. I S. 3210, 1995 I S. 428), das zuletzt durch Artikel 10 des Gesetzes vom 9. Dezember 2004 (BGBl. I S. 3214) geändert worden ist, in der jeweils geltenden Fassung vergleichbar ist, sind die übergehenden Wirtschaftsgüter abweichend von Absatz 1 mit dem Buchwert anzusetzen, soweit

1. sichergestellt ist, dass sie später bei der übernehmenden Körperschaft der Besteuerung mit Körperschaftsteuer unterliegen,
2. das Recht der Bundesrepublik Deutschland hinsichtlich der Besteuerung der übertragenen Wirtschaftgüter bei der übernehmenden Körperschaft nicht beschränkt wird,
3. eine Gegenleistung nicht gewährt wird oder in Gesellschaftsrechten besteht und
4. wenn der übernehmende und der übertragende Rechtsträger nicht die Voraussetzungen des § 1 Abs. 2 Satz 1 und 2 des Umwandlungssteuergesetzes vom 7. Dezember 2006 (BGBl. I S. 2782, 2791) in der jeweils geltenden Fassung erfüllen.

²Wird das Vermögen einer Körperschaft durch einen Vorgang im Sinne des Satzes 1 auf eine andere Körperschaft übertragen, gilt § 13 des Umwandlungssteuergesetzes für die Besteuerung der Anteilseigner der übertragenden Körperschaft entsprechend.

(3) ¹Verlegt eine Körperschaft, Vermögensmasse oder Personenvereinigung ihre Geschäftsleitung oder ihren Sitz und scheidet dadurch aus der unbeschränkten Steuerpflicht in einem Mitgliedstaat der Europäischen Union oder einem Staat aus, auf den das Abkommen über den Europäischen Wirtschaftsraum Anwendung findet, gilt sie als aufgelöst, und § 11 ist entsprechend anzuwenden. ²Gleiches gilt, wenn die Körperschaft,

of assets and liabilities or association of persons has to be considered resident outside the territory of the states referred to in Sentence 1 by virtue of a double taxation treaty as a consequence of the transfer of its registered office or its place of management. ³The fair market value of the existing assets and liabilities shall be substituted for the property to be distributed.

Sec. 27 Contributions other than paid-in nominal capital

(1) ¹The corporation subject to unlimited tax liability must record the contributions not provided to the nominal capital in a special account (contribution account for tax purposes) at the end of each fiscal year. ²The contribution account for tax purposes is to be adjusted by the respective additions and reductions for the fiscal year, starting from the balance existing at the end of the preceding fiscal year. ³Any payments by the corporation, except for the repayment of nominal capital within the meaning of Sec. 28 (2) Sentence 2, shall, irregardless of their classification under commercial law, reduce the contribution account for tax purposes only in so far as they exceed the distributable profit determined as of the end of the preceding fiscal year (return of contributions). ⁴The balance of the contribution account for tax purposes cannot become negative due to payments; Paragraph 6 shall remain unaffected. ⁵The equity capital shown in the tax balance sheet reduced by the subscribed capital, net of the balance of the contribution account for tax purposes, shall be deemed distributable profit.

(2) ¹The balance of the contribution account for tax purposes computed taking account of the additions and reductions for the fiscal year shall be determined separately. ²The notice on the separate determination shall be considered as binding basic assessment for the notice on the separate determination as of the next determination date. ³Upon entry into unlimited tax liability, the balance of the contributions not provided to the nominal capital existing at that date is to be determined separately; the balance determined separately shall be deemed to be the balance of the contribution account for tax purposes for the preceding fiscal year. ⁴Corporations must provide a declaration with regard to the separate determination of the bases of assessment as of the end of each fiscal year. ⁵The declarations are to be signed in their own handwriting by the persons referred to in Sec. 34 General Fiscal Code.

(3) ¹In the event that a corporation effects payments for its own account, which payments have as per Paragraph 1 Sentence 3 to be taken into account as a reduction of the contribution account for tax purposes, the company shall be obligated to provide its shareholders with a certificate of the following information in accordance with an officially specified form:

1. the shareholder's name and address;
2. the amount of the payment, in so far as the contribution account for tax purposes has been reduced;
3. the date of payment.

²The certificate does not need to be signed if it is printed by automatic means and indicates the issuer.

(4) ¹In the event that the payment referred to in Paragraph 1 by a corporation is subject to the submission of a dividend coupon and effected for account of the corporation through a domestic financial institution, the latter must issue a certificate to the shareholder providing the information referred to in Paragraph 3 Sentence 1 in accordance with an officially specified form. ²Furthermore, the certificate must show the corporation for which the payment is effected. ³Sentences 1 and 2 shall *mutatis mutandis* apply if a domestic branch establishment of any of the institutions or businesses referred to in

Vermögensmasse oder Personenvereinigung aufgrund eines Abkommens zur Vermeidung der Doppelbesteuerung infolge der Verlegung ihres Sitzes oder ihrer Geschäftsleitung als außerhalb des Hoheitsgebietes der in Satz 1 genannten Staaten ansässig anzusehen ist. ³An die Stelle des zur Verteilung kommenden Vermögens tritt der gemeine Wert des vorhandenen Vermögens.

§ 27 Nicht in das Nennkapital geleistete Einlagen

(1) ¹Die unbeschränkt steuerpflichtige Kapitalgesellschaft hat die nicht in das Nennkapital geleisteten Einlagen am Schluss jedes Wirtschaftsjahrs auf einem besonderen Konto (steuerliches Einlagekonto) auszuweisen. ²Das steuerliche Einlagekonto ist ausgehend von dem Bestand am Ende des vorangegangenen Wirtschaftsjahrs um die jeweiligen Zu- und Abgänge des Wirtschaftsjahrs fortzuschreiben. ³Leistungen der Kapitalgesellschaft mit Ausnahme der Rückzahlung von Nennkapital im Sinne von § 28 Abs. 2 Satz 2 mindern das steuerliche Einlagekonto unabhängig von ihrer handelsrechtlichen Einordnung nur, soweit sie den auf den Schluss des vorangegangenen Wirtschaftsjahrs ermittelten ausschüttbaren Gewinn übersteigen (Einlagenrückgewähr). ⁴Der Bestand des steuerlichen Einlagekontos kann durch Leistungen nicht negativ werden; Absatz 6 bleibt unberührt. ⁵Als ausschüttbarer Gewinn gilt das um das gezeichnete Kapital geminderte in der Steuerbilanz ausgewiesene Eigenkapital abzüglich des Bestands des steuerlichen Einlagekontos.

(2) ¹Der unter Berücksichtigung der Zu- und Abgänge des Wirtschaftsjahrs ermittelte Bestand des steuerlichen Einlagekontos wird gesondert festgestellt. ²Der Bescheid über die gesonderte Feststellung ist Grundlagenbescheid für den Bescheid über die gesonderte Feststellung zum folgenden Feststellungszeitpunkt. ³Bei Eintritt in die unbeschränkte Steuerpflicht ist der zum Zeitpunkt des Eintritts in die Steuerpflicht vorhandene Bestand der nicht in das Nennkapital geleisteten Einlagen gesondert festzustellen; der gesondert festgestellte Bestand gilt als Bestand des steuerlichen Einlagekontos am Ende des vorangegangenen Wirtschaftsjahrs. ⁴Kapitalgesellschaften haben auf den Schluss jedes Wirtschaftsjahrs Erklärungen zur gesonderten Feststellung von Besteuerungsgrundlagen abzugeben. ⁵Die Erklärungen sind von den in § 34 der Abgabenordnung bezeichneten Personen eigenhändig zu unterschreiben.

(3) ¹Erbringt eine Kapitalgesellschaft für eigene Rechnung Leistungen, die nach Absatz 1 Satz 3 als Abgang auf dem steuerlichen Einlagekonto zu berücksichtigen sind, so ist sie verpflichtet, ihren Anteilseignern die folgenden Angaben nach amtlich vorgeschriebenem Muster zu bescheinigen:

1. den Namen und die Anschrift des Anteilseigners,

2. die Höhe der Leistungen, soweit das steuerliche Einlagekonto gemindert wurde,

3. den Zahlungstag.

²Die Bescheinigung braucht nicht unterschrieben zu werden, wenn sie in einem maschinellen Verfahren ausgedruckt worden ist und den Aussteller erkennen lässt.

(4) ¹Ist die in Absatz 1 bezeichnete Leistung einer Kapitalgesellschaft von der Vorlage eines Dividendenscheins abhängig und wird sie für Rechnung der Kapitalgesellschaft durch ein inländisches Kreditinstitut erbracht, so hat das Institut dem Anteilseigner eine Bescheinigung mit den in Absatz 3 Satz 1 bezeichneten Angaben nach amtlich vorgeschriebenem Muster zu erteilen. ²Aus der Bescheinigung muss ferner hervorgehen, für welche Kapitalgesellschaft die Leistung erbracht wird. ³Die Sätze 1 und 2 gelten entsprechend, wenn anstelle eines inländischen Kreditinstituts eine inländische Zweig-

Relevant tax law provisions 224

Sec. 53b (1) or (7) German Banking Act effects payment instead of the domestic financial institution.

(5) ¹In the event that the reduction of the contribution account with regard to a payment by the corporation has been underrated in the certificate, the use the certificate is based on shall remain unchanged. ²If no tax certificate within the meaning of Paragraph 3 has in respect of a payment been issued by the date of announcement of the first determination within the meaning of Paragraph 2 as of the end of the fiscal year of the payment, the return of contributions shall be deemed certified at an amount of Euro 0. ³In the cases of Sentences 1 and 2, the adjustment or first issue of tax certificates within the meaning of Paragraph 3 shall be inadmissible. ⁴In other cases, the withholding tax on capital investment income allocable to the excess amount of return of contributions shown is to be asserted by notice of liability; Sec. 44 (5) Sentence 1 Clause 2 shall in so far not apply. ⁵The tax certificates may be adjusted. ⁶The determination within the meaning of Paragraph 2 for the fiscal year in which the payment concerned has been effected is to be adjusted to the return of contributions the liability to pay withholding tax on capital investment income is based on as per Sentence 4.

(6) ¹Remittance shortfalls increase the contribution account of a controlled company, whereas remittance surpluses reduce this account, provided that they are caused by a period of fiscal unity. ²Remittance shortfalls shall notably exist if any amounts from the profit for the year are transferred to reserves (Sec. 14 (1) No. 4). ³The release of such reserves shall lead to a remittance surplus. ⁴Sentence 1 shall *mutatis mutandis* apply to other remittance shortfalls and remittance surpluses caused by a period of fiscal unity.

(7) The preceding paragraphs shall analogously apply to other corporate entities and associations of persons subject to unlimited tax liability which may grant payments within the meaning of Sec. 20 (1) No. 1, 9 or No. 10 Income Tax Act.

(8) ¹Corporate entities or associations of persons subject to unlimited tax liability in another member state of the European Union may also effect a return of contributions if they are able to grant payments within the meaning of Sec. 20 (1) No. 1 or 9 Income Tax Act. ²The return of contributions has to be determined by appropriate application of Paragraphs 1 to 6 and Secs. 28 and 29. ³The amount to be taken into account as payment within the meaning of Sentence 1 shall be determined separately at the request of the corporate entity or the association of persons for the assessment period concerned. ⁴The request must be filed in accordance with an officially prescribed form by the end of the calendar year following the calendar year in which payment has been effected. ⁵The tax office locally competent as per Sec. 20 General Fiscal Code for taxation according to income at the time when the request is filed shall be responsible for such separate determination. ⁶In the case of corporate entities or associations of persons for which no fiscal authority is responsible at the time of application as per Sec. 20 General Fiscal Code, the Federal Tax Office shall, in derogation from Sentence 5, be responsible. ⁷The application must state the conditions required for the computation of the return of contributions. ⁸The certificate as per Paragraph 3 must indicate the file reference of the authority competent as per Sentence 5 or 6. ⁹In so far as payments as per Sentence 1 have not been determined separately, they shall be deemed profit distributions leading to income within the meaning of Sec. 20 (1) No. 1 or 9 Income Tax Act with the shareholder.

Sec. 28 Capitalisation of reserves into nominal capital and reduction of the nominal capital

(1) ¹In the event that the nominal capital is increased by the capitalisation of reserves, the positive balance of the contribution account for tax purposes shall be deemed capitalised before the other reserves. ²The balance of the contribution account for tax purposes at the

niederlassung eines der in § 53b Abs. 1 oder 7 des Gesetzes über das Kreditwesen genannten Institute oder Unternehmen die Leistung erbringt.

(5) ¹Ist für eine Leistung der Kapitalgesellschaft die Minderung des Einlagekontos zu niedrig bescheinigt worden, bleibt die der Bescheinigung zugrunde gelegte Verwendung unverändert. ²Ist für eine Leistung bis zum Tag der Bekanntgabe der erstmaligen Feststellung im Sinne des Absatzes 2 zum Schluss des Wirtschaftsjahrs der Leistung eine Steuerbescheinigung im Sinne des Absatzes 3 nicht erteilt worden, gilt der Betrag der Einlagenrückgewähr als mit 0 Euro bescheinigt. ³In den Fällen der Sätze 1 und 2 ist eine Berichtigung oder erstmalige Erteilung von Steuerbescheinigungen im Sinne des Absatzes 3 nicht zulässig. ⁴In anderen Fällen ist die auf den überhöht ausgewiesenen Betrag der Einlagenrückgewähr entfallende Kapitalertragsteuer durch Haftungsbescheid geltend zu machen; § 44 Abs. 5 Satz 1 zweiter Halbsatz des Einkommensteuergesetzes gilt insoweit nicht. ⁵Die Steuerbescheinigungen können berichtigt werden. ⁶Die Feststellung im Sinne des Absatzes 2 für das Wirtschaftsjahr, in dem die entsprechende Leistung erfolgt ist, ist an die der Kapitalertragsteuerhaftung nach Satz 4 zugrunde gelegte Einlagenrückgewähr anzupassen.

(6) ¹Minderabführungen erhöhen und Mehrabführungen mindern das Einlagekonto einer Organgesellschaft, wenn sie ihre Ursache in organschaftlicher Zeit haben. ²Eine Minderabführung liegt insbesondere vor, wenn Beträge aus dem Jahresüberschuss in die Rücklagen eingestellt werden (§ 14 Abs. 1 Nr. 4). ³Die Auflösung dieser Rücklagen führt zu einer Mehrabführung. ⁴Satz 1 gilt für andere Minderabführungen und Mehrabführungen, die ihre Ursache in organschaftlicher Zeit haben, entsprechend.

(7) Die vorstehenden Absätze gelten sinngemäß für andere unbeschränkt steuerpflichtige Körperschaften und Personenvereinigungen, die Leistungen im Sinne des § 20 Abs. 1 Nr. 1, 9 oder Nr. 10 des Einkommensteuergesetzes gewähren können.

(8) ¹Eine Einlagenrückgewähr können auch Körperschaften oder Personenvereinigungen erbringen, die in einem anderen Mitgliedstaat der Europäischen Union der unbeschränkten Steuerpflicht unterliegen, wenn sie Leistungen im Sinne des § 20 Abs. 1 Nr. 1 oder 9 des Einkommensteuergesetzes gewähren können. ²Die Einlagenrückgewähr ist in entsprechender Anwendung der Absätze 1 bis 6 und der §§ 28 und 29 zu ermitteln. ³Der als Leistung im Sinne des Satzes 1 zu berücksichtigende Betrag wird auf Antrag der Körperschaft oder Personenvereinigung für den jeweiligen Veranlagungszeitraum gesondert festgestellt. ⁴Der Antrag ist nach amtlich vorgeschriebenem Vordruck bis zum Ende des Kalenderjahrs zu stellen, das auf das Kalenderjahr folgt, in dem die Leistung erfolgt ist. ⁵Zuständig für die gesonderte Feststellung ist die Finanzbehörde, die im Zeitpunkt der Abgabe des Antrags nach § 20 der Abgabenordnung für die Besteuerung nach dem Einkommen örtlich zuständig ist. ⁶Bei Körperschaften oder Personenvereinigungen, für die im Zeitpunkt der Antragstellung nach § 20 Abgabenordnung keine Finanzbehörde zuständig ist, ist abweichend von Satz 5 das Bundeszentralamt für Steuern zuständig. ⁷Im Antrag sind die für die Berechnung der Einlagenrückgewähr erforderlichen Umstände darzulegen. ⁸In die Bescheinigung nach Absatz 3 ist das Aktenzeichen der nach Satz 5 oder 6 zuständigen Behörde aufzunehmen. ⁹Soweit Leistungen nach Satz 1 nicht gesondert festgestellt worden sind, gelten sie als Gewinnausschüttung, die beim Anteilseigner zu Einnahmen im Sinne des § 20 Abs. 1 Nr. 1 oder 9 des Einkommensteuergesetzes führen.

§ 28 Umwandlung von Rücklagen in Nennkapital und Herabsetzung des Nennkapitals

(1) ¹Wird das Nennkapital durch Umwandlung von Rücklagen erhöht, so gilt der positive Bestand des steuerlichen Einlagekontos als vor den sonstigen Rücklagen umgewandelt. ²Maßgeblich ist dabei der sich vor Anwendung des Satzes 1 ergebende Bestand des

end of the fiscal year of the capitalisation of reserves resulting before application of Sentence 1 shall in this respect be relevant. ³In the event that the nominal capital also includes amounts provided by the capitalisation of other reserves, except for amounts originating from contributions by the shareholders, such portions of the nominal capital are to be disclosed and determined separately (special account). ⁴Sec. 27 (2) shall apply *mutatis mutandis*.

(2) ¹In the case of reduction of the nominal capital or dissolution of the corporate entity, the special account as of the end of the preceding fiscal year shall be reduced first; any exceeding amount is to be credited to the contribution account for tax purposes, in so far as the contribution to nominal capital has been paid in. ²In so far as the special account has to be reduced, the repayment of the nominal capital shall be deemed distribution of profits leading to earnings within the meaning of Sec. 20 (1) No. 2 Income Tax Act with the shareholder. ³Any amount exceeding the special account is to be deducted from the positive balance of the contribution account for tax purposes. ⁴Should the positive balance of the contribution account for tax purposes not suffice for the deduction as per Sentence 3, the repayment of the nominal capital shall also be deemed distribution of profits leading to earnings within the meaning of Sec. 20 (1) No. 2 Income Tax Act with the shareholder.

(3) Any special account as of the end of the fiscal year shall be reduced by the positive balance of the contribution account for tax purposes as of this reporting date; the balance of the contribution account for tax purposes shall be reduced adequately.

Sec. 29 Changes in the capital structure in the case of transformations

(1) In the case of transformations within the meaning of Sec. 1 German Reorganisation Act, the nominal capital of the transferring corporation and, in case Paragraph 2 Sentence 3 and Paragraph 3 Sentence 3 should be applied, also the nominal capital of the receiving corporation shall be deemed reduced to the full extent as per Sec. 28 (2) Sentence 1.

(2) ¹In the event that the assets and liabilities of a corporation are transferred to a corporate entity subject to unlimited tax liability by way of merger as per Sec. 2 German Reorganisation Act, the balance of the contribution account for tax purposes must be added to the contribution account for tax purposes of the receiving corporate entity. ²No addback of the balance of the contribution account for tax purposes as per Sentence 1 shall be effected at the ratio of the shareholding of the receiving legal entity in the transferring legal entity. ³The balance of the contribution account of the receiving legal entity shall be reduced pro rata at the ratio of the share of the transferring legal entity in the receiving legal entity.

(3) ¹In the event that any assets and liabilities of a corporation are transferred to a corporate entity subject to unlimited tax liability by way of division or partial division within the meaning of Sec. 123 (1) and (2) German Reorganisation Act, the balance of the contribution account for tax purposes of the transferring corporation is to be allocated to the receiving corporate entity relative to the ratio of the transferred assets and liabilities to the assets and liabilities existing with the corporation before the transfer, as usually expressed in the information on the share exchange ratio in the division and takeover agreement or the division plan (Sec. 126 (1) No. 3, Sec. 136 German Reorganisation Act). ²In the event that the share exchange ratio does not correspond to the ratio of the transferred assets and liabilities to the assets and liabilities existing with the transferring corporation before the division, the ratio of the fair market values of the assets and liabilities transferred to the assets and liabilities existing before the division shall be relevant. ³Paragraph 2 Sentences 2 and 3 shall *mutatis mutandis* apply to the changes of the contribution account for tax purposes of the receiving corporate entity. ⁴In so far as the assets and liabilities are transferred to a partnership by way of partial division, the

steuerlichen Einlagekontos zum Schluss des Wirtschaftsjahrs der Rücklagenumwandlung. ³Enthält das Nennkapital auch Beträge, die ihm durch Umwandlung von sonstigen Rücklagen mit Ausnahme von aus Einlagen der Anteilseigner stammenden Beträgen zugeführt worden sind, so sind diese Teile des Nennkapitals getrennt auszuweisen und gesondert festzustellen (Sonderausweis). ⁴§ 27 Abs. 2 gilt entsprechend.

(2) ¹Im Fall der Herabsetzung des Nennkapitals oder der Auflösung der Körperschaft wird zunächst der Sonderausweis zum Schluss des vorangegangenen Wirtschaftsjahrs gemindert; ein übersteigender Betrag ist dem steuerlichen Einlagekonto gutzuschreiben, soweit die Einlage in das Nennkapital geleistet ist. ²Die Rückzahlung des Nennkapitals gilt, soweit der Sonderausweis zu mindern ist, als Gewinnausschüttung, die beim Anteilseigner zu Bezügen im Sinne des § 20 Abs. 1 Nr. 2 des Einkommensteuergesetzes führt. ³Ein den Sonderausweis übersteigender Betrag ist vom positiven Bestand des steuerlichen Einlagekontos abzuziehen. ⁴Soweit der positive Bestand des steuerlichen Einlagekontos für den Abzug nach Satz 3 nicht ausreicht, gilt die Rückzahlung des Nennkapitals ebenfalls als Gewinnausschüttung, die beim Anteilseigner zu Bezügen im Sinne des § 20 Abs. 1 Nr. 2 des Einkommensteuergesetzes führt.

(3) Ein Sonderausweis zum Schluss des Wirtschaftsjahrs vermindert sich um den positiven Bestand des steuerlichen Einlagekontos zu diesem Stichtag; der Bestand des steuerlichen Einlagekontos vermindert sich entsprechend.

§ 29 Kapitalveränderungen bei Umwandlungen

(1) In Umwandlungsfällen im Sinne des § 1 des Umwandlungsgesetzes gilt das Nennkapital der übertragenden Kapitalgesellschaft und bei Anwendung des Absatzes 2 Satz 3 und des Absatzes 3 Satz 3 zusätzlich das Nennkapital der übernehmenden Kapitalgesellschaft als in vollem Umfang nach § 28 Abs. 2 Satz 1 herabgesetzt.

(2) ¹Geht das Vermögen einer Kapitalgesellschaft durch Verschmelzung nach § 2 des Umwandlungsgesetzes auf eine unbeschränkt steuerpflichtige Körperschaft über, so ist der Bestand des steuerlichen Einlagekontos dem steuerlichen Einlagekonto der übernehmenden Körperschaft hinzuzurechnen. ²Eine Hinzurechnung des Bestands des steuerlichen Einlagekontos nach Satz 1 unterbleibt im Verhältnis des Anteils des Übernehmers an dem übertragenden Rechtsträger. ³Der Bestand des Einlagekontos des Übernehmers mindert sich anteilig im Verhältnis des Anteils des übertragenden Rechtsträgers am Übernehmer.

(3) ¹Geht Vermögen einer Kapitalgesellschaft durch Aufspaltung oder Abspaltung im Sinne des § 123 Abs. 1 und 2 des Umwandlungsgesetzes auf eine unbeschränkt steuerpflichtige Körperschaft über, so ist der Bestand des steuerlichen Einlagekontos der übertragenden Kapitalgesellschaft einer übernehmenden Körperschaft im Verhältnis der übergehenden Vermögensteile zu dem bei der übertragenden Kapitalgesellschaft vor dem Übergang bestehenden Vermögen zuzuordnen, wie es in der Regel in den Angaben zum Umtauschverhältnis der Anteile im Spaltungs- und Übernahmevertrag oder im Spaltungsplan (§ 126 Abs. 1 Nr. 3, § 136 des Umwandlungsgesetzes) zum Ausdruck kommt. ²Entspricht das Umtauschverhältnis der Anteile nicht dem Verhältnis der übergehenden Vermögensteile zu dem bei der übertragenden Kapitalgesellschaft vor der Spaltung bestehenden Vermögen, ist das Verhältnis der gemeinen Werte der übergehenden Vermögensteile zu dem vor der Spaltung vorhandenen Vermögen maßgebend. ³Für die Entwicklung des steuerlichen Einlagekontos des Übernehmers gilt Absatz 2 Satz 2 und 3 entsprechend. ⁴Soweit das Vermögen durch Abspaltung auf eine Personengesellschaft übergeht, mindert sich das steuerliche Einlagekonto der übertragenden

contribution account for tax purposes of the transferring corporation shall be reduced at the ratio of the assets and liabilities transferred to the assets and liabilities existing before the division.

(4) Following application of Paragraphs 2 and 3, Sec. 28 (1) and (3) is to be applied to the adjustment of the nominal capital of the corporations involved in the transformation.

(5) The preceding paragraphs shall analogously apply to other corporate entities and associations of persons subject to unlimited tax liability which may grant payments within the meaning of Sec. 20 (1) No. 1, 9 and 10 Income Tax Act.

(6) ¹In the event that a contribution account could in so far not be determined for the transferring corporate entity or the association of persons, the balance of the contributions other than paid-in nominal capital at the time of the transfer of the assets and liabilities shall be substituted for the contribution account for the purpose of applying the preceding paragraphs. ²Sec. 27 (8) shall apply *mutatis mutandis*.

Sec. 37 Corporation tax credit and corporation tax reduction

(1) ¹A corporation tax credit shall be determined as of the end of the fiscal year following the fiscal year referred to in Sec. 36 (1). ²The corporation tax credit shall amount to 1/6 of the final balance of income subject to corporation tax at 40 per cent.

(2) ¹Subject to Paragraph 2a, the corporation tax credit shall be reduced by 1/6 of each profit distribution effected in the following fiscal years and based on a resolution authorising the distribution of profits in accordance with applicable company law regulations. ²Sentence 1 shall *mutatis mutandis* apply to remittance surpluses within the meaning of Sec. 14 (3) ³The corporation tax for the assessment period in which the fiscal year of the profit distribution ends shall be reduced by this amount until the corporation tax credit is used up, for the last time in the assessment period in which the 18th fiscal year ends which follows the fiscal year as of whose end the corporation tax credit is determined pursuant to Paragraph 1. ⁴The remaining corporation tax credit is to be adjusted as of the end of the respective fiscal years, for the last time as of the end of the 17th fiscal year following the fiscal year as of whose end the corporation tax credit is determined pursuant to Paragraph 1; the amount is to be determined separately. ⁵Sec. 27 (2) shall apply *mutatis mutandis*.

(2a) The reduction shall be limited

1. to each time Euro 0 as regards profit distributions occurring after 11 April 2003 and before 1 January 2005;
2. as regards profit distributions after 31 December 2005, to the amount relating to the fiscal year of the profit distribution if the corporation tax credit determined as of the end of the preceding fiscal year is evenly spread over the remaining fiscal years, including the year of profit distribution, with regard to which years a corporation tax reduction may be considered pursuant to Paragraph 2 Sentence 3.

(3) ¹In the event that a corporate entity or an association of persons subject to unlimited tax liability, whose payments rank among income within the meaning of Sec. 20 (1) No. 1 or 2 Income Tax Act in the version of Article 1 of the Act of 20 December 2001 (Federal Law Gazette I p. 3858) with the recipients, derives earnings which are not taken into account in the determination of income pursuant to Sec. 8b (1) and have led to a corporation tax reduction with the tax-paying corporate entity, the corporation tax and the corporation tax credit for that corporate entity or association of persons shall increase by the amount of the corporation tax reduction with the tax-paying corporate entity. ²Sentence 1 shall also apply if the corresponding earnings of a controlled company are

Kapitalgesellschaft in dem Verhältnis der übergehenden Vermögensteile zu dem vor der Spaltung bestehenden Vermögen.

(4) Nach Anwendung der Absätze 2 und 3 ist für die Anpassung des Nennkapitals der umwandlungsbeteiligten Kapitalgesellschaften § 28 Abs. 1 und 3 anzuwenden.

(5) Die vorstehenden Absätze gelten sinngemäß für andere unbeschränkt steuerpflichtige Körperschaften und Personenvereinigungen, die Leistungen im Sinne des § 20 Abs. 1 Nr. 1, 9 und 10 des Einkommensteuergesetzes gewähren können.

(6) [1]War für die übertragende Körperschaft oder Personenvereinigung ein Einlagekonto bisher nicht festzustellen, tritt für die Anwendung der vorstehenden Absätze an die Stelle des Einlagekontos der Bestand der nicht in das Nennkapital geleisteten Einlagen zum Zeitpunkt des Vermögensübergangs. [2]§ 27 Abs. 8 gilt entsprechend.

§ 37 Körperschaftsteuerguthaben und Körperschaftsteuerminderung

(1) [1]Auf den Schluss des Wirtschaftsjahrs, das dem in § 36 Abs. 1 genannten Wirtschaftsjahr folgt, wird ein Körperschaftsteuerguthaben ermittelt. [2]Das Körperschaftsteuerguthaben beträgt 1/6 des Endbestands des mit einer Körperschaftsteuer von 40 Prozent belasteten Teilbetrags.

(2) [1]Das Körperschaftsteuerguthaben mindert sich vorbehaltlich des Absatzes 2a um jeweils 1/6 der Gewinnausschüttungen, die in den folgenden Wirtschaftsjahren erfolgen und die auf einem den gesellschaftsrechtlichen Vorschriften entsprechenden Gewinnverteilungsbeschluss beruhen. [2]Satz 1 gilt für Mehrabführungen im Sinne des § 14 Abs. 3 entsprechend. [3]Die Körperschaftsteuer des Veranlagungszeitraums, in dem das Wirtschaftsjahr endet, in dem die Gewinnausschüttung erfolgt, mindert sich bis zum Verbrauch des Körperschaftsteuerguthabens um diesen Betrag, letztmalig in dem Veranlagungszeitraum, in dem das 18. Wirtschaftsjahr endet, das auf das Wirtschaftsjahr folgt, auf dessen Schluss nach Absatz 1 das Körperschaftsteuerguthaben ermittelt wird. [4]Das verbleibende Körperschaftsteuerguthaben ist auf den Schluss der jeweiligen Wirtschaftsjahre, letztmals auf den Schluss des 17. Wirtschaftsjahrs, das auf das Wirtschaftsjahr folgt, auf dessen Schluss nach Absatz 1 das Körperschaftsteuerguthaben ermittelt wird, fortzuschreiben und gesondert festzustellen. [5]§ 27 Abs. 2 gilt entsprechend.

(2a) Die Minderung ist begrenzt

1. für Gewinnausschüttungen, die nach dem 11. April 2003 und vor dem 1. Januar 2006 erfolgen, jeweils auf 0 Euro;

2. für Gewinnausschüttungen, die nach dem 31. Dezember 2005 erfolgen auf den Betrag, der auf das Wirtschaftsjahr der Gewinnausschüttung entfällt, wenn das auf den Schluss des vorangegangenen Wirtschaftsjahrs festgestellte Körperschaftsteuerguthaben gleichmäßig auf die einschließlich des Wirtschaftsjahrs der Gewinnausschüttung verbleibenden Wirtschaftsjahre verteilt wird, für die nach Absatz 2 Satz 3 eine Körperschaftsteuerminderung in Betracht kommt.

(3) [1]Erhält eine unbeschränkt steuerpflichtige Körperschaft oder Personenvereinigung, deren Leistungen bei den Empfängern zu den Einnahmen im Sinne des § 20 Abs. 1 Nr. 1 oder 2 des Einkommensteuergesetzes in der Fassung des Artikels 1 des Gesetzes vom 20. Dezember 2001 (BGBl. I S. 3858) gehören, Bezüge, die nach § 8b Abs. 1 bei der Einkommensermittlung außer Ansatz bleiben, und die bei der leistenden Körperschaft zu einer Minderung der Körperschaftsteuer geführt haben, erhöht sich bei ihr die Körperschaftsteuer und das Körperschaftsteuerguthaben um den Betrag der Minderung der Körperschaftsteuer bei der leistenden Körperschaft. [2]Satz 1 gilt auch, wenn der Körperschaft oder Personenvereinigung die entsprechenden Bezüge einer Organgesellschaft

attributed to the corporate entity or the association of persons because it is either the controlling parent company or has a holding in a partnership being the controlling parent company. [3]In the case of Sec. 4 German Reorganisation Tax Act, Sentences 1 and 2 must be applied *mutatis mutandis*. [4]The tax-paying corporate entity must provide the recipient with a certificate including the following information in accordance with an officially specified form:

1. the shareholder's name and address;
2. the amount of the corporation tax reduction used;
3. the date of payment.

[5]Sec. 27 (3) Sentence 2, Paragraphs (4) and (5) shall apply *mutatis mutandis*. [6]Sentences 1 to 4 shall not apply to any tax-exempt corporate entities and associations of persons within the meaning of Sec. 5 (1) No. 9, in so far as the income accrues within the scope of business operations with regard to which tax-exemption is excluded.

(4) [1]The corporation tax credit shall be determined for the last time as of 31 December 2006. [2]In the event that the assets and liabilities of a corporate entity subject to unlimited tax liability are in whole or in part transferred to another legal entity through any of the transactions referred to in Sec. 1 (1) German Reorganisation Tax Act of 7 December 2006 (Federal Law Gazette I p. 2782, 2791) as amended, in the case of which the application for entry in a public register is effected after 12 December 2006, the corporation tax credit with the transferring corporate entity shall for the last time be determined as of the effective transfer date for tax purposes before 31 December 2006. [3]In the event that the assets and liabilities of a corporate entity or an association of persons are divided within the context of liquidation within the meaning of Sec. 11 after 12 December 2006 and before 31 December 2006, the corporation tax credit shall for the last time be determined as of the reference date as of which the liquidation closing balance sheet is prepared. [4]Paragraphs 1 to 3 have to be applied for the last time to profit distributions and, in the case of liquidation, liquidating dividends, other distributions and other payments effected before 31 December 2006 or the date relevant as per Sentence 2.

(5) [1]The corporate entity shall during a payment period from 2008 to 2017 be entitled to payment of the corporation tax credit in 10 equal annual amounts. [2]The entitlement shall arise upon expiration of 31 December 2006 or the date relevant as per Paragraph 4 Sentence 2. [3]The entitlement shall be stipulated for the entire payment period. [4]As regards the year of announcement of the assessment notice and the preceding years, the claim is to be paid within one month after announcement of the assessment notice, whereas for any further year of the payment period it is to be paid on each 30 September. [5]The claim shall bear no interest. [6]The assessment period for the assessment of the claim shall not expire before expiration of the year in which the last annual amount has been due.

(6) [1]In the event that the notice on the assessment of the claim as per Paragraph 5 is cancelled or amended, the amount by which the claim resulting from the amended assessment notice exceeds the total of the payments effected until announcement of the new assessment notice shall be distributed over the remaining due dates of the payment period. [2]Should the aggregate of the payments effected until announcement of the new assessment notice exceed the payment claim resulting from the amended assessment notice, the difference is to be paid within one month after announcement of the assessment notice.

(7) [1]Income as well as profit reductions arising from the application of Paragraph 5 with regard to the corporate entity shall not belong to income within the meaning of the Income Tax Act. [2]Payment must be effected from corporation tax receipts.

zugerechnet werden, weil sie entweder Organträger ist oder an einer Personengesellschaft beteiligt ist, die Organträger ist. ³Im Fall des § 4 des Umwandlungssteuergesetzes sind die Sätze 1 und 2 entsprechend anzuwenden. ⁴Die leistende Körperschaft hat der Empfängerin die folgenden Angaben nach amtlich vorgeschriebenem Muster zu bescheinigen:

1. den Namen und die Anschrift des Anteilseigners,
2. die Höhe des in Anspruch genommenen Körperschaftsteuerminderungsbetrags,
3. den Zahlungstag.

⁵§ 27 Abs. 3 Satz 2, Abs. 4 und 5 gilt entsprechend. ⁶Die Sätze 1 bis 4 gelten nicht für steuerbefreite Körperschaften und Personenvereinigungen im Sinne des § 5 Abs. 1 Nr. 9, soweit die Einnahmen in einem wirtschaftlichen Geschäftsbetrieb anfallen, für den die Steuerbefreiung ausgeschlossen ist.

(4) ¹Das Körperschaftsteuerguthaben wird letztmalig auf den 31. Dezember 2006 ermittelt. ²Geht das Vermögen einer unbeschränkt steuerpflichtigen Körperschaft durch einen der in § 1 Abs. 1 des Umwandlungssteuergesetzes vom 7. Dezember 2006 (BGBl. I S. 2782, 2791) in der jeweils geltenden Fassung genannten Vorgänge, bei denen die Anmeldung zur Eintragung in ein öffentliches Register nach dem 12. Dezember 2006 erfolgt, ganz oder teilweise auf einen anderen Rechtsträger über, wird das Körperschaftsteuerguthaben der übertragenden Körperschaft letztmalig auf den vor dem 31. Dezember 2006 liegenden steuerlichen Übertragungsstichtag ermittelt. ³Wird das Vermögen einer Körperschaft oder Personenvereinigung im Rahmen einer Liquidation im Sinne des § 11 nach dem 12. Dezember 2006 und vor dem 31. Dezember 2006 verteilt, wird das Körperschaftsteuerguthaben letztmalig auf den Stichtag ermittelt, auf den die Liquidationsschlussbilanz erstellt wird. ⁴Die Absätze 1 bis 3 sind letztmals auf Gewinnausschüttungen und in den Fällen der Liquidation auf Liquidationsraten, andere Ausschüttungen und sonstige Leistungen anzuwenden, die vor dem 31. Dezember 2006 oder dem nach Satz 2 maßgebenden Zeitpunkt erfolgt sind.

(5) ¹Die Körperschaft hat innerhalb eines Auszahlungszeitraums von 2008 bis 2017 einen Anspruch auf Auszahlung des Körperschaftsteuerguthabens in 10 gleichen Jahresbeträgen. ²Der Anspruch entsteht mit Ablauf des 31. Dezember 2006 oder des nach Absatz 4 Satz 2 maßgebenden Tages. ³Der Anspruch wird für den gesamten Auszahlungszeitraum festgesetzt. ⁴Für das Jahr der Bekanntgabe des Bescheids und die vorangegangenen Jahre ist der Anspruch innerhalb eines Monats nach Bekanntgabe des Bescheids, für jedes weitere Jahr des Auszahlungszeitraums jeweils am 30. September auszuzahlen. ⁵Der Anspruch ist nicht verzinslich. ⁶Die Festsetzungsfrist für die Festsetzung des Anspruchs läuft nicht vor Ablauf des Jahres ab, in dem der letzte Jahresbetrag fällig geworden ist.

(6) ¹Wird der Bescheid über die Festsetzung des Anspruchs nach Absatz 5 aufgehoben oder geändert, wird der Betrag, um den der Anspruch, der sich aus dem geänderten Bescheid ergibt, die Summe der Auszahlungen, die bis zur Bekanntgabe des neuen Bescheides geleistet worden sind, übersteigt, auf die verbleibenden Fälligkeitstermine des Auszahlungszeitraums verteilt. ²Ist die Summe der Auszahlungen, die bis zur Bekanntgabe des neuen Bescheides geleistet worden sind, größer als der Auszahlungsanspruch, der sich aus dem geänderten Bescheid ergibt, ist der Unterschiedsbetrag innerhalb eines Monats nach Bekanntgabe des Bescheides zu entrichten.

(7) ¹Erträge und Gewinnminderungen der Körperschaft, die sich aus der Anwendung des Absatzes 5 ergeben, gehören nicht zu den Einkünften im Sinne des Einkommensteuergesetzes. ²Die Auszahlung ist aus den Einnahmen an Körperschaftsteuer zu leisten.

Sec. 38 Corporation tax increase

(1) ¹A positive final balance within the meaning of Sec. 36 (7) of income within the meaning of Sec. 30 (2) No. 2 in the wording of Article 4 of the Act of 14 July 2000 (Federal Law Gazette I p. 1034) must also be adjusted and separately determined as of the end of the following fiscal years. ²Sec. 27 (2) shall apply *mutatis mutandis*. ³The amount shall each time be reduced in so far as it is deemed used for payments. ⁴It shall be deemed used for payments, provided that the total of all payments effected by the company in the fiscal year exceeds the distributable profit (Sec. 27) reduced by the balance referred to in Sentence 1. ⁵The balances as of the end of the previous fiscal year shall be relevant. ⁶The repayment of business assets to retiring members of a cooperative society shall, in so far as no nominal capital within the meaning of Sec. 28 (2) Sentence 2 is concerned, not be considered as a payment within the meaning of Sentences 3 and 4. ⁷Sentence 6 shall not apply in so far as the untaxed balance within the meaning of Sentence 1 has been transferred pursuant to Sec. 40 (1) or (2) as a consequence of the transformation of a corporate entity which is no cooperative society within the meaning of Sec. 34 (13d).

(2) ¹The corporation tax for the assessment period in which the fiscal year of the payments ends shall be increased by 3/7 of the amount of the distribution deemed to have been sourced from the balance within the meaning of Paragraph 1. ²The corporation tax increase shall reduce the final balance within the meaning of Paragraph 1 until it is used up. ³Sentence 1 is to be applied for the last time to the assessment period in which the 18th fiscal year ends which follows the fiscal year as of whose end corporation tax credits are determined pursuant to Sec. 37 (1).

(3) ¹The corporation tax shall not be increased in so far as a corporate entity exempt from corporation tax effects payments to a shareholder subject to unlimited tax liability exempt from corporation tax or to a legal entity under public law. ²The shareholder shall be obligated to give proof of its exemption to the distributing corporate entity by a certificate from the tax office, unless it is a legal person under public law. ³This shall not apply in so far as the payment relates to shares held by business operations with regard to which exemption from corporation tax is excluded, or by a business enterprise run by a corporate body organised under public law not exempt from corporation tax.

Sec. 39 Contributions by the shareholders and special account

(1) A positive final balance of income within the meaning of Sec. 30 (2) No. 4 Corporation Tax Act in the wording of the announcement of 22 April 1999 (Federal Law Gazette I p. 817), last amended by Article 4 of the Act of 14 July 2000 (Federal Law Gazette I p. 1034), resulting as per Sec. 36 (7) shall be recorded as opening balance of the contribution account for tax purposes within the meaning of Sec. 27.

(2) The amount last determined as per Sec. 47 (1) Sentence 1 No. 2 in the wording of Article 4 of the Act of 14 July 2000 (Federal Law Gazette I p. 1034) shall be included in the determination as per Sec. 28 (1) Sentence 3 as opening balance.

Sec. 40 Transformation, liquidation and transfer of registered office

(1) In the event that the assets and liabilities of a corporate entity subject to unlimited tax liability are transferred to another corporate entity subject to unlimited tax liability by way of merger pursuant to Sec. 2 German Reorganisation Act, the untaxed balance pursuant to Sec. 38 is to be added to the corresponding amount for the receiving corporate entity.

(2) ¹In the event that any assets and liabilities of a corporate entity subject to unlimited tax liability are transferred to another corporate entity subject to unlimited tax liability by

§ 38 Körperschaftsteuererhöhung

(1) ¹Ein positiver Endbetrag im Sinne des § 36 Abs. 7 aus dem Teilbetrag im Sinne des § 30 Abs. 2 Nr. 2 in der Fassung des Artikels 4 des Gesetzes vom 14. Juli 2000 (BGBl. I S. 1034) ist auch zum Schluss der folgenden Wirtschaftsjahre fortzuschreiben und gesondert festzustellen. ²§ 27 Abs. 2 gilt entsprechend. ³Der Betrag verringert sich jeweils, soweit er als für Leistungen verwendet gilt. ⁴Er gilt als für Leistungen verwendet, soweit die Summe der Leistungen, die die Gesellschaft im Wirtschaftsjahr erbracht hat, den um den Bestand des Satzes 1 verminderten ausschüttbaren Gewinn (§ 27) übersteigt. ⁵Maßgeblich sind die Bestände zum Schluss des vorangegangenen Wirtschaftsjahrs. ⁶Die Rückzahlung von Geschäftsguthaben an ausscheidende Mitglieder von Genossenschaften stellt, soweit es sich dabei nicht um Nennkapital im Sinne des § 28 Abs. 2 Satz 2 handelt, keine Leistung im Sinne der Sätze 3 und 4 dar. ⁷Satz 6 gilt nicht, soweit der unbelastete Teilbetrag im Sinne des Satzes 1 nach § 40 Abs. 1 oder 2 infolge der Umwandlung einer Körperschaft, die nicht Genossenschaft im Sinne des § 34 Abs. 13d ist, übergegangen ist.

(2) ¹Die Körperschaftsteuer des Veranlagungszeitraums, in dem das Wirtschaftsjahr endet, in dem die Leistungen erfolgen, erhöht sich um 3/7 des Betrags der Leistungen, für die ein Teilbetrag aus dem Endbetrag im Sinne des Absatzes 1 als verwendet gilt. ²Die Körperschaftsteuererhöhung mindert den Endbetrag im Sinne des Absatzes 1 bis zu dessen Verbrauch. ³Satz 1 ist letztmals für den Veranlagungszeitraum anzuwenden, in dem das 18. Wirtschaftsjahr endet, das auf das Wirtschaftsjahr folgt, auf dessen Schluss nach § 37 Abs. 1 Körperschaftsteuerguthaben ermittelt werden.

(3) ¹Die Körperschaftsteuer wird nicht erhöht, soweit eine von der Körperschaftsteuer befreite Körperschaft Leistungen an einen unbeschränkt steuerpflichtigen, von der Körperschaftsteuer befreiten Anteilseigner oder an eine juristische Person des öffentlichen Rechts vornimmt. ²Der Anteilseigner ist verpflichtet, der ausschüttenden Körperschaft seine Befreiung durch eine Bescheinigung des Finanzamts nachzuweisen, es sei denn, er ist eine juristische Person des öffentlichen Rechts. ³Das gilt nicht, soweit die Leistung auf Anteile entfällt, die in einem wirtschaftlichen Geschäftsbetrieb gehalten werden, für den die Befreiung von der Körperschaftsteuer ausgeschlossen ist, oder in einem nicht von der Körperschaftsteuer befreiten Betrieb gewerblicher Art.

§ 39 Einlagen der Anteilseigner und Sonderausweis

(1) Ein sich nach § 36 Abs. 7 ergebender positiver Endbetrag des Teilbetrags im Sinne des § 30 Abs. 2 Nr. 4 des Körperschaftsteuergesetzes in der Fassung der Bekanntmachung vom 22. April 1999 (BGBl. I S. 817), das zuletzt durch Artikel 4 des Gesetzes vom 14. Juli 2000 (BGBl. I S. 1034) geändert worden ist, wird als Anfangsbestand des steuerlichen Einlagekontos im Sinne des § 27 erfasst.

(2) Der nach § 47 Abs. 1 Satz 1 Nr. 2 in der Fassung des Artikels 4 des Gesetzes vom 14. Juli 2000 (BGBl. I S. 1034) zuletzt festgestellte Betrag wird als Anfangsbestand in die Feststellung nach § 28 Abs. 1 Satz 3 einbezogen.

§ 40 Umwandlung, Liquidation und Verlegung des Sitzes

(1) Geht das Vermögen einer unbeschränkt steuerpflichtigen Körperschaft durch Verschmelzung nach § 2 des Umwandlungsgesetzes auf eine unbeschränkt steuerpflichtige Körperschaft über, ist der unbelastete Teilbetrag gemäß § 38 dem entsprechenden Betrag der übernehmenden Körperschaft hinzuzurechnen.

(2) ¹Geht Vermögen einer unbeschränkt steuerpflichtigen Körperschaft durch Aufspaltung oder Abspaltung im Sinne des § 123 Abs. 1 und 2 des Umwandlungsgesetzes auf eine

way of division or partial division within the meaning of Sec. 123 (1) and (2) German Reorganisation Act, the amount referred to in Paragraph 1 for the transferring corporate entity has to be allocated to a receiving corporate entity in proportion to the ratio of the assets and liabilities transferred to the assets and liabilities existing with the transferring corporate entity before the transfer, as usually expressed in the information on the exchange ratio of the shares in the division or takeover agreement or in the division plan (Sec. 126 (1) No. 3, Sec. 136 German Reorganisation Act). ²If the share exchange ratio does not correspond to the ratio of the assets and liabilities transferred to the assets and liabilities existing with the transferring corporate entity before the division, the ratio of the fair market values of the assets and liabilities transferred to the assets and liabilities existing before the division shall be relevant. ³In so far as the assets and liabilities are transferred to a partnership, the amount with regard to the transferring corporate entity shall be reduced at the ratio of the assets and liabilities transferred to the assets and liabilities existing before the division.

(3) ¹In the event that the assets and liabilities of a corporate entity subject to unlimited tax liability are in whole or in part transferred to a corporate entity, association of persons or conglomeration of assets and liabilities exempt from corporation tax or to a legal entity under public law by way of any of the transactions referred to in Sec. 1 (1) No. 1 German Reorganisation Tax Act of 7 December 2006 (Federal Law Gazette I p. 2782, 2791) as amended, or the corporate entity becomes exempt from tax, the corporation tax shall increase by the amount which would result pursuant to Sec. 38 if the equity capital shown in the tax balance sheet, net of the amount to be credited to the contribution account for tax purposes as per Sec. 28 (2) Sentence 1 in conjunction with Sec. 29 (1), would be deemed used for a distribution at the time of the transfer of the assets and liabilities. ²In the cases of Sec. 38 (3), the corporation tax shall not increase.

(4) ¹If the assets and liabilities of a corporate entity or an association of persons are divided within the context of liquidation within the meaning of Sec. 11, the corporation tax shall increase by the amount which would result pursuant to Sec. 38 if the divided assets and liabilities would be deemed used for a distribution at the time of division. ²This shall also apply in so far as the assets and liabilities are divided as early as before liquidation is completed. ³The increase in corporation tax has to be effected for the assessment period in which the liquidation or the taxing period ends. ⁴An increase has to be effected for the last time with regard to assessment period 2020. ⁵In the case of liquidations continuing beyond 31 December 2020, the taxing period shall end as per Sec. 11 upon expiration of 31 December 2020. ⁶Interim accounts for tax purposes as of this date are to be prepared. ⁷Corporation tax shall not increase in the cases of Sec. 38 (3).

(5) In the event that the assets and liabilities of a corporate entity or an association of persons subject to unlimited tax liability are in whole or in part transferred to another corporate entity or an association of persons not subject to unlimited tax liability by way of any of the transactions referred to in Sec. 1 (1) No.1 German Reorganisation Tax Act of 7 December 2006 (Federal Law Gazette I p. 2782, 2791) as amended, or a corporate entity or association of persons subject to unlimited tax liability transfers its registered office or place of management, which event causes its unlimited tax liability to cease, the corporation tax shall increase by the amount which would result as per Sec. 38 if the assets and liabilities existing at the effective transfer date or at the date of cessation of unlimited tax liability, net of the amount which is to be credited to the contribution account for tax purposes as per Sec. 28 (2) Sentence 1 in conjunction with Sec. 29 (1), would be deemed used for a distribution at the effective transfer date or at the date of cessation of unlimited tax liability.

unbeschränkt steuerpflichtige Körperschaft über, ist der in Absatz 1 genannte Betrag der übertragenden Körperschaft einer übernehmenden Körperschaft im Verhältnis der übergehenden Vermögensteile zu dem bei der übertragenden Körperschaft vor dem Übergang bestehenden Vermögen zuzuordnen, wie es in der Regel in den Angaben zum Umtauschverhältnis der Anteile im Spaltungs- und Übernahmevertrag oder im Spaltungsplan (§ 126 Abs. 1 Nr. 3, § 136 des Umwandlungsgesetzes) zum Ausdruck kommt. ²Entspricht das Umtauschverhältnis der Anteile nicht dem Verhältnis der übergehenden Vermögensteile zu dem bei der übertragenden Körperschaft vor der Spaltung bestehenden Vermögen, ist das Verhältnis der gemeinen Werte der übergehenden Vermögensteile zu dem vor der Spaltung vorhandenen Vermögen maßgebend. ³Soweit das Vermögen auf eine Personengesellschaft übergeht, mindert sich der Betrag der übertragenden Körperschaft in dem Verhältnis der übergehenden Vermögensteile zu dem vor der Spaltung bestehenden Vermögen.

(3) ¹Geht das Vermögen einer unbeschränkt steuerpflichtigen Körperschaft durch einen der in § 1 Abs. 1 Nr. 1 des Umwandlungssteuergesetzes vom 7. Dezember 2006 (BGBl. I S. 2782, 2791) in der jeweils geltenden Fassung genannten Vorgänge ganz oder teilweise auf eine von der Körperschaftsteuer befreite Körperschaft, Personenvereinigung oder Vermögensmasse oder auf eine juristische Person des öffentlichen Rechts über oder wird die Körperschaft steuerbefreit, erhöht sich die Körperschaftsteuer um den Betrag, der sich nach § 38 ergeben würde, wenn das in der Steuerbilanz ausgewiesene Eigenkapital abzüglich des Betrags, der nach § 28 Abs. 2 Satz 1 in Verbindung mit § 29 Abs. 1 dem steuerlichen Einlagekonto gutzuschreiben ist, als im Zeitpunkt des Vermögensübergangs für eine Ausschüttung verwendet gelten würde. ²Die Körperschaftsteuer erhöht sich nicht in den Fällen des § 38 Abs. 3.

(4) ¹Wird das Vermögen einer Körperschaft oder Personenvereinigung im Rahmen einer Liquidation im Sinne des § 11 verteilt, erhöht sich die Körperschaftsteuer um den Betrag, der sich nach § 38 ergeben würde, wenn das verteilte Vermögen als im Zeitpunkt der Verteilung für eine Ausschüttung verwendet gelten würde. ²Das gilt auch insoweit, als das Vermögen bereits vor Schluss der Liquidation verteilt wird. ³Die Erhöhung der Körperschaftsteuer ist für den Veranlagungszeitraum vorzunehmen, in dem die Liquidation bzw. der jeweilige Besteuerungszeitraum endet. ⁴Eine Erhöhung ist letztmals für den Veranlagungszeitraum 2020 vorzunehmen. ⁵Bei Liquidationen, die über den 31. Dezember 2020 hinaus fortdauern, endet der Besteuerungszeitraum nach § 11 mit Ablauf des 31. Dezember 2020. ⁶Auf diesen Zeitpunkt ist ein steuerlicher Zwischenabschluss zu fertigen. ⁷Die Körperschaftsteuer erhöht sich nicht in den Fällen des § 38 Abs. 3.

(5) Geht das Vermögen einer unbeschränkt steuerpflichtigen Körperschaft oder Personenvereinigung durch einen der in § 1 Abs. 1 Nr. 1 des Umwandlungssteuergesetzes vom 7. Dezember 2006 (BGBl. I S. 2782, 2791) in der jeweils geltenden Fassung genannten Vorgänge ganz oder teilweise auf eine nicht unbeschränkt steuerpflichtige Körperschaft oder Personenvereinigung über oder verlegt eine unbeschränkt steuerpflichtige Körperschaft oder Personenvereinigung ihren Sitz oder Ort der Geschäftsleitung und endet dadurch ihre unbeschränkte Steuerpflicht, erhöht sich die Körperschaftsteuer um den Betrag, der sich nach § 38 ergeben würde, wenn das zum Übertragungsstichtag oder im Zeitpunkt des Wegfalls der unbeschränkten Steuerpflicht vorhandene Vermögen abzüglich des Betrags, der nach § 28 Abs. 2 Satz 1 in Verbindung mit § 29 Abs. 1 dem steuerlichen Einlagekonto gutzuschreiben ist, als am Übertragungsstichtag oder im Zeitpunkt des Wegfalls der unbeschränkten Steuerpflicht für eine Ausschüttung verwendet gelten würde.

Relevant tax law provisions

(6) ¹In the event that the receiving corporate entity or association of persons is in the cases of Paragraph 5 subject to unlimited tax liability in another EU member state and not exempt from corporation tax, the amount of tax assessed by virtue of the application of Sec. 38 as per Paragraph 5 has to be deferred interest-free until expiration of the next calendar year following the announcement of the corporation tax assessment, provided that the receiving corporate entity or the association of persons proves not later than 31 May of the following year that it has not distributed the received untaxed balance of income before the due date. ²The deferral of the taxes shall each time be prolonged by one year, provided that the proof referred to in Sentence 1 is furnished, for the last time until the end of the fiscal year ending after 31 December 2018. ³Any amounts of tax deferred until this date shall not be levied, provided that the proof referred to in Sentence 1 is furnished. ⁴Sentences 1 to 3 shall also apply in the case of transfer of registered office if the corporate entity or the association of persons becomes subject to unlimited tax liability in another member state of the European Union. ⁵The deferral of taxes has to be revoked if the receiving corporate entity or the association of persons or its legal successor

  a) is exempted from corporation tax;
  b) is dissolved or liquidated;
  c) transfers its assets and liabilities in whole or in part to a corporate entity or an association of persons subject to unlimited tax liability in a state outside the European Union;
  d) transfers its registered office or place of management to a state outside the European Union, which transaction causes its unlimited tax liability within the European Union to cease; or
  e) transfers its assets and liabilities to a partnership or a natural person.

3. German Trade Tax Act (excerpts)

in the version of the announcement of 15/10/2002 (Federal Law Gazette I 2002 p. 4167), last amended by *Bill on Tax Measures accompanying the introduction of the European Company and the amendment of other tax regulations* of 07/12/2006 (Federal Law Gazette I 2006 p. 2791) and *German Annual Tax Bill 2007* of 13/12/2006 (Federal Law Gazette I 2006 p. 2892)

Sec. 4 Municipality entitled to levy municipal trade tax

(1) ¹Trades or businesses with a fixed place of business shall be subject to trade tax in the municipality where they run a permanent establishment for following a trade or business with a fixed place of business. ²In the event that permanent establishments of the same trade or business are located in several municipalities or a permanent establishment extends over several municipalities, trade tax shall be charged in each municipality by the portion of the basic amount for tax assessment purposes relating to it.

(2) As regards permanent establishments in areas not belonging to any municipality, the government of the Land concerned shall by means of an ordinance determine the authority exercising the powers given to the municipalities under this Act.

(3) ¹As regards permanent establishments in the part not belonging to the Federal Republic of Germany of a cross-border municipal area within the meaning of Sec. 2 (7) No. 2, the local authority in which the part of the cross-border municipal area belonging to the Federal Republic of Germany is located shall be entitled to charge municipal trade tax ²If the part belonging to the Federal Republic of Germany is located in several municipalities, Paragraph 2 shall apply *mutatis mutandis*.

(6) ¹Ist in den Fällen des Absatzes 5 die übernehmende Körperschaft oder Personenvereinigung in einem anderen Mitgliedstaat der Europäischen Union unbeschränkt steuerpflichtig und nicht von der Körperschaftsteuer befreit, ist der aufgrund der Anwendung des § 38 nach Absatz 5 festgesetzte Betrag bis zum Ablauf des nächsten auf die Bekanntgabe der Körperschaftsteuerfestsetzung folgenden Kalenderjahres zinslos zu stunden, soweit die übernehmende Körperschaft oder Personenvereinigung bis zum 31. Mai des nachfolgenden Jahres nachweist, dass sie bis zum Zeitpunkt der Fälligkeit keine Ausschüttung der übernommenen unbelasteten Teilbeträge vorgenommen hat. ²Die Stundung verlängert sich jeweils um ein Jahr, soweit der in Satz 1 genannte Nachweis erbracht wird, letztmals bis zum Schluss des Wirtschaftsjahrs, das nach dem 31. Dezember 2018 endet. ³Auf diesen Zeitpunkt gestundete Beträge werden nicht erhoben, soweit der in Satz 1 genannte Nachweis erbracht wird. ⁴Die Sätze 1 bis 3 gelten auch bei der Sitzverlegung, wenn die Körperschaft oder Personenvereinigung in einem anderen Mitgliedstaat der Europäischen Union unbeschränkt steuerpflichtig wird. ⁵Die Stundung ist zu widerrufen, wenn die aufnehmende Körperschaft oder Personenvereinigung oder deren Rechtsnachfolger

a) von der Körperschaftsteuer befreit wird,

b) aufgelöst oder abgewickelt wird,

c) ihr Vermögen ganz oder teilweise auf eine Körperschaft oder Personenvereinigung überträgt, die in einem Staat außerhalb der Europäischen Union unbeschränkt steuerpflichtig ist,

d) ihren Sitz oder Ort der Geschäftsleitung in einen Staat außerhalb der Europäischen Union verlegt und dadurch ihre unbeschränkte Steuerpflicht innerhalb der Europäischen Union endet oder

e) ihr Vermögen auf eine Personengesellschaft oder natürliche Person überträgt.

3. Gewerbesteuergesetz (GewStG) in Auszügen

in der Fassung der Bekanntmachung v. 15.10.2002 (BGBl. 2002 S. 4167), zuletzt geändert durch *Gesetz über steuerliche Begleitmaßnahmen zur Einführung der Europäischen Gesellschaft und zur Änderung weiterer steuerrechtlicher Vorschriften (SEStEG)* v. 07.12.2006 (BGBl. I 2006 S. 2791) und *Jahressteuergesetz 2007* v. 13.12.2006 (BGBl. I 2006 S. 2892)

§ 4 Hebeberechtigte Gemeinde

(1) ¹Die stehenden Gewerbebetriebe unterliegen der Gewerbesteuer in der Gemeinde, in der eine Betriebsstätte zur Ausübung des stehenden Gewerbes unterhalten wird. ²Befinden sich Betriebsstätten desselben Gewerbebetriebs in mehreren Gemeinden, oder erstreckt sich eine Betriebsstätte über mehrere Gemeinden, so wird die Gewerbesteuer in jeder Gemeinde nach dem Teil des Steuermessbetrags erhoben, der auf sie entfällt.

(2) Für Betriebsstätten in gemeindefreien Gebieten bestimmt die Landesregierung durch Rechtsverordnung, wer die nach diesem Gesetz den Gemeinden zustehenden Befugnisse ausübt.

(3) ¹Für Betriebsstätten im nicht zur Bundesrepublik Deutschland gehörenden Teil eines grenzüberschreitenden Gewerbegebiets im Sinne des § 2 Abs. 7 Nr. 2 ist die Gemeinde hebeberechtigt, in der der zur Bundesrepublik Deutschland gehörende Teil des grenzüberschreitenden Gewerbegebiets liegt. ²Liegt der zur Bundesrepublik Deutschland gehörende Teil in mehreren Gemeinden, gilt Absatz 2 entsprechend.

Sec. 5 Tax debtor

(1) ¹The entrepreneur shall be the tax debtor. ²The person for whose account a trade or business is followed shall be deemed the entrepreneur. ³In the event that the activity of a partnership is trade or business, the company shall be the tax debtor. ⁴If the trade is followed in the legal form of a European economic interest grouping with registered office in the area covered by Council Regulation (EEC) 2137/85 of 25 July 1985 on the European Economic Interest Grouping (EEIG) (OJ EC L 199 p. 1), the members shall, in derogation from Sentence 3, be joint tax debtors.

(2) ¹In the event that a trade or business is in its entirety transferred to another entrepreneur (Sec. 2 (5)), the present entrepreneur shall until the date of transfer be the tax debtor. ²The other entrepreneur shall as from the date referred to in Sentence 1 be the tax debtor.

Sec. 6 Basis of taxation

The basis of taxation for trade tax shall be the income from trade or business.

Sec. 7 Income from trade or business (trade income)

¹Trade income shall be the profit from the trade or business to be determined in accordance with the provisions of the Income Tax Act or the Corporation Tax Act to be taken into account in the determination of income for the assessment period corresponding to the levying period (Sec. 14), increased and reduced by the amounts referred to in Secs. 8 and 9. ²Trade income shall also include any gain on the disposal or termination of

1. the business or an operating business unit of a co-entrepreneurship;
2. the interest of a partner to be considered as an entrepreneur (co-entrepreneur) of the business of a co-entrepreneurship;
3. the share of a general partner of a partnership limited by shares;

in so far as it does not relate to a natural person as a directly participating co-entrepreneur. ³The profit determined as per Sec. 5a Income Tax Act and the income determined as per Sec. 8 (1) Sentence 2 Corporation Tax Act shall be deemed trade income as per Sentence 1. ⁴Sec. 3 No. 40 and Sec. 3c (2) Income Tax Act are to be applied in the determination of the trade income of a co-entrepreneurship, provided that any natural persons are directly or, through one or more partnerships, indirectly participating in the co-entrepreneurship; in other respects, Sec. 8b Corporation Tax Act shall be applied.

Sec. 8 Add-backs

The following amounts shall be added back to the income from trade or business (Sec. 7), in so far as they have been deducted in the determination of the profit:

1. half of the payments with regard to debts which are economically related to the formation or acquisition of the business (operating business unit) or of a share in the business or an extension or improvement of the business, or which serve to strengthen the working capital not only temporarily;

[…]

5. the tax-free profit shares (dividends) as per Sec. 3 No. 40 Income Tax Act or Sec. 8b (1) Corporation Tax Act, as well as the earnings and payments subject to equal tax treatment received from shares in a corporate entity, association of persons or conglomeration of assets and liabilities within the meaning of the Corporation Tax Act, in so far as they do not meet the requirements of Sec. 9 No. 2a or 7, after deduction of the business expenses economically connected with such income, earnings and payments received in so far as

§ 5 Steuerschuldner

(1) [1]Steuerschuldner ist der Unternehmer. [2]Als Unternehmer gilt der, für dessen Rechnung das Gewerbe betrieben wird. [3]Ist die Tätigkeit einer Personengesellschaft Gewerbebetrieb, so ist Steuerschuldner die Gesellschaft. [4]Wird das Gewerbe in der Rechtsform einer Europäischen wirtschaftlichen Interessenvereinigung mit Sitz im Geltungsbereich der Verordnung (EWG) Nr. 2137/85 des Rates vom 25. Juli 1985 über die Schaffung einer Europäischen wirtschaftlichen Interessenvereinigung (EWIV) - ABl. Nr. L 199 S. 1 - betrieben, sind abweichend von Satz 3 die Mitglieder Gesamtschuldner.

(2) [1]Geht ein Gewerbebetrieb im Ganzen auf einen anderen Unternehmer über (§ 2 Abs. 5), so ist der bisherige Unternehmer bis zum Zeitpunkt des Übergangs Steuerschuldner. [2]Der andere Unternehmer ist von diesem Zeitpunkt an Steuerschuldner.

§ 6 Besteuerungsgrundlage

Besteuerungsgrundlage für die Gewerbesteuer ist der Gewerbeertrag.

§ 7 Gewerbeertrag

[1]Gewerbeertrag ist der nach den Vorschriften des Einkommensteuergesetzes oder des Körperschaftsteuergesetzes zu ermittelnde Gewinn aus dem Gewerbebetrieb, der bei der Ermittlung des Einkommens für den dem Erhebungszeitraum (§ 14) entsprechenden Veranlagungszeitraum zu berücksichtigen ist, vermehrt und vermindert um die in den §§ 8 und 9 bezeichneten Beträge. [2]Zum Gewerbeertrag gehört auch der Gewinn aus der Veräußerung oder Aufgabe

1. des Betriebs oder eines Teilbetriebs einer Mitunternehmerschaft,
2. des Anteils eines Gesellschafters, der als Unternehmer (Mitunternehmer) des Betriebs einer Mitunternehmerschaft anzusehen ist,
3. des Anteils eines persönlich haftenden Gesellschafters einer Kommanditgesellschaft auf Aktien,

soweit er nicht auf eine natürliche Person als unmittelbar beteiligter Mitunternehmer entfällt. [3]Der nach § 5a des Einkommensteuergesetzes ermittelte Gewinn und das nach § 8 Abs. 1 Satz 2 des Körperschaftsteuergesetzes ermittelte Einkommen gelten als Gewerbeertrag nach Satz 1. [4]§ 3 Nr. 40 und § 3c Abs. 2 des Einkommensteuergesetzes sind bei der Ermittlung des Gewerbeertrags einer Mitunternehmerschaft anzuwenden, soweit an der Mitunternehmerschaft natürliche Personen unmittelbar oder mittelbar über eine oder mehrere Personengesellschaften beteiligt sind; im Übrigen ist § 8b des Körperschaftsteuergesetzes anzuwenden.

§ 8 Hinzurechnungen

Dem Gewinn aus Gewerbebetrieb (§ 7) werden folgende Beträge wieder hinzugerechnet, soweit sie bei der Ermittlung des Gewinns abgesetzt worden sind:

1. die Hälfte der Entgelte für Schulden, die wirtschaftlich mit der Gründung oder dem Erwerb des Betriebs (Teilbetriebs) oder eines Anteils am Betrieb oder mit einer Erweiterung oder Verbesserung des Betriebs zusammenhängen oder der nicht nur vorübergehenden Verstärkung des Betriebskapitals dienen;

[...]

5. die nach § 3 Nr. 40 des Einkommensteuergesetzes oder § 8b Abs. 1 des Körperschaftsteuergesetzes außer Ansatz bleibenden Gewinnanteile (Dividenden) und die diesen gleichgestellten Bezüge und erhaltenen Leistungen aus Anteilen an einer Körperschaft, Personenvereinigung oder Vermögensmasse im Sinne des Körperschaftsteuergesetzes, soweit sie nicht die Voraussetzungen des § 9 Nr. 2a oder 7 erfüllen, nach Abzug der mit diesen Einnahmen, Bezügen und erhaltenen Leistungen in wirtschaftlichem Zusammen-

they are tax-free as per Sec. 3c (2) Income Tax Act and Sec. 8b (5) Corporation Tax Act. ²This shall not apply to any profit distributions coming within the scope of Sec. 3 No. 41 Lit. (a) Income Tax Act;

[…]

8. the shares in the loss of a domestic or foreign general commercial partnership, a limited partnership or another company whose partners are deemed to be entrepreneurs (co-entrepreneurs) of the trade or business;

[…]

10. profit reductions which have arisen from
    a) the assessment of the lower going-concern value of the share in a corporate entity or
    b) the disposal or withdrawal of the share in a corporate entity or upon the liquidation or reduction of the capital of the corporate entity,

    in so far as the application of the lower going-concern value or the other profit reduction is to be attributed to profit distributions of the corporate entity by which the trade income has to be reduced pursuant to Sec. 9 No. 2a, 7 or 8, or to the transfer of profits by the corporate entity due to an existing fiscal unity;

[…]

12. foreign taxes which are deducted in the determination of income pursuant to Sec. 34c Income Tax Act or pursuant to a provision declared as being *mutatis mutandis* applicable by Sec. 34c Income Tax Act, provided that they relate to profits or profit shares left out of account or reduced pursuant to Sec. 9 in the determination of the trade income.

Sec. 9 Reductions

The aggregate of the profit and the add-backs shall be reduced by

[…]

2. the shares in the profit of a domestic or foreign general commercial partnership, a limited partnership or any other company whose partners have to be considered as entrepreneurs (co-entrepreneurs) of the trade or business if the profit shares have been accounted for in profit determination. ²Sentence 1 shall not apply to life and health insurance companies; the same shall *mutatis mutandis* apply to pension funds;

2a. the profits from shares in a domestic corporation within the meaning of Sec. 2 (2) not exempt from tax, a credit institution under public law, a commercial cooperative or an equity investment company within the meaning of Sec. 3 No. 23 if the holding amounts to at least one-tenth of the share capital at the beginning of the levying period and the profit shares have been accounted for in profit determination (Sec. 7). ²In case there is no share capital the share in the assets and liabilities, with commercial cooperatives the share in the aggregate of the cooperative shares, shall be relevant. ³Any expenses directly connected with profit shares shall reduce the reduction amount, provided that appropriate income from investments is to be considered; Sec. 8 No. 1 shall in so far not apply. ⁴Non-deductible business expenses as per Sec. 8b (5) Corporation Tax Act shall not be deemed profits from shares within the meaning of Sentence 1. ⁵With life and health insurance companies Sentence 1 shall not apply to profits from shares to be attributed to capital investments; the same shall *mutatis mutandis* apply to pension funds;

hang stehenden Betriebsausgaben, soweit sie nach § 3c Abs. 2 des Einkommensteuergesetzes und § 8b Abs. 5 des Körperschaftsteuergesetzes unberücksichtigt bleiben. ²Dies gilt nicht für Gewinnausschüttungen, die unter § 3 Nr. 41 Buchstabe a des Einkommensteuergesetzes fallen;

[…]

8. die Anteile am Verlust einer in- oder ausländischen offenen Handelsgesellschaft, einer Kommanditgesellschaft oder einer anderen Gesellschaft, bei der die Gesellschafter als Unternehmer (Mitunternehmer) des Gewerbebetriebs anzusehen sind;

[…]

10. Gewinnminderungen, die

    a) durch Ansatz des niedrigeren Teilwerts des Anteils an einer Körperschaft oder

    b) durch Veräußerung oder Entnahme des Anteils an einer Körperschaft oder bei Auflösung oder Herabsetzung des Kapitals der Körperschaft

entstanden sind, soweit der Ansatz des niedrigeren Teilwerts oder die sonstige Gewinnminderung auf Gewinnausschüttungen der Körperschaft, um die der Gewerbeertrag nach § 9 Nr. 2a, 7 oder 8 zu kürzen ist, oder organschaftliche Gewinnabführungen der Körperschaft zurückzuführen ist;

[…]

12. ausländische Steuern, die nach § 34c des Einkommensteuergesetzes oder nach einer Bestimmung, die § 34c des Einkommensteuergesetzes für entsprechend anwendbar erklärt, bei der Ermittlung der Einkünfte abgezogen werden, soweit sie auf Gewinne oder Gewinnanteile entfallen, die bei der Ermittlung des Gewerbeertrags außer Ansatz gelassen oder nach § 9 gekürzt werden.

§ 9 Kürzungen

Die Summe des Gewinns und der Hinzurechnungen wird gekürzt um

[…]

2. die Anteile am Gewinn einer in- oder ausländischen offenen Handelsgesellschaft, einer Kommanditgesellschaft oder einer anderen Gesellschaft, bei der die Gesellschafter als Unternehmer (Mitunternehmer) des Gewerbebetriebs anzusehen sind, wenn die Gewinnanteile bei Ermittlung des Gewinns angesetzt worden sind. ²Satz 1 ist bei Lebens- und Krankenversicherungsunternehmen nicht anzuwenden; für Pensionsfonds gilt Entsprechendes;

2a. die Gewinne aus Anteilen an einer nicht steuerbefreiten inländischen Kapitalgesellschaft im Sinne des § 2 Abs. 2, einer Kreditanstalt des öffentlichen Rechts, einer Erwerbs- und Wirtschaftsgenossenschaft oder einer Unternehmensbeteiligungsgesellschaft im Sinne des § 3 Nr. 23, wenn die Beteiligung zu Beginn des Erhebungszeitraums mindestens ein Zehntel des Grund- oder Stammkapitals beträgt und die Gewinnanteile bei Ermittlung des Gewinns (§ 7) angesetzt worden sind. ²Ist ein Grund- oder Stammkapital nicht vorhanden, so ist die Beteiligung an dem Vermögen, bei Erwerbs- und Wirtschaftsgenossenschaften die Beteiligung an der Summe der Geschäftsguthaben, maßgebend. ³Im unmittelbaren Zusammenhang mit Gewinnanteilen stehende Aufwendungen mindern den Kürzungsbetrag, soweit entsprechende Beteiligungserträge zu berücksichtigen sind; insoweit findet § 8 Nr. 1 keine Anwendung. ⁴Nach § 8b Abs. 5 des Körperschaftsteuergesetzes nicht abziehbare Betriebsausgaben sind keine Gewinne aus Anteilen im Sinne des Satzes 1. ⁵Satz 1 ist bei Lebens- und Krankenversicherungsunternehmen auf Gewinne aus Anteilen, die den Kapitalanlagen zuzurechnen sind, nicht anzuwenden; für Pensionsfonds gilt Entsprechendes;

[...]

7. the profits from shares in a corporation with its place of management and its registered office outside the scope of application of this Act, in whose share capital the business has since the beginning of the levying period continuously had at least a ten percent holding (subsidiary), and which company derives its gross earnings exclusively or almost exclusively from activities coming within the scope of Sec. 8 (1) No. 1 to 6 Foreign Transactions Tax Act and from investments in companies in whose nominal capital it has a direct holding of at least one quarter, provided that the holdings have been existing without interruption for at least twelve months before the closing date relevant to profit determination, and also provided that the business proves that

   1. these companies have their place of management and their registered office in the same state as the subsidiary and derive their gross earnings exclusively or almost exclusively from activities coming within the scope of Sec. 8 (1) No. 1 to 6 Foreign Transactions Tax Act, or
   2. the subsidiary is holding the shares in an economic connection with activities of its own coming within the scope of Sec. 1 No. 1 to 6 and the company in which a share is held derives its gross earnings exclusively or almost exclusively from such activities,

if the profit shares have been accounted for in the profit determination (Sec. 7); this shall also apply to profits from shares in a company meeting the requirements referred to in Annex 2 to the Income Tax Act of Article 2 of Council Directive 90/435/EEC of 23 July 1990 on the common system of taxation applicable in the case of parent companies and subsidiaries of different member states (OJ EC L 225 p. 6, L 266 p. 20, L 270 p. 27, 1991 L 23 p. 35, 1997 L 16 p. 98) as amended, which company has neither its place of management nor its registered office within the country, and in whose capital the business has since the beginning of the levying period without interruption been having a holding of at least ten per cent, in so far as such profit shares do not accrue because of a capital reduction or after the dissolution of the company. ²Sec. 9 No. 2a Sentence 3 shall apply *mutatis mutandis*. ³Sec. 9 No. 2a Sentence 4 shall apply *mutatis mutandis*. ⁴In the event that a business which has, through a subsidiary, an indirect holding of at least one-tenth in a corporation with its place of management and its registered office outside the scope of application of this Act (second-tier subsidiary), receives profits from shares in the subsidiary in any fiscal year and the second-tier subsidiary distributes profits to the subsidiary at any time in that fiscal year, the same shall at the request of the business apply to the portion of the profits achieved by the latter which corresponds to the profit distribution by the second-tier subsidiary accruing to the business by virtue of its indirect holding. ⁵In the event that the subsidiary has received other earnings in addition to the profit shares from a second-tier subsidiary in the fiscal year concerned, Sentence 4 shall only apply to the portion of the distribution by the subsidiary corresponding to the ratio of such profit shares to the aggregate of such profit shares and the other earnings, however, maximally to the amount of such profit shares. ⁶The application of Sentence 4 shall require

   1. the second-tier subsidiary to derive its gross earnings in the fiscal year with regard to which the distribution has been effected exclusively or almost exclusively from activities coming within the scope of Sec. 8 (1) No. 1 to 6 Foreign Transactions Tax Act or from any holdings coming within the scope of Sentence 1 No. 1, and
   2. the subsidiary to have a holding in the nominal capital of the second-tier subsidiary under the conditions of Sentence 1.

⁷The application of the above provisions shall require the business to provide all evidence, in particular to

[...]
7. die Gewinne aus Anteilen an einer Kapitalgesellschaft mit Geschäftsleitung und Sitz außerhalb des Geltungsbereichs dieses Gesetzes, an deren Nennkapital das Unternehmen seit Beginn des Erhebungszeitraums ununterbrochen mindestens zu einem Zehntel beteiligt ist (Tochtergesellschaft) und die ihre Bruttoerträge ausschließlich oder fast ausschließlich aus unter § 8 Abs. 1 Nr. 1 bis 6 des Außensteuergesetzes fallenden Tätigkeiten und aus Beteiligungen an Gesellschaften bezieht, an deren Nennkapital sie mindestens zu einem Viertel unmittelbar beteiligt ist, wenn die Beteiligungen ununterbrochen seit mindestens zwölf Monaten vor oder für die Ermittlung des Gewinns maßgebenden Abschlussstichtag bestehen und das Unternehmen nachweist, dass

1. diese Gesellschaften Geschäftsleitung und Sitz in demselben Staat wie die Tochtergesellschaft haben und ihre Bruttoerträge ausschließlich oder fast ausschließlich aus den unter § 8 Abs. 1 Nr. 1 bis 6 des Außensteuergesetzes fallenden Tätigkeiten beziehen oder

2. die Tochtergesellschaft die Beteiligungen in wirtschaftlichem Zusammenhang mit eigenen unter Absatz 1 Nr. 1 bis 6 fallenden Tätigkeiten hält und die Gesellschaft, an der die Beteiligung besteht, ihre Bruttoerträge ausschließlich oder fast ausschließlich aus solchen Tätigkeiten bezieht,

wenn die Gewinnanteile bei der Ermittlung des Gewinns (§ 7) angesetzt worden sind; das gilt auch für Gewinne aus Anteilen an einer Gesellschaft, die die in der Anlage 2 zum Einkommensteuergesetz genannten Voraussetzungen des Artikels 2 der Richtlinie Nr. 90/435/EWG des Rates vom 23. Juli 1990 über das gemeinsame Steuersystem der Mutter- und Tochtergesellschaften verschiedener Mitgliedstaaten (ABl. Nr. L 225 S. 6, Nr. L 266 S. 20, Nr. L 270 S. 27, 1991 Nr. L 23 S. 35, 1997 Nr. L 16 S. 98) in der jeweils geltenden Fassung erfüllt, weder Geschäftsleitung noch Sitz im Inland hat und an deren Kapital das Unternehmen seit Beginn des Erhebungszeitraums ununterbrochen mindestens zu einem Zehntel beteiligt ist, soweit diese Gewinnanteile nicht aufgrund einer Herabsetzung des Kapitals oder nach Auflösung der Gesellschaft anfallen. [2]§ 9 Nr. 2a Satz 3 gilt entsprechend. [3]§ 9 Nr. 2a Satz 4 gilt entsprechend. [4]Bezieht ein Unternehmen, das über eine Tochtergesellschaft mindestens zu einem Zehntel an einer Kapitalgesellschaft mit Geschäftsleitung und Sitz außerhalb des Geltungsbereichs dieses Gesetzes (Enkelgesellschaft) mittelbar beteiligt ist, in einem Wirtschaftsjahr Gewinne aus Anteilen an der Tochtergesellschaft und schüttet die Enkelgesellschaft zu einem Zeitpunkt, der in dieses Wirtschaftsjahr fällt, Gewinne an die Tochtergesellschaft aus, so gilt auf Antrag des Unternehmens das Gleiche für den Teil der von ihm bezogenen Gewinne, der der nach seiner mittelbaren Beteiligung auf das Unternehmen entfallenden Gewinnausschüttung der Enkelgesellschaft entspricht. [5]Hat die Tochtergesellschaft in dem betreffenden Wirtschaftsjahr neben den Gewinnanteilen einer Enkelgesellschaft noch andere Erträge bezogen, so findet Satz 4 nur Anwendung für den Teil der Ausschüttung der Tochtergesellschaft, der dem Verhältnis dieser Gewinnanteile zu der Summe dieser Gewinnanteile und der übrigen Erträge entspricht, höchstens aber in Höhe des Betrags dieser Gewinnanteile. [6]Die Anwendung des Satzes 4 setzt voraus, dass

1. die Enkelgesellschaft in dem Wirtschaftsjahr, für das sie die Ausschüttung vorgenommen hat, ihre Bruttoerträge ausschließlich oder fast ausschließlich aus unter § 8 Abs. 1 Nr. 1 bis 6 des Außensteuergesetzes fallenden Tätigkeiten oder aus unter Satz 1 Nr. 1 fallenden Beteiligungen bezieht und

2. die Tochtergesellschaft unter den Voraussetzungen des Satzes 1 am Nennkapital der Enkelgesellschaft beteiligt ist.

[7]Die Anwendung der vorstehenden Vorschriften setzt voraus, dass das Unternehmen alle Nachweise erbringt, insbesondere

1. prove, by submitting appropriate documents, that the subsidiary derives its gross earnings exclusively or almost exclusively from activities coming within the scope of Sec. 8 (1) No. 1 to 6 Foreign Transactions Tax Act or from holdings coming within the scope of Sentence 1 No. 1 and 2;
2. prove, by submitting appropriate documents, that the second-tier subsidiary derives its gross earnings exclusively or almost exclusively from activities coming within the scope of Sec. 8 (1) No. 1 to 6 Foreign Transactions Tax Act or from holdings coming within the scope of Sentence 1 No. 1;
3. prove the distributable profit of the subsidiary or second-tier subsidiary by submitting balance sheets and profit and loss accounts; such documents have on request to be presented with the certificate of audit by an officially recognised auditing agency or a comparable corporate entity mandatory or customary in the state where the place of management or the registered office is located.

[8]With life and health insurance companies, Sentences 1 to 7 shall not apply to profits from shares to be attributed to capital investments; the same shall *mutatis mutandis* apply to pension funds;

8. the profits from shares in a foreign company exempt from trade tax pursuant to a double taxation treaty on condition of a minimum holding, irrespective of the minimum holding agreed by contract, if the holding is at least ten per cent and the profit shares have been accounted for in profit determination (Sec. 7). [2]Sec. 9 No. 2a Sentence 3 shall apply *mutatis mutandis*. [3]Sec. 9 No. 2a Sentence 4 shall apply *mutatis mutandis*. [4]With life and health insurance companies, Sentence 1 shall not apply to profits from shares to be attributed to capital investments; the same shall *mutatis mutandis* apply to pension funds.

Sec. 10 Relevant trade income

(1) The trade income derived in the levying period for which the base value for trade tax purposes (Sec. 14) is assessed shall be relevant.

(2) In the event that the fiscal year with regard to which businesses obligated to keep books and records in compliance with the provisions of the German Commercial Code prepare their regular accounts differs from the calendar year, the trade income shall be deemed to be derived in the levying period in which the fiscal year ends.

Sec. 10a Trading loss

[1]The relevant trade income shall up to an amount of Euro 1 million be reduced by losses resulting from the determination of the relevant trade income for the preceding levying periods pursuant to the provisions of Secs. 7 to 10, in so far as the losses have not been accounted for in the trade income determination for the preceding levying periods. [2]Any relevant trade income exceeding Euro 1 million is up to 60 per cent to be reduced by any losses for the preceding levying periods not considered as per Sentence 1. [3]In the case of Sec. 2 (2) Sentence 2, the controlled company may not reduce the relevant trade income by any losses accruing before the legally effective conclusion of the profit and loss transfer agreement. [4]In the case of a co-entrepreneurship, the total deficit resulting for that co-entrepreneurship shall be allocated to the co-entrepreneurs in accordance with the general profit distribution ratio following from the articles of partnership; any advance profit shares are not to be taken into account. [5]As regards the deduction of losses to be attributed to the co-entrepreneurs in accordance with Sentences 1 and 2, the total relevant trade income resulting for the co-entrepreneurship as well as the maximum amount as per Sentence 1 are to be allocated to the co-entrepreneurs in conformance with the general profit distribution ratio resulting from the articles of partnership for the year of deduction; any advance profit shares are not to be taken into account. [6]The amount

1. durch Vorlage sachdienlicher Unterlagen nachweist, dass die Tochtergesellschaft ihre Bruttoerträge ausschließlich oder fast ausschließlich aus unter § 8 Abs. 1 Nr. 1 bis 6 des Außensteuergesetzes fallenden Tätigkeiten oder aus unter Satz 1 Nr. 1 und 2 fallenden Beteiligungen bezieht,
2. durch Vorlage sachdienlicher Unterlagen nachweist, dass die Enkelgesellschaft ihre Bruttoerträge ausschließlich oder fast ausschließlich aus unter § 8 Abs. 1 Nr. 1 bis 6 des Außensteuergesetzes fallenden Tätigkeiten oder aus unter Satz 1 Nr. 1 fallenden Beteiligungen bezieht,
3. den ausschüttbaren Gewinn der Tochtergesellschaft oder Enkelgesellschaft durch Vorlage von Bilanzen und Erfolgsrechnungen nachweist; auf Verlangen sind diese Unterlagen mit dem im Staat der Geschäftsleitung oder des Sitzes vorgeschriebenen oder üblichen Prüfungsvermerk einer behördlich anerkannten Wirtschaftsprüfungsstelle oder einer vergleichbaren Stelle vorzulegen.

[8]Die Sätze 1 bis 7 sind bei Lebens- und Krankenversicherungsunternehmen auf Gewinne aus Anteilen, die den Kapitalanlagen zuzurechnen sind, nicht anzuwenden; für Pensionsfonds gilt Entsprechendes.

8. die Gewinne aus Anteilen an einer ausländischen Gesellschaft, die nach einem Abkommen zur Vermeidung der Doppelbesteuerung unter der Voraussetzung einer Mindestbeteiligung von der Gewerbesteuer befreit sind, ungeachtet der im Abkommen vereinbarten Mindestbeteiligung, wenn die Beteiligung mindestens ein Zehntel beträgt und die Gewinnanteile bei der Ermittlung des Gewinns (§ 7) angesetzt worden sind. [2]§ 9 Nr. 2a Satz 3 gilt entsprechend. [3]§ 9 Nr. 2a Satz 4 gilt entsprechend. [4]Satz 1 ist bei Lebens- und Krankenversicherungsunternehmen auf Gewinne aus Anteilen, die den Kapitalanlagen zuzurechnen sind, nicht anzuwenden; für Pensionsfonds gilt Entsprechendes.

§ 10 Maßgebender Gewerbeertrag

(1) Maßgebend ist der Gewerbeertrag, der in dem Erhebungszeitraum bezogen worden ist, für den der Steuermessbetrag (§ 14) festgesetzt wird.

(2) Weicht bei Unternehmen, die Bücher nach den Vorschriften des Handelsgesetzbuchs zu führen verpflichtet sind, das Wirtschaftsjahr, für das sie regelmäßig Abschlüsse machen, vom Kalenderjahr ab, so gilt der Gewerbeertrag als in dem Erhebungszeitraum bezogen, in dem das Wirtschaftsjahr endet.

§ 10a Gewerbeverlust

[1]Der maßgebende Gewerbeertrag wird bis zu einem Betrag in Höhe von 1 Million Euro um die Fehlbeträge gekürzt, die sich bei der Ermittlung des maßgebenden Gewerbeertrags für die vorangegangenen Erhebungszeiträume nach den Vorschriften der §§ 7 bis 10 ergeben haben, soweit die Fehlbeträge nicht bei der Ermittlung des maßgebenden Gewerbeertrags für die vorangegangenen Erhebungszeiträume berücksichtigt worden sind. [2]Der 1 Million Euro übersteigende maßgebende Gewerbeertrag ist bis zu 60 Prozent um nach Satz 1 nicht berücksichtigte Fehlbeträge der vorangegangenen Erhebungszeiträume zu kürzen. [3]Im Fall des § 2 Abs. 2 Satz 2 kann die Organgesellschaft den maßgebenden Gewerbeertrag nicht um Fehlbeträge kürzen, die sich vor dem rechtswirksamen Abschluss des Gewinnabführungsvertrags ergeben haben. [4]Bei einer Mitunternehmerschaft ist der sich für die Mitunternehmerschaft insgesamt ergebende Fehlbetrag den Mitunternehmern entsprechend dem sich aus dem Gesellschaftsvertrag ergebenden allgemeinen Gewinnverteilungsschlüssel zuzurechnen; Vorabgewinnanteile sind nicht zu berücksichtigen. [5]Für den Abzug der den Mitunternehmern zugerechneten Fehlbeträge nach Maßgabe der Sätze 1 und 2 ist der sich für die Mitunternehmerschaft insgesamt ergebende maßgebende Gewerbeertrag sowie der Höchstbetrag nach Satz 1 den Mitunternehmern entsprechend dem sich aus dem Gesellschaftsvertrag für das Abzugsjahr erge-

of losses capable of being carried forward is to be determined separately. [7]In the case of Sec. 2 (5), the other entrepreneur may not reduce the relevant trade income by losses resulting from the determination of the relevant trade income of the transferred business. [8]Sec. 8 (4) Corporation Tax Act shall *mutatis mutandis* apply to the losses.

Sec. 11 Basic federal rate and base value for trade tax purposes

(1) [1]The computation of trade tax has to be based on a base value for trade tax purposes. [2]The base value for trade tax purposes is to be determined by applying a percentage (basic federal rate) to trade income. [3]The trade income must be rounded down to full Euro 100 and reduced

1. by an allowance of Euro 24,500 for natural persons and partnerships;

2. by an allowance of Euro 3,900 for businesses within the meaning of Sec. 2 (3) and Sec. 3 No. 5, 6, 8, 9, 15, 17, 21, 26, 27, 28 and 29, as well as for businesses of legal persons under public law,

however, maximally by the round amount of the trade income.

(2) The basic federal rate for trade income shall be

1. with trades or businesses run by natural persons or partnerships

   for the first Euro 12,000 1 per cent,
   for the next Euro 12,000 2 per cent,
   for the next Euro 12,000 3 per cent,
   for the next Euro 12,000 4 per cent,
   for any further amounts 5 per cent,

2. with other trades and businesses 5 per cent.

(3) [1]The basic federal rates shall be reduced to 56 per cent with home workers and any persons with equal tax status pursuant to Sec. 1 (2) Lit. (b) and (d) Home Work Act in the adjusted version published in Federal Law Gazette III, No. 804-1, last amended by Article 4 of the Act of 13 July 1988 (Federal Law Gazette I p. 1034). [2]The same shall apply to any persons with equal tax status pursuant to Sec. 1 (2) Lit. (c) Home Work Act whose remuneration (Sec. 10 (1) Value Added Tax Act) from direct activities for the market in the levying period does not exceed Euro 25,000.

Sec. 14 Assessment of the base value for trade tax purposes

[1]The base value for trade tax purposes shall be assessed for the levying period after expiration of the latter. [2]The levying period shall be the calendar year. [3]In the event that trade tax liability should not exist during the whole calendar year, the period of tax liability (reduced levying period) shall be substituted for the calendar year.

Sec. 16 Municipal trade tax multiplier

(1) The tax shall be assessed and levied on the basis of the base value for trade tax purposes (Sec. 14) at a percentage (municipal trade tax multiplier) to be determined by the municipality entitled to levy municipal trade tax (Sec. 4, 35a).

(2) The municipal trade tax multiplier may be assessed for one calendar year or for several calendar years.

benden allgemeinen Gewinnverteilungsschlüssel zuzurechnen; Vorabgewinnanteile sind nicht zu berücksichtigen. [6]Die Höhe der vortragsfähigen Fehlbeträge ist gesondert festzustellen. [7]Im Fall des § 2 Abs. 5 kann der andere Unternehmer den maßgebenden Gewerbeertrag nicht um die Fehlbeträge kürzen, die sich bei der Ermittlung des maßgebenden Gewerbeertrags des übergegangenen Unternehmens ergeben haben. [8]Auf die Fehlbeträge ist § 8 Abs. 4 des Körperschaftsteuergesetzes entsprechend anzuwenden.

§ 11 Steuermesszahl und Steuermessbetrag

(1) [1]Bei der Berechnung der Gewerbesteuer ist von einem Steuermessbetrag auszugehen. [2]Dieser ist durch Anwendung eines Hundertsatzes (Steuermesszahl) auf den Gewerbeertrag zu ermitteln. [3]Der Gewerbeertrag ist auf volle 100 Euro nach unten abzurunden und

1. bei natürlichen Personen sowie bei Personengesellschaften um einen Freibetrag in Höhe von 24.500 Euro,
2. bei Unternehmen im Sinne des § 2 Abs. 3 und des § 3 Nr. 5, 6, 8, 9, 15, 17, 21, 26, 27, 28 und 29 sowie bei Unternehmen von juristischen Personen des öffentlichen Rechts um einen Freibetrag in Höhe von 3.900 Euro,

höchstens jedoch in Höhe des abgerundeten Gewerbeertrags, zu kürzen.

(2) Die Steuermesszahl für den Gewerbeertrag beträgt

1. bei Gewerbebetrieben, die von natürlichen Personen oder von Personengesellschaften betrieben werden,

    für die ersten 12.000 Euro 1 Prozent,

    für die weiteren 12.000 Euro 2 Prozent,

    für die weiteren 12.000 Euro 3 Prozent,

    für die weiteren 12.000 Euro 4 Prozent,

    für alle weiteren Beträge 5 Prozent,

2. bei anderen Gewerbebetrieben 5 Prozent.

(3) [1]Die Steuermesszahlen ermäßigen sich auf 56 Prozent bei Hausgewerbetreibenden und ihnen nach § 1 Abs. 2 Buchstabe b und d des Heimarbeitsgesetzes in der im Bundesgesetzblatt Teil III, Gliederungsnummer 804-1, veröffentlichten bereinigten Fassung, zuletzt geändert durch Artikel 4 des Gesetzes vom 13. Juli 1988 (BGBl. I S. 1034), gleichgestellten Personen. [2]Das Gleiche gilt für die nach § 1 Abs. 2 Buchstabe c des Heimarbeitsgesetzes gleichgestellten Personen, deren Entgelte (§ 10 Abs. 1 des Umsatzsteuergesetzes) aus der Tätigkeit unmittelbar für den Absatzmarkt im Erhebungszeitraum 25.000 Euro nicht übersteigen.

§ 14 Festsetzung des Steuermessbetrags

[1]Der Steuermessbetrag wird für den Erhebungszeitraum nach dessen Ablauf festgesetzt. [2]Erhebungszeitraum ist das Kalenderjahr. [3]Besteht die Gewerbesteuerpflicht nicht während des ganzen Kalenderjahrs, so tritt an die Stelle des Kalenderjahrs der Zeitraum der Steuerpflicht (abgekürzter Erhebungszeitraum).

§ 16 Hebesatz

(1) Die Steuer wird aufgrund des Steuermessbetrags (§ 14) mit einem Prozentsatz (Hebesatz) festgesetzt und erhoben, der von der hebeberechtigten Gemeinde (§§ 4, 35a) zu bestimmen ist.

(2) Der Hebesatz kann für ein Kalenderjahr oder mehrere Kalenderjahre festgesetzt werden.

Relevant tax law provisions

(3) ¹The resolution on the assessment or amendment of the municipal trade tax multiplier has to be passed by 30 June of a calendar year with effect as from the beginning of that calendar year. ²The resolution on the assessment of the municipal trade tax multiplier may be passed after this date, provided that the municipal trade tax multiplier does not exceed the amount of the last assessment.

(4) ¹The municipal trade tax multiplier must be the same for all businesses existing in the municipality. ²It shall be 200 per cent if the municipality does not stipulate another municipal trade tax multiplier. ³In the event that the area pertaining to a municipality is changed, the government of the Land concerned or an authority charged by it may for a defined time admit different municipal trade tax multipliers for those parts of the area affected by the change.

(5) The governments of the Lands reserve the right to determine the ratio of the municipal trade tax multipliers for land tax with regard to agricultural and forestry operations to land tax with regard to real estate and for trade tax, as well as which maximum amounts must not be exceeded and in how far exceptions may be allowed by permission of the local government supervisory authority.

Sec. 18 Accrual of the tax

In so far as no advance payments (Sec. 21) are concerned, trade tax shall accrue upon expiration of the levying period for which the assessment is made.

4. German Reorganisation Tax Act

in the version of the announcement of 07/12/2006 (Federal Law Gazette I p. 2791)

Contents

Part 1. General Provisions

Scope of application and definitions .... Sec. 1
Retroactivity for tax purposes. .... Sec. 2

Part 2. Transfer of assets and liabilities in the case of merger to a partnership or a natural person and change of the legal form of a corporation to a partnership

Tax basis of the closing tax balance sheet of the transferring corporate entity .... Sec. 3
Effects on the profit of the receiving legal entity. .... Sec. 4
Taxation of the shareholders of the transferring corporate entity. .... Sec. 5
Profit increase through the consolidation of accounts receivable and payable .... Sec. 6
Taxation of disclosed reserves .... Sec. 7
Transfer of assets and liabilities to a legal entity with no business assets and liabilities Sec. 8
Change of legal form to a partnership .... Sec. 9
Corporation tax increase .... Sec. 10

Part 3. Merger or transfer of assets and liabilities (complete transfer) to another corporate entity

Tax basis in the closing tax balance sheet of the transferring corporate entity .... Sec. 11
Effects on the profit of the receiving corporate entity. .... Sec. 12
Taxation of the shareholders of the transferring corporate entity. .... Sec. 13
(cancelled) .... Sec. 14

(3) ¹Der Beschluss über die Festsetzung oder Änderung des Hebesatzes ist bis zum 30. Juni eines Kalenderjahrs mit Wirkung vom Beginn dieses Kalenderjahrs zu fassen. ²Nach diesem Zeitpunkt kann der Beschluss über die Festsetzung des Hebesatzes gefasst werden, wenn der Hebesatz die Höhe der letzten Festsetzung nicht überschreitet.

(4) ¹Der Hebesatz muss für alle in der Gemeinde vorhandenen Unternehmen der gleiche sein. ²Er beträgt 200 Prozent, wenn die Gemeinde nicht einen höheren Hebesatz bestimmt hat. ³Wird das Gebiet von Gemeinden geändert, so kann die Landesregierung oder die von ihr bestimmte Stelle für die von der Änderung betroffenen Gebietsteile auf eine bestimmte Zeit verschiedene Hebesätze zulassen.

(5) In welchem Verhältnis die Hebesätze für die Grundsteuer der Betriebe der Land- und Forstwirtschaft, für die Grundsteuer der Grundstücke und für die Gewerbesteuer zueinander stehen müssen, welche Höchstsätze nicht überschritten werden dürfen und inwieweit mit Genehmigung der Gemeindeaufsichtsbehörde Ausnahmen zugelassen werden können, bleibt einer landesrechtlichen Regelung vorbehalten.

§ 18 Entstehung der Steuer

Die Gewerbesteuer entsteht, soweit es sich nicht um Vorauszahlungen (§ 21) handelt, mit Ablauf des Erhebungszeitraums, für den die Festsetzung vorgenommen wird.

4. Umwandlungssteuergesetz (UmwStG)
in der Fassung der Bekanntmachung v. 07.12.2006 (BGBl. I 2006 S. 2791)

Inhaltsübersicht
Erster Teil. Allgemeine Vorschriften
Anwendungsbereich und Begriffsbestimmungen .... § 1
Steuerliche Rückwirkung .... § 2
Zweiter Teil. Vermögensübergang bei Verschmelzung auf eine Personengesellschaft oder auf eine natürliche Person und Formwechsel einer Kapitalgesellschaft in eine Personengesellschaft
Wertansätze in der steuerlichen Schlussbilanz der übertragenden Körperschaft .... § 3
Auswirkungen auf den Gewinn des übernehmenden Rechtsträgers .... § 4
Besteuerung der Anteilseigner der übertragenden Körperschaft .... § 5
Gewinnerhöhung durch Vereinigung von Forderungen und Verbindlichkeiten .... § 6
Besteuerung offener Rücklagen .... § 7
Vermögensübergang auf einen Rechtsträger ohne Betriebsvermögen .... § 8
Formwechsel in eine Personengesellschaft .... § 9
Körperschaftsteuererhöhung .... § 10
Dritter Teil. Verschmelzung oder Vermögensübertragung (Vollübertragung) auf eine andere Körperschaft
Wertansätze in der steuerlichen Schlussbilanz der übertragenden Körperschaft .... § 11
Auswirkungen auf den Gewinn der übernehmenden Körperschaft .... § 12
Besteuerung der Anteilseigner der übertragenden Körperschaft .... § 13
(weggefallen) .... § 14

Relevant tax law provisions

Part 4. Division, partial division and transfer of assets and liabilities (partial transfer)

Division, partial division and partial transfer of assets and liabilities to other corporate entities .... Sec. 15

Division or partial division to a partnership................................. Sec. 16

Part 5. Trade tax

(cancelled) .... Sec. 17

Trade tax in the case of transfer of assets and liabilities to a partnership or to a natural person as well as in the case of change of legal form to a partnership .... Sec. 18

Trade tax in the case of transfer of assets and liabilities to another corporate entity .. Sec. 19

Part 6. Transfer of operating business units to a corporation or a cooperative society and exchange of shares

Transfer of operating business units to a corporation or a cooperative society........ Sec. 20

Valuation of shares in the case of exchange of shares .... Sec. 21

Taxation of the shareholder.. Sec. 22

Effects with the receiving company... Sec. 23

Part 7. Transfer of a business, an operating business unit or an interest of a co-entrepreneur to a partnership

Transfer of business assets and liabilities to a partnership .... Sec. 24

Part 8. Change of the legal form of a partnership to a corporation or a cooperative society

Appropriate application of Part 6 .... Sec. 25

Part 9. Prevention of tax abuse

(cancelled) .... Sec. 26

Part 10. Entry into force, transitional provision, and authorisation

Entry into force .... Sec. 27

Publication authorisation .... Sec. 28

Part 1.
General Provisions

Sec. 1 Scope of application and definitions

(1) ¹Parts 2 to 5 shall apply only to

1. mergers, divisions and partial divisions within the meaning of Secs. 2, 123 (1) and (2) German Reorganisation Act of corporate entities or comparable foreign transactions as well as within the meaning of Article 17 of Regulation (EC) 2157/2001 and Article 19 of Regulation (EC) 1435/2003;

2. the change of legal form of a corporation to a partnership within the meaning of Sec. 190 (1) German Reorganisation Act or comparable foreign transactions;

3. transformations within the meaning of Sec. 1 (2) German Reorganisation Act, in so far as they correspond to transformations within the meaning of Sec. 1 (1) German Reorganisation Act, as well as

4. the transfer of assets and liabilities within the meaning of Sec. 174 German Reorganisation Act of 28 October 1994 (Federal Law Gazette I p. 3210, 1995

Wichtige steuerrechtliche Gesetzesvorschriften

Vierter Teil. Aufspaltung, Abspaltung und Vermögensübertragung (Teilübertragung)

Aufspaltung, Abspaltung und Teilübertragung auf andere Körperschaften .... § 15

Aufspaltung oder Abspaltung auf eine Personengesellschaft .... § 16

Fünfter Teil. Gewerbesteuer

(weggefallen) .... § 17

Gewerbesteuer bei Vermögensübergang auf eine Personengesellschaft oder auf eine natürliche Person sowie bei Formwechsel in eine Personengesellschaft. .... § 18

Gewerbesteuer bei Vermögensübergang auf eine andere Körperschaft .... § 19

Sechster Teil. Einbringung von Unternehmensteilen in eine Kapitalgesellschaft oder Genossenschaft und Anteilstausch

Einbringung von Unternehmensteilen in eine Kapitalgesellschaft oder Genossenschaft . § 20

Bewertung der Anteile beim Anteilstausch .... § 21

Besteuerung des Anteilseigners .... § 22

Auswirkungen bei der übernehmenden Gesellschaft .... § 23

Siebter Teil. Einbringung eines Betriebs, Teilbetriebs oder Mitunternehmeranteils in eine Personengesellschaft

Einbringung von Betriebsvermögen in eine Personengesellschaft .... § 24

Achter Teil. Formwechsel einer Personengesellschaft in eine Kapitalgesellschaft oder Genossenschaft

Entsprechende Anwendung des Sechsten Teils. .... § 25

Neunter Teil. Verhinderung von Missbräuchen

(weggefallen) .... § 26

Zehnter Teil. Anwendungsvorschriften und Ermächtigung

Anwendungsvorschriften .... § 27

Bekanntmachungserlaubnis .... § 28

Erster Teil.
Allgemeine Vorschriften

§ 1 Anwendungsbereich und Begriffsbestimmungen

(1) ¹Der Zweite bis Fünfte Teil gilt nur für

1. die Verschmelzung, Aufspaltung und Abspaltung im Sinne der §§ 2, 123 Abs. 1 und 2 des Umwandlungsgesetzes von Körperschaften oder vergleichbare ausländische Vorgänge sowie des Artikels 17 der Verordnung (EG) 2157/2001 und des Artikels 19 der Verordnung (EG) 1435/2003;

2. den Formwechsel einer Kapitalgesellschaft in eine Personengesellschaft im Sinne des § 190 Abs. 1 des Umwandlungsgesetzes oder vergleichbare ausländische Vorgänge;

3. die Umwandlung im Sinne des § 1 Abs. 2 des Umwandlungsgesetzes, soweit sie einer Umwandlung im Sinne des § 1 Abs. 1 des Umwandlungsgesetzes entspricht sowie

4. die Vermögensübertragung im Sinne des § 174 des Umwandlungsgesetzes vom 28. Oktober 1994 (BGBl. I S. 3210, 1995 I S. 428), das zuletzt durch Artikel 10 des

p. 428), last modified by Article 10 of the Act of 9 December 2004 (Federal Law Gazette I p. 3214), as amended.
²These parts shall not apply to a spin-off by operation of law within the meaning of Sec. 123 (3) German Reorganisation Act.

(2) ¹Paragraph 1 shall apply only if
1. in the case of change of legal form, the legal entity changing its form and, with the other transformations, the transferring and the receiving legal entities are companies established in accordance with the legislation of a member state of the European Union or any state to which the EEA Agreement applies within the meaning of Article 48 of the Treaty on European Union or Article 34 of the EEA Agreement, whose registered office and place of management are located within the territory of any of these states, or

2. the transferring legal entity is a company within the meaning of No. 1 and the receiving legal entity is a natural person whose residence or habitual abode is located within the territory of any of the states within the meaning of No. 1 and which are not considered to be resident outside the territory of these states by virtue of a double taxation agreement with a third state.

²A European Company within the meaning of Regulation (EC) 2157/2001 and a European Cooperative Society within the meaning of Regulation (EC) 1435/2003 shall for the application of Sentence 1 be deemed to be a company established in accordance with the legislation of the state in whose territory the registered office of the company is located.

(3) Parts 6 to 8 shall apply only to
1. mergers, divisions and partial divisions within the meaning of Secs. 2 and 123 (1) and (2) German Reorganisation Act of commercial partnerships and professional partnership companies or comparable foreign transactions;
2. the spin-off by operation of law of parts of assets and liabilities within the meaning of Sec. 123 (3) German Reorganisation Act or comparable foreign transactions;
3. a change of the legal form of a partnership to a corporation or a cooperative society within the meaning of Sec. 190 (1) German Reorganisation Act or comparable foreign transactions;
4. the transfer of business assets and liabilities by singular succession to a corporation, a cooperative society or a partnership, as well as
5. the exchange of shares.

(4) ¹Paragraph 3 shall apply only if
1. the receiving legal entity is a company within the meaning of Paragraph 2 Sentence 1 No. 1, and
2. in the cases of Paragraph 3 No. 1 to 4
   a) in the case of change of legal form, the legal entity changing its form and, in the case of contribution by singular succession, the contributing legal entity or, in the case of any other transformation, the transferring legal entity is
      aa) a company within the meaning of Paragraph 2 Sentence 1 No. 1 and, if a partnership is concerned, in so far as any corporate entities, associations of persons, conglomerations of assets and liabilities or natural persons meeting the requirements within the meaning of Paragraph 2 Sentence 1 No. 1 and 2

Gesetzes vom 9. Dezember 2004 (BGBl. I S. 3214) geändert worden ist, in der jeweils geltenden Fassung.
²Diese Teile gelten nicht für die Ausgliederung im Sinne des § 123 Abs. 3 des Umwandlungsgesetzes.

(2) ¹Absatz 1 findet nur Anwendung, wenn

1. beim Formwechsel der umwandelnde Rechtsträger oder bei den anderen Umwandlungen die übertragenden und die übernehmenden Rechtsträger nach den Rechtsvorschriften eines Mitgliedstaats der Europäischen Union oder eines Staates, auf den das Abkommen über den Europäischen Wirtschaftsraum Anwendung findet, gegründete Gesellschaften im Sinne des Artikels 48 des Vertrags zur Gründung der Europäischen Gemeinschaft oder des Artikels 34 des Abkommens über den Europäischen Wirtschaftsraum sind, deren Sitz und Ort der Geschäftsleitung sich innerhalb des Hoheitsgebiets eines dieser Staaten befinden oder

2. übertragender Rechtsträger eine Gesellschaft im Sinne der Nummer 1 und übernehmender Rechtsträger eine natürliche Person ist, deren Wohnsitz oder gewöhnlicher Aufenthalt sich innerhalb des Hoheitsgebiets eines der Staaten im Sinne der Nummer 1 befindet und die nicht aufgrund eines Abkommens zur Vermeidung der Doppelbesteuerung mit einem dritten Staat als außerhalb des Hoheitsgebiets dieser Staaten ansässig angesehen wird.

²Eine Europäische Gesellschaft im Sinne der Verordnung (EG) Nr. 2157/2001 und eine Europäische Genossenschaft im Sinne der Verordnung (EG) Nr. 1435/2003 gelten für die Anwendung des Satzes 1 als eine nach den Rechtsvorschriften des Staates gegründete Gesellschaft, in dessen Hoheitsgebiet sich der Sitz der Gesellschaft befindet.

(3) Der Sechste bis Achte Teil gilt nur für

1. die Verschmelzung, Aufspaltung und Abspaltung im Sinne der §§ 2 und 123 Abs. 1 und 2 des Umwandlungsgesetzes von Personenhandelsgesellschaften und Partnerschaftsgesellschaften oder vergleichbare ausländische Vorgänge;

2. die Ausgliederung von Vermögensteilen im Sinne des § 123 Abs. 3 des Umwandlungsgesetzes oder vergleichbare ausländische Vorgänge;

3. den Formwechsel einer Personengesellschaft in eine Kapitalgesellschaft oder Genossenschaft im Sinne des § 190 Abs. 1 des Umwandlungsgesetzes oder vergleichbare ausländische Vorgänge;

4. die Einbringung von Betriebsvermögen durch Einzelrechtsnachfolge in eine Kapitalgesellschaft, eine Genossenschaft oder Personengesellschaft sowie

5. den Austausch von Anteilen.

(4) ¹Absatz 3 gilt nur, wenn

1. der übernehmende Rechtsträger eine Gesellschaft im Sinne von Absatz 2 Satz 1 Nr. 1 ist und

2. in den Fällen des Absatzes 3 Nr. 1 bis 4

a) beim Formwechsel der umwandelnde Rechtsträger, bei der Einbringung durch Einzelrechtsnachfolge der einbringende Rechtsträger oder bei den anderen Umwandlungen der übertragende Rechtsträger

aa) eine Gesellschaft im Sinne von Absatz 2 Satz 1 Nr. 1 ist und, wenn es sich um eine Personengesellschaft handelt, soweit an dieser Körperschaften, Personenvereinigungen, Vermögensmassen oder natürliche Personen unmittelbar oder mittelbar über eine oder mehrere Personengesellschaften be-

have a direct or, through one or more partnerships, indirect holding in that company, or
- bb) a natural person within the meaning of Paragraph 2 Sentence 1 No. 2, or
- b) the right of the Federal Republic of Germany to tax the gain on disposal of the received shares is not excluded or limited.

²Sentence 1 shall not apply to the transfer (contribution) of an enterprise, operating business unit or interest of a co-entrepreneur to a partnership as per Sec. 24.

(5) In the absence of any other provisions in this Act
1. *Directive 90/434/EEC*
   shall be Council Directive 90/434/EEC of 23 July 1990 on the common system of taxation applicable to mergers, divisions, transfers of assets and exchanges of shares concerning companies of different member states (OJ EC L 225 p. 1), last amended by Council Directive 2005/19/EC of 17 February 2005 (OJ EC L 58 p. 19) in the version applying at the respective effective transfer dates for tax purposes;

2. *Regulation (EC) 2157/2001*
   shall be Council Regulation (EC) 2157/2001 of 8 October 2001 on the Statute for a European Company (SE) (OJ EC L 294 p. 1), last amended by Council Regulation (EC) 885/2004 of 26 April 2004 (OJ EC L 168 p. 1) in the version applying at the respective effective transfer dates for tax purposes;

3. *Regulation (EC) 1435/2003*
   shall be Council Regulation (EC) 1435/2003 of 22 July 2003 on the Statute for a European Cooperative Society (SCE) (OJ EC L 207 p. 1) in the version applying at the respective effective transfer dates for tax purposes;

4. *Book value*
   shall be the value which ensues or would ensue from the tax regulations with regard to profit determination in a tax balance sheet to be prepared as of the effective transfer date for tax purposes.

Sec. 2 Retroactivity for tax purposes

(1) ¹The income and the assets and liabilities of the transferring corporate entity as well as of the receiving legal entity must be determined as if the assets and liabilities of the corporate entity had in whole or in part passed to the receiving legal entity upon expiration of the date of the balance sheet the transfer of the assets and liabilities is based on (effective date of transfer for tax purposes). ²The same shall apply to the determination of the bases of taxation with regard to trade tax.

(2) In the event that the receiving company is a partnership, Paragraph 1 Sentence 1 shall apply to the income and the assets and liabilities of the partners.

(3) Paragraphs 1 and 2 shall not apply in so far as income is withdrawn from taxation in another state by virtue of deviating regulations with regard to the retroaction of a transaction referred to in Sec. 1.

teiligt sind, die die Voraussetzungen im Sinne von Absatz 2 Satz 1 Nr. 1 und 2 erfüllen oder

bb) eine natürliche Person im Sinne von Absatz 2 Satz 1 Nr. 2 ist oder

b) das Recht der Bundesrepublik Deutschland hinsichtlich der Besteuerung des Gewinns aus der Veräußerung der erhaltenen Anteile nicht ausgeschlossen oder beschränkt ist.

²Satz 1 ist in den Fällen der Einbringung eines Betriebs, Teilbetriebs oder Mitunternehmeranteils in eine Personengesellschaft nach § 24 nicht anzuwenden.

(5) Soweit dieses Gesetz nichts anderes bestimmt, ist

1. *Richtlinie 90/434/EWG*

   die Richtlinie 90/434/EWG des Rates vom 23. Juli 1990 über das gemeinsame Steuersystem für Fusionen, Spaltungen, die Einbringung von Unternehmensanteilen und den Austausch von Anteilen, die Gesellschaften verschiedener Mitgliedstaaten betreffen (ABl. Nr. L 225 S. 1), zuletzt geändert durch die Richtlinie 2005/19/EG des Rates vom 17. Februar 2005 (ABl. Nr. L 58 S. 19) in der zum Zeitpunkt des steuerlichen Übertragungsstichtags jeweils geltenden Fassung;

2. *Verordnung (EG) Nr. 2157/2001*

   die Verordnung (EG) Nr. 2157/2001 des Rates vom 8. Oktober 2001 über das Statut der Europäischen Gesellschaft (SE) (ABl. Nr. L 294 S. 1), zuletzt geändert durch die Verordnung (EG) Nr. 885/2004 des Rates vom 26. April 2004 (ABl. Nr. L 168 S. 1) in der zum Zeitpunkt des steuerlichen Übertragungsstichtags jeweils geltenden Fassung;

3. *Verordnung (EG) Nr. 1435/2003*

   die Verordnung (EG) Nr. 1435/2003 des Rates vom 22. Juli 2003 über das Statut der Europäischen Genossenschaften (SCE) (ABl. Nr. L 207 S. 1) in der zum Zeitpunkt des steuerlichen Übertragungsstichtags jeweils geltenden Fassung;

4. *Buchwert*

   der Wert, der sich nach den steuerrechtlichen Vorschriften über die Gewinnermittlung in einer für den steuerlichen Übertragungsstichtag aufzustellenden Steuerbilanz ergibt oder ergäbe.

§ 2 Steuerliche Rückwirkung

(1) ¹Das Einkommen und das Vermögen der übertragenden Körperschaft sowie des übernehmenden Rechtsträgers sind so zu ermitteln, als ob das Vermögen der Körperschaft mit Ablauf des Stichtags der Bilanz, die dem Vermögensübergang zugrunde liegt (steuerlicher Übertragungsstichtag), ganz oder teilweise auf den übernehmenden Rechtsträger übergegangen wäre. ²Das Gleiche gilt für die Ermittlung der Bemessungsgrundlagen bei der Gewerbesteuer.

(2) Ist die Übernehmerin eine Personengesellschaft, gilt Absatz 1 Satz 1 für das Einkommen und das Vermögen der Gesellschafter.

(3) Die Absätze 1 und 2 sind nicht anzuwenden, soweit Einkünfte aufgrund abweichender Regelungen zur Rückbeziehung eines in § 1 Abs. 1 bezeichneten Vorgangs in einem anderen Staat der Besteuerung entzogen werden.

Relevant tax law provisions

Part 2.
Transfer of assets and liabilities in the case of merger to a partnership or a natural person and change of the legal form of a corporation to a partnership

Sec. 3 Tax basis of the closing tax balance sheet of the transferring corporate entity

(1) ¹In the case of merger to a partnership or a natural person, the assets transferred, including any assets not acquired for a consideration and self-developed intangible assets, are to be reported in the closing tax balance sheet of the transferring corporate entity at fair market value. ²Sec. 6a Income Tax Act shall apply to the valuation of provisions for pensions.

(2) ¹On request, the transferred assets may, in derogation from Paragraph 1, be uniformly reported at the book value or any higher value, however, maximally the value as per Paragraph 1, in so far as

  1. they will become business assets of the receiving partnership or natural person and it is assured that they will later be subject to income tax or corporation tax, and

  2. the right of the Federal Republic of Germany to tax the gain on disposal of the transferred assets with the partners of the receiving partnership or the natural person is not excluded or limited, and

  3. there is no consideration, or the consideration consists in participation rights.

  ²The application is to be filed at the latest by the first filing of the closing tax balance sheet with the tax office responsible for taxing the transferring corporate entity.

(3) ¹In the event that the member states of the European Union must apply Article 10 of Council Directive 90/434/EEC in the case of merger of a corporate entity subject to unlimited tax liability, the corporation tax levied on the transfer gain is, pursuant to Sec. 26 Corporation Tax Act, to be reduced by the amount of foreign tax which would have been charged pursuant to the legislation of another member state of the European Union if the transferred assets had been disposed of at fair market value. ²Sentence 1 shall apply only in so far as the transferred assets are to be attributed to a permanent establishment of the transferring corporate entity in another member state of the European Union and the Federal Republic of Germany does not avoid double taxation with the transferring corporate entity by way of exemption.

Sec. 4 Effects on the profit of the receiving legal entity

(1) ¹The receiving legal entity must take over the assets transferred to it at the value within the meaning of Sec. 3 recorded in the closing tax balance sheet of the transferring corporate entity. ²The shares in the transferring corporate entity have to be reported at book value with the receiving legal entity as of the effective transfer date for tax purposes, increased by any tax-effective depreciation performed in previous years as well as by deductions as per Sec. 6b Income Tax Act and similar deductions, maximally at fair market value. ³Any profit resulting from this shall be subject to the application of Sec. 8b (2) Sentences 4 and 5 Corporation Tax Act as well as of Sec. 3 No. 40 Sentence 1 Lit. (a) Sentences 2 and 3 Income Tax Act.

(2) ¹The receiving legal entity shall succeed to the tax status of the transferring corporate entity, in particular with regard to the valuation of the assets received, depreciation and

Zweiter Teil.
Vermögensübergang bei Verschmelzung auf eine Personengesellschaft oder auf eine natürliche Person und Formwechsel einer Kapitalgesellschaft in eine Personengesellschaft

§ 3 Wertansätze in der steuerlichen Schlussbilanz der übertragenden Körperschaft

(1) ¹Bei einer Verschmelzung auf eine Personengesellschaft oder natürliche Person sind die übergehenden Wirtschaftsgüter, einschließlich nicht entgeltlich erworbener und selbst geschaffener immaterieller Wirtschaftsgüter, in der steuerlichen Schlussbilanz der übertragenden Körperschaft mit dem gemeinen Wert anzusetzen. ²Für die Bewertung von Pensionsrückstellungen gilt § 6a des Einkommensteuergesetzes.

(2) ¹Auf Antrag können die übergehenden Wirtschaftsgüter abweichend von Absatz 1 einheitlich mit dem Buchwert oder einem höheren Wert, höchstens jedoch mit dem Wert nach Absatz 1, angesetzt werden, soweit

1. sie Betriebsvermögen der übernehmenden Personengesellschaft oder natürlichen Person werden und sichergestellt ist, dass sie später der Besteuerung mit Einkommensteuer oder Körperschaftsteuer unterliegen und

2. das Recht der Bundesrepublik Deutschland hinsichtlich der Besteuerung des Gewinns aus der Veräußerung der übertragenen Wirtschaftsgüter bei den Gesellschaftern der übernehmenden Personengesellschaft oder bei der natürlichen Person nicht ausgeschlossen oder beschränkt wird und

3. eine Gegenleistung nicht gewährt wird oder in Gesellschaftsrechten besteht.

²Der Antrag ist spätestens bis zur erstmaligen Abgabe der steuerlichen Schlussbilanz bei dem für die Besteuerung der übertragenden Körperschaft zuständigen Finanzamt zu stellen.

(3) ¹Haben die Mitgliedstaaten der Europäischen Union bei Verschmelzung einer unbeschränkt steuerpflichtigen Körperschaft Artikel 10 der Richtlinie 90/434/EWG anzuwenden, ist die Körperschaftsteuer auf den Übertragungsgewinn gemäß § 26 des Körperschaftsteuergesetzes um den Betrag ausländischer Steuer zu ermäßigen, der nach den Rechtsvorschriften eines anderen Mitgliedstaats der Europäischen Union erhoben worden wäre, wenn die übertragenen Wirtschaftgüter zum gemeinen Wert veräußert worden wären. ²Satz 1 gilt nur, soweit die übertragenen Wirtschaftsgüter einer Betriebsstätte der übertragenden Körperschaft in einem anderen Mitgliedstaat der Europäischen Union zuzurechnen sind und die Bundesrepublik Deutschland die Doppelbesteuerung bei der übertragenden Körperschaft nicht durch Freistellung vermeidet.

§ 4 Auswirkungen auf den Gewinn des übernehmenden Rechtsträgers

(1) ¹Der übernehmende Rechtsträger hat die auf ihn übergegangenen Wirtschaftsgüter mit dem in der steuerlichen Schlussbilanz der übertragenden Körperschaft enthaltenen Wert im Sinne des § 3 zu übernehmen. ²Die Anteile an der übertragenden Körperschaft sind bei dem übernehmenden Rechtsträger zum steuerlichen Übertragungsstichtag mit dem Buchwert, erhöht um Abschreibungen, die in früheren Jahren steuerwirksam vorgenommen worden sind, sowie um Abzüge nach § 6b des Einkommensteuergesetzes und ähnliche Abzüge, höchstens mit dem gemeinen Wert, anzusetzen. ³Auf einen sich daraus ergebenden Gewinn finden § 8b Abs. 2 Satz 4 und 5 des Körperschaftsteuergesetzes sowie § 3 Nr. 40 Satz 1 Buchstabe a Satz 2 und 3 des Einkommensteuergesetzes Anwendung.

(2) ¹Der übernehmende Rechtsträger tritt in die steuerliche Rechtsstellung der übertragenden Körperschaft ein, insbesondere bezüglich der Bewertung der übernommenen

the reserves reducing the profit for tax purposes. ²Any offsettable losses, remaining loss carryforwards or any negative income not compensated for by the transferring legal entity shall not pass. ³If the period of connection of an asset to the business assets and liabilities is relevant for purposes of taxation, the period of its connection to the business assets and liabilities of the transferring corporate entity shall count towards the receiving legal entity. ⁴If the transferring corporate entity is a relief fund, the current profit of the receiving legal entity shall in the fiscal year of the effective date of transfer increase by the contributions made by that corporate entity, its members or its legal predecessors to the relief fund pursuant to Sec. 4d Income Tax Act; Sec. 15 (1) Sentence 1 No. 2 Sentence 2 Income Tax Act shall apply *mutatis mutandis*. ⁵The book value of the shares in the relief fund shall increase by the amount of the contributions added as per Sentence 4.

(3) In the event that the transferred assets are reported at a value exceeding the book value in the closing tax balance sheet of the transferring corporate entity, depreciation with the receiving legal entity is in the cases of Sec. 7 (4) Sentence 1 and (5) Income Tax Act to be assessed in accordance with the previous basis of taxation and in all other cases by the book value, each time increased by the difference between the book value of the individual assets and the value stated by the corporate entity for the assets in its closing tax balance sheet.

(4) ¹The transfer of the assets and liabilities results in either a transfer profit or a transfer loss amounting to the difference between the value at which the transferred assets have to be taken over, net of the cost of the transfer of assets and liabilities and the value of the shares in the transferring corporate entity (Paragraphs 1 and 2, Sec. 5 (2) and (3)). ²In derogation from Sentence 1, the transferred assets of the transferring corporate entity are to be assessed at the value as per Sec. 3 (1) in the determination of the transfer profit or loss, in so far as the Federal Republic of Germany had no right to tax the capital gain from a disposal of the transferred assets. ³The value of the transferred assets shall be ignored in the determination of the transfer profit or loss in so far as it relates to shares in the transferring corporate entity not belonging to the business assets and liabilities of the receiving legal entity at the effective transfer date for tax purposes.

(5) ¹A transfer profit shall increase and a transfer loss decrease by any blocked amount within the meaning of Sec. 50c Income Tax Act, in so far as the shares in the transferring corporate entity belong to the business assets and liabilities of the receiving legal entity at the effective transfer date for tax purposes. ²A transfer profit shall decrease and a transfer loss increase by any earnings as per Sec. 7 belonging to income from capital investment within the meaning of Sec. 20 (1) No. 1 Income Tax Act.

(6) ¹A transfer loss shall be left out of account in so far as it relates to a corporate entity, association of persons or conglomeration of assets and liabilities as a co-entrepreneur of the partnership. ²Sentence 1 shall not apply to any shares in the transferring company meeting the requirements of Sec. 8b (7) or (8) Sentence 1 Corporation Tax Act. ³In the cases of Sentence 2, the transfer loss is to be taken into account up to the amount of the earnings within the meaning of Sec. 7. ⁴In any other cases, it has to be taken into account by half, maximally at the amount of half of the earnings within the meaning of Sec. 7; any remaining transfer loss shall not be taken into account. ⁵In derogation from Sentences 2 to 4, a transfer loss shall be left out of account, in so far as any capital loss on disposal of the shares in the transferring company would have to be left out of account pursuant to Sec. 17 (2) Sentence 5 Income Tax Act or in so far as the shares in the

Wirtschaftsgüter, der Absetzungen für Abnutzung und der den steuerlichen Gewinn mindernden Rücklagen. ²Verrechenbare Verluste, verbleibende Verlustvorträge oder vom übertragenden Rechtsträger nicht ausgeglichene negative Einkünfte gehen nicht über. ³Ist die Dauer der Zugehörigkeit eines Wirtschaftsguts zum Betriebsvermögen für die Besteuerung bedeutsam, so ist der Zeitraum seiner Zugehörigkeit zum Betriebsvermögen der übertragenden Körperschaft dem übernehmenden Rechtsträger anzurechnen. ⁴Ist die übertragende Körperschaft eine Unterstützungskasse, erhöht sich der laufende Gewinn des übernehmenden Rechtsträgers in dem Wirtschaftsjahr, in das der Umwandlungsstichtag fällt, um die von ihm, seinen Gesellschaftern oder seinen Rechtsvorgängern an die Unterstützungskasse geleisteten Zuwendungen nach § 4d des Einkommensteuergesetzes; § 15 Abs. 1 Satz 1 Nr. 2 Satz 2 des Einkommensteuergesetzes gilt sinngemäß. ⁵In Höhe der nach Satz 4 hinzugerechneten Zuwendungen erhöht sich der Buchwert der Anteile an der Unterstützungskasse.

(3) Sind die übergegangenen Wirtschaftsgüter in der steuerlichen Schlussbilanz der übertragenden Körperschaft mit einem über dem Buchwert liegenden Wert angesetzt, sind die Absetzungen für Abnutzung bei dem übernehmenden Rechtsträger in den Fällen des § 7 Abs. 4 Satz 1 und Abs. 5 des Einkommensteuergesetzes nach der bisherigen Bemessungsgrundlage, in allen anderen Fällen nach dem Buchwert, jeweils vermehrt um den Unterschiedsbetrag zwischen dem Buchwert der einzelnen Wirtschaftsgüter und dem Wert, mit dem die Körperschaft die Wirtschaftsgüter in der steuerlichen Schlussbilanz angesetzt hat, zu bemessen.

(4) ¹Infolge des Vermögensübergangs ergibt sich ein Übernahmegewinn oder Übernahmeverlust in Höhe des Unterschiedsbetrags zwischen dem Wert, mit dem die übergegangenen Wirtschaftsgüter zu übernehmen sind, abzüglich der Kosten für den Vermögensübergang und dem Wert der Anteile an der übertragenden Körperschaft (Absatz 1 und 2, § 5 Abs. 2 und 3). ²Für die Ermittlung des Übernahmegewinns oder Übernahmeverlusts sind abweichend von Satz 1 die übergegangenen Wirtschaftsgüter der übertragenden Körperschaft mit dem Wert nach § 3 Abs. 1 anzusetzen, soweit an ihnen kein Recht der Bundesrepublik Deutschland zur Besteuerung des Gewinns aus einer Veräußerung bestand. ³Bei der Ermittlung des Übernahmegewinns oder des Übernahmeverlustes bleibt der Wert der übergegangenen Wirtschaftsgüter außer Ansatz, soweit er auf Anteile an der übertragenden Körperschaft entfällt, die am steuerlichen Übertragungsstichtag nicht zum Betriebsvermögen des übernehmenden Rechtsträgers gehören.

(5) ¹Ein Übernahmegewinn erhöht sich und ein Übernahmeverlust verringert sich um einen Sperrbetrag im Sinne des § 50c des Einkommensteuergesetzes, soweit die Anteile an der übertragenden Körperschaft am steuerlichen Übertragungsstichtag zum Betriebsvermögen des übernehmenden Rechtsträgers gehören. ²Ein Übernahmegewinn vermindert sich oder ein Übernahmeverlust erhöht sich um die Bezüge, die nach § 7 zu den Einkünften aus Kapitalvermögen im Sinne des § 20 Abs. 1 Nr. 1 des Einkommensteuergesetzes gehören.

(6) ¹Ein Übernahmeverlust bleibt außer Ansatz, soweit er auf eine Körperschaft, Personenvereinigung oder Vermögensmasse als Mitunternehmerin der Personengesellschaft entfällt. ²Satz 1 gilt nicht für Anteile an der übertragenden Gesellschaft, die die Voraussetzungen des § 8b Abs. 7 oder des Abs. 8 Satz 1 des Körperschaftsteuergesetzes erfüllen. ³In den Fällen des Satzes 2 ist der Übernahmeverlust bis zur Höhe der Bezüge im Sinne des § 7 zu berücksichtigen. ⁴In den übrigen Fällen ist er zur Hälfte, höchstens in Höhe der Hälfte der Bezüge im Sinne des § 7 zu berücksichtigen; ein danach verbleibender Übernahmeverlust bleibt außer Ansatz. ⁵Ein Übernahmeverlust bleibt abweichend von Satz 2 bis 4 außer Ansatz, soweit bei Veräußerung der Anteile an der übertragenden Körperschaft ein Veräußerungsverlust nach § 17 Abs. 2 Satz 5 des Einkommensteuergesetzes nicht zu berücksichtigen wäre oder soweit die Anteile an der

transferring corporate entity have been acquired for a consideration within the last five years before the effective transfer date for tax purposes.

(7) ¹Provided that the transfer profit relates to a corporate entity, association of persons or conglomeration of assets and liabilities as a co-entrepreneur of the partnership, Sec. 8b Corporation Tax Act is to be applied. ²In the other cases, Sec. 3 No. 40 Sentences 1 and 2 as well as Sec. 3c Income Tax Act shall apply.

Sec. 5 Taxation of the shareholders of the transferring corporate entity

(1) In the event that the receiving legal entity has acquired any shares in the transferring corporate entity after the effective transfer date for tax purposes or makes a compensatory payment to a shareholder, its profit must be determined as if the shares had been acquired at this effective date.

(2) Any shares in the transferring corporate entity within the meaning of Sec. 17 Income Tax Act not belonging to the business assets and liabilities of a partner of the receiving partnership or a natural person at the effective transfer date for tax purposes shall for the purpose of profit determination be deemed contributed to the business assets and liabilities of the receiving legal entity at acquisition cost at this reporting date.

(3) ¹In the event that any shares in the transferring corporate entity belong to the business assets and liabilities of a shareholder at the effective transfer date for tax purposes, the profit is to be determined as if the shares had been transferred to the business assets and liabilities of the receiving legal entity at this reporting date at book value, increased by depreciation as well as deductions as per Sec. 6b Income Tax Act and similar tax-effective deductions made in previous years, maximally at fair market value. ²Sec. 4 (1) Sentence 3 shall apply *mutatis mutandis*.

Sec. 6 Profit increase through the consolidation of accounts receivable and liabilities

(1) ¹In the event that the profit of the receiving legal entity increases because of the fact that the transfer of assets and liabilities causes the extinction of accounts receivable and liabilities between the transferring corporate entity and the receiving legal entity or the release of any provisions, the receiving legal entity may in so far set up a reserve reducing the tax profit. ²The reserve is to be released with a profit-increasing effect by at least one third in each of the three fiscal years following its formation.

(2) ¹Paragraph 1 shall *mutatis mutandis* apply if the profit of a partner of the receiving legal entity increases because of the fact that any accounts receivable or liabilities of the transferring corporate entity pass to the receiving legal entity or a provision is to be released as a result of the transfer of assets and liabilities. ²Sentence 1 shall apply only to partners having a holding in the receiving legal entity at the date when the resolution authorising the transformation is entered in the public register.

(3) ¹The application of Paragraphs 1 and 2 shall cease to apply with retroactive effect if the receiving legal entity contributes the business transferred to it within five years from the effective transfer date for tax purposes to a corporation or disposes of or terminates the business without an important reason. ²Any tax assessment notices, notices fixing the basis of tax assessment, exemption notices or notices of income determination already issued have to be amended in so far as they are based on the application of Paragraphs 1 and 2.

übertragenden Körperschaft innerhalb der letzten fünf Jahre vor dem steuerlichen Übertragungsstichtag entgeltlich erworben wurden.

(7) ¹Soweit der Übernahmegewinn auf eine Körperschaft, Personenvereinigung oder Vermögensmasse als Mitunternehmerin der Personengesellschaft entfällt, ist § 8b des Körperschaftsteuergesetzes anzuwenden. ²In den übrigen Fällen ist § 3 Nr. 40 Satz 1 und 2 sowie § 3c des Einkommensteuergesetzes anzuwenden.

§ 5 Besteuerung der Anteilseigner der übertragenden Körperschaft

(1) Hat der übernehmende Rechtsträger Anteile an der übertragenden Körperschaft nach dem steuerlichen Übertragungsstichtag angeschafft oder findet er einen Anteilseigner ab, so ist sein Gewinn so zu ermitteln, als hätte er die Anteile an diesem Stichtag angeschafft.

(2) Anteile an der übertragenden Körperschaft im Sinne des § 17 des Einkommensteuergesetzes, die an dem steuerlichen Übertragungsstichtag nicht zu einem Betriebsvermögen eines Gesellschafters der übernehmenden Personengesellschaft oder einer natürlichen Person gehören, gelten für die Ermittlung des Gewinns als an diesem Stichtag in das Betriebsvermögen des übernehmenden Rechtsträgers mit den Anschaffungskosten eingelegt.

(3) ¹Gehören an dem steuerlichen Übertragungsstichtag Anteile an der übertragenden Körperschaft zum Betriebsvermögen eines Anteilseigners, ist der Gewinn so zu ermitteln, als seien die Anteile an diesem Stichtag zum Buchwert, erhöht um Abschreibungen sowie um Abzüge nach § 6b des Einkommensteuergesetzes und ähnliche Abzüge, die in früheren Jahren steuerwirksam vorgenommen worden sind, höchstens mit dem gemeinen Wert, in das Betriebsvermögen des übernehmenden Rechtsträgers überführt worden. ²§ 4 Abs. 1 Satz 3 gilt entsprechend.

§ 6 Gewinnerhöhung durch Vereinigung von Forderungen und Verbindlichkeiten

(1) ¹Erhöht sich der Gewinn des übernehmenden Rechtsträgers dadurch, dass der Vermögensübergang zum Erlöschen von Forderungen und Verbindlichkeiten zwischen der übertragenden Körperschaft und dem übernehmenden Rechtsträger oder zur Auflösung von Rückstellungen führt, so darf der übernehmende Rechtsträger insoweit eine den steuerlichen Gewinn mindernde Rücklage bilden. ²Die Rücklage ist in den auf ihre Bildung folgenden drei Wirtschaftsjahren mit mindestens je einem Drittel gewinnerhöhend aufzulösen.

(2) ¹Absatz 1 gilt entsprechend, wenn sich der Gewinn eines Gesellschafters des übernehmenden Rechtsträgers dadurch erhöht, dass eine Forderung oder Verbindlichkeit der übertragenden Körperschaft auf den übernehmenden Rechtsträger übergeht oder dass infolge des Vermögensübergangs eine Rückstellung aufzulösen ist. ²Satz 1 gilt nur für Gesellschafter, die im Zeitpunkt der Eintragung des Umwandlungsbeschlusses in das öffentliche Register an dem übernehmenden Rechtsträger beteiligt sind.

(3) ¹Die Anwendung der Absätze 1 und 2 entfällt rückwirkend, wenn der übernehmende Rechtsträger den auf ihn übergegangenen Betrieb innerhalb von fünf Jahren nach dem steuerlichen Übertragungsstichtag in eine Kapitalgesellschaft einbringt oder ohne triftigen Grund veräußert oder aufgibt. ²Bereits erteilte Steuerbescheide, Steuermessbescheide, Freistellungsbescheide oder Feststellungsbescheide sind zu ändern, soweit sie auf der Anwendung der Absätze 1 und 2 beruhen.

Sec. 7 Taxation of disclosed reserves

¹The portion of equity capital disclosed in the tax balance sheet, net of the balance of the contribution account for tax purposes within the meaning of Sec. 27 Corporation Tax Act resulting from the application of Sec. 29 (1) Corporation Tax Act, is to be attributed to the shareholder as income from capital investment within the meaning of Sec. 20 (1) No. 1 Income Tax Act at the ratio of the shares to the nominal capital of the transferring corporate entity. This shall apply irrespective of whether a transfer profit or a transfer loss as per Sec. 4 or Sec. 5 is determined.

Sec. 8 Transfer of assets and liabilities to a legal entity with no business assets and liabilities

(1) ¹In the event that the transferred assets and liabilities should not become business assets and liabilities of the receiving legal entity, the income accruing with the latter or the partners of the receiving legal entity as a result of the transfer of assets and liabilities has to be determined. ²Secs. 4, 5 and 7 shall apply *mutatis mutandis*.

(2) In the cases of Paragraph 1, Sec. 17 (3) and Sec. 22 No. 2 Income Tax Act shall not apply.

Sec. 9 Change of legal form to a partnership

¹In the event that a corporation changes it legal form to a partnership, Secs. 3 to 8 and 10 shall apply *mutatis mutandis*. ²The corporation must for tax purposes prepare a transfer balance sheet as of the date when the change of legal form takes effect, whereas the partnership must prepare an opening balance sheet as of that date. ³The balance sheets as per Sentence 2 may also be prepared as of a reporting date which lies maximally eight months before the filing of an application for public registration of the change of legal form (effective transfer date); Sec. 2 (3) shall apply *mutatis mutandis*.

Sec. 10 Corporation tax increase

The corporation tax debt of the transferring corporate entity shall for the assessment period of the transformation increase by the amount which would pursuant to Sec. 38 Corporation Tax Act result if the equity capital shown in the tax balance sheet, net of the amount to be credited to the contribution account for tax purposes pursuant to Sec. 28 (2) Sentence 1 Corporation Tax Act in conjunction with Sec. 29 (1) Corporation Tax Act, would be deemed used for a distribution at the effective transfer date.

Part 3.
Merger or transfer of assets and liabilities (complete transfer) to another corporate entity

Sec. 11 Tax basis of the closing tax balance sheet of the transferring corporate entity

(1) ¹In the case of merger or the transfer of assets and liabilities (complete transfer) to another corporate entity, the transferred assets, including any intangible assets not acquired for a consideration or self-developed, are to be reported in the closing tax balance sheet of the transferring corporate entity at fair market value. ²Sec. 6a Income Tax Act shall apply to the valuation of provisions for pensions.

(2) ¹On request, the transferred assets may, in derogation from Paragraph 1, be uniformly reported at book value or any higher value, however, maximally the value as per Paragraph 1, provided that

§ 7 Besteuerung offener Rücklagen

¹Dem Anteilseigner ist der Teil des in der Steuerbilanz ausgewiesenen Eigenkapitals abzüglich des Bestands des steuerlichen Einlagekontos im Sinne des § 27 des Körperschaftsteuergesetzes, der sich nach Anwendung des § 29 Abs. 1 des Körperschaftsteuergesetzes ergibt, in dem Verhältnis der Anteile zum Nennkapital der übertragenden Körperschaft als Einnahmen aus Kapitalvermögen im Sinne des § 20 Abs. 1 Nr. 1 des Einkommensteuergesetzes zuzurechnen. ²Dies gilt unabhängig davon, ob für den Anteilseigner ein Übernahmegewinn oder Übernahmeverlust nach § 4 oder § 5 ermittelt wird.

§ 8 Vermögensübergang auf einen Rechtsträger ohne Betriebsvermögen

(1) ¹Wird das übertragene Vermögen nicht Betriebsvermögen des übernehmenden Rechtsträgers, sind die infolge des Vermögensübergangs entstehenden Einkünfte bei diesem oder den Gesellschaftern des übernehmenden Rechtsträgers zu ermitteln. ²Die §§ 4, 5 und 7 gelten entsprechend.

(2) In den Fällen des Absatzes 1 sind § 17 Abs. 3 und § 22 Nr. 2 des Einkommensteuergesetzes nicht anzuwenden.

§ 9 Formwechsel in eine Personengesellschaft

¹Im Falle des Formwechsels einer Kapitalgesellschaft in eine Personengesellschaft sind die §§ 3 bis 8 und 10 entsprechend anzuwenden. ²Die Kapitalgesellschaft hat für steuerliche Zwecke auf den Zeitpunkt, in dem der Formwechsel wirksam wird, eine Übertragungsbilanz, die Personengesellschaft eine Eröffnungsbilanz aufzustellen. ³Die Bilanzen nach Satz 2 können auch für einen Stichtag aufgestellt werden, der höchstens acht Monate vor der Anmeldung des Formwechsels zur Eintragung in ein öffentliches Register liegt (Übertragungsstichtag); § 2 Abs. 3 gilt entsprechend.

§ 10 Körperschaftsteuererhöhung

Die Körperschaftsteuerschuld der übertragenden Körperschaft erhöht sich für den Veranlagungszeitraum der Umwandlung um den Betrag, der sich nach § 38 des Körperschaftsteuergesetzes ergeben würde, wenn das in der Steuerbilanz ausgewiesene Eigenkapital abzüglich des Betrags, der nach § 28 Abs. 2 Satz 1 des Körperschaftsteuergesetzes in Verbindung mit § 29 Abs. 1 des Körperschaftsteuergesetzes dem steuerlichen Einlagekonto gutzuschreiben ist, als am Übertragungsstichtag für eine Ausschüttung verwendet gelten würde.

Dritter Teil.
Verschmelzung oder Vermögensübertragung (Vollübertragung) auf eine andere Körperschaft

§ 11 Wertansätze in der steuerlichen Schlussbilanz der übertragenden Körperschaft

(1) ¹Bei einer Verschmelzung oder Vermögensübertragung (Vollübertragung) auf eine andere Körperschaft sind die übergehenden Wirtschaftsgüter, einschließlich nicht entgeltlich erworbener oder selbst geschaffener immaterieller Wirtschaftsgüter, in der steuerlichen Schlussbilanz der übertragenden Körperschaft mit dem gemeinen Wert anzusetzen. ²Für die Bewertung von Pensionsrückstellungen gilt § 6a des Einkommensteuergesetzes.

(2) ¹Auf Antrag können die übergehenden Wirtschaftsgüter abweichend von Absatz 1 einheitlich mit dem Buchwert oder einem höheren Wert, höchstens jedoch mit dem Wert nach Absatz 1, angesetzt werden, soweit

1. it is assured that they will later be subject to corporation tax with the receiving corporate entity;
2. the right of the Federal Republic of Germany to tax the gain on the disposal of the transferred assets with the receiving corporate entity is not excluded or limited, and
3. there is no consideration, or the consideration consists in shares.

²Shares in the receiving corporate entity are to be reported at least at book value, increased by depreciation as well as deductions pursuant to Sec. 6b Income Tax Act and similar tax-effective deductions made in previous years, maximally at fair market value. ³Sec. 8b (2) Sentences 4 and 5 Corporation Tax Act shall apply to the resulting profit.

(3) Sec. 3 (2) Sentence 2 and (3) shall apply *mutatis mutandis*.

Sec. 12 Effects on the profit of the receiving corporate entity

(1) ¹The receiving corporate entity must take over the assets transferred to it at the value within the meaning of Sec. 11 shown in the closing tax balance sheet of the transferring corporate entity. ²Sec. 4 (1) Sentences 2 and 3 shall apply *mutatis mutandis*.

(2) ¹A profit or loss in the amount of the difference between the book value of the shares in the transferring corporate entity and the value at which the transferred assets are to be taken over, net of the cost of the transfer of assets and liabilities, shall be left out of account with the receiving corporate entity. ²Sec. 8b Corporation Tax Act shall be applied, provided that the profit within the meaning of Sentence 1, net of the proportionate share of the cost of the transfer of assets and liabilities allocable to that profit, corresponds to the share of the receiving corporate entity in the transferring corporate entity. ³Sec. 5 (1) shall apply *mutatis mutandis*.

(3) ¹The receiving corporate entity shall succeed to the tax status of the transferring corporate entity. ²Sec. 4 (2) and (3) shall apply *mutatis mutandis*.

(4) Sec. 6 shall *mutatis mutandis* apply to the gain on the consolidation of accounts receivable and payable corresponding to the holding of the receiving corporate entity in the nominal capital of the transferring corporate entity.

(5) In the event of the transfer of assets and liabilities to the non-taxable or tax-exempt division of the receiving corporate entity, the equity capital shown in the tax balance sheet, net of the balance of the contribution account for tax purposes within the meaning of Sec. 27 Corporation Tax Act resulting from the application of Sec. 29 (1) Corporation Tax Act, shall be deemed income within the meaning of Sec. 20 (1) No. 1 Income Tax Act.

Sec. 13 Taxation of the shareholders of the transferring corporate entity

(1) The shares in the transferring corporate entity shall be deemed disposed of at fair market value, whereas the shares in the receiving corporate entity substituted for such shares shall be deemed acquired at this value.

(2) ¹In derogation from Paragraph 1, the shares in the receiving corporate entity are on request to be accounted for at the book value of the shares in the transferring corporate entity if
1. the right of the Federal Republic of Germany to tax the gain on disposal of the shares in the receiving corporate entity is not excluded or limited, or
2. the member states of the European Union must apply Article 8 of Directive 90/434/EEC in the case of a merger; irrespective of the provisions of any double taxation

1. sichergestellt ist, dass sie später bei der übernehmenden Körperschaft der Besteuerung mit Körperschaftsteuer unterliegen und
2. das Recht der Bundesrepublik Deutschland hinsichtlich der Besteuerung des Gewinns aus der Veräußerung der übertragenen Wirtschaftsgüter bei der übernehmenden Körperschaft nicht ausgeschlossen oder beschränkt wird und
3. eine Gegenleistung nicht gewährt wird oder in Gesellschaftsrechten besteht.

²Anteile an der übernehmenden Körperschaft sind mindestens mit dem Buchwert, erhöht um Abschreibungen sowie um Abzüge nach § 6b des Einkommensteuergesetzes und ähnliche Abzüge, die in früheren Jahren steuerwirksam vorgenommen worden sind, höchstens mit dem gemeinen Wert, anzusetzen. ³Auf einen sich daraus ergebenden Gewinn findet § 8b Abs. 2 Satz 4 und 5 des Körperschaftsteuergesetzes Anwendung.

(3) § 3 Abs. 2 Satz 2 und Abs. 3 gilt entsprechend.

§ 12 Auswirkungen auf den Gewinn der übernehmenden Körperschaft

(1) ¹Die übernehmende Körperschaft hat die auf sie übergegangenen Wirtschaftsgüter mit dem in der steuerlichen Schlussbilanz der übertragenden Körperschaft enthaltenen Wert im Sinne des § 11 zu übernehmen. ²§ 4 Abs. 1 Satz 2 und 3 gilt entsprechend.

(2) ¹Bei der übernehmenden Körperschaft bleibt ein Gewinn oder ein Verlust in Höhe des Unterschieds zwischen dem Buchwert der Anteile an der übertragenden Körperschaft und dem Wert, mit dem die übergegangenen Wirtschaftsgüter zu übernehmen sind, abzüglich der Kosten für den Vermögensübergang, außer Ansatz. ²§ 8b des Körperschaftsteuergesetzes ist anzuwenden, soweit der Gewinn im Sinne des Satzes 1 abzüglich der anteilig darauf entfallenden Kosten für den Vermögensübergang, dem Anteil der übernehmenden Körperschaft an der übertragenden Körperschaft entspricht. ³§ 5 Abs. 1 gilt entsprechend.

(3) ¹Die übernehmende Körperschaft tritt in die steuerliche Rechtsstellung der übertragenden Körperschaft ein. ²§ 4 Abs. 2 und 3 gilt entsprechend.

(4) § 6 gilt sinngemäß für den Teil des Gewinns aus der Vereinigung von Forderungen und Verbindlichkeiten, der der Beteiligung der übernehmenden Körperschaft am Grund- oder Stammkapital der übertragenden Körperschaft entspricht.

(5) Im Falle des Vermögensübergangs in den nicht steuerpflichtigen oder steuerbefreiten Bereich der übernehmenden Körperschaft gilt das in der Steuerbilanz ausgewiesene Eigenkapital abzüglich des Bestands des steuerlichen Einlagekontos im Sinne des § 27 des Körperschaftsteuergesetzes, der sich nach Anwendung des § 29 Abs. 1 des Körperschaftsteuergesetzes ergibt, als Einnahme im Sinne des § 20 Abs. 1 Nr. 1 des Einkommensteuergesetzes.

§ 13 Besteuerung der Anteilseigner der übertragenden Körperschaft

(1) Die Anteile an der übertragenden Körperschaft gelten als zum gemeinen Wert veräußert und die an ihre Stelle tretenden Anteile an der übernehmenden Körperschaft gelten als mit diesem Wert angeschafft.

(2) ¹Abweichend von Absatz 1 sind auf Antrag die Anteile an der übernehmenden Körperschaft mit dem Buchwert der Anteile an der übertragenden Körperschaft anzusetzen, wenn

1. das Recht der Bundesrepublik Deutschland hinsichtlich der Besteuerung des Gewinns aus der Veräußerung der Anteile an der übernehmenden Körperschaft nicht ausgeschlossen oder beschränkt wird oder
2. die Mitgliedstaaten der Europäischen Union bei einer Verschmelzung Artikel 8 der Richtlinie 90/434/EWG anzuwenden haben; in diesem Fall ist der Gewinn aus einer

treaty, the gain from any subsequent disposal of the acquired shares must in this case be taxed in the same way as the disposal of the shares in the transferring corporate entity would have to be taxed. Sec. 15 (1a) Sentence 2 Income Tax Act shall apply *mutatis mutandis*.

²The shares in the receiving corporate entity shall for tax purposes replace the shares in the transferring corporate entity. ³In the event that the shares in the transferring corporate entity do not belong to any business assets and liabilities, the acquisition cost shall be substituted for the book value.

Sec. 14 *(cancelled)*

Part 4.
Division, partial division and transfer of assets and liabilities (partial transfer)

Sec. 15 Division, partial division and partial transfer of assets and liabilities to other corporate entities

(1) ¹In the event that any assets and liabilities of a corporate entity are transferred to other corporate entities by way of division, partial division or partial transfer, Secs. 11 to 13 shall, subject to Sentence 2 and Sec. 16, apply *mutatis mutandis*. ²Sec. 11 (2) and Sec. 13 (2) are to be applied only if an operating business unit is transferred to the receiving corporate entities and an operating business unit remains with the transferring corporate entity in the case of division or partial transfer. ³An interest of a co-entrepreneur or a holding in a corporation comprising the entire nominal capital of the company shall also be deemed an operating business unit.

(2) ¹Sec. 11 (2) is not to be applied to interests of co-entrepreneurs and holdings within the meaning of Paragraph 1 acquired or increased by the transfer of assets which are no operating business unit within a period of three years before the effective transfer date for tax purposes. ²Sec. 11 (2) is not to be applied either if a disposal to outside persons is effected by the division. ³The same shall apply if the division creates the preconditions for disposal. ⁴This is to be assumed if shares in a corporate entity involved in the division accounting for more than 20 per cent of the shares in the corporate entity existing before the coming into effect of the division are disposed of within five years from the effective transfer date for tax purposes. ⁵In the case of separate shareholder groups, the application of Sec. 11 (2) shall also require that the holdings in the transferring corporate entity have existed for at least five years before the effective transfer date for tax purposes.

(3) In the case of division, any remaining loss carryforward of the transferring corporate entity shall be reduced at the ratio at which, taking the fair market value as a basis, the assets and liabilities pass to another corporate entity.

Sec. 16 Division or partial division to a partnership

¹In so far as any assets and liabilities of a corporate entity pass to a partnership by division or partial division, Secs. 3 to 8, 10 and 15 shall apply *mutatis mutandis*. ²Sec. 10 is to be applied to the final balance of income within the meaning of Sec. 38 Corporation Tax Act referred to in Sec. 40 (2) Sentence 3 Corporation Tax Act.

späteren Veräußerung der erworbenen Anteile ungeachtet der Bestimmungen eines Abkommens zur Vermeidung der Doppelbesteuerung in der gleichen Art und Weise zu besteuern, wie die Veräußerung der Anteile an der übertragenden Körperschaft zu besteuern wäre. § 15 Abs. 1a Satz 2 des Einkommensteuergesetzes ist entsprechend anzuwenden.

²Die Anteile an der übernehmenden Körperschaft treten steuerlich an die Stelle der Anteile an der übertragenden Körperschaft. ³Gehören die Anteile an der übertragenden Körperschaft nicht zu einem Betriebsvermögen, treten an die Stelle des Buchwerts die Anschaffungskosten.

§ 14 *(weggefallen)*

Vierter Teil.
Aufspaltung, Abspaltung und Vermögensübertragung (Teilübertragung)

§ 15 Aufspaltung, Abspaltung und Teilübertragung auf andere Körperschaften

(1) ¹Geht Vermögen einer Körperschaft durch Aufspaltung oder Abspaltung oder durch Teilübertragung auf andere Körperschaften über, gelten die §§ 11 bis 13 vorbehaltlich des Satzes 2 und des § 16 entsprechend. ²§ 11 Abs. 2 und § 13 Abs. 2 sind nur anzuwenden, wenn auf die Übernehmerinnen ein Teilbetrieb übertragen wird und im Falle der Abspaltung oder Teilübertragung bei der übertragenden Körperschaft ein Teilbetrieb verbleibt. ³Als Teilbetrieb gilt auch ein Mitunternehmeranteil oder die Beteiligung an einer Kapitalgesellschaft, die das gesamte Nennkapital der Gesellschaft umfasst.

(2) ¹§ 11 Abs. 2 ist auf Mitunternehmeranteile und Beteiligungen im Sinne des Absatzes 1 nicht anzuwenden, wenn sie innerhalb eines Zeitraums von drei Jahren vor dem steuerlichen Übertragungsstichtag durch Übertragung von Wirtschaftsgütern, die kein Teilbetrieb sind, erworben oder aufgestockt worden sind. ²§ 11 Abs. 2 ist ebenfalls nicht anzuwenden, wenn durch die Spaltung die Veräußerung an außenstehende Personen vollzogen wird. ³Das Gleiche gilt, wenn durch die Spaltung die Voraussetzungen für eine Veräußerung geschaffen werden. ⁴Davon ist auszugehen, wenn innerhalb von fünf Jahren nach dem steuerlichen Übertragungsstichtag Anteile an einer an der Spaltung beteiligten Körperschaft, die mehr als 20 Prozent der vor Wirksamwerden der Spaltung an der Körperschaft bestehenden Anteile ausmachen, veräußert werden. ⁵Bei der Trennung von Gesellschafterstämmen setzt die Anwendung des § 11 Abs. 2 außerdem voraus, dass die Beteiligungen an der übertragenden Körperschaft mindestens fünf Jahre vor dem steuerlichen Übertragungsstichtag bestanden haben.

(3) Bei einer Abspaltung mindert sich ein verbleibender Verlustvortrag der übertragenden Körperschaft in dem Verhältnis, in dem bei Zugrundelegung des gemeinen Werts das Vermögen auf eine andere Körperschaft übergeht.

§ 16 Aufspaltung oder Abspaltung auf eine Personengesellschaft

¹Soweit Vermögen einer Körperschaft durch Aufspaltung oder Abspaltung auf eine Personengesellschaft übergeht, gelten die §§ 3 bis 8, 10 und 15 entsprechend. ²§ 10 ist für den in § 40 Abs. 2 Satz 3 des Körperschaftsteuergesetzes bezeichneten Teil des Betrags im Sinne des § 38 des Körperschaftsteuergesetzes anzuwenden.

Part 5.
Trade tax

Sec. 17 *(cancelled)*

Sec. 18 Trade tax in the case of transfer of assets and liabilities to a partnership or to a natural person as well as in the case of change of legal form to a partnership

(1) [1]Secs. 3 to 9 and 16 shall apply also to the determination of trade income in the case of transfer of assets and liabilities to a partnership or to a natural person as well as in the case of change of legal form to a partnership. [2]The relevant trade income of the receiving partnership or natural person may not be reduced by any losses for the current levying period and any losses capable of being carried forward of the transferring corporate entity within the meaning of Sec. 10a Trade Tax Act.

(2) [1]A transfer profit or transfer loss is not to be taken into account. [2]In the cases of Sec. 5 (2), a profit as per Sec. 7 is not to be accounted for.

(3) [1]In the event that the business of the partnership or the natural person is terminated or disposed of within five years from the transformation, any gain on termination or disposal shall be subject to trade tax. [2]Sentence 1 shall *mutatis mutandis* apply in so far as an operating business unit or a share in the partnership is terminated or disposed of. [3]The portion of the basic amount for trade tax assessment based on the gains on termination or disposal within the meaning of Sentences 1 and 2 is not to be taken into account in the case of a reduction of the income tax pursuant to Sec. 35 Income Tax Act.

Sec. 19 Trade tax in the case of transfer of assets and liabilities to another corporate entity

(1) In the event that the assets and liabilities of the transferring corporate entity pass to another corporate entity, Secs. 11 to 15 shall also apply to the determination of trade income.

(2) Sec. 12 (3) and Sec. 15 (3) shall *mutatis mutandis* apply to any losses capable of being carried forward of the transferring corporate entity within the meaning of Sec. 10a Trade Tax Act.

Part 6.
Transfer of operating business units to a corporation or a cooperative society and exchange of shares

Sec. 20 Transfer of operating business units to a corporation or a cooperative society

(1) In the event that a business or an operating business unit or an interest of a co-entrepreneur is transferred to a corporation or a cooperative society (receiving company) and the transferor receives new shares in the company (contribution in kind) in exchange, the following paragraphs shall apply to the valuation of the transferred business assets and liabilities and the new shares.

(2) [1]The receiving company must report the transferred business assets and liabilities at fair market value; Sec. 6a Income Tax Act shall apply to the valuation of provisions for pensions. [2]In derogation from Sentence 1, the business assets and liabilities taken over may on request uniformly be accounted for at book value or any higher value, however, maximally the value within the meaning of Sentence 1, provided that

Fünfter Teil.
Gewerbesteuer

§ 17 *(weggefallen)*

§ 18 Gewerbesteuer bei Vermögensübergang auf eine Personengesellschaft oder auf eine natürliche Person sowie bei Formwechsel in eine Personengesellschaft

(1) ¹Die §§ 3 bis 9 und 16 gelten bei Vermögensübergang auf eine Personengesellschaft oder auf eine natürliche Person sowie bei Formwechsel in eine Personengesellschaft auch für die Ermittlung des Gewerbeertrags. ²Der maßgebende Gewerbeertrag der übernehmenden Personengesellschaft oder natürlichen Person kann nicht um Fehlbeträge des laufenden Erhebungszeitraumes und die vortragsfähigen Fehlbeträge der übertragenden Körperschaft im Sinne des § 10a des Gewerbesteuergesetzes gekürzt werden.

(2) ¹Ein Übernahmegewinn oder Übernahmeverlust ist nicht zu erfassen. ²In Fällen des § 5 Abs. 2 ist ein Gewinn nach § 7 nicht zu erfassen.

(3) ¹Wird der Betrieb der Personengesellschaft oder der natürlichen Person innerhalb von fünf Jahren nach der Umwandlung aufgegeben oder veräußert, unterliegt ein Aufgabe- oder Veräußerungsgewinn der Gewerbesteuer. ²Satz 1 gilt entsprechend, soweit ein Teilbetrieb oder ein Anteil an der Personengesellschaft aufgegeben oder veräußert wird. ³Der auf den Aufgabe- oder Veräußerungsgewinnen im Sinne der Sätze 1 und 2 beruhende Teil des Gewerbesteuer-Messbetrags ist bei der Ermäßigung der Einkommensteuer nach § 35 des Einkommensteuergesetzes nicht zu berücksichtigen.

§ 19 Gewerbesteuer bei Vermögensübergang auf eine andere Körperschaft

(1) Geht das Vermögen der übertragenden Körperschaft auf eine andere Körperschaft über, gelten die §§ 11 bis 15 auch für die Ermittlung des Gewerbeertrags.

(2) Für die vortragsfähigen Fehlbeträge der übertragenden Körperschaft im Sinne des § 10a des Gewerbesteuergesetzes gelten § 12 Abs. 3 und § 15 Abs. 3 entsprechend.

Sechster Teil.
Einbringung von Unternehmensteilen in eine Kapitalgesellschaft oder Genossenschaft und Anteilstausch

§ 20 Einbringung von Unternehmensteilen in eine Kapitalgesellschaft oder Genossenschaft

(1) Wird ein Betrieb oder Teilbetrieb oder ein Mitunternehmeranteil in eine Kapitalgesellschaft oder eine Genossenschaft (übernehmende Gesellschaft) eingebracht und erhält der Einbringende dafür neue Anteile an der Gesellschaft (Sacheinlage), gelten für die Bewertung des eingebrachten Betriebsvermögens und der neuen Gesellschaftsanteile die nachfolgenden Absätze.

(2) ¹Die übernehmende Gesellschaft hat das eingebrachte Betriebsvermögen mit dem gemeinen Wert anzusetzen; für die Bewertung von Pensionsrückstellungen gilt § 6a des Einkommensteuergesetzes. ²Abweichend von Satz 1 kann das übernommene Betriebsvermögen auf Antrag einheitlich mit dem Buchwert oder einem höheren Wert, höchstens jedoch mit dem Wert im Sinne des Satzes 1, angesetzt werden, soweit

Relevant tax law provisions

1. it is assured that they will later become subject to corporation tax with the receiving corporate entity;
2. the debt items included in the transferred business assets do not exceed the active items; the equity is in this respect not to be taken into account;
3. the right of the Federal Republic of Germany to tax the gain on disposal of the transferred business assets and liabilities with the receiving company is not excluded or limited.

³The application is to be filed at the latest by the first filing of the closing tax balance sheet with the tax office responsible for taxing the receiving company. ⁴In the event that the transferor receives, in addition to the shares, any other assets the fair market value of which exceeds the book value of the business assets and liabilities transferred, the receiving company must at least assess the transferred business assets and liabilities at the fair market value of the other assets.

(3) ¹The value assessed by the receiving company for the transferred business assets and liabilities shall be deemed the purchase price with the transferor and the acquisition cost of the shares. ²In the event that the right of the Federal Republic of Germany to tax the gain on disposal of the transferred business assets and liabilities is excluded at the transfer date and that right is not either created by the transfer, the fair market value of the business assets and liabilities at the date of transfer shall in so far be deemed the acquisition cost of the shares with regard to the transferor. ³In so far as other assets are granted in addition to the shares, the fair market value of such assets is to be deducted from the value resulting as per Sentences 1 and 2 in the assessment of the acquisition cost of the shares. ⁴In the event that the transferred business assets and liabilities also include tainted shares within the meaning of Sec. 21 (1) in the version of the announcement of 15 October 2002 (Federal Law Gazette I p. 2002), last amended by Article 3 of the Act of 16 May 2003 (Federal Law Gazette I p. 660), the received shares shall in so far also be deemed tainted shares within the meaning of Sec. 21 (1) in the version of the announcement of 15 October 2002 (Federal Law Gazette I p. 2002), last amended by Article 3 of the Act of 16 May 2003 (Federal Law Gazette I p. 660).

(4) Sec. 16 (4) Income Tax Act is to be applied to a capital gain accruing on the contribution in kind only if the transferor is a natural person, no contribution of parts of an interest of a co-entrepreneur is concerned and the receiving company assesses the transferred business assets and liabilities at fair market value. ²Sec. 34 (1) and (3) Income Tax Act shall in these respects apply only in so far as the capital gain is not partly exempt from tax pursuant to Sec. 3 No. 40 Sentence 1 in conjunction with Sec. 3c (2) Income Tax Act.

(5) ¹On request, the income and the assets and liabilities of the transferor and the receiving company are to be determined as if the transferred business assets and liabilities had passed to the receiver upon expiration of the effective transfer date for tax purposes (Paragraph 6). ² As regards income and trade income, this shall not apply to any withdrawals and contributions effected after the effective transfer date for tax purposes. ³The acquisition cost of the shares (Paragraph 3) is to be reduced by the book value of the withdrawals and increased by the value of the contributions resulting pursuant to Sec. 6 (1) No. 5 Income Tax Act.

(6) ¹In the cases of a contribution in kind by way of merger within the meaning of Sec. 2 German Reorganisation Act, the reporting date as of which the closing balance sheet of each of the transferring companies is prepared within the meaning of Sec. 17 (2) German Reorganisation Act may be considered as effective transfer date for tax purposes (contribution date); this reporting date may maximally lie eight months before application

1. sichergestellt ist, dass es später bei der übernehmenden Körperschaft der Besteuerung mit Körperschaftsteuer unterliegt,
2. die Passivposten des eingebrachten Betriebsvermögens die Aktivposten nicht übersteigen; dabei ist das Eigenkapital nicht zu berücksichtigen,
3. das Recht der Bundesrepublik Deutschland hinsichtlich der Besteuerung des Gewinns aus der Veräußerung des eingebrachten Betriebsvermögens bei der übernehmenden Gesellschaft nicht ausgeschlossen oder beschränkt wird.

[3]Der Antrag ist spätestens bis zur erstmaligen Abgabe der steuerlichen Schlussbilanz bei dem für die Besteuerung der übernehmenden Gesellschaft zuständigen Finanzamt zu stellen. [4]Erhält der Einbringende neben den Gesellschaftsanteilen auch andere Wirtschaftsgüter, deren gemeiner Wert den Buchwert des eingebrachten Betriebsvermögens übersteigt, so hat die übernehmende Gesellschaft das eingebrachte Betriebsvermögen mindestens mit dem gemeinen Wert der anderen Wirtschaftsgüter anzusetzen.

(3) [1]Der Wert, mit dem die übernehmende Gesellschaft das eingebrachte Betriebsvermögen ansetzt, gilt für den Einbringenden als Veräußerungspreis und als Anschaffungskosten der Gesellschaftsanteile. [2]Ist das Recht der Bundesrepublik Deutschland hinsichtlich der Besteuerung des Gewinns aus der Veräußerung des eingebrachten Betriebsvermögens im Zeitpunkt der Einbringung ausgeschlossen und wird dieses auch nicht durch die Einbringung begründet, gilt für den Einbringenden insoweit der gemeine Wert des Betriebsvermögens im Zeitpunkt der Einbringung als Anschaffungskosten der Anteile. [3]Soweit neben den Gesellschaftsanteilen auch andere Wirtschaftsgüter gewährt werden, ist deren gemeiner Wert bei der Bemessung der Anschaffungskosten der Gesellschaftsanteile von dem sich nach Satz 1 und 2 ergebenden Wert abzuziehen. [4]Umfasst das eingebrachte Betriebsvermögen auch einbringungsgeborene Anteile im Sinne von § 21 Abs. 1 in der Fassung der Bekanntmachung vom 15. Oktober 2002 (BGBl. I S. 2002), zuletzt geändert durch Artikel 3 des Gesetzes vom 16. Mai 2003 (BGBl. I S. 660), gelten die erhaltenen Anteile insoweit auch als einbringungsgeboren im Sinne von § 21 Abs. 1 in der Fassung der Bekanntmachung vom 15. Oktober 2002 (BGBl. I S. 2002), zuletzt geändert durch Artikel 3 des Gesetzes vom 16. Mai 2003 (BGBl. I S. 660).

(4) Auf einen bei der Sacheinlage entstehenden Veräußerungsgewinn ist § 16 Abs. 4 des Einkommensteuergesetzes nur anzuwenden, wenn der Einbringende eine natürliche Person ist, es sich nicht um die Einbringung von Teilen eines Mitunternehmeranteils handelt und die übernehmende Gesellschaft das eingebrachte Betriebsvermögen mit dem gemeinen Wert ansetzt. [2]In diesen Fällen ist § 34 Abs. 1 und 3 des Einkommensteuergesetzes nur anzuwenden, soweit der Veräußerungsgewinn nicht nach § 3 Nr. 40 Satz 1 in Verbindung mit § 3c Abs. 2 des Einkommensteuergesetzes teilweise steuerbefreit ist.

(5) [1]Das Einkommen und das Vermögen des Einbringenden und der übernehmenden Gesellschaft sind auf Antrag so zu ermitteln, als ob das eingebrachte Betriebsvermögen mit Ablauf des steuerlichen Übertragungsstichtags (Absatz 6) auf die Übernehmerin übergegangen wäre. [2]Dies gilt hinsichtlich des Einkommens und des Gewerbeertrags nicht für Entnahmen und Einlagen, die nach dem steuerlichen Übertragungsstichtag erfolgen. [3]Die Anschaffungskosten der Anteile (Absatz 3) sind um den Buchwert der Entnahmen zu vermindern und um den sich nach § 6 Abs. 1 Nr. 5 des Einkommensteuergesetzes ergebenden Wert der Einlagen zu erhöhen.

(6) [1]Als steuerlicher Übertragungsstichtag (Einbringungszeitpunkt) darf in den Fällen der Sacheinlage durch Verschmelzung im Sinne des § 2 des Umwandlungsgesetzes der Stichtag angesehen werden, für den die Schlussbilanz jedes der übertragenden Unternehmen im Sinne des § 17 Abs. 2 des Umwandlungsgesetzes aufgestellt ist; dieser Stichtag darf höchstens acht Monate vor der Anmeldung der Verschmelzung zur Ein-

for registration of the merger in the commercial register. ²The same shall *mutatis mutandis* apply if assets and liabilities pass to the receiving company by way of a contribution in kind through division, partial division or spin-off pursuant to Sec. 123 German Reorganisation Act. ³In other cases of a contribution in kind, the transfer may be related to a date lying maximally eight months before the conclusion of the contribution agreement and maximally eight months before the date when the contributed business assets and liabilities pass to the receiving company. ⁴Sec. 2 (3) shall apply *mutatis mutandis*.

(7) Sec. 3 (3) is to be applied *mutatis mutandis*.

(8) In the event that a non-resident transferring or acquired company within the meaning of Article 3 of Directive 90/434/EEC is to be considered as fiscally transparent, the foreign tax which would have been levied pursuant to the legislation of the other member state of the European Union if the transferred assets to be attributed to a permanent establishment located in another member state had been disposed of at fair market value is, by virtue of Article 10a of Directive 90/434/EEC, to be credited against the corporation tax or income tax allocable to the transfer profit by appropriately applying Sec. 26 (6) Corporation Tax Act as well as Sec. 34c and Sec. 50 (6) Income Tax Act.

Sec. 21 Valuation of shares in the case of exchange of shares

(1) ¹In the event that shares in a corporation or a cooperative society (acquired company) are contributed to a corporation or a cooperative society (receiving company) in exchange for the grant of new shares in the receiving company (exchange of shares), the receiving company must assess the contributed shares at fair market value. ²In derogation from Sentence 1, the transferred shares may on request be assessed at book value or a higher value, however, maximally at fair market value if, after the transfer (contribution), the receiving company demonstrably directly possesses the majority of the voting rights in the acquired company (qualifying exchange of shares) because of its holding inclusive of the contributed shares; Sec. 20 (2) Sentence 3 shall apply *mutatis mutandis*. ³In the event that the transferor, in addition to the shares, also receives other assets whose fair market value exceeds the book value of the transferred shares, the receiving company must account for the contributed shares at least at the fair market value of the other assets.

(2) ¹The value at which the receiving company assesses the transferred shares shall be deemed the purchase price of the transferred shares and the acquisition cost of the received shares for the transferor. ²In derogation from Sentence 1, the fair market value of the transferred shares shall be deemed to be the purchase price and the acquisition cost of the received shares for the transferor if the right of the Federal Republic of Germany to tax the gain on disposal of the transferred shares is excluded or limited after the contribution; this shall apply also if the right of the Federal Republic of Germany to tax the gain on disposal of the received shares is excluded or limited. ³On request, the book value or any higher value, however, maximally the fair market value, shall in the cases of Sentence 2 subject to the conditions of Paragraph 1 Sentence 2 be deemed the purchase price of the transferred shares and the acquisition cost of the received shares, provided that

1. the right of the Federal Republic of Germany to tax the gain on disposal of the received shares is not excluded or limited; or

tragung in das Handelsregister liegen. ²Entsprechendes gilt, wenn Vermögen im Wege der Sacheinlage durch Aufspaltung, Abspaltung oder Ausgliederung nach § 123 des Umwandlungsgesetzes auf die übernehmende Gesellschaft übergeht. ³In anderen Fällen der Sacheinlage darf die Einbringung auf einen Tag zurück bezogen werden, der höchstens acht Monate vor dem Tag des Abschlusses des Einbringungsvertrags liegt und höchstens acht Monate vor dem Zeitpunkt liegt, an dem das eingebrachte Betriebsvermögen auf die übernehmende Gesellschaft übergeht. ⁴§ 2 Abs. 3 gilt entsprechend.

(7) § 3 Abs. 3 ist entsprechend anzuwenden.

(8) Ist eine gebietsfremde einbringende oder erworbene Gesellschaft im Sinne von Artikel 3 der Richtlinie 90/434/EWG als steuerlich transparent anzusehen, ist aufgrund Artikel 10a der Richtlinie 90/434/EWG die ausländische Steuer, die nach den Rechtsvorschriften des anderen Mitgliedstaates der Europäischen Union erhoben worden wäre, wenn die einer in einem anderen Mitgliedstaat belegenen Betriebsstätte zuzurechnenden eingebrachten Wirtschaftsgüter zum gemeinen Wert veräußert worden wären, auf die auf den Einbringungsgewinn entfallende Körperschaftsteuer oder Einkommensteuer unter entsprechender Anwendung von § 26 Abs. 6 des Körperschaftsteuergesetzes und von § 34c und § 50 Abs. 6 des Einkommensteuergesetzes anzurechnen.

§ 21 Bewertung der Anteile beim Anteilstausch

(1) ¹Werden Anteile an einer Kapitalgesellschaft oder einer Genossenschaft (erworbene Gesellschaft) in eine Kapitalgesellschaft oder Genossenschaft (übernehmende Gesellschaft) gegen Gewährung neuer Anteile an der übernehmenden Gesellschaft eingebracht (Anteilstausch), hat die übernehmende Gesellschaft die eingebrachten Anteile mit dem gemeinen Wert anzusetzen. ²Abweichend von Satz 1 können die eingebrachten Anteile auf Antrag mit dem Buchwert oder einem höheren Wert, höchstens jedoch mit dem gemeinen Wert, angesetzt werden, wenn die übernehmende Gesellschaft nach der Einbringung aufgrund ihrer Beteiligung einschließlich der eingebrachten Anteile nachweisbar unmittelbar die Mehrheit der Stimmrechte an der erworbenen Gesellschaft hat (qualifizierter Anteilstausch); § 20 Abs. 2 Satz 2 gilt entsprechend. ³Erhält der Einbringende neben den Gesellschaftsanteilen auch andere Wirtschaftsgüter, deren gemeiner Wert den Buchwert der eingebrachten Anteile übersteigt, so hat die übernehmende Gesellschaft die eingebrachten Anteile mindestens mit dem gemeinen Wert der anderen Wirtschaftsgüter anzusetzen.

(2) ¹Der Wert, mit dem die übernehmende Gesellschaft die eingebrachten Anteile ansetzt, gilt für den Einbringenden als Veräußerungspreis der eingebrachten Anteile und als Anschaffungskosten der erhaltenen Anteile. ²Abweichend von Satz 1 gilt für den Einbringenden der gemeine Wert der eingebrachten Anteile als Veräußerungspreis und als Anschaffungskosten der erhaltenen Anteile, wenn für die eingebrachten Anteile nach der Einbringung das Recht der Bundesrepublik Deutschland hinsichtlich der Besteuerung des Gewinns aus der Veräußerung dieser Anteile ausgeschlossen oder beschränkt ist; dies gilt auch, wenn das Recht der Bundesrepublik Deutschland hinsichtlich der Besteuerung des Gewinns aus der Veräußerung der erhaltenen Anteile ausgeschlossen oder beschränkt ist. ³Auf Antrag gilt in den Fällen des Satzes 2 unter den Voraussetzungen des Absatzes 1 Satz 2 der Buchwert oder ein höherer Wert, höchstens der gemeine Wert, als Veräußerungspreis der eingebrachten Anteile und als Anschaffungskosten der erhaltenen Anteile, wenn

1. das Recht der Bundesrepublik Deutschland hinsichtlich der Besteuerung des Gewinns aus der Veräußerung der erhaltenen Anteile nicht ausgeschlossen oder beschränkt ist oder

2. the profit from the exchange of shares must not be taxed pursuant to Article 8 of Directive 90/434/EEC; the gain on a subsequent disposal of the received shares shall in this case be taxed irrespective of the provisions of any double taxation treaty in the same way as the disposal of the shares in the acquired company would have had to be taxed; Sec. 15 (1a) Sentence 2 Income Tax Act is to be applied *mutatis mutandis*.

[4]The application is to be filed with the tax office responsible for taxing the transferor at the latest by the first filing of the tax return. [5]In the event that the transferred shares did not belong to business assets and liabilities with the transferor, the acquisition cost shall be substituted for the book value. [6]Sec. 20 (3) Sentences 3 and 4 shall apply *mutatis mutandis*.

(3) [1]Sec. 17 (3) Income Tax Act has to be applied to the capital gain arising from the exchange of shares only if the transferor is a natural person and, as per Paragraph 1 Sentence 1, the receiving company or, in the cases of Paragraph 2 Sentence 2 the transferor, assesses the transferred shares at fair market value; this shall apply to the application of Sec. 16 (4) Income Tax Act subject to the condition that a holding in a corporation comprising the entire nominal capital of the corporation held in the business assets and liabilities is transferred. [2]Sec. 34 (1) Income Tax Act shall not apply.

Sec. 22 Taxation of the shareholder

(1) [1]In so far as in the cases of a contribution in kind below the fair market value (Sec. 20 (2) Sentence 2) the transferor disposes of the received shares within a period of seven years from the transfer date, the gain resulting from the contribution is to be taxed retroactively in the fiscal year of the contribution as profit of the transferor within the meaning of Sec. 16 Income Tax Act (contribution gain I); Sec. 16 (4) and Sec. 34 Income Tax Act shall not apply. [2]The disposal of the received shares shall in so far be deemed to be a retroactive event within the meaning of Sec. 175 (1) Sentence 1 No. 2 General Fiscal Code. [3]Contribution gain I shall be the amount by which the fair market value of the transferred business assets and liabilities, net of the cost of the transfer of assets and liabilities, at the transfer date exceeds the value assessed by the receiving company for the transferred business assets and liabilities, reduced by one-seventh for each time year expired since the transfer date. [4]Contribution gain I shall be deemed subsequent acquisition cost of the received shares. [5]In the event that the transferred business assets and liabilities also include shares in corporations or in cooperative societies, Sec. 22 (2) shall in so far be applied; if the right of the Federal Republic of Germany to tax the gain on disposal of the received shares is in these respects excluded or limited, Sentences 1 to 4 are to be applied in addition. [6]Sentences 1 to 5 shall *mutatis mutandis* apply, provided that

1. the transferor transfers the received shares directly or indirectly without a consideration to a corporation or to a cooperative society;

2. the transferor transfers the received shares for a consideration, unless it proves that the transfer has been effected by a transaction within the meaning of Sec. 20 (1) or Sec. 21 (1) or on the basis of comparable foreign transactions at book value;

3. the corporation, in which the shares exist, is dissolved or liquidated or the capital of such company is reduced or repaid to the shareholders or any amounts from th

2. der Gewinn aus dem Anteilstausch aufgrund Artikel 8 der Richtlinie 90/434/EWG nicht besteuert werden darf; in diesem Fall ist der Gewinn aus einer späteren Veräußerung der erhaltenen Anteile ungeachtet der Bestimmungen eines Abkommens zur Vermeidung der Doppelbesteuerung in der gleichen Art und Weise zu besteuern, wie die Veräußerung der Anteile an der erworbenen Gesellschaft zu besteuern gewesen wäre; § 15 Abs. 1a Satz 2 des Einkommensteuergesetzes ist entsprechend anzuwenden.

[4]Der Antrag ist spätestens bis zur erstmaligen Abgabe der Steuererklärung bei dem für die Besteuerung des Einbringenden zuständigen Finanzamt zu stellen. [5]Haben die eingebrachten Anteile beim Einbringenden nicht zu einem Betriebsvermögen gehört, treten an die Stelle des Buchwerts die Anschaffungskosten. [6]§ 20 Abs. 3 Satz 3 und 4 gilt entsprechend.

(3) [1]Auf den beim Anteilstausch entstehenden Veräußerungsgewinn ist § 17 Abs. 3 des Einkommensteuergesetzes nur anzuwenden, wenn der Einbringende eine natürliche Person ist und die übernehmende Gesellschaft die eingebrachten Anteile nach Absatz 1 Satz 1 oder in den Fällen des Absatzes 2 Satz 2 der Einbringende mit dem gemeinen Wert ansetzt; dies gilt für die Anwendung von § 16 Abs. 4 des Einkommensteuergesetzes unter der Voraussetzung, dass eine im Betriebsvermögen gehaltene Beteiligung an einer Kapitalgesellschaft eingebracht wird, die das gesamte Nennkapital der Kapitalgesellschaft umfasst. [2]§ 34 Abs. 1 des Einkommensteuergesetzes findet keine Anwendung.

§ 22 Besteuerung des Anteilseigners

(1) [1]Soweit in den Fällen einer Sacheinlage unter dem gemeinen Wert (§ 20 Abs. 2 Satz 2) der Einbringende die erhaltenen Anteile innerhalb eines Zeitraums von sieben Jahren nach dem Einbringungszeitpunkt veräußert, ist der Gewinn aus der Einbringung rückwirkend im Wirtschaftsjahr der Einbringung als Gewinn des Einbringenden im Sinne von § 16 des Einkommensteuergesetzes zu versteuern (Einbringungsgewinn I); § 16 Abs. 4 und § 34 des Einkommensteuergesetzes sind nicht anzuwenden. [2]Die Veräußerung der erhaltenen Anteile gilt insoweit als rückwirkendes Ereignis im Sinne von § 175 Abs. 1 Satz 1 Nr. 2 der Abgabenordnung. [3]Einbringungsgewinn I ist der Betrag, um den der gemeine Wert des eingebrachten Betriebsvermögens im Einbringungszeitpunkt nach Abzug der Kosten für den Vermögensübergang den Wert, mit dem die übernehmende Gesellschaft dieses eingebrachte Betriebsvermögen angesetzt hat, übersteigt, vermindert um jeweils ein Siebtel für jedes seit dem Einbringungszeitpunkt abgelaufene Zeitjahr. [4]Der Einbringungsgewinn I gilt als nachträgliche Anschaffungskosten der erhaltenen Anteile. [5]Umfasst das eingebrachte Betriebsvermögen auch Anteile an Kapitalgesellschaften oder Genossenschaften, ist insoweit § 22 Abs. 2 anzuwenden; ist in diesen Fällen das Recht der Bundesrepublik Deutschland hinsichtlich der Besteuerung des Gewinns aus der Veräußerung der erhaltenen Anteile ausgeschlossen oder beschränkt, ist daneben auch Satz 1 bis 4 anzuwenden. [6]Die Sätze 1 bis 5 gelten entsprechend, wenn

1. der Einbringende die erhaltenen Anteile unmittelbar oder mittelbar unentgeltlich auf eine Kapitalgesellschaft oder eine Genossenschaft überträgt,

2. der Einbringende die erhaltenen Anteile entgeltlich überträgt, es sei denn er weist nach, dass die Übertragung durch einen Vorgang im Sinne des § 20 Abs. 1 oder § 21 Abs. 1 oder aufgrund vergleichbarer ausländischer Vorgänge zu Buchwerten erfolgte,

3. die Kapitalgesellschaft, an der die Anteile bestehen, aufgelöst und abgewickelt wird oder das Kapital dieser Gesellschaft herabgesetzt und an die Anteilseigner zurück-

Relevant tax law provisions

contribution account for tax purposes within the meaning of Sec. 27 Corporation Tax Act are distributed or repaid;

4. the transferor has transferred the received shares at book value to a corporation or a cooperative society by way of a transaction within the meaning of Sec. 21 (1) or a transaction within the meaning of Sec. 20 (1) or on the basis of comparable foreign transactions and these shares are subsequently directly or indirectly disposed of or directly or indirectly transferred by way of a transaction within the meaning of No. 1 or 2, unless the transferor proves that the shares have been transferred at book value (chain contribution);

5. the transferor transfers the received shares at book value to a corporation or to a cooperative society by way of a transaction within the meaning of Sec. 20 (1) or a transaction within the meaning of Sec. 21 (1) or on the basis of comparable foreign transactions, and the shares received from such transfer are subsequently directly or indirectly disposed of or directly or indirectly transferred by way of a transaction within the meaning of No. 1 or 2, unless the transferor proves that the transfer has been effected at book value; or

6. the conditions within the meaning of Sec. 1 (4) are no longer met for the transferor or the receiving company within the meaning of No. 4.

^{7}Sentence 4 shall in the cases of Sentence 6 No. 4 and 5 also apply with regard to the acquisition cost of the shares based on any retransfer of these shares at book value (Sec. 20 (1) and Sec. 21 (1) Sentence 2).

(2) ^{1}In so far as shares transferred below the fair market value within the context of a contribution in kind (Sec. 20 (1)) or an exchange of shares (Sec. 21 (1)) are disposed of by the receiving company within a period of seven years from the transfer date and the transferor is no person privileged by Sec. 8b (2) Corporation Tax Act, the gain resulting from the contribution is retroactively to be taxed in the fiscal year of the transfer as gain of the transferor on disposal of shares (contribution gain II); Sec. 16 (4) Income Tax Act shall not apply. ^{2}Paragraph 1 Sentence 2 shall apply *mutatis mutandis*. ^{3}Contribution gain II shall be the amount by which the fair market value of the transferred shares at the transfer date, after deduction of the cost of the transfer of assets and liabilities, exceeds the value assessed by the transferor for the received shares, reduced by one-seventh for each time year expired since the transfer date. ^{4}Contribution gain II shall be deemed subsequent acquisition cost of the received shares. ^{5}Sentences 1 to 4 shall not apply in so far as the transferor has disposed of the received shares; this shall also apply in the cases of Sec. 6 Foreign Transactions Tax Act of 8 September 1972 (Federal Law Gazette I p. 1713), last amended by Article 7 of the Act of 7 December 2006 (Federal Law Gazette I p. 2782), in the current version, if and as far as there is no deferral of the tax. ^{6}Sentences 1 to 5 shall *mutatis mutandis* apply if the receiving company retransfers the received shares by way of a transaction as per Paragraph 1 Sentence 6 No. 1 to 5, or if the conditions as per Sec. 1 (4) are no longer met with regard to that company. ^{7}Paragraph 1 Sentence 7 shall apply *mutatis mutandis*.

(3) ^{1}In the seven years following the transfer date, the transferor must at the latest by 31 May annually give evidence of the entities or persons to whom

1. in the cases of Paragraph 1, the received shares and the shares based on these shares and,

2. in the cases of Paragraph 2, the transferred shares and the shares based on the latter

gezahlt wird oder Beträge aus dem steuerlichen Einlagekonto im Sinne des § 27 des Körperschaftsteuergesetzes ausgeschüttet oder zurückgezahlt werden,

4. der Einbringende die erhaltenen Anteile durch einen Vorgang im Sinne des § 21 Abs. 1 oder einen Vorgang im Sinne des § 20 Abs. 1 oder aufgrund vergleichbarer ausländischer Vorgänge zum Buchwert in eine Kapitalgesellschaft oder eine Genossenschaft eingebracht hat und diese Anteile anschließend unmittelbar oder mittelbar veräußert oder durch einen Vorgang im Sinne der Nummer 1 oder 2 unmittelbar oder mittelbar übertragen werden, es sei denn er weist nach, dass diese Anteile zu Buchwerten übertragen wurden (Ketteneinbringung),

5. der Einbringende die erhaltenen Anteile in eine Kapitalgesellschaft oder eine Genossenschaft durch einen Vorgang im Sinne des § 20 Abs. 1 oder einen Vorgang im Sinne des § 21 Abs. 1 oder aufgrund vergleichbarer ausländischer Vorgänge zu Buchwerten einbringt und die aus dieser Einbringung erhaltenen Anteile anschließend unmittelbar oder mittelbar veräußert oder durch einen Vorgang im Sinne der Nummer 1 oder 2 unmittelbar oder mittelbar übertragen werden, es sei denn er weist nach, dass die Einbringung zu Buchwerten erfolgte, oder

6. für den Einbringenden oder die übernehmende Gesellschaft im Sinne der Nummer 4 die Voraussetzungen im Sinne von § 1 Abs. 4 nicht mehr erfüllt sind.

[7]Satz 4 gilt in den Fällen des Satzes 6 Nr. 4 und 5 auch hinsichtlich der Anschaffungskosten der auf einer Weitereinbringung dieser Anteile (§ 20 Abs. 1 und § 21 Abs. 1 Satz 2) zum Buchwert beruhenden Anteile.

(2) [1]Soweit im Rahmen einer Sacheinlage (§ 20 Abs. 1) oder eines Anteilstauschs (§ 21 Abs. 1) unter dem gemeinen Wert eingebrachte Anteile innerhalb eines Zeitraums von sieben Jahren nach dem Einbringungszeitpunkt durch die übernehmende Gesellschaft veräußert werden und der Einbringende keine durch § 8b Abs. 2 des Körperschaftsteuergesetzes begünstigte Person ist, ist der Gewinn aus der Einbringung im Wirtschaftsjahr der Einbringung rückwirkend als Gewinn des Einbringenden aus der Veräußerung von Anteilen zu versteuern (Einbringungsgewinn II); § 16 Abs. 4 des Einkommensteuergesetzes ist nicht anzuwenden. [2]Absatz 1 Satz 2 gilt entsprechend. [3]Einbringungsgewinn II ist der Betrag, um den der gemeine Wert der eingebrachten Anteile im Einbringungszeitpunkt nach Abzug der Kosten für den Vermögensübergang den Wert, mit dem der Einbringende die erhaltenen Anteile angesetzt hat, übersteigt, vermindert um jeweils ein Siebtel für jedes seit dem Einbringungszeitpunkt abgelaufene Zeitjahr. [4]Der Einbringungsgewinn II gilt als nachträgliche Anschaffungskosten der erhaltenen Anteile. [5]Sätze 1 bis 4 sind nicht anzuwenden, soweit der Einbringende die erhaltenen Anteile veräußert hat; dies gilt auch in den Fällen von § 6 des Außensteuergesetzes vom 8. September 1972 (BGBl. I S. 1713), das zuletzt durch Artikel 7 des Gesetzes vom 7. Dezember 2006 (BGBl. I S. 2782) geändert worden ist, in der jeweils geltenden Fassung, wenn und soweit die Steuer nicht gestundet wird. [6]Sätze 1 bis 5 gelten entsprechend, wenn die übernehmende Gesellschaft die eingebrachten Anteile ihrerseits durch einen Vorgang nach Absatz 1 Satz 6 Nr. 1 bis 5 weiter überträgt oder für diese die Voraussetzungen nach § 1 Abs. 4 nicht mehr erfüllt sind. [7]Absatz 1 Satz 7 ist entsprechend anzuwenden.

(3) [1]Der Einbringende hat in den dem Einbringungszeitpunkt folgenden sieben Jahren jährlich spätestens bis zum 31. Mai den Nachweis darüber zu erbringen, wem mit Ablauf des Tages, der dem maßgebenden Einbringungszeitpunkt entspricht,

1. in den Fällen des Absatzes 1 die erhaltenen Anteile und die auf diesen Anteilen beruhenden Anteile und

2. in den Fällen des Absatzes 2 die eingebrachten Anteile und die auf diesen Anteilen beruhenden Anteile

are to be attributed upon expiration of the day corresponding to the relevant transfer date. ²In the event that the transferor should not provide evidence, the shares shall be deemed to have been disposed of within the meaning of Paragraphs 1 or 2 at the date following the transfer date or the date corresponding to this calendar day in the following years.

(4) If the transferor of shares within the meaning of Paragraph 1
  1. is a legal entity under public law, the gain on disposal of the received shares shall in the cases of Paragraph 1 be deemed to have accrued at a business enterprise of that corporate entity run by a corporate body under public law;
  2. is exempt from corporation tax, the gain on disposal of the received shares shall in the cases of Paragraph 1 be deemed accrued at business operations of that corporate entity.

(5) The tax office responsible for the transferor shall certify the receiving company at the latter's request the amount of the taxable contribution gain, the determined tax accruing on that amount and the amount discharged on that tax; the tax office responsible for the receiving company must *ex officio* be informed of any subsequent reductions of the taxed contribution gain as well as the determined tax accruing on that gain and the amount discharged on that tax.

(6) In the cases of legal succession without a consideration, the legal successor of the transferor shall be deemed transferor within the meaning of Paragraphs 1 to 5, and the legal successor of the receiving company shall be deemed receiving company within the meaning of Paragraph 2.

(7) In the event that in the cases of a contribution in kind (Sec. 20 (1)) or the exchange of shares (Sec. 21 (1)) below the fair market value any hidden reserves should, due to the formation of a company or a capital increase, be shifted from the received or transferred shares or from any shares based on these shares to other shares, these shares shall in so far also be deemed received or transferred shares or shares based on these shares within the meaning of Paragraph 1 or 2 (shares entering into taxation in the course of a contribution).

Sec. 23 Effects with the receiving company

(1) In the event that the receiving company assesses the transferred business assets and liabilities at a value below the fair market value (Sec. 20 (2) Sentence 2), Sec. 4 (2) Sentence 3 and Sec. 12 (3), Clause 1 shall apply *mutatis mutandis*.

(2) ¹In the cases of Sec. 22 (1), the receiving company may on request report the taxed contribution gain in the fiscal year of the disposal of the shares or an event subject to equal tax treatment (Sec. 22 (1) Sentence 1 and Sentence 6 No. 1 to 6) as amount of increase, in so far as the transferor has paid the tax attributable to the contribution gain and given proof of this by a certificate issued by the competent tax office within the meaning of Sec. 22 (5); the application of the amount of increase shall have no effect on the gain ²Sentence 1 shall only apply in so far as, in the cases of Sec. 22 (1), the transferred business assets and liabilities still belong to the business assets and liabilities of the receiving company, unless they have been transferred at fair market value. ³In the event that the shares disposed of have been acquired by virtue of a transfer of shares pursuant to Sec. 20 (1) or Sec. 21 (1) (Sec. 22 (2)), the acquisition cost of the transferred shares shall increase by the amount of the taxed contribution gain, in so far as the transferor has paid the tax accruing on that contribution gain; Sentence 1 and Sec. 22 (1) Sentence 7 shall apply *mutatis mutandis*.

(3) ¹In the event that the receiving company assesses the received business assets and liabilities at a value above the book value, however, below the fair market value Sec. 12 (3) Clause 1 shall *mutatis mutandis* apply subject to the following proviso:

zuzurechnen sind. ²Erbringt er den Nachweis nicht, gelten die Anteile im Sinne des Absatzes 1 oder des Absatzes 2 an dem Tag, der dem Einbringungszeitpunkt folgt oder der in den Folgejahren diesem Kalendertag entspricht, als veräußert.

(4) Ist der Veräußerer von Anteilen nach Absatz 1

1. eine juristische Person des öffentlichen Rechts, gilt in den Fällen des Absatzes 1 der Gewinn aus der Veräußerung der erhaltenen Anteile als in einem Betrieb gewerblicher Art dieser Körperschaft entstanden,
2. von der Körperschaftsteuer befreit, gilt in den Fällen des Absatzes 1 der Gewinn aus der Veräußerung der erhaltenen Anteile als in einem wirtschaftlichen Geschäftsbetrieb dieser Körperschaft entstanden.

(5) Das für den Einbringenden zuständige Finanzamt bescheinigt der übernehmenden Gesellschaft auf deren Antrag die Höhe des zu versteuernden Einbringungsgewinns, die darauf entfallende festgesetzte Steuer und den darauf entrichteten Betrag; nachträgliche Minderungen des versteuerten Einbringungsgewinns sowie die darauf entfallende festgesetzte Steuer und der darauf entrichtete Betrag sind dem für die übernehmende Gesellschaft zuständigen Finanzamt von Amts wegen mitzuteilen.

(6) In den Fällen der unentgeltlichen Rechtsnachfolge gilt der Rechtsnachfolger des Einbringenden als Einbringender im Sinne der Absätze 1 bis 5 und der Rechtsnachfolger der übernehmenden Gesellschaft als übernehmende Gesellschaft im Sinne des Absatzes 2.

(7) Werden in den Fällen einer Sacheinlage (§ 20 Abs. 1) oder eines Anteilstauschs (§ 21 Abs. 1) unter dem gemeinen Wert stille Reserven aufgrund einer Gesellschaftsgründung oder Kapitalerhöhung von den erhaltenen oder eingebrachten Anteilen oder von auf diesen Anteilen beruhenden Anteilen auf andere Anteile verlagert, gelten diese Anteile insoweit auch als erhaltene oder eingebrachte Anteile oder als auf diesen Anteilen beruhende Anteile im Sinne des Absatzes 1 oder 2 (Mitverstrickung von Anteilen).

§ 23 Auswirkungen bei der übernehmenden Gesellschaft

(1) Setzt die übernehmende Gesellschaft das eingebrachte Betriebsvermögen mit einem unter dem gemeinen Wert liegenden Wert (§ 20 Abs. 2 Satz 2) an, gelten § 4 Abs. 2 Satz 3 und § 12 Abs. 3 erster Halbsatz entsprechend.

(2) ¹In den Fällen des § 22 Abs. 1 kann die übernehmende Gesellschaft auf Antrag den versteuerten Einbringungsgewinn im Wirtschaftsjahr der Veräußerung der Anteile oder eines gleichgestellten Ereignisses (§ 22 Abs. 1 Satz 1 und Satz 6 Nr. 1 bis 6) als Erhöhungsbetrag ansetzen, soweit der Einbringende die auf den Einbringungsgewinn entfallende Steuer entrichtet hat und dies durch Vorlage einer Bescheinigung des zuständigen Finanzamts im Sinne von § 22 Abs. 5 nachgewiesen wurde; der Ansatz des Erhöhungsbetrages bleibt ohne Auswirkung auf den Gewinn. ²Satz 1 ist nur anzuwenden, soweit das eingebrachte Betriebsvermögen in den Fällen des § 22 Abs. 1 noch zum Betriebsvermögen der übernehmenden Gesellschaft gehört, es sei denn, dieses wurde zum gemeinen Wert übertragen. ³Wurden die veräußerten Anteile aufgrund einer Einbringung von Anteilen nach § 20 Abs. 1 oder § 21 Abs. 1 (§ 22 Abs. 2) erworben, erhöhen sich die Anschaffungskosten der eingebrachten Anteile in Höhe des versteuerten Einbringungsgewinns, soweit der Einbringende die auf den Einbringungsgewinn entfallende Steuer entrichtet hat; Satz 1 und § 22 Abs. 1 Satz 7 gelten entsprechend.

(3) ¹Setzt die übernehmende Gesellschaft das eingebrachte Betriebsvermögen mit einem über dem Buchwert, aber unter dem gemeinen Wert liegenden Wert an, gilt § 12 Abs. 3 erster Halbsatz entsprechend mit der folgenden Maßgabe:

Relevant tax law provisions

1. Depreciation or depletion pursuant to Sec. 7 (1), (4), (5) and (6) Income Tax Act is as from the transfer date to be assessed by the acquisition cost of the transferor, increased by the difference between the book value of the individual assets and the value reported by the corporation for the assets.

2. As regards depreciation pursuant to Sec. 7 (2) Income Tax Act, the value reported by the corporation for the assets shall at the transfer date be substituted for the book value of the individual assets.

²In the event that the acquisition cost should increase due to the retroactive taxation of the contribution gain (Paragraph 2), this shall apply subject to the proviso that the beginning of the fiscal year of the event causing taxation of the contribution gain shall be substituted for the transfer date.

(4) In the event that the receiving company reports the transferred business assets and liabilities at fair market value, the transferred assets shall be deemed acquired by the corporation at the transfer date, provided that the transfer is effected by way of singular succession; should the transfer of the business assets and liabilities be effected by way of universal succession in accordance with the provisions of the German Reorganisation Act, Paragraph 3 shall apply *mutatis mutandis*.

(5) The relevant trade income of the receiving company cannot be reduced by the losses of the transferor capable of being carried forward within the meaning of Sec. 10a Trade Tax Act.

(6) Sec. 6 (1) and (3) shall apply *mutatis mutandis*.

Part 7.
Transfer of a business, an operating business unit or an interest of a co-entrepreneur to a partnership

Sec. 24 Transfer of business assets and liabilities to a partnership

(1) In the event that a business or an operating business unit or an interest of a co-entrepreneur is transferred to a partnership and the transferor becomes a co-entrepreneur of the company, Paragraphs 2 to 4 shall apply to the valuation of the transferred business assets and liabilities.

(2) ¹The partnership must report the transferred business assets and liabilities at fair market value in its balance sheets, including supplementary statements for its partners; Sec. 6a Income Tax Act shall apply to the valuation of provisions for pensions. ²In derogation from Sentence 1, the received business assets and liabilities may on request be reported at a higher value, however, maximally at the value within the meaning of Sentence 1, in so far as the right of the Federal Republic of Germany to tax the transferred business assets and liabilities is neither excluded nor limited. ³Sec. 20 (2) Sentence 3 shall apply *mutatis mutandis*.

(3) ¹The value at which the transferred business assets and liabilities are reported in the balance sheet of the partnership, including supplementary statements for its partners, shall be deemed the purchase price for the transferor. ²Sec. 16 (4) Income Tax Act shall apply only if the transferred business assets and liabilities are reported at fair market value and no transfer of parts of an interest of a co-entrepreneur is concerned; Sec. 34 (1) and (3) Income Tax Act shall in these respects apply in so far as the capital gain is not partly exempt from tax pursuant to Sec. 3 No. 40 Sentence 1 Lit. (b) in conjunction with Sec. 3c (2) Income Tax Act. ³In the cases of Sentence 2, Sec. 16 (2) Sentence 3 Income Tax Act shall apply *mutatis mutandis*.

1. Die Absetzungen für Abnutzung oder Substanzverringerung nach § 7 Abs. 1, 4, 5 und 6 des Einkommensteuergesetzes sind vom Zeitpunkt der Einbringung an nach den Anschaffungs- oder Herstellungskosten des Einbringenden, vermehrt um den Unterschiedsbetrag zwischen dem Buchwert der einzelnen Wirtschaftsgüter und dem Wert, mit dem die Kapitalgesellschaft die Wirtschaftsgüter ansetzt, zu bemessen.
2. Bei den Absetzungen für Abnutzung nach § 7 Abs. 2 des Einkommensteuergesetzes tritt im Zeitpunkt der Einbringung an die Stelle des Buchwerts der einzelnen Wirtschaftsgüter der Wert, mit dem die Kapitalgesellschaft die Wirtschaftsgüter ansetzt.

²Bei einer Erhöhung der Anschaffungskosten oder Herstellungskosten aufgrund rückwirkender Besteuerung des Einbringungsgewinns (Absatz 2) gilt dies mit der Maßgabe, dass an die Stelle des Zeitpunkts der Einbringung der Beginn des Wirtschaftjahres tritt, in welches das die Besteuerung des Einbringungsgewinns auslösende Ereignis fällt.

(4) Setzt die übernehmende Gesellschaft das eingebrachte Betriebsvermögen mit dem gemeinen Wert an, gelten die eingebrachten Wirtschaftsgüter als im Zeitpunkt der Einbringung von der Kapitalgesellschaft angeschafft, wenn die Einbringung des Betriebsvermögens im Wege der Einzelrechtsnachfolge erfolgt; erfolgt die Einbringung des Betriebsvermögens im Wege der Gesamtrechtsnachfolge nach den Vorschriften des Umwandlungsgesetzes, gilt Absatz 3 entsprechend.

(5) Der maßgebende Gewerbeertrag der übernehmenden Gesellschaft kann nicht um die vortragsfähigen Fehlbeträge des Einbringenden im Sinne des § 10a des Gewerbesteuergesetzes gekürzt werden.

(6) § 6 Abs. 1 und 3 gilt entsprechend.

Siebter Teil.
Einbringung eines Betriebs, Teilbetriebs oder Mitunternehmeranteils in eine Personengesellschaft

§ 24 Einbringung von Betriebsvermögen in eine Personengesellschaft

(1) Wird ein Betrieb oder Teilbetrieb oder ein Mitunternehmeranteil in eine Personengesellschaft eingebracht und wird der Einbringende Mitunternehmer der Gesellschaft, gelten für die Bewertung des eingebrachten Betriebsvermögens die Absätze 2 bis 4.

(2) ¹Die Personengesellschaft hat das eingebrachte Betriebsvermögen in ihrer Bilanz einschließlich der Ergänzungsbilanzen für ihre Gesellschafter mit dem gemeinen Wert anzusetzen; für die Bewertung von Pensionsrückstellungen gilt § 6a des Einkommensteuergesetzes. ²Abweichend von Satz 1 kann das übernommene Betriebsvermögen auf Antrag mit dem Buchwert oder einem höheren Wert, höchstens jedoch mit dem Wert im Sinne des Satzes 1, angesetzt werden, soweit das Recht der Bundesrepublik Deutschland hinsichtlich der Besteuerung des eingebrachten Betriebsvermögens nicht ausgeschlossen oder beschränkt wird. ³§ 20 Abs. 2 Satz 3 gilt entsprechend.

(3) ¹Der Wert, mit dem das eingebrachte Betriebsvermögen in der Bilanz der Personengesellschaft einschließlich der Ergänzungsbilanzen für ihre Gesellschafter angesetzt wird, gilt für den Einbringenden als Veräußerungspreis. ²§ 16 Abs. 4 des Einkommensteuergesetzes ist nur anzuwenden, wenn das eingebrachte Betriebsvermögen mit dem gemeinen Wert angesetzt wird und es sich nicht um die Einbringung von Teilen eines Mitunternehmeranteils handelt; in diesen Fällen ist § 34 Abs. 1 und 3 des Einkommensteuergesetzes anzuwenden, soweit der Veräußerungsgewinn nicht nach § 3 Nr. 40 Satz 1 Buchstabe b in Verbindung mit § 3c Abs. 2 des Einkommensteuergesetzes teil-

Relevant tax law provisions

(4) Sec. 23 (1), (3), (4) and (6) shall apply *mutatis mutandis*; in the case of transfer to a partnership by way of universal succession, Sec. 20 (5) and (6) shall *mutatis mutandis* apply as well.

(5) In so far as any shares in a corporate entity, association of persons or conglomeration of assets and liabilities transferred below the fair market value within the context of a transfer as per Paragraph 1 are within a period of seven years from the transfer date disposed of by the receiving partnership or retransferred by way of a transaction pursuant to Sec. 22 (1) Sentence 6 No. 1 to 5, and the transferor is no person privileged by Sec. 8b (2) Corporation Tax Act, Sec. 22 (2), (3) and (5) to (7) shall be applied *mutatis mutandis*, provided that the gain on disposal of the transferred shares is allocable to a co-entrepreneur privileged by Sec. 8b (2) Corporation Tax Act.

Part 8.
Change of the legal form of a partnership to a corporation or a cooperative society

Sec. 25 Appropriate application of Part 6

¹In the event that a partnership changes its legal form to a corporation or a cooperative society within the meaning of Sec. 190 German Reorganisation Act of 28 October 1994 (Federal Law Gazette I p. 3210, 1995 I p. 428), last amended by Article 10 of the Act of 9 December 2004 (Federal Law Gazette I p. 3214) in the current version, or on the basis of comparable foreign transactions, Secs. 20 to 23 shall apply *mutatis mutandis*. ²Sec. 9 Sentences 2 and 3 shall apply *mutatis mutandis*.

Part 9.
Prevention of tax abuse

Sec. 26 *(cancelled)*

Part 10.
Entry into force, transitional provision, and authorisation

Sec. 27 Entry into force

(1) This version of the Act must for the first time be applied to transformations and transfers with regard to which entry in the public register relevant to the coming into effect of the transaction has been applied for after 12 December 2006. As regards transfers the effectiveness of which does not require entry in a public register, the present version of the Act is for the first time to be applied if the economic ownership of the transferred assets has passed after 12 December 2006.

(2) ¹The German Reorganisation Tax Act in the version of the announcement of 15 October 2002 (Federal Law Gazette I p. 2002), last amended by Article 3 of the Act of 16 May 2003 (Federal Law Gazette I p. 660), is to be applied for the last time to transformations and transfers with regard to which application for entry in the public register relevant to the coming into effect of the transaction has been made on or before 12 December 2006. ²As regards transfers the effectiveness of which does not require entry in a public register, the present version is to be applied for the last time if the economic ownership of the transferred assets has passed on or before 12 December 2006.

weise steuerbefreit ist. ³In den Fällen des Satzes 2 gilt § 16 Abs. 2 Satz 3 des Einkommensteuergesetzes entsprechend.

(4) § 23 Abs. 1, 3, 4 und 6 gilt entsprechend; in den Fällen der Einbringung in eine Personengesellschaft im Wege der Gesamtrechtsnachfolge gilt auch § 20 Abs. 5 und 6 entsprechend.

(5) Soweit im Rahmen einer Einbringung nach Absatz 1 unter dem gemeinen Wert eingebrachte Anteile an einer Körperschaft, Personenvereinigung oder Vermögensmasse innerhalb eines Zeitraums von sieben Jahren nach dem Einbringungszeitpunkt durch die übernehmende Personengesellschaft veräußert oder durch einen Vorgang nach § 22 Abs. 1 Satz 6 Nummer 1 bis 5 weiter übertragen werden und der Einbringende keine durch § 8b Abs. 2 des Körperschaftsteuergesetzes begünstigte Person ist, ist § 22 Abs. 2, 3 und 5 bis 7 insoweit entsprechend anzuwenden, als der Gewinn aus der Veräußerung der eingebrachten Anteile auf einen von § 8b Abs. 2 des Körperschaftsteuergesetzes begünstigten Mitunternehmer entfällt.

Achter Teil.
Formwechsel einer Personengesellschaft in eine Kapitalgesellschaft oder Genossenschaft

§ 25 Entsprechende Anwendung des sechsten Teils

¹In den Fällen des Formwechsels einer Personengesellschaft in eine Kapitalgesellschaft oder Genossenschaft im Sinne des § 190 des Umwandlungsgesetzes vom 28. Oktober 1994 (BGBl. I S. 3210, 1995 I S. 428), das zuletzt durch Artikel 10 des Gesetzes vom 9. Dezember 2004 (BGBl. I S. 3214) geändert worden ist, in der jeweils geltenden Fassung oder aufgrund vergleichbarer ausländischer Vorgänge gelten §§ 20 bis 23 entsprechend. ²§ 9 Satz 2 und 3 ist entsprechend anzuwenden.

Neunter Teil.
Verhinderung von Missbräuchen

§ 26 *(weggefallen)*

Zehnter Teil.
Anwendungsvorschriften und Ermächtigung

§ 27 Anwendungsvorschriften

(1) Diese Fassung des Gesetzes ist erstmals auf Umwandlungen und Einbringungen anzuwenden, bei denen die Anmeldung zur Eintragung in das für die Wirksamkeit des jeweiligen Vorgangs maßgebende öffentliche Register nach dem 12. Dezember 2006 erfolgt ist. Für Einbringungen, deren Wirksamkeit keine Eintragung in ein öffentliches Register voraussetzt, ist diese Fassung des Gesetzes erstmals anzuwenden, wenn das wirtschaftliche Eigentum an den eingebrachten Wirtschaftsgütern nach dem 12. Dezember 2006 übergegangen ist.

(2) ¹Das Umwandlungssteuergesetz in der Fassung der Bekanntmachung vom 15. Oktober 2002 (BGBl. I S. 2002), zuletzt geändert durch Artikel 3 des Gesetzes vom 16. Mai 2003 (BGBl. I S. 660), ist letztmals auf Umwandlungen und Einbringungen anzuwenden, bei denen die Anmeldung zur Eintragung in das für die Wirksamkeit des jeweiligen Vorgangs maßgebende öffentliche Register bis zum 12. Dezember 2006 erfolgt ist. ²Für Einbringungen, deren Wirksamkeit keine Eintragung in ein öffentliches Register voraussetzt, ist diese Fassung letztmals anzuwenden, wenn das wirtschaftliche Eigentum an den eingebrachten Wirtschaftsgütern bis zum 12. Dezember 2006 übergegangen ist.

(3) In derogation from Paragraph 2,
1. the application of Sec. 5 (4) to tainted shares within the meaning of Sec. 21 (1) shall continue subject to the proviso that the shares shall be deemed transferred to the business assets and liabilities of the receiving legal entity at the value within the meaning of Sec. 5 (2) or (3) in the version of Paragraph 1 as of the effective transfer date for tax purposes.
2. Sec. 20 (6) in the version applying on 21 May 2003 shall continue to apply to any cases in which the right to tax is excluded (Sec. 20 (3)) if Paragraph 2 had to be applied to the transfer;
3. Sec. 21 in the version applying on 21 May 2003 shall continue to apply to tainted shares within the meaning of Sec. 21 (1) based on a contribution transaction to which Paragraph 2 had to be applied. ²This shall apply to Sec. 21 (2) Sentence 1 No. 2 in the version applying on 21 May 2003 subject to the proviso that deferral of the taxes is granted pursuant to Sec. 6 (5) Foreign Transactions Tax Act in the version of the Act of 7 December 2006 (Federal Law Gazette I p. 2782) subject to the requirements referred to there if the income tax has not yet been determined legally valid; Sec. 6 (6) and (7) Foreign Transactions Tax Act shall apply *mutatis mutandis*.

(4) In derogation from Paragraph 1, Secs. 22, 23 and 24 (5) shall not apply in so far as exemption from tax pursuant to Sec. 8b (4) Corporation Tax Act in the version applying on 12 December 2006 or pursuant to Sec. 3 No. 40 Sentences 3 and 4 Income Tax Act in the version applying on 12 December 2006 with regard to the gain on disposal of the shares or an event with equal tax status within the meaning of Sec. 22 (1) is excluded.

Sec. 28 Publication authorisation

The Federal Ministry of Finance shall be authorised to publish the wording of this Act and the ordinances issued with regard to this Act as amended, numbered record-by-record, with the new date and in new sequence, and in this connection to eliminate any discrepancies in the wording.

5. German Foreign Transactions Tax Act (excerpts)

of 08/09/1972 (Federal Law Gazette I p. 1713), last amended by *Bill on Tax Measures accompanying the introduction of the European Company and the amendment of other tax regulations* of 07/12/2006 (Federal Law Gazette I 2006 p. 2802)

Sec. 6 Taxation of the increase in assets and liabilities

(1) ¹As regards a natural person having been subject to unlimited tax liability pursuant to Sec. 1 (1) Income Tax Act for in the aggregate at least ten years, whose unlimited tax liability ends because of discontinuance of residence or habitual abode, Sec. 17 Income Tax Act is to be applied to shares within the meaning of Sec. 17 (1) Sentence 1 Income Tax Act at the time of termination of unlimited tax liability even without disposal of the shares if the requirements of this provision with regard to the shares are at this time in other respects met. ²The following transactions shall have equal tax status with the termination of unlimited tax liability within the meaning of Sentence 1
1. the transfer of shares by way of a legal lifetime transaction entirely or partially without a consideration, or by acquisition *mortis causa* to any persons not subject to unlimited tax liability, or

(3) Abweichend von Absatz 2 ist
1. § 5 Abs. 4 für einbringungsgeborene Anteile im Sinne von § 21 Abs. 1 mit der Maßgabe weiterhin anzuwenden, dass die Anteile zu dem Wert im Sinne von § 5 Abs. 2 oder Abs. 3 in der Fassung des Absatzes 1 als zum steuerlichen Übertragungsstichtag in das Betriebsvermögen des übernehmenden Rechtsträgers überführt gelten.
2. § 20 Abs. 6 in der am 21. Mai 2003 geltenden Fassung für die Fälle des Ausschlusses des Besteuerungsrechts (§ 20 Abs. 3) weiterhin anwendbar, wenn auf die Einbringung Absatz 2 anzuwenden war,
3. § 21 in der am 21. Mai 2003 geltenden Fassung für einbringungsgeborene Anteile im Sinne von § 21 Abs. 1, die auf einem Einbringungsvorgang beruhen, auf den Absatz 2 anwendbar war, weiterhin anzuwenden.²Für § 21 Abs. 2 Satz 1 Nr. 2 in der am 21. Mai 2003 geltenden Fassung gilt dies mit der Maßgabe, dass eine Stundung der Steuer gemäß § 6 Abs. 5 des Außensteuergesetzes in der Fassung des Gesetzes vom 7. Dezember 2006 (BGBl. I S. 2782) unter den dort genannten Voraussetzungen erfolgt, wenn die Einkommensteuer noch nicht bestandskräftig festgesetzt ist; § 6 Abs. 6 und 7 des Außensteuergesetzes ist entsprechend anzuwenden.

(4) Abweichend von Absatz 1 sind §§ 22, 23 und 24 Abs. 5 nicht anzuwenden, soweit hinsichtlich des Gewinns aus der Veräußerung der Anteile oder einem gleichgestellten Ereignis im Sinne des § 22 Abs. 1 die Steuerfreistellung nach § 8b Abs. 4 des Körperschaftsteuergesetzes in der am 12. Dezember 2006 geltenden Fassung oder nach § 3 Nr. 40 Sätze 3 und 4 des Einkommensteuergesetzes in der am 12. Dezember 2006 geltenden Fassung ausgeschlossen ist.

§ 28 Bekanntmachungserlaubnis

Das Bundesministerium der Finanzen wird ermächtigt, den Wortlaut dieses Gesetzes und der zu diesem Gesetz erlassenen Rechtsverordnungen in der jeweils geltenden Fassung satzweise nummeriert mit neuem Datum und in neuer Paragraphenfolge bekannt zu machen und dabei Unstimmigkeiten im Wortlaut zu beseitigen.

5. Gesetz über die Besteuerung bei Auslandsbeziehungen (Außensteuergesetz - AStG) in Auszügen

v. 08.09.1972 (BGBl. I 1972 S. 1713), zuletzt geändert durch *Gesetz über steuerliche Begleitmaßnahmen zur Einführung der Europäischen Gesellschaft und zur Änderung weiterer steuerrechtlicher Vorschriften (SEStEG)* v. 07.12.2006 (BGBl. I 2006 S. 2802)

§ 6 Besteuerung des Vermögenszuwachses

(1) ¹Bei einer natürlichen Person, die insgesamt mindestens zehn Jahre nach § 1 Abs. 1 des Einkommensteuergesetzes unbeschränkt steuerpflichtig war und deren unbeschränkte Steuerpflicht durch Aufgabe des Wohnsitzes oder gewöhnlichen Aufenthaltes endet, ist auf Anteile im Sinne des § 17 Abs. 1 Satz 1 des Einkommensteuergesetzes im Zeitpunkt der Beendigung der unbeschränkten Steuerpflicht § 17 des Einkommensteuergesetzes auch ohne Veräußerung anzuwenden, wenn im Übrigen für die Anteile zu diesem Zeitpunkt die Voraussetzungen dieser Vorschrift erfüllt sind. ²Der Beendigung der unbeschränkten Steuerpflicht im Sinne des Satzes 1 stehen gleich

1. die Übertragung der Anteile durch ganz oder teilweise unentgeltliches Rechtsgeschäft unter Lebenden oder durch Erwerb von Todes wegen auf nicht unbeschränkt steuerpflichtige Personen, oder

Relevant tax law provisions

2. the establishment of a residence or habitual abode or compliance with any other similar feature in a foreign state if the taxpayer is to be considered resident in that state under a double taxation treaty, or

3. the contribution of the shares to a business or a permanent establishment of the taxpayer in a foreign state, or

4. the exclusion or limitation of the right to impose tax of the Federal Republic of Germany with regard to the gain on disposal of the shares by virtue of transactions other than those referred to in Sentence 1 or in No. 1 to 3.

[3]Sec. 17 (5) Income Tax Act and the provisions of the German Reorganisation Tax Act shall remain unaffected. The fair market value of the shares at the date relevant as per Sentence 1 or 2 shall be substituted for the purchase price (Sec. 17 (2) Income Tax Act). [4]Secs. 17 and 49 (1) No. 2 Lit. (e) Income Tax Act shall remain unaffected subject to the proviso that the gain on disposal of the shares to be reported in accordance with these provisions is to be reduced by the increase in assets and liabilities taxed in accordance with the above provisions.

(2) [1]In the event that the taxpayer subject to unlimited tax liability has acquired the shares by a legal transaction entirely or partially without a consideration, any periods during which the legal predecessor has been subject to unlimited tax liability before the transfer of the shares are to be included in the computation of the term of unlimited tax liability relevant as per Paragraph 1. [2]If the shares have this way been transferred several times in succession, Sentence 1 shall *mutatis mutandis* apply to each of the legal predecessors. Any periods in which the taxpayer or one or several predecessors have concurrently been subject to unlimited tax liability shall in this respect be taken into account only once.

(3) [1]In the event that the termination of unlimited tax liability is due to the taxpayer's temporary absence and the taxpayer becomes subject to unlimited tax liability again within five years from the termination of unlimited tax liability, the tax claim as per Paragraph 1 shall cease to exist in so far as the shares have not been disposed of in the meantime, the conditions of Paragraph 1 Sentence 2 No. 1 or 3 have not been met and the taxpayer is at the time of creation of unlimited tax liability not considered to be resident in a foreign state pursuant to a double taxation treaty. [2]The tax office responsible pursuant to Sec. 19 General Fiscal Code at the date relevant as per Paragraph 1 Sentence 1 or 2 may extend this period by maximally five years if the taxpayer substantiates that his absence is governed by occupational reasons and his intention to return continues to exist. [3]In the event that in case of acquisition *mortis causa* as per Paragraph 1 Sentence 2 No. 1, the legal successor becomes subject to unlimited tax liability within five years from the accrual of the tax claim as per Paragraph 1, Sentence 1 shall apply *mutatis mutandis*. [4]If the tax claim has been deferred as per Paragraph 5, Sentence 1 shall *mutatis mutandis* apply without the time limit referred to therein if

1. the taxpayer or, in the case of Paragraph 1 Sentence 2 No. 1, its legal successor, becomes subject to unlimited tax liability, or

2. the right of the Federal Republic of Germany to tax the gain on disposal of the shares is created again due to any other event, or ceases to be limited.

(4) [1]Subject to Paragraph 5, the income tax owed as per Paragraph 1 shall on request be deferred and payable in regular instalments on security for a period of maximally five years from the occurrence of the first due date if its prompt payment would mean substantial hardship to the taxpayer. [2]The deferral of the taxes is to be revoked in so far as the shares are disposed of during the period of deferral or transferred to a company by a

2. die Begründung eines Wohnsitzes oder gewöhnlichen Aufenthalts oder die Erfüllung eines anderen ähnlichen Merkmals in einem ausländischen Staat, wenn der Steuerpflichtige aufgrund dessen nach einem Abkommen zur Vermeidung der Doppelbesteuerung als in diesem Staat ansässig anzusehen ist, oder

3. die Einlage der Anteile in einen Betrieb oder eine Betriebsstätte des Steuerpflichtigen in einem ausländischen Staat, oder

4. der Ausschluss oder die Beschränkung des Besteuerungsrechts der Bundesrepublik Deutschland hinsichtlich des Gewinns aus der Veräußerung der Anteile aufgrund anderer als der in Satz 1 oder den in Nr. 1 bis 3 genannten Ereignisse.

³§ 17 Abs. 5 des Einkommensteuergesetzes und die Vorschriften des Umwandlungssteuergesetzes bleiben unberührt. An Stelle des Veräußerungspreises (§ 17 Abs. 2 des Einkommensteuergesetzes) tritt der gemeine Wert der Anteile in dem nach Satz 1 oder 2 maßgebenden Zeitpunkt. ⁴Die §§ 17 und 49 Abs. 1 Nr. 2 Buchstabe e des Einkommensteuergesetzes bleiben mit der Maßgabe unberührt, dass der nach diesen Vorschriften anzusetzende Gewinn aus der Veräußerung dieser Anteile um den nach den vorstehenden Vorschriften besteuerten Vermögenszuwachs zu kürzen ist.

(2) ¹Hat der unbeschränkt Steuerpflichtige die Anteile durch ein ganz oder teilweise unentgeltliches Rechtsgeschäft erworben, so sind für die Errechnung der nach Absatz 1 maßgebenden Dauer der unbeschränkten Steuerpflicht auch Zeiträume einzubeziehen, in denen der Rechtsvorgänger bis zur Übertragung der Anteile unbeschränkt steuerpflichtig war. ²Sind die Anteile mehrmals nacheinander in dieser Weise übertragen worden, so gilt Satz 1 für jeden der Rechtsvorgänger entsprechend. Zeiträume, in denen der Steuerpflichtige oder ein oder mehrere Rechtsvorgänger gleichzeitig unbeschränkt steuerpflichtig waren, werden dabei nur einmal angesetzt.

(3) ¹Beruht die Beendigung der unbeschränkten Steuerpflicht auf vorübergehender Abwesenheit und wird der Steuerpflichtige innerhalb von fünf Jahren seit Beendigung der unbeschränkten Steuerpflicht wieder unbeschränkt steuerpflichtig, so entfällt der Steueranspruch nach Absatz 1, soweit die Anteile in der Zwischenzeit nicht veräußert und die Tatbestände des Absatzes 1 Satz 2 Nr. 1 oder 3 nicht erfüllt worden sind und der Steuerpflichtige im Zeitpunkt der Begründung der unbeschränkten Steuerpflicht nicht nach einem Abkommen zur Vermeidung der Doppelbesteuerung als in einem ausländischen Staat ansässig gilt. ²Das Finanzamt, das in dem nach Absatz 1 Satz 1 oder 2 maßgebenden Zeitpunkt nach § 19 der Abgabenordnung zuständig ist, kann diese Frist um höchstens fünf Jahre verlängern, wenn der Steuerpflichtige glaubhaft macht, dass berufliche Gründe für seine Abwesenheit maßgebend sind und seine Absicht zur Rückkehr unverändert fortbesteht. ³Wird im Fall des Erwerbs von Todes wegen nach Absatz 1 Satz 2 Nr. 1 der Rechtsnachfolger des Steuerpflichtigen innerhalb von fünf Jahren seit Entstehung des Steueranspruchs nach Absatz 1 unbeschränkt steuerpflichtig, gilt Satz 1 entsprechend. ⁴Ist der Steueranspruch nach Absatz 5 gestundet, gilt Satz 1 ohne die darin genannte zeitliche Begrenzung entsprechend, wenn

1. der Steuerpflichtige oder im Fall des Absatzes 1 Satz 2 Nr. 1 sein Rechtsnachfolger unbeschränkt steuerpflichtig werden, oder

2. das Besteuerungsrecht der Bundesrepublik Deutschland hinsichtlich des Gewinns aus der Veräußerung der Anteile aufgrund eines anderen Ereignisses wieder begründet wird oder nicht mehr beschränkt ist.

(4) ¹Vorbehaltlich des Absatzes 5 ist die nach Absatz 1 geschuldete Einkommensteuer auf Antrag in regelmäßigen Teilbeträgen für einen Zeitraum von höchstens fünf Jahren seit Eintritt der ersten Fälligkeit gegen Sicherheitsleistung zu stunden, wenn ihre alsbaldige Einziehung mit erheblichen Härten für den Steuerpflichtigen verbunden wäre. ²Die Stundung ist zu widerrufen, soweit die Anteile während des Stundungszeitraums ver-

hidden contribution within the meaning of Sec. 17 (1) Sentence 1 Income Tax Act, or any of the conditions of Sec. 17 (4) Income Tax Act is realised. ³In the cases of Paragraph 3 Sentences 1 and 2, the period of deferral of the taxes shall be subject to the time limit granted on the basis of this provision; no partial amounts shall be levied; the security may only dispensed with if the tax claim seems not to be endangered.

(5) ¹In the event that the taxpayer in the case of Paragraph 1 Sentence 1 is a citizen of a member state of the European Union or any other state to which the EEA Agreement is applicable (contracting party to the EEA Agreement) and, following termination of unlimited tax liability, subject to a tax liability comparable to German unlimited income tax liability in any of these states (state of establishment of residence), the tax owed as per Paragraph 1 is to be deferred interest-free and without security. ²The requirement for this shall be that administrative cooperation and mutual assistance with regard to the collection of the tax owed between the Federal Republic of Germany and the state concerned is ensured. ³Sentences 1 and 2 shall *mutatis mutandis* apply if

1. in the case of Paragraph 1 Sentence 2 No. 1, the legal successor of the taxpayer is subject to any tax liability in a member state of the European Union or a contracting party to the EEA Agreement comparable with German unlimited income tax liability, or

2. in the case of Paragraph 1 Sentence 2 No. 2, the taxpayer is subject to any tax liability in a member state of the European Union or a contracting party to the EEA Agreement comparable with German unlimited tax liability, and that taxpayer is a citizen of any of these states, or

3. in the case of Paragraph 1 Sentence 2 No. 3, the taxpayer contributes the shares to a business or a permanent establishment in another member state of the European Union or another contracting party to the EEA Agreement.

⁴The deferral of taxes is to be revoked,

1. in so far as the taxpayer or its legal successor within the meaning of Sentence 3 No. 1 disposes of any shares or effects a hidden contribution of the shares to a company within the meaning of Sec. 17 (1) Sentence 1 Income Tax Act, or in so far as any of the conditions of Sec. 17 (4) Income Tax Act is met;

2. in so far as shares pass to a person not subject to unlimited tax liability, which person is not subject to any tax liability comparable with German unlimited income tax liability in a member state of the European Union or a contracting party to the EEA Agreement;

3. in so far as a withdrawal or any other transaction with regard to the shares is realised, which transaction causes the going-concern value or the fair market value to be applied under domestic law;

4. if, due to the abandonment of its residence or habitual abode, the taxpayer or its legal successor within the meaning of Sentence 3 No. 1 is no longer subject to a tax liability as per Sentence 1.

⁵A transformation to which Secs. 11, 15 or 21 of the German Reorganisation Tax Act of 7 December 2006 (Federal Law Gazette I p. 2782, 2791), as amended, are to be applied, shall on request not be deemed to be disposal within the meaning of Sentence 4 No. 1 if the received shares could pursuant to Sec. 13 (2) and Sec. 21 (2) German Reorganisation Tax Act be assessed at the acquisition cost of the previous shares by a shareholder subject to unlimited tax liability not holding the shares in business assets and liabilities; for purposes of the application of Sentence 4 and Paragraphs 3, 6 and 7, the received shares

äußert werden oder verdeckt in eine Gesellschaft im Sinne des § 17 Abs. 1 Satz 1 des Einkommensteuergesetzes eingelegt werden oder einer der Tatbestände des § 17 Abs. 4 des Einkommensteuergesetzes verwirklicht wird. ³In Fällen des Absatzes 3 Satz 1 und 2 richtet sich der Stundungszeitraum nach der aufgrund dieser Vorschrift eingeräumten Frist; die Erhebung von Teilbeträgen entfällt; von der Sicherheitsleistung kann nur abgesehen werden, wenn der Steueranspruch nicht gefährdet erscheint.

(5) ¹Ist der Steuerpflichtige im Fall des Absatzes 1 Satz 1 Staatsangehöriger eines Mitgliedstaats der Europäischen Union oder eines anderen Staats, auf den das Abkommen über den Europäischen Wirtschaftsraum anwendbar ist (Vertragsstaat des EWR-Abkommens), und unterliegt er nach der Beendigung der unbeschränkten Steuerpflicht in einem dieser Staaten (Zuzugsstaat) einer der deutschen unbeschränkten Einkommensteuerpflicht vergleichbaren Steuerpflicht, so ist die nach Absatz 1 geschuldete Steuer zinslos und ohne Sicherheitsleistung zu stunden. ²Voraussetzung ist, dass die Amtshilfe und die gegenseitige Unterstützung bei der Beitreibung der geschuldeten Steuer zwischen der Bundesrepublik Deutschland und diesem Staat gewährleistet sind. ³Satz 1 und 2 gelten entsprechend, wenn

1. im Fall des Absatzes 1 Satz 2 Nr. 1 der Rechtsnachfolger des Steuerpflichtigen einer der deutschen unbeschränkten Einkommensteuerpflicht vergleichbaren Steuerpflicht in einem Mitgliedstaat der Europäischen Union oder einem Vertragsstaat des EWR-Abkommens unterliegt, oder

2. im Fall des Absatzes 1 Satz 2 Nr. 2 der Steuerpflichtige einer der deutschen unbeschränkten Einkommensteuerpflicht vergleichbaren Steuerpflicht in einem Mitgliedstaat der Europäischen Union oder einem Vertragsstaat des EWR-Abkommens unterliegt und Staatsangehöriger eines dieser Staaten ist, oder

3. im Fall des Absatzes 1 Satz 2 Nr. 3 der Steuerpflichtige die Anteile in einen Betrieb oder eine Betriebsstätte in einem anderen Mitgliedstaat der Europäischen Union oder einem anderen Vertragsstaat des EWR-Abkommens einlegt.

⁴Die Stundung ist zu widerrufen,

1. soweit der Steuerpflichtige oder sein Rechtsnachfolger im Sinne des Satzes 3 Nr. 1 Anteile veräußert oder verdeckt in eine Gesellschaft im Sinne des § 17 Abs. 1 Satz 1 des Einkommensteuergesetzes einlegt oder einer der Tatbestände des § 17 Abs. 4 des Einkommensteuergesetzes erfüllt wird;

2. soweit Anteile auf eine nicht unbeschränkt steuerpflichtige Person übergehen, die nicht in einem Mitgliedstaat der Europäischen Union oder einem Vertragsstaat des EWR-Abkommens einer der deutschen unbeschränkten Einkommensteuerpflicht vergleichbaren Steuerpflicht unterliegt;

3. soweit in Bezug auf die Anteile eine Entnahme oder ein anderer Vorgang verwirklicht wird, der nach inländischem Recht zum Ansatz des Teilwerts oder des gemeinen Werts führt;

4. wenn für den Steuerpflichtigen oder seinen Rechtsnachfolger im Sinne des Satzes 3 Nr. 1 durch Aufgabe des Wohnsitzes oder gewöhnlichen Aufenthalts keine Steuerpflicht nach Satz 1 mehr besteht.

⁵Ein Umwandlungsvorgang, auf den die §§ 11, 15 oder 21 des Umwandlungssteuergesetzes vom 7. Dezember 2006 (BGBl. I S. 2782, 2791) in der jeweils geltenden Fassung anzuwenden sind, gilt auf Antrag nicht als Veräußerung im Sinne des Satzes 4 Nr. 1, wenn die erhaltenen Anteile bei einem unbeschränkt steuerpflichtigen Anteilseigner, der die Anteile nicht in einem Betriebsvermögen hält, nach den § 13 Abs. 2, § 21 Abs. 2 des Umwandlungssteuergesetzes mit den Anschaffungskosten der bisherigen Anteile angesetzt werden könnten; für Zwecke der Anwendung des Satzes 4 und der Absätze 3,

shall in so far be substituted for the shares within the meaning of Paragraph 1. ⁶If in the case of Sentence 1 or Sentence 3 the total amount of income without inclusion of the increase in assets and liabilities as per Paragraph 1 is negative, that increase in assets and liabilities is to be left out of account when Sec. 10d Income Tax Act is applied. ⁷In so far as an event within the meaning of Sentence 4 occurs, the increase in assets and liabilities must retroactively be taken into account when Sec. 10d Income Tax Act is applied, and any notices of income determination or notices of assessment issued or amended by the application of Sentence 6 are to be cancelled or amended; Sec. 175 (1) Sentence 2 General Fiscal Code shall apply *mutatis mutandis*.

(6) ¹If in the case of Paragraph 5 Sentence 4 No. 1 the capital gain within the meaning of Sec. 17 (2) Income Tax Act is at the date of termination of the deferral of taxes lower than the increase in assets and liabilities as per Paragraph 1 and the capital loss is not taken into account in the taxation of income by the state of establishment of residence, the tax assessment notice is in so far to be cancelled or amended; Sec. 175 (1) Sentence 2 General Fiscal Code shall apply *mutatis mutandis*. ²This shall only apply in so far as the taxpayer proves that the capital loss is caused by operational reasons and not to be attributed to a company law measure, in particular a profit distribution. ³The capital loss is maximally to be taken into account at the amount of the increase in assets and liabilities as per Paragraph 1. ⁴In the event that the capital loss is to be attributed to a profit distribution and it is not taken into account in the taxation of income, the domestic withholding tax on capital investment income levied on that profit distribution, which is no longer subject to a reduction claim, is to be set off against the tax owed as per Paragraph 1.

(7) ¹The taxpayer or its universal successor has to inform the tax office responsible at the date referred to in Paragraph 1 pursuant to Sec. 19 General Fiscal Code of the realisation of any of the conditions of Paragraph 5 Sentence 4 in accordance with an officially specified form. ²The notice has to be given within one month from the disclosable event; it must be signed by the taxpayer in its own handwriting. ³In the cases of Paragraph 5 Sentence 4 No. 1 and No. 2, a written proof of the legal transaction must be enclosed with the notice. ⁴The taxpayer must inform the tax office responsible as per Sentence 1 in writing by expiration of 31 January of its current address on 31 December of the preceding calendar year and confirm that the shares continue to be attributable to it or, in the case of legal lifetime succession without a consideration, its legal successor. ⁵The deferral of taxes as per Paragraph 5 Sentence 1 may be revoked if the taxpayer does not comply with its duty to cooperate pursuant to Sentence 4.

Sec. 8 Income of controlled foreign companies

(1) A foreign company shall be a controlled foreign company with regard to income subject to a lower taxation and not originating from:

[…]

10. transformations which might be effected irregardless of Sec. 1 (2) and (4) German Reorganisation Tax Act at book value; this shall not apply in so far as a transformation covers the share in a corporation the disposal of which would not satisfy the requirements of No. 9.

[…]

6 und 7 treten insoweit die erhaltenen Anteile an die Stelle der Anteile im Sinne des Absatzes 1. [6]Ist im Fall des Satzes 1 oder Satzes 3 der Gesamtbetrag der Einkünfte ohne Einbeziehung des Vermögenszuwachses nach Absatz 1 negativ, ist dieser Vermögenszuwachs bei Anwendung des § 10d des Einkommensteuergesetzes nicht zu berücksichtigen. [7]Soweit ein Ereignis im Sinne des Satzes 4 eintritt, ist der Vermögenszuwachs rückwirkend bei der Anwendung des § 10d des Einkommensteuergesetzes zu berücksichtigen und in Anwendung des Satzes 6 ergangene oder geänderte Feststellungsbescheide oder Steuerbescheide sind aufzuheben oder zu ändern; § 175 Abs. 1 Satz 2 der Abgabenordnung gilt entsprechend.

(6) [1]Ist im Fall des Absatzes 5 Satz 4 Nr. 1 der Veräußerungsgewinn im Sinne des § 17 Abs. 2 des Einkommensteuergesetzes im Zeitpunkt der Beendigung der Stundung niedriger als der Vermögenszuwachs nach Absatz 1 und wird die Wertminderung bei der Einkommensbesteuerung durch den Zuzugsstaat nicht berücksichtigt, so ist der Steuerbescheid insoweit aufzuheben oder zu ändern; § 175 Abs. 1 Satz 2 der Abgabenordnung gilt entsprechend. [2]Dies gilt nur, soweit der Steuerpflichtige nachweist, dass die Wertminderung betrieblich veranlasst ist und nicht auf eine gesellschaftsrechtliche Maßnahme, insbesondere eine Gewinnausschüttung, zurückzuführen ist. [3]Die Wertminderung ist höchstens im Umfang des Vermögenszuwachses nach Absatz 1 zu berücksichtigen. [4]Ist die Wertminderung auf eine Gewinnausschüttung zurückzuführen und wird sie bei der Einkommensbesteuerung nicht berücksichtigt, ist die auf diese Gewinnausschüttung erhobene und keinem Ermäßigungsanspruch mehr unterliegende inländische Kapitalertragsteuer auf die nach Absatz 1 geschuldete Steuer anzurechnen.

(7) [1]Der Steuerpflichtige oder sein Gesamtrechtsnachfolger hat dem Finanzamt, das in dem in Absatz 1 genannten Zeitpunkt nach § 19 der Abgabenordnung zuständig ist, nach amtlich vorgeschriebenem Vordruck die Verwirklichung eines der Tatbestände des Absatzes 5 Satz 4 mitzuteilen. [2]Die Mitteilung ist innerhalb eines Monats nach dem meldepflichtigen Ereignis zu erstatten; sie ist vom Steuerpflichtigen eigenhändig zu unterschreiben. [3]In den Fällen des Absatzes 5 Satz 4 Nr. 1 und Nr. 2 ist der Mitteilung ein schriftlicher Nachweis über das Rechtsgeschäft beizufügen. [4]Der Steuerpflichtige hat dem nach Satz 1 zuständigen Finanzamt jährlich bis zum Ablauf des 31. Januar schriftlich seine am 31. Dezember des vorangegangenen Kalenderjahres geltende Anschrift mitzuteilen und zu bestätigen, dass die Anteile ihm oder im Fall der unentgeltlichen Rechtsnachfolge unter Lebenden seinem Rechtsnachfolger weiterhin zuzurechnen sind. [5]Die Stundung nach Absatz 5 Satz 1 kann widerrufen werden, wenn der Steuerpflichtige seine Mitwirkungspflicht nach Satz 4 nicht erfüllt.

§ 8 Einkünfte von Zwischengesellschaften

(1) Eine ausländische Gesellschaft ist Zwischengesellschaft für Einkünfte, die einer niedrigen Besteuerung unterliegen und nicht stammen aus:

[…]

10. Umwandlungen, die ungeachtet des § 1 Absätze 2 und 4 des Umwandlungssteuergesetzes zu Buchwerten erfolgen könnten; das gilt nicht, soweit eine Umwandlung den Anteil an einer Kapitalgesellschaft erfasst, dessen Veräußerung nicht die Voraussetzungen der Nummer 9 erfüllen würde.

[…]

Sec. 10 Add-back amount

[…]

(3) ¹The income the add-back amount is based on must be determined by appropriate application of the German tax law provisions; the provisions of the German Investment Act of 15 December 2003 (Federal Law Gazette I p. 2676, 2724), as amended, are *mutatis mutandis* to be used to determine the income from shares in domestic or foreign investment assets, provided that the act is applicable to the investment assets concerned. ²Profit determination in accordance with the principles of Sec. 4 (3) Income Tax Act shall be deemed to have equal tax status with profit determination pursuant to Sec. 4 (1) or Sec. 5 Income Tax Act. ³In the case of several parties involved, the option may only be exercised uniformly for the company. ⁴Tax privileges bound to unlimited tax liability or to the existence of a domestic business or a domestic permanent establishment, as well as the provisions of Sec. 8b (1) and (2) Corporation Tax Act shall not be taken into account; this shall also apply to the provisions of the German Reorganisation Tax Act in so far as income from a transformation as per Sec. 8 (1) No. 10 has to be added. ⁵Any losses arisen with regard to income for which the foreign company is a controlled foreign company may be deducted by appropriate application of Sec. 10d Income Tax Act, in so far as they exceed the income to be left out of account as per Sec. 9. ⁶In so far as a negative amount results due to the tax deduction as per Paragraph 1, the loss within the meaning of Sentence 5 shall increase.

[…]

§ 10 Hinzurechnungsbetrag

[…]

(3) ¹Die dem Hinzurechnungsbetrag zugrunde liegenden Einkünfte sind in entsprechender Anwendung der Vorschriften des deutschen Steuerrechts zu ermitteln; für die Ermittlung der Einkünfte aus Anteilen an einem inländischen oder ausländischen Investmentvermögen sind die Vorschriften des Investmentsteuergesetzes vom 15. Dezember 2003 (BGBl. I S. 2676, 2724) in der jeweils geltenden Fassung sinngemäß anzuwenden, sofern dieses Gesetz auf das Investmentvermögen anwendbar ist. ²Eine Gewinnermittlung entsprechend den Grundsätzen des § 4 Abs. 3 des Einkommensteuergesetzes steht einer Gewinnermittlung nach § 4 Abs. 1 oder § 5 des Einkommensteuergesetzes gleich. ³Bei mehreren Beteiligten kann das Wahlrecht für die Gesellschaft nur einheitlich ausgeübt werden. ⁴Steuerliche Vergünstigungen, die an die unbeschränkte Steuerpflicht oder an das Bestehen eines inländischen Betriebs oder einer inländischen Betriebsstätte anknüpfen und die Vorschriften des § 8b Abs. 1 und 2 des Körperschaftsteuergesetzes, bleiben unberücksichtigt; dies gilt auch für die Vorschriften des Umwandlungssteuergesetzes, soweit Einkünfte aus einer Umwandlung nach § 8 Abs. 1 Nr. 10 hinzuzurechnen sind. ⁵Verluste, die bei Einkünften entstanden sind, für die die ausländische Gesellschaft Zwischengesellschaft ist, können in entsprechender Anwendung des § 10d des Einkommensteuergesetzes, soweit sie die nach § 9 außer Ansatz zu lassenden Einkünfte übersteigen, abgezogen werden. ⁶Soweit sich durch den Abzug der Steuern nach Absatz 1 ein negativer Betrag ergibt, erhöht sich der Verlust im Sinne des Satzes 5.

[…]

Chapter B

European framework regarding cross-border reorganisations

I. Council Regulation (EC) No 2157/2001 of 08/10/2001 on the Statute for a European company (SE)

(OJ No L 294 of 10/11/2001 p. 1)

as amended by Council Regulation (EC) No 885/2004 of 26/04/2004 (OJ No L 168 of 01/05/2004 p. 1) and Council Regulation (EC) No 1791/2006 of 20/11/2006 (OJ No L 363 of 20/12/2006 p. 1)

THE COUNCIL OF THE EUROPEAN UNION –

Having regard to the Treaty establishing the European Community, and in particular Article 308 thereof,

Having regard to the proposal from the Commission [1],

Having regard to the opinion of the European Parliament [2],

Having regard to the opinion of the Economic and Social Committee [3],

Whereas:

(1) The completion of the internal market and the improvement it brings about in the economic and social situation throughout the Community mean not only that barriers to trade must be removed, but also that the structures of production must be adapted to the Community dimension. For that purpose it is essential that companies the business of which is not limited to satisfying purely local needs should be able to plan and carry out the reorganisation of their business on a Community scale.

(2) Such reorganisation presupposes that existing companies from different Member States are given the option of combining their potential by means of mergers. Such operations can be carried out only with due regard to the rules of competition laid down in the Treaty.

(3) Restructuring and cooperation operations involving companies from different Member States give rise to legal and psychological difficulties and tax problems. The approximation of Member States' company law by means of Directives based on Article 44 of the Treaty can overcome some of those difficulties. Such approximation does not, however, release companies governed by different legal systems from the obligation to choose a form of company governed by a particular national law.

(4) The legal framework within which business must be carried on in the Community is still based largely on national laws and therefore no longer corresponds to the economic framework within which it must develop if the objectives set out in Article 18 of the Treaty are to be achieved. That situation forms a considerable obstacle to the creation of groups of companies from different Member States.

(5) Member States are obliged to ensure that the provisions applicable to European companies under this Regulation do not result either in discrimination arising out of unjustified

---

1) OJ No C 263 of 16/10/1989 p. 41 and OJ No C 176 of 08/07/1991 p. 1.
2) Opinion of 04/09/2001.
3) OJ No C 124 of 21/05/1990 p. 34.

Abschnitt B

Gemeinschaftsrechtliche Rahmenbedingungen für grenzüberschreitende Umstrukturierungen

I. Verordnung (EG) Nr. 2157/2001 des Rates v. 08.10.2001 über das Statut der Europäischen Gesellschaft (SE)

(ABl. Nr. L 294 v. 10.11.2001 S. 1)
geändert durch Verordnung (EG) Nr. 885/2004 des Rates v. 26.04.2004 (ABl. Nr. L 168 v. 01.05.2004 S. 1) und Verordnung (EG) Nr. 1791/2006 des Rates v. 20.11.2006 (ABl. Nr. L 363 v. 20.12.2006 S. 1)

DER RAT DER EUROPÄISCHEN UNION –

gestützt auf den Vertrag zur Gründung der Europäischen Gemeinschaft, insbesondere auf Artikel 308,

auf Vorschlag der Kommission[1],

nach Stellungnahme des Europäischen Parlaments[2],

nach Stellungnahme des Wirtschafts- und Sozialausschusses[3],

in Erwägung nachstehender Gründe:

(1) Voraussetzung für die Verwirklichung des Binnenmarkts und für die damit angestrebte Verbesserung der wirtschaftlichen und sozialen Lage in der gesamten Gemeinschaft ist außer der Beseitigung der Handelshemmnisse eine gemeinschaftsweite Reorganisation der Produktionsfaktoren. Dazu ist es unerlässlich, dass die Unternehmen, deren Tätigkeit sich nicht auf die Befriedigung rein örtlicher Bedürfnisse beschränkt, die Neuordnung ihrer Tätigkeiten auf Gemeinschaftsebene planen und betreiben können.

(2) Eine solche Umgestaltung setzt die Möglichkeit voraus, das Wirtschaftspotential bereits bestehender Unternehmen mehrerer Mitgliedstaaten durch Konzentrations- und Fusionsmaßnahmen zusammenzufassen. Dies darf jedoch nur unter Beachtung der Wettbewerbsregeln des Vertrags geschehen.

(3) Die Verwirklichung der Umstrukturierungs- und Kooperationsmaßnahmen, an denen Unternehmen verschiedener Mitgliedstaaten beteiligt sind, stößt auf rechtliche, steuerliche und psychologische Schwierigkeiten. Einige davon konnten mit der Angleichung des Gesellschaftsrechts der Mitgliedstaaten durch aufgrund von Artikel 44 des Vertrags erlassene Richtlinien ausgeräumt werden. Dies erspart Unternehmen, die verschiedenen Rechtsordnungen unterliegen, jedoch nicht die Wahl einer Gesellschaftsform, für die ein bestimmtes nationales Recht gilt.

(4) Somit entspricht der rechtliche Rahmen, in dem sich die Unternehmen in der Gemeinschaft noch immer bewegen müssen und der hauptsächlich von innerstaatlichem Recht bestimmt wird, nicht mehr dem wirtschaftlichen Rahmen, in dem sie sich entfalten sollen, um die Erreichung der in Artikel 18 des Vertrags genannten Ziele zu ermöglichen. Dieser Zustand ist geeignet, Zusammenschlüsse zwischen Gesellschaften verschiedener Mitgliedstaaten erheblich zu behindern.

(5) Die Mitgliedstaaten sind verpflichtet, dafür zu sorgen, dass die Bestimmungen, die auf Europäische Gesellschaften aufgrund dieser Verordnung anwendbar sind, weder zu

---

1) ABl. Nr. C 263 v. 16.10.1989 S. 41 und ABl. Nr. C 176 v. 08.07.1991 S. 1.
2) Stellungnahme v. 04.09.2001.
3) ABl. Nr. C 124 v. 21.05.1990 S. 34.

different treatment of European companies compared with public limited-liability companies or in disproportionate restrictions on the formation of a European company or on the transfer of its registered office.

(6) It is essential to ensure as far as possible that the economic unit and the legal unit of business in the Community coincide. For that purpose, provision should be made for the creation, side by side with companies governed by a particular national law, of companies formed and carrying on business under the law created by a Community Regulation directly applicable in all Member States.

(7) The provisions of such a Regulation will permit the creation and management of companies with a European dimension, free from the obstacles arising from the disparity and the limited territorial application of national company law.

(8) The Statute for a European public limited-liability company (hereafter referred to as 'SE') is among the measures to be adopted by the Council before 1992 listed in the Commission's White Paper on completing the internal market, approved by the European Council that met in Milan in June 1985. The European Council that met in Brussels in 1987 expressed the wish to see such a Statute created swiftly.

(9) Since the Commission's submission in 1970 of a proposal for a Regulation on the Statute for a European public limited-liability company, amended in 1975, work on the approximation of national company law has made substantial progress, so that on those points where the functioning of an SE does not need uniform Community rules reference may be made to the law governing public limited-liability companies in the Member State where it has its registered office.

(10) Without prejudice to any economic needs that may arise in the future, if the essential objective of legal rules governing SEs is to be attained, it must be possible at least to create such a company as a means both of enabling companies from different Member States to merge or to create a holding company and of enabling companies and other legal persons carrying on economic activities and governed by the laws of different Member States to form joint subsidiaries.

(11) In the same context it should be possible for a public limited-liability company with a registered office and head office within the Community to transform itself into an SE without going into liquidation, provided it has a subsidiary in a Member State other than that of its registered office.

(12) National provisions applying to public limited-liability companies that offer their securities to the public and to securities transactions should also apply where an SE is formed by means of an offer of securities to the public and to SEs wishing to utilise such financial instruments.

(13) The SE itself must take the form of a company with share capital, that being the form most suited, in terms of both financing and management, to the needs of a company carrying on business on a European scale. In order to ensure that such companies are of reasonable size, a minimum amount of capital should be set so that they have sufficient assets without making it difficult for small and medium-sized undertakings to form SEs.

(14) An SE must be efficiently managed and properly supervised. It must be borne in mind that there are at present in the Community two different systems for the administration of public limited-liability companies. Although an SE should be allowed to choose bet-

einer Diskriminierung dadurch führen, dass die Europäischen Gesellschaften ungerechtfertigterweise anders behandelt werden als die Aktiengesellschaften, noch unverhältnismäßig strenge Auflagen für die Errichtung einer Europäischen Gesellschaft oder die Verlegung ihres Sitzes mit sich bringen.

(6) Die juristische Einheitlichkeit der europäischen Unternehmen muss ihrer wirtschaftlichen weitestgehend entsprechen. Neben den bisherigen Gesellschaftsformen nationalen Rechts ist daher die Schaffung von Gesellschaften vorzusehen, deren Struktur und Funktionsweise durch eine in allen Mitgliedstaaten unmittelbar geltende gemeinschaftsrechtliche Verordnung geregelt werden.

(7) Dadurch werden sowohl die Gründung als auch die Leitung von Gesellschaften europäischen Zuschnitts ermöglicht, ohne dass die bestehenden Unterschiede zwischen den für die Handelsgesellschaften geltenden einzelstaatlichen Rechtsvorschriften und ihr räumlich begrenzter Geltungsbereich dafür ein Hindernis darstellten.

(8) Das Statut der Europäischen Aktiengesellschaft (nachfolgend „SE" genannt) zählt zu jenen Rechtsakten, die der Rat gemäß dem Weißbuch der Kommission über die Vollendung des Binnenmarkts, das der Europäische Rat von Mailand im Juni 1985 angenommen hat, vor dem Jahre 1992 erlassen musste. 1987 äußerte der Europäische Rat auf seiner Tagung in Brüssel den Wunsch, dass ein solches Statut rasch geschaffen wird.

(9) Seit der Vorlage des Kommissionsvorschlags für eine Verordnung über das Statut der Europäischen Aktiengesellschaften im Jahre 1970 und der Vorlage des 1975 geänderten Vorschlags sind bei der Angleichung des nationalen Gesellschaftsrechts beachtliche Fortschritte erzielt worden, so dass in Bereichen, in denen es für das Funktionieren der SE keiner einheitlichen Gemeinschaftsregelung bedarf, auf das Aktienrecht des Sitzmitgliedstaats verwiesen werden kann.

(10) Das wichtigste mit der Rechtsform einer SE verfolgte Ziel erfordert jedenfalls – unbeschadet wirtschaftlicher Erfordernisse, die sich in der Zukunft ergeben können –, dass eine SE gegründet werden kann, um es Gesellschaften verschiedener Mitgliedstaaten zu ermöglichen, zu fusionieren oder eine Holdinggesellschaft zu errichten, und damit Gesellschaften und andere juristische Personen aus verschiedenen Mitgliedstaaten, die eine Wirtschaftstätigkeit betreiben, gemeinsame Tochtergesellschaften gründen können.

(11) Im gleichen Sinne sollte es Aktiengesellschaften, die ihren satzungsmäßigen Sitz und ihre Hauptverwaltung in der Gemeinschaft haben, ermöglicht werden, eine SE durch Umwandlung ohne vorherige Auflösung zu gründen, wenn sie eine Tochtergesellschaft in einem anderen Mitgliedstaat als dem ihres Sitzes haben.

(12) Die für öffentlich zur Zeichnung auffordernde Aktiengesellschaften und für Wertpapiergeschäfte geltenden einzelstaatlichen Bestimmungen müssen auch dann, wenn die Gründung der SE durch eine öffentliche Aufforderung zur Zeichnung erfolgt, gelten sowie für SE, die diese Finanzierungsinstrumente in Anspruch nehmen möchten.

(13) Die SE selbst muss eine Kapitalgesellschaft in Form einer Aktiengesellschaft sein, die sowohl von der Finanzierung als auch von der Geschäftsführung her am besten den Bedürfnissen der gemeinschaftsweit tätigen Unternehmen entspricht. Um eine sinnvolle Unternehmensgröße dieser Gesellschaften zu gewährleisten, empfiehlt es sich, ein Mindestkapital festzusetzen, das die Gewähr dafür bietet, dass diese Gesellschaften über eine ausreichende Vermögensgrundlage verfügen, ohne dass dadurch kleinen und mittleren Unternehmen die Gründung von SE erschwert wird.

(14) Es ist erforderlich, der SE alle Möglichkeiten einer leistungsfähigen Geschäftsführung an die Hand zu geben und gleichzeitig deren wirksame Überwachung sicherzustellen. Dabei ist dem Umstand Rechnung zu tragen, dass in der Gemeinschaft hinsichtlich der Verwaltung der Aktiengesellschaften derzeit zwei verschiedene Systeme bestehen. Die

ween the two systems, the respective responsibilities of those responsible for management and those responsible for supervision should be clearly defined.

(15) Under the rules and general principles of private international law, where one undertaking controls another governed by a different legal system, its ensuing rights and obligations as regards the protection of minority shareholders and third parties are governed by the law governing the controlled undertaking, without prejudice to the obligations imposed on the controlling undertaking by its own law, for example the requirement to prepare consolidated accounts.

(16) Without prejudice to the consequences of any subsequent coordination of the laws of the Member States, specific rules for SEs are not at present required in this field. The rules and general principles of private international law should therefore be applied both where an SE exercises control and where it is the controlled company.

(17) The rule thus applicable where an SE is controlled by another undertaking should be specified, and for this purpose reference should be made to the law governing public limited-liability companies in the Member State in which the SE has its registered office.

(18) Each Member State must be required to apply the sanctions applicable to public limited-liability companies governed by its law in respect of infringements of this Regulation.

(19) The rules on the involvement of employees in the European company are laid down in Directive 2001/86/EC[4], and those provisions thus form an indissociable complement to this Regulation and must be applied concomitantly.

(20) This Regulation does not cover other areas of law such as taxation, competition, intellectual property or insolvency. The provisions of the Member States' law and of Community law are therefore applicable in the above areas and in other areas not covered by this Regulation.

(21) Directive 2001/86/EC is designed to ensure that employees have a right of involvement in issues and decisions affecting the life of their SE. Other social and labour legislation questions, in particular the right of employees to information and consultation as regulated in the Member States, are governed by the national provisions applicable, under the same conditions, to public limited-liability companies.

(22) The entry into force of this Regulation must be deferred so that each Member State may incorporate into its national law the provisions of Directive 2001/86/EC and set up in advance the necessary machinery for the formation and operation of SEs with registered offices within its territory, so that the Regulation and the Directive may be applied concomitantly.

(23) A company the head office of which is not in the Community should be allowed to participate in the formation of an SE provided that company is formed under the law of a Member State, has its registered office in that Member State and has a real and continuous link with a Member State's economy according to the principles established in the 1962 General Programme for the abolition of restrictions on freedom of establish-

---

4) See OJ No L 294 of 10/11/2001 p. 22.

Gemeinschaftsrechtliche Rahmenbedingungen

Wahl des Systems bleibt der SE überlassen, jedoch ist eine klare Abgrenzung der Verantwortungsbereiche jener Personen, denen die Geschäftsführung obliegt, und der Personen, die mit der Aufsicht betraut sind, wünschenswert.

(15) Die Rechte und Pflichten hinsichtlich des Schutzes von Minderheitsaktionären und von Dritten, die sich für ein Unternehmen aus der Kontrolle durch ein anderes Unternehmen, das einer anderen Rechtsordnung unterliegt, ergeben, bestimmen sich gemäß den Vorschriften und allgemeinen Grundsätzen des internationalen Privatrechts nach dem für das kontrollierte Unternehmen geltenden Recht, unbeschadet der sich für das herrschende Unternehmen aus den geltenden Rechtsvorschriften ergebenden Pflichten, beispielsweise bei der Aufstellung der konsolidierten Abschlüsse.

(16) Unbeschadet des sich möglicherweise aus einer späteren Koordinierung des Rechts der Mitgliedstaaten ergebenden Handlungsbedarfs ist eine Sonderregelung für die SE hier gegenwärtig nicht erforderlich. Es empfiehlt sich daher, sowohl für den Fall, dass die SE die Kontrolle ausübt, als auch für den Fall, dass die SE das kontrollierte Unternehmen ist, auf die allgemeinen Vorschriften und Grundsätze zurückzugreifen.

(17) Wird die SE von einem anderen Unternehmen beherrscht, so ist anzugeben, welches Recht anwendbar ist; hierzu ist auf die Rechtsvorschriften zu verweisen, die für Aktiengesellschaften gelten, die dem Recht des Sitzstaates der SE unterliegen.

(18) Es muss sichergestellt werden, dass jeder Mitgliedstaat bei Verstößen gegen Bestimmungen dieser Verordnung die für die seiner Rechtsordnung unterliegenden Aktiengesellschaften geltenden Sanktionen anwendet.

(19) Die Stellung der Arbeitnehmer in der SE wird durch die Richtlinie 2001/86/EG des Rates vom 8. Oktober 2001 zur Ergänzung des Statuts der Europäischen Gesellschaft hinsichtlich der Beteiligung der Arbeitnehmer[4] auf der Grundlage von Artikel 308 des Vertrags geregelt. Diese Bestimmungen stellen somit eine untrennbare Ergänzung der vorliegenden Verordnung dar und müssen zum gleichen Zeitpunkt anwendbar sein.

(20) Andere Rechtsbereiche wie das Steuerrecht, das Wettbewerbsrecht, der gewerbliche Rechtsschutz und das Konkursrecht werden nicht von dieser Verordnung erfasst. Die Rechtsvorschriften der Mitgliedstaaten und das Gemeinschaftsrecht gelten in den oben genannten sowie in anderen nicht von dieser Verordnung erfassten Bereichen.

(21) Mit der Richtlinie 2001/86/EG soll ein Recht der Arbeitnehmer auf Beteiligung bei den den Geschäftsverlauf der SE betreffenden Fragen und Entscheidungen gewährleistet werden. Die übrigen arbeits- und sozialrechtlichen Fragen, insbesondere das in den Mitgliedstaaten geltende Recht auf Information und Anhörung der Arbeitnehmer, unterliegen hingegen den einzelstaatlichen Vorschriften, die unter denselben Bedingungen für die Aktiengesellschaften gelten.

(22) Das Inkrafttreten dieser Verordnung muss zeitlich aufgeschoben erfolgen, um alle Mitgliedstaaten in die Lage zu versetzen, die Richtlinie 2001/86/EG in innerstaatliches Recht umzusetzen und die für die Gründung und den Geschäftsbetrieb von SE mit Sitz in ihrem Hoheitsgebiet notwendigen Verfahren rechtzeitig einzuführen, dergestalt, dass die Verordnung und die Richtlinie gleichzeitig zur Anwendung gebracht werden können.

(23) Eine Gesellschaft, deren Hauptverwaltung sich außerhalb der Gemeinschaft befindet, kann sich an der Gründung einer SE beteiligen, sofern die betreffende Gesellschaft nach dem Recht eines Mitgliedstaats gegründet wurde, ihren Sitz in diesem Mitgliedstaat hat und in tatsächlicher und dauerhafter Verbindung mit der Wirtschaft eines Mitgliedstaats im Sinne der Grundsätze des allgemeinen Programms zur Aufhebung der Beschränkungen der Niederlassungsfreiheit von 1962 steht. Eine solche Verbindung besteht,

---

4) Siehe ABl. Nr. L 294 v. 10.11.2001 S. 22.

ment. Such a link exists in particular if a company has an establishment in that Member State and conducts operations therefrom.

(24) The SE should be enabled to transfer its registered office to another Member State. Adequate protection of the interests of minority shareholders who oppose the transfer, of creditors and of holders of other rights should be proportionate. Such transfer should not affect the rights originating before the transfer.

(25) This Regulation is without prejudice to any provision which may be inserted in the 1968 Brussels Convention or in any text adopted by Member States or by the Council to replace such Convention, relating to the rules of jurisdiction applicable in the case of transfer of the registered offices of a public limited-liability company from one Member State to another.

(26) Activities by financial institutions are regulated by specific directives and the national law implementing those directives and additional national rules regulating those activities apply in full to an SE.

(27) In view of the specific Community character of an SE, the 'real seat' arrangement adopted by this Regulation in respect of SEs is without prejudice to Member States' laws and does not pre-empt any choices to be made for other Community texts on company law.

(28) The Treaty does not provide, for the adoption of this Regulation, powers of action other than those of Article 308 thereof.

(29) Since the objectives of the intended action, as outlined above, cannot be adequately attained by the Member States in as much as a European public limited-liability company is being established at European level and can therefore, because of the scale and impact of such company, be better attained at Community level, the Community may take measures in accordance with the principle of subsidiarity enshrined in Article 5 of the Treaty. In accordance with the principle of proportionality as set out in the said Article, this Regulation does not go beyond what is necessary to attain these objectives –

HAS ADOPTED THIS REGULATION:

TITLE I: GENERAL PROVISIONS

Article 1

(1) A company may be set up within the territory of the Community in the form of a European public limited-liability company (*Societas Europaea* or SE) on the conditions and in the manner laid down in this Regulation.

(2) The capital of an SE shall be divided into shares. No shareholder shall be liable for more than the amount he has subscribed.

(3) An SE shall have legal personality.

(4) Employee involvement in an SE shall be governed by the provisions of Directive 2001/86/EC.

Article 2

(1) Public limited-liability companies such as referred to in Annex I, formed under the law of a Member State, with registered offices and head offices within the Community may

wenn die Gesellschaft in dem Mitgliedstaat eine Niederlassung hat, von dem aus sie ihre Geschäfte betreibt.

(24) Die SE sollte ihren Sitz in einen anderen Mitgliedstaat verlegen können. Ein angemessener Schutz der Interessen der Minderheitsaktionäre, die sich gegen die Verlegung ausgesprochen haben, sowie der Interessen der Gläubiger und der sonstigen Forderungsberechtigten sollte in einem ausgewogenen Verhältnis stehen. Vor der Verlegung entstandene Ansprüche dürfen durch eine solche Verlegung nicht berührt werden.

(25) Bestimmungen, die die zuständige Gerichtsbarkeit im Falle der Sitzverlegung einer Aktiengesellschaft von einem Mitgliedstaat in einen anderen betreffen und die in das Brüsseler Übereinkommen von 1968 oder in einen Rechtsakt der Mitgliedstaaten oder des Rates zur Ersetzung dieses Übereinkommens aufgenommen werden, werden von dieser Verordnung nicht berührt.

(26) Für die Tätigkeiten von Finanzinstituten gelten Einzelrichtlinien, und das einzelstaatliche Recht zur Umsetzung dieser Richtlinien sowie ergänzende einzelstaatliche Vorschriften zur Regelung der betreffenden Tätigkeiten finden auf eine SE uneingeschränkt Anwendung.

(27) In Anbetracht des spezifischen und gemeinschaftlichen Charakters der SE lässt die in dieser Verordnung für die SE gewählte Regelung des tatsächlichen Sitzes die Rechtsvorschriften der Mitgliedstaaten unberührt und greift der Entscheidung bei anderen Gemeinschaftstexten im Bereich des Gesellschaftsrechts nicht vor.

(28) Der Vertrag enthält Befugnisse für die Annahme dieser Verordnung nur in Artikel 308.

(29) Da die Ziele der beabsichtigten Maßnahme – wie oben ausgeführt – nicht hinreichend von den Mitgliedstaaten erreicht werden können, weil es darum geht, die SE auf europäischer Ebene zu errichten, und da die Ziele daher wegen des Umfangs und der Wirkungen der Maßnahme besser auf Gemeinschaftsebene erreicht werden können, kann die Gemeinschaft im Einklang mit dem Subsidiaritätsprinzip nach Artikel 5 des Vertrags Maßnahmen ergreifen. Im Einklang mit dem Verhältnismäßigkeitsprinzip nach jenem Artikel geht diese Verordnung nicht über das für die Erreichung dieser Ziele erforderliche Maß hinaus –

HAT FOLGENDE VERORDNUNG ERLASSEN:

TITEL I: ALLGEMEINE VORSCHRIFTEN

Artikel 1

(1) Handelsgesellschaften können im Gebiet der Gemeinschaft in der Form europäischer Aktiengesellschaften (*Societas Europaea*, nachfolgend „SE"" genannt) unter den Voraussetzungen und in der Weise gegründet werden, die in dieser Verordnung vorgesehen sind.

(2) Die SE ist eine Gesellschaft, deren Kapital in Aktien zerlegt ist. Jeder Aktionär haftet nur bis zur Höhe des von ihm gezeichneten Kapitals.

(3) Die SE besitzt Rechtspersönlichkeit.

(4) Die Beteiligung der Arbeitnehmer in der SE wird durch die Richtlinie 2001/86/EG geregelt.

Artikel 2

(1) Aktiengesellschaften im Sinne des Anhangs I, die nach dem Recht eines Mitgliedstaats gegründet worden sind und ihren Sitz sowie ihre Hauptverwaltung in der Gemeinschaft

form an SE by means of a merger provided that at least two of them are governed by the law of different Member States.
(2) Public and private limited-liability companies such as referred to in Annex II, formed under the law of a Member State, with registered offices and head offices within the Community may promote the formation of a holding SE provided that each of at least two of them:
   a) is governed by the law of a different Member State, or
   b) has for at least two years had a subsidiary company governed by the law of another Member State or a branch situated in another Member State.

(3) Companies and firms within the meaning of the second paragraph of Article 48 of the Treaty and other legal bodies governed by public or private law, formed under the law of a Member State, with registered offices and head offices within the Community may form a subsidiary SE by subscribing for its shares, provided that each of at least two of them:
   a) is governed by the law of a different Member State, or
   b) has for at least two years had a subsidiary company governed by the law of another Member State or a branch situated in another Member State.

(4) A public limited-liability company, formed under the law of a Member State, which has its registered office and head office within the Community may be transformed into an SE if for at least two years it has had a subsidiary company governed by the law of another Member State.

(5) A Member State may provide that a company the head office of which is not in the Community may participate in the formation of an SE provided that company is formed under the law of a Member State, has its registered office in that Member State and has a real and continuous link with a Member State's economy.

Article 3

(1) For the purposes of Article 2 (1), (2) and (3), an SE shall be regarded as a public limited-liability company governed by the law of the Member State in which it has its registered office.

(2) An SE may itself set up one or more subsidiaries in the form of SEs. The provisions of the law of the Member State in which a subsidiary SE has its registered office that require a public limited-liability company to have more than one shareholder shall not apply in the case of the subsidiary SE. The provisions of national law implementing the twelfth Council Company Law Directive (89/667/EEC) of 21 December 1989 on single-member private limited-liability companies[5] shall apply to SEs *mutatis mutandis*.

Article 4

(1) The capital of an SE shall be expressed in Euro.
(2) The subscribed capital shall not be less than Euro 120,000.

---

[5] OJ No L 395 of 30/12/1989 p. 40.

haben, können eine SE durch Verschmelzung gründen, sofern mindestens zwei von ihnen dem Recht verschiedener Mitgliedstaaten unterliegen.

(2) Aktiengesellschaften und Gesellschaften mit beschränkter Haftung im Sinne des Anhangs II, die nach dem Recht eines Mitgliedstaats gegründet worden sind und ihren Sitz sowie ihre Hauptverwaltung in der Gemeinschaft haben, können die Gründung einer Holding-SE anstreben, sofern mindestens zwei von ihnen

  a) dem Recht verschiedener Mitgliedstaaten unterliegen oder
  b) seit mindestens zwei Jahren eine dem Recht eines anderen Mitgliedstaats unterliegende Tochtergesellschaft oder eine Zweigniederlassung in einem anderen Mitgliedstaat haben.

(3) Gesellschaften im Sinne des Artikels 48 Absatz 2 des Vertrags sowie juristische Personen des öffentlichen oder privaten Rechts, die nach dem Recht eines Mitgliedstaats gegründet worden sind und ihren Sitz sowie ihre Hauptverwaltung in der Gemeinschaft haben, können eine Tochter-SE durch Zeichnung ihrer Aktien gründen, sofern mindestens zwei von ihnen

  a) dem Recht verschiedener Mitgliedstaaten unterliegen oder
  b) seit mindestens zwei Jahren eine dem Recht eines anderen Mitgliedstaats unterliegende Tochtergesellschaft oder eine Zweigniederlassung in einem anderen Mitgliedstaat haben.

(4) Eine Aktiengesellschaft, die nach dem Recht eines Mitgliedstaats gegründet worden ist und ihren Sitz sowie ihre Hauptverwaltung in der Gemeinschaft hat, kann in eine SE umgewandelt werden, wenn sie seit mindestens zwei Jahren eine dem Recht eines anderen Mitgliedstaats unterliegende Tochtergesellschaft hat.

(5) Ein Mitgliedstaat kann vorsehen, dass sich eine Gesellschaft, die ihre Hauptverwaltung nicht in der Gemeinschaft hat, an der Gründung einer SE beteiligen kann, sofern sie nach dem Recht eines Mitgliedstaats gegründet wurde, ihren Sitz in diesem Mitgliedstaat hat und mit der Wirtschaft eines Mitgliedstaats in tatsächlicher und dauerhafter Verbindung steht.

Artikel 3

(1) Die SE gilt als Aktiengesellschaft, die zum Zwecke der Anwendung des Artikels 2 Absätze 1, 2 und 3 dem Recht des Sitzmitgliedstaats unterliegt.

(2) Eine SE kann selbst eine oder mehrere Tochtergesellschaften in Form einer SE gründen. Bestimmungen des Sitzmitgliedstaats der Tochter-SE, gemäß denen eine Aktiengesellschaft mehr als einen Aktionär haben muss, gelten nicht für die Tochter-SE. Die einzelstaatlichen Bestimmungen, die aufgrund der Zwölften Richtlinie 89/667/EWG des Rates vom 21. Dezember 1989 auf dem Gebiet des Gesellschaftsrechts betreffend Gesellschaften mit beschränkter Haftung mit einem einzigen Gesellschafter[5] angenommen wurden, gelten sinngemäß für die SE.

Artikel 4

(1) Das Kapital der SE lautet auf Euro.

(2) Das gezeichnete Kapital muss mindestens 120.000 Euro betragen.

---

[5] ABl. Nr. L 395 v. 30.12.1989 S. 40.

(3) The laws of a Member State requiring a greater subscribed capital for companies carrying on certain types of activity shall apply to SEs with registered offices in that Member State.

Article 5

Subject to Article 4 (1) and (2), the capital of an SE, its maintenance and changes thereto, together with its shares, bonds and other similar securities shall be governed by the provisions which would apply to a public limited-liability company with a registered office in the Member State in which the SE is registered.

Article 6

For the purposes of this Regulation, 'the statutes of the SE' shall mean both the instrument of incorporation and, where they are the subject of a separate document, the statutes of the SE.

Article 7

The registered office of an SE shall be located within the Community, in the same Member State as its head office. A Member State may in addition impose on SEs registered in its territory the obligation of locating their head office and their registered office in the same place.

Article 8

(1) The registered office of an SE may be transferred to another Member State in accordance with paragraphs 2 to 13. Such a transfer shall not result in the winding up of the SE or in the creation of a new legal person.

(2) The management or administrative organ shall draw up a transfer proposal and publicise it in accordance with Article 13, without prejudice to any additional forms of publication provided for by the Member State of the registered office. That proposal shall state the current name, registered office and number of the SE and shall cover:

   a) the proposed registered office of the SE;
   b) the proposed statutes of the SE including, where appropriate, its new name;
   c) any implication the transfer may have on employees' involvement;
   d) the proposed transfer timetable;
   e) any rights provided for the protection of shareholders and/or creditors.

(3) The management or administrative organ shall draw up a report explaining and justifying the legal and economic aspects of the transfer and explaining the implications of the transfer for shareholders, creditors and employees.

(4) An SE's shareholders and creditors shall be entitled, at least one month before the general meeting called upon to decide on the transfer, to examine at the SE's registered office the transfer proposal and the report drawn up pursuant to paragraph 3 and, on request, to obtain copies of those documents free of charge.

(5) A Member State may, in the case of SEs registered within its territory, adopt provisions designed to ensure appropriate protection for minority shareholders who oppose a transfer.

(6) No decision to transfer may be taken for two months after publication of the proposal. Such a decision shall be taken as laid down in Article 59.

(3) Die Rechtsvorschriften eines Mitgliedstaats, die ein höheres gezeichnetes Kapital für Gesellschaften vorsehen, die bestimmte Arten von Tätigkeiten ausüben, gelten auch für SE mit Sitz in dem betreffenden Mitgliedstaat.

Artikel 5

Vorbehaltlich des Artikels 4 Absätze 1 und 2 gelten für das Kapital der SE, dessen Erhaltung und dessen Änderungen sowie die Aktien, die Schuldverschreibungen und sonstige vergleichbare Wertpapiere der SE die Vorschriften, die für eine Aktiengesellschaft mit Sitz in dem Mitgliedstaat, in dem die SE eingetragen ist, gelten würden.

Artikel 6

Für die Zwecke dieser Verordnung bezeichnet der Ausdruck „Satzung der SE" zugleich die Gründungsurkunde und, falls sie Gegenstand einer getrennten Urkunde ist, die Satzung der SE im eigentlichen Sinne.

Artikel 7

Der Sitz der SE muss in der Gemeinschaft liegen, und zwar in dem Mitgliedstaat, in dem sich die Hauptverwaltung der SE befindet. Jeder Mitgliedstaat kann darüber hinaus den in seinem Hoheitsgebiet eingetragenen SE vorschreiben, dass sie ihren Sitz und ihre Hauptverwaltung am selben Ort haben müssen.

Artikel 8

(1) Der Sitz der SE kann gemäß den Absätzen 2 bis 13 in einen anderen Mitgliedstaat verlegt werden. Diese Verlegung führt weder zur Auflösung der SE noch zur Gründung einer neuen juristischen Person.

(2) Ein Verlegungsplan ist von dem Leitungs- oder dem Verwaltungsorgan zu erstellen und unbeschadet etwaiger vom Sitzmitgliedstaat vorgesehener zusätzlicher Offenlegungsformen gemäß Artikel 13 offen zu legen. Dieser Plan enthält die bisherige Firma, den bisherigen Sitz und die bisherige Registriernummer der SE sowie folgende Angaben:
 a) den vorgesehenen neuen Sitz der SE,
 b) die für die SE vorgesehene Satzung sowie gegebenenfalls die neue Firma,
 c) die etwaigen Folgen der Verlegung für die Beteiligung der Arbeitnehmer,
 d) den vorgesehenen Zeitplan für die Verlegung,
 e) etwaige zum Schutz der Aktionäre und/oder Gläubiger vorgesehene Rechte.

(3) Das Leitungs- oder das Verwaltungsorgan erstellt einen Bericht, in dem die rechtlichen und wirtschaftlichen Aspekte der Verlegung erläutert und begründet und die Auswirkungen der Verlegung für die Aktionäre, die Gläubiger sowie die Arbeitnehmer im Einzelnen dargelegt werden.

(4) Die Aktionäre und die Gläubiger der SE haben vor der Hauptversammlung, die über die Verlegung befinden soll, mindestens einen Monat lang das Recht, am Sitz der SE den Verlegungsplan und den Bericht nach Absatz 3 einzusehen und die unentgeltliche Aushändigung von Abschriften dieser Unterlagen zu verlangen.

(5) Die Mitgliedstaaten können in Bezug auf die in ihrem Hoheitsgebiet eingetragenen SE Vorschriften erlassen, um einen angemessenen Schutz der Minderheitsaktionäre, die sich gegen die Verlegung ausgesprochen haben, zu gewährleisten.

(6) Der Verlegungsbeschluss kann erst zwei Monate nach der Offenlegung des Verlegungsplans gefasst werden. Er muss unter den in Artikel 59 vorgesehenen Bedingungen gefasst werden.

(7) Before the competent authority issues the certificate mentioned in paragraph 8, the SE shall satisfy it that, in respect of any liabilities arising prior to the publication of the transfer proposal, the interests of creditors and holders of other rights in respect of the SE (including those of public bodies) have been adequately protected in accordance with requirements laid down by the Member State where the SE has its registered office prior to the transfer.

A Member State may extend the application of the first subparagraph to liabilities that arise (or may arise) prior to the transfer.

The first and second subparagraphs shall be without prejudice to the application to SEs of the national legislation of Member States concerning the satisfaction or securing of payments to public bodies.

(8) In the Member State in which an SE has its registered office the court, notary or other competent authority shall issue a certificate attesting to the completion of the acts and formalities to be accomplished before the transfer.

(9) The new registration may not be effected until the certificate referred to in paragraph 8 has been submitted, and evidence produced that the formalities required for registration in the country of the new registered office have been completed.

(10) The transfer of an SE's registered office and the consequent amendment of its statutes shall take effect on the date on which the SE is registered, in accordance with Article 12, in the register for its new registered office.

(11) When the SE's new registration has been effected, the registry for its new registration shall notify the registry for its old registration. Deletion of the old registration shall be effected on receipt of that notification, but not before.

(12) The new registration and the deletion of the old registration shall be publicised in the Member States concerned in accordance with Article 13.

(13) On publication of an SE's new registration, the new registered office may be relied on as against third parties. However, as long as the deletion of the SE's registration from the register for its previous registered office has not been publicised, third parties may continue to rely on the previous registered office unless the SE proves that such third parties were aware of the new registered office.

(14) The laws of a Member State may provide that, as regards SEs registered in that Member State, the transfer of a registered office which would result in a change of the law applicable shall not take effect if any of that Member State's competent authorities opposes it within the two-month period referred to in paragraph 6. Such opposition may be based only on grounds of public interest.

Where an SE is supervised by a national financial supervisory authority according to Community directives the right to oppose the change of registered office applies to this authority as well.

Review by a judicial authority shall be possible.

(15) An SE may not transfer its registered office if proceedings for winding up, liquidation, insolvency or suspension of payments or other similar proceedings have been brought against it.

(16) An SE which has transferred its registered office to another Member State shall be considered, in respect of any cause of action arising prior to the transfer as determined in

(7) Bevor die zuständige Behörde die Bescheinigung gemäß Absatz 8 ausstellt, hat die SE gegenüber der Behörde den Nachweis zu erbringen, dass die Interessen ihrer Gläubiger und sonstigen Forderungsberechtigten (einschließlich der öffentlich-rechtlichen Körperschaften) in Bezug auf alle vor der Offenlegung des Verlegungsplans entstandenen Verbindlichkeiten im Einklang mit den Anforderungen des Mitgliedstaats, in dem die SE vor der Verlegung ihren Sitz hat, angemessen geschützt sind.

Die einzelnen Mitgliedstaaten können die Anwendung von Unterabsatz 1 auf Verbindlichkeiten ausdehnen, die bis zum Zeitpunkt der Verlegung entstehen (oder entstehen können).

Die Anwendung der einzelstaatlichen Rechtsvorschriften über das Leisten oder Absichern von Zahlungen an öffentlich-rechtliche Körperschaften auf die SE wird von den Unterabsätzen 1 und 2 nicht berührt.

(8) Im Sitzstaat der SE stellt das zuständige Gericht, der Notar oder eine andere zuständige Behörde eine Bescheinigung aus, aus der zweifelsfrei hervorgeht, dass die der Verlegung vorangehenden Rechtshandlungen und Formalitäten durchgeführt wurden.

(9) Die neue Eintragung kann erst vorgenommen werden, wenn die Bescheinigung nach Absatz 8 vorgelegt und die Erfüllung der für die Eintragung in dem neuen Sitzstaat erforderlichen Formalitäten nachgewiesen wurde.

(10) Die Sitzverlegung der SE sowie die sich daraus ergebenden Satzungsänderungen werden zu dem Zeitpunkt wirksam, zu dem die SE gemäß Artikel 12 im Register des neuen Sitzes eingetragen wird.

(11) Das Register des neuen Sitzes meldet dem Register des früheren Sitzes die neue Eintragung der SE, sobald diese vorgenommen worden ist. Die Löschung der früheren Eintragung der SE erfolgt erst nach Eingang dieser Meldung.

(12) Die neue Eintragung und die Löschung der früheren Eintragung werden gemäß Artikel 13 in den betreffenden Mitgliedstaaten offen gelegt.

(13) Mit der Offenlegung der neuen Eintragung der SE ist der neue Sitz Dritten gegenüber wirksam. Jedoch können sich Dritte, solange die Löschung der Eintragung im Register des früheren Sitzes nicht offen gelegt worden ist, weiterhin auf den alten Sitz berufen, es sei denn, die SE beweist, dass den Dritten der neue Sitz bekannt war.

(14) Die Rechtsvorschriften eines Mitgliedstaats können bestimmen, dass eine Sitzverlegung, die einen Wechsel des maßgeblichen Rechts zur Folge hätte, im Falle der in dem betreffenden Mitgliedstaat eingetragenen SE nicht wirksam wird, wenn eine zuständige Behörde dieses Staates innerhalb der in Absatz 6 genannten Frist von zwei Monaten dagegen Einspruch erhebt. Dieser Einspruch ist nur aus Gründen des öffentlichen Interesses zulässig.

Untersteht eine SE nach Maßgabe von Gemeinschaftsrichtlinien der Aufsicht einer einzelstaatlichen Finanzaufsichtsbehörde, so gilt das Recht auf Erhebung von Einspruch gegen die Sitzverlegung auch für die genannte Behörde.

Gegen den Einspruch muss ein Rechtsmittel vor einem Gericht eingelegt werden können.

15) Eine SE kann ihren Sitz nicht verlegen, wenn gegen sie ein Verfahren wegen Auflösung, Liquidation, Zahlungsunfähigkeit oder vorläufiger Zahlungseinstellung oder ein ähnliches Verfahren eröffnet worden ist.

16) Eine SE, die ihren Sitz in einen anderen Mitgliedstaat verlegt hat, gilt in Bezug auf alle Forderungen, die vor dem Zeitpunkt der Verlegung gemäß Absatz 10 entstanden sind,

paragraph 10, as having its registered office in the Member States where the SE was registered prior to the transfer, even if the SE is sued after the transfer.

Article 9

(1) An SE shall be governed:
   a) by this Regulation,
   b) where expressly authorised by this Regulation, by the provisions of its statutes or
   c) in the case of matters not regulated by this Regulation or, where matters are partly regulated by it, of those aspects not covered by it, by:

   i) the provisions of laws adopted by Member States in implementation of Community measures relating specifically to SEs;
   ii) the provisions of Member States' laws which would apply to a public limited-liability company formed in accordance with the law of the Member State in which the SE has its registered office;
   iii) the provisions of its statutes, in the same way as for a public limited-liability company formed in accordance with the law of the Member State in which the SE has its registered office.

(2) The provisions of laws adopted by Member States specifically for the SE must be in accordance with Directives applicable to public limited-liability companies referred to in Annex I.

(3) If the nature of the business carried out by an SE is regulated by specific provisions of national laws, those laws shall apply in full to the SE.

Article 10

Subject to this Regulation, an SE shall be treated in every Member State as if it were a public limited-liability company formed in accordance with the law of the Member State in which it has its registered office.

Article 11

(1) The name of an SE shall be preceded or followed by the abbreviation SE.

(2) Only SEs may include the abbreviation SE in their name.

(3) Nevertheless, companies, firms and other legal entities registered in a Member State before the date of entry into force of this Regulation in the names of which the abbreviation SE appears shall not be required to alter their names.

Article 12

(1) Every SE shall be registered in the Member State in which it has its registered office in a register designated by the law of that Member State in accordance with Article 3 of the first Council Directive (68/151/EEC) of 9 March 1968 on coordination of safeguards which, for the protection of the interests of members and others, are required by Member States of companies within the meaning of the second paragraph of Article 58 of the Treaty, with a view to making such safeguards equivalent throughout the Community[6]

---

6) OJ No L 65 of 14/03/1968 p. 8.

als SE mit Sitz in dem Mitgliedstaat, in dem sie vor der Verlegung eingetragen war, auch wenn sie erst nach der Verlegung verklagt wird.

Artikel 9

(1) Die SE unterliegt
   a) den Bestimmungen dieser Verordnung,
   b) sofern die vorliegende Verordnung dies ausdrücklich zulässt, den Bestimmungen der Satzung der SE,
   c) in Bezug auf die nicht durch diese Verordnung geregelten Bereiche oder, sofern ein Bereich nur teilweise geregelt ist, in Bezug auf die nicht von dieser Verordnung erfassten Aspekte
      i) den Rechtsvorschriften, die die Mitgliedstaaten in Anwendung der speziell die SE betreffenden Gemeinschaftsmaßnahmen erlassen,
      ii) den Rechtsvorschriften der Mitgliedstaaten, die auf eine nach dem Recht des Sitzstaats der SE gegründete Aktiengesellschaft Anwendung finden würden,
      iii) den Bestimmungen ihrer Satzung unter den gleichen Voraussetzungen wie im Falle einer nach dem Recht des Sitzstaats der SE gegründeten Aktiengesellschaft.

(2) Von den Mitgliedstaaten eigens für die SE erlassene Rechtsvorschriften müssen mit den für Aktiengesellschaften im Sinne des Anhangs I maßgeblichen Richtlinien im Einklang stehen.

(3) Gelten für die von der SE ausgeübte Geschäftstätigkeit besondere Vorschriften des einzelstaatlichen Rechts, so finden diese Vorschriften auf die SE uneingeschränkt Anwendung.

Artikel 10

Vorbehaltlich der Bestimmungen dieser Verordnung wird eine SE in jedem Mitgliedstaat wie eine Aktiengesellschaft behandelt, die nach dem Recht des Sitzstaats der SE gegründet wurde.

Artikel 11

(1) Die SE muss ihrer Firma den Zusatz „SE" voran- oder nachstellen.

(2) Nur eine SE darf ihrer Firma den Zusatz „SE" hinzufügen.

(3) Die in einem Mitgliedstaat vor dem Zeitpunkt des Inkrafttretens dieser Verordnung eingetragenen Gesellschaften oder sonstigen juristischen Personen, deren Firma den Zusatz „SE" enthält, brauchen ihre Namen jedoch nicht zu ändern.

Artikel 12

(1) Jede SE wird gemäß Artikel 3 der Ersten Richtlinie 68/151/EWG des Rates vom 9. März 1968 zur Koordinierung der Schutzbestimmungen, die in den Mitgliedstaaten den Gesellschaften im Sinne des Artikels 58 Absatz 2 des Vertrages im Interesse der Gesellschafter sowie Dritter vorgeschrieben sind, um diese Bestimmungen gleichwertig zu gestalten[6], im Sitzstaat in ein nach dem Recht dieses Staates bestimmtes Register eingetragen.

[5) ABl. Nr. L 65 v. 14.03.1968 S. 8.

(2) An SE may not be registered unless an agreement on arrangements for employee involvement pursuant to Article 4 of Directive 2001/86/EC has been concluded, or a decision pursuant to Article 3 (6) of the Directive has been taken, or the period for negotiations pursuant to Article 5 of the Directive has expired without an agreement having been concluded.

(3) In order for an SE to be registered in a Member State which has made use of the option referred to in Article 7 (3) of Directive 2001/86/EC, either an agreement pursuant to Article 4 of the Directive must have been concluded on the arrangements for employee involvement, including participation, or none of the participating companies must have been governed by participation rules prior to the registration of the SE.

(4) The statutes of the SE must not conflict at any time with the arrangements for employee involvement which have been so determined. Where new such arrangements determined pursuant to the Directive conflict with the existing statutes, the statutes shall to the extent necessary be amended.

In this case, a Member State may provide that the management organ or the administrative organ of the SE shall be entitled to proceed to amend the statutes without any further decision from the general shareholders meeting.

Article 13

Publication of the documents and particulars concerning an SE which must be publicised under this Regulation shall be effected in the manner laid down in the laws of the Member State in which the SE has its registered office in accordance with Directive 68/151/EEC.

Article 14

(1) Notice of an SE's registration and of the deletion of such a registration shall be published for information purposes in the *Official Journal of the European Communities* after publication in accordance with Article 13. That notice shall state the name, number, date and place of registration of the SE, the date and place of publication and the title of publication, the registered office of the SE and its sector of activity.

(2) Where the registered office of an SE is transferred in accordance with Article 8, notice shall be published giving the information provided for in paragraph 1, together with that relating to the new registration.

(3) The particulars referred to in paragraph 1 shall be forwarded to the Office for Official Publications of the European Communities within one month of the publication referred to in Article 13.

TITLE II: FORMATION

Section 1: General

Article 15

(1) Subject to this Regulation, the formation of an SE shall be governed by the law applicable to public limited-liability companies in the Member State in which the SE establishes its registered office.

(2) The registration of an SE shall be publicised in accordance with Article 13.

(2) Eine SE kann erst eingetragen werden, wenn eine Vereinbarung über die Beteiligung der Arbeitnehmer gemäß Artikel 4 der Richtlinie 2001/86/EG geschlossen worden ist, ein Beschluss nach Artikel 3 Absatz 6 der genannten Richtlinie gefasst worden ist oder die Verhandlungsfrist nach Artikel 5 der genannten Richtlinie abgelaufen ist, ohne dass eine Vereinbarung zustande gekommen ist.

(3) Voraussetzung dafür, dass eine SE in einem Mitgliedstaat, der von der in Artikel 7 Absatz 3 der Richtlinie 2001/86/EG vorgesehenen Möglichkeit Gebrauch gemacht hat, registriert werden kann, ist, dass eine Vereinbarung im Sinne von Artikel 4 der genannten Richtlinie über die Modalitäten der Beteiligung der Arbeitnehmer – einschließlich der Mitbestimmung – geschlossen wurde oder dass für keine der teilnehmenden Gesellschaften vor der Registrierung der SE Mitbestimmungsvorschriften galten.

(4) Die Satzung der SE darf zu keinem Zeitpunkt im Widerspruch zu der ausgehandelten Vereinbarung stehen. Steht eine neue gemäß der Richtlinie 2001/86/EG geschlossene Vereinbarung im Widerspruch zur geltenden Satzung, ist diese – soweit erforderlich – zu ändern.

In diesem Fall kann ein Mitgliedstaat vorsehen, dass das Leitungs- oder das Verwaltungsorgan der SE befugt ist, die Satzungsänderung ohne weiteren Beschluss der Hauptversammlung vorzunehmen.

Artikel 13

Die die SE betreffenden Urkunden und Angaben, die nach dieser Verordnung der Offenlegungspflicht unterliegen, werden gemäß der Richtlinie 68/151/EWG nach Maßgabe der Rechtsvorschriften des Sitzstaats der SE offen gelegt.

Artikel 14

(1) Die Eintragung und die Löschung der Eintragung einer SE werden mittels einer Bekanntmachung zu Informationszwecken im *Amtsblatt der Europäischen Gemeinschaften* veröffentlicht, nachdem die Offenlegung gemäß Artikel 13 erfolgt ist. Diese Bekanntmachung enthält die Firma der SE, Nummer, Datum und Ort der Eintragung der SE, Datum, Ort und Titel der Veröffentlichung sowie den Sitz und den Geschäftszweig der SE.

(2) Bei der Verlegung des Sitzes der SE gemäß Artikel 8 erfolgt eine Bekanntmachung mit den Angaben gemäß Absatz 1 sowie mit denjenigen im Falle einer Neueintragung.

(3) Die Angaben gemäß Absatz 1 werden dem Amt für amtliche Veröffentlichungen der Europäischen Gemeinschaften innerhalb eines Monats nach der Offenlegung gemäß Artikel 13 übermittelt.

TITEL II: GRÜNDUNG

Abschnitt 1: Allgemeines

Artikel 15

(1) Vorbehaltlich der Bestimmungen dieser Verordnung findet auf die Gründung einer SE das für Aktiengesellschaften geltende Recht des Staates Anwendung, in dem die SE ihren Sitz begründet.

(2) Die Eintragung einer SE wird gemäß Artikel 13 offen gelegt.

Article 16

(1) An SE shall acquire legal personality on the date on which it is registered in the register referred to in Article 12.

(2) If acts have been performed in an SE's name before its registration in accordance with Article 12 and the SE does not assume the obligations arising out of such acts after its registration, the natural persons, companies, firms or other legal entities which performed those acts shall be jointly and severally liable therefor, without limit, in the absence of agreement to the contrary.

Section 2: Formation by merger

Article 17

(1) An SE may be formed by means of a merger in accordance with Article 2 (1).

(2) Such a merger may be carried out in accordance with:
   a) the procedure for merger by acquisition laid down in Article 3 (1) of the third Council Directive (78/855/EEC) of 9 October 1978 based on Article 54 (3) Lit. g) of the Treaty concerning mergers of public limited-liability companies [7] or
   b) the procedure for merger by the formation of a new company laid down in Article 4 (1) of the said Directive.

In the case of a merger by acquisition, the acquiring company shall take the form of an SE when the merger takes place. In the case of a merger by the formation of a new company, the SE shall be the newly formed company.

Article 18

For matters not covered by this section or, where a matter is partly covered by it, for aspects not covered by it, each company involved in the formation of an SE by merger shall be governed by the provisions of the law of the Member State to which it is subject that apply to mergers of public limited-liability companies in accordance with Directive 78/855/EEC.

Article 19

The laws of a Member State may provide that a company governed by the law of that Member State may not take part in the formation of an SE by merger if any of that Member State's competent authorities opposes it before the issue of the certificate referred to in Article 25 (2).

Such opposition may be based only on grounds of public interest. Review by a judicial authority shall be possible.

Article 20

(1) The management or administrative organs of merging companies shall draw up draft terms of merger. The draft terms of merger shall include the following particulars:
   a) the name and registered office of each of the merging companies together with those proposed for the SE;

---

[7] Third Council Directive 78/855/EEC of 09/10/1978 based on Article 54 (3) Lit. g) of the Treaty concerning mergers of public limited liability companies, OJ No L 295 of 20/10/1978 p. 36.

Artikel 16

(1) Die SE erwirbt die Rechtspersönlichkeit am Tag ihrer Eintragung in das in Artikel 12 genannte Register.

(2) Wurden im Namen der SE vor ihrer Eintragung gemäß Artikel 12 Rechtshandlungen vorgenommen und übernimmt die SE nach der Eintragung die sich aus diesen Rechtshandlungen ergebenden Verpflichtungen nicht, so haften die natürlichen Personen, die Gesellschaften oder anderen juristischen Personen, die diese Rechtshandlungen vorgenommen haben, vorbehaltlich anders lautender Vereinbarungen unbegrenzt und gesamtschuldnerisch.

Abschnitt 2: Gründung einer SE durch Verschmelzung

Artikel 17

(1) Eine SE kann gemäß Artikel 2 Absatz 1 durch Verschmelzung gegründet werden.

(2) Die Verschmelzung erfolgt

    a) entweder nach dem Verfahren der Verschmelzung durch Aufnahme gemäß Artikel 3 Absatz 1 der Richtlinie 78/855/EWG [7]

    b) oder nach dem Verfahren der Verschmelzung durch Gründung einer neuen Gesellschaft gemäß Artikel 4 Absatz 1 der genannten Richtlinie.

Im Falle einer Verschmelzung durch Aufnahme nimmt die aufnehmende Gesellschaft bei der Verschmelzung die Form einer SE an. Im Falle einer Verschmelzung durch Gründung einer neuen Gesellschaft ist die neue Gesellschaft eine SE.

Artikel 18

In den von diesem Abschnitt nicht erfassten Bereichen sowie in den nicht erfassten Teilbereichen eines von diesem Abschnitt nur teilweise abgedeckten Bereichs sind bei der Gründung einer SE durch Verschmelzung auf jede Gründungsgesellschaft die mit der Richtlinie 78/855/EWG in Einklang stehenden, für die Verschmelzung von Aktiengesellschaften geltenden Rechtsvorschriften des Mitgliedstaats anzuwenden, dessen Recht sie unterliegt.

Artikel 19

Die Rechtsvorschriften eines Mitgliedstaates können vorsehen, dass die Beteiligung einer Gesellschaft, die dem Recht dieses Mitgliedstaates unterliegt, an der Gründung einer SE durch Verschmelzung nur möglich ist, wenn keine zuständige Behörde dieses Mitgliedstaats vor der Erteilung der Bescheinigung gemäß Artikel 25 Absatz 2 dagegen Einspruch erhebt.

Dieser Einspruch ist nur aus Gründen des öffentlichen Interesses zulässig. Gegen ihn muss ein Rechtsmittel eingelegt werden können.

Artikel 20

(1) Die Leitungs- oder die Verwaltungsorgane der sich verschmelzenden Gesellschaften stellen einen Verschmelzungsplan auf. Dieser Verschmelzungsplan enthält

    a) die Firma und den Sitz der sich verschmelzenden Gesellschaften sowie die für die SE vorgesehene Firma und ihren geplanten Sitz,

---

[7] Dritte Richtlinie 78/855/EWG des Rates v. 09.10.1978 gemäß Artikel 54 Absatz 3 Buchstabe g) des Vertrages betreffend die Verschmelzung von Aktiengesellschaften, ABl. Nr. L 295 v. 20.10.1978 S. 36.

b) the share-exchange ratio and the amount of any compensation;

c) the terms for the allotment of shares in the SE;
d) the date from which the holding of shares in the SE will entitle the holders to share in profits and any special conditions affecting that entitlement;
e) the date from which the transactions of the merging companies will be treated for accounting purposes as being those of the SE;

f) the rights conferred by the SE on the holders of shares to which special rights are attached and on the holders of securities other than shares, or the measures proposed concerning them;
g) any special advantage granted to the experts who examine the draft terms of merger or to members of the administrative, management, supervisory or controlling organs of the merging companies;
h) the statutes of the SE;
i) information on the procedures by which arrangements for employee involvement are determined pursuant to Directive 2001/86/EC.

(2) The merging companies may include further items in the draft terms of merger.

Article 21

For each of the merging companies and subject to the additional requirements imposed by the Member State to which the company concerned is subject, the following particulars shall be published in the national gazette of that Member State:

a) the type, name and registered office of every merging company;
b) the register in which the documents referred to in Article 3 (2) of Directive 68/151/EEC are filed in respect of each merging company, and the number of the entry in that register;

c) an indication of the arrangements made in accordance with Article 24 for the exercise of the rights of the creditors of the company in question and the address at which complete information on those arrangements may be obtained free of charge;
d) an indication of the arrangements made in accordance with Article 24 for the exercise of the rights of minority shareholders of the company in question and the address at which complete information on those arrangements may be obtained free of charge;
e) the name and registered office proposed for the SE.

Article 22

As an alternative to experts operating on behalf of each of the merging companies, one or more independent experts as defined in Article 10 of Directive 78/855/EEC, appointed for those purposes at the joint request of the companies by a judicial or administrative authority in the Member State of one of the merging companies or of the proposed SE, may examine the draft terms of merger and draw up a single report to all the shareholders.

The experts shall have the right to request from each of the merging companies any information they consider necessary to enable them to complete their function.

b) das Umtauschverhältnis der Aktien und gegebenenfalls die Höhe der Ausgleichsleistung,
c) die Einzelheiten hinsichtlich der Übertragung der Aktien der SE,
d) den Zeitpunkt, von dem an diese Aktien das Recht auf Beteiligung am Gewinn gewähren, sowie alle Besonderheiten in Bezug auf dieses Recht,
e) den Zeitpunkt, von dem an die Handlungen der sich verschmelzenden Gesellschaften unter dem Gesichtspunkt der Rechnungslegung als für Rechnung der SE vorgenommen gelten,
f) die Rechte, welche die SE den mit Sonderrechten ausgestatteten Aktionären der Gründungsgesellschaften und den Inhabern anderer Wertpapiere als Aktien gewährt, oder die für diese Personen vorgeschlagenen Maßnahmen,
g) jeder besondere Vorteil, der den Sachverständigen, die den Verschmelzungsplan prüfen, oder den Mitgliedern der Verwaltungs-, Leitungs-, Aufsichts- oder Kontrollorgane der sich verschmelzenden Gesellschaften gewährt wird,
h) die Satzung der SE,
i) Angaben zu dem Verfahren, nach dem die Vereinbarung über die Beteiligung der Arbeitnehmer gemäß der Richtlinie 2001/86/EG geschlossen wird.

(2) Die sich verschmelzenden Gesellschaften können dem Verschmelzungsplan weitere Punkte hinzufügen.

Artikel 21

Für jede der sich verschmelzenden Gesellschaften und vorbehaltlich weiterer Auflagen seitens des Mitgliedstaates, dessen Recht die betreffende Gesellschaft unterliegt, sind im Amtsblatt dieses Mitgliedstaats nachstehende Angaben bekannt zu machen:

a) Rechtsform, Firma und Sitz der sich verschmelzenden Gesellschaften,
b) das Register, bei dem die in Artikel 3 Absatz 2 der Richtlinie 68/151/EWG genannten Urkunden für jede der sich verschmelzenden Gesellschaften hinterlegt worden sind, sowie die Nummer der Eintragung in das Register,
c) einen Hinweis auf die Modalitäten für die Ausübung der Rechte der Gläubiger der betreffenden Gesellschaft gemäß Artikel 24 sowie die Anschrift, unter der erschöpfende Auskünfte über diese Modalitäten kostenlos eingeholt werden können,
d) einen Hinweis auf die Modalitäten für die Ausübung der Rechte der Minderheitsaktionäre der betreffenden Gesellschaft gemäß Artikel 24 sowie die Anschrift, unter der erschöpfende Auskünfte über diese Modalitäten kostenlos eingeholt werden können,
e) die für die SE vorgesehene Firma und ihr künftiger Sitz.

Artikel 22

Als Alternative zur Heranziehung von Sachverständigen, die für Rechnung jeder der sich verschmelzenden Gesellschaften tätig sind, können ein oder mehrere unabhängige Sachverständige im Sinne des Artikels 10 der Richtlinie 78/855/EWG, die auf gemeinsamen Antrag dieser Gesellschaften von einem Gericht oder einer Verwaltungsbehörde des Mitgliedstaats, dessen Recht eine der sich verschmelzenden Gesellschaften oder die künftige SE unterliegt, dazu bestellt wurden, den Verschmelzungsplan prüfen und einen für alle Aktionäre bestimmten einheitlichen Bericht erstellen.

Die Sachverständigen haben das Recht, von jeder der sich verschmelzenden Gesellschaften alle Auskünfte zu verlangen, die sie zur Erfüllung ihrer Aufgabe für erforderlich halten.

Article 23

(1) The general meeting of each of the merging companies shall approve the draft terms of merger.

(2) Employee involvement in the SE shall be decided pursuant to Directive 2001/86/EC. The general meetings of each of the merging companies may reserve the right to make registration of the SE conditional upon its express ratification of the arrangements so decided.

Article 24

(1) The law of the Member State governing each merging company shall apply as in the case of a merger of public limited-liability companies, taking into account the cross-border nature of the merger, with regard to the protection of the interests of:

   a) creditors of the merging companies;
   b) holders of bonds of the merging companies;
   c) holders of securities, other than shares, which carry special rights in the merging companies.

(2) A Member State may, in the case of the merging companies governed by its law, adopt provisions designed to ensure appropriate protection for minority shareholders who have opposed the merger.

Article 25

(1) The legality of a merger shall be scrutinised, as regards the part of the procedure concerning each merging company, in accordance with the law on mergers of public limited-liability companies of the Member State to which the merging company is subject.

(2) In each Member State concerned the court, notary or other competent authority shall issue a certificate conclusively attesting to the completion of the pre-merger acts and formalities.

(3) If the law of a Member State to which a merging company is subject provides for a procedure to scrutinise and amend the share-exchange ratio, or a procedure to compensate minority shareholders, without preventing the registration of the merger, such procedures shall only apply if the other merging companies situated in Member States which do not provide for such procedure explicitly accept, when approving the draft terms of the merger in accordance with Article 23 (1), the possibility for the shareholders of that merging company to have recourse to such procedure. In such cases, the court, notary or other competent authorities may issue the certificate referred to in paragraph 2 even if such a procedure has been commenced. The certificate must, however, indicate that the procedure is pending. The decision in the procedure shall be binding on the acquiring company and all its shareholders.

Article 26

(1) The legality of a merger shall be scrutinised, as regards the part of the procedure concerning the completion of the merger and the formation of the SE, by the court, notary or other authority competent in the Member State of the proposed registered office of the

Artikel 23

(1) Die Hauptversammlung jeder der sich verschmelzenden Gesellschaften stimmt dem Verschmelzungsplan zu.

(2) Die Beteiligung der Arbeitnehmer in der SE wird gemäß der Richtlinie 2001/86/EG festgelegt. Die Hauptversammlung jeder der sich verschmelzenden Gesellschaften kann sich das Recht vorbehalten, die Eintragung der SE davon abhängig zu machen, dass die geschlossene Vereinbarung von ihr ausdrücklich genehmigt wird.

Artikel 24

(1) Das Recht des Mitgliedstaats, das jeweils für die sich verschmelzenden Gesellschaften gilt, findet wie bei einer Verschmelzung von Aktiengesellschaften unter Berücksichtigung des grenzüberschreitenden Charakters der Verschmelzung Anwendung zum Schutz der Interessen

   a) der Gläubiger der sich verschmelzenden Gesellschaften,

   b) der Anleihegläubiger der sich verschmelzenden Gesellschaften,

   c) der Inhaber von mit Sonderrechten gegenüber den sich verschmelzenden Gesellschaften ausgestatteten Wertpapieren mit Ausnahme von Aktien.

(2) Jeder Mitgliedstaat kann in Bezug auf die sich verschmelzenden Gesellschaften, die seinem Recht unterliegen, Vorschriften erlassen, um einen angemessenen Schutz der Minderheitsaktionäre, die sich gegen die Verschmelzung ausgesprochen haben, zu gewährleisten.

Artikel 25

(1) Die Rechtmäßigkeit der Verschmelzung wird, was die die einzelnen sich verschmelzenden Gesellschaften betreffenden Verfahrensabschnitte anbelangt, nach den für die Verschmelzung von Aktiengesellschaften geltenden Rechtsvorschriften des Mitgliedstaats kontrolliert, dessen Recht die jeweilige verschmelzende Gesellschaft unterliegt.

(2) In jedem der betreffenden Mitgliedstaaten stellt das zuständige Gericht, der Notar oder eine andere zuständige Behörde eine Bescheinigung aus, aus der zweifelsfrei hervorgeht, dass die der Verschmelzung vorangehenden Rechtshandlungen und Formalitäten durchgeführt wurden.

(3) Ist nach dem Recht eines Mitgliedstaats, dem eine sich verschmelzende Gesellschaft unterliegt, ein Verfahren zur Kontrolle und Änderung des Umtauschverhältnisses der Aktien oder zur Abfindung von Minderheitsaktionären vorgesehen, das jedoch der Eintragung der Verschmelzung nicht entgegensteht, so findet ein solches Verfahren nur dann Anwendung, wenn die anderen sich verschmelzenden Gesellschaften in Mitgliedstaaten, in denen ein derartiges Verfahren nicht besteht, bei der Zustimmung zu dem Verschmelzungsplan gemäß Artikel 23 Absatz 1 ausdrücklich akzeptieren, dass die Aktionäre der betreffenden sich verschmelzenden Gesellschaft auf ein solches Verfahren zurückgreifen können. In diesem Fall kann das zuständige Gericht, der Notar oder eine andere zuständige Behörde die Bescheinigung gemäß Absatz 2 ausstellen, auch wenn ein derartiges Verfahren eingeleitet wurde. Die Bescheinigung muss allerdings einen Hinweis auf das anhängige Verfahren enthalten. Die Entscheidung in dem Verfahren ist für die übernehmende Gesellschaft und ihre Aktionäre bindend.

Artikel 26

(1) Die Rechtmäßigkeit der Verschmelzung wird, was den Verfahrensabschnitt der Durchführung der Verschmelzung und der Gründung der SE anbelangt, von dem/der im künftigen Sitzstaat der SE für die Kontrolle dieses Aspekts der Rechtmäßigkeit der

SE to scrutinise that aspect of the legality of mergers of public limited-liability companies.

(2) To that end each merging company shall submit to the competent authority the certificate referred to in Article 25 (2) within six months of its issue together with a copy of the draft terms of merger approved by that company.

(3) The authority referred to in paragraph 1 shall in particular ensure that the merging companies have approved draft terms of merger in the same terms and that arrangements for employee involvement have been determined pursuant to Directive 2001/86/EC.

(4) That authority shall also satisfy itself that the SE has been formed in accordance with the requirements of the law of the Member State in which it has its registered office in accordance with Article 15.

Article 27

(1) A merger and the simultaneous formation of an SE shall take effect on the date on which the SE is registered in accordance with Article 12.

(2) The SE may not be registered until the formalities provided for in Articles 25 and 26 have been completed.

Article 28

For each of the merging companies the completion of the merger shall be publicised as laid down by the law of each Member State in accordance with Article 3 of Directive 68/151/EEC.

Article 29

(1) A merger carried out as laid down in Article 17 (2) Lit. a) shall have the following consequences *ipso jure* and simultaneously:
   a) all the assets and liabilities of each company being acquired are transferred to the acquiring company;
   b) the shareholders of the company being acquired become shareholders of the acquiring company;
   c) the company being acquired ceases to exist;
   d) the acquiring company adopts the form of an SE.

(2) A merger carried out as laid down in Article 17 (2) Lit. b) shall have the following consequences *ipso jure* and simultaneously:
   a) all the assets and liabilities of the merging companies are transferred to the SE;
   b) the shareholders of the merging companies become shareholders of the SE;
   c) the merging companies cease to exist.

(3) Where, in the case of a merger of public limited-liability companies, the law of a Member State requires the completion of any special formalities before the transfer of certain assets, rights and obligations by the merging companies becomes effective against third parties, those formalities shall apply and shall be carried out either by the merging companies or by the SE following its registration.

(4) The rights and obligations of the participating companies on terms and conditions of employment arising from national law, practice and individual employment contracts or

Verschmelzung von Aktiengesellschaften zuständigen Gericht, Notar oder sonstigen Behörde kontrolliert.

(2) Hierzu legt jede der sich verschmelzenden Gesellschaften dieser zuständigen Behörde die in Artikel 25 Absatz 2 genannte Bescheinigung binnen sechs Monaten nach ihrer Ausstellung sowie eine Ausfertigung des Verschmelzungsplans, dem sie zugestimmt hat, vor.

(3) Die gemäß Absatz 1 zuständige Behörde kontrolliert insbesondere, ob die sich verschmelzenden Gesellschaften einem gleich lautenden Verschmelzungsplan zugestimmt haben und ob eine Vereinbarung über die Beteiligung der Arbeitnehmer gemäß der Richtlinie 2001/86/EG geschlossen wurde.

(4) Diese Behörde kontrolliert ferner, ob gemäß Artikel 15 die Gründung der SE den gesetzlichen Anforderungen des Sitzstaates genügt.

Artikel 27

(1) Die Verschmelzung und die gleichzeitige Gründung der SE werden mit der Eintragung der SE gemäß Artikel 12 wirksam.

(2) Die SE kann erst nach Erfüllung sämtlicher in den Artikeln 25 und 26 vorgesehener Formalitäten eingetragen werden.

Artikel 28

Für jede sich verschmelzende Gesellschaft wird die Durchführung der Verschmelzung nach den in den Rechtsvorschriften des jeweiligen Mitgliedstaats vorgesehenen Verfahren in Übereinstimmung mit Artikel 3 der Richtlinie 68/151/EWG offen gelegt.

Artikel 29

(1) Die nach Artikel 17 Absatz 2 Buchstabe a) vollzogene Verschmelzung bewirkt *ipso jure* gleichzeitig Folgendes:

   a) Das gesamte Aktiv- und Passivvermögen jeder übertragenden Gesellschaft geht auf die übernehmende Gesellschaft über;

   b) die Aktionäre der übertragenden Gesellschaft werden Aktionäre der übernehmenden Gesellschaft;

   c) die übertragende Gesellschaft erlischt;

   d) die übernehmende Gesellschaft nimmt die Rechtsform einer SE an.

(2) Die nach Artikel 17 Absatz 2 Buchstabe b) vollzogene Verschmelzung bewirkt *ipso jure* gleichzeitig Folgendes:

   a) Das gesamte Aktiv- und Passivvermögen der sich verschmelzenden Gesellschaften geht auf die SE über;

   b) die Aktionäre der sich verschmelzenden Gesellschaften werden Aktionäre der SE;

   c) die sich verschmelzenden Gesellschaften erlöschen.

(3) Schreibt ein Mitgliedstaat im Falle einer Verschmelzung von Aktiengesellschaften besondere Formalitäten für die Rechtswirksamkeit der Übertragung bestimmter von den sich verschmelzenden Gesellschaften eingebrachter Vermögensgegenstände, Rechte und Verbindlichkeiten gegenüber Dritten vor, so gelten diese fort und sind entweder von den sich verschmelzenden Gesellschaften oder von der SE nach deren Eintragung zu erfüllen.

(4) Die zum Zeitpunkt der Eintragung aufgrund der einzelstaatlichen Rechtsvorschriften und Gepflogenheiten sowie aufgrund individueller Arbeitsverträge oder Arbeitsver-

employment relationships and existing at the date of the registration shall, by reason of such registration be transferred to the SE upon its registration.

Article 30

A merger as provided for in Article 2 (1) may not be declared null and void once the SE has been registered.

The absence of scrutiny of the legality of the merger pursuant to Articles 25 and 26 may be included among the grounds for the winding-up of the SE.

Article 31

(1) Where a merger within the meaning of Article 17 (2) Lit. a) is carried out by a company which holds all the shares and other securities conferring the right to vote at general meetings of another company, neither Article 20 (1) Lit. b), c) and d), Article 29 (1) Lit. b) nor Article 22 shall apply. National law governing each merging company and mergers of public limited-liability companies in accordance with Article 24 of Directive 78/855/EEC shall nevertheless apply.

(2) Where a merger by acquisition is carried out by a company which holds 90% or more but not all of the shares and other securities conferring the right to vote at general meetings of another company, reports by the management or administrative body, reports by an independent expert or experts and the documents necessary for scrutiny shall be required only to the extent that the national law governing either the acquiring company or the company being acquired so requires.

Member States may, however, provide that this paragraph may apply where a company holds shares conferring 90% or more but not all of the voting rights.

Section 3: Formation of a holding SE

Article 32

(1) A holding SE may be formed in accordance with Article 2 (2).

A company promoting the formation of a holding SE in accordance with Article 2 (2) shall continue to exist.

(2) The management or administrative organs of the companies which promote such an operation shall draw up, in the same terms, draft terms for the formation of the holding SE. The draft terms shall include a report explaining and justifying the legal and economic aspects of the formation and indicating the implications for the shareholders and for the employees of the adoption of the form of a holding SE. The draft terms shall also set out the particulars provided for in Article 20 (1) Lit. a), b), c), f), g), h) and i) and shall fix the minimum proportion of the shares in each of the companies promoting the operation which the shareholders must contribute to the formation of the holding SE. That proportion shall be shares conferring more than 50% of the permanent voting rights.

(3) For each of the companies promoting the operation, the draft terms for the formation of the holding SE shall be publicised in the manner laid down in each Member State's national law in accordance with Article 3 of Directive 68/151/EEC at least one month before the date of the general meeting called to decide thereon.

hältnisse bestehenden Rechte und Pflichten der beteiligten Gesellschaften hinsichtlich der Beschäftigungsbedingungen gehen mit der Eintragung der SE auf diese über.

Artikel 30

Eine Verschmelzung im Sinne des Artikels 2 Absatz 1 kann nach der Eintragung der SE nicht mehr für nichtig erklärt werden.

Das Fehlen einer Kontrolle der Rechtmäßigkeit der Verschmelzung gemäß Artikel 25 und 26 kann einen Grund für die Auflösung der SE darstellen.

Artikel 31

(1) Wird eine Verschmelzung nach Artikel 17 Absatz 2 Buchstabe a) durch eine Gesellschaft vollzogen, die Inhaberin sämtlicher Aktien und sonstiger Wertpapiere ist, die Stimmrechte in der Hauptversammlung einer anderen Gesellschaft gewähren, so finden Artikel 20 Absatz 1 Buchstaben b), c) und d), Artikel 22 und Artikel 29 Absatz 1 Buchstabe b) keine Anwendung. Die jeweiligen einzelstaatlichen Vorschriften, denen die einzelnen sich verschmelzenden Gesellschaften unterliegen und die für die Verschmelzungen von Aktiengesellschaften nach Artikel 24 der Richtlinie 78/855/EWG maßgeblich sind, sind jedoch anzuwenden.

(2) Vollzieht eine Gesellschaft, die Inhaberin von mindestens 90%, nicht aber aller der in der Hauptversammlung einer anderen Gesellschaft Stimmrecht verleihenden Aktien und sonstigen Wertpapiere ist, eine Verschmelzung durch Aufnahme, so sind die Berichte des Leitungs- oder des Verwaltungsorgans, die Berichte eines oder mehrerer unabhängiger Sachverständiger sowie die zur Kontrolle notwendigen Unterlagen nur insoweit erforderlich, als dies entweder in den einzelstaatlichen Rechtsvorschriften, denen die übernehmende Gesellschaft unterliegt, oder in den für die übertragende Gesellschaft maßgeblichen einzelstaatlichen Rechtsvorschriften vorgesehen ist.

Die Mitgliedstaaten können jedoch vorsehen, dass dieser Absatz Anwendung auf eine Gesellschaft findet, die Inhaberin von Aktien ist, welche mindestens 90% der Stimmrechte, nicht aber alle verleihen.

Abschnitt 3: Gründung einer Holding-SE

Artikel 32

(1) Eine SE kann gemäß Artikel 2 Absatz 2 gegründet werden.

Die die Gründung einer SE im Sinne des Artikels 2 Absatz 2 anstrebenden Gesellschaften bestehen fort.

(2) Die Leitungs- oder die Verwaltungsorgane der die Gründung anstrebenden Gesellschaften erstellen einen gleich lautenden Gründungsplan für die SE. Dieser Plan enthält einen Bericht, der die Gründung aus rechtlicher und wirtschaftlicher Sicht erläutert und begründet sowie darlegt, welche Auswirkungen der Übergang zur Rechtsform einer SE für die Aktionäre und für die Arbeitnehmer hat. Er enthält ferner die in Artikel 20 Absatz 1 Buchstaben a), b), c), f), g), h) und i) vorgesehenen Angaben und setzt von jeder die Gründung anstrebenden Gesellschaft den Mindestprozentsatz der Aktien oder sonstigen Anteile fest, der von den Aktionären eingebracht werden muss, damit die SE gegründet werden kann. Dieser Prozentsatz muss mehr als 50% der durch Aktien verliehenen ständigen Stimmrechte betragen.

(3) Der Gründungsplan ist mindestens einen Monat vor der Hauptversammlung, die über die Gründung zu beschließen hat, für jede der die Gründung anstrebenden Gesellschaften nach den in den Rechtsvorschriften der einzelnen Mitgliedstaaten gemäß Artikel 3 der Richtlinie 68/151/EWG vorgesehenen Verfahren offen zu legen.

(4) One or more experts independent of the companies promoting the operation, appointed or approved by a judicial or administrative authority in the Member State to which each company is subject in accordance with national provisions adopted in implementation of Directive 78/855/EEC, shall examine the draft terms of formation drawn up in accordance with paragraph 2 and draw up a written report for the shareholders of each company. By agreement between the companies promoting the operation, a single written report may be drawn up for the shareholders of all the companies by one or more independent experts, appointed or approved by a judicial or administrative authority in the Member State to which one of the companies promoting the operation or the proposed SE is subject in accordance with national provisions adopted in implementation of Directive 78/855/EEC.

(5) The report shall indicate any particular difficulties of valuation and state whether the proposed share-exchange ratio is fair and reasonable, indicating the methods used to arrive at it and whether such methods are adequate in the case in question.

(6) The general meeting of each company promoting the operation shall approve the draft terms of formation of the holding SE.

Employee involvement in the holding SE shall be decided pursuant to Directive 2001/86/EC. The general meetings of each company promoting the operation may reserve the right to make registration of the holding SE conditional upon its express ratification of the arrangements so decided.

(7) These provisions shall apply *mutatis mutandis* to private limited-liability companies.

Article 33

(1) The shareholders of the companies promoting such an operation shall have a period of three months in which to inform the promoting companies whether they intend to contribute their shares to the formation of the holding SE. That period shall begin on the date upon which the terms for the formation of the holding SE have been finally determined in accordance with Article 32.

(2) The holding SE shall be formed only if, within the period referred to in paragraph 1, the shareholders of the companies promoting the operation have assigned the minimum proportion of shares in each company in accordance with the draft terms of formation and if all the other conditions are fulfilled.

(3) If the conditions for the formation of the holding SE are all fulfilled in accordance with paragraph 2, that fact shall, in respect of each of the promoting companies, be publicised in the manner laid down in the national law governing each of those companies adopted in implementation of Article 3 of Directive 68/151/EEC.

Shareholders of the companies promoting the operation who have not indicated whether they intend to make their shares available to the promoting companies for the purpose of forming the holding SE within the period referred to in paragraph 1 shall have a further month in which to do so.

(4) Shareholders who have contributed their securities to the formation of the SE shall receive shares in the holding SE.

(5) The holding SE may not be registered until it is shown that the formalities referred to in Article 32 have been completed and that the conditions referred to in paragraph 2 have been fulfilled.

(4) Ein oder mehrere von den die Gründung anstrebenden Gesellschaften unabhängige Sachverständige, die von einem Gericht oder einer Verwaltungsbehörde des Mitgliedstaats, dessen Recht die einzelnen Gesellschaften gemäß den nach Maßgabe der Richtlinie 78/855/EWG erlassenen einzelstaatlichen Vorschriften unterliegen, bestellt oder zugelassen sind, prüfen den gemäß Absatz 2 erstellten Gründungsplan und erstellen einen schriftlichen Bericht für die Aktionäre der einzelnen Gesellschaften. Im Einvernehmen zwischen den die Gründung anstrebenden Gesellschaften kann durch einen oder mehrere unabhängige Sachverständige, der/die von einem Gericht oder einer Verwaltungsbehörde des Mitgliedstaats, dessen Recht eine der die Gründung anstrebenden Gesellschaften oder die künftige SE gemäß den nach Maßgabe der Richtlinie 78/855/EWG erlassenen einzelstaatlichen Rechtsvorschriften unterliegt, bestellt oder zugelassen ist/sind, ein schriftlicher Bericht für die Aktionäre aller Gesellschaften erstellt werden.

(5) Der Bericht muss auf besondere Bewertungsschwierigkeiten hinweisen und erklären, ob das Umtauschverhältnis der Aktien oder Anteile angemessen ist, sowie angeben, nach welchen Methoden es bestimmt worden ist und ob diese Methoden im vorliegenden Fall angemessen sind.

(6) Die Hauptversammlung jeder der die Gründung anstrebenden Gesellschaften stimmt dem Gründungsplan für die SE zu.

Die Beteiligung der Arbeitnehmer in der SE wird gemäß der Richtlinie 2001/86/EG festgelegt. Die Hauptversammlung jeder der die Gründung anstrebenden Gesellschaften kann sich das Recht vorbehalten, die Eintragung der SE davon abhängig zu machen, dass die geschlossene Vereinbarung von ihr ausdrücklich genehmigt wird.

(7) Dieser Artikel gilt sinngemäß auch für Gesellschaften mit beschränkter Haftung.

Artikel 33

(1) Die Gesellschafter der die Gründung anstrebenden Gesellschaften verfügen über eine Frist von drei Monaten, um diesen Gesellschaften mitzuteilen, ob sie beabsichtigen, ihre Gesellschaftsanteile bei der Gründung der SE einzubringen. Diese Frist beginnt mit dem Zeitpunkt, zu dem der Gründungsplan für die SE gemäß Artikel 32 endgültig festgelegt worden ist.

(2) Die SE ist nur dann gegründet, wenn die Gesellschafter der die Gründung anstrebenden Gesellschaften innerhalb der in Absatz 1 genannten Frist den nach dem Gründungsplan für jede Gesellschaft festgelegten Mindestprozentsatz der Gesellschaftsanteile eingebracht haben und alle übrigen Bedingungen erfüllt sind.

(3) Sind alle Bedingungen für die Gründung der SE gemäß Absatz 2 erfüllt, so hat jede der die Gründung anstrebenden Gesellschaften diese Tatsache gemäß den nach Artikel 3 der Richtlinie 68/151/EWG erlassenen Vorschriften des einzelstaatlichen Rechts, dem sie unterliegt, offen zu legen.

Die Gesellschafter der die Gründung anstrebenden Gesellschaften, die nicht innerhalb der Frist nach Absatz 1 mitgeteilt haben, ob sie die Absicht haben, ihre Gesellschaftsanteile diesen Gesellschaften im Hinblick auf die Gründung der künftigen SE zur Verfügung zu stellen, verfügen über eine weitere Frist von einem Monat, um dies zu tun.

(4) Die Gesellschafter, die ihre Wertpapiere im Hinblick auf die Gründung der SE einbringen, erhalten Aktien der SE.

(5) Die SE kann erst dann eingetragen werden, wenn die Formalitäten gemäß Artikel 32 und die in Absatz 2 genannten Voraussetzungen nachweislich erfüllt sind.

Article 34

A Member State may, in the case of companies promoting such an operation, adopt provisions designed to ensure protection for minority shareholders who oppose the operation, creditors and employees.

Section 4: Formation of a subsidiary SE

Article 35

An SE may be formed in accordance with Article 2 (3).

Article 36

Companies, firms and other legal entities participating in such an operation shall be subject to the provisions governing their participation in the formation of a subsidiary in the form of a public limited-liability company under national law.

Section 5: Conversion of an existing public limited-liability company into an SE

Article 37

(1) An SE may be formed in accordance with Article 2 (4).

(2) Without prejudice to Article 12 the conversion of a public limited-liability company into an SE shall not result in the winding up of the company or in the creation of a new legal person.

(3) The registered office may not be transferred from one Member State to another pursuant to Article 8 at the same time as the conversion is effected.

(4) The management or administrative organ of the company in question shall draw up draft terms of conversion and a report explaining and justifying the legal and economic aspects of the conversion and indicating the implications for the shareholders and for the employees of the adoption of the form of an SE.

(5) The draft terms of conversion shall be publicised in the manner laid down in each Member State's law in accordance with Article 3 of Directive 68/151/EEC at least one month before the general meeting called upon to decide thereon.

(6) Before the general meeting referred to in paragraph 7 one or more independent experts appointed or approved, in accordance with the national provisions adopted in implementation of Article 10 of Directive 78/855/EEC, by a judicial or administrative authority in the Member State to which the company being converted into an SE is subject shall certify in compliance with Directive 77/91/EEC[8] *mutatis mutandis* that the company has net assets at least equivalent to its capital plus those reserves which must not be distributed under the law or the statutes.

(7) The general meeting of the company in question shall approve the draft terms of conversion together with the statutes of the SE. The decision of the general meeting shall be

---

8) Second Council Directive 77/91/EEC of 13/12/1976 on coordination of safeguards which, for the protection of the interests of members and others, are required by Member States of companies within the meaning of the second paragraph of Article 58 of the Treaty, in respect of the formation of public limited liability companies and the maintenance and alteration of their capital, with a view to making such safeguards equivalent, OJ No L 26 of 31/01/1977 p. 1.

Artikel 34

Ein Mitgliedstaat kann für die eine Gründung anstrebenden Gesellschaften Vorschriften zum Schutz der die Gründung ablehnenden Minderheitsgesellschafter, der Gläubiger und der Arbeitnehmer erlassen.

Abschnitt 4: Gründung einer Tochter-SE

Artikel 35

Eine SE kann gemäß Artikel 2 Absatz 3 gegründet werden.

Artikel 36

Auf die an der Gründung beteiligten Gesellschaften oder sonstigen juristischen Personen finden die Vorschriften über deren Beteiligung an der Gründung einer Tochtergesellschaft in Form einer Aktiengesellschaft nationalen Rechts Anwendung.

Abschnitt 5: Umwandlung einer bestehenden Aktiengesellschaft in eine SE

Artikel 37

(1) Eine SE kann gemäß Artikel 2 Absatz 4 gegründet werden.

(2) Unbeschadet des Artikels 12 hat die Umwandlung einer Aktiengesellschaft in eine SE weder die Auflösung der Gesellschaft noch die Gründung einer neuen juristischen Person zur Folge.

(3) Der Sitz der Gesellschaft darf anlässlich der Umwandlung nicht gemäß Artikel 8 in einen anderen Mitgliedstaat verlegt werden.

(4) Das Leitungs- oder das Verwaltungsorgan der betreffenden Gesellschaft erstellt einen Umwandlungsplan und einen Bericht, in dem die rechtlichen und wirtschaftlichen Aspekte der Umwandlung erläutert und begründet sowie die Auswirkungen, die der Übergang zur Rechtsform einer SE für die Aktionäre und für die Arbeitnehmer hat, dargelegt werden.

(5) Der Umwandlungsplan ist mindestens einen Monat vor dem Tag der Hauptversammlung, die über die Umwandlung zu beschließen hat, nach den in den Rechtsvorschriften der einzelnen Mitgliedstaaten gemäß Artikel 3 der Richtlinie 68/151/EWG vorgesehenen Verfahren offen zu legen.

(6) Vor der Hauptversammlung nach Absatz 7 ist von einem oder mehreren unabhängigen Sachverständigen, die nach den einzelstaatlichen Durchführungsbestimmungen zu Artikel 10 der Richtlinie 78/855/EWG durch ein Gericht oder eine Verwaltungsbehörde des Mitgliedstaates, dessen Recht die sich in eine SE umwandelnde Aktiengesellschaft unterliegt, bestellt oder zugelassen sind, gemäß der Richtlinie 77/91/EWG[8] sinngemäß zu bescheinigen, dass die Gesellschaft über Nettovermögenswerte mindestens in Höhe ihres Kapitals zuzüglich der kraft Gesetzes oder Statut nicht ausschüttungsfähigen Rücklagen verfügt.

(7) Die Hauptversammlung der betreffenden Gesellschaft stimmt dem Umwandlungsplan zu und genehmigt die Satzung der SE. Die Beschlussfassung der Hauptversammlung

---

[8] Zweite Richtlinie 77/91/EWG des Rates v. 13.12.1976 zur Koordinierung der Schutzbestimmungen, die in den Mitgliedstaaten den Gesellschaften im Sinne des Artikels 58 Absatz 2 des Vertrages im Interesse der Gesellschafter sowie Dritter für die Gründung der Aktiengesellschaft sowie für die Erhaltung und Änderung ihres Kapitals vorgeschrieben sind, um diese Bestimmungen gleichwertig zu gestalten, ABl. Nr. L 26 v. 31.01.1977 S. 1.

passed as laid down in the provisions of national law adopted in implementation of Article 7 of Directive 78/855/EEC.
(8) Member States may condition a conversion to a favourable vote of a qualified majority or unanimity in the organ of the company to be converted within which employee participation is organised.
(9) The rights and obligations of the company to be converted on terms and conditions of employment arising from national law, practice and individual employment contracts or employment relationships and existing at the date of the registration shall, by reason of such registration be transferred to the SE.

TITLE III: STRUCTURE OF THE SE

Article 38

Under the conditions laid down by this Regulation an SE shall comprise:

a) a general meeting of shareholders and

b) either a supervisory organ and a management organ (two-tier system) or an administrative organ (one-tier system) depending on the form adopted in the statutes.

Section 1: Two-tier system

Article 39

(1) The management organ shall be responsible for managing the SE. A Member State may provide that a managing director or managing directors shall be responsible for the current management under the same conditions as for public limited-liability companies that have registered offices within that Member State's territory.

(2) The member or members of the management organ shall be appointed and removed by the supervisory organ.

A Member State may, however, require or permit the statutes to provide that the member or members of the management organ shall be appointed and removed by the general meeting under the same conditions as for public limited-liability companies that have registered offices within its territory.

(3) No person may at the same time be a member of both the management organ and the supervisory organ of the same SE. The supervisory organ may, however, nominate one of its members to act as a member of the management organ in the event of a vacancy. During such a period the functions of the person concerned as a member of the supervisory organ shall be suspended. A Member State may impose a time limit on such a period.

(4) The number of members of the management organ or the rules for determining it shall be laid down in the SE's statutes. A Member State may, however, fix a minimum and/or a maximum number.

(5) Where no provision is made for a two-tier system in relation to public limited-liability companies with registered offices within its territory, a Member State may adopt the appropriate measures in relation to SEs.

Article 40

(1) The supervisory organ shall supervise the work of the management organ. It may not itself exercise the power to manage the SE.

erfolgt nach Maßgabe der einzelstaatlichen Durchführungsbestimmungen zu Artikel 7 der Richtlinie 78/855/EWG.

(8) Ein Mitgliedstaat kann die Umwandlung davon abhängig machen, dass das Organ der umzuwandelnden Gesellschaft, in dem die Mitbestimmung der Arbeitnehmer vorgesehen ist, der Umwandlung mit qualifizierter Mehrheit oder einstimmig zustimmt.

(9) Die zum Zeitpunkt der Eintragung aufgrund der einzelstaatlichen Rechtsvorschriften und Gepflogenheiten sowie aufgrund individueller Arbeitsverträge oder Arbeitsverhältnisse bestehenden Rechte und Pflichten der umzuwandelnden Gesellschaft hinsichtlich der Beschäftigungsbedingungen gehen mit der Eintragung der SE auf diese über.

TITEL III: AUFBAU DER SE

Artikel 38

Die SE verfügt nach Maßgabe dieser Verordnung über

a) eine Hauptversammlung der Aktionäre und

b) entweder ein Aufsichtsorgan und ein Leitungsorgan (dualistisches System) oder ein Verwaltungsorgan (monistisches System), entsprechend der in der Satzung gewählten Form.

Abschnitt 1: Dualistisches System

Artikel 39

(1) Das Leitungsorgan führt die Geschäfte der SE in eigener Verantwortung. Ein Mitgliedstaat kann vorsehen, dass ein oder mehrere Geschäftsführer die laufenden Geschäfte in eigener Verantwortung unter denselben Voraussetzungen, wie sie für Aktiengesellschaften mit Sitz im Hoheitsgebiet des betreffenden Mitgliedstaates gelten, führt bzw. führen.

(2) Das Mitglied/die Mitglieder des Leitungsorgans wird/werden vom Aufsichtsorgan bestellt und abberufen.

Die Mitgliedstaaten können jedoch vorschreiben oder vorsehen, dass in der Satzung festgelegt werden kann, dass das Mitglied/die Mitglieder des Leitungsorgans von der Hauptversammlung unter den Bedingungen, die für Aktiengesellschaften mit Sitz in ihrem Hoheitsgebiet gelten, bestellt und abberufen wird/werden.

(3) Niemand darf zugleich Mitglied des Leitungsorgans und Mitglied des Aufsichtsorgans der SE sein. Das Aufsichtsorgan kann jedoch eines seiner Mitglieder zur Wahrnehmung der Aufgaben eines Mitglieds des Leitungsorgans abstellen, wenn der betreffende Posten nicht besetzt ist. Während dieser Zeit ruht das Amt der betreffenden Person als Mitglied des Aufsichtsorgans. Die Mitgliedstaaten können eine zeitliche Begrenzung hierfür vorsehen.

(4) Die Zahl der Mitglieder des Leitungsorgans oder die Regeln für ihre Festlegung werden durch die Satzung der SE bestimmt. Die Mitgliedstaaten können jedoch eine Mindest- und/oder Höchstzahl festsetzen.

(5) Enthält das Recht eines Mitgliedstaats in Bezug auf Aktiengesellschaften mit Sitz in seinem Hoheitsgebiet keine Vorschriften über ein dualistisches System, kann dieser Mitgliedstaat entsprechende Vorschriften in Bezug auf SE erlassen.

Artikel 40

(1) Das Aufsichtsorgan überwacht die Führung der Geschäfte durch das Leitungsorgan. Es ist nicht berechtigt, die Geschäfte der SE selbst zu führen.

(2) The members of the supervisory organ shall be appointed by the general meeting. The members of the first supervisory organ may, however, be appointed by the statutes. This shall apply without prejudice to Article 47 (4) or to any employee participation arrangements determined pursuant to Directive 2001/86/EC.

(3) The number of members of the supervisory organ or the rules for determining it shall be laid down in the statutes. A Member State may, however, stipulate the number of members of the supervisory organ for SEs registered within its territory or a minimum and/or a maximum number.

Article 41

(1) The management organ shall report to the supervisory organ at least once every three months on the progress and foreseeable development of the SE's business.

(2) In addition to the regular information referred to in paragraph 1, the management organ shall promptly pass the supervisory organ any information on events likely to have an appreciable effect on the SE.

(3) The supervisory organ may require the management organ to provide information of any kind which it needs to exercise supervision in accordance with Article 40 (1). A Member State may provide that each member of the supervisory organ also be entitled to this facility.

(4) The supervisory organ may undertake or arrange for any investigations necessary for the performance of its duties.

(5) Each member of the supervisory organ shall be entitled to examine all information submitted to it.

Article 42

The supervisory organ shall elect a chairman from among its members. If half of the members are appointed by employees, only a member appointed by the general meeting of shareholders may be elected chairman.

Section 2: One-tier system

Article 43

(1) The administrative organ shall manage the SE. A Member State may provide that a managing director or managing directors shall be responsible for the day-to-day management under the same conditions as for public limited-liability companies that have registered offices within that Member State's territory.

(2) The number of members of the administrative organ or the rules for determining it shall be laid down in the SE's statutes. A Member State may, however, set a minimum and, where necessary, a maximum number of members.

The administrative organ shall, however, consist of at least three members where employee participation is regulated in accordance with Directive 2001/86/EC.

(3) The member or members of the administrative organ shall be appointed by the general meeting. The members of the first administrative organ may, however, be appointed by the statutes. This shall apply without prejudice to Article 47 (4) or to any employee participation arrangements determined pursuant to Directive 2001/86/EC.

(2) Die Mitglieder des Aufsichtsorgans werden von der Hauptversammlung bestellt. Die Mitglieder des ersten Aufsichtsorgans können jedoch durch die Satzung bestellt werden. Artikel 47 Absatz 4 oder eine etwaige nach Maßgabe der Richtlinie 2001/86/EG geschlossene Vereinbarung über die Mitbestimmung der Arbeitnehmer bleibt hiervon unberührt.

(3) Die Zahl der Mitglieder des Aufsichtsorgans oder die Regeln für ihre Festlegung werden durch die Satzung bestimmt. Die Mitgliedstaaten können jedoch für die in ihrem Hoheitsgebiet eingetragenen SE die Zahl der Mitglieder des Aufsichtsorgans oder deren Höchst- und/oder Mindestzahl festlegen.

Artikel 41

(1) Das Leitungsorgan unterrichtet das Aufsichtsorgan mindestens alle drei Monate über den Gang der Geschäfte der SE und deren voraussichtliche Entwicklung.

(2) Neben der regelmäßigen Unterrichtung gemäß Absatz 1 teilt das Leitungsorgan dem Aufsichtsorgan rechtzeitig alle Informationen über Ereignisse mit, die sich auf die Lage der SE spürbar auswirken können.

(3) Das Aufsichtsorgan kann vom Leitungsorgan jegliche Information verlangen, die für die Ausübung der Kontrolle gemäß Artikel 40 Absatz 1 erforderlich ist. Die Mitgliedstaaten können vorsehen, dass jedes Mitglied des Aufsichtsorgans von dieser Möglichkeit Gebrauch machen kann.

(4) Das Aufsichtsorgan kann alle zur Erfüllung seiner Aufgaben erforderlichen Überprüfungen vornehmen oder vornehmen lassen.

(5) Jedes Mitglied des Aufsichtsorgans kann von allen Informationen, die diesem Organ übermittelt werden, Kenntnis nehmen.

Artikel 42

Das Aufsichtsorgan wählt aus seiner Mitte einen Vorsitzenden. Wird die Hälfte der Mitglieder des Aufsichtsorgans von den Arbeitnehmern bestellt, so darf nur ein von der Hauptversammlung der Aktionäre bestelltes Mitglied zum Vorsitzenden gewählt werden.

Abschnitt 2: Monistisches System

Artikel 43

(1) Das Verwaltungsorgan führt die Geschäfte der SE. Ein Mitgliedstaat kann vorsehen, dass ein oder mehrere Geschäftsführer die laufenden Geschäfte in eigener Verantwortung unter denselben Voraussetzungen, wie sie für Aktiengesellschaften mit Sitz im Hoheitsgebiet des betreffenden Mitgliedstaates gelten, führt bzw. führen.

(2) Die Zahl der Mitglieder des Verwaltungsorgans oder die Regeln für ihre Festlegung sind in der Satzung der SE festgelegt. Die Mitgliedstaaten können jedoch eine Mindestzahl und erforderlichenfalls eine Höchstzahl festsetzen.

Ist jedoch die Mitbestimmung der Arbeitnehmer in der SE gemäß der Richtlinie geregelt, so muss das Verwaltungsorgan aus mindestens drei Mitgliedern bestehen.

(3) Das Mitglied/die Mitglieder des Verwaltungsorgans wird/werden von der Hauptversammlung bestellt. Die Mitglieder des ersten Verwaltungsorgans können jedoch durch die Satzung bestellt werden. Artikel 47 Absatz 4 oder eine etwaige nach Maßgabe der Richtlinie 2001/86/EG geschlossene Vereinbarung über die Mitbestimmung der Arbeitnehmer bleibt hiervon unberührt.

(4) Where no provision is made for a one-tier system in relation to public limited-liability companies with registered offices within its territory, a Member State may adopt the appropriate measures in relation to SEs.

Article 44

(1) The administrative organ shall meet at least once every three months at intervals laid down by the statutes to discuss the progress and foreseeable development of the SE's business.
(2) Each member of the administrative organ shall be entitled to examine all information submitted to it.

Article 45

The administrative organ shall elect a chairman from among its members. If half of the members are appointed by employees, only a member appointed by the general meeting of shareholders may be elected chairman.

Section 3: Rules common to the one-tier and two-tier systems

Article 46

(1) Members of company organs shall be appointed for a period laid down in the statutes not exceeding six years.
(2) Subject to any restrictions laid down in the statutes, members may be reappointed once or more than once for the period determined in accordance with paragraph 1.

Article 47

(1) An SE's statutes may permit a company or other legal entity to be a member of one of its organs, provided that the law applicable to public limited-liability companies in the Member State in which the SE's registered office is situated does not provide otherwise.

That company or other legal entity shall designate a natural person to exercise its functions on the organ in question.

(2) No person may be a member of any SE organ or a representative of a member within the meaning of paragraph 1 who:
   a) is disqualified, under the law of the Member State in which the SE's registered office is situated, from serving on the corresponding organ of a public limited-liability company governed by the law of that Member State, or
   b) is disqualified from serving on the corresponding organ of a public limited-liability company governed by the law of a Member State owing to a judicial or administrative decision delivered in a Member State.

(3) An SE's statutes may, in accordance with the law applicable to public limited-liability companies in the Member State in which the SE's registered office is situated, lay down special conditions of eligibility for members representing the shareholders.
(4) This Regulation shall not affect national law permitting a minority of shareholders or other persons or authorities to appoint some of the members of a company organ.

(4) Enthält das Recht eines Mitgliedstaats in Bezug auf Aktiengesellschaften mit Sitz in seinem Hoheitsgebiet keine Vorschriften über ein monistisches System, kann dieser Mitgliedstaat entsprechende Vorschriften in Bezug auf SE erlassen.

Artikel 44

(1) Das Verwaltungsorgan tritt in den durch die Satzung bestimmten Abständen, mindestens jedoch alle drei Monate, zusammen, um über den Gang der Geschäfte der SE und deren voraussichtliche Entwicklung zu beraten.

(2) Jedes Mitglied des Verwaltungsorgans kann von allen Informationen, die diesem Organ übermittelt werden, Kenntnis nehmen.

Artikel 45

Das Verwaltungsorgan wählt aus seiner Mitte einen Vorsitzenden. Wird die Hälfte der Mitglieder des Verwaltungsorgans von den Arbeitnehmern bestellt, so darf nur ein von der Hauptversammlung der Aktionäre bestelltes Mitglied zum Vorsitzenden gewählt werden.

Abschnitt 3: Gemeinsame Vorschriften für das monistische und das dualistische System

Artikel 46

(1) Die Mitglieder der Organe der Gesellschaft werden für einen in der Satzung festgelegten Zeitraum, der sechs Jahre nicht überschreiten darf, bestellt.

(2) Vorbehaltlich in der Satzung festgelegter Einschränkungen können die Mitglieder einmal oder mehrmals für den gemäß Absatz 1 festgelegten Zeitraum wiederbestellt werden.

Artikel 47

(1) Die Satzung der SE kann vorsehen, dass eine Gesellschaft oder eine andere juristische Person Mitglied eines Organs sein kann, sofern das für Aktiengesellschaften maßgebliche Recht des Sitzstaats der SE nichts anderes bestimmt.

Die betreffende Gesellschaft oder sonstige juristische Person hat zur Wahrnehmung ihrer Befugnisse in dem betreffenden Organ eine natürliche Person als Vertreter zu bestellen.

(2) Personen, die

a) nach dem Recht des Sitzstaats der SE dem Leitungs-, Aufsichts- oder Verwaltungsorgan einer dem Recht dieses Mitgliedstaats unterliegenden Aktiengesellschaft nicht angehören dürfen oder

b) infolge einer Gerichts- oder Verwaltungsentscheidung, die in einem Mitgliedstaat ergangen ist, dem Leitungs-, Aufsichts- oder Verwaltungsorgan einer dem Recht eines Mitgliedstaats unterliegenden Aktiengesellschaft nicht angehören dürfen,

können weder Mitglied eines Organs der SE noch Vertreter eines Mitglieds im Sinne von Absatz 1 sein.

(3) Die Satzung der SE kann für Mitglieder, die die Aktionäre vertreten, in Anlehnung an die für Aktiengesellschaften geltenden Rechtsvorschriften des Sitzstaats der SE besondere Voraussetzungen für die Mitgliedschaft festlegen.

(4) Einzelstaatliche Rechtsvorschriften, die auch einer Minderheit von Aktionären oder anderen Personen oder Stellen die Bestellung eines Teils der Organmitglieder erlauben, bleiben von dieser Verordnung unberührt.

Article 48

(1) An SE's statutes shall list the categories of transactions which require authorisation of the management organ by the supervisory organ in the two-tier system or an express decision by the administrative organ in the one-tier system.

A Member State may, however, provide that in the two-tier system the supervisory organ may itself make certain categories of transactions subject to authorisation.

(2) A Member State may determine the categories of transactions which must at least be indicated in the statutes of SEs registered within its territory.

Article 49

The members of an SE's organs shall be under a duty, even after they have ceased to hold office, not to divulge any information which they have concerning the SE the disclosure of which might be prejudicial to the company's interests, except where such disclosure is required or permitted under national law provisions applicable to public limited-liability companies or is in the public interest.

Article 50

(1) Unless otherwise provided by this Regulation or the statutes, the internal rules relating to quorums and decision-taking in SE organs shall be as follows:

a) quorum: at least half of the members must be present or represented;

b) decision-taking: a majority of the members present or represented.

(2) Where there is no relevant provision in the statutes, the chairman of each organ shall have a casting vote in the event of a tie. There shall be no provision to the contrary in the statutes, however, where half of the supervisory organ consists of employees' representatives.

(3) Where employee participation is provided for in accordance with Directive 2001/86/EC, a Member State may provide that the supervisory organ's quorum and decision-making shall, by way of derogation from the provisions referred to in paragraphs 1 and 2, be subject to the rules applicable, under the same conditions, to public limited-liability companies governed by the law of the Member State concerned.

Article 51

Members of an SE's management, supervisory and administrative organs shall be liable, in accordance with the provisions applicable to public limited-liability companies in the Member State in which the SE's registered office is situated, for loss or damage sustained by the SE following any breach on their part of the legal, statutory or other obligations inherent in their duties.

Artikel 48

(1) In der Satzung der SE werden die Arten von Geschäften aufgeführt, für die im dualistischen System das Aufsichtsorgan dem Leitungsorgan seine Zustimmung erteilen muss und im monistischen System ein ausdrücklicher Beschluss des Verwaltungsorgans erforderlich ist.

Die Mitgliedstaaten können jedoch vorsehen, dass im dualistischen System das Aufsichtsorgan selbst bestimmte Arten von Geschäften von seiner Zustimmung abhängig machen kann.

(2) Die Mitgliedstaaten können für die in ihrem Hoheitsgebiet eingetragenen SE festlegen, welche Arten von Geschäften auf jeden Fall in die Satzung aufzunehmen sind.

Artikel 49

Die Mitglieder der Organe der SE dürfen Informationen über die SE, die im Falle ihrer Verbreitung den Interessen der Gesellschaft schaden könnten, auch nach Ausscheiden aus ihrem Amt nicht weitergeben; dies gilt nicht in Fällen, in denen eine solche Informationsweitergabe nach den Bestimmungen des für Aktiengesellschaften geltenden einzelstaatlichen Rechts vorgeschrieben oder zulässig ist oder im öffentlichen Interesse liegt.

Artikel 50

(1) Sofern in dieser Verordnung oder der Satzung nichts anderes bestimmt ist, gelten für die Beschlussfähigkeit und die Beschlussfassung der Organe der SE die folgenden internen Regeln:

   a) Beschlussfähigkeit: mindestens die Hälfte der Mitglieder muss anwesend oder vertreten sein;

   b) Beschlussfassung: mit der Mehrheit der anwesenden oder vertretenen Mitglieder.

(2) Sofern die Satzung keine einschlägige Bestimmung enthält, gibt die Stimme des Vorsitzenden des jeweiligen Organs bei Stimmengleichheit den Ausschlag. Eine anders lautende Satzungsbestimmung ist jedoch nicht möglich, wenn sich das Aufsichtsorgan zur Hälfte aus Arbeitnehmervertretern zusammensetzt.

(3) Ist die Mitbestimmung der Arbeitnehmer gemäß der Richtlinie 2001/86/EG vorgesehen, so kann ein Mitgliedstaat vorsehen, dass sich abweichend von den Absätzen 1 und 2 Beschlussfähigkeit und Beschlussfassung des Aufsichtsorgans nach den Vorschriften richten, die unter denselben Bedingungen für die Aktiengesellschaften gelten, die dem Recht des betreffenden Mitgliedstaats unterliegen.

Artikel 51

Die Mitglieder des Leitungs-, Aufsichts- oder Verwaltungsorgans haften gemäß den im Sitzstaat der SE für Aktiengesellschaften maßgeblichen Rechtsvorschriften für den Schaden, welcher der SE durch eine Verletzung der ihnen bei der Ausübung ihres Amtes obliegenden gesetzlichen, satzungsmäßigen oder sonstigen Pflichten entsteht.

Section 4: General meeting

Article 52

The general meeting shall decide on matters for which it is given sole responsibility by:

a) this Regulation or
b) the legislation of the Member State in which the SE's registered office is situated adopted in implementation of Directive 2001/86/EC.

Furthermore, the general meeting shall decide on matters for which responsibility is given to the general meeting of a public limited-liability company governed by the law of the Member State in which the SE's registered office is situated, either by the law of that Member State or by the SE's statutes in accordance with that law.

Article 53

Without prejudice to the rules laid down in this section, the organisation and conduct of general meetings together with voting procedures shall be governed by the law applicable to public limited-liability companies in the Member State in which the SE's registered office is situated.

Article 54

(1) An SE shall hold a general meeting at least once each calendar year, within six months of the end of its financial year, unless the law of the Member State in which the SE's registered office is situated applicable to public limited-liability companies carrying on the same type of activity as the SE provides for more frequent meetings. A Member State may, however, provide that the first general meeting may be held at any time in the 18 months following an SE's incorporation.

(2) General meetings may be convened at any time by the management organ, the administrative organ, the supervisory organ or any other organ or competent authority in accordance with the national law applicable to public limited-liability companies in the Member State in which the SE's registered office is situated.

Article 55

(1) One or more shareholders who together hold at least 10% of an SE's subscribed capital may request the SE to convene a general meeting and draw up the agenda therefor; the SE's statutes or national legislation may provide for a smaller proportion under the same conditions as those applicable to public limited-liability companies.

(2) The request that a general meeting be convened shall state the items to be put on the agenda.

(3) If, following a request made under paragraph 1, a general meeting is not held in due time and, in any event, within two months, the competent judicial or administrative authority within the jurisdiction of which the SE's registered office is situated may order that a general meeting be convened within a given period or authorise either the shareholders who have requested it or their representatives to convene a general meeting. This shall be without prejudice to any national provisions which allow the shareholders themselves to convene general meetings.

Abschnitt 4: Hauptversammlung

Artikel 52

Die Hauptversammlung beschließt über die Angelegenheiten, für die ihr
a) durch diese Verordnung oder
b) durch in Anwendung der Richtlinie 2001/86/EG erlassene Rechtsvorschriften des Sitzstaats der SE

die alleinige Zuständigkeit übertragen wird.

Außerdem beschließt die Hauptversammlung in Angelegenheiten, für die der Hauptversammlung einer dem Recht des Sitzstaats der SE unterliegenden Aktiengesellschaft die Zuständigkeit entweder aufgrund der Rechtsvorschriften dieses Mitgliedstaats oder aufgrund der mit diesen Rechtsvorschriften in Einklang stehenden Satzung übertragen worden ist.

Artikel 53

Für die Organisation und den Ablauf der Hauptversammlung sowie für die Abstimmungsverfahren gelten unbeschadet der Bestimmungen dieses Abschnitts die im Sitzstaat der SE für Aktiengesellschaften maßgeblichen Rechtsvorschriften.

Artikel 54

(1) Die Hauptversammlung tritt mindestens einmal im Kalenderjahr binnen sechs Monaten nach Abschluss des Geschäftsjahres zusammen, sofern die im Sitzstaat der SE für Aktiengesellschaften, die dieselbe Art von Aktivitäten wie die SE betreiben, maßgeblichen Rechtsvorschriften nicht häufigere Versammlungen vorsehen. Die Mitgliedstaaten können jedoch vorsehen, dass die erste Hauptversammlung bis zu 18 Monate nach Gründung der SE abgehalten werden kann.

(2) Die Hauptversammlung kann jederzeit vom Leitungs-, Aufsichts- oder Verwaltungsorgan oder von jedem anderen Organ oder jeder zuständigen Behörde nach den für Aktiengesellschaften im Sitzstaat der SE maßgeblichen einzelstaatlichen Rechtsvorschriften einberufen werden.

Artikel 55

(1) Die Einberufung der Hauptversammlung und die Aufstellung ihrer Tagesordnung können von einem oder mehreren Aktionären beantragt werden, sofern sein/ihr Anteil am gezeichneten Kapital mindestens 10% beträgt; die Satzung oder einzelstaatliche Rechtsvorschriften können unter denselben Voraussetzungen, wie sie für Aktiengesellschaften gelten, einen niedrigeren Prozentsatz vorsehen.

(2) Der Antrag auf Einberufung muss die Punkte für die Tagesordnung enthalten.

(3) Wird die Hauptversammlung nicht rechtzeitig bzw. nicht spätestens zwei Monate nach dem Zeitpunkt, zu dem der in Absatz 1 genannte Antrag gestellt worden ist, abgehalten, so kann das am Sitz der SE zuständige Gericht oder die am Sitz der SE zuständige Verwaltungsbehörde anordnen, dass sie innerhalb einer bestimmten Frist einzuberufen ist, oder die Aktionäre, die den Antrag gestellt haben, oder deren Vertreter dazu ermächtigen. Hiervon unberührt bleiben einzelstaatliche Bestimmungen, aufgrund deren die Aktionäre gegebenenfalls die Möglichkeit haben, selbst die Hauptversammlung einzuberufen.

Article 56

One or more shareholders who together hold at least 10% of an SE's subscribed capital may request that one or more additional items be put on the agenda of any general meeting. The procedures and time limits applicable to such requests shall be laid down by the national law of the Member State in which the SE's registered office is situated or, failing that, by the SE's statutes. The above proportion may be reduced by the statutes or by the law of the Member State in which the SE's registered office is situated under the same conditions as are applicable to public limited-liability companies.

Article 57

Save where this Regulation or, failing that, the law applicable to public limited-liability companies in the Member State in which an SE's registered office is situated requires a larger majority, the general meeting's decisions shall be taken by a majority of the votes validly cast.

Article 58

The votes cast shall not include votes attaching to shares in respect of which the shareholder has not taken part in the vote or has abstained or has returned a blank or spoilt ballot paper.

Article 59

(1) Amendment of an SE's statutes shall require a decision by the general meeting taken by a majority which may not be less than two thirds of the votes cast, unless the law applicable to public limited-liability companies in the Member State in which an SE's registered office is situated requires or permits a larger majority.

(2) A Member State may, however, provide that where at least half of an SE's subscribed capital is represented, a simple majority of the votes referred to in paragraph 1 shall suffice.

(3) Amendments to an SE's statutes shall be publicised in accordance with Article 13.

Article 60

(1) Where an SE has two or more classes of shares, every decision by the general meeting shall be subject to a separate vote by each class of shareholders whose class rights are affected thereby.

(2) Where a decision by the general meeting requires the majority of votes specified in Article 59 (1) or (2), that majority shall also be required for the separate vote by each class of shareholders whose class rights are affected by the decision.

TITLE IV: ANNUAL ACCOUNTS AND CONSOLIDATED ACCOUNTS

Article 61

Subject to Article 62 an SE shall be governed by the rules applicable to public limited-liability companies under the law of the Member State in which its registered office is situated as regards the preparation of its annual and, where appropriate, consolidated accounts including the accompanying annual report and the auditing and publication of those accounts.

Artikel 56

Die Ergänzung der Tagesordnung für eine Hauptversammlung durch einen oder mehrere Punkte kann von einem oder mehreren Aktionären beantragt werden, sofern sein/ihr Anteil am gezeichneten Kapital mindestens 10% beträgt. Die Verfahren und Fristen für diesen Antrag werden nach dem einzelstaatlichen Recht des Sitzstaats der SE oder, sofern solche Vorschriften nicht vorhanden sind, nach der Satzung der SE festgelegt. Die Satzung oder das Recht des Sitzstaats können unter denselben Voraussetzungen, wie sie für Aktiengesellschaften gelten, einen niedrigeren Prozentsatz vorsehen.

Artikel 57

Die Beschlüsse der Hauptversammlung werden mit der Mehrheit der abgegebenen gültigen Stimmen gefasst, sofern diese Verordnung oder gegebenenfalls das im Sitzstaat der SE für Aktiengesellschaften maßgebliche Recht nicht eine größere Mehrheit vorschreibt.

Artikel 58

Zu den abgegebenen Stimmen zählen nicht die Stimmen, die mit Aktien verbunden sind, deren Inhaber nicht an der Abstimmung teilgenommen oder sich der Stimme enthalten oder einen leeren oder ungültigen Stimmzettel abgegeben haben.

Artikel 59

(1) Die Änderung der Satzung bedarf eines Beschlusses der Hauptversammlung, der mit der Mehrheit von nicht weniger als zwei Dritteln der abgegebenen Stimmen gefasst worden ist, sofern die Rechtsvorschriften für Aktiengesellschaften im Sitzstaat der SE keine größere Mehrheit vorsehen oder zulassen.

(2) Jeder Mitgliedstaat kann jedoch bestimmen, dass die einfache Mehrheit der Stimmen im Sinne von Absatz 1 ausreicht, sofern mindestens die Hälfte des gezeichneten Kapitals vertreten ist.

(3) Jede Änderung der Satzung wird gemäß Artikel 13 offen gelegt.

Artikel 60

(1) Sind mehrere Gattungen von Aktien vorhanden, so erfordert jeder Beschluss der Hauptversammlung noch eine gesonderte Abstimmung durch jede Gruppe von Aktionären, deren spezifische Rechte durch den Beschluss berührt werden.

(2) Bedarf der Beschluss der Hauptversammlung der Mehrheit der Stimmen gemäß Artikel 59 Absätze 1 oder 2, so ist diese Mehrheit auch für die gesonderte Abstimmung jeder Gruppe von Aktionären erforderlich, deren spezifische Rechte durch den Beschluss berührt werden.

TITEL IV: JAHRESABSCHLUSS UND KONSOLIDIERTER ABSCHLUSS

Artikel 61

Vorbehaltlich des Artikels 62 unterliegt die SE hinsichtlich der Aufstellung ihres Jahresabschlusses und gegebenenfalls ihres konsolidierten Abschlusses einschließlich des dazugehörigen Lageberichts sowie der Prüfung und der Offenlegung dieser Abschlüsse den Vorschriften, die für dem Recht des Sitzstaates der SE unterliegende Aktiengesellschaften gelten.

Article 62

(1) An SE which is a credit or financial institution shall be governed by the rules laid down in the national law of the Member State in which its registered office is situated in implementation of Directive 2000/12/EC of the European Parliament and of the Council of 20 March 2000 relating to the taking up and pursuit of the business of credit institutions[9] as regards the preparation of its annual and, where appropriate, consolidated accounts, including the accompanying annual report and the auditing and publication of those accounts.

(2) An SE which is an insurance undertaking shall be governed by the rules laid down in the national law of the Member State in which its registered office is situated in implementation of Council Directive 91/674/EEC of 19 December 1991 on the annual accounts and consolidated accounts of insurance undertakings[10] as regards the preparation of its annual and, where appropriate, consolidated accounts including the accompanying annual report and the auditing and publication of those accounts.

TITLE V: WINDING UP, INSOLVENCY AND CESSATION OF PAYMENTS

Article 63

As regards winding up, liquidation, insolvency, cessation of payments and similar procedures, an SE shall be governed by the legal provisions which would apply to a public limited-liability company formed in accordance with the law of the Member State in which its registered office is situated, including provisions relating to decision-making by the general meeting.

Article 64

(1) When an SE no longer complies with the requirement laid down in Article 7, the Member State in which the SE's registered office is situated shall take appropriate measures to oblige the SE to regularise its position within a specified period either:
   a) by re-establishing its head office in the Member State in which its registered office is situated or
   b) by transferring the registered office by means of the procedure laid down in Article 8.

(2) The Member State in which the SE's registered office is situated shall put in place the measures necessary to ensure that an SE which fails to regularise its position in accordance with paragraph 1 is liquidated.

(3) The Member State in which the SE's registered office is situated shall set up a judicial remedy with regard to any established infringement of Article 7. That remedy shall have a suspensory effect on the procedures laid down in paragraphs 1 and 2.

(4) Where it is established on the initiative of either the authorities or any interested party that an SE has its head office within the territory of a Member State in breach of Article 7, the authorities of that Member State shall immediately inform the Member State in which the SE's registered office is situated.

---

[9] OJ No L 126 of 26/05/2000 p. 1.
[10] OJ No L 374 of 31/12/1991 p. 7.

Artikel 62

(1) Handelt es sich bei der SE um ein Kreditinstitut oder ein Finanzinstitut, so unterliegt sie hinsichtlich der Aufstellung ihres Jahresabschlusses und gegebenenfalls ihres konsolidierten Abschlusses einschließlich des dazugehörigen Lageberichts sowie der Prüfung und der Offenlegung dieser Abschlüsse den gemäß der Richtlinie 2000/12/EG des Europäischen Parlaments und des Rates vom 20. März 2000 über die Aufnahme und Ausübung der Tätigkeit der Kreditinstitute[9] erlassenen einzelstaatlichen Rechtsvorschriften des Sitzstaats.

(2) Handelt es sich bei der SE um ein Versicherungsunternehmen, so unterliegt sie hinsichtlich der Aufstellung ihres Jahresabschlusses und gegebenenfalls ihres konsolidierten Abschlusses einschließlich des dazugehörigen Lageberichts sowie der Prüfung und der Offenlegung dieser Abschlüsse den gemäß der Richtlinie 91/674/EWG des Rates vom 19. Dezember 1991 über den Jahresabschluss und den konsolidierten Abschluss von Versicherungsunternehmen[10] erlassenen einzelstaatlichen Rechtsvorschriften des Sitzstaats.

TITEL V: AUFLÖSUNG, LIQUIDATION, ZAHLUNGSUNFÄHIGKEIT UND ZAHLUNGSEINSTELLUNG

Artikel 63

Hinsichtlich der Auflösung, Liquidation, Zahlungsunfähigkeit, Zahlungseinstellung und ähnlicher Verfahren unterliegt die SE den Rechtsvorschriften, die für eine Aktiengesellschaft maßgeblich wären, die nach dem Recht des Sitzstaats der SE gegründet worden ist; dies gilt auch für die Vorschriften hinsichtlich der Beschlussfassung durch die Hauptversammlung.

Artikel 64

(1) Erfüllt eine SE nicht mehr die Verpflichtung nach Artikel 7, so trifft der Mitgliedstaat, in dem die SE ihren Sitz hat, geeignete Maßnahmen, um die SE zu verpflichten, innerhalb einer bestimmten Frist den vorschriftswidrigen Zustand zu beenden, indem sie

   a) entweder ihre Hauptverwaltung wieder im Sitzstaat errichtet

   b) oder ihren Sitz nach dem Verfahren des Artikels 8 verlegt.

(2) Der Sitzstaat trifft die erforderlichen Maßnahmen, um zu gewährleisten, dass eine SE, die den vorschriftswidrigen Zustand nicht gemäß Absatz 1 beendet, liquidiert wird.

(3) Der Sitzstaat sieht vor, dass ein Rechtsmittel gegen die Feststellung des Verstoßes gegen Artikel 7 eingelegt werden kann. Durch dieses Rechtsmittel werden die in den Absätzen 1 und 2 vorgesehenen Verfahren ausgesetzt.

(4) Wird auf Veranlassung der Behörden oder einer betroffenen Partei festgestellt, dass sich die Hauptverwaltung einer SE unter Verstoß gegen Artikel 7 im Hoheitsgebiet eines Mitgliedstaats befindet, so teilen die Behörden dieses Mitgliedstaats dies unverzüglich dem Mitgliedstaat mit, in dem die SE ihren Sitz hat.

---

[9] ABl. Nr. L 126 v. 26.05.2000 S. 1.
[10] ABl. Nr. L 374 v. 31.12.1991 S. 7.

Article 65

Without prejudice to provisions of national law requiring additional publication, the initiation and termination of winding up, liquidation, insolvency or cessation of payment procedures and any decision to continue operating shall be publicised in accordance with Article 13.

Article 66

(1) An SE may be converted into a public limited-liability company governed by the law of the Member State in which its registered office is situated. No decision on conversion may be taken before two years have elapsed since its registration or before the first two sets of annual accounts have been approved.

(2) The conversion of an SE into a public limited-liability company shall not result in the winding up of the company or in the creation of a new legal person.

(3) The management or administrative organ of the SE shall draw up draft terms of conversion and a report explaining and justifying the legal and economic aspects of the conversion and indicating the implications of the adoption of the public limited-liability company for the shareholders and for the employees.

(4) The draft terms of conversion shall be publicised in the manner laid down in each Member State's law in accordance with Article 3 of Directive 68/151/EEC at least one month before the general meeting called to decide thereon.

(5) Before the general meeting referred to in paragraph 6, one or more independent experts appointed or approved, in accordance with the national provisions adopted in implementation of Article 10 of Directive 78/855/EEC, by a judicial or administrative authority in the Member State to which the SE being converted into a public limited-liability company is subject shall certify that the company has assets at least equivalent to its capital.

(6) The general meeting of the SE shall approve the draft terms of conversion together with the statutes of the public limited-liability company. The decision of the general meeting shall be passed as laid down in the provisions of national law adopted in implementation of Article 7 of Directive 78/855/EEC.

TITLE VI: ADDITIONAL AND TRANSITIONAL PROVISIONS

Article 67

(1) If and so long as the third phase of economic and monetary union (EMU) does not apply to it each Member State may make SEs with registered offices within its territory subject to the same provisions as apply to public limited-liability companies covered by its legislation as regards the expression of their capital. An SE may, in any case, express its capital in Euro as well. In that event the national currency/Euro conversion rate shall be that for the last day of the month preceding that of the formation of the SE.

(2) If and so long as the third phase of EMU does not apply to the Member State in which an SE has its registered office, the SE may, however, prepare and publish its annual and, where appropriate, consolidated accounts in Euro. The Member State may require that the SE's annual and, where appropriate, consolidated accounts be prepared and published in the national currency under the same conditions as those laid down for public limited-liability companies governed by the law of that Member State. This shall not prejudge the additional possibility for an SE of publishing its annual and, where appropriate, consolidated accounts in Euro in accordance with Council Directive 90/604/EEC

Artikel 65

Die Eröffnung eines Auflösungs-, Liquidations-, Zahlungsunfähigkeits- und Zahlungseinstellungsverfahrens und sein Abschluss sowie die Entscheidung über die Weiterführung der Geschäftstätigkeit werden unbeschadet einzelstaatlicher Bestimmungen, die zusätzliche Anforderungen in Bezug auf die Offenlegung enthalten, gemäß Artikel 13 offen gelegt.

Artikel 66

(1) Eine SE kann in eine dem Recht ihres Sitzstaats unterliegende Aktiengesellschaft umgewandelt werden. Ein Umwandlungsbeschluss darf erst zwei Jahre nach Eintragung der SE oder nach Genehmigung der ersten beiden Jahresabschlüsse gefasst werden.

(2) Die Umwandlung einer SE in eine Aktiengesellschaft führt weder zur Auflösung der Gesellschaft noch zur Gründung einer neuen juristischen Person.

(3) Das Leitungs- oder das Verwaltungsorgan der SE erstellt einen Umwandlungsplan sowie einen Bericht, in dem die rechtlichen und wirtschaftlichen Aspekte der Umwandlung erläutert und begründet sowie die Auswirkungen, die der Übergang zur Rechtsform der Aktiengesellschaft für die Aktionäre und die Arbeitnehmer hat, dargelegt werden.

(4) Der Umwandlungsplan ist mindestens einen Monat vor dem Tag der Hauptversammlung, die über die Umwandlung zu beschließen hat, nach den in den Rechtsvorschriften der einzelnen Mitgliedstaaten gemäß Artikel 3 der Richtlinie 68/151/EWG vorgesehenen Verfahren offen zu legen.

(5) Vor der Hauptversammlung nach Absatz 6 ist von einem oder mehreren unabhängigen Sachverständigen, der/die nach den einzelstaatlichen Durchführungsbestimmungen zu Artikel 10 der Richtlinie 78/855/EWG durch ein Gericht oder eine Verwaltungsbehörde des Mitgliedstaates, dem die sich in eine Aktiengesellschaft umwandelnde SE unterliegt, bestellt oder zugelassen ist/sind, zu bescheinigen, dass die Gesellschaft über Vermögenswerte mindestens in Höhe ihres Kapitals verfügt.

(6) Die Hauptversammlung der SE stimmt dem Umwandlungsplan zu und genehmigt die Satzung der Aktiengesellschaft. Die Beschlussfassung der Hauptversammlung erfolgt nach Maßgabe der einzelstaatlichen Bestimmungen im Einklang mit Artikel 7 der Richtlinie 78/855/EWG.

TITEL VI: ERGÄNZUNGS- UND ÜBERGANGSBESTIMMUNGEN

Artikel 67

(1) Jeder Mitgliedstaat kann, sofern und solange für ihn die dritte Stufe der Wirtschafts- und Währungsunion (WWU) nicht gilt, auf die SE mit Sitz in seinem Hoheitsgebiet in der Frage, auf welche Währung ihr Kapital zu lauten hat, dieselben Bestimmungen anwenden wie auf die Aktiengesellschaften, für die seine Rechtsvorschriften gelten. Die SE kann ihr Kapital auf jeden Fall auch in Euro ausdrücken. In diesem Fall wird für die Umrechnung zwischen Landeswährung und Euro der Satz zugrunde gelegt, der am letzten Tag des Monats vor der Gründung der SE galt.

(2) Sofern und solange für den Sitzstaat der SE die dritte Stufe der WWU nicht gilt, kann die SE jedoch die Jahresabschlüsse und gegebenenfalls die konsolidierten Abschlüsse in Euro erstellen und offen legen. Der Mitgliedstaat kann verlangen, dass die Jahresabschlüsse und gegebenenfalls die konsolidierten Abschlüsse nach denselben Bedingungen, wie sie für die dem Recht dieses Mitgliedstaats unterliegenden Aktiengesellschaften vorgesehen sind, in der Landeswährung erstellt und offen gelegt werden. Dies gilt unbeschadet der der SE zusätzlich eingeräumten Möglichkeit, ihre Jahresabschlüsse

of 8 November 1990 amending Directive 78/60/EEC on annual accounts and Directive 83/349/EEC on consolidated accounts as concerns the exemptions for small and medium-sized companies and the publication of accounts in Ecu [11].

TITLE VII: FINAL PROVISIONS

Article 68

(1) The Member States shall make such provision as is appropriate to ensure the effective application of this Regulation.

(2) Each Member State shall designate the competent authorities within the meaning of Articles 8, 25, 26, 54, 55 and 64. It shall inform the Commission and the other Member States accordingly.

Article 69

Five years at the latest after the entry into force of this Regulation, the Commission shall forward to the Council and the European Parliament a report on the application of the Regulation and proposals for amendments, where appropriate. The report shall, in particular, analyse the appropriateness of:

a) allowing the location of an SE's head office and registered office in different Member States;

b) broadening the concept of merger in Article 17 (2) in order to admit also other types of merger than those defined in Articles 3 (1) and 4 (1) of Directive 78/855/EEC;

c) revising the jurisdiction clause in Article 8 (16) in the light of any provision which may have been inserted in the 1968 Brussels Convention or in any text adopted by Member States or by the Council to replace such Convention;

d) allowing provisions in the statutes of an SE adopted by a Member State in execution of authorisations given to the Member States by this Regulation or laws adopted to ensure the effective application of this Regulation in respect to the SE which deviate from or are complementary to these laws, even when such provisions would not be authorised in the statutes of a public limited-liability company having its registered office in the Member State.

Article 70

This Regulation shall enter into force on 8 October 2004.

This Regulation shall be binding in its entirety and directly applicable in all Member States.

---

11) Council Directive 90/604/EEC of 08/11/1990 amending Directive 78/660/EEC on annual accounts and Directive 83/349/EEC on consolidated accounts as concerns the exemptions for small and medium-sized companies and the publication of accounts in ecus, OJ No L 317 of 16/11/1990 p. 57.

und gegebenenfalls ihre konsolidierten Abschlüsse entsprechend der Richtlinie 90/604/EWG[11] in Euro offen zu legen.

TITEL VII: SCHLUSSBESTIMMUNGEN

Artikel 68

(1) Die Mitgliedstaaten treffen alle geeigneten Vorkehrungen, um das Wirksamwerden dieser Verordnung zu gewährleisten.

(2) Jeder Mitgliedstaat benennt die zuständigen Behörden im Sinne der Artikel 8, 25, 26, 54, 55 und 64. Er setzt die Kommission und die anderen Mitgliedstaaten davon in Kenntnis.

Artikel 69

Spätestens fünf Jahre nach Inkrafttreten dieser Verordnung legt die Kommission dem Rat und dem Europäischen Parlament einen Bericht über die Anwendung der Verordnung sowie gegebenenfalls Vorschläge für Änderungen vor. In dem Bericht wird insbesondere geprüft, ob es zweckmäßig ist,

a) zuzulassen, dass sich die Hauptverwaltung und der Sitz der SE in verschiedenen Mitgliedstaaten befinden,

b) den Begriff der Verschmelzung in Artikel 17 Absatz 2 auszuweiten, um auch andere als die in Artikel 3 Absatz 1 und Artikel 4 Absatz 1 der Richtlinie 78/855/EWG definierten Formen der Verschmelzung zuzulassen,

c) die Gerichtsstandsklausel des Artikels 8 Absatz 16 im Lichte von Bestimmungen, die in das Brüsseler Übereinkommen von 1968 oder in einen Rechtsakt der Mitgliedstaaten oder des Rates zur Ersetzung dieses Übereinkommens aufgenommen wurden, zu überprüfen,

d) vorzusehen, dass ein Mitgliedstaat in den Rechtsvorschriften, die er in Ausübung der durch diese Verordnung übertragenen Befugnisse oder zur Sicherstellung der tatsächlichen Anwendung dieser Verordnung auf eine SE erlässt, Bestimmungen in der Satzung der SE zulassen kann, die von diesen Rechtsvorschriften abweichen oder diese ergänzen, auch wenn derartige Bestimmungen in der Satzung einer Aktiengesellschaft mit Sitz in dem betreffenden Mitgliedstaat nicht zulässig wären.

Artikel 70

Diese Verordnung tritt am 8. Oktober 2004 in Kraft.

Diese Verordnung ist in allen ihren Teilen verbindlich und gilt unmittelbar in jedem Mitgliedstaat.

---

11) Richtlinie 90/604/EWG des Rates v. 08.11.1990 zur Änderung der Richtlinie 78/660/EWG über den Jahresabschluss und der Richtlinie 83/349/EWG über den konsolidierten Abschluss hinsichtlich der Ausnahme für kleine und mittlere Gesellschaften sowie der Offenlegung von Abschlüssen in Ecu, ABl. Nr. L 317 v. 16.11.1990 S. 57.

ANNEX I
Public limited-liability companies referred to in Article 2 (1)

BELGIUM:

la société anonyme/de naamloze vennootschap

BULGARIA:

акционерно дружество

CZECH REPUBLIC:

akciová společnost

DENMARK:

aktieselskaber

GERMANY:

die Aktiengesellschaft

ESTONIA:

aktsiaselts

GREECE:

ανώνυμη εταιρία

SPAIN:

la sociedad anónima

FRANCE:

la société anonyme

IRELAND:

public companies limited by shares,

public companies limited by guarantee having a share capital

ITALY:

società per azioni

CYPRUS:

Δημόσια Εταιρεία περιορισμένης ευθύνης με μετοχές,

Δημόσια Εταιρεία περιορισμένης ευθύνης με εγγύηση

LATVIA:

akciju sabiedrība

LITHUANIA:

akcinės bendrovės

LUXEMBOURG:

la société anonyme

HUNGARY:

részvénytársaság

MALTA:

kumpaniji pubbliċi/public limited liability companies

NETHERLANDS:

de naamloze vennootschap

AUSTRIA:

die Aktiengesellschaft

ANHANG I
Aktiengesellschaften gemäß Artikel 2 Absatz 1

BELGIEN:
la société anonyme/de naamloze vennootschap
BULGARIEN:
акционерно дружество
TSCHECHISCHE REPUBLIK:
akciová společnost
DÄNEMARK:
aktieselskaber
DEUTSCHLAND:
die Aktiengesellschaft
ESTLAND:
aktsiaselts
GRIECHENLAND:
ανώνυμη εταιρία
SPANIEN:
la sociedad anónima
FRANKREICH:
la société anonyme
IRLAND:
public companies limited by shares,
public companies limited by guarantee having a share capital
ITALIEN:
società per azioni
ZYPERN:
Δημόσια Εταιρεία περιορισμένης ευθύνης με μετοχές,
Δημόσια Εταιρεία περιορισμένης ευθύνης με εγγύηση
LETTLAND:
akciju sabiedrība
LITAUEN:
akcinės bendrovės
LUXEMBURG:
la société anonyme
UNGARN:
részvénytársaság
MALTA:
kumpaniji pubbliċi/public limited liability companies
NIEDERLANDE:
de naamloze vennootschap
ÖSTERREICH:
die Aktiengesellschaft

POLAND:
spółka akcyjna
PORTUGAL:
a sociedade anónima de responsabilidade limitada
ROMANIA:
societate pe acţiuni
SLOVENIA:
delniška družba
SLOVAKIA:
akciová spoločnos
FINLAND:
julkinen osakeyhtiö/publikt aktiebolag
SWEDEN:
publikt aktiebolag
UNITED KINGDOM:
public companies limited by shares,
public companies limited by guarantee having a share capital

ANNEX II
Public and private limited-liability companies referred to in Article 2 (2)

BELGIUM:
la société anonyme/de naamloze vennootschap,
la société privée à responsabilité limitée/besloten vennootschap met beperkte aansprakelijkheid
BULGARIA:
акционерно дружество,
дружество с ограничена отговорност
CZECH REPUBLIC:
akciová společnost,
společnost s ručením omezeným
DENMARK:
aktieselskaber,
anpartsselskaber
GERMANY:
die Aktiengesellschaft,
die Gesellschaft mit beschränkter Haftung
ESTONIA:
aktsiaselts ja osaühing
GREECE:
ανώνυμη εταιρία,
εταιρία περιορισμένης ευθύνης

POLEN:
spółka akcyjna
PORTUGAL:
a sociedade anónima de responsabilidade limitada
RUMÄNIEN:
societate pe acţiuni
SLOWENIEN:
delniška družba
SLOWAKEI:
akciová spoločnos
FINNLAND:
julkinen osakeyhtiö/publikt aktiebolag
SCHWEDEN:
publikt aktiebolag
VEREINIGTES KÖNIGREICH:
public companies limited by shares,
public companies limited by guarantee having a share capital

ANHANG II
Aktiengesellschaften und Gesellschaften mit beschränkter Haftung gemäß Artikel 2 Absatz 2

BELGIEN:
la société anonyme/de naamloze vennootschap,
la société privée à responsabilité limitée/besloten vennootschap met beperkte aansprakelijkheid
BULGARIEN:
акционерно дружество,
дружество с ограничена отговорност
TSCHECHISCHE REPUBLIK:
akciová společnost,
společnost s ručením omezeným
DÄNEMARK:
aktieselskaber,
anpartselskaber
DEUTSCHLAND:
die Aktiengesellschaft,
die Gesellschaft mit beschränkter Haftung
ESTLAND:
aktsiaselts ja osaühing
GRIECHENLAND:
ανώνυμη εταιρία,
εταιρία περιορισμένης ευθύνης

European framework

SPAIN:
la sociedad anónima,
la sociedad de responsabilidad limitada
FRANCE:
la société anonyme,
la société à responsabilité limitée
IRELAND:
public companies limited by shares,
public companies limited by guarantee having a share capital,
private companies limited by shares,
private companies limited by guarantee having a share capital
ITALY:
società per azioni,
società a responsabilità limitata
CYPRUS:
Δημόσια εταιρεία περιορισμένης ευθύνης με μετοχές,
δημόσια Εταιρεία περιορισμένης ευθύνης με εγγύηση,
ιδιωτική εταιρεία
LATVIA:
akciju sabiedrība,
un sabiedrība ar ierobežotu atbildību
LITHUANIA:
akcinės bendrovės,
uždarosios akcinės bendrovės
LUXEMBOURG:
la société anonyme,
la société à responsabilité limitée
HUNGARY:
részvénytársaság,
korlátolt felelősségű társaság
MALTA:
kumpaniji pubbliċi/public limited liability companies,
kumpaniji privati/private limited liability companies
NETHERLANDS:
de naamloze vennootschap,
de besloten vennootschap met beperkte aansprakelijkheid
AUSTRIA:
die Aktiengesellschaft,
die Gesellschaft mit beschränkter Haftung

Gemeinschaftsrechtliche Rahmenbedingungen

SPANIEN:
la sociedad anónima,
la sociedad de responsabilidad limitada
FRANKREICH:
la société anonyme,
la société à responsabilité limitée
IRLAND:
public companies limited by shares,
public companies limited by guarantee having a share capital,
private companies limited by shares,
private companies limited by guarantee having a share capital
ITALIEN:
società per azioni,
società a responsabilità limitata
ZYPERN:
Δημόσια εταιρεία περιορισμένης ευθύνης με μετοχές,
δημόσια Εταιρεία περιορισμένης ευθύνης με εγγύηση,
ιδιωτική εταιρεία
LETTLAND:
akciju sabiedrība,
un sabiedrība ar ierobežotu atbildību
LITAUEN:
akcinės bendrovės,
uždarosios akcinės bendrovės
LUXEMBURG:
la société anonyme,
la société à responsabilité limitée
UNGARN:
részvénytársaság,
korlátolt felelősségű társaság
MALTA:
kumpaniji pubbliċi/public limited liability companies,
kumpaniji privati/private limited liability companies
NIEDERLANDE:
de naamloze vennootschap,
de besloten vennootschap met beperkte aansprakelijkheid
ÖSTERREICH:
die Aktiengesellschaft,
die Gesellschaft mit beschränkter Haftung

POLAND:
spółka akcyjna,
spółka z ograniczoną odpowiedzialnością
PORTUGAL:
a sociedade anónima de responsabilidade limitada,
a sociedade por quotas de responsabilidade limitada
ROMANIA:
societate pe acțiuni,
societate cu răspundere limitată
SLOVENIA:
delniška družba,
družba z omejeno odgovornostjo
SLOVAKIA:
akciová spoločnos',
spoločnosť s ručením obmedzeným
FINLAND:
osakeyhtiö/aktiebolag
SWEDEN:
aktiebolag
UNITED KINGDOM:
public companies limited by shares,
public companies limited by guarantee having a share capital,
private companies limited by shares,
private companies limited by guarantee having a share capital

POLEN:

spółka akcyjna,

spółka z ograniczoną odpowiedzialnością

PORTUGAL:

a sociedade anónima de responsabilidade limitada,

a sociedade por quotas de responsabilidade limitada

RUMÄNIEN:

societate pe acţiuni,

societate cu răspundere limitată

SLOWENIEN:

delniška družba,

družba z omejeno odgovornostjo

SLOWAKEI:

akciová spoločnos',

spoločnosť s ručením obmedzeným

FINNLAND:

osakeyhtiö/aktiebolag

SCHWEDEN:

aktiebolag

VEREINIGTES KÖNIGREICH:

public companies limited by shares,

public companies limited by guarantee having a share capital,

private companies limited by shares,

private companies limited by guarantee having a share capital

Chapter B

European framework regarding cross-border reorganisations

II. Directive 2005/56/EC of the European Parliament and of the Council of 26/10/2005 on cross-border mergers of limited liability companies

(OJ No L 310 of 25/11/2005 p. 1)

THE EUROPEAN PARLIAMENT AND THE COUNCIL OF THE EUROPEAN UNION –

Having regard to the Treaty establishing the European Community, and in particular Article 44 thereof,

Having regard to the proposal from the Commission,

Having regard to the opinion of the European Economic and Social Committee [1],

Acting in accordance with the procedure laid down in Article 251 of the Treaty [2],

Whereas:

(1) There is a need for cooperation and consolidation between limited liability companies from different Member States. However, as regards cross-border mergers of limited liability companies, they encounter many legislative and administrative difficulties in the Community. It is therefore necessary, with a view to the completion and functioning of the single market, to lay down Community provisions to facilitate the carryingout of cross-border mergers between various types of limited liability company governed by the laws of different Member States.

(2) This Directive facilitates the cross-border merger of limited liability companies as defined herein. The laws of the Member States are to allow the cross-border merger of a national limited liability company with a limited liability company from another Member State if the national law of the relevant Member States permits mergers between such types of company.

(3) In order to facilitate cross-border merger operations, it should be laid down that, unless this Directive provides otherwise, each company taking part in a cross-border merger, and each third party concerned, remains subject to the provisions and formalities of the national law which would be applicable in the case of a national merger. None of the provisions and formalities of national law, to which reference is made in this Directive, should introduce restrictions on freedom of establishment or on the free movement of capital save where these can be justified in accordance with the case-law of the Court of Justice and in particular by requirements of the general interest and are both necessary for, and proportionate to, the attainment of such overriding requirements.

(4) The common draft terms of the cross-border merger are to be drawn up in the same terms for each of the companies concerned in the various Member States. The minimum con-

---

1) OJ No C 117 of 30/04/2004 p. 43.
2) Opinion of the European Parliament of 10/05/2005 and Council Decision of 19/09/2005.

Abschnitt B

Gemeinschaftsrechtliche Rahmenbedingungen für grenzüberschreitende Umstrukturierungen

II. Richtlinie 2005/56/EG des Europäischen Parlaments und des Rates v. 26.10.2005 über die Verschmelzung von Kapitalgesellschaften aus verschiedenen Mitgliedstaaten

(ABl. Nr. L 310 v. 25.11.2005 S. 1)

DAS EUROPÄISCHE PARLAMENT UND DER RAT DER EUROPÄISCHEN UNION –

gestützt auf den Vertrag zur Gründung der Europäischen Gemeinschaft, insbesondere auf Artikel 44,

auf Vorschlag der Kommission,

nach Stellungnahme des Europäischen Wirtschafts- und Sozialausschusses [1],

gemäß dem Verfahren des Artikels 251 des Vertrags [2],

in Erwägung nachstehender Gründe:

(1) Bei den europäischen Kapitalgesellschaften besteht ein Bedarf an Kooperation und Reorganisation. Im Hinblick auf Verschmelzungen von Kapitalgesellschaften aus verschiedenen Mitgliedstaaten stoßen sie jedoch innerhalb der Gemeinschaft auf zahlreiche rechtliche und administrative Schwierigkeiten. Daher ist eine gemeinschaftsrechtliche Regelung erforderlich, die eine Verschmelzung von Kapitalgesellschaften unterschiedlicher Rechtsform, die dem Recht verschiedener Mitgliedstaaten unterliegen, erleichtert, um auf diese Weise zur Vollendung und zum reibungslosen Funktionieren des Binnenmarkts beizutragen.

(2) Mit dieser Richtlinie wird die grenzüberschreitende Verschmelzung von Kapitalgesellschaften im Sinne dieser Richtlinie erleichtert. Die Rechtsvorschriften der Mitgliedstaaten müssen die grenzüberschreitende Verschmelzung einer Kapitalgesellschaft aus einem Mitgliedstaat mit einer Kapitalgesellschaft aus einem anderen Mitgliedstaat gestatten, wenn das innerstaatliche Recht der betreffenden Mitgliedstaaten Verschmelzungen zwischen Unternehmen solcher Rechtsformen erlaubt.

(3) Um grenzüberschreitende Verschmelzungen zu erleichtern, sollte vorgesehen werden, dass für jede an einer grenzüberschreitenden Verschmelzung beteiligte Gesellschaft und jeden beteiligten Dritten weiterhin die Vorschriften und Formalitäten des innerstaatlichen Rechts gelten, das im Falle einer innerstaatlichen Verschmelzung anwendbar wäre, sofern diese Richtlinie nichts anderes bestimmt. Die Vorschriften und Formalitäten des innerstaatlichen Rechts, auf die in dieser Richtlinie Bezug genommen wird, sollten keine Beschränkungen der Niederlassungsfreiheit oder des freien Kapitalverkehrs einführen, es sei denn, derartige Beschränkungen lassen sich im Einklang mit der Rechtsprechung des Gerichtshofs und insbesondere durch die Erfordernisse des Gemeinwohls rechtfertigen und sind zur Erfüllung solcher vorrangigen Erfordernisse erforderlich und angemessen.

(4) Der gemeinsame Plan für die grenzüberschreitende Verschmelzung muss für alle an der grenzüberschreitenden Verschmelzung beteiligten Gesellschaften, die verschiedenen

---

[1] ABl. Nr. C 117 v. 30.04.2004 S. 43.
[2] Stellungnahme des Europäischen Parlaments v. 10.05.2005 und Beschluss des Rates v. 19.09.2005.

tent of such common draft terms should therefore be specified, while leaving the companies free to agree on other items.

(5) In order to protect the interests of members and others, both the common draft terms of cross-border mergers and the completion of the cross-border merger are to be publicised for each merging company via an entry in the appropriate public register.

(6) The laws of all the Member States should provide for the drawing-up at national level of a report on the common draft terms of the cross-border merger by one or more experts on behalf of each of the companies that are merging. In order to limit experts' costs connected with cross-border mergers, provision should be made for the possibility of drawing up a single report intended for all members of companies taking part in a cross-border merger operation. The common draft terms of the cross-border merger are to be approved by the general meeting of each of those companies.

(7) In order to facilitate cross-border merger operations, it should be provided that monitoring of the completion and legality of the decision-making process in each merging company should be carried out by the national authority having jurisdiction over each of those companies, whereas monitoring of the completion and legality of the cross-border merger should be carried out by the national authority having jurisdiction over the company resulting from the cross-border merger. The national authority in question may be a court, a notary or any other competent authority appointed by the Member State concerned. The national law determining the date on which the cross-border merger takes effect, this being the law to which the company resulting from the cross-border merger is subject, should also be specified.

(8) In order to protect the interests of members and others, the legal effects of the cross-border merger, distinguishing as to whether the company resulting from the cross-border merger is an acquiring company or a new company, should be specified. In the interests of legal certainty, it should no longer be possible, after the date on which a cross-border merger takes effect, to declare the merger null and void.

(9) This Directive is without prejudice to the application of the legislation on the control of concentrations between undertakings, both at Community level, by Regulation (EC) No 139/2004[3], and at the level of Member States.

(10) This Directive does not affect Community legislation regulating credit intermediaries and other financial undertakings and national rules made or introduced pursuant to such Community legislation.

(11) This Directive is without prejudice to a Member State's legislation demanding information on the place of central administration or the principal place of business proposed for the company resulting from the cross-border merger.

---

3) Council Regulation (EC) No 139/2004 of 20/01/2004 on the control of concentrations between undertakings ('EC Merger Regulation'), OJ No L 24 of 29/01/2004 p. 1.

Mitgliedstaaten angehören, gleich lauten. Es sollte daher festgelegt werden, welche Angaben der gemeinsame Verschmelzungsplan mindestens enthalten muss, wobei den Gesellschaften gleichzeitig die Möglichkeit zu geben ist, weitere Angaben zu vereinbaren.

(5) Zum Schutz der Interessen der Gesellschafter und Dritter sollte für jede der sich verschmelzenden Gesellschaften sowohl der gemeinsame Plan für die grenzüberschreitende Verschmelzung als auch der Abschluss der grenzüberschreitenden Verschmelzung im entsprechenden öffentlichen Register offen gelegt werden.

(6) Die Rechtsvorschriften aller Mitgliedstaaten sollten vorsehen, dass auf einzelstaatlicher Ebene für jede der sich verschmelzenden Gesellschaften von einem oder mehreren Sachverständigen ein Bericht über den gemeinsamen Plan für die grenzüberschreitende Verschmelzung erstellt wird. Um die im Zusammenhang mit einer grenzüberschreitenden Verschmelzung anfallenden Sachverständigenkosten zu begrenzen, sollte die Möglichkeit vorgesehen werden, einen gemeinsamen Bericht für alle Gesellschafter der an einer grenzüberschreitenden Verschmelzung beteiligten Gesellschaften zu erstellen. Die Gesellschafterversammlung jeder Gesellschaft muss dem gemeinsamen Verschmelzungsplan zustimmen.

(7) Um grenzüberschreitende Verschmelzungen zu erleichtern, sollte die Kontrolle des Abschlusses und der Rechtmäßigkeit des Beschlussfassungsverfahrens jeder der sich verschmelzenden Gesellschaften von der für die einzelne Gesellschaft jeweils zuständigen einzelstaatlichen Behörde vorgenommen werden, während die Kontrolle des Abschlusses und der Rechtmäßigkeit der grenzüberschreitenden Verschmelzung von der einzelstaatlichen Behörde vorgenommen werden sollte, die für die aus der grenzüberschreitenden Verschmelzung hervorgehende Gesellschaft zuständig ist. Bei dieser einzelstaatlichen Behörde kann es sich um ein Gericht, einen Notar oder jede andere von dem betreffenden Mitgliedstaat benannte Behörde handeln. Es sollte auch festgelegt werden, nach welchem einzelstaatlichen Recht sich der Zeitpunkt bestimmt, zu dem die grenzüberschreitende Verschmelzung wirksam wird, nämlich das Recht, das für die aus der Verschmelzung hervorgehende Gesellschaft maßgebend ist.

(8) Zum Schutz der Interessen der Gesellschafter und Dritter sollten die Rechtsfolgen einer grenzüberschreitenden Verschmelzung angegeben werden, wobei danach zu unterscheiden ist, ob es sich bei der aus der Verschmelzung hervorgehenden Gesellschaft um eine übernehmende oder um eine neue Gesellschaft handelt. Im Interesse der Rechtssicherheit sollte vorgeschrieben werden, dass eine grenzüberschreitende Verschmelzung nach ihrem Wirksamwerden nicht mehr für nichtig erklärt werden kann.

(9) Diese Richtlinie lässt die Anwendung des Fusionskontrollrechts sowohl auf Ebene der Gemeinschaft durch die Verordnung (EG) Nr. 139/2004[3)] als auch auf Ebene der Mitgliedstaaten unberührt.

(10) Die für Kreditvermittlungsgesellschaften und andere Finanzgesellschaften geltenden Rechtsvorschriften der Gemeinschaft und die gemäß diesen Rechtsvorschriften erlassenen einzelstaatlichen Vorschriften bleiben von dieser Richtlinie unberührt.

(11) Diese Richtlinie lässt die Rechtsvorschriften der Mitgliedstaaten unberührt, nach denen anzugeben ist, welches der Ort der Hauptverwaltung oder der Hauptniederlassung der aus der grenzüberschreitenden Verschmelzung hervorgehenden Gesellschaft sein soll.

---

3) Verordnung (EG) Nr. 139/2004 des Rates v. 20.01.2004 über die Kontrolle von Unternehmenszusammenschlüssen ("EG-Fusionskontrollverordnung"), ABl. Nr. L 24 v. 29.01.2004 S. 1.

(12) Employees' rights other than rights of participation should remain subject to the national provisions referred to in Council Directive 98/59/EC of 20 July 1998 on collective redundancies[4], Council Directive 2001/23/EC of 12 March 2001 on the safeguarding of employees' rights in the event of transfers of undertakings, businesses or parts of undertakings or businesses[5], Directive 2002/14/EC of the European Parliament and of the Council of 11 March 2002 establishing a general framework for informing and consulting employees in the European Community[6] and Council Directive 94/45/EC of 22 September 1994 on the establishment of a European Works Council or a procedure in Community-scale undertakings and Community-scale groups of undertakings for the purposes of informing and consulting employees[7].

(13) If employees have participation rights in one of the merging companies under the circumstances set out in this Directive and, if the national law of the Member State in which the company resulting from the cross-border merger has its registered office does not provide for the same level of participation as operated in the relevant merging companies, including in committees of the supervisory board that have decision-making powers, or does not provide for the same entitlement to exercise rights for employees of establishments resulting from the cross-border merger, the participation of employees in the company resulting from the cross-border merger and their involvement in the definition of such rights are to be regulated. To that end, the principles and procedures provided for in Council Regulation (EC) No 2157/2001 of 8 October 2001 on the Statute for a European company (SE)[8] and in Council Directive 2001/86/EC of 8 October 2001 supplementing the Statute for a European company with regard to the involvement of employees[9], are to be taken as a basis, subject, however, to modifications that are deemed necessary because the resulting company will be subject to the national laws of the Member State where it has its registered office. A prompt start to negotiations under Article 16 of this Directive, with a view to not unnecessarily delaying mergers, may be ensured by Member States in accordance with Article 3 (2) Lit. b) of Directive 2001/86/EC.

(14) For the purpose of determining the level of employee participation operated in the relevant merging companies, account should also be taken of the proportion of employee representatives amongst the members of the management group, which covers the profit units of the companies, subject to employee participation.

(15) Since the objective of the proposed action, namely laying down rules with common features applicable at transnational level, cannot be sufficiently achieved by the Member States and can therefore, by reason of the scale and impact of the proposed action, be better achieved at Community level, the Community may adopt measures in accordance with the principle of subsidiarity as set out in Article 5 of the Treaty. In accordance with the principle of proportionality as set out in that Article, this Directive does not go beyond what is necessary to achieve that objective.

---

4) OJ No L 225 of 12/08/1998 p. 16.
5) OJ No L 82 of 22/03/2001 p. 16.
6) OJ No L 80 of 23/03/2002 p. 29.
7) OJ No L 254 of 30/09/1994 p. 64.
8) OJ No L 294 of 10/11/2001 p. 1.
9) OJ No L 294 of 10/11/2001 p. 22.

Gemeinschaftsrechtliche Rahmenbedingungen

(12) Die Rechte der Arbeitnehmer mit Ausnahme der Mitbestimmungsrechte sollten weiterhin den Vorschriften der Mitgliedstaaten unterliegen, die in der Richtlinie 98/59/EG des Rates vom 20. Juli 1998 über Massenentlassungen[4], der Richtlinie 2001/23/EG des Rates vom 12. März 2001 über die Wahrung von Ansprüchen der Arbeitnehmer beim Übergang von Unternehmen, Betrieben oder Unternehmens- oder Betriebsteilen[5], der Richtlinie 2002/14/EG des Europäischen Parlaments und des Rates vom 11. März 2002 zur Festlegung eines allgemeinen Rahmens für die Unterrichtung und Anhörung der Arbeitnehmer in der Europäischen Gemeinschaft[6] sowie der Richtlinie 94/45/EG des Rates vom 22. September 1994 über die Einsetzung eines Europäischen Betriebsrats oder die Schaffung eines Verfahrens zur Unterrichtung und Anhörung der Arbeitnehmer in gemeinschaftsweit operierenden Unternehmen und Unternehmensgruppen[7] genannt sind.

(13) Haben die Arbeitnehmer Mitbestimmungsrechte in einer an der Verschmelzung beteiligten Gesellschaft nach Maßgabe dieser Richtlinie und sieht das innerstaatliche Recht des Mitgliedstaats, in dem die aus der grenzüberschreitenden Verschmelzung hervorgehende Gesellschaft ihren Sitz hat, nicht den gleichen Umfang an Mitbestimmung vor wie in den jeweiligen an der Verschmelzung beteiligten Gesellschaften – einschließlich in mit Beschlussfassungsbefugnissen ausgestatteten Ausschüssen des Aufsichtsorgans – oder sieht dieses Recht nicht den gleichen Anspruch auf Ausübung von Mitbestimmungsrechten durch die Arbeitnehmer der aus der grenzüberschreitenden Verschmelzung hervorgehenden Betriebe vor, so muss die Mitbestimmung der Arbeitnehmer in der aus der grenzüberschreitenden Verschmelzung hervorgehenden Gesellschaft neu geregelt werden. Hierbei sind die Grundsätze und Verfahren der Verordnung (EG) Nr. 2157/2001 des Rates vom 8. Oktober 2001 über das Statut der Europäischen Gesellschaft (SE)[8] und der Richtlinie 2001/86/EG des Rates vom 8. Oktober 2001 zur Ergänzung des Statuts der Europäischen Gesellschaft hinsichtlich der Beteiligung der Arbeitnehmer[9] anzuwenden, jedoch mit den Änderungen, die für notwendig erachtet werden, weil die aus der Verschmelzung hervorgehende Gesellschaft dem einzelstaatlichen Recht des Sitzmitgliedstaats unterliegen wird. Die Mitgliedstaaten können gemäß Artikel 3 Absatz 2 Buchstabe b) der Richtlinie 2001/86/EG für eine rasche Aufnahme der in Artikel 16 der vorliegenden Richtlinie vorgesehenen Verhandlungen sorgen, damit Verschmelzungen nicht unnötig verzögert werden.

(14) Bei der Ermittlung des Umfangs der Mitbestimmung der Arbeitnehmer in den an der Verschmelzung beteiligten Gesellschaften sollte auch der Anteil der die Arbeitnehmer vertretenden Mitglieder des Leitungsgremiums berücksichtigt werden, das für die Ergebniseinheiten der Gesellschaften zuständig ist, wenn eine Mitbestimmung der Arbeitnehmer besteht.

(15) Da das Ziel der beabsichtigten Maßnahme, nämlich die Einführung einer Regelung mit auf innergemeinschaftlicher Ebene anwendbaren einheitlichen Bestimmungen, auf Ebene der Mitgliedstaaten nicht ausreichend verwirklicht werden kann und daher wegen des Umfangs und der Auswirkungen der Maßnahme besser auf Gemeinschaftsebene zu erreichen ist, kann die Gemeinschaft im Einklang mit dem in Artikel 5 des Vertrags niedergelegten Subsidiaritätsprinzip tätig werden. Entsprechend dem in demselben

---

4) ABl. Nr. L 225 v. 12.08.1998 S. 16.
5) ABl. Nr. L 82 v. 22.03.2001 S. 16.
6) ABl. Nr. L 80 v. 23.03.2002 S. 29.
7) ABl. Nr. L 254 v. 30.09.1994 S. 64.
8) ABl. Nr. L 294 v. 10.11.2001 S. 1.
9) ABl. Nr. L 294 v. 10.11.2001 S. 22.

(16) In accordance with paragraph 34 of the Interinstitutional Agreement on better law-making[10], Member States should be encouraged to draw up, for themselves and in the interest of the Community, their own tables which will, as far as possible, illustrate the correlation between this Directive and the transposition measures and to make them public –

HAVE ADOPTED THIS DIRECTIVE:

Article 1: Scope

This Directive shall apply to mergers of limited liability companies formed in accordance with the law of a Member State and having their registered office, central administration or principal place of business within the Community, provided at least two of them are governed by the laws of different Member States (hereinafter referred to as 'cross-border mergers').

Article 2: Definitions

For the purposes of this Directive:

1. 'limited liability company', hereinafter referred to as 'company', means:
   a) a company as referred to in Article 1 of Directive 68/151/EEC, or
   b) a company with share capital and having legal personality, possessing separate assets which alone serve to cover its debts and subject under the national law governing it to conditions concerning guarantees such as are provided for by Directive 68/151/EEC for the protection of the interests of members and others;

2. 'merger' means an operation whereby:
   a) one or more companies, on being dissolved without going into liquidation, transfer all their assets and liabilities to another existing company, the acquiring company, in exchange for the issue to their members of securities or shares representing the capital of that other company and, if applicable, a cash payment not exceeding 10% of the nominal value, or, in the absence of a nominal value, of the accounting par value of those securities or shares; or

   b) two or more companies, on being dissolved without going into liquidation, transfer all their assets and liabilities to a company that they form, the new company, in exchange for the issue to their members of securities or shares representing the capital of that new company and, if applicable, a cash payment not exceeding 10% of the nominal value, or in the absence of a nominal value, of the accounting par value of those securities or shares; or

   c) a company, on being dissolved without going into liquidation, transfers all its assets and liabilities to the company holding all the securities or shares representing its capital.

---

10) OJ No C 321 of 31/12/2003 p. 1.

Artikel genannten Verhältnismäßigkeitsgrundsatz geht diese Richtlinie nicht über das zur Erreichung dieser Ziele notwendige Maß hinaus.

(16) Entsprechend Nummer 34 der Interinstitutionellen Vereinbarung über bessere Rechtsetzung[10] sollte darauf hingewirkt werden, dass die Mitgliedstaaten für ihre eigenen Zwecke und im Interesse der Gemeinschaft eigene Tabellen erstellen, aus denen im Rahmen des Möglichen die Entsprechungen dieser Richtlinie und der Umsetzungsmaßnahmen zu entnehmen sind, und diese veröffentlichen –

HABEN FOLGENDE RICHTLINIE ERLASSEN:

Artikel 1: Anwendungsbereich

Diese Richtlinie gilt für Verschmelzungen von Kapitalgesellschaften, die nach dem Recht eines Mitgliedstaats gegründet worden sind und ihren satzungsmäßigen Sitz, ihre Hauptverwaltung oder ihre Hauptniederlassung in der Gemeinschaft haben, sofern mindestens zwei der Gesellschaften dem Recht verschiedener Mitgliedstaaten unterliegen (nachstehend „grenzüberschreitende Verschmelzungen" genannt).

Artikel 2: Begriffsbestimmungen

Im Sinne dieser Richtlinie ist

1. „Kapitalgesellschaft"

    a) eine Gesellschaft im Sinne des Artikels 1 der Richtlinie 68/151/EWG, oder

    b) eine Gesellschaft, die Rechtspersönlichkeit besitzt und über gesondertes Gesellschaftskapital verfügt, das allein für die Verbindlichkeiten der Gesellschaft haftet, und die nach dem für sie maßgebenden innerstaatlichen Recht Schutzbestimmungen im Sinne der Richtlinie 68/151/EWG im Interesse der Gesellschafter sowie Dritter einhalten muss.

2. „Verschmelzung" der Vorgang, durch den

    a) eine oder mehrere Gesellschaften zum Zeitpunkt ihrer Auflösung ohne Abwicklung ihr gesamtes Aktiv- und Passivvermögen auf eine bereits bestehende Gesellschaft – „übernehmende Gesellschaft" – gegen Gewährung von Aktien oder sonstigen Anteilen am Gesellschaftskapital der anderen Gesellschaft an ihre eigenen Gesellschafter und gegebenenfalls einer baren Zuzahlung übertragen; die Zuzahlung darf 10% des Nennwerts oder – bei Fehlen eines solchen – des rechnerischen Werts dieser Aktien oder sonstigen Anteile nicht überschreiten;

    b) zwei oder mehrere Gesellschaften zum Zeitpunkt ihrer Auflösung ohne Abwicklung ihr gesamtes Aktiv- und Passivvermögen auf eine von ihnen gegründete Gesellschaft – „neue Gesellschaft" – gegen Gewährung von Aktien oder sonstigen Anteilen am Gesellschaftskapital der neuen Gesellschaft an ihre eigenen Gesellschafter und gegebenenfalls einer baren Zuzahlung übertragen; die Zuzahlung darf 10% des Nennwerts oder – bei Fehlen eines solchen – des rechnerischen Werts dieser Aktien oder sonstigen Anteile nicht überschreiten;

    c) eine Gesellschaft zum Zeitpunkt ihrer Auflösung ohne Abwicklung ihr gesamtes Aktiv- und Passivvermögen auf die Gesellschaft überträgt, die sämtliche Aktien oder sonstigen Anteile an ihrem Gesellschaftskapital besitzt.

---

10) ABl. Nr. C 321 v. 31.12.2003 S. 1.

Article 3: Further provisions concerning the scope

(1) Notwithstanding Article 2 (2), this Directive shall also apply to cross-border mergers where the law of at least one of the Member States concerned allows the cash payment referred to in Lit. a) and b) of Article 2 (2) to exceed 10% of the nominal value, or, in the absence of a nominal value, of the accounting par value of the securities or shares representing the capital of the company resulting from the cross-border merger.

(2) Member States may decide not to apply this Directive to cross-border mergers involving a cooperative society even in the cases where the latter would fall within the definition of 'limited liability company' as laid down in Article 2 (1).

(3) This Directive shall not apply to cross-border mergers involving a company the object of which is the collective investment of capital provided by the public, which operates on the principle of risk-spreading and the units of which are, at the holders' request, repurchased or redeemed, directly or indirectly, out of the assets of that company. Action taken by such a company to ensure that the stock exchange value of its units does not vary significantly from its net asset value shall be regarded as equivalent to such repurchase or redemption.

Article 4: Conditions relating to cross-border mergers

(1) Save as otherwise provided in this Directive,
   a) cross-border mergers shall only be possible between types of companies which may merge under the national law of the relevant Member States, and

   b) a company taking part in a cross-border merger shall comply with the provisions and formalities of the national law to which it is subject. The laws of a Member State enabling its national authorities to oppose a given internal merger on grounds of public interest shall also be applicable to a cross-border merger where at least one of the merging companies is subject to the law of that Member State. This provision shall not apply to the extent that Article 21 of Regulation (EC) No 139/2004 is applicable.

(2) The provisions and formalities referred to in paragraph 1 Lit. b) shall, in particular, include those concerning the decisionmaking process relating to the merger and, taking into account the cross-border nature of the merger, the protection of creditors of the merging companies, debenture holders and the holders of securities or shares, as well as of employees as regards rights other than those governed by Article 16. A Member State may, in the case of companies participating in a cross-border merger and governed by its law, adopt provisions designed to ensure appropriate protection for minority members who have opposed the cross-border merger.

Article 5: Common draft terms of cross-border mergers

The management or administrative organ of each of the merging companies shall draw up the common draft terms of cross-border merger. The common draft terms of cross-border merger shall include at least the following particulars:

Artikel 3: Sonderregeln zum Anwendungsbereich

(1) Ungeachtet des Artikels 2 Nummer 2 findet diese Richtlinie auch dann Anwendung auf grenzüberschreitende Verschmelzungen, wenn die bare Zuzahlung gemäß Artikel 2 Nummer 2 Buchstaben a) und b) nach dem Recht mindestens eines der beteiligten Mitgliedstaaten 10% des Nennwerts oder – bei Fehlen eines solchen – des rechnerischen Werts der Aktien oder sonstigen Anteile am Kapital der Gesellschaft, die aus der grenzüberschreitenden Verschmelzung hervorgeht, überschreiten darf.

(2) Die Mitgliedstaaten können beschließen, diese Richtlinie nicht auf grenzüberschreitende Verschmelzungen anzuwenden, an denen eine Genossenschaft beteiligt ist; dies gilt auch dann, wenn diese Genossenschaft unter die Definition des Begriffs „Kapitalgesellschaft" gemäß Artikel 2 Nummer 1 fällt.

(3) Diese Richtlinie gilt nicht für grenzüberschreitende Verschmelzungen, an denen eine Gesellschaft beteiligt ist, deren Zweck es ist, die vom Publikum bei ihr eingelegten Gelder nach dem Grundsatz der Risikostreuung gemeinsam anzulegen und deren Anteile auf Verlangen der Anteilsinhaber unmittelbar oder mittelbar zulasten des Vermögens dieser Gesellschaft zurückgenommen oder ausgezahlt werden. Diesen Rücknahmen oder Auszahlungen gleichgestellt sind Handlungen, mit denen eine solche Gesellschaft sicherstellen will, dass der Börsenwert ihrer Anteile nicht erheblich von deren Nettoinventarwert abweicht.

Artikel 4: Voraussetzungen für grenzüberschreitende Verschmelzungen

(1) Sofern diese Richtlinie nicht etwas anderes bestimmt,

a) sind grenzüberschreitende Verschmelzungen nur zwischen Gesellschaften solcher Rechtsformen möglich, die sich nach dem innerstaatlichen Recht der jeweiligen Mitgliedstaaten verschmelzen dürfen,

b) muss eine Gesellschaft, die sich an einer grenzüberschreitenden Verschmelzung beteiligt, die Vorschriften und Formalitäten des für sie geltenden innerstaatlichen Rechts einhalten bzw. erledigen. Wenn das Recht eines Mitgliedstaats es den Behörden dieses Mitgliedstaats gestattet, eine innerstaatliche Verschmelzung aus Gründen des öffentlichen Interesses zu verbieten, so gilt dies auch für eine grenzüberschreitende Verschmelzung, bei der mindestens eine der an der Verschmelzung beteiligten Gesellschaften dem Recht dieses Mitgliedstaats unterliegt. Diese Bestimmung gilt nicht, soweit Artikel 21 der Verordnung (EG) Nr. 139/2004 anwendbar ist.

(2) Zu den in Absatz 1 Buchstabe b) genannten Vorschriften und Formalitäten zählen insbesondere Bestimmungen über das die Verschmelzung betreffende Beschlussfassungsverfahren und – angesichts des grenzüberschreitenden Charakters der Verschmelzung – über den Schutz der Gläubiger der sich verschmelzenden Gesellschaften, der Anleihegläubiger und der Inhaber von Aktien oder sonstigen Anteilen sowie über den Schutz der Arbeitnehmer, soweit andere als die in Artikel 16 geregelten Rechte betroffen sind. Ein Mitgliedstaat, dessen Recht die an einer grenzüberschreitenden Verschmelzung beteiligten Gesellschaften unterliegen, kann Vorschriften erlassen, um einen angemessenen Schutz der Minderheitsgesellschafter, die die grenzüberschreitende Verschmelzung abgelehnt haben, zu gewährleisten.

Artikel 5: Gemeinsamer Plan für grenzüberschreitende Verschmelzungen

Die Leitungs- oder Verwaltungsorgane der sich verschmelzenden Gesellschaften stellen einen gemeinsamen Plan für die grenzüberschreitende Verschmelzung (nachstehend „gemeinsamer Verschmelzungsplan" genannt) auf. Dieser Plan muss mindestens folgende Angaben enthalten:

a) the form, name and registered office of the merging companies and those proposed for the company resulting from the cross-border merger;

b) the ratio applicable to the exchange of securities or shares representing the company capital and the amount of any cash payment;

c) the terms for the allotment of securities or shares representing the capital of the company resulting from the cross-border merger;

d) the likely repercussions of the cross-border merger on employment;

e) the date from which the holding of such securities or shares representing the company capital will entitle the holders to share in profits and any special conditions affecting that entitlement;

f) the date from which the transactions of the merging companies will be treated for accounting purposes as being those of the company resulting from the cross-border merger;

g) the rights conferred by the company resulting from the cross-border merger on members enjoying special rights or on holders of securities other than shares representing the company capital, or the measures proposed concerning them;

h) any special advantages granted to the experts who examine the draft terms of the cross-border merger or to members of the administrative, management, supervisory or controlling organs of the merging companies;

i) the statutes of the company resulting from the cross-border merger;

j) where appropriate, information on the procedures by which arrangements for the involvement of employees in the definition of their rights to participation in the company resulting from the cross-border merger are determined pursuant to Article 16;

k) information on the evaluation of the assets and liabilities which are transferred to the company resulting from the cross-border merger;

l) dates of the merging companies' accounts used to establish the conditions of the cross-border merger.

Article 6: Publication

(1) The common draft terms of the cross-border merger shall be published in the manner prescribed by the laws of each Member State in accordance with Article 3 of Directive 68/151/EEC for each of the merging companies at least one month before the date of the general meeting which is to decide thereon.

(2) For each of the merging companies and subject to the additional requirements imposed by the Member State to which the company concerned is subject, the following particulars shall be published in the national gazette of that Member State:

a) the type, name and registered office of every merging company;

b) the register in which the documents referred to in Article 3 (2) of Directive 68/151/EEC are filed in respect of each merging company, and the number of the entry in that register;

a) Rechtsform, Firma und Sitz der sich verschmelzenden Gesellschaften sowie Rechtsform, Firma und Sitz, die für die aus der grenzüberschreitenden Verschmelzung hervorgehende Gesellschaft vorgesehen sind,

b) das Umtauschverhältnis der Aktien oder sonstigen Gesellschaftsanteile und gegebenenfalls die Höhe der baren Zuzahlungen,

c) die Einzelheiten der Übertragung der Aktien oder sonstigen Gesellschaftsanteile der aus der grenzüberschreitenden Verschmelzung hervorgehenden Gesellschaft,

d) die voraussichtlichen Auswirkungen der grenzüberschreitenden Verschmelzung auf die Beschäftigung,

e) den Zeitpunkt, von dem an diese Aktien oder sonstigen Gesellschaftsanteile deren Inhabern das Recht auf Beteiligung am Gewinn gewähren, sowie alle Besonderheiten, die eine Auswirkung auf dieses Recht haben,

f) den Zeitpunkt, von dem an die Handlungen der sich verschmelzenden Gesellschaften unter dem Gesichtspunkt der Rechnungslegung als für Rechnung der aus der grenzüberschreitenden Verschmelzung hervorgehenden Gesellschaft vorgenommen gelten,

g) die Rechte, welche die aus der grenzüberschreitenden Verschmelzung hervorgehende Gesellschaft den mit Sonderrechten ausgestatteten Gesellschaftern und den Inhabern von anderen Wertpapieren als Gesellschaftsanteilen gewährt, oder die für diese Personen vorgeschlagenen Maßnahmen,

h) etwaige besondere Vorteile, die den Sachverständigen, die den Verschmelzungsplan prüfen, oder den Mitgliedern der Verwaltungs-, Leitungs-, Aufsichts- oder Kontrollorgane der sich verschmelzenden Gesellschaften gewährt werden,

i) die Satzung der aus der grenzüberschreitenden Verschmelzung hervorgehenden Gesellschaft,

j) gegebenenfalls Angaben zu dem Verfahren, nach dem gemäß Artikel 16 die Einzelheiten über die Beteiligung von Arbeitnehmern an der Festlegung ihrer Mitbestimmungsrechte in der aus der grenzüberschreitenden Verschmelzung hervorgehenden Gesellschaft geregelt werden,

k) Angaben zur Bewertung des Aktiv- und Passivvermögens, das auf die aus der grenzüberschreitenden Verschmelzung hervorgehende Gesellschaft übertragen wird,

l) den Stichtag der Jahresabschlüsse der an der Verschmelzung beteiligten Gesellschaften, die zur Festlegung der Bedingungen der grenzüberschreitenden Verschmelzung verwendet werden.

Artikel 6: Bekanntmachung

(1) Der gemeinsame Verschmelzungsplan muss auf die im innerstaatlichen Recht jedes Mitgliedstaats vorgesehene Weise im Einklang mit Artikel 3 der Richtlinie 68/151/EWG für jede der sich verschmelzenden Gesellschaften spätestens einen Monat vor der Gesellschafterversammlung, auf der darüber zu beschließen ist, bekannt gemacht werden.

(2) Vorbehaltlich der zusätzlichen Anforderungen des Mitgliedstaats, dessen Recht die betreffende Gesellschaft unterliegt, müssen für jede der sich verschmelzenden Gesellschaften die folgenden Angaben im amtlichen Mitteilungsblatt dieses Mitgliedstaats bekannt gemacht werden:

a) Rechtsform, Firma und Sitz jeder der sich verschmelzenden Gesellschaften,

b) das Register, bei dem die in Artikel 3 Absatz 2 der Richtlinie 68/151/EWG genannten Urkunden für jede der sich verschmelzenden Gesellschaften hinterlegt worden sind, sowie die Nummer der Eintragung in das Register,

c) an indication, for each of the merging companies, of the arrangements made for the exercise of the rights of creditors and of any minority members of the merging companies and the address at which complete information on those arrangements may be obtained free of charge.

Article 7: Report of the management or administrative organ

The management or administrative organ of each of the merging companies shall draw up a report intended for the members explaining and justifying the legal and economic aspects of the cross-border merger and explaining the implications of the cross-border merger for members, creditors and employees.

The report shall be made available to the members and to the representatives of the employees or, where there are no such representatives, to the employees themselves, not less than one month before the date of the general meeting referred to in Article 9.

Where the management or administrative organ of any of the merging companies receives, in good time, an opinion from the representatives of their employees, as provided for under national law, that opinion shall be appended to the report.

Article 8: Independent expert report

(1) An independent expert report intended for members and made available not less than one month before the date of the general meeting referred to in Article 9 shall be drawn up for each merging company. Depending on the law of each Member State, such experts may be natural persons or legal persons.

(2) As an alternative to experts operating on behalf of each of the merging companies, one or more independent experts, appointed for that purpose at the joint request of the companies by a judicial or administrative authority in the Member State of one of the merging companies or of the company resulting from the cross-border merger or approved by such an authority, may examine the common draft terms of cross-border merger and draw up a single written report to all the members.

(3) The expert report shall include at least the particulars provided for by Article 10 (2) of Council Directive 78/855/EEC of 9 October 1978 concerning mergers of public limited liability companies[11]. The experts shall be entitled to secure from each of the merging companies all information they consider necessary for the discharge of their duties.

(4) Neither an examination of the common draft terms of cross-border merger by independent experts nor an expert report shall be required if all the members of each of the companies involved in the cross-border merger have so agreed.

Article 9: Approval by the general meeting

(1) After taking note of the reports referred to in Articles 7 and 8, the general meeting of each of the merging companies shall decide on the approval of the common draft terms of cross-border merger.

(2) The general meeting of each of the merging companies may reserve the right to make implementation of the cross-border merger conditional on express ratification by it of the

---

11) OJ No L 295 of 20/10/1978 p. 36.

c) für jede der sich verschmelzenden Gesellschaften ein Hinweis auf die Modalitäten für die Ausübung der Rechte der Gläubiger und gegebenenfalls der Minderheitsgesellschafter der sich verschmelzenden Gesellschaften sowie die Anschrift, unter der vollständige Auskünfte über diese Modalitäten kostenlos eingeholt werden können.

Artikel 7: Bericht des Leitungs- oder Verwaltungsorgans

Das Leitungs- oder Verwaltungsorgan jeder der sich verschmelzenden Gesellschaften erstellt einen für die Gesellschafter bestimmten Bericht, in dem die rechtlichen und wirtschaftlichen Aspekte der grenzüberschreitenden Verschmelzung erläutert und begründet und die Auswirkungen der grenzüberschreitenden Verschmelzung auf die Gesellschafter, die Gläubiger und die Arbeitnehmer erläutert werden.

Der Bericht ist den Gesellschaftern und den Vertretern der Arbeitnehmer oder – wenn es solche Vertreter nicht gibt – den Arbeitnehmern direkt spätestens einen Monat vor der in Artikel 9 genannten Gesellschafterversammlung zugänglich zu machen.

Erhält das Leitungs- oder Verwaltungsorgan einer der sich verschmelzenden Gesellschaften nach Maßgabe der nationalen Rechtsvorschriften rechtzeitig eine Stellungnahme der Vertreter ihrer Arbeitnehmer, so ist diese Stellungnahme dem Bericht anzufügen.

Artikel 8: Bericht unabhängiger Sachverständiger

(1) Für jede der sich verschmelzenden Gesellschaften wird ein für die Gesellschafter bestimmter Bericht unabhängiger Sachverständiger erstellt, der spätestens einen Monat vor der in Artikel 9 genannten Gesellschafterversammlung vorliegen muss. Als Sachverständige können je nach dem Recht der Mitgliedstaaten natürliche Personen oder juristische Personen bestellt werden.

(2) Als Alternative zur Heranziehung von Sachverständigen, die für Rechnung jeder der sich verschmelzenden Gesellschaften tätig sind, können ein oder mehrere unabhängige Sachverständige, die auf gemeinsamen Antrag dieser Gesellschaften von einem Gericht oder einer Verwaltungsbehörde des Mitgliedstaats, dessen Recht eine der sich verschmelzenden Gesellschaften oder die aus der grenzüberschreitenden Verschmelzung hervorgehende Gesellschaft unterliegt, dazu bestellt bzw. von einer solchen Behörde zugelassen wurden, den gemeinsamen Verschmelzungsplan prüfen und einen einzigen für alle Gesellschafter bestimmten schriftlichen Bericht erstellen.

(3) Der Bericht der Sachverständigen enthält zumindest die Angaben nach Artikel 10 Absatz 2 der Richtlinie 78/855/EWG des Rates vom 9. Oktober 1978 betreffend die Verschmelzung von Aktiengesellschaften[11]. Die Sachverständigen haben das Recht, von jeder der sich verschmelzenden Gesellschaften alle Auskünfte zu erlangen, die sie zur Erfüllung ihrer Aufgabe für erforderlich halten.

(4) Weder die Prüfung des gemeinsamen Verschmelzungsplans durch unabhängige Sachverständige noch die Erstellung eines Sachverständigenberichts sind erforderlich, wenn alle Gesellschafter aller sich verschmelzenden Gesellschaften darauf verzichten.

Artikel 9: Zustimmung der Gesellschafterversammlung

(1) Nach Kenntnisnahme der in Artikel 7 und Artikel 8 genannten Berichte beschließt die Gesellschafterversammlung jeder der sich verschmelzenden Gesellschaften über die Zustimmung zu dem gemeinsamen Verschmelzungsplan.

(2) Die Gesellschafterversammlung jeder der sich verschmelzenden Gesellschaften kann die Verschmelzung davon abhängig machen, dass die Modalitäten für die Mitbe-

---

11) ABl. Nr. L 295 v. 20.10.1978 S. 36.

arrangements decided on with respect to the participation of employees in the company resulting from the cross-border merger.

(3) The laws of a Member State need not require approval of the merger by the general meeting of the acquiring company if the conditions laid down in Article 8 of Directive 78/855/EEC are fulfilled.

Article 10: Pre-merger certificate

(1) Each Member State shall designate the court, notary or other authority competent to scrutinise the legality of the cross-border merger as regards that part of the procedure which concerns each merging company subject to its national law.

(2) In each Member State concerned the authority referred to in paragraph 1 shall issue, without delay to each merging company subject to that State's national law, a certificate conclusively attesting to the proper completion of the premerger acts and formalities.

(3) If the law of a Member State to which a merging company is subject provides for a procedure to scrutinise and amend the ratio applicable to the exchange of securities or shares, or a procedure to compensate minority members, without preventing the registration of the cross-border merger, such procedure shall only apply if the other merging companies situated in Member States which do not provide for such procedure explicitly accept, when approving the draft terms of the cross-border merger in accordance with Article 9 (1), the possibility for the members of that merging company to have recourse to such procedure, to be initiated before the court having jurisdiction over that merging company. In such cases, the authority referred to in paragraph 1 may issue the certificate referred to in paragraph 2 even if such procedure has commenced. The certificate must, however, indicate that the procedure is pending. The decision in the procedure shall be binding on the company resulting from the cross-border merger and all its members.

Article 11: Scrutiny of the legality of the cross-border merger

(1) Each Member State shall designate the court, notary or other authority competent to scrutinise the legality of the cross-border merger as regards that part of the procedure which concerns the completion of the cross-border merger and, where appropriate, the formation of a new company resulting from the cross-border merger where the company created by the cross-border merger is subject to its national law. The said authority shall in particular ensure that the merging companies have approved the common draft terms of cross-border merger in the same terms and, where appropriate, that arrangements for employee participation have been determined in accordance with Article 16.

(2) To that end each merging company shall submit to the authority referred to in paragraph 1 the certificate referred to in Article 10 (2) within six months of its issue together with the common draft terms of cross-border merger approved by the general meeting referred to in Article 9.

stimmung der Arbeitnehmer in der aus der grenzüberschreitenden Verschmelzung hervorgehenden Gesellschaft ausdrücklich von ihr bestätigt werden.

(3) In den Rechtsvorschriften eines Mitgliedstaats muss nicht die Zustimmung der Gesellschafterversammlung der übernehmenden Gesellschaft vorgeschrieben werden, wenn die Bedingungen des Artikels 8 der Richtlinie 78/855/EWG erfüllt sind.

Artikel 10: Vorabbescheinigung

(1) Jeder Mitgliedstaat benennt das Gericht, den Notar oder die sonstige zuständige Behörde, die die Rechtmäßigkeit der grenzüberschreitenden Verschmelzung für die Verfahrensabschnitte kontrolliert, welche die sich verschmelzenden Gesellschaften betreffen, die seinem innerstaatlichen Recht unterliegen.

(2) In jedem dieser Mitgliedstaaten stellt die nach Absatz 1 benannte Stelle jeder der sich verschmelzenden Gesellschaften, die dem Recht dieses Staates unterliegt, unverzüglich eine Bescheinigung aus, aus der zweifelsfrei hervorgeht, dass die der Verschmelzung vorangehenden Rechtshandlungen und Formalitäten ordnungsgemäß vollzogen wurden.

(3) Ist nach dem Recht eines Mitgliedstaats, dem eine sich verschmelzende Gesellschaft unterliegt, ein Verfahren zur Kontrolle und Änderung des Umtauschverhältnisses der Aktien oder sonstigen Anteile oder zur Abfindung von Minderheitsgesellschaftern vorgesehen, das jedoch der Eintragung der grenzüberschreitenden Verschmelzung nicht entgegensteht, so kommt dieses Verfahren nur zur Anwendung, wenn die anderen sich verschmelzenden Gesellschaften in Mitgliedstaaten, die ein solches Verfahren nicht vorsehen, bei der Zustimmung zum Verschmelzungsplan gemäß Artikel 9 Absatz 1 ausdrücklich akzeptieren, dass die Gesellschafter der erstgenannten sich verschmelzenden Gesellschaft ein solches Verfahren bei den Gericht, das für diese Gesellschaft zuständig ist, beantragen können. In diesem Fall kann die in Absatz 1 genannte Stelle die Bescheinigung nach Absatz 2 auch dann ausstellen, wenn ein solches Verfahren eingeleitet wurde. In der Bescheinigung muss jedoch angegeben werden, dass ein solches Verfahren anhängig ist. Die in dem Verfahren ergehende Entscheidung ist für die aus der grenzüberschreitenden Verschmelzung hervorgehende Gesellschaft und alle ihre Gesellschafter bindend.

Artikel 11: Überprüfung der Rechtmäßigkeit der grenzüberschreitenden Verschmelzung

(1) Jeder Mitgliedstaat benennt das Gericht, den Notar oder die sonstige zuständige Behörde, die die Rechtmäßigkeit der grenzüberschreitenden Verschmelzung für die Verfahrensabschnitte kontrolliert, welche die Durchführung der grenzüberschreitenden Verschmelzung und gegebenenfalls die Gründung einer neuen, aus der grenzüberschreitenden Verschmelzung hervorgehenden Gesellschaft betreffen, wenn diese durch die grenzüberschreitende Verschmelzung geschaffene Gesellschaft seinem innerstaatlichen Recht unterliegt. Die betreffende Stelle stellt insbesondere sicher, dass die sich verschmelzenden Gesellschaften einem gemeinsamen gleich lautenden Verschmelzungsplan zugestimmt haben, und gegebenenfalls, dass eine Vereinbarung über die Mitbestimmung der Arbeitnehmer gemäß Artikel 16 geschlossen wurde.

(2) Hierzu legt jede der sich verschmelzenden Gesellschaften der in Absatz 1 genannten Stelle die Bescheinigung nach Artikel 10 Absatz 2 innerhalb von sechs Monaten nach ihrer Erteilung sowie den von der Gesellschafterversammlung gemäß Artikel 9 genehmigten gemeinsamen Verschmelzungsplan vor.

Article 12: Entry into effect of the cross-border merger

The law of the Member State to whose jurisdiction the company resulting from the cross-border merger is subject shall determine the date on which the cross-border merger takes effect. That date must be after the scrutiny referred to in Article 11 has been carried out.

Article 13: Registration

The law of each of the Member States to whose jurisdiction the merging companies were subject shall determine, with respect to the territory of that State, the arrangements, in accordance with Article 3 of Directive 68/151/EEC, for publicising completion of the cross-border merger in the public register in which each of the companies is required to file documents.

The registry for the registration of the company resulting from the cross-border merger shall notify, without delay, the registry in which each of the companies was required to file documents that the cross-border merger has taken effect. Deletion of the old registration, if applicable, shall be effected on receipt of that notification, but not before.

Article 14: Consequences of the cross-border merger

(1) A cross-border merger carried out as laid down in Lit. a) and c) of Article 2 (2) shall, from the date referred to in Article 12, have the following consequences:

   a) All the assets and liabilities of the company being acquired shall be transferred to the acquiring company.

   b) The members of the company being acquired shall become members of the acquiring company.

   c) The company being acquired shall cease to exist.

(2) A cross-border merger carried out as laid down in Lit. b) of Article 2 (2) shall, from the date referred to in Article 12, have the following consequences:

   a) All the assets and liabilities of the merging companies shall be transferred to the new company.

   b) The members of the merging companies shall become members of the new company.

   c) The merging companies shall cease to exist.

(3) Where, in the case of a cross-border merger of companies covered by this Directive, the laws of the Member States require the completion of special formalities before the transfer of certain assets, rights and obligations by the merging companies becomes effective against third parties, those formalities shall be carried out by the company resulting from the cross-border merger.

(4) The rights and obligations of the merging companies arising from contracts of employment or from employment relationships and existing at the date on which the cross-border merger takes effect shall, by reason of that cross-border merger taking effect, be transferred to the company resulting from the cross-border merger on the date on which the cross-border merger takes effect.

(5) No shares in the acquiring company shall be exchanged for shares in the company being acquired held either:

Artikel 12: Wirksamwerden der grenzüberschreitenden Verschmelzung

Der Zeitpunkt, an dem die grenzüberschreitende Verschmelzung wirksam wird, bestimmt sich nach dem Recht des Mitgliedstaats, dem die aus der grenzüberschreitenden Verschmelzung hervorgehende Gesellschaft unterliegt. Die Verschmelzung kann jedoch erst dann wirksam werden, wenn die Kontrolle nach Artikel 11 abgeschlossen ist.

Artikel 13: Eintragung

Nach dem Recht jedes Mitgliedstaats, dem die sich verschmelzenden Gesellschaften unterlagen, bestimmt sich für das Hoheitsgebiet des betreffenden Staates, in welcher Form der Abschluss der grenzüberschreitenden Verschmelzung gemäß Artikel 3 der Richtlinie 68/151/EWG bei dem öffentlichen Register, bei dem jede der an der Verschmelzung beteiligten Gesellschaften ihre Urkunden zu hinterlegen hatte, offen zu legen ist.

Das Register, in dem die aus der grenzüberschreitenden Verschmelzung hervorgehende Gesellschaft eingetragen wird, meldet unverzüglich dem Register, bei dem jede der Gesellschaften ihre Unterlagen zu hinterlegen hatte, dass die grenzüberschreitende Verschmelzung wirksam geworden ist. Die Löschung der früheren Eintragung erfolgt gegebenenfalls bei Eingang dieser Meldung, jedoch nicht vorher.

Artikel 14: Wirkungen der grenzüberschreitenden Verschmelzung

(1) Die gemäß Artikel 2 Nummer 2 Buchstaben a) und c) vollzogene grenzüberschreitende Verschmelzung bewirkt ab dem in Artikel 12 genannten Zeitpunkt Folgendes:

   a) Das gesamte Aktiv- und Passivvermögen der übertragenden Gesellschaft geht auf die übernehmende Gesellschaft über.

   b) Die Gesellschafter der übertragenden Gesellschaft werden Gesellschafter der übernehmenden Gesellschaft.

   c) Die übertragende Gesellschaft erlischt.

(2) Die nach Artikel 2 Nummer 2 Buchstabe b) vollzogene grenzüberschreitende Verschmelzung bewirkt ab dem in Artikel 12 genannten Zeitpunkt Folgendes:

   a) Das gesamte Aktiv- und Passivvermögen der sich verschmelzenden Gesellschaften geht auf die neue Gesellschaft über.

   b) Die Gesellschafter der sich verschmelzenden Gesellschaften werden Gesellschafter der neuen Gesellschaft.

   c) Die sich verschmelzenden Gesellschaften erlöschen.

(3) Schreibt das Recht der Mitgliedstaaten im Falle einer grenzüberschreitenden Verschmelzung von Gesellschaften im Sinne dieser Richtlinie die Erfüllung besonderer Formalitäten vor, bevor die Übertragung bestimmter von den sich verschmelzenden Gesellschaften eingebrachter Vermögensgegenstände, Rechte und Verbindlichkeiten gegenüber Dritten wirksam wird, so sind diese Formalitäten von der aus der grenzüberschreitenden Verschmelzung hervorgehenden Gesellschaft zu erfüllen.

(4) Die zum Zeitpunkt des Wirksamwerdens der grenzüberschreitenden Verschmelzung bestehenden Rechte und Pflichten der sich verschmelzenden Gesellschaften aus Arbeitsverträgen oder Beschäftigungsverhältnissen gehen infolge des Wirksamwerdens dieser grenzüberschreitenden Verschmelzung auf die aus der grenzüberschreitenden Verschmelzung hervorgehende Gesellschaft zu dem Zeitpunkt über, zu dem die grenzüberschreitende Verschmelzung wirksam wird.

(5) Anteile an der übernehmenden Gesellschaft werden nicht gegen Anteile an der übertragenden Gesellschaft getauscht, wenn diese Anteile

a) by the acquiring company itself or through a person acting in his or her own name but on its behalf;

b) by the company being acquired itself or through a person acting in his or her own name but on its behalf.

Article 15: Simplified formalities

(1) Where a cross-border merger by acquisition is carried out by a company which holds all the shares and other securities conferring the right to vote at general meetings of the company or companies being acquired:

- Articles 5 Lit. b), c) and e), 8 and 14 (1) Lit. b) shall not apply;

- Article 9 (1) shall not apply to the company or companies being acquired.

(2) Where a cross-border merger by acquisition is carried out by a company which holds 90% or more but not all of the shares and other securities conferring the right to vote at general meetings of the company or companies being acquired, reports by an independent expert or experts and the documents necessary for scrutiny shall be required only to the extent that the national law governing either the acquiring company or the company being acquired so requires.

Article 16: Employee participation

(1) Without prejudice to paragraph 2, the company resulting from the cross-border merger shall be subject to the rules in force concerning employee participation, if any, in the Member State where it has its registered office.

(2) However, the rules in force concerning employee participation, if any, in the Member State where the company resulting from the cross-border merger has its registered office shall not apply, where at least one of the merging companies has, in the six months before the publication of the draft terms of the cross-border merger as referred to in Article 6, an average number of employees that exceeds 500 and is operating under an employee participation system within the meaning of Article 2 Lit. k) of Directive 2001/86/EC, or where the national law applicable to the company resulting from the cross-border merger does not

a) provide for at least the same level of employee participation as operated in the relevant merging companies, measured by reference to the proportion of employee representatives amongst the members of the administrative or supervisory organ or their committees or of the management group which covers the profit units of the company, subject to employee representation, or

b) provide for employees of establishments of the company resulting from the cross-border merger that are situated in other Member States the same entitlement to exercise participation rights as is enjoyed by those employees employed in the Member State where the company resulting from the cross-border merger has its registered office.

(3) In the cases referred to in paragraph 2, the participation of employees in the company resulting from the cross-border merger and their involvement in the definition of such rights shall be regulated by the Member States, *mutatis mutandis* and subject to para-

a) entweder von der übernehmenden Gesellschaft selbst oder von einer zwar im eigenen Namen, jedoch für Rechnung der übernehmenden Gesellschaft handelnden Person

b) oder von der übertragenden Gesellschaft selbst oder von einer zwar im eigenen Namen, jedoch für Rechnung der übertragenden Gesellschaft handelnden Person gehalten werden.

Artikel 15: Vereinfachte Formalitäten

(1) Vollzieht eine Gesellschaft, die sämtliche in der Gesellschafterversammlung Stimmrecht gewährenden Aktien und sonstigen Anteile der übertragenden Gesellschaft(en) hält, eine grenzüberschreitende Verschmelzung im Wege der Aufnahme, so

– finden Artikel 5 Buchstaben b), c) und e), Artikel 8 und Artikel 14 Absatz 1 Buchstabe b) keine Anwendung;

– findet Artikel 9 Absatz 1 keine Anwendung auf die übertragende(n) Gesellschaft(en).

(2) Vollzieht eine Gesellschaft, die mindestens 90%, aber nicht alle in der Gesellschafterversammlung Stimmrecht gewährenden Aktien und sonstigen Anteile der übertragenden Gesellschaft(en) hält, eine grenzüberschreitende Verschmelzung im Wege der Aufnahme, so sind die Berichte des oder der unabhängigen Sachverständigen sowie die zur Kontrolle notwendigen Unterlagen nur insoweit erforderlich, als dies nach den entweder für die übernehmende oder die übertragende Gesellschaft einschlägigen einzelstaatlichen Rechtsvorschriften vorgesehen ist.

Artikel 16: Mitbestimmung der Arbeitnehmer

(1) Unbeschadet des Absatzes 2 findet auf die aus der grenzüberschreitenden Verschmelzung hervorgehende Gesellschaft die Regelung für die Arbeitnehmermitbestimmung Anwendung, die gegebenenfalls in dem Mitgliedstaat gilt, in dem diese Gesellschaft ihren Sitz hat.

(2) Die Regelung für die Arbeitnehmermitbestimmung, die gegebenenfalls in dem Mitgliedstaat gilt, in dem die aus der grenzüberschreitenden Verschmelzung hervorgehende Gesellschaft ihren Sitz hat, findet jedoch keine Anwendung, wenn in den sechs Monaten vor der Veröffentlichung des in Artikel 6 genannten Verschmelzungsplans mindestens eine der an der Verschmelzung beteiligten Gesellschaften durchschnittlich mehr als 500 Arbeitnehmer beschäftigt und in dieser Gesellschaft ein System der Arbeitnehmermitbestimmung im Sinne des Artikels 2 Buchstabe k) der Richtlinie 2001/86/EG besteht, oder wenn das für die aus der grenzüberschreitenden Verschmelzung hervorgehende Gesellschaft maßgebende innerstaatliche Recht

a) nicht mindestens den gleichen Umfang an Mitbestimmung der Arbeitnehmer vorsieht, wie er in den jeweiligen an der Verschmelzung beteiligten Gesellschaften bestand, wobei dieser Umfang als der Anteil der die Arbeitnehmer vertretenden Mitglieder des Verwaltungs- oder des Aufsichtsorgans oder ihrer Ausschüsse oder des Leitungsgremiums ausgedrückt wird, das für die Ergebniseinheiten der Gesellschaft zuständig ist, wenn eine Arbeitnehmermitbestimmung besteht, oder

b) für Arbeitnehmer in Betrieben der aus der grenzüberschreitenden Verschmelzung hervorgehenden Gesellschaft, die sich in anderen Mitgliedstaaten befinden, nicht den gleichen Anspruch auf Ausübung von Mitbestimmungsrechten vorsieht, wie sie den Arbeitnehmern in demjenigen Mitgliedstaat gewährt werden, in dem die aus der grenzüberschreitenden Verschmelzung hervorgehende Gesellschaft ihren Sitz hat.

(3) In den in Absatz 2 genannten Fällen regeln die Mitgliedstaaten die Mitbestimmung der Arbeitnehmer in der aus der grenzüberschreitenden Verschmelzung hervorgehenden Gesellschaft sowie ihre Mitwirkung an der Festlegung dieser Rechte vorbehaltlich der

graphs 4 to 7 below, in accordance with the principles and procedures laid down in Article 12 (2), (3) and (4) of Regulation (EC) No 2157/2001 and the following provisions of Directive 2001/86/EC:

a) Article 3 (1), (2) and (3), (4) first subparagraph, first indent, and second subparagraph, (5) and (7);

b) Article 4 (1), (2), Lit. a), g) and h), and (3);

c) Article 5;

d) Article 6;

e) Article 7 (1), (2) first subparagraph, Lit. b), and second subparagraph, and (3). However, for the purposes of this Directive, the percentages required by Article 7 (2), first subparagraph, Lit. b) of Directive 2001/86/EC for the application of the standard rules contained in part 3 of the Annex to that Directive shall be raised from 25 to 33 1/3%;

f) Articles 8, 10 and 12;

g) Article 13 (4);

h) part 3 of the Annex, Lit. b).

(4) When regulating the principles and procedures referred to in paragraph 3, Member States:

a) shall confer on the relevant organs of the merging companies the right to choose without any prior negotiation to be directly subject to the standard rules for participation referred to in paragraph 3 Lit. h), as laid down by the legislation of the Member State in which the company resulting from the cross-border merger is to have its registered office, and to abide by those rules from the date of registration;

b) shall confer on the special negotiating body the right to decide, by a majority of two thirds of its members representing at least two thirds of the employees, including the votes of members representing employees in at least two different Member States, not to open negotiations or to terminate negotiations already opened and to rely on the rules on participation in force in the Member State where the registered office of the company resulting from the cross-border merger will be situated;

c) may, in the case where, following prior negotiations, standard rules for participation apply and notwithstanding these rules, determine to limit the proportion of employee representatives in the administrative organ of the company resulting from the cross-border merger. However, if in one of the merging companies employee representatives constituted at least one third of the administrative or supervisory board, the limitation may never result in a lower proportion of employee representatives in the administrative organ than one third.

(5) The extension of participation rights to employees of the company resulting from the cross-border merger employed in other Member States, referred to in paragraph 2 Lit. b), shall not entail any obligation for Member States which choose to do so to take those employees into account when calculating the size of workforce thresholds giving rise to participation rights under national law.

(6) When at least one of the merging companies is operating under an employee participation system and the company resulting from the cross-border merger is to be governed by

Absätze 4 bis 7 entsprechend den Grundsätzen und Modalitäten des Artikels 12 Absätze 2, 3 und 4 der Verordnung (EG) Nr. 2157/2001 und den nachstehenden Bestimmungen der Richtlinie 2001/86/EG:

a) Artikel 3 Absätze 1, 2 und 3, Absatz 4 Unterabsatz 1 erster Gedankenstrich und Unterabsatz 2 sowie Absätze 5 und 7;

b) Artikel 4 Absatz 1, Absatz 2 Buchstaben a), g) und h) sowie Absatz 3;

c) Artikel 5;

d) Artikel 6;

e) Artikel 7 Absatz 1, Absatz 2 Unterabsatz 1 Buchstabe b) und Unterabsatz 2 sowie Absatz 3. Für die Zwecke dieser Richtlinie wird jedoch der prozentuale Anteil, der nach Artikel 7 Absatz 2 Unterabsatz 1 Buchstabe b) der Richtlinie 2001/86/EG für die Anwendung der Auffangregelung des Anhangs Teil 3 jener Richtlinie erforderlich ist, von 25% auf 33 1/3% angehoben;

f) die Artikel 8, 10 und 12;

g) Artikel 13 Absatz 4;

h) Anhang, Teil 3 Buchstabe b).

(4) Bei der Festlegung der in Absatz 3 genannten Grundsätze und Modalitäten verfahren die Mitgliedstaaten wie folgt:

a) Sie gestatten den betreffenden Organen der an der Verschmelzung beteiligten Gesellschaften sich dafür zu entscheiden, die Auffangregelung nach Absatz 3 Buchstabe h), die durch das Recht des Mitgliedstaats, in dem die aus der grenzüberschreitenden Verschmelzung hervorgehende Gesellschaft ihren Sitz haben soll, festgelegt ist, ohne jede vorherigen Verhandlung unmittelbar anzuwenden und diese Regelung ab dem Zeitpunkt der Eintragung einzuhalten.

b) Sie gestatten dem besonderen Verhandlungsgremium, mit der Mehrheit von zwei Dritteln seiner mindestens zwei Drittel der Arbeitnehmer vertretenden Mitglieder, mit der Maßgabe, dass diese Mitglieder Arbeitnehmer in mindestens zwei verschiedenen Mitgliedstaaten vertreten müssen, zu beschließen, dass keine Verhandlungen eröffnet oder bereits eröffnete Verhandlungen beendet werden und die Mitbestimmungsregelung angewandt wird, die in dem Mitgliedstaat gilt, in dem die aus der grenzüberschreitenden Verschmelzung hervorgehende Gesellschaft ihren Sitz haben wird.

c) Sie können in dem Fall, dass nach vorherigen Verhandlungen die Auffangregelung gilt, und ungeachtet dieser Regelung beschließen, den Anteil der Arbeitnehmervertreter im Verwaltungsorgan der aus der grenzüberschreitenden Verschmelzung hervorgehenden Gesellschaft zu begrenzen. Bestand jedoch das Verwaltungs- oder Aufsichtsorgan einer der an der Verschmelzung beteiligten Gesellschaften zu mindestens einem Drittel aus Arbeitnehmervertretern, so darf die Begrenzung in keinem Fall dazu führen, dass die Arbeitnehmervertretung im Verwaltungsorgan weniger als ein Drittel beträgt.

(5) Die Ausweitung von Mitbestimmungsrechten auf in anderen Mitgliedstaaten beschäftigte Arbeitnehmer der aus der grenzüberschreitenden Verschmelzung hervorgehenden Gesellschaft gemäß Absatz 2 Buchstabe b) verpflichtet die Mitgliedstaaten, die eine solche Ausweitung beschließen, nicht dazu, diese Arbeitnehmer bei der Berechnung der Schwellenwerte für die Beschäftigtenzahl zu berücksichtigen, bei deren Überschreitung Mitbestimmungsrechte nach innerstaatlichem Recht entstehen.

(6) Besteht in mindestens einer der an der grenzüberschreitenden Verschmelzung beteiligten Gesellschaften ein System der Arbeitnehmermitbestimmung und soll diese Rege-

such a system in accordance with the rules referred to in paragraph 2, that company shall be obliged to take a legal form allowing for the exercise of participation rights.

(7) When the company resulting from the cross-border merger is operating under an employee participation system, that company shall be obliged to take measures to ensure that employees' participation rights are protected in the event of subsequent domestic mergers for a period of three years after the cross-border merger has taken effect, by applying *mutatis mutandis* the rules laid down in this Article.

Article 17: Validity

A cross-border merger which has taken effect as provided for in Article 12 may not be declared null and void.

Article 18: Review

Five years after the date laid down in the first paragraph of Article 19, the Commission shall review this Directive in the light of the experience acquired in applying it and, if necessary, propose its amendment.

Article 19: Transposition

Member States shall bring into force the laws, regulations and administrative provisions necessary to comply with this Directive by *[15]*December 2007.

When Member States adopt these measures, they shall contain a reference to this Directive or shall be accompanied by such reference on the occasion of their official publication. The methods of making such reference shall be laid down by Member States.

Article 20: Entry into force

This Directive shall enter into force on the 20th day following its publication in the *Official Journal of the European Union*.

Article 21: Addressees

This Directive is addressed to the Member States.

lung des Absatzes 2 auf die aus der Verschmelzung hervorgehende Gesellschaft angewandt werden, so ist diese Gesellschaft verpflichtet, eine Rechtsform anzunehmen, die die Ausübung von Mitbestimmungsrechten ermöglicht.

(7) Gilt für die aus der grenzüberschreitenden Verschmelzung hervorgehende Gesellschaft ein System der Arbeitnehmermitbestimmung, so ist diese Gesellschaft verpflichtet, Maßnahmen zu ergreifen, um sicherzustellen, dass die Mitbestimmungsrechte der Arbeitnehmer im Falle nachfolgender innerstaatlicher Verschmelzungen während drei Jahren nach Wirksamwerden der grenzüberschreitenden Verschmelzung durch entsprechende Anwendung der Vorschriften dieses Artikels geschützt werden.

Artikel 17: Gültigkeit

Eine grenzüberschreitende Verschmelzung, die nach Artikel 12 wirksam geworden ist, kann nicht mehr für nichtig erklärt werden.

Artikel 18: Überprüfung

Fünf Jahre nach dem in Artikel 19 Absatz 1 genannten Zeitpunkt überprüft die Kommission diese Richtlinie auf der Grundlage der Erfahrungen bei ihrer Anwendung und schlägt gegebenenfalls eine Änderung vor.

Artikel 19: Umsetzung

Die Mitgliedstaaten setzen die Rechts- und Verwaltungsvorschriften in Kraft, die erforderlich sind, um dieser Richtlinie spätestens bis zum *[15.]*Dezember 2007 nachzukommen.

Wenn die Mitgliedstaaten diese Vorschriften erlassen, nehmen sie in den Vorschriften selbst oder durch einen Hinweis bei der amtlichen Veröffentlichung auf diese Richtlinie Bezug. Die Mitgliedstaaten regeln die Einzelheiten dieser Bezugnahme.

Artikel 20: Inkrafttreten

Diese Richtlinie tritt am zwanzigsten Tag nach ihrer Veröffentlichung im *Amtsblatt der Europäischen Union* in Kraft.

Artikel 21: Adressaten

Diese Richtlinie ist an die Mitgliedstaaten gerichtet.

Chapter B

European framework regarding cross-border reorganisations

III. Council Directive 90/434/EEC of 23/07/1990 on the common system of taxation applicable to mergers, divisions, partial divisions, transfers of assets and exchanges of shares concerning companies of different Member States and to the transfer of the registered office, of an SE or SCE, between Member States

(OJ No L 225 of 20/08/1990 p. 1)

as amended by Act concerning the conditions of accession and the adjustments to the Treaties – Accession of the Republic of Austria, the Republic of Finland and the Kingdom of Sweden (OJ No C 241 of 29/08/1994 p. 21), Act concerning the conditions of accession and the adjustments to the Treaties – Accession of the Czech Republic, the Republic of Estonia, the Republic of Cyprus, the Republic of Latvia, the Republic of Lithuania, the Republic of Hungary, the Republic of Malta, the Republic of Poland, the Republic of Slovenia and the Slovak Republic (OJ No L 236 of 23/09/2003 p. 33), Council Directive 2005/19/EC of 17/02/2005 (OJ No L 58 of 04/03/2005 p. 19) and Council Directive 2006/98/EC of 20/11/2006 (OJ No L 363 of 20/12/2006 p. 129)

THE COUNCIL OF THE EUROPEAN COMMUNITIES –

Having regard to the Treaty establishing the European Economic Community, and in particular Article 100 thereof,

Having regard to the proposal of the Commission [1],

Having regard to the opinion of the European Parliament [2],

Having regard to the opinion of the Economic and Social Committee [3],

Whereas mergers, divisions, transfers of assets and exchanges of shares concerning companies of different Member States may be necessary in order to create within the Community conditions analogous to those of an internal market and in order thus to ensure the establishment and effective functioning of the common market; whereas such operations ought not to be hampered by restrictions, disadvantages or distortions arising in particular from the tax provisions of the Member States; whereas to that end it is necessary to introduce with respect to such operations tax rules which are neutral from the point of view of competition, in order to allow enterprises to adapt to the requirements of the common market, to increase their productivity and to improve their competitive strength at the international level;

Whereas tax provisions disadvantage such operations, in comparison with those concerning companies of the same Member State; whereas it is necessary to remove such disadvantages.

Whereas it is not possible to attain this objective by an extension at the Community level of the systems presently in force in the Member States, since differences between these systems

---

1) OJ No C 39 of 22/03/1969 p. 1.
2) OJ No C 51 of 29/04/1970 p. 12.
3) OJ No C 100 of 01/08/1969 p. 4.

Abschnitt B

Gemeinschaftsrechtliche Rahmenbedingungen für grenzüberschreitende Umstrukturierungen

III. Richtlinie 90/434/EWG des Rates v. 23.07.1990 über das gemeinsame Steuersystem für Fusionen, Spaltungen, Abspaltungen, die Einbringung von Unternehmensteilen und den Austausch von Anteilen, die Gesellschaften verschiedener Mitgliedstaaten betreffen, sowie für die Verlegung des Sitzes einer Europäischen Gesellschaft oder einer Europäischen Genossenschaft von einem Mitgliedstaat in einen anderen Mitgliedstaat

(ABl. Nr. L 225 v. 20.08.1990 S. 1)

geändert durch Akte über die Beitrittsbedingungen und die Anpassungen der Verträge – Beitritt der Republik Österreich, der Republik Finnland und des Königreichs Schweden (ABl. Nr. C 241 v. 29.08.1994 S. 21), Akte über die Beitrittsbedingungen und die Anpassungen der Verträge – Beitritt der Tschechischen Republik, der Republik Estland, der Republik Zypern, der Republik Lettland, der Republik Litauen, der Republik Ungarn, der Republik Malta, der Republik Polen, der Republik Slowenien und der Slowakischen Republik (ABl. Nr. L 236 v. 23.09.2003 S. 33), Richtlinie 2005/19/EG des Rates v. 17.02.2005 (ABl. Nr. L 58 v. 04.03.2005 S. 19) und Richtlinie 2006/98/EG des Rates v. 20.11.2006 (ABl. Nr. L 363 v. 20.12.2006 S. 129)

DER RAT DER EUROPÄISCHEN GEMEINSCHAFTEN –

gestützt auf den Vertrag zur Gründung der Europäischen Wirtschaftsgemeinschaft, insbesondere auf Artikel 100,

auf Vorschlag der Kommission[1],

nach Stellungnahme des Europäischen Parlaments[2],

nach Stellungnahme des Wirtschafts- und Sozialausschusses[3],

in Erwägung nachstehender Gründe:

Fusionen, Spaltungen, die Einbringung von Unternehmensteilen und der Austausch von Anteilen, die Gesellschaften verschiedener Mitgliedstaaten betreffen, können notwendig sein, um binnenmarktähnliche Verhältnisse in der Gemeinschaft zu schaffen und damit die Errichtung und das Funktionieren des Gemeinsamen Marktes zu gewährleisten. Sie dürfen nicht durch besondere Beschränkungen, Benachteiligungen oder Verfälschungen aufgrund von steuerlichen Vorschriften der Mitgliedstaaten behindert werden. Demzufolge müssen wettbewerbsneutrale steuerliche Regelungen für diese Vorgänge geschaffen werden, um die Anpassung von Unternehmen an die Erfordernisse des Gemeinsamen Marktes, eine Erhöhung ihrer Produktivität und eine Stärkung ihrer Wettbewerbsfähigkeit auf internationaler Ebene zu ermöglichen.

Gegenwärtig werden diese Vorgänge im Vergleich zu entsprechenden Vorgängen bei Gesellschaften desselben Mitgliedstaats durch Bestimmungen steuerlicher Art benachteiligt. Diese Benachteiligung muss beseitigt werden.

Dieses Ziel lässt sich nicht dadurch erreichen, dass man die in den einzelnen Mitgliedstaaten geltenden nationalen Systeme auf Gemeinschaftsebene ausdehnt, da die Unterschiede zwi-

---

[1] ABl. Nr. C 39 v. 22.03.1969 S. 1.
[2] ABl. Nr. C 51 v. 29.04.1970 S. 12.
[3] ABl. Nr. C 100 v. 01.08.1969 S. 4.

tend to produce distortions; whereas only a common tax system is able to provide a satisfactory solution in this respect;

Whereas the common tax system ought to avoid the imposition of tax in connection with mergers, divisions, transfers of assets or exchanges of shares, while at the same time safeguarding the financial interests of the State of the transferring or acquired company;

Whereas in respect of mergers, divisions or transfers of assets, such operations normally result either in the transformation of the transferring company into a permanent establishment of the company receiving the assets or in the assets becoming connected with a permanent establishment of the latter company;

Whereas the system of deferral of the taxation of the capital gains relating to the assets transferred until their actual disposal, applied to such of those assets as are transferred to that permanent establishment, permits exemption from taxation of the corresponding capital gains, while at the same time ensuring their ultimate taxation by the State of the transferring company at the date of their disposal;

Whereas it is also necessary to define the tax regime applicable to certain provisions, reserves or losses of the transferring company and to solve the tax problems occurring where one of the two companies has a holding in the capital of the other;

Whereas the allotment to the shareholders of the transferring company of securities of the receiving or acquiring company would not in itself give rise to any taxation in the hands of such shareholders;

Whereas it is necessary to allow Member States the possibility of refusing to apply this Directive where the merger, division, transfer of assets or exchange of shares operation has as its objective tax evasion or avoidance or results in a company, whether or not it participates in the operation, no longer fulfilling the conditions required for the representation of employees in company organs –

HAS ADOPTED THIS DIRECTIVE:

TITLE I: GENERAL PROVISIONS

Article 1: Scope of application

Each Member State shall apply this Directive to the following:

a) mergers, divisions, partial divisions, transfers of assets and exchanges of shares in which companies from two or more Member States are involved,

b) transfers of the registered office from one Member State to another Member State of European companies (Societas Europaea or SE), as established in Council Regulation (EC) No 2157/2001 of 8 October 2001, on the statute for a European Company (SE)[4] and European Cooperative Societies (SCE), as established in Council Regulation (EC) No. 1435/2003 of 22 July 2003 on the Statute for a European Cooperative Society (SCE)[5].

---

[4] OJ No L 294 of 10/11/2001 p. 1.
[5] OJ No L 207 of 18/08/2003 p. 1.

schen diesen Systemen Wettbewerbsverzerrungen verursachen können. Nur eine gemeinsame steuerliche Regelung kann deshalb eine befriedigende Lösung darstellen.

Die gemeinsame steuerliche Regelung muss eine Besteuerung anlässlich einer Fusion, Spaltung, Einbringung von Unternehmensteilen oder eines Austauschs von Anteilen vermeiden, unter gleichzeitiger Wahrung der finanziellen Interessen des Staates der einbringenden oder erworbenen Gesellschaft.

Soweit es sich um Fusionen, Spaltungen oder Einbringung von Unternehmensteilen handelt, haben diese Vorgänge in der Regel entweder die Umwandlung der einbringenden Gesellschaft in eine Betriebsstätte der übernehmenden Gesellschaft oder die Zurechnung des übertragenen Vermögens zu einer Betriebsstätte der übernehmenden Gesellschaft zur Folge.

Wird auf die einer solchen Betriebsstätte zugewiesenen Vermögenswerte das Verfahren des Aufschubs der Besteuerung des Wertzuwachses eingebrachter Vermögenswerte bis zu deren tatsächlicher Realisierung angewendet, so lässt sich dadurch die Besteuerung des entsprechenden Wertzuwachses vermeiden und zugleich seine spätere Besteuerung durch den Staat der einbringenden Gesellschaft im Zeitpunkt der Realisierung sicherstellen.

Für bestimmte Rücklagen, Rückstellungen und Verluste der einbringenden Gesellschaft ist es erforderlich, die anzuwendenden steuerlichen Regelungen festzulegen und die steuerlichen Probleme zu lösen, die auftreten, wenn eine der beiden Gesellschaften eine Beteiligung am Kapital der anderen besitzt.

Die Zuteilung von Anteilen an der übernehmenden oder erwerbenden Gesellschaft an die Gesellschafter der einbringenden Gesellschaft darf für sich allein keine Besteuerung in der Person der Gesellschafter auslösen.

Wenn eine Fusion, Spaltung, Einbringung von Unternehmensteilen oder ein Austausch von Anteilen als Beweggrund die Steuerhinterziehung oder -umgehung hat oder dazu führt, dass eine an dem Vorgang beteiligte Gesellschaft oder eine an dem Vorgang nicht beteiligte Gesellschaft die Voraussetzungen für die Vertretung der Arbeitnehmer in den Organen der Gesellschaft nicht mehr erfüllt, sollten die Mitgliedstaaten die Anwendung dieser Richtlinie versagen können –

HAT FOLGENDE RICHTLINIE ERLASSEN:

TITEL I: ALLGEMEINE VORSCHRIFTEN

Artikel 1: Anwendungsbereich

Jeder Mitgliedstaat wendet diese Richtlinie auf folgende Vorgänge an:

a) Fusionen, Spaltungen, Abspaltungen, die Einbringung von Unternehmensteilen und den Austausch von Anteilen, wenn daran Gesellschaften aus zwei oder mehr Mitgliedstaaten beteiligt sind;

b) Verlegungen des Sitzes einer Europäischen Gesellschaft (Societas Europaea – SE) im Sinne der Verordnung (EG) Nr. 2157/2001 des Rates vom 8. Oktober 2001 über das Statut der Europäischen Gesellschaft (SE)[4] oder einer Europäischen Genossenschaft (SCE) im Sinne der Verordnung (EG) Nr. 1435/2003 des Rates vom 22. Juli 2003 über das Statut der Europäischen Genossenschaft (SCE)[5] von einem Mitgliedstaat in einen anderen.

---

4) ABl. Nr. L 294 v. 10.11.2001 S. 1.
5) ABl. Nr. L 207 v. 18.08.2003 S. 1.

Article 2: Definitions

For the purposes of this Directive:

a) 'merger' shall mean an operation whereby:

- one or more companies, on being dissolved without going into liquidation, transfer all their assets and liabilities to another existing company in exchange for the issue to their shareholders of securities representing the capital of that other company, and, if applicable, a cash payment not exceeding 10% of the nominal value, or, in the absence of a nominal value, of the accounting par value of those securities;

- two or more companies, on being dissolved without going into liquidation, transfer all their assets and liabilities to a company that they form, in exchange for the issue to their shareholders of securities representing the capital of that new company, and, if applicable, a cash payment not exceeding 10% of the nominal value, or, in the absence of a nominal value, of the accounting par value of those securities;

- a company, on being dissolved without going into liquidation, transfers all its assets and liabilities to the company holding all the securities representing its capital;

b) 'division' shall mean an operation whereby a company, on being dissolved without going into liquidation, transfers all its assets and liabilities to two or more existing or new companies, in exchange for the pro rata issue to its shareholders of securities representing the capital of the companies receiving the assets and liabilities, and, if applicable, a cash payment not exceeding 10% of the nominal value or, in the absence of a nominal value, of the accounting par value of those securities;

ba) 'partial division' shall mean an operation whereby a company transfers, without being dissolved, one or more branches of activity, to one or more existing or new companies, leaving at least one branch of activity in the transferring company, in exchange for the pro-rata issue to its shareholders of securities representing the capital of the companies receiving the assets and liabilities, and, if applicable, a cash payment not exceeding 10% of the nominal value or, in the absence of a nominal value, of the accounting par value of those securities;

c) 'transfer of assets' shall mean an operation whereby a company transfers without being dissolved, all or one or more branches of its activity to another company in exchange for the transfer of securities representing the capital of the company receiving the transfer;

d) 'exchange of shares' shall mean an operation whereby a company acquires a holding in the capital of another company such that it obtains a majority of the voting rights in that company, or, holding such majority, acquires a further holding, in exchange for the issue to the shareholders of the latter company, in exchange for their securities, of securities representing the capital of the former company, and, if applicable, a cash payment not exceeding 10% of the nominal value or, in the absence of a nominal value, of the accounting par value of the securities issued in exchange;

e) 'transferring company' shall mean the company transferring its assets and liabilities or transferring all or one or more branches of its activity;

f) 'receiving company' shall mean the company receiving the assets and liabilities or all or one or more branches of the activity of the transferring company;

Artikel 2: Definitionen

Im Sinne dieser Richtlinie ist

a) „Fusion" der Vorgang, durch den
   - eine oder mehrere Gesellschaften zum Zeitpunkt ihrer Auflösung ohne Abwicklung ihr gesamtes Aktiv- und Passivvermögen auf eine bereits bestehende Gesellschaft gegen Gewährung von Anteilen am Gesellschaftskapital der anderen Gesellschaft an ihre eigenen Gesellschafter und gegebenenfalls einer baren Zuzahlung übertragen; letztere darf 10% des Nennwerts oder – bei Fehlen eines solchen – des rechnerischen Werts dieser Anteile nicht überschreiten;
   - zwei oder mehrere Gesellschaften zum Zeitpunkt ihrer Auflösung ohne Abwicklung ihr gesamtes Aktiv- und Passivvermögen auf eine von ihnen gegründete Gesellschaft gegen Gewährung von Anteilen am Gesellschaftskapital der neuen Gesellschaft an ihre eigenen Gesellschafter und gegebenenfalls einer baren Zuzahlung übertragen; letztere darf 10% des Nennwerts oder – bei Fehlen eines solchen – des rechnerischen Werts dieser Anteile nicht überschreiten;
   - eine Gesellschaft zum Zeitpunkt ihrer Auflösung ohne Abwicklung ihr gesamtes Aktiv- und Passivvermögen auf die Gesellschaft überträgt, die sämtliche Anteile an ihrem Gesellschaftskapital besitzt;

b) „Spaltung" der Vorgang, durch den eine Gesellschaft zum Zeitpunkt ihrer Auflösung ohne Abwicklung ihr gesamtes Aktiv- und Passivvermögen auf zwei oder mehrere bereits bestehende oder neu gegründete Gesellschaften gegen Gewährung von Anteilen am Gesellschaftskapital der übernehmenden Gesellschaften an ihre eigenen Gesellschafter, und gegebenenfalls einer baren Zuzahlung, anteilig überträgt; letztere darf 10% des Nennwerts oder – bei Fehlen eines solchen – des rechnerischen Werts dieser Anteile nicht überschreiten;

ba) "Abspaltung" der Vorgang, durch den eine Gesellschaft, ohne sich aufzulösen, einen oder mehrere Teilbetriebe auf eine oder mehrere bereits bestehende oder neu gegründete Gesellschaften gegen Gewährung von Anteilen am Gesellschaftskapital der übernehmenden Gesellschaften an ihre eigenen Gesellschafter, und gegebenenfalls einer baren Zuzahlung, anteilig überträgt, wobei mindestens ein Teilbetrieb in der einbringenden Gesellschaft verbleiben muss; die Zuzahlung darf 10% des Nennwerts oder – bei Fehlen eines solchen – des rechnerischen Werts dieser Anteile nicht überschreiten;

c) „Einbringung von Unternehmensteilen" der Vorgang, durch den eine Gesellschaft, ohne aufgelöst zu werden, ihren Betrieb insgesamt oder einen oder mehrere Teilbetriebe in eine andere Gesellschaft gegen Gewährung von Anteilen am Gesellschaftskapital der übernehmenden Gesellschaft einbringt;

d) „Austausch von Anteilen" der Vorgang, durch den eine Gesellschaft am Gesellschaftskapital einer anderen Gesellschaft eine Beteiligung, die ihr die Mehrheit der Stimmrechte verleiht, oder – sofern sie die Mehrheit der Stimmrechte bereits hält – eine weitere Beteiligung dadurch erwirbt, dass die Gesellschafter der anderen Gesellschaft im Austausch für ihre Anteile Anteile am Gesellschaftskapital der erwerbenden Gesellschaft und gegebenenfalls eine bare Zuzahlung erhalten; letztere darf 10% des Nennwerts oder – bei Fehlen eines Nennwerts – des rechnerischen Werts der im Zuge des Austauschs ausgegebenen Anteile nicht überschreiten;

e) „einbringende Gesellschaft" die Gesellschaft, die ihr Aktiv- und Passivvermögen überträgt oder einen oder mehrere Teilbetriebe einbringt;

f) „übernehmende Gesellschaft" die Gesellschaft, die das Aktiv- und Passivvermögen oder einen oder mehrere Teilbetriebe von der einbringenden Gesellschaft übernimmt;

g) 'acquired company' shall mean the company which acquires a holding by means of an exchange of securities;
h) 'acquiring company' shall mean the company which acquires a holding by means of an exchange of securities;
i) 'branch of activity' shall mean all the assets and liabilities of a division of a company which from an organizational point of view constitute an independent business, that is to say an entity capable of functioning by its own means;
j) 'transfer of the registered office' shall mean an operation whereby an SE or an SCE, without winding up or creating a new legal person, transfers its registered office from one Member State to another Member State.

Article 3: Concept of company

For the purposes of this Directive, 'company from a Member State' shall mean any company which:

a) takes one of the forms listed in the Annex hereto;
b) according to the tax laws of a Member State is considered to be resident in that State for tax purposes and, under the terms of a double taxation agreement concluded with a third State, is not considered to be resident for tax purposes outside the Community;
c) moreover, is subject to one of the following taxes, without the possibility of an option or of being exempt;
   – impôt des sociétés/vennootschapsbelasting in Belgium,
   – selskabsskat in Denmark,
   – Körperschaftsteuer in the Federal Republik of Germany,
   – φόρος εισοδήματος νομικών ποσώπων κερδοκοπικού χαρακτήρα in Greece,
   – impuesto sobre sociedades in Spain,
   – impôt sur les sociétés in France,
   – corporation tax in Ireland,
   – imposta sul reddito delle società in Italy,
   – impôt sur le revenue des collectivitiés in Luxembourg,
   – vennootschapsbelasting in the Netherlands,
   – imposto sobre o rendimento das pessoas colectivas in Portugal,
   – corporation tax in the United Kingdom,
   – Körperschaftsteuer in Austria,
   – yhteisöjen tulovero/inkomstskatten för samfund in Finland,
   – statlig inkomstskatt in Sweden,
   – Daň z příjmů právnických osob in the Czech Republic,
   – Tulumaks in Estonia,
   – Φόρος Εισοδήματος in Cyprus,
   – uzņēmumu ienākuma nodoklis in Latvia,
   – Pelno mokestis in Lithuania,
   – Társasági adó in Hungary,
   – Taxxa fuq l-income in Malta,
   – Podatek dochodowy od osób prawnych in Poland,
   – Davek od dobička pravnih oseb in Slovenia,

g) „erworbene Gesellschaft" die Gesellschaft, an der beim Austausch von Anteilen eine Beteiligung erworben wurde;
h) „erwerbende Gesellschaft" die Gesellschaft, die beim Austausch von Anteilen eine Beteiligung erwirbt;
i) „Teilbetrieb" die Gesamtheit der in einem Unternehmensteil einer Gesellschaft vorhandenen aktiven und passiven Wirtschaftsgüter, die in organisatorischer Hinsicht einen selbständigen Betrieb, d.h. eine aus eigenen Mitteln funktionsfähige Einheit, darstellen;
j) „Sitzverlegung" der Vorgang, durch den eine SE oder eine SCE ihren Sitz von einem Mitgliedstaat in einen anderen Mitgliedstaat verlegt, ohne dass dies zu ihrer Auflösung oder zur Gründung einer neuen juristischen Person führt.

Artikel 3: Begriff der Gesellschaft

Im Sinne dieser Richtlinie ist eine „Gesellschaft eines Mitgliedstaats" jede Gesellschaft,

a) die eine der im Anhang aufgeführten Formen aufweist;
b) die nach dem Steuerrecht eines Mitgliedstaats als in diesem Staat ansässig und nicht aufgrund eines Doppelbesteuerungsabkommens mit einem dritten Staat als außerhalb der Gemeinschaft ansässig angesehen wird;
c) die ferner ohne Wahlmöglichkeit einer der nachstehenden Steuern

- impôt des sociétés/vennootschapsbelasting in Belgien,
- selskabsskat in Dänemark,
- Körperschaftsteuer in Deutschland,
- φόρος εισοδήματος νομικών ποσώπων κερδοκοπικού χαρακτήρα in Griechenland,
- impuesto sobre sociedades in Spanien,
- impôt sur les sociétés in Frankreich,
- corporation tax in Irland,
- imposta sul reddito delle società in Italien,
- impôt sur le revenu des collectivités in Luxemburg,
- vennootschapsbelasting in den Niederlanden,
- imposto sobre o rendimento das pessoas colectivas in Portugal,
- corporation tax im Vereinigten Königreich,
- Körperschaftsteuer in Österreich,
- yhteisöjen tulovero/inkomstskatten för samfund in Finnland,
- statlig inkomstskatt in Schweden,
- Daň z příjmů právnických osob in der Tschechischen Republik,
- Tulumaks in Estland,
- Φόρος Εισοδήματος in Zypern,
- uzņēmumu ienākuma nodoklis in Lettland,
- Pelno mokestis in Litauen,
- Társasági adó in Ungarn,
- Taxxa fuq l-income in Malta,
- Podatek dochodowy od osób prawnych in Polen,
- Davek od dobička pravnih oseb in Slowenien,

- Daň z príjmov právnických osôb in Slovakia,
- корпоративен данък in Bulgaria,
- impozit pe profit in Romania,

or to any other tax which may be substituted for any of the above taxes.

TITLE II: RULES APPLICABLE TO MERGERS, DIVISIONS, PARTIAL DIVISIONS, AND EXCHANGES OF SHARES

Article 4: Hidden reserves

(1) A merger, division or partial division shall not give rise to any taxation of capital gains calculated by reference to the difference between the real values of the assets and liabilities transferred and their values for tax purposes.

For the purposes of this Article the following definitions shall apply:

a) 'value for tax purposes': the value on the basis of which any gain or loss would have been computed for the purposes of tax upon the income, profits or capital gains of the transferring company if such assets or liabilities had been sold at the time of the merger or division but independently of it;

b) 'transferred assets and liabilities': those assets and liabilities of the transferring company which, in consequence of the merger or division or partial division, are effectively connected with a permanent establishment of the receiving company in the Member State of the transferring company and play a part in generating the profits or losses taken into account for tax purposes.

(2) Where paragraph 1 applies and where a Member State considers a non-resident transferring company as fiscally transparent on the basis of that State's assessment of the legal characteristics of that company arising from the law under which it is constituted and therefore taxes the shareholders on their share of the profits of the transferring company as and when those profits arise, that State shall not tax any income, profits or capital gains calculated by reference to the difference between the real values of the assets and liabilities transferred and their values for tax purposes.

(3) Paragraphs 1 and 2 shall apply only if the receiving company computes any new depreciation and any gains or losses in respect of the assets and liabilities transferred according to the rules that would have applied to the transferring company or companies if the merger, division or partial division had not taken place.

(4) Where, under the laws of the Member State of the transferring company, the receiving company is entitled to have any new depreciation or any gains or losses in respect of the assets and liabilities transferred computed on a basis different from that set out in paragraph 3, paragraph 1 shall not apply to the assets and liabilities in respect of which that option is exercised.

Article 5: Provisions, reserves

The Member States shall take the necessary measures to ensure that, if the provisions or reserves properly constituted by the transferring company are partly or wholly exempt from tax and are not derived from permanent establishments abroad, such provisions or reserves may be carried over, with the same tax exemption, by the permanent establishments of the receiving company which are situated in the Member State of the transferring company, the receiving company thereby assuming the rights and obligations of the transferring company.

- Daň z príjmov právnických osôb in der Slowakei,
- корпоративен данък in Bulgarien,
- impozit pe profit in Rumänien,

oder irgendeiner Steuer, die eine dieser Steuern ersetzt, unterliegt, ohne davon befreit zu sein.

TITEL II: REGELN FÜR FUSIONEN, SPALTUNGEN, ABSPALTUNGEN UND DEN AUSTAUSCH VON ANTEILEN

Artikel 4: Stille Reserven

(1) Die Fusion, Spaltung oder Abspaltung darf keine Besteuerung des Veräußerungsgewinns auslösen, der sich aus dem Unterschied zwischen dem tatsächlichen Wert des übertragenen Aktiv- und Passivvermögens und dessen steuerlichem Wert ergibt.

Für die Zwecke dieses Artikels gilt als

a) „steuerlicher Wert" der Wert, auf dessen Grundlage ein etwaiger Gewinn oder Verlust für die Zwecke der Besteuerung des Veräußerungsgewinns der einbringenden Gesellschaft ermittelt worden wäre, wenn das Aktiv- und Passivvermögen gleichzeitig mit der Fusion, Spaltung oder Abspaltung, aber unabhängig davon, veräußert worden wäre;

b) „übertragenes Aktiv- und Passivvermögen" das Aktiv- und Passivvermögen der einbringenden Gesellschaft, das nach der Fusion, Spaltung oder Abspaltung tatsächlich einer Betriebsstätte der übernehmenden Gesellschaft im Mitgliedstaat der einbringenden Gesellschaft zugerechnet wird und zur Erzielung des steuerlich zu berücksichtigenden Ergebnisses dieser Betriebsstätte beiträgt.

(2) Findet Absatz 1 Anwendung und betrachtet ein Mitgliedstaat eine gebietsfremde einbringende Gesellschaft aufgrund seiner Beurteilung ihrer juristischen Merkmale, die sich aus dem Recht, nach dem sie gegründet wurde, ergeben, als steuerlich transparent und besteuert daher die Gesellschafter nach ihrem Anteil an den ihnen zuzurechnenden Gewinnen der einbringenden Gesellschaft im Zeitpunkt der Zurechnung, so besteuert dieser Staat Veräußerungsgewinne, die sich aus der Differenz zwischen dem tatsächlichen Wert des eingebrachten Aktiv- und Passivvermögens und dessen steuerlichem Wert ergeben, nicht.

(3) Die Absätze 1 und 2 finden nur dann Anwendung, wenn die übernehmende Gesellschaft neue Abschreibungen und spätere Wertsteigerungen oder Wertminderungen des übertragenen Aktiv- und Passivvermögens so berechnet, wie die einbringende Gesellschaft sie ohne die Fusion, Spaltung oder Abspaltung berechnet hätte.

(4) Darf die übernehmende Gesellschaft nach dem Recht des Mitgliedstaats der einbringenden Gesellschaft neue Abschreibungen und spätere Wertsteigerungen oder Wertminderungen des übertragenen Aktiv- und Passivvermögens abweichend von Absatz 3 berechnen, so findet Absatz 1 keine Anwendung auf das Vermögen, für das die übernehmende Gesellschaft von diesem Recht Gebrauch macht.

Artikel 5: Rückstellungen, Rücklagen

Die Mitgliedstaaten treffen die notwendigen Regelungen, damit die von der einbringenden Gesellschaft unter völliger oder teilweiser Steuerbefreiung zulässigerweise gebildeten Rückstellungen oder Rücklagen – soweit sie nicht von Betriebsstätten im Ausland stammen – unter den gleichen Voraussetzungen von den im Staat der einbringenden Gesellschaft gelegenen Betriebsstätten der übernehmenden Gesellschaft ausgewiesen werden können, wobei

Article 6: Assumption of losses

To the extent that, if the operations referred to in Article 1 Lit. a), were effected between companies from the Member State of the transferring company, the Member State would apply provisions allowing the receiving company to take over the losses of the transferring company which had not yet been exhausted for tax purposes, it shall extend those provisions to cover the takeover of such losses by the receiving company's permanent establishments situated within its territory.

Article 7: Capital investment

(1) Where the receiving company has a holding in the capital of the transferring company, any gains accruing to the receiving company on the cancellation of its holding shall not be liable to any taxation.

(2) The Member States may derogate from paragraph 1 where the receiving company has a holding of less than 20% in the capital of the transferring company.

From 1 January 2007 the minimum holding percentage shall be 15%.
From 1 January 2009 the minimum holding percentage shall be 10%.

Article 8: Allotment of shares in capital

(1) On a merger, division or exchange of shares, the allotment of securities representing the capital of the receiving or acquiring company to a shareholder of the transferring or acquired company in exchange for securities representing the capital of the latter company shall not, of itself, give rise to any taxation of the income, profits or capital gains of that shareholder.

(2) On a partial division, the allotment to a shareholder of the transferring company of securities representing the capital of the receiving company shall not, of itself, give rise to any taxation of the income, profits or capital gains of that shareholder.

(3) Where a Member State considers a shareholder as fiscally transparent on the basis of that State's assessment of the legal characteristics of that shareholder arising from the law under which it is constituted and therefore taxes those persons having an interest in the shareholders on their share of the profits of the shareholder as and when those profits arise, that State shall not tax those persons on income, profits or capital gains from the allotment of securities representing the capital of the receiving or acquiring company to the shareholder.

(4) Paragraphs 1 and 3 shall apply only if the shareholder does not attribute to the securities received a value for tax purposes higher than the value the securities exchanged had immediately before the merger, division, or exchange of shares.

(5) Paragraphs 2 and 3 shall apply only if the shareholder does not attribute to the sum of the securities received and those held in the transferring company, a value for tax purposes higher than the value the securities held in the transferring company had immediately before the partial division.

die übernehmende Gesellschaft in die Rechte und Pflichten der einbringenden Gesellschaft eintritt.

Artikel 6: Übernahme von Verlusten

Wenden die Mitgliedstaaten für den Fall, dass die in Artikel 1 Buchstabe a) genannten Vorgänge zwischen Gesellschaften des Mitgliedstaats der einbringenden Gesellschaft erfolgen, Vorschriften an, die die Übernahme der bei der einbringenden Gesellschaft steuerlich noch nicht berücksichtigten Verluste durch die übernehmende Gesellschaft gestatten, so dehnen sie diese Vorschriften auf die Übernahme der bei der einbringenden Gesellschaft steuerlich noch nicht berücksichtigten Verluste durch die in ihrem Hoheitsgebiet gelegenen Betriebsstätten der übernehmenden Gesellschaft aus.

Artikel 7: Kapitalbeteiligung

(1) Wenn die übernehmende Gesellschaft am Kapital der einbringenden Gesellschaft eine Beteiligung besitzt, so unterliegen die bei der übernehmenden Gesellschaft möglicherweise entstehenden Wertsteigerungen beim Untergang ihrer Beteiligung am Kapital der einbringenden Gesellschaft keiner Besteuerung.

(2) Die Mitgliedstaaten können von Absatz 1 abweichen, wenn der Anteil der übernehmenden Gesellschaft am Kapital der einbringenden Gesellschaft weniger als 20% beträgt.

Ab 1. Januar 2007 beträgt der Mindestanteil 15%.

Ab 1. Januar 2009 beträgt der Mindestanteil 10%.

Artikel 8: Zuteilung von Kapitalanteilen

(1) Die Zuteilung von Anteilen am Gesellschaftskapital der übernehmenden oder erwerbenden Gesellschaft an einen Gesellschafter der einbringenden oder erworbenen Gesellschaft gegen Anteile an deren Gesellschaftskapital aufgrund einer Fusion, einer Spaltung oder des Austauschs von Anteilen darf für sich allein keine Besteuerung des Veräußerungsgewinns dieses Gesellschafters auslösen.

(2) Die Zuteilung von Anteilen am Gesellschaftskapital der übernehmenden Gesellschaft an einen Gesellschafter der einbringenden Gesellschaft aufgrund einer Abspaltung darf für sich allein keine Besteuerung des Veräußerungsgewinns dieses Gesellschafters auslösen.

(3) Betrachtet ein Mitgliedstaat einen Gesellschafter aufgrund seiner Beurteilung von dessen juristischen Merkmalen, die sich aus dem Recht, nach dem dieser gegründet wurde, ergeben, als steuerlich transparent und besteuert daher die an diesem Gesellschafter beteiligten Personen nach ihrem Anteil an den ihnen zuzurechnenden Gewinnen des Gesellschafters im Zeitpunkt der Zurechnung, so besteuert dieser Mitgliedstaat den Veräußerungsgewinn dieser Personen aus der Zuteilung von Anteilen am Gesellschaftskapital der übernehmenden oder erwerbenden Gesellschaft an den Gesellschafter nicht.

(4) Die Absätze 1 und 3 finden nur dann Anwendung, wenn der Gesellschafter den erworbenen Anteilen keinen höheren steuerlichen Wert beimisst, als den in Tausch gegebenen Anteilen unmittelbar vor der Fusion, der Spaltung oder dem Austausch der Anteile beigemessen war.

(5) Die Absätze 2 und 3 finden nur dann Anwendung, wenn der Gesellschafter der Summe der erworbenen Anteile und seiner Anteile an der einbringenden Gesellschaft keinen höheren steuerlichen Wert beimisst, als den Anteilen an der einbringenden Gesellschaft unmittelbar vor der Abspaltung beigemessen war.

(6) The application of paragraphs 1, 2 and 3 shall not prevent the Member States from taxing the gain arising out of the subsequent transfer of securities received in the same way as the gain arising out of the transfer of securities existing before the acquisition.

(7) In this Article the expression 'value for tax purposes' means the value on the basis of which any gain or loss would be computed for the purposes of tax upon the income, profits, or capital gains of a shareholder of the company.

(8) Where, under the law of the Member State in which he is resident, a shareholder may opt for tax treatment different from that set out in paragraphs 4 and 5, paragraphs 1, 2 and 3 shall not apply to the securities in respect of which such an option is exercised.

(9) Paragraphs 1, 2 and 3 shall not prevent a Member State from taking into account when taxing shareholders any cash payment that may be made on the merger, division, partial division, or exchange of shares.

TITLE III: RULES APPLICABLE TO TRANSFERS OF ASSETS

Article 9: Rules applicable to transfers of assets

The provisions of Articles 4, 5 and 6 shall apply to transfers of assets.

TITLE IV: SPECIAL CASE OF THE TRANSFER OF A PERMANENT ESTABLISHMENT

Article 10: Special case of the transfer of a permanent establishment

(1) Where the assets transferred in a merger, a division, a partial division, or a transfer of assets include a permanent establishment of the transferring company which is situated in a Member State other than that of the transferring company, the Member State of the transferring company shall renounce any right to tax that permanent establishment.

The Member State of the transferring company may reinstate in the taxable profits of that company such losses of the permanent establishment as may previously have been set off against the taxable profits of the company in that State and which have not been recovered.

The Member State in which the permanent establishment is situated and the Member State of the receiving company shall apply the provisions of this Directive to such a transfer as if the Member State where the permanent establishment is situated were the Member State of the transferring company.

These provisions shall also apply in the case where the permanent establishment is situated in the same Member State as that in which the receiving company is resident.

(2) By way of derogation from paragraph 1, where the member State of the transferring company applies a system of taxing worldwide profits, that Member State shall have the right to tax any profits or capital gains of the permanent establishment resulting from the merger, division, partial division, or transfer of assets, on condition that it gives relief for the tax that, but for the provisions of this Directive, would have been charged on those profits or capital gains in the Member State in which that permanent establishment is situated, in the same way and in the same amount as it would have done if that tax had actually been charged and paid.

(6) Die Anwendung der Absätze 1, 2 und 3 hindert die Mitgliedstaaten nicht, den Gewinn aus einer späteren Veräußerung der erworbenen Anteile in gleicher Weise zu besteuern wie den Gewinn aus einer Veräußerung der vor dem Erwerb vorhandenen Anteile.

(7) Für die Zwecke dieses Artikels ist der „steuerliche Wert" der Wert, auf dessen Grundlage ein etwaiger Gewinn oder Verlust für die Zwecke der Besteuerung des Veräußerungsgewinns eines Gesellschafters ermittelt würde.

(8) Darf ein Gesellschafter nach dem Recht seines Wohnsitzstaats oder Sitzstaats eine von den Absätzen 4 und 5 abweichende steuerliche Behandlung wählen, so finden die Absätze 1, 2 und 3 keine Anwendung auf die Anteile, für die der Gesellschafter von diesem Recht Gebrauch macht.

(9) Die Absätze 1, 2 und 3 hindern die Mitgliedstaaten nicht, eine bare Zuzahlung aufgrund einer Fusion, einer Spaltung, einer Abspaltung oder eines Austausches von Anteilen an die Gesellschafter zu besteuern.

TITEL III: REGELN FÜR DIE EINBRINGUNG VON UNTERNEHMENSTEILEN

Artikel 9: Regeln für die Einbringung von Unternehmensteilen

Die Artikel 4, 5 und 6 gelten entsprechend für die Einbringung von Unternehmensteilen.

TITEL IV: SONDERFALL DER EINBRINGUNG EINER BETRIEBSSTÄTTE

Artikel 10: Sonderfall der Einbringung einer Betriebsstätte

(1) Wenn sich unter den bei einer Fusion, Spaltung, Abspaltung oder Einbringung von Unternehmensteilen eingebrachten Wirtschaftsgütern eine in einem anderen Mitgliedstaat als dem der einbringenden Gesellschaft liegende Betriebsstätte befindet, so verzichtet der Mitgliedstaat der einbringenden Gesellschaft endgültig auf seine Rechte zur Besteuerung dieser Betriebsstätte.

Der Mitgliedstaat der einbringenden Gesellschaft kann bei der Ermittlung des steuerbaren Gewinns dieser Gesellschaft frühere Verluste dieser Betriebsstätte, die von dem in diesem Staat steuerbaren Gewinn der Gesellschaft abgezogen wurden und noch nicht ausgeglichen worden sind, hinzurechnen.

Der Mitgliedstaat, in dem sich die Betriebsstätte befindet, und der Mitgliedstaat der übernehmenden Gesellschaft wenden auf diese Einbringung die Bestimmungen dieser Richtlinie an, als ob der Mitgliedstaat der Betriebsstätte mit dem Mitgliedstaat der einbringenden Gesellschaft identisch wäre.

Diese Bestimmungen gelten auch für den Fall, dass die Betriebsstätte in dem Mitgliedstaat gelegen ist, in dem die übernehmende Gesellschaft ansässig ist.

(2) Abweichend von Absatz 1 ist der Mitgliedstaat der einbringenden Gesellschaft, sofern er ein System der Weltgewinnbesteuerung anwendet, berechtigt, die durch die Fusion, Spaltung, Abspaltung oder Einbringung von Unternehmensteilen entstehenden Veräußerungsgewinne der Betriebsstätte zu besteuern, vorausgesetzt, er rechnet die Steuer, die ohne die Bestimmungen dieser Richtlinie auf diese Veräußerungsgewinne im Staat der Betriebsstätte erhoben worden wäre, in gleicher Weise und mit dem gleichen Betrag an, wie wenn diese Steuer tatsächlich erhoben worden wäre.

TITLE IVa: SPECIAL CASE OF TRANSPARENT ENTITIES

Article 10a: Special case of transparent entities

(1) Where a Member State considers a non-resident transferring or acquired company to be fiscally transparent on the basis of that State's assessment of the legal characteristics of that company arising from the law under which it is constituted, it shall have the right not to apply the provisions of this Directive when taxing a direct or indirect shareholder of that company in suspect of the income, profits, or capital gains of that company.

(2) A Member State exercising the right referred to in paragraph 1 shall give relief for the tax which, but for the provisions of this Directive, would have been charged on the fiscally transparent company on its income, profits, or capital gains, in the same way and in the same amount as that State would have done if that tax had actually been charged and paid.

(3) Where a Member State considers a non-resident receiving or acquiring company to be fiscally transparent on the basis of that State's assessment of the legal characteristics of that company arising from the law under which it is constituted, it shall have the right not to apply Article 8 paragraphs 1, 2 and 3.

(4) Where a Member State considers a non-resident receiving company to be fiscally transparent on the basis of that State's assessment of the legal characteristics of the company arising from the law under which it is constituted, that Member State may apply to any direct or indirect shareholders the same treatment for tax purposes as it would if the receiving company were resident in that Member State.

TITLE IVb: RULES APPLICABLE TO THE TRANSFER OF THE REGISTERED OFFICE OF AN SE OR AN SCE

Article 10b: Transfer of the registered office of an SE or an SCE, taxation of capital gains

(1) Where,
   a) an SE or an SCE transfers its registered office from one Member State to another Member State, or
   b) in connection with the transfer of its registered office from one Member State to another member State, an SE or an SCE, which is resident in the first member State, ceases to be resident in that member State and becomes resident in another Member State,

   that transfer of registered office or the cessation of residence shall not give rise to any taxation of capital gains, calculated in accordance with Article 4 (1), the Member State from which the registered office has been transferred, derived from those assets and liabilities of the SE or SCE which, in consequence, remain effectively connected with a permanent establishment of the SE or of the SCE in the Member State from which the registered office has been transferred and play part in generating the profits or losses taken into account for tax purposes.

(2) Paragraph 1 shall apply only if the SE or the SCE computes any new depreciation and any gains or losses in respect of the assets and liabilities that remain effectively connected with that permanent establishment, as though the transfer of the registered office had not taken place or the SE or the SCE had not ceased to be tax resident.

TITEL IVa: SONDERFALL STEUERLICH TRANSPARENTER GESELLSCHAFTEN

Artikel 10a: Sonderfall steuerlich transparenter Gesellschaften

(1) Betrachtet ein Mitgliedstaat eine gebietsfremde einbringende oder erworbene Gesellschaft aufgrund seiner Beurteilung ihrer juristischen Merkmale, die sich aus dem Recht, nach dem sie gegründet wurde, ergeben, als steuerlich transparent, so ist er berechtigt, die Bestimmungen dieser Richtlinie bei der Besteuerung der Veräußerungsgewinne eines unmittelbaren oder mittelbaren Gesellschafters dieser Gesellschaft nicht anzuwenden.

(2) Macht ein Mitgliedstaat von seinem Recht gemäß Absatz 1 Gebrauch, so rechnet er die Steuer, die ohne die Bestimmungen dieser Richtlinie auf die Veräußerungsgewinne der steuerlich transparenten Gesellschaft erhoben worden wäre, in gleicher Weise und mit dem gleichen Betrag an, wie wenn diese Steuer tatsächlich erhoben worden wäre.

(3) Betrachtet ein Mitgliedstaat eine gebietsfremde übernehmende oder erwerbende Gesellschaft aufgrund seiner Beurteilung ihrer juristischen Merkmale, die sich aus dem Recht, nach dem sie gegründet wurde, ergeben, als steuerlich transparent, so ist er berechtigt, Artikel 8 Absätze 1, 2 und 3 nicht anzuwenden.

(4) Betrachtet ein Mitgliedstaat eine gebietsfremde übernehmende Gesellschaft aufgrund seiner Beurteilung ihrer juristischen Merkmale, die sich aus dem Recht, nach dem sie gegründet wurde, ergeben, als steuerlich transparent, so kann er jedem unmittelbaren oder mittelbaren Gesellschafter die gleiche steuerliche Behandlung zuteil werden lassen, wie wenn die übernehmende Gesellschaft in seinem Gebiet ansässig wäre.

TITEL IVb: REGELN FÜR DIE SITZVERLEGUNG EINER SE ODER EINER SCE

Artikel 10b: Sitzverlegung einer SE/SCE; Besteuerung des Veräußerungsgewinns

(1) Wenn

a) eine SE oder SCE ihren Sitz von einem Mitgliedstaat in einen anderen verlegt oder

b) eine SE oder SCE, die in einem Mitgliedstaat ansässig ist, infolge der Verlegung ihres Sitzes von diesem Mitgliedstaat in einen anderen Mitgliedstaat ihren Steuersitz in diesem Mitgliedstaat aufgibt und in einem anderen Mitgliedstaat ansässig wird,

darf diese Verlegung des Sitzes oder die Aufgabe des Steuersitzes in dem Mitgliedstaat, von dem der Sitz verlegt wurde, keine Besteuerung des nach Artikel 4 Absatz 1 berechneten Veräußerungsgewinns aus dem Aktiv- und Passivvermögen einer SE oder SCE auslösen, das in der Folge tatsächlich einer Betriebsstätte der SE bzw. der SCE in dem Mitgliedstaat, von dem der Sitz verlegt wurde, zugerechnet bleibt, und das zur Erzielung des steuerlich zu berücksichtigenden Ergebnisses beiträgt.

(2) Absatz 1 findet nur dann Anwendung, wenn die SE bzw. die SCE neue Abschreibungen und spätere Wertsteigerungen oder Wertminderungen des Aktiv- und Passivvermögens, das tatsächlich dieser Betriebsstätte zugerechnet bleibt, so berechnet, als habe keine Sitzverlegung stattgefunden, oder als habe die SE oder SCE ihren steuerlichen Sitz nicht aufgegeben.

(3) Where, under the law of that Member State, the SE or the SCE is entitled to have any new depreciation or any gains or losses in respect of the assets and liabilities remaining in that Member State computed on a basis different from that set out in paragraph 2, paragraph 1 shall not apply to the assets and liabilities in respect of which that option is exercised.

Article 10c: Transfer of the registered office of an SE/SCE, formation of provisions, reserves

(1) Where,
   a) an SE or an SCE transfers its registered office from one Member State to another Member State, or
   b) in connection with the a on SE or SCE, which is resident in the first member State, ceases to be resident in that member State and becomes resident in another Member State,

   the Member State, shall take the necessary measures to ensure that, where provisions or reserves properly constituted by the SE or the SCE before the transfer of the registered office are partly or wholly exempt from tax and are not derived from permanent establishments abroad, such provisions or reserves may be carried over, with the same tax exemption, by a permanent establishment of the SE or the SCE which is situated within the territory of the Member State from which the registered office was transferred.

(2) To the extent that a company transferring its registered office within the territory of a Member State would be allowed to carry forward or carry back losses which had not been exhausted for tax purposes, that Member State shall allow the permanent establishment, situated within its territory, of the SE or of the SCE transferring its registered office, to take over those losses of the SE or SCE which have not been exhausted for tax purposes, provided that the loss carry forward or carry back would have been available in comparable circumstances to a company which continued to have its registered office or which continued to be tax resident in that Member State.

Article 10d: Transfer of the registered office of an SE/SCE, taxation of capital gains

(1) The transfer of the registered office of an SE or of an SCE shall not, of itself, give rise to any taxation of the income, profits, or capital gains of the shareholders.

(2) The application of paragraph 1 shall not prevent the Member States from taxing the gain arising out of the subsequent transfer of the securities representing the capital of the SE or of the SCE that transfers its registered office.

TITLE V: FINAL PROVISIONS

Article 11: Reasons for refusal

(1) A Member State may refuse to apply or withdraw the benefit of all or any part of the provisions of Titles II, III, IV and IVb where it appears that the merger, division, partial division, transfer of assets, exchange of shares, or transfer of the registered office of an SE or an SCE:
   a) has as its principal objective or as one of its principal objectives tax evasion or tax avoidance; the fact that one of the operations referred to in Article 1 is not carried out for valid commercial reasons such as the restructuring or rationalization of the activities of the companies participating in the operation may constitute a presump-

(3) Darf die SE bzw. die SCE nach dem Recht jenes Mitgliedstaats neue Abschreibungen oder spätere Wertsteigerungen oder Wertminderungen des in jenem Mitgliedstaat verbleibenden Aktiv- und Passivvermögens abweichend von Absatz 2 berechnen, so findet Absatz 1 keine Anwendung auf das Vermögen, für das die Gesellschaft von diesem Recht Gebrauch macht.

Artikel 10c: Sitzverlegung einer SE/SCE;
Bildung von Rückstellungen, Rücklagen

(1) Wenn

   a) eine SE oder SCE ihren Sitz von einem Mitgliedstaat in einen anderen verlegt oder

   b) eine SE oder SCE, die in einem Mitgliedstaat ansässig ist, infolge der Verlegung ihres Sitzes von diesem Mitgliedstaat in einen anderen Mitgliedstaat ihren Steuersitz in diesem Mitgliedstaat aufgibt und in einem anderen Mitgliedstaat ansässig wird,

   treffen die Mitgliedstaaten die erforderlichen Maßnahmen, um sicherzustellen, dass Rückstellungen und Rücklagen, die von der SE oder SCE vor der Verlegung des Sitzes ordnungsgemäß gebildet wurden und ganz oder teilweise steuerbefreit sind sowie nicht aus Betriebsstätten im Ausland stammen, von einer Betriebsstätte der SE oder SCE im Hoheitsgebiet des Mitgliedstaats, von dem der Sitz verlegt wurde, mit der gleichen Steuerbefreiung übernommen werden können.

(2) Insofern als eine Gesellschaft, die ihren Sitz innerhalb des Hoheitsgebietes eines Mitgliedstaats verlegt, das Recht hätte, steuerlich noch nicht berücksichtigte Verluste vor- oder rückzutragen, gestattet der betreffende Mitgliedstaat auch der in seinem Hoheitsgebiet gelegenen Betriebsstätte der SE oder SCE, die ihren Sitz verlegt, die Übernahme der steuerlich noch nicht berücksichtigten Verluste der SE bzw. der SCE, vorausgesetzt, die Vor- oder Rückübertragung der Verluste wäre für ein Unternehmen, das weiterhin seinen Sitz oder seinen steuerlichen Sitz in diesem Mitgliedstaat hat, zu vergleichbaren Bedingungen möglich gewesen.

Artikel 10d: Sitzverlegung einer SE/SCE;
Besteuerung des Veräußerungsgewinns

(1) Die Verlegung des Sitzes einer SE bzw. einer SCE darf für sich allein keine Besteuerung des Veräußerungsgewinns der Gesellschafter auslösen.

(2) Die Anwendung des Absatzes 1 hindert die Mitgliedstaaten nicht, den Gewinn aus einer späteren Veräußerung der Anteile am Gesellschaftskapital der ihren Sitz verlegenden SE bzw. SCE zu besteuern.

TITEL V: SCHLUSSBESTIMMUNGEN

Artikel 11: Versagungsgründe

(1) Ein Mitgliedstaat kann die Anwendung der Titel II, III, IV und IVb ganz oder teilweise versagen oder rückgängig machen, wenn die Fusion, Spaltung, Abspaltung, Einbringung von Unternehmensteilen, der Austausch von Anteilen oder die Verlegung des Sitzes einer SE oder einer SCE

   a) als hauptsächlichen Beweggrund oder als einen der hauptsächlichen Beweggründe die Steuerhinterziehung oder -umgehung hat; vom Vorliegen eines solchen Beweggrundes kann ausgegangen werden, wenn einer der in Artikel 1 genannten Vorgänge nicht auf vernünftigen wirtschaftlichen Gründen – insbesondere der Umstrukturierung oder der Rationalisierung der beteiligten Gesellschaften – beruht;

tion that the operation has tax evasion or tax avoidance as its principal objective or as one of its principal objectives;
b) results in a company, whether participating in the operation or not, no longer fulfilling the necessary conditions for the representation of employees on company organs according to the arrangements which were in force prior to that operation.

(2) Paragraph 1 Lit. b) shall apply as long as and to the extent that no Community law provisions containing equivalent rules on representation of employees on company organs are applicable to the companies covered by this Directive.

Article 12: Time limit for implementation

(1) Member States shall bring into force the laws, regulations and administrative provisions necessary to comply with this Directive not later than 1 January 1992 and shall forthwith inform the Commission thereof.
(2) By way of derogation from paragraph 1, the Portuguese Republic may delay the application of the provisions concerning transfers of assets and exchanges of shares until 1 January 1993.
(3) Member States shall communicate to the Commission the texts of the main provisions of national law which they adopt in the field covered by this Directive.

Article 13: Addressee

This Directive is addressed to the Member States.

ANNEX
List of companies referred to in Article 3 Lit. a)

a) companies incorporated under Council Regulation (EC) No. 2157/2001 of 8 October 2001 on the Statute for a European company (SE) and the Council Directive 2001/86/EC of 8 October 2001 supplementing the Statute for a European company with regard to the involvement of employees, and cooperative societies incorporated under Council Regulation (EC) No. 1435/2003 of 22 July 2003 on the Statute for a European Cooperative Society (SCE) and the Council Directive 2003/72/EC of 22 July 2003 supplementing the Statute for a European Cooperative Society with regard to the involvement of employees;

b) companies under Belgian law known as 'société anonyme'/'naamloze vennootschap', 'société en commandite par actions'/'commanditaire vennootschap op aandelen', 'société privée à responsabilité limitée'/'besloten vennootschap met beperkte aansprakelijkheid', 'société coopérative à responsabilité limitée'/'coöperatieve vennootschap met beperkte aansprakelijkheid', 'société coopérative à responsabilité illimitée'/'coöperatieve vennootschap met onbeperkte aansprakelijkheid', 'société en nom collectif'/'vennootschap onder firma', 'société en commandite simple'/ 'gewone commanditaire vennootschap', public undertakings which have adopted one of the abovementioned legal forms, and other companies constituted under Belgian law subject to the Belgian Corporate Tax;

c) companies under Czech law known as 'akciová společnost', 'společnost s ručením omezeným';

b) dazu führt, dass eine an dem Vorgang beteiligte Gesellschaft oder eine an dem Vorgang nicht beteiligte Gesellschaft die Voraussetzungen für die bis zu dem Vorgang bestehende Vertretung der Arbeitnehmer in den Organen der Gesellschaft nicht mehr erfüllt.

(2) Absatz 1 Buchstabe b) ist so lange und so weit anwendbar, wie auf die von dieser Richtlinie erfassten Gesellschaften keine Vorschriften des Gemeinschaftsrechts anwendbar sind, die gleichwertige Bestimmungen über die Vertretung der Arbeitnehmer in den Gesellschaftsorganen enthalten.

Artikel 12: Umsetzungsfrist

(1) Die Mitgliedstaaten erlassen die erforderlichen Rechts- und Verwaltungsvorschriften, um dieser Richtlinie vor dem 1. Januar 1992 nachzukommen. Sie unterrichten die Kommission unverzüglich hiervon.

(2) Abweichend von Absatz 1 kann die Portugiesische Republik die Anwendung der Bestimmungen über die Einbringung von Unternehmensteilen und über den Austausch von Anteilen bis zum 1. Januar 1993 aufschieben.

(3) Die Mitgliedstaaten tragen dafür Sorge, dass der Kommission der Wortlaut der wichtigsten innerstaatlichen Vorschriften mitgeteilt wird, die sie auf dem unter diese Richtlinie fallenden Gebiet erlassen.

Artikel 13: Adressat

Diese Richtlinie ist an die Mitgliedstaaten gerichtet.

ANHANG
Liste der Gesellschaften im Sinne von Artikel 3 Buchstabe a)

a) Die gemäß der Verordnung (EG) Nr. 2157/2001 des Rates vom 8. Oktober 2001 über das Statut der Europäischen Gesellschaft (SE) und der Richtlinie 2001/86/EG des Rates vom 8. Oktober 2001 zur Ergänzung des Statuts der Europäischen Gesellschaft hinsichtlich der Beteiligung der Arbeitnehmer gegründeten Gesellschaften sowie die gemäß der Verordnung (EG) Nr. 1435/2003 des Rates vom 22. Juli 2003 über das Statut der Europäischen Genossenschaft (SCE) und der Richtlinie 2003/72/EG des Rates vom 22. Juli 2003 zur Ergänzung des Statuts der Europäischen Genossenschaft hinsichtlich der Beteiligung der Arbeitnehmer gegründeten Genossenschaften;

b) die Gesellschaften belgischen Rechts mit der Bezeichnung "société anonyme"/"naamloze vennootschap", "société en commandite par actions"/"commanditaire vennootschap op aandelen", "société privée à responsabilité limitée"/"besloten vennootschap met beperkte aansprakelijkheid", "société coopérative à responsabilité limitée"/"coöperative vennootschap met beperkte aansprakelijkheid", "société coopérative à responsabilité illimitée"/"coöperatieve vennootschap met onbeperkte aansprakelijkheid", "société en nom collectif"/"vennootschap onder firma", "société en commandite simple"/"gewone commanditaire vennootschap", öffentliche Unternehmen, die eine der genannten Rechtsformen angenommen haben und andere nach belgischem Recht gegründete Gesellschaften, die der belgischen Körperschaftsteuer unterliegen;

c) die Gesellschaften tschechischen Rechts mit der Bezeichnung "akciová společnost", "společnost s ručením omezeným";

d) companies under Danish law known as 'aktieselskab' and 'anpartsselskab'. Other companies subject to tax under the Corporation Tax Act, insofar as their taxable income is calculated and taxed in accordance with the general tax legislation rules applicable to 'aktieselskaber';
e) companies under German law known as 'Aktiengesellschaft', 'Kommanditgesellschaft auf Aktien', 'Gesellschaft mit beschränkter Haftung', 'Versicherungsverein auf Gegenseitigkeit', 'Erwerbs- und Wirtschaftsgenossenschaft', 'Betrieb gewerblicher Art von juristischen Personen des öffentlichen Rechts', and other companies constituted under German law subject to German corporate tax;

f) companies under Estonian law known as 'täisühing', 'usaldusühing', 'osaühing', 'aktsiaselts', 'tulundusühistu';
g) companies under Greek law known as 'ανώνυμη εταιρεία', 'εταιρεία περιορισμένης ευθύνης (Ε.Π.Ε.)';
h) companies under Spanish law known as 'sociedad anónima', 'sociedad comanditaria por acciones', 'sociedad de responsabilidad limitada', and those public law bodies which operate under private law;
i) companies under French law known as 'société anonyme', 'société en commandite par actions', 'société à responsabilité limitée', 'sociétés par actions simplifiées', 'sociétés d'assurances mutuelles', 'caisses d'épargne et de prévoyance', 'sociétés civiles' which are automatically subject to corporation tax, 'coopératives', 'unions de coopératives', industrial and commercial public establishments and undertakings, and other companies constituted under French law subject to the French Corporate Tax;

j) companies incorporated or existing under Irish laws, bodies registered under the Industrial and Provident Societies Act, 'building societies' incorporated under the Building Societies Acts and 'trustee savings banks' within the meaning of the Trustee Savings Banks Act, 1989;
k) companies under Italian law known as 'società per azioni', 'società in accomandita per azioni', 'società a responsabilità limitata', 'società cooperative', 'società di mutua assicurazione', and private and public entities whose activity is wholly or principally commercial;
l) under Cypriot law 'εταιρείες' as defined in the Income Tax laws;

m) companies under Latvian law known as 'akciju sabiedrība', 'sabiedrība ar ierobežotu atbildību';
n) companies incorporated under the law of Lithuania;
o) companies under Luxembourg law known as 'société anonyme', 'société en commandite par actions', 'société à responsabilité limitée', 'société coopérative', 'société coopérative organisée comme une société anonyme', 'association d'assurances mutuelles', 'association d'épargne-pension', 'entreprise de nature commerciale, industrielle ou minière de l'État, des communes, des syndicats de communes, des établissements publics et des autres personnes morales de droit public', and other companies constituted under Luxembourg law subject to the Luxembourg Corporate Tax;

p) companies under Hungarian law known as 'közkereseti társaság', 'betéti társaság', 'közös vállalat', 'korlátolt felelősségű társaság', 'részvénytársaság', 'egyesülés', 'közhasznú társaság', 'szövetkezet';

d) die Gesellschaften dänischen Rechts mit der Bezeichnung "aktieselskab" und "anpartsselskab"; weitere nach dem Körperschaftsteuergesetz steuerpflichtige Unternehmen, soweit ihr steuerbarer Gewinn nach den allgemeinen steuerrechtlichen Bestimmungen für "aktieselskaber" ermittelt und besteuert wird;

e) die Gesellschaften deutschen Rechts mit der Bezeichnung "Aktiengesellschaft", "Kommanditgesellschaft auf Aktien", "Gesellschaft mit beschränkter Haftung", "Versicherungsverein auf Gegenseitigkeit", "Erwerbs- und Wirtschaftsgenossenschaft", "Betrieb gewerblicher Art von juristischen Personen des öffentlichen Rechts" und andere nach deutschem Recht gegründete Gesellschaften, die der deutschen Körperschaftsteuer unterliegen;

f) die Gesellschaften estnischen Rechts mit der Bezeichnung "täisühing", "usaldusühing", "osaühing", "aktsiaselts", "tulundusühistu";

g) die Gesellschaften griechischen Rechts mit der Bezeichnung "ανώνυμη εταιρεία", "εταιρεία περιορισμένης ευδύνης (Ε.Π.Ε)";

h) die Gesellschaften spanischen Rechts mit der Bezeichnung "sociedad anónima", "sociedad comanditaria por acciones" und "sociedad de responsabilidad limitada" sowie die öffentlich-rechtlichen Körperschaften, deren Tätigkeit unter das Privatrecht fällt;

i) die Gesellschaften französischen Rechts mit der Bezeichnung "société anonyme", "société en commandite par actions" und "société à responsabilité limitée", "sociétés par actions simplifiées", "sociétés d'assurances mutuelles", "caisses d'épargne et de prévoyance", "sociétés civiles", die automatisch der Körperschaftsteuer unterliegen, "coopératives", "unions de coopératives", die öffentlichen Industrie- und Handelsbetriebe und -unternehmen und andere nach französischem Recht gegründete Gesellschaften, die der französischen Körperschaftsteuer unterliegen;

j) nach irischem Recht gegründete oder eingetragene Gesellschaften, gemäß dem Industrial and Provident Societies Act eingetragene Körperschaften, gemäß den Building Societies ACTS gegründete "building societies" und "trustee savings banks" im Sinne des Trustee Savings Banks Act von 1989;

k) die Gesellschaften italienischen Rechts mit der Bezeichnung "società per azioni", "società in accomandita per azioni", "società a responsabilità limitata", "società cooperative", "società di mutua assicurazione" sowie öffentliche und private Körperschaften, deren Tätigkeit ganz oder überwiegend handelsgewerblicher Art ist;

l) die nach zyprischem Recht gegründeten Gesellschaften "εταιρείες" gemäß der Begriffsbestimmung in den Einkommensteuergesetzen;

m) die Gesellschaften lettischen Rechts mit der Bezeichnung "akciju sabiedrība", "sabiedrība ar ierobežotu atbildību";

n) die nach litauischem Recht gegründeten Gesellschaften;

o) die Gesellschaften luxemburgischen Rechts mit der Bezeichnung "société anonyme", "société en commandite par actions", "société à responsabilité limitée", "société coopérative", "société coopérative organisée comme une société anonyme", "association d'assurances mutuelles", "association d'épargne-pension", "entreprise de nature commerciale, industrielle ou minière de l'Etat, des communes, des syndicats de communes, des établissements publics et des autres personnes morales de droit public" sowie andere nach luxemburgischem Recht gegründete Gesellschaften, die der luxemburgischen Körperschaftsteuer unterliegen;

p) die Gesellschaften ungarischen Rechts mit der Bezeichnung "közkereseti társaság", "betéti társaság", "közös vállalat", "korlátolt felelősségű társaság", "részvénytársaság", "egyesülés", "közhasznú társagság", "szövetkezet";

q) companies under Maltese law known as 'Kumpaniji ta' Responsabilita Limitata', 'Soċjetajiet en commandite li l-kapital tagħhom maqsum f'azzjonijiet';

r) companies under Dutch law known as 'naamloze vennnootschap', 'besloten vennootschap met beperkte aansprakelijkheid', 'open commanditaire vennootschap', 'coöperatie', 'onderlinge waarborgmaatschappij', 'fonds voor gemene rekening', 'vereniging op coöperatieve grondslag' and 'vereniging welke op onderlinge grondslag als verzekeraar of kredietinstelling optreedt', and other companies constituted under Dutch law subject to the Dutch Corporate Tax;

s) companies under Austrian law known as 'Aktiengesellschaft', 'Gesellschaft mit beschränkter Haftung', 'Erwerbs- und Wirtschaftsgenossenschaft';

t) companies under Polish law known as 'spółka akcyjna', 'spółka z ograniczoną odpowiedzialnością';

u) commercial companies or civil law companies having a commercial form as well as other legal persons carrying on commercial or industrial activities, which are incorporated under Portuguese law;

v) companies under Slovenian law known as 'delniška družba', 'komanditna družba', 'družba z omejeno odgovornostjo';

w) companies under Slovak law known as 'akciová spoločnost'', 'spoločnost' s ručením obmedzeným', 'komanditná spoločnost'';

x) companies under Finnish law known as 'osakeyhtiö'/'aktiebolag', 'osuuskunta'/'andelslag', 'säästöpankki'/'sparbank' and 'vakuutusyhtiö'/'försäkringsbolag';

y) companies under Swedish law known as 'aktiebolag', 'försäkringsaktiebolag', 'ekonomiska föreningar', 'sparbanker', 'ömsesidiga försäkringsbolag';

z) companies incorporated under the law of the United Kingdom;

aa) companies under Bulgarian law known as 'събирателното дружество', 'командитното дружество', 'дружеството с ограничена отговорност', 'акционерното дружество', 'командитното дружество с акции', 'кооперации', 'кооперативни съюзи', 'държавни предприятия' constituted under Bulgarian law and carrying on commercial activities;

bb) companies under Romanian law known as 'societăţi pe acţiuni', 'societăţi în comandită pe acţiuni', 'societăţi cu răspundere limitată'.

q) die Gesellschaften maltesischen Rechts mit der Bezeichnung "Kumpaniji ta' Responsabilita Limitata", "Soċjetajiet en commandite li l-kapital tagħhom maqsum f'azzjonijiet";

r) die Gesellschaften niederländischen Rechts mit der Bezeichnung "naamloze vennootschap", "besloten vennootschap met beperkte aansprakelijkheid", "open commanditaire vennootschap", "coöperatie", "onderlinge waarborgmaatschappij", "fonds voor gemene rekening", "vereniging op coöperatieve grondslag" und "vereniging welke op onderlinge grondslag als verzekeraar of kredietinstelling optreedt" sowie andere nach niederländischem Recht gegründete Gesellschaften, die der niederländischen Körperschaftsteuer unterliegen;

s) die Gesellschaften österreichischen Rechts mit der Bezeichnung "Aktiengesellschaft", "Gesellschaft mit beschränkter Haftung", "Erwerbs- und Wirtschaftsgenossenschaft";

t) die Gesellschaften polnischen Rechts mit der Bezeichnung "spółka akcyjna", "spółka z ograniczoną odpowiedzialnością";

u) die nach portugiesischem Recht gegründeten Handelsgesellschaften und zivilrechtlichen Handelsgesellschaften sowie andere nach portugiesischem Recht gegründete juristische Personen, die Industrie- oder Handelsunternehmen sind;

v) die Gesellschaften slowenischen Rechts mit der Bezeichnung "delniška družba", "komanditna družba", "družba z omejeno odgovornostjo";

w) die Gesellschaften slowakischen Rechts mit der Bezeichnung "akciová spoločnost'", "spoločnost' s ručením obmedzeným", "komanditná spoločnost'";

x) die Gesellschaften finnischen Rechts mit der Bezeichnung "osakeyhtiö"/"aktiebolag", "osuuskunta"/"andelslag", "säästöpankki"/"sparbank" und "vakuutusyhtiö"/"försäkringsbolag";

y) die Gesellschaften schwedischen Rechts mit der Bezeichnung "aktiebolag", "försäkringsaktiebolag", "ekonomiska föreningar", "sparbanker", "ömsesidiga försäkringsbolag";

z) die nach dem Recht des Vereinigten Königreichs gegründeten Gesellschaften;

aa) Gesellschaften bulgarischen Rechts mit der Bezeichnung "събирателното дружество", "командитното дружество", "дружеството с ограничена отговорност", "акционерното дружество", "командитното дружество с акции", "кооперации", "кооперативни съюзи", "държавни предприятия", die nach bulgarischem Recht gegründet wurden und gewerbliche Tätigkeiten ausüben;

bb) Gesellschaften rumänischen Rechts mit der Bezeichnung "societăți pe acțiuni", "societăți în comandită pe acțiuni", "societăți cu răspundere limitată".

Chapter B

European framework regarding cross-border reorganisations

IV. Council Directive 90/435/EEC of 23/07/1990 on the common system of taxation applicable in the case of parent companies and subsidiaries of different Member States

(OJ No L 225 of 20/08/1990 p. 6)

as amended by Act concerning the conditions of accession and the adjustments to the Treaties – Accession of the Republic of Austria, the Republic of Finland and the Kingdom of Sweden (OJ No C 241 of 29/08/1994 p. 21), Act concerning the conditions of accession and the adjustments to the Treaties – Accession of the Czech Republic, the Republic of Estonia, the Republic of Cyprus, the Republic of Latvia, the Republic of Lithuania, the Republic of Hungary, the Republic of Malta, the Republic of Poland, the Republic of Slovenia and the Slovak Republic (OJ No L 236 of 23/09/2003 p. 33), Council Directive 2003/123/EC of 22/12/2003 (OJ No L 7 of 13/01/2004 p. 41) and Council Directive 2006/98/EC of 20/11/2006 (OJ No L 363 of 20/12/2006 p. 129)

THE COUNCIL OF THE EUROPEAN COMMUNITIES –

Having regard to the Treaty establishing the European Economic Community, and in particular Article 100 thereof,

Having regard to the proposal of the Commission [1],

Having regard to the opinion of the European Parliament [2],

Having regard to the opinion of the Economic and Social Committee [3],

Whereas the grouping together of companies of different Member States may be necessary in order to create within the Community conditions analogous to those of an internal market and in order thus to ensure the establishment and effective functioning of the common market; whereas such operations ought not to be hampered by restrictions, disadvantages or distortions arising in particular from the tax provisions of the Member States; whereas it is therefore necessary to introduce with respect to such grouping together of companies of different Member States, tax rules which are neutral from the point of view of competition, in order to allow enterprises to adapt to the requirements of the common market, to increase their productivity and to improve their competitive strength at the international level;

Whereas such grouping together may result in the formation of groups of parent companies and subsidiaries;

Whereas the existing tax provisions which govern the relations between parent companies and subsidiaries of different Member States vary appreciably from one Member State to another and are generally less advantageous than those applicable to parent companies and subsidiaries of the same Member State; whereas cooperation between companies of different Member States is thereby disadvantaged in comparison with cooperation between companies of the same Member State; whereas it is necessary to eliminate this disadvantage by the introduction of a common system in order to facilitate the grouping together of companies;

---

1) OJ No C 39 of 22/03/1969 p. 7 and amendment transmitted on 05/07/1985.
2) OJ No C 51 of 29/04/1970 p. 6.
3) OJ No C 100 of 01/08/1969 p. 7.

Abschnitt B

Gemeinschaftsrechtliche Rahmenbedingungen für grenzüberschreitende Umstrukturierungen

IV. Richtlinie 90/435/EWG des Rates v. 23.07.1990 über das gemeinsame Steuersystem der Mutter- und Tochtergesellschaften verschiedener Mitgliedstaaten

(ABl. Nr. L 225 v. 20.08.1990 S. 6)

geändert durch Akte über die Beitrittsbedingungen und die Anpassungen der Verträge – Beitritt der Republik Österreich, der Republik Finnland und des Königreichs Schweden (ABl. Nr. C 241 v. 29.08.1994 S. 21), Akte über die Beitrittsbedingungen und die Anpassungen der Verträge – Beitritt der Tschechischen Republik, der Republik Estland, der Republik Zypern, der Republik Lettland, der Republik Litauen, der Republik Ungarn, der Republik Malta, der Republik Polen, der Republik Slowenien und der Slowakischen Republik (ABl. Nr. L 236 v. 23.09.2003 S. 33), Richtlinie 2003/123/EG des Rates v. 22.12.2003 (ABl. Nr. L 7 v. 13.01.2004 S. 41) und Richtlinie 2006/98/EG des Rates v. 20.11.2006 (ABl. Nr. L 363 v. 20.12.2006 S. 129)

DER RAT DER EUROPÄISCHEN GEMEINSCHAFTEN –

gestützt auf den Vertrag zur Gründung der Europäischen Wirtschaftsgemeinschaft, insbesondere auf Artikel 100,

auf Vorschlag der Kommission[1],

nach Stellungnahme des Europäischen Parlaments[2],

nach Stellungnahme des Wirtschafts- und Sozialausschusses[3],

in Erwägung nachstehender Gründe:

Zusammenschlüsse von Gesellschaften verschiedener Mitgliedstaaten können notwendig sein, um binnenmarktähnliche Verhältnisse in der Gemeinschaft zu schaffen und damit die Errichtung und das Funktionieren des Gemeinsamen Marktes zu gewährleisten. Sie dürfen nicht durch besondere Beschränkungen, Benachteiligungen oder Verfälschungen aufgrund von steuerlichen Vorschriften der Mitgliedstaaten behindert werden. Demzufolge müssen wettbewerbsneutrale steuerliche Regelungen für diese Zusammenschlüsse geschaffen werden, um die Anpassung von Unternehmen an die Erfordernisse des Gemeinsamen Marktes, eine Erhöhung ihrer Produktivität und eine Stärkung ihrer Wettbewerbsfähigkeit auf internationaler Ebene zu ermöglichen.

Derartige Zusammenschlüsse können zur Schaffung von aus Mutter- und Tochtergesellschaften bestehenden Unternehmensgruppen führen.

Die für die Beziehungen zwischen Mutter- und Tochtergesellschaften verschiedener Mitgliedstaaten geltenden Steuerbestimmungen weisen von einem Staat zum anderen erhebliche Unterschiede auf und sind im allgemeinen weniger günstig als die auf die Beziehung zwischen Mutter- und Tochtergesellschaften desselben Mitgliedstaats anwendbaren Bestimmungen. Die Zusammenarbeit von Gesellschaften verschiedener Mitgliedstaaten wird auf diese Weise gegenüber der Zusammenarbeit zwischen Gesellschaften desselben Mitgliedstaats benachteiligt. Diese Benachteiligung ist durch Schaffung eines gemeinsamen

---

1) ABl. Nr. C 39 v. 22.03.1969 S. 7 und am 05.07.1985 übermittelte Änderung.
2) ABl. Nr. C 51 v. 29.04.1970 S. 6.
3) ABl. Nr. C 100 v. 01.08.1969 S. 7.

Whereas where a parent company by virtue of its association with its subsidiary receives distributed profits, the State of the parent company must:
- either refrain from taxing such profits,
- or tax such profits while authorizing the parent company to deduct from the amount of tax due that fraction of the corporation tax paid by the subsidiary which relates to those profits;

Whereas it is furthermore necessary, in order to ensure fiscal neutrality, that the profits which a subsidiary distributes to its parent company be exempt from withholding tax; whereas, however, the Federal Republic of Germany and the Hellenic Republic, by reason of the particular nature of their corporate tax systems, and the Portuguese Republic, for budgetary reasons, should be authorized to maintain temporarily a withholding tax –

HAS ADOPTED THIS DIRECTIVE:

Article 1: Scope of Application

(1) Each Member State shall apply this Directive:
- to distributions of profits received by companies of that State which come from their subsidiaries of other Member States,
- to distributions of profits by companies of that State to companies of other Member States of which they are subsidiaries,
- to distributions of profits received by permanent establishments situated in that State of companies of other Member States which come from their subsidiaries of a Member State other than that where the permanent establishment is situated,
- to distributions of profits by companies of that State to permanent establishments situated in another Member State of companies of the same Member State of which they are subsidiaries.

(2) This Directive shall not preclude the application of domestic or agreement-based provisions required for the prevention of fraud or abuse.

Article 2: Concept of Company

(1) For the purposes of this Directive 'company of a Member State' shall mean any company which:
   a) takes one of the forms listed in the Annex hereto;
   b) according to the tax laws of a Member State is considered to be resident in that State for tax purposes and, under the terms of a double taxation agreement concluded with a third State, is not considered to be resident for tax purposes outside the Community;
   c) moreover, is subject to one of the following taxes, without the possibility of an option or of being exempt:
      - impôt des sociétés/vennootschapsbelasting in Belgium,
      - selskabsskat in Denmark,
      - Körperschaftsteuer in the Federal Republic of Germany,
      - φόρος εισοδήματος νομικών προσώπων κερδοσκοπικού χαρακτήρα in Greece,

Steuersystems zu beseitigen, wodurch Zusammenschlüsse von Gesellschaften auf Gemeinschaftsebene erleichtert werden.

Bezieht eine Muttergesellschaft als Teilhaberin ihrer Tochtergesellschaft Gewinnausschüttungen, so

- besteuert der Staat der Muttergesellschaft diese entweder nicht oder
- er lässt im Fall einer Besteuerung zu, dass die Gesellschaft den Steuerteilbetrag, den die Tochtergesellschaft für die von ihr ausgeschütteten Gewinne entrichtet, auf die Steuer anrechnen kann.

Im Übrigen sollten zur Sicherung der steuerlichen Neutralität von der Tochtergesellschaft an die Muttergesellschaft ausgeschüttete Gewinne vom Quellensteuerabzug befreit werden. Jedoch ist es erforderlich, der Bundesrepublik Deutschland und der Republik Griechenland aufgrund der Besonderheit ihres Körperschaftsteuersystems und der Republik Portugal aus budgetären Gründen zu gestatten, zeitweise eine Quellensteuer beizubehalten –

HAT FOLGENDE RICHTLINIE ERLASSEN:

Artikel 1: Anwendungsbereich

(1) Jeder Mitgliedstaat wendet diese Richtlinie an

- auf Gewinnausschüttungen, die Gesellschaften dieses Staates von Tochtergesellschaften eines anderen Mitgliedstaats zufließen;
- auf Gewinnausschüttungen von Tochtergesellschaften dieses Staates an Gesellschaften anderer Mitgliedstaaten;
- auf Gewinnausschüttungen, die in diesem Staat gelegenen Betriebsstätten von Gesellschaften anderer Mitgliedstaaten von ihren Tochtergesellschaften eines anderen Mitgliedstaates als dem der Betriebsstätte zufließen;
- auf Gewinnausschüttungen von Gesellschaften dieses Staates an in einem anderen Mitgliedstaat gelegene Betriebsstätten von Gesellschaften dieses Mitgliedstaates, deren Tochtergesellschaften sie sind.

(2) Die vorliegende Richtlinie steht der Anwendung einzelstaatlicher oder vertraglicher Bestimmungen zur Verhinderung von Steuerhinterziehungen und Missbräuchen nicht entgegen.

Artikel 2: Begriff der Gesellschaft

(1) Im Sinne dieser Richtlinie ist "Gesellschaft eines Mitgliedstaats" jede Gesellschaft,

a) die eine der im Anhang aufgeführten Formen aufweist;
b) die nach dem Steuerrecht eines Mitgliedstaats in Bezug auf den steuerlichen Wohnsitz als in diesem Staat ansässig und aufgrund eines mit einem dritten Staat geschlossenen Doppelbesteuerungsabkommens in Bezug auf den steuerlichen Wohnsitz nicht als außerhalb der Gemeinschaft ansässig betrachtet wird;
c) die ferner ohne Wahlmöglichkeit einer der nachstehenden Steuern

- impôt des sociétés/vennootschapsbelasting in Belgien,
- selskabsskat in Dänemark,
- Körperschaftsteuer in Deutschland,
- φόρος εισοδήματος νομικών προσώπων κερδοσκοπικού χαρακτήρα in Griechenland,

- impuesto sobre sociedades in Spain,
- impôt sur les sociétés in France,
- corporation tax in Ireland,
- imposta sul reddito delle persone giuridiche in Italy,
- impôt sur le revenu des collectivités in Luxembourg,
- vennootschapsbelasting in the Netherlands,
- imposto sobre o rendimento das pessoas colectivas in Portugal,
- corporation tax in the United Kingdom,
- Körperschaftsteuer in Austria,
- yhteisöjen tulovero/inkomstskatten för samfund in Finland,
- statlig inkomstskatt in Sweden,
- Daň z příjmů právnických in the Czech Republic,
- Tulumaks in Estonia,
- Φόρος Εισοδήματος in Cyprus,
- uzņēmumu ienākuma nodoklis in Latvia,
- Pelno mokestis in Lithuania,
- Társasági adó, osztalékadó in Hungary,
- Taxxa fuq l-income in Malta,
- Podatek dochodowy od osób prawnych in Poland,
- Davek od dobička pravnih oseb in Slovenia,
- daň z príjmov právnických osôb in Slovakia,
- корпоративен данък in Bulgaria,
- impozit pe profit in Romania,

or to any other tax which may be substituted for any of the above taxes.

(2) For the purposes of this Directive the term 'permanent establishment' means a fixed place of business situated in a Member State through which the business of a company of another Member State is wholly or partly carried on in so far as the profits of that place of business are subject to tax in the Member State in which it is situated by virtue of the relevant bilateral tax treaty or, in the absence of such a treaty, by virtue of national law.

Article 3: Parent Company, Subsidiary

(1) For the purposes of applying this Directive:

a) the status of parent company shall be attributed at least to any company of a Member State which fulfils the conditions set out in Article 2 and has a minimum holding of 20% in the capital of a company of another Member State fulfilling the same conditions;

such status shall also be attributed, under the same conditions, to a company of a Member State which has a minimum holding of 20% in the capital of a company of the same Member State, held in whole or in part by a permanent establishment of the former company situated in another Member State;

from 1 January 2007 the minimum holding percentage shall be 15%;
from 1 January 2009 the minimum holding percentage shall be 10%;

- impuesto sobre sociedades in Spanien,
- impôt sur les sociétés in Frankreich,
- corporation tax in Irland,
- imposta sul reddito delle persone giuridiche in Italien,
- impôt sur le revenu des collectivités in Luxemburg,
- vennootschapsbelasting in den Niederlanden,
- imposto sobre o rendimento das pessoas colectivas in Portugal,
- corporation tax im Vereinigten Königreich,
- Körperschaftsteuer in Österreich,
- yhteisöjen tulovero/inkomstskatten för samfund in Finnland,
- statlig inkomstskatt in Schweden,
- Daň z příjmů právnických in der Tschechischen Republik,
- Tulumaks in Estland,
- Φόρος Εισοδήματος in Zypern,
- uzņēmumu ienākuma nodoklis in Lettland,
- Pelno mokestis in Litauen,
- Társasági adó, osztalékadó in Ungarn,
- Taxxa fuq l-income in Malta,
- Podatek dochodowy od osób prawnych in Polen,
- Davek od dobička pravnih oseb in Slowenien,
- daň z príjmov právnických osôb in der Slowakei,
- корпоративен данък in Bulgarien,
- impozit pe profit in Rumänien,

oder irgendeiner Steuer, die eine dieser Steuern ersetzt, unterliegt, ohne davon befreit zu sein.

(2) Im Sinne dieser Richtlinie ist "Betriebsstätte" eine feste Geschäftseinrichtung in einem Mitgliedstaat, durch die die Tätigkeit einer Gesellschaft eines anderen Mitgliedstaats ganz oder teilweise ausgeübt wird, sofern die Gewinne dieser Geschäftseinrichtung in dem Mitgliedstaat, in dem sie gelegen ist, nach dem jeweils geltenden bilateralen Doppelbesteuerungsabkommen oder – in Ermangelung eines solchen Abkommens – nach innerstaatlichem Recht steuerpflichtig sind.

Artikel 3: Muttergesellschaft, Tochtergesellschaft

(1) Im Sinne dieser Richtlinie gilt als:

a) "Muttergesellschaft" wenigstens jede Gesellschaft eines Mitgliedstaats, die die Bedingungen des Artikels 2 erfüllt und die einen Anteil von wenigstens 20% am Kapital einer Gesellschaft eines anderen Mitgliedstaats hält, die die gleichen Bedingungen erfüllt.

Unter denselben Bedingungen gilt als Muttergesellschaft ebenfalls eine Gesellschaft eines Mitgliedstaats, die einen Anteil von wenigstens 20% am Kapital einer Gesellschaft desselben Mitgliedstaats hält, der ganz oder teilweise von einer in einem anderen Mitgliedstaat gelegenen Betriebsstätte der erstgenannten Gesellschaft gehalten wird.

Ab 1. Januar 2007 beträgt der Mindestanteil 15%.

Ab 1. Januar 2009 beträgt der Mindestanteil 10%.

b) 'subsidiary' shall mean that company the capital of which includes the holding referred to in Lit. a).

(2) By way of derogation from paragraph 1, Member States shall have the option of:
- replacing, by means of bilateral agreement, the criterion of a holding in the capital by that of a holding of voting rights,
- not applying this Directive to companies of that Member State which do not maintain for an uninterrupted period of at least two years holdings qualifying them as parent companies or to those of their companies in which a company of another Member State does not maintain such a holding for an uninterrupted period of at least two years.

Article 4: Principles of Taxation

(1) Where a parent company or its permanent establishment, by virtue of the association of the parent company with its subsidiary, receives distributed profits, the State of the parent company and the State of its permanent establishment shall, except when the subsidiary is liquidated, either:
- refrain from taxing such profits, or

- tax such profits while authorising the parent company and the permanent establishment to deduct from the amount of tax due that fraction of the corporation tax related to those profits and paid by the subsidiary and any lower-tier subsidiary, subject to the condition that at each tier a company and its lower-tier subsidiary meet the requirements provided for in Articles 2 and 3, up to the limit of the amount of the corresponding tax due.

(1a) Nothing in this Directive shall prevent the State of the parent company from considering a subsidiary to be fiscally transparent on the basis of that State's assessment of the legal characteristics of that subsidiary arising from the law under which it is constituted and therefore from taxing the parent company on its share of the profits of its subsidiary as and when those profits arise. In this case the State of the parent company shall refrain from taxing the distributed profits of the subsidiary.

When assessing the parent company's share of the profits of its subsidiary as they arise the State of the parent company shall either exempt those profits or authorise the parent company to deduct from the amount of tax due that fraction of the corporation tax related to the parent company's share of profits and paid by its subsidiary and any lower-tier subsidiary, subject to the condition that at each tier a company and its lower-tier subsidiary meet the requirements provided for in Articles 2 and 3, up to the limit of the amount of the corresponding tax due.

(2) However, each Member State shall retain the option of providing that any charges relating to the holding and any losses resulting from the distribution of the profits of the subsidiary may not be deducted from the taxable profits of the parent company. Where the management costs relating to the holding in such a case are fixed as a flat rate, the fixed amount may not exceed 5% of the profits distributed by the subsidiary.

(3) Paragraphs 1 and 1a shall apply until the date of effective entry into force of a common system of company taxation.

The Council shall at the appropriate time adopt the rules to apply after the date referred to in the first subparagraph.

b) "Tochtergesellschaft" die Gesellschaft, an deren Kapital eine andere Gesellschaft den unter Buchstabe a) genannten Anteil hält.

(2) Abweichend von Absatz 1 haben die Mitgliedstaaten die Möglichkeit,
- durch bilaterale Vereinbarung als Kriterium die Stimmrechte statt des Kapitalanteils vorzusehen;
- von dieser Richtlinie ihre Gesellschaften auszunehmen, die nicht während eines ununterbrochenen Zeitraums von mindestens zwei Jahren im Besitz einer Beteiligung bleiben, aufgrund derer sie als Muttergesellschaften gelten, oder an denen eine Gesellschaft eines anderen Mitgliedstaats nicht während eines ununterbrochenen Zeitraums von mindestens zwei Jahren eine solche Beteiligung hält.

Artikel 4: Besteuerungsgrundsätze

(1) Fließen einer Muttergesellschaft oder ihrer Betriebsstätte aufgrund ihrer Beteiligung an der Tochtergesellschaft Gewinne zu, die nicht anlässlich der Liquidation der Tochtergesellschaft ausgeschüttet werden, so

- besteuern der Staat der Muttergesellschaft und der Staat der Betriebsstätte diese Gewinne entweder nicht oder
- lassen im Falle einer Besteuerung zu, dass die Muttergesellschaft und die Betriebsstätte auf die geschuldete Steuer den Steuerteilbetrag, den die Tochtergesellschaft und jegliche Enkelgesellschaft für diesen Gewinn entrichtet, bis zur Höhe der entsprechenden Steuerschuld anrechnen können, vorausgesetzt, dass die Gesellschaft und die ihr nachgeordnete Gesellschaft auf jeder Stufe die Bedingungen gemäß Artikel 2 und Artikel 3 erfüllen.

(1a) Diese Richtlinie hindert den Staat der Muttergesellschaft nicht daran, eine Tochtergesellschaft aufgrund seiner Bewertung der rechtlichen Merkmale dieser Tochtergesellschaft, die sich aus dem Recht, nach dem sie gegründet wurde, ergeben, als steuerlich transparent zu betrachten und daher die Muttergesellschaft im Zeitpunkt der Entstehung in Höhe des auf die Muttergesellschaft entfallenden Anteils am Gewinn der Tochtergesellschaft zu besteuern. In diesem Fall besteuert der Staat der Muttergesellschaft die von der Tochtergesellschaft ausgeschütteten Gewinne nicht.

Wenn der Staat der Muttergesellschaft deren Anteil an den ihr zuzurechnenden Gewinnen ihrer Tochtergesellschaft im Zeitpunkt der Entstehung bestimmt, gewährt er entweder eine Steuerbefreiung dieser Gewinne oder gestattet, dass die Muttergesellschaft auf die geschuldete Steuer den Teilbetrag der Körperschaftsteuer, der sich auf den Gewinnanteil der Muttergesellschaft bezieht und den ihre Tochtergesellschaft und jede Enkelgesellschaft für diese Gewinne entrichten, bis zur Höhe der entsprechenden Steuerschuld anrechnen kann, vorausgesetzt, dass die Gesellschaft und die ihr nachgeordnete Gesellschaft auf jeder Stufe die Bedingungen der Artikel 2 und 3 erfüllen.

(2) Jeder Mitgliedstaat kann bestimmen, dass Kosten der Beteiligung an der Tochtergesellschaft und Minderwerte, die sich aufgrund der Ausschüttung ihrer Gewinne ergeben, nicht vom steuerpflichtigen Gewinn der Muttergesellschaft abgesetzt werden können. Wenn in diesem Fall die mit der Beteiligung zusammenhängenden Verwaltungskosten pauschal festgesetzt werden, darf der Pauschalbetrag 5% der von der Tochtergesellschaft ausgeschütteten Gewinne nicht übersteigen.

(3) Die Absätze 1 und 1a gelten bis zum Zeitpunkt der tatsächlichen Anwendung eines gemeinsamen Körperschaftsteuersystems.

Der Rat erlässt rechtzeitig die nach diesem Zeitpunkt geltenden Bestimmungen.

Article 5: Tax Deduction at Source

(1) Profits which a subsidiary distributes to its parent company shall be exempt from withholding tax.

Article 6: Exclusion of Tax Deduction

The Member State of a parent company may not charge withholding tax on the profits which such a company receives from a subsidiary.

Article 7: Allocation

(1) The term 'withholding tax' as used in this Directive shall not cover an advance payment or prepayment (précompte) of corporation tax to the Member State of the subsidiary which is made in connection with a distribution of profits to its parent company.

(2) This Directive shall not affect the application of domestic or agreement-based provisions designed to eliminate or lessen economic double taxation of dividends, in particular provisions relating to the payment of tax credits to the recipients of dividends.

Article 8: Time Limit for Implementation

(1) Member States shall bring into force the laws, regulations and administrative provisions necessary for them to comply with this Directive before 1 January 1992. They shall forthwith inform the Commission thereof.

(2) Member States shall ensure that the texts of the main provisions of domestic law which they adopt in the field covered by this Directive are communicated to the Commission.

Article 9: Addressee

This Directive is addressed to the Member States.

ANNEX
List of companies referred to in Article 2 (1) Lit. a)

a) companies incorporated under Council Regulation (EC) No 2157/2001 of 8 October 2001 on the Statute for a European company (SE) and Council Directive 2001/86/EC of 8 October 2001 supplementing the Statute for a European company with regard to the involvement of employees and cooperative societies incorporated under Council Regulation (EC) No 1435/2003 of 22 July 2003 on the Statute for a European Cooperative Society (SCE) and Council Directive 2003/72/EC of 22 July 2003 supplementing the Statute for a European Cooperative Society with regard to the involvement of employees;

b) companies under Belgian law known as 'société anonyme'/'naamloze vennootschap', 'société en commandite par actions'/'commanditaire vennootschap op aandelen', 'société privée à responsabilité limitée'/'besloten vennootschap met beperkte aansprakelijkheid', 'société coopérative à responsabilité limitée'/'coöperatieve vennootschap met beperkte aansprakelijkheid', 'société coopérative à responsabilité illimitée'/'coöperatieve vennootschap met onbeperkte aansprakelijkheid', 'société en nom collectif'/'vennootschap onder firma', 'société en commandite simple'/'gewone commanditaire vennootschap', public undertakings which have adopted one of the abovementioned legal forms, and other companies constituted under Belgian law subject to Belgian corporate tax;

Artikel 5: Steuerabzug an der Quelle

(1) Die von einer Tochtergesellschaft an ihre Muttergesellschaft ausgeschütteten Gewinne sind vom Steuerabzug an der Quelle befreit.

Artikel 6: Ausschluss des Steuerabzugs

Der Mitgliedstaat der Muttergesellschaft kann keinen Steuerabzug an der Quelle auf Gewinne vornehmen, die diese Gesellschaft von ihrer Tochtergesellschaft bezieht.

Artikel 7: Abgrenzungsvorschriften

(1) Der in dieser Richtlinie verwendete Ausdruck "Steuerabzug an der Quelle" umfasst nicht die in Verbindung mit der Ausschüttung von Gewinnen an die Muttergesellschaft erfolgende Vorauszahlung der Körperschaftsteuer an den Sitzmitgliedstaat der Tochtergesellschaft.

(2) Diese Richtlinie berührt nicht die Anwendung einzelstaatlicher oder vertraglicher Bestimmungen, die die Beseitigung oder Minderung der Doppelbesteuerung der Dividenden bezwecken, und insbesondere nicht die Bestimmungen, die die Auszahlung von Steuerkrediten an die Dividendenempfänger betreffen.

Artikel 8: Umsetzungsfrist

(1) Die Mitgliedstaaten erlassen die erforderlichen Rechts- und Verwaltungsvorschriften, um dieser Richtlinie vor dem 1. Januar 1992 nachzukommen. Sie unterrichten die Kommission unverzüglich hiervon.

(2) Die Mitgliedstaaten tragen dafür Sorge, dass der Kommission der Wortlaut der wichtigsten innerstaatlichen Vorschriften mitgeteilt wird, die sie auf dem unter diese Richtlinie fallenden Gebiet erlassen.

Artikel 9: Adressat

Diese Richtlinie ist an die Mitgliedstaaten gerichtet.

ANHANG
Liste der unter Artikel 2 Absatz 1 Buchstabe a) fallenden Gesellschaften

a) Die gemäß der Verordnung (EG) Nr. 2157/2001 des Rates vom 8. Oktober 2001 über das Statut der Europäischen Gesellschaft (SE) und der Richtlinie 2001/86/EG des Rates vom 8. Oktober 2001 zur Ergänzung des Statuts der Europäischen Gesellschaft hinsichtlich der Beteiligung der Arbeitnehmer gegründeten Gesellschaften sowie die gemäß der Verordnung (EG) Nr. 1435/2003 des Rates vom 22. Juli 2003 über das Statut der Europäischen Genossenschaft (SCE) und gemäß der Richtlinie 2003/72/EG des Rates vom 22. Juli 2003 zur Ergänzung des Statuts der Europäischen Genossenschaft hinsichtlich der Beteiligung der Arbeitnehmer gegründeten Genossenschaften;

b) Gesellschaften belgischen Rechts mit der Bezeichnung "société anonyme"/"naamloze vennootschap", "société en commandite par actions"/"commanditaire vennootschap op aandelen", "société privée à responsabilité limitée"/"besloten vennootschap met beperkte aansprakelijkheid", "société coopérative à responsabilité limitée"/"coöperatieve vennootschap met beperkte aansprakelijkheid", "société coopérative à responsabilité illimitée"/"coöperatieve vennootschap met onbeperkte aansprakelijkheid", "société en nom collectif"/"vennootschap onder firma", "société en commandite simple"/"gewone commanditaire vennootschap", öffentliche Unternehmen, die eine der genannten Rechtsformen angenommen haben, und andere nach belgischem Recht gegründete Gesellschaften, die der belgischen Körperschaftsteuer unterliegen;

c) companies under Bulgarian law known as 'събирателното дружество', 'командитното дружество', 'дружеството с ограничена отговорност', 'акционерното дружество', 'командитното дружество с акции', 'неперсонифицирано дружество', 'кооперации', 'кооперативни съюзи', 'държавни предприятия' constituted under Bulgarian law and carrying on commercial activities;

d) companies under Czech law known as 'akciová společnost', 'společnost s ručením omezeným';

e) companies under Danish law known as 'aktieselskab' and 'anpartsselskab'. Other companies subject to tax under the Corporation Tax Act, insofar as their taxable income is calculated and taxed in accordance with the general tax legislation rules applicable to 'aktieselskaber';

f) companies under German law known as 'Aktiengesellschaft', 'Kommanditgesellschaft auf Aktien', 'Gesellschaft mit beschränkter Haftung', 'Versicherungsverein auf Gegenseitigkeit', 'Erwerbs- und Wirtschaftsgenossenschaft', 'Betrieb gewerblicher Art von juristischen Personen des öffentlichen Rechts', and other companies constituted under German law subject to German corporate tax;

g) companies under Estonian law known as 'täisühing', 'usaldusühing', 'osaühing', 'aktsiaselts', 'tulundusühistu';

h) companies under Greek law known as 'ανώνυμη εταιρεία','εταιρεία περιορισμένης ευθύνης (Ε.Π.Ε.)' and other companies constituted under Greek law subject to Greek corporate tax;

i) companies under Spanish law known as 'sociedad anónima', 'sociedad comanditaria por acciones', 'sociedad de responsabilidad limitada', public law bodies which operate under private law. Other entities constituted under Spanish law subject to Spanish corporate tax ('impuesto sobre sociedades');

j) companies under French law known as 'société anonyme', 'société en commandite par actions', 'société à responsabilité limitée', 'sociétés par actions simplifiées', 'sociétés d'assurances mutuelles', 'caisses d'épargne et de prévoyance', 'sociétés civiles' which are automatically subject to corporation tax, 'coopératives', 'unions de coopératives', industrial and commercial public establishments and undertakings, and other companies constituted under French law subject to French corporate tax;

k) companies incorporated or existing under Irish law, bodies registered under the Industrial and Provident Societies Act, 'building societies' incorporated under the Building Societies Acts and 'trustee savings banks' within the meaning of the Trustee Savings Banks Act, 1989;

l) companies under Italian law known as 'società per azioni', 'società in accomandita per azioni', 'società a responsabilità limitata', 'società cooperative', 'società di mutua assicurazione', and private and public entities whose activity is wholly or principally commercial;

m) under Cypriot law 'εταιρείες' as defined in the Income Tax laws;

n) companies under Latvian law known as 'akciju sabiedrība', 'sabiedrība ar ierobežotu atbildību';

o) companies incorporated under the law of Lithuania;

c) Gesellschaften bulgarischen Rechts mit der Bezeichnung "събирателното дружество", "командитното дружество", "дружеството с ограничена отговорност", "акционерното дружество", "командитното дружество с акции", "неперсон-ифицирано дружество", "кооперации", "кооперативни съюзи", "държавни предприятия", die nach bulgarischem Recht gegründet wurden und gewerbliche Tätigkeiten ausüben;

d) Gesellschaften tschechischen Rechts mit der Bezeichnung "akciová společnost", "společnost s ručením omezeným";

e) Gesellschaften dänischen Rechts mit der Bezeichnung "aktieselskab" oder "anpartsselskab". Weitere nach dem Körperschaftsteuergesetz steuerpflichtige Gesellschaften, soweit ihr steuerbarer Gewinn nach den allgemeinen steuerrechtlichen Bestimmungen für die "aktieselskaber" ermittelt und besteuert wird;

f) Gesellschaften deutschen Rechts mit der Bezeichnung "Aktiengesellschaft", "Kommanditgesellschaft auf Aktien", "Gesellschaft mit beschränkter Haftung", "Versicherungsverein auf Gegenseitigkeit", "Erwerbs- und Wirtschaftsgenossenschaft", "Betrieb gewerblicher Art von juristischen Personen des öffentlichen Rechts", und andere nach deutschem Recht gegründete Gesellschaften, die der deutschen Körperschaftsteuer unterliegen;

g) Gesellschaften estnischen Rechts mit der Bezeichnung "täisühing", "usaldusühing", "osaühing", "aktsiaselts", "tulundusühistu";

h) Gesellschaften griechischen Rechts mit der Bezeichnung "ανώνυμη εταιρεία", "εταιρεία περιορισμένης ευθύνης (Ε.Π.Ε.)" und andere nach griechischem Recht gegründete Gesellschaften, die der griechischen Körperschaftsteuer unterliegen;

i) Gesellschaften spanischen Rechts mit der Bezeichnung "sociedad anónima", "sociedad comanditaria por acciones", "sociedad de responsabilidad limitada", die öffentlich-rechtlichen Körperschaften, deren Tätigkeit unter das Privatrecht fällt. Andere nach spanischem Recht gegründete Körperschaften, die der spanischen Körperschaftsteuer ("impuesto sobre sociedades") unterliegen;

j) Gesellschaften französischen Rechts mit der Bezeichnung "société anonyme", "société en commandite par actions", "société à responsabilité limitée", "sociétés par actions simplifiées", "sociétés d'assurances mutuelles", "caisses d'épargne et de prévoyance", "sociétés civiles", die automatisch der Körperschaftsteuer unterliegen, "coopératives", "unions de coopératives", die öffentlichen Industrie- und Handelsbetriebe und -unternehmen und andere nach französischem Recht gegründete Gesellschaften, die der französischen Körperschaftsteuer unterliegen;

k) nach irischem Recht gegründete oder eingetragene Gesellschaften, gemäß dem Industrial and Provident Societies Act eingetragene Körperschaften, gemäß dem Building Societies Acts gegründete "building societies" und "trustee savings banks" im Sinne des Trustee Savings Banks Act von 1989;

l) Gesellschaften italienischen Rechts mit der Bezeichnung "società per azioni", "società in accomandita per azioni", "società a responsabilità limitata", "società cooperative", "società di mutua assicurazione" sowie öffentliche und private Körperschaften, deren Tätigkeit ganz oder überwiegend handelsgewerblicher Art ist;

m) Gesellschaften zyprischen Rechts mit der Bezeichnung "εταιρείες" im Sinne der Einkommensteuergesetze;

n) Gesellschaften lettischen Rechts mit der Bezeichnung "akciju sabiedrība", "sabiedrība ar ierobežotu atbildību";

o) Gesellschaften litauischen Rechts;

European framework 412

p) companies under Luxembourg law known as 'société anonyme', 'société en commandite par actions', 'société à responsabilité limitée', 'société coopérative', 'société coopérative organisée comme une société anonyme', 'association d'assurances mutuelles', 'association d'épargne-pension', 'entreprise de nature commerciale, industrielle ou minière de l'Etat, des communes, des syndicats de communes, des établissements publics et des autres personnes morales de droit public', and other companies constituted under Luxembourg law subject to Luxembourg corporate tax;

q) companies under Hungarian law known as 'közkereseti társaság', 'betéti társaság', 'közös vállalat', 'korlátolt felelősségű társaság', 'részvénytársaság', 'egyesülés', 'szövetkezet';

r) companies under Maltese law known as 'Kumpaniji ta' Responsabilita' Limitata', 'Soċjetajiet en commandite li l-kapital tagħhom maqsum f'azzjonijiet';

s) companies under Dutch law known as 'naamloze vennnootschap', 'besloten vennootschap met beperkte aansprakelijkheid', 'open commanditaire vennootschap', 'coöperatie', 'onderlinge waarborgmaatschappij', 'fonds voor gemene rekening', 'vereniging op coöperatieve grondslag', 'vereniging welke op onderlinge grondslag als verzekeraar of kredietinstelling optreedt', and other companies constituted under Dutch law subject to Dutch corporate tax;

t) companies under Austrian law known as 'Aktiengesellschaft', 'Gesellschaft mit beschränkter Haftung', 'Versicherungsverein auf Gegenseitigkeit', 'Erwerbs- und Wirtschaftsgenossenschaft', 'Betrieb gewerblicher Art von Körperschaften des öffentlichen Rechts', 'Sparkasse', and other companies constituted under Austrian law subject to Austrian corporate tax;

u) companies under Polish law known as 'spółka akcyjna', 'spółka z ograniczoną odpowiedzialnością';

v) commercial companies or civil law companies having a commercial form and cooperatives and public undertakings incorporated in accordance with Portuguese law;

w) companies under Romanian law known as 'societăți pe acțiuni', 'societăți în comandită pe acțiuni', 'societăți cu răspundere limitată';

x) companies under Slovenian law known as 'delniška družba', 'komanditna družba', 'družba z omejeno odgovornostjo';

y) companies under Slovak law known as 'akciová spoločnosť", 'spoločnosť s ručením obmedzeným', 'komanditná spoločnosť";

z) companies under Finnish law known as 'osakeyhtiö'/'aktiebolag', 'osuuskunta'/'andelslag', 'säästöpankki'/'sparbank' and 'vakuutusyhtiö'/'försäkringsbolag';

aa) companies under Swedish law known as 'aktiebolag', 'försäkringsaktiebolag', 'ekonomiska föreningar', 'sparbanker', 'ömsesidiga försäkringsbolag';

bb) companies incorporated under the law of the United Kingdom.

p) Gesellschaften luxemburgischen Rechts mit der Bezeichnung "société anonyme", "société en commandite par actions", "société à responsabilité limitée", "société coopérative", "société coopérative organisée comme une société anonyme", "association d'assurances mutuelles", "association d'épargne-pension", "entreprise de nature commerciale, industrielle ou minière de l'Etat, des communes, des syndicats de communes, des établissements publics et des autres personnes morales de droit public" sowie andere nach luxemburgischem Recht gegründete Gesellschaften, die der luxemburgischen Körperschaftsteuer unterliegen;

q) Gesellschaften ungarischen Rechts mit der Bezeichnung "közkereseti társaság", "betéti társaság", "közös vállalat", "korlátolt felelősségű társaság", "részvénytársaság", "egyesülés", "szövetkezet";

r) Gesellschaften maltesischen Rechts mit der Bezeichnung "Kumpaniji ta' Responsabilita' Limitata", "Soċjetajiet en commandite li l-kapital tagħhom maqsum f'azzjonijiet";

s) Gesellschaften niederländischen Rechts mit der Bezeichnung "naamloze vennootschap", "besloten vennootschap met beperkte aansprakelijkheid", "open commanditaire vennootschap", "coöperatie", "onderlinge waarborgmaatschappij", "fonds voor gemene rekening", "vereniging op coöperatieve grondslag", "vereniging welke op onderlinge grondslag als verzekeraar of keredietinstelling optreedt" und andere nach niederländischem Recht gegründete Gesellschaften, die der niederländischen Körperschaftsteuer unterliegen;

t) die Gesellschaften österreichischen Rechts mit der Bezeichnung "Aktiengesellschaft", "Gesellschaft mit beschränkter Haftung", "Versicherungsverein auf Gegenseitigkeit", "Erwerbs- und Wirtschaftsgenossenschaft", "Betrieb gewerblicher Art von Körperschaften des öffentlichen Rechts", "Sparkasse" und andere nach österreichischem Recht gegründete Gesellschaften, die der österreichischen Körperschaftsteuer unterliegen;

u) Gesellschaften polnischen Rechts mit der Bezeichnung "spółka akcyjna", "spółka z ograniczoną odpowiedzialnością";

v) die nach portugiesischem Recht gegründeten Handelsgesellschaften oder zivilrechtlichen Handelsgesellschaften, Genossenschaften und öffentlichen Unternehmen;

w) Gesellschaften rumänischen Rechts mit der Bezeichnung "societăți pe acțiuni", "societăți în comandită pe acțiuni", "societăți cu răspundere limitată";

x) Gesellschaften slowenischen Rechts mit der Bezeichnung "delniška družba", "komanditna družba", "družba z omejeno odgovornostjo";

y) Gesellschaften slowakischen Rechts mit der Bezeichnung "akciová spoločnosť", "spoločnosť s ručením obmedzeným"; "komanditná spoločnosť";

z) Gesellschaften finnischen Rechts mit der Bezeichnung "osakeyhtiö"/"aktiebolag", "osuuskunta"/"andelslag", "säästöpankki"/"sparbank" und "vakuutusyhtiö"/ "försäkringsbolag";

aa) Gesellschaften schwedischen Rechts mit der Bezeichnung "aktiebolag", "försäkringsaktiebolag", "ekonomiska föreningar", "sparbanker", "ömsesidiga försäkringsbolag";

bb) nach dem Recht des Vereinigten Königreichs gegründeten Gesellschaften.

Abschnitt C

Zweites Gesetz zur Änderung des Umwandlungsgesetzes

I. Überblick über das Gesetzgebungsverfahren

Der **Bundestag** hat am 01.02.2007 den von der Bundesregierung eingebrachten *„Entwurf eines Zweiten Gesetzes zur Änderung des Umwandlungsgesetzes"* in der Fassung der Beschlussempfehlung und des Berichts des Rechtsausschusses des Bundestages beschlossen.[1]

Der **Bundesrat** stellte in seiner Sitzung am 09.03.2007 keinen Antrag auf Einberufung des Vermittlungsausschusses.[2]

Die nachstehende Abbildung fasst den Ablauf des Gesetzgebungsverfahrens des Zweiten Gesetzes zur Änderung des Umwandlungsgesetzes zusammen.

---

[1] Zum Gesetzentwurf der Bundesregierung v. 12.10.2006 siehe BT-Drs. 16/2919. Zur Beschlussempfehlung des Rechtsausschusses v. 31.01.2007 siehe BT-Drs. 16/4193. Zum Beschluss durch den Bundestag v. 01.02.2007 siehe BR-Drs. 95/07.

[2] Da es sich bei dem *Zweiten Gesetz zur Änderung des Umwandlungsgesetzes* um ein sog. Einspruchsgesetz handelt, war die Zustimmung des Bundesrates nicht erforderlich.

Zweites Gesetz zur Änderung des Umwandlungsgesetzes

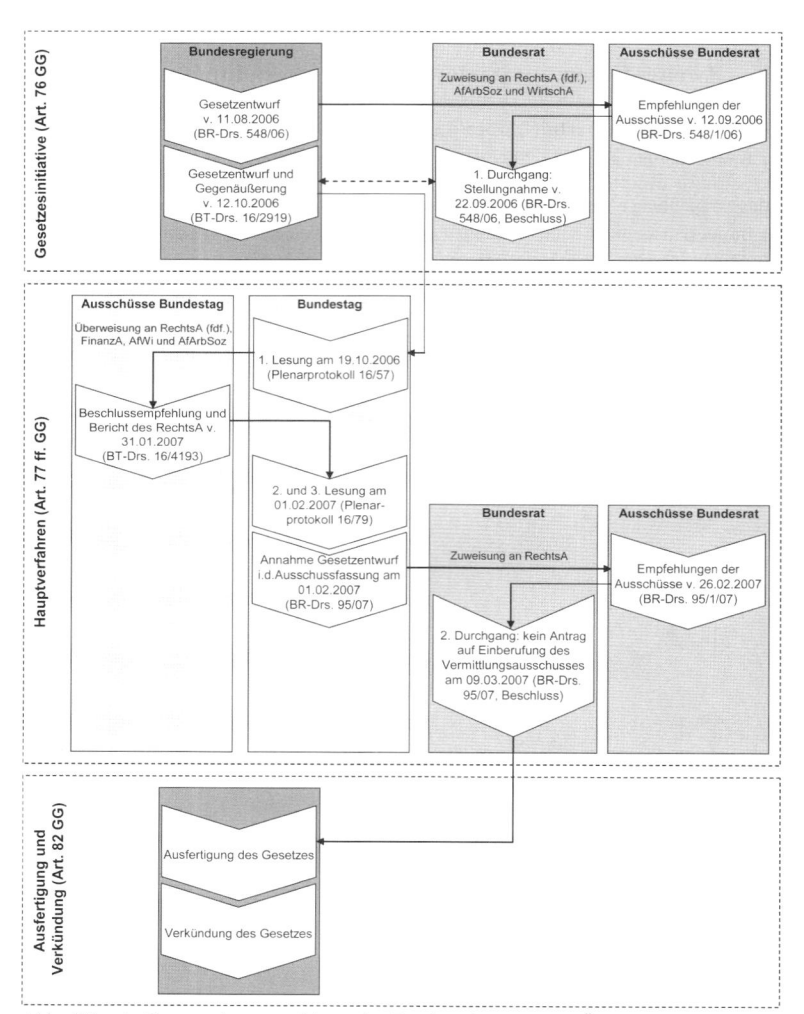

Abb. C.I. - 1. Gesetzgebungsverfahren des Zweiten Gesetzes zur Änderung des Umwandlungsgesetzes

II. Gesetzesbegründung v. 12.10.2006
(Gesetzentwurf der Bundesregierung "Entwurf eines Zweiten Gesetzes zur Änderung des Umwandlungsgesetzes", BT-Drs. 16/2919)

Im Folgenden wird lediglich der **Besondere Teil (B. Besonderer Teil)** der Gesetzesbegründung v. 12.10.2006 zum Gesetzentwurf der Bundesregierung „*Entwurf eines Zweiten Gesetzes zur Änderung des Umwandlungsgesetzes*" in Auszügen wiedergegeben.[3]

Änderung des Umwandlungsgesetzes (UmwG) (zu Artikel 1)

Änderung der Inhaltsübersicht (zu Artikel 1 Nr. 1)

Der neue Zehnte Abschnitt über die grenzüberschreitende Verschmelzung von Kapitalgesellschaften (vgl. zu Nummer 17) soll durch diese Änderung in die Inhaltsübersicht aufgenommen werden.

§ 4 (zu Artikel 1 Nr. 2)

Die Verweisung soll an die durch die Schuldrechtsharmonisierung geänderte Nummerierung im Bürgerlichen Gesetzbuch (BGB) angepasst werden.

§ 16 (zu Artikel 1 Nr. 3)

Wie in § 246a des Aktiengesetzes (AktG), der durch das Gesetz zur Unternehmensintegrität und Modernisierung des Anfechtungsrechts vom 22. September 2005 (BGBl. I S. 2802) neu eingeführt wurde, soll auch in § 16 Abs. 3 eine Frist von drei Monaten vorgegeben werden, in der im Regelfall die Entscheidung des Gerichts im Freigabeverfahren ergehen soll. Bei besonderen Schwierigkeiten rechtlicher oder tatsächlicher Art kann diese Frist angemessen verlängert werden.

§ 17 (zu Artikel 1 Nr. 4)

Es handelt sich um eine Folgeänderung zur Änderung der §§ 54 und 68 (vgl. zu den Nummern 12 und 15).

§ 19 (zu Artikel 1 Nr. 5)

Aus der registergerichtlichen Praxis wurde darauf hingewiesen, dass aufgrund entsprechender Absprachen zwischen den zur Eintragung Zuständigen bei den Registergerichten häufig für alle beteiligten Rechtsträger eine taggleiche Eintragung der Verschmelzung erreicht werden könne. In diesem Fall bedürfe es nicht der Eintragung des nach § 19 Abs. 1 Satz 2 grundsätzlich vorgeschriebenen Wirksamkeitsvorbehalts. Mit der vorgeschlagenen Ergänzung soll diese Praxisanregung aufgegriffen werden. Sie dient der Entlastung der Registergerichte und erspart den betroffenen Rechtsträgern zusätzliche Veröffentlichungskosten.

§ 29 (zu Artikel 1 Nr. 6)

Bei der Verschmelzung einer börsennotierten AG auf einen nichtbörsenfähigen Rechtsträger anderer Rechtsform haben die widersprechenden Aktionäre dieser Gesellschaft das Recht, gegen Barabfindung auszuscheiden. Gleichgestellt werden soll der Fall der Verschmelzung auf eine nicht börsennotierte AG. Der Verlust der Börsennotierung erschwert zwar nicht rechtlich, aber faktisch die Veräußerungsmöglichkeit der Anteile, so dass die Anwendbarkeit des § 29 sachlich gerechtfertigt erscheint (Buchstabe a).

---

[3] Vgl. BT-Drs. 16/2919. Redaktionelle Anpassungen zur Verbesserung der Übersichtlichkeit wurden vorgenommen. Hinsichtlich des Allgemeinen Teils der Gesetzesbegründung sowie der Begründung zu den Änderungen des SpruchG, AktG, GmbHG und der HRegGebV durch den Gesetzentwurf der Bundesregierung v. 12.10.2006 vgl. BT-Drs. 16/2919 S. 20 ff.

Bei der Änderung in Buchstabe b handelt es sich um eine redaktionelle Korrektur. Im Fall des § 29 Abs. 1 Satz 1 zweiter Halbsatz ist auch die Anwendung von § 33 Abs. 2 Satz 3 zweiter Halbsatz des GmbH-Gesetzes auszuschließen, da auch diese Vorschrift den Erwerb eigener Anteile für unwirksam erklärt.

§ 35 (zu Artikel 1 Nr. 7)

Die bisher vorgesehene Bezeichnung unbekannter Aktionäre durch die Angabe ihrer Aktienurkunden bereitet praktische Schwierigkeiten, wenn sich die Aktien in der Girosammelverwahrung ohne Einzelverbriefung befinden oder der Verbriefungsanspruch gemäß § 10 Abs. 5 AktG sogar ganz ausgeschlossen ist. Künftig soll daher die Bezeichnung in der Weise zugelassen werden, dass die unbekannten Anteilsinhaber in einem Sammelvermerk durch die Angabe des auf sie insgesamt entfallenden Teils des Grundkapitals der AG und der auf sie nach der Verschmelzung entfallenden Anteile bestimmt werden. Um Missbräuche zu verhindern, soll diese besondere Möglichkeit der Bezeichnung aber nur für Anteilsinhaber möglich sein, deren Aktien maximal 5 Prozent des Grundkapitals der Gesellschaft umfassen.

Mit der erleichterten Bezeichnung noch nicht gelöst werden die Probleme, die sich nach der Verschmelzung beim Vorhandensein unbekannter Anteilsinhaber für die Wirksamkeit von Gesellschafterbeschlüssen ergeben. Deshalb soll das Stimmrecht dieser Personen so lange ruhen, bis ihre Identität geklärt ist.

§ 44 (zu Artikel 1 Nr. 8)

Nach der bisherigen Regelung kann ein Gesellschafter auch noch in der Gesellschafterversammlung, die den Verschmelzungsbeschluss fassen soll, eine Prüfung durch Sachverständige gemäß den §§ 9 bis 12 UmwG verlangen. Folge ist, dass die Beschlussfassung vertagt werden muss. Um dieses Ergebnis zu vermeiden, soll das Prüfungsbegehren künftig innerhalb einer Frist von einer Woche geltend zu machen sein, nachdem die Gesellschafter die in § 42 genannten Unterlagen erhalten haben.

§ 48 (zu Artikel 1 Nr. 9)

Es handelt sich um eine Parallelregelung zur Änderung des § 44 (vgl. zu Nummer 8). Auf die dortige Begründung wird verwiesen.

§ 51 (zu Artikel 1 Nr. 10)

Die angeordnete entsprechende Anwendung der Sätze 1 und 2 im bisherigen Text des § 51 Abs. 1 Satz 3 hat für den dort angesprochenen Fall in der Praxis Anlass zu Missverständnissen hinsichtlich der Beschlussmehrheit gegeben. Durch die neue Formulierung wird ausdrücklich klargestellt, dass dem Verschmelzungsbeschluss alle Gesellschafter der übernehmenden Gesellschaft zustimmen müssen.

§ 52 (zu Artikel 1 Nr. 11)

Die Ergänzung dient der Beseitigung eines Redaktionsversehens.

§ 54 (zu Artikel 1 Nr. 12)

Von der grundsätzlich nach § 2 UmwG bestehenden Anteilsgewährungspflicht soll eine Ausnahme möglich sein, wenn alle Anteilsinhaber eines übertragenden Rechtsträgers, denen die Anteile zu gewähren wären, in notariell beurkundeter Form darauf verzichten. Bedeutung hat dies insbesondere bei der Verschmelzung von Schwestergesellschaften innerhalb eines Konzerns, deren sämtliche Anteile von der Muttergesellschaft gehalten werden. Der Verzicht auf die grundsätzlichen Erfordernisse des Verschmelzungsberichts und einer Prüfung durch Sachverständige, die in diesem Fall keinen Sinn machen, ist bereits nach geltendem Recht (§§ 8 und 9 UmwG) möglich. Im Übrigen findet bei einer GmbH gemäß § 48 UmwG eine

Prüfung ohnehin nur auf Verlangen eines Gesellschafters statt. Bei der Verschmelzung im Konzern ist ein solches Verlangen der Muttergesellschaft nicht denkbar.

§ 59 (zu Artikel 1 Nr. 13)

Mit der Ergänzung soll klargestellt werden, dass bei der Verschmelzung durch Neugründung einer GmbH die Bestellung deren Geschäftsführung nur mit Zustimmung der Gesellschafter der übertragenden Rechtsträger erfolgen kann.

§ 67 (zu Artikel 1 Nr. 14)

Nach der Änderung der Nachgründungsvorschrift des § 52 AktG durch das Namensaktiengesetz vom 18. Januar 2001 (BGBl. I S. 123) soll auch die Anwendung dieser Regelung im Fall einer Verschmelzung gelockert werden (Buchstabe b). Wenn eine übernehmende Aktiengesellschaft zuvor bereits seit mindestens zwei Jahren in der Rechtsform einer GmbH im Handelsregister eingetragen war, sollen die Nachgründungsregeln keine Anwendung finden. Dem liegt die Überlegung zugrunde, dass die Kapitalaufbringung bei der GmbH nach ähnlichen Regeln wie bei der AG erfolgt, so dass eine Behandlung als Nachgründung entbehrlich erscheint.

Durch die Änderung in Buchstabe a soll ein Redaktionsversehen beseitigt werden.

§ 68 (zu Artikel 1 Nr. 15)

Es handelt sich um eine Parallelregelung zur Änderung des § 54 in Nummer 12. Auf die dortige Begründung wird verwiesen.

§ 105 (zu Artikel 1 Nr. 16)

Die Möglichkeiten der Verschmelzung genossenschaftlicher Prüfungsverbände sollen erweitert werden. In der Praxis hat sich ein Bedürfnis gezeigt, Prüfungsverbände nicht nur im Wege der Aufnahme, sondern auch zur Neugründung miteinander zu verschmelzen. Ferner soll ein genossenschaftlicher Prüfungsverband einen eingetragenen Verein aufnehmen können. Auch dafür ist ein Bedürfnis geltend gemacht worden. Voraussetzung ist, dass die Mitglieder des Vereins Genossenschaften oder genossenschaftsnahe Unternehmungen sind. Ferner muss die für die Verleihung des Prüfungsrechts zuständige oberste Landesbehörde zustimmen.

Zehnter Abschnitt – Grenzüberschreitende Verschmelzung von Kapitalgesellschaften
(zu Artikel 1 Nr. 17)

Zu § 122a: Grenzüberschreitende Verschmelzung

Zu § 122a Abs. 1

Die Vorschrift definiert die grenzüberschreitende Verschmelzung in Übereinstimmung mit Artikel 1 der Richtlinie. Der Begriff der grenzüberschreitenden Verschmelzung ist grundsätzlich offen formuliert. Derzeit ist eine grenzüberschreitende Verschmelzung jedoch nur zwischen den in § 122b genannten Kapitalgesellschaften möglich.

Die Vertragsstaaten des Europäischen Wirtschaftsraums werden die Richtlinie voraussichtlich in den nächsten Monaten als Anlage zum Abkommen über den Europäischen Wirtschaftsraum (ABl. EU Nr. 001 vom 3. Januar 1994 S. 3) übernehmen.

Grenzüberschreitende Verschmelzungen werden dann unter den genannten Bedingungen auch mit Gesellschaften aus Island, Liechtenstein und Norwegen möglich sein. Im Vorgriff hierauf wird im Entwurf bereits jetzt der Europäische Wirtschaftsraum mit einbezogen.

Zweites Gesetz zur Änderung des Umwandlungsgesetzes

Zu § 122a Abs. 2

Für Kapitalgesellschaften, die dem deutschen Recht unterliegen, gelten die Vorschriften über die innerstaatliche Verschmelzung entsprechend. Diese werden durch die neu geschaffenen Vorschriften des Zehnten Abschnitts ergänzt.

Kapitalgesellschaften im Sinne dieses Absatzes sind die in § 3 Abs. 1 Nr. 2 genannten Gesellschaften mit beschränkter Haftung, Aktiengesellschaften und Kommanditgesellschaften auf Aktien. Über Artikel 9 Abs. 1 Buchstabe c Doppelbuchstabe ii und Artikel 10 der Verordnung (EG) Nr. 2157/2001 des Rates vom 8. Oktober 2001 über das Statut der Europäischen Gesellschaft (SE) (ABl. EU Nr. L 294/1 vom 10. November 2001 S. 1 ff.) finden die Vorschriften über die innerstaatliche Verschmelzung und die Vorschriften des Zehnten Abschnitts auch auf eine SE mit Sitz in Deutschland Anwendung.

Zu § 122b: Verschmelzungsfähige Gesellschaften

Zu § 122b Abs. 1

An einer grenzüberschreitenden Verschmelzung können sich nur Kapitalgesellschaften im Sinne des Artikels 2 Nr. 1 der Richtlinie beteiligen. Dieser Vorschrift unterfallen

a) Gesellschaften in den in Artikel 1 der Richtlinie 68/151/EWG (Publizitätsrichtlinie) enumerativ aufgeführten Rechtsformen und

b) Gesellschaften, die Rechtspersönlichkeit besitzen, die über Gesellschaftskapital verfügen, das allein für die Verbindlichkeiten der Gesellschaft haftet, und die nach dem für sie maßgebenden innerstaatlichen Recht Bestimmungen im Sinne der Publizitätsrichtlinie zum Schutz der Gesellschafter und Dritter einhalten müssen.

Im deutschen Recht sind dies die in § 3 Abs. 1 Nr. 2 genannten Rechtsträger, d.h. Aktiengesellschaften, Kommanditgesellschaften auf Aktien und Gesellschaften mit beschränkter Haftung, sowie SE mit Sitz in Deutschland.

Nach Artikel 1 der Richtlinie können sich Gesellschaften an einer grenzüberschreitenden Verschmelzung weiterhin nur beteiligen, wenn sie nach dem Recht eines Mitgliedstaats der Europäischen Union gegründet sind und ihren Sitz, ihre Hauptverwaltung oder ihre Hauptniederlassung in der Gemeinschaft haben. Diese Anforderung ist in Absatz 1 ausdrücklich übernommen worden. Sie gilt auch für den Europäischen Wirtschaftsraum. Zwar definiert § 122a die grenzüberschreitende Verschmelzung bereits als Verschmelzung zwischen Gesellschaften, die dem Recht verschiedener Mitgliedstaaten der Europäischen Union oder anderer Vertragsstaaten des Europäischen Wirtschaftsraums unterliegen. Es ist jedoch nicht gesagt, dass in allen diesen Staaten das auf die Gesellschaft anwendbare Recht immer das Gründungsrecht der Gesellschaft ist. Weiterhin ist denkbar, dass Staaten Gesellschaften, die nach ihrem Recht gegründet sind, den identitätswahrenden Wegzug in einen Drittstaat erlauben. Daher sollen sowohl das Erfordernis, dass die beteiligten Gesellschaften nach dem Recht eines Mitgliedstaats gegründet sind, als auch das Erfordernis, dass sie ihren Sitz, ihre Hauptverwaltung oder ihre Hauptniederlassung in der Gemeinschaft haben müssen, gesondert aufgenommen werden.

Zu § 122b Abs. 2

Die Vorschriften über die grenzüberschreitende Verschmelzung sind für bestimmte Gesellschaften nicht anwendbar.

Nummer 1 macht von der im Hinblick auf die in den Mitgliedstaaten sehr unterschiedliche Ausgestaltung der Genossenschaften eingeführten Möglichkeit nach Artikel 3 Abs. 2 der Richtlinie Gebrauch, diese Rechtsform von grenzüberschreitenden Verschmelzungen auszunehmen. Für die Beteiligung von Genossenschaften an grenzüberschreitenden Verschmelzungen ist derzeit kein Bedürfnis erkennbar. Die Möglichkeit der Gründung einer Europäischen Genossenschaft aufgrund der Verordnung (EG) Nr. 1435/2003 über das Statut der

Europäischen Genossenschaft erscheint ausreichend. Sollten die Erfahrungen mit der neuen Rechtsform der Europäischen Genossenschaft zeigen, dass darüber hinaus ein Bedürfnis für Regelungen für die grenzüberschreitende Verschmelzung unter Beteiligung von Genossenschaften besteht, wird zu einem späteren Zeitpunkt die Möglichkeit entsprechender Regelungen zu prüfen sein.

Nummer 2 setzt Artikel 3 Abs. 3 der Richtlinie in deutsches Recht um. Danach gelten die Bestimmungen der Richtlinie nicht für Gesellschaften, die Publikums-Sondervermögen verwalten (sog. Organismen für gemeinsame Anlagen in Wertpapieren, OGAW). Nach Artikel 1 Abs. 1 der Richtlinie 85/611/EWG vom 20. Dezember 1985 sind dies Gesellschaften, deren ausschließlicher Zweck es ist, beim Publikum beschaffte Gelder für gemeinsame Rechnung nach dem Grundsatz der Risikostreuung in Wertpapieren anzulegen, und deren Anteile auf Verlangen der Anteilsinhaber unmittelbar oder mittelbar zu Lasten des Vermögens dieser Organismen zurückgenommen oder ausbezahlt werden bzw. die in diesem Fall Maßnahmen vornehmen, die sicherstellen, dass der Kurs der Anteile nicht erheblich von deren Nettoinventar abweicht.

Zu § 122c: Verschmelzungsplan

Zu § 122c Abs. 1

Absatz 1 setzt Artikel 5 Satz 1 der Richtlinie um, wonach die an der Verschmelzung beteiligten Gesellschaften einen gemeinsamen Verschmelzungsplan aufzustellen haben. Bei einer grenzüberschreitenden Verschmelzung tritt dieser an die Stelle des Verschmelzungsvertrags. Die Formulierung des § 122c Abs. 1 trägt der Tatsache Rechnung, dass hier lediglich eine Verpflichtung für die beteiligten Kapitalgesellschaften geregelt werden kann, die dem deutschen Recht unterliegen.

Zu § 122c Abs. 2

Absatz 2 regelt den Inhalt des Verschmelzungsplans und setzt Artikel 5 Satz 2 der Richtlinie in deutsches Recht um. Dabei sollen zur Vermeidung von Unklarheiten alle von der Richtlinie geforderten Angaben aufgenommen werden, auch soweit sie weitgehend dem Inhalt des für innerstaatliche Verschmelzungen nach § 5 vorgeschriebenen Verschmelzungsvertrags sachlich entsprechen. Die in Absatz 2 aufgeführten Angaben sind nicht abschließend und können von den beteiligten Gesellschaften einvernehmlich ergänzt werden.

Zu § 122c Abs. 3

Befinden sich alle Anteile an der übertragenden Gesellschaft bereits in der Hand der übernehmenden Gesellschaft, sind die Angaben über das Umtauschverhältnis und die Übertragung der Anteile sowie den Wechsel der Gesellschafter nicht erforderlich. Absatz 3 setzt insofern die Ausnahme aus Artikel 15 Abs. 1 Spiegelstrich 1 der Richtlinie in deutsches Recht um. Eine entsprechende Regelung für den Verschmelzungsvertrag findet sich in § 5 Abs. 2.

Zu § 122c Abs. 4

Absatz 4 stellt klar, dass der Verschmelzungsplan notariell beurkundet werden muss. Dies entspricht der Regelung für den Verschmelzungsvertrag in § 6. Für die Erfüllung dieses Formerfordernisses im Wege der Substitution durch Beurkundungen im Ausland gelten die allgemeinen Regeln (Erfordernis der Gleichwertigkeit; vgl. BGHZ 80, 76).

Zu § 122d: Bekanntmachung des Verschmelzungsplans

Artikel 6 Abs. 1 der Richtlinie sieht vor, dass der Verschmelzungsplan nach den nationalen Vorschriften zur Umsetzung des Artikels 3 der Richtlinie 68/151/EWG (Publizitätsrichtlinie) bekannt zu machen ist. In Deutschland entspricht dies der Registerpublizität nach § 10 des Handelsgesetzbuchs (HGB). Die Monatsfrist für diese Bekanntmachung in Satz 1 ergibt sich aus Artikel 6 Abs. 1 der Richtlinie. Nach Satz 2 müssen in der Bekanntmachung bestimmte

Zweites Gesetz zur Änderung des Umwandlungsgesetzes

Mindestangaben enthalten sein. Der Hinweis auf den Verschmelzungsplan in Nummer 1 entspricht der Regelung in § 61 Satz 2. Die Angaben in den Nummern 2 bis 4 sind aus Artikel 6 Abs. 2 Buchstabe a bis c der Richtlinie übernommen worden. Um dem Register eine Bekanntmachung der in Satz 2 genannten Angaben zu ermöglichen, schreibt Satz 3 vor, dass diese dem Register bei Einreichung des Verschmelzungsplans mitzuteilen sind.

Zu § 122e: Verschmelzungsbericht

Nach Artikel 7 der Richtlinie ist ein Verschmelzungsbericht zu erstellen. Kraft der Verweisung in § 122a Abs. 2 gilt für den Verschmelzungsbericht grundsätzlich die Regelung in § 8 entsprechend. Satz 1 regelt in Übereinstimmung mit Artikel 7 Satz 1 und 3 der Richtlinie zusätzliche Anforderungen an den Inhalt des Berichts. Danach sind auch die Auswirkungen auf Gläubiger und Arbeitnehmer zu erläutern. Satz 2 setzt die in Artikel 7 Satz 2 geregelte Pflicht um, den Bericht den Gesellschaftern und der Arbeitnehmerseite spätestens einen Monat vor der beschlussfassenden Gesellschafterversammlung zugänglich zu machen. Dies erfolgt gemäß § 63 Abs. 1 Nr. 4 durch Auslage in den Geschäftsräumen der Gesellschaft. Die Anwendung von § 8 Abs. 3 muss ausdrücklich ausgeschlossen werden, da die dort für innerstaatliche Verschmelzungen geregelten Ausnahmen von der Berichtspflicht in der Richtlinie nicht vorgesehen sind.

Zu § 122f: Verschmelzungsprüfung

Auf die durch Artikel 8 der Richtlinie vorgeschriebene Verschmelzungsprüfung finden die §§ 9 bis 12 entsprechende Anwendung. Da die Verschmelzungsprüfung nach Artikel 8 der Richtlinie unabhängig von einem Verlangen der Gesellschafter durchzuführen ist, kann § 48 jedoch nicht angewendet werden. Die in Artikel 8 Abs. 2 der Richtlinie vorgesehene Möglichkeit der gemeinsamen Verschmelzungsprüfung ergibt sich aus § 10 Abs. 1 Satz 2 und § 12 Abs. 1 Satz 2. Ein Verzicht auf die Verschmelzungsprüfung (vgl. Artikel 8 Abs. 4 der Richtlinie) ist gemäß § 9 Abs. 3 i.V.m. § 8 Abs. 3 möglich. Die Verschmelzungsprüfung entfällt gemäß § 9 Abs. 2, wenn die übernehmende Gesellschaft alle Anteile an der übertragenden Gesellschaft hält (vgl. Artikel 15 Abs. 1 Spiegelstrich 1 der Richtlinie).

Die Monatsfrist in Satz 2 ergibt sich aus Artikel 8 Abs. 1 Satz 1 der Richtlinie.

Zu § 122g: Zustimmung der Anteilsinhaber

Die in Artikel 9 der Richtlinie vorgesehene Beschlussfassung der Anteilseigner richtet sich aufgrund von § 122a Abs. 2 grundsätzlich nach den §§ 13, 50, 56, 65, 73 und 78.

Zu § 122g Abs. 1

Das Recht der Anteilsinhaber, auch die Regelung zur Arbeitnehmermitbestimmung in ihre Zustimmung einzubeziehen, ergibt sich aus Artikel 9 Abs. 2 der Richtlinie.

Zu § 122g Abs. 2

Nach Artikel 15 Abs. 1 Spiegelstrich 2 der Richtlinie bedarf es einer Zustimmung der Gesellschafterversammlung der übertragenden Gesellschaft nicht, wenn sich ihre sämtlichen Anteile in der Hand der übernehmenden Gesellschaft befinden.

Zu § 122h: Verbesserung des Umtauschverhältnisses

Zu § 122h Abs. 1

Grundlage der Regelung ist Artikel 10 Abs. 3 Satz 1 der Richtlinie, der die Voraussetzungen benennt, unter denen ein im nationalen Recht vorgesehenes Verfahren zur Kontrolle und Änderung des Umtauschverhältnisses der Anteile auch bei einer grenzüberschreitenden Verschmelzung Anwendung finden kann. Damit wird die Anwendung der Regelungen in § 14 Abs. 2 (Ausschluss der Anfechtungsklage zur Rüge des Umtauschverhältnisses) und § 15 (stattdessen Spruchverfahren) ermöglicht, allerdings nur unter bestimmten Voraussetzungen.

An einer grenzüberschreitenden Verschmelzung sind immer auch Gesellschaften beteiligt, die dem Recht anderer Staaten unterliegen. Nicht alle Staaten der Europäischen Union und des Europäischen Wirtschaftsraums kennen ein gesellschaftsrechtliches Spruchverfahren. § 14 Abs. 2 und § 15 sind daher nur dann entsprechend anzuwenden, wenn entweder das Recht, dem die andere sich verschmelzende Gesellschaft unterliegt, ebenfalls ein Verfahren zur Kontrolle und Änderung des Umtauschverhältnisses vorsieht oder – falls dies nicht der Fall ist – die Gesellschafter der ausländischen Gesellschaft einem solchen Verfahren im Verschmelzungsbeschluss ausdrücklich zustimmen. Liegen diese Voraussetzungen nicht vor, verbleibt es bei der Möglichkeit, den Verschmelzungsbeschluss auch mit der Begründung, das Umtauschverhältnis sei nicht angemessen, anzufechten.

Zu § 122h Abs. 2

Die Bestimmung ist weitgehend § 6 Abs. 4 Satz 2 des SE-Ausführungsgesetzes nachgebildet, der eine entsprechende Regelung für die grenzüberschreitende Verschmelzung zur Gründung einer SE enthält.

Anteilsinhaber einer an der grenzüberschreitenden Verschmelzung beteiligten ausländischen Gesellschaft können danach ein Spruchverfahren zur Verbesserung des Umtauschverhältnisses vor einem deutschen Gericht einleiten, wenn ihr nationales Recht ebenfalls ein solches Verfahren kennt. Dies ist gegenwärtig z.B. in Österreich der Fall. Weitere Voraussetzung ist die internationale Zuständigkeit eines deutschen Gerichts, die sich aus einer Gerichtsstandsvereinbarung oder aus der Verordnung (EG) Nr. 44/2001 vom 22. Dezember 2000 über die gerichtliche Zuständigkeit und die Anerkennung und Vollstreckung von Entscheidungen in Zivil- und Handelssachen ergeben kann. Durch die Regelung werden Doppelarbeit und sich widersprechende Entscheidungen deutscher und ausländischer Gerichte vermieden, wenn von Anteilsinhabern sowohl einer deutschen als auch einer ausländischen Gesellschaft jeweils die Überprüfung des Umtauschverhältnisses ihrer Anteile begehrt wird.

Zu § 122i: Abfindungsangebot im Verschmelzungsplan

Zu § 122i Abs. 1

Grundlage der Regelung ist Artikel 4 Abs. 2 Satz 2 der Richtlinie, wonach jeder Mitgliedstaat in Bezug auf beteiligte Gesellschaften, die seinem Recht unterliegen, Vorschriften erlassen kann, um einen angemessenen Schutz derjenigen Minderheitsgesellschafter zu gewährleisten, die sich gegen die Verschmelzung ausgesprochen haben.

Satz 1 sieht zum Schutz der Minderheitsgesellschafter ein Austrittsrecht vor, wenn die aus der grenzüberschreitenden Verschmelzung hervorgegangene Gesellschaft nicht dem deutschen Recht unterliegt. Dem liegt der Gedanke zugrunde, dass kein Anteilsinhaber gezwungen werden soll, die mit diesem Wechsel in eine ausländische Rechtsform verbundene Änderung seiner Rechte und Pflichten hinzunehmen. Lediglich die Veränderung der Rechtsstellung der Anteilsinhaber ist ausschlaggebend; eine Negativbewertung des ausländischen Rechts ist damit nicht verbunden. Unterliegt die aus der grenzüberschreitenden Verschmelzung hervorgegangene Gesellschaft dagegen dem deutschen Recht, besteht für ein Austrittsrecht keine Veranlassung, da sich das anwendbare Recht nicht ändert.

Die Abfindung ist im Verschmelzungsplan „oder seinem Entwurf" anzubieten. Diese Formulierung wurde aus § 29 Abs. 1 Satz 1 übernommen, obwohl sich § 29 auf den Verschmelzungsvertrag und nicht auf den Verschmelzungsplan bezieht. Da jedoch auch der Verschmelzungsplan gemäß § 122c Abs. 4 notariell zu beurkunden ist, ist auch hier der Fall denkbar, dass der Verschmelzungsplan bei Beschlussfassung der Hauptversammlung noch nicht beurkundet und somit lediglich als Entwurf anzusehen ist.

Die Verpflichtung zur Barabfindung der Anteilsinhaber einer übertragenden Gesellschaft, die dem deutschen Recht unterliegt, geht mit Wirksamwerden der Verschmelzung im Wege der

Zweites Gesetz zur Änderung des Umwandlungsgesetzes 424

Universalsukzession auf die aus der Verschmelzung hervorgegangene Gesellschaft über. Dies ergibt sich aus den in Umsetzung von Artikel 14 Abs. 1 und 2 der Richtlinie erlassenen Rechtsvorschriften desjenigen Mitgliedstaats, dessen Recht die übernehmende oder neue Gesellschaft unterliegt.

Die Übernahme der Anteile sind bei einer Aktiengesellschaft ein Erwerb eigener Aktien und bei einer Gesellschaft mit beschränkter Haftung ein Erwerb eigener Geschäftsanteile. Satz 2 erklärt daher die Regelungen im Aktiengesetz und im Gesetz betreffend die Gesellschaften mit beschränkter Haftung für entsprechend anwendbar. Ebenso wie künftig in § 29 (vgl. Nummer 6) wird von der Anwendung des Verbots des Erwerbs eigener Aktien in § 71 Abs. 4 Satz 2 AktG und § 33 Abs. 2 Satz 3 GmbHG ausdrücklich abgesehen.

Nach Satz 3 ist auf das Abfindungsangebot im Verschmelzungsplan § 29 Abs. 1 Satz 4 und 5 und Absatz 2 entsprechend anzuwenden. § 29 Abs. 1 Satz 2 hat für die grenzüberschreitende Verschmelzung keinen Anwendungsbereich. Auch der in § 29 Abs. 1 Satz 3 geregelte Fall, dass keine Anteile angeboten werden können, ist bei den an einer grenzüberschreitenden Verschmelzung ausschließlich beteiligten Kapitalgesellschaften nicht denkbar. Entsprechend anwendbar sind aber die Vorschriften über den Inhalt des Anspruchs auf Barabfindung und deren Prüfung (§ 30), die Annahme des Angebots (§ 31) und die anderweitige Veräußerung von Anteilen (§ 33).

Zu § 122i Abs. 2

Diese Vorschrift bestimmt die Voraussetzungen zur Anwendung des § 32 (Ausschluss der Anfechtungsklage zur Überprüfung der Barabfindung) und § 34 (stattdessen Spruchverfahren). Es handelt sich um die Parallelregelung zu § 122h. Das Spruchverfahren wird wie dort nur eröffnet, wenn gemäß Artikel 10 Abs. 3 Satz 1 der Richtlinie die Anteilseigner der ausländischen Gesellschaft ausdrücklich zustimmen oder das ausländische Recht ebenfalls ein solches Überprüfungsverfahren vorsieht.

Liegen diese Voraussetzungen nicht vor, verbleibt es bei der Möglichkeit, den Verschmelzungsbeschluss auch hinsichtlich der Barabfindung anzufechten.

Zu § 122j: Schutz der Gläubiger der übertragenden Gesellschaft

Zu § 122j Abs. 1

Grundlage der Regelung ist Artikel 4 Abs. 2 Satz 1 der Richtlinie. Danach richtet sich der Schutz der Gläubiger grundsätzlich nach dem anzuwendenden nationalen Recht, wobei der grenzüberschreitende Charakter der Verschmelzung zu berücksichtigen ist. § 122j trägt diesem speziellen Schutzbedürfnis der Gläubiger einer übertragenden Gesellschaft bei einer grenzüberschreitenden Verschmelzung Rechnung. Die Vorschrift lehnt sich an die entsprechende Regelung bei der innerstaatlichen Verschmelzung in § 22 an. § 22 gewährt jedoch nur einen nachgeordneten Gläubigerschutz: Die Gläubiger können binnen sechs Monaten nach Eintragung der Verschmelzung ihren Anspruch schriftlich anmelden und gegebenenfalls Sicherheit verlangen. Insbesondere wenn die aus der grenzüberschreitenden Verschmelzung hervorgehende Gesellschaft ihren Sitz im Ausland hat oder einer anderen Rechtsordnung unterliegt, wird ein nachgeordneter Schutz den Interessen der Gläubiger in manchen Fällen möglicherweise nicht gerecht. Sie müssen ihre Interessen bereits vor Vollzug der Verschmelzung geltend machen können. Dies gewährleistet § 122j. Die Gläubiger haben geltend zu machen, dass die grenzüberschreitende Verschmelzung die Erfüllung ihrer Forderungen konkret gefährdet. Diese Voraussetzung bietet den Gerichten ausreichenden Spielraum, um Kriterien zu entwickeln, die einen angemessenen Ausgleich zwischen dem Interesse der Gesellschaft am Vollzug der Verschmelzung und dem Schutz der Interessen der Gläubiger herstellen.

Für die Gläubiger einer übernehmenden deutschen Gesellschaft ist aufgrund der Verweisung in § 122a Abs. 2 die allgemeine Regelung in § 22 anzuwenden.

Weiter verstärkt wird der Gläubigerschutz durch die Regelung in § 122k Abs. 1 Satz 3, die durch § 314a strafbewehrt werden soll.

Zu § 122j Abs. 2

Absatz 2 schafft eine zeitliche Eingrenzung der Forderungen, für die eine Sicherheitsleistung verlangt werden kann. Die Übergangsfrist beträgt in Anlehnung an § 15 HGB 15 Tage ab Bekanntmachung des Verschmelzungsplans.

Zu § 122k: Verschmelzungsbescheinigung

Zu § 122k Abs. 1

Nach Artikel 10 Abs. 1 der Richtlinie hat jeder Mitgliedstaat eine staatliche Stelle zu benennen, die die Rechtmäßigkeit der grenzüberschreitenden Verschmelzung in Bezug auf die Verfahrensabschnitte kontrolliert, die seinem Recht unterliegende sich verschmelzende Gesellschaften betreffen. Für übertragende deutsche Gesellschaften ist dies in Anlehnung an die Regelung in § 16 Abs. 1 Satz 1 das Registergericht des Sitzes der Gesellschaft.

Damit das Registergericht die Voraussetzungen der grenzüberschreitenden Verschmelzung prüfen kann, haben der Vorstand oder die Geschäftsführer einer deutschen Gesellschaft die in § 17 genannten Unterlagen vorzulegen und die nach § 16 Abs. 2 geforderte Negativerklärung abzugeben. Die Einreichung von Unterlagen und die Abgabe von Erklärungen im Hinblick auf übertragende Gesellschaften, die dem Recht eines anderen Mitgliedstaats unterliegen, sind nicht erforderlich. Denn die ausländischen Gesellschaften müssen nach Artikel 10 der Richtlinie in ihrem jeweiligen Heimatstaat eine entsprechende Rechtmäßigkeitskontrolle durchführen lassen und auch nur die dort erforderlichen Nachweise erbringen.

So ist beispielsweise in entsprechender Anwendung von § 17 nur der Verschmelzungsbeschluss der übertragenden deutschen Gesellschaft beim Registergericht vorzulegen. Die Negativerklärung nach § 16 Abs. 2 ist ebenfalls nur im Hinblick auf den Verschmelzungsbeschluss der deutschen Gesellschaft abzugeben. Sie kann durch einen rechtskräftigen gerichtlichen Beschluss in einem Freigabeverfahren nach § 16 Abs. 3 ersetzt werden.

Satz 3 knüpft an die Bestimmung zum Gläubigerschutz in § 122j an. Der Vorstand oder die Geschäftsführer der übertragenden deutschen Gesellschaft haben bei der Anmeldung eine Versicherung zum Gläubigerschutz abzugeben. Die Vorschrift ist § 8 Satz 2 des SE-Ausführungsgesetzes nachgebildet. Die Abgabe einer falschen Versicherung wird in § 314a unter Strafe gestellt.

Zu § 122k Abs. 2

Satz 1 beruht auf Artikel 10 Abs. 1 und 2 der Richtlinie. Die Rechtmäßigkeit ist nach Artikel 10 Abs. 1 der Richtlinie für die die deutsche übertragende Gesellschaft betreffenden Verfahrensabschnitte zu prüfen. Das Vorliegen der Voraussetzungen für die grenzüberschreitende Verschmelzung muss nach Artikel 10 Abs. 2 der Richtlinie zweifelsfrei aus der Verschmelzungsbescheinigung hervorgehen.

Satz 2 stellt entsprechend der in der Praxis bereits vertretenen Auffassung klar, dass es über die ohnehin vorgeschriebene Eintragungsnachricht hinaus keiner gesonderten Verschmelzungsbescheinigung bedarf.

Der nach Satz 3 einzutragende Vorbehalt bezieht sich auf den Zeitpunkt des Wirksamwerdens der Verschmelzung und nicht wie in § 19 Abs. 1 Satz 2 auf die Eintragung am Sitz der übernehmenden oder neuen Gesellschaft. Denn der Staat, dessen Recht diese Gesellschaft unterliegt, kann nach Artikel 12 der Richtlinie auch andere Voraussetzungen für das Wirksamwerden als den Zeitpunkt der Eintragung vorsehen. Unterliegt die übernehmende oder neue Gesellschaft deutschem Recht, wird die grenzüberschreitende Verschmelzung gemäß § 122a Abs. 2, §§ 20 und 36 mit der Eintragung in das Register an deren Sitz wirksam.

Zweites Gesetz zur Änderung des Umwandlungsgesetzes

Nach Satz 4 ist die Versicherung zum Gläubigerschutz gemäß Absatz 1 Satz 3 Voraussetzung für die Ausstellung der Verschmelzungsbescheinigung. Dies entspricht der Regelung in § 8 Abs. 2 des SE-Ausführungsgesetzes.

Satz 5 setzt Artikel 10 Abs. 3 Satz 2 und 3 der Richtlinie in deutsches Recht um. Danach hindert ein anhängiges Spruchverfahren die Ausstellung der Verschmelzungsbescheinigung nicht. Es ist jedoch in der Bescheinigung anzugeben.

Zu § 122k Abs. 3

Absatz 3 beruht auf Artikel 11 Abs. 2 der Richtlinie und stellt sicher, dass die Verschmelzungsbescheinigung und der Verschmelzungsplan innerhalb vorgeschriebener Frist an die für die Eintragung der übernehmenden oder neuen Gesellschaft nach Artikel 8 Abs. 1 Satz 1 der Richtlinie zuständige Stelle weitergeleitet werden. Dies kann auch eine ausländische Stelle sein.

Zu § 122k Abs. 4

Absatz 4 entspricht § 19 Abs. 2 Satz 2, wobei auch hier das Wirksamwerden und nicht die Eintragung der Verschmelzung maßgeblich ist. Nach Artikel 13 Satz 2 der Richtlinie hat das Register, in dem die übernehmende oder neue Gesellschaft eingetragen wird, das Wirksamwerden der grenzüberschreitenden Verschmelzung unverzüglich jedem Register zu melden, bei dem eine beteiligte Gesellschaft ihre Unterlagen zu hinterlegen hatte. Das zuständige Registergericht des Sitzes einer deutschen übertragenden Gesellschaft kann eine solche Mitteilung durch ein inländisches oder ausländisches Register erhalten, abhängig davon, wo die übernehmende oder neue Gesellschaft eingetragen wird. Nach Eingang der Mitteilung ist der Tag des Wirksamwerdens im Register zu vermerken. Die aufbewahrten Dokumente sind an das Register der übertragenden oder neuen Gesellschaft zu übermitteln. Durch die gewählte Formulierung ("elektronischen Dokumente … zu übermitteln") wird es in Übereinstimmung mit der Änderung von § 19 Abs. 2 Satz 2 durch den Entwurf eines Gesetzes über elektronische Handelsregister und Genossenschaftsregister sowie Unternehmensregister (EHUG)[4] ermöglicht, die Übermittlung elektronisch vorzunehmen. Im Interesse einer unbürokratischen Abwicklung wird von einer Verpflichtung zur Übermittlung von Dokumenten, die nicht in elektronischer Form vorliegen, abgesehen.

Zu § 122l: Eintragung der grenzüberschreitenden Verschmelzung

§ 122l regelt die Eintragung einer übernehmenden oder neuen Gesellschaft, die dem deutschen Recht unterliegt (vgl. § 122a Abs. 2). Er ersetzt für die grenzüberschreitende Verschmelzung die Regelung über die Eintragung in § 19 Abs. 1 und 2.

Zu § 122l Abs. 1

Nach Satz 1 ist die grenzüberschreitende Verschmelzung bei einer Verschmelzung zur Aufnahme vom Vertretungsorgan der übernehmenden Gesellschaft anzumelden. Dies entspricht der Regelung in § 16 Abs. 1 Satz 2. Bei einer Verschmelzung durch Neugründung ist die neu gegründete Gesellschaft in Anlehnung an § 38 Abs. 2 von den Vertretungsorganen der deutschen oder ausländischen übertragenden Gesellschaften anzumelden. Zuständig ist jeweils das Registergericht des Sitzes der Gesellschaft.

Die Sätze 2 und 3 regeln die Anforderungen an die vorzulegenden Unterlagen. Satz 2 bestimmt, dass für die Eintragung die Verschmelzungsbescheinigungen, der gemeinsame Verschmelzungsplan und gegebenenfalls die Vereinbarung über die Beteiligung der Arbeitnehmer vorzulegen sind. § 16 Abs. 2 und 3 und § 17 finden auf übertragende Gesellschaften keine Anwendung. Die dort geregelten Nachweise sind für deutsche übertragende Gesell-

---

4) Vgl. BT-Drs. 16/960.

schaften bereits für die Verschmelzungsbescheinigung zu erbringen. Auch für eine ausländische übertragende Gesellschaft sind die sie betreffenden Voraussetzungen der grenzüberschreitenden Verschmelzung nach Artikel 10 der Richtlinie bereits in der Verschmelzungsbescheinigung dokumentiert.

Zu § 122l Abs. 2

Bei der Eintragung ist die Rechtmäßigkeit der Verschmelzung in Bezug auf die Verfahrensschritte zu prüfen, die die Durchführung der grenzüberschreitenden Verschmelzung und gegebenenfalls die Gründung einer neuen Gesellschaft betreffen (Artikel 11 Abs. 1 Satz 1 der Richtlinie). Die nach Absatz 2 insbesondere zu prüfenden Voraussetzungen entsprechen Artikel 11 Abs. 1 Satz 2 der Richtlinie. Das deutsche Registergericht prüft weiterhin die Eintragungsvoraussetzungen des deutschen Rechts. Die Voraussetzungen, die bereits Gegenstand einer von einem Registergericht oder einer zuständigen ausländischen Stelle ausgestellten Verschmelzungsbescheinigung sind, sind jedoch nicht erneut zu prüfen (vgl. zu Absatz 1 Satz 3).

Zu § 122l Abs. 3

Absatz 3 stellt sicher, dass die Eintragung den Registern mitgeteilt wird, bei denen übertragende Gesellschaften eingetragen sind. Dies betrifft auch ausländische Register. Die Mitteilungspflicht entspricht Artikel 13 Satz 2 der Richtlinie.

§ 125 (zu Artikel 1 Nr. 18)

Es handelt sich um eine Folgeänderung zu Nummer 17. Die neuen Vorschriften über die grenzüberschreitende Verschmelzung im Zehnten Abschnitt des Zweiten Buches sind für Spaltungen nicht anwendbar.

§ 130 (zu Artikel 1 Nr. 19)

Auf die Begründung zu Nummer 5 wird verwiesen.

§ 131 (zu Artikel 1 Nr. 20)

Es handelt sich um eine Folgeänderung zur Aufhebung des § 132 durch Nummer 21.

§ 132 (zu Artikel 1 Nr. 21)

Bei der grundlegenden Reform des Umwandlungsrechts im Jahr 1994 war erstmals die Möglichkeit der Spaltung von Rechtsträgern eingeführt worden. Vor dem Hintergrund der damals noch fehlenden Erfahrung mit diesem neuen Rechtsinstitut hatte der Gesetzgeber in § 132 eine Vorschrift über den generellen Vorrang der Übertragungsverbote nach allgemeinem Recht aufgenommen. Eine gewisse Rolle spielte dabei auch die latente Befürchtung, Spaltungen könnten dazu missbraucht werden, die bei einer Einzelrechtsübertragung bestehenden Beschränkungen zu umgehen. Bei der praktischen Anwendung der Regelung zeigten sich dann aber erhebliche Schwierigkeiten. Versuche, diesen durch Auslegung zu begegnen, blieben vielfach ohne Erfolg. Dies führte letztlich zu Rechtsunsicherheit. Wissenschaft und Praxis beurteilen die Regelung als „Spaltungsbremse" (vgl. jüngst wieder Heidenhain, ZHR 2004, 468 ff.). Es wird daher vorgeschlagen, § 132 aufzuheben und damit die Gesamtrechtsnachfolge bei Verschmelzung und Spaltung künftig denselben Grundsätzen zu unterwerfen. Danach bleiben von der Rechtsnachfolge nur höchstpersönliche Rechte und Pflichten ausgenommen. Ob und inwieweit ein durch den Rechtsübergang betroffener Dritter, der sich durch die Gesamtrechtsnachfolge einem neuen Vertragspartner gegenübersieht, diesen Zustand akzeptieren muss oder sich dagegen durch Kündigung, Rücktritt, Berufung auf den Wegfall der Geschäftsgrundlage o.Ä. wehren kann, ergibt sich aus den insoweit geltenden allgemeinen Vorschriften.

Zweites Gesetz zur Änderung des Umwandlungsgesetzes

§ 141 (zu Artikel 1 Nr. 22)

Das generelle Spaltungsverbot in der Nachgründungsphase ist im Schrifttum wiederholt kritisiert worden. Die Regierungskommission "Corporate Governance" hat sich diese Kritik zu eigen gemacht. Bemängelt wird, die Regelung behindere den Aufbau sinnvoller Holdingstrukturen. Die Praxis behelfe sich zwar mit Sachausgründungen, diese seien aber gegenüber einer Ausgliederung nach dem UmwG wegen der nicht möglichen partiellen Gesamtrechtsnachfolge mit höheren Transaktionskosten verbunden. Um dieser Kritik Rechnung zu tragen, soll künftig die Ausgliederung zur Neugründung von dem bisherigen Verbot ausgenommen werden. In diesem Fall erhält die übertragende AG oder Kommandit-AG als Gegenleistung für das übertragene Vermögen die Anteile an dem neuen Rechtsträger. Für die Ausgliederung zur Aufnahme droht dagegen ein Vermögensverlust, wenn der übernehmende Rechtsträger überschuldet ist oder dessen Anteile nicht vollständig der übertragenden Gesellschaft gehören und das Umtauschverhältnis unzutreffend festgesetzt wird. Für diesen Fall soll es daher bei dem Verbot bleiben.

§ 151 (zu Artikel 1 Nr. 23)

Die Änderung des § 151 Satz 2 ermöglicht es einem Bedürfnis der Praxis entsprechend Versicherungsvereinen auf Gegenseitigkeit, im Wege der Ausgliederung einen Vermögensteil auf eine bestehende oder neue Aktiengesellschaft zu übertragen. Bisher war nur eine Übertragung auf Gesellschaften mit beschränkter Haftung möglich.

§ 192 (zu Artikel 1 Nr. 24)

Das in § 192 Abs. 2 UmwG bisher vorgesehene Erfordernis, dem Umwandlungsbericht eine Vermögensaufstellung beizufügen, wird als verfehlte Regelung kritisiert. Da gemäß § 197 Satz 1 UmwG bei einem Formwechsel grundsätzlich die Gründungsvorschriften anzuwenden seien, erspare sich nicht den im Rahmen einer Gründungsprüfung nötigen Nachweis der Werthaltigkeit. Auch eine Unternehmensbewertung für die Bemessung der Barabfindung gemäß § 208 in Verbindung mit § 30 UmwG werde nicht überflüssig. Die Aufdeckung aller stillen Reserven aus Anlass eines Formwechsels sei aber nicht notwendig. Die Regelung soll daher ersatzlos gestrichen werden. An die Stelle rückt der bisherige Absatz 3.

§ 197 (zu Artikel 1 Nr. 25)

Durch die Regelung in § 197 Satz 2 soll die Anwendung des § 31 AktG über die Bestellung des Aufsichtsrats bei einer Sachgründung für den Fall des Formwechsels nicht ausgeschlossen sein. Dies soll in einem neuen Satz ausdrücklich klargestellt werden

§ 198 (zu Artikel 1 Nr. 26)

Auf die Begründung zu Nummer 5 wird verwiesen.

§ 213 (zu Artikel 1 Nr. 27)

Es handelt sich um eine Folgeänderung zur Änderung des § 35 (vgl. zu Nummer 7).

§ 228 (zu Artikel 1 Nr. 28)

Wegen der früher im Einzelfall bestehenden Unsicherheit der Einordnung einer Personengesellschaft als BGB-Gesellschaft oder als Personenhandelsgesellschaft sah § 228 Abs. 2 bisher vor, dass im Umwandlungsbeschluss einer Kapitalgesellschaft hilfsweise der Wechsel in die BGB-Gesellschaft vorgesehen werden kann, wenn der Unternehmensgegenstand nicht der Anforderungen an eine offene Handelsgesellschaft genügt. Nach der Änderung des § 105 Abs. 2 HGB durch das Handelsrechtsreformgesetz, wonach eine im Handelsregister eingetragene Gesellschaft oHG ist, erscheint die Regelung entbehrlich. Sie soll daher gestrichen werden. An die Stelle rückt der bisherige Absatz 3.

Zweites Gesetz zur Änderung des Umwandlungsgesetzes

§ 229 (zu Artikel 1 Nr. 29)

Die Streichung beruht als Folgeänderung auf der Streichung des § 192 Abs. 2 (vgl. zu Nummer 24).

§ 234 (zu Artikel 1 Nr. 30)

Im Gegensatz zu § 218 beim Formwechsel einer Personenhandelsgesellschaft in eine GmbH ist in § 234 derzeit (außer für die Partnerschaftsgesellschaft) nicht ausdrücklich vorgeschrieben, dass beim umgekehrten Fall des Formwechsels einer Kapitalgesellschaft in eine Personengesellschaft auch der Gesellschaftsvertrag dieser Gesellschaft Bestandteil des Umwandlungsbeschlusses sein muss. In der Praxis ergab sich daraus die Unsicherheit, ob bei einem Formwechsel in die KG mit der in § 233 Abs. 2 vorgeschriebenen Dreiviertelmehrheit auch der Gesellschaftsvertrag beschlossen werden kann.

Daher soll künftig wie in § 218 der Gesellschaftsvertrag ausdrücklich zum notwendigen Beschlussinhalt gehören. Zwar wird damit abweichend vom sonstigen Recht der Gesellschaftsvertrag der Personengesellschaft einem Formerfordernis unterworfen. Bei einem Wechsel aus der Kapitalgesellschaft in die Personengesellschaft erscheint dies aber angemessen.

§ 238 (zu Artikel 1 Nr. 31)

Auch hier handelt es sich um Folgeänderungen zur Streichung des § 192 Abs. 2 (vgl. zu Nummer 24).

§ 245 (zu Artikel 1 Nr. 32)

§ 245 Abs. 1 Satz 2 verweist über § 220 Abs. 3 Satz 2 auf die Anwendung der Nachgründungsregeln in § 52 AktG. Beim Formwechsel einer GmbH in eine AG oder Kommandit-AG ist aber zu berücksichtigen, dass sich die Kapitalaufbringung bei der GmbH nicht grundlegend von den Kapitalaufbringungsregeln des AktG unterscheidet. Die Anwendung des § 52 AktG erscheint daher nur angezeigt, wenn die GmbH vor dem Wirksamwerden des Formwechsels weniger als zwei Jahre im Handelsregister eingetragen war (Absatz 1).

Klargestellt wird ferner in den Absätzen 2 und 3, dass beim Formwechsel einer AG in eine Kommandit-AG und umgekehrt die Nachgründungsvorschrift des § 52 AktG, die bereits für die Ausgangsrechtsform zu beachten war, nicht erneut angewendet werden muss.

§ 247 (zu Artikel 1 Nr. 33)

Die Regelung in Absatz 2 hat ihren Ursprung noch in einer Zeit, bevor die vereinfachte Kapitalherabsetzung in § 58a GmbHG eingeführt wurde. Sie verleitet zu dem Fehlschluss, beim Formwechsel einer AG oder Kommandit-AG in eine GmbH sei eine rückwirkende vereinfachte Kapitalherabsetzung unzulässig. Auf Anregung der Praxis soll die Vorschrift daher gestrichen werden. An die Stelle tritt der bisherige Absatz 3.

§§ 251, 260, 274, 283 (zu Artikel 1 Nr. 34)

Es handelt sich um Folgeänderungen zur Streichung des § 192 Abs. 2 (vgl. zu Nummer 24).

§ 314a (zu Artikel 1 Nr. 35)

Um eine effektive Durchsetzung des Gläubigerschutzes bei grenzüberschreitenden Verschmelzungen (vgl. zu Nummer 17) zu gewährleisten, wird in § 314a die Abgabe einer falschen Versicherung nach § 122k Abs. 1 Satz 3 unter Strafe gestellt. Eine solche Strafbewehrung hat sich in der Praxis bewährt, um die Mitglieder des Vertretungsorgans zur Abgabe einer ordnungsgemäßen Versicherung anzuhalten. Eine entsprechende Vorschrift findet sich auch bereits in § 53 Abs. 3 Nr. 2 des SE-Ausführungsgesetzes.

Zweites Gesetz zur Änderung des Umwandlungsgesetzes

§ 316 (zu Artikel 1 Nr. 36)

Es handelt sich um eine Folgeänderung zur Regelung der grenzüberschreitenden Verschmelzung (vgl. zu Nummer 17). Durch die Aufnahme von § 122k Abs. 1 und § 122l Abs. 1 in die Aufzählung in § 316 Abs. 2 wird klargestellt, dass wie bei innerstaatlichen Verschmelzungen auch die Anmeldung einer grenzüberschreitenden Verschmelzung nicht durch Zwangsgeld erzwungen werden kann.

III. Gesetzesbegründung v. 31.01.2007
(Beschlussempfehlung und Bericht des Rechtsausschusses zum Gesetzentwurf der Bundesregierung „Entwurf eines Zweiten Gesetzes zur Änderung des Umwandlungsgesetzes", BT-Drs. 16/4193)

Im Folgenden wird lediglich die Begründung zu Änderungen des UmwG durch die Beschlussempfehlung des Rechtsausschusses v. 31.01.2007 (**IV. Zur Begründung der Beschlussempfehlung**) wiedergegeben.[5]

Änderung des Umwandlungsgesetzes UmwG (zu Artikel 1)

§ 16 (zu Artikel 1 Nr. 3)

Buchstabe a entspricht dem bisherigen Artikel 1 Nr. 3.

Mit der Regelung in Buchstabe b wird klargestellt, dass die Rechtsbeschwerde im umwandlungsrechtlichen Freigabeverfahren ausgeschlossen ist. Dies entspricht der Entscheidung des Bundesgerichtshofs vom 29. Mai 2006 (BGHZ 168, 48). Parallele Änderungen für die Freigabeverfahren in § 246a Abs. 3 und § 319 Abs. 6 AktG finden sich in Artikel 3 Nr. 4 und 5.

§§ 122j, 122l (zu Artikel 1 Nr. 17)

In § 122j Abs. 1 wird nun unmissverständlich geregelt, dass § 122j als Sonderregelung zum Gläubigerschutz nur dann gilt, wenn die übernehmende oder neue Gesellschaft nicht dem deutschen Recht unterliegt. Für alle anderen Fälle verbleibt es bei der Regelung in § 22. Dies ergab sich bisher lediglich aus der Begründung. Zugleich ist Absatz 1 redaktionell übersichtlicher gefasst worden.

In § 122l Abs. 1 Satz 1 wird ein Redaktionsversehen berichtigt.

§ 133 (zu Artikel 1 Nr. 21a)

Die Änderung schützt die Gläubiger von Versorgungsansprüchen nach dem Betriebsrentengesetz. Die neu eingefügte Regelung stellt sicher, dass eine Gesellschaft, die solche Versorgungsansprüche im Wege der Spaltung auf eine andere Gesellschaft überträgt, für diese Verbindlichkeiten noch zehn Jahre nach Bekanntmachung der Eintragung der Spaltung gesamtschuldnerisch mithaftet.

§ 134 (zu Artikel 1 Nr. 21b)

Es handelt sich um redaktionelle Änderungen.

Durch die Änderung in Buchstabe a wird die ausgeschriebene Bezeichnung des Gesetzes zur Verbesserung der betrieblichen Altersvorsorge durch die inzwischen eingeführte Kurzbezeichnung „Betriebsrentengesetz" ersetzt.

Bei der Änderung in Buchstabe b handelt es sich um eine Folgeänderung zu der Änderung des § 133 Abs. 3 in Nummer 21a.

---

5) Vgl. BT-Drs. 16/4193. Redaktionelle Anpassungen zur Verbesserung der Übersichtlichkeit wurden vorgenommen. Hinsichtlich der Begründung zu den Änderungen des AktG durch die Beschlussempfehlung des Rechtsausschusses v. 31.01.2007 siehe BT-Drs. 16/4193 S. 12.

Abschnitt D

Gesetz über steuerliche Begleitmaßnahmen zur Einführung der Europäischen Gesellschaft und zur Änderung weiterer steuerrechtlicher Vorschriften (SEStEG) v. 07.12.2006

I. Überblick über das Gesetzgebungsverfahren

Der **Bundestag** hat am 09.11.2006 den von der Bundesregierung eingebrachten *„Entwurf eines Gesetzes über steuerliche Begleitmaßnahmen zur Einführung der Europäischen Gesellschaft und zur Änderung weiterer steuerrechtlicher Vorschriften (SEStEG)"* in der Fassung der Beschlussempfehlung und des Berichts des Finanzausschusses des Bundestages beschlossen.[1]

Der **Bundesrat** hat in seiner Sitzung am 24.11.2006 dem vom Bundestag verabschiedeten Gesetz zugestimmt und auf die Möglichkeit der Anrufung des Vermittlungsausschusses verzichtet.[2]

Das Gesetz wurde am 12.12.2006 im Bundesgesetzblatt verkündet und trat am Tag nach der Verkündung in Kraft.[3]

Die nachstehende Abbildung fasst den Ablauf des Gesetzgebungsverfahrens des SEStEG zusammen.

---

1) Zum Gesetzentwurf der Bundesregierung v. 25.09.2006 siehe BT-Drs. 16/2710. Zur Beschlussempfehlung des Rechtsausschusses v. 08.11.2006 siehe BT-Drs. 16/3315; zum Bericht des Rechtsausschusses v. 09.11.2006 siehe BT-Drs. 16/3315. Zum Beschluss durch den Bundestag v. 09.11.2006 vgl. BR-Drs. 836/06.
2) Vgl. BR-Drs. 836/06, Beschluss.
3) Vgl. BGBl. I 2006 S. 2782.

SEStEG

Gesetzesinitiative (Art. 76 GG)

Bundesregierung
- Gesetzentwurf v. 11.08.2006 (BR-Drs. 542/06)
- Gesetzentwurf v. 25.09.2006 (BT-Drs. 16/2710)
- Gegenäußerung v. 12.10.2006 (BT-Drs. 16/2934)

Bundesrat
- Zuweisung an FinanzA (fdf.) und WirtschA
- 1. Durchgang: Stellungnahme v. 22.09.2006 (BR-Drs. 542/06, Beschluss)

Ausschüsse Bundesrat
- Empfehlungen der Ausschüsse v. 11.09.2006 (BR-Drs. 542/1/06)

Hauptverfahren (Art. 77 ff. GG)

Ausschüsse Bundestag
- Überweisung an FinanzA (fdf.), RechtsA und AfWi
- öffentliche Anhörung am 18.10.2006 (Protokoll FinanzA 16/34)
- Beschlussempfehlung des FinanzA v. 08.11.2006 (BT-Drs. 16/3315)
- Bericht des FinanzA v. 09.11.2006 (BT-Drs. 16/3369)

Bundestag
- 1. Lesung am 28.09.2006 (Plenarprotokoll 16/54)
- 2. und 3. Lesung am 09.11.2006 (Plenarprotokoll 16/63)
- Annahme Gesetzentwurf i.d.Ausschussfassung am 09.11.2006 (BR-Drs. 836/06)

Bundesrat
- Zuweisung an FinanzA
- 2. Durchgang: Zustimmung am 24.11.2006 (BR-Drs. 836/06, Beschluss)

Ausschüsse Bundesrat
- Beratung

Ausfertigung und Verkündung (Art. 82 GG)

- Ausfertigung des Gesetzes am 07.12.2006
- Verkündung des Gesetzes am 12.12.2006 (BGBl. I 2006 S. 2782)

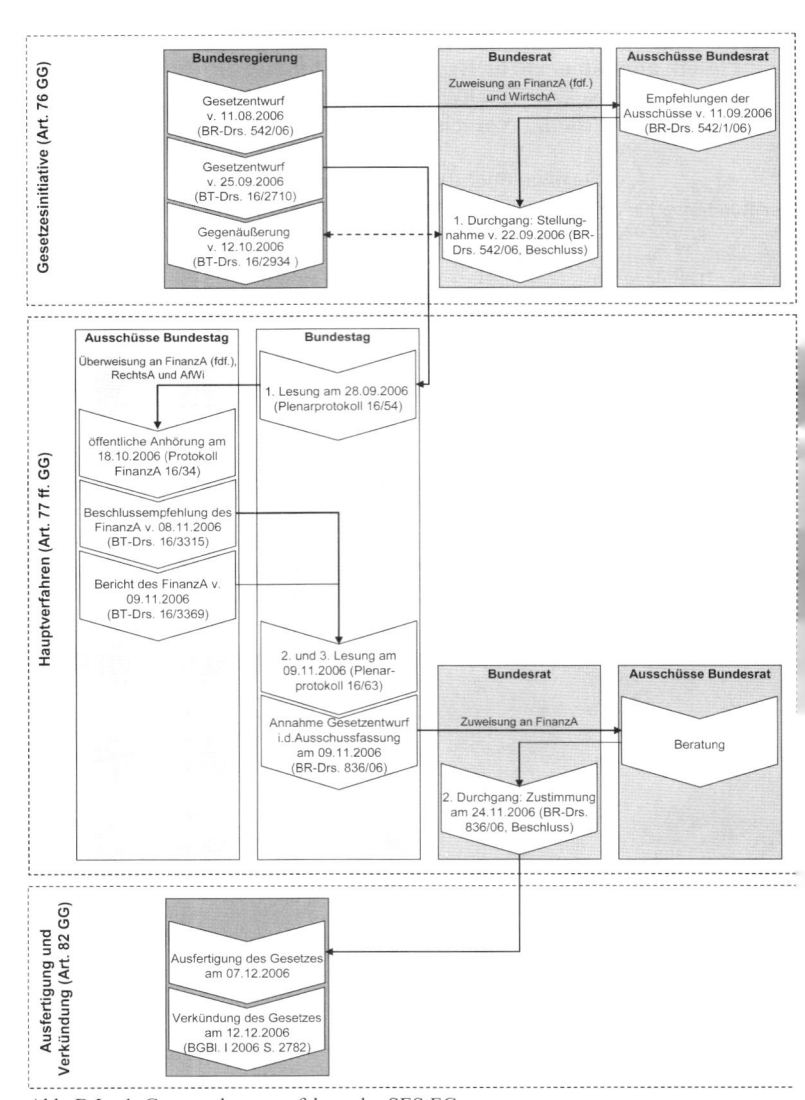

Abb. D.I. - 1. Gesetzgebungsverfahren des SEStEG

II. Gesetzesbegründung v. 25.09.2006
(Gesetzentwurf der Bundesregierung „Entwurf eines Gesetzes über steuerliche Begleitmaßnahmen zur Einführung der Europäischen Gesellschaft und zur Änderung weiterer steuerrechtlicher Vorschriften (SEStEG)",
BT-Drs. 16/2710)

Im Folgenden wird lediglich der **Besondere Teil (II. Besonderer Teil)** der Gesetzesbegründung v. 25.09.2006 zum Gesetzentwurf der Bundesregierung *„Entwurf eines Gesetzes über steuerliche Begleitmaßnahmen zur Einführung der Europäischen Gesellschaft und zur Änderung weiterer steuerlicher Vorschriften (SEStEG)"* in Auszügen wiedergegeben.[4]

Alle nachfolgenden Streichungen sind redaktionelle Anpassungen durch die Autoren. Die entsprechenden Teile der Gesetzesbegründung sind aufgrund späterer Änderungen im Gesetzgebungsverfahren nach Auffassung der Autoren nicht mehr einschlägig.

1. Einkommensteuergesetz (EStG)

§ 3 Nr. 40 (zu Artikel 1 Nr. 1)

Satz 1 Buchstabe a Satz 3 – neu – (zu Buchstabe a)

Ebenso wie bei der Wertaufholung nach einer früheren, voll steuerwirksamen Teilwertabschreibung gilt die hälftige Steuerbefreiung für Veräußerungsgewinne aus Beteiligungen nicht, soweit in früheren Jahren (vor dem zeitlichen Geltungsbereich des Halbeinkünfteverfahrens) ein voll steuerwirksamer Abzug nach § 6b EStG oder hiermit vergleichbare Abzüge vorgenommen worden sind. Vergleichbare Abzüge sind z.B. Begünstigungen nach § 30 BergbauRatG zur Förderung des Steinkohlebergbaus. § 8b Abs. 2 KStG wird entsprechend ergänzt (vgl. Artikel 3 Nr. 4).

Sätze 3 und 4 – aufgehoben – (zu Buchstabe b)

Redaktionelle Anpassung infolge des Wegfalls einbringungsgeborener Anteile durch die konzeptionelle Neuausrichtung des Einbringungsteils des Umwandlungssteuergesetzes.

§ 4 Abs. 1 (zu Artikel 1 Nr. 2)

Sätze 3 bis 5 – neu – (zu Buchstabe a)

Satz 3 – neu – beinhaltet eine Klarstellung zum geltenden Recht. Der bisher bereits bestehende höchstrichterlich entwickelte und von der Finanzverwaltung angewandte Entstrickungstatbestand der Aufdeckung der stillen Reserven bei Wegfall des deutschen Besteuerungsrechts auf Wirtschaftsgüter des Betriebsvermögens wird nunmehr gesetzlich geregelt und in das bestehende Ertragsteuersystem eingepasst. Er dient der Sicherstellung der Aufdeckung und Besteuerung der in der Bundesrepublik Deutschland entstandenen stillen Reserven von zum Betriebsvermögen gehörenden Wirtschaftsgütern.

Zu den Entnahmen für betriebsfremde Zwecke gehört insbesondere die Überführung eines Wirtschaftsguts von einem inländischen Betrieb in eine ausländische Betriebsstätte des Steuerpflichtigen, wenn der Gewinn der ausländischen Betriebsstätte auf Grund eines Abkommens zur Vermeidung der Doppelbesteuerung von der inländischen Besteuerung freigestellt ist oder die ausländische Steuer im Inland anzurechnen ist. Dabei gelten für die Zuordnung der Wirtschaftsgüter unverändert die bisherigen Grundsätze (BMF-Schreiben vom

---

[4] Vgl. BT-Drs. 16/2710. Redaktionelle Anpassungen zur Verbesserung der Übersichtlichkeit wurden vorgenommen. Hinsichtlich des Allgemeinen Teils der Gesetzesbegründung sowie der Begründung zu den Änderungen der EStDV und GewStDV sowie des BewG, Finanzverwaltungsgesetzes, Gesetzes über steuerrechtliche Maßnahmen bei Erhöhung des Nennkapitals aus Gesellschaftsmitteln und des Mitbestimmungs-Beibehaltungsgesetzes durch den Gesetzentwurf der Bundesregierung v. 25.09.2006 siehe BT-Drs. 16/2710 S. 25 ff.

24. Dezember 1999, BStBl I S. 1076, Tz. 2.4). Danach unterbleibt z.B. die Zuordnung von Wirtschaftsgütern zu einer ausländischen Betriebsstätte, wenn diese nur vorübergehend überlassen werden und die Überlassung wie unter Fremden auf Grund eines Miet-, Pacht- oder ähnlichen Rechtsverhältnisses erfolgt wäre.

Die Nutzung eines einer inländischen Betriebsstätte zugeordneten Wirtschaftsguts in einer ausländischen Betriebsstätte stellt eine Entnahme für betriebsfremde Zwecke dar, die nach § 6 Abs. 1 Nr. 4 Satz 1 zweiter Halbsatz zukünftig mit dem gemeinen Wert zu bewerten ist.

Die Sätze 4 ~~und 5~~ – neu – regeln den Sonderfall der Einschränkung des deutschen Besteuerungsrechts für Anteile an einer Europäischen Gesellschaft oder Europäischen Genossenschaft. Die Verlegung des Sitzes einer Europäischen Gesellschaft oder Europäischen Genossenschaft kann auch hinsichtlich der Anteile, die einer inländischen Betriebsstätte zuzurechnen sind, zur Entstrickung führen, da das Besteuerungsrecht Deutschlands an dem Betriebsstättenvermögen beschränkt wird. Nach Artikel 10d Abs. 1 FusionsRL ist jedoch eine Besteuerung der Gesellschafter auf Grund der Sitzverlegung einer Europäischen Gesellschaft oder Europäischen Genossenschaft nicht zulässig. ~~Satz 5 enthält entsprechend Artikel 10d Abs. 2 FusionsRL eine Regelung zur Besteuerung des Gewinns aus einer späteren Veräußerung dieser Anteile. Für Anteile, die im Privatvermögen gehalten werden, gilt § 17 Abs. 5 EStG.~~

Satz 8 (zu Buchstabe b)

Korrespondierend zur Behandlung des Verlusts des Besteuerungsrechts als Entnahme wird die Begründung des Besteuerungsrechts der Bundesrepublik Deutschland als Einlage behandelt. Dabei ist der Wechsel von einem eingeschränkten zu einem uneingeschränkten Besteuerungsrecht (z.B. ein bisher der DBA-Anrechnungsmethode unterliegendes Wirtschaftsgut wird in die unbeschränkte Steuerpflicht überführt) nicht als Einlage zu behandeln, da das Wirtschaftsgut bereits steuerverstrickt war.

§ 6 (zu Artikel 1 Nr. 3)

Abs. 1 (zu Buchstabe a)

Nr. 4 Satz 1 (zu Doppelbuchstabe aa)

Die Entnahme ist grundsätzlich mit dem Teilwert zu bewerten. Der Teilwert ist nach der Definition in § 6 Abs. 1 Nr. 1 Satz 3 EStG der Betrag, den ein Erwerber des ganzen Betriebs im Rahmen des Gesamtkaufpreises für das einzelne Wirtschaftsgut ansetzen würde; dabei ist davon auszugehen, dass der Erwerber den Betrieb fortführt.

Die Aufdeckung der stillen Reserven im Rahmen der ertragsteuerlichen Entstrickungstatbestände (§ 4 Abs. 1 Satz 3 EStG und § 12 KStG) erfolgt einheitlich zum gemeinen Wert. Bei mehreren Wirtschaftsgütern, die zusammen einen Betrieb, Teilbetrieb oder den gesamten Anteil eines Mitunternehmers bilden, bezieht sich der gemeine Wert entsprechend den Grundsätzen der Betriebsaufgabe/Totalentnahme (§ 16 Abs. 3 EStG) auf die Sachgesamtheit (selbstgeschaffene immaterielle Wirtschaftsgüter sowie ein eventuell vorhandener Geschäfts- oder Firmenwert wären hierin enthalten); in allen anderen Fällen auf das jeweilige Wirtschaftsgut. Der gemeine Wert ist gemäß § 9 Abs. 2 BewG der Betrag, der für das Wirtschaftsgut nach seiner Beschaffenheit im gewöhnlichen Geschäftsverkehr bei einer Veräußerung zu erzielen wäre. Dabei sind alle Umstände zu berücksichtigen, die den Preis beeinflussen; ungewöhnliche oder persönliche Verhältnisse bleiben unberücksichtigt. Der gemeine Wert erfasst auch einen Gewinnaufschlag.

Nr. 5 Satz 1 Buchstabe b (zu Doppelbuchstabe bb)

Redaktionelle Anpassung infolge der Änderungen in § 17 EStG.

Nr. 5a – neu – (zu Doppelbuchstabe cc)

§ 6 Abs. 1 Nr. 5a EStG regelt die Bewertung derjenigen Wirtschaftsgüter, an denen ein deutsches Besteuerungsrecht begründet wird (Verstrickung). Die Wirtschaftsgüter sind unabhängig von der steuerlichen Behandlung im abgebenden Staat mit dem gemeinen Wert anzusetzen.

Die Regelung des § 6 Abs. 1 Nr. 5a EStG findet nach § 8 Abs. 1 KStG auch auf Körperschaften, Personenvereinigungen und Vermögensmassen Anwendung.

Abs. 2 (zu Buchstabe b)

Mit der Änderung wird sichergestellt, dass eine Sofortabschreibung für geringwertige Wirtschaftsgüter auch in den Fällen der Verstrickung gemäß § 6 Abs. 1 Nr. 5a EStG vorgenommen werden kann.

Abs. 4 (zu Buchstabe c)

Redaktionelle Anpassung infolge der Änderungen in § 4 EStG.

§ 6b Abs. 10 Satz 11 (zu Artikel 1 Nr. 4)

Redaktionelle Folgeänderung auf Grund der Neukonzeption des Einbringungsteils in § 20 ff. UmwStG (Artikel 6).

§ 17 (zu Artikel 1 Nr. 5)

Abs. 2 Satz 3 – neu – (zu Buchstabe a)

In den Fällen des Zuzugs eines Steuerpflichtigen wird sichergestellt, dass bei der Ermittlung des Gewinns aus einer späteren Veräußerung von verstrickten Anteilen nicht die ursprünglichen Anschaffungskosten, sondern der Wert, den der Wegzugsstaat einer § 6 AStG vergleichbaren Wegzugsbesteuerung unterworfen hat, berücksichtigt wird (Wertverknüpfung). Der Wert ist auf den gemeinen Wert begrenzt.

Abs. 4 Satz 1 (zu Buchstabe b)

Absatz 4 zählt die veräußerungsgleichen Tatbestände auf, nämlich die Kapitalherabsetzung, wenn das Kapital zurückgezahlt wird, und die Ausschüttung oder Zurückzahlung von Beträgen aus dem steuerlichen Einlagekonto im Sinne des § 27 KStG. Als veräußerungsgleicher Tatbestand gilt auch die verdeckte Einlage, vgl. § 17 Abs. 1 Satz 2 EStG.

Abs. 5 bis 7 – neu – (zu Buchstabe c)

Zu § 17 Abs. 5

Durch die Einfügung des Absatzes 5 wird in den Fällen der identitätswahrenden Sitzverlegung das Besteuerungsrecht der Bundesrepublik Deutschland sichergestellt. Die Anteile gelten als zum gemeinen Wert veräußert, wenn das Besteuerungsrecht der Bundesrepublik Deutschland am Gewinn aus der Veräußerung der Anteile beschränkt oder ausgeschlossen wird. Nicht unter diese Veräußerungsfiktion fallen jedoch Sitzverlegungen einer Europäischen Gesellschaft und Sitzverlegungen in einen anderen Mitgliedstaat der Europäischen Union, da nach Artikel 10d Abs. 1 FusionsRL eine Besteuerung der Gesellschafter auf Grund der Sitzverlegung einer Europäischen Gesellschaft oder Europäischen Genossenschaft nicht zulässig ist. Werden die Anteile an einer solchen Gesellschaft später veräußert, kann die Bundesrepublik Deutschland – entsprechend Artikel 10d Abs. 2 FusionsRL – den Veräußerungsgewinn ungeachtet der Bestimmungen eines Abkommens zur Vermeidung der Doppelbesteuerung so besteuern, als hätte die Sitzverlegung nicht stattgefunden.

Zu § 17 Abs. 6

Hat der Steuerpflichtige im Rahmen eines Einbringungsvorgangs für Anteile i.S.d. § 17 Abs. 1 EStG als Gegenleistung Anteile erhalten, die nicht zu einer Beteiligung i.S.d. § 17

Abs. 1 EStG führen, sind diese Anteile gleichwohl steuerverstrickt. Die Regelung ist erforderlich, damit die Steuerpflicht nicht durch Einbringungsvorgang umgangen werden kann.

Zu § 17 Abs. 7

Durch Absatz 7 wird sichergestellt, dass auch die Gewinne aus der Veräußerung von Anteilen an Genossenschaften, insbesondere an Europäischen Genossenschaften, von § 17 EStG erfasst werden. Die Erweiterung des Anwendungsbereichs ist erforderlich, da Anteile an nicht nach deutschem Recht gegründeten Genossenschaften und der Europäischen Genossenschaft ebenfalls veräußerbar sind.

§ 20 Abs. 1 (zu Artikel 1 Nr. 6)

Nr. 2 Satz 1 (zu Buchstabe a)

Redaktionelle Folgeänderung auf Grund des erweiterten Anwendungsbereichs des § 27 KStG (Artikel 3 Nr. 9).

Nr. 10 Buchstabe b Satz 1 (zu Buchstabe b)

Redaktionelle Folgeänderung auf Grund der Neukonzeption des Einbringungsteils in § 20 ff. UmwStG (Artikel 6).

§ 44 Abs. 6 (zu Artikel 1 Nr. 7)

Redaktionelle Folgeänderung auf Grund der Neukonzeption des Einbringungsteils in § 20 ff. UmwStG (Artikel 6).

§ 49 Abs. 1 Nr. 2 Buchstabe f Satz 2 (zu Artikel 1 Nr. 8)

Redaktionelle Anpassung auf Grund der Änderung des § 8 Abs. 2 KStG (Artikel 3 Nr. 3).

§ 52 (zu Artikel 1 Nr. 9)

Abs. 3 Satz 5 (zu Buchstabe a)

Die Ergänzung stellt klar, dass auch in den Fällen des Wegfalls der unbeschränkten Steuerpflicht auf Grund der Verlegung des Wohnsitzes oder des Sitzes im Rahmen des § 2a EStG eine Nachversteuerung abgezogener Verluste zu erfolgen hat. Damit wird von den in Artikel 10 Abs. 1 Satz 2 FusionsRL eingeräumten Befugnissen Gebrauch gemacht.

Abs. 4b Satz 2 – neu – (zu Buchstabe b)

Nach der Neukonzeption des Sechsten Teils des Umwandlungssteuergesetzes in § 20 UmwStG gibt es künftig keine einbringungsgeborenen Anteile mehr. Die bisherigen Sonderregelungen für einbringungsgeborene Anteile sind für Anteile weiter anzuwenden, die noch nach den Regelungen für Einbringungen des bisher geltenden Umwandlungssteuergesetzes entstanden sind.

Abs. 8b – neu – (zu Buchstabe c)

Die Regelung enthält den zeitlichen Anwendungsbereich der Entstrickungsregelungen.

Abs. 16 Satz 1 (zu Buchstabe d)

Die Regelung enthält den zeitlichen Anwendungsbereich für die Bewertung von Wirtschaftsgütern und Nutzungen bei der Entstrickung.

Abs. 18b – neu – (zu Buchstabe e)

Zeitliche Anwendung der redaktionellen Folgeänderung in § 6b EStG.

2. Körperschaftsteuergesetz (KStG)

Inhaltsübersicht (zu Artikel 3 Nr. 1)

Redaktionelle Anpassung der Inhaltsübersicht auf Grund der Neufassung der §§ 12 und 40 KStG.

§ 1 Abs. 1 Nr. 1 und 2 (zu Artikel 3 Nr. 2)

Zu § 1 Abs. 1 Nr. 1

Der Katalog der unter § 1 Abs. 1 Nr. 1 KStG fallenden Gesellschaften (Kapitalgesellschaften) wird um die Europäische Gesellschaft erweitert. Durch die Einfügung des Wortes „insbesondere" ist klargestellt, dass es sich nicht um eine abschließende Aufzählung von Gesellschaftsformen handelt. Unbeschränkt körperschaftsteuerpflichtig können danach auch solche Gesellschaften sein, die zwar nicht nach deutschem oder europäischem Recht gegründet worden sind, die aber nach ihrem Gründungsstatut einer Kapitalgesellschaft entsprechen (Typenvergleich). Auf diese Gesellschaften finden über § 1 Abs. 1 Nr. 1 KStG die für Kapitalgesellschaften geltenden Regelungen (z.B. § 8 Abs. 3 Satz 2, Abs. 4 Satz 2, § 8a KStG) Anwendung.

Zu § 1 Abs. 1 Nr. 2

Gemäß § 1 Abs. 1 Nr. 2 KStG ist die Europäische Genossenschaft unbeschränkt körperschaftsteuerpflichtig, wenn sie ihren Sitz oder ihre Geschäftsleitung in Deutschland hat. Es finden auf sie bei Vorliegen der entsprechenden Voraussetzungen die für Genossenschaften geltenden Vorschriften (z.B. § 5 Abs. 1 Nr. 10, 14, 22 und 25 KStG) Anwendung. Auf Grund der Änderung des Genossenschaftsrechts ist der bisher verwandte Begriff „Erwerbs- und Wirtschaftsgenossenschaft" überholt, er wird durch den Begriff "Genossenschaft" ersetzt.

§ 8 Abs. 2 (zu Artikel 3 Nr. 3)

Absatz 2 bestimmt, dass bei einem unbeschränkt Steuerpflichtigen im Sinne des § 1 Abs. 1 Nr. 1 bis 3 KStG alle Einkünfte als Einkünfte aus Gewerbebetrieb i.S.d. § 15 EStG zu behandeln sind. Das bisherige Merkmal der Verpflichtung zur Führung von Büchern nach den Vorschriften des Handelsgesetzbuchs wird aufgegeben und hat für die Qualifizierung als gewerbliche Einkünfte somit keine Bedeutung mehr.

§ 8b (zu Artikel 3 Nr. 4)

Abs. 2 (zu Buchstabe a)

Satz 3 (zu Doppelbuchstabe aa)

Redaktionelle Anpassung infolge der Neukonzeption des Einbringungsteils in § 20 ff. UmwStG (Artikel 6).

Satz 5 – neu – (zu Doppelbuchstabe bb)

§ 8b Abs. 2 sieht in der bisherigen Fassung bereits eine Ausnahme von der Steuerbefreiung für einen Veräußerungsgewinn aus einer Beteiligung vor, soweit früher eine steuerwirksame Teilwertabschreibung vorgenommen worden ist. Die Regelung wird systemkonform auf Abzugsbeträge nach § 6b EStG ausgedehnt. Die Steuerbefreiung für Veräußerungsgewinne aus Beteiligungen gilt danach nicht, soweit in früheren Jahren ein steuerwirksamer Abzug nach § 6b EStG oder vergleichbare Abzüge vorgenommen worden sind. Unter vergleichbare Abzüge fallen z.B. Begünstigungen nach § 30 BergbauRatG zur Förderung des Steinkohlebergbaus.

Abs. 4 – aufgehoben – (zu Buchstabe b)

Infolge der Neukonzeption des Einbringungsteils entstehen keine neuen einbringungsgeborenen Anteile mehr. Die besonderen Regelungen für einbringungsgeborene Anteile in § 3

Nr. 40 Satz 3 und 4 EStG und in § 8b Abs. 4 KStG können daher aufgehoben werden. Der Verkauf der aus der Einbringung entstandenen Anteile führt künftig nach § 22 UmwStG zu einer rückwirkenden Korrektur des Einbringungsvorgangs.

§ 9 Abs. 1 Nr. 1 (zu Nr. 5)

Es handelt sich um eine redaktionelle Anpassung an die Änderung in § 1 Abs. 1 Nr. 1 KStG. Erfasst werden von § 9 Abs. 1 Nr. 1 KStG auch Gesellschaften ausländischen Rechts, die mit einer Kommanditgesellschaft auf Aktien nach deutschem Recht vergleichbar sind, z.B. eine italienische Società a accomandita per azioni (S.u.p.a.).

§ 11 Abs. 1 und 7 (zu Artikel 3 Nr. 6)

Die Vorschrift wird redaktionell an die Änderungen in § 1 Abs. 1 Nr. 1 und 2 KStG angepasst.

§ 12 (zu Artikel 3 Nr. 7)

Die Neuregelung des § 12 KStG enthält einen allgemeinen Entstrickungstatbestand für Körperschaften, Personenvereinigungen und Vermögensmassen. Die Regelung ist eine Klarstellung zum geltenden Recht. Bisher bereits bestehende und höchstrichterlich spezifizierte Besteuerungstatbestände werden gesetzlich zusammengefasst und in das bestehende Ertragsteuersystem eingepasst.

Zu § 12 Abs. 1

Die Entstrickung im Rahmen des § 12 KStG führt wie die Entstrickung nach § 4 Abs. 1 Satz 3 EStG zur Aufdeckung der stillen Reserven oder zur Berücksichtigung von Nutzungsüberlassungen unter Zugrundelegung des gemeinen Werts. Dabei wird grundsätzlich zwischen dem Verlust oder der Beschränkung des deutschen Besteuerungsrechts an Einzelwirtschaftsgütern und an Sachgesamtheiten unterschieden; auf die Begründung zu § 4 Abs. 1 Satz 3 EStG wird insoweit verwiesen. Erfasst werden ausschließlich betrieblich veranlasste Vorgänge. Gesellschaftsrechtlich veranlasste Vorgänge, die den Tatbestand der verdeckten Gewinnausschüttung nach § 8 Abs. 3 Satz 2 KStG erfüllen, werden von der Entstrickungsregelung des § 12 KStG nicht erfasst.

Die Entstrickungsregelung des § 12 KStG umfasst insbesondere folgende Sachverhaltsgestaltungen, in denen

– ein Rechtsträgerwechsel (durch Einzel- oder Gesamtrechtsnachfolge) stattfindet,
– Vermögen die betriebliche Sphäre verlässt,
– die Steuerpflicht endet oder
– Wirtschaftsgüter dem deutschen Besteuerungszugriff entzogen werden.

Bei Nutzung eines dem inländischen Stammhaus zugeordneten Wirtschaftsguts in einer ausländischen Betriebsstätte wird eine Überlassung angenommen, die mit dem gemeinen Wert bewertet wird.

Die Gewährung einer Körperschaftsteuerbefreiung gemäß § 5 KStG stellt keinen Ausschluss und keine Beschränkung des deutschen Besteuerungsrechts dar. Die Gewährung einer Steuerbefreiung erfolgt gerade in Ausübung des Besteuerungsrechts. Die Rechtsfolgen bei Beginn oder Erlöschen einer Steuerbefreiung ergeben sich daher aus § 13 KStG. Eine Versteuerung der stillen Reserven nach § 12 KStG findet nicht statt.

~~Zur Regelung für im Betriebsvermögen einer Körperschaft, Personenvereinigung oder Vermögensmasse gehaltene Anteile an einer Europäischen Gesellschaft oder Europäischen Genossenschaft in den Fällen der Sitzverlegung wird auf die Begründung zu § 17 Abs. 5 EStG verwiesen.~~

Zu § 12 Abs. 2

Absatz 2 der Regelung knüpft an § 12 Abs. 2 Satz 2 KStG in der bisherigen Fassung an. Danach kann bei einem beschränkt Steuerpflichtigen unter bestimmten Voraussetzungen das inländische Vermögen einer Betriebsstätte als Ganzes auf einen anderen ausländischen Rechtsträger steuerneutral übertragen werden. Solche und vergleichbare Vorgänge sind auch künftig denkbar, da sich die im Umwandlungssteuergesetz vorgesehene Öffnung für grenzüberschreitende und ausländische Vorgänge nur auf die Europäische Union sowie den Europäischen Wirtschaftsraum erstreckt.

Durch die Neufassung des Absatzes 2 sind wie bisher nicht vom Umwandlungssteuergesetz erfasste Übertragungsvorgänge steuerneutral möglich, wenn der Übertragungsvorgang zwischen Rechtsträgern desselben ausländischen Staates mit einer Verschmelzung im Sinne des § 2 UmwG vergleichbar ist und das Besteuerungsrecht der Bundesrepublik Deutschland an den übertragenen Wirtschaftsgütern nicht beschränkt wird. Damit geht die Regelung über das bisherige Betriebsstättenerfordernis hinaus, sofern deutsche Besteuerungsrechte gewahrt bleiben.

Zu § 12 Abs. 3

In Anlehnung an die bisherige Regelung in § 12 Abs. 1 KStG regelt Absatz 3 die Rechtsfolgen der Sitzverlegung einer Körperschaft, Vermögensmasse oder Personenvereinigung. Die Sitzverlegung führt zur Auflösung und zur Anwendung der Rechtsfolgen des § 11 KStG, wenn die unbeschränkte Steuerpflicht in der Europäischen Union oder im Europäischen Wirtschaftsraum verloren geht oder die Körperschaft, Vermögensmasse oder Personenvereinigung dadurch nach einem Abkommen zur Vermeidung der Doppelbesteuerung mit einem anderen Staat als außerhalb der Europäischen Union oder des Europäischen Wirtschaftsraums ansässig anzusehen ist.

Die Regelung erfasst sämtliche Körperschaften, Vermögensmassen oder Personenvereinigungen, unabhängig davon, nach welchem Gründungsstatut sie entstanden sind. Unerheblich ist auch, ob das jeweils maßgebliche Gesellschaftsrecht der Gründungstheorie oder der Sitztheorie folgt.

Die steuerlichen Wirkungen der Auflösung für den Anteilseigner bzw. Gesellschafter richten sich nach allgemeinen Grundsätzen (z.B. § 17 Abs. 4 EStG).

§ 14 Abs. 1 (zu Artikel 3 Nr. 8)

Redaktionelle Anpassung auf Grund der Änderung in § 1 Abs. 1 Nr. 1 KStG. Organgesellschaft kann auch eine Europäische Gesellschaft sein.

§§ 27, 29 und 34 (zu Artikel 3 Nr. 9 bis 11)

Der Anwendungsbereich der Regelungen zum steuerlichen Einlagekonto wird auf das Gebiet der Europäischen Union ausgedehnt. Danach kann künftig für den inländischen Empfänger einer ausländischen Dividende ermittelt werden, ob es sich bei der Ausschüttung ganz oder teilweise um die Rückzahlung von Einlagen handelt. Da die erforderlichen Angaben anders als bei im Inland unbeschränkt steuerpflichtigen Gesellschaften im Regelfall nicht vorliegen, ist zur Ermittlung der Einlagenrückgewähr ein besonderes Feststellungsverfahren vorgesehen.

Des Weiteren werden künftig bei grenzüberschreitenden Umwandlungen oder bei Sitzverlegungen ins Inland die in das Vermögen einer Kapitalgesellschaft in einem anderen Mitgliedstaat der Europäischen Union geleisteten Einlagen bei der Ermittlung des Einlagekontos mit berücksichtigt. Dafür muss die Gesellschaft auch hier nachweisen, in welcher Höhe offene oder verdeckte Einlagen geleistet und ggf. bereits zurückgezahlt worden sind.

§ 27 (zu Artikel 3 Nr. 9)

Abs. 1 Satz 3 und 4 – neu – (zu Buchstabe a)

Leistungen einer Kapitalgesellschaft, für die nach der Differenzrechnung des § 27 Abs. 1 Satz 3 KStG das Einlagekonto als verwendet gilt, werden als „Einlagenrückgewähr" legal definiert. Ein unmittelbarer Abzug einer Leistung vom Einlagekonto (Direktzugriff) wird mit Ausnahme der Rückzahlung von Nennkapital bei einer Kapitalherabsetzung nicht mehr zugelassen. Bisher war für Zahlungen, die handelsrechtlich oder gesellschaftsrechtlich als Rückzahlung bestimmter Einlagebeträge anzusehen sind, z.B. für die Rückzahlung von Nachschüssen des Anteilseigners i.S.d. § 26 GmbHG, die nicht zur Deckung eines Verlusts an Stammkapital erforderlich sind, nach der Verwaltungsauffassung ein Direktzugriff zugelassen. Auf diese handelsrechtliche Einordnung kommt es künftig nicht mehr an. Die Ausdehnung der Regelungen zum steuerlichen Einlagekonto auf Sachverhalte im Ausland würde es sonst erforderlich machen, ausländische Rechtsordnungen daraufhin zu überprüfen, ob in einzelnen Fällen ein Direktzugriff möglich ist oder nicht. Zur Verwaltungsvereinfachung und zur Vermeidung von Gestaltungen wird der Direktzugriff daher eingeschränkt.

Darüber hinaus wird klargestellt, dass das steuerliche Einlagekonto durch Leistungen der Gesellschaft nicht negativ werden kann. Die Verringerung des steuerlichen Einlagekontos durch Mehrabführungen gemäß § 27 Abs. 6 KStG ~~oder auf Grund von Festschreibungen (§ 27 Abs. 1 Satz 6 KStG)~~ bleibt unberührt; hier kann es auch weiterhin zu einem negativen Bestand kommen.

Abs. 2 Satz 3 – neu – (zu Buchstabe b)

Für Fälle, in denen am Ende des vorangegangenen Veranlagungszeitraums kein Einlagekonto festzustellen war, weil die unbeschränkte Steuerpflicht erst im laufenden Veranlagungszeitraum begründet wird, ist auf den Tag des Beginns der unbeschränkten Steuerpflicht eine gesonderte Feststellung des Einlagekontos vorzunehmen. Diese Regelung erfasst insbesondere Fälle, in denen die unbeschränkte Steuerpflicht durch Sitzverlegung aus dem Ausland begründet wird. In der erstmaligen Feststellung wird der Bestand des steuerlichen Einlagekontos so festgestellt, wie er sich ergeben hätte, wenn die Gesellschaft von Anfang an der unbeschränkten Steuerpflicht unterlegen hätte, d. h. es sind sowohl Zugänge, als auch Rückzahlungen von Einlagen zu berücksichtigen.

Die Regelung gilt außer in den vorgenannten Fällen auch für Neugründungen.

Abs. 7 (zu Buchstabe c)[5]

Die Regelung stellt klar, dass die Absätze 1 bis 6 auch für andere unbeschränkt steuerpflichtige Körperschaften als Kapitalgesellschaften gelten. Für Gesellschaften, die nicht der unbeschränkten Körperschaftsteuerpflicht unterliegen, gilt der neue Absatz 8.

Abs. 8 – neu – (zu Buchstabe d)

Leistungen einer Körperschaft führen beim Empfänger grundsätzlich zu Einnahmen aus Kapitaleinkünften, die im Rahmen des Halbeinkünfteverfahrens zu versteuern sind. Ausgenommen sind Leistungen, für die das steuerliche Einlagekonto als verwendet gilt (Einlagenrückgewähr). Die Regelungen des § 27 KStG sehen bisher die Feststellung eines steuerlichen Einlagekontos nur für unbeschränkt steuerpflichtige Körperschaften vor. Für Leistungen einer nicht unbeschränkt steuerpflichtigen Körperschaft kann daher nicht im Wege der so genannten Differenzrechnung ermittelt werden, ob eine Einlagenrückgewähr vorliegt. Für diese Körperschaften wird nunmehr für den Bereich der Europäischen Union die Möglichkeit eröffnet, nachzuweisen, dass eine Zahlung an den Anteilseigner nach den Grundsätzen der

---

5) Der Wortlaut des § 27 Abs. 7 KStG wurde durch Berichtigung v. 24.01.2007, BGBl. I 2007 S. 68, an den Wortlaut in der ursprünglichen Fassung v. 25.09.2006 angepasst.

Differenzrechnung als Einlagenrückgewähr zu qualifizieren ist. Anhand der vorgelegten Unterlagen ermittelt und bescheinigt die zuständige Finanzbehörde die Höhe der Einlagenrückgewähr.

Für die Umwandlung von Rücklagen in Nennkapital und die Herabsetzung des Nennkapitals gelten die Grundsätze des § 28 UmwStG entsprechend. Wird Nennkapital zurückgezahlt, das durch Umwandlung von Rücklagen entstanden ist, und wird ein Antrag auf Bescheinigung einer Einlagenrückgewähr gestellt, ist § 7 Abs. 2 des Gesetzes über steuerrechtliche Maßnahmen bei Erhöhung des Nennkapitals aus Gesellschaftsmitteln (KapErhStG) insoweit nicht anzuwenden (Artikel 10).

§ 29 (zu Artikel 3 Nr. 10)

Abs. 5 (zu Buchstabe a)

Der Anwendungsbereich des Absatzes 5 wird auf unbeschränkt steuerpflichtige Körperschaften und Personenvereinigungen beschränkt. Für Gesellschaften, die nicht der unbeschränkten Körperschaftsteuerpflicht unterliegen, gilt der neue Absatz 6.

Abs. 6 – neu – (zu Buchstabe b)

In Zukunft können an den in § 29 KStG genannten Umwandlungsvorgängen vermehrt auch übertragende Gesellschaften beteiligt sein, für die bislang kein Einlagekonto festzustellen war (insbesondere ausländische Gesellschaften). In diesen Fällen wird für die Ermittlung der in das Einlagekonto der übernehmenden inländischen Gesellschaft übergehenden Beträge der Bestand der noch vorhandenen Beträge aus geleisteten offenen und verdeckten Einlagen bei der übertragenden Gesellschaft zu Grunde gelegt. Für die Ermittlung der maßgeblichen Beträge gelten die Verfahrensgrundsätze des neu eingeführten § 27 Abs. 8 KStG sinngemäß (vgl. Nummer 9).

§ 34 (zu Artikel 3 Nr. 11)

Abs. 1 (zu Buchstabe a)

Die Regelung enthält die allgemeine Anwendungsregelung für das KStG.

Abs. 7a – neu – (zu Buchstabe b)

Wie für die Anwendung des § 3 Nr. 40 EStG (vgl. Artikel 1 Nr. 8 Buchstabe b) ist mit der Umstellung des Systems im Sechsten Teil des Umwandlungssteuergesetzes der Wegfall der besonderen Regelungen für einbringungsgeborene Anteile verknüpft. Die bisherigen Regelungen sind danach weiter anzuwenden, wenn die betroffenen Anteile noch nach den Regelungen für Einbringungen des bisher geltenden Umwandlungssteuergesetzes entstanden sind.

Werden Anteile veräußert, die von einem nicht durch § 8b Abs. 2 KStG begünstigten Einbringenden zu einem Wert unterhalb des Teilwerts erworben worden sind (§ 8b Abs. 4 Satz 1 Nr. 2 KStG), sind die bisherigen Regelungen weiter anzuwenden, wenn für den Einbringungsvorgang durch die nicht begünstigte Person noch das bisher geltende Umwandlungssteuergesetz anzuwenden war.

Abs. 8 (zu Buchstabe c)

Der neugefasste Absatz 1 und der neu angefügte Absatz 3 in § 12 finden gleichlaufend mit den Entstrickungsregelungen im EStG erstmals für nach dem 31. Dezember 2005 endende Wirtschaftsjahre Anwendung. Die Neufassung des Absatzes 2 findet auf alle Verschmelzungen Anwendung, die nach dem Tag der Verkündung dieses Gesetzes zur Eintragung in ein öffentliches Register angemeldet werden. Ab diesem Zeitpunkt findet das neu gefasste Umwandlungssteuergesetz grundsätzlich Anwendung.

Abs. 15 (zu Buchstabe d)

Der neu angefügte Absatz 15 regelt die erstmalige Anwendung des § 40 KStG. Die Anwendungsregelung knüpft an die erstmalige Anwendung der Neufassung des Umwandlungssteuergesetzes in Artikel 6 an.

§ 37 Abs. 4 bis 6 – neu – (zu Artikel 3 Nr. 12)

Zu § 37 Abs. 4

Das bisherige System der ausschüttungsabhängigen Gutschrift des aus dem ehemaligen Anrechnungsverfahren stammenden Körperschaftsteuerguthabens in Form einer Körperschaftsteuerminderung ist sowohl für die betroffenen Steuerpflichtigen als auch für die Finanzverwaltung sehr aufwändig. Insbesondere lässt es sich grenzüberschreitend nicht administrieren. Dieses Verfahren ist trotz mehrfacher Korrekturen für die Einnahmen der öffentlichen Haushalte schwer kalkulierbar und gestaltungsanfällig. Zwar ist die Inanspruchnahme des Körperschaftsteuerguthabens regelmäßig im Rahmen des § 37 Abs. 2a KStG begrenzt. Diese Begrenzung gilt in bestimmten Fallkonstellationen (z.B. Liquidation oder Vermögensübergang auf eine Personengesellschaft) aber nicht.

Das System der Körperschaftsteuerminderung wird daher durch eine ratierliche Auszahlung des Körperschaftsteuerguthabens ersetzt. Das Körperschaftsteuerguthaben wird danach letztmals zum 31. Dezember 2006 *ermittelt* und über einen zehnjährigen Abrechnungszeitraum (2008 bis 2017) gleichmäßig verteilt ausgezahlt.

In Fällen, in denen das Körperschaftsteuerguthaben ganz oder teilweise auf Grund einer Umwandlung, für die der Antrag beim Register nach Verkündung dieses Gesetzes gestellt wird, auf einen anderen Rechtsträger übergeht, erfolgt die letztmalige *Ermittlung* des Körperschaftsteuerguthabens auf den steuerlichen Übertragungsstichtag, wenn er vor dem 31. Dezember 2006 liegt. Die Neuregelung ist damit auf diejenigen Umwandlungsfälle anzuwenden, auf die auch die Neufassung des Umwandlungssteuergesetzes in Artikel 6 anzuwenden ist.

Zu § 37 Abs. 5

~~Die Auszahlung der jeweiligen Jahresbeträge erfolgt auf Grund eines Antrags der Inhaberin des Körperschaftsteuerguthabens beziehungsweise ihres Einzel- oder Gesamtrechtsnachfolgers. Der Antrag muss bis zum 31. Mai des Folgejahres gestellt werden.~~ Eine Körperschaftsteuerminderung nach § 37 KStG bisheriger Fassung kann nur noch für diejenigen Gewinnausschüttungen in Anspruch genommen werden, die vor der letztmaligen Feststellung des Körperschaftsteuerguthabens (31. Dezember 2006 bzw. früherer Übertragungsstichtag) erfolgen.

Zu § 37 Abs. 6

~~Der Auszahlungsbetrag wird wie eine Körperschaftsteuerrückzahlung behandelt. Er erhöht nicht das Einkommen. Verfahrensrechtlich sind die Vorschriften für Steuervergütungen anzuwenden.~~ Die Auszahlungen mindern – wie bisher die Körperschaftsteuerminderungsbeträge – die Körperschaftsteuereinnahmen der Gebietskörperschaften.

§ 40 (zu Artikel 3 Nr. 13)

Die Vorschrift regelt bisher die Folgen einer Umwandlung oder Liquidation für die aus dem ehemaligen Anrechnungsverfahren stammenden Körperschaftsteuerminderungen und Körperschaftsteuererhöhungen. Wegen des Übergangs zur ratierlichen Auszahlung des Körperschaftsteuerguthabens hat die Vorschrift künftig nur noch Bedeutung für die Nachbelastung des Altbestands des so genannten EK 02.

Zu § 40 Abs. 1 und 2

Die Vorschriften werden redaktionell an die Änderungen anderer Vorschriften angepasst.

Zu § 40 Abs. 3

Nach Absatz 3 wird bisher bei einer Vermögensübertragung im Wege der Gesamtrechtsnachfolge auf eine steuerbefreite Körperschaft eine Körperschaftsteuerminderung oder Körperschaftsteuererhöhung ausgelöst.
Diese Regelung gilt künftig nur noch für die Körperschaftsteuererhöhung. Sie gilt auch für grenzüberschreitende Sachverhalte, z.B., wenn eine Vermögensübertragung auf eine in einem anderen Staat steuerbefreite Gesellschaft erfolgt. Für grenzüberschreitende Umwandlungen innerhalb der Europäischen Union enthält Absatz 6 weitere entsprechende klarstellende Regelungen.

Zu § 40 Abs. 4

Die Regelungen werden auf die Fälle der Körperschaftsteuererhöhungen beschränkt und redaktionell angepasst.

Zu § 40 Abs. 5

Absatz 5 enthält die Grundsatzregelung für die Fälle der Umwandlung (§ 1 Abs. 1 Nr. 1 UmwStG), in denen das Vermögen einer unbeschränkt steuerpflichtigen Körperschaft oder Personenvereinigung auf eine nicht unbeschränkt steuerpflichtige Körperschaft übergeht und für alle Fälle, in denen eine unbeschränkt steuerpflichtige Körperschaft oder Personenvereinigung ihren Sitz ins Ausland verlegt. In diesen Fällen wird die Körperschaftsteuererhöhung – vergleichbar mit Liquidationsfällen – so ermittelt, als hätte die Gesellschaft ihr im Zeitpunkt des Vermögensübergangs bzw. im Zeitpunkt des Wegzugs vorhandenes Vermögen – mit Ausnahme des Nennkapitals – für eine Gewinnausschüttung verwendet.

Zu § 40 Abs. 6

Ist die übernehmende Gesellschaft innerhalb der Europäischen Union unbeschränkt steuerpflichtig oder erfolgt die Sitzverlegung in einen anderen Staat der Europäischen Union, gelten für die Anwendung des § 38 KStG Sonderregelungen, durch die eine Gleichbehandlung mit reinen Inlandssachverhalten erreicht wird.

Die nach Absatz 5 festgesetzten Körperschaftsteuererhöhungsbeträge auf das EK 02 werden jährlich bis zum allgemeinen Auslaufen der Übergangsregelungen aus dem Anrechnungsverfahren zinslos gestundet. Eine Erhebung der Steuer, die auf diese Erhöhungsbeträge entfällt, ist aber abhängig davon, ob bei der übernehmenden (ausländischen) Gesellschaft nach den im Inland geltenden Grundsätzen eine Verwendung von EK 02 stattgefunden hat. Wenn die übernehmende Gesellschaft (als Rechtsnachfolgerin) nachweist, dass kein EK 02 verwendet worden ist, z.B. weil im fraglichen Veranlagungszeitraum keine Ausschüttung vorgenommen wurde, wird der festgesetzte Betrag jeweils für ein weiteres Jahr gestundet. Die Überprüfung wird jährlich wiederholt bis zum Ende des in § 38 Abs. 2 KStG geregelten Übergangszeitraums. Zu diesem Zeitpunkt noch nicht verwendete Beträge werden endgültig nicht erhoben.

Da die Sonderregelung auf Sachverhalte innerhalb des Gebiets der Europäischen Union beschränkt ist, ist die Stundung z.B. zu widerrufen, wenn die Gesellschaft, deren Körperschaftsteuererhöhungsbeträge gestundet worden sind, ihren Sitz außerhalb des Hoheitsgebiets der Mitgliedstaaten der Europäischen Union verlegt oder von der Körperschaftsteuer befreit wird.

SEStEG

3. Gewerbesteuergesetz (GewStG)

§ 2 Abs. 2 Satz 1 (zu Artikel 4 Nr. 1)

Die Einfügung des Wortes "insbesondere" stellt klar, dass auch Gesellschaften Steuergegenstand sein können, die nicht nach deutschem Recht gegründet worden sind, aber nach ihrem Gründungsstatut einer Kapitalgesellschaft entsprechen (Typenvergleich); dies entspricht der bisherigen Regelung in Abschnitt 13 Abs. 2 GewStR. Die Änderung hinsichtlich der Europäischen Genossenschaften entspricht der Änderung in § 1 Abs. 1 KStG.

§ 36 (zu Artikel 4 Nr. 2)

Die Regelung enthält die allgemeine Anwendungsregelung für das GewStG.

4. Umwandlungssteuergesetz (UmwStG)

Zur Inhaltsübersicht (zu Artikel 6)

Vor dem Ersten Abschnitt wird eine Inhaltsübersicht eingefügt.

Zum Ersten bis Fünften Teil

Der Anwendungsbereich des Umwandlungssteuergesetzes erstreckt sich künftig nicht mehr nur auf inländische Umwandlungen, sondern auf auch das Gebiet der Mitgliedstaaten der Europäischen Union und des Europäischen Wirtschaftsraums. Das Umwandlungssteuergesetz erfasst künftig Umwandlungsvorgänge zwischen Rechtsträgern, die in einem (oder verschiedenen) Mitgliedstaaten der Europäischen Union oder des Europäischen Wirtschaftsraums ansässig sind.

Im Umwandlungsteil (Zweiter bis Fünfter Teil) bleibt es bei dem Grundsatz, dass die Anwendung des Umwandlungssteuergesetzes an gesellschaftsrechtliche Umwandlungsvorgänge anknüpft. Solche Vorgänge können sich einmal aus dem Umwandlungsgesetz, aber auch auf Grund vergleichbarer Vorschriften von EU/EWR-Mitgliedstaaten oder auf Grund vergleichbarer Vorschriften in Verordnungen der Europäischen Union ergeben.

Wegen des EU/EWR-weiten Anwendungsbereichs des Umwandlungssteuergesetzes ist in den Fällen der Verschmelzung einer Körperschaft auf eine Personengesellschaft oder natürliche Person bei der übertragenden Körperschaft der Ansatz des gemeinen Werts der Wirtschaftsgüter in der steuerlichen Schlussbilanz vorgesehen (§ 3 Abs. 1 UmwStG). Auf Antrag sind die übertragenen Wirtschaftsgüter mit dem Buchwert oder einem Zwischenwert anzusetzen, wenn die stillen Reserven betrieblich verstrickt bleiben und das Besteuerungsrecht der Bundesrepublik Deutschland gewahrt ist (§ 3 Abs. 2 UmwStG). Damit ist die Besteuerung stiller Reserven der übertragenden Körperschaft sichergestellt.

Die strikte Anknüpfung der Umwandlungsvorgänge an die Maßgeblichkeit der Handelsbilanz für die Steuerbilanz wird aufgegeben.

Die Regelungen berücksichtigen außerdem die Erweiterung des persönlichen Anwendungsbereichs auf Grund der Änderungsrichtlinie zur FusionsRL im Anhang zu Artikel 3 Buchstabe a FusionsRL. Es handelt sich dabei um Gesellschaften, die in dem Mitgliedstaat, in dem die Gesellschaft ansässig ist, der Körperschaftsteuer unterliegen und von einem anderen Mitgliedstaat auf Grund seiner Beurteilung der zivilrechtlichen Merkmale als steuerlich transparent betrachtet werden (steuerlich transparente Gesellschaft).

Die Regelungen zur Ermittlung des Übernahmeergebnisses (§§ 4 und 5 UmwStG) werden an den umfassenden Anwendungsbereich des neu gefassten Umwandlungssteuergesetzes angepasst. Dabei wird insbesondere das deutsche Besteuerungsrecht an den offenen Rücklagen der Übertragenden sichergestellt. Die offenen Rücklagen werden dem Anteilseigner als Bezüge im Sinne des § 20 Abs. 1 Nr. 1 EStG zugerechnet (§ 7 UmwStG), die dem Kapitalertragsteuerabzug unterliegen. Im Übernahmeergebnis erfasst werden auch stille Reserven im Betriebsvermögen der Übertragerin, die nicht der deutschen Besteuerung unterliegen, die sich aber bei einer Veräußerung der Beteiligung an der Überträgerin auf den Veräußerungsgewinn auswirken würden (neutrales Vermögen). Das sind z.B. stille Reserven im Vermögen einer ausländischen Betriebsstätte der übertragenden Körperschaft, wenn der Gewinn der Betriebsstätte durch ein Abkommen zur Vermeidung der Doppelbesteuerung von der deutschen Besteuerung freigestellt ist. Bei der Ermittlung des Übernahmegewinns sind Wirtschaftsgüter dieses sog. neutralen Vermögens mit den gemeinen Werten anzusetzen (§ 4 Abs. 4 Satz 2 UmwStG).

Auch beim Vermögensübergang von einer Körperschaft auf eine andere Körperschaft durch Verschmelzung, Spaltung oder Teilübertragung hat die übertragende Körperschaft die übergehenden Wirtschaftsgüter in ihrer steuerlichen Schlussbilanz im Grundsatz mit dem gemeinen Wert anzusetzen (§ 11 Abs. 1 UmwStG). Der Ansatz des Buchwerts oder eines Zwischenwerts kommt in Betracht, soweit das Besteuerungsrecht der Bundesrepublik Deutschland hinsichtlich der Besteuerung der übertragenen Wirtschaftsgüter sichergestellt ist (§ 11 Abs. 2 UmwStG). Die Übernehmerin hat die Wirtschaftsgüter mit den in der steuerlichen Schlussbilanz der übertragenden Körperschaft enthaltenen Werten anzusetzen (§ 12 Abs. 1 UmwStG). Ein Übernahmegewinn oder Übernahmeverlust bleibt steuerlich außer Ansatz. Damit wird den Vorgaben des Artikels 7 FusionsRL Rechnung getragen. ~~Entsprechend der Regelung in § 8b Abs. 3 KStG gelten fünf Prozent des Übernahmegewinns als nichtabziehbare Betriebsausgaben.~~

Ein bestehender Verlustvortrag der Überträgerin geht nicht auf die Übernehmerin über (§ 12 Abs. 3 UmwStG). Die Überträgerin kann bestehende Verlustvorträge durch Ansatz des gemeinen Werts oder eines Zwischenwerts der übergehenden Wirtschaftsgüter in ihrer steuerlichen Schlussbilanz verrechnen.

Die Anteile an der übertragenden Körperschaft gelten beim Anteilseigner als zum gemeinen Wert veräußert und die Anteile an der übernehmenden Körperschaft als zu diesem Wert angeschafft (§ 13 Abs. 1 UmwStG). Auch hier kann auf Antrag der Buchwert oder ein Zwischenwert der Anteile an der übertragenden Körperschaft angesetzt werden, wenn das Besteuerungsrecht der Bundesrepublik Deutschland sichergestellt ist (§ 13 Abs. 2 UmwStG). Die Anteile an der übernehmenden Körperschaft treten dann in die Rechtsstellung der Anteile an der übertragenden Körperschaft ein. In Hinblick auf Artikel 8 FusionsRL ist ein Buchwertansatz für Umwandlungen, die unter den Anwendungsbereich der FusionsRL fallen, auch dann möglich, wenn das Besteuerungsrecht der Bundesrepublik Deutschland verloren geht. In diesem Fall ist aber entsprechend Artikel 8 Abs. 6 FusionsRL der Gewinn aus einer späteren Veräußerung der erworbenen Anteile so zu versteuern, wie der Gewinn aus einer Veräußerung der vor dem Erwerb vorhandenen Anteile. Dies gilt unabhängig von eventuell entgegenstehenden Abkommen zur Vermeidung der Doppelbesteuerung.

Die Regelungen zur Spaltung werden im Grundsatz materiell unverändert übernommen.

Bei einer Sitzverlegung, die nicht zur Auflösung der Gesellschaft führt (identitätswahrende Sitzverlegung), gelten für Wirtschaftsgüter, an denen die Bundesrepublik Deutschland im Rahmen der Sitzverlegung das Besteuerungsrecht verliert, die allgemeinen Entstrickungsregelungen. Es kommt zur Aufdeckung der stillen Reserven auf der Grundlage des gemeinen Werts (§ 4 Abs. 1 EStG und § 12 KStG).

Kommt es im Rahmen der Sitzverlegung zum Ausschluss oder zur Beschränkung des Besteuerungsrechts der Bundesrepublik Deutschland am Gewinn aus der Veräußerung der Anteile an der Kapitalgesellschaft, ist in § 17 Abs. 5 EStG ein Entstrickungstatbestand vorgesehen, wonach der Vorgang auf der Ebene der Anteilseigner einer Veräußerung der Anteile zum gemeinen Wert gleichgestellt wird. Dies gilt nicht für Vorgänge, die unter den Anwendungsbereich der FusionsRL fallen. Für solche Anteile sieht der Gesetzentwurf ungeachtet der Bestimmungen eines Abkommens zur Vermeidung der Doppelbesteuerung eine Veräußerungsgewinnbesteuerung bei einer späteren Veräußerung vor.

Das Umwandlungssteuergesetz wird insgesamt neu gefasst, da mit Ausnahme des bereits weggefallenen § 14 und des § 28 (Ermächtigung) sämtliche Vorschriften geändert werden.

Zu § 1

Allgemeines

Die Vorschriften des Zweiten bis Siebten Teils des bisher geltenden Umwandlungssteuergesetzes sind nur anwendbar, wenn es sich bei der Umwandlung um einen Vorgang i.S.d. § 1 UmwG handelt (§ 1 Abs. 1 UmwStG) und die beteiligten Körperschaften der unbeschränkten Körperschaftsteuerpflicht unterliegen (§ 1 Abs. 5 UmwStG). Die Anwendung des Umwandlungssteuergesetzes setzt danach die Ansässigkeit des übertragenden und des übernehmenden Rechtsträgers im Inland voraus (doppelte Ansässigkeitsvoraussetzung). Auch der bisherige Achte, Neunte und Zehnte Teil des Umwandlungssteuergesetzes gehen – mit Ausnahme des § 23 UmwStG – von einer Ansässigkeit des übernehmenden Rechtsträgers im Inland aus.

An dem doppelten Ansässigkeitskriterium wird grundsätzlich festgehalten; allerdings erstreckt sich der Anwendungsbereich des Umwandlungssteuergesetzes künftig nicht mehr nur auf inländische Umwandlungen, sondern auf das gesamte Gebiet der Europäischen Union und des Europäischen Wirtschaftsraums. Das Umwandlungssteuergesetz erfasst künftig Umwandlungsvorgänge zwischen solchen Rechtsträgern, die in einem (oder in verschiedenen) Mitgliedstaaten der Europäischen Union oder des Europäischen Wirtschaftsraums ansässig sind.

Besondere Regelungen zur Sitzverlegung sind im Umwandlungssteuergesetz nicht vorgesehen. Soweit es im Zusammenhang mit einer identitätswahrenden Sitzverlegung zum Verlust des deutschen Besteuerungsrechts an Wirtschaftsgütern kommt, greifen die allgemeinen Entstrickungstatbestände (§ 4 Abs. 1 Satz 3 EStG und § 12 KStG). Der Verlust des deutschen Besteuerungsrechts an den Anteilen einer Gesellschaft wird durch die besonderen Entstrickungstatbestände in § 17 Abs. 5 und § 4 Abs. 1 Satz 3 bis 5 EStG sowie § 12 zweiter Halbsatz KStG[6] erfasst.

Zu § 1 Abs. 1

In Absatz 1 sind die Umwandlungsvorgänge abschließend aufgezählt, die unter den Zweiten bis Fünften Teil fallen. Gesellschaftsrechtlich knüpft das Umwandlungssteuergesetz weiterhin an die gesellschaftsrechtlichen Vorgaben des § 1 UmwG an. Grenzüberschreitende Umwandlungsvorgänge – die Verschmelzung, die Spaltung und der Formwechsel – fallen auch dann unter den sachlichen Anwendungsbereich des Umwandlungssteuergesetzes, wenn sie auf einer mit dem nationalen Umwandlungsgesetz vergleichbaren ~~Vorschrift~~ ausländischen Rechts beruhen.

Der grenzüberschreitende Vorgang muss seinem Wesen nach einem der Umwandlungsarten des deutschen Umwandlungsgesetzes entsprechen. Die Vergleichbarkeitsprüfung umfasst sowohl die Rechtsfolgen des Umwandlungsvorgangs (z.B. Auflösung ohne Abwicklung, Gesamtrechtsnachfolge) als auch die beteiligten Rechtsträger (Typenvergleich). Zu berücksichtigen sind auch Regelungen zu baren Zuzahlungen. Innerhalb des Gebiets der Europäischen Union sind die Rechtsordnungen hinsichtlich der Verschmelzung nationaler Aktiengesellschaften (vgl. Dritte Richtlinie 78/855/EWG vom 9. Oktober 1978) und der Spaltung nationaler Aktiengesellschaften (vgl. Sechste Richtlinie 82/891/EWG vom 17. Dezember 1982) bereits weitgehend harmonisiert. Das Umwandlungssteuergesetz gilt auch für vergleichbare ~~Vorschriften~~ in den Verordnungen der Europäischen Union. Derzeit enthalten nur die SE-Verordnung (Verordnung (EG) Nr. 2157/2001 des Rates vom 8. Oktober 2001, ABl. EU Nr. L 294 S. 1, zuletzt geändert durch Verordnung (EG) Nr. 885/2004 des Rates vom

---

6) Nach Auffassung der Autoren ist aufgrund eines redaktionellen Fehlers des Gesetzgebers die Verweisung versehentlich nicht auf § 12 Abs. 1 Satz 1 zweiter Halbsatz KStG erfolgt.

26. April 2004, ABl. EU Nr. L 168 S. 1, und die SCE-Verordnung (Verordnung (EG) Nr. 1435/2003 des Rates vom 22. Juli 2003, ABl. EU Nr. L 207 S. 1) vergleichbare Vorschriften zur Gründung einer Europäischen Gesellschaft bzw. Europäischen Genossenschaft.

Das Vergleichbarkeitskriterium, das in grenzüberschreitenden Vorgängen erfüllt sein muss, gilt auch für rein nationale, nicht im Umwandlungsgesetz geregelte Umwandlungsvorgänge im Sinne des § 1 Abs. 2 UmwG (vgl. Nummer 3).

Zu § 1 Abs. 2

Die Anforderungen an die am Umwandlungsvorgang beteiligten Rechtsträger sind abschließend in Absatz 2 definiert.

An einem Umwandlungsvorgang beteiligte Gesellschaften müssen nach dem Recht eines Mitgliedstaats der Europäischen Union oder des Europäischen Wirtschaftsraums gegründet worden sein oder gegründet werden (bei Umwandlung durch Neugründung) und in einem solchen Staat ihren statutarischen Sitz haben bzw. nehmen. Der Gründungsstaat und der Sitzstaat müssen nicht identisch sein. Der Ort der Geschäftsleitung einer an einem Umwandlungsvorgang beteiligten Gesellschaft muss sich im Zeitpunkt der Umwandlung ebenfalls innerhalb des Gebiets der Europäischen Union oder des Europäischen Wirtschaftsraums befinden. Eine Europäische Gesellschaft oder Europäische Genossenschaft gilt grundsätzlich als eine nach den o.g. Grundsätzen gegründete Gesellschaft mit Sitz und Ort der Geschäftsleitung innerhalb des Gebiets der Europäischen Union oder des Europäischen Wirtschaftsraums. Natürliche Personen müssen den Wohnsitz oder den gewöhnlichen Aufenthalt in einem Mitgliedstaat der Europäischen Union oder des Europäischen Wirtschaftsraums haben. Sie dürfen jedoch nicht nach einem Abkommen zur Vermeidung der Doppelbesteuerung mit einem dritten Staat als außerhalb des Hoheitsgebiets eines dieser Staaten ansässig anzusehen sein.

~~In den Fällen der Verschmelzung oder Spaltung ist auf der Ebene des Anteilseigners § 13 UmwStG unabhängig davon anzuwenden, ob beim übertragenden und übernehmenden Rechtsträger die o.g. Ansässigkeitserfordernisse erfüllt sind. Dies bedeutet, dass in den Fällen der Verschmelzung unter Beteiligung von in Drittstaaten ansässigen Kapitalgesellschaften für den inländischen Gesellschafter unter den Voraussetzungen des § 13 Abs. 2 UmwStG eine Fortführung der Buchwerte bzw. Anschaffungskosten möglich ist.~~

Zu § 1 Abs. 3

In Absatz 3 sind die Einbringungsvorgänge abschließend aufgezählt, die unter den Sechsten bis Achten Teil fallen. Hierzu gehören neben den Umwandlungsfällen auf der Grundlage des § 1 UmwG auch die Fälle der Einbringung im Wege der Einzelrechtsnachfolge und des Anteilstauschs. Im Hinblick auf grenzüberschreitende Einbringungsvorgänge gelten die Ausführungen zu Absatz 1.

Zu § 1 Abs. 4

~~Auch für die Umstrukturierungsvorgänge des Sechsten bis Achten Teils wird die doppelte Ansässigkeit der am Umstrukturierungsvorgang beteiligten Rechtsträger in der Europäischen Union oder im Europäischen Wirtschaftsraum vorausgesetzt.~~ Dies bedeutet, dass in den Fällen des Formwechsels die umwandelnde Gesellschaft und in den übrigen Umwandlungsfällen sowie den Einbringungen durch Einzelrechtsnachfolge ~~sowohl der Einbringende als auch~~ die übernehmende Gesellschaft die Ansässigkeitserfordernisse des Absatzes 2 erfüllen müssen.

~~Beim Anteilstausch müssen allerdings nicht der Einbringende, sondern der erwerbende und der erworbene Rechtsträger nach dem Recht eines Staates der Europäischen Union, des Europäischen Wirtschaftsraums oder nach europäischem Recht (z.B. nach der SE-Ver-~~

~~ordnung) gegründet worden sein und dort ihren Sitz und die Geschäftsleitung haben.~~ Der Einbringende (Tauschende) kann dagegen auch Angehöriger eines Drittstaates sein.

Ist Einbringender eine Personengesellschaft, so müssen ~~nach Satz 2~~ die Ansässigkeitserfordernisse für den Einbringenden ~~im Sinne des Absatzes 2~~ auch bei den unmittelbaren oder mittelbar über weitere Personengesellschaften beteiligten Mitunternehmern erfüllt sein, die selbst Steuersubjekte im Sinne des Einkommensteuer- und des Körperschaftsteuergesetzes sind. Das gilt auch für alle Fälle der Gesamt- oder Teilgesamtrechtsnachfolge, in denen der umwandelnde oder übertragende Rechtsträger eine Personengesellschaft ist. Die Regelung ist insbesondere auch auf die von der FusionsRL geschützten Gesellschaften, die nach deutschem Recht als steuerlich transparent anzusehen sind (z.B. die Verschmelzung einer französischen SC mit inländischer Betriebsstätte), anzuwenden. Damit ist sichergestellt, dass die bisher auf Grund der Regelung in § 20 Abs. 3 UmwStG vom Buchwertansatz ausgeschlossenen Fälle mit Beteiligten in Drittstaaten auch künftig nicht dem Anwendungsbereich des § 20 UmwStG unterfallen.

Zu § 1 Abs. 5

Wegen der besseren Zitierfähigkeit enthält Absatz 5 Definitionen des Begriffs „Buchwert" sowie der im Gesetz zitierten EU-Verordnungen und EU-Richtlinien. Soweit z.B. im Umwandlungssteuergesetz auf die Anwendung der Richtlinie 90/434/EWG (FusionsRL) abgestellt wird, ist die Fassung zum Zeitpunkt des steuerlichen Übertragungsstichtags maßgebend.

Zu § 2

Allgemeines

Die Vorschrift wurde sprachlich neu gefasst. Bei ausländischen Rechtsträgern kommt es zur Bestimmung des steuerlichen Übertragungsstichtags auf den Stichtag der Bilanz nach ausländischem Gesellschaftsrecht an. Dabei sollte das Recht des Staates, in dem der übertragende Rechtsträger ansässig ist, maßgeblich sein. Für die Europäische Gesellschaft ergibt sich dies auch aus Artikel 18 der SE-Verordnung.

Zu § 2 Abs. 3

Bei Umwandlungen mit Auslandsberührung trifft die Regelung zur steuerlichen Rückwirkung von Umwandlungen nach § 2 UmwStG ggf. mit abweichenden Regelungen anderer Staaten zusammen. Dies soll nicht zu unbesteuerten weißen Einkünften führen.

Zu § 3

Allgemeines

§ 3 UmwStG in der geltenden Fassung regelt die Ermittlung des Übertragungsgewinns bei Verschmelzung von einer Körperschaft auf eine Personengesellschaft oder auf eine natürliche Person. Soweit die übrigen Voraussetzungen dieser Vorschrift erfüllt sind, kann das Vermögen der übertragenden Körperschaft in der steuerlichen Schlussbilanz wahlweise mit dem Buchwert, mit dem gemeinen Wert oder mit einem Zwischenwert angesetzt werden.

Die Neuregelung des § 3 UmwStG trägt der Europäisierung des Umwandlungssteuergesetzes und den Vorgaben der geänderten FusionsRL Rechnung. Wegen des erweiterten Anwendungsbereichs des Umwandlungssteuergesetzes ist in den Fällen der Verschmelzung einer Körperschaft auf eine Personengesellschaft oder natürliche Person der Ansatz des gemeinen Werts der Wirtschaftsgüter in der steuerlichen Schlussbilanz vorgesehen. Auf Antrag sind die übertragenen Wirtschaftsgüter mit dem Buchwert oder einem Zwischenwert anzusetzen, soweit die stillen Reserven betrieblich verstrickt und das Besteuerungsrecht der Bundesrepublik Deutschland gewahrt bleiben. Damit ist die Besteuerung stiller Reserven der übertragenden Körperschaft sichergestellt. Die Wertansätze erfolgen unabhängig von den Ansätzen in der

Handelsbilanz – der Grundsatz der Maßgeblichkeit der Handelsbilanz für die Steuerbilanz gilt insoweit nicht mehr.

Die Regelungen berücksichtigen auch den erweiterten persönlichen Anwendungsbereich im Anhang zu Artikel 3 Buchstabe a FusionsRL. Es handelt sich um Gesellschaften, die in dem Mitgliedstaat, in dem die Gesellschaft ansässig ist, der Körperschaftsteuer unterliegen und von einem anderen Mitgliedstaat auf Grund seiner Beurteilung der zivilrechtlichen Merkmale als steuerlich transparent betrachtet werden (steuerlich transparente Gesellschaften). Bei der Verschmelzung einer inländischen Kapitalgesellschaft auf eine ausländische transparente Gesellschaft kann die Bundesrepublik Deutschland nach Artikel 10a Abs. 3 und 4 FusionsRL den Gesellschafter der übertragenden Körperschaft steuerlich so behandeln, als ob die übernehmende Gesellschaft im Inland ansässig wäre. Danach können die Grundsätze des § 5 UmwStG angewendet werden.

Zu § 3 Abs. 1

Bei der Übertragung von Vermögen von einer Körperschaft auf eine Personengesellschaft oder natürliche Person sind die übertragenen Wirtschaftsgüter grundsätzlich mit dem gemeinen Wert in der steuerlichen Schlussbilanz der übertragenden Körperschaft einzusetzen. Dies gilt auch für immaterielle Wirtschaftsgüter einschließlich des Firmenwerts, die nicht entgeltlich erworben wurden. Dieser Wertansatz erfolgt unabhängig von einem gegebenenfalls abweichenden Wertansatz nach ausländischem Recht.

Jede übertragende Körperschaft, die vom sachlichen Anwendungsbereich des Umwandlungssteuergesetzes erfasst wird, ist zur Erstellung einer steuerlichen Schlussbilanz verpflichtet. Das gilt unabhängig davon, ob die übertragende Körperschaft einer inländischen Steuerpflicht unterliegt oder im Inland zur Führung von Büchern verpflichtet ist. Die Vorlage einer steuerlichen Schlussbilanz ist nur dann nicht erforderlich, wenn sie nicht für inländische Besteuerungszwecke benötigt wird. Insbesondere bei der Verschmelzung auf eine Personengesellschaft oder eine natürliche Person ist die Erstellung einer steuerlichen Schlussbilanz – trotz fehlender inländischer Steuerpflicht der übertragenden Körperschaft – für die inländische Besteuerung von Bedeutung, wenn ein Mitunternehmer der übernehmenden Personengesellschaft oder die übernehmende natürliche Person in der Bundesrepublik Deutschland der unbeschränkten oder beschränkten Steuerpflicht unterliegt. Auf der Basis des Wertansatzes des übertragenen Vermögens sind dann die Auswirkungen auf die Anteilseigner der übertragenden Körperschaft zu ermitteln.

Zu § 3 Abs. 2

Abweichend von dem Grundsatz nach Absatz 1 können auf Antrag des übertragenden Rechtsträgers die steuerlichen Buchwerte oder Zwischenwerte des übertragenen Vermögens in der steuerlichen Schlussbilanz angesetzt werden, soweit die in den Nummern 1, 2 und 3 genannten Voraussetzungen vorliegen.

Der Antrag ist für die Wirtschaftsgüter, die die aufgezählten Voraussetzungen erfüllen, einheitlich zu stellen. In den Fällen der Verschmelzung auf eine Personengesellschaft oder des Formwechsels einer Kapitalgesellschaft in eine Personengesellschaft müssen die Voraussetzungen bezogen auf jeden Gesellschafter der Personengesellschaft gesondert geprüft werden. Dies kann z.B. dazu führen, dass im Ausland belegene Wirtschaftsgüter, soweit sie einem nicht unbeschränkt steuerpflichtigen Mitunternehmer der Personengesellschaft zuzurechnen sind, mit dem anteiligen gemeinen Wert anzusetzen sind und, soweit sie einem unbeschränkt steuerpflichtigen Mitunternehmer der Personengesellschaft zuzurechnen sind, mit dem Buchwert oder einem Zwischenwert angesetzt werden können. Durch das Einreichen der steuerlichen Schlussbilanz gilt der Antrag als gestellt.

Die Besteuerung des Übertragungsergebnisses erfolgt unter Berücksichtigung der Vorschriften der von der Bundesrepublik Deutschland abgeschlossenen Doppelbesteuerungsabkommen. Soweit die Bundesrepublik Deutschland eine Doppelbesteuerung des Übertragungsgewinns durch Freistellung von der deutschen Steuer vermeidet, ist hierin der Verzicht auf die Besteuerung einer in einem anderen Mitgliedstaat liegenden Betriebsstätte zu sehen (vgl. Artikel 10 Abs. 1 Satz 1 FusionsRL).

Voraussetzung für den Ansatz der Buchwerte oder von Zwischenwerten in der steuerlichen Schlussbilanz ist nach Nummer 1, dass das übertragene Vermögen Betriebsvermögen des übernehmenden Rechtsträgers wird und das Vermögen später der in- oder ausländischen Besteuerung mit Einkommensteuer oder Körperschaftsteuer unterliegt. Bei subjektiver Steuerbefreiung der natürlichen Person oder eines Gesellschafters der Personengesellschaft ist insoweit die Buchwertfortführung nicht möglich.

Voraussetzung für den Ansatz der Buchwerte oder von Zwischenwerten in der steuerlichen Schlussbilanz ist nach Nummer 2 die Sicherstellung des deutschen Besteuerungsrechts an den übertragenen Wirtschaftsgütern. Das Recht der Bundesrepublik Deutschland an der Besteuerung der übertragenen Wirtschaftsgüter wird z.B. eingeschränkt, wenn die Doppelbesteuerung auf Grund eines Doppelbesteuerungsabkommens (Aktivitätsvorbehalt) oder einer vergleichbaren Regelung (§ 20 Abs. 2 AStG) vor der Verschmelzung durch Anrechnung und nach der Verschmelzung beim übernehmenden Rechtsträger durch Freistellung vermieden wird. Eine Beschränkung des Besteuerungsrechts setzt voraus, dass zuvor ein Besteuerungsrecht bestanden hat. Nicht eingeschränkt wird das Besteuerungsrecht in den Fällen, in denen die Bundesrepublik Deutschland bereits bei der übertragenden Körperschaft an der Besteuerung der stillen Reserven (z.B. durch ein Doppelbesteuerungsabkommen mit Freistellungsmethode) gehindert war.

Zu § 3 Abs. 3

Absatz 3 betrifft den Sonderfall, bei dem sich unter den bei einer Verschmelzung oder Spaltung eingebrachten Wirtschaftsgütern eine in einem anderen Mitgliedstaat liegende Betriebsstätte befindet. Hat die Bundesrepublik Deutschland in diesen Fällen nicht auf ihre Rechte zur Besteuerung der im Ausland belegenen Betriebsstätte verzichtet und findet die Freistellungsmethode keine Anwendung, ist das übertragene Vermögen in der steuerlichen Schlussbilanz der übertragenden Körperschaft mit dem gemeinen Wert anzusetzen. Gemäß Artikel 10 Abs. 2 FusionsRL ist auf die insoweit erhobene inländische Steuer eine fiktive ausländische Steuer anzurechnen. Die Anrechnung erfolgt mit dem Betrag ausländischer Steuer, der nach den Rechtsvorschriften eines anderen Mitgliedstaats erhoben worden wäre, wenn das übertragene Vermögen zum Zeitpunkt der Übertragung veräußert worden wäre.

Wenn ein anderer Mitgliedstaat bei einer in seinem Hoheitsgebiet belegenen Betriebsstätte einem Steuerpflichtigen anlässlich des Verschmelzungs- oder Spaltungsvorgangs ein Wahlrecht zur Aufdeckung der stillen Reserven einräumt, richtet sich die Anrechnung der tatsächlich erhobenen Steuer nach den allgemeinen Vorschriften des § 26 KStG.

Zu § 4

Allgemeines

§ 4 UmwStG in der geltenden Fassung regelt die Ermittlung des Übernahmegewinns. Der Übernahmegewinn ist nach geltendem Recht auf der Grundlage einer Einlagefiktion (§§ 4, 5 UmwStG) zu ermitteln, wenn die Anteile zu einem inländischen Betriebsvermögen gehören, es sich um einbringungsgeborene Anteile handelt oder die Anteile eine wesentliche Beteiligung begründen. Im Übrigen greift eine Ausschüttungsfiktion (§ 7 UmwStG).

Die Regelungen zur Ermittlung des Übernahmeergebnisses werden an den erweiterten Anwendungsbereich des neu gefassten Umwandlungssteuergesetzes angepasst. Dabei wird insbesondere das deutsche Besteuerungsrecht an den offenen Rücklagen der übertragenden Körperschaft sichergestellt. Die offenen Reserven gelten künftig als an die Anteilseigner ausgeschüttet und unterliegen dem Kapitalertragsteuerabzug nach § 43 Abs. 1 Satz 1 Nr. 1

EStG. Ein Übernahmegewinn vermindert und ein Übernahmeverlust erhöht sich um diesen Betrag.

Im Übernahmeergebnis werden auch stille Reserven im Betriebsvermögen der übertragenden Körperschaft erfasst, die nicht der deutschen Besteuerung unterliegen, sich aber im Falle einer Veräußerung der Beteiligung an der übertragenden Körperschaft auf den Veräußerungsgewinn des Anteilseigners/Gesellschafters ausgewirkt hätten (neutrales Vermögen). Das sind z B. stille Reserven im Vermögen einer ausländischen Betriebsstätte der Überträgerin, die durch ein Doppelbesteuerungsabkommen von der deutschen Besteuerung bei der Überträgerin freigestellt sind oder – auf Grund des Territorialitätsprinzips – Vermögen einer im Inland nicht oder beschränkt steuerpflichtigen übertragenden Körperschaft. Ebenfalls erfasst werden im Inland steuerverhaftete Beteiligungen an einer ausländischen Kapitalgesellschaft, die ihr Vermögen auf einen im Inland steuerpflichtigen Rechtsträger überträgt. In beiden Fällen geht durch die Umwandlung die Besteuerungsebene des Anteilseigners und das daran anknüpfende Besteuerungsrecht verloren.

Zu § 4 Abs. 1

Der übernehmende Rechtsträger hat die übergegangenen Wirtschaftsgüter wie bisher mit dem in der steuerlichen Schlussbilanz der übertragenden Körperschaft ausgewiesenen Wert zu übernehmen.

Hinzugefügt wird eine Regelung zur Bewertung der Anteile an der übertragenden Gesellschaft beim übernehmenden Rechtsträger. Der Buchwert der Anteile ist danach um steuerwirksam vorgenommene Teilwertabschreibungen aus den vorangegangenen Jahren und um Abzüge nach § 6b EStG gewinnwirksam zu erhöhen. Die Beträge erhöhen den laufenden Gewinn des übernehmenden Rechtsträgers und unterliegen den Regelungen für die Behandlung von Veräußerungsgewinnen aus Beteiligungen.

Zu § 4 Abs. 2

Die Aufzählung der einzelnen nicht auf die Übernehmerin übergehenden Beträge eines verbleibenden Verlustvortrags in Absatz 2 wurde durch eine allgemeine Aussage zu Verlustvorträgen ersetzt. Die Vorschrift stellt in der geänderten Fassung zudem klar, dass hiervon (entgegen der Entscheidung des BFH vom 31. Mai 2005 – I R 68/03, BFHE 209, 535) auch laufende Verluste im Wirtschaftsjahr der Umwandlung betroffen sind. Gemäß § 52 Abs. 3 i. V. m. § 2a Abs. 4 Nr. 2 EStG führt die entgeltliche oder unentgeltliche Übertragung einer in einem ausländischen Staat belegenen Betriebsstätte zu einer Nachversteuerung abgezogener und noch nicht ausgeglichener Verluste im Sinne des § 52 Abs. 3 i. V. m. § 2a Abs. 3 EStG im Veranlagungszeitraum der Umwandlung. Die Möglichkeit der Nachversteuerung ergibt sich in den von der FusionsRL erfassten Fällen aus Artikel 10 Abs. 1 FusionsRL. Die bisherige Billigkeitsregelung in Textziffer 04.08 des BMF-Schreibens vom 25. März 1998 (BStBl. I S. 268) ist damit überholt.

Zur Vermeidung einer doppelten Inanspruchnahme des Betriebsausgabenabzugs für Altersversorgungsaufwendungen – einmal nach § 4d EStG bei Leistungen an eine Unterstützungskasse und zum anderen gemäß § 6a EStG bei der Bildung einer Pensionsrückstellung – führen im Falle der Verschmelzung der Unterstützungskasse auf ihr Trägerunternehmen oder auf einen Rechtsträger, an dem das Trägerunternehmen beteiligt ist, die nach § 4d EStG abgezogenen Aufwendungen zu laufendem Ertrag. Der Betriebsausgabenabzug früherer Jahre nach § 4d EStG wird damit im Ergebnis rückgängig gemacht. Über die Verweisung in § 12 Abs. 3 UmwStG findet diese Regelung auch auf die Vermögensübertragung auf eine andere Körperschaft Anwendung. Der bisherige § 12 Abs. 2 Satz 2 UmwStG wird deshalb aufgehoben.

Zu § 4 Abs. 3

Die Aussage des bisherigen Absatzes 3 bleibt inhaltlich unverändert.

Zu § 4 Abs. 4

Vermögen, das nicht der deutschen Besteuerung unterliegt (neutrales Vermögen), wird zur Erfassung der stillen Reserven für die Ermittlung des Übernahmeergebnisses mit dem gemeinen Wert im Sinne des § 3 Abs. 1 angesetzt. Dadurch wird sichergestellt, dass z.B. stille Reserven einer ausländischen Betriebsstätte, die durch Doppelbesteuerungsabkommen von der deutschen Besteuerung freigestellt ist, oder Vermögen einer ausländischen Körperschaft, die im Inland nicht oder nur beschränkt steuerpflichtig ist, im Übernahmeergebnis erfasst werden. Ohne diese Regelung gingen die stillen Reserven für die deutsche Besteuerung endgültig verloren, obwohl sie sich bei einer Veräußerung der Beteiligung auf den Kaufpreis auswirken und damit der deutschen Besteuerung unterliegen würden.

Darüber hinaus wird nunmehr klargestellt, dass in die Ermittlung des Übernahmeergebnisses auch die Übernahmekosten einzubeziehen sind. Sie mindern den Übernahmegewinn oder erhöhen einen Übernahmeverlust.

Zu § 4 Abs. 5

Absatz 5 Satz 2 zieht die Folgerungen der steuerlichen Behandlung der offenen Rücklagen als Ausschüttungen nach § 20 Abs. 1 Nr. 1 EStG. Ein Übernahmegewinn vermindert und ein Übernahmeverlust erhöht sich um diese Beträge.

Zu § 4 Abs. 6

Ein Übernahmeverlust bleibt wie bisher im Grundsatz außer Ansatz, soweit er auf eine (körperschaftsteuerpflichtige) Körperschaft, Personenvereinigung oder Vermögensmasse als Mitunternehmer des übernehmenden Rechtsträgers entfällt. Im Übrigen ist er entsprechend den Grundsätzen des Halbeinkünfteverfahrens zur Hälfte anzusetzen. In den Fällen des § 8b Abs. 7 und 8 Satz 1 KStG wird der Übernahmeverlust im Grundsatz steuerlich berücksichtigt, da sich auch eine etwaige Teilwertberichtigung auf diese Anteile steuerlich ausgewirkt hätte.

Abweichend von der bisherigen Behandlung wird Absatz 6 an die Regelungen zur Erfassung der offenen Rücklagen als Ausschüttungen nach § 20 Abs. 1 Nr. 1 EStG angepasst. Ein Übernahmeverlust ist in Höhe dieser Bezüge abziehbar.

Zur Verhinderung von Missbräuchen bleibt ein Übernahmeverlust in Anlehnung an § 17 Abs. 2 Satz 5 EStG allerdings außer Ansatz, soweit der übernehmende Rechtsträger die Anteile an der übertragenden Körperschaft innerhalb der letzten fünf Jahre vor dem steuerlichen Übertragungsstichtag erworben hat oder die Voraussetzungen des § 17 Abs. 2 Satz 5 EStG erfüllt sind.

Zu § 4 Abs. 7

Für den Übernahmegewinn gelten ebenfalls die Regelungen des Halbeinkünfteverfahrens für Veräußerungsgewinne aus Beteiligungen. § 8b KStG, § 3 Nr. 40 und § 3c EStG sind unmittelbar anzuwenden. Dort enthaltene Sonderregelungen z.B. zum Betriebsausgabenabzugsverbot (§ 8b Abs. 3 KStG) oder für bestimmte Anteilseigner (z.B. Lebens- und Krankenversicherungsunternehmen – § 8b Abs. 8 KStG) gelten auf Grund des allgemeinen Verweises auf § 8b KStG auch für den Übernahmegewinn.

Zu § 5

Allgemeines

§ 5 UmwStG regelt die Auswirkungen der Verschmelzung auf die Anteilseigner der übertragenden Körperschaft. Für die von der FusionsRL erfassten Sachverhalte bestimmt Artikel 8 Abs. 1 bis 3 FusionsRL, dass die Verschmelzung keine Besteuerung des Veräußerungsgewinns beim Gesellschafter auslösen darf. Artikel 10a Abs. 3 und 4 FusionsRL räumt einem Mitgliedstaat die Möglichkeit ein, den Gesellschafter abweichend von dem vorgenannten Grundsatz der FusionsRL zu besteuern, wenn eine gebietsfremde übernehmende oder erwerbende Gesellschaft auf Grund der Beurteilung ihrer juristischen Merkmale als steuerlich transparent anzusehen ist. Die Bundesrepublik Deutschland hat insoweit von dieser Möglichkeit Gebrauch gemacht, die Artikel 7, 8 Abs. 1 bis 3 FusionsRL nicht anzuwenden.

Zu § 5 Abs. 1

Absatz 1 bleibt unverändert.

Zu § 5 Abs. 2

Durch Streichung des Merkmals „unbeschränkt steuerpflichtigen" wird der Anwendungsbereich der Einlagefiktion erweitert. Als in das Betriebsvermögen der übernehmenden Personengesellschaft eingelegt gelten u. a. auch wesentliche Beteiligungen im Sinne des § 17 EStG eines beschränkt steuerpflichtigen Gesellschafters. Das Besteuerungsrecht der Bundesrepublik Deutschland ergibt sich unter Berücksichtigung der Vorschriften in den jeweils einschlägigen Doppelbesteuerungsabkommen.

Auf die bisherige Aussage in § 5 Abs. 2 Satz 2 UmwStG zu Anteilen, bei deren Veräußerung ein Veräußerungsverlust nach § 17 Abs. 2 Satz 2 EStG nicht zu berücksichtigen wäre, wird vor dem Hintergrund der Änderung in § 4 Abs. 6 UmwStG verzichtet. Eine wesentliche Beteiligung des Anteilseigners löst nunmehr immer und unabhängig davon die Einlagefiktion nach § 5 UmwStG aus, wann die Beteiligung erworben wurde. Mit der Neuregelung in § 4 Abs. 6 UmwStG ist allerdings sichergestellt, dass solche Anteile zu keinem Übernahmeverlust führen können.

Zu § 5 Abs. 3

In Absatz 3 wird nicht mehr zwischen Anteilen in einem in- oder ausländischen Betriebsvermögen unterschieden. Der Buchwert, mit dem die Anteile als in das Betriebsvermögen des Rechtsträgers überführt gelten, ist analog zu § 4 Abs. 1 UmwStG um steuerwirksam vorgenommene Teilwertabschreibungen aus den vorangegangenen Jahren und um Abzüge nach § 6b EStG gewinnwirksam zu erhöhen. Die Beträge erhöhen den laufenden Gewinn des Gesellschafters und unterliegen bei ihm den Regelungen für die Behandlung von Veräußerungsgewinnen aus Beteiligungen.

Zu § 5 Abs. 4

Absatz 4 wird auf Grund der Ausweitung der Definition in § 17 Abs. 1 Satz 1 EStG und der Neukonzeption des Einbringungsteils gestrichen.

Zu § 6

Der ehemalige Absatz 2 betrifft Darlehen nach dem Berlinförderungsgesetz. Die Vorschrift hat keine praktische Bedeutung mehr und wird gestrichen. Der neu angefügte Absatz 3 entspricht dem Wortlaut des bisherigen § 26 Abs. 1 UmwStG, wonach die Anwendbarkeit des § 6 UmwStG unter bestimmten Voraussetzungen rückwirkend entfällt. Inhaltliche Änderungen ergeben sich hierdurch nicht.

Zu § 7

Nach § 7 UmwStG sind die offenen Reserven der Übertragerin beim Anteilseigner als Ausschüttungen im Sinne des § 20 Abs. 1 Nr. 1 EStG zu erfassen. Das gilt unabhängig davon, ob für den Anteilseigner ein Übernahmeergebnis nach § 4 Abs. 4 UmwStG ermittelt wird. Die Bezüge unterliegen dem Kapitalertragsteuerabzug nach § 43 Abs. 1 Satz 1 Nr. 1 EStG. Die Regelung dient der Sicherung deutscher Besteuerungsrechte an den offenen Rücklagen. Bei Anteilseignern, für die ein Übernahmeergebnis ermittelt wird, mindern die Bezüge im Sinne des § 20 Abs. 1 Nr. 1 EStG einen Übernahmegewinn oder erhöhen einen Übernahmeverlust (§ 4 Abs. 5 UmwStG).

Zu § 8

Die Regelung des § 8 UmwStG zum Vermögensübergang auf eine Personengesellschaft ohne Betriebsvermögen wird redaktionell angepasst, aber materiell unverändert übernommen. Nach § 3 UmwStG ist das übergehende Vermögen auf Ebene der übertragenden Körperschaft zwingend mit dem gemeinen Wert anzusetzen, soweit es nicht Betriebsvermögen des übernehmenden Rechtsträgers wird. Dieser Wert ist für die Ermittlung eines Übernahmeergebnisses nach den §§ 4 und 5 UmwStG maßgebend.

Zu § 9

Der bisherige § 14 UmwStG zum Formwechsel einer Kapitalgesellschaft in eine Personengesellschaft wird materiell unverändert in § 9 UmwStG übernommen.

Der bisherige Hinweis auf § 38a des Landwirtschaftsanpassungsgesetzes entfällt. Die vom UmwStG erfassten Vorgänge ergeben sich aus § 1 UmwStG.

Zu § 10

Die Regelung wird wegen des Übergangs auf Auszahlung des Körperschaftsteuerguthabens auf die Fälle der Körperschaftsteuererhöhung durch Nachbelastung des ehemaligen EK 02 beschränkt. Der Hinweis auf das sogenannte Moratorium für das Körperschaftsteuerguthaben kann in der Neufassung entfallen, weil die Regelung mit Ablauf des 31. Dezember 2005 ausgelaufen ist.

Zu § 11

Allgemeines

Mit der Neuregelung des § 11 UmwStG wird die Vorschrift im Wesentlichen an die Vorgaben der geänderten FusionsRL angepasst. §§ 11 ff. UmwStG gelten auf Grund des erweiterten Anwendungsbereichs des UmwStG für Verschmelzungen inländischer Körperschaften, grenzüberschreitende Verschmelzungen von Körperschaften und Verschmelzungen ausländischer Körperschaften, soweit an der Umstrukturierung Körperschaften mit Sitz und Ort der Geschäftsleitung innerhalb der Europäischen Union oder des Europäischen Wirtschaftsraums beteiligt sind.

Zu § 11 Abs. 1

Bei der Übertragung des Vermögens einer Körperschaft auf eine andere Körperschaft sind die übertragenen Wirtschaftsgüter in der steuerlichen Schlussbilanz der übertragenden Körperschaft grundsätzlich mit dem gemeinen Wert auszuweisen. Der gemeine Wert ist auch anzusetzen, soweit ein ausländischer Staat das übertragene Vermögen für steuerliche Zwecke mit dem Buchwert oder einem anderen Wert berücksichtigt. Eine Bindung an den steuerlichen Wertansatz nach ausländischem Recht besteht nicht.

Die übertragende Körperschaft hat eine steuerliche Schlussbilanz zu erstellen. Dies gilt unabhängig davon, ob sie im Inland steuerpflichtig ist oder im Inland zur Führung von Büchern verpflichtet ist. Die Vorlage einer steuerlichen Schlussbilanz ist nur dann nicht erforderlich, wenn sie nicht für inländische Besteuerungszwecke benötigt wird.

Zu § 11 Abs. 2

Abweichend von dem Grundsatz nach Absatz 1 können auf Antrag des übertragenden Rechtsträgers auch die steuerlichen Buchwerte des übertragenen Vermögens oder Zwischenwerte in der steuerlichen Schlussbilanz angesetzt werden, soweit die in den Nummern 1 bis 3 genannten Voraussetzungen vorliegen.

Die Nummern 1 und 3 entsprechen den bisherigen Regelungen des geltenden § 11 Abs. 1 Satz 1 Nr. 1 und 2 UmwStG. Ergänzt wurde die Vorschrift unter Nummer 2 um das Erfordernis der Sicherstellung des Besteuerungsrechts der Bundesrepublik Deutschland. Auf die Begründung zu § 3 Abs. 2 UmwStG wird insoweit verwiesen.

Soweit die übertragende Körperschaft an der übernehmenden Körperschaft beteiligt ist (sog. Down-stream-merger), sind die Anteile an der übernehmenden Körperschaft mindestens mit dem Buchwert erhöht um Abschreibungen, die in früheren Jahren steuerwirksam vorgenommen worden sind, sowie um Abzüge nach § 6b EStG und andere Abzüge (z.B. Begünstigungen nach § 30 BergbauRatG zur Förderung des Steinkohlebergbaus) anzusetzen. Ein daraus entstehender Gewinn ist von der übertragenden Gesellschaft als laufender Gewinn zu versteuern und unterliegt als solcher den Regelungen für die Behandlung von Veräußerungsgewinnen aus Beteiligungen.

Zu § 11 Abs. 3

Die Regelung betrifft den Sonderfall, dass sich unter den übertragenen Wirtschaftsgütern eine in einem anderen Mitgliedstaat liegende Betriebstätte befindet. Für diese Fälle ist entsprechend Artikel 10 Abs. 2 FusionsRL eine fiktive Steueranrechnung vorgesehen. Auf die Begründung zu § 3 Abs. 3 UmwStG wird verwiesen.

Zu § 12

Allgemeines

§ 12 UmwStG regelt wie bisher die Auswirkungen des Vermögensübergangs bei der übernehmenden Körperschaft.

Zu § 12 Abs. 1

Die Wirtschaftsgüter sind mit den Schlussbilanzwerten im Sinne des § 11 UmwStG in der Bilanz des übernehmenden Rechtsträgers anzusetzen. Eine besondere Aussage zum Wertansatz bei Vermögensübergang von einer steuerfreien auf eine steuerpflichtige Körperschaft ist nicht erforderlich, da in diesen Fällen grundsätzlich der gemeine Wert des übertragenen Vermögens einzusetzen ist.

Zu § 12 Abs. 2

Bei der übernehmenden Körperschaft bleibt das Übernahmeergebnis wie bisher steuerlich außer Ansatz. Dies entspricht auch den Vorgaben des Artikels 7 FusionsRL. Soweit die übernehmende Körperschaft an der übertragenden Körperschaft beteiligt ist, entspricht der Übernahmegewinn einem Gewinn aus der Veräußerung des Anteils. ~~Entsprechend dem Grundsatz des § 8b Abs. 3 KStG gelten fünf Prozent des Übernahmegewinns als Ausgaben, die nicht als Betriebsausgaben abgezogen werden dürfen.~~

Klarstellend erfolgt ein bisher in Absatz 4 enthaltener Verweis auf § 5 Abs. 1 UmwStG, der den Anteilserwerb im Rückwirkungszeitraum betrifft.

Die durch die bisherige Regelung in § 12 Abs. 2 Satz 2 UmwStG vorgesehene Erhöhung des Übernahmeergebnisses im Falle der Verschmelzung einer Unterstützungskasse auf ihr Trägerunternehmen wurde gestrichen. Die neu eingeführte Regelung in § 4 Abs. 2 UmwStG gilt über die Verweisung in § 12 Abs. 3 UmwStG in Fällen der Vermögensübertragung oder Verschmelzung auf eine Körperschaft entsprechend.

Zu § 12 Abs. 3

Ein verbleibender Verlustvortrag geht nicht auf die Übernehmerin über. Vorhandene Verlustvorträge können bei der Überträgerin im Rahmen des grundsätzlich vorgesehenen Ansatzes des gemeinen Werts oder eines Zwischenwerts für das übertragene Vermögen verrechnet werden. Absatz 3 wurde durch Verweis auf § 4 Abs. 2 und 3 UmwStG redaktionell gestrafft. Wegen weiterer Einzelheiten wird auf die dortige Begründung hingewiesen.

Zu § 12 Abs. 4

Absatz 4 wird an den redaktionell überarbeiteten Absatz 3 angepasst. Der Hinweis auf den bisherigen § 5 Abs. 1 UmwStG ist in Absatz 2 übernommen worden.

Zu § 12 Abs. 5

Absatz 5 wird redaktionell an den geänderten Absatz 3 angepasst.

Zu § 13

Allgemeines

§ 13 UmwStG regelt wie bisher die Besteuerung der Anteilseigner der übertragenden Körperschaft. § 13 UmwStG gilt für den unbeschränkt oder beschränkt steuerpflichtigen Anteilseigner unabhängig davon, ob auf Ebene der übertragenden Körperschaft § 11 UmwStG und auf Ebene der übernehmenden Körperschaft § 12 UmwStG angewendet worden sind.

Zu § 13 Abs. 1

Nach Absatz 1 gelten die Anteile an der übertragenden Körperschaft grundsätzlich als zum gemeinen Wert veräußert. Für die Ermittlung der Einkünfte gelten die allgemeinen Grundsätze (z.B. §§ 17, 22 Nr. 2 EStG, § 21 UmwStG bzw. §§ 4, 5 EStG etc.). § 8b KStG und die Vorschriften der Doppelbesteuerungsabkommen sind zu berücksichtigen.

Zu § 13 Abs. 2

Soweit das Besteuerungsrecht der Bundesrepublik Deutschland hinsichtlich der Anteile an der übernehmenden Körperschaft nicht eingeschränkt wird (z.B. auf Grund einer Artikel 13 Abs. 2, 4 und 5 OECD-MA entsprechenden Regelung), können auf Antrag die Buchwerte der Anteile an der übertragenden Körperschaft angesetzt werden. Die Anteile an der übernehmenden Körperschaft treten dann gemäß Satz 2 in die Rechtsstellung der bisherigen Anteile ein. Etwaige frühere Teilwertabschreibungen auf die Altanteile sind deshalb ggf. bei den Neuanteilen wieder steuerwirksam aufzuholen. Bestand vor dem Vermögensübergang eine Beteiligung i.S.d. § 17 Abs. 1 Satz 1 EStG an der übertragenden Körperschaft und liegt an der übernehmenden Körperschaft keine Beteiligung i.S.d. § 17 Abs. 1 Satz 1 EStG vor, gelten bei einer späteren Veräußerung der Anteile die Grundsätze des § 17 EStG (sog. verschmelzungsgeborene Anteile).

Der Antrag nach Nummer 2 kann vom Anteileigner trotz Verlustes des deutschen Besteuerungsrechts auch in den von der FusionsRL erfassten Fällen gestellt werden. Soweit die Bundesrepublik Deutschland ein vor dem Vermögensübergang abkommensrechtlich bestehendes Besteuerungsrecht nach dem Vermögensübergang auf Grund der Vorschriften eines Doppelbesteuerungsabkommens verliert, wird ein späterer Verkauf der erhaltenen Anteile ungeachtet der Bestimmungen dieses Abkommens besteuert. Grundlage hierfür ist Artikel 8 Abs. 6 FusionsRL, der den Mitgliedstaaten gestattet, den Gewinn aus einer nachfolgenden Veräußerung der erworbenen Anteile in gleicher Weise zu besteuern, wie den Gewinn aus einer Veräußerung der vor dem Erwerb vorhandenen Anteile.

Zu § 14

Die Regelungen des bisherigen § 14 werden in § 9 übernommen.

Zu § 15

Zu § 15 Abs. 1

Die Grundsätze der §§ 11 bis 13 UmwStG sind in den von § 15 UmwStG erfassten Fällen der Aufspaltung, Abspaltung und Teilübertragung auf andere Körperschaften entsprechend anzuwenden. Danach sind die Wirtschaftsgüter in der Steuerbilanz grundsätzlich mit dem gemeinen Wert zu bewerten. Unter den Voraussetzungen des § 11 Abs. 2 UmwStG ist der

Ansatz des Buchwerts oder eines Zwischenwerts möglich. Der Ansatz eines Wertes unter dem gemeinen Wert setzt allerdings nach wie vor die Übertragung und den Verbleib eines Teilbetriebs (sog. doppeltes Teilbetriebserfordernis) voraus.

Zu § 15 Abs. 2

Absatz 2 wird unverändert übernommen.

Zu § 15 Abs. 3

Der bisherige Absatz 4 wird Absatz 3 und an die Änderungen des § 12 Abs. 3 UmwStG angepasst. In den Fällen der Aufspaltung gehen die nicht ausgeglichenen Verluste vollständig unter; in Abspaltungsfällen bleibt ein Verlust insoweit erhalten, wie Vermögen bei der übertragenden Körperschaft verbleibt.

Zu § 16

Die Vorschrift wurde redaktionell angepasst. Der bisherige Satz 3 wurde in § 15 Abs. 3 UmwStG übernommen.

Zu § 18

Die Vorschrift wird materiell unverändert übernommen.

Zu § 19

Die Vorschrift wird materiell unverändert übernommen.

Zum Sechsten bis Achten Teil

Allgemeines

Das neue Konzept des § 20 ff. UmwStG beruht – entsprechend den Neuerungen des Ersten bis Fünften Teils des UmwStG – auf dem grundsätzlichen Ansatz des gemeinen Werts in Einbringungsfällen. Dadurch bleibt das Besteuerungsrecht der Bundesrepublik Deutschland gewährleistet. Auf Antrag können in den Fällen der Betriebseinbringung die Buchwerte fortgeführt oder ein Zwischenwert angesetzt werden, wenn dadurch das inländische Besteuerungsrecht nicht eingeschränkt wird. Auch in den Fällen des Anteilstauschs besteht ein Wahlrecht zum Buchwert- oder Zwischenwertansatz, wenn der übernehmenden Gesellschaft nach der Einbringung unmittelbar die Mehrheit der Stimmrechte an der Gesellschaft zusteht, deren Anteile eingebracht werden und das Besteuerungsrecht der Bundesrepublik Deutschland hinsichtlich der erhaltenen Anteile nicht eingeschränkt wird.

Das bisherige Modell der Sonderregelungen für die Besteuerung einbringungsgeborener Anteile (§ 21 UmwStG, § 8b Abs. 4 KStG, § 3 Nr. 40 Satz 3 und 4 EStG) und die bisherige Missbrauchsklausel (§ 26 Abs. 2 Satz 1 und 2 UmwStG) werden abgelöst durch eine ~~nachträgliche~~ Besteuerung des zugrunde liegenden Einbringungsvorgangs, wenn in den Fällen der Betriebseinbringung die erhaltenen Anteile oder in den Fällen des Anteilstauschs die eingebrachten Anteile innerhalb einer Frist von sieben Jahren nach der Einbringung veräußert werden.

Sinn und Zweck § 20 ff. UmwStG ist es, im Interesse der Erleichterung von Unternehmensumstrukturierungen ein einheitliches und EU-konformes System für die steuerliche Behandlung von Einbringungsfällen zu schaffen (~~nachträgliche~~ Einbringungsgewinnbesteuerung), das Doppelbesteuerungen von stillen Reserven weitgehend vermeidet. Es soll jedoch auch weiterhin sichergestellt werden, dass die im Zeitpunkt der Betriebseinbringung oder des Anteilstauschs aufgelaufenen und auf die Anteile an der übernehmenden Gesellschaft übertragenen stillen Reserven bei einer Veräußerung der Anteile innerhalb der Sperrfrist letztlich ~~im Zeitpunkt der Veräußerung der Anteile~~ der (vollen) Besteuerung unterliegen.

Zu § 20

Zu § 20 Abs. 1

Die Einbringung wird europäisiert, d.h. das Erfordernis der unbeschränkten Steuerpflicht für die übernehmende Gesellschaft entfällt. Es kann nunmehr jede eine in- und ausländische Kapitalgesellschaft oder eine ~~Europäische~~ Genossenschaft übernehmende Gesellschaft i.S.d. § 20 Abs. 1 UmwStG sein, wenn sie die Ansässigkeitserfordernisse im Sinne des § 1 Abs. 2 UmwStG erfüllt. Danach muss diese nach den Rechtsvorschriften eines Mitgliedstaats der Europäischen Union oder des Europäischen Wirtschaftsraums gegründet worden sein sowie ihren Sitz und ihre Geschäftsleitung innerhalb des Hoheitsgebiets eines dieser Staaten haben. Die Einstufung ausländischer Gesellschaften als Kapitalgesellschaft ist anhand des Typenvergleichs vorzunehmen.

Einbringender kann jede natürliche Person sein, die im Hoheitsgebiet eines Mitgliedstaats der Europäischen Union oder des Europäischen Wirtschaftsraums unbeschränkt steuerpflichtig ist und auch nach den mit Drittstaaten bestehenden Doppelbesteuerungsabkommen als innerhalb dieses Gebiets ansässig anzusehen ist. Darüber hinaus kann nunmehr jede in- und ausländische Kapitalgesellschaft oder ~~Europäische~~ Genossenschaft Einbringender sein, ~~wenn es sich um eine nach den Rechtsvorschriften eines Mitgliedstaats der Europäischen Union oder des Europäischen Wirtschaftsraums gegründete Kapitalgesellschaft oder Europäische Genossenschaft mit Sitz und Geschäftsleitung innerhalb des Hoheitsgebiets eines dieser Staaten handelt~~. Dies gilt unter den oben genannten Voraussetzungen auch für in- und ausländische Personengesellschaften als Einbringende. Handelt es sich bei dem Einbringenden um eine Personengesellschaft oder um eine nach dem Recht der Bundesrepublik Deutschland als steuerlich transparent anzusehende Gesellschaft, so kommt §§ 20 ff. UmwStG nur zur Anwendung, wenn bei den einzelnen Mitunternehmern die Voraussetzungen ~~des § 1 Abs. 2 UmwStG~~ erfüllt sind. In diesen Fällen sind die steuerlichen Konsequenzen bei den jeweiligen Mitunternehmern zu ziehen.

Eingebracht werden kann ein Betrieb, Teilbetrieb oder Mitunternehmeranteil. Ist in den von der FusionsRL erfassten Fällen des Anteilstauschs die erworbene Gesellschaft nach dem Recht der Bundesrepublik Deutschland als steuerlich transparent anzusehen, ist dieser Vorgang als Einbringung eines Mitunternehmeranteils nach § 20 UmwStG zu beurteilen.

Für die Beurteilung der Frage, ob ein Wirtschaftsgut eine wesentliche Betriebsgrundlage eines Teilbetriebs darstellt, ist die funktionale Betrachtungsweise maßgeblich. Eine zu einem Betriebsvermögen gehörende 100-Prozent-Beteiligung an einer Kapitalgesellschaft gilt nicht als Teilbetrieb im Sinne des § 20 Abs. 1 UmwStG. Eine Einbringung eines Mitunternehmeranteils liegt auch dann vor, wenn ein Mitunternehmer einer Personengesellschaft nicht seinen gesamten Anteil an der Personengesellschaft, sondern nur einen Teil dieses Anteils in eine Gesellschaft einbringt.

Die bisherige Regelung in § 20 Abs. 1 Satz 2 UmwStG wird gestrichen und wegen der gesetzestechnischen Trennung von Betriebseinbringung und Anteilstausch in § 21 Abs. 1 UmwStG überführt.

Zu § 20 Abs. 2

Statt des bisherigen Wahlrechts zwischen Buchwert, Zwischenwert und Teilwert gilt der Grundsatz des Ansatzes des gemeinen[7] Werts (§ 9 Abs. 2 BewG). Der gemeine Wert des eingebrachten Betriebsvermögens umfasst auch selbst geschaffene immaterielle Wirtschaftsgüter (z.B. originärer Firmenwert).

---

[7] Abweichend davon sind aufgrund von Änderungen im späteren Gesetzgebungsverfahren Pensionsrückstellungen mit dem Wert nach § 6a EStG zu bewerten.

Nach Satz 2 ist auf Antrag der übernehmenden Gesellschaft der Ansatz eines Werts unter dem gemeinen Wert zulässig, soweit (kumulativ) das übernommene Betriebsvermögen kein negatives Kapital ausweist, das inländische Besteuerungsrecht nicht eingeschränkt wird ~~und keine sonstige Gegenleistung gewährt wird. Der Regelungsgehalt der bisherigen Sätze 4 und 5 wird teilweise in Satz 2 Nr. 1 und 3 überführt.~~ In diesen Fällen kommt es auch weiterhin zwingend zum Zwischenwertansatz.

Der Ansatz eines Werts unter dem gemeinen Wert ist nach Satz 2 Nr. 2 auch ausgeschlossen, soweit nach der Einbringung bei der übernehmenden Gesellschaft für das eingebrachte Betriebsvermögen entweder kein Besteuerungsrecht oder nur noch ein eingeschränktes Besteuerungsrecht besteht. Eine Einschränkung des Besteuerungsrechts liegt vor, wenn vor der Einbringung das Besteuerungsrecht ohne Anrechnungsverpflichtung bestand und nachher kein oder ein Besteuerungsrecht mit Anrechnungsverpflichtung besteht oder wenn vor der Einbringung ein Besteuerungsrecht mit Anrechnungsverpflichtung bestand und nachher kein Besteuerungsrecht besteht. Die Regelung in § 26 Abs. 2 Satz 3 UmwStG kann deshalb entfallen.

Der Antrag auf Ansatz eines Werts unter dem gemeinen Wert kann für jeden Einbringungsvorgang nur einheitlich gestellt werden. Werden gleichzeitig mehrere Mitunternehmeranteile einer Personengesellschaft eingebracht, liegt auch dann hinsichtlich eines jeden Mitunternehmeranteils ein gesonderter Einbringungsvorgang vor, wenn diese zu einem Betriebsvermögen gehören (gesellschafterbezogene Betrachtungsweise). Wird durch einen Einbringungsvorgang das Besteuerungsrecht der Bundesrepublik Deutschland hinsichtlich des Gewinns aus der Veräußerung des eingebrachten Betriebsvermögens zum Teil erst begründet, bleibt es insoweit – auch in den Fällen der Ausübung des Wahlrechts für das bereits vor der Einbringung im Inland steuerverstrickte Betriebsvermögen – beim Ansatz des gemeinen Werts. § 6 Abs. 1 Nr. 5a EStG ist insoweit entsprechend anzuwenden. Der Einheitlichkeitsgrundsatz steht dem nicht entgegen.

Der Ansatz eines Werts unter dem gemeinen Wert in der Steuerbilanz ist auch dann zulässig, wenn das eingebrachte Betriebsvermögen in der Handelsbilanz mit einem höheren Wert angesetzt wird. Der Maßgeblichkeitsgrundsatz des § 5 Abs. 1 Satz 2 EStG ist nicht zu beachten. Der bisherige Satz 2 entfällt deshalb.

Der bisherige Satz 3 wird ersetzt durch die Definition des Buchwerts in § 1 Abs. 5 Nr. 4 UmwStG und kann deshalb entfallen.

Der bisherige Satz 4 betreffend den zwingenden Ansatz des Teilwerts, soweit das Kapital des eingebrachten Betriebsvermögens negativ ist, wird durch die Regelung in Satz 2 Nr. 1 mit der Maßgabe ersetzt, dass insoweit der gemeine Wert anzusetzen ist.

~~Der bisherige Satz 5 geht auf in der Neuregelung des Satzes 2 Nr. 3. Diese erfolgt in Anlehnung an die Behandlung von Zuzahlungen im Rahmen des § 11 UmwStG, wonach auf Ebene der Gesellschaft ein Anschaffungsvorgang und auf Ebene des Gesellschafters ein Veräußerungserlös vorliegt, soweit die übernehmende Gesellschaft bare Zuzahlungen leistet. Die bisherige Regelung in § 20 Abs. 2 Satz 5 UmwStG, nach der im Ergebnis ein teilweiser Verkauf des eingebrachten Betriebsvermögens möglich war, ist damit überholt.~~

~~Beispiel:~~

~~Das eingebrachte Betriebsvermögen steht per saldo einen Buchwert von 1.000 Euro und hat einen gemeinen Wert von 2.000 Euro. Der Einbringende erhält von der aufnehmenden Kapitalgesellschaft neben neuen Anteilen eine Barzahlung von 1.200 Euro.~~

Die bisher in Satz 6 geregelte Begrenzung des Wertansatzes bei den einzelnen Wirtschaftsgütern auf den Teilwert wird nunmehr in Satz 2 unter Bezugnahme auf den gemeinen Wert geregelt. Danach darf das einzelne Wirtschaftsgut höchstens mit dessen gemeinen Wert angesetzt werden.

Zu § 20 Abs. 3

Der bisherige Absatz 3 wird gestrichen, da durch die Neuregelung des Einbringungsteils auch in den Fällen des Ausschlusses des Besteuerungsrechts hinsichtlich des Gewinns aus einer Veräußerung der vom Einbringenden im Rahmen der Einbringung erhaltenen Anteile bei einer Veräußerung der erhaltenen Anteile innerhalb der Sperrfrist eine nachträgliche Besteuerung erfolgt.

Der bisherige Absatz 4 wird Absatz 3.

Es bleibt grundsätzlich bei der doppelten Buchwertverknüpfung.

Satz 2 regelt nunmehr den Fall, dass nach der Einbringung bei der übernehmenden Gesellschaft hinsichtlich des übertragenen Betriebsvermögens kein inländisches Besteuerungsrecht besteht. In diesen Fällen ist der gemeine Wert anzusetzen.

Der bisherige Satz 2 wird Satz 3.

Zu § 20 Abs. 4

Der bisherige Absatz 5 wird Absatz 4.

Im Rahmen der Anpassung an die Neuregelungen wird der Teilwert durch den gemeinen Wert ersetzt. Der bisherige Satz 3, wonach der Freibetrag nach § 16 Abs. 4 EStG bei der Einbringung von Teilen eines Mitunternehmeranteils nicht zur Anwendung kommt, wird in Satz 1 integriert. Der bisherige Satz 4 betrifft die Fälle des Anteilstauschs und wird wegen der gesonderten Regelung des Anteilstauschs in § 21 UmwStG nunmehr von dessen Absatz 3 erfasst.

Zu § 20 Abs. 5

Der bisherige Absatz 7 wird Absatz 5.

Zu § 20 Abs. 6

Im Zuge der Streichung des § 20 Abs. 3 UmwStG wird auch die Stundungsregelung in Absatz 6 überflüssig. Sie ist jedoch für Fälle, bei denen § 20 Abs. 3 UmwStG in der bisherigen Fassung zur Anwendung kam, nach § 27 Abs. 2 UmwStG auch weiterhin anzuwenden. Dies bedeutet, dass nach altem Recht gewährte Stundungen noch für einen Zeitraum von bis zu fünf Jahren weiterlaufen können.

Der bisherige Absatz 8 wird Absatz 6.

In den Fällen der Sacheinlage durch Umwandlung auf Grund ausländischer Rechtsvorschriften kann der steuerliche Übertragungsstichtag gemäß Satz 3 auf einen Zeitpunkt, der höchstens acht Monate vor dem Abschluss des Einbringungsvertrages und vor dem Zeitpunkt des Übergangs des eingebrachten Betriebsvermögens auf die übernehmende Gesellschaft liegt, zurückbezogen werden. Die Regelung in § 2 Abs. 3 UmwStG, wonach die Rückwirkung bei grenzüberschreitenden Umwandlungen nicht greift, wenn es dadurch zu einer Nichtbesteuerung kommt, ist bei Einbringungsfällen entsprechend anzuwenden.

Zu § 20 Abs. 7

Die Regelung betrifft den Sonderfall, dass sich unter den eingebrachten Wirtschaftsgütern eine in einem anderen Mitgliedstaat liegende Betriebsstätte befindet und das Besteuerungsrecht der Bundesrepublik Deutschland in Bezug auf diese Betriebsstätte durch den Einbringungsvorgang eingeschränkt wird. In diesen Fällen ist, wenn die FusionsRL zur Anwendung kommt, nach Artikel 10 Abs. 2 FusionsRL eine fiktive Anrechnung der auf den Einbringungsgewinn entfallenden ausländischen Steuer vorzunehmen. Auf die Begründung zu § 3 Abs. 3 UmwStG wird verwiesen.

<u>Beispiel:</u>

Eine inländische GmbH bringt ihre portugiesische Betriebsstätte gegen Gewährung von neuen Anteilen in eine französische SA ein.

Durch die Einbringung wird das Besteuerungsrecht der Bundesrepublik Deutschland hinsichtlich der portugiesischen Betriebsstätte (Besteuerungsrecht mit Anrechnungsverpflichtung bei passiven Einkünften) ausgeschlossen. Nach § 20 Abs. 2 Satz 2 Nr. 2 UmwStG kommt es deshalb insoweit zwingend zum Ansatz des gemeinen Werts und damit zur Besteuerung des Einbringungsgewinns. Die auf den Gewinn aus einer gedachten Veräußerung der Betriebsstätte entfallende fiktive portugiesische Steuer ist auf die auf den Einbringungs-

SEStEG

gewinn aus der portugiesischen Betriebsstätte entfallende inländische Körperschaftsteuer anzurechnen.

Zu § 20 Abs. 8

Die Regelung betrifft den Sonderfall, dass es sich bei der einbringenden Gesellschaft um eine in einem anderen Mitgliedstaat ansässige und von der FusionsRL geschützte Gesellschaft handelt, die nach dem Recht der Bundesrepublik Deutschland als transparent anzusehen ist. In diesen Fällen darf, soweit die Bundesrepublik Deutschland die Doppelbesteuerung nicht durch Freistellung vermeidet, bei den Gesellschaftern der einbringenden Gesellschaft nach Artikel 10a Abs. 1 FusionsRL ungeachtet der Regelungen der FusionsRL eine Besteuerung des Einbringungsgewinns erfolgen.

Gemäß Artikel 10a Abs. 2 FusionsRL ist jedoch die fiktive auf den Einbringungsgewinn entfallende ausländische Steuer, die nach den Rechtsvorschriften des anderen Mitgliedstaats erhoben worden wäre, wenn das eingebrachte Vermögen im Zeitpunkt der Einbringung veräußert worden wäre, insoweit auf die auf den Einbringungsgewinn der Gesellschafter entfallende inländische Einkommensteuer oder Körperschaftsteuer anzurechnen. Dies gilt jedoch nur, wenn das übertragene Vermögen einer in einem anderen Mitgliedstaat liegenden Betriebsstätte zuzurechnen ist.

Beispiel:

Eine natürliche Person X mit Wohnsitz im Inland ist an einer von der FusionsRL geschützten portugiesischen KG beteiligt, die nach deutschem Recht als transparent anzusehen ist. Soweit die portugiesische KG passive Einkünfte im Sinne des Protokolls zum DBA Portugal erzielt, steht der Bundesrepublik Deutschland das Besteuerungsrecht an den Einkünften aus der portugiesischen Betriebsstätte mit Anrechnungsverpflichtung zu. Die Gesellschaft wird auf eine französische SA verschmolzen.

Durch die Verschmelzung wird das Besteuerungsrecht der Bundesrepublik Deutschland hinsichtlich der portugiesischen Betriebsstätte ausgeschlossen. Nach § 20 Abs. 2 Satz 2 Nr. 2 UmwStG kommt es deshalb insoweit zwingend zum Ansatz des gemeinen Werts und damit zur anteiligen Besteuerung des Einbringungsgewinns beim Einbringenden X. Die auf den Gewinn aus einer gedachten Veräußerung der Betriebsstätte entfallende fiktive portugiesische Steuer ist auf die auf den Einbringungsgewinn aus der portugiesischen Betriebsstätte entfallende inländische Einkommensteuer anzurechnen.

Dasselbe gilt auch, wenn in den Fällen des Anteilstauschs Anteile an einer in einem anderen Mitgliedstaat ansässigen und von der FusionsRL geschützten Gesellschaft, die nach dem Recht der Bundesrepublik Deutschland als transparent anzusehen ist, eingebracht werden. In diesen Fällen ist der Anteilstausch als Einbringung eines Betriebs oder Mitunternehmeranteils zu behandeln.

Räumt ein Mitgliedstaat einer in seinem Hoheitsgebiet ansässigen Gesellschaft anlässlich der Einbringung ein Wahlrecht zur vollen oder teilweisen Aufdeckung der stillen Reserven ein, richtet sich die Anrechnung der tatsächlich erhobenen Steuer insoweit nach den allgemeinen Vorschriften des § 26 KStG sowie den §§ 34c und 50 Abs. 6 EStG.

Zu § 21

Allgemeines

Durch die Europäisierung des §§ 20 ff. UmwStG wird § 23 UmwStG in der bisherigen Fassung betreffend die Einbringung in der Europäischen Union überflüssig. § 21 UmwStG dient nunmehr als eigenständige Vorschrift zur Regelung der Fälle des Anteilstauschs. Die bisherigen §§ 21 und 22 UmwStG werden nach hinten verschoben.

Zu § 21 Abs. 1

Auf Grund der Europäisierung des Einbringungsteils entfällt das Erfordernis der unbeschränkten Steuerpflicht für die übernehmende Gesellschaft. Es kann nunmehr jede in- und ausländische Kapitalgesellschaft oder ~~Europäische~~ Genossenschaft übernehmende Gesellschaft i.S.d. § 21 Abs. 1 UmwStG sein, wenn sie die Ansässigkeitserfordernisse im Sinne des § 1 Abs. 2 UmwStG erfüllt.

Einbringender kann unabhängig von ihrer Ansässigkeit jede natürliche oder juristische Person sein. Bei Personengesellschaften gelten die Gesellschafter als Einbringende.

Im Rahmen des Anteilstauschs können Anteile an in- und ausländischen Kapitalgesellschaften oder ~~Europäischen~~ Genossenschaften eingebracht werden, ~~wenn es sich bei der erworbenen Gesellschaft um eine nach den Rechtsvorschriften eines Mitgliedstaats der Europäischen Union oder des Europäischen Wirtschaftsraums gegründete Kapitalgesellschaft oder Europäische Genossenschaft mit Sitz und Geschäftsleitung innerhalb des Hoheitsgebiets eines dieser Staaten handelt.~~

In Satz 1 wird der Anteilstausch i.S.d. Umwandlungssteuergesetzes definiert. Danach stellt jede Einbringung von Anteilen in eine Kapitalgesellschaft oder ~~Europäische~~ Genossenschaft gegen Gewährung neuer Anteile an der erwerbenden Gesellschaft einen Anteilstausch dar. Auf die Höhe der Beteiligung kommt es nicht an. Grundsätzlich sind in allen Fällen des Anteilstauschs die eingebrachten Anteile mit dem gemeinen Wert anzusetzen.

Beispiel:

Natürliche Person A mit Wohnsitz in CZ bringt ihre Beteiligung an österreichischer X-GesmbH in die deutsche Y-GmbH gegen Gewährung von Anteilen ein.

Für die eingebrachten Anteile wird in Deutschland das Besteuerungsrecht neu begründet. Die Y-GmbH hat deshalb die Anteile an der österreichischen X-GesmbH nach § 21 Abs. 1 Satz 1 UmwStG mit dem gemeinen Wert in der Bilanz anzusetzen. Dieser gilt gemäß § 21 Abs. 2 Satz 1 UmwStG für den Einbringenden A auch als Anschaffungskosten seiner Anteile an der Y-GmbH.

Satz 2 definiert den qualifizierten Anteilstausch. Dabei wird die bisherige Regelung aus § 20 Abs. 1 Satz 2 UmwStG, wonach die erwerbende Gesellschaft nach der Einbringung über die Mehrheit der Stimmrechte an der Gesellschaft, deren Anteile eingebracht werden, verfügen muss, im Wesentlichen übernommen. Ein qualifizierter Anteilstausch liegt auch vor, wenn eine bereits bestehende Mehrheitsbeteiligung verstärkt wird. Beim qualifizierten Anteilstausch ist auf Antrag ein Ansatz der eingebrachten Anteile mit einem unter dem gemeinen Wert liegenden Wert möglich. Der gemeine Wert darf nicht überschritten werden. ~~Wird eine sonstige Gegenleistung gewährt, so ist insoweit wie in den Fällen der Betriebseinbringung der gemeine Wert anzusetzen.~~

Zu § 21 Abs. 2

Grundsätzlich gilt der Wert, mit dem die erwerbende Gesellschaft die eingebrachten Anteile ansetzt, beim Einbringenden als Veräußerungspreis und als Anschaffungskosten der neuen Anteile.

Eine Bindung an bei der erwerbenden Gesellschaft nach ausländischen Rechtsordnungen maßgebende Wertansätze besteht nicht. Insoweit wird die doppelte Buchwertverknüpfung aufgegeben. In diesen Fällen gilt nach Satz 2 grundsätzlich der gemeine Wert der eingebrachten Anteile als Veräußerungspreis und als Anschaffungskosten der erhaltenen Anteile. Die erhaltenen Anteile können jedoch nach Satz 3 auf Antrag des Einbringenden mit einem unter dem gemeinen Wert liegenden Wert der eingebrachten Anteile bewertet werden, soweit das Recht der Bundesrepublik Deutschland zur Besteuerung der im Rahmen des Anteilstauschs erhaltenen Anteile nicht eingeschränkt wird. Eine Einschränkung des Besteuerungs-

steuerungsrecht der Bundesrepublik Deutschland ohne Anrechnungsverpflichtung bestand und hinsichtlich der im Rahmen des Anteilstauschs erhaltenen Anteile zwar ein Besteuerungsrecht der Bundesrepublik Deutschland aber mit Anrechnungsverpflichtung besteht.

Wird zwar das Besteuerungsrecht der Bundesrepublik Deutschland an den erhaltenen Anteilen gegenüber dem Besteuerungsrecht an den eingebrachten Anteilen eingeschränkt, kommt jedoch die FusionsRL mit der Folge zur Anwendung, dass der Gewinn aus dem Anteilstausch nicht besteuert werden darf, so ist trotzdem auf Antrag der Buch- oder Zwischenwertansatz möglich. In diesen Fällen ist allerdings bei der Veräußerung der erhaltenen Anteile der Gewinn so zu besteuern, wie die Veräußerung der eingebrachten Anteile zu besteuern wäre (Artikel 8 Abs. 6 FusionsRL). Dies gilt ungeachtet entgegenstehender Bestimmungen eines Doppelbesteuerungsabkommens (Treaty-override).

Beispiel:

Eine unbeschränkt steuerpflichtige natürliche Person bringt im Rahmen eines Anteilstauschs Anteile an einer österreichischen GesmbH in eine tschechische s.r.o. gegen Gewährung von neuen Anteilen ein.

Hinsichtlich der Besteuerung des Gewinns aus der Veräußerung der eingebrachten österreichischen Anteile stand der Bundesrepublik Deutschland nach dem DBA Österreich vor dem Anteilstausch das uneingeschränkte Besteuerungsrecht zu. Dieses wird durch den Anteilstausch ausgeschlossen. Hinsichtlich des Gewinns aus der Veräußerung der durch den Anteilstausch erhaltenen Anteile ist das Besteuerungsrecht der Bundesrepublik Deutschland eingeschränkt, da nach Artikel 23 Abs. 1 Buchstabe b Nr. 3 i. V. m. Artikel 13 Abs. 3 DBA Tschechien eine Anrechnungsverpflichtung besteht.

Grundsätzlich wäre deshalb nach § 21 Abs. 2 Satz 2 UmwStG der gemeine Wert der eingebrachten Anteile als Veräußerungspreis und als Anschaffungskosten der erhaltenen Anteile anzusetzen. Da in diesem Fall die FusionsRL zur Anwendung kommt, ist auf Antrag der Buchwert anzusetzen. Bei Veräußerung der erhaltenen Anteile erfolgt jedoch unter Anwendung des Artikels 8 Abs. 6 FusionsRL die volle Besteuerung des Veräußerungsgewinns ohne Anrechnung der tschechischen Steuer (Treaty-override).

~~Ist in diesen Fällen im Zeitpunkt der Anteilsveräußerung kein inländischer Anknüpfungspunkt mehr gegeben (z.B. natürliche Person mit Wohnsitz in Liechtenstein tauscht ihre Beteiligung an einer deutschen GmbH gegen Anteile an einer französischen SA), wird für die Einkünfte aus der Veräußerung der erhaltenen Anteile beschränkte Steuerpflicht fingiert, da für die Veräußerung der eingetauschten Anteile an der deutschen GmbH beschränkte Steuerpflicht bestand. Satz 3 Nr. 2 letzter Halbsatz verweist insoweit auf § 22 Abs. 4 Nr. 3 UmwStG.~~

~~In den Fällen des Anteilstauschs treten die erhaltenen Anteile nach Satz 4 steuerlich an die Stelle der eingebrachten Anteile, wenn der Anteilstausch nicht zum gemeinen Wert erfolgt ist. Dies bedeutet, dass in den Fällen des Anteilstauschs zum Buch- oder Zwischenwert – anders als in den Fällen der Sacheinlage – nicht die erwerbende Gesellschaft, sondern der Einbringende mit den erhaltenen Anteilen in die Rechtsstellung der eingebrachten Anteile tritt. Dies gilt auch, wenn Anteile im Rahmen einer Sacheinlage eingebracht werden (§ 23 Abs. 1 Satz 2 UmwStG).~~ Dies bedeutet beispielsweise, dass im Falle eines Anteilstauschs mit einbringungsgeborenen Anteilen im Sinne des § 21 Abs. 1 UmwStG in der bisherigen Fassung auch die erhaltenen Anteile durch die Einbringungsgeborenheit infiziert werden und somit selbst als einbringungsgeborene Anteile im Sinne bisherigen Rechts gelten.

Gehörten die eingebrachten Anteile vor der Einbringung nicht zu einem Betriebsvermögen, sind die erhaltenen Anteile unter den oben genannten Voraussetzungen mit den Anschaffungskosten der eingebrachten Anteile anzusetzen.

Die Regelung in § 20 Abs. 3 Satz 3 UmwStG, wonach in den Fällen der Gewährung einer sonstigen Gegenleistung die Anschaffungskosten der erhaltenen Anteile um den gemeinen

Wert der Gegenleistung zu kürzen sind, gilt auch für die Fälle des Anteilstauschs mit sonstiger Gegenleistung.

Zu § 21 Abs. 3

Die Regelung entspricht der bisherigen Regelung in § 20 Abs. 5 UmwStG. Sie wird auf die Bedürfnisse des Anteilstauschs beschränkt und entsprechend angepasst.

Zu § 22

Allgemeines

§ 22 UmwStG entspricht dem bisherigen § 21 UmwStG. Durch die Aufgabe des bisherigen Systems der Besteuerung einbringungsgeborener Anteile (§ 21 UmwStG, § 8b Abs. 4 KStG, § 3 Nr. 40 Satz 3 und 4 EStG) sowie der Missbrauchsregelung in § 26 Abs. 2 UmwStG ist es notwendig geworden, anderweitige Regelungen zu schaffen, um die Besteuerung der dem inländischen Besteuerungsrecht unterliegenden stillen Reserven zu sichern. Dies sind insbesondere Fälle, bei denen nach der Einbringung die Besteuerung der im Einbringungszeitpunkt vorhandenen stillen Reserven beim Einbringenden nach dem Halbeinkünfteverfahren erfolgt, die Steuerfreistellung nach § 8b Abs. 2 KStG greift oder das Besteuerungsrecht hinsichtlich der erhaltenen Anteile durch ein Doppelbesteuerungsabkommen eingeschränkt wird.

Die Neuregelung geht dabei zum Grundsatz der ~~nachträglichen~~ Besteuerung der im Zeitpunkt der Einbringung vorhandenen stillen Reserven beim Einbringenden über. Zu einem ~~nachträglich entstehenden~~ steuerpflichtigen Einbringungsgewinn kommt es immer dann, wenn eine Veräußerung der erhaltenen Anteile durch den Einbringenden innerhalb der Sperrfrist erfolgt. Da die Vermutung eines Missbrauchs im Sinne des Artikels 11 Abs. 1 Buchstabe a FusionsRL mit zunehmendem Abstand zum Einbringungszeitpunkt abnimmt, werden die ~~nachträglich~~ zu versteuernden stillen Reserven jährlich linear um ein Siebtel abgebaut. Je länger die Sperrfrist läuft, umso geringer ist die Wahrscheinlichkeit, dass der ursprüngliche Einbringungsvorgang im Grunde nur dazu dienen sollte, eine nachfolgende Veräußerung vorzubereiten. Dadurch wird auch die Konformität der ~~nachträglichen~~ Besteuerung der stillen Reserven mit Artikel 11 Abs. 1 FusionsRL hergestellt.

Die steuerliche Behandlung der Veräußerung von auf Grund einer Einbringung erhaltenen Anteilen erfolgt nunmehr nach den allgemeinen Vorschriften über die Veräußerung von Kapitalanteilen. Diese werden jedoch ergänzt durch die Regeln in § 22 UmwStG.

Dabei ist beim Einbringenden in den Fällen der Sacheinlage (§ 20 Abs. 1 UmwStG) mit Buchwertfortführung oder in den Fällen mit Zwischenwertansatz eine ~~nachträgliche~~ Besteuerung der auf den steuerlichen Übertragungsstichtag zu ermittelnden stillen Reserven vorgesehen, wenn die Veräußerung der erhaltenen Anteile durch den Einbringenden oder bei unentgeltlichem Erwerb der Anteile durch den Rechtsnachfolger innerhalb einer Sperrfrist von sieben Jahren nach dem steuerlichen Einbringungszeitpunkt erfolgt.

Der gemäß § 16 EStG zu besteuernde Gewinn ergibt sich aus der Differenz zwischen dem gemeinen Wert des Betriebsvermögens im Zeitpunkt der Einbringung und dem Wert, mit dem die aufnehmende Gesellschaft dieses angesetzt hat, wobei dieser Betrag für jedes zwischen Einbringungszeitpunkt und Veräußerungszeitpunkt abgelaufene Zeitjahr um je ein Siebtel abzubauen ist (Einbringungsgewinn I). Der im Rahmen der Einkünfte nach den §§ 13, 15, 16, 17, 18 oder 23 EStG entstehende Gewinn aus der Veräußerung der Anteile mindert sich und ein Verlust erhöht sich entsprechend. Dies bedeutet, dass der insgesamt entstandene Veräußerungsgewinn zerlegt wird in einen Gewinn nach § 16 EStG (= zum Veräußerungszeitpunkt maßgebender Einbringungsgewinn I), auf den weder das Halbeinkünfteverfahren (§ 3 Nr. 40 EStG) noch die Steuerfreistellung nach § 8b KStG zur Anwendung kommt, und einen Gewinn aus dem Anteilsverkauf (= nach dem Einbringungszeitpunkt entstandene stille Reserven und dem linearen Abbaubetrag der im Einbringungszeitpunkt vorhandenen stillen Reserven), der durch Halbeinkünfteverfahren (§ 3 Nr. 40 EStG) oder die Steuerfreistellung nach § 8b Abs. 2 KStG begünstigt ist. Die übernehmende Gesellschaft kann den besteuerten Einbringungsgewinn I in der Steuerbilanz bei den jeweiligen Wirtschaftsgütern aktivieren.

In den Fällen des Anteilstauschs (§ 21 Abs. 1 UmwStG) und der Einbringung von Anteilen im Rahmen einer Sacheinlage (§ 20 Abs. 1 UmwStG) kommt es dann zur ~~nachträglichen~~ Besteuerung der stillen Reserven, wenn der Einbringende eine nicht von § 8b Abs. 2 KStG begünstigte Person ist und die eingebrachten Anteile durch die erwerbende oder übernehmende Gesellschaft oder bei unentgeltlichem Erwerb der Anteile durch deren Rechtsnachfolger innerhalb der Sperrfrist veräußert werden. Der Einbringende erzielt dabei in Höhe des ~~im Veräußerungszeitpunkt~~ maßgebenden Einbringungsgewinns II (= Differenz zwischen dem gemeinen Wert der eingebrachten Anteile im Zeitpunkt der Einbringung und dem Wert, mit dem die aufnehmende Gesellschaft diese angesetzt hat) einen im Rahmen der Einkünfte nach den §§ 13, 15, 16, 17, 18 oder 23 EStG entstehenden Gewinn aus der Veräußerung von Anteilen, der dem Halbeinkünfteverfahren unterliegt. Da in den Fällen des Anteilstauschs die Rückwirkungsfiktion nicht gilt, ist für die Bestimmung des Einbringungszeitpunkts das Datum des Vertragsabschlusses maßgebend. Der bei der erwerbenden Gesellschaft nach § 8b Abs. 2 KStG begünstigte Veräußerungsgewinn aus den eingebrachten Anteilen verringert sich entsprechend.

Wird nur ein Teil der Anteile veräußert, ist der Einbringungsgewinn anteilig zu besteuern. Gehen im Rahmen einer Gesellschaftsgründung oder einer Kapitalerhöhung aus Fremdmitteln stille Reserven aus einer Sacheinlage (§ 20 Abs. 1 UmwStG) oder aus auf einer Sacheinlage beruhenden Anteilen auf andere Anteile desselben Gesellschafters oder unentgeltlich auf Anteile Dritter über, werden diese Anteile ebenfalls von der Steuerverstrickung nach § 22 UmwStG erfasst (BFH-Urteile vom 8.4.1992, BStBl. II S. 761 und BFH/NV S. 778). Werden im Rahmen einer Kapitalerhöhung aus Fremdmitteln stille Reserven von neuen Geschäftsanteilen auf Altanteile verlagert, gilt dies entsprechend. Dies gilt auch in den Fällen des Anteilstauschs.

Zu § 22 Abs. 1 (Betriebseinbringung)

Absatz 1 regelt in den Fällen der Veräußerung der erhaltenen Anteile durch den Einbringenden innerhalb der Sperrfrist die nachträgliche Besteuerung der im Zeitpunkt der Einbringung in dem eingebrachten Betrieb vorhandenen stillen Reserven, soweit diese nicht auf mit eingebrachte Anteile entfallen; insoweit kommt Absatz 2 zur Anwendung. Einer Veräußerung im Sinne des Absatzes 1 steht auch die Übertragung der erhaltenen Anteile im Rahmen eines Umwandlungsvorganges gleich (z.B. die Abspaltung einer im Rahmen einer Einbringung erhaltenen 100-Prozent-Beteiligung nach § 15 UmwStG). ~~Die Besteuerung erfolgt im Veranlagungszeitraum der Veräußerung der Anteile in Höhe des im Bedarfsfalle zu ermittelnden Einbringungsgewinns I.~~ In Höhe des Einbringungsgewinns I erfolgt eine Umqualifizierung des durch § 3 Nr. 40 EStG und § 8b Abs. 2 KStG begünstigten Gewinns aus der Veräußerung von Anteilen (§§ 13, 15, 16, 17, 18 oder 23 EStG) in einen nicht begünstigten Gewinn im Sinne des § 16 EStG. Auf den ~~nachträglich~~ zu besteuernden Einbringungsgewinn sind § 16 Abs. 4 und § 34 EStG nicht anzuwenden.

In Höhe des der Besteuerung zugrunde gelegten Einbringungsgewinns liegen nachträgliche Anschaffungskosten auf die erhaltenen Anteile vor. Werden die erhaltenen Anteile im Rahmen einer Sacheinlage (§ 20 Abs. 1 UmwStG) oder durch einen Anteilstausch (§ 21 UmwStG) zum Buchwert weiter eingebracht (§ 22 Abs. 1 Satz 4 Nr. 4 und 5 UmwStG), liegen in derselben Höhe auch nachträgliche Anschaffungskosten bei den von den jeweiligen an der Kette beteiligten Personen erhaltenen Anteilen vor.

~~Soweit das eingebrachte Betriebsvermögen nicht der deutschen Besteuerung unterliegt, gilt grundsätzlich der im Ausland der Besteuerung des Einbringungsgewinns zugrunde gelegte Wertansatz (in der Regel der Buchwert) als Anschaffungskosten der Gesellschaftsanteile (§ 20 Abs. 3 Satz 2 UmwStG). Kommt es in diesen Fällen im Ausland nachträglich zu einer~~

~~Erhöhung der Wertansätze und damit zu einer Besteuerung des Einbringungsgewinns, führt diese Erhöhung nach Satz 3 zu nachträglichen Anschaffungskosten der erhaltenen Anteile, soweit nachgewiesen ist, dass die im Ausland darauf entfallende Steuer entrichtet wurde.~~

Eine Besteuerung des Einbringungsgewinns I erfolgt nach Satz 4 neben dem Fall der Veräußerung auch bei der verdeckten Einlage der erhaltenen Anteile in eine Kapitalgesellschaft (bisher § 21 Abs. 2 Nr. 4 UmwStG) oder ~~Europäische~~ Genossenschaft, bei der Weitereinbringung der erhaltenen Anteile in eine Kapitalgesellschaft oder ~~Europäische~~ Genossenschaft und in den Fällen der Ketteneinbringung, wenn diese nicht zum Buchwert erfolgen, sowie für den Fall der Einbringung der erhaltenen Anteile zum Buchwert und die anschließende unmittelbare oder mittelbare Veräußerung der dafür im Wege des Anteilstauschs erhaltenen Anteile. Ein schädliches Ereignis liegt auch dann vor, wenn ~~der Einbringende oder~~ in den Fällen der Ketteneinbringung die übernehmende Gesellschaft auf Grund von Wegzug, Sitzverlegung oder Änderung eines Doppelbesteuerungsabkommens die Voraussetzungen des ~~§ 1 Abs. 2 UmwStG~~ nicht mehr erfüllt.

Zu § 22 Abs. 2 (Anteilstausch)

Zunächst ist festzuhalten, dass sich die Nummern 1 bis 3 des bisherigen Absatzes 2 durch die Neuregelung erübrigen:

Das Antragsrecht des Einbringenden (bisher Nummer 1) kann entfallen, da die ~~nachträgliche~~ Besteuerung nur für die bis zum Einbringungszeitpunkt entstandenen stillen Reserven erfolgt. Nach dem Einbringungszeitpunkt aufgelaufene stille Reserven unterliegen immer der Besteuerung im Halbeinkünfteverfahren (§ 3 Nr. 40 EStG, § 8b Abs. 2 KStG).

Die bisherige Nummer 2 ist wegen der ~~nachträglichen~~ Besteuerung im Falle einer Veräußerung innerhalb der Sperrfrist nicht mehr notwendig. Der bloße Ausschluss des Besteuerungsrechts an den erhaltenen Anteilen ist für die Buchwertfortführung nicht schädlich. Kommt es zu einer schädlichen Veräußerung innerhalb der Sperrfrist, entstehen beim Einbringenden ~~nachträglich~~ beschränkt steuerpflichtige Einkünfte i.S.d. § 49 Abs. 1 Nr. 2 Buchstabe a oder Buchstabe e EStG. Der Wegzugsgewinn im Sinne des § 6 AStG mindert sich entsprechend.

Eine Besteuerung des Einbringungsgewinns in den Fällen der Liquidation oder Kapitalherabsetzung (bisher Nummer 3) ist wegen des Halbeinkünfteverfahrens nicht mehr notwendig.

Die bisherige Nummer 4 betreffend die verdeckte Einlage in eine Kapitalgesellschaft wird in Absatz 1 Nr. 1 übernommen.

Absatz 2 wird neu gefasst:

Die Sätze 1 und 2 regeln nach erfolgtem Anteilstausch oder nach erfolgter Einbringung von Anteilen im Rahmen einer Sacheinlage die Besteuerung des Einbringenden in den Fällen der Veräußerung der eingebrachten Anteile durch die übernehmende Gesellschaft innerhalb der Sperrfrist, wenn der Einbringende eine nicht von § 8b Abs. 2 KStG begünstigte Person ist. Ist der Einbringende eine Personengesellschaft, so ist Absatz 2 anzuwenden, soweit nicht § 8b Abs. 2 KStG begünstigte Personen an dieser unmittelbar oder mittelbar über andere Personengesellschaften beteiligt sind. Danach erzielt der Einbringende in Höhe des ~~im Veräußerungszeitpunkt~~ jeweils maßgebenden Einbringungsgewinns II ~~im Zeitpunkt der Veräußerung der eingebrachten Anteile durch die erwerbende Gesellschaft~~ einen Veräußerungsgewinn aus den eingebrachten Anteilen (§§ 13, 15, 16, 17, 18 oder 23 EStG).

Gleichzeitig entstehen nachträgliche Anschaffungskosten auf seine erhaltenen Anteile. Werden die erhaltenen Anteile im Rahmen einer Sacheinlage (§ 20 Abs. 1 UmwStG) oder durch einen Anteilstausch (§ 21 Abs. 1 UmwStG) zum Buchwert weiter eingebracht (§ 22 Abs. 1 Satz 4 Nr. 4 UmwStG), liegen nach Satz 5 in derselben Höhe auch bei den weiter einbringenden Personen – dies kann der Einbringende selbst oder eine Kettengesellschaft sein –

nachträgliche Anschaffungskosten der von den jeweiligen erwerbenden Kettengesellschaften erhaltenen Anteile vor.

Nach ~~Satz 3~~ kommt Absatz 2 insoweit nicht mehr zur Anwendung, als der Einbringende die erhaltenen Anteile bereits vor dem schädlichen Ereignis veräußert hat, da in diesen Fällen wegen der Wertverknüpfung der dem Halbeinkünfteverfahren unterliegende Einbringungsgewinn aus dem Anteilstausch bereits in Form des Veräußerungsgewinns aus den erhaltenen Anteilen versteuert wurde. Dasselbe gilt, wenn der Einbringende vor Eintritt des schädlichen Ereignisses weggezogen ist und der Einbringungsgewinn im Rahmen der Wegzugsbesteuerung nach § 6 AStG der Besteuerung nach dem Halbeinkünfteverfahren unterworfen wurde. Wurde die Wegzugssteuer gemäß § 6 Abs. 5 AStG gestundet, gilt die Besteuerung des Einbringungsgewinns noch nicht als erfolgt. ~~In diesen Fällen gilt der maßgebende Einbringungsgewinn II im Zeitpunkt des schädlichen Ereignisses als nachträgliche beschränkt steuerpflichtige Einkünfte im Sinne des § 49 Abs. 1 Nr. 2 Buchstabe a oder Buchstabe e EStG.~~

Nach ~~Satz 4~~ kommt es auch in den Fällen der verdeckten Einlage der eingebrachten Anteile in eine Kapitalgesellschaft oder ~~Europäische~~ Genossenschaft, in den Fällen der Weitereinbringung der eingebrachten Anteile in eine Kapitalgesellschaft oder ~~Europäische~~ Genossenschaft und der Kettenbringung, wenn diese nicht zum Buchwert erfolgen, sowie für den Fall der Weitereinbringung der eingebrachten Anteile zum Buchwert und die anschließende unmittelbare oder mittelbare Veräußerung der dafür im Wege des Anteilstauschs erhaltenen Anteile zur ~~nachträglichen~~ Besteuerung des Einbringungsgewinns, wenn die Übertragung der eingebrachten Anteile unmittelbar oder mittelbar durch die erwerbende Gesellschaft erfolgt. Ein schädliches Ereignis liegt auch dann vor, wenn die erwerbende Gesellschaft auf Grund von Sitzverlegung oder Änderung eines Doppelbesteuerungsabkommens die Voraussetzungen des § 1 Abs. 2 UmwStG nicht mehr erfüllt.

Nach ~~Satz 5~~ führt in Ketteneinbringungsfällen – wie in den Fällen der Sacheinlage – die Besteuerung des Einbringungsgewinns auch zu nachträglichen Anschaffungskosten der im Rahmen der Ketteneinbringungen ausgegebenen neuen Anteile.

~~Werden durch den Eintritt eines schädlichen Ereignisses sowohl die Rechtsfolgen des Absatzes 1 als auch die Rechtsfolgen des Absatzes 2 ausgelöst, so kommt nach Satz 6 vorrangig Absatz 1 zur Anwendung. Damit ist sichergestellt, dass mittels eines Anteilstauschs übertragene aus einer Sacheinlage stammende stille Reserven beim Einbringenden innerhalb der Sperrfrist als Gewinn im Sinne des § 16 EStG besteuert werden. Durch das Entstehen nachträglicher Anschaffungskosten auf die erhaltenen Anteile wird der Einbringungsgewinn II entsprechend gemindert.~~

~~Beispiel:~~

~~Die natürliche Person A bringt einen Teilbetrieb zum Buchwert 65 (gemeiner Wert 100) gegen Gewährung von Anteilen in die X-GmbH ein. Die erhaltenen Anteile an der X-GmbH bringt sie im Rahmen eines Anteilstauschs wiederum zum Buchwert (gemeiner Wert 120) gegen Gewährung von Anteilen in die Y-GmbH ein. Die Y-GmbH veräußert die Anteile an der X-GmbH zum gemeinen Wert von 130.~~

- ~~Die Einbringung des Teilbetriebs zum Buchwert ist zulässig (§ 20 Abs. 2 Satz 2 UmwStG).~~
- ~~Der Anteilstausch der aus der Sacheinlage erhaltenen Anteile zum Buchwert ist in Bezug auf die Sacheinlage zunächst unschädlich.~~
- ~~Die Veräußerung der Anteile an der X-GmbH durch die Y-GmbH ist ein schädlicher Vorgang (§ 22 Abs. 1 Satz 4 Nr. 4 und Abs. 2 UmwStG). Sowohl Einbringungsgewinn I als auch Einbringungsgewinn II sind grundsätzlich zu besteuern; die Besteuerung des Einbringungsgewinns I geht jedoch vor (§ 22 Abs. 6 Satz 6 UmwStG).~~

- ~~Bei A entsteht ein Gewinn nach § 16 EStG in Höhe des Einbringungsgewinns I (35); gleichzeitig erhöhen sich die AK der Anteile an der X-GmbH um 35 (§ 22 Abs. 1 Satz 2 UmwStG). Einbringungsgewinn II mindert sich folglich um 35 (§ 22 Abs. 3 Satz 3 UmwStG).~~
- ~~Bei der X-GmbH entsteht ein entsprechender Aufstockungsbetrag i.H.v. 35.~~
- ~~Bei A entsteht darüber hinaus ein Gewinn nach § 17 EStG in Höhe der Differenz aus Einbringungsgewinn II 55 und Einbringungsgewinn I 35 = zu besteuernder Einbringungsgewinn II 20 (§ 22 Abs. 2 UmwStG).~~
- ~~Bei der Y-GmbH erhöhen sich die AK um den Einbringungsgewinn I i.H.v. 35 und den Einbringungsgewinn II i.H.v. 20 (§ 23 Abs. 2 Satz 2 UmwStG) = 55. Damit verringert sich der nach § 8b KStG steuerfreie Veräußerungsgewinn von 65 auf 10.~~

Zu § 22 Abs. 3

Der bisherige Absatz 3 wird Absatz 4. Absatz 3 wird neu gefasst. Der Einbringende ist danach verpflichtet, innerhalb der Sperrfrist jährlich auf den Tag, der dem steuerlichen Einbringungszeitpunkt entspricht, jeweils spätestens bis zum 31. Mai, nachzuweisen, in wessen Hand sich in den Fällen der Sacheinlage (Absatz 1) die erhaltenen Anteile und in den Fällen des Anteilstauschs die eingebrachten Anteile und in den Fällen einer Weitereinbringung dieser Anteile auch die auf der Weitereinbringung dieser Anteile beruhenden Anteile befinden. Es handelt sich insoweit nicht um eine Ausschlussfrist. Der Nachweis kann insbesondere durch die Vorlage eines Registerauszuges oder einer Bescheinigung der jeweils übernehmenden oder erwerbenden Gesellschaft, dass die eingebrachten Anteile zum jeweiligen Stichtag noch vorhanden sind, erbracht werden. Wird der Nachweis für einen Veranlagungszeitraum der Sperrfrist nicht erbracht, gelten die Anteile als am Tag nach dem Einbringungszeitpunkt oder an dem entsprechenden Tag eines Folgejahres als veräußert. Der zu Beginn des Veranlagungszeitraums maßgebende Einbringungsgewinn ist von Amts wegen nach Absatz 1 oder Absatz 2 zu besteuern.

Zu § 22 Abs. 4

Der bisherige Absatz 4 betreffend den Einlagewert in den Fällen einer Einlage der einbringungsgeborenen Anteile vom Privatvermögen in das Betriebsvermögen erübrigt sich wegen der Aufgabe des Systems der Besteuerung einbringungsgeborener Anteile. Die Einlage von im Rahmen einer Sacheinlage oder eines Anteilstauschs erhaltenen Anteilen ins Betriebsvermögen richtet sich nunmehr nach den allgemeinen Regeln des § 6 Abs. 1 Nr. 5 Buchstabe b EStG.

~~Die dem bisherigen Absatz 3 neu angefügte Nummer 3 regelt, dass der als Gewinn gemäß § 16 EStG zu versteuernde Einbringungsgewinn I bei einem im Zeitpunkt des schädlichen Ereignisses beschränkt steuerpflichtigen Einbringenden als (nachträgliche) Einkünfte aus der inländischen Betriebsstätte (§ 49 Abs. 1 Nr. 2 Buchstabe a EStG) anzusehen ist (Rechtsfolgenverweis).~~

~~In den Fällen des Anteilstauschs gilt der Einbringungsgewinn II bei dem im Zeitpunkt des schädlichen Ereignisses beschränkt steuerpflichtigen Einbringenden als (nachträgliche) Einkünfte aus der inländischen Betriebsstätte (§ 49 Abs. 1 Nr. 2 Buchstabe a EStG), soweit die eingebrachten Anteile beim Einbringenden zu einem Betriebsvermögen gehören. Ansonsten gilt der Einbringungsgewinn II beim Einbringenden als beschränkt steuerpflichtige (nachträgliche) Einkünfte im Sinne des § 49 Abs. 1 Nr. 2 Buchstabe e EStG.~~

~~Beispiel (Betriebseinbringung):~~

~~Die in F ansässige natürliche Person X ist an der inländischen XYZ-OHG beteiligt und bringt ihren MU-Anteil in 01 in die im Inland ansässige A-GmbH zu Buchwerten ein. In 03 veräußert X die Anteile an der A-GmbH.~~

~~Die Einbringung des MU-Anteils durch X in 01 zu Buchwerten ist zulässig, da das inländische Besteuerungsrecht an dem eingebrachten Betriebsvermögen dadurch nicht eingeschränkt wird (§ 20 Abs. 2 Satz 2 Nr. 2 UmwStG).~~

~~In 03 besteuert X nachträglich den Einbringungsgewinn in Höhe des maßgebenden Einbringungsgewinns (§ 21 Abs. 1 UmwStG)[8]. Er erzielt insoweit nachträgliche Betriebsstätteneinkünfte i.S.d. § 49 Abs. 1 Nr. 2 Buchstabe a EStG (§ 22 Abs. 4 Satz 1 Nr. 3 UmwStG).~~

~~Beispiel (Anteilstausch):~~

~~Die in CZ ansässige natürliche Person Y bringt ihre Mehrheitsbeteiligung an der inländischen B-GmbH in 01 in die inländische C-GmbH zum Buchwert (AK) ein. In 03 veräußert die C-GmbH die Anteile an der B-GmbH.~~

~~Die Einbringung der Anteile an der B-GmbH durch Y in 01 zu Buchwerten ist zulässig, da das inländische Besteuerungsrecht an den erhaltenen Anteilen an der C-GmbH dadurch nicht eingeschränkt wird (§ 21 Abs. 2 Satz 2 Nr. 1 UmwStG). In 03 versteuert Y nachträglich den Gewinn aus dem Anteilstausch in Höhe des maßgebenden Einbringungsgewinns II (§ 22 Abs. 2 UmwStG). Er erzielt insoweit nachträgliche Einkünfte i.S.d. § 49 Abs. 1 Nr. 2 Buchstabe e EStG (§ 22 Abs. 4 Satz 1 Nr. 3 UmwStG).~~

Ist der Einbringende erst zwischen Einbringungszeitpunkt und dem Eintritt des schädlichen Ereignisses aus der unbeschränkten Einkommensteuerpflicht ausgeschieden und wurde für ihn eine Steuerfestsetzung nach § 6 AStG durchgeführt, ist die Wegzugsteuer in Höhe der auf den Einbringungsgewinn entfallenden Steuer herabzusetzen, da sich durch die ~~nachträgliche~~ Besteuerung des Einbringungsgewinns die Anschaffungskosten der Anteile nach Absatz 1 Satz ~~2~~ oder Absatz ~~2~~ Satz 2 erhöhen (rückwirkendes Ereignis im Sinne des § 175 Abs. 1 Nr. 2 AO). Dies gilt nicht in den Fällen des Anteilstauschs, wenn die Steuer auf den Wegzugsgewinn nicht gestundet wurde, da es in diesen Fällen nicht zur Besteuerung des Einbringungsgewinns II kommt ~~(Absatz 2 Satz 3)~~.

Darüber hinaus wird Absatz 4 an die Neuregelungen angepasst.

Zu § 22 Abs. 5

~~Entsteht der maßgebende Einbringungsgewinn bei einem Steuergegenstand im Sinne des § 2 Abs. 1 bis 3 des GewStG, gelten für dessen gewerbesteuerliche Erfassung die allgemeinen Grundsätze. Er unterliegt nach diesen Grundsätzen im Jahr der Anteilsveräußerung der Gewerbesteuer. Besteht im Jahr der Anteilsveräußerung kein Steuergegenstand im Sinne des § 2 Abs. 1 bis 3 des GewStG mehr (z.B. ursprüngliche Einbringung einer inländischen Betriebsstätte durch eine ausländische Kapitalgesellschaft), sind für gewerbesteuerliche Zwecke die Verhältnisse im Erhebungszeitraum der Einbringung maßgebend. Insoweit wird eine inländische Betriebsstätte fingiert, in der der maßgebende Einbringungsgewinn entsteht. Dieser unterliegt dann nach allgemeinen Grundsätzen der Gewerbesteuer. Für die Hebeberechtigung der auf diesen Einbringungsgewinn danach entfallenden Gewerbesteuer sind ebenfalls die Verhältnisse im Einbringungszeitraum maßgebend.~~

Zu § 22 Abs. 6

Nach Absatz 6 erfolgt eine ~~nachträgliche~~ Einbringungsgewinnbesteuerung auch dann, wenn die im Zuge einer Betriebseinbringung erhaltenen Anteile oder durch Anteilstausch eingebrachten Anteile unentgeltlich übertragen werden und der Rechtsnachfolger diese veräußert oder bei ihm ein schädliches Ereignis im Sinne des Absatzes ~~1~~ Satz 4 Nr. 1 bis 6 eintritt.

---

8) Nach Auffassung der Autoren ist aufgrund eines redaktionellen Fehlers des Gesetzgebers die Verweisung versehentlich nicht auf § 22 Abs. 1 UmwStG erfolgt.

Zu § 23

Der bisherige § 22 wird § 23 UmwStG.

Zu § 23 Abs. 1

Die übernehmende Gesellschaft tritt in den Fällen der Sacheinlage im Hinblick auf das übernommene Betriebsvermögen grundsätzlich in die steuerliche Rechtsstellung des Einbringenden ein. ~~Dies gilt nach Satz 2 jedoch nicht, soweit im Rahmen der Sacheinlage Anteile an Kapitalgesellschaften oder Europäischen Genossenschaften mit übertragen werden, da sich die steuerliche Behandlung insoweit nach den Regeln des Anteilstauschs richtet (§ 22 Abs. 1 Satz 1 zweiter Halbsatz und Abs. 2 UmwStG). In diesen Fällen kommt § 21 Abs. 2 Satz 4 UmwStG zur Anwendung, wonach die erhaltenen Anteile steuerlich in die Rechtsstellung der eingebrachten Anteile treten.~~

Zu § 23 Abs. 2

Der bisherige Absatz 2 wird Absatz 3. Absatz 2 regelt nunmehr die steuerlichen Auswirkungen bei der übernehmenden Gesellschaft, die sich auf Grund der ~~nachträglichen~~ Besteuerung des Einbringungsgewinns beim Einbringenden ergeben.

Kommt es in den Fällen der Betriebseinbringung zu einer ~~nachträglichen~~ Besteuerung des Einbringungsgewinns I (§ 22 Abs. 1 UmwStG), kann dies zu einer Buchwertaufstockung in der Steuerbilanz bei der übernehmenden Gesellschaft führen. Insoweit hat die übernehmende Gesellschaft ein Wahlrecht. Die Aufstockung bei der übernehmenden Gesellschaft erfolgt wirtschaftsgutbezogen. Voraussetzung für die Buchwertaufstockung ist jedoch, dass der Einbringende die auf den Einbringungsgewinn entfallende Steuer entrichtet hat und dies dem Finanzamt der übernehmenden Gesellschaft nachgewiesen wurde. Darüber hinaus muss sich das jeweilige Wirtschaftsgut im Zeitpunkt der Anteilsveräußerung oder eines gleichgestellten Ereignisses noch im Betriebsvermögen der übernehmenden Gesellschaft befinden. Soweit das eingebrachte Betriebsvermögen in der Zwischenzeit zum gemeinen Wert veräußert wurde, stellt der darauf entfallende Aufstockungsbetrag im Zeitpunkt der Anteilsveräußerung sofort abziehbaren Aufwand dar. Wurde das eingebrachte Betriebsvermögen zwischenzeitlich zu einem unter dem Buchwert liegenden Wert weiter übertragen (z.B. durch Einbringung zum Buchwert) ist weder eine Buchwertaufstockung noch der Abzug als Aufwand zulässig. Die Buchwertaufstockung in der Steuerbilanz ist gewinnneutral.

Kommt es in den Fällen des Anteilstauschs zu einer ~~nachträglichen~~ Besteuerung des Einbringungsgewinns II (§ 22 Abs. 2 UmwStG), erhöhen sich nach Satz 3 bei der erwerbenden Gesellschaft die Anschaffungskosten der Anteile, aber wiederum nur unter der Voraussetzung, dass der Einbringende die Steuer auf den Einbringungsgewinn entrichtet hat. Damit verringert sich bei der übernehmenden Gesellschaft der steuerfreie Veräußerungsgewinn im Sinne des § 8b KStG entsprechend. Dies gilt in den Fällen der Weitereinbringung der eingebrachten Anteile zum Buchwert auch im Hinblick auf die auf der Weitereinbringung beruhenden Anteile.

Zu § 23 Abs. 3

Der bisherige Absatz 2 wird Absatz 3. Der neu eingefügte Satz 2 regelt die Ermittlung der Bemessungsgrundlage für die Abschreibung in den Fällen der Buchwertaufstockung auf Grund ~~nachträglicher~~ Besteuerung des Einbringungsgewinns I. Die Absetzungen für Abnutzung sind in diesen Fällen ab dem Beginn des Wirtschaftsjahres, in welches das schädliche Ereignis fällt, nach der um den besteuerten Einbringungsgewinn erhöhten Bemessungsgrundlage (Absatz 2) zu ermitteln.

Zu § 23 Abs. 4

Der bisherige Absatz 3 wird Absatz 4. Die Änderungen beruhen auf Anpassungen an die Neukonzeption des Umwandlungssteuergesetzes.

Zu § 23 Abs. 5 und 6

Die bisherigen Absätze 4 und 5 werden die Absätze 5 und 6. In Absatz 6 erfolgt ein Verweis auf § 6 Abs. 3 UmwStG, da diese Regelung der bisherigen Missbrauchsregelung in § 26 Abs. 1 UmwStG entspricht.

Zu § 24

Zu § 24 Abs. 1

§ 24 UmwStG erfasst ausschließlich die Einbringung von Betriebsvermögen (Betrieb, Teilbetrieb oder Mitunternehmeranteil) in eine Personengesellschaft. Die zu einem Betriebsvermögen gehörende 100-Prozent-Beteiligung an einer Kapitalgesellschaft gilt als Teilbetrieb im Sinne der Vorschrift.

Ist im Falle einer von der FusionsRL erfassten Einbringung eines Betriebs oder Teilbetriebs oder eines Anteilstauschs die übernehmende oder erwerbende Gesellschaft nach dem Recht der Bundesrepublik Deutschland als steuerlich transparent anzusehen, ist auf diesen Vorgang grundsätzlich § 24 UmwStG anzuwenden.

Die Einbringung von Anteilen im Sinne der FusionsRL in eine Personengesellschaft ist nur dann von § 24 UmwStG erfasst, wenn eine zu einem Betriebsvermögen gehörende 100-Prozent-Beteiligung an einer Kapitalgesellschaft eingebracht wird. In allen anderen Fällen (Einbringung aus einem Privatvermögen oder einer Beteiligung unter 100 Prozent) scheidet eine steuerliche Begünstigung nach § 24 UmwStG aus. Die Regelungen der FusionsRL stehen dem nicht entgegen (Artikel 10a Abs. 3 FusionsRL).

Zu § 24 Abs. 2

Auch im Rahmen des § 24 UmwStG gilt der Grundsatz, dass das eingebrachte Betriebsvermögen mit dem gemeinen[9] Wert anzusetzen ist. Ein Ansatz eines unter dem gemeinen Wert liegenden Werts ist jedoch auf Antrag möglich, wenn das Besteuerungsrecht der Bundesrepublik Deutschland durch die Einbringung nicht eingeschränkt wird.

Beispiel:

Die inländische A-OHG hält eine 100-prozentige Beteiligung an einer amerikanischen Kapitalgesellschaft. Sie will diese Beteiligung steuerneutral zu Buchwerten in eine österreichische Personengesellschaft einbringen.

Dies geht nur steuerneutral, soweit die Besteuerung der in der 100-prozentigen Beteiligung enthaltenen stillen Reserven in Deutschland auch nach der Einbringung in die österreichische Personengesellschaft sichergestellt ist. Ist dies nicht der Fall, sind die in der Beteiligung enthaltenen stillen Reserven im Rahmen der Einbringung in die österreichische Personengesellschaft aufzudecken und zu versteuern.

Dies bedeutet auch für die von der FusionsRL geschützten Fälle der Sacheinlage in eine als transparent anzusehende Gesellschaft, dass es zwingend zu einer Besteuerung des Einbringungsgewinns kommt, soweit das Besteuerungsrecht der Bundesrepublik Deutschland durch die Einbringung eingeschränkt wird (Absatz 2). Die FusionsRL steht dem nicht entgegen (Artikel 10a Abs. 4 FusionsRL).

---

9) Abweichend davon sind aufgrund von Änderungen im späteren Gesetzgebungsverfahren Pensionsrückstellungen mit dem Wert nach § 6a EStG zu bewerten.

Der bisherige Satz 2 erübrigt sich durch die Definition des Buchwerts in § 1 Abs. 3 Nr. 4 UmwStG.

Die Regelung im bisherigen Satz 3, wonach beim Ansatz des eingebrachten Betriebsvermögens die Teilwerte der einzelnen Wirtschaftsgüter nicht überschritten werden dürfen, wird ersetzt durch die Regelung in Satz 2, wonach eine Begrenzung auf den gemeinen[10] Wert erfolgt.

Zu § 24 Abs. 3

Es handelt sich um eine Folgeänderung auf Grund des grundsätzlichen Ansatzes des gemeinen Werts. Der bisherige Satz 4, wonach der Freibetrag nach § 16 Abs. 4 EStG bei einer Einbringung von Teilen eines Mitunternehmeranteils nicht in Anspruch genommen werden kann, wird in Satz 2 integriert.

Zu § 25

Die Anwendbarkeit der Einbringungsvorschriften (§§ 20 ff. UmwStG) wird im Rahmen der Europäisierung auf die Fälle des Formwechsels einer Personengesellschaft in eine Kapitalgesellschaft auf Grund ausländischer Rechtsvorschriften ausgedehnt, wenn der Vorgang mit dem Vorgang des Formwechsels nach § 190 UmwG vergleichbar ist.

Zu § 26

~~Die Vorschrift entspricht Artikel 11 FusionsRL.~~

Die Regelungen des bisherigen Absatzes 1 wurden in § 6 Abs. 3 UmwStG übernommen.

Die Sätze 1 und 2 des Absatzes 2 wurden ersetzt durch die ~~nachträgliche~~ Besteuerung des Einbringungsgewinns gemäß § 22 UmwStG beim Einbringenden innerhalb der Sperrfrist. Die bisherige Regelung in Satz 3 wird nunmehr abgedeckt durch den grundsätzlichen Ansatz des gemeinen Werts in den Fällen der Sacheinlage und das Verbot des Buch- oder Zwischenwertansatzes, soweit das Besteuerungsrecht der Bundesrepublik Deutschland eingeschränkt wird (§ 20 Abs. 2 Satz 2 Nr. 2 UmwStG).

Zu § 27

Zu § 27 Abs. 1

Die Neufassung des Umwandlungssteuergesetzes soll nur für die Zukunft gelten. Dabei stellt das Gesetz auf die Anmeldung zur Eintragung in das Register nach der Verkündung dieses Gesetzes ab.

Die Neufassung des Umwandlungssteuergesetzes enthält Regelungen zur Europäischen Gesellschaft und zur Europäischen Genossenschaft. Die SE ist seit dem 8. Oktober 2004 mögliche Rechtsform; die Europäische Genossenschaft ist seit dem 18. August 2006 mögliche Rechtsform in der Europäischen Union. Seit dem 1. Januar 2006 müssen die Regeln der Fusionsrichtlinie zur Gründung und zur Sitzverlegung der Europäischen Gesellschaft/Europäischen Genossenschaft in nationales Recht umgesetzt sein. Zur steuerlichen Behandlung der Gründung und Sitzverlegung einer SE in den Fällen, in denen die Eintragung in das Register vor dem Tag der Veröffentlichung des Gesetzes im Bundesgesetzblatt beantragt worden ist, wird in einem Verwaltungserlass Stellung genommen.

~~Zu § 27 Abs. 2~~

Kommt bei einer Einbringung, für die noch das bisherige Recht maßgebend ist, § 20 Abs. 3 UmwStG a.F. zur Anwendung und wird die Steuer nach § 20 Abs. 6 UmwStG gestundet, sind

---

[10] Abweichend davon sind aufgrund von Änderungen im späteren Gesetzgebungsverfahren Pensionsrückstellungen mit dem Wert nach § 6a EStG zu bewerten.

für die weitere Behandlung der Stundung im fünfjährigen Stundungszeitraum die Regelungen in § 21 Abs. 2 Satz 3 bis 6 UmwStG a.F. weiterhin maßgebend.

Zu § 27 Abs. 3

Für alle Einbringungsfälle, auf die dieses Gesetz noch nicht zur Anwendung kommt, gelten die bisherigen Vorschriften zur steuerlichen Behandlung der einbringungsgeborenen Anteile weiter. Dies bedeutet, dass für Altfälle § 21 UmwStG sowie § 8b Abs. 4 KStG und § 3 Nr. 40 Satz 3 und 4 EStG in der bisherigen Fassung innerhalb der siebenjährigen Sperrfrist weiterhin anzuwenden sind.

Zieht bei einer Einbringung im alten Recht der Einbringende nach der Einbringung weg und wird dadurch das Besteuerungsrecht der Bundesrepublik Deutschland ausgeschlossen, erfolgt gemäß § 21 Abs. 2 Satz 1 Nr. 2 UmwStG a.F. eine Besteuerung des Wegzugsgewinns. Die Steuer kann in diesen Fällen unter den Voraussetzungen des § 21 Abs. 2 Satz 3 bis 6 UmwStG a.F. gestundet werden. Um den Gleichklang mit der Stundungsregelung in der Neufassung des § 6 Abs. 5 AStG herzustellen, sind bei Altfällen, bei denen die Einkommensteuer noch nicht bestandskräftig festgesetzt ist, die Stundungsregelungen des AStG anzuwenden.

Zu § 27 Abs. 4

Absatz 4 betrifft die Fälle der Weitereinbringung und Veräußerung von einbringungsgeborenen Anteilen alten Rechts im Geltungszeitraum des neuen Rechts, die zu einer gleichzeitigen Anwendung der Sanktionsregelungen von § 3 Nr. 40 Satz 3 und 4 EStG a.F., § 8b Abs. 4 KStG a.F. und § 22 UmwStG n.F. führen würden. Dies ist beispielsweise der Fall, wenn eine natürliche Person unter Anwendung des § 20 UmwStG in der bisherigen Fassung einen Teilbetrieb zu Buch- oder Zwischenwerten in eine Kapitalgesellschaft einbringt und die dabei erhaltenen einbringungsgeborenen Anteile alten Rechts unter Anwendung des § 21 UmwStG in der neuen Fassung im Rahmen eines Anteilstauschs zum Buchwert in eine Kapitalgesellschaft einbringt. In diesem Fall wird wegen der Weitergeltung des § 8b Abs. 4 KStG für alte einbringungsgeborene Anteile bei der Veräußerung der einbringungsgeborenen Anteile durch die aufnehmende Kapitalgesellschaft die Steuerfreistellung des Veräußerungsgewinns nach § 8b Abs. 2 KStG durch § 8b Abs. 4 Satz 1 Nr. 1 KStG a.F. i. V. m. § 34 Abs. 7a KStG ausgeschlossen. Gleichzeitig liegt ein schädlicher Fall im Hinblick auf den im neuen Recht erfolgten Anteilstausch im Sinne des § 22 Abs. 2 vor, der zu einer ~~nachträglichen~~ Besteuerung des Einbringungsgewinns II führen würde. Um insoweit eine Doppelbesteuerung zu vermeiden, schließt Absatz 4 die ~~nachträgliche~~ Besteuerung des Einbringungsgewinns aus, soweit es wegen § 8b Abs. 4 KStG a.F. oder § 3 Nr. 40 Satz 3 und 4 EStG a.F. nicht zur vollen oder teilweisen Steuerfreistellung des Veräußerungsgewinns aus den Anteilen kommt.

5. Außensteuergesetz (AStG)

§ 6 (zu Artikel 7 Nr. 1)

Allgemein

Nach bisherigem Recht wird im Fall des Wegzugs ins Ausland oder eines gleichgestellten Ereignisses die Einkommensteuer auf die in wesentlichen Beteiligungen ruhenden stillen Reserven im Rahmen der für das Wegzugsjahr erfolgenden Veranlagung festgesetzt, wenn die übrigen Voraussetzungen des § 17 EStG erfüllt sind. Sie wird sodann nach den allgemein geltenden Verfahrensgrundsätzen erhoben. Nach dem Urteil des Europäischen Gerichtshofes zu einer in der Zielsetzung unterschiedlichen, aber in ihrer verfahrensmäßigen Ausgestaltung ähnlichen französischen Vorschrift (Hughes de Lasteyrie du Saillant, Rs. C-9/02) wird in der Festsetzung und sofortigen Erhebung der Steuer auf den Wertzuwachs der Anteile im Veranlagungszeitraum des Wegzugs eine Beeinträchtigung der Rechte des Steuerpflichtigen auf Niederlassungsfreiheit innerhalb der Europäischen Gemeinschaft (Artikel 43 des Vertrages zur Gründung der Europäischen Gemeinschaft) gesehen, weil er gegenüber dem im Inland verbleibenden Steuerpflichtigen benachteiligt wird. Denn dieser wird erst im Fall der tatsächlichen Veräußerung nach § 17 EStG besteuert.

Die Kommission der Europäischen Gemeinschaften (Kommission) vertritt die Auffassung, dass die Grundaussagen des Urteils auch für die deutsche Wegzugsbesteuerung gelten. Sie hat daher das genannte Gerichtsverfahren zum Anlass genommen, ein Vertragsverletzungsverfahren gegen die Bundesrepublik Deutschland fortzuführen. Beide Ereignisse veranlassten die Bundesrepublik Deutschland, § 6 AStG EG-rechtskonform auszulegen. Dabei wird in Übereinstimmung mit der Kommission davon ausgegangen, dass die Bundesrepublik Deutschland das Recht besitzt, den Wertzuwachs wesentlicher Beteiligungen bei Wegzug von Steuerpflichtigen zu besteuern. Die Steuer soll aber erst erhoben werden, wenn der Steuerpflichtige tatsächlich einen Veräußerungsgewinn erzielt. In der gesetzlichen Neufassung wird daher im Verhältnis zu Mitgliedstaaten der Europäischen Union und – unter gewissen zusätzlichen Voraussetzungen – des Europäischen Wirtschaftsraums die Steuer nach wie vor im Veranlagungszeitraum des Wegzugs zunächst einmal festgesetzt. Die auf den Veräußerungsgewinn entfallende Einkommensteuer wird dann aber – ohne Sicherheitsleistung – bis zur Realisierung eines Veräußerungsgewinns oder eines gleichgestellten Sachverhalts gestundet. In Abstimmung mit der Kommission wird bereits seit dem Jahr 2005 auf Basis einer zwischen Bund und Ländern abgestimmten Verwaltungsanweisung so verfahren (BMF-Schreiben vom 8. Juni 2005, BStBl. I S. 714). Die betroffenen – speziell steuerlich beratenen – Steuerpflichtigen sind daher auf die Regelung eingestellt.

Der allgemeine Entstrickungstatbestand in § 4 Abs. 1 Satz 3 EStG und die entsprechende Neufassung des § 6 AStG erfassen in abstrakter Umschreibung alle Fälle, in denen das Besteuerungsrecht der Bundesrepublik Deutschland ausgeschlossen oder eingeschränkt wird.

Zu § 6 Abs. 1

Zu § 6 Abs. 1 Satz 1

Der Ausschluss oder die Beschränkung des Besteuerungsrechts der Bundesrepublik Deutschland hinsichtlich des Gewinns aus der Veräußerung von Anteilen im Sinne des § 17 EStG wird der Veräußerung im Sinne des § 17 EStG gleichgestellt. Hierdurch werden der bisher in Absatz 1 Satz 1 geregelte Wegzug sowie die in Absatz 3 genannten weiteren Tatbestände erfasst (unentgeltliche Übertragung, vorrangige Ansässigkeit in einem anderen Staat auf Grund der Vorschriften eines Doppelbesteuerungsabkommens sowie Einlage in einen Betrieb oder eine Betriebsstätte im Ausland). Abweichend vom bisherigen Recht wird folgerichtig auch der Erbfall erfasst, weil auch in dieser Situation, wie auch bei der Schenkung, das deutsche Besteuerungsrecht am Gewinn aus der Veräußerung der Anteile verloren gehen kann.

Durch den allgemeinen Verweis auf die Tatbestandsvoraussetzungen des § 17 EStG ist Absatz 1 nun auch auf Anteile an einer ausländischen Gesellschaft im Sinne des § 17 EStG anzuwenden. Die Erweiterung des Anwendungsbereichs ist systemgerecht, da bei Veräußerung dieser Anteile auch im Falle von Doppelbesteuerungsabkommen das Besteuerungsrecht hinsichtlich des Gewinns aus der Veräußerung der Bundesrepublik Deutschland als Ansässigkeitsstaat zusteht. Die Regelung ist darüber hinaus vor dem Hintergrund steuerlicher Gestaltungen zu sehen, welche die Richtlinie 90/434/EWG (FusionsRL) ermöglicht.

Zu § 6 Abs. 1 Satz 2

Mit der Einfügung des § 17 Abs. 2 Satz 3 EStG durch dieses Gesetz wird die Wertermittlung im Falle der Begründung der unbeschränkten Steuerpflicht neu geregelt. Danach ist statt der Anschaffungskosten der Wertansatz bei einer dem § 6 AStG vergleichbaren Wegzugsbesteuerung durch den (ausländischen) Wegzugsstaat – begrenzt durch den Ansatz des gemeinen Werts – der deutschen Besteuerung zugrunde zu legen. Der allgemeine Verweis auf

§ 17 EStG in Absatz 1 Satz 1 erfasst damit bereits den Wertansatz für Zwecke der Anwendung des § 6 AStG. Die Regelung des bisherigen Satzes 2 erübrigt sich damit.

Zu § 6 Abs. 1 Satz 3

Der bisherige ~~Satz 3~~ wird auf Grund der Änderung des Satzes 1 redaktionell angepasst.

Zu § 6 Abs. 2

Die Änderung des Satzes 3 dient der einheitlichen Bezeichnung innerhalb der Vorschrift.

Zu § 6 Abs. 3

Auf Grund der Einführung der Generalklausel in Absatz 1 Satz 1 ist die bisher in Absatz 3 enthaltene Aufzählung von Ersatztatbeständen entbehrlich. Satz 1 regelt das Entfallen des Steueranspruchs für alle Fälle, in denen das Besteuerungsrecht der Bundesrepublik Deutschland wieder begründet wird. Dies trifft neben der erneuten Begründung der unbeschränkten Steuerpflicht u. a. zu, wenn die Anteile an eine unbeschränkt steuerpflichtige Person geschenkt werden, wenn der Steuerpflichtige nach einem Doppelbesteuerungsabkommen wieder als vorrangig im Inland ansässig anzusehen ist oder wenn er die Anteile in einen Betrieb oder eine Betriebsstätte im Inland einlegt oder den Betrieb oder die Betriebsstätte aus dem Ausland in das Inland verlegt. ~~Die Fünf-Jahres-Frist für die Rückkehr nach Deutschland wird aufgegeben, weil die geänderte Vorschrift die erneute Steuerverstrickung der Anteile zum Gegenstand hat und nicht mehr nur auf die Verhältnisse des Anteilseigners bezogen ist.~~

~~Satz 2 regelt, dass der Steueranspruch nur in dem Umfang entfällt, in dem die Steuer auf den Vermögenszuwachs nach Absatz 1 höher ist als die Steuer auf den im Zeitpunkt der erneuten Begründung des Besteuerungsrechts ermittelten fiktiven Veräußerungsgewinn. Dieser fiktive Veräußerungsgewinn wird wie folgt bestimmt: Wert, der bei erneuter Begründung des Besteuerungsrechts anzusetzen ist, abzüglich historischer Anschaffungskosten.~~

~~Die folgenden Beispiele verdeutlichen den Anwendungsbereich:~~

- ~~Zieht der Steuerpflichtige z.B. nach einem vorübergehenden Aufenthalt in einem Staat, der eine vergleichbare Wegzugsbesteuerung durchgeführt hat, wieder nach Deutschland, sind die Anteile nach § 17 Abs. 2 Satz 3 EStG in der Fassung dieses Gesetzes mit dem Wert anzusetzen, den dieser andere Staat der Wegzugsbesteuerung zugrunde gelegt hat.~~
- ~~Werden die Anteile aus einer ausländischen Betriebsstätte in eine inländische Betriebsstätte überführt, so ist nach § 6 Abs. 1 Satz 1 Nr. 5a i. V. m. § 4 Abs. 1 Satz 5 EStG in der Fassung dieses Gesetzes der gemeine Wert anzusetzen.~~

~~In diesen Fällen würde ein Entfallen des Steueranspruchs dazu führen, dass der auf die Zeit der Steuerverstrickung in Deutschland entfallende Wertzuwachs endgültig nicht mehr besteuert werden könnte, da für Zwecke einer späteren Veräußerungsgewinnbesteuerung nach § 17 EStG als Anschaffungskosten der Anteile der entsprechend höhere Wert anzusetzen ist. Im Ergebnis bleibt die Steuerfestsetzung bei diesen Sachverhalten also – ganz oder teilweise – bestehen (im Falle des Absatzes 5 einschließlich der Nebenbestimmung der Stundung).~~

Zu § 6 Abs. 4

Die Änderung regelt den Vorrang des neuen Absatzes 5 vor Absatz 4 sowie die Voraussetzungen für eine Stundung in den Fällen, in denen Absatz 5 nicht zur Anwendung kommt. Der bisherige Absatz 5 Satz 3 bezog sich ausschließlich auf die Stundung im Falle einer vorübergehenden Abwesenheit nach Absatz 4 a.F. ~~und war auf Grund des Wegfalls der Fünf-Jahres-Frist ebenfalls zu streichen.~~

Zu § 6 Abs. 5

Zu § 6 Abs. 5 Satz 1

Der Ausschluss oder die Beschränkung des Besteuerungsrechts der Bundesrepublik Deutschland löst die Steuerpflicht aus. Da aber der Wegzug eines unbeschränkt steuerpflichtigen Staatsangehörigen eines Mitgliedstaats der EU oder des EWR, der aus Deutschland in einen dieser Staaten zieht, nach EG-Recht (z.B. Niederlassungsfreiheit) nicht behindert werden darf, wird die nach Absatz 1 zusätzlich geschuldete Steuer nach Satz 1 von Amts wegen zinslos und ohne Sicherheitsleistung gestundet. Der Betrag der zusätzlich geschuldeten Steuer entspricht dem Unterschiedsbetrag zwischen der tariflichen Einkommensteuer auf das zu versteuernde Einkommen unter Einbeziehung der Einkünfte nach Absatz 1 und der tariflichen Einkommensteuer ohne Anwendung des Absatzes.

Zu § 6 Abs. 5 Satz 2

Satz 2 erfasst die unentgeltliche Übertragung an nicht unbeschränkt steuerpflichtige Personen (bisher Absatz 3 Nr. 1). In diesem Fall ist Voraussetzung der Stundung nach Satz 1, dass der Rechtsnachfolger des Steuerpflichtigen die in Satz 1 genannten Bedingungen erfüllt.

Zu § 6 Abs. 5 Satz 3

Satz 3 soll sicherstellen, dass die Stundung nur in den Fällen erfolgt, in denen die Amtshilfe und die Beitreibung der Steuerforderung durch den anderen Staat gewährleistet sind. Im Verhältnis zu den Mitgliedstaaten der EU ist das auf Grund der geltenden EG-Amtshilferichtlinie und der EG-Beitreibungsrichtlinie anzunehmen (Richtlinie 77/799/EWG des Rates über die gegenseitige Amtshilfe zwischen den zuständigen Behörden der Mitgliedstaaten im Bereich der direkten und indirekten Steuern und Richtlinie 76/308/EWG des Rates über die gegenseitige Unterstützung bei der Beitreibung von Forderungen in Bezug auf bestimmte Abgaben, Zölle, Steuern und sonstige Maßnahmen).

Zu § 6 Abs. 5 Satz 4

Nach Satz 4 erfolgt der Widerruf der Stundung nur, soweit der Steuerpflichtige einen Veräußerungsgewinn erzielt oder einen der Veräußerung gleichgestellten Tatbestand erfüllt. Hierunter fallen neben den von § 17 Abs. 4 EStG erfassten Fällen (z.B. Auflösung der Gesellschaft im Sinne des § 17 EStG, Kapitalherabsetzung) auch die unentgeltliche Übertragung der Anteile sowie die Entnahme der Anteile oder vergleichbare Vorgänge, die nach inländischem Recht zum Ansatz des Teilwerts oder gemeinen Werts führen (z.B. Umwandlungsvorgänge). Im Falle des auf einen Zuzug in einen Mitgliedstaat der EU bzw. des EWR folgenden Wegzugs in einen Drittstaat wird die Steuer auf den Vermögenszuwachs wie beim sofortigen Wegzug in einen Drittstaat entsprechend Absatz 1 fällig.

Zu § 6 Abs. 5 Satz 5

Satz 5 regelt die Fälle, in denen auf Grund eines Umwandlungsvorgangs (z.B. Verschmelzung, Spaltung oder Anteilstausch) die ursprünglichen Anteile untergehen und neue Anteile erworben werden. Grundsätzlich liegt eine Veräußerung vor, die zum Widerruf der Stundung gemäß Satz 4 Nr. 1 führen würde. Dieses Ergebnis ist jedoch in den Fällen auszuschließen, in denen der Anteilseigner nach den genannten Vorschriften des Umwandlungssteuergesetzes in der Fassung dieses Gesetzes einen Antrag auf Ansatz des Buchwerts der Anteile stellen kann. Durch diese Regelungen werden die Vorschriften des Artikels 8 Abs. 1 bis 3 der Richtlinie 90/434/EWG (FusionsRL) umgesetzt, nach denen die Mitgliedstaaten der Europäischen Union anlässlich der erfassten Umwandlungsvorgänge keine Besteuerung beim Anteilseigner durchführen dürfen. Soweit die Umwandlung also erfolgsneutral stattfindet, ist keine Gewinnrealisierung anzunehmen, die den Widerruf der Stundung zur Folge hat. Die durch den Umwandlungsvorgang erworbenen Anteile ersetzen die hingegebenen Anteile im Sinne des Absatzes 1. Die Stundung bezieht sich nunmehr auf die erworbenen Anteile und die Voraussetzungen des Widerrufs der Stundung sind gemäß Satz 4 hinsichtlich dieser Anteile zu beurteilen. Entsprechendes gilt in den Fällen des neuen Absatzes 3.

Zu § 6 Abs. 5 Satz 6

Satz 6 regelt die Steuerfestsetzung und Verlustermittlung im Falle eines Gesamtbetrags der Einkünfte, der ohne Anwendung des § 6 AStG negativ ist. In diesem Fall würden durch die Berücksichtigung des Vermögenszuwachses nach § 6 AStG der entstehende Verlustrücktrag und gegebenenfalls ein Verlustvortrag gemindert. Der Steuerpflichtige würde ohne Realisierung eines Veräußerungsgewinns durch die Kürzung des zu berücksichtigenden Verlusts schlechter gestellt als ein vergleichbarer Steuerpflichtiger im Inlandsfall. Satz 6 sieht daher vor, dass die Festsetzung zwar im üblichen Verfahren erfolgt. Der Vermögenszuwachs nach § 6 AStG ist aber für Zwecke der Anwendung des § 10d EStG nicht zu berücksichtigen.

Zu § 6 Abs. 5 Satz 7

Satz 7 ermöglicht die Änderung der Bescheide, die auf Grundlage der Regelung des Satzes 6 ergangen sind, soweit ein Veräußerungsgewinn realisiert worden ist oder ein vergleichbares Ereignis im Sinne des Satzes 4 eingetreten ist. Der Verlustrücktrag und gegebenenfalls der Verlustvortrag sind anzupassen. Dies betrifft den Steuerbescheid des Veranlagungszeitraums vor dem Veranlagungszeitraum der Festsetzung nach § 6 AStG, evtl. auch einen Feststellungsbescheid über einen Verlustvortrag nach § 10d EStG und die Steuerbescheide folgender Veranlagungszeiträume. Satz 7 Halbsatz 2 regelt die insoweit erforderliche Durchbrechung der Bestandskraft der Bescheide. Die Festsetzungsverjährung wird in diesem Fall entsprechend § 175 Abs. 1 Satz 2 AO gehemmt.

Zu § 6 Abs. 6

Zu § 6 Abs. 6 Satz 1

Im Falle der Veräußerung der Anteile ist der Ermittlung des Veräußerungsgewinns der tatsächlich erzielte Erlös zugrunde zu legen. Nach Satz 1 erfolgt daher eine Korrektur des im Veranlagungszeitraum des Ereignisses im Sinne des Absatzes 1 Satz 1 angesetzten gemeinen Werts, wenn die Anteile gegenüber diesem Zeitpunkt eine Wertminderung erfahren haben. Die Wertminderung ist jedoch nur bei der Berechnung des Vermögenszuwachses zu berücksichtigen, wenn sie vom Zuzugsstaat bei der Einkommensteuerfestsetzung nicht berücksichtigt wird. Satz 1 Halbsatz 2 regelt die insoweit erforderliche Durchbrechung der Bestandskraft des Steuerbescheids. Die Festsetzungsverjährung wird in diesem Fall entsprechend § 175 Abs. 1 Satz 2 AO gehemmt. Der Steuerpflichtige trägt die Feststellungslast dafür, dass die Wertminderung durch den Zuzugsstaat nicht berücksichtigt wird – d.h., das nach den gesetzlichen Vorschriften des Zuzugsstaats der Veräußerungsgewinn nicht besteuert wird oder dass dieser Staat bei der Besteuerung des Veräußerungsgewinns die historischen Anschaffungskosten und nicht den Wertansatz der Besteuerung nach § 6 AStG durch die Bundesrepublik Deutschland zugrunde gelegt hat.

Zu § 6 Abs. 6 Satz 2

Satz 2 regelt, dass die Wertminderung nur durch Änderung des ursprünglichen Steuerbescheids zu berücksichtigen ist, wenn sie nicht durch gesellschaftsrechtliche Maßnahmen verursacht ist. Zu diesen Maßnahmen zählt z.B. die Ausschüttung aus Gewinnrücklagen, die im Zeitpunkt des Ausschlusses oder der Beschränkung des Besteuerungsrechts der Bundesrepublik Deutschland vorhanden waren. Denn eine solche Ausschüttung würde im Falle von Betriebsvermögen zu einer dauerhaften Wertminderung führen und zu einer ausschüttungsbedingten Teilwertabschreibung berechtigen. Der Steuerpflichtige hat nachzuweisen, dass die Wertminderung nicht auf die Umsetzung eines Gesellschafterbeschlusses zurückzuführen ist.

Zu § 6 Abs. 6 Satz 3

Satz 3 stellt sicher, dass die Minderung den Betrag nicht übersteigt, der in Deutschland bei Wegzug als Vermögenszuwachs angesetzt wurde.

Zu § 6 Abs. 6 Satz 4

Satz 4 ermöglicht in den Fällen, in denen eine Gewinnausschüttung die Wertminderung verursacht hat und die Wertminderung bei der inländischen Einkommensbesteuerung nach Satz 2 nicht zu berücksichtigen ist, die Anrechnung der deutschen Kapitalertragsteuer einschließlich des hierauf entfallenden Solidaritätszuschlages auf die Steuer nach Absatz 1.

Zu § 6 Abs. 7
Zu § 6 Abs. 7 Satz 1

Im Falle der Stundung nach Absatz 5 soll die Erhebung der Steuer durch erhöhte Mitwirkungspflichten des Steuerpflichtigen (§ 90 Abs. 2 AO) gesichert werden. Nach Satz 1 muss der Steuerpflichtige dem im Zeitpunkt des Ausschlusses oder der Beschränkung des Besteuerungsrechts der Bundesrepublik Deutschland zuständigen Finanzamt insbesondere die Veräußerung von Anteilen oder den Wegzug in einen Drittstaat mitteilen.

Zu § 6 Abs. 7 Satz 2

Nach Satz 2 hat die Mitteilung in den Fällen des Satzes 1 innerhalb eines Monats zu erfolgen, um eine zeitnahe Wertermittlung und die Steuererhebung sicherzustellen. Zum Zweck der Rechtswirksamkeit und zu Beweiszwecken ist die Mitteilung vom Steuerpflichtigen eigenhändig zu unterschreiben.

Zu § 6 Abs. 7 Satz 3

Nach Satz 3 ist die Veräußerung oder unentgeltliche Übertragung nachzuweisen. Im Falle der Abtretung von Anteilen an einer deutschen GmbH wird das zuständige Finanzamt in der Regel gemäß § 54 EStDV in der Fassung dieses Änderungsgesetzes mit Übersendung einer beglaubigten Abschrift der Urkunde durch den Notar Kenntnis von der Abtretung erlangen.

Zu § 6 Abs. 7 Satz 4

Die Pflicht zur jährlichen Mitteilung der Anschrift und der Höhe der Beteiligung nach Satz 4 soll sicherstellen, dass das zuständige Finanzamt über die jeweilige Ansässigkeit des Steuerpflichtigen oder seines Rechtsnachfolgers unterrichtet ist und dass die Pflichten nach Satz 1 erfüllt werden. Diese Mitteilung muss spätestens mit Ablauf des 31. Januars des folgenden Jahres bei dem nach Satz 1 zuständigen Finanzamt eingegangen sein.

Zu § 6 Abs. 7 Satz 5

Satz 5 ermöglicht den Widerruf der Stundung, wenn der Steuerpflichtige seinen Mitwirkungspflichten nach Satz 4 nicht nachkommt.

~~Zu § 6 Abs. 8~~

~~Wenn kein Abkommen zur Vermeidung der Doppelbesteuerung zwischen der Bundesrepublik Deutschland und dem Staat besteht, in dem der Steuerpflichtige unter Wegfall der unbeschränkten Steuerpflicht Wohnsitz oder gewöhnlichen Aufenthalt begründet, würde nach der in Absatz 1 erfolgten Umschreibung der Entstrickung keine Steuerpflicht im Sinne des Absatzes 1 begründet. Zur Sicherung des deutschen Steueraufkommens wird dennoch in Fortführung des bestehenden Rechts eine Entstrickung angenommen, obgleich das Besteuerungsrecht der Bundesrepublik Deutschland nicht ausgeschlossen ist.~~

~~Satz 1 fingiert wie Absatz 1 Satz 1 eine Veräußerung. Satz 2 erstreckt die Anwendung des Satzes 1 auf weitere Fälle, in denen das Besteuerungsrecht nicht untergeht.~~

SEStEG

§ 10 Abs. 3 Satz 4 (zu Artikel 7 Nr. 2)

Die Einkünfte einer ausländischen Gesellschaft, die einer niedrigen Besteuerung unterliegen (§ 8 Abs. 3) und die nicht zu den in § 8 Abs. 1 aufgeführten (aktiven) Einkünften gehören, werden unter den Voraussetzungen des § 7 den inländischen Anteilseignern zugerechnet (Hinzurechnungsbesteuerung). Dabei ist auch für Einkünfte, die sich auf Grund von Entstrickungstatbeständen ergeben, zu entscheiden, ob sie den in § 8 Abs. 1 aufgeführten (aktiven) Einkünften zuzuordnen sind oder als Einkünfte aus passivem Erwerb der Hinzurechnungsbesteuerung unterliegen, soweit eine niedrige Besteuerung gegeben ist. Erzielt die ausländische Gesellschaft nur Einkünfte im Sinne des § 8 Abs. 1, sind auch Einkünfte, die sich auf Grund von Entstrickungstatbeständen ergeben, diesen Einkünften zuzuordnen. Erzielt die Gesellschaft dagegen andere Einkünfte (Einkünfte aus passivem Erwerb), die niedrig besteuert sind (§ 8 Abs. 3), unterliegen auch Einkünfte, die sich auf Grund von Entstrickungstatbeständen ergeben, der Hinzurechnungsbesteuerung.

Der hinzuzurechnende Betrag ergibt sich aus § 10 Abs. 1. Die dem Hinzurechnungsbetrag zugrunde liegenden Einkünfte sind nach den Vorschriften des deutschen Steuerrechts zu ermitteln (§ 10 Abs. 3). Dabei sind steuerliche Vergünstigungen, die an die unbeschränkte Steuerpflicht oder an das Bestehen eines inländischen Betriebs oder einer inländischen Betriebsstätte anknüpfen, nicht zu berücksichtigen. Ihre Berücksichtigung widerspräche dem Sinn und Zweck der Hinzurechnungsbesteuerung (vgl. Regierungsbegründung zum AStG, Bundestagsdrucksache VI/2883). ~~Zu den steuerlichen Vergünstigungen, die an die unbeschränkte Steuerpflicht anknüpfen, gehören auch die Vorschriften des Umwandlungssteuergesetzes vom 15. Oktober 2002 (BGBl. I S. 4133).~~ ~~Die Überlegungen, auf denen die Nichtanwendung der Bestimmungen des Umwandlungssteuergesetzes bisher beruhten, bleiben auch gültig, wenn das Umwandlungssteuergesetz nicht mehr an die unbeschränkte Steuerpflicht anknüpft, sondern sich auch auf bestimmte grenzüberschreitende Umwandlungen erstreckt. Andernfalls könnten stille Reserven einer ausländischen Gesellschaft, die andere Einkünfte als solche im Sinne des § 8 Abs. 1 erzielt und die niedrig besteuert sind, der Hinzurechnungsbesteuerung entgehen. Deshalb sind die Vorschriften des Umwandlungssteuergesetzes bei der Ermittlung der dem Hinzurechnungsbetrag zugrunde liegenden Einkünfte nicht zu berücksichtigen.~~

§ 21 (zu Artikel 7 Nr. 3)

Abs. 8 (zu Buchstabe a)

Infolge der Einführung des Gebotes zur Aufdeckung stiller Reserven beim Tausch von Wirtschaftsgütern (§ 6 Abs. 6 EStG) und der damit in Zusammenhang stehenden Aufhebung des so genannten Tauschgutachtens mit Wirkung vom 1. Januar 1999 ist für Einbringungen, die nach dem 31. Dezember 1998 vorgenommen werden, der Anwendungsbereich des § 6 Abs. 3 Nr. 4 in der Fassung des Gesetzes vom 21. Dezember 1993 (BGBl. I S. 2310) entfallen. Die zeitliche Anwendungsregelung des Absatzes 8 wird dementsprechend angepasst.

Abs. 13 – neu – und 14 – neu – (zu Buchstabe b)

Zu § 21 Abs. 13

Die Absätze 1 ~~und 8~~ des § 6 AStG gelten erstmalig für den Veranlagungszeitraum 2007. Die Anwendung der Absätze 3 bis 7 des § 6 AStG erfordert dagegen eine Berücksichtigung der Änderungen bei allen noch nicht bestandskräftigen Steuerfestsetzungen.

Zu § 21 Abs. 14

§ 21 Abs. 14 enthält die Regelung zur zeitlichen Anwendung der Änderung des § 10 Abs. 3 Satz 4. Sie gilt erstmals für hinzurechnungspflichtige Einkünfte, die in einem Wirtschaftsjahr der ausländischen Gesellschaft (Zwischengesellschaft) oder Betriebsstätte entstanden sind das nach dem 31. Dezember 2005 beginnt.

6. Inkrafttreten des Gesetzes über steuerliche Begleitmaßnahmen zur Einführung der Europäischen Gesellschaft und zur Änderung weiterer steuerrechtlicher Vorschriften (SEStEG)

Inkrafttreten, ~~Außerkrafttreten~~ (zu Artikel 12)

Das Gesetz tritt am Tag nach der Verkündung in Kraft. ~~Durch die Ablösung des Umwandlungssteuergesetzes tritt das bisherige Umwandlungssteuergesetz in der Fassung der Bekanntmachung vom 15. Oktober 2002 (BGBl. I S. 4133), das zuletzt durch Artikel 3 des Gesetzes vom 16. Mai 2003 (BGBl. I S. 660) geändert worden ist, zum gleichen Zeitpunkt außer Kraft.~~

III. Gesetzesbegründung v. 09.11.2006
(Bericht des Finanzausschusses zum Gesetzentwurf der Bundesregierung „Entwurf eines Gesetzes über steuerliche Begleitmaßnahmen zur Einführung der Europäischen Gesellschaft und zur Änderung weiterer steuerrechtlicher Vorschriften (SEStEG)", BT-Drs. 16/3369)

Im Folgenden wird lediglich die Einzelbegründung (B. Einzelbegründung) zu Änderungen des *„Entwurfes eines Gesetzes über steuerliche Begleitmaßnahmen zur Einführung der Europäischen Gesellschaft und zur Änderung weiterer steuerlicher Vorschriften (SEStEG)"* durch den Bericht des Finanzausschusses v. 09.11.2006 in Auszügen wiedergegeben.[11]

1. Einkommensteuergesetz (EStG)

Inhaltsübersicht (zu Artikel 1 Nr. 0)

Redaktionelle Änderung aufgrund der Einfügung des § 4g.

§ 3 Nr. 40 (zu Artikel 1 Nr. 1 Buchstabe b)

Die in § 3 Nr. 40 Satz 1 Buchstabe a erfasste Fallgruppe, dass in der Vergangenheit auf die Anschaffungskosten von Anteilen Rücklagen nach § 6b EStG oder vergleichbare Abzüge übertragen worden sind, kann auch in den Fällen des § 3 Nr. 40 Satz 1 Buchstabe b relevant sein, z.B. bei Veräußerung eines Betriebs, zu dessen Betriebsvermögen solche Anteile gehören. § 3 Nr. 40 Satz 1 Buchstabe b wird daher entsprechend ergänzt.

§ 3c Abs. 2 Sätze 3 und 4 - aufgehoben - (- neu -) (zu Artikel 1 Nr. 1a)

Redaktionelle Anpassung infolge des Wegfalls einbringungsgeborener Anteile durch die konzeptionelle Neuausrichtung des Einbringungsteils des Umwandlungssteuergesetzes.

§ 4 Abs. 1 (zu Artikel 1 Nr. 2)

Satz 5 - aufgehoben - (zu Buchstabe a)

Redaktionelle Anpassung, die Regelung findet sich nunmehr in § 15 Abs. 1a EStG – neu – (vgl. Begründung zu Nr. 4b).

Satz 7 - neu - (zu Buchstabe b)

Redaktionelle Änderung durch Einfügung des Klammervermerks und Rückkehr zur derzeitigen Fassung des Einleitungssatzes.

---

[11] Vgl. BT-Drs. 16/3369. Redaktionelle Anpassungen zur Verbesserung der Übersichtlichkeit wurden vorgenommen. Hinsichtlich der Begründung zu den Änderungen der EStDV und GewStDV sowie des BewG, Finanzverwaltungsgesetzes, Mitbestimmungs-Beibehaltungsgesetzes, der Verordnung über die gesonderte Feststellung von Besteuerungsgrundlagen nach § 180 Abs. 2 der AO und des Zerlegungsgesetzes durch den Bericht des Finanzausschusses v. 09.11.2006 zum Gesetzentwurf der Bundesregierung v. 25.09.2006 siehe BT-Drs. 16/3369 S. 5 ff.

§ 4g (zu Artikel 1 Nr. 2a)

Für die Überführung von Wirtschaftsgütern des Anlagevermögens eines inländischen Stammhauses in eine innerhalb der EU belegene Betriebsstätte wird eine zeitlich gestreckte Besteuerung der stillen Reserven ermöglicht. Dies entspricht einem Antrag des Bundesrates.

Auf Antrag des Steuerpflichtigen, der innerhalb eines Veranlagungszeitraums und nur einheitlich für alle in eine Betriebsstätte überführten Wirtschaftsgüter des Anlagevermögens gestellt werden kann, darf in Höhe der stillen Reserven im Zeitpunkt der Überführung für jedes betroffene Wirtschaftsgut ein separater Ausgleichsposten gebildet werden. Der Ausgleichsposten ist mit einer Bilanzierungshilfe vergleichbar und verkörpert die in den überführten Wirtschaftsgütern enthaltenen stillen Reserven.

Keine Anwendung findet die Regelung bei der Überführung von Wirtschaftsgütern in ein ausländisches Stammhaus oder dessen ausländische Betriebsstätte und auf ausländische Personengesellschaften.

Die Regelung setzt für den Bereich der EU in weiten Teilen das BMF-Schreiben vom 24. Dezember 1999 über die Grundsätze der Verwaltung für die Prüfung der Aufteilung bei Betriebsstätten international tätiger Unternehmen (sog. Betriebsstättenerlass; BStBl. I 1999 S. 1076 ff.) um. Der Ausgleichsposten wird in 5 Jahren mit jährlich einem Fünftel erfolgswirksam aufgelöst. Dies gilt sowohl für abnutzbare, wie auch nicht abnutzbare, für materielle wie auch für immaterielle Wirtschaftsgüter unabhängig davon, wie lange deren tatsächliche Restnutzungsdauer noch ist. Die Verkürzung der Frist auf 5 Jahre folgt der Anregung des Bundesrates und dient der Verfahrensvereinfachung.

Die zeitlich gestreckte Besteuerung der stillen Reserven der überführten Wirtschaftsgüter endet bereits vor Ablauf des Fünf-Jahres-Zeitraums, wenn die stillen Reserven im Ausland tatsächlich aufgedeckt werden (z.B. bei der Veräußerung der Wirtschaftsgüter oder beim Ausscheiden des Wirtschaftsgutes aus dem Betriebsvermögen des Steuerpflichtigen).

§ 6 Abs. 1 (zu Artikel 1 Nr. 3)

Redaktionelle Änderung eines Satzverweises.

§ 13 Abs. 7 - neu - (- neu -) (zu Artikel 1 Nr. 4a)

Folgeänderung in § 13 Abs. 7 EStG aufgrund der Einfügung des neuen § 15 Abs. 1a EStG. Auf die Gesetzesbegründung zu § 15 Abs. 1a EStG wird insoweit verwiesen.

§ 15 Abs. 1a - neu - (- neu -) (zu Artikel 1 Nr. 4b)

§ 4 Abs. 1 Satz 4 EStG regelt den Sonderfall der Einschränkung des deutschen Besteuerungsrechts für Anteile an einer Europäischen Gesellschaft oder Europäischen Genossenschaft. Die Verlegung des Sitzes einer Europäischen Gesellschaft oder Europäischen Genossenschaft kann auch hinsichtlich der Anteile, die einer inländischen Betriebsstätte zuzurechnen sind, zur Entstrickung führen, da das Besteuerungsrecht Deutschlands an dem Betriebsstättenvermögen beschränkt wird. Nach Art. 10d Abs. 1 FusionsRL ist jedoch eine Besteuerung der Gesellschafter aufgrund der Sitzverlegung einer Europäischen Gesellschaft oder Europäischen Genossenschaft nicht zulässig (vgl. insoweit die Gesetzesbegründung zu § 4 Abs. 1 Sätze 3 und 4 EStG).

Auf dieser rechtlichen Ausgangslage aufbauend enthält § 15 Abs. 1a Satz 1 EStG für den Bereich der betrieblichen Einkünfte entsprechend Art. 10d Abs. 2 FusionsRL eine Regelung zur Besteuerung des Gewinns aus einer späteren Veräußerung dieser Anteile; für Anteile, im Privatvermögen gehalten werden, gilt insoweit § 17 Abs. 5 EStG.

Entsprechendes gilt nach § 15 Abs. 1a Satz 2 EStG, wenn – anstelle einer späteren Veräußerung – die Anteile später verdeckt in eine Kapitalgesellschaft eingelegt werden, die Europäische Gesellschaft oder Europäische Genossenschaft aufgelöst oder wenn ihr Kapital herabgesetzt und zurückgezahlt wird oder wenn Beträge aus dem steuerlichen Einlagekonto im Sinne des § 27 KStG ausgeschüttet oder zurückgezahlt werden.

§ 16 Abs. 5 - neu - (- neu -) (zu Artikel 1 Nr. 4c)

Aufgrund der Neukonzeption des Einbringungsteils und der damit verbundenen Aufgabe des Systems der einbringungsgeborenen Anteile wird § 8b Abs. 4 KStG für Neufälle aufgehoben. Da § 8b Abs. 4 KStG nicht nur Fälle im Zusammenhang mit der Einbringung in eine Kapitalgesellschaft umfasste, sondern auch Anteilsübertragungen unter dem gemeinen Wert von natürlichen Personen auf Kapitalgesellschaften auf anderem Wege (z.b. durch Realteilung) mit einschloss, werden diese Fälle nunmehr in Absatz 5 geregelt. Es kommt somit nicht mehr zu einer vollen Besteuerung der Anteilsveräußerung durch die übernehmende Mitunternehmerkapitalgesellschaft (§ 8b Abs. 4 Satz 1 Nr. 2 KStG a.F.). Vielmehr wird durch die Anteilsveräußerung oder ein gleichgestelltes Ereignis im Sinne von § 22 Abs. 2 i.V.m. Abs. 1 Satz 6 Nr. 1 bis 5 UmwStG eine rückwirkende Besteuerung der durch die Realteilung im Rahmen eines Teilbetriebs übertragenen Anteile durch Ansatz des gemeinen Werts ausgelöst, wenn die Veräußerung innerhalb von sieben Jahren nach der Realteilung erfolgt.

Die Besteuerung erfolgt rückwirkend im Zeitpunkt der Realteilung. Die Siebtelregelung des § 22 Abs. 2 Satz 3 UmwStG ist anzuwenden. Die Anteilsveräußerung oder das gleichgestellte Ereignis stellt insoweit ein rückwirkendes Ereignis im Sinne von § 175 Abs. 1 Nr. 2 AO dar.

Beispiel:

Die AB-OHG (Gesellschafter sind zu je 50 Prozent die natürliche Person A und die B-GmbH) hält im Gesamthandsvermögen eine 100%-Beteiligung an der Y-GmbH. Bei der OHG wird eine Realteilung durchgeführt, bei der die 100-Prozent-Beteiligung an der Y-GmbH auf die B-GmbH übertragen wird. Im Anschluss an die Realteilung veräußert die B-GmbH die Beteiligung an der Y-GmbH.

Die Übertragung der Beteiligung auf die B-GmbH im Rahmen der Realteilung erfolgt nach § 16 Abs. 3 Satz 2 EStG zum Buchwert. Die Anteilsveräußerung durch die B-GmbH stellt ein schädliches Ereignis dar, was im Zeitpunkt der Realteilung zum rückwirkenden Ansatz des gemeinen Werts und damit insoweit zu einer nachträglichen Besteuerung des Veräußerungsgewinns nach § 16 EStG führt, als stille Reserven aus den Anteilen von A auf die B-GmbH übertragen wurden (50 Prozent). Die Siebtelregelung ist insoweit anzuwenden.

§ 17 (zu Artikel 1 Nr. 5)

Abs. 2 Satz 4 - neu - (zu Buchstabe a)

Bei der Einfügung von Satz 4 handelt es sich um eine redaktionelle Folgeänderung aufgrund der Neuregelung in § 6 Abs. 3 des AStG.

Abs. 5 bis 6 (zu Buchstabe c)

Zu § 17 Abs. 5

Sprachliche und redaktionelle Änderung der Regelung.

Zu § 17 Abs. 6

Die Vorschrift wurde zur besseren Übersichtlichkeit neu gegliedert. Es handelt sich insoweit um sprachliche Anpassungen.

§ 18 Abs. 4 Satz 2 - neu - (- neu -) (zu Artikel 1 Nr. 5a)

Folgeänderung in § 18 Abs. 4 Satz 2 aufgrund der Einfügung des neuen § 15 Abs. 1a EStG. Auf die Gesetzesbegründung zu § 15 Abs. 1a EStG wird verwiesen.

SEStEG

§ 20 Abs. 1 (zu Artikel 1 Nr. 6)
Nr. 2 Satz 2 (zu Buchstabe b)

Die Änderung steht im Zusammenhang mit der Regelung des § 28 Abs. 2 KStG. Auskehrungen von Kapitalherabsetzungsbeträgen, die über den Bestand des steuerlichen Einlagekontos hinausgehen, werden in den Anwendungsbereich des § 20 Abs. 1 Nr. 2 EStG aufgenommen.

Nr. 10 Buchstabe b (zu Buchstabe c Doppelbuchstabe bb)

Die Änderung berücksichtigt die redaktionelle Umgliederung des Umwandlungssteuergesetzes durch dieses Gesetz.

§ 23 Abs. 1 Satz 2 und 3 sowie Abs. 3 Satz 3 - neu - (zu Artikel 1 Nr. 6a)

Redaktionelle Folgeänderungen aufgrund der Neukonzeption des Einbringungsteils in §§ 20 ff. UmwStG (Artikel 6).

§ 43b Abs. 1 Satz 4 – neu – (zu Artikel 1 Nr. 6b)

Für Kapitalerträge im Sinne des § 20 Abs. 1 Nr. 1 EStG, die anlässlich einer Umwandlung oder Liquidation zufließen, findet die Richtlinie 90/435/EWG (Mutter/Tochter-Richtlinie) nach deren Art. 4 keine Anwendung. Mit dem neuen Satz 4 wird diese Vorgabe der Mutter/Tochter-Richtlinie umgesetzt.

§ 49 Abs. 1 (zu Artikel 1 Nr. 8)
Nr. 2 Buchstabe e (zu Buchstabe a)

Nummer 2 Buchstabe e wird den geänderten Regelungen des Umwandlungssteuergesetzes zum Anteilstausch angepasst.

Werden Anteile an einer Kapitalgesellschaft oder Genossenschaft im Rahmen eines Anteilstauschs (§ 21 Abs. 1 UmwStG), einer Verschmelzung oder Vermögensübertragung (§§ 11 ff. UmwStG) auf Antrag des Steuerpflichtigen aufgrund der Richtlinie 90/434/EWG zu einem Wert unterhalb des gemeinen Werts eingebracht, erfolgt eine Besteuerung der stillen Reserven erst bei der späteren Veräußerung der erhaltenen Anteile (§ 13 Abs. 2 und § 21 Abs. 2 Satz 3 Nr. 2 UmwStG). Gleiches gilt in den Fällen des § 17 Abs. 5 Satz 2 EStG.

Die Neuregelung führt mit dem Doppelbuchstaben bb einen neuen inländischen Tatbestand ein, der die Besteuerung der späteren Veräußerung auch dann gewährleistet, wenn der Anteilseigner zu diesem Zeitpunkt keinen Wohnsitz oder gewöhnlichen Aufenthalt in der Bundesrepublik Deutschland hat.

Dagegen unterliegt ein unter den Voraussetzungen des § 22 Abs. 2 UmwStG nachträglich zu versteuernder Einbringungsgewinn aufgrund der in dieser Vorschrift angeordneten Rückwirkung bereits nach der bisherigen Regelung des § 49 Abs. 1 Nr. 2 Buchstabe e (jetzt § 49 Abs. 1 Nr. 2 Buchstabe e Doppelbuchstabe aa) EStG der Besteuerung.

Die Neugliederung der Vorschrift dient der Übersichtlichkeit.

Nr. 2 Buchstabe f Satz 2 (zu Buchstabe b)

Es handelt sich um eine redaktionelle Anpassung aufgrund der Änderung in § 8 Abs. 2 KStG (Artikel 3 Nr. 3).

Nr. 8 (zu Buchstabe c)

Nummer 8 wird entsprechend der Änderung von Nummer 2 Buchstabe e angepasst.

Die Einfügung des Buchstaben c Doppelbuchstabe bb ergänzt die Regelung der Nummer 2 Buchstabe e Doppelbuchstabe bb für die Fälle des § 23 Abs. 1 Nr. 2 EStG. Die Einbeziehung von § 17 Abs. 6 EStG ist durch die Änderung dieser Vorschrift notwendig geworden.

Darüber hinaus entfällt der Verweis auf die Regelungen des § 23 Abs. 1 Satz 2 bis 4 und Abs. 2 EStG am Ende der Vorschrift. § 49 Abs. 1 Nr. 8 EStG gilt für "sonstige Einkünfte im Sinne des § 22 Nr. 2". Da § 22 Nr. 2 EStG bereits die Veräußerungsgeschäfte im Sinne des § 23 EStG in Bezug nimmt, ist ein nochmaliger Verweis auf dessen Bestimmungen entbehrlich.

Die Neugliederung der Vorschrift dient der Übersichtlichkeit.

§ 52 (zu Artikel 1 Nr. 9)

Abs. 8a Satz 2 - neu - (- neu -) (zu Buchstabe b1)

Nach der Neukonzeption des Sechsten Teils des UmwStG (§§ 20 ff. UmwStG) gibt es künftig keine einbringungsgeborenen Anteile mehr. Die bisherigen Sonderregelungen für einbringungsgeborene Anteile sind für Anteile weiter anzuwenden, die noch nach den Regelungen für Einbringungen des bisher geltenden Umwandlungssteuergesetzes entstanden sind.

Abs. 18b Satz 2 - neu - (zu Buchstabe e)

Bei der Änderung handelt es sich um eine redaktionelle Korrektur, da der Absatz 18b bereits durch das Gesetz zur steuerlichen Förderung von Wachstum und Beschäftigung vom 26. April 2006 (BGBl. I S. 1091) in § 52 EStG eingefügt worden ist.

Abs. 30a Satz 2 - neu - (- neu -) (zu Buchstabe f)

Zeitliche Anwendung des neu eingefügten § 15 Abs. 1a EStG sowie – als Folgeänderungen – zeitliche Anwendung des neu gefassten § 13 Abs. 7 und § 18 Abs. 4 Satz 2 EStG.

Abs. 34 Satz 7 - neu - (- neu -) (zu Buchstabe g)

Die Regelung steht im Zusammenhang mit der Neukonzeption des Sechsten Teils des UmwStG (§§ 20 ff. UmwStG). Die Ergänzung in § 16 EStG ist erst anzuwenden für Anteile, die bereits innerhalb des neuen Systems übertragen werden. Anteile, die vorher übertragen wurden, werden weiterhin von den Regelungen des § 8b Abs. 4 KStG erfasst.

Abs. 37a Sätze 5 bis 8 - neu - (- neu -) (zu Buchstabe h)

Nach der Neukonzeption des Sechsten Teils des UmwStG (§§ 20 ff. UmwStG) gibt es künftig keine einbringungsgeborenen Anteile mehr. Die bisherigen Sonderregelungen für einbringungsgeborene Anteile sind für Anteile weiter anzuwenden, die noch nach den Regelungen für Einbringungen des bisher geltenden Umwandlungssteuergesetzes entstanden sind.

Die Anwendungsvorschrift zu § 20 Abs. 1 Nr. 10 Buchstabe b Satz 2 zweiter Halbsatz EStG berücksichtigt die redaktionellen Folgeänderungen aufgrund der Neukonzeption des Umwandlungssteuergesetzes.

Abs. 39 Satz 5 - neu - (- neu -) (zu Buchstabe i)

Nach der Neukonzeption des Sechsten Teils des Umwandlungssteuergesetzes (§§ 20 ff. UmwStG) gibt es künftig keine einbringungsgeborenen Anteile mehr. Die bisherigen Sonderregelungen für einbringungsgeborene Anteile sind für Anteile weiter anzuwenden, die noch nach den Regelungen für Einbringungen des bisher geltenden Umwandlungssteuergesetzes entstanden sind.

Abs. 55e Satz 2 - neu - (- neu -) (zu Buchstabe j)

Nach der Neukonzeption des Sechsten Teils des Umwandlungssteuergesetzes (§§ 20 ff. UmwStG) gibt es künftig keine einbringungsgeborenen Anteile mehr. Die bisherigen Sonderregelungen für einbringungsgeborene Anteile sind für Anteile weiter anzuwenden, die noch nach den Regelungen für Einbringungen des bisher geltenden Umwandlungssteuergesetzes entstanden sind.

Abs. 57 – neu - (- neu -) (zu Buchstabe k)

Die Regelung bestimmt die erstmalige Anwendung der Änderungen des § 49 Abs. 1 EStG für den Veranlagungszeitraum 2006.

2. Körperschaftsteuergesetz (KStG)

§ 12 (zu Artikel 3 Nr. 7)

Zu § 12 Abs. 1

Es handelt sich um eine redaktionelle Anpassung aufgrund der Neuregelung in § 15 Abs. 1a EStG. Anders als im Gesetzentwurf der Bundesregierung erfolgt kein Verweis auf § 17 Abs. 5 Satz 2 EStG, da dieser nur Anteile im Privatvermögen betrifft.

Satz 2 wird gestrichen. Die Bewertung von Pensionsverpflichtungen ergibt sich aus den allgemeinen Grundsätzen.

Zu § 12 Abs. 2 Satz 2 (– neu –)

Nach § 12 Abs. 2 KStG ist bei einer Verschmelzung zwischen Körperschaften, die nicht dem Anwendungsbereich des Umwandlungssteuergesetzes unterliegen, auf Ebene des übertragenden Rechtsträgers ein Ansatz zu Buchwerten möglich, wenn die übrigen Voraussetzungen erfüllt sind.

Der neue Absatz 2 Satz 2 regelt für die Gesellschafter der übertragenden Körperschaft, die entsprechende Anwendung des § 13 UmwStG, wenn ein Vorgang im Sinne des § 12 Abs. 2 Satz 1 KStG vorliegt. Dabei kommt es nicht darauf an, dass die Voraussetzungen für eine steuerneutrale Übertragung auf Gesellschaftsebene gegeben sind; insbesondere, ob eine Verschmelzung zwischen Körperschaften desselben ausländischen Staates vorliegt.

Damit ist auch auf Ebene des Gesellschafters die Verschmelzung steuerneutral möglich, wenn das Recht der Bundesrepublik Deutschland hinsichtlich der Besteuerung des Gewinns aus der Veräußerung der erhaltenen Anteile nicht ausgeschlossen oder beschränkt wird.

§ 15 Abs. 1 Nr. 2 - neu - (- neu -) (zu Artikel 3 Nr. 8a)

Es handelt sich um eine redaktionelle Anpassung von Gesetzeszitaten aufgrund der Änderungen im Umwandlungssteuergesetz.

§ 27 (zu Artikel 3 Nr. 9)

Abs. 1 (zu Buchstabe a)

Die Festschreibung bescheinigter Verwendungen von Beträgen aus dem Einlagekonto wird in Absatz 5 geregelt. Der Satz 6 ist dadurch überholt. Mit der Streichung des Satzes 6 ist auch eine redaktionelle Folgeänderung des Satzes 4 in Absatz 1 verbunden.

Abs. 5 (zu Buchstabe b1)

Die Regelungen zur Bescheinigung der Einlagenrückgewähr wurden überarbeitet. Künftig wird eine bescheinigte Verwendung von Beträgen aus dem steuerlichen Einlagekonto nur noch dann festgeschrieben, wenn der Betrag der Einlagenrückgewähr zu niedrig bescheinigt worden ist. Dadurch wird verhindert, dass durch das Ausstellen einer bewusst falschen Bescheinigung eine Verwendung von steuerlichem Einlagekonto erreicht werden kann.

Wird eine Einlagenrückgewähr zu hoch bescheinigt, kann die Bescheinigung berichtigt werden. Zur Verfahrenserleichterung bei Publikumsgesellschaften ist eine Korrektur nicht zwingend vorgeschrieben.

Der überhöht ausgewiesene Betrag unterliegt der Kapitalertragsteuer, die ggf. durch Haftungsbescheid geltend zu machen ist.

Satz 6 stellt schließlich eine Verbindung her zwischen den Regelungen zur Festschreibung und zur Feststellung des Bestands.

Abs. 8 Satz 1 (zu Buchstabe d)

Klarstellende Ergänzung.

§ 28 Abs. 2 (zu Artikel 3 Nr. 9a)

Die Regelung stellt sicher, dass das steuerliche Einlagekonto auch in den Fällen der Kapitalherabsetzung und anschließender Auszahlung des Herabsetzungsbetrags nicht negativ wird. Eine Einlagenrückgewähr kann auch in diesen Fällen höchstens bis zum positiven Bestand des steuerlichen Einlagekontos erfolgen. Darüber hinaus gehende Auszahlungsbeträge führen zu Bezügen, die dem Halbeinkünfteverfahren unterliegen.

§ 34 (zu Artikel 3 Nr. 11)

Abs. 1 (zu Buchstabe a)

Redaktionelle Neufassung der allgemeinen Anwendungsregelung.

Abs. 7a (zu Buchstabe b)

Redaktionelle Änderung. Die Übergangsregelung wurde klarer gefasst.

Abs. 10 (zu Buchstabe d)

Die Neufassung des § 15 Nr. 2 KStG ist nach § 34 Abs. 1 KStG erstmals ab dem Veranlagungszeitraum 2006 anzuwenden. Die bisherige Fassung gilt fort, soweit in dem dem Organträger zuzurechnenden Einkommen ein Übernahmegewinn i.S.d. § 4 Abs. 7 UmwStG g.F. enthalten ist.

Abs. 14 Satz 6 – neu – (zu Buchstabe e)

Auch in den Fällen der Liquidation soll künftig auf die ausschüttungsunabhängige ratierliche Auszahlung des Körperschaftsteuerguthabens umgestellt werden. Eine Verwendung des Körperschaftsteuerguthabens auf der Basis des verteilten Vermögens ist letztmalig möglich, wenn die Liquidation mit Auskehrung des Vermögens bis zum Tag des Inkrafttretens des Gesetzes abgeschlossen ist.

§ 37 (zu Artikel 3 Nr. 12)

Zu § 37 Abs. 4

Absatz 4 wird um Regelungen zur erstmaligen Anwendung der Neuregelung zur Verwendung des Körperschaftsteuerguthabens für Fälle der Umwandlung auf eine Personengesellschaft oder natürliche Person und für Fälle der Liquidation ergänzt.

Zu § 37 Abs. 5

Der Auszahlungsanspruch soll in voller Höhe mit Ablauf des 31. Dezember 2006 entstehen. Dadurch wird es z.b. möglich, den gesamten Anspruch – und nicht nur jeweils eine Jahresrate – nach § 46 AO abzutreten. In Fällen der Liquidation kann die Gesellschaft dadurch auch vor einer vollständigen Auszahlung des Guthabens beendet werden. Aus Gründen der Praktikabilität wird auf einen jährlichen Antrag als Auszahlungsvoraussetzung verzichtet. Die Auszahlung erfolgt vielmehr mit befreiender Wirkung an den dem Finanzamt bekannten Inhaber der Forderung.

Zu § 37 Abs. 6

Der neu eingefügte Absatz 6 enthält verfahrensrechtliche Regelungen für den Fall, dass sich der Betrag des Körperschaftsteuerguthabens, der den bisherigen Raten zugrunde gelegen hat, nachträglich ändert. Eine Änderung des Ausgangsbetrags wirkt sich nur auf die Höhe der zukünftig noch zu leistenden Raten aus. Eine rückwirkende Korrektur (Nachzahlung oder Rückforderung) bereits ausgezahlter Beträge wird dadurch vermieden.

SEStEG

Zu § 37 Abs. 7

Der bisherige Absatz 6 wird Absatz 7. Gegenüber der bisherigen Formulierung wird klargestellt, dass Zahlungen oder Rückzahlungen von Körperschaftsteuerguthabenbeträgen nur dann von den Einkünften im Sinne des Einkommensteuergesetzes auszunehmen sind, wenn sie der Körperschaft zufließen, gegenüber der bei Umstellung des Systems die Festsetzung des Guthabens erfolgt ist. Raten, die z.B. nach Abtretung des Auszahlungsanspruchs an den Abtretungsempfänger fließen, sind bei diesem nicht nach § 37 Abs. 7 KStG von der Besteuerung auszunehmen.

§ 40 Abs. 6 Satz 5 (zu Artikel 3 Nr. 13)

Es handelt sich um eine redaktionelle Überarbeitung. Die Ereignisse, die einen Widerruf der Stundung des Körperschaftsteuererhöhungsbetrags auslösen, werden vervollständigt und übersichtlicher gefasst.

3. Gewerbesteuergesetz (GewStG)

§ 2 Abs. 2 Satz 1 (zu Artikel 4 Nr. 1)

Es handelt sich um eine Ergänzung, die der bestehenden Rechtslage entspricht.

4. Umwandlungssteuergesetz (UmwStG)

Zur Inhaltsübersicht (zu Artikel 6)

Es handelt sich um redaktionelle Folgeänderungen auf Grund der Neufassung von Überschriften und Änderung von Zwischenüberschriften.

Zu § 1

Zu § 1 Abs. 1

Nur die SE- und die SCE-Verordnung enthalten Vorschriften über die Verschmelzung von Körperschaften, daher wird direkt auf die entsprechenden Regelungen in diesen Verordnungen Bezug genommen. Im Übrigen wird auf vergleichbare ausländische Vorgänge abgestellt.

Zu § 1 Abs. 2 Satz 3 – aufgehoben –

Die Anwendung des § 13 UmwStG auf Umwandlungsvorgänge von Rechtsträgern, die nicht vom subjektiven Anwendungsbereich des Absatzes 2 erfasst sind, wird für die Verschmelzung in § 12 Abs. 2 Satz 2 KStG geregelt.

Zu § 1 Abs. 3 und 4

Die subjektiven Einschränkungen des Absatzes 2 gelten nach dem neuen Satz 2 nicht für die Einbringung in eine Personengesellschaft nach § 24 UmwStG. Dadurch wird die Beschränkung des Anwendungsbereichs durch Absatz 4 auf in der Europäischen Union ansässige Gesellschaften und natürliche Personen für die Fälle des § 24 UmwStG nicht umgesetzt. Es bleibt damit im Ergebnis bei der bisher geltenden Rechtslage, wonach Einbringungen in Personengesellschaften sowohl von nicht in der Europäischen Union ansässigen Personen als auch in nicht nach dem Recht eines Mitgliedstaats der Europäischen Union gegründete Personengesellschaften nach § 24 UmwStG zum Buchwert vorgenommen werden können, soweit das deutsche Besteuerungsrecht dadurch nicht beschränkt wird.

Darüber hinaus wird Absatz 4 in zwei Punkten geändert. Zum einen wird der Anteilstausch mit Beteiligungen an Drittstaatengesellschaften vom Anwendungsbereich des UmwStG erfasst. Zum anderen ist eine Sacheinlage auch dann vom Anwendungsbereich des UmwStG erfasst, wenn der Einbringende selbst oder über Personengesellschaften am Einbringenden Beteiligte nicht in der Europäischen Union ansässige Personen sind. Dies gilt jedoch nur, wenn das Besteuerungsrecht der Bundesrepublik Deutschland hinsichtlich des Gewinns aus

der Veräußerung der aus der Sacheinlage erhaltenen Anteile nicht ausgeschlossen oder beschränkt ist. Dadurch wird insoweit die bisher geltende Rechtslage in § 20 Abs. 1 und 3 UmwStG a.F. beibehalten.
Darüber hinaus werden Absätze 3 und 4 redaktionell angepasst. Zur Einfügung der Genossenschaften vgl. Begründung zu Nummer 13 (§ 20 UmwStG).

Zu § 3 Abs. 1 und 2

Zu § 3 Abs. 1

Bei der Vorschrift des § 3 Abs. 1 UmwStG handelt es sich – bezogen auf die steuerliche Schlussbilanz – um eine steuerliche Ansatz- und Bewertungsvorschrift. Entsprechend der Stellungnahme des Bundesrats zu diesem Gesetzentwurf (BR-Drs. 542/06) wird klargestellt, dass sämtliche übergehende Wirtschaftsgüter, auch selbstgeschaffene immaterielle Wirtschaftsgüter (Firmenwert, Patente etc.), mit dem gemeinen Wert anzusetzen sind.

Zu § 3 Abs. 2

Der Entstrickungstatbestand wird vereinheitlicht und sprachlich angepasst; im Übrigen handelt es sich um sprachliche bzw. redaktionelle Folgeänderungen.

Zu § 4

Zu § 4 Abs. 2 Sätze 4 und 5 – neu –

Ist die übertragende Körperschaft eine Unterstützungskasse erhöht sich nach Absatz 2 Satz 4 der laufende Gewinn des übernehmenden Rechtsträgers um die von ihm, seinen Rechtsvorgängern oder seinen Gesellschaftern an die Unterstützungskassen geleisteten Zuwendungen. Zur Vermeidung einer Mehrfachbelastung erhöhen die hinzugerechneten Zuwendungen nach Absatz 2 Satz 5 die Anschaffungskosten der Anteile an der übertragenden Körperschaft (Unterstützungskasse).

Zu § 4 Abs. 4

Es handelt sich um eine Folgeänderung aufgrund der Änderung in Absatz 2 Satz 5.

Zu § 4 Abs. 6

In § 7 UmwStG ist die Höhe der Bezüge nach § 20 Abs. 1 Nr. 1 EStG geregelt. Es handelt sich um eine redaktionelle Folgeänderung. Die Höhe des berücksichtigungsfähigen Übernahmeverlusts wurde präzisiert.

Zu § 5

Zur Überschrift § 5

Die Überschrift zu § 5 wird entsprechend der Überschrift zu § 13 UmwStG angepasst.

Zu § 5 Abs. 3 Satz 2 – neu –

Mit dem Verweis auf § 4 Abs. 1 Satz 3 UmwStG wird klargestellt, dass die §§ 3 Nr. 40 Satz 1 Buchstabe a Satz 2 und 3 EStG sowie 8b Abs. 2 Satz 4 KStG anzuwenden sind.

Zu § 11

Zu § 11 Abs. 1

Bei der Vorschrift des § 11 Abs. 1 UmwStG handelt es sich – bezogen auf die steuerliche Schlussbilanz – um eine steuerliche Ansatz- und Bewertungsvorschrift. Entsprechend der Stellungnahme des Bundesrats zu diesem Gesetzentwurf (BR-Drs. 542/06) wird klargestellt, dass sämtliche übergehende Wirtschaftsgüter, auch selbstgeschaffene immaterielle Wirtschaftsgüter (Firmenwert, Patente etc.), mit dem gemeinen Wert anzusetzen sind.

Zu § 11 Abs. 2

Der Entstrickungstatbestand wird sprachlich angepasst; im Übrigen handelt es sich um sprachliche bzw. redaktionelle Folgeänderungen.

Zu § 12 Abs. 2

Gleichlaufend mit der Regelung in § 4 Abs. 4 UmwStG mindern die Kosten des Vermögensübergangs das Übernahmeergebnis.

Soweit ein Übernahmegewinn auf einen Anteil der übernehmenden Körperschaft an der übertragenden Körperschaft entfällt, wird für die steuerliche Behandlung dieses Gewinns unmittelbar an die Regelungen des § 8b KStG zu Beteiligungserträgen angeknüpft. Damit wird dem Umstand Rechnung getragen, dass der Übertragungsvorgang insoweit einem Veräußerungsvorgang gleichsteht. Die Regelungen zum Betriebsausgabenabzugsverbot, sowie Sonderregelungen für Kreditinstitute, für Versicherungsunternehmen etc. gelten dadurch auch für diesen Teil des Übernahmegewinns.

Zu § 13

Absatz 1 wird präzisiert und hinsichtlich der Entstrickungsregelung sprachlich angepasst. Bei dem Verweis auf § 15 Abs. 1a Satz 2 EStG handelt es sich um eine redaktionelle Folgeänderung.

Zu § 15 Abs. 1 Satz 2

Nach geltender Rechtslage ist in Spaltungsfällen die Anwendung der §§ 11 bis 13 UmwStG g. F. ausgeschlossen, wenn es an dem Merkmal des Teilbetriebs fehlt oder am steuerlichen Übertragungsstichtag im Betriebsvermögen noch Wirtschaftsgüter enthalten sind, die keinem Teilbetrieb zugeordnet werden können (spaltungshindernde Wirtschaftsgüter). Fehlt es an diesen Voraussetzungen, ist die Spaltung nach den allgemeinen Grundsätzen wie eine Liquidation zu behandeln (Sachausschüttung an die Anteilseigner, vgl. BMF-Schreiben vom 25. März 1998, BStBl. I S. 268, Tz. 15.11).

Der Gesetzentwurf sieht bei Fehlen der genannten Erfordernisse vor, dass § 11 Abs. 2 UmwStG nicht anzuwenden ist. Danach besteht auf Ebene der Gesellschaft keine Möglichkeit für eine steuerneutrale Spaltung. Mit der Änderung gilt auch für den Gesellschafter die bestehende Rechtslage fort. Anstelle einer Sachausschüttung wird gemäß § 15 Abs. 1 i.V.m. § 13 Abs. 1 UmwStG jedoch eine Veräußerung zum gemeinen Wert fingiert.

Zu § 16 Satz 2

Redaktionelle Änderung, da durch die Änderung des § 40 KStG der Hinweis auf § 37 KStG ins Leere ginge.

Zu § 18

Zu § 18 Abs. 1

Es handelt sich um eine Folgeänderung aufgrund der Regelung § 4 Abs. 2 Satz 2 UmwStG.

Zu § 18 Abs. 2

Der neue Satz 2 stellt sicher, dass der nicht als Teil des Übernahmegewinns geltende Gewinn nach § 7 UmwStG bei der aufnehmenden Personengesellschaft ebenfalls nicht der Gewerbesteuer unterliegt, wenn die Anteile an der übertragenden Körperschaft im Sinne des § 17 EStG am Übertragungsstichtag nicht zu einem Betriebsvermögen eines Gesellschafters der aufnehmenden Personengesellschaft oder einer natürlichen Person gehören. In diesen Fällen hätte die Veräußerung der Anteile an der übertragenden Körperschaft durch die bisherigen Gesellschafter nicht der Gewerbesteuer unterlegen.

Zum sechsten bis achten Teil

Allgemeines

Die Grundkonzeption des Einbringungsteils wird von einer nachträglichen Besteuerung des Einbringungsgewinns im Zeitpunkt der Anteilsveräußerung auf eine rückwirkende Besteuerung im Zeitpunkt der Einbringung umgestellt.

Zwischenüberschrift zum Sechsten Teil

Redaktionelle Änderung.

Zu § 20

Zur Überschrift und § 20 Abs. 1

Durch das Gesetz zur Einführung der Europäischen Genossenschaft und zur Änderung des Genossenschaftsrechts vom 14. August 2006 (BGBl. I 2006, 1911) wurde die Möglichkeit geschaffen, auch Sacheinlagen als Einzahlungen auf den Geschäftsanteil zuzulassen. Aufgrund dessen wird die Genossenschaft nunmehr in den Fällen der Sacheinlage auch in den Kreis der übernehmenden Gesellschaften aufgenommen.

Zu § 20 Abs. 2

Entsprechend den Regelungen in §§ 3 und 11 UmwStG erfolgt die Bewertung von Pensionsrückstellungen mit dem Wert nach § 6a EStG. Die Wertbegrenzung in Satz 2 wird entsprechend angepasst.

In Nummer 1 wird klarstellend geregelt, dass in den Fällen der Einbringung in eine steuerfreie Gesellschaft ein Buchwert- oder Zwischenwertansatz nicht zulässig ist.

Nummer 3 wird sprachlich an die Entstrickungsregelungen in anderen Vorschriften und Gesetzen angepasst.

Durch die Neufassung des Satzes 3 wird klargestellt, dass der Antrag auf Buch- oder Zwischenwertansatz von der übernehmenden Gesellschaft bei dem für sie zuständigen Finanzamt zu stellen ist.

Im Regierungsentwurf ist vorgesehen, dass es bei Einbringungsvorgängen nach § 20 UmwStG (Einbringung von Betriebsvermögen) und § 21 UmwStG (Einbringung von Anteilen), in denen der Einbringende von der aufnehmenden Gesellschaft neben der Gewährung neuer Gesellschaftsanteile auch eine sonstige Gegenleistung (z.B. eine bare Zuzahlung) erhält, in jedem Fall zu einer steuerpflichtigen Gewinnrealisierung in Höhe der sonstigen Gegenleistung kommt.

Durch die Änderungen in § 20 Abs. 2 und § 21 Abs. 1 wird die bisher geltende Rechtslage in § 20 Abs. 2 Satz 5 UmwStG wiederhergestellt. Danach kommt es in den Fällen, in denen der Einbringende von der aufnehmenden Gesellschaft neben der Gewährung neuer Gesellschaftsanteile eine sonstige Gegenleistung (z.B. eine bare Zuzahlung) erhält, erst dann zu einer steuerpflichtigen Gewinnrealisierung, wenn der gemeine Wert der sonstigen Gegenleistung den Buchwert des eingebrachten Betriebsvermögens oder der eingebrachten Anteile übersteigt.

Zu § 20 Abs. 3

Der neu angefügte Satz 4 betrifft die Übertragung einbringungsgeborener Anteile alten Rechts im Rahmen einer Sacheinlage. In diesen Fällen gelten auch die erhaltenen Anteile anteilig als einbringungsgeboren mit der Folge, dass im Falle der Veräußerung der erhaltenen Anteile § 8b Abs. 4 KStG a.F. anzuwenden ist. Dadurch wird sichergestellt, dass es im Falle der unmittelbaren oder mittelbaren Veräußerung von Anteilen innerhalb der Sperrfrist, die auf einer Einbringung im alten Recht beruhen (einbringungsgeborene Anteile), weiterhin zu einer vollen Besteuerung des Veräußerungsgewinns aus Anteilen kommt. Darüber hinaus wird dadurch ausgeschlossen, dass auf einbringungsgeborenen Anteilen beruhende Anteile weder nach altem noch nach neuem Recht besteuert werden.

Zu § 20 Abs. 6

Es handelt sich um eine redaktionelle Änderung.

Zu § 21

Zu § 21 Abs. 1

Durch das Gesetz zur Einführung der Europäischen Genossenschaft und zur Änderung des Genossenschaftsrechts vom 14. August 2006 (BGBl. I 2006, 1911) wurde die Möglichkeit geschaffen, auch Sacheinlagen als Einzahlungen auf den Geschäftsanteil zuzulassen. Aufgrund dessen wird die Genossenschaft nunmehr in den Fällen der Sacheinlage auch in den Kreis der übernehmenden Gesellschaften aufgenommen. Darüber hinaus lässt Absatz 1 neben dem Anteilstausch mit Anteilen an Kapitalgesellschaften und Europäischen Genossenschaften nunmehr auch den Anteilstausch mit Anteilen an Genossenschaften zu.

Die erwerbende Gesellschaft wird, um eine einheitliche Diktion mit der Sacheinlage zu erreichen, als übernehmende Gesellschaft bezeichnet.

Im Übrigen wird auf die Begründung zu § 20 Abs. 2 Satz 3 UmwStG verwiesen.

Zu § 21 Abs. 2

Durch den in Satz 2 neu eingefügten 2. Halbsatz wird der grundsätzliche Ansatz des gemeinen Werts in den Fällen der Einbringung von Anteilen in eine ausländische Gesellschaft um die Fälle, in denen das Besteuerungsrecht hinsichtlich der Besteuerung des Gewinns aus der Veräußerung der erhaltenen Anteile ausgeschlossen oder beschränkt wird, erweitert. Ansonsten ist die Anwendung des in Satz 3 Nr. 2 geregelten Treaty-overrides in diesen Fällen nicht möglich.

> *Beispiel:*
>
> *Deutsche GmbH tauscht Anteile an einer deutschen GmbH gegen Anteile an einer tschechischen s.r.o.*
>
> *In diesem Fall wird das Besteuerungsrecht hinsichtlich des Gewinns aus der Veräußerung der Anteile an der deutschen GmbH weder ausgeschlossen noch beschränkt, da nach dem DBA Tschechien dem Sitzstaat der GmbH das Besteuerungsrecht zusteht. Durch § 21 Abs. 2 Satz 2 zweiter Halbsatz UmwStG wird sichergestellt, dass es im Falle der Veräußerung der erhaltenen Anteile nicht zu der im DBA Tschechien vorgesehenen Anrechnung der tschechischen Steuer kommt.*

In Satz 3 wird zum einen durch die Bezugnahme auf Satz 2 klargestellt, dass der Antrag auf Buch- oder Zwischenwertansatz nur in den Fällen des Satzes 2 möglich ist. Darüber hinaus wird durch die Bezugnahme auf die Voraussetzungen des Absatzes 1 Satz 2 klargestellt, dass das Antragswahlrecht nur dann zur Anwendung kommt, wenn ein qualifizierter Anteilstausch vorliegt und soweit keine sonstige Gegenleistung gewährt wird.

Durch den Verweis in Absatz 2 Satz 3 Nr. 2 auf die entsprechende Anwendung von § 15 Abs. 1a Satz 2 EStG wird insbesondere auch in den Fällen der verdeckten Einlage der erhaltenen Anteile in eine Kapitalgesellschaft und der Liquidation der Gesellschaft, an der die erhaltenen Anteile bestehen, die Besteuerung mittels treaty override sichergestellt. Der Hinweis auf § 22 Abs. 4 Nr. 3 UmwStG wird gestrichen, weil auch diese Vorschrift gestrichen wird. Er wird ersetzt durch eine gesonderte Regelung zur beschränkten Steuerpflicht in § 49 Abs. 1 Nr. 2 e) bb) EStG. Im Übrigen wird Absatz 2 Satz 3 Nr. 2 redaktionell angepasst.

Der bisherige Satz 4, wonach die erhaltenen Anteile an die Stelle der eingebrachten Anteile treten, wird durch einen neuen Satz 4 ersetzt. Dieser regelt für die Fälle des Satzes 3 die Antragstellung für den Buch- oder Zwischenwertansatz durch den Einbringenden bei dem für ihn zuständigen Finanzamt. Der letzte Satz wird erweitert um einen Verweis auf die entsprechende Anwendung von § 20 Abs. 3 Satz 4 UmwStG betreffend die Infizierung von erhaltenen Anteilen neuen Rechts mit der Einbringungsgeborenheit alten Rechts. Auf die Begründung hierzu wird hingewiesen.

Zu § 21 Abs. 3

Redaktionelle Änderung.

Zu § 22

Zu § 22 Abs. 1

In Satz 1 wird die Neukonzeption des Einbringungsteils von der nachträglichen Besteuerung des Einbringungsgewinns im Zeitpunkt der Anteilsveräußerung auf die rückwirkende Besteuerung des Einbringungsgewinns im Einbringungszeitpunkt umgestellt.

Die schädliche Anteilsveräußerung oder das gleichgestellte Ereignis stellt nach Satz 2 in Bezug auf die Steuerfestsetzung beim Einbringenden im Einbringungsjahr ein rückwirkendes Ereignis im Sinne von § 175 Abs. 1 Nr. 2 AO dar. Damit ist die rückwirkende Besteuerung des Einbringungsgewinns auch verfahrensrechtlich abgesichert.

Satz 3 regelt die Ermittlung des Einbringungsgewinns I. Dabei sind auch die Kosten des Vermögensübergangs zu berücksichtigen. Haben diese im Einbringungsjahr beim Einbringenden zum laufenden Gewinn und damit das zu versteuernde Einkommen gemindert, erfolgt aufgrund der rückwirkenden Besteuerung des Einbringungsgewinns eine Erhöhung des laufenden Gewinns in Höhe der bei der Einbringungsgewinnermittlung abgezogenen Kosten des Vermögensübergangs.

Der bisherige Satz 3 betreffend die nachträgliche Erhöhung ausländischer Wertansätze des nicht der deutschen Besteuerung unterliegenden eingebrachten Betriebsvermögens wird gestrichen. Dieser ist wegen der grundsätzlichen Verstrickung zum gemeinen Wert überflüssig.

Der neu in Satz 5 eingefügte zweite Halbsatz sieht für die Fälle der Sacheinlage mit Anteilen durch einen beschränkt Steuerpflichtigen die Besteuerung des Einbringungsgewinns I nach § 22 Abs. 1 UmwStG auch insoweit vor, als im Rahmen der Sacheinlage Anteile mit übertragen werden. Dadurch wird die Wirksamkeit der Missbrauchsklausel sichergestellt, denn ohne diese Regelung könnten die erhaltenen Anteile, soweit sie auf die mit eingebrachten Anteile entfallen, unmittelbar nach der Einbringung ohne deutsche Besteuerung veräußert werden.

Beispiel:

Der in Frankreich ansässige X bringt seine inländische Betriebsstätte, zu der Anteile an der inländischen Y-GmbH gehören, in 01 in die Z-GmbH ein. In 02 veräußert er die Anteile an der Z-GmbH.

Nach der Grundkonzeption des § 22 UmwStG kommt es aufgrund der Anteilsveräußerung in 02 nur insoweit zu einer nachträglichen Besteuerung des Einbringungsgewinns I als die stillen Reserven auf das im Rahmen der Sacheinlage eingebrachte Betriebsvermögen ohne Anteile entfallen. Dies ist systematisch korrekt, da die Veräußerung der erhaltenen Anteile – genauso wie die Veräußerung der eingebrachten Anteile – grundsätzlich eine Besteuerung im Halbeinkünfteverfahren auslöst und damit keine Statusverbesserung gegenüber den eingebrachten Anteilen entsteht. Dies gilt jedoch nur, wenn für die Veräußerung der erhaltenen Anteile ein inländisches Besteuerungsrecht besteht. Im Beispielsfall ist durch das DBA Frankreich das inländische Besteuerungsrecht hinsichtlich des Gewinns aus der Veräußerung der erhaltenen Anteile ausgeschlossen. Die zutreffende Besteuerung muss deshalb durch die Einbeziehung der auf die Anteile an der Y-GmbH entfallenden stillen Reserven in die Besteuerung des Einbringungsgewinns I durch § 22 Abs. 1 S. 5 zweiter Halbsatz sichergestellt werden.

Der bisherige Satz 4 wird Satz 6. Satz 6 Nr. 1 wird neben der verdeckten Einlage auf alle Fälle der unmittelbaren oder mittelbaren unentgeltlichen Übertragung der erhaltenen Anteile auf eine Kapitalgesellschaft oder Genossenschaft ausgeweitet. Damit kann auch eine Realteilung, bei der zuvor im Rahmen einer Sacheinlage erhaltene Anteile auf eine Mitunternehmerkapitalgesellschaft übertragen werden, zu einer nachträglichen Einbringungsgewinnbesteuerung führen.

Die bisherigen Nummern 2 und 3 werden zur neuen Nummer 2 zusammengefasst. Darin sind nunmehr alle neben dem Grundfall der Veräußerung denkbaren entgeltlichen Übertragungen durch den Einbringenden zusammengefasst.

In der jetzigen Nummer 3 werden die Fälle der Liquidation, der Auskehrung im Rahmen der Kapitalherabsetzung und von Rückzahlungen aus dem Einlagekonto im Sinne des § 27 KStG neu aufgenommen. Damit wird sichergestellt, dass auch bei erhaltenen Anteilen an einer ausländischen Kapitalgesellschaft mit inländischer Betriebsstätte im Zeitpunkt der Liquidation eine systemkonforme Besteuerung erfolgen kann.

Nummern 4 und 5 werden redaktionell an die Änderungen in den Nummern 1 bis 3 angepasst.

Die übrigen Änderungen des Absatzes 1 sind redaktionell.

Zu § 22 Abs. 2

Entsprechend der Konzeptumstellung in den Fällen des Absatzes 1 erfolgt auch für die Fälle des Anteilstauschs eine Umstellung auf die rückwirkende Besteuerung im Einbringungszeitpunkt. Insoweit wird auf die Begründung zu Absatz 1 verwiesen. Durch die Neuregelung in Satz 1 zweiter Halbsatz wird die Anwendung des Freibetrags nach § 16 Abs. 4 EStG für die Fälle des Anteilstauschs mit einer 100-Prozent-Beteiligung aus einem Betriebsvermögen entsprechend der Regelung für die Fälle der Sacheinlage in Absatz 1 ausgeschlossen. Dadurch wird insoweit die Gleichbehandlung von Sacheinlage und Anteilstausch hergestellt.

Der letzte Satz wird gestrichen, da aufgrund der rückwirkenden Besteuerung des Einbringungsgewinns im jeweiligen Einbringungszeitpunkt eine Kollision hinsichtlich der Reihenfolge der Besteuerung nach Absatz 1 und 2 nicht mehr eintreten kann. Die übrigen Änderungen des Absatzes 2 sind redaktioneller Natur.

Zu § 22 Abs. 3

Redaktionelle Änderungen.

Zu § 22 Abs. 4

In den Nummern 1 und 2 wurde die Fiktion der Entstehung des Einbringungsgewinns im Betrieb gewerblicher Art oder im wirtschaftlichen Geschäftsbetrieb durch die Fiktion des Entstehens des Gewinns aus der Veräußerung der erhaltenen Anteile im Betrieb gewerblicher Art oder im wirtschaftlichen Geschäftsbetrieb ersetzt. Dies ist notwendig, weil wegen der nunmehr rückwirkenden Besteuerung des Einbringungsgewinns dieser ohnehin noch dem Betrieb gewerblicher Art oder dem wirtschaftlichen Geschäftsbetrieb zuzurechnen ist.

Nummer 3 wird gestrichen, weil wegen der rückwirkenden Besteuerung des Einbringungsgewinns eine Fiktion der beschränkten Steuerpflicht nicht mehr notwendig ist. Die Einbringung stellt in den Fällen der Beendigung der Steuerpflicht durch den Einbringungsvorgang den letzten Akt vor dem Ausscheiden aus der inländischen Steuerpflicht dar und unterliegt somit noch der deutschen Besteuerung.

Zu § 22 Abs. 5

Die Regelung zur gewerbesteuerlichen Betriebsstättenfiktion wird gestrichen. Sie erübrigt sich durch die rückwirkende Besteuerung des Einbringungsgewinns im Einbringungszeitpunkt.

Absatz 5 regelt nunmehr stattdessen die Ausstellung einer Bescheinigung durch das für den Einbringenden zuständige Finanzamt. Diese Bescheinigung ist Voraussetzung für die Buchwertaufstockung bei der übernehmenden Gesellschaft nach § 23 Abs. 2 UmwStG. Das zuständige Finanzamt hat dabei den zu versteuernden Einbringungsgewinn, die darauf entfallende festgesetzte Steuer und den darauf entrichteten Steuerbetrag zu bescheinigen. Nachträgliche Minderungen der bescheinigten Beträge müssen dem für die übernehmende Gesellschaft zuständigen Finanzamt von Amts wegen mitgeteilt werden.

Zu § 22 Abs. 6
Redaktionelle Änderung.

Zu § 22 Abs. 7

In dem neu angefügten Absatz 7 wird nunmehr die auf Rechtsprechung des BFH basierende Mitverstrickung von Anteilen geregelt. Auf Tz. 21.14 des UmwSt-Erlasses vom 25. März 1998, BStBl. I S. 268, und Tz. 51 und 52 des BMF-Schreibens vom 28. April 2003, BStBl. I S. 292, wird verwiesen.

Zu § 23

Zu § 23 Abs. 1

In Satz 1 ergeben sich redaktionelle Änderungen. Satz 2 wird gestrichen, da es bei der bisher geltenden Regelung, wonach für das gesamte eingebrachte Betriebsvermögen einschließlich mit eingebrachter Anteile die sog. Fußstapfentheorie gilt, bleiben soll.

Zu § 23 Abs. 2

In Satz 1 wird wegen der Umstellung der Konzeption von der nachträglichen auf die rückwirkende Besteuerung klargestellt, dass die Aufstockung bei den Wirtschaftsgütern des eingebrachten Betriebsvermögens erst im Wirtschaftsjahr der schädlichen Anteilsveräußerung oder des gleichgestellten Ereignisses erfolgen kann. Dies ist systemgerecht, weil auf Grund der Siebtelregelung, die auf die vorangegangenen Zeiträume entfallenden Teile des Einbringungsgewinns nicht der rückwirkenden Einbringungsgewinnbesteuerung unterliegen. Darüber hinaus ist eine Aufstockung nur möglich, wenn eine Bescheinigung des für den Einbringenden zuständigen Finanzamts im Sinne von § 22 Abs. 5 UmwStG vorliegt. Auf die Begründung zu § 22 Abs. 5 UmwStG wird verwiesen. Dies gilt aufgrund des Verweises in Satz 3 zweiter Halbsatz in den Fällen des Anteilstausches hinsichtlich der Aufstockung der Anschaffungskosten der eingebrachten Anteile entsprechend. Die übrigen Änderungen sind redaktionell.

Zu § 24

Zu § 24 Abs. 2

Entsprechend den Regelungen in §§ 3, 11 und 20 UmwStG erfolgt die Bewertung von Pensionsrückstellungen mit dem Wert nach § 6a EStG. Die Wertbegrenzung in Satz 2 wird entsprechend angepasst. Durch die geänderte Verweisung in Satz 3 wird klargestellt, dass der Antrag auf Buch- oder Zwischenwertansatz von der übernehmenden Personengesellschaft bei dem für sie zuständigen Finanzamt zu stellen ist. Im Übrigen handelt es sich um redaktionelle Folgeänderungen und sprachliche Anpassungen.

Zu § 24 Abs. 5 – neu –

Aufgrund der Neukonzeption des Einbringungsteils und der damit verbundenen Aufgabe des Systems der einbringungsgeborenen Anteile wird § 8b Abs. 4 KStG für Neufälle aufgehoben. Bisher von § 8b Abs. 4 KStG erfasste Fälle, wie z.B. Anteilsübertragungen unter dem gemeinen Wert von natürlichen Personen auf Kapitalgesellschaften durch Einbringung in eine Mitunternehmerschaft nach § 24 UmwStG, an der Kapitalgesellschaften beteiligt sind oder sich nach der Einbringung beteiligen, werden nunmehr in Absatz 5 geregelt. Insoweit kommt es zu einer entsprechenden Anwendung der Regelungen in § 22 UmwStG und zu einer nachträglichen Besteuerung des Einbringungsgewinns, als im Zeitpunkt der Veräußerung oder des gleichgestellten Ereignisses stille Reserven aus den eingebrachten Anteilen, auf von § 8b Abs. 2 KStG begünstigte Mitunternehmer entfallen.

> *Beispiel:*
> *Die natürliche Person A bringt eine 100-Prozent-Beteiligung an der Y-GmbH nach § 24 UmwStG zum Buchwert in die AB-OHG (Gesellschafter zu je 50 Prozent sind A und die B-GmbH) ein. Danach wird bei der OHG eine Realteilung durchgeführt, bei der die 100-Prozent -Beteiligung an der Y-GmbH auf die B-GmbH übertragen wird.*
>
> *Die Einbringung der Beteiligung zum Buchwert in die OHG ist nach § 24 Abs. 2 UmwStG möglich. Die Realteilung stellt ein schädliches Ereignis im Sinne von § 22 Abs. 2 i.V.m. Abs. 1 S. 6 Nr. 1 UmwStG dar, was in Höhe der Beteiligung der B-GmbH an der OHG im Zeitpunkt der Realteilung (50 Prozent) zu einer nachträglichen Besteuerung des Einbringungsgewinns führt. Die Siebtelregelung ist anzuwenden.*

Zum Achten Teil sowie § 25

Der Anwendungsbereich des § 25 UmwStG wird entsprechend der Aufnahme der Genossenschaft in den Kreis der übernehmenden Gesellschaften in § 20 UmwStG um den Formwechsel einer Personengesellschaft in eine Genossenschaft erweitert.

Zu § 26

Auf eine allgemeine Missbrauchsregelung im Umwandlungssteuergesetz wird verzichtet.

Zu § 27

Zu § 27 Abs. 1

Nicht alle Einbringungsvorgänge müssen bei einem öffentlichen Register angemeldet werden. Absatz 1 wird dahingehend ergänzt, dass insoweit auf den Zeitpunkt des Übergangs des wirtschaftlichen Eigentums abzustellen ist.

Zu § 27 Abs. 2

Das Umwandlungssteuergesetz i.d.F. vom 15. Oktober 2002, zuletzt geändert durch Artikel 3 des Gesetzes vom 16. Mai 2003 (BGBl. I S. 680), tritt nicht außer Kraft. Es ist letztmals auf Umwandlungen und Einbringungen anzuwenden, die bis zum Tag der Verkündung dieses Gesetzes erfolgt sind.

Zu § 27 Abs. 3

Satz 1 Nr. 1 regelt die Fortgeltung des § 5 Abs. 4 UmwStG a.F. für einbringungsgeborene Anteile alten Rechts. Die bisherigen Absätze 2 und 3 werden Absatz 3 Nr. 2 und Nr. 3 und ansonsten nur redaktionell geändert.

Zu § 27 Abs. 4

Die Anwendungsregelung wurde um die Fälle des neu eingefügten § 24 Abs. 5 UmwStG erweitert. Danach soll § 24 Abs. 5 UmwStG – genauso wie die Neuregelungen in den §§ 22 und 23 UmwStG zur Sacheinlage in eine Kapitalgesellschaft oder Genossenschaft und zum Anteilstausch – nur gelten, wenn auf den zugrunde liegenden Einbringungsvorgang das neue Recht anzuwenden ist. Im Übrigen handelt es sich nur um redaktionelle Änderungen.

5. Außensteuergesetz (AStG)

§ 6 (zu Artikel 7 Nr. 1)

Zu § 6 Abs. 1

Die bisherige Fassung des Regierungsentwurfs setzt für die Besteuerung voraus, dass das Besteuerungsrecht der Bundesrepublik Deutschland hinsichtlich des Gewinns aus der Veräußerung der Anteile ausgeschlossen oder beschränkt wird (Entstrickung). Dies ist in der Regel der Fall, wenn ein Doppelbesteuerungsabkommen gilt, das dem Ansässigkeitsstaat des Veräußerers oder dem Staat der Belegenheit der Betriebsstätte das Besteuerungsrecht zuweist. Nach einigen Doppelbesteuerungsabkommen besteht das deutsche Besteuerungsrecht jedoch über den Zeitpunkt der Beendigung der unbeschränkten Steuerpflicht hinaus. Diese Fälle werden von einem allgemeinen Entstrickungstatbestand nicht abgedeckt. Satz 1 regelt daher als Grundtatbestand in Fortführung des geltenden Rechts den Wegzug des Anteilseigners, Satz 2 Nr. 1 bis 3 die Schenkung und Erbfolge sowie die vorrangige Ansässigkeit in einem ausländischen Staat und die Einlage der Anteile in einen Betrieb oder eine Betriebsstätte in einem ausländischen Staat.

Der im Regierungsentwurf bisher als allgemeiner Entstrickungstatbestand geregelte Steuertatbestand des Satzes 1 rundet im neuen Satz 2 Nr. 4 die genannten Ersatztatbestände ab. Hierdurch werden alle sonstigen Fälle erfasst, in denen Deutschland nach einem Doppelbesteuerungsabkommen den Veräußerungsgewinn freistellen oder die ausländische Steuer anrechnen muss (zum Beispiel bestimmte Fälle, in denen das geltende Doppelbesteuerungsabkommen dem ausländischen Staat der Ansässigkeit der Kapitalgesellschaft ein Besteuerungsrecht zuweist).

Der neue Satz 3 regelt den Vorrang des § 17 Abs. 5 EStG vor Satz 2 Nr. 4 in den Fällen der Sitzverlegung einer Kapitalgesellschaft. Auch die Vorschriften des Umwandlungssteuergesetzes bleiben hiernach unberührt.

Zu § 6 Abs. 3

Die bisherige Fassung des Regierungsentwurfs sieht vor, dass der Steueranspruch grundsätzlich in allen Fällen entfällt, in denen Deutschland wieder besteuern kann. Im Gegensatz hierzu unterscheidet die geänderte Fassung nach Sachverhalten im Verhältnis zu Staaten, die Mitgliedstaaten der Europäischen Union oder Vertragsstaaten des EWR-Abkommens sind, und Sachverhalten im Verhältnis zu Drittstaaten.

In Fällen der Steuerfestsetzung bei Wegzug in einen Drittstaat, entfällt der Steueranspruch – wie in Absatz 4 der geltenden Gesetzesfassung – nur, wenn der Steuerpflichtige nach beruflich bedingter Abwesenheit innerhalb von fünf Jahren wieder unbeschränkt steuerpflichtig wird. Infolge der Ausweitung des Steuertatbestands auf die Erbfolge in Absatz 1 Satz 2 Nr. 1 entfällt der Steueranspruch nach Satz 3 auch dann, wenn der Rechtsnachfolger des Steuerpflichtigen innerhalb von fünf Jahren seit dem Erbfall unbeschränkt steuerpflichtig wird. Das Entfallen des Steueranspruchs ist nach Satz 1 an die Bedingung geknüpft, dass in der Zwischenzeit die Anteile nicht veräußert oder an eine nicht unbeschränkt steuerpflichtige Person verschenkt oder vererbt oder in einen ausländischen Betrieb oder eine ausländische Betriebsstätte eingelegt worden sind. Außerdem darf der Steuerpflichtige bei Zuzug nicht nach einem Doppelbesteuerungsabkommen als in einem ausländischen Staat ansässig gelten. Nach Satz 2 ist eine Verlängerung der Fünfjahresfrist des Satzes 1 durch das Finanzamt um höchstens fünf Jahre – wie in Absatz 4 der geltenden Gesetzesfassung – möglich.

Im Fall einer Stundung nach Absatz 5 (Sachverhalt mit Bezug zu einem Mitgliedstaat der EU oder einem Vertragsstaat des EWR) regelt Satz 4, dass der Steueranspruch ohne zeitliche Begrenzung gemäß Satz 1 entfällt. Die Vorschrift erfasst die Fälle, in denen z.B. aufgrund des Wegzugs in einen Mitgliedstaat der Europäischen Union oder einen anderen Vertragsstaat des EWR-Abkommens der Steueranspruch zu stunden ist. Voraussetzung ist, dass ein Ver-

SEStEG

äußerungsgewinn nach § 17 EStG aufgrund der unbeschränkten Steuerpflicht des Anteilseigners wieder besteuert werden kann oder das Besteuerungsrecht Deutschlands auf andere Weise wieder begründet wird. Satz 1 gilt entsprechend, so dass die Anteile in der Zwischenzeit nicht auf eine andere Weise dem deutschen Besteuerungsrecht entzogen sein dürfen.

Die bisherige Regelung des Regierungsentwurfs in Satz 2 zur betragsmäßigen Begrenzung des Entfallens des Steueranspruchs wird aufgehoben. Sie wäre in den Fällen anwendbar gewesen, in denen nach § 17 Abs. 2 Satz 3 EStG in der bisherigen Fassung des Entwurfs bei Zuzug nach Deutschland ein anderer Wert als die historischen Anschaffungskosten als (fiktive) Anschaffungskosten anzusetzen war. Die Korrekturregelung des bisherigen Entwurfs des Absatzes 3 hätte dazu geführt, dass gegebenenfalls weiterhin Steuer gestundet wird, obwohl der Steuerpflichtige im Inland ansässig ist. Die vom Vermögenszuwachs abweichende Berechnung des Änderungsbetrags gemäß Absatz 3 wird in diesen Fällen dadurch vermieden, dass § 17 Abs. 2 Satz 3 EStG in der bisherigen Fassung des Regierungsentwurfs um einen Satz 4 ergänzt wird, der den betreffenden Wertansatz im Fall des § 6 Abs. 3 AStG für unanwendbar erklärt.

Zu § 6 Abs. 4
Der neu gefasste Satz 2 regelt, dass die Stundung auch zu widerrufen ist, wenn die nach § 17 EStG der Veräußerung gleichgestellten Tatbestände verwirklicht werden. Der neu eingefügte Satz 3 legt – wie Absatz 5 Satz 3 der geltenden Gesetzesfassung - die Rahmenbedingungen für die Stundung nach Absatz 3 fest.

Zu § 6 Abs. 5
Infolge der Änderung des Steuertatbestands in Absatz 1 waren die Stundungsbedingungen in den Sätzen 1 bis 3 neu zu formulieren. Satz 1 erfasst den Grundtatbestand der Beendigung der unbeschränkten Steuerpflicht, Satz 2 die bisher in Satz 3 geregelten Voraussetzungen hinsichtlich der Amtshilfe und der Beitreibungshilfe. Die Tatbestände der Schenkung und der Erbfolge sind in Satz 3 Nr. 1, die vorrangige Ansässigkeit nach einem Doppelbesteuerungsabkommen in Satz 3 Nr. 2 und die Einlage der Anteile in einen ausländischen Betrieb oder eine ausländische Betriebsstätte in Satz 3 Nr. 3 geregelt.

Satz 4 Nr. 2 wird dergestalt geändert, dass die Stundung nicht allein aufgrund der Tatsache widerrufen werden kann, dass der Schenkungsempfänger oder der Rechtsnachfolger im Fall der Erbfolge nicht die Staatsangehörigkeit eines Mitgliedstaats der Europäischen Union oder eines anderen Vertragsstaats des EWR-Abkommens besitzt.

Zu § 6 Abs. 7
In Satz 1 wird klargestellt, dass der Gesamtrechtsnachfolger des Steuerpflichtigen verpflichtet ist, die Verwirklichung eines Veräußerungs- oder Realisierungstatbestands im Sinne des Absatzes 5 Satz 4 mitzuteilen. Die Einfügung "unter Lebenden" in Satz 4 ist eine redaktionelle Änderung und dient der einheitlichen Bezeichnung innerhalb der Vorschrift (siehe Absatz 1 Satz 2 Nr. 1).

Zu § 6 Abs. 8
Absatz 8 der bisherigen Fassung ist wegen der abschließenden Aufzählung der Besteuerungstatbestände in Absatz 1 aufzuheben.

§ 8 Abs. 1 Nr. 10 - neu - (- neu -) (zu Artikel 7 Nr. 1a)
Die Einkünfte einer ausländischen Gesellschaft, die einer niedrigen Besteuerung unterliegen (§ 8 Abs. 3 AStG) und die nicht zu den in § 8 Abs. 1 AStG aufgeführten (aktiven) Einkünften gehören, werden unter den Voraussetzungen des § 7 AStG den inländischen Anteilseignern zugerechnet (Hinzurechnungsbesteuerung). Dabei ist auch für niedrig besteuerte Einkünfte, die sich aufgrund von Entstrickungstatbeständen ergeben, zu entscheiden, ob sie den in § 8

Abs. 1 aufgeführten (aktiven) Einkünften zuzuordnen sind oder als Einkünfte aus passivem Erwerb der Hinzurechnungsbesteuerung unterliegen. Durch § 8 Abs. 1 Nr. 10 AStG wird nunmehr geregelt, dass eine ausländische Gesellschaft für solche Einkünfte nicht Zwischengesellschaft ist. Voraussetzung ist, dass es sich um eine Umwandlung handelt, die nach den Vorschriften des UmwStG zu Buchwerten vollzogen werden könnte. Eine ausländische Gesellschaft bleibt jedoch Zwischengesellschaft für niedrig besteuerte Einkünfte, die sich aufgrund von Entstrickungstatbeständen ergeben, soweit der Umwandlungsvorgang den Anteil an einer Kapitalgesellschaft erfasst, ohne dass gleichzeitig die Voraussetzungen des § 8 Abs. 1 Nr. 9 AStG gegeben sind, nach denen im Fall der Veräußerung der Veräußerungsgewinn den "aktiven" Einkünften zuzuordnen ist. Damit wird sichergestellt, dass in diesem eng umgrenzten Bereich die Besteuerung stiller Reserven im Sinne einer Vorbelastung nicht endgültig verloren geht.

§ 10 Abs. 3 Satz 4 (zu Artikel 7 Nr. 2)

Diese Ergänzung ist eine Folgeänderung, die sich aus der Einfügung eines § 8 Abs. 1 Nr. 10 AStG ergibt. Danach sind die Vorschriften des UmwStG nicht anzuwenden, soweit Einkünfte infolge von Entstrickungstatbeständen nach § 8 Abs. 1 Nr. 10 AStG hinzurechnungspflichtig sind.

§ 21 (zu Artikel 7 Nr. 3)

Abs. 13 - neu- und 14 - neu- (zu Buchstabe b)

Zu § 21 Abs. 13

Es handelt sich um eine redaktionelle Folgeänderung aufgrund der Streichung des Absatzes 8 in § 6 AStG.

Zu § 21 Abs. 14

Es handelt sich um eine Folgeänderung aufgrund der Einfügung eines § 8 Abs. 1 Nr. 10 AStG.

6. Inkrafttreten des Gesetzes über steuerliche Begleitmaßnahmen zur Einführung der Europäischen Gesellschaft und zur Änderung weiterer steuerrechtlicher Vorschriften (SEStEG)

Inkrafttreten (zu Artikel 12)

Durch die Ablösung des Umwandlungssteuergesetzes ist eine gesonderte Außerkrafttretensregelung für die bisherige Fassung des Umwandlungssteuergesetzes nicht notwendig.

Abschnitt E

Gesellschaftsrechtliche Rahmenbedingungen für grenzüberschreitende Umwandlungen in der EU und im EWR

I. Gesellschaftsrechtliche Rahmenbedingungen grenzüberschreitender Umwandlungen

Grenzüberschreitende Umwandlungen[1] stießen in der Vergangenheit und stoßen in einigen Konstellationen noch immer auf staatliche Grenzen. Die Vielfalt der Rechtsordnungen der EU-/EWR-Staaten in gesellschaftsrechtlicher Hinsicht ließ Umwandlungen über Grenzen in der Vergangenheit immer wieder gänzlich scheitern oder zu hoch komplexen Unterfangen werden.

Jahrelang waren Fortschritte bei der Harmonisierung des Gesellschaftsrechts innerhalb des EU-/EWR-Raums im Wesentlichen nur von Seiten des EuGH zu verzeichnen. Mit Blick auf die Niederlassungsfreiheit der Art. 43, Art. 48 EG-Vertrag und dem Ziel der Schaffung eines einheitlichen Binnenmarktes traf der EuGH immer wieder Entscheidungen, die zu einer Harmonisierung des Gesellschaftsrechts beitrugen. So bewirkten die Entscheidungen des EuGH in Rs. „Centros"[2], „Überseering"[3] und „Inspire Art"[4], dass Gesellschaften, die in einem EU-Staat wirksam gegründet wurden, ihren Verwaltungssitz im europäischen Rechtsraum frei verlegen und so in sämtlichen EU-Staaten tätig werden können. Seit der Entscheidung des EuGH zur Niederlassungsfreiheit i.S.d. Art. 43, Art. 48 in Rs. „SEVIC"[5] sind zudem nach verbreiteter Ansicht im Schrifttum grenzüberschreitende Umwandlungen von Gesellschaften in weitem Umfang möglich.[6]

Es mangelte jedoch an klaren gesetzlichen Regelungen, um die grenzüberschreitende Mobilität umzusetzen, die das europäische Primärrecht und die Entscheidungen des EuGH hierzu eröffnen. Mit der Schaffung des rechtlichen Rahmens und Einführung des Verfahrens zur Gründung Europäischer Gesellschaften[7] und Europäischer Genossenschaften[8] sowie mit der Verabschiedung der Verschmelzungsrichtlinie[9] und deren Umsetzung[10] wurden in den letzten Jahren gesetzliche Grundlagen für die Vereinheitlichung des europäischen Gesellschaftsrechts geschaffen. Grenzüberschreitende Umwandlungen stehen dadurch zu immer größeren Teilen auf gesetzlichen Grundlagen.

---

1) Als Umwandlungen werden im Folgenden die Umwandlungsarten des § 1 Abs. 1 UmwG und hierbei insbes. die Nr. 1 (Verschmelzung), Nr. 2 (Spaltung) und Nr. 4 (Formwechsel) näher behandelt.
2) Vgl. EuGH v. 09.03.1999, C-212/97, NZG 1999 S. 298 („Centros").
3) Vgl. EuGH v. 05.11.2002, C-208/00, NZG 2002 S. 1164 („Überseering").
4) Vgl. EuGH v. 30.09.2003, C-167/01, NZG 2003 S. 1064 („Inspire Art").
5) Vgl. EuGH v. 13.12.2005, C-411/03, NZG 2006 S. 112 („SEVIC").
6) Vgl. hierzu die näheren Ausführungen unter Gliederungspunkt E.III.
7) Siehe hierzu *Verordnung (EG) Nr. 2157/2001 des Rates v. 08.10.2001 über das Statut der Europäischen Gesellschaft (SE)*, ABl. Nr. L 294 v. 10.11.2001 S. 1 (SE-VO); *Richtlinie 2001/86/EG des Rates v. 08.10.2001 zur Ergänzung des Statuts der Europäischen Gesellschaft hinsichtlich der Beteiligung der Arbeitnehmer*, ABl. Nr. L 294 v. 10.11.2001 S. 22 (SE-RL).
8) Siehe hierzu *Verordnung (EG) Nr. 1435/203 des Rates v. 22.07.2003 über das Statut der Europäischen Genossenschaft (SCE)*, ABl. Nr. L 207 v. 18.08.2003 S. 1 (SCE-VO); *Richtlinie 2003/72/EG des Rates v. 22.07.2003 zur Ergänzung des Status der Europäischen Genossenschaft hinsichtlich der Beteiligung der Arbeitnehmer*, ABl. Nr. L 207 v. 18.08.2003 S. 25 (SCE-RL).
9) *Richtlinie 2005/56/EG des Europäischen Parlaments und Rates v. 26.10.2005 über die Verschmelzungen von Kapitalgesellschaften aus verschiedenen Mitgliedstaaten*, ABl. Nr. L 310 v. 25.11.2005 S. 1 (Verschmelzungsrichtlinie).
10) In Deutschland erfolgte die Umsetzung mittels des Zweiten Gesetzes zur Änderung des Umwandlungsgesetzes.

Gesellschaftsrechtliche Rahmenbedingungen

II. Übersicht gesellschaftsrechtlicher Umwandlungen

1. Innerstaatliche Umwandlungen nach dem UmwG

Sachlicher Anwendungsbereich	gesellschaftsrechliche Rechtsgrundlagen	persönlicher Anwendungsbereich
Verschmelzung	§ 1 Abs. 1 Nr. 1, § 2 - § 122 UmwG	siehe hierzu Gliederungspunkt III. 1. a)
Spaltung	§ 1 Abs. 1 Nr. 2, § 123 - § 173 UmwG	siehe hierzu Gliederungspunkt III. 2. a)
Vermögensübertragung	§ 1 Abs. 1 Nr. 3, § 176 - § 189 UmwG	§ 175 UmwG
Formwechsel	§ 1 Abs. 1 Nr. 4, § 190 - § 304 UmwG	siehe hierzu Gliederungspunkt III. 3. a)

Abb. E.I. - 1: Übersicht innerstaatlicher Umwandlungen nach dem UmwG

2. Grenzüberschreitende Umwandlungen

sachlicher Anwendungsbereich[11]	gesellschaftsrechtliche Rechtsgrundlagen[12]	persönlicher Anwendungsbereich[13]
Verschmelzungen von EU-/EWR-Gesellschaften	§ 122a - § 122l i.V.m. § 2 - § 122 UmwG	Kapitalgesellschaften i.S.d. § 122b UmwG
	Verschmelzungs-RL	Kapitalgesellschaften i.S.d. Art. 2 Nr. 1 RL
	Art. 43, Art. 48 EG-Vertrag/ Art. 31, Art. 34 EWR-Abkommen	Gesellschaften i.S.d. Art. 48 EG-Vertrag/ Art. 34 EWR-Abkommen
Spaltungen von EU-/EWR-Gesellschaften	Art. 43, Art. 48 EG-Vertrag/ Art. 31, Art. 34 EWR-Abkommen	Gesellschaften i.S.d. Art. 48 EG-Vertrag/ Art. 34 EWR-Abkommen
grenzüberschreitende **Formwechsel / Sitzverlegungen** von EU-/EWR-Gesellschaften	Art. 8 SE-VO	Europäische Gesellschaften
	Art. 7 SCE-VO	Europäische Genossenschaften
	Art. 43, Art. 48 EG-Vertrag/ Art. 31, Art. 34 EWR-Abkommen	Gesellschaften i.S.d. Art. 48 EG-Vertrag/ Art. 34 EWR-Abkommen

Abb. E.I. - 2: Übersicht grenzüberschreitender Umwandlungen

---

11) Umwandlungen im Rahmen der Gründung einer SE oder SCE werden nicht dargestellt. Diese vollziehen sich ausschließlich nach der SE-VO bzw. der SCE-VO. Daneben werden die SE (Art. 10 SE-VO) bzw. SCE (Art. 9 SCE-VO) in ihrem Sitzstaat behandelt wie Aktiengesellschaften bzw. Genossenschaften, die nach dem Recht dieses Staates gegründet wurden, und nehmen grundsätzlich entsprechend der für diese Gesellschaften geltenden Regelungen an Umwandlungen teil.
12) Zur Rechtsprechung des EuGH siehe Gliederungspunkt E.III.
13) Zur Anwendbarkeit der allgemeinen Regelungen auf Europäische Gesellschaften neben Art. 2 Abs. 1, Art. 3 Abs. 1, Art. 17 ff. SE-VO vgl. *Simon/Rubner*, Der Konzern 2006 S. 835 (836 f.); *Oechsler*, NZG 2006 S. 161 (162) bzw. neben Art. 66 Abs. 1 SE-VO vgl. *Kossmann/Heinrich*, ZIF 2006 S. 164 ff.

III. Zusammenfassende Darstellung gesellschaftsrechtlicher Umwandlungen

1. Verschmelzung

a) Innerstaatlich

Verschmelzungen unter ausschließlicher Beteiligung von dem deutschen UmwG unterliegenden Rechtsträgern sind im Rahmen des, an die Richtlinie zur Vereinheitlichung von innerstaatlichen Verschmelzungen von Aktiengesellschaften[14] angepassten, UmwG möglich. Die Umsetzung erfolgte in Deutschland, über den Regelungsbereich der Richtlinie hinaus, nicht nur für Aktiengesellschaften, sondern für alle nach dem UmwG zulässigen Verschmelzungen i.S.d. § 2 UmwG. Das deutsche Umwandlungsrecht ermöglicht Verschmelzungen unter Beteiligung von:

- Personenhandelsgesellschaften (§ 3 Abs. 1 Nr. 1 i.V.m. §§ 39 ff. UmwG),
- Partnerschaftsgesellschaften (§ 3 Abs. 1 Nr. 1 i.V.m. §§ 45a ff. UmwG),
- Gesellschaften mit beschränkter Haftung (§ 3 Abs. 1 Nr. 2 i.V.m. §§ 46 ff. UmwG),
- Aktiengesellschaften (§ 3 Abs. 1 Nr. 2 i.V.m. §§ 60 ff. UmwG),
- Kommanditgesellschaften auf Aktien (§ 3 Abs. 1 Nr. 2 i.V.m. § 78 UmwG),
- eingetragener Genossenschaften (§ 3 Abs. 1 Nr. 3 i.V.m. §§ 79 ff. UmwG),
- rechtsfähiger Vereine (§ 3 Abs. 1 Nr. 4 i.V.m. §§ 99 ff. UmwG),
- genossenschaftlicher Prüfungsverbände (§ 3 Abs. 1 Nr. 5 i.V.m. §§ 105 ff. UmwG),
- Versicherungsvereinen auf Gegenseitigkeit (§ 3 Abs. 1 Nr. 5 i.V.m. §§ 109 ff. UmwG) und
- Kapitalgesellschaften (§ 3 Abs. 2 Nr. 2 UmwG) mit Alleingesellschaftern (§§ 120 ff. UmwG).

Die Verschmelzungen können dabei im Wege der Aufnahme (§ 2 Nr. 1, §§ 4 ff. UmwG) oder durch Neugründung (§ 2 Nr. 2, §§ 36 ff. UmwG) erfolgen.

b) Grenzüberschreitend

Verschmelzungen unter Beteiligung mindestens eines Rechtsträgers, der nicht dem deutschen UmwG unterliegt, wurden in der Literatur seit längerem für rechtlich zulässig gehalten, wenn die beteiligten Rechtsträger Gesellschaften i.S.d. Art. 48 EG-Vertrag, Art. 34 EWR-Abkommen sind.[15] Seit der Entscheidung des EuGH in der Rs. „SEVIC"[16] konnten sich die an einer grenzüberschreitenden Verschmelzung beteiligten Rechtsträger nach Art. 43, Art. 48 EG-Vertrag[17] zudem höchstrichterlich abgesichert auf ihre Niederlassungsfreiheit berufen. Eine allgemeine[18] rechtliche Grundlage für grenzüberschreitende Verschmelzungen boten

---

14) Siehe hierzu *Dritte Richtlinie 78/855/EWG des Rates v. 09.10.1978 betreffend die Verschmelzung von Aktiengesellschaften*, ABl. Nr. L 378 v. 20.10.1978 S. 36.
15) Vgl. *Lutter/Drygala*, in Lutter, UmwG, § 1 UmwG Rz. 5 ff., 18 (3. Auflage) m.w.N. Im Schrifttum wird zudem zutreffend darauf hingewiesen, dass sich der Kreis der verschmelzungsfähigen Gesellschaften damit keineswegs abschließend bestimmt. Vielmehr ist der Kreis der verschmelzungsfähigen Gesellschaften unter Einbeziehung der Gesellschaften zu bestimmen, die aufgrund völkerrechtlicher Verträge in den Genuss einer Meistbegünstigungsklausel kommen (z.B. Art. XXV Abs. 4 und Abs. 5, Art. VII Abs. 4 des Freundschaftsvertrags mit den Vereinigten Staaten von Amerika); siehe hierzu *Kiem*, WM 2006 S. 1091 (1093).
16) Vgl. EuGH v. 13.12.2005, C-411/03, NZG 2006 S. 112 („SEVIC").
17) Die Niederlassungsfreiheit für Gesellschaften nach Art. 31, Art. 34 EWR-Abkommen entspricht der nach Art. 43, Art. 48 EG-Vertrag.
18) Lediglich bei Gründung einer SE war bisher eine grenzüberschreitende Verschmelzung von Gesellschaften möglich.

das deutsche Gesellschaftsrecht oder das Europäische Sekundärrecht jedoch bislang nicht. Die Durchführung grenzüberschreitender Verschmelzungen war so zwar rechtlich zulässig, verfahrensrechtlich jedoch gesetzlich nicht abgesichert. Praktisch bestand damit eine Reihe von Unsicherheiten.

Mit dem Zweiten Gesetz zur Änderung des Umwandlungsgesetzes[19] hat der deutsche Gesetzgeber in Umsetzung der Verschmelzungsrichtlinie[20] den rechtlichen Rahmen für grenzüberschreitende Verschmelzungen für Kapitalgesellschaften im deutschen Gesellschaftsrecht verankert. Durch die Integration des Zehnten Abschnitts in den Zweiten Teil des Zweiten Buchs des UmwG wird es Kapitalgesellschaften, die dem deutschen Umwandlungsrecht unterliegen, ermöglicht, an grenzüberschreitenden Verschmelzungen innerhalb des EU-/EWR-Raums teilzunehmen. Zudem können im Wege grenzüberschreitender Verschmelzungen neue, dem deutschen Gesellschaftsrecht unterliegende Kapitalgesellschaften gegründet werden. Für Personengesellschaften bleibt es weiterhin bei der unbefriedigenden Rechtslage, wie sie vor dem Inkrafttreten des Zweiten Gesetzes zur Änderung des Umwandlungsgesetzes bestand. Eine gesetzliche Absicherung der primärrechtlichen Möglichkeit grenzüberschreitender Verschmelzungen für Personengesellschaften nach Art. 43, Art. 48 EG-Vertrag, wie sie der Entscheidung des EuGH in der Rs. „SEVIC"[21] nach der überwiegenden Meinung im Schrifttum wohl entnommen werden kann,[22] bleibt der deutsche Gesetzgeber weiter schuldig.

2. Spaltung

a) Innerstaatlich

Spaltungen unter ausschließlicher Beteiligung von dem deutschen UmwG unterliegenden Rechtsträgern sind im Rahmen des an die Richtlinie zur Vereinheitlichung von nationalen Spaltungen von Aktiengesellschaften[23] angepassten UmwG möglich. Die Umsetzung erfolgte in Deutschland, über den Regelungsbereich der Richtlinie hinaus, nicht nur für Aktiengesellschaften, sondern für alle nach dem UmwG zulässigen Spaltungen. Das deutsche Umwandlungsrecht ermöglicht im UmwG:

- Aufspaltungen zur Aufnahme (§ 123 Abs. 1 Nr. 1 i.V.m. §§ 126 ff. UmwG),
- Aufspaltungen zur Neugründung (§ 123 Abs. 1 Nr. 2 UmwG i.V.m. §§ 135 ff. UmwG),
- Abspaltungen zur Aufnahme (§ 123 Abs. 2 Nr. 1 i.V.m. §§ 126 ff. UmwG),
- Abspaltungen zur Neugründung (§ 123 Abs. 2 Nr. 2 i.V.m. §§ 135 ff. UmwG),
- Ausgliederungen zur Aufnahme (§ 123 Abs. 3 Nr. 1 i.V.m. §§ 126 ff. UmwG) und

---

19) Zweites Gesetz zur Änderung des Umwandlungsgesetzes.
20) *Richtlinie 2005/56/EG des Europäischen Parlaments und Rates v. 26.10.2005 über die Verschmelzung von Kapitalgesellschaften aus verschiedenen Mitgliedstaaten*, ABl. Nr. L 310 v. 25.11.2005 S. 1. (Verschmelzungsrichtlinie).
21) Vgl. EuGH v. 13.12.2005, C-411/03, NZG 2006 S. 112 („SEVIC"); siehe hierzu auch die Ausführungen unter Gliederungspunkt F.I. und F.V.I. Zur grenzüberschreitenden Mobilität von Gesellschaften vgl. auch die Entscheidungen des EuGH in den Rs. „Centros" (EuGH v. 09.03.1999, C-212/97, NZG 1999 S. 298); „Überseering" (EuGH v. 05.11.2002, C-208/00, NZG 2002 S. 1164); „Inspire Art" (EuGH v. 30.09.2003, C-167/01, NZG 2003 S. 1064).
22) Nach der Entscheidung des EuGH in der Rs. „SEVIC" müssten auch grenzüberschreitende Verschmelzungen von Personengesellschaften möglich sein. So auch *Geyrhalter/Weber*, DStR 2006 S. 146 (151); *Haritz/Wolff*, GmbHR 2006 S. 340 (341); *Kallmeyer/Kappes*, AG 2006 S. 224 (228); auf Personengesellschaften, die einen Erwerbszweck verfolgen abstellend *Spahlinger/Wegen*, NZG 2006 S. 721 (728). Zur weitergehenden Ausdehnung der grenzüberschreitenden Verschmelzung auf Personengesellschaften an sich vgl. *Bayer/Schmidt*, NZG 2006 S. 841; *Kiem*, WM 2006 S. 1091 (1094); *Müller*, Der Konzern 2007 S. 98 (99).
23) Siehe hierzu *Sechste Richtlinie 82/891/EWG des Rates v. 17.12.1982 betreffend die Spaltung von Aktiengesellschaften*, ABl. Nr. L 378 v. 31.12.1972 S. 47.

- Ausgliederungen zur Neugründung (§ 123 Abs. 3 Nr. 2 i.V.m. §§ 135 ff. UmwG).

Aufspaltungen, Abspaltungen oder Ausgliederungen ermöglicht das UmwG dabei unter Beteiligung von:
- Personenhandelsgesellschaften und Partnerschaftsgesellschaften (§ 124 Abs. 1 i.V.m. § 3 Abs. 1 Nr. 1 UmwG),
- Kapitalgesellschaften (§ 124 Abs. 1 i.V.m. § 3 Abs. 1 Nr. 2 UmwG),
- eingetragenen Genossenschaften (§ 124 Abs. 1 i.V.m. § 3 Abs. 1 Nr. 3 UmwG),
- eingetragenen Vereinen (§ 124 Abs. 1 i.V.m. § 3 Abs. 1 Nr. 4 UmwG),
- genossenschaftlichen Prüfungsverbänden (§ 124 Abs. 1 i.V.m. § 3 Abs. 1 Nr. 5 UmwG),
- Versicherungsvereinen auf Gegenseitigkeit (§ 124 Abs. 1 i.V.m. § 3 Abs. 1 Nr. 6 UmwG)

sowie Aufspaltungen und Abspaltungen unter Beteiligung von wirtschaftlichen Vereinen als übertragende Rechtsträger und Ausgliederungen unter Beteiligung von wirtschaftlichen Vereinen, Einzelkaufleuten, Stiftungen und Gebietskörperschaften oder deren Zusammenschlüssen (§ 124 Abs. 1 UmwG).

b) Grenzüberschreitend

Es spricht viel dafür, dass sich Gesellschaften mit Satzungssitz im EU-/EWR-Raum für Spaltungen unter Beteiligung mindestens eines Rechtsträgers, der nicht dem deutschen UmwG unterliegt, seit der Entscheidung des EuGH in Rs. „SEVIC"[24] nach überwiegender Meinung im Schrifttum auf ihre Niederlassungsfreiheit berufen können.[25] Eine rechtliche Grundlage für grenzüberschreitende Spaltungen bieten das deutsche Gesellschaftsrecht oder das gemeinschaftsrechtliche Sekundärrecht jedoch bislang nicht. Die Durchführung grenzüberschreitender Spaltungen ist somit verfahrensrechtlich weiterhin gesetzlich nicht abgesichert. Praktisch besteht, selbst bei entsprechender Anwendung der allgemeinen Grundsätze und Regeln der 6. Richtlinie[26] für nationale Spaltungen, wie sie sich im UmwG niedergeschlagen haben, bzw. des nun für grenzüberschreitende Verschmelzungen eingeführten Verfahrens der §§ 122a ff. UmwG, weiterhin eine Reihe von Unsicherheiten.[27] Insoweit bleibt zu hoffen, dass der europäische und der nationale Gesetzgeber zügig ein Verfahren für grenzüberschreitende Spaltungen gesetzlich verankern.

3. Formwechsel

a) Innerstaatlich

Kennzeichnend für eine Umwandlung durch Formwechsel ist, dass lediglich ein Rechtsträger an der Umwandlung beteiligt ist, der seine Rechtsform identitätswahrend, also ohne Auflösung und Neugründung, ändert. Der innerstaatliche Formwechsel eines dem deutschen Umwandlungsrecht unterliegenden Rechtsträgers richtet sich nach den Vorschriften des UmwG. Geregelt sind darin der Formwechsel von:

- Personenhandelsgesellschaften und Partnerschaftsgesellschaften (§ 191 Abs. 1 Nr. 1, § 3 Abs. 1 Nr. 1 i.V.m. §§ 214 ff. UmwG),

---

24) EuGH v. 13.12.2005, C-411/03, NZG 2006 S. 112 („SEVIC").
25) Vgl. *Kallmeyer/Kappes*, AG 2006 S. 224 (234 ff.) m.w.N.
26) Siehe hierzu *Sechste Richtlinie 82/891/EWG des Rates v. 17.10.1982 betreffend die Spaltung von Aktiengesellschaften*, ABl. Nr. L 378 v. 31.12.1972 S. 47 (nationale Spaltungs-RL).
27) Vgl. *Drinhausen/Gesell*, BB Special 8/2006 S. 3 (15), die auf die Notwendigkeit der Kooperation des Registerrichters verweisen; *Kallmeyer/Kappes*, AG 2006 S. 224 (234 ff.), die den Rückgriff auf die Regelungen der nationalen Spaltung-RL noch um eine entsprechende Anwendung der Regelungen der Verschmelzungsrichtlinie erweitern und *Lutter/Drygala*, in Lutter, UmwG, § 1 UmwG Rz. 27 ff. (3. Auflage), die die Regelungen der nationalen Spaltungs-RL entsprechend heranziehen (vor Inkrafttreten der Verschmelzungsrichtlinie).

Gesellschaftsrechtliche Rahmenbedingungen 506

- Kapitalgesellschaften (§ 191 Abs. 1 Nr. 2, § 3 Abs. 1 Nr. 2 i.V.m. §§ 214 ff. UmwG §§ 226 ff. UmwG),
- eingetragenen Genossenschaften (§ 191 Abs. 1 Nr. 3 i.V.m. §§ 258 ff. UmwG),
- rechtsfähigen Vereinen (§ 191 Abs. 1 Nr. 4 i.V.m. §§ 272 ff. UmwG),
- Versicherungsvereinen auf Gegenseitigkeit (§ 191 Abs. 1 Nr. 5 i.V.m. §§ 291 ff. UmwG) und von
- Körperschaften und Anstalten des öffentlichen Rechts (§ 191 Abs. 1 Nr. 6 i.V.m. §§ 301 ff. UmwG)

in[28]:

- Gesellschaften des bürgerlichen Rechts (§ 191 Abs. 2 Nr. 1 UmwG),
- Personenhandelsgesellschaften und Partnerschaftsgesellschaften (§ 191 Abs. 2 Nr. 2 UmwG),
- Kapitalgesellschaften (§ 191 Abs. 2 Nr. 3 UmwG) und
- eingetragene Genossenschaften (§ 191 Abs. 2 Nr. 4 UmwG).

b) Grenzüberschreitend

Grenzüberschreitende Wechsel der Rechtsform sind im deutschen Umwandlungsrecht nur über die SE-VO bei Gründung einer Europäischen Gesellschaft (SE) und über die SCE-VO[29] bei Gründung einer Europäischen Genossenschaft (SCE) vorgesehen. Jeder sonstige grenzüberschreitende Wechsel der Rechtsform beinhaltet die Verlegung des Satzungssitzes des seine Form wechselnden Rechtsträgers und ist vom Ergebnis einer rechtsformwechselnden Sitzverlegung gleichzusetzen.[30]

aa) Sitzverlegung unter Wahrung der Rechtsform: Verlegung des Verwaltungssitzes

Gesellschaften i.S.d. Art. 48 EG-Vertrag mit Satzungssitz im EU-Raum können aufgrund ihrer Niederlassungsfreiheit nach Art. 43, Art. 48 EG-Vertrag, wie vom EuGH in Rs. „Centros"[31], „Überseering"[32] und „Inspire Art"[33] bestätigt, ihren Verwaltungssitz von einem EU-Staat in einen anderen verlegen. Für EWR-Gesellschaften ist die Niederlassungsfreiheit in Art. 31, Art. 34 EWR-Abkommen ebenfalls primärrechtlich garantiert. Die Gesellschaften wahren bei der Verlegung ihres Verwaltungssitzes die Rechtsform des EU-/EWR-Staates ihres Satzungssitzes. Ein Formwechsel findet damit bei der Verlegung des Verwaltungssitzes innerhalb des EU-/EWR-Raums nicht statt.[34]

bb) Sitzverlegung unter Wechsel der Rechtsform: Verlegung des Satzungssitzes

Eine grenzüberschreitende Verlegung des Satzungssitzes, die unter Wahrung der Identität des Rechtsträgers zum Wechsel der Rechtsform führt, bewirkt im Ergebnis einen grenzüberschreitenden Formwechsel, da eine Rechtsform des Zuzugstaates erlangt wird. Außer

---

28) In welche der nach § 191 Abs. 2 UmwG als aufnehmende Rechtsträger zur Verfügung stehenden Rechtsformen ein nach § 191 Abs. 1 UmwG für einen Formwechsel in Betracht kommender Rechtsträger umzuwandeln ist, bestimmt sich nach den jeweilig einschlägigen Vorschriften.
29) Näher zur Europäischen Genossenschaft und deren Gründungsformen unter Gliederungspunkt E.IV.2. b).
30) Vgl. *Drinhausen/Gesell*, BB Special 8/2006 S. 3 (7, 15).
31) Vgl. EuGH v. 09.03.1999, C-212/97, NZG 1999 S. 298 („Centros").
32) Vgl. EuGH v. 05.11.2002, C-208/00, NZG 2002 S. 1164 („Überseering").
33) Vgl. EuGH v. 30.09.2003, C-167/01, NZG 2003 S. 1064 („Inspire Art").
34) Zur rechtsformwahrenden Verlegung des Satzungssitzes durch Verlegung des Sitzes der Hauptverwaltung bei der SE bzw. der SCE siehe unter Gliederungspunkt E.III.3. b) bb).

für die Europäische Gesellschaft und die Europäische Genossenschaft bestehen bislang[35] weder nach deutschem Gesellschaftsrecht noch von europäischer Seite Regelungen zur grenzüberschreitenden Verlegung des Satzungssitzes oder zum grenzüberschreitenden Formwechsel.[36]

Die Europäische Gesellschaft hat ihren Satzungssitz im EU-/EWR-Staat ihrer Hauptverwaltung (Art. 7 SE-VO). Nach Art. 8 SE-VO kann sie ihren Satzungssitz formwahrend, ohne Auflösung der alten und Gründung einer neuen juristischen Person, von einem EU-/EWR-Staat in einen anderen verlegen. Entsprechendes gilt nach Art. 7 SCE-VO für die Europäische Genossenschaft, die ihren Satzungssitz nach Art. 6 SCE-VO ebenfalls im EU-/EWR-Staat ihrer Hauptverwaltung hat.

Für alle übrigen Rechtsträger kommt bei grenzüberschreitender Verlegung des Satzungssitzes nach derzeit geltendem deutschem Gesellschaftsrecht das Gesellschaftsrecht des Wegzugsstaates nicht länger zur Anwendung. Vielmehr unterliegt der Rechtsträger dem Gesellschaftsrecht des Zuzugsstaates. Nach deutschem Gesellschaftsrecht spricht daher einiges dafür, dass der Wegzug dazu führt, dass es zu einer Auflösung der Gesellschaft kommt.[37] Bei Zuzug eines Rechtsträgers nach Deutschland käme nach geltendem Gesellschaftsrecht grundsätzlich zunächst der Numerus Clausus der deutschen Gesellschaftsformen zur Anwendung. Damit wäre die Notwendigkeit der Errichtung einer dem deutschen Gesellschaftsrecht bekannten Gesellschaftsform nach den für die jeweilige Gesellschaftsform einschlägigen Regelungen verbunden.[38] In Deutschland ist lediglich die Gründung von Personengesellschaften nicht an ein besonderes Gründungsverfahren geknüpft.[39] Ein Rechtsträger, dessen Satzungssitz nach Deutschland verlegt wird (Hineinverlegung), könnte daher identitätswahrend die Rechtsform einer deutschen Personengesellschaft[40] annehmen, wenn das Gesellschaftsrecht seines Wegzugsstaates dies zulässt.[41] Fraglich ist jedoch, ob nicht

---

35) Es existiert bereits ein *Vorschlag für den Erlass einer Vierzehnten gesellschaftsrechtlichen Richtlinie des Europäischen Parlaments und des Rates über die Verlegung des Sitzes einer Gesellschaft in einen anderen Mitgliedstaat mit Wechsel des für die Gesellschaft maßgebenden Rechts* v. 20.04.1997, ZIP 1997 S. 1721 (Sitzverlegungsrichtlinie).
36) Vgl. *Drinhausen/Gesell*, BB Special 8/2006 S. 3 (6 f.). Lediglich bei Gründung einer SE oder SCE mit Sitz in einem anderen EU-/EWR-Staat kann eine bestehende Gesellschaft ohne Auflösung identitätswahrend ihre Rechtsform wechseln. Näher zur Europäischen Gesellschaft und deren Gründungsformen unter Gliederungspunkt E.IV.2. a); zur Europäischen Gesellschaft und deren Gründungsformen unter Gliederungspunkt E.IV.2. b).
37) So die derzeit wohl überwiegende Ansicht in Literatur und Rechtsprechung. Vgl. zur Rechtsprechung *Semler/Stengel*, in: Semler/Stengel, UmwG, Einleitung A Rz. 113 sowie zur überwiegenden Meinung in der Literatur, die den Beschluss zur Verlegung des Satzungssitzes als Auflösungsbeschluss wertet und zur Gegenmeinung, die den Beschluss für nichtig erachtet, *Drinhausen/Gesell*, BB Special 8/2006 S. 3 (7).
38) Vgl. *Drinhausen/Gesell*, BB Special 8/2006 S. 3 (6 f.).
39) Vgl. *Lutter/Drygala*, in: Lutter, UmwG, § 1 UmwG Rz. 9 (3. Auflage).
40) Für Kapitalgesellschaften lässt sich das Ergebnis des Wechsels in die Rechtsform einer Kapitalgesellschaft des Zielstaates über einen Zwischenschritt im Wege der grenzüberschreitenden Verschmelzung erreichen. Bei vorheriger Gründung einer neuen Kapitalgesellschaft im Zielstaat und anschließender grenzüberschreitender Verschmelzung hierauf kommt es im Ergebnis ebenfalls zu einem Wechsel in die neue Rechtsform unter Wahrung der Identität.
41) Vgl. *Drinhausen/Gesell*, BB Special 8/2006 S. 3 (7). Für Personengesellschaften, die grenzüberschreitend in die Rechtsform einer Kapitalgesellschaft wechseln wollen (Hinausverlegung) oder für Rechtsträger, deren Wegzugstaat keinen identitätswahrenden Wegzug ermöglicht (Hineinverlegung), bleibt allenfalls die Möglichkeit, sich auf die vom EuGH in seiner Entscheidung in der Rs. „SEVIC" ausgeführten Grundlagen zur Niederlassungsfreiheit der Art. 43, Art. 48 EG-Vertrag zu berufen. Für Hinausverlegungen des Sitzes ist der Erfolg hier jedoch mangels Ausländerdiskriminierung zweifelhaft; vgl. *Lutter/Drygala*, in: Lutter, UmwG, § 1 UmwG Rz. 19 (3. Auflage). Den Formwechsel/die Sitzverlegung nach Deutschland (Hineinverlegung) im Ergebnis bejahend *Spahlinger/Wegen*, NZG 2006 S. 721 (728).

auch die grenzüberschreitende Verlegung des Satzungssitzes nach Deutschland von der Niederlassungsfreiheit nach Art. 43, Art. 48 EG-Vertrag gedeckt ist.[42] Hier bleibt die weitere Rechtsentwicklung abzuwarten.[43]

IV. Kodifizierung europäischen Gesellschaftsrechts
1. Grundlagen europäischer Rechtssetzung

Auf europäischer Ebene gibt es keinen einheitlichen gesellschaftsrechtlichen Rahmen. Vielmehr finden sich verschiedenste gesellschaftsrechtliche Regelungen in einzelnen Richtlinien und Verordnungen. Beide sekundärrechtlichen Instrumente der Rechtsetzung beruhen auf der primärrechtlichen Regelung in Art. 249 EG-Vertrag.

Adressat von Richtlinien sind dabei die nationalen Gesetzgeber. Um Wirkung für die einzelnen Rechtssubjekte zu entfalten, bedürfen Richtlinien der Umsetzung in nationales Recht durch den jeweiligen Gesetzgeber. Die für grenzüberschreitende Umstrukturierungen wichtigsten Richtlinien im gesellschaftsrechtlichen Bereich sind die das Statut der Europäischen Gesellschaft (SE-VO)[44] ergänzende SE-Mitbestimmungsrichtlinie (SE-RL)[45] und die Richtlinie über die Verschmelzung von Kapitalgesellschaften aus verschiedenen EU-Staaten (Verschmelzungsrichtlinie)[46].

Verordnungen richten sich unmittelbar an die einzelnen Rechtssubjekte in ihrem Regelungsbereich. Einer Umsetzung in nationales Recht bedarf es nicht. Verordnungen entfalten mit ihrem Inkrafttreten unmittelbar, einheitlich und zeitgleich Wirkung für alle Rechtssubjekte in ihrem Regelungsbereich. Für grenzüberschreitende Umwandlungen wesentliche EU-Verordnungen stellten die SE-VO und die SCE-VO dar.

2. Grundlagen grenzüberschreitender Umwandlungen

a) SE-VO und SE-RL

Auf europäischer Ebene gab es seit langem Bemühungen, mit der Europäischen (Aktien-)[47] Gesellschaft eine einheitliche europäische Gesellschaftsform zu schaffen. Erst nach einer Einigung im Bereich der Mitbestimmung in der SE-RL wurden SE-VO und SE-RL am 08.10.2001 verabschiedet. Als unmittelbar geltendes Recht trat die SE-VO am selben Tag in der EU in Kraft. Die SE-RL bedurfte noch der Umsetzung in das innerstaatliche Recht der einzelnen

---

42) Vgl. *Kallmeyer*, in: GmbH-Handbuch, Rz. I 2735 (119. EL 02/2007); *Lutter/Drygala*, in: Lutter, UmwG, § 1 UmwG Rz. 14, 18 (3. Auflage) die zumindest eine Hineinverlegung des Satzungssitzes als von der Niederlassungsfreiheit gedeckt anzusehen scheinen; a.A. *Heckschen*, in: Widmann/Mayer, Umwandlungsrecht, § 1 UmwG Rz. 263 (92. EL 01/2007) der den grenzüberschreitenden Formwechsel als nicht von der Niederlassungsfreiheit erfasst ansieht.

43) Siehe hierzu *Vorschlag für den Erlass einer Vierzehnten gesellschaftsrechtlichen Richtlinie des Europäischen Parlaments und des Rates über die Verlegung des Sitzes einer Gesellschaft in einen anderen Mitgliedstaat mit Wechsel des für die Gesellschaft maßgebenden Rechts* v. 20.04.1997, ZIP 1997 S. 1727 (Sitzverlegungsrichtlinie)

44) *Verordnung (EG) Nr. 2157/2001 des Rates v. 08.10.2001 über das Statut der Europäischen Gesellschaft (SE)*, ABl. Nr. L 294 v. 10.11.2001 S. 1 (SE-VO).

45) *Richtlinie 2001/86/EG des Rates v. 08.10.2001 zur Ergänzung des Statuts der Europäischen Gesellschaft hinsichtlich der Beteiligung der Arbeitnehmer*, ABl. Nr. L 294 v. 10.11.2001, S. 22 (SE-RL).

46) *Richtlinie 2005/56/EG des Europäischen Parlamentes und Rates v. 26.10.2005 über die Verschmelzung von Kapitalgesellschaften aus verschiedenen Mitgliedstaaten*, ABl. Nr. L 310 v. 25.11.2005 S. 1 (Verschmelzungsrichtlinie).

47) Nach Art. 10 der SE-VO ist die Europäische Gesellschaft, nach Art. 1 Abs. 1 SE-VO die Abkürzung für die Europäische Aktiengesellschaft, grundsätzlich in jedem Mitgliedstaat wie eine Aktiengesellschaft zu behandeln, die nach dem innerstaatlichen Recht des jeweiligen Mitgliedstaates gegründet wurde.

EU-Staaten. Deutschland setzte die SE-RL mit dem SE-Beteiligungsgesetz (SEBG)[48] um, das neben den Ausführungsbestimmungen des SE-Ausführungsgesetzes (SEAG)[49] im SE-Einführungsgesetz (SEEG)[50] am 29.12.2004 verabschiedet wurde. Durch Beschluss der gemeinsamen EWR-Ausschusses[51] findet die SE-VO auch für die EWR-Staaten[52] Island, Liechtenstein und Norwegen unmittelbar Anwendung.

Die SE-VO eröffnet Kapitalgesellschaften aus den EU- und EWR-Staaten fünf Möglichkeiten zur Gründung einer Europäischen Gesellschaft. Vier davon im Wege der primären, eine als von einer primär gegründeten Europäischen Gesellschaft abgeleitete Gründung. Wesentlich und den vier primären Gründungsformen gemeinsam ist ein grenzüberschreitendes Element.

aa) Gründung einer SE durch Verschmelzung

Nach Art. 2 Abs. 1 SE-VO ist die Gründung einer Europäischen Gesellschaft durch Verschmelzung von Aktiengesellschaften[53] möglich. Die an der Gründung beteiligten Aktiengesellschaften müssen dem Recht mindestens zweier verschiedener EU-/EWR-Staaten unterliegen (Mehrstaatenbezug).

bb) Gründung einer Holding-SE

Art. 2 Abs. 2 SE-VO ermöglicht die Gründung einer Europäischen Gesellschaft als Holding durch Aktiengesellschaften und Gesellschaften mit beschränkter Haftung.[54] Voraussetzung hierfür ist ebenfalls ein bestehender Mehrstaatenbezug. Dieser ist in zwei Konstellationen gegeben. In der ersten müssen entweder mindestens zwei der Gründergesellschaften dem Recht unterschiedlicher EU-/EWR-Staaten unterliegen (Art. 2 Abs. 2 Buchst. a) SE-VO). Das grenzüberschreitende Element des Mehrstaatenbezugs ist jedoch auch gegeben, sofern mindestens zwei der Gründergesellschaften seit mindestens zwei Jahren Tochtergesellschaften oder Zweigniederlassungen unterhalten, die dem Recht eines anderen EU-/EWR-Staats unterliegen (Art. 2 Abs. 2 Buchst. b) SE-VO).

cc) Gründung einer Tochter-SE

Art. 2 Abs. 3 SE-VO sieht die Gründung einer Europäischen Gesellschaft als Tochtergesellschaft durch juristische Personen des öffentlichen oder privaten Rechts vor. Voraussetzung ist ebenfalls ein bestehender Mehrstaatenbezug. Dieser ist in zwei Konstellationen erfüllt. In der ersten müssen entweder mindestens zwei der Gründergesellschaften dem Recht unterschiedlicher EU-/EWR-Staaten unterliegen (Art. 2 Abs. 3 Buchst. a) SE-VO). Der Mehrstaatenbezug ist jedoch auch erfüllt, sofern mindestens zwei der Gründergesellschaften seit

---

48) Gesetz über die Beteiligung der Arbeitnehmer in einer Europäischen Gesellschaft (SE-Begleitgesetz - SEBG) in Artikel 2 des SEEG v. 22.12.2001, BGBl. I 2004 S. 3675.
49) Gesetz zur Ausführung der Verordnung (EG) Nr. 2157/2001 des Rates v. 08.10.2001 über das Statut der Europäischen Gesellschaft (SE) (SE-Ausführungsgesetz - SEAG) in Artikel 1 des SEEG v. 22.12.2001, BGBl. I 2004 S. 3675.
50) Gesetz zur Einführung der Europäischen Gesellschaft (SEEG) v. 22.12.2001, BGBl. I 2004 S. 3675.
51) Beschluss des Gemeinsamen EWR-Ausschusses Nr. 93/2002 v. 25.06.2002 zur Änderung des Anhangs XXII (Gesellschaftsrecht) des EWR-Abkommens, ABl. Nr. L 266 v. 03.10.2002 S. 69.
52) Alle anderen EWR-Staaten neben Island, Liechtenstein und Norwegen sind gleichzeitig auch EU-Mitgliedstaaten.
53) Aktiengesellschaften sind dabei die im Anhang I zur SE-VO, ABl. Nr. L 294 S. 19 aufgeführten Gesellschaften der jeweiligen Mitgliedstaaten.
54) Gesellschaften mit beschränkter Haftung sind dabei die im Anhang II zur SE-VO, ABl. Nr. L 294 S. 20 aufgeführten Gesellschaften der jeweiligen Mitgliedstaaten.

Gesellschaftsrechtliche Rahmenbedingungen 510

mindestens zwei Jahren Tochtergesellschaften oder Zweigniederlassungen unterhalten, die dem Recht eines anderen EU-/EWR-Staates unterliegen (Art. 2 Abs. 3 Buchst. b) SE-VO).

dd) Gründung einer SE durch Umwandlung einer nationalen Aktiengesellschaft

In Art. 2 Abs. 4 SE-VO wird die Umwandlung einer nach dem Recht eines EU-/EWR-Staates gegründeten Aktiengesellschaft, die ihren Sitz und ihre Hauptverwaltung im EU-/EWR-Raum hat, in eine Europäische Gesellschaft ermöglicht. Der erforderliche Mehrstaatenbezug ist gegeben, wenn die umzuwandelnde Aktiengesellschaft seit mindestens zwei Jahren eine dem Recht eines anderen EU-/EWR-Staates unterliegende Tochtergesellschaft hat.

ee) Gründung einer Tochter-SE durch eine SE

Im Unterschied zu den bisher dargestellten so genannten primären Gründungen ermöglicht Art. 3 SE-VO in seinem Abs. 2 den abgeleiteten Erwerb einer Tochtergesellschaft in der Rechtsform der Europäischen Gesellschaft durch eine Europäische Gesellschaft.

Bei der Gründung einer Europäischen Gesellschaft als Tochter einer notwendigerweise bereits unter Erfüllung des Mehrstaatenbezugs gegründeten Europäischen Gesellschaft ist kein erneuter grenzüberschreitender Bezug notwendig.

ff) Überblick über die abschließenden Möglichkeiten zur Gründung einer SE

Gründungs-möglichkeit	Norm der SE-VO	Gründer /beteiligte Rechtsträger	Mehrstaatenbezug
primäre Gründungen:			
aa) Verschmelzung	Art. 2 Abs. 1	– Aktiengesellschaften	– Gründer aus mind. zwei EU-/EWR-Staaten
bb) Holding-SE	Art. 2 Abs. 2	– Aktiengesellschaften – Gesellschaften mit beschränkter Haftung	– Gründer aus mind. zwei EU-/EWR-Staaten – mind. zwei Gründer mit TG oder NL seit mind. zwei Jahren in anderem EU-/EWR-Staat
cc) Tochter-SE	Art. 2 Abs. 3	– juristische Personen des öffentlichen oder privaten Rechts	– Gründer aus mind. zwei EU-/EWR-Staaten – mind. zwei Gründer mit TG oder NL seit mind. zwei Jahren in anderem EU-/EWR-Staat
dd) AG-Umwandlung	Art. 2 Abs. 4	– Aktiengesellschaften	– TG oder NL seit mind. zwei Jahren in anderem EU-/EWR-Staat
abgeleitete Gründung:			
ee) 100%ige Tochter-SE	Art. 3 Abs. 2	– Europäische Gesellschaften	– kein Mehrstaatenbezug, da bei primärer SE-Gründung erfüllt

Abb. E.I. - 3: Überblick über die abschließenden Möglichkeiten zur Gründung einer SE

b) SCE-VO und SCE-RL

Neben der Europäischen Gesellschaft besteht seit Erlass der Verordnung über das Statut der Europäischen Genossenschaft vom 22.07.2003 (SCE-VO)[55] und die Richtlinie des Rates zur Ergänzung des Status der Europäischen Genossenschaft hinsichtlich der Beteiligung der Arbeitnehmer (SCE-RL)[56] eine weitere europäische Gesellschaftsform. An der Gründung einer Europäischen Genossenschaft können sich nach Art. 2 Abs. 1 SCE-VO neben natürlichen Personen auch juristische Personen beteiligen. Die Gründung ist zudem durch

---

[55] *Verordnung (EG) Nr. 1435/203 des Rates v. 22.07.2003 über das Statut der Europäischen Genossenschaft (SCE)*, ABl. Nr. L 207 v. 18.08.2003 S. 1 (SCE-Verordnung).
[56] *Richtlinie 2003/72/EG des Rates v. 22.07.2003 zur Ergänzung des Status der Europäischen Genossenschaft hinsichtlich der Beteiligung der Arbeitnehmer*, ABl. Nr. L 207 v. 18.08.2003 S. 25 (SCE-RL).

Gesellschaftsrechtliche Rahmenbedingungen 512

Verschmelzung von Genossenschaften sowie durch Umwandlung einer Genossenschaft möglich. Zur Gründung einer Europäischen Genossenschaft ist immer ein Mehrstaatenbezug notwendig. So können nur Genossenschaften aus mindestens zwei verschiedenen EU-/EWR-Staaten zu einer Europäischen Genossenschaft verschmolzen werden, die nach dem Recht eines EU-/EWR-Staates gegründet wurden und ihren Sitz und ihre Hauptverwaltung im EU-/EWR-Raum haben. Bei der Umwandlung einer Genossenschaft in eine Europäische Genossenschaft muss diese zudem seit mindestens zwei Jahren eine Tochtergesellschaft oder Niederlassung in einem EU-/EWR-Staat unterhalten. Durch Beschluss des gemeinsamen EWR-Ausschusses[57] findet die SCE-VO auch für die EWR-Staaten[58] Island, Liechtenstein und Norwegen unmittelbar Anwendung.

c) Verschmelzungsrichtlinie

Die Einigung im Bereich der Mitbestimmung für die Europäische Gesellschaft in der SE-RL und ein Verweis hierauf im Rahmen der Regelungen für grenzüberschreitende Verschmelzungen öffneten den Weg für die Verabschiedung der Richtlinie über die Verschmelzung von Kapitalgesellschaften[59] in 2005. Der Inhalt der in Deutschland mit dem Zweiten Gesetz zur Änderung des UmwG[60] bereits umgesetzten Richtlinie wird unter Gliederungspunkt F im Rahmen der Darstellung der im UmwG eingefügten Regelungen zur grenzüberschreitenden Verschmelzung von Kapitalgesellschaften im Zehnten Abschnitt im Zweiten Teil des Zweiten Buches des UmwG näher erläutert. Durch Beschluss des gemeinsamen EWR-Ausschusses[61] wurde die Verschmelzungsrichtlinie in den Anhang XXII (Gesellschaftsrecht) des EWR-Abkommens übernommen.

V. Kodifizierung innerstaatlichen Gesellschaftsrechts

Das Recht der Gesellschaften des Privatrechts ist in Deutschland teils in allgemeinen Gesetzen des Zivil- und Handelsrechts (z.B. BGB, HGB) teils in speziellen gesellschaftsrechtlichen Gesetzen (z.B. GmbHG, AktG) geregelt. Den Rahmen für gesellschaftsrechtliche Umwandlungen bildet im Wesentlichen das UmwG. Mit den Anpassungen des UmwG an die Richtlinien betreffend die Verschmelzung[62] bzw. die Spaltung von Aktiengesellschaften[63] unterlag das deutsche Umwandlungsrecht ersten europäischen Bemühungen zur Harmonisierung des Gesellschaftsrechts. Diese betrafen ausschließlich die Vereinheitlichung innerstaatlicher Umwandlungen.

Grenzüberschreitende Umwandlungen oder Sitzverlegungen waren von diesen Harmonisierungsversuchen lange Zeit ausgenommen. Die hieran beteiligten Rechtsträger unterlagen nicht länger dem deutschen Gesellschaftsrecht (in Fällen der Umwandlung aus Deutschland heraus) oder fielen erstmalig in den Anwendungsbereich des deutschen Gesellschaftsrechts

---

57) Beschluss des Gemeinsamen EWR-Ausschusses Nr. 15/2004 v. 06.02.2004 zur Änderung des Anhangs XXII (Gesellschaftsrecht) des EWR-Abkommens, ABl. Nr. L 116 v. 22.04.2004 S. 68.
58) Alle anderen EWR-Staaten neben Island, Liechtenstein und Norwegen sind gleichzeitig auch EU-Mitgliedstaaten.
59) *Richtlinie 2005/56/EG des Europäischen Parlamentes und Rates v. 26.10.2005 über die Verschmelzung von Kapitalgesellschaften aus verschiedenen Mitgliedstaaten*, ABl. Nr. L 310 v. 25.11.2005 S. 1 (Verschmelzungsrichtlinie)
60) Zweites Gesetz zur Änderung des Umwandlungsgesetzes.
61) Beschluss des Gemeinsamen EWR-Ausschusses Nr. 127/2006 v. 22.09.2006 zur Änderung des Anhangs XXII (Gesellschaftsrecht) des EWR-Abkommens, ABl. Nr. L 333 v. 30.11.2006 S. 59.
62) *Dritte Richtlinie 78/855/EWG des Rates v. 09.10.1978 betreffend die Verschmelzung von Aktiengesellschaften*, ABl. Nr. L 378 v. 20.10.1978 S. 36.
63) *Sechste Richtlinie 82/891/EWG des Rates v. 17.12.1982 betreffend die Spaltung von Aktiengesellschaften*, ABl. Nr. L 378 v. 31.12.1972 S. 47.

(in Fällen der Umwandlung nach Deutschland hinein). Der letzte Fall wurde als Neugründung, der erste als Auflösung des jeweils betroffenen Rechtsträgers behandelt.

Erste Durchbrechungen erfuhren diese Grundsätze von europäischer Ebene durch die Entscheidungen des EuGH in den Rs. „Centros", „Überseering" und „Inspire Art" zur Niederlassungsfreiheit der Art. 43, Art. 48 EG-Vertrag einerseits und die Verabschiedung der SE-VO und SCE-VO andererseits. Mit dem Zweiten Gesetz zur Änderung des Umwandlungsgesetzes setzte der deutsche Gesetzgeber die Verschmelzungsrichtlinie in nationales Recht um und schuf erstmals eine gesetzliche Regelung für grenzüberschreitende Umstrukturierungen auf nationaler Ebene. Diese reichen jedoch, insbes. vor dem Hintergrund der EuGH-Entscheidung in der Rs. „SEVIC"[64], aus europarechtlicher Sicht nicht aus, um dem Anspruch der Niederlassungsfreiheit (Art. 48, Art. 43 EG-Vertrag) des europäischen Primärrechts zu erfüllen. So steht wohl insbes. die Beschränkung der Möglichkeit grenzüberschreitender Umwandlungen auf Verschmelzungen und auf Kapitalgesellschaften als hieran beteiligte Rechtsträger, wie sie das UmwG in den §§ 122a ff. UmwG vorsieht, nicht im Einklang mit der Niederlassungsfreiheit der Art. 48, Art. 43 EG-Vertrag und Art. 31, Art. 34 EWR-Abkommen.[65]

Durch die Beschränkung des persönlichen Anwendungsbereiches grenzüberschreitender Verschmelzungen in § 122b UmwG auf Kapitalgesellschaften sind Personengesellschaften von der Beteiligung an grenzüberschreitenden Verschmelzungen nach dem Zehnten Abschnitt im Zweiten Teil des Zweiten Buches des Umwandlungsgesetzes ausgeschlossen. Mit der Beschränkung des persönlichen Anwendungsbereiches grenzüberschreitender Verschmelzungen auf Kapitalgesellschaften ist der deutsche Gesetzgeber seiner Pflicht zur Umsetzung der Verschmelzungsrichtlinie nachgekommen. Eine gesetzliche Absicherung der primärrechtlichen Möglichkeit grenzüberschreitender Verschmelzungen für Personengesellschaften nach Art. 43, Art. 48 EG-Vertrag, wie sie der Entscheidung des EuGH in Rs. „SEVIC"[66] nach der überwiegenden Meinung im Schrifttum wohl entnommen werden muss,[67] bleibt der deutsche Gesetzgeber jedoch weiter schuldig.

Gesellschaften müssten sich darüber hinaus wohl auch für grenzüberschreitende Spaltungen, die nicht in der Verschmelzungsrichtlinie geregelt sind, auf die Niederlassungsfreiheit nach den Art. 43, Art. 48 EG-Vertrag berufen können.[68] Ferner könnte man sogar daran denken, auch grenzüberschreitende Formwechsel, die mit der grenzüberschreitenden Verlegung

---

64) Vgl. EuGH v. 13.12.2005, C-411/03, NZG 2006 S. 112 („SEVIC").
65) Vgl. *Bayer/Schmidt*, NZG 2006 S. 841; *Kallmeyer/Kappes*, AG 2006 S. 224; *Müller*, Der Konzern 2007 S. 98 (99); *Spahlinger/Wegen*, NZG 2006 S. 721 (728) zum Umfang der Niederlassungsfreiheit nach Art. 43, Art. 48 EG-Vertrag; *Lutter/Drygala*, in Lutter, UmwG, § 1 UmwG Rz. 13 ff., 18 (3. Auflage) zur Möglichkeit von EWR-Staaten, sich entsprechend auf die Niederlassungsfreiheit nach Art. 31, Art. 34 EWR-Abkommen zu berufen.
66) Vgl. EuGH v. 13.12.2005, C-411/03, NZG 2006 S. 112 („SEVIC"); siehe hierzu auch die Ausführungen unter Gliederungspunkt F.I. und F.VI. Zur grenzüberschreitenden Mobilität von Gesellschaften vgl. auch die Entscheidungen des EuGH in den Rs. „Centros" (EuGH v. 09.03.1999, C-212/97, NZG 1999 S. 298); „Überseering" (EuGH v. 05.11.2002, C-208/00, NZG 2002 S. 1164); „Inspire Art" (EuGH v. 30.09.2003, C-167/01, NZG 2003 S. 1064).
67) Nach der Entscheidung des EuGH in der Rs. „SEVIC" müssten auch grenzüberschreitende Verschmelzungen von Personengesellschaften möglich sein. So auch *Geyrhalter/Weber*, DStR 2006 S. 146 (151); *Haritz/Wolff*, GmbHR 2006 S. 340 (341); *Kallmeyer/Kappes*, AG 2006 S. 224 (228); auf Personengesellschaften, die einen Erwerbszweck verfolgen abstellend *Spahlinger/Wegen*, NZG 2006 S. 721 (728). Zur weitergehenden Ausdehnung der grenzüberschreitenden Verschmelzung auf Personengesellschaft an sich vgl. *Bayer/Schmidt*, NZG 2006 S. 841; *Kiem*, WM 2006 S. 1091 (1094); *Müller*, Der Konzern 2007 S. 98 (99).
68) So auch *Bayer/Schmidt*, NZG 2006 S. 841; *Kallmeyer/Kappes*, AG 2006 S. 224; *Müller*, Der Konzern 2007 S. 98 (99); *Spahlinger/Wegen*, NZG 2006 S. 721 (728); explizit nur für Hineinverschmelzungen *Simon/Rubner*, Der Konzern 2006 S. 835 (843).

Gesellschaftsrechtliche Rahmenbedingungen

des Satzungssitzes einhergehen, als von der Niederlassungsfreiheit geschützt anzusehen.[69] Hier bleibt die weitere Rechtsentwicklung abzuwarten, insbesondere im Hinblick auf die geplante Sitzverlegungsrichtlinie.[70]

---

[69] Vgl. für Formwechsel ausländischer Rechtsträger in deutsche Rechtsformen *Kallmeyer*, in: GmbH-Handbuch Rz. I 2735 (119. EL 02/2007); *Lutter/Drygala*, in: Lutter, UmwG, § 1 UmwG Rz. 14, 18 (3. Auflage). A.A. wohl *Heckschen*, in: Widmann/Mayer, Umwandlungsrecht, § 1 UmwG Rz. 263 (92. EL 01/2007) der den grenzüberschreitenden Formwechsel als nicht von der Niederlassungsfreiheit erfasst ansieht.

[70] *Vorschlag für den Erlass einer Vierzehnten gesellschaftsrechtlichen Richtlinie des Europäischen Parlaments und des Rates über die Verlegung des Sitzes einer Gesellschaft in einen anderen Mitgliedstaat mit Wechsel des für die Gesellschaft maßgebenden Rechts* v. 20.04.1997, ZIP 1997 S. 1721 (Sitzverlegungsrichtlinie).

Abschnitt F

Zweites Gesetz zur Änderung des Umwandlungsgesetzes
Gesetzestext

Im Folgenden werden sämtliche Vorschriften des UmwG aufgeführt, die durch das *Zweite Gesetz zur Änderung des Umwandlungsgesetzes* geändert wurden und dem *UmwG a.F.* synoptisch gegenübergestellt.

UmwG a.F.	UmwG n.F.
Zweites Buch Verschmelzung	**Zweites Buch** Verschmelzung
Erster Teil Allgemeine Vorschriften	**Erster Teil** Allgemeine Vorschriften
Zweiter Abschnitt Verschmelzung durch Aufnahme	**Zweiter Abschnitt** Verschmelzung durch Aufnahme
§ 4 UmwG a.F.	**§ 4 UmwG n.F.**
Verschmelzungsvertrag	**Verschmelzungsvertrag**
(1) ¹Die Vertretungsorgane der an der Verschmelzung beteiligten Rechtsträger schließen einen Verschmelzungsvertrag. ²§ 310 des Bürgerlichen Gesetzbuchs gilt für ihn nicht.	(1) ¹Die Vertretungsorgane der an der Verschmelzung beteiligten Rechtsträger schließen einen Verschmelzungsvertrag. ²§ 311b Abs. 2 des Bürgerlichen Gesetzbuchs gilt für ihn nicht.
(2) Soll der Vertrag nach einem der nach § 13 erforderlichen Beschlüsse geschlossen werden, so ist vor diesem Beschluss ein schriftlicher Entwurf des Vertrags aufzustellen.	(2) Soll der Vertrag nach einem der nach § 13 erforderlichen Beschlüsse geschlossen werden, so ist vor diesem Beschluss ein schriftlicher Entwurf des Vertrags aufzustellen.
§ 16 UmwG a.F.	**§ 16 UmwG n.F.**
Anmeldung der Verschmelzung	**Anmeldung der Verschmelzung**
(1) ¹Die Vertretungsorgane jedes der an der Verschmelzung beteiligten Rechtsträger haben die Verschmelzung zur Eintragung in das Register (Handelsregister, Partnerschaftsregister, Genossenschaftsregister oder Vereinsregister) des Sitzes ihres Rechtsträgers anzumelden. ²Das Vertretungsorgan des übernehmenden Rechtsträgers ist berechtigt, die Verschmelzung auch zur Eintragung in das Register des Sitzes jedes der übertragenden Rechtsträger anzumelden.	(1) ¹Die Vertretungsorgane jedes der an der Verschmelzung beteiligten Rechtsträger haben die Verschmelzung zur Eintragung in das Register (Handelsregister, Partnerschaftsregister, Genossenschaftsregister oder Vereinsregister) des Sitzes ihres Rechtsträgers anzumelden. ²Das Vertretungsorgan des übernehmenden Rechtsträgers ist berechtigt, die Verschmelzung auch zur Eintragung in das Register des Sitzes jedes der übertragenden Rechtsträger anzumelden.
(2) ¹Bei der Anmeldung haben die Vertretungsorgane zu erklären, dass eine Klage gegen die Wirksamkeit eines Verschmelzungsbeschlusses nicht oder nicht fristgemäß erhoben oder eine solche Klage rechtskräftig abgewiesen oder zurückgenommen worden ist; hierüber haben die Vertretungsorgane dem Registergericht auch nach der Anmeldung Mitteilung zu machen. ²Liegt die Erklärung nicht vor, so darf die Verschmelzung nicht eingetragen werden, es sei denn, dass die klageberechtigten Anteilsinhaber durch notariell beurkundete Verzichtserklärung auf die Klage gegen die Wirksamkeit des Verschmelzungsbeschlusses verzichten.	(2) ¹Bei der Anmeldung haben die Vertretungsorgane zu erklären, dass eine Klage gegen die Wirksamkeit eines Verschmelzungsbeschlusses nicht oder nicht fristgemäß erhoben oder eine solche Klage rechtskräftig abgewiesen oder zurückgenommen worden ist; hierüber haben die Vertretungsorgane dem Registergericht auch nach der Anmeldung Mitteilung zu machen. ²Liegt die Erklärung nicht vor, so darf die Verschmelzung nicht eingetragen werden, es sei denn, dass die klageberechtigten Anteilsinhaber durch notariell beurkundete Verzichtserklärung auf die Klage gegen die Wirksamkeit des Verschmelzungsbeschlusses verzichten.

(3) ¹Der Erklärung nach Absatz 2 Satz 1 steht es gleich, wenn nach Erhebung einer Klage gegen die Wirksamkeit eines Verschmelzungsbeschlusses das für diese Klage zuständige Prozessgericht auf Antrag des Rechtsträgers, gegen dessen Verschmelzungsbeschluss sich die Klage richtet, durch rechtskräftigen Beschluss festgestellt hat, dass die Erhebung der Klage der Eintragung nicht entgegensteht. ²Der Beschluss nach Satz 1 darf nur ergehen, wenn die Klage gegen die Wirksamkeit des Verschmelzungsbeschlusses unzulässig oder offensichtlich unbegründet ist oder wenn das alsbaldige Wirksamwerden der Verschmelzung nach freier Überzeugung des Gerichts unter Berücksichtigung der Schwere der mit der Klage geltend gemachten Rechtsverletzungen zur Abwendung der vom Antragsteller dargelegten wesentlichen Nachteile für die an der Verschmelzung beteiligten Rechtsträger und ihre Anteilsinhaber vorrangig erscheint. ³Der Beschluss kann in dringenden Fällen ohne mündliche Verhandlung ergehen. ⁴Die vorgebrachten Tatsachen, auf Grund derer der Beschluss nach Satz 2 ergehen kann, sind glaubhaft zu machen. ⁵Gegen den Beschluss findet die sofortige Beschwerde statt. ⁶Erweist sich die Klage als begründet, so ist der Rechtsträger, der den Beschluss erwirkt hat, verpflichtet, dem Antragsgegner den Schaden zu ersetzen, der ihm aus einer auf dem Beschluss beruhenden Eintragung der Verschmelzung entstanden ist; als Ersatz des Schadens kann nicht die Beseitigung der Wirkungen der Eintragung der Verschmelzung im Register des Sitzes des übernehmenden Rechtsträgers verlangt werden.	(3) ¹Der Erklärung nach Absatz 2 Satz 1 steht es gleich, wenn nach Erhebung einer Klage gegen die Wirksamkeit eines Verschmelzungsbeschlusses das für diese Klage zuständige Prozessgericht auf Antrag des Rechtsträgers, gegen dessen Verschmelzungsbeschluss sich die Klage richtet, durch rechtskräftigen Beschluss festgestellt hat, dass die Erhebung der Klage der Eintragung nicht entgegensteht. ²Der Beschluss nach Satz 1 darf nur ergehen, wenn die Klage gegen die Wirksamkeit des Verschmelzungsbeschlusses unzulässig oder offensichtlich unbegründet ist oder wenn das alsbaldige Wirksamwerden der Verschmelzung nach freier Überzeugung des Gerichts unter Berücksichtigung der Schwere der mit der Klage geltend gemachten Rechtsverletzungen zur Abwendung der vom Antragsteller dargelegten wesentlichen Nachteile für die an der Verschmelzung beteiligten Rechtsträger und ihre Anteilsinhaber vorrangig erscheint. ³Der Beschluss kann in dringenden Fällen ohne mündliche Verhandlung ergehen. ⁴Der Beschluss soll spätestens drei Monate nach Antragstellung ergehen; Verzögerungen der Entscheidung sind durch unanfechtbaren Beschluss zu begründen. ⁵Die vorgebrachten Tatsachen, auf Grund derer der Beschluss nach Satz 2 ergehen kann, sind glaubhaft zu machen. ⁶Gegen den Beschluss findet die sofortige Beschwerde statt. ⁷Die Rechtsbeschwerde ist ausgeschlossen. ⁸Erweist sich die Klage als begründet, so ist der Rechtsträger, der den Beschluss erwirkt hat, verpflichtet, dem Antragsgegner den Schaden zu ersetzen, der ihm aus einer auf dem Beschluss beruhenden Eintragung der Verschmelzung entstanden ist; als Ersatz des Schadens kann nicht die Beseitigung der Wirkungen der Eintragung der Verschmelzung im Register des Sitzes des übernehmenden Rechtsträgers verlangt werden.

Zweites Gesetz zur Änderung des Umwandlungsgesetzes

§ 17 UmwG a.F.	§ 17 UmwG n.F.
Anlagen der Anmeldung	**Anlagen der Anmeldung**
(1) Der Anmeldung sind in Ausfertigung oder öffentlich beglaubigter Abschrift oder, soweit sie nicht notariell zu beurkunden sind, in Urschrift oder Abschrift der Verschmelzungsvertrag, die Niederschriften der Verschmelzungsbeschlüsse, die nach diesem Gesetz erforderlichen Zustimmungserklärungen einzelner Anteilsinhaber einschließlich der Zustimmungserklärungen nicht erschienener Anteilsinhaber, der Verschmelzungsbericht, der Prüfungsbericht oder die Verzichtserklärungen nach § 8 Abs. 3, § 9 Abs. 3 oder § 12 Abs. 3, ein Nachweis über die rechtzeitige Zuleitung des Verschmelzungsvertrages oder seines Entwurfs an den zuständigen Betriebsrat sowie, wenn die Verschmelzung der staatlichen Genehmigung bedarf, die Genehmigungsurkunde beizufügen.	(1) Der Anmeldung sind in Ausfertigung oder öffentlich beglaubigter Abschrift oder, soweit sie nicht notariell zu beurkunden sind, in Urschrift oder Abschrift der Verschmelzungsvertrag, die Niederschriften der Verschmelzungsbeschlüsse, die nach diesem Gesetz erforderlichen Zustimmungserklärungen einzelner Anteilsinhaber einschließlich der Zustimmungserklärungen nicht erschienener Anteilsinhaber, der Verschmelzungsbericht, der Prüfungsbericht oder die Verzichtserklärungen nach § 8 Abs. 3, § 9 Abs. 3, § 12 Abs. 3, § 54 Abs. 1 Satz 3 oder § 68 Abs. 1 Satz 3, ein Nachweis über die rechtzeitige Zuleitung des Verschmelzungsvertrages oder seines Entwurfs an den zuständigen Betriebsrat sowie, wenn die Verschmelzung der staatlichen Genehmigung bedarf, die Genehmigungsurkunde beizufügen.
(2) ¹Der Anmeldung zum Register des Sitzes jedes der übertragenden Rechtsträgers ist ferner eine Bilanz dieses Rechtsträgers beizufügen (Schlussbilanz). ²Für diese Bilanz gelten die Vorschriften über die Jahresbilanz und deren Prüfung entsprechend. ³Sie braucht nicht bekanntgemacht zu werden. ⁴Das Registergericht darf die Verschmelzung nur eintragen, wenn die Bilanz auf einen höchstens acht Monate vor der Anmeldung liegenden Stichtag aufgestellt worden ist.	(2) ¹Der Anmeldung zum Register des Sitzes jedes der übertragenden Rechtsträgers ist ferner eine Bilanz dieses Rechtsträgers beizufügen (Schlussbilanz). ²Für diese Bilanz gelten die Vorschriften über die Jahresbilanz und deren Prüfung entsprechend. ³Sie braucht nicht bekanntgemacht zu werden. ⁴Das Registergericht darf die Verschmelzung nur eintragen, wenn die Bilanz auf einen höchstens acht Monate vor der Anmeldung liegenden Stichtag aufgestellt worden ist.
§ 19 UmwG a.F.	**§ 19 UmwG n.F.**
Eintragung und Bekanntmachung der Verschmelzung	**Eintragung und Bekanntmachung der Verschmelzung**
(1) ¹Die Verschmelzung darf in das Register des Sitzes des übernehmenden Rechtsträgers erst eingetragen werden, nachdem sie im Register des Sitzes jedes der übertragenden Rechtsträger eingetragen worden ist. ²Die Eintragung im Register des Sitzes jedes der übertragenden Rechtsträger ist mit dem Vermerk zu versehen, dass die Verschmelzung erst mit der Eintragung im Register des Sitzes des übernehmenden Rechtsträgers wirksam wird.	(1) ¹Die Verschmelzung darf in das Register des Sitzes des übernehmenden Rechtsträgers erst eingetragen werden, nachdem sie im Register des Sitzes jedes der übertragenden Rechtsträger eingetragen worden ist. ²Die Eintragung im Register des Sitzes jedes der übertragenden Rechtsträger ist mit dem Vermerk zu versehen, dass die Verschmelzung erst mit der Eintragung im Register des Sitzes des übernehmenden Rechtsträgers wirksam wird, sofern die Eintragungen in den Registern aller beteiligten Rechtsträger nicht am selben Tag erfolgen.

§ 29 UmwG a.F.	§ 29 UmwG n.F.
(2) ¹Das Gericht des Sitzes des übernehmenden Rechtsträgers hat von Amts wegen dem Gericht des Sitzes jedes der übertragenden Rechtsträger den Tag der Eintragung der Verschmelzung mitzuteilen. ²Nach Eingang der Mitteilung hat das Gericht des Sitzes jedes der übertragenden Rechtsträger von Amts wegen den Tag der Eintragung der Verschmelzung im Register des Sitzes des übernehmenden Rechtsträgers im Register des Sitzes des übertragenden Rechtsträgers zu vermerken und die bei ihm aufbewahrten Dokumente dem Gericht des Sitzes des übernehmenden Rechtsträgers zur Aufbewahrung zu übermitteln.	(2) ¹Das Gericht des Sitzes des übernehmenden Rechtsträgers hat von Amts wegen dem Gericht des Sitzes jedes der übertragenden Rechtsträger den Tag der Eintragung der Verschmelzung mitzuteilen. ²Nach Eingang der Mitteilung hat das Gericht des Sitzes jedes der übertragenden Rechtsträger von Amts wegen den Tag der Eintragung der Verschmelzung im Register des Sitzes des übernehmenden Rechtsträgers im Register des Sitzes des übertragenden Rechtsträgers zu vermerken und die bei ihm aufbewahrten Dokumente dem Gericht des Sitzes des übernehmenden Rechtsträgers zur Aufbewahrung zu übermitteln.
(3) Das Gericht des Sitzes jedes der an der Verschmelzung beteiligten Rechtsträger hat jeweils die von ihm vorgenommene Eintragung der Verschmelzung von Amts wegen nach § 10 des Handelsgesetzbuchs ihrem ganzen Inhalt nach bekanntzumachen.	(3) Das Gericht des Sitzes jedes der an der Verschmelzung beteiligten Rechtsträger hat jeweils die von ihm vorgenommene Eintragung der Verschmelzung von Amts wegen nach § 10 Handelsgesetzbuchs ihrem ganzen Inhalt nach bekanntzumachen.

§ 29 UmwG a.F.	§ 29 UmwG n.F.
Abfindungsangebot im Verschmelzungsvertrag	**Abfindungsangebot im Verschmelzungsvertrag**
(1) ¹Bei der Verschmelzung eines Rechtsträgers im Wege der Aufnahme durch einen Rechtsträger anderer Rechtsform hat der übernehmende Rechtsträger im Verschmelzungsvertrag oder in seinem Entwurf jedem Anteilsinhaber, der gegen den Verschmelzungsbeschluss des übertragenden Rechtsträgers Widerspruch zur Niederschrift erklärt, den Erwerb seiner Anteile oder Mitgliedschaften gegen eine angemessene Barabfindung anzubieten; § 71 Abs. 4 Satz 2 des Aktiengesetzes ist insoweit nicht anzuwenden. ²Das gleiche gilt, wenn bei einer Verschmelzung von Rechtsträgern derselben Rechtsform die Anteile oder Mitgliedschaften an dem übernehmenden Rechtsträger Verfügungsbeschränkungen unterworfen sind. ³Kann der übernehmende Rechtsträger auf Grund seiner Rechtsform eigene Anteile oder Mitgliedschaften nicht erwerben, so ist die Barabfindung für den Fall anzubieten, dass der Anteilsinhaber sein Ausscheiden aus dem Rechtsträger erklärt. ⁴Eine erforderliche Bekanntmachung des Verschmelzungsvertrags oder seines Entwurfs als Gegenstand der Beschlussfassung muss den Wortlaut dieses Angebots enthalten. ⁵Der übernehmende Rechtsträger hat die Kosten für eine Übertragung zu tragen.	(1) ¹Bei der Verschmelzung eines Rechtsträgers im Wege der Aufnahme durch einen Rechtsträger anderer Rechtsform oder bei der Verschmelzung einer börsennotierten Aktiengesellschaft auf eine nicht börsennotierte Aktiengesellschaft hat der übernehmende Rechtsträger im Verschmelzungsvertrag oder in seinem Entwurf jedem Anteilsinhaber, der gegen den Verschmelzungsbeschluss des übertragenden Rechtsträgers Widerspruch zur Niederschrift erklärt, den Erwerb seiner Anteile oder Mitgliedschaften gegen eine angemessene Barabfindung anzubieten; § 71 Abs. 4 Satz 2 des Aktiengesetzes und § 33 Abs. 2 Satz 3 zweiter Halbsatz erste Alternative des Gesetzes betreffend die Gesellschaften mit beschränkter Haftung sind insoweit nicht anzuwenden. ²Das gleiche gilt, wenn bei einer Verschmelzung von Rechtsträgern derselben Rechtsform die Anteile oder Mitgliedschaften an dem übernehmenden Rechtsträger Verfügungsbeschränkungen unterworfen sind. ³Kann der übernehmende Rechtsträger auf Grund seiner Rechtsform eigene Anteile oder Mitgliedschaften nicht erwerben, so ist die Barabfindung für den Fall anzubieten, dass der Anteilsinhaber sein Ausscheiden aus dem Rechtsträger erklärt. ⁴Eine erforderliche Bekanntmachung des Verschmelzungsvertrags oder seines Entwurfs als Gegenstand der Beschlussfassung muss den Wortlaut dieses Angebots enthalten. ⁵Der übernehmende Rechtsträger hat die Kosten für eine Übertragung zu tragen.

§ 35 UmwG a.F.	§ 35 UmwG n.F.
(2) *Dem Widerspruch zur Niederschrift im Sinne des Absatzes 1 steht es gleich, wenn ein nicht erschienener Anteilsinhaber zu der Versammlung der Anteilsinhaber zu Unrecht nicht zugelassen worden ist oder die Versammlung nicht ordnungsgemäß einberufen oder der Gegenstand der Beschlußfassung nicht ordnungsgemäß bekanntgemacht worden ist.*	(2) Dem Widerspruch zur Niederschrift im Sinne des Absatzes 1 steht es gleich, wenn ein nicht erschienener Anteilsinhaber zu der Versammlung der Anteilsinhaber zu Unrecht nicht zugelassen worden ist oder die Versammlung nicht ordnungsgemäß einberufen oder der Gegenstand der Beschlussfassung nicht ordnungsgemäß bekanntgemacht worden ist.
§ 35 UmwG a.F.	**§ 35 UmwG n.F.**
Bezeichnung unbekannter Aktionäre	**Bezeichnung unbekannter Aktionäre; Ruhen des Stimmrechts**
[1]*Unbekannte Aktionäre einer übertragenden Aktiengesellschaft oder Kommanditgesellschaft auf Aktien sind im Verschmelzungsvertrag, bei Anmeldungen zur Eintragung in ein Register oder bei der Eintragung in eine Liste von Anteilsinhabern durch die Angabe ihrer Aktienurkunden sowie erforderlichenfalls des auf die Aktie entfallenden Anteils zu bezeichnen, soweit eine Benennung der Anteilsinhaber für den übernehmenden Rechtsträger gesetzlich vorgeschrieben ist. [2]Werden solche Anteilsinhaber später bekannt, so sind Register oder Listen von Amts wegen zu berichtigen.*	[1]Unbekannte Aktionäre einer übertragenden Aktiengesellschaft oder Kommanditgesellschaft auf Aktien sind im Verschmelzungsvertrag, bei Anmeldungen zur Eintragung in ein Register oder bei der Eintragung in eine Liste von Anteilsinhabern durch die Angabe des insgesamt auf sie entfallenden Teils des Grundkapitals der Gesellschaft und der auf sie nach der Verschmelzung entfallenden Anteile zu bezeichnen, soweit eine Benennung der Anteilsinhaber für den übernehmenden Rechtsträger gesetzlich vorgeschrieben ist; eine Bezeichnung in dieser Form ist nur zulässig für Anteilsinhaber, deren Anteile zusammen den 20. Teil des Grundkapitals der übertragenden Gesellschaft nicht überschreiten. [2]Werden solche Anteilsinhaber später bekannt, so sind Register oder Listen von Amts wegen zu berichtigen. [3]Bis zu diesem Zeitpunkt kann das Stimmrecht aus den betreffenden Anteilen in dem übernehmenden Rechtsträger nicht ausgeübt werden.
***Zweites Buch** Verschmelzung* ***Zweiter Teil** Besondere Vorschriften* ***Erster Abschnitt** Verschmelzung unter Beteiligung von Personengesellschaften* ***Erster Unterabschnitt** Verschmelzung unter Beteiligung von Personenhandelsgesellschaften*	**Zweites Buch** Verschmelzung **Zweiter Teil** Besondere Vorschriften **Erster Abschnitt** Verschmelzung unter Beteiligung von Personengesellschaften **Erster Unterabschnitt** Verschmelzung unter Beteiligung von Personenhandelsgesellschaften
§ 44 UmwG a.F.	**§ 44 UmwG n.F.**
Prüfung der Verschmelzung	Prüfung der Verschmelzung
[1]*Im Fall des § 43 Abs. 2 ist der Verschmelzungsvertrag oder sein Entwurf für eine Personenhandelsgesellschaft auf Verlangen eines ihrer Gesellschafter nach den §§ 9 bis 12 zu prüfen. [2]Die Kosten trägt die Gesellschaft.*	[1]Im Fall des § 43 Abs. 2 ist der Verschmelzungsvertrag oder sein Entwurf für eine Personenhandelsgesellschaft nach den §§ 9 bis 12 zu prüfen, wenn dies einer ihrer Gesellschafter innerhalb einer Frist von einer Woche verlangt, nachdem er die in § 42 genannten Unterlagen erhalten hat. [2]Die Kosten der Prüfung trägt die Gesellschaft.

***Zweites Buch** Verschmelzung* ***Zweiter Teil** Besondere Vorschriften* ***Zweiter Abschnitt** Verschmelzung unter Beteiligung von Gesellschaften mit beschränkter Haftung* ***Erster Unterabschnitt** Verschmelzung durch Aufnahme*	**Zweites Buch** Verschmelzung **Zweiter Teil** Besondere Vorschriften **Zweiter Abschnitt** Verschmelzung unter Beteiligung von Gesellschaften mit beschränkter Haftung **Erster Unterabschnitt** Verschmelzung durch Aufnahme
§ 48 UmwG a.F.	**§ 48 UmwG n.F.**
Prüfung der Verschmelzung	**Prüfung der Verschmelzung**
¹Der Verschmelzungsvertrag oder sein Entwurf ist für eine Gesellschaft mit beschränkter Haftung auf Verlangen eines ihrer Gesellschafter nach den §§ 9 bis 12 zu prüfen. ²Die Kosten trägt die Gesellschaft.	¹Der Verschmelzungsvertrag oder sein Entwurf ist für eine Gesellschaft mit beschränkter Haftung nach den §§ 9 bis 12 zu prüfen, wenn dies einer ihrer Gesellschafter innerhalb einer Frist von einer Woche verlangt, nachdem er die in § 47 genannten Unterlagen erhalten hat. ²Die Kosten der Prüfung trägt die Gesellschaft.
§ 51 UmwG a.F.	**§ 51 UmwG n.F.**
Zustimmungserfordernisse in Sonderfällen	**Zustimmungserfordernisse in Sonderfällen**
(1) ¹Ist an der Verschmelzung eine Gesellschaft mit beschränkter Haftung, auf deren Geschäftsanteile nicht alle zu leistenden Einlagen in voller Höhe bewirkt sind, als übernehmender Rechtsträger beteiligt, so bedarf der Verschmelzungsbeschluss eines übertragenden Rechtsträgers der Zustimmung aller bei der Beschlussfassung anwesenden Anteilsinhaber dieses Rechtsträgers. ²Ist der übertragende Rechtsträger eine Personenhandelsgesellschaft, eine Partnerschaftsgesellschaft oder eine Gesellschaft mit beschränkter Haftung, so bedarf der Verschmelzungsbeschluss auch der Zustimmung der nicht erschienenen Gesellschafter. ³Die Sätze 1 und 2 gelten entsprechend, wenn eine Gesellschaft mit beschränkter Haftung, auf deren Geschäftsanteile nicht alle zu leistenden Einlagen in voller Höhe bewirkt sind, von einer Gesellschaft mit beschränkter Haftung durch Verschmelzung aufgenommen wird.	(1) ¹Ist an der Verschmelzung eine Gesellschaft mit beschränkter Haftung, auf deren Geschäftsanteile nicht alle zu leistenden Einlagen in voller Höhe bewirkt sind, als übernehmender Rechtsträger beteiligt, so bedarf der Verschmelzungsbeschluss eines übertragenden Rechtsträgers der Zustimmung aller bei der Beschlussfassung anwesenden Anteilsinhaber dieses Rechtsträgers. ²Ist der übertragende Rechtsträger eine Personenhandelsgesellschaft, eine Partnerschaftsgesellschaft oder eine Gesellschaft mit beschränkter Haftung, so bedarf der Verschmelzungsbeschluss auch der Zustimmung der nicht erschienenen Gesellschafter. ³Wird eine Gesellschaft mit beschränkter Haftung, auf deren Geschäftsanteile nicht alle zu leistenden Einlagen in voller Höhe bewirkt sind, von einer Gesellschaft mit beschränkter Haftung durch Verschmelzung aufgenommen, bedarf der Verschmelzungsbeschluss der Zustimmung aller Gesellschafter der übernehmenden Gesellschaft.
(2) Ist im Falle des § 46 Abs. 1 Satz 2 die abweichende Festsetzung des Nennbetrages nicht durch § 46 Abs. 1 Satz 3 bedingt, so bedarf sie der Zustimmung jedes Aktionärs, der sich nicht mit seinem gesamten Anteil beteiligen kann.	(2) Ist im Falle des § 46 Abs. 1 Satz 2 die abweichende Festsetzung des Nennbetrages nicht durch § 46 Abs. 1 Satz 3 bedingt, so bedarf sie der Zustimmung jedes Aktionärs, der sich nicht mit seinem gesamten Anteil beteiligen kann.

§ 52 UmwG a.F.	§ 52 UmwG n.F.
Anmeldung der Verschmelzung	**Anmeldung der Verschmelzung**
(1) *Bei der Anmeldung der Verschmelzung zur Eintragung in das Register haben die Vertretungsorgane der an der Verschmelzung beteiligten Rechtsträger im Falle des § 51 Abs. 1 auch zu erklären, dass dem Verschmelzungsbeschluss jedes der übertragenden Rechtsträger alle bei der Beschlussfassung anwesenden Anteilsinhaber dieses Rechtsträgers und, sofern der übertragende Rechtsträger eine Personenhandelsgesellschaft, eine Partnerschaftsgesellschaft oder eine Gesellschaft mit beschränkter Haftung ist, auch die nicht erschienenen Gesellschafter dieser Gesellschaft zugestimmt haben.*	(1) [1]Bei der Anmeldung der Verschmelzung zur Eintragung in das Register haben die Vertretungsorgane der an der Verschmelzung beteiligten Rechtsträger im Falle des § 51 Abs. 1 auch zu erklären, dass dem Verschmelzungsbeschluss jedes der übertragenden Rechtsträger alle bei der Beschlussfassung anwesenden Anteilsinhaber dieses Rechtsträgers und, sofern der übertragende Rechtsträger eine Personenhandelsgesellschaft, eine Partnerschaftsgesellschaft oder eine Gesellschaft mit beschränkter Haftung ist, auch die nicht erschienenen Gesellschafter dieser Gesellschaft zugestimmt haben. [2]Wird eine Gesellschaft mit beschränkter Haftung, auf deren Geschäftsanteile nicht alle zu leistenden Einlagen in voller Höhe bewirkt sind, von einer Gesellschaft mit beschränkter Haftung durch Verschmelzung aufgenommen, so ist auch zu erklären, dass alle Gesellschafter dieser Gesellschaft dem Verschmelzungsbeschluss zugestimmt haben.
(2) *Der Anmeldung zum Register des Sitzes der übernehmenden Gesellschaft ist eine von den Geschäftsführern dieser Gesellschaft unterschriebene berichtigte Gesellschafterliste beizufügen.*	(2) Der Anmeldung zum Register des Sitzes der übernehmenden Gesellschaft ist eine von den Geschäftsführern dieser Gesellschaft unterschriebene berichtigte Gesellschafterliste beizufügen.
§ 54 UmwG a.F.	**§ 54 UmwG n.F.**
Verschmelzung ohne Kapitalerhöhung	**Verschmelzung ohne Kapitalerhöhung**
(1) *[1]Die übernehmende Gesellschaft darf zur Durchführung der Verschmelzung ihr Stammkapital nicht erhöhen, soweit* *1. sie Anteile eines übertragenden Rechtsträgers innehat;* *2. ein übertragender Rechtsträger eigene Anteile innehat oder* *3. ein übertragender Rechtsträger Geschäftsanteile dieser Gesellschaft innehat, auf welche die Einlagen nicht in voller Höhe bewirkt sind.* *[2]Die übernehmende Gesellschaft braucht ihr Stammkapital nicht zu erhöhen, soweit* *1. sie eigene Geschäftsanteile innehat oder* *2. ein übertragender Rechtsträger Geschäftsanteile dieser Gesellschaft innehat, auf welche die Einlagen bereits in voller Höhe bewirkt sind.*	(1) [1]Die übernehmende Gesellschaft darf zur Durchführung der Verschmelzung ihr Stammkapital nicht erhöhen, soweit 1. sie Anteile eines übertragenden Rechtsträgers innehat; 2. ein übertragender Rechtsträger eigene Anteile innehat oder 3. ein übertragender Rechtsträger Geschäftsanteile dieser Gesellschaft innehat, auf welche die Einlagen nicht in voller Höhe bewirkt sind. [2]Die übernehmende Gesellschaft braucht ihr Stammkapital nicht zu erhöhen, soweit 1. sie eigene Geschäftsanteile innehat oder 2. ein übertragender Rechtsträger Geschäftsanteile dieser Gesellschaft innehat, auf welche die Einlagen bereits in voller Höhe bewirkt sind. [3]Die übernehmende Gesellschaft darf von der Gewährung von Geschäftsanteilen absehen, wenn alle Anteilsinhaber eines übertragenden Rechtsträgers darauf verzichten; die Verzichtserklärungen sind notariell zu beurkunden.

(2) *Absatz 1 gilt entsprechend, wenn Inhaber der dort bezeichneten Anteile ein Dritter ist, der im eigenen Namen, jedoch in einem Fall des Absatzes 1 Satz 1 Nr. 1 oder des Absatzes 1 Satz 2 Nr. 1 für Rechnung der übernehmenden Gesellschaft oder in einem der anderen Fälle des Absatzes 1 für Rechnung des übertragenden Rechtsträgers handelt.*	(2) Absatz 1 gilt entsprechend, wenn Inhaber der dort bezeichneten Anteile ein Dritter ist, der im eigenen Namen, jedoch in einem Fall des Absatzes 1 Satz 1 Nr. 1 oder des Absatzes 1 Satz 2 Nr. 1 für Rechnung der übernehmenden Gesellschaft oder in einem der anderen Fälle des Absatzes 1 für Rechnung des übertragenden Rechtsträgers handelt.
(3) *¹Soweit zur Durchführung der Verschmelzung Geschäftsanteile der übernehmenden Gesellschaft, die sie selbst oder ein übertragender Rechtsträger innehat, geteilt werden müssen, um sie den Anteilsinhabern eines übertragenden Rechtsträgers gewähren zu können, sind Bestimmungen des Gesellschaftsvertrags, welche die Teilung der Geschäftsanteile der übernehmenden Gesellschaft ausschließen oder erschweren, sowie § 5 Abs. 1 zweiter Halbsatz und Abs. 3 Satz 2 des Gesetzes betreffend die Gesellschaften mit beschränkter Haftung nicht anzuwenden; jedoch muss der Nennbetrag jedes Teils der Geschäftsanteile mindestens fünfzig Euro betragen und durch zehn teilbar sein. ²Satz 1 gilt entsprechend, wenn Inhaber der Geschäftsanteile ein Dritter ist, der im eigenen Namen, jedoch für Rechnung der übernehmenden Gesellschaft oder eines übertragenden Rechtsträgers handelt.*	(3) ¹Soweit zur Durchführung der Verschmelzung Geschäftsanteile der übernehmenden Gesellschaft, die sie selbst oder ein übertragender Rechtsträger innehat, geteilt werden müssen, um sie den Anteilsinhabern eines übertragenden Rechtsträgers gewähren zu können, sind Bestimmungen des Gesellschaftsvertrags, welche die Teilung der Geschäftsanteile der übernehmenden Gesellschaft ausschließen oder erschweren, sowie § 5 Abs. 1 zweiter Halbsatz und Abs. 3 Satz 2 des Gesetzes betreffend die Gesellschaften mit beschränkter Haftung nicht anzuwenden; jedoch muss der Nennbetrag jedes Teils der Geschäftsanteile mindestens fünfzig Euro betragen und durch zehn teilbar sein. ²Satz 1 gilt entsprechend, wenn Inhaber der Geschäftsanteile ein Dritter ist, der im eigenen Namen, jedoch für Rechnung der übernehmenden Gesellschaft oder eines übertragenden Rechtsträgers handelt.
(4) *Im Verschmelzungsvertrag festgesetzte bare Zuzahlungen dürfen nicht den zehnten Teil des Gesamtnennbetrags der gewährten Geschäftsanteile der übernehmenden Gesellschaft übersteigen..*	(4) Im Verschmelzungsvertrag festgesetzte bare Zuzahlungen dürfen nicht den zehnten Teil des Gesamtnennbetrags der gewährten Geschäftsanteile der übernehmenden Gesellschaft übersteigen.
Zweites Buch Verschmelzung	**Zweites Buch** Verschmelzung
Zweiter Teil Besondere Vorschriften	**Zweiter Teil** Besondere Vorschriften
Zweiter Abschnitt Verschmelzung unter Beteiligung von Gesellschaften mit beschränkter Haftung	**Zweiter Abschnitt** Verschmelzung unter Beteiligung von Gesellschaften mit beschränkter Haftung
Zweiter Unterabschnitt Verschmelzung durch Neugründung	**Zweiter Unterabschnitt** Verschmelzung durch Neugründung
§ 59 UmwG a.F.	**§ 59 UmwG n.F.**
Verschmelzungsbeschlüsse	**Verschmelzungsbeschlüsse**
¹Der Gesellschaftsvertrag der neuen Gesellschaft wird nur wirksam, wenn ihm die Anteilsinhaber jedes der übertragenden Rechtsträger durch Verschmelzungsbeschluss zustimmen. ²Dies gilt entsprechend für die Bestellung der Mitglieder des Aufsichtsrats der neuen Gesellschaft, soweit sie von den Anteilsinhabern der übertragenden Rechtsträger zu wählen sind.	¹Der Gesellschaftsvertrag der neuen Gesellschaft wird nur wirksam, wenn ihm die Anteilsinhaber jedes der übertragenden Rechtsträger durch Verschmelzungsbeschluss zustimmen. ²Dies gilt entsprechend für die Bestellung der Geschäftsführer und der Mitglieder des Aufsichtsrats der neuen Gesellschaft, soweit sie von den Anteilsinhabern der übertragenden Rechtsträger zu wählen sind.

Zweites Gesetz zur Änderung des Umwandlungsgesetzes

Zweites Buch Verschmelzung *Zweiter Teil Besondere Vorschriften* *Dritter Abschnitt Verschmelzung unter Beteiligung von Aktiengesellschaften* *Erster Unterabschnitt Verschmelzung durch Aufnahme*	**Zweites Buch** Verschmelzung **Zweiter Teil** Besondere Vorschriften **Dritter Abschnitt** Verschmelzung unter Beteiligung von Aktiengesellschaften **Erster Unterabschnitt** Verschmelzung durch Aufnahme
§ 67 UmwG a.F.	**§ 67 UmwG n.F.**
Anwendung der Vorschriften über die Nachgründung *¹Wird der Verschmelzungsvertrag in den ersten zwei Jahren seit Eintragung der übernehmenden Gesellschaft in das Register geschlossen, so ist § 52 Abs. 3, 4, 7 bis 9 des Aktiengesetzes über die Nachgründung entsprechend anzuwenden. ²Dies gilt nicht, wenn auf die zu gewährenden Aktien nicht mehr als der zehnte Teil des Grundkapitals dieser Gesellschaft entfällt. ³Wird zur Durchführung der Verschmelzung das Grundkapital erhöht, so ist der Berechnung das erhöhte Grundkapital zugrunde zu legen.*	**Anwendung der Vorschriften über die Nachgründung** ¹Wird der Verschmelzungsvertrag in den ersten zwei Jahren seit Eintragung der übernehmenden Gesellschaft in das Register geschlossen, so ist § 52 Abs. 3, 4, 6 bis 9 des Aktiengesetzes über die Nachgründung entsprechend anzuwenden. ²Dies gilt nicht, wenn auf die zu gewährenden Aktien nicht mehr als der zehnte Teil des Grundkapitals dieser Gesellschaft entfällt oder wenn diese Gesellschaft ihre Rechtsform durch Formwechsel einer Gesellschaft mit beschränkter Haftung erlangt hat, die zuvor bereits seit mindestens zwei Jahren im Handelsregister eingetragen war. ³Wird zur Durchführung der Verschmelzung das Grundkapital erhöht, so ist der Berechnung das erhöhte Grundkapital zugrunde zu legen.
§ 68 UmwG a.F.	**§ 68 UmwG n.F.**
Verschmelzung ohne Kapitalerhöhung *(1) ¹Die übernehmende Gesellschaft darf zur Durchführung der Verschmelzung ihr Grundkapital nicht erhöhen, soweit* *1. sie Anteile eines übertragenden Rechtsträgers innehat;* *2. ein übertragender Rechtsträger eigene Anteile innehat oder* *3. ein übertragender Rechtsträger Aktien dieser Gesellschaft besitzt, auf die der Ausgabebetrag nicht voll geleistet ist.* *²Die übernehmende Gesellschaft braucht ihr Grundkapital nicht zu erhöhen, soweit* *1. sie eigene Aktien besitzt oder* *2. ein übertragender Rechtsträger Aktien dieser Gesellschaft besitzt, auf die der Ausgabebetrag bereits voll geleistet ist.*	**Verschmeizung ohne Kapitalerhöhung** (1) ¹Die übernehmende Gesellschaft darf zur Durchführung der Verschmelzung ihr Grundkapital nicht erhöhen, soweit 1. sie Anteile eines übertragenden Rechtsträgers innehat; 2. ein übertragender Rechtsträger eigene Anteile innehat oder 3. ein übertragender Rechtsträger Aktien dieser Gesellschaft besitzt, auf die der Ausgabebetrag nicht voll geleistet ist. ²Die übernehmende Gesellschaft braucht ihr Grundkapital nicht zu erhöhen, soweit 1. sie eigene Aktien besitzt oder 2. ein übertragender Rechtsträger Aktien dieser Gesellschaft besitzt, auf die der Ausgabebetrag bereits voll geleistet ist. ³Die übernehmende Gesellschaft darf von der Gewährung von Aktien absehen, wenn alle Anteilsinhaber eines übertragenden Rechtsträgers darauf verzichten; die Verzichtserklärungen sind notariell zu beurkunden.

(2) Absatz 1 gilt entsprechend, wenn Inhaber der dort bezeichneten Anteile ein Dritter ist, der im eigenen Namen, jedoch in einem Fall des Absatzes 1 Satz 1 Nr. 1 oder des Absatzes 1 Satz 2 Nr. 1 für Rechnung der übernehmenden Gesellschaft oder in einem der anderen Fälle des Absatzes 1 für Rechnung des übertragenden Rechtsträgers handelt.	(2) Absatz 1 gilt entsprechend, wenn Inhaber der dort bezeichneten Anteile ein Dritter ist, der im eigenen Namen, jedoch in einem Fall des Absatzes 1 Satz 1 Nr. 1 oder des Absatzes 1 Satz 2 Nr. 1 für Rechnung der übernehmenden Gesellschaft oder in einem der anderen Fälle des Absatzes 1 für Rechnung des übertragenden Rechtsträgers handelt.
(3) Im Verschmelzungsvertrag festgesetzte bare Zuzahlungen dürfen nicht den zehnten Teil des auf die gewährten Aktien der übernehmenden Gesellschaft entfallenden anteiligen Betrags ihres Grundkapitals übersteigen.	(3) Im Verschmelzungsvertrag festgesetzte bare Zuzahlungen dürfen nicht den zehnten Teil des auf die gewährten Aktien der übernehmenden Gesellschaft entfallenden anteiligen Betrags ihres Grundkapitals übersteigen.
***Zweites Buch** Verschmelzung* ***Zweiter Teil** Besondere Vorschriften* ***Siebenter Abschnitt** Verschmelzung genossenschaftlicher Prüfungsverbände*	**Zweites Buch** Verschmelzung **Zweiter Teil** Besondere Vorschriften **Siebenter Abschnitt** Verschmelzung genossenschaftlicher Prüfungsverbände
§ 105 UmwG a.F.	**§ 105 UmwG n.F.**
Möglichkeit der Verschmelzung	**Möglichkeit der Verschmelzung**
Genossenschaftliche Prüfungsverbände können nur im Wege der Aufnahme eines Verbandes (übertragender Verband) durch einen anderen Verband (übernehmender Verband) verschmolzen werden.	[1]Genossenschaftliche Prüfungsverbände können nur miteinander verschmolzen werden. [2]Ein genossenschaftlicher Prüfungsverband kann ferner als übernehmender Verband einen rechtsfähigen Verein aufnehmen, wenn bei diesem die Voraussetzungen des § 63b Abs. 2 Satz 1 des Genossenschaftsgesetzes bestehen und die in § 107 Abs. 2 genannte Behörde dem Verschmelzungsvertrag zugestimmt hat.
	Zweites Buch Verschmelzung **Zweiter Teil** Besondere Vorschriften **Zehnter Abschnitt** Grenzüberschreitende Verschmelzung von Kapitalgesellschaften
	§ 122a UmwG n.F.
	Grenzüberschreitende Verschmelzung
	(1) Eine grenzüberschreitende Verschmelzung ist eine Verschmelzung, bei der mindestens eine der beteiligten Gesellschaften dem Recht eines anderen Mitgliedstaats der Europäischen Union oder eines anderen Vertragsstaats des Abkommens über den Europäischen Wirtschaftsraum unterliegt.
	(2) Auf die Beteiligung einer Kapitalgesellschaft (§ 3 Abs. 1 Nr. 2) an einer grenzüberschreitenden Verschmelzung sind die Vorschriften des Ersten Teils und des Zweiten, Dritten und Vierten Abschnitts des Zweiten Teils entsprechend anzuwenden, soweit sich aus diesem Abschnitt nichts anderes ergibt.

2. Verschmelzungsfähige Gesellschaften - persönlicher Anwendungsbereich[20] (§ 122b UmwG)

Gemäß § 122b Abs. 1 UmwG können als übertragende, übernehmende oder durch Verschmelzung neu entstehende Gesellschaft nur Kapitalgesellschaften i.S.d. Art. 2 Nr. 1 Verschmelzungsrichtlinie beteiligt sein, die nach dem Recht eines EU-/EWR-Staates gegründet worden sind und ihren satzungsmäßigen Sitz, ihre Hauptverwaltung oder ihre Hauptniederlassung in einem EU-/EWR-Staat haben. § 122a UmwG definiert die grenzüberschreitende Verschmelzung bereits als Verschmelzung zwischen Gesellschaften, die dem Recht verschiedener EU-/EWR-Staaten unterliegen. Durch § 122a UmwG ist jedoch nicht sichergestellt, dass in allen diesen Staaten das auf die Gesellschaft anwendbare Recht immer das Gründungsrecht der Gesellschaft ist. Ferner ist es denkbar, dass Staaten Gesellschaften, die nach ihrem Recht gegründet worden sind, den identitätswahrenden Wegzug in einen Drittstaat erlauben. Durch die Regelung in § 122b Abs. 1 UmwG soll sichergestellt werden, dass im Hinblick auf die Staaten, die der Gründungstheorie folgen, die grenzüberschreitende Verschmelzung allein EU-/EWR-Gesellschaften offen steht.[21]

Kapitalgesellschaften i.S.d. Art. 2 Nr. 1 Verschmelzungsrichtlinie sind die in Art. 1 Publizitätsrichtlinie[22] genannten Gesellschaften[23] und Gesellschaften, die (i) eine eigene Rechtspersönlichkeit besitzen, (ii) über Gesellschaftskapital verfügen, das allein für die Verbindlichkeiten der Gesellschaft haftet, und die (iii) nach dem auf sie anwendbaren innerstaatlichen Recht Regelungen zum Schutz ihrer Gesellschafter und Dritter unterliegen, die den Regelungen der Publizitätsrichtlinie vergleichbar sind.[24] Nach deutschem Recht kommen die in § 3 Abs. 1 Nr. 2 UmwG aufgeführten Rechtsträger (Aktiengesellschaften, Gesellschaften mit beschränkter Haftung und Kommanditgesellschaften auf Aktien) und die Europäische Gesellschaft[25] mit Sitz in Deutschland als beteiligte Kapitalgesellschaften in Betracht.[26] In den persönlichen Anwendungsbereich fallen auch Gesellschaften, die nicht in der Publizitätsrichtlinie genannt werden, wenn es sich um juristische Personen handelt, die über Haftkapital verfügen und ausreichenden Schutzvorschriften unterliegen. Hierdurch wird es den EU-/EWR-Staaten ermöglicht über die Kapitalgesellschaft hinaus auch bspw.

---

20) Der persönliche Anwendungsbereich definiert für welche Rechtssubjekte der Zehnte Abschnitt Anwendung findet, also wer an grenzüberschreitenden Umstrukturierungen teilnehmen kann.
21) Vgl. *Kiem*, WM 2006 S. 1091 (1093).
22) *Erste Richtlinie 68/151/EWG des Rates v. 09.03.1968 zur Koordinierung der Schutzbestimmungen, die in den Mitgliedstaaten den Gesellschaften im Sinne des Art. 58 Abs. 2 des Vertrags im Interesse der Gesellschafter sowie Dritter vorgeschrieben sind, um diese Bestimmungen gleichwertig zu gestalten*, ABl. Nr. L 65 v. 14.03.1968 S. 8 (Publizitätsrichtlinie).
23) Gesellschaften im Sinne der Publizitätsrichtlinie umfassen nur die in deren Art. 1 aufgeführten Kapitalgesellschaften (für Deutschland sind dies die Aktiengesellschaft, die Kommanditgesellschaft auf Aktien und die Gesellschaft mit beschränkter Haftung). Gesellschaften i.S.d. *Richtlinie 90/434/EWG des Rates v. 23.07.1990 über das gemeinsame Steuersystem für Fusionen, Spaltungen, Abspaltungen, die Einbringung von Unternehmensteilen und den Austausch von Anteilen, die Gesellschaften verschiedener Mitgliedstaaten betreffen, sowie für die Verlegung des Sitzes einer Europäischen Gesellschaft oder einer Europäischen Genossenschaft von einem Mitgliedstaat in einen anderen Mitgliedstaat*, ABl. Nr. L 225 v. 20.08.1990 S. 1. (Fusionsrichtlinie; siehe hierzu auch unter Gliederungspunkt G) umfassen neben diesen Kapitalgesellschaften i.S.d. Art. 1 der Publizitätsrichtlinie auch sonstige Gesellschaftsformen, die nach Art. 3 Buchstaben b bis c nach dem Steuerrecht ihres Ansässigkeitsstaates als körperschaftsteuerpflichtig angesehen werden.
24) Vgl. Gesetzesbegründung v. 12.10.2006 zu § 122b UmwG, BT-Drs. 16/2919 S. 14 f.
25) Zur subsidiären Anwendbarkeit von allgemeinen umwandlungsrechtlichen Regelungen auf Europäische Gesellschaften als übertragende Rechtsträger neben Art. 66 SE-VO vgl. *Kossmann/Heinrich*, ZIP 2006 S. 164. Zur subsidiären Teilnahme der SE an grenzüberschreitenden Verschmelzungen als übernehmender Rechtsträger außerhalb der abschließend in der SE-VO geregelten Gründungen vgl. *Simon/Rubner*, Der Konzern 2006 S. 835 (837); *Drinhausen/Kleinath*, BB 2006 S. 725 (726).
26) Vgl. Gesetzesbegründung v. 12.10.2006 zu § 122b UmwG, BT-Drs. 16/2919 S. 14 f.

Genossenschaften in den persönlichen Anwendungsbereich einzubeziehen. Außerdem werden neue Rechtsformen, die zukünftig in den EU-/EWR-Staaten geschaffen werden und die die vorstehenden Voraussetzungen erfüllen, in den persönlichen Anwendungsbereich im „Vorwege" aufgenommen.[27]

Für Genossenschaften, die je nach rechtlicher Ausgestaltung in den einzelnen EU-Staaten in den Anwendungsbereich von Art. 2 Nr. 1 Verschmelzungsrichtlinie fallen können, wurde mit § 122b Abs. 2 Satz 1 Nr. 1 UmwG vom Wahlrecht des Art. 3 Abs. 2 Verschmelzungsrichtlinie Gebrauch gemacht, diese Gesellschaftsform von der Beteiligung an grenzüberschreitenden Verschmelzungen auszuschließen.[28] Explizit von der Beteiligung an grenzüberschreitenden Verschmelzungen nach dem Zehnten Abschnitt im Zweiten Teil des Zweiten Buchs ausgeschlossen sind Gesellschaften, die Publikums-Sondervermögen verwalten (§ 122b Abs. 2 Satz 1 Nr. 2, Satz 2 UmwG).

Durch die Beschränkung des persönlichen Anwendungsbereichs auf Kapitalgesellschaften sind zudem Personengesellschaften von der Beteiligung an grenzüberschreitenden Verschmelzungen nach dem Zehnten Abschnitt im Zweiten Teil des Zweiten Buches des UmwG ausgeschlossen. Mit der Beschränkung des persönlichen Anwendungsbereichs grenzüberschreitender Verschmelzungen auf Kapitalgesellschaften ist der deutsche Gesetzgeber seiner Pflicht zur Umsetzung der Verschmelzungsrichtlinie nachgekommen. Eine gesetzliche Absicherung der primärrechtlichen Möglichkeit grenzüberschreitender Verschmelzungen für Personengesellschaften nach Art. 43, Art. 48 EG-Vertrag, wie sie der Entscheidung des EuGH in der Rs. „SEVIC"[29] nach der überwiegenden Meinung im Schrifttum wohl entnommen werden muss,[30] bleibt der deutsche Gesetzgeber jedoch weiter schuldig.

III. Verfahren
1. Allgemeines (§ 122a Abs. 2 UmwG)

Um auf grenzüberschreitende Verschmelzungen das für innerstaatliche Verschmelzungen geltende Recht möglichst weitgehend zur Anwendung kommen zu lassen, erfolgte die Integration in das UmwG unter Generalverweisung auf die bestehenden Regelungen des UmwG (§ 122a Abs. 2 UmwG). Für grenzüberschreitende Verschmelzungen kommen somit weitestgehend die Bestimmungen zur Anwendung, wie sie auch für innerstaatliche Verschmelzungen gelten. Neuregelungen finden sich dort, wo die Verschmelzungsrichtlinie vom nationalen Recht abweichende Regelungen vorsieht oder, aufgrund des nicht rein innerstaatlichen Charakters der Verschmelzungen, die bisherigen Regelungen des Umwandlungsrechts keine adäquate Regelung boten.

---

27) Vgl. *Neye*, ZIP 2005 S. 1893 (1894).
28) Vgl. Gesetzesbegründung v. 12.10.2006 zu § 122b UmwG, BT-Drs. 16/2919 S. 14 f.
29) EuGH v. 13.12.2005, C-411/03, NZG 2006 S. 112 („SEVIC"); siehe hierzu auch die Ausführungen unter Gliederungspunkt F.I. und Gliederungspunkt F.V.1. Zur grenzüberschreitenden Mobilität von Gesellschaften vgl. auch die Entscheidungen des EuGH in der Rs. „Centros" (EuGH v. 09.03.1999, C-212/97, NZG 1999 S. 298); „Überseering" (EuGH v. 05.11.2002, C-208/00, NZG 2002 S. 1164); „Inspire Art" (EuGH v. 30.09.2003, C-167/01, NZG 2003 S. 1064).
30) Nach der Entscheidung des EuGH in der Rs. „SEVIC" müssten auch grenzüberschreitende Verschmelzungen von Personengesellschaften möglich sein. So auch *Geyrhalter/Weber*, DStR 2006 S. 146 (151); *Haritz/Wolff*, GmbHR 2006 S. 340 (341); *Kallmeyer/Kappes*, AG 2006 S. 224 (228); auf Personengesellschaften, die einen Erwerbszweck verfolgen abstellend *Spahlinger/Wegen*, NZG 2006 S. 721 (728). Zur weitergehenden Ausdehnung der grenzüberschreitenden Verschmelzung auf Personengesellschaft an sich vgl. *Bayer/Schmidt*, NZG 2006 S. 841; *Kiem*, WM 2006 S. 1091 (1094); *Müller*, Der Konzern 2007 S. 98 (99).

2. Verschmelzungsplan (§ 122c UmwG)

a) Gemeinsamer Verschmelzungsplan (§ 122c Abs. 1 UmwG)

Die Vertretungsorgane der an einer grenzüberschreitenden Verschmelzung beteiligten Gesellschaften haben einen gemeinsamen Verschmelzungsplan aufzustellen (§ 122c Abs. 1 UmwG). Der gemeinsame Verschmelzungsplan tritt bei grenzüberschreitenden Verschmelzungen an die Stelle des für Verschmelzungen im UmwG vorgesehenen Verschmelzungsvertrags (§§ 4 ff. UmwG).[31]

b) Inhalt des Verschmelzungsplans (§ 122c Abs. 2 UmwG)

Der gemeinsame Verschmelzungsplan muss den in § 122c Abs. 2 Nr. 1 bis Nr. 12 UmwG genannten Mindestinhalt aufweisen. § 122c Abs. 2 UmwG hat alle in Art. 5 Verschmelzungsrichtlinie geforderten Angaben übernommen.

Soweit sich alle Anteile an der übertragenden Gesellschaft in der Hand der übernehmenden Gesellschaft befinden, entfallen die Angaben über den Umtausch der Anteile (§ 122c Abs. 2 Nr. 2, Nr. 3 und Nr. 5 UmwG) soweit sie die aufnehmende Gesellschaft betreffen (§ 122c Abs. 3 UmwG). Die Ausgestaltung der nachstehend aufgeführten Angaben in § 122c Abs. 2 UmwG als Mindestinhalt lässt Raum für die Ergänzung der Angaben durch die an der grenzüberschreitenden Verschmelzung beteiligten Gesellschaften:[32]

1. Rechtsform, Firma und Sitz aller beteiligten Kapitalgesellschaften
2. Umtauschverhältnis der Geschäftsanteile und gegebenenfalls Höhe barer Zuzahlungen
3. Einzelheiten der Übertragung der Gesellschaftsanteile der übernehmenden oder neuen Kapitalgesellschaft
4. voraussichtliche Auswirkungen der grenzüberschreitenden Verschmelzung auf die Beschäftigung
5. Zeitpunkt, ab dem die Gesellschaftsanteile ihren Inhabern das Recht auf die Beteiligung am Gewinn gewähren, sowie Besonderheiten, die sich auf dieses Recht auswirken
6. Verschmelzungsstichtag (Zeitpunkt, ab dem die Handlungen der übertragenden Kapitalgesellschaft als für Rechnung der übernehmenden oder neuen Gesellschaft vorgenommen gelten)
7. Rechte, die die übernehmende oder neue Kapitalgesellschaft mit Sonderrechten ausgestatteten Anteilsinhabern und den Inhabern anderer Wertpapiere gewährt, oder die für diese Personen vorgeschlagenen Maßnahmen
8. besondere Vorteile, die Sachverständigen, Verschmelzungsprüfern oder den Mitgliedern von Verwaltungs-, Leitungs-, Aufsichts- oder Kontrollorganen der an der grenzüberschreitenden Verschmelzung beteiligten Kapitalgesellschaften gewährt werden
9. die Satzung der übernehmenden oder neuen Kapitalgesellschaft
10. gegebenenfalls Angaben zu dem Verfahren, nach dem Einzelheiten über die Beteiligung der Arbeitnehmer an der Festlegung ihrer Mitbestimmungsrechte in der übernehmenden oder neuen Kapitalgesellschaft geregelt werden
11. Angaben zur Bewertung des auf die übernehmende oder neue Kapitalgesellschaft zu übertragenden Aktiv- und Passivvermögens
12. Stichtag der Bilanzen der beteiligten Kapitalgesellschaften, die der Festlegung der Verschmelzungsbedingungen zugrunde gelegt werden

---

31) Vgl. Gesetzesbegründung v. 12.10.2006 zu § 122c Abs. 1 UmwG, BT-Drs. 16/2919 S. 15.
32) Vgl. Gesetzesbegründung v. 12.10.2006 zu § 122c Abs. 2 UmwG, BT-Drs. 16/2919 S. 15.

Im Wesentlichen bestehen die folgenden Unterschiede zwischen dem Mindestinhalt nach § 5 Abs. 1 UmwG und § 122c Abs. 2 UmwG:

- Nach § 122c UmwG enthält der Verschmelzungsplan im Gegensatz zu § 5 Abs. 1 Nr. 2 UmwG keine Vereinbarung über die Übertragung des Vermögens jedes übertragenden Rechtsträgers als Ganzes gegen Gewährung von Anteilen oder Mitgliedschaften an dem übernehmenden Rechtsträger.[33] Der Grund hierfür liegt in der organisationsrechtlichen Natur, die dem Verschmelzungsplan in vielen EU-Staaten beigemessen wird, im Gegensatz zum schuldrechtlichen Charakter des Verschmelzungsvertrags nach deutschem Recht.[34]
- § 122c Abs. 2 Nr. 2 UmwG weicht vom Wortlaut des § 5 Abs. 1 Nr. 3 UmwG ab, da an grenzüberschreitenden Verschmelzungen nur Kapitalgesellschaften beteiligt sind, so dass Angaben über die Mitgliedschaften entbehrlich waren.[35]
- Im Verschmelzungsplan sind gemäß § 122c Abs. 2 Nr. 4 UmwG Angaben über die voraussichtlichen Auswirkungen der Verschmelzung auf die Beschäftigung zu machen. Gemäß § 5 Abs. 1 Nr. 9 UmwG sind die Folgen für die Arbeitnehmer und ihre Vertretungen und insoweit vorgesehene Maßnahmen anzugeben. § 122c Abs. 2 Nr. 4 UmwG ist insofern enger gefasst, als er nur die Angabe *voraussichtlicher* Auswirkungen erfordert und auch nur die Angabe der Auswirkungen auf die Beschäftigung, so dass nicht die Auswirkungen auf die Vertretungen der Arbeitnehmer und die eventuell vorgesehenen Maßnahmen angegeben werden müssen.[36]
- Im Gegensatz zu § 5 UmwG fordert § 122c Abs. 2 Nr. 9 UmwG, dass die Satzung der übernehmenden oder durch die Verschmelzung neu entstehenden Gesellschaft generell Bestandteil des Verschmelzungsplans ist sowie, dass nach § 122c Abs. 2 Nr. 10 UmwG Angaben zu dem Verfahren, nach dem Einzelheiten über die Beteiligung der Arbeitnehmer an der Festlegung ihrer Mitbestimmungsrechte in der übernehmenden oder neuen Kapitalgesellschaft geregelt werden, in den Verschmelzungsplan aufgenommen werden.[37]
- Nach den Formulierungen in § 122c Abs. 2 Nr. 11 und Nr. 12 UmwG, die wortgetreu aus Art. 5 Buchst. k) und l) Verschmelzungsrichtlinie übernommen wurden, spricht einiges dafür, dass zumindest der Jahresabschluss einer jeden übertragenden Gesellschaft mit in den Verschmelzungsplan aufzunehmen ist. Ferner empfiehlt es sich auch den Jahresabschluss[38] des übernehmenden Rechtsträgers als Bestandteil des Verschmelzungsplans aufzunehmen, da nur unter Einbeziehung dieses Jahresabschlusses die Festlegung des Umtauschverhältnisses der Geschäftsanteile und gegebenenfalls Höhe barer Zuzahlungen i.S.v. § 122c Abs. 2 Nr. 2 UmwG erfolgen kann.[39] § 122c Abs. 2 Nr. 11 und Nr. 12 UmwG sollen zu einer größeren Transparenz schon im Verschmelzungsplan führen.[40] Diese größere Transparenz ließe sich gerade dadurch erreichen, dass bereits im Verschmelzungsplan gemäß § 122c Abs. 2 Nr. 11 und Nr. 12 UmwG geregelt wird, zu welchem Zeitpunkt und mit welchen handelsrechtlichen Werten das Aktiv- und Passivvermögen der übertragenden

---

33) Vgl. *Kiem*, WM 2006 S. 1091 (1094 f.), m.w.N.
34) Vgl. *Kiem*, WM 2006 S. 1091 (1094 f.).
35) Vgl. *Kiem*, WM 2006 S. 1091 (1094 f.), m.w.N.
36) Vgl. *HRA des DAV*, NZG 2006 S. 737 (740).
37) Vgl. *Kiem*, WM 2006 S. 1091 (1094f), m.w.N.
38) Hier spricht viel dafür, die nach dem Recht des Staates des übernehmenden Rechtsträgers erstellten Jahresabschlüsse der übertragenden Rechtsträger, wie sie der Berechnung des Umtauschverhältnisses tatsächlich zu Grunde gelegt werden, in den Verschmelzungsplan aufzunehmen.
39) Vgl. *Haritz/Wolff*, GmbHR 2006 S. 340 (341).
40) Vgl. *Neye*, ZIP 2005 S. 1893 (1896).

und der übernehmenden Gesellschaft für die Ermittlung der Umtauschverhältnisse der Geschäftsanteile anzusetzen ist.

c) Notarielle Beurkundung des Verschmelzungsplans (§ 122c Abs. 4 UmwG)

Nach § 122c Abs. 4 UmwG ist der gemeinsame Verschmelzungsplan notariell zu beurkunden. Damit gilt für grenzüberschreitende Verschmelzungen vom Gesetzeswortlaut das gleiche Formerfordernis wie nach § 6 UmwG für innerstaatliche Verschmelzungen. Weder dem Gesetz noch der Gesetzesbegründung[41] sind jedoch befriedigende Antworten auf die wesentlichen Fragen zu entnehmen, von wem beurkundet werden darf und in welcher Sprache zu beurkunden ist, wenn Rechtsträger aus verschiedenen EU-/EWR-Sprachkreisen beteiligt sind und ein gemeinsamer Verschmelzungsplan zu beurkunden ist.[42]

d) Bekanntmachung des Verschmelzungsplans (§ 122d UmwG)

Spätestens einen Monat vor der Versammlung der Anteilsinhaber des an der grenzüberschreitenden Verschmelzung beteiligten Rechtsträgers, die nach § 13 UmwG über die Zustimmung zum Verschmelzungsplan beschließen soll, ist der Verschmelzungsplan oder sein Entwurf beim zuständigen Registergericht einzureichen (§ 122d Satz 1 UmwG). Dabei sind die vom Registergericht zusammen mit dem Hinweis auf die Einreichung des Verschmelzungsplans oder seines Entwurfs unverzüglich bekannt zu machenden Angaben i.S.d. § 122d Satz 2 Nr. 1 bis Nr. 4 UmwG dem Registergericht mitzuteilen (§ 122d Satz 3 UmwG). Eine Zuleitung des Verschmelzungsplans oder seines Entwurfs an die Arbeitnehmer (oder in deren Vertretung an den jeweiligen Betriebsrat), wie sie § 5 Abs. 3 UmwG für innerstaatliche Verschmelzungen vorsieht, ist für grenzüberschreitende Verschmelzungen nicht vorgesehen. Den Arbeitnehmern (bzw. deren Vertretern) ist im Rahmen grenzüberschreitender Verschmelzungen jedoch in Abweichung zu innerstaatlichen Verschmelzungen der Verschmelzungsbericht offen zu legen.[43]

3. Verschmelzungsbericht (§ 122e UmwG)

a) Erstellung des Verschmelzungsberichts (§ 122a Abs. 2, § 8, § 122e Satz 3 UmwG)

Nach § 122e Satz 1 UmwG sind in einem Verschmelzungsbericht nach § 8 UmwG die Auswirkungen der grenzüberschreitenden Verschmelzung auf die Gläubiger und Arbeitnehmer der an der Verschmelzung beteiligten Gesellschaft zu erläutern. Nach der Verweisung in § 122a Abs. 2 UmwG gelten die allgemeinen Regelungen in § 8 UmwG zum Verschmelzungsbericht. § 8 UmwG sieht die Erstellung eines solchen Verschmelzungsberichts durch die Vertretungsorgane jeder an der Verschmelzung beteiligten, dem deutschen UmwG unterliegenden Gesellschaft vor.

Ein Verzicht auf die Erstellung eines Verschmelzungsberichts, wie ihn § 8 Abs. 3 UmwG vorsieht, ist in Übereinstimmung mit Art. 7 Verschmelzungsrichtlinie nach § 122e Satz 3 UmwG ausgeschlossen.[44]

---

41) Vgl. Gesetzesbegründung v. 12.10.2006 zu § 122c Abs. 4 UmwG, BT-Drs. 16/2919 S. 15.
42) Siehe hierzu *Bayer/Schmidt*, NZG 2006 S. 841 (842); *Geyrhalter/Weber*, DStR 2006 S. 146 (148), die mit Rechtsprechungshinweisen zur Parallelvorschrift des § 6 UmwG davon ausgehen, dass in deutscher Sprache und von einem deutschen Notar zu beurkunden ist. Hingegen gehen *Haritz/Wolff*, GmbHR 2006 S. 340 (341) davon aus, dass es einer Klärung durch den Gesetzgeber bedarf.
43) Siehe hierzu die näheren Ausführungen unter Gliederungspunkt F.3.III. c).
44) Vgl. *Haritz/Wolff*, GmbHR 2006 S. 340 (342).

Die Möglichkeit der Erstellung eines gemeinsamen Verschmelzungsberichts gemäß § 8 Satz 1 2. HS UmwG ist zweifelhaft.[45] Nach dem Wortlaut von Art. 7 der Verschmelzungsrichtlinie hat das Leitungs- oder Verwaltungsorgan jeder der sich verschmelzenden Gesellschaften einen Verschmelzungsbericht zu erstellen. Es ist deshalb fraglich, ob ein gemeinsamer Verschmelzungsbericht, wie ihn § 8 Satz 1 2. HS UmwG vorsieht, von dem Wortlaut des Art. 7 Verschmelzungsrichtlinie gedeckt ist.[46] Bis zur Klärung dieser Frage empfiehlt sich deshalb die Erstellung getrennter Verschmelzungsberichte.

b) Inhalt des Verschmelzungsberichts (§ 122a Abs. 2, § 8, § 122e Satz 1 UmwG)

Nach Art. 7 Verschmelzungsrichtlinie sind im Verschmelzungsbericht die rechtlichen und wirtschaftlichen Aspekte der Verschmelzung sowohl zu erläutern als auch zu begründen. Ferner sind die Auswirkungen der Verschmelzung auf die Anteilsinhaber, die Gläubiger und die Arbeitnehmer zu erläutern. § 122e Satz 1 UmwG erweitert den in § 8 UmwG vorgesehenen Inhalt richtlinienkonform um die Notwendigkeit, die Auswirkungen der Verschmelzung auf Gläubiger und Arbeitnehmer der beteiligten Gesellschaft zu erläutern.[47]

c) Offenlegung des Verschmelzungsberichts gegenüber Anteilsinhabern und Betriebsrat (§ 122e Satz 2, § 63 Abs. 1 Nr. 4 UmwG)

Der Verschmelzungsbericht ist nach § 122e Satz 2 UmwG den Anteilsinhabern sowie den Arbeitnehmern (bei Existenz eines Betriebsrats diesem in Vertretung der Arbeitnehmer) spätestens einen Monat vor der Anteilsinhaberversammlung, die gemäß § 122a Abs. 2 UmwG i.V.m. § 13 UmwG über die Zustimmung zum Verschmelzungsplan beschließen soll, zugänglich zu machen. Dieser Pflicht wird durch Auslage in den Geschäftsräumen der beteiligten Gesellschaft genügt (§ 122e Satz 2, § 63 Abs. 1 Nr. 4 UmwG). Im Unterschied zu innerstaatlichen Verschmelzungen ist damit der Verschmelzungsbericht neben den Anteilsinhabern auch den Arbeitnehmern (dem Betriebsrat in Vertretung) offen zu legen. Diese Pflicht ergänzt die Verpflichtung, die Auswirkungen der Verschmelzung auf die Arbeitnehmer im Verschmelzungsbericht zu erläutern.

4. Verschmelzungsprüfung und Prüfungsbericht (§ 122f UmwG)

Der Verschmelzungsplan oder sein Entwurf ist entsprechend den allgemeinen Vorschriften für die Prüfung von Verschmelzungsverträgen bei innerstaatlichen Verschmelzungen nach den § 9 bis § 12 UmwG durch einen oder mehrere sachverständige Verschmelzungsprüfer zu prüfen (§ 122f UmwG); § 48 UmwG ist nicht anzuwenden. Der Prüfungsbericht muss spätestens einen Monat vor der Versammlung der Anteilsinhaber, die nach § 122f Satz 2 UmwG i.V.m. § 13 UmwG über die Zustimmung zum Verschmelzungsplan beschließen soll, vorliegen.[48]

Gemäß § 9 Abs. 3 UmwG ist § 8 Abs. 3 UmwG entsprechend anzuwenden. Eine Verschmelzungsprüfung kann somit bei Verzicht aller Anteilsinhaber der an der grenzüberschreiten-

---

45) A.A. *Kiem*, WM 2006 S. 1091 (1096), der wohl davon ausgeht, dass § 8 UmwG uneingeschränkt zur Anwendung kommt; vgl. hierzu jedoch auch *Bayer/Schmidt*, NJW 2006 S. 401 (406); *Müller*, Der Konzern 2007 S. 81 (82), die darauf hinweisen, dass ein gemeinsamer Bericht die Zulässigkeit nach den nationalen Rechtsordnungen aller beteiligten Gesellschaften voraussetzen würde. *Haritz/Wolff*, GmbHR 2006 S. 340 (342) gehen hingegen ebenfalls davon aus, dass zwei Verschmelzungsberichte zu erstellen sind.

46) Vgl. *HRA des DAV*, NZG 2006 S. 737 (741), der eine klarstellende Regelung dahingehend fordert, dass auch eine gemeinsame Erstellung des Verschmelzungsberichts gestattet wird; ebenso *Haritz/Wolff*, GmbHR 2006 S. 340 (342).

47) Vgl. *Kiem*, WM 2006 S. 1091 (1096).

48) Vgl. WPK-Magazin 2006, S. 44.

den Verschmelzung beteiligten Gesellschaften oder sofern sich alle Gesellschaftsanteile der übertragenden Gesellschaft in der Hand der übernehmenden Gesellschaft befinden, unterbleiben.[49] Strittig ist, ob der Verzicht der Anteilsinhaber aller an der grenzüberschreitenden Verschmelzung beteiligten Gesellschaften notariell zu beurkunden ist oder ob dieses Formerfordernis nur den Verzicht der Anteilsinhaber der dem deutschen Recht unterliegenden Gesellschaften trifft.[50]

Die sachverständigen Verschmelzungsprüfer werden grundsätzlich für jede beteiligte Gesellschaft gesondert tätig. Auf Antrag kann jedoch auch eine gemeinsame Verschmelzungsprüfung durchgeführt werden und ein gemeinsamer Prüfungsbericht erstellt werden. Durch die generelle Verweisung auf die Regelungen für innerstaatliche Verschmelzungen kommen für die an grenzüberschreitenden Verschmelzungen beteiligten deutschen Gesellschaften als Verschmelzungsprüfer ausschließlich Wirtschaftsprüfer, Wirtschaftsprüfungsgesellschaften und bei mittelgroßen Gesellschaften mit beschränkter Haftung oder mittelgroßen Personengesellschaften im Sinne des § 264a Abs. 1 HGB auch vereidigte Buchprüfer und Buchprüfungsgesellschaften[51] in Betracht.

5. Vorbereitung der Anteilsinhaberversammlung
(§ 122a Abs. 2, § 49 Abs. 2, § 63, § 78 i.V.m. § 63 UmwG)

Weder die Verschmelzungsrichtlinie noch die Regelungen des Zehnten Abschnitt im Zweiten Teil des Zweiten Buches des UmwG enthalten spezielle Regelungen zur Anteilsinhaberversammlung. Nach der pauschalen Verweisung des § 122a Abs. 2 UmwG richten sich die Modalitäten der Anteilsinhaberversammlung somit nach den allgemeinen Regelungen für innerstaatliche Verschmelzungen.

Ist an einer grenzüberschreitenden Verschmelzung eine dem deutschen UmwG unterliegende Aktiengesellschaft (AG), Europäische Gesellschaft (SE) oder Kommanditgesellschaft auf Aktien (KGaA) beteiligt, sind in den Geschäftsräumen der beteiligten Gesellschaft nach § 63 UmwG (für Aktiengesellschaften unmittelbar bzw. über Art. 53 der SE-VO für Europäische Gesellschaften und über die Verweisung des § 78 UmwG für Kommanditgesellschaften auf Aktien) von der Einberufung der Anteilsinhaberversammlung an bestimmte Dokumente zur Einsicht der Anteilsinhaber auszulegen. Dies sind:[52]

– der Verschmelzungsplan oder sein Entwurf (bei entsprechender Anwendung des für den Verschmelzungsvertrag bei nicht grenzüberschreitenden Verschmelzungen geltenden § 63 Abs. 1 Nr. 1 UmwG),
– der Verschmelzungsbericht nach § 122e UmwG (in entsprechender Anwendung des § 63 Abs. 1 Nr. 4 UmwG),
– der Prüfungsbericht nach § 122f UmwG (in entsprechender Anwendung des § 63 Abs. 1 Nr. 5 UmwG) und

---

49) Vgl. *Kiem*, WM 2006 S. 1091 (1097).
50) Vgl. *Müller*, Der Konzern 2007 S. 81 (83), der davon ausgeht, dass das Beurkundungserfordernis nur die Anteilsinhaber der Gesellschaften greift, die dem deutschen Recht unterliegen. A.A. *Bayer/Schmidt*, NZG 2006 S. 841 (842), die, von der notariellen Beurkundungspflicht aller beteiligten Gesellschaften ausgehend, die Notwendigkeit einer Regelung zur Möglichkeit der notariellen Beurkundung auch in anderen EU-/EWR-Staaten hervorhebend. Vgl. zur Notwendigkeit der Regelung der Möglichkeit von notariellen Beurkundungen in anderen EU-/EWR-Staaten auch die Ausführungen zur notariellen Beurkundung des gemeinsamen Verschmelzungsplans unter Gliederungspunkt F.III.2. c).
51) Über die Generalverweisung in § 122a Abs. 2 UmwG kommt es über § 11 Abs. 1, § 60 UmwG zur Anwendung der § 319 Abs. 1 bis Abs. 4 und § 319a Abs. 1 HGB und damit zur ausschließlichen Befähigung der Abschlussprüfer als Verschmelzungsprüfer.
52) Vgl. *Drinhausen/Keinath*, BB 2006 S. 725 (729).

- die Jahresabschlüsse bzw. Zwischenbilanzen und Lageberichte aller an der grenzüberschreitenden Verschmelzung beteiligten Kapitalgesellschaften für die letzen drei Geschäftsjahre (in entsprechender Anwendung des § 63 Abs. 1 Nr. 2 und Nr. 3 UmwG).

Bei Beteiligung einer dem deutschen UmwG unterliegenden Gesellschaft mit beschränkter Haftung (GmbH) an einer grenzüberschreitenden Verschmelzung sind nach § 122a Abs. 2, § 49 Abs. 2 UmwG von der Einberufung der Anteilsinhaberversammlung an in den Geschäftsräumen der Gesellschaft die Jahresabschlüsse und Lageberichte aller an der grenzüberschreitenden Verschmelzung beteiligten Rechtsträger für die letzten drei Geschäftsjahre zur Einsicht der Anteilsinhaber auszulegen.

Auszulegen sind bei grenzüberschreitenden Verschmelzungen aufgrund entsprechender Anwendung der Regelungen für nationale Verschmelzungen jeweils die Dokumente aller beteiligten Gesellschaften, auch die der beteiligten ausländischen Rechtsträger.[53] Abzuwarten bleibt, ob die Auslegung von Unterlagen in der jeweiligen Landessprache der beteiligten Gesellschaft zur Erfüllung der Verpflichtungen ausreicht oder ob eine, welchen Anforderungen auch immer entsprechende, Übersetzung in deutscher Sprache auszulegen ist.

6. Zustimmung der Anteilsinhaber / Verschmelzungsbeschluss (§ 122g, § 13 UmwG)

Weder die Verschmelzungsrichtlinie noch die Regelungen des Zehnten Abschnitt im Zweiten Teil des Zweiten Buches des UmwG enthalten spezielle Regelungen zur Anteilsinhaberversammlung. Nach der pauschalen Verweisung des § 122a Abs. 2 UmwG richten sich die Modalitäten der Anteilsinhaberversammlung somit nach den allgemeinen Regelungen für innerstaatliche Verschmelzungen. Daher sind grundsätzlich die allgemeinen Regelungen für die Zustimmung zum Verschmelzungsvertrag bei nationalen Verschmelzungen anzuwenden (§ 13 UmwG sowie §§ 50 ff. UmwG für Gesellschaften mit beschränkter Haftung, §§ 64 ff. UmwG für Aktiengesellschaften und Europäische Gesellschaften und § 78, §§ 64 ff. UmwG für Kommanditgesellschaften auf Aktien).[54]

Entsprechend Art. 9 Abs. 2 Verschmelzungsrichtlinie können die Anteilsinhaber nach § 122g Abs. 1 UmwG ihre Zustimmung davon abhängig machen, dass Art und Weise der Mitbestimmung der Arbeitnehmer[55] der übernehmenden oder neu durch Verschmelzung entstandenen Gesellschaft ausdrücklich von ihnen bestätigt werden. Mit dieser Regelung in Art. 9 Abs. 2 Verschmelzungsrichtlinie behalten die Anteilsinhaber der an der grenzüberschreitenden Verschmelzung beteiligten Kapitalgesellschaften das Letztentscheidungsrecht darüber, ob sie mit einer Mitbestimmungsvereinbarung zwischen den Unternehmensleitungen der beteiligten Kapitalgesellschaften und den Arbeitnehmervertretern einverstanden sind.[56]

Gemäß § 122g Abs. 2 UmwG ist ein Verschmelzungsbeschluss der Anteilsinhaber der übertragenden Gesellschaft nicht erforderlich, wenn sich sämtliche Anteile dieser Tochtergesellschaft in der Hand der übernehmenden Muttergesellschaft befinden.[57]

---

53) So schon *Drinhausen/Keinath*, RIW 2006 S. 81 (84) nach Erlass der Richtlinie; kritisch zu der Regelung des Richtlinienentwurfs Stellung nehmend *Maul/Theisen/Wenz*, BB 2003 S. 2633 (2638).
54) Vgl. Gesetzesbegründung v. 12.10.2006 zu § 122g UmwG, BT-Drs. 16/2919 S. 15 f.
55) Die Fragen der Arbeitnehmermitbestimmung wurden mit dem *Gesetz über die Mitbestimmung der Arbeitnehmer bei einer grenzüberschreitenden Verschmelzung* in einem eigenen Gesetz geregelt; MgVG v. 28.12.2006, BGBl. I 2006 S. 3332.
56) Vgl. *Neye*, ZIP 2005 S. 1893 (1896).
57) Vgl. *Bayer/Schmidt*, NZG 2006, 841 (843); *Müller*, Der Konzern 2007 S. 81 (83).

7. Registerverfahren: Verschmelzungsbescheinigung und Eintragung der Verschmelzung (§ 122k, § 122l UmwG)

a) **Allgemeines**

Die Kontrolle der Rechtmäßigkeit grenzüberschreitender Verschmelzungen ist nach Art. 10 und Art. 11 Verschmelzungsrichtlinie (entsprechende Regelungen finden sich in § 122k, § 122l UmwG) zweistufig ausgestaltet. Hierfür haben nach der Verschmelzungsrichtlinie die Mitgliedstaaten eine Stelle (ein Gericht, einen Notar oder eine Behörde) zu benennen, die für die Kontrolle der Rechtmäßigkeit der grenzüberschreitenden Verschmelzung für die ihrem innerstaatlichen Recht unterliegenden Gesellschaften zuständig ist.

Auf der ersten Stufe wird im Sitzstaat der beteiligten übertragenden Kapitalgesellschaften geprüft, ob der gemeinsame Verschmelzungsplan ordnungsgemäß aufgestellt und bekannt gemacht wurde.[58] Werden die Voraussetzungen für die grenzüberschreitende Verschmelzung im jeweiligen Sitzstaat des übertragenden Rechtsträgers erfüllt, wird von der zuständigen Stelle nach Art. 10 Abs. 2 Verschmelzungsrichtlinie unverzüglich eine Vorabbescheinigung (in Deutschland eine sog. Verschmelzungsbescheinigung i.S.d. § 122k UmwG) ausgestellt.

Auf der zweiten Stufe ist die Verschmelzung bei der für die übernehmende Gesellschaft zuständigen Stelle zur Kontrolle der Rechtmäßigkeit anzumelden. Hierzu sind die den beteiligten Kapitalgesellschaften ausgestellten Vorabbescheinigungen (in Deutschland eine sog. Verschmelzungsbescheinigung i.S.d. § 122k UmwG) im Sitzstaat der übernehmenden oder durch Verschmelzung neu entstehenden Kapitalgesellschaft der dort zuständigen Stelle einzureichen. Diese Stelle überprüft nach Art. 11 Verschmelzungsrichtlinie (eine entsprechende Regelung findet sich in § 122l UmwG) insbes., dass alle beteiligten Kapitalgesellschaften einem gleich lautenden Verschmelzungsplan zugestimmt haben und ob gegebenenfalls eine Mitbestimmungsvereinbarung nach Art. 16 der Verschmelzungsrichtlinie abgeschlossen worden ist.

Um auf grenzüberschreitende Verschmelzungen das für innerstaatliche Verschmelzungen geltende Recht möglichst weitgehend zur Anwendung kommen zu lassen, erfolgte die Integration in das UmwG unter Generalverweisung auf die bestehenden Regelungen des UmwG (§ 122a Abs. 2 UmwG). Für grenzüberschreitende Verschmelzungen kommen somit weitestgehend die Bestimmungen zur Anwendung, wie sie auch für innerstaatliche Verschmelzungen gelten. Neuregelungen finden sich dort, wo die Verschmelzungsrichtlinie vom nationalen Recht abweichende Regelungen vorsieht oder, aufgrund des nicht rein innerstaatlichen Charakters der Verschmelzungen, die bisherigen Regelungen des Umwandlungsrechts keine adäquate Regelung boten.

Durch das zweistufige Verfahren erfolgt die Rechtmäßigkeitsprüfung der Verschmelzung für die beteiligten Kapitalgesellschaften jeweils durch die zuständige Stelle des Sitzstaates der Kapitalgesellschaften. Eine Überprüfung der Rechtmäßigkeit der Verschmelzungsvoraussetzungen durch die zuständige Stelle im Sitzstaat des übernehmenden oder des durch Verschmelzung neu entstehenden Rechtsträgers, die sich auch auf die jeweilige nationalen umwandlungsrechtlichen Regelungen anderer Staaten erstrecken müsste, wird so vermieden. Die übertragenden Gesellschaften haben die Voraussetzungen der Verschmelzung zudem lediglich dem ohnehin für sie zuständigen Register nachzuweisen, was Doppelprüfungen bei den Registern der übertragenden und übernehmenden bzw. durch Verschmelzung neu entstehenden Gesellschaft vermeidet.[59]

---

58) Vgl. zum Umfang der Prüfungspflicht *Neye*, ZIP 2005 S. 1893 (1896); der jedoch (wie nach § 122k UmwG auch der deutsche Gesetzgeber) entgegen dem weiter gefassten Wortlaut des Art. 10 Abs. 2 der Verschmelzungsrichtlinie von einer Prüfung und Vorabbescheinigung nur für übertragende Gesellschaften ausgeht.

59) Vgl. *Neye/Timm*, DB 2006 S. 488 (492).

§ 122k und § 122l UmwG sehen als staatliche Stelle zur Überprüfung der Rechtmäßigkeit der grenzüberschreitenden Verschmelzung in Anlehnung an § 16 Abs. 1 Satz 1 UmwG das Registergericht des Sitzes der übertragenden (§ 122k UmwG) bzw. übernehmenden oder durch Verschmelzung neu entstehenden (§ 122l UmwG) Kapitalgesellschaft vor.[60] Durch die Benennung des Registergerichts des Sitzes der jeweiligen Gesellschaft als zuständige Stelle haben die Vertretungsorgane jeder an der grenzüberschreitenden Verschmelzung beteiligten übertragenden Kapitalgesellschaft, die deutschem Umwandlungsrecht unterliegt, die Verschmelzung beim Registergericht ihres Sitzes i.S.d. § 16 Abs. 1 Satz 1 UmwG anzumelden. Eine Anmeldung durch das Vertretungsorgan der übernehmenden Kapitalgesellschaft i.S.d. § 16 Abs. 1 Satz 2 UmwG ist hingegen nicht möglich, da § 122k Abs. 1 Satz 2 UmwG nur § 16 Abs. 2 und 3 für entsprechend anwendbar erklärt.[61]

b) Erste Stufe: deutsche Gesellschaft als übertragender Rechtsträger (§ 122k UmwG)

Für dem deutschen Umwandlungsrecht unterliegende Kapitalgesellschaften regelt § 122k UmwG das Verfahren zur Anmeldung der grenzüberschreitenden Verschmelzung zum Handelsregister des Gesellschaftssitzes sowie zur Ausstellung der vom deutschen Gesetzgeber als Verschmelzungsbescheinigung bezeichneten Vorabbescheinigung i.S.d. Art. 10 Abs. 2 Verschmelzungsrichtlinie.

In Abweichung vom Wortlaut des Art. 10 Abs. 2 Verschmelzungsrichtlinie wird das Prüfungsverfahren nur für übertragende und nicht für alle sich verschmelzenden Gesellschaften geregelt. Im Fall der Hineinverschmelzung entfällt damit die erste Stufe des Registerverfahrens in der in Art. 10 Verschmelzungsrichtlinie vorgesehenen Form. Es spricht deshalb einiges dafür, dass, wenn die übernehmende Gesellschaft dem deutschen Umwandlungsrecht unterliegt, im Rahmen der Prüfung auf der zweiten Stufe die Rechtmäßigkeitskontrolle des § 122k UmwG vom Registergericht mit vorgenommen wird.[62]

Die Regelungen der § 16 Abs. 2 und Abs. 3 sowie § 17 UmwG zur Anmeldung einer Verschmelzung nach nationalem Recht gelten nach der expliziten Verweisung in § 122k Abs. 1 Satz 2 UmwG grundsätzlich entsprechend. Aus der vom deutschen Gesetzgeber nicht durchgängig umgesetzten Zweistufigkeit des Rechtmäßigkeitsverfahrens lässt sich wohl nicht schließen, dass eine Negativerklärung i.S.d. § 16 Abs. 2 UmwG im Hinblick auf die Verschmelzungsbeschlüsse der Anteilsinhaber der übertragenden bzw. der aufnehmenden Gesellschaft nicht erforderlich ist, wenn diese keiner Prüfung nach § 122k UmwG unterliegen.[63] Gleiches gilt auch für Unterlagen i.S.d. § 17 UmwG, die nicht den übertragenden Rechtsträger betreffen.

Das Registergericht prüft nach § 122k Abs. 2 Satz 1 UmwG, ob die Voraussetzungen für die grenzüberschreitende Verschmelzung von der anmeldenden Kapitalgesellschaft erfüllt werden und stellt gegebenenfalls unverzüglich eine Verschmelzungsbescheinigung aus. Als Verschmelzungsbescheinigung gilt die Nachricht über die Eintragung der Verschmelzung im Register (§ 122k Abs. 2 Satz 2 UmwG).

Die Mitglieder des Vertretungsorgans der übertragenden Kapitalgesellschaft haben nach § 122k Abs. 1 Satz 3 UmwG bei der Anmeldung der Verschmelzung eine Versicherung abzu-

---

60) Vgl. Gesetzesbegründung v. 12.10.2006 zu § 122k Abs. 1 UmwG bzw. zu § 122l Abs. 1 UmwG, BT-Drs. 16/2919 S. 17 f.
61) Vgl. zur Anregung eines erweiterten Verweises *HRA des DAV*, NZG 2006 S. 737 (742).
62) Vgl. im Ergebnis auch *Drinhausen/Keinath*, BB 2006 S. 725 (729); *Kiem*, WM 2006 S. 1091 (1099). Zu Bedenken gegen die, in den Fällen der deutschen übernehmenden bzw. neuen Gesellschaft, im UmwG entgegen dem Wortlaut der Verschmelzungsrichtlinie lediglich einstufig geregelte Rechtmäßigkeitskontrolle vgl. *Haritz/Wolff*, GmbHR 2006 S. 340 (343).
63) Vgl. *Kiem*, WM 2006 S. 1091 (1099).

geben, dass allen Gläubigern der übertragenden Gesellschaft, die nach § 122j UmwG einen Anspruch auf Sicherheitsleistung haben, angemessene Sicherheit geleistet wurde. Ohne diese Versicherung stellt das zuständige Registergericht keine Verschmelzungsbescheinigung aus (§ 122k Abs. 2 Satz 4 UmwG). Um eine effektive Durchsetzung des Gläubigerschutzes bei grenzüberschreitenden Verschmelzungen zu gewährleisten, ist gemäß § 314a UmwG die Abgabe einer falschen Versicherung durch Mitglieder des Vertretungsorgans der übertragenden Kapitalgesellschaft mit Freiheitsstrafe bis zu drei Jahren oder mit Geldstrafe zu bestrafen.[64] Ein anhängiges Spruchverfahren hindert nicht die Ausstellung der Verschmelzungsbescheinigung nach § 122k Abs. 2 Satz 5 UmwG, ist aber in der Verschmelzungsbescheinigung anzugeben.[65] Das Vertretungsorgan der übertragenden Gesellschaft hat die Verschmelzungsbescheinigung innerhalb von 6 Monaten nach ihrer Ausstellung zusammen mit dem Verschmelzungsplan der zuständigen Stelle vorzulegen, deren Recht die übernehmende oder durch Verschmelzung neu entstehende Gesellschaft unterliegt (§ 122k Abs. 3 UmwG).

Nach Eingang der Mitteilung über das Wirksamwerden der grenzüberschreitenden Verschmelzung durch das Register des übernehmenden Rechtsträgers vermerkt das Registergericht jedes übertragenden Rechtsträgers den Tag des Wirksamwerdens im Register und übermittelt die bei ihm aufbewahrten elektronischen Dokumente dem Register des übernehmenden oder durch Verschmelzung neu entstehenden Rechtsträgers (§ 122k Abs. 4 UmwG).

c) **Zweite Stufe: deutsche Gesellschaft als aufnehmender oder durch Verschmelzung neu entstehender Rechtsträger (§ 122l UmwG)**

Die Eintragung einer grenzüberschreitenden Verschmelzung beim übernehmenden oder durch die Verschmelzung neu entstehenden Rechtsträger, der dem deutschen Umwandlungsrecht unterliegt, regelt § 122l UmwG. Die Regelungen des § 19 Abs. 1 und Abs. 2 UmwG, die für nationale Verschmelzungen gelten, werden verdrängt.[66]

Bei einer grenzüberschreitenden Verschmelzung zur Aufnahme hat nach § 122l Abs. 1 Satz 1 UmwG das Vertretungsorgan der übernehmenden Kapitalgesellschaft oder bei einer grenzüberschreitenden Verschmelzung zur Neugründung haben die Vertretungsorgane der übertragenden Kapitalgesellschaften, den aus der Verschmelzung hervorgehenden Rechtsträger zur Eintragung beim Registergericht seines Satzungssitzes anzumelden. Der Anmeldung beizufügen sind die höchstens sechs Monate alten Verschmelzungsbescheinigungen (bzw. Vorabbescheinigung i.S.d. Art. 10 Abs. 2 Verschmelzungsrichtlinie) aller übertragenden Rechtsträger, der gemeinsame Verschmelzungsplan und gegebenenfalls die Vereinbarung über die Beteiligung der Arbeitnehmer (§ 122l Abs. 1 Sätze 2 und 3 UmwG). § 16 Abs. 2 und Abs. 3 UmwG und § 17 UmwG finden auf die übertragenden Gesellschaften keine Anwendung (§ 122l Abs. 1 Satz 3 UmwG).[67]

Das Registergericht prüft gemäß § 122a Abs. 2, § 122l Abs. 2 UmwG insbes., ob die Anteilsinhaber aller an einer grenzüberschreitenden Verschmelzung beteiligten Rechtsträger einem gemeinsamen, gleich lautenden Verschmelzungsplan zugestimmt haben, ob die Eintragungsvoraussetzungen des deutschen Rechts erfüllt sind und ob gegebenenfalls eine Vereinbarung über die Beteiligung der Arbeitnehmer geschlossen worden ist.[68]

---

64) Vgl. Gesetzesbegründung v. 12.10.2006 zu § 314a UmwG, BT-Drs. 16/2919 S. 20.
65) Vgl. Gesetzesbegründung v. 12.10.2006 zu § 122k Abs. 2 UmwG, BT-Drs. 16/2919 S. 17 f.
66) Vgl. Gesetzesbegründung v. 12.10.2006 zu § 122l UmwG, BT-Drs. 16/2919 S. 18.
67) Zur Frage der Entbehrlichkeit der Negativerklärung nach § 16 Abs. 2 UmwG bzw. der erforderlichen Unterlagen nach § 17 UmwG für den Fall, dass das Prüfungsverfahren in Abweichung zur Verschmelzungsrichtlinie nicht zweistufig angelegt ist siehe die Ausführungen unter Gliederungspunkt F.III.7. b).
68) Vgl. Gesetzesbegründung v. 12.10.2006 zu § 122l Abs. 2 UmwG, BT-Drs. 16/2919 S. 18.

Es spricht einiges dafür, dass, wenn die übernehmende Gesellschaft dem deutschen Umwandlungsrecht unterliegt, im Rahmen der Prüfung auf der zweiten Stufe die Rechtmäßigkeitskontrolle des § 122k UmwG vom Registergericht mit vorgenommen wird.[69]

Den Tag der Eintragung der Verschmelzung in das Register, der die Wirkungen der grenzüberschreitenden Verschmelzung nach § 122a Abs. 2, § 20 UmwG auslöst, teilt das zuständige Registergericht von Amts wegen jeder Stelle mit, bei der einer der an der grenzüberschreitenden Verschmelzung beteiligten übertragenden Rechtsträger seine Unterlagen vor der Verschmelzung hinterlegt hatte (§ 122l Abs. 3 UmwG).

d) Wirkung der Verschmelzung und Bestandskraft

Bekanntmachung und Wirksamwerden der grenzüberschreitenden Verschmelzung richten sich aufgrund der pauschalen Verweisung des § 122a Abs. 2 UmwG nach den allgemeinen Vorschriften zu nationalen Verschmelzungen und damit nach § 20 UmwG.[70]

In diesem Kontext wird im Schrifttum darauf hingewiesen, dass eine nach Art. 12 Verschmelzungsrichtlinie wirksam gewordene Verschmelzung gemäß Art. 17 Verschmelzungsrichtlinie nicht mehr für nichtig erklärt werden kann. Art. 17 Verschmelzungsrichtlinie wurde allerdings nicht im Zehnten Abschnitt im Zweiten Teil des Zweiten Buches des UmwG umgesetzt. Es bestehen deshalb berechtigte Zweifel, ob der in Art. 17 der Verschmelzungsrichtlinie geforderte Bestandsschutz richtlinienkonform umgesetzt wurde.[71]

IV. Schutz von Minderheitsgesellschaftern, Gläubigern und Arbeitnehmern
1. Schutz der Minderheitsgesellschafter (§ 122h, § 122i UmwG)

a) Kontrolle des Umtauschverhältnisses (§ 122h UmwG)

Gemäß § 14 Abs. 2 UmwG ist für nationale Verschmelzungen die Möglichkeit der Klage gegen den Verschmelzungsbeschluss aufgrund eines zu niedrigen Umtauschverhältnisses oder zu niedrigen Gegenwerts für die übertragenen Anteile ausgeschlossen. Zum Schutz von Minderheitsgesellschaftern übertragender Gesellschaften bietet § 15 UmwG stattdessen die Möglichkeit, in einem Spruchverfahren die Verbesserung des Umtauschverhältnisses geltend zu machen.

§ 15 UmwG gilt im Rahmen grenzüberschreitender Verschmelzungen auch für Anteilsinhaber einer übertragenden Gesellschaft, die dem Recht eines EU-/EWR-Staates unterliegt, wenn nach dem Recht dieses Staates ein Verfahren zur Kontrolle und Änderung des Umtauschverhältnisses der Anteile vorgesehen ist und deutsche Gerichte für die Durchführung eines solchen Verfahrens international zuständig sind (§ 122h Abs. 2 UmwG).[72]

Den meisten Rechtsordnungen der EU-/EWR-Staaten ist ein dem Spruchverfahren der § 14 Abs. 2, § 15 UmwG vergleichbares Verfahren unbekannt. Im Rahmen grenzüberschreitender Verschmelzungen kommt daher das Spruchverfahren des § 15 UmwG nur zur Anwendung, wenn die Anteilsinhaber aller nicht dem deutschen Recht unterliegenden beteiligten Kapitalgesellschaften, deren anwendbare Rechtsordnung kein vergleichbares Verfahren

---

69) Siehe hierzu auch die Ausführungen zur ersten Stufe unter Gliederungspunkt F.III.7. b); vgl. im Ergebnis auch *Drinhausen/Keinath*, BB 2006 S. 725 (729); *Kiem*, WM 2006 S. 1091 (1099). Zu Bedenken für die, in den Fällen der deutschen übernehmenden bzw. neuen Gesellschaft, im UmwG entgegen dem Wortlaut der Verschmelzungsrichtlinie lediglich einstufig geregelte Rechtmäßigkeitskontrolle vgl. *Haritz/Wolff*, GmbHR 2006 S. 340 (343).
70) Vgl. *Neye/Timm*, DB 2006 S. 488 (493); *Drinhausen/Keinath*, BB 2006 S. 725 (730).
71) Vgl. *Haritz/Wolff*, GmbHR 2006 S. 340 (344).
72) Zu näheren Ausführungen für den Fall, dass ausländische Rechtsordnungen ein Spruchverfahren kennen vgl. *Müller*, Der Konzern 2007 S. 81 (83 ff.).

statuiert, im Verschmelzungsbeschluss der Anwendung ausdrücklich zustimmen (§ 122h Abs. 1 UmwG).[73]

b) Abfindungsangebot im Verschmelzungsplan (§ 122i UmwG)

Nach Art. 4 Abs. 2 Satz 2 Verschmelzungsrichtlinie können die EU-/EWR-Staaten Vorschriften erlassen, um einen angemessenen Schutz für Minderheitsgesellschafter, die sich gegen eine grenzüberschreitende Verschmelzung ausgesprochen haben, zu etablieren. Unterliegt die übernehmende oder durch die Verschmelzung neu entstehende Gesellschaft nicht dem deutschen Recht, hat jede dem deutschen Recht unterliegende übertragende Kapitalgesellschaft im Verschmelzungsplan oder in dessen Entwurf jedem Anteilsinhaber, der gegen den Verschmelzungsbeschluss der Anteilsinhaberversammlung Widerspruch zur Niederschrift erklärt, den Erwerb seiner Anteile[74] gegen eine angemessene Barabfindung anzubieten (§ 122i Abs. 1 Satz 1 UmwG).[75] Der Minderheitsgesellschafter einer dem deutschen Recht unterliegenden übertragenden Kapitalgesellschaft erlangt hierdurch im Rahmen einer grenzüberschreitenden Verschmelzung ein Austrittsrecht, wenn der übernehmende Rechtsträger nicht dem deutschen Recht unterliegt.[76]

Gemäß § 32 UmwG ist für nationale Verschmelzungen die Möglichkeit der Klage gegen den Verschmelzungsbeschluss zur Überprüfung der Barabfindung ausgeschlossen. Zum Schutz von Minderheitsgesellschaftern übertragender Rechtsträger bietet § 34 UmwG stattdessen die Möglichkeit, in einem Spruchverfahren die Barabfindung überprüfen zu lassen. § 34 UmwG gilt im Rahmen grenzüberschreitender Verschmelzungen auch für Anteilsinhaber einer übertragenden Gesellschaft, die dem Recht eines EU-/EWR-Staates unterliegt, wenn nach dem Recht dieses Staates ein Verfahren zur Kontrolle und Änderung des Umtauschverhältnisses der Anteile vorgesehen ist und deutsche Gerichte für die Durchführung eines solchen Verfahrens international zuständig sind (§ 122i Abs. 2 UmwG). Den meisten Rechtsordnungen der EU-/EWR-Staaten ist ein dem Spruchverfahren der § 32, § 34 UmwG vergleichbares Verfahren unbekannt. Im Rahmen grenzüberschreitender Verschmelzungen kommt daher, das Spruchverfahren i.S.d. § 32, § 34 UmwG nur zur Anwendung, wenn die Anteilsinhaber aller nicht dem deutschen Recht unterliegenden beteiligten Kapitalgesellschaften, deren anwendbare Rechtsordnung kein vergleichbares Verfahren statuiert, im Verschmelzungsbeschluss der Anwendung ausdrücklich zustimmen (§ 122i Abs. 2 UmwG).[77]

2. Gläubigerschutz (§ 122j UmwG)

§ 122j UmwG ist in Anlehnung an die nationale Regelung des § 22 UmwG formuliert, wobei sich die ergänzenden und zum Teil abweichenden Regelungen in § 122j UmwG aus

---

73) Vgl. Gesetzesbegründung v. 12.10.2006 zu § 122h Abs. 1 UmwG. Zu näheren Ausführungen für den Fall, dass ausländische Rechtsordnungen kein Spruchverfahren kennen vgl. *Müller*, Der Konzern 2007 S. 81 (83 f.).
74) Die Vorschriften des AktG über den Erwerb eigener Aktien sowie des GmbHG über den Erwerb eigener Geschäftsanteile geltend entsprechend, jedoch sind § 71 Abs. 4 Satz 2 AktG und § 33 Abs. 2 Satz 3 2. HS GmbHG insoweit nicht anzuwenden. § 29 Abs. 1 Satz 4 und Satz 5 sowie § 29 Abs. 2 und die § 30, § 31, § 33 UmwG gelten entsprechend. (§122i Abs. 1 Satz 2 und Satz 3 UmwG). Diese so wohl mögliche Erstreckung deutschen Gesellschaftsrechts auf übernehmende ausländische Gesellschaften kritisch beleuchtend *Müller*, Der Konzern 2007 S. 81 (87).
75) Dieser Rechtsgedanke findet sich ebenfalls in § 29 Abs. 1 UmwG wieder, nach dem ein Abfindungsangebot zwingend ist, wenn der übernehmende Rechtsträger nicht die Rechtsform des übertragenden Rechtsträgers hat. Der Anspruch aus § 122i UmwG richtet sich jedoch gegen die übertragende und nicht wie nach § 29 UmwG gegen die übernehmende Gesellschaft. Vgl. *Müller*, Der Konzern 2007 S. 81 (86).
76) Vgl. Gesetzesbegründung v. 12.10.2006 zu § 122i Abs. 1 UmwG, BT-Drs. 16/2919 S. 16 f.
77) Vgl. Gesetzesbegründung v. 12.10.2006 zu § 122i Abs. 2 UmwG, BT-Drs. 16/2919 S. 17.

Zweites Gesetz zur Änderung des Umwandlungsgesetzes

dem grenzüberschreitenden Charakter der Verschmelzung, insbes. aus der Möglichkeit der Sitzbegründung des übernehmenden oder durch Verschmelzung neu entstehenden Rechtsträgers im Ausland, ergeben.[78] Im Unterschied zum nachgeordneten Gläubigerschutz des § 22 UmwG, der den Gläubigern binnen sechs Monaten nach Eintragung der Verschmelzung im Handelsregister die Möglichkeit gibt, ihren Anspruch schriftlich anzumelden und gegebenenfalls Sicherheit hierfür zu verlangen, reichen die Gläubigerschutzvorschriften des § 122j UmwG weiter und bieten den Gläubigern die Möglichkeit, ihre Ansprüche bereits vor Vollzug der Verschmelzung geltend zu machen.[79]

Den Gläubigern einer übertragenden Gesellschaft ist im Fall der grenzüberschreitenden Verschmelzung, wenn sie binnen zwei Monaten nach Bekanntmachung des gemeinsamen Verschmelzungsplans oder dessen Entwurfs ihren Anspruch dem Grunde und der Höhe nach schriftlich anmelden, Sicherheit zu leisten, soweit sie nicht Befriedigung verlangen können (§ 122j Abs. 1 Sätze 1 und 2 UmwG). Das erweiterte Recht, Sicherheitsleistung nach § 122j Abs. 1 Satz 1 UmwG vor Vollzug der Verschmelzung anzumelden, steht den Gesellschaftsgläubigern nur im Hinblick auf Forderungen zu, die vor Bekanntmachung oder bis zu 15 Tage nach Bekanntmachung des Verschmelzungsplans oder dessen Entwurfs entstanden sind (§ 122j Abs. 2 UmwG).

Die Möglichkeit der Geltendmachung der Gläubigeransprüche vor Vollzug der Verschmelzung wird zudem auf Fälle beschränkt, in denen der Gläubiger glaubhaft macht, dass durch die grenzüberschreitende Verschmelzung die Erfüllung seiner Forderung gefährdet wird (§ 122j Abs. 1 Satz 2 UmwG). Diese wenig konkrete Formulierung des § 122j Abs. 1 Satz 2 UmwG, die zu einer Beschränkung des Gläubigerschutzes führen kann, dient nach der Begründung des Gesetzgebers dazu, den Gerichten ausreichenden Spielraum zu bieten, um Kriterien zu entwickeln, die einen angemessenen Interessensausgleich zwischen dem Vollzug der Verschmelzung auf Seiten der Gesellschaft und dem Schutz der Gläubigerinteressen auf der anderen Seite zu entwickeln.[80]

Die Mitglieder des Vertretungsorgans der übertragenden Kapitalgesellschaft haben nach § 122k Abs. 1 Satz 3 UmwG bei der Anmeldung der Verschmelzung eine Versicherung abzugeben, dass allen Gläubigern der übertragenden Gesellschaft, die nach § 122j UmwG einen Anspruch auf Sicherheitsleistung haben, angemessene Sicherheit geleistet wurde. Ohne diese Versicherung stellt das zuständige Registergericht keine Verschmelzungsbescheinigung aus (§ 122k Abs. 2 Satz 4 UmwG). Um eine effektive Durchsetzung des Gläubigerschutzes bei grenzüberschreitenden Verschmelzungen zu gewährleisten, ist gemäß § 314a UmwG die Abgabe einer falschen Versicherung durch Mitglieder des Vertretungsorgans der übertragenden Kapitalgesellschaft mit Freiheitsstrafe bis zu drei Jahren oder mit Geldstrafe zu bestrafen.[81]

---

78) Vgl. Gesetzesbegründung v. 12.10.2006 zu § 122j Abs. 1 UmwG, BT-Drs. 16/2919 S. 17.
79) Vgl. Gesetzesbegründung v. 12.10.2006 zu § 122j Abs. 1 UmwG, BT-Drs. 16/2919 S. 17.
80) Vgl. Gesetzesbegründung v. 12.10.2006 zu § 122j Abs. 1 UmwG, BT-Drs. 16/2919 S. 17. Zu weitergehenden Ausführungen zur „Undurchsichtigkeit" dieser Anspruchsvoraussetzung vgl. *Grunewald*, Der Konzern 2007 S. 106 (107).
81) Vgl. Gesetzesbegründung v. 12.10.2006 zu § 314a UmwG, BT-Drs. 16/2919 S. 20.

3. Arbeitnehmerschutz

Die Umsetzung des Art. 16 Verschmelzungsrichtlinie zur Mitbestimmung der Arbeitnehmer erfolgte in Anlehnung an das SEBG[82] mit dem *Gesetz über die Mitbestimmung der Arbeitnehmer bei einer grenzüberschreitenden Verschmelzung* (MgVG).[83]

V. Ausgewählte sonstige Änderungen im UmwG[84]
1. Nichtanwendbarkeit der §§ 122a ff. UmwG auf Spaltungen (§ 125 UmwG)

Die Neuregelungen der §§ 122a ff. UmwG für grenzüberschreitenden Verschmelzungen, die mit dem Zehnten Abschnitt im Zweiten Teil des Zweiten Buches des UmwG eingefügt wurden, sind für Spaltungen nach der Neufassung des § 125 UmwG nicht anwendbar.[85] Die Umsetzung der Verschmelzungsrichtlinie zur grenzüberschreitenden Verschmelzung von Kapitalgesellschaften[86] ist Kernpunkt des Änderungsgesetzes.[87]

Mit dem *Zweiten Gesetz zur Änderung des Umwandlungsgesetzes* setzt der Gesetzgeber in erster Linie die Verschmelzungsrichtlinie zur grenzüberschreitenden Verschmelzung von Kapitalgesellschaften aus verschiedenen Mitgliedstaaten[88] um, mit deren Umsetzung grenzüberschreitende Verschmelzungen zwischen Gesellschaften in EU-Staaten harmonisiert und damit erleichtert werden sollen.

Mit der Umsetzung der Verschmelzungsrichtlinie wurden nach Auffassung des Gesetzgebers zugleich auch die Anforderungen erfüllt, die der EuGH in der Rs. „SEVIC"[89] zur Niederlassungsfreiheit nach den Art. 43, Art. 48 EG-Vertrag für den Bereich der grenzüberschrei-

---

82) *Gesetz über die Beteiligung der Arbeitnehmer in einer Europäischen Gesellschaft* (SE-Begleitgesetz - SEBG) in Art. 2 des *Gesetzes zur Einführung der Europäischen Gesellschaft* (SEEG) v. 22.12.2001, BGBl. I 2004 S. 3675.
83) *Gesetz über die Mitbestimmung der Arbeitnehmer bei einer grenzüberschreitenden Verschmelzung* in einem eigenen Gesetz geregelt; MgVG v. 28.12.2006, BGBl. I 2006 S. 3332.
84) Im Folgenden werden lediglich Änderungen des UmwG dargestellt, die aus Sicht der Autoren im Zusammenhang mit grenzüberschreitenden Verschmelzungen von Kapitalgesellschaften von Bedeutung sind. Zu den übrigen Änderungen sei auf *Bayer/Schmidt*, NZG 2006 S. 841 ff.; *Drinhausen*, BB 2006 S. 2313 ff.; Vorschläge des *HRA des DAV*, NZG 2000 S. 802 ff. sowie *HRA des DAV*, NZG 2006 S. 737 ff.; *Kallmeyer*, GmbHR 2006 S. 418 ff.; *Neye*, DB 2006 S. 488 ff.; WPK-Magazin 2006 S. 44 verwiesen.
85) Vgl. Gesetzesbegründung v. 12.10.2006 zu § 125 UmwG.
86) *Richtlinie 2005/56/EG des Europäischen Parlaments und Rates v. 26.10.2005 über die Verschmelzung von Kapitalgesellschaften aus verschiedenen Mitgliedstaaten*, ABl. Nr. L 310 v. 25.11.2005 S. 1 (Verschmelzungsrichtlinie).
87) Neben der Umsetzung der Verschmelzungsrichtlinie setzt der Gesetzgeber mit dem *Zweiten Gesetz zur Änderung des Umwandlungsgesetzes* einige Änderungsanregungen aus der Praxis (siehe hierzu *Neye*, DB 2006 S. 488 (493)) sowie aus dem „Corporate Governance" Bericht der Corporate Governance - Regierungskommission (BT-Drs. 14/7515 v. 14.08.2001) zu einzelnen Normen des UmwG um; siehe hierzu auch Gliederungspunkt F.V.
88) *Richtlinie 2005/56/EG des Europäischen Parlaments und Rates v. 26.10.2005 über die Verschmelzung von Kapitalgesellschaften aus verschiedenen Mitgliedstaaten*, ABl. Nr. L 310 v. 25.11.2005 S. 1 (Verschmelzungsrichtlinie).
89) EuGH v. 13.12.2005, C-411/03, NZG 2006 S. 112 („SEVIC"). Zur grenzüberschreitenden Mobilität von Gesellschaften vgl. auch die Entscheidungen des EuGH in den Rs. „Centros" (EuGH v. 09.03.1999, C-212/97, NZG 1999 S. 298); „Überseering" (EuGH v. 05.11.2002, C-208/00, NZG 2002 S. 1164); „Inspire Art" (EuGH v. 30.09.2003, C-167/01, NZG 2003 S. 1064).

tenden Verschmelzung von Kapitalgesellschaften aufgestellt hat.[90)] In seiner Entscheidung in der Rs. „SEVIC" stellte der EuGH fest, dass grenzüberschreitende Verschmelzungen wichtige Modalitäten der Ausübung der Niederlassungsfreiheit i.S.d. Art. 43 Abs. 2 i.V.m. Art. 48 EG-Vertrag darstellen. Die Regelungen des deutschen Umwandlungsrechts zur Verschmelzung, nach der eine Registereintragung der Verschmelzung nur bei ausschließlicher Beteiligung von in Deutschland ansässigen Gesellschaften möglich war, verstieß nach der Entscheidung des EuGH in der Rs. „SEVIC" gegen die Niederlassungsfreiheit.[91)]

Gesellschaften müssten sich darüber hinaus wohl auch für grenzüberschreitende Spaltungen, die nicht in der Verschmelzungsrichtlinie geregelt sind, auf die Niederlassungsfreiheit nach den Art. 43, Art. 48 EG-Vertrag berufen können.[92)] Ferner könnte man sogar daran denken, auch grenzüberschreitende Formwechsel, die mit der grenzüberschreitenden Verlegung des Satzungssitzes einhergehen, als von der Niederlassungsfreiheit geschützt anzusehen.[93)] Hier bleibt die weitere Rechtsentwicklung abzuwarten, insbes. im Hinblick auf die geplante Sitzverlegungsrichtlinie.[94)]

2. Aufhebung des § 132 UmwG, Anpassung des § 131 UmwG

Allgemeine Vorschriften, welche die Übertragbarkeit eines bestimmten Gegenstandes ausschließen oder die Übertragbarkeit an bestimmte Voraussetzungen (insbes. die Zustimmung Dritter) knüpfen oder nach denen die Übertragung eines bestimmten Gegenstandes einer staatlichen Genehmigung bedarf, blieben nach § 132 UmwG durch die Wirkung der Eintragung der Spaltung nach § 131 Satz 1 UmwG unberührt. Die Regelung sollte die Umgehung der Beschränkungen, die der Einzelübertragung von Vermögensgegenständen anhaftete (z.B. die vorherige Zustimmung Dritter oder bestehende Übertragungsverbote) verhindern.[95)]

Ein vereinbartes Abtretungsverbot nach § 399 BGB stand der Aufspaltung nach § 132 Satz 2 UmwG nicht entgegen. Mit der Aufhebung des § 132 UmwG und der Anpassung

---

90) Vgl. *Neye/Timm*, DB 2006 S. 488 (490). Nach der Entscheidung des EuGH in der Rs. „SEVIC" müssten auch grenzüberschreitende Verschmelzungen von Personengesellschaften möglich sein. So auch *Geyrhalter/Weber*, DStR 2006 S. 146 (151); *Haritz/Wolff*, GmbHR 2006 S. 340 (341); *Kallmeyer/Kappes*, AG 2006 S. 224 (228); auf Personengesellschaften, die einen Erwerbszweck verfolgen abstellend *Spahlinger/Wegen*, NZG 2006 S. 721 (728). Zur weitergehenden Ausdehnung der grenzüberschreitenden Verschmelzung auf Personengesellschaft an sich vgl. *Bayer/Schmidt*, NZG 2006 S. 841; *Kiem*, WM 2006 S. 1091 (1094); *Müller*, Der Konzern 2007 S. 98 (99).
91) EuGH v. 13.12.2005, C-411/03, NZG 2006 S. 112 („SEVIC"), so auch *Bungert*, BB 2006 S. 53 (56); *Gesell/Krömker*, DB 2006 S. 2558; *Geyrhalter/Weber*, DStR 2006 S. 146 (147), die aufgrund der Entscheidung, aus dem expliziten Wortlaut des zu entscheidenden Vorlagefalls hinaus, sowohl Hinein- als auch Hinausverschmelzungen innerhalb der EU von der Niederlassungsfreiheit der Art. 43, Art. 48 EG-Vertrag gedeckt sehen; bereits zu den Schlussanträgen des Generalanwalts in der Entscheidung *Drygala*, ZIP 2005 S. 1995 (2000). Die Entscheidung zur Niederlassungsfreiheit einschränkend auf den Vorlagefall und somit auf Hineinverschmelzungen hingegen *Kappes*, NZG 2006 S. 101 (101 f.); *Leible/Hoffmann*, RIW 2006 S. 161 (165 f.).
92) So auch *Bayer/Schmidt*, NZG 2006 S. 841; *Kallmeyer/Kappes*, AG 2006 S. 224; *Müller*, Der Konzern 2007 S. 98 (99); *Spahlinger/Wegen*, NZG 2006 S. 721 (728); explizit nur für Hineinverschmelzungen *Simon/Rubner*, Der Konzern 2006 S. 835 (843).
93) Vgl. für den Formwechsel ausländischer Rechtsträger in deutsche Rechtsformen *Kallmeyer*, in: GmbH-Handbuch, Rz. I 2735 (119. EL 02/2007); *Lutter/Drygala*, in: Lutter, UmwG, § 1 UmwG Rz. 14, 18 (3. Auflage). A.A. *Heckschen*, in: Widmann/Mayer, Umwandlungsrecht, § 1 UmwG Rz. 263 (92. EL 01/2007) der den grenzüberschreitenden Formwechsel als nicht von der Niederlassungsfreiheit erfasst ansieht.
94) *Vorschlag für den Erlass einer Vierzehnten gesellschaftsrechtlichen Richtlinie des Europäischen Parlaments und des Rates über die Verlegung des Sitzes einer Gesellschaft in einen anderen Mitgliedstaat mit Wechsel des für die Gesellschaft maßgebenden Rechts* v. 20.04.1997, ZIP 1997 S. 1721 (Sitzverlegungsrichtlinie).
95) Vgl. *HRA des DAV*, NZG 2000 S. 802 (806 f.).

des § 131 UmWG an die Aufhebung wird die Gesamtrechtsnachfolge bei Verschmelzungen und Spaltungen einheitlich geregelt.[96] Künftig geht das gesamte Vermögen einschließlich der Verbindlichkeiten mit allen nicht höchstpersönlichen Rechten und Pflichten im Rahmen der Gesamtrechtsnachfolge über.[97] Ob und inwieweit ein Dritter, der sich durch die Gesamtrechtsnachfolge in Folge der Spaltung einem neuen Vertragspartner gegenübersieht, sich durch Kündigung, Rücktritt oder ähnliches wehren kann oder den neuen Vertragspartner akzeptieren muss, ist eine Frage allgemeiner Vorschriften[98] und insbes. des jeweiligen Vertragsinhalts.

3. Abfindungsangebot (§ 29 Abs. 1 Satz 1 1. HS UmwG)

Wird bei einer Verschmelzung durch Aufnahme der übertragende Rechtsträger auf einen übernehmenden Rechtsträger anderer Rechtsform verschmolzen, greift § 29 Abs. 1 Satz 1 UmwG. Danach muss der übernehmende Rechtsträger im Verschmelzungsvertrag oder dessen Entwurf jedem Anteilsinhaber, der gegen den Verschmelzungsbeschluss des übertragenden Rechtsträgers Widerspruch zur Niederschrift erklärt, ein angemessenes Barabfindungsangebot unterbreiten. Der Gesetzgeber geht davon aus, dass die strukturellen Änderungen aufgrund der Verschmelzung in diesem Fall mit Nachteilen für die Anteilsinhaber der übertragenden Rechtsträger einhergehen.[99]

Die Verschmelzung einer börsennotierten Aktiengesellschaft auf eine nicht börsennotierte Aktiengesellschaft durch Aufnahme fiel bislang nicht unter § 29 Abs. 1 Satz 1 1. HS UmwG. Der Verlust der Börsennotierung der Anteile erschwert faktisch die Veräußerungsmöglichkeit der Anteile oder Mitgliedschaften, die der Anteilsinhaber an dem übernehmenden Rechtsträger erlangt, sodass diese Fälle in den Anwendungsbereich des § 29 Abs. 1 Satz 1 1. HS UmwG aufgenommen werden.[100]

Ungeregelt bleibt, wie Fälle zu behandeln sind, in denen die aufnehmenden Rechtsträger im Zeitpunkt des Wirksamwerdens der Verschmelzung noch nicht börsennotiert sind, die Börsennotierung im Rahmen der Verschmelzung jedoch geplant ist. Insbes. bei Verschmelzungen durch Neugründung, auf die § 29 Abs. 1 UmwG durch Verweisung in § 36 Abs. 1 UmwG anzuwenden ist, gewinnt die Frage an Bedeutung.[101] Zutreffend ist die Regelung wohl so auszulegen, dass bei der Verschmelzung einer börsennotierten Aktiengesellschaft auf eine nicht börsennotierte Aktiengesellschaft nur dann ein Abfindungsangebot ausgelöst wird, wenn die aufnehmende nicht börsennotierte Aktiengesellschaft auch nicht im Rahmen der Verschmelzung börsennotiert werden soll.[102]

4. Bezeichnung unbekannter Aktionäre; Ruhen des Stimmrechts (§ 35, § 125, § 213 UmwG)

Sind bei einer Verschmelzung (§ 35 UmwG) bzw. bei der Spaltung (§ 125, § 35 UmwG) oder beim Formwechsel (§ 213, § 35 UmwG) Anteilsinhaber der übertragenden Aktiengesellschaft (§ 35, § 213 UmwG) bzw. Kommanditgesellschaft auf Aktien (§ 35 UmwG) nicht bekannt, waren diese bisher nach § 35 UmwG unter Angabe ihrer Aktienurkunde zu bezeichnen. Praktisch ergaben sich Schwierigkeiten, wenn sich Anteile in Girosammelverwah-

---

96) Vgl. Gesetzesbegründung v. 12.10.2006 zu § 132 UmwG, BT-Drs. 16/2919 S. 19.
97) Vgl. zur Folge einer Streichung des § 132 UmwG *HRA des DAV*, NZG 2000 S. 802 (807).
98) Vgl. Gesetzesbegründung v. 12.10.2006 zu § 132 UmwG, BT-Drs. 16/2919 S. 19. *HRA des DAV*, NZG 2000 S. 802 (807).
99) Vgl. *Stratz*, in: Schmitt/Hörtnagel/Stratz, UmwG/UmwStG, § 29 UmwG Rn. 2.
100) Vgl. Gesetzesbegründung v. 12.10.2006 zu § 29 UmwG, BT-Drs. 16/2919 S. 13.
101) Vgl. *Drinhausen*, BB 2006 S. 2313 (2314).
102) Vgl. *HRA des DAV*, NZG 2006 S. 737 (738).

rung ohne Einzelverbriefung befanden oder der Verbriefungsanspruch ausgeschlossen (§ 10 Abs. 5 AktG) war. In der Neufassung des § 35 UmwG sind daher unbekannte Anteilsinhaber nunmehr in einem Sammelvermerk durch die Angabe des insgesamt auf sie entfallenden Teils am Grundkapital der übertragenden Gesellschaft und der auf die nach der Verschmelzung entfallenden Anteile an der übernehmenden Gesellschaft zu bezeichnen.

Zur Vermeidung von Missbräuchen ist eine solche Bezeichnung unbekannter Anteilsinhaber jedoch nur möglich, soweit deren Anteile zusammen nicht mehr als fünf Prozent des Grundkapitals der übertragenden Gesellschaft darstellen.[103] Entgegen der Anregung des Bundesrates wird die Bezeichnung unbekannter Anteilsinhaber, deren Anteile zusammen mehr als fünf Prozent des Grundkapitals repräsentieren, im *Zweiten Gesetz zur Änderung des Umwandlungsgesetzes* nicht geregelt.[104] Eine Bezeichnung unbekannter Anteilsinhaber ist damit nicht möglich, wenn deren Anteile zusammen mehr als fünf Prozent des Grundkapitals der übertragenden Gesellschaft darstellen, und verhindert eine Verschmelzung.[105]

§ 35 Satz 3 UmwG ordnet das Ruhen des Stimmrechts unbekannter Anteilsinhaber bis zur Klärung ihrer Identität an. Hiermit werden Probleme, die sich nach der Umwandlung für die Wirksamkeit von Gesellschafterbeschlüssen ergeben können, vermieden.

5. Prüfung der Verschmelzung bei Antragserfordernis (§ 44, § 48 UmwG)

Bei Mehrheitsumwandlungen unter Beteiligung von Personenhandelsgesellschaften (§ 43 Abs. 2 UmwG), Partnerschaftsgesellschaften (§ 45d Abs. 2 UmwG) oder bei Umwandlungen von Gesellschaften mit beschränkter Haftung ist der Verschmelzungsvertrag oder sein Entwurf nur auf Verlangen eines Gesellschafter (§ 44, § 45e bzw. § 48 UmwG) zu prüfen (§ 9 bis § 12 UmwG). Dieses Prüfungsverlangen war bisher nicht fristgebunden und konnte bis in die Anteilsinhaberversammlung hinein, die den Verschmelzungsbeschluss fassen sollte, geltend gemacht werden.

§ 44 und § 48 UmwG enthalten in ihrer neuen Fassung eine Wochenfrist zur Geltendmachung des Prüfungsverlangens, die mit dem Zugang der Unterlagen i.S.d. § 42 bzw. § 47 UmwG zu laufen beginnt. Verzögerungen, die auf der notwendigen Vertagung der Beschlussfassung beruhten, sollen so in Zukunft vermieden werden.[106]

6. Ausnahmen von der Anteilsgewährungspflicht (§ 54 Abs. 1 Satz 3, § 68 Abs. 1 Satz 3 UmwG)

Die Neuregelungen in § 54 Abs. 1 Satz 3 und § 68 Abs. 1 Satz 3 UmwG formulieren eine Ausnahme von der grundsätzlich nach § 2 UmwG bestehenden Anteilsgewährungspflicht des übernehmenden Rechtsträgers. Nach § 54 Abs. 1 Satz 3 UmwG ist hierzu der Verzicht aller Gesellschafter einer übertragenden Gesellschaft mit beschränkter Haftung bzw. nach § 68 Abs. 1 Satz 3 UmwG der Verzicht aller Aktionäre einer übertragenden Aktiengesellschaft erforderlich. In beiden Fällen ist der Verzicht in notariell beurkundeter Form notwendig. Sollte eine steuerneutrale Verschmelzung einer Personenhandelsgesellschaft auf

---

103) Vgl. Gesetzesbegründung v. 12.10.2006 zu § 35 UmwG, BT-Drs. 16/2919 S. 13.
104) Vgl. Stellungnahme des Bundesrates zu § 35 UmwG in Anlage 2 zum Gesetzentwurf der Bundesregierung, BT-Drs. 16/2919 S. 23.
105) Vgl. Gegenäußerung der Bundesregierung zur Stellungnahme des Bundesrates zu § 35 UmwG in Anlage 3 zum Gesetzentwurf der Bundesregierung, BT-Drs. 16/2919 S. 27. Damit dürfte auch die Diskussion um die Pflicht und Reichweite zur Ermittlung unbekannter Anteilsinhaber, als Grundfall vor der Anwendbarkeit des § 35 UmwG als subsidiärer Ausnahmevorschrift, zu Gunsten eines Vorschlags des HRA des DAV für einen beschränkten Sammelvermerk entschieden sein; vgl. *HRA des DAV*, NZG 2000 S. 802 (804 ff.).
106) Vgl. Gesetzesbegründung v. 12.10.2006 zu § 44, § 48 UmwG, BT-Drs. 16/2919 S. 13.

eine Kapitalgesellschaft beabsichtigt sein, besteht dieses Wahlrecht jedoch aus steuerlichen Gründen nicht, da § 20 Abs. 1 UmwStG den Erhalt neuer Anteile zur Voraussetzung für eine steuerneutrale Einbringung macht.

Die Angaben über den Umtausch der Anteile im Verschmelzungsvertrag sind weiterhin notwendig, sofern sich nicht alle Anteile einer übertragenden Gesellschaft in der Hand der übernehmenden Gesellschaft befinden (§ 5 Abs. 2, § 122c Abs. 3 UmwG).

Wichtigste Anwendungsfälle der Neuregelungen sind Verschmelzung innerhalb eines Konzerns.[107] Ob die Regelung über die Fälle der Verschmelzungen im Konzern hinaus praktisch Anwendung finden wird und die unterlassenen Folgeänderungen der § 5 Abs. 2, § 122c Abs. 3 UmwG lediglich ein redaktionelles Versehen darstellen, bleibt abzuwarten. Der Gesetzgeber folgt mit dem Wortlaut der Neuregelung einem Vorschlag des HRA des DAV zum Verzicht auf die Gewährung von Anteilen bei der Verschmelzung von Schwestergesellschaften.[108] Der Vorschlag befasst sich jedoch mit der Entbehrlichkeit von Kapitalerhöhungen bei übernehmenden Kapitalgesellschaften allgemein und stellt die Konzernverschmelzungen, insbes. Fusionen von Schwestergesellschaften lediglich als Hauptanwendungsfälle dar.[109] Da der Gesetzgeber zudem auf die Stellungnahme des Bundesrates[110], die eine Beschränkung des Anwendungsbereichs auf die Verschmelzung von Schwestergesellschaften anregte, nicht reagiert hat, spricht einiges dafür, dass eine Beschränkung des Anwendungsbereichs nicht beabsichtigt ist.

VI. Anwendungsvorschriften des Zweiten Gesetzes zur Änderung des UmwG

Das *Zweite Gesetze zur Änderung des Umwandlungsgesetzes* tritt am Tage nach der Verkündung im Bundesgesetzblatt I in Kraft.[111]

---

107) Vgl. Gesetzesbegründung v. 12.10.2006 zu § 54 UmwG, BT-Drs. 16/2919 S. 13.
108) Vgl. *HRA des DAV*, NZG 2000 S. 802.
109) Vgl. *HRA des DAV*, NZG 2006 S. 737 (739).
110) Vgl. Stellungnahme des Bundesrates zu § 54, § 68 UmwG in Anlage 2 zum Gesetzentwurf der Bundesregierung, BT-Drs. 16/2919 S. 23 f.
111) Vgl. Art. 6 des *Zweiten Gesetzes zur Änderung des Umwandlunggesetzes*.

Abschnitt G

Fusionsrichtlinie
I. Rechtsgrundlagen der Fusionsrichtlinie

1. Überblick

Die Regelungen der Fusionsrichtlinie ermöglichen die Steuerneutralität grenzüberschreitender Umstrukturierungen, sofern daran Gesellschaften aus zwei oder mehr EU-Mitgliedstaaten beteiligt sind. In ihrer aktuellen Fassung basiert die Fusionsrichtlinie auf den folgenden grundlegenden Rechtsakten:

- *Richtlinie 90/434/EWG des Rates der Europäischen Union v. 23.07.1990 über das gemeinsame Steuersystem für Fusionen, Spaltungen, die Einbringung von Unternehmensteilen und den Austausch von Anteilen, die Gesellschaften verschiedener Mitgliedstaaten betreffen* (im Folgenden: *Richtlinie 90/434/EWG v. 23.07.1990*) als ursprüngliche Fassung der Fusionsrichtlinie und
- *Richtlinie 2005/19/EG v. 17.02.2005 zur Änderung der Richtlinie 90/434/EWG über das gemeinsame Steuersystem für Fusionen, Spaltungen, die Einbringung von Unternehmensteilen und den Austausch von Anteilen, die Gesellschaften verschiedener Mitgliedstaaten betreffen* (im Folgenden: *Richtlinie 2005/19/EG v. 17.02.2005*) zur Anpassung der Richtlinie 90/434/EWG v. 23.07.1990 an geänderte gesellschafts- und steuerrechtliche Rahmenbedingungen innerhalb der Europäischen Union und Erweiterung des persönlichen und sachlichen Anwendungsbereichs der Fusionsrichtlinie.

Die Fusionsrichtlinie ist ein Rechtsakt des sekundären Gemeinschaftsrechts i.S.v. Art. 249 Abs. 3 EG-Vertrag. Aufgrund ihrer Rechtsnatur ist die Fusionsrichtlinie in den EU-Mitgliedstaaten nicht unmittelbar anwendbar, sondern bedarf der Umsetzung in das jeweilige mitgliedstaatliche Steuerrecht. Die EU-Mitgliedstaaten sind nach dem Grundsatz der Gemeinschaftstreue gem. Art. 5 Abs. 1 und 2 i.V.m. Art. 249 Abs. 3 EG-Vertrag verpflichtet, die Fusionsrichtlinie fristgemäß, richtig und vollständig in ihr nationales Recht zu transformieren.

Der Anwendungsbereich der Fusionsrichtlinie ist auf die **Ertragsteuern** (in Deutschland: Körperschaft-, Gewerbesteuer und auf Gesellschafterebene zusätzlich ggf. Einkommen- und Körperschaftsteuer) begrenzt. Da die Fusionsrichtlinie keine gesellschaftsrechtlichen Vorgaben enthält, erhalten die Regelungen der Fusionsrichtlinie erst dann eine praktische

Fusionsrichtlinie

Bedeutung, sofern die jeweilige grenzüberschreitende Umstrukturierung in den EU-Mitgliedstaaten selbst über eine gesellschaftsrechtliche Grundlage verfügt.[1]

Die Fusionsrichtlinie ist nunmehr in vier Titel, bestehend aus insgesamt 16 Artikeln, untergliedert:

Titel I	Allgemeine Vorschriften
Art. 1	Anwendungsbereich
Art. 2	Definitionen
Art. 3	Begriff der Gesellschaft
Titel II	**Regeln für Fusionen, Spaltungen, Abspaltungen und den Austausch von Anteilen**
Art. 4	Regeln für Fusionen, Spaltungen, Abspaltungen und den Austausch von Anteilen
Art. 5	Rückstellungen, Rücklagen
Art. 6	Übernahme von Verlusten
Art. 7	Kapitalbeteiligung
Art. 8	Zuteilung von Kapitalanteilen
Art. 9	Regeln für die Einbringung von Unternehmensteilen
Titel III	**Regeln für die Einbringung einer Betriebsstätte**
Art. 10	Sonderfall der Einbringung einer Betriebsstätte
Titel IVa	**Sonderfall steuerlich transparenter Gesellschaften**
Art. 10a	Sonderfall steuerlich transparenter Gesellschaften
Titel IVb	**Regeln für die Sitzverlegung einer SE oder einer SCE**
Art. 10b	Sitzverlegung einer SE/SCE, Besteuerung des Veräußerungsgewinns

---

1) Vgl. *Engert*, DStR 2004 S. 665; *Stratz*, in: Schmitt/Hörtnagl/Stratz, UmwG/UmwStG, § 1 UmwStG Rz. 6 (3. Auflage). Durch das Zweite Gesetz zur Änderung des UmwG, wurde das UmwG um die grenzüberschreitende Verschmelzung von Kapitalgesellschaften (§ 122a - § 122l UmwG) ergänzt. Diese Ergänzung dient der Umsetzung der *Richtlinie 2005/56/EG des Europäischen Parlaments und des Rates v. 26.10.2005 über die Verschmelzung von Kapitalgesellschaften aus verschiedenen Mitgliedstaaten (Verschmelzungsrichtlinie,* ABl. L 310 v. 25.11.2005 S. 1), die bis zum Dezember 2007 von den EU-Staaten in nationales Recht umzusetzen ist. Ferner enthalten die SE-VO v. 08.10.2004 über das Statut der Europäischen Gesellschaft (Verordnung (EG) Nr. 2157/2001, ABl. L 294 v. 10.11.2001 S. 1 geändert durch die Verordnung (EG) Nr. 885/2004, ABl. L 168 v. 01.05.2004 S. 1) i.V.m. dem *Gesetz zur Einführung der Europäischen Gesellschaft* (SE-EG) v. 22.12.2004 (BGBl. I 2004 S. 3675) die gesellschaftsrechtliche Grundlage für die Gründung einer SE durch grenzüberschreitende Verschmelzung und die SCE-VO v. 22.07.2003 über das Statut der Europäischen Genossenschaft (Verordnung (EG) Nr. 1435/2003, ABl. L 207 v. 18.08.2003 S. 1 geändert durch den Beschluss Nr. 15/2004 des Gemeinsamen EWR Ausschusses, ABl. L 116 v. 22.04.2004 S. 68) die gesellschaftsrechtliche Grundlage für die Gründung einer SCE durch grenzüberschreitende Verschmelzung. Für die grenzüberschreitende Spaltung gibt es in Deutschland demgegenüber derzeit keine gesellschaftsrechtliche Rechtsgrundlage. Derzeit existiert auf EU-Ebene lediglich eine Richtlinie, welche die Spaltung nationaler Aktiengesellschaften betrifft (*Sechste Richtlinie 82/891/EWG des Rates v. 17.12.1982 gemäß Art. 54 Absatz 3 Buchstabe g) des Vertrages betreffend die Spaltung von Aktiengesellschaften,* ABl. Nr. L 378 v. 31.12.1982 S. 47). Es fehlt demgegenüber eine Richtlinie zur grenzüberschreitenden Spaltung von Kapitalgesellschaften; siehe auch *Drinhausen/Gesell*, BB 2006 S. 3 (14 f.). Die Versagung der gesellschaftsrechtlichen Zulässigkeit einer grenzüberschreitenden Spaltung darf nicht zu einer Verletzung der Niederlassungsfreiheit i.S.v. Art. 43, Art. 48 EG-Vertrag führen; siehe hierzu auch die Rechtsprechung des EuGH in der Rs. „SEVIC" (EuGH v. 13.12.2005, C-411/03, NZG 2006 S. 112). Zu den gesellschaftsrechtlichen Grundlagen einer grenzüberschreitenden Spaltung siehe ausführlich Gliederungspunkt E.III.2. b).

Art. 10c	Sitzverlegung einer SE/SCE; Bildung von Rückstellungen, Rücklagen
Art. 10d	Sitzverlegung einer SE/SCE, Besteuerung des Veräußerungsgewinns
Titel V	**Schlussbestimmungen**
Art. 11	Versagungsgründe
Art. 12	Umsetzungsfrist
Art. 13	Adressat
Anhang	Liste der Gesellschaften im Sinne von Artikel 13 Buchstabe a)

Abb. G.I - 1: Gliederungsübersicht Fusionsrichtlinie

2. Fusionsrichtlinie in der Fassung v. 23.07.1990 (Richtlinie 90/434/EWG)

Die *Richtlinie 90/434/EWG v. 23.07.1990* wurde ursprünglich erlassen, um die Steuerneutralität von grenzüberschreitenden Umstrukturierungen zwischen EU-Mitgliedstaaten auf dem Gebiet der direkten Steuern zu ermöglichen.[2]

Ziel der Fusionsrichtlinie in ihrer ursprünglichen Fassung war es, die Steuerneutralität von grenzüberschreitenden Fusionen, Spaltungen, der Einbringung von Unternehmensanteilen sowie des Austauschs von Anteilen durch einen Aufschub der Besteuerung von Wertsteigerungen bzw. Veräußerungsgewinnen bei gleichzeitigem Schutz der Besteuerungsrechte der EU-Mitgliedstaaten zu erreichen.

Die Richtlinie 90/434/EWG v. 23.07.1990 ist am 30.07.1990 in Kraft getreten. Termin für die Umsetzung der Fusionsrichtlinie in der Fassung v. 23.07.1990 in den EU-Mitgliedstaaten war der **01.01.1992**.[3] EU-Mitgliedstaaten waren zu diesem Zeitpunkt:

– Königreich Belgien (Belgien),
– Königreich Dänemark (Dänemark),
– Bundesrepublik Deutschland (Deutschland),
– Französische Republik (Frankreich),
– Hellenische Republik (Griechenland),
– Irland,
– Italienische Republik (Italien),
– Großherzogtum Luxemburg (Luxemburg),
– Königreich der Niederlande (Niederlande),
– Portugiesische Republik (Portugal),
– Königreich Spanien (Spanien) sowie
– Vereinigtes Königreich von Großbritannien und Nordirland (Großbritannien).

Durch die Beitrittsakte 1994[4] sind zum 01.01.1995 der EU beigetreten:

– Republik Finnland (Finnland),
– Republik Österreich (Österreich) und
– Königreich Schweden (Schweden).

---

2) Bei direkten Steuern sind Steuerschuldner und Steuerträger identisch. Im Allgemeinen gilt, dass Steuern auf das Einkommen und Vermögen direkte Steuern sind.
3) Portugal war abweichend von Art. 12 Abs. 1 FRL nach Art. 12 Abs. 2 FRL berechtigt, die Anwendung der Bestimmungen über die Einbringung von Unternehmensteilen und über den Austausch von Anteilen bis zum 01.01.1993 aufzuschieben, da derartige Umwandlungsvorgänge zum Zeitpunkt des Inkrafttretens der Fusionsrichtlinie in Portugal nicht über eine Rechtsgrundlage verfügten. Vgl. *Thömmes*, in: IBFD, EC Corporate Tax Law, Commentary, Art. 12 Merger Directive Rz. 310 (07/2004).
4) Vgl. ABl. L 1 v. 01.01.1995 S. 1.

Fusionsrichtlinie

Durch die Beitrittsakte 2003[5] sind zum 01.05.2004 der EU beigetreten:

- Republik Estland (Estland),
- Republik Lettland (Lettland),
- Republik Litauen (Litauen),
- Republik Malta (Malta),
- Republik Polen (Polen),
- Republik Slowakei (Slowakei),
- Republik Slowenien (Slowenien),
- Tschechische Republik,
- Republik Ungarn (Ungarn) und
- Republik Zypern (Zypern).

Sämtliche EU-Beitrittsstaaten sind in den Geltungsbereich der Fusionsrichtlinie einzubeziehen. Der Termin für die Umsetzung der Fusionsrichtlinie in den neuen EU-Mitgliedstaaten war das Datum ihres EU-Beitritts.

Die **EWR-Staaten**, die nicht zugleich Mitgliedstaaten der EU sind (Republik Island (Island), Fürstentum Liechtenstein (Liechtenstein) und Königreich Norwegen (Norwegen), fallen nach Art. 13 FRL **nicht in den Anwendungsbereich der Fusionsrichtlinie**.

Zusammenfassend gilt:

Rechtsakt	Datum des Inkrafttretens	Termin für die Umsetzung in den Mitgliedstaaten	Amtsblatt
Richtlinie 90/434/EWG	30.07.1990	**Grundsatz: 01.01.1992** EU-Beitrittsstaaten: Datum des EU-Beitritts (01.01.1995/01.05.2004)	ABl. L 225 v. 20.08.1990 S. 1

Abb. G.I. - 2: Richtlinie 90/434/EWG v. 23.07.1990

3. Fusionsrichtlinie in der ergänzten Fassung v. 17.02.2005 (Richtlinie 2005/19/EG)

Mit der *Richtlinie 2005/19/EG v. 17.02.2005* wurden die Regelungen der Fusionsrichtlinie an die seit ihrer Verabschiedung geänderten gesellschafts- und steuerrechtlichen Rahmenbedingungen innerhalb der Europäischen Union angepasst. Zu nennen sind in diesem Zusammenhang insbes. die folgenden Rechtsakte:

- Verabschiedung des Statuts der Europäischen Gesellschaft
 Verordnung (EG) Nr. 2157/2001 v. 08.10.2001 über das Statut der Europäischen Gesellschaft (SE)[6] und Richtlinie 2001/86/EG v. 08.10.2001 zur Ergänzung des Statuts der Europäischen Gesellschaft hinsichtlich der Beteiligung der Arbeitnehmer[7];

---

[5] Vgl. ABl. L 236 v. 23.09.2003 S. 33.
[6] Vgl. ABl. L 294 v. 10.11.2001 S. 1. Geändert durch die Verordnung (EG) Nr. 885/2004, ABl. L 168 v. 01.05.2004 S. 1.
[7] Vgl. ABl. L 294 v. 10.11.2001 S. 22.

Fusionsrichtlinie

- Verabschiedung des Statuts der Europäischen Genossenschaft
    Verordnung (EG) Nr. 1435/2003 v. 22.07.2003 über das Statut der Europäischen Genossenschaft (SCE)[8] und Richtlinie 2003/72/EG v. 22.07.2003 zur Ergänzung des Statuts der Europäischen Genossenschaft hinsichtlich der Beteiligung der Arbeitnehmer[9];
- Vorschlag für eine Richtlinie des Europäischen Parlaments und des Rates über die Verschmelzung von Kapitalgesellschaften aus verschiedenen Mitgliedstaaten[10]
    Inzwischen ist die *Richtlinie 2005/56/EG des Europäischen Parlaments und des Rates v. 26.10.2005 über die Verschmelzung von Kapitalgesellschaften aus verschiedenen Mitgliedstaaten*[11] (Verschmelzungsrichtlinie) mit Datum v. 15.12.2006 in Kraft getreten. Die Verschmelzungsrichtlinie ist bis Dezember 2007 von den EU-Mitgliedstaaten in nationales Recht umzusetzen.

Die *Richtlinie 2005/19/EG v. 17.02.2005* sieht folgende wesentliche Änderungen und Ergänzungen der Fusionsrichtlinie vor:

- Erweiterung des persönlichen Anwendungsbereiches der Fusionsrichtlinie
    - *Aufnahme* der SE und der SCE (Art. 3 FRL i.V.m. Anhang der Fusionsrichtlinie)
    - Aufnahme steuerlich transparenter (hybrider) Gesellschaften (Art. 4 Abs. 2, Art. 8 Abs. 3, Art. 10a FRL i.V.m. Anhang der Fusionsrichtlinie)
- Erweiterung des sachlichen Anwendungsbereiches der Fusionsrichtlinie
    - Abspaltung (Art. 2 Buchst. ba) FRL)[12]
    - Umwandlung von Niederlassungen in Tochterkapitalgesellschaften (Art. 10 Abs. 1 FRL)
    - Sitzverlegung der SE und der SCE (Art. 1 Buchst. b), Art. 2 Buchst. j), Art. 10b, Art. 10c und Art. 10d FRL)
- materiell-rechtliche Änderungen der Fusionsrichtlinie
    - Anpassung der Beteiligungsgrenzen der Fusionsrichtlinie an die Beteiligungsgrenzen der *Richtlinie 90/435 des Rates v. 23.07.1990 über das gemeinsame Steuersystem für Mutter- und Tochtergesellschaften verschiedener Mitgliedstaaten*[13] (Art. 7 Abs. 2 FRL)
    - Behandlung steuerlich transparenter (hybrider) Gesellschaften (Art. 4 Abs. 2, Art. 8 Abs. 3, Art. 10a FRL).

Die *Richtlinie 2005/19/EG v. 17.02.2005* basiert auf dem Entwurf einer Änderungsrichtlinie der EU-Kommission mit Datum v. 17.10.2003.[14] Der ursprüngliche Vorschlag der EU-Kommission wurde in zwei wesentlichen Punkten nicht umgesetzt:

- Vermeidung der wirtschaftlichen Doppelbesteuerung im Fall der Einbringung von Unternehmensteilen und beim Austausch von Anteilen durch Bewertung der eingebrach-

---

8) Vgl. ABl. L 207 v. 18.08.2003 S. 1. Geändert durch den Beschluss Nr. 15/2004 des Gemeinsamen EWR Ausschusses, ABl. L 116 v. 22.04.2004 S. 68.
9) Vgl. ABl. L 207 v. 18.08.2003 S. 25.
10) Vgl. KOM (2003) 703 endg.
11) Vgl. ABl. L 310 v. 25.11.2005 S. 1.
12) Die Erweiterung des sachlichen Anwendungsbereiches der Fusionsrichtlinie um die Abspaltung hat für die EU-Mitgliedstaaten allerdings nur insofern Bedeutung, als sie in ihrem mitgliedstaatlichen Gesellschaftsrecht über entsprechende Regelungen für die grenzüberschreitende Spaltung verfügen. Siehe hierzu für die Rechtsgrundlagen in der Bundesrepublik Deutschland Gliederungspunkt E.III.2. b).
13) ABl. L 225 v. 20.08.1990 S. 6; ber. ABl. L 266 S. 20; zuletzt geändert durch Richtlinie 2003/123/EG des Rates v. 22.12.2003, ABl. L 7 S. 41.
14) Vgl. Vorschlag v. 17.10.2003 KOM (2003) 613 endg. 2003/0239 (CNS).

ten Unternehmensteile bzw. Anteile mit dem Verkehrswert (Art. 8 Abs. 10, 11 bzw. Art. 9 Abs. 2 FRL-E)
- Privilegierung von steuerlich transparenten (hybriden) Gesellschaften und deren Gesellschafter durch Nichtbesteuerung des aus der Übertragung von Vermögen resultierenden Veräußerungsgewinns (Art. 4 Abs. 2, Art. 8 Abs. 3 FRL-E).

Die *Richtlinie 2005/19/EG v. 17.02.2005* ist am 24.03.2005 in Kraft getreten. Der Termin für die Umsetzung der Änderungen der Fusionsrichtlinie in den EU-Mitgliedstaaten bestimmt sich nach Art. 2 der Richtlinie 2005/19/EG:
- Umsetzung der Änderungen betreffend die Aufnahme der SE bzw. SCE in den Anwendungsbereich der Fusionsrichtlinie sowie Umsetzung der Vorgaben zur Sitzverlegung bis spätestens 01.01.2006;
- Umsetzung sämtlicher sonstigen Änderungen bis spätestens 01.01.2007.

Durch Beitrittsakte 2005[15] sind die Republik Bulgarien (Bulgarien) und Rumänien zum 01.01.2007 der EU beigetreten. Beide Länder haben die Fusionsrichtlinie inkl. der Änderungen der Fusionsrichtlinie bis zum Zeitpunkt ihres EU-Beitritts in das jeweilige nationale Steuerrecht umzusetzen.

Zusammenfassend gilt:

(ändernder) Rechtsakt	Datum des Inkrafttretens	Termin für die Umsetzung in den Mitgliedstaaten	Amtsblatt
Richtlinie 2005/19/EG	24.03.2005	**Grundsatz:** **01.01.2006** (Gründung und Sitzverlegung der SE und SCE) **01.01.2007** (sonstige Änderungen) EU-Beitrittsstaaten: 01.01.2007	ABl. L 58 v. 04.03.2005 S. 19

Abb. G.I. - 3: Richtlinie 2005/19/EG v. 17.02.2005

Obwohl die EU-Mitgliedstaaten gem. Art. 249 Abs. 3 EG-Vertrag zur fristgerechten, richtigen und vollständigen Transformation der Fusionsrichtlinie in das jeweilige nationale Steuerrecht verpflichtet sind, wurde die Fusionsrichtlinie bislang nicht einheitlich und vollständig von allen EU-Mitgliedstaaten umgesetzt. Die nur teilweise Umsetzung der Fusionsrichtlinie wurde von den EU-Mitgliedstaaten oftmals mit dem Fehlen einer gesellschaftsrechtlichen Grundlage für die jeweilige grenzüberschreitende Umwandlung begründet.[16] Nach ständiger Rechtsprechung des EuGH kann sich ein EU-Mitgliedstaat jedoch nicht auf Bestimmungen, Übungen oder Umstände seiner internen Rechtsordnung berufen, um die Nichteinhaltung der in einer Richtlinie festgelegten Verpflichtungen und Fristen zu rechtfertigen.[17] Als Ausweg verbleibt den Steuerpflichtigen die Möglichkeit, sich gegenüber den nationalen Behörden und Gerichten auf die noch nicht bzw. nur unvollständig umgesetzte Richtlinie zu berufen, sofern die Richtlinie für den Einzelnen begünstigend wirkt, inhaltlich

---

15) Vgl. ABl. L 157 v. 21.06.2005 S. 203.
16) So hatte auch der deutsche Gesetzgeber die bis zur Umsetzung des SEStEG unterbliebene Transformation der grenzüberschreitenden Verschmelzung sowie der grenzüberschreitenden Spaltung im deutschen UmwStG mit Hinweis auf die fehlenden gesellschaftsrechtlichen Grundlagen begründet. Vgl. BT-Drs. 12/1108 S. 80.
17) Vgl. EuGH v. 02.10.1997 (Rs. „Kommission/Belgien"), C-208/96 Slg. 1997 I-5375 Rz. 9; EuGH v. 19.02.1998 (Rs. „Kommission/Spanien"), C-107/96, Slg. 1997 I-3193.

hinreichend genau erscheint und der EU-Mitgliedstaat die fristgerechte Umsetzung nicht oder nur unvollständig vorgenommen hat.

II. Anwendungsbereich der Fusionsrichtlinie

Der Anwendungsbereich der Fusionsrichtlinie ergibt sich aus **sachlichen** und **persönlichen Voraussetzungen**, die sowohl die zur Steuerneutralität berechtigenden Vorgänge als auch die anspruchsberechtigten Personen charakterisieren. In Abhängigkeit von der Transformation der Fusionsrichtlinie in das jeweilige nationale Steuerrecht der EU-Mitgliedstaaten sind diese Voraussetzungen nicht zwingend identisch mit den jeweiligen mitgliedstaatlichen Regelungen.

1. Sachlicher Anwendungsbereich der Fusionsrichtlinie

Die Fusionsrichtlinie erfasst die folgenden Umstrukturierungsvorgänge, sofern daran Gesellschaften aus mindestens zwei EU-Mitgliedstaaten beteiligt sind:
a. Fusion (Art. 2 Buchst. a) FRL),
b. Spaltung und Abspaltung (Art. 2 Buchst. b) und ba) FRL),
c. Einbringung von Unternehmensteilen (Art. 2 Buchst. c) FRL),
d. Austausch von Anteilen (Art. 2 Buchst. d) FRL) sowie
e. Sitzverlegung der SE und der SCE (Art. 2 Buchst. j) FRL).

a) Fusion (Art. 2 Buchst. a) FRL)

Art. 2 Buchst. a) FRL unterscheidet drei Formen der Fusion:
- Fusion durch Aufnahme,
- Fusion durch Neugründung sowie
- „up-stream" Fusion (Fusion einer 100%igen Tochtergesellschaft auf ihre Muttergesellschaft), die eine Sonderform der Fusion durch Aufnahme darstellt.

Bei der **Fusion durch Aufnahme** übertragen eine oder mehrere Gesellschaften eines EU-Mitgliedstaates zum Zeitpunkt ihrer Auflösung ohne Abwicklung ihr gesamtes Aktiv- und Passivvermögen auf eine bereits bestehende Gesellschaft, die in einem anderen EU-Mitgliedstaat ansässig ist, gegen Gewährung von Anteilen am Gesellschaftskapital der anderen Gesellschaft an ihre eigenen Gesellschafter. Bei der **Fusion durch Neugründung** übertragen eine oder mehrere Gesellschaften zum Zeitpunkt ihrer Auflösung ohne Abwicklung ihr gesamtes Aktiv- und Passivvermögen auf eine von ihnen gegründete Gesellschaft gegen Gewährung von Anteilen am Gesellschaftskapital der anderen Gesellschaft an ihre eigenen Gesellschafter.

Die sog. **up-stream Fusion** ist eine Sonderform der Fusion durch Aufnahme. Dabei überträgt eine Gesellschaft eines EU-Mitgliedstaates zum Zeitpunkt ihrer Auflösung ohne Abwicklung ihr gesamtes Aktiv- und Passivvermögen auf die Gesellschaft, die sämtliche Anteile an ihrem Gesellschaftskapital besitzt und in einem anderen EU-Mitgliedstaat ansässig ist. Die sog. **down-stream Fusion** (Fusion der Muttergesellschaft auf ihre Tochtergesellschaft) wird nicht explizit in Art. 2 Buchst. a) FRL geregelt, sondern ist eine Sonderform der Fusion durch Aufnahme.[18]

---

18) Vgl. *Thömmes*, in: IBFD, EC Corporate Tax Law, Commentary, Art. 2 Merger Directive Rz. 64 (Stand: 07/2004).

Eine bare Zuzahlung als Gegenleistung ist bei sämtlichen Formen der Fusion i.S.v. Art. 2 Buchst. a) FRL möglich. Der Wert der baren Zuzahlung als Gegenleistung darf 10% des Nennwerts bzw. des rechnerischen Werts der gewährten Anteile nicht überschreiten.[19]

b) Spaltung und Abspaltung (Art. 2 Buchst. b) und Buchst. ba) FRL)

In der Fusionsrichtlinie wird zwischen der Spaltung i.S.v. Art. 2 Buchst. b) FRL und der Abspaltung i.S.v. Art. 2 Buchst. ba) FRL unterschieden.[20] Im Rahmen der **Spaltung i.S.v. Art. 2 Buchst. b) FRL** überträgt eine Gesellschaft zum Zeitpunkt ihrer Auflösung ohne Abwicklung ihr gesamtes Aktiv- und Passivvermögen anteilig auf zwei oder mehrere bereits bestehende oder neu gegründete Gesellschaften gegen Gewährung von Anteilen am Gesellschaftskapital der übernehmenden Gesellschaften an ihre eigenen Gesellschafter. Diese Regelung entspricht grds. der Definition der **Aufspaltung** i.S.v. § 123 Abs. 1 UmwG i.V.m. § 1 Abs. 1 Satz 1 Nr. 1, § 15 Abs. 1 UmwStG. Im Gegensatz zur Regelung in § 15 Abs. 1 UmwStG ist die Übertragung eines Teilbetriebs nach der Definition des Art. 2 Buchst. b) FRL jedoch nicht erforderlich.

Als Sonderform der Spaltung wurde durch die *Richtlinie 2005/19/EG v. 17.02.2005* zur Änderung der Fusionsrichtlinie die **Abspaltung in Art. 2 Buchst. ba) FRL** aufgenommen. Die Abspaltung wird als Vorgang definiert, bei dem eine Gesellschaft, ohne sich aufzulösen, einen oder mehrere Teilbetriebe auf eine oder mehrere bereits bestehende oder neu gegründete Gesellschaften gegen Gewährung von Anteilen am Gesellschaftskapital der übernehmenden Gesellschaften an ihre eigenen Gesellschafter anteilig überträgt. Dies entspricht der Regelung der Abspaltung i.S.v. § 123 Abs. 2 UmwG i.V.m. § 1 Abs. 1 Satz 1 Nr. 1, § 15 UmwStG. Eine steuerneutrale grenzüberschreitende Abspaltung ist demnach nur möglich, sofern die übertragende Gesellschaft mindestens über zwei Teilbetriebe verfügt (sog. **doppelte Teilbetriebsvoraussetzung**).[21] Davon muss zumindest ein Teilbetrieb in seiner Gesamtheit auf die übernehmende Gesellschaft übertragen werden und ein Teilbetrieb in der übertragenden Gesellschaft verbleiben.

Nach den Regelungen in Art. 2 Buchst. b) und Buchst. ba) FRL ist sowohl für den Fall der Spaltung als auch für den Fall der Abspaltung eine bare Zuzahlung als Gegenleistung mög-

---

19) Demgegenüber ist nach § 11 Abs. 2 Satz 1 Nr. 3 UmwStG eine steuerneutrale Verschmelzung nicht möglich, sofern bare Zuzahlungen geleistet werden. Siehe hierzu Gliederungspunkt I.III.3. b) cc).
20) Für die grenzüberschreitende Spaltung gibt es in Deutschland demgegenüber derzeit keine gesellschaftsrechtliche Rechtsgrundlage. Derzeit existiert auf EU-Ebene lediglich eine Richtlinie, welche die Spaltung nationaler Aktiengesellschaften betrifft *(Sechste Richtlinie 82/891/EWG des Rates v. 17.12.1982 gemäß Art. 54 Absatz 3 Buchstabe g) des Vertrages betreffend die Spaltung von Aktiengesellschaften*, ABl. Nr. L 378 v. 31.12.1982 S. 47). Es fehlt demgegenüber eine Richtlinie zur grenzüberschreitenden Spaltung von Kapitalgesellschaften; siehe auch Drinhausen/Gesell, BB 2006 S. 3 (14 f.). Die Versagung der gesellschaftsrechtlichen Zulässigkeit einer grenzüberschreitenden Spaltung darf nicht zu einer Verletzung der Niederlassungsfreiheit i.S.v. Art. 43, Art. 48 EG-Vertrag führen; siehe hierzu auch die Rechtsprechung des EuGH in der Rs. „SEVIC" (EuGH v. 13.12.2005, C-411/03, NZG 2006 S. 112). Zu den gesellschaftsrechtlichen Grundlagen einer grenzüberschreitenden Spaltung siehe ausführlich Gliederungspunkt E.III.2. b).
21) Der Entwurf einer Änderungsrichtlinie der EU-Kommission mit Datum v. 17.10.2003 hatte noch vorgesehen, dass im Rahmen der Abspaltung ein oder mehrere Teilbetriebe auf bestehende oder neu gegründete Gesellschaften übertragen werden mussten, jedoch bei der einbringenden Gesellschaft kein Teilbetrieb zurückzubleiben brauchte. Hintergrund der Einführung der doppelten Teilbetriebsvoraussetzung im Rahmen der *Richtlinie 2005/19/EG v. 17.02.2005* war die Sorge der EU-Mitgliedstaaten vor Gestaltungen, die eine Abspaltung zur Separierung von Wirtschaftsgütern vorsehen, um anschließend eine steuerfreie Veräußerung durch den Verkauf der Anteile an der einbringenden Gesellschaft realisieren zu können. Vgl. *Benecke/Schnitger*, IStR 2005 S. 641.

lich, sofern der Wert der baren Zuzahlung als Gegenleistung 10% des Nennwerts bzw. des rechnerischen Werts der gewährten Anteile nicht überschreitet.[22]

c) Einbringung von Unternehmensteilen (Art. 2 Buchst. c) FRL)

Die Einbringung von Unternehmensteilen i.S.v. Art. 2 Buchst. c) FRL wird als Vorgang definiert, *„durch den eine Gesellschaft, ohne aufgelöst zu werden, ihren Betrieb insgesamt oder einen oder mehrere Teilbetriebe in eine andere Gesellschaft gegen Gewährung von Anteilen am Gesellschaftskapital der übernehmenden Gesellschaft einbringt".*

Als Sonderfall wurde durch die *Richtlinie 2005/19/EG v. 17.02.2005* zur Änderung der Fusionsrichtlinie nunmehr ausdrücklich die Umwandlung einer Niederlassung in eine Tochtergesellschaft in den Anwendungsbereich der Fusionsrichtlinie einbezogen (Art. 10 Abs. 1 Satz 4 FRL). Diese Regelung stellt auf den Fall ab, dass ein Teilbetrieb i.S.v. Art. 2 Buchst. i) FRL in eine neu gegründete Gesellschaft eingebracht wird, die zu einer Tochtergesellschaft der einbringenden Gesellschaft wird.[23]

d) Austausch von Anteilen (Art. 2 Buchst. d) FRL)

Beim Austausch von Anteilen gem. Art. 2 Buchst. d) FRL bringt eine Gesellschaft Anteile an einer anderen Gesellschaft in eine erwerbende Gesellschaft gegen Gewährung von Anteilen am Gesellschaftskapital der erwerbenden Gesellschaft und ggf. einer baren Zuzahlung ein.[24] Die Zuzahlung darf 10% des Nennwerts bzw. des rechnerischen Werts dieser Anteile nicht überschreiten.[25]

Durch die *Richtlinie 2005/19/EG v. 17.02.2005* zur Änderung der Fusionsrichtlinie wurden die Voraussetzungen an die eingebrachten Anteile präzisiert. Es wurde klargestellt, dass ein Anteilstausch auch beim Hinzuerwerb von Anteilen vorliegt, wenn die erwerbende Gesellschaft bereits über die Mehrheit der Stimmrechte an der eingebrachten Gesellschaft verfügt. Voraussetzung für den Anteilstausch ist nunmehr, dass die eingebrachten Anteile der erwerbenden Gesellschaft die Mehrheit, d.h. mehr als 50% der Stimmrechte an der Gesellschaft verleihen, oder – sofern die erwerbende Gesellschaft bereits die Mehrheit der Stimmrechte

---

22 Aufgrund der Anknüpfung des § 15 Abs. 1 UmwStG an die Regelungen der § 11 - § 13 UmwStG sind eine steuerneutrale Aufspaltung und Abspaltung nicht möglich, sofern bare Zuzahlungen geleistet werden. Siehe hierzu Gliederungspunkt I.IV.3. a).
23) Vgl. *Blumers/Kinzl*, BB 2005 S. 971 (972); *Schindler*, IStR 2005 S. 551 (554). Bis zur klarstellenden Ergänzung der Regelung in Art. 10 Abs. 1 Satz 4 FRL war zweifelhaft, ob die Umwandlung einer ausländischen Niederlassung in eine Tochtergesellschaft in den Anwendungsbereich der Fusionsrichtlinie fällt, da Art. 4 Abs. 1 FRL nach seinem Wortlaut nicht zu einem Steueraufschub nur gewährte, wenn das übertragene Aktiv- und Passivvermögen weiterhin einer Betriebsstätte der übernehmenden Gesellschaft im Ansässigkeitsstaat der einbringenden Gesellschaft zugerechnet wurde.
24) Im Schlussantrag in der Rs. C-321/05 (Kofoed) v. 08.02.2007 hat Generalanwältin Kokott dargelegt, dass Geldleistungen der erwerbenden Gesellschaft, wie z.B. Gewinnausschüttungen, die nicht verbindlich als Gegenleistung für die von ihr erlangte, die Mehrheit der Stimmrechte verleihende Beteiligung an der erworbenen Gesellschaft vereinbart sind, nicht unter den Begriff der baren Zuzahlung i.S.v. Art. 2 Buchst. d) FRL fallen. Dies soll selbst dann gelten, wenn sie von den Beteiligten von vornherein geplant gewesen sind und in engem zeitlichen Zusammenhang zum Erwerb der Beteiligung getätigt worden sind.
25) Nach der Regelung des § 21 Abs. 1 Satz 3 UmwStG tritt eine steuerpflichtige Gewinnrealisierung in den Fällen ein, in denen der Einbringende von der aufnehmenden Gesellschaft neben der Gewährung neuer Gesellschaftsanteile eine sonstige Gegenleistung (z.B. eine bare Zuzahlung) erhält, und der gemeine Wert der sonstigen Gegenleistung den Buchwert der eingebrachten Anteile übersteigt. Siehe hierzu auch Gesetzesbegründung v. 09.11.2006 zu § 20 Abs. 2 UmwStG, BT-Drs. 16/3369 S. 26.

an dieser Gesellschaft hält – die eingebrachten Anteile deren Beteiligung an der Gesellschaft weiter ausbauen.[26]

e) Sitzverlegung der SE und der SCE (Art. 2 Buchst. j) FRL)

Der sachliche Anwendungsbereich der Fusionsrichtlinie wurde durch die *Richtlinie 2005/19/ EG v. 17.02.2005* zur Änderung der Fusionsrichtlinie in Art. 2 Buchst. j) i.V.m. Art. 10b - 10d FRL um die Sitzverlegung der SE und der SCE ergänzt. Entsprechend dem Wortlaut des Art. 8 SE-VO bzw. des Art. 7 SCE-VO wird die Sitzverlegung der SE bzw. der SCE als ein Vorgang definiert, *„durch den eine SE oder eine SCE ihren Sitz von einem Mitgliedstaat in einen anderen Mitgliedstaat verlegt, ohne dass dies zu ihrer Auflösung oder zur Gründung einer neuen juristischen Person führt"* (Art. 2 Buchst. j) FRL).

Die SE-VO und die SCE-VO wurden in Anlage XXII (Gesellschaftsrecht) des EWR-Abkommens aufgenommen.[27] Damit finden beide Verordnungen in sämtlichen EU-/EWR-Staaten Anwendung. Die Anwendung der Fusionsrichtlinie ist hingegen mangels Aufnahme in das EWR-Abkommen auf die EU-Mitgliedstaaten beschränkt. Hieraus folgt, dass die Sitzverlegung einer SE respektive SCE zwar von einem Mitgliedstaat der EU in einen des EWR gesellschaftsrechtlich möglich ist, die steuerlichen Folgen dieser Sitzverlegung jedoch nicht durch den Regelungsinhalt der Fusionsrichtlinie gedeckt sind.[28]

Da der statutarische Sitz der SE (Art. 7 SE-VO) bzw. der SCE (Art. 6 SCE-VO) nicht von deren Verwaltungssitz abweichen darf, führt die Sitzverlegung stets sowohl zu einer Verlegung des statutarischen Sitzes als auch des Verwaltungssitzes.[29] Konsequenz ist, dass die SE bzw. SCE für steuerliche Zwecke jeweils in dem Zuzugstaat als steuerlich ansässig anzusehen ist. Eine steuerliche Doppelansässigkeit einer SE/SCE ist somit ausgeschlossen.

2. Persönlicher Anwendungsbereich der Fusionsrichtlinie

Die personenbezogenen Voraussetzungen müssen bei sämtlichen Umstrukturierungsvorgängen auf Gesellschaftsebene, bei der Einbringung von Unternehmensteilen und beim Austausch von Anteilen darüber hinaus auch auf Gesellschafterebene (Ebene des einbringenden Rechtsträgers) erfüllt sein.

a) Begriff der Gesellschaft (Art. 3 FRL)

Eine Gesellschaft fällt in den persönlichen Anwendungsbereich der Fusionsrichtlinie, sofern die in Art. 3 FRL aufgezählten Voraussetzungen kumulativ erfüllt werden:

– die Rechtsform der Gesellschaft wird im Anhang zur Fusionsrichtlinie aufgeführt (Buchst. a)),

---

26) Vgl. *Schindler*, IStR 2005 S. 551 (555).
27) Vgl. Beschluss des Gemeinsamen EWR-Ausschusses Nr. 93/2002 v. 25.06.2002 für die SE-VO, ABl. L 266 v. 3.10.2002 S. 69 und Nr. 15/2004 v. 06.02.2004 für die SCE-VO, ABl. L 116 v. 22.04.2004 S. 68.
28) § 12 Abs. 1 KStG i.V.m. § 4 Abs. 4 Satz 1 EStG sowie § 17 Abs. 5 Sätze 2 - 4 EStG erfassen demgegenüber die grenzüberschreitende Sitzverlegung einer SE bzw. SCE innerhalb der EU bzw. des EWR durch direkten Bezug auf die SE-/SCE-Verordnung.
29) Da die Sitzverlegung der SE und der SCE stets sowohl zu einer Verlegung des statutarischen Sitzes als auch des Verwaltungssitzes führt, kann es aus gesellschaftsrechtlicher Sicht insofern dahingestellt bleiben, ob die Gründungstheorie oder die Sitztheorie Anwendung findet. Siehe hierzu *Saß*, DB 2004 S. 2331 (2333 f.). Siehe hierzu auch die Rechtsprechung des EuGH in der Rs. „Daily Mail" v. 27.09.1988 (C-81/87, EuGHE 1988 S. 5505), Rs. „Centros" v. 09.03.1999 (C-212/97, NZG 1999 S. 298 ff.), Rs. „Überseering" v. 05.11.2002 (C-208/00, NZG 2002 S. 1164 ff.), Rs. „Inspire Art" v. 30.09.2003 (C-167/01, NZG 2003 S. 1064 ff.).

- die Gesellschaft wird für steuerliche Zwecke als in einem EU-Mitgliedstaat und nicht aufgrund eines Doppelbesteuerungsabkommens mit einem dritten Staat als außerhalb der Europäischen Union ansässig angesehen (Buchst. b)) und
- die Gesellschaft unterliegt ohne Wahlmöglichkeit einer in der Aufzählung unter Buchst. c) genannten Körperschaftsteuer oder einer dieser vergleichbaren Steuer in einem EU-Mitgliedstaat, ohne davon befreit zu sein. Dem steht nicht entgegen, dass die Gesellschaft im Ansässigkeitsstaat ihrer Gesellschafter dagegen als steuerlich transparent behandelt wird (hybride Gesellschaft).

Nach Art. 3 Buchst. b) FRL richtet sich die Ansässigkeit einer Gesellschaft nicht nach deren Gesellschaftsstatut, sondern nach steuerrechtlichen Kriterien. So ist eine Gesellschaft eines EU-Mitgliedstaates jede Gesellschaft, die nach dem Steuerrecht eines EU-Mitgliedstaates als in diesem Staat ansässig angesehen wird. Im Hinblick auf das Gesellschaftsrecht der EU-Mitgliedstaaten ist gem. Art. 3 Buchst. a) FRL lediglich Voraussetzung, dass die Gesellschaft eine Rechtsform hat, die im Anhang der Fusionsrichtlinie abschließend aufgezählt ist.

Eine Gesellschaft, die zugleich in zwei EU-Mitgliedstaaten unbeschränkt steuerpflichtig ist (sog. Doppelansässigkeit), wird vom persönlichen Anwendungsbereich der Fusionsrichtlinie umfasst, sofern nicht ein Versagungsgrund i.S.d. Missbrauchsvorschrift des Art. 11 FRL einschlägig ist. Demgegenüber wird eine Gesellschaft, die sowohl in einem EU-Mitgliedstaat als auch in einem Drittstaat unbeschränkt steuerpflichtig ist, nicht in den persönlichen Anwendungsbereich der Fusionsrichtlinie eingeschlossen.[30]

Der persönliche Anwendungsbereich der Fusionsrichtlinie ist somit weiter als der persönliche Anwendungsbereich der Verschmelzungsrichtlinie[31], der ausschließlich Gesellschaften in der Rechtsform der Kapitalgesellschaft und Genossenschaften umfasst.[32]

b) Europäische Gesellschaft (SE), Europäische Genossenschaft (SCE) und andere Körperschaften, Personenvereinigungen und Vermögensmassen

Durch die *Richtlinie 2005/19/EG v. 17.02.2005* zur Änderung der Fusionsrichtlinie wurden die **Societas Europaea (SE)** und die **Societas Europaea Cooperativa (SCE)** in den Anhang der Fusionsrichtlinie als von der Fusionsrichtlinie erfasste Rechtsformen aufgenommen (Art. 3 FRL i.V.m. Anhang der Fusionsrichtlinie). Diese Erweiterung des Anhangs der Fusionsrichtlinie ist aus Gründen der Rechtssicherheit und Vollständigkeit zu begrüßen, wenngleich die h.M. schon bislang von der Anwendbarkeit der Fusionsrichtlinie auf die Rechtsform der SE ausgegangen ist.[33]

Des Weiteren wurden andere Körperschaften, Personenvereinigungen und Vermögensmassen, wie z.B. Erwerbs- und Wirtschaftsgenossenschaften, Betriebe gewerblicher Art von juristischen Personen des öffentlichen Rechts sowie Versicherungsvereine auf Gegenseitigkeit in den Anhang der Fusionsrichtlinie als von der Fusionsrichtlinie erfasste Rechtsformen aufgenommen.

---

30) Vgl. *Thömmes*, in: IBFD, EC Corporate Tax Law, Commentary, Art. 3 Merger Directive Rz. 136 ff. (07/2004).
31) Vgl. ABl. L 310 v. 25.11.2005 S. 1.
32) Siehe hierzu Gliederungspunkt F.II.2.
33) Dies wird in der Literatur daraus abgeleitet, dass bereits die jeweilige nationale Rechtsform der Aktiengesellschaft der einzelnen EU-Mitgliedstaaten im Anhang der Fusionsrichtlinie aufgelistet wurde. Vgl. *Schindler*, IStR 2005 S. 552.

Fusionsrichtlinie

Durch die Erweiterung des persönlichen Anwendungsbereiches der Fusionsrichtlinie besteht nunmehr grds. **Übereinstimmung mit dem persönlichen Anwendungsbereich der Mutter-Tochter-Richtlinie**[34] mit **Ausnahme** folgender Sachverhalte:
- Bei Gesellschaften griechischen, spanischen sowie österreichischen Rechts ist der persönliche Anwendungsbereich der Mutter-Tochter-Richtlinie weiter als bei der Fusionsrichtlinie.
- Bei Gesellschaften ungarischen Rechts ist der persönliche Anwendungsbereich der Fusionsrichtlinie weiter als bei der Mutter-Tochter-Richtlinie.
- Bei Gesellschaften portugiesischen Rechts ist der Anwendungsbereich der Mutter-Tochter-Richtlinie und der Fusionsrichtlinie unterschiedlich.

c) Ergänzende Regelungen für steuerlich transparente (hybride) Gesellschaften

Aufgrund der Ergänzung des Anhangs der Fusionsrichtlinie durch die *Richtlinie 2005/19/ EG v. 17.02.2005* zur Änderung der Fusionsrichtlinie sind im Anhang der Fusionsrichtlinie erstmals auch sog. steuerlich transparente **hybride Gesellschaften** enthalten.[35] Als hybride Gesellschaften werden diejenigen Gesellschaften bezeichnet, die für steuerliche Zwecke in ihrem jeweiligen Ansässigkeitsstaat als eigenes Steuersubjekt selbständig körperschaftsteuerpflichtig sind, demgegenüber im Ansässigkeitsstaat ihrer jeweiligen Gesellschafter als steuerlich transparent behandelt werden mit der Konsequenz, dass das Einkommen der Gesellschaft unmittelbar deren Gesellschaftern zugerechnet wird und grds. ausschließlich auf Gesellschafterebene der Einkommen- und Körperschaftsteuer unterliegt.

Um die Anwendung der Fusionsrichtlinie auf derartige hybride Gesellschaftsformen zu ermöglichen, war es erforderlich, die Fusionsrichtlinie um spezielle Regelungen für hybride Gesellschaften zu ergänzen (Art. 4 Abs. 2, Art. 8 Abs. 3, Art. 10a FRL).

d) EU-Gesellschaften mit Drittstaaten-Anteilseignern

Die Fusionsrichtlinie enthält keine Definition des Begriffs „Gesellschafter". Fraglich ist daher, ob die Bestimmungen der Fusionsrichtlinie auch auf diejenigen EU-Gesellschaften anwendbar sind, deren Gesellschafter (teilweise) außerhalb der EU ansässig sind.[36] Dies ist vor dem Hintergrund der Entscheidung des EuGH in der Rs. „Kommission/Niederlande" v. 14.10.2004 ausdrücklich zu bejahen.[37] In seiner Entscheidung hat der EuGH eine niederländische Vorschrift, wonach EU-Gesellschaften, deren Gesellschafter nicht in der EU ansässig waren, die Registrierung von Schiffen in den Niederlanden verwehrt wurde, als europarechtswidrig angesehen (Verstoß gegen die Niederlassungsfreiheit i.S.v. Art. 43

---

34) Vgl. Richtlinie 90/435 des Rates v. 23.07.1990 über das gemeinsame Steuersystem für Mutter- und Tochtergesellschaften verschiedener Mitgliedstaaten, ABl. L 225 v. 20.08.1990 S. 6; ber. ABl. L 266 S. 20; zuletzt geändert durch Richtlinie 2006/98/EG des Rates v. 20.11.2006, ABl. L 363 v. 20.12.2006 S. 129.

35) So z.B. die französische Gesellschaft *„Société Civile"*, die nach französischem Steuerrecht körperschaftsteuerpflichtig ist, sofern sie eine gewerbliche Tätigkeit betreibt (Art. 206 CGI), und in Deutschland demgegenüber als Personengesellschaft gilt. Siehe hierzu auch BMF, Schreiben v. 24.12.1999, IV B 4 - S 1300 - 111/99, BStBl. I 1999 S. 1076 geändert durch BMF, Schreiben v. 20.11.2000, IV B 4 - S 1300 - 222/00, BStBl. I 2000 S. 1509, Anhang I Tabelle 1.

36) Vgl. *Benecke/Schnitger*, IStR 2005 S. 606 (609). Durch *Art. 8 Abs. 12 FRL-E* in der Fassung des Entwurfs einer Änderungsrichtlinie der EU-Kommission mit Datum v. 17.10.2003 (KOM (2003) 613 endg. 2003/0239 (CNS)) sollte geregelt werden, dass die Bestimmungen der Fusionsrichtlinie auch jene Fälle des Anteilstausches abdecken, in denen eine Gesellschaft von einem außerhalb der EU ansässigen Gesellschafter die Mehrheit der Stimmrechte an einer anderen Gesellschaft erwirbt. Auf Grund ihres rein klarstellenden Charakters ist diese Regelung allerdings letztendlich entfallen und in eine Erklärung für das Ratsprotokoll eingegangen.

37) Vgl. EuGH v. 14.10.2004, C-299/02, ABl. C 300 v. 04.12.2004 S. 9.

und Art. 48 EG-Vertrag), da auch EU-Gesellschaften mit Sitz in einem anderen EU-Mitgliedstaat und Drittstaaten-Gesellschaftern Rechtsträger der Grundfreiheiten sein können. Insofern können auch EU-Gesellschaften, deren Gesellschafter (teilweise) außerhalb der EU ansässig sind, zweifelsohne nicht von der Anwendung der Bestimmungen der Fusionsrichtlinie ausgeschlossen werden.

3. Missbrauchsvorbehalt i.S.v. Art. 11 FRL

Sofern ein Missbrauchsvorbehalt i.S.v. Art. 11 FRL vorliegt, kann die Anwendung der Regelungen der Fusionsrichtlinie ganz oder teilweise versagt und bereits gewährte Vorteile können ganz oder teilweise rückgängig gemacht werden. Mangels inhaltlicher Bestimmtheit von Tatbestand und Rechtsfolgen hat Art. 11 FRL lediglich Rahmencharakter. Die konkrete Ausgestaltung des Art. 11 FRL obliegt allein den EU-Mitgliedstaaten (*„Ein Mitgliedstaat kann ..."*).[38]

Der Missbrauchsvorbehalt i.S.v. Art. 11 FRL teilt sich wie folgt auf:
- allgemeiner Missbrauchsvorbehalt (Art. 11 Abs. 1 Buchst. a) FRL)
- spezieller Mitbestimmungsvorbehalt (Art. 11 Abs. 1Buchst. b) FRL).

Der **allgemeine Missbrauchsvorbehalt gem. Art. 11 Abs. 1 Buchst. a) FRL** stellt die gesetzliche Vermutung auf, dass von einem Missbrauchstatbestand, der *„als hauptsächlichen Beweggrund oder als einen der hauptsächlichen Beweggründe die Steuerhinterziehung oder -umgehung hat"*, ausgegangen werden kann, wenn der grenzüberschreitende Umstrukturierungsvorgang *„nicht auf vernünftigen wirtschaftlichen Gründen – insbesondere der Umstrukturierung oder der Rationalisierung der beteiligten Gesellschaften – beruht"*.

Das UmwStG enthält keinen allgemeinen Missbrauchsvorbehalt.[39] In den einzelnen Rechtsnormen des UmwStG sind jedoch einzelne Missbrauchstatbestände normiert worden. So wurden insbes. im Hinblick auf eine Weiterveräußerung von Anteilen, die im Rahmen eines vom UmwStG begünstigten Umwandlungsvorgangs erworben wurden, spezielle Mindesthaltefristen formuliert, deren Missachtung zu einer nachträglichen Besteuerung der im Zeitpunkt des Umwandlungsvorgangs vorhandenen stillen Reserven führt. Im Zusammenhang mit dem allgemeinen Missbrauchsvorbehalt gem. Art. 11 Abs. 1 Buchst. a) FRL sind die nachstehenden Regelungen von Bedeutung:[40]

---

38) Vgl. *Drüen*, DStZ 2006 S. 539 (540) m.w.N.
39) In der Fassung des SEStEG v. 25.09.2006 war in *§ 26 UmwStG-E* eine dem Art. 11 Abs. 1 Buchst. a) FRL entsprechende Missbrauchsregelung speziell für den Anwendungsbereich des UmwStG enthalten. Demnach waren steuerliche Begünstigungen ungeachtet weiterer Bestimmungen im UmwStG oder in anderen Gesetzen nach dem UmwStG *„ganz oder teilweise zu versagen oder rückgängig zu machen, wenn ein vom Anwendungsbereich des § 1 [UmwStG] erfasster Vorgang als hauptsächlichen Beweggrund oder als einen der hauptsächlichen Beweggründe die Steuerhinterziehung oder Steuerumgehung hat; vom Vorliegen eines solchen Beweggrundes kann ausgegangen werden, wenn bei dieser Vorgänge nicht auf vernünftigen wirtschaftlichen Gründen – insbesondere der Umstrukturierung oder der Rationalisierung der beteiligten Gesellschaften – beruht."* Diese Regelung ist letztendlich nach erheblicher Kritik in der Literatur wegen ihrer mangelnden Bestimmtheit hinsichtlich Tatbestand und Rechtsfolgen, europarechtlichen Bedenken und insbes. dem Konkurrenzverhältnis zu § 42 AO nicht umgesetzt worden. Siehe hierzu *Bödefeld*, BB-Special 8/2006 S. 77 ff.; *Drüen*, DStZ 2006 S. 539 ff. sowie Bericht des Finanzausschuss des Bundesrates, BT-Drs. 16/3369, Empfehlung des federführenden Ausschusses (Nr. VI.A.).
40) Im Ergebnis so auch *Gille*, IStR 2007 S. 194 ff.

Rechtsnorm	Mindesthaltefrist
§ 15 Abs. 2 Satz 3 und 4 UmwStG [Aufspaltung, Abspaltung und Vermögensübertragung (Teilübertragung)]	5 Jahre
§ 15 Abs. 2 Satz 5 UmwStG [Aufspaltung, Abspaltung und Vermögensübertragung (Teilübertragung)]	5 Jahre
§ 22 UmwStG [Einbringung von Unternehmensteilen in eine Kapitalgesellschaft oder Genossenschaft und Anteilstausch; Einbringung eines Betriebs, Teilbetriebs oder Mitunternehmeranteils in eine Personengesellschaft; Formwechsel einer Personengesellschaft in eine Kapitalgesellschaft oder Genossenschaft]	7 Jahre nach Maßgabe einer „Siebtel-Regelung" i.S.v. § 22 Abs. 1 und 2 UmwStG

Abb. G.II. - 1: Mindesthaltefristen im UmwStG

Die im UmwStG normierten Missbrauchstatbestände sind nach Auffassung des FG Münster abschließender Natur, sie begrenzen die ansonsten vom Gesetzgeber im UmwStG geschaffenen umfangreichen erweiterten Umwandlungsmöglichkeiten. Eine darüber hinaus erfolgende Einengung dieser gesetzlichen Vorgaben durch eine extensive Auslegung von § 42 AO konterkariere diese Möglichkeiten.[41]

Fraglich ist, ob die Typisierung von Missbrauchsvorbehalten, die im UmwStG durch die Kodifizierung von speziellen Mindesthaltefristen vorgenommen wird, vom Regelungsinhalt des Art. 11 Abs. 1 Buchst. a) FRL erfasst wird. In seinem Urteil v. 17.07.1997 in der Rs. „Leur Bloem"[42] hat der EuGH bereits entschieden, dass die Fusionsrichtlinie keine Ermächtigung zur Einführung typisierender Missbrauchsvorbehalte darstelle. Vielmehr seien die EU-Mitgliedstaaten gehalten, unter Beachtung des Grundsatzes der Verhältnismäßigkeit an den Umständen des Einzelfalls orientierte, gerichtlich nachprüfbare Missbrauchsbekämpfungsvorschriften vorzusehen.

Von besonderer Bedeutung ist in diesem Zusammenhang auch das zeitliche Ausmaß der im UmwStG formulierten Mindesthaltefristen, in denen noch ein Missbrauch angenommen wird.[43] Es kann nicht ausgeschlossen werden, dass eine Mindesthaltefrist von fünf bzw. sieben Jahren aus europarechtlicher Sicht als zu lang erachtet werden könnte. Insbes. könnte die Länge der Mindesthaltefristen dem Prinzip der Verhältnismäßigkeit nicht gerecht wer-

---

41) FG Münster v. 25.10.2006, 1 K 538/03 F, Der Konzern 2007 S. 151.
42) Vgl. EuGH v. 17.07.1997, C-28-95, Slg. 1997 I-4162.
43) In der Gesetzesbegründung zu § 22 UmwStG (Allgemeines) v. 25.09.2006, BT-Drs. 1627/10, wird ausdrücklich erwähnt, dass durch die ratierliche Verringerung des Einbringungsgewinns über einen Zeitraum von sieben Jahren die Konformität der Besteuerung der stillen Reserven mit Art. 11 Abs. 1 FRL hergestellt werde. *Dötsch/Pung*, DB 2006 S. 2704 (2707) sehen den Gesetzgeber in diesem Zusammenhang in einem „*Dilemma*", da die EG-Kommission einerseits unter Berufung auf die Rechtsprechung des EuGH in der Rs. „Leur Bloem" dem nationale Gesetzgeber das Recht abspricht, bei der gesetzlichen Definition von Missbrauchstatbeständen mit schematisierten Fristenregelungen zu arbeiten, sie aber andererseits einen Spielraum für praktikable Alternativen nicht aufzeigt.

den.[44)] Im Hinblick auf die sog. „Siebtelregelung" i.R.d. Neukonzeption der rückwirkenden Besteuerung des zugrunde liegenden Einbringungsvorgangs (§§ 20 ff. UmwStG) bleibt somit fraglich, ob sich der deutsche Gesetzgeber noch im europarechtlich zulässigen Rahmen bewegt.[45)]

Die Anwendung der Regelungen der Fusionsrichtlinie kann auch in dem Fall ganz oder teilweise versagt werden, sofern *„eine an dem Vorgang beteiligte Gesellschaft oder eine an dem Vorgang nicht beteiligte Gesellschaft die Voraussetzungen für die bis zu dem Vorgang bestehende Vertretung der Arbeitnehmer in den Organen der Gesellschaft nicht mehr erfüllt"* (**spezieller Mitbestimmungsvorbehalt gem. Art. 11 Abs. 1 Buchst. b) FRL**). Diese Regelung ist relevant, sofern deutsche Gesellschaften an einem Umstrukturierungsvorgang beteiligt sind, da in Deutschland eine Mitbestimmung der Arbeitnehmer in Organen der Gesellschaft ab einer bestimmten Gesellschaftsgröße gesetzlich kodifiziert ist (Arbeitnehmer-Vertreter im Aufsichtsrat). Der spezielle Mitbestimmungsvorbehalt ist jedoch nicht einschlägig, sofern eine vor der Umstrukturierung bestehende Gesellschaft zumindest mit den ihr verbleibenden Teilbetrieben noch der Mitbestimmung der Arbeitnehmer unterliegt. Es wird somit nicht jegliches Ausscheiden von Arbeitnehmern aus der Mitbestimmung unterbunden, sondern nur der völlige Wegfall der Mitbestimmung für sämtliche Arbeitnehmer.[46)]

Die Berechtigung des speziellen Mitbestimmungsvorbehalts gem. Art. 11 Abs. 1 Buchst. b) FRL liegt in den Schwierigkeiten des nationalen Gesellschaftsrechts begründet, grenzüberschreitende Umstrukturierungen nur zur Vermeidung der Mitbestimmung der Arbeitnehmer zu verhindern. Wird eine derartige gesellschaftsrechtliche Lösung auf EU-Ebene gefunden, sieht die Fusionsrichtlinie vor, dass der Mitbestimmungsvorbehalt automatisch entfällt. Diese Regelung ist *„so lange und so weit anwendbar, wie auf die von dieser Richtlinie erfassten Gesellschaften keine Vorschriften des Gemeinschaftsrechts anwendbar sind, die gleichwertige Bestimmungen über die Vertretung der Arbeitnehmer in den Gesellschaftsorganen enthalten"* (Art. 11 Abs. 2 FRL).[47)]

---

44) Ein Anhaltspunkt für eine europarechtlich akzeptable Mindesthaltefrist könnte in diesem Zusammenhang die in Art. 3 Abs. 2 MTRL (*Richtlinie 90/435 des Rates v. 23.07.1990 über das gemeinsame Steuersystem für Mutter- und Tochtergesellschaften verschiedener Mitgliedstaaten*, ABl. L 225 v. 20.08.1990 S. 6; ber. ABl. L 266 S. 20; zuletzt geändert durch Richtlinie 2003/123/EG des Rates v. 22.12.2003, ABl. L 7 S. 41) kodifizierte Mindesthaltefrist von zwei Jahren sein. Siehe hierzu *Körner*, DStR 2006 S. 469 (471); *Körner*, IStR 2006 S. 109 (113). Hierbei stellt sich jedoch die Frage, ob die in der Mutter-Tochter-Richtlinie festgelegte Mindesthaltefrist aufgrund des unterschiedlichen Regelungsumfangs im Vergleich zur Fusionsrichtlinie einen Hinweis auf eine akzeptable Länge der Haltefrist geben kann.
45) *Dötsch/Pung*, DB 2006 S. 2704 (2707), haben in diesem Zusammenhang ein *„ungutes Gefühl"*.
46) Vgl. *Herzig/Dautzenberg/Heyeres*, DB Beilage 12/1991 S. 1 (19).
47) Im Fall der grenzüberschreitenden Verschmelzung oder Sitzverlegung unter Beteiligung einer SE bzw. SCE finden insoweit für die SE die Regelungen der SE-Richtlinie zur Beteiligung der Arbeitnehmer (*Richtlinie Nr. 2001/86/EG des Rates v. 08.10.2001 zur Ergänzung des Statuts der Europäischen Gesellschaft hinsichtlich der Beteiligung der Arbeitnehmer*, ABl. L 294 v. 10.11.2001 S. 22), die in Deutschland durch das Gesetz über die Beteiligung der Arbeitnehmer in einer Europäischen Gesellschaft (SE-Beteiligungsgesetz) i.R.d. Gesetzes zur Einführung der Europäischen Gesellschaft v. 22.12.2004 (BGBl. I 2004 S. 3675) umgesetzt wurde, und für die SCE die Regelungen der SCE-Richtlinie zur Beteiligung der Arbeitnehmer (*Richtlinie Nr. 2003/72/EG des Rates v. 22.07.2003 zur Ergänzung des Statuts der Europäischen Genossenschaft hinsichtlich der Beteiligung der Arbeitnehmer*, ABl. L 207 v. 18.08.2003 S. 25), die in Deutschland durch das *Gesetz zur Einführung der Europäischen Genossenschaft und zur Änderung des Genossenschaftsrechts* v. 14.08.2006 (BGBl. I 2006 S. 1911) umgesetzt wurde, Anwendung. Regelungen über die Mitbestimmung der Arbeitnehmer finden sich auch in Art. 16 der Verschmelzungsrichtlinie (ABl. L 310 v. 25.11.2005 S. 1), die durch das *Gesetz zur Umsetzung der Regelungen über die Mitbestimmung der Arbeitnehmer bei einer Verschmelzung von Kapitalgesellschaften aus verschiedenen Ländern* v. 21.12.2006 in das deutsche Recht transformiert wurde (BGBl. I 2006 S. 3332).

III. Besteuerung der von der Fusionsrichtlinie erfassten grenzüberschreitenden Umstrukturierungen

1. Fusion (Art. 2 Buchst. a) FRL)

Im Rahmen der Fusion i.S.v. Art. 2 Buchst. a) FRL sind folgende Ebenen zu unterscheiden:
– Ebene der einbringenden Gesellschaft,
– Ebene der übernehmenden Gesellschaft,
– Ebene der Gesellschafter.

a) Ebene der einbringenden Gesellschaft

Die **einbringende Gesellschaft** wird in Art. 2 Buchst. e) FRL als diejenige Gesellschaft definiert, die ihr Aktiv- und Passivvermögen überträgt oder einen oder mehrere Teilbetriebe einbringt. In der Fusionsrichtlinie wird unterschieden zwischen
– der Besteuerung des Stammhauses im Ansässigkeitsstaat der einbringenden Gesellschaft, d.h. dem Teil eines Unternehmens, der dem *„Mitgliedstaat der einbringenden Gesellschaft zugerechnet wird"* (Art. 4 FRL) und
– der Besteuerung von Betriebsstätten in anderen EU-Mitgliedstaaten (Art. 10 FRL) bzw. in Drittstaaten.

aa) Besteuerung des Stammhauses

(1) Grundsatz und Voraussetzungen der Steuerneutralität i.S.v. Art. 4 FRL

Nach Art. 4 Abs. 1 FRL ist es den EU-Mitgliedstaaten untersagt, die Fusion zum Anlass zu nehmen, die stillen Reserven *(„Unterschied zwischen dem tatsächlichen Wert des übertragenen Aktiv- und Passivvermögens und dessen steuerlichem Wert")* im Vermögen der einbringenden Gesellschaft zu besteuern. Als steuerlicher Wert ist dabei in Deutschland der Buchwert der übertragenen Wirtschaftsgüter in der Steuerbilanz anzusehen. Auf diese Weise soll verhindert werden, dass die Übertragung der Wirtschaftsgüter von der einbringenden auf die übernehmende (Nachfolge-)Gesellschaft wie eine steuerpflichtige Veräußerung behandelt wird. Die Fusion hat mithin grds. **steuerneutral** zu erfolgen.[48]

Voraussetzung für die **Steuerneutralität i.S.d.** Art. 4 Abs. 1 Buchst. b) FRL ist, dass das übertragene Aktiv- und Passivvermögen nach der Fusion,
– tatsächlich zu einer Betriebsstätte in dem EU-Mitgliedstaat der einbringenden Gesellschaft gehört (**Betriebsstättenbedingung**) und
– zur Erzielung des steuerpflichtigen Ergebnisses der Betriebsstätte beiträgt (**Steuerverhaftungsbedingung**).

Als dritte Voraussetzung zur Aufrechterhaltung der Besteuerungsansprüche des EU-Mitgliedstaates der einbringenden Gesellschaft müssen die neuen Abschreibungen und die späteren Wertsteigerungen bzw. -minderungen auf Ebene der übernehmenden Gesellschaft nach Art. 4 Abs. 3 FRL so berechnet werden, wie die einbringende Gesellschaft sie ohne die Fusion berechnet hätte (**Buchwertverknüpfungsbedingung**).

---

[48] Die EU-Mitgliedstaaten haben allerdings die Möglichkeit, der übernehmenden Gesellschaft nach Art. 4 Abs. 4 FRL das Recht einzuräumen, die neuen Abschreibungen und späteren Wertveränderungen des übertragenen Vermögens unabhängig vom Wertansatz der einbringenden Gesellschaft vorzunehmen. In diesem Fall kann die übernehmende Gesellschaft die übertragenen Wirtschaftsgüter mit einem höheren Wert ansetzen.

(2) Betriebsstättenbedingung
(a) Überblick

Das übertragene Aktiv- und Passivvermögen, das dem Ansässigkeitsstaat der einbringenden Gesellschaft zuzurechnen ist, muss nach Art. 4 Abs. 1 Buchst. b) FRL einer oder mehreren Betriebsstätte(n) der übernehmenden Gesellschaft im EU-Mitgliedstaat der einbringenden Gesellschaft zugerechnet werden. Hierdurch soll sichergestellt werden, dass der Staat der einbringenden Gesellschaft nicht den sachlichen Zugriff auf die in seinem Hoheitsbereich belegene Betriebsstätte sowie die dazu gehörigen Wirtschaftsgüter verliert und die grenzüberschreitende Fusion für ihn nicht zu einem Verlust an Besteuerungssubstrat durch einen steuerneutralen „Export" stiller Reserven führt.[49] Von Bedeutung sind in diesem Zusammenhang folgende Aspekte:

- Auslegung des Betriebsstätten-Begriffs mangels Definition in der Fusionsrichtlinie,
- Zurechnung der Wirtschaftsgüter zur Betriebsstätte.

(b) Auslegung des Betriebsstätten-Begriffs mangels Definition in der Fusionsrichtlinie

Der Begriff „Betriebsstätte" wird – im Gegensatz zum Begriff „Teilbetrieb" – nicht in der Fusionsrichtlinie definiert. Da auch außerhalb dieser Regelungen weder im primären noch im sekundären Europarecht eine Definition des Betriebsstätten-Begriffs enthalten ist, hat die Auslegung des Betriebsstätten-Begriffs nach dem jeweiligen Doppelbesteuerungsabkommen zwischen den beteiligten EU-Mitgliedstaaten zu erfolgen, soweit ein solches existiert.

Die Auslegung des Betriebsstätten-Begriffs im Rahmen der Fusionsrichtlinie muss deren Zweck gerecht werden, grenzüberschreitende Umstrukturierungen steuerneutral zu ermöglichen.[50] Von besonderer Bedeutung ist dabei die Abgrenzung der Besteuerungsansprüche an denjenigen Einkünften, die mit den übergehenden Wirtschaftsgütern zusammenhängen, zwischen dem EU-Mitgliedstaat der einbringenden Gesellschaft und dem EU-Mitgliedstaat der übernehmenden Gesellschaft. Nach Art. 4 Abs. 1 FRL soll in diesem Zusammenhang durch die Zuordnung der übertragenen Wirtschaftsgüter zu einer Betriebsstätte, die im EU-Mitgliedstaat der einbringenden Gesellschaft verbleibt, vermieden werden, dass dieser Staat sein ursprüngliches Besteuerungsrecht an den übertragenen Wirtschaftsgütern verliert. Eine derartige Zuweisung von Besteuerungsrechten im Fall konkurrierender Steueransprüche wird nicht im nationalen Steuerrecht der EU-Mitgliedstaaten vorgenommen, sondern erfolgt mittels Doppelbesteuerungsabkommen. Da Doppelbesteuerungsabkommen gegenüber den mitgliedstaatlichen Steuerrechtsnormen mithin als *lex specialis* gelten, ist der Betriebsstätten-Begriff unter Berücksichtigung des Zwecks der Fusionsrichtlinie nach dem jeweiligen Doppelbesteuerungsabkommen zwischen den beteiligten EU-Mitgliedstaaten - sofern existent - auszulegen.

Deutschland hat mit sämtlichen EU-Mitgliedstaaten, die in den Anwendungsbereich der Fusionsrichtlinie fallen, Doppelbesteuerungsabkommen abgeschlossen. Im Rahmen der Umsetzung der *Fusionsrichtlinie* in Deutschland ist daher auf den Betriebsstätten-Begriff nach

---

49) Vgl. *Frotscher*, IStR 2006 S. 65 (66).
50) Vgl. *Blumers*, DB 2006 S. 856 (856); *Frotscher*, IStR 2006 S. 65 (66); *Kessler/Huck*, IStR 2006 S. 433 (435).

dem jeweiligen Doppelbesteuerungsabkommen zwischen Deutschland und dem beteiligten EU-Mitgliedstaat abzustellen.[51]

(c) Betriebsstättenzurechnung von Wirtschaftsgütern nach dem OECD-MA

Die abkommensrechtliche Definition der Betriebsstätte in Art. 5 OECD-MA umfasst keine Regel für die Zurechnung von Wirtschaftsgütern zu einer Betriebsstätte. Darüber hinaus sind auch in der Verteilungsnorm des Art. 7 Abs. 1 Satz 2 OECD-MA als Grundregel der Betriebsstättenbesteuerung keine konkreten Aussagen über die Zurechnung enthalten. Demgegenüber enthalten die Rückverweisungsklauseln für Dividenden (Art. 10 Abs. 4 OECD-MA), Zinsen (Art. 11 Abs. 4 OECD-MA) und für Lizenzen (Art. 12 Abs. 3 OECD-MA), wonach das Besteuerungsrecht im Fall einer Betriebsstättenzugehörigkeit jeweils auf den Betriebsstättenstaat übergeht, einheitlich die Bedingung, dass die die Zahlung auslösenden Vermögenswerte tatsächlich der Betriebsstätte zugeordnet sein müssen *(„effectively connected")*. Demnach können der Betriebsstätte folglich nur solche Einkünfte und die sie auslösenden Vermögenswerte zugerechnet werden, die der Betriebsstätte dienen, m.a.W. die in einem **funktionalen Zusammenhang mit der in der Betriebsstätte ausgeübten Tätigkeit stehen.**[52]

Das Verständnis der Zurechnung von Wirtschaftsgütern zu einer Betriebsstätte nach funktionalen Kriterien entspricht der Regelung des Art. 4 Abs. 1 Buchst. b) FRL, wonach als *„übertragenes Aktiv- und Passivvermögen"* das Aktiv- und Passivvermögen der einbringenden Gesellschaft bezeichnet wird, das nach der Fusion tatsächlich einer Betriebsstätte der übernehmenden Gesellschaft im EU-Mitgliedstaat der einbringenden Gesellschaft zugerechnet wird *(„effectively connected")* und das zur Erzielung des steuerlich zu berücksichtigenden Ergebnisses dieser Betriebsstätte beiträgt. Die Zurechnung von Wirtschaftsgütern zur Betriebsstätte oder zum Stammhaus bemisst sich jeweils nach den Regelungen des EU-Mitgliedstaates, in dem die Betriebsstätte belegen ist.[53]

Wirtschaftsgüter der einbringenden Gesellschaft, die einer in ihrem EU-Mitgliedstaat verbleibenden Betriebsstätte nicht tatsächlich zuzurechnen sind, werden nicht von den Regelungen der Fusionsrichtlinie erfasst.[54] Diese Wirtschaftsgüter scheiden grds. aus der Steuerverhaftung im Sitzstaat der einbringenden Gesellschaft aus, so dass die in den Wirtschaftsgütern enthaltenen stillen Reserven im Rahmen der Entstrickungsregelungen der EU-Mitgliedstaaten besteuert werden dürfen. Einer derartigen „exit-Besteuerung" unterliegen ferner diejenigen Wirtschaftsgüter, die auch nicht einer Betriebsstätte in einem anderen EU-Mitgliedstaat tatsächlich zuzurechnen sind, z.B. die Wirtschaftsgüter einer Betriebsstätte in

---

51) Vgl. BMF, Schreiben v. 25.03.1998, IV B 7 - S 1978 - 21/98 / IV B 2 - S 1909 - 33/98, BStBl. I 1998 S. 268 (UmwSt-Erlass) Rz. 23.01; *Patt*, in: Dötsch/Jost et al., Die Körperschaftsteuer, § 23 UmwStG n.F. Rz. 22 (58. EL 11/2006). A.A. *Widmann*, in: Widmann/Mayer, Umwandlungsrecht, § 23 UmwStG Rz. 237 (92. EL 01/2007) sowie *Wolff*, in: Blümich, EStG/KStG/GewStG, § 23 UmwStG Rz. 29 (92. EL 10/2006), die beide für die Anwendung des Betriebsstätten-Begriffs nach nationalem Recht i.S.v. § 12 AO plädieren, da bei Vorliegen einer Betriebsstätte i.S.v. § 12 AO das deutsche Besteuerungsrecht gesichert sei.

52) Vgl. im Einzelnen Authorized OECD Approach, Attribution of Profits to Permanent Establishments v. 02.08.2004 Rz. 55 ff. und Rz. 83 ff. Siehe hierzu auch *Blumers*, DB 2006 S. 856 (856); *Kessler/Huck*, IStR 2006 S. 433 (435).

53) Vgl. Art. 7 OECD-Musterkommentar Rz. 5.

54) Vgl. Art. 10 Abs. 1 FRL.

einem Land außerhalb der EU, mit dem der jeweilige EU-Mitgliedstaat kein Doppelbesteuerungsabkommen abgeschlossen hat (für Deutschland z.b. Hongkong oder Liechtenstein).[55]

Ausgenommen sind das im EU-Mitgliedstaat der einbringenden Gesellschaft belegene unbewegliche Vermögen und die damit im Zusammenhang stehenden Rechte i.S.v. Art. 13 Abs. 1 i.V.m. Art. 6 OECD-MA. Dem Staat der einbringenden Gesellschaft bleibt das Besteuerungsrecht an diesen Wirtschaftsgütern unabhängig von der Zuordnung zu einer Betriebsstätte uneingeschränkt erhalten.[56]

Die deutsche Finanzverwaltung geht in den Betriebsstätten-Verwaltungsgrundsätzen v. 24.12.1999 grds. in Übereinstimmung mit dem OECD-MA ebenfalls von einer funktionalen Zuordnung von Einkünften und Vermögen zu einer Betriebsstätte aus.[57] Einschränkend gegenüber den Regelungen des OECD-MA ist nach Auffassung der Finanzverwaltung die sog. **Zentralfunktion des Stammhauses** zu beachten.[58] Demnach sieht es die Finanzverwaltung grds. als nicht zulässig an, der Betriebsstätte eine Finanzierungs-, Holding- und/oder Lizenzgeberfunktion zuzuweisen, da **Finanzmittel, Beteiligungen und/oder immaterielle Wirtschaftsgüter** (z.B. Patente, Lizenzen, Geschäfts- oder Firmenwert) **wegen der Zentralfunktion des Stammhauses** grds. dem **Stammhaus** zugeordnet werden.[59] Es erscheint fraglich, ob eine derartige Einschränkung der Zurechnung von Wirtschaftsgütern zu einer Betriebsstätte mit der Betriebsstättenbedingung i.S.v. Art. 4 Abs. 1 Buchst. b) FRL in Einklang steht.

(3) Steuerverhaftungsbedingung

Die übergehenden Wirtschaftsgüter müssen sich nach Art. 4 Abs. 1 Buchst. b) FRL nicht nur einer Betriebsstätte im Staat der einbringenden Gesellschaft zurechnen lassen, sondern auch zur Erzielung des steuerlich zu berücksichtigenden Ergebnisses dieser Betriebsstätte beitragen. Diese Voraussetzung ist erfüllt, sofern die Wirtschaftsgüter oder die Betriebsstätte nicht vollkommen steuerbefreit sind.[60] Sowohl laufende Gewinne als auch aperiodisch auftretende Veräußerungsgewinne tragen zur Erzielung des Betriebsstättenergebnisses bei. In diesem Zusammenhang wird es als ausreichend angesehen, dass das übergehende Aktiv- und Passivvermögen als nicht abzugsfähige Betriebsausgaben einen mittelbaren Beitrag zum steuerlich zu berücksichtigen Betriebsstättenergebnis leistet (z.B. Besteuerung fiktiver nicht abzugsfähiger Betriebsausgaben i.H.v. 5% i.R.d. § 8 Abs. 1, 2, 3 und 5 KStG).[61]

Im Ergebnis ist somit darauf abzustellen, ob der EU-Mitgliedstaat der einbringenden Gesellschaft infolge der Fusion abkommensrechtlich daran gehindert ist, das Betriebsstätten-

---

55) Vgl. *Thiel*, DB 2005 S. 2316 (2317 f.). Sofern eine in einem ausländischen EU-Mitgliedstaat ansässige einbringende Gesellschaft eine EU-Drittstaatenbetriebsstätte unterhält, hat der EU-Mitgliedstaat der einbringenden Gesellschaft auf die Realisierung der im Betriebsstättenvermögen enthaltenen stillen Reserven zu verzichten (Art. 10 Abs. 1 Satz 1 FRL). Sofern allerdings die Anrechnungsmethode im Rahmen der Besteuerung der Betriebsstätteneinkünfte Anwendung findet, darf der Staat der einbringenden Gesellschaft die im Betriebsstättenvermögen gebundenen stillen Reserven besteuern, vorausgesetzt, dass auf die insoweit erhobene Steuer nach Art. 10 Abs. 2 FRL eine fiktive ausländische Steuer des anderen EU-Mitgliedstaates anzurechnen ist. Eine Drittstaatenbetriebsstätte, die in einem Staat außerhalb der EU belegen ist, fällt demgegenüber nicht in den Anwendungsbereich des Art. 10 Abs. 1 Sätze 1 - 3, Abs. 2 FRL.
56) Vgl. *Reimer*, in: *Vogel/Lehner*, DBA, Art. 6 OECD-MA Rz. 199 (4. Auflage).
57) Vgl. BMF, Schreiben v. 24.12.1999, IV B 4 - S 1300 - 111/99, BStBl. I 1999 S. 1076 (Betriebsstätten-Verwaltungsgrundsätze) Rz. 2.4.
58) Vgl. BMF-Schreiben v. 24.12.1999, IV B 4 - S 1300 - 111/99, BStBl. I 1999 S. 1076 (Betriebsstätten-Verwaltungsgrundsätze) Rz. 2.4. Siehe hierzu auch Gliederungspunkt I.III.3. b) bb) (1) c).
59) Vgl. *Blumers*, DB 2006 S. 856 (857). Ungeklärt ist insbes. vor dem Hintergrund der Unternehmensteuerreform 2008, wie der deutsche Gesetzgeber zukünftig die Funktionszuordnung von Know-How vornehmen will.
60) Vgl. *Herzig/Dautzenberg/Heyeres*, DB Beilage 12/1991 S. 1 (9).
61) Vgl. *Kessler/Huck*, IStR 2006 S. 433 (440).

ergebnis der Besteuerung zu unterwerfen. Beispielsweise verliert der EU-Mitgliedstaat der einbringenden Gesellschaft nach Art. 8 Abs. 1, Art. 13 Abs. 3 OECD-MA auch dann das Recht, Gewinne aus dem Betrieb von Seeschiffen oder Luftfahrzeugen im internationalen Verkehr zu besteuern, wenn er die Betriebsstättenbedingung i.S.v. Art. 4 Abs. 1 Buchst. b) FRL i.V.m. Art. 7 Abs. 1 Satz 2 OECD-MA erfüllt.

(4) Buchwertverknüpfungsbedingung

Nach Art. 4 Abs. 3 FRL hat die übernehmende Gesellschaft die neuen Abschreibungen und die späteren Wertsteigerungen oder -minderungen des übertragenen Aktiv- und Passivvermögens der einbringenden Gesellschaft so zu berechnen, wie diese sie ohne die Fusion ermittelt hätte. Im Rahmen der Umsetzung der Vorgaben der Fusionsrichtlinie in das mitgliedstaatliche Steuerrecht bleibt es den einzelnen EU-Mitgliedstaaten überlassen, wie dieses Ergebnis erreicht wird. In Deutschland erfolgt zu diesem Zweck die in § 12 Abs. 3 i.V.m. § 4 Abs. 2 und 3 UmwStG geregelte Buchwertverknüpfung. Außer der Buchwertfortführung sind in den EU-Mitgliedstaaten auch andere, im Ergebnis gleichwertige Methoden erlaubt, denn die Fusionsrichtlinie schreibt den EU-Mitgliedstaaten zwar das Ziel der Steuerneutralität grenzüberschreitender Umstrukturierungen vor, nicht jedoch die Wahl der Methode zur Erreichung dieses Ziels.[62]

Die EU-Mitgliedstaaten haben darüber hinaus die Möglichkeit, der übernehmenden Gesellschaft nach Art. 4 Abs. 4 FRL das Recht einzuräumen, die neuen Abschreibungen und späteren Wertveränderungen des übertragenen Vermögens unabhängig vom Wertansatz der einbringenden Gesellschaft vorzunehmen. In diesem Fall kann die übernehmende Gesellschaft die übertragenen Wirtschaftsgüter mit einem höheren Wert ansetzen. Macht die übernehmende Gesellschaft von diesem Wahlrecht Gebrauch, dürfen die stillen Reserven vom Ansässigkeitsstaat der einbringenden Gesellschaft aufgedeckt und besteuert werden. Es kommt insoweit zur Gewinnrealisierung.[63]

bb) Besteuerung der Betriebsstätten

Art. 4 FRL ist nicht anwendbar, sofern Vermögen übertragen wird, das sich in Betriebsstätten befindet, die außerhalb des Ansässigkeitsstaates der einbringenden Gesellschaft belegen sind. In diesem Fall ist Art. 10 FRL einschlägig, der Regelungen für die Besteuerung von Betriebsstätten trifft, die in einem EU-Mitgliedstaat belegen sind, sich aber weder im Ansässigkeitsstaat der einbringenden, noch im Ansässigkeitsstaat der übernehmenden Gesellschaft befinden (sog. **EU-Drittstaatenbetriebsstätten**). Aus deutscher Sicht sind für Zwecke der Besteuerung folgende grundlegende Fälle zu unterscheiden:
- die einbringende Gesellschaft ist in einem ausländischen EU-Mitgliedstaat ansässig und verfügt über eine deutsche Betriebsstätte,
- die einbringende Gesellschaft ist in Deutschland ansässig und verfügt über eine in einem anderen EU-Mitgliedstaat belegene ausländische Betriebsstätte.[64]

(1) Deutsche Betriebsstätte einer in einem ausländischen EU-Mitgliedstaat ansässigen einbringenden Gesellschaft

Sofern eine in einem ausländischen EU-Mitgliedstaat ansässige einbringende Gesellschaft eine deutsche Betriebsstätte unterhält, hat der EU-Mitgliedstaat der einbringenden Gesellsch-

---

62) Vgl. *Herzig/Dautzenberg/Heyeres*, DB Beilage 12/1991 S. 1 (5).
63) Vgl. *Herzig/Griemla*, StuW 2002 S. 55 (64).
64) Sofern die Betriebsstätte einer in Deutschland ansässigen einbringenden Gesellschaft in einem Drittstaat außerhalb der Mitgliedstaaten der EU liegt, ist Art. 10 FRL nicht anwendbar, da in der Fusionsrichtlinie keine Regelungen über die Besteuerung in Drittstaaten getroffen werden.

schaft auf die Realisierung der im deutschen Betriebsstättenvermögen enthaltenen stillen Reserven zu verzichten (Art. 10 Abs. 1 Satz 1 FRL).[65] Der Betriebsstättenstaat, d.h. Deutschland, und der EU-Mitgliedstaat, in dem die übernehmende Gesellschaft ansässig ist, haben die Fusionsrichtlinie derart anzuwenden, als ob Deutschland als Betriebsstättenstaat mit dem EU-Mitgliedstaat der einbringenden Gesellschaft identisch sei (Art. 10 Abs. 1 Satz 3 FRL). Für den steuerneutralen Übergang der Wirtschaftsgüter einer deutschen Betriebsstätte der in einem ausländischen EU-Mitgliedstaat ansässigen einbringenden Gesellschaft sind somit die Betriebsstätten-, Steuerverhaftungs- und Buchwertverknüpfungsbedingung auf Ebene der übernehmenden Gesellschaft zu erfüllen. Das Vermögen der deutschen Betriebsstätte geht im Rahmen der Fusion grds. auf eine deutsche Betriebsstätte der übernehmenden Gesellschaft über (Betriebsstättenbedingung) und trägt zu deren steuerlichen Ergebnis bei (Steuerverhaftungsbedingung). Probleme bei der Zuordnung des Betriebsstättenvermögens können ausnahmsweise auftreten, wenn eine Funktionsänderung einzelner Wirtschaftsgüter dazu führt, dass diese anderen Betriebsteilen zuzuordnen sind und somit die Betriebsstättenbedingung nicht erfüllt wird.[66]

Sofern die Betriebsstätten-, Steuerverhaftungs- und die Buchwertverknüpfungsbedingung erfüllt sind und die übernehmende Gesellschaft nicht von einem Wahlrecht zur Gewinnrealisierung i.S.v. Art. 4 Abs. 4 FRL Gebrauch macht, kann das deutsche Betriebsstättenvermögen somit unter Verzicht auf eine Schlussbesteuerung im Ansässigkeitsstaat der einbringenden Gesellschaft nach Art. 10 Abs. 1 FRL steuerneutral in eine deutsche Betriebsstätte einer übernehmenden ausländischen Gesellschaft übertragen werden. Die Behandlung etwaiger Betriebsstättenverluste wird in diesem Zusammenhang von Art. 6 i.V.m. Art. 10 Abs. 1 Satz 3 FRL geregelt. Etwaige Verluste der deutschen Betriebsstätte gehen demnach aufgrund des Rechtsträgerwechsels im Rahmen der Verschmelzung wie im Inlandsfall unter (§ 19 Abs. 2, § 12 Abs. 3, § 4 Abs. 2 Satz 2 UmwStG i.V.m. § 10a GewStG).

(2) Betriebsstätte einer in Deutschland ansässigen einbringenden Gesellschaft in einem anderen EU-Mitgliedstaat

Sofern eine in Deutschland ansässige einbringende Gesellschaft über eine **in einem ausländischen EU-Mitgliedstaat belegene Betriebsstätte** verfügt, hat der deutsche Fiskus nach Art. 10 Abs. 1 Satz 1 FRL endgültig auf sein Besteuerungsrecht zu verzichten. Sofern allerdings die Anrechnungsmethode im Rahmen der Besteuerung der Betriebsstätteneinkünfte Anwendung findet, darf der Staat der einbringenden Körperschaft (hier Deutschland) die im Betriebsstättenvermögen gebundenen stillen Reserven besteuern, vorausgesetzt, dass auf die insoweit erhobene inländische Steuer nach Art. 10 Abs. 2 FRL eine fiktive ausländische Steuer des anderen EU-Mitgliedstaates anzurechnen ist (so auch § 11 Abs. 3 i.V.m. § 3 Abs. 3 UmwStG).

Eine Drittstaatenbetriebsstätte, die in einem Staat außerhalb der EU belegen ist, fällt demgegenüber nicht in den Anwendungsbereich des Art. 10 Abs. 1 Sätze 1 - 3, Abs. 2 FRL (d.h. keine Verpflichtung des EU-Mitgliedstaates der einbringenden Gesellschaft zum Verzicht auf das Besteuerungsrecht oder zur Anrechnung einer fiktiven Steuerzahlung).

b) Ebene der übernehmenden Gesellschaft

Die **übernehmende Gesellschaft** wird in Art. 2 Buchst. f) FRL als diejenige Gesellschaft definiert, *„die das Aktiv- und Passivvermögen oder einen oder mehrere Teilbetriebe von der einbringenden Gesellschaft übernimmt"*. Auf Ebene der übernehmenden Gesellschaft sind folgende Themen relevant:

---

65) Nach Art. 10 Abs. 1 Satz 4 FRL gilt dies auch für den Fall, dass die Betriebsstätte im Staat der übernehmenden Gesellschaft belegen ist.
66) Vgl. *Herzig/Griemla*, StuW 2002 S. 55 (65).

Fusionsrichtlinie

- Bewertung der übernommenen Wirtschaftsgüter und Eintritt in die steuerliche Rechtsstellung der einbringenden Gesellschaft;
- Transfer von Verlustvorträgen;
- Übernahmegewinn und Übernahmefolgegewinn.

aa) Bewertung der übernommenen Wirtschaftsgüter und Eintritt in die steuerliche Rechtsstellung der einbringenden Gesellschaft

Der Wertansatz der übertragenen Wirtschaftsgüter richtet sich auf Ebene der übernehmenden Gesellschaft grds. nach den Steuerbilanzwerten der einbringenden Gesellschaft (Wertverknüpfung i.S.v. Art. 4 Abs. 1 und 3 FRL). Dementsprechend hat die übernehmende Körperschaft die auf sie übertragenen Wirtschaftsgüter im Fall der Verschmelzung von Körperschaften nach § 12 Abs. 1 Satz 1 UmwStG grds. mit den in der steuerlichen Schlussbilanz der einbringenden Körperschaft enthaltenen Wertansätzen zu übernehmen.

Sofern die übernehmende Gesellschaft demgegenüber das mitgliedstaatliche Wertansatzwahlrecht i.S.v. Art. 4 Abs. 4 FRL in Anspruch nimmt bzw. auf Ebene einer Betriebsstätte, die in einem EU-Mitgliedstaat außerhalb des Ansässigkeitsstaates der einbringenden Gesellschaft belegen ist, Art. 10 Abs. 1 Satz 3 FRL Anwendung findet, bemisst sich der Wertansatz des übertragenen Vermögens jeweils nach Maßgabe des nationalen Steuerrechts des EU-Mitgliedstaates der übernehmenden Gesellschaft (im Fall der Anwendung des Art. 4 Abs. 4 FRL) bzw. des Belegenheitsstaates der Betriebsstätte (im Fall der Anwendung des Art. 10 Abs. 1 Satz 3 FRL).

Die übernehmende Gesellschaft tritt nach Art. 4 Abs. 3 FRL hinsichtlich der Bewertung, der Absetzung für Abnutzung und der Vorbesitzzeiten in die steuerliche Rechtsstellung der einbringenden deutschen Gesellschaft oder einer deutschen Betriebsstätte einer in einem ausländischen EU-Mitgliedstaat belegenen einbringenden Gesellschaft ein. Darüber hinaus hat die übernehmende Gesellschaft die aufgrund von Subventionsvorschriften vorgenommenen (erhöhten) Abschreibungen fortzuführen. Ebenso dürfen steuerfrei oder teilweise steuerfrei gebildete Rückstellungen und Rücklagen ohne Auflösungszwang auf Ebene der übernehmenden Gesellschaft fortgeführt werden, sofern die Voraussetzungen dazu weiterhin erfüllt bleiben und sie nicht von Betriebsstätten im Ausland stammen (Art. 5 FRL bei einer in Deutschland ansässigen einbringenden Gesellschaft bzw. Art. 5 i.V.m. Art. 10 Abs. 1 Satz 3 FRL bei einer in einem ausländischen EU-Mitgliedstaat ansässigen Gesellschaft, die über eine deutsche Betriebsstätte verfügt).

Entsprechende Regelungen finden sich in § 12 Abs. 3 i.V.m. § 4 Abs. 2 Satz 3 UmwStG. Sofern die übertragende Körperschaft die übertragenen Wirtschaftsgüter mit einem über seinem Buchwert liegenden Wert angesetzt hat, sind die Regelungen zur Ermittlung der Abschreibungs-Bemessungsgrundlage i.S.v. § 12 Abs. 3 i.V.m. § 4 Abs. 3 UmwStG einschlägig.

bb) Transfer von Verlustvorträgen (Art. 6 FRL)

Art. 6 FRL verpflichtet die EU-Mitgliedstaaten, für die in Art. 1 Buchst. a) FRL genannten Vorgänge[67] den Übergang von Verlustvorträgen einer in ihrem Hoheitsgebiet ansässigen einbringenden Gesellschaft auf die in ihrem Hoheitsgebiet belegene Betriebsstätte der übernehmenden Gesellschaft zu gestatten, sofern der Transfer von Verlustvorträgen auch nach dem jeweiligen mitgliedstaatlichen Steuerrecht der einbringenden Gesellschaft im Fall einer ausschließlich nationalen Fusion möglich ist. Dies gilt nach Art. 6 i.V.m. Art. 10 Abs. 1 Satz 3 FRL ebenso für die noch zu berücksichtigende Betriebsstätte, die außerhalb des An-

---

67) Dies sind Fusionen, Spaltungen, Abspaltungen, die Einbringung von Unternehmensteilen und der Austausch von Anteilen, wenn daran Gesellschaften aus mind. zwei EU-Mitgliedstaaten beteiligt sind.

sässigkeitsstaates der einbringenden Gesellschaft, aber innerhalb der EU belegen ist, wenn der Ansässigkeitsstaat dieser Betriebsstätte den Transfer von Verlustvorträgen auch bei einer Fusion mehrerer Gesellschaften zulässt, die im Betriebsstättenstaat belegen sind.[68]

Der deutsche Gesetzgeber hat aus Sorge vor einem Import ausländischer Verluste sämtliche Verlustübertragungsmöglichkeiten sowohl für den Fall der Inlandsverschmelzung als auch für den Fall der Verschmelzung unter Beteiligung von EU-/EWR-Körperschaften gestrichen (§ 12 Abs. 3 i.V.m. § 4 Abs. 2 Satz 2 UmwStG).[69] Demgegenüber findet § 10d EStG im Fall der Sitzverlegung der SE bzw. SCE weiterhin Anwendung. Ein etwaiger Verlustvortrag der wegziehenden SE bzw. SCE kann somit mit ihren zukünftigen inländischen Einkünften, z.B. aus einer inländischen Betriebsstätte i.S.v. § 49 Abs. 1 Nr. 2a EStG i.V.m. § 8 Abs. 1 KStG und Art. 7 OECD-MA verrechnet werden.[70]

cc) Übernahmegewinn und Übernahmefolgegewinn (Art. 7 FRL)

Der **Übernahmegewinn** i.H.d. Differenz zwischen dem übernommenen Vermögen und dem Wert der Beteiligung an der einbringenden Gesellschaft ist auf Ebene der übernehmenden Gesellschaft steuerfrei, sofern ihr Anteil am Kapital der einbringenden Gesellschaft mehr als 15% bzw. ab 01.01.2009 mehr als 10% beträgt (Art. 7 FRL).[71]

In Übereinstimmung mit Art. 7 FRL soll ein **Übernahmegewinn/Übernahmeverlust** auf Ebene der übernehmenden Körperschaft nach § 12 Abs. 2 Satz 1 UmwStG zwar grds. außer Ansatz bleiben. Vor dem Hintergrund der Verkürzung von Beteiligungsketten innerhalb von Konzernen gilt dies jedoch nicht für den Fall der up-stream Verschmelzung. Soweit der Übernahmegewinn i.S.v. § 12 Abs. 2 Satz 1 UmwStG abzüglich der anteilig darauf entfallenden Übernahmekosten dem Anteil der übernehmenden an der übertragenden Körperschaft entspricht, ist auf den Übernahmegewinn § 8b KStG anzuwenden (§ 12 Abs. 2 Satz 2 UmwStG). Im Ergebnis unterliegen somit mind. 5% des Übernahmegewinns - beschränkt auf die Beteiligungsquote der übernehmenden an der übertragenden Körperschaft - auf Ebene der übernehmenden Körperschaft der Körperschaft- und der Gewerbesteuer. Sofern die übernehmende Körperschaft die Voraussetzungen des § 8b Abs. 7 und 8 KStG erfüllt, ist der (anteilige) Übernahmegewinn sogar in vollem Umfang steuerpflichtig.[72]

Fraglich ist in diesem Zusammenhang, inwieweit die Besteuerung des Übernahmegewinns i.S.v. § 12 Abs. 2 Satz 2 UmwStG durch Anknüpfung an die Regelungen des § 8b KStG mit

---

68) Nach Art. 10 Abs. 1 Satz 3 FRL tritt der Betriebsstättenstaat an die Stelle des Ansässigkeitsstaates der einbringenden Gesellschaft.
69) Zur Abschaffung der Verlustnutzung bei der Verschmelzung von Körperschaften siehe auch *Dörfler/Rautenstrauch/Adrian*, DB 2006 S. 1657 ff.; *Kessler/Saavedra-Olarte*, DB 2006 S. 2364 ff.; *Maiterth/Müller*, DStR 2006 S. 1861 ff. Siehe hierzu auch Gliederungspunkt I.III.4. c).
70) Siehe hierzu Gliederungspunkt G.III.4. a).
71) Die Obergrenzen der Beteiligungsquoten wurden im Rahmen der *Richtlinie 2005/19/EG v. 17.02.2005* zur Änderung der Fusionsrichtlinie sukzessive von ursprünglich 20% auf 15% (ab 01.01.2007) bzw. 10% (ab 01.01.2009) zur Anpassung der Beteiligungsquoten des Art. 3 Buchst. a) der Mutter-Tochter-Richtlinie (*Richtlinie (EWG) Nr. 90/435 über das gemeinsame Steuersystem der Mutter- und Tochtergesellschaften verschiedener Mitgliedstaaten v. 23.07.1990* (ABl. L 225 v. 20.08.1990 S. 6, ber. ABl. L 266 v. 28.09.1990 S. 20 geändert durch Beitrittsakte 1994 (ABl. L 1 v. 03.01.1994 S. 1/144), Beitrittsakte 2004 (ABl. L 236 v. 23.09.2003 S. 1/560) und Richtlinie 2003/123/EG v. 22.12.2003 (ABl. L 7 v. 13.01.2004 S. 41)) gesenkt. Anzumerken bleibt, dass Art. 7 Abs. 2 FRL von einem „Mindestanteil" spricht, obwohl ein „Maximalanteil" gemeint ist. Für Übernahmeverluste sieht Art. 7 FRL unabhängig vom Kapitalanteil keine verbindliche Regelung vor.
72) Vgl. *Körner*, IStR 2006 S. 469 (470); *Schafitzl/Widmayer*, BB Special Nr. 8 2006 S. 36 (47); *Thömmes/Schulz/Eismayr/Müller*, IWB Fach 11 Gruppe 2 S. 747 (755); *Werra/Teiche* DB 2006 S. 1455 (1459 f.). Zur steuerlichen Behandlung des Übernahmgewinnts/Übernahmeverlusts i.S.v. § 12 Abs. 1, 2 UmwStG siehe Gliederungspunkt I.III.4. b).

Art. 7 FRL vereinbar ist.[73] Es spricht einiges dafür, dass die steuerliche Behandlung des Übernahmeergebnisses nicht mit den Vorgaben des Art. 7 FRL übereinstimmt. Sofern die übernehmende Körperschaft die Voraussetzungen des § 8b Abs. 7 und 8 KStG erfüllt, unterliegt der (anteilige) Übernahmegewinn - entgegen der Regelung in Art. 7 FRL - in vollem Umfang der Besteuerung. Sofern auf Ebene der übernehmenden Körperschaft die Regelungen des § 8b Abs. 2 und 3 KStG zur Anwendung kommen, erhöht der Übernahmegewinn den Betrag der fingierten Ausgaben, die nicht als Betriebsausgaben abgezogen werden dürfen (§ 12 Abs. 2 Satz 2 UmwStG i.V.m. § 8b Abs. 3 KStG). Da die Fusionsrichtlinie eine dem Art. 4 Abs. 3 Satz 2 der Mutter-Tochter-Richtlinie[74] vergleichbare Vorschrift, wonach bei Gewinnausschüttungen einer Tochter- an ihre Muttergesellschaft max. 5% der mit der Beteiligung zusammenhängenden Verwaltungskosten pauschal nicht vom steuerpflichtigen Gewinn der Muttergesellschaft abgesetzt werden können, nicht enthält, spricht einiges dafür, dass auch insofern ein Verstoß gegen die Regelungen der Fusionsrichtlinie vorliegt, als 5% des Übernahmegewinns - beschränkt auf die Beteiligungsquote der übernehmenden an der übertragenden Körperschaft - auf Ebene der übernehmenden Körperschaft der Körperschaft- und der Gewerbesteuer unterliegen.[75]

Die Regelung zur erweiterten Wertaufholung i.S.v. § 12 Abs. 1 Satz 2 UmwStG verstößt demgegenüber nicht gegen Art. 7 FRL, denn sie betrifft nicht Wertsteigerungen der untergehenden Anteile, sondern frühere steuerwirksame Wertminderungen und Abzüge.[76]

Übernahmefolgegewinne, die aus dem Zusammenfallen von Forderungen und Verbindlichkeiten oder von Rückstellungen infolge des Zusammenfallens der anspruchsberechtigten und verpflichteten Person entstehen (Konfusion), werden nicht von den Regelungen der Fusionsrichtlinie erfasst.[77]

c) Ebene der Gesellschafter (Art. 8 FRL)

Auf Ebene der Gesellschafter der einbringenden Gesellschaft sind folgende Themen relevant:

– Zuteilung von Kapitalanteilen und
– Behandlung barer Zuzahlungen.

aa) Zuteilung von Kapitalanteilen

Nach Art. 8 Abs. 1 FRL darf die Fusion auf Ebene der Gesellschafter der einbringenden Gesellschaft keine Besteuerung des Gewinns aus dem Austausch der Anteile an der einbringenden gegen Anteile an der übernehmenden Gesellschaft auslösen. Voraussetzung für die Steuerneutralität auf Gesellschafterebene ist nach Art. 8 Abs. 4 FRL daher, dass der Gesell-

---

73) Siehe hierzu auch *Körner*, IStR 2006 S. 469 (470); *Schaflitzl/Widmayer*, BB Special 8/2006 S. 36 (47); *Thömmes/Schulz/Eismayr/Müller*, IWB Fach 11 Gruppe 2 S. 747 (755); *Werra/Teiche*, DB 2006 S. 1455 (1459 f.).
74) Vgl. *Richtlinie 90/435/EWG des Rates vom 23.07.1990 über das gemeinsame Steuersystem der Mutter- und Tochtergesellschaften verschiedener Mitgliedstaaten*, ABl. Nr. L 225 v. 20.08.1990 S. 6, zuletzt geändert durch Richtlinie 2006/98/EG des Rates v. 20.11.2006, ABl. Nr. L 363 v. 20.12.2006 S. 129.
75) Vgl. *Ley/Bodden*, FR 2007 S. 265 (274), Werra/Teiche, DB 2006 S. 1455 (1459 f.). *Ley/Bodden*, FR 2007 S. 265 (274) erachten es als unzulässig, hieraus auf eine verdeckte Regelungslücke in der Fusionsrichtlinie zu schließen.
76) Vgl. *Thiel*, DB 2005 S. 2316 (2319). A.A. *Herzig/Griemla*, StuW 2002 S. 55 (68), wonach es den EU-Mitgliedstaaten im Rahmen der Konzeption des Art. 7 FRL nicht gestattet ist, früher vorgenommene Wertberichtigungen auf die Anteile an der einbringenden Körperschaft steuerlich wirksam wieder rückgängig zu machen.
77 Zur Aufteilung des Gewinns bei mehreren betroffenen Fiski siehe *Herzig/Dautzenberg/Heyeres*, DB Beilage 12/1991 S. 1 (9).

schafter der einbringenden Gesellschaft den neu erhaltenen Anteilen an der aufnehmenden Gesellschaft *„keinen höheren steuerlichen Wert beimisst, als den in Tausch gegebenen Anteilen unmittelbar vor der Fusion, der Spaltung oder dem Austausch der Anteile beigemessen war"*. Der „steuerliche Wert" der Anteile ist nach Art. 8 Abs. 7 FRL *„der Wert, auf dessen Grundlage ein etwaiger Gewinn oder Verlust für die Zwecke der Besteuerung des Veräußerungsgewinns eines Gesellschafters ermittelt würde"*. Den Gewinn aus einer späteren Veräußerung der erworbenen Anteile dürfen die Mitgliedstaaten in gleicher Weise besteuern wie den Gewinn aus der Veräußerung der vor dem Erwerb vorhandenen Anteile (Art. 8 Abs. 6 FRL). Ungeachtet einer Beschränkung des deutschen Besteuerungsrechts können die Gesellschafter einer übertragenden Körperschaft im Fall der Hinausverschmelzung daher einen Antrag auf Fortführung der Buchwerte bzw. Anschaffungskosten stellen (§ 13 Abs. 2 Satz 1 Nr. 2 UmwStG i.V.m. Art. 8 Abs. 6 FRL). Soweit die Bundesrepublik Deutschland ein vor dem Vermögensübergang abkommensrechtlich bestehendes Besteuerungsrecht nach dem Vermögensübergang auf Grund der Vorschriften eines Doppelbesteuerungsabkommens verliert, wird ein späterer Verkauf der erhaltenen Anteile ungeachtet der Bestimmungen dieses Doppelbesteuerungsabkommens besteuert (**treaty override**). Dabei gilt es zu berücksichtigen, dass somit auch zukünftige Wertsteigerungen in den Anteilen, die nach dem Verschmelzungszeitpunkt entstehen, der deutschen Besteuerung unterliegen.

Abweichend vom Grundsatz der Steuerneutralität regelt Art. 8 Abs. 8 FRL, dass die EU-Mitgliedstaaten den Gesellschaftern der einbringenden Gesellschaft wahlweise auch die Möglichkeit einräumen können, die erhaltenen Anteile an der übernehmenden Kapitalgesellschaft mit einem höheren Wert anzusetzen. In diesem Fall ist der jeweilige EU-Mitgliedstaat nach Art. 8 Abs. 8 FRL auch berechtigt, sämtliche aufgedeckten stillen Reserven auf Gesellschafterebene zu besteuern. Dementsprechend gelten die Anteile an der übertragenden Körperschaft nach § 13 Abs. 1 UmwStG grds. als zum gemeinen Wert veräußert und die an ihre Stelle tretenden Anteile an der übernehmenden Körperschaft als zu diesem Wert angeschafft (Konzept der Veräußerungs- und Anschaffungsfiktion). Unter den Voraussetzungen des § 13 Abs. 2 UmwStG, insbes. sofern nicht das deutsche Besteuerungsrecht hinsichtlich der Besteuerung des Gewinns aus der Veräußerung der Anteile an der übernehmenden Körperschaft ausgeschlossen oder beschränkt wird, ist auf Ebene der Anteilseigner der übertragenden Körperschaft die Fortführung der Buchwerte bzw. der historischen Anschaffungskosten der Anteile an der übernehmenden Körperschaft möglich.[78]

Die Berücksichtigung von Anteilsverlusten auf Gesellschafterebene wird durch die Fusionsrichtlinie nicht ausdrücklich geregelt.[79] Die EU-Mitgliedstaaten haben aber nach Art. 8 Abs. 4 FRL die Möglichkeit, den steuerlichen Status der Anteile an der einbringenden Gesellschaft, z.B. die Qualifikation als einbringungs-, verschmelzungs- oder spaltungsgeborene Anteile auf die erhaltenen Anteile an der übernehmenden Gesellschaft zu übertragen. Sofern die Anteilseigner der übertragenden Körperschaft die **Buchwerte bzw. Anschaffungskosten** der Anteile an der übertragenden Körperschaft in den **neu gewährten Anteilen an der übernehmenden Körperschaft** fortführen, **treten** diese Anteile nach § 13 Abs. 2 Satz 2 UmwStG **in die steuerliche Rechtsstellung der bisherigen Anteile an der übertragenden Körperschaft** ein („Fußstapfentheorie").[80]

bb) Behandlung barer Zuzahlungen

Auf Ebene der einbringenden Gesellschaft führen bare Zuzahlungen, soweit sie nicht 10% des Nennwerts bzw. des rechnerischen Werts der gewährten Anteile überschreiten, nach Art. 2 Buchst. a) FRL nicht zur (anteiligen) Aufdeckung der im übertragenen Vermögen ent-

---

78) Siehe hierzu Gliederungspunkt I.III.5. b) bb).
79) Vgl. *Herzig/Griemla*, StuW 2002 S. 55 (70).
80) Siehe hierzu Gliederungspunkt I.III.5. a).

haltenen stillen Reserven. Auf Ebene der Gesellschafter der einbringenden Gesellschaft ist demgegenüber eine Besteuerung barer Zuzahlungen nach Art. 8 Abs. 9 FRL zulässig. Die erhaltenen Anteile an der übernehmenden Gesellschaft sind aufzuspalten in die neuen Anteile einerseits und gegen Empfang der Ausgleichszahlung veräußerte Anteile andererseits. Veräußerungsgewinn ist der Teil der Zuzahlung, der sich aus dem Verhältnis des Gesamtbuchwerts bzw. den Anschaffungskosten der Anteile an der einbringenden Gesellschaft und dem gemeinen Wert der erhaltenen Anteile an der übernehmenden Gesellschaft ergibt.[81]

Demgegenüber stellen bare Zuzahlungen nach § 11 Abs. 2 Nr. 3 UmwStG eine Gegenleistung dar, die nicht in Gesellschaftsrechten besteht und damit auf Ebene der einbringenden Gesellschaft eine (anteilige) Gewinnrealisierung zur Folge hat.

2. Spaltung und Abspaltung (Art. 2 Buchst. b) und ba) FRL)

Im Rahmen der Spaltung und der Abspaltung i.S.v. Art. 2 Buchst. b) und ba) FRL sind folgende Ebenen zu unterscheiden:
– Ebene der einbringenden Gesellschaft
– Ebene der übernehmenden Gesellschaft
– Ebene der Gesellschafter.

a) Ebene der einbringenden Gesellschaft
aa) Grundsatz und Voraussetzungen der Steuerneutralität i.S.v. Art. 4 FRL

Die Spaltung und die Abspaltung haben unter den Voraussetzungen des Art. 4 FRL grds. steuerneutral zu erfolgen, d.h. die Spaltung und die Abspaltung dürfen grds. keine Besteuerung der im Vermögen der einbringenden Gesellschaft enthaltenen stillen Reserven (*„Unterschied zwischen dem tatsächlichen Wert des übertragenen Aktiv- und Passivvermögens und dessen steuerlichem Wert"*) auslösen. Die Voraussetzungen für die **Steuerneutralität** der Spaltung und der Abspaltung entsprechen den Bedingungen für die Steuerneutralität der Fusion i.S.v. Art. 2 Buchst. a) i.V.m. Art. 4 FRL:[82]

- **Betriebsstättenbedingung**
    Das übertragene Aktiv- und Passivvermögen muss nach der Spaltung bzw. Abspaltung tatsächlich zu einer Betriebsstätte in dem EU-Mitgliedstaat der einbringenden Gesellschaft gehören.
- **Steuerverhaftungsbedingung**
    Das übertragene Aktiv- und Passivvermögen muss nach der Spaltung bzw. Abspaltung zur Erzielung des steuerpflichtigen Ergebnisses der Betriebsstätte beitragen.
- **Buchwertverknüpfungsbedingung**
    Die übernehmende Gesellschaft hat die neuen Abschreibungen und die späteren Wertsteigerungen bzw. -minderungen so zu berechnen, wie die einbringende Gesellschaft sie ohne die Spaltung bzw. Abspaltung berechnet hätte.

Darüber hinaus gilt für den Fall der **Abspaltung i.S.v. Art. 2 Buchst. ba) FRL** die **Teilbetriebsbedingung**, wonach eine steuerneutrale Abspaltung nur möglich ist, sofern die einbringende Gesellschaft über mindestens zwei Teilbetriebe verfügt. Zumindest ein Teilbetrieb ist im Rahmen der Abspaltung auf die übernehmende Gesellschaft zu übertragen, ein weiterer Teilbetrieb muss in der einbringenden Gesellschaft verbleiben.[83]

---

81) Vgl. *Herzig/Griemla*, StuW 2002 S. 55 (70).
82) Siehe hierzu ausführlich Gliederungspunkt G.III.1. a) aa) (1).
83) Die Teilbetriebsvoraussetzung gilt auch im Rahmen der Einbringung von Unternehmensteilen i.S.v. Art. 2 Buchst. c) FRL.

bb) Teilbetriebsbedingung im Fall der Abspaltung i.S.v. Art. 2 Buchst. ba) FRL

(1) Überblick

Im Rahmen der Abspaltung i.S.v. Art. 2 Buchst. ba) FRL dürfen ausschließlich Teilbetriebe, nicht aber einzelne Wirtschaftsgüter oder Gruppen von Wirtschaftsgütern, die nicht die Voraussetzungen des Teilbetriebsbegriffs erfüllen, ihre rechtliche Zuordnung wechseln. Hintergrund dieser Regelung ist, eine Abgrenzung zwischen steuerneutralen Umstrukturierungsvorgängen und gewinnrealisierenden Liquidations- und Veräußerungsvorgängen zu erreichen, um nicht den Tausch gegen Gewährung von Gesellschaftsrechten im Vergleich zu anderen Zahlungsformen zu bevorzugen.[84]

(2) Teilbetriebsbegriff i.S.v. Art. 2 Buchst. i) FRL

Die Fusionsrichtlinie enthält - im Gegensatz zum deutschen Ertragsteuerrecht - in Art. 2 Buchst. i) FRL eine Legaldefinition des Begriffs „Teilbetrieb", wonach ein Teilbetrieb definiert wird als *„die Gesamtheit der in einem Unternehmensteil einer Gesellschaft vorhandenen aktiven und passiven Wirtschaftsgüter, die in organisatorischer Hinsicht einen selbständigen Betrieb, d.h. eine aus eigenen Mitteln funktionsfähige Einheit, darstellen".*[85]

Der Teilbetriebsbegriff i.S.d. Fusionsrichtlinie ist ein europarechtlicher Rechtsbegriff, der gegenüber dem mitgliedstaatlichen Recht höherrangiges Recht darstellt und für dessen Auslegung gem. Art. 234 EG-Vertrag der EuGH zuständig ist.[86] Die Auslegung des Teilbetriebsbegriffs hat vor dem Hintergrund der Zielsetzung der Fusionsrichtlinie zu erfolgen, die darauf ausgerichtet ist, die Steuerneutralität grenzüberschreitender Umstrukturierungen durch Beseitigung von Beschränkungen, Benachteiligungen und Verfälschungen aufgrund von steuerlichen Vorschriften der EU-Mitgliedstaaten, die derartige grenzüberschreitende Transaktionen betreffen, zu ermöglichen.[87]

Im Unterschied zum Typusbegriff „Teilbetrieb" im deutschen Ertragsteuerrecht stellen die für den Teilbetrieb i.S.d. Fusionsrichtlinie vorausgesetzten Kriterien der organisatorischen Selbständigkeit und der eigenständigen Funktionsfähigkeit keine inhaltsverschiedenen kumulativen Erfordernisse dar, sondern sind synonym zu verwenden, wobei es im Ergebnis nur auf die eigenständige Funktionsfähigkeit ankommt.[88] Für das Vorliegen eines Teilbetriebs i.S.d. Fusionsrichtlinie ist es somit erforderlich und hinreichend, dass die Gesamtheit der aktiven und passiven Wirtschaftsgüter beim gedachten *Erwerber* im Zeitpunkt des Vermö-

---

84) Vgl. *Herzig/Dautzenberg/Heyeres*, DB Beilage 12/1991 S. 1 (6). Siehe hierzu auch Gliederungspunkt G.II.2. a).
85) Siehe hierzu ausführlich *Blumers*, DB 2001 S. 722 (724 ff.); *Strobl-Haarmann*, in: Umwandlungen im Zivil- und Steuerrecht, Festschrift für Siegfried Widmann, Bonn 2000, S. 553 ff., *Thömmes*, in: Umwandlungen im Zivil- und Steuerrecht, Festschrift für Siegfried Widmann, Bonn 2000, S. 583 ff. Im deutschen Ertragsteuerrecht ergibt sich die Definition des Teilbetriebsbegriffs grds. aus den von der Rechtsprechung zu § 16 EStG entwickelten Grundsätzen. Wegen des Fehlens einer gesetzlichen Grundlage ist der Teilbetriebsbegriff im deutschen Ertragsteuerrecht normspezifisch auszulegen.
86) Zur Auslegung des Teilbetriebsbegriffs i.S.d. Fusionsrichtlinie hat der EuGH erstmals in der Rs. „Andersen og Jensen ApS/Skatteministeriet" v. 15.01.2002, C-43/00, Slg. 2002 I-379, Stellung genommen. Eine Entscheidung des EuGH zur (verwandten) Frage nach dem Vorliegen eines „Zweigs der Tätigkeit" einer Kapitalgesellschaft i.S.v. Art. 7 Abs. 1 Buchst. b) Kapitalverkehrsteuerrichtlinie (*Richtlinie 69/335/EWG des Rates v. 17.07.1969 betr. die indirekten Steuern auf die Ansammlung von Kapital*, ABl. L 249 v. 03.10.1969 S. 25) erging am 13.10.1992 in der Rs. C-50/91 („CommerzCredit Bank AG - Europartner/Finanzamt Saarbrücken"), Slg. 1992 I-5225.
87) Vgl. *Strobl-Haarmann*, in: Umwandlungen im Zivil- und Steuerrecht, Festschrift für Siegfried Widmann, Bonn 2000, S. 553 (555).
88) Vgl. *Herzig*, IStR 1994 S. 1 (2f.); *Strobl-Haarmann*, in: Umwandlungen im Zivil- und Steuerrecht, Festschrift für Siegfried Widmann, Bonn 2000, S. 553 (556).

gensübergangs eine ausreichende Grundlage für den Betrieb seines Unternehmens bildet.[89] Demgegenüber ist es nach deutschem Ertragsteuerrecht erforderlich, dass sich die Tätigkeit des Teilbetriebs gegenüber der Tätigkeit des übrigen Unternehmens unterscheidet.[90] Maßgeblich für die Beurteilung der Selbständigkeit des Teilbetriebs sind die Verhältnisse beim *Veräußerer bzw. Übertragenden*.[91] Der in der Fusionsrichtlinie verwendete Teilbetriebsbegriff ist insofern weiter als der Teilbetriebsbegriff im deutschen Ertragsteuerrecht.

Im Gegensatz zur Fusionsrichtlinie besteht in § 15 Abs. 1 Satz 3 UmwStG die Möglichkeit zur Begründung sog. fiktiver Teilbetriebe. Als Teilbetrieb gelten nach dieser Vorschrift sowohl ein Mitunternehmeranteil bzw. ein Bruchteil hiervon als auch eine 100%ige Beteiligung an einer Kapitalgesellschaft.[92] Ein Mitunternehmeranteil hat demgegenüber nicht die von der Fusionsrichtlinie geforderte eigenständige Funktionsfähigkeit und stellt demnach - unabhängig von seiner internationalen abkommensrechtlichen Behandlung als Betriebsstätte - keinen Teilbetrieb dar.[93] Dies gilt ebenso für die 100%ige Beteiligung an einer Kapitalgesellschaft, die als einzelnes Wirtschaftsgut keine funktionsfähige Wirtschaftseinheit i.S.v. Art. 2 Buchst. i) FRL darstellt.[94] Hinsichtlich der Begründung fiktiver Teilbetriebe im Fall der Auf- oder Abspaltung auf eine Kapitalgesellschaft (§ 15 UmwStG) bzw. auf eine Personengesellschaft (§ 16 UmwStG) ist der Teilbetriebsbegriff im deutschen Ertragsteuerrecht weiter als der Teilbetriebsbegriff i.S.d. Fusionsrichtlinie.

(3) Zuordnung von Wirtschaftsgütern zu einem Teilbetrieb

Die Definition des Teilbetriebsbegriffs i.S.v. Art. 2 Buchst. i) FRL besagt, dass einem Teilbetrieb die Gesamtheit sämtlicher organisatorisch zusammengehörigen aktiven und passiven Wirtschaftsgüter zuzurechnen ist. Sofern Wirtschaftsgüter in einem sachlichen Zusammenhang mit dem Teilbetrieb stehen, sind sie diesem zuzuordnen. Dies gilt unabhängig davon, ob die Wirtschaftsgüter für den Teilbetrieb funktional wesentlich und ob bzw. in welchem Umfang in dem übertragenen bzw. in dem zurückbehaltenen Unternehmensteil stille Reserven enthalten sind.[95]

Eine Zuordnung von Wirtschaftsgütern zu einem Teilbetrieb ist nach dem Verständnis der Fusionsrichtlinie ferner möglich, sofern der übernehmenden Gesellschaft nicht das Eigentum an den übertragenen Wirtschaftsgütern, sondern lediglich die dauerhafte Nutzung dieser Wirtschaftsgüter eingeräumt und damit die Funktionsfähigkeit des eingebrachten Teilbetriebs auf Ebene der übernehmenden Gesellschaft sichergestellt wird.[96]

Für den Teilbetriebsbegriff i.S.d. Fusionsrichtlinie ist wesentlich, dass einem Teilbetrieb sämtliche organisatorisch zusammengehörigen aktiven und passiven Wirtschaftsgüter zugerechnet werden. Demgegenüber wird nach der im Rahmen der § 15 und § 16 UmwStG Anwendung findenden funktionalen Betrachtungsweise auf die Zuordnung der wesentlichen

---

89) Vgl. *Widmann*, in: Widmann/Mayer, Umwandlungsrecht, § 23 UmwStG Rz. 18; 81, 554 ff. (92. EL 01/2007).
90) Vgl. *Schmitt*, in: Schmitt/Hörtnagl/Stratz, UmwG/UmwStG, § 23 UmwStG Rz. 25 (4. Auflage); *Patt*, in: Dötsch/Jost et al., Die Körperschaftsteuer, § 23 UmwStG Rz. 11 (58. EL 11/2006).
91) Vgl. BFH v. 18.10.1999, GrS 2/98, BStBl. II 2000 S. 123; *Wacker*, in: Schmidt, EStG , § 16 EStG Rz. 143 ff. (25. Auflage). So auch R 16 Abs. 3 EStR 2005.
92) Zu den Voraussetzungen siehe *Hörtnagl*, in: Schmitt/Hörtnagl/Stratz, UmwG/UmwStG, § 15 UmwStG Rz. 77 ff. (Mitunternehmeranteil) und Rz. 87 ff. (100%-Beteiligung an einer Kapitalgesellschaft) (4. Auflage) jeweils m.w.N.
93) Vgl. *Thömmes*, in: Umwandlungen im Zivil- und Steuerrecht, Festschrift für Siegfried Widmann, Bonn 2000, S. 583 (603).
94) Vgl. *Patt*, in: Dötsch/Jost et al., Die Körperschaftsteuer, § 23 UmwStG Rz. 14 (58. EL 11/2006).
95) Vgl. *Schmitt*, in: Schmitt/Hörtnagl/Stratz, UmwG/UmwStG, § 23 UmwStG Rz. 26, 30 (4. Auflage). Siehe hierzu auch EuGH v. 15.01.2002 („Andersen og Jensen ApS/Skatteministeriet"), C-43/00, Slg. 2002 I-379.
96) Vgl. *Patt*, in: Dötsch/Jost et al., Die Körperschaftsteuer, § 23 UmwStG Rz. 14 (58. EL 11/2006).

Betriebsgrundlagen abgestellt. Der Teilbetriebsbegriff der Fusionsrichtlinie ist insofern enger als nach § 15, § 16 UmwStG. Darüber hinaus können sog. neutrale Wirtschaftsgüter, z.B. Verbindlichkeiten, die in keinem unmittelbaren wirtschaftlichen Zusammenhang mit dem Teilbetrieb stehen, i.R.d. Teilbetriebsbegriffs nach § 15 und § 16 UmwStG grds. ohne Beschränkungen den Betriebsteilen zugeordnet werden. Einschränkungen gelten indes für Pensionsverpflichtungen sowie die Zuordnung von Verbindlichkeiten zu fiktiven Teilbetrieben.

Außerdem verlangt der Teilbetriebsbegriff der Fusionsrichtlinie im Gegensatz zum deutschen Ertragsteuerrecht nicht zwingend die Übertragung des rechtlichen oder wirtschaftlichen Eigentums von Wirtschaftsgütern, sondern die Einräumung einer dauerhaften Nutzung wird als ausreichend angesehen.

b) Ebene der übernehmenden Gesellschaft

Die übernehmende Gesellschaft wird aus steuerlicher Sicht im Fall der Spaltung und Abspaltung wie im Fall der Fusion behandelt. Hinsichtlich der nachstehenden Aspekte sei daher auf die Ausführungen unter Gliederungspunkt G.III.1. b) verwiesen:

- Bewertung der übernommenen Wirtschaftsgüter und Eintritt in die steuerliche Rechtsstellung der einbringenden Gesellschaft (Art. 4 und Art. 5 FRL),
- Transfer von Verlustvorträgen (Art. 6 FRL) sowie
- Übernahmegewinn und Übernahmefolgegewinn (Art. 7 FRL).

c) Ebene der Gesellschafter

Die steuerliche Behandlung der Gesellschafter richtet sich im Fall der Spaltung - wie bei der Fusion - nach Art. 8 Abs. 1 und 4 FRL. Für die Abspaltung wurden durch die Richtlinie 2005/19/EG v. 17.02.2005 zur Änderung der Fusionsrichtlinie neue Regelungen in Art. 8 Abs. 2 und 5 FRL geschaffen, die hinsichtlich der Steuerneutralität des Umwandlungsvorgangs und der Buchwertverknüpfung auf Gesellschafterebene inhaltlich grundlegend mit Art. 8 Abs. 1 und 4 FRL übereinstimmen. Die Gesellschafter der einbringenden Gesellschaft dürfen demnach aus Anlass der Abspaltung nicht besteuert werden (Steuerneutralität, Art. 8 Abs. 2 FRL). Voraussetzung ist hierfür nach Art. 8 Abs. 5 FRL, dass die Gesellschafter die durch die Abspaltung erworbenen Anteile und die Anteile an der einbringenden Gesellschaft in der Summe mit demselben Wert ansetzen, der den Anteilen an der einbringenden Gesellschaft unmittelbar vor der Abspaltung entspricht (Buchwertverknüpfung). Die bisherigen Anteile und die bei der Abspaltung erworbenen Anteile an der übernehmenden Gesellschaft werden somit auf Ebene der Gesellschafter anteilig in Ansatz gebracht.[97]

Hinsichtlich des Wertansatzwahlrechts i.S.v. Art. 8 Abs. 8 FRL und der Behandlung barer Zuzahlungen nach Art. 8 Abs. 9 FRL sei auf die Ausführungen unter Gliederungspunkt G.III.1. c) verwiesen, da diese Regelungen sowohl für den Fall der Fusion einerseits als auch für den Fall der Spaltung bzw. Abspaltung andererseits Anwendung finden.

---

97) Vgl. *Blumers/Kinzl*, BB 2005 S. 971 (972); *Schindler*, IStR 2005 S. 551 (553).

Fusionsrichtlinie

3. Einbringung von Unternehmensteilen (Art. 2 Buchst. c) FRL) und Austausch von Anteilen (Art. 2 Buchst. d) FRL)

a) Regelungen für die Einbringung von Unternehmensteilen auf Gesellschaftsebene (Art. 9 FRL)

Aufgrund der Verweisung in Art. 9 FRL sind die Art. 4, 5 und 6 FRL entsprechend für die Einbringung von Betrieben insgesamt oder von Teilbetrieben i.S.v. Art. 2 Buchst. i) FRL auf Ebene der einbringenden und übernehmenden Gesellschaft anwendbar. Die Besteuerung der in dem eingebrachten Vermögen enthaltenen stillen Reserven wird aufgeschoben bis zum Zeitpunkt einer späteren Veräußerung der betreffenden Unternehmensteile. Sofern sich in dem eingebrachten Vermögen eine in einem anderen EU-Mitgliedstaat als dem der einbringenden Gesellschaft liegende Betriebsstätte befindet, gelten die Regelungen des Art. 10 FRL. Hinsichtlich der einzelnen Regelungen sei insofern auf die vorstehenden Ausführungen verwiesen.

Da ein Mitunternehmeranteil mangels eigenständiger Funktionsfähigkeit - unabhängig von seiner internationalen steuerlichen Behandlung als Betriebsstätte - keinen Teilbetrieb i.S.v. Art. 2 Buchst i) FRL[98)] darstellt, wird die Einbringung eines Mitunternehmeranteils i.S.v. § 20 UmwStG nicht als Einbringung von Unternehmensteilen i.S.v. Art. 2 Buchst. c) FRL behandelt.

b) Doppelbesteuerung stiller Reserven

Die Einbringung von Unternehmensteilen i.S.v. Art. 2 Buchst. c) FRL und der Austausch von Anteilen i.S.v. Art. 2 Buchst. d) FRL führt zu einer Verlängerung von Beteiligungsketten. Die Fusionsrichtlinie regelt nicht, wie die als Gegenleistung für die Einbringung von Unternehmensteilen bzw. Anteilen gewährten Anteile an der übernehmenden Gesellschaft zu bewerten sind. Wenn EU-Mitgliedstaaten bei einer späteren Veräußerung der erworbenen Anteile den Wertansatz dieser Anteile nach dem Buchwert des eingebrachten Betriebsvermögens bzw. der eingebrachten Anteile bemessen, kommt es zu einer Verdoppelung stiller Reserven.

Der Entwurf einer Änderungsrichtlinie der EU-Kommission mit Datum v. 17.10.2003 hatte vorgesehen, die im Rahmen eines Einbringungsvorgangs als Gegenleistung gewährten Anteile grds. mit dem Verkehrswert der eingebrachten Unternehmensteile *(Art. 9 Abs. 2 FRL-E)* bzw. Anteile *(Art. 8 Abs. 10, 11 FRL-E)* zu bewerten.[99)] Sämtliche Änderungsvorschläge der EU-Kommission wurden von den EU-Finanzministern nicht angenommen.

---

98) Vgl. *Thömmes*, in: Umwandlungen im Zivil- und Steuerrecht, Festschrift für Siegfried Widmann, Bonn 2000 S. 583 (603).

99) Vgl. Vorschlag v. 17.10.2003 KOM (2003) 613 endg. 2003/0239 (CNS)). Demnach sollten die Anteile, die die einbringende Gesellschaft für die Einbringung von Unternehmensteilen i.S.v. Art. 2 Buchst. c) FRL erhält, mit dem Verkehrswert angesetzt werden, der dem eingebrachten Aktiv- und Passivvermögen unmittelbar vor der Einbringung beigemessen wird *(Art. 9 Abs. 2 FRL-E)*. Für den Fall des Anteilstausches i.S.v. Art. 2 Buchst. d) FRL war entsprechend in *Art. 8 Abs. 10 FRL-E* vorgesehen, dass die erwerbende Gesellschaft die erhaltenen Anteile mit dem tatsächlichen Wert zum Zeitpunkt des Anteilstausches zu bewerten hat, um dadurch die Doppelbesteuerung zu vermeiden. Eine Ausnahme von dieser Bewertungsregel sah *Art. 8 Abs. 11 FRL-E* für diejenigen Fälle vor, in denen die übernehmende Gesellschaft eigene Anteile hält und anstelle einer Kapitalerhöhung diese Anteile an die Einbringenden überträgt. Sofern die Anschaffungskosten der eigenen Anteile allerdings unter ihrem Marktwert im Zeitpunkt des Anteilstausches liegen, entsteht bei der erwerbenden Gesellschaft durch die Hingabe der Anteile ein Veräußerungsgewinn, den die EU-Mitgliedstaaten in Abweichung von *Art. 8 Abs. 10 FRL-E* bei einer späteren Veräußerung der erworbenen Anteile besteuern können, und zwar in Höhe der Differenz zwischen den Anschaffungskosten der Anteile und ihrem Verkehrswert unmittelbar vor dem Anteilstausch. Siehe hierzu *Blumers/Kinzl*, BB 2005 S. 971 (974 f.); *Schindler*, IStR 2005 S. 551 (555 f.).

Mangels Regelung in der Fusionsrichtlinie bleibt es daher den EU-Mitgliedstaaten überlassen, ob und in welchem Umfang sie die wirtschaftliche Doppelbesteuerung in den Fällen der Einbringung von Unternehmensteilen bzw. des Anteilstausches beseitigen.[100]

Im bisherigen Recht war der sog. **Grundsatz der doppelten Buchwertverknüpfung** zwingende Voraussetzung für die Steuerneutralität der Sacheinlage i.S.v. *§ 20 Abs. 1 Satz 1 UmwStG a.F.* und des Anteilstausches i.S.v. *§ 20 Abs. 1 Satz 2 UmwStG a.F.* Bei grenzüberschreitenden Einbringungsvorgängen hat dies in der Konsequenz zu einer **Buchwertverknüpfung über die Grenze** geführt, die nach einer Entscheidung des FG Baden-Württemberg für den Fall des Anteilstausches nicht mit der Fusionsrichtlinie vereinbar ist.[101]

Nunmehr finden sich im UmwStG differenzierte Regelungen für die Sacheinlage und den Anteilstausch. Im Fall der Sacheinlage i.S.v. § 20 Abs. 1 UmwStG gilt grds. der Grundsatz der doppelten Buchwertverknüpfung. Der Wert, mit dem die übernehmende Gesellschaft das eingebrachte Betriebsvermögen i.S.v. § 20 Abs. 1 UmwStG ansetzt, gilt für den Einbringenden grds. als Veräußerungspreis des eingebrachten Betriebsvermögens und als Anschaffungskosten der neu gewährten Gesellschaftsanteile (§ 20 Abs. 3 Satz 1 UmwStG). Dabei kommt es zu einer Verdopplung der stillen Reserven, sofern die übernehmende Gesellschaft das eingebrachte Betriebsvermögen zu Buchwerten ansetzt, da diese sowohl in dem eingebrachten Betriebsvermögen als auch in den als Gegenleistung für die Einbringung neu gewährten Gesellschaftsanteilen enthalten sind.[102] Demgegenüber ist für den grenzüberschreitenden Anteilstausch zukünftig eine einfache Wertverknüpfung zwischen dem Veräußerungspreis der eingebrachten Anteile und den Anschaffungskosten der erhaltenen Anteile zwingend vorgesehen, die sich auf der Basis eines dreistufigen Prüfungsschemas (Grundsatz - Ausnahme - Rückausnahme) i.S.v. § 21 Abs. 2 Satz 2 und 3 UmwStG ermittelt.[103]

4. Grenzüberschreitende Sitzverlegung der SE bzw. SCE (Art. 2 Buchst. j) FRL)

Bei der grenzüberschreitenden Sitzverlegung der SE bzw. SCE i.S.v. Art. 2 Buchst. j) FRL sind folgende Ebenen zu unterscheiden:

– Ebene der Gesellschaft
– Ebene der Gesellschafter.

a) Gesellschaftsebene (Art. 10b und Art. 10c FRL)

Art. 10b Abs. 1 FRL regelt den Steueraufschub für den Fall, dass eine SE bzw. SCE ihren Sitz oder infolge der Sitzverlegung ihre steuerliche Ansässigkeit ("Steuersitz") von einem in einen anderen EU-Mitgliedstaat verlegt. Der Steueraufschub wird an die Voraussetzung geknüpft, dass das Aktiv- und Passivvermögen der Gesellschaft funktional einer Betriebsstätte in dem EU-Mitgliedstaat zugerechnet wird, in dem die Gesellschaft vor der Sitzverlegung ansässig war. Die Betriebsstättenbedingung i.S.v. Art. 4 Abs. 1 Buchst. b) FRL wird insofern i.R.v. Art. 10b Abs. 1 FRL auf die grenzüberschreitende Sitzverlegung der SE bzw.

---

100) Vgl. *Benecke/Schnitger*, IStR 2005 S. 641 (642 f.).
101) Vgl. FG Baden-Württemberg v. 17.02.2005, 6 K 209/02, DStRE 2005 S. 1015 (Revision eingelegt unter I R 25/05). Wegen der Neuregelung in § 21 Abs. 2 UmwStG kommt dem Revisionsverfahren für den Anteilstausch keine Bedeutung mehr zu.
102) Der Grundsatz der doppelten Buchwertverknüpfung bei der Sacheinlage wird in den Fällen des § 20 Abs. 3 Satz 2 (der Einbringende erhält neben den neuen Gesellschaftsanteilen auch andere Wirtschaftsgüter als Gegenleistung für die Einbringung) und Satz 3 UmwStG (Einbringung von Betriebsvermögen, das weder vor noch nach der Einbringung in Deutschland steuerverhaftet ist) durchbrochen.
103) Siehe hierzu ausführlich Gliederungspunkt I.V.4. d) aa).

Fusionsrichtlinie 600

SCE ausgedehnt.[104] Dementsprechend führt im Fall des **Wegzugs einer SE bzw. SCE** der Wegfall ihrer unbeschränkten Steuerpflicht in Deutschland i.S.v. § 1 Abs. 1 Nr. 1 bzw. Nr. 2 KStG nach § 12 Abs. 3 KStG nicht zu einer Sofortbesteuerung der im Betriebsvermögen enthaltenen stillen Reserven, sofern das Vermögen weiterhin in Deutschland steuerverstrickt bleibt.[105] Im Fall des **Zuzugs einer SE bzw. SCE** finden die Regelungen der § 4 Abs. 1 Satz 8, § 6 Abs. 1 Nr. 5a EStG i.V.m. § 8 Abs. 1 KStG Anwendung. Demnach wird das Betriebsvermögen nur dann mit dem gemeinen Wert angesetzt, sofern die in den Wirtschaftsgütern enthaltenen stillen Reserven erstmalig in Deutschland steuerlich verstrickt werden.[106]

Neue Abschreibungen und spätere Wertsteigerungen oder Wertminderungen des in der Betriebsstätte verbleibenden Vermögens sind so zu berechnen, als habe keine Sitzverlegung stattgefunden (Art. 10b Abs. 2 FRL). Hinsichtlich ganz oder teilweise steuerfrei gebildeter Rückstellungen und Rücklagen normiert Art. 10c Abs. 1 FRL in Anlehnung an Art. 5 FRL, dass diese von der im Wegzugstaat der SE bzw. SCE verbleibenden Betriebsstätte mit der gleichen Steuerbefreiung übernommen werden können. Ebenso können nach Art. 10c Abs. 2 FRL in Anlehnung an Art. 6 FRL steuerlich noch nicht berücksichtigte Verluste von der Betriebsstätte übernommen werden, sofern dies auch bei einer rein inländischen Sitzverlegung der Fall wäre.

Im Hinblick auf einen etwaigen Verlustvortrag der wegziehenden SE bzw. SCE enthält das deutsche Ertragsteuerrecht keine Sonderregelungen. Auf die nach dem Wegzug in Deutschland beschränkt steuerpflichtige SE bzw. SCE findet daher § 10d EStG weiterhin Anwendung. Im Gegensatz zur grenzüberschreitenden Verschmelzung, bei der sämtliche Verlustübertragungsmöglichkeiten sowohl für den Fall der Inlandsverschmelzung als auch für den Fall der Verschmelzung unter Beteiligung von EU-/EWR-Körperschaften gestrichen (§ 12 Abs. 3 i.V.m. § 4 Abs. 2 Satz 2 UmwStG) wurden, kann ein etwaiger Verlustvortrag der wegziehenden SE bzw. SCE mit ihren zukünftigen inländischen Einkünften, z.B. aus einer inländischen Betriebsstätte i.S.v. § 49 Abs. 1 Nr. 2a EStG i.V.m. § 8 Abs. 1 KStG und Art. 7 OECD-MA verrechnet werden.[107]

Sofern die wegziehende SE bzw. SCE über eine Betriebsstätte verfügt, die in einem EU-Mitgliedstaat außerhalb des Wegzug- und des Zuzugstaates (sog. **Drittstaatenbetriebsstätte**) belegen ist, ergibt sich eine Lücke in der Konzeption der Steuerneutralität der grenzüberschreitenden Sitzverlegung, da die Fusionsrichtlinie keine Regelung hinsichtlich der steuerlichen Behandlung dieser Drittstaatenbetriebsstätte enthält.[108] Der Belegenheitsstaat der Betriebsstätte braucht die Sitzverlegung zwar nicht zu besteuern; mangels Regelung in der Fusionsrichtlinie ist es ihm allerdings auch nicht verboten. Im Fall der grenzüber-

---

104) Zur Betriebsstättenbedingung siehe Gliederungspunkt G.III.1. a) aa) (2).
105) Das Vermögen ist in Deutschland steuerverstrickt, sofern es sich um inländischen Grundbesitz i.S.v. § 49 Abs. 1 Nr. 2 Buchst. f) EStG i.V.m. § 8 Abs. 1 KStG und Art. 6 OECD-MA handelt oder es funktional einer deutschen Betriebsstätte zugerechnet wird (§ 49 Abs. 1 Nr. 2a EStG i.V.m. § 8 Abs. 1 KStG und Art. 7 OECD-MA). Zur Regelung des § 12 Abs. 3 KStG siehe Gliederungspunkt H.I.1. b) aa) (3).
106) Siehe hierzu auch Gliederungspunkt H.I.2. b).
107) Siehe hierzu Gliederungspunkt H.I.1. a) aa) (7).
108) *Art. 10b Abs. 3 FRL-E* in der Fassung des Entwurf einer Änderungsrichtlinie der EU-Kommission mit Datum v. 17.10.2003 (KOM (2003) 613 endg. 2003/0239 (CNS)) hat demgegenüber - entsprechend der grenzüberschreitenden Fusion - die Anwendung von Art. 10 FRL vorgesehen, sofern die ihren Sitz verlegende SE bzw. SCE über eine in einem Drittstaat belegene Betriebsstätte verfügt. Demnach sollte der Drittstaat in Anwendung von Art. 10 Abs. 1 Satz 1 FRL die Sitzverlegung nicht besteuern. Sofern allerdings die Anrechnungsmethode im Rahmen der Besteuerung der Betriebsstätteneinkünfte Anwendung findet, darf der Wegzugstaat die im Betriebsstättenvermögen gebundenen stillen Reserven besteuern, vorausgesetzt, dass auf die insoweit erhobene inländische Steuer nach Art. 10 Abs. 2 FRL eine fiktive ausländische Steuer des anderen EU-Mitgliedstaates anzurechnen ist (Art. 10 Abs. 2 FRL). Die Finanzminister wollten einer derartigen Privilegierung von Drittstaatenbetriebsstätten nicht zustimmen, weshalb die Kommissionsvorschläge nicht umgesetzt wurden.

schreitenden Sitzverlegung der SE bzw. SCE ist somit zukünftig sorgfältig zu prüfen, ob Betriebsstätten in Drittstaaten bestehen, deren stille Reserven bei der Sitzverlegung besteuert werden.[109]

b) Gesellschafterebene (Art. 10d FRL)

Art. 10d Abs. 1 FRL verbietet eine Besteuerung des Veräußerungsgewinns der Gesellschafter allein aufgrund der Sitzverlegung der SE bzw. SCE. Im Fall einer späteren Besteuerung können die Veräußerungsgewinne allerdings besteuert werden (Art. 10d Abs. 2 FRL). Dies bedeutet einen Besteuerungsaufschub bis zur tatsächlichen Anteilsveräußerung.

Die Besteuerung der Anteilseigner richtet sich nach § 4 Abs. 1 Satz 4, § 15 Abs. 1a, § 17 Abs. 5 Satz 2 und 3 EStG sowie § 8 Abs. 1, § 12 Abs. 1 2. HS KStG. Sofern es durch die Sitzverlegung der SE bzw. SCE zu einem Ausschluss oder einer Beschränkung des deutschen Besteuerungsrechts hinsichtlich des Gewinns aus der Veräußerung der Anteile an der wegziehenden SE bzw. SCE kommt, ist zur Vermeidung eines Verstoßes gegen § 10d FRL vorgesehen, dass der Gewinn aus einer späteren Veräußerung der Anteile - ungeachtet der Bestimmungen eines Doppelbesteuerungsabkommens - in der gleichen Weise zu besteuern ist, wie die Veräußerung der Anteile zu besteuern gewesen wäre, wenn keine Sitzverlegung stattgefunden hätte (**treaty override**).[110] Dabei gilt es zu berücksichtigen, dass somit auch zukünftige Wertsteigerungen in den Anteilen, die nach dem Zeitpunkt der Sitzverlegung entstehen, der deutschen Besteuerung unterliegen.

IV. Steuerlich transparente (hybride) Gesellschaften (Art. 10a FRL)
1. Art. 10a FRL i.V.m. Art. 4 Abs. 2 (i.V.m. Art. 9) und Art. 8 Abs. 3 FRL

Durch die Ergänzung der Fusionsrichtlinie durch *Richtlinie 2005/19/EG v. 17.02.2005* werden nunmehr auch steuerlich transparente (hybride) Gesellschaften in den Anwendungsbereich der Fusionsrichtlinie einbezogen.[111] Dabei wird auf die steuerlichen Konsequenzen abgestellt, die sich aus der abweichenden Behandlung einer Gesellschaft ergeben, sofern diese in ihrem Ansässigkeitsstaat als steuerlich intransparent behandelt wird und somit der Körperschaftsteuer unterliegt, in dem Ansässigkeitsstaat ihres Gesellschafters jedoch als steuerlich transparent angesehen wird (**hybride Gesellschaft**). Diese Sonderregelungen sind erforderlich, da eine transparente Gesellschaft – im Gegensatz zu einer Körperschaft – abkommensrechtlich keine Abschirmwirkung entfaltet, so dass sich bei Umwandlungsvorgängen unter Beteiligung transparenter (hybrider) Gesellschaften die Besteuerungsrechte der EU-Mitgliedstaaten verändern können.[112]

Demnach ist der Ansässigkeitsstaat der Gesellschafter einer gebietsfremden einbringenden Gesellschaft grds. verpflichtet, auch den Gesellschaftern der einbringenden Gesellschaft den

---

109) Vgl. *Blumers/Kinzl*, BB 2005 S. 971 (973).
110) Siehe hierzu Gliederungspunkt H.I.1. a) aa) (7).
111) Steuerlich transparente Gesellschaften besitzen im Gegensatz zu Kapitalgesellschaften keine eigene Rechtspersönlichkeit. Für steuerliche Zwecke ist die transparente Gesellschaft kein selbständiges Steuersubjekt wie eine Kapitalgesellschaft, sondern ihr Einkommen wird direkt bei den Gesellschaftern als Mitunternehmern hinzugerechnet und besteuert (Transparenzprinzip). Ist der Gesellschafter einer steuerlich transparenten Gesellschaft selbst eine Kapitalgesellschaft, unterliegen die Einkünfte der transparenten Gesellschaft auf Gesellschafterebene (anteilig) der Körperschaftsteuer und werden somit im Ergebnis steuerlich nicht anders behandelt, als wären sie dem Gesellschafter direkt zugeflossen. Die mittelbare Einkünftezurechnung beim Gesellschafter steuerlich transparenter Gesellschaften hat nunmehr auch zur Folge, dass durch die Einbeziehung steuerlich transparenter Gesellschaften der sachliche Anwendungsbereich der Fusionsrichtlinie implizit um natürliche Personen als Anteilseigner erweitert wird. Siehe hierzu *Saß*, DB 2005 S. 1238 (1238 f.).
112) Vgl. *Klingberg/van Lishaut*, Der Konzern 2005 S. 698 (708).

Fusionsrichtlinie

Aufschub der Besteuerung der in dem übertragenen Vermögen enthaltenen stillen Reserven zu gewähren, sofern er die einbringende Gesellschaft als steuerlich transparent erachtet und die Gesellschafter nach ihrem Anteil an den ihnen zuzurechnenden Gewinnen der einbringenden Gesellschaft im Zeitpunkt der Zurechnung besteuert (Art. 4 Abs. 2 i.V.m. Abs. 1, Art. 9 FRL). Entsprechendes gilt nach Art. 8 Abs. 3 FRL, wenn die Gesellschafter einer Gesellschaft, die einen von der Fusionsrichtlinie begünstigten Vorgang (Fusion, Spaltung oder Abspaltung, Einbringung von Unternehmensteilen, Austausch von Anteilen) durchführt, als steuerlich transparent behandelt werden. In diesem Fall ist der Ansässigkeitsstaat der an diesen Gesellschaftern beteiligten Personen verpflichtet, die Besteuerung des Veräußerungsgewinns aus dem Austausch der Anteile an der einbringenden gegen Anteile an der übernehmenden Gesellschaft bis zur tatsächlichen Veräußerung der neu gewährten Anteile aufzuschieben.[113]

Darüber hinaus wurden folgende ergänzende Regelungen in Art. 10a FRL aufgenommen, die die Regelungen der Art. 4 Abs. 2 (i.V.m. Art. 9) FRL und Art. 8 Abs. 3 FRL zum Teil wieder rückgängig machen:

- Betrachtet ein EU-Mitgliedstaat die einbringende oder im Fall des Anteilstausches die erworbene Gesellschaft als steuerlich transparent, ist er nach Art. 10a Abs. 1 FRL berechtigt, den Veräußerungsgewinn i.S.v. Art. 4 Abs. 1, Art. 9 FRL auf Ebene eines unmittelbaren oder mittelbaren Gesellschafters dieser Gesellschaft entgegen der Regelung in Art. 4 Abs. 2 und Art. 9 FRL der Besteuerung zu unterwerfen.[114] Der EU-Mitgliedstaat hat allerdings gem. Art. 10a Abs. 2 FRL diejenigen (fiktiven) Steuern anzurechnen, die ohne die Bestimmungen der Fusionsrichtlinie auf die Veräußerungsgewinne der steuerlich transparenten (hybriden) Gesellschaft erhoben worden wären. Die Anrechnung hat in gleicher Weise und mit dem gleichen Betrag zu erfolgen, als wären diese Steuern tatsächlich erhoben worden. Die Regelungen in Art. 10a Abs. 1 und 2 FRL ermöglichen somit grds. eine vollständige Nichtanwendbarkeit der Fusionsrichtlinie (**vollständiger optionaler Anwendungsausschluss**).
- Betrachtet ein EU-Mitgliedstaat die übernehmende oder im Fall des Anteilstausches die erwerbende Gesellschaft als steuerlich transparent, ist er nach Art. 10a Abs. 3 FRL berechtigt, auf Ebene der Gesellschafter der einbringenden Gesellschaft den Veräußerungsgewinn aus dem Austausch der Anteile an der einbringenden gegen Anteile an der übernehmenden bzw. erwerbenden Gesellschaft entgegen der Regelung in Art. 8 Abs. 3 FRL zu besteuern (**teilweiser optionaler Anwendungsausschluss**). Im Gegensatz zu Art. 10a Abs. 1 und 2 FRL steht dieser Berechtigung keine Verpflichtung zur Steuerentlastung durch Steueranrechnung gegenüber.
- Die EU-Mitgliedstaaten sind nach Art. 10a Abs. 4 FRL berechtigt, die in ihrem Hoheitsgebiet ansässigen unmittelbaren und mittelbaren Gesellschafter gebietsfremder

---

113) Vgl. *Blumers/Kinzl*, BB 2005 S. 971 (973 f.); *Schindler*, IStR 2005 S. 551 (553).
114) Fraglich ist, wie der Begriff „*mittelbarer Gesellschafter*" abzugrenzen ist, da nach dem Wortlaut nicht danach unterschieden wird, ob die zwischengeschalteten Gesellschaften steuerlich transparent sein müssen oder auch Körperschaften zwischengeschaltet sein können. Unstreitig dürfte eine natürliche oder juristische Person als mittelbarer Gesellschafter gelten, die über eine doppel- oder mehrstöckige transparente Gesellschaftsstruktur an der einbringenden oder erwobenen transparenten Gesellschaft beteiligt ist und selbst als Steuersubjekt mit den Einkünften aus der einbringenden oder erwerbenen transparenten Gesellschaft erfasst wird. Es könnte jedoch auch ein über Körperschaften beteiligter Gesellschafter als mittelbarer Gesellschafter i.S.v. Art. 10a Abs. 1 FRL angesehen werden, wenn ihm die Einkünfte der transparenten Gesellschaft über eine Zwischengesellschaft i.S.d. § 8 Abs. 1 AStG zugerechnet werden. Siehe hierzu *Benecke/Schnitger*, IStR 2005 S. 641 (645). Ist die erwobene Gesellschaft nach dem Recht der Bundesrepublik Deutschland als steuerlich transparent anzusehen, gilt der Anteilstausch als Einbringung eines Mitunternehmeranteils nach § 20 Abs. 1UmwStG. Vgl. Gesetzesbegründung v. 25.09.2006, BT-Drs. 16/2710 S. 42. Siehe auch Gliederungspunkt I.V.3. a).

übernehmender steuerlich transparenter (hybrider) Gesellschaften steuerlich so zu behandeln, als ob die übernehmende Gesellschaft in ihrem Hoheitsgebiet ansässig wäre (**Gleichbehandlungsgrundsatz**).

2. Vollständiger optionaler Anwendungsausschluss (Art. 10a Abs. 1 und 2 FRL)

Die Regelung des Art. 10a Abs. 1 FRL dient dazu, die Besteuerungsrechte eines EU-Mitgliedstaates, der ein System der Welteinkommensbesteuerung anwendet und die Doppelbesteuerung im Wege der Anrechnungsmethode vermeidet (im Folgenden: Anrechnungs-Mitgliedstaat), an den Einkünften eines Gesellschafters einer transparenten (hybriden) ausländischen Gesellschaft zu wahren. Sofern die Aktiva und Passiva, Unternehmensteile oder Anteile **von bzw. an dieser steuerlich transparenten (hybriden) Gesellschaft auf eine Körperschaft** übertragen bzw. in eine Körperschaft eingebracht werden, die in einem dritten EU-Mitgliedstaat ansässig ist, würde der Anrechnungs-EU-Mitgliedstaat ohne die Regelung des Art. 10a Abs. 1 FRL sein Recht zur Besteuerung der ausländischen steuerlich transparenten (hybriden) Gesellschaft verlieren. Art. 10 Abs. 2 FRL wäre im vorliegenden Fall nicht einschlägig, da die steuerlich transparente (hybride) Gesellschaft für Zwecke der Anwendung der Fusionsrichtlinie eben keine Betriebsstätte, sondern eine Gesellschaft i.S.v. Art. 3 FRL darstellt.[115] Der Anwendungsbereich der Art. 10a Abs. 1 und Abs. 2 FRL lässt sich wie folgt zusammenfassen:

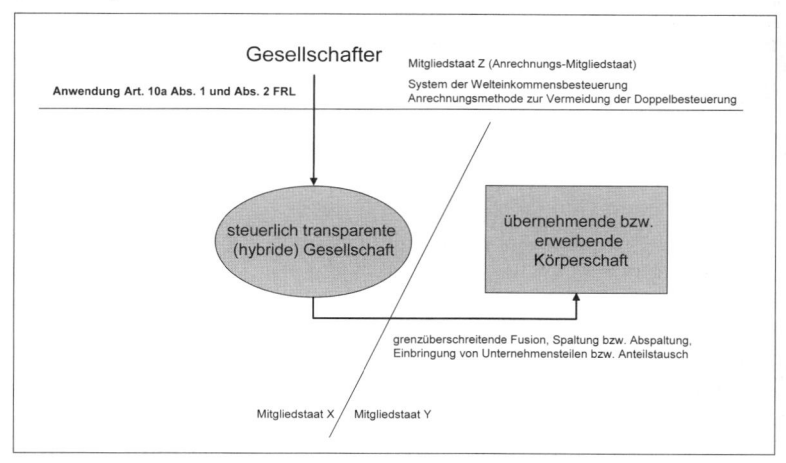

Abb. G.IV. - 1: Anwendungsbereich der Art. 10a Abs. 1 und Abs. 2 FRL

Im Ergebnis kommt die Anwendung des Art. 10a Abs. 1 FRL somit - mangels Anwendbarkeit des Art. 10 Abs. 2 FRL - stets in Betracht, sofern eine steuerlich transparente (hybride) Gesellschaft die einbringende Gesellschaft i.R. einer grenzüberschreitenden Verschmelzung, Spaltung bzw. Abspaltung oder Einbringung von Unternehmensteilen ist oder als erworbene

---

115) Vgl. *Benecke/Schnitger*, IStR 2005 S. 606 (610).

Gesellschaft beim grenzüberschreitenden Anteilstausch beteiligt ist.[116] Die EU-Mitgliedstaaten können somit die in den Wirtschaftsgütern der von Art. 10a Abs. 1 FRL erfassten steuerlich transparenten (hybriden) Gesellschaft enthaltenen stillen Reserven vollumfänglich besteuern, d.h. es wird grds. eine vollständige Nichtanwendbarkeit der Fusionsrichtlinie ermöglicht.[117]

Sofern der Anrechnungs-Mitgliedstaat sein Besteuerungsrecht in Anspruch nimmt, ist er nach Art. 10a Abs. 2 FRL verpflichtet, eine fiktive Steuer anzurechnen, die auf die Veräußerungsgewinne der steuerlich transparenten (hybriden) Gesellschaft erhoben worden wäre. Da Art. 10a Abs. 1 FRL im Gegensatz zu Art. 10 Abs. 1 Satz 3 FRL keine Bestimmung enthält, wonach der EU-Mitgliedstaat, in dem die steuerlich transparente (hybride) Gesellschaft ansässig ist oder eine Betriebsstätte unterhält, die Bestimmungen der Fusionsrichtlinie anzuwenden hat, können im Zusammenhang mit der fiktiven Steueranrechnung Abgrenzungsschwierigkeiten entstehen.[118]

3. Teilweiser optionaler Anwendungsausschluss (Art. 10a Abs. 3 FRL)

Die Regelung des Art. 10a Abs. 3 FRL dient dazu, die Besteuerungsrechte des Ansässigkeitsstaates eines Gesellschafters einer Körperschaft zu wahren, wenn diese auf eine gebietsfremde Gesellschaft übertragen wird bzw. deren Anteile in diese eingebracht werden, und die übernehmende bzw. erwerbende gebietsfremde Gesellschaft vom Ansässigkeitsstaat des Gesellschafters als steuerlich transparent angesehen wird.[119] Der Anwendungsbereich des Art. 10a Abs. 3 FRL lässt sich wie folgt zusammenfassen:

---

116) Beispiel nach der Gesetzesbegründung v. 25.09.2006 zu § 20 Abs. 7 UmwStG, BT-Drs. 16/2710 S. 44 f.: *Eine natürliche Person X mit Wohnsitz im Inland ist an einer von der Fusionsrichtlinie geschützten portugiesischen KG beteiligt, die nach deutschem Recht als transparent anzusehen ist. Die KG wird auf eine französische SA verschmolzen. Soweit die portugiesische KG passive Einkünfte i.S.d. DBA Deutschland-Portugal erzielt, steht Deutschland das Besteuerungsrecht an den Einkünften aus der portugiesischen Betriebsstätte mit Anrechnungsverpflichtung zu.*
117) Vgl. *Benecke/Schnitger*, IStR 2005 S. 641 (644). Die Regelung des Art. 10a Abs. 1 FRL bestimmt nicht, zu welchem Zeitpunkt die EU-Mitgliedstaaten von ihrem Besteuerungsrecht Gebrauch machen müssen. Inwieweit eine sofortige Besteuerung bzw. eine Haltefrist für die im Rahmen der Umstrukturierung erhaltenen Anteile in Frage käme, hängt u.a. maßgeblich von den Regelungen der EU-Mitgliedstaaten für ausschließlich innerstaatliche Umstrukturierungsvorgänge ab. Im Hinblick auf die Festlegung von Mindesthaltedauern ist auch die Rechtsprechung des EuGH v. 17.07.1997 in der Rs. „Leur-Bloem" zu berücksichtigen (C-28/95, Slg. 1997 I-4162), wonach die Fusionsrichtlinie keine Ermächtigung zur Einführung typisierender Missbrauchsvorbehalte darstelle. Vgl. *Gille*, IStR 2007 S. 194 (196).
118) Siehe hierzu ausführlich *Benecke/Schnitger*, IStR 2005 S. 641 (644 f.).
119) Dies gilt auch für den Fall, dass der Gesellschafter selbst steuerlich transparent ist und der Ansässigkeitsstaat der an diesem Gesellschafter beteiligten Personen eine gebietsfremde übernehmende oder erwerbende Gesellschaft als steuerlich transparent erachtet.

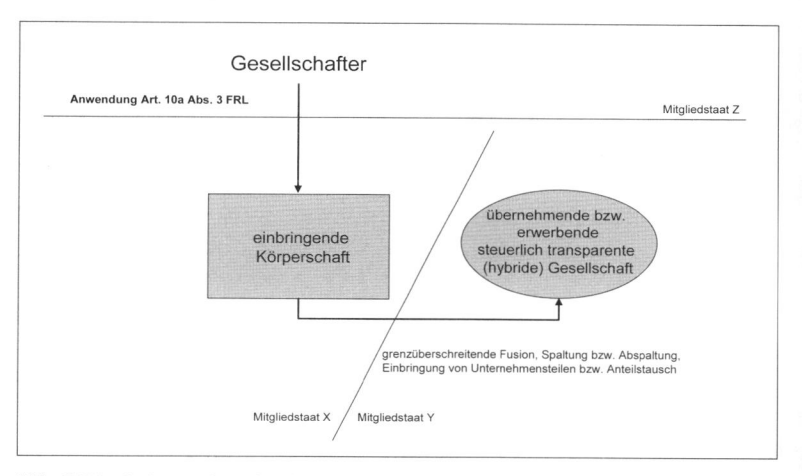

Abb. G.IV. - 2: Anwendungsbereich des Art. 10a Abs. 3 FRL

Für den Fall der **Fusion einer Körperschaft auf eine gebietsfremde transparente (hybride) EU-Gesellschaft („Hinausverschmelzung")** bedeutet dies beispielsweise Folgendes: Die Ausgabe neuer Anteile an der transparenten (hybriden) Gesellschaft darf nach dem ausdrücklichen Wortlaut des Art. 8 Abs. 3 FRL auf Ebene des Gesellschafters der Körperschaft nicht zu einer Besteuerung eines Veräußerungsgewinns führen. Der Gesellschafter hätte nunmehr seinerseits nach der Fusion die Möglichkeit, thesaurierte Gewinne der Körperschaft steuerneutral aus der transparenten (hybriden) Gesellschaft zu entnehmen. Daher eröffnet Art. 10a Abs. 3 FRL die Möglichkeit, einen möglichen Übernahmegewinn auf Ebene des Gesellschafters im Rahmen der Fusion steuerlich zu ermitteln und unter Beachtung der Vorgaben des jeweils einschlägigen Doppelbesteuerungsabkommens mit dem betreffenden EU-Mitgliedstaat zu besteuern. Im Übrigen muss gleichwohl gewährleistet werden, dass die übernommenen Wirtschaftsgüter in Übereinstimmung mit den in Art. 4 - Art. 7 FRL vorgegebenen Wertansätzen fortgeführt werden. Insofern eröffnet Art. 10a Abs. 3 FRL lediglich die Möglichkeit einer teilweisen Nichtanwendung der Fusionsrichtlinie.

4. Gleichbehandlungsgrundsatz (Art. 10a Abs. 4 FRL)

In Ergänzung zu Art. 10a Abs. 3 FRL stellt der Regelungsbereich des Art. 10a Abs. 4 FRL auf die Besteuerung von unmittelbaren oder mittelbaren Gesellschaftern einer übernehmenden hybriden Gesellschaft ab, die sich im EU-Ausland befindet. Art. 10a Abs. 4 FRL enthält eine Sonderregelung für Zwecke der Besteuerung der Gesellschafter, die es den EU-Mitgliedstaaten grds. ermöglich, die gesellschafterbezogenen Bestimmungen der Fusionsrichtlinie i.S.v. Art. 7 und Art. 8 FRL außer Acht zu lassen. Aufgrund der expliziten Erfassung des Art. 8 Abs. 1 - 3 FRL i.R.d. Art. 10a Abs. 3 FRL ist davon auszugehen, dass sich die Regelung des Art. 10a Abs. 4 FRL darauf beschränkt, den EU-Mitgliedstaaten die Möglichkeit zu eröffnen, von der Steuerfreistellung eines Veräußerungsgewinns i.S.v. Art. 7 FRL abzusehen. Darüber hinaus spricht einiges dafür, dass der Anwendungsbereich des Art. 10a Abs. 4 FRL nicht den grenzüberschreitenden Anteilstausch erfasst, da lediglich auf die übernehmende Gesellschaft, nicht aber auf die erwerbende Gesellschaft abgestellt wird.

Der Regelungsbereich des Art. 10a Abs. 4 FRL sei am Beispiel der **Fusion einer Tochter-Körperschaft auf ihre gebietsfremde transparente (hybride) EU-Mutter-Gesellschaft**,

Fusionsrichtlinie

die die Anteile an der Tochter-Körperschaft in einer Betriebsstätte im Ansässigkeitsstaat der Tochter-Körperschaft hält exemplarisch dargestellt. Es gilt:

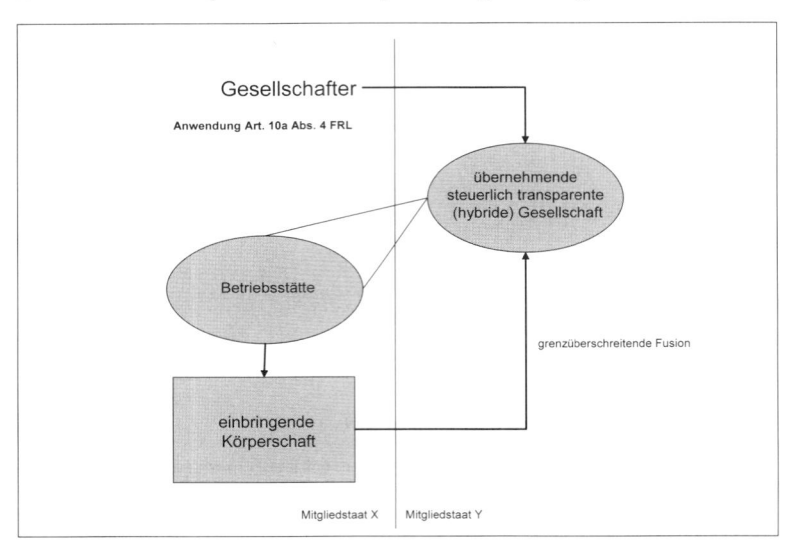

Abb. G.IV. - 3: Anwendungsbereich des Art. 10a Abs. 4 FRL

Die in den Anteilen an der Tochter-Körperschaft enthaltenen Wertsteigerungen dürfen auf Ebene der übernehmenden EU-Mutter-Gesellschaft wegen des Untergangs der Beteiligung nach Art. 7 FRL grds. nicht besteuert werden. Sofern die Anteilseigner der übernehmenden transparenten (hybriden) EU-Mutter-Gesellschaft und die übernehmende EU-Mutter-Gesellschaft in demselben EU-Mitgliedstaat ansässig sind, hat dieser EU-Mitgliedstaat wegen der Regelung des Art. 7 FRL keine Möglichkeit, einen Übernahmegewinn im Rahmen der Fusion steuerlich zu erfassen. Die Gesellschafter hätten demgegenüber nach der Fusion die Möglichkeit, thesaurierte Gewinne der Körperschaft steuerneutral aus der transparenten (hybriden) Gesellschaft zu entnehmen. Hier eröffnet Art. 10a Abs. 4 FRL die Möglichkeit, den Übernahmegewinn in Abweichung von Art. 7 FRL steuerlich zu erfassen, sofern die Besteuerung unter den Voraussetzungen erfolgt, die auch für rein innerstaatliche Verschmelzungen von Kapital- auf Personengesellschaften gelten.[120]

---

120) Vgl. *Benecke/Schnitger,* IStR 2005 S. 641 (647).

Abschnitt H

Änderungen im EStG, KStG und AStG

I. Entstrickungs- und Verstrickungskonzeption im EStG, KStG und AStG

Gesetzestext

§ 4 EStG a.F.	§ 4 EStG n.F.
Gewinnbegriff im Allgemeinen	Gewinnbegriff im Allgemeinen
(1) ¹Gewinn ist der Unterschiedsbetrag zwischen dem Betriebsvermögen am Schluss des Wirtschaftsjahres und dem Betriebsvermögen am Schluss des vorangegangenen Wirtschaftsjahres, vermehrt um den Wert der Entnahmen und vermindert um den Wert der Einlagen. ²Entnahmen sind alle Wirtschaftsgüter (Barentnahmen, Waren, Erzeugnisse, Nutzungen und Leistungen), die der Steuerpflichtige dem Betrieb für sich, für seinen Haushalt oder für andere betriebsfremde Zwecke im Laufe des Wirtschaftsjahres entnommen hat. ³Ein Wirtschaftsgut wird nicht dadurch entnommen, dass der Steuerpflichtige zur Gewinnermittlung nach § 13a übergeht. ⁴Eine Änderung der Nutzung eines Wirtschaftsguts, die bei Gewinnermittlung nach Satz 1 keine Entnahme ist, ist auch bei Gewinnermittlung nach § 13a keine Entnahme. ⁵Einlagen sind alle Wirtschaftsgüter (Bareinzahlungen und sonstige Wirtschaftsgüter), die der Steuerpflichtige dem Betrieb im Laufe des Wirtschaftsjahres zugeführt hat. ⁶Bei der Ermittlung des Gewinns sind die Vorschriften über die Betriebsausgaben, über die Bewertung und über die Absetzung für Abnutzung oder Substanzverringerung zu befolgen.	(1) ¹Gewinn ist der Unterschiedsbetrag zwischen dem Betriebsvermögen am Schluss des Wirtschaftsjahres und dem Betriebsvermögen am Schluss des vorangegangenen Wirtschaftsjahres, vermehrt um den Wert der Entnahmen und vermindert um den Wert der Einlagen. ²Entnahmen sind alle Wirtschaftsgüter (Barentnahmen, Waren, Erzeugnisse, Nutzungen und Leistungen), die der Steuerpflichtige dem Betrieb für sich, für seinen Haushalt oder für andere betriebsfremde Zwecke im Laufe des Wirtschaftsjahres entnommen hat. ³Einer Entnahme für betriebsfremde Zwecke steht der Ausschluss oder die Beschränkung des Besteuerungsrechts der Bundesrepublik Deutschland hinsichtlich des Gewinns aus der Veräußerung oder der Nutzung eines Wirtschaftsguts gleich. ⁴Satz 3 gilt nicht für Anteile an einer Europäischen Gesellschaft oder Europäischen Genossenschaft in den Fällen 1. einer Sitzverlegung der Europäischen Gesellschaft nach Artikel 8 der Verordnung (EG) Nr. 2157/2001 des Rates vom 8. Oktober 2001 über das Statut der Europäischen Gesellschaft (SE) (ABl. EG Nr. L 294 S. 1), zuletzt geändert durch Verordnung (EG) Nr. 885/2004 des Rates vom 26. April 2004 (ABl. EU Nr. L 168 S. 1), und 2. einer Sitzverlegung der Europäischen Genossenschaft nach Artikel 7 der Verordnung (EG) Nr. 1435/2003 des Rates vom 22. Juli 2003 über das Statut der Europäischen Genossenschaft (SCE) (ABl. EU Nr. L 207 S. 1).

[...]	⁵Ein Wirtschaftsgut wird nicht dadurch entnommen, dass der Steuerpflichtige zur Gewinnermittlung nach § 13a übergeht. ⁶Eine Änderung der Nutzung eines Wirtschaftsguts, die bei Gewinnermittlung nach Satz 1 keine Entnahme ist, ist auch bei Gewinnermittlung nach § 13a keine Entnahme. ⁷Einlagen sind alle Wirtschaftsgüter (Bareinzahlungen und sonstige Wirtschaftsgüter), die der Steuerpflichtige dem Betrieb im Laufe des Wirtschaftsjahres zugeführt hat; einer Einlage steht die Begründung des Besteuerungsrechts der Bundesrepublik Deutschland hinsichtlich des Gewinns aus der Veräußerung eines Wirtschaftsguts gleich. ⁸Bei der Ermittlung des Gewinns sind die Vorschriften über die Betriebsausgaben, über die Bewertung und über die Absetzung für Abnutzung oder Substanzverringerung zu befolgen. [...]
	§ 4g EStG n.F. **Bildung eines Ausgleichspostens bei Entnahme nach § 4 Abs. 1 Satz 3** (1) ¹Ein unbeschränkt Steuerpflichtiger kann in Höhe des Unterschiedsbetrags zwischen dem Buchwert und dem nach § 6 Abs. 1 Nr. 4 Satz 1 zweiter Halbsatz anzusetzenden Wert eines Wirtschaftsguts des Anlagevermögens auf Antrag einen Ausgleichsposten bilden, soweit das Wirtschaftsgut infolge seiner Zuordnung zu einer Betriebsstätte desselben Steuerpflichtigen in einem anderen Mitgliedstaat der Europäischen Union gemäß § 4 Abs. 1 Satz 3 als entnommen gilt. ²Der Ausgleichsposten ist für jedes Wirtschaftsgut getrennt auszuweisen. ³Das Antragsrecht kann für jedes Wirtschaftsjahr nur einheitlich für sämtliche Wirtschaftsgüter ausgeübt werden. ⁴Der Antrag ist unwiderruflich. ⁵Die Vorschriften des Umwandlungssteuergesetzes bleiben unberührt. (2) ¹Der Ausgleichsposten ist im Wirtschaftsjahr der Bildung und in den vier folgenden Wirtschaftsjahren zu jeweils einem Fünftel gewinnerhöhend aufzulösen. ²Er ist in vollem Umfang gewinnerhöhend aufzulösen, 1. wenn das als entnommen geltende Wirtschaftsgut aus dem Betriebsvermögen des Steuerpflichtigen ausscheidet, 2. wenn das als entnommen geltende Wirtschaftsgut aus der Besteuerungshoheit der Mitgliedstaaten der Europäischen Union ausscheidet oder

3. wenn die stillen Reserven des als entnommen geltenden Wirtschaftsguts im Ausland aufgedeckt werden oder in entsprechender Anwendung der Vorschriften des deutschen Steuerrechts hätten aufgedeckt werden müssen.

(3) ¹Wird die Zuordnung eines Wirtschaftsguts zu einer anderen Betriebsstätte des Steuerpflichtigen in einem anderen Mitgliedstaat der Europäischen Union im Sinne des Absatzes 1 innerhalb der tatsächlichen Nutzungsdauer, spätestens jedoch vor Ablauf von fünf Jahren nach Änderung der Zuordnung, aufgehoben, ist der für dieses Wirtschaftsgut gebildete Ausgleichsposten ohne Auswirkungen auf den Gewinn aufzulösen und das Wirtschaftsgut mit den fortgeführten Anschaffungskosten, erhöht um zwischenzeitlich gewinnerhöhend berücksichtigte Auflösungsbeträge im Sinne der Absätze 2 und 5 Satz 2 und um den Unterschiedsbetrag zwischen dem Rückführungswert und dem Buchwert im Zeitpunkt der Rückführung, höchstens jedoch mit dem gemeinen Wert, anzusetzen. ²Die Aufhebung der geänderten Zuordnung ist ein Ereignis im Sinne des § 175 Abs. 1 Nr. 2 der Abgabenordnung.

(4) ¹Die Absätze 1 bis 4 finden entsprechende Anwendung bei der Ermittlung des Überschusses der Betriebseinnahmen über die Betriebsausgaben gemäß § 4 Abs. 3. ²Wirtschaftsgüter, für die ein Ausgleichsposten nach Absatz 1 gebildet worden ist, sind in ein laufend zu führendes Verzeichnis aufzunehmen. ³Der Steuerpflichtige hat darüber hinaus Aufzeichnungen zu führen, aus denen die Bildung und Auflösung der Ausgleichsposten hervorgeht. ⁴Die Aufzeichnungen nach den Sätzen 2 und 3 sind der Steuererklärung beizufügen.

(5) ¹Der Steuerpflichtige ist verpflichtet, der zuständigen Finanzbehörde die Entnahme oder ein Ereignis im Sinne des Absatzes 2 unverzüglich anzuzeigen. ²Kommt der Steuerpflichtige dieser Anzeigepflicht, seinen Aufzeichnungspflichten nach Absatz 4 oder seinen sonstigen Mitwirkungspflichten im Sinne des § 90 der Abgabenordnung nicht nach, ist der Ausgleichsposten dieses Wirtschaftsguts gewinnerhöhend aufzulösen.

§ 6 EStG a.F. (in Auszügen)	§ 6 EStG n.F. (in Auszügen)
Bewertung	**Bewertung**
(1) ¹Für die Bewertung der einzelnen Wirtschaftsgüter, die nach § 4 Abs. 1 oder nach § 5 als Betriebsvermögen anzusetzen sind, gilt das Folgende:	(1) ¹Für die Bewertung der einzelnen Wirtschaftsgüter, die nach § 4 Abs. 1 oder nach § 5 als Betriebsvermögen anzusetzen sind, gilt das Folgende:
[...]	[...]

4. ¹*Entnahmen des Steuerpflichtigen für sich, für seinen Haushalt oder für andere betriebsfremde Zwecke sind mit dem Teilwert anzusetzen.* ²*Die private Nutzung eines Kraftfahrzeugs, das zu mehr als 50 vom Hundert betrieblich genutzt wird, ist für jeden Kalendermonat mit 1 vom Hundert des inländischen Listenpreises im Zeitpunkt der Erstzulassung zuzüglich der Kosten für Sonderausstattung einschließlich Umsatzsteuer anzusetzen.* ³*Die private Nutzung kann abweichend von Satz 2 mit den auf die Privatfahrten entfallenden Aufwendungen angesetzt werden, wenn die für das Kraftfahrzeug insgesamt entstehenden Aufwendungen durch Belege und das Verhältnis der privaten zu den übrigen Fahrten durch ein ordnungsgemäßes Fahrtenbuch nachgewiesen werden.* ⁴*Wird ein Wirtschaftsgut unmittelbar nach seiner Entnahme einer nach § 5 Abs. 1 Nr. 9 des Körperschaftsteuergesetzes von der Körperschaftsteuer befreiten Körperschaft, Personenvereinigung oder Vermögensmasse oder einer juristischen Person des öffentlichen Rechts zur Verwendung für steuerbegünstigte Zwecke im Sinne des § 10b Abs. 1 Satz 1 unentgeltlich überlassen, so kann die Entnahme mit dem Buchwert angesetzt werden.* ⁵*Dies gilt für Zuwendungen im Sinne des § 10b Abs. 1 Satz 3 entsprechend.* ⁶*Die Sätze 4 und 5 gelten nicht für die Entnahme von Nutzungen und Leistungen.*	4. ¹Entnahmen des Steuerpflichtigen für sich, für seinen Haushalt oder für andere betriebsfremde Zwecke sind mit dem Teilwert anzusetzen; in den Fällen des § 4 Abs. 1 Satz 3 ist die Entnahme mit dem gemeinen Wert anzusetzen. ²Die private Nutzung eines Kraftfahrzeugs, das zu mehr als 50 Prozent betrieblich genutzt wird, ist für jeden Kalendermonat mit 1 vom Hundert des inländischen Listenpreises im Zeitpunkt der Erstzulassung zuzüglich der Kosten für Sonderausstattung einschließlich Umsatzsteuer anzusetzen. ³Bei der Ermittlung der Nutzung im Sinne des Satzes 2 gelten die Fahrten zwischen Wohnung und Betriebsstätte und das Familienheimfahrten als betriebliche Nutzung. ⁴Die private Nutzung kann abweichend von Satz 2 mit den auf die Privatfahrten entfallenden Aufwendungen angesetzt werden, wenn die für das Kraftfahrzeug insgesamt entstehenden Aufwendungen durch Belege und das Verhältnis der privaten zu den übrigen Fahrten durch ein ordnungsgemäßes Fahrtenbuch nachgewiesen werden. ⁵Wird ein Wirtschaftsgut unmittelbar nach seiner Entnahme einer nach § 5 Abs. 1 Nr. 9 des Körperschaftsteuergesetzes von der Körperschaftsteuer befreiten Körperschaft, Personenvereinigung oder Vermögensmasse oder einer juristischen Person des öffentlichen Rechts zur Verwendung für steuerbegünstigte Zwecke im Sinne des § 10b Abs. 1 Satz 1 unentgeltlich überlassen, so kann die Entnahme mit dem Buchwert angesetzt werden. ⁶Dies gilt für Zuwendungen im Sinne des § 10b Abs. 1 Satz 3 entsprechend. ⁷Die Sätze 5 und 6 gelten nicht für die Entnahme von Nutzungen und Leistungen.
5. ¹*Einlagen sind mit dem Teilwert für den Zeitpunkt der Zuführung anzusetzen; sie sind jedoch höchstens mit den Anschaffungs- oder Herstellungskosten anzusetzen, wenn das zugeführte Wirtschaftsgut* a) *innerhalb der letzten drei Jahre vor dem Zeitpunkt der Zuführung angeschafft oder hergestellt worden ist oder* b) *ein Anteil an einer Kapitalgesellschaft ist und der Steuerpflichtige an der Gesellschaft im Sinne des § 17 Abs. 1 beteiligt ist; § 17 Abs. 2 Satz 3 gilt entsprechend.*	5. ¹Einlagen sind mit dem Teilwert für den Zeitpunkt der Zuführung anzusetzen; sie sind jedoch höchstens mit den Anschaffungs- oder Herstellungskosten anzusetzen, wenn das zugeführte Wirtschaftsgut a) innerhalb der letzten drei Jahre vor dem Zeitpunkt der Zuführung angeschafft oder hergestellt worden ist oder b) ein Anteil an einer Kapitalgesellschaft ist und der Steuerpflichtige an der Gesellschaft im Sinne des § 17 Abs. 1 oder 6 beteiligt ist; § 17 Abs. 2 Satz 4 gilt entsprechend.

²*Ist die Einlage ein abnutzbares Wirtschaftsgut, so sind die Anschaffungs- oder Herstellungskosten um Absetzungen für Abnutzung zu kürzen, die auf den Zeitraum zwischen der Anschaffung oder Herstellung des Wirtschaftsguts und der Einlage entfallen.* ³*Ist die Einlage ein Wirtschaftsgut, das vor der Zuführung aus einem Betriebsvermögen des Steuerpflichtigen entnommen worden ist, so tritt an die Stelle der Anschaffungs- oder Herstellungskosten der Wert, mit dem die Entnahme angesetzt worden ist, und an die Stelle des Zeitpunkts der Anschaffung oder Herstellung der Zeitpunkt der Entnahme.* *[...]*	²Ist die Einlage ein abnutzbares Wirtschaftsgut, so sind die Anschaffungs- oder Herstellungskosten um Absetzungen für Abnutzung zu kürzen, die auf den Zeitraum zwischen der Anschaffung oder Herstellung des Wirtschaftsguts und der Einlage entfallen. ³Ist die Einlage ein Wirtschaftsgut, das vor der Zuführung aus einem Betriebsvermögen des Steuerpflichtigen entnommen worden ist, so tritt an die Stelle der Anschaffungs- oder Herstellungskosten der Wert, mit dem die Entnahme angesetzt worden ist, und an die Stelle des Zeitpunkts der Anschaffung oder Herstellung der Zeitpunkt der Entnahme. 5a. ¹In den Fällen des § 4 Abs. 1 Satz 7 zweiter Halbsatz ist das Wirtschaftsgut mit dem gemeinen Wert anzusetzen. [...]
	§ 15 EStG n.F. (in Auszügen)
	Einkünfte aus Gewerbebetrieb [...] (1a)¹In den Fällen des § 4 Abs. 1 Satz 4 ist der Gewinn aus einer späteren Veräußerung der Anteile ungeachtet der Bestimmungen eines Abkommens zur Vermeidung der Doppelbesteuerung in der gleichen Art und Weise zu besteuern, wie die Veräußerung dieser Anteile an der Europäischen Gesellschaft oder Europäischen Genossenschaft zu besteuern gewesen wäre, wenn keine Sitzverlegung stattgefunden hätte. ²Dies gilt auch, wenn später die Anteile verdeckt in eine Kapitalgesellschaft eingelegt werden, die Europäische Gesellschaft oder Europäische Genossenschaft aufgelöst wird oder wenn ihr Kapital herabgesetzt und zurückgezahlt wird oder wenn Beträge aus dem steuerlichen Einlagenkonto im Sinne des § 27 des Körperschaftsteuergesetzes ausgeschüttet oder zurückgezahlt werden. [...]

§ 17 EStG a.F.	**§ 17 EStG n.F.**
Veräußerung von Anteilen an Kapitalgesellschaften	**Veräußerung von Anteilen an Kapitalgesellschaften**
(1) ¹Zu den Einkünften aus Gewerbebetrieb gehört auch der Gewinn aus der Veräußerung von Anteilen an einer Kapitalgesellschaft, wenn der Veräußerer innerhalb der letzten fünf Jahre am Kapital der Gesellschaft unmittelbar oder mittelbar zu mindestens 1 vom Hundert beteiligt war. ²Die verdeckte Einlage von Anteilen an einer Kapitalgesellschaft in eine Kapitalgesellschaft steht der Veräußerung der Anteile gleich. ³Anteile an einer Kapitalgesellschaft sind Aktien, Anteile an einer Gesellschaft mit beschränkter Haftung, Genussscheine oder ähnliche Beteiligungen und Anwartschaften auf solche Beteiligungen. ⁴Hat der Veräußerer den veräußerten Anteil innerhalb der letzten fünf Jahre vor der Veräußerung unentgeltlich erworben, so gilt Satz 1 entsprechend, wenn der Veräußerer zwar nicht selbst, aber der Rechtsvorgänger oder, sofern der Anteil nacheinander unentgeltlich übertragen worden ist, einer der Rechtsvorgänger innerhalb der letzten fünf Jahre im Sinne von Satz 1 beteiligt war.	(1) ¹Zu den Einkünften aus Gewerbebetrieb gehört auch der Gewinn aus der Veräußerung von Anteilen an einer Kapitalgesellschaft, wenn der Veräußerer innerhalb der letzten fünf Jahre am Kapital der Gesellschaft unmittelbar oder mittelbar zu mindestens 1 Prozent beteiligt war. ²Die verdeckte Einlage von Anteilen an einer Kapitalgesellschaft in eine Kapitalgesellschaft steht der Veräußerung der Anteile gleich. ³Anteile an einer Kapitalgesellschaft sind Aktien, Anteile an einer Gesellschaft mit beschränkter Haftung, Genussscheine oder ähnliche Beteiligungen und Anwartschaften auf solche Beteiligungen. ⁴Hat der Veräußerer den veräußerten Anteil innerhalb der letzten fünf Jahre vor der Veräußerung unentgeltlich erworben, so gilt Satz 1 entsprechend, wenn der Veräußerer zwar nicht selbst, aber der Rechtsvorgänger oder, sofern der Anteil nacheinander unentgeltlich übertragen worden ist, einer der Rechtsvorgänger innerhalb der letzten fünf Jahre im Sinne von Satz 1 beteiligt war.
(2) ¹Veräußerungsgewinn im Sinne des Absatzes 1 ist der Betrag, um den der Veräußerungspreis nach Abzug der Veräußerungskosten die Anschaffungskosten übersteigt. ²In den Fällen des Absatzes 1 Satz 2 tritt an die Stelle des Veräußerungspreises der Anteile ihr gemeiner Wert. ³Hat der Veräußerer den veräußerten Anteil unentgeltlich erworben, so sind als Anschaffungskosten des Anteils die Anschaffungskosten des Rechtsvorgängers maßgebend, der den Anteil zuletzt entgeltlich erworben hat. ⁴Ein Veräußerungsverlust ist nicht zu berücksichtigen, soweit er auf Anteile entfällt,	(2) ¹Veräußerungsgewinn im Sinne des Absatzes 1 ist der Betrag, um den der Veräußerungspreis nach Abzug der Veräußerungskosten die Anschaffungskosten übersteigt. ²In den Fällen des Absatzes 1 Satz 2 tritt an die Stelle des Veräußerungspreises der Anteile ihr gemeiner Wert. ³Weist der Veräußerer nach, dass ihm die Anteile bereits im Zeitpunkt der Begründung der unbeschränkten Steuerpflicht nach § 1 Abs. 1 zuzurechnen waren und dass der bis zu diesem Zeitpunkt entstandene Vermögenszuwachs auf Grund gesetzlicher Bestimmungen des Wegzugsstaats im Wegzugsstaat einer der Steuer nach § 6 des Außensteuergesetzes vergleichbaren Steuer unterlegen hat, tritt an die Stelle der Anschaffungskosten der Wert, den der Wegzugsstaat bei der Berechnung der Steuer nach § 6 des Außensteuergesetzes vergleichbaren Steuer angesetzt hat, höchstens jedoch der gemeine Wert. ⁴Satz 3 ist in den Fällen des § 6 Abs. 3 des Außensteuergesetzes nicht anzuwenden. ⁵Hat der Veräußerer den veräußerten Anteil unentgeltlich erworben, so sind als Anschaffungskosten des Anteils die Anschaffungskosten des Rechtsvorgängers maßgebend, der den Anteil zuletzt entgeltlich erworben hat. ⁶Ein Veräußerungsverlust ist nicht zu berücksichtigen, soweit er auf Anteile entfällt,

<table>
<tr><td>

a) die der Steuerpflichtige innerhalb der letzten fünf Jahre unentgeltlich erworben hatte. Dies gilt nicht, soweit der Rechtsvorgänger an Stelle des Steuerpflichtigen den Veräußerungsverlust hätte geltend machen können;

b) die entgeltlich erworben worden sind und nicht innerhalb der gesamten letzten fünf Jahre zu einer Beteiligung des Steuerpflichtigen im Sinne von Absatz 1 Satz 1 gehört haben. Dies gilt nicht für innerhalb der letzten fünf Jahre erworbene Anteile, deren Erwerb zur Begründung einer Beteiligung des Steuerpflichtigen im Sinne von Absatz 1 Satz 1 geführt hat oder die nach Begründung der Beteiligung im Sinne von Absatz 1 Satz 1 erworben worden sind.

(3) *[1]Der Veräußerungsgewinn wird zur Einkommensteuer nur herangezogen, soweit er den Teil von 9.060 Euro übersteigt, der dem veräußerten Anteil an der Kapitalgesellschaft entspricht. [2]Der Freibetrag ermäßigt sich um den Betrag, um den der Veräußerungsgewinn den Teil von 36.100 Euro übersteigt, der dem veräußerten Anteil an der Kapitalgesellschaft entspricht.*

(4) *[1]Die Absätze 1 bis 3 sind entsprechend anzuwenden, wenn eine Kapitalgesellschaft aufgelöst wird oder wenn ihr Kapital herabgesetzt und zurückgezahlt wird oder wenn Beträge aus dem steuerlichen Einlagekonto im Sinne des § 27 des Körperschaftsteuergesetzes ausgeschüttet oder zurückgezahlt werden. [2]In diesen Fällen ist als Veräußerungspreis der gemeine Wert des dem Steuerpflichtigen zugeteilten oder zurückgezahlten Vermögens der Kapitalgesellschaft anzusehen. [3]Satz 1 gilt nicht, soweit die Bezüge nach § 20 Abs. 1 Nr. 1 oder Nr. 2 zu den Einnahmen aus Kapitalvermögen gehören.*

</td><td>

a) die der Steuerpflichtige innerhalb der letzten fünf Jahre unentgeltlich erworben hatte. Dies gilt nicht, soweit der Rechtsvorgänger an Stelle des Steuerpflichtigen den Veräußerungsverlust hätte geltend machen können;

b) die entgeltlich erworben worden sind und nicht innerhalb der gesamten letzten fünf Jahre zu einer Beteiligung des Steuerpflichtigen im Sinne von Absatz 1 Satz 1 gehört haben. Dies gilt nicht für innerhalb der letzten fünf Jahre erworbene Anteile, deren Erwerb zur Begründung einer Beteiligung des Steuerpflichtigen im Sinne von Absatz 1 Satz 1 geführt hat oder die nach Begründung der Beteiligung im Sinne von Absatz 1 Satz 1 erworben worden sind.

(3) [1]Der Veräußerungsgewinn wird zur Einkommensteuer nur herangezogen, soweit er den Teil von 9.060 Euro übersteigt, der dem veräußerten Anteil an der Kapitalgesellschaft entspricht. [2]Der Freibetrag ermäßigt sich um den Betrag, um den der Veräußerungsgewinn den Teil von 36.100 Euro übersteigt, der dem veräußerten Anteil an der Kapitalgesellschaft entspricht.

(4) [1]Als Veräußerung im Sinne des Absatzes 1 gilt auch die Auflösung einer Kapitalgesellschaft, die Kapitalherabsetzung, wenn das Kapital zurückgezahlt wird, und die Ausschüttung oder Zurückzahlung von Beträgen aus dem steuerlichen Einlagenkonto im Sinne des § 27 des Körperschaftsteuergesetzes. [2]In diesen Fällen ist als Veräußerungspreis der gemeine Wert des dem Steuerpflichtigen zugeteilten oder zurückgezahlten Vermögens der Kapitalgesellschaft anzusehen. [3]Satz 1 gilt nicht, soweit die Bezüge nach § 20 Abs. 1 Nr. 1 oder Nr. 2 zu den Einnahmen aus Kapitalvermögen gehören.

</td></tr>
</table>

(5) ¹Die Beschränkung oder der Ausschluss des Besteuerungsrechts der Bundesrepublik Deutschland hinsichtlich des Gewinns aus der Veräußerung der Anteile an einer Kapitalgesellschaft im Fall der Verlegung des Sitzes oder des Orts der Geschäftsleitung der Kapitalgesellschaft in einen anderen Staat stehen der Veräußerung der Anteile zum gemeinen Wert gleich. ²Dies gilt nicht in den Fällen der Sitzverlegung einer Europäischen Gesellschaft nach Artikel 8 der Verordnung (EG) Nr. 2157/2001 und der Sitzverlegung einer anderen Kapitalgesellschaft in einen anderen Mitgliedstaat der Europäischen Union. ³In diesen Fällen ist der Gewinn aus einer späteren Veräußerung der Anteile ungeachtet der Bestimmungen eines Abkommens zur Vermeidung der Doppelbesteuerung in der gleichen Art und Weise zu besteuern, wie die Veräußerung dieser Anteile zu besteuern gewesen wäre, wenn keine Sitzverlegung stattgefunden hätte. ⁴§ 15 Abs. 1a Satz 2 ist entsprechend anzuwenden.

(6) Als Anteile im Sinne des Absatzes 1 Satz 1 gelten auch Anteile an Kapitalgesellschaften, an denen der Veräußerer innerhalb der letzten fünf Jahre am Kapital der Gesellschaft nicht unmittelbar oder mittelbar zu mindestens 1 Prozent beteiligt war, wenn

1. die Anteile auf Grund eines Einbringungsvorgangs im Sinne des Umwandlungssteuergesetzes, bei dem nicht der gemeine Wert zum Ansatz kam, erworben wurden und

2. zum Einbringungszeitpunkt für die eingebrachten Anteile die Voraussetzungen von Absatz 1 Satz 1 erfüllt waren oder die Anteile auf einer Sacheinlage im Sinne von § 20 Abs. 1 des Umwandlungssteuergesetzes vom 7. Dezember 2006 (BGBl. I S. 2782, 2791) in der jeweils geltenden Fassung beruhen.

(7) Als Anteile im Sinne des Absatzes 1 Satz 1 gelten auch Anteile an einer Genossenschaft einschließlich der Europäischen Genossenschaft.

§ 12 KStG a.F.	§ 12 KStG n.F.
Verlegung der Geschäftsleitung ins Ausland	**Verlust oder Beschränkung des Besteuerungsrechts der Bundesrepublik Deutschland**
(1) ¹Verlegt eine unbeschränkt steuerpflichtige Körperschaft oder Vermögensmasse ihre Geschäftsleitung und ihren Sitz oder eines von beiden ins Ausland und scheidet sie dadurch aus der unbeschränkten Steuerpflicht aus, so ist § 11 entsprechend anzuwenden. ²An die Stelle des zur Verteilung kommenden Vermögens tritt der gemeine Wert des vorhandenen Vermögens. ³Verlegt eine unbeschränkt steuerpflichtige Personenvereinigung ihre Geschäftsleitung ins Ausland, so gelten die Sätze 1 und 2 entsprechend.	(1) Wird bei der Körperschaft, Personenvereinigung oder Vermögensmasse das Besteuerungsrecht der Bundesrepublik Deutschland hinsichtlich des Gewinns aus der Veräußerung oder der Nutzung eines Wirtschaftsguts ausgeschlossen oder beschränkt, gilt dies als Veräußerung oder Überlassung des Wirtschaftsguts zum gemeinen Wert; § 4 Abs. 1 Satz 4, § 15 Abs. 1a des Einkommensteuergesetzes gelten entsprechend.
(2) ¹Absatz 1 gilt entsprechend, wenn die inländische Betriebsstätte einer beschränkt steuerpflichtigen Körperschaft, Personenvereinigung oder Vermögensmasse aufgelöst oder ins Ausland verlegt wird. ²Satz 1 gilt auch, wenn das Vermögen der Betriebsstätte als Ganzes auf einen anderen übertragen wird, es sei denn, die Übertragung zu Buchwerten durch einen Vorgang, der einer Verschmelzung auf eine andere Körperschaft im Sinne des § 2 des Umwandlungsgesetzes vergleichbar ist und das Besteuerungsrecht der Bundesrepublik Deutschland geht nicht verloren. ³Unberührt bleiben die Regelungen des Umwandlungssteuergesetzes.	(2) ¹Wird das Vermögen einer beschränkt steuerpflichtigen Körperschaft, Personenvereinigung oder Vermögensmasse als Ganzes auf eine andere Körperschaft desselben ausländischen Staates durch einen Vorgang übertragen, der einer Verschmelzung im Sinne des § 2 des Umwandlungsgesetzes vom 28. Oktober 1994 (BGBl. I S. 3210, 1995 I S. 428), das zuletzt durch Artikel 10 des Gesetzes vom 9. Dezember 2004 (BGBl. I S. 3214) geändert worden ist, in der jeweils geltenden Fassung vergleichbar ist, sind die übergehenden Wirtschaftsgüter abweichend von Absatz 1 mit dem Buchwert anzusetzen, soweit 1. sichergestellt ist, dass sie später bei der übernehmenden Körperschaft der Besteuerung mit Körperschaftsteuer unterliegen, 2. das Recht der Bundesrepublik Deutschland hinsichtlich der Besteuerung der übertragenen Wirtschaftgüter bei der übernehmenden Körperschaft nicht beschränkt wird, 3. eine Gegenleistung nicht gewährt wird oder in Gesellschaftsrechten besteht und 4. wenn der übernehmende und der übertragende Rechtsträger nicht die Voraussetzungen des § 1 Abs. 2 Satz 1 und 2 des Umwandlungssteuergesetzes vom 7. Dezember 2006 (BGBl. I S. 2782, 2791) in der jeweils geltenden Fassung erfüllen. ²Wird das Vermögen einer Körperschaft durch einen Vorgang im Sinne des Satzes 1 auf eine andere Körperschaft übertragen, gilt § 13 des Umwandlungssteuergesetzes für die Besteuerung der Anteilseigner der übertragenden Körperschaft entsprechend.

	(3) ¹Verlegt eine Körperschaft, Vermögensmasse oder Personenvereinigung ihre Geschäftsleitung oder ihren Sitz und scheidet sie dadurch aus der unbeschränkten Steuerpflicht in einem Mitgliedstaat der Europäischen Union oder einem Staat aus, auf den das Abkommen über den Europäischen Wirtschaftsraum Anwendung findet, gilt sie als aufgelöst, und § 11 ist entsprechend anzuwenden. ²Gleiches gilt, wenn die Körperschaft, Vermögensmasse oder Personenvereinigung auf Grund eines Abkommens zur Vermeidung der Doppelbesteuerung infolge der Verlegung ihres Sitzes oder ihrer Geschäftsleitung als außerhalb des Hoheitsgebietes der in Satz 1 genannten Staaten ansässig anzusehen ist. ³An die Stelle des zur Verteilung kommenden Vermögens tritt der gemeine Wert des vorhandenen Vermögens.
§ 6 AStG a.F.	**§ 6 AStG n.F.**
Besteuerung des Vermögenszuwachses	**Besteuerung des Vermögenszuwachses**
(1) ¹*Bei einer natürlichen Person, die insgesamt mindestens zehn Jahre nach § 1 Abs. 1 des Einkommensteuergesetzes unbeschränkt einkommensteuerpflichtig war und deren unbeschränkte Steuerpflicht durch Aufgabe des Wohnsitzes oder gewöhnlichen Aufenthaltes endet, ist auf Anteile an einer inländischen Kapitalgesellschaft § 17 des Einkommensteuergesetzes im Zeitpunkt der Beendigung der unbeschränkten Steuerpflicht auch ohne Veräußerung anzuwenden, wenn im übrigen für die Anteile zu diesem Zeitpunkt die Voraussetzungen dieser Vorschrift erfüllt sind. ²Bei Anteilen, für die die Person nachweist, dass sie ihr bereits im Zeitpunkt der erstmaligen Begründung der unbeschränkten Steuerpflicht gehört haben, ist als Anschaffungskosten der gemeine Wert der Anteile in diesem Zeitpunkt anzusetzen. ³An Stelle des Veräußerungspreises (§ 17 Abs. 2 des Einkommensteuergesetzes) tritt der gemeine Wert der Anteile im Zeitpunkt der Beendigung der unbeschränkten Steuerpflicht. ⁴§ 17 und § 49 Abs. 1 Nr. 2 Buchstabe e) des Einkommensteuergesetzes bleiben mit der Maßgabe unberührt, dass der nach diesen Vorschriften anzusetzende Gewinn aus der Veräußerung von Anteilen um den nach den vorstehenden Vorschriften besteuerten Vermögenszuwachs zu kürzen ist.*	(1) ¹Bei einer natürlichen Person, die insgesamt mindestens zehn Jahre nach § 1 Abs. 1 des Einkommensteuergesetzes unbeschränkt steuerpflichtig war und deren unbeschränkte Steuerpflicht durch Aufgabe des Wohnsitzes oder gewöhnlichen Aufenthaltes endet, ist auf Anteile im Sinne des § 17 Abs. 1 Satz 1 des Einkommensteuergesetzes im Zeitpunkt der Beendigung der unbeschränkten Steuerpflicht § 17 des Einkommensteuergesetzes auch ohne Veräußerung anzuwenden, wenn im Übrigen für die Anteile zu diesem Zeitpunkt die Voraussetzungen dieser Vorschrift erfüllt sind. ²Der Beendigung der unbeschränkten Steuerpflicht im Sinne des Satzes 1 stehen gleich 1. die Übertragung der Anteile durch ganz oder teilweise unentgeltliches Rechtsgeschäft unter Lebenden oder durch Erwerb von Todes wegen auf nicht unbeschränkt steuerpflichtige Personen, oder 2. die Begründung eines Wohnsitzes oder gewöhnlichen Aufenthalts oder die Erfüllung eines anderen ähnlichen Merkmals in einem ausländischen Staat, wenn der Steuerpflichtige auf Grund dessen nach einem Abkommen zur Vermeidung der Doppelbesteuerung als in diesem Staat ansässig anzusehen ist, oder 3. die Einlage der Anteile in einen Betrieb oder eine Betriebsstätte des Steuerpflichtigen in einem ausländischen Staat, oder 4. der Ausschluss oder die Beschränkung des Besteuerungsrechts der Bundesrepublik Deutschland hinsichtlich des Gewinns aus der Veräußerung der Anteile auf Grund anderer als der in Satz 1 oder der in den Nummern 1 bis 3 genannten Ereignisse.

(2) ¹Hat der unbeschränkt Steuerpflichtige die Anteile durch ganz oder teilweise unentgeltliches Rechtsgeschäft erworben, so sind für die Errechnung der nach Absatz 1 maßgebenden Dauer der unbeschränkten Steuerpflicht auch Zeiträume einzubeziehen, in denen der Rechtsvorgänger bis zur Übertragung der Anteile unbeschränkt steuerpflichtig war. ²Sind die Anteile mehrmals nacheinander in dieser Weise übertragen worden, so gilt Satz 1 für jeden der Rechtsvorgänger entsprechend. ³Zeiträume, in denen die Person oder ein oder mehrere Rechtsvorgänger gleichzeitig unbeschränkt steuerpflichtig waren, werden dabei nur einmal angesetzt.

(3) Der Beendigung der unbeschränkten Steuerpflicht im Sinne des Absatzes 1 Satz 1 steht gleich

1. *die Übertragung der Anteile durch ganz oder teilweise unentgeltliches Rechtsgeschäft unter Lebenden auf nicht unbeschränkt steuerpflichtige Personen; die Steuer wird auf Antrag ermäßigt oder erlassen, wenn für die Übertragung der Anteile Erbschaftsteuer zu entrichten ist; oder*
2. *die Begründung eines Wohnsitzes oder gewöhnlichen Aufenthaltes oder die Erfüllung eines anderen ähnlichen Merkmals in einem ausländischen Staat, wenn die Person auf Grund dessen nach einem Abkommen zur Vermeidung der Doppelbesteuerung als in diesem Staat ansässig anzusehen ist, oder*
3. *die Einlage der Anteile in einen Betrieb oder eine Betriebsstätte der Person in einem ausländischen Staat, wenn das Besteuerungsrecht der Bundesrepublik Deutschland hinsichtlich des Gewinns aus der Veräußerung der Anteile durch ein Abkommen zur Vermeidung der Doppelbesteuerung ausgeschlossen wird, oder*
4. *¹der Tausch der Anteile gegen Anteile an einer ausländischen Kapitalgesellschaft. ²Die Anwendung der Regelungen des Umwandlungssteuergesetzes bleibt unberührt.*

³§ 17 Abs. 5 des Einkommensteuergesetzes und die Vorschriften des Umwandlungssteuergesetzes bleiben unberührt. An Stelle des Veräußerungspreises (§ 17 Abs. 2 des Einkommensteuergesetzes) tritt der gemeine Wert der Anteile in dem nach Satz 1 oder 2 maßgebenden Zeitpunkt. ⁴Die §§ 17 und 49 Abs. 1 Nr. 2 Buchstabe e des Einkommensteuergesetzes bleiben mit der Maßgabe unberührt, dass der nach diesen Vorschriften anzusetzende Gewinn aus der Veräußerung dieser Anteile um den nach den vorstehenden Vorschriften besteuerten Vermögenszuwachs zu kürzen ist.

(2) ¹Hat der unbeschränkt Steuerpflichtige die Anteile durch ganz oder teilweise unentgeltliches Rechtsgeschäft erworben, so sind für die Errechnung der nach Absatz 1 maßgebenden Dauer der unbeschränkten Steuerpflicht auch Zeiträume einzubeziehen, in denen der Rechtsvorgänger bis zur Übertragung der Anteile unbeschränkt steuerpflichtig war. ²Sind die Anteile mehrmals nacheinander in dieser Weise übertragen worden, so gilt Satz 1 für jeden der Rechtsvorgänger entsprechend. Zeiträume, in denen der Steuerpflichtige oder ein oder mehrere Rechtsvorgänger gleichzeitig unbeschränkt steuerpflichtig waren, werden dabei nur einmal angesetzt.

(3) ¹Beruht die Beendigung der unbeschränkten Steuerpflicht auf vorübergehender Abwesenheit und wird der Steuerpflichtige innerhalb von fünf Jahren seit Beendigung der unbeschränkten Steuerpflicht wieder unbeschränkt steuerpflichtig, so entfällt der Steueranspruch nach Absatz 1, soweit die Anteile in der Zwischenzeit nicht veräußert und die Tatbestände des Absatzes 1 Satz 2 Nr. 1 oder 3 nicht erfüllt worden sind und der Steuerpflichtige im Zeitpunkt der Begründung der unbeschränkten Steuerpflicht nicht nach einem Abkommen zur Vermeidung der Doppelbesteuerung als in einem ausländischen Staat ansässig gilt. ²Das Finanzamt, das in dem nach Absatz 1 Satz 1 oder 2 maßgebenden Zeitpunkt nach § 19 der Abgabenordnung zuständig ist, kann diese Frist um höchstens fünf Jahre verlängern, wenn der Steuerpflichtige glaubhaft macht, dass berufliche Gründe für seine Abwesenheit maßgebend sind und seine Absicht zur Rückkehr unverändert fortbesteht. ³Wird im Fall des Erwerbs von Todes wegen nach Absatz 1 Satz 2 Nr. 1 der Rechtsnachfolger des Steuerpflichtigen innerhalb von fünf Jahren seit Entstehung des Steueranspruchs nach Absatz 1 unbeschränkt steuerpflichtig, gilt Satz 1 entsprechend. ⁴Ist der Steueranspruch nach Absatz 5 gestundet, gilt Satz 1 ohne die darin genannte zeitliche Begrenzung entsprechend, wenn

(4) Beruht die Beendigung der unbeschränkten Steuerpflicht auf vorübergehender Abwesenheit und wird der Steuerpflichtige innerhalb von fünf Jahren seit Beendigung der unbeschränkten Steuerpflicht wieder unbeschränkt einkommensteuerpflichtig, so entfällt der Steueranspruch nach Absatz 1, soweit die Anteile in der Zwischenzeit nicht veräußert oder die Tatbestände des Absatzes 3 Nr. 1, 3 und 4 erfüllt worden sind; das Finanzamt kann diese Frist um höchstens fünf Jahre verlängern, wenn der Steuerpflichtige glaubhaft macht, dass berufliche Gründe für seine Abwesenheit maßgebend sind und seine Absicht zur Rückkehr unverändert fortbesteht.

(5) ¹Die nach Absatz 1 geschuldete Einkommensteuer ist auf Antrag in regelmäßigen Teilbeträgen für einen Zeitraum von höchstens fünf Jahren seit Eintritt der ersten Fälligkeit gegen Sicherheitsleistung zu stunden, wenn ihre alsbaldige Einziehung mit erheblichen Härten für den Steuerpflichtigen verbunden wäre. ²Bei einer Veräußerung von Anteilen während des Stundungszeitraumes ist die Stundung entsprechend zu berichtigen. ³In Fällen des Absatzes 4 richtet sich der Stundungszeitraum nach der auf Grund dieser Vorschrift eingeräumten Frist; die Erhebung von Teilbeträgen entfällt; von der Sicherheitsleistung kann nur abgesehen werden, wenn der Steueranspruch nicht gefährdet erscheint.

1. der Steuerpflichtige oder im Fall des Absatzes 1 Satz 2 Nr. 1 sein Rechtsnachfolger unbeschränkt steuerpflichtig werden oder

2. das Besteuerungsrecht der Bundesrepublik Deutschland hinsichtlich des Gewinns aus der Veräußerung der Anteile auf Grund eines anderen Ereignisses wieder begründet wird oder nicht mehr beschränkt ist.

(4) ¹Vorbehaltlich des Absatzes 5 ist die nach Absatz 1 geschuldete Einkommensteuer auf Antrag in regelmäßigen Teilbeträgen für einen Zeitraum von höchstens fünf Jahren seit Eintritt der ersten Fälligkeit gegen Sicherheitsleistung zu stunden, wenn ihre alsbaldige Einziehung mit erheblichen Härten für den Steuerpflichtigen verbunden wäre. ²Die Stundung ist zu widerrufen, soweit die Anteile während des Stundungszeitraums veräußert werden oder verdeckt in eine Gesellschaft im Sinne des § 17 Abs. 1 Satz 1 des Einkommensteuergesetzes eingelegt werden oder einer der Tatbestände des § 17 Abs. 4 des Einkommensteuergesetzes verwirklicht wird. ³In Fällen des Absatzes 3 Satz 1 und 2 richtet sich der Stundungszeitraum nach der auf Grund dieser Vorschrift eingeräumten Frist; die Erhebung von Teilbeträgen entfällt; von der Sicherheitsleistung kann nur abgesehen werden, wenn der Steueranspruch nicht gefährdet erscheint.

(5) ¹Ist der Steuerpflichtige im Fall des Absatzes 1 Satz 1 Staatsangehöriger eines Mitgliedstaats der Europäischen Union oder eines anderen Staats, auf den das Abkommen über den Europäischen Wirtschaftsraum anwendbar ist (Vertragsstaat des EWR-Abkommens), und unterliegt er nach der Beendigung der unbeschränkten Steuerpflicht in einem dieser Staaten (Zuzugsstaat) einer der deutschen unbeschränkten Einkommensteuerpflicht vergleichbaren Steuerpflicht, so ist die nach Absatz 1 geschuldete Steuer zinslos und ohne Sicherheitsleistung zu stunden. ²Voraussetzung ist, dass die Amtshilfe und die gegenseitige Unterstützung bei der Beitreibung der geschuldeten Steuer zwischen der Bundesrepublik Deutschland und diesem Staat gewährleistet sind. ³Die Sätze 1 und 2 gelten entsprechend, wenn

1. im Fall des Absatzes 1 Satz 2 Nr. 1 der Rechtsnachfolger des Steuerpflichtigen einer der deutschen unbeschränkten Einkommensteuerpflicht vergleichbaren Steuerpflicht in einem Mitgliedstaat der Europäischen Union oder einem Vertragsstaat des EWR-Abkommens unterliegt oder

2. im Fall des Absatzes 1 Satz 2 Nr. 2 der Steuerpflichtige einer der deutschen unbeschränkten Einkommensteuerpflicht vergleichbaren Steuerpflicht in einem Mitgliedstaat der Europäischen Union oder einem Vertragsstaat des EWR-Abkommens unterliegt und Staatsangehöriger eines dieser Staaten ist oder

3. im Fall des Absatzes 1 Satz 2 Nr. 3 der Steuerpflichtige die Anteile in einen Betrieb oder eine Betriebsstätte in einem anderen Mitgliedstaat der Europäischen Union oder einem anderen Vertragsstaat des EWR-Abkommens einlegt.

⁴Die Stundung ist zu widerrufen,

1. soweit der Steuerpflichtige oder sein Rechtsnachfolger im Sinne des Satzes 3 Nr. 1 Anteile veräußert oder verdeckt in eine Gesellschaft im Sinne des § 17 Abs. 1 Satz 1 des Einkommensteuergesetzes einlegt oder einer der Tatbestände des § 17 Abs. 4 des Einkommensteuergesetzes erfüllt wird;

2. soweit Anteile auf eine nicht unbeschränkt steuerpflichtige Person übergehen, die nicht in einem Mitgliedstaat der Europäischen Union oder einem Vertragsstaat des EWR-Abkommens einer der deutschen unbeschränkten Einkommensteuerpflicht vergleichbaren Steuerpflicht unterliegt;

3. soweit in Bezug auf die Anteile eine Entnahme oder ein anderer Vorgang verwirklicht wird, der nach inländischem Recht zum Ansatz des Teilwerts oder des gemeinen Werts führt;

4. wenn für den Steuerpflichtigen oder seinen Rechtsnachfolger im Sinne des Satzes 3 Nr. 1 durch Aufgabe des Wohnsitzes oder gewöhnlichen Aufenthalts keine Steuerpflicht nach Satz 1 mehr besteht.

⁵Ein Umwandlungsvorgang, auf den die §§ 11, 15 oder 21 des Umwandlungssteuergesetzes vom 7. Dezember 2006 (BGBl. I S. 2782, 2791) in der jeweils geltenden Fassung anzuwenden sind, gilt auf Antrag nicht als Veräußerung im Sinne des Satzes 4 Nr. 1, wenn die erhaltenen Anteile bei einem unbeschränkt steuerpflichtigen Anteilseigner, der die Anteile nicht in einem Betriebsvermögen hält, nach § 13 Abs. 2, § 21 Abs. 2 des Umwandlungssteuergesetzes mit den Anschaffungskosten der bisherigen Anteile angesetzt werden könnten; für Zwecke der Anwendung des Satzes 4 und der Absätze 3, 6 und 7 treten insoweit die erhaltenen Anteile an die Stelle der Anteile im Sinne des Absatzes 1. ⁶Ist im Fall des Satzes 1 oder Satzes 3 der Gesamtbetrag der Einkünfte ohne Einbeziehung des Vermögenszuwachses nach Absatz 1 negativ, ist dieser Vermögenszuwachs bei Anwendung des § 10d des Einkommensteuergesetzes nicht zu berücksichtigen. ⁷Soweit ein Ereignis im Sinne des Satzes 4 eintritt, ist der Vermögenszuwachs rückwirkend bei der Anwendung des § 10d des Einkommensteuergesetzes zu berücksichtigen und in Anwendung des Satzes 6 ergangene oder geänderte Feststellungsbescheide oder Steuerbescheide sind aufzuheben oder zu ändern; § 175 Abs. 1 Satz 2 der Abgabenordnung gilt entsprechend.

(6) ¹Ist im Fall des Absatzes 5 Satz 4 Nr. 1 der Veräußerungsgewinn im Sinne des § 17 Abs. 2 des Einkommensteuergesetzes im Zeitpunkt der Beendigung der Stundung niedriger als der Vermögenszuwachs nach Absatz 1 und wird die Wertminderung bei der Einkommensbesteuerung durch den Zuzugsstaat nicht berücksichtigt, so ist der Steuerbescheid insoweit aufzuheben oder zu ändern; § 175 Abs. 1 Satz 2 der Abgabenordnung gilt entsprechend. ²Dies gilt nur, soweit der Steuerpflichtige nachweist, dass die Wertminderung betrieblich veranlasst ist und nicht auf eine gesellschaftsrechtliche Maßnahme, insbesondere eine Gewinnausschüttung, zurückzuführen ist. ³Die Wertminderung ist höchstens im Umfang des Vermögenszuwachses nach Absatz 1 zu berücksichtigen. ⁴Ist die Wertminderung auf eine Gewinnausschüttung zurückzuführen und wird sie bei der Einkommensbesteuerung nicht berücksichtigt, ist die auf diese Gewinnausschüttung erhobene und keinem Ermäßigungsanspruch mehr unterliegende inländische Kapitalertragsteuer auf die nach Absatz 1 geschuldete Steuer anzurechnen.

	(7) ¹Der Steuerpflichtige oder sein Gesamtrechtsnachfolger hat dem Finanzamt, das in dem in Absatz 1 genannten Zeitpunkt nach § 19 der Abgabenordnung zuständig ist, nach amtlich vorgeschriebenem Vordruck die Verwirklichung eines der Tatbestände des Absatzes 5 Satz 4 mitzuteilen. ²Die Mitteilung ist innerhalb eines Monats nach dem meldepflichtigen Ereignis zu erstatten; sie ist vom Steuerpflichtigen eigenhändig zu unterschreiben. ³In den Fällen des Absatzes 5 Satz 4 Nr. 1 und 2 ist der Mitteilung ein schriftlicher Nachweis über das Rechtsgeschäft beizufügen. ⁴Der Steuerpflichtige hat dem nach Satz 1 zuständigen Finanzamt jährlich bis zum Ablauf des 31. Januar schriftlich seine am 31. Dezember des vorangegangenen Kalenderjahres geltende Anschrift mitzuteilen und zu bestätigen, dass die Anteile ihm oder im Fall der unentgeltlichen Rechtsnachfolge unter Lebenden seinem Rechtsnachfolger weiterhin zuzurechnen sind. ⁵Die Stundung nach Absatz 5 Satz 1 kann widerrufen werden, wenn der Steuerpflichtige seine Mitwirkungspflicht nach Satz 4 nicht erfüllt.

Kommentierung

1. Entstrickung im Betriebsvermögen

a) Entstrickung bei natürlichen Personen und Personengesellschaften

aa) Entstrickung dem Grunde nach (§ 4 Abs. 1 Satz 3 EStG)

(1) Grundsatz der Neuregelung

Nach § 4 Abs. 1 Satz 3 EStG steht der Ausschluss oder die Beschränkung des deutschen Besteuerungsrechts hinsichtlich des Gewinns aus der Veräußerung oder Nutzung eines Wirtschaftsgutes einer Entnahme für betriebsfremde Zwecke gleich.

Damit schafft der Gesetzgeber neben der auf dem Wechsel von Wirtschaftsgütern zwischen der betrieblichen und privaten Sphäre beruhenden Entnahme (sog. **„Regel-Entnahme" i.S.v. § 4 Abs. 1 Satz 2 EStG**) eine weitere Art der Entnahme, die auf dem Wechsel zwischen unbeschränktem und beschränktem Besteuerungsrecht Deutschlands innerhalb der betrieblichen Sphäre beruht (sog. **„Entstrickungs-Entnahme" i.S.v. § 4 Abs. 1 Satz 3 EStG**).[1] Neben der Entstrickungs-Entnahme bei der Überführung eines Wirtschaftsgutes fingiert der Gesetzgeber eine Entstrickungs-Entnahme i.H.d. Gewinns aus der (entgangenen) Nutzung eines Wirtschaftsgutes durch das Stammhaus bzw. der durch das Stammhaus erbrachten Leistungen. Hierdurch sollen Gestaltungen vermieden werden, bei denen Steuerpflichtige die Wirtschaftsgüter nicht „endgültig" in eine ausländische Betriebsstätte überführen, sondern diese nur für einen vorübergehenden Zeitraum überlassen bzw. andere Leistungen erbringen.

Körperschaften haben keine Privatsphäre. Vor diesem Hintergrund konnte der Gesetzgeber für Körperschaften nicht auf das Konzept der Entstrickungs-Entnahme zurückgreifen. Anstelle einer Entstrickungs-Entnahme wird deshalb eine **Veräußerung oder Überlassung** des betroffenen Wirtschaftsgutes **zum gemeinen Wert** fingiert (**§ 12 Abs. 1 KStG**).[2]

Eine steuerschädliche Überführung i.S.v. § 4 Abs. 1 Satz 3 EStG liegt nunmehr auch bei einer Überführung bzw. Nutzungsüberlassung eines Wirtschaftsgutes in bzw. an eine ausländische Betriebsstätte vor, für deren Einkünfte nach dem entsprechenden Doppelbesteuerungsabkommen die Anrechnungsmethode anzuwenden ist (sog. **„Anrechnungs-Betriebsstätte"**). Diese Neuregelung geht entgegen der Aussage in der Gesetzesbegründung v. 25.09.2006[3] weit über den bisherigen Regelungsumfang hinaus.[4] Nach Auffassung der Finanzverwaltung führte bisher lediglich die Überführung von Wirtschaftsgütern aus dem Inland in eine ausländische Betriebsstätte, deren Einkünfte durch ein Doppelbesteuerungsabkommen freigestellt sind (sog. **"Freistellungs-Betriebsstätte"**), zu einer Entstrickung der stillen Reserven.[5]

Hinsichtlich der Auslegung des Betriebsstättenbegriffs ist aufgrund der Anknüpfung in § 4 Abs. 1 Satz 3 EStG an den Ausschluss oder die Beschränkung des deutschen Besteuerungsrechts vorrangig auf die abkommensrechtliche Definition der Betriebsstätte (entsprechend Art. 5 OECD-MA) abzustellen. Bei **Übertragung auf eine ausländische Personengesellschaft** handelt es sich indes nach Auffassung des Gesetzgebers trotz deren abkommensrecht-

---

1) Vgl. zu einer ähnlichen Einteilung *Hruschka*, StuB 2006 S. 584 (585).
2) Siehe hierzu Gliederungspunkt H.I.1. b) aa).
3) BT-Drs. 16/2710 S. 28.
4) Vgl. *Rödder/Schumacher*, DStR 2006 S. 1481 (1483); *Stadler/Elser*, BB Special 8/2006 S. 18 (19).
5) Vgl. BMF, Schreiben v. 24.12.1999, IV B 4 - S 1300 - 111/99, BStBl. I 1999 S. 1076 (Betriebsstätten-Verwaltungsgrundsätze) Rz. 2.6.1.

licher Einordnung als Betriebsstätte wohl um eine Regel-Entnahme i.S.v. § 4 Abs. 1 Satz 2 EStG, da die Wirtschaftsgüter auf ein eigenes Rechtssubjekt übertragen werden.[6]

(2) Unterschied zwischen Entstrickungs-Entnahme und Regel-Entnahme

Die **Entstrickungs-Entnahme** i.S.v. **§ 4 Abs. 1 Satz 3 EStG** unterscheidet sich von der Regel-Entnahme i.S.v. § 4 Abs. 1 Satz 2 EStG dadurch, dass mit der Entstrickungs-Entnahme keine Reduzierung des Betriebsvermögens des Steuerpflichtigen durch die Überführung eines Wirtschaftsgutes bzw. die Nutzungsüberlassung des Wirtschaftsgutes einhergeht. Das Betriebsvermögen des Steuerpflichtigen umfasst auch die der ausländischen Betriebsstätte zuzuordnenden Wirtschaftsgüter.[7] Auch Nutzungsüberlassungen von Wirtschaftsgütern zwischen Stammhaus und Betriebsstätte haben keine handels- und steuerbilanzielle Auswirkung.[8] Das Wirtschaftsgut wird bei Überführung wie auch bei Nutzungsüberlassung weiterhin handels- und steuerbilanziell in der Bilanz des Steuerpflichtigen erfasst.

Die Entstrickungs-Entnahme i.S.v. § 4 Abs. 1 Satz 3 EStG führt zu einer Aufdeckung sämtlicher stillen Reserven im Rahmen der 1. Stufe der Gewinnermittlung.[9] Die übertragenen Wirtschaftsgüter bzw. die Nutzungsüberlassung sind ausschließlich steuerlich mit dem **gemeinen Wert** zu bewerten. Im Fall der Regel-Entnahme i.S.v. § 4 Abs. 1 Satz 2 EStG kommt es hingegen zu einer Reduzierung des Betriebsvermögens, die im Rahmen der 2. Stufe der Gewinnermittlung korrigiert wird. Die Entstrickungs-Entnahme i.S.v. § 4 Abs. 1 Satz 3 EStG führt somit ohne eine Verringerung des Betriebsvermögens zu einer Aufdeckung von stillen Reserven im Rahmen der 1. Stufe der Gewinnermittlung. Hingegen ist der Zweck der Regel-Entnahme i.S.v. § 4 Abs. 1 Satz 2 EStG, die ansonsten steuerwirksame Reduzierung des Betriebsvermögens im Rahmen der steuerlichen Einkommensermittlung (2. Stufe der Gewinnermittlung) zu berichtigen.

Durch eine rein steuerliche **Entstrickungs-Entnahme i.S.v. § 4 Abs. 1 Satz 3 EStG** entsteht eine Abweichung zwischen Handels- und Steuerbilanz, die sich in zukünftigen Perioden durch die Abschreibung bzw. bei Veräußerung wieder ausgleicht. In diesen Fällen dürfte ein **Ansatz von aktiven latenten Steuern gem. § 274 Abs. 2 HGB** im Einzelabschluss in Frage kommen, da der nach steuerlichen Vorschriften zu versteuernde Gewinn im Jahr der Entstrickungs-Entnahme höher als das handelsrechtliche Ergebnis ist und sich diese Differenz in späteren Geschäftsjahren ausgleicht. Dies gilt jedoch nur insoweit, als der ausländische Staat bei der Besteuerung das Wirtschaftsgut mit einem höheren als dem handelsbilanziellen Wert ansetzt.[10]

Eine **Personengesellschaft** ist selbst Subjekt der Gewinnerzielung, Gewinnermittlung und Einkünftequalifikation, während der einzelne Gesellschafter mit den ihm zuzurechnenden Einkünften aus der Personengesellschaft der Einkommen- oder Körperschaftsteuer unterliegt.[11] Das Betriebsvermögen der Personengesellschaft besteht aus dem Gesamthandsvermögen

---

6) Der Gesetzesbegründung zu § 4g EStG ist deshalb zu entnehmen, dass § 4g EStG u.a. keine Anwendung bei der Überführung von Wirtschaftsgütern auf eine ausländische Personengesellschaft findet; siehe hierzu Gesetzesbegründung v. 09.11.2006, BT-Drs. 16/3369 S. 11.
7) Dies gilt nicht bei der Übertragung in das Gesamthandsvermögen einer Personengesellschaft, die abkommensrechtlich eine Betriebsstätte darstellt; siehe hierzu Fußnote 6.
8) So auch *Kessler/Winterhalter/Huck*, DStR 2007 S. 133 (134).
9) Die steuerlichen Gewinnrücklagen sind entsprechend zu erhöhen. Insbes. bei der Verwendung des steuerlichen Einlagekontos im Rahmen von Umwandlungen gilt es, die entsprechenden Auswirkungen zu beachten.
10) Bei einer Anrechnungs-Betriebsstätte bedarf dies einer Analyse des Einzelfalls, ob durch die fehlende Aufstockung im Ausland tatsächlich ein Anrechnungsüberhang entsteht und sich diese Differenz zwischen Handels- und Steuerbilanz in späteren Jahren tatsächlich nicht ausgleicht.
11) Vgl. *Wacker*, in: Schmidt, EStG, § 15 EStG Rz. 164 f. m.w.N. (25. Auflage).

und dem Sonderbetriebsvermögen.[12] Überführt eine Personengesellschaft Wirtschaftsgüter des Gesamthandsvermögens in eine ausländische Betriebsstätte, führt dies zu einer Entstrickungs-Entnahme i.S.v. § 4 Abs. 1 Satz 3 EStG in der Gesamthandsbilanz, unabhängig davon, ob der einzelne Gesellschafter einkommen- oder körperschaftsteuerpflichtig ist. Das vorstehend Gesagte gilt auch für das Sonderbetriebsvermögen, da dieses, obwohl es zivilrechtlich im Alleineigentum des Gesellschafters steht, steuerrechtliches Betriebsvermögen der Personengesellschaft darstellt. Die Entstrickungs-Entnahme i.S.v. § 4 Abs. 1 Satz 3 EStG ist im Fall der Überführung bzw. Nutzungsüberlassung von Wirtschaftsgütern des Sonderbetriebsvermögens in der Sonderbilanz des Gesellschafters abzubilden.

(3) Erfüllung des Tatbestandsmerkmals „Beschränkung des deutschen Besteuerungsrechts" i.S.d. § 4 Abs. 1 Satz 3 EStG

Nach der Entstrickungsvorschrift des § 4 Abs. 1 Satz 3 EStG führt nicht nur die Überführung bzw. Nutzungsüberlassung eines Wirtschaftsgutes in bzw. an eine ausländische Betriebsstätte, deren Einkünfte durch ein Doppelbesteuerungsabkommen freigestellt sind („Freistellungs-Betriebsstätte"), zu einer Entstrickung der in den Wirtschaftsgütern enthaltenen stillen Reserven bzw. einer fingierten Entnahme in Höhe des Gewinns aus der Nutzung des Wirtschaftsgutes. Der Gesetzgeber sieht auch in der Überführung bzw. Nutzungsüberlassung in bzw. an eine ausländische Betriebsstätte, für deren Einkünfte das jeweilige Doppelbesteuerungsabkommen die Anrechnungsmethode vorsieht („Anrechnungs-Betriebsstätte"), sowie in bzw. an eine in einem Nicht-DBA-Staat belegene Betriebsstätte eine Beschränkung des deutschen Besteuerungsrechts, die nunmehr zu einer Entstrickung führt.[13]

Hinsichtlich der Frage, ob eine Beschränkung des deutschen Besteuerungsrechts i.S.d. § 4 Abs. 1 Satz 3 EStG vorliegt, vertritt *Wassermeyer*[14] die Auffassung, dass die Vorschrift des § 4 Abs. 1 Satz 3 EStG in den meisten Fällen nicht zur Anwendung kommt. Nach den Grundsätzen der Betriebsstätten-Gewinnermittlung[15] stehe dem Belegenheitsstaat der Stammhaus-Betriebsstätte das Besteuerungsrecht für die bis zur Überführung in die ausländische Betriebsstätte gebildeten stillen Reserven auch nach der Überführung des Wirtschaftsgutes zu. Es komme daher nicht zu einer Beschränkung oder einem Ausschluss des deutschen Besteuerungsrechts - zumindest für die bis zum Zeitpunkt der Überführung gebildeten stillen Reserven.[16] Sieht man dagegen auch schon den Ausschluss oder die Beschränkung des Besteuerungsrechts bezüglich der erst künftig entstehenden stillen Reserven als ausreichende Voraussetzung für die Entstrickung an, könne es – so *Wassermeyer* – zu einem Verlust bzw. einer Beschränkung des deutschen Besteuerungsrechts als Tatbestandsvoraussetzung der Entstrickung nach § 4 Abs. 1 Satz 3 EStG erst nach der Überführung kommen. In diesem Zeitpunkt bestehe jedoch bereits der Schutz des Doppelbesteuerungsabkommens.

Die Finanzverwaltung geht demgegenüber davon aus, dass schon die Beschränkung bzw. der Ausschluss des Besteuerungsrechts Deutschlands für die zukünftig entstehenden stillen Reserven für eine Entstrickung nach § 4 Abs. 1 Satz 3 EStG ausreicht. Der Entstrickungsgewinn entstehe in der letzten juristischen Sekunde des unbeschränkten deutschen Besteu-

---

12) Das steuerliche Gesamthandsvermögen ergibt sich aus der handelsbilanziellen Gesamthandsbilanz und den steuerlichen Ergänzungsbilanzen der Gesellschafter. In der steuerlichen Ergänzungsbilanz werden lediglich die Mehr-/Minderanschaffungskosten des jeweiligen Gesellschafters für das einzelne Wirtschaftsgut im Vergleich zur steuerlichen Gesamthandsbilanz erfasst; vgl. *Hottmann*, in: Zimmermann, Die Personengesellschaft im Steuerrecht Rz. 217-221 (8. Auflage).
13) Vgl. BT-Drs. 16/2710 S. 28.
14) Vgl. *Wassermeyer*, DB 2006 S. 1176 (1180).
15) Vgl. Art. 7 Abs. 1 Satz 2 OECD-MA.
16) So auch *Rödder/Schumacher*, DStR 2007 S. 369 (371).

erungsrechts, so dass Deutschland daher an einer vollständigen Besteuerung des Entstrickungsgewinns nicht gehindert sei.[17]

Der Inhalt des Tatbestandsmerkmals „Beschränkung des deutschen Besteuerungsrechts" ist umstritten. So ist bei der Überführung bzw. Nutzungsüberlassung von Wirtschaftsgütern in bzw. an eine Anrechnungs-Betriebsstätte oder eine Betriebsstätte in einem Nicht-DBA-Staat fraglich, ob eine Beschränkung des deutschen Besteuerungsrechts i.S.d. § 4 Abs. 1 Satz 3 EStG bereits in der abstrakten Möglichkeit, dass sich eine Anrechnungspflicht einer ausländischen Steuer nach § 34c EStG ergeben könnte, oder erst in der tatsächlichen Anrechnungsverpflichtung zu sehen ist. Für die Sicherung des deutschen Steuersubstrats als Sinn und Zweck der Entstrickungsregelungen ist es ausreichend, von einer Beschränkung des deutschen Besteuerungsrechts erst bei der tatsächlichen Anrechnung ausländischer Steuern auszugehen. Eine abstrakte Möglichkeit der Anrechnung, die z.B. bei fehlender Besteuerung im Ausland nicht eingreift, ist nicht ausreichend.[18] Im Gegensatz dazu sieht die Finanzverwaltung wohl bereits in der abstrakten Anrechnungsmöglichkeit eine Beschränkung des deutschen Besteuerungsrechts.[19]

Etwas widersprüchlich erscheint diese Argumentation im Hinblick auf die Gesetzesbegründung zu § 12 Abs. 1 KStG v. 25.09.2006.[20] Darin wird klargestellt, dass in der Gewährung einer Steuerbefreiung nach § 5 KStG kein Ausschluss bzw. keine Beschränkung des deutschen Besteuerungsrechts gesehen werden kann, da die Steuerbefreiung gerade in der Ausübung des Besteuerungsrechts gewährt wird. Eine entsprechende Überlegung könnte auch für die Gewährung einer Anrechnung ausländischer Steuern nach § 34c EStG als rein unilaterale Maßnahme zur Vermeidung der Doppelbesteuerung angestellt werden, so dass allein die Überführung in eine in einem Nicht-DBA-Staat belegene Betriebsstätte keine Entstrickung nach § 4 Abs. 1 Satz 3 EStG auslösen würde. Dies scheint die h.M. jedoch anders zu sehen,[21] auch wenn aus der Gesetzesbegründung nicht eindeutig hervorgeht, ob eine Anrechnung ausländischer Steuern allein aufgrund einer nationalen Anrechnungsvorschrift als Beschränkung des deutschen Besteuerungsrechts i.S.d. § 4 Abs. 1 Satz 3 EStG anzusehen ist.

Grds. kann auch die Überführung von Wirtschaftsgütern bzw. die Nutzungsüberlassung zwischen zwei ausländischen Anrechnungs-Betriebsstätten eine faktische Beschränkung des deutschen Besteuerungsrechts bewirken. Dies ist vorstellbar, wenn ein Wirtschaftsgut aus einer Betriebsstätte, die in einem nicht oder niedrig besteuernden Staat belegen ist, in eine Betriebsstätte, die sich in einem höher besteuernden Staat befindet, überführt bzw. an diese überlassen wird, da die höhere ausländische Steuer einen höheren Anrechnungsbetrag und mithin eine geringere deutsche Steuer zur Folge hat. Stellt man bei der Frage der Beschränkung des deutschen Steuerrechts jedoch nicht auf die tatsächlichen Steuerfolgen ab, sondern lässt die abstrakte Anrechnungsmöglichkeit genügen, sind keine unterschiedlichen Ausmaße der Beschränkung des Besteuerungsrechts in Abhängigkeit von der tatsächlichen ausländischen Besteuerung möglich. Als Ergebnis der h.M. führt die Überführung von Wirtschaftsgütern bzw. die Nutzungsüberlassung zwischen Anrechnungs-Betriebsstätten daher nicht zu einer Entstrickung i.S.d. § 4 Abs. 1 Satz 3 EStG.

Problematisch erscheint die Auffassung, dass auch der Abschluss eines Doppelbesteuerungsabkommens, das die Freistellungsmethode vorsieht, oder der Wechsel von der Anrechnungs- zur Freistellungsmethode in einem Doppelbesteuerungsabkommen zu einer fiktiven

---

17) So *Möhlenbrock* auf der 25. Kölner Steuerkonferenz am 25.09.2006.
18) So auch *Stadler/Elser*, BB Special 8/2006 S. 18 (20); a.A. *Förster*, DB 2007 S. 72 (73).
19) Vgl. *Dötsch/Pung*, DB 2006 S. 2648 (2649).
20) Vgl. BT-Drs. 16/2710 S. 31.
21) Vgl. z.B. *Rödder/Schumacher*, DStR 2006 S. 1481 (1483); *Stadler/Elser*, BB Special 8/2006 S. 18 (20).

Entnahme der der ausländischen Betriebsstätte zuzurechnenden Wirtschaftsgüter führt.[22] Dies widerspricht der bisherigen Auffassung, dass eine Entnahme grds. den Entnahmewillen und die Entnahmehandlung des Steuerpflichtigen voraussetzt.[23] Zudem kann es nach dieser Auffassung allein durch eine gesetzgeberische Maßnahme zu einer Besteuerung ohne Zufluss von liquiden Mitteln kommen.[24] Hierdurch wird das Realisationsprinzip verletzt, wonach eine Besteuerung von stillen Reserven die Realisation durch einen Umsatzakt oder zumindest eine Handlung des Steuerpflichtigen (z.B. Entnahmehandlung) voraussetzt. Infolge der fiktiven Realisation stiller Reserven können durch die entstehenden Steuerzahlungspflichten sog. Marktzwänge entstehen. Zur Liquiditätsbeschaffung kann der Steuerpflichtige gezwungen sein, Wirtschaftsgüter zu verkaufen oder zu beleihen, ohne dass er die Ursache der Liquiditätsbelastung beeinflussen konnte.

(4) Entstrickungsfälle des § 4 Abs. 1 Satz 3 EStG

Es kann u.a. in folgenden Fällen zu einer Entstrickung nach § 4 Abs. 1 Satz 3 EStG kommen:

– Überführung eines Wirtschaftsgutes aus dem inländischen Stammhaus in eine ausländische Betriebsstätte oder von einer inländischen Betriebsstätte in das ausländische Stammhaus oder in eine ausländische Betriebsstätte (unabhängig von der bestehenden DBA-Regelung);
– Überführung eines Wirtschaftsgutes von einer ausländischen Anrechnungs-Betriebsstätte in eine ausländische Freistellungs-Betriebsstätte;
– erstmaliger Abschluss eines Doppelbesteuerungsabkommens mit Freistellungsmethode oder Änderung eines bestehenden Doppelbesteuerungsabkommens mit Übergang von der Anrechnungs- zur Freistellungsmethode oder Aufhebung der Aktivitätsklausel eines Doppelbesteuerungsabkommens, wenn dadurch aus der Anrechnungs-Betriebsstätte eine Freistellungs-Betriebsstätte wird;
– Übergang einer passiven zu einer aktiven Tätigkeit bei einem Doppelbesteuerungsabkommen mit Aktivitätsklausel, so dass aus einer Anrechnungs-Betriebsstätte eine Freistellungs-Betriebsstätte wird;[25]
– Einführung einer Besteuerung im Ausland mit der Folge, dass nach dem Doppelbesteuerungsabkommen mit Rückfallklausel (subject to tax clause) von der Anrechnungs- zur Freistellungsmethode übergegangen wird;[26]
– vorübergehende Überlassung von Wirtschaftsgütern einer inländischen Betriebsstätte an eine ausländische Betriebsstätte oder von einer ausländischen Anrechnungs-Betriebsstätte an eine ausländische Freistellungs-Betriebsstätte (Nutzungsentnahme).

Der alleinige **Wegfall der Gewerbesteuerpflicht**, z.B. durch Überführung von Wirtschaftsgütern von einer gewerblichen in eine land- und forstwirtschaftliche Betriebsstätte, führt nicht zu einer Beschränkung des deutschen Besteuerungsrechts, da sich das Besteuerungsrecht i.S.d. § 4 Abs. 1 Satz 3 EStG nur auf das EStG bzw. über § 8 Abs. 1 KStG auf das

---

22) Vgl. *Stadler/Elser*, BB Special 8/2006 S. 18 (20).
23) Vgl. z.B. *Heinicke*, in: Schmidt, EStG, § 4 EStG Rz. 316 m.w.N. (25. Auflage); ablehnend z.B. BFH v. 16.12.1975, VIII R 3/74, BStBl. II 1976 S. 246.
24) Kritisch dazu auch *IDW*, WPg 2006 S. 1318 (1319); *Rödder/Schumacher*, DStR 2006 S. 1481 (1484). Eine Entstrickung wegen fehlender Handlung des Steuerpflichtigen ausschließend *Förster*, DB 2007 S. 72 (73).
25) Analoges gilt für Fälle des § 20 Abs. 2 AStG.
26) Siehe hierzu auch Gliederungspunkt H.I.2. a) aa).

KStG bezieht.[27] Auch der Wegfall der Voraussetzungen für die Hinzurechnungsbesteuerung i.S.d. § 7 ff. AStG soll nicht zu einer Entstrickung führen.[28] Bei einer lediglich vorübergehenden vollständigen oder teilweisen Nutzung eines Wirtschaftsgutes in einer ausländischen Betriebsstätte ist nach dem Sinn und Zweck der Regelung nicht von einer Entnahme des Wirtschaftsgutes und damit der Aufdeckung aller stillen Reserven,[29] sondern lediglich von einer Nutzungsentnahme auszugehen.[30] Aber auch die Nutzungsentnahme kann zu einer Doppelbesteuerung führen, wenn der ausländische Staat - analog zum deutschen Vorgehen - den Ansatz eines fiktiven Nutzungsentgelts bei der Betriebsstättengewinnermittlung nicht oder zumindest nicht in der gleichen Höhe akzeptiert. Wird ein Wirtschaftsgut von einer ausländischen Betriebsstätte genutzt, sollte daher eindeutig dokumentiert werden, ob lediglich eine vorübergehende Nutzung (Entnahme zum gemeinen Wert der Nutzung) oder eine endgültige Überführung (Entnahme zum gemeinen Wert des Wirtschaftsgutes) beabsichtigt ist.

(5) Anrechnungsüberhänge i.S.v. § 34c EStG durch Entstrickung bei Überführung eines Wirtschaftsgutes

Im Fall der Überführung bzw. Nutzungsüberlassung eines Wirtschaftsgutes in bzw. an eine Anrechnungs-Betriebsstätte können Schwierigkeiten bei der Anrechnung ausländischer Steuern auf die in Deutschland erhobenen Steuern entstehen, da im Zeitpunkt der Entstrickung nach § 4 Abs. 1 Satz 3 EStG im Ausland keine Steuern entstanden sind. Im Jahr der Realisierung im Ausland könnte die Anrechnung der ausländischen Steuern daran scheitern, dass in Deutschland nur ein geringer Gewinn i.H.d. Wertsteigerung seit dem Entstrickungszeitpunkt entstanden ist (Veräußerungspreis abzgl. gemeiner Wert zum Zeitpunkt der Überführung) und daher die Anrechnungsschranke des § 34c Abs. 1 Sätze 2 - 5 EStG eingreift.

So kann es über verschiedene Veranlagungszeiträume zu einer tatsächlichen Doppelbesteuerung trotz formalem Anrechnungsverfahren kommen.[31] Dies ist eine deutliche Verschärfung zur bisherigen Rechtslage, nach der sich die Frage der Anrechnung ausländischer Steuern in dieser Weise nicht stellte. Die Überführung von Wirtschaftsgütern in eine ausländische Betriebsstätte führte nur dann zu einer Aufdeckung stiller Reserven, wenn die Einkünfte aus der Betriebsstätte in Deutschland nach dem jeweiligen Doppelbesteuerungsabkommen freizustellen waren.

(6) Mehrfache Entstrickung bei wiederholter Überführung eines Wirtschaftsgutes

Wird ein Wirtschaftsgut nach einer - ursprünglich auf Dauer angelegten - Überführung vom inländischen Stammhaus in eine ausländische Anrechnungs-Betriebsstätte in eine ausländische Freistellungs-Betriebsstätte überführt, ist nach dem Gesetzeswortlaut nach Auffassung der Finanzverwaltung sowohl durch die erste als auch durch die zweite Überführung der Tatbestand des § 4 Abs. 1 Satz 3 EStG erfüllt. Sofern sich die Auffassung von

---

27) Vgl. *Benecke/Schnitger*, IStR 2006, S. 765 (766); *Förster*, DB 2007 S. 72 (73); *IDW*, WPg 2006 S. 1318 (1319); *Rödder/Schumacher*, DStR 2006 S. 1481 (1484); zum bisherigen Recht vgl. BFH v. 14.06.1988, VIII R 387/83, BStBl. II 1989 S. 187.
28) Vgl. z.B. *Benecke/Schnitger*, IStR 2006 S. 765 (766); *Förster*, DB 2007 S. 72 (73), *Wassermeyer*, DB 2006 S. 2420 (2424).
29) So wohl *Werra/Teiche*, DB 2006 S. 1455 (1456).
30) So auch *Benecke/Schnitger*, IStR 2006 S. 765 (766); *Förster*, DB 2007 S. 72 (74); *Kessler/Winterhalter/Huck*, DStR 2007 S. 133 (134); *Rödder/Schumacher*, DStR 2006 S. 1481 (1484); *Stadler/Elser*, BB Special 8/2006 S. 18 (21).
31) Vgl. im Ansatz *Wassermeyer*, DB 2006 S. 2420 (2421), der daraus jedoch den Schluss zieht, dass die neue Entstrickungsregelung bei der Überführung in eine Nicht-DBA-Betriebsstätte leer läuft, da das Besteuerungsrecht Deutschlands nicht beschränkt wird.

Wassermeyer[32)] hinsichtlich der Nichtanwendbarkeit von § 4 Abs. 1 Satz 3 EStG bei Anrechnungs-Betriebsstätten durchsetzt, führt erst die zweite Überführung in eine Freistellungs-Betriebsstätte zu einer Entstrickungs-Entnahme i.S.d. § 4 Abs. 1 Satz 3 EStG.

(7) Ausnahme bei Entstrickung aufgrund der Sitzverlegung einer SE und SCE

Sind in einem inländischen Betriebsstättenvermögen **Anteile an einer Europäischen Gesellschaft (SE)** oder **Europäischen Genossenschaft (SCE)** enthalten, kann es - in Abhängigkeit des nach der Sitzverlegung anzuwendenden Doppelbesteuerungsabkommens - durch eine Sitzverlegung der SE oder SCE zu einer Beschränkung des deutschen Besteuerungsrechts kommen.[33)] Nach Art. 10d Abs. 1 FRL ist eine Besteuerung des Veräußerungsgewinns der Gesellschafter allein aufgrund der Sitzverlegung der SE bzw. SCE nicht zulässig. Dem trägt die Regelung in § 4 Abs. 1 Satz 4 EStG Rechnung. Als "**Ausgleich**" ist - entsprechend der Regelung in Art. 10d Abs. 2 FRL - zum **Zeitpunkt der Veräußerung der Anteile** an einer SE bzw. SCE nach § 15 Abs. 1a EStG für im Betriebsvermögen befindliche Anteile und nach § 17 Abs. 5 Satz 3 EStG für im Privatvermögen befindliche Anteile der Veräußerungsgewinn unabhängig von der Regelung des jeweiligen Doppelbesteuerungsabkommens **in voller Höhe in Deutschland zu besteuern**, als wäre keine Sitzverlegung erfolgt.[34)]

Als Veräußerung gilt dabei nach § 15 Abs. 1a Satz 2 EStG auch

– die verdeckte Einlage der Anteile in eine Kapitalgesellschaft,
– die Auflösung der SE bzw. der SCE,
– die Kapitalherabsetzung oder Kapitalrückzahlung oder
– die Einlagenrückgewähr i.S.d. § 27 KStG.

Hierbei handelt es sich ausdrücklich um ein sog. **treaty override**.[35)] Die volle Besteuerung des Veräußerungsgewinns beinhaltet auch die stillen Reserven, die erst nach der Sitzverlegung der SE bzw. der SCE entstanden sind. Aus systematischen Gründen wäre jedoch bei der Besteuerung der späteren Veräußerung eine Beschränkung auf die zum Zeitpunkt der Sitzverlegung bereits entstandenen stillen Reserven notwendig gewesen.[36)]

(8) Konkurrenzverhältnis zwischen § 4 Abs. 1 Satz 3 EStG und § 6 Abs. 5 Satz 1 EStG

Es sind Konstellationen vorstellbar, in denen sowohl die Tatbestandsvoraussetzungen des § 4 Abs. 1 Satz 3 EStG (**Entstrickungs-Entnahme**) als auch die des § 6 Abs. 5 Satz 1 EStG (**Überführung von Wirtschaftsgütern**) gegeben sind. Der Anwendungsbereich beider Vorschriften ist z.B. bei einer Überführung von einem inländischen Betrieb eines Einzelunternehmers in einen ausländischen Betrieb des Einzelunternehmers (i) in einem DBA-Staat mit Anrechnungsmethode oder (ii) in einem Nicht-DBA-Staat eröffnet. Durch die Anrechnungsverpflichtung ist das Besteuerungsrecht Deutschlands beschränkt und damit grds. die neue Entstrickungsvorschrift des § 4 Abs. 1 Satz 3 EStG anwendbar.

---

32) Siehe Fußnote 14.
33) Dies gilt grds. auch für Anteile an anderen Gesellschaften, wobei eine identitätswahrende Sitzverlegung von in Deutschland gegründeten Gesellschaften zz. zivilrechtlich selten sein dürfte. Bei einer zivilrechtlich unzulässigen Sitzverlegung kommt es zur Auflösung der Gesellschaft und im Zuge der Abwicklung zur Anwendung des § 11 KStG auf Gesellschaftsebene. Dies wird im Betriebsvermögen der Gesellschafter nach den allgemeinen Grundsätzen behandelt und führt im Privatvermögen der Gesellschafter zu einer Anwendung der Liquidationsgrundsätze des § 17 Abs. 4 EStG.
34) Zur Regelung des Art. 10d FRL siehe auch Gliederungspunkt G.III.4. b).
35) Zur Zulässigkeit eines treaty override vgl. z.B. *Busching/Trompeter*, IStR 2005 S. 510 (512 f.) m.w.N.
36) Vgl. *Förster*, DB 2007 S. 72 (76); *IDW*, WPg 2006 S. 1380 (1320); *Stadler/Elser*, BB Special 8/2006 S. 18 (23); *Werra/Teiche*, DB 2006 S. 1455 (1457).

Die **Bewertung der Entstrickungs-Entnahme** hat gem. § 6 Abs. 1 Nr. 4 Satz 1 2. HS EStG zum **gemeinen Wert** zu erfolgen. Bei der Überführung von Wirtschaftsgütern zwischen verschiedenen Betriebsvermögen eines Steuerpflichtigen ist hingegen nach § 6 Abs. 5 Satz 1 EStG zwingend der **Buchwert** anzusetzen, wenn das Besteuerungsrecht Deutschlands erhalten bleibt bzw. der Teilwert anzusetzen, wenn die Besteuerung der stillen Reserven nicht sichergestellt ist (§ 6 Abs. 5 Satz 1 i.v.m. § 6 Abs. 1 Nr. 4 EStG).

Die Gesetzesbegründung v. 25.09.2006 zur Verstrickungsregelung gem. § 4 Abs. 1 Satz 7 EStG[37]) geht davon aus, dass ein Wirtschaftsgut in einer Anrechnungs-Betriebsstätte steuerlich verstrickt ist, das deutsche Besteuerungsrecht also noch gegeben ist. Die Überführung von Wirtschaftsgütern von einer Anrechnungs-Betriebsstätte in das inländische Betriebsvermögen ist nicht als Einlage gem. § 4 Abs. 1 Satz 7 EStG (sog. "**Verstrickungs-Einlage**") zu behandeln.

Fraglich ist, ob aus dieser Ablehnung einer **Verstrickungs-Einlage** geschlossen werden kann, dass *vice versa* bei einer Überführung von Wirtschaftsgütern aus einem inländischen Betriebsvermögen eines Steuerpflichtigen in eine Anrechnungs-Betriebsstätte eines anderen Betriebs des Steuerpflichtigen die Anwendungsvoraussetzungen des § 6 Abs. 5 Satz 1 EStG gegeben sind.[38]) Nach bisherigem Recht wurde davon ausgegangen, zum Teil jedoch auch unter Hinweis auf die im Betriebsstättenerlass niedergelegte Auffassung der Finanzverwaltung, dass bei Überführung von Wirtschaftsgütern in eine Anrechnungs-Betriebsstätte die steuerliche Erfassung nicht gesichert sei.[39]) Es könnte nun die Auffassung vertreten werden, dass im Zuge der Neuregelung der Entstrickungstatbestände und Einführung des Tatbestandsmerkmals "**Beschränkung des deutschen Besteuerungsrechts**" in § 4 Abs. 1 Satz 3 EStG bei einer Überführung von Wirtschaftsgütern in eine Anrechnungs-Betriebsstätte die Voraussetzungen für die **Buchwertverknüpfung nach § 6 Abs. 5 Satz 1 EStG** nicht mehr gegeben sind.[40]) Ein Konfliktpotenzial ergäbe sich in diesem Fall nur dahingehend, dass nach der allgemeinen Entstrickungsregelung der **gemeine Wert**, gem. § 6 Abs. 5 Satz 1 i.V.m. § 6 Abs. 1 Nr. 4 EStG jedoch der Teilwert anzusetzen wäre.[41])

Andererseits wurde die Formulierung in § 6 Abs. 5 Satz 1 EStG nicht geändert und lautet unverändert „*sofern die Besteuerung der stillen Reserven sichergestellt ist*". Hätte der Gesetzgeber auch den Anwendungsbereich des § 6 Abs. 5 Satz 1 EStG ändern wollen, hätte es nahe gelegen, den Wortlaut an die Entstrickungsregelungen anzupassen. Dass dies nicht geschehen ist, spricht eher dafür, dass sich der **Anwendungsbereich des § 6 Abs. 5 Satz 1 EStG** nicht geändert hat. Es kann daher zu Konkurrenzen zwischen der neuen Entstrickungs-Entnahme gem. § 4 Abs. 1 Satz 3 EStG und der Buchwertverknüpfung nach § 6 Abs. 5 Satz 1 EStG kommen. In diesen Fällen gebührt der Buchwertverknüpfung nach § 6 Abs. 5 Satz 1 EStG als *lex specialis* der Vorrang.[42])

bb) Entstrickung der Höhe nach (§ 6 Abs. 1 Nr. 4 2. HS EStG)

(1) Entstrickung zum gemeinen Wert

Die Bewertung der **Entstrickungs-Entnahme** i.S.v. § 4 Abs. 1 Satz 3 EStG erfolgt nach § 6 Abs. 1 Nr. 4 2. HS EStG mit dem **gemeinen Wert**, während die **Regel-Entnahme** i.S.v. § 4 Abs. 1 Satz 2 EStG weiterhin nach § 6 Abs. 1 Nr. 4 1. HS EStG mit dem **Teilwert** bewertet wird.

---

37) Vgl. BT-Drs. 16/2710 S. 28.
38) Bei der Überführung in eine ausländische Anrechnungs-Betriebsstätte des gleichen Betriebsvermögens des Steuerpflichtigen wird § 6 Abs. 5 Satz 1 EStG nicht angewendet; vgl. *Buciek*, DStZ 2000 S. 636; *Glanegger*, in: Schmidt, EStG, § 6 EStG Rz. 514 (25. Auflage).
39) Vgl. *Fischer*, in: Kirchhof, EStG, § 6 EStG Rz. 186 (6. Auflage).
40) So wohl *Stadler/Elser*, BB Special 8/2006 S. 18 (20).
41) Vgl. *Stadler/Elser*, BB Special 8/2006 S. 18 (20).
42) So auch *Stadler/Elser*, BB Special 8/2006 S. 18 (20).

Änderungen in EStG, KStG und AStG

Der gemeine Wert bezeichnet den Wert eines Wirtschaftsgutes, der im gewöhnlichen Geschäftsverkehr nach der Beschaffenheit des Wirtschaftsgutes zu erzielen wäre (§ 9 Abs. 2 BewG). Bei der Bestimmung des gemeinen Wertes sind alle wertbeeinflussenden Umstände zu berücksichtigen, nicht jedoch ungewöhnliche oder persönliche Verhältnisse. Im Vergleich zum Teilwert als Bewertungsmaßstab der Entnahme i.S.v. § 4 Abs.1 Satz 2 EStG kann der gemeine Wert sowohl niedriger als auch höher sein. Insbes. beim Umlaufvermögen dürfte der gedachte Erwerber des Gesamtbetriebs vom möglichen Veräußerungspreis einen Gewinnaufschlag abziehen, so dass der Teilwert regelmäßig geringer als der gemeine Wert sein dürfte.[43] In Fällen ungewöhnlicher wertbestimmender Faktoren - vorwiegend im Bereich des Anlagevermögens vorstellbar - kann es dazu kommen, dass der Teilwert höher ist als der gemeine Wert, da diese ungewöhnlichen Faktoren nur bei der Bestimmung des Teilwertes erfasst werden.[44] Die nachstehende Abbildung fasst den Zusammenhang zwischen dem gemeinen Wert und dem Teilwert zusammen:

Abb. H.I. - 1: Verhältnis Teilwert/gemeiner Wert

Nach der bisherigen Rechtslage wurde bei einer Überführung eines Wirtschaftsgutes in eine ausländische Betriebsstätte der Fremdvergleichspreis angesetzt.[45] Als Fremdvergleichspreis wird der Preis angesehen, den unabhängige Dritte unter gleichen oder ähnlichen Bedingungen vereinbart hätten (dealing at arm's length). Unterschiede ergeben sich daher immer dann, wenn ungewöhnliche oder persönliche Verhältnisse zwar bei der Bestimmung des

---

43) Vgl. z.B. *Benecke/Schnitger*, IStR 2006 S. 765 (766).
44) Zur Abgrenzung zwischen dem Teilwert und dem gemeinen Wert sowie den Unterschieden zwischen diesen beiden Wertansätzen hinsichtlich wertbestimmender Faktoren siehe *Prinz zu Hohenlohe/Rautenstrauch/Adrian*, GmbHR 2006 S. 623 (624); *Kaminski et al.*, BB Beilage 3/2004 S. 1 (15 f.).
45) Vgl. BMF, Schreiben v. 24.12.1999, IV B 4 - S 1300 - 111/99, BStBl. I 1999 S. 1076 (Betriebsstätten-Verwaltungsgrundsätze) Rz. 2.6.1.

Fremdvergleichspreises berücksichtigt werden, den gemeinen Wert aber nicht beeinflussen.[46]

Im Ergebnis kann die Bewertung zum gemeinen Wert im Wegzugsfall beim **Anlagevermögen** zu einem geringeren Entstrickungsgewinn als die Bewertung zum Teilwert führen. Im Zuzugsfall kann sich durch den Ansatz des gemeinen Werts ein entsprechender Nachteil ergeben, sofern der gemeine Wert niedriger als der Teilwert ist.

Die Orientierung des gemeinen Werts am Einzelveräußerungspreis kann zu einer Doppelbesteuerung führen, wenn im Rahmen der Gewinnermittlung der ausländischen Betriebsstätte lediglich der um die übliche Vertriebsmarge reduzierte Preis als Aufwand berücksichtigt wird.[47] Im Ergebnis würde bei einem deutschen Stammhaus mit ausländischer Vertriebs-Betriebsstätte Deutschland den Gesamtgewinn bestehend aus Produktions- und Liefergewinn und das Ausland nochmals den Liefergewinn besteuern.[48] Ob diese Rechtsfolge mit dem jeweiligen Doppelbesteuerungsabkommen in Einklang zu bringen ist, ist im Einzelfall zu prüfen. Enthält das jeweilige Doppelbesteuerungsabkommen eine dem Art. 7 Abs. 2 OECD-MA entsprechende Regelung, erscheint die deutsche Besteuerung auf Basis des gemeinen Wertes als Entnahmewert nicht durchsetzbar. Aus der Gesetzesbegründung v. 25.09.2006 lässt sich nicht entnehmen, dass ein explizites **treaty override** beabsichtigt war.[49]

(2) Bewertung bei der Überführung von Sachgesamtheiten

Überführt der Steuerpflichtige ganze Sachgesamtheiten (z.B. einen ganzen Betrieb oder Teilbetrieb) in eine ausländische Betriebsstätte, ist nach der Gesetzesbegründung v. 25.09.2006 zu § 6 Abs. 1 Nr. 4 Satz 1 EStG [50] der gemeine Wert der Sachgesamtheit, also einschließlich der **selbsterstellten immateriellen Wirtschaftsgüter** und eines möglicherweise vorhandenen **Geschäfts- oder Firmenwerts**, zu ermitteln.

Dies geht jedoch nicht aus dem Wortlaut des Gesetzes hervor. Die Entstrickungsregelung in § 4 Abs. 1 Satz 3 EStG bezieht sich immer auf den Verlust oder die Beschränkung des deutschen Besteuerungsrechts für einen Gewinn aus der Veräußerung oder Überlassung eines Wirtschaftsgutes. Eine Bezugnahme auf die Regelung zur **Betriebsaufgabe in § 16 Abs. 3 EStG** fehlt.[51]

(3) Fehlende Berücksichtigung bei Wertminderungen

Die Entstrickungsvorschriften enthalten keine Regelungen für den Fall, dass sich die durch die Entstrickung aufgedeckten stillen Reserven zukünftig nicht realisieren lassen und diese Wertminderung im ausländischen Staat nicht berücksichtigt wird. Dies hat jedoch der EuGH in der Rs. "N"[52] für ein in dem EU-Recht genügendes System zur Sicherung der inländischen Besteuerung der stillen Reserven im Wegzugsfall gefordert. Im Bereich der **Wegzugsbesteuerung gem. § 6 AStG** hat der Gesetzgeber dieser Anforderung durch die Regelung in § 6 Abs. 6 AStG genügt. Im Bereich der Entstrickung fehlt eine entsprechende Klausel.

---

46) Vgl. *Rödder/Schumacher*, DStR 2006 S. 1481 (1485); *Werra/Teiche*, DB 2006 S. 1455 (1457) gehen davon aus, dass der gemeine Wert z.B. bei Überführungen in Vertriebs-Betriebsstätten den Fremdvergleichspreis um die übliche Vertriebsprovision überschreitet. *Klingberg/van Lishaut*, Der Konzern 2005 S. 698 (704 f.) gehen dagegen von einer weitgehenden Übereinstimmung von Fremdvergleichspreis und gemeinem Wert aus und befürworten daher dessen Ansatz. Nach Auffassung von *Stadler/Elser*, BB Special 8/2006 S. 18 (22) dürfte der gemeine Wert regelmäßig über dem Fremdvergleichspreis liegen.
47) Vgl. Art. 7 Abs. 2 OECD-MA.
48) Zu den Begriffen Produktions- und Vertriebsgewinn vgl. *Wassermeyer*, DB 2006 S. 2420.
49) Vgl. *Werra/Teiche*, DB 2006 S. 1455 (1457).
50) BT-Drs. 16/2710 S. 28.
51) Vgl. *Rödder/Schumacher*, DStR 2006 S. 1481 (1485); die Bewertung als Sachgesamtheit daher - zumindest für den Firmenwert - ablehnend *Stadler/Elser*, BB Special 8/2006 S. 18 (21).
52) EuGH v. 07.09.2006, C-470/04, DStR 2006 S. 1691 Rz. 54.

cc) Entstrickung in zeitlicher Hinsicht (§ 4g EStG)

(1) Grundsatz der Sofortversteuerung

Die Entstrickungs-Entnahme i.S.v. § 4 Abs. 1 Satz 3 EStG führt grds. zu einer **sofortigen Besteuerung der jeweiligen stillen Reserven.**

In der Gesetzesbegründung v. 09.11.2006 zu § 4g EStG[53] wird der Verzicht auf eine der bisherigen Auffassung der Finanzverwaltung entsprechende **Stundungsregelung** ausführlich erläutert.[54] Jedoch überzeugt weder das Argument, dass es sich lediglich um Liquiditätseffekte handele, die sich über die Nutzungsdauer des Wirtschaftsgutes ausgleichen,[55] noch die Behauptung, dass die Administrierung einer Stundungslösung nicht möglich sei.[56]

Die geplante Sofortversteuerung wurde in den Kommentierungen zum Gesetzesentwurf insbes. mit europarechtlichen Argumenten scharf kritisiert.[57] Auch der Bundesrat hatte in seiner Stellungnahme eine der für die Wegzugsbesteuerung[58] gefundenen Lösung vergleichbare Regelung angeregt.[59]

(2) Bildung eines Ausgleichspostens bei Überführung in eine EU-Betriebsstätte

Aufgrund der erheblichen Kritik an der Sofortversteuerung kam es im Rahmen der Beratungen im Finanzausschuss zur Einfügung der in ihrem Anwendungsbereich allerdings sehr eingeschränkten **Stundungsregelung des § 4g EStG**. Ein unbeschränkt Steuerpflichtiger kann auf **Antrag** i.H.d. Differenzbetrags zwischen dem Buchwert und dem gemeinen Wert einen Ausgleichsposten bilden (§ 4g Abs. 1 Satz 1 EStG), wenn ein **Wirtschaftsgut des Anlagevermögens**[60] infolge der Zuordnung zu einer Betriebsstätte desselben Steuerpflichtigen in einem EU-Mitgliedstaat[61] nach § 4 Abs. 1 Satz 3 EStG als entnommen gilt. Dieser Ausgleichsposten muss für jedes Wirtschaftsgut gesondert ausgewiesen werden. Der unwiderrufliche Antrag muss einheitlich für alle in einem Wirtschaftsjahr überführten Wirtschaftsgüter gestellt werden (§ 4g Abs. 1 Satz 2 - 4 EStG).

Nach § 4g Abs. 4 EStG sind die § 4g Abs. 1 - 3 EStG[62] auch bei der Gewinnermittlung durch Überschussrechnung nach § 4 Abs. 3 EStG anzuwenden. In diesen Fällen muss der Steuerpflichtige die Wirtschaftsgüter, für die ein Ausgleichsposten gebildet wird, in ein laufend zu führendes Verzeichnis aufnehmen. Darüber hinaus hat der Steuerpflichtige, der seinen Gewinn nach § 4 Abs. 3 EStG ermittelt, Aufzeichnungen zu führen, aus denen die Bildung

---

53) BT-Drs. 16/3369 S. 11 f.
54) Siehe hierzu BMF, Schreiben v. 24.12.1999, IV B 4 - S 1300 - 111/999, BStBl. I 1999 S. 1076 (Betriebsstätten-Verwaltungsgrundsätze), Rz. 2.6.1.
55) Sehr deutlich *Hahn*, IStR 2006 S. 797 (802).
56) Vgl. *Strunk*, Stbg 2006 S. 266 (267).
57) Vgl. z.B. *Kröner*, IStR 2006 S. 469; *Stadler/Elser*, BB Special 8/2006 S. 18 (22).
58) Auf Basis des Urteils des EuGH v. 11.03.2004, C-9/02, DStR 2004 S. 551, in der Rs. „Hughes des Lasteyrie du Saillant" zur französischen Wegzugsbesteuerung hat die Finanzverwaltung in Reaktion auf das Vertragsverletzungsverfahren der Kommission gegen die Bundesrepublik Deutschland mit ihrem Schreiben v. 08.06.2005, IV B 5 - S 1348 - 35/05, BStBl. I 2005 S. 714, eine Stundungsregelung auf Verwaltungsebene eingeführt, die im neuen § 6 Abs. 5 AStG in Gesetzesform gegossen wurde.
59) Vgl. BT-Drs. 16/2710 S. 57.
60) Die Beschränkung auf das Anlagevermögen beruht anscheinend darauf, dass die EU-Kommission in einer Stellungnahme zu dem ersten Gesetzesentwurf zumindest hinsichtlich des Anlagevermögens eine Rücklagenlösung verlangt hat; vgl. hierzu *Thömmes/Schulz/Eismayr/Müller*, IWB Gruppe 2 Fach 11 S. 749.
61) Warum nur bei einer Zuordnung zu einer EU-Betriebsstätte und nicht auch bei der Zuordnung zu einer EWR-Betriebsstätte ein Ausgleichsposten möglich sein soll, bleibt unklar. So auch *Eicker/Orth*, IWB Fach 3 Gruppe 1 S. 2135.
62) Der Verweis auf die Absätze 1 - **4** ist wohl ein redaktionelles Versehen, richtig wäre der Verweis auf die Absätze 1 - 3.

und Auflösung der Ausgleichsposten hervorgeht. Die Aufzeichnungen sind der Steuererklärung beizufügen.

Im Schrifttum wird teilweise die Frage aufgeworfen, ob der Ausgleichsposten innerhalb oder außerhalb der Steuerbilanz zu bilden ist.[63] Eine Bildung des Ausgleichspostens außerhalb der Bilanz würde das steuerbilanzielle Eigenkapital deutlich erhöhen und zwar ohne – zumindest i.H.d. außerbilanziell gebildeten Ausgleichspostens – eine Aufdeckung der stillen Reserven zu bewirken. Für Zwecke des § 15a EStG würde sich das Verlustausgleichsvolumen des jeweiligen Steuerpflichtigen erweitern, ohne dass dies mangels Besteuerung der stillen Reserven systematisch gerechtfertigt wäre. Ferner hat der Gesetzgeber lediglich für die Steuerpflichtigen, die nach § 4 Abs. 3 EStG ihren Gewinn ermitteln, zusätzliche Nachweispflichten in § 4g Abs. 4 Satz 2 - 4 EStG gesetzlich kodifiziert. Würde der Ausgleichsposten außerhalb der Bilanz gebildet, müssten auch Steuerpflichtige, die nach § 4 Abs. 1, § 5 Abs. 1 EStG ihren Gewinn durch Betriebsvermögensvergleich ermitteln, entsprechende Verzeichnisse und Übersichten über die Entwicklung des Ausgleichspostens außerhalb der Bilanz führen. Da der Gesetzgeber dies ausweislich nur von Steuerpflichtigen verlangt, die ihren Gewinn nach § 4 Abs. 3 EStG ermitteln, geht er wohl anscheinend davon aus, dass der Ausgleichsposten innerhalb der Steuerbilanz zu bilden ist.

Bei **Personengesellschaften (Mitunternehmerschaften)** ist der Gesellschafter mit den ihm zuzurechnenden Gewinnanteilen einkommen- oder körperschaftsteuerpflichtig, auch wenn die Personengesellschaft Subjekt der Einkommenserzielung, -ermittlung und Einkünftequalifikation ist.[64] Vor diesem Hintergrund kann auch eine Körperschaft als Gesellschafterin einer Personengesellschaft einen **Antrag** auf Bildung eines Ausgleichspostens stellen. § 4g Abs. 1 EStG weist das Recht zur antragsgebundenen Bildung des Ausgleichspostens dem Steuerpflichtigen, also dem Gesellschafter, zu. Dieser muss die vorstehenden Voraussetzungen zur Bildung eines Ausgleichspostens erfüllen ((i) unbeschränkte Steuerpflicht und (ii) Antragstellung). Jeder Gesellschafter muss für alle Wirtschaftsgüter[65] einheitlich entscheiden, ob ein Ausgleichsposten gebildet werden soll. Jeder Gesellschafter kann die Entscheidung über die Bildung eines Ausgleichspostens unabhängig von der Entscheidung der übrigen Gesellschafter ausüben. Die Ausgleichsposten bezüglich der Wirtschaftsgüter des Gesamthandsvermögens sind in Ergänzungsbilanzen der einzelnen Gesellschafter zu bilden und fortzuentwickeln.[66] Ausgleichsposten bezüglich der Wirtschaftsgüter des Sonderbetriebsvermögens sind in den Sonderbilanzen der einzelnen Gesellschafter zu bilden und fortzuentwickeln.

Werden Wirtschaftsgüter aus dem Inland in verschiedene ausländische Betriebsstätten in einem Wirtschaftsjahr überführt, muss der **Antrag** auf Bildung eines Ausgleichspostens nach der Gesetzesbegründung v. 09.11.2006[67] für sämtliche in eine Betriebsstätte überführten Wirtschaftsgüter einheitlich gestellt werden. Demnach wäre es zulässig, für die Überführung der Wirtschaftsgüter in eine ausländische Betriebsstätte einen Antrag auf Bildung von Ausgleichsposten zu stellen und für die andere ausländische Betriebsstätte überführten Wirtschaftsgüter die Sofortbesteuerung zu wählen.

---

63) Die Frage stellen auch *Kessler/Winterhalter/Huck*, DStR 2007 S. 133 (134), ohne diese zu beantworten.
64) Vgl. *Wacker*, in: Schmidt, EStG, § 15 EStG, Rz. 164 f. m.w.N. (25. Auflage).
65) Dies gilt sowohl für die Wirtschaftsgüter des Gesamthandsvermögens als auch des Sonderbetriebsvermögens.
66) In der steuerlichen Ergänzungsbilanz werden die Mehr-/Minderanschaffungskosten des jeweiligen Gesellschafters für das einzelne Wirtschaftsgut im Vergleich zur steuerlichen Gesamthandsbilanz erfasst, vgl. *Hottmann*, in: Zimmermann, Die Personengesellschaft im Steuerrecht Rz. 217-221 (8. Auflage).
67) BT-Drs. 16/3369 S. 11.

Diese Interpretation deckt sich indes nicht mit dem Wortlaut von § 4g Abs. 1 Satz 1 und 3 EStG: *„Der Steuerpflichtige kann ... auf Antrag einen Ausgleichsposten bilden, soweit das Wirtschaftsgut infolge seiner Zuordnung zu einer Betriebsstätte desselben Steuerpflichtigen ... als entnommen gilt."* und *„Das Antragsrecht kann für jedes Wirtschaftsjahr nur einheitlich für sämtliche Wirtschaftsgüter ausgeübt werden".* Bei wortlautgetreuer Auslegung des Gesetzes dürfte bei einer Überführung in mehrere Betriebsstätten der **Antrag** nur für alle Wirtschaftsgüter, unabhängig in welche Betriebsstätte sie überführt wurden, einheitlich gestellt werden. Die Klärung dieser Frage bleibt wohl einem erläuternden BMF-Schreiben oder der Rechtsprechung vorbehalten.[68]

Nur **unbeschränkt Steuerpflichtige** können Ausgleichsposten nach § 4g EStG bilden. Ein **beschränkt Steuerpflichtiger**, der ein Wirtschaftsgut aus seiner inländischen Betriebsstätte in sein ausländisches Stammhaus oder in eine seiner anderen ausländischen Betriebsstätten überführt, muss die durch die Entstrickung aufgelösten stillen Reserven sofort besteuern. Dies gilt auch für beschränkt Steuerpflichtige aus EU-Mitgliedstaaten. Ob diese Einschränkung einer europarechtlichen Prüfung standhält, erscheint fraglich.[69]

(3) Ratierliche Auflösung des Ausgleichspostens

Der Ausgleichsposten ist im Jahr der Bildung und in den folgenden vier Wirtschaftsjahren zu je einem Fünftel gewinnerhöhend aufzulösen (§ 4g Abs. 2 Satz 1 EStG). Im Ergebnis kommt es damit nicht zu einer fünfjährigen, sondern max. zu einer vierjährigen begrenzten **Stundung** der ergebniswirksamen Erfassung der stillen Reserven mit ratierlicher Auflösung, da schon im Überführungsjahr faktisch nur 80% der stillen Reserven erfolgsneutral in den Ausgleichsposten eingestellt werden können. Im Rahmen der **Umstellung von Wirtschaftsjahren** gilt es, ein Rumpfwirtschaftsjahr zu vermeiden, da auch für dieses Rumpfwirtschaftsjahr der Ausgleichsposten zu einem Fünftel aufzulösen wäre.

Der Ausgleichsposten ist auf überführte Wirtschaftsgüter des Anlagevermögens begrenzt und gilt für abnutzbare und nicht abnutzbare, für materielle und immaterielle Wirtschaftsgüter.[70] Die Auflösung orientiert sich nicht an der Nutzungsdauer des Wirtschaftsgutes und damit nicht an der Realisierung der stillen Reserven.[71] Insbes. gegen die von der tatsächlichen Nutzungsdauer unabhängige Auflösung des Ausgleichspostens werden im Schrifttum europarechtliche Bedenken angebracht.[72]

(4) Sofortige Auflösung des Ausgleichspostens bei Realisierung der stillen Reserven

Der Ausgleichsposten ist in vollem Umfang aufzulösen, wenn

– das betreffende Wirtschaftsgut aus dem Betriebsvermögen des Steuerpflichtigen ausscheidet (§ 4g Abs. 2 Nr. 1 EStG),

– das betreffende Wirtschaftsgut aus der Besteuerungshoheit der EU-Mitgliedstaaten ausscheidet (§ 4g Abs. 2 Nr. 2 EStG) oder

– die stillen Reserven des betreffenden Wirtschaftsgutes im Ausland realisiert werden oder bei Anwendung der deutschen Vorschriften hätten realisiert werden müssen (§ 4g Abs. 2 Nr. 3 EStG).

---

68) Der Hintergrund der Forderung nach einer einheitlichen Ausübung des Wahlrechts zur Bildung von Ausgleichsposten bleibt unklar. Eine Verwaltungsvereinfachung erscheint damit nicht verbunden zu sein, da für jedes einzelne Wirtschaftsgut ein eigener Ausgleichsposten zu bilden ist, dessen Entwicklung im Einzelnen nachvollziehbar sein muss.
69) Kritisch dazu auch *Rödder/Schumacher*, DStR 2007 S. 369 (372).
70) Vgl. Gesetzesbegründung v. 09.11.2006, BT-Drs. 16/3369 S. 5.
71) Vgl. *Benecke/Schnitger*, IStR 2007 S. 22 (23).
72) Vgl. *Förster*, DB 2007 S. 72 (75) für den Fall, dass die Auflösung innerhalb von vier Jahren zu einer früheren bzw. höheren Steuerzahlung führt als eine rein innerdeutsche Überführung.

Eine Auflösungspflicht für einen bestehenden Ausgleichsposten bei **Wegfall der unbeschränkten Steuerpflicht** ist nicht normiert.[73] Eine Auflösung wäre gerechtfertigt, wenn durch den Wegfall kein Anknüpfungspunkt für eine beschränkte Steuerpflicht mehr vorhanden wäre, z.b. durch Wegzug des Steuerpflichtigen ohne verbleibende deutsche Betriebsstätte. Die Auflösung des noch bestehenden Ausgleichspostens entspräche einer Art Entstrickungs-Entnahme des Ausgleichspostens. Verbleibt jedoch auch nach Beendigung der unbeschränkten Steuerpflicht z.B. aufgrund einer inländischen Betriebsstätte ein Anknüpfungspunkt für die beschränkte Steuerpflicht, erscheint eine sofortige Auflösung des Ausgleichspostens nach Sinn und Zweck der Regelung nicht angezeigt. Einer Betriebsstätte können jedoch nur Wirtschaftsgüter zugerechnet werden.[74] Nach der Gesetzesbegründung v. 09.11.2006 erfüllt der Ausgleichsposten nicht die Eigenschaften eines Wirtschaftsgutes.[75] Er ist lediglich eine Bilanzierungshilfe. Demzufolge könnte die Auffassung vertreten werden, dass eine Bilanzierungshilfe in Form des Ausgleichspostens nur dem Stammhaus zugeordnet wird. Unabhängig von der Frage, ob nach dem Wegfall der unbeschränkten Steuerpflicht eine inländische Betriebsstätte verbliebe, wäre der Ausgleichsposten sofort aufzulösen. Diese Auffassung würde dogmatisch zum europarechtlich bedenklichen Ansatz passen, dass beschränkt Steuerpflichtige keinen Ausgleichsposten bilden können. Es dürfte keinen Unterschied machen, ob zunächst ein unbeschränkt Steuerpflichtiger ein Wirtschaftsgut in seine ausländische Betriebsstätte überführt und danach seine unbeschränkte Steuerpflicht z.B. durch Wegzug beendet, oder ob er zunächst wegzieht und dann das Wirtschaftsgut aus seiner inländischen Betriebsstätte in eine andere ausländische Betriebsstätte bzw. in sein ausländisches Stammhaus überführt.

Bei einer **Verletzung der Aufzeichnungspflichten** nach § 4g Abs. 4 EStG oder der erweiterten Mitwirkungspflichten nach § 90 AO ist der Ausgleichsposten gem. § 4g Abs. 5 Satz 2 EStG vollständig aufzulösen. Es bleibt zu hoffen, dass die Finanzverwaltung diese Vorschrift restriktiv anwenden wird. Unter europarechtlichen Gesichtspunkten (Verhältnismäßigkeit) erscheint es fraglich, ob eine sofortige Auflösung des Ausgleichspostens etwa dann schon gerechtfertig ist, wenn die Ausgleichsposten der betroffenen Wirtschaftsgüter zwar identifizierbar sind, ein gesondertes Verzeichnis (z.B. ein separates Konto in der Buchführung) aber nicht geführt wird, oder aber wenn bei der Einreichung der Steuererklärung die Aufzeichnungen über die einzelnen Ausgleichsposten versehentlich nicht mit eingereicht werden.

(5) Rückführung des Wirtschaftsgutes

Wird ein Wirtschaftsgut innerhalb der tatsächlichen Nutzungsdauer - spätestens jedoch vor Ablauf von fünf Jahren[76] nach Änderung der Zuordnung - in das Inland zurückgeführt, so wird nicht die allgemeine Verstrickungsregelung des § 4 Abs. 1 Satz 7 2. HS EStG angewendet, sondern der noch bestehende Ausgleichsposten ist gem. § 4g Abs. 3 EStG ergebnisneutral aufzulösen. Das Wirtschaftsgut ist mit dem nachstehenden Wert, höchstens jedoch zum gemeinen Wert, anzusetzen:

---

73) Dies hatten *Benecke/Schnitger*, IStR 2007 S. 22 (23), unter Hinweis auf die Nachversteuerungsregelung in § 2a Abs. 4 EStG diskutiert.
74) So die Finanzverwaltung, vgl. BMF, Schreiben v. 24.12.1999, IV B 4 - S 1300 - 111/99, BStBl. I 1999 S. 1076 (Betriebsstätten-Verwaltungsgrundsätze), Rz. 2.4.
75) BT-Drs. 16/3369 S. 5.
76) Im Rahmen der Rückführung von Wirtschaftsgütern wird im Gegensatz zur Auflösung des Ausgleichspostens auf die tatsächliche Nutzungsdauer abgestellt. Die Begrenzung auf fünf Zeitjahre (nicht Wirtschaftsjahre wie im Fall der Auflösung des Ausgleichspostens) wurde verfahrensrechtlich damit gerechtfertigt, dass es dem Steuerpflichtigen nicht zugemutet werden kann, die entsprechenden Berechnungen bzw. Werte fünf Zeitjahre vorzuhalten; siehe hierzu Gesetzesbegründung v. 09.11.2006, BT-Drs. 16/3369 S.11.

	fortgeführte Anschaffungskosten
+	gewinnerhöhend berücksichtigte Auslösungsbeträge
+	Unterschied zwischen Rückführungswert und Buchwert bei Rückführung
=	**Wertansatz nach § 4g Abs. 3 EStG** [78]

Abb. H.I. - 2: Wertansatz des Wirtschaftsgutes bei Rückführung

Dieses Konzept führt dazu, dass es bei einer **Überführung von Wirtschaftsgütern in eine ausländische Betriebsstätte** mit anschließender Rückführung während der tatsächlichen Nutzungsdauer, höchstens jedoch innerhalb von fünf Jahren, zu einer Berücksichtigung sowohl der im Inland durch die Entstrickung aufgedeckten stillen Reserven als auch der im Ausland erfolgten Wertsteigerung beim Wertansatz des Wirtschaftsgutes kommt.

Mit den **fortgeführten Anschaffungskosten** dürften die nach deutschem Recht unter Berücksichtigung der bis zum Zeitpunkt der Rückführung erforderlichen Abschreibungen ermittelten Buchwerte zu verstehen sein.[78] Wurde das Wirtschaftsgut bis zur Überführung ins Ausland degressiv abgeschrieben, können die fortgeführten Anschaffungskosten i.S.d. § 4g Abs. 3 EStG durch Übergang zur linearen Abschreibung für den Zeitraum der Zurechnung zur ausländischen Betriebsstätte berechnet werden (§ 7 Abs. 3 Satz 1 EStG). Dies entspricht dem bisherigen Vorgehen zur Teilwertvermutung bei abnutzbaren Wirtschaftsgütern des Anlagevermögens.[79] Nach der Rückführung kann dennoch wieder die degressive Abschreibung vorgenommen werden, da die Rückführung als Einlage (§ 4 Abs. 1 Satz 7 2. HS EStG) anzusehen ist. Durch den Wertansatz nach § 4g Abs. 3 EStG als *lex specialis* zu § 6 Abs. 1 Nr. 5a EStG ändert sich die AfA-Bemessungsgrundlage. Die Absetzung für Abnutzung ist nach § 7 Abs. 1 oder Abs. 2 EStG vorzunehmen (R 7.4 Abs. 10 Nr. 1 EStR).

Der Begriff "**Rückführungswert**" i.S.v. § 4g Abs. 3 EStG ist weder gesetzlich definiert noch sind Erläuterungen zur Auslegung des Begriffs in der Gesetzesbegründung gegeben. Es liegt nahe, darin den ausländischen Wertansatz des Wirtschaftsgutes bei der Überführung in die inländische Betriebsstätte zugrunde zu legen.[80] Als Buchwert des Wirtschaftsgutes bei Fortführung ist der ausländische Buchwert des Wirtschaftsgutes im Rückführungszeitpunkt anzusehen.[81]

Durch die Anknüpfung an die nach ausländischem Steuerrecht ermittelten Werte kann es zu Doppelbesteuerungen kommen, wenn die steuerlich angenommene Nutzungsdauer von Wirtschaftsgütern im Ausland länger ist als in Deutschland. Die hinzuzurechnende Differenz zwischen (nach ausländischem Recht ermittelten) "Rückführungswert" und dem (nach ausländischem Recht ermittelten) "Buchwert im Zeitpunkt der Rückführung" wäre geringer als die bei der Ermittlung der fortgeführten Anschaffungskosten nach deutschem Steuerrecht zu berücksichtigenden Abschreibungen. "Weiße Einkünfte" im Fall kürzerer steuerlicher Nutzungsdauern im Ausland werden durch die Begrenzung des Wertansatzes auf den gemeinen Wert vermieden. Diese Unabgestimmtheit hätte durch die direkte Anknüpfung an den gemeinen Wert im Rückführungszeitpunkt vermieden werden können. Die durch den noch bestehenden Ausgleichsposten repräsentierte noch fehlende steuerliche Erfassung der bis zum Zeitpunkt der ursprünglichen Überführung vom Inland ins Ausland entstandenen

---

77) Zur Ermittlung des Eigenkapitals laut Steuerbilanz vgl. BMF, Schreiben v. 04.06.2003, IV A 2 - S 2836 - 2/03, BStBl. I 2003 S. 366 Rz. 16-18; *Förster/van Lishaut*, FR 2002 S. 1205 (1257); *Franz*, GmbHR 2003 S. 818 (821); *Frotscher*, in: Frotscher/Maas, KStG/UmwStG, § 27 KStG Rz. 23 (85. EL 11/2006).
78) So auch *Kessler/Winterhalter/Huck*, DStR 2007 S. 133 (134).
79) Vgl. *Glanegger*, in: Schmidt, EStG, § 6 EStG, Rz. 232 (25. Auflage).
80) So auch *Kessler/Winterhalter/Huck*, DStR 2007 S. 133 (136).
81) So auch *Benecke/Schnitger*, IStR 2007 S. 22 (23 f.).

stillen Reserven könnte entweder durch einen Abzug vom gemeinen Wert oder aber durch eine steuerlich wirksame Auflösung systematisch erfasst werden.

Unklar bleibt die Bedeutung des Verweises auf § 175 Abs. 1 Nr. 2 AO am Ende des § 4g Abs. 3 EStG. Im Schrifttum wird zum Teil davon ausgegangen, dass es sich bei dem Verweis um ein Versehen handelt.[82] Bei dieser Interpretation erfolgt die Erfassung des Zugangs des Wirtschaftsgutes im Rückführungszeitpunkt vom Ausland ins Inland mit dem Wertansatz nach § 4g Abs. 3 Satz 1 EStG. Problematisch ist jedoch, dass i.d.R. bereits zumindest eine teilweise Versteuerung der durch die Entstrickung aufgedeckten stillen Reserven stattgefunden hat. Die entsprechenden Absetzungen für Abnutzungen gem. § 7 EStG wirken sich erst in späteren Veranlagungszeiträumen aus.[83] In Anbetracht der geplanten Steuersatzsenkungen im Rahmen der Unternehmensteuerreform 2008 erleidet der Steuerpflichtige nicht nur Zins- und Liquiditätsnachteile, sondern muss auch etwaige Nachteile aus Steuersatzunterschieden hinnehmen. Diese Nachteile könnten dadurch vermieden werden, dass die Finanzverwaltung den Vorgang der steuerschädlichen Überführung vom Inland ins Ausland mit Verweis auf § 175 Abs. 1 Nr. 2 AO rückwirkend auf den Zeitpunkt der Überführung vom Inland ins Ausland korrigiert. Der Einlagewert wäre lediglich entsprechend § 4g Abs. 3 EStG um etwaig im Ausland versteuerte stille Reserven zu erhöhen. Nur durch diese Interpretation können die vorstehenden Nachteile für den Steuerpflichtigen abgeschwächt werden. Eine entsprechende Klarstellung durch den Gesetzgeber oder die Finanzverwaltung wäre wünschenswert.

(6) Entscheidung über Antrag auf Bildung des Ausgleichspostens

Bei der Entscheidung über die Antragstellung muss der Steuerpflichtige den **Charakter des Ausgleichspostens** beachten. Durch den Ausgleichsposten wird die steuerliche Erfassung des Ertrags aus der Entstrickungs-Entnahme auf fünf Wirtschaftsjahre verteilt. Im Gegensatz dazu wird bei der Stundungslösung im Rahmen der **Wegzugsbesteuerung gem. § 6 AStG** die im Jahr des Wegzugs auf Basis der in diesem Jahr geltenden steuerrechtlichen Rahmenbedingungen sowie der steuerlichen Verhältnisse des Steuerpflichtigen entstehende Steuer zinslos gestundet. Aus Sicht des Steuerpflichtigen ist die zinslose Stundung der Steuer bei der Wegzugsbesteuerung immer vorteilhaft. Dagegen kann es im Fall des Ausgleichspostens in besonderen Situationen - z.B. bei geringen Einkünften oder Verlusten im Jahr der Überführung bzw. bei hohen Einkünften in Kombination mit gestiegenen Steuersätzen (z.B. durch die sog. "Reichensteuer" gem. § 32a EStG i.d.F. des Jahressteuergesetzes 2007) - vorteilhaft sein, im Auflösungsjahr eine sofortige Besteuerung des Entstrickungsgewinns vorzunehmen. Die Regelung wurde vor diesem Hintergrund antragsgebunden ausgestaltet. Die Entscheidung über die Antragstellung bedarf im Einzelfall einer **individuellen Entscheidungsrechnung** auf Basis der prognostizierten zukünftigen steuerlichen Entwicklung der steuerlichen Rahmenbedingungen und der steuerlichen Verhältnisse des Steuerpflichtigen.

dd) Zeitliche Anwendung

Die Neuregelungen in **§ 4 Abs. 1 EStG** (Entstrickungs-Entnahme und Verstrickung) sind nach § 52 Abs. 8b EStG erstmals für das **Wirtschaftsjahr** anzuwenden, **das nach dem 31.12.2005 endet**. Die Entstrickungsregelungen sind daher erstmals im Wirtschaftsjahr 2006 bzw. bei einem abweichenden Wirtschaftsjahr im Wirtschaftsjahr 2005/2006 anzuwenden.

Für die Regelungen zum Ausgleichsposten (**§ 4g EStG**) gibt es keine spezifische Anwendungsvorschrift. Das Gesetz ist am 13.12.2006 in Kraft getreten. Nach § 52 Abs. 1 EStG ist das Gesetz in der bis zum 31.12.2006 geltenden Fassung **erstmals** für den **Veranla-**

---

82) Vgl. z.B. *Benecke/Schnitger*, IStR 2007 S. 22 (24).
83) So *Kessler/Winterhalter/Huck*, DStR 2007 S. 133 (136 f.).

gungszeitraum 2006 anzuwenden.[84] Damit ist in allen offenen Fällen auch für den Veranlagungszeitraum 2006 auf Antrag ein Ausgleichsposten für die Wirtschaftsgüter zu bilden, die nach § 4 Abs. 1 Satz 3 EStG als entnommen gelten. Im Ergebnis sind die Regelungen zum Ausgleichsposten daher zeitlich synchron mit den neuen Entstrickungsregelungen anzuwenden.[85]

Die Anwendung der Neuregelung auf bereits verwirklichte Sachverhalte (z.B. Überführung im Mai 2006 in eine Anrechnungs-Betriebsstätte) wirft unter dem Gesichtspunkt des Dispositionsschutzes verfassungsrechtliche Fragen auf.[86]

b) Entstrickung bei Körperschaften, Personenvereinigungen oder Vermögensmassen (§ 12 KStG)

aa) Entstrickung dem Grunde nach

(1) Entstrickung durch Ausschluss oder Beschränkung des deutschen Besteuerungsrechts

(a) Grundsatz der Neuregelung

Da Kapitalgesellschaften über keine Privatsphäre verfügen, ist für den Verlust oder die Beschränkung des deutschen Besteuerungsrechts die Fiktion einer Entnahme zu betriebsfremden Zwecken (Entstrickungs-Entnahme) nicht möglich. Aus diesem Grund gilt nach § 12 Abs. 1 KStG der Verlust oder die Beschränkung des deutschen Besteuerungsrechts an dem Gewinn aus der Veräußerung oder Nutzung eines Wirtschaftsgutes als Veräußerung oder Nutzung des Wirtschaftsgutes zum gemeinen Wert (sog. **„Entstrickungs-Veräußerung"**). Die Regelungen in § 12 KStG gehen denen in § 4 Abs. 1 Satz 3 EStG als speziellere Vorschrift vor.[87]

Der Entstrickungsregelung des § 12 KStG liegt gegenüber der bisherigen Vorschrift eine andere Grundkonzeption zugrunde: Während nach *§ 12 KStG a.F.* die Verlegung von Sitz und/oder Ort der Geschäftsleitung zum Anlass für eine Liquidationsbesteuerung genommen wurde, wird nunmehr auf den Ausschluss oder die Beschränkung des deutschen Besteuerungsrechts hinsichtlich einzelner Wirtschaftsgüter abgestellt und eine fiktive Veräußerung bzw. Nutzungsüberlassung unterstellt. Dies bewirkt zum Teil eine Erweiterung, aber auch eine Eingrenzung des bisherigen Anwendungsbereichs der Vorschrift.[88] So führt die Überführung von Wirtschaftsgütern von einer inländischen Betriebsstätte in eine ausländische Anrechnungs-Betriebsstätte zu einer Entstrickung der stillen Reserven nach § 12 Abs. 1 KStG n.F. Dagegen erfolgt im Rahmen der identitätswahrenden[89] grenzüberschreitenden **Sitzverlegung aus Deutschland in einen EU-/EWR-Staat** keine Entstrickung der stillen Reserven derjenigen Wirtschaftsgüter, die auch nach Sitzverlegung einer deutschen Betriebsstätte funktional zuzurechnen sind.[90]

Nach der Gesetzesbegründung v. 25.09.2006 zu § 12 KStG[91] liegt in der Gewährung einer **Steuerbefreiung nach § 5 KStG** keine Beschränkung des deutschen Besteuerungsrechts, da die Steuerbefreiung gerade in Ausübung des Besteuerungsrechts gewährt werde. Die Rechtsfolgen aus dem Beginn bzw. Ende einer Steuerbefreiung nach § 5 KStG ergeben sich daher nicht aus § 12 KStG, sondern aus § 13 KStG.

---

84) Vgl. auch *Benecke/Schnitger*, IStR 2007 S. 22 (24).
85) So auch *Benecke*, StuB 2007 S. 3 (5); *Förster*, DB 2007 S. 72 (76).
86) Vgl. hierzu *IDW*, WPg 2006 S. 1318; *Rödder/Schumacher*, DStR 2006 S. 1481 (1488).
87) Vgl. *Dötsch/Pung*, DB 2006 S. 2648.
88) Vgl. *Dötsch/Pung*, DB 2006 S. 2648 (2649).
89) Vgl. *Weller*, DStR 2004 S. 1218.
90) Vgl. *Dötsch/Pung*, DB 2006 S. 2648 (2649). Zur funktionalen Zurechnung von Wirtschaftsgütern zu einer Betriebsstätte siehe Gliederungspunkt I.III.3. b) bb) (1) c).
91) BT-Drs. 16/2710 S. 31.

Grds. werden durch § 12 Abs. 1 KStG betrieblich veranlasste Vorgänge erfasst. Gesellschaftsrechtlich veranlasste Vorgänge, die als **verdeckte Gewinnausschüttung i.S.v. § 8 Abs. 3 Satz 2 KStG** oder als **verdeckte Einlage** zu qualifizieren sind,[92] fallen nicht in den Anwendungsbereich von § 12 Abs. 1 KStG.

Bei Verlust oder Beschränkung des deutschen Besteuerungsrechts an den Anteilen an einer **Europäischen Gesellschaft (SE)** oder **Europäischen Genossenschaft (SCE)** durch Sitzverlegung gelten die Entstrickungsausnahmen der § 4 Abs. 1 Satz 4, § 15 Abs. 1a EStG bzw. § 17 Abs. 5 EStG bei Körperschaften entsprechend (§ 12 Abs. 1 KStG).[93]

(b) Entstrickung bei Rechtsträgerwechsel (§ 12 Abs. 1 KStG)

Nach Auffassung des Gesetzgebers und der Finanzverwaltung umfasst die Entstrickung nach § 12 Abs. 1 KStG sowohl Entstrickungen **mit und ohne Rechtsträgerwechsel**.[94] Mit dem Verweis auf Sachverhalte mit Rechtsträgerwechsel in der Gesetzesbegründung v. 09.11.2006[95] dürfte der Gesetzgeber wohl insbes. die Übertragung auf ausländische Personengesellschaften gemeint haben, da diese Übertragung nach den allgemeinen Regelungen nicht zu einer Gewinnrealisierung führt.

(c) Entstrickung durch Sitzverlegung in einen EU-/EWR-Staat

Die allgemeine Entstrickungsregelung in § 12 Abs. 1 KStG ist auch anwendbar im Fall einer gesellschaftsrechtlich zulässigen Sitzverlegung - z.B. einer **SE oder SCE** - in einen EU-/EWR-Staat. Sofern die **Wirtschaftsgüter** der wegziehenden SE bzw. SCE **funktional einer deutschen Betriebsstätte zuzurechnen sind**, bleibt das deutsche Besteuerungsrecht an diesen Wirtschaftsgütern unverändert erhalten. Zu einer Entstrickung der in den Wirtschaftsgütern enthaltenen stillen Reserven i.S.v. § 12 Abs. 1 KStG kommt es bei der wegziehenden Gesellschaft lediglich im Hinblick auf diejenigen Wirtschaftsgüter, die ausschließlich dem Stammhaus zugeordnet werden können. Hiervon können vor allem **Unternehmensbeteiligungen** und **immaterielle Wirtschaftsgüter** (z.B. **Patente, Lizenzen oder Geschäfts- oder Firmenwert**) betroffen sein, da die Finanzverwaltung dem Stammhaus eine Zentralfunktion zuschreibt.[96] Mithin können Betriebsstätten keine Finanzierungs-, Holding- oder Lizenzgeberfunktionen innehaben bzw. übernehmen.[97]

Bei der Beurteilung der deutschen Betriebsstätte ist nach Sinn und Zweck der Entstrickungsregelung - die Sicherstellung des deutschen Besteuerungssubstrats - auf die abkommensrechtliche Betriebsstättenqualifikation abzustellen. So stellt ein Warenlager zwar nach § 12 Satz 2 Nr. 5 AO, nicht aber abkommensrechtlich nach Art. 5 OECD-MA eine Betriebsstätte dar. Bei einer Sitzverlegung ins Ausland gelten die Wirtschaftsgüter des Warenlagers daher als entstrickt, wenn sie z.B. nicht funktional einer deutschen Vertriebs-Betriebsstätte zuzuordnen sind.

Es spricht einiges dafür, dass **Verlustvorträge** der wegziehenden Gesellschaft im Fall der grenzüberschreitenden Sitzverlegung - mangels Rechtsträgerwechsel - grds. vollumfänglich erhalten bleiben. Ein etwaiger Verlustvortrag einer wegziehenden Körperschaft kann somit

---

92) Vgl. das Beispiel bei *Blumenberg/Lechner*, BB Special 8/2006 S. 25 (26).
93) Siehe hierzu Gliederungspunkte H.I. 1. a) aa) (7) und H.I.3. a) aa) (4).
94) Vgl. BT-Drs. 16/2710 S. 31; *Dötsch/Pung*, DB 2006 S. 2648 (2649); a.A. *Blumenberg/Lechner*, BB Special 8/2006 S. 25 (26); *Rödder/Schumacher*, DStR 2006 S. 1525 (1527).
95) BT-Drs. 16/2710 S. 31.
96) Vgl. auch *Hörtnagl*, Stbg 2006 S. 471 (474).
97) Vgl. BMF, Schreiben v. 24.12.1999, IV B 4 - S 1300 - 111/99, BStBl. I 1999 S. 1076 (Betriebsstätten-Verwaltungsgrundsätze) Rz. 2.4. Abs. 4. Ungeklärt ist insbes. vor dem Hintergrund der Unternehmensteuerreform 2008, wie der Gesetzgeber zukünftig die Funktionszuordnung von Know-How vornehmen will.

Änderungen in EStG, KStG und AStG

mit ihren zukünftigen inländischen Einkünften, z.B. aus einer inländischen Betriebsstätte i.S.v. § 49 Abs. 1 Nr. 2a EStG i.V.m. § 8 Abs. 1 KStG und Art. 7 OECD-MA, verrechnet werden. Demgegenüber können **Verluste, verbleibende Verlustvorträge oder von der übertragenden Körperschaft nicht ausgeglichene negative Einkünfte** im Rahmen der grenzüberschreitenden Verschmelzung nach § 12 Abs. 3 i.V.m. § 4 Abs. 2 Satz 2 UmwStG **nicht** mit zukünftigen inländischen Betriebsstätteneinkünften verrechnet werden (z.B. ein verbleibender Verlustvortrag i.S.d. § 2a, § 10d, § 15 Abs. 4 oder § 15a EStG).[98]

Kommt es zu einer gesellschaftsrechtlich unzulässigen Sitzverlegung, gilt die Gesellschaft als aufgelöst und es kommt bei tatsächlicher Abwicklung zur Liquidationsbesteuerung nach § 11 KStG.[99]

(2) Entstrickung durch Verschmelzung im Drittstaat (§ 12 Abs. 2 KStG)

(a) Entstrickung auf Gesellschaftsebene

Der Anwendungsbereich des UmwStG beschränkt sich grds. auf das Gebiet der EU bzw. des EWR. Die Vorschriften des UmwStG, die grds. als *lex specialis* dem § 12 Abs. 2 KStG vorgehen, sind daher bei Verschmelzungen unter Beteiligung von ausländischen Gesellschaften, die außerhalb der EU bzw. des EWR ansässig sind, nicht anwendbar.[100]

Sofern das Vermögen einer beschränkt steuerpflichtigen Körperschaft, Personenvereinigung oder Vermögensmasse als Ganzes auf eine andere Körperschaft **desselben ausländischen Staates** durch einen Vorgang übertragen wird, der einer **Verschmelzung i.S.v. § 2 UmwStG** vergleichbar ist, führt dies bei der übertragenden Gesellschaft im Inland bezüglich der übergehenden Wirtschaftsgüter jedoch zu keiner Gewinnrealisierung, soweit

– die deutsche Besteuerung hinsichtlich der übergehenden Wirtschaftsgüter bei der übernehmenden Körperschaft desselben Staates sichergestellt ist,

– das deutsche Besteuerungsrecht hinsichtlich der übertragenen Wirtschaftsgüter bei der übernehmenden Gesellschaft nicht beschränkt wird,

– keine Gegenleistung oder lediglich Gesellschaftsrechte gewährt[101] werden und

– weder der übertragende noch der übernehmende Rechtsträger die Voraussetzungen des § 1 Abs. 2 Satz 1 und 2 UmwStG erfüllen.

Damit kommt es im Vergleich zum bisherigen Recht bezüglich **grenzüberschreitender Verschmelzungen im Drittstaatengebiet** zu einer Verschärfung der Rechtslage, da nunmehr der übertragende und der übernehmende Rechtsträger im gleichen Staat ansässig sein müssen.[102] Grenzüberschreitende Verschmelzungen und andere Formen der Übertragung des inländischen Betriebsvermögens (z.B. Spaltungen) im Drittstaat sind außerhalb des neuen Umwandlungssteuerrechts auf Gesellschaftsebene nicht steuerneutral möglich.[103]

---

98) Siehe hierzu auch Gliederungspunkt I.III.4. c).
99) Kritisch bei rein faktischer Verlegung des Verwaltungssitzes vgl. *Blumenberg/Lechner*, BB Special 8/2006 S. 25 (32).
100) Siehe hierzu auch Gliederungspunkt I.III.6.
101) Diese Voraussetzung ist im Vergleich zu den Anforderungen von § 12 Abs. 1 KStG zusätzlich erforderlich, um eine Verschmelzung in einem Drittstaat bezüglich der inländischen Betriebsstätte erfolgsneutral durchführen zu können.
102) Vgl. *Dötsch/Pung*, DB 2006 S. 2648 (2650).
103) Vgl. *Benecke/Schnitger*, IStR 2007 S. 22 (25).

(b) Entstrickung auf Gesellschafter-Ebene

§ 12 Abs. 2 Satz 2 KStG regelt die steuerlichen Folgen auf Ebene des Gesellschafters bei einer Übertragung i.S.d. § 12 Abs. 2 Satz 1 KStG. Er verweist dabei auf § 13 UmwStG, so dass auch Verschmelzungen von Kapitalgesellschaften im Drittstaatengebiet beim in Deutschland steuerpflichtigen Anteilseigner grds. ohne Gewinnrealisierung möglich sind.[104]

Nach dem Wortlaut des § 12 Abs. 2 Satz 2 KStG setzt der Verweis auf § 13 UmwStG einen Vorgang i.S.d. § 12 Abs. 2 Satz 1 KStG voraus. Auf den ersten Blick könnte daher davon ausgegangen werden, dass dies nur für Verschmelzungen innerhalb eines Drittstaates gilt. Nach der Gesetzesbegründung v. 09.11.2006 zu § 12 Abs. 2 Satz 2 KStG[105] soll eine analoge Anwendung des § 13 UmwStG jedoch nicht davon abhängen, dass die Voraussetzungen für eine steuerneutrale Übertragung auf Gesellschaftsebene vorliegen. Insbes. müsse keine Verschmelzung zwischen Körperschaften desselben ausländischen Staates gegeben sein.

Bei der Gewährung einer nicht in Gesellschaftsanteilen bestehenden Gegenleistung (z.B. einer baren Zuzahlung) kommt nach der Gesetzesbegründung v. 09.11.2006 trotz der soweit fehlenden Möglichkeit der Buchwertverknüpfung auf Gesellschaftsebene eine analoge Anwendung des § 13 UmwStG in Frage. Somit ist bei unverändert bestehendem Besteuerungsrecht Deutschlands ein Buchwertansatz zulässig, ansonsten ist - wohl unabhängig von der tatsächlichen Höhe der Gegenleistung - ein Ansatz mit dem gemeinen Wert vorzunehmen (§ 13 Abs. 2 UmwStG).

Das Besteuerungsrecht Deutschlands könnte z.B. bei einer grenzüberschreitenden Verschmelzung im Drittstaatengebiet - in diesem Fall ist nach der Gesetzesbegründung § 12 Abs. 2 Satz 2 KStG anwendbar - insofern ausgeschlossen werden, als eine in einem "Anrechnungsstaat" ansässige Gesellschaft auf eine in einem "Freistellungsstaat" ansässige Gesellschaft verschmolzen wird. Die Vorschrift des § 13 UmwStG ist zwar analog anwendbar, aufgrund des Wegfalls des deutschen Besteuerungsrechts ist eine Buchwertverknüpfung jedoch nicht zulässig.

Bleibt das deutsche Besteuerungsrecht dagegen bestehen, ist nach Auffassung der Finanzverwaltung[106] auch bei einer Zuzahlung der Buchwertansatz beim Anteilseigner vorzunehmen. Die Zuzahlung wird bei den Anteilseignern als Einkünfte aus Kapitalvermögen erfasst. Sie führt jedoch zu einer anteiligen Veräußerung der Altanteile im Verhältnis der Zuzahlung zum gemeinen Wert.[107]

(3) Entstrickung durch grenzüberschreitende Verlegung von Sitz und/oder Ort der Geschäftsleitung in einen Drittstaat (§ 12 Abs. 3 KStG)

Die Rechtsfolgen der Sitzverlegung einer inländischen Kapitalgesellschaft in einen Drittstaat werden abschließend durch § 12 Abs. 3 KStG geregelt.[108] Sofern eine Körperschaft durch die Verlegung ihres Sitzes oder ihres Orts der Geschäftsleitung aus der unbeschränkten Steuerpflicht im EU-/EWR-Raum ausscheidet, ist die Liquidationsbesteuerung nach § 11 KStG analog anzuwenden.

Nach dem Wortlaut von § 12 Abs. 3 KStG führt auch der Verlust der unbeschränkten Steuerpflicht in einem EU-/EWR-Staat bei gleichzeitiger Begründung einer unbeschränkten Steuerpflicht in einem anderen EU-/EWR-Staat zur Liquidationsbesteuerung nach § 11 KStG.

---

104) Zur Regelung des § 13 UmwStG siehe auch Gliederungspunkt I.III.5.
105) BT-Drs. 16/3369 S. 8.
106) Vgl. BMF, Schreiben v. 25.03.1998, IV B 7 - S 1978 - 21/98/IV B 2 - S 1909 - 33/98, BStBl. I 1998 S. 268 (UmwSt-Erlass) Rz. 13.04.
107) So auch *Schmitt*, in: Schmitt/Hörtnagl/Stratz, UmwG/UmwStG, § 13 UmwStG Rz. 25 m.w.N. (4. Auflage).
108) Vgl. *Benecke/Schnitger*, IStR 2006 S. 765 (778).

Änderungen in EStG, KStG und AStG

Ausweislich der Gesetzesbegründung v. 25.09.2006 zu § 12 KStG[109] entspricht dies jedoch nicht dem Willen des Gesetzgebers.

§ 12 Abs. 3 KStG betrifft den Wegzug einer Gesellschaft aus Deutschland in einen nicht der EU bzw. dem EWR angehörenden Drittstaat. Sowohl Sitzverlegungen in einen EU-/EWR-Staat (§ 12 Abs. 1 KStG bzw. § 11 KStG) sowie Sitzverlegungen zwischen Drittstaaten (§ 12 Abs. 2 KStG) sind nicht erfasst.[110] Dem Wortlaut nach ist § 12 Abs. 3 KStG auch dann anzuwenden, wenn eine Körperschaft, Vermögensmasse oder Personenvereinigung ihren Sitz oder ihren Ort der Geschäftsleitung von einem ausländischen EU-/EWR-Staat in einen Drittstaat verlegt und damit aus der unbeschränkten Steuerpflicht in dem anderen EU-/EWR-Staat ausscheidet.

Die Regelung geht im Gegensatz zu der allgemeinen Entstrickungsregelung in § 12 Abs. 1 KStG von der vollständigen Liquidation der Gesellschaft und damit von einer anderen Grundkonzeption aus.[111] Diese sich an der bisherigen Fassung des *§ 12 Abs. 1 KStG a.F.* orientierende Konzeption führt auch zu einer Auflösung der stillen Reserven derjenigen Wirtschaftsgüter, die nach der Verlegung des Sitzes oder des Orts der Geschäftsleitung weiter einer deutschen Betriebsstätte funktional zuzurechnen sind und daher auch weiterhin der deutschen Besteuerung unterliegen.

Der Entstrickung nach § 12 Abs. 3 KStG unterliegen auch die Fälle, in denen zwar eine unbeschränkte Steuerpflicht in einem EU-/EWR-Staat aufgrund des dort verbleibenden Sitzes bzw. des dort verbleibenden Orts der Geschäftsleitung bestehen bleibt, die Gesellschaft jedoch durch die Verlegung von Sitz bzw. Ort der Geschäftsleitung aufgrund eines Doppelbesteuerungsabkommens als im Drittstaat ansässig anzusehen ist.

bb) Entstrickung der Höhe nach

Die Entstrickung der stillen Reserven ist bei Körperschaften korrespondierend zur Behandlung bei natürlichen Personen und Personengesellschaften zum gemeinen Wert anzusetzen.[112] Für die Bewertung von Sachgesamtheiten ist entsprechend der Vorgehensweise bei natürlichen Personen und Personengesellschaften auf den gemeinen Wert der Sachgesamtheit abzustellen.

In dem Gesetzentwurf v. 25.09.2006[113] war in § 12 Abs. 1 letzter Satz KStG-E noch vorgesehen, dass Pensionsrückstellungen nach § 6a EStG zu bewerten sind. Dieser Verweis ist in der endgültigen Gesetzesfassung nicht mehr enthalten. In der Gesetzesbegründung v. 09.11.2006[114] heißt es dazu lediglich, dass die Bewertung von Pensionsverpflichtungen nach den allgemeinen Grundsätzen erfolgt. Bei der Überführung von Sachgesamtheiten (z.B. Betrieben oder Teilbetrieben) gehen die diesen Sachgesamtheiten zuzuordnenden Pensionsverpflichtungen daher in den gemeinen Wert ein. Stille Lasten durch die bisherige Bewertung nach § 6a EStG werden dadurch realisiert. Demgegenüber sind Pensionsrückstellungen nach der Konzeption des UmwStG mit dem Teilwert i.S.v. § 6a EStG zu bewerten (§ 3 Abs. 1, § 11 Abs. 1, § 20 Abs. 2 und § 24 Abs. 2 UmwStG).[115]

---

109) BT-Drs. 16/2710 S. 31; so auch *Blumenberg/Lechner*, BB Special 8/2006 S. 25 (32).
110) Vgl. *Blumenberg/Lechner*, BB Special 8/2006 S. 25 (32); *Rödder/Schumacher*, DStR 2006 S. 1481 (1489); *Dötsch/Pung*, DB 2006 S. 2648 (2650).
111) Vgl. *Dötsch/Pung*, DB 2006 S. 2648 (2650).
112) Zum Verhältnis des gemeinen Werts zum Teilwert vgl. *Kaminski et al.*, BB Beilage 3/2004 S. 1 (15 f.) und die Ausführungen unter Gliederungspunkt H.I.1. a) bb) (1).
113) BT-Drs. 16/2710.
114) Vgl. BT-Drs. 16/3369 S. 18.
115) Vgl. *Dötsch/Pung*, DB 2006 S. 2648 (2648).

cc) Entstrickung in zeitlicher Hinsicht

Sind die Voraussetzungen des § 12 KStG erfüllt, kommt es grds. zu einer sofortigen Besteuerung der aufzulösenden stillen Reserven. Die Regelungen zum Ausgleichsposten in § 4g EStG finden nach dem Gesetzeswortlaut nur auf Gewinne aus der Entstrickungs-Entnahme i.S.v. § 4 Abs. 1 Satz 3 EStG Anwendung, nicht dagegen auf die Gewinne aus der Entstrickungs-Veräußerung nach § 12 Abs. 1 KStG.

Nach der Gesetzesbegründung v. 09.11.2006[116] wird durch § 4g EStG der Betriebsstättenerlass[117] in weiten Teilen für das Gebiet der EU umgesetzt. Da der Betriebsstättenerlass auch für die Körperschaftsteuer unterliegende Steuerpflichtige galt, ist davon auszugehen, dass der Gesetzgeber die Stundungsregelung auch für Entstrickungen nach § 12 Abs. 1 KStG einführen wollte. Der Gesetzeswortlaut gibt dies aber bisher nicht her. Ob der allgemeine Verweis in § 8 Abs. 1 KStG zur analogen Anwendung von § 4g EStG bei Körperschaften ausreicht, ist angesichts des Verweises von § 4g EStG auf die Entstrickung nach § 4 Abs. 1 Satz 3 EStG zumindest fraglich.[118] Gleiches gilt für die analoge Anwendung entgegen dem Gesetzeswortlaut unter Bezugnahme auf die Gesetzesbegründung. Die allgemein erwartete Gesetzesergänzung wurde bislang nicht umgesetzt.[119] Sollte eine Kapitalgesellschaft jedoch Gesellschafterin einer Personengesellschaft sein, kann auf Ebene der Personengesellschaft ein auf die Kapitalgesellschaft entfallender Ausgleichsposten i.S.v. § 4g EStG gebildet werden.[120]

dd) Zeitliche Anwendung

Die Entstrickungsregelungen des **§ 12 Abs. 1 und 3 KStG** sind erstmals **für nach dem 31.12.2005 endende Wirtschaftsjahre** anzuwenden (§ 34 Abs. 8 Satz 2 KStG). Die Regelung des **§ 12 Abs. 2 KStG** gilt erstmals für **Vorgänge, die nach dem 12.12.2006 zur Eintragung in ein öffentliches Register angemeldet werden** (§ 34 Abs. 8 Satz 3 KStG). Die Entstrickungsregelungen sind daher erstmals im Wirtschaftsjahr 2006 bzw. bei einem abweichenden Wirtschaftsjahr im Wirtschaftsjahr 2005/2006 anzuwenden. Die Anwendung der Neuregelung auf bereits verwirklichte Sachverhalte wirft auch bei Körperschaften unter dem Gesichtspunkt des Dispositionsschutzes verfassungsrechtliche Fragen auf.[121]

2. Verstrickung im Betriebsvermögen

a) Verstrickung durch Begründung des deutschen Besteuerungsrechts bei natürlichen Personen und Personengesellschaften

aa) Verstrickung dem Grunde nach (§ 4 Abs. 1 Satz 7 2. HS EStG)

Allgemeine Entstrickungsnormen erfordern zur Vermeidung von Doppelbesteuerungen auch allgemeine Verstrickungsnormen für den Fall des Eintritts in die deutsche Steuerhoheit. Eine derartige allgemeine Verstrickungsnorm enthält § 4 Abs. 1 Satz 7 2. HS EStG: *„einer Einlage steht die Begründung des Besteuerungsrechts der Bundesrepublik Deutschland hinsichtlich des Gewinns aus der Veräußerung eines Wirtschaftsgutes gleich"*.

---

116) BT-Drs. 16/3369 S. 5.
117) BMF, Schreiben v. 24.12.1999, IV B 4 - S 1300 - 111/99, BStBl. I 1999 S. 1076 (Betriebsstätten-Verwaltungsgrundsätze).
118) So auch *Eicker/Orth*, IWB Fach 3 Gruppe 1 S. 2135 (2137).
119) Vgl. z.B. *Benecke/Schnitger*, IStR 2007 S. 22 (23); *Dötsch/Pung*, DB 2006 S. 2648 (2651).
120) Siehe hierzu Gliederungspunkt H.I.1. a) (c) (2).
121) Vgl. hierzu *IDW*, WPg 2006 S. 1318; *Rödder/Schumacher*, DStR 2006 S. 1481 (1488).

Eine Verstrickung liegt z.B. bei der **Überführung von Wirtschaftsgütern aus dem ausländischen Stammhaus in die deutsche Betriebsstätte** durch einen beschränkt Steuerpflichtigen vor. Gleiches gilt beim **Zuzug von Steuerpflichtigen** (Wechsel von der beschränkten zur unbeschränkten Steuerpflicht) für die Wirtschaftsgüter, die wegen der Zentralfunktion des Stammhauses bisher dem ausländischen und künftig dem inländischen Stammhaus zugerechnet werden.[122]

Die **Überführung von Wirtschaftsgütern aus einer ausländischen Freistellungs-Betriebsstätte in eine inländische Betriebsstätte** führt ebenfalls zur Verstrickung. Nach dem Gesetzeswortlaut führt auch die **Überführung von Wirtschaftsgütern von einer Freistellungs-Betriebsstätte in eine Anrechnungs-Betriebsstätte** ebenso wie die **Änderung eines bestehenden Doppelbesteuerungsabkommens** zu einer Verstrickung,[123] wenn bezüglich der ausländischen Betriebsstätte von der Freistellungs- zur Anrechnungsmethode übergegangen wird. Auch durch eine Gesetzesänderung im Betriebsstättenstaat kann es zu einer steuerlichen Verstrickung der überführten Wirtschaftsgüter kommen: Enthält ein Doppelbesteuerungsabkommen, das die Freistellungsmethode vorsieht, eine sog. Rückfallklausel (subject to tax clause) und hebt das Ausland die Steuerpflicht bezüglich des Gewinns aus der Veräußerung des Wirtschaftsgutes auf, so gilt zukünftig für derartige Fälle die Anrechnungsmethode. Durch die Gesetzesänderung im Ausland wird das Besteuerungsrecht Deutschlands begründet, so dass - trotz der zumindest bestehenden Beschränkung des Besteuerungsrechts aufgrund der Anrechnungsverpflichtung ausländischer Steuern - von einer Verstrickung nach § 4 Abs. 1 Satz 7 2. HS EStG auszugehen ist.

Die Verstrickungsregelung ist somit nicht spiegelbildlich zu den Vorschriften über die Entstrickung von Wirtschaftsgütern ausgestaltet. Die **Überführung von Wirtschaftsgütern aus einer ausländischen Anrechnungs-Betriebsstätte in die inländische Betriebsstätte** führt z.B. nicht zu einer Verstrickung i.S.d. § 4 Abs. 1 Satz 7 2. HS EStG,[124] da nach Auffassung des Gesetzgebers bereits in Bezug auf die Anrechnungs-Betriebsstätte ein - wenn auch eingeschränktes - deutsches Besteuerungsrecht besteht.[125]

Bei einer der deutschen Entstrickungsregelung entsprechenden Regelung im Ausland führt dies im Jahr der **Überführung des Wirtschaftsgutes von der ausländischen Anrechnungs-Betriebsstätte in das Inland** zu einem Anrechnungsüberhang i.S.v. § 34c EStG, da den ausländischen Steuern kein inländisches Einkommen gegenübersteht. Auch wird dies in den nachfolgenden Jahren nicht durch erhöhte Abschreibungen oder reduzierte Veräußerungs- bzw. Entnahmegewinne im Inland kompensiert. Den deutschen Steuern in den nachfolgenden Jahren stehen keine anrechenbaren ausländischen Steuern gegenüber, so dass es im Ergebnis trotz Anrechnungsmethode zu einer Doppelbesteuerung kommt. Diese inkonsequente Regelung ist europarechtlich unter dem Gesichtspunkt einer vom EuGH geforderten strikten Anwendung kohärenter Regelungen problematisch.[126]

Die Verstrickungsregelung greift auch nicht in Fällen der **vorübergehenden Überlassung von Wirtschaftsgütern** aus einer ausländischen Freistellungs-Betriebsstätte an eine inländische Betriebsstätte, obwohl im umgekehrten Fall eine Entstrickungs-Entnahme i.S.v. § 4 Abs. 1 Satz 3 EStG vorliegt. Der Ausschluss der Begründung des deutschen Besteuerungsrechts bezüglich der Nutzung eines Wirtschaftsgutes von der Verstrickungsregelung ist zwar

---

122) Vgl. *Förster*, DB 2007 S. 72 (76).
123) Gleiches gilt für die Fälle des § 20 Abs. 2 AStG.
124) Von einem Systembruch im Vergleich zur Entstrickung sprechen z.B. *Benecke/Schnitger*, IStR 2006 S. 765 (767), da für den umgekehrten Fall der Überführung von Wirtschaftsgütern in die ausländische Betriebsstätte eines Staates, mit dem die Anrechnungsmethode zur Vermeidung der Doppelbesteuerung vereinbart wurde, ein Entstrickungstatbestand gem. § 4 Abs. 1 Satz 3 EStG vorgesehen ist.
125) BT-Drs. 16/2710 S. 28.
126) Vgl. *Benecke/Schnitger*, IStR 2006 S. 765 (767).

aus der Sicht der Finanzverwaltung zur Vermeidung von inländischem Administrationsaufwand durch die unentgeltliche Überlassung von Wirtschaftsgütern nachvollziehbar, aber dennoch inkonsequent.[127] Damit steigt auch die Bedeutung der Abgrenzung einer zeitlich begrenzten Überlassung des Wirtschaftsgutes durch die ausländische an die inländische Betriebsstätte zu einer endgültigen Überführung in die inländische Betriebsstätte.

Insbes. wenn das in die deutsche Betriebsstätte überführte Wirtschaftsgut nach einigen Jahren wieder in eine andere ausländische Betriebsstätte entstrickend überführt wird, könnte sich die Frage stellen, ob die ursprüngliche Überführung nicht doch nur als vorübergehende Nutzung in der deutschen Betriebsstätte anzusehen ist und daher nicht von einer Verstrickung ausgegangen werden kann.[128] Streitigkeiten im Rahmen der steuerlichen Außenprüfung sind hier absehbar, so dass - gerade im Hinblick auf die erweiterten Mitwirkungspflichten wegen der Auslandsberührung nach § 90 AO - zu einer eindeutigen und einheitlichen Dokumentation der Absichten geraten werden muss.

bb) Verstrickung der Höhe nach (§ 6 Abs. 1 Nr. 5a EStG)

Die Verstrickungs-Einlage ist nach § 6 Abs. 1 Nr. 5a EStG mit dem gemeinen Wert zu bewerten. Dabei wurde im Gegensatz zu ursprünglichen Überlegungen an eine Wertverknüpfung mit dem vom Ausland angesetzten Wert verzichtet.[129] Je nach der Bewertung im Ausland sind daher eine (partielle) Doppelbesteuerung (Auslandswert > gemeiner Wert)[130], aber auch teilweise sog. **„weiße Einkünfte"** (Auslandswert < gemeiner Wert) möglich.

Die ursprünglich geplante Wertverknüpfung mit dem vom Ausland angesetzten Wert hätte zu verfahrensrechtlichen Problemen geführt. So stellte sich die Frage, ob der ausländische Steuerbescheid im deutschen Recht einen Grundlagenbescheid nach § 171 Abs. 10 AO darstellt mit den Konsequenzen für die **Festsetzungsverjährung** (Ablaufhemmung gem. § 171 AO) und die **Änderung der deutschen Steuerbescheide** nach § 175 Abs. 1 Satz 1 Nr. 1 AO.

Hinsichtlich der Verstrickung von geringwertigen Wirtschaftsgütern ist eine Sofortabschreibung nach § 6 Abs. 2 EStG möglich.[131] Liegt der Teilwert des Wirtschaftsgutes - z.B. wegen einer zu berücksichtigenden Gewinnmarge - dauerhaft unterhalb des gemeinen Werts, ist nach der Verstrickung eine Teilwertabschreibung nach § 6 Abs. 1 Nr. 1 Satz 2 bzw. Nr. 2 Satz 2 EStG vorzunehmen.[132]

cc) Zeitliche Anwendung

Die Regelungen zur Verstrickung sind nach § 52 Abs. 16 Satz 1 EStG erstmals für **Wirtschaftsjahre** anzuwenden, **die nach dem 31.12.2005 enden**. Damit gelten die Verstrickungsregelungen erstmals für das **Wirtschaftsjahr 2006** bzw. bei **abweichendem Wirtschaftsjahr** für das **Wirtschaftsjahr 2005/2006**.

---

127) So auch *Benecke/Schnitger*, IStR 2006 S. 765 (767).
128) Während die Verstrickung über Nutzungseinlagen abgelehnt wird, werden Nutzungsentnahmen als Entstrickung behandelt.
129) Vgl. *Benecke/Schnitger*, IStR 2006 S. 765 (766); befürwortend *Rödder/Schumacher*, DStR 2006 S. 1481 (1486).
130) Zur Frage europarechtlicher Schranken einer doppelten Besteuerung stiller Reserven vgl. *Kessler/Huck*, StuW 2005 S. 193 (208).
131) Gem. dem Gesetzentwurf zur Unternehmensteuerreform 2008 v. 14.03.2007 zu § 6 Abs. 2 EStG sind nur Wirtschaftsgüter mit Anschaffungskosten bis 100 Euro als Betriebsausgaben abzuziehen.
132) Vgl. *Förster*, DB 2007 S. 72 (76).

b) Verstrickung durch Begründung des deutschen Besteuerungsrechts bei Körperschaften

Die Verstrickungsregelung des § 4 Abs. 1 Satz 7 2. HS EStG ist bei Körperschaften über § 8 Abs. 1 KStG ebenfalls anwendbar.

3. Entstrickung von Anteilen i.S.d. § 17 EStG

a) Entstrickung durch Wegzug der Gesellschaft (§ 17 Abs. 5 Satz 1 und Abs. 7 EStG)

aa) Entstrickung dem Grunde nach

(1) Grundsatz der Neuregelung

Kommt es durch die **Sitzverlegung** oder die **Verlegung des Orts der Geschäftsleitung** einer Kapitalgesellschaft zu einem Ausschluss oder einer Beschränkung des deutschen Besteuerungsrechts hinsichtlich des Gewinns aus der Veräußerung von Anteilen an der Kapitalgesellschaft auf Ebene der Gesellschafter, so steht dies nach § 17 Abs. 5 Satz 1 EStG der Veräußerung der Anteile zum gemeinen Wert gleich.

Diese **Veräußerungsfiktion** gilt grds. nur für Beteiligte i.S.d. § 17 Abs. 1 Satz 1 EStG, also in den Fällen, in denen der Gesellschafter innerhalb der letzten fünf Jahre am Kapital der Gesellschaft unmittelbar oder mittelbar zu mind. 1% beteiligt war. Sind die Voraussetzungen bei Anteilen im Privatvermögen nicht erfüllt, kommt es auch dann nicht zur Entstrickung, wenn die Jahresfrist des § 23 EStG noch nicht abgelaufen ist. Dazu hätte es einer analogen Regelung in § 23 EStG bedurft.[133]

Nach § 17 Abs. 6 EStG gelten als Anteile i.S.d. § 17 Abs. 1 Satz 1 EStG - so dass die **Veräußerungsfiktion** des § 17 Abs. 5 Satz 1 EStG greift - auch Anteile an Kapitalgesellschaften, an denen der (fiktive) Veräußerer innerhalb der letzten fünf Jahre am Kapital der Gesellschaft nicht unmittelbar oder mittelbar zu mind. 1% beteiligt war, wenn

– die Anteile aufgrund eines Einbringungsvorgangs i.S.d. UmwStG, bei dem nicht der gemeine Wert zum Ansatz kam, erworben wurden und
– zum Einbringungszeitpunkt für die **eingebrachten Anteile** die Voraussetzungen von § 17 Abs. 1 Satz 1 EStG erfüllt waren oder die Anteile auf einer Sacheinlage i.S.v. § 20 Abs. 1 UmwStG v. 07.12.2006 (BGBl. I S. 2782, 2791) in der jeweils geltenden Fassung beruhen.

Die Steuerverstrickung der **eingebrachten Anteile** setzt sich nach § 17 Abs. 6 EStG in den neuen Anteilen fort und die Veräußerungsfiktion des § 17 Abs. 5 Satz 1 EStG ist mithin entsprechend anzuwenden.

Die Regelungen gelten aufgrund der Vorschrift des § 17 Abs. 7 EStG auch für Anteile an **Genossenschaften**, einschließlich **Europäischer Genossenschaften** (SCE).

(2) Anwendung nur bei identitätswahrender Sitzverlegung

Zur Entstrickung nach § 17 Abs. 5 Satz 1 EStG kommt es nur, wenn die Gesellschaft durch die Sitzverlegung nicht bereits zivilrechtlich aufgelöst ist. Sollte die Gesellschaft bereits zivilrechtlich aufgelöst sein, gelten die Grundsätze der Liquidationsbesteuerung in § 17 Abs. 4 EStG.[134]

Aufgrund der zz. in Deutschland noch vorherrschenden Sitztheorie sind sog. identitätswahrende Sitzverlegungen ohne zivilrechtliche Auflösung noch selten.[135] Zumindest innerhalb

---

133) Vgl. *Blumenberg/Lechner*, BB Special 8/2006 S. 25 (31).
134) Vgl. *Benecke/Schnitger*, IStR 2006 S. 765 (767); *Förster*, DB 2007 S. 72 (78).
135) Zur Sitzverlegung, insbes. auch zum Wegzug aus Deutschland, vgl. *Hahn*, IStR 2005 S. 677 (680).

der EU dürften derartige Wegzüge aufgrund primärrechtlicher (Grundfreiheiten) und sekundärrechtlicher[136] Normen des Europarechts zunehmen. So soll im Rahmen der Novellierung des GmbHG und des AktG eine Sitzverlegung ins Ausland zulässig werden.[137]

Gilt die Gesellschaft nach § 12 Abs. 3 KStG als aufgelöst, erfolgt gem. der Gesetzesbegründung v. 25.09.2006[138] auf Ebene des Gesellschafters die Liquiditätsbesteuerung nach § 17 Abs. 4 i.V.m. Abs. 1 EStG. Für eine Entstrickung nach § 17 Abs. 5 EStG bleibt dann kein Raum.

(3) Entstrickungsfälle gem. § 17 Abs. 5 EStG

Nach § 17 Abs. 5 Satz 1 EStG steht die **Beschränkung oder der Ausschluss des Besteuerungsrechts Deutschlands** hinsichtlich des Gewinns aus der Veräußerung der Anteile an einer Kapitalgesellschaft einer **Veräußerung zum gemeinen Wert** gleich, wenn die Kapitalgesellschaft ihren Sitz oder ihren Ort der Geschäftsleitung in einen anderen Staat verlegt und mithin in Deutschland nicht weiter unbeschränkt körperschaftsteuerpflichtig gem. § 1 Abs. 1 KStG ist.

Dies gilt nach § 17 Abs. 5 Satz 2 und 3 EStG jedoch nicht in den Fällen der **Sitzverlegung einer Europäischen Gesellschaft (SE) oder einer anderen Kapitalgesellschaft** in einen anderen EU-Mitgliedstaat.[139] In diesen Fällen ist der Gewinn aus einer späteren Veräußerung der Anteile ungeachtet der Bestimmungen eines Doppelbesteuerungsabkommens in der gleichen Art und Weise zu besteuern, wie die Veräußerung dieser Anteile zu besteuern gewesen wäre, wenn keine Sitzverlegung stattgefunden hätte. § 15 Abs. 1a Satz 2 EStG ist entsprechend anzuwenden.[140]

Zu einer Entstrickung kommt es z.B. bei einem **in einem Nicht-DBA-Staat ansässigen, in Deutschland beschränkt Steuerpflichtigen**, der Anteile an einer inländischen Kapitalgesellschaft hält, und diese inländische Gesellschaft ihren Sitz und ihren Ort der Geschäftsleitung identitätswahrend ins Ausland verlegt. Damit verliert Deutschland das Besteuerungsrecht nach § 49 Abs. 1 Nr. 2 Buchst. e) Doppelbuchst. aa) EStG.

Bei **beschränkt Steuerpflichtigen**, die in einem DBA-Staat ansässig sind, steht das Besteuerungsrecht nach Art. 13 Abs. 5 OECD-MA regelmäßig allein dem Ansässigkeitsstaat des Gesellschafters zu.[141] Eine Beschränkung oder ein Verlust des nicht bestehenden deutschen Besteuerungsrechts ist daher grds. nicht möglich.[142] Eine Ausnahme besteht nur für Anteile an sog. Immobiliengesellschaften, deren Wert zu mehr als 50% auf in Deutschland bele-

---

136) Auf europäischer Ebene wird zz. der Entwurf der als Sitzverlegungsrichtlinie bezeichneten 14. Gesellschaftsrechtrichtline erörtert (*Vorschlag für den Erlass einer Vierzehnten gesellschaftsrechtlichen Richtlinie des Europäischen Parlaments und des Rates über die Verlegung des Sitzes einer Gesellschaft in einen anderen Mitgliedstaat mit Wechsel des für die Gesellschaft maßgebenden Rechts* v. 20.04.1997, ZIP 1997 S. 1721 ff.).
137) Vgl. Entwurf eines Gesetzes zur Modernisierung des GmbH-Rechts und zur Bekämpfung von Missbräuchen (MoMiG) v. 29. Mai 2006. Danach soll für Gesellschaften mit beschränkter Haftung (Art. 1 zu § 4a GmbHG) und Aktiengesellschaften (Art. 5 zu § 5 AktG) die freie Wahl des Gesellschaftssitzes verankert werden.
138) Vgl. BT-Drs. 16/2710 S. 31 zu § 12 Abs. 3 KStG.
139) Fraglich ist, warum § 17 Abs. 5 Satz 2 EStG keinen Hinweis auf die Sitzverlegung der SCE nach Art. 7 der Verordnung (EG) Nr. 1435/2003 des Rates v. 22.07.2003 über das Statut der Europäischen Genossenschaft (SCE) (ABl. L 207 v. 18.08.2003 S. 25) entsprechend § 4 Abs. 1 Satz 4 EStG enthält.
140) Dies entspricht insoweit der Regelung in Art. 10d Abs. 1 FRL, wonach die Verlegung des Sitzes einer SE bzw. einer SCE für sich allein keine Besteuerung des Veräußerungsgewinns des Gesellschafter auslösen darf. Nach Art. 10d Abs. 2 FRL können Veräußerungsgewinne im Fall einer späteren Besteuerung allerdings besteuert werden; siehe Gliederungspunkt G.III.4. b).
141) Siehe hierzu Gliederungspunkt H.I.1. a) aa) (7).
142) Vgl. *Blumenberg/Lechner*, BB Special 8/2006 S. 25 (31); *Voß*, BB 2006 S. 411 (412).

genen Immobilien beruht. Enthält das jeweilige Doppelbesteuerungsabkommen eine dem Art. 13 Abs. 4 OECD-MA entsprechende Klausel, so kann Deutschland bei einer Beteiligung i.S.d. § 17 Abs. 1 EStG die beschränkte Steuerpflicht nach § 49 Abs. 1 Nr. 2 Buchst. e) Doppelbuchst. aa) EStG auch abkommensrechtlich durchsetzen. Verlegt nun die Immobiliengesellschaft ihren Sitz oder ihren Ort der Geschäftsleitung aus dem Inland in das Ausland und befinden sich danach Sitz und Ort der Geschäftsleitung im Ausland, unterliegt der beschränkte Steuerpflichtige mit Gewinnen aus einer Veräußerung dieser Anteile nicht weiter der beschränkten Steuerpflicht nach § 49 Abs. 1 Nr. 2 Buchst. e) Doppelbuchst. aa) EStG. Das deutsche Besteuerungsrecht ist durch die Sitzverlegung der Immobiliengesellschaft untergegangen. Daher erfolgt auch in diesem Fall die Entstrickung nach § 17 Abs. 5 EStG.

Bei **unbeschränkt Steuerpflichtigen**, die auch nach dem einschlägigen Doppelbesteuerungsabkommen in Deutschland ansässig sind, hat § 17 Abs. 5 EStG eine geringere Bedeutung, da nach Art. 13 Abs. 5 OECD-MA allein der Ansässigkeitsstaat des Gesellschafters das Besteuerungsrecht bezüglich des Gewinns aus der Veräußerung der Gesellschaftsanteile hat. Dies gilt auch für Gesellschaften mit Sitz und Geschäftsleitung im Ausland. Lediglich für die Fälle, in denen nach dem anzuwendenden Doppelbesteuerungsabkommen abweichend vom OECD-MA beiden Staaten das Besteuerungsrecht zusteht und Deutschland nach dem Doppelbesteuerungsabkommen bei Gewinnen aus der Veräußerung von Anteilen an im Ausland ansässigen Gesellschaften zur Anwendung der Anrechnungsmethode verpflichtet ist, kommt eine Beschränkung des deutschen Besteuerungsrechts in Frage.[143] Auch durch die Sitzverlegung von Immobiliengesellschaften kann es im Verhältnis zu Ländern, mit denen eine dem Art. 13 Abs. 4 OECD-MA vergleichbare Regelung vereinbart ist, zu einer Beschränkung des deutschen Besteuerungsrechts kommen.

(4) Ausnahme bei Entstrickung aufgrund der Sitzverlegung einer SE

Wie im Betriebsvermögen kommt eine Entstrickung bei im Privatvermögen gehaltenen Anteilen an einer Europäischen Gesellschaft (SE) oder einer anderen Kapitalgesellschaft im Falle einer Sitzverlegung in einen anderen EU-Mitgliedstaat nach § 17 Abs. 5 Satz 2 EStG nicht in Betracht.[144] In diesen Fällen wird der Gewinn aus einer späteren Veräußerung der Anteile nach § 17 Abs. 5 Satz 3 EStG unabhängig von den Regelungen des Doppelbesteuerungsabkommens besteuert. Damit werden auch die zukünftigen, erst nach der Entstrickung entstehenden stillen Reserven besteuert.

Zur Realisierung dieses **treaty override** bei beschränkt Steuerpflichtigen wurde § 49 Abs. 1 Nr. 2 Buchst. e) Doppelbuchst. bb) EStG um die Steuerpflicht des Gewinns aus der Veräußerung der Anteile erweitert, bei denen nach § 17 Abs. 5 Satz 2 EStG auf eine Entstrickungsbesteuerung zunächst verzichtet wurde. Dieser treaty override kann zu einer Doppelbesteuerung - zumindest bezüglich der nach der Sitzverlegung entstandenen stillen Reserven - führen und ist daher unter europarechtlichen Gesichtspunkten problematisch.[145]

---

143) So z.B. nach Art. 13 Abs. 3 i.V.m. Art. 23 Abs. 1 Buchst. b) Nr. 3 DBA-Tschechien.
144) *Hruschka*, StuB 2006 S. 631 (637) hält den Einbezug der anderen Kapitalgesellschaft unter Hinweis auf die Formulierung in § 12 Abs. 3 KStG für ein Redaktionsversehen des Gesetzgebers. Es ist schon verwunderlich, dass sich die Ausnahme nur auf andere Kapitalgesellschaften bezieht und nicht auch auf andere Körperschaften, Personenvereinigungen und Vermögensmassen.
145) So auch *Benecke/Schnitger*, IStR 2006 S. 765 (768).

bb) Entstrickung der Höhe nach

Im Fall der Entstrickung nach § 17 Abs. 5 EStG gelten die Anteile als mit dem gemeinen Wert veräußert. Für die Ermittlung des gemeinen Werts dieser Anteile ist aufgrund der Ergänzung von § 11 Abs. 2 BewG um Satz 3 das Stuttgarter Verfahren für ertragsteuerliche Zwecke nicht mehr anwendbar. Stattdessen ist eine allgemeine **Bewertung in Anlehnung an den IDW-Standard S1**[146] durchzuführen. Die Finanzverwaltung hat zu diesem Zweck eine allgemeine Verfügung zur Bewertung von Kapitalgesellschaften für ertragsteuerliche Zwecke entwickelt.[147] Die Berechnung des Veräußerungsgewinns erfolgt nach den allgemeinen Regelungen (§ 17 Abs. 2 EStG).

b) Entstrickung durch Wegzug des Gesellschafters (§ 6 AStG)

aa) Grundsatz: Sofortversteuerung bei Wegfall der unbeschränkten Steuerpflicht durch Wegzug

Die Neuregelung der Wegzugsbesteuerung in § 6 AStG geht auf die Rechtsprechung des EuGH v. 11.03.2004 in der Rs. "Hughes des Lasteyrie du Saillant" zu einer vergleichbaren französischen Regelung zurück.[148] Während die Neuregelung für den EU-/EWR-Raum zumindest zu einer Vermeidung einer sofortigen Steuerzahlung führt, kommt es für andere Fälle zu einer deutlichen Ausweitung der Wegzugsbesteuerung.[149]

Der noch im Gesetzentwurf der Bundesregierung v. 25.09.2006[150] geplante Übergang von einer am Wegfall der unbeschränkten Steuerpflicht des Anteilseigners zu einer an der Beschränkung oder dem Ausschluss des deutschen Besteuerungsrechts orientierten Wegzugsbesteuerung wurde auf Anraten des Bundesrates[151] nicht umgesetzt. Der Wegfall oder die Beschränkung des deutschen Besteuerungsrechts wird lediglich noch als Auffangtatbestand in § 6 Abs. 1 Satz 2 Nr. 4 AStG normiert.[152]

So ist auch nach der Neufassung des § 6 AStG eine Besteuerung i.S.d. § 17 EStG ohne eine Veräußerung vorzunehmen, wenn nach mind. zehn Jahren[153] die unbeschränkte Steuerpflicht durch Aufgabe des Wohnsitzes oder des gewöhnlichen Aufenthalts entfällt. Im Gegensatz zur bisherigen Regelung sind nunmehr auch Anteile an ausländischen Kapitalgesellschaften und über § 17 Abs. 6 EStG auch auf bestimmten Einbringungsvorgängen beruhende Anteile an Kapitalgesellschaften von weniger als 1%[154] erfasst.[155]

bb) Ersatztatbestände zur Vermeidung von Besteuerungslücken

Nach § 6 Abs. 1 Satz 2 AStG stehen der **Beendigung des deutschen Besteuerungsrechts** folgende Vorgänge gleich:

– eine voll- oder teilentgeltliche Übertragung unter Lebenden oder von Todes wegen auf nicht unbeschränkt steuerpflichtige Personen (Nr. 1);

– ein Ansässigkeitswechsel nach den Vorschriften eines Doppelbesteuerungsabkommens (Nr. 2);

---

146) WPg 2005 S. 1303 ff.
147) OFD Düsseldorf, Vfg. v. 12.08.2004, BB 2004 S. 2184.
148) Vgl. EuGH v. 11.03.2004, C 9/02, DStR 2004 S. 551.
149) So auch *Benecke/Schnitger*, IStR 2006 S. 765 (768).
150) BT-Drs. 16/2710 S. 21.
151) BT-Drs. 16/2710 S. 61 f.
152) Vgl. *Töben/Reckwardt*, FR 2007 S. 159 (160).
153) Bei einer oder mehrfacher unentgeltlicher Rechtsnachfolge wird die Dauer der unbeschränkten Steuerpflicht der Rechtsvorgänger bei der Berechnung der 10-Jahres-Frist berücksichtigt, § 6 Abs. 2 AStG.
154) Siehe hierzu auch Gliederungspunkt H.I.3. a) aa) (1).
155) Vgl. *Hörtnagl*, Stbg 2006 S. 471 (479).

- die Einlage der Anteile in einen Betrieb oder eine Betriebsstätte in einem ausländischen Staat (Nr. 3);
- die auf anderen Gründen beruhende Beschränkung oder der Ausschluss des deutschen Besteuerungsrechts hinsichtlich des Gewinns aus der Veräußerung der Anteile (Nr. 4).[156]

Gem. § 6 Abs. 1 Satz 3 AStG gehen die Vorschriften des § 17 Abs. 5 EStG ebenso wie die Vorschriften des UmwStG als *lex specialis* der Auffangregelung in § 6 Abs. 1 Satz 2 Nr. 4 AStG vor.

Bei der **Erbfolge** von einem in Deutschland ansässigen Erblasser an einen im Ausland ansässigen Erben könnte die Anwendung des § 6 AStG daran scheitern, dass die unbeschränkte Steuerpflicht des Erblassers in Deutschland erst mit dem Tod endet, so dass eine Besteuerung nach § 6 AStG auf den ersten Blick nur beim Erben in Frage kommt. Der Erbe ist jedoch nur beschränkt steuerpflichtig und genießt regelmäßig auch DBA-Schutz. Eine Besteuerung der stillen Reserven, die der Erblasser während seiner unbeschränkten Steuerpflicht in Deutschland angesammelt hat, wird damit - vorbehaltlich besonderer vom OECD-MA abweichender DBA-Bestimmungen - nur dann umsetzbar sein, wenn von einer Tatbestandserfüllung beim Erblasser in der letzten juristischen Sekunde seines Todes ausgegangen wird.[157]

Im **Schenkungsfall**, bei dem der Schenker noch lebt, könnte auch bei diesem die Steuerpflicht nach § 6 Abs. 1 AStG entstehen. Hierzu fehlt es jedoch an einer eindeutigen Regelung im Gesetz, so dass auch im Schenkungsfall die Durchsetzbarkeit des § 6 AStG nur dann gegeben ist, wenn die Entstehung der Steuer beim Schenker in der letzten juristischen Sekunde unterstellt wird.[158]

Unklar sind die Folgen der **Einbringung der Anteile an einer Kapitalgesellschaft** in einen ausländischen Betrieb oder eine ausländische Betriebsstätte des Steuerpflichtigen i.S.v. § 6 Abs. 1 Satz 2 Nr. 3 AStG. Durch die Einlage kommt es zu einer Wegzugsbesteuerung der bis zur Einlage entstandenen stillen Reserven. Die Einlage in das Betriebsvermögen wird nach § 6 Abs. 1 Nr. 5 Satz 1 Buchst. b) EStG mit den Anschaffungskosten bewertet. Werden die Anteile später in der ausländischen Betriebsstätte veräußert, werden die bis zur Einlage in die ausländische Betriebsstätte entstandenen stillen Reserven nochmals besteuert, sofern Deutschland noch ein Besteuerungsrecht (z.B. wegen fehlendem Doppelbesteuerungsabkommen oder dem Vorliegen einer Anrechnungs-Betriebsstätte) zusteht.

Diese systemwidrige Doppelbesteuerung ließe sich am Einfachsten durch eine Bewertung der Einlage - entgegen dem Gesetzeswortlaut - mit dem gemeinen Wert vermeiden. Bei der Einlage einer wertgeminderten Beteiligung i.S.d. § 17 EStG hat der BFH aus systematischen Gründen eine Bewertung - auch entgegen dem Gesetzeswortlaut - mit den höheren Anschaffungskosten zugelassen, soweit die Einlage keine Veräußerung i.S.d. § 17 EStG darstellt, da sich im Falle einer Bewertung mit dem geringeren Teilwert die Wertminderung steuerlich nicht mehr auswirken könnte.[159] Im vorliegenden Fall würden sich bei der Bewertung der Einlage mit den niedrigeren Anschaffungskosten Wertsteigerungen bis zur Einlage doppelt, nämlich über die Wegzugsbesteuerung und über den Veräußerungsgewinn, auswirken. Dies

---

156) Damit kann sich schon allein aus der Tätigkeit des Gesetzgebers (z.B. Neuabschluss oder Änderung eines Doppelbesteuerungsabkommens) eine Steuerpflicht nach § 6 AStG ergeben. Vgl. die Beispiele bei *Töben/Reckwardt*, FR 2007 S. 159 (165).
157) Analog der bisherigen Regelung (BMF, Schreiben v. 14.05.2004, BStBl. I 2004 Sondernummer 1 S. 3 Rz. 6.1.3.) und bei der Entnahme von Sonderbetriebsvermögen im Erbfall bei einer qualifizierten Nachfolgeklausel bezüglich des an Nicht-Gesellschafter-Erben übergehenden Sonderbetriebsvermögens nach BMF, Schreiben v. 14.03.2006, BStBl. I 2006 S. 253 Rz. 74.
158) Vgl. *Wassermeyer*, DB 2006 S. 1390, der davon ausgeht, dass die Besteuerung nicht durchsetzbar sein dürfte.
159) Vgl. BFH v. 25.07.1995, VIII R 25/94, BStBl. II 1996 S. 684.

wäre auch eine vom Sinn und Zweck der Regelung sowie der Systematik des EStG nicht gedeckte Lösung.[160]

Ein Fall des Auffangtatbestands des § 6 Abs. 1 Satz 2 Nr. 4 AStG liegt z.b. dann vor, wenn der in Tschechien ansässige Gesellschafter einer deutschen Kapitalgesellschaft nach Österreich (Doppelbesteuerungsabkommen mit Freistellungsmethode) umzieht.[161] Die beschränkte Steuerpflicht nach § 49 Abs. 1 Nr. 2 Buchst. e) Doppelbuchst. aa) EStG ist bis zum Umzug durch das Doppelbesteuerungsabkommen nicht eingeschränkt.[162] Infolge des Umzugs entfällt das deutsche Besteuerungsrecht für die Anteile, weshalb die Regelungen zur Wegzugsbesteuerung gem. § 6 AStG zur Anwendung gelangen.[163]

§ 6 Abs. 1 Satz 5 AStG regelt die Fälle, in denen trotz Wegfall der unbeschränkten Steuerpflicht und der in diesem Zusammenhang erfolgten Wegzugsbesteuerung weiterhin ein deutsches Besteuerungsrecht nach § 17 EStG und § 49 Abs. 1 Nr. 2 Buchst. e) EStG besteht. Der bei einer Veräußerung entstehende steuerpflichtige Gewinn ist um den bei der Wegzugsbesteuerung bereits besteuerten Vermögenszuwachs zu kürzen.

cc) Stundung und Wegfall der Steuer bei Rückkehr nach Wegzug in einen Drittstaat

Wie bisher besteht bei einem Wegzug in einen Drittstaat nach § 6 Abs. 4 AStG die Möglichkeit zur **Stundung gegen Sicherheitsleistung für längstens fünf Jahre**, sofern die sofortige Einziehung der Steuer mit erheblichen Härten verbunden wäre.[164] Mit dieser Regelung wird der mit der Wegzugsbesteuerung verbundenen Besteuerung nicht realisierter Wertzuwächse und dem folglich fehlenden Liquiditätszufluss Rechnung getragen.

Kehrt der Steuerpflichtige innerhalb von fünf Jahren bzw. innerhalb von max. zehn Jahren bei beruflich bedingter Abwesenheit und Fristverlängerung durch das zuletzt zuständige Wohnsitzfinanzamt[165] nach Deutschland zurück, ohne dass die Gesellschaftsanteile in der Zwischenzeit veräußert oder die Ersatztatbestände des § 6 Abs. 1 Satz 2 Nr. 1 oder 3 AStG erfüllt worden sind, und ist der Steuerpflichtige nach seiner Rückkehr auch im abkommensrechtlichen Sinne wieder in Deutschland ansässig, entfällt die nach § 6 Abs. 1 AStG erhobene Steuer rückwirkend (§ 6 Abs. 3 AStG). Dies gilt nach § 6 Abs. 3 Satz 3 AStG auch bei Rückkehr des Erben, nicht jedoch bei Rückkehr eines Beschenkten.

Nach Auffassung der Finanzverwaltung ist die ursprüngliche **Steuerfestsetzung** nach § 175 Abs. 1 Satz 1 Nr. 2 AO zu ändern.[166] Dies hat zur Folge, dass für die erstattete Steuer keine Zinsen nach § 233a AO vergütet werden (§ 233a Abs. 2a AO). Wurde die Steuer nach § 6 Abs. 4 AStG verzinslich gestundet, so entfallen die Stundungszinsen dagegen nicht nachträglich (§ 234 Abs. 1 Satz 2 AO). Es ist lediglich ein Verzicht auf die Stundungszinsen nach § 234 Abs. 2 AO möglich, wenn die Erhebung der Zinsen unbillig wäre. Ob die Erhebung von Stundungszinsen bei späterem Wegfall der Steuer wegen Rückkehr unbillig ist, erscheint zumindest unter dem Aspekt der fehlenden Verzinsung bei Zahlung der Steuer und späterem Wegfall fraglich.

---

160) Siehe BFH v. 25.07.1995, VIII R 25/94, BStBl. II 1996 S. 684 unter 2 c) bb) der Gründe.
161) Gleiches gilt für Slowakei (Art. 13 Abs. 3 i.V.m. Art. 23 Abs. 2 Buchst. b) DBA-Slowakei) und Zypern (Art. 13 Abs. 3 i.V.m. Art. 23 Abs. 2 Buchst. a) DBA-Zypern).
162) Siehe Art. 13 Abs. 3 i.V.m. Art. 23 Abs. 2 Buchst. b) DBA-Tschechien.
163) Siehe Art. 13 Abs. 5 DBA-Österreich.
164) Von der Sicherheitsleistung kann nur abgesehen werden, wenn der Steueranspruch nicht gefährdet erscheint.
165) Der Steuerpflichtige muss die berufliche Veranlassung sowie die weiterhin bestehende Rückkehrabsicht glaubhaft machen. Hierzu genügt die Sachverhaltsfeststellung mit überwiegender Wahrscheinlichkeit; vgl. zu den Anforderungen und zur Abgrenzung zum Vollbeweis z.B. Seer, in: Tipke/Kruse, AO/FGO, § 96 FGO Rz. 75 m.w.N. (111. EL 11/2006).
166) Vgl. BMF, Schreiben v. 14.05.2004, BStBl. I 2004 Sondernummer 1 S. 3 Rz. 6.4.3. Bei einer lediglich vorläufigen Festsetzung erfolgt die Änderung nach § 165 Abs. 2 AO.

Gegen diese sehr begrenzte **Stundungsregelung bei Wegzug in Drittstaaten** werden in der Literatur europarechtliche Bedenken geäußert, da die Freiheit des Wegzugs von der Kapitalverkehrsfreiheit geschützt sei und die Kapitalverkehrsfreiheit auch im Verhältnis zu Drittstaaten gelte.[167] Der EuGH hat jedoch in der Rs. „Van Hilten"[168] entschieden, dass die Verlegung des Wohnsitzes alleine nicht unter die Kapitalverkehrsfreiheit fällt.[169]

dd) Stundung bei Wegzug in einen EU-/EWR-Staat
(1) Grundsatz

In § 6 Abs. 5 - 7 AStG erfolgt die Umsetzung der Rechtsprechung des EuGH.[170] Die gewährte Stundungslösung geht jedoch nicht über das nach der Rechtsprechung erforderliche absolute Minimum hinaus, wenn dieses Minimum überhaupt erreicht wird.

Die Steuer aufgrund der Wegzugsbesteuerung wird zwar festgesetzt,[171] aber dann unter folgenden Voraussetzungen ohne Sicherheitsleistung zinslos gestundet:
- Der wegziehende Gesellschafter ist Staatsangehöriger eines EU-/EWR-Staates,
- der wegziehende Gesellschafter unterliegt nach Beendigung der unbeschränkten Steuerpflicht in einem EU-/EWR-Staat einer der unbeschränkten Steuerpflicht vergleichbaren Steuerpflicht und
- es ist sichergestellt, dass die Amtshilfe und die gegenseitige Unterstützung bei der Beitreibung der geschuldeten Steuer zwischen Deutschland und dem EU-/EWR-Staat gewährleistet sind.

Ein Sonderproblem bei der Berechnung der zu stundenden Steuer ergibt sich in den Fällen, in denen im Jahr des Wegzugs der Steuerpflichtige ohne den Wertzuwachs in den Kapitalgesellschaftsanteilen einen negativen Gesamtbetrag der Einkünfte erzielt, da bei der Anwendung des Verlustrück- bzw. Verlustvortrags i.S.d. § 10d EStG der Vermögenszuwachs nicht berücksichtigt wird.[172] Ansonsten entstünden durch den geringeren Verlustrück- bzw. Verlustvortrag bereits vor dem Realisierungszeitpunkt im Vergleich zum Inlandsfall zusätzliche Steuerzahlungen, die europarechtlich unzulässig wären. Nach dem Wortlaut des § 6 Abs. 5 Satz 6 AStG gilt dies jedoch nicht, wenn im Wegzugsjahr noch ein Verlustvortrag besteht und dieser im Rahmen der Steuerfestsetzung mit dem Wertzuwachs der Anteile verrechnet wird. Dies ist jedoch europarechtlich unzulässig, da aufgrund des gekürzten Verlustvortrags höhere Steuerzahlungen vor der Realisierung anfallen als ohne Wegzug.

Endet die Stundung, ist der Vermögenszuwachs rückwirkend bei der Anwendung des § 10d EStG zu berücksichtigen.[173] Aufgrund des veränderten Verlustvortrags führt dies zu einer Änderung der Veranlagung des Wegzugsjahres sowie der Folgejahre. Eine Aussage bezüglich der Verzinsung der erhöhten Steuerfestsetzung nach § 233a AO für diese Jahre findet sich weder im Gesetz noch in der Gesetzesbegründung. Eine Verzinsung dürfte wohl ausge-

---

167) Vgl. z.B. *Lausterer*, BB Special 8/2006 S. 80 (83).
168) EuGH v. 23.02.2006, C-513/03, DStRE 2006 S. 851 (855) Rz. 49.
169) Kritisch hierzu *Bron*, IStR 2006 S. 296 und wohl auch *Köhler*, DStR 2006 S. 1871 (1875).
170) Vgl. *Hahn*, IStR 2006 S. 797 ff., der darauf hinweist, dass der EuGH die Berechtigung der Wegzugsbesteuerung an sich bekräftigt, jedoch die Anforderungen an eine europarechtlich zulässige Ausgestaltung einer derartigen Wegzugsbesteuerung präzisiert hat.
171) In der Notwendigkeit, zum Wegzugszeitpunkt eine Steuererklärung zur Festsetzung der Steuer abzugeben, sieht der EuGH in seinem Urteil v. 07.09.2006, C-470/04, DStR 2006 S. 1691 (Rs. "N") zwar grds. eine Maßnahme, die geeignet ist, den Wegzug zu behindern (Rz. 38). Durch diese geeignete Maßnahme würde jedoch ein im Allgemeininteresse liegendes Ziel verfolgt, nämlich die Aufteilung des Besteuerungssubstrats zwischen den Ländern, und die Maßnahme sei mithin geeignet (Rz. 47) und nicht unverhältnismäßig (Rz. 49). Kritisch hierzu *Köhler/Eicker*, DStR 2006 S. 1871 (1874).
172) Siehe § 6 Abs. 5 Satz 6 AStG.
173) Siehe § 6 Abs. 5 Satz 7 AStG. Die Regelung stellt auch verfahrensrechtlich die Änderbarkeit der Veranlagung des Wegzugsjahres und der Folgejahre sicher.

schlossen sein, da eine Verzinsung faktisch einer verzinslichen Stundung der Wegzugsteuer entsprechen würde, die auch europarechtlich unzulässig wäre.

(2) Aufhebung der Stundung

Die Stundung ist nach § 6 Abs. 5 Satz 4 AStG zu widerrufen, wenn einer der folgenden Sachverhalte verwirklicht wird:

- Der Steuerpflichtige bzw. sein Rechtsnachfolger veräußert die Anteile, legt sie verdeckt in eine Kapitalgesellschaft ein oder die Gesellschaft wird liquidiert.
- Die Anteile gehen auf Personen über, die weder in Deutschland noch einem EU-/EWR-Staat einer der unbeschränkten Steuerpflicht vergleichbaren Steuerpflicht unterliegen.[174]
- Die stillen Reserven in den Anteilen werden nach den Maßstäben des deutschen Steuerrechts realisiert.
- Die der deutschen unbeschränkten Steuerpflicht vergleichbare Steuerpflicht in einem EU-/EWR-Staat besteht nicht mehr.

Übertragungen der Gesellschaftsanteile im Zusammenhang mit Umstrukturierungsvorgängen werden ertragsteuerlich zum Teil als Veräußerung angesehen. Ökonomisch notwendige Umstrukturierungen ohne wirtschaftliche Realisierung der stillen Reserven würden dann zum Widerruf der Stundung und damit zu einer Liquiditätsbelastung ohne Realisation führen.

Um dies zu vermeiden, werden Umwandlungsvorgänge, auf die § 11, § 15 oder § 21 UmwStG anzuwenden sind, nach § 6 Abs. 5 Satz 5 AStG auf Antrag des Steuerpflichtigen insofern nicht als Veräußerung angesehen, als die erhaltenen Anteile bei einem unbeschränkt steuerpflichtigen Anteilseigner, der die Anteile nicht in einem Betriebsvermögen hält, nach § 13 Abs. 2, § 21 Abs. 2 UmwStG mit den Anschaffungskosten der bisherigen Anteile angesetzt werden könnten. Die neu erhaltenen Anteile treten an Stelle der bisherigen Anteile.

(3) Behandlung von Wertverlusten zwischen Wegzug und Realisierung

Im Zusammenhang mit der Stundungslösung wurde auch diskutiert, wie ein innerhalb des Zeitraums zwischen Wegzug und Veräußerung im Ausland eingetretener Wertverlust zu behandeln sei.[175] Die in § 6 Abs. 6 AStG gefundene Regelung ist das Ergebnis dieser Diskussion. So wird ein zwischen Wegzug und Veräußerung eingetretener Verlust bis zur Höhe des beim Wegzug festgestellten Wertzuwachses berücksichtigt, wenn der Wertverlust bei der Einkommensbesteuerung im Ausland nicht erfasst wird und der Wertverlust nicht durch gesellschaftsrechtliche Maßnahmen - insbes. durch Gewinnausschüttungen - verursacht wurde.

Die Lösung greift zu kurz, da die Wertverluste nach Wegzug durch Verweis auf § 6 Abs. 5 Satz 4 Nr. 1 AStG nur bei einer Aufhebung der Stundung aufgrund einer Veräußerung, einer als Veräußerung zu qualifizierenden verdeckten Einlage oder einer Liquidation der Gesellschaft bei der deutschen Besteuerung berücksichtigt werden.

---

[174] Durch die Änderungen als Folge der Beratungen im Finanzausschuss ist sichergestellt, dass die Stundung nicht alleine deshalb widerrufen werden kann, weil der Schenkungsempfänger oder Erbe als Rechtsnachfolger nicht Staatsangehöriger eines EU- oder EWR-Staates ist.

[175] Vgl. *Winkeljohann*, in: Rechnungslegung, Eigenkapital und Besteuerung, Festschrift für Dieter Schneeloch, München 2007, S. 291 (301 f.).

Änderungen in EStG, KStG und AStG

Bei einer Übertragung der Anteile von dem weggezogenen Steuerpflichtigen auf seine in einem Drittstaat lebenden Abkömmlinge - z.B. die in den USA lebenden Kinder - wird zwar nach § 6 Abs. 5 Satz 4 Nr. 2 AStG die Stundung widerrufen. Eine Anpassung der Steuer nach § 6 Abs. 6 AStG unterbleibt jedoch, da kein Fall des § 6 Abs. 5 Satz 4 Nr. 1 AStG vorliegt.

(4) Mitteilungspflichten

Im Fall der Stundung unterliegt der Steuerpflichtige neben der Mitteilungspflicht über Sachverhalte, die einen **Widerruf der Stundung** zur Folge haben, auch **erhöhten Nachweispflichten**. So ist er verpflichtet, dem zuletzt zuständigen Wohnsitzfinanzamt bis **Ende Januar jeden Jahres** die am Ende des vorherigen Jahres gültige Anschrift mitzuteilen sowie zu bestätigen, dass die Anteile ihm bzw. seinem Rechtsnachfolger, auf den er die Anteile unentgeltlich übertragen hat, noch zuzurechnen sind. Erfüllt der Steuerpflichtige die Nachweispflichten nicht, ist der Widerruf der Stundung nach § 6 Abs. 7 Satz 5 AStG möglich.

Im Ergebnis setzt die Neuregelung der Wegzugsbesteuerung die Vorgaben des EuGH nur unvollständig um. Durch die Fixierung der Steuerbelastung im Zeitpunkt des Wegzugs unter den zu diesem Zeitpunkt gegebenen Rahmenbedingungen, wie die geltenden Steuergesetze und die sonstigen Einkünfte des Steuerpflichtigen, können im Vergleich mit dem Inlandsfall sowohl nicht notwendige Entlastungen als auch europarechtlich bedenkliche Mehrbelastungen entstehen.[176]

4. Verstrickung von Anteilen i.S.v. § 17 EStG

a) Verstrickung durch Zuzug der Gesellschaft

Durch den Zuzug einer Gesellschaft[177] nach Deutschland kommt es für deren Gesellschafter nicht zu einer der Verstrickungs-Einlage (§ 4 Abs. 1 Satz 7 2. HS EStG) auf Gesellschaftsebene vergleichbaren Bewertung der Anteile zum gemeinen Wert.

In den meisten Fällen dürfte sich durch den Zuzug der Gesellschaft an dem Besteuerungsrecht hinsichtlich der Gewinne aus der Veräußerung der Anteile angesichts Art. 13 Abs. 5 OECD-MA nichts ändern. Für die Ausnahmefälle hat der Gesetzgeber entgegen dem Vorgehen beim Wegzug der Gesellschaft durch § 17 Abs. 5 EStG keine Verstrickungsregelung eingeführt.

b) Verstrickung durch Zuzug des Gesellschafters (§ 17 Abs. 2 Satz 3 EStG, § 6 AStG)

Bei einer Gewinnrealisierung nach § 17 EStG berechnet sich der Veräußerungsgewinn nach § 17 Abs. 2 Satz 1 EStG aus der Differenz von Veräußerungspreis und Anschaffungskosten. Kann der Steuerpflichtige jedoch nachweisen, dass die betroffenen Anteile ihm bereits bei der Begründung der unbeschränkten Steuerpflicht zuzurechnen waren und er im Ausland beim Wegzug einer dem § 6 AStG vergleichbaren Besteuerung unterlag, so ist bei der Berechnung des Veräußerungsgewinns statt der historischen Anschaffungskosten der Wert zu berücksichtigen, der im Ausland bei der Besteuerung angesetzt wurde, jedoch max. der gemeine Wert.

---

176) Vgl. dazu im Einzelnen mit Beispielrechnungen *Winkeljohann*, in: Rechnungslegung, Eigenkapital und Besteuerung, Festschrift für Dieter Schneeloch, München 2007 S. 291 ff.
177) Durch Verlegung des Sitzes oder des Orts der Geschäftsleitung ins Inland.

Die Voraussetzung des Nachweises einer § 6 AStG vergleichbaren Besteuerung im Ausland[178] soll **„weiße Einkünfte"** in den Fällen einer im Wegzugstaat fehlenden Wegzugsbesteuerung verhindern. Auch hier stellt sich die verfahrensrechtliche Frage, ob durch den Bezug auf den bei der ausländischen Besteuerung angesetzten Wert, der ausländische Steuerbescheid zu einem Grundlagenbescheid i.S.d. § 171 Abs. 10 AO wird.[179]

Der Ansatz eines unterhalb der historischen Anschaffungskosten liegenden Werts dürfte jedoch nicht möglich sein, da Voraussetzung ist, dass der bis zum Zuzug entstandene Wertzuwachs einer Besteuerung im Ausland unterlag. Wenn kein Wertzuwachs entstanden ist, bleibt es bei der Berechnung des Veräußerungsgewinns nach § 17 Abs. 2 Satz 1 EStG.[180] Zudem muss der Steuerpflichtige die Voraussetzungen nachweisen. Unterlässt er dies, kann § 17 Abs. 2 Satz 3 EStG nicht angewendet werden, auch wenn die Finanzverwaltung aus anderen Quellen Kenntnis über den Sachverhalt haben sollte.

Der bei Zuzug als Anschaffungskosten anzusetzende Wert ist auf den gemeinen Wert begrenzt. Unklar bleibt dabei auch nach der Gesetzesbegründung, ob damit der gemeine Wert im Zuzugszeitpunkt oder aber der gemeine Wert im Veräußerungszeitpunkt gemeint ist. Sinn und Zweck der Regelung legen es nahe, eine Begrenzung auf den gemeinen Wert im Zuzugszeitpunkt anzunehmen.[181]

Nach § 17 Abs. 2 Satz 4 EStG gilt die Verstrickung mit dem im Ausland angesetzten Wert (max. gemeiner Wert) nicht in den Fällen des Wegfalls der Wegzugsbesteuerung wegen Rückkehr ins Inland nach § 6 Abs. 3 AStG. Die Regelung soll verhindern, dass durch die Aufstockung bei der Rückkehr und gleichzeitigem Wegfall der Wegzugsbesteuerung die bis zum Wegzug entstandenen stillen Reserven nicht besteuert werden.[182]

Die Vorschrift geht aber über das Ziel insoweit hinaus, als damit auch die während der Ansässigkeit im Ausland entstandenen und dort versteuerten stillen Reserven bei einer späteren Veräußerung aus dem Inland in Deutschland versteuert werden und es damit bezüglich der während der Ansässigkeit im Ausland entstandenen stillen Reserven zu einer Doppelbesteuerung kommt. Angemessen wäre es, den Verstrickungswert nach § 17 Abs. 2 Satz 3 EStG lediglich um den fiktiven Veräußerungsgewinn zu mindern, der der Berechnung der durch die Rückkehr entfallenden Wegzugsteuer zugrunde gelegt wurde.

Im reinen Inlandsfall gibt es auch weiterhin keine Verstrickungsregelung.[183] Erwirbt ein Steuerpflichtiger zu seiner bereits über einen längeren Zeitraum bestehenden Beteiligung i.H.v. 0,9% eine weitere Beteiligung i.H.v. 0,1% und verkauft anschließend die Gesamtbeteiligung mit Gewinn, so unterliegen sämtliche stille Reserven - auch die während des Bestehens der nur 0,9%igen Beteiligung entstandenen - der Besteuerung nach § 17 EStG.[184]

In diesen Fällen ist daher zu raten, vor dem Hinzuerwerb eine Realisierung der stillen Reserven, z.B. durch eine verdeckte Einlage der 0,9%igen Beteiligung in eine Kapitalgesellschaft oder durch eine Einlage in eine Personengesellschaft gegen Gewährung von Gesellschafts-

---

178) Gegen eine derartige Einschränkung der Wertverknüpfung sprechen sich *Schönherr/Lemaitre*, GmbHR 2006 S. 561 (566) aus.
179) Siehe hierzu auch Gliederungspunkt H.I.2. a) bb).
180) So auch *Benecke/Schnitger*, IStR 2006 S. 765 (768).
181) So auch *Schönherr/Lemaitre*, GmbHR 2006 S. 561 (566).
182) Vgl. BT-Drs. 16/3369 S. 35.
183) Für eine derartige Verstrickung *IDW*, WPg 2006 S. 1318 (1320).
184) Vgl. *Rödder/Schumacher*, DStR 2006 S. 1481 (1487).

rechten, zu erreichen. Die Realisierung ist außerhalb der Jahresfrist des § 23 EStG[185] noch steuerfrei möglich.[186]

---

[185] Inwieweit dies nach der i.R.d. Unternehmensteuerreform 2008 geplanten Abgeltungssteuer, die auch Veräußerungsgewinne erfassen soll, noch gilt, ist unklar. Dies wird davon abhängen, ob die Abgeltungssteuer auf Veräußerungsgewinne nur für ab einem bestimmten Zeitpunkt erworbene Anteile oder auch für alle Alt-Anteile gelten wird. Die Diskussion hierüber ist noch nicht abgeschlossen.

[186] Bei einer wertvollen 0,9%igen Beteiligung ist es theoretisch denkbar, auch die Nutzung folgender Struktur in Betracht zu ziehen: Unmittelbar vor dem Erwerb der 0,1%igen Beteiligung wird in einen Staat umgezogen, welcher zwei Voraussetzungen erfüllt: Beim Zuzug ist bezüglich der 0,9%igen Beteiligung der gemeine Wert im Zuzugszeitpunkt anzusetzen und beim Wegzug muss eine Wegzugsbesteuerung vergleichbar zu § 6 AStG auf Basis des gemeinen Werts erfolgen. Im Ergebnis würde dies dazu führen, dass beim Wegzug ins Ausland in Deutschland keine Steuer anfällt (vorausgesetzt weder der Tatbestand des § 23 EStG noch des § 21 UmwStG ist erfüllt), da die Beteiligungsquote des § 17 EStG noch nicht erfüllt ist. Im Ausland würde beim Rückzug nach Deutschland nur Steuer auf die während des Aufenthalts im Ausland entstandenen stillen Reserven entstehen und in Deutschland wären beim anschließenden Verkauf der 1%igen Beteiligung die stillen Reserven, die bis zum Wegzug in der 0,9%igen Beteiligung angefallen sind, nicht steuerpflichtig.

Abschnitt H

Änderungen im EStG, KStG und AStG
II. Steuerliches Einlagekonto, Körperschaftsteuer-Minderung und -Erhöhung

Gesetzestext

§ 27 KStG a.F. (in Auszügen)	§ 27 KStG n.F. (in Auszügen)
Nicht in das Nennkapital geleistete Einlagen	**Nicht in das Nennkapital geleistete Einlagen**
(1) ¹*Die unbeschränkt steuerpflichtige Kapitalgesellschaft hat die nicht in das Nennkapital geleisteten Einlagen am Schluss jedes Wirtschaftsjahrs auf einem besonderen Konto (steuerliches Einlagekonto) auszuweisen. ²Das steuerliche Einlagekonto ist ausgehend von dem Bestand am Ende des vorangegangenen Wirtschaftsjahrs um die jeweiligen Zu- und Abgänge des Wirtschaftsjahrs fortzuschreiben. ³Leistungen der Kapitalgesellschaft mit Ausnahme der Rückzahlung von Nennkapital im Sinne von § 28 Abs. 2 Satz 2 mindern das steuerliche Einlagekonto nur, soweit die Summe der im Wirtschaftsjahr erbrachten Leistungen den auf den Schluss des vorangegangenen Wirtschaftsjahrs ermittelten ausschüttbaren Gewinn übersteigt. ⁴Als ausschüttbarer Gewinn gilt das um das gezeichnete Kapital geminderte in der Steuerbilanz ausgewiesene Eigenkapital abzüglich des Bestands des steuerlichen Einlagekontos. ⁵Ist für die Leistung der Kapitalgesellschaft die Minderung des Einlagekontos bescheinigt worden, bleibt die der Bescheinigung zugrunde gelegte Verwendung unverändert.*	(1) ¹Die unbeschränkt steuerpflichtige Kapitalgesellschaft hat die nicht in das Nennkapital geleisteten Einlagen am Schluss jedes Wirtschaftsjahrs auf einem besonderen Konto (steuerliches Einlagekonto) auszuweisen. ²Das steuerliche Einlagekonto ist ausgehend von dem Bestand am Ende des vorangegangenen Wirtschaftsjahrs um die jeweiligen Zu- und Abgänge des Wirtschaftsjahrs fortzuschreiben. ³Leistungen der Kapitalgesellschaft mit Ausnahme der Rückzahlung von Nennkapital im Sinne des § 28 Abs. 2 Satz 2 mindern das steuerliche Einlagekonto unabhängig von ihrer handelsrechtlichen Einordnung nur, soweit sie den auf den Schluss des vorangegangenen Wirtschaftsjahrs ermittelten ausschüttbaren Gewinn übersteigen (Einlagenrückgewähr). ⁴Der Bestand des steuerlichen Einlagekontos kann durch Leistungen nicht negativ werden; Absatz 6 bleibt unberührt. ⁵Als ausschüttbarer Gewinn gilt das um das gezeichnete Kapital geminderte in der Steuerbilanz ausgewiesene Eigenkapital abzüglich des Bestands des steuerlichen Einlagekontos. ⁶Ist für die Leistung der Kapitalgesellschaft die Minderung des Einlagekontos bescheinigt worden, bleibt die der Bescheinigung zugrunde gelegte Verwendung unverändert.

(2) ¹Der unter Berücksichtigung der Zu- und Abgänge des Wirtschaftsjahrs ermittelte Bestand des steuerlichen Einlagekontos wird gesondert festgestellt. ²Der Bescheid über die gesonderte Feststellung ist Grundlagenbescheid für den Bescheid über die gesonderte Feststellung zum folgenden Feststellungszeitpunkt. ³Kapitalgesellschaften haben auf den Schluss jedes Wirtschaftsjahrs Erklärungen zur gesonderten Feststellung von Besteuerungsgrundlagen abzugeben. ⁴Die Erklärungen sind von den in § 34 der Abgabenordnung bezeichneten Personen eigenhändig zu unterschreiben.	(2) ¹Der unter Berücksichtigung der Zu- und Abgänge des Wirtschaftsjahrs ermittelte Bestand des steuerlichen Einlagekontos wird gesondert festgestellt. ²Der Bescheid über die gesonderte Feststellung ist Grundlagenbescheid für den Bescheid über die gesonderte Feststellung zum folgenden Feststellungszeitpunkt. ³Bei Eintritt in die unbeschränkte Steuerpflicht ist der zum Zeitpunkt des Eintritts in die Steuerpflicht vorhandene Bestand der nicht in das Nennkapital geleisteten Einlagen gesondert festzustellen; der gesondert festgestellte Bestand gilt als Bestand des steuerlichen Einlagekontos am Ende des vorangegangenen Wirtschaftsjahrs. ⁴Kapitalgesellschaften haben auf den Schluss jedes Wirtschaftsjahrs Erklärungen zur gesonderten Feststellung von Besteuerungsgrundlagen abzugeben. ⁵Die Erklärungen sind von den in § 34 der Abgabenordnung bezeichneten Personen eigenhändig zu unterschreiben.
[...]	[...]
(5) ¹Der Aussteller einer Bescheinigung, die den Absätzen 3 und 4 nicht entspricht, haftet für die auf Grund der Bescheinigung verkürzten Steuern oder zu Unrecht gewährten Steuervorteile. ²Ist die Bescheinigung durch ein inländisches Kreditinstitut oder durch eine inländische Zweigniederlassung eines der in § 53b Abs. 1 und 7 des Gesetzes über das Kreditwesen genannten Institute oder Unternehmen auszustellen, so haftet die Kapitalgesellschaft auch, wenn sie zum Zwecke der Bescheinigung unrichtige Angaben macht.	(5) ¹Ist für eine Leistung der Kapitalgesellschaft die Minderung des Einlagekontos zu niedrig bescheinigt worden, bleibt die der Bescheinigung zugrunde gelegte Verwendung unverändert. ²Ist für eine Leistung bis zum Tag der Bekanntgabe der erstmaligen Feststellung im Sinne des Absatzes 2 zum Schluss des Wirtschaftsjahrs der Leistung eine Steuerbescheinigung im Sinne des Absatzes 3 nicht erteilt worden, gilt der Betrag der Einlagenrückgewähr als mit 0 Euro bescheinigt. ³In den Fällen der Sätze 1 und 2 ist eine Berichtigung oder erstmalige Erteilung von Steuerbescheinigungen im Sinne des Absatzes 3 nicht zulässig. ⁴In anderen Fällen ist die auf den überhöht ausgewiesenen Betrag der Einlagenrückgewähr entfallende Kapitalertragsteuer durch Haftungsbescheid geltend zu machen; § 44 Abs. 5 Satz 1 zweiter Halbsatz des Einkommensteuergesetzes gilt insoweit nicht. ⁵Die Steuerbescheinigungen können berichtigt werden. ⁶Die Feststellung im Sinne des Absatzes 2 für das Wirtschaftsjahr, in dem die entsprechende Leistung erfolgt ist, ist an die der Kapitalertragsteuerhaftung nach Satz 4 zugrunde gelegte Einlagenrückgewähr anzupassen.
[...]	[...]
(7) Die vorstehenden Absätze gelten sinngemäß für andere Körperschaften und Personenvereinigungen, die Leistungen im Sinne des § 20 Abs. 1 Nr. 1, 9 und 10 des Einkommensteuergesetzes gewähren können.	(7) Die vorstehenden Absätze gelten sinngemäß für andere unbeschränkt steuerpflichtige Körperschaften und Personenvereinigungen, die Leistungen im Sinne des § 20 Abs. 1 Nr. 1, 9 oder Nr. 10 des Einkommensteuergesetzes gewähren können.[1]

---

1) § 27 Abs. 7 KStG neugefasst durch Berichtigung des SEStEG v. 24.01.2007, BGBl. I 2007 S. 68.

(8) ¹Eine Einlagenrückgewähr können auch Körperschaften oder Personenvereinigungen erbringen, die in einem anderen Mitgliedstaat der Europäischen Union der unbeschränkten Steuerpflicht unterliegen, wenn sie Leistungen im Sinne § 20 Abs. 1 Nr. 1 oder 9 des Einkommensteuergesetzes gewähren können. ²Die Einlagenrückgewähr ist in entsprechender Anwendung der Absätze 1 bis 6 und der §§ 28 und 29 zu ermitteln. ³Der als Leistung im Sinne des Satzes 1 zu berücksichtigende Betrag wird auf Antrag der Körperschaft oder Personenvereinigung für den jeweiligen Veranlagungszeitraum gesondert festgestellt. ⁴Der Antrag ist nach amtlich vorgeschriebenem Vordruck bis zum Ende des Kalenderjahrs zu stellen, das auf das Kalenderjahr folgt, in dem die Leistung erfolgt ist. ⁵Zuständig für die gesonderte Feststellung ist die Finanzbehörde, die im Zeitpunkt der Abgabe des Antrags nach § 20 der Abgabenordnung für die Besteuerung nach dem Einkommen örtlich zuständig ist. ⁶Bei Körperschaften oder Personenvereinigungen, für die im Zeitpunkt der Antragstellung nach § 20 der Abgabenordnung keine Finanzbehörde zuständig ist, ist abweichend von Satz 5 das Bundeszentralamt für Steuern zuständig. ⁷Im Antrag sind die für die Berechnung der Einlagenrückgewähr erforderlichen Umstände darzulegen. ⁸In die Bescheinigung nach Absatz 3 ist das Aktenzeichen der nach Satz 5 oder 6 zuständigen Behörde aufzunehmen. ⁹Soweit Leistungen nach Satz 1 nicht gesondert festgestellt worden sind, gelten sie als Gewinnausschüttung, die beim Anteilseigner zu Einnahmen im Sinne des § 20 Abs. 1 Nr. 1 oder 9 des Einkommensteuergesetzes führen.

§ 28 KStG a.F. (in Auszügen)	§ 28 KStG n.F. (in Auszügen)
Umwandlung von Rücklagen in Nennkapital und Herabsetzung des Nennkapitals	**Umwandlung von Rücklagen in Nennkapital und Herabsetzung des Nennkapitals**
[...]	[...]
(2) ¹Im Fall der Herabsetzung des Nennkapitals oder der Auflösung der Körperschaft wird zunächst der Sonderausweis zum Schluss des vorangegangenen Wirtschaftsjahrs gemindert; ein übersteigender Betrag ist dem steuerlichen Einlagekonto gutzuschreiben, soweit die Einlage in das Nennkapital geleistet ist. ²Die Rückzahlung des Nennkapitals gilt, soweit der Sonderausweis zu mindern ist, als Gewinnausschüttung, die beim Anteilseigner zu Bezügen im Sinne des § 20 Abs. 1 Nr. 2 des Einkommensteuergesetzes führt; ein übersteigender Betrag ist vom Bestand des steuerlichen Einlagekontos abzuziehen.	(2) ¹Im Fall der Herabsetzung des Nennkapitals oder der Auflösung der Körperschaft wird zunächst der Sonderausweis zum Schluss des vorangegangenen Wirtschaftsjahrs gemindert; ein übersteigender Betrag ist dem steuerlichen Einlagekonto gutzuschreiben, soweit die Einlage in das Nennkapital geleistet ist. ²Die Rückzahlung des Nennkapitals gilt, soweit der Sonderausweis zu mindern ist, als Gewinnausschüttung, die beim Anteilseigner zu Bezügen im Sinne des § 20 Abs. 1 Nr. 2 des Einkommensteuergesetzes führt. ³Ein den Sonderausweis übersteigender Betrag ist vom positiven Bestand des steuerlichen Einlagekontos abzuziehen. ⁴Soweit der positive Bestand des steuerlichen Einlagekontos für den Abzug nach Satz 3 nicht ausreicht, gilt die Rückzahlung des Nennkapitals ebenfalls als Gewinnausschüttung, die beim Anteilseigner zu Bezügen im Sinne des § 20 Abs. 1 Nr. 2 des Einkommensteuergesetzes führt.
[...]	[...]
§ 29 KStG a.F. (in Auszügen)	**§ 29 KStG n.F. (in Auszügen)**
Kapitalveränderungen bei Umwandlungen	**Kapitalveränderungen bei Umwandlungen**
[...]	[...]
(5) Die vorstehenden Absätze gelten sinngemäß für andere Körperschaften und Personenvereinigungen, die Leistungen im Sinne des § 20 Abs. 1 Nr. 1, 9 und 10 des Einkommensteuergesetzes gewähren können.	(5) Die vorstehenden Absätze gelten sinngemäß für andere unbeschränkt steuerpflichtige Körperschaften und Personenvereinigungen, die Leistungen im Sinne des § 20 Abs. 1 Nr. 1, 9 und 10 des Einkommensteuergesetzes gewähren können.
	(6) ¹War für die übertragende Körperschaft oder Personenvereinigung ein Einlagekonto bisher nicht festzustellen, tritt für die Anwendung der vorstehenden Absätze an die Stelle des Einlagekontos der Bestand der nicht in das Nennkapital geleisteten Einlagen zum Zeitpunkt des Vermögensübergangs. ²§ 27 Abs. 8 gilt entsprechend.

§ 37 KStG a.F. *(in Auszügen)*	§ 37 KStG n.F. *(in Auszügen)*
Körperschaftsteuerguthaben und Körperschaftsteuerminderung *[...]*	Körperschaftsteuerguthaben und Körperschaftsteuerminderung [...] (4) ¹Das Körperschaftsteuerguthaben wird letztmalig auf den 31. Dezember 2006 ermittelt. ²Geht das Vermögen einer unbeschränkt steuerpflichtigen Körperschaft durch einen der in § 1 Abs. 1 des Umwandlungssteuergesetzes vom 7. Dezember 2006 (BGBl. I S. 2782, 2791) in der jeweils geltenden Fassung genannten Vorgänge, bei denen die Anmeldung zur Eintragung in ein öffentliches Register nach dem 12. Dezember 2006 erfolgt, ganz oder teilweise auf einen anderen Rechtsträger über, wird das Körperschaftsteuerguthaben bei der übertragenden Körperschaft letztmalig auf den vor dem 31. Dezember 2006 liegenden steuerlichen Übertragungsstichtag ermittelt. ³Wird das Vermögen einer Körperschaft oder Personenvereinigung im Rahmen einer Liquidation im Sinne des § 11 nach dem 12. Dezember 2006 und vor dem 31. Dezember 2006 verteilt, wird das Körperschaftsteuerguthaben letztmalig auf den Stichtag ermittelt, auf den die Liquidationsschlussbilanz erstellt wird. ⁴Die Absätze 1 bis 3 sind letztmals auf Gewinnausschüttungen und in den Fällen der Liquidation auf Liquidationsraten, andere Ausschüttungen und sonstige Leistungen anzuwenden, die vor dem 31. Dezember 2006 oder dem nach Satz 2 maßgebenden Zeitpunkt erfolgt sind. (5) ¹Die Körperschaft hat innerhalb eines Auszahlungszeitraums von 2008 bis 2017 einen Anspruch auf Auszahlung des Körperschaftsteuerguthabens in zehn gleichen Jahresbeträgen. ²Der Anspruch entsteht mit Ablauf des 31. Dezember 2006 oder des nach Absatz 4 Satz 2 maßgebenden Tages. ³Der Anspruch wird für den gesamten Auszahlungszeitraum festgesetzt. ⁴Für das Jahr der Bekanntgabe des Bescheids und die vorangegangenen Jahre ist der Anspruch innerhalb eines Monats nach Bekanntgabe des Bescheids, für jedes weitere Jahr des Auszahlungszeitraums jeweils am 30. September auszuzahlen. ⁵Der Anspruch ist nicht verzinslich. ⁶Die Festsetzungsfrist für die Festsetzung des Anspruchs läuft nicht vor Ablauf des Jahres ab, in dem der letzte Jahresbetrag fällig geworden ist.

	(6) ¹Wird der Bescheid über die Festsetzung des Anspruchs nach Absatz 5 aufgehoben oder geändert, wird der Betrag, um den der Anspruch, der sich aus dem geänderten Bescheid ergibt, die Summe der Auszahlungen, die bis zur Bekanntgabe des neuen Bescheides geleistet worden sind, übersteigt, auf die verbleibenden Fälligkeitstermine des Auszahlungszeitraums verteilt. ²Ist die Summe der Auszahlungen, die bis zur Bekanntgabe des neuen Bescheides geleistet worden sind, größer als der Auszahlungsanspruch, der sich aus dem geänderten Bescheid ergibt, ist der Unterschiedsbetrag innerhalb eines Monats nach Bekanntgabe des Bescheides zu entrichten.
	(7) ¹Erträge und Gewinnminderungen der Körperschaft, die sich aus der Anwendung des Absatzes 5 ergeben, gehören nicht zu den Einkünften im Sinne des Einkommensteuergesetzes. ²Die Auszahlung ist aus den Einnahmen an Körperschaftsteuer zu leisten.
§ 40 KStG a.F. (in Auszügen)	**§ 40 KStG n.F. (in Auszügen)**
Umwandlung und Liquidation	**Umwandlung, Liquidation und Verlegung des Sitzes**
(1) Geht das Vermögen einer unbeschränkt steuerpflichtigen Körperschaft durch Verschmelzung nach § 2 des Umwandlungsgesetzes auf eine unbeschränkt steuerpflichtige Körperschaft über, so sind das Körperschaftsteuerguthaben gemäß § 37 und der unbelastete Teilbetrag gemäß § 38 den entsprechenden Beträgen der übernehmenden Körperschaft hinzuzurechnen.	(1) Geht das Vermögen einer unbeschränkt steuerpflichtigen Körperschaft durch Verschmelzung nach § 2 des Umwandlungsgesetzes auf eine unbeschränkt steuerpflichtige Körperschaft über, ist der unbelastete Teilbetrag gemäß § 38 dem entsprechenden Betrag der übernehmenden Körperschaft hinzuzurechnen.

(2) ¹*Geht Vermögen einer unbeschränkt steuerpflichtigen Körperschaft durch Aufspaltung oder Abspaltung im Sinne des § 123 Abs. 1 und 2 des Umwandlungsgesetzes auf eine unbeschränkt steuerpflichtige Körperschaft über, so sind die in Absatz 1 genannten Beträge der übertragenden Körperschaft einer übernehmenden Körperschaft im Verhältnis der übergehenden Vermögensteile zu dem bei der übertragenden Körperschaft vor dem Übergang bestehenden Vermögen zuzuordnen, wie es in der Regel in den Angaben zum Umtauschverhältnis der Anteile im Spaltungs- und Übernahmevertrag oder im Spaltungsplan (§ 126 Abs. 1 Nr. 3, § 136 des Umwandlungsgesetzes) zum Ausdruck kommt. ²Entspricht das Umtauschverhältnis der Anteile nicht dem Verhältnis der übergehenden Vermögensteile zu dem bei der übertragenden Körperschaft vor der Spaltung bestehenden Vermögen, ist das Verhältnis der gemeinen Werte der übergehenden Vermögensteile zu dem vor der Spaltung vorhandenen Vermögen maßgebend. ³Soweit das Vermögen auf eine Personengesellschaft übergeht, mindern sich die Beträge der übertragenden Körperschaft in dem Verhältnis der übergehenden Vermögensteile zu dem vor der Spaltung bestehenden Vermögen.*

(3) ¹*Geht das Vermögen einer unbeschränkt steuerpflichtigen Körperschaft durch Gesamtrechtsnachfolge auf eine unbeschränkt steuerpflichtige, von der Körperschaftsteuer befreite Körperschaft, Personenvereinigung oder Vermögensmasse oder auf eine juristische Person des öffentlichen Rechts über, so mindert oder erhöht sich die Körperschaftsteuer um den Betrag, der sich nach den §§ 37 und 38 ergeben würde, wenn das in der Steuerbilanz ausgewiesene Eigenkapital abzüglich des Betrags, der nach § 28 Abs. 2 Satz 1 in Verbindung mit § 29 Abs. 1 dem steuerlichen Einlagekonto gutzuschreiben ist, als im Zeitpunkt des Vermögensübergangs für eine Ausschüttung verwendet gelten würde. ²§ 37 Abs. 2a in der Fassung des Artikels 2 des Gesetzes vom 16. Mai 2003 (BGBl. I S. 660) ist nicht anzuwenden. ³Die Körperschaftsteuer erhöht sich nicht in den Fällen des § 38 Abs. 3.*

(2) ¹Geht Vermögen einer unbeschränkt steuerpflichtigen Körperschaft durch Aufspaltung oder Abspaltung im Sinne des § 123 Abs. 1 und 2 des Umwandlungsgesetzes auf eine unbeschränkt steuerpflichtige Körperschaft über, ist der in Absatz 1 genannte Betrag der übertragenden Körperschaft einer übernehmenden Körperschaft im Verhältnis der übergehenden Vermögensteile zu dem bei der übertragenden Körperschaft vor dem Übergang bestehenden Vermögen zuzuordnen, wie es in der Regel in den Angaben zum Umtauschverhältnis der Anteile im Spaltungs- und Übernahmevertrag oder im Spaltungsplan (§ 126 Abs. 1 Nr. 3, § 136 des Umwandlungsgesetzes) zum Ausdruck kommt. ²Entspricht das Umtauschverhältnis der Anteile nicht dem Verhältnis der übergehenden Vermögensteile zu dem bei der übertragenden Körperschaft vor der Spaltung bestehenden Vermögen, ist das Verhältnis der gemeinen Werte der übergehenden Vermögensteile zu dem vor der Spaltung vorhandenen Vermögen maßgebend. ³Soweit das Vermögen auf eine Personengesellschaft übergeht, mindert sich der Betrag der übertragenden Körperschaft in dem Verhältnis der übergehenden Vermögensteile zu dem vor der Spaltung bestehenden Vermögen.

(3) ¹Geht das Vermögen einer unbeschränkt steuerpflichtigen Körperschaft durch Aufspaltung oder in § 1 Abs. 1 Nr. 1 des Umwandlungssteuergesetzes vom 7. Dezember 2006 (BGBl. I S. 2782, 2791) in der jeweils geltenden Fassung genannten Vorgänge ganz oder teilweise auf eine von der Körperschaftsteuer befreite Körperschaft, Personenvereinigung oder Vermögensmasse oder auf eine juristische Person des öffentlichen Rechts über oder wird die Körperschaft steuerbefreit, erhöht sich die Körperschaftsteuer um den Betrag, der sich nach § 38 ergeben würde, wenn das in der Steuerbilanz ausgewiesene Eigenkapital abzüglich des Betrags, der nach § 28 Abs. 2 Satz 1 in Verbindung mit § 29 Abs. 1 dem steuer-lichen Einlagekonto gutzuschreiben ist, als im Zeitpunkt des Vermögensübergangs für eine Ausschüttung verwendet gelten würde. ²Die Körperschaftsteuer erhöht sich nicht in den Fällen des § 38 Abs. 3.

(4) ¹Wird das Vermögen einer Körperschaft oder Personenvereinigung im Rahmen einer Liquidation im Sinne des § 11 verteilt, so mindert oder erhöht sich die Körperschaftsteuer um den Betrag, der sich nach den §§ 37 und 38 ergeben würde, wenn das verteilte Vermögen als im Zeitpunkt der Verteilung für eine Ausschüttung verwendet gelten würde. ²Das gilt auch insoweit, als das Vermögen bereits vor Schluss der Liquidation verteilt wird. ³Die Minderung bzw. Erhöhung der Körperschaftsteuer ist für den Veranlagungszeitraum vorzunehmen, in dem die Liquidation bzw. der jeweilige Besteuerungszeitraum endet. ⁴Eine Minderung oder Erhöhung ist erstmals für den Veranlagungszeitraum 2001 und letztmals für den Veranlagungszeitraum 2020 vorzunehmen. ⁵Bei Liquidationen, die über den 31. Dezember 2020 hinaus fortdauern, endet der Besteuerungszeitraum nach § 11 mit Ablauf des 31. Dezember 2020. ⁶Auf diesen Zeitpunkt ist ein steuerlicher Zwischenabschluss zu fertigen. ⁷§ 37 Abs. 2a in der Fassung des Artikels 2 des Gesetzes vom 16. Mai 2003 (BGBl. I S. 660) ist nicht anzuwenden.

(4) ¹Wird das Vermögen einer Körperschaft oder Personenvereinigung im Rahmen einer Liquidation im Sinne des § 11 verteilt, erhöht sich die Körperschaftsteuer um den Betrag, der sich nach § 38 ergeben würde, wenn das verteilte Vermögen als im Zeitpunkt der Verteilung für eine Ausschüttung verwendet gelten würde. ²Das gilt auch insoweit, als das Vermögen bereits vor Schluss der Liquidation verteilt wird. ³Die Erhöhung der Körperschaftsteuer ist für den Veranlagungszeitraum vorzunehmen, in dem die Liquidation bzw. der jeweilige Besteuerungszeitraum endet. ⁴Eine Erhöhung ist letztmals für den Veranlagungszeitraum 2020 vorzunehmen. ⁵Bei Liquidationen, die über den 31. Dezember 2020 hinaus fortdauern, endet der Besteuerungszeitraum nach § 11 mit Ablauf des 31. Dezember 2020. ⁶Auf diesen Zeitpunkt ist ein steuerlicher Zwischenabschluss zu fertigen. ⁷Die Körperschaftsteuer erhöht sich nicht in den Fällen des § 38 Abs. 3.

(5) Geht das Vermögen einer unbeschränkt steuerpflichtigen Körperschaft oder Personenvereinigung durch einen der in § 1 Abs. 1 Nr. 1 des Umwandlungssteuergesetzes vom 7. Dezember 2006 (BGBl. I S. 2782, 2791) in der jeweils geltenden Fassung genannten Vorgänge ganz oder teilweise auf eine nicht unbeschränkt steuerpflichtige Körperschaft oder Personenvereinigung über oder verlegt eine unbeschränkt steuerpflichtige Körperschaft oder Personenvereinigung ihren Sitz oder Ort der Geschäftsleitung und endet dadurch ihre unbeschränkte Steuerpflicht, erhöht sich die Körperschaftsteuer um den Betrag, der sich nach § 38 ergeben würde, wenn das zum Übertragungsstichtag oder im Zeitpunkt des Wegfalls der unbeschränkten Steuerpflicht vorhandene Vermögen abzüglich des Betrags, der nach § 28 Abs. 2 Satz 1 in Verbindung mit § 29 Abs. 1 dem steuerlichen Einlagekonto gutzuschreiben ist, als am Übertragungsstichtag oder im Zeitpunkt des Wegfalls der unbeschränkten Steuerpflicht für eine Ausschüttung verwendet gelten würde.

(6) ¹Ist in den Fällen des Absatzes 5 die übernehmende Körperschaft oder Personenvereinigung in einem anderen Mitgliedstaat der Europäischen Union unbeschränkt steuerpflichtig und nicht von der Körperschaftsteuer befreit, ist der auf Grund der Anwendung des § 38 nach Absatz 5 festgesetzte Betrag bis zum Ablauf des nächsten auf die Bekanntgabe der Körperschaftsteuerfestsetzung folgenden Kalenderjahres zinslos zu stunden, soweit die übernehmende Körperschaft oder Personenvereinigung bis zum 31. Mai des nachfolgenden Jahres nachweist, dass sie bis zum Zeitpunkt der Fälligkeit keine Ausschüttung der übernommenen unbelasteten Teilbeträge vorgenommen hat. ²Die Stundung verlängert sich jeweils um ein Jahr, soweit der in Satz 1 genannte Nachweis erbracht wird, letztmals bis zum Schluss des Wirtschaftsjahrs, das nach dem 31. Dezember 2018 endet. ³Auf diesen Zeitpunkt gestundete Beträge werden nicht erhoben, soweit der in Satz 1 genannte Nachweis erbracht wird. ⁴Die Sätze 1 bis 3 gelten auch bei der Sitzverlegung, wenn die Körperschaft oder Personenvereinigung in einem anderen Mitgliedstaat der Europäischen Union unbeschränkt steuerpflichtig wird. ⁵Die Stundung ist zu widerrufen, wenn die aufnehmende Körperschaft oder Personenvereinigung oder deren Rechtsnachfolger

a) von der Körperschaftsteuer befreit wird,

b) aufgelöst oder abgewickelt wird,

c) ihr Vermögen ganz oder teilweise auf eine Körperschaft oder Personenvereinigung überträgt, die in einem Staat außerhalb der Europäischen Union unbeschränkt steuerpflichtig ist,

d) ihren Sitz oder Ort der Geschäftsleitung in einen Staat außerhalb der Europäischen Union verlegt und dadurch ihre unbeschränkte Steuerpflicht innerhalb der Europäischen Union endet oder

e) ihr Vermögen auf eine Personengesellschaft oder natürliche Person überträgt.

Kommentierung

1. Änderungen beim steuerlichen Einlagekonto (§ 27 - § 29 KStG)

Der Gesetzgeber kodifiziert im Grundsatz die Auffassung der Finanzverwaltung, nach der das steuerliche Einlagekonto nur in Ausnahmefällen negativ werden konnte.[2] Die Ausnahmefälle, durch die ein negatives steuerliches Einlagekonto entstehen kann, wurden auf die Fälle der organschaftlichen Mehrabführungen beschränkt.

Die Möglichkeiten des **Direktzugriffs auf das steuerliche Einlagekonto** wurden praktisch ausgeschlossen. Ferner hat sich der Gesetzgeber weiter vom Handelsrecht gelöst, indem er nunmehr gesetzlich regelt, dass die Frage, ob das steuerliche Einlagekonto verwendet wird, zukünftig ausschließlich nach steuerlichen Gesichtspunkten zu entscheiden ist. Die Einlagenrückgewähr aus dem Ausland soll nur unter engen Voraussetzungen für Körperschaften und Personenvereinigungen, die in einem anderen EU-Staat[3] unbeschränkt steuerpflichtig sind und Leistungen i.S.d. § 20 Abs. 1 Nr. 1 oder 9 EStG gewähren, steuerneutral möglich sein.

Konzeptionell grundlegend neu sind die Vorschriften über die **erstmalige Feststellung des steuerlichen Einlagekontos** bei Eintritt in die unbeschränkte Steuerpflicht. Die Regelungen zur Bescheinigung der Einlagenrückgewähr wurden überarbeitet. Mangels spezieller Übergangsvorschrift kommen die Neuregelungen in den § 27 - § 29 KStG erstmals für den Veranlagungszeitraum 2006 zur Anwendung (§ 34 KStG).[4]

a) Ermittlung des steuerlichen Einlagekontos (§ 27 Abs. 1 Satz 3 KStG)

Eine Einlagenrückgewähr liegt in Höhe der Leistungen einer Kapitalgesellschaft vor, für die nach der Differenzrechnung des § 27 Abs. 1 Satz 3 KStG das steuerliche Einlagekonto als verwendet gilt.[5] Leistungen einer Kapitalgesellschaft mit Ausnahme der Rückzahlung von Nennkapital i.S.d. § 28 Abs. 2 KStG mindern, nunmehr unabhängig von ihrer handelsrechtlichen Einordnung, das steuerliche Einlagekonto nur, soweit die Leistungen in der Summe

---

2) Vgl. BMF, Schreiben v. 04.06.2003, IV A 2 - S 2836 - 2/03, BStBl. I 2003 S. 366 Rz. 10, 28, 29.
3) Fraglich ist, warum der Anwendungsbereich dieser Regelung nicht analog zum Anwendungsbereich des UmwStG auf das Gebiet des Europäischen Wirtschaftsraums (EWR) ausgedehnt wurde. Ebenso umfassen z.B. die Regelungen des § 12 Abs. 3 KStG das Gebiet des EWR.
4) Vgl. § 34 Abs. 1 KStG i.d.F. des SEStEG. Durch das Jahressteuergesetz 2007 v. 13.12.2006, BGBl. I 2006 S. 2878 (Art. 4 Nr. 8 Buchst. a)) wurde in § 34 Abs. 1 KStG die Jahreszahl „2006" zwar durch „2007" geändert. Diese Änderung tritt nach Art. 20 Abs. 6 des Jahressteuergesetzes 2007 v. 13.12.2006 allerdings erst am 01.01.2007 in Kraft, so dass die Vorschrift des § 34 Abs. 1 KStG i.d.F. des SEStEG insofern nicht überschrieben wird und die Neuregelungen in den § 27 - § 29 KStG erstmals für den Veranlagungszeitraum 2006 zur Anwendung kommen.
5) Siehe hierzu auch *Schönherr/Lemaitre,* GmbHR 2006 S. 561 (567). Zu den Bezügen i.S.d. § 20 Abs. 1 Nr. 1 EStG gehören nicht solche Ausschüttungen, die als Zahlungen aus dem steuerlichen Einlagekonto i.S.d. § 27 KStG gelten (sog. Einlagenrückgewähr). Sofern die Einlagenrückgewähr die Anschaffungskosten der Beteiligung des Gesellschafters übersteigt, fingiert die Finanzverwaltung in Höhe des übersteigenden Differenzbetrags auf Ebene des Gesellschafters (bspw. in der Rechtsform der Kapitalgesellschaft) einen Gewinn aus der Veräußerung eines Anteils i.S.d. § 8b Abs. 2 KStG der ggf. gemäß § 8b KStG steuerbefreit ist; siehe hierzu auch BMF, Schreiben v. 28.04.2003, IV A 2 - S 2750a - 7/03, BStBl. I 2003 S. 292 Rz. 6; *Eilers/Schmidt,* GmbHR 2003 S. 613 (616); *Menck,* in: Blümich, EStG/KStG/GewStG, § 8b KStG Rz. 36 f. (92. EL 10/2006). Zur Kritik an der Auffassung der Finanzverwaltung und zur Zuordnung der Einlagenrückgewähr zu den steuerfreien Bezügen i.S.d. § 8b Abs. 1 KStG vgl. *Dötsch/Pung,* in: Dötsch/Jost et al., Die Körperschaftsteuer, § 8b KStG n.F. Rz. 32a (58. EL 11/2006); *Füger/Rieger,* FR 2003 S. 543 f.; *Gosch,* in: Gosch, KStG, § 8b KStG Rz. 106 f.; *Kröner,* in: Ernst & Young, KStG, § 8b KStG Rz. 52 (56. EL 01/2007).

den auf den Schluss des vorangegangenen Wirtschaftsjahres ermittelten ausschüttbaren Gewinn i.S.d. § 27 Abs. 1 Satz 5 KStG übersteigen.[6]

Durch das Jahressteuergesetz 2007[7] wurde nunmehr bestimmt, dass eine verdeckte Einlage bei der Körperschaft als steuerpflichtige Betriebseinnahme zu erfassen ist, sofern beim Anteilseigner durch die verdeckte Einlage eine Gewinnminderung eingetreten ist und die entsprechende Veranlagung des Anteilseigners nicht mehr geändert werden kann (§ 8 Abs. 3 Satz 4 - 6 KStG). Diese Sonderregelung ändert nichts daran, dass auf Ebene der Körperschaft steuerpflichtige verdeckte Einlagen das steuerliche Einlagekonto i.S.d. § 27 KStG erhöhen.[8]

	Leistungen einer Kapitalgesellschaft i.S.d. § 27 Abs. 1 Satz 3 KStG
./.	ausschüttbarer Gewinn (wenn negativ, Ansatz mit 0)
=	Eigenkapital laut Steuerbilanz[9]
./.	gezeichnetes Kapital
./.	(positiver) Bestand des steuerlichen Einlagekontos
=	**Einlagenrückgewähr gem. § 27 Abs. 1 Satz 3 KStG** (Ausnahme: Rückzahlung von Nennkapital i.S.d. § 28 Abs. 2 KStG)

Abb. H.II. - 1: Ermittlung der Einlagenrückgewähr[9]

b) Direktzugriff auf das steuerliche Einlagekonto

Entgegen der bisherigen Verwaltungspraxis ist die **Verwendungsreihenfolge des steuerlichen Einlagekontos** gem. § 27 Abs. 1 Satz 3 KStG nunmehr unabhängig von der handelsrechtlichen Einordnung der Leistungen festgeschrieben. In den nachstehenden Fällen besteht somit keine Möglichkeit eines Direktzugriffs auf das steuerliche Einlagekonto mehr:[10]

– **Rückzahlung von Nachschüssen** der Anteilseigner i.S.d. § 26 GmbHG, die nicht zur Deckung eines Verlustes an Stammkapital erforderlich sind (§ 30 Abs. 2 GmbHG);

---

6) Vgl. BMF, Schreiben v. 04.06.2003, IV A 2 - S 2836 - 2/03, BStBl. I 2003 S. 366 Rz. 9 ff. Vgl. hierzu auch *Antweiler*, in: Ernst & Young, KStG, § 27 KStG Rz. 52 (56. EL 01/2007); *Dötsch*, in: Dötsch/Jost et al., Die Körperschaftsteuer, § 27 KStG n.F. Rz. 14 (58. EL 11/2006); *Heger*, in: Gosch, KStG, § 27 KStG Rz. 18.
7) Vgl. Jahressteuergesetz 2007 v. 18.12.2006, BGBl. I 2006 S. 2878.
8) Vgl. *Dötsch/Pung*, DB 2007 S. 11 (14). In den Fällen des § 8 Abs. 3 Satz 5 und 6 KStG erhöhen sich die Anschaffungskosten der Beteiligung nicht. Sofern es sich um einbringungsgeborene Anteile i.S.v. *§ 21 UmwStG a.F.* handelt, kann durch Einlagenrückgewähr einer verdeckten Einlage nochmals in Höhe der verdeckten Einlage ein steuerpflichtiger Gewinn entstehen, da auf die Einlagenrückgewähr nach Auffassung der Finanzverwaltung § 8b Abs. 2 KStG Anwendung findet; siehe hierzu BMF, Schreiben v. 28.04.2003, IV A 2 - S 2750a - 7/03, BStBl. I 2003 S. 292 Rz. 6. U.E. müsste die Finanzverwaltung in den vorstehenden Fällen von der Anwendung der Rz. 6 absehen.
9) Zur Ermittlung des Eigenkapitals laut Steuerbilanz vgl. BMF, Schreiben v. 04.06.2003, IV A 2 - S 2836 - 2/03, BStBl. I 2003 S. 366 Rz. 16-18; *Förster/van Lishaut*, FR 2002 S. 1205, 1257; *Franz*, GmbHR 2003 S. 818 (821); *Frotscher*, in: Frotscher/Maas, KStG/UmwStG, § 27 KStG Rz. 23 (85. EL 11/2006).
10) Zur alten Rechtslage vgl. *Antweiler*, in: Ernst & Young, KStG, § 27 KStG Rz. 46 ff. (56. EL 01/2007); *Dötsch*, in: Dötsch/Jost et al., Die Körperschaftsteuer, § 27 KStG n.F. Rz. 28a ff. (58. EL 11/2006).

Änderungen in EStG, KStG und AStG

- **Erfüllung bzw. Wiederaufleben einer Darlehensverpflichtung gegenüber Gesellschaftern** nach vorausgegangenem Forderungsverzicht gegen Besserungsversprechen.[11]

Durch die gesetzliche Kodifizierung der Verwendungsreihenfolge für alle Fälle mit Inlands- und Auslandsbezug in § 27 Abs. 1 Satz 3 KStG wird klargestellt, dass die Rechtsprechung des BFH[12] für Fälle der Einlagenrückgewähr mit Auslandsbezug nicht mehr zur Anwendung kommt, nach der sich bei ausländischen Kapitalgesellschaften die Frage, ob eine an inländische Anteilseigner erbrachte Leistung für steuerliche Zwecke als Einlagenrückgewähr zu behandeln ist, nach ausländischem Handelsrecht richtet.[13] Nach der Gesetzesbegründung v. 25.09.2006 zu § 27 Abs. 1 KStG[14] soll durch die Neuregelung verhindert werden, dass die Finanzverwaltung prüfen muss, ob nach der jeweiligen ausländischen Rechtsordnung ein Direktzugriff auf das steuerliche Einlagekonto möglich ist. Einsichtig ist diese Begründung nicht, da im Fall der Kapitalherabsetzung i.S.d. § 28 Abs. 2 KStG ein Direktzugriff auf das steuerliche Einlagekonto auch weiterhin möglich ist. In Fällen der Einlagenrückgewähr von Körperschaften oder Personenvereinigungen, die in einem anderen EU-Mitgliedstaat der unbeschränkten Steuerpflicht unterliegen und Leistungen i.S.d. § 20 Abs. 1 Nr. 1 oder 9 EStG gewähren können, wird sich die Finanzverwaltung somit auch weiterhin mit dem ausländischen Recht beschäftigen müssen (§ 27 Abs. 8 KStG).

Es kann konstatiert werden, dass es der Gesetzgeber erneut geschafft hat, eine weitere Regelung zu schaffen, um den Holding-Standort Deutschland unattraktiver zu gestalten. Die Kodifizierung der Verwendungsreihenfolge hat zur Konsequenz, dass die Rückzahlung einer Kapitalrücklage bei Vorhandensein von ausschüttbaren Gewinnen i.S.d. § 27 Abs. 1 Satz 3 KStG stets zu Einnahmen i.S.d. § 20 Abs. 1 Nr. 1 EStG in entsprechender Höhe beim Anteilseigner und zu einer Verpflichtung zum Einbehalt und zur Abführung von Kapitalertragsteuer (z.B. bei Inlandsfällen gem. §§ 43 ff. EStG) führt.[15] Neben der aus der Kapitalrückzahlung resultierenden vorgezogenen Versteuerung der Gewinnrücklage können trotz der uneingeschränkten Anrechnung der Kapitalertragsteuer auf die Einkommen- oder Körperschaftsteuer (z.B. mangels Steuerzahllast in entsprechender Höhe) im Rahmen des Veranlagungsverfahrens erhebliche Liquiditäts- und Zinsnachteile für den jeweiligen Anteilseigner wegen der nicht vorhandenen Möglichkeit, eine Herabsetzung der Steuervorauszahlungen zu beantragen, entstehen.[16]

Auch die Möglichkeit, einen **Direktzugriff auf das steuerliche Einlagekonto** durch vorherige Umwandlung der Kapitalrücklage in Nennkapital und anschließende Herabsetzung des Nennkapitals zu erreichen (§ 28 Abs. 2 KStG), dürfte in der Praxis wegen der mit der Herabsetzung des Nennkapitals verbundenen gesetzlichen Sperrfristen (§ 58 Abs. 1 GmbHG

---

11) Vgl. demgegenüber zur alten Rechtslage BMF, Schreiben v. 04.06.2003, IV A 2 - S 2836 - 2/03 BStBl. I 2003 S. 366 Rz. 29; BFH v. 30.05.1990, I R 41/87, BStBl. II 1991 S. 588. A.A. *Lornsen Veit/Berendt*, FR 2007 S. 181, die sich bei Erfüllung bzw. Wiederaufleben der Verbindlichkeit für einen Direktzugriff auf das steuerliche Einlagekonto aussprechen, da keine Leistung i.S.d. § 27 KStG vorliege. In diesem Kontext gilt es zu berücksichtigen, dass im Fall der Rückzahlung von Nachschüssen der Anteilseigner i.S.d. § 26 GmbHG die Finanzverwaltung, unabhängig von der Frage, ob eine Leistung i.S.d. § 27 KStG vorliegt, ursprünglich einen Direktzugriff auf das steuerliche Einlagekonto zugelassen hat, da auf Ebene der Anteilseigner keine Einnahmen i.S.d. § 20 Abs. Nr. 1 oder Nr. 2 EStG entstehen (A 95 Abs. 3 KStR 1995). Nach Auffassung des BFH sind diese Überlegungen im Falle des Forderungsverzichts analog anzuwenden (BFH v. 30.05.1990, I R 41/87 BStBl. II 1991 S. 588). U.E. sind deshalb beide Fälle auch zukünftig entsprechend zu behandeln, mit der Konsequenz, dass ein Direktzugriff wohl nicht mehr möglich ist.
12) Vgl. BFH v. 27.04.2000, I R 58/99, BStBl. II 2001 S. 168; BFH v. 23.02.1999, VIII R 60/96, BFH NV 1999 S. 1200; BFH v. 14.10.1992, I R 1/91, BStBl. II 1993 S. 189.
13) Vgl. *Dötsch/Pung*, DB 2006 S. 2648 (2652).
14) BT-Drs. 16/2710 S. 31f.
15) Vgl. *Werra/Teiche*, DB 2006 S. 1455 (1458).
16) Vgl. *Winkeljohann/Fuhrmann*, DB 2006 S. 1862 (1863).

keine echte Alternative sein. Daneben gilt es gerade bei Auslandssachverhalten zu beachten, dass die Eintragung von Nennkapital Handelsregistergebühren, Stempelsteuern etc. auslösen kann. Vor diesem Hintergrund ist es angeraten, sämtliche Anteile an ausländischen Kapitalgesellschaften durch eine EU-Holding zu halten bzw. Deutschland als Holdingstandort zu meiden.

c) Negativausweis des steuerlichen Einlagekontos

Das steuerliche Einlagekonto kann gem. § 27 Abs. 1 Satz 4 1. HS KStG grds. nicht mehr negativ werden. Ausnahmsweise kann ein negatives steuerliches Einlagekonto nur noch durch Mehrabführungen i.S.d. § 27 Abs. 6 KStG entstehen, wenn sie ihre Ursache in organschaftlicher Zeit haben.[17]

Durch die Neuregelung in § 28 Abs. 2 KStG kann das steuerliche Einlagekonto nicht durch die **Rückzahlung von Nennkapital** negativ werden.[18] Damit kann der Erwerb eigener Anteile mit anschließender Einziehung ebenfalls nicht zu einem Negativbestand des steuerlichen Einlagekontos führen.[19]

d) Einführung eines gesonderten Feststellungsverfahrens bei Eintritt in die unbeschränkte Steuerpflicht (§ 27 Abs. 2 Satz 3 KStG)

Zum Zeitpunkt des Eintritts in die unbeschränkte Steuerpflicht ist der vorhandene Bestand der nicht in das Nennkapital geleisteten Einlagen gem. § 27 Abs. 2 Satz 3 KStG gesondert festzustellen. Durch diese Regelung sollen nach der Gesetzesbegründung v. 25.09.2006[20] insbes. die Fälle erfasst werden, in denen die unbeschränkte Steuerpflicht durch Sitzverlegung aus dem Ausland begründet wird. Die Regelung ist nach dem Wortlaut nicht auf Zuzugsfälle aus dem EU-/EWR-Raum beschränkt und somit auch im Zuzugsfall aus Drittstaaten anzuwenden.[21] Bei der erstmaligen Feststellung des Bestands des steuerlichen Einlagekontos ist zu fingieren, dass die Gesellschaft seit ihrer Gründung der unbeschränkten Steuerpflicht unterlegen hat, d.h. es sind sämtliche Zugänge als auch Rückzahlungen von Einlagen bis zum Eintritt in die unbeschränkte Steuerpflicht zu berücksichtigen. Der auf diese Weise gesondert festgestellte Bestand gilt als Bestand des steuerlichen Einlagekontos

---

17) Zur alten Rechtslage vgl. BMF, Schreiben v. 04.06.2003, IV A 2 - S 2836 - 2/03, BStBl. I 2003 S. 366 Rz. 10, 28; *Antweiler*, in: Ernst & Young, KStG, § 27 KStG Rz. 51 (56. EL 01/2007); *Heger*, in: Gosch, KStG, § 27 KStG Rz. 20, 50; *Witt*, in: Dötsch/Jost et al., Die Körperschaftsteuer, § 27 KStG n.F. Rz. 127 (58. EL 11/2006). A.A. *Frotscher*, in: Frotscher/Maas, KStG/UmwStG, § 27 KStG Rz. 71 (85. EL 11/2006).

18) Soweit mit Herabsetzung des Nennkapitals der Bestand des steuerlichen Einlagekontos nach Abzug des Sonderausweises nicht ausreicht, gilt die Rückzahlung des Nennkapitals als Gewinnausschüttung, die beim Anteilseigner zu Bezügen i.S.d. § 20 Abs. 1 Nr. 2 EStG führt (§ 28 Abs. 2 S. 4 KStG).

19) Zur alten Rechtslage vgl. *Rödder/Wochinger*, DStR 2006 S. 684 (688 f.). *Geiger/Klingebiel/Wochinger*, in: Dötsch/Jost et al., Die Körperschaftsteuer, § 8 Abs. 1 KStG n.F. Rz. 82 ff. (58. EL 11/2006) bezeichnen die Folgen des Erwerbs zum Zwecke der Einziehung als offen. Vgl. demgegenüber BMF, Schreiben v. 02.12.1998, IV C 6 - S 2741 - 12/98, BStBl. I 1998 S. 1509 Rz. 23 sowie A 83 Abs. 4 Satz 1 KStR 1995 zum Körperschaftsteuer-Anrechnungsverfahren, wonach eine Verringerung des Teilbetrags EK 04 in Höhe der Differenz zwischen dem Kaufpreis und dem als Kapitalrückzahlung zu behandelnden Betrags zu erfolgen hat und zu einem Negativbestand führen kann. Siehe auch *Dötsch*, in: Dötsch/Jost et al., Die Körperschaftsteuer, § 27 KStG n.F. Rz. 28e (58. EL 11/2006); *Förster/van Lishaut*, FR 2002 S. 1205 (1215 f.); *Heger*, in: Gosch, KStG, § 27 KStG Rz. 20. Demgegenüber vertritt *Frotscher*, in: Frotscher/Maas, KStG/UmwStG, § 27 KStG Rz. 33 (85. EL 11/2006) die Auffassung, dass das steuerliche Einlagekonto nur aufgrund einer Festschreibung der Verwendungsreihenfolge nach § 27 Abs. 1 Satz 5 KStG negativ werden könnte.

20) BT-Drs. 16/2710.

21) Vgl. *Dötsch/Pung*, DB 2006 S. 2648 (2652).

am Ende des vorangegangenen Wirtschaftsjahres.[22] Wie der Bestand der nicht in das Nennkapital geleisteten Einlagen in der Praxis nachgewiesen werden soll, bleibt offen. Es bleibt zu hoffen, dass der Gesetzgeber nicht durch die Fiktion, dass die Gesellschaft seit ihrer Gründung der unbeschränkten Steuerpflicht unterlegen hat, von der jeweiligen Gesellschaft fordern wird, das steuerliche Einlagekonto seit ihrer Gründung nach deutschen Gewinnermittlungsgrundsätzen in der jeweils für den entsprechenden Veranlagungszeitraum gültigen Fassung zu bestimmen.[23]

Nach der Gesetzesbegründung v. 25.09.2006 zu § 27 Abs. 2 KStG[24] sollen die vorstehenden Regelungen im Falle der Neugründung einer inländischen Gesellschaft entsprechend zur Anwendung kommen. Der Gesetzgeber hat damit der Forderung im Schrifttum entsprochen.[25] Auch wenn in § 29 Abs. 6 KStG ein Verweis auf die Fiktion in § 27 Abs. 2 Satz 3 2. HS KStG fehlt, müsste diese ebenfalls für den Fall der Verschmelzung einer ausländischen Kapitalgesellschaft auf eine inländische Kapitalgesellschaft zur Anwendung kommen, da in diesem Fall beim übernehmenden Rechtsträger das steuerliche Einlagekonto um den Bestand der nicht in das Nennkapital geleisteten Einlagen der ausländischen Kapitalgesellschaft zum Zeitpunkt des Vermögensübergangs erhöht werden soll (§ 29 Abs. 2 und 6 KStG).[26] Aus der Beschränkung der Fiktion in § 27 Abs. 2 Satz 3 2. HS KStG auf Neugründungsfälle ist zu folgern, dass der Gesetzgeber nicht so weit gehen wollte, zukünftig in allen Fällen eine unterjährige Veränderung des steuerlichen Einlagekontos bzw. des Bestands der nicht in das Nennkapital geleisteten Einlagen zu berücksichtigen. In Abhängigkeit des Einzelfalls gilt es, gerade bei der Implementierung entsprechender Strukturen zukünftig abzuwägen, ob die Gründung der entsprechenden Körperschaft steuerlich aufgrund der Möglichkeit der Einlagenrückführung im Erstjahr vorteilhafter ist als die Verwendung von Vorratsgesellschaften, deren erstes Geschäftsjahr bereits abgelaufen ist und die somit über kein steuerliches Einlagekonto zum Schluss des vorangegangenen Wirtschaftsjahres verfügen.

e) Ausdehnung des Konzepts der Einlagenrückgewähr auf EU-Kapitalgesellschaften (§ 27 Abs. 8 Satz 1 KStG)

Nach § 27 Abs. 8 Satz 1 KStG können nunmehr auch nicht unbeschränkt steuerpflichtige Körperschaften oder Personenvereinigungen, die in einem anderen EU-Staat[27] unbeschränkt steuerpflichtig sind und Leistungen i.S.d. § 20 Abs. 1 Nr. 1 oder 9 EStG gewähren können, eine Einlagenrückgewähr an ihre in Deutschland veranlagten Anteilseigner erbringen, sofern die zuständige Finanzbehörde auf Antrag der Körperschaft eine Verwendung des steuerlichen Einlagekontos für den jeweiligen Veranlagungszeitraum unter den Vorausset-

---

22) Rz. 5 des BMF-Schreibens v. 04.06.2003, IV - A 2 - S 2836 - 2/03, BStBl. I 2003 S. 366 wird aufgegeben.
23) Vgl. *Schönherr/Lemaitre*, GmbHR 2006 S. 561 (568).
24) BT-Drs. 16/2710 S. 32.
25) Vgl. *Winkeljohann/Fuhrmann*, DB 2006 S. 1862 (1863). Rz. 6 des BMF-Schreibens v. 04.06.2003, IV - A 2 - S 2836 - 2/03, BStBl. I 2003 S. 366, nach der es zu einem Zugang beim steuerlichen Einlagekonto erst bei dessen Feststellung zum Schluss des ersten Wirtschaftsjahres kommt, ist somit nicht mehr anzuwenden.
26) Vgl. *Dötsch/Pung*, DB 2006 S. 2648 (2652); *Winkeljohann/Fuhrmann*, DB 2006 S. 1862 (1863).
27) Fraglich ist, warum der Anwendungsbereich dieser Regelung nicht analog zum Anwendungsbereich des UmwStG auf das Gebiet des Europäischen Wirtschaftsraums (EWR) ausgedehnt wurde. Ebenso umfassen z.B. die Regelungen des § 12 Abs. 3 KStG das Gebiet des EWR.

zungen des § 27 Abs. 8 Satz 4 - 8 KStG feststellt.[28] Unterbleibt die gesonderte Feststellung für Leistungen i.S.d. § 27 Abs. 8 Satz 1 KStG, liegt insoweit eine Gewinnausschüttung vor, die beim Empfänger zu Einnahmen i.S.d. § 20 Abs. 1 Nr. 1 oder 9 EStG führt (§ 27 Abs. 8 Satz 9 KStG).[29]

Für den Nachweis, in welcher Höhe das steuerliche Einlagekonto als für eine Leistung verwendet gilt, muss die Körperschaft oder Personenvereinigung i.S.d. § 27 Abs. 9 Satz 1 KStG aus ihrer Bilanz, die nach ausländischen Rechnungslegungsgrundsätzen aufgestellt wurde, den ausschüttbaren Gewinn i.S.d. § 27 Abs. 1 Satz 5 KStG seit der Gründung entwickeln. In der Praxis dürfte dieser Nachweis eine unüberwindbare Hürde für die Antragstellung darstellen.[30]

Insbes. aufgrund der Berichtigung des SEStEG[31] v. 24.01.2007, durch die in § 27 Abs. 7 KStG klargestellt wird, dass § 27 Abs. 1 - 6 KStG nur für andere <u>unbeschränkt steuerpflichtige</u> Körperschaften und Personenvereinigungen entsprechend anzuwenden ist, die Leistungen i.S.d. § 20 Abs. 1 Nr. 1, 9 oder 10 EStG gewähren können, spricht einiges dafür, dass durch die Festschreibung der Verwendungsfiktion in § 27 Abs. 1 KStG und der Regelungen zur Einlagenrückgewähr in § 27 Abs. 8 KStG eine steuerfreie Einlagenrückgewähr von Körperschaften und Personenvereinigungen, die zwar Leistungen i.S.d. § 20 Abs. 1 Nr. 1 oder Nr. 9 EStG gewähren können, aber nicht in einem anderen EU-Mitgliedstaat[32] unbeschränkt steuerpflichtig sind, nicht mehr möglich ist.[33] Auf die negativen Implikationen für den Holding-Standort Deutschland wurde bereits an anderer Stelle hingewiesen.[34]

f) Verwendungsfestschreibung des steuerlichen Einlagekontos (§ 27 Abs. 5 KStG)

Die Neuregelung der bisher in § 27 Abs. 1 Satz 5 KStG geregelten Verwendungsfestschreibung ist nunmehr in § 27 Abs. 5 KStG enthalten.[35] Eine Verwendungsfestschreibung des steuerlichen Einlagekontos ist nur noch bei zu niedrig bescheinigter Einlagenrückgewähr in der Steuerbescheinigung zwingend vorgesehen. Sofern die Bescheinigung keine Angaben über die Einlagenrückgewähr enthält, wird zukünftig gesetzlich definiert, dass eine Einlagenrückzahlung in Höhe von Null Euro vorliegt. Sofern es zu einer Verwendungsfestschreibung hinsichtlich der Einlagenrückgewähr kommt, ist eine Berichtigung bzw. erstmalige Erteilung der Bescheinigung der Einlagenrückgewähr gem. § 27 Abs. 5 Satz 3 KStG ausgeschlossen. Durch dieses Berichtigungsverbot soll eine korrespondierende steuerliche Be-

---

28) Rz. 2 des BMF-Schreibens v. 04.06.2003, IV - A 2 - S 2836 - 2/03, BStBl. I 2003 S. 366 wird insofern auf nicht unbeschränkt steuerpflichtige Körperschaften oder Personenvereinigungen, die in einem anderen Mitgliedstaat der EU unbeschränkt steuerpflichtig sind, erweitert. Da in Zukunft aufgrund der Europäisierung des UmwStG vermehrt eine Beteiligung ausländischer Kapitalgesellschaften als übertragende Gesellschaften im Rahmen von Umwandlungsvorgängen zu verzeichnen sein wird, sind die Verfahrensgrundsätze i.S.d. § 27 Abs. 8 KStG nach § 29 Abs. 6 KStG sinngemäß auch für den Fall der Ermittlung der Beträge, die in das steuerliche Einlagekonto einer übernehmenden inländischen Körperschaft übergehen, im Rahmen von Kapitalveränderungen bei Umwandlungsvorgängen anzuwenden; vgl. Gesetzesbegründung v. 25.09.2006 zu § 29 Abs. 6 KStG, BT-Drs. 16/2710 S. 32.
29) Vgl. *Schönherr/Lemaitre*, GmbHR 2006 S. 561 (568).
30) Vgl. *Rödder/Schumacher*, DStR 2006 S. 1481 (1490).
31) Berichtigung des Gesetzes über steuerliche Begleitmaßnahmen zur Einführung der Europäischen Gesellschaft und zur Änderung weiterer steuerrechtlicher Vorschriften, BGBl. I 2007 S. 68.
32) Fraglich ist, warum der Anwendungsbereich dieser Regelung nicht analog zum Anwendungsbereich des UmwStG auf das Gebiet des Europäischen Wirtschaftsraums (EWR) ausgedehnt wurde. Ebenso umfassen z.B. die Regelungen des § 12 Abs. 3 KStG das Gebiet des EWR.
33) Vgl. *Dötsch/Pung*, DB 2006 S. 2648 (2653).
34) Siehe hierzu Gliederungspunkt H.II.1. b).
35) Durch ein Versehen des Gesetzgebers wurde der vorher nicht existierende § 27 Abs. 1 Satz 6 KStG, statt richtigerweise der § 27 Abs. 1 Satz 5 KStG aufgehoben; vgl. BGBl. I 2006 S. 2782. Es ist davon auszugehen, dass der Gesetzgeber diesen Fehler berichtigen wird.

handlung der Leistung bei der Körperschaft und ihren Anteilseignern sichergestellt werden. Die Körperschaft kann ihr steuerliches Einlagekonto somit nur in Höhe der bescheinigten Einlagenrückgewähr verringern, so dass auf Ebene der Anteilseigner nur in Höhe des zu niedrig bescheinigten Betrags steuerfreie Kapitalerträge i.S.d. § 20 Abs. 1 Nr. 1 Satz 3 EStG entstehen.[36]

Wird eine Einlagenrückgewähr zu hoch bescheinigt, ist eine Korrektur der Bescheinigung nicht zwingend vorgeschrieben (§ 27 Abs. 5 Satz 5 KStG); sie kann ggf. auch nur gegenüber einzelnen Anteilseignern berichtigt werden. Unabhängig davon, ob die Bescheinigung berichtigt wird, haftet die Körperschaft gem. § 27 Abs. 5 Satz 4 KStG in Höhe der auf den überhöht ausgewiesenen Betrag der Einlagenrückgewähr entfallenden Kapitalertragsteuer, die ggf. durch Haftungsbescheid geltend zu machen ist. Da § 44 Abs. 5 Satz 1 2. HS EStG gem. § 27 Abs. 5 Satz 4 KStG insoweit nicht gilt, kann dem nicht entgegen gehalten werden, dass der **Kapitalertragsteuereinbehalt** weder vorsätzlich noch grob fahrlässig unterlassen wurde. Sofern die Körperschaft die Kapitalertragsteuer übernimmt, ist gem. § 43a Abs. 1 Nr. 1 EStG der Steuersatz von 25% anzuwenden. Die Übernahme der Kapitalertragsteuer stellt zugleich eine verdeckte Gewinnausschüttung in Höhe der übernommenen 20%igen Kapitalertragsteuer zzgl. Kapitalertragsteuer in Höhe von 25% auf diesen Betrag an die Anteilseigner dar, die wiederum nach den allgemeinen Grundsätzen kapitalertragsteuerpflichtig ist. Gemäß § 27 Abs. 5 Satz 6 KStG ist bei der Ermittlung des steuerlichen Einlagekontos zum Schluss des Wirtschaftsjahres stets nur der zutreffende und nicht der falsche überhöht bescheinigte Betrag der Einlagenrückgewähr zu berücksichtigen. Beim Anteilseigner unterliegen die **Kapitalerträge** in Höhe der bescheinigten Einlagenrückgewähr nicht der Besteuerung. Die verdeckte Gewinnausschüttung ist beim Anteilseigner zu berücksichtigen, die darauf entfallende Kapitalertragsteuer kann angerechnet werden. Die von der Gesellschaft übernommene Kapitalertragsteuer von 25% wird jedoch definitiv.

Wird die unzutreffende Steuerbescheinigung über die Einlagenrückgewähr berichtigt, unterliegt die Gewinnausschüttung nach den allgemeinen Grundsätzen der Kapitalertragsteuer.[37] Der Anteilseigner erhält in Höhe der ursprünglich zu hoch bescheinigten Einlagenrückgewähr eine Gewinnausschüttung zzgl. einer verdeckten Gewinnausschüttung, wenn die Kapitalgesellschaft die Kapitalertragsteuer übernimmt. Die darauf entfallende Kapitalertragsteuer kann angerechnet werden.

2. Realisierung des Körperschaftsteuer-Guthabens (§ 37 KStG)

Das bisherige System der ausschüttungsabhängigen Realisierung von Körperschaftsteuer-Guthaben wird durch eine **ausschüttungsunabhängige ratierliche Realisierung des Körperschaftsteuer-Guthabens** ersetzt.[38] Die Körperschaft hat innerhalb des Auszahlungszeitraums von 2008 bis 2017 einen Anspruch auf Auszahlung des Körperschaftsteuer-Guthabens in zehn gleichen Jahresbeträgen (§ 37 Abs. 5 Satz 1 KStG). Mangels spezieller

---

36) Vgl. *Dötsch/Pung*, DB 2006 S. 2648 (2652).
37) Vgl. *Dötsch/Pung*, DB 2006 S. 2648 (2653).
38) Als Gründe für die Neuregelung werden in der Gesetzesbegründung v. 25.09.2006 zu § 37 Abs. 4 KStG, BT-Drs. 16/2710 S. 33, zum einen die Verringerung des Administrationsaufwands insbes. bei grenzüberschreitenden Sachverhalten sowie zum anderen die mangelnde Kalkulierbarkeit der Einnahmen der öffentlichen Haushalte und die Gestaltungsanfälligkeit des bisherigen Systems angeführt.

Übergangsvorschriften ist § 37 KStG erstmals für den Veranlagungszeitraum 2006 anzuwenden (§ 34 KStG).[39]

a) Letztmalige Feststellung eines Körperschaftsteuer-Guthabens
aa) Feststellung des Körperschaftsteuer-Guthabens auf den 31.12.2006

Das Körperschaftsteuer-Guthaben einer Gesellschaft soll mit Ausnahme von Umwandlungs- und Liquidationsfällen letztmalig auf den 31.12.2006 ermittelt werden (§ 37 Abs. 4 Satz 1 KStG).

Unbeschränkt Körperschaftsteuerpflichtige mit **abweichendem Wirtschaftjahr** müssen das Körperschaftsteuer-Guthaben in einer Nebenrechnung zum 31.12.2006 ermitteln. Eine Minderung des Körperschaftsteuer-Guthabens bei abweichendem Wirtschaftsjahr kann zwischen dem Ende des letzten Wirtschaftsjahres und dem Ermittlungszeitpunkt des Körperschaftsteuer-Guthabens i.S.d. § 37 Abs. 4 KStG nur durch Gewinnausschüttungen und in den Fällen der Liquidation durch Liquidationsraten, andere Ausschüttungen und sonstige Leistungen eintreten, die vor dem 31.12.2006 oder einem früheren Umwandlungszeitpunkt i.S.d. § 37 Abs. 4 Satz 2 KStG erfolgen, d.h. abgeflossen sind (§ 37 Abs. 4 Satz 4 KStG).[40] Eine Gewinnausschüttung gilt als verwirklicht, wenn bei der Körperschaft der Vermögensminderung entsprechende Mittel abgeflossen sind oder eine Vermögensmehrung verhindert worden ist.[41]

Vororganschaftliche Mehrabführungen gelten zwar als Gewinnausschüttung der Organgesellschaft (§ 14 Abs. 3 Satz 1 KStG), sie erfolgen allerdings in dem Zeitpunkt, in dem das Wirtschaftsjahr der Organgesellschaft endet, und können somit nicht mehr zu einer Körperschaftsteuer-Minderung nach bisherigem Recht führen.

bb) Feststellung des Körperschaftsteuer-Guthabens in Umwandlungs- und Liquidationsfällen

Die Regelungen zur Realisierung des Körperschaftsteuer-Guthabens in Umwandlungs- und Liquidationsfällen werden abschließend in § 37 Abs. 4 Satz 2 - 4 KStG behandelt (Streichung der Regelungen in *§ 40 KStG a.F.*). Mit der Streichung der Regelungen zur Realisierung des Körperschaftsteuer-Guthabens bei einer Vermögensübertragung auf eine von der Körperschaftsteuer befreite Körperschaft, Personenvereinigung oder Vermögensmasse oder auf eine juristische Person des öffentlichen Rechts in *§ 40 Abs. 3 KStG a.F.* entfällt eine weitere Möglichkeit zur Realisierung von Körperschaftsteuer-Guthaben.

Bei **Umwandlungen i.S.d. § 1 Abs. 1 UmwStG**, bei denen die Anmeldung zur Eintragung in ein öffentliches Register nach dem 12.12.2006 erfolgt, wird das Körperschaftsteuer-Guthaber bei der übertragenden Körperschaft letztmalig auf den vor dem 31.12.2006 liegenden steuerlichen Übertragungsstichtag ermittelt (§ 37 Abs. 4 Satz 2 UmwStG). Diese Regelung ist erforderlich, da es ansonsten bei einer rückwirkenden Verschmelzung einer Körperschaft auf eine Personengesellschaft bzw. auf ein Einzelunternehmen nie zu einer Schlussermittlung des Körperschaftsteuer-Guthabens mangels steuerlichen Bestehens der Körperschaft zum 31.12.2006 kommen würde.[42]

---

39) Vgl. § 34 Abs. 1 KStG i.d.F. des SEStEG. Durch das Jahressteuergesetz 2007 v. 13.12.2006, BGBl. I 2006 S. 2878 (Art. 4 Nr. 8 Buchst. a)) wurde in § 34 Abs. 1 KStG die Jahreszahl „2006" zwar durch „2007" geändert. Diese Änderung tritt nach Art. 20 Abs. 6 des Jahressteuergesetzes 2007 v. 13.12.2006 allerdings erst am 01.01.2007 in Kraft, so dass die Vorschrift des § 34 Abs. 1 KStG i.d.F. des SEStEG insofern nicht überschrieben wird und die Neuregelungen des § 37 KStG erstmals für den Veranlagungszeitraum 2006 zur Anwendung kommen.
40) Vgl. *Streck/Binnewies*, DB 2007 S. 359 (360).
41) Vgl. H 75 KStH 2004.
42) Vgl. *Dötsch*, DB 2006 S. 2648 (2654); *Streck/Binnewies*, DB 2007 S. 359 (360).

Änderungen in EStG, KStG und AStG

Bei **offenen Gewinnausschüttungen**, die im zeitlichen Zusammenhang mit Umwandlungen i.S.d. § 1 Abs. 1 UmwStG stehen, ist zu prüfen, ob eine Körperschaftsteuer-Minderung nach bisherigem Recht *(§ 40 KStG a.F.)* eintreten kann. Es ist hierbei zwischen den nachstehenden Fällen zu unterscheiden:

- Ausschüttungen, die bereits vor dem steuerlichen Übertragungsstichtag beschlossen worden sind, aber erst nach dem steuerlichen Übertragungsstichtag abfließen, gelten bereits als am steuerlichen Übertragungsstichtag erfolgt und können somit noch eine Körperschaftsteuer-Minderung nach bisherigem Recht auslösen.[43]
- Ausschüttungen, die im steuerlichen Rückwirkungszeitraum, aber noch im Jahr 2006 beschlossen wurden und abgeflossen sind, können bei der Verschmelzung einer Kapitalgesellschaft auf eine Personengesellschaft nicht zu einer Körperschaftsteuer-Minderung führen, da die Gewinnausschüttung als Entnahme zu behandeln ist.[44]
- Ausschüttungen auf Anteile, die unter die steuerliche Rückwirkungsfiktion fallen und die im steuerlichen Rückwirkungszeitraum, aber noch im Jahr 2006 beschlossen wurden und abgeflossen sind, stellen bei einer Umwandlung auf eine Körperschaft eine Gewinnausschüttung dar, die der übernehmende Rechtsträger vorgenommen hat.[45] Die Ausschüttung muss jedoch nach § 37 Abs. 4 Satz 4 KStG vor dem steuerlichen Übertragungsstichtag erfolgt sein, damit es zu einer Körperschaftsteuer-Minderung kommt; eine Körperschaftsteuer-Minderung nach bisherigem Recht kann somit nicht eintreten.
- Ausschüttungen auf Anteile, die <u>nicht</u> unter die steuerliche Rückwirkungsfiktion fallen und die im steuerlichen Rückwirkungszeitraum, aber noch im Jahr 2006 beschlossen wurden und abgeflossen sind, werden bei einer Umwandlung auf eine Körperschaft noch der übertragenden Körperschaft zugerechnet.[46] Nach § 37 Abs. 4 Satz 4 KStG muss die Ausschüttung jedoch vor dem steuerlichen Übertragungsstichtag erfolgt sein, damit es zu einer Körperschaftsteuer-Minderung kommen kann; eine Körperschaftsteuer-Minderung nach bisherigem Recht kann somit nicht mehr eintreten.

Wurde im Rahmen einer Liquidation i.S.d. § 11 KStG das Vermögen nach dem 12.12.2006 und vor dem 31.12.2006 verteilt, ist das Körperschaftsteuer-Guthaben letztmalig zu dem Zeitpunkt zu ermitteln, auf den die Liquidationsbilanz erstellt wird.

Die Vorschriften über die Liquidation sind gem. *§ 12 Abs. 1 KStG a.F.* bzw. § 12 Abs. 3 KStG entsprechend für Körperschaften, Vermögensmassen oder Personenvereinigungen anzuwenden, die ihren Ort der Geschäftsleitung oder ihren Sitz ins Ausland verlegen und dadurch aus der unbeschränkten Steuerpflicht ausscheiden.

cc) Keine gesonderte Feststellung des Körperschaftsteuer-Guthabens

Eine gesonderte Feststellung des Körperschaftsteuer-Guthabens ist nicht vorgesehen (§ 37 Abs. 4 KStG).[47] Der Anspruch auf das Körperschaftsteuer-Guthaben soll für den gesamten Auszahlungszeitraum festgesetzt werden (§ 37 Abs. 5 Satz 3 KStG). Die Festsetzung des auszuzahlenden Körperschaftsteuer-Guthabens müsste somit im Steuerbescheid über die Festsetzung des Anspruchs auf Auszahlung des Körperschaftsteuer-Guthabens erfolgen.[48]

---

43) BMF, Schreiben v. 25.03.1998, IV B 7 - S 1978 - 21/98 / IV B 2 - S 1909 - 33/98, BStBl. I 1998 S. 268 (UmwSt-Erlass) Rz. 02.21.
44) BMF, Schreiben v. 25.03.1998, IV B 7 - S 1978 - 21/98 / IV B 2 - S 1909 - 33/98, BStBl. I 1998 S. 268 (UmwSt-Erlass) Rz. 02.29.
45) BMF, Schreiben v. 25.03.1998, IV B 7 - S 1978 - 21/98 / IV B 2 - S 1909 - 33/98, BStBl. I 1998 S. 268 (UmwSt-Erlass) Rz. 02.29., 02.32.
46) BMF, Schreiben v. 25.03.1998, IV B 7 - S 1978 - 21/98 / IV B 2 - S 1909 - 33/98, BStBl. I 1998 S. 268 (UmwSt-Erlass) Rz. 02.33.
47) Vgl. *Dötsch*, DB 2006 S. 2648 (2654).
48) Vgl. *Ortmann-Babel/Bolik*, BB 2007 S. 73.

Der Anspruch auf Auszahlung des Körperschaftsteuer-Guthabens entsteht mit Ablauf des 31.12.2006 oder des nach § 37 Abs. 4 Satz 2 KStG (Umwandlungsfälle i.S.d. § 1 Abs. 1 UmwStG) maßgebenden Tages. Das Gesetz enthält somit keine Regelungen, wann das Körperschaftsteuer-Guthaben in Liquidationsfällen i.S.d. § 37 Abs. 4 Satz 2 KStG bzw. *§ 12 Abs. 1 KStG a.F.* i.V.m. *§ 11 KStG a.F.* bzw. § 12 Abs. 3 KStG i.V.m. § 11 KStG entsteht, bei denen es zu einer Verteilung des Vermögens nach dem 12.12.2006 und vor dem 31.12.2006 gekommen ist. Auch wenn die vorstehende Gesetzeslücke wahrscheinlich nur eine geringe Anzahl von Fällen betreffen wird, bleibt zu hoffen, dass der Gesetzgeber klarstellt, dass das Körperschaftsteuer-Guthaben auch in diesen Fällen nicht untergegangen ist.

b) Ratierliche Auszahlung des Körperschaftsteuer-Guthabens

Der Anspruch auf Auszahlung des Körperschaftsteuer-Guthabens für den gesamten Auszahlungszeitraum 2008 bis 2017 entsteht mit Ablauf des 31.12.2006 oder in Fällen des § 37 Abs. 4 Satz 2 KStG (Umwandlungen i.S.d. § 1 Abs. 1 UmwStG) mit Ablauf des entsprechenden steuerlichen Übertragungsstichtags (§ 37 Abs. 5 Satz 2 KStG). Fraglich ist, ob sich durch die Auszahlung des Körperschaftsteuer-Guthabens auch die Körperschaftsteuer des Veranlagungszeitraums mindert, in dem die Auszahlung erfolgt. Wird in § 37 Abs. 2 Satz 3 KStG noch festgeschrieben, dass sich die Körperschaftsteuer in dem Veranlagungszeitraum mindert, in dem die Gewinnausschüttung erfolgt, so fehlt es an einer entsprechenden Vorschrift in § 37 Abs. 5 KStG. Sofern der Gesetzgeber die Auffassung vertritt, dass keine Minderung der Körperschaftsteuer im Veranlagungszeitraum der Auszahlung erfolgt, hätte dies zur Folge, dass kein Erstattungsanspruch für den Solidaritätszuschlag besteht. Auch an dieser Stelle wäre eine Klarstellung des Gesetzgebers bis 2008 erforderlich.[49]

Der Anspruch auf Auszahlung des Körperschaftsteuer-Guthabens führt zu einer eigenständigen Realisierung des Körperschaftsteuer-Guthabens bei jeder Gesellschaft. Dies gilt auch im Fall einer **ertragsteuerlichen Organschaft**, da das Körperschaftsteuer-Guthaben einer Organgesellschaft nur aus vorvertraglichen Rücklagen stammen kann.[50]

Das Körperschaftsteuer-Guthaben wird innerhalb eines zehnjährigen Abrechnungszeitraums von 2008 bis 2017 an die Körperschaft ratierlich in zehn gleichen Jahresbeträgen ausgezahlt (§ 37 Abs. 5 Satz 1 KStG). Für das Jahr der Bekanntgabe des Festsetzungsbescheides und die vorangegangenen Jahre ist der Anspruch innerhalb eines Monats nach Bekanntgabe des Bescheides fällig, für jedes weitere Jahr des Auszahlungszeitraums jeweils am 30.09. (§ 37 Abs. 5 Satz 4 KStG).

Der Gesetzgeber führt somit erneut ein **verstecktes Moratorium** von einem Jahr ein, da der erste Jahresbetrag frühestens in 2008 zur Auszahlung kommt und eine letztmalige Realisierung des Körperschaftsteuer-Guthabens bereits in 2006 möglich war.[51] Trotz der im Schrifttum geäußerten Kritik an dem Moratorium aufgrund seiner wirtschaftlichen Konsequenzen für die jeweilige Körperschaft dürfte das Vorgehen des Gesetzgebers nach den Feststellungen des BFH in seinem jüngsten Urteil v. 08.11.2006 zum Moratorium i.S.d. § 37 Abs. 2a KStG für den Zeitraum vom 12.12.2003 bis zum 31.12.2005 gedeckt und somit verfassungskonform sein, da der Gesetzgeber diese Regelung vor dem Hintergrund einer „Systemumstellung" einführt.[52]

---

49) Vgl. *Streck/Binnewies*, DB 2007 S. 359 (361).
50) Vgl. *Dötsch*, DB 2006 S. 2648 (2655).
51) Vgl. *Blumenberg/Lechner*, BB Special 8/2006 S. 25 (34); *Winkeljohann/Fuhrmann*, DB 2006 S. 1862 (1864).
52) Vgl. *Hoffmann*, DB 2007 S. 1; BFH v. 08.12.2006, I R 69-70/05, DB 2007 S. 262 (263).

c) Aufhebung oder Änderung des Bescheides über die Festsetzung des Anspruchs auf Auszahlung des Körperschaftsteuer-Guthabens

Die Regelungen, dass (i) der Anspruch auf Auszahlung des Körperschaftsteuer-Guthabens nicht verzinslich ist (§ 37 Abs. 5 Satz 5 und 6 KStG) und (ii) die Festsetzungsverjährung für die Festsetzung des Körperschaftsteuer-Guthabens nach § 37 Abs. 5 Satz 7 KStG nicht eintritt, bevor der letzte Jahresbetrag fällig geworden ist, werden in der Zukunft im Rahmen von steuerlichen Außenprüfungen aufgrund des § 37 Abs. 6 KStG von erheblicher Bedeutung sein.

Im Falle der Aufhebung oder Änderung des Bescheides über die Festsetzung des Anspruchs auf Auszahlung des Körperschaftsteuer-Guthabens wird der Betrag, um den der Anspruch, der sich aus dem geänderten Bescheid ergibt, die Summe der Auszahlungen, die bis zur Bekanntgabe des neuen Bescheides geleistet worden sind, übersteigt, auf die verbleibenden Fälligkeitstermine des Auszahlungszeitraums verteilt (§ 37 Abs. 6 Satz 1 KStG). Ist die Summe der Auszahlungen, die bis zur Bekanntgabe des neuen Bescheides geleistet worden sind, hingegen größer als der Anspruch auf Auszahlung des Körperschaftsteuer-Guthabens, der sich aus dem geänderten Bescheid ergibt, ist der Unterschiedsbetrag innerhalb eines Monats nach Bekanntgabe des Bescheides zu entrichten (§ 37 Abs. 6 Satz 2 KStG).

Im Rahmen einer steuerlichen Außenprüfung wird es i.d.R. zu einer Erhöhung des Körperschaftsteuer-Guthabens kommen. Diese Erhöhung des Körperschaftsteuer-Guthabens ist nach § 37 Abs. 6 Satz 1 KStG zinslos auf die verbleibenden Fälligkeitstermine des Auszahlungszeitraums zu verteilen. Diese Vorgehensweise ist nicht mit einer Systemumstellung zu rechtfertigen. Auch das Argument, dass der Gesetzgeber auf eine Verzinsung von Nachzahlungsbeträgen im Gegenzug verzichtet, vermag nicht den Eindruck zu entkräften, dass der Gesetzgeber für die Regelfälle der steuerlichen Außenprüfung (Erhöhung des Körperschaftsteuer-Guthabens) ein zweites verstecktes Moratorium einführen wollte.

d) Übertragung des Anspruchs auf Auszahlung des Körperschaftsteuer-Guthabens

In der Gesetzesbegründung v. 09.11.2006 zu § 37 Abs. 5 KStG[53] kommt klar zum Ausdruck, dass eine der Überlegungen, den Anspruch auf Auszahlung des Körperschaftsteuer-Guthabens für den gesamten Auszahlungszeitraum 2008 bis 2017 mit Ablauf des 31.12.2006 bzw. eines etwaig früheren steuerlichen Übertragungsstichtags entstehen zu lassen, u.a. war, der Körperschaft die Möglichkeit zu geben, die Ansprüche in den Grenzen des § 46 AO abtreten zu können.[54] Die Ansprüche auf Auszahlung des Körperschaftsteuer-Guthabens für den gesamten Auszahlungszeitraum 2008 bis 2017 können somit zukünftig im Wege der Einzel- und der Gesamtrechtsnachfolge übergehen, so dass durch entsprechende Maßnahmen ein Untergang des Körperschaftsteuer-Guthabens verhindert bzw. eine Monetarisierung des Körperschaftsteuer-Guthabens vorgenommen werden kann.[55]

e) Handels- und steuerbilanzielle Behandlung des Anspruchs auf Auszahlung des Körperschaftsteuer-Guthabens

Der Anspruch auf Auszahlung des Körperschaftsteuer-Guthabens für den gesamten Auszahlungszeitraum 2008 bis 2017 entsteht mit Ablauf des 31.12.2006 oder in Fällen des § 37

---

53) BT-Drs. 16/2710 S. 33.
54) Zur Zulässigkeit einer Abtretung des Körperschaftsteuer-Guthabens siehe *Ortmann-Babel/Bolik*, BB 2007 S. 73 (76 f.) m.w.N.
55) Vgl. *Dötsch*, DB 2006 S. 2648 (2654). Zur Diskussion der Behandlung von Körperschaftsteuer-Guthaben in Liquidationsfällen siehe *Winkeljohann/Fuhrmann*, DB 2006 S. 1862 (1864); a.A. *Förster/Felchner*, DStR 2006 S. 1725 (1727).

Abs. 4 Satz 2 KStG (Umwandlungen i.S.d. § 1 Abs. 1 UmwStG) mit Ablauf des entsprechenden steuerlichen Übertragungsstichtags (§ 37 Abs. 5 Satz 2 KStG).[56]

Für Wirtschaftsjahre, die nach dem 12.12.2006 enden, hat bereits eine erfolgswirksame Aktivierung des Anspruchs auf Auszahlung des Körperschaftsteuer-Guthabens für den gesamten Auszahlungszeitraum 2008 bis 2017 zu erfolgen, da die Entstehung des Anspruchs auf Auszahlung des Körperschaftsteuer-Guthabens mit an Sicherheit grenzender Wahrscheinlichkeit feststeht.[57] Spätestens im Zeitpunkt des rechtlichen Entstehens mit Ablauf des 31.12.2006 ist der Anspruch auf Auszahlung des Körperschaftsteuer-Guthabens handels- und steuerbilanziell erfolgswirksam zu aktivieren.

Bei Umwandlungen i.S.d. § 1 Abs. 1 UmwStG, bei denen die Anmeldung zur Eintragung in ein öffentliches Register nach dem 12.12.2006 (Tag der Gesetzesverkündung) erfolgt, ist das Körperschaftsteuer-Guthaben bei der übertragenden Körperschaft letztmalig auf den vor dem 31.12.2006 liegenden steuerlichen Übertragungsstichtag zu ermitteln (§ 37 Abs. 4 Satz 2 KStG). Das Körperschaftsteuer-Guthaben entsteht mit Ablauf des vor dem 31.12.2006 liegenden steuerlichen Übertragungsstichtags (§ 37 Abs. 5 Satz 2 KStG).[58] Dies führt jedoch nicht zu einer handelsbilanziellen Aktivierung des Anspruchs auf Auszahlung des Körperschaftsteuer-Guthabens mit Ablauf des vor dem 31.12.2006 liegenden steuerlichen Übertragungsstichtags. Der übertragende Rechtsträger besteht gesellschaftsrechtlich und somit auch handelsbilanziell bis zur Eintragung der Umwandlung im Handelsregister fort (§ 20 UmwG).[59] Die steuerliche Sonderregelung in § 37 Abs. 5 Satz 2 KStG ist erforderlich, da es ansonsten bei einer rückwirkenden Verschmelzung einer Körperschaft auf eine Personengesellschaft bzw. auf ein Einzelunternehmen nie zu einer Schlussermittlung des Körperschaftsteuer-Guthabens mangels steuerlichen Bestehens der Körperschaft zum 31.12.2006 kommen würde.[60] Das Körperschaftsteuer-Guthaben wäre ohne diese Regelung untergegangen.

Steuerbilanziell ist der Anspruch auf Auszahlung des Körperschaftsteuer-Guthabens mit Ablauf des vor dem 31.12.2006 liegenden steuerlichen Übertragungsstichtags erfolgswirksam zu aktivieren. Es kann damit konstatiert werden, dass die handels- und steuerbilanzielle Behandlung des Körperschaftsteuer-Guthabens in **Umwandlungsfällen i.S.d. § 1 Abs. 1 UmwStG** mit einem vor dem 31.12.2006 liegenden steuerlichen Übertragungsstichtag voneinander abweicht und folglich zu einem unterschiedlich hohen Eigenkapitalausweis zum steuerlichen Übertragungsstichtag führt. In der Folgezeit gleicht sich diese Abweichung in der Handelsbilanz des übernehmenden Rechtsträgers wieder aus.

Das Körperschaftsteuer-Guthaben ist im Umlaufvermögen unter der Position „**sonstige Vermögensgegenstände**" auszuweisen (§ 266 Abs. 2 B. II. 4. HGB).[61] Der durch die Aktivierung resultierende Ertrag ist handelsrechtlich in der Gewinn- und Verlustrechnung unter

---

56) Zur Problematik hinsichtlich des Solidaritätszuschlages siehe Gliederungspunkt H.II.2. b), so dass ebenfalls fraglich ist, ob ein entsprechender Anspruch auf Auszahlung des Solidaritätszuschlages in Frage kommt.
57) Vgl. *ADS*, § 246 HGB Rz. 175 (5. Auflage). Dies gilt auch für Liquidationen i.S.d. § 11 KStG bzw. *§ 12 Abs. 1 KStG a.F.* i.V.m. § 11 KStG bzw. § 12 Abs. 3 KStG i.V.m. § 11 KStG, bei denen es zu einer Verteilung des Vermögens nach dem 12.12.2006 und vor dem 31.12.2006 gekommen ist, da eindeutig ein Versehen des Gesetzgebers vorliegt, für diese Fälle keine gesetzliche Regelung zu treffen. Siehe hierzu auch Gliederungspunkt H.II.2. a) cc).
58) Siehe hierzu und zur Fallunterscheidung der Finanzverwaltung hinsichtlich der Frage, ob offene Gewinnausschüttungen, die im zeitlichen Zusammenhang mit einer Verschmelzung noch eine Körperschaftsteuer-Minderung nach bisherigem Recht auslösen können, Gliederungspunkt H.II.2. a) bb).
59) Zur Frage der handelsbilanziellen Vermögens- und Erfolgszuordnung zwischen Abschluss des Verschmelzungsvertrags und Eintragung der Verschmelzung siehe HFA 2/1997, Abschn. 2.
60) Vgl. *Dötsch*, DB 2006 S. 2648 (2654).
61) Vgl. *ADS*, § 266 HGB Rz. 134 (5. Auflage).

der Position „Steuern vom Einkommen und vom Ertrag" zu erfassen (§ 275 Abs. 2 Nr. 18 HGB).[62]

Aufgrund der Unverzinslichkeit des Anspruchs auf ratierliche Auszahlung des Körperschaftsteuer-Guthabens hat die Bewertung zum Barwert zu erfolgen.[63] Für die Diskontierung ist ein **fristadäquater risikofreier Zinssatz** zu verwenden (z.B. auf Basis einer mit Hilfe der sog. Svensson-Formel ermittelten Zinsstrukturkurve). Als Orientierungshilfe kann die Verzinsung von Bundesanleihen mit entsprechenden Laufzeiten herangezogen werden.[64]

Hinsichtlich der handelsbilanziellen Behandlung des Zugangs des Anspruchs auf Auszahlung des Körperschaftsteuer-Guthabens besteht die Möglichkeit, diesen entweder zunächst mit dem Nominalbetrag (vor Abzinsung) oder sofort mit dem Barwert anzusetzen.[65] Sofern direkt der Barwert angesetzt wird (Nettomethode), stellen die Aufzinsungsbeträge in der Folgezeit nachträgliche Anschaffungskosten dar.[66] Bei Ansatz des Nominalbetrags (Bruttomethode) ist der Aufwand für die unmittelbar nach Zugang vorzunehmende Abzinsung in der Gewinn- und Verlustrechnung als „sonstiger betrieblicher Aufwand" und der Ertrag aus der Zuschreibung in den Folgejahren wie bei der Nettomethode als „Zinsertrag" auszuweisen.[67]

Die handelsrechtliche Bilanzierung ist über den Grundsatz der Maßgeblichkeit der Handels- für die Steuerbilanz (§ 5 Abs. 1 Satz 1 EStG) mit Ausnahme des Aktivierungszeitpunkts bei Umwandlungsfällen i.S.d. § 1 Abs. 1 UmwStG auch für den steuerlichen Bilanzansatz zwingend. Nach dem eindeutigen Wortlaut des § 6 Abs. 1 Nr. 3 bzw. Nr. 3a EStG kommen die steuerlichen Abzinsungsvorschriften nur für Verbindlichkeiten und Rückstellungen in Betracht. In der Steuerbilanz gibt es keine separaten Vorschriften für die Bewertung unverzinslicher Forderungen.[68]

Besteht ein Ergebnisabführungsvertrag (**ertragsteuerliche Organschaft**), spricht einiges dafür, dass der auf Ebene der Organgesellschaft entstehende Ertrag aus der erstmaligen Aktivierung des Anspruchs auf Auszahlung des Körperschaftsteuer-Guthabens und der jährliche Ertrag während des Auszahlungszeitraums aus der Zuschreibung des abgezinsten Anspruchs auf Auszahlung des Körperschaftsteuer-Guthabens der Gewinnabführungsverpflichtung gegenüber dem Organträger unterliegt, da nunmehr keine Verknüpfung zwischen der Realisierung des Körperschaftsteuer-Guthabens und der Vornahme von Ausschüttungen vorvertraglicher Rücklagen besteht.[69]

f) Ertragsteuerliche Behandlung des Auszahlungsanspruchs

Erträge und Gewinnminderungen der Körperschaft, die sich aus der Anwendung des § 37 Abs. 5 KStG ergeben, gehören nicht zu den Einkünften i.S.d. EStG (§ 37 Abs. 7 Satz 1

---

62) Vgl. *ADS*, § 275 HGB Rz. 175 (5. Auflage). In Ausnahmefällen ist es denkbar, dass aus einem Aufwandsposten ein Ertragsposten wird, was zur Verdeutlichung gem. § 264 Abs. 2 HGB zu einer Änderung der Postenbezeichnung zwingt (z.B. erstattete Steuern vom Einkommen und Ertrag). Vgl. *ADS*, § 275 HGB Rz. 187 (5. Auflage).
63) Vgl. WPH 2006, Bd. I, E 325 m.w.N.
64) Vgl. 205. Sitzung am 28./29.11.2006 des HFA des IDW, FN-IDW 2007 S. 107.
65) Vgl. *ADS*, § 253 HGB Rz. 54 (5. Auflage).
66) Vgl. *ADS*, § 253 HGB Rz. 54 (5. Auflage).
67) Vgl. *ADS*, § 275 HGB Rz. 176b und Rz. 157 (5. Auflage).
68) Vgl. *Dötsch*, DB 2006 S. 2648 (2655); *Ortmann-Babel/Bolik*, BB 2007 S. 73 (75); a.A. *Förster/Felcher*, DStR 2007 S. 280 (283).
69) Vgl. 205. Sitzung am 28./29.11.2006 des HFA des IDW, FN-IDW 2007 S. 107. *Dötsch*, DB 2006 S. 2648 (2655). Bisher wurde schon im steuerrechtlichen Schrifttum eine Abführungsverpflichtung des Körperschaftsteuer-Guthabens auf Ebene der Organgesellschaft angenommen, da eine Verknüpfung der Realisierung des Körperschaftsteuer-Guthabens und der Ausschüttung vorvertraglicher Rücklagen negiert wurde, vgl. *Dötsch*, DB 2005 S. 125 (130).

KStG). Die Auszahlung ist aus den Einnahmen an Körperschaftsteuer zu leisten (§ 37 Abs. 7 Satz 2 KStG).

Durch die Gesetzesformulierung wird klargestellt, dass Zahlungen oder Rückzahlungen von Körperschaftsteuer-Guthaben nur dann steuerfrei sind, wenn sie derjenigen Körperschaft zufließen, gegenüber der bei Umstellung des Systems auf eine ausschüttungsunabhängige ratierliche Realisierung des Körperschaftsteuer-Guthabens die Festsetzung des Guthabens erfolgt ist. Die Steuerfreiheit kann ebenfalls nicht durch **Übertragung auf einen Rechtsnachfolger** verloren gehen, der aufgrund von steuerlichen Sonderregelungen in die steuerliche Rechtsstellung des Vorgängers eintritt (z.B. § 4 Abs. 2, § 12 Abs. 3, § 23 Abs. 1, 3 und 4 UmwStG).[70] Nach h.M. umfasst die Steuerfreiheit auch die Zuschreibungsbeträge des abgezinsten Anspruchs auf Auszahlung des Körperschaftsteuer-Guthabens in zukünftiger Perioden nach der erstmaligen Aktivierung.[71] Folglich stellen Betriebsausgaben, die durch die Abzinsung des Anspruchs auf Auszahlung des Körperschaftsteuer-Guthabens bei Aktivierung mit dem Nominalbetrag bzw. bei Veränderung des Marktzinses in zukünftigen Perioden entstehen, eine steuerlich nichtabziehbare Betriebsausgabe dar.

Der Ertrag aus der erstmaligen Aktivierung des Anspruchs auf Auszahlung des Körperschaftsteuer-Guthabens und der jährliche Ertrag während des Auszahlungszeitraums aus der Zuschreibung der abgezinsten Forderung gegenüber dem Finanzamt sind gem. § 37 Abs. 7 KStG steuerfrei und deshalb bei der Ermittlung des dem Organträger zuzurechnenden Einkommens der Organgesellschaft auszuscheiden.[72]

Veräußert die unbeschränkt steuerpflichtige Körperschaft den ihr zustehenden Anspruch auf Auszahlung des Körperschaftsteuer-Guthabens, so wird der Erwerber nur bereit sein, dafür den entsprechenden Barwert zu bezahlen. Sofern bei der Körperschaft ein Verlust in Höhe der Differenz zwischen Buchwert und Kaufpreis (Barwert) des Körperschaftsteuer-Guthabens entsteht, stellt dieser Verlust eine abziehbare Betriebsausgabe dar, da diese nicht mehr aus der Anwendung des § 37 Abs. 5 KStG resultiert. Der Erwerber des Auszahlungsanspruchs aktiviert die erworbene Forderung mit den Anschaffungskosten (§ 253 Abs. 1 HGB). Zinsgewinne, die der Erwerber erzielt, sind steuerpflichtig, da sie ebenfalls nicht aus der Anwendung des § 37 Abs. 5 KStG resultieren.[73]

Kritisch anzumerken ist, dass es der Gesetzgeber auch im Rahmen der Neukonzeption des Systems zur ausschüttungsunabhängigen Realisierung des Körperschaftsteuer-Guthabens unterlassen hat, gesonderte Regelungen für die Auskehrung der Erträge aus der Realisierung des Körperschaftsteuer-Guthabens an die Anteilseigner zu treffen. Die Realisierung des Körperschaftsteuer-Guthabens führt auf Ebene der Körperschaft zu einer Erhöhung der Gewinnrücklagen. Auch die Ausschüttung von Gewinnrücklagen, die durch die Realisierung von Körperschaftsteuer-Guthaben entstanden ist, führt bei den Anteilseignern zu Einnahmen i.S.d. § 20 Abs. 1 Nr. 1 EStG und unterliegt somit auf Ebene des Anteilseigners erneut der Besteuerung.

Bei der **Verschmelzung** einer unbeschränkt steuerpflichtigen Körperschaft **auf eine Personengesellschaft bzw. auf ein Einzelunternehmen i.S.d. §§ 3 ff. UmwStG** ist die Aktivierung des Körperschaftsteuer-Guthabens mit Ablauf des steuerlichen Übertragungsstichtags und somit in der steuerlichen Übertragungsbilanz vorzunehmen. Hierdurch kommt es automatisch zu einer Erhöhung der Einnahmen i.S.v. § 7 UmwStG i.V.m. § 20 Abs. 1 Nr. 1 EStG in entsprechender Höhe beim Anteilseigner der unbeschränkt steuerpflichtigen Körperschaft.[74] Auch bei der **Up-Stream-Verschmelzung** einer unbeschränkt steuerpflichtigen

---

70) Vgl. *Förster/Felchner*, DStR 2007 S. 280 (282).
71) Vgl. *Dötsch*, DB 2006 S. 2648 (2655); *Ernsting*, DB 2007 S. 180 (184); *Ortmann-Babel/Bolik*, BB 2007 S. 73 (75).
72) Vgl. *Förster/Felcher*, DStR 2006 S. 1725 (1728).
73) Vgl. *Dötsch*, DB 2006 S. 2648 (2655).
74) Vgl. *Dötsch*, DB 2006 S. 2648 (2655).

Körperschaft auf eine andere Körperschaft wird das auf Ebene der übertragenden Körperschaft aktivierte Körperschaftsteuer-Guthaben mittelbar bei der aufnehmenden Körperschaft der Besteuerung unterworfen. Ein zu aktivierendes Körperschaftsteuer-Guthaben auf Ebene der übertragenden Körperschaft erhöht den Gewinn (sog. Übernahmegewinn) in Höhe der Differenz zwischen dem Buchwert der Anteile an der zu übertragenden Körperschaft und dem Wert, mit dem die übergegangenen Wirtschaftsgüter zu übernehmen sind, abzüglich der Kosten für den Vermögensübergang. Auf diesen sog. Übernahmegewinn ist § 8b KStG entsprechend anzuwenden (§ 12 Abs. 2 UmwStG).[75]

Positiv ist hingegen, dass im Rahmen der Einführung der ausschüttungsunabhängigen Realisierung von Körperschaftsteuer-Guthaben im Fall von konzerninternen Ausschüttungen auf die Erhebung der sog. „**Nachsteuer**" i.S.v. § 37 Abs. 3 KStG verzichtet wurde und somit das Körperschaftsteuer-Guthaben nunmehr auch innerhalb eines Konzerns realisiert werden kann.[76]

3. Nachversteuerung von sog. EK 02-Beträgen (§ 40 KStG)

Die Vorschrift des § 40 KStG regelt nunmehr ausschließlich die Nachbelastung des Altbestands von sog. EK 02-Beträgen.[77] Im Gegensatz zur ausschüttungsunabhängigen Realisierung von Körperschaftsteuer-Guthaben i.S.v. § 37 Abs. 4 - 7 KStG handelt es sich bei der Vorschrift des § 40 KStG im Grundsatz um eine ausschüttungsabhängige Regelung. § 40 KStG ist erstmals auf **Umwandlungen** anzuwenden, bei denen die Anmeldung zur Eintragung in ein öffentliches Register nach dem 12.12.2006 erfolgt ist (§ 34 Abs. 15 KStG). Gleichzeitig wird bestimmt, dass *§ 40 Abs. 3 KStG a.F.* letztmals für **Liquidationen** anzuwenden ist, die vor dem 13.12.2006 abgeschlossen sind. Der Gesetzgeber wollte sicherlich auf *§ 40 Abs. 4 KStG a.F.* verweisen, der die Behandlung von Körperschaftsteuer-Guthaben (§ 37 KStG) und Körperschaftsteuer-Erhöhungsbeträgen (§ 38 KStG) im Rahmen von Liquidationen regelt. Ziel war es, eine Realisierung des Körperschaftsteuer-Guthabens für Liquidationen, bei denen das Vermögen vor dem 13.12.2006 verteilt wird, noch in vollem Umfang zu ermöglichen. Durch den Verweisfehler und den eindeutigen Wortlaut, dass *§ 40 Abs. 3 KStG a.F.* nur für Liquidationen anzuwenden ist, muss nunmehr auf die allgemeine Anwendungsvorschrift des § 34 Abs. 1 KStG zurückgegriffen werden, nach der § 40 KStG n.F. erstmals für den Veranlagungszeitraum 2006 anzuwenden ist.[78] Dies hat jedoch zur Folge, dass eine Realisierung des Körperschaftsteuer-Guthabens nicht mehr für Liquidationen möglich war, die vor dem 31.12.2006 durch Vermögensverteilung beendet wurden. Es bleibt zu hoffen, dass dieser Gesetzesfehler durch ein Bereinigungsgesetz berichtigt wird.

---

75) Siehe hierzu ausführlich Gliederungspunkt I.III.4. b).
76) Sofern bislang eine Ausschüttung an eine unbeschränkt steuerpflichtige Kapitalgesellschaft geleistet wurde, die der Steuerbefreiung nach § 8b Abs. 1 KStG unterlag, erfolgte bei der empfangenden Körperschaft eine Körperschaftsteuer-Erhöhung, die der auf Ebene der ausschüttenden Körperschaft eintretenden Körperschaftsteuer-Minderung entsprach. Zum Konzept der Nachsteuer i.S.d. § 37 Abs. 3 KStG siehe auch *Bauschatz*, in: Gosch, KStG, § 37 KStG Rz. 105 ff.; *Bott*, in: Ernst & Young, KStG, § 37 KStG Rz. 145 ff. (56. EL 01/2007); *Dötsch*, in: Dötsch/Jost et al., Die Körperschaftsteuer, § 37 KStG n.F. Rz. 59 ff. (58. EL 11/2006).
77) Siehe hierzu auch Gesetzesbegründung v. 25.09.2006 zu § 40 KStG, BT-Drs. 16/2710 S. 33 f.
78) Vgl. § 34 Abs. 1 KStG i.d.F. des SEStEG. Durch das Jahressteuergesetz 2007 v. 13.12.2006, BGBl. I 2006 S. 2878 (Art. 4 Nr. 8 Buchst. a)) wurde in § 34 Abs. 1 KStG die Jahreszahl „2006" zwar durch „2007" geändert. Diese Änderung tritt nach Art. 20 Abs. 6 des Jahressteuergesetzes 2007 v. 13.12.2006 allerdings erst am 01.01.2007 in Kraft, so dass die Vorschrift des § 34 Abs. 1 KStG i.d.F. des SEStEG insofern nicht überschrieben wird und die Neuregelungen in § 40 KStG erstmals für den Veranlagungszeitraum 2006 zur Anwendung kommen.

Eine **Körperschaftsteuer-Erhöhung** tritt in folgenden Fällen ein,[79] sofern kein Fall des § 38 Abs. 3 KStG vorliegt:
– Übergang des Vermögens durch einen der in § 1 Abs. 1 Nr. 1 UmwStG genannten Vorgänge auf eine von der Körperschaftsteuer befreite Körperschaft, Personenvereinigung oder Vermögensmasse oder auf eine juristische Person des öffentlichen Rechts oder durch Steuerbefreiung der Körperschaft (§ 40 Abs. 3 KStG) und
– Liquidation i.S.d. § 11 KStG (§ 40 Abs. 4 KStG).[80]

Darüber hinaus kann es in den Fällen der grenzüberschreitenden **Hinausverschmelzung i.S.d. § 1 Abs. 1 Nr. 1 UmwStG** bzw. einer grenzüberschreitenden **(Outbound-)Verlegung des Sitzes oder des Orts der Geschäftsleitung** zu einer Körperschaftsteuer-Erhöhung kommen. Der Betrag der Körperschaftsteuer-Erhöhung wird - vergleichbar mit Liquidationsfällen - so ermittelt, als hätte die Gesellschaft ihr im Zeitpunkt des Vermögensübergangs bzw. im Wegzugszeitpunkt vorhandenes Vermögen mit Ausnahme des Nennkapitals für eine Gewinnausschüttung verwendet (§ 40 Abs. 5 KStG):[81]

	Vermögen zum Übertragungsstichtag oder im Zeitpunkt des Wegfalls der unbeschränkten Steuerpflicht
./.	Betrag, der nach § 28 Abs. 2 Satz 2 i.V.m. § 29 Abs. 1 KStG dem steuerlichen Einlagekonto gutzuschreiben ist
=	**Vermögen, das zum Übertragungsstichtag oder im Zeitpunkt des Wegfalls der unbeschränkten Steuerpflicht als für eine Ausschüttung verwendet gilt**

Abb. H.II. - 2: Als Ausschüttung verwendet geltendes Vermögen

Sofern die übernehmende Gesellschaft innerhalb der EU unbeschränkt steuerpflichtig und nicht von der Körperschaftsteuer befreit ist oder die Sitzverlegung in einen anderen EU-Mitgliedstaat erfolgt, gilt Folgendes: Der nach § 40 Abs. 5 KStG festgesetzte Körperschaftsteuer-Erhöhungsbetrag ist jährlich bis zum allgemeinen Auslaufen der Übergangsregelungen aus dem Anrechnungsverfahren, letztmals zum Schluss des Wirtschaftsjahres, das nach dem 31.12.2018 endet, zinslos zu stunden (§ 40 Abs. 6 KStG 1 - 4 KStG).[82] Voraussetzung für die **zinslose Stundung** ist, dass die übernehmende Körperschaft oder Personenvereinigung bis zum 31.05. des nachfolgenden Jahres nachweist, dass sie bis zum Zeitpunkt der Fälligkeit keine Ausschüttung der übernommenen unbelasteten Teilbeträge vorgenommen hat (§ 40 Abs. 6 Satz 2 und 4 KStG).[83]

Ferner bestehen europarechtliche Bedenken gegen diese Vorschrift, da diese Regelung höhere Dokumentationsanforderungen an EU-Gesellschaften als an inländische Gesellschaften stellt. Darüber hinaus ist derzeit völlig unklar, wie der praktische Nachweis geführt wer-

---

79) Es gilt, in diesem Kontext die Vorlage des Bundesfinanzhofs beim Europäischen Gerichtshof zur Frage des Verstoßes der Nachversteuerung von so genannten EK 02-Beträgen bei Ausschüttung an nicht gebietsansässige Anteilseigner gegen Europarecht zu beachten. Vgl. BFH v. 22.02.2006, I R 56/05, BFH/NV 2006 S. 1591; *Frotscher*, BB 2006 S. 861 ff.
80) Eine Körperschaftsteuer-Erhöhung ist nach § 40 Abs. 4 Satz 4 KStG letztmals für den Veranlagungszeitraum 2020 vorzunehmen. Bei Liquidationen, die über den 31.12.2020 hinaus fortdauern, endet der Besteuerungszeitraum nach § 11 KStG mit Ablauf des 31.12.2020 (§ 40 Abs. 4 Satz 5 KStG).
81) Vgl. Gesetzesbegründung v. 25.09.2006 zu § 40 Abs. 5 KStG, BT-Drs. 16/2710 S. 33.
82) Offen bleibt, warum der Anwendungsbereich des § 40 Abs. 6 KStG nicht analog zum Anwendungsbereich des Gebietes des Europäischen Wirtschaftsraums (EWR) ausgedehnt wurde. Ebenso umfassen z.B. die Regelungen des § 12 Abs. 3 KStG das Gebiet des EWR.
83) Durch die Möglichkeit der zinslosen Stundung der Körperschaftsteuer-Erhöhung i.R.d. Sonderregelung des § 40 Abs. 6 KStG soll eine Gleichbehandlung mit reinen Inlandssachverhalten erreicht werden; vgl. Gesetzesbegründung v. 25.09.2006 zu § 40 Abs. 6 KStG, BT-Drs. 16/2710 S. 33 f.

Änderungen in EStG, KStG und AStG

den soll, dass die EU-Gesellschaft keine Ausschüttung von EK 02-Beträgen vorgenommen hat.[84]

Die Stundung wird gem. § 40 Abs. 6 KStG widerrufen, wenn die aufnehmende Körperschaft oder Personenvereinigung oder deren Rechtsnachfolger

– von der Körperschaft befreit wird,
– aufgelöst oder abgewickelt wird,
– ihr Vermögen ganz oder teilweise auf eine Körperschaft oder Personenvereinigung überträgt, die in einem Staat außerhalb der EU unbeschränkt steuerpflichtig ist,
– ihren Sitz oder Ort der Geschäftsleitung in einen Staat außerhalb der EU verlegt und dadurch ihre unbeschränkte Steuerpflicht innerhalb der EU endet oder
– ihr Vermögen auf eine Personengesellschaft oder natürliche Person überträgt.[85]

Der Widerruf der Stundung erfolgt somit in allen Fällen, in denen die unbeschränkte Steuerpflicht des aufnehmenden Rechtsträgers in der EU endet.

---

84) Vgl. *Rödder/Schumacher,* DStR 2006 S. 1481 (1491).
85) Vgl. *Schönherr/Lemaitre,* GmbHR 2006 S. 561 (569).

Abschnitt H

Änderungen im EStG, KStG und AStG
III. Umwandlungen und Hinzurechnungsbesteuerung

Gesetzestext

§ 8 AStG a.F. (in Auszügen)	§ 8 AStG n.F. (in Auszügen)
Einkünfte von Zwischengesellschaften	Einkünfte von Zwischengesellschaften
(1) Eine ausländische Gesellschaft ist Zwischengesellschaft für Einkünfte, die einer niedrigen Besteuerung unterliegen und nicht stammen aus:	(1) Eine ausländische Gesellschaft ist Zwischengesellschaft für Einkünfte, die einer niedrigen Besteuerung unterliegen und nicht stammen aus:
[...]	[...]
9 der Veräußerung eines Anteils an einer anderen Gesellschaft sowie aus deren Auflösung oder der Herabsetzung ihres Kapitals, soweit der Steuerpflichtige nachweist, dass der Veräußerungsgewinn auf Wirtschaftsgüter der anderen Gesellschaft entfällt, die anderen als den in § 7 Abs. 6a bezeichneten Tätigkeiten dienen; das gilt entsprechend, soweit der Gewinn auf solche Wirtschaftsgüter einer Gesellschaft entfällt, an der die andere Gesellschaft beteiligt ist; Verluste aus der Veräußerung von Anteilen an der anderen Gesellschaft sowie aus deren Auflösung oder der Herabsetzung ihres Kapitals sind nur insoweit zu berücksichtigen, als der Steuerpflichtige nachweist, dass sie auf Wirtschaftsgüter zurückzuführen sind, die Tätigkeiten im Sinne des § 10 Abs. 6 Satz 2 dienen.	9. der Veräußerung eines Anteils an einer anderen Gesellschaft sowie aus deren Auflösung oder der Herabsetzung ihres Kapitals nachweist, dass der Veräußerungsgewinn auf Wirtschaftsgüter der anderen Gesellschaft entfällt, die anderen als die in § 7 Abs. 6a bezeichneten Tätigkeiten dienen; das gilt entsprechend, soweit der Gewinn auf solche Wirtschaftsgüter einer Gesellschaft entfällt, an der die andere Gesellschaft beteiligt ist; Verluste aus der Veräußerung von Anteilen an der anderen Gesellschaft sowie aus deren Auflösung oder der Herabsetzung ihres Kapitals sind nur insoweit zu berücksichtigen, als der Steuerpflichtige nachweist, dass sie auf Wirtschaftsgüter zurückzuführen sind, die Tätigkeiten im Sinne des § 10 Abs. 6 Satz 2 dienen,
	10. aus Umwandlungen, die ungeachtet des § 1 Abs. 2 und 4 des Umwandlungssteuergesetzes zu Buchwerten erfolgen könnte; das gilt nicht, soweit eine Umwandlung den Anteil an einer Kapitalgesellschaft erfasst, dessen Veräußerung nicht die Voraussetzungen der Nummer 9 erfüllen würde.
[...]	[...]

§ 10 AStG a.F. (in Auszügen)	§ 10 AStG n.F. (in Auszügen)
Hinzurechnungsbetrag	Hinzurechnungsbetrag
(1) ¹*Die nach § 7 Abs. 1 steuerpflichtigen Einkünfte sind bei dem unbeschränkt Steuerpflichtigen mit dem Betrag, der sich nach Abzug der Steuern ergibt, die zu Lasten der ausländischen Gesellschaft von diesen Einkünften sowie von dem diesen Einkünften zugrunde liegenden Vermögen erhoben worden sind, anzusetzen (Hinzurechnungsbetrag).* ²*Soweit die abzuziehenden Steuern zu dem Zeitpunkt, zu dem die Einkünfte nach Absatz 2 als zugeflossen gelten, noch nicht entrichtet sind, sind sie nur in den Jahren, in denen sie entrichtet werden, von den nach § 7 Abs. 1 steuerpflichtigen Einkünften abzusetzen.* ³*Ergibt sich ein negativer Betrag, so entfällt die Hinzurechnung.*	(1) ¹Die nach § 7 Abs. 1 steuerpflichtigen Einkünfte sind bei dem unbeschränkt Steuerpflichtigen mit dem Betrag, der sich nach Abzug der Steuern ergibt, die zu Lasten der ausländischen Gesellschaft von diesen Einkünften sowie von dem diesen Einkünften zugrunde liegenden Vermögen erhoben worden sind, anzusetzen (Hinzurechnungsbetrag). ²Soweit die abzuziehenden Steuern zu dem Zeitpunkt, zu dem die Einkünfte nach Absatz 2 als zugeflossen gelten, noch nicht entrichtet sind, sind sie nur in den Jahren, in denen sie entrichtet werden, von den nach § 7 Abs. 1 steuerpflichtigen Einkünften abzusetzen. ³Ergibt sich ein negativer Betrag, so entfällt die Hinzurechnung.
(2) ¹*Der Hinzurechnungsbetrag gehört zu den Einkünften im Sinne des § 20 Abs. 1 Nr. 1 des Einkommensteuergesetzes und gilt unmittelbar nach Ablauf des maßgebenden Wirtschaftsjahrs der ausländischen Gesellschaft als zugeflossen.* ²*Gehören Anteile an der ausländischen Gesellschaft zu einem Betriebsvermögen, so gehört der Hinzurechnungsbetrag zu den Einkünften aus Gewerbebetrieb, aus Land- und Forstwirtschaft oder aus selbständiger Arbeit und erhöht den nach dem Einkommen- oder Körperschaftsteuergesetz ermittelten Gewinn des Betriebs für das Wirtschaftsjahr, das nach dem Ablauf des maßgebenden Wirtschaftsjahrs der ausländischen Gesellschaft endet.* ³*Auf den Hinzurechnungsbetrag sind § 3 Nr. 40 Satz 1 Buchstabe d des Einkommensteuergesetzes und § 8b Abs. 1 des Körperschaftsteuergesetzes nicht anzuwenden.*	(2) ¹Der Hinzurechnungsbetrag gehört zu den Einkünften im Sinne des § 20 Abs. 1 Nr. 1 des Einkommensteuergesetzes und gilt unmittelbar nach Ablauf des maßgebenden Wirtschaftsjahrs der ausländischen Gesellschaft als zugeflossen. ²Gehören Anteile an der ausländischen Gesellschaft zu einem Betriebsvermögen, so gehört der Hinzurechnungsbetrag zu den Einkünften aus Gewerbebetrieb, aus Land- und Forstwirtschaft oder aus selbständiger Arbeit und erhöht den nach dem Einkommen- oder Körperschaftsteuergesetz ermittelten Gewinn des Betriebs für das Wirtschaftsjahr, das nach dem Ablauf des maßgebenden Wirtschaftsjahrs der ausländischen Gesellschaft endet. ³Auf den Hinzurechnungsbetrag sind § 3 Nr. 40 Satz 1 Buchstabe d des Einkommensteuergesetzes und § 8b Abs. 1 des Körperschaftsteuergesetzes nicht anzuwenden.

(3) ¹Die dem Hinzurechnungsbetrag zugrunde liegenden Einkünfte sind in entsprechender Anwendung der Vorschriften des deutschen Steuerrechts zu ermitteln; für die Ermittlung der Einkünfte aus Anteilen an einem inländischen oder ausländischen Investmentvermögen sind die Vorschriften des Investmentsteuergesetzes vom 15. Dezember 2003 (BGBl. I S. 2676, 2724) in der jeweils geltenden Fassung sinngemäß anzuwenden, sofern dieses Gesetz auf das Investmentvermögen anwendbar ist. ²Eine Gewinnermittlung entsprechend den Grundsätzen des § 4 Abs. 3 des Einkommensteuergesetzes steht einer Gewinnermittlung nach § 4 Abs. 1 oder § 5 des Einkommensteuergesetzes gleich. ³Bei mehreren Beteiligten kann das Wahlrecht für die Gesellschaft nur einheitlich ausgeübt werden. ⁴Steuerliche Vergünstigungen, die an die unbeschränkte Steuerpflicht oder an das Bestehen eines inländischen Betriebs oder einer inländischen Betriebsstätte anknüpfen, die Vorschriften des § 8b Abs. 1 und 2 des Körperschaftsteuergesetzes sowie die Vorschriften des Entwicklungsländer-Steuergesetzes in der Fassung der Bekanntmachung vom 21. Mai 1979 (BGBl. I S. 564), zuletzt geändert durch Artikel 34 des Gesetzes vom 22. Dezember 1981 (BGBl. I S. 1523), bleiben unberücksichtigt. ⁵Verluste, die bei Einkünften entstanden sind, für die die ausländische Gesellschaft Zwischengesellschaft ist, können in entsprechender Anwendung des § 10d des Einkommensteuergesetzes, soweit sie die nach § 9 außer Ansatz zu lassenden Einkünfte übersteigen, abgezogen werden. ⁶Soweit sich durch den Abzug der Steuern nach Absatz 1 ein negativer Betrag ergibt, erhöht sich der Verlust im Sinne des Satzes 5.	(3) ¹Die dem Hinzurechnungsbetrag zugrunde liegenden Einkünfte sind in entsprechender Anwendung der Vorschriften des deutschen Steuerrechts zu ermitteln; für die Ermittlung der Einkünfte aus Anteilen an einem inländischen oder ausländischen Investmentvermögen sind die Vorschriften des Investmentsteuergesetzes vom 15. Dezember 2003 (BGBl. I S. 2676, 2724) in der jeweils geltenden Fassung sinngemäß anzuwenden, sofern dieses Gesetz auf das Investmentvermögen anwendbar ist. ²Eine Gewinnermittlung entsprechend den Grundsätzen des § 4 Abs. 3 des Einkommensteuergesetzes steht einer Gewinnermittlung nach § 4 Abs. 1 oder § 5 des Einkommensteuergesetzes gleich. ³Bei mehreren Beteiligten kann das Wahlrecht für die Gesellschaft nur einheitlich ausgeübt werden. ⁴Steuerliche Vergünstigungen, die an die unbeschränkte Steuerpflicht oder an das Bestehen eines inländischen Betriebs oder einer inländischen Betriebsstätte anknüpfen und die Vorschriften des § 8b Abs. 1 und 2 des Körperschaftsteuergesetzes bleiben unberücksichtigt; dies gilt auch für die Vorschriften des Umwandlungssteuergesetzes, soweit Einkünfte aus einer Umwandlung nach § 8 Abs. 1 Nr. 10 hinzuzurechnen sind. ⁵Verluste, die bei Einkünften entstanden sind, für die die ausländische Gesellschaft Zwischengesellschaft ist, können in entsprechender Anwendung des § 10d des Einkommensteuergesetzes, soweit sie die nach § 9 außer Ansatz zu lassenden Einkünfte übersteigen, abgezogen werden. ⁶Soweit sich durch den Abzug der Steuern nach Absatz 1 ein negativer Betrag ergibt, erhöht sich der Verlust im Sinne des Satzes 5.
(4) Bei der Ermittlung der Einkünfte, für die die ausländische Gesellschaft Zwischengesellschaft ist, dürfen nur solche Betriebsausgaben abgezogen werden, die mit diesen Einkünften in wirtschaftlichem Zusammenhang stehen.	(4) Bei der Ermittlung der Einkünfte, für die die ausländische Gesellschaft Zwischengesellschaft ist, dürfen nur solche Betriebsausgaben abgezogen werden, die mit diesen Einkünften in wirtschaftlichem Zusammenhang stehen.
(5) - (7) (weggefallen)	(5) - (7) (weggefallen)

Änderungen in EStG, KStG und AStG

Kommentierung

1. Neueinfügung des § 8 Abs. 1 Nr. 10 AStG

Die Übertragung von Wirtschaftsgütern im Rahmen eines Umwandlungsvorgangs[1] im Ausland, die der Erzielung von **Zwischeneinkünften mit Kapitalanlagecharakter** i.S.d. § 7 Abs. 6a AStG oder passiven Einkünften i.S.d. § 8 Abs. 1 Nr. 1 - 9 AStG dienen, konnte nach bisherigem Recht die Hinzurechnungsbesteuerung i.S.d. § 7 ff. AStG selbst dann auslösen, wenn die laufenden Einkünfte der übertragenden Gesellschaft nicht niedrig besteuert i.S.d. § 8 Abs. 3 AStG waren und eine niedrige Besteuerung nur durch eine den deutschen umwandlungssteuerrechtlichen Regelungen vergleichbare Buchwertfortführung begründet wurde.[2]

Die ursprünglich im Gesetzentwurf v. 25.09.2006[3] vorgesehene Änderung des § 10 Abs. 3 Satz 4 AStG, wonach die Vorschriften des UmwStG für Zwecke der Ermittlung des Hinzurechnungsbetrags i.S.d. § 10 Abs. 3 AStG unberücksichtigt bleiben sollten,[4] wurde nach der Beschlussempfehlung des Finanzausschusses gestrichen und durch die Regelungen in § 8 Abs. 1 Nr. 10 AStG und § 10 Abs. 3 Satz 4 AStG ersetzt.[5] Auch nach der Neuregelung in § 8 Abs. 1 Nr. 10 AStG unterliegen bestimmte Umwandlungen weiterhin der Hinzurechnungsbesteuerung i.S.d. §§ 7 ff. AStG.

Gemäß § 8 Abs. 1 Nr. 10 1. HS AStG unterliegen Einkünfte aus Umwandlungen, die ungeachtet des § 1 Abs. 2 und 4 UmwStG im Rahmen von Umwandlungen nach dem deutschen UmwStG zu Buchwerten erfolgen könnten, nicht der Hinzurechnungsbesteuerung i.S.d. §§ 7 ff. AStG. Dies gilt nicht, wenn die Einkünfte aus der Umwandlung auf einen Anteil an einer Kapitalgesellschaft entfallen, dessen Veräußerung die Voraussetzung nach § 8 Abs. 1 Nr. 9 AStG nicht erfüllen würde (§ 8 Abs. 1 Nr. 10 2. HS AStG). Die Halbsätze 1 und 2 des § 8 Abs. 1 Nr. 10 AStG sollen im Folgenden einzeln untersucht werden.

---

1) Hierbei muss es sich um sog. übertragende Umwandlungen, d.h. Spaltungen oder Verschmelzungen, handeln. Ein Formwechsel führt zu keinem Rechtsträgerwechsel, sodass dieser keine Hinzurechnungsbesteuerung i.S.d. §§ 7 ff. AStG auslöst. Vgl. *Segemund/Sterner*, BB 2005 S. 2777 (2779 f.). Zur Behandlung von Umwandlungsvorgängen nach altem Recht siehe *Lieber*, FR 2002 S. 139 (146); *Schnitger/Rometzki*, FR 2006 S. 845 (854).
2) Vgl. *Rödder/Schumacher*, DStR 2007, 369 (377); *Schnitger/Rometzki*, FR 2006 S. 845 (854). Auf die Frage, ob die Hinzurechnungsbesteuerung aufgrund der Entscheidung des EuGH in der Rs. „Cadbury Schweppes" v. 12.09.2006, C-196/04, Slg. 2006 I-0000, gegen EU-Recht verstößt, wird im Folgenden nicht eingegangen. Es sei insoweit auf das BMF-Schreiben v. 08.01.2007, IV B4 - S 1351 - 1/07, DStR 2007 S. 112 sowie auf *Kraft/Bron*, IStR 2006 S. 614 (620); *Köhler/Eicker*, DStR 2006 S. 1871 (1872 ff.); *Schnitger/Rometzki*, FR 2006 S. 845 (855); *Wassermeyer*, DB 2006 S. 2050 f. verwiesen.
3) Vgl. BT-Drs. 16/2710 S. 22 f.
4) Gem. *§ 10 Abs. 3 Satz 4 AStG a.F.* war die Anwendung des UmwStG nicht eindeutig ausgenommen, und es bestand keine einheitliche Auslegung im Schrifttum; zum Meinungsstand vgl. *Schnitger/Rometzki*, FR 2006 S. 845 (854). Damit sollte § 10 Abs. 3 Satz 4 AStG-E klarstellende Wirkung zukommen. Nach der Gesetzesbegründung v. 25.09.2006 zu § 10 Abs. 3 Satz 4 AStG, BT-Drs. 16/2710 S. 55, sollten Einkünfte aus Entstrickungstatbeständen einer Gesellschaft, die niedrig besteuerte passive Einkünfte erzielt, der Hinzurechnungsbesteuerung unterliegen. Hierdurch sollte verhindert werden, dass die stillen Reserven der Gesellschaft durch eine Umwandlung der Hinzurechnungsbesteuerung entgehen. Die Vorschrift wäre indes im Hinblick auf die EU-Widrigkeit der Hinzurechnungsbesteuerung gem. §§ 7 ff. AStG und dem diesbezüglich erlassenen BMF-Schreiben v. 08.01.2007, IV B 4 - S 1351 - 1/07, DStR 2007 S. 112 zu weit gefasst, da im Zuge von Umwandlungen auch stille Reserven von Gesellschaften, die niedrig besteuerte passive Einkünfte i.S.d. § 8 Abs. 1 Nr. 1 - 9 AStG erzielen, der Hinzurechnungsbesteuerung unterlegen hätten.
5) Vgl. BT-Dr. 16/3315 S. 52.

a) Regelfall der aktiven Einkünfte i.S.v. § 8 Abs. 1 Nr. 10 1. HS AStG

Gem. § 8 Abs. 1 Nr. 10 1. HS AStG gehören die Einkünfte einer Zwischengesellschaft i.S.d. § 8 Abs. 1 AStG aus ausländischen Umwandlungen, die ungeachtet des § 1 Abs. 2 und 4 UmwStG zu Buchwerten nach dem deutschen UmwStG erfolgen könnten, zu den aktiven Einkünften i.S.d. Aktivitätskatalogs in § 8 Abs. 1 AStG. Entsprechend dem Regelungsumfang des AStG muss es sich hierbei zunächst um eine Umwandlung im Ausland handeln. Unabhängig vom persönlichen Anwendungsbereich des UmwStG i.S.d. § 1 Abs. 2 und 4 UmwStG ist zu prüfen, ob der ausländische Umwandlungsvorgang nach den Vorschriften des deutschen Umwandlungssteuerrechts eine Entstrickung der stillen Reserven zur Folge hätte, sofern die Umwandlung im Inland stattfinden würde. Hierbei muss stets unterstellt werden, dass der ausländische Steuerpflichtige die entsprechenden Anträge auf Buchwertfortführung i.S.d. § 3 Abs. 2, § 11 Abs. 2, § 20 Abs. 2 UmwStG stellen würde. Eine Versagung der Anwendung des § 8 Abs. 1 Nr. 10 AStG mit dem rein formalen Argument, dass der Steuerpflichtige nach ausländischem Recht keinen Antrag stellen muss bzw. kann, ist strikt abzulehnen. Bei rein innerstaatlichen Umwandlungen in einer ausländischen Jurisdiktion dürften somit eine Vielzahl von Umwandlungsfällen in den Anwendungsbereich von § 8 Abs. 1 Nr. 10 1. HS AStG fallen und folglich nicht der Hinzurechnungsbesteuerung i.S.d. §§ 7 ff. AStG unterliegen.[6]

Ob aktive Einkünfte i.S.d. § 8 Abs. 1 Nr. 10 1. HS AStG vorliegen, ist ausschließlich nach deutschem Umwandlungssteuerrecht zu klären. Unerheblich ist, wie der Umwandlungsvorgang nach dem ausländischen Umwandlungssteuerrecht tatsächlich behandelt wird.[7] Daher sind folgende Fallgestaltungen denkbar:

1. Der Umwandlungsvorgang erfolgt nach ausländischem Recht zu Buchwerten. Eine Buchwertübertragung wäre auch bei einer fiktiven Inlandsübertragung auf Antrag nach inländischem Umwandlungssteuerrecht möglich, sodass aktive Einkünfte i.S.d. § 8 Abs. 1 Nr. 10 1. HS AStG vorliegen.
2. Führt der Umwandlungsvorgang nach ausländischem Recht zu einer Entstrickung der stillen Reserven, nach deutschem Umwandlungssteuerrecht wäre indes eine Buchwertübertragung möglich, so liegen aktive Einkünfte i.S.d. § 8 Abs. 1 Nr. 10 1. HS AStG vor.
3. Nach dem Gesetzeswortlaut sind aktive Einkünfte i.S.d. § 8 Abs. 1 Nr. 10 1. HS AStG wohl auch anzunehmen, wenn die Voraussetzungen nach aus- und inländischem Recht erfüllt sind, die Umwandlung zu Buchwerten durchzuführen, die ausländische Zwischengesellschaft i.S.d. § 8 Abs. 1 AStG sich jedoch für den Ansatz eines Zwischenwerts oder des gemeinen Werts entscheidet (analog zu § 11 Abs. 2 UmwStG).

b) Rückausnahme gem. § 8 Abs. 1 Nr. 10 2. HS AStG

Die grundsätzliche Einstufung von Einkünften einer ausländischen Gesellschaft aus Umwandlungen, die in vergleichbaren Inlandssachverhalten nach dem deutschen UmwStG zu Buchwerten erfolgen könnten, als aktive Einkünfte, wird durch die Rückausnahme in § 8 Abs. 1 Nr. 10 2. HS AStG wieder eingeschränkt. So liegen keine aktiven Einkünfte vor, wenn eine Umwandlung den Anteil an einer Kapitalgesellschaft erfasst, dessen Veräußerung nicht die Voraussetzungen des § 8 Abs. 1 Nr. 9 AStG erfüllen würde.

---

6) Vgl. *Rödder/Schumacher*, DStR 2007 S. 369 (377).
7) Es ist insoweit bei Umwandlungsvorgängen im Ausland stets zu beachten, dass der Sachverhalt so gestaltet wird, dass nach deutschem UmwStG eine Buchwertfortführung möglich wäre. Im Rahmen der Ausgliederung eines Teilbetriebs in eine Kapitalgesellschaft bedeutet dies z.B., dass die bestehende Kapitalgesellschaft im Rahmen einer Kapitalerhöhung neue Anteile ausgibt, da ansonsten die Voraussetzungen des § 20 Abs. 1 UmwStG nicht erfüllt wären.

Änderungen in EStG, KStG und AStG

Nach § 8 Abs. 1 Nr. 9 AStG unterliegen Einkünfte aus der Veräußerung eines Anteils an einer anderen Gesellschaft sowie aus deren Auflösung oder Herabsetzung ihres Kapitals nicht der Hinzurechnungsbesteuerung i.S.d. §§ 7 ff. AStG, soweit der Steuerpflichtige nachweist, dass der Veräußerungsgewinn auf Wirtschaftsgüter der anderen Gesellschaft entfällt, die anderen als den in § 7 Abs. 6a AStG bezeichneten Tätigkeiten (Erzielung von Zwischeneinkünften mit Kapitalanlagecharakter) dienen.

Für die verschiedenen Umwandlungsvorgänge ist nunmehr zu unterscheiden, welche ausländische Gesellschaft umgewandelt wird und inwieweit eine Umwandlung den Anteil an einer Zwischengesellschaft i.S.d. § 8 Abs. 1 AStG erfasst. Aufgrund der Komplexität des Gesetzeswortlauts soll der Regelungsinhalt des § 8 Abs. 1 Nr. 10 2. HS AStG anhand der folgenden beiden Beispiele dargelegt werden.

aa) Verschmelzung einer Auslandsholding (Beispiel 1)

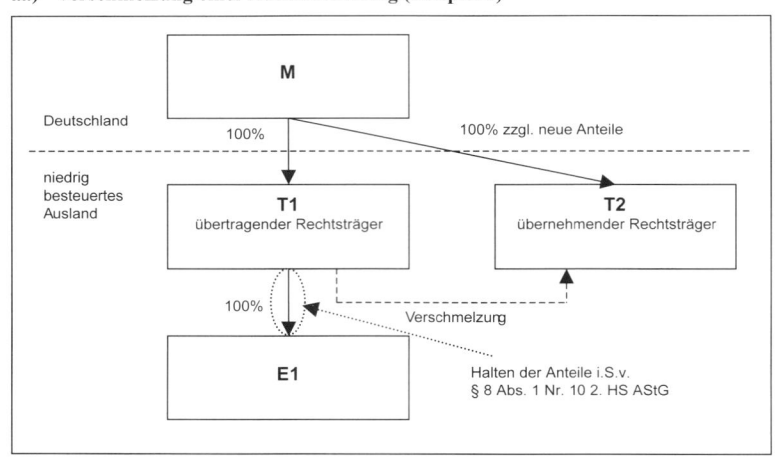

Abb. H.III. - 1: Beispiel 1 - Verschmelzung einer Auslandsholding

Das Vermögen der im niedrig besteuerten Ausland i.S.d. § 8 Abs. 3 AStG ansässigen Tochterkapitalgesellschaft T1, deren Anteile vollständig von der inländischen Mutterkapitalgesellschaft M gehalten werden, wird im Wege der Verschmelzung gegen Gewährung neuer Anteile auf die ebenfalls im niedrig besteuerten Ausland i.S.d. § 8 Abs. 3 AStG ansässige Tochterkapitalgesellschaft T2 übertragen. T1 könnte im Falle einer fiktiven Inlandsübertragung das Wahlrecht zur Buchwertübertragung nach dem deutschen UmwStG ausüben (analog § 11 Abs. 2 UmwStG). Die Umwandlung führt daher nach dem Wortlaut des § 8 Abs. 1 Nr. 10. HS AStG zu aktiven Einkünften.

Im Vermögen von T1 befinden sich sämtliche Anteile an der im niedrig besteuerten Ausland i.S.d. § 8 Abs. 3 AStG ansässigen Enkelkapitalgesellschaft E1, deren Art der Einkünfte in die Betrachtung nach § 8 Abs. 1 Nr. 10 2. HS AStG einzubeziehen ist. Erzielt E1 Einkünfte aus aktiver oder passiver Tätigkeit i.S.d. § 8 Abs. 1 Nr. 1 - 9 AStG, umfasst die Verschmelzung der T1 auf T2 einen Anteil an einer Kapitalgesellschaft (E1), dessen Veräußerung gem. § 8 Abs. 1 Nr. 10 2. HS AStG die Voraussetzungen des § 8 Abs. 1 Nr. 9 AStG erfüllen würde. Die Umwandlung unterliegt in diesem Fall insgesamt nicht der Hinzurechnungsbesteuerung i.S.d. §§ 7 ff. AStG.

Etwas anderes gilt, wenn E1 Zwischeneinkünfte mit Kapitalanlagecharakter i.S.d. § 7 Abs. 6a AStG erzielt. In diesem Fall würde eine (fiktive) Veräußerung des Anteils an E1 nicht die Voraussetzungen des § 8 Abs. 1 Nr. 9 AStG erfüllen. Die Übertragung der Wirtschaftsgüter der T1 unterliegt - bezogen auf den Anteil an E1 - der Hinzurechnungsbesteuerung i.S.d. §§ 7 ff. AStG (§ 8 Abs. 1 Nr. 10 2. HS AStG).

Sofern T1 selbst keine Anteile an einer im niedrig besteuerten Ausland i.S.d. § 8 Abs. 3 AStG ansässigen Zwischengesellschaft i.S.d. § 8 Abs. 1 AStG hält, führt eine Umwandlung von T1 nach dem Wortlaut von § 8 Abs. 1 Nr. 10 AStG zu aktiven Einkünften, soweit die Umwandlung nach deutschem Umwandlungssteuerrecht zu Buchwerten möglich wäre (§ 8 Abs. 1 Nr. 10 1. HS AStG).[8]

bb) Verschmelzung einer der Auslandsholding nachgeschalteten Gesellschaft (Beispiel 2)

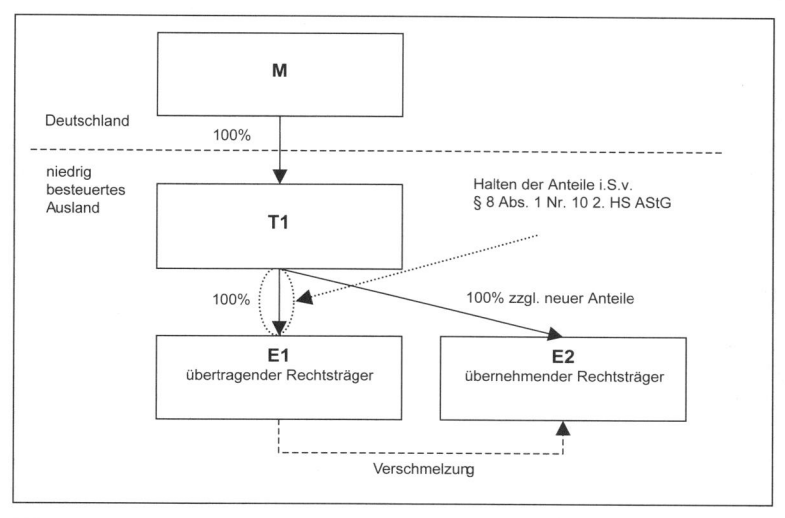

Abb. H.III. - 2: Beispiel 2 - Verschmelzung einer nachgeschalteten Gesellschaft

In Abwandlung zu Beispiel 1 findet die Umwandlung nicht auf Ebene der im niedrig besteuerten Ausland i.S.d. § 8 Abs. 3 AStG ansässigen Tochterkapitalgesellschaft T1, deren Anteile vollständig von der inländischen Mutterkapitalgesellschaft M gehalten werden, sondern auf Ebene der im niedrig besteuerten Ausland i.S.d. § 8 Abs. 3 AStG ansässigen Enkelkapi-

---

[8] Vgl. *Rödder/Schumacher*, DStR 2007 S. 369 (377); *Benecke/Schnitger*, FR 2007 S. 22 (28). Die Umwandlung einer unmittelbar durch eine inländische Muttergesellschaft gehaltenen Zwischengesellschaft ohne eigenen Anteilsbesitz wird durch § 8 Abs. 1 Nr. 10 2. HS AStG nicht erfasst, da sich die Vorschrift i.V.m. § 8 Abs. 1 Nr. 9 AStG auf das Halten einer Beteiligung an einer Kapitalgesellschaft bezieht, die Zwischeneinkünfte mit Kapitalanlagecharakter i.S.d. § 7 Abs. 6a AStG erzielt. Hierbei könnte vorliegend nur auf das Halten der Beteiligung an der Zwischengesellschaft durch die inländische Muttergesellschaft abgestellt werden. Eine Veräußerung der Zwischengesellschaft durch die inländische Muttergesellschaft fiele jedoch nicht in den Anwendungsbereich des AStG, sondern in den des KStG.

talgesellschaften E1 und E2 statt. E1 erzielte Zwischeneinkünfte mit Kapitalanlagecharakter i.S.d. §§ 7 Abs. 6a AStG. Im Falle einer fiktiven Inlandsübertragung könnte E1 das Wahlrecht zur Buchwertübertragung nach dem deutschen UmwStG ausüben (analog § 11 Abs. 2 UmwStG).

Auch diese Umwandlung führt gem. § 8 Abs. 1 Nr. 10 1. HS AStG zu aktiven Einkünften. Aus der Formulierung in § 8 Abs. 1 Nr. 10 2. HS AStG kann geschlossen werden, dass auch die Verschmelzung der nachgeschalteten Enkelkapitalgesellschaft E1 insoweit eine Hinzurechnungsbesteuerung i.S.d. § 7 ff. AStG auslöst.[9] Der Umwandlungsvorgang fällt in den Regelungsbereich von § 8 Abs. 1 Nr. 10 2. HS AStG, da die Umwandlung den Anteil an einer Kapitalgesellschaft erfasst, indem sich die Umwandlung auf die Anteile an der Enkelkapitalgesellschaft E1 beim Anteilseigner T1 auswirkt (analog zu § 13 UmwStG). Dies entspricht der Behandlung nach bisherigem Recht, wonach unter die Veräußerung eines Anteils i.S.d. § 8 Abs. 1 Nr. 9 AStG auch Umwandlungsvorgänge zu fassen sind.[10] Erzielt E1 hingegen aktive oder passive Einkünfte i.S.d. § 8 Abs. 1 Nr. 1 - 9 AStG, wird § 8 Abs. 1 Nr. 10 2. HS i.V.m. § 8 Abs. 1 Nr. 9 AStG erfüllt, sodass die Umwandlung nicht der Hinzurechnungsbesteuerung i.S.d. §§ 7 ff. AStG unterliegt.

cc) Ergebnis

Nach bisherigem Recht unterlagen die Einkünfte aus Umwandlungen einer unmittelbar durch eine inländische Mutterkapitalgesellschaft gehaltenen Zwischengesellschaft i.S.d. § 8 Abs. 1 AStG unabhängig davon, ob diese passive Einkünfte i.S.d. § 8 Abs. 1 AStG oder Zwischeneinkünfte mit Kapitalanlagecharakter i.S.d. § 7 Abs. 6a AStG erzielt, der Hinzurechnungsbesteuerung i.S.d. §§ 7 ff. AStG. Durch die Neueinfügung des § 8 Abs. 1 Nr. 10 AStG führen derartige Umwandlungen nicht weiter zu einer Hinzurechnungsbesteuerung i.S.d. §§ 7 ff. AStG.

Der Hinzurechnungsbesteuerung unterliegen auch weiterhin Umwandlungen, bei denen die Zwischengesellschaft i.S.d. § 8 Abs. 1 AStG an einer im niedrig besteuerten Ausland i.S.d. § 8 Abs. 3 AStG ansässigen Kapitalgesellschaft beteiligt ist, die Zwischeneinkünfte mit Kapitalanlagecharakter i.S.d. § 7 Abs. 6a AStG erzielt.

Die Umwandlung einer mittelbar von einer inländischen Mutterkapitalgesellschaft über eine Zwischengesellschaft i.S.v. § 8 Abs. 1 AStG gehaltenen Enkelkapitalgesellschaft, die im niedrig besteuerten Ausland i.S.d. § 8 Abs. 3 AStG Zwischeneinkünfte mit Kapitalanlagecharakter i.S.d. § 7 Abs. 6a AStG erzielt (§ 8 Abs. 1 Nr. 10 i.V.m. § 8 Abs. 1 Nr. 9 AStG), unterliegt der Hinzurechnungsbesteuerung i.S.d. §§ 7 AStG ff. Für diese Fälle ergeben sich keine Änderungen zum bisheriger Recht, da nach Auffassung der h.M.[11] diese Umwandlungen als veräußerungs- bzw. liquidationsähnliche Vorgänge unter § 8 Abs. 1 Nr. 9 AStG zu fassen waren. Die Neuregelung ist insoweit klarstellend.

Diese Vorgehensweise deckt sich mit der im Schrifttum[12] zutreffend scharf kritisierten Auslegung des EuGH-Urteils in der Rs. „Cadbury Schweppes" v. 12.09.2006[13] durch die Finanzverwaltung.[14]

---

9) Vgl. *Rödder/Schumacher*, DStR 2007 S. 369 (377).
10) Vgl. *Benecke/Schnitger*, IStR 2007 S. 22 (28); *Lieber*, FR 2002 S. 139 (146); *Sedemund/Sterner*, BB 2005 S. 2777 (2779); *Wassermeyer*, in: Flick/Wassermeyer/Baumhoff, AStG, § 8 AStG Rz. 294 (59. EL 11/2006).
11) Vgl. *Lieber*, FR 2002 S. 139 (146); Beneck/*Schnitger*, IStR 2007 S. 22 (28).
12) Vgl. *Köhler/Eicker*, DStR 2007 S. 331 (333); *Köplin/Sedemund*, BB 2007 S. 244 (247); *WM*, DB 2007 S. 51 (52).
13) C-196/04, Slg. 2006 I-0000.
14) Vgl. BMF-Schreiben v. 08.01.2007, IV B 4 - S 1351 - 1/07, DStR 2007 S. 112.

2. Ermittlung des Hinzurechnungsbetrags gem. § 10 Abs. 3 Satz 4 AStG

Die Ermittlung des Hinzurechnungsbetrags beim inländischen Steuerpflichtigen erfolgt nach § 10 Abs. 3 AStG grds. entsprechend den Vorschriften des deutschen Steuerrechts. Bei der Ermittlung des Hinzurechnungsbetrags sollen die Vorschriften des UmwStG unberücksichtigt bleiben, soweit Einkünfte aus einer Umwandlung nach § 8 Abs. 1 Nr. 10 AStG hinzuzurechnen sind (§ 10 Abs. 3 Satz 4 AStG); m.a.W. sind in den Hinzurechnungsbetrag i.S.d. § 10 Abs. 3 Satz 4 AStG nicht von § 8 Abs. 1 Nr. 10 AStG begünstigte und mithin passive Einkünfte aus Umwandlungsvorgängen einzubeziehen. Die Vorschriften des deutschen UmwStG können hierauf nicht angewendet werden.

Die ursprünglich im Gesetzentwurf v. 25.09.2006[15] vorgesehene Ergänzung des § 10 Abs. 3 Satz 4 AStG, wonach die Vorschriften des UmwStG bei Ermittlung des Hinzurechnungsbetrags nicht zu berücksichtigen sein sollten, stellte lediglich eine gesetzliche Klarstellung der bereits h.M. dar.[16] Die durch die Beschlussempfehlung des Finanzausschusses eingefügte Eingrenzung auf einen Hinzurechnungsbetrag aus Umwandlungen nach § 8 Abs. 1 Nr. 10 AStG ist lediglich eine Folgeänderung der Einfügung des § 8 Abs. 1 Nr. 10 AStG. Infolgedessen sind die Vorschriften des deutschen UmwStG nur auf diejenigen Einkünfte aus Umwandlungen nicht anzuwenden, die nicht unter § 8 Abs. 1 Nr. 10 AStG zu subsumieren sind und mithin der Hinzurechnungsbesteuerung i.S.d. §§ 7 ff. AStG unterliegen. Daraus folgt, dass in diesen Fällen ein der Hinzurechnungsbesteuerung i.S.d. §§ 7 ff. AStG unterliegender Übertragungsgewinn entsteht, der sich aus der Differenz zwischen dem Buchwert und dem gemeinen Wert der übertragenen Wirtschaftsgüter ergibt.[17]

Soweit die Einkünfte der umgewandelten im niedrig besteuerten Ausland i.S.d. § 8 Abs. 3 AStG ansässigen Kapitalgesellschaft, die Zwischeneinkünfte mit Kapitalanlagecharakter i.S.d. § 7 Abs. 6a AStG erzielt und deren Anteile von einer anderen im niedrig besteuerten Ausland i.S.d. § 8 Abs. 3 AStG ansässigen Gesellschaft gehalten werden, bereits der Hinzurechnungsbesteuerung i.S.d. §§ 7 ff. AStG unterlegen haben, kann der Übertragungsgewinn aus dem Hinzurechnungsbetrag ggf. unter den Voraussetzungen des § 11 Abs. 1 AStG ausgenommen werden.[18]

3. Anwendungsvorschriften

§ 8 Abs. 1 Nr. 10 AStG und § 10 Abs. 3 Satz 4 AStG sind erstmals anzuwenden für die Einkommen- und Körperschaftsteuer für den Veranlagungszeitraum sowie für die Gewerbesteuer für den Erhebungszeitraum, für den Zwischeneinkünfte hinzuzurechnen sind oder in einer Betriebsstätte angefallen sind, die in einem Wirtschaftsjahr der Zwischengesellschaft oder der Betriebsstätte entstanden sind, das nach dem 31.12.2005 beginnt (§ 21 Abs. 14 AStG).

---

15) Vgl. BT-Drs. 16/2710 S. 22 f.
16) Vgl. *Schnitger/Rometzki*, FR 2006 S. 845 (854) m.w.N.
17) Vgl. *Schnitger/Rometzki*, FR 2006 S. 845 (855).
18) Vgl. *Lieber*, FR 2002 S. 139 (146).

Abschnitt H
IV. Anwendungsvorschriften
Gesetzestext

Im Folgenden wird der Gesetzestext der relevanten Anwendungsvorschriften für diejenigen Regelungen, die durch das *Gesetz über steuerliche Begleitmaßnahmen zur Einführung der Europäischen Gesellschaft und zur Änderung weiterer steuerrechtlicher Vorschriften (SEStEG)* v. 07.12.2006 geändert oder ergänzt worden sind, wiedergegeben.[1] Die darüber hinausgehenden Anpassungen der § 52 EStG, § 34 KStG und § 36 GewStG durch das *Jahressteuergesetz 2007* v. 13.12.2006 werden nachstehend nicht aufgeführt.

§ 52 EStG (in Auszügen)

[...]

(3) [1]§ 2a Abs. 1 Satz 1 Nr. 6 Buchstabe b in der Fassung der Bekanntmachung vom 22. Dezember 1999 (BGBl. I S. 2601) ist erstmals auf negative Einkünfte eines Steuerpflichtigen anzuwenden, die er aus einer entgeltlichen Überlassung von Schiffen auf Grund eines nach dem 31. Dezember 1999 rechtswirksam abgeschlossenen obligatorischen Vertrags oder gleichstehenden Rechtsakts erzielt. [2]§ 2a Abs. 3 und 4 in der Fassung der Bekanntmachung vom 16. April 1997 (BGBl. I S. 821) ist letztmals für den Veranlagungszeitraum 1998 anzuwenden. [3]§ 2a Abs. 3 Satz 3, 5 und 6 in der Fassung der Bekanntmachung vom 16. April 1997 (BGBl. I S. 821) ist für die Veranlagungszeiträume 1999 bis 2008 weiter anzuwenden, soweit sich ein positiver Betrag im Sinne des § 2a Abs. 3 Satz 3 ergibt oder soweit eine in einem ausländischen Staat belegene Betriebsstätte im Sinne des § 2a Abs. 4 in der Fassung des Satzes 5 in eine Kapitalgesellschaft umgewandelt, übertragen oder aufgegeben wird. [4]Insoweit ist in § 2a Abs. 3 Satz 5 letzter Halbsatz die Bezeichnung „§ 10d Abs. 3" durch „§10d Abs. 4" zu ersetzen. [5]§ 2a Abs. 4 ist für die Veranlagungszeiträume 1999 bis 2005 in der folgenden Fassung anzuwenden: [...][2]. [6]§ 2a Abs. 4 ist für die Veranlagungszeiträume 2006 bis 2008 in der folgenden Fassung anzuwenden:

(4) [1]Wird eine in einem ausländischen Staat belegene Betriebsstätte

1. in eine Kapitalgesellschaft umgewandelt oder
2. entgeltlich oder unentgeltlich übertragen oder
3. aufgegeben, jedoch die ursprünglich von der Betriebsstätte ausgeübte Geschäftstätigkeit ganz oder teilweise von einer Gesellschaft, an der der inländische Steuerpflichtige zu mindestens 10 Prozent unmittelbar oder mittelbar beteiligt ist, oder von einer ihm nahe stehenden Person im Sinne des § 1 Abs. 2 des Außensteuergesetzes fortgeführt, so ist ein nach Absatz 3 Satz 1 und 2 abgezogener Verlust, soweit er nach Absatz 3 Satz 3 nicht wieder hinzugerechnet worden ist oder nicht noch hinzuzurechnen ist, im Veranlagungszeitraum der Umwandlung, Übertragung oder Aufgabe in entsprechender Anwendung des Absatzes 3 Satz 3 dem Gesamtbetrag der Einkünfte hinzuzurechnen. [2]Satz 1 gilt entsprechend bei Beendigung der unbeschränkten Einkommensteuerpflicht (§ 1 Abs. 1) durch Aufgabe des Wohnsitzes oder des gewöhnlichen Aufenthalts oder bei Beendigung der unbeschränkten Körperschaftsteuerpflicht (§ 1 Abs. 1 des Körperschaftsteuergesetzes) durch Verlegung des Sitzes oder des Orts der Geschäftsleitung sowie bei unbeschränkter Einkommensteuerpflicht (§ 1 Abs. 1) oder unbeschränkter Körperschaftsteuerpflicht (§ 1 Abs. 1 des Körperschaftsteuergesetzes) bei Beendigung der Ansässigkeit im Inland auf Grund der Bestimmungen eines Abkommens zur Vermeidung der Doppelbesteuerung.

---

1) Die Anwendungsvorschriften für die durch das *Gesetz über steuerliche Begleitmaßnahmen zur Einführung der Europäischen Gesellschaft und zur Änderung weiterer steuerrechtlicher Vorschriften (SEStEG)* v. 07.12.2006 geänderten Vorschriften der EStDV (§ 84 EStDV), der GewStDV (§ 36 GewStDV), des BewG (§ 152 BewG), des Mitbestimmungs-Beibehaltungsgesetzes (§ 4 Mitbest-BeiG) und der Verordnung über die gesonderte Feststellung von Besteuerungsgrundlagen nach § 180 Abs. 2 der AO (§ 11 Verordnung über die gesonderte Feststellung von Besteuerungsgrundlagen nach § 180 Abs. 2 der AO) sind nicht wiedergegeben. Bezüglich der Anwendungsvorschriften für das UmwStG siehe Gliederungspunkt I.VIII.
2) Auf den Abdruck des § 2a Abs. 4 EStG in der bis zum Veranlagungszeitraum 2005 geltenden Fassung wurde verzichtet.

Anwendungsvorschriften

[...]

(4b) ¹§ 3 Nr. 40 ist erstmals anzuwenden für
1. Gewinnausschüttungen, auf die bei der ausschüttenden Körperschaft der nach Artikel 3 des Gesetzes vom 23. Oktober 2000 (BGBl. I S. 1433) aufgehobene Vierte Teil des Körperschaftsteuergesetzes nicht mehr anzuwenden ist; für die übrigen in § 3 Nr. 40 genannten Erträge im Sinne des § 20 gilt Entsprechendes;
2. Erträge im Sinne des § 3 Nr. 40 Satz 1 Buchstabe a, b, c und j nach Ablauf des ersten Wirtschaftsjahres der Gesellschaft, an der die Anteile bestehen, für das das Körperschaftsteuergesetz in der Fassung des Artikels 3 des Gesetzes vom 23. Oktober 2000 (BGBl. I S. 1433) erstmals anzuwenden ist.

²§ 3 Nr. 40 Satz 3 und 4 in der am 12. Dezember 2006 geltenden Fassung ist für Anteile, die einbringungsgeboren im Sinne des § 21 des Umwandlungssteuergesetzes in der am 12. Dezember 2006 geltenden Fassung sind, weiter anzuwenden.

[...]

(8a) ¹§ 3c Abs. 2 ist erstmals auf Aufwendungen anzuwenden, die mit Erträgen im wirtschaftlichen Zusammenhang stehen, auf die § 3 Nr. 40 erstmals anzuwenden ist. ²§ 3c Abs. 2 Satz 3 und 4 in der am 12. Dezember 2006 geltenden Fassung ist für Anteile, die einbringungsgeboren im Sinne des § 21 des Umwandlungssteuergesetzes in der am 12. Dezember 2006 geltenden Fassung sind, weiter anzuwenden.

(8b) § 4 Abs. 1 in der Fassung des Artikels 1 des Gesetzes vom 7. Dezember 2006 (BGBl. I S. 2782) ist erstmals für nach dem 31. Dezember 2005 endende Wirtschaftsjahre anzuwenden.

[...]

(16) ¹§ 6 Abs. 1 in der Fassung des Artikels 1 des Gesetzes vom 7. Dezember 2006 (BGBl. I S. 2782) ist erstmals für nach dem 31. Dezember 2005 endende Wirtschaftsjahre anzuwenden. ²§ 6 Abs. 1 in der Fassung des Gesetzes vom 24. März 1999 (BGBl. I S. 402) ist erstmals für das erste nach dem 31. Dezember 1998 endende Wirtschaftsjahr (Erstjahr) anzuwenden. ³In Höhe von vier Fünfteln des im Erstjahr durch die Anwendung des § 6 Abs. 1 Nr. 1 und 2 in der Fassung des Gesetzes vom 24. März 1999 (BGBl. I S. 402) entstehenden Gewinns kann im Erstjahr eine den steuerlichen Gewinn mindernde Rücklage gebildet werden, die in den dem Erstjahr folgenden vier Wirtschaftsjahren jeweils mit mindestens einem Viertel gewinnerhöhend aufzulösen ist (Auflösungszeitraum). ⁴Scheidet ein der Regelung nach den Sätzen 1 bis 3 unterliegendes Wirtschaftsgut im Auflösungszeitraum ganz oder teilweise aus, ist im Wirtschaftsjahr des Ausscheidens der für das Wirtschaftsgut verbleibende Teil der Rücklage nach Satz 3 in vollem Umfang oder teilweise gewinnerhöhend aufzulösen. ⁵Soweit ein der Regelung nach den Sätzen 1 bis 3 unterliegendes Wirtschaftsgut im Auflösungszeitraum erneut auf den niedrigeren Teilwert abgeschrieben wird, ist der für das Wirtschaftsgut verbleibende Teil der Rücklage nach Satz 3 in Höhe der Abschreibung gewinnerhöhend aufzulösen. ⁶§ 3 Nr. 40 Satz 1 Buchstabe a Satz 2 in der Fassung des Gesetzes vom 23. Oktober 2000 (BGBl. I S. 1433) und § 8b Abs. 2 Satz 2 des Körperschaftsteuergesetzes in der Fassung des Gesetzes vom 23. Oktober 2000 (BGBl. I S. 1433) sind in den Fällen der Sätze 3 bis 5 entsprechend anzuwenden. ⁷§ 6 Abs. 1 Nr. 1a in der Fassung des Artikels 1 des Gesetzes vom 15. Dezember 2003 (BGBl. I S. 2645) ist erstmals für Baumaßnahmen anzuwenden, mit denen nach dem 31. Dezember 2003 begonnen wird. ⁸Als Beginn gilt bei Baumaßnahmen, für die eine Baugenehmigung erforderlich ist, der Zeitpunkt, in dem der Bauantrag gestellt wird, bei baugenehmigungsfreien Bauvorhaben, für die Bauunterlagen einzureichen sind, der Zeitpunkt, in dem die Bauunterlagen eingereicht werden. ⁹Sämtliche Baumaßnahmen im Sinne des § 6 Abs. 1 Nr. 1a Satz 1 an einem Objekt gelten als eine Baumaßnahme im Sinne des Satzes 7. ¹⁰§ 6 Abs. 1 Nr. 3 in der Fassung des Gesetzes vom 24. März 1999 (BGBl. I S. 402) ist auch für Verbindlichkeiten, die bereits zum Ende eines vor dem 1. Januar 1999 endenden Wirtschaftsjahres angesetzt worden sind, anzuwenden. ¹¹Für den Gewinn, der sich aus der erstmaligen Anwendung des § 6 Abs. 1 Nr. 3 bei den in Satz 10 genannten Verbindlichkeiten ergibt, kann jeweils in Höhe von neun Zehnteln eine den Gewinn mindernde Rücklage gebildet werden, die in den folgenden neun Wirtschaftsjahren jeweils mit mindestens einem Neuntel gewinnerhöhend aufzulösen ist (Auflösungszeitraum); scheidet die Verbindlichkeit während des Auflösungszeitraumes aus dem Betriebsvermögen aus, ist die Rücklage zum Ende des Wirtschaftsjahres des Ausscheidens in vollem Umfang gewinnerhöhend aufzulösen. ¹²§ 6 Abs. 1 Nr. 3a in der Fassung des Gesetzes vom 24. März 1999 (BGBl. I S. 402) ist auch auf Rückstellungen, die bereits zum Ende eines vor dem 1. Januar 1999 endenden Wirtschaftsjahres gebildet worden sind, anzuwenden.

[13]Steht am Schluss des Erstjahres der Zeitpunkt des Beginns der Stilllegung des Kernkraftwerkes nicht fest, sind bisher gebildete Rückstellungen bis zu dem Betrag gewinnerhöhend aufzulösen, der sich bei Anwendung des § 6 Abs. 1 Nr. 3a Buchstabe d Satz 2 und Buchstabe e Satz 3 in der Fassung des Gesetzes vom 24. März 1999 (BGBl. I S. 402) ergibt. [14]Satz 11 ist für die in Satz 12 genannten Rückstellungen entsprechend anzuwenden. [15]§ 6 Abs. 1 Nr. 4 Satz 2 in der Fassung des Artikels 1 des Gesetzes vom 28. April 2006 (BGBl. I S. 1095) ist erstmals für Wirtschaftsjahre anzuwenden, die nach dem 31. Dezember 2005 beginnen. [16]§ 6 Abs. 1 Nr. 4 Satz 5 und 6 in der Fassung des Gesetzes vom 14. Juli 2000 (BGBl. I S. 1034) ist auf Entnahmen anzuwenden, die nach dem 31. Dezember 1999 erfolgen. [17]§ 6 Abs. 4, 5 und 6 Satz 1 ist erstmals auf den Erwerb von Wirtschaftsgütern anzuwenden, bei denen der Erwerb auf Grund eines nach dem 31. Dezember 1998 rechtswirksam abgeschlossenen obligatorischen Vertrags oder gleichstehenden Rechtsakts erfolgt. [18]§ 6 Abs. 6 Satz 2 und 3 ist erstmals für Einlagen anzuwenden, die nach dem 31. Dezember 1998 vorgenommen werden.

[…]

(18b) [1]§ 6b in der Fassung des Artikels 1 des Gesetzes vom 26. April 2006 (BGBl. I S. 1091) ist erstmals auf Veräußerungen nach dem 31. Dezember 2005 und letztmals auf Veräußerungen vor dem 1. Januar 2011 anzuwenden. [2]Für Veräußerungen, die vor dem Zeitpunkt vorgenommen werden, ist § 6b in der im Veräußerungszeitpunkt geltenden Fassung weiter anzuwenden. [3]§ 6b Abs. 10 Satz 11 in der am 12. Dezember 2006 geltenden Fassung ist für Anteile, die einbringungsgeboren im Sinne des § 21 des Umwandlungssteuergesetzes in der am 12. Dezember 2006 geltenden Fassung sind, weiter anzuwenden.

[…]

(30a) [1]Für die Anwendung des § 13 Abs. 7 in der Fassung des Artikels 1 des Gesetzes vom 22. Dezember 2005 (BGBl. I S. 3683) gilt Absatz 33a entsprechend. [2]§ 13 Abs. 7, § 15 Abs. 1a sowie § 18 Abs. 4 Satz 2 in der Fassung des Artikels 1 des Gesetzes vom 7. Dezember 2006 (BGBl. I S. 2782) sind erstmals für nach dem 31. Dezember 2005 endende Wirtschaftsjahre anzuwenden.

[…]

(34) [1]§ 16 Abs. 1 in der Fassung des Artikels 1 des Gesetzes vom 20. Dezember 2001 (BGBl. I S. 3858) ist erstmals auf Veräußerungen anzuwenden, die nach dem 31. Dezember 2001 erfolgen. [2]§ 16 Abs. 2 Satz 3 und Abs. 3 Satz 2 in der Fassung der Bekanntmachung vom 16. April 1997 (BGBl. I S. 821) ist erstmals auf Veräußerungen anzuwenden, die nach dem 31. Dezember 1993 erfolgen. [3]§ 16 Abs. 3 Satz 1 und 2 in der Fassung des Gesetzes vom 24. März 1999 (BGBl. I S. 402) ist erstmals auf Veräußerungen und Realteilungen anzuwenden, die nach dem 31. Dezember 1998 erfolgen. [4]§ 16 Abs. 3 Satz 2 bis 4 in der Fassung des Gesetzes vom 20. Dezember 2001 (BGBl. I S. 3858) ist erstmals auf Realteilungen nach dem 31. Dezember 2000 anzuwenden. [5]§ 16 Abs. 4 in der Fassung der Bekanntmachung vom 16. April 1997 (BGBl. I S. 821) ist erstmals auf Veräußerungen anzuwenden, die nach dem 31. Dezember 1995 erfolgen; hat der Steuerpflichtige bereits für Veräußerungen vor dem 1. Januar 1996 Veräußerungsfreibeträge in Anspruch genommen, bleiben diese unberücksichtigt. [6]§ 16 Abs. 4 in der Fassung des Gesetzes vom 23. Oktober 2000 (BGBl. I S. 1433) ist erstmals auf Veräußerungen und Realteilungen anzuwenden, die nach dem 31. Dezember 2000 erfolgen. [7]§ 16 Abs. 5 in der Fassung des Gesetzes vom 7. Dezember 2006 (BGBl. I S. 2782) ist erstmals anzuwenden, wenn die ursprüngliche Übertragung der veräußerten Anteile nach dem 12. Dezember 2006 erfolgt ist.

[…]

(37a) ¹§ 20 Abs. 1 Nr. 10 Buchstabe a ist erstmals auf Leistungen anzuwenden, die nach Ablauf des ersten Wirtschaftsjahres des Betriebs gewerblicher Art mit eigener Rechtspersönlichkeit erzielt werden, für das das Körperschaftsteuergesetz in der Fassung des Artikels 3 des Gesetzes vom 23. Oktober 2000 (BGBl. I S. 1433) erstmals anzuwenden ist. ²§ 20 Abs. 1 Nr. 10 Buchstabe b ist erstmals auf Gewinne anzuwenden, die nach Ablauf des ersten Wirtschaftsjahres des Betriebs gewerblicher Art ohne eigene Rechtspersönlichkeit oder des wirtschaftlichen Geschäftsbetriebs erzielt werden, für das das Körperschaftsteuergesetz in der Fassung des Artikels 3 des Gesetzes vom 23. Oktober 2000 (BGBl. I S. 1433) erstmals anzuwenden ist. ³§ 20 Abs. 1 Nr. 10 Buchstabe b Satz 3 ist erstmals für den Veranlagungszeitraum 2001 anzuwenden. ⁴§ 20 Abs. 1 Nr. 10 Buchstabe b Satz 1 in der Fassung des Artikels 1 des Gesetzes vom 31. Juli 2003 (BGBl. I S. 1550) ist erstmals ab dem Veranlagungszeitraum 2004 anzuwenden. ⁵§ 20 Abs. 1 Nr. 10 Buchstabe b Satz 1 in der am 12. Dezember 2006 geltenden Fassung ist für Anteile, die einbringungsgeboren im Sinne des § 21 des Umwandlungssteuergesetzes in der am 12. Dezember 2006 geltenden Fassung sind, weiter anzuwenden. ⁶§ 20 Abs. 1 Nr. 10 Buchstabe b Satz 2 zweiter Halbsatz in der Fassung des Artikels 1 des Gesetzes vom 7. Dezember 2006 (BGBl. I S. 2782) ist erstmals auf Einbringungen oder Formwechsel anzuwenden, für die das Umwandlungssteuergesetz in der Fassung des Artikels 6 des Gesetzes vom 7. Dezember 2006 (BGBl. I S. 2782) anzuwenden ist. ⁷§ 20 Abs. 1 Nr. 10 Buchstabe b zweiter Halbsatz ist auf Einbringungen oder Formwechsel, für die das Umwandlungssteuergesetz in der Fassung des Artikels 6 des Gesetzes vom 7. Dezember 2006 (BGBl. I S. 2782) noch nicht anzuwenden ist, in der folgenden Fassung anzuwenden:

„*in Fällen der Einbringung nach dem Achten und des Formwechsels nach dem Zehnten Teil des Umwandlungssteuergesetzes gelten die Rücklagen als aufgelöst.*"

[...]

(39) ¹§ 23 Abs. 1 Satz 1 Nr. 1 in der Fassung des Gesetzes vom 22. Dezember 1999 (BGBl. I S. 2601) und § 23 Abs. 1 Satz 1 Nr. 2 und 3 ist auf Veräußerungsgeschäfte anzuwenden, bei denen die Veräußerung auf einem nach dem 31. Dezember 1998 rechtswirksam abgeschlossenen obligatorischen Vertrag oder gleichstehenden Rechtsakt beruht. ²§ 23 Abs. 1 Satz 1 Nr. 4 ist auf Termingeschäfte anzuwenden, bei denen der Erwerb des Rechts auf einen Differenzausgleich, Geldbetrag oder Vorteil nach dem 31. Dezember 1998 erfolgt. ³§ 23 Abs. 1 Satz 5 ist erstmals für Einlagen und verdeckte Einlagen anzuwenden, die nach dem 31. Dezember 1999 vorgenommen werden. ⁴§ 23 Abs. 3 Satz 4 ist auf Veräußerungsgeschäfte anzuwenden, bei denen der Steuerpflichtige das Wirtschaftsgut nach dem 31. Juli 1995 anschafft und veräußert oder nach dem 31. Dezember 1998 fertig stellt und veräußert. ⁵§ 23 Abs. 1 Satz 2 und 3 sowie § 23 Abs. 3 Satz 3 in der am 12. Dezember 2006 geltenden Fassung sind für Anteile, die einbringungsgeboren im Sinne des § 21 des Umwandlungssteuergesetzes in der am 12. Dezember 2006 geltenden Fassung sind, weiter anzuwenden.

[...]

(55e) ¹§ 44 Abs. 1 Satz 5 in der Fassung des Gesetzes vom 21. Juli 2004 (BGBl. I S. 1753) ist erstmals auf Ausschüttungen anzuwenden, die nach dem 31. Dezember 2004 erfolgen. ²§ 44 Abs. 6 Satz 2 und 5 in der am 12. Dezember 2006 geltenden Fassung sind für Anteile, die einbringungsgeboren im Sinne des § 21 des Umwandlungssteuergesetzes in der am 12. Dezember 2006 geltenden Fassung sind, weiter anzuwenden.

[...]

(57) § 49 Abs. 1 Nr. 2 Buchstabe e und f sowie Nr. 8 in der Fassung des Gesetzes vom 7. Dezember 2006 (BGBl. I S. 2782) ist erstmals für den Veranlagungszeitraum 2006 anzuwenden.

[...]

§ 34 KStG (in Auszügen)

(1) Diese Fassung des Gesetzes ist, soweit in den folgenden Absätzen nichts anderes bestimmt ist, erstmals für den Veranlagungszeitraum 2006 anzuwenden.

[...]

(7a) § 8b Abs. 4 in der am 12. Dezember 2006 geltenden Fassung ist für Anteile weiter anzuwenden, die einbringungsgeboren im Sinne des § 21 des Umwandlungssteuergesetzes in der am 12. Dezember 2006 geltenden Fassung sind, und für Anteile im Sinne des § 8b Abs. 4 Satz 1 Nr. 2, die auf einer Übertragung bis zum 12. Dezember 2006 beruhen.

(8) [1]§ 12 Abs. 2 in der Fassung des Artikels 2 des Gesetzes vom 20. Dezember 2001 (BGBl. I S. 3858) ist erstmals auf Vermögensübertragungen anzuwenden, die nach dem 31. Dezember 2001 vorgenommen werden. [2]§ 12 Abs. 1 und 3 in der Fassung des Artikels 3 des Gesetzes vom 7. Dezember 2006 (BGBl. I S. 2782) sind erstmals für nach dem 31. Dezember 2005 endende Wirtschaftsjahre anzuwenden. [3]§ 12 Abs. 2 in der Fassung des Artikels 3 des Gesetzes vom 7. Dezember 2006 (BGBl. I S. 2782) ist erstmals auf Vorgänge anzuwenden, die nach dem 12. Dezember 2006 zur Eintragung in ein öffentliches Register angemeldet werden. [4]§ 12 Abs. 2 Satz 2 in der in Satz 1 genannten Fassung ist letztmals auf Vorgänge anzuwenden, die bis zum 13. Dezember 2006 zur Eintragung in ein öffentliches Register angemeldet werden.

[...]

(10) [1]§ 15 Nr. 2 ist bei der Ermittlung des Einkommens des Organträgers anzuwenden, wenn die Ermittlung des dem Organträger zuzurechnenden Einkommens der Organgesellschaft nach dem Körperschaftsteuergesetz in der Fassung des Artikels 3 des Gesetzes vom 23. Oktober 2000 (BGBl. I S. 1433), zuletzt geändert durch Artikel 2 des Gesetzes vom 20. Dezember 2001 (BGBl. I S. 3858), vorzunehmen ist. [2]§ 15 Satz 1 Nr. 2 in der am 12. Dezember 2006 geltenden Fassung ist weiter anzuwenden, soweit in dem dem Organträger zuzurechnenden Einkommen der Organgesellschaft ein Übernahmegewinn im Sinne des § 4 Abs. 7 des Umwandlungssteuergesetzes in der am 21. Mai 2003 geltenden Fassung enthalten ist.

[...]

(14) [1]Auf Liquidationen, deren Besteuerungszeitraum im Jahr 2001 endet, ist erstmals das Körperschaftsteuergesetz in der Fassung des Artikels 3 des Gesetzes vom 23. Oktober 2000 (BGBl. I S. 1433) anzuwenden. [2]Bei Liquidationen, die über den 31. Dezember 2000 hinaus fortdauern, endet der Besteuerungszeitraum nach § 11 auf Antrag der Körperschaft oder Personenvereinigung, der bis zum 30. Juni 2002 zu stellen ist, mit Ablauf des 31. Dezember 2000. [3]Auf diesen Zeitpunkt ist ein steuerlicher Zwischenabschluss zu fertigen. [4]Für den danach beginnenden Besteuerungszeitraum ist Satz 1 anzuwenden. [5]In den Fällen des Satzes 2 gelten Liquidationsraten, andere Ausschüttungen und sonstige Leistungen, die in dem am 31. Dezember 2000 endenden Besteuerungszeitraum gezahlt worden sind, als sonstige Leistungen im Sinne des Absatzes 12 Satz 1 Nr. 2 und des § 36 Abs. 2 Satz 1. [6]§ 40 Abs. 3 in der Fassung der Bekanntmachung vom 15. Oktober 2002 (BGBl. I S. 4144) ist letztmals für Liquidationen anzuwenden, die vor dem 13. Dezember 2006 abgeschlossen worden sind.

(15) § 40 in der Fassung des Artikels 3 des Gesetzes vom 7. Dezember 2006 (BGBl. I S. 2782) ist erstmals auf Umwandlungen anzuwenden, bei denen die Anmeldung zur Eintragung in ein öffentliches Register nach dem 12. Dezember 2006 erfolgt ist.

§ 21 AStG (in Auszügen)

[...]

(8) § 6 Abs. 3 Nr. 4 in der Fassung des Gesetzes vom 21. Dezember 1993 (BGBl. I S. 2310) ist erstmals auf Einbringungen anzuwenden, die nach dem 31. Dezember 1991, und letztmals auf Einbringungen anzuwenden, die vor dem 1. Januar 1999 vorgenommen wurden.

[...]

(13) ^{1}§ 6 Abs. 1 in der Fassung des Artikels 7 des Gesetzes vom 7. Dezember 2006 (BGBl. I S. 2782) ist erstmals für den Veranlagungszeitraum 2007 anzuwenden. ^{2}§ 6 Abs. 2 bis 7 in der Fassung des Gesetzes vom 7. Dezember 2006 (BGBl. I S. 2782) ist in allen Fällen anzuwenden, in denen die Einkommensteuer noch nicht bestandskräftig festgesetzt ist.

(14) § 8 Abs. 1 Nr. 10 und § 10 Abs. 3 Satz 4 in der Fassung des Artikels 7 des Gesetzes vom 7. Dezember 2006 (BGBl. I S. 2782) ist erstmals anzuwenden

1. für die Einkommen- und Körperschaftsteuer für den Veranlagungszeitraum,

2. für die Gewerbesteuer für den Erhebungszeitraum,

für den Zwischeneinkünfte hinzuzurechnen oder in einer Betriebsstätte angefallen sind, die in einem Wirtschaftsjahr der Zwischengesellschaft oder der Betriebsstätte entstanden sind, das nach dem 31. Dezember 2005 beginnt.

§ 36 GewStG (in Auszügen)

(1) Die vorstehende Fassung dieses Gesetzes ist, soweit in den folgenden Absätzen nichts anderes bestimmt ist, erstmals für den Erhebungszeitraum 2006 anzuwenden.

[...]

Anwendungsvorschriften

Kommentierung

Die nachfolgenden Abbildungen stellen in Auszügen[3] die Regelungen zur erstmaligen Anwendung der durch das *Gesetz über steuerliche Begleitmaßnahmen zur Einführung der Europäischen Gesellschaft und zur Änderung weiterer steuerrechtlicher Vorschriften (SEStEG)* v. 07.12.2006 eingefügten oder geänderten Vorschriften dar. Gegebenenfalls bestehende, spezielle Regelungen zur letztmaligen Anwendung von Vorschriften, die durch das SEStEG geändert oder aufgehoben wurden, sind ebenfalls enthalten. Zudem sind Vorschriften aufgeführt, die in der Fassung vor den Änderungen durch das SEStEG weiter anzuwenden sind.

1. Einkommensteuergesetz (EStG)

a) Neue oder geänderte Vorschriften im EStG

Die nachstehende Abbildung stellt dar, ab wann die durch das SEStEG eingefügten oder geänderten Vorschriften des EStG Anwendung finden.

Vorschrift EStG	Anwendung	Regelung in
§ 2a Abs. 4 EStG	ab Veranlagungszeitraum 2006	§ 52 Abs. 3 Satz 6 EStG
§ 3 Nr. 40 Satz 1 Buchst. a) Satz 3 EStG	ab 13.12.2006	Artikel 14 des SEStEG
§ 3 Nr. 40 Satz 1 Buchst. b) Satz 3 EStG	ab 13.12.2006	Artikel 14 des SEStEG
§ 3 Nr. 40 Satz 3 und 4 EStG i.d.F. des SEStEG	ab 13.12.2006	Artikel 14 des SEStEG
§ 4 Abs. 1 Satz 3 und 4 sowie Satz 7 EStG	für nach dem 31.12.2005 endende Wirtschaftsjahre	§ 52 Abs. 8b EStG
§ 4g EStG	ab 13.12.2006	Artikel 14 des SEStEG
§ 6 Abs. 1 Nr. 4 Satz 1 und Nr. 5 Satz 1 Buchst. b) EStG	für nach dem 31.12.2005 endende Wirtschaftsjahre	§ 52 Abs. 16 Satz 1 EStG
§ 6 Abs. 1 Nr. 5a EStG	für nach dem 31.12.2005 endende Wirtschaftsjahre	§ 52 Abs. 16 Satz 1 EStG
§ 6 Abs. 2 Satz 1 und 4 und Abs. 4 EStG	ab 13.12.2006	Artikel 14 des SEStEG
§ 13 Abs. 7 EStG	für nach dem 31.12.2005 endende Wirtschaftsjahre	§ 52 Abs. 30a Satz 2 EStG
§ 15 Abs. 1a EStG	für nach dem 31.12.2005 endende Wirtschaftsjahre	§ 52 Abs. 30a Satz 2 EStG

---

3) Die Anwendungsvorschriften für die durch das *Gesetz über steuerliche Begleitmaßnahmen zur Einführung der Europäischen Gesellschaft und zur Änderung weiterer steuerrechtlicher Vorschriften (SEStEG)* v. 07.12.2006 geänderten Vorschriften der EStDV (§ 84 EStDV), der GewStDV (§ 36 GewStDV), des BewG (§ 152 BewG), des Mitbestimmungs-Beibehaltungsgesetzes (§ 4 MitbestBeiG) und der Verordnung über die gesonderte Feststellung von Besteuerungsgrundlagen nach § 180 Abs. 2 der AO (§ 11 Verordnung über die gesonderte Feststellung von Besteuerungsgrundlagen nach § 180 Abs. 2 der AO) sind nicht berücksichtigt. Bezüglich der Anwendungsvorschriften für das UmwStG siehe Gliederungspunkt I.VIII.

Vorschrift EStG	Anwendung	Regelung in
§ 16 Abs. 5 EStG	bei ursprünglicher Übertragung der veräußerten Anteile nach dem 12.12.2006	§ 52 Abs. 34 Satz 7 EStG
§ 17 Abs. 2 Satz 3 und 4 EStG	ab 13.12.2006	Artikel 14 des SEStEG
§ 17 Abs. 4 Satz 1 EStG	ab 13.12.2006	Artikel 14 des SEStEG
§ 17 Abs. 5 - 7 EStG	ab 13.12.2006	Artikel 14 des SEStEG
§ 18 Abs. 4 Satz 2 EStG	für nach dem 31.12.2005 endende Wirtschaftsjahre	§ 52 Abs. 30a Satz 2 EStG
§ 20 Abs. 1 Nr. 2 Satz 1 und 2 EStG	ab 13.12.2006	Artikel 14 des SEStEG
§ 20 Abs. 1 Nr. 10 Buchst. b) Satz 1 EStG	ab 13.12.2006	Artikel 14 des SEStEG
§ 20 Abs. 1 Nr. 10 Buchst. b) Satz 2 2. HS EStG i.d.F. des § 52 Abs. 37a Satz 7 EStG	für Einbringungen oder Formwechsel, für die das UmwStG i.d.F. des SEStEG noch nicht anwendbar war[4]	§ 52 Abs. 37a Satz 7 EStG
§ 20 Abs. 1 Nr. 10 Buchst. b) Satz 2 2. HS. EStG	für Einbringungen oder Formwechsel, auf die das UmwStG i.d.F. des SEStEG anzuwenden ist	§ 52 Abs. 37a Satz 6 EStG
§ 23 Abs. 1 Satz 2 und 3 EStG	ab 13.12.2006	Artikel 14 des SEStEG
§ 23 Abs. 3 Satz 3 EStG	ab 13.12.2006	Artikel 14 des SEStEG
§ 43b Abs. 1 Satz 4 EStG	ab 13.12.2006	Artikel 14 des SEStEG
§ 44 Abs. 6 Satz 2 und 5 EStG	ab 13.12.2006	Artikel 14 des SEStEG
§ 49 Abs. 1 Nr. 2 Buchst. e) und Buchst. f) Satz 2 EStG	ab Veranlagungszeitraum 2006	§ 52 Abs. 57 EStG
§ 49 Abs. 1 Nr. 8 EStG	ab Veranlagungszeitraum 2006	§ 52 Abs. 57 EStG

Abb. H.IV. - 1: Anwendungsvorschriften für geänderte Vorschriften im EStG

b) Weitergeltung bzw. letztmalige Anwendung von Vorschriften des EStG a.F.

Die nachstehende Abbildung stellt die letztmalige Anwendung von Vorschriften des EStG a.F. (in der Fassung vor Inkrafttreten des SEStEG) dar. Ebenso sind Vorschriften des EStG a.F. aufgeführt, die auch nach Inkrafttreten des SEStEG weiter anzuwenden sind, insbes. bezüglich der steuerlichen Behandlung von einbringungsgeborenen Anteilen i.S.d. *§ 21 UmwStG a.F.*

---

[4] Vgl. zu den Anwendungsvorschriften im UmwStG Gliederungspunkt I.VIII.

Anwendungsvorschriften

Vorschrift EStG	Anwendung	Regelung in
§ 2a Abs. 4 EStG a.F.	bis Veranlagungszeitraum 2005	§ 52 Abs. 3 Satz 5 EStG
§ 3 Nr. 40 Satz 3 und 4 EStG a.F.	für einbringungsgeborene Anteile i.S.v. § 21 UmwStG a.F.	§ 52 Abs. 4b Satz 2 EStG
§ 3c Abs. 2 Satz 3 und 4 EStG a.F.	für einbringungsgeborene Anteile i.S.v. § 21 UmwStG a.F.	§ 52 Abs. 8a Satz 2 EStG
§ 6b Abs. 10 Satz 11 EStG a.F.	für einbringungsgeborene Anteile i.S.v. § 21 UmwStG a.F.	§ 52 Abs. 18b Satz 3 EStG
§ 20 Abs. 1 Nr. 10 Buchst. b) Satz 1 EStG a.F.	für einbringungsgeborene Anteile i.S.v. § 21 UmwStG a.F.	§ 52 Abs. 37a Satz 5 EStG
§ 23 Abs. 1 Satz 2 und 3 EStG a.F.	für einbringungsgeborene Anteile i.S.v. § 21 UmwStG a.F.	§ 52 Abs. 39 Satz 6 EStG
§ 23 Abs. 3 Satz 3 EStG a.F.	für einbringungsgeborene Anteile i.S.v. § 21 UmwStG a.F.	§ 52 Abs. 39 Satz 6 EStG
§ 44 Abs. 6 Satz 2 und 5 EStG a.F.	für einbringungsgeborene Anteile i.S.v. § 21 UmwStG a.F.	§ 52 Abs. 55e Satz 2 EStG

Abb. H.IV. - 2: Weitergeltung bzw. letztmalige Anwendung von Vorschriften des EStG a.F.

2. Körperschaftsteuergesetz (KStG)

a) Neue oder geänderte Vorschriften im KStG

Die nachstehende Abbildung stellt dar, ab wann die durch das SEStEG eingefügten oder geänderten Vorschriften des KStG Anwendung finden.

Vorschrift KStG	Anwendung ab	Regelung in
§ 1 Abs. 1 Nr. 1 und Nr. 2 KStG	Veranlagungszeitraum 2006	§ 34 Abs. 1 KStG
§ 8 Abs. 2 KStG	Veranlagungszeitraum 2006	§ 34 Abs. 1 KStG
§ 8b Abs. 2 Satz 3 und 5 KStG	Veranlagungszeitraum 2006	§ 34 Abs. 1 KStG
§ 9 Abs. 1 Nr. 1 KStG	Veranlagungszeitraum 2006	§ 34 Abs. 1 KStG
§ 11 Abs. 1 KStG	Veranlagungszeitraum 2006	§ 34 Abs. 1 KStG
§ 11 Abs. 7 KStG	Veranlagungszeitraum 2006	§ 34 Abs. 1 KStG
§ 12 Abs. 1 und 3 KStG	nach dem 31.12.2005 endenden Wirtschaftsjahren	§ 34 Abs. 8 Satz 2 KStG
§ 12 Abs. 2 KStG	Anmeldung zur Eintragung in ein öffentliches Register nach dem 12.12.2006	§ 34 Abs. 8 Satz 3 KStG
§ 14 Abs. 1 KStG	Veranlagungszeitraum 2006	§ 34 Abs. 1 KStG
§ 15 Satz 1 Nr. 2 KStG	Veranlagungszeitraum 2006	§ 34 Abs. 1 KStG
§ 27 Abs. 1 und 2 KStG	Veranlagungszeitraum 2006	§ 34 Abs. 1 KStG

# Anwendungsvorschriften

Vorschrift KStG	Anwendung ab	Regelung in
§ 27 Abs. 5, 7 und 8 KStG[5]	Veranlagungszeitraum 2006	§ 34 Abs. 1 KStG
§ 28 Abs. 2 KStG	Veranlagungszeitraum 2006	§ 34 Abs. 1 KStG
§ 29 Abs. 5 und 6 KStG	Veranlagungszeitraum 2006	§ 34 Abs. 1 KStG
§ 37 Abs. 4 - 7 KStG	Veranlagungszeitraum 2006	§ 34 Abs. 1 KStG
§ 40 KStG	Anmeldung zur Eintragung in ein öffentliches Register nach dem 12.12.2006	§ 34 Abs. 15 KStG

Abb. H.IV. - 3: Anwendungsvorschriften für geänderte Vorschriften im KStG

b) Weitergeltung bzw. letztmalige Anwendung von Vorschriften des KStG a.F.

Die nachstehende Abbildung stellt die letztmalige Anwendung von Vorschriften des KStG a.F. (in der Fassung vor Inkrafttreten des SEStEG) dar. Ebenso sind Vorschriften des KStG a.F. aufgeführt, die auch nach Inkrafttreten des SEStEG weiter anzuwenden sind.

Vorschrift KStG	Anwendung	Regelung in
§ 8b Abs. 4 KStG a.F.	für einbringungsgeborene Anteile i.S.v. § 21 UmwStG a.F. und Anteile i.S.v. § 8b Abs. 4 Satz 1 Nr. 2 KStG a.F., die auf einer Übertragung bis zum 12.12.2006 beruhen	§ 34 Abs. 7a KStG
§ 12 Abs. 2 Satz 2 KStG a.F.	letztmals bei Anmeldung zur Eintragung in ein öffentliches Register bis zum 13.12.2006	§ 34 Abs. 8 Satz 4 KStG
§ 15 Satz 1 Nr. 2 KStG a.F.	soweit das dem Organträger zuzurechnende Einkommen der Organgesellschaft einen Übernahmegewinn i.S.v. § 4 Abs. 7 UmwStG a.F. enthält	§ 34 Abs. 10 Satz 2 KStG
§ 37 Abs. 1 - 3 KStG[6]	letztmals auf vor dem 31.12.2006 oder vor dem früheren Umwandlungsstichtag i.S.v. § 37 Abs. 4 Satz 2 KStG erfolgte Gewinnausschüttungen und bei Liquidationen auf erfolgte Liquidationsraten, andere Ausschüttungen und sonstige Leistungen	§ 37 Abs. 4 Satz 4 KStG
§ 40 Abs. 3 KStG a.F.	letztmals für Liquidationen, die vor dem 13.12.2006 abgeschlossen wurden	§ 34 Abs. 14 Satz 6 KStG

Abb. H.IV. - 4: Weitergeltung bzw. letztmalige Anwendung von Vorschriften des KStG a.F.

---

[5] § 27 Abs. 7 KStG wurde durch Berichtigung v. 24.01.2007, BGBl. I 2007 S. 68 geändert.
[6] § 37 Abs. 1 - 3 KStG werden durch das SEStEG nicht geändert, verlieren jedoch durch die Anwendungsvorschrift ihren Anwendungsbereich.

Anwendungsvorschriften

3. Gesetz über die Besteuerung bei Auslandsbeziehungen (Außensteuergesetz - AStG)

a) Neue oder geänderte Vorschriften im AStG

Die nachstehende Abbildung stellt dar, ab wann die durch das SEStEG eingefügten oder geänderten Vorschriften des AStG Anwendung finden.

Vorschrift AStG	Anwendung	Regelung in
§ 6 Abs. 1 AStG	ab Veranlagungszeitraum 2007	§ 21 Abs. 13 Satz 1 AStG
§ 6 Abs. 2 - 7 AStG	in allen offenen Fällen	§ 21 Abs. 13 Satz 2 AStG
§ 8 Abs. 1 Nr. 10 AStG	ab Veranlagungszeitraum bzw. Erhebungszeitraum, für den in einem nach dem 31.12.2005 beginnenden Wirtschaftsjahr der Zwischengesellschaft oder Betriebstätte entstandene Zwischeneinkünfte hinzuzurechnen oder in einer Betriebsstätte angefallen sind	§ 21 Abs. 14 AStG
§ 10 Abs. 3 Satz 4 AStG	ab Veranlagungszeitraum bzw. Erhebungszeitraum, für den in einem nach dem 31.12.2005 beginnenden Wirtschaftsjahr der Zwischengesellschaft oder Betriebstätte entstandene Zwischeneinkünfte hinzuzurechnen oder in einer Betriebsstätte angefallen sind	§ 21 Abs. 14 AStG

Abb. H.IV. - 5: Anwendungsvorschriften für geänderte Vorschriften im AStG

b) Weitergeltung bzw. letztmalige Anwendung von Vorschriften des AStG a.F.

Die nachstehende Abbildung stellt dar, bis wann Vorschriften des AStG a.F. (in der Fassung vor Inkrafttreten des SEStEG) Anwendung finden.

Vorschrift AStG	Anwendung	Regelung in
§ 6 Abs. 3 Nr. 4 AStG a.F.	letztmals auf vor dem 01.01.1999 vorgenommene Einbringungen	§ 21 Abs. 8 AStG

Abb. H.IV. - 6: Weitergeltung bzw. letztmalige Anwendung von Vorschriften des AStG a.F.

4. Gewerbesteuergesetz (GewStG)

Die nachstehende Abbildung stellt dar, ab wann die durch das SEStEG geänderte Vorschrift des GewStG Anwendung findet.

Vorschrift	Anwendung	Regelung in
§ 2 Abs. 2 Satz 1 GewStG	ab Erhebungszeitraum 2006	§ 36 Abs. 2 Satz 1 GewStG

Abb. H.IV. - 7: Anwendungsvorschrift für die geänderte Vorschrift im GewStG

Abschnitt I

Änderungen im UmwStG
I. Neukonzeption des UmwStG

1. Sachlicher und persönlicher Anwendungsbereich des UmwStG (§ 1 UmwStG)

Gesetzestext

§ 1 UmwStG a.F.	§ 1 UmwStG n.F.
Anwendungsbereich und Begriffsbestimmungen	Anwendungsbereich und Begriffsbestimmungen
(1) ¹Der zweite bis siebte Teil gilt nur für Umwandlungen im Sinne des § 1 des Umwandlungsgesetzes von Kapitalgesellschaften, eingetragenen Genossenschaften, eingetragenen Vereinen (§ 21 des Bürgerlichen Gesetzbuchs), wirtschaftlichen Vereinen (§ 22 des Bürgerlichen Gesetzbuchs), genossenschaftlichen Prüfungsverbänden, Versicherungsvereinen auf Gegenseitigkeit sowie Körperschaften und Anstalten des öffentlichen Rechts. ²Diese Teile gelten nicht für die Ausgliederung.	(1) ¹Der Zweite bis Fünfte Teil gilt nur für 1. die Verschmelzung, Aufspaltung und Abspaltung im Sinne der §§ 2, 123 Abs. 1 und 2 des Umwandlungsgesetzes von Körperschaften oder vergleichbare ausländische Vorgänge sowie des Artikels 17 der Verordnung (EG) Nr. 2157/2001 und des Artikels 19 der Verordnung (EG) Nr. 1435/2003; 2. den Formwechsel einer Kapitalgesellschaft in eine Personengesellschaft im Sinne des § 190 Abs. 1 des Umwandlungsgesetzes oder vergleichbare ausländische Vorgänge; 3. die Umwandlung im Sinne des § 1 Abs. 2 des Umwandlungsgesetzes, soweit sie einer Umwandlung im Sinne des § 1 Abs. 1 des Umwandlungsgesetzes entspricht sowie 4. die Vermögensübertragung im Sinne des § 174 des Umwandlungsgesetzes vom 28. Oktober 1994 (BGBl. I S. 3210, 1995 I S. 428), das zuletzt durch Artikel 10 des Gesetzes vom 9. Dezember 2004 (BGBl. I S. 3214) geändert worden ist, in der jeweils geltenden Fassung. ²Diese Teile gelten nicht für die Ausgliederung im Sinne des § 123 Abs. 3 des Umwandlungsgesetzes.
(2) Für die Verschmelzung im Sinne des § 2 des Umwandlungsgesetzes gelten der zweite, dritte sowie der sechste und siebte Teil, für die Vermögensübertragung (Vollübertragung) im Sinne des § 174 Abs. 1 des Umwandlungsgesetzes der dritte und sechste Teil sowie § 19.	(2) ¹Absatz 1 findet nur Anwendung, wenn 1. beim Formwechsel der umwandelnde Rechtsträger oder bei den anderen Umwandlungen die übertragenden und die übernehmenden Rechtsträger nach den Rechtsvorschriften eines Mitgliedstaats der Europäischen Union oder eines Staates, auf den das Abkommen über den Europäischen Wirtschaftsraum Anwendung findet, gegründete Gesellschaften im Sinne des Artikels 48 des Vertrags zur Gründung der Europäischen Gemeinschaft oder des Artikels 34 des Abkommens über den Europäischen Wirtschaftsraum sind, deren Sitz und Ort der Geschäftsleitung sich innerhalb des Hoheitsgebiets eines dieser Staaten befinden oder

	2. übertragender Rechtsträger eine Gesellschaft im Sinne der Nummer 1 und übernehmender Rechtsträger eine natürliche Person ist, deren Wohnsitz oder gewöhnlicher Aufenthalt sich innerhalb des Hoheitsgebiets eines der Staaten im Sinne der Nummer 1 befindet und die nicht auf Grund eines Abkommens zur Vermeidung der Doppelbesteuerung mit einem dritten Staat als außerhalb des Hoheitsgebiets dieser Staaten ansässig angesehen wird.
	²Eine Europäische Gesellschaft im Sinne der Verordnung (EG) Nr. 2157/2001 und eine Europäische Genossenschaft im Sinne der Verordnung (EG) Nr. 1435/2003 gelten für die Anwendung des Satzes 1 als eine nach den Rechtsvorschriften des Staates gegründete Gesellschaft, in dessen Hoheitsgebiet sich der Sitz der Gesellschaft befindet.
(3) Für den Formwechsel einer Kapitalgesellschaft in eine Personengesellschaft im Sinne des § 190 Abs. 1 des Umwandlungsgesetzes und den Formwechsel einer eingetragenen Genossenschaft in eine Personengesellschaft im Sinne des § 38a des Landwirtschaftsanpassungsgesetzes gelten die §§ 14 und 18.	(3) Der Sechste bis Achte Teil gilt nur für
	1. die Verschmelzung, Aufspaltung und Abspaltung im Sinne der §§ 2 und 123 Abs. 1 und 2 des Umwandlungsgesetzes von Personenhandelsgesellschaften und Partnerschaftsgesellschaften oder vergleichbare ausländische Vorgänge;
	2. die Ausgliederung von Vermögensteilen im Sinne des § 123 Abs. 3 des Umwandlungsgesetzes oder vergleichbare ausländische Vorgänge;
	3. den Formwechsel einer Personengesellschaft in eine Kapitalgesellschaft oder Genossenschaft im Sinne des § 190 Abs. 1 des Umwandlungsgesetzes oder vergleichbare ausländische Vorgänge;
	4. die Einbringung von Betriebsvermögen durch Einzelrechtsnachfolge in eine Kapitalgesellschaft, eine Genossenschaft oder Personengesellschaft sowie
	5. den Austausch von Anteilen.
(4) Für die Aufspaltung und die Abspaltung im Sinne des § 123 Abs. 1 und 2 des Umwandlungsgesetzes gelten der fünfte bis siebte Teil, für die der Aufspaltung und der Abspaltung entsprechenden Vorgänge der Vermögensübertragung (Teilübertragung) im Sinne des § 174 Abs. 2 Nr. 1 und 2 des Umwandlungsgesetzes die §§ 15 und 19.	(4) ¹Absatz 3 gilt nur, wenn
	1. der übernehmende Rechtsträger eine Gesellschaft im Sinne von Absatz 2 Satz 1 Nr. 1 ist und
	2. in den Fällen des Absatzes 3 Nr. 1 bis 4
	a) beim Formwechsel der umwandelnde Rechtsträger, bei der Einbringung durch Einzelrechtsnachfolge der einbringende Rechtsträger oder bei den anderen Umwandlungen der übertragende Rechtsträger

	aa) eine Gesellschaft im Sinne von Absatz 2 Satz 1 Nr. 1 ist und, wenn es sich um eine Personengesellschaft handelt, soweit an dieser Körperschaften, Personenvereinigungen, Vermögensmassen oder natürliche Personen unmittelbar oder mittelbar über eine oder mehrere Personengesellschaften beteiligt sind, die die Voraussetzungen im Sinne von Absatz 2 Satz 1 Nr. 1 und 2 erfüllen, oder
	bb) eine natürliche Person im Sinne von Absatz 2 Satz 1 Nr. 2 ist
	oder
	b) das Recht der Bundesrepublik Deutschland hinsichtlich der Besteuerung des Gewinns aus der Veräußerung der erhaltenen Anteile nicht ausgeschlossen oder beschränkt ist.
	²Satz 1 ist in den Fällen der Einbringung eines Betriebs, Teilbetriebs oder Mitunternehmeranteils in eine Personengesellschaft nach § 24 nicht anzuwenden.
(5) Die Absätze 1 bis 4 gelten nur für Körperschaften, die nach § 1 des Körperschaftsteuergesetzes unbeschränkt steuerpflichtig sind.	(5) Soweit dieses Gesetz nichts anderes bestimmt, ist
	1. Richtlinie 90/434/EWG die Richtlinie 90/434/EWG des Rates vom 23. Juli 1990 über das gemeinsame Steuersystem für Fusionen, Spaltungen, die Einbringung von Unternehmensanteilen und den Austausch von Anteilen, die Gesellschaften verschiedener Mitgliedstaaten betreffen (ABl. EG Nr. L 225 S. 1), zuletzt geändert durch die Richtlinie 2005/19/EG des Rates vom 17. Februar 2005 (ABl. EU Nr. L 58 S. 19), in der zum Zeitpunkt des steuerlichen Übertragungsstichtags jeweils geltenden Fassung;
	2. Verordnung (EG) Nr. 2157/2001 die Verordnung (EG) Nr. 2157/2001 des Rates vom 8. Oktober 2001 über das Statut der Europäischen Gesellschaft (SE) (ABl. EG Nr. L 294 S. 1), zuletzt geändert durch die Verordnung (EG) Nr. 885/2004 des Rates vom 26. April 2004 (ABl. EU Nr. L 168 S. 1), in der zum Zeitpunkt des steuerlichen Übertragungsstichtags jeweils geltenden Fassung;
	3. Verordnung (EG) Nr. 1435/2003 die Verordnung (EG) Nr. 1435/2003 des Rates vom 22. Juli 2003 über das Statut der Europäischen Genossenschaften (SCE) (ABl. EU Nr. L 207 S. 1) in der zum Zeitpunkt des steuerlichen Übertragungsstichtags jeweils geltenden Fassung;

	4. Buchwert der Wert, der sich nach den steuerrechtlichen Vorschriften über die Gewinnermittlung in einer für den steuerlichen Übertragungsstichtag aufzustellenden Steuerbilanz ergibt oder ergäbe.

Kommentierung

a) Überblick

Der Anwendungsbereich des UmwStG beschränkt sich nicht mehr wie bisher grds. auf innerstaatliche Umwandlungsvorgänge inländischer Rechtsträger, sondern erfasst künftig auch innerstaatliche und grenzüberschreitende Umwandlungsvorgänge unter Beteiligung ausländischer EU-/EWR-Rechtsträger.[1] Hierzu zählen insbes.

- *innerstaatliche Umwandlungsvorgänge*, d.h. der übertragende (bzw. umwandelnde oder einbringende) und der übernehmende (bzw. neu entstehende) Rechtsträger sind in demselben EU-/EWR-Staat ansässig.[2] Dabei ist zu unterscheiden zwischen
    - **innerstaatlichen Umwandlungsvorgängen inländischer Rechtsträger**, d.h. der übertragende (bzw. umwandelnde oder einbringende) und der übernehmende (bzw. neu entstehende) Rechtsträger sind im Inland ansässig, und
    - **innerstaatlichen Umwandlungsvorgängen ausländischer EU-/EWR-Rechtsträger mit Inlandsbezug**, d.h. der übertragende (bzw. umwandelnde oder einbringende) und der übernehmende (bzw. neu entstehende) Rechtsträger sind in demselben ausländischen EU-/EWR-Staat ansässig, wobei
        - der übertragende (bzw. umwandelnde oder einbringende) Rechtsträger im Inland beschränkt steuerpflichtig ist, oder
        - mindestens ein Anteilseigner des übertragenden (bzw. umwandelnden oder einbringenden) Rechtsträgers im Inland steuerpflichtig ist.
- *grenzüberschreitende Umwandlungsvorgänge*, d.h. der übertragende (bzw. umwandelnde oder einbringende) und der übernehmende (bzw. neu entstehende) Rechtsträger sind in verschiedenen EU-/EWR-Staaten ansässig. Dabei ist zu unterscheiden zwischen
    - **grenzüberschreitenden Umwandlungen unter Beteiligung inländischer Rechtsträger** in Form der
        - *Hinausumwandlung*, d.h. der **übertragende (bzw. umwandelnde oder einbringende) Rechtsträger** ist im Inland und der übernehmende (bzw. neu entstehende) Rechtsträger ist in einem ausländischen EU-/EWR-Staat ansässig, und
        - *Hineinumwandlung*, d.h. **übertragende (bzw. umwandelnde oder einbringende) Rechtsträger** ist in einem ausländischen EU-/EWR-Staat und der übernehmende (bzw. neu entstehende) Rechtsträger ist im Inland ansässig, sowie
    - **grenzüberschreitenden Umwandlungen ausländischer EU-/EWR-Rechtsträger mit Inlandsbezug**, d.h. der übertragende (bzw. umwandelnde oder einbringende) und der übernehmende (bzw. neu entstehende) Rechtsträger sind in verschiedenen ausländischen EU-/EWR-Staaten ansässig, wobei
        - der übertragende (bzw. umwandelnde oder einbringende) Rechtsträger im Inland beschränkt steuerpflichtig ist, oder

---

1) Vgl. Gesetzesbegründung v. 25.09.2006 zu § 1 „Allgemeines", BT-Drs. 16/2710 S. 35. Durch das *Gesetz über steuerliche Begleitmaßnahmen zur Einführung der Europäischen Gesellschaft und zur Änderung weiterer steuerrechtlicher Vorschriften (SEStEG)* v. 07.12.2006 (BGBl. I 2006 S. 2791) wurden die Regelungen des UmwStG grundlegend geändert, um den Vorgaben des primären und sekundären Gemeinschaftsrechts zu genügen (sog. Europäisierung des UmwStG). Eine partielle Globalisierung des UmwStG erfolgte lediglich im Rahmen des § 13 UmwStG (in den in § 12 Abs. 2 Satz 2 KStG genannten Fällen für die Anteilseigner einer übertragenden Körperschaft), § 21 UmwStG (hinsichtlich der eingebrachten Anteile) und § 24 UmwStG (§ 1 Abs. 4 Satz 2 UmwStG). Zudem soll § 20 UmwStG auch dann Anwendung finden, wenn der Einbringende in einem Drittstaat ansässig ist, mit dem kein Doppelbesteuerungsabkommen besteht oder das Doppelbesteuerungsabkommen das Besteuerungsrecht hinsichtlich des Gewinns aus der Veräußerung der erhaltenen Anteile Deutschland zuweist (§ 1 Abs. 4 Satz 1 Nr. 2 Buchst. b) UmwStG).
2) Zu den EWR-Staaten gehören neben den EU-Staaten auch Island, Liechtenstein und Norwegen.

Änderungen im UmwStG

- mindestens ein Anteilseigner des übertragenden (bzw. umwandelnden oder einbringenden) Rechtsträgers im Inland steuerpflichtig ist.

Hinsichtlich der Anwendbarkeit des UmwStG ist zwischen dem sachlichen und dem persönlichen Anwendungsbereich zu unterscheiden. Der **sachliche Anwendungsbereich** definiert die Umwandlungsvorgänge, auf welche das UmwStG Anwendung findet. Der **persönliche Anwendungsbereich** legt fest, welche Rechtssubjekte vom UmwStG erfasst werden.

b) Sachlicher Anwendungsbereich des UmwStG

aa) Zweiter bis Fünfter Teil des UmwStG (§ 3 - § 19 UmwStG)

(1) Kategorisierung der im Zweiten bis Fünften Teil des UmwStG geregelten Umwandlungsvorgänge

Die nach § 1 Abs. 1 UmwStG auf die einzelnen Umwandlungsvorgänge anzuwendenden Vorschriften des Zweiten bis Fünften Teils des UmwStG (§ 3 - § 19 UmwStG) ergeben sich aus folgender Übersicht:[3]

Umwandlungsvorgang auf/in	Körperschaften[4]	Personengesellschaften[5]	natürliche Personen
Verschmelzung i.S.d. § 2 UmwG von Körperschaften ✓ und vergleichbare Vorgänge nach anderen Bundes- oder Landesgesetzen ✓ und vergleichbare ausländische Vorgänge	§ 11 - § 13, § 19 UmwStG	§ 3 - § 8, § 10, § 18 UmwStG	§ 3 - § 8, § 10, § 18 UmwStG
Gründung einer SE/SCE durch Verschmelzung	§ 11 - § 13, § 19 UmwStG	–	–
Aufspaltung, Abspaltung i.S.d. § 123 Abs. 1 und 2 UmwG von Körperschaften ✓ und vergleichbare Vorgänge nach anderen Bundes- oder Landesgesetzen ✓ und vergleichbare ausländische Vorgänge	§ 15 i.V.m. § 11 - § 13, § 19 UmwStG	§ 16 i.V.m. § 3 - § 8, § 10, § 18 UmwStG	–
Formwechsel i.S.d. § 190 Abs. 1 UmwG von Kapitalgesellschaften ✓ und vergleichbare Vorgänge nach anderen Bundes- oder Landesgesetzen ✓ und vergleichbare ausländische Vorgänge	–	§ 9 i.V.m. § 3 - § 8, § 10, § 18 UmwStG	–
Vermögensübertragung i.S.d. § 174 UmwG von Kapitalgesellschaften ✓ und vergleichbare Vorgänge nach anderen Bundes- oder Landesgesetzen	nur öff. Hand[6] § 11 - § 15, § 19 UmwStG	–	–

---

3) Siehe hierzu auch ausführlich Gliederungspunkt I.II.1. zum Anwendungsbereich der § 3 - § 10 UmwStG; Gliederungspunkt I.III.1. zum Anwendungsbereich der § 11 - § 13 UmwStG; Gliederungspunkt I.IV.1. zum Anwendungsbereich der § 15 - § 16 UmwStG.
4) Unter dem Begriff Körperschaften sollen im Folgenden Kapitalgesellschaften i.S.v. § 3 Abs. 1 Nr. 2 UmwG, eingetragene Genossenschaften i.S.v. § 3 Abs. 1 Nr. 3 UmwG, eingetragene und wirtschaftliche Vereine i.S.v. § 3 Abs. 1 Nr. 4 und § 3 Abs. 2 Nr. 1 UmwG, genossenschaftliche Prüfungsverbände i.S.v. § 3 Abs. 1 Nr. 5 UmwG, Versicherungsvereine auf Gegenseitigkeit i.S.v. § 3 Abs. 1 Nr. 6 UmwG und SE/SCE mit Sitz in Deutschland verstanden werden.
5) Unter dem Begriff Personengesellschaften sollen im Folgenden Personenhandelsgesellschaften (OHG, KG) und Partnerschaftsgesellschaften i.S.v. § 3 Abs. 1 Nr. 1 UmwG verstanden werden.
6) Nach § 175 UmwG ist eine Vermögensübertragung i.S.d. § 174 UmwG von einer Kapitalgesellschaft lediglich auf eine Gebietskörperschaft oder einen Zusammenschluss von Gebietskörperschaften zulässig.

Umwandlungsvorgang auf/in	Körper-schaften[4]	Personen-gesellschaften[5]	natürliche Personen
Vermögensübertragung i.S.d. § 174 UmwG von Versicherungs-Aktiengesellschaften, Versicherungsvereinen auf Gegenseitigkeit oder öffentlich-rechtlichen Versicherungsunternehmen ✓ und vergleichbare Vorgänge nach anderen Bundes- oder Landesgesetzen	nur V-AG, VVaG, öffentl.-recht. VU § 11 - § 15; § 19 UmwStG	–	–

Abb. I.I. - 1: Sachlicher Anwendungsbereich des Zweiten bis Fünften Teils des UmwStG (§ 3 - § 19 UmwStG)

(2) Gesellschaftsrechtliche Grundlagen der im Zweiten bis Fünften Teil des UmwStG geregelten Umwandlungsvorgänge

(a) Innerstaatliche Umwandlungsvorgänge

Die gesellschaftsrechtlichen Grundlagen der im Zweiten bis Fünften Teil des UmwStG (§ 3 - § 19 UmwStG) geregelten **innerstaatlichen Umwandlungsvorgänge inländischer Rechtsträger** ergeben sich aus der nachstehenden Übersicht.[7] Dabei ist jeweils zu unterscheiden zwischen

– im UmwG geregelten Umwandlungsvorgängen und
– vergleichbaren Vorgängen nach anderen Bundes- oder Landesgesetzen.[8]

Umwandlungsvorgang	gesellschaftsrechtliche Grundlage
▪ innerstaatliche **Verschmelzung** inländischer Körperschaften auf inländische Körperschaften, Personengesellschaften oder natürliche Personen	▪ § 1 Abs. 1 Nr. 1, § 2 - § 122 UmwG
▪ vergleichbare Vorgänge nach anderen Bundes- oder Landesgesetzen	▪ § 1 Abs. 2 UmwG i.V.m. anderen Bundes- oder Landesgesetzen
▪ innerstaatliche **Aufspaltung oder Abspaltung** inländischer Körperschaften auf inländische Körperschaften oder Personengesellschaften[9]	▪ § 1 Abs. 1 Nr. 2, § 123 - § 151 UmwG
▪ vergleichbare Vorgänge nach anderen Bundes- oder Landesgesetzen	▪ § 1 Abs. 2 UmwG i.V.m. anderen Bundes- oder Landesgesetzen

---

7) Siehe hierzu auch ausführlich Gliederungspunkt I.II.1. b) aa) zu den gesellschaftsrechtlichen Grundlagen der Umwandlungsvorgänge i.S.d. § 3 - § 10 UmwStG; Gliederungspunkt I.III.1. b) aa) zu den gesellschaftsrechtlichen Grundlagen der Umwandlungsvorgänge i.S.d. § 11 - § 13 UmwStG; Gliederungspunkt I.IV.1. b) aa) zu den gesellschaftsrechtlichen Grundlagen der Umwandlungsvorgänge i.S.d. § 15 - § 16 UmwStG.
8) Nach § 1 Abs. 1 Satz 1 Nr. 3 UmwStG müssen die Vorgänge i.S. eines anderen Bundes- oder Landesgesetzes einer Verschmelzung i.S.d. § 1 Abs. 1 Nr. 1 UmwG, einer Spaltung i.S.d. § 1 Abs. 1 Nr. 2 UmwG, einer Vermögensübertragung i.S.d. § 1 Abs. 1 Nr. 3 UmwG oder einem Formwechsel i.S.d. § 1 Abs. 1 Nr. 4 UmwG entsprechen. Siehe auch Gliederungspunkt I.I.1. b) cc) zu allgemeinen Ausführungen zur Vergleichbarkeitsprüfung; Gliederungspunkt I.II.1. b) bb) zur sachlichen Vergleichbarkeitsprüfung im Falle einer Verschmelzung oder eines Formwechsels; Gliederungspunkt I.IV.1. b) aa) zur sachlichen Vergleichbarkeitsprüfung im Falle einer Aufspaltung oder Abspaltung.
9) Ausgliederungen i.S.d. § 123 Abs. 3 UmwG sind nach § 1 Abs. 1 Satz 2 UmwStG ausdrücklich vom Anwendungsbereich des Zweiten bis Fünften Teils des UmwStG (§ 3 - § 19 UmwStG) ausgenommen.

Umwandlungsvorgang	gesellschaftsrechtliche Grundlage
• innerstaatlicher **Formwechsel** inländischer Kapitalgesellschaften auf inländische Personengesellschaften	• § 1 Abs. 1 Nr. 4, § 190 - § 304 UmwG
• vergleichbare Vorgänge nach anderen Bundes- oder Landesgesetzen	• § 1 Abs. 2 UmwG i.V.m. anderen Bundes- oder Landesgesetzen
• innerstaatliche **Vermögensübertragung** von Kapitalgesellschaften auf Gebietskörperschaften oder Zusammenschlüsse von Gebietskörperschaften[10]	• § 1 Abs. 1 Nr. 3, § 174 - § 189 UmwG
• vergleichbare Vorgänge nach anderen Bundes- oder Landesgesetzen	• § 1 Abs. 2 UmwG i.V.m. anderen Bundes- oder Landesgesetzen
• innerstaatliche **Vermögensübertragung** von Versicherungs-Aktiengesellschaften, Versicherungsvereinen auf Gegenseitigkeit oder öffentlich-rechtlichen Versicherungsunternehmen auf Versicherungs-Aktiengesellschaften, Versicherungsvereinen auf Gegenseitigkeit oder öffentlich-rechtlichen Versicherungsunternehmen[11]	• § 1 Abs. 1 Nr. 3, § 174 - § 189 UmwG
• vergleichbare Vorgänge nach anderen Bundes- oder Landesgesetzen	• § 1 Abs. 2 UmwG i.V.m. anderen Bundes- oder Landesgesetzen

Abb. I.I. - 2: Gesellschaftsrechtliche Grundlagen der im Zweiten bis Fünften Teil des UmwStG (§ 3 - § 19 UmwStG) geregelten innerstaatlichen Umwandlungsvorgänge inländischer Rechtsträger

Bezüglich der in den Anwendungsbereich des Zweiten bis Fünften Teils des UmwStG (§ 3 - § 19 UmwStG) fallenden **innerstaatlichen Umwandlungsvorgänge ausländischer EU-/EWR-Rechtsträger mit Inlandsbezug** ist auf entsprechendes ausländisches Gesellschaftsrecht abzustellen.[12]

(b) Grenzüberschreitende Umwandlungsvorgänge

Hinsichtlich der in den Anwendungsbereich des Zweiten bis Fünften Teils des UmwStG (§ 3 - § 19 UmwStG) fallenden grenzüberschreitenden Umwandlungsvorgänge unter Beteiligung inländischer Rechtsträger bietet das UmwG gegenwärtig nur sehr eingeschränkt gesellschaftsrechtliche Möglichkeiten. Während der Anwendungsbereich des UmwG durch das Zweite Gesetz zur Änderung des UmwG auf grenzüberschreitende Verschmelzungen von Kapitalgesellschaften unter Beteiligung inländischer Kapitalgesellschaften erweitert wurde (§ 122a - § 122l UmwG), fehlen entsprechende Regelungen für sonstige grenzüber-

---

10) Nach § 1 Abs. 1 Satz 1 Nr. 4 UmwStG wurde der sachliche Anwendungsbereich des Zweiten bis Fünften Teils des UmwStG (§ 3 - § 19 UmwStG) hinsichtlich der Vermögensübertragungen i.S.v. § 174 UmwG nicht auf vergleichbare ausländische Vorgänge erweitert und beschränkt sich folglich auch in Zukunft ausschließlich auf inländische Vorgänge.
11) Nach § 1 Abs. 1 Satz 1 Nr. 4 UmwStG wurde der sachliche Anwendungsbereich des Zweiten bis Fünften Teils des UmwStG (§ 3 - § 19 UmwStG) hinsichtlich der Vermögensübertragungen i.S.v. § 174 UmwG nicht auf vergleichbare ausländische Vorgänge erweitert und beschränkt sich folglich auch in Zukunft ausschließlich auf inländische Vorgänge.
12) Zudem gilt es auch in diesen Fällen gemeinschaftsrechtliche Einflüsse auf das jeweilige Gesellschaftsrecht beachten.

schreitende Verschmelzungen, für grenzüberschreitende Aufspaltungen und Abspaltungen sowie für grenzüberschreitende Formwechsel.[13]

Auch das gemeinschaftsrechtliche Sekundärrecht bietet derzeit nur eingeschränkt gesellschaftsrechtliche Möglichkeiten hinsichtlich grenzüberschreitender Umwandlungsvorgänge. Zum einen enthalten die SE-Verordnung[14] und die SCE-Verordnung[15] als unmittelbar geltendes Recht Vorschriften zur grenzüberschreitenden Gründung einer SE bzw. SCE. Zum anderen sind die EU-/EWR-Staaten bis spätestens Dezember 2007 angehalten, die Verschmelzungsrichtlinie[16] in nationales Recht umzusetzen und somit die grenzüberschreitende Verschmelzung von Kapitalgesellschaften zu ermöglichen.[17]

Hinsichtlich der übrigen grenzüberschreitenden Umwandlungsvorgänge kann lediglich auf gemeinschaftsrechtliches Primärrecht abgestellt werden. So darf die Versagung der gesellschaftsrechtlichen Zulässigkeit eines grenzüberschreitenden Umwandlungsvorgangs nicht zu einer Verletzung der Niederlassungsfreiheit i.S.d. Art. 43, Art. 48 EG-Vertrag (Art. 31, Art. 34 EWR-Abkommen) führen.[18]

Bezüglich der in den Anwendungsbereich des Zweiten bis Fünften Teils des UmwStG fallenden **grenzüberschreitenden Umwandlungsvorgänge ausländischer EU-/EWR-Rechtsträger mit Inlandsbezug** ist auf entsprechendes ausländisches Gesellschaftsrecht abzustellen.[19]

---

13) Siehe hierzu ausführlich Gliederungspunkt E.III. Nach § 1 Abs. 1 Satz 1 Nr. 4 UmwStG wurde der sachliche Anwendungsbereich des Zweiten bis Fünften Teils des UmwStG (§ 3 - § 19 UmwStG) hinsichtlich der Vermögensübertragungen i.S.v. § 174 UmwG nicht auf vergleichbare ausländische Vorgänge erweitert und beschränkt sich folglich auch in Zukunft ausschließlich auf inländische Vorgänge.

14) *Verordnung (EG) Nr. 2157/2001 des Rates v. 08.10.2001 über das Statut der Europäischen Gesellschaft (SE)*, ABl. Nr. L 294 v. 10.11.2001 S. 1 (SE-VO). Durch den *Beschluss des Gemeinsamen EWR-Ausschusses Nr. 93/2002 v. 25.06.2002 zur Änderung des Anhangs XXII (Gesellschaftsrecht) des EWR-Abkommens*, ABl. Nr. L 266 v. 03.10.2002 S. 69 findet die SE-VO auch für die EWR-Staaten Island, Liechtenstein und Norwegen Anwendung. Siehe hierzu Gliederungspunkt E.IV.2. a).

15) *Verordnung (EG) Nr. 1435/2003 des Rates v. 22.07.2003 über das Statut der Europäischen Genossenschaft (SCE)*, ABl. Nr. L 207 v. 18.08.2003 S. 1 (SCE-VO). Durch den *Beschluss des Gemeinsamen EWR-Ausschusses Nr. 15/2004 v. 06.02.2004 zur Änderung des Anhangs XXII (Gesellschaftsrecht) des EWR-Abkommens*, ABl. Nr. L 116 v. 22.04.2004 S. 68 findet die SCE-VO auch für die EWR-Staaten Island, Liechtenstein und Norwegen Anwendung. Siehe hierzu Gliederungspunkt E.IV.2. b).

16) *Richtlinie 2005/56/EG des Europäischen Parlaments und des Rates v. 26.10.2005 über die Verschmelzung von Kapitalgesellschaften aus verschiedenen Mitgliedstaaten*, ABl. Nr. L 310 v. 25.11.2005 S. 1 (Verschmelzungsrichtlinie). Durch den *Beschluss des Gemeinsamen EWR-Ausschusses Nr. 127/2006 v. 22.09.2006 zur Änderung des Anhangs XXII (Gesellschaftsrecht) des EWR-Abkommens*, ABl. Nr. L 333 v. 30.11.2006 S. 59 findet die Verschmelzungsrichtlinie auch für die EWR-Staaten Island, Liechtenstein und Norwegen Anwendung. Siehe hierzu Gliederungspunkt E.IV.2. c).

17) Siehe *Forsthoff*, DStR 2006 S. 613 (614) zu der Frage, inwieweit durch die Verschmelzungsrichtlinie auch die Möglichkeit zum grenzüberschreitenden Formwechsel geschaffen wird.

18) Siehe hierzu auch die Rechtsprechung des EuGH in der Rs. „SEVIC" (EuGH v. 13.12.2005, C-411/03, NZG 2006 S. 112).

19) Zudem gilt es auch in diesen Fällen gemeinschaftsrechtliche Einflüsse auf das jeweilige Gesellschaftsrecht beachten.

Änderungen im UmwStG

bb) Sechster bis Achter Teil des UmwStG (§ 20 - § 25 UmwStG)

(1) Kategorisierung der im Sechsten bis Achten Teil des UmwStG geregelten Umwandlungsvorgänge

Die nach § 1 Abs. 3 UmwStG auf die einzelnen Umwandlungsvorgänge anzuwendenden Vorschriften des Sechsten bis Achten Teils des UmwStG (§ 20 - § 25 UmwStG) ergeben sich aus folgender Übersicht:[20]

Umwandlungsvorgang	auf/in Kapitalgesellschaften[21] bzw. Genossenschaften	Personengesellschaften[22]
Verschmelzung i.S.d. § 2 UmwG von Personengesellschaften ✓ und vergleichbare ausländische Vorgänge	§ 20 UmwStG	§ 24 UmwStG
Aufspaltung, Abspaltung i.S.d. § 123 Abs. 1 und 2 UmwG von Personengesellschaften ✓ und vergleichbare ausländische Vorgänge	§ 20 UmwStG	§ 24 UmwStG
Ausgliederung i.S.d. § 123 Abs. 3 UmwG von spaltungsfähigen Rechtsträgern i.S.d. § 124 UmwG[23] (z.B. Personengesellschaften, Kapitalgesellschaften, Genossenschaften, Einzelkaufleute) ✓ und vergleichbare ausländische Vorgänge	§ 20 UmwStG	§ 24 UmwStG
Formwechsel i.S.d. § 190 Abs. 1 UmwG von Personengesellschaften ✓ und vergleichbare ausländische Vorgänge	§ 25 i.V.m. § 20 - § 23 UmwStG	–
Einbringung von Betriebsvermögen (Betrieb, Teilbetrieb, Mitunternehmeranteil) durch Einzelrechtsnachfolge (Sacheinlage)	§ 20 UmwStG	§ 24 UmwStG
Einbringung von Anteilen an einer Kapitalgesellschaft oder Genossenschaft (Anteilstausch)	§ 21 UmwStG	–

Abb. I.I. - 4: Sachlicher Anwendungsbereich des Sechsten bis Achten Teils des UmwStG (§ 20 - § 25 UmwStG)

---

20) Siehe hierzu auch ausführlich Gliederungspunkt I.V.1. zum Anwendungsbereich der § 20 - § 23 UmwStG; Gliederungspunkt I.VI.1. zum Anwendungsbereich des § 24 UmwStG.
21) Unter dem Begriff Kapitalgesellschaften sollen im Folgenden Kapitalgesellschaften i.S.v. § 3 Abs. 1 Nr. 2 UmwG (GmbH, AG, KGaA) und die SE mit Sitz in Deutschland verstanden werden. Nach Art. 10 der *Verordnung (EG) Nr. 2157/2001 des Rates v. 08.10.2001 über das Statut der Europäischen Gesellschaft (SE)*, ABl. Nr. L 294 v. 10.11.2001 S. 1 (SE-VO) ist eine SE wie eine Aktiengesellschaft ihres Sitzstaates zu behandeln (sog. Gleichbehandlungsgebot).
22) Unter dem Begriff Personengesellschaft sollen im Folgenden Personenhandelsgesellschaften (OHG, KG) und Partnerschaftsgesellschaften i.S.v. § 3 Abs. 1 Nr. 1 UmwG verstanden werden.
23) Nach § 124 UmwG können im Falle der Ausgliederung alle in § 3 Abs. 1 UmwG genannten Rechtsträger sowie wirtschaftliche Vereine, Einzelkaufleute, Stiftungen, Gebietskörperschaften und Zusammenschlüsse von Gebietskörperschaften übertragende Rechtsträger sein.

(2) Gesellschaftsrechtliche Grundlagen der im Sechsten bis Achten Teil des UmwStG geregelten Umwandlungsvorgänge

(a) Innerstaatliche Umwandlungsvorgänge

Die gesellschaftsrechtlichen Grundlagen der im Sechsten bis Achten Teil des UmwStG (§ 20 - § 25 UmwStG) geregelten innerstaatlichen Umwandlungsvorgänge inländischer Rechtsträger ergeben sich aus der nachstehenden Übersicht.[24]

Umwandlungsvorgang	gesellschaftsrechtliche Grundlage
▪ innerstaatliche **Verschmelzung** inländischer Personengesellschaften auf inländische Kapitalgesellschaften, Genossenschaften oder Personengesellschaften	▪ § 1 Abs. 1 Nr. 1, § 2 - § 122 UmwG
▪ innerstaatliche **Aufspaltung** und **Abspaltung** inländischer Personengesellschaften auf inländische Kapitalgesellschaften, Genossenschaften oder Personengesellschaften	▪ § 1 Abs. 1 Nr. 2, § 123 - § 151 UmwG
▪ innerstaatliche **Ausgliederung** inländischer spaltungsfähiger Rechtsträger[25] auf inländische Kapitalgesellschaften, Genossenschaften oder Personengesellschaften	▪ § 1 Abs. 1 Nr. 2, § 123 - § 173 UmwG
▪ innerstaatlicher **Formwechsel** von Personengesellschaften auf Kapitalgesellschaften oder Genossenschaften	▪ § 1 Abs. 1 Nr. 3, § 190 - § 304 UmwG
▪ innerstaatliche Einbringung von Betriebsvermögen durch **Einzelrechtnachfolge** in Kapitalgesellschaften, Genossenschaften oder Personengesellschaften	▪ *vertragliche Individualvereinbarung*
▪ innerstaatliche Einbringung von Anteilen an einer Kapitalgesellschaft (Anteilstausch) durch Ausgliederung oder Abspaltung in Kapitalgesellschaften oder Genossenschaften	▪ § 1 Abs. 1 Nr. 2, § 123 - 173 UmwG
▪ innerstaatliche Einbringung von Anteilen an einer Kapitalgesellschaft (Anteilstausch) durch Einzelrechtsnachfolge in Kapitalgesellschaften oder Genossenschaften	▪ *vertragliche Individualvereinbarung*

Abb. I.I. - 5: Gesellschaftsrechtliche Grundlagen der im Sechsten bis Achten Teil des UmwStG (§ 20 - § 25 UmwStG) geregelten innerstaatlichen Umwandlungsvorgänge inländischer Rechtsträger

---

[24] Während in den Anwendungsbereich des Zweiten bis Fünften Teils des UmwStG (§ 3 - § 19 UmwStG) auch vergleichbare Umwandlungsvorgänge nach anderen Bundes- oder Landesgesetzen einbezogen werden (§ 1 Abs. 1 Satz 1 Nr. 3 UmwStG), gilt dies nicht für den Anwendungsbereich des Sechsten bis Achten Teils des UmwStG (§ 20 - § 25 UmwStG).

[25] Nach § 124 UmwG können im Falle der Ausgliederung alle in § 3 Abs. 1 UmwG genannten Rechtsträger sowie wirtschaftliche Vereine, Einzelkaufleute, Stiftungen, Gebietskörperschaften und Zusammenschlüsse von Gebietskörperschaften übertragender Rechtsträger sein.

Hinsichtlich der in den Anwendungsbereich des Sechsten bis Achten Teils (§ 20 - § 25 UmwStG) fallenden **innerstaatlichen Umwandlungsvorgänge ausländischer EU-/EWR-Rechtsträger mit Inlandsbezug** ist auf entsprechendes ausländisches Gesellschaftsrecht abzustellen.[26]

(b) Grenzüberschreitende Umwandlungsvorgänge

Hinsichtlich der in den Anwendungsbereich des Sechsten bis Achten Teils des UmwStG (§ 20 - § 25 UmwStG) fallenden **grenzüberschreitenden Umwandlungsvorgänge unter Beteiligung inländischer Rechtsträger** bietet das **UmwG** keine gesellschaftsrechtlichen Möglichkeiten.[27]

Auch das **gemeinschaftsrechtliche Sekundärrecht** bietet gegenwärtig keine gesellschaftsrechtlichen Möglichkeiten hinsichtlich grenzüberschreitender Umwandlungsvorgänge des Sechsten bis Achten Teils des UmwStG (§ 20 - § 25 UmwStG).[28]

Somit kann bei sämtlichen grenzüberschreitenden Umwandlungsvorgängen des Sechsten bis Achten Teils des UmwStG (§ 20 - § 25 UmwStG) lediglich auf **gemeinschaftsrechtliches Primärrecht** zurückgegriffen werden, wonach die Versagung der gesellschaftsrechtlichen Zulässigkeit eines grenzüberschreitenden Umwandlungsvorgangs nicht zu einer Verletzung der Niederlassungsfreiheit i.S.d. Art. 43, Art. 48 EG-Vertrag (Art. 31, Art. 34 EWR-Abkommen) führen darf.[29]

Bezüglich der in den Anwendungsbereich des Sechsten bis Achten Teils des UmwStG fallenden **grenzüberschreitenden Umwandlungsvorgänge ausländischer EU-/EWR-Rechtsträger mit Inlandsbezug** ist auf entsprechendes ausländisches Gesellschaftsrecht abzustellen.[30]

cc) Erweiterung des sachlichen Anwendungsbereiches des UmwStG auf vergleichbare inländische und ausländische Vorgänge

Neben den in § 1 Abs. 1 und 3 UmwStG genannten Umwandlungsvorgängen i.S.v. § 2, § 123, § 190 UmwG erfasst das UmwStG nunmehr grds. auch damit vergleichbare ausländische Vorgänge. Solche ausländischen Vorgänge sind

---

26) Zudem gilt es auch in diesen Fällen gemeinschaftsrechtliche Einflüsse auf das jeweilige Gesellschaftsrecht beachten.
27) So wurde der Anwendungsbereich des UmwG durch das Zweite Gesetz zur Änderung des UmwG lediglich auf grenzüberschreitende Verschmelzungen von Kapitalgesellschaften erweitert (§ 122a - § 122l UmwG). Siehe hierzu ausführlich Gliederungspunkt F.II. und Gliederungspunkt I.III.1.
28) Die *Richtlinie 2005/56/EG des Europäischen Parlaments und des Rates v. 26.10.2005 über die Verschmelzung von Kapitalgesellschaften aus verschiedenen Mitgliedstaaten*, ABl. Nr. L 310 v. 25.11.2005 S. 1 (Verschmelzungsrichtlinie) regelt ausschließlich die grenzüberschreitende Verschmelzung von Kapitalgesellschaften auf Kapitalgesellschaften. Zur Sitzverlegung existiert lediglich ein *Vorschlag für den Erlass einer Sitzverlegungsrichtlinie*; vgl. *Vorschlag für den Erlass einer Vierzehnten gesellschaftsrechtlichen Richtlinie des Europäischen Parlaments und des Rates über die Verlegung des Sitzes einer Gesellschaft in einen anderen Mitgliedstaat mit Wechsel des für die Gesellschaft maßgebenden Rechts* v. 20.04.1997, ZIP 1997 S. 1727. Siehe hierzu auch Gliederungspunkt E.III.
29) Siehe hierzu auch die Rechtsprechung des EuGH in der Rs. „SEVIC" (EuGH v. 13.12.2005, C-411/03, NZG 2006 S. 112).
30) Zudem gilt es auch in diesen Fällen gemeinschaftsrechtliche Einflüsse auf das jeweilige Gesellschaftsrecht beachten.

- zum einen *innerstaatliche Umwandlungen ausländischer EU-/EWR-Rechtsträger mit Inlandsbezug*, wobei
  - der übertragende (bzw. umwandelnde oder einbringende) Rechtsträger im Inland steuerpflichtig ist oder
  - mindestens ein Anteilseigner des übertragenden (bzw. umwandelnden oder einbringenden) Rechtsträgers im Inland steuerpflichtig ist,
- und zum anderen *grenzüberschreitende Umwandlungen ausländischer EU-/EWR-Rechtsträger mit Inlandsbezug*.

Diese nicht im UmwG geregelten Vorgänge müssen ihrem Wesen nach einem im deutschen UmwG geregelten Umwandlungsvorgang entsprechen.[31] Die Vergleichbarkeitsprüfung umfasst zum einen die Rechtsfolgen des betreffenden Vorgangs (sog. **sachliche Vergleichbarkeitsprüfung**)[32] und zum anderen die beteiligten Rechtsträger (sog. **persönliche Vergleichbarkeitsprüfung, Typenvergleich**).[33]

Die in § 1 Abs. 1 UmwStG geregelte Vergleichbarkeitsprüfung findet nicht nur bei vergleichbaren ausländischen Vorgängen Anwendung, sondern auch bei vergleichbaren inländischen Umwandlungsvorgängen i.S. anderer Bundes- oder Landesgesetze.[34]

c) **Persönlicher Anwendungsbereich des UmwStG**

aa) **Ansässigkeitserfordernisse hinsichtlich der am Umwandlungsvorgang beteiligten Rechtsträger**

(1) **Ansässigkeitserfordernisse bei Umwandlungsvorgängen nach dem Zweiten bis Fünften Teil des UmwStG**

Während der persönliche Anwendungsbereich bisher grds. auf Rechtsträger mit Sitz und Ort der Geschäftsleitung im Inland beschränkt war, erfasst das UmwStG nunmehr Umwandlungsvorgänge zwischen solchen Rechtsträgern, die in einem (oder verschiedenen) EU-/EWR-Staaten ansässig sind.[35]

Nach § 1 Abs. 2 UmwStG müssen die an **Umwandlungsvorgängen nach dem Zweiten bis Fünften Teil des UmwStG (§ 3 - § 19 UmwStG)** beteiligten Rechtsträger

- nach dem Recht eines EU-/EWR-Staates gegründet worden sein oder gegründet werden,
- ihren statutarischen Sitz in einem EU-/EWR-Staat haben oder nehmen, und
- ihren Ort der Geschäftsleitung im Zeitpunkt der Verschmelzung in einem EU-/EWR-Staat haben oder nehmen.[36]

---

31) Vgl. Gesetzesbegründung v. 25.09.2006 zu § 1 Abs. 1 UmwStG, BT-Drs. 16/2710 S. 35 f.
32) Siehe hierzu auch ausführlich Gliederungspunkt I.II.1. b) bb) zur sachlichen Vergleichbarkeitsprüfung hinsichtlich der mit einer Verschmelzung i.S.d. § 1 Abs. 1 Nr. 1 UmwG oder mit einem Formwechsel i.S.d. § 1 Abs. 1 Nr. 4 UmwG vergleichbaren Umwandlungsvorgänge und Gliederungspunkt I.IV.1. b) bb) zur sachlichen Vergleichbarkeitsprüfung hinsichtlich der mit einer Aufspaltung oder Abspaltung i.S.d. § 1 Abs. 1 Nr. 2 UmwG vergleichbaren Umwandlungsvorgänge.
33) Zu allgemeinen Ausführungen zum Typenvergleich der am Umwandlungsvorgang beteiligten Rechtsträger vgl. Gliederungspunkt I.I.1. c) bb).
34) Vgl. Gesetzesbegründung v. 25.09.2006 zu § 1 Abs. 1 UmwStG, BT-Drs. 16/2710 S. 36.
35) Vgl. Gesetzesbegründung v. 25.09.2006 zu § 1 Abs. 1 UmwStG, BT-Drs. 16/2710 S. 35 f.
36) Ausweislich der Gesetzesbegründung v. 25.09.2006 zu § 1 Abs. 2 UmwStG, BT-Drs. 16/2710 S. 36 müssen Gründungsstaat und Sitzstaat nicht identisch sein. Zudem ist es wohl nicht erforderlich, dass sich der Sitz und der Ort der Geschäftsleitung in demselben EU-/EWR-Staat befinden; siehe hierzu *Benecke/Schnitger*, IStR 2006 S. 765 (770). Demgegenüber darf der statutarische Sitz der SE (Art. 7 SE-VO) bzw. der SCE (Art. 6 SCE-VO) nicht von deren Verwaltungssitz abweichen.

Änderungen im UmwStG

Eine **SE** bzw. **SCE** gilt für die Anwendung des § 1 Abs. 2 UmwStG grds. als eine nach dem Recht eines EU-/EWR-Staates gegründete Gesellschaft mit Sitz und Ort der Geschäftsleitung innerhalb des EU-/EWR-Gebietes.[37]

(2) Ansässigkeitserfordernisse bei Umwandlungsvorgängen nach dem Sechsten bis Achten Teil des UmwStG

Die Ansässigkeitserfordernisse des § 1 Abs. 2 UmwStG gelten nach § 1 Abs. 4 Satz 1 Nr. 1 UmwStG grds. auch für die **Umwandlungsvorgänge des Sechsten bis Achten Teils des UmwStG (§ 20 - § 25 UmwStG)**.

Darüber hinaus sind nach § 1 Abs. 4 Satz 1 Nr. 2 Buchst. b) und § 1 Abs. 4 Satz 2 UmwStG folgende Umwandlungsvorgänge zulässig:

- Einbringungen durch Sacheinlage i.S.d. § 20 UmwStG sowie Formwechsel i.S.d. § 25 UmwStG, bei denen **der einbringende bzw. umwandelnde Rechtsträger in einem Drittstaat ansässig** ist und das Besteuerungsrecht Deutschlands für die im Rahmen der Einbringung erhaltenen Anteile nicht ausgeschlossen oder beschränkt wird,
- Einbringungen durch Anteilstausch i.S.d. § 21 UmwStG, bei denen **der einbringende Rechtsträger in einem Drittstaat ansässig** ist[38] und
- Einbringungen i.S.d. § 24 UmwStG, bei denen **der einbringende und/oder der übernehmende Rechtsträger in einem Drittstaat ansässig** ist.

bb) Rechtstypenvergleich

(1) Kriterien des Rechtstypenvergleichs

Die Einordnung ausländischer Rechtsträger wird für Zwecke des deutschen Steuerrechts anhand des von der Rechtsprechung entwickelten sog. Rechtstypenvergleiches vorgenommen.[39] Hinsichtlich dieses Rechtsinstituts sind nach wie vor viele Fragen ungeklärt; insbesondere fehlt es bisher an einem verlässlichen Merkmalskatalog, anhand dessen man die für die steuerliche Einordnung erforderliche Abgrenzung zwischen Personen- und Kapitalgesellschaften vornehmen kann.

Der Typenvergleich hat grds. anhand einer allgemeinen typisierenden Sichtweise zu erfolgen. Es ist zu klären, ob die ausländische Rechtsform der deutschen Körperschaft- oder Einkommensteuer unterliegen würde.[40] Für die Typisierung kommt es auf den nach ausländischem Recht geregelten Aufbau und die wirtschaftliche Stellung des betreffenden Rechtsträgers an. Auf die steuerliche Einordnung des ausländischen Rechtsträgers im Ansässigkeitsstaat kommt es dagegen für den Rechtstypenvergleich nicht an.

Die folgende Übersicht fasst mögliche Kriterien für die Einordnung eines Rechtsträgers als Kapitalgesellschaft bzw. Personengesellschaft zusammen:[41]

---

37) Vgl. Gesetzesbegründung v. 25.09.2006 zu § 1 Abs. 2 UmwStG, BT-Drs. 16/2710 S. 36.
38) Der Anteilstausch nach § 1 Abs. 3 Nr. 5 UmwStG ist in § 1 Abs. 4 Satz 1 Nr. 2 UmwStG nicht aufgeführt.
39) Der Rechtstypenvergleich basiert im Wesentlichen auf der bis heute richtungsweisenden Venezuela-Rechtsprechung des RFH v. 12.02.1930, VI A 899/27, RStBl. 1930 S. 444.
40) Vgl. RFH v. 12.02.1930, VI A 899/27, RStBl. 1930 S. 444 (Venezuela-Entscheidung).
41) Siehe hierzu auch OFD Hannover, Vfg. v. 15.04.2005, S 2700 - 2 - StO 241, KSt-Kartei Niedersachsen § 1 KStG Karte F 4; *Lemaitre/Schnittker/Siegel*, GmbHR 2004 S. 618 (622 ff.); *Schnittker/Lemaitre*, GmbHR 2003 S. 1314.

Kriterien für einen Typenvergleich

Kapitalgesellschaft
- ✓ (beschränkte) Haftung der Gesellschafter
- ✓ fehlende Nachschusspflicht der Gesellschafter
- ✓ Existenz der Gesellschaft unabhängig von Gesellschafterbestand
- ✓ Fremdorganschaft
- ✓ freie Übertragbarkeit der Beteiligung
- ✓ konstitutiver Charakter der Eintragung
- ✓ unbegrenzte "Lebensdauer"

Personengesellschaft
- ✓ unbeschränkte Haftung mindestens eines Gesellschafters
- ✓ Ausscheiden eines Gesellschafters als Auflösungsgrund
- ✓ Selbstorganschaft
- ✓ Übertragbarkeit der Gesellschafterstellung nur mit Zustimmung der Mitgesellschafter

Abb. I.I. - 7: Zusammenfassung möglicher Kriterien für den Rechtstypenvergleich

(2) Einordnung ausländischer Rechtsträger nach dem LLC-Erlass

Die besondere rechtliche Flexibilität bei der Handhabung der Rechtsform der Limited Liability Company (LLC) in den USA veranlasste die Finanzverwaltung, in diesem Fall zu einer von der allgemein typisierenden Sichtweise differenzierten Herangehensweise.[42] Eine LLC kann für deutsche Besteuerungszwecke

- als eigenständiges Steuersubjekt oder
- als Personengesellschaft oder
- als unselbständige Niederlassung

einzuordnen sein. Der Beurteilung ist im **Einzelfall** die konkrete Gestaltung nach den Gesetzesbestimmungen und den Vereinbarungen im Gesellschaftsvertrag zugrunde zu legen. Dabei kommt keinem der in Gliederungspunkt I.I.1. c) bb) (1) aufgeführten Kriterien für die Einordnung des Rechtsträgers eine ausschlaggebende Bedeutung zu.

Es spricht einiges dafür, dass die von der typisierenden Betrachtung abweichende Herangehensweise bei der LLC als Ausnahme zu verstehen ist.[43]

(3) Einordnung ausländischer Rechtsträger nach dem Betriebsstätten-Erlass

Für eine Vielzahl von ausländischen Rechtsformen hat die Finanzverwaltung in einer Anlage (Tabelle 1 und 2) zum Betriebsstätten-Erlass[44] eine grundsätzliche Einordnung vorgenommen. Der Erlass enthält jedoch keine Hinweise zur Einordnung neuer, in dem Schreiben nicht aufgeführter Rechtsformen und kann daher in diesen Fällen nur einen ersten Anhalt zur Vergleichbarkeit mit deutschen Rechtsformen geben.

---

42) Vgl. BMF, Schreiben v. 19.03.2004, IV B 4 - S 1301 USA-22/04, BStBl. I 2004 S. 411 (LLC-Erlass).
43) Siehe hierzu auch *Herrmann*, RIW 2004 S. 445 (447).
44) BMF, Schreiben v. 24.12.1999, IV B 4 - S 1300 - 111/99, BStBl. I 1999 S. 1076 (Betriebsstätten-Erlass).

Änderungen im UmwStG

Belgien	Société privée à responsabilité limitée/ Besloten vennootschap met beperkte aansprakelijkheid	GmbH
	Société d'une personne a responsabilité limitée	Einmann-GmbH
	Société anonyme/Naamloze Vennootschap	AG
	Société Coopérative oder Kooperative Vennootschap	keine vergleichbare Gesellschaftsform
	Société en commandite par actions	KGaA
	Société en commandite simple/ Kommanditaire Vennootschap	KG
	Société en nom collectif	OHG
Bulgarien	Zabiratelno drushestwo	OHG
	Komanditno drushestwo	KG
	Drushestwo s organitschena otgowornost	GmbH
	Aktionierno drushestwo	AG
	Komanditno drushestwo s. akzii	KGaA
Dänemark	Anpartsselskab	GmbH
	Aktieslskab	AG
	Kommanditselskab	KG
	Kommanditselskab (mit AG als Kommanditist)	KGaA
	Interessentskab	OHG
	Andelsselskab	eingetragene Genossenschaft mit beschränkter Haftung
Finnland	Osakeyhtiö	AG
	Kommandittiyhiö	KG
	Avoin Ightiö	OHG
	Osuuskunta	Genossenschaft
Frankreich	Société de responsabilité limitée	GmbH
	Société anonyme	AG
	Société en commandite simple	KG
	Société en commandite par actions	KGaA
	Société en nom collectif	OHG
	Groupement d' intérêt économique	ARGE
	Société coopérative	Genossenschaft
	Société en participation	stille Gesellschaft
	Société civile	GbR
	Société crée de fait	keine vergleichbare Gesellschaftsform
	Entreprise unipersonnelle a responsabilité limitée	Einmann-GmbH

Griechenland	Etairia periorismenis evthinis	GmbH
	Anonynos Etairia	AG
	Eterrorrythmos	KG
	Omorrythmos	OHG
Großbritannien	Private company limited by shares	GmbH
	Public company limited by shares	AG
	Limited Partnership	KG
	Partnership	OHG
	(Private) Unlimited company	Kapitalgesellschaft
	Cooperative society	Genossenschaft
	Company limited by guarantee	gemeinnützige Körperschaft
	Statuary company	keine vergleichbare Gesellschaftsform
Irland	Private Company limited by shares	GmbH
	Public Company limited by shares	AG
	Limited Partnership	KG
	Partnership	OHG
	Cooperative Society	Genossenschaft
	Company limited by Guarantees	gemeinnützige Körperschaft
	Statuary Company	keine vergleichbare Gesellschaftsform
	Chartered Company/ Oversea Company/ Unlimited Company	Kapitalgesellschaft
Italien	Società a responsabilità limitata	GmbH
	Società per azioni	AG
	Società a accomandita	KG
	Società a accomandita per azioni	KGaA
Liechtenstein	Gesellschaft mit beschränkter Haftung	GmbH
	Aktiengesellschaft	AG
	Anstalt	juristische Person
	Stiftung	
	Treuunternehmen	
Luxemburg	Société a responsabilite limitée	GmbH
	Société anonyme	AG
	Société en commandite	KG
	Société en commandite par actions	KGaA

Änderungen im UmwStG

Niederlande	Besloten Vennootschap met beperkte aansprakelijkheid	GmbH
	Naamloze Vennootschap	AG
	Commanditaire Vennootschap op Andelen	KGaA
	Commanditaire Vennootschap	KG
	Vennootschap onder Firma	OHG
Österreich	Gesellschaft mit beschränkter Haftung	GmbH
	Aktiengesellschaft	AG
	Kommanditgesellschaft	KG
	Offene Handelsgesellschaft	OHG
Polen	Spółka Akcyjna	AG
	Spółka z ograniczoną odpowiedzialnością	GmbH
	Spółka komandytowa	KG
	Spółka prawa cywilnego (Spółka cywilna)	GbR
	Spółka handlowa jawna	OHG
Portugal	sociedade por quontas (Firmenzusatz: sociedade com responsabilidade limitada oder limitada - lda)	GmbH
	estabelecimento mercantil individual de responsabilidade limitada	Einzelhandelsunternehmen mit beschränkter Haftung
	sociedade anonima (sociedade anonima responsabilidade limitada)	AG
	sociedade em comandita	KG
	sociedade em nome colectivo	OHG
	sociedade civil	GbR
	parcarias maritimas	Partenreederei
Rumänien	societăţe pe acţiuni	AG
	societăţe cu răspundere limitată	GmbH
	societăţe în comandită simpla	KG
	societăţe in comandită pe acţiuni	KGaA
	societăţe in nume colectiv	OHG
Schweden	Aktiebolag	AG
	Handelsbolag	OHG
	Kommanditbolag	KG
	Enkeltbolag	GbR
	Enskild Firma	Einzelkaufmann
	Kreditavtel med delta gande vid vinst och forlust	stille Gesellschaft

Slowakei	Společnost s ručen ím, omezenim oder s rucenim omezenim	GmbH
	Akiová společnost	AG
	Verejná obchodni společnost	OHG
	Komanditni společnost	KG
Slowenien	Delniška družba	AG
	Druž z omejeno odgovornostjo	GmbH
	Komanditna družba	KG
	Komanditna delniška družba	KGaA
	Tilna družba	stille Gesellschaft
	Gospordarsko interesno zdruzenje	entspricht der französischen wirtschaftlichen Interessenvereinigung
	Družba z neomenjeno odgovornostjo	OHG
Spanien	Sociedad de Responsabilidad Limitada (Sociedad Limitada)	GmbH
	Sociedad Anonima	AG
	Sociedad en Comandita	KG
	Sociedad Regular Colectiva Compania	OHG
	Sociedad commanditaria por acciones	KGaA
Tschechien	Společnost s ručen ím, omezenim oder s rucenim omezenim	GmbH
	Akiová společnost	AG
	Verejná obchodni společnost	OHG
	Komanditni společnost	KG
Ungarn	Részvénytársaság	AG
	Korlátolt felelőzségű társaság	GmbH
	Közkereseti társaság	OHG
	Betéti társaság	KG
	Ipari Szövetkezet	Industriegenossenschaften

Abb. I.I. - 8: Einordnung ausländischer Rechtsformen nach dem Betriebsstätten-Erlass

2. Rückbeziehung des Umwandlungsstichtags bei grenzüberschreitenden Umwandlungsvorgängen (§ 2 Abs. 3 UmwStG)

Gesetzestext

§ 2 UmwStG a.F.	§ 2 UmwStG n.F.
(1) ¹Das Einkommen und das Vermögen der übertragenden Körperschaft sowie der Übernehmerin sind so zu ermitteln, als ob das Vermögen der Körperschaft mit Ablauf des Stichtags der Bilanz, die dem Vermögensübergang zugrunde liegt (steuerlicher Übertragungsstichtag), ganz oder teilweise auf die Übernehmerin übergegangen wäre. ²Das Gleiche gilt für die Ermittlung der Bemessungsgrundlagen bei der Gewerbesteuer.	(1) ¹Das Einkommen und das Vermögen der übertragenden Körperschaft sowie des übernehmenden Rechtsträgers sind so zu ermitteln, als ob das Vermögen der Körperschaft mit Ablauf des Stichtags der Bilanz, die dem Vermögensübergang zugrunde liegt (steuerlicher Übertragungsstichtag), ganz oder teilweise auf den übernehmenden Rechtsträger übergegangen wäre. ²Das Gleiche gilt für die Ermittlung der Bemessungsgrundlagen bei der Gewerbesteuer.
(2) Ist die Übernehmerin eine Personengesellschaft, so gilt Absatz 1 Satz 1 für das Einkommen und das Vermögen der Gesellschafter.	(2) Ist die Übernehmerin eine Personengesellschaft, gilt Absatz 1 Satz 1 für das Einkommen und das Vermögen der Gesellschafter.
	(3) Die Absätze 1 und 2 sind nicht anzuwenden, soweit Einkünfte auf Grund abweichender Regelungen zur Rückbeziehung eines in § 1 Abs. 1 bezeichneten Vorgangs in einem anderen Staat der Besteuerung entzogen werden.

Kommentierung

a) Regelungen zur steuerlichen Rückwirkung bei Umwandlungsvorgängen

Die steuerliche Rückbeziehung von Umwandlungsvorgängen des Zweiten bis Fünften Teils des UmwStG (§ 3 - § 19 UmwStG) mit Ausnahme des Formwechsels i.S.v. § 9 UmwStG wird in § 2 UmwStG geregelt. Im Sechsten und Siebten Teil des UmwStG (§ 20 - § 23, § 24 UmwStG) ist für die steuerliche Rückbeziehung von Umwandlungsvorgängen die Vorschrift des § 20 Abs. 6 UmwStG einschlägig, wobei § 24 Abs. 4 UmwStG für Einbringungen in eine Personengesellschaft im Wege der Gesamtrechtsnachfolge auf § 20 Abs. 6 UmwStG verweist. Für die Einbringung von Anteilen an einer Kapitalgesellschaft oder einer Genossenschaft gemäß § 21 UmwStG (Anteilstausch) sollte wohl abweichend von der Rechtslage vor Inkrafttreten des SEStEG mangels Verweis auf § 20 Abs. 6 UmwStG keine steuerliche Rückbeziehung möglich sein.[45] Für den Formwechsel in eine Personengesellschaft nach § 9 UmwStG sowie für den Formwechsel i.S.d. Achten Teils des UmwStG (§ 25 UmwStG) ist die steuerliche Rückbeziehung in § 9 Satz 3 UmwStG normiert, wobei § 25 Satz 2 UmwStG auf § 9 Satz 3 UmwStG verweist.[46]

b) Steuerliche Rückwirkung bei Umwandlungsvorgängen mit Auslandsberührungen

Durch die Erweiterung des persönlichen Anwendungsbereiches des UmwStG auf EU-/EWR-Gesellschaften nach § 1 Abs. 2 und 4 UmwStG können deutsche und ausländische Regelungen zur steuerlichen Rückbeziehung bei Umwandlungen aufeinandertreffen. Die Regelungen zur steuerlichen Rückbeziehung von Umwandlungen sind in den einzelnen EU-/EWR-Staaten unterschiedlich ausgestaltet, so dass es theoretisch denkbar ist, dass bei unterschiedlich langen steuerlichen Rückwirkungszeiträumen unbesteuerte weiße Einkünfte entstehen oder es zu Doppelbesteuerungen kommen kann.[47]

Weiße Einkünfte können z.B. im Fall einer Hinausverschmelzung eines deutschen übertragenden Rechtsträgers auf einen ausländischen EU-/EWR-Rechtsträger entstehen, wenn der betreffende EU-/EWR-Staat einen kürzeren steuerlichen Rückwirkungszeitraum als Deutschland fingiert (Beispiel 1)[48]:

---

[45] Siehe hierzu auch *Benz/Rosenberg*, BB Special 8/2006 S. 51 (61); *Werra/Teiche*, DB 2006 S. 1455 (1461). Nach dem Gesetzeswortlaut ist § 2 UmwStG auch für § 21 UmwStG anwendbar, da der Erste Teil des UmwStG für das gesamte UmwStG anzuwenden ist. Dies war vom Gesetzgeber wohl nicht beabsichtigt. Im Ergebnis so auch *Dötsch/Pung*, DB 2006 S. 2763 (2769). Eine steuerliche Rückbeziehung der Einbringung von Anteilen an einer Kapitalgesellschaft nach § 20 Abs. 6 UmwStG ist jedoch möglich, wenn die Anteile im Rahmen einer Sacheinbringung i.S.d. § 20 Abs. 1 UmwStG eingebracht werden. Vgl. *Dötsch/Pung*, DB 2006 S. 2763 (2768 f.). Zur Einbringung von Anteilen im Rahmen einer Sacheinbringung siehe auch Gliederungspunkt I.V.3. b) aa).
[46] § 25 Satz 1 UmwStG verweist zwar auch auf die § 20 - § 23 UmwStG und damit auf § 20 Abs. 6 UmwStG. Allerdings ist bezüglich der steuerlichen Rückbeziehung der Verweis auf § 9 Satz 3 UmwStG gem. § 25 Satz 2 UmwStG vorrangig.
[47] Siehe auch *Schaflitzl/Widmayer*, BB Special 8/2006 S. 36 (38).
[48] Bspw. können in Frankreich und Italien die steuerlichen Rückwirkungszeiträume kürzer als in Deutschland sein. Siehe hierzu *Tillmanns*, in: Widmann/Mayer, Umwandlungsrecht, Anhang 3: Frankreich, Rz. F 315, F 326 und F 409 f. (92. EL 01/2007); *Mayer*, in: Widmann/Mayer, Umwandlungsrecht, Anhang 3: Italien, Rz. I 228, I 229 und I 236 (92. EL 01/2007).

Änderungen im UmwStG

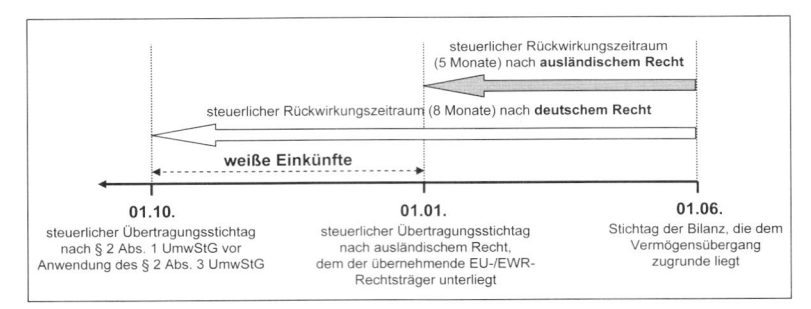

Abb. I.I. - 9: Weiße Einkünfte im Falle einer Hinausverschmelzung bei kürzerem ausländischen steuerlichen Rückwirkungszeitraum vor Anwendung von § 2 Abs. 3 UmwStG (Beispiel 1)

Gemäß § 2 UmwStG ist für den übertragenden deutschen Rechtsträger ein steuerlicher Rückwirkungszeitraum von bis zu acht Monaten möglich. Eine Versteuerung der im steuerlichen Rückwirkungszeitraum erzielten Einkünfte des übertragenden deutschen Rechtsträgers erfolgt aus deutscher Sicht bei dem übernehmenden ausländischen EU-/EWR-Rechtsträger. Ist der steuerliche Rückwirkungszeitraum nach den steuerlichen Vorschriften des anderen EU-/EWR-Staates kürzer als nach deutschem Recht (Beispiel 1: 5 Monate), würde der andere EU-/EWR-Staat beim übernehmenden Rechtsträger lediglich die Einkünfte des übertragenden deutschen Rechtsträgers der Besteuerung unterwerfen, die innerhalb des nach seinen nationalen Vorschriften kürzeren Rückwirkungszeitraums dem übernehmenden EU-/EWR-ausländischen Rechtsträger zuzurechnen sind. Es würden somit im vorliegenden Beispielsfall unbesteuerte weiße Einkünfte für den Zeitraum zwischen dem Ende des kürzeren ausländischen Rückwirkungszeitraums und dem längeren deutschen Rückwirkungszeitraums entstehen.

Sollte der steuerliche Rückwirkungszeitraum hingegen im Ansässigkeitsstaat des übernehmenden EU-/EWR-Rechtsträgers länger als acht Monate sein, kann es zu Doppelbesteuerungen kommen (Beispiel 2)[49]:

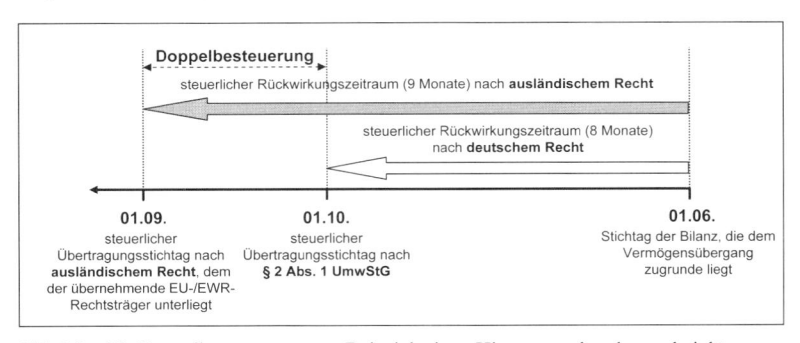

Abb. I.I. - 10: Doppelbesteuerung am Beispiel einer Hinausverschmelzung bei längerem ausländischen steuerlichen Rückwirkungszeitraum (Beispiel 2)

---

[49] Nach österreichischem Recht beträgt der steuerliche Rückwirkungszeitraum neun Monate und ist damit länger als nach deutschem Recht. Siehe auch *Klingberg/van Lishaut*, Der Konzern 2005 S. 698 (711).

Die **konzeptionelle Änderung in § 2 UmwStG** dient lediglich **dazu**, das **Entstehen von Besteuerungslücken**[50], nicht hingegen von Doppelbesteuerungen **auszuschließen**. Umwandlungen ohne Auslandsberührung sind mangels Aufeinandertreffen unterschiedlicher Regelungen zur Rückbeziehung von der konzeptionellen Änderung durch § 2 Abs. 3 UmwStG nicht betroffen.[51]

aa) Keine Besteuerungslücke bei aufnehmendem Rechtsträger in Deutschland

Besteuerungslücken können in dem Fall, dass sich der aufnehmende Rechtsträger in Deutschland befindet, theoretisch nur dann entstehen, wenn der andere EU-/EWR-Staat einen längeren steuerlichen Rückwirkungszeitraum hat.

Bei Umwandlungsvorgängen, auf die **§ 2 Abs. 1 UmwStG** anzuwenden ist, wird auf den „längeren oder kürzeren" Rückwirkungszeitraum des anderen EU-/EWR-Staates abgestellt.[52] Die Länge des steuerlichen Rückwirkungszeitraums nach deutschem Recht und des Rechts des anderen EU-/EWR-Staates ist somit stets identisch.[53] Den steuerlichen Rückwirkungszeitraum bei einem übertragenden, im EU-/EWR-Ausland ansässigen Rechtsträger im Falle einer Umwandlung, auf die § 2 Abs. 1 UmwStG anzuwenden ist, zeigt folgende Grafik:

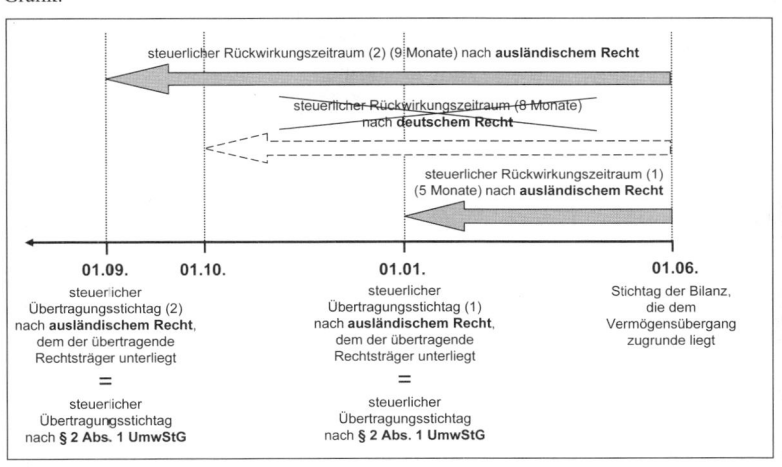

Abb. I.I. - 11: Steuerliche Rückwirkung am Beispiel einer Hineinverschmelzung bei kürzerem (1) und längerem (2) ausländischen steuerlichen Rückwirkungszeitraum

Für Umwandlungsvorgänge, auf die § 20 Abs. 6 UmwStG bzw. § 9 Satz 3 UmwStG anzuwenden ist, kann der Rückwirkungszeitraum maximal acht Monate betragen, so dass ein längerer Rückwirkungszeitraum nach dem Recht des anderen EU-/EWR-Staates keine

---

50) Siehe hierzu auch *Klingebiel*, Der Konzern 2006 S. 600 (601).
51) Siehe *Dötsch/Pung*, DB 2006 S. 2704 (2706); *Rödder/Schumacher*, DStR 2006 S. 1525 (1529).
52) Siehe Gesetzesbegründung v. 25.09.2006 zu § 2 UmwStG, BT-Drs. 16/2710 S. 36.
53) Siehe hierzu auch *Benecke/Schnitger*, IStR 2006 S. 765 (771); *Dötsch/Pung*, DB 2006 S. 2704 (2706); *Rödder/Schumacher*, DStR 2006 S. 1525 (1528 f.).

Auswirkungen hat.[54] Nachfolgende Abbildung zeigt beispielhaft die steuerlichen Rückwirkungszeiträume im Falle einer Einbringung von EU-/EWR-ausländischen Betriebsvermögen im Wege der Einzelrechtsnachfolge in einen deutschen Rechtsträger. Der Rückwirkungszeitraum (1) stellt die Verkürzung des Rückwirkungszeitraums nach § 20 Abs. 6 Satz 3 i.V.m. Abs. 6 Satz 4 UmwStG im Fall eines kürzeren Rückwirkungszeitraums im EU-/EWR-Ausland dar. Im Fall eines längeren Rückwirkungszeitraums im EU-/EWR-Ausland (Rückwirkungszeitraum (2)) bestimmt sich der Rückwirkungszeitraum nach § 20 Abs. 6 Satz 3 UmwStG.

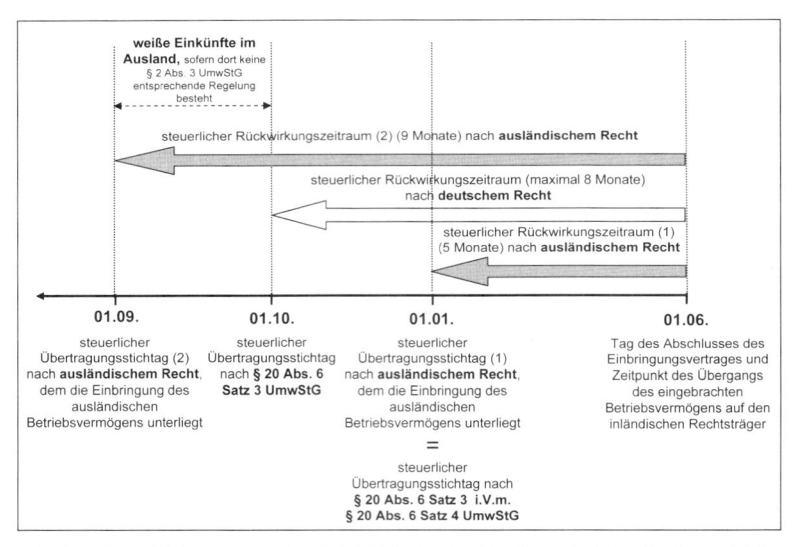

Abb. I.I. - 12: Einbringung aus dem EU-/EWR-Ausland im Wege der Einzelrechtsnachfolge bei kürzerem (1) und längerem (2) ausländischen steuerlichen Rückwirkungszeitraum

Es kann konstatiert werden, dass Besteuerungslücken oder Doppelbesteuerungen in Deutschland in dem Fall, in dem sich der aufnehmende Rechtsträger in Deutschland befindet, nicht entstehen können. Es bedürfte insofern aus Sicht des deutschen Gesetzgebers keiner gesetzlichen Anpassung für diese Fallgruppe.

bb) Besteuerungslücke bei aufnehmendem Rechtsträger in anderem EU-/EWR-Staat

Aus Sicht des deutschen Gesetzgebers können Besteuerungslücken nur dann entstehen, wenn sich der aufnehmende Rechtsträger in einem anderen EU-/EWR-Staat befindet und der steuerliche Rückwirkungszeitraum nach dem Recht des anderen EU-/EWR-Staates kürzer als der steuerliche Rückwirkungszeitraum von maximal acht Monaten nach deutschem Recht ist. Vor diesem Hintergrund wurde § 2 Abs. 3 UmwStG in das Gesetz eingefügt.[55]

---

54) Fraglich ist jedoch, inwieweit gesellschaftsrechtlich ein grenzüberschreitender Formwechsel überhaupt möglich ist; siehe hierzu Gliederungspunkt E.III.3.; *Kallmeyer*, in: GmbH-Handbuch, Rz. I 2735 (119. EL 02/2007).
55) Siehe Gesetzesbegründung v. 25.09.2006 zu § 2 UmwStG, BT-Drs. 16/2710 S. 36 f.

Die Anwendung der allgemeinen Regelungen der § 2, § 9, § 20 Abs. 6, § 24 Abs. 4 und § 25 UmwStG[56] zur steuerlichen Rückwirkung bei Umwandlungen mit Auslandsbezug wird durch **§ 2 Abs. 3 UmwStG** eingeschränkt.[57] Danach ist die steuerliche Rückwirkung i.S.d. § 2 Abs. 1 und 2 UmwStG nicht anzuwenden, *„soweit Einkünfte auf Grund abweichender Regelungen zur Rückbeziehung eines in § 1 Abs. 1 bezeichneten Vorgangs in einem anderen Staat der Besteuerung entzogen werden"*. Im Ergebnis soll nach § 2 Abs. 3 UmwStG der steuerliche Rückwirkungszeitraum nach deutschem Recht auf den kürzeren Rückwirkungszeitraum nach dem Recht des anderen EU-/EWR-Staates verkürzt werden.[58] Die Folgen des § 2 Abs. 3 UmwStG, wenn z.B. im Falle einer Hinausverschmelzung der ausländische kürzer als der deutsche steuerliche Rückwirkungszeitraum ist, verdeutlicht die folgende Abbildung.

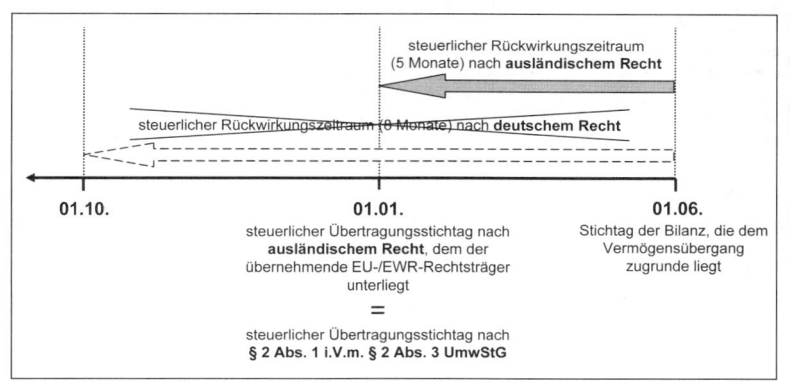

Abb. I.I. - 13: Verkürzung des steuerlichen Rückwirkungszeitraums bei einer Hinausverschmelzung nach § 2 Abs. 3 UmwStG

Fraglich ist, ob dieses Ziel des Gesetzgebers durch die Formulierung in § 2 Abs. 3 UmwStG erreicht wurde, da der Satzteil *„in einem anderen Staat"* auch so verstanden werden könnte, dass er sich auf die *„abweichenden Regelungen zur Rückbeziehung"* und nicht auf *„der Besteuerung entzogen werden"* bezieht.[59]

Kommt es aufgrund von allgemeinen Qualifikationskonflikten zwischen dem deutschen Steuerrecht und dem Steuerrecht des anderen EU-/EWR-Staates zu unbesteuerten weißen Einkünften, rechtfertigt dies nicht eine Verkürzung des deutschen Rückwirkungszeitraums nach § 2 Abs. 3 UmwStG. Die Nichtbesteuerung der Einkünfte ist nicht die Folge abweichender Regelungen zur Rückbeziehung eines in § 1 Abs. 1 UmwStG bezeichneten Vorgangs in einem anderen Staat, sondern die Folge von allgemeinen, von einer möglichen Rückbeziehung unabhängigen Beurteilungsunterschieden zwischen den beteiligten EU-/EWR-Staaten.

---

56) Fraglich ist jedoch, inwieweit gesellschaftsrechtlich ein grenzüberschreitender Formwechsel überhaupt möglich ist; siehe hierzu Gliederungspunkt E.III.3.; *Kallmeyer*, in: GmbH-Handbuch, Rz. I 2735 (119. EL 02/2007).
57) In den § 9, § 20 Abs. 6, § 24 Abs. 4 und § 25 UmwStG finden sich entsprechende Verweise auf § 2 Abs. 3 UmwStG.
58) Siehe hierzu auch Abbildung I.I. - 12.
59) Siehe *Schaflitzl/Widmayer*, BB Special 8/2006 S. 36 (39). Ablehnend *Dötsch/Pung*, DB 2006 S. 2704 (2706).

Aufgrund eines längeren steuerlichen Rückwirkungszeitraums nach dem Recht des anderen EU-/EWR-Staates kann es zu Doppelbesteuerungen kommen.[60] Zur Vermeidung einer derartigen Doppelbesteuerung enthält § 2 Abs. 3 UmwStG keine Regelung.[61] Eine mögliche Doppelbesteuerung könnte nur in einem Verständigungsverfahren bzw. EU-Schiedsgerichtsverfahren gelöst werden.[62]

3. Erweiterte Wertaufholung bei vorangegangenen steuerwirksamen Teilwertabschreibungen und Abzügen nach § 6b EStG bzw. hiermit vergleichbaren Abzügen

Die bestehenden Regelungen zur Rückgängigmachung einer in früheren Jahren auf Anteile an Kapitalgesellschaften steuerwirksam vorgenommenen Teilwertabschreibung (§ 3 Nr. 40 Buchst. a) Satz 2 EStG, § 8b Abs. 2 Satz 4 KStG, *§ 12 Abs. 2 Satz 2 UmwStG a.F.*) wurden auf steuerwirksame Abzüge nach § 6b EStG oder hiermit vergleichbare Abzüge (z.B. Begünstigungen nach § 30 BergbauRatG zur Förderung des Steinkohlebergbaus) ausgedehnt (**erweiterte Wertaufholung**). Gleichzeitig wurden auch die Regelungen zur erweiterten Wertaufholung bei Anteilen an Kapitalgesellschaften im UmwStG vereinheitlicht.[63] Zusammenfassend finden sich entsprechende Regelungen nunmehr in[64]

– § 3 Nr. 40 Buchst. a) Satz 2 und 3 EStG,
– § 8b Abs. 2 Satz 4 und 5 KStG,
– § 4 Abs. 1 Satz 2 und 3 sowie § 5 Abs. 3 Satz 1 UmwStG (Verschmelzung einer Körperschaft auf eine Personengesellschaft oder auf eine natürliche Person),[65]
– § 11 Abs. 2 Satz 2 und 3 UmwStG (down-stream Verschmelzung einer Körperschaft auf eine andere Körperschaft)[66] und

---

60) Siehe hierzu auch Abbildung I.I. - 10.
61) Siehe hierzu *Rödder/Schumacher*, DStR 2006 S. 1525 (1529).
62) Siehe hierzu *Dötsch/Pung*, DB 2006 S. 2704 (2706).
63) Die erweiterte Wertaufholung verstößt nicht gegen Art. 7 FRL, denn sie betrifft nicht Wertsteigerungen der untergehenden Anteile, sondern frühere steuerwirksame Wertminderungen und Abzüge. Vgl. *Thiel*, DB 2005 S. 2316 (2319). A.A. *Herzig/Griemla*, StuW 2002 S. 55 (68), wonach es den Mitgliedstaaten im Rahmen der Konzeption des Art. 7 FRL nicht gestattet ist, früher vorgenommene Wertberichtigungen auf die Anteile an der übertragenden Körperschaft steuerlich wirksam wieder rückgängig zu machen.
64) Vgl. Gesetzesbegründung v. 25.09.2006 zu § 3 Nr. 40 Buchst. a) Satz 3 EStG, BT-Drs. 16/2710 S. 27, zu § 8b Abs. 2 Satz 5 KStG, BT-Drs. 16/2710 S. 30 und zu § 11 Abs. 2 UmwStG, BT-Drs. 16/2710 S. 40. Demgegenüber werden die *„vergleichbaren Abzüge"* in der Gesetzesbegründung v. 25.09.2006 zu § 4 Abs. 1 Satz 2 UmwStG, BT-Drs. 16/2710 S. 38 und zu § 5 Abs. 3 UmwStG, BT-Drs. 16/2710 S. 39 f. nicht explizit erwähnt.
65) Abgestellt wird auf den Fall der up-stream Verschmelzung einer Tochterkapital- auf eine Mutterpersonengesellschaft. Auf den umgekehrten Fall sind die §§ 20 ff. UmwStG anwendbar. Die down-stream Verschmelzung einer Mutterkapital- auf ihre Tochterpersonengesellschaft wird nicht im Gesetz erwähnt. Siehe hierzu auch *Dötsch*, DB 2006 S. 2704 (2707).
66) Die Auffassung der Finanzverwaltung in Rz. 11.26 des BMF-Schreibens v. 25.03.1998, IV B 7 - S 1978 - 21/98 / IV B 2 - S 1909 - 33/98, BStBl. I 1998 S. 268 (UmwSt-Erlass) wurde somit gesetzlich kodifiziert und auf Abzüge nach § 6b EStG und ähnliche Abzüge ausgedehnt.

- § 12 Abs. 1 Satz 2 i.V.m. § 4 Abs. 1 Satz 2 und 3 UmwStG (up-stream Verschmelzung einer Körperschaft auf eine andere Körperschaft). [67]

Die Rückgängigmachung eines steuerwirksamen Abzugs nach § 6b EStG führt dogmatisch nunmehr auch bei **Unternehmensbeteiligungsgesellschaften i.S.d. § 6b Abs. 1 Nr. 5 i.d.F. des WoBauFG v. 22.12.1989**[68], die Gewinne aus der Veräußerung von Anteilen an Kapitalgesellschaften auf neue Anteile an Kapitalgesellschaften übertragen haben, zu einem steuerlichen Nachholeffekt. Da die auf neue Anteile an Kapitalgesellschaften übertragenen Veräußerungsgewinne zum damaligen Zeitpunkt vollständig steuerpflichtig gewesen wären, wird der gesamte Abzug nach § 6b EStG nunmehr als steuerwirksam angesehen und somit vollumfänglich korrigiert.

Bei natürlichen Personen als Anteilsinhaber tritt in den Fällen des § 4 Abs. 1 Satz 3 UmwStG i.V.m. § 3 Nr. 40 Buchst. a) EStG demgegenüber eine steuerliche Mehrfachbelastung ein, sofern Gewinne aus der Veräußerung von Anteilen an Kapitalgesellschaften i.S.v. § 6b Abs. 10 Satz 3 EStG auf andere Kapitalgesellschaftsanteile übertragen worden sind. Nach § 6b Abs. 10 Satz 1 und 3 EStG wird ein Gewinn aus der Veräußerung von Anteilen an einer Kapitalgesellschaft bis zu einem Höchstbetrag von EUR 500.000 in voller Höhe, einschließlich des nach § 3 Nr. 40 Buchst. a) EStG steuerfreien Anteils und damit „voll steuerwirksam" übertragen.[69] Wird nunmehr das Halbeinkünfteverfahren nicht gewährt, soweit ein Abzug nach § 6b Abs. 10 EStG rückgängig gemacht wird (§ 4 Abs. 1 Satz 3 UmwStG i.V.m. § 3 Nr. 40 Buchst. a) EStG), ergibt sich ein voll steuerpflichtiger Zuschreibungsgewinn, obwohl ohne die Inanspruchnahme des § 6b Abs. 10 EStG die Hälfte des Veräußerungsgewinns steuerfrei gewesen wäre.

Für den Fall, dass der steuerliche Übertragungsstichtag im Rahmen einer Umwandlung i.S.v. § 1 Abs. 1 und 2 UmwStG und der reguläre Bilanzstichtag des übertragenden Rechtsträgers zusammenfallen, ist fraglich, in welchem Verhältnis die Zuschreibungsgebote i.S.v. § 6 Abs. 1 Nr. 1 Satz 4 und Nr. 2 Satz 3 EStG sowie die erweiterten Wertaufholungsgebote i.S.v. § 4 Abs. 1 Satz 2 und 3, § 5 Abs. 3, § 11 Abs. 2 Satz 2 und § 12 Abs. 1 Satz 2 UmwStG stehen, wenn zum Bilanzstichtag die Voraussetzungen einer dauernden Wertminderung nicht mehr vorliegen. Während nach den Regelungen zum erweiterten Wertaufholungsgebot nur steuerwirksame Teilwertabschreibungen bis zum gemeinen Wert der Beteiligung rückgängig zu machen sind, sind nach § 6 Abs. 1 Nr. 1 Satz 4 und Nr. 2 Satz 3 EStG auch nicht steuerwirksame Teilwertabschreibungen bis zur Höhe des Teilwerts der Beteiligung rückgängig zu machen. Nach dem Gesetzeswortlaut der Regelungen zur erweiterten Wertaufholung ist jeweils der „Buchwert" der Kapitalgesellschaftsanteile um in früheren Jahren vorgenommene Teilwertabschreibungen zu korrigieren. Buchwert i.S.v. § 1 Abs. 5 Nr. 4 UmwStG ist der Wert, der sich nach den steuerrechtlichen Vorschriften über die Gewinnermittlung in einer für den steuerlichen Übertragungsstichtag aufzustellenden Steuerbilanz ergibt bzw. ergäbe. Insofern dürften die Zuschreibungsgebote i.S.v. § 6 Abs. 1 Nr. 1 Satz 4 und Nr. 2 Satz 3 EStG gegenüber den Regelungen zum erweiterten Wertaufholungsgebot vorrangig

---

67) Die Neuregelung ersetzt den sog. Beteiligungskorrekturgewinn i.S.v. *§ 12 Abs. 2 Satz 2 UmwStG a.F.*, wonach gewinnerhöhende Wertaufholungen bis zur Höhe der historischen Anschaffungskosten durchzuführen waren. Siehe hierzu auch BMF, Schreiben v. 25.03.1998, IV B 7 - S 1978 - 21/98 / IV B 2 - S 1909 - 33/98, BStBl. I 1998 S. 268 (UmwSt-Erlass) Rz. 12.04. Im Rahmen des SEStEG wurde die vorhandene Regelung auf Abzüge nach § 6b EStG und ähnliche Abzüge ausgedehnt. Die erweiterte Wertaufholung verstößt nicht gegen Art. 7 FRL, denn sie erfasst frühere steuerwirksame Wertminderungen bzw. Abzüge von den untergegangenen Anteilen der Mutter- an der übertragenden Tochtergesellschaft. Siehe hierzu auch *Thiel*, DB 2005 S. 2316 (2319).
68) Vgl. BGBl. I 1989 S. 2408.
69) Vgl. *Glanegger*, in: Schmidt, EStG, § 6b EStG Rz. 110 (25. Auflage).

anzuwenden sein.[70] In der Konsequenz wären sowohl die steuerwirksamen als auch die steuerlich nicht wirksamen Teilwertabschreibungen zu korrigieren, wobei der Teilwert die Obergrenze der Zuschreibung darstellt. Die Zuschreibung erfolgt allerdings nur, sofern der niedrigere Wertansatz auf einer dauernden Wertminderung beruht.

Darüber hinaus entsteht - wie auch bereits im bisherigen Recht - ein zeitliches und sachliches Reihenfolgeproblem, sofern die übertragende Körperschaft auf die Anteile an der übernehmenden Körperschaft in der Vergangenheit sowohl steuerwirksame Abschreibungen und/oder Abzüge als auch steuerlich nicht wirksame Abschreibungen vorgenommen hat, ohne dass der gemeine Wert der Anteile eine Zuschreibung sämtlicher Abschreibungen und Abzüge ermöglicht.[71] Die OFD Münster vertritt in diesem Zusammenhang die Auffassung, dass bei der Anwendung des § 8b Abs. 2 Satz 4 KStG eine Wertaufholung solange in voller Höhe steuerpflichtig sei, bis die steuerlich anerkannte Teilwertabschreibung vollständig rückgängig gemacht worden ist.[72]

---

70) Demgegenüber vertreten *Dötsch/Pung*, DB 2006 S. 2704 (2710) die Auffassung, dass die Regelungen zum erweiterten Wertaufholungsgebot als spezialgesetzliche Regelungen gegenüber den Wertaufholungsgeboten i.S.v. § 6 Abs. 1 Nr. 1 Satz 4 und Nr. 2 Satz 3 EStG vorrangig sind. In der Konsequenz sind nur die steuerwirksamen, nicht hingegen die steuerlich nicht wirksamen Teilwertabschreibungen zu korrigieren, wobei der gemeine Wert (nicht der Teilwert) die Obergrenze der Zuschreibung darstellt und die Zuschreibung unabhängig davon erfolgt, ob der niedrigere Wertansatz auf eine dauernde oder nur vorübergehende Wertminderung zurückzuführen ist.
71) Vgl. *Förster/Felchner*, DB 2006 S. 1072 (1074).
72) Vgl. OFD Münster, Kurzinformation Körperschaftsteuer Nr. 3/2005 v. 23.02.2005, DB 2005 S. 470.

Abschnitt I

Änderungen im UmwStG

II. Vermögensübergang bei Verschmelzung auf eine Personengesellschaft oder auf eine natürliche Person und Formwechsel einer Kapitalgesellschaft in eine Personengesellschaft (§ 3 - § 10 UmwStG)

Gesetzestext

§ 3 UmwStG a.F.	§ 3 UmwStG n.F.
Wertansätze in der steuerlichen Schlussbilanz der übertragenden Körperschaft	Wertansätze in der steuerlichen Schlussbilanz der übertragenden Körperschaft
¹Wird das Vermögen der übertragenden Körperschaft Betriebsvermögen der übernehmenden Personengesellschaft oder der übernehmenden natürlichen Person, können die Wirtschaftsgüter in der steuerlichen Schlussbilanz mit dem Buchwert oder einem höheren Wert angesetzt werden. ²Der Ansatz mit dem Buchwert ist auch zulässig, wenn in der Handelsbilanz das eingebrachte Betriebsvermögen nach handelsrechtlichen Vorschriften mit einem höheren Wert angesetzt werden muss. ³Buchwert ist der Wert, der sich nach den steuerrechtlichen Vorschriften über die Gewinnermittlung ergibt. ⁴Die Teilwerte der einzelnen Wirtschaftsgüter dürfen nicht überschritten werden.	(1) ¹Bei einer Verschmelzung auf eine Personengesellschaft oder natürliche Person sind die übergehenden Wirtschaftsgüter, einschließlich nicht entgeltlich erworbener und selbst geschaffener immaterieller Wirtschaftsgüter, in der steuerlichen Schlussbilanz der übertragenden Körperschaft mit dem gemeinen Wert anzusetzen. ²Für die Bewertung von Pensionsrückstellungen gilt § 6a des Einkommensteuergesetzes.
	(2) ¹Auf Antrag können die übergehenden Wirtschaftsgüter abweichend von Absatz 1 einheitlich mit dem Buchwert oder einem höheren Wert, höchstens jedoch mit dem Wert nach Absatz 1, angesetzt werden, soweit 1. sie Betriebsvermögen der übernehmenden Personengesellschaft oder natürlichen Person werden und sichergestellt ist, dass sie später der Besteuerung mit Einkommensteuer oder Körperschaftsteuer unterliegen, und 2. das Recht der Bundesrepublik Deutschland hinsichtlich der Besteuerung des Gewinns aus der Veräußerung der übertragenen Wirtschaftsgüter bei den Gesellschaftern der übernehmenden Personengesellschaft oder bei der natürlichen Person nicht ausgeschlossen oder beschränkt wird und 3. eine Gegenleistung nicht gewährt wird oder in Gesellschaftsrechten besteht. ²Der Antrag ist spätestens bis zur erstmaligen Abgabe der steuerlichen Schlussbilanz bei dem für die Besteuerung der übertragenden Körperschaft zuständigen Finanzamt zu stellen.

	(3) ¹Haben die Mitgliedstaaten der Europäischen Union bei Verschmelzung einer unbeschränkt steuerpflichtigen Körperschaft Artikel 10 der Richtlinie 90/434/EWG anzuwenden, ist die Körperschaftsteuer auf den Übertragungsgewinn gemäß § 26 des Körperschaftsteuergesetzes um den Betrag ausländischer Steuer zu ermäßigen, der nach den Rechtsvorschriften eines anderen Mitgliedstaats der Europäischen Union erhoben worden wäre, wenn die übertragenen Wirtschaftsgüter zum gemeinen Wert veräußert worden wären. ²Satz 1 gilt nur, soweit die übertragenen Wirtschaftsgüter einer Betriebsstätte der übertragenden Körperschaft in einem anderen Mitgliedstaat der Europäischen Union zuzurechnen sind und die Bundesrepublik Deutschland die Doppelbesteuerung bei der übertragenden Körperschaft nicht durch Freistellung vermeidet.
§ 4 *UmwStG a.F.*	**§ 4 *UmwStG n.F.***
Auswirkungen auf den Gewinn des übernehmenden Rechtsträgers	**Auswirkungen auf den Gewinn des übernehmenden Rechtsträgers**
(1) Die Personengesellschaft hat die auf sie übergegangenen Wirtschaftsgüter mit dem in der steuerlichen Schlussbilanz der übertragenden Körperschaft enthaltenen Wert zu übernehmen.	(1) ¹Der übernehmende Rechtsträger hat die auf ihn übergegangenen Wirtschaftsgüter mit dem in der steuerlichen Schlussbilanz der übertragenden Körperschaft enthaltenen Wert im Sinne des § 3 zu übernehmen. ²Die Anteile an der übertragenden Körperschaft sind bei dem übernehmenden Rechtsträger zum steuerlichen Übertragungsstichtag mit dem Buchwert, erhöht um Abschreibungen, die in früheren Jahren steuerwirksam vorgenommen worden sind, sowie um Abzüge nach § 6b des Einkommensteuergesetzes und ähnliche Abzüge, höchstens mit dem gemeinen Wert, anzusetzen. ³Auf einen sich daraus ergebenden Gewinn finden § 8b Abs. 2 Satz 4 und 5 des Körperschaftsteuergesetzes sowie § 3 Nr. 40 Satz 1 Buchstabe a Satz 2 und 3 des Einkommensteuergesetzes Anwendung.

(2) ¹Die übernehmende Personengesellschaft tritt in die steuerliche Rechtsstellung der übertragenden Körperschaft ein, insbesondere bezüglich der Bewertung der übernommenen Wirtschaftsgüter, der Absetzungen für Abnutzung und der den steuerlichen Gewinn mindernden Rücklagen. ²Ein verbleibender Verlustvortrag im Sinne der §§ 2a, 10d, 15 Abs. 4 oder § 15a des Einkommensteuergesetzes geht nicht über. ³Ist die Dauer der Zugehörigkeit eines Wirtschaftsguts zum Betriebsvermögen für die Besteuerung bedeutsam, so ist der Zeitraum seiner Zugehörigkeit zum Betriebsvermögen der übertragenden Körperschaft der übernehmenden Personengesellschaft anzurechnen.	(2) ¹Der übernehmende Rechtsträger tritt in die steuerliche Rechtsstellung der übertragenden Körperschaft ein, insbesondere bezüglich der Bewertung der übernommenen Wirtschaftsgüter, der Absetzungen für Abnutzung und der den steuerlichen Gewinn mindernden Rücklagen. ²Verrechenbare Verluste, verbleibende Verlustvorträge oder vom übertragenden Rechtsträger nicht ausgeglichene negative Einkünfte gehen nicht über. ³Ist die Dauer der Zugehörigkeit eines Wirtschaftsguts zum Betriebsvermögen für die Besteuerung bedeutsam, so ist der Zeitraum seiner Zugehörigkeit zum Betriebsvermögen der übertragenden Körperschaft dem übernehmenden Rechtsträger anzurechnen. ⁴Ist die übertragende Körperschaft eine Unterstützungskasse, erhöht sich der laufende Gewinn des übernehmenden Rechtsträgers in dem Wirtschaftsjahr, in das der Umwandlungsstichtag fällt, um die von ihm, seinen Gesellschaftern oder seinen Rechtsvorgängern an die Unterstützungskasse geleisteten Zuwendungen nach § 4d des Einkommensteuergesetzes; § 15 Abs. 1 Satz 1 Nr. 2 Satz 2 des Einkommensteuergesetzes gilt sinngemäß. ⁵In Höhe der nach Satz 4 hinzugerechneten Zuwendungen erhöht sich der Buchwert der Anteile an der Unterstützungskasse.
(3) Sind die übergegangenen Wirtschaftsgüter in der steuerlichen Schlussbilanz der übertragenden Körperschaft mit einem über dem Buchwert liegenden Wert angesetzt, sind die Absetzungen für Abnutzung bei der übernehmenden Personengesellschaft in den Fällen des § 7 Abs. 4 Satz 1 und Abs. 5 des Einkommensteuergesetzes nach der bisherigen Bemessungsgrundlage, in allen anderen Fällen nach dem Buchwert, jeweils vermehrt um den Unterschiedsbetrag zwischen dem Buchwert der einzelnen Wirtschaftsgüter und dem Wert, mit dem die Körperschaft die Wirtschaftsgüter in der steuerlichen Schlussbilanz angesetzt hat, zu bemessen.	(3) Sind die übergegangenen Wirtschaftsgüter in der steuerlichen Schlussbilanz der übertragenden Körperschaft mit einem über dem Buchwert liegenden Wert angesetzt, sind die Absetzungen für Abnutzung bei dem übernehmenden Rechtsträger in den Fällen des § 7 Abs. 4 Satz 1 und Abs. 5 des Einkommensteuergesetzes nach der bisherigen Bemessungsgrundlage, in allen anderen Fällen nach dem Buchwert, jeweils vermehrt um den Unterschiedsbetrag zwischen dem Buchwert der einzelnen Wirtschaftsgüter und dem Wert, mit dem die Körperschaft die Wirtschaftsgüter in der steuerlichen Schlussbilanz angesetzt hat, zu bemessen.

(4) ¹Infolge des Vermögensübergangs ergibt sich ein Übernahmegewinn oder Übernahmeverlust in Höhe des Unterschiedsbetrags zwischen dem Wert, mit dem die übergegangenen Wirtschaftsgüter zu übernehmen sind, und dem Buchwert der Anteile an der übertragenden Körperschaft. ²Der Buchwert ist der Wert, mit dem die Anteile nach den steuerrechtlichen Vorschriften über die Gewinnermittlung in einer für den steuerlichen Übertragungsstichtag aufzustellenden Steuerbilanz anzusetzen sind oder anzusetzen wären. ³Bei der Ermittlung des Übernahmegewinns oder des Übernahmeverlustes bleibt der Wert der übergegangenen Wirtschaftsgüter außer Ansatz, soweit er auf Anteile an der übertragenden Körperschaft entfällt, die am steuerlichen Übertragungsstichtag nicht zum Betriebsvermögen der übernehmenden Personengesellschaft gehören.	(4) ¹Infolge des Vermögensübergangs ergibt sich ein Übernahmegewinn oder Übernahmeverlust in Höhe des Unterschiedsbetrags zwischen dem Wert, mit dem die übergegangenen Wirtschaftsgüter zu übernehmen sind, abzüglich der Kosten für den Vermögensübergang und dem Wert der Anteile an der übertragenden Körperschaft (Absätze 1 und 2, § 5 Abs. 2 und 3). ²Für die Ermittlung des Übernahmegewinns oder Übernahmeverlusts sind abweichend von Satz 1 die übergegangenen Wirtschaftsgüter der übertragenden Körperschaft mit dem Wert nach § 3 Abs. 1 anzusetzen, soweit an ihnen kein Recht der Bundesrepublik Deutschland zur Besteuerung des Gewinns aus einer Veräußerung bestand. ³Bei der Ermittlung des Übernahmegewinns oder des Übernahmeverlustes bleibt der Wert der übergegangenen Wirtschaftsgüter außer Ansatz, soweit er auf Anteile an der übertragenden Körperschaft entfällt, die am steuerlichen Übertragungsstichtag nicht zum Betriebsvermögen des übernehmenden Rechtsträgers gehören.
(5) Ein Übernahmegewinn erhöht sich und ein Übernahmeverlust verringert sich um einen Sperrbetrag im Sinne des § 50c des Einkommensteuergesetzes, soweit die Anteile an der übertragenden Körperschaft am steuerlichen Übertragungsstichtag zum Betriebsvermögen der übernehmenden Personengesellschaft gehören.	(5) ¹Ein Übernahmegewinn erhöht sich und ein Übernahmeverlust verringert sich um einen Sperrbetrag im Sinne des § 50c des Einkommensteuergesetzes, soweit die Anteile an der übertragenden Körperschaft am steuerlichen Übertragungsstichtag zum Betriebsvermögen des übernehmenden Rechtsträgers gehören. ²Ein Übernahmegewinn vermindert sich oder ein Übernahmeverlust erhöht sich um die Bezüge, die nach § 7 zu den Einkünften aus Kapitalvermögen im Sinne des § 20 Abs. 1 Nr. 1 des Einkommensteuergesetzes gehören.
(6) Ein Übernahmeverlust bleibt außer Ansatz.	(6) ¹Ein Übernahmeverlust bleibt außer Ansatz, soweit er auf eine Körperschaft, Personenvereinigung oder Vermögensmasse als Mitunternehmerin der Personengesellschaft entfällt. ²Satz 1 gilt nicht für Anteile an der übertragenden Gesellschaft, die die Voraussetzungen des § 8b Abs. 7 oder des Abs. 8 Satz 1 des Körperschaftsteuergesetzes erfüllen. ³In den Fällen des Satzes 2 ist der Übernahmeverlust bis zur Höhe der Bezüge im Sinne des § 7 zu berücksichtigen. ⁴In den übrigen Fällen ist er zur Hälfte, höchstens in Höhe der Hälfte der Bezüge im Sinne des § 7 zu berücksichtigen; ein danach verbleibender Übernahmeverlust bleibt außer Ansatz. ⁵Ein Übernahmeverlust bleibt abweichend von den Sätzen 2 bis 4 außer Ansatz, soweit bei Veräußerung der Anteile an der übertragenden Körperschaft ein Veräußerungsverlust nach § 17 Abs. 2 Satz 5 des Einkommensteuergesetzes nicht zu berücksichtigen wäre oder soweit die Anteile an der übertragenden Körperschaft innerhalb der letzten fünf Jahre vor dem steuerlichen Übertragungsstichtag entgeltlich erworben wurden.

§ 5 UmwStG a.F.	§ 5 UmwStG n.F.
(7) ¹Der Übernahmegewinn bleibt außer Ansatz, soweit er auf eine Körperschaft, Personenvereinigung oder Vermögensmasse als Mitunternehmerin der Personengesellschaft entfällt. ²In den übrigen Fällen ist er zur Hälfte anzusetzen.	(7) ¹Soweit der Übernahmegewinn auf eine Körperschaft, Personenvereinigung oder Vermögensmasse als Mitunternehmerin der Personengesellschaft entfällt, ist § 8b des Körperschaftsteuergesetzes anzuwenden. ²In den übrigen Fällen ist § 3 Nr. 40 Satz 1 und 2 sowie § 3c des Einkommensteuergesetzes anzuwenden.

§ 5 UmwStG a.F.

Auswirkungen auf den Gewinn der übernehmenden Personengesellschaft in Sonderfällen

(1) Hat die übernehmende Personengesellschaft Anteile an der übertragenden Körperschaft nach dem steuerlichen Übertragungsstichtag angeschafft oder findet sie einen Anteilseigner ab, so ist ihr Gewinn so zu ermitteln, als hätte sie die Anteile an diesem Stichtag angeschafft.

(2) ¹Anteile an der übertragenden Körperschaft im Sinne des § 17 des Einkommensteuergesetzes, die an dem steuerlichen Übertragungsstichtag nicht zu einem Betriebsvermögen eines unbeschränkt steuerpflichtigen Gesellschafters der übernehmenden Personengesellschaft gehören, gelten für die Ermittlung des Gewinns als an diesem Stichtag in das Betriebsvermögen der Personengesellschaft mit den Anschaffungskosten eingelegt. ²Anteile, bei deren Veräußerung ein Veräußerungsverlust nach § 17 Abs. 2 Satz 4 des Einkommensteuergesetzes nicht zu berücksichtigen wäre, gelten nicht als Anteile im Sinne des § 17 des Einkommensteuergesetzes.

(3) ¹Gehören an dem steuerlichen Übertragungsstichtag Anteile an der übertragenden Körperschaft zum inländischen Betriebsvermögen eines Gesellschafters der übernehmenden Personengesellschaft, so ist der Gewinn so zu ermitteln, als seien die Anteile an diesem Stichtag zum Buchwert in das Betriebsvermögen der Personengesellschaft überführt worden. ²Unterschreiten die Anschaffungskosten den Buchwert, so sind die Anschaffungskosten anzusetzen, wenn die Anteile innerhalb der letzten fünf Jahre vor dem steuerlichen Übertragungsstichtag in ein inländisches Betriebsvermögen eines Gesellschafters der übernehmenden Personengesellschaft eingelegt worden sind. ³Anteile an der übertragenden Körperschaft, die innerhalb der letzten fünf Jahre vor dem steuerlichen Übertragungsstichtag in das Betriebsvermögen der übernehmenden Personengesellschaft eingelegt worden sind, sind ebenfalls mit den Anschaffungskosten anzusetzen, wenn die Anschaffungskosten den Buchwert unterschreiten.

§ 5 UmwStG n.F.

Besteuerung der Anteilseigner der übertragenden Körperschaft

(1) Hat der übernehmende Rechtsträger Anteile an der übertragenden Körperschaft nach dem steuerlichen Übertragungsstichtag angeschafft oder findet er einen Anteilseigner ab, so ist sein Gewinn so zu ermitteln, als hätte er die Anteile an diesem Stichtag angeschafft.

(2) Anteile an der übertragenden Körperschaft im Sinne des § 17 des Einkommensteuergesetzes, die an dem steuerlichen Übertragungsstichtag nicht zu einem Betriebsvermögen eines Gesellschafters der übernehmenden Personengesellschaft oder einer natürlichen Person gehören, gelten für die Ermittlung des Gewinns als an diesem Stichtag in das Betriebsvermögen des übernehmenden Rechtsträgers mit den Anschaffungskosten eingelegt.

(3) ¹Gehören an dem steuerlichen Übertragungsstichtag Anteile an der übertragenden Körperschaft zum Betriebsvermögen eines Anteilseigners, ist der Gewinn so zu ermitteln, als seien die Anteile an diesem Stichtag zum Buchwert, erhöht um Abschreibungen sowie um Abzüge nach § 6b des Einkommensteuergesetzes und ähnliche Abzüge, die in früheren Jahren steuerwirksam vorgenommen worden sind, höchstens mit dem gemeinen Wert, in das Betriebsvermögen des übernehmenden Rechtsträgers überführt worden. ²§ 4 Abs. 1 Satz 3 gilt entsprechend.

§ 6 UmwStG a.F.	§ 6 UmwStG n.F.
(4) Einbringungsgeborene Anteile an einer Kapitalgesellschaft im Sinne des § 21 gelten als an dem steuerlichen Übertragungsstichtag in das Betriebsvermögen der Personengesellschaft mit den Anschaffungskosten eingelegt	
Gewinnerhöhung durch Vereinigung von Forderungen und Verbindlichkeiten	**Gewinnerhöhung durch Vereinigung von Forderungen und Verbindlichkeiten**
(1) ¹Erhöht sich der Gewinn der übernehmenden Personengesellschaft dadurch, dass der Vermögensübergang zum Erlöschen von Forderungen und Verbindlichkeiten zwischen der übertragenden Körperschaft und der Personengesellschaft oder zur Auflösung von Rückstellungen führt, so darf die Personengesellschaft insoweit eine den steuerlichen Gewinn mindernde Rücklage bilden. ²Die Rücklage ist in den auf ihre Bildung folgenden drei Wirtschaftsjahren mit mindestens je einem Drittel gewinnerhöhend aufzulösen.	(1) ¹Erhöht sich der Gewinn des übernehmenden Rechtsträgers dadurch, dass der Vermögensübergang zum Erlöschen von Forderungen und Verbindlichkeiten zwischen der übertragenden Körperschaft und dem übernehmenden Rechtsträger oder zur Auflösung von Rückstellungen führt, so darf der übernehmende Rechtsträger insoweit eine den steuerlichen Gewinn mindernde Rücklage bilden. ²Die Rücklage ist in den auf ihre Bildung folgenden drei Wirtschaftsjahren mit mindestens je einem Drittel gewinnerhöhend aufzulösen.
(2) ¹Vereinigt sich infolge des Vermögensübergangs eine Darlehnsforderung im Sinne des § 17 des Berlinförderungsgesetzes 1990 mit der Darlehnsschuld, so ist Absatz 3 Satz 4 der genannten Vorschrift mit der Maßgabe anzuwenden, dass die Steuerermäßigung mit soviel Zehnteln unberührt bleibt, als seit der Hingabe des Darlehens bis zum steuerlichen Übertragungsstichtag volle Jahre verstrichen sind. ²Satz 1 gilt entsprechend für Darlehnsforderungen im Sinne des § 16 des Berlinförderungsgesetzes 1990 mit der Maßgabe, dass bei Darlehen, die vor dem 1. Januar 1970 gegeben worden sind, an die Stelle von einem Zehntel ein Sechstel, bei Darlehen, die nach dem 31. Dezember 1969 gegeben worden sind, an die Stelle von einem Zehntel ein Achtel tritt.	(2) ¹Absatz 1 gilt entsprechend, wenn sich der Gewinn eines Gesellschafters des übernehmenden Rechtsträgers dadurch erhöht, dass eine Forderung oder Verbindlichkeit der übertragenden Körperschaft auf den übernehmenden Rechtsträger übergeht oder dass infolge des Vermögensübergangs eine Rückstellung aufzulösen ist. ²Satz 1 gilt nur für Gesellschafter, die im Zeitpunkt der Eintragung des Umwandlungsbeschlusses in das öffentliche Register an dem übernehmenden Rechtsträger beteiligt sind.
(3) ¹Die Absätze 1 und 2 gelten entsprechend, wenn sich der Gewinn eines Gesellschafters der übernehmenden Personengesellschaft dadurch erhöht, dass eine Forderung oder Verbindlichkeit der übertragenden Körperschaft auf die Personengesellschaft übergeht oder dass infolge des Vermögensübergangs eine Rückstellung aufzulösen ist. ²Satz 1 gilt nur für Gesellschafter, die im Zeitpunkt der Eintragung des Umwandlungsbeschlusses in das Handelsregister an der Personengesellschaft beteiligt sind.	(3) ¹Die Anwendung der Absätze 1 und 2 entfällt rückwirkend, wenn der übernehmende Rechtsträger den auf ihn übergegangenen Betrieb innerhalb von fünf Jahren nach dem steuerlichen Übertragungsstichtag in eine Kapitalgesellschaft einbringt oder ohne triftigen Grund veräußert oder aufgibt. ²Bereits erteilte Steuerbescheide, Steuermessbescheide, Freistellungsbescheide oder Feststellungsbescheide sind zu ändern, soweit sie auf der Anwendung der Absätze 1 und 2 beruhen.

Änderungen im UmwStG

§ 7 UmwStG a.F.	§ 7 UmwStG n.F.
Ermittlung der Einkünfte bei Anteilseignern, die nicht im Sinne des § 17 des Einkommensteuergesetzes beteiligt sind ¹*Haben Anteile an der übertragenden Körperschaft zum Zeitpunkt des Vermögensübergangs zum Privatvermögen eines Gesellschafters der übernehmenden Personengesellschaft gehört und handelt es sich nicht um Anteile im Sinne des § 17 des Einkommensteuergesetzes, so sind ihm der Teil des in der Steuerbilanz ausgewiesenen Eigenkapitals abzüglich des Bestands des steuerlichen Einlagekontos im Sinne des § 27 des Körperschaftsteuergesetzes, der sich nach Anwendung des § 29 Abs. 1 des Körperschaftsteuergesetzes ergibt, in dem Verhältnis der Anteile zum Nennkapital der übertragenden Körperschaft als Bezüge aus Kapitalvermögen im Sinne des § 20 Abs. 1 Nr. 1 des Einkommensteuergesetzes zuzurechnen.* ²*Für Anteile, bei deren Veräußerung ein Veräußerungsverlust nach § 17 Abs. 2 Satz 4 des Einkommensteuergesetzes nicht zu berücksichtigen wäre, gilt Satz 1 entsprechend.*	**Besteuerung offener Rücklagen** ¹Dem Anteilseigner ist der Teil des in der Steuerbilanz ausgewiesenen Eigenkapitals abzüglich des Bestands des steuerlichen Einlagekontos im Sinne des § 27 des Körperschaftsteuergesetzes, der sich nach Anwendung des § 29 Abs. 1 des Körperschaftsteuergesetzes ergibt, in dem Verhältnis der Anteile zum Nennkapital der übertragenden Körperschaft als Einnahmen aus Kapitalvermögen im Sinne des § 20 Abs. 1 Nr. 1 des Einkommensteuergesetzes zuzurechnen. ²Dies gilt unabhängig davon, ob für den Anteilseigner ein Übernahmegewinn oder Übernahmeverlust nach § 4 oder § 5 ermittelt wird.
§ 8 UmwStG a.F.	**§ 8 UmwStG n.F.**
Vermögensübergang auf eine Personengesellschaft ohne Betriebsvermögen *(1)* ¹*Wird das übergehende Vermögen nicht Betriebsvermögen der übernehmenden Personengesellschaft, so sind die infolge des Vermögensübergangs entstehenden Einkünfte bei den Gesellschaftern der Personengesellschaft zu ermitteln.* ²*§ 4 Abs. 2 und 3, § 5 Abs. 1 und § 7 gelten entsprechend.* *(2) In den Fällen des Absatzes 1 sind § 17 Abs. 3, § 22 Nr. 2 und § 34 Abs. 1 und 3 des Einkommensteuergesetzes nicht anzuwenden.*	**Vermögensübergang auf einen Rechtsträger ohne Betriebsvermögen** (1) ¹Wird das übertragene Vermögen nicht Betriebsvermögen des übernehmenden Rechtsträgers, sind die infolge des Vermögensübergangs entstehenden Einkünfte bei diesem oder den Gesellschaftern des übernehmenden Rechtsträgers zu ermitteln. ²Die §§ 4, 5 und 7 gelten entsprechend. (2) In den Fällen des Absatzes 1 sind § 17 Abs. 3 und § 22 Nr. 2 des Einkommensteuergesetzes nicht anzuwenden.
§ 9 UmwStG a.F.	**§ 9 UmwStG n.F.**
Entsprechende Anwendung von Vorschriften beim Vermögensübergang auf eine natürliche Person *(1) Wird das Vermögen der übertragenden Körperschaft Betriebsvermögen einer natürlichen Person, so sind die §§ 4 bis 7 entsprechend anzuwenden.* *(2) Wird das Vermögen der übertragenden Körperschaft Privatvermögen einer natürlichen Person, so sind § 4 Abs. 2 Satz 1 und 2 und Abs. 3 sowie § 5 Abs. 1, § 7 und § 8 Abs. 2 sinngemäß anzuwenden.*	**Formwechsel in eine Personengesellschaft** ¹Im Falle des Formwechsels einer Kapitalgesellschaft in eine Personengesellschaft sind die §§ 3 bis 8 und 10 entsprechend anzuwenden. ²Die Kapitalgesellschaft hat für steuerliche Zwecke auf den Zeitpunkt, in dem der Formwechsel wirksam wird, eine Übertragungsbilanz, die Personengesellschaft eine Eröffnungsbilanz aufzustellen. ³Die Bilanzen nach Satz 2 können auch für einen Stichtag aufgestellt werden, der höchstens acht Monate vor der Anmeldung des Formwechsels zur Eintragung in ein öffentliches Register liegt (Übertragungsstichtag); § 2 Abs. 3 gilt entsprechend.

Änderungen im UmwStG

§ 10 UmwStG a.F.	§ 10 UmwStG n.F.
Körperschaftsteuerminderung und Körperschaftsteuererhöhung	**Körperschaftsteuererhöhung**
¹Die Körperschaftsteuerschuld der übertragenden Körperschaft mindert oder erhöht sich für den Veranlagungszeitraum der Umwandlung um den Betrag, der sich nach den §§ 37 und 38 des Körperschaftsteuergesetzes ergeben würde, wenn das in der Steuerbilanz ausgewiesene Eigenkapital abzüglich des Betrags, der nach § 28 Abs. 2 Satz 1 des Körperschaftsteuergesetzes in Verbindung mit § 29 Abs. 1 des Körperschaftsteuergesetzes dem steuerlichen Einlagekonto gutzuschreiben ist, als am Übertragungsstichtag für eine Ausschüttung verwendet gelten würde. ²§ 37 Abs. 2a des Körperschaftsteuergesetzes in der Fassung des Artikels 2 des Gesetzes vom 16. Mai 2003 (BGBl. I S. 660) ist nicht anzuwenden.	Die Körperschaftsteuerschuld der übertragenden Körperschaft erhöht sich für den Veranlagungszeitraum der Umwandlung um den Betrag, der sich nach § 38 des Körperschaftsteuergesetzes ergeben würde, wenn das in der Steuerbilanz ausgewiesene Eigenkapital abzüglich des Betrags, der nach § 28 Abs. 2 Satz 1 des Körperschaftsteuergesetzes in Verbindung mit § 29 Abs. 1 des Körperschaftsteuergesetzes dem steuerlichen Einlagekonto gutzuschreiben ist, als am Übertragungsstichtag für eine Ausschüttung verwendet gelten würde.

Kommentierung

1. Anwendungsbereich der § 3 - § 10 UmwStG

a) Überblick

Aufgrund des erweiterten Anwendungsbereiches des § 1 Abs. 1 UmwStG gelten die § 3 - § 10 UmwStG nunmehr insbes. für[1]

- *innerstaatliche Verschmelzungen (Formwechsel)* von Körperschaften (Kapitalgesellschaften) auf (in) Personengesellschaften, d.h. die übertragende Körperschaft **(umwandelnde Kapitalgesellschaft)** und die übernehmende/neu entstehende Personengesellschaft sind in demselben EU-/EWR-Staat ansässig.[2] Dabei ist zu unterscheiden zwischen
  - **innerstaatlichen Verschmelzungen (Formwechsel) inländischer Rechtsträger**, d.h. die übertragende Körperschaft **(umwandelnde Kapitalgesellschaft)** und die übernehmende/neu entstehende Personengesellschaft sind im Inland ansässig und
  - **innerstaatlichen Verschmelzungen (Formwechsel) ausländischer EU-/EWR-Rechtsträger mit Inlandsbezug**, d.h. die übertragende Körperschaft **(umwandelnde Kapitalgesellschaft)** und die übernehmende/neu entstehende Personengesellschaft sind in demselben ausländischen EU-/EWR-Staat ansässig, wobei
    - die übertragende Körperschaft (umwandelnde Kapitalgesellschaft) im Inland beschränkt steuerpflichtig ist, oder
    - mindestens ein Anteilseigner der übertragenden Körperschaft (umwandelnden Kapitalgesellschaft) im Inland steuerpflichtig ist.
- *grenzüberschreitende Verschmelzungen (Formwechsel)*[3] von Körperschaften (Kapitalgesellschaften) auf (in) Personengesellschaften, d.h. die übertragende Körperschaft **(umwandelnde Kapitalgesellschaft)** und die übernehmende/neu entstehende Personengesellschaft sind in verschiedenen EU-/EWR-Staaten ansässig. Sofern an der grenzüberschreitenden Verschmelzung (Formwechsel) ausschließlich ausländische Rechtsträger beteiligt sind, besteht ein Inlandsbezug, wenn
  - die übertragende Körperschaft (umwandelnde Kapitalgesellschaft) im Inland beschränkt steuerpflichtig ist, oder
  - mindestens ein Anteilseigner der übertragenden Körperschaft (umwandelnden Kapitalgesellschaft) im Inland steuerpflichtig ist.

Hinsichtlich der Ansässigkeitserfordernisse der am Umwandlungsvorgang i.S.v. § 3 - § 10 UmwStG beteiligten Rechtsträger enthält § 1 Abs. 2 Nr. 1 und 2 UmwStG nur Aussagen für den übertragenden (umwandelnden) und den übernehmenden Rechtsträger. Folglich spricht einiges dafür, dass Personengesellschaften mit in Drittstaaten ansässigen Gesellschaftern an einer Umwandlung i.S.v. § 3 - § 10 UmwStG beteiligt sein können.[4]

---

1) Die § 3 - § 10 UmwStG gelten sowohl für Verschmelzungen von Körperschaften auf Personengesellschaften als auch für Verschmelzungen von Körperschaften auf natürliche Personen. In den nachfolgenden Ausführungen sollen jedoch vorrangig Verschmelzungen von Körperschaften auf Personengesellschaften berücksichtigt werden.
2) Zu den EWR-Staaten zählen neben den EU-Staaten auch Island, Liechtenstein und Norwegen.
3) Beim grenzüberschreitenden Formwechsel (außerhalb der Gründung einer SE/SCE) soll eine Rechtsform nach dem Gesellschaftsrecht eines anderen Staates erlangt werden. Dies beinhaltet die Verlegung des Satzungssitzes in diesen anderen Staat. Hier bleibt insbes. die weitere Entwicklung mit Blick auf den Vorschlag für den Erlass einer Sitzverlegungsrichtlinie abzuwarten; vgl. *Vorschlag für den Erlass einer Vierzehnten gesellschaftsrechtlichen Richtlinie des Europäischen Parlaments und des Rates über die Verlegung des Sitzes einer Gesellschaft in einen anderen Mitgliedstaat mit Wechsel des für die Gesellschaft maßgebenden Rechts* v. 20.04.1997, ZIP 1997 S. 1727 ff. Siehe hierzu auch ausführlich Gliederungspunkt E.III.3. b).
4) Gl.A. *Dötsch/Pung*, DB 2006 S. 2704 (2704) und *Lemaitre/Schönherr*, GmbHR 2007 S. 173 (173). A.A. wohl *Schaflitzl/Widmayer*, BB Special 8/2006 S. 36 (38).

Änderungen im UmwStG

Hinsichtlich der Anwendbarkeit der § 3 - § 10 UmwStG ist zwischen dem sachlichen und dem persönlichen Anwendungsbereich zu unterscheiden. Der **sachliche Anwendungsbereich** definiert die Umwandlungsvorgänge, auf welche die § 3 - § 10 Anwendung finden. Der **persönliche Anwendungsbereich** legt fest, welche Rechtssubjekte von § 3 - § 10 UmwStG erfasst werden.

b) Sachlicher Anwendungsbereich der § 3 - § 10 UmwStG

aa) Gesellschaftsrechtliche Grundlagen

Der sachliche Anwendungsbereich der § 3 - § 10 UmwStG bestimmt sich nach § 1 Abs. 1 UmwStG und knüpft weiterhin grds. an die gesellschaftsrechtlichen Vorgaben des deutschen UmwG an.[5]

Danach gelten die § 3 - § 10 UmwStG für **innerstaatliche Verschmelzungen (Formwechsel) inländischer Rechtsträger** i.S.d. § 1 Abs. 1 Nr. 1 i.V.m. § 3 UmwG (§ 1 Abs. 1 Nr. 4 i.V.m. § 191 UmwG). Hinsichtlich der Verschmelzungen ist zwischen Verschmelzungen durch Aufnahme (§ 2 Nr. 1 UmwG) und Verschmelzungen durch Neugründung (§ 2 Nr. 2 UmwG) zu unterscheiden.

Während der Anwendungsbereich des UmwG durch das Zweite Gesetz zur Änderung des UmwG auf grenzüberschreitende Verschmelzungen von Kapitalgesellschaften unter Beteiligung inländischer Kapitalgesellschaften nach § 122a - § 122l UmwG (Zehnter Abschnitt des Zweiten Teils im Zweiten Buch des UmwG) erweitert wurde,[6] fehlt eine entsprechende Regelung für grenzüberschreitende Verschmelzungen (Formwechsel) auf (in) Personengesellschaften im UmwG. Da auch das gemeinschaftsrechtliche Sekundärrecht gegenwärtig keine gesellschaftsrechtlichen Möglichkeiten hinsichtlich grenzüberschreitender Verschmelzungen (Formwechsel) von Körperschaften (Kapitalgesellschaften) auf (in) Personengesellschaften bietet, kann letztendlich nur auf die Niederlassungsfreiheit i.S.v. Art. 43, Art. 48 EG-Vertrag (Art. 31, Art. 34 EWR-Abkommen) als gesellschaftsrechtliche Grundlage abgestellt werden.[7]

Darüber hinaus werden vom sachlichen Anwendungsbereich der § 3 - § 10 UmwStG auch in- und ausländische Vorgänge erfasst, welche zwar nicht im deutschen UmwG geregelt sind, aber nach Durchführung einer **Vergleichbarkeitsprüfung** als den Verschmelzungsvorgängen (Formwechselvorgängen) des UmwG entsprechende Vorgänge angesehen werden können.[8]

Die nachstehende Übersicht fasst den sachlichen Anwendungsbereich der § 3 - § 10 UmwStG und dessen gesellschaftsrechtliche Grundlagen zusammen:

---

[5] Siehe hierzu ausführlich Gliederungspunkt I.I.1. b) aa) (2).
[6] Siehe hierzu ausführlich Gliederungspunkt F.II.1. und F.II.2.
[7] Die Versagung der gesellschaftsrechtlichen Zulässigkeit einer grenzüberschreitenden Verschmelzung (Formwechsel) darf nicht zu einer Verletzung der Niederlassungsfreiheit i.S.v. Art. 43, Art. 48 EG-Vertrag (Art. 31, Art. 34 EWR-Abkommen) führen; siehe hierzu auch die Rechtsprechung des EuGH in der Rs. „SEVIC" (EuGH v. 13.12.2005, C-411/03, NZG 2006 S. 112). Siehe hierzu auch ausführlich Gliederungspunkt E.III.1. b) und Gliederungspunkt E.III.3. b) bb).
[8] Ausweislich der Gesetzesbegründung v. 25.09.2006 zu § 1 Abs. 1 UmwStG, BT-Drs. 16/2710 S. 35 f., umfasst eine solche Vergleichbarkeitsprüfung sowohl die Rechtsfolgen des nicht im UmwG geregelten Vorgangs als auch die beteiligten Rechtsträger. Siehe hierzu ausführlich Gliederungspunkt I.III.1. b) bb).

sachlicher Anwendungsbereich	gesellschaftsrechtliche Grundlage
innerstaatliche Verschmelzungen (Formwechsel) inländischer Rechtsträger	1. **Grundfall (§ 1 Abs. 1 Satz 1 Nr. 1 UmwStG):** – Ebene der *inländischen* beteiligten Rechtsträger: § 1 Abs. 1 Nr. 1, § 2 UmwG (§ 1 Abs. 1 Nr. 4, § 190 UmwG) 2. **mit der Verschmelzung (Formwechsel) i.S.d. UmwG vergleichbare Vorgänge i.S. eines anderen Bundes- oder Landesgesetzes (§ 1 Abs. 1 Satz 1 Nr. 3 UmwStG):** – Ebene der *inländischen* beteiligten Rechtsträger: § 1 Abs. 2 UmwG i.V.m. anderen Bundes- oder Landesgesetzen
Verschmelzungen (Formwechsel) ausländischer EU-/EWR-Rechtsträger mit Inlandsbezug	**mit der Verschmelzung (Formwechsel) i.S.d. UmwG vergleichbare innerstaatliche und grenzüberschreitende Vorgänge ausländischer EU-/EWR-Rechtsträger (§ 1 Abs. 1 Satz 1 Nr. 1 UmwStG):** – Ebene der *ausländischen* beteiligten Rechtsträger: ausländisches Gesellschaftsrecht bzw. Art. 43, Art. 48 EG-Vertrag (Art. 31, Art. 34 EWR-Abkommen)[9]

Abb. I.II. - 1: Gesellschaftsrechtliche Grundlagen des sachlichen Anwendungsbereiches der § 3 - § 10 UmwStG

bb) Sachliche Vergleichbarkeitsprüfung

Vorgänge, die keine solchen i.s.d. § 2, § 190 UmwG sind, müssen ihrem Wesen nach einer im deutschen UmwG geregelten Verschmelzung entsprechen.[10] Die Vergleichbarkeitsprüfung umfasst zum einen die Rechtsfolgen des betreffenden Vorgangs (sog. sachliche Vergleichbarkeitsprüfung) und zum anderen die beteiligten Rechtsträger (sog. persönliche Vergleichbarkeitsprüfung, Typenvergleich).[11] Zu den Vorgängen, welche einer solchen Vergleichbarkeitsprüfung bedürfen, zählen

– *innerstaatliche Vorgänge*, und zwar
    – innerstaatliche Verschmelzungen (Formwechsel) inländischer Rechtsträger i.S. eines anderen Bundes- oder Landesgesetzes und
    – innerstaatliche Verschmelzungen (Formwechsel) ausländischer EU-/EWR-Rechtsträger mit Inlandsbezug sowie
– *grenzüberschreitende Vorgänge*, und zwar
    – grenzüberschreitende Verschmelzungen (Formwechsel) ausländischer EU-/EWR-Rechtsträger mit Inlandsbezug.

---

9) Die Versagung der gesellschaftsrechtlichen Zulässigkeit einer grenzüberschreitenden Verschmelzung darf nicht zu einer Verletzung der Niederlassungsfreiheit i.S.v. Art. 43, Art. 48 EG-Vertrag (Art. 31, Art. 34 EWR-Abkommen) führen; siehe hierzu auch die Rechtsprechung des EuGH in der Rs. „SEVIC" (EuGH v. 13.12.2005, C-411/03, NZG 2006 S. 112).
10) Vgl. Gesetzesbegründung v. 25.09.2006 zu § 1 Abs. 1 UmwStG, BT-Drs. 16/2710 S. 35 f.
11) Zum Typenvergleich der beteiligten Rechtsträger siehe Gliederungspunkt I.I.1. c) bb).

Änderungen im UmwStG

Im Rahmen der sachlichen Vergleichbarkeitsprüfung ist grds. auf die **Rechtsfolgen** der im UmwG geregelten Umwandlungsvorgänge abzustellen.[12] Im Falle der **Verschmelzung** sind somit die folgenden Rechtsfolgen in die Vergleichbarkeitsprüfung einzubeziehen:[13]

– Übertragung des gesamten Vermögens des übertragenden Rechtsträgers auf den übernehmenden/durch Verschmelzung neu entstehenden Rechtsträger im Wege der Gesamtrechtsnachfolge
– bei Auflösung ohne Abwicklung des übertragenden Rechtsträgers.

Demgegenüber sollte im Falle des **Formwechsels** auf folgende Rechtsfolge abgestellt werden:[14]

– identitätswahrender Wechsel der Rechtsform, also ohne Auflösung, Neugründung und Übertragung der Aktiva und Passiva.

Zudem sind bei der Verschmelzung hinsichtlich der Gewährung von Anteilen oder Mitgliedschaftsrechten des übernehmenden/durch Verschmelzung neu entstehenden Rechtsträgers an die Anteilseigner des übertragenden Rechtsträgers die Regelungen zu baren Zuzahlungen zu berücksichtigen.[15]

Fraglich ist, wie ausländische Verschmelzungsvorgänge nach § 1 Abs. 1 Satz 1 Nr. 1 UmwStG einzustufen sind, wenn das ausländische Gesellschaftsrecht für derartige Verschmelzungsvorgänge das Kriterium der Gesamtrechtsnachfolge nicht vorsieht. Es spricht einiges dafür, dass letztendlich auf das Ergebnis der ausländischen Umwandlungsmaßnahme und deren sachliche Vergleichbarkeit mit einer Verschmelzung i.S.v. § 2 UmwG abgestellt werden sollte. Die Regelungstechnik, ob das ausländische Recht eine Gesamtrechtsnachfolge kennt oder Verschmelzungsvorgänge lediglich im Wege der Einzelrechtsnachfolge zulässt, sollte insofern unbeachtlich sein.[16]

cc) Zusammenfassung

Die nachstehende Übersicht fasst den sachlichen Anwendungsbereich der § 3 - § 10 UmwStG unter ausschließlicher Berücksichtigung der für inländische Rechtsträger nach dem UmwG möglichen Umwandlungen (i.s.d. § 2, § 190 Umwg) zusammen:

---

12) Vgl. Gesetzesbegründung v. 25.09.2006 zu § 1 Abs. 1 UmwStG, BT-Drs. 16/2710 S. 35 f. Obgleich *Benecke/Schnitger*, IStR 2006 S. 765 (769) im Rahmen der sachlichen Vergleichbarkeitsprüfung wohl auf sämtliche Strukturmerkmale des Umwandlungsvorgangs abstellen wollen, spricht einiges dafür, dass lediglich die Rechtsfolgen und nicht auch die Tatbestandsmerkmale des jeweiligen Umwandlungsvorgangs zu berücksichtigen sind.
13) Zu allgemeinen Ausführungen zu den Rechtsfolgen eines im UmwG geregelten Verschmelzungsvorgangs siehe auch *Fronhöfer*, in: Widmann/Mayer, Umwandlungsrecht, § 2 UmwG Rz. 2 (92. EL 01/2007); *Lutter/Drygala*, in: Lutter, UmwG, § 2 UmwG Rz. 20 ff. (3. Auflage); *Stengel*, in: Semler/Stengel, UmwG, § 2 UmwG Rz. 34 ff.
14) Zu allgemeinen Ausführungen zu den Rechtsfolgen eines im UmwG geregelten Formwechsels siehe auch *Decher*, in: Lutter, UmwG, § 190 UmwG Rz. 1 ff. (3. Auflage); *Stratz*, in: Schmitt/Hörtnagl/Stratz, UmwG/UmwStG, § 190 UmwG Rz. 5 ff. (4. Auflage).
15) Vgl. Gesetzesbegründung v. 25.09.2006 zu § 1 Abs. 1 UmwStG, BT-Drs. 16/2710 S. 35.
16) Gl. A. *Rödder/Schumacher*, DStR 2006 S. 1525 (1526). Dagegen vertreten *Benecke/Schnitger*, IStR 2007 S. 22 (25) und *Bilitewski*, FR 2007 S. 57 (61) die Auffassung, dass derartige ausländische Umwandlungsvorgänge nicht von den § 3 - § 10 UmwStG erfasst werden.

sachlicher Anwendungsbereich (§ 3 - § 10 UmwStG)				
	innerstaatliche Verschmelzung (Formwechsel) inländischer Körperschaften (Kapitalgesellschaften)		innerstaatliche und grenzüberschreitende Verschmelzung (Formwechsel) ausländischer EU-/EWR-Körperschaften (EU-/EWR-Kapitalgesellschaften) mit Inlandsbezug	
Vorgänge des UmwG	Verschmelzung von Körperschaften auf Personengesellschaften i.S.d. § 1 Abs. 1 Nr. 1, § 2 UmwG (§ 1 Abs. 1 Satz 1 Nr. 1 UmwStG) → Verschmelzung durch Aufnahme (§ 2 Nr. 1 UmwG) → Verschmelzung durch Neugründung (§ 2 Nr. 2 UmwG)	Formwechsel von Kapitalgesellschaften in Personengesellschaften i.S.d. § 1 Abs. 1 Nr. 4, § 190 UmwG (§ 1 Abs. 1 Satz 1 Nr. 4 UmwStG)		
keine Vorgänge des UmwG	vergleichbare Vorgänge nach anderen Bundes- oder Landesgesetzen (§ 1 Abs. 1 Satz 1 Nr. 3 UmwStG) → Vergleichbarkeitsprüfung hinsichtlich der Rechtsfolgen ✓ Gesamtrechtsnachfolge ✓ Auflösung ohne Abwicklung ▶ Berücksichtigung der Regelungen zu baren Zuzahlungen	vergleichbare Vorgänge nach anderen Bundes- oder Landesgesetzen (§ 1 Abs. 1 Satz 1 Nr. 3 UmwStG) → Vergleichbarkeitsprüfung hinsichtlich der Rechtsfolgen ✓ identitätswahrender Wechsel der Rechtsform	vergleichbare ausländische Vorgänge (§ 1 Abs. 1 Satz 1 Nr.1 UmwStG) *bei Verschmelzung:* → Vergleichbarkeitsprüfung hinsichtlich der Rechtsfolgen ✓ Gesamtrechtsnachfolge ✓ Auflösung ohne Abwicklung ▶ Berücksichtigung der Regelungen zu baren Zuzahlungen	vergleichbare ausländische Vorgänge (§ 1 Abs. 1 Satz 1 Nr.1 UmwStG) *bei Formwechsel:* → Vergleichbarkeitsprüfung hinsichtlich der Rechtsfolgen ✓ identitätswahrender Wechsel der Rechtsform

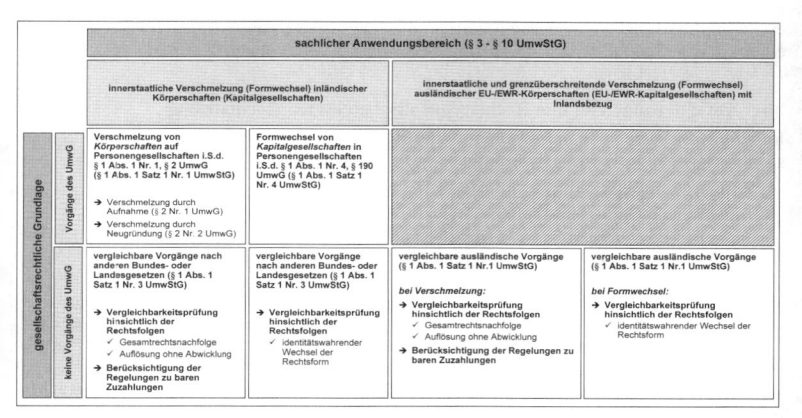

Abb. I.II. - 2: Synoptische Darstellung des sachlichen Anwendungsbereiches der § 3 - § 10 UmwStG

c) Persönlicher Anwendungsbereich der § 3 - § 10 UmwStG

Der persönliche Anwendungsbereich der § 3 - § 10 UmwStG wird in § 1 Abs. 2 UmwStG abgegrenzt, wobei zwischen den Anforderungen an die Ansässigkeit (doppeltes Ansässigkeitskriterium) und an den Rechtstypus der beteiligten Rechtsträger (Typenvergleich)[17] zu unterscheiden ist.

aa) Anforderungen an die Ansässigkeit der beteiligten Rechtsträger

Nach § 1 Abs. 2 UmwStG müssen die am Umwandlungsvorgang i.S.d. § 3 - § 10 UmwStG beteiligten Rechtsträger[18]

- nach dem Recht eines EU-/EWR-Staates gegründet worden sein oder gegründet werden (Verschmelzung durch Neugründung),
- ihren statutarischen Sitz in einem EU-/EWR-Staat haben oder nehmen (Verschmelzung durch Neugründung), und
- ihren Ort der Geschäftsleitung im Zeitpunkt der Umwandlung in einem EU-/EWR-Staat haben oder nehmen (Verschmelzung durch Neugründung).[19]

Hinsichtlich der Ansässigkeitserfordernisse der am Umwandlungsvorgang i.S.d. § 3 - § 10 UmwStG beteiligten Rechtsträger enthält § 1 Abs. 2 Nr. 1 und 2 UmwStG nur Aussagen für den übertragenden (umwandelnden) und den übernehmenden Rechtsträger. Folglich spricht

---

17) Siehe hierzu ausführlich Gliederungspunkt I.I.1. c) bb).
18) Nach § 1 Abs. 2 Satz 1 UmwStG gelten diese Ansässigkeitserfordernisse im Falle eines Formwechsels für den umwandelnden Rechtsträger; im Falle einer Verschmelzung für den übertragenden und den übernehmenden Rechtsträger.
19) Ausweislich der Gesetzesbegründung v. 25.09.2006 zu § 1 Abs. 2 UmwStG, BT-Drs. 16/2710 S. 36, müssen Gründungsstaat und Sitzstaat nicht identisch sein. Zudem ist es wohl nicht erforderlich, dass sich Sitz und Ort der Geschäftsleitung in demselben EU-/EWR-Staat befinden; siehe hierzu *Benecke/Schnitger*, IStR 2006 S. 765 (770). Demgegenüber darf der statutarische Sitz der SE (Art. 7 SE-VO) bzw. der SCE (Art. 6 SCE-VO) nicht von deren Verwaltungssitz abweichen.

einiges dafür, dass Personengesellschaften mit in Drittstaaten ansässigen Gesellschaftern an einer Umwandlung i.S.v. § 3 - § 10 UmwStG beteiligt sein können.[20]

bb) Anforderungen an den Rechtstypus der beteiligten Rechtsträger

Im Falle von Verschmelzungen inländischer Rechtsträger nach § 3 - § 10 UmwStG können als übertragende Rechtsträger beteiligt sein:

- Kapitalgesellschaften i.S.v. § 3 Abs. 1 Nr. 2 UmwG,
- eingetragene Genossenschaften i.S.v. § 3 Abs. 1 Nr. 3 UmwG,
- eingetragene Vereine i.S.v. § 3 Abs. 1 Nr. 4 UmwG,
- genossenschaftliche Prüfungsverbände i.S.v. § 3 Abs. 1 Nr. 5 UmwG,
- Versicherungsvereine auf Gegenseitigkeit i.S.v. § 3 Abs. 1 Nr. 6 UmwG,
- SE[21] und
- SCE[22].

Demgegenüber können bei einem Formwechsel inländischer Rechtsträger nach § 3 - § 10 UmwStG nur Kapitalgesellschaften i.S.v. § 3 Abs. 1 Nr. 2 UmwG **umwandelnder Rechtsträger** sein.

Sowohl im Falle von Verschmelzungen inländischer Rechtsträger nach § 3 - § 10 UmwStG als auch in entsprechenden Fällen des Formwechsels nach § 3 - § 10 UmwStG können als **übernehmender/neu entstehender Rechtsträger** beteiligt sein:

- Personenhandelsgesellschaften i.S.v. § 3 Abs. 1 Nr. 1 UmwG und
- Partnerschaftsgesellschaften i.S.v. § 3 Abs. 1 Nr. 1 UmwG.[23]

Bei einer Beteiligung ausländischer Rechtsträger an Umwandlungsvorgängen nach § 3 - § 10 UmwStG ist eine persönliche Vergleichbarkeitsprüfung (Rechtstypenvergleich) durchzuführen.[24]

Die nachstehende Übersicht fasst den persönlichen Anwendungsbereich der § 3 - § 10 UmwStG zusammen:

---

20) Gl.A. *Dötsch/Pung*, DB 2006 S. 2704 (2704) und *Lemaitre/Schönherr*, GmbHR 2007 S. 173 (173). A.A. wohl *Schaflitzl/Widmayer*, BB Special 8/2006 S. 36 (38).
21) Nach Art. 10 der *Verordnung (EG) Nr. 2157/2001 des Rates v. 08.10.2001 über das Statut der Europäischen Gesellschaft (SE)*, ABl. Nr. L 294 v. 10.11.2001 S. 1 (SE-VO) ist eine SE wie eine Aktiengesellschaft ihres Sitzstaates zu behandeln (sog. Gleichbehandlungsgebot).
22) Nach Art. 9 der *Verordnung (EG) Nr. 1435/2003 des Rates v. 22.07.2003 über das Statut der Europäischen Genossenschaft (SCE)*, ABl. Nr. 207 v. 18.08.2003 S. 1 (SCE-VO) ist eine SCE wie eine Genossenschaft ihres Sitzstaates zu behandeln (sog. Gleichbehandlungsgebot).
23) Zudem kann im Falle der Verschmelzung nach § 3 - § 10 UmwStG auch eine natürliche Person übernehmender Rechtsträger sein. In den nachfolgenden Ausführungen soll jedoch lediglich die Verschmelzung einer Körperschaft auf eine Personengesellschaft berücksichtigt werden.
24) Siehe hierzu ausführlich Gliederungspunkt I.1.1. c) bb).

	Anforderungen an den Rechtstypus der beteiligten Rechtsträger (Typenzwang, § 1 Abs. 2 UmwStG)	Anforderungen an die Ansässigkeit der beteiligten Rechtsträger (doppeltes Ansässigkeitskriterium, § 1 Abs. 2 UmwStG)
innerstaatliche Verschmelzung (Formwechsel) inländischer Körperschaften (Kapitalgesellschaften) i.S.d. § 2 (§ 190) i.V.m. § 1 Abs. 1 Nr. 2 (§ 1 Abs. 1 Nr. 4], § 3 (§ 191) UmwG	• bei Verschmelzung: Körperschaft als übertragender Rechtsträger ✓ Kapitalgesellschaften, eingetragene Genossenschaften, eingetragene Vereine, wirtschaftliche Vereine, genossenschaftliche Prüfungsverbände, Versicherungsvereine auf Gegenseitigkeit, SE, SCE • bei Formwechsel: Kapitalgesellschaft als umwandelnder Rechtsträger ✓ Gesellschaften mit beschränkter Haftung, Aktiengesellschaften, Kommanditgesellschaften auf Aktien, SE • bei Verschmelzung und Formwechsel: Personengesellschaft als übernehmender/neu entstehender Rechtsträger ✓ Personenhandelsgesellschaften: offene Handelsgesellschaften, Kommanditgesellschaften ✓ Partnerschaftsgesellschaften	• Gründung der beteiligten Rechtsträger nach inländischem Recht • statutarischer Sitz und Ort der Geschäftsleitung der beteiligten Rechtsträger im Inland
mit der Verschmelzung (Formwechsel) i.S.d. § 2 UmwG (§ 190 UmwG) vergleichbare Vorgänge nach anderen Bundes- oder Landesgesetzen	• Vergleichbarkeitsprüfung (Typenvergleich) ✓ bei Verschmelzung: Qualifizierung des übertragenden Rechtsträgers als Körperschaft ✓ bei Formwechsel: Qualifizierung des umwandelnden Rechtsträgers als Kapitalgesellschaft ✓ bei Verschmelzung und Formwechsel: Qualifizierung des übernehmenden/durch Verschmelzung neu entstehenden Rechtsträgers als Personengesellschaft	• Gründung der beteiligten Rechtsträger nach dem Recht eines EU-/EWR-Staates • statutarischer Sitz und Ort der Geschäftsleitung der beteiligten Rechtsträger in einem EU-/EWR-Staat
mit der Verschmelzung (Formwechsel) i.S.d. 2 UmwG (§ 190 UmwG) vergleichbare ausländische Vorgänge		

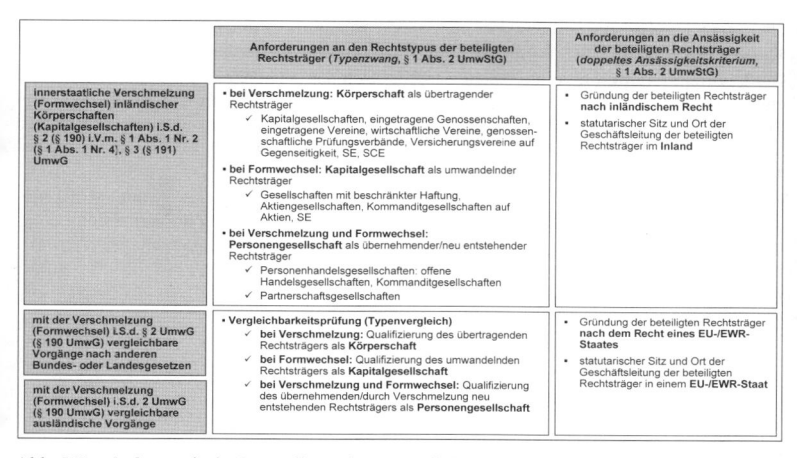

Abb. I.II. - 3: Synoptische Darstellung des persönlichen Anwendungsbereiches der § 3 - § 10 UmwStG

2. Anwendungsvorschriften

Die Regelungen der § 3 - § 10 UmwStG finden erstmals auf Verschmelzungen Anwendung, bei denen die **Anmeldung zur Eintragung in ein öffentliches Register** nach dem Tag der Gesetzesverkündung, d.h. **nach dem 12.12.2006** erfolgt ist (§ 27 Abs. 1 UmwStG). *„Öffentliches Register"* i.S.d. § 27 Abs. 1 UmwStG kann sowohl ein inländisches als auch ein ausländisches Register sein.[25]

§ 5 Abs. 4 UmwStG a.F. ist für einbringungsgeborene Anteile i.S.v. *§ 21 Abs. 1 UmwStG a.F.* weiterhin mit der Maßgabe anzuwenden, dass die Anteile zu dem Wert i.S.v. § 5 Abs. 2 und 3 UmwStG als zum steuerlichen Übertragungsstichtag in das Betriebsvermögen des übernehmenden Rechtsträgers überführt gelten (§ 27 Abs. 3 Nr. 1 UmwStG).

Nach § 9 UmwStG finden die Regelungen der § 3 - 8 UmwStG und § 10 UmwStG auch im Falle des Formwechsels einer Kapitalgesellschaft in eine Personengesellschaft Anwendung.

3. Neukonzeption der Besteuerung nach § 3 - § 10 UmwStG

Die Neukonzeption der Besteuerung nach § 3 - § 10 UmwStG sieht mit der Einführung einer umfassenden Ausschüttungsfiktion (§ 7 UmwStG) eine Aufteilung des Übernahmeergebnisses i.S.v. § 4 Abs. 4 und 5 UmwStG auf Ebene der ehemaligen Anteilseigner der

---

[25] Vgl. *Schaflitzl/Widmayer*, BB Special 8/2006 S. 36 (50). Die Regelungen der § 3 - § 10 UmwStG können auch zu einer Entstrickung der stillen Reserven führen, die in dem Anteil an einer Körperschaft enthalten sind. Zukünftig ist auch bei einer innerstaatlichen Verschmelzung einer ausländischen EU-/EWR-Körperschaft auf eine ausländische EU-/EWR-Personengesellschaft zu prüfen, ob es auf Ebene des in Deutschland steuerpflichtigen Anteilseigners der übertragenden Körperschaft zu steuerlichen Auswirkungen durch die Anwendung des UmwStG kommt. Insofern kann es derzeit trotz mangelnder gesetzlicher Grundlagen für eine grenzüberschreitende Verschmelzung einer Körperschaft auf eine in Deutschland ansässige Personengesellschaft hinsichtlich der Anwendung der Vorschriften des UmwStG auch auf die Anmeldung der Verschmelzung bei einem ausländischen öffentlichen Register ankommen.

Änderungen im UmwStG

übertragenden Körperschaft bzw. der neuen Gesellschafter der übernehmenden Personengesellschaft in einen **Dividendenanteil** und einen **Veräußerungsanteil** vor.

Der **Dividendenanteil** führt auf Ebene der Anteilseigner unabhängig davon, ob die Anteilseigner die Beteiligung an der übertragenden in- oder ausländischen Körperschaft im Betriebs- oder im Privatvermögen halten, nach Maßgabe ihrer Beteiligungsquote zu Bezügen i.S.v. § 20 Abs. 1 Satz 1 EStG (§ 7 Satz 1 UmwStG) und umfasst sämtliche Gewinnrücklagen der übertragenden Körperschaft.[26]

Der **Veräußerungsanteil** ergibt sich aus dem gesellschafterbezogen zu ermittelnden Übernahmegewinn/Übernahmeverlust i.S.v. § 4 Abs. 4 und 5 UmwStG. Zur Vermeidung möglicher Doppelerfassungen aufgrund der Neukonzeption der Ausschüttungsfiktion i.S.v. § 7 UmwStG regelt § 4 Abs. 5 Satz 2 UmwStG, dass sich der Übernahmegewinn (Übernahmeverlust) um den Dividendenanteil i.S.v. § 7 UmwStG verringert (erhöht).[27] Die Abgrenzung zwischen den Ebenen lässt sich wie folgt vereinfachend darstellen:

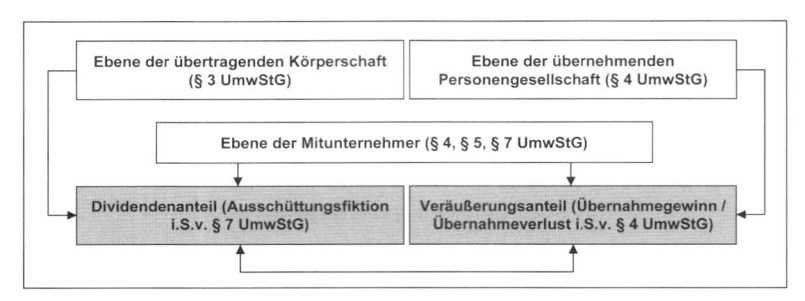

```
┌─────────────────────────────────────┐   ┌─────────────────────────────────────┐
│  Ebene der übertragenden Körperschaft│   │      Ebene der übernehmenden        │
│          (§ 3 UmwStG)                │   │  Personengesellschaft (§ 4 UmwStG)  │
└─────────────────────────────────────┘   └─────────────────────────────────────┘
                │
                ▼
      ┌────────────────────────────────────────────────────────┐
      │   Ebene der Mitunternehmer (§ 4, § 5, § 7 UmwStG)      │
      └────────────────────────────────────────────────────────┘
                │                                    │
                ▼                                    ▼
┌──────────────────────────────────┐   ┌──────────────────────────────────────┐
│ Dividendenanteil (Ausschüttungs- │   │ Veräußerungsanteil (Übernahmegewinn /│
│   fiktion) i.S.v. § 7 UmwStG     │◄──┤ Übernahmeverlust i.S.v. § 4 UmwStG)  │
└──────────────────────────────────┘   └──────────────────────────────────────┘
```

Abb. I.II. - 4: Darstellung der Neukonzeption der Besteuerung nach § 3 - § 10 UmwStG

4. Bewertung in der Schlussbilanz der übertragenden Körperschaft (§ 3 UmwStG)

Nach § 9 Satz 1 UmwStG gelten die § 3 - § 8 und § 10 UmwStG im Falle des Formwechsels einer Kapitalgesellschaft in eine Personengesellschaft entsprechend.

a) Grundsatz: Ansatz mit dem gemeinen Wert

Die übertragende Körperschaft hat die übergehenden Wirtschaftsgüter in ihrer Schlussbilanz mit Ausnahme von Pensionsrückstellungen mit dem **gemeinen Wert** anzusetzen (§ 3

---

[26] Nach bisheriger Rechtslage erfasste die Ausschüttungsfiktion des *§ 7 UmwStG a.F.* lediglich diejenigen Gesellschafter, bei denen die Beteiligung an der übertragenden Körperschaft weder im Betriebsvermögen gehalten wurde noch eine steuerverhaftete Beteiligung i.S.v. § 17 EStG darstellte. Siehe hierzu z.B. *Pung*, in: Dötsch/Jost et al., Die Körperschaftsteuer, § 5 UmwStG n.F. Rz. 20 - 90, § 7 UmwStG n.F. Rz. 1 - 36 (58. EL 11/2006); *Sauter/Heurung/Babel*, DB 2002 S. 1177 (1182 f.); *Schmitt*, in: Schmitt/Hörtnagl/Stratz, UmwG/UmwStG, § 5 UmwStG Rz. 24 - 70, § 7 UmwStG Rz. 20 - 26 (4. Auflage).

[27] Da die Gewinnrücklagen der übertragenden Körperschaft aufgrund der Ausschüttungsfiktion des § 7 UmwStG den Anteilseignern nunmehr als Einkünfte aus Kapitalvermögen i.S.v. § 20 Abs. 1 Nr. 1 EStG zugerechnet werden, entsteht im sog. Erwerberfall regelmäßig kein Übernahmegewinn, sondern ein Übernahmeverlust; siehe hierzu *Förster/Felchner*, DB 2006 S. 1072 (1075); *Müller/Maiterth*, WPg 2007 S. 249 (254).

Abs. 1 Satz 1 UmwStG).[28)] Aufgrund der ausdrücklichen Regelung des § 3 Abs. 1 Satz 1 UmwStG werden neben den **bilanzierten Wirtschaftsgütern** auch sämtliche **nicht bilanzierte immaterielle Wirtschaftsgüter**, insbes. der originäre Geschäfts- oder Firmenwert, erfasst.[29)] **Pensionsrückstellungen** sind nach § 3 Abs. 1 Satz 2 UmwStG nicht mit ihrem tatsächlichen Wert anzusetzen, sondern mit dem Wert, der sich nach § 6a EStG ergibt (**Teilwertansatz**).[30)]

Die übertragende Körperschaft hat die Schlussbilanz unabhängig davon, ob sie im Inland steuerpflichtig oder zur Führung von Büchern verpflichtet ist, zu erstellen. Die Vorlage einer steuerlichen Schlussbilanz ist nur dann nicht erforderlich, wenn diese für Zwecke der inländischen Besteuerung nicht benötigt wird.[31)] In der Schlussbilanz besteht keine Bindung an steuerliche Wertansätze, die sich nach ausländischem Recht ergeben würden.[32)]

Der Grundsatz der Maßgeblichkeit der Handelsbilanz für die Steuerbilanz (§ 5 Abs. 1 Satz 1 EStG) soll beim Ansatz und bei der Bewertung der übertragenen Wirtschaftsgüter in der steuerlichen Schlussbilanz der übertragenden Körperschaft keine Anwendung finden.[33)]

Durch die Realisierung der in den übergehenden Wirtschaftsgütern enthaltenen stillen Reserven entsteht bei der übertragenden Körperschaft ein **Übertragungsgewinn**, der grds. in vollem Umfang der Körperschaft- und Gewerbesteuer (§ 3 Abs. 1 und 2, § 18 Abs. 1 UmwStG) unterliegt. Sofern der Übertragungsgewinn auf Anteile i.S.d. § 8b Abs. 2 KStG entfällt, die von dem übertragenden Rechtsträger gehalten werden, ist § 8b KStG anzuwenden.[34)] Soweit der Übertragungsgewinn auf eine nicht im Inland belegene Betriebsstätte entfällt, ist die Kürzungsvorschrift des § 9 Nr. 3 GewStG zu beachten.[35)] Umwandlungskosten, die in einem objektiven Veranlassungszusammenhang mit der Verschmelzung stehen (z.B. Kosten des Verschmelzungsbeschlusses oder Kosten der Anmeldung bzw. Eintragung des Verschmelzungsbeschlusses), mindern den Übertragungsgewinn.[36)]

---

28) Zum Begriff des gemeinen Werts siehe Gliederungspunkt H.I.1. a) bb) (1).
29) Vgl. Gesetzesbegründung v. 09.11.2006 zu § 3 Abs. 1 UmwStG, BT-Drs. 16/3369 S. 37. Demgegenüber hat die Finanzverwaltung bislang in BMF, Schreiben v. 25.03.1998, IV B 7 - S 1978 - 21/98 / IV B 2 - S 1909 - 33/98, BStBl. I 1998 S. 268 (UmwSt-Erlass) Rz. 03.07, die Auffassung vertreten, dass in der Übertragungsbilanz von der übertragenden Körperschaft selbst geschaffene immaterielle Wirtschaftsgüter einschließlich eines Geschäfts- oder Firmenwerts nicht anzusetzen sind. Ungeklärt ist insbes. vor dem Hintergrund der Unternehmensteuerreform 2008, wie der Gesetzgeber zukünftig die Funktionszuordnung von Know-How vornehmen will.
30) I.R.d. einkommen- und körperschaftsteuerlichen Entstrickungsregelungen wird § 6a EStG demgegenüber nicht erwähnt; vgl. *Dötsch/Pung*, DB 2006 S. 2648 (2648). Siehe hierzu ausführlich Gliederungspunkt H.I.1. b) bb).
31) Vgl. Gesetzesbegründung v. 25.09.2006 zu § 3 Abs. 1 UmwStG, BT-Drs. 16/2710 S. 37.
32) Vgl. Gesetzesbegründung v. 25.09.2006 zu § 3 Abs. 1 UmwStG, BT-Drs. 16/2710 S. 37. Im Fall der Hineinverschmelzung einer EU-/EWR-Körperschaft dient die Erstellung der Schlussbilanz somit ausschließlich der Inventarisierung der zukünftig in Deutschland steuerverstrickten Wirtschaftsgüter.
33) Vgl. Gesetzesbegründung v. 25.09.2006 zu § 3 UmwStG „Allgemeines", BT-Drs. 16/2710 S. 37.
34) Vgl. BMF v. 28.04.2003, IV A 2 - S 2750 a - 7/03, BStBl. I 2003 S. 292 Rz. 23. Dies hat zur Konsequenz, dass einbringungsgeborene Anteile i.S.v. *§ 21 UmwStG a.F.* demgegenüber in vollem Umfang der Besteuerung unterliegen.
35) Vgl. *Güroff*, in: Glanegger/Güroff, GewStG, § 9 Nr. 3 GewStG Rz. 3 (6. Auflage).
36) Vgl. BMF, Schreiben v. 25.03.1998, IV B 7 - S 1978 - 21/98 / IV B 2 - S 1909 - 33/98, BStBl. I 1998 S. 268 (UmwSt-Erlass) Rz. 03.13.

Änderungen im UmwStG

b) Auf Antrag: Ansatz mit dem Buchwert oder einem Zwischenwert
aa) Voraussetzungen des § 3 Abs. 2 Satz 1 Nr. 1 - 3 UmwStG

Die übertragende Körperschaft kann die Wirtschaftsgüter nach § 3 Abs. 2 Satz 1 Nr. 1 - 3 UmwStG in ihrer steuerlichen Schlussbilanz **auf Antrag** einheitlich mit dem **Buchwert oder** einem **Zwischenwert** ansetzen:

– **Buchwert** ist der Wert, der sich nach den steuerrechtlichen Vorschriften über die Gewinnermittlung in einer für den steuerlichen Übertragungsstichtag aufzustellenden Steuerbilanz ergibt oder ergäbe (§ 1 Abs. 5 Nr. 4 UmwStG).
– **Zwischenwert** ist jeder Wert, der zwischen dem Buchwert und dem gemeinen Wert liegt. Hinsichtlich der Frage, in welchem Umfang es zu einer Aufdeckung der stillen Reserven in den einzelnen Wirtschaftsgütern bei einem Zwischenwertansatz kommt, wird die Finanzverwaltung wohl auf die Regelungen im UmwSt-Erlass für den Fall der Gewährung einer Gegenleistung zurückgreifen. Die Buchwerte der bilanzierten Wirtschaftsgüter sind nach Auffassung der Finanzverwaltung nach einem einheitlichen Vomhundertsatz um die aufgedeckten stillen Reserven aufzustocken. Selbstgeschaffene und/oder unentgeltlich erworbene immaterielle Wirtschaftsgüter einschließlich eines Geschäfts- oder Firmenwerts sind nur anzusetzen, sofern die bilanzierten Wirtschaftsgüter mit dem gemeinen Wert angesetzt sind, aber gegenüber dem Wert, mit dem bei der Ausübung des Wahlrechts das Betriebsvermögen angesetzt werden soll, noch eine Differenz besteht.[37]

Voraussetzung für das antragsgebundene Wertansatzwahlrecht der übertragenden Körperschaft i.S.v. § 3 Abs. 2 Satz 1 UmwStG ist, dass

– die übergehenden Wirtschaftsgüter Betriebsvermögen der übernehmenden Personengesellschaft oder der natürlichen Person werden und sichergestellt ist, dass sie später der Besteuerung mit Einkommensteuer oder Körperschaftsteuer unterliegen (§ 3 Abs. 2 Satz 1 Nr. 1 UmwStG) und
– das Recht der Bundesrepublik Deutschland hinsichtlich der Besteuerung des Gewinns aus der Veräußerung der übertragenen Wirtschaftsgüter bei den Gesellschaftern der übernehmenden Personengesellschaft oder bei der natürlichen Person nicht ausgeschlossen oder beschränkt wird (§ 3 Abs. 2 Satz 1 Nr. 2 UmwStG) und
– eine Gegenleistung nicht gewährt wird oder in Gesellschaftsrechten besteht (§ 3 Abs. 2 Satz 1 Nr. 3 UmwStG).

Die Voraussetzungen für das antragsgebundene Wertansatzwahlrecht sind für jedes Wirtschaftsgut getrennt zu prüfen. Hierbei müssen die Voraussetzungen bezogen **auf jeden Gesellschafter** der übernehmenden Personengesellschaft gesondert geprüft werden.[38] Obwohl es sich bei einer Körperschaft steuerlich aus deutscher Sicht um eine intransparente Gesellschaft handelt, ist für die Ermittlung des Übertragungsgewinns i.S.v. § 3 UmwStG eine **gesellschafterbezogene Betrachtungsweise** durchzuführen. Wird somit z.B. das Recht Deutschlands hinsichtlich der Besteuerung des Gewinns aus der Veräußerung der übergehenden Wirtschaftsgüter bei einem Gesellschafter der übernehmenden Personengesellschaft oder bei der natürlichen Person ausgeschlossen oder beschränkt, sind die übergehenden Wirtschaftsgüter insoweit anteilig mit dem gemeinen Wert anzusetzen.

Ist ein Ansatz zum Buchwert oder einem Zwischenwert nach § 3 Abs. 2 UmwStG zulässig, ist der Antrag auf Buchwert- oder Zwischenwertansatz einheitlich für **diejenigen Wirtschaftsgüter des Gesellschafters** zu stellen, welche die Voraussetzungen des § 3 Abs. 2

---

37) Analoge Anwendung des BMF-Schreibens v. 25.03.1998, IV B 7 - S 1978 - 21/98 / IV B 2 - S 1909 - 33/98, BStBl. I 1998 S. 268 (UmwSt-Erlass) Rz. 11.20 (zur Gewährung einer Gegenleistung, die nicht in Gesellschaftsrechten besteht) sowie Rz. 22.08. Im Ergebnis so auch *Dötsch/Pung*, DB 2006 S. 2704 (2709). Kritik an der selektiven Aufstockung der Buchwerte äußert *Schmitt*, in: Schmitt/Hörtnagl/Stratz, UmwG/UmwStG, § 11 UmwStG Rz. 31 m.w.N. (4. Auflage).

38) Vgl. Gesetzesbegründung v. 25.09.2006 zu § 3 Abs. 2 UmwStG, BT-Drs. 16/2710 S. 37.

Satz 1 Nr. 1 - 3 UmwStG kumulativ erfüllen. Der Antrag ist spätestens bis zur erstmaligen Einreichung der steuerlichen Schlussbilanz bei dem für die Besteuerung der übertragenden Körperschaft zuständigen Finanzamt zu stellen (§ 3 Abs. 2 Satz 2 UmwStG). Durch das Einreichen der steuerlichen Schlussbilanz gilt der Antrag als gestellt.[39] Die übertragende Körperschaft ist an den von ihr ausgeübten Bewertungsansatz gebunden. Eine Änderung des Wahlrechts im Wege einer Bilanzänderung i.S.v. § 4 Abs. 2 Satz 2 EStG ist nicht zulässig.[40]

Eine Erhöhung des Übertragungsgewinns i.S.v. § 3 UmwStG kann durch die Ausübung des Zwischenwertansatzwahlrechts durch einen in Deutschland steuerpflichtigen Anteilseigner der übertragenden Körperschaft oder durch den zwingenden Wertansatz der Wirtschaftsgüter mit dem gemeinen Wert mangels kumulativer Erfüllung der Voraussetzungen des § 3 Abs. 2 Satz 1 Nr. 1 - 3 UmwStG eintreten.

Trotz einer **gesellschafterbezogenen Betrachtungsweise** ist der Übertragungsgewinn i.S.v. § 3 UmwStG ausschließlich auf Ebene der übertragenden Körperschaft und nicht auf Gesellschafterebene steuerpflichtig. Dies ist aus der steuerlichen Sicht insofern problematisch, da die Steuerbelastung nicht von dem verursachenden Gesellschafter, sondern von der übertragenden Körperschaft und mittelbar auch von etwaig anderen Gesellschaftern der übertragenden Körperschaft zu tragen ist. Durch die Wertaufstockung kommt es lediglich zu einer anteiligen Entstrickung der auf den verursachenden Gesellschafter entfallenden Wirtschaftsgüter. Etwaig andere Gesellschafter der übertragenden Körperschaft tragen die aus der anteiligen Entstrickung der Wirtschaftsgüter resultierende Steuerbelastung mittelbar durch eine Reduzierung des Vermögens der übertragenden Körperschaft, ohne hierfür im Gegenzug nur auf sie entfallende anteilig aufgestockte Wirtschaftsgüter auf Ebene der übernehmenden Personengesellschaft zu erhalten.[41]

Aus Sicht der übertragenden Körperschaft und deren Gesellschafter kann der Ansatz der Wirtschaftsgüter zu einem höheren Wert als dem Buchwert steuerlich sinnvoll sein, sofern die übertragende Körperschaft laufende Verluste oder einen Verlustvortrag ausweist, um die ansonsten im Rahmen der Verschmelzung nach § 4 Abs. 2 UmwStG untergehenden Verluste der übertragenden Körperschaft mit dem körperschaftsteuer- und gewerbesteuerpflichtigen Übertragungsgewinn zu verrechnen und zukünftiges Abschreibungspotenzial zu generieren.[42] Einschränkend sind folgende Aspekte zu berücksichtigen:

– Der durch die Buchwertaufstockung entstehende Übertragungsgewinn unterliegt den Beschränkungen der Mindestbesteuerung i.S.v. § 10d Abs. 2 Satz 1 UmwStG sowie § 10a GewStG, so dass das Verlustverrechnungspotenzial – sofern es EUR 1.000.000

---

39) Vgl. Gesetzesbegründung v. 25.09.2006 zu § 3 Abs. 2 UmwStG, BT-Drs. 16/2710 S. 37. Hingegen raten *Lemaitre/Schönherr*, GmbHR 2007 S. 173 (174) dazu, neben der Einreichung der Steuererklärung (nebst Steuerbilanz) auch noch einen formlosen Antrag zu stellen, da der Gesetzeswortlaut von einem Antrag spricht und fraglich ist, ob dieser durch die Einreichung einer Steuererklärung als gestellt gilt.
40) Zu dem analogen Fall des § 20 UmwStG siehe BMF, Schreiben v. 25.03.1998, IV B 7 - S 1978 - 21/98 / IV B 2 - S 1909 - 33/98, BStBl. I 1998 S. 268 (UmwSt-Erlass) Rz. 20.33 m.w.N.
41) Etwaige gesellschaftsvertragliche oder sonstige vertragliche Entschädigungszahlungen durch den verursachenden Gesellschafter stellen auf Ebene der übertragenden Körperschaft bzw. deren Gesellschafter eine steuerpflichtige Einnahme dar, so dass auch die durch die Entschädigungszahlung resultierende Steuerbelastung durch den verursachenden Gesellschafter zu vergüten wäre.
42) Siehe hierzu auch *Dörfler/Wittkowski*, GmbHR 2007 S. 352 (357 f.); *Förster/Felchner*, DB 2006 S. 1072 (1073) und *Lemaitre/Schönherr*, GmbHR 2007 S. 173 (176). Entgegen der Entscheidung des BFH v. 31.05.2005, I R 68/03, BStBl. II 2006 S. 380, dürfen nach der ausdrücklichen Regelung des § 4 Abs. 2 UmwStG auch die im Wirtschaftsjahr der Verschmelzung entstandenen laufenden Verluste der übertragenden Körperschaft nicht übergehen. Vgl. Gesetzesbegründung v. 25.09.2006 zu § 4 Abs. 2 UmwStG, BT-Drs. 16/2710 S. 38.

Änderungen im UmwStG

überschreitet – sowohl für körperschaft- als auch für gewerbesteuerliche Zwecke nur 60% der bestehenden Verlustvorträge beträgt.[43]
- Durch die Wertaufstockung kommt es i.d.R. in entsprechender Höhe zu einer Erhöhung der Gewinnrücklagen, deren Ausschüttung nach § 7 UmwStG an die Anteilseigner im Verhältnis ihrer Anteile zum Nennkapital der übertragenden Körperschaft fingiert wird.[44]

bb) Sicherstellung der Besteuerung der in den übergehenden Wirtschaftsgütern enthaltenen stillen Reserven (§ 3 Abs. 2 Satz 1 Nr. 1 und 2 UmwStG)

Durch die Regelung in § 3 Abs. 2 Satz 1 Nr. 1 UmwStG wird sichergestellt, dass nur dann eine Buchwertfortführung möglich ist, wenn
- die übergehenden Wirtschaftsgüter Betriebsvermögen der übernehmenden Personengesellschaft oder natürlichen Person werden[45] und
- keine subjektive Steuerbefreiung der natürlichen Person oder eines Gesellschafters der Personengesellschaft vorliegt.[46]

Die Voraussetzung des § 3 Abs. 2 Satz 1 Nr. 2 UmwStG wurde i.R.d. Europäisierung des UmwStG neu geschaffen. Durch diese Regelung soll die Besteuerung des Gewinns aus der Veräußerung der übergehenden Wirtschaftsgüter auf Ebene der übertragenden Körperschaft sichergestellt werden. Durch die Verschmelzung einer Körperschaft auf eine Personengesellschaft soll es somit nicht möglich sein, die in den Wirtschaftsgütern der übertragenden Körperschaft enthaltenen stillen Reserven der Besteuerung zu entziehen.

Derzeit mangelt es im deutschen UmwG jedoch an gesetzlichen Regelungen für eine grenzüberschreitende Verschmelzung einer Körperschaft auf eine Personengesellschaft.[47]

Aus Sicht des deutschen Fiskus kann es jedoch auch auf Ebene einer in Deutschland unbeschränkt steuerpflichtigen Körperschaft durch die Regelung des § 3 Abs. 2 Satz 1 Nr. 2 UmwStG im Rahmen einer Verschmelzung dieser Körperschaft auf eine in Deutschland ansässige Personengesellschaft zu einem Ausschluss oder einer Beschränkung des Besteuerungsrechts kommen.[48]

Ferner kann es aus Sicht des deutschen Fiskus zu einer Entstrickung der stillen Reserven in den Anteilen an einer Körperschaft kommen, die durch einen in Deutschland steuerpflichtigen Anteilseigner gehalten werden, sofern eine innerstaatliche Verschmelzung einer aus-

---

43) Im Rahmen der Unternehmensteuerreform 2008 ist eine Senkung der Steuersätze geplant, so dass eine Wertaufstockung in 2007 in Abhängigkeit von der Nutzungsdauer der Wirtschaftsgüter steuerlich unvorteilhaft sein kann.
44) Es kommt nicht zu einem Vermögenszufluss auf Ebene der Anteilseigner, sondern nur zu steuerlichen Belastungen durch die Versteuerung der fiktiven Dividende. Sofern auf Ebene der übertragenden Körperschaft ein Jahresfehlbetrag oder Verlustvortrag i.S.v. § 266 Abs. 3 HGB in entsprechender Höhe besteht, kommt es nicht zu einer Erhöhung der Gewinnrücklagen. Es ist somit auch denkbar, dass sich auch der Übernahmegewinn i.S.v. § 4 Abs. 4 und 5 UmwStG erhöht. Siehe hierzu ausführlich Gliederungspunkt I.II.5. a) ee).
45) Vgl. BMF, Schreiben v. 25.03.1998, IV B 7 - S 1978 - 21/98 / IV B 2 - S 1909 - 33/98, BStBl. I 1998 S. 268 (UmwSt-Erlass) Rz. 03.04.
46) Vgl. Gesetzesbegründung v. 25.09.2006 zu § 3 Abs. 2 UmwStG, BT-Drs. 16/2710 S. 37. Durch die zweite Voraussetzung wird die entsprechende Regelung in § 11 UmwStG nunmehr auch für die Fälle der §§ 3 UmwStG ff. gesetzlich kodifiziert. Vgl. BMF, Schreiben v. 25.03.1998, IV B 7 - S 1978 - 21/98 / IV B 2 - S 1909 - 33/98, BStBl. I 1998 S. 268 (UmwSt-Erlass) Rz. 11.03.
47) Sofern die aufnehmende Gesellschaft in ihrem Ansässigkeitsstaat als intransparente Gesellschaft i.S.d. Art. 3 i.V.m. Art. 10a FRL und aus deutscher Sicht als steuerlich transparent angesehen wird, muss geprüft werden, ob sie vom persönlichen Anwendungsbereich des § 122b UmwG erfasst wird. Hierzu bedürfte es einer Prüfung der jeweiligen Gesellschaftsform, auf die an dieser Stelle verzichtet wurde. Für grenzüberschreitende Formwechsel stellt das deutsche UmwG keine Regelungen zur Verfügung.
48) Siehe hierzu die näheren Ausführungen unter Gliederungspunkt I.II.4. b) bb) (1).

ländischen EU-/EWR-Körperschaft auf eine ausländische EU-/EWR-Personengesellschaft erfolgt.[49]

(1) Verschmelzung einer Körperschaft auf eine in Deutschland ansässige Personengesellschaft oder eine natürliche Person

Das deutsche Besteuerungsrecht hinsichtlich des Gewinns aus der Veräußerung der übergehenden Wirtschaftsgüter bei den ausländischen Gesellschaftern der übernehmenden Personengesellschaft oder bei der im Ausland ansässigen natürlichen Person kann im Fall der Verschmelzung einer Körperschaft auf eine in Deutschland ansässige Personengesellschaft bzw. inländische Betriebsstätte einer im Ausland ansässigen natürlichen Person ausgeschlossen oder beschränkt werden (§ 3 Abs. 2 Satz 1 Nr. 2 UmwStG), sofern sich die Wirtschaftsgüter der übertragenden Körperschaft nicht **funktional** einer **in Deutschland belegenen Betriebsstätte zuordnen** lassen.[50]

Es spricht einiges dafür, dass bei der Beurteilung der deutschen Betriebsstätten auf die abkommensrechtliche Betriebsstättenqualifikation abzustellen ist.[51] Deutschland hat mit sämtlichen EU-/EWR-Staaten Doppelbesteuerungsabkommen abgeschlossen.

Vom Betriebsstättenvorbehalt ausgenommen sind in Deutschland belegenes unbewegliches Vermögen und die damit im Zusammenhang stehenden Rechte. Unabhängig von der Betriebsstättenzuordnung bleibt Deutschland das Besteuerungsrecht an diesen Wirtschaftsgütern uneingeschränkt erhalten (Art. 13 Abs. 1 i.V.m. Art. 6 OECD-MA).[52]

Nach Auffassung der Rechtsprechung und der Finanzverwaltung sind einer Betriebsstätte diejenigen Wirtschaftsgüter zuzurechnen, die der Erfüllung der Betriebsstättenfunktion dienen.[53] Hierzu zählen insbes. die Wirtschaftsgüter, die zur ausschließlichen Verwertung und Nutzung durch die Betriebsstätte bestimmt sind. Darüber hinaus sind einer Betriebsstätte auch diejenigen Wirtschaftsgüter zuzurechnen, die in einem funktionalen Zusammenhang mit der in der Betriebsstätte ausgeübten Tätigkeit stehen.[54] Dies entspricht insoweit Art. 7 Abs. 1 Satz 2, Art. 10 Abs. 4, Art. 11 Abs. 4 und Art. 12 Abs. 3 OECD-MA.[55]

---

49) Siehe hierzu die näheren Ausführungen unter Gliederungspunkt I.II.4. b) bb) (2). Zum Anwendungsbereich vgl. die Ausführungen unter Gliederungspunkt I.II.1. und hinsichtlich der gesellschaftsrechtlichen Zulässigkeit eines solchen Umwandlungsvorgangs insbes. Gliederungspunkt I.II.1. b) aa).

50) Sollten die Gesellschafter der übertragenden Körperschaft in Deutschland unbeschränkt steuerpflichtig sein, kann es nicht zu einer Entstrickung i.S.v. § 3 Abs. 2 Satz 1 Nr. 2 UmwStG kommen.

51) So auch BMF, Schreiben v. 25.03.1998, IV B 7 - S 1978 - 21/98 / IV B 2 - S 1909 - 33/98, BStBl. I 1998 S. 268 (UmwSt-Erlass) Rz. 23.01; *Patt*, in: Dötsch/Jost et al., Die Körperschaftsteuer, § 23 UmwStG n.F. Rz. 22 (58. EL 11/2006). A.A. *Widmann*, in: Widmann/Mayer, Umwandlungsrecht, § 23 UmwStG Rz. 237 (92. EL 01/2007) sowie *Wolff*, in: Blümich, EStG/KStG/GewStG, § 23 UmwStG Rz. 29 (92. EL 10/2006), die beide für die Anwendung des Betriebsstätten-Begriffs nach nationalem Recht i.S.v. § 12 AO plädieren, da bei Vorliegen einer Betriebsstätte i.S.v. § 12 AO das deutsche Besteuerungsrecht gesichert sei. Siehe hierzu auch Gliederungspunkt H.I.1. b) aa) (1) c).

52) Vgl. *Reimer*, in: Vogel/Lehner, DBA, Art. 6 OECD-MA Rz. 199 (4. Auflage).

53) Vgl. BFH v. 29.07.1992, II R 39/89, BStBl. II 1993 S. 63; BMF, Schreiben v. 24.12.1999, IV B 4 - S 1300 - 111/99, BStBl. I 1999 S. 1076 (Betriebsstätten-Verwaltungsgrundsätze) Rz. 2.4.

54) Vgl. *Blumers*, DB 2006 S. 856 (856).

55) Zur Betriebsstättenzurechnung i.R.d. Fusionsrichtlinie siehe Gliederungspunkt G.III.1. a) aa) (2).

Änderungen im UmwStG

In Abweichung von den Regelungen des OECD-MA gilt i.R.d. Zuordnung von Wirtschaftsgütern nach Auffassung der Finanzverwaltung die sog. **Zentralfunktion des Stammhauses**.[56] Demnach sind dem Stammhaus i.d.R. folgende Wirtschaftsgüter zuzurechnen:

- Finanzmittel, die dem Gesamtunternehmen dienen,
- Beteiligungen, sofern sie nicht einer in der Betriebsstätte ausgeübten Tätigkeit dienen[57], und
- bilanzierte und nicht bilanzierte immaterielle Wirtschaftsgüter (z.B. Patente, Lizenzen, Geschäfts- oder Firmenwert).[58]

Die von einer Betriebsstätte erwirtschafteten Finanzierungsmittel werden nur dann dem Betriebsstättenvermögen zugeordnet, wenn sie zur Absicherung der Geschäftstätigkeit der Betriebsstätte erforderlich sind oder zur Finanzierung beschlossener oder in absehbarer Zeit vorgesehener Investitionen eingesetzt werden sollen. Sämtliche darüber hinausgehenden, überschüssigen Finanzierungsmittel sind dem Stammhaus zuzuordnen.

Eine Betriebsstättenzurechnung kann ferner unterbleiben bei Wirtschaftsgütern, die

- der Betriebsstätte nur vorübergehend überlassen werden und eine derartige Überlassung unter Fremden aufgrund eines Miet-, Pacht- oder ähnlichen Rechtsverhältnisses erfolgt wäre oder
- von mehreren Betriebsstätten gleichzeitig oder nacheinander genutzt werden und
- deren Aufwendungen und Erträge durch ein Aufteilungsverfahren innerhalb des Unternehmens umgelegt werden.[59]

---

56) Vgl. BMF, Schreiben v. 24.12.1999, IV B 4 - S 1300 - 111/99, BStBl. I 1999 S. 1076 (Betriebsstätten-Verwaltungsgrundsätze) Rz. 2.4. Auch der BFH folgt in seiner Entscheidung v. 17.12.2003, I R 47/02, BFH/NV 2004 S. 771 - wenn auch nur in einem *obiter dictum* - dem Postulat der Zentralfunktion des Stammhauses. Die tatsächliche Zugehörigkeit eines Wirtschaftsgutes zu einer Betriebsstätte verlange, dass es in einem funktionalen Zusammenhang zu der in der Betriebsstätte ausgeübten Unternehmenstätigkeit stehe. Insoweit seien die zu § 8 AStG entwickelten Grundsätze der funktionalen Betrachtungsweise sinngemäß anzuwenden und auf die Tätigkeit abzustellen, der nach der allgemeinen Verkehrsauffassung das Schwergewicht innerhalb der Betriebsstätte zukommt. Das FG Münster hat in seinem Urteil v. 02.06.2006 (Revision anhängig unter I R 66/06), 9 K 4990/02 K,F, EFG 2006 S. 1911, dementsprechend die von einer niederländischen Personengesellschaft gehaltenen Beteiligungen an Drittländern DBA-rechtlich ihrem deutschen Gesellschafter zugerechnet und dessen Dividenden nicht freigestellt, ohne die Frage nach der Holdingfunktion der niederländischen Personengesellschaft zu stellen. Nach Auffassung von *Blumers*, DB 2006 S. 856 (857) und DB 2007 S. 312 (314), entbehrt das Postulat der Zentralfunktion des Stammhauses jeder Rechtsgrundlage.
57) Die Finanzverwaltung bezieht sich insoweit auf die Rechtsprechung zur abkommensrechtlichen Qualifikation von Dividendenerträgen als Betriebsstättengewinne, wonach es entscheidend darauf ankommt, dass die Beteiligung in funktionalem Zusammenhang mit der unternehmerischen Tätigkeit der Betriebsstätte steht. Siehe hierzu BFH v. 17.12.2003, I R 47/02, BFH/NV 2004 S. 771; BFH v. 23.10.1996, I R 10/96, BStBl. II 1997 S. 313; BFH v. 30.08.1995, I R 112/94, BStBl. II 1996 S. 563; FG Münster v. 02.06.2006, 9 K 4990/02, K, F (Revision anhängig unter I R 66/06), IStR 2006 S. 711.
58) Selbstgeschaffene immaterielle Wirtschaftsgüter des Anlagevermögens (Patente, Rechte, Lizenzen) sind gem. Rz. 2.6.1. c) i.V.m. Rz. 2.6.3. des BMF-Schreibens v. 24.12.1999, IV B 4 - S 1300 - 111/99, BStBl. I 1999 S. 1076 (Betriebsstätten-Verwaltungsgrundsätze), dem ausländischen Stammhaus zuzuordnen, wenn sie dort Verwendung finden. Die Finanzverwaltung stützt ihre Auffassung auf die Rechtsprechung zur abkommensrechtlichen Zuordnung von Lizenzgebühren, die als Entgelte nur dann als Betriebsstättengewinne qualifiziert, wenn die zugrunde liegenden Rechte in funktionalem Zusammenhang mit der in der Betriebsstätte hauptsächlich ausgeübten unternehmerischen Tätigkeit stehen. Siehe hierzu BFH v. 29.11.2000, I R 84/99, HFR 2001 S. 1053; BFH v. 30.08.1995, I R 112/94, BStBl. II 1996 S. 563. Der Geschäfts- oder Firmenwert ist nach Auffassung des BFH v. 24.11.1982 (I R 123/78, BStBl. II 1983 S. 113) an den Betrieb oder Teilbetrieb gebunden.
59) Vgl. BMF, Schreiben v. 24.12.1999, IV B 4 - S 1300 - 111/99, BStBl. I 1999 S. 1076 (Betriebsstätten-Verwaltungsgrundsätze) Rz. 2.4.

Im Ergebnis sieht es die Finanzverwaltung grds. als nicht zulässig an, der Betriebsstätte eine Finanzierungs-, Holding- und/oder Lizenzgeberfunktion zuzuweisen, da **Finanzmittel, Beteiligungen und/oder immaterielle Wirtschaftsgüter** (z.B. Patente, Lizenzen, Geschäfts- oder Firmenwert) **wegen** der **Zentralfunktion des Stammhauses grds.** dem **Stammhaus** zugeordnet werden.[60]

Im Fall der Verschmelzung einer Körperschaft auf eine in Deutschland ansässige Personengesellschaft sind diese Wirtschaftsgüter - mangels funktionaler Zuordnung zu einer deutschen Betriebsstätte - dem übernehmenden ausländischen Stammhaus (bzw. ausländischen Gesellschaften) zuzuordnen. Wegen des Ausschlusses des deutschen Besteuerungsrechts sind sämtliche in diesen Wirtschaftsgütern enthaltenen stillen Reserven aufzudecken, was auf Ebene der übertragenden Körperschaft zu erheblichen steuerlichen Mehrbelastungen, insbes. bei nicht bilanzierten immateriellen Wirtschaftsgütern bzw. einem originären Geschäfts- oder Firmenwert, führen kann.[61]

(2) Innerstaatliche Verschmelzung ausländischer EU-/EWR-Körperschaften auf ausländische EU-/EWR-Personengesellschaften

Auch die innerstaatliche Verschmelzung ausländischer EU-/EWR-Körperschaften auf ausländische EU-/EWR-Personengesellschaften kann vom sachlichen Anwendungsbereich des § 1 Abs. 1 Nr. 2 UmwStG erfasst sein.[62] Durch die innerstaatliche Verschmelzung ausländischer EU-/EWR-Körperschaften auf ausländische EU-/EWR-Personengesellschaften kann es zu keinem Ausschluss oder keiner Beschränkung des deutschen Besteuerungsrechts auf Ebene der übertragenden Körperschaft kommen.[63] Bei einer wörtlichen Auslegung von § 3 Abs. 2 UmwStG könnte argumentiert werden, dass der Gesellschafter der in einem anderen ausländischen EU-/EWR-Staat unbeschränkt steuerpflichtigen Körperschaft das Bewertungswahlrecht nicht ausüben kann, da Deutschland zu keinem Zeitpunkt das Besteuerungsrecht an den Gewinnen aus der Veräußerung der Wirtschaftsgüter zustand. Es ist wohl anzunehmen, dass der Gesetzgeber den vorstehenden Fall nicht in § 3 Abs. 2 UmwStG geregelt hat. Die Vorschrift ist daher in diesem Fall dahingehend auszulegen, dass zu prüfen ist, ob das Besteuerungsrecht des anderen ausländischen EU-/EWR-Staates an den Gewinnen aus der Veräußerung der Wirtschaftsgüter ausgeschlossen oder beschränkt wird. Sofern sich die Wirtschaftsgüter der übertragenden Körperschaft funktional einer in dem jeweiligen ausländischen Staat belegenen Betriebsstätte zuordnen lassen, ist die Fortführung der steuerlichen Buchwerte möglich. Nur insoweit, als die Wirtschaftsgüter funktional nicht einer in dem jeweiligen ausländischen EU-/EWR-Staat belegenen Betriebsstätte zugeordnet werden

---

60) Vgl. *Blumers*, DB 2006 S. 856 (857). Ungeklärt ist insbes. vor dem Hintergrund der Unternehmensteuerreform 2008, wie der Gesetzgeber zukünftig die Funktionszuordnung von Know-How vornehmen will.

61) Die in Beteiligungen enthaltenen stillen Reserven unterliegen grds. nach § 8b Abs. 2 und 3 KStG „nur" i.H.v. 5% der deutschen Besteuerung. *Blumers*, DB 2006 S. 856 ff. äußert europarechtliche Bedenken gegen das von der deutschen Finanzverwaltung vertretene Postulat der Zentralfunktion des Stammhauses. Die Verpflichtung, bestimmte Wirtschaftsgüter dem Stammhaus zuzuordnen, beschränke die Niederlassungs- und Kapitalverkehrsfreiheit in- und ausländischer Unternehmen in unzulässiger Weise, da das übertragende Unternehmen nicht frei bestimmen kann, wie die Betriebsstättenzuordnung zu erfolgen habe.

62) Siehe hierzu ausführlich Gliederungspunkt I.II.1.

63) Dies gilt auch, sofern die übertragende ausländische EU-/EWR-Körperschaft über eine inländische Betriebsstätte verfügt. Da die übernehmende EU-/EWR-Personengesellschaft in demselben ausländischen EU-/EWR-Staat wie die übertragende Körperschaft ansässig ist, kommt es nicht zu einem Wechsel des anzuwendenden Doppelbesteuerungsabkommens. Deutschland hat mit sämtlichen EU-/EWR-Staaten Doppelbesteuerungsabkommen abgeschlossen, die Deutschland immer das Besteuerungsrecht an den inländischen Betriebsstätteneinkünften sichern.

können, ist der gemeine Wert anzusetzen. Eine diesbezügliche Klarstellung hinsichtlich des Gesetzeswortlautes durch den Gesetzgeber wäre wünschenswert.

Die Wertaufstockung der übergehenden Wirtschaftsgüter auf den gemeinen Wert hat i.d.R. eine Erhöhung der Gewinnrücklagen und somit der fingierten Dividende an die Anteilseigner i.S.v. § 7 UmwStG zur Folge.[64] Die Versagung des Wahlrechts zum Ansatz des Buch- oder eines Zwischenwerts hätte bei Wirtschaftsgütern der übertragenden Körperschaft, die sich funktional einer in dem jeweiligen ausländischen EU-/EWR-Staat belegenen Betriebsstätte zuordnen lassen, zur Folge, dass Deutschland die stillen Reserven über die fingierte Dividende beim Anteilseigner der übertragenden Körperschaft besteuert, obwohl es sich um fingierte Gewinne aus der Veräußerung der Wirtschaftsgüter der ausländischen EU-/EWR-Personengesellschaft handelt, die aus abkommensrechtlicher Sicht eine Betriebsstätte darstellt. Bei einer Freistellungsbetriebsstätte ohne Aktivitätsvorbehalt sollen die Veräußerungsgewinne nach dem jeweiligen Doppelbesteuerungsabkommen nur im Betriebsstättenstaat besteuert werden. Im Fall der Freistellungsbetriebsstätte mit Aktivitätsvorbehalt[65] würden die Gewinne aus der Veräußerung der Wirtschaftsgüter zu einem späteren Zeitpunkt nochmals der Besteuerung in Deutschland unterliegen, sofern die übernehmende Personengesellschaft oder natürliche Person schädliche Tätigkeiten i.S.d. jeweiligen Aktivitätsvorbehalts ausübt. Auch dies spricht dafür, dass ein entsprechendes Wahlrecht zum Ansatz des Buch- oder eines Zwischenwerts zwingend bestehen sollte.

cc) Keine Gegenleistung oder Gegenleistung, die ausschließlich in Gesellschaftsrechten besteht (§ 3 Abs. 2 Satz 1 Nr. 3 UmwStG)

Ein Buchwert- oder Zwischenwertansatz ist auf Antrag möglich, soweit die übernehmende Personengesellschaft der übertragenden Körperschaft keine Gegenleistung gewährt oder die Gegenleistung ausschließlich in Gesellschaftsrechten besteht.

Ob eine schädliche Gegenleistung vorliegt, ist ausschließlich nach zivilrechtlichen Maßstäben zu beurteilen. Die bisher bei § 24 UmwStG aufgetretenen Abgrenzungsfragen zwischen Kapital- und Darlehenskonten treten zukünftig auch im Rahmen von § 3 UmwStG auf.[66] Gleiches gilt für die wirtschaftliche Betrachtungsweise der Finanzverwaltung, dass eine Zuführung der Zuzahlung zum Betriebsvermögen der Personengesellschaft mit anschließender Entnahme der Zuzahlung durch den Anteilseigner der Körperschaft nach den Vereinbarungen der Parteien den gleichen wirtschaftlichen Gehalt wie eine Zuzahlung haben kann, die unmittelbar an den Einbringenden erfolgt.[67]

c) Sonderfall: Betriebsstätte in einem ausländischen EU-Staat ohne DBA-Freistellung (§ 3 Abs. 3 UmwStG)

Ist im Rahmen einer Verschmelzung[68] einer unbeschränkt steuerpflichtigen Körperschaft Art. 10 FRL anzuwenden, ist die Körperschaftsteuer auf den Übertragungsgewinn gem. § 26

---

64) Es kommt nicht zu einem Vermögenszufluss auf Ebene der Anteilseigner, sondern nur zu steuerlichen Belastungen durch die Versteuerung der fiktiven Dividende. Sofern auf Ebene der übertragenden Körperschaft ein Jahresfehlbetrag oder Verlustvortrag i.S.v. § 266 Abs. 3 HGB besteht, kommt es nicht zu einer Erhöhung der Gewinnrücklagen. Es ist somit auch denkbar, dass sich der Übernahmegewinn i.S.v. § 4 Abs. 4 und 5 UmwStG erhöht. Siehe hierzu ausführlich Gliederungspunkt I.II.5. a) ee).
65) Oder in den Fällen des § 20 Abs. 2 AStG.
66) Siehe hierzu Patt, in: Dötsch/Jost et al., Die Körperschaftsteuer, § 24 UmwStG n.F. Rz. 46 (58. EL 11/2006).
67) Vgl. BMF, Schreiben v. 25.03.1998, IV B 7 - S 1978 - 21/98 / IV B 2 - S 1909 - 33/98, BStBl. I 1998 S. 268 (UmwSt-Erlass) Rz. 24.12.
68) Siehe hierzu auch Gliederungspunkt G.III.1. a) bb). Der Fall des Formwechsels wird nicht durch die Fusionsrichtlinie erfasst.

KStG um den Betrag ausländischer Steuern zu ermäßigen, die nach den Rechtsvorschriften eines anderen EU-Staates erhoben worden wären, wenn die übergehenden Wirtschaftsgüter zum gemeinen Wert veräußert worden wären. Dies gilt nur, soweit die übergehenden Wirtschaftsgüter einer Betriebsstätte der übertragenden inländischen Körperschaft einem anderen EU-Staat zuzurechnen sind und Deutschland die Doppelbesteuerung bei der übertragenden Körperschaft nicht durch Freistellung vermeidet (§ 3 Abs. 3 UmwStG). Wenn ein anderer EU-Staat bei einer in seinem Hoheitsgebiet belegenen Betriebsstätte einem Steuerpflichtigen anlässlich des Verschmelzungs- oder Spaltungsvorgangs ein Wahlrecht zur Aufdeckung der stillen Reserven einräumt, richtet sich die Anrechnung der tatsächlich erhobenen Steuern nach den allgemeinen Vorschriften des § 26 KStG.[69] Gem. § 9 Nr. 3 GewStG unterliegt der Teil des Gewerbeertrags, der auf eine nicht im Inland belegene Betriebsstätte entfällt, nicht der Gewerbesteuer. Es kann insoweit in Deutschland nur eine Körperschaftsteuerbelastung eintreten.

Art. 10 FRL kann nur für grenzüberschreitende Verschmelzungen zur Anwendung kommen, an denen Gesellschaften i.S.v. Art. 3 FRL aus zwei oder mehr EU-Staaten beteiligt sind (Art. 1 Buchst. a) FRL) und bei der der übertragende Rechtsträger über eine Drittstaaten-Betriebsstätte verfügt. Ein rein innerstaatlicher Verschmelzungsvorgang zwischen Rechtsträgern, die in demselben Staat ansässig sind, wird nicht von Art. 10 FRL erfasst. Gleichfalls scheidet eine Anwendung von § 3 Abs. 3 UmwStG i.V.m. Art. 10 FRL aus, sofern an der grenzüberschreitenden Verschmelzung nicht Gesellschaften i.S.v. Art. 3 i.V.m. Art. 10a FRL beteiligt sind. Eine steuerlich transparente Personengesellschaft nach den Kriterien des EU-Staates der übertragenden Körperschaft und des EU-Ansässigkeitsstaates der Personengesellschaft (z.B. deutsche Personengesellschaft) ist keine Gesellschaft, die in den persönlichen Anwendungsbereich des Art. 3 FRL fällt, so dass unabhängig von der Frage, ob eine grenzüberschreitende Verschmelzung einer Körperschaft auf eine Personengesellschaft gesellschaftsrechtlich möglich wäre, eine grenzüberschreitende Verschmelzung einer Körperschaft auf eine steuerlich transparente Personengesellschaft nach den Kriterien des EU-Staates der übertragenden Körperschaft und des EU-Ansässigkeitsstaates der Personengesellschaft nicht in den Anwendungsbereich von § 3 Abs. 3 UmwStG i.V.m. Art. 10 FRL fällt.

Die Regelung des § 3 Abs. 3 UmwStG betrifft somit ausschließlich den Sonderfall der grenzüberschreitenden Hinausverschmelzung einer in Deutschland unbeschränkt steuerpflichtigen Körperschaft auf eine aus deutscher Sicht steuerlich transparente (hybride) Gesellschaft, die aus steuerlicher Sicht ihres EU-Ansässigkeitsstaates als intransparent gilt.[70] Die in Deutschland unbeschränkt steuerpflichtige Körperschaft muss in einem weiteren EU-Staat (EU-Drittstaat) eine Betriebsstätte haben, deren Einkünfte nicht in Deutschland von der Besteuerung freigestellt sind.[71] Dieser Fall dürfte insbes. vor dem Hintergrund, dass es

---

69) Vgl. Gesetzesbegründung v. 25.09.2006 zu § 3 Abs. 2 UmwStG, BT-Drs. 16/2710 S. 38. Diese in der Gesetzesbegründung enthaltene Einschränkung dürfte im Einklang mit Art. 10 Abs. 1 FRL stehen. Aufgrund des Rechtsgrundverweises in § 3 Abs. 3 UmwStG auf die Fusionsrichtlinie ist wohl eine Ergänzung des Gesetzes entbehrlich.
70) Im Falle innerstaatlicher Verschmelzungen ausländischer EU-Rechtsträger kommt eine Steueranrechnung nur nach den Vorschriften des ausländischen EU-Staates in Betracht.
71) Die Mehrzahl der Doppelbesteuerungsabkommen mit anderen EU-/EWR-Staaten (z.B. DBA-Portugal) enthält einen Aktivitätsvorbehalt, nach dem von der Freistellungs- zur Anrechnungsmethode zu wechseln ist, sofern der Aktivitätsvorbehalt nicht erfüllt wird. Hinsichtlich der Doppelbesteuerungsabkommen mit Freistellungsmethode ohne Aktivitätsvorbehalt ist zu prüfen, ob § 20 Abs. 2 AStG einschlägig ist.

Änderungen im UmwStG 756

derzeit im deutschen UmwG keine Regelungen für einen solchen grenzüberschreitenden Verschmelzungsvorgang gibt, vorerst von untergeordneter praktischer Bedeutung sein.[72]

Der vorstehende Verschmelzungsfall wurde wohl in § 3 UmwStG aufgenommen, da aus deutscher steuerlicher Sicht auf eine transparente Personengesellschaft verschmolzen wird, die lediglich im EU-Ansässigkeitsstaat der Personengesellschaft als intransparente Personengesellschaft bzw. Körperschaft behandelt wird. Die gesellschaftsrechtliche Durchführbarkeit des vorstehenden Verschmelzungssachverhalts vorausgesetzt, kommt es zu einer Anwendung von Art. 10 FRL bzw. § 3 Abs. 3 UmwStG, da die Bundesrepublik Deutschland nach der Verschmelzung der in Deutschland unbeschränkt steuerpflichtigen Körperschaft kein Besteuerungsrecht mehr hinsichtlich der Betriebsstätte der übertragenden Körperschaft in dem EU-Drittstaat hat.[73]

5. Ebene der übernehmenden Personengesellschaft bzw. natürlichen Person: Ermittlung des Übernahmeergebnisses (§ 4 UmwStG)

Nach § 9 Satz 1 UmwG gelten die § 3 - § 8 und § 10 UmwStG im Falle des Formwechsels einer Kapitalgesellschaft in eine Personengesellschaft entsprechend.

a) Ermittlung des Übernahmegewinns/Übernahmeverlustes
aa) Bewertung der übergehenden Wirtschaftsgüter/Anteile an der übertragenden Körperschaft

Aufgrund der Wertverknüpfung mit der steuerlichen Schlussbilanz der übertragenden Körperschaft hat die übernehmende Personengesellschaft oder natürliche Person die übergegangenen Wirtschaftsgüter - wie bisher - mit den in der steuerlichen Schlussbilanz ausgewiesenen Werten zu übernehmen (§ 4 Abs. 1 Satz 1 UmwStG).

Die Anteile an der übertragenden Körperschaft sind bei der übernehmenden Personengesellschaft oder natürlichen Person zum steuerlichen Übertragungsstichtag mit dem Buchwert, erhöht um Abschreibungen, die in früheren Jahren steuerwirksam vorgenommen worden sind, sowie um Abzüge nach § 6b EStG und ähnliche Abzüge, höchstens mit dem gemeinen Wert anzusetzen.[74] Auf einen sich daraus ergebenden Gewinn finden § 8b Abs. 2 Satz 4 und 5 KStG sowie § 3 Nr. 40 Satz 1 Buchst. a) Satz 2 und 3 EStG Anwendung (§ 4 Abs. 1 Satz 2 und 3 UmwStG). Die aus der erweiterten Wertaufholung resultierenden Erträge haben keine Auswirkung auf den Übernahmegewinn/Übernahmeverlust, sondern erhöhen den laufenden Gewinn der übernehmenden Personengesellschaft oder natürlichen Person und sind in vollem Umfang körperschaft- und gewerbesteuerpflichtig (§ 4 Abs. 1 Satz 3 UmwStG).[75]

bb) Eintritt in die Rechtsstellung der übertragenden Körperschaft

Die übernehmende Personengesellschaft tritt wie bisher grds. in die steuerliche Rechtsstellung der übertragenden Körperschaft ein (§ 4 Abs. 2 Satz 1 UmwStG):

---

72) Sofern die aufnehmende Gesellschaft in ihrem Ansässigkeitsstaat als intransparente Gesellschaft i.S.d. Art. 3 i.V.m. Art. 10a FRL und aus deutscher Sicht als steuerlich transparent angesehen wird, muss geprüft werden, ob sie vom persönlichen Anwendungsbereich des § 122b UmwG erfasst wird. Hierzu bedürfte es einer Prüfung der jeweiligen Gesellschaftsform, auf die an dieser Stelle verzichtet wurde.
73) Vgl. *Dötsch/Pung*, DB 2006 S. 2704 (2709).
74) Zur erweiterten Wertaufholung bei vorangegangenen steuerwirksamen Teilwertabschreibungen und Abzügen nach § 6b EStG bzw. hiermit vergleichbaren Abzügen siehe auch Gliederungspunkt I.I.3.
75) Vgl. Gesetzesbegründung v. 25.09.2006 zu § 4 Abs. 1 UmwStG, BT-Drs. 16/2710 S. 38. Das Wertaufholungsgebot wird durch § 5 Abs. 3 UmwStG ergänzt.

- Abschreibungsmethoden der übertragenden Körperschaft sind fortzuführen.
- Wertaufholungsgebote von Anteilen i.S.v. § 8b Abs. 2 KStG, die von der übertragenden Körperschaft gehalten werden, sind zu beachten.
- Vorbesitzzeiten der übertragenden Körperschaft werden der übernehmenden Körperschaft zugerechnet (z.B. § 6b EStG, § 9 Nr. 2a und Nr. 7 GewStG, *§ 21 UmwStG a.F.*).

§ 15 Abs. 1 Satz 1 Nr. 2 Satz 2 EStG gilt sinngemäß.[76] Sofern die übertragende Körperschaft das übertragene Betriebsvermögen mit einem über seinem Buchwert liegenden Wert angesetzt hat, sind die Regelungen zur Ermittlung der Abschreibungs-Bemessungsgrundlage i.S.v. § 4 Abs. 3 UmwStG einschlägig.[77] Besonderheiten gelten im Rahmen der Umwandlung von Unterstützungskassen.[78]

Verrechenbare Verluste, verbleibende Verlustvorträge oder von der übertragenden Körperschaft nicht ausgeglichene negative Einkünfte gehen nach § 4 Abs. 2 Satz 2 UmwStG **nicht** auf die übernehmende Personengesellschaft oder natürliche Person über (z.B. ein verbleibender Verlustvortrag i.S.d. § 2a,[79] § 10d, § 15 Abs. 4 oder § 15a EStG).[80] Entgegen der Entscheidung des BFH v. 31.05.2005[81] sind hiervon auch laufende Verluste im Wirtschaftsjahr der Umwandlung betroffen. Ein Verlustvortrag nach § 10a GewStG geht nicht auf die übernehmende Personengesellschaft über (§ 18 Abs. 1 Satz 2 UmwStG).

cc) Erweiterte Einlagefiktion i.S.v. § 5 Abs. 2 UmwStG/Wertaufholungsfiktion i.S.v. § 5 Abs. 3 UmwStG

Zukünftig gelten auch die Anteile an der übertragenden Körperschaft i.S.d. § 17 EStG, die an dem steuerlichen Übertragungsstichtag nicht zu einem Betriebsvermögen eines Gesellschafters der übernehmenden Personengesellschaft oder einer natürlichen Person gehören, für die Ermittlung des Gewinns der übernehmenden Personengesellschaft oder natürlichen Person als an diesem Stichtag in das Betriebsvermögen eingelegt (§ 5 Abs. 2 UmwStG). Handelt es sich nicht um einen Anteil an der übertragenden Körperschaft i.S.d. § 17 EStG[82], der im Privatvermögen eines Gesellschafters der übernehmenden Personengesellschaft oder einer natürlichen Person gehalten wird, ist auch weiterhin kein Übernahmegewinn/Übernahmeverlust zu ermitteln.

---

76) Der mittelbar über eine oder mehrere Personengesellschaften beteiligte Gesellschafter steht dem unmittelbar Beteiligten gleich; er ist als Mitunternehmer des Betriebs der Gesellschaft anzusehen, an der er mittelbar beteiligt ist, wenn er und die Personengesellschaften, die seine Beteiligung vermitteln, jeweils als Mitunternehmer der Betriebe der Personengesellschaften anzusehen sind, an denen sie unmittelbar beteiligt sind (§ 15 Abs. 1 Satz 1 Nr. 2 Satz 2 EStG).
77) BMF, Schreiben v. 25.03.1998, IV B 7 - S 1978 - 21/98 / IV B 2 - S 1909 - 33/98, BStBl. I 1998 S. 268 (UmwSt-Erlass) Rz. 04.02-04.06.
78) Siehe hierzu *Klingebiel*, Der Konzern 2006 S. 600 (604).
79) Die Billigkeitsregelung der Finanzverwaltung nach Rz. 04.08 des BMF-Schreibens v. 25.03.1998, IV B 7 - S 1978 - 21/98 / IV B 2 - S 1909 - 33/98, BStBl. I 1998 S. 268 (UmwSt-Erlass), wird durch gesetzliche Regelung insofern aufgehoben.
80) Mit der Streichung der Verlustübertragungsmöglichkeit wollte der Gesetzgeber insbs. vermeiden, dass bei grenzüberschreitenden Hinausverschmelzungen unter Berufung auf Europarecht verlangt wird, Auslandsverluste im Rahmen der deutschen Besteuerung gewinnmindernd zu berücksichtigen. Die Sorge des Imports ausländischer Verluste ist allerdings nach dem Konzept des Art. 6 FRL nicht berechtigt, da hiernach eine Verlustberücksichtigung nur i.R.v. Betriebsstätten der übernehmenden Körperschaft im Ansässigkeitsstaat der übertragenden Körperschaft vorgesehen ist. Zur Abschaffung der Verlustnutzung bei der Verschmelzung von Körperschaften siehe auch *Dörfler/Rautenstrauch/Adrian*, DB 2006 S. 1657 ff.; *Kessler/Saavedra-Olarte*, DB 2006 S. 2364 ff.; *Maiterth/Müller*, DStR 2006 S. 1861 ff.
81) Vgl. BFH v. 31.05.2005, I R 68/03, DStR 2005 S. 1182 ff.
82) Hinsichtlich der Änderungen des Umfangs eines Anteils i.S.d. § 17 EStG siehe Gliederungspunkt H I.3.

Gehören an dem steuerlichen Übertragungsstichtag Anteile an der übertragenden Körperschaft zum Betriebsvermögen eines Gesellschafters, ist der Gewinn so zu ermitteln, als seien die Anteile an diesem Stichtag zum Buchwert, erhöht um Abschreibungen sowie um Abzüge nach § 6b EStG und ähnliche Abzüge, die in früheren Jahren steuerwirksam vorgenommen worden sind, höchstens mit dem gemeinen Wert, in das Betriebsvermögen der übernehmenden Personengesellschaft oder natürlichen Person eingelegt worden.[83] Auf einen sich daraus ergebenden Gewinn finden § 8b Abs. 2 Satz 4 und 5 KStG sowie § 3 Nr. 40 Satz 1 Buchst. a) Satz 2 und 3 EStG Anwendung (§ 5 Abs. 3 UmwStG). § 5 Abs. 3 UmwStG soll die Regelungen in § 4 Abs. 1 Satz 2 und 3 UmwStG ergänzen und sicherstellen, dass auch Wertänderungen, die nach dem letzten Bilanzstichtag des Gesellschafters eingetreten sind, erfasst werden.[84]

Die Vorschrift des *§ 5 Abs. 4 UmwStG a.F.*, nach der einbringungsgeborene Anteile an einer Kapitalgesellschaft i.S.v. *§ 21 UmwStG a.F.* als an dem steuerlichen Übertragungsstichtag in das Betriebsvermögen der Personengesellschaft mit den Anschaffungskosten eingelegt gelten, wurde gestrichen. Gem. § 27 Abs. 3 Nr. 1 UmwStG ist *§ 5 Abs. 4 UmwStG a.F.* weiterhin mit der Maßgabe anzuwenden, dass die Anteile zu dem Wert i.S.v. § 5 Abs. 2 oder Abs. 3 UmwStG als zum steuerlichen Übertragungsstichtag in das Betriebsvermögen des übernehmenden Rechtsträgers überführt gelten. Einbringungsgeborene Anteile können entweder aus Einbringungsvorgängen, die unter dem bisherigen UmwStG durchgeführt wurden oder wegen § 20 Abs. 3 Satz 4 UmwStG und § 21 Abs. 2 Satz 6 UmwStG entstehen.[85]

dd) Wertansatz von Wirtschaftsgütern, soweit Deutschland kein Recht zur Besteuerung des Gewinns aus einer Veräußerung zusteht (§ 4 Abs. 4 Satz 2 UmwStG)

(1) Verschmelzung einer Körperschaft auf eine in Deutschland ansässige Personengesellschaft

Für die Ermittlung des Übernahmegewinns oder Übernahmeverlustes sind abweichend von § 4 Abs. 1 UmwStG die übergegangenen Wirtschaftsgüter der übertragenden Körperschaft grds. mit dem gemeinen Wert anzusetzen, soweit Deutschland an ihnen kein Recht zur Besteuerung des Gewinns aus einer Veräußerung zustand (§ 4 Abs. 4 Satz 2 UmwStG).[86] Durch diese Regelung sollte sichergestellt werden, dass z.B. stille Reserven einer ausländischen Betriebsstätte, die durch Doppelbesteuerungsabkommen von der deutschen Besteuerung freigestellt ist, oder Vermögen einer ausländischen Körperschaft, die im Inland nicht oder nur beschränkt steuerpflichtig ist, im Übernahmeergebnis erfasst werden. Ohne diese Regelungen gingen die stillen Reserven für die deutsche Besteuerung verloren, obwohl sie sich bei einer Veräußerung der Beteiligung an der übertragenden Körperschaft auf den Kaufpreis auswirken und damit der deutschen Besteuerung unterliegen würden.[87]

Die Regelung des § 4 Abs. 4 Satz 2 UmwStG hat keine Auswirkung auf die Ermittlung des Übertragungsgewinns i.S.v. § 3 UmwStG und kann folglich auch nicht zu einer Erhöhung der Gewinnrücklagen der übertragenden Körperschaft bzw. der fingierten Dividende nach § 7 UmwStG führen.[88] Bei der Erhöhung des Übertragungsgewinns durch § 4 Abs. 4 Satz 2

---

83) Zur erweiterten Wertaufholung bei vorangegangenen steuerwirksamen Teilwertabschreibungen und Abzügen nach § 6b EStG bzw. hiermit vergleichbaren Abzügen siehe auch Gliederungspunkt I.I.3.
84) Vgl. *Lemaitre/Schönherr*, GmbHR 2007 S. 173 (179).
85) Vgl. *Dötsch/Pung*, DB 2006 S. 2704 (2712).
86) Hinsichtlich möglicher europarechtlicher Bedenken gegen diese Vorschrift wegen der Sofortversteuerung der stillen Reserven ohne Steuerstundungsmöglichkeit siehe *Lemaitre/Schönherr*, GmbHR 2007 S. 173 (178).
87) Vgl. Gesetzesbegründung v. 25.09.2006 zu § 4 Abs. 4 UmwStG, BT-Drs. 16/2710 S. 39.
88) Vgl. *Dötsch/Pung*, DB 2006 S. 2704 (2711).

UmwStG handelt es sich um einen Vorgang der 2. Stufe der Gewinnermittlung, der außerbilanziell vorgenommen wird.[89]

(2) Innerstaatliche Verschmelzung einer ausländischen EU-/EWR-Körperschaft auf eine ausländische EU-/EWR-Personengesellschaft

Auch die innerstaatliche Verschmelzung einer ausländischen EU-/EWR-Körperschaft auf eine ausländische EU-/EWR-Personengesellschaft kann vom sachlichen Anwendungsbereich des § 1 Abs. 1 Nr. 2 UmwStG erfasst sein.[90] Durch die innerstaatliche Verschmelzung einer EU-/EWR-Körperschaft auf eine ausländische EU-/EWR-Personengesellschaft kann es zu keinem Ausschluss oder einer Beschränkung des deutschen Besteuerungsrechts auf Ebene der übertragenden Körperschaft kommen. Deutschland hatte zu keinem Zeitpunkt das Besteuerungsrecht an den Wirtschaftsgütern auf Ebene der übertragenden Körperschaft und deren nicht in Deutschland belegenen Betriebsstätten.[91]

Nach der Gesetzesbegründung sollen durch die Regelung in § 4 Abs. 4 Satz 2 UmwStG die stillen Reserven in den Wirtschaftsgütern erfasst werden, die steuerlich in Deutschland nicht verstrickt sind, sich jedoch bei der Veräußerung des Anteils an der im EU-/EWR-Ausland ansässigen Körperschaft auf den Kaufpreis auswirken würden. Nach dem Gesetzeswortlaut wären somit sämtliche Wirtschaftsgüter auf Ebene der übertragenden Körperschaft und deren nicht in Deutschland belegenen Betriebsstätten mit dem gemeinen Wert anzusetzen. Das in der Gesetzesbegründung zum Ausdruck gebrachte Ziel des Gesetzgebers, sämtliche in dem Anteil an einer übertragenden Körperschaft enthaltenen stillen Reserven zu besteuern, scheint durch die Formulierung in § 4 Abs. 4 Satz 2 UmwStG sichergestellt. Wie im Folgenden gezeigt wird, kann der Gesetzeswortlaut jedoch nicht uneingeschränkt auf den Fall der innerstaatlichen Verschmelzung einer ausländischen EU-/EWR-Körperschaft auf eine ausländische EU-/EWR-Personengesellschaft angewendet werden.

Der auf Ebene der übernehmenden ausländischen EU-/EWR-Personengesellschaft entstehende Übernahmegewinn ist Teil des Betriebsstättenergebnisses i.S.d. Art. 7 OECD-MA. Ein Besteuerungsrecht Deutschlands an dem Übernahmegewinn könnte nur im Fall der Freistellungsbetriebsstätte mit Aktivitätsvorbehalt[92] bestehen, sofern die übernehmende Personengesellschaft schädliche Tätigkeiten i.S.d. Aktivitätsvorbehalts ausübt. Sofern im ausländischen EU-/EWR-Staat durch die innerstaatliche Verschmelzung der ausländischen EU-/EWR-Körperschaft auf eine ausländische EU-/EWR-Personengesellschaft keine Steuerbelastung entsteht, besteht keine Steueranrechnungsmöglichkeit i.S.v. § 34c EStG bzw. § 26 KStG.

Nach dem Gesetzeswortlaut wären sämtliche Wirtschaftsgüter auf Ebene der übertragenden Körperschaft und deren nicht in Deutschland belegenen Betriebsstätten mit dem gemeinen Wert im Rahmen der Ermittlung des Übernahmegewinns i.S.v. § 4 Abs. 4 UmwStG anzusetzen. Im Fall der Freistellungsbetriebsstätte mit Aktivitätsvorbehalt würden die durch § 4 Abs. 4 Satz 2 UmwStG bereits der Besteuerung unterworfenen stillen Reserven nochmals zum Zeitpunkt der Veräußerung der Wirtschaftsgüter durch die übernehmende ausländische EU-/EWR-Personengesellschaft zu einem späteren Zeitpunkt in Deutschland der Besteu-

---

89) Siehe hierzu auch *Wassermeyer*, DB 2002 S. 2668 ff.
90) Zum Anwendungsbereich der § 3 - § 10 UmwStG siehe ausführlich Gliederungspunkt I.II.1.
91) Sofern die übertragende ausländische EU-/EWR-Körperschaft über eine inländische Betriebsstätte verfügt, hat Deutschland das Besteuerungsrecht an den inländischen Betriebsstätteneinkünften. Da die übernehmende EU-/EWR-Personengesellschaft in demselben ausländischen EU-/EWR-Staat wie die übertragende ausländische Körperschaft ansässig ist, kommt es nicht zu einem Wechsel des anzuwendenden Doppelbesteuerungsabkommens. Deutschland hat mit sämtlichen EU-/EWR-Staaten Doppelbesteuerungsabkommen abgeschlossen, die Deutschland immer das Besteuerungsrecht an den inländischen Betriebsstätteneinkünften sichern.
92) Oder in den Fällen des § 20 Abs. 2 AStG.

erung unterliegen, sofern die übernehmende ausländische EU-/EWR-Personengesellschaft schädliche Tätigkeiten i.S.d. jeweiligen Aktivitätsvorbehalts ausübt. Die stillen Reserven derjenigen Wirtschaftsgüter, die nach § 3 UmwStG auf Ebene der übertragenden ausländischen EU-/EWR-Körperschaft mit dem gemeinen Wert zu bewerten waren und folglich zu einer Erhöhung der fingierten Dividende i.S.v. § 7 UmwStG geführt haben, können im Fall der Freistellungsbetriebsstätte mit Aktivitätsvorbehalt doppelt besteuert werden, sofern die übernehmende ausländische EU-/EWR-Personengesellschaft schädliche Tätigkeiten i.S.d. jeweiligen Aktivitätsvorbehalts ausübt.

In der Gesetzesbegründung fehlt zudem ein klarer Hinweis, dass im Fall der innerstaatlichen Verschmelzung einer ausländischen EU-/EWR-Körperschaft auf eine ausländische EU-/EWR-Personengesellschaft, deren ausschließliches Vermögen Immobilien sind, ein treaty override hinsichtlich des Besteuerungsrechts der stillen Reserven in den Anteilen vorgenommen werden soll (Art. 13 Abs. 1 i.V.m. Art. 6 OECD-MA).

Die vorstehenden Probleme könnten dadurch gelöst werden, dass das Gesetz analog zur vorgeschlagenen Auslegung von § 3 Abs. 2 UmwStG dahingehend ausgelegt wird, dass § 4 Abs. 4 Satz 2 UmwStG aus Sicht des ausländischen Staates anzuwenden ist, in dem die übertragende Körperschaft ansässig ist. Ein Wertansatz mit dem gemeinen Wert käme dann nur für die in einer ausländischen Betriebsstätte verstrickten Wirtschaftsgüter der übertragenden ausländischen EU-/EWR-Körperschaft in Frage, sofern die Betriebsstätteneinkünfte in dem ausländischen Staat der übertragenden ausländischen EU-/EWR-Körperschaft durch ein Doppelbesteuerungsabkommen freigestellt sind.

Es kann konstatiert werden, dass die Ermittlung des Übernahmegewinns bzw. Übernahmeverlustes bei in Deutschland ansässigen übernehmenden Personengesellschaften und die Ermittlung des Übernahmegewinns bzw. Übernahmeverlustes bei im Ausland ansässigen übernehmenden Personengesellschaften völlig unterschiedliche steuerliche Konsequenzen hat. Um europarechtlichen Bedenken zu begegnen, ist der Gesetzgeber wohl gezwungen[93], sich der zweiten Lösungsalternative zumindest für Beteiligungen an ausländischen EU-/EWR-Körperschaften (Auslegung von § 4 Abs. 4 Satz 2 UmwStG aus Sicht des ausländischen Staates) anzuschließen.

ee) Korrektur des Übernahmegewinns/Übernahmeverlustes i.S.v. § 4 Abs. 4 UmwStG

Ein Übernahmegewinn erhöht sich und ein Übernahmeverlust verringert sich um einen Sperrbetrag i.S.d. § 50c EStG, soweit die Anteile an der übertragenden Körperschaft am steuerlichen Übertragungsstichtag zum Betriebsvermögen des übernehmenden Rechtsträgers gehören (§ 4 Abs. 5 Satz 1 UmwStG). Ein Übernahmegewinn vermindert sich oder ein Übernahmeverlust erhöht sich um die Bezüge nach § 7 UmwStG, die zu den Einkünften aus Kapitalvermögen i.S.d. § 20 Abs. 1 Nr. 1 EStG gehören (§ 4 Abs. 5 Satz 2 UmwStG).

Sofern die Wirtschaftsgüter im Rahmen der Ermittlung des Übertragungsgewinns i.S.v. § 3 UmwStG mit dem gemeinen Wert angesetzt werden müssen oder angesetzt werden und auf Ebene der übertragenden Körperschaft ein Jahresfehlbetrag oder Verlustvortrag i.S.v. § 266 Abs. 3 HGB in entsprechender Höhe besteht, kommt es nicht zu einer Erhöhung der Gewinnrücklagen. In diesem Fall ist § 7 UmwStG nicht einschlägig. Es kommt somit nicht zu einer Korrektur des Übernahmegewinns/Übernahmeverlustes i.S.v. § 4 Abs. 4 UmwStG auf der zweiten Stufe. Die dem Konzept des § 7 UmwStG anlastende Problematik, dass ein Mit-Gesellschafter, der die Aufdeckung der stillen Reserven im Rahmen des Übertragungsgewinns i.S.v. § 3 UmwStG nicht verursacht hat, die Versteuerung dieser stillen Reserven tragen

---

93) Siehe hierzu ausführlich Gliederungspunkt I.II.4. b) bb) (2).

muss, kann mangels gesellschafterbezogener Betrachtungsweise auch auf die Versteuerung eines Übernahmegewinns/Übernahmeverlustes i.S.v. § 4 UmwStG durchschlagen.[94]

ff) Schema zur Ermittlung des Übernahmegewinns/Übernahmeverlustes

Nach neuem Recht ergibt sich im Vergleich zum bisherigen Recht folgendes verändertes Schema zur Ermittlung des Übernahmegewinns/Übernahmeverlustes:

	Wert, mit dem die übergegangenen Wirtschaftsgüter in der steuerlichen Schlussbilanz i.S.d. § 3 Abs. 1 und 2 UmwStG zu übernehmen sind (§ 4 Abs. 1 Satz 1 UmwStG)
	→ Grundsatz: gemeiner Wert / auf Antrag: Zwischenwert oder Buchwert
+	Differenz zwischen dem gemeinen Wert und dem Übernahmewert nach § 4 Abs. 1 UmwStG bei Wirtschaftsgütern, soweit Deutschland kein Recht zur Besteuerung des Gewinns aus einer Veräußerung hat (§ 4 Abs. 4 Satz 2 UmwStG)
	→ gemeiner Wert
./.	Kosten für die Vermögensübertragung (§ 4 Abs. 4 Satz 1 UmwStG)
./.	Wert der Anteile an der übertragenden Körperschaft gemäß § 4 Abs. 1 i.V.m. § 5 Abs. 2 und 3 UmwStG
./.	Wert der übergegangenen Wirtschaftsgüter, soweit er auf Anteile an der übertragenden Körperschaft entfällt, die am steuerlichen Übertragungsstichtag nicht zum Betriebsvermögen des übernehmenden Rechtsträgers gehören (§ 4 Abs. 4 Satz 3 UmwStG)
=	**Übernahmegewinn/ Übernahmeverlust 1. Stufe (§ 4 Abs. 4 UmwStG)**
./.	Sperrbetrag i.S.d. § 50c EStG, soweit die Anteile am steuerlichen Übertragungsstichtag zum Betriebsvermögen des übernehmenden Rechtsträgers gehören (§ 4 Abs. 5 Satz 1 UmwStG)
./.	Bezüge, die nach § 7 UmwStG zu den Einkünften aus Kapitalvermögen i.S.d. § 20 Abs. 1 Nr. 1 EStG gehören (§ 4 Abs. 5 Satz 2 UmwStG)
=	**Übernahmegewinn/ Übernahmeverlust 2. Stufe (§ 4 Abs. 5 UmwStG)**

Abb. I.II. - 5: Ermittlung des Übernahmegewinns/Übernahmeverlustes nach § 4 Abs. 4 und 5 UmwStG

b) Besteuerung des Übernahmegewinns/Übernahmeverlustes

aa) Übernahmegewinn (§ 4 Abs. 7 UmwStG)

Soweit ein Übernahmegewinn auf eine Körperschaft, Personenvereinigung oder Vermögensmasse als Mitunternehmerin der Personengesellschaft entfällt, ist § 8b KStG anzuwenden. In den übrigen Fällen ist § 3 Nr. 40 Satz 1 und 2 EStG sowie § 3c EStG anzuwenden (§ 4 Abs. 7 Satz 1 und 2 UmwStG). Der Übernahmegewinn wird bei den Gesellschaftern der übernehmenden Personengesellschaft wie eine durch die Personengesellschaft durchgeleitete Dividende besteuert.[95]

Gem. § 18 Abs. 2 Satz 1 UmwStG ist ein Übernahmegewinn oder Übernahmeverlust gewerbesteuerlich nicht zu erfassen. § 18 Abs. 2 Satz 1 UmwStG kann durch die Änderung der Besteuerung des Übernahmegewinns, der auf eine Körperschaft, Personenvereinigung oder Vermögensmasse als Mitunternehmerin der Personengesellschaft entfällt, insbes. in § 8b Abs. 7 und 8 KStG-Fällen wieder von Bedeutung sein.

Der auf einen ausländischen Anteilseigner entfallende Anteil am auf Ebene der übernehmenden Personengesellschaft entstehenden Übernahmegewinn ist Teil des Betriebsstättenergebnisses i.S.d. Art. 7 OECD-MA.

bb) Übernahmeverlust (§ 4 Abs. 6 UmwStG)

Nach bisherigem Recht war ein Übernahmeverlust in voller Höhe nicht abziehbar (*§ 4 Abs. 6 UmwStG a.F., § 18 Abs. 2 UmwStG a.F.*). Durch die Kürzung der Bezüge i.S.v. § 7 UmwStG

---

94) Siehe hierzu ausführlich Gliederungspunkt I.II.6. a).
95) Vgl. *Dötsch/Pung*, DB 2006 S. 2704 (2711).

Änderungen im UmwStG

im Rahmen der Ermittlung des Übernahmegewinns/Übernahmeverlustes wird in der Praxis in vielen Fällen ein Übernahmeverlust entstehen. Dies hat den Gesetzgeber zur Änderung des Konzepts der steuerlichen Berücksichtigung von Übernahmeverlusten veranlasst.[96]
Eine Berücksichtigung des Übernahmeverlustes kommt grds. nur für den Teil in Frage, der durch die Kürzung der Bezüge i.S.v. § 7 UmwStG im Rahmen der Ermittlung des Übernahmeverlustes nach § 4 Abs. 6 UmwStG entstanden ist:

– Soweit der Übernahmeverlust auf eine Körperschaft, Personenvereinigung oder Vermögensmasse als Gesellschafterin der Personengesellschaft entfällt, bleibt ein Übernahmeverlust grundsätzlich außer Ansatz. In Fällen des § 8b Abs. 7 und 8 KStG ist der Übernahmeverlust bis zur Höhe der Bezüge i.S.d. § 7 UmwStG in voller Höhe abziehbar (§ 4 Abs. 6 Satz 2 und 3 UmwStG).

– Soweit der Übernahmeverlust auf natürliche Personen entfällt, ist der Übernahmeverlust bis zur Hälfte der Bezüge i.S.v. § 7 UmwStG abziehbar (§ 4 Abs. 6 Satz 4 UmwStG).

Gewerbesteuerlich ist ein Übernahmeverlust i.S.v. § 4 Abs. 6 UmwStG nicht zu berücksichtigen (§ 18 Abs. 2 Satz 1 UmwStG).

Gem. § 4 Abs. 6 Satz 5 UmwStG ist von einer Berücksichtigung des Übernahmeverlustes auch in den vorstehenden Fällen abzusehen, soweit bei Veräußerung der Anteile an der übertragenden Körperschaft ein Veräußerungsverlust nach § 17 Abs. 2 Satz 5 EStG nicht zu berücksichtigen wäre oder soweit die Anteile an der übertragenden Körperschaft innerhalb der letzten fünf Jahre vor dem steuerlichen Übertragungsstichtag entgeltlich erworben wurden. Die Vorschrift des § 4 Abs. 6 Satz 5 UmwStG soll nach Auffassung des Gesetzgebers der Verhinderung von Missbräuchen dienen, tatsächlich handelt es sich um eine Steuerverschärfung, die sich ggf. als Umwandlungshürde herausstellen kann.[97]

6. Ausschüttungsfiktion des § 7 UmwStG

a) Bezüge i.S.v. § 20 Abs. 1 Nr. 1 EStG

Dem Anteilseigner ist der Teil des in der Steuerbilanz ausgewiesenen Eigenkapitals abzüglich des Bestands des steuerlichen Einlagekontos i.S.d. § 27 KStG, der sich nach Anwendung des § 29 Abs. 1 KStG ergibt, im Verhältnis der Anteile zum Nennkapital der übertragenden Körperschaft als Einnahmen aus Kapitalvermögen i.S.d. § 20 Abs. 1 Nr. 1 EStG zuzurechnen. Dies gilt unabhängig davon, ob für den Anteilseigner ein Übernahmegewinn oder Übernahmeverlust nach § 4 UmwStG oder § 5 UmwStG ermittelt wird (§ 7 UmwStG).

Die fingierte Gewinnausschüttung i.S.v. § 7 UmwStG erfolgt im Verhältnis der Anteile zum Nennkapital der übertragenden Körperschaft. § 7 UmwStG reflektiert nicht die gesellschafterbezogene Prüfung des Wertansatzwahlrechts i.S.v. § 3 Abs. 2 UmwStG. Kann z.B. eine übertragende Körperschaft mit einem inländischen und einem ausländischen Anteilseigner, die jeweils 50% der Anteile halten, nur für die eine Hälfte der Wirtschaftsgüter, die auf den inländischen Anteilseigner entfallen, das Wertansatzwahlrecht zur Buchwertfortführung gem. § 3 Abs. 2 UmwStG ausüben, erhöht sich trotzdem der ausschüttbare Gewinn i.S.v. § 7 UmwStG, der an beide Anteilseigner zu gleichen Teilen als ausgeschüttet gilt. Der inländische Anteilseigner erleidet somit steuerliche Nachteile, ohne dass er diese verursacht hat oder dafür anteilig aufgestockte Wirtschaftsgüter im Gegenzug erhält.[98]

---

96) Vgl. *Förster/Felchner*, DB 2006 S. 1072 (1075).
97) Vgl. *Rödder/Schumacher*, DStR 2006 S. 1525 (1532).
98) Etwaige gesellschaftsvertragliche oder sonstige vertragliche Entschädigungszahlungen durch den verursachenden Gesellschafter stellen auf Ebene der übertragenden Körperschaft bzw. deren Gesellschafter eine steuerpflichtige Einnahme dar, so dass auch die durch die Entschädigungszahlung resultierende Steuerbelastung durch den verursachenden Gesellschafter zu vergüten wäre.

Dieses Problem kann sich auch auf die Ermittlung des Übernahmegewinns/Übernahmeverlustes i.S.v. § 4 Abs. 4 und 5 UmwStG auswirken, sofern ein ausschüttbarer Gewinn i.S.v. § 7 UmwStG aufgrund eines Jahresfehlbetrags oder Verlustvortrags i.S.v. § 266 Abs. 3 HGB in entsprechender Höhe auf Ebene der übertragenden Körperschaft nicht entsteht[99] und eine Kürzung des Übernahmegewinns bzw. Erhöhung des Übernahmeverlustes gem. § 4 Abs. 5 Satz 2 UmwStG unterbleibt.

Die Ausschüttungsfiktion des § 7 UmwStG berücksichtigt ebenfalls nicht die Anschaffungskosten des jeweiligen Gesellschafters an den Anteilen der übertragenden Körperschaft. Eine ausschüttungsbedingte Teilwertabschreibung (z.B. Fälle des § 8b Abs. 7, § 8 KStG oder § 3 Nr. 40 Buchst. d) EStG) kann nicht geltend machen, da es sich um eine fingierte Gewinnausschüttung handelt, die zu keinem Vermögensabfluss auf Ebene der übertragenden Körperschaft führt.[100]

b) Kapitalertragsteuerabzug

Nach der Gesetzesbegründung sollen sämtliche Bezüge i.S.v. § 20 Abs. 1 Nr. 1 EStG dem Kapitalertragsteuerabzug nach § 43 Abs. 1 Satz 1 Nr. 1 EStG unterliegen, sofern etwaig abgeschlossene Doppelbesteuerungsabkommen nicht eine Quellensteuerbefreiung vorsehen.[101] Dem Steuerabzug an der Quelle unterliegen durch die Änderung von § 43b Abs. 1 Satz 4 EStG grds. auch diejenigen Bezüge, die an Gläubiger in einem ausländischen EU-/EWR-Staat nach § 7 UmwStG als ausgeschüttet gelten. Bei beschränkt steuerpflichtigen Anteilseignern, die natürliche Personen sind, entfaltet die Kapitalertragsteuer Abgeltungswirkung (§ 50 Abs. 5 Satz 1 EStG). Im Gegensatz zum bisherigen Recht ist es somit für beschränkt Steuerpflichtige, die kein Doppelbesteuerungsabkommen in Anspruch nehmen können, nicht mehr möglich, thesaurierte Gewinne durch Umwandlung in eine Personengesellschaft ohne Kapitalertragsteuerbelastung zu repartriieren. Durch die entstehenden Kapitalertragsteuerbelastungen werden betriebswirtschaftlich sinnvolle Umstrukturierungen in erheblichem Maß behindert.[102]

Gem. § 44 Abs. 1 Satz 5 2. HS EStG entsteht die Kapitalertragsteuer in dem Zeitpunkt, in dem die Kapitalerträge dem Gläubiger zufließen. Nach Auffassung der Finanzverwaltung ist dies der Zeitpunkt der handelsrechtlichen Wirksamkeit der Verschmelzung, also der Tag der Eintragung in ein öffentliches Register.[103] Demnach ist die übertragende Kapitalgesellschaft als Schuldnerin der Kapitalertragsteuer zwar grundsätzlich zum Einbehalt und zur Abführung der Kapitalertragsteuer verpflichtet. Im Rahmen der Verschmelzung geht diese Verpflichtung jedoch auf die übernehmende Personengesellschaft als Gesamtrechtsnachfolgerin i.S.v. § 45 Abs. 1 Satz 1 AO über, da die Kapitalertragsteuer im Rahmen der Ausschüttungsfiktion als letzter Akt der untergehenden Kapitalgesellschaft in der logischen Sekunde ihres Untergangs entsteht. Die erforderliche Anmeldung der Kapitalertragsteuer beim Finanzamt i.S.v. § 45a Abs. 1 EStG erfolgt somit nicht mehr durch den Einbehaltungsverpflichteten, also die übertragende Kapitalgesellschaft bzw. durch vertretungsberechtigte Personen dieser

---

99) Vgl. *Dötsch*, in: Dötsch/Jost et al., Die Körperschaftsteuer, § 27 UmwStG n.F. Rz. 24 (58. EL 11/2006).
100) Aus diesem Grund ist es insbes. aus Sicht einer Personengesellschaft, die Anteile an einer Körperschaft erwirbt und dieser Körperschaft anschließend auf sich verschmilzt, angeraten, im Rahmen des Unternehmenskaufs auf eine Reduzierung der Gewinnrücklagen zu insistieren. Gleichzeitig ist zu beachten, dass die Verschmelzung zu einem Zeitpunkt vorgenommen wird, in dem die Voraussetzungen des gewerbesteuerlichen Schachtelprivilegs i.S.v. § 9 Nr. 2a GewStG bzw. § 9 Nr. 7 GewStG erfüllt sind.
101) Vgl. Gesetzesbegründung v. 25.09.2006 zu § 7 UmwStG, BT-Drs. 16/2710 S. 40.
102) Vgl. *Werra/Teiche*, DB 2006 S. 1455 (1459); *Klingebiel*, Der Konzern 2006 S. 600 (608); *Förster/Felchner*, DB 2006 S. 1072 (1074).
103) Vgl. BMF, Schreiben v. 16.12.2003, IV A 2 - S 1978 - 16/03, BStBl. I 2003 S. 786 Rz. 10.

Änderungen im UmwStG 764

Körperschaft, sondern durch die übernehmende Personengesellschaft. Eine verspätete Abführung der Kapitalertragsteuer ist praktisch nicht auszuschließen.

7. Sonstige Änderungen in § 6, § 9, § 10 UmwStG

In **§ 6 UmwStG** wurden lediglich redaktionelle Anpassungen vorgenommen.[104] Mangels praktischer Bedeutung wurde *§ 6 Abs. 2 UmwStG a.F.* gestrichen und die Regelung des *§ 6 Abs. 3 UmwStG a.F.* wurde in § 6 Abs. 2 UmwStG verschoben. Die bisher in *§ 26 Abs. 1 UmwStG a.F.* enthaltene Regelung, nach der die Anwendbarkeit des § 6 UmwStG unter bestimmten Umständen rückwirkend entfallen kann, ist nunmehr in § 6 Abs. 3 UmwStG enthalten.

Der bisher in *§ 14 UmwStG a.F.* geregelte Formwechsel einer Kapitalgesellschaft in eine Personengesellschaft wird nunmehr materiell unverändert in **§ 9 UmwStG** geregelt.[105] Nach § 9 Satz 1 UmwStG gelten die § 3 - § 8 und § 10 UmwStG im Falle des Formwechsels einer Kapitalgesellschaft in eine Personengesellschaft somit entsprechend.

Im Rahmen eines Formwechsels einer Kapitalgesellschaft in eine Personengesellschaft kann es aufgrund der Änderungen in § 37 KStG im Zusammenhang mit der Realisierung und ratierlichen Auszahlung des Körperschaftguthabens nur noch zu einer Körperschaftsteuererhöhung aufgrund der Nachversteuerung von sog. EK 02-Beträgen kommen.[106] In **§ 10 UmwStG** wurden entsprechend die Regelungen zur Realisierung des Körperschaftsteuerguthabens im Zusammenhang mit einem Formwechsel einer Kapitalgesellschaft in eine Personengesellschaft gestrichen.[107]

---

104) Vgl. Gesetzesbegründung v. 25.09.2006 zu § 6 UmwStG, BT-Drs. 16/2710 S. 40.
105) Vgl. Gesetzesbegründung v. 25.09.2006 zu § 9 UmwStG, BT-Drs. 16/2710 S. 40.
106) Siehe hierzu auch Gliederungspunkt H.II.3.
107) Vgl. Gesetzesbegründung v. 25.09.2006 zu § 10 UmwStG, BT-Drs. 16/2710 S. 40.

Abschnitt I

Änderungen im UmwStG

III. Verschmelzung oder Vermögensübertragung (Vollübertragung) auf eine andere Körperschaft (§ 11 - § 13 UmwStG)

Gesetzestext

§ 11 UmwStG a.F.	§ 11 UmwStG n.F.
Auswirkungen auf den Gewinn der übertragenden Körperschaft	**Wertansätze in der steuerlichen Schlussbilanz der übertragenden Körperschaft**
(1) ¹*In der steuerlichen Schlussbilanz für das letzte Wirtschaftsjahr der übertragenden Körperschaft können die übergegangenen Wirtschaftsgüter insgesamt mit dem Wert angesetzt werden, der sich nach den steuerrechtlichen Vorschriften über die Gewinnermittlung ergibt, soweit* *1. sichergestellt ist, dass die in dem übergegangenen Vermögen enthaltenen stillen Reserven später bei der übernehmenden Körperschaft der Körperschaftsteuer unterliegen und* *2. eine Gegenleistung nicht gewährt wird oder in Gesellschaftsrechten besteht.* ²*Der Ansatz eines höheren Werts ist zulässig.* ³*Die Teilwerte der einzelnen Wirtschaftsgüter dürfen nicht überschritten werden.*	(1) ¹Bei einer Verschmelzung oder Vermögensübertragung (Vollübertragung) auf eine andere Körperschaft sind die übergehenden Wirtschaftsgüter, einschließlich nicht entgeltlich erworbener oder selbst geschaffener immaterieller Wirtschaftsgüter, in der steuerlichen Schlussbilanz der übertragenden Körperschaft mit dem gemeinen Wert anzusetzen. ²Für die Bewertung von Pensionsrückstellungen gilt § 6a des Einkommensteuergesetzes.
(2) ¹*Liegen die in Absatz 1 genannten Voraussetzungen nicht vor, sind die übergegangenen Wirtschaftsgüter mit dem Wert der für die Übertragung gewährten Gegenleistung anzusetzen.* ²*Wird eine Gegenleistung nicht gewährt, sind die Wirtschaftsgüter mit dem Teilwert anzusetzen.*	(2) ¹Auf Antrag können die übergehenden Wirtschaftsgüter abweichend von Absatz 1 einheitlich mit dem Buchwert oder einem höheren Wert, höchstens jedoch mit dem Wert nach Absatz 1, angesetzt werden, soweit 1. sichergestellt ist, dass sie später bei der übernehmenden Körperschaft der Besteuerung mit Körperschaftsteuer unterliegen und 2. das Recht der Bundesrepublik Deutschland hinsichtlich der Besteuerung des Gewinns aus der Veräußerung der übertragenen Wirtschaftsgüter bei der übernehmenden Körperschaft nicht ausgeschlossen oder beschränkt wird und 3. eine Gegenleistung nicht gewährt wird oder in Gesellschaftsrechten besteht. ²Anteile an der übernehmenden Körperschaft sind mindestens mit dem Buchwert, erhöht um Abschreibungen sowie um Abzüge nach § 6b des Einkommensteuergesetzes und ähnliche Abzüge, die in früheren Jahren steuerwirksam vorgenommen worden sind, höchstens mit dem gemeinen Wert, anzusetzen. ³Auf einen sich daraus ergebenden Gewinn findet § 8b Abs. 2 Satz 4 und 5 des Körperschaftsteuergesetzes Anwendung.
	(3) § 3 Abs. 2 Satz 2 und Abs. 3 gilt entsprechend.

Änderungen im UmwStG

§ 12 UmwStG a.F.	§ 12 UmwStG n.F.
Auswirkungen auf den Gewinn der übernehmenden Körperschaft	**Auswirkungen auf den Gewinn der übernehmenden Körperschaft**
(1) ¹*Für die Übernahme der übergegangenen Wirtschaftsgüter gilt § 4 Abs. 1 entsprechend.* ²*Beim Vermögensübergang von einer steuerfreien auf eine steuerpflichtige Körperschaft sind die übergegangenen Wirtschaftsgüter abweichend von § 4 Abs. 1 mit dem Teilwert anzusetzen.*	(1) ¹Die übernehmende Körperschaft hat die auf sie übergegangenen Wirtschaftsgüter mit dem in der steuerlichen Schlussbilanz der übertragenden Körperschaft enthaltenen Wert im Sinne des § 11 zu übernehmen. ²§ 4 Abs. 1 Satz 2 und 3 gilt entsprechend.
(2) ¹*Bei der Ermittlung des Gewinns der übernehmenden Körperschaft bleibt ein Gewinn oder ein Verlust in Höhe des Unterschieds zwischen dem Buchwert der Anteile (§ 4 Abs. 4 Satz 2) und dem Wert, mit dem die übergegangenen Wirtschaftsgüter zu übernehmen sind, außer Ansatz.* ²*Übersteigen die tatsächlichen Anschaffungskosten den Buchwert der Anteile an der übertragenden Körperschaft, so ist der Unterschiedsbetrag dem Gewinn der übernehmenden Körperschaft hinzuzurechnen; die Zuwendungen an Unterstützungskassen rechnen zu den tatsächlichen Anschaffungskosten.* ³*Die Hinzurechnung unterbleibt, soweit eine Gewinnminderung, die sich durch den Ansatz der Anteile mit dem niedrigeren Teilwert ergeben hat, nach § 50c des Einkommensteuergesetzes oder nach § 8b Abs. 3 des Körperschaftsteuergesetzes nicht anerkannt worden ist.*	(2) ¹Bei der übernehmenden Körperschaft bleibt ein Gewinn oder ein Verlust in Höhe des Unterschieds zwischen dem Buchwert der Anteile an der übertragenden Körperschaft und dem Wert, mit dem die übergegangenen Wirtschaftsgüter zu übernehmen sind, abzüglich der Kosten für den Vermögensübergang, außer Ansatz. ²§ 8b des Körperschaftsteuergesetzes ist anzuwenden, soweit der Gewinn im Sinne des Satzes 1 abzüglich der anteilig darauf entfallenden Kosten für den Vermögensübergang, dem Anteil der übernehmenden Körperschaft an der übertragenden Körperschaft entspricht. ³§ 5 Abs. 1 gilt entsprechend.
(3) ¹*Die übernehmende Körperschaft tritt in die steuerliche Rechtsstellung der übertragenden Körperschaft ein, insbesondere bezüglich der Bewertung der übernommenen Wirtschaftsgüter, der Absetzungen für Abnutzung und der den steuerlichen Gewinn mindernden Rücklagen.* ²*Das gilt auch für einen verbleibenden Verlustvortrag im Sinne des § 10d des Einkommensteuergesetzes unter der Voraussetzung, dass der Betrieb oder Betriebsteil, der den Verlust verursacht hat, über den Verschmelzungsstichtag hinaus in einem nach dem Gesamtbild der wirtschaftlichen Verhältnisse vergleichbaren Umfang in den folgenden fünf Jahren fortgeführt wird.*	(3) ¹Die übernehmende Körperschaft tritt in die steuerliche Rechtsstellung der übertragenden Körperschaft ein; § 4 Abs. 2 und 3 gilt entsprechend.
(4) ¹*§ 4 Abs. 2 Satz 3 und Abs. 3 sowie § 5 Abs. 1 gelten entsprechend.* ²*§ 6 Abs. 1 und 2 gilt sinngemäß für den Teil des Gewinns aus der Vereinigung von Forderungen und Verbindlichkeiten, der der Beteiligung der übernehmenden Körperschaft am Kapital der übertragenden Körperschaft entspricht.*	(4) § 6 gilt sinngemäß für den Teil des Gewinns aus der Vereinigung von Forderungen und Verbindlichkeiten, der der Beteiligung der übernehmenden Körperschaft am Grund- oder Stammkapital der übertragenden Körperschaft entspricht.

(5) ¹Im Falle des Vermögensübergangs in den nicht steuerpflichtigen oder steuerbefreiten Bereich der übernehmenden Körperschaft gilt das in der Steuerbilanz ausgewiesene Eigenkapital abzüglich des Bestands des steuerlichen Einlagekontos im Sinne des § 27 des Körperschaftsteuergesetzes, der sich nach Anwendung des § 29 Abs. 1 des Körperschaftsteuergesetzes ergibt, als Bezug im Sinne des § 20 Abs. 1 Nr. 1 des Einkommensteuergesetzes. ²§ 10 gilt entsprechend. ³Absatz 3 gilt in diesem Fall nicht für einen verbleibenden Verlustvortrag im Sinne des § 10d Abs. 4 Satz 2 des Einkommensteuergesetzes.	(5) Im Falle des Vermögensübergangs in den nicht steuerpflichtigen oder steuerbefreiten Bereich der übernehmenden Körperschaft gilt das in der Steuerbilanz ausgewiesene Eigenkapital abzüglich des Bestands des steuerlichen Einlagekontos im Sinne des § 27 des Körperschaftsteuergesetzes, der sich nach Anwendung des § 29 Abs. 1 des Körperschaftsteuergesetzes ergibt, als Einnahme im Sinne des § 20 Abs. 1 Nr. 1 des Einkommensteuergesetzes.
§ 13 UmwStG a.F.	**§ 13 UmwStG n.F.**
(1) Die Anteile an der übertragenden Körperschaft, die zu einem Betriebsvermögen gehören, gelten als zum Buchwert veräußert und die an ihre Stelle tretenden Anteile als mit diesem Wert angeschafft.	(1) Die Anteile an der übertragenden Körperschaft gelten als zum gemeinen Wert veräußert und die an ihre Stelle tretenden Anteile an der übernehmenden Körperschaft gelten als mit diesem Wert angeschafft.
(2) ¹Gehören Anteile an der übertragenden Körperschaft nicht zu einem Betriebsvermögen und sind die Voraussetzungen des § 17 oder des § 23 des Einkommensteuergesetzes erfüllt, treten an die Stelle des Buchwerts die Anschaffungskosten. ²Die im Zuge des Vermögensübergangs gewährten Anteile gelten als Anteile im Sinne des § 17 des Einkommensteuergesetzes. ³Werden aus Anteilen, die die Voraussetzungen des § 17 des Einkommensteuergesetzes nicht erfüllen, Anteile im Sinne des § 17 des Einkommensteuergesetzes, gilt für diese Anteile der gemeine Wert am steuerlichen Übertragungsstichtag als Anschaffungskosten.	(2) ¹Abweichend von Absatz 1 sind auf Antrag die Anteile an der übernehmenden Körperschaft mit dem Buchwert der Anteile an der übertragenden Körperschaft anzusetzen, wenn 1. das Recht der Bundesrepublik Deutschland hinsichtlich der Besteuerung des Gewinns aus der Veräußerung der Anteile an der übernehmenden Körperschaft nicht ausgeschlossen oder beschränkt wird oder 2. die Mitgliedstaaten der Europäischen Union bei einer Verschmelzung Artikel 8 der Richtlinie 90/434/EWG anzuwenden haben; in diesem Fall ist der Gewinn aus einer späteren Veräußerung der erworbenen Anteile ungeachtet der Bestimmungen eines Abkommens zur Vermeidung der Doppelbesteuerung in der gleichen Art und Weise zu besteuern, wie die Veräußerung der Anteile an der übertragenden Körperschaft zu besteuern wäre. § 15 Abs. 1a Satz 2 des Einkommensteuergesetzes ist entsprechend anzuwenden. ²Die Anteile an der übernehmenden Körperschaft treten steuerlich an die Stelle der Anteile an der übertragenden Körperschaft. ³Gehören die Anteile an der übertragenden Körperschaft nicht zu einem Betriebsvermögen, treten an die Stelle des Buchwerts die Anschaffungskosten.
(3) ¹Für einbringungsgeborene Anteile im Sinne des § 21 gilt Absatz 1 entsprechend. ²Die erworbenen Anteile treten an die Stelle der hingegebenen Anteile.	
(4) Ein Sperrbetrag im Sinne des § 50c des Einkommensteuergesetzes, der den Anteilen an der übertragenden Körperschaft anhaftet, verlagert sich auf die Anteile an der übernehmenden Körperschaft.	

Änderungen im UmwStG

§ 14 UmwStG a.F.	§ 14 UmwStG n.F.
Entsprechende Anwendung von Vorschriften, Eröffnungsbilanz	weggefallen
¹Im Falle des Formwechsels einer Kapitalgesellschaft in eine Personengesellschaft sind die §§ 3 bis 8 und 10 entsprechend anzuwenden. ²Die Kapitalgesellschaft hat für steuerliche Zwecke auf den Zeitpunkt, in dem der Formwechsel wirksam wird, eine Übertragungsbilanz, die Personengesellschaft eine Eröffnungsbilanz aufzustellen. ³Die Bilanzen nach Satz 2 können auch für einen Stichtag aufgestellt werden, der höchstens acht Monate vor der Anmeldung des Formwechsels zur Eintragung in das Handelsregister liegt (Umwandlungsstichtag). ⁴Die Sätze 1 bis 3 gelten auch für den Formwechsel einer eingetragenen Genossenschaft in eine Personengesellschaft im Sinne des § 38a des Landwirtschaftsanpassungsgesetzes.	

Kommentierung

1. Anwendungsbereich der § 11 - § 13 UmwStG

a) Überblick

Die § 11 - § 13 UmwStG gelten aufgrund des erweiterten Anwendungsbereiches des § 1 Abs. 1 UmwStG insbes. für[1]

- *innerstaatliche Verschmelzungen* von Körperschaften, d.h. die übertragende und die übernehmende/durch Verschmelzung neu entstehende Körperschaft sind in demselben EU-/EWR-Staat ansässig.[2] Dabei ist zu unterscheiden zwischen
  - **innerstaatlichen Verschmelzungen inländischer Körperschaften**, d.h. die übertragende und die übernehmende/durch Verschmelzung neu entstehende Körperschaft sind im Inland ansässig, und
  - **innerstaatlichen Verschmelzungen ausländischer EU-/EWR-Körperschaften mit Inlandsbezug**, d.h. die übertragende und die übernehmende/durch Verschmelzung neu entstehende Körperschaft sind in demselben ausländischen EU-/EWR-Staat ansässig, wobei
    - die übertragende Körperschaft im Inland beschränkt steuerpflichtig ist, oder
    - mindestens ein Anteilseigner der übertragenden Körperschaft im Inland steuerpflichtig ist.
- *grenzüberschreitende Verschmelzungen* von Körperschaften, d.h. die übertragende und die übernehmende/durch Verschmelzung neu entstehende Körperschaft sind in verschiedenen EU-/EWR-Staaten ansässig. Dabei ist zu unterscheiden zwischen
  - **grenzüberschreitenden Verschmelzungen unter Beteiligung inländischer Körperschaften** in Form der
    - *Hinausverschmelzung*, d.h. die übertragende Körperschaft ist im Inland und die übernehmende/durch Verschmelzung neu entstehende Körperschaft ist in einem ausländischen EU-/EWR-Staat ansässig und
    - *Hineinverschmelzung*, d.h. die übertragende Körperschaft ist in einem ausländischen EU-/EWR-Staat und die übernehmende/durch Verschmelzung neu entstehende Körperschaft ist im Inland ansässig, sowie
  - **grenzüberschreitenden Verschmelzungen ausländischer EU-/EWR-Körperschaften mit Inlandsbezug**, d.h. die übertragende und die übernehmende/durch Verschmelzung neu entstehende Körperschaft sind in verschiedenen ausländischen EU-/EWR-Staaten ansässig, wobei
    - die übertragende Körperschaft im Inland beschränkt steuerpflichtig ist, oder
    - mindestens ein Anteilseigner der übertragenden Körperschaft im Inland steuerpflichtig ist.

§ 13 UmwStG soll auf Ebene der Anteilseigner der übertragenden Körperschaft auch dann Anwendung finden, wenn eine sog. Drittstaatenverschmelzung vorliegt, d.h. eine innerstaat-

---

1) Vgl. Gesetzesbegründung v. 25.09.2006 zu § 11 UmwStG „Allgemeines", BT-Drs. 16/2710 S. 40. Nach § 1 Abs. 1 Satz 1 Nr. 4 UmwStG wurde der sachliche Anwendungsbereich der § 11 - § 13 UmwStG hinsichtlich der Vermögensübertragungen (Vollübertragungen) i.S.v. § 174 Abs. 1 UmwG nicht auf vergleichbare ausländische Vorgänge erweitert und beschränkt sich folglich auch in Zukunft ausschließlich auf innerstaatliche Vermögensübertragungen inländischer Körperschaften. Zudem sind nach § 1 Abs. 1 Satz 2 UmwStG Ausgliederungen i.S.d. § 123 Abs. 3 UmwG ausdrücklich vom Anwendungsbereich des Zweiten bis Fünften Teils des UmwStG ausgenommen.

2) Zu den EWR-Staaten gehören neben den EU-Staaten auch Island, Liechtenstein und Norwegen.

liche oder grenzüberschreitende Verschmelzung unter Beteiligung von Nicht-EU-/EWR-Körperschaften nach dem Umwandlungsrecht eines Drittstaates.[3]

Hinsichtlich der Anwendbarkeit der § 11 - § 13 UmwStG ist zwischen dem sachlichen und dem persönlichen Anwendungsbereich zu unterscheiden. Der **sachliche Anwendungsbereich** definiert die Umwandlungsvorgänge, auf welche die § 11 - § 13 UmwStG Anwendung finden. Der **persönliche Anwendungsbereich** legt fest, welche Rechtssubjekte von § 11 - § 13 UmwStG erfasst werden.

b) Sachlicher Anwendungsbereich der § 11 - § 13 UmwStG
aa) Gesellschaftsrechtliche Grundlagen

Der sachliche Anwendungsbereich der § 11 - § 13 UmwStG bestimmt sich nach § 1 Abs. 1 UmwStG und knüpft weiterhin grds. an die gesellschaftsrechtlichen Vorgaben des deutschen UmwG an.[4]

Das UmwG erfasst zum einen innerstaatliche **Verschmelzungen inländischer Körperschaften** i.S.d. § 1 Abs. 1 Nr. 1 i.V.m. § 3 Abs. 1 Nr. 2 - 6 und Abs. 2 Nr. 1 UmwG. Zum anderen wurde der Anwendungsbereich des UmwG im Rahmen der Umsetzung der Verschmelzungsrichtlinie[5] in nationales Recht durch das Zweite Gesetz zur Änderung des UmwG auf **grenzüberschreitende Verschmelzungen von Kapitalgesellschaften unter Beteiligung inländischer Kapitalgesellschaften** nach § 122a - § 122l UmwG (Zehnter Abschnitt des Zweiten Teils im Zweiten Buch des UmwG) ausgedehnt.[6] Es sind jeweils die Verschmelzung durch Aufnahme (§ 2 Nr. 1 UmwG) und die Verschmelzung durch Neugründung (§ 2 Nr. 2 UmwG) zu unterscheiden.

Darüber hinaus werden vom sachlichen Anwendungsbereich der § 11 - § 13 UmwStG auch in- und ausländische Vorgänge erfasst, welche zwar nicht im deutschen UmwG geregelt

---

3) Nach dem Gesetzeswortlaut erfasst § 12 Abs. 2 Satz 2 KStG aufgrund der Verweisung auf § 12 Abs. 2 Satz 1 KStG zwar nur die nach ausländischem Umwandlungsrecht vollzogenen Verschmelzungen zwischen ausländischen Körperschaften innerhalb *desselben* ausländischen (Dritt-)Staates. Ausweislich der Gesetzesbegründung v. 09.11.2006 zu § 12 Abs. 2 Satz 2 KStG, BT-Drs. 16/3369 S. 18 soll es für die Anwendung des § 13 UmwStG jedoch unbeachtlich sein, ob eine Verschmelzung zwischen ausländischen Körperschaften *desselben* ausländischen (Dritt-)Staates vorliegt. Die Spaltung unter Beteiligung von Nicht-EU-/EWR-Körperschaften nach dem Umwandlungsrecht eines Drittstaates wird demgegenüber nicht von § 12 Abs. 2 KStG erfasst. Siehe hierzu auch *Benecke/Schnitger*, IStR 2007 S. 22 (25); *Dötsch/Pung*, DB 2006 S. 2648 (2650 f.).
4) Siehe hierzu ausführlich Gliederungspunkt I.I.1. b) aa) (2).
5) *Richtlinie 2005/56/EG des Europäischen Parlaments und des Rates v. 26.10.2005 über die Verschmelzung von Kapitalgesellschaften aus verschiedenen Mitgliedstaaten*, ABl. Nr. L 310 v. 25.11.2005 S. 1 (Verschmelzungsrichtlinie).
6) Verschmelzungsfähige Rechtsträger sind nach § 122b Abs. 1 UmwG Kapitalgesellschaften i.S.d. Art. 2 Nr. 1 der *Richtlinie 2005/56/EG des Europäischen Parlaments und des Rates v. 26.10.2005 über die Verschmelzung von Kapitalgesellschaften aus verschiedenen Mitgliedstaaten*, ABl. Nr. L 310 v. 25.11.2005 S. 1 (Verschmelzungsrichtlinie). Hierzu gehören aus deutscher Sicht die GmbH, die AG, die KGaA sowie die SE mit Sitz in Deutschland. Nicht verschmelzungsfähig sind aus deutscher Sicht nach § 122b Abs. 2 UmwG sowohl inländische als auch EU-/EWR-Genossenschaften sowie Gesellschaften, die Publikums-Sondervermögen verwalten (sog. Organismen für gemeinsame Anlagen in Wertpapieren). Vgl. Gesetzesbegründung v. 12.10.2006 zu § 122b Abs. 1 und 2 UmwG, BT-Drs. 16/2919 S. 14 f. Zum sachlichen und persönlichen Anwendungsbereich des neu eingefügten Zehnten Abschnitts des Zweiten Teils im Zweiten Buch des UmwG siehe ausführlich Gliederungspunkt F.II.1. und F.II.2.

sind, aber nach Durchführung einer **Vergleichbarkeitsprüfung** als den Verschmelzungsvorgängen des UmwG entsprechende Vorgänge angesehen werden können.[7]
Die nachstehende Übersicht fasst den sachlichen Anwendungsbereich der § 11 - § 13 UmwStG und dessen gesellschaftsrechtliche Grundlagen zusammen:

sachlicher Anwendungsbereich	gesellschaftsrechtliche Grundlage
innerstaatliche Verschmelzungen inländischer Körperschaften	1. **Grundfall (§ 1 Abs. 1 Satz 1 Nr. 1 UmwStG):** – Ebene der *inländischen* beteiligten Rechtsträger: § 1 Abs. 1 Nr. 1, § 2 UmwG 2. **mit der Verschmelzung i.S.d. UmwG vergleichbare Vorgänge i.s. eines anderen Bundes- oder Landesgesetzes (§ 1 Abs. 1 Satz 1 Nr. 3 UmwStG):** – Ebene der *inländischen* beteiligten Rechtsträger: § 1 Abs. 2 UmwG (z.B. landesrechtliche Vorschriften zur Vereinigung öffentlich-rechtlicher Kreditinstitute oder öffentlich-rechtlicher Versicherungsunternehmen)
grenzüberschreitende Verschmelzungen unter Beteiligung inländischer Körperschaften	1. **grenzüberschreitende Verschmelzungen von Kapitalgesellschaften (§ 1 Abs. 1 Satz 1 Nr. 1 UmwStG):** – Ebene der *inländischen* beteiligten Rechtsträger: § 2, § 122a, § 122b UmwG – Ebene der *ausländischen* beteiligten Rechtsträger: ausländisches Gesellschaftsrecht bzw. Art. 43, Art. 48 EG-Vertrag (Art. 31, Art. 34 EWR-Abkommen)[8] 2. **grenzüberschreitende Verschmelzungen zur Gründung einer SE/SCE (§ 1 Abs. 1 Satz 1 Nr. 1 UmwStG):**[9] – Ebene der *inländischen* und *ausländischen* beteiligten Rechtsträger: Art. 17 SE-VO[10] bzw. Art. 19 SCE-VO[11]

---

7) Ausweislich der Gesetzesbegründung v. 25.09.2006 zu § 1 Abs. 1 UmwStG, BT-Drs. 16/2710 S. 35 f. umfasst eine solche Vergleichbarkeitsprüfung sowohl die Rechtsfolgen des nicht im UmwG geregelten Vorgangs als auch die beteiligten Rechtsträger. Siehe hierzu ausführlich Gliederungspunkt I.III.1. b) bb).
8) Die Versagung der gesellschaftsrechtlichen Zulässigkeit einer grenzüberschreitenden Verschmelzung darf nicht zu einer Verletzung der Niederlassungsfreiheit i.S.v. Art. 43, Art. 48 EG-Vertrag (Art. 31, Art. 34 EWR-Abkommen) führen; siehe hierzu auch die Rechtsprechung des EuGH in der Rs. „SEVIC" (EuGH v. 13.12.2005, C-411/03, NZG 2006 S. 112).
9) Die Gründung einer SE durch Verschmelzung wird wohl ausschließlich in *Verordnung (EG) Nr. 2157/2001 des Rates v. 08.10.2001 über das Statut der Europäischen Gesellschaft (SE)*, ABl. Nr. L 294 v. 10.11.2001 S. 1 (SE-VO) geregelt und fällt daher nicht in den Regelungsbereich der Vorschriften der §§ 122a ff. UmwG. Siehe hierzu auch *Drinhausen/Keinath*, BB 2006 S. 725 (726); *Oechsler*, NZG 2006 S. 161 (161 f.); *Simon/Rubner*, Der Konzern 2006 S. 835 (836 f.).
10) *Verordnung (EG) Nr. 2157/2001 des Rates v. 08.10.2001 über das Statut der Europäischen Gesellschaft (SE)*, ABl. Nr. L 294 v. 10.11.2001 S. 1, zuletzt geändert durch Verordnung (EG) Nr. 1791/2006 des Rates v. 20.11.2006, ABl. Nr. L 363 v. 20.12.2006 S. 1 i.V.m. dem Gesetz zur Einführung der Europäischen Gesellschaft (SE-EG) v. 22.12.2004, BGBl. I 2004 S. 3675.
11) *Verordnung (EG) Nr. 1435/2003 des Rates v. 22.07.2003 über das Statut der Europäischen Genossenschaft (SCE)*, ABl. Nr. 207 v. 18.08.2003 S. 1, zuletzt berichtigt durch Berichtigung der Verordnung (EG) Nr. 1435/2003 des Rates v. 22.07.2003 über das Statut der Europäischen Genossenschaft (SCE), ABl. Nr. L 49 v. 17.02.2007 S. 35.

sachlicher Anwendungsbereich	gesellschaftsrechtliche Grundlage
Verschmelzungen ausländischer EU-/EWR-Körperschaften mit Inlandsbezug	1. mit der Verschmelzung i.S.d. UmwG vergleichbare innerstaatliche und grenzüberschreitende Vorgänge ausländischer EU-/EWR-Körperschaften (§ 1 Abs. 1 Satz 1 Nr. 1 UmwStG): – Ebene der *ausländischen* beteiligten Rechtsträger: ausländisches Gesellschaftsrecht bzw. Art. 43, Art. 48 EG-Vertrag (Art. 31, Art. 34 EWR-Abkommen)[12] 2. grenzüberschreitende Verschmelzungen zur Gründung einer SE/SCE (§ 1 Abs. 1 Satz 1 Nr. 1 UmwStG): – Ebene der *ausländischen* beteiligten Rechtsträger: Art. 17 SE-VO[13] bzw. Art. 19 SCE-VO[14]

Abb. I.III. - 1: Gesellschaftsrechtliche Grundlagen des sachlichen Anwendungsbereiches der § 11 - § 13 UmwStG

bb) Sachliche Vergleichbarkeitsprüfung

Vorgänge, die keine solchen i.S.d. § 2 UmwG sind, müssen ihrem Wesen nach einer im deutschen UmwG geregelten Verschmelzung entsprechen.[15] Die Vergleichbarkeitsprüfung umfasst zum einen die Rechtsfolgen des betreffenden Vorgangs (sog. sachliche Vergleichbarkeitsprüfung) und zum anderen die beteiligten Rechtsträger (sog. persönliche Vergleichbarkeitsprüfung, Typenvergleich).[16] Zu den Vorgängen, welche einer solchen Vergleichbarkeitsprüfung bedürfen, zählen[17]

– *innerstaatliche Vorgänge,* und zwar
  – innerstaatliche Vorgänge inländischer Rechtsträger i.S. eines anderen Bundes- oder Landesgesetzes,[18] und
  – innerstaatliche Verschmelzungen ausländischer EU-/EWR-Körperschaften mit Inlandsbezug, sowie
– *grenzüberschreitende Vorgänge,* und zwar
  – grenzüberschreitende Verschmelzungen ausländischer EU-/EWR-Körperschaften mit Inlandsbezug.

---

12) Siehe Fußnote 8.
13) Siehe Fußnote 10.
14) Siehe Fußnote 11.
15) Vgl. Gesetzesbegründung v. 25.09.2006 zu § 1 Abs. 1 UmwStG, BT-Drs. 16/2710 S. 35 f.
16) Zum Typenvergleich der beteiligten Rechtsträger siehe Gliederungspunkt I.I.1. c) bb).
17) Bei Vermögensübertragungen i.S.v. § 174 UmwG bedarf es keiner Vergleichbarkeitsprüfung, da dieser Umwandlungsvorgang nicht auf die nicht im UmwG geregelten Fälle erweitert wurde (§ 1 Abs. 1 Satz 1 Nr. 4 UmwStG).
18) Sehen landesrechtliche Vorschriften die Vereinigung öffentlich-rechtlicher Kreditinstitute oder öffentlich-rechtlicher Versicherungsunternehmen im Wege der Gesamtrechtsnachfolge vor, so sind nach Auffassung der Finanzverwaltung die § 11 - § 12 UmwStG bei dieser Vereinigung analog anzuwenden, wenn die Vereinigung durch Gesamtrechtnachfolge einer Verschmelzung i.S.d. UmwG entspricht. Vgl. BMF, Schreiben v. 25.03.1998, IV B 7 - S 1978 - 21/98 / IV B 2 - S 1909 - 33/98, BStBl. I 1998 S. 268 (UmwSt-Erlass) Rz. 11.23.

Im Rahmen der sachlichen Vergleichbarkeitsprüfung ist grds. auf die Rechtsfolgen der in § 2 UmwG geregelten Verschmelzungsvorgänge abzustellen,[19] nämlich auf die:[20]
- Übertragung des gesamten Vermögens des übertragenden Rechtsträgers auf den übernehmenden/durch Verschmelzung neu entstehenden Rechtsträger im Wege der Gesamtrechtsnachfolge
- bei Auflösung ohne Abwicklung des übertragenden Rechtsträgers.

Zudem sind hinsichtlich der Gewährung von Anteilen oder Mitgliedschaftsrechten des übernehmenden bzw. des durch Verschmelzung neu entstehenden Rechtsträgers an die Anteilseigner des übertragenden Rechtsträgers die Regelungen zu baren Zuzahlungen zu berücksichtigen.[21] Sofern der übernehmende/durch Verschmelzung neu entstehende Rechtsträger eine Kapitalgesellschaft oder eine eingetragene Genossenschaft ist, dürfen die baren Zuzahlungen 10% des Gesamtnennbetrages der gewährten Anteile des übernehmenden/durch Verschmelzung neu entstehenden Rechtsträgers nicht übersteigen (§ 54 Abs. 4 UmwG (GmbH), § 68 Abs. 3 UmwG (AG), § 78 Satz 1 i.V.m. § 68 Abs. 3 UmwG (KGaA), § 87 Abs. 2 Satz 2 UmwG (e.G.)).[22] Dies gilt ebenso für die grenzüberschreitende Verschmelzung einer SE (Art. 17 Abs. 2 SE-VO i.V.m. Art. 3 Abs. 1, Art. 4 Abs. 1 der *Dritten Richtlinie 78/855/EWG des Rates v. 09.10.1978 gemäß Artikel 54 Absatz 3 Buchst. g) des Vertrages betreffend die Verschmelzung von Aktiengesellschaften*).[23]

Fraglich ist, wie ausländische Verschmelzungsvorgänge nach § 1 Abs. 1 Satz 1 Nr. 1 UmwStG einzustufen sind, wenn das ausländische Gesellschaftsrecht für derartige Verschmelzungs-

---

19) Vgl. Gesetzesbegründung v. 25.09.2006 zu § 1 Abs. 1 UmwStG, BT-Drs. 16/2710 S. 35 f. Obgleich *Benecke/Schnitger*, IStR 2006 S. 765 (769) im Rahmen der sachlichen Vergleichbarkeitsprüfung wohl auf sämtliche Strukturmerkmale des Verschmelzungsvorgangs abstellen wollen, spricht einiges dafür, dass lediglich die Rechtsfolgen und nicht auch die Tatbestandsmerkmale des Verschmelzungsvorgangs zu berücksichtigen sind.
20) Zu allgemeinen Ausführungen zu den Rechtsfolgen eines im UmwG geregelten Verschmelzungsvorgangs siehe auch *Fronhöfer*, in: Widmann/Mayer, Umwandlungsrecht, § 2 UmwG Rz. 2 (92. EL 01/2007); *Lutter/Drygala*, in: Lutter, UmwG, § 2 UmwG Rz. 20 ff. (3. Auflage); *Stengel*, in: Semler/Stengel, UmwG, § 2 UmwG Rz. 34 ff.
21) Zu den Ausnahmen von der Anteilsgewährungspflicht durch die Neuregelungen in § 54 Abs. 1 Satz 3 und § 68 Abs. 1 Satz 3 UmwG siehe bspw. *Haritz/von Wolff*, GmbHR 2006 S. 340 (344 f.) und Gliederungspunkt F.V.6. Der Verzicht auf die Gewährung von Anteilen bzw. Mitgliedschaftsrechten steht einer steuerneutralen Verschmelzung nach § 11 – § 13 UmwStG nicht entgegen, da hierfür lediglich auf die Sicherstellung des Besteuerungsrechts an den in den übergegangenen Wirtschaftsgütern enthaltenen stillen Reserven abgestellt wird und nicht auf die Gewährung einer Gegenleistung in Anteilen oder Mitgliedschaftsrechten. Hinsichtlich der Berücksichtigung der baren Zuzahlungen im Rahmen der sachlichen Vergleichbarkeitsprüfung spricht einiges dafür, dass der Gesetzgeber lediglich die schon im Verschmelzungsvertrag/-plan festgesetzten baren Zuzahlungen und nicht auch spätere Erhöhungen oder Neufestsetzungen der baren Zuzahlungen zur Verbesserung des Umtauschverhältnisses i.S.v. § 15 Abs. 1 UmwG bzw. § 36 Abs. 1 i.V.m. § 15 Abs. 1 UmwG in die Vergleichbarkeitsprüfung einbeziehen möchte.
22) Nach § 11 Abs. 2 Satz 1 Nr. 3 UmwStG ist Voraussetzung für das antragsgebundene Wertansatzwahlrecht der übertragenden Körperschaft, dass neben den Gesellschaftsrechten keine Gegenleistung gewährt wird. Diese Voraussetzung verstößt gegen Art. 2 Buchst. a) der FRL, wonach eine Besteuerung barer Zuzahlungen auf Ebene der übertragenden Körperschaft nicht zulässig ist, soweit sie 10% des Nennwerts der gewährten Anteile nicht überschreiten. Siehe hierzu auch Gliederungspunkt G.II.1. a). Insbes. bei der grenzüberschreitenden Verschmelzung inländischer Genossenschaften ist regelmäßig auch die sachliche Vergleichbarkeitsprüfung abzustellen, da ein solcher Vorgang nicht im Zehnten Abschnitt des Zweiten Teils im Zweiten Buch des UmwG geregelt wird.
23) Vgl. ABl. Nr. L 295 v. 20.10.1978 S. 36, zuletzt geändert durch Richtlinie 2006/99/EG des Rates v. 20.11.2006, ABl. Nr. L 363 v. 20.12.2006 S. 137.

vorgänge das Kriterium der Gesamtrechtsnachfolge nicht vorsieht.[24] U.E. sollte in diesen Fällen letztendlich auf das Ergebnis der ausländischen Umwandlungsmaßnahme und deren sachliche Vergleichbarkeit mit einer Verschmelzung i.S.v. § 2, § 122a UmwG abgestellt werden. Die Regelungstechnik, ob das ausländische Recht eine Gesamtrechtsnachfolge kennt oder Verschmelzungsvorgänge lediglich im Wege der Einzelrechtsnachfolge zulässt, sollte insofern unbeachtlich sein.[25]

cc) Zusammenfassung

Die nachstehende Übersicht fasst den sachlichen Anwendungsbereich der § 11 - § 13 UmwStG zusammen:

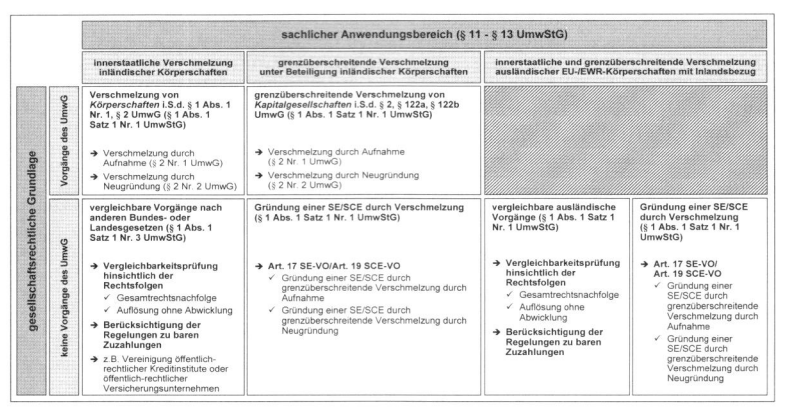

Abb. I.III. - 2: Synoptische Darstellung des sachlichen Anwendungsbereiches der § 11 - § 13 UmwStG

c) Persönlicher Anwendungsbereich der § 11 - § 13 UmwStG

Der persönliche Anwendungsbereich der § 11 - § 13 UmwStG wird in § 1 Abs. 2 UmwStG abgegrenzt, wobei zwischen den Anforderungen an die Ansässigkeit (**doppeltes Ansässig-**

---

24) Für den Fall der innerstaatlichen Verschmelzung von Aktiengesellschaften dürfte das Prinzip der Gesamtrechtsnachfolge zumeist zur Anwendung kommen, sofern die vom Anwendungsbereich des UmwStG erfassten EU-/EWR-Staaten die *Dritte Richtlinie 78/855/EWG des Rates v. 09.10.1978 gemäß Artikel 54 Absatz 3 Buchst. g) des Vertrages betreffend die Verschmelzung von Aktiengesellschaften*, ABl. Nr. L 295 v. 20.10.1978 S. 36 (Richtlinie zur Verschmelzung von Aktiengesellschaften), zuletzt geändert durch Richtlinie 2006/99/EG des Rates v. 20.11.2006, ABl. Nr. L 363 v. 20.12.2006 S. 137, in nationales Recht umgesetzt haben. Gleiches gilt für Fälle der grenzüberschreitenden Verschmelzung von Kapitalgesellschaften, sofern die *Richtlinie 2005/56/EG des Europäischen Parlaments und des Rates v. 26.10.2005 über die Verschmelzung von Kapitalgesellschaften aus verschiedenen Mitgliedstaaten*, ABl. Nr. L 310 v. 25.11.2005 S. 1 (Verschmelzungsrichtlinie) bereits in nationales Recht umgesetzt wurde. Sowohl Art. 19 Abs. 1 der Richtlinie zur Verschmelzung von Aktiengesellschaften als auch Art. 14 Abs. 1 der Verschmelzungsrichtlinie regeln den Vermögensübergang im Wege der Gesamtrechtsnachfolge.
25) Gl. A. siehe *Rödder/Schumacher*, DStR 2006 S. 1525 (1526). Dagegen vertreten *Benecke/Schnitger*, IStR 2007 S. 22 (25) und *Bilitewski*, FR 2007 S. 57 (61) wohl die Auffassung, dass derartige ausländische Umwandlungsvorgänge nicht von den § 11 - § 13 UmwStG erfasst werden.

keitskriterium) und an den Rechtstypus der beteiligten Rechtsträger (**Typenvergleich**)[26] zu unterscheiden ist.

aa) Anforderungen an die Ansässigkeit der beteiligten Rechtsträger

Die an einem Verschmelzungsvorgang beteiligten Rechtsträger müssen

- nach dem Recht eines EU-/EWR-Staates gegründet worden sein oder gegründet werden (Verschmelzung durch Neugründung),
- ihren statutarischen Sitz in einem EU-/EWR-Staat haben oder nehmen (Verschmelzung durch Neugründung) und
- ihren Ort der Geschäftsleitung im Zeitpunkt der Verschmelzung in einem EU-/EWR-Staat haben oder nehmen (Verschmelzung durch Neugründung).[27]

Eine SE bzw. SCE gilt für die Anwendung des § 1 Abs. 2 UmwStG grds. als eine nach dem Recht eines EU-/EWR-Mitgliedstaates gegründete Gesellschaft mit Sitz und Ort der Geschäftsleitung innerhalb des Gebiets der EU bzw. des EWR.[28]

bb) Anforderungen an den Rechtypus der beteiligten Rechtsträger

Als übertragende und übernehmende/durch Verschmelzung neu entstehende Rechtsträger können an Verschmelzungen inländischer Rechtsträger nach § 11 - § 13 UmwStG beteiligt sein:

- Kapitalgesellschaften i.S.v. § 3 Abs. 1 Nr. 2 UmwG,
- eingetragene Genossenschaften i.S.v. § 3 Abs. 1 Nr. 3 UmwG,
- eingetragene Vereine i.S.v. § 3 Abs. 1 Nr. 4 UmwG,
- genossenschaftliche Prüfungsverbände i.S.v. § 3 Abs. 1 Nr. 5 UmwG,
- Versicherungsvereine auf Gegenseitigkeit i.S.v. § 3 Abs. 1 Nr. 6 UmwG,
- SE[29] und
- SCE[30].

Zudem können als übertragende Rechtsträger an Verschmelzungen inländischer Rechtsträger nach § 11 - § 13 UmwStG beteiligt sein:

- wirtschaftliche Vereine i.S.v. § 3 Abs. 2 Nr. 1 UmwG.

Hinsichtlich der Beteiligung ausländischer Rechtsträger an Verschmelzungen nach § 11 - § 13 UmwStG ist ein Rechtstypenvergleich durchzuführen.[31] Hierbei ist zu klären, ob die

---

26) Siehe hierzu ausführlich Gliederungspunkt I.I.1. c) bb).
27) Ausweislich der Gesetzesbegründung v. 25.09.2006 zu § 1 Abs. 2 UmwStG, BT-Drs. 16/2710 S. 36 müssen Gründungsstaat und Sitzstaat nicht identisch sein. Zudem ist es wohl nicht erforderlich, dass sich der Sitz und der Ort der Geschäftsleitung in demselben EU-/EWR-Staat befinden; siehe hierzu *Benecke/Schnitger*, IStR 2006 S. 765 (770). Demgegenüber darf der statutarische Sitz der SE (Art. 7 SE-VO) bzw. der SCE (Art. 6 SCE-VO) nicht von deren Verwaltungssitz abweichen.
28) Vgl. Gesetzesbegründung v. 25.09.2006 zu § 1 Abs. 2 UmwStG, BT-Drs. 16/2710 S. 36.
29) Nach Art. 10 der *Verordnung (EG) Nr. 2157/2001 des Rates v. 08.10.2001 über das Statut der Europäischen Gesellschaft (SE)*, ABl. Nr. L 294 v. 10.11.2001 S. 1 (SE-VO) ist eine SE wie eine Aktiengesellschaft ihres Sitzstaates zu behandeln (sog. Gleichbehandlungsgebot). Einschränkend gilt es allerdings zu berücksichtigen, dass die SE lediglich übertragender oder übernehmender Rechtsträger bei der Verschmelzung durch Aufnahme sein kann. Demgegenüber kann die SE bei der Verschmelzung durch Neugründung nur als übertragender, nicht aber als übernehmender Rechtsträger beteiligt sein, da die Gründung einer SE durch Verschmelzung wohl ausschließlich in der SE-VO geregelt ist.
30) Nach Art. 9 der *Verordnung (EG) Nr. 1435/2003 des Rates v. 22.07.2003 über das Statut der Europäischen Genossenschaft (SCE)*, ABl. Nr. 207 v. 18.08.2003 S. 1 (SCE-VO) ist eine SCE wie eine Genossenschaft ihres Sitzstaates zu behandeln (sog. Gleichbehandlungsgebot).
31) Siehe hierzu ausführlich Gliederungspunkt I.I.1. c) bb).

ausländische Rechtsform der deutschen Körperschaftsteuer oder Einkommensteuer unterliegen würde.

Die nachstehende Übersicht fasst den persönlichen Anwendungsbereich der § 11 - § 13 UmwStG zusammen:

	Anforderungen an den Rechtstypus der beteiligten Rechtsträger (Typenzwang, § 1 Abs. 2 UmwStG)	Anforderungen an die Ansässigkeit der beteiligten Rechtsträger (doppeltes Ansässigkeitskriterium, § 1 Abs. 2 UmwStG)
innerstaatliche Verschmelzung inländischer Körperschaften i.S.d. § 2 i.V.m. § 1 Abs. 1 Nr. 1, § 3 Abs. 1 Nr. 1 Nr. 2 - 6, Abs. 2 UmwG	• **Körperschaft** als übertragender und übernehmender/durch Verschmelzung neu entstehender Rechtsträger ✓ Kapitalgesellschaften, eingetragene Genossenschaften, eingetragene Vereine, wirtschaftliche Vereine, genossenschaftliche Prüfungsverbände, Versicherungsvereine auf Gegenseitigkeit, SE, SCE	• Gründung der beteiligten Rechtsträger nach inländischem Recht • statutarischer Sitz und Ort der Geschäftsleitung der beteiligten Rechtsträger im **Inland**
mit der Verschmelzung i.S.d. § 2 UmwG vergleichbare Vorgänge nach anderen Bundes- oder Landesgesetzen	• Vergleichbarkeitsprüfung (Typenvergleich) ✓ Qualifizierung des übertragenden und übernehmenden/durch Verschmelzung neu entstehenden Rechtsträgers als **Körperschaft**	
grenzüberschreitende Verschmelzung unter Beteiligung inländischer Kapitalgesellschaften i.S.d. § 2 i.V.m. § 122a, § 122b UmwG	• **Kapitalgesellschaft** i.S.d. Art. 2 Abs. 1 der Verschmelzungsrichtlinie als übertragender und übernehmender/durch Verschmelzung neuer Rechtsträger ✓ aus deutscher Sicht: GmbH, AG, KGaA, SE ✓ ausdrücklich ausgenommen: Genossenschaften, Gesellschaften, die Publikums-Sondervermögen verwalten	• Gründung der beteiligten Rechtsträger nach dem Recht eines **EU-/EWR-Staates** • statutarischer Sitz, Hauptverwaltung oder Hauptniederlassung der beteiligten Rechtsträger in einem **EU-/EWR-Staat**
mit der Verschmelzung i.S.d. § 2 UmwG vergleichbare ausländische Vorgänge	• Vergleichbarkeitsprüfung (Typenvergleich) ✓ Qualifizierung des übertragenden und übernehmenden/durch Verschmelzung neu entstehenden Rechtsträgers als **Körperschaft**	• Gründung der beteiligten Rechtsträger nach dem Recht eines **EU-/EWR-Staates** • statutarischer Sitz und Ort der Geschäftsleitung der beteiligten Rechtsträger in einem **EU-/EWR-Staat**
Gründung einer SE (bzw. SCE) durch grenzüberschreitende Verschmelzung	• **AG** (bzw. **Genossenschaft**) als übertragender und **SE** (bzw. **SCE**) als übernehmender/durch Verschmelzung neu entstehender Rechtsträger	• SE/SCE gilt grundsätzlich als eine nach dem Recht eines **EU-/EWR-Staates** gegründete Gesellschaft mit Sitz und Ort der Geschäftsleitung in einem **EU-/EWR-Staat**

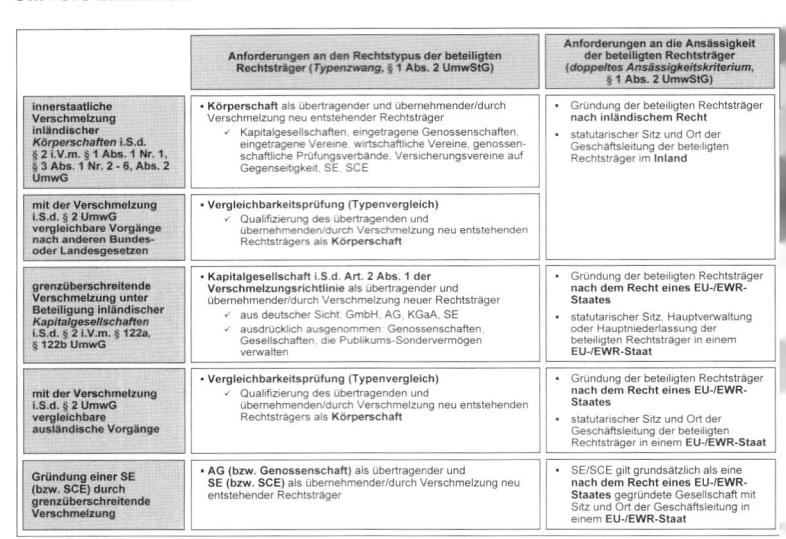

Abb. I.III. - 3: Synoptische Darstellung des persönlichen Anwendungsbereiches der § 11 - § 13 UmwStG

2. Anwendungsvorschriften

Die Regelungen der § 11 - § 13 UmwStG finden erstmals auf Verschmelzungen Anwendung, bei denen die **Anmeldung zur Eintragung in ein öffentliches Register** nach dem Tag der Gesetzesverkündung, d.h. **nach dem 12.12.2006** erfolgt ist (§ 27 Abs. 1 UmwStG). „*Öffentliches Register*" i.S.d. § 27 Abs. 1 UmwStG kann sowohl ein inländisches als auch ein ausländisches Register sein.[32]

3. Bewertung in der Schlussbilanz der übertragenden Körperschaft (§ 11 UmwStG)

a) Grundsatz: Ansatz mit dem gemeinen Wert

Die neue Besteuerungskonzeption des Zweiten Teils des UmwStG (§§ 3 ff. UmwStG) wird im Dritten Teil des UmwStG (§§ 11 ff. UmwStG) fortgeführt. Die übertragende Körperschaft hat die übergehenden Wirtschaftsgüter in ihrer Schlussbilanz mit Ausnahme von Pensionsrückstellungen grds. mit dem **gemeinen Wert** anzusetzen (§ 11 Abs. 1 Satz 1 UmwStG).[33] Aufgrund der ausdrücklichen Regelung des § 11 Abs. 1 Satz 1 UmwStG werden neben den **bilanzierten Wirtschaftsgütern** auch sämtliche **nicht bilanzierte im-**

---

32) Vgl. *Schaflitzl/Widmayer*, BB Special 8/2006 S. 36 (50).
33) Zum Begriff des gemeinen Wertes siehe Gliederungspunkt H.I.1. a) bb) (1).

materielle Wirtschaftsgüter, insbes. der originäre Geschäfts- oder Firmenwert, erfasst.[34] **Pensionsrückstellungen** sind demgegenüber nach § 11 Abs. 1 Satz 2 UmwStG nicht mit ihrem tatsächlichen Wert anzusetzen, sondern mit dem Wert, der sich nach § 6a EStG ergibt (**Teilwertansatz**).[35]

Die übertragende Körperschaft hat die Schlussbilanz unabhängig davon zu erstellen, ob sie im Inland steuerpflichtig oder zur Führung von Büchern verpflichtet ist. Die Vorlage einer steuerlichen Schlussbilanz ist nur dann nicht erforderlich, wenn diese für Zwecke der inländischen Besteuerung nicht benötigt wird.[36] In der Schlussbilanz besteht keine Bindung an steuerliche Wertansätze, die sich nach ausländischem Recht ergeben würden.[37]

Der Grundsatz der Maßgeblichkeit der Handelsbilanz für die Steuerbilanz (§ 5 Abs. 1 Satz 1 EStG) soll entsprechend den Regelungen des Zweiten Teils des UmwStG (§§ 3 ff. UmwStG) beim Ansatz und bei der Bewertung der übertragenen Wirtschaftsgüter in der steuerlichen Schlussbilanz der übertragenden Körperschaft keine Anwendung finden.[38]

Durch die Realisierung der in den übertragenen Wirtschaftsgütern enthaltenen stillen Reserven entsteht bei der übertragenden Körperschaft ein **Übertragungsgewinn**, der grds. in vollem Umfang der Körperschaft- und Gewerbesteuer (§ 11 Abs. 1 und 2 sowie § 19 Abs. 1 UmwStG) unterliegt. Sofern der Übertragungsgewinn auf Anteile i.S.d. § 8b Abs. 2 KStG entfällt, die von dem übertragenden Rechtsträger gehalten werden, ist § 8b KStG anzuwenden.[39] Soweit der Übertragungsgewinn auf eine nicht im Inland belegene Betriebsstätte entfällt, ist die Kürzungsvorschrift des § 9 Nr. 3 GewStG zu beachten. Umwandlungskosten, die in einem objektiven Veranlassungszusammenhang mit der Verschmelzung stehen (z.B. Kosten des Verschmelzungsbeschlusses oder Kosten der Anmeldung bzw. Eintragung des Verschmelzungsbeschlusses), mindern den Übertragungsgewinn.[40]

b) Auf Antrag: Ansatz mit dem Buchwert oder einem Zwischenwert

---

34) Vgl. Gesetzesbegründung v. 09.11.2006 zu § 11 Abs. 1 UmwStG, BT-Drs. 16/3369 S. 23. Demgegenüber hat die Finanzverwaltung bislang in BMF, Schreiben v. 25.03.1998, IV B 7 - S 1978 - 21/98 / IV B 2 - S 1909 - 33/98, BStBl. I 1998 S. 268 (UmwSt-Erlass) Rz. 11.19 die Auffassung vertreten, dass in der Übertragungsbilanz von der übertragenden Körperschaft selbst geschaffene immaterielle Wirtschaftsgüter einschließlich eines Geschäfts- oder Firmenwerts nicht anzusetzen sind. Ungeklärt ist insbes. vor dem Hintergrund der Unternehmensteuerreform 2008, wie der Gesetzgeber zukünftig die Funktionszuordnung von Know-how vornehmen will.
35) Vgl. ausführlich *Ley/Bodden*, FR 2007 S. 265 (268). I.R.d. einkommen- und körperschaftsteuerlichen Entstrickungsregelungen wird § 6a EStG demgegenüber nicht erwähnt; vgl. *Dötsch/Pung*, DB 2006 S. 2648 (2648). Siehe hierzu ausführlich Gliederungspunkt H.I.1. b) bb).
36) Vgl. Gesetzesbegründung v. 25.09.2006 zu § 11 Abs. 1 UmwStG, BT-Drs. 16/2710 S. 40.
37) Vgl. Gesetzesbegründung v. 25.09.2006 zu § 11 Abs. 1 UmwStG, BT-Drs. 16/2710 S. 40. Im Fall der Hineinverschmelzung einer EU-/EWR-Körperschaft dient die Erstellung der Schlussbilanz somit ausschließlich der Inventarisierung der zukünftig in Deutschland steuerverstrickten Wirtschaftsgüter.
38) Vgl. Gesetzesbegründung v. 25.09.2006 zum Ersten bis Fünften Teil des UmwStG, BT-Drs. 16/2710 S. 34. So auch FG Köln v. 20.09.2006 (Revision anhängig unter I R 97/06), 13 K 6307/02, Der Konzern 2007 S. 78, wonach das Bewertungswahlrecht des *§ 11 Abs. 1 Satz 2 UmwStG a.F.* nicht durch den Grundsatz der Maßgeblichkeit der Handelsbilanz beschränkt wird. Im Urteil v. 19.10.2005 (I R 34/04, BFH/NV 2006 S. 1099) hat der BFH die Rechtsfrage, ob im Rahmen der verschmelzenden Umwandlung übergegangene Wirtschaftsgüter steuerlich abweichend von den handelsrechtlichen Ansätzen mit höheren Werten als die Buchwerten ausgewiesen werden dürfen, nicht erörtert (Vorinstanz FG Baden-Württemberg v. 04.03.2004, 6-K-103/99, EFG 2004 S. 858, wonach entgegen dem Grundsatz der Maßgeblichkeit der Handelsbilanz ein steuerbilanzielles Wahlrecht i.R.d. *§ 11 Abs. 1 Satz 2 UmwStG a.F.* besteht).
39) Vgl. BMF v. 28.04.2003, IV A 2 - S 2750 a - 7/03, BStBl. I 2003 S. 292 Rz. 23. Dies hat zur Konsequenz, dass einbringungsgeborene Anteile i.S.v. *§ 21 UmwStG a.F.* demgegenüber in vollem Umfang der Besteuerung unterliegen.
40) Vgl. BFH v. 22.04.1998, I R 83/96, BStBl. II 1998 S. 698; BFH v. 15.10.1997, I R 22/96, BStBl. II 1998 S. 168.

Änderungen im UmwStG

aa) Voraussetzungen des § 11 Abs. 2 Satz 1 Nr. 1 - 3 UmwStG

Die übertragende Körperschaft kann die Wirtschaftsgüter nach § 11 Abs. 2 Satz 1 Nr. 1 - 3 UmwStG in ihrer steuerlichen Schlussbilanz **auf Antrag** einheitlich mit dem **Buchwert oder** einem **Zwischenwert** ansetzen:

– **Buchwert** ist der Wert, der sich nach den steuerrechtlichen Vorschriften über die Gewinnermittlung in einer für den steuerlichen Übertragungsstichtag aufzustellenden Steuerbilanz ergibt oder ergäbe (§ 1 Abs. 5 Nr. 4 UmwStG).
– **Zwischenwert** ist jeder Wert, der zwischen dem Buchwert und dem gemeinen Wert liegt. Hinsichtlich der Frage, in welchem Umfang es zu einer Aufdeckung der stillen Reserven in den einzelnen Wirtschaftsgütern bei einem Zwischenwertansatz kommt, wird die Finanzverwaltung wohl auf die Regelungen im UmwSt-Erlass für den Fall der Gewährung einer Gegenleistung zurückgreifen. Die Buchwerte der bilanzierten Wirtschaftsgüter sind nach Auffassung der Finanzverwaltung nach einem einheitlichen Vomhundertsatz um die aufgedeckten stillen Reserven aufzustocken. Selbstgeschaffene und/oder unentgeltlich erworbene immaterielle Wirtschaftsgüter einschließlich eines Geschäfts- oder Firmenwerts sind nur anzusetzen, sofern die bilanzierten Wirtschaftsgüter mit dem gemeinen Wert angesetzt sind, aber gegenüber dem Wert, mit dem bei der Ausübung des Wahlrechts das Betriebsvermögen angesetzt werden soll, noch eine Differenz besteht.[41]

Voraussetzung für das antragsgebundene Wertansatzwahlrecht der übertragenden Körperschaft i.S.v. § 11 Abs. 2 Satz 1 UmwStG ist, dass

– sichergestellt ist, dass sie später bei der übernehmenden Körperschaft der Besteuerung mit Körperschaftsteuer unterliegen (§ 11 Abs. 2 Satz 1 Nr. 1 UmwStG) und
– das Recht der Bundesrepublik Deutschland hinsichtlich der Besteuerung des Gewinns aus der Veräußerung der übertragenen Wirtschaftsgüter bei der übernehmenden Körperschaft nicht ausgeschlossen oder beschränkt wird (§ 11 Abs. 2 Satz 1 Nr. 2 UmwStG) und
– eine Gegenleistung nicht gewährt wird oder in Gesellschaftsrechten besteht (§ 11 Abs. 2 Satz 1 Nr. 3 UmwStG).

Die Voraussetzungen für das antragsgebundene Wertansatzwahlrecht sind für jedes Wirtschaftsgut getrennt zu prüfen. Sofern die Voraussetzungen für das Wertansatzwahlrecht erfüllt sind, ist das Bewertungswahlrecht einheitlich auszuüben. Der Antrag auf Buchwert- oder Zwischenwertansatz ist einheitlich für diejenigen Wirtschaftsgüter zu stellen, die die Voraussetzungen des § 11 Abs. 2 Satz 1 Nr. 1 - 3 UmwStG kumulativ erfüllen.

Der Antrag ist spätestens bis zur erstmaligen Einreichung der steuerlichen Schlussbilanz bei dem für die Besteuerung der übertragenden Körperschaft zuständigen Finanzamt zu stellen (§ 11 Abs. 3 i.V.m. § 3 Abs. 2 Satz 2 UmwStG). Durch das Einreichen der steuerlichen Schlussbilanz gilt der Antrag als gestellt.[42] Die übertragende Körperschaft ist an den von ihr ausgeübten Bewertungsansatz gebunden. Eine Änderung des Wahlrechts im Wege einer Bilanzänderung i.S.v. § 4 Abs. 2 Satz 2 EStG ist nicht zulässig.[43]

---

41) Vgl. BMF, Schreiben v. 25.03.1998, IV B 7 - S 1978 - 21/98 / IV B 2 - S 1909 - 33/98, BStBl. I 1998 S. 268 (UmwSt-Erlass) Rz. 11.20 (zur Gewährung einer Gegenleistung, die nicht in Gesellschaftsrechten besteht) sowie Rz. 22.08. Kritik an der selektiven Aufstockung der Buchwerte äußert *Schmitt*, in: Schmitt/Hörtnagl/Stratz, UmwG/UmwStG, § 11 UmwStG Rz. 31 m.w.N. (4. Auflage).
42) Vgl. Gesetzesbegründung v. 25.09.2006 zu § 3 Abs. 2 UmwStG, BT-Drs. 16/2710 S. 37. Hingegen raten *Lemaitre/Schönherr*, GmbHR 2007 S. 173 (174) dazu, neben der Einreichung der Steuererklärung (nebst Steuerbilanz) auch noch einen formlosen Antrag zu stellen, da der Gesetzeswortlaut von einem Antrag spricht und fraglich ist, ob dieser durch die Einreichung einer Steuererklärung als gestellt gilt.
43) Zu § 20 UmwStG siehe BMF, Schreiben v. 25.03.1998, IV B 7 - S 1978 - 21/98 / IV B 2 - S 1909 - 33/98, BStBl. I 1998 S. 268 (UmwSt-Erlass) Rz. 20.33 m.w.N.

Sofern die übertragende Körperschaft laufende Verluste oder einen Verlustvortrag ausweist, könnte sich eine (anteilige) Aufstockung der Buchwerte in der steuerlichen Schlussbilanz der übertragenden Körperschaft anbieten, um die ansonsten im Rahmen der Verschmelzung nach § 12 Abs. 3 Satz 1 i.V.m. § 4 Abs. 2 UmwStG untergehenden Verluste der übertragenden Körperschaft mit dem körperschaft- und gewerbesteuerlichen Übertragungsgewinn zu verrechnen und zukünftiges Abschreibungspotenzial zu generieren.[44] Einschränkend sind folgende Aspekte zu berücksichtigen:

- Der durch die Buchwertaufstockung entstehende Übertragungsgewinn unterliegt den Beschränkungen der Mindestbesteuerung i.S.v. § 10d Abs. 2 Satz 1 UmwStG sowie § 10a GewStG, so dass das Verlustverrechnungspotenzial - sofern es EUR 1.000.000 überschreitet - sowohl für körperschaft- als auch für gewerbesteuerliche Zwecke nur 60% der bestehenden Verlustvorträge beträgt.[45]
- Im Fall der up-stream Verschmelzung erhöht die Buchwertaufstockung den Übernahmegewinn i.S.v. § 12 Abs. 2 Satz 1 UmwStG auf Ebene der übernehmenden Körperschaft. Hierdurch erhöht sich der Betrag der fingierten Ausgaben, die nicht als Betriebsausgaben abgezogen werden dürfen (§ 12 Abs. 2 Satz 2 UmwStG i.V.m. § 8b Abs. 3 KStG). Sofern die übernehmende Körperschaft die Voraussetzungen des § 8b Abs. 7 und 8 KStG erfüllt, unterliegt der Übernahmegewinn in vollem Umfang der Besteuerung.[46]

bb) Sicherstellung der Besteuerung der in den übertragenen Wirtschaftsgütern enthaltenen stillen Reserven (§ 11 Abs. 2 Satz 1 Nr. 1 und 2 UmwStG)

Die Voraussetzung des § 11 Abs. 2 Satz 1 Nr. 2 UmwStG wurde i.R.d. Europäisierung des UmwStG neu geschaffen. Die Sicherstellung der Besteuerung bei der übernehmenden Körperschaft ist für diejenigen stillen Reserven erforderlich, die im übertragenen inländischen und ausländischen Betriebsvermögen enthalten sind und zum steuerlichen Übertragungsstichtag der inländischen Besteuerung unterliegen (§ 11 Abs. 2 Satz 1 Nr. 1 und 2 UmwStG). Es spricht einiges dafür, dass der Ausschluss oder die Beschränkung des deutschen Besteuerungsrechts hinsichtlich der Besteuerung des Gewinns aus der Veräußerung der übertragenen Wirtschaftsgüter bei der übernehmenden Körperschaft voraussetzt, dass die übertragenen Wirtschaftsgüter bereits vor der Verschmelzung bei der übertragenden Körperschaft in Deutschland steuerlich verstrickt waren. Ein vor der Verschmelzung nicht existierendes deutsches Besteuerungsrecht an den übertragenen Wirtschaftsgütern kann weder eingeschränkt noch ausgeschlossen werden.

Sofern ein bereits existierendes deutsches Besteuerungsrecht hinsichtlich der Besteuerung des Gewinns aus der Veräußerung der übertragenen Wirtschaftsgüter bei der übernehmenden Körperschaft ausgeschlossen oder beschränkt wird, hat die übertragende Körperschaft in ihrer steuerlichen Schlussbilanz sämtliche Wirtschaftsgüter mit Ausnahme der Pensionsrückstellungen - einschließlich der selbst geschaffenen und/oder unentgeltlich erworbenen immateriellen Wirtschaftsgüter inkl. des Geschäfts- oder Firmenwerts - mit dem gemeinen

---

44) Vgl. Gesetzesbegründung v. 25.09.2006 zu § 12 Abs. 3 UmwStG, BT-Drs. 16/2710 S. 41. Entgegen der Entscheidung des BFH v. 31.05.2005, I R 68/03, BStBl. II 2006 S. 380 dürfen nach der ausdrücklichen Regelung des § 12 Abs. 3 Satz 1 i.V.m. § 4 Abs. 2 UmwStG auch laufende Verluste im Wirtschaftsjahr der Verschmelzung der übertragenden Körperschaft nicht auf Ebene der übernehmenden Körperschaft fortgeführt werden. Vgl. Gesetzesbegründung v. 25.09.2006 zu § 4 Abs. 2 UmwStG, BT-Drs. 16/2710 S. 38.

45) Im Rahmen der Unternehmensteuerreform 2008 ist eine Senkung der Steuersätze geplant, so dass eine Wertaufstockung in 2007 in Abhängigkeit von der Nutzungsdauer der Wirtschaftsgüter steuerlich unvorteilhaft sein kann.

46) Zur steuerlichen Behandlung des Übernahmegewinns i.R.d. up-stream Verschmelzung siehe Gliederungspunkt I.III.4. b).

Wert zu bewerten. Pensionsrückstellungen sind mit dem Teilwert i.S.v. § 6a EStG anzusetzen.[47]

Es sind folgende Fallgestaltungen zu unterscheiden:

- **Inlandsverschmelzung**, d.h. die übertragende und die übernehmende Körperschaft sind unbeschränkt steuerpflichtige Körperschaften i.S.v. § 1 KStG,
- **Hinausverschmelzung**, d.h. die übertragende Körperschaft ist im Inland unbeschränkt steuerpflichtig i.S.v. § 1 KStG und die übernehmende Körperschaft ist in einem EU-/EWR-Staat ansässig,
- **Hineinverschmelzung**, d.h. die übertragende Körperschaft ist in einem EU-/EWR-Staat ansässig und die übernehmende Körperschaft ist im Inland unbeschränkt steuerpflichtig i.S.v. § 1 KStG und
- **Auslandsverschmelzung mit Inlandsbezug**, d.h. die übertragende und die übernehmende Körperschaft sind in einem oder verschiedenen EU-/EWR-Staaten ansässig, wobei die übertragende Körperschaft in Deutschland beschränkt steuerpflichtig ist.

(1) Inlandsverschmelzung und Hinausverschmelzung

(a) Überblick

Eine Einschränkung oder ein Ausschluss des deutschen Besteuerungsrechts beim übernehmenden Rechtsträger i.S.v. § 11 Abs. 2 Satz 1 Nr. 2 UmwStG ist nur möglich, sofern die übertragenen Wirtschaftsgüter vor der Verschmelzung bereits bei der übertragenden unbeschränkt steuerpflichtigen Körperschaft in Deutschland steuerverstrickt waren. Eine Steuerverhaftung im Inland kann nur vorliegen, sofern die übertragenen Wirtschaftsgüter entweder

- in Deutschland belegenes unbewegliches Vermögen darstellen,
- sich in einem inländischen Betriebsvermögen befinden,
- zu einem ausländischen Betriebsvermögen in einem Nicht-DBA-Staat zählen oder
- sich in einem ausländischen Betriebsvermögen in einem DBA-Staat befinden, mit dem Deutschland die Anrechnungsmethode zur Vermeidung der Doppelbesteuerung vereinbart hat; dies gilt auch für den Fall, dass zwar grds. die Freistellungsmethode zur Vermeidung der Doppelbesteuerung Anwendung findet, aufgrund eines Aktivitätsvorbehalts bei passiver Unternehmenstätigkeit jedoch nur die Steueranrechnung gewährt wird oder § 20 Abs. 2 AStG einschlägig ist.

Im Fall der **Hinausverschmelzung** sind die Voraussetzungen im Hinblick auf die funktionale Zuordnung des übertragenen Vermögens zu einer deutschen Betriebsstätte für jedes Wirtschaftsgut getrennt zu prüfen. Sofern die Voraussetzungen für das Wertansatzwahlrecht erfüllt sind, ist das Bewertungswahlrecht einheitlich auszuüben. Der Antrag auf Buchwert- oder Zwischenwertansatz ist einheitlich für diejenigen Wirtschaftsgüter zu stellen, die die Voraussetzungen des § 11 Abs. 2 Satz 1 Nr. 1 - 3 UmwStG kumulativ erfüllen.

(b) Inlandsverschmelzung

Im Fall der **Inlandsverschmelzung** ist die **Besteuerung der im übertragenen in- oder ausländischen Betriebsvermögen** enthaltenen stillen Reserven grds. sichergestellt, da die übernehmende Körperschaft nach § 1 KStG unbeschränkt steuerpflichtig ist. Die übertragenen Wirtschaftsgüter werden folglich grds. steuerlich nicht anders behandelt als bislang bei der übertragenden Körperschaft.

Ein Verlust des deutschen Besteuerungsrechts tritt nach bisheriger Auffassung der Finanzverwaltung ausnahmsweise ein, wenn die übernehmende Körperschaft von der Körper-

---

47) Siehe hierzu ausführlich Gliederungspunkt I.III.3. a).

schaftsteuer befreit ist oder das übertragene Vermögen in den nicht steuerpflichtigen Bereich einer juristischen Person des öffentlichen Rechts übergeht, es sei denn, dass das übergehende Vermögen bei der übernehmenden Körperschaft einen steuerpflichtigen wirtschaftlichen Geschäftsbetrieb i.S.v. § 14 Satz 1 AO bildet oder zu einem vorher bestehenden steuerpflichtigen wirtschaftlichen Geschäftsbetrieb gehört.[48]

(c) Hinausverschmelzung

aa) Funktionale Betriebsstättenzuordnung der Wirtschaftsgüter des inländischen Betriebsvermögens der übertragenden Körperschaft

Im Fall der **Hinausverschmelzung** auf eine EU-/EWR-Körperschaft kann es zu einem Ausschluss oder einer Beschränkung des deutschen Besteuerungsrechts kommen, wenn sich die Wirtschaftsgüter der übertragenden Körperschaft nicht funktional einer **in Deutschland belegenen Betriebsstätte zuordnen** lassen. Fraglich ist in diesem Zusammenhang, ob auf einen europarechtlichen Betriebsstätten-Begriff oder den Begriff der Betriebsstätte i.S.v. § 12 AO abzustellen ist. Da die Neuregelungen im UmwStG der Umsetzung der Fusionsrichtlinie in das deutsche Steuerrecht dienen[49], wird der Betriebsstätten-Begriff wohl nach Auffassung der Finanzverwaltung in Übereinstimmung mit der Fusionsrichtlinie auszulegen sein. Da weder die Fusionsrichtlinie selbst noch das übrige sekundäre oder primäre Europarecht eine Definition des Betriebsstätten-Begriffs enthalten, hat die Auslegung des Betriebsstätten-Begriffs nach dem jeweiligen Doppelbesteuerungsabkommen zwischen den beteiligten Mitgliedstaaten zu erfolgen, soweit ein solches Doppelbesteuerungsabkommen existiert.[50]

Vom Betriebsstättenvorbehalt ausgenommen sind in Deutschland belegenes unbewegliches Vermögen und die damit im Zusammenhang stehenden Rechte. Unabhängig von der Betriebsstättenzuordnung bleibt Deutschland das Besteuerungsrecht an diesen Wirtschaftsgütern uneingeschränkt erhalten (Art. 13 Abs. 1 i.V.m. Art. 6 OECD-MA).[51]

Nach Auffassung der Rechtsprechung und der Finanzverwaltung sind einer Betriebsstätte diejenigen Wirtschaftsgüter zuzurechnen, die der Erfüllung der Betriebsstättenfunktion dienen.[52] Hierzu zählen insbes. die Wirtschaftsgüter, die zur ausschließlichen Verwertung und Nutzung durch die Betriebsstätte bestimmt sind. Darüber hinaus sind einer Betriebsstätte auch diejenigen Wirtschaftsgüter zuzurechnen, die in einem funktionalen Zusammenhang

---

48) Vgl. BMF, Schreiben v. 25.03.1998, IV B 7 - S 1978 - 21/98 / IV B 2 - S 1909 - 33/98, BStBl. I 1998 S. 268 (UmwSt-Erlass) Rz. 11.03.
49) Vgl. *Richtlinie 90/434/EWG des Rates v. 23.07.1990 über das gemeinsame Steuersystem für Fusionen, Spaltungen, Abspaltungen, die Einbringung von Unternehmensteilen und den Austausch von Anteilen, die Gesellschaften verschiedener Mitgliedstaaten betreffen, sowie für die Verlegung des Sitzes einer Europäischen Gesellschaft oder einer Europäischen Genossenschaft von einem Mitgliedstaat in einen anderen Mitgliedstaat*, ABl. Nr. L 225 v. 20.08.1990 S. 1, zuletzt geändert durch Richtlinie 2006/98/EG des Rates v. 20.11.2006, ABl. Nr. L 363 v. 20.12.2006 S. 129. Siehe hierzu auch Gesetzesbegründung v. 25.09.2006, Allgemeiner Teil, BT-Drs. 16/2710 S. 25 ff.
50) So auch BMF, Schreiben v. 25.03.1998, IV B 7 - S 1978 - 21/98 / IV B 2 - S 1909 - 33/98, BStBl. I 1998 S. 268 (UmwSt-Erlass) Rz. 23.01; *Patt*, in: Dötsch/Jost et al., Die Körperschaftsteuer, § 23 UmwStG n.F. Rz. 22 (58. EL 11/2006). A.A. *Widmann*, in: Widmann/Mayer, Umwandlungsrecht, § 23 UmwStG Rz. 237 (92. EL 01/2007) sowie *Wolff*, in: Blümich, EStG/KStG/GewStG, § 23 UmwStG Rz. 29 (92. EL 10/2006), die beide für die Anwendung des Betriebsstätten-Begriffs nach nationalem Recht i.S.v. § 12 AO plädieren, da bei Vorliegen einer Betriebsstätte i.S.v. § 12 AO das deutsche Besteuerungsrecht gesichert sei. Deutschland hat mit sämtlichen EU-/EWR-Staaten Doppelbesteuerungsabkommen abgeschlossen, so dass der Nicht-DBA-Fall nicht erörtert zu werden braucht.
51) Vgl. *Reimer*, in: Vogel/Lehner, DBA, Art. 6 OECD-MA Rz. 199 (4. Auflage).
52) Vgl. BFH v. 29.07.1992, II R 39/89, BStBl. II 1993 S. 63; BMF, Schreiben v. 24.12.1999, IV B 4 - S 1300 - 111/99, BStBl. I 1999 S. 1076 (Betriebsstätten-Verwaltungsgrundsätze) Rz. 2.4.

mit der in der Betriebsstätte ausgeübten Tätigkeit stehen.[53)] Dies entspricht insoweit Art. 4 Abs. 1 Buchst. b) FRL i.V.m. Art. 7 Abs. 1 Satz 2, Art. 10 Abs. 4, Art. 11 Abs. 4 und Art. 12 Abs. 3 OECD-MA.[54)]

In Abweichung von Art. 4 Abs. 1 Buchst. b) FRL i.V.m. den Regelungen des OECD-MA gilt i.R.d. Zuordnung von Wirtschaftsgütern nach Auffassung der Finanzverwaltung die sog. **Zentralfunktion des Stammhauses**.[55)] Demnach sind dem Stammhaus i.d.R. folgende Wirtschaftsgüter zuzurechnen:

– Finanzmittel, die dem Gesamtunternehmen dienen,
– Beteiligungen, sofern sie nicht einer in der Betriebsstätte ausgeübten Tätigkeit dienen[56)] und
– bilanzierte und nicht bilanzierte immaterielle Wirtschaftsgüter (z.B. Patente, Lizenzen, Geschäfts- oder Firmenwert).[57)]

Die von einer Betriebsstätte erwirtschafteten Finanzierungsmittel werden nur dann dem Betriebsstättenvermögen zugeordnet, wenn sie zur Absicherung der Geschäftstätigkeit der Betriebsstätte erforderlich sind oder zur Finanzierung beschlossener oder in absehbarer Zeit vorgesehener Investitionen eingesetzt werden sollen. Sämtliche darüber hinausgehenden, überschüssigen Finanzierungsmittel sind dem Stammhaus zuzuordnen.

Eine Betriebsstättenzurechnung kann ferner unterbleiben bei Wirtschaftsgütern, die

– der Betriebsstätte nur vorübergehend überlassen werden und eine derartige Überlassung unter Fremden aufgrund eines Miet-, Pacht- oder ähnlichen Rechtsverhältnisses erfolgt wäre oder

---

53) Vgl. *Blumers*, DB 2006 S. 856 (856).
54) Zur Betriebsstättenzurechnung i.R.d. Fusionsrichtlinie siehe Gliederungspunkt G.III.1. a) aa) (2).
55) Vgl. BMF, Schreiben v. 24.12.1999, IV B 4 - S 1300 - 111/99, BStBl. I 1999 S. 1076 (Betriebsstätten-Verwaltungsgrundsätze) Rz. 2.4. Auch der BFH folgt in seiner Entscheidung v. 17.12.2003, I R 47/02, BFH/NV 2004 S. 771 - wenn auch nur in einem *obiter dictum* - dem Postulat der Zentralfunktion des Stammhauses. Die tatsächliche Zugehörigkeit eines Wirtschaftsgutes zu einer Betriebsstätte verlange, dass es in einem funktionalen Zusammenhang zu der in der Betriebsstätte ausgeübten Unternehmenstätigkeit stehe. Insoweit seien die zu § 8 AStG entwickelten Grundsätze der funktionalen Betrachtungsweise sinngemäß anzuwenden und auf die Tätigkeit abzustellen, der nach der allgemeinen Verkehrsauffassung das Schwergewicht innerhalb der Betriebsstätte zukommt. Das FG Münster hat in seinem Urteil v. 02.06.2006 (Revision anhängig unter I R 66/06), 9 K 4990/02 K, F, EFG 2006 S. 1911, dementsprechende die von einer niederländischen Personengesellschaft gehaltenen Beteiligungen an Drittländern DBA-rechtlich ihrem deutschen Gesellschafter zugerechnet und dessen Dividenden nicht freigestellt, ohne die Frage nach der Holdingfunktion der niederländischen Personengesellschaft zu stellen. Nach Auffassung von *Blumers*, DB 2006 S. 856 (857) und DB 2007 S. 312 (314) entbehrt das Postulat der Zentralfunktion des Stammhauses jeder Rechtsgrundlage.
56) Die Finanzverwaltung bezieht sich insoweit auf die Rechtsprechung zur abkommensrechtlichen Qualifikation von Dividendenerträgen als Betriebsstättengewinne, wonach es entscheidend darauf ankommt, dass die Beteiligung in funktionalem Zusammenhang mit der unternehmerischen Tätigkeit der Betriebsstätte steht. Siehe hierzu BFH v. 17.12.2003, I R 47/02, BFH/NV 2004 S. 771; BFH v. 23.10.1996, I R 10/96, BStBl. II 1997 S. 313; BFH v. 30.08.1995, I R 112/94, BStBl. II 1996 S. 563; FG Münster v. 02.06.2006, 9 K 4990/02, K, F (Revision anhängig unter I R 66/06), IStR 2006 S. 711.
57) Selbstgeschaffene immaterielle Wirtschaftsgüter des Anlagevermögens (Patente, Rechte, Lizenzen) sind gem. Rz. 2.6.1 c) i.V.m. Rz. 2.6.3 des BMF-Schreibens v. 24.12.1999, IV B 4 - S 1300 - 111/99, BStBl. I 1999 S. 1076 (Betriebsstätten-Verwaltungsgrundsätze) dem ausländischen Stammhaus zuzuordnen, wenn sie dort Verwendung finden. Die Finanzverwaltung stützt ihre Auffassung auf die Rechtsprechung zur abkommensrechtlichen Zuordnung von Lizenzgebühren, die die Entgelte nur dann als Betriebsstättengewinne qualifiziert, wenn die zugrunde liegenden Rechte in funktionalem Zusammenhang mit der in der Betriebsstätte hauptsächlich ausgeübten unternehmerischen Tätigkeit stehen. Siehe hierzu BFH v. 29.11.2000, I R 84/99, HFR 2001 S. 1053; BFH v. 30.08.1995, I R 112/94, BStBl. II 1996 S. 563. Der Geschäfts- oder Firmenwert ist nach Auffassung des BFH v. 24.11.1982 (I R 123/78, BStBl. II 1983 S. 113) an den Betrieb oder Teilbetrieb gebunden.

– von mehreren Betriebsstätten gleichzeitig oder nacheinander genutzt werden, und deren Aufwendungen und Erträge durch ein Aufteilungsverfahren innerhalb des Unternehmens umgelegt werden.[58]

Im Ergebnis sieht es die Finanzverwaltung grds. als nicht zulässig an, der Betriebsstätte eine Finanzierungs-, Holding- und/oder Lizenzgeberfunktion zuzuweisen, da **Finanzmittel, Beteiligungen und/oder immaterielle Wirtschaftsgüter** (z.B. Patente, Lizenzen, Geschäfts- oder Firmenwert) **wegen** der **Zentralfunktion des Stammhauses** grds. dem **Stammhaus** zugeordnet werden.[59]

Im Fall der Hinausverschmelzung sind diese Wirtschaftsgüter - mangels funktionaler Zuordnung zu einer deutschen Betriebsstätte - dem übernehmenden ausländischen Stammhaus zuzuordnen. Wegen dem Ausschluss des deutschen Besteuerungsrechts sind sämtliche in diesen Wirtschaftsgütern enthaltenen stillen Reserven aufzudecken, was auf Ebene der übertragenden Körperschaft zu erheblichen steuerlichen Mehrbelastungen, insbes. bei nicht bilanzierten immateriellen Wirtschaftsgütern bzw. einem originären Geschäfts- oder Firmenwert, führen kann.[60] Es erscheint fraglich, ob die Einschränkung der Zurechnung von Wirtschaftsgütern zu einer Betriebsstätte wegen des von der Finanzverwaltung postulierten Grundsatzes der Zentralfunktion des Stammhauses mit der Betriebsstättenbedingung i.S.v. Art. 4 Abs. 1 Buchst. b) FRL in Einklang steht.[61]

bb) Übertragende inländische Körperschaft verfügt über ausländische Betriebsstätte

Sofern die übertragende inländische Körperschaft über eine ausländische Betriebsstätte verfügt, die

– sich in einem **Nicht-DBA-Staat** befindet oder
– in einem DBA-Staat belegen ist, mit dem Deutschland die **Anrechnungsmethode** zur Vermeidung der Doppelbesteuerung vereinbart hat (dies gilt auch für den Fall, dass zwar grds. die Freistellungsmethode zur Vermeidung der Doppelbesteuerung Anwendung findet, aufgrund eines Aktivitätsvorbehalts bei passiver Unternehmenstätigkeit jedoch nur die Steueranrechnung gewährt wird oder § 20 Abs. 2 AStG einschlägig ist)

verliert Deutschland im Rahmen der Hinausverschmelzung das Besteuerungsrecht an den im ausländischen Betriebsstättenvermögen enthaltenen stillen Reserven. Wegen des Verlusts des deutschen Besteuerungsrechts i.S.v. § 11 Abs. 2 Satz 1 Nr. 2 UmwStG kommt es deshalb insoweit grds. zwingend zum Ansatz des gemeinen Werts und damit zur Realisierung der in dem ausländischen Betriebsstättenvermögen gebundenen stillen Reserven.

Sofern es sich um eine EU-Betriebsstätte handelt, schreibt die Fusionsrichtlinie in diesem Zusammenhang allerdings vor, dass Deutschland grds. endgültig auf sein Besteuerungsrecht zu verzichten hat (Art. 10 Abs. 1 Satz 1 FRL). Bei Anwendung der Anrechnungsmethode im Rahmen der Besteuerung der Betriebsstätteneinkünfte darf der Staat der übertragenden

---

58) Vgl. BMF, Schreiben v. 24.12.1999, IV B 4 - S 1300 - 111/99, BStBl. I 1999 S. 1076 (Betriebsstätten-Verwaltungsgrundsätze) Rz. 2.4.
59) Vgl. *Blumers*, DB 2006 S. 856 (857). Ungeklärt ist insbes. vor dem Hintergrund der Unternehmensteuerreform 2008, wie der Gesetzgeber zukünftig die Funktionszuordnung von Know-how vornehmen will.
60) Die in Beteiligungen enthaltenen stillen Reserven unterliegen grds. nach § 8b Abs. 2 und 3 KStG „nur" i.H.v. 5% der deutschen Besteuerung. *Blumers*, DB 2006 S. 856 ff. äußert europarechtliche Bedenken gegen das von der deutschen Finanzverwaltung vertretene Postulat der Zentralfunktion des Stammhauses. Die Verpflichtung, bestimmte Wirtschaftsgüter dem Stammhaus zuzuordnen, beschränke die Niederlassungs- und Kapitalverkehrsfreiheit in- und ausländischer Unternehmen in unzulässiger Weise, da das übertragende Unternehmen nicht frei bestimmen kann, wie die Betriebsstättenzuordnung zu erfolgen habe.
61) Siehe hierzu auch Gliederungspunkt G.III.1. a) aa) (2).

Körperschaft (hier Deutschland) die im Betriebsstättenvermögen gebundenen stillen Reserven besteuern, vorausgesetzt, dass auf die insoweit erhobene inländische Steuer nach Art. 10 Abs. 2 FRL eine fiktive ausländische Steuer des anderen EU-Mitgliedstaates anzurechnen ist (so auch § 11 Abs. 3 i.V.m. § 3 Abs. 3 UmwStG). Gem. § 9 Nr. 3 GewStG unterliegt der Teil des Gewerbeertrags, der auf eine nicht im Inland belegene Betriebsstätte entfällt, nicht der Gewerbesteuer. Es kann insoweit in Deutschland nur eine Körperschaftsteuerbelastung eintreten. Die Anrechnung erfolgt mit dem Betrag ausländischer Steuern, der nach den Rechtsvorschriften des anderen Mitgliedstaates erhoben worden wäre, wenn das übertragene Vermögen zum Zeitpunkt der Übertragung veräußert worden wäre. Wenn der andere Mitgliedstaat bei einer in seinem Hoheitsgebiet belegenen Betriebsstätte einem Steuerpflichtigen anlässlich der Verschmelzung ein Wahlrecht zur Aufdeckung der stillen Reserven einräumt, richtet sich die Anrechnung der tatsächlich erhobenen Steuer nach den allgemeinen Vorschriften des § 26 KStG.[62]

Die Regelungen der Fusionsrichtlinie i.S.v. Art. 10 Abs. 1 Satz 1 bzw. Art. 10 Abs. 2 FRL sind nicht einschlägig bei **Betriebsstätten**, die in **EWR- oder Drittstaaten** belegen sind. In diesem Fall wäre Deutschland nicht verpflichtet, endgültig auf die im ausländischen Betriebsstättenvermögen gebundenen stillen Reserven zu verzichten. Sofern das deutsche Besteuerungsrecht im Rahmen der Verschmelzung an den stillen Reserven der übertragenen Wirtschaftsgüter i.S.v. § 11 Abs. 2 Satz 1 Nr. 2 UmwStG untergeht, wäre insofern der gemeine Wert anzusetzen.

Sofern die übertragende inländische Körperschaft über ausländisches Betriebsstättenvermögen in einem DBA-Staat verfügt, mit dem die **Freistellungsmethode** zur Vermeidung der Doppelbesteuerung vereinbart wurde, hatte Deutschland zu keinem Zeitpunkt das Besteuerungsrecht an dem ausländischen Betriebsstättenvermögen. Es spricht einiges dafür, dass die Regelung des § 11 Abs. 2 Satz 1 Nr. 2 UmwStG mangels Beschränkung oder Ausschluss des deutschen Besteuerungsrechts nicht zur Anwendung kommt und das ausländische Betriebsstättenvermögen insoweit in das Wertansatzwahlrecht auf Ebene der übertragenden inländischen Körperschaft einbezogen wird. Werden die übertragenen Wirtschaftsgüter in diesem Fall mit einem über dem Buchwert liegenden Wertansatz angesetzt, müsste Rz. 03.05 des UmwSt-Erlasses[63] analog Anwendung finden. Demnach wäre das ausländische Betriebsstättenvermögen auf der 1. Stufe der Gewinnermittlung auch dann in die Wertaufstockung miteinzubeziehen, wenn das Besteuerungsrecht nach einem Doppelbesteuerungsabkommen nicht Deutschland zugewiesen wird. Der Übertragungsgewinn wäre außerhalb der Steuerbilanz auf der 2. Stufe der Gewinnermittlung allerdings steuerfrei, soweit Deutschland kein Besteuerungsrecht am ausländischen Betriebsstättenvermögen hat.[64]

(2) Hineinverschmelzung und Auslandsverschmelzung mit Inlandsbezug

(a) Überblick

Eine Einschränkung oder ein Ausschluss des deutschen Besteuerungsrechts beim übernehmenden Rechtsträger ist nur möglich, sofern die übertragenen Wirtschaftsgüter vor der Verschmelzung bereits bei der übertragenden beschränkt steuerpflichtigen EU-/EWR-Körperschaft in Deutschland steuerverstrickt waren. **Betriebsvermögen** einer **übertragenden ausländischen EU-/EWR-Körperschaft** i.S.v. § 11 UmwStG ist **in Deutschland** steuerverstrickt, sofern

– das Betriebsvermögen einer deutschen Betriebsstätte i.S.v. § 49 Abs. 1 Nr. 2a EStG i.V.m. Art. 7 Abs. 1 OECD-MA funktional zuzurechnen ist oder

---

62) Vgl. Gesetzesbegründung v. 25.09.2006 zu § 3 Abs. 3 UmwStG, BT-Drs. 16/2710 S. 38.
63) Vgl. BMF, Schreiben v. 25.03.1998 , IV B 7 - S 1978 - 21/98 / IV B 2 - S 1909 - 33/98, BStBl. I 1998 S. 268.
64) Zur zweistufigen Gewinnermittlung siehe *Wassermeyer*, DB 2002 S. 2668 (2668 f.).

– das Betriebsvermögen in Deutschland belegenes unbewegliches Vermögen i.S.v. Art. 6 OECD-MA darstellt.

(b) Hineinverschmelzung

Bei der **Hineinverschmelzung** bleibt das deutsche Besteuerungsrecht am deutschen Betriebsstättenvermögen i.S.v. § 49 Abs. 1 Nr. 2a EStG i.V.m. Art. 7 Abs. 1 FRL erhalten. Die ausländische Körperschaft kann das inländische Betriebsstättenvermögen daher auf Antrag nach § 11 Abs. 2 Satz 1 UmwStG in der steuerlichen Schlussbilanz mit dem Buchwert, einem Zwischenwert oder mit dem gemeinen Wert ansetzen.[65] Der Wertansatz in der steuerlichen Schlussbilanz erfolgt unabhängig vom Ansatz, der Bewertung und der Besteuerung im Ausland.

Sofern das Betriebsvermögen der übertragenden ausländischen EU-/EWR-Körperschaft vor der Hineinverschmelzung noch nicht in Deutschland steuerverstrickt war und durch den Verschmelzungsvorgang auch nicht in Deutschland steuerverhaftet wird (z.B. Wirtschaftsgüter, die einer im EU-/EWR-Ausland verbleibenden Betriebsstätte funktional zuzurechnen sind, und Deutschland mit dem jeweiligen EU-/EWR-Staat hinsichtlich der Betriebsstättengewinne die Freistellungsmethode ohne Aktivitätsvorbehalt zur Vermeidung der Doppelbesteuerung vereinbart hat), spricht einiges dafür, dass die Regelung des § 11 Abs. 2 Satz 1 Nr. 2 UmwStG nicht zur Anwendung kommen kann und für das ausländische Betriebsvermögen insoweit ein Wertansatzwahlrecht auf Ebene der übertragenden ausländischen EU-/EWR-Körperschaft besteht. Dieses Wertansatzwahlrecht dürfte in der Praxis nicht ausgeführt werden, sondern es müsste ein Wertansatz zum gemeinen Wert erfolgen, da die Übernahmebilanz und somit die erstmalige bilanzielle Erfassung dieser Wirtschaftsgüter in Deutschland an diesen Wertansatz anknüpft und sich für die übernehmende inländische Körperschaft insofern keine negativen steuerlichen Konsequenzen ergeben.[66]

(c) Auslandsverschmelzung mit Inlandsbezug

Im Fall der **Auslandsverschmelzung mit Inlandsbezug** kann das deutsche Besteuerungsrecht am inländischen Betriebsstättenvermögen insofern ausgeschlossen oder beschränkt werden, als das zwischen Deutschland als Betriebsstättenstaat und dem ausländischen EU-/EWR-Stammhaus einschlägige DBA im Rahmen der Verschmelzung wechselt und das DBA mit dem Ansässigkeitsstaat der übernehmenden Körperschaft das Besteuerungsrecht am Betriebsstättenvermögen im Gegensatz zum Ansässigkeitsstaat der übertragenden Körperschaft nicht mehr Deutschland als Betriebsstättenstaat zuweist. Da Deutschland nach sämtlichen DBA mit den EU-/EWR-Staaten das Besteuerungsrecht an im Inland belegenen Betriebsstätten besitzt (sog. Betriebsstättenprinzip), geht das Besteuerungsrecht durch die Auslandsverschmelzung auch dann nicht verloren, wenn die übertragende und übernehmende Körperschaft in unterschiedlichen EU-/EWR-Staaten ansässig sind. In diesem Fall hat der Ansässigkeitsstaat der übertragenden Körperschaft nach Art. 10 Abs. 1 Satz 1 FRL auf die Realisierung der in dem deutschen Betriebsstättenvermögen enthaltenen stillen Reserven zu verzichten.[67]

Die Behandlung etwaiger Betriebsstättenverluste wird von Art. 6 i.V.m. Art. 10 Abs. 1 Satz 3 FRL geregelt. Etwaige Verluste der deutschen Betriebsstätte gehen demnach aufgrund des

---

65) Pensionsrückstellungen sind demgegenüber nach § 11 Abs. 1 Satz 2 UmwStG nicht mit ihrem tatsächlichen Wert anzusetzen, sondern mit dem Wert, der sich nach § 6a EStG ergibt. Siehe hierzu auch Gliederungspunkt I.III.3. a).
66) Im Fall der Hineinverschmelzung einer EU-/EWR-Körperschaft dient die Erstellung der Schlussbilanz somit ausschließlich der Inventarisierung der zukünftig in Deutschland steuerverstrickten Wirtschaftsgüter.
67) Siehe hierzu Gliederungspunkt G.III.1. a) bb).

Rechtsträgerwechsels im Rahmen der Verschmelzung unter (§ 19 Abs. 2, § 12 Abs. 3, § 4 Abs. 2 Satz 2 UmwStG i.V.m. § 10a GewStG).

cc) **Keine Gegenleistung oder Gegenleistung, die ausschließlich in Gesellschaftsrechten besteht (§ 11 Abs. 2 Satz 1 Nr. 3 UmwStG)**

Ein Buchwert- oder Zwischenwertansatz ist auf Antrag möglich, soweit die übernehmende Körperschaft der übertragenden Körperschaft keine Gegenleistung gewährt oder die Gegenleistung ausschließlich in Gesellschaftsrechten besteht, die entweder eigene Anteile der übernehmenden Körperschaft sind oder neu ausgegeben werden. Demgegenüber liegt eine schädliche Gegenleistung i.S.v. § 11 Abs. 2 Satz 1 Nr. 3 UmwStG vor, wenn die Anteilseigner der übertragenden Körperschaft zusätzlich zu den Anteilen an der übernehmenden Körperschaft eine bare Zuzahlung (Spitzenausgleich) oder andere Vermögenswerte (z.B. Darlehensforderungen) erhalten.[68]

Es bleibt kritisch anzumerken, dass die Voraussetzung des § 11 Abs. 2 Satz 1 Nr. 3 UmwStG gegen Art. 2 Buchst. a) FRL verstößt. Demnach führen bare Zuzahlungen, soweit sie nicht 10% des Nennwerts bzw. des rechnerischen Werts der gewährten Anteile überschreiten, auf Ebene der übertragenden Körperschaft nicht zur (anteiligen) Aufdeckung der im übertragenen Vermögen enthaltenen stillen Reserven. Nach Art. 8 Abs. 9 FRL ist lediglich auf Ebene der Gesellschafter der übertragenden Körperschaft eine Besteuerung barer Zuzahlungen zulässig.[69]

c) **Down-stream Verschmelzung**

In § 11 Abs. 2 Satz 2, 3 UmwStG wird der Fall der down-stream Verschmelzung erstmals gesetzlich erwähnt. Es ist somit davon auszugehen, dass der Gesetzgeber die § 11 - § 13 UmwStG wegen der erstmaligen gesetzlichen Erwähnung nunmehr auch für den Fall der down-stream Verschmelzung für anwendbar erachtet. Es spricht daher einiges dafür, dass der Ermessensspielraum der Finanzverwaltung im Rahmen der bisherigen antragsgebundenen Billigkeitsregelung i.S.v. Rz. 11.24 des UmwSt-Erlasses[70] auf Null reduziert wird.

Sofern in der Vergangenheit auf die Anteile der übertragenden Körperschaft (Muttergesellschaft) an der übernehmenden Körperschaft (Tochtergesellschaft) steuerwirksame Teilwertabschreibungen vorgenommen wurden, die bis zum letzten Bilanzstichtag der übertragenden Muttergesellschaft nach § 6 Abs. 1 Nr. 1 Satz 4, Nr. 2 Satz 3 EStG nicht rückgängig gemacht worden sind, oder eine Rücklage nach § 6b EStG oder ähnliche Abzüge übertragen wurden, sind diese bei der übertragenden Muttergesellschaft max. bis zur Höhe des gemeinen Werts der Beteiligung zum Zeitpunkt der Verschmelzung rückgängig zu machen (**erweiterte Wertaufholung**).[71] Es ist somit theoretisch denkbar, dass es nicht zu einer vollständigen

---

68) Vgl. BMF, Schreiben v. 25.03.1998, IV B 7 - S 1978 - 21/98 / IV B 2 - S 1909 - 33/98, BStBl. I 1998 S. 268 (UmwSt-Erlass) Rz. 11.05.
69) Vgl. Gliederungspunkt G.III.1. c) (bb).
70) Vgl. BMF, Schreiben v. 25.03.1998, IV B 7 - S 1978 - 21/98 / IV B 2 - S 1909 - 33/98, BStBl. I 1998 S. 268 (UmwSt-Erlass). Die Auffassung der OFD Koblenz mit Verfügung v. 09.01.2006, S 1978 A - St 33 2, FR 2006 S. 439, wonach die Billigkeitsregelung i.R.d. down-stream Verschmelzung nicht dazu führen darf, dass ungerechtfertigte Steuervorteile erzielt werden, wäre demzufolge wohl nicht mehr einschlägig, da der Gesetzgeber nunmehr aus Sicht der Finanzverwaltung ungerechtfertigte Steuervorteile im Fall der down-stream Verschmelzung gesetzlich regelt.
71) Die Auffassung der Finanzverwaltung in Rz. 11.26 des BMF-Schreibens v. 25.03.1998, BStBl. I 1998 S. 268 (UmwSt-Erlass) wurde somit gesetzlich kodifiziert und auf Abzüge nach § 6b EStG und ähnliche Abzüge ausgedehnt. Bislang hatte die Finanzverwaltung aus Billigkeitsgründen die unmittelbare Anwendung des *§ 12 Abs. 2 Satz 2 UmwStG a.F.*, der nach dem Gesetzeswortlaut die Wertaufholung auf Ebene der übernehmenden Körperschaft betrifft, im Fall der down-stream Verschmelzung auch auf Ebene der übertragenden Körperschaft zugelassen.

Wertaufholung einer ursprünglich steuerwirksamen Teilwertabschreibung kommt. Wegen des Zuschreibungsgebots i.S.v. § 280 Abs. 1 HGB i.V.m. § 6 Abs. 1 Satz 1 Nr. 2 Satz 3, Nr. 1 Satz 4 EStG reduziert sich die erweiterte Wertaufholung nunmehr auf die seit dem letzten Bilanzstichtag eingetretenen Wertminderungen. Somit ergibt sich eine Verbesserung gegenüber der bislang von der Finanzverwaltung vertretenen Auffassung, wonach eine gewinnwirksame Zuschreibung stets bis zu den historischen Anschaffungskosten der Anteile vorzunehmen war.[72]

Der Zuschreibungsgewinn ist auf Ebene der übertragenden Körperschaft in voller Höhe körperschaft- und gewerbesteuerpflichtig (§ 11 Abs. 2 Satz 2 und 3 UmwStG i.V.m. § 8b Abs. 2 Satz 4 und 5 KStG, § 19 Abs. 1 UmwStG).[73]

4. Ebene der übernehmenden Körperschaft (§ 12 UmwStG)

a) Wertverknüpfung

Die übernehmende Körperschaft hat die auf sie übertragenen Wirtschaftsgüter nach § 12 Abs. 1 Satz 1 UmwStG mit den in der steuerlichen Schlussbilanz der übertragenen Körperschaft enthaltenen Wertansätzen zu übernehmen (**Wertverknüpfung**).[74] Ändern sich die Wertansätze in der steuerlichen Schlussbilanz der übertragenden Körperschaft, sind die geänderten Werte auch für die übernehmende Körperschaft maßgebend.

Für den Fall der **Hinausverschmelzung** einer inländischen Körperschaft auf eine ausländische EU-/EWR-Körperschaft wäre eine gesetzgeberische Klarstellung wünschenswert, dass die übernehmende ausländische EU-/EWR-Körperschaft an die Regelung des § 12 Abs. 1 Satz 1 UmwStG nur insofern gebunden ist, als dies für Zwecke ihrer beschränkten Steuerpflicht in Deutschland bzw. ihr inländisches Betriebsstättenvermögen relevant ist.

b) Ermittlung des Übernahmegewinns/Übernahmeverlusts

Auf Ebene der übernehmenden Körperschaft bleibt ein **Übernahmegewinn/Übernahmeverlust** - wie bisher - **außer Ansatz** (§ 12 Abs. 2 Satz 1 UmwStG). Der Übernahmegewinn ist außerhalb der Steuerbilanz im Rahmen der Gewinnermittlung der zweiten Stufe entsprechend zu korrigieren.[75] Nach § 19 Abs. 1 UmwStG bleibt ein Übernahmegewinn/Übernahmeverlust auch bei der Gewerbesteuer außer Ansatz. Das Übernahmeergebnis ermittelt sich wie folgt:

---

72) Vgl. *Ley/Bodden*, FR 2007 S. 265 (270).
73) Ergänzende Regelungen für den Fall der up-stream Verschmelzung finden sich in § 12 Abs. 1 Satz 2 i.V.m. § 4 Abs. 1 Satz 2 und 3 UmwStG, wobei die Zuschreibungspflicht den Wertansatz der Beteiligung in der Bilanz der übernehmenden Körperschaft betrifft. Siehe hierzu auch BMF, Schreiben v. 25.03.1998, IV B 7 - S 1978 - 21/98 / IV B 2 - S 1909 - 33/98, BStBl. I 1998 S. 268 (UmwSt-Erlass) Rz. 12.04.
74) Vgl. BMF, Schreiben v. 25.03.1998, IV B 7 - S 1978 - 21/98 / IV B 2 - S 1909 - 33/98, BStBl. I 1998 S. 268 (UmwSt-Erlass) Rz. 12.01. Für den Fall der Hineinverschmelzung gilt es allerdings zu beachten, dass das Wertansatzwahlrecht i.S.v. § 11 Abs. 2 UmwStG insofern leer laufen könnte, als im Verschmelzungszeitpunkt kein deutsches Besteuerungsrecht an den übertragenen Wirtschaftsgütern besteht. Siehe hierzu auch Gliederungspunkt I.III.3. b) bb) (2) (b).
75) Vgl. BMF, Schreiben v. 25.03.1998, IV B 7 - S 1978 - 21/98 / IV B 2 - S 1909 - 33/98, BStBl. I 1998 S. 268 (UmwSt-Erlass) Rz. 12.03. Zur zweistufigen Gewinnermittlung siehe *Wassermeyer*, DB 2002 S. 2668 (2668 f.).

Änderungen im UmwStG

	Wert der übergegangenen Wirtschaftsgüter i.S.v. § 11 Abs. 1 und 2 UmwStG
./.	Umwandlungskosten[76]
./.	(korrigierter) Buchwert der untergehenden Beteiligung an der übertragenden Körperschaft[77] (ggf. einschließlich der Anschaffungskosten für nach dem steuerlichen Übertragungsstichtag angeschaffte Anteile (§ 12 Abs. 2 Satz 3 i.V.m. § 5 Abs. 1 UmwStG), da § 5 Abs. 1 UmwStG die Anschaffung zum steuerlichen Übertragungsstichtag fingiert)
=	**Übernahmegewinn/Übernahmeverlust i.S.v. § 12 Abs. 2 Satz 1 UmwStG**

Abb. I.III. - 4: Ermittlung des Übernahmegewinns/Übernahmeverlusts i.S.v. § 12 Abs. 2 Satz 1 UmwStG

Nicht abschließend geklärt ist, ob ein Übernahmegewinn/Übernahmeverlust nur insoweit entsteht, als die übernehmende an der übertragenden Körperschaft beteiligt ist (**up-stream Verschmelzung**).[78]

Die Finanzverwaltung hat die *§ 11 - § 13 UmwStG a.F.* bislang unabhängig von der Beteiligungshöhe sowohl für den Fall, dass die übernehmende Körperschaft nicht sämtliche als auch für den Fall, dass die übernehmende Körperschaft keine Anteile an der übertragenden

---

76) Vgl. Gesetzesbegründung v. 09.11.2006 zu § 12 Abs. 2 UmwStG, BT-Drs. 16/3369 S. 23. Die Zuordnung dieser Kosten richtet sich nach dem objektiven Veranlassungsprinzip; siehe hierzu BFH v. 22.04.1998, I R 83/96, BStBl. II 1998 S. 698; BFH v. 15.10.1997, I R 22/96, BStBl. II 1998 S. 168..
77) Im Gegensatz zur Regelung des § 4 Abs. 4 Satz 3 UmwStG sieht § 12 Abs. 1 Satz 1 UmwStG keine anteilige Ermittlung des Übernahmeergebnisses vor. Dies bedeutet, dass der bilanzielle Übernahmegewinn (Übernahmeverlust) aus der Differenz zwischen dem nach § 12 Abs. 1 Satz 1 UmwStG maßgeblichen Wert der übergehenden Wirtschaftsgüter (stets 100%) und dem Buchwert der infolge der Verschmelzung wegfallenden Beteiligung der übernehmenden an der übertragenden Kapitalgesellschaft (abhängig von der Beteiligungsquote) um so höher (niedriger) ist, desto niedriger die Beteiligungsquote ist. Siehe hierzu auch *Dötsch*, in: Dötsch/Jost et al., Die Körperschaftsteuer, vor §§ 11 - 13 UmwStG n.F. Rz. 13 (58. EL 11/2006). Nach Auffassung von *Ley/Bodden*, FR 2007 S. 265 (273) sollte § 12 Abs. 2 Satz 1 UmwStG zur Ermittlung des Übernahmeergebnisses einer Muttergesellschaft, die nicht zu 100% an der übertragenden Tochtergesellschaft beteiligt ist, so angewendet werden, dass dem Anteilsbuchwert nur das entsprechend anteilig übergehende Vermögen der übertragenden Tochtergesellschaft gegenüber zu stellen ist.
78) Dafür *Klingberg*, in: Blümich, EStG/KStG/GewStG, § 12 UmwStG Rz. 21 ff. (92. EL 10/2006); *Ley/Bodden*, FR 2007 S. 265 (273); *Widmann*, in: Widmann/Mayer, Umwandlungsrecht, § 12 UmwStG Rz. 375 ff. (92. EL 01/2007); *Wisniewski*, in: Haritz/Benkert, UmwStG, § 12 UmwStG Rz. 21 ff. (2. Auflage). A.A. *Dötsch*, in: Dötsch/Jost et al., Die Körperschaftsteuer, § 12 UmwStG n.F. Rz. 12 (58. EL 11/2006); *Schmitt*, in: Schmitt/Hörtnagl/Stratz, UmwG/UmwStG, § 12 UmwStG Rz. 28 f. (4. Auflage).

Körperschaft gehalten hat, angewendet.[79)] Ein Übernahmegewinn/Übernahmeverlust müsste somit auch im Fall der **down-stream Verschmelzung** außer Ansatz bleiben.[80)]

Soweit der Übernahmegewinn i.S.v. § 12 Abs. 2 Satz 1 UmwStG abzüglich der anteilig darauf entfallenden Übernahmekosten dem Anteil der übernehmenden an der übertragenden Körperschaft entspricht, sind auf den Übernahmegewinn die Regelungen des § 8b KStG anzuwenden (§ 12 Abs. 2 Satz 2 UmwStG). Diese Regelung stellt wohl auf den Fall der up-stream Verschmelzung ab, bei der es innerhalb eines Konzerns zur Verkürzung von Beteiligungsketten kommt. Nach der Gesetzesbegründung v. 09.11.2006 soll damit dem Umstand Rechnung getragen werden, dass der Übertragungsvorgang insoweit einem Veräußerungsvorgang gleichsteht.[81)] Die Regelungen zum Betriebsausgabenabzugsverbot sowie Sonderregelungen für Kreditinstitute, für Versicherungsunternehmen etc. sollen dadurch auch für diesen Teil des Übernahmegewinns gelten.[82)] Vor dem Hintergrund der Verkürzung von Beteiligungsketten wird somit auf die Regelung des **§ 8b Abs. 2 KStG** zur Veräußerung von Anteilen an Kapitalgesellschaften abgestellt. Im Ergebnis unterliegen somit mind. 5% des Übernahmegewinns - beschränkt auf die Beteiligungsquote der übernehmenden an der übertragenden Körperschaft - auf Ebene der übernehmenden Körperschaft der Körperschaft- und der Gewerbesteuer. Sofern die übernehmende Körperschaft die Voraussetzungen des § 8b Abs. 7 und 8 KStG erfüllt oder Anteile i.S.v. *§ 8b Abs. 4 KStG a.F.* (z.B. einbringungsgeborene Anteile i.S.v. *§ 21 UmwStG a.F.*) vorliegen, ist der (anteilige) Übernahmegewinn in vollem Umfang steuerpflichtig.

Fraglich ist, ob bzw. in welcher Höhe eine Besteuerung des Übernahmegewinns im Fall der up-stream Verschmelzung auf eine Organgesellschaft erfolgt. Nach der expliziten Regelung des § 15 Satz 1 Nr. 2 Satz 1 KStG sind die Vorschriften des § 8b Abs. 1 - 6 KStG auf Ebene der Organgesellschaft nicht anzuwenden. Beim Organträger ist § 8b KStG nur anzuwenden,

---

79) Vgl. BMF, Schreiben v. 25.03.1998, IV B 7 - S 1978 - 21/98 / IV B 2 - S 1909 - 33/98, BStBl. I 1998 S. 268 (UmwSt-Erlass) Rz. 11.24 (down-stream Verschmelzung, bei der keine Beteiligung besteht). Dem wurde entgegengehalten, dass nur im Fall der up-stream Verschmelzung, nicht aber im Fall der Verschmelzung durch Neugründung oder bei fehlender Beteiligung der übertragenden an der übernehmenden Körperschaft, überhaupt ein zu berücksichtigender Buchwert der untergehenden Beteiligung an der übertragenden Körperschaft existiere. Begründet wird diese Auffassung damit, dass der Vermögensübergang aus steuerlicher Sicht eine Einlage in die übernehmende Körperschaft darstelle, die in Höhe der Differenz zwischen dem Wert der übergehenden Wirtschaftsgüter und dem Nennwert der neu gewährten Anteile zu einem steuerfreien Agiogewinn bzw. nichtabziehbaren Agioverlust führt. Vor dem Hintergrund, dass sowohl ein Übernahmegewinn/Übernahmeverlust i.S.v. § 12 Abs. 2 Satz 1 UmwStG als auch ein Agiogewinn/Agioverlust auf Ebene der übernehmenden Körperschaft für steuerliche Zwecke nicht berücksichtigt werden, kann das Ergebnis dieser Diskussion allerdings offen bleiben. So auch *Dötsch*, in: Dötsch/Jost et al., Die Körperschaftsteuer, § 12 UmwStG n.F. Rz. 12 (58. EL 11/2006). Auf Anteilseignerebene würde sich ein Agiogewinn (Einlage) nach § 13 UmwStG nicht auf die Anschaffungskosten der Beteiligung auswirken. Bei einer Behandlung als Einlage wäre auf Anteilseignerebene eine Erhöhung der Anschaffungskosten der Beteiligung konsequent. Dies spricht dafür, den Agiogewinn als Teil des steuerfreien Übernahmegewinns zu behandeln.

80) Sofern die Muttergesellschaft die Anteile an der Tochtergesellschaft fremdfinanziert hat und bei der down-stream Verschmelzung auf die Tochtergesellschaft nur eine Verbindlichkeit übergeht, ohne dass diese für die Schuldübernahme eine Gegenleistung erhält, stellt die Übernahme der Verbindlichkeit der Muttergesellschaft durch die Tochtergesellschaft insofern eine verdeckte Gewinnausschüttung dar, als sie bei der übernehmenden Tochtergesellschaft infolge der down-stream Verschmelzung zu einer unzulässigen Unterdeckung des Stammkapitals nach § 30, § 31 GmbHG führt. Vgl. OFD Koblenz, Verfügung v. 09.01.2006, S 1978 A - St 33 2, FR 2006 S. 439. So auch FG Münster v. 20.05.2005 (rechtskräftig), 9-K-3656/03, EFG 2005 S. 1561.

81) Vgl. Gesetzesbegründung v. 09.11.2006 zu § 12 Abs. 2 UmwStG, BT-Drs. 16/3369 S. 23 f.

82) *Benecke/Schnitger*, IStR 2007 S. 22 (27) kommen zum dem Ergebnis, dass § 12 Abs. 2 Satz 2 UmwStG entgegen den Gesetzeswortlaut dahingehend auszulegen sei, dass § 8b KStG sowohl auf Übernahme*gewinne* als auch auf Übernahme*verluste* anzuwenden sei.

sofern die Bezüge oder Gewinne i.S.d. § 8b KStG in dem zugerechneten Einkommen enthalten sind. Der Übernahmegewinn ist nicht in § 8b KStG aufgeführt. Eine gesetzgeberische Klarstellung wäre wünschenswert.

Darüber hinaus stellt sich die Frage, ob die Besteuerung des Übernahmegewinns i.S.v. § 12 Abs. 2 Satz 2 UmwStG durch Anknüpfung an die Regelungen des § 8b KStG mit Art. 7 FRL vereinbar ist.[83] Art. 7 FRL besagt, dass die bei der übernehmenden (Mutter-) Gesellschaft möglicherweise entstehenden Wertsteigerungen beim Untergang ihrer Beteiligung am Kapital der einbringenden (Tochter-) Gesellschaft nicht der Besteuerung unterliegen dürfen, sofern die übernehmende Gesellschaft vor der Verschmelzung bereits über eine Beteiligung an der einbringenden Gesellschaft verfügt. Von dieser Regelung können die Mitgliedstaaten nur abweichen, wenn die Beteiligung der übernehmenden Gesellschaft am Kapital der einbringenden Gesellschaft 15% bzw. ab dem 01.01.2009 10% nicht übersteigt (Art. 7 Abs. 2 FRL).[84] Eine derartige Differenzierung erfolgt in § 12 Abs. 2 Satz 2 UmwStG nicht.

Es spricht einiges dafür, dass die steuerliche Behandlung des Übernahmeergebnisses nicht mit den Vorgaben des Art. 7 FRL übereinstimmt. Sofern die übernehmende Körperschaft die Voraussetzungen des § 8b Abs. 7 und 8 KStG erfüllt, unterliegt der Übernahmegewinn - entgegen der Regelung in Art. 7 FRL - in vollem Umfang der Besteuerung. Sofern auf Ebene der übernehmenden Körperschaft die Regelungen des § 8b Abs. 2 und 3 KStG zur Anwendung kommen, erhöht der Übernahmegewinn den Betrag der fingierten Ausgaben, die nicht als Betriebsausgaben abgezogen werden dürfen (§ 12 Abs. 2 Satz 2 UmwStG i.V.m. § 8b Abs. 3 KStG). Da die Fusionsrichtlinie eine dem Art. 4 Abs. 3 Satz 2 der Mutter-Tochter-Richtlinie[85] vergleichbare Vorschrift, wonach bei Gewinnausschüttungen einer Tochter- an ihre Muttergesellschaft max. 5% der mit der Beteiligung zusammenhängenden Verwaltungskosten pauschal nicht vom steuerpflichtigen Gewinn der Muttergesellschaft abgesetzt werden können, nicht enthält, spricht einiges dafür, dass auch insofern ein Verstoß gegen die Regelungen der Fusionsrichtlinie vorliegt, als 5% des Übernahmegewinns - beschränkt auf die Beteiligungsquote der übernehmenden an der übertragenden Körperschaft - auf Ebene der übernehmenden Körperschaft der Körperschaft- und der Gewerbesteuer unterliegen.[86]

c) Eintritt in die steuerliche Rechtsstellung der übertragenden Körperschaft

Die übernehmende Körperschaft tritt - wie bisher - nach § 12 Abs. 3 i.V.m. § 4 Abs. 2 und 3 UmwStG in die steuerliche Rechtsstellung der übertragenden Körperschaft ein:[87]

– Abschreibungsmethoden der übertragenden Körperschaft sind fortzuführen.
– Wertaufholungsgebote von Anteilen i.S.v. § 8b Abs. 2 KStG, die von der übertragenden Körperschaft gehalten werden, sind zu beachten.

---

83) Zur fehlenden Vereinbarkeit von § 12 Abs. 2 Satz 2 UmwStG mit Art. 7 FRL siehe *Körner*, IStR 2006 S. 469 (470); *Ley/Bodden*, FR 2007 S. 265 (274); *Rödder/Schumacher*, DStR 2006 S. 1525 (1533); *Schaflitzl/Widmayer*, BB Special 8/2006 S. 36 (47); *Thömmes/Schulz/Eismayr/Müller*, IWB Fach 11 Gruppe 2 S. 747 (755); *Werra/Teiche*, DB 2006 S. 1455 (1459 f.).
84) Anzumerken bleibt, dass Art. 7 Abs. 2 FRL von einem „Mindestanteil" spricht, obwohl ein „Maximalanteil" gemeint ist. Für Übernahmeverluste sieht Art. 7 FRL unabhängig vom Kapitalanteil keine verbindliche Regelung vor.
85) Vgl. *Richtlinie 90/435/EWG des Rates vom 23.07.1990 über das gemeinsame Steuersystem der Mutter- und Tochtergesellschaften verschiedener Mitgliedstaaten*, ABl. Nr. L 225 v. 20.08.1990 S. 6, zuletzt geändert durch Richtlinie 2006/98/EG des Rates v. 20.11.2006, ABl. Nr. L 363 v. 20.12.2006 S. 129.
86) Vgl. *Ley/Bodden*, FR 2007 S. 265 (274); *Werra/Teiche*, DB 2006 S. 1455 (1459 f.). *Ley/Bodden*, FR 2007 S. 265 (274) erachten es als unzulässig, hieraus auf eine verdeckte Regelungslücke in der Fusionsrichtlinie zu schließen.
87) Vgl. BMF, Schreiben v. 25.03.1998, IV B 7 - S 1978 - 21/98 / IV B 2 - S 1909 - 33/98, BStBl. I 1998 S. 268 (UmwSt-Erlass) Rz. 12.27 i.V.m. Rz. 04.01, 04.08.

- Vorbesitzzeiten der übertragenden Körperschaft werden der übernehmenden Körperschaft zugerechnet (z.B. § 6b EStG, § 9 Nr. 2a, Nr. 7 GewStG, *§ 21 UmwStG a.F.*).

Sofern die übertragende Körperschaft das übertragene Betriebsvermögen mit einem über seinem Buchwert liegenden Wert angesetzt hat, sind die Regelungen zur Ermittlung der Abschreibungs-Bemessungsgrundlage i.S.v. § 12 Abs. 3 i.V.m. § 4 Abs. 3 UmwStG einschlägig.[88]

Verrechenbare Verluste, verbleibende Verlustvorträge oder von der übertragenden Körperschaft nicht ausgeglichene negative Einkünfte gehen nach § 12 Abs. 3 i.V.m. § 4 Abs. 2 Satz 2 UmwStG **nicht** auf die übernehmende Körperschaft über (z.B. ein verbleibender Verlustvortrag i.S.d. § 2a,[89] § 10d, § 15 Abs. 4 oder § 15a EStG).[90] Entgegen der Entscheidung des BFH v. 31.05.2005[91] sind hiervon auch laufende Verluste im Wirtschaftsjahr der Umwandlung betroffen. Ein Verlustvortrag nach § 10a GewStG geht nicht auf die übernehmende Körperschaft über (§ 19 Abs. 2 i.V.m. § 12 Abs. 3 UmwStG). Demgegenüber bleiben Verlustvorträge im Fall der grenzüberschreitenden Sitzverlegung - mangels Rechtsträgerwechsel - grds. vollumfänglich erhalten. Ein etwaiger Verlustvortrag einer wegziehenden Körperschaft kann somit mit ihren zukünftigen inländischen Einkünften, z.B. aus einer inländischen Betriebsstätte i.S.v. § 49 Abs. 1 Nr. 2a EStG i.V.m. § 8 Abs. 1 KStG und Art. 7 OECD-MA, verrechnet werden.[92]

Bei der Verschmelzung auf eine Verlustgesellschaft sind - wie bisher - die sog. Mantelkauf-Regelungen des § 8 Abs. 4 KStG zu beachten.[93]

Gewinne aus der Vereinigung von Forderungen und Verbindlichkeiten (Konfusion) sind nicht Teil des Übernahmeergebnisses, sondern unterliegen auf Ebene der übernehmenden Körperschaft als **Übernahmefolgegewinn** der Körperschaft- und Gewerbesteuer (§ 12 Abs. 4 i.V.m. § 6 UmwStG, § 18 Abs. 1 GewStG).[94] Der Übernahmefolgegewinn entsteht mit Ablauf des steuerlichen Übertragungsstichtags.[95] Ein Forderungsverzicht der übernehmenden gegenüber der übertragenden Körperschaft ist wegen der zum steuerlichen Übertra-

---

88) Siehe hierzu auch BMF, Schreiben v. 25.03.1998, IV B 7 - S 1978 - 21/98 / IV B 2 - S 1909 - 33/98, BStBl. I 1998 S. 268 (UmwSt-Erlass) Rz. 12.27 i.V.m. Rz. 04.02 - 04.06.
89) Die Billigkeitsregelung der Finanzverwaltung nach Rz. 04.08 des BMF-Schreibens v. 25.03.1998, BStBl. I 1998 S. 268 (UmwSt-Erlass) wird durch gesetzliche Regelung insofern aufgehoben.
90) Mit der Streichung der Verlustübertragungsmöglichkeit wollte der Gesetzgeber insbes. vermeiden, dass bei grenzüberschreitenden Verschmelzungen unter Berufung auf Europarecht verlangt wird, Auslandsverluste im Rahmen der deutschen Besteuerung gewinnmindernd zu berücksichtigen. Die Sorge des Imports ausländischer Verluste ist allerdings nach dem Konzept des Art. 6 FRL nicht berechtigt, da hiernach eine Verlustberücksichtigung nur i.R.v. Betriebsstätten der übernehmenden Körperschaft im Ansässigkeitsstaat der übertragenden Körperschaft vorgesehen ist. Zur Abschaffung der Verlustnutzung bei der Verschmelzung von Körperschaften siehe auch *Dörfler/Rautenstrauch/Adrian*, DB 2006 S. 1657 ff.; *Kessler/Saavedra-Olarte*, DB 2006 S. 2364 ff.; *Maiterth/Müller*, DStR 2006 S. 1861 ff.
91) Vgl. BFH v. 31.05.2005, I R 68/03, DStR 2005 S. 1182 ff.
92) Siehe hierzu auch Gliederungspunkt H.I.1. b) aa) (3).
93) Zur Entwicklung der Regelung in § 8 Abs. 4 KStG im bisherigen Recht siehe z.B. *Stahlschmidt*, BB 2006 S. 913. Zur Ersetzung dieser Regelung durch eine neue Vorschrift in *§ 8c KStG-E* i.R.d. Unternehmensteuerreform 2008 siehe z.B. *Kessler/Ortmann-Babel/Zipfel*, BB 2007 S. 523 (530).
94) Vgl. BMF, Schreiben v. 25.03.1998, IV B 7 - S 1978 - 21/98 / IV B 2 - S 1909 - 33/98, BStBl. I 1998 S. 268 (UmwSt-Erlass) Rz. 12.27 i.V.m. Rz. 04.09, 06.02. Ein Übernahmefolgegewinn entsteht, sofern die Forderung mit einem niedrigeren Wert als die korrespondierende Verbindlichkeit.
95) Vgl. BMF, Schreiben v. 25.03.1998, IV B 7 - S 1978 - 21/98 / IV B 2 - S 1909 - 33/98, BStBl. I 1998 S. 268 (UmwSt-Erlass) Rz. 12.27 i.V.m. Rz. 06.01.

gungsstichtag erfolgenden Konfusion steuerlich irrelevant, sofern er erst nach dem steuerlichen Übertragungsstichtag erfolgt.[96]

Der Übernahmefolgegewinn darf - wie bislang - in voller Höhe durch eine den steuerlichen Gewinn mindernde Rücklage neutralisiert werden, die in den auf ihre Bildung folgenden drei Wirtschaftsjahren mit mind. je einem Drittel gewinnerhöhend aufzulösen ist (§ 6 Abs. 1 UmwStG).[97] Die Anwendbarkeit des § 6 Abs. 1 UmwStG entfällt rückwirkend, sofern die übernehmende Körperschaft den auf sie übergegangenen Betrieb innerhalb von fünf Jahren nach dem steuerlichen Übertragungsstichtag in eine Kapitalgesellschaft einbringt oder ohne triftigen Grund veräußert oder aufgibt (§ 6 Abs. 3 Satz 1 UmwStG). Bereits erteilte Bescheide sind insofern nach § 6 Abs. 3 Satz 2 UmwStG zu ändern.

d) Erweiterte Wertaufholung

Sofern die übernehmende Körperschaft (Muttergesellschaft) an der übertragenden Körperschaft (Tochtergesellschaft) beteiligt war (**up-stream Verschmelzung**) und die Muttergesellschaft in der Vergangenheit auf die Anteile an der Tochtergesellschaft steuerwirksame Teilwertabschreibungen vorgenommen hat, die bis zum letzten Bilanzstichtag der übernehmenden Muttergesellschaft nach § 6 Abs. 1 Nr. 1 Satz 4, Nr. 2 Satz 3 EStG nicht rückgängig gemacht worden sind, oder eine Rücklage nach § 6b EStG oder ähnliche Abzüge übertragen wurden, ist - analog zur Regelung des § 11 Abs. 2 Satz 2 und 3 UmwStG für den Fall der down-stream Verschmelzung - eine Wertaufholung in den Anteilen der Mutter- an der übertragenden Tochtergesellschaft vorzunehmen (erweiterte Wertaufholung i.S.v. § 12 Abs. 1 Satz 2 i.V.m. § 4 Abs. 1 Satz 2 UmwStG). Die Wertaufholung ist auf den gemeinen Wert der Anteile zum Zeitpunkt der Verschmelzung begrenzt.[98] Die Begrenzung der erweiterten Wertaufholung bedeutet - wie im Fall der down-stream Verschmelzung - eine Verbesserung der bisherigen Rechtslage, nach der die gesamte Teilwertabschreibung gemäß *§ 12 Abs. 2 Satz 2 UmwStG a.F.* bis zur Höhe der tatsächlichen Anschaffungskosten der Beteiligung unabhängig von den tatsächlichen Wertverhältnissen zuzuschreiben war.[99]

Die aus der erweiterten Wertaufholung resultierenden Erträge erhöhen den laufenden Gewinn der übernehmenden Muttergesellschaft und sind in vollem Umfang körperschaft- und gewerbesteuerpflichtig (§ 12 Abs. 1 Satz 2 i.V.m. § 4 Abs. 1 Satz 2 UmwStG, § 8b Abs. 2 Satz 4 und 5 KStG, § 19 Abs. 1 UmwStG).[100]

---

96) Vgl. *Pung*, in: Dötsch/Jost et al., Die Körperschaftsteuer, § 4 UmwStG n.F. Rz. 25c (58. EL 11/2006).

97) Vgl. *Schmitt*, in: Schmitt/Hörtnagl/Stratz, UmwG/UmwStG, § 6 UmwStG Rz. 30 ff. (4. Auflage).

98) Die Neuregelung ersetzt den sog. Beteiligungskorrekturgewinn i.S.v. *§ 12 Abs. 2 Satz 2 UmwStG a.F.*, wonach gewinnerhöhende Wertaufholungen bis zur Höhe der historischen Anschaffungskosten durchzuführen waren. Siehe hierzu auch BMF, Schreiben v. 25.03.1998, IV B 7 - S 1978 - 21/98 / IV B 2 - S 1909 - 33/98, BStBl. I 1998 S. 268 (UmwSt-Erlass) Rz. 12.04. Im Rahmen des SEStEG wurde die vorhandene Regelung auf Abzüge nach § 6b EStG und ähnliche Abzüge ausgedehnt. Die erweiterte Wertaufholung verstößt wohl nicht gegen Art. 7 FRL, denn sie erfasst frühere steuerwirksame Wertminderungen bzw. Abzüge von den untergehenden Anteilen der Mutter- an der übertragenden Tochtergesellschaft. Siehe hierzu auch *Thiel*, DB 2005 S. 2316 (2319). A.A. *Herzig/Griemla*, StuW 2002 S. 55 (68), wonach es den Mitgliedstaaten im Rahmen der Konzeption des Art. 7 FRL nicht gestattet ist, früher vorgenommene Wertberichtigungen auf die Anteile an der übertragenden Körperschaft steuerlich wirksam wieder rückgängig zu machen.

99) Vgl. *Ley/Bodden*, FR 2007 S. 265 (272).

100) Vgl. Gesetzesbegründung v. 25.09.2006 zu § 11 Abs. 2 UmwStG, BT-Drs. 16/2710 S. 40. Der Beteiligungskorrekturgewinn aus einer Wertaufholung i.R.d. down-stream Verschmelzung ist nach § 11 Abs. 2 Satz 3 UmwStG i.V.m. § 8b Abs. 2 Satz 4 und 5 KStG ebenfalls in vollem Umfang körperschaft- und gewerbesteuerpflichtig.

5. Ebene der Anteilseigner der übertragenden Körperschaft (§ 13 UmwStG)

Die Regelungen des § 13 UmwStG gelten für in Deutschland unbeschränkt oder beschränkt steuerpflichtige Anteilseigner sowohl für den Fall, dass ausschließlich Körperschaften, die innerhalb der EU bzw. des EWR ansässig sind, an der Verschmelzung beteiligt sind (§ 11 und § 12 UmwStG) als auch für die Verschmelzung unter Beteiligung von Drittstaaten-Gesellschaften (§ 12 Abs. 2 Satz 2 KStG).

a) Grundsatz: Veräußerung zum gemeinen Wert

Die Anteile an der übertragenden Körperschaft gelten nach § 13 Abs. 1 UmwStG grds. als zum gemeinen Wert veräußert und die an ihre Stelle tretenden Anteile an der übernehmenden Körperschaft als zu diesem Wert angeschafft (Konzept der Veräußerungs- und Anschaffungsfiktion).[101]

Für die Ermittlung der Einkünfte der Anteilseigner gelten die allgemeinen Grundsätze.[102]

b) Auf Antrag: Buchwertansatz bzw. Fortführung der Anschaffungskosten
aa) Voraussetzungen des § 13 Abs. 2 UmwStG

Auf Antrag können die Anteilseigner der übertragenden Körperschaft die Anteile an der übernehmenden Körperschaft mit dem Buchwert bzw. den Anschaffungskosten der Anteile an der übertragenden Körperschaft ansetzen (§ 13 Abs. 2 UmwStG).[103] Ein Zwischenwertansatz ist nicht zulässig. Voraussetzung ist, dass

- das Recht der Bundesrepublik Deutschland hinsichtlich der Besteuerung des Gewinns aus der Veräußerung der Anteile an der übernehmenden Körperschaft nicht ausgeschlossen oder beschränkt wird oder
- die an der Verschmelzung beteiligten EU-Staaten Art. 8 FRL anzuwenden haben; in diesem Fall ist der Gewinn aus der Veräußerung der erhaltenen Anteile ohne Berücksichtigung der Bestimmungen eines Doppelbesteuerungsabkommens in der Weise zu besteuern, wie die Veräußerung der Anteile an der übertragenen Körperschaft zu besteuern gewesen wäre (**treaty override**). § 15 Abs. 1a Satz 2 EStG ist entsprechend anzuwenden.[104] Dabei gilt es zu berücksichtigen, dass somit auch zukünftige Wertsteigerungen in den Anteilen, die nach dem Verschmelzungszeitpunkt entstehen, der deutschen Besteuerung unterliegen.

Sofern die Anteilseigner der übertragenden Körperschaft die **Buchwerte bzw. Anschaffungskosten** der Anteile an der übertragenden Körperschaft in den **neu gewährten Anteilen an der übernehmenden Körperschaft** fortführen, **treten** diese Anteile nach § 13 Abs. 2 Satz 2 UmwStG **in die steuerliche Rechtsstellung der bisherigen Anteile an der**

---

101) Dies entspricht insofern Art. 8 Abs. 8 FRL, wonach es den Mitgliedstaaten gestattet ist, in Abweichung vom Grundsatz der Steuerneutralität i.S.v. Art. 8 Abs. 1 FRL, die erhaltenen Anteile an der übernehmenden Körperschaft mit einem höheren Wert anzusetzen. Siehe hierzu Gliederungspunkt G.III.3. c) (1).
102) Z.B. § 17, § 22 Nr. 2 EStG, *§ 21 UmwStG a.F.* bzw. § 4, § 5 EStG etc. Vgl. Gesetzesbegründung v. 25.09.2006 zu § 13 Abs. 1 UmwStG, BT-Drs. 16/2710 S. 41.
103) Mangels gesetzlicher Konkretisierung ist fraglich, in welcher Form die Antragstellung zu erfolgen hat.
104) Durch den Verweis auf die entsprechende Anwendung von § 15 Abs. 1a Satz 2 EStG soll insbes. auch in den Fällen der verdeckten Einlage der erhaltenen Anteile an der übernehmenden Körperschaft in eine Kapitalgesellschaft oder der Liquidation der Gesellschaft, an der die erhaltenen Anteile bestehen, die Besteuerung mittels treaty override sichergestellt werden. Für den Fall, dass der Anteilseigner im Zeitpunkt der Veräußerung der erhaltenen Anteile im Inland nicht mehr unbeschränkt steuerpflichtig ist, begründet § 49 Abs. 1 Nr. 2 Buchst. e) bb) EStG eine beschränkte Steuerpflicht.

übertragenden Körperschaft ein („Fußstapfentheorie").[105] Hieraus resultieren wohl im Wesentlichen die nachstehenden Konsequenzen:[106]

- Sofern die Anteile an der übertragenden Körperschaft im Betriebsvermögen gehalten werden, geht eine Wertaufholungsverpflichtung nach § 6 Abs. 1 Nr. 1 Satz 4 und Nr. 2 Satz 3 EStG auf die neu gewährten Anteile über. § 8b Abs. 2 Satz 4, 5 KStG bzw. § 3 Nr. 40 Satz 1 Buchst. a) Satz 2 und 3 EStG sind insofern zu beachten.[107]
- Wenn die Anteile an der übertragenden Körperschaft aus einer Sacheinlage unter dem gemeinen Wert stammen (§ 20 Abs. 2 Satz 2 UmwStG), sind auch für die Veräußerung der Anteile an der übernehmenden Körperschaft innerhalb von sieben Jahren nach dem Einbringungszeitpunkt die Vorschriften des § 22 UmwStG zu beachten.
- Sind die Anteile an der übertragenden Körperschaft einbringungsgeboren i.S.v. *§ 21 Abs. 1 Satz 1 UmwStG a.F.*, gelten die an ihre Stelle tretenden neu gewährten Anteile auch als einbringungsgeboren i.S.v. *§ 21 Abs. 1 Satz 1 UmwStG a.F.*
- Bestand vor dem Vermögensübergang eine Beteiligung i. S. d. § 17 Abs. 1 Satz 1 EStG an der übertragenden Körperschaft, gelten die an ihre Stelle tretenden neu gewährten Anteile auch dann als Anteile i.S.d. § 17 EStG, wenn die Beteiligungsgrenze i. S. d. § 17 Abs. 1 Satz 1 EStG an der übernehmenden Körperschaft nicht erreicht wird.
- Ein Sperrbetrag i.S.d. *§ 50c EStG 1999* geht von den Anteilen an der übertragenden auf die Anteile an der übernehmenden Körperschaft über.
- Sofern die ursprüngliche Beteiligung an der übertragenden Körperschaft im Privatvermögen gehalten und die Voraussetzungen des § 17, § 23 EStG nicht erfüllt wurden, beginnt bei Fortführung der Anschaffungskosten keine neue Spekulationsfrist i.S.v. § 23 Abs. 1 Nr. 2 EStG zu laufen, da die neuen Anteile in die steuerliche Rechtsstellung der ursprünglichen Anteile treten. Stellen die Anteilseigner demgegenüber keinen Antrag auf Fortführung der Anschaffungskosten, sind die neuen Anteile nach § 23 Abs. 1 Nr. 2 EStG erneut für ein Jahr steuerverstrickt.

bb) Kein Ausschluss oder keine Beschränkung des deutschen Besteuerungsrechts hinsichtlich des Gewinns aus der Veräußerung der Anteile

Das deutsche Besteuerungsrecht an den Gewinnen aus der Veräußerung der Anteile an der übernehmenden Körperschaft darf nicht ausgeschlossen oder beschränkt werden, sofern vor der Verschmelzung die Veräußerungsgewinne aus der Beteiligung an der übertragenden Körperschaft in Deutschland der unbeschränkten oder beschränkten Steuerpflicht unterlegen hätten (§ 13 Abs. 2 Satz 1 Nr. 1 UmwStG).

Sind die Anteilseigner unbeschränkt steuerpflichtig, besteht vor der Verschmelzung ein deutsches Besteuerungsrecht an den Gewinnen aus der Veräußerung von Anteilen an einer Kapitalgesellschaft i.S.v. § 13 Abs. 2 Satz 1 Nr. 1 UmwStG, sofern die Anteile an einer in- oder ausländischen Kapitalgesellschaft

- im Betriebsvermögen gehalten werden,
- eine Beteiligung i.S.v. § 17 Abs. 1 EStG darstellen oder

---

105) *Dötsch/Pung*, DB 2006 S. 2704 (2714) sprechen in diesem Zusammenhang von einer „umfassenden Infizierungstheorie". Die Mitgliedstaaten haben nach Art. 8 Abs. 6 FRL die Möglichkeit, den steuerlichen Status der Anteile an der übertragenden Körperschaft auf die erhaltenen Anteile an der übernehmenden Körperschaft zu übertragen. Siehe hierzu Gliederungspunkt G.III.3. c) (1).
106) Siehe hierzu auch Gesetzesbegründung v. 25.09.2006 zu § 13 Abs. 2 UmwStG, BT-Drs. 16/2710 S. 41.
107) Durch die „Fußstapfentheorie" dürfte somit der von Rz. 19 des BMF-Schreibens v. 16.12.2003, IV A 2 - S 1978 - 16/03, BStBl. I 2003 S. 786, erfasste Fall des steuerpflichtigen Zuschreibungsgewinns bei einer Muttergesellschaft geregelt sein, die die Beteiligung an einer Tochtergesellschaft veräußert, auf die vormals im Rahmen einer side-step Verschmelzung eine Schwestergesellschaft verschmolzen worden ist.

- unter den Voraussetzungen des § 22 Nr. 2 i.V.m. § 23 Abs. 1 Satz 1 Nr. 2 EStG im Privatvermögen gehalten werden.

Sind die Anteilseigner beschränkt steuerpflichtig, besteht vor der Verschmelzung insbes. ein deutsches Besteuerungsrecht an den Gewinnen aus der Veräußerung von Anteilen an einer Kapitalgesellschaft i.S.v. § 13 Abs. 2 Satz 1 Nr. 1 UmwStG, sofern

- die Anteile an einer inländischen oder ausländischen Kapitalgesellschaft in einer deutschen Betriebsstätte i.S.v. § 49 Abs. 1 Nr. 2a EStG i.V.m. Art. 13 Abs. 2 OECD-MA gehalten werden und dieser funktional zuzuordnen sind oder
- der Wert der Anteile an einer inländischen oder ausländischen Kapitalgesellschaft entsprechend § 13 Abs. 4 OECD-MA zu mehr als 50% unmittelbar oder mittelbar auf in Deutschland belegenem unbeweglichen Vermögen beruht und die Anteile eine Beteiligung i.S.v. § 17 EStG darstellen (§ 49 Abs.1 Nr. 2 Buchst. e) Doppelbuchst. aa), Nr. 8 EStG) oder
- der Ansässigkeitsstaat der Gesellschafter das Besteuerungsrecht hinsichtlich des Gewinns aus der Veräußerung der Beteiligung an einer deutschen Kapitalgesellschaft entgegen Art. 13 Abs. 5 OECD-MA sowohl dem Ansässigkeitsstaat des Veräußerers als auch dem Ansässigkeitsstaat der Gesellschaft, deren Anteile veräußert werden, zuordnet[108] und die Anteile eine Beteiligung i.S.v. § 17 EStG darstellen (§ 49 Abs.1 Nr. 2 Buchst. e) Doppelbuchst. aa) und Nr. 8 EStG).

In den übrigen Fällen hat Deutschland i.d.R. bereits vor der Verschmelzung kein Besteuerungsrecht an den Gewinnen aus der Veräußerung der Anteile an der übertragenden Körperschaft.

Im Ergebnis kommt es zu einer Beschränkung bzw. einem Verlust des deutschen Besteuerungsrechts, wenn im Fall der **Hinausverschmelzung** oder im Fall der **Auslandsverschmelzung** das Recht zur Besteuerung der Gewinne aus der Veräußerung der Anteile an der übertragenden Körperschaft vor der Verschmelzung Deutschland als Ansässigkeitsstaat der Gesellschafter der übertragenden Körperschaft zugewiesen wurde (entsprechend Art. 13 Abs. 5 OECD-MA) und diese Körperschaft auf eine andere Körperschaft verschmilzt, die in der Slowakei, Tschechien oder Zypern ansässig ist. Die entsprechenden Doppelbesteuerungsabkommen mit diesen Ländern sehen in Abweichung von Art. 13 Abs. 5 OECD-MA vor, dass auch der Ansässigkeitsstaat der übernehmenden Gesellschaft neben Deutschland ein Besteuerungsrecht an den Veräußerungsgewinnen der Anteile besitzt. Im Ergebnis liegt eine Beschränkung des deutschen Besteuerungsrechts vor, da das deutsche Recht zur Besteuerung der Anteile an der übertragenden Gesellschaft ohne Anrechnungsverpflichtung zu einer Besteuerung mit der Verpflichtung zur Anrechnung ausländischer Quellensteuern wechselt.[109]

Bei der **down-stream Verschmelzung** geht das deutsche Besteuerungsrecht an den in den Anteilen der übertragenden an der übernehmenden Körperschaft enthaltenen stillen Reserven verloren, wenn die übertragende Körperschaft im Inland, deren Anteilseigner und die übernehmende Körperschaft jedoch im EU-/EWR-Ausland ansässig sind und keine funktionale Zuordnung zu einer inländischen Betriebsstätte erfolgt.[110]

Ungeachtet der Beschränkung des deutschen Besteuerungsrechts können die Gesellschafter der übertragenden Körperschaft einen Antrag auf Fortführung der Buchwerte bzw. Anschaffungskosten nach § 13 Abs. 2 UmwStG stellen, sofern die Mitgliedstaaten nach § 13 Abs. 2 Satz 1 Nr. 2 UmwStG im Rahmen der Verschmelzung **Art. 8 FRL** anzuwenden haben. Soweit die Bundesrepublik Deutschland ein vor dem Vermögensübergang abkommensrechtlich

---

108) Vgl. z.B. Art. 13 Abs. 3 und 4 der jeweiligen DBA mit Slowakei, Tschechien und Zypern.
109) Vgl. *Dötsch/Pung*, DB 2006 S. 2704 (2714). Siehe hierzu auch Gliederungspunkt H.I.1. a) aa) (4).
110) Vgl. *Dötsch*, in: Dötsch/Jost et al., Die Körperschaftsteuer, Vor §§ 11 - 13 UmwStG n.F. Rz. 18 (58. EL 11/2006).

bestehendes Besteuerungsrecht nach dem Vermögensübergang auf Grund der Vorschriften eines Doppelbesteuerungsabkommens verliert, wird ein späterer Verkauf der erhaltenen Anteile ungeachtet der Bestimmungen dieses Doppelbesteuerungsabkommens besteuert (**treaty override**). Grundlage hierfür ist Art. 8 Abs. 6 FRL, der den Mitgliedstaaten gestattet, den Gewinn aus einer nachfolgenden Veräußerung der erworbenen Anteile in gleicher Weise zu besteuern, wie den Gewinn aus einer Veräußerung der vor dem Erwerb vorhandenen Anteile.[111] Somit unterliegen auch zukünftige Wertsteigerungen in den Anteilen, die nach dem Verschmelzungszeitpunkt entstehen, der deutschen Besteuerung.

6. Exkurs: Verschmelzung beschränkt steuerpflichtiger Körperschaften außerhalb der EU bzw. des EWR i.S.v. § 12 Abs. 2 KStG

Die Verschmelzung von Körperschaften, die außerhalb der EU bzw. des EWR ansässig sind und über in Deutschland belegenes und steuerverstricktes Vermögen verfügen, ist in § 12 Abs. 2 KStG geregelt. **§ 12 Abs. 2 Satz 1 KStG** betrifft die **Gesellschaftsebene**. Demnach können die übertragenen Wirtschaftsgüter mit dem Buchwert angesetzt werden, sofern

– das Vermögen durch einen Vorgang übertragen wird, der einer Verschmelzung i.S.d. § 2 UmwG vergleichbar ist,
– die Verschmelzung auf eine andere Körperschaft **desselben ausländischen (Dritt-) Staates** erfolgt,
– der übernehmende und der übertragende Rechtsträger nicht die Voraussetzungen des § 1 Abs. 2 Satz 1 und 2 UmwStG erfüllen

und[112]

– sichergestellt ist, dass die übertragenen Wirtschaftsgüter bei der übernehmenden Körperschaft der Besteuerung mit Körperschaftsteuer unterliegen (§ 12 Abs. 2 Satz 1 Nr. 1 KStG),
– das Recht der Bundesrepublik Deutschland hinsichtlich der Besteuerung der übertragenen Wirtschaftsgüter bei der übernehmenden Körperschaft nicht beschränkt wird (§ 12 Abs. 2 Satz 1 Nr. 2 KStG) und
– eine Gegenleistung nicht gewährt wird oder in Gesellschaftsrechten besteht (§ 12 Abs. 2 Satz 1 Nr. 3 KStG).

Grenzüberschreitende Verschmelzungen zwischen Körperschaften, die in unterschiedlichen Drittstaaten ansässig sind, werden von der Regelung des § 12 Abs. 2 Satz 1 KStG nicht erfasst, selbst wenn das deutsche Besteuerungsrecht nicht beschränkt wird.

§ 12 Abs. 2 Satz 2 KStG enthält Regelungen für die **Gesellschafterebene**. Nach § 12 Abs. 2 Satz 2 KStG gilt § 13 UmwStG für die Besteuerung der Anteilseigner entsprechend, sofern das Vermögen einer Körperschaft „*durch einen Vorgang im Sinne des Satzes 1*" auf eine andere Körperschaft übertragen wird. Nach dem Gesetzeswortlaut könnte davon ausgegangen werden, dass dieser Fall ausschließlich die Verschmelzung einer ausländischen Körperschaft auf eine andere Körperschaft desselben ausländischen (Dritt-) Staates umfasst. In der Gesetzesbegründung v. 09.11.2006 zu § 12 Abs. 2 KStG wird allerdings ausgeführt, dass die Anwendung des § 13 UmwStG auf Gesellschafterebene unabhängig davon möglich sei, ob eine Verschmelzung zwischen Körperschaften desselben ausländischen Staates vorliegt.[113] Ferner soll die analoge Anwendung des § 13 UmwStG nicht davon abhängen, ob die Voraussetzungen für eine steuerneutrale Übertragung auf Gesellschaftsebene vorliegen.

---

111) Vgl. Gesetzesbegründung v. 25.09.2006 zu § 13 Abs. 2 UmwStG, BT-Drs. 16/2710 S. 41.
112) Die Voraussetzungen des § 12 Abs. 2 Satz 1 Nr. 1 - 3 KStG entsprechen den Voraussetzungen des § 11 Abs. 2 Satz 1 Nr. 1 - 3 UmwStG. Siehe hierzu ausführlich Gliederungspunkt I.III.3. b) aa).
113) Vgl. BT-Drs. 16/3369 S. 18. Siehe hierzu auch *Benecke/Schnitger*, IStR 2007 S. 22 (25); *Dötsch/Pung*, DB 2006 S. 2648 (2650 f.).

Das Besteuerungsrecht Deutschlands könnte z.B. bei einer grenzüberschreitenden Verschmelzung im Drittstaatengebiet – in diesem Fall ist nach der Gesetzesbegründung v. 09.11.2006 zu § 12 Abs. 2 KStG diese Regelung anwendbar – insofern ausgeschlossen werden, als eine in einem „Anrechnungsstaat" ansässige Körperschaft auf eine in einem „Freistellungsstaat" ansässige Körperschaft verschmolzen wird. Die Vorschrift des § 13 UmwStG ist zwar analog anwendbar, aufgrund des Wegfalls des deutschen Besteuerungsrechts ist eine Buchwertverknüpfung jedoch nicht zulässig. Bleibt das deutsche Besteuerungsrecht dagegen bestehen, ist nach bisheriger Auffassung der Finanzverwaltung[114] auch bei einer Zuzahlung der Buchwertansatz beim Anteilseigner vorzunehmen. Die Zuzahlung wird bei den Anteilseignern als Einkünfte aus Kapitalvermögen erfasst. Sie führt jedoch zu einer anteiligen Veräußerung der Altanteile im Verhältnis der Zuzahlung zum gemeinen Wert.[115]

In Übereinstimmung mit § 11 - § 13 UmwStG kommen die Neuregelungen in den § 12 Abs. 2 KStG erstmals auf Vorgänge zur Anwendung, bei denen die **Anmeldung zur Eintragung in ein öffentliches Register** nach dem Tag der Gesetzesverkündung, d.h. **nach dem 12.12.2006** erfolgt ist (§ 34 Abs. 8 Satz 3 KStG). *§ 12 Abs. 2 Satz 2 KStG a.F.* ist nach § 34 Abs. 8 Satz 3 KStG letztmals auf Vorgänge anzuwenden, die bis zum 13.12.2006 zur Eintragung in ein öffentliches Register angemeldet werden.

---

114) Vgl. BMF, Schreiben v. 25.03.1998, IV B 7 - S 1978 - 21/98 / IV B 2 - S 1909 - 33/98, BStBl. I 1998 S. 268 (UmwSt-Erlass) Rz. 13.04.
115) So auch *Schmitt*, in: Schmitt/Hörtnagl/Stratz, UmwG/UmwStG, § 13 UmwStG Rz. 25 m.w.N. (4. Auflage).

Abschnitt I

Änderungen im UmwStG

IV. Aufspaltung, Abspaltung und Vermögensübertragung (Teilübertragung) (§ 15 - § 16 UmwStG)

Gesetzestext

§ 15 UmwStG a.F.	§ 15 UmwStG n.F.
Aufspaltung, Abspaltung und Teilübertragung auf andere Körperschaften	Aufspaltung, Abspaltung und Teilübertragung auf andere Körperschaften
(1) ¹*Geht Vermögen einer Körperschaft durch Aufspaltung oder Abspaltung oder durch Teilübertragung auf andere Körperschaften über, gelten die §§ 11 bis 13 vorbehaltlich des § 16 entsprechend, wenn auf die Übernehmerinnen ein Teilbetrieb übertragen wird.* ²*Im Falle der Abspaltung oder Teilübertragung muss das der übertragenden Körperschaft verbleibende Vermögen ebenfalls zu einem Teilbetrieb gehören.* ³*Als Teilbetrieb gilt auch ein Mitunternehmeranteil oder die Beteiligung an einer Kapitalgesellschaft, die das gesamte Nennkapital der Gesellschaft umfasst.*	(1) ¹Geht Vermögen einer Körperschaft durch Aufspaltung oder Abspaltung oder durch Teilübertragung auf andere Körperschaften über, gelten die §§ 11 bis 13 vorbehaltlich des Satzes 2 und des § 16 entsprechend. ²§ 11 Abs. 2 und § 13 Abs. 2 sind nur anzuwenden, wenn auf die Übernehmerinnen ein Teilbetrieb übertragen wird und im Falle der Abspaltung oder Teilübertragung bei der übertragenden Körperschaft ein Teilbetrieb verbleibt. ³Als Teilbetrieb gilt auch ein Mitunternehmeranteil oder die Beteiligung an einer Kapitalgesellschaft, die das gesamte Nennkapital der Gesellschaft umfasst.
(2) *Die übertragende Körperschaft hat eine Steuerbilanz auf den steuerlichen Übertragungsstichtag aufzustellen.*	(2) ¹§ 11 Abs. 2 ist auf Mitunternehmeranteile und Beteiligungen im Sinne des Absatzes 1 nicht anzuwenden, wenn sie innerhalb eines Zeitraums von drei Jahren vor dem steuerlichen Übertragungsstichtag durch Übertragung von Wirtschaftsgütern, die kein Teilbetrieb sind, erworben oder aufgestockt worden sind. ²§ 11 Abs. 2 ist ebenfalls nicht anzuwenden, wenn durch die Spaltung die Veräußerung an außenstehende Personen vollzogen wird. ³Das Gleiche gilt, wenn durch die Spaltung die Voraussetzungen für eine Veräußerung geschaffen werden. ⁴Davon ist auszugehen, wenn innerhalb von fünf Jahren nach dem steuerlichen Übertragungsstichtag Anteile an einer an der Spaltung beteiligten Körperschaft, die mehr als 20 Prozent der vor Wirksamwerden der Spaltung an der Körperschaft bestehenden Anteile ausmachen, veräußert werden. ⁵Bei der Trennung von Gesellschafterstämmen setzt die Anwendung des § 11 Abs. 2 außerdem voraus, dass die Beteiligungen an der übertragenden Körperschaft mindestens fünf Jahre vor dem steuerlichen Übertragungsstichtag bestanden haben.

(3) ¹§ 11 Abs. 1 ist auf Mitunternehmeranteile und Beteiligungen im Sinne des Absatzes 1 nicht anzuwenden, wenn sie innerhalb eines Zeitraums von drei Jahren vor dem steuerlichen Übertragungsstichtag durch Übertragung von Wirtschaftsgütern, die kein Teilbetrieb sind, erworben oder aufgestockt worden sind. ²§ 11 Abs. 1 ist ebenfalls nicht anzuwenden, wenn durch die Spaltung die Veräußerung an außenstehende Personen vollzogen wird. ³Das Gleiche gilt, wenn durch die Spaltung die Voraussetzungen für eine Veräußerung geschaffen werden. ⁴Davon ist auszugehen, wenn innerhalb von fünf Jahren nach dem steuerlichen Übertragungsstichtag Anteile an einer an der Spaltung beteiligten Körperschaft, die mehr als 20 vom Hundert der vor Wirksamwerden der Spaltung an der Körperschaft bestehenden Anteile ausmachen, veräußert werden. ⁵Bei der Trennung von Gesellschafterstämmen setzt die Anwendung des § 11 Abs. 1 außerdem voraus, dass die Beteiligungen an der übertragenden Körperschaft mindestens fünf Jahre vor dem steuerlichen Übertragungsstichtag bestanden haben.

(4) ¹Ein verbleibender Verlustvortrag im Sinne des § 10d Abs. 4 Satz 2 des Einkommensteuergesetzes ist vorbehaltlich des § 16 im Verhältnis der übergehenden Vermögensteile zu dem bei der übertragenden Körperschaft vor der Spaltung bestehenden Vermögen aufzuteilen, wie es in der Regel in den Angaben zum Umtauschverhältnis der Anteile im Spaltungs- und Übernahmevertrag oder im Spaltungsplan (§ 126 Abs. 1 Nr. 3, § 136 des Umwandlungsgesetzes) zum Ausdruck kommt. ²Entspricht das Umtauschverhältnis der Anteile nicht dem Verhältnis der übergehenden Vermögensteile zu dem bei der übertragenden Körperschaft vor der Spaltung bestehenden Vermögen, ist das Verhältnis der gemeinen Werte der übergehenden Vermögensteile zu dem vor der Spaltung vorhandenen Vermögen maßgebend. ³Satz 2 ist ebenfalls anzuwenden, wenn im Rahmen der Spaltung keine Anteile, sondern Mitgliedschaften an der übernehmenden Körperschaft erworben werden.

(3) Bei einer Abspaltung mindert sich ein verbleibender Verlustvortrag der übertragenden Körperschaft in dem Verhältnis, in dem bei Zugrundelegung des gemeinen Werts das Vermögen auf eine andere Körperschaft übergeht.

Änderungen im UmwStG

§ 16 UmwStG a.F.	§ 16 UmwStG n.F.
Aufspaltung oder Abspaltung auf eine Personengesellschaft	**Aufspaltung oder Abspaltung auf eine Personengesellschaft**
¹Soweit Vermögen einer Körperschaft durch Aufspaltung oder Abspaltung auf eine Personengesellschaft übergeht, gelten die §§ 3 bis 8, 10 und 15 entsprechend. ²§ 10 ist für den in § 40 Abs. 2 Satz 3 des Körperschaftsteuergesetzes bezeichneten Teil der Beträge im Sinne der §§ 37 und 38 des Körperschaftsteuergesetzes anzuwenden. ³Ein verbleibender Verlustvortrag der übertragenden Kapitalgesellschaft mindert sich in dem Verhältnis, in dem das Vermögen auf eine Personengesellschaft übergeht.	¹Soweit Vermögen einer Körperschaft durch Aufspaltung oder Abspaltung auf eine Personengesellschaft übergeht, gelten die §§ 3 bis 8, 10 und 15 entsprechend. ²§ 10 ist für den in § 40 Abs. 2 Satz 3 des Körperschaftsteuergesetzes bezeichneten Teil des Betrags im Sinne des § 38 des Körperschaftsteuergesetzes anzuwenden.

Kommentierung

1. Anwendungsbereich der § 15 - § 16 UmwStG

a) Überblick

Während § 15 UmwStG die Aufspaltung, Abspaltung und Vermögensübertragung (Teilübertragung) von Körperschaften auf andere Körperschaften regelt, befasst sich § 16 UmwStG mit der Aufspaltung und Abspaltung von Körperschaften auf Personengesellschaften.[1] Aufgrund des erweiterten Anwendungsbereiches des § 1 Abs. 1 UmwStG gelten § 15 - § 16 UmwStG nunmehr insbes. für[2]

- *innerstaatliche Aufspaltungen und Abspaltungen* von Körperschaften, d.h. die übertragende Körperschaft und die übernehmende/durch Aufspaltung bzw. Abspaltung neu entstehende Körperschaft bzw. Personengesellschaft sind in demselben EU-/EWR-Staat ansässig.[3] Dabei ist zu unterscheiden zwischen
    - **innerstaatlichen Aufspaltungen und Abspaltungen inländischer Körperschaften**, d.h. die übertragende Körperschaft und die übernehmende/durch Aufspaltung bzw. Abspaltung neu entstehende Körperschaft bzw. Personengesellschaft sind im Inland ansässig, und
    - **innerstaatlichen Aufspaltungen und Abspaltungen ausländischer EU-/EWR-Körperschaften** mit Inlandsbezug, d.h. die übertragende Körperschaft und die übernehmende/durch Aufspaltung bzw. Abspaltung neu entstehende Körperschaft bzw. Personengesellschaft sind in demselben ausländischen EU-/EWR-Staat ansässig, wobei
        - die übertragende Körperschaft im Inland beschränkt steuerpflichtig ist, oder
        - mindestens ein Anteilseigner der übertragenden Körperschaft im Inland steuerpflichtig ist.
- *grenzüberschreitende Aufspaltungen und Abspaltungen* von Körperschaften, d.h. die übertragende Körperschaft und die übernehmende/durch Aufspaltung bzw. Abspaltung neu entstehende Körperschaft bzw. Personengesellschaft sind in verschiedenen EU-/EWR-Staaten ansässig. Sofern an der grenzüberschreitenden Aufspaltung und Abspaltung ausschließlich ausländische Rechtsträger beteiligt sind, besteht ein Inlandsbezug, wenn
    - die übertragende Körperschaft im Inland beschränkt steuerpflichtig ist, oder
    - mindestens ein Anteilseigner der übertragenden Körperschaft im Inland steuerpflichtig ist.

Die Regelungen der § 11 - § 13 UmwStG sind in den von § 15 UmwStG erfassten Fällen der Aufspaltung und Abspaltung auf andere Körperschaften grds. entsprechend anzuwenden.[4] Während § 13 UmwStG auf Anteilseignerebene allerdings aufgrund der ausdrücklichen Regelung in § 12 Abs. 2 Satz 2 KStG auch bei Verschmelzungen unter Beteiligung von Drittstaatengesellschaften Anwendung findet, gilt dies nach dem Wortlaut des Gesetzes für Aufspaltungen bzw. Abspaltungen unter Beteiligung von Drittstaatengesellschaften nicht.[5]

---

1) Anders als bei § 15 UmwStG werden Fälle der Teilübertragung i.S.v. § 174 Abs. 2 UmwG von § 16 UmwStG nicht erfasst, da zivilrechtlich eine Teilübertragung auf eine Personengesellschaft nicht vorgesehen ist (§ 175 UmwG).
2) Demgegenüber wurde nach § 1 Abs. 1 Satz 1 Nr. 4 UmwStG der Anwendungsbereich des § 15 UmwStG hinsichtlich der Vermögensübertragungen (Teilübertragungen) i.S.v. § 174 Abs. 2 Nr. 1 und 2 UmwG nicht auf vergleichbare ausländische Vorgänge erweitert und beschränkt sich folglich auch künftig auf innerstaatliche Vermögensübertragungen inländischer Körperschaften.
3) Zu den EWR-Staaten gehören neben den EU-Staaten auch Island, Liechtenstein und Norwegen.
4) Vgl. Gesetzesbegründung v. 25.09.2006 zu § 15 Abs. 1 UmwStG, BT-Drs. 16/2710 S. 41 f.
5) Siehe hierzu auch *Benecke/Schnitger*, IStR 2007 S. 22 (25); *Dötsch/Pung*, DB 2006 S. 2648 (2650).

Änderungen im UmwStG 802

Hinsichtlich der Anwendbarkeit der § 15 - § 16 UmwStG ist zwischen dem sachlichen und dem persönlichen Anwendungsbereich zu unterscheiden. Der **sachliche Anwendungsbereich** definiert die Umwandlungsvorgänge, auf welche die § 15 - § 16 UmwStG Anwendung finden. Der **persönliche Anwendungsbereich** legt fest, welche Rechtssubjekte von § 15 - § 16 UmwStG erfasst werden.

b) Sachlicher Anwendungsbereich der § 15 - § 16 UmwStG
aa) Gesellschaftsrechtliche Grundlagen

Der sachliche Anwendungsbereich der § 15 - § 16 UmwStG bestimmt sich nach § 1 Abs. 1 UmwStG und knüpft weiterhin grds. an die gesellschaftsrechtlichen Vorgaben des deutschen UmwG an.[6]

Danach gelten § 15 - § 16 UmwStG für **innerstaatliche Aufspaltungen inländischer Körperschaften** i.S.v. § 1 Abs. 1 Nr. 2 i.V.m. § 123 Abs. 1 UmwG und **innerstaatliche Abspaltungen inländischer Körperschaften** i.S.v. § 1 Abs. 1 Nr. 2 i.V.m. § 123 Abs. 2 UmwG. Ausgliederungen i.S.v. § 1 Abs. 1 Nr. 2 i.V.m. § 123 Abs. 3 UmwG sind nach § 1 Abs. 1 Satz 2 UmwStG ausdrücklich vom Anwendungsbereich der § 15 - § 16 UmwStG ausgenommen.

Es ist zwischen Aufspaltungen und Abspaltungen zur Aufnahme (§ 123 Abs. 1 Nr. 1, § 123 Abs. 2 Nr. 1 UmwG) sowie Aufspaltungen und Abspaltungen zur Neugründung (§ 123 Abs. 1 Nr. 2, § 123 Abs. 2 Nr. 2 UmwG) zu unterscheiden.

Während der Anwendungsbereich des UmwG durch das Zweite Gesetz zur Änderung des UmwG auf grenzüberschreitende Verschmelzungen von Kapitalgesellschaften unter Beteiligung inländischer Kapitalgesellschaften nach § 122a - § 122l UmwG (Zehnter Abschnitt des Zweiten Teils im Zweiten Buch des UmwG) erweitert wurde,[7] fehlt eine entsprechende Regelung für grenzüberschreitende Aufspaltungen und Abspaltungen im UmwG. Da auch das gemeinschaftsrechtliche Sekundärrecht gegenwärtig keine gesellschaftsrechtlichen Grundlagen hinsichtlich grenzüberschreitender Aufspaltungen und Abspaltungen bietet, kann letztendlich nur auf die Niederlassungsfreiheit i.S.v. Art. 43, Art. 48 EG-Vertrag (Art. 31, Art. 34 EWR-Abkommen) als Rechtsgrundlage abgestellt werden.[8]

Darüber hinaus werden vom sachlichen Anwendungsbereich der § 15 - § 16 UmwStG auch in- und ausländische Vorgänge erfasst, welche zwar nicht im deutschen UmwG geregelt sind, aber nach Durchführung einer **Vergleichbarkeitsprüfung** als den Spaltungsvorgängen des UmwG entsprechende Vorgänge angesehen werden können.[9]

Die nachstehende Übersicht fasst den sachlichen Anwendungsbereich der § 15 - § 16 UmwStG und dessen gesellschaftsrechtliche Grundlagen zusammen:

---

6) Siehe hierzu ausführlich Gliederungspunkt I.I.1. b) aa) (2).
7) Siehe hierzu ausführlich Gliederungspunkt F.II.1. und F.II.2.
8) Derzeit existiert auf EU-Ebene lediglich eine Richtlinie, welche die Spaltung nationaler Aktiengesellschaften betrifft (*Sechste Richtlinie 82/891/EWG des Rates v. 17.12.1982 gemäß Art. 54 Absatz 3 Buchstabe g) des Vertrages betreffend die Spaltung von Aktiengesellschaften*, ABl. Nr. L 378 v. 31.12.1982 S. 47). Es fehlt demgegenüber eine Richtlinie zur grenzüberschreitenden Spaltung von Kapitalgesellschaften; siehe auch *Drinhausen/Gesell*, BB 2006 S. 3 (14 f.). Zu den gesellschaftsrechtlichen Grundlagen einer grenzüberschreitenden Spaltung siehe ausführlich Gliederungspunkt E.III.2. b).
9) Ausweislich der Gesetzesbegründung v. 25.09.2006 zu § 1 Abs. 1 UmwStG, BT-Drs. 16/2710 S. 35 f. umfasst eine solche Vergleichbarkeitsprüfung sowohl die Rechtsfolgen des nicht im UmwG geregelten Vorgangs als auch die beteiligten Rechtsträger. Siehe hierzu ausführlich Gliederungspunkt I.IV.1. b) bb).

sachlicher Anwendungsbereich	gesellschaftsrechtliche Grundlage
innerstaatliche Aufspaltungen und Abspaltungen inländischer Körperschaften	1. **Aufspaltungen und Abspaltungen inländischer Körperschaften auf inländische Körperschaften (§ 1 Abs. 1 Satz 1 Nr. 1 UmwStG):** – Ebene der *inländischen* beteiligten Rechtsträger: § 1 Abs. 1 Nr. 2, § 123 UmwG 2. **Aufspaltungen und Abspaltungen inländischer Körperschaften auf inländische Personengesellschaften (§ 1 Abs. 1 Satz 1 Nr. 1 UmwStG):** – Ebene der *inländischen* beteiligten Rechtsträger: § 1 Abs. 1 Nr. 2, § 123 UmwG 3. **mit Aufspaltungen und Abspaltungen i.S.d. UmwG vergleichbare Vorgänge i.S. eines anderen Bundes- oder Landesgesetzes (§ 1 Abs. 1 Satz 1 Nr. 3 UmwStG):** – Ebene der *inländischen* beteiligten Rechtsträger: § 1 Abs. 2 UmwG i.V.m. anderen Bundes- oder Landesgesetzen
Aufspaltungen und Abspaltungen ausländischer EU-/EWR-Körperschaften mit Inlandsbezug	**mit Aufspaltungen oder Abspaltungen i.S.d. UmwG vergleichbare innerstaatliche oder grenzüberschreitende Vorgänge ausländischer EU-/EWR-Körperschaften (§ 1 Abs. 1 Satz 1 Nr. 1 UmwStG):** – Ebene der *ausländischen* beteiligten Rechtsträger: ausländisches Gesellschaftsrecht bzw. Art. 43, Art. 48 EG-Vertrag (Art. 31, Art. 34 EWR-Abkommen)[10]

Abb. I.IV. - 1: Gesellschaftsrechtliche Grundlagen des sachlichen Anwendungsbereiches der § 15 - § 16 UmwStG

bb) Sachliche Vergleichbarkeitsprüfung

Vorgänge, die keine solchen i.S.d. § 123 UmwG sind, müssen ihrem Wesen nach einer im deutschen UmwG geregelten Aufspaltung bzw. Abspaltung entsprechen.[11] Die Vergleichbarkeitsprüfung umfasst zum einen die Rechtsfolgen des betreffenden Vorgangs (sog. sachliche Vergleichbarkeitsprüfung) und zum anderen die beteiligten Rechtsträger (sog. persönliche Vergleichbarkeitsprüfung, Typenvergleich).[12] Zu den Vorgängen, welche einer solchen Vergleichbarkeitsprüfung bedürfen, zählen[13]

---

10) Die Versagung der gesellschaftsrechtlichen Zulässigkeit einer grenzüberschreitenden Aufspaltung bzw. Abspaltung darf nicht zu einer Verletzung der Niederlassungsfreiheit i.S.v. Art. 43, Art. 48 EG-Vertrag (Art. 31, Art. 34 EWR-Abkommen) führen; siehe hierzu auch die Rechtsprechung des EuGH in der Rs. „SEVIC" (EuGH v. 13.12.2005, C-411/03, NZG 2006 S. 112) zur grenzüberschreitenden Verschmelzung.
11) Vgl. Gesetzesbegründung v. 25.09.2006 zu § 1 Abs. 1 UmwStG, BT-Drs. 16/2710 S. 35 f.
12) Zum Typenvergleich der beteiligten Rechtsträger vgl. Gliederungspunkt I.I.1. c) bb).
13) Bei Vermögensübertragungen i.S.v. § 174 UmwG bedarf es keiner Vergleichbarkeitsprüfung, da dieser Umwandlungsvorgang nicht auf die nicht im UmwG geregelten Fälle erweitert wurde (§ 1 Abs. 1 Satz 1 Nr. 4 UmwStG).

- *innerstaatliche Vorgänge*, und zwar
  - innerstaatliche Vorgänge inländischer Rechtsträger i.S. eines anderen Bundes- oder Landesgesetzes,[14] und
  - innerstaatliche Aufspaltungen und Abspaltungen ausländischer EU-/EWR-Körperschaften mit Inlandsbezug, sowie
- *grenzüberschreitende Vorgänge*, und zwar
  - grenzüberschreitende Aufspaltungen und Abspaltungen ausländischer EU-/EWR-Körperschaften mit Inlandsbezug.

Im Rahmen der sachlichen Vergleichbarkeitsprüfung ist grds. auf die Rechtsfolgen der in § 123 Abs. 1 und 2 UmwG geregelten Spaltungsvorgänge abzustellen,[15] nämlich auf die:[16]
- Übertragung von Vermögensteilen des übertragenden Rechtsträgers auf den übernehmenden/durch Aufspaltung bzw. Abspaltung neu entstehenden Rechtsträger im Wege der Gesamtrechtsnachfolge,
- bei Aufspaltung: Auflösung ohne Abwicklung des übertragenden Rechtsträgers,
- bei Abspaltung: keine Auflösung ohne Abwicklung des übertragenden Rechtsträgers.

Zudem sind hinsichtlich der Gewährung von Anteilen oder Mitgliedschaftsrechten des übernehmenden/durch Aufspaltung bzw. Abspaltung neu entstehenden Rechtsträgers an die Anteilseigner des übertragenden Rechtsträgers die Regelungen zu baren Zuzahlungen zu berücksichtigen.[17] Sofern der übernehmende/durch Aufspaltung bzw. Abspaltung neu entstehende Rechtsträger eine Kapitalgesellschaft oder eine eingetragene Genossenschaft ist, dürfen die baren Zuzahlungen 10% des Gesamtnennbetrages der gewährten Anteile des übernehmenden/durch Aufspaltung bzw. Abspaltung neu entstehenden Rechtsträgers nicht übersteigen (§ 125 Satz 1 i.V.m. § 54 Abs. 4 UmwG (GmbH), § 125 Satz 1 i.V.m. § 68 Abs. 3 UmwG (AG), § 125 Satz 1 i.V.m. § 78 Satz 1, § 68 Abs. 3 UmwG (KGaA), § 125 Satz 1 i.V.m. § 87 Abs. 2 Satz 2 UmwG (e.G.)).[18]

Fraglich ist, wie ausländische Spaltungsvorgänge nach § 1 Abs. 1 Satz 1 Nr. 1 UmwStG einzustufen sind, wenn das ausländische Gesellschaftsrecht für derartige Vorgänge das

---

14) Eine Erweiterung auf landesrechtliche Vorschriften betreffend die Aufspaltung, Abspaltung oder Teilübertragung von öffentlich-rechtlichen Kreditinstituten und öffentlich-rechtlichen Versicherungsunternehmen, welche die Finanzverwaltung für Verschmelzungen annimmt (vgl. BMF, Schreiben v. 25.03.1998, IV B 7 - S 1978 - 21/98 / IV B 2 - S 1909 - 33/98, BStBl. I 1998 S. 268 (UmwSt-Erlass) Rz. 11.23), ist gegenwärtig wohl mangels entsprechender Regelungen nicht notwendig, wäre im Bedarfsfalle aber angezeigt. Siehe auch *Hörtnagl*, in: Schmitt/Hörtnagl/Stratz, UmwG/UmwStG, § 15 UmwStG Rz. 18 (4. Auflage).
15) Vgl. Gesetzesbegründung v. 25.09.2006 zu § 1 Abs. 1 UmwStG, BT-Drs. 16/2710 S. 35 f. Obgleich *Benecke/Schnitger*, IStR 2006 S. 765 (769) im Rahmen der sachlichen Vergleichbarkeitsprüfung wohl auf sämtliche Strukturmerkmale des Spaltungsvorgangs abstellen wollen, spricht einiges dafür, dass lediglich die Rechtsfolgen und nicht auch die Tatbestandsmerkmale des Spaltungsvorgangs zu berücksichtigen sind.
16) Zu allgemeinen Ausführungen zu den Rechtsfolgen eines Spaltungsvorgangs i.S.d. § 123 UmwG siehe auch *Lutter/Drygala*, in: Lutter, UmwG, § 123 UmwG Rz. 7 ff. (3. Auflage); *Schwarz*, in: Widmann/Mayer, Umwandlungsrecht, § 123 UmwG Rz. 3 ff. (92. EL 01/2007).
17) Es spricht einiges dafür, dass der Gesetzgeber lediglich die schon im Spaltungsvertrag festgesetzten baren Zuzahlungen und nicht auch spätere Erhöhungen oder Neufestsetzungen der baren Zuzahlungen zur Verbesserung des Umtauschverhältnisses i.S.v. § 125 Satz 1 i.V.m. § 15 Abs. 1 UmwG bzw. § 125 Satz 1 i.V.m. § 15 Abs. 1, § 36 Abs. 1 UmwG im Rahmen der Vergleichbarkeitsprüfung berücksichtigen möchte.
18) Nach § 15, § 16 i.V.m. § 11 Abs. 2 Satz 1 Nr. 3 UmwStG ist Voraussetzung für das antragsgebundene Wertansatzwahlrecht der übertragenden Körperschaft, dass neben den Gesellschaftsrechten keine Gegenleistung gewährt wird. Diese Voraussetzung verstößt gegen Art. 2 Buchst. b) und ba) der FRL, wonach eine Besteuerung barer Zuzahlungen auf Ebene der übertragenden Körperschaft jeweils nicht zulässig ist, soweit sie 10% des Nennwerts der gewährten Anteile nicht überschreiten.

Kriterium der Gesamtrechtsnachfolge nicht vorsieht.[19] U.E. sollte in diesen Fällen letztendlich auf das Ergebnis der ausländischen Umwandlungsmaßnahme und deren sachliche Vergleichbarkeit mit einer Spaltung i.S.v. § 123 Abs. 1 und 2 UmwG abgestellt werden. Die Regelungstechnik, ob das ausländische Recht eine Gesamtrechtsnachfolge kennt oder Spaltungsvorgänge lediglich im Wege der Einzelrechtsnachfolge zulässt, sollte insofern unbeachtlich sein.[20]

cc) Zusammenfassung

Die nachstehende Übersicht fasst den sachlichen Anwendungsbereich der § 15 - § 16 UmwStG unter ausschließlicher Berücksichtigung der für inländische Rechtsträger nach dem UmwG möglichen Umwandlungen (i.S.d. § 123 UmwG) zusammen:

		innerstaatliche Aufspaltung und Abspaltung inländischer Rechtsträger	innerstaatliche und grenzüberschreitende Aufspaltung und Abspaltung ausländischer EU-/EWR-Rechtsträger mit Inlandsbezug
gesellschaftsrechtliche Grundlage	Vorgänge des UmwG	**Aufspaltung und Abspaltung von Körperschaften** i.S.d. § 1 Abs. 1 Nr. 2, § 123 Abs. 1 - 2 UmwG (§ 1 Abs. 1 Satz 1 Nr. 1 UmwStG) → Aufspaltung und Abspaltung zur Aufnahme (§ 123 Abs. 1 Nr. 1, § 123 Abs. 2 Nr. 1 UmwG) → Aufspaltung und Abspaltung zur Neugründung (§ 123 Abs. 1 Nr. 2, § 123 Abs. 2 Nr. 2 UmwG)	
	keine Vorgänge des UmwG	**vergleichbare Vorgänge nach anderen Bundes- oder Landesgesetzen** (§ 1 Abs. 1 Satz 1 Nr. 3 UmwStG) → Vergleichbarkeitsprüfung hinsichtlich der Rechtsfolgen ✓ Übertragung von Vermögensteilen im Wege der Gesamtrechtsnachfolge ✓ bei Aufspaltung: Auflösung ohne Abwicklung ✓ bei Abspaltung: keine Auflösung ohne Abwicklung → Berücksichtigung der Regelungen zu baren Zuzahlungen	**vergleichbare ausländische Vorgänge** (§ 1 Abs. 1 Satz 1 Nr.1 UmwStG) → Vergleichbarkeitsprüfung hinsichtlich der Rechtsfolgen ✓ Übertragung von Vermögensteilen im Wege der Gesamtrechtsnachfolge ✓ bei Aufspaltung: Auflösung ohne Abwicklung ✓ bei Abspaltung: keine Auflösung ohne Abwicklung → Berücksichtigung der Regelungen zu baren Zuzahlungen

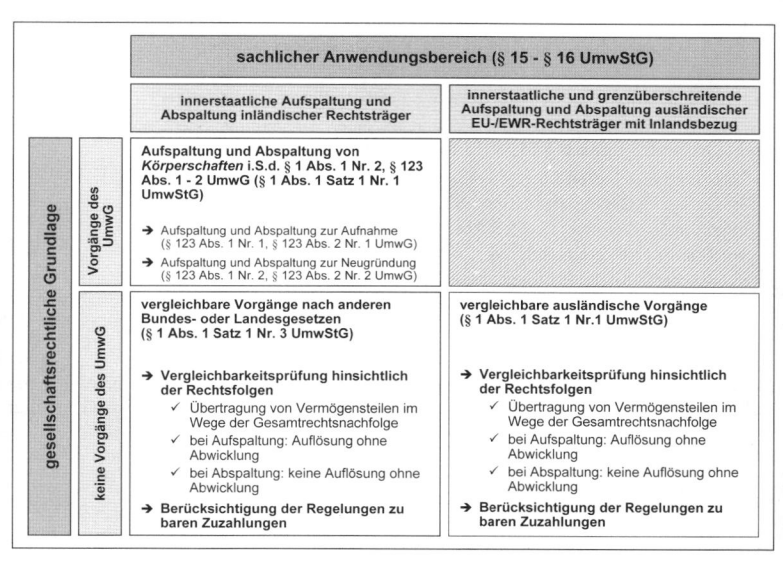

Abb. I.IV. - 2: Synoptische Darstellung des sachlichen Anwendungsbereiches der § 15 - § 16 UmwStG

---

[19] Für den Fall der innerstaatlichen Spaltung von Aktiengesellschaften dürfte das Prinzip der Gesamtrechtsnachfolge zumeist zur Anwendung kommen, sofern die vom Anwendungsbereich des UmwStG erfassten EU-/EWR-Staaten die *Sechste Richtlinie 82/891/EWG des Rates v. 17.12.1982 gemäß Art. 54 Absatz 3 Buchstabe g) des Vertrages betreffend die Spaltung von Aktiengesellschaften*, ABl. Nr. L 378 v. 31.12.1982 S. 47 (Richtlinie zur Spaltung von Aktiengesellschaften) in nationales Recht umgesetzt haben. Art. 17 Abs. 1 dieser Richtlinie regelt den Vermögensübergang im Wege der Gesamtrechtsnachfolge.
[20] Gl. A. siehe *Rödder/Schumacher*, DStR 2006 S. 1525 (1526). Dagegen vertreten *Benecke/Schnitger*, IStR 2007 S. 22 (25) und *Bilitewski*, FR 2007 S. 57 (61) die Auffassung, dass derartige ausländische Umwandlungsvorgänge nicht von den § 15 - § 16 UmwStG erfasst werden.

Änderungen im UmwStG

c) Persönlicher Anwendungsbereich der § 15 - § 16 UmwStG

Der persönliche Anwendungsbereich der § 15 - § 16 UmwStG wird in § 1 Abs. 2 UmwStG abgegrenzt, wobei zwischen den Anforderungen an die Ansässigkeit (**doppeltes Ansässigkeitskriterium**) und an den Rechtstypus der beteiligten Rechtsträger (**Typenvergleich**)[21] zu unterscheiden ist.

aa) Anforderungen an die Ansässigkeit der beteiligten Rechtsträger

Die an einem Spaltungsvorgang beteiligten Rechtsträger müssen
- nach dem Recht eines EU-/EWR-Staates gegründet worden sein oder gegründet werden (Spaltung zur Neugründung),
- ihren statutarischen Sitz in einem EU-/EWR-Staat haben oder nehmen (Spaltung zur Neugründung) und
- ihren Ort der Geschäftsleitung im Zeitpunkt der Aufspaltung bzw. Abspaltung in einem EU-/EWR-Staat haben oder nehmen (Spaltung zur Neugründung).[22]

bb) Anforderungen an den Rechtstypus der beteiligten Rechtsträger

Als **übertragender Rechtsträger** können an einer Aufspaltung oder Abspaltung inländischer Rechtsträger nach § 15 - § 16 UmwStG beteiligt sein:
- Kapitalgesellschaften i.S.v. § 3 Abs. 1 Nr. 2 UmwG,
- eingetragene Genossenschaften i.S.v. § 3 Abs. 1 Nr. 3 UmwG,
- eingetragene Vereine i.S.v. § 3 Abs. 1 Nr. 4 UmwG,
- wirtschaftliche Vereine i.S.v. § 124 Abs. 1 UmwG,
- genossenschaftliche Prüfungsverbände i.S.v. § 3 Abs. 1 Nr. 5 UmwG,
- Versicherungsvereine auf Gegenseitigkeit i.S.v. § 3 Abs. 1 Nr. 6 UmwG,
- SE[23] und
- SCE[24].

Als **übernehmender/durch Spaltung neu entstehender Rechtsträger** können an einer Aufspaltung oder Abspaltung inländischer Rechtsträger nach § 15 - § 16 UmwStG beteiligt sein:
- Kapitalgesellschaften i.S.v. § 3 Abs. 1 Nr. 2 UmwG,
- eingetragene Genossenschaften i.S.v. § 3 Abs. 1 Nr. 3 UmwG,
- eingetragene Vereine i.S.v. § 3 Abs. 1 Nr. 4 UmwG,
- genossenschaftliche Prüfungsverbände i.S.v. § 3 Abs. 1 Nr. 5 UmwG,
- Versicherungsvereine auf Gegenseitigkeit i.S.v. § 3 Abs. 1 Nr. 6 UmwG,
- SE[25],
- SCE[26] sowie

---

[21] Siehe hierzu ausführlich Gliederungspunkt I.I.1. c) bb).
[22] Ausweislich der Gesetzesbegründung v. 25.09.2006 zu § 1 Abs. 2 UmwStG, BT-Drs. 16/2710 S. 36 müssen Gründungsstaat und Sitzstaat nicht identisch sein. Zudem ist es wohl nicht erforderlich, dass sich der Sitz und der Ort der Geschäftsleitung in demselben EU-/EWR-Mitgliedstaat befinden. Siehe hierzu auch *Benecke/Schnitger*, IStR 2006 S. 765 (770).
[23] Nach Art. 10 der *Verordnung (EG) Nr. 2157/2001 des Rates v. 08.10.2001 über das Statut der Europäischen Gesellschaft (SE)*, ABl. Nr. L 294 v. 10.11.2001 S. 1 (SE-VO) ist eine SE wie eine Aktiengesellschaft ihres Sitzstaates zu behandeln (sog. Gleichbehandlungsgebot).
[24] Nach Art. 9 der *Verordnung (EG) Nr. 1435/2003 des Rates v. 22.07.2003 über das Statut der Europäischen Genossenschaft (SCE)*, ABl. Nr. 207 v. 18.08.2003 S. 1 (SCE-VO) ist eine SCE wie eine Genossenschaft ihres Sitzstaates zu behandeln (sog. Gleichbehandlungsgebot).
[25] Vgl. Fußnote 23.
[26] Vgl. Fußnote 24.

– Personenhandelsgesellschaften (OHG, KG) und Partnerschaftsgesellschaften i.S.v. § 3 Abs. 1 Nr. 1 UmwG.

Bei einer Beteiligung ausländischer Rechtsträger an Aufspaltungen und Abspaltungen nach § 15 - § 16 UmwStG ist eine persönliche Vergleichbarkeitsprüfung (Rechtstypenvergleich) durchzuführen.[27]

Die nachstehende Übersicht fasst den persönlichen Anwendungsbereich der § 15 - § 16 UmwStG zusammen:

	Anforderungen an den Rechtstypus der beteiligten Rechtsträger (*Typenzwang*, § 1 Abs. 2 UmwStG)	Anforderungen an die Ansässigkeit der beteiligten Rechtsträger (*doppeltes Ansässigkeitskriterium*, § 1 Abs. 2 UmwStG)
innerstaatliche Aufspaltung und Abspaltung inländischer Körperschaften i.S.d. § 123 i.V.m. § 1 Abs. 1 Nr. 2, § 3 UmwG	• **Körperschaft** als übertragender Rechtsträger ✓ Kapitalgesellschaften, eingetragene Genossenschaften, eingetragene Vereine, wirtschaftliche Vereine, genossenschaftliche Prüfungsverbände, Versicherungsvereine auf Gegenseitigkeit • **Körperschaft** als übernehmender/durch Spaltung neu entstehender Rechtsträger ✓ siehe oben • **Personengesellschaft** als übernehmender/durch Spaltung neu entstehender Rechtsträger ✓ Personenhandelsgesellschaften: offene Handelsgesellschaften, Kommanditgesellschaften ✓ Partnerschaftsgesellschaften	• Gründung der beteiligten Rechtsträger **nach inländischem Recht** • statutarischer Sitz und Ort der Geschäftsleitung der beteiligten Rechtsträger im **Inland**
mit der Aufspaltung und Abspaltung i.S.d. § 123 UmwG vergleichbare Vorgänge nach anderen Bundes- oder Landesgesetzen	• **Vergleichbarkeitsprüfung (Typenvergleich)** ✓ Qualifizierung des übertragenden Rechtsträgers als **Körperschaft** ✓ Qualifizierung des übernehmenden/durch Spaltung neu entstehenden Rechtsträgers als **Körperschaft** bzw. **Personengesellschaft**	• Gründung der beteiligten Rechtsträger **nach dem Recht eines EU-/EWR-Staates** • statutarischer Sitz und Ort der Geschäftsleitung der beteiligten Rechtsträger in einem **EU-/EWR-Staat**
mit der Aufspaltung und Abspaltung i.S.d. § 123 UmwG vergleichbare ausländische Vorgänge		

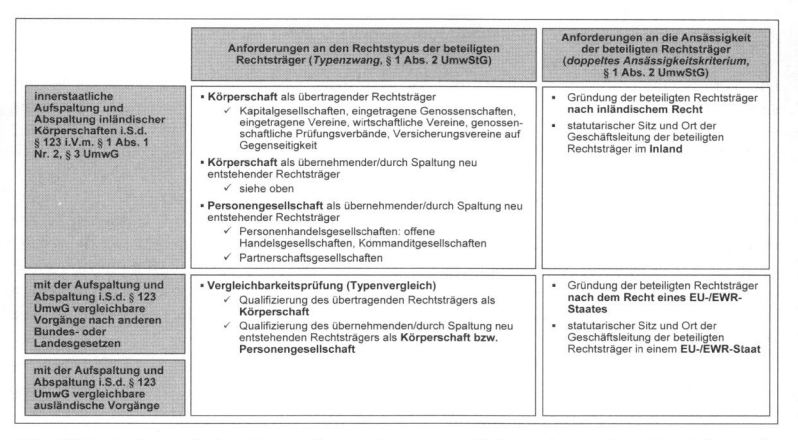

Abb. I.IV. - 3: Synoptische Darstellung des persönlichen Anwendungsbereiches der § 15 - § 16 UmwStG

2. Anwendungsvorschriften

Die Regelungen der § 15 - § 16 UmwStG finden erstmals auf Verschmelzungen Anwendung, bei denen die **Anmeldung zur Eintragung in ein öffentliches Register** nach dem Tag der Gesetzesverkündung, d.h. **nach dem 12.12.2006** erfolgt ist (§ 27 Abs. 1 UmwStG). *„Öffentliches Register"* i.S.d. § 27 Abs. 1 UmwStG kann sowohl ein inländisches als auch ein ausländisches Register sein.[28]

3. Aufspaltung, Abspaltung und Teilübertragung auf andere Körperschaften (§ 15 UmwStG)

a) Entsprechende Anwendung der § 11 - § 13 UmwStG

Die Grundsätze der § 11 - § 13 UmwStG sind vorbehaltlich des § 15 Abs. 1 Satz 2 UmwStG in den von § 15 UmwStG erfassten Fällen der Aufspaltung, Abspaltung und Teilübertragung auf andere Körperschaften entsprechend anzuwenden (§ 15 Abs. 1 Satz 1 UmwStG).

---

27) Siehe hierzu ausführlich Gliederungspunkt I.I.1. c) bb).
28) Vgl. *Schaflitzl/Widmayer*, BB Special 8/2006 S. 36 (50).

Änderungen im UmwStG

b) Teilbetriebserfordernis
aa) Überblick

Nach § 15 Abs. 1 Satz 2 UmwStG bestehen das Wahlrecht zum Buchwert- bzw. Zwischenwertansatz auf Ebene der übertragenden Körperschaft (§ 11 Abs. 2 UmwStG) und das Wahlrecht zum Buchwertansatz auf Ebene der Anteilseigner der übertragenden Körperschaft (§ 13 Abs. 2 UmwStG) nur, sofern

- im Fall der **Aufspaltung** ausschließlich Teilbetriebe übertragen werden oder
- im Fall der **Abspaltung** auf die übernehmende Körperschaft ein Teilbetrieb übergeht und bei der übertragenden Körperschaft ein Teilbetrieb zurückbleibt (sog. doppeltes Teilbetriebserfordernis).

Die Voraussetzungen der **Aufspaltung** i.S.v. § 15 Abs. 1 Satz 2 UmwStG steht im Widerspruch zur Definition der Aufspaltung i.S.v. Art. 2 Buchst. b) FRL, wonach die Übertragung eines Teilbetriebs nicht Voraussetzung für die Aufspaltung ist. Die Voraussetzungen für eine steuerneutrale **Abspaltung** stimmen hingegen mit Art. 2 Buchst. ba) FRL überein.[29] Kritisch anzumerken bleibt, dass sowohl im Fall der Aufspaltung als auch im Fall der Abspaltung durch die Anknüpfung an die Voraussetzungen des § 11 Abs. 2 Satz 1 Nr. 3 UmwStG ein Verstoß gegen Art. 2 Buchst. b) bzw. Art. 2 Buchst. ba) FRL vorliegt. Demnach führen bare Zuzahlungen, soweit sie nicht 10% des Nennwerts bzw. des rechnerischen Werts der gewährten Anteile überschreiten, auf Ebene der übertragenden Körperschaft nicht zur (anteiligen) Aufdeckung der im übertragenen Vermögen enthaltenen stillen Reserven. Nach Art. 8 Abs. 9 FRL ist lediglich auf Ebene der Gesellschafter der übertragenden Körperschaft eine Besteuerung barer Zuzahlungen zulässig.[30]

Die Steuerneutralität des Spaltungsvorgangs auf Anteilseignerebene i.S.v. § 13 Abs. 2 i.V.m. § 11 Abs. 1 Satz 1 UmwStG hängt vom Vorliegen eines Teilbetriebs unter Zugrundelegung des Teilbetriebsbegriffs nach deutschem Ertragsteuerrecht ab.[31]

Werden die Teilbetriebserfordernisse nicht erfüllt, ergeben sich im Vergleich zur bisherigen Rechtslage (*§ 15 UmwStG a.F.*) zwar keine unterschiedlichen Rechtsfolgen.[32] Es hat sich allerdings die Regelungstechnik geändert:[33]

- Bei der übertragenden Körperschaft sind sämtliche bilanzierten und nicht bilanzierten „immateriellen" Wirtschaftsgüter, insbes. der originäre Geschäfts- oder Firmenwert, mit Ausnahme der Pensionsrückstellungen mit dem gemeinen Wert anzusetzen (§ 15 Abs. 1 Satz 1 i.V.m. § 11 Abs. 1 UmwStG). Es besteht somit keine Möglichkeit für eine steuerneutrale Aufspaltung bzw. Abspaltung.

---

29) Die Abspaltung wurde als Sonderform der Spaltung durch die *Richtlinie 2005/19/EG des Rates v. 17.02.2005* (ABl. Nr. L 58 v. 04.03.2005 S. 19) zur Änderung der Fusionsrichtlinie in Art. 2 Buchst. ba) FRL aufgenommen.
30) Siehe hierzu Gliederungspunkt G.III.2. c).
31) Zu den Unterschieden zwischen dem Teilbetriebsbegriff i.S.d. Fusionsrichtlinie und dem Teilbetriebsbegriff im deutschen Ertragsteuerrecht siehe auch Gliederungspunkt G.III.2. a) bb). Die Anknüpfung der Buchwertfortführung i.S.v. § 13 Abs. 2 UmwStG auf Anteilseignerebene an das Vorliegen eines Teilbetriebs war im Gesetzentwurf der Bundesregierung v. 25.09.2006 noch nicht vorgesehen, sondern wurde erst i.R.d. Beschlussempfehlung des Finanzausschusses v. 09.11.2006 in § 15 Abs. 1 Satz 2 UmwStG aufgenommen.
32) Demgegenüber wurde die Nichterfüllung der Teilbetriebsvoraussetzungen im bisherigen Recht im Fall der Aufspaltung nach allgemeinen Grundsätzen wie eine Liquidation der übertragenden Körperschaft und im Fall der Abspaltung wie eine Sachausschüttung an die Anteilseigner der übertragenden Körperschaft zum gemeinen Wert der Wirtschaftsgüter und als Einlage dieser Wirtschaftsgüter in die aufnehmende Körperschaft behandelt. Siehe hierzu BMF, Schreiben v. 25.03.1998, IV B 7 - S 1978 - 21/98 / IV B 2 - S 1909 - 33/98, BStBl. I 1998 S. 268 (UmwSt-Erlass) Rz. 15.11.
33) Vgl. *Dötsch/Pung*, DB 2006 S. 2704 (2714).

- Die übernehmende Körperschaft ist an die Wertansätze in der steuerlichen Schlussbilanz der übertragenden Körperschaft gebunden (§ 15 Abs. 1 Satz 1 i.V.m. § 12 Abs. 1 Satz 1 UmwStG).
- Auf Ebene der Anteilseigner der übertragenden Körperschaft findet ein gewinnrealisierender Anteilstausch statt (§ 15 Abs. 1 Satz 1 i.V.m. § 13 Abs. 1 UmwStG). Es wird somit eine Veräußerung der Anteile an der übertragenden Körperschaft zum gemeinen Wert fingiert. Die als Gegenleistung erhaltenen Anteile an der übernehmenden Körperschaft gelten als zum gemeinen Wert angeschafft.

bb) Begriff des Teilbetriebs

Der Teilbetriebsbegriff ist weder im UmwStG (§ 15, § 16, § 20, § 24 UmwStG) noch in anderen Steuergesetzen (z.B. § 6 Abs. 3, § 16 Abs. 3 EStG, § 8 Nr. 1, 2, 7 GewStG) definiert. Eine Definition des Teilbetriebsbegriffs ergibt sich somit grds. aus den von der Rechtsprechung zu § 16 EStG entwickelten Grundsätzen. Ein Teilbetrieb i.S.v. § 16 Abs. 1 Nr. 1 EStG ist demnach *„ein organisch geschlossener, mit einer gewissen Selbständigkeit ausgestalteter Teil eines Gesamtbetriebs, der für sich allein lebensfähig ist"*.[34] Wegen des Fehlens einer gesetzlichen Grundlage ist der Teilbetriebsbegriff im deutschen Ertragsteuerrecht **normspezifisch** auszulegen.[35]

Nach § 15 Abs. 1 Satz 3 UmwStG gilt als Teilbetrieb auch ein **Mitunternehmeranteil** oder die **Beteiligung an einer Kapitalgesellschaft**, die das **gesamte Nennkapital** der Gesellschaft **umfasst** (sog. **fiktive Teilbetriebe**).[36] Auch ein Teil eines Mitunternehmeranteils ist im Gegensatz zu einer Beteiligung an einer Kapitalgesellschaft, die das gesamte Nennkapital der Gesellschaft umfasst, als Teilbetrieb anzusehen.[37]

Art. 2 Buchst. i) FRL enthält demgegenüber eine Legaldefinition des Begriffs „Teilbetrieb". Ein Teilbetrieb wird demnach definiert als *„die Gesamtheit der in einem Unternehmensteil einer Gesellschaft vorhandenen aktiven und passiven Wirtschaftsgüter, die in organisatorischer Hinsicht einen selbständigen Betrieb, d.h. eine aus eigenen Mitteln funktionsfähige Einheit, darstellen"*.[38] Wegen der Möglichkeit der Begründung sog. fiktiver Teilbetriebe nach § 15 Abs. 1 UmwStG ist der Teilbetriebsbegriff in § 15, § 16 UmwStG weiter als der Teilbetriebsbegriff i.S.v. Art. 2 Buchst. i) FRL. Ein Mitunternehmeranteil hat nicht die von der Fusionsrichtlinie geforderte eigenständige Funktionsfähigkeit und stellt demnach - unabhängig von seiner internationalen steuerlichen Behandlung als Betriebsstätte - keinen Teilbetrieb dar.[39] Dies gilt entsprechend für eine Beteiligung an einer Kapitalgesellschaft,

---

34) Siehe hierzu ausführlich *Haarmann*, in: Wassermeyer/Mayer/Rieger (Hrsg.), Umwandlungen im Zivil- und Steuerrecht, Bonn 2000 S. 375; *Schmitt*, in: Schmitt/Hörtnagl/Stratz, UmwG/UmwStG, § 20 UmwStG Rz. 65 ff. (4. Auflage).
35) Unterschiede zwischen den einzelnen Rechtsnormen können sich insbes. hinsichtlich der Begründung sog. fiktiver Teilbetriebe (Mitunternehmeranteil bzw. Bruchteil hiervon oder Beteiligung an einer Kapitalgesellschaft, die das gesamte Nennkapital der Gesellschaft umfasst) und hinsichtlich der Zuordnung von Wirtschaftsgütern zu einem Teilbetrieb ergeben.
36) Die bisherige Auffassung der Finanzverwaltung (BMF, Schreiben v. 25.03.1998, IV B 7 - S 1978 - 21/98 / IV B 2 - S 1909 - 33/98, BStBl. I 1998 S. 268 (UmwSt-Erlass) Rz. 15.03 und 15.05) wurde insofern gesetzlich kodifiziert.
37) Vgl. BMF, Schreiben v. 25.03.1998, IV B 7 - S 1978 - 21/98 / IV B 2 - S 1909 - 33/98, BStBl. I 1998 S. 268 (UmwSt-Erlass) Rz. 15.04.
38) Siehe hierzu ausführlich *Blumers*, DB 2001 S. 722 (724 ff.); *Strobl-Haarmann*, in: Wassermeyer/Mayer/Rieger (Hrsg.), Umwandlungen im Zivil- und Steuerrecht, Bonn 2000 S. 553; *Thömmes*, in: Wassermeyer/Mayer/Rieger (Hrsg.), Umwandlungen im Zivil- und Steuerrecht, Bonn 2000 S. 583.
39) Vgl. *Thömmes*, in: Wassermeyer/Mayer/Rieger (Hrsg.), Umwandlungen im Zivil- und Steuerrecht, Bonn 2000 S. 583 (603).

die das gesamte Nennkapital der Gesellschaft umfasst und die als einzelnes Wirtschaftsgut keine funktionsfähige Wirtschaftseinheit i.S.v. Art. 2 Buchst. i) FRL darstellt.[40]

cc) Zuordnung von wesentlichen Betriebsgrundlagen zu einem Teilbetrieb

§ 15 Abs. 1 Satz 1 UmwStG setzt voraus, dass ein Teilbetrieb durch Auf- oder Abspaltung bzw. Teilübertragung insgesamt auf die übernehmende Körperschaft/Personengesellschaft übertragen wird. Dies bedingt, dass auch sämtliche, dem Teilbetrieb zugeordneten **wesentlichen Betriebsgrundlagen** zusammen mit dem Teilbetrieb übertragen werden. Eine bloße Nutzungsüberlassung, etwa durch Vermietung oder Verpachtung wesentlicher Betriebsgrundlagen, ist nicht ausreichend.[41] Die Zuordnung von Wirtschaftsgütern zu den Teilbetrieben muss bis zum Zeitpunkt des Beschlusses über die Aufspaltung bzw. Abspaltung i.S.v. § 125 i.V.m. § 13 Abs. 1 UmwG erfolgt sein.[42] Bei der Übertragung eines (Teils eines) Mitunternehmeranteils als Teilbetrieb ist auch das Sonderbetriebsvermögen zu übertragen, soweit es sich um eine wesentliche Betriebsgrundlage handelt.[43]

Als wesentliche Betriebsgrundlagen eines Teilbetriebs werden diejenigen Wirtschaftsgüter bezeichnet, die entweder zur Erreichung des Betriebszwecks erforderlich sind und denen ein besonderes wirtschaftliches Gewicht für die Betriebsführung zukommt **(funktionale Betrachtungsweise)** oder in denen erhebliche stille Reserven gebunden sind **(quantitative Betrachtungsweise)**. Der Begriff der wesentlichen Betriebsgrundlage ist im deutschen Ertragsteuerrecht normspezifisch auszulegen. Nach Auffassung des BFH[44] und der Finanzverwaltung[45] ist der Begriff der wesentlichen Betriebsgrundlage angesichts der Zielsetzung des § 16 Abs. 1, § 34 EStG, eine kumulierte Realisierung der über die Zeit entstandenen stillen Reserven nicht dem ungemilderten Einkommensteuertarif zu unterwerfen, i.R.d. § 16 EStG weiter auszulegen als im Rahmen der übrigen Vorschriften und Rechtsinstitute, in denen er Anwendung findet. Demnach werden i.R.d. § 16 EStG auch funktional nicht bedeutsame Wirtschaftsgüter, in denen erhebliche stille Reserven gebunden sind, als wesentliche Betriebsgrundlagen angesehen (quantitative Betrachtungsweise), während demgegenüber im Anwendungsbereich des § 6 Abs. 3 EStG sowie i.R.d. **§ 15, § 16, § 20, § 24 UmwStG ausschließlich** auf die **funktionale Betrachtungsweise** abzustellen ist.[46] Die ausschließlich funktionale Betrachtungsweise liegt darin begründet, dass die Vorschriften des UmwStG zwar jeweils einen Spezialfall der Teilbetriebsveräußerung regeln, das UmwStG jedoch beabsichtigt, die Fortführung des bisherigen unternehmerischen Engagements in einer anderen Rechtsform ohne steuerliche Auswirkungen hinsichtlich der stillen Reserven zu ermöglichen.[47]

---

40) Vgl. Patt, in: Dötsch/Jost et al., Die Körperschaftsteuer, § 23 UmwStG n.F. Rz. 14 (58. EL 11/2006).
41) Vgl. Hörtnagl, in: Schmitt/Hörtnagl/Stratz, UmwG/UmwStG, § 15 UmwStG Rz. 60 m.w.N. (4. Auflage).
42) Vgl. BMF, Schreiben v. 25.03.1998, IV B 7 - S 1978 - 21/98 / IV B 2 - S 1909 - 33/98, BStBl. I 1998 S. 268 (UmwSt-Erlass) Rz. 15.10.
43) Vgl. BFH v. 24.08.2000, IV R 51/98, BStBl. II 2005 S. 173; BFH v. 12.04.2000, XI R 35/99, BStBl. II 2001 S. 26 (Rechtsprechung zu § 16 EStG).
44) Vgl. BFH v. 02.10.1997, IV R 84/96, BStBl. II 1998 S. 104.
45) Vgl. BMF, Schreiben v. 16.08.2000, IV C 2 - S 1909 - 23/00, BStBl. I 2000 S. 1253.
46) Siehe hierzu auch Gesetzesbegründung v. 25.09.2006 zu § 20 Abs. 1 UmwStG, BT-Drs. 16/2710 S. 42.
47) Auch ein Büro- und Verwaltungsgebäude kann eine wesentliche Betriebsgrundlage sein; vgl. BFH v. 23.05.2000, VIII R 11/99, BStBl. II 2000 S. 621. Die für Fälle der Betriebsaufspaltung bestehende Übergangsregelung (siehe hierzu BMF, Schreiben v. 18.09.2001, IV A 6 - S 2240 - 50/01, BStBl. I 2001 S. 634) ist für die Auslegung des Umfangs der wesentlichen Betriebsgrundlagen i.R.d. § 15 UmwStG nicht anwendbar (OFD Münster, Kurzinformation v. 25.10.2004, DB 2004 S. 2439 zu § 24 UmwStG a.F., die aber analog auch für Fälle des § 15 UmwStG anzuwenden ist).

Sofern ein Wirtschaftsgut mehreren Teilbereichen eines Gesamtbetriebs als wesentliche Betriebsgrundlage zugeordnet wird (sog. **spaltungshinderndes Wirtschaftsgut**), z.B. ein Grundstück, das zwei Unternehmensteilen dient, oder ein Patent, das für die Produktion unterschiedlicher Produktlinien maßgebend ist, ist eine steuerneutrale Umstrukturierung nach dem UmwStG nicht möglich, da insofern keine Teilbetriebe vorliegen.[48]

Wirtschaftsgüter, die keinem Teilbetrieb als wesentliche Betriebsgrundlage dienen (sog. **neutrales Vermögen**), können nach bisheriger Auffassung der Finanzverwaltung grds. jedem übertragenen bzw. zurückbleibenden Teilbetrieb zugeordnet werden (**Zuordnungswahlrecht**).[49] Eine Zuordnung des neutralen Vermögens ist bis zum Spaltungsbeschluss i.S.v. § 125 i.V.m. § 13 Abs. 1 UmwG möglich.[50] Als neutrales Vermögen kommen insbes. liquide Mittel sowie sonstige Wirtschaftsgüter des Umlaufvermögens in Betracht. Auch Verbindlichkeiten sind neutrales Vermögen und können grds. ohne Beschränkungen auf die einzelnen Teile eines Gesamtbetriebs verteilt werden.[51] Demgegenüber sollen Pensionsrückstellungen nach bisheriger Auffassung der Finanzverwaltung dem Teilbetrieb, in dem die Arbeitnehmer, denen die Versorgungszusage gewährt wurde, tätig sind oder tätig waren, zugeordnet werden.[52]

Ferner können einem Mitunternehmeranteil oder einer Beteiligung an einer Kapitalgesellschaft, die das gesamte Nennkapital der Gesellschaft umfasst, *„im Billigkeitswege"* nur diejenigen positiven und negativen Wirtschaftsgüter zugeordnet werden, die in unmittelbarem wirtschaftlichen Zusammenhang mit dem Mitunternehmeranteil bzw. der Beteiligung an einer Kapitalgesellschaft, die das gesamte Nennkapital der Gesellschaft umfasst, stehen.[53] Dabei bleibt jedoch unklar, was unter dem *„unmittelbaren wirtschaftlichen Zusammenhang"* zu verstehen ist. Da insbes. im Zusammenhang mit der Übertragung von Verbindlichkeiten die Gefahr besteht, dass eine zusätzliche Gegenleistung i.S.v. § 15 Abs. 1 Satz 1 i.V.m. § 11 Abs. 2 Nr. 3 UmwStG angenommen werden könnte, die zu einer Gewinnrealisierung führt, wäre hinsichtlich der Zuordnung von Verbindlichkeiten zu einem Mitunternehmeranteil bzw. einer Beteiligung an einer Kapitalgesellschaft, die das gesamte Nennkapital der Gesellschaft umfasst, die Einholung einer verbindlichen Auskunft angezeigt. Darüber hinaus wäre eine Holding-Gesellschaft, die sowohl Beteiligungen, die jeweils das gesamte Nennkapital an Kapitalgesellschaften umfassen, als auch Nicht-100%-Beteiligungen an Kapitalgesellschaften hält, mangels *„unmittelbaren wirtschaftlichen Zusammenhang"* der Nicht-100%-Beteiligungen mit den Beteiligungen, die jeweils das gesamte Nennkapital an Kapitalgesellschaften umfassen, als fiktiven Teilbetrieben nicht steuerneutral spaltbar.

---

48) Grundstücke müssen zivilrechtlich real bis zum Zeitpunkt des Spaltungsbeschlusses aufgeteilt werden. Ist eine reale Teilung des Grundstücks der übertragenden Körperschaft nicht zumutbar, erlaubt die Finanzverwaltung aus Billigkeitsgründen, im Einzelfall eine ideelle Teilung (Bruchteilseigentum) im Verhältnis der tatsächlichen Nutzung unmittelbar nach der Spaltung durchzuführen. Vgl. BMF, Schreiben v. 25.03.1998, IV B 7 - S 1978 - 21/98 / IV B 2 - S 1909 - 33/98, BStBl. I 1998 S. 268 (UmwSt-Erlass) Rz. 15.07. Siehe hierzu auch *Strobl-Haarmann*, in: Wassermeyer/Mayer/Rieger (Hrsg.), Umwandlungen im Zivil- und Steuerrecht, Bonn 2000 S. 553 (561).

49) Vgl. BMF, Schreiben v. 25.03.1998, IV B 7 - S 1978 - 21/98 / IV B 2 - S 1909 - 33/98, BStBl. I 1998 S. 268 (UmwSt-Erlass) Rz. 15.08 sowie *Hörtnagl*, in: Schmitt/Hörtnagl/Stratz, UmwG/UmwStG, § 15 UmwStG Rz. 69 ff. m.w.N. (4. Auflage).

50) Vgl. BMF, Schreiben v. 25.03.1998, IV B 7 - S 1978 - 21/98 / IV B 2 - S 1909 - 33/98, BStBl. I 1998 S. 268 (UmwSt-Erlass) Rz. 15.10.

51) Vgl. OFD Hannover, Verfügung v. 30.01.2007, S 1978 - 43 - StO 243, DB 2007 S. 604 sowie *Hörtnagl*, in: Schmitt/Hörtnagl/Stratz, UmwG/UmwStG, § 15 UmwStG Rz. 71 m.w.N. (4. Auflage).

52) Vgl. OFD Hannover, Verfügung v. 30.01.2007, S 1978 - 43 - StO 243, DB 2007 S. 604 sowie *Hörtnagl*, in: Schmitt/Hörtnagl/Stratz, UmwG/UmwStG, § 15 UmwStG Rz. 71 m.w.N. (4. Auflage).

53) Vgl. BMF, Schreiben v. 25.03.1998, IV B 7 - S 1978 - 21/98 / IV B 2 - S 1909 - 33/98, BStBl. I 1998 S. 268 (UmwSt-Erlass) Rz. 15.09; OFD Magdeburg, Verfügung v. 11.01.1999, S 1978 - 15 - St 231, DB 1999 S. 179.

Änderungen im UmwStG

Aufgrund der ausdrücklichen gesetzlichen Regelung in § 15 Abs. 1 Satz 3 UmwStG sollte eine Beteiligung an einer Kapitalgesellschaft, die das gesamte Nennkapital der Gesellschaft umfasst, entgegen der bisherigen Auffassung der Finanzverwaltung nunmehr auch dann als eigenständiger Teilbetrieb i.S.v. § 15 Abs. 1 Satz 3 UmwStG gelten, wenn sie eine wesentliche Betriebsgrundlage eines anderen Teilbetriebs darstellt.[54]

c) Missbrauchstatbestände i.S.v. § 15 Abs. 2 UmwStG

Zusätzlich zu den Voraussetzungen des § 11 Abs. 2 Satz 1 Nr. 1 - 3 UmwStG sind bei einem Buchwert- oder Zwischenwertansatz auf **Ebene der übertragenden Körperschaft** die Voraussetzungen des § 15 Abs. 2 UmwStG zu prüfen:[55]

- Fiktive Teilbetriebe (Mitunternehmeranteile oder Beteiligungen an Kapitalgesellschaften, die jeweils das gesamte Nennkapital der Gesellschaft umfassen) müssen mind. drei Jahre vor der Aufspaltung bzw. Abspaltung bestanden haben (§ 15 Abs. 2 Satz 1 UmwStG).
- Durch die Aufspaltung bzw. Abspaltung darf keine Veräußerung an außenstehende Personen vollzogen werden, und die Aufspaltung bzw. Abspaltung darf nicht der Vorbereitung einer derartigen Veräußerung dienen (§ 15 Abs. 2 Satz 2 - 4 UmwStG). Davon ist auszugehen, wenn innerhalb von fünf Jahren nach dem steuerlichen Übertragungsstichtag Anteile an einer an der Spaltung beteiligten Körperschaften, die mehr als 20% der vor Wirksamwerden der Spaltung an der Körperschaft bestehenden Anteile ausmachen, veräußert werden.
- Bei der Trennung von Gesellschafterstämmen müssen die Beteiligungen an der übertragenden Körperschaft mind. fünf Jahre vor dem steuerlichen Übertragungsstichtag bestanden haben (§ 15 Abs. 2 Satz 5 UmwStG).

Werden die Voraussetzungen des § 15 Abs. 2 UmwStG nicht erfüllt, ist § 11 Abs. 2 UmwStG nicht anzuwenden, d.h. sämtliche bilanzierten und nicht bilanzierten immateriellen Wirtschaftsgüter, insbes. der originäre Geschäfts- oder Firmenwert, mit Ausnahme der Pensionsrückstellungen sind mit dem gemeinen Wert anzusetzen. Im Fall der Abspaltung sind nur die in den übertragenen Wirtschaftsgütern enthaltenen stillen Reserven, nicht hingegen die in den bei der übertragenden Körperschaft verbleibenden Wirtschaftsgütern enthaltenen stillen Reserven aufzudecken. Auswirkungen auf die Anwendung der § 12 und § 13 UmwStG ergeben sich - im Gegensatz zu den Rechtsfolgen beim Verstoß gegen die Teilbetriebserfordernisse i.S.v. § 15 Abs. 1 Satz 1 UmwStG - nicht.

aa) Fiktive Teilbetriebe mind. 3 Jahre vor der Aufspaltung bzw. Abspaltung (§ 15 Abs. 2 Satz 1 UmwStG)

Ist der übertragene oder verbleibende Teilbetrieb ein fiktiver Teilbetrieb i.S.v. § 15 Abs. 1 Satz 2 UmwStG (Mitunternehmeranteil oder Beteiligung an einer Kapitalgesellschaft, die das gesamte Nennkapital der Gesellschaft umfasst), ist eine steuerneutrale Aufspaltung bzw. Abspaltung nur möglich, sofern der fiktive Teilbetrieb nicht innerhalb von drei Jahren vor dem steuerlichen Übertragungsstichtag durch Übertragung von Wirtschaftsgütern, die

---

54) Demgegenüber stellt eine Beteiligung an einer Kapitalgesellschaft, die das gesamte Nennkapital der Gesellschaft umfasst, nach Auffassung der Finanzverwaltung keinen eigenständigen Teilbetrieb i.S.v. *§ 15 Abs. 1 Satz 3 UmwStG a.F.* dar, wenn sie eine wesentliche Betriebsgrundlage eines anderen Teilbetriebs darstellt. Vgl. BMF, Schreiben v. 25.03.1998, IV B 7 - S 1978 - 21/98 / IV B 2 - S 1909 - 33/98, BStBl. I 1998 S. 268 (UmwSt-Erlass) Rz. 15.06.

55) Fraglich ist, ob § 15 Abs. 2 UmwStG wegen seiner typisierenden Voraussetzungen und Mindesthaltefristen in Einklang mit dem allgemeinen Missbrauchsvorbehalt i.S.v. Art. 11 Abs. 1 FRL steht. Siehe hierzu auch *Körner*, IStR 2006 S. 109 (113) sowie Gliederungspunkt G.II.3.

keine Teilbetriebe sind, erworben oder aufgestockt worden ist.[56] Hierdurch soll verhindert werden, dass im Vorwege der Aufspaltung bzw. Abspaltung sog. spaltungshindernde Wirtschaftsgüter in eine Personen- oder Kapitalgesellschaft überführt werden und anschließend fiktive Teilbetriebe vorhanden sind.

bb) Keine Veräußerung an außenstehende Personen oder deren Vorbereitung (§ 15 Abs. 2 Satz 3 und 4 UmwStG)

Eine steuerneutrale Aufspaltung bzw. Abspaltung ist ausgeschlossen, sofern durch die Aufspaltung bzw. Abspaltung eine Veräußerung an außenstehende Personen vollzogen wird (§ 15 Abs. 2 Satz 2 UmwStG) oder die Voraussetzungen für eine Veräußerung geschaffen werden (§ 15 Abs. 2 Satz 3 UmwStG). Von einer schädlichen Veräußerung i.S.d. § 15 Abs. 2 Satz 2 und 3 UmwStG ist auszugehen, sofern innerhalb von fünf Jahren nach dem steuerlichen Übertragungsstichtag Anteile an einer an der Aufspaltung bzw. Abspaltung beteiligten Körperschaft veräußert werden, die mehr als 20% der vor Wirksamwerden der Spaltung an der übertragenden Körperschaft bestehenden Anteile ausmachen (§ 15 Abs. 2 Satz 4 UmwStG).[57] Im Fall der Abspaltung wird von dieser Regelung sowohl die Veräußerung der Anteile an der übertragenden als auch an der übernehmenden Körperschaft erfasst.[58]

In den nachstehenden Fällen liegt nach bisheriger Auffassung der Finanzverwaltung keine steuerschädliche Veräußerung i.S.v. § 15 Abs. 2 Satz 2 - 4 UmwStG vor:

– unentgeltliche Anteilsübertragung (Erbfolge, Erbauseinandersetzung ohne Ausgleichszahlungen, Realteilung zum Buchwert)[59] und
– Umstrukturierung innerhalb verbundener Unternehmen i.S.v. § 271 Abs. 2 HGB und juristischer Personen des öffentlichen Rechts einschließlich ihrer Betriebe gewerblicher Art.[60]

cc) Trennung von Gesellschafterstämmen (§ 15 Abs. 2 Satz 5 UmwStG)

Eine steuerneutrale Aufspaltung bzw. Abspaltung ist nicht möglich, sofern bei der Trennung von Gesellschafterstämmen die Beteiligungen an der übertragenden Körperschaft nicht mind. fünf Jahre vor dem steuerlichen Übertragungsstichtag bestanden haben (§ 15 Abs. 2 Satz 5 UmwStG). Eine Trennung von Gesellschafterstämmen liegt vor, wenn im Fall der Aufspaltung an den übernehmenden Körperschaften und im Fall der Abspaltung an der übernehmenden und der übertragenden Körperschaft nicht mehr alle Anteilsinhaber der übertragenden Körperschaft beteiligt sind.[61] Durch diese Regelung soll verhindert werden, dass durch eine kurzfristige Beteiligung an einer Körperschaft mit anschließender Aufspaltung bzw. Abspaltung ein Vorgang begünstigt wird, der wirtschaftlich als das Herauskaufen eines Teilbetriebs anzusehen ist.

---

56) Vgl. BMF, Schreiben v. 25.03.1998, IV B 7 - S 1978 - 21/98 / IV B 2 - S 1909 - 33/98, BStBl. I 1998 S. 268 (UmwSt-Erlass) Rz. 15.14 ff.
57) Die Regelung des § 15 Abs. 2 Satz 4 UmwStG ist nach Ansicht des BFH v. 03.08.2005, I R 62/04, BStBl. II 2006 S. 391 eine gesetzliche Fiktion, die nicht widerlegt werden kann.
58) Vgl. BFH v. 03.08.2005, I R 62/04, BStBl. II 2006 S. 391.
59) Vgl. BMF, Schreiben v. 25.03.1998, IV B 7 - S 1978 - 21/98 / IV B 2 - S 1909 - 33/98, BStBl. I 1998 S. 268 (UmwSt-Erlass) Rz. 15.23.
60) Vgl. BMF, Schreiben v. 25.03.1998, IV B 7 - S 1978 - 21/98 / IV B 2 - S 1909 - 33/98, BStBl. I 1998 S. 268 (UmwSt-Erlass) Rz. 15.26.
61) Vgl. BMF, Schreiben v. 25.03.1998, IV B 7 - S 1978 - 21/98 / IV B 2 - S 1909 - 33/98, BStBl. I 1998 S. 268 (UmwSt-Erlass) Rz. 15.35 ff.

Änderungen im UmwStG 814

d) Wegfall steuerlicher Verlustvorträge (§ 15 Abs. 3 UmwStG)

Die steuerliche Behandlung von Verlustvorträgen wurde - entsprechend der Neuregelung bei der Verschmelzung von Körperschaften in § 12 Abs. 3 UmwStG - neu festgelegt. Bei einer **Aufspaltung** gehen die nicht ausgeglichenen Verluste vollständig unter, da der ursprüngliche Rechtsträger untergeht.[62] In den Fällen der **Abspaltung** mindert sich ein verbleibender Verlustvortrag der übertragenden Körperschaft in dem Verhältnis, in dem bei Zugrundelegung des gemeinen Werts erst das Vermögen auf eine andere Körperschaft übergeht (§ 15 Abs. 3 UmwStG). Ein Verlust bleibt somit nur insoweit erhalten, wie Vermögen bei der übertragenden Körperschaft verbleibt.[63]

4. Aufspaltung oder Abspaltung auf eine Personengesellschaft (§ 16 UmwStG)

Die Vorschrift des § 16 UmwStG wurde lediglich redaktionell geändert.[64] Soweit Vermögen einer Körperschaft durch Aufspaltung oder Abspaltung auf eine Personengesellschaft übergeht, gelten - wie auch im bisherigen Recht - die § 3 - § 8, § 10 und § 15 UmwStG entsprechend.

Im Fall der Abspaltung vermindert sich ein Verlustvortrag des übertragenden Rechtsträgers in dem Umfang, wie das Vermögen auf eine Personengesellschaft übergeht (§ 16 Satz 1 i.V.m. § 15 Abs. 3 UmwStG).[65]

---

62) Vgl. Gesetzesbegründung v. 25.09.2006 zu § 15 Abs. 3 UmwStG, BT-Drs. 16/2710 S. 42.
63) Vgl. Gesetzesbegründung v. 25.09.2006 zu § 15 Abs. 3 UmwStG, BT-Drs. 16/2710 S. 42. Auf das Umtauschverhältnis der Anteile (§ 126 Abs. 1 Nr. 3, § 136 UmwG) kommt es im Gegensatz zum bisherigen Recht (*§ 15 Abs. 4 UmwStG a.F.*) nicht mehr an.
64) Vgl. Gesetzesbegründung v. 25.09.2006 zu § 16 UmwStG, BT-Drs. 16/2710 S. 42.
65) Aufgrund der Neuregelung in § 15 Abs. 3 UmwStG, der über § 16 Satz 1 UmwStG auch bei der Abspaltung auf eine Personengesellschaft Anwendung findet, wurde die gesonderte Regelung des *§ 16 Satz 3 UmwStG a.F.* überflüssig. Siehe hierzu auch Gesetzesbegründung v. 25.09.2006 zu § 16 UmwStG, BT-Drs. 16/2710 S. 42.

Abschnitt I

Änderungen im UmwStG

V. Einbringung von Unternehmensteilen in eine Kapitalgesellschaft oder Genossenschaft und Anteilstausch (§ 20 - § 23 UmwStG)

Gesetzestext

§ 20 UmwStG a.F.	§ 20 UmwStG n.F.
Bewertung des eingebrachten Betriebsvermögens und der Gesellschaftsanteile	**Einbringung von Unternehmensteilen in eine Kapitalgesellschaft oder Genossenschaft**
(1) ¹Wird ein Betrieb oder Teilbetrieb oder ein Mitunternehmeranteil in eine unbeschränkt körperschaftsteuerpflichtige Kapitalgesellschaft (§ 1 Abs. 1 Nr. 1 des Körperschaftsteuergesetzes) eingebracht und erhält der Einbringende dafür neue Anteile an der Gesellschaft (Sacheinlage), so gelten für die Bewertung des eingebrachten Betriebsvermögens und der neuen Gesellschaftsanteile die nachfolgenden Absätze. ²Satz 1 ist auch auf die Einbringung von Anteilen an einer Kapitalgesellschaft anzuwenden, wenn die übernehmende Kapitalgesellschaft auf Grund ihrer Beteiligung einschließlich der übernommenen Anteile nachweisbar unmittelbar die Mehrheit der Stimmrechte an der Gesellschaft hat, deren Anteile eingebracht werden.	(1) Wird ein Betrieb oder Teilbetrieb oder ein Mitunternehmeranteil in eine Kapitalgesellschaft oder eine Genossenschaft (übernehmende Gesellschaft) eingebracht und erhält der Einbringende dafür neue Anteile an der Gesellschaft (Sacheinlage), gelten für die Bewertung des eingebrachten Betriebsvermögens und der neuen Gesellschaftsanteile die nachfolgenden Absätze.
(2) ¹Die Kapitalgesellschaft darf das eingebrachte Betriebsvermögen mit seinem Buchwert oder mit einem höheren Wert ansetzen. ²Der Ansatz mit dem Buchwert ist auch zulässig, wenn in der Handelsbilanz das eingebrachte Betriebsvermögen nach handelsrechtlichen Vorschriften mit einem höheren Wert angesetzt werden muss. ³Der Buchwert ist der Wert, mit dem der Einbringende das eingebrachte Betriebsvermögen im Zeitpunkt der Sacheinlage nach den steuerrechtlichen Vorschriften über die Gewinnermittlung anzusetzen hat. ⁴Übersteigen die Passivposten des eingebrachten Betriebsvermögens die Aktivposten, so hat die Kapitalgesellschaft das eingebrachte Betriebsvermögen mindestens so anzusetzen, dass sich die Aktivposten und die Passivposten ausgleichen; dabei ist das Eigenkapital nicht zu berücksichtigen. ⁵Erhält der Einbringende neben den Gesellschaftsanteilen auch andere Wirtschaftsgüter, deren gemeiner Wert den Buchwert des eingebrachten Betriebsvermögens übersteigt, so hat die Kapitalgesellschaft das eingebrachte Betriebsvermögen mindestens mit dem gemeinen Wert der anderen Wirtschaftsgüter anzusetzen. ⁶Bei dem Ansatz des eingebrachten Betriebsvermögens dürfen die Teilwerte der einzelnen Wirtschaftsgüter nicht überschritten werden.	(2) ¹Die übernehmende Gesellschaft hat das eingebrachte Betriebsvermögen mit dem gemeinen Wert anzusetzen; für die Bewertung von Pensionsrückstellungen gilt § 6a des Einkommensteuergesetzes. ²Abweichend von Satz 1 kann das übernommene Betriebsvermögen auf Antrag einheitlich mit dem Buchwert oder einem höheren Wert, höchstens jedoch mit dem Wert im Sinne des Satzes 1, angesetzt werden, soweit 1. sichergestellt ist, dass es später bei der übernehmenden Körperschaft der Besteuerung mit Körperschaftsteuer unterliegt, 2. die Passivposten des eingebrachten Betriebsvermögens die Aktivposten nicht übersteigen; dabei ist das Eigenkapital nicht zu berücksichtigen, 3. das Recht der Bundesrepublik Deutschland hinsichtlich der Besteuerung des Gewinns aus der Veräußerung des eingebrachten Betriebsvermögens bei der übernehmenden Gesellschaft nicht ausgeschlossen oder beschränkt wird. ³Der Antrag ist spätestens bis zur erstmaligen Abgabe der steuerlichen Schlussbilanz bei dem für die Besteuerung der übernehmenden Gesellschaft zuständigen Finanzamt zu stellen. ⁴Erhält der Einbringende neben den Ge-

(3) Die Kapitalgesellschaft hat das eingebrachte Betriebsvermögen mit seinem Teilwert anzusetzen, wenn das Besteuerungsrecht der Bundesrepublik Deutschland hinsichtlich des Gewinns aus einer Veräußerung der dem Einbringenden gewährten Gesellschaftsanteile im Zeitpunkt der Sacheinlage ausgeschlossen ist.	sellschaftsanteilen auch andere Wirtschaftsgüter, deren gemeiner Wert den Buchwert des eingebrachten Betriebsvermögens übersteigt, hat die übernehmende Gesellschaft das eingebrachte Betriebsvermögen mindestens mit dem gemeinen Wert der anderen Wirtschaftsgüter anzusetzen. (3) ¹Der Wert, mit dem die übernehmende Gesellschaft das eingebrachte Betriebsvermögen ansetzt, gilt für den Einbringenden als Veräußerungspreis und als Anschaffungskosten der Gesellschaftsanteile. ²Ist das Recht der Bundesrepublik Deutschland hinsichtlich der Besteuerung des Gewinns aus der Veräußerung des eingebrachten Betriebsvermögens im Zeitpunkt der Einbringung ausgeschlossen und wird dieses auch nicht durch die Einbringung begründet, gilt für den Einbringenden insoweit der gemeine Wert des Betriebsvermögens im Zeitpunkt der Einbringung als Anschaffungskosten der Anteile. ³Soweit neben den Gesellschaftsanteilen auch andere Wirtschaftsgüter gewährt werden, ist deren gemeiner Wert bei der Bemessung der Anschaffungskosten der Gesellschaftsanteile von dem sich nach den Sätzen 1 und 2 ergebenden Wert abzuziehen. ⁴Umfasst das eingebrachte Betriebsvermögen auch einbringungsgeborene Anteile im Sinne von § 21 Abs. 1 in der Fassung der Bekanntmachung vom 15. Oktober 2002 (BGBl. I S. 4133, 2003 I S. 738), geändert durch Artikel 3 des Gesetzes vom 16. Mai 2003 (BGBl. I S. 660), gelten die erhaltenen Anteile insoweit auch als einbringungsgeboren im Sinne von § 21 Abs. 1 in der Fassung der Bekanntmachung vom 15. Oktober 2002 (BGBl. I S. 4133, 2003 I S. 738), geändert durch Artikel 3 des Gesetzes vom 16. Mai 2003 (BGBl. I S. 660).
(4) ¹Der Wert, mit dem die Kapitalgesellschaft das eingebrachte Betriebsvermögen ansetzt, gilt für den Einbringenden als Veräußerungspreis und als Anschaffungskosten der Gesellschaftsanteile. ²Soweit neben den Gesellschaftsanteilen auch andere Wirtschaftsgüter gewährt werden, ist deren gemeiner Wert bei der Bemessung der Anschaffungskosten der Gesellschaftsanteile von dem sich nach Satz 1 ergebenden Wert abzuziehen.	(4) ¹Auf einen bei der Sacheinlage entstehenden Veräußerungsgewinn ist § 16 Abs. 4 des Einkommensteuergesetzes nur anzuwenden, wenn der Einbringende eine natürliche Person ist, es sich nicht um die Einbringung von Teilen eines Mitunternehmeranteils handelt und die übernehmende Gesellschaft das eingebrachte Betriebsvermögen mit dem gemeinen Wert ansetzt. ²In diesen Fällen ist § 34 Abs. 1 und 3 des Einkommensteuergesetzes nur anzuwenden, soweit der Veräußerungsgewinn nicht nach § 3 Nr. 40 Satz 1 in Verbindung mit § 3c Abs. 2 des Einkommensteuergesetzes teilweise steuerbefreit ist.

(5) ¹*Auf einen bei der Sacheinlage entstehenden Veräußerungsgewinn sind § 16 Abs. 4 und § 17 Abs. 3 des Einkommensteuergesetzes nur anzuwenden, wenn der Einbringende eine natürliche Person ist und die Kapitalgesellschaft das eingebrachte Betriebsvermögen oder die eingebrachte Beteiligung im Sinne des § 17 des Einkommensteuergesetzes mit dem Teilwert ansetzt. ²In diesen Fällen sind § 34 Abs. 1 und 3 des Einkommensteuergesetzes für die Einbringung von Betriebsvermögen und § 34 Abs. 1 des Einkommensteuergesetzes für die Einbringung einer Beteiligung im Sinne des § 17 des Einkommensteuergesetzes nur anzuwenden, soweit der Veräußerungsgewinn nicht nach § 3 Nr. 40 Buchstabe b und c in Verbindung mit § 3c Abs. 2 des Einkommensteuergesetzes teilweise steuerbefreit ist. ³Die Sätze 1 und 2 sind bei der Einbringung von Teilen eines Mitunternehmeranteils nicht anzuwenden. ⁴In den Fällen des Absatzes 1 Satz 2 gelten die Sätze 1 und 2 jedoch nicht, wenn eine im Betriebsvermögen gehaltene Beteiligung an einer Kapitalgesellschaft eingebracht wird, die nicht das gesamte Nennkapital der Gesellschaft umfasst.*

(6) *In den Fällen des Absatzes 3 gilt für die Stundung der anfallenden Einkommensteuer oder Körperschaftsteuer § 21 Abs. 2 Satz 3 bis 6 entsprechend.*

(5) ¹Das Einkommen und das Vermögen des Einbringenden und der übernehmenden Gesellschaft sind auf Antrag so zu ermitteln, als ob das eingebrachte Betriebsvermögen mit Ablauf des steuerlichen Übertragungsstichtags (Absatz 6) auf die Übernehmerin übergegangen wäre. ²Dies gilt hinsichtlich des Einkommens und des Gewerbeertrags nicht für Entnahmen und Einlagen, die nach dem steuerlichen Übertragungsstichtag erfolgen. ³Die Anschaffungskosten der Anteile (Absatz 3) sind um den Buchwert der Entnahmen zu vermindern und um den sich nach § 6 Abs. 1 Nr. 5 des Einkommensteuergesetzes ergebenden Wert der Einlagen zu erhöhen.

(6) ¹Als steuerlicher Übertragungsstichtag (Einbringungszeitpunkt) darf in den Fällen der Sacheinlage durch Verschmelzung im Sinne des § 2 des Umwandlungsgesetzes der Stichtag angesehen werden, für den die Schlussbilanz jedes der übertragenden Unternehmen im Sinne des § 17 Abs. 2 des Umwandlungsgesetzes aufgestellt ist; dieser Stichtag darf höchstens acht Monate vor der Anmeldung der Verschmelzung zur Eintragung in das Handelsregister liegen. ²Entsprechendes gilt, wenn Vermögen im Wege der Sacheinlage durch Aufspaltung, Abspaltung oder Ausgliederung nach § 123 des Umwandlungsgesetzes auf die übernehmende Gesellschaft übergeht. ³In anderen Fällen der Sacheinlage darf die Einbringung auf einen Tag zurück bezogen werden, der höchstens acht Monate vor dem Tag des Abschlusses des Einbringungsvertrags liegt und höchstens acht Monate vor dem Zeitpunkt liegt, an dem das eingebrachte Betriebsvermögen auf die übernehmende Gesellschaft übergeht. ⁴§ 2 Abs. 3 gilt entsprechend.

(7) ¹Das Einkommen und das Vermögen des Einbringenden und der übernehmenden Kapitalgesellschaft sind auf Antrag so zu ermitteln, als ob das eingebrachte Betriebsvermögen mit Ablauf des steuerlichen Übertragungsstichtags (Absatz 8) auf die Übernehmerin übergegangen wäre. ²Dies gilt hinsichtlich des Einkommens und des Gewerbeertrags nicht für Entnahmen und Einlagen, die nach dem steuerlichen Übertragungsstichtag erfolgen. ³Die Anschaffungskosten der Gesellschaftsanteile (Absatz 4) sind um den Buchwert der Entnahmen zu vermindern und um den sich nach § 6 Abs. 1 Nr. 5 des Einkommensteuergesetzes ergebenden Wert der Einlagen zu erhöhen.	(7) § 3 Abs. 3 ist entsprechend anzuwenden.
(8) ¹Als steuerlicher Übertragungsstichtag darf in den Fällen der Sacheinlage durch Verschmelzung im Sinne des § 2 des Umwandlungsgesetzes der Stichtag angesehen werden, für den die Schlussbilanz jedes der übertragenden Unternehmen im Sinne des § 17 Abs. 2 des Umwandlungsgesetzes aufgestellt ist; dieser Stichtag darf höchstens acht Monate vor der Anmeldung der Verschmelzung zur Eintragung in das Handelsregister liegen. ²Entsprechendes gilt, wenn Vermögen im Wege der Sacheinlage durch Aufspaltung, Abspaltung oder Ausgliederung nach § 123 des Umwandlungsgesetzes auf eine Kapitalgesellschaft übergeht. ³In anderen Fällen der Sacheinlage darf die Einbringung auf einen Tag zurückbezogen werden, der höchstens acht Monate vor dem Tag des Abschlusses des Einbringungsvertrages liegt und höchstens acht Monate vor dem Zeitpunkt liegt, an dem das eingebrachte Betriebsvermögen auf die Kapitalgesellschaft übergeht.	(8) Ist eine gebietsfremde einbringende oder erworbene Gesellschaft im Sinne von Artikel 3 der Richtlinie 90/434/EWG als steuerlich transparent anzusehen, ist auf Grund Artikel 10a der Richtlinie 90/434/EWG die ausländische Steuer, die nach den Rechtsvorschriften des anderen Mitgliedstaats der Europäischen Union erhoben worden wäre, wenn die einer in einem anderen Mitgliedstaat belegenen Betriebsstätte zuzurechnenden eingebrachten Wirtschaftsgüter zum gemeinen Wert veräußert worden wären, auf die auf den Einbringungsgewinn entfallende Körperschaftsteuer oder Einkommensteuer unter entsprechender Anwendung von § 26 Abs. 6 des Körperschaftsteuergesetzes und von den §§ 34c und 50 Abs. 6 des Einkommensteuergesetzes anzurechnen.

§ 21 UmwStG a.F.	§ 21 UmwStG n.F.
Besteuerung des Anteilseigners	**Bewertung der Anteile beim Anteilstausch**
(1) ¹Werden Anteile an einer Kapitalgesellschaft veräußert, die der Veräußerer oder bei unentgeltlichem Erwerb der Anteile der Rechtsvorgänger durch eine Sacheinlage (§ 20 Abs. 1 und § 23 Abs. 1 bis 4) unter dem Teilwert erworben hat (einbringungsgeborene Anteile), so gilt der Betrag, um den der Veräußerungspreis nach Abzug der Veräußerungskosten die Anschaffungskosten (§ 20 Abs. 4) übersteigt, als Veräußerungsgewinn im Sinne des § 16 des Einkommensteuergesetzes. ²Sind bei einer Sacheinlage nach § 20 Abs. 1 Satz 2 oder § 23 Abs. 4 aus einem Betriebsvermögen nicht alle Anteile der Kapitalgesellschaft eingebracht worden, so ist § 16 Abs. 4 des Einkommensteuergesetzes nicht anzuwenden.	(1) ¹Werden Anteile an einer Kapitalgesellschaft oder einer Genossenschaft (erworbene Gesellschaft) in eine Kapitalgesellschaft oder Genossenschaft (übernehmende Gesellschaft) gegen Gewährung neuer Anteile an der übernehmenden Gesellschaft eingebracht (Anteilstausch), hat die übernehmende Gesellschaft die eingebrachten Anteile mit dem gemeinen Wert anzusetzen. ²Abweichend von Satz 1 können die eingebrachten Anteile auf Antrag mit dem Buchwert oder einem höheren Wert, höchstens jedoch mit dem gemeinen Wert, angesetzt werden, wenn die übernehmende Gesellschaft nach der Einbringung auf Grund ihrer Beteiligung einschließlich der eingebrachten Anteile nachweisbar unmittelbar die Mehrheit der Stimmrechte an der erworbenen Gesellschaft hat (qualifizierter Anteilstausch); § 20 Abs. 2 Satz 3 gilt entsprechend. ³Erhält der Einbringende neben den Gesellschaftsanteilen auch andere Wirtschaftsgüter, deren gemeiner Wert den Buchwert der eingebrachten Anteile übersteigt, so hat die übernehmende Gesellschaft die eingebrachten Anteile mindestens mit dem gemeinen Wert der anderen Wirtschaftsgüter anzusetzen.
(2) ¹Die Rechtsfolgen des Absatzes 1 treten auch ohne Veräußerung der Anteile ein, wenn 1. der Anteilseigner dies beantragt oder 2. das Besteuerungsrecht der Bundesrepublik Deutschland hinsichtlich des Gewinns aus der Veräußerung der Anteile ausgeschlossen wird oder 3. die Kapitalgesellschaft, an der die Anteile bestehen, aufgelöst und abgewickelt wird oder das Kapital dieser Gesellschaft herabgesetzt und an die Anteilseigner zurückgezahlt wird oder Beträge aus dem steuerlichen Einlagekonto im Sinne des § 27 des Körperschaftsteuergesetzes ausgeschüttet oder zurückgezahlt werden, soweit die Bezüge nicht die Voraussetzungen des § 20 Abs. 1 Nr. 1 oder 2 des Einkommensteuergesetzes erfüllen oder 4. der Anteilseigner die Anteile verdeckt in eine Kapitalgesellschaft einlegt.	(2) ¹Der Wert, mit dem die übernehmende Gesellschaft die eingebrachten Anteile ansetzt, gilt für den Einbringenden als Veräußerungspreis der eingebrachten Anteile und als Anschaffungskosten der erhaltenen Anteile. ²Abweichend von Satz 1 gilt für den Einbringenden der gemeine Wert der eingebrachten Anteile als Veräußerungspreis und als Anschaffungskosten der erhaltenen Anteile, wenn für die eingebrachten Anteile nach der Einbringung das Recht der Bundesrepublik Deutschland hinsichtlich der Besteuerung des Gewinns aus der Veräußerung dieser Anteile ausgeschlossen oder beschränkt ist; dies gilt auch, wenn das Recht der Bundesrepublik Deutschland hinsichtlich der Besteuerung des Gewinns aus der Veräußerung der erhaltenen Anteile ausgeschlossen oder beschränkt ist. ³Auf Antrag gilt in den Fällen des Satzes 2 unter den Voraussetzungen des Absatzes 1 Satz 2 der Buchwert oder ein höherer Wert, höchstens der gemeine Wert, als Veräußerungspreis der eingebrachten Anteile und als Anschaffungskosten der erhaltenen Anteile, wenn

Änderungen im UmwStG

²*Dabei tritt an die Stelle des Veräußerungspreises der Anteile ihr gemeiner Wert.* ³*In den Fällen des Satzes 1 Nr. 1, 2 und 4 kann die auf den Veräußerungsgewinn entfallende Einkommen- oder Körperschaftsteuer in jährlichen Teilbeträgen von mindestens je einem Fünftel entrichtet werden, wenn die Entrichtung der Teilbeträge sichergestellt ist.* ⁴*Stundungszinsen werden nicht erhoben.* ⁵*Bei einer Veräußerung von Anteilen während des Stundungszeitraums endet die Stundung mit dem Zeitpunkt der Veräußerung.* ⁶*Satz 5 gilt entsprechend, wenn während des Stundungszeitraums die Kapitalgesellschaft, an der die Anteile bestehen, aufgelöst und abgewickelt wird oder das Kapital dieser Gesellschaft herabgesetzt und an die Anteilseigner zurückgezahlt wird oder wenn eine Umwandlung im Sinne des zweiten oder des vierten Teils des Gesetzes erfolgt ist.*

1. das Recht der Bundesrepublik Deutschland hinsichtlich der Besteuerung des Gewinns aus der Veräußerung der erhaltenen Anteile nicht ausgeschlossen oder beschränkt ist oder
2. der Gewinn aus dem Anteilstausch auf Grund Artikel 8 der Richtlinie 90/434/EWG nicht besteuert werden darf; in diesem Fall ist der Gewinn aus einer späteren Veräußerung der erhaltenen Anteile ungeachtet der Bestimmungen eines Abkommens zur Vermeidung der Doppelbesteuerung in der gleichen Art und Weise zu besteuern, wie die Veräußerung der Anteile an der erworbenen Gesellschaft zu besteuern gewesen wäre; § 15 Abs. 1a Satz 2 des Einkommensteuergesetzes ist entsprechend anzuwenden.

⁴Der Antrag ist spätestens bis zur erstmaligen Abgabe der Steuererklärung bei dem für die Besteuerung des Einbringenden zuständigen Finanzamt zu stellen. ⁵Haben die eingebrachten Anteile beim Einbringenden nicht zu einem Betriebsvermögen gehört, treten an die Stelle des Buchwerts die Anschaffungskosten. ⁶§ 20 Abs. 3 Satz 3 und 4 gilt entsprechend.

(3) Ist der Veräußerer oder Eigner von Anteilen im Sinne des Absatzes 1 Satz 1

1. eine juristische Person des öffentlichen Rechts, so gilt der Veräußerungsgewinn als in einem Betrieb gewerblicher Art dieser Körperschaft entstanden,
2. von der Körperschaftsteuer befreit, so gilt der Veräußerungsgewinn als in einem wirtschaftlichen Geschäftsbetrieb dieser Körperschaft entstanden.

(3) ¹Auf den beim Anteilstausch entstehenden Veräußerungsgewinn ist § 17 Abs. 3 des Einkommensteuergesetzes nur anzuwenden, wenn der Einbringende eine natürliche Person ist und die übernehmende Gesellschaft die eingebrachten Anteile nach Absatz 1 Satz 1 oder in den Fällen des Absatzes 2 Satz 2 der Einbringende mit dem gemeinen Wert ansetzt; dies gilt für die Anwendung von § 16 Abs. 4 des Einkommensteuergesetzes unter der Voraussetzung, dass eine im Betriebsvermögen gehaltene Beteiligung an einer Kapitalgesellschaft eingebracht wird, die das gesamte Nennkapital der Kapitalgesellschaft umfasst. ²§ 34 Abs. 1 des Einkommensteuergesetzes findet keine Anwendung.

(4) ¹Werden Anteile an einer Kapitalgesellschaft im Sinne des Absatzes 1 in ein Betriebsvermögen eingelegt, so sind sie mit ihren Anschaffungskosten (§ 20 Abs. 4) anzusetzen. ²Ist der Teilwert im Zeitpunkt der Einlage niedriger, so ist dieser anzusetzen; der Unterschiedsbetrag zwischen den Anschaffungskosten und dem niedrigeren Teilwert ist außerhalb der Bilanz vom Gewinn abzusetzen.

§ 22 UmwStG a.F.	§ 22 UmwStG n.F.
Auswirkungen bei der übernehmenden Kapitalgesellschaft	**Besteuerung des Anteilseigners**
(1) Setzt die Kapitalgesellschaft das eingebrachte Betriebsvermögen mit dem Buchwert (§ 20 Abs. 2 Satz 2) an, so gelten § 4 Abs. 2 Satz 3 und § 12 Abs. 3 Satz 1 entsprechend.	(1) [1]Soweit in den Fällen einer Sacheinlage unter dem gemeinen Wert (§ 20 Abs. 2 Satz 2) der Einbringende die erhaltenen Anteile innerhalb eines Zeitraums von sieben Jahren nach dem Einbringungszeitpunkt veräußert, ist der Gewinn aus der Einbringung rückwirkend im Wirtschaftsjahr der Einbringung als Gewinn des Einbringenden im Sinne von § 16 des Einkommensteuergesetzes zu versteuern (Einbringungsgewinn I); § 16 Abs. 4 und § 34 des Einkommensteuergesetzes sind nicht anzuwenden. [2]Die Veräußerung der erhaltenen Anteile gilt insoweit als rückwirkendes Ereignis im Sinne von § 175 Abs. 1 Satz 1 Nr. 2 der Abgabenordnung. [3]Einbringungsgewinn I ist der Betrag, um den der gemeine Wert des eingebrachten Betriebsvermögens im Einbringungszeitpunkt nach Abzug der Kosten für den Vermögensübergang den Wert, mit dem die übernehmende Gesellschaft dieses eingebrachte Betriebsvermögen angesetzt hat, übersteigt, vermindert um jeweils ein Siebtel für jedes seit dem Einbringungszeitpunkt abgelaufene Zeitjahr. [4]Der Einbringungsgewinn I gilt als nachträgliche Anschaffungskosten der erhaltenen Anteile. [5]Umfasst das eingebrachte Betriebsvermögen auch Anteile an Kapitalgesellschaften oder Genossenschaften, ist insoweit § 22 Abs. 2 anzuwenden; ist in diesen Fällen das Recht der Bundesrepublik Deutschland hinsichtlich der Besteuerung des Gewinns aus der Veräußerung der erhaltenen Anteile ausgeschlossen oder beschränkt, sind daneben auch die Sätze 1 bis 4 anzuwenden. [6]Die Sätze 1 bis 5 gelten entsprechend, wenn 1. der Einbringende die erhaltenen Anteile unmittelbar oder mittelbar unentgeltlich auf eine Kapitalgesellschaft oder eine Genossenschaft überträgt, 2. der Einbringende die erhaltenen Anteile entgeltlich überträgt, es sei denn er weist nach, dass die Übertragung durch einen Vorgang im Sinne des § 20 Abs. 1 oder § 21 Abs. 1 oder auf Grund vergleichbarer ausländischer Vorgänge zu Buchwerten erfolgte, 3. die Kapitalgesellschaft, an der die Anteile bestehen, aufgelöst und abgewickelt wird oder das Kapital dieser Gesellschaft herabgesetzt und an die Anteilseigner zurückgezahlt wird oder Beträge aus dem steuerlichen Einlagekonto im Sinne des § 27 des Körperschaftsteuergesetzes ausgeschüttet oder zurückgezahlt werden,

	4. der Einbringende die erhaltenen Anteile durch einen Vorgang im Sinne des § 21 Abs. 1 oder einen Vorgang im Sinne des § 20 Abs. 1 oder auf Grund vergleichbarer ausländischer Vorgänge zum Buchwert in eine Kapitalgesellschaft oder eine Genossenschaft eingebracht hat und diese Anteile anschließend unmittelbar oder mittelbar veräußert oder durch einen Vorgang im Sinne der Nummer 1 oder 2 unmittelbar oder mittelbar übertragen werden, es sei denn, er weist nach, dass diese Anteile zu Buchwerten übertragen wurden (Ketteneinbringung),
	5. der Einbringende die erhaltenen Anteile in eine Kapitalgesellschaft oder eine Genossenschaft durch einen Vorgang im Sinne des § 20 Abs. 1 oder einen Vorgang im Sinne des § 21 Abs. 1 oder auf Grund vergleichbarer ausländischer Vorgänge zu Buchwerten einbringt und die aus dieser Einbringung erhaltenen Anteile anschließend unmittelbar oder mittelbar veräußert oder durch einen Vorgang im Sinne der Nummer 1 oder 2 unmittelbar oder mittelbar übertragen werden, es sei denn er weist nach, dass die Einbringung zu Buchwerten erfolgte, oder
	6. für den Einbringenden oder die übernehmende Gesellschaft im Sinne der Nummer 4 die Voraussetzungen im Sinne von § 1 Abs. 4 nicht mehr erfüllt sind.
	[7]Satz 4 gilt in den Fällen des Satzes 6 Nr. 4 und 5 auch hinsichtlich der Anschaffungskosten der auf einer Weitereinbringung dieser Anteile (§ 20 Abs. 1 und § 21 Abs. 1 Satz 2) zum Buchwert beruhenden Anteile.
(2) *Setzt die Kapitalgesellschaft das eingebrachte Betriebsvermögen mit einem über dem Buchwert, aber unter dem Teilwert liegenden Wert an, so gilt § 12 Abs. 3 Satz 1 entsprechend mit der folgenden Maßgabe:* 1. *Die Absetzungen für Abnutzung oder Substanzverringerung nach § 7 Abs. 1, 4, 5 und 6 des Einkommensteuergesetzes sind vom Zeitpunkt der Einbringung an nach den Anschaffungs- oder Herstellungskosten des Einbringenden, vermehrt um den Unterschiedsbetrag zwischen dem Buchwert der einzelnen Wirtschaftsgüter und dem Wert, mit dem die Kapitalgesellschaft die Wirtschaftsgüter ansetzt, zu bemessen.* 2. *Bei den Absetzungen für Abnutzung nach § 7 Abs. 2 des Einkommensteuergesetzes tritt im Zeitpunkt der Einbringung an die Stelle des Buchwerts der einzelnen Wirtschaftsgüter der Wert, mit dem die Kapitalgesellschaft die Wirtschaftsgüter ansetzt.*	(2) [1]Soweit im Rahmen einer Sacheinlage (§ 20 Abs. 1) oder eines Anteilstauschs (§ 21 Abs. 1) unter dem gemeinen Wert eingebrachte Anteile innerhalb eines Zeitraums von sieben Jahren nach dem Einbringungszeitpunkt durch die übernehmende Gesellschaft veräußert werden und der Einbringende keine durch § 8b Abs. 2 des Körperschaftsteuergesetzes begünstigte Person ist, ist der Gewinn aus der Einbringung im Wirtschaftsjahr der Einbringung rückwirkend als Gewinn des Einbringenden aus der Veräußerung von Anteilen zu versteuern (Einbringungsgewinn II); § 16 Abs. 4 des Einkommensteuergesetzes ist nicht anzuwenden. [2]Absatz 1 Satz 2 gilt entsprechend. [3]Einbringungsgewinn II ist der Betrag, um den der gemeine Wert der eingebrachten Anteile im Einbringungszeitpunkt nach Abzug der Kosten für den Vermögensübergang den Wert, mit dem der Einbringende die erhaltenen Anteile angesetzt hat, übersteigt, vermindert um jeweils ein Siebtel für jedes seit dem Einbringungszeitpunkt abge-

(3) Setzt die Kapitalgesellschaft das eingebrachte Betriebsvermögen mit dem Teilwert an, so gelten die eingebrachten Wirtschaftsgüter als im Zeitpunkt der Einbringung von der Kapitalgesellschaft angeschafft, wenn die Einbringung des Betriebsvermögens im Wege der Einzelrechtsnachfolge erfolgt; erfolgt die Einbringung des Betriebsvermögens im Wege der Gesamtrechtsnachfolge nach den Vorschriften des Umwandlungsgesetzes, so gilt Absatz 2 entsprechend.

(4) Der maßgebende Gewerbeertrag der übernehmenden Kapitalgesellschaft kann nicht um die vortragsfähigen Fehlbeträge des Einbringenden im Sinne des § 10a des Gewerbesteuergesetzes gekürzt werden.

(5) § 6 Abs. 1 und 2 gilt entsprechend.

---

laufene Zeitjahr. ⁴Der Einbringungsgewinn II gilt als nachträgliche Anschaffungskosten der erhaltenen Anteile. ⁵Sätze 1 bis 4 sind nicht anzuwenden, soweit der Einbringende die erhaltenen Anteile veräußert hat; dies gilt auch in den Fällen von § 6 des Außensteuergesetzes vom 8. September 1972 (BGBl. I S. 1713), das zuletzt durch Artikel 7 des Gesetzes vom 7. Dezember 2006 (BGBl. I S. 2782) geändert worden ist, in der jeweils geltenden Fassung, wenn und soweit die Steuer nicht gestundet wird. ⁶Sätze 1 bis 5 gelten entsprechend, wenn die übernehmende Gesellschaft die eingebrachten Anteile ihrerseits durch einen Vorgang nach Absatz 1 Satz 6 Nr. 1 bis 5 weiter überträgt oder für diese die Voraussetzungen nach § 1 Abs. 4 nicht mehr erfüllt sind. ⁷Absatz 1 Satz 7 ist entsprechend anzuwenden.

(3) ¹Der Einbringende hat in den dem Einbringungszeitpunkt folgenden sieben Jahren jährlich spätestens bis zum 31. Mai den Nachweis darüber zu erbringen, wem mit Ablauf des Tages, der dem maßgebenden Einbringungszeitpunkt entspricht,

1. in den Fällen des Absatzes 1 die erhaltenen Anteile und die auf diesen Anteilen beruhenden Anteile und

2. in den Fällen des Absatzes 2 die eingebrachten Anteile und die auf diesen Anteilen beruhenden Anteile

zuzurechnen sind. ²Erbringt er den Nachweis nicht, gelten die Anteile im Sinne des Absatzes 1 oder des Absatzes 2 an dem Tag, der dem Einbringungszeitpunkt folgt oder der in den Folgejahren diesem Kalendertag entspricht, als veräußert.

(4) Ist der Veräußerer von Anteilen nach Absatz 1

1. eine juristische Person des öffentlichen Rechts, gilt in den Fällen des Absatzes 1 der Gewinn aus der Veräußerung der erhaltenen Anteile als in einem Betrieb gewerblicher Art dieser Körperschaft entstanden,

2. von der Körperschaftsteuer befreit, gilt in den Fällen des Absatzes 1 der Gewinn aus der Veräußerung der erhaltenen Anteile als in einem wirtschaftlichen Geschäftsbetrieb dieser Körperschaft entstanden.

(5) Das für den Einbringenden zuständige Finanzamt bescheinigt der übernehmenden Gesellschaft auf deren Antrag die Höhe des zu versteuernden Einbringungsgewinns, die darauf entfallende festgesetzte Steuer und den darauf entrichteten Betrag; nachträgliche Minderungen des versteuerten Einbringungsgewinns sowie die darauf entfallende festgesetzte Steuer und der darauf entrichtete Betrag sind dem für die übernehmende Gesellschaft zuständigen Finanzamt von Amts wegen mitzuteilen.

	(6) In den Fällen der unentgeltlichen Rechtsnachfolge gilt der Rechtsnachfolger des Einbringenden als Einbringender im Sinne der Absätze 1 bis 5 und der Rechtsnachfolger der übernehmenden Gesellschaft als übernehmende Gesellschaft im Sinne des Absatzes 2.
	(7) Werden in den Fällen einer Sacheinlage (§ 20 Abs. 1) oder eines Anteilstausches (§ 21 Abs. 1) unter dem gemeinen Wert stille Reserven auf Grund einer Gesellschaftsgründung oder Kapitalerhöhung von den erhaltenen oder eingebrachten Anteilen oder von auf diesen Anteilen beruhenden Anteilen auf andere Anteile verlagert, gelten diese Anteile insoweit auch als erhaltene oder eingebrachte Anteile oder als auf diesen Anteilen beruhende Anteile im Sinne des Absatzes 1 oder 2 (Mitverstrickung von Anteilen).
§ 23 UmwStG a.F.	**§ 23 UmwStG n.F.**
Einbringung in der Europäischen Union	**Auswirkungen bei der übernehmenden Gesellschaft**
(1) ¹Bringt eine unbeschränkt körperschaftsteuerpflichtige Kapitalgesellschaft (§ 1 Abs. 1 Nr. 1 des Körperschaftsteuergesetzes) einen Betrieb oder Teilbetrieb in eine inländische Betriebsstätte einer Kapitalgesellschaft ein, die die Voraussetzungen des Artikels 3 der Richtlinie 90/434/EWG des Rates vom 23. Juli 1990 (ABl. EG Nr. L 225 S. 1) erfüllt (EU-Kapitalgesellschaft) und beschränkt körperschaftsteuerpflichtig ist, und erhält die einbringende Kapitalgesellschaft dafür neue Anteile an der übernehmenden Kapitalgesellschaft, so gelten für die Bewertung des eingebrachten Betriebsvermögens in der Betriebsstätte der übernehmenden Kapitalgesellschaft und der neuen Anteile bei der einbringenden Kapitalgesellschaft § 20 Abs. 2 Satz 1 bis 4 und 6, Abs. 4 Satz 1, Abs. 5 Satz 2, Abs. 7 und 8 entsprechend. ²Satz 1 gilt auch, wenn die einbringende Kapitalgesellschaft nur steuerpflichtig ist, soweit sie einen wirtschaftlichen Geschäftsbetrieb unterhält, oder wenn die inländische Betriebsstätte der übernehmenden Kapitalgesellschaft erst durch die Einbringung des Betriebs oder Teilbetriebs entsteht.	(1) Setzt die übernehmende Gesellschaft das eingebrachte Betriebsvermögen mit einem unter dem gemeinen Wert liegenden Wert (§ 20 Abs. 2 Satz 2) an, gelten § 4 Abs. 2 Satz 3 und § 12 Abs. 3 erster Halbsatz entsprechend.

(2) Bringt eine beschränkt körperschaftsteuerpflichtige EU-Kapitalgesellschaft ihre inländische Betriebsstätte im Rahmen der Einbringung eines Betriebs oder Teilbetriebs in eine unbeschränkt oder beschränkt körperschaftsteuerpflichtige EU-Kapitalgesellschaft ein, so gilt für die Bewertung des eingebrachten Betriebsvermögens § 20 Abs. 2 Satz 1 bis 4 und 6, Abs. 4 Satz 1, Abs. 5 Satz 2, Abs. 7 und 8 entsprechend.

(3) Bringt eine unbeschränkt körperschaftsteuerpflichtige Kapitalgesellschaft im Rahmen der Einbringung eines Betriebs oder Teilbetriebs eine in einem anderen Mitgliedstaat der Europäischen Union belegene Betriebsstätte in eine beschränkt körperschaftsteuerpflichtige EU-Kapitalgesellschaft ein, so gilt für den Wertansatz der neuen Anteile § 20 Abs. 4 Satz 1, Abs. 7 und 8 entsprechend.

(2) [1]In den Fällen des § 22 Abs. 1 kann die übernehmende Gesellschaft auf Antrag den versteuerten Einbringungsgewinn im Wirtschaftsjahr der Veräußerung der Anteile oder eines gleichgestellten Ereignisses (§ 22 Abs. 1 Satz 1 und Satz 6 Nr. 1 bis 6) als Erhöhungsbetrag ansetzen, soweit der Einbringende die auf den Einbringungsgewinn entfallende Steuer entrichtet hat und dies durch Vorlage einer Bescheinigung des zuständigen Finanzamts im Sinne von § 22 Abs. 5 nachgewiesen wurde; der Ansatz des Erhöhungsbetrages bleibt ohne Auswirkung auf den Gewinn. [2]Satz 1 ist nur anzuwenden, soweit das eingebrachte Betriebsvermögen in den Fällen des § 22 Abs. 1 noch zum Betriebsvermögen der übernehmenden Gesellschaft gehört, es sei denn, dieses wurde zum gemeinen Wert übertragen. [3]Wurden die veräußerten Anteile auf Grund einer Einbringung von Anteilen nach § 20 Abs. 1 oder § 21 Abs. 1 (§ 22 Abs. 2) erworben, erhöhen sich die Anschaffungskosten der eingebrachten Anteile in Höhe des versteuerten Einbringungsgewinns, soweit der Einbringende die auf den Einbringungsgewinn entfallende Steuer entrichtet hat; Satz 1 und § 22 Abs. 1 Satz 7 gelten entsprechend.

(3) [1]Setzt die übernehmende Gesellschaft das eingebrachte Betriebsvermögen mit einem über dem Buchwert, aber unter dem gemeinen Wert liegenden Wert an, gilt § 12 Abs. 3 erster Halbsatz entsprechend mit der folgenden Maßgabe:

1. Die Absetzungen für Abnutzung oder Substanzverringerung nach § 7 Abs. 1, 4, 5 und 6 des Einkommensteuergesetzes sind vom Zeitpunkt der Einbringung an nach den Anschaffungs- oder Herstellungskosten des Einbringenden, vermehrt um den Unterschiedsbetrag zwischen dem Buchwert der einzelnen Wirtschaftsgüter und dem Wert, mit dem die Kapitalgesellschaft die Wirtschaftsgüter ansetzt, zu bemessen.

2. Bei den Absetzungen für Abnutzung nach § 7 Abs. 2 des Einkommensteuergesetzes tritt im Zeitpunkt der Einbringung an die Stelle des Buchwerts der einzelnen Wirtschaftsgüter der Wert, mit dem die Kapitalgesellschaft die Wirtschaftsgüter ansetzt.

[2]Bei einer Erhöhung der Anschaffungskosten oder Herstellungskosten auf Grund rückwirkender Besteuerung des Einbringungsgewinns (Absatz 2) gilt dies mit der Maßgabe, dass an die Stelle des Zeitpunkts der Einbringung der Beginn des Wirtschaftsjahres tritt, in welches das die Besteuerung des Einbringungsgewinns auslösende Ereignis fällt.

(4) ¹Werden Anteile im Sinne des § 20 Abs. 1 Satz 2 an einer EU-Kapitalgesellschaft in eine andere EU-Kapitalgesellschaft eingebracht, so gilt für die Bewertung der Anteile, die die übernehmende Kapitalgesellschaft erhält, § 20 Abs. 2 Satz 1 bis 4 und 6 und für die Bewertung der neuen Anteile, die der Einbringende von der übernehmenden Kapitalgesellschaft erhält, § 20 Abs. 4 Satz 1 entsprechend. ²Abweichend von § 20 Abs. 4 Satz 1 gilt für den Einbringenden der Teilwert der eingebrachten Anteile als Veräußerungspreis, wenn das Besteuerungsrecht der Bundesrepublik Deutschland hinsichtlich des Gewinns aus einer Veräußerung der dem Einbringenden gewährten Gesellschaftsanteile im Zeitpunkt der Sacheinlage ausgeschlossen ist. ³Der Anwendung des Satzes 1 steht nicht entgegen, dass die übernehmende Kapitalgesellschaft dem Einbringenden neben neuen Anteilen eine zusätzliche Gegenleistung gewährt, wenn diese 10 vom Hundert des Nennwerts oder eines an dessen Stelle tretenden rechnerischen Werts der gewährten Anteile nicht überschreitet. ⁴In den Fällen des Satzes 3 ist für die Bewertung der Anteile, die die übernehmende Kapitalgesellschaft erhält, auch § 20 Abs. 2 Satz 5 und für die Bewertung der Anteile, die der Einbringende erhält, auch § 20 Abs. 4 Satz 2 entsprechend anzuwenden. ⁵§ 20 Abs. 5 gilt entsprechend.

(4) Setzt die übernehmende Gesellschaft das eingebrachte Betriebsvermögen mit dem gemeinen Wert an, gelten die eingebrachten Wirtschaftsgüter als im Zeitpunkt der Einbringung von der Kapitalgesellschaft angeschafft, wenn die Einbringung des Betriebsvermögens im Wege der Einzelrechtsnachfolge erfolgt; erfolgt die Einbringung des Betriebsvermögens im Wege der Gesamtrechtsnachfolge nach den Vorschriften des Umwandlungsgesetzes, gilt Absatz 3 entsprechend.

(5) Der maßgebende Gewerbeertrag der übernehmenden Gesellschaft kann nicht um die vortragsfähigen Fehlbeträge des Einbringenden im Sinne des § 10a des Gewerbesteuergesetzes gekürzt werden.

(6) § 6 Abs. 1 und 3 gilt entsprechend.

Kommentierung

1. Anwendungsbereich der § 20 - § 23 UmwStG

a) Überblick über den Regelungsbereich der § 20 - § 23 UmwStG
aa) Konzeptionswechsel

Die wichtigste Änderung im UmwStG ist der grundlegende Konzeptionswechsel i.R.d. Einbringung eines Betriebs, Teilbetriebs oder Mitunternehmeranteils (**Sacheinlage** i.S.v. § 20 UmwStG) bzw. von Anteilen an einer Kapitalgesellschaft oder Genossenschaft (**Anteilstausch** i.S.v. § 21 UmwStG) in eine Kapitalgesellschaft bzw. in eine Genossenschaft. Die Neukonzeption beinhaltet insbes. die nachstehenden Regelungen:

- Der Anwendungsbereich der § 20 - § 23 UmwStG wurde auf **Genossenschaften** als übernehmenden Rechtsträger ausgedehnt.[1]
- Das **bisherige Konzept** der Sonderregelungen für die Besteuerung **einbringungsgeborener Anteile i.S.v.** *§ 21 UmwStG a.F. (§ 8b Abs. 4 KStG a.F., § 3 Nr. 40 Satz 3 und 4 EStG a.F.)* wurde durch das **neue Konzept** der **rückwirkenden Besteuerung des zugrunde liegenden Einbringungsvorgangs** ersetzt, wenn die Einbringung zu einem Wert unter dem gemeinen Wert erfolgt ist und in den Fällen der Sacheinlage i.S.v. § 20 Abs. 1 UmwStG die erhaltenen oder eingebrachten Anteile oder in den Fällen des Anteilstauschs i.S.v. § 21 Abs. 1 UmwStG die eingebrachten Anteile innerhalb einer Frist von sieben Jahren nach der Einbringung veräußert werden (§ 22 Abs. 1 und 2 UmwStG).[2] Dabei mindert sich der steuerpflichtige Einbringungsgewinn um jeweils ein Siebtel für jedes seit dem Einbringungszeitpunkt abgelaufene Zeitjahr. Korrespondierend erhöhen sich die Anschaffungskosten der übernehmenden Gesellschaft für das eingebrachte Betriebsvermögen bzw. für die erworbenen Anteile (§ 23 Abs. 2 UmwStG) mit der Wirkung einer Minderung eines zukünftigen Veräußerungsgewinns. Darüber hinaus erhöhen sich die Anschaffungskosten der erhaltenen Anteile des Einbringenden in entsprechender Höhe des Einbringungsgewinns mit der Wirkung der Minderung des Gewinns aus der Veräußerung der erhaltenen Anteile (§ 22 Abs. 2 Satz 4 UmwStG).

---

1) Im Regierungsentwurf v. 25.09.2006 (BT-Drs. 16/2710 S. 17 und S. 45) waren als übernehmende Gesellschaften i.R.d. Sacheinlage lediglich Kapitalgesellschaften oder die Europäische Genossenschaft vorgesehen *(§ 20 Abs. 1 Satz 1 UmwStG-E)*. Ebenso wurde der Anteilstausch nach *§ 21 Abs. 1 Satz 1 UmwStG-E* als „*Einbringung von Anteilen an einer Kapitalgesellschaft oder einer Europäischen Genossenschaft (erworbene Gesellschaft) in eine Kapitalgesellschaft oder Europäische Genossenschaft (erwerbende Gesellschaft) gegen Gewährung neuer Anteile an der erwerbenden Gesellschaft*" definiert. Demgegenüber wurde der Kreis der übernehmenden Gesellschaften sowohl bei der Sacheinlage i.S.v. § 20 Abs. 1 UmwStG als auch beim Anteilstausch i.S.v. § 21 Abs. 1 UmwStG in der endgültigen Gesetzesfassung v. 09.11.2006 auf Genossenschaften ausgeweitet. Als Begründung wird die Verabschiedung des Gesetzes zur Einführung der Europäischen Genossenschaft und zur Änderung des Genossenschaftsrechts v. 14.08.2006 (BGBl. I 2006 S. 1911) angeführt, wonach gem. § 7a Abs. 3 GenG nunmehr auch Sacheinlagen als Einzahlungen auf den Geschäftsanteil zugelassen werden. Vgl. Gesetzesbegründung v. 09.11.2006 zu § 20 Abs. 1 und § 21 Abs. 1 UmwStG, BT-Drs. 16/3369 S. 25 und 26 f. Die Vfg. der OFD Magdeburg v. 06.10.1999, S 1978c - 3 - St 232, DB 1999 S. 2240, wonach eine analoge Anwendung der § 20 und § 21 UmwStG auf eine Einbringung in eine Genossenschaft im Billigkeitswege nicht in Betracht kommt, ist insoweit durch die gesetzliche Regelung überholt.

2) Vgl. Gesetzesbegründung v. 25.09.2006 zum Sechsten bis Achten Teil des UmwStG „Allgemeines", BT-Drs. 16/2710 S. 42 ff.

Änderungen im UmwStG

Der Regelungsbereich der neu konzipierten § 20 - § 23 UmwStG teilt sich zusammenfassend wie folgt auf:

UmwStG n.F.	Inhalt	bisherige Regelung
§ 20	Einbringung eines Betriebs, Teilbetriebs oder Mitunternehmeranteils (**Sacheinlage**)	*§ 20 Abs. 1 Satz 1, Abs. 2 - 8, § 23 Abs. 1 - 3 UmwStG a.F.*
§ 21	Einbringung von Anteilen an einer Kapitalgesellschaft oder Genossenschaft (**Anteilstausch**)	*§ 20 Abs. 1 Satz 2, § 23 Abs. 4 UmwStG a.F.*
§ 22	Besteuerung der Anteilseigner	*§ 21, § 26 Abs. 2 UmwStG a.F., § 8b Abs. 4 KStG a.F., § 3 Nr. 40 Satz 3, 4 EStG a.F.*
§ 23	Auswirkungen bei der übernehmenden und bei der erwerbenden Gesellschaft	*§ 22 UmwStG a.F.*

Abb. I.V. - 1: Regelungsbereich der § 20 - § 23 UmwStG

bb) Nebeneinander des bisherigen Konzepts und des neuen Konzepts auf unbestimmte Zeit

Trotz der Neukonzeption der § 20 - § 23 UmwStG bleibt der **bisherige Regelungsbereich für „alt-einbringungsgeborene Anteile"** i.S.v. *§ 21 UmwStG a.F.* zukünftig erhalten:

– Für **„Alt-Einbringungsfälle"** gelten die *§ 21 UmwStG a.F.* i.V.m. *§ 8b Abs. 4 KStG a.F.* und *§ 3 Nr. 40 Satz 3 und 4 EStG a.F.* bis zum Ende einer im Zeitpunkt des Systemwechsels bereits laufenden Sieben-Jahres-Regelung fort.
– **„Alt-einbringungsgeborene Anteile"** i.S.v. *§ 21 UmwStG a.F.* müssen nicht zwingend aus Einbringungsvorgängen vor dem Systemwechsel stammen. Wegen der Regelung in § 20 Abs. 3 Satz 4 und § 21 Abs. 2 Satz 6 UmwStG können sie auch in Einbringungsfällen nach dem Systemwechsel neu entstehen.[3]

Während das UmwStG n.F. regelt, unter welchen Voraussetzungen eine Einbringung von einbringungsgeborenen Anteilen zu einem Wert unter dem gemeinen Wert möglich ist und wann ein steuerschädliche Veräußerung vorliegt oder angenommen wird, ist die Frage, wie und in welcher Höhe ein etwaiger Veräußerungsgewinn zu besteuern ist, nach den Vorschriften des UmwStG a.F. zu klären.

b) Zivilrechtliche Formen der Einbringung

aa) Einbringung eines Betriebs, Teilbetriebs oder Mitunternehmeranteils in eine Kapitalgesellschaft oder Genossenschaft i.S.v. § 20 Abs. 1 UmwStG

(1) Übersicht der zulässigen Einbringungsvorgänge

Der Anwendungsbereich des Sechsten Teils des UmwStG (§ 20 - 23 UmwStG) ist durch die Neueinfügung des § 1 Abs. 3 Nr. 1 - 5 UmwStG nunmehr abschließend kodifiziert.[4] Die Einbringung von Unternehmensteilen in eine Kapitalgesellschaft oder Genossenschaft i.S.v. § 20 Abs. 1 UmwStG kann sowohl durch Übertragung in einem Rechtsvorgang (**Gesamtrechtsnachfolge**, § 1 Abs. 3 Nr. 1 und 2 UmwStG) als auch durch Übertragung der einzel-

---

[3] Siehe hierzu auch *Haritz*, GmbHR 2007 S. 169 ff.
[4] Vgl. Gesetzesbegründung v. 25.09.2006 zu § 1 Abs. 3 UmwStG, BT-Drs. 16/2710 S. 36.

nen Wirtschaftsgüter eines Unternehmensteils[5] **(Einzelrechtsnachfolge, § 1 Abs. 3 Nr. 4 UmwStG)** erfolgen. Entscheidend ist, dass die Einbringung gem. § 20 Abs. 1 UmwStG grds. nur gegen Gewährung neuer Anteile erfolgen darf.[6] Daraus folgt, dass auf Ebene der übernehmenden Kapitalgesellschaft oder Genossenschaft i.r. eines Einbringungsvorgangs stets eine Kapitalerhöhung vorzunehmen ist.

Die Einbringung von Unternehmensteilen in eine Kapitalgesellschaft oder Genossenschaft im Wege der **Gesamtrechtsnachfolge** ist gem. § 1 Abs. 3 Nr. 1 und 2 UmwStG für folgende Umwandlungsvorgänge zulässig:

– **Verschmelzung** einer Personenhandelsgesellschaft (OHG und KG) oder Partnerschaftsgesellschaft auf eine bereits bestehende oder neu gegründete Kapitalgesellschaft oder Genossenschaft (§ 2 UmwG oder vergleichbarer ausländischer Vorgang);

– **Auf- oder Abspaltung** von Vermögensteilen einer Personenhandelsgesellschaft (OHG und KG) oder Partnerschaftsgesellschaft auf eine bereits bestehende oder neu gegründete Kapitalgesellschaft oder Genossenschaft (§ 123 Abs. 1 und 2 UmwG oder vergleichbarer ausländischer Vorgang);

– **Ausgliederung** von Vermögensteilen eines nach § 124 UmwG spaltungsfähigen Rechtsträgers, insbes. Personenhandelsgesellschaft (OHG und KG), Partnerschaftsgesellschaft, Kapitalgesellschaft, Genossenschaft sowie Einzelunternehmer, auf eine Kapitalgesellschaft oder Genossenschaft (§ 123 Abs. 3 UmwG oder vergleichbarer ausländischer Vorgang).

Im Wege der **Einzelrechtsnachfolge** werden durch vertragliche Individualvereinbarung Wirtschaftsgüter eines Unternehmensteils einzeln auf eine Kapitalgesellschaft oder Genossenschaft übertragen durch:

– **Sacheinlage** bei Gründung einer AG, GmbH, KGaA, SE, eG oder SCE;
– **Sachkapitalerhöhung aus Gesellschaftermitteln** bei einer bestehenden AG, GmbH, KGaA oder SE bzw. aus Mitteln der Mitglieder einer bestehenden eG oder SCE;
– **Übergang von einer Vorgesellschaft auf die Vorgründungsgesellschaft**, die mit Abschluss des formgültigen Gesellschaftsvertrags entsteht.[7]

Einbringungen im Wege der **„erweiterten Anwachsung" i.S.v. § 738 BGB** wurden nach Auffassung der Finanzverwaltung bislang unter den nach bisherigem Recht nicht gesetzlich bestimmten Anwendungsbereich des *§ 20 UmwStG a.F.* gefasst.[8] Die erweiterte Anwachsung ist jedoch nunmehr im abschließenden Katalog der unter den Sechsten Teil des UmwStG fallenden Einbringungsvorgänge **in § 1 Abs. 3 Nr. 1 - 5 UmwStG nicht enthalten**. Auch kann die Anwachsung grds. nicht unter einen der in § 1 Abs. 3 Nr. 1 - 5 UmwStG angeführten Einbringungsvorgänge gefasst werden, da die erweiterte Anwachsung zum einen keine Umwandlung i.S.d. UmwG darstellt und zum anderen die zivilrechtliche Vermögensübertragung im Wege der Gesamtrechtsnachfolge erfolgt. Sämtliche Tatbestände des

---

5) Die einzeln übertragenen Wirtschaftsgüter müssen insgesamt einen Teilbetrieb darstellen; vgl. Gliederungspunkt I.V.3. b) aa).
6) Vgl. hierzu auch Gliederungspunkt I.V.3. b) bb).
7) Vgl. *Widmann*, in: Widmann/Mayer, UmwG/UmwStG, § 20 UmwStG, Rz. 436 (92. EL 01/2007).
8) Vgl. BMF, Schreiben v. 25.03.1998, IV BZ - S 1978 - 21/98/IV B 2 - S 1909 - 33/98, BStBl. I 1998 S. 268 (UmwSt-Erlass) Rz. 20.01 Buchst. b) Doppelbuchst. bb). Eine „erweiterte" Anwachsung liegt z.B. vor, wenn die Gesellschafter einer Personengesellschaft (Kommanditisten) ihre Anteile in die Komplementär-GmbH gegen Anteile an dieser einbringen und die Personengesellschaft sodann der Komplementär-GmbH gem. § 738 BGB anwächst. Vgl. *Schmitt*, in Schmitt/Hörtnagl/Stratz, UmwG/UmwStG, § 20 UmwStG Rz. 198 (4. Auflage); *Patt*, in: Dötsch/Jost et al., Die Körperschaftsteuer, UmwStG nF § 20 Rz. 146 (58. EL 11/2006); *Widmann*, in: Widmann/Mayer, Umwandlungsrecht, § 20 UmwStG Rz. 446. (92. EL 01/2007). Aufgrund des neu eingefügten eigenen Anwendungsbereichs in § 1 Abs. 3 Nr. 1 - 5 UmwStG kann Tz. 20.01 des UmwStG-Erlasses nicht uneingeschränkt weitergelten.

§ 1 Abs. 1 Nr. 1 - 4 UmwStG werden somit durch die Einbringung im Wege der erweiterten Anwachsung i.S.v. § 738 BGB nicht erfüllt.[9] Um Einbringungen im Wege der erweiterten Anwachsung weiterhin nach § 20 Abs. 1 UmwStG zu begünstigen, bedürfte es daher einer Klarstellung durch die Finanzbehörden.

Es spricht einiges dafür, dass dies auch für Einbringungsvorgänge durch **Übergang des wirtschaftlichen Eigentums** (§ 39 Abs. 2 Nr. 1 AO) gelten muss, da alle in § 1 Abs. 3 Nr. 1 - 4 UmwStG vorgesehenen Einbringungsvorgänge auf einen Rechtsträgerwechsel abstellen.[10]

Eine **grenzüberschreitende Einbringung unter ausschließlicher Beteiligung ausländischer Rechtsträger mit Inlandsbezug**, d.h. der Einbringende und die übernehmende Gesellschaft sind im Ausland ansässig und ein Einbringungsgegenstand ist im Inland belegen, durch Verschmelzung, Spaltung oder Ausgliederung ist als ein *„vergleichbarer ausländischer Vorgang"* zu betrachten, wenn sie ihrem Wesen nach einer im deutschen UmwG geregelten Verschmelzung, Spaltung oder Ausgliederung entspricht. Die ausländische Umwandlung muss zum einen vergleichbar in Bezug auf die beteiligten Rechtsträger sein (sog. **persönliche Vergleichbarkeitsprüfung**) und zum anderen müssen die nach ausländischem Recht eintretenden Rechtsfolgen mit denen der nach UmwG vorzunehmenden deutschen Umwandlung vergleichbar sein (sog. **sachliche Vergleichbarkeitsprüfung**).[11]

Ist bei einer **grenzüberschreitenden Einbringung unter ausschließlicher Beteiligung ausländischer Rechtsträger mit Inlandsbezug** die nach ausländischem Gesellschaftsrecht vorzunehmende Umwandlung nicht als ein dem UmwG vergleichbarer Vorgang einzustufen, ist es grds. auch möglich, die Einbringung im Ausland im Wege der Einzelrechtsnachfolge durchzuführen, wenn die Einbringung im Inland in den Anwendungsbereich des § 20 Abs. 1 UmwStG fallen soll.[12]

Grenzüberschreitende Einbringungen unter Beteiligung eines inländischen Rechtsträgers als Einbringender oder als übernehmende Gesellschaft durch Verschmelzung, Spaltung oder Ausgliederung im Wege der Gesamtrechtsnachfolge fallen bislang nicht unter den Regelungsbereich des UmwG. Während der Anwendungsbereich des UmwG durch das Zweite Gesetz zur Änderung des UmwG auf grenzüberschreitende Verschmelzungen unter der Beteiligung inländischer Kapitalgesellschaften nach § 122a - § 122l UmwG erweitert wurde,[13] fehlt eine entsprechende Regelungen für grenzüberschreitende Spaltungen sowie Verschmelzungen auf Personengesellschaften im UmwG. Da auch das gemeinschaftsrechtliche Sekundärrecht gegenwärtig keine gesellschaftsrechtlichen Möglichkeiten für solche Umwandlungen vorsieht, kann eine grenzüberschreitende Einbringung letztlich nur unter Berufung auf die Niederlassungsfreiheit i.S.v. Art. 43, Art. 48 EG-Vertrag (Art. 31, Art. 34 EWR-Abkommen) möglich sein.[14] Die grenzüberschreitende Einbringung unter Beteiligung eines Inländers im Wege der Einzelrechtsnachfolge ist ohne Einschränkung zulässig.[15]

---

9) Vgl. *Patt*, Der Konzern 2006 S. 730 (732).
10) Gl.A. *Patt*, Der Konzern 2006 S. 730 (735); a.A. *Förster/Wendland*, BB 2007 S. 631 (632) unter Verweis auf § 27 Abs. 1 Satz 2 UmwStG. Dort wird zwar auf den Übergang des wirtschaftlichen Eigentums abgestellt, gleichwohl können hierbei nur Fälle gemeint sein, bei denen die Übertragung von wirtschaftlichem und rechtlichem Eigentum zeitlich auseinanderfällt. Nicht mehr anzuwenden ist damit die Verfügung des Bayrischen Landesamtes für Steuern v. 06.03.2006, S 1978c - St32/St33, FR 2006 S. 391, die zu *§ 20 UmwStG a.F.* erlassen wurde. Ebenso a.A. *Herlinghaus*, FR 2007 S. 286 (290).
11) Zur Vergleichbarkeitsprüfung, siehe Gliederungspunkt I.I.1. b) cc).
12) Vgl. *Förster/Wendland*, BB 2007 S. 631 (632).
13) Siehe hierzu ausführlich Gliederungspunkt F.
14) Die Versagung der gesellschaftsrechtlichen Zulässigkeit einer grenzüberschreitenden Verschmelzung darf nicht zu einer Verletzung der Niederlassungsfreiheit i.S.v. Art. 43, Art. 48 EG-Vertrag (Art. 31, Art. 34 EWR-Abkommen) führen; siehe hierzu auch die Rechtsprechung des EuGH in der Rs. „SEVIC" (EuGH v. 13.12.2005, C-411/03, NZG 2006 S. 112).
15) Vgl. *Förster/Wendland*, BB 2007 S. 631 (632). Siehe Gliederungspunkt I.I. b) bb) (2) (b).

(2) Einbringungen durch Gesamtrechtsnachfolge

Die nachstehende Übersicht fasst den sachlichen Anwendungsbereich des § 20 Abs. 1 UmwStG i.V.m. § 1 Abs. 3 Nr. 1 und 2 UmwStG für Einbringungen im Wege der Gesamtrechtsnachfolge und deren gesellschaftsrechtliche Grundlagen zusammen:[16]

sachlicher Anwendungsbereich	gesellschaftsrechtliche Grundlage
innerstaatliche **Verschmelzung** einer deutschen Personengesellschaft auf eine deutsche Kapitalgesellschaft oder Genossenschaft (**§ 1 Abs. 3 Nr. 1 UmwStG**)	– Ebene der *inländischen* beteiligten Rechtsträger: § 1 Abs. 1 Nr. 1, § 2 UmwG

grenzüberschreitende **Verschmelzung** einer Personengesellschaft auf eine Kapitalgesellschaft oder Genossenschaft unter Inländerbeteiligung (**§ 1 Abs. 3 Nr. 1 UmwStG**)	– Ebene des *inländischen* beteiligten Rechtsträgers: Art. 43, Art. 48 EG-Vertrag[17]
	– Ebene des *ausländischen* beteiligten Rechtsträgers:
	  – bei Ansässigkeit im EU-/EWR-Raum: ausländisches Gesellschaftsrecht bzw. Art. 43, Art. 48 EG-Vertrag (Art. 31, Art. 34 EWR-Abkommen)[18]
	  – bei Ansässigkeit im Drittstaat (Einbringender): ausländisches Gesellschaftsrecht[19]

innerstaatliche oder grenzüberschreitende **Verschmelzung** einer Personengesellschaft auf eine Kapitalgesellschaft oder Genossenschaft unter ausschließlicher Beteiligung ausländischer Rechtsträger mit Inlandsbezug durch einen mit der Verschmelzung i.S.d. UmwG vergleichbaren ausländischen Vorgang (**§ 1 Abs. 3 Nr. 1 UmwStG**)	– Ebene der *ausländischen* beteiligten Rechtsträger:
	  – bei Ansässigkeit im EU-/EWR-Raum: ausländisches Gesellschaftsrecht bzw. Art. 43, Art. 48 EG-Vertrag (Art. 31, Art. 34 EWR-Abkommen)[20]
	  – bei Ansässigkeit im Drittstaat (Einbringender): ausländisches Gesellschaftsrecht[21]

innerstaatliche **Auf- oder Abspaltung** von Vermögensteilen einer deutschen Personengesellschaft auf eine deutsche Kapitalgesellschaft oder Genossenschaft (**§ 1 Abs. 3 Nr. 1 UmwStG**)	– Ebene der *inländischen* beteiligten Rechtsträger: § 1 Abs. 1 Nr. 2, § 123 Abs. 1 UmwG (Aufspaltung) § 1 Abs. 1 Nr. 2, § 123 Abs. 2 UmwG (Abspaltung)

---

16) Die in der Übersicht genannte Personengesellschaft beinhaltet die Personenhandelsgesellschaft (OHG und KG) sowie die Partnerschaftsgesellschaft.
17) Siehe Fußnote 14.
18) Siehe Fußnote 14.
19) Ggf. kann der Drittstaatansässige aufgrund völkerrechtlicher Verträge eine Meistbegünstigungsklausel in Anspruch nehmen (z.B. Art. XXV Abs. 4 und 5, Art. VII Abs. 4 des Freundschaftsvertrages mit den Vereinigten Staaten von Amerika); siehe hierzu *Kiem*, WM 2006 S. 1091 (1093).
20) Siehe Fußnote 14.
21) Siehe Fußnote 19.

Änderungen im UmwStG

sachlicher Anwendungsbereich	gesellschaftsrechtliche Grundlage

grenzüberschreitende **Auf- oder Abspaltung** von Vermögensteilen einer Personengesellschaft auf eine Kapitalgesellschaft oder Genossenschaft unter Inländerbeteiligung (**§ 1 Abs. 3 Nr. 1 UmwStG**)	– Ebene des *inländischen* beteiligten Rechtsträgers: Art. 43, Art. 48 EG-Vertrag[22]
	– Ebene des *ausländischen* beteiligten Rechtsträgers:
	  – bei Ansässigkeit im EU-/EWR-Raum: ausländisches Gesellschaftsrecht bzw. Art. 43, Art. 48 EG-Vertrag (Art. 31, Art. 34 EWR-Abkommen)[23]
	  – bei Ansässigkeit im Drittstaat (Einbringender): ausländisches Gesellschaftsrecht[24]

innerstaatliche oder grenzüberschreitende **Auf- oder Abspaltung** von Vermögensteilen einer Personengesellschaft auf eine Kapitalgesellschaft oder Genossenschaft unter ausschließlicher Beteiligung ausländischer Rechtsträger mit Inlandsbezug durch einen mit der Auf- oder Abspaltung i.S.d. UmwG vergleichbaren ausländischen Vorgang (**§ 1 Abs. 3 Nr. 1 UmwStG**)	– Ebene der *ausländischen* beteiligten Rechtsträger: – bei Ansässigkeit im EU-/EWR-Raum: ausländisches Gesellschaftsrecht bzw. Art. 43, Art. 48 EG-Vertrag (Art. 31, Art. 34 EWR-Abkommen)[25] – bei Ansässigkeit im Drittstaat (Einbringender): ausländisches Gesellschaftsrecht[26]
innerstaatliche **Ausgliederung** von Vermögensteilen auf eine deutsche Kapitalgesellschaft oder Genossenschaft (**§ 1 Abs. 3 Nr. 2 UmwStG**)	– Ebene der *inländischen* beteiligten Rechtsträger: § 1 Abs. 1 Nr. 3, § 123 Abs. 3, § 124 UmwG

grenzüberschreitende **Ausgliederung** von Vermögensteilen einer Personengesellschaft auf eine Kapitalgesellschaft oder Genossenschaft unter Inländerbeteiligung (**§ 1 Abs. 3 Nr. 2 UmwStG**)	– Ebene des *inländischen* beteiligten Rechtsträgers:
	Art. 43, Art. 48 EG-Vertrag[27]
	– Ebene des *ausländischen* beteiligten Rechtsträgers:
	  – bei Ansässigkeit im EU-/EWR-Raum: ausländisches Gesellschaftsrecht bzw. Art. 43, Art. 48 EG-Vertrag (Art. 31, Art. 34 EWR-Abkommen)[28]
	  – bei Ansässigkeit im Drittstaat (Einbringender): ausländisches Gesellschaftsrecht[29]

---

22) Siehe Fußnote 14.
23) Siehe Fußnote 14.
24) Siehe Fußnote 19.
25) Siehe Fußnote 14.
26) Siehe Fußnote 19.
27) Siehe Fußnote 14.
28) Siehe Fußnote 14.
29) Siehe Fußnote 19.

sachlicher Anwendungsbereich	gesellschaftsrechtliche Grundlage
innerstaatliche oder grenzüberschreitende **Ausgliederung** einer Personengesellschaft auf eine Kapitalgesellschaft oder Genossenschaft unter ausschließlicher Beteiligung ausländischer Rechtsträger mit Inlandsbezug durch einen mit der Ausgliederung i.S.d. UmwG vergleichbaren ausländischen Vorgang (**§ 1 Abs. 3 Nr. 2 UmwStG**)	– Ebene der *ausländischen* beteiligten Rechtsträger: – bei Ansässigkeit im EU-/EWR-Raum: ausländisches Gesellschaftsrecht bzw. Art. 43, Art. 48 EG-Vertrag (Art. 31, Art. 34 EWR-Abkommen)[30] – bei Ansässigkeit im Drittstaat (Einbringender): ausländisches Gesellschaftsrecht[31]

Abb. I.V. - 2: Einbringungen i.S.v. § 20 Abs. 1 UmwStG durch Gesamtrechtsnachfolge

(3) Einbringungen durch Einzelrechtsnachfolge

Die nachstehende Übersicht fasst den sachlichen Anwendungsbereich des § 20 Abs. 1 UmwStG i.V.m. § 1 Abs. 3 Satz 1 Nr. 4 UmwStG für Einbringungen im Wege der Einzelrechtsnachfolge und deren gesellschaftsrechtliche Grundlagen zusammen:

sachlicher Anwendungsbereich	gesellschaftsrechtliche Grundlage
Sacheinlage bei Gründung einer inländischen Kapitalgesellschaft oder Genossenschaft (**§ 1 Abs. 3 Nr. 4 UmwStG**)	– § 27 AktG (AG), § 5 Abs. 4 GmbHG (GmbH), § 278 Abs. 3 i.V.m. § 27 AktG (KGaA), § 7, § 7a Abs. 3 GenG(eG); Art. 15 Abs. 1 SE-VO i.V.m. § 27 AktG (SE), Art. 17 Abs. 1 SCE-VO i.V.m. § 7, § 7a Abs. 3 GenG (SCE)
Sacheinlage bei Gründung einer ausländischen Kapitalgesellschaft oder Genossenschaft (**§ 1 Abs. 3 Nr. 4 UmwStG**)	– ausländisches Gesellschaftsrecht
Sachkapitalerhöhung aus Gesellschafter-/Mitgliedermitteln einer inländischen Kapitalgesellschaft oder Genossenschaft (**§ 1 Abs. 3 Nr. 4 UmwStG**)	– § 183 AktG (AG), § 56 GmbHG (GmbH), § 278 Abs. 3 i.V.m. § 183 AktG (KGaA), Art. 5 SE-VO i.V.m. § 183 AktG (SE); § 7, § 7a Abs. 3 GenG (eG), Art. 8 Abs. 1 Buchst. c) SCE-VO i.V.m. § 7, § 7a Abs. 3 GenG (SCE)
Sachkapitalerhöhung aus Gesellschafter-/Mitgliedermitteln einer ausländischen Kapitalgesellschaft oder Genossenschaft (**§ 1 Abs. 3 Nr. 4 UmwStG**)	– ausländisches Gesellschaftsrecht

Abb. I.V. - 3: Einbringungen i.S.v. § 20 Abs. 1 UmwStG durch Einzelrechtsnachfolge

---

30) Siehe Fußnote 14.
31) Siehe Fußnote 14.

bb) Einbringung von Anteilen an einer Kapitalgesellschaft oder Genossenschaft in eine Kapitalgesellschaft oder Genossenschaft i.S.v. § 21 Abs. 1 UmwStG

(1) Übersicht der zulässigen Einbringungsvorgänge

Der Sechste Teil des UmwStG gilt gem. § 1 Abs. 3 Nr. 5 UmwStG für *„den Austausch von Anteilen"*, d.h. die Einbringung von Anteilen an einer Kapitalgesellschaft oder Genossenschaft in eine Kapitalgesellschaft oder Genossenschaft gegen Gewährung neuer Anteile (**Anteilstausch** i.S.v. § 21 Abs. 1 UmwStG). Während in § 1 Abs. 3 Nr. 1, 2 und 4 UmwStG die einzelnen zivilrechtlichen Wege der Gesamt- und Einzelrechtsnachfolge für die Vermögensübertragungen i.S.v. § 20 Abs. 1, § 24 Abs. 1 und § 25 UmwStG abschließend aufgeführt werden,[32] bezieht sich § 1 Abs. 3 Nr. 5 UmwStG nur auf den Anteilstausch als Übertragungsvorgang an sich, ohne die zivilrechtlichen Übertragungsmöglichkeiten zu benennen.[33]

Der Anteilstausch kann daher grds. durch **jede zivilrechtlich zulässige Übertragung** erfolgen, solange die Anteile nach dem Tausch der übernehmenden Gesellschaft zuzurechnen sind.[34] Entscheidend ist jedoch, dass die übernehmende Gesellschaft als Gegenleistung für die Einbringung gem. § 21 Abs. 1 UmwStG **neue Anteile** gewähren muss und diese nur im Rahmen einer Sachkapitalerhöhung gewährt werden können.[35]

Die Einbringung von Anteilen an einer Kapitalgesellschaft oder Genossenschaft in eine Kapitalgesellschaft oder Genossenschaft i.S.v. § 21 Abs. 1 UmwStG im Wege der **Gesamtrechtsnachfolge** ist für folgende Umwandlungsvorgänge möglich:

– **Abspaltung** von Anteilen an einer Kapitalgesellschaft oder Genossenschaft durch eine Personenhandelsgesellschaft (OHG und KG) oder Partnerschaftsgesellschaft auf eine bereits bestehende oder neu gegründete Kapitalgesellschaft oder Genossenschaft (§ 123 Abs. 1 und 2 UmwG oder vergleichbarer ausländischer Vorgang);[36]

– **Ausgliederung** von Anteilen an einer Kapitalgesellschaft oder Genossenschaft eines nach § 124 UmwG spaltungsfähigen Rechtsträgers, insbes. die Personenhandelsgesellschaft (OHG und KG), Partnerschaftsgesellschaft, Kapitalgesellschaft, Genossenschaft sowie der Einzelunternehmer, auf eine Kapitalgesellschaft oder Genossenschaft (§ 123 Abs. 3 UmwG oder vergleichbarer ausländischer Vorgang).

---

32) Vgl. Gesetzesbegründung v. 25.09.2006 zu § 1 Abs. 3 UmwStG, BT-Drs. 16/2710 S. 36.
33) Der Anteilstausch könnte grds. auch unter die § 1 Abs. 3 Nr. 1 - 4 UmwStG subsumiert werden, da der Gesetzgeber jedoch den Austausch von Anteilen in § 1 Abs. 3 Nr. 5 UmwStG eigenständig aufgeführt hat, kann davon ausgegangen werden, dass der Anteilstausch i.S.v. § 21 Abs. 1 UmwStG nur unter § 1 Abs. 3 Nr. 5 UmwStG zu fassen ist.
34) Zur Übertragung des wirtschaftlichen Eigentums bei Einbringungen i.S.v. § 20 Abs. 1 UmwStG siehe Gliederungspunkt I.V.1. b) aa) (1).
35) Vgl. *Schmitt*, in: Schmitt/Hörtnagl/Stratz, UmwG/UmwStG, § 20 UmwStG Rz. 206 (4. Auflage). Zur Gewährung neuer Anteile siehe auch Gliederungspunkt I.V.4. b) bb).
36) Eine Abspaltung i.S.v. § 123 Abs. 2 UmwG setzt die Übertragung von Unternehmensanteilen voraus. Da deren Umfang durch das Gesetz nicht bestimmt wird, ist es möglich, nur einen einzigen Vermögensgegenstand zu übertragen; vgl. *Schwarz*, in: Widmann/Mayer, Umwandlungsrecht, § 123 UmwG Rz. 4.1.3. (92. EL 01/2007). Dies könnte auch die Übertragung eines Anteils an einer Kapitalgesellschaft oder Genossenschaft sein. Grds. könnte der Anteilstausch auch durch eine Aufspaltung erfolgen. Dies ist allerdings lediglich eine im Weiteren nicht thematisierte theoretische Fallvariante, da hierzu das Vermögen der Personengesellschaft ausschließlich die Gesellschaftsanteile enthalten müsste, anderenfalls läge eine Einbringung von Unternehmensteilen i.S.v. § 20 Abs. 1 UmwStG vor; vgl. *Dötsch/Pung*, DB 2006 S. 2763 (2768). Gleiches gilt für die Verschmelzung einer Personengesellschaft, deren Vermögen ausschließlich aus Anteilen an einer Kapitalgesellschaft oder Genossenschaft besteht, auf eine Kapitalgesellschaft oder Genossenschaft i.S.v. § 1 Abs. 1 Nr. 1 und § 2 UmwG.

Im Wege der **Einzelrechtsnachfolge** können Anteile an einer Kapitalgesellschaft oder Genossenschaft auf eine Kapitalgesellschaft oder Genossenschaft übertragen durch:
- **Sacheinlage** bei Gründung einer AG, GmbH, KGaA, SE, eG oder SCE;
- **Sachkapitalerhöhung aus Gesellschaftermitteln** bei einer bestehenden AG, GmbH, KGaA, SE bzw. aus Mitteln der Mitglieder einer bestehenden eG oder SCE.

(2) Einbringungen durch Gesamtrechtsnachfolge

Die nachstehende Übersicht fasst den sachlichen Anwendungsbereich des § 21 Abs. 1 UmwStG i.V.m. § 1 Abs. 3 Nr. 5 UmwStG für den Anteilstausch im Wege der Gesamtrechtsnachfolge und dessen gesellschaftsrechtliche Grundlagen zusammen:[37]

sachlicher Anwendungsbereich	gesellschaftsrechtliche Grundlage
innerstaatliche **Abspaltung** von Anteilen an einer Kapitalgesellschaft oder Genossenschaft durch eine deutsche Personengesellschaft auf eine deutsche Kapitalgesellschaft oder Genossenschaft (**§ 1 Abs. 3 Nr. 5 UmwStG**)	– Ebene der *inländischen* beteiligten Rechtsträger: § 1 Abs. 1 Nr. 2, § 123 Abs. 2, § 124 UmwG
grenzüberschreitende **Abspaltung** von Anteilen an einer Kapitalgesellschaft oder Genossenschaft durch eine Personengesellschaft auf eine Kapitalgesellschaft oder Genossenschaft unter Inländerbeteiligung (**§ 1 Abs. 3 Nr. 5 UmwStG**)	– Ebene des *inländischen* beteiligten Rechtsträgers: Art. 43, Art. 48 EG-Vertrag[38] – Ebene des *ausländischen* beteiligten Rechtsträgers: – bei Ansässigkeit im EU-/EWR-Raum: ausländisches Gesellschaftsrecht bzw. Art. 43, Art. 48 EG-Vertrag (Art. 31, Art. 34 EWR-Abkommen)[39] – bei Ansässigkeit im Drittstaat (Einbringender): ausländisches Gesellschaftsrecht[40]
innerstaatliche oder grenzüberschreitende **Abspaltung** von Anteilen an einer Kapitalgesellschaft oder Genossenschaft durch eine Personengesellschaft auf eine Kapitalgesellschaft oder Genossenschaft unter ausschließlicher Beteiligung ausländischer Rechtsträger durch einen mit der Auf- oder Abspaltung i.S.d. UmwG vergleichbaren ausländischen Vorgang (**§ 1 Abs. 3 Nr. 5 UmwStG**)	– Ebene der *ausländischen* beteiligten Rechtsträger: – bei Ansässigkeit im EU-/EWR-Raum: ausländisches Gesellschaftsrecht bzw. Art. 43, Art. 48 EG-Vertrag (Art. 31, Art. 34 EWR-Abkommen)[41] – bei Ansässigkeit im Drittstaat (Einbringender): ausländisches Gesellschaftsrecht[42]

---

37) Die in der Übersicht genannte Personengesellschaft beinhaltet die Personenhandelsgesellschaft (OHG und KG) sowie die Partnerschaftsgesellschaft.
38) Siehe Fußnote 14.
39) Siehe Fußnote 14.
40) Siehe Fußnote 19.
41) Siehe Fußnote 14.
42) Siehe Fußnote 19.

Änderungen im UmwStG

sachlicher Anwendungsbereich	gesellschaftsrechtliche Grundlage
innerstaatliche **Ausgliederung** von Anteilen an einer Kapitalgesellschaft oder Genossenschaft auf eine deutsche Kapitalgesellschaft oder Genossenschaft (**§ 1 Abs. 3 Nr. 5 UmwStG**)	– Ebene der *inländischen* beteiligten Rechtsträger: § 1 Abs. 1 Nr. 3, § 123 Abs. 3, § 124 UmwG
grenzüberschreitende **Ausgliederung** von Anteilen an einer Kapitalgesellschaft oder Genossenschaft einer Personengesellschaft auf eine Kapitalgesellschaft oder Genossenschaft unter Inländerbeteiligung (**§ 1 Abs. 3 Nr. 5 UmwStG**)	– Ebene des *inländischen* beteiligten Rechtsträgers: Art. 43, Art. 48 EG-Vertrag[43] – Ebene des *ausländischen* beteiligten Rechtsträgers: – bei Ansässigkeit im EU-/EWR-Raum: ausländisches Gesellschaftsrecht bzw. Art. 43, Art. 48 EG-Vertrag (Art. 31, Art. 34 EWR-Abkommen)[44] – bei Ansässigkeit im Drittstaat (Einbringender): ausländisches Gesellschaftsrecht[45]
grenzüberschreitende **Ausgliederung** von Anteilen an einer Kapitalgesellschaft oder Genossenschaft auf eine Kapitalgesellschaft oder Genossenschaft unter ausschließlicher Beteiligung ausländischer Rechtsträger durch einen mit der Ausgliederung i.S.d. UmwG vergleichbaren ausländischen Vorgang (**§ 1 Abs. 3 Nr. 5 UmwStG**)	– Ebene der *ausländischen* beteiligten Rechtsträger: – bei Ansässigkeit im EU-/EWR-Raum: ausländisches Gesellschaftsrecht bzw. Art. 43, Art. 48 EG-Vertrag (Art. 31, Art. 34 EWR-Abkommen)[46] – bei Ansässigkeit im Drittstaat (Einbringender): ausländisches Gesellschaftsrecht[47]

Abb. I.V. - 4: Einbringungen i.S.v. § 21 Abs. 1 UmwStG durch Gesamtrechtsnachfolge

(3) Einbringungen durch Einzelrechtsnachfolge

Die nachstehende Übersicht fasst den sachlichen Anwendungsbereich des § 21 Abs. 1 UmwStG i.V.m. § 1 Abs. 3 Nr. 5 UmwStG für Einbringungen im Wege der Einzelrechtsnachfolge und deren zivilrechtliche Grundlagen zusammen:

sachlicher Anwendungsbereich	gesellschaftsrechtliche Grundlage
Sacheinlage bei Gründung einer inländischen Kapitalgesellschaft oder Genossenschaft (**§ 1 Abs. 3 Nr. 5 UmwStG**)	– § 27 AktG (AG), § 5 Abs. 4 GmbHG (GmbH), § 278 Abs. 3 i.V.m. § 27 AktG (KGaA), § 7, § 7a Abs. 3 GenG (eG), Art. 15 Abs. 1 SE-VO i.V.m. § 27 AktG (SE), Art. 17 Abs. 1 SCE-VO i.V.m. § 7, § 7a Abs. 3 GenG (SCE)

---

43) Siehe Fußnote 14.
44) Siehe Fußnote 14.
45) Siehe Fußnote 19.
46) Siehe Fußnote 14.
47) Siehe Fußnote 19.

sachlicher Anwendungsbereich	gesellschaftsrechtliche Grundlage
Sacheinlage bei Gründung einer ausländischen Kapitalgesellschaft oder Genossenschaft mit Inlandssachverhalt (§ 1 Abs. 3 Nr. 5 UmwStG)	– ausländisches Gesellschaftsrecht
Sachkapitalerhöhung aus Gesellschafter-/Mitgliedermitteln einer inländischen Kapitalgesellschaft oder Genossenschaft (§ 1 Abs. 3 Nr. 5 UmwStG)	– § 183 AktG (AG), § 56 GmbHG (GmbH), § 278 Abs. 3 i.V.m. § 183 AktG (KGaA); Art. 5 SE-VO i.V.m. § 183 AktG (SE); § 7, § 7a Abs. 3 GenG (eG); Art. 8 Abs. 1 Buchst. c) SCE-VO i.V.m. § 7, § 7a Abs. 3 GenG (SCE)
Sachkapitalerhöhung aus Gesellschafter-/Mitgliedermitteln einer ausländischen Kapitalgesellschaft oder Genossenschaft (§ 1 Abs. 3 Nr. 5 UmwStG)	– ausländisches Gesellschaftsrecht

Abb. I.V. - 5: Einbringungen i.S.v. § 21 Abs. 1 UmwStG durch Einzelrechtsnachfolge

2. Anwendungsvorschriften der § 20 - § 23 UmwStG

Die Regelungen der § 20 - § 23 UmwStG sind erstmals auf Einbringungsvorgänge anzuwenden, bei denen die Anmeldung zur Eintragung der Einbringung in das maßgebende öffentliche Register **nach dem 12.12.2006** erfolgt ist (§ 27 Abs. 1 Satz 1 UmwStG). Für Einbringungen im Wege der Einzelrechtsnachfolge, die ohne Eintragung in ein öffentliches Register wirksam werden, sind die Regelungen der § 20 - § 23 UmwStG erstmals anzuwenden, wenn das wirtschaftliche Eigentum an den eingebrachten Wirtschaftsgütern nach dem 12.12.2006 übergegangen ist (§ 27 Abs. 1 Satz 2 UmwStG).

Die Regelungen des § 22 und § 23 UmwStG sind nicht anzuwenden bei einbringungsgeborenen Anteilen i.S.v. *§ 21 Abs. 1 UmwStG a.F.*, soweit hinsichtlich des Gewinns aus der Veräußerung der Anteile oder einem gleichgestellten Ereignis i.S.v. § 22 Abs. 1 UmwStG die Steuerfreistellung nach *§ 8b Abs. 4 KStG a.F.* oder nach *§ 3 Nr. 40 Satz 3 und 4 EStG a.F.* ausgeschlossen ist (§ 27 Abs. 4 UmwStG).

3. Einbringung eines Betriebs, Teilbetriebs oder Mitunternehmeranteils in eine Kapitalgesellschaft (§ 20 UmwStG)

a) Persönlicher Anwendungsbereich

Beteiligte Rechtsträger bei der Einbringung eines Betriebs, Teilbetriebs oder Mitunternehmeranteils in eine Kapitalgesellschaft oder Genossenschaft sind der einbringende und der übernehmende Rechtsträger. Beide müssen jeweils die für sie geltenden persönlichen Anwendungsvoraussetzungen des § 1 Abs. 4 Satz 1 Nr. 1 und 2 UmwStG erfüllen, damit der Einbringungsvorgang gem. § 20 Abs. 1 UmwStG erfolgen kann.

aa) Einbringender Rechtsträger

Einbringender Rechtsträger kann gem. § 1 Abs. 4 Satz 1 Nr. 2 Buchst. a) UmwStG sein:

– eine **Körperschaft, Personenvereinigung oder Vermögensmasse**,
  – die eine Gesellschaft i.S.v. Art. 48 EG-Vertrag bzw. Art. 34 EWR-Abkommen ist, deren Sitz bzw. Ort der Geschäftsleitung sich innerhalb des EU-/EWR-Raums befindet und die nach den Rechtsvorschriften eines EU-/EWR-Staates gegründet wurde (§ 1 Abs. 4

Satz 1 Nr. 2 Buchst. a) Doppelbuchst. aa) i.V.m. § 1 Abs. 2 Satz 1 Nr. 1 UmwStG),[48] oder
- die nicht die vorstehenden Voraussetzungen erfüllt und bei der das Besteuerungsrecht Deutschlands in Bezug auf den Gewinn aus der Veräußerung der als Gegenleistung erhaltenen Anteile nicht ausgeschlossen oder beschränkt ist (§ 1 Abs. 4 Satz 1 Nr. 2 Buchst. b) UmwStG);
- eine **natürliche Person**,
  - die innerhalb des EU-/EWR-Raums[49] ansässig ist, d.h. ihren Wohnsitz oder ihren gewöhnlichen Aufenthalt im einem EU-/EWR-Staat hat und die nicht aufgrund eines mit einem Drittstaat abgeschlossenen Doppelbesteuerungsabkommens als außerhalb des EU-/EWR-Raums ansässig gilt (§ 1 Abs. 4 Satz 1 Nr. 2 Buchst. a) Doppelbuchst. bb) i.V.m. § 1 Abs. 2 Satz 1 Nr. 2 UmwStG), oder
  - die außerhalb des EU-/EWR-Raums ansässig ist bzw. abkommensrechtlich dort nicht als ansässig gilt und bei der das Besteuerungsrecht Deutschlands in Bezug auf den Gewinn aus der Veräußerung der als Gegenleistung erhaltenen Anteile nicht ausgeschlossen oder beschränkt ist (§ 1 Abs. 4 Satz 1 Nr. 2 Buchst. b) UmwStG);
- eine **Personengesellschaft**[50], deren Anteile unmittelbar oder mittelbar durch weitere Personengesellschaften ausschließlich gehalten werden von
  - **Körperschaften, Personenvereinigungen, Vermögensmassen** und
  - **natürliche Personen**,

  die ihrerseits Einbringende sein können, d.h. die im EU-/EWR-Raum ansässig sind oder bei denen das deutsche Besteuerungsrecht hinsichtlich des Gewinns aus der Veräußerung der als Gegenleistung erhaltenen Anteile nicht ausgeschlossen oder beschränkt ist (§ 1 Abs. 4 Satz 1 Nr. 2 Buchst. b) UmwStG).

Personengesellschaften werden hinsichtlich der Erfüllung der persönlichen Anwendungsvoraussetzungen in § 1 Abs. 3 Nr. 1 - 5 UmwStG entsprechend dem steuerlichen Mitunternehmerkonzept (§ 15 Abs. 1 Satz 1 Nr. 2 EStG) als transparent betrachtet. Dies entspricht der bisherigen Auffassung der Finanzverwaltung, die als Einbringende i.S.d. *§ 20 Abs. 1 UmwStG a.F.* stets die Gesellschafter und nicht die Personengesellschaft sieht.[51] Für die Gesellschafter waren, vorbehaltlich einer Anwendung des *§ 20 Abs. 3 UmwStG a.F.*, keine Einschränkungen des Anwendungsbereichs vorgesehen, so dass auch Personengesellschaften mit in Drittstaaten ansässigen Gesellschaftern hierdurch erfasst waren.[52] Durch die vom Finanzausschuss vorgenommene Einfügung des § 1 Abs. 4 Satz 1 Nr. 2 Buchst. b) UmwStG fallen derartige Einbringungsvorgänge auch nach neuem Recht in den Anwendungsbereich des § 20 Abs. 1 UmwStG.

---

48) Aufgrund der Fiktion in § 1 Abs. 2 Satz 2 UmwStG kann auch die SE oder die SCE auch einbringender Rechtsträger sein.
49) Hierzu gehören die 27 EU-Mitgliedstaaten sowie Norwegen, Liechtenstein und Island, nicht aber die Schweiz.
50) Zu den Gesellschaften i.S.v. Art. 48 EG-Vertrag und Art. 34 EWR-Abkommen gehören auch Personengesellschaften. Entsprechend dem Wortlaut des § 1 Abs. 4 Nr. 2 Buchst. a) Doppelbuchst. aa) UmwStG muss daher auch eine einbringende Personengesellschaft die Voraussetzungen des § 1 Abs. 2 Satz 1 Nr. 1 UmwStG erfüllen. Die Personengesellschaft kann mithin im EU-/EWR-Raum oder in einem Drittland ansässig sein, entscheidend ist, dass die Anwendungsvoraussetzungen durch ihre Gesellschafter erfüllt werden. Als Einbringende im steuerlichen Sinne sind aufgrund des Transparenzprinzips stets die Mitunternehmer der Personengesellschaft anzusehen, siehe BMF, Schreiben v. 25.03.1998, IV BZ - S 1978 - 21/98/IV B 2 - S 1909 - 33/98, BStBl. I 1998 S. 268 (UmwSt-Erlass) Rz. 20.05.
51) Vgl. BMF, Schreiben v. 25.03.1998, IV BZ - S 1978 - 21/98/IV B 2 - S 1909 - 33/98, BStBl. I 1998 S. 268 (UmwSt-Erlass) Rz. 20.05.
52) Vgl. *Rödder/Schumacher*, DStR 2006 S. 1525 (1526).

Gleiches gilt für die Einbringung eines Teilbetriebs aus einer inländischen Betriebsstätte eines **in einem Drittstaat ansässigen Einbringenden** in eine Kapitalgesellschaft oder Genossenschaft, sofern die im Gegenzug erhaltenen Anteile dem Betriebsvermögen der inländischen Betriebsstätte zuzuordnen sind oder wenn sich durch § 49 Abs. 1 Nr. 2 Buchst. e) EStG ein beschränktes Besteuerungsrecht ergibt, das nicht durch ein Doppelbesteuerungsabkommen eingeschränkt wird.[53]

Entsprechend dem Wortlaut von § 1 Abs. 2 Satz 1 Nr. 1 i.V.m. § 1 Abs. 4 Satz 1 Nr. 2 Buchst. a) Doppelbuchst. aa) UmwStG ist es unerheblich, ob an den **als Gegenleistung** für die Einbringung eines Betriebs, Teilbetriebs oder Mitunternehmeranteils i.S.v. § 20 Abs. 1 UmwStG **erhaltenen Anteilen ein deutsches Besteuerungsrecht** besteht, wenn Einbringender eine im EU-/EWR-Raum ansässige Gesellschaft oder natürliche Person ist. Das Vorliegen des deutschen Besteuerungsrechts ist nur für in Drittstatten ansässige Einbringende entscheidend (§ 1 Abs. 4 Satz 1 Nr. 2 Buchst. b) UmwStG).

Der persönliche Anwendungsbereich des § 20 Abs. 1 UmwStG ist nach der Neuregelung des § 1 Abs. 4 Satz 1 Nr. 2 UmwStG insgesamt deutlich weiter gefasst als nach bisherigem Recht und erlaubt uneingeschränkt **Einbringungen innerhalb des EU-/EWR-Raums** als auch **Einbringungen durch Drittstaatenangehörigen**, sofern das Besteuerungsrecht bezüglich der für die Einbringung eines Betriebs, Teilbetriebs oder Mitunternehmeranteils durch den Drittstaatenangehörigen erhaltenen Anteile nicht ausgeschlossen oder eingeschränkt wird. Die persönlichen Anwendungsvoraussetzungen für Einbringungen i.S.v. § 20 Abs. 1 UmwStG gehen sogar über die Vorgaben der Fusionsrichtlinie hinaus, wonach einbringende und übernehmende Gesellschaft in der EU ansässige Kapitalgesellschaften sein müssen (Art. 3 FRL).[54]

bb) Übernehmender Rechtsträger

Übernehmende Gesellschaft muss gem. § 1 Abs. 4 Satz 1 Nr. 1 i.V.m. § 1 Abs. 2 Satz 1 Nr. 1 UmwStG eine **Kapitalgesellschaft** oder eine **Genossenschaft** sein,

- die eine Gesellschaft i.S.v. Art. 48 EG-Vertrag bzw. Art. 34 EWR-Abkommen ist,
- deren Sitz bzw. Ort der Geschäftsleitung sich innerhalb der EU bzw. des EWR befindet, und
- die nach den Rechtsvorschriften eines EU-/EWR-Staates gegründet wurde.

Einbringungen i.S.v. § 20 Abs. 1 UmwStG in Gesellschaften, die **außerhalb des EU-/EWR-Gebiets** ansässig sind, werden nicht durch das UmwStG begünstigt.

Der Sitz der übernehmenden Gesellschaft kann von ihrem Ort der Geschäftsleitung abweichen und sich in einem anderen EU-/EWR-Staat befinden. Auch muss der Sitzstaat der übernehmenden Gesellschaft nicht mit deren Gründungsstaat identisch sein. Sitzverlegungen innerhalb des EU-/EWR-Raums sind, soweit gesellschaftsrechtlich vorgesehen, grds. zulässig.[55] Die Einstufung der ausländischen Gesellschaft nach deutschem Steuerrecht könnte

---

53) Vgl. *Dötsch/Pung*, DB 2006 S. 2763; *Förster/Wendland*, BB 2007 S. 631 (632); *Rödder/Schumacher*, DStR 2006 S. 1525 (1526).
54) Vgl. *Dörfler/Rautenstrauch/Adrian*, BB 2006 S. 32; Rödder/Schumacher DB 2006 S. 1536.
55) Vgl. Gesetzesbegründung v. 25.09.2006 zu § 1 Abs. 2 UmwStG, BT-Drs. 16/2710 S. 36.

entsprechend dem vom RFH und BFH entwickelten zweistufigen Rechtstypenvergleich[56] vorgenommen werden.[57] Insbes. müsste dies für Gesellschaften gelten, die in einem EWR-Staat ansässig sind, der nicht zugleich EU-Mitgliedstaat ist[58] sowie für EU-Gesellschaften, die nicht gem. Art. 3 FRL als EU-Kapitalgesellschaften zu qualifizieren sind.[59]

Die Gründung einer **Europäische Gesellschaft (SE)** und einer **Europäische Genossenschaft (SCE)** erfolgt nicht nach den Rechtsvorschriften eines EU-/EWR-Staates, sondern auf Grundlage der SE-VO bzw. der SCE-VO. Gleichwohl fallen die SE und die SCE in den persönlichen Anwendungsbereich des § 20 Abs. 1 UmwStG, da sie gem. § 1 Abs. 2 Satz 2 UmwStG für Anwendung des § 1 Abs. 2 Satz 1 i.V.m. § 1 Abs. 4 UmwStG als *„eine nach den Rechtsvorschriften des Staates gegründete Gesellschaften, in dessen Hoheitsgebiet sich der Sitz der Gesellschaft befindet"* gelten, m.a.W. der Sitzstaat der SE bzw. SCE wird als deren Gründungsstaat fingiert.[60]

cc) Zusammenfassung

Die persönlichen Anwendungsvoraussetzungen hinsichtlich des einbringenden und des übernehmenden Rechtsträgers im Rahmen der Sacheinlage i.S.v. § 20 Abs. 1 UmwStG lassen sich wie folgt zusammenfassen:

---

56) Siehe RFH v. 12.02.1930, RStBl. S. 444 (sog. „Venezuela-Entscheidung"); BFH v. 17.07.1968, BStBl II 1968 S. 695; v. 03.02.1988, BStBl II 1988 S. 588; v. 23.06.1992, BStBl II 1992 S. 972; v. 16.12.1992, BStBl 1993 II S. 399. Demnach ist ein ausländisches Gebilde als Körperschaft einzuordnen, wenn sich bei einer Gesamtbetrachtung der einschlägigen ausländischen Bestimmungen und der getroffenen Vereinbarung über die Organisation und die Struktur des Gebildes ergibt, dass dieses rechtlich und wirtschaftlich einer inländischen Körperschaft oder sonstigen juristischen Person gleicht. Für den Vergleich sind alle Elemente heranzuziehen, die nach deutschem Recht die wesentlichen Strukturmerkmale einer Körperschaft ausmachen, vgl. BMF, Schreiben v. 19.04.2004, IV B 4 - S 1301 USA - 22/04, BStBl. I 2004 S. 411 siehe Gliederungspunk I.I.4. c) bb).
57) Die Gesetzesbegründung v. 25.09.2006 zu § 1 Abs. 1 UmwStG gibt einen Hinweis auf den Typenvergleich, BT-Drs. 16/2710 S. 35. Siehe auch *Voß*, BB 2006 S. 469, der diesbezüglich auf europarechtliche Bedenken hinweist.
58) Dies sind Island, Liechtenstein und Norwegen.
59) Nach bisherigem Recht wurden bei EU-Einbringungen i.S.v. *§ 23 UmwStG a.F.* unter EU-Kapitalgesellschaften nur die in der Anlage zum UmwStG abschließend aufgeführten ausländischen Rechtsformen gefasst. Diese entsprachen den in der Anlage zu Art. 3 FRL aufgeführten Rechtsformen. Für diese Gesellschaften sollte auch nach neuem Recht dem UmwStG eine entsprechende Anlage angefügt werden, da sie sich auf Art. 3 FRL berufen können und mithin ein Rechtstypenvergleich nicht vorgenommen werden muss.
60) Da Sitz und Ort der Geschäftsleitung einer SE respektive SCE nicht in verschiedenen Staaten belegen sein dürfen (Art. 7 Satz 1 SE-VO bzw. Art. 6 Satz 1 SCE-VO), gilt dies zugleich auch für den Ort der Geschäftsleitung.

einbringender Rechtsträger	**Körperschaften, Personenvereinigungen, Vermögensmassen** mit Ansässigkeit im – Inland, EU-/EWR-Raum oder – Drittstaat, sofern das deutsche Besteuerungsrecht für die i.R.d. Einbringung erhaltenen Anteile nicht ausgeschlossen oder eingeschränkt wird **natürliche Personen** mit Ansässigkeit im – Inland, EU-/EWR-Raum oder – Drittstaat, sofern das deutsche Besteuerungsrecht für die i.R.d. Einbringung erhaltenen Anteile nicht ausgeschlossen oder eingeschränkt wird **Personengesellschaften**[61], mit Ansässigkeit im – Inland, EU-/EWR-Raum oder Drittstaat, – deren Gesellschafter nur natürliche Personen sowie Körperschaften, Personenvereinigungen, Vermögensmassen sind, deren Ansässigkeit im – Inland, EU-/EWR-Raum oder – Drittstaat ist, sofern das deutsche Besteuerungsrecht für die i.R.d. Einbringung erhaltenen Anteile nicht ausgeschlossen oder eingeschränkt wird
übernehmender Rechtsträger	**AG, GmbH, KGaA, SE, eG, SCE** mit Ansässigkeit im – Inland oder EU-/EWR-Raum (nicht im Drittstaat)

Abb. I.V. - 6: Zusammenfassung des persönlichen Anwendungsbereichs des § 20 Abs. 1 UmwStG

b) Sachlicher Anwendungsbereich

aa) Gegenstand der Sacheinlage (§ 20 Abs. 1 UmwStG)

Gegenstand der Sacheinlage i.S.v. § 20 Abs. 1 UmwStG sind - wie im bisherigen Recht - ein **Betrieb, Teilbetrieb**[62] oder **Mitunternehmeranteil**[63].

Die Sacheinlage ist nach § 20 Abs. 1 UmwStG begünstigt, sofern alle **wesentlichen Betriebsgrundlagen** eingebracht werden. Eine Nutzungsüberlassung an die übernehmende Kapitalgesellschaft bzw. Genossenschaft ist nach bisheriger Auffassung der Finanzverwaltung nicht ausreichend.[64] Für die Beurteilung der Frage, ob ein Wirtschaftsgut eine wesentliche Betriebsgrundlage darstellt, ist die **funktionale Betrachtungsweise** maßgeblich.[65]

---

61) Als Einbringende im steuerlichen Sinne sind aufgrund des Transparenzprinzips stets die Mitunternehmer der Personengesellschaft anzusehen, siehe BMF, Schreiben v. 25.03.1998, IV BZ - S 1978 - 21/98/IV B 2 - S 1909 - 33/98, BStBl. I 1998 S. 268 (UmwSt-Erlass) Rz. 20.05.

62) Fraglich ist, ob der Teilbetriebsbegriff wegen der Erweiterung des Anwendungsbereichs der Einbringungstatbestände auf ausländische EU-/EWR-Kapitalgesellschaften und EU-/EWR-Genossenschaften nunmehr auch der Definition des Art. 2 Buchst. i) FRL auszulegen ist. Befürwortend *Förster/Wendland*, BB 2007 S. 631 (632); *Patt*, Der Konzern 2006 S. 730 (735); *Thömmes/Schulz/Eismayr/Müller*, IWB Gruppe 2 Fach 11 S. 747 (756). Demgegenüber *Dötsch/Pung*, DB 2006 S. 2763 (2764): *„zweifelhaft"*; *Ley*, FR 2007 S. 109 (110): *„fraglich"*. Zu den Unterschieden zwischen dem Teilbetriebsbegriff im deutschen Ertragsteuerrecht und nach Art. 2 Buchst. i) FRL siehe Gliederungspunkt G.III.2. a) bb).

63) Die Möglichkeit der grenzüberschreitenden Einbringung von Mitunternehmeranteilen geht über den Regelungsbereich der Fusionsrichtlinie hinaus, die lediglich die grenzüberschreitende Einbringung von Betrieben und Teilbetrieben vorsieht.

64) Vgl. BMF, Schreiben v. 25.03.1998, IV B 7 - S 1978 - 21/98 / IV B 2 - S 1909 - 33/98, BStBl. I 1998 S. 268 (UmwSt-Erlass) Rz. 20.08.

65) Siehe hierzu auch BMF, Schreiben v. 16.08.2000, IV C 2 - S 1909 - 23/00, BStBl. I 2000 S. 1253.

Änderungen im UmwStG

Sofern eine wesentliche Betriebsgrundlage von mehreren Betriebsbereichen genutzt wird, ist es erforderlich, dass das gemischt genutzte Wirtschaftsgut - ggf. nach vorheriger zivilrechtlicher Teilung - auch Gegenstand der Einbringung ist.[66]

Sofern Anteile an einer Kapitalgesellschaft oder Genossenschaft zu den wesentlichen Betriebsgrundlagen zählen, sind diese mit einzubringen. Eine gesplittete Einbringung des Betriebs i.R.d. § 20 Abs. 1 UmwStG (Sacheinlage) sowie der Anteile i.R.d. § 21 Abs. 1 UmwStG (Anteilstausch) ist wohl nicht möglich.[67] Wegen der ausdrücklichen Trennung zwischen Sacheinlage und Anteilstausch i.R.d. Neukonzeption der § 20 - § 23 UmwStG gilt eine zu einem Betriebsvermögen gehörende **100%ige Beteiligung an einer Kapitalgesellschaft** - im Gegensatz zum Regelungsbereich der § 16 Abs. 1 Satz 1 Nr. 1 Satz 2 EStG, § 15 Abs. 1 Satz 3, § 24 Abs. 1 UmwStG - **nicht als Teilbetrieb**.[68]

Eine **Einbringung eines Mitunternehmeranteils** liegt auch vor, sofern nur ein Teil eines Mitunternehmeranteils eingebracht wird. Bei der Einbringung eines Mitunternehmeranteils muss auch das (anteilige) Sonderbetriebsvermögen eingebracht werden, soweit es sich um eine wesentliche Betriebsgrundlage handelt.[69] Sofern die erworbene Gesellschaft in den von der Fusionsrichtlinie erfassten Fällen des Anteilstauschs aus deutscher Sicht als steuerlich transparent anzusehen ist (hybride Gesellschaft i.S.v. Art. 10a Abs. 1 FRL), gilt dies ebenfalls als Einbringung eines **Mitunternehmeranteils** i.S.v. § 20 UmwStG.[70]

bb) Gewährung neuer Anteile als Gegenleistung für die Sacheinlage (§ 20 Abs. 1 UmwStG)

Der Einbringende muss - wie im bisherigen Recht - als Gegenleistung für die Einbringung **neue Anteile** an der aufnehmenden Kapitalgesellschaft bzw. Genossenschaft erhalten (§ 20 Abs. 1 UmwStG). Diese neuen Anteile werden als „erhaltene Anteile" bezeichnet (§ 22 Abs. 1 und 2 UmwStG). Nicht erforderlich ist, dass ausschließlich neue Anteile gewährt werden; es sind auch andere Gegenleistungen daneben möglich.

---

66) Zur funktionalen Betrachtungsweise siehe auch Gliederungspunkt G.III.1. a) aa) (2).
67) Siehe hierzu auch § 22 Abs. 1 Satz 5 UmwStG: *„Umfasst das eingebrachte Betriebsvermögen auch Anteile an Kapitalgesellschaften oder Genossenschaften, ...".*
68) Vgl. Gesetzesbegründung v. 25.09.2006 zu § 20 Abs. 1 UmwStG und § 24 Abs. 1 UmwStG, BT-Drs. 16/2710 S. 42 und S. 50.
69) Vgl. BMF, Schreiben v. 25.03.1998, IV B 7 - S 1978 - 21/98 / IV B 2 - S 1909 - 33/98, BStBl. I 1998 S. 268 (UmwSt-Erlass) Rz. 20.08, 20.12. Siehe hierzu auch BFH v. 16.02.1996, I R 183/94, BStBl. II 1996 S. 342; FG Köln, Urteil v. 19.05.2005, EFG 2005 S. 1273 (Rev.-Az.: VIII R 37/05) sowie zu § 16 EStG: BFH, Urteil v. 10.11.2005, IV R 7/05, DStR 2006 S. 23; BFH, Urteil v. 24.08.2000, IV R 51/98, BStBl. II 2005 S. 173; BFH, Urteil v. 12.04.2000, XI R 35/99, BStBl. II 2001 S. 26. Erfolgt die Einbringung im Wege einer handelsrechtlichen Umwandlung, muss das (anteilige) Sonderbetriebsvermögen zusätzlich durch Einzelrechtsnachfolge i.R. eines einheitlichen Übertragungsakts auf die übernehmende Kapitalgesellschaft bzw. Genossenschaft übertragen werden. Dies setzt eine weitere zivilrechtliche Vereinbarung voraus. Vgl. *Patt*, in: Dötsch/Jost et al., Die Körperschaftsteuer, § 20 UmwStG n.F. Rz. 133 ff. (58. EL 11/2006).
70) Vgl. Gesetzesbegründung v. 25.09.2006 zu § 20 Abs. 1 UmwStG, BT-Drs. 16/2710 S. 42.

Die Sacheinlage setzt zwingend eine **Kapitalerhöhung** auf Ebene der aufnehmenden Kapitalgesellschaft bzw. Genossenschaft voraus.[71] Eine Umwandlung ohne Kapitalerhöhung fällt nicht in den Anwendungsbereich des § 20 Abs. 1 UmwStG.[72] Die **verschleierte Sachgründung** ist keine Einbringung i.S.v. § 20 Abs. 1 UmwStG, da die neuen Anteile als Gegenleistung für eine Bareinlage, nicht aber für eine Sacheinlage gewährt werden.[73] Die **Gewährung eigener Anteile** wird mangels Ausgabe neuer Anteile ebenfalls nicht von § 20 Abs. 1 UmwStG erfasst, da sich die eigenen Anteile bereits im Betriebsvermögen der übernehmenden Gesellschaft befinden.[74] Dies gilt auch für die **verdeckte Einlage**, die eine durch das Gesellschaftsverhältnis veranlasste unentgeltliche Zuwendung an die Gesellschaft, nicht aber den nach § 20 Abs. 1 UmwStG erforderlichen tauschähnlichen Vorgang darstellt.[75]

Erhält der Einbringende neben den neuen Anteilen an der übernehmenden Gesellschaft auch **andere Wirtschaftsgüter als Gegenleistung** (z.B. bare Zuzahlungen oder Gesellschafterdarlehen), führt dies - wie im bisherigen Recht - nur dann zu einer Realisierung der stillen Reserven, sofern der gemeine Wert der anderen Wirtschaftsgüter den Buchwert des eingebrachten Betriebsvermögens übersteigt (§ 20 Abs. 2 Satz 4 UmwStG).[76] Beim Einbringenden ist hinsichtlich der Bemessung der Anschaffungskosten der als Gegenleistung für die Sacheinlage erhaltenen Anteile insofern § 20 Abs. 3 Satz 3 UmwStG zu beachten.[77]

---

71) Die Finanzverwaltung hat im bisherigen Recht eine Ausnahme vom Erfordernis der Gewährung neuer Anteile zugelassen, wenn zum eingebrachten Betriebsvermögen auch Anteile an der übernehmenden Gesellschaft gehörten. Diese Anteile konnten zurückbehalten werden und galten nicht als entnommen, sondern wurden als Anteile behandelt die durch eine Sacheinlage erworben wurden (BMF, Schreiben v. 25.03.1998, IV B 7 - S 1978 - 21/98 / IV B 2 - S 1909 - 33/98, BStBl. I 1998 S. 268 (UmwSt-Erlass) Rz. 20.11). Es spricht einiges dafür, dass diese Verwaltungsauffassung auch zukünftig fortgelten wird, da die aufnehmende Gesellschaft daran interessiert sein müsste, das Entstehen eigener Anteile bei gleichzeitiger Ausreichung neuer Anteile zu vermeiden.
72) Demgegenüber kann aus gesellschaftsrechtlicher Sicht bei Zustimmung aller Gesellschafter von einer Kapitalerhöhung beim übernehmenden Rechtsträger abgesehen werden (§ 54 Abs. 1 Satz 1, § 68 Abs. 1 Satz 1 UmwG); vgl. *Dötsch/Pung*, DB 2006 S. 2763 (2764); *Haritz/von Wolff*, GmbHR 2006 S. 340 (344 f.). Die Vereinfachungsregelungen des § 54 Abs. 1 Satz 1 und § 68 Abs. 1 Satz 1 UmwG finden daher nur für die Verschmelzung auf Kapitalgesellschaften i.S.v. § 11 - § 13 UmwStG Anwendung, in deren Regelungsbereich die Ausgabe neuer Anteile im Rahmen der Verschmelzung nicht vorausgesetzt wird.
73) Vgl. BMF, Schreiben v. 25.03.1998, IV B 7 - S 1978 - 21/98 / IV B 2 - S 1909 - 33/98, BStBl. I 1998 S. 268 (UmwSt-Erlass) Rz. 20.04 sowie BFH v. 01.07.1992, I R 5/92, BStBl. II 1993 S. 131. Der BGH hat mit Urteil v. 07.07.2003 (II ZR 235/01, NJW 2003 S. 3127) bei einer GmbH die Heilung der verschleierten Sachgründung zivilrechtlich zugelassen. Diese Heilungsmöglichkeit ist auch für steuerrechtliche Zwecke zu beachten, so dass § 20 Abs. 1 UmwStG insofern anwendbar wäre. Siehe hierzu *Patt*, in: Dötsch/Jost et al., Die Körperschaftsteuer, § 20 UmwStG n.F. Rz. 141 (58. EL 11/2006).
74) Vgl. *Altrichter-Herzberg*, GmbHR 2004 S. 1188 ff.; *Langner*, GmbHR 2004 S. 298 ff.; *Patt*, in: Dötsch/Jost et al., Die Körperschaftsteuer, § 20 UmwStG n.F. Rz. 143 ff. (58. EL 11/2006); *Tillmann/Tillmann*, DB 2004 S. 1853 ff.
75) Vgl. BMF, Schreiben v. 25.03.1998, IV B 7 - S 1978 - 21/98 / IV B 2 - S 1909 - 33/98, BStBl. I 1998 S. 268 (UmwSt-Erlass) Rz. 20.04. Bei der verdeckten Einlage kommt es zur Aufdeckung der im übertragenen Vermögen enthaltenen stillen Reserven einschließlich eines eventuell vorhandenen Geschäfts- oder Firmenwerts. Siehe hierzu auch BFH v. 20.07.2005, X R 22/02, BStBl. II 2006 S. 457; BFH v. 14.01.1993, IV R 121/91, BFH/NV 1993 S. 525 und BFH v. 18.12.1990, VIII R 17/85, BStBl. II 1991 S. 512.
76) Die im Regierungsentwurf v. 25.09.2006 noch enthaltene Regelung, wonach im Rahmen einer Einbringung geleistete bare Zuzahlungen zu einer sofortigen Gewinnrealisierung führen *(§ 20 Abs. 2 Satz 2 Nr. 3 UmwStG-E)*, ist in der endgültigen Gesetzesfassung nicht mehr enthalten. Siehe hierzu auch Gesetzesbegründung v. 09.11.2006 zu § 20 Abs. 2 UmwStG, BT-Drs. 16/3369 S. 26 sowie BMF, Schreiben v. 25.03.1998, IV B 7 - S 1978 - 21/98 / IV B 2 - S 1909 - 33/98, BStBl. I 1998 S. 268 (UmwSt-Erlass) Rz. 20.03.
77) Siehe hierzu auch Gliederungspunkt I.V.3. d) bb).

Änderungen im UmwStG 844

c) Bewertung des eingebrachten Betriebsvermögens bei der übernehmenden Gesellschaft (§ 20 Abs. 2, 7 und 8 UmwStG)

aa) Grundsatz: Ansatz mit dem gemeinen Wert

Anstelle des bisherigen Bewertungswahlrechts zwischen Buchwert, Zwischenwert und Teilwert sieht § 20 Abs. 2 Satz 1 1. HS UmwStG als Grundregel nunmehr den Ansatz des „*eingebrachten Betriebsvermögens*" mit dem **gemeinen Wert** vor.[78] Obwohl § 20 Abs. 2 Satz 1 UmwStG - anders als § 3 Abs. 1 Satz 1 und § 11 Abs. 1 Satz 1 UmwStG - nicht ausdrücklich die Realisierung der in den nicht bilanzierten immateriellen Wirtschaftsgütern, insbes. dem originären Geschäfts- oder Firmenwert, enthaltenen stillen Reserven, anordnet, soll der gemeine Wert des eingebrachten Betriebsvermögens nach Auffassung des Gesetzgebers auch selbst geschaffene immaterielle Wirtschaftsgüter umfassen.[79] Im Ergebnis wäre als gemeiner Wert somit grds. der Gesamtwert zu erfassen, der als Veräußerungspreis für die Sachgesamtheit zu erzielen wäre.[80] **Pensionsrückstellungen** sind demgegenüber nicht mit dem gemeinen Wert anzusetzen, sondern mit dem **Teilwert**, der sich nach § 6a EStG ergibt (§ 20 Abs. 2 Satz 1 2. HS UmwStG).[81]

Der Ansatz des gemeinen Werts erfolgt unabhängig vom Ansatz und von der Bewertung in der Handelsbilanz; der Grundsatz der Maßgeblichkeit der Handelsbilanz für die Steuerbilanz (§ 5 Abs. 1 Satz 1 EStG) ist nicht zu beachten.[82] Nach Auffassung des Gesetzgebers ist der Ansatz eines Werts unter dem gemeinen Wert in der Steuerbilanz auch dann zulässig, wenn das eingebrachte Betriebsvermögen in der Handelsbilanz mit einem höheren Wert angesetzt wird.[83]

bb) Auf Antrag: Ansatz mit dem Buchwert oder einem Zwischenwert

(1) Überblick

Die übernehmende Gesellschaft kann das eingebrachte Betriebsvermögen nach § 20 Abs. 2 Satz 2 UmwStG **auf Antrag** einheitlich mit dem **Buchwert** oder einem **Zwischenwert**, höchstens jedoch mit dem gemeinen Wert, ansetzen:[84]

---

78) Zum Begriff des gemeinen Werts siehe Gliederungspunkt H.I.1. a) bb) (1).
79) Vgl. Gesetzesbegründung v. 25.09.2006 zu § 20 Abs. 2 UmwStG, BT-Drs. 16/2710 S. 43. So auch Gesetzesbegründung v. 25.09.2006 zu § 6 Abs. 1 Nr. 4 Satz 1 EStG, BT-Drs. 16/2710 S. 28: „*Bei mehreren Wirtschaftsgütern, die zusammen einen Betrieb, Teilbetrieb oder den gesamten Anteil eines Mitunternehmers bilden, bezieht sich der gemeine Wert entsprechend den Grundsätzen der Betriebsaufgabe/Totalentnahme (§ 16 Abs. 3 EStG) auf die Sachgesamtheit (selbstgeschaffene immaterielle Wirtschaftsgüter sowie ein eventuell vorhandener Geschäfts- oder Firmenwert wären hierin enthalten); in allen anderen Fällen auf das jeweilige Wirtschaftsgut.*"
80) Vgl. *Dötsch/Pung*, DB 2006 S. 2704 (2705); *Rödder/Schumacher*, DStR 2006 S. 1525 (1527).
81) I.R.d. einkommen- und körperschaftsteuerlichen Entstrickungsregelungen wird § 6a EStG demgegenüber nicht erwähnt; siehe *Dötsch/Pung*, DB 2006 S. 2648 (2648). Siehe hierzu ausführlich Gliederungspunkt H.I.1. b) bb).
82) Siehe hierzu bereits BFH v. 30.04.2003, I R 102/01, BStBl. II 2004 S. 804, wonach der Grundsatz der Maßgeblichkeit der Handelsbilanz für die Steuerbilanz nicht gilt, soweit Mitunternehmeranteile in eine Kapitalgesellschaft eingebracht werden, da das Bewertungswahlrecht nicht in der Steuerbilanz der übernehmenden Kapitalgesellschaft, sondern bei der übertragenden Personengesellschaft ausgeübt wird.
83) Vgl. Gesetzesbegründung v. 25.09.2006 zu § 20 Abs. 2 UmwStG, BT-Drs. 16/2710 S. 43. *§ 20 Abs. 2 Satz 2 UmwStG a.F.* wurde insofern gestrichen. Siehe hierzu auch BFH v. 17.09.2003, I R 97/02, BStBl. II 2004 S. 686. Zu den Rechtsausführungen der Vorinstanz siehe FG Köln v. 05.09.2002, 13-K-5561/01, EFG 2002 S. 339.
84) § 20 Abs. 3 UmwStG regelt den Wertansatz der als Gegenleistung erhaltenen Anteile an der übernehmenden Körperschaft auf Gesellschafterebene.

- **Buchwert** ist der Wert, der sich nach den steuerrechtlichen Vorschriften über die Gewinnermittlung in einer für den steuerlichen Übertragungsstichtag aufzustellenden Steuerbilanz ergibt oder ergäbe (§ 1 Abs. 5 Nr. 4 UmwStG);[85]
- **Zwischenwert** ist jeder Wert, der zwischen dem Buchwert und dem gemeinen Wert liegt. Hinsichtlich der Frage, in welchem Umfang es zu einer Aufdeckung der stillen Reserven in den einzelnen Wirtschaftsgütern bei einem Zwischenwertansatz kommt, wird die Finanzverwaltung wohl auf die Regelungen im UmwSt-Erlass für den Fall der Gewährung einer Gegenleistung zurückgreifen. Die Buchwerte der bilanzierten Wirtschaftsgüter sind nach Auffassung der Finanzverwaltung nach einem einheitlichen Vomhundertsatz um die aufgedeckten stillen Reserven aufzustocken. Selbstgeschaffene und/oder unentgeltlich erworbene immaterielle Wirtschaftsgüter einschließlich eines Geschäftsoder Firmenwerts sind nur anzusetzen, sofern die bilanzierten Wirtschaftsgüter mit dem gemeinen Wert angesetzt sind, aber gegenüber dem Wert, mit dem bei der Ausübung des Wahlrechts das Betriebsvermögen angesetzt werden soll, noch eine Differenz besteht.[86]

Der Einbringende ist an den von der übernehmenden Gesellschaft ausgeübten Bewertungsansatz gebunden (§ 20 Abs. 3 Satz 1 UmwStG). Dabei ist die tatsächliche Bilanzierung der Sacheinlage durch die übernehmende Gesellschaft maßgebend.[87] Wird ein Mitunternehmeranteil eingebracht, wird das antragsgebundene Bewertungswahlrecht nicht auf Ebene der übernehmenden Gesellschaft, sondern in der Bilanz der Personengesellschaft ausgeübt, deren Anteile eingebracht werden.[88] Bei der gleichzeitigen Einbringung mehrerer Mitunternehmeranteile gilt hinsichtlich des Einheitlichkeitsgrundsatzes eine gesellschafterbezogene Betrachtungsweise, d.h. jeder Mitunternehmeranteil wird als gesonderter Einbringungsvorgang behandelt.[89]

Eine Änderung des Wahlrechts im Wege einer Bilanzänderung i.S.v. § 4 Abs. 2 Satz 2 EStG ist nicht zulässig.[90] Eine Bilanzberichtigung ist bei der übernehmenden Gesellschaft durchzuführen, sofern sich nachträglich die Wertansätze des eingebrachten Betriebsvermögens ändern.[91] Eine einseitige Bilanzberichtigung bei der übernehmenden Gesellschaft ohne entsprechende Berichtigung der Wertansätze auf Ebene der einbringenden Gesellschaft ist nicht zulässig.[92]

Die übernehmende Gesellschaft kann das antragsbezogene Bewertungswahlrecht i.S.v. § 20 Abs. 2 Satz 1 UmwStG ausüben, soweit

- sichergestellt ist, dass das eingebrachte Betriebsvermögen später bei der übernehmenden Gesellschaft der Besteuerung mit Körperschaftsteuer unterliegt (§ 20 Abs. 2 Satz 2 Nr. 1 UmwStG),

---

85) Siehe hierzu auch BMF, Schreiben v. 25.03.1998, IV B 7 - S 1978 - 21/98 / IV B 2 - S 1909 - 33/98, BStBl. I 1998 S. 268 (UmwSt-Erlass) Rz. 22.05.
86) Analog BMF, Schreiben v. 25.03.1998, IV B 7 - S 1978 - 21/98 / IV B 2 - S 1909 - 33/98, BStBl. I 1998 S. 268 (UmwSt-Erlass) Rz. 11.20 (zur Gewährung einer Gegenleistung, die nicht in Gesellschaftsrechten besteht) sowie Rz. 22.08. Kritik an der selektiven Aufstockung der Buchwerte äußert *Schmitt*, in: Schmitt/Hörtnagl/Stratz, UmwG/UmwStG, § 11 UmwStG Rz. 31 m.w.N. (4. Auflage).
87) Vgl. BMF, Schreiben v. 25.03.1998, IV B 7 - S 1978 - 21/98 / IV B 2 - S 1909 - 33/98, BStBl. I 1998 S. 268 (UmwSt-Erlass) Rz. 20.32.
88) Vgl. BFH v. 30.04.2003, I R 102/01, BStBl. II 2004 S. 804.
89) Vgl. Gesetzesbegründung v. 25.09.2006 zu § 20 Abs. 2 UmwStG, BT-Drs. 16/2710 S. 43 sowie *Damas*, DStZ 2007 S. 129 (137).
90) Zu § 20 UmwStG siehe BMF, Schreiben v. 25.03.1998, IV B 7 - S 1978 - 21/98 / IV B 2 - S 1909 - 33/98, BStBl. I 1998 S. 268 (UmwSt-Erlass) Rz. 20.33 m.w.N.
91) Vgl. BMF, Schreiben v. 25.03.1998, IV B 7 - S 1978 - 21/98 / IV B 2 - S 1909 - 33/98, BStBl. I 1998 S. 268 (UmwSt-Erlass) Rz. 20.34.
92) Vgl. BFH v. 17.10.2001, I R 111/00, BFH/NV 2002 S. 628.

- die Passivposten des eingebrachten Betriebsvermögens die Aktivposten nicht übersteigen; dabei ist das Eigenkapital nicht zu berücksichtigen (§ 20 Abs. 2 Satz 2 Nr. 2 UmwStG),
- das deutsche Besteuerungsrecht bei der übernehmenden Gesellschaft hinsichtlich des Gewinns aus der Veräußerung des eingebrachten Betriebsvermögens nicht ausgeschlossen oder beschränkt wird (§ 20 Abs. 2 Satz 2 Nr. 3 UmwStG).

Der Antrag auf Buchwert- oder Zwischenwertansatz ist einheitlich und spätestens bis zur erstmaligen Einreichung der steuerlichen Schlussbilanz bei dem für die Besteuerung des für die übernehmende Gesellschaft zuständigen Finanzamts zu stellen (§ 20 Abs. 2 Satz 3 UmwStG).[93] Durch die Einreichung der steuerlichen Schlussbilanz gilt der Antrag wohl als gestellt.[94] Die Bewertung des eingebrachten Betriebsvermögens hat auf den steuerlichen Übertragungsstichtag zu erfolgen.

Setzt die übernehmende Gesellschaft das eingebrachte Betriebsvermögen mit dem Buchwert oder einem Zwischenwert an, so tritt sie in die laufenden Behaltefristen des Einbringenden und dessen steuerliche Rechtsstellung ein (§ 23 Abs. 1 UmwStG i.V.m. § 4 Abs. 2 Satz 3 UmwStG und § 12 Abs. 3 1. HS UmwStG). Beim Zwischenwertansatz werden die AfA-Bemessungsgrundlagen der eingebrachten Wirtschaftsgüter angepasst (§ 23 Abs. 3 UmwStG).[95]

(2) Voraussetzungen für den Buchwert- bzw. Zwischenwertansatz i.S.v. § 20 Abs. 2 Satz 1 UmwStG

(a) Sicherstellung der Besteuerung des eingebrachten Betriebsvermögens mit Körperschaftsteuer bei der übernehmenden Gesellschaft (§ 20 Abs. 2 Satz 1 Nr. 1 UmwStG)

Der Ansatz des eingebrachten Betriebsvermögens zu einem unter dem gemeinen Wert liegenden Wert ist an die Voraussetzung gebunden, dass es bei der übernehmenden Gesellschaft einer Besteuerung mit Körperschaftsteuer unterliegt (§ 20 Abs. 2 Satz 1 Nr. 1 UmwStG).[96] Dies ist insbes. in dem Fall von Bedeutung, dass die übernehmende Gesellschaft steuerbefreit ist, z.B. eine nach § 5 Abs. 1 Nr. 9 KStG steuerbefreite gemeinnützige GmbH, die ggf. mit einem entsprechenden wirtschaftlichen Geschäftsbetrieb teilweise steuerpflichtig wird (§ 5 Abs. 1 Nr. 9 Satz 2 KStG). Fraglich ist in diesem Zusammenhang, ob ein Buchwert- bzw. Zwischenwertansatz auch weiterhin möglich ist, sofern die gemeinnützige GmbH in der Folgezeit steuerbefreit i.S.v. § 13 Abs. 5 i.V.m. Abs. 4, § 9 Abs. 1 Nr. 2 KStG wird.[97]

---

93) Gemeint sein dürfte die Bilanz zum Schluss des Wirtschaftsjahres, in das der steuerliche Übertragungsstichtag fällt, bzw. in Fällen der Sachgründung die Eröffnungsbilanz.
94) Analog zur Gesetzesbegründung v. 25.09.2006 zu § 3 Abs. 2 UmwStG, BT-Drs. 16/2710 S. 37. Die Gesetzesbegründung zu § 20 Abs. 2 UmwStG enthält diesbezüglich keine Aussage. *Lemaitre/Schönherr*, GmbHR 2007 S. 173 (174) raten dazu, neben der Einreichung der Steuererklärung (nebst Steuerbilanz) auch einen formlosen Antrag zu stellen, da der Gesetzeswortlaut von einem Antrag spricht und fraglich ist, ob dieser durch die Einreichung einer Steuererklärung als gestellt gilt.
95) Siehe hierzu auch Gliederungspunkt I.V.3. c) ee).
96) Nach der Gesetzesbegründung v. 09.11.2006, BT-Drs. 16/3369 S. 25 soll mit dieser Regelung „*klarstellend geregelt*" werden, dass in den Fällen der Einbringung in eine steuerfreie Gesellschaft ein Buchwert- oder Zwischenwertansatz nicht zulässig ist. Entsprechende Regelungen sind in § 3 Abs. 2 Satz 1 Nr. 1 UmwStG und § 11 Abs. 2 Satz 1 Nr. 1 UmwStG zu finden.
97) Befürwortend *Orth*, DB 2007 S. 419 (421 f.).

(b) Passivposten des eingebrachten Betriebsvermögens übersteigen nicht die Aktivposten (§ 20 Abs. 2 Satz 1 Nr. 2 UmwStG)

Sofern das eingebrachte Betriebsvermögen negativ ist, hat die übernehmende Gesellschaft die eingebrachten Aktiva durch einen zwangsweisen Zwischenwertansatz, höchstens bis zum gemeinen Wert, insoweit aufzustocken, dass sich die Aktiva und Passiva - ohne Berücksichtigung des Eigenkapitals - ausgleichen. Dies gilt auch, wenn das eingebrachte Betriebsvermögen durch Entnahmen während des Rückwirkungszeitraums negativ wird.[98] Deckt der gemeine Wert der Wirtschaftsgüter das negative Kapital nicht ab, hat die übernehmende Gesellschaft insoweit einen Anspruch gegen den einbringenden Gesellschafter.

Im Fall der Einbringung von Mitunternehmeranteilen ist auf das Kapitalkonto jedes einzelnen Mitunternehmers abzustellen, da bei der Einbringung von Mitunternehmeranteilen jeder einzelne Mitunternehmer Einbringender i.S.v. § 20 Abs. 1 UmwStG ist.[99]

(c) Kein Ausschluss und keine Beschränkung des deutschen Besteuerungsrechts hinsichtlich des Gewinns aus der Veräußerung des eingebrachten Betriebsvermögens (§ 20 Abs. 2 Satz 1 Nr. 3 UmwStG)

Die Einschränkung des Bewertungswahlrechts in den Fällen, in denen das deutsche Besteuerungsrecht hinsichtlich der Veräußerung des eingebrachten Betriebsvermögens eingeschränkt oder ausgeschlossen wird, ist Ausfluss der Ausweitung der Regelungen zur Sacheinlage auf EU-/EWR-Gesellschaften. Der Gesetzgeber geht offensichtlich davon aus, dass die Ausübung des Bewertungswahlrechts auf Ebene der übernehmenden Gesellschaft ein bereits bestehendes Besteuerungsrecht an dem eingebrachten Betriebsvermögen voraussetzt.

Die Gesetzesbegründung v. 25.09.2006 zu § 20 Abs. 2 UmwStG enthält den Hinweis, dass eine **Einschränkung des deutschen Besteuerungsrechts** vorliegt, wenn

1. vor der Einbringung das Besteuerungsrecht ohne Anrechnungsverpflichtung bestand und nachher kein oder ein Besteuerungsrecht mit Anrechnungsverpflichtung besteht oder
2. vor der Einbringung ein Besteuerungsrecht mit Anrechnungsverpflichtung bestand und nachher kein Besteuerungsrecht besteht.[100]

Zu 1. Eine Beschränkung oder ein Verlust des Besteuerungsrechts kann in dieser Fallkonstellation insbes. eintreten durch:

– Einbringung einer inländischen Betriebsstätte i.S.v. § 49 Abs. 1 Nr. 2a EStG i.V.m. Art. 7 Abs. 1 OECD-MA in Form eines Teilbetriebs oder eines Anteils an einer in Deutschland ansässigen Personengesellschaft in eine im EU-/EWR-Raum ansässige Kapitalgesellschaft oder Genossenschaft;
– Einbringung einer ausländischen Betriebsstätte in Form eines Teilbetriebs oder eines Anteils an einer im Ausland ansässigen Personengesellschaft in eine im EU-/EWR-Raum ansässige Kapitalgesellschaft oder Genossenschaft, sofern mit dem ausländischen Staat kein Doppelbesteuerungsabkommen besteht.

---

98) Vgl. Gesetzesbegründung v. 25.09.2006 zu § 20 Abs. 2 UmwStG, BT-Drs. 16/2710 S. 43. Siehe hierzu auch BMF, Schreiben v. 25.03.1998, IV B 7 - S 1978 - 21/98 / IV B 2 - S 1909 - 33/98, BStBl. I 1998 S. 268 (UmwSt-Erlass) Rz. 20.25. Die Einhaltung von Mindestkapitalvorschriften kann - wie im bisherigen Recht - in der Steuerbilanz einen Ausgleichsposten erfordern; siehe hierzu BMF, Schreiben v. 25.03.1998, IV B 7 - S 1978 - 21/98 / IV B 2 - S 1909 - 33/98, BStBl. I 1998 S. 268 (UmwSt-Erlass) Rz. 20.27.
99) Vgl. BMF, Schreiben v. 25.03.1998, IV B 7 - S 1978 - 21/98 / IV B 2 - S 1909 - 33/98, BStBl. I 1998 S. 268 (UmwSt-Erlass) Rz. 20.05.
100) Vgl. BT-Drs. 16/2710 S. 43.

Zu 2. Eine Beschränkung oder ein Verlust des Besteuerungsrechts kann in dieser Fallkonstellation insbes. eintreten durch:
- Einbringung einer ausländischen Betriebsstätte in Form eines Teilbetriebs oder eines Anteils an einer im Ausland ansässigen Personengesellschaft in eine im EU-/EWR-Raum ansässige Kapitalgesellschaft oder Genossenschaft, sofern mit dem ausländischen Staat ein Doppelbesteuerungsabkommen mit Anrechnungsmethode oder Doppelbesteuerungsabkommen mit Freistellungsmethode und Aktivitätsvorbehalt besteht oder § 20 Abs. 2 AStG einschlägig ist.

Sofern ein bereits existierendes deutsches Besteuerungsrecht hinsichtlich der Besteuerung des Gewinns aus der Veräußerung der übertragenen Wirtschaftsgüter bei der übernehmenden Körperschaft ausgeschlossen oder beschränkt wird, hat die übernehmende Gesellschaft dieses Betriebsvermögen wegen der Steuerverhaftungsbedingung i.S.v. § 20 Abs. 2 Satz 1 Nr. 3 UmwStG mit dem gemeinen Wert anzusetzen.

Ein **vor der Einbringung nicht existierendes deutsches Besteuerungsrecht** an dem eingebrachten Betriebsvermögen kann weder eingeschränkt noch ausgeschlossen werden. Wird durch einen Einbringungsvorgang das **deutsche Besteuerungsrecht** hinsichtlich des Gewinns aus der Veräußerung des eingebrachten Betriebsvermögens **erstmals begründet**, ist das eingebrachte Betriebsvermögen bei der übernehmenden Kapitalgesellschaft oder Genossenschaft mit dem gemeinen Wert anzusetzen (§ 4 Abs. 1 Satz 7 EStG i.V.m. § 6 Abs. 1 Nr. 5a EStG).[101] Die Anschaffungskosten der Gesellschaftsanteile entsprechen daher dem gemeinen Wert des eingebrachten Vermögens. Das Wahlrecht für die übrigen übertragenen Wirtschaftsgüter eines im Inland verstrickten Betriebsvermögens bleibt nach Auffassung des Gesetzgebers davon unberührt. Der Einheitlichkeitsgrundsatz der Bewertung der eingebrachten Wirtschaftsgüter steht dem nicht entgegen, da dieser nur für die bereits im Inland steuerverstrickten Wirtschaftsgüter gilt.[102]

Sofern **Deutschland vor und nach der Einbringung kein Besteuerungsrecht** an einem ausländischen Betriebsvermögen hat und das deutsche Besteuerungsrecht somit durch die Einbringung nicht beschränkt wird, greift die Regelung des § 20 Abs. 3 Satz 2 UmwStG, wonach zwingend der gemeine Wert des eingebrachten Betriebsvermögens im Zeitpunkt der Einbringung als Anschaffungskosten der neu gewährten Anteile vorgeschrieben wird.[103] Durch diese Regelung wird verhindert, dass die in dem eingebrachten Vermögen enthaltenen stillen Reserven zu stillen Reserven in den Anteilen führen, die der deutschen Steuerverhaftung unterliegen.[104]

cc) **Verlust des deutschen Besteuerungsrechts an ausländischer Betriebsstätte im eingebrachten Betriebsvermögen (§ 20 Abs. 7 UmwStG)**

Sofern der Einbringende im Inland ansässig ist und in dem eingebrachten Betriebsvermögen eine Betriebsstätte enthalten ist, die in einem EU-DBA-Staat belegen ist, mit dem Deutschland die **Anrechnungsmethode** zur Vermeidung der Doppelbesteuerung vereinbart hat (bzw. DBA-Fall Freistellungsmethode mit Aktivitätsvorbehalt, bei der die EU-Betriebsstätte

---

101) Vgl. Gesetzesbegründung v. 25.09.2006 zu § 20 Abs. 2 UmwStG, BT-Drs. 16/2710 S. 43.
102) Vgl. *Förster/Wendland*, BB 2007 S. 631 (634); *Ley*, FR 2007 S. 109 (112, Fußnote 17); BT-Drs. 16/2710 S. 43.
103) Siehe hierzu auch Gliederungspunkt I.V.3. d) aa). *Dötsch/Pung*, DB 2006 S. 2763 (2764) erachten auf Gesellschaftsebene (§ 20 Abs. 2 UmwStG) einen Buchwertansatz für zulässig; es dürfte allerdings praktisch ausgeschlossen sein, dass eine Gesellschaft dieses Wahlrecht ausübt; siehe hierzu auch Gliederungspunkt I.III.3. b).
104) Vgl. *Förster/Wendland*, BB 2007 S. 631 (634).

Tätigkeiten ausübt, die gegen den Aktivitätsvorbehalt verstoßen)[105], verliert Deutschland i.R. der Einbringung in eine ausländische EU-/EWR-Gesellschaft das Besteuerungsrecht an den im ausländischen Betriebsstättenvermögen enthaltenen stillen Reserven.[106] Sofern es sich um eine EU-Betriebsstätte handelt, muss Deutschland gem. Art. 10 Abs. 1 Satz 1 FRL endgültig auf sein Besteuerungsrecht verzichten. Bei Anwendung der Anrechnungsmethode i.R. der Besteuerung der Betriebsstätteneinkünfte auf Ebene des Einbringenden darf der Ansässigkeitsstaat des Einbringenden (hier Deutschland) die im Betriebsstättenvermögen verstrickten stillen Reserven besteuern, vorausgesetzt, dass auf die insoweit erhobene inländische Steuer nach Art. 10 Abs. 2 FRL eine fiktive ausländische Steuer des anderen EU-Betriebsstättenstaates angerechnet wird (so auch § 20 Abs. 7 i.V.m. § 3 Abs. 3 UmwStG).[107] Gem. § 9 Nr. 3 GewStG unterliegt der Teil des Gewerbeertrags, der auf eine nicht im Inland belegene Betriebsstätte entfällt, nicht der Gewerbesteuer. Es kann insoweit in Deutschland nur eine Körperschaftsteuerbelastung eintreten. Die Anrechnung erfolgt mit dem Betrag ausländischer Steuern, der nach den Rechtsvorschriften des anderen EU-Mitgliedstaats erhoben worden wäre, wenn die übertragenen Wirtschaftsgüter zum Zeitpunkt der Einbringung zum gemeinen Wert veräußert worden wären. Wenn der andere Mitgliedstaat bei einer in seinem Hoheitsgebiet belegenen Betriebsstätte einem Steuerpflichtigen anlässlich der Verschmelzung ein Wahlrecht zur Aufdeckung der stillen Reserven einräumt, richtet sich die Anrechnung der tatsächlich erhobenen Steuer nach den allgemeinen Vorschriften des § 26 KStG.[108]

Die Regelungen der Fusionsrichtlinie i.S.v. Art. 10 Abs. 1 Satz 1 bzw. Art. 10 Abs. 2 FRL sind nicht einschlägig bei **Betriebsstätten**, die in **EWR- oder Drittstaaten** belegen sind. In diesem Fall wäre Deutschland nicht verpflichtet, endgültig auf die im ausländischen Betriebsstättenvermögen gebundenen stillen Reserven zu verzichten. Sofern in diesem Fall das deutsche Besteuerungsrecht i.R. der Verschmelzung an den im eingebrachten Betriebsvermögen enthaltenen stillen Reserven untergeht (§ 20 Abs. 2 Satz 2 Nr. 3 UmwStG), ist § 20 Abs. 7 i.V.m. § 3 Abs. 3 UmwStG nicht einschlägig, sondern es wäre insofern der gemeine Wert i.S.v. § 20 Abs. 2 Satz 1 1. HS UmwStG anzusetzen.

Sofern die einbringende inländische Körperschaft über ausländisches Betriebsstättenvermögen in einem DBA-Staat verfügt, mit dem die **Freistellungsmethode ohne Aktivitätsvorbehalt** zur Vermeidung der Doppelbesteuerung vereinbart wurde, hatte Deutschland zu keinem Zeitpunkt das Besteuerungsrecht an dem ausländischen Betriebsstättenvermögen. In diesem Fall greift die Regelung des § 20 Abs. 3 Satz 2 UmwStG, wonach zwingend der gemeine Wert des eingebrachten Betriebsvermögens im Zeitpunkt der Einbringung als Anschaffungskosten der neu gewährten Anteile vorgeschrieben wird.

dd) Einbringende EU-Gesellschaft ist aus deutscher Sicht steuerlich transparent i.S.v. Art. 3 i.V.m. Art. 10a FRL (§ 20 Abs. 8 UmwStG)

§ 20 Abs. 8 UmwStG erfasst den Fall, dass die einbringende Gesellschaft eine ausländische (hybride) EU-Gesellschaft mit deutschen Anteilseignern ist, die nach dem Recht ihres Ansässigkeitsstaates als intransparente Gesellschaft i.S.v. Art. 3 FRL i.V.m. Art. 10a FRL angesehen wird, die der Körperschaftsteuer unterliegt. Die Gesellschaft wird aus deutscher steu-

---

105) Oder Fälle des § 20 Abs. 2 AStG. Deutschland hat mit sämtlichen EU-/EWR-Staaten Doppelbesteuerungsabkommen abgeschlossen, so dass der Nicht-DBA-Fall keiner Erörterung bedarf.
106) Beispiel nach der Gesetzesbegründung v. 25.09.2006 zu § 20 Abs. 7 UmwStG, BT-Drs. 16/2710 S. 44: *Deutsche GmbH bringt ihre portugiesische Betriebsstätte gegen Gewährung von neuen Anteilen in eine französische SA ein.*
107) Vgl. *Dötsch/Pung*, DB 2006 S. 2763 (2765). Siehe hierzu auch Gesetzesbegründung v. 25.09.2006 zu § 20 Abs. 7 UmwStG, BT-Drs. 16/2710 S. 44.
108) Vgl. Gesetzesbegründung v. 25.09.2006 zu § 20 Abs. 7 UmwStG, BT-Drs. 16/2710 S. 44.

erlicher Sicht aufgrund eines Typenvergleichs jedoch als steuerlich transparent behandelt, so dass die Einkünfte der Gesellschaft auf Gesellschafterebene besteuert werden.

Sofern Deutschland die Doppelbesteuerung der Betriebsstätteneinkünfte im EU-Ausland auf Gesellschafterebene durch Anwendung der Anrechnungsmethode[109] vermeidet, verliert Deutschland durch den Einbringungsvorgang das Besteuerungsrecht an dem eingebrachten Betriebsvermögen.[110]

Nach Art. 10a Abs. 1 FRL darf bei den Gesellschaftern der einbringenden ausländischen (hybriden) Gesellschaft - ungeachtet der Regelung des Art. 10 Abs. 1 FRL - eine Auflösung und Besteuerung der in dem eingebrachten Betriebsvermögen enthaltenen stillen Reserven erfolgen. Ohne die Regelung des Art. 10a Abs. 1 FRL würde Deutschland sein Recht zur Besteuerung der Gewinne der ausländischen (hybriden) EU-Gesellschaft auf Gesellschafterebene verlieren. Art. 10 Abs. 1 FRL, der eine Steuerfreistellung für den Sonderfall der Einbringung einer Betriebsstätte regelt, wäre im vorliegenden Fall nicht einschlägig, da die ausländische steuerlich transparente (hybride) EU-Gesellschaft für Zwecke der Anwendung der Fusionsrichtlinie aus deutscher steuerlicher Sicht eben keine Betriebsstätte, sondern eine intransparente Gesellschaft i.S.v. Art. 3 FRL darstellt, die der Körperschaftsteuer unterliegt.[111] Insoweit ist das eingebrachte Betriebsvermögen der ausländischen steuerlich transparenten (hybriden) EU-Gesellschaft nach § 20 Abs. 2 Abs. 2 Satz 2 Nr. 2 UmwStG zwingend mit dem gemeinen Wert anzusetzen. Nach Art. 10a Abs. 2 FRL ist die fiktive, auf den Einbringungsgewinn entfallende ausländische Steuer, die nach den Rechtsvorschriften des anderen EU-Mitgliedstaates erhoben worden wäre, wenn das eingebrachte Vermögen im Zeitpunkt der Einbringung veräußert worden wäre, insoweit auf die auf den Einbringungsgewinn der Gesellschafter entfallende inländische Einkommen- bzw. Körperschaftsteuer anzurechnen (so auch die Regelung des § 20 Abs. 8 UmwStG).

Dies gilt jedoch nur, sofern das übertragene Betriebsvermögen einer in einem anderen EU-Mitgliedstaat belegenen Betriebsstätte zuzurechnen ist. Die Anrechnung der tatsächlich erhobenen Steuer richtet sich insoweit nach den allgemeinen Vorschriften des § 26 KStG sowie den § 34c und § 50 Abs. 6 EStG.[112]

Dasselbe gilt auch, wenn in den Fällen des Anteilstauschs Anteile an einer in einem anderen EU-Mitgliedstaat ansässigen Gesellschaft i.S.v. Art. 3 FRL, die nach deutschem Recht als steuerlich transparent anzusehen ist, eingebracht werden. In diesen Fällen ist der Anteilstausch als Einbringung eines Betriebs oder Mitunternehmeranteils zu behandeln.[113]

ee) Steuerliche Behandlung des eingebrachten Betriebsvermögens bei der übernehmenden Gesellschaft

Setzt die **übernehmende Gesellschaft** das eingebrachte Betriebsvermögen mit dem Buchwert oder einem Zwischenwert an, tritt sie grds. **in die steuerliche Rechtsstellung des Einbringenden** ein (§ 23 Abs. 1 UmwStG i.V.m. § 4 Abs. 2 Satz 3 und § 12 Abs. 3 1. HS UmwStG). Hieraus resultieren insbes. die nachstehenden Konsequenzen:

---

[109] Da Deutschland mit sämtlichen EU-Mitgliedstaaten Doppelbesteuerungsabkommen abgeschlossen hat, kann der Nicht-DBA-Fall insofern vernachlässigt werden.
[110] Beispiel nach der Gesetzesbegründung v. 25.09.2006 zu § 20 Abs. 7 UmwStG, BT-Drs. 16/2710 S. 44 f.: *Eine natürliche Person X mit Wohnsitz im Inland ist an einer von der Fusionsrichtlinie geschützten portugiesischen KG beteiligt, die nach deutschem Recht als transparent anzusehen ist. Die KG wird auf eine französische SA verschmolzen. Soweit die portugiesische KG passive Einkünfte i.S.d. DBA Deutschland-Portugal erzielt, steht Deutschland das Besteuerungsrecht an den Einkünften aus der portugiesischen Betriebsstätte mit Anrechnungsverpflichtung zu.*
[111] Vgl. *Benecke/Schnitger*, IStR 2005 S. 606 (610).
[112] Vgl. *Dötsch/Pung*, DB 2006 S. 2763 (2765).
[113] Vgl. Gesetzesbegründung v. 25.09.2006 zu § 20 Abs. 3 UmwStG, BT-Drs. 16/2710 S. 45.

Änderungen im UmwStG

- Die übernehmende Gesellschaft hat die Abschreibungsmethoden hinsichtlich des eingebrachten Betriebsvermögens des Einbringenden fortzuführen;
- Vorbesitzzeiten des Einbringenden hinsichtlich des eingebrachten Betriebsvermögens (z.B. § 6b EStG) werden der übernehmenden Gesellschaft zugerechnet. Vorbesitzzeiten hinsichtlich der eingebrachten Anteile sind auf die erhaltenen Anteile anzurechnen (z.B. § 9 Nr. 2a und Nr. 7 GewStG, *§ 21 UmwStG a.F.*).
- **Verdoppelung der Einbringungsgeborenheit** der einbringungsgeborenen Anteile i.S.v. § 21 Abs. 2 Satz 6 i.V.m. § 20 Abs. 3 Satz 4 UmwStG.

Setzt die übernehmende Gesellschaft im Fall der Einbringung durch **Gesamtrechtsnachfolge oder** durch **Einzelrechtsnachfolge** das eingebrachte Betriebsvermögen mit einem über dem Buchwert, aber unter dem gemeinen Wert liegenden Wert (**Zwischenwert** i.S.v. § 23 Abs. 3 UmwStG), oder im Fall der **Gesamtrechtsnachfolge** mit dem **gemeinen Wert** (§ 23 Abs. 4 2. HS i.V.m. § 23 Abs. 3 UmwStG) an, ergeben sich darüber hinaus insbes. die nachstehenden Konsequenzen:

- Die Bemessungsgrundlage der Absetzungen für Abnutzung oder Substanzverringerung ist vom Zeitpunkt der Einbringung an um den Unterschiedsbetrag zwischen dem Buchwert der einzelnen Wirtschaftsgüter und dem Wert, mit dem die *übernehmende Gesellschaft* die Wirtschaftsgüter ansetzt, zu erhöhen (§ 23 Abs. 3 Satz 1 Nr. 1 UmwStG).[114]
- Bei den Absetzungen für Abnutzung nach § 7 Abs. 2 EStG tritt im Zeitpunkt der Einbringung an die Stelle des Buchwerts der einzelnen Wirtschaftsgüter der Wert, mit dem die *übernehmende Gesellschaft* die Wirtschaftsgüter ansetzt (§ 23 Abs. 3 Satz 1 Nr. 2 UmwStG).[115]

Setzt die übernehmende Gesellschaft das im Wege der **Einzelrechtsnachfolge** eingebrachte Betriebsvermögen mit dem **gemeinen Wert** an, gelten die eingebrachten Wirtschaftsgüter demgegenüber als im Zeitpunkt der Einbringung angeschafft (§ 23 Abs. 4 1. HS UmwStG).[116] Hieraus resultieren insbes. die nachstehenden Konsequenzen:

- Neue Bemessungsgrundlage für die Absetzungen für Abnutzung oder Substanzverringerung der eingebrachten Wirtschaftsgüter ist der gemeine Wert.
- Für die Absetzungen für Abnutzung oder Substanzverringerung ist die Wahl einer neuen Abschreibungsmethode möglich.
- Vorbesitzzeiten des Einbringenden hinsichtlich des eingebrachten Betriebsvermögens (z.B. § 6b EStG) beginnen, neu zu laufen (keine Besitzzeitzusammenrechnung).

---

114) Der Gesetzeswortlaut des § 23 Abs. 3 Satz 1 Nr. 1 UmwStG besagt: *„Die Absetzungen für Abnutzung oder Substanzverringerung nach § 7 Abs. 1, 4, 5 und 6 des Einkommensteuergesetzes sind vom Zeitpunkt der Einbringung an nach den Anschaffungs- oder Herstellungskosten des Einbringenden, vermehrt um den Unterschiedsbetrag zwischen dem Buchwert der einzelnen Wirtschaftsgüter und dem Wert, mit dem die **Kapitalgesellschaft** die Wirtschaftsgüter ansetzt, zu bemessen."* [Hervorhebung durch die Verfasser]. Da der Kreis der übernehmenden Gesellschaften sowohl bei der Sacheinlage i.S.v. § 20 Abs. 1 UmwStG als auch beim Anteilstausch i.S.v. § 21 Abs. 1 UmwStG in der endgültigen Gesetzesfassung v. 09.11.2006 auf Genossenschaften im Allgemeinen ausgeweitet wurde, hat der Gesetzgeber es offensichtlich versäumt, die daraus resultierenden Folgeänderungen in § 23 Abs. 3 Satz 1 Nr. 1 UmwStG vorzunehmen. Der Anwendungsbereich dieser Regelung ist nach dem derzeitigen Gesetzeswortlaut auf Kapitalgesellschaften als übernehmende Rechtsträger beschränkt.

115) Der Gesetzeswortlaut des § 23 Abs. 3 Satz 1 Nr. 2 UmwStG besagt: *„Bei den Absetzungen für Abnutzung nach § 7 Abs. 2 des Einkommensteuergesetzes tritt im Zeitpunkt der Einbringung an die Stelle des Buchwerts der einzelnen Wirtschaftsgüter der Wert, mit dem die **Kapitalgesellschaft** die Wirtschaftsgüter ansetzt."* [Hervorhebung durch die Verfasser]. Siehe hierzu auch Fußnote 114.

116) Der Gesetzeswortlaut des § 20 Abs. 4 1. HS UmwStG besagt: *„Setzt die übernehmende Gesellschaft das eingebrachte Betriebsvermögen mit dem gemeinen Wert an, gelten die eingebrachten Wirtschaftsgüter als im Zeitpunkt der Einbringung von der **Kapitalgesellschaft** angeschafft, wenn die Einbringung des Betriebsvermögens im Wege der Einzelrechtsnachfolge erfolgt"* [Hervorhebung durch die Verfasser]. Siehe hierzu auch Fußnote 114.

- Aktivierungsgebot für entgeltlich erworbenen Geschäfts- oder Firmenwert und sonstige beim Einbringenden bislang nicht bilanzierte immaterielle Wirtschaftsgüter.

Der maßgebende Gewerbeertrag der übernehmenden Gesellschaft kann - wie im bisherigen Recht - nicht um die vortragsfähigen Fehlbeträge des Einbringenden i.S.v. § 10a GewStG gekürzt werden (§ 23 Abs. 5 UmwStG). Hinsichtlich der Gewinnerhöhung durch Vereinigung von Forderungen und Verbindlichkeiten gelten die Regelungen des § 6 Abs. 1 und Abs. 3 UmwStG entsprechend (§ 23 Abs. 6 UmwStG).

d) Besteuerung des Einbringenden anlässlich der Einbringung
aa) Ermittlung des Einbringungsgewinns

Der Wert, mit dem die übernehmende Gesellschaft das eingebrachte Betriebsvermögen i.S.v. § 20 Abs. 1 UmwStG ansetzt, gilt für den Einbringenden grds. als Veräußerungspreis des eingebrachten Betriebsvermögens und als Anschaffungskosten der neu gewährten Gesellschaftsanteile (§ 20 Abs. 3 Satz 1 UmwStG).

Setzt die übernehmende Gesellschaft das eingebrachte Betriebsvermögen zu **Buchwerten** an, entsteht beim Einbringenden kein Einbringungsgewinn. I.R. der **Sacheinlage** i.S.v. § 20 Abs. 1 UmwStG gilt somit grds. der **Grundsatz der doppelten Buchwertverknüpfung**.[117] Wie im bisherigen Recht kommt es zu einer **Verdoppelung der stillen Reserven**, da diese sowohl in dem eingebrachten Betriebsvermögen als auch in den als Gegenleistung für die Einbringung neu gewährten Gesellschaftsanteilen enthalten sind. Der Grundsatz der Wertverknüpfung wird in den nachstehenden Fällen durchbrochen:

- Soweit der Einbringende neben den neuen Gesellschaftsanteilen auch andere Wirtschaftsgüter als Gegenleistung für die Einbringung erhält, mindert deren gemeiner Wert die Anschaffungskosten der Gesellschaftsanteile an der übernehmenden Gesellschaft (§ 20 Abs. 3 Satz 3 UmwStG).
- Sofern Betriebsvermögen eingebracht wird, das weder vor noch nach der Einbringung in Deutschland steuerverhaftet ist und das deutsche Besteuerungsrecht somit durch die Einbringung nicht beschränkt wird, gilt der **gemeine Wert** dieses Vermögens im Zeitpunkt der Einbringung als Anschaffungskosten der Anteile (§ 20 Abs. 3 Satz 2 UmwStG). Durch diese Regelung wird verhindert, dass die in dem eingebrachten Vermögen enthaltenen stillen Reserven zu stillen Reserven in den Anteilen führen, die der deutschen Steuerverhaftung unterliegen.[118]

Setzt die übernehmende Kapitalgesellschaft bzw. Genossenschaft das eingebrachte Betriebsvermögen mit einem Zwischenwert oder dem gemeinen Wert an, entsteht beim Einbringenden regelmäßig ein Einbringungsgewinn für das eingebrachte Vermögen, der sich wie folgt ermittelt:

---

117) Vgl. Gesetzesbegründung v. 25.09.2006 zu § 20 Abs. 3 UmwStG, BT-Drs. 16/2710 S. 44. Demgegenüber gilt der Grundsatz der doppelten Buchwertverknüpfung beim Anteilstausch i.S.v. § 21 Abs. 1 Satz 1 UmwStG nur für den Inlandsfall. Für den Fall des grenzüberschreitenden Anteilstauschs ist nach § 22 Abs. 2 UmwStG nunmehr zwingend eine einfache Wertverknüpfung zwischen dem Veräußerungspreis der eingebrachten Anteile und den Anschaffungskosten der erhaltenen Anteile vorgesehen, die sich nach einem dreistufigen Prüfungsschema ermittelt. Siehe hierzu auch Gliederungspunkt I.V.3. d) aa).
118) Vgl. *Förster/Wendland*, BB 2007 S. 631 (634); *Ley*, FR 2007 S. 109 (112, Fußnote 17). Wird das eingebrachte Betriebsvermögen durch den Einbringungsvorgang erstmals in Deutschland steuerverhaftet, ist es bei der übernehmenden Gesellschaft mit dem gemeinen Wert anzusetzen und führt daher auf Anteilseignerebene wegen dem Grundsatz der doppelten Buchwertverknüpfung ebenfalls zu Anschaffungskosten der Gesellschaftsanteile i.H.d. gemeinen Werts des eingebrachten Betriebsvermögens.

	grds. Wertansatz des eingebrachten Vermögens bei der übernehmenden Gesellschaft i.S.v. § 20 Abs. 3 Satz 1 und 2 UmwStG
./.	Einbringungskosten, die der Einbringende zu tragen hat[119]
./.	Buchwert des eingebrachten Betriebsvermögens
./.	ggf. Freibetrag nach § 16 Abs. 4 bzw. § 17 Abs. 3 EStG
=	**Einbringungsgewinn**

Abb. I.V. - 7: Ermittlung des Einbringungsgewinns

Der Einbringungsgewinn unterliegt nach den allgemeinen Besteuerungsregelungen der Einkommen-, Körperschaft- und Gewerbesteuer, soweit er im Einzelfall nicht steuerbefreit ist (z.B. wegen § 3 Nr. 40 i.V.m. § 3c Abs. 2 und Abs. 9 EStG, § 8b Abs. 2 und 3 KStG, § 7 Satz 2 GewStG, § 9 Nr. 3 GewStG).

Hinsichtlich des Freibetrags nach **§ 16 Abs. 4 EStG** bzw. **§ 17 Abs. 3 EStG** und der Tarifermäßigung i.S.v. **§ 34 Abs. 1 und 3 EStG** gelten für natürliche Personen als Einbringende folgende Besonderheiten:

– Setzt die übernehmende Gesellschaft das eingebrachte Betriebsvermögen mit einem **Zwischenwert** an, entsteht ein **Einbringungsgewinn**, der bei natürlichen Personen **nicht nach § 16 Abs. 4, § 17 Abs. 3 oder § 34 Abs. 1 und 3 EStG begünstigt** ist (§ 20 Abs. 4 UmwStG).

– Setzt die übernehmende Gesellschaft das eingebrachte Betriebsvermögen mit dem **gemeinen Wert** an, entsteht ein **Einbringungsgewinn**, der bei natürlichen Personen **nach § 16 Abs. 4 EStG** begünstigt ist. Soweit der Veräußerungsgewinn dem Halbeinkünfteverfahren unterliegt, ist die Tarifbegünstigung der § 34 Abs. 1 und 3 EStG nicht zu gewähren (§ 20 Abs. 4 Satz 2 UmwStG).

Das Einkommen und das Vermögen des Einbringenden und der übernehmenden Gesellschaft sind auf Antrag so ermitteln, als ob das eingebrachte Betriebsvermögen mit Ablauf des steuerlichen Übertragungsstichtags i.S.v. § 20 Abs. 6 UmwStG auf die übernehmende Gesellschaft übergegangen wäre. Dies gilt hinsichtlich des Einkommens und des Gewerbeertrags nicht für Entnahmen und Einlagen, die nach dem steuerlichen Übertragungsstichtag erfolgen (§ 20 Abs. 5 Satz 1 und 2 UmwStG).

bb) Ermittlung der Anschaffungskosten der als Gegenleistung für die Sacheinlage neu gewährten Anteile und Steuerverstrickung (§ 20 Abs. 3 Satz 1 und 2 UmwStG)

Die Anschaffungskosten der als Gegenleistung für die Einbringung erhaltenen neu gewährten Anteile an der übernehmenden Gesellschaft ermitteln sich wie folgt:

---

[119] Einbringungskosten sind diejenigen Aufwendungen, die im Zusammenhang mit der Durchführung der Einbringung stehen (z.B. die Kosten für die Erstellung der Einbringungsbilanz und des Einbringungsvertrags). Die Einbringungskosten sind dem einbringenden Rechtsträger und der übernehmenden Gesellschaft nach dem objektiven Veranlassungsprinzip zuzurechnen. Es besteht kein Zuordnungswahlrecht. Dem einbringenden Rechtsträger sind z.B. die Kosten für die Einbringungsbilanz und den Einbringungsvertrag zuzuordnen.

	grds. Wertansatz des eingebrachten Vermögens bei der übernehmenden Gesellschaft i.S.v. § 20 Abs. 3 Satz 1 und 2 UmwStG[120]
./.	gemeiner Wert der neben den neuen Anteilen gewährten Wirtschaftsgüter (§ 20 Abs. 3 Satz 3 UmwStG)
./.	Buchwert der Entnahmen im steuerlichen Rückwirkungszeitraum (§ 20 Abs. 5 Satz 3 UmwStG)
+	Wert der Einlagen i.S.v. § 6 Abs. 1 Nr. 5 EStG im steuerlichen Rückwirkungszeitraum (§ 20 Abs. 5 Satz 3 UmwStG)
=	**Anschaffungskosten der als Gegenleistung für die Sacheinlage neu gewährten Anteile**

Abb. I.V. - 8: Ermittlung der Anschaffungskosten der als Gegenleistung für die Sacheinlage neu gewährten Anteile

Der Wert, mit dem die übernehmende Gesellschaft das eingebrachte Betriebsvermögen ansetzt, gilt für den Einbringenden grds. als Anschaffungskosten der neu gewährten Anteile (§ 20 Abs. 3 Satz 1 UmwStG). Ist das Recht Deutschlands hinsichtlich der Besteuerung des Gewinns aus der Veräußerung des eingebrachten Betriebsvermögens im Zeitpunkt der Einbringung ausgeschlossen und wird dies durch die Einbringung auch nicht begründet, gilt für den Einbringenden insoweit der gemeine Wert des Betriebsvermögens im Zeitpunkt der Einbringung als Anschaffungskosten der Anteile (§ 20 Abs. 3 Satz 2 UmwStG).

Soweit neben den Geschäftsanteilen auch andere Wirtschaftsgüter gewährt werden, ist deren gemeiner Wert bei der Bemessung der Anschaffungskosten der neu gewährten Anteile i.S.v. § 20 Abs. 3 Satz 1 und 2 UmwStG abzuziehen (§ 20 Abs. 3 Satz 3 UmwStG).

Sofern das Einkommen und das Vermögen des Einbringenden und der übernehmenden Gesellschaft auf Antrag so ermittelt werden, als ob das eingebrachte Betriebsvermögen mit Ablauf des steuerlichen Übertragungsstichtags i.S.v. § 20 Abs. 6 UmwStG[121] auf die übernehmende Gesellschaft übergegangen ist, sind die Anschaffungskosten der Anteile i.S.v. § 20 Abs. 3 UmwStG um den Buchwert der Entnahmen zu vermindern und um den sich nach § 6 Abs. 1 Nr. 5 EStG[122] ergebenden Wert der Einlagen zu erhöhen (§ 20 Abs. 5 Satz 1 und 3 UmwStG), die mit Ablauf des steuerlichen Übertragungsstichtags i.S.v. § 20 Abs. 6 UmwStG getätigt werden.

Soweit das eingebrachte Betriebsvermögen **einbringungsgeborene Anteile i.S.v. *§ 21 UmwStG a.F.*** enthält, gelten die als Gegenleistung neu gewährten Anteile ebenfalls als einbringungsgeboren i.S.v. *§ 21 UmwStG a.F.* (§ 20 Abs. 3 Satz 4 UmwStG). [123] Für diese Anteile finden die Regelungen der *§ 21 UmwStG a.F.*, *§ 8b Abs. 4 KStG a.F.* und *§ 3 Nr. 40 Satz 3 und 4 EStG a.F.* weiterhin unverändert Anwendung (§ 27 Abs. 3 Nr. 3 UmwStG). Es spricht einiges dafür, dass für die neu-einbringungsgeborenen Anteile nicht erneut eine

---

120) Sofern Betriebsvermögen eingebracht wird, das weder vor noch nach der Einbringung in Deutschland steuerverhaftet ist und das deutsche Besteuerungsrecht somit durch die Einbringung nicht beschränkt wird, gilt der **gemeine Wert** dieses Vermögens im Zeitpunkt der Einbringung als Anschaffungskosten der Anteile (§ 20 Abs. 3 Satz 2 UmwStG).
121) Zu Besonderheiten hinsichtlich des steuerlichen Rückwirkungszeitraums siehe Gliederungspunkt I I.2.
122) Fraglich ist, ob nicht auch auf § 6 Abs. 1 Nr. 5a EStG hätte verwiesen werden müssen, da im Fall der Einlage in eine ausländische Betriebsstätte bzw. Personengesellschaft eine Entstrickung zum gemeinen Wert im steuerlichen Rückwirkungszeitraum erfolgt wäre, so dass auch die Einlage mit dem gemeinen Wert bewertet werden müsste.
123) Zur Frage der steuerlichen Folgen der teilweisen Veräußerung der neu erhaltenen Anteile siehe *Rödder/Schumacher*, DStR 2007, S. 369 (375) m.w.N.

siebenjährige Sperrfrist zu laufen beginnt, sondern diese in die laufende Sperrfrist ab dem Einbringungszeitpunkt eintreten.[124]

Auch bei einer **Verdoppelung der einbringungsgeborenen Anteile** (§ 20 Abs. 3 Satz 4 UmwStG) kommt es i.r. einer Veräußerung der neu erhaltenen einbringungsgeborenen Anteile i.S.v. § 20 Abs. 3 Satz 4 UmwStG nicht zu einer Erhöhung der Anschaffungskosten der eingebrachten einbringungsgeborenen Anteile auf Ebene der übernehmenden Kapitalgesellschaft oder Genossenschaft. Um eine zweifache Besteuerung der stillen Reserven in den einbringungsgeborenen Anteilen auf Ebene der natürlichen Person und der übernehmenden Kapitalgesellschaft oder Genossenschaft zu vermeiden, muss sichergestellt werden, dass zunächst der einbringungsgeborene Anteil durch die übernehmende Kapitalgesellschaft oder Genossenschaft veräußert wird.[125]

Sofern die als Gegenleistung gewährten neuen Anteile im **Privatvermögen** gehalten werden, gelten die erhaltenen Anteile auch bei einer Beteiligung von weniger als 1% (unmittelbar oder mittelbar) an der übernehmenden Gesellschaft nach § 17 Abs. 6 EStG als Anteile i.S.d. § 17 EStG, sofern sie dem Einbringenden als Gegenleistung i.R. einer Sacheinlage unter dem gemeinen Wert i.S.v. § 20 Abs. 1 UmwStG gewährt wurden. Dies gilt auch für den Fall, dass die Sacheinlage länger als sieben Jahre zurückliegt.[126] Nach § 17 Abs. 7 EStG gilt diese Regelung auch für Anteile an einer Genossenschaft einschließlich der Europäischen Genossenschaft (SCE).

Der Gewinn aus der Veräußerung dieser Anteile unterliegt den allgemeinen Regelungen des Halbeinkünfteverfahrens (§ 3 Nr. 40 i.V.m. § 3c Abs. 2 EStG), sofern

– die übernehmende Gesellschaft das eingebrachte Betriebsvermögen mit dem gemeinen Wert bewertet hat oder
– die übernehmende Gesellschaft das eingebrachte Betriebsvermögen mit einem Wertansatz unter dem gemeinen Wert bewertet hat (Buchwert- oder Zwischenwertansatz) und der Einbringende die als Gegenleistung für die Sacheinlage neu gewährten Anteile erst nach Ablauf von sieben Jahren nach dem Einbringungsstichtag veräußert.[127]

---

124) Vgl. *Förster/Wendland*, BB 2007 S. 631 (634). Nach der Gesetzesbegründung v. 09.11.2006 zu § 20 Abs. 3 UmwStG (BT-Drs. 16/3369 S. 26) soll dadurch sichergestellt werden, dass es im Falle der unmittelbaren oder mittelbaren Veräußerung von Anteilen innerhalb der Sperrfrist, die auf einer Einbringung im alten Recht beruhen, weiterhin zu einer vollen Besteuerung des Veräußerungsgewinns aus Anteilen kommt.
125) So auch *Benz/Rosenberg*, BB-Special 8/2006 S. 51 (61).
126) Mit dieser Regelung beabsichtigt der Gesetzgeber offenbar, das aus dem bisherigen Recht bekannte Rechtsinstitut einbringungsgeborener Anteile i.S.v. *§ 21 UmwStG a.F.* i.R.d. § 17 Abs. 6 Nr. 1 EStG fortzuführen, um eine dauerhafte Steuerverhaftung der erhaltenen Anteile in Deutschland sicherzustellen, wenn der Einbringende bereits im Zeitpunkt der Einbringung zu weniger als 1% an der aufnehmenden Gesellschaft beteiligt war oder die Beteiligungsquote durch Teilveräußerungen nach Ablauf der Fünf-Jahres-Frist i.S.v. § 17 Abs. 1 EStG unter 1% sinkt. Vgl. *Benecke/Schnitger*, IStR 2006 S. 765 (768); *Dötsch/Pung*, DB 2006 S. 2763 (2772); *Förster/Wendland*, BB 2007 S. 631 (634); *Ley*, FR 2006 S. 109 (114). Siehe hierzu auch Gesetzesbegründung v. 25.09.2006 zu § 17 Abs. 6 EStG, BT-Drs. 16/2710 S. 29. Siehe hierzu auch Gliederungspunkt H.I.3. a) aa) (1).
127) Die Regelungen des Halbeinkünfteverfahrens finden auch Anwendung, sofern der Einbringende die erhaltenen Anteile innerhalb der siebenjährigen Sperrfrist nach dem Einbringungszeitpunkt veräußert. In diesem Fall kommt es jedoch zusätzlich zur nachträglichen Besteuerung eines Einbringungsgewinns mit den unter Gliederungspunkt I.V.3. e) aa) erläuterten Folgewirkungen.

e) Rückwirkende Besteuerung des Einbringungsgewinns im Einbringungszeitpunkt bei Veräußerung der erhaltenen Anteile innerhalb der Sperrfrist

aa) Überblick

Im Rahmen der Neukonzeption der § 20 - § 23 UmwStG wird das bisherige System der nachträglichen Besteuerung des Einbringungsgewinns im Zeitpunkt der Anteilsveräußerung *(§ 21, § 26 Abs. 2 UmwStG a.F., § 8b Abs. 4 KStG a.F., § 3 Nr. 40 Sätze 3 und 4 EStG a.F.)* umgestellt auf die **rückwirkende Besteuerung des Einbringungsgewinns im Einbringungszeitpunkt**. Soweit der Einbringende oder bei unentgeltlichem Erwerb der Anteile der Rechtsnachfolger bei einer Sacheinlage unter dem gemeinen Wert i.S.v. § 20 Abs. 2 Satz 2 UmwStG die zum Buchwert oder Zwischenwert erhaltenen neuen Anteile an der übernehmenden Gesellschaft innerhalb eines Zeitraums von sieben Jahren nach dem Einbringungszeitpunkt veräußert oder einen einer steuerschädlichen Veräußerung gleichgestellten Ersatztatbestand i.S.v. § 22 Abs. 1 Satz 6 UmwStG realisiert, kommt es rückwirkend zu einer Besteuerung des ursprünglichen Einbringungsgewinns (§ 22 Abs. 1 Satz 1 und 2 i.V.m. § 175 Abs. 1 Satz 1 Nr. 2 AO) mit folgenden Konsequenzen:[128]

– Die Einbringung gilt rückwirkend als zum gemeinen Wert durchgeführt, wobei sich der Einbringungsgewinn für jedes seit dem Einbringungszeitpunkt abgelaufene Zeitjahr um linear 1/7 verringert (sog. **Einbringungsgewinn I**).

– Der Einbringungsgewinn I führt **beim Einbringenden zu nachträglichen Anschaffungskosten der für die Einbringung erhaltenen Anteile** (§ 22 Abs. 1 Satz 4 UmwStG). Die Erhöhung der Anschaffungskosten erfolgt unabhängig davon, ob die Steuer auf den Einbringungsgewinn I entrichtet worden ist. Der Einbringungsgewinn I verringert somit den Gewinn aus der Veräußerung der erhaltenen Anteile des Einbringenden.

– Der übernehmenden Gesellschaft wird grds. korrespondierend auf Antrag das Wahlrecht gewährt, die Buchwerte des eingebrachten Betriebsvermögens steuerneutral und wirtschaftsgutbezogen im Wirtschaftsjahr der Veräußerung der Anteile oder eines gleichgestellten Ereignisses (§ 22 Abs. 1 Satz 1 und Satz 6 Nr. 1 - 6 UmwStG) aufzustocken (§ 23 Abs. 2 UmwStG).Voraussetzung für die Aufstockung ist, dass der Einbringende die auf den Einbringungsgewinn I entfallende Steuer entrichtet hat und dies durch eine Bescheinigung des zuständigen Finanzamtes nachgewiesen wird, die die übernehmende Gesellschaft auf Antrag von dem für den Einbringenden zuständigen Finanzamt erhält (§ 22 Abs. 5 UmwStG).

Da die Vermutung eines steuerlichen Missbrauchs mit zunehmendem Abstand zum Einbringungszeitpunkt abnimmt, werden die nachträglich zu versteuernden stillen Reserven jährlich linear um jeweils 1/7 abgebaut, so dass sich im Ergebnis eine Mindesthaltedauer von sieben Jahren nach dem Einbringungsstichtag ergibt. Fraglich ist, ob die Kodifizierung einer derartigen Mindesthaltedauer von sieben Jahren dem Regelungsinhalt des Art. 11 Abs. 1 FRL hinreichend gerecht wird.[129] In seinem Urteil v. 17.07.1997 in der Rs. „Leur Bloem"[130] hat der EuGH entschieden, dass die Fusionsrichtlinie keine Ermächtigung zur Einführung typisierender Missbrauchsvorbehalte darstelle. Vielmehr seien die EU-Mitgliedstaaten gehalten,

---

128) Mit dieser Regelung soll nach der Gesetzesbegründung v. 25.09.2006 zum Sechsten bis Achten Teil „Allgemeines" (BT-Drs. 16/2710 S. 42) verhindert werden, dass durch eine der Betriebsveräußerung vorgelagerte Einbringung die steuerpflichtige Betriebsveräußerung durch eine Anteilsveräußerung ersetzt wird, die zur Hälfte bzw. zu 95% steuerfrei ist.

129) Der Gesetzgeber ist offensichtlich der Auffassung, dass durch diese Regelung der nachträglichen Besteuerung der stillen Reserven Konformität mit Art. 11 Abs. 1 FRL hergestellt werde. Vgl. Gesetzesbegründung v. 25.09.2006 zu § 22 UmwStG „Allgemeines", BT-Drs. 16/2710 S. 46. Zum Regelungsinhalt des Art. 11 Abs. 1 FRL siehe auch Gliederungspunkt G.II.3.

130) Vgl. EuGH v. 17.07.1997, C-28-95, Slg. 1997 I-4162; *Gille*, IStR 2007 S. 194 (197).

unter Beachtung des Grundsatzes der Verhältnismäßigkeit an den Umständen des Einzelfalls orientierte, gerichtlich nachprüfbare Missbrauchsbekämpfungsvorschriften vorzusehen. Das Konzept der **rückwirkenden Besteuerung des Einbringungsgewinns im Einbringungszeitpunkt** wird zusammenfassend anhand des nachstehenden Beispiels dargelegt:[131]

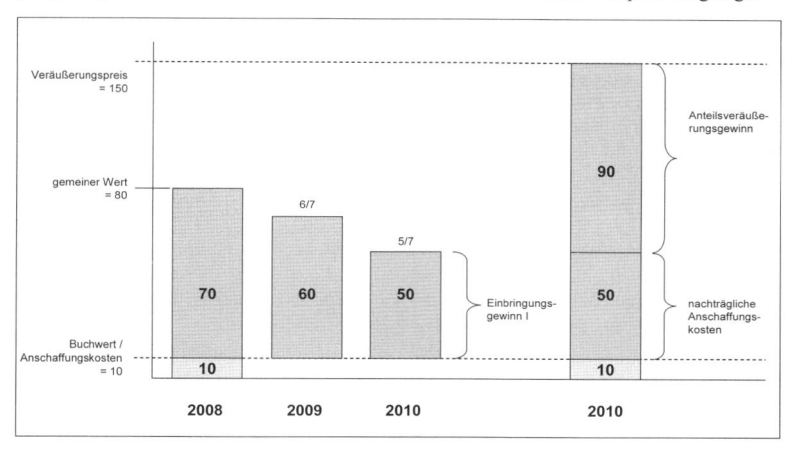

Abb. I.V. - 9: Beispiel zur Konzeption der rückwirkenden Besteuerung des Einbringungsgewinns im Einbringungszeitpunkt

Im Jahr 2008 bringt eine Kapitalgesellschaft (Kapitalgesellschaft A) im Wege der Sacheinlage i.S.v. § 20 Abs. 1 UmwStG einen Teilbetrieb in eine andere Kapitalgesellschaft (Kapitalgesellschaft B) zu Buchwerten (10) ein. Der gemeine Wert des Teilbetriebs beträgt 80. Im Jahr 2010 veräußert Kapitalgesellschaft A sämtliche Anteile an Kapitalgesellschaft B, die sie als Gegenleistung für die Einbringung erhalten hat, an einen fremden Dritten zum gemeinen Wert i.H.v. 150. Es entsteht rückwirkend ein steuerpflichtiger Einbringungsgewinn I i.H.v. 50 [= 70 - (2/7 x 70)] und ein Anteilsveräußerungsgewinn i.H.v. 90 [= 150 - (100 + 50)], der nach den Regelungen des § 8b Abs. 2 und 3 KStG grds. zu 95% steuerfrei ist. Bei Kapitalgesellschaft B erfolgt unter den genannten Voraussetzungen eine Buchwertaufstockung i.H.v. 50.

Variante:

Der Anteilsveräußerungspreis im Jahr 2010 beträgt 1. Kapitalgesellschaft A erzielt einen steuerpflichtigen Einbringungsgewinn I i.H.v. 50 sowie einen steuerlich irrelevanten Anteilsveräußerungsverlust i.H.v. 59 [= 1 - (10 + 50)]. Bei Kapitalgesellschaft B erfolgt unter den genannten Voraussetzungen eine Buchwertaufstockung i.H.v. 50.

bb) Ermittlung und Besteuerung des Einbringungsgewinns I (§ 22 Abs. 1 UmwStG)

Der Einbringende hat rückwirkend für das Jahr der Einbringung ungemildert den sog. Einbringungsgewinn I zu versteuern, soweit er bei einer Sacheinlage zum Buch- oder Zwischenwert die erhaltenen Anteile innerhalb eines Zeitraums von sieben Jahren nach dem Einbringungszeitpunkt veräußert (§ 22 Abs. 1 Satz 1 UmwStG). Der Einbringungszeitpunkt ist der steuerliche Übertragungsstichtag (§ 20 Abs. 6 UmwStG). Die Anteilsveräußerung

---

[131] In Anlehnung an *Rödder/Schumacher*, DStR 2007 S. 369 (374).

Änderungen im UmwStG

ist ein rückwirkendes Ereignis i.S.v. § 175 Abs. 1 Satz 1 Nr. 2 AO (§ 22 Abs. 1 Satz 2 UmwStG). Die Verzinsung einer etwaigen Steuernachforderung nach § 233a Abs. 2a AO beginnt daher erst 15 Monate nach Ablauf des Kalenderjahres, in dem die neu erhaltenen Anteile veräußert werden.[132]

Nach dem Gesetzeswortlaut des § 22 Abs. 1 Satz 1 UmwStG ist nur die Veräußerung[133] der neu erhaltenen Anteile steuerschädlich, nicht aber die Veräußerung vorhandener anderer Anteile an der übernehmenden Gesellschaft.[134] Bei einer nur teilweisen Veräußerung der erhaltenen Anteile wird der Einbringungsgewinn I nur anteilig ermittelt und besteuert. Es kann allerdings - wie im bisherigen Recht - beim unentgeltlichen Überspringen stiller Reserven von den erhaltenen Anteilen auf andere Anteile, z.B. i.R. einer Kapitalerhöhung aus Gesellschaftermitteln, zu einer quotalen Verhaftung der anderen Anteile kommen (§ 22 Abs. 7 UmwStG).[135]

Der Einbringungsgewinn I ist nach § 22 Abs. 1 Satz 3 UmwStG wie folgt definiert:

	gemeiner Wert des eingebrachten Betriebsvermögens im Einbringungszeitpunkt
./.	gemeiner Wert der darin enthaltenen Anteile an Kapitalgesellschaften
./.	Kosten für den Vermögensübergang
./.	Wert, mit dem die übernehmende Gesellschaft das eingebrachte Betriebsvermögen angesetzt hat (abzüglich darin enthaltener Anteile an Kapitalgesellschaften oder Genossenschaften, sofern nicht § 22 Abs. 1 Satz 5 2. HS UmwStG einschlägig ist)
=	Unterschiedsbetrag im Zeitpunkt der Einbringung
./.	1/7 x Einbringungsgewinn I im Zeitpunkt der Einbringung für jedes seit dem Einbringungszeitpunkt bis zum Zeitpunkt der Veräußerung der Anteile abgelaufene Zeitjahr
=	**Einbringungsgewinn I (§ 22 Abs. 1 Satz 3 UmwStG)**

Abb. I.V. - 10: Ermittlung des Einbringungsgewinns I i.S.v. § 22 Abs. 1 Satz 3 UmwStG

Die Ermittlung des gemeinen Werts des eingebrachten Betriebsvermögens im Einbringungszeitpunkt hat i.R. einer **rückwirkenden Unternehmenswertermittlung** erst **zum Zeitpunkt der Veräußerung der** für die Einbringung **erhaltenen Anteile** zu erfolgen. Dies gilt sowohl für reine Inlandseinbringungen als auch für Einbringungsvorgänge unter Beteiligung ausländischer EU-/EWR-Gesellschaften, so dass sich die Zahl der erforderlichen (rückwirkenden) Unternehmensbewertungen im Vergleich zur bisherigen Rechtslage vervielfachen wird.[136]

---

132) Vgl. *Ley*, FR 2006 S. 109 (115).
133) Im Gegensatz zu den Veräußerungsfiktionen des § 12 Abs. 2 und § 13 Abs. 1 UmwStG und dem fingierten Realisationstatbestand des § 11 Abs. 1 Satz 1 UmwStG kommt es in diesem Fall zu einem tatsächlichen Abgang der erhaltenen Anteile auf Ebene des Einbringenden.
134) Zu den einer steuerschädlichen Veräußerung gleichgestellten Tatbeständen siehe Gliederungspunkt I.V.3. e) cc).
135) Vgl. *Dötsch/Pung*, DB 2006 S. 2763 (2766). Nach der Gesetzesbegründung v. 09.11.2006 zu § 22 Abs. 7 UmwStG (BT-Drs. 16/3369, S. 31) soll durch diese Regelung die Rechtsprechung des BFH zur Mitverstrickung von Anteilen erfasst werden. Siehe hierzu auch BMF, Schreiben v. 25.03.1998, IV B 7 - S 1978 - 21/98 / IV B 2 - S 1909 - 33/98, BStBl. I 1998 S. 268 (UmwSt-Erlass) Rz. 21.14; BMF, Schreiben v. 28.04.2003, IV A2 - S 2750a - 7/03, BStBl. I 2003 S. 292 Rz. 51, 52.
136) Nach *§ 20 Abs. 3 UmwStG a.F.* war zwar ebenfalls eine Unternehmensbewertung erforderlich. Davon betroffen waren allerdings nur ausländische Mitunternehmer einer Personengesellschaft, die auf eine Kapitalgesellschaft verschmolzen wurde. Im Übrigen ist die Wertermittlung zeitnah zum Einbringungszeitpunkt erfolgt.

Es ist davon auszugehen, dass diese rückwärts gerichtete Unternehmenswertermittlung in der Praxis vielfach zu erheblichen Problemen führen wird, da der Veräußerungspreis für die Anteile mit wachsendem zeitlichen Abstand der Anteilsveräußerung zum Einbringungszeitpunkt nur noch in sehr eingeschränktem Maße als Grundlage für die erforderliche Unternehmensbewertung darstellen wird.[137] Für zukünftige Einbringungsvorgänge erscheint es daher dringend angeraten, die vorhandenen Wertansätze im Einbringungszeitpunkt zu dokumentieren.[138]

Sofern das eingebrachte Betriebsvermögen auch **Anteile an Kapitalgesellschaften oder Genossenschaften** umfasst, sind die entsprechenden Wertansätze aus der Ermittlung des Einbringungsgewinns I grds. auszunehmen. Auf die eingebrachten Anteile finden die Vorschriften über den **Einbringungsgewinn II** Anwendung (§ 22 Abs. 1 Satz 5 1. HS i.V.m. § 22 Abs. 2 UmwStG).[139] Sofern das deutsche Besteuerungsrecht hinsichtlich des Gewinns aus der Veräußerung der erhaltenen Anteile allerdings ausgeschlossen ist, sind die im eingebrachten Betriebsvermögen enthaltenen Anteile ausnahmsweise in den Einbringungsgewinn I einzubeziehen (§ 22 Abs. 1 Satz 5 2. HS i.V.m. § 22 Abs. 2 UmwStG).[140]

Wertveränderungen der neu erhaltenen Anteile innerhalb der Sperrfrist von sieben Jahren nach dem Einbringungsstichtag haben **keine Auswirkungen auf den Einbringungsgewinn I**. Diese können sich lediglich auf den verbleibenden Gewinn aus dem Anteilsverkauf auswirken.

Die **Kosten der Vermögensübertragung** sind bei der Ermittlung des Einbringungsgewinns I gewinnmindernd zu berücksichtigen. Im Ergebnis sind sie in dem Umfang abziehbar, in dem der Einbringungsgewinn I besteuert wird. Aufgrund der Berücksichtigung von Kosten des Vermögensübergangs werden sowohl die nachträglichen Anschaffungskosten auf die erhaltenen Anteile (§ 22 Abs. 1 Satz 4 UmwStG) als auch der Aufstockungsbetrag bei der übernehmenden Gesellschaft (§ 23 Abs. 2 UmwStG) in entsprechender Höhe zu niedrig ausgewiesen.[141]

Der Einbringungsgewinn I unterliegt grds. als Gewinn i.S.v. § 16 EStG den allgemeinen Besteuerungsregelungen der Einkommen-, Körperschaft- und Gewerbesteuer, soweit er im Einzelfall nicht steuerbefreit ist (z.B. wegen § 3 Nr. 40 i.V.m. § 3c Abs. 2 EStG, § 8b Abs. 2 und Abs. 3 KStG, § 7 Satz 2 GewStG, § 9 Nr. 3 GewStG). Aufgrund der ausdrücklichen Regelung in § 22 Abs. 1 Satz 2. HS UmwStG sind § 16 Abs. 4 und § 34 EStG nicht auf den Einbringungsgewinn I anzuwenden.

---

137) Erschwerend ist zu berücksichtigen, dass der Betrieb einer Gesellschaft nicht statisch ist, sondern sich durch die Einbringung nachfolgende Umstrukturierungen fortlaufend verändern kann. Vgl. *Dötsch/Pung*, DB 2006 S. 2763 (2766); *Patt*, Der Konzern 2006 S. 730 (737 f.).
138) Vgl. *Ley*, FR 2006 S. 109 (115). Es spricht einiges dafür, dass die Beweislast bei der Finanzverwaltung liegt, da es um steuerbegründende Umstände geht, so auch *Dötsch/Pung*, DB 2006 S. 2763 (2770) m.w.N.
139) Siehe hierzu Gliederungspunkt I.V.4. e) bb).
140) Beispiel nach der Gesetzesbegründung v. 09.11.2006 zu § 22 Abs. 1 UmwStG, BT-Drs. 16/3369 S. 29: *Der in Frankreich ansässige X bringt seine inländische Betriebsstätte, zu der Anteile an der inländischen Y-GmbH gehören, in 01 in die Z-GmbH ein. In 02 veräußert er die Anteile an der Z-GmbH.* Der Gesetzgeber begründet diese Regelung mit dem Argument, dass das deutsche Besteuerungsrecht an den in den Anteilen an der Y-GmbH enthaltenen stillen Reserven dadurch sichergestellt wird, dass die Anteile an der Y-GmbH in den Einbringungsgewinn I einbezogen werden. Das DBA-Frankreich schließt ansonsten das inländische Besteuerungsrecht hinsichtlich des Gewinns aus der Veräußerung der erhaltenen Anteile aus (aufgrund einer Regelung entsprechend Art. 13 Abs. 5 OECD-MA).
141) Hätte die übernehmende Gesellschaft bereits im Einbringungszeitpunkt den gemeinen Wert angesetzt, wäre dieser in voller Höhe, d.h. ohne Kürzung um die Umwandlungskosten, als Anschaffungskosten der erhaltenen Anteile berücksichtigt worden (§ 20 Abs. 3 Satz 1 UmwStG). Vgl. *Dötsch/Pung*, DB 2006 S. 2763 (2766).

cc) Einer steuerschädlichen Veräußerung gleichgestellte Vorgänge (§ 22 Abs. 1 Satz 6 Nr. 1 - 6 UmwStG)

Zur Verhinderung von Umgehungsgestaltungen gelten neben dem Grundfall der Veräußerung der i.R.d. Einbringung neu gewährten Anteile die nachstehenden veräußerungsgleichen Ersatztatbestände als entgeltliche Übertragung i.S.v. § 20 Abs. 1 Satz 1 UmwStG (§ 22 Abs. 1 Satz 6 UmwStG):

- unmittelbare oder mittelbare **unentgeltliche Übertragung** der erhaltenen Anteile auf eine Kapitalgesellschaft oder Genossenschaft durch den Einbringenden, z.B. verdeckte Einlage (Nr. 1);
- **entgeltliche Übertragung** der erhaltenen Anteile durch den Einbringenden, es sei denn, er weist nach, dass die Übertragung durch einen Vorgang i.S.v. § 20 Abs. 1 oder § 21 Abs. 1 UmwStG oder auf Grund vergleichbarer ausländischer Vorgänge zu Buchwerten erfolgte, z.B. andere Umwandlungsarten (Nr. 2);
- **Auflösung und Abwicklung der Kapitalgesellschaft**, an der die Anteile bestehen, effektive **Kapitalherabsetzung, Ausschüttung oder Rückzahlung aus dem steuerlichen Einlagekonto** i.S.v. § 27 KStG (Nr. 3);[142]
- **Ketteneinbringung**, d.h. Einbringung der erhaltenen Anteile durch den Einbringenden in eine Kapitalgesellschaft oder eine Genossenschaft zum Buchwert durch einen Vorgang i.S.d. § 21 Abs. 1 oder § 20 Abs. 1 UmwStG oder aufgrund vergleichbarer ausländischer Vorgänge und anschließende unmittelbare oder mittelbare Veräußerung dieser Anteile oder unmittelbare oder mittelbare Übertragung durch einen Vorgang i.S.v. Nr. 1 oder Nr. 2, es sei denn, der Einbringende weist nach, dass diese Anteile zu Buchwerten übertragen wurden (Nr. 4);[143]
- Einbringung der erhaltenen Anteile durch den Einbringenden in eine Kapitalgesellschaft oder eine Genossenschaft durch einen Vorgang i.S.d. § 20 Abs. 1 oder § 21 Abs. 1 UmwStG oder augrund vergleichbarer ausländischer Vorgänge zu Buchwerten und anschließende unmittelbare oder mittelbare Veräußerung der aus dieser Einbringung erhaltenen Anteile durch den Einbringenden oder unmittelbare oder mittelbare Übertragung durch einen Vorgang i.S.d. Nr. 1 oder Nr. 2, es sei denn, der Einbringende weist nach, dass die Einbringung zu Buchwerten erfolgt war (Nr. 5);
- Wegfall der Voraussetzungen des § 1 Abs. 4 UmwStG für den Einbringenden oder die übernehmende Gesellschaft i.S.d. Nr. 4 (Nr. 6).

---

142) Nach der Gesetzesbegründung v. 09.11.2006 zu § 22 Abs. 1 UmwStG (BT-Drs. 16/3369 S. 29) soll sichergestellt werden, dass auch bei einer ausländischen Kapitalgesellschaft mit inländischen Betriebsstätte im Zeitpunkt der Liquidation eine systemkonforme Besteuerung erfolgen kann. Im Hinblick auf die Ausschüttung oder Rückzahlung aus dem steuerlichen Einlagekonto i.S.v. § 27 KStG spricht einiges dafür, dass nur solche Ausschüttungen und Rückzahlungen steuerschädlich sein können, die aus Beständen des steuerlichen Einlagekontos getätigt werden, die durch die Einbringung von Betriebsvermögen geschaffen wurden. Nach der Regelung des § 22 Abs. 1 UmwStG ist lediglich die Veräußerung der erhaltenen Anteile steuerschädlich, nicht aber die Veräußerung sonstiger Anteile an der übernehmenden Gesellschaft, so dass auch nur die Verwendung von Beständen, die durch die Einbringung geschaffen wurden, insofern steuerschädlich sein kann. Sofern im steuerlichen Einlagekonto sowohl Bestände, die durch die Einbringung geschaffen wurden, als auch andere Bestände ausgewiesen werden, kann sich ein Reihenfolgeproblem hinsichtlich der Verwendung des steuerlichen Einlagekontos ergeben. Eine gesetzgeberische Klarstellung wäre insofern wünschenswert. Im Ergebnis siehe auch *Förster/Wendland*, BB 2007 S. 631 (637 f.).
143) Der veräußerungsgleiche Ersatztatbestand der Ketteneinbringung könnte sich insoweit als problematisch darstellen, als der die rückwirkende Besteuerung des Einbringungsgewinns I auslösende Ersatztatbestand durch die übernehmende Gesellschaft ausgelöst wird, ohne dass der Einbringende den steuerschädlichen Ersatztatbestand selbst verwirklicht hat. I.R. der vertraglichen Gestaltung von Einbringungsvorgängen können deshalb umfangreiche vertragliche Absicherungen für den Einbringenden erforderlich sein.

Werden die Ersatztatbestände innerhalb von sieben Jahren nach dem Einbringungsstichtag erfüllt, erfolgt eine rückwirkende Besteuerung des Einbringungsgewinns I auf Ebene des Einbringenden entsprechend der unter Gliederungspunkt I.V.3. e) bb) erläuterten Konzeption.

dd) Erhöhung der Anschaffungskosten an den neu gewährten Anteilen beim Einbringenden

Sofern ein deutsches Besteuerungsrecht besteht, wird der Gewinn aus der Veräußerung der erhaltenen Anteile beim Einbringenden nach den allgemeinen Grundsätzen besteuert. Bei einer Veräußerung der erhaltenen Anteile innerhalb der Sperrfrist von sieben Jahren nach dem Einbringungsstichtag wirkt sich auf diesen Gewinn nach § 22 Abs. 1 Satz 4 UmwStG allerdings die rückwirkende Besteuerung eines Einbringungsgewinns insoweit aus, als der Einbringungsgewinn I als nachträgliche Anschaffungskosten der erhaltenen Anteile gilt. Dies gilt unabhängig davon, ob der Einbringende die Steuer auf den Einbringungsgewinn I entrichtet hat.

Die Anschaffungskosten der erhaltenen Anteile im Veräußerungszeitpunkt ermitteln sich wie folgt:

	Anschaffungskosten der erhaltenen Anteile (§ 20 Abs. 3 Satz 1 und 2 UmwStG) [grds. Wert, mit dem die übernehmende Gesellschaft das eingebrachte Betriebsvermögen angesetzt hat abzüglich darin enthaltener Anteile an Kapitalgesellschaften oder Genossenschaften, sofern nicht § 22 Abs. 1 Satz 5 2. HS UmwStG einschlägig ist][145]
+	nachträgliche Anschaffungskosten i.H.d. Einbringungsgewinns I, sofern Veräußerung oder fiktive Veräußerung i.S.v. § 22 Abs. 1 Satz 6 UmwStG der erhaltenen Anteile innerhalb der Sperrfrist von sieben Jahren nach dem Einbringungsstichtag (§ 22 Abs. 1 Satz 4 UmwStG)
=	**Anschaffungskosten der erhaltenen Anteile im Veräußerungszeitpunkt**

Abb. I.V. - 11: Ermittlung der Anschaffungskosten der erhaltenen Anteile im Veräußerungszeitpunkt [144]

Der verbleibende Gewinn aus dem Verkauf der neu gewährten Anteile durch den Einbringenden ermittelt sich wie folgt:

	in den erhaltenen Anteilen enthaltene stille Reserven, die nach dem Einbringungszeitpunkt entstanden sind
+	in den erhaltenen Anteilen enthaltene stille Reserven, die bis zum Einbringungszeitpunkt entstanden sind
./.	Einbringungsgewinn I (§ 22 Abs. 1 Satz 3 UmwStG)
=	**verbleibender Gewinn aus dem Anteilsverkauf**

Abb. I.V. - 12: Ermittlung des verbleibenden Gewinns aus dem Anteilsverkauf

Das **Zusammenwirken** der **rückwirkenden Nachversteuerung des Einbringungsgewinns I** und das **Entstehen von nachträglichen Anschaffungskosten der erhaltenen Anteile** führt bei einer Veräußerung der neu erhaltenen Anteile innerhalb der Sperrfrist von sie-

---

[144] Sofern Betriebsvermögen eingebracht wird, das weder vor noch nach der Einbringung in Deutschland steuerverhaftet ist und das deutsche Besteuerungsrecht somit durch die Einbringung nicht beschränkt wird, gilt der **gemeine Wert** dieses Vermögens im Zeitpunkt der Einbringung als Anschaffungskosten der Anteile (§ 20 Abs. 3 Satz 2 UmwStG).

Änderungen im UmwStG

ben Jahren nach dem Einbringungsstichtag dazu, dass sich der Gewinn aus der Veräußerung der erhaltenen Anteile **auf Ebene des Einbringenden** in den Einbringungsgewinn I i.S.v. § 22 Abs. 1 Satz 3 UmwStG und den verbleibenden Gewinn aus dem Anteilsverkauf aufteilt. Die steuerlichen Belastungswirkungen des Einbringungskonzepts bei der Sacheinlage lassen sich wie folgt zusammenfassen:

Gewinn aus der Veräußerung der erhaltenen Anteile	
Einbringungsgewinn I **(§ 22 Abs. 1 Satz 3 UmwStG)**[146]	**verbleibender Gewinn** **aus dem Anteilsverkauf**
– Gewinn nach § 16 EStG (§ 22 Abs. 1 Satz 1 1. HS UmwStG) – Halbeinkünfteverfahren (§ 3 Nr. 40 i.V.m. § 3c Abs. 2 EStG) und Regelungen des § 8b KStG nicht anwendbar – § 16 Abs. 4, § 34 EStG nicht anwendbar (§ 22 Abs. 1 Satz 1 2. HS UmwStG) – § 7 Satz 2 und § 9 Nr. 3 GewStG ggf. anwendbar	– Grundsatz: Halbeinkünfteverfahren (§ 3 Nr. 40 i.V.m. § 3c Abs. 2 EStG) und Regelungen des § 8b KStG anwendbar – Ausnahme: das eingebrachte Betriebsvermögen enthält einbringungsgeborene Anteile i.S.v. *§ 21 UmwStG a.F.* (§ 20 Abs. 3 Satz 4): Fortgeltung der Regelungen der *§ 21 UmwStG a.F., § 8b Abs. 4 KStG a.F.* und *§ 3 Nr. 40 Satz 3 und 4 EStG a.F.*

Abb. I.V. - 13: Steuerliche Belastungswirkungen des Einbringungskonzepts bei der Sacheinlage

ee) Erhöhung der Wertansätze für das übernommene Betriebsvermögen bei der übernehmenden Gesellschaft

Die übernehmende Gesellschaft kann im Wirtschaftsjahr der Anteilsveräußerung oder eines gleichgestellten Ersatztatbestandes i.S.v. § 22 Abs. 1 Satz 6 Nr. 1 - 6 UmwStG auf Antrag den versteuerten **Einbringungsgewinn I als Aufstockungsbetrag** ansetzen, sofern

– der Einbringende die Steuer, die auf den Einbringungsgewinn I entfällt, entrichtet hat, was durch eine Bescheinigung des zuständigen Finanzamts nachzuweisen ist (§ 23 Abs. 2 Satz 1 UmwStG),[146] und

– das eingebrachte Betriebsvermögen noch zum Betriebsvermögen der übernehmenden Gesellschaft gehört, es sei denn, es wurde zwischenzeitlich zum gemeinen Wert veräußert (§ 23 Abs. 2 Satz 2 UmwStG).[147]

---

[145] Abzüglich von Anteilen an Kapitalgesellschaften oder Genossenschaften, die im eingebrachten Betriebsvermögen enthalten sind, sofern nicht § 22 Abs. 1 Satz 5 2. HS UmwStG einschlägig ist.

[146] Es dürfte unschädlich sein, wenn die Steuer auf den Einbringungsgewinn I wegen eines Verlustausgleichs oder -abzugs insoweit nicht tatsächlich „entrichtet" wurde. Vgl. *Rödder/Schumacher*, DStR 2007 S. 369 (374). Da die Buchwertaufstockung im Wirtschaftsjahr der Anteilsveräußerung bzw. des der Anteilsveräußerung gleichgestellten Tatbestands i.S.v. § 22 Abs. 1 Satz 6 Nr. 1 - 6 UmwStG vorzunehmen ist, allerdings erst dann erfolgen darf, wenn die Steuer auf den Einbringungsgewinn I bereits entrichtet ist, sind in der Konsequenz i.d.R. mehrere Bilanzen zurückliegender Jahre zu ändern. Jede erneute Änderung der entrichteten Steuer wird wiederum zu geänderten Bilanzansätzen führen. Es ist davon auszugehen, dass eine derartige Vorgehensweise in praxi zu erheblichen Schwierigkeiten führen wird. Vgl. *Dötsch/Pung*, DB 2006 S. 2763 (2766 f.).

[147] Damit dürfte insbes. die Veräußerung des eingebrachten Betriebsvermögens an einen fremden Dritten dem Ansatz des Aufstockungsbetrags nicht entgegenstehen. Maßgebender Zeitpunkt dürfte unter Berücksichtigung der Regelung in § 23 Abs. 3 Satz 2 UmwStG der Beginn des Wirtschaftsjahres sein, in welches das die Besteuerung des Einbringungsgewinns auslösende schädliche Ereignis (Anteilsveräußerung bzw. der Anteilsveräußerung gleichgestellter Tatbestand i.S.v. § 22 Abs. 1 Satz 6 Nr. 1 - 6 UmwStG) tritt. So auch *Benz/Rosenberg*, BB-Special 8/2006 S. 51 (72); *Förster/Wendland*, BB 2007 S. 631 (636).

Durch die Anknüpfung der Wertaufstockung bei der übernehmenden Kapitalgesellschaft oder Genossenschaft an die tatsächliche Entrichtung der Steuer durch den Einbringenden überträgt der Gesetzgeber sein Steuerausfallrisiko (z.B. durch Insolvenz) beim Einbringenden anteilig auf die übernehmende Kapitalgesellschaft oder Genossenschaft.

Die **Verteilung des Aufstockungsbetrags** sollte nach dem Verhältnis der stillen Reserven der einzelnen Wirtschaftsgüter im Einbringungszeitpunkt zum Gesamtbetrag der stillen Reserven des eingebrachten Betriebsvermögens erfolgen.[148] Eine gesetzgeberische Klarstellung wäre insofern wünschenswert, ob bzw. wie die Buchwertaufstockung bei nur teilweiser Entrichtung der Steuer bzw. Stundung der Steuer auf den Einbringungsgewinn I zu erfolgen hat.[149]

Die Buchwertaufstockung hat keine Auswirkung auf den steuerpflichtigen Gewinn der übernehmenden Gesellschaft (§ 23 Abs. 2 Satz 1 2. HS UmwStG). Es spricht einiges dafür, dass i.H.d. Wertaufstockung ein Zugang im steuerlichen Einlagekonto der übernehmenden Gesellschaft i.S.v. § 27 KStG zu erfassen ist, da im Ergebnis eine geänderte Bewertung der ursprünglichen Sacheinlage vorliegt.[150]

Die Buchwertaufstockung bei der übernehmenden Gesellschaft erfolgt wirtschaftsgutbezogen. Sofern das eingebrachte Betriebsvermögen abnutzbare Wirtschaftsgüter enthält, sind die Absetzungen für Abnutzung oder Substanzverringerung ab dem Beginn des Wirtschaftsjahres, in welches das die Besteuerung des Einbringungsgewinns auslösende schädliche Ereignis (Anteilsveräußerung bzw. der Anteilsveräußerung gleichgestellter Tatbestand i.S.v. § 22 Abs. 1 Satz 6 Nr. 1 - 6 UmwStG) tritt, steuermindernd nach dem um den Aufstockungsbetrag erhöhten Wertansätzen zu bemessen (§ 23 Abs. 3 Satz 2 UmwStG). Bei nicht abnutzbaren Wirtschaftsgütern verringern (erhöhen) sich spätere Veräußerungsgewinne (Veräußerungsverluste). Bei steuerfreien Rücklagen, z.B. § 6b EStG-Rücklagen, sollte der Ansatz des Aufstockungsbetrags durch steuerneutrale Minderung der Rücklage ebenfalls in Betracht kommen, sofern diese noch nicht auf ein Reinvestitionsgut übertragen bzw. erfolgswirksam aufgelöst wurde. Wurde die Rücklage bereits auf ein Reinvestitionsgut übertragen, sollte der Aufstockungsbetrag bei diesem Wirtschaftsgut angesetzt werden. Sofern die Rücklage erfolgswirksam aufgelöst wurde, spricht einiges dafür, dass der Aufstockungsbetrag als Betriebsausgabe abzugsfähig ist, da die erfolgswirksame Auflösung der Rücklage der Übertragung eines aktiven Wirtschaftsgutes zum gemeinen Wert gleichsteht.[151]

Soweit das eingebrachte Betriebsvermögen in der Zwischenzeit zum gemeinen Wert veräußert wurde, stellt der darauf entfallende Aufstockungsbetrag im Zeitpunkt der Anteilsveräußerung eine sofort abziehbare Betriebsausgabe dar.[152]

Sofern die eingebrachten Wirtschaftsgüter zwischenzeitlich zu einem unter dem gemeinen Wert liegenden Wert weiter übertragen wurden (z.B. durch Einbringung zum Buchwert), soll nach der Gesetzesbegründung v. 25.09.2006 zu § 20 Abs. 2 UmwStG weder eine Buchwertaufstockung noch der Abzug als Aufwand zulässig sein.[153] Dem ist insoweit zuzustimmen, als die ehemals übernehmende Gesellschaft einen Erhöhungsbetrag nicht ansetzen kann, da die betreffenden Wirtschaftsgüter wegen der Weitereinbringung nicht mehr zu

---

148) Vgl. *Benz/Rosenberg*, BB-Special 8/2006 S. 51 (71 f.).
149) Vgl. *Dötsch/Pung*, DB 2006 S. 2763 (2766).
150) Vgl. *Dötsch/Pung*, DB 2006 S. 2763 (2766); *Ley*, FR 2007 S. 109 (116).
151) Vgl. *Förster/Wendland*, BB 2007 S. 631 (636 f.).
152) Ferner sollte eine Übertragung zum gemeinen Wert auch in dem Fall angenommen werden, dass die eingebrachten Wirtschaftsgüter Gegenstand einer verdeckten Gewinnausschüttung i.S.v. § 8 Abs. 3 Satz 2 KStG sind, da in diesem Fall der Fremdvergleichsgrundsatz zum Ansatz kommt. Dies sollte ebenso für den Fall der Übertragung i.R.d. verdeckten Einlage gelten, obwohl in diesem Fall nach § 6 Abs. 6 Satz 2 EStG anstelle des gemeinen Werts der Teilwert zum Ansatz kommt. Vgl. BT-Drs. 16/2710 S. 50, *Förster/Wendland*, BB 2007 S. 631 (636).
153) Vgl. Gesetzesbegründung v. 25.09.2006 zu § 23 Abs. 2 UmwStG, BT-Drs. 16/2710 S. 50.

Änderungen im UmwStG

ihrem Betriebsvermögen gehören und die Übertragung zu einem unter dem gemeinen Wert liegenden Wert erfolgt ist. Da die i.R. der Weitereinbringung neue übernehmende Gesellschaft allerdings in die steuerliche Rechtsstellung der ehemals übernehmenden Gesellschaft tritt, ist fraglich, warum nicht bei ihr der entsprechende Erhöhungsbetrag steuerneutral anzusetzen wäre, sofern die Wirtschaftsgüter noch zu ihrem Betriebsvermögen gehören, es sei denn, sie wurden zum gemeinen Wert übertragen (§ 23 Abs. 1 i.V.m. § 12 Abs. 3 1. HS, § 23 Abs. 2 UmwStG).[154]

f) Nachweiserfordernisse i.S.v. § 22 Abs. 3 UmwStG

Der Einbringende hat in den dem Einbringungszeitpunkt folgenden sieben Jahren jährlich spätestens bis zum 31.05. den Nachweis darüber zu erbringen, wem mit Ablauf des dem Einbringungszeitpunkt entsprechenden Tages in den Fällen des § 22 Abs. 1 UmwStG (Sacheinlage unter dem gemeinen Wert i.S.v. § 20 Abs. 2 Satz 2 UmwStG) die **erhaltenen Anteile** und die auf diesen Anteilen beruhende Anteile zuzurechnen sind (§ 22 Abs. 3 Satz 1 Nr. 1 UmwStG). Bei Weitereinbringung dieser Anteile (sog. Ketteneinbringung) beziehen sich die Nachweispflichten auch auf alle i.R.d. Weitereinbringung erhaltenen Anteile.[155]

Nach der Gesetzesbegründung v. 25.09.2006 zu § 22 Abs. 3 UmwStG kann der Nachweis, dass die erhaltenen Anteile noch vorhanden sind, insbes. durch die Vorlage eines Registerauszuges oder einer Bescheinigung der jeweils übernehmenden Gesellschaft erbracht werden.[156] Sofern dieser Nachweis nicht erbracht wird, gelten die erhaltenen Anteile i.S.v. § 22 Abs. 1 UmwStG als an dem Tag, der dem Einbringungsstichtag folgt oder in den Folgejahren an dem Tag, der diesem Kalendertag entspricht, veräußert (§ 22 Abs. 3 Satz 2 UmwStG).[157] Nach dem Gesetzeswortlaut handelt es sich bei der Frist i.S.v. § 23 Abs. 3 Satz 1 UmwStG - entgegen der Gesetzesbegründung[158] - um eine Ausschlussfrist. Eine Klarstellung des Gesetzgebers, dass der Nachweis zu einem späteren Zeitpunkt geführt werden kann, ohne dass die Rechtsfolgen einer Verletzung der Nachweispflicht eintreten, wäre insoweit wünschenswert.

Das Gesetz enthält keine Aussage darüber, gegenüber welchem Finanzamt der Nachweis zu erbringen ist. Es spricht einiges dafür, dass auf das nach den allgemeinen Regelungen der AO (§ 18 - § 20 AO) für die Ertragsbesteuerung des Gesellschafters örtlich zuständige Finanzamt abgestellt wird.[159]

4. Einbringung von Anteilen an Kapitalgesellschaften bzw. Genossenschaften in eine Kapitalgesellschaft bzw. Genossenschaft (§ 21 UmwStG)

a) Persönlicher Anwendungsbereich des § 21 UmwStG

aa) Einbringender Rechtsträger

Hinsichtlich der **Person des Einbringenden** bestehen beim Anteilstausch i.S.v. § 21 Abs. 1 UmwStG keine Einschränkungen des persönlichen Anwendungsbereichs, da die in § 1 Abs. 4 Nr. 2 UmwStG enthaltenen Einschränkungen nicht auf den Anteilstausch anzuwenden sind (§ 1 Abs. 3 Nr. 5 UmwStG).[160] Einbringender kann daher **jede natürliche oder**

---

154) So im Ergebnis auch *Förster/Wendland*, BB 2007 S. 631 (636).
155) Vgl. *Dörfler/Rautenstrauch/Adrian*, BB 2006 S. 1711 (1715), die die Nachweispflichten insbes. bei Ketteneinbringungen und bei Gesellschaften mit zahlreichen Anteilseignern als „*unpraktikabel und überschießend*" bezeichnen.
156) Vgl. BT-Drs. 16/2710 S. 49.
157) Vgl. *Rödder/Schumacher*, DStR 2007 S. 369 (375).
158) Vgl. Gesetzesbegründung v. 25.09.2006 zu § 22 Abs. 3 UmwStG, BT-Drs. 16/2710 S. 49.
159) Vgl. *Dötsch/Pung*, DB 2006 S. 2763 (2767); *Ley*, FR 2007 S. 109 (116).
160) § 1 Abs. 3 Nr. 5 UmwStG ist in § 1 Abs. 4 Satz 1 Nr. 2 UmwStG nicht genannt.

juristische Person sein, unabhängig von Wohnsitz oder gewöhnlichem Aufenthalt bzw. von Sitz, Ort der Geschäftsleitung oder Staat der Gründung.[161] Bei Personengesellschaften gelten entsprechend dem Transparenzprinzip die Gesellschafter als Einbringende. Auch hier gibt es keine Einschränkungen. Daraus folgt, dass auch Einbringungen von Anteilen an einer Kapitalgesellschaft oder Genossenschaft in eine Kapitalgesellschaft oder Genossenschaft durch in einem **Drittstaat** ansässige natürliche und juristische Personen vom Anwendungsbereich des § 21 Abs. 1 UmwStG erfasst werden.

bb) Übernehmender Rechtsträger

Der persönliche Anwendungsbereich der übernehmenden Gesellschaft i.R. eines Anteilstauschs i.S.v. § 21 Abs. 1 UmwStG entspricht dem der übernehmenden Gesellschaft bei Einbringung eines Betriebs, Teilbetriebs oder Mitunternehmeranteils in eine Kapitalgesellschaft oder Genossenschaft i.S.v. § 20 Abs. 1 UmwStG. Die in Gliederungspunkt I.V.3. a) bb) enthaltenen Ausführungen zu deren persönlichen Anwendungsvoraussetzungen gelten somit entsprechend.

cc) Zusammenfassung

Die persönlichen Anwendungsvoraussetzungen hinsichtlich des einbringenden und des übernehmenden Rechtsträgers i.R. des Anteilstauschs i.S.v. § 21 Abs. 1 UmwStG lassen sich wie folgt zusammenfassen:

einbringender Rechtsträger	**Körperschaften, Personenvereinigungen und Vermögensmassen**, insbes. AG, KGaA, GmbH, SE, eG und SCE mit Ansässigkeit im – Inland – EU-/EWR-Raum oder – Drittstaat **natürliche Personen** mit Ansässigkeit im – Inland – EU-/EWR-Raum oder – Drittstaat **Personengesellschaften**, insbes. OHG, KG, PartG, mit Ansässigkeit im – Inland – EU-/EWR-Raum oder – Drittstaat deren Gesellschafter ansässig sind im – Inland – EU-/EWR-Raum oder – Drittstaat
übernehmender Rechtsträger	**AG, GmbH, KGaA, SE, eG, SCE** mit Ansässigkeit im – Inland oder EU-/EWR-Raum (nicht in Drittstaat)

Abb. I.V. - 14: Zusammenfassung des persönlichen Anwendungsbereichs des § 21 Abs. 1 UmwStG

---

161) Vgl. *Bilitewski*, FR 2007 S. 57 (65).

b) Sachlicher Anwendungsbereich
aa) Gegenstand des Anteilstauschs (§ 21 Abs. 1 UmwStG)

Gegenstand eines Anteilstauschs i.S.d. § 21 Abs. 1 UmwStG können Anteile an einer Kapitalgesellschaft und nunmehr auch Anteile an einer Genossenschaft sein. § 21 Abs. 1 Satz 1 UmwStG fasst die Kapitalgesellschaft oder Genossenschaft, deren Anteile eingebracht werden, unter dem Oberbegriff *„erworbene Gesellschaft"* zusammen.[162]

Die Regelung des § 21 UmwStG erfasst den Anteilstausch als eigenständige Anteilseinbringung, die *lex specialis* zu § 6 Abs. 6 Satz 1 EStG ist. Ein Anteilstausch kann auch i.R. einer Sacheinlage i.S.v. § 20 Abs. 1 UmwStG erfolgen, sofern in dem eingebrachten Betriebsvermögen Anteile an einer Kapitalgesellschaft oder Genossenschaft enthalten sind, die zu den wesentlichen Betriebsgrundlagen zählen.[163] Die entsprechenden Anteile an einer Kapitalgesellschaft oder Genossenschaft sind grds. aus der Ermittlung des Einbringungsgewinns I auszunehmen. Sofern aber in dem eingebrachten Betriebsvermögen Anteile an einer Kapitalgesellschaft oder Genossenschaft enthalten sind und das deutsche Besteuerungsrecht hinsichtlich des Gewinns aus der Veräußerung der erhaltenen Anteile ausgeschlossen oder beschränkt ist, sind die im eingebrachten Betriebsvermögen enthaltenen Anteile ausnahmsweise in den **Einbringungsgewinn I** einzubeziehen (§ 22 Abs. 1 Satz 5 2. HS i.V.m. § 22 Abs. 2 UmwStG).[164] Eine Aufspaltung eines Einbringungsvorgangs in eine Sacheinlage i.S.v. § 20 Abs. 1 UmwStG und in einen Anteilstausch i.S.v. § 21 UmwStG ist wegen der ausdrücklichen Zurechnungsregelung des § 22 Abs. 1 Satz 5 1. HS UmwStG demgegenüber nicht möglich (§ 21 Abs. 1 Satz 3 UmwStG).[165]

Nur soweit die eingebrachten Anteile durch nicht von § 8b Abs. 2 KStG begünstigte Personen eingebracht wurden, sind die Vorschriften über den **Einbringungsgewinn II** anzuwenden (§ 22 Abs. 1 Satz 5 1. HS i.V.m. § 22 Abs. 2 UmwStG).[166]

bb) Gewährung neuer Anteile als Gegenleistung für die Anteilseinbringung (§ 21 Abs. 1 UmwStG)

Der Einbringende muss - wie im bisherigen Recht - als Gegenleistung für die Einbringung (auch) **neue Anteile** an der aufnehmenden Kapitalgesellschaft bzw. Genossenschaft erhalten (§ 21 Abs. 1 UmwStG). Diese neuen Anteile werden als „erhaltene Anteile" bezeichnet

---

162) Die Einstufung ausländischer Gesellschaften als Kapitalgesellschaften ist anhand eines Typenvergleichs vorzunehmen. Ist die erworbene Gesellschaft aus deutscher Sicht als steuerlich transparent anzusehen (hybride Gesellschaft i.S.v. Art. 10a Abs. 1 FRL), ist dieser Vorgang als Einbringung eines Mitunternehmeranteils nach § 20 UmwStG anzusehen. Vgl. *Dörfler/Rautenstrauch/Adrian*, BB 2006 S. 1711 (1712). Eine 100%ige Beteiligung an einer Kapitalgesellschaft gilt nach der Gesetzesbegründung v. 25.09.2006 zu § 20 Abs. 1 UmwStG (BT-Drs. 16/2710 S. 42) - im Gegensatz zum Regelungsbereich der § 16 Abs. 1 Satz 1 Nr. 1 Satz 2 EStG, § 15 Abs. 1 Satz 3, § 24 UmwStG - nicht als Teilbetrieb i.S.d. § 20 UmwStG.
163) Siehe Gliederungspunkt I.V.3. b) bb).
164) Beispiel nach der Gesetzesbegründung v. 09.11.2006 zu § 22 Abs. 1 UmwStG, BT-Drs. 16/3369 S. 29: *Der in Frankreich ansässige X bringt seine inländische Betriebsstätte, zu der Anteile an der inländischen Y-GmbH gehören, in 01 in die Z-GmbH ein. In 02 veräußert er die Anteile an der Z-GmbH.* Der Gesetzgeber begründet diese Regelung mit dem Argument, dass das deutsche Besteuerungsrecht an den in den Anteilen an der Y-GmbH enthaltenen stillen Reserven dadurch sichergestellt wird, dass die Anteile an der Y-GmbH in den Einbringungsgewinn I einbezogen werden. Das DBA-Frankreich schließt ansonsten das inländische Besteuerungsrecht hinsichtlich des Gewinns aus der Veräußerung der erhaltenen Anteile aus (aufgrund einer Regelung entsprechend Art. 13 Abs. 5 OECD-MA).
165) Vgl. *Dötsch/Pung*, DB 2006 S. 2763 (2769). Siehe hierzu auch Gliederungspunkt I.V.3. b) aa). Für den Fall, dass es sich bei den mit eingebrachten Anteilen um einbringungsgeborene Anteile i.S.v. *§ 21 UmwStG a.F.* handelt, siehe Gliederungspunkt I.V.3. d).
166) Siehe hierzu Gliederungspunkt I.V. 4. e) bb).

(§ 22 Abs. 1 und 2 UmwStG). Nicht erforderlich ist, dass ausschließlich neue Anteile gewährt werden; es sind auch andere Gegenleistungen daneben möglich.

Hinsichtlich der grds. Verpflichtung der übernehmenden Gesellschaft zur Gewährung neuer Anteile als Gegenleistung für die Einbringung siehe auch die Ausführungen zur Sacheinlage i.S.v. § 20 Abs. 1 UmwStG unter Gliederungspunkt I.V.3. b) bb).

c) Bewertung der eingebrachten Anteile bei der übernehmenden Gesellschaft (§ 21 Abs. 1 UmwStG)

aa) Einfacher Anteilstausch (§ 21 Abs. 1 Satz 1 UmwStG)

§ 21 Abs. 1 Satz 1 UmwStG erfasst die Fälle des sog. einfachen Anteilstauschs, wonach die übernehmende Gesellschaft die eingebrachten Anteile grds. mit dem gemeinen Wert anzusetzen hat. Dies gilt unabhängig von der Höhe der Beteiligung.[167]

bb) Qualifizierter Anteilstausch (§ 21 Abs. 1 Satz 2 UmwStG)

Sofern die übernehmende Gesellschaft nach der Einbringung aufgrund ihrer Beteiligung einschließlich der eingebrachten Anteile nachweislich unmittelbar die Mehrheit der Stimmrechte an der erworbenen Gesellschaft hat (sog. **qualifizierter Anteilstausch**), können die eingebrachten Anteile auf Antrag mit dem Buchwert oder einem Zwischenwert, höchstens mit dem gemeinen Wert, angesetzt werden (§ 21 Abs. 1 Satz 2 UmwStG).[168] Auf den Erhalt des deutschen Besteuerungsrechts an den eingebrachten Anteilen kommt es - wie auch unter *§ 23 Abs. 4 UmwStG a.F.* - nicht an.[169] Ein qualifizierter Anteilstausch liegt - wie im bisherigen Recht - in folgenden Fällen vor:[170]

– Durch den Einbringungsvorgang entsteht eine Mehrheitsbeteiligung der übernehmenden Gesellschaft.
– Eine zum Einbringungsstichtag bereits bestehende Mehrheitsbeteiligung der übernehmenden Gesellschaft wird weiter aufgestockt.[171]

Die Einbringung kann durch mehrere Personen erfolgen, wenn die aufnehmende Gesellschaft nach der Einbringung über die Mehrheit der Stimmrechte verfügt und die einzelnen Einbringungsvorgänge auf einem einheitlichen Gründungs- oder Kapitalerhöhungsvorgang beruhen.[172]

Haben die eingebrachten Anteile beim Einbringenden nicht zu einem Betriebsvermögen gehört, treten an die Stelle des Buchwerts die Anschaffungskosten (§ 21 Abs. 2 Satz 5 UmwStG).

Der Antrag i.S.v. § 21 Abs. 1 Satz 2 UmwStG ist spätestens bis zur erstmaligen Abgabe der steuerlichen Schlussbilanz bei dem für die Besteuerung der übernehmenden Gesellschaft zuständigen Finanzamt zu stellen (nach § 21 Abs. 2 Satz 6 i.V.m. § 20 Abs. 3 Satz 3 UmwStG).[173] Durch das Einreichen der steuerlichen Schlussbilanz gilt der Antrag wohl als

---

167) Beispiel nach der Gesetzesbegründung v. 25.09.2006 zu § 21 Abs. 1 UmwStG, BT-Drs. 16/2710 S. 45: *Natürliche Person A mit Wohnsitz in CZ bringt ihre Beteiligung an österreichischer X-GesmbH in die deutsche Y-GmbH gegen Gewährung von Anteilen ein.*
168) Zur Abgrenzung zwischen dem Ansatz mit dem Buchwert oder einem Zwischenwert siehe auch Gliederungspunkt I.V.3. c) bb) (1).
169) Vgl. *Dötsch/Pung*, DB 2006 S. 2763 (2769); *Ley*, FR 2007 S. 109 (116).
170) Vgl. BMF, Schreiben v. 25.03.1998, IV B 7 - S 1978 - 21/98 / IV B 2 - S 1909 - 33/98, BStBl. I 1998 S. 268 (UmwSt-Erlass) Rz. 20.15.
171) Vgl. Gesetzesbegründung v. 25.09.2006 zu § 21 Abs. 1 UmwStG, BT-Drs. 16/2710 S. 45.
172) Vgl. BMF, Schreiben v. 25.03.1998, IV B 7 - S 1978 - 21/98 / IV B 2 - S 1909 -33/98, BStBl. I 1998 S. 268 (UmwSt-Erlass) Rz. 20.15.
173) Gemeint sein dürfte die Bilanz zum Schluss des Wirtschaftsjahres, in das der steuerliche Übertragungsstichtag fällt, bzw. in Fällen der Sachgründung die Eröffnungsbilanz.

gestellt.[174] Die Bewertung der eingebrachten Anteile hat auf den steuerlichen Übertragungsstichtag zu erfolgen.

cc) Sonstige Gegenleistung (§ 21 Abs. 1 Satz 3 UmwStG)

Erhält der Einbringende von der übernehmenden Gesellschaft neben der Gewährung (neuer) Gesellschaftsanteile eine sonstige Gegenleistung (z.B. bare Zuzahlungen oder Gesellschafterdarlehen), führt dies - wie im bisherigen Recht - nur dann zu einer Realisierung der stillen Reserven, sofern der gemeine Wert der anderen Wirtschaftsgüter den Buchwert der eingebrachten Anteile übersteigt (§ 21 Abs. 1 Satz 3 UmwStG).[175] Die übernehmende Gesellschaft hat die eingebrachten Anteile in diesem Fall mindestens mit dem gemeinen Wert der anderen Wirtschaftsgüter anzusetzen.

Beim Einbringenden ist hinsichtlich der Bemessung der Anschaffungskosten der als Gegenleistung für die eingebrachten Anteile erhaltenen Anteile insofern § 20 Abs. 3 Satz 3 UmwStG zu beachten (§ 21 Abs. 2 Satz 6 UmwStG).[176]

d) Besteuerung des Einbringenden anlässlich der Einbringung (§ 21 Abs. 2 UmwStG)
cc) Überblick

Im bisherigen Recht war der sog. **Grundsatz der doppelten Buchwertverknüpfung** zwingende Voraussetzung für die Steuerneutralität des Anteilstauschs. Demnach hat sich der Wertansatz der als Gegenleistung für die Einbringung erhaltenen Anteile beim Einbringenden nach dem Wertansatz der eingebrachten Anteile auf Ebene der übernehmenden Gesellschaft bemessen *(§ 20 Abs. 4 Satz 1, § 23 Abs. 4 Satz 1 UmwStG a.F.)*. Bei grenzüberschreitenden Einbringungsvorgängen hat dies in der Konsequenz zu einer **Buchwertverknüpfung über die Grenze** geführt, die nach einer Entscheidung des FG Baden-Württemberg nicht mit der Fusionsrichtlinie vereinbar ist.[177] Art. 8 Abs. 1 und Abs. 4 FRL schreiben zwar vor, dass der Einbringende den als Gegenleistung für die Einbringung erhaltenen Anteilen keinen höheren steuerlichen Wert beimessen darf, als den Anteilen an der übernehmenden Gesellschaft unmittelbar vor dem Anteilstausch beigemessen wurde. Es wird jedoch nicht verlangt, dass die übernehmende Gesellschaft die eingebrachten Anteile mit keinem höheren steuerlichen Wert ansetzen darf, als den Anteilen an der übernehmenden Gesellschaft unmittelbar vor dem Anteilstausch zukam. Die Fusionsrichtlinie enthält keine Regelung, wie die überneh-

---

174) Analog zur Gesetzesbegründung v. 25.09.2006 zu § 3 Abs. 2 UmwStG, BT-Drs. 16/2710 S. 37. Die Gesetzesbegründung zu § 20 Abs. 2 UmwStG enthält diesbezüglich keine Aussage. *Lemaitre/Schönherr*, GmbHR 2007 S. 173 (174) raten dazu, neben der Einreichung der Steuererklärung (nebst Steuerbilanz) auch einen formlosen Antrag zu stellen, da der Gesetzeswortlaut von einem Antrag spricht und fraglich ist, ob dieser durch die Einreichung einer Steuererklärung als gestellt gilt.
175) Die im Regierungsentwurf v. 25.09.2006 noch enthaltene Regelung, wonach im Rahmen einer Einbringung geleistete bare Zuzahlungen zu einer sofortigen Gewinnrealisierung führen *(§ 21 Abs. 1 Satz 2 UmwStG-E)*, ist in der endgültigen Gesetzesfassung nicht mehr enthalten. Siehe hierzu auch Gesetzesbegründung v. 09.11.2006 zu § 20 Abs. 2 UmwStG, BT-Drs. 16/3369 S. 26 sowie BMF, Schreiben v. 25.03.1998, IV B 7 - S 1978 - 21/98 / IV B 2 - S 1909 - 33/98, BStBl. I 1998 S. 268 (UmwSt-Erlass) Rz. 20.03.
176) Siehe hierzu auch Gliederungspunkt I.V.3. d) aa).
177) Vgl. FG Baden-Württemberg v. 17.02.2005, 6 K 209/02, DStRE 2005 S. 1015 (Revision eingelegt unter I R 25/05). Wegen der Neuregelung in § 21 Abs. 2 UmwStG kommt dem Revisionsverfahren für den Anteilstausch keine Bedeutung mehr zu.

mende Gesellschaft die eingebrachten Anteile zu bewerten hat.[178] Die Steuerneutralität des Anteilstauschs darf somit nur an die Buchwertfortführung auf Ebene des Einbringenden geknüpft werden, nicht jedoch an das Vorliegen von zwei Bedingungen, wie es die doppelte Buchwertverknüpfung durch die Übernahme der Buchwerte sowohl durch die übernehmende Gesellschaft als auch durch den Einbringenden fordert.

I.R. der Neukonzeption der Regelungen in § 20 - § 23 UmwStG wurde der Grundsatz der doppelten Buchwertverknüpfung für den grenzüberschreitenden Anteilstausch aufgegeben.[179] Beim grenzüberschreitenden Anteilstausch ist zukünftig eine **einfache Wertverknüpfung zwischen dem Veräußerungspreis der eingebrachten Anteile und den Anschaffungskosten der erhaltenen Anteile** zwingend vorgesehen. Eine Bindung an die bei der übernehmenden Gesellschaft nach ausländischen Rechtsordnungen maßgebenden Wertansätze besteht nicht.[180] Lediglich für den **Inlandsfall**, d.h. für den Fall, dass sowohl der Einbringende als auch die übernehmende Gesellschaft in Deutschland ansässig sind, bleibt es auch zukünftig beim **Grundsatz der doppelten Buchwertverknüpfung**.[181]

bb) Grundsatz der doppelten Buchwertverknüpfung im Inlandsfall (§ 21 Abs. 2 Satz 1 UmwStG)

Der Wert, mit dem die übernehmende Gesellschaft die eingebrachten Anteile ansetzt, gilt beim Einbringenden als Veräußerungspreis für die eingebrachten Anteile und als Anschaffungskosten der als Gegenleistung für die Einbringung erhaltenen neuen Gesellschaftsanteile (§ 21 Abs. 2 Satz 1 UmwStG). Der **Grundsatz der doppelten Buchwertverknüpfung** findet in den Fallkonstellationen Anwendung, in denen sowohl der Einbringende als auch die übernehmende Gesellschaft in Deutschland ansässig sind (**Inlandsfall**).

---

178) Der Entwurf einer Richtlinie zur Änderung der Fusionsrichtlinie der EU-Kommission mit Datum v. 17.10.2003 (KOM (2003) 613 endg. 2003/0239 (CNS)) hatte vorgesehen, die i.R. eines Einbringungsvorgangs als Gegenleistung gewährten Anteile grds. mit dem Verkehrswert der eingebrachten Unternehmensteile *(Art. 9 Abs. 2 FRL-E)* bzw. Anteile *(Art. 8 Abs. 10, 11 FRL-E)* zu bewerten. Demnach sollten die Anteile, die die einbringende Gesellschaft für die Einbringung von Unternehmensteilen i.S.v. Art. 2 Buchst. c) FRL erhält, mit dem Verkehrswert angesetzt werden, der dem eingebrachten Aktiv- und Passivvermögen unmittelbar vor der Einbringung beigemessen wird *(Art. 9 Abs. 2 FRL-E)*. Für den Fall des Anteilstauschs i.S.v. Art. 2 Buchst. d) FRL war entsprechend in *Art. 8 Abs. 10 FRL-E* vorgesehen, dass die erwerbende Gesellschaft die erhaltenen Anteile mit dem tatsächlichen Wert zum Zeitpunkt des Anteilstauschs zu bewerten hat, um dadurch die Doppelbesteuerung zu vermeiden. Eine Ausnahme von dieser Bewertungsregel sah *Art. 8 Abs. 11 FRL-E* für diejenigen Fälle vor, in denen die übernehmende Gesellschaft eigene Anteile hält und anstelle einer Kapitalerhöhung diese Anteile an die Einbringenden überträgt. Sofern die Anschaffungskosten der eigenen Anteile allerdings unter ihrem Marktwert im Zeitpunkt des Anteilstauschs liegen, entsteht bei der erwerbenden Gesellschaft durch die Hingabe der Anteile ein Veräußerungsgewinn, den die EU-Mitgliedstaaten in Abweichung von *Art. 8 Abs. 10 FRL-E* bei einer späteren Veräußerung der erworbenen Anteile besteuern können, und zwar in Höhe der Differenz zwischen den Anschaffungskosten der Anteile und ihrem Verkehrswert unmittelbar vor dem Anteilstausch. Sämtliche Entwurfsvorschläge wurden nicht umgesetzt. Siehe hierzu *Blumers/Kinzl*, BB 2005 S. 971 (974 f.); *Schindler*, IStR 2005 S. 551 (555 f.) sowie Gliederungspunkt G.III.3. b).

179) Vgl. *Damas*, DStZ 2007 S. 129 (137); *Fuhrmann*, DStZ 2007 S. 111 (112 f.).

180) Vgl. Gesetzesbegründung v. 25.09.2006 zu § 21 Abs. 2 UmwStG, BT-Drs. 16/2710 S. 45.

181) Demgegenüber wurde für den Fall der Sacheinlage i.S.v. § 20 Abs. 1 UmwStG grds. am Grundsatz der doppelten Buchwertverknüpfung festgehalten. Siehe hierzu Gliederungspunkt I.V.3. d) aa).

cc) Einfache Wertverknüpfung zwischen dem Veräußerungspreis der eingebrachten Anteile und den Anschaffungskosten der erhaltenen Anteile bei grenzüberschreitenden Einbringungen (§ 21 Abs. 2 Satz 2 und 3 UmwStG)

(1) Überblick

Bei grenzüberschreitenden Einbringungen von Anteilen an Kapitalgesellschaften oder Genossenschaften ist zukünftig nur noch eine **einfache Wertverknüpfung zwischen dem Veräußerungspreis der eingebrachten Anteile und den Anschaffungskosten der erhaltenen Anteile** vorgesehen. Eine Bindung an die bei der übernehmenden Gesellschaft nach ausländischen Rechtsordnungen maßgebenden Wertansätze besteht nicht.[182] Die Ermittlung der Anschaffungskosten der erhaltenen Anteile auf Ebene des Einbringenden erfolgt auf der Grundlage des nachstehenden **dreistufigen Prüfungsschemas (Grundsatz - Ausnahme - Rückausnahme)**:

1. Grundsatz: Wertverknüpfung mit der Bewertung der eingebrachten Anteile (doppelte Buchwertverknüpfung i.S.v. § 21 Abs. 2 Satz 1 UmwStG).
2. Ausnahme: Bewertung der erhaltenen Anteile mit dem gemeinen Wert, sofern nach der Einbringung
   – das deutsche Besteuerungsrecht hinsichtlich des Gewinns aus der Veräußerung der *eingebrachten* Anteile ausgeschlossen oder beschränkt ist (§ 21 Abs. 2 Satz 2 1.HS UmwStG) oder
   – das deutsche Besteuerungsrecht hinsichtlich des Gewinns aus der Veräußerung der *erhaltenen* Anteile ausgeschlossen oder beschränkt ist (§ 21 Abs. 2 Satz 2 2.HS UmwStG).
3. Rückausnahme für den qualifizierten Anteilstausch i.S.v. § 21 Abs. 1 Satz 2 UmwStG: Bewertung der erhaltenen Anteile auf Antrag mit dem Buchwert oder einem Zwischenwert, höchstens mit dem gemeinen Wert, sofern
   – das deutsche Besteuerungsrecht hinsichtlich des Gewinns aus der Veräußerung der *erhaltenen* Anteile nicht ausgeschlossen oder beschränkt ist (§ 21 Abs. 2 Satz 3 Nr. 1 UmwStG) oder
   – Art. 8 der Fusionsrichtlinie Anwendung findet (**treaty override** i.S.v. § 21 Abs. 2 Satz 3 Nr. 2 UmwStG).

Der Antrag i.S.v. § 21 Abs. 2 Satz 3 UmwStG ist spätestens bis zur erstmaligen Abgabe der steuerlichen Schlussbilanz bei dem für die Besteuerung der übernehmenden Gesellschaft zuständigen Finanzamt zu stellen (nach § 21 Abs. 2 Satz 6 i.V.m. § 20 Abs. 3 Satz 3 UmwStG).[183] Durch das Einreichen der steuerlichen Schlussbilanz gilt der Antrag wohl als gestellt.[184] Die Bewertung der eingebrachten Anteile hat auf den steuerlichen Übertragungsstichtag zu erfolgen.

(2) Bewertung der erhaltenen Anteile mit dem gemeinen Wert (§ 21 Abs. 2 Satz 2 UmwStG)

Nach § 21 Abs. 2 Satz 2 UmwStG ist als Veräußerungspreis der eingebrachten Anteile sowie als Anschaffungskosten der erhaltenen Anteile zwingend der **gemeine Wert der eingebrachten Anteile** anzusetzen, wenn für die **eingebrachten Anteile (1. HS) oder die erhal-

---

[182] Vgl. Gesetzesbegründung v. 25.09.2006 zu § 21 Abs. 2 UmwStG, BT-Drs. 16/2710 S. 45.
[183] Gemeint sein dürfte die Bilanz zum Schluss des Wirtschaftsjahres, in das der steuerliche Übertragungsstichtag fällt, bzw. in Fällen der Sachgründung die Eröffnungsbilanz.
[184] Analog zur Gesetzesbegründung v. 25.09.2006 zu § 3 Abs. 2 UmwStG, BT-Drs. 16/2710 S. 37. Die Gesetzesbegründung zu § 20 Abs. 2 UmwStG enthält diesbezüglich keine Aussage. *Lemaitre/Schönherr*, GmbHR 2007 S. 173 (174) raten dazu, neben der Einreichung der Steuererklärung (nebst Steuerbilanz) auch einen formlosen Antrag zu stellen, da der Gesetzeswortlaut von einem Antrag spricht und fraglich ist, ob dieser durch die Einreichung einer Steuererklärung als gestellt gilt.

tenen Anteile (2. HS) nach der Einbringung das **deutsche Besteuerungsrecht hinsichtlich des Gewinns aus der Veräußerung dieser Anteile ausgeschlossen oder beschränkt ist.**[185]

(a) Ausschluss des deutschen Besteuerungsrechts hinsichtlich des Gewinns aus der Veräußerung der eingebrachten oder erhaltenen Anteile

Das deutsche Besteuerungsrecht an den Gewinnen aus der Veräußerung der **eingebrachten oder erhaltenen Anteile** i.S.v. § 21 Abs. 2 Satz 2 UmwStG ist insbes. **ausgeschlossen**, sofern

– das jeweils betreffende Doppelbesteuerungsabkommen das Recht zur Besteuerung der Gewinne aus der Veräußerung der eingebrachten (oder erhaltenen Anteile) dem Ansässigkeitsstaat der übernehmenden Gesellschaft (oder dem Einbringenden) zuordnet und diese jeweils nicht in Deutschland ansässig sind (Art. 13 Abs. 5 OECD-MA) oder
– das jeweils betreffende Doppelbesteuerungsabkommen das Recht zur Besteuerung der Gewinne aus der Veräußerung der eingebrachten (oder erhaltenen Anteile) sowohl dem Ansässigkeitsstaat der übernehmenden Gesellschaft (oder dem Einbringenden) als auch dem Ansässigkeitsstaat der Gesellschaft zuordnet, deren Anteile veräußert werden, und die betreffenden Gesellschaften jeweils nicht in Deutschland ansässig sind[186] oder
– das jeweils betreffende Doppelbesteuerungsabkommen das Recht zur Besteuerung der Gewinne aus der Veräußerung der eingebrachten (oder erhaltenen Anteile) sowohl dem Ansässigkeitsstaat der übernehmenden Gesellschaft (oder dem Einbringenden) als auch dem Ansässigkeitsstaat der Gesellschaft zuordnet, deren Anteile veräußert werden, und die übernehmende Gesellschaft (oder der Einbringende) zwar in Deutschland ansässig ist, Deutschland jedoch durch Anwendung der Freistellungsmethode auf sein Besteuerungsrecht verzichtet[187] oder
– die eingebrachten oder erhaltenen Anteile nicht in einer deutschen Betriebsstätte i.S.v. § 49 Abs. 1 Nr. 2a EStG i.V.m. Art. 13 Abs. 2 OECD-MA gehalten werden und dieser funktional zuzuordnen sind oder
– der Wert der eingebrachten oder erhaltenen Anteile nicht entsprechend § 13 Abs. 4 OECD-MA zu mehr als 50% unmittelbar oder mittelbar auf in Deutschland belegenem unbeweglichen Vermögen beruht und die Anteile eine Beteiligung i.S.v. § 17 EStG darstellen (§ 49 Abs.1 Nr. 2 Buchst. e) Doppelbuchst. aa), Nr. 8 EStG).

---

185) Beispiel nach der Gesetzesbegründung v. 09.11.2006 zu § 21 Abs. 2 UmwStG, BT-Drs. 16/3369 S. 27: *Deutsche GmbH tauscht Anteile an einer deutschen GmbH gegen Anteile an einer tschechischen s.r.o. In diesem Fall wird das Besteuerungsrecht hinsichtlich des Gewinns aus der Veräußerung der Anteile an der deutschen GmbH weder ausgeschlossen noch beschränkt, da nach dem DBA Tschechien dem Sitzstaat der GmbH das Besteuerungsrecht zusteht. Durch § 21 Abs. 2 Satz 2 2. HS UmwStG wird sichergestellt, dass es im Falle der Veräußerung der erhaltenen Anteile nicht zu der im DBA Tschechien vorgesehenen Anrechnung der tschechischen Steuer kommt. Ohne die Regelung in § 21 Abs. 2 Satz 2 2. HS UmwStG wäre die Anwendung des in § 21 Abs. 2 Satz 3 UmwStG geregelten treaty override nicht möglich.*

186) Die Doppelbesteuerungsabkommen mit der Slowakei, Tschechien oder Zypern ordnen z.B. in Abweichung von Art. 13 Abs. 5 OECD-MA das Besteuerungsrecht hinsichtlich des Gewinns aus der Veräußerung von Anteilen an einer Kapitalgesellschaft sowohl dem Ansässigkeitsstaat des Veräußerers als auch dem Ansässigkeitsstaat der Gesellschaft, deren Anteile veräußert werden, zu.

187) Unter Berücksichtigung der deutschen Doppelbesteuerungsabkommenspraxis dürfte diese Fallvariante vorrangig theoretisch sein. Eine ersichtliche Ausnahme bildet das DBA-Bangladesch. Ebenso theoretisch ist die Beschränkung des deutschen Besteuerungsrechts in dem Fall, dass das betreffende Doppelbesteuerungsabkommen das Besteuerungsrecht an den Gewinnen aus der Veräußerung der erhaltenen oder eingebrachten Anteile ausschließlich dem Ansässigkeitsstaat der Gesellschaft, deren Anteile veräußert werden, zuordnet und diese nicht in Deutschland ansässig ist.

(b) Beschränkung des deutschen Besteuerungsrechts hinsichtlich des Gewinns aus der Veräußerung der eingebrachten oder erhaltenen Anteile

Eine Beschränkung des deutschen Besteuerungsrechts hinsichtlich des Gewinns aus der Veräußerung der eingebrachten oder erhaltenen Anteile soll nach der Gesetzesbegründung v. 25.09.2006 zu § 21 Abs. 2 UmwStG vorliegen, wenn hinsichtlich der *eingebrachten Anteile* das volle deutsche Besteuerungsrecht ohne Anrechnungsverpflichtung bestand und hinsichtlich der im Rahmen des Anteilstauschs *erhaltenen Anteile* zwar ein deutsches Besteuerungsrecht - aber mit Anrechnungsverpflichtung - besteht.[188]

(3) Rückausnahme für den qualifizierten Anteilstausch i.S.v. § 21 Abs. 1 Satz 2 UmwStG: Bewertung der erhaltenen Anteile auf Antrag mit dem Buchwert oder einem Zwischenwert (§ 21 Abs. 2 Satz 3 UmwStG)

Die erhaltenen Anteile dürfen beim Einbringenden im Fall des qualifizierten Anteilstauschs (§ 21 Abs. 1 Satz 2 UmwStG) auf Antrag mit dem Buchwert oder einem Zwischenwert, max. mit dem gemeinen Wert bewertet werden, sofern

– das deutsche Besteuerungsrecht hinsichtlich der Besteuerung des Gewinns aus der Veräußerung der erhaltenen Anteile nicht ausgeschlossen oder beschränkt ist (§ 21 Abs. 2 Satz 3 Nr. 1 UmwStG) oder

– das deutsche Besteuerungsrecht hinsichtlich der Besteuerung des Gewinns aus der Veräußerung der erhaltenen Anteile zwar ausgeschlossen oder beschränkt ist, aber dieser Veräußerungsgewinn nach Art. 8 Abs. 1 FRL beim Einbringenden nicht der Besteuerung unterliegen darf. § 15 Abs. 1a Satz 2 EStG ist entsprechend anzuwenden (§ 21 Abs. 2 Satz 3 Nr. 2 UmwStG).[189]

Im Fall des § 21 Abs. 2 Satz 3 Nr. 2 UmwStG unterliegt der Gewinn aus einer späteren Veräußerung der erhaltenen Anteile ungeachtet der Bestimmungen eines Doppelbesteuerungsabkommens, d.h. ohne Anrechnung ausländischer Steuern, der inländischen Besteuerung (treaty override).[190] Da die Fusionsrichtlinie[191] lediglich für Gesellschaften, die in einem EU-Mitgliedstaat ansässig sind, Anwendung findet, ist die Regelung des § 21 Abs. 2 Satz 3 Nr. 2 UmwStG auch nur für diejenigen Fallgestaltungen einschlägig, in denen **die übernehmende Gesellschaft in einem ausländischen EU-Staat ansässig ist.**[192]

---

188) Vgl. BT-Drs. 16/2710 S. 45. Die Doppelbesteuerungsabkommen mit der Slowakei, Tschechien oder Zypern ordnen z.B. in Abweichung von Art. 13 Abs. 5 OECD-MA das Besteuerungsrecht hinsichtlich des Gewinns aus der Veräußerung von Anteilen an einer Kapitalgesellschaft sowohl dem Ansässigkeitsstaat des Veräußerers als auch dem Ansässigkeitsstaat der Gesellschaft, deren Anteile veräußert werden, zu, wobei die Anrechnungsmethode zur Anwendung kommt.

189) Durch den Verweis auf die entsprechende Anwendung von § 15 Abs. 1a Satz 2 EStG soll insbes. auch in den Fällen der verdeckten Einlage der erhaltenen Anteile in eine Kapitalgesellschaft und der Liquidation der Gesellschaft, an der die erhaltenen Anteile bestehen, die Besteuerung mittels treaty override sichergestellt werden. Für den Fall, dass der Einbringende im Zeitpunkt der Veräußerung der erhaltenen Anteile im Inland nicht mehr unbeschränkt steuerpflichtig ist, begründet § 49 Abs. 1 Nr. 2 Buchst. e) bb) EStG eine beschränkte Steuerpflicht.

190) So auch Art. 8 Abs. 6 FRL, wonach die Mitgliedstaaten nicht daran gehindert sind, den Gewinn aus einer späteren Veräußerung der eingebrachten Anteile in gleicher Weise zu besteuern wie den Gewinn aus einer Veräußerung der vor dem Anteilstausch vorhandenen Anteile an der Gesellschaft, deren Anteile Gegenstand des Anteilstauschs sind.

191) Vgl. Richtlinie 90/434/EWG des Rates v. 23.07.1990 über das gemeinsame Steuersystem für Fusionen, Spaltungen, Abspaltungen, die Einbringung von Unternehmensteilen und den Austausch von Anteilen, die Gesellschaften verschiedener Mitgliedstaaten betreffen, sowie für die Verlegung des Sitzes einer Europäischen Gesellschaft oder einer Europäischen Genossenschaft von einem Mitgliedstaat in einen anderen Mitgliedstaat, ABl. Nr. L 225 v. 20.08.1990 S. 1, zuletzt geändert durch Richtlinie 2006/98/EG des Rates v. 20.11.2006, ABl. Nr. L 363 v. 20.12.2006 S. 129.

192) Zu den EWR-Staaten gehören neben den EU-Staaten auch Island, Liechtenstein und Norwegen.

Sofern die als Gegenleistung gewährten neuen Anteile im **Privatvermögen** gehalten werden, gelten die erhaltenen Anteile auch bei einer Beteiligung von weniger als 1% (unmittelbar oder mittelbar) an der übernehmenden Gesellschaft nach § 17 Abs. 6 EStG als Anteile i.S.v. § 17 EStG, sofern sie dem Einbringenden als Gegenleistung i.R. eines Anteilstauschs unter dem gemeinen Wert i.S.v. § 21 Abs. 1 UmwStG gewährt wurden und die eingebrachten Anteile solche i.S.v. § 17 Abs. 1 Satz 1 EStG waren oder durch eine Sacheinlage nach § 20 Abs. 1 UmwStG entstanden sind. Die erhaltenen Anteile gelten ohne zeitliche Befristung als Anteile i.S.v. § 17 EStG und zwar auch in dem Fall, dass die Quote an den erhaltenen Anteilen durch Teilveräußerungen unter 1% gesunken ist.[193] Nach § 17 Abs. 7 EStG gilt diese Regelung auch für Anteile an einer Genossenschaft einschließlich der Europäischen Genossenschaft (SCE).

dd) Besteuerung des Einbringungsgewinns

Bei Ansatz der eingebrachten Anteile zu einem über ihrem Buchwert bzw. ihren Anschaffungskosten liegenden Wert entsteht beim Einbringenden ein Veräußerungsgewinn, der nach den für die eingebrachten Anteile geltenden Regelungen zu versteuern ist, sofern die eingebrachten Anteile vor der Einbringung in Deutschland steuerlich verstrickt sind.

Wurden die eingebrachten Anteile in einem **inländischen Betriebsvermögen** gehalten und der **Einbringende** ist eine **Körperschaft**, unterliegt ein etwaiger Veräußerungs- bzw. Einbringungsgewinn nach Maßgabe des § 8b Abs. 2 und 3 KStG i.V.m. § 7 GewStG zu mind. 5% der Besteuerung, sofern der Einbringende nicht in den Anwendungsbereich des § 8b Abs. 7 und 8 KStG fällt. In diesen Fällen unterliegt der Einbringungsgewinn in vollem Umfang der Körperschaft- und Gewerbesteuer. Sofern der Einbringende eine **natürliche Person** ist, erfolgt grds. eine hälftige Besteuerung des Einbringungsgewinns nach § 15, § 16, § 18 und § 3 Nr. 40 i.V.m. § 3c Abs. 2 EStG und § 7 GewStG. Sind die eingebrachten Anteile einbringungsgeboren i.S.v. *§ 21 UmwStG a.F.*, sind die Regelungen des *§ 3 Nr. 40 Satz 3 und 4 EStG a.F.* zu beachten. Die Freibetragsregelung des § 16 Abs. 4 EStG gilt nur unter der Voraussetzung, dass eine Beteiligung an einer Kapitalgesellschaft eingebracht wird, die das gesamte Nennkapital der Kapitalgesellschaft umfasst (§ 21 Abs. 3 Satz 1 2. HS UmwStG).[194] § 34 Abs. 1 EStG findet keine Anwendung (§ 21 Abs. 3 Satz 2 UmwStG).

Werden die eingebrachten Anteile im **Privatvermögen** gehalten, kommt grds. eine hälftige Besteuerung nach § 17, § 22 Nr. 2 i.V.m. § 23 Abs. 1 Nr. 2 und § 3 Nr. 40 i.V.m. § 3c Abs. 2 EStG in Betracht. Sind die eingebrachten Anteile einbringungsgeboren i.S.v. *§ 21 UmwStG a.F.*, sind die Regelungen des *§ 3 Nr. 40 Satz 3 und 4 EStG a.F.* zu beachten. Die Freibetragsregelung des § 17 Abs. 3 EStG gilt nur unter der Voraussetzung, dass eine Beteiligung an einer Kapitalgesellschaft eingebracht wird, die das gesamte Nennkapital der Kapitalgesellschaft umfasst (§ 21 Abs. 3 Satz 1 1. HS UmwStG).[195] § 34 Abs. 1 EStG findet keine Anwendung (§ 21 Abs. 3 Satz 2 UmwStG).

---

[193] Mit dieser Regelung beabsichtigt der Gesetzgeber offenbar, das aus dem bisherigen Recht bekannte Rechtsinstitut einbringungsgeborener Anteile i.S.v. *§ 21 UmwStG a.F.* i.R.d. § 17 Abs. 6 Nr. 1 EStG fortzuführen, um eine dauerhafte Steuerverhaftung der erhaltenen Anteile in Deutschland sicherzustellen, wenn der Einbringende bereits im Zeitpunkt der Einbringung zu weniger als 1% an der aufnehmenden Gesellschaft beteiligt war oder die Beteiligungsquote durch Teilveräußerungen nach Ablauf der Fünf-Jahres-Frist i.S.v. § 17 Abs. 1 EStG unter 1% sinkt. Vgl. *Dötsch/Pung*, DB 2006 S. 2763 (2772); *Ley*, FR 2006 S. 109 (114). Siehe hierzu auch Gesetzesbegründung v. 25.09.2006 zu § 17 Abs. 6 EStG, BT-Drs. 16/2710 S. 29. Siehe hierzu auch Gliederungspunkt H.I.3. a) aa) (1).
[194] Sofern Anteile an einer Genossenschaft Gegenstand der Einbringung sind, kommt die Freibetragsregelung des § 16 Abs. 4 EStG somit nicht in Betracht.
[195] Sofern Anteile an einer Genossenschaft Gegenstand der Einbringung sind, kommt die Freibetragsregelung des § 16 Abs. 4 EStG somit nicht in Betracht.

Änderungen im UmwStG

e) Rückwirkende Besteuerung bei Veräußerung der eingebrachten Anteile durch die übernehmende Gesellschaft innerhalb der Sperrfrist

aa) Überblick

Sofern eine **nicht durch § 8b Abs. 2 KStG begünstigte Person** Anteile an einer Kapitalgesellschaft oder Genossenschaft im Rahmen einer Sacheinlage i.S.v. § 20 Abs. 1 UmwStG[196] oder eines Anteilstauschs i.S.v. § 21 Abs. 1 UmwStG zu einem Wert unter dem gemeinen Wert in eine andere Kapitalgesellschaft oder Genossenschaft einbringt und die übernehmende Kapitalgesellschaft oder Genossenschaft diese eingebrachten Anteile innerhalb einer Sperrfrist von sieben Jahren nach dem Einbringungszeitpunkt veräußert bzw. einen einer steuerschädlichen Veräußerung gleichgestellten Ersatztatbestand i.S.v. § 22 Abs. 2 Satz 6 i.V.m. § 22 Abs. 1 Satz 6 UmwStG realisiert, kommt es rückwirkend zu einer vollumfänglichen Besteuerung des ursprünglichen Einbringungsgewinns (§ 22 Abs. 2 Satz 1 und 2 i.V.m. § 22 Abs. 1 Satz 2 Nr. 1 - 6 UmwStG und § 175 Abs. 1 Satz 1 Nr. 2 AO) mit folgenden Konsequenzen:[197]

– Die Einbringung gilt rückwirkend als zum gemeinen Wert durchgeführt, wobei sich der Einbringungsgewinn für jedes seit dem Einbringungszeitpunkt abgelaufene Zeitjahr um linear 1/7 verringert (sog. **Einbringungsgewinn II).**

– Der Einbringungsgewinn II führt beim Einbringenden zu **nachträglichen Anschaffungskosten der für die Einbringung erhaltenen Anteile** (§ 22 Abs. 2 Satz 4 UmwStG). Die Erhöhung der Anschaffungskosten erfolgt unabhängig davon, ob die Steuer auf den Einbringungsgewinn II entrichtet worden ist. In den Fällen der Weitereinbringung der eingebrachten Anteile zum Buchwert gilt dies auch im Hinblick auf die auf der Weitereinbringung beruhenden Anteile (§ 22 Abs. 1 Satz 7 i.V.m. § 23 Abs. 2 Satz 3 2. HS UmwStG).[198]

– Bei der übernehmenden Gesellschaft erhöhen sich die Anschaffungskosten der eingebrachten Anteile i.H.d. Einbringungsgewinns II, soweit der Einbringende die Steuer auf den Einbringungsgewinn II entrichtet hat und dies durch eine Bescheinigung des für ihn zuständigen Finanzamtes nachgewiesen wird (§ 23 Abs. 2 Satz 3 UmwStG). Durch die Anknüpfung der Wertaufstockung bei der übernehmenden Kapitalgesellschaft oder Genossenschaft an die tatsächliche Entrichtung der Steuer durch den Einbringenden überträgt der Gesetzgeber sein Steuerausfallrisiko (z.B. durch Insolvenz) beim Einbringenden anteilig auf die übernehmende Kapitalgesellschaft oder Genossenschaft.

Fraglich ist, ob sich die Ermittlung des Einbringungsgewinns II i.S.v. § 22 Abs. 2 UmwStG nach personenbezogenen oder nach anteilsbezogenen Kriterien bemisst. Es spricht einiges dafür, dass § 22 Abs. 2 UmwStG für eine anteilsbezogene Sichtweise wenig Raum lässt, da die Regelung offensichtlich nicht darauf abstellt, ob die eingebrachten Anteile nach § 8b Abs. 2 KStG hätten steuerfrei veräußert werden können, sondern darauf, ob der Einbringende von § 8b Abs. 2 KStG begünstigt ist. Dies hätte zur Konsequenz, dass § 22 Abs. 2

---

196) Sofern das i.R. einer Sacheinlage i.S.v. § 20 Abs. 1 UmwStG eingebrachte Betriebsvermögen auch Anteile an Kapitalgesellschaften oder Genossenschaften umfasst, sind die entsprechenden Wertansätze aus der Ermittlung des Einbringungsgewinns I grds. auszunehmen. Auf die eingebrachten Anteile finden anstelle dessen die Vorschriften über den Einbringungsgewinn II Anwendung (§ 22 Abs. 1 Satz 5 1. HS i.V.m. § 22 Abs. 2 UmwStG). Sofern das deutsche Besteuerungsrecht hinsichtlich des Gewinns aus der Veräußerung der erhaltenen Anteile allerdings ausgeschlossen ist, sind die im eingebrachten Betriebsvermögen enthaltenen Anteile ausnahmsweise in den Einbringungsgewinn I einzubeziehen (§ 22 Abs. 1 Satz 5 2. HS i.V.m. § 22 Abs. 2 UmwStG).
197) Unschädlich ist jedoch eine Weitereinbringung zu Buchwerten.
198) Vgl. Gesetzesbegründung v. 25.09.2006 zu § 23 Abs. 2 UmwStG, BT-Drs. 16/2710 S. 50.

UmwStG insbes. auf natürliche Personen als Einbringende abstellt, nicht aber Anteile erfasst, die die Voraussetzungen des § 8b Abs. 7 und 8 KStG erfüllen.[199]

Die Sieben-Jahres-Frist beginnt mit dem Einbringungszeitpunkt (§ 22 Abs. 2 Satz 3 UmwStG). Hinsichtlich der Fragestellung, ob die typisierende siebenjährige Mindesthaltedauer dem Regelungsinhalt des Art. 11 Abs. 1 FRL hinreichend gerecht wird sowie hinsichtlich eines zusammenfassenden Beispiels zum Konzept der **rückwirkenden Besteuerung des Einbringungsgewinns im Einbringungszeitpunkt** sei auf die Ausführungen unter Gliederungspunkt I.V.3. e) aa) verwiesen.

bb) Ermittlung und Besteuerung des Einbringungsgewinns II (§ 22 Abs. 2 UmwStG)

Sofern der Einbringende eine nicht nach § 8b Abs. 2 KStG begünstigte Person ist (i.d.R. natürliche Person), sanktioniert § 22 Abs. 2 UmwStG nicht die Veräußerung der erhaltenen Anteile durch den Einbringenden, sondern die **Veräußerung der eingebrachten Anteile durch die übernehmende Gesellschaft**, die dann allerdings zu steuerlichen Konsequenzen beim Einbringenden führt. Beim Einbringungsgewinn II kommt es somit - im Gegensatz zum Einbringungsgewinn I - stets zu einem Auseinanderfallen zwischen dem die steuerschädliche Rechtsfolge auslösenden Rechtsträger (übernehmende Gesellschaft) und dem durch die rückwirkende Besteuerung sanktionierten Rechtsträger (Einbringender).[200]

Voraussetzung ist, dass der Einbringende die als Gegenleistung für die Anteilseinbringung erhaltenen Anteile an der übernehmenden Gesellschaft nicht bereits zuvor veräußert hat (§ 22 Abs. 2 Satz 5 UmwStG). Ansonsten unterliegt dieser Gewinn aus der Veräußerung der erhaltenen Anteile auf Ebene des Einbringenden nach dem Halbeinkünfteverfahren der hälftigen Besteuerung, so dass insoweit keine Verbesserung des steuerlichen Status eingetreten ist. Dies gilt auch im Fall der Wegzugsbesteuerung nach § 6 AStG, wenn und soweit die Steuer nicht gestundet wird.[201]

Eine rückwirkende Besteuerung des Einbringungsgewinns II unterbleibt nach § 27 Abs. 4 UmwStG ebenfalls, sofern die eingebrachten Anteile einbringungsgeboren i.S.v. *§ 21 UmwStG a.F.* sind und der Gewinn aus der Veräußerung dieser Anteile bei der übernehmenden Gesellschaft infolgedessen innerhalb einer Sieben-Jahres-Frist vollumfänglich der Besteuerung unterliegt (*§ 8b Abs. 4 KStG a.F.*).

Bei einer nur teilweisen Veräußerung der erhaltenen Anteile wird der Einbringungsgewinn II nur anteilig ermittelt und besteuert. Es kann allerdings - wie im bisherigen Recht - beim unentgeltlichen Überspringen stiller Reserven von den erhaltenen Anteilen auf andere Anteile, z.B. i.R. einer Kapitalerhöhung aus Gesellschaftermitteln, zu einer quotalen Verhaftung der anderen Anteile kommen (§ 22 Abs. 7 UmwStG).[202]

---

199) Vgl. *Dötsch/Pung*, DB 2006 S. 2763 (2771). Für eine personenbezogene Sichtweise im Ergebnis auch *Rödder/Schumacher*, DStR 2007 S. 369 (376).
200) Vgl. *Rödder/Schumacher*, DStR 2006 S. 1525 (1541).
201) Vgl. *Dötsch/Pung*, DB 2006 S. 2763 (2771).
202) Vgl. *Dötsch/Pung*, DB 2006 S. 2763 (2766). Nach der Gesetzesbegründung v. 09.11.2006 zu § 22 Abs. 7 UmwStG (BT-Drs. 16/3369, S. 31) soll durch diese Regelung die Rechtsprechung des BFH zur Mitverstrickung von Anteilen erfasst werden. Siehe hierzu auch BMF, Schreiben v. 25.03.1998, IV B 7 - S 1978 - 21/98 / IV B 2 - S 1909 - 33/98, BStBl. I 1998 S. 268 (UmwSt-Erlass) Rz. 21.14; BMF, Schreiben v. 28.04.2003, IV A2 - S 2750a - 7/03, BStBl. I 2003 S. 292 Rz. 51, 52.

Änderungen im UmwStG

Der Einbringungsgewinn II ermittelt sich wie folgt:

	gemeiner Wert der eingebrachten Anteile im Einbringungszeitpunkt (Sacheinlage i.S.v. § 20 Abs. 1 UmwStG und Anteilstausch i.S.v. § 21 Abs. 1 UmwStG)
./.	Kosten für den Vermögensübergang
./.	Wert, mit dem der Einbringende die erhaltenen Anteile angesetzt hat
=	**Unterschiedsbetrag im Zeitpunkt der Einbringung**
./.	1/7 x Einbringungsgewinn II im Zeitpunkt der Einbringung für jedes seit dem Einbringungszeitpunkt bis zum Zeitpunkt der Veräußerung der Anteile abgelaufene Zeitjahr
=	**Einbringungsgewinn II (§ 22 Abs. 2 Satz 3 UmwStG)**

Abb. I.V. - 15: Ermittlung des Einbringungsgewinns II i.S.v. § 22 Abs. 2 Satz 3 UmwStG

Die Ermittlung des gemeinen Werts der eingebrachten Anteile im Einbringungszeitpunkt hat i.R. einer rückwirkenden Wertbestimmung erst **zum Zeitpunkt der Veräußerung der eingebrachten Anteile durch die übernehmende Gesellschaft** zu erfolgen. Die bis zu sieben Jahre rückwirkende Bestimmung des gemeinen Werts der eingebrachten Anteile wirft ähnliche Probleme wie bei der rückwirkenden Wertbestimmung des eingebrachten Betriebsvermögens i.R. einer Sacheinlage nach § 20 Abs. 1 UmwStG auf (siehe hierzu Gliederungspunkt I.V.3. ee).

Wertverluste der eingebrachten Anteile innerhalb der Sperrfrist von sieben Jahren nach dem Einbringungsstichtag haben **keine Auswirkungen auf den Einbringungsgewinn II**.

Die **Kosten der Vermögensübertragung** sind bei der Ermittlung des Einbringungsgewinns II gewinnmindernd zu berücksichtigen. Im Ergebnis sind sie in dem Umfang abziehbar, in dem der Einbringungsgewinn II besteuert wird.[203]

Der Einbringungsgewinn II ist nicht nach § 8b Abs. 2 KStG begünstigt, sondern unterliegt, da der Einbringende i.d.R. eine natürliche Person ist, grds. dem Halbeinkünfteverfahren (§ 3 Nr. 40 i.V.m. § 3c Abs. 2 EStG). Die Anwendung des Freibetrags nach § 16 Abs. 4 EStG ist ausgeschlossen (§ 22 Abs. 2 Satz 1 2. HS UmwStG).[204]

cc) Einer steuerschädlichen Veräußerung gleichgestellte Vorgänge

Zur Verhinderung von Umgehungsgestaltungen enthält § 22 Abs. 2 Satz 6 i.V.m. § 22 Abs. 1 Satz 6 Nr. 1 - 5 UmwStG eine Auflistung von Veräußerungsersatztatbeständen, die als entgeltliche Übertragung i.S.v. § 22 Abs. 2 Satz 1 UmwStG gelten (siehe hierzu bereits Gliederungspunkt I.V.3. e) cc). Als unschädlich ist in diesem Zusammenhang jedoch die Weitereinbringung zu Buchwerten anzusehen. Ferner kommt es zu einer Besteuerung, wenn für die übernehmende Gesellschaft die Voraussetzungen des § 1 Abs. 4 UmwStG nicht mehr erfüllt sind, z.B. wenn die übernehmende Gesellschaft ihren Sitz in einen Drittstaat verlegt.

Werden die Ersatztatbestände innerhalb von sieben Jahren nach dem Einbringungsstichtag erfüllt, erfolgt eine rückwirkende Besteuerung des Einbringungsgewinns II auf Ebene des

---

[203] Siehe hierzu auch die Ausführungen unter Gliederungspunkt I.V.3. e) bb).
[204] Nach der Gesetzesbegründung v. 09.11.2006 (BT-Drs. 16/3369 S. 30) soll durch diese Regelung die Anwendung des Freibetrags nach § 16 Abs. 4 EStG für die Fälle des Anteilstauschs mit einer 100%igen Beteiligung aus einem Betriebsvermögen entsprechend der Regelung für die Fälle der Sacheinlage ausgeschlossen und insoweit eine Gleichbehandlung von Sacheinlage und Anteilstausch hergestellt werden.

Einbringenden entsprechend der unter Gliederungspunkt I.V.4. e) bb) erläuterten Konzeption.

dd) Verringerung des späteren Gewinns aus der Veräußerung der erhaltenen Anteile durch den Einbringungsgewinn II

Sofern ein deutsches Besteuerungsrecht besteht, wird der Gewinn aus der Veräußerung der erhaltenen Anteile beim Einbringenden grds. nach den allgemeinen Vorschriften besteuert (Halbeinkünfteverfahren i.S.v. § 3 Nr. 40 i.V.m. § 3c Abs. 2 EStG bzw. Regelungen des § 8b KStG). Soweit die eingebrachten Anteile **einbringungsgeboren i.S.v. *§ 21 UmwStG a.F.*** sind, gelten die als Gegenleistung neu gewährten Anteile ebenfalls als einbringungsgeboren i.S.v. *§ 21 UmwStG a.F.* (§ 21 Abs. 2 Satz 6 i.V.m. § 20 Abs. 3 Satz 4 UmwStG). Für diese Anteile finden die Regelungen der *§ 21 UmwStG a.F., § 8b Abs. 4 KStG a.F.* und *§ 3 Nr. 40 Satz 3 und 4 EStG a.F.* weiterhin unverändert Anwendung. Der Gewinn aus der Veräußerung dieser nunmehr ebenfalls als einbringungsgeboren zu qualifizierenden neu gewährten Anteile ist auch nach Inkrafttreten des SEStEG in vollem Umfang steuerpflichtig.[205]

Bei einer Veräußerung der eingebrachten Anteile durch die übernehmende Gesellschaft innerhalb der Sperrfrist von sieben Jahren nach dem Einbringungsstichtag wirkt sich auf diesen Gewinn - wie bei der Sacheinlage nach § 20 Abs. 1 UmwStG - allerdings die rückwirkende Besteuerung des Einbringungsgewinns insoweit aus, als der Einbringungsgewinn II als nachträgliche Anschaffungskosten der erhaltenen Anteile gilt (§ 22 Abs. 2 Satz 4 UmwStG). Die Erhöhung der Anschaffungskosten erfolgt unabhängig davon, ob der Einbringende die Steuer auf den Einbringungsgewinn II entrichtet hat.

Die Anschaffungskosten der erhaltenen Anteile im Veräußerungszeitpunkt ermitteln sich wie folgt:

	Anschaffungskosten der erhaltenen Anteile (§ 21 Abs. 2 Satz 1 UmwStG) [Wert, mit dem die übernehmende Gesellschaft die eingebrachten Anteile angesetzt hat][206]
+	nachträgliche Anschaffungskosten der erhaltenen Anteile i.H.d. Einbringungsgewinns II, sofern Veräußerung der eingebrachten Anteile durch die übernehmende Gesellschaft innerhalb der Sperrfrist von sieben Jahren nach dem Einbringungsstichtag (§ 22 Abs. 2 Satz 4 UmwStG)
=	**Anschaffungskosten der erhaltenen Anteile nach Veräußerung der eingebrachten Anteile**

Abb. I.V. - 16: Ermittlung der Anschaffungskosten der erhaltenen Anteile im Veräußerungszeitpunkt

---

205) Nach der Gesetzesbegründung v. 09.11.2006 zu § 20 Abs. 3 UmwStG (BT-Drs. 16/3369 S. 26) soll dadurch sichergestellt werden, dass es im Falle der unmittelbaren oder mittelbaren Veräußerung von Anteilen innerhalb der Sperrfrist, die auf einer Einbringung im alten Recht beruhen, weiterhin zu einer vollen Besteuerung des Veräußerungsgewinns aus Anteilen kommt. Darüber hinaus soll ausgeschlossen werden, dass auf einbringungsgeborenen Anteilen beruhende Anteile weder nach altem noch nach neuem Recht besteuert werden.
206) Dies gilt auch, sofern i.R. einer Sacheinlage i.S.v. § 20 Abs. 1 UmwStG Anteile an einer Kapitalgesellschaft oder Genossenschaft eingebracht werden und das deutsche Besteuerungsrecht an den erhaltenen Anteilen nicht ausgeschlossen oder beschränkt ist, sofern nicht § 22 Abs. 1 Satz 5 2. HS UmwStG einschlägig ist.

ee) Erhöhung der Wertansätze für die eingebrachten Anteile bei der übernehmenden Gesellschaft

Die übernehmende Gesellschaft kann im Wirtschaftsjahr der Veräußerung der eingebrachten Anteile auf Antrag den versteuerten Einbringungsgewinn II als nachträgliche Anschaffungskosten auf die eingebrachten Anteile ansetzen, sofern der Einbringende die Steuer auf den Einbringungsgewinn II entrichtet hat und dies durch eine Bescheinigung des zuständigen Finanzamts i.S.v. § 22 Abs. 5 UmwStG nachweist (§ 23 Abs. 2 Satz 3 UmwStG). Durch die Anknüpfung der Wertaufstockung bei der übernehmenden Kapitalgesellschaft oder Genossenschaft an die tatsächliche Entrichtung der Steuer durch den Einbringenden überträgt der Gesetzgeber sein Steuerausfallrisiko (z.B. durch Insolvenz) beim Einbringenden anteilig auf die übernehmende Kapitalgesellschaft oder Genossenschaft.

Der bilanzielle Ertrag aus der Buchwertaufstockung gehört nicht zum steuerpflichtigen Gewinn der übernehmenden Gesellschaft (§ 23 Abs. 2 Satz 1 2. HS UmwStG). Es spricht einiges dafür, dass i.H.d. Wertaufstockung ein Zugang im steuerlichen Einlagekonto der übernehmenden Gesellschaft i.S.v. § 27 KStG zu erfassen ist, da im Ergebnis eine geänderte Bewertung der ursprünglichen Sacheinlage vorliegt.[207]

Der verbleibende Gewinn der übernehmenden Gesellschaft aus dem Verkauf der eingebrachten Anteile ermittelt sich wie folgt:

	in den eingebrachten Anteilen enthaltene stille Reserven, die nach dem Einbringungszeitpunkt entstanden sind
+	in den eingebrachten Anteilen enthaltene stille Reserven, die bis zum Einbringungszeitpunkt entstanden sind
./.	Einbringungsgewinn II (§ 22 Abs. 2 Satz 3 UmwStG)
=	**verbleibender Gewinn aus dem Verkauf der eingebrachten Anteile**

Abb. I.V. - 17: Ermittlung des verbleibenden Gewinns aus dem Verkauf der eingebrachten Anteile

Das **Zusammenwirken** der **rückwirkenden Nachversteuerung des Einbringungsgewinns II** beim Einbringenden und das **Entstehen von nachträglichen Anschaffungskosten der eingebrachten Anteile** bei der übernehmenden Gesellschaft führt bei einer Veräußerung der eingebrachten Anteile innerhalb der Sperrfrist von sieben Jahren nach dem Einbringungsstichtag dazu, dass sich der Gewinn aus der Veräußerung der eingebrachten Anteile aufteilt in den Einbringungsgewinn II i.S.v. § 22 Abs. 2 Satz 3 UmwStG (Ebene des Einbringenden) und den verbleibenden Gewinn aus dem Verkauf der eingebrachten Anteile (Ebene der übernehmenden Gesellschaft). Die steuerlichen Belastungswirkungen des Einbringungskonzepts beim Anteilstausch lassen sich wie folgt zusammenfassen:

---

[207] Vgl. *Dötsch/Pung*, DB 2006 S. 2763 (2766); *Ley*, FR 2007 S. 109 (116).

Gewinn aus der Veräußerung der eingebrachten Anteile	
Ebene des Einbringenden: **Einbringungsgewinn II** **(§ 22 Abs. 2 Satz 3 UmwStG)**[208]	**Ebene der übernehmenden Gesellschaft:** **verbleibender Gewinn aus dem Verkauf** **der eingebrachten Anteile**
– Halbeinkünfteverfahren (§ 3 Nr. 40 i.V.m. § 3c Abs. 2 EStG) – kein Freibetrag nach § 16 Abs. 4 EStG	– Grundsatz: Regelungen des § 8b KStG – Ausnahme: die eingebrachten Anteile sind einbringungsgeboren i.S.v. *§ 21 UmwStG a.F.* (§ 27 Abs. 4 UmwStG): Fortgeltung der Regelungen der *§ 21 UmwStG a.F.* i.V.m. *§ 8b Abs. 4 KStG a.F.* ohne Ermittlung und Besteuerung des Einbringungsgewinns II

Abb. I.V. - 18: Steuerliche Belastungswirkungen des Einbringungskonzepts beim Anteilstausch

f) Nachweiserfordernisse

Der Einbringende hat in den dem Einbringungszeitpunkt folgenden sieben Jahren jährlich spätestens bis zum 31.05. den Nachweis darüber zu erbringen, wem mit Ablauf des dem Einbringungszeitpunkt entsprechenden Tages die **eingebrachten Anteile** sowie die auf diesen Anteilen beruhenden Anteile zuzurechnen sind (§ 22 Abs. 3 Satz 1 Nr. 2 UmwStG). Bei Weitereinbringung dieser Anteile (sog. Ketteneinbringung) beziehen sich die Nachweispflichten auch auf alle i.R.d. Weitereinbringung erhaltenen Anteile.[209]

Nach der Gesetzesbegründung v. 25.09.2006 zu § 22 Abs. 3 UmwStG kann der Nachweis insbes. durch die Vorlage eines Registerauszuges oder einer Bescheinigung der jeweils übernehmenden Gesellschaft, dass die erhaltenen Anteile noch vorhanden sind, erbracht werden.[210] Sofern dieser Nachweis nicht erbracht wird, gelten die erhaltenen Anteile i.S.v. § 22 Abs. 1 UmwStG als an dem Tag, der dem Einbringungsstichtag folgt oder in den Folgejahren an dem Tag, der diesem Kalendertag entspricht, veräußert (§ 22 Abs. 3 Satz 2 UmwStG).[211] Nach dem Gesetzeswortlaut handelt es sich bei der Frist i.S.v. § 23 Abs. 3 Satz 1 UmwStG - entgegen der Gesetzesbegründung[212] - um eine Ausschlussfrist. Eine Klarstellung des Gesetzgebers, dass der Nachweis zu einem späteren Zeitpunkt geführt werden kann, ohne dass die Rechtsfolgen einer Verletzung der Nachweispflicht eintreten, wäre insoweit wünschenswert.

Das Gesetz enthält keine Aussage darüber, gegenüber welchem Finanzamt der Nachweis zu erbringen ist. Es spricht einiges dafür, dass auf das nach den allgemeinen Regelungen

---

208) Sofern das i.R. einer Sacheinlage i.S.v. § 20 Abs. 1 UmwStG eingebrachte Betriebsvermögen auch Anteile an Kapitalgesellschaften oder Genossenschaften umfasst, sind die entsprechenden Wertansätze aus der Ermittlung des Einbringungsgewinns I grds. auszunehmen. Auf die eingebrachten Anteile finden anstelle dessen die Vorschriften über den Einbringungsgewinn II Anwendung (§ 22 Abs. 1 Satz 5 1. HS i.V.m. § 22 Abs. 2 UmwStG). Sofern das deutsche Besteuerungsrecht hinsichtlich des Gewinns aus der Veräußerung der erhaltenen Anteile allerdings ausgeschlossen ist, sind die eingebrachten Betriebsvermögen enthaltenen Anteile ausnahmsweise in den Einbringungsgewinn I einzubeziehen (§ 22 Abs. 1 Satz 5 2. HS i.V.m. § 22 Abs. 2 UmwStG).

209) Vgl. *Dörfler/Rautenstrauch/Adrian*, BB 2006 S. 1711 (1715), die die Nachweispflichten insbes. bei Ketteneinbringungen und bei Gesellschaften mit zahlreichen Anteilseignern als *„unpraktikabel und überschießend"* bezeichnen.

210) Vgl. BT-Drs. 16/2710 S. 49.

211) Vgl. *Rödder/Schumacher*, DStR 2007 S. 369 (375).

212) Vgl. Gesetzesbegründung v. 25.09.2006 zu § 22 Abs. 3 UmwStG, BT-Drs. 16/2710 S. 49.

Änderungen im UmwStG

der AO (§ 18 - § 20 AO) für die Ertragsbesteuerung des Gesellschafters örtlich zuständige Finanzamt abgestellt wird.[213]

5. Zusammenfassende Prüfschemata

Die nachstehenden Prüfschemata fassen den Regelungsbereich der neu konzipierten § 20 - § 23 UmwStG zusammen.

---

213) Vgl. *Dötsch/Pung*, DB 2006 S. 2763 (2767); *Ley*, FR 2007 S. 109 (116).

Änderungen im UmwStG

a) Prüfschema 1: Überblick über die Einbringung von Anteilen an Kapitalgesellschaften oder Genossenschaften

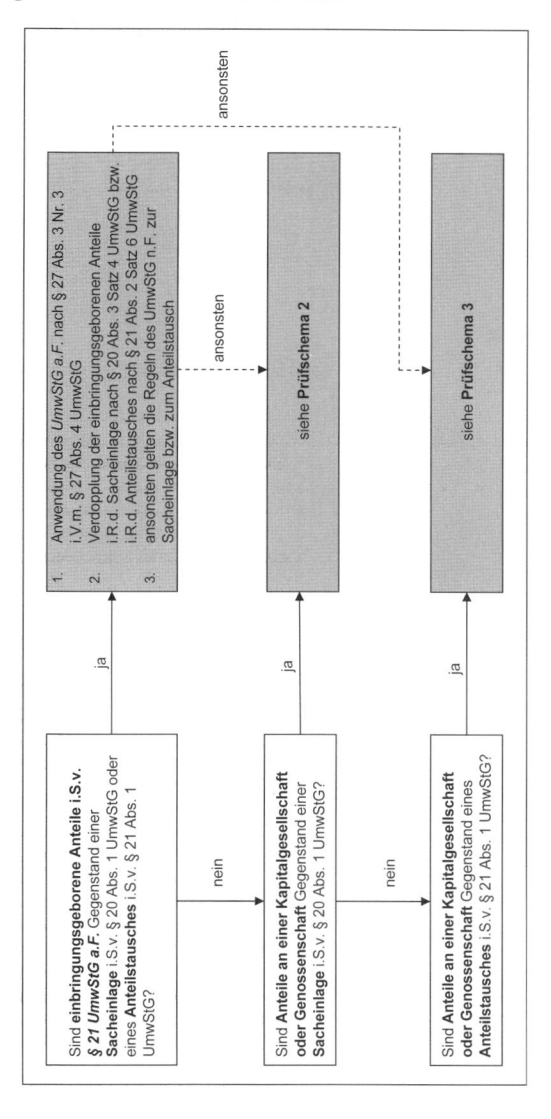

```
┌─────────────────────────────────────────────────────────────────────────────┐
│                                                                             │
│  Sind einbringungsgeborene Anteile i.S.v.                                   │
│  § 21 UmwStG a.F. Gegenstand einer          ──ja──▶   1. Anwendung des      │
│  Sacheinlage i.S.v. § 20 Abs. 1 UmwStG                   UmwStG a.F. nach   │
│  oder eines Anteilstausches                              § 27 Abs. 3 Nr. 3  │
│  i.S.v. § 21 Abs. 1 UmwStG?                              i.V.m. § 27 Abs. 4 │
│           │                                              UmwStG             │
│          nein                                         2. Verdopplung der    │
│           ▼                                              einbringungs-      │
│  Sind Anteile an einer Kapitalgesellschaft               geborenen Anteile  │
│  oder Genossenschaft Gegenstand einer       ──ja──▶      i.R.d. Sacheinlage │
│  Sacheinlage i.S.v. § 20 Abs. 1 UmwStG?                  nach § 20 Abs. 3   │
│           │                                              Satz 4 UmwStG bzw. │
│          nein                                            i.R.d. Anteils-    │
│           ▼                                              tausches nach      │
│  Sind Anteile an einer Kapitalgesellschaft               § 21 Abs. 2 Satz 6 │
│  oder Genossenschaft Gegenstand eines       ──ja──▶      UmwStG             │
│  Anteilstausches i.S.v. § 21 Abs. 1 UmwStG?           3. ansonsten gelten   │
│                                                          die Regeln des     │
│                                                          UmwStG n.F. zur    │
│                                                          Sacheinlage bzw.   │
│                                                          zum Anteilstausch  │
│                                                                             │
│                        ansonsten ──▶ siehe Prüfschema 2                     │
│                                                                             │
│                        ansonsten ──▶ siehe Prüfschema 3                     │
│                                                                             │
└─────────────────────────────────────────────────────────────────────────────┘
```

Änderungen im UmwStG

b) Prüfschema 2: Einbringung von Anteilen an Kapitalgesellschaften oder Genossenschaften i.R. einer Sacheinlage i.S.d. § 20 Abs. 1 UmwStG

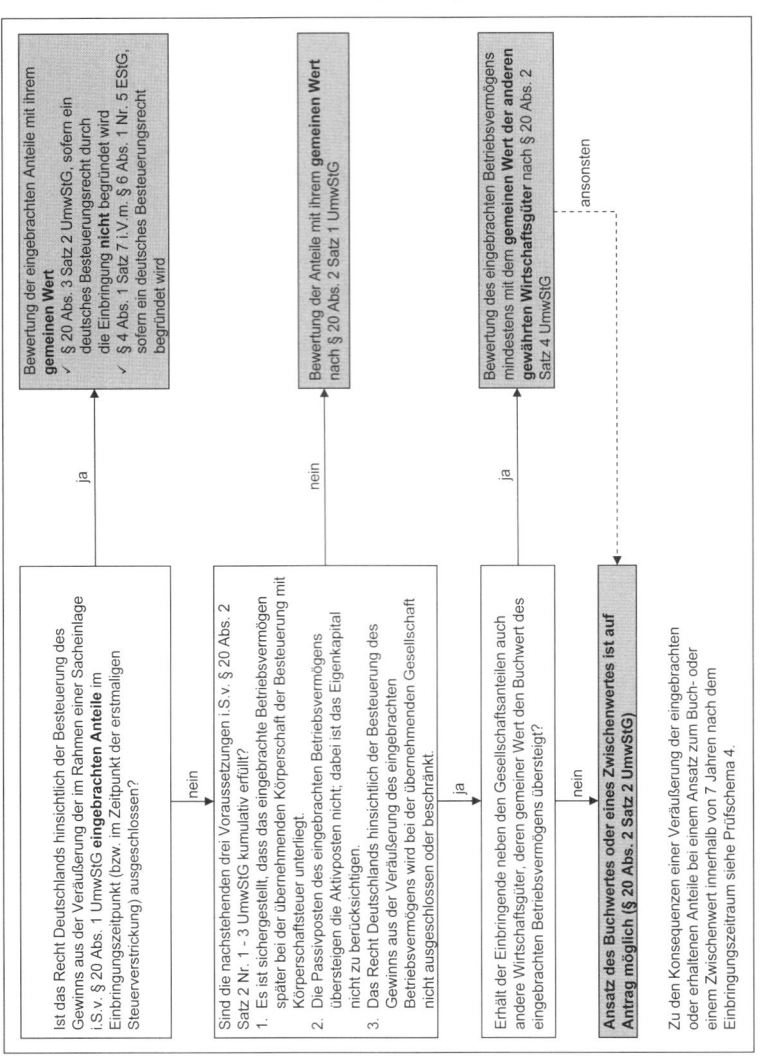

Ist das Recht Deutschlands hinsichtlich der Besteuerung des Gewinns aus der Veräußerung der im Rahmen einer Sacheinlage i.S.v. § 20 Abs. 1 UmwStG **eingebrachten Anteile** im Einbringungszeitpunkt (bzw. im Zeitpunkt der erstmaligen Steuerverstrickung) ausgeschlossen?

ja → Bewertung der eingebrachten Anteile mit ihrem **gemeinen Wert**
- § 20 Abs. 3 Satz 2 UmwStG, sofern ein deutsches Besteuerungsrecht durch die Einbringung **nicht** begründet wird
- § 4 Abs. 1 Satz 7 i.V.m. § 6 Abs. 1 Nr. 5 EStG, sofern ein deutsches Besteuerungsrecht begründet wird

nein ↓

Sind die nachstehenden drei Voraussetzungen i.S.v. § 20 Abs. 2 Satz 2 Nr. 1 - 3 UmwStG kumulativ erfüllt?
1. Es ist sichergestellt, dass das eingebrachte Betriebsvermögen später bei der übernehmenden Körperschaft der Besteuerung mit Körperschaftsteuer unterliegt.
2. Die Passivposten des eingebrachten Betriebsvermögens übersteigen die Aktivposten nicht; dabei ist das Eigenkapital nicht zu berücksichtigen.
3. Das Recht Deutschlands hinsichtlich der Besteuerung des Gewinns aus der Veräußerung des eingebrachten Betriebsvermögens wird bei der übernehmenden Gesellschaft nicht ausgeschlossen oder beschränkt.

nein → Bewertung der Anteile mit ihrem **gemeinen Wert** nach § 20 Abs. 2 Satz 1 UmwStG

ja ↓

Erhält der Einbringende neben den Gesellschaftsanteilen auch andere Wirtschaftsgüter, deren gemeiner Wert den Buchwert des eingebrachten Betriebsvermögens übersteigt?

ja → Bewertung des eingebrachten Betriebsvermögens mindestens mit dem **gemeinen Wert der anderen gewährten Wirtschaftsgüter** nach § 20 Abs. 2 Satz 4 UmwStG

nein ↓

Ansatz des Buchwertes oder eines Zwischenwertes ist auf Antrag möglich (§ 20 Abs. 2 Satz 2 UmwStG)

-------- ansonsten

Zu den Konsequenzen einer Veräußerung der eingebrachten oder erhaltenen Anteile bei einem Ansatz zum Buch- oder einem Zwischenwert innerhalb von 7 Jahren nach dem Einbringungszeitraum siehe Prüfschema 4.

c) Prüfschema 3: Einbringung von Anteilen an Kapitalgesellschaften oder Genossenschaften i.R. eines Anteilstauschs i.S.d. § 21 Abs. 1 UmwStG

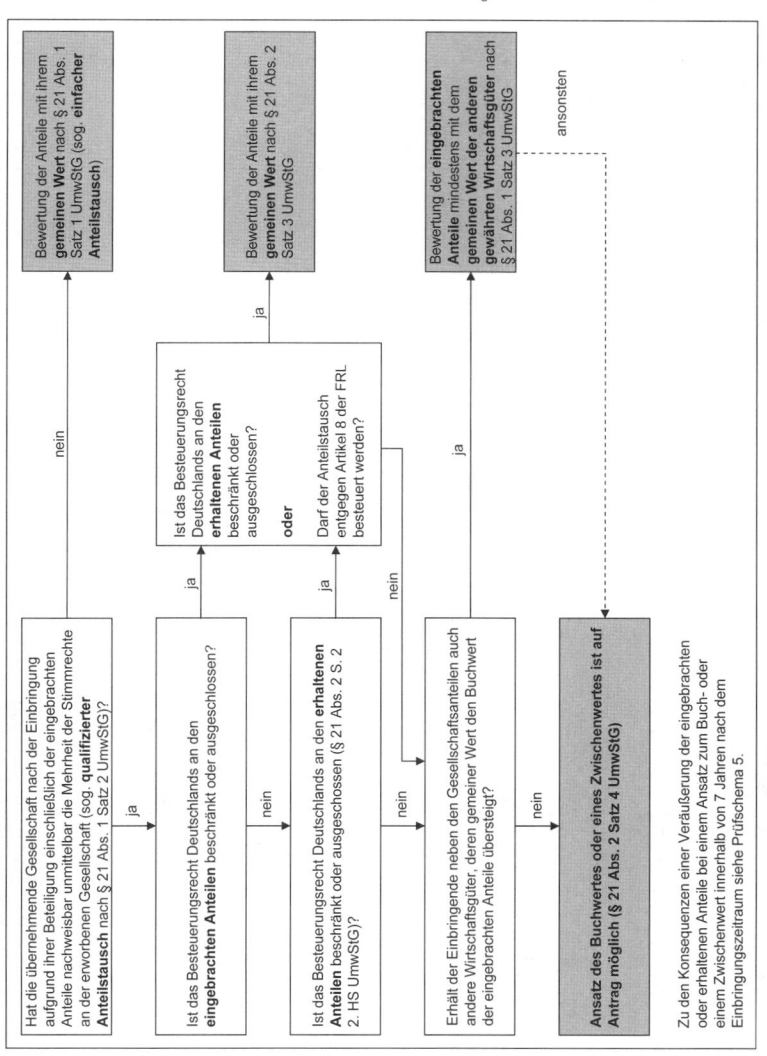

```
┌─────────────────────────────────────────────────────────────────────────────┐
│                                                                             │
│  Hat die übernehmende Gesellschaft nach der Einbringung                     │
│  aufgrund ihrer Beteiligung einschließlich der eingebrachten                │
│  Anteile nachweisbar unmittelbar die Mehrheit der Stimmrechte               │
│  an der erworbenen Gesellschaft (sog. qualifizierter                        │
│  Anteilstausch nach § 21 Abs. 1 Satz 2 UmwStG)?                             │
│                        │                                                    │
│          ┌─────────────┴─────────────┐                                      │
│          ja                         nein ─────────────────┐                 │
│          ▼                                                │                 │
│  Ist das Besteuerungsrecht Deutschlands an den            │                 │
│  eingebrachten Anteilen beschränkt oder ausgeschlossen?   │                 │
│                        │                                  │                 │
│          ┌─────────────┴─────────────┐                    │                 │
│         nein                         ja                   │                 │
│          ▼                           │                    ▼                 │
│  Ist das Besteuerungsrecht           │        Bewertung der Anteile mit     │
│  Deutschlands an den erhaltenen      │        ihrem gemeinen Wert nach      │
│  Anteilen beschränkt oder            │        § 21 Abs. 1 Satz 1 UmwStG     │
│  ausgeschlossen (§ 21 Abs. 2 S. 2    │        (sog. einfacher Anteils-     │
│  2. HS UmwStG)?                      │        tausch)                       │
│          │                           │                                      │
│   ┌──────┴──────┐                    │                                      │
│  nein           ja                   │                                      │
│   │             ▼                    ▼                                      │
│   │   Ist das Besteuerungsrecht Deutschlands an den                         │
│   │   erhaltenen Anteilen beschränkt oder ausgeschlossen?                   │
│   │                                                                         │
│   │   oder                                                                  │
│   │                                                                         │
│   │   Darf der Anteilstausch entgegen Artikel 8 der FRL                     │
│   │   besteuert werden?                                                     │
│   │              │                                                          │
│   │       ┌──────┴──────┐                                                   │
│   │      nein           ja                                                  │
│   │       │             ▼                                                   │
│   │       │    Bewertung der Anteile mit ihrem gemeinen                     │
│   │       │    Wert nach § 21 Abs. 2 Satz 3 UmwStG                          │
│   │       │                                                                 │
│   ▼       ▼                                                                 │
│  Erhält der Einbringende neben den Gesellschaftsanteilen auch               │
│  andere Wirtschaftsgüter, deren gemeiner Wert den Buchwert                  │
│  der eingebrachten Anteile übersteigt?                                      │
│                  │                                                          │
│          ┌───────┴───────┐                                                  │
│         nein             ja                                                 │
│          │               ▼                                                  │
│          │     Bewertung der eingebrachten                                  │
│          │     Anteile mindestens mit dem                                   │
│          │     gemeinen Wert der anderen                                    │
│          │     gewährten Wirtschaftsgüter nach                              │
│          │     § 21 Abs. 1 Satz 3 UmwStG                                    │
│          │               ▲                                                  │
│          ▼               │ ansonsten                                        │
│  Ansatz des Buchwertes oder eines Zwischenwertes ist auf                    │
│  Antrag möglich (§ 21 Abs. 2 Satz 4 UmwStG)                                 │
│                                                                             │
│  Zu den Konsequenzen einer Veräußerung der eingebrachten                    │
│  oder erhaltenen Anteile bei einem Ansatz zum Buch- oder                    │
│  einem Zwischenwert innerhalb von 7 Jahren nach dem                         │
│  Einbringungszeitraum siehe Prüfschema 5.                                   │
└─────────────────────────────────────────────────────────────────────────────┘
```

Änderungen im UmwStG

d) Prüfschema 4: Einbringung von Anteilen an Kapitalgesellschaften oder Genossenschaften i.R. einer Sacheinlage i.S.d. § 20 Abs. 1 UmwStG - Konsequenzen einer Veräußerung der erhaltenen oder eingebrachten Anteile innerhalb der Sperrfrist

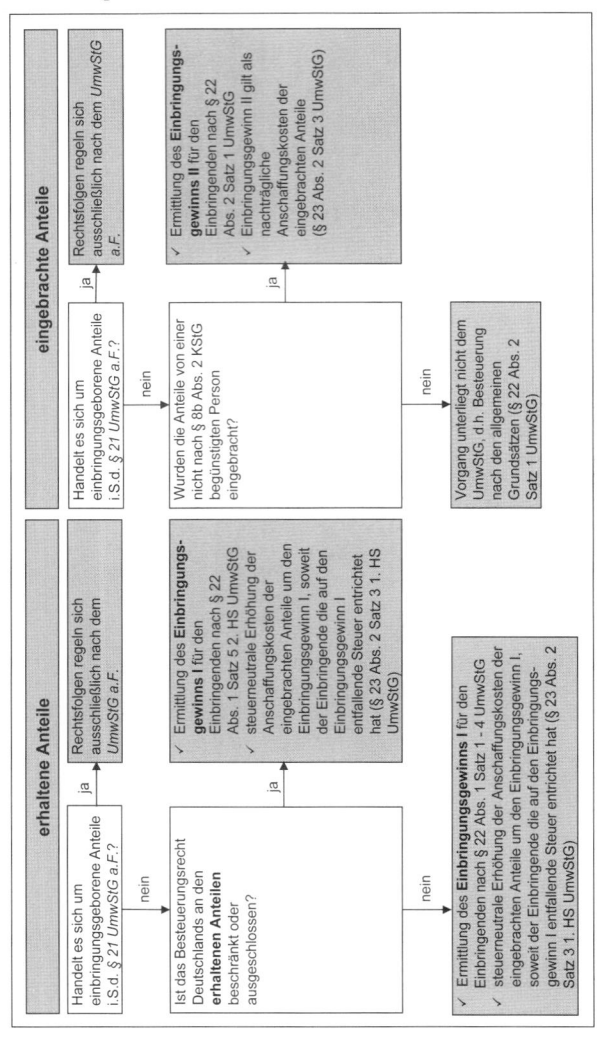

e) **Prüfschema 5: Einbringung von Anteilen an Kapitalgesellschaften oder Genossenschaften i.R. eines Anteilstauschs i.S.d. § 21 Abs. 1 UmwStG - Konsequenzen einer Veräußerung der erhaltenen oder eingebrachten Anteile innerhalb der Sperrfrist**

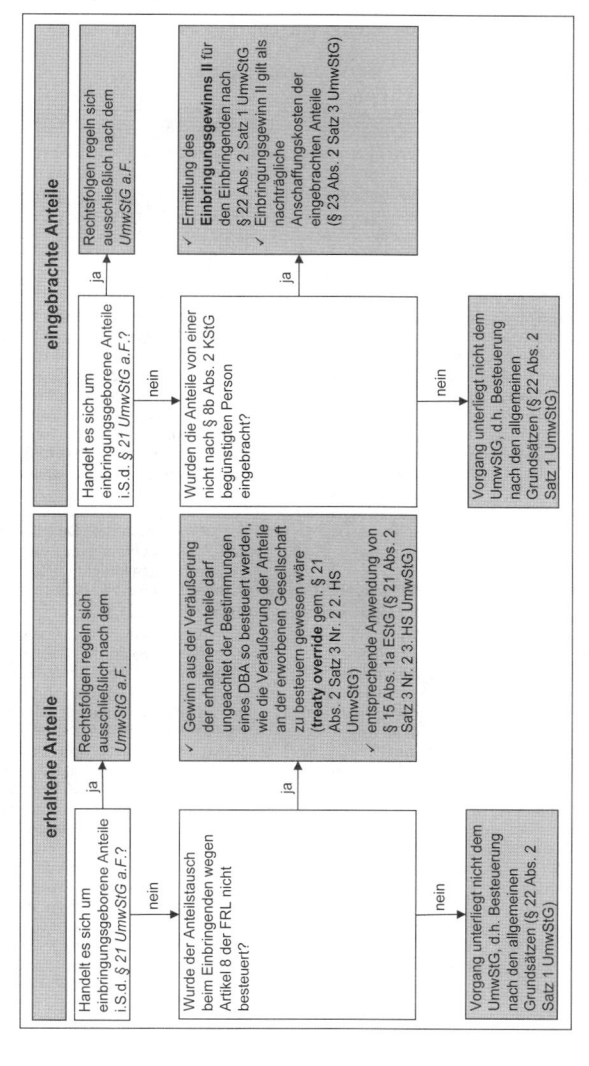

erhaltene Anteile

Handelt es sich um einbringungsgeborene Anteile i.S.d. § 21 UmwStG a.F.?

- **ja** → Rechtsfolgen regeln sich ausschließlich nach dem *UmwStG a.F.*
- **nein** → Wurde der Anteilstausch beim Einbringenden wegen Artikel 8 der FRL nicht besteuert?
  - **ja** →
    - ✓ Gewinn aus der Veräußerung der erhaltenen Anteile darf ungeachtet der Bestimmungen eines DBA so besteuert werden, wie die Veräußerung der Anteile an der erworbenen Gesellschaft zu besteuern gewesen wäre (**treaty override** i.S.v. § 21 Abs. 2 Satz 3 Nr. 2 2. HS UmwStG)
    - ✓ entsprechende Anwendung von § 15 Abs. 1a EStG (§ 21 Abs. 2 Satz 3 Nr. 2 3. HS UmwStG)
  - **nein** → Vorgang unterliegt nicht dem UmwStG, d.h. Besteuerung nach den allgemeinen Grundsätzen (§ 22 Abs. 2 Satz 1 UmwStG)

eingebrachte Anteile

Handelt es sich um einbringungsgeborene Anteile i.S.d. § 21 UmwStG a.F.?

- **ja** → Rechtsfolgen regeln sich ausschließlich nach dem *UmwStG a.F.*
- **nein** → Wurden die Anteile von einer nicht nach § 8b Abs. 2 KStG begünstigten Person eingebracht?
  - **ja** →
    - ✓ Ermittlung des **Einbringungsgewinns II** für den Einbringenden nach § 22 Abs. 2 Satz 1 UmwStG
    - ✓ Einbringungsgewinn II gilt als nachträgliche Anschaffungskosten der eingebrachten Anteile (§ 23 Abs. 2 Satz 3 UmwStG)
  - **nein** → Vorgang unterliegt nicht dem UmwStG, d.h. Besteuerung nach den allgemeinen Grundsätzen (§ 22 Abs. 2 Satz 1 UmwStG)

Abschnitt I

Änderungen im UmwStG
VI. Einbringung eines Betriebs, Teilbetriebs oder Mitunternehmeranteils in eine Personengesellschaft (§ 24 UmwStG)

Gesetzestext

§ 24 UmwStG a.F.	§ 24 UmwStG n.F.
Einbringung von Betriebsvermögen in eine Personengesellschaft	Einbringung von Betriebsvermögen in eine Personengesellschaft
(1) Wird ein Betrieb oder Teilbetrieb oder ein Mitunternehmeranteil in eine Personengesellschaft eingebracht und wird der Einbringende Mitunternehmer der Gesellschaft, so gelten für die Bewertung des eingebrachten Betriebsvermögens die Absätze 2 bis 4.	(1) Wird ein Betrieb oder Teilbetrieb oder ein Mitunternehmeranteil in eine Personengesellschaft eingebracht und wird der Einbringende Mitunternehmer der Gesellschaft, gelten für die Bewertung des eingebrachten Betriebsvermögens die Absätze 2 bis 4.
(2) ¹Die Personengesellschaft darf das eingebrachte Betriebsvermögen in ihrer Bilanz einschließlich der Ergänzungsbilanzen für ihre Gesellschafter mit seinem Buchwert oder mit einem höheren Wert ansetzen. ²Buchwert ist der Wert, mit dem der Einbringende das eingebrachte Betriebsvermögen im Zeitpunkt der Einbringung nach den steuerrechtlichen Vorschriften über die Gewinnermittlung anzusetzen hat. ³Bei dem Ansatz des eingebrachten Betriebsvermögens dürfen die Teilwerte der einzelnen Wirtschaftsgüter nicht überschritten werden.	(2) ¹Die Personengesellschaft hat das eingebrachte Betriebsvermögen in ihrer Bilanz einschließlich der Ergänzungsbilanzen für ihre Gesellschafter mit dem gemeinen Wert anzusetzen; für die Bewertung von Pensionsrückstellungen gilt § 6a des Einkommensteuergesetzes. ²Abweichend von Satz 1 kann das übernommene Betriebsvermögen auf Antrag mit dem Buchwert oder einem höheren Wert, höchstens jedoch mit dem Wert im Sinne des Satzes 1, angesetzt werden, soweit das Recht der Bundesrepublik Deutschland hinsichtlich der Besteuerung des eingebrachten Betriebsvermögens nicht ausgeschlossen oder beschränkt wird. ³§ 20 Abs. 2 Satz 3 gilt entsprechend.
(3) ¹Der Wert, mit dem das eingebrachte Betriebsvermögen in der Bilanz der Personengesellschaft einschließlich der Ergänzungsbilanzen für ihre Gesellschafter angesetzt wird, gilt für den Einbringenden als Veräußerungspreis. ²§ 16 Abs. 4 des Einkommensteuergesetzes ist nur anzuwenden, wenn das eingebrachte Betriebsvermögen mit seinem Teilwert angesetzt wird; in diesen Fällen sind § 34 Abs. 1 und 3 des Einkommensteuergesetzes anzuwenden, soweit der Veräußerungsgewinn nicht nach § 3 Nr. 40 Satz 1 Buchstabe b in Verbindung mit § 3c Abs. 2 des Einkommensteuergesetzes teilweise steuerbefreit ist. ³In den Fällen des Satzes 2 gilt § 16 Abs. 2 Satz 3 des Einkommensteuergesetzes entsprechend. ⁴Satz 2 ist bei der Einbringung von Teilen eines Mitunternehmeranteils nicht anzuwenden.	(3) ¹Der Wert, mit dem das eingebrachte Betriebsvermögen in der Bilanz der Personengesellschaft einschließlich der Ergänzungsbilanzen für ihre Gesellschafter angesetzt wird, gilt für den Einbringenden als Veräußerungspreis. ²§ 16 Abs. 4 des Einkommensteuergesetzes ist nur anzuwenden, wenn das eingebrachte Betriebsvermögen mit dem gemeinen Wert angesetzt wird und es sich nicht um die Einbringung von Teilen eines Mitunternehmeranteils handelt; in diesen Fällen ist § 34 Abs. 1 und 3 des Einkommensteuergesetzes anzuwenden, soweit der Veräußerungsgewinn nicht nach § 3 Nr. 40 Satz 1 Buchstabe b in Verbindung mit § 3c Abs. 2 des Einkommensteuergesetzes teilweise steuerbefreit ist. ³In den Fällen des Satzes 2 gilt § 16 Abs. 2 Satz 3 des Einkommensteuergesetzes entsprechend.

(4) § 22 Abs. 1 bis 3 und 5 gilt entsprechend; in den Fällen der Einbringung in eine Personengesellschaft im Wege der Gesamtrechtsnachfolge gilt auch § 20 Abs. 7 und 8 entsprechend.	(4) § 23 Abs. 1, 3, 4 und 6 gilt entsprechend; in den Fällen der Einbringung in eine Personengesellschaft im Wege der Gesamtrechtsnachfolge gilt auch § 20 Abs. 5 und 6 entsprechend.
	(5) Soweit im Rahmen einer Einbringung nach Absatz 1 unter dem gemeinen Wert eingebrachte Anteile an einer Körperschaft, Personenvereinigung oder Vermögensmasse innerhalb eines Zeitraums von sieben Jahren nach dem Einbringungszeitpunkt durch die übernehmende Personengesellschaft veräußert oder durch einen Vorgang nach § 22 Abs. 1 Satz 6 Nr. 1 bis 5 weiter übertragen werden und der Einbringende keine durch § 8b Abs. 2 des Körperschaftsteuergesetzes begünstigte Person ist, ist § 22 Abs. 2, 3 und 5 bis 7 insoweit entsprechend anzuwenden, als der Gewinn aus der Veräußerung der eingebrachten Anteile auf einen von § 8b Abs. 2 des Körperschaftsteuergesetzes begünstigten Mitunternehmer entfällt.

Kommentierung

1. Anwendungsbereich des § 24 UmwStG

a) Zivilrechtliche Formen der Einbringung i.S.v. § 24 Abs. 1 UmwStG
aa) Übersicht der zulässigen Einbringungsvorgänge

Durch die Vorschrift des § 1 Abs. 3 Nr. 1 - 5 UmwStG wurde erstmals der Anwendungsbereich des Siebten Teils des UmwStG (§ 24 UmwStG) gesetzlich kodifiziert. Die Einbringung eines Betriebs, Teilbetriebs oder Mitunternehmeranteils in eine Personengesellschaft i.S.d. § 24 Abs. 1 UmwStG ist sowohl im Wege der Gesamt- (§ 1 Abs. 3 Nr. 1 und 2 UmwStG) als auch im Wege der Einzelrechtsnachfolge (§ 1 Abs. 3 Nr. 4 UmwStG) zulässig.

Die Einbringung von Unternehmensteilen in eine Personengesellschaft i.S.v. § 24 Abs. 1 UmwStG im Wege der **Gesamtrechtsnachfolge** kann - wie auch die Einbringung in eine Kapitalgesellschaft oder Genossenschaft i.S.v. § 20 Abs. 1 UmwStG[1] - durch einen durch das UmwG geregelten Umwandlungsvorgang sowie durch einen dem im UmwG geregelten Umwandlungsvorgängen vergleichbaren ausländischen Vorgang durchgeführt werden und ist gem. § 1 Abs. 3 Nr. 1 und 2 UmwStG für folgende Umwandlungsvorgänge zulässig:

- **Verschmelzung** einer Personengesellschaft[2] auf eine bereits bestehende oder neu gegründete Personengesellschaft (§ 2 UmwG oder vergleichbarer ausländischer Vorgang);
- **Auf- oder Abspaltung** des Vermögens einer Personengesellschaft auf eine bereits bestehende oder neu gegründete Personengesellschaft (§ 123 Abs. 1 und 2 UmwG oder vergleichbarer ausländischer Vorgang);[3]
- **Ausgliederung** von Vermögensteilen eines nach § 124 UmwG spaltungsfähigen Rechtsträgers, insbes. einer Personengesellschaft, Kapitalgesellschaft, Genossenschaft sowie eines Einzelunternehmens, auf eine bereits bestehende oder neu gegründete Personengesellschaft (§ 123 Abs. 3 UmwG oder vergleichbarer ausländischer Vorgang, § 1 Abs. 3 Nr. 2 UmwStG).

Nicht abschließend ist indes geklärt, ob bei der Auf- bzw. Abspaltung einer Personengesellschaft § 24 UmwStG n.F. oder die Grundsätze der Realteilung i.S.d. § 16 Abs. 3 Satz 2 EStG zur Anwendung kommen.[4] Eine Konkurrenz zwischen beiden Vorschriften kann sich aller-

---

1) Siehe Gliederungspunkt I.V.1. c) aa) (1).
2) Zu den Personengesellschaften gehören die Personenhandelsgesellschaften (OHG und KG) und die Partnerschaftsgesellschaft.
3) Im Schrifttum wurde teilweise bezweifelt, ob die Auf- bzw. Abspaltung einer Personengesellschaft auf eine andere Personengesellschaft i.S.v. § 1 Abs. 1 Nr. 2, § 123 Abs. 1 und 2 UmwG in den Anwendungsbereich des *§ 24 Abs. 1 UmwStG a.F.* fällt, da der Einbringende nach dem Wortlaut der Vorschrift Gesellschaftsrechte an der Übernehmerin erhalten muss. Vgl. *Rogall*, DStR 2005 S. 992 (996) m.w.N.; *Patt*, in: Dötsch/Jost et al., Die Körperschaftsteuer, UmwStG n.F. § 24, Rz. 23 (58. EL 11/2006); *Schulze zur Wiesche*, DStZ 2004 S. 366 (367). Die Finanzverwaltung hat die Auf- und Abspaltung von Personenhandelsgesellschaften auf Personenhandelsgesellschaften unter *§ 24 UmwStG a.F.* gefasst, vgl. BMF v. 25.03.1998, IV BZ - S 1978 - 21/98/IV B 2 - S 1909 - 33/98, BStBl. I 1998 S. 268 (UmwSt-Erlass) Rz. 24.19. Bei der Auf- bzw. Abspaltung einer Personengesellschaft auf eine andere Personengesellschaft erhalten jedoch ihre Gesellschafter (Mitunternehmer) die Anteile an der übernehmenden Personengesellschaft. Da nach dem Wortlaut des § 24 Abs. 1 UmwStG unverändert der Einbringende Mitunternehmer der übernehmenden Personengesellschaft werden muss, könnte die Anwendung des § 24 UmwStG auf Auf- bzw. Abspaltungen i.S.v. § 123 Abs. 1 und 2 UmwStG weiterhin in Frage gestellt werden. Aufgrund der erstmaligen Kodifizierung des Anwendungsbereiches von § 24 UmwStG in § 1 Abs. 3 Nr. 1 - 5 UmwStG ist der Regelungsumfang nunmehr jedoch klargestellt worden. Demnach ist § 24 UmwStG auf die Auf- bzw. Abspaltung einer Personengesellschaft i.S.v. § 123 Abs. 1 und 2 UmwG expressis verbis anzuwenden (§ 1 Abs. 3 Nr. 1 UmwStG).
4) Vgl. zu *§ 24 UmwStG a.F. Schmitt*, in: Schmitt/Hörtnagl/Stratz, UmwG/UmwStG, § 24 UmwStG Rz. 272 (4. Auflage); *Niehus*, FR 2005 S. 278 (280).

dings nur in Fällen der Aufspaltung einer Personengesellschaft i.S.v. § 123 Abs. 1 UmwG ergeben, da die Realteilung i.S.v. § 16 Abs. 3 Satz 2 EStG die Betriebsaufgabe[5] voraussetzt.[6] Es spricht einiges dafür, dass § 24 UmwStG als lex specialis gegenüber § 16 Abs. 3 Satz 2 UmwStG einzustufen ist, da § 24 UmwStG im Vergleich zu § 16 Abs. 3 Satz 2 EStG einen gesondert abgegrenzten Bereich der Einbringung in eine Personengesellschaft begünstigt.[7]

Die **Anwachsung i.S.d. § 738 BGB** hat die Finanzverwaltung bisher unter den nicht gesetzlich bestimmten Anwendungsbereich des *§ 24 UmwStG a.F. gefasst*.[8] Da die Anwachsung im abschließend formulierten Katalog der unter § 24 UmwStG fallenden Einbringungsvorgänge in § 1 Abs. 3 Nr. 1 - 5 UmwStG nicht enthalten ist, kann davon ausgegangen werden, dass die Anwachsung i.S.d. § 738 BGB nicht von § 24 UmwStG erfasst wird.[9]

Gleiches muss für die **Einbringung von Sonderbetriebsvermögen** gelten.[10] Da die Einbringung von Sonderbetriebsvermögen einen rein ertragsteuerlichen Vorgang darstellt, findet zivilrechtlich kein Rechtsträgerwechsel statt. Die in § 1 Abs. 3 Nr. 1 - 5 UmwStG aufgeführten Einbringungstatbestände stellen jedoch ausnahmslos auf einen solchen ab.[11] Mangels Rechtsträgerwechsel ist § 24 Abs. 1 UmwStG auch nicht mehr auf Einbringungen durch **Verschaffung des wirtschaftlichen Eigentums** anzuwenden.[12]

Im Wege der **Einzelrechtsnachfolge** werden durch vertragliche Individualvereinbarung Wirtschaftsgüter einzeln in einem Vorgang auf eine Personengesellschaft insbes. übertragen durch:

– **Sacheinlage** bei Aufnahme von einem oder mehreren Gesellschaftern in ein Einzelunternehmen;
– **Sacheinlage** bei Aufnahme von einem oder mehreren Gesellschaftern in eine bereits bestehende Personengesellschaft;

---

5) Vgl. BMF, Schreiben v. 28.02.2006, IV B 2 - S 2242 - 6/06, BStBl. I 2006 S. 228 unter I.
6) Vgl. *Rogall*, DStR 2005 S. 992 (997); *Schulze zur Wiesche*, DStZ 2004 S. 366 (369).
7) Gl.A. *Patt*, in: Dötsch/Jost et al., Die Körperschaftsteuer, UmwStG n.F. § 24, Rz. 65 (58. EL 11/2006); *Schmitt*, in: Schmitt/Hörtnagl/Stratz, UmwG/UmwStG, § 24 UmwStG Rz. 275 (4. Auflage); *Wacker*, in: Schmidt, EStG, § 16 EStG Rz. 203 (25. Auflage). A.A. *Kerssenbrock/Rundshagen*, BB 2004 S. 2490 (2492); *Schulze zur Wiesche*, DStZ 2004 S. 366 (370).
8) Siehe BMF, Schreiben v. 25.03.1998, IV BZ - S 1978 - 21/98/IV B 2 - S 1909 - 33/98, BStBl. I 1998 S. 268 (UmwSt-Erlass) Rz. 24.01 Buchst. d). Unter *§ 24 UmwStG a.F.* wurde die sog. „erweiterte" Anwachsung gefasst. Dabei bringen die Gesellschafter (Mitunternehmer) einer Personengesellschaft I ihre Anteile in eine andere Personengesellschaft II, die ihrerseits an der Personengesellschaft I beteiligt sein kann, gegen Gewährung von Anteilen ein, sodass die übernehmende Personengesellschaft II nach der Einbringung sämtliche Anteile an der Personengesellschaft I hält und diese ihr nach § 738 BGB anwächst. Vgl. *Patt*, in: Dötsch/Jost et al., Die Körperschaftsteuer, UmwStG n.F. § 24 Rz. 92 (58. EL 11/2006). Eine Einbringung i.S.v. § 24 UmwStG liegt mangels Übertragungsvorgang indes nicht vor, wenn die übernehmende Personengesellschaft II vor der Einbringung bereits 100% der Anteile an der Personengesellschaft I hält, da der austretende Gesellschafter nicht kapitalmäßig an der Personengesellschaft I beteiligt ist. Vgl. OFD Berlin, Vfg. v. 19.07.2002, St 122 - S 2241 - 2/02, DB 2002 S. 1966f.
9) Siehe hierzu auch die ausführliche Diskussion zur Anwachsung i.S.v. § 738 BGB bei Einbringung in eine Kapitalgesellschaft i.S.v. § 20 UmwStG in Gliederungspunkt I.V.1. c) aa) (1).
10) Die Finanzverwaltung hat die Einbringung in das Sonderbetriebsvermögen unter *§ 24 UmwStG a.F.* gefasst; siehe BMF, Schreiben v. 25.03.1998, IV BZ - S 1978 - 21/98/IV B 2 - S 1909 - 33/98, BStBl. I 1998 S. 268 (UmwSt-Erlass) Rz. 24.06.
11) Vgl. *Patt*, Steuer-Journal 2007 S. 20 (21).
12) Siehe hierzu auch die ausführliche Diskussion zur Sacheinlage i.S.v. § 20 Abs. 1 UmwStG in Gliederungspunkt I.V.1. b) aa) (1). Die Übertragung des wirtschaftlichen Eigentums (§ 39 Abs. 2 Nr. 1 AO) sollte demgegenüber beim Anteilstausch i.S.d. § 21 Abs. 1 UmwStG ausreichend sein. Siehe hierzu Gliederungspunkt I.V.1. b) bb) (1).

- **Zusammenschluss** von Einzelunternehmern in eine Personengesellschaft im Wege der Sachgründung.

bb) Einbringungen durch Gesamtrechtsnachfolge

Die nachstehende Übersicht fasst den sachlichen Anwendungsbereich des § 24 UmwStG i.V.m. § 1 Abs. 3 Nr. 1 und 2 UmwStG für Einbringungen im Wege der Gesamtrechtsnachfolge durch im UmwG geregelte Umwandlungen und deren gesellschaftsrechtliche Grundlagen zusammen:

sachlicher Anwendungsbereich	gesellschaftsrechtliche Grundlage
innerstaatliche **Verschmelzung** einer deutschen Personengesellschaft auf eine deutsche Personengesellschaft (**§ 1 Abs. 3 Nr. 1 UmwStG**)	– Ebene der *inländischen* beteiligten Rechtsträger: § 1 Abs. 1 Nr. 1, § 2 UmwG

grenzüberschreitende **Verschmelzung** einer Personengesellschaft auf eine Personengesellschaft unter Inländerbeteiligung (**§ 1 Abs. 3 Nr. 1 UmwStG**)	– Ebene des *inländischen* beteiligten Rechtsträgers:
	Art. 43, Art. 48 EG-Vertrag[13]
	– Ebene des *ausländischen* beteiligten Rechtsträgers
	  – bei Ansässigkeit im EU-/EWR-Raum: ausländisches Gesellschaftsrecht bzw. Art. 43, Art. 48 EG-Vertrag (Art. 31, Art. 34 EWR-Abkommen)[14]
	  – bei Ansässigkeit im Drittstaat (Einbringender): ausländisches Gesellschaftsrecht[15]

innerstaatliche oder grenzüberschreitende **Verschmelzung** einer Personengesellschaft auf eine Personengesellschaft unter ausschließlicher Beteiligung ausländischer Rechtsträger mit Inlandsbezug durch einen mit der Verschmelzung i.S.d. UmwG vergleichbaren ausländischen Vorgang (**§ 1 Abs. 3 Nr. 1 UmwStG**)	– Ebene der *ausländischen* beteiligten Rechtsträger:
	  – bei Ansässigkeit im EU-/EWR-Raum: ausländisches Gesellschaftsrecht bzw. Art. 43, Art. 48 EG-Vertrag (Art. 31, Art. 34 EWR-Abkommen)[16]
	  – bei Ansässigkeit im Drittstaat (Einbringender): ausländisches Gesellschaftsrecht[17]

innerstaatliche **Auf- oder Abspaltung** von Vermögensteilen einer deutschen Personengesellschaft auf eine deutsche Personengesellschaft (**§ 1 Abs. 3 Nr. 1 UmwStG**)	– Ebene der *inländischen* beteiligten Rechtsträger: § 1 Abs. 1 Nr. 2, § 123 Art. 1 UmwG (Aufspaltung) § 1 Abs. 1 Nr. 2, § 123 Abs. 2 UmwG (Abspaltung)

---

[13] Die Versagung der gesellschaftsrechtlichen Zulässigkeit einer grenzüberschreitenden Verschmelzung darf nicht zu einer Verletzung der Niederlassungsfreiheit i.S.v. Art. 43, Art. 48 EG-Vertrag (Art. 31, Art. 34 EWR-Abkommen) führen; siehe hierzu auch die Rechtsprechung des EuGH in der Rs. „SEVIC" (EuGH v. 13.12.2005, C-411/03, NZG 2006 S. 112).
[14] Siehe Fußnote 13.
[15] Ggf. kann der Drittstaatsansässige aufgrund völkerrechtlicher Verträge eine Meistbegünstigungsklausel in Anspruch nehmen (z.B. Art. XXV Abs. 4 und 5, Art. VII Abs. 4 des Freundschaftsvertrages mit den Vereinigten Staaten von Amerika); siehe hierzu *Kiem*, WM 2006 S. 1091 (1093).
[16] Siehe Fußnote 13.
[17] Siehe Fußnote 15.

sachlicher Anwendungsbereich	gesellschaftsrechtliche Grundlage
grenzüberschreitende **Auf- oder Abspaltung** von Vermögensteilen einer Personengesellschaft auf eine Personengesellschaft unter Inländerbeteiligung (**§ 1 Abs. 3 Nr. 1 UmwStG**)	– Ebene des *inländischen* beteiligten Rechtsträgers: Art. 43, Art. 48 EG-Vertrag[18] – Ebene des *ausländischen* beteiligten Rechtsträgers: – bei Ansässigkeit im EU-/EWR-Raum: ausländisches Gesellschaftsrecht bzw. Art. 43, Art. 48 EG-Vertrag (Art. 31, Art. 34 EWR-Abkommen)[19] – bei Ansässigkeit im Drittstaat (Einbringender): ausländisches Gesellschaftsrecht[20]
innerstaatliche oder grenzüberschreitende **Auf- oder Abspaltung** von Vermögensteilen einer Personengesellschaft auf eine Personengesellschaft unter ausschließlicher Beteiligung ausländischer Rechtsträger mit Inlandsbezug durch einen mit der Auf- oder Abspaltung i.S.d. UmwG vergleichbaren ausländischen Vorgang (**§ 1 Abs. 3 Nr. 1 UmwStG**)	– Ebene der *ausländischen* beteiligten Rechtsträger: – bei Ansässigkeit im EU-/EWR-Raum: ausländisches Gesellschaftsrecht bzw. Art. 43, Art. 48 EG-Vertrag (Art. 31, Art. 34 EWR-Abkommen)[21] – bei Ansässigkeit im Drittstaat (Einbringender): ausländisches Gesellschaftsrecht[22]
innerstaatliche **Ausgliederung** von Vermögensteilen auf eine deutsche Personengesellschaft (**§ 1 Abs. 3 Nr. 2 UmwStG**)	– Ebene der *inländischen* beteiligten Rechtsträger: § 1 Abs. 1 Nr. 3, § 123 Abs. 3, § 124 UmwG
grenzüberschreitende **Ausgliederung** von Vermögensteilen einer Personengesellschaft auf eine Personengesellschaft unter Inländerbeteiligung (**§ 1 Abs. 3 Nr. 2 UmwStG**)	– Ebene des *inländischen* beteiligten Rechtsträgers: Art. 43, Art. 48 EG-Vertrag[23] – Ebene des *ausländischen* beteiligten Rechtsträgers: – bei Ansässigkeit im EU-/EWR-Raum: ausländisches Gesellschaftsrecht bzw. Art. 43, Art. 48 EG-Vertrag (Art. 31, Art. 34 EWR-Abkommen)[24] – bei Ansässigkeit im Drittstaat (Einbringender): ausländisches Gesellschaftsrecht[25]

---

18) Siehe Fußnote 13.
19) Siehe Fußnote 13.
20) Siehe Fußnote 15.
21) Siehe Fußnote 13.
22) Siehe Fußnote 15.
23) Siehe Fußnote 13.
24) Siehe Fußnote 13.
25) Siehe Fußnote 15.

Änderungen im UmwStG

sachlicher Anwendungsbereich	gesellschaftsrechtliche Grundlage
innerstaatliche oder grenzüberschreitende **Ausgliederung** einer Personengesellschaft auf eine Personengesellschaft mit unter ausschließlicher Beteiligung ausländischer Rechtsträger mit Inlandsbezug durch einen mit der Ausgliederung i.S.d. UmwG vergleichbaren ausländischen Vorgang (**§ 1 Abs. 3 Nr. 2 UmwStG**)	– Ebene der *ausländischen* beteiligten Rechtsträger: – bei Ansässigkeit im EU-/EWR-Raum: ausländisches Gesellschaftsrecht bzw. Art. 43, Art. 48 EG-Vertrag (Art. 31, Art. 34 EWR-Abkommen)[26] – bei Ansässigkeit im Drittstaat (Einbringender): ausländisches Gesellschaftsrecht[27]

Abb. I.VI. - 1: Einbringungen i.S.v. § 24 UmwStG durch Gesamtrechtsnachfolge

cc) Einbringungen durch Einzelrechtsnachfolge

Die nachstehende Übersicht fasst den sachlichen Anwendungsbereich des § 24 Abs. UmwStG i.V.m. § 1 Abs. 3 Satz 1 Nr. 4 UmwStG für Einbringungen im Wege der Einzelrechtsnachfolge und deren gesellschaftsrechtliche Grundlagen zusammen:

sachlicher Anwendungsbereich	gesellschaftsrechtliche Grundlage
Sacheinlage bei Gründung einer inländischen Personengesellschaft (**§ 1 Abs. 3 Nr. 4 UmwStG**)	– gesellschaftsvertragliche Regelung i.V.m. § 706 Abs. 1 und 2 BGB, § 105 Abs. 3 HGB (OHG), § 161 Abs. 2 HGB (KG), § 1 Abs. 4 PartGG (PartG)
Sacheinlage bei Gründung einer ausländischen Personengesellschaft mit Inländerbeteiligung (**§ 1 Abs. 3 Nr. 4 UmwStG**)	– ausländisches Gesellschaftsrecht
Sacheinlage bei Gründung einer ausländischen Personengesellschaft mit im Inland belegenem Einbringungsgegenstand (**§ 1 Abs. 3 Nr. 4 UmwStG**)	– ausländisches Gesellschaftsrecht

Abb. I.VI. - 2: Einbringungen i.S.v. § 24 UmwStG durch Einzelrechtsnachfolge

b) Persönlicher Anwendungsbereich des § 24 UmwStG

Beteiligte Rechtsträger bei der Einbringung eines Betriebs, Teilbetriebs oder Mitunternehmeranteils in eine Personengesellschaft sind der einbringende und der übernehmende Rechtsträger.

aa) Einbringender Rechtsträger

Die persönlichen Einschränkungen in § 1 Abs. 4 Satz 1 UmwStG gelten gem. § 1 Abs. Satz 2 UmwStG nicht für Einbringungen eines Betriebs, Teilbetriebs oder Mitunternehmeranteils in eine Personengesellschaft i.S.v. § 24 Abs. 1 UmwStG. Daher gibt es hinsichtlich der Person des Einbringenden für die Anwendung des § 24 UmwStG keine Einschränkungen (§ 1 Abs. 4 Satz 2 UmwStG). **Einbringende** können folglich sein:

---

[26] Siehe Fußnote 13.
[27] Siehe Fußnote 13.

- **natürliche Personen**, die im EU-/EWR-Raum oder in einem Drittstaat ihren Wohnort oder gewöhnlichen Aufenthalt haben;
- **Körperschaften, Personenvereinigungen und Vermögensmassen**, deren Sitz bzw. Ort der Geschäftsleitung im EU-/EWR-Raum oder in einem Drittstaat belegen ist. Ihre Gründung kann nach dem Recht eines EU-/EWR-Staates oder eines Drittstaates erfolgt sein;
- **Personengesellschaften**, deren Anteilseigner (Mitunternehmer) im EU-/EWR-Gebiet oder in einem Drittstaat ansässig sind.[28]

bb) Übernehmender Rechtsträger

Die persönlichen Einschränkungen in § 1 Abs. 4 Satz 1 UmwStG gelten gem. § 1 Abs. 4 Satz 2 UmwStG nicht für Einbringungen eines Betriebs, Teilbetriebs oder Mitunternehmeranteils in eine Personengesellschaft i.S.v. § 24 Abs. 1 UmwStG. Die übernehmende Personengesellschaft muss daher nicht im EU-/EWR-Raum ansässig bzw. gegründet sein.[29] Es sind daher auch Einbringungen i.S.v. § 24 Abs. 1 UmwStG in eine in einem Drittstaat ansässige oder nach dem Recht eines Drittstaates gegründete Personengesellschaft zulässig.[30] Die übernehmende Personengesellschaft muss nach deutschem Recht jedoch als steuerlich transparent anzusehen sein, damit die Einbringung gem. § 24 Abs. 1 UmwStG erfolgen kann.[31]

cc) Zusammenfassung

Die persönlichen Anwendungsvoraussetzungen hinsichtlich des einbringenden und des übernehmenden Rechtsträgers im Rahmen der Sacheinlage i.S.v. § 24 UmwStG lassen sich wie folgt zusammenfassen:

einbringender Rechtsträger	**Körperschaften, Personenvereinigungen und Vermögensmassen**, insbes. AG, KGaA, GmbH, SE, eG und SCE mit Ansässigkeit im – Inland – EU-/EWR-Raum oder – Drittstaat **natürliche Personen** mit Ansässigkeit im – Inland – EU-/EWR-Raum oder – Drittstaat **Personengesellschaften**, insbes. OHG, KG, PartG, mit Ansässigkeit im – Inland – EU-/EWR-Raum oder – Drittstaat deren Gesellschafter ansässig sind im – Inland – EU-/EWR-Raum oder – Drittstaat

---

28) Als Einbringende gelten die Gesellschafter der Personengesellschaft.
29) Vgl. Gesetzesbegründung v. 09.11.2006 zu § 1 Abs. 3 und 4 UmwStG, BT-Drs. 16/3369 S. 9.
30) Vgl. *Dötsch/Pung*, DB S. 2763 (2772).
31) Vgl. *Ley*, FR 2007 S. 109 (121).

übernehmender Rechtsträger	**OHG, KG, PartG** mit Ansässigkeit im – Inland – EU-/EWR-Raum oder – Drittstaat

Abb. I.VI. - 3: Zusammenfassung des persönlichen Anwendungsbereiches des § 24 UmwStG

c) Sachlicher Anwendungsbereich des § 24 UmwStG

Hinsichtlich des sachlichen Anwendungsbereiches des § 24 UmwStG gelten grds. die Ausführungen zu § 20 UmwStG (siehe hierzu Gliederungspunkt I.V.3. b)). Im Folgenden werden daher ausschließlich die Besonderheiten des § 24 UmwStG dargestellt.

aa) Gegenstand der Sacheinlage (§ 24 Abs. 1 UmwStG)

Gegenstand der Sacheinlage i.S.v. § 24 Abs. 1 UmwStG sind - wie im bisherigen Recht - ein **Betrieb, Teilbetrieb** oder **Mitunternehmeranteil**. Die Einbringung eines Mitunternehmeranteils liegt auch vor, sofern nur ein Teil eines Mitunternehmeranteils eingebracht wird.[32] Sofern die übernehmende Gesellschaft in den von der Fusionsrichtlinie erfassten Fällen der Einbringung eines Betriebs oder Teilbetriebs bzw. in den Fällen des Anteilstauschs aus deutscher Sicht als steuerlich transparent anzusehen ist (hybride Gesellschaft i.S.v. Art. 10a Abs. 1 FRL), gilt dies ebenfalls als Einbringung von Betriebsvermögen in eine Personengesellschaft i.S.v. § 24 UmwStG.[33]

Im Gegensatz zum Regelungsbereich des § 20 UmwStG gilt eine zu einem Betriebsvermögen gehörende 100%ige Beteiligung an einer Kapitalgesellschaft als Teilbetrieb i.S.d. § 24 Abs. 1 UmwStG.[34] In allen anderen Fällen (Einbringung aus dem Privatvermögen oder Einbringung einer Beteiligung, die weniger als 100% des Nennkapitals einer Kapitalgesellschaft umfasst) scheidet die Anwendung des § 24 UmwStG aus.[35]

Im Gegensatz zum bisherigen Recht ist es für eine Einbringung nach § 24 UmwStG nicht mehr ausreichend, wenn neben der Einbringung in das Gesamthandsvermögen der übernehmenden Personengesellschaft auch eine Einbringung in das Sonderbetriebsvermögen

---

[32] Vgl. BMF, Schreiben v. 25.03.1998, IV B 7 - S 1978 - 21/98 / IV B 2 - S 1909 - 33/98, BStBl. I 1998 S. 268 (UmwSt-Erlass) Rz. 24.04 i.V.m. Rz. 20.13.

[33] Vgl. Gesetzesbegründung v. 25.09.2006 zu § 24 Abs. 1 UmwStG, BT-Drs. 16/2710 S. 50. Die Möglichkeit der grenzüberschreitenden Einbringung von Mitunternehmeranteilen geht über den Regelungsbereich der Fusionsrichtlinie *(Richtlinie 90/434/EWG des Rates v. 23.07.1990 über das gemeinsame Steuersystem für Fusionen, Spaltungen, Abspaltungen, die Einbringung von Unternehmensteilen und den Austausch von Anteilen, die Gesellschaften verschiedener Mitgliedstaaten betreffen, sowie für die Verlegung des Sitzes einer Europäischen Gesellschaft oder einer Europäischen Genossenschaft von einem Mitgliedstaat in einen anderen Mitgliedstaat*, ABl. Nr. L 225 v. 20.08.1990 S. 1, zuletzt geändert durch Richtlinie 2006/98/EG des Rates v. 20.11.2006, ABl. Nr. L 363 v. 20.12.2006 S. 129) hinaus, die lediglich die grenzüberschreitende Einbringung von Betrieben und Teilbetrieben vorsieht.

[34] Vgl. Gesetzesbegründung v. 25.09.2006 zu § 24 Abs. 1 UmwStG, BT-Drs. 16/2710 S. 50. So auch Regelungsbereich der § 16 Abs. 1 Satz 1 Nr. 1 Satz 2 EStG und § 15 Abs. 1 Satz 3 UmwStG.

[35] Dem stehen nach Auffassung des Gesetzgebers die Regelungen der Fusionsrichtlinie wegen Art. 10a Abs. 3 FRL nicht entgegen (Gesetzesbegründung v. 25.09.2006 zu § 24 Abs. 1 UmwStG, BT-Drs. 16/2710 S. 50 f.).

erfolgt.[36] Auch die ausschließliche Einbringung in das Sonderbetriebsvermögen wird nicht von § 24 UmwStG erfasst.[37]

bb) Gewährung einer Mitunternehmerstellung als Gegenleistung für die Einbringung (§ 24 Abs. 1 UmwStG)

Der Einbringende muss nach § 24 Abs. 1 UmwStG Mitunternehmer der übernehmenden Personengesellschaft werden.[38] Nach bisheriger Auffassung der Finanzverwaltung ist § 24 UmwStG auch anwendbar, wenn der Einbringende bereits Mitunternehmer ist und sein Mitunternehmeranteil durch den Einbringungsvorgang erhöht wird.[39] § 24 UmwStG ist demnach allerdings nur insoweit anwendbar, als die Gegenleistung in der Gewährung von Gesellschaftsrechten besteht, die **Verbuchung auf einem Darlehenskonto** reicht nicht aus.[40]

Erhält der Einbringende neben dem Mitunternehmeranteil an der aufnehmenden Personengesellschaft eine **Zuzahlung**, die nicht Betriebsvermögen der Personengesellschaft wird, ist nach bisheriger Auffassung der Finanzverwaltung davon auszugehen, dass

– der Einbringende vor der Einbringung Eigentumsanteile an den Wirtschaftsgütern des Betriebs veräußert hat und

– die ihm verbliebenen Eigentumsanteile für eigene Rechnung sowie die veräußerten Eigentumsanteile für Rechnung des zuzahlenden Gesellschafters in das Betriebsvermögen der Personengesellschaft einlegt.[41]

2. Anwendungsvorschriften

Die Regelungen des § 24 UmwStG sind erstmals auf Einbringungsvorgänge anzuwenden, bei denen die Anmeldung zur Eintragung der Einbringung in das maßgebende öffentliche Register **nach dem 12.12.2006** erfolgt ist (§ 27 Abs. 1 Satz 1 UmwStG). Für Einbringungen im Wege der Einzelrechtsnachfolge, die ohne Eintragung in ein öffentliches Register wirksam werden, sind die Regelungen des § 24 UmwStG erstmals anzuwenden, wenn das wirtschaftliche Eigentum an den eingebrachten Wirtschaftsgütern **nach dem 12.12.2006** übergegangen ist (§ 27 Abs. 1 Satz 2 UmwStG).

Die Regelungen des **§ 24 Abs. 5 UmwStG** sind **nicht anzuwenden** bei einbringungsgeborenen Anteilen i.S.v. *§ 21 Abs. 1 UmwStG a.F.*, soweit hinsichtlich des Gewinns aus der

---

36) Das steuerliche Gesamthandsvermögen ergibt sich aus der handelsbilanziellen Gesamthandsbilanz und den steuerlichen Ergänzungsbilanzen der Gesellschafter. In der steuerlichen Ergänzungsbilanz werden lediglich die Mehr-/Minderanschaffungskosten des jeweiligen Gesellschafters für das einzelne Wirtschaftsgut im Vergleich zur steuerlichen Gesamthandsbilanz erfasst, vgl. *Hottmann*, in: Zimmermann, Die Personengesellschaft im Steuerrecht Rz. 217-221 (8. Auflage).
37) Vgl. FG Düsseldorf v. 30.04.2003, 16 K 2934/01, EFG 2003 S. 1180 (rkr.).
38) Mitunternehmer i.S.d. § 15 Abs. 1 Satz 1 Nr. 2 EStG ist, wer zivilrechtlich Gesellschafter einer Personengesellschaft ist und eine gewisse unternehmerische Initiative entfalten kann (Mitunternehmerinitiative) sowie unternehmerisches Risiko trägt (Mitunternehmerrisiko). Beide Merkmale können im Einzelfall mehr oder weniger ausgeprägt sein. Vgl. H 15.8 Abs. 1 EStR 2005.
39) Vgl. BMF, Schreiben v. 25.03.1998, IV B 7 - S 1978 - 21/98 / IV B 2 - S 1909 - 33/98, BStBl. I 1998 S. 268 (UmwSt-Erlass) Rz. 24.02. Siehe hierzu auch BFH v. 25.04.2006, VIII R 52/04, BStBl. II 2006 S. 847 sowie FG Münster v. 09.04.2003 (Revision anhängig unter IV R 70/05), 7-K-3775/00, EFG 2005 S. 1155.
40) Vgl. BMF, Schreiben v. 25.03.1998, IV B 7 - S 1978 - 21/98 / IV B 2 - S 1909 - 33/98, BStBl. I 1998 S. 268 (UmwSt-Erlass) Rz. 24.08. Zur Abgrenzung zwischen Darlehens- und Kapitalkonto siehe BFH v. 12.10.2005, X R 35/04, BFH/NV 2006 S. 521 sowie BMF, Schreiben v. 26.11.2004, IV B 2 - S 2178 - 2/04, BStBl. I 2004 S. 1190 und BMF, Schreiben v. 29.03.2000, IV C 2 - S 2178 - 4/00, BStBl. I 2000 S. 462.
41) Vgl. BMF, Schreiben v. 25.03.1998, IV B 7 - S 1978 - 21/98 / IV B 2 - S 1909 - 33/98, BStBl. I 1998 S. 268 (UmwSt-Erlass) Rz. 24.09.

Änderungen im UmwStG

Veräußerung der Anteile oder einem gleichgestellten Ereignis i.S.v. § 22 Abs. 1 UmwStG die Steuerfreistellung nach *§ 8b Abs. 4 KStG a.F.* oder nach *§ 3 Nr. 40 Satz 3 und 4 EStG a.F.* ausgeschlossen ist (§ 27 Abs. 4 UmwStG).

3. Bewertung des eingebrachten Betriebs, Teilbetriebs oder Mitunternehmeranteils bei der übernehmenden Personengesellschaft (§ 24 Abs. 2 und 4 UmwStG)

Hinsichtlich der Bewertung des eingebrachten Betriebs, Teilbetriebs[42] oder Mitunternehmeranteils bei der übernehmenden Personengesellschaft gelten grds. die Ausführungen zu § 20 UmwStG (siehe hierzu Gliederungspunkt I.V.3. c)). Im Folgenden werden daher ausschließlich die Besonderheiten des § 24 UmwStG dargestellt.

a) Grundsatz: Ansatz mit dem gemeinen Wert (§ 24 Abs. 2 Satz 1 UmwStG)

Entsprechend der Konzeption des § 20 Abs. 2 UmwStG hat die übernehmende Personengesellschaft das *„eingebrachte Betriebsvermögen"* in ihrer Gesamthandsbilanz einschließlich der Ergänzungsbilanzen für die Gesellschafter grds. mit dem **gemeinen Wert** anzusetzen (§ 24 Abs. 2 Satz 1 1. HS UmwStG).[43] **Pensionsrückstellungen** sind demgegenüber mit dem **Teilwert zu erfassen**, der sich nach § 6a EStG ergibt (§ 24 Abs. 2 Satz 1 2. HS UmwStG).[44]

Es besteht keine Maßgeblichkeit der Handels- für die Steuerbilanz (§ 5 Abs. 1 Satz 1 EStG).

b) Auf Antrag: Ansatz mit dem Buchwert oder einem Zwischenwert (§ 24 Abs. 2 Satz 2 und 3 UmwStG)

Die übernehmende Personengesellschaft kann das eingebrachte Betriebsvermögen **auf Antrag** mit dem **Buchwert** oder einem **Zwischenwert**, höchstens mit dem gemeinen Wert, ansetzen, soweit das deutsche Besteuerungsrecht an dem eingebrachten Betriebsvermögen nicht ausgeschlossen oder beschränkt wird (§ 24 Abs. 2 Satz 2 UmwStG).[45] Sofern ein Mitunternehmeranteil eingebracht wird, wird das Wahlrecht nicht in der Bilanz der über-

---

42) Im Gegensatz zum Regelungsbereich des § 20 UmwStG gilt eine zu einem Betriebsvermögen gehörende 100%ige Beteiligung an einer Kapitalgesellschaft als Teilbetrieb i.S.d. § 24 Abs. 1 UmwStG; vgl. Gliederungspunkt I.VI.1. c) aa).

43) Der Begriff *„eingebrachtes Betriebsvermögen"* umfasst einen Betrieb, Teilbetrieb oder Mitunternehmeranteil als Einbringungsgegenstand. Zum Begriff des gemeinen Werts siehe Gliederungspunkt H.I.1. a) bb) (1).

44) I.R.d. einkommen- und körperschaftsteuerlichen Entstrickungsregelungen wird § 6a EStG demgegenüber nicht erwähnt; siehe *Dötsch/Pung,* DB 2006 S. 2648 (2648). Siehe hierzu ausführlich Gliederungspunkt H.I.1. b) bb).

45) Zur Möglichkeit eines Ansatzes zum Buchwert und Zwischenwert sowie zur Änderung des Wahlrechts im Wege der Bilanzänderung oder Bilanzberichtigung siehe Gliederungspunkt I. V.3. c) bb) (1). Beispiel nach der Gesetzesbegründung v. 25.09.2006 zu § 24 Abs. 2 UmwStG, BT-Drs. 16/2710 S. 51: *Die inländische A-OHG hält eine 100%ige Beteiligung an einer amerikanischen Kapitalgesellschaft. Sie will diese Beteiligung steuerneutral zu Buchwerten in eine österreichische Personengesellschaft einbringen.*

nehmenden Personengesellschaft, sondern in der Bilanz der Personengesellschaft ausgeübt, deren Mitunternehmeranteile eingebracht werden.[46]

Darüber hinaus enthält § 24 Abs. 2 UmwStG im Gegensatz zur Besteuerungskonzeption der Sacheinlage i.S.v. § 20 Abs. 1 und 2 UmwStG keine weiteren gesetzlichen Einschränkungen des Wertansatzwahlrechts auf Ebene der übernehmenden Personengesellschaft. Daher ist - im Gegensatz zur Einbringung in eine Kapitalgesellschaft oder Genossenschaft i.S.v. § 20 UmwStG - eine Sacheinlage in eine Personengesellschaft auch dann zum Buchwert möglich, wenn das eingebrachte Betriebsvermögen negativ ist.[47]

Die einbringende Gesellschaft ist an den von der übernehmenden Personengesellschaft ausgeübten Bewertungsansatz gebunden, wobei die tatsächliche Bilanzierung der Sacheinlage durch die übernehmende Personengesellschaft maßgebend ist.[48] Der Bilanzansatz ergibt sich aus der Gesamthandsbilanz und den Ergänzungsbilanzen der Gesellschafter.[49]

Der Antrag auf Buchwert- oder Zwischenwertansatz ist spätestens bis zur erstmaligen Einreichung der steuerlichen Schlussbilanz bei dem für die übernehmende Personengesellschaft zuständigen Finanzamt zu stellen (§ 24 Abs. 2 Satz 3 i.V.m. § 20 Abs. 2 Satz 3 UmwStG).[50] Die Bewertung des eingebrachten Betriebsvermögens hat auf den steuerlichen Übertragungsstichtag zu erfolgen.

c) Steuerliche Behandlung des eingebrachten Betriebsvermögens bei der übernehmenden Personengesellschaft (§ 24 Abs. 4 UmwStG)

Die steuerliche Behandlung des eingebrachten Betriebsvermögens bei der übernehmenden Personengesellschaft richtet sich aufgrund des Verweises in § 24 Abs. 4 UmwStG nach den Regelungen des § 23 Abs. 1, 3, 4 und 6 UmwStG und in den Fällen der Einbringung in eine Personengesellschaft im Wege der Gesamtrechtsnachfolge nach § 20 Abs. 5 und 6 UmwStG. Hinsichtlich der daraus resultierenden Rechtsfolgen sei auf die Ausführungen unter Gliederungspunkt I.V.3. c) ee) verwiesen.

§ 24 UmwStG enthält keine Sonderregelungen hinsichtlich der Nutzung eines gewerbesteuerlichen Verlustvortrags des Einbringenden, so dass insofern auf die allgemeinen gewerbesteuerlichen Grundsätze zurückzugreifen ist.[51]

---

46) So auch BFH v. 30.04.2003, I R 102/01, BStBl. II 2004 S. 804. Bei der gleichzeitigen Einbringung mehrerer Mitunternehmeranteile gilt hinsichtlich des Einheitlichkeitsgrundsatzes eine gesellschafterbezogene Betrachtungsweise, d.h. jeder Mitunternehmeranteil wird als gesonderter Einbringungsvorgang behandelt. Vgl. Gesetzesbegründung v. 25.09.2006 zu § 20 Abs. 2 UmwStG, BT-Drs. 16/2710 S. 43 sowie *Damas*, DStZ 2007 S. 129 (137).
47) Vgl. BMF, Schreiben v. 25.03.1998, IV B 7 - S 1978 - 21/98 / IV B 2 - S 1909 - 33/98, BStBl. I 1998 S. 268 (UmwSt-Erlass) Rz. 24.05.
48) Die übernehmende Personengesellschaft muss nach Auffassung der Finanzverwaltung auch in dem Fall eine Bilanz aufstellen, wenn die Buchwerte angesetzt werden und sowohl der Einbringende als auch die übernehmende Personengesellschaft ihren Gewinn nach § 4 Abs. 3 EStG ermitteln. Vgl. FG Rheinland-Pfalz v. 03.05.2006, 1 - K - 1608/03, EFG 2006 S. 1298 (Revision BFH unter XI R 32/06); OFD Frankfurt am Main v. 16.01.2006, S 1978d A - 4 - St II 2.02, DStZ 2006 S. 242; Senator für Finanzen Bremen, Erl. v. 24.09.2003, S 1978d - 5655 - 110, DStZ 2003 S. 742; OFD Frankfurt am Main, Vfg. v. 19.09.2003, S 1978d A - 4 - St II 2.02, DStR 2003 S. 2074.
49) So auch § 24 Abs. 2 Satz 1 1. HS und Abs. 3 Satz 1 UmwStG.
50) Siehe hierzu ausführlich Gliederungspunkt I.V.3. c) bb) (1).
51) Vgl. A 67 und A 68 GewStR 1998. Siehe hierzu *Patt*, in: Dötsch/Jost et al., Die Körperschaftsteuer, § 24 UmwStG n.F., Rz. 184 (58. EL 11/2006).

Änderungen im UmwStG

4. Besteuerung des Einbringenden anlässlich der Einbringung (§ 23 Abs. 3 UmwStG)

Der Wert, mit dem das eingebrachte Betriebsvermögen in der Bilanz der Personengesellschaft einschließlich der Ergänzungsbilanzen für die Gesellschafter angesetzt wird, gilt für den Einbringenden als Veräußerungspreis des eingebrachten Betriebsvermögens (§ 24 Abs. 3 Satz 1 UmwStG). Der Einbringungsgewinn ermittelt sich wie folgt:

	Wertansatz der eingebrachten Wirtschaftsgüter bei der übernehmenden Personengesellschaft i.S.v. § 24 Abs. 1 und 2 UmwStG
./.	Einbringungskosten, die der Einbringende zu tragen hat[53]
./.	Buchwert der eingebrachten Wirtschaftsgüter
./.	ggf. Freibetrag nach § 16 Abs. 4 EStG
=	**Einbringungsgewinn**

Abb. I.VI. - 4: Ermittlung des Einbringungsgewinns

Setzt die übernehmende Personengesellschaft das eingebrachte Betriebsvermögen zu **Buchwerten** an, entsteht beim Einbringenden kein Einbringungsgewinn.[53]

Sofern das eingebrachte Betriebsvermögen mit einem **Zwischenwert** angesetzt wird, unterliegt ein etwaiger Einbringungsgewinn der Besteuerung, der bei natürlichen Personen als Einbringende nicht nach § 16 Abs. 4 und § 34 Abs. 1 und 3 EStG begünstigt ist (§ 24 Abs. 3 Satz 2 UmwStG).

Setzt die übernehmende Personengesellschaft das eingebrachte Betriebsvermögen mit dem **gemeinen Wert** an, unterliegt beim Einbringenden der **Einbringungsgewinn**, der bei natürlichen Personen als Einbringende grds. nach § 16 Abs. 4 und § 34 Abs. 1 und 3 EStG begünstigt ist, sofern der Veräußerungsgewinn nicht dem Halbeinkünfteverfahren (§ 3 Nr. 40 Satz 1 Buchst. b) i.V.m. § 3c Abs. 2 EStG) unterliegt (§ 24 Abs. 3 Satz 2 UmwStG), der Besteuerung.[54]

Der Einbringungsgewinn unterliegt nach den allgemeinen Besteuerungsregelungen der Einkommen-, Körperschaft- und Gewerbesteuer, soweit er im Einzelfall nicht steuerbefreit ist (z.B. wegen § 3 Nr. 40 i.V.m. § 3c Abs. 2 EStG, § 8b Abs. 2 und 3 KStG, § 7 Satz 2 GewStG, § 9 Nr. 3 GewStG).

5. Missbrauchsklausel (§ 24 Abs. 5 UmwStG)

Wegen des Wegfalls des Systems der einbringungsgeborenen Anteile i.S.d. *§ 21 UmwStG a.F.* i.R.d. Neukonzeption des Sechsten bis Achten Teils des UmwStG und der damit verbundenen Aufgabe des *§ 8b Abs. 4 KStG a.F.* war es erforderlich, die bislang von *§ 8b Abs. 4 KStG a.F.* erfassten Fälle durch die Missbrauchsklausel i.S.v. § 24 Abs. 5 UmwStG zu regeln. Vermieden werden sollte, dass eine natürliche Person sämtliche Anteile an einer

---

52) Einbringungskosten sind diejenigen Aufwendungen, die im Zusammenhang mit der Durchführung der Einbringung stehen. Die Einbringungskosten sind dem einbringenden Rechtsträger und der übernehmenden Gesellschaft nach dem objektiven Veranlassungsprinzip zuzurechnen. Es besteht kein Zuordnungswahlrecht. Dem einbringenden Rechtsträger sind z.B. die Kosten für die Einbringungsbilanz und den Einbringungsvertrag zuzuordnen.
53) Es sind allerdings u.U. Einbringungskosten zu berücksichtigen.
54) Soweit der Einbringende wirtschaftlich gesehen an sich selbst veräußert, da er an der übernehmenden Personengesellschaft beteiligt ist, gilt der Einbringungsgewinn als laufender Gewinn, der auch der Gewerbesteuer unterliegt; vgl. BMF, Schreiben v. 25.03.1998, IV B 7 - S 1978 - 21/98 / IV B 2 - S 1909 - 33/98, BStBl. I 1998 S. 268 (UmwSt-Erlass) Rz. 24.17.

Kapitalgesellschaft in eine Personengesellschaft, an der von § 8b Abs. 2 KStG begünstigte Gesellschaften als Mitunternehmer beteiligt sind, steuerneutral zu Buchwerten einbringt, da ein bei der Veräußerung dieser Kapitalgesellschaftsbeteiligung anfallender Gewinn - bezogen auf die Beteiligung der von § 8b Abs. 2 KStG begünstigten Gesellschafter - dem Halbeinkünfteverfahren entzogen werden würde.[55]

Durch die Regelung kommt es insoweit zu einer entsprechenden Anwendung der Regelungen in § 22 Abs. 2 UmwStG und zu einer nachträglichen Besteuerung des Einbringungsgewinns II (§ 22 Abs. 2 Satz 3 UmwStG) mit den Konsequenzen einer korrespondierenden Erhöhung der Anschaffungskosten der für die Einbringung erhaltenen Anteile auf Ebene des Einbringenden (§ 22 Abs. 2 Satz 4 UmwStG) sowie der eingebrachten Anteile auf Ebene der übernehmenden Personengesellschaft (§ 22 Abs. 2 Satz 3 UmwStG).[56]

---

[55] Beispiel nach der Gesetzesbegründung v. 09.11.2006 zu § 24 Abs. 5 UmwStG, BT-Drs. 16/3369 S. 32: *Die natürliche Person A bringt eine 100%Beteiligung an der Y-GmbH nach § 24 UmwStG zum Buchwert in die AB-OHG (Gesellschafter zu je 50% sind A und die B-GmbH) ein. Danach wird bei der OHG eine Realteilung durchgeführt, bei der die 100%Beteiligung an der Y-GmbH auf die B-GmbH übertragen wird.* Die Einbringung der Beteiligung zum Buchwert in die OHG ist nach § 24 Abs. 2 UmwStG möglich. Die Realteilung stellt ein schädliches Ereignis i.S.v. § 22 Abs. 2 i.V.m. Abs. 1 Satz 6 Nr. 1 UmwStG dar, was in Höhe der Beteiligung der B-GmbH an der OHG im Zeitpunkt der Realteilung (50%) zu einer nachträglichen Besteuerung des Einbringungsgewinns führt. Die Siebtelregelung ist anzuwenden.

[56] Siehe hierzu ausführlich Gliederungspunkt I.V.4. e).

Abschnitt I

Änderungen im UmwStG

VII. Formwechsel einer Personengesellschaft in eine Kapitalgesellschaft oder Genossenschaft (§ 25 UmwStG)

Gesetzestext

§ 25 UmwStG a.F.	§ 25 UmwStG n.F.
Entsprechende Anwendung des achten Teils	*Entsprechende Anwendung des Sechsten Teils*
¹Der achte Teil gilt in den Fällen des Formwechsels einer Personengesellschaft in eine Kapitalgesellschaft im Sinne des § 190 des Umwandlungsgesetzes entsprechend. ²Die übertragende Gesellschaft hat eine Steuerbilanz auf den steuerlichen Übertragungsstichtag aufzustellen.	¹In den Fällen des Formwechsels einer Personengesellschaft in eine Kapitalgesellschaft oder Genossenschaft im Sinne des § 190 des Umwandlungsgesetzes vom 28. Oktober 1994 (BGBl. I S. 3210, 1995 I S. 428), das zuletzt durch Artikel 10 des Gesetzes vom 9. Dezember 2004 (BGBl. I S. 3214) geändert worden ist, in der jeweils geltenden Fassung oder auf Grund vergleichbarer ausländischer Vorgänge gelten §§ 20 bis 23 entsprechend. ²§ 9 Satz 2 und 3 ist entsprechend anzuwenden.

Kommentierung

1. Anwendungsbereich des § 25 UmwStG

a) Europäisierung des Umwandlungssteuerrechts

Bisher wurde aufgrund des Verweises in *§ 25 Satz 1 UmwStG a.F.* auf § 190 UmwG nur der Formwechsel inländischer Personengesellschaften in Kapitalgesellschaften durch das UmwStG begünstigt.[1] Neben der Erweiterung des Anwendungsbereiches von § 25 UmwStG um den **Formwechsel in eine Genossenschaft**, fallen nunmehr auch **Formwechsel im Ausland ansässiger** Personengesellschaften in Kapitalgesellschaften oder Genossenschaften unter die Vorschrift des § 25 UmwStG, wenn

– ein Gesellschafter des umzuwandelnden Rechtsträgers im Inland ansässig ist oder
– der umzuwandelnden Gesellschaft im Inland belegenes Vermögen zuzurechnen ist.

b) Gesellschaftsrechtliche Grundlage

Der Achte Teil des UmwStG ist gem. § 1 Abs. 3 Nr. 3 UmwStG auf den Formwechsel einer Personengesellschaft in eine Kapitalgesellschaft oder Genossenschaft i.S.d. § 190 Abs. 1 UmwG oder eines vergleichbaren ausländischen Vorgangs anzuwenden. Trotz des neu eingefügten eigenen Anwendungsbereiches in § 1 Abs. 3 Nr. 3 UmwStG wird der Anwendungsbereich der Vorschrift in § 25 Satz 1 UmwStG erneut definiert, hierbei wird jedoch Bezug auf § 190 UmwG genommen. Hieraus dürfte sich gleichwohl kein anderer Anwendungsbereich für § 25 UmwStG als nach § 1 Abs. 3 Nr. 3 UmwStG ergeben.

Formwechselnde Personengesellschaften können gem. § 191 Abs. 1 Nr. 1 UmwStG die Personenhandelsgesellschaft (OHG und KG) sowie die Partnerschaftsgesellschaft sein. Der Formwechsel einer GbR in eine Kapitalgesellschaft oder Genossenschaft ist mithin handelsrechtlich nicht zulässig. Auch sind der **Formwechsel in eine SE oder SCE**[2] sowie der Formwechsel in eine Kapitalgesellschaft durch **Anwachsung i.S.v. § 738 BGB** im UmwG nicht geregelt.

Daher sind folgende Formwechsel unter § 25 UmwStG zu fassen:

sachlicher Anwendungsbereich	gesellschaftsrechtliche Grundlage
Formwechsel einer inländischen KG, OHG, PartG in eine AG, KGaA, GmbH oder eG (**§ 1 Abs. 3 Nr. 3 UmwStG**)	– § 190 - § 213 i.V.m. § 214 - § 225 UmwG (KG, OHG) – § 190 - § 213 i.V.m. § 225a - § 225c UmwG (PartG)
Formwechsel einer in einem ausländischen EU-/EWR-Staat ansässigen Personengesellschaft, die eine der KG, OHG, PartG vergleichbare Rechtsform hat, durch einen dem UmwG vergleichbaren ausländischen Vorgang (**§ 1 Abs. 3 Nr. 3 UmwStG**)	– ausländisches Gesellschaftsrecht

Abb. I.VII. - 1: Handelsrechtlich zulässige Formen des Formwechsels

---

1) Vgl. *Benz/Rosenberg*, BB Special 8/2006 S. 51 (76).
2) Die Gründung der SE und der SCE wird durch die SE-VO bzw. SCE-VO geregelt.

Änderungen im UmwStG

c) Persönlicher Anwendungsbereich des § 25 UmwStG
aa) Einbringender bzw. umwandelnder Rechtsträger

Gem. § 1 Abs. 3 Nr. 3 UmwStG gilt der Achte Teil des UmwStG (§ 25 UmwStG) für den Formwechsel einer Personengesellschaft in eine Kapitalgesellschaft oder eine Genossenschaft. Der nach Handelsrecht identitätswahrende Formwechsel erfolgt im Steuerrecht durch die gedankliche Einbringung einer Personengesellschaft in eine Kapitalgesellschaft oder Genossenschaft.[3] Die § 20 - § 23 UmwStG gelten daher gem. § 25 Abs. 1 UmwStG analog.

Übertragende Gesellschaft bzw. umwandelnde Gesellschaft kann gem. § 1 Abs. 4 Satz 1 Nr. 2 Buchst. a) UmwStG eine **Personengesellschaft** sein,

– die eine Gesellschaft i.S.v. Art. 48 EG-Vertrag bzw. Art. 34 EWR-Abkommen ist,
– deren Sitz bzw. Ort der Geschäftsleitung sich innerhalb der EU bzw. des EWR befindet,
– die nach den Rechtsvorschriften eines EU-/EWR-Staates gegründet wurde und
– deren Anteile unmittelbar oder mittelbar durch weitere Personengesellschaften ausschließlich gehalten werden von
   – **Körperschaften, Personenvereinigungen, Vermögensmassen** und
   – **natürlichen Personen**,
      die ihrerseits Einbringende sein könnten, d.h.
         – die in einem EU-/EWR-Staat ansässig sind bzw. die nicht aufgrund eines Doppelbesteuerungsabkommens als in einem Drittstaat ansässig gelten (§ 1 Abs. 4 Satz 1 Nr. 2 Buchst. a) UmwStG) oder
         – die in einem Drittstaat ansässig sind und bei denen das deutsche Besteuerungsrecht hinsichtlich des Gewinns aus der Veräußerung der erhaltenen Anteile nicht ausgeschlossen oder beschränkt ist (§ 1 Abs. 4 Satz 1 Nr. 2 Buchst. b) UmwStG).

Entsprechend der Einbringung des Vermögens einer **Personengesellschaft** in eine Kapitalgesellschaft i.S.v. § 20 UmwStG[4] sind auch beim Formwechsel einer Personengesellschaft in eine Kapitalgesellschaft oder Genossenschaft die Gesellschafter der Personengesellschaft als Einzubringende anzusehen.[5] Bei **doppelstöckigen Personengesellschaften** sind die in der Beteiligungskette enthaltenen Personengesellschaften transparent; Einbringender ist immer eine natürliche Person bzw. eine Körperschaft, Personenvereinigung oder Vermögensmasse als Mitunternehmer der Obergesellschaft.

Im Falle des Formwechsels einer **ausländischen Gesellschaft** muss diese nach deutschem Steuerrecht vor dem Formwechsel als Personengesellschaft und nach dem Formwechsel als Kapitalgesellschaft oder Genossenschaft zu qualifizieren sein. Die Einstufung der ausländischen Gesellschaft nach deutschem Steuerrecht könnte entsprechend dem vom RFH und BFH entwickelten zweistufigen Rechtstypenvergleich[6] vorgenommen werden.

---

3) Vgl. Gliederungspunkt I.VII.1. d) aa).
4) Siehe BMF, Schreiben v. 25.03.1998, IV BZ - S 1978 - 21/98/IV B 2 - S 1909 - 33/98, BStBl. I 1998 S. 268 (UmwSt-Erlass) Rz. 20.05.
5) Vgl. *Schmitt*, in: Schmitt/Hörtnagl/Stratz, UmwG/UmwStG, § 25 UmwStG Rz. 29 (4. Auflage).
6) Zum Rechtstypenvergleich siehe Gliederungspunkt I.I.1. c) bb). Da der Formwechsel nicht in den sachlichen Anwendungsbereich der Fusionsrichtlinie *(Richtlinie 90/434/EWG des Rates v. 23.07.1990 über das gemeinsame Steuersystem für Fusionen, Spaltungen, Abspaltungen, die Einbringung von Unternehmensteilen und den Austausch von Anteilen, die Gesellschaften verschiedener Mitgliedstaaten betreffen, sowie für die Verlegung des Sitzes einer Europäischen Gesellschaft oder einer Europäischen Genossenschaft von einem Mitgliedstaat in einen anderen Mitgliedstaat*, ABl. Nr. L 225 v. 20.08.1990 S. 1, zuletzt geändert durch Richtlinie 2006/98/EG des Rates v. 20.11.2006, ABl. Nr. L 363 v. 20.12.2006 S. 129) fällt (Art. 2 FRL), ist auch für EU-Kapitalgesellschaften ein Bezug auf Art. 3 FRL nicht möglich.

bb) Übernehmender bzw. umwandelnder Rechtsträger

Übernehmende bzw. umwandelnde Gesellschaft kann gem. § 1 Abs. 4 Satz 1 Nr. 1 i.V.m. § 1 Abs. 2 Satz 1 Nr. 1 UmwStG eine **Kapitalgesellschaft** oder **Genossenschaft** sein,
- die eine Gesellschaft i.S.v. Art. 48 EG-Vertrag bzw. Art. 34 EWR-Abkommen ist,
- deren Sitz bzw. Ort der Geschäftsleitung sich innerhalb der EU bzw. des EWR befindet und
- die nach den Rechtsvorschriften eines EU-/EWR-Staates gegründet wurde.

Der Formwechsel einer Personengesellschaft in eine Kapitalgesellschaft, die in einem Drittstaat ansässig ist oder abkommensrechtlich dort als ansässig gilt, fällt nicht in den Anwendungsbereich des § 25 UmwStG.

cc) Zusammenfassung

einbringender bzw. umwandelnder Rechtsträger	**Personengesellschaften, insbes. OHG, KG, PartG oder vergleichbare ausländische Rechtsform**, mit Ansässigkeit im – Inland oder – EU-/EWR-Staat deren Gesellschafter ansässig sind im – Inland – EU-/EWR-Staat oder – Drittstaat, sofern das deutsche Besteuerungsrecht an den erhaltenen Anteilen nicht ausgeschlossen oder beschränkt wird
übernehmender bzw. umwandelnder Rechtsträger	**AG, GmbH, KGaA, eG oder vergleichbare ausländische Rechtsformen** mit Ansässigkeit im – Inland oder – EU-/EWR-Staat

Abb. I.VII. - 2: Zusammenfassung des persönlichen Anwendungsbereiches des § 25 UmwStG

d) Sachlicher Anwendungsbereich des § 25 UmwStG

aa) Rechtsgrundverweisung auf den Sechsten Teil des UmwStG

Soll eine Personengesellschaft in eine Kapitalgesellschaft umgewandelt werden, kann dies handelsrechtlich entweder durch eine übertragende **Verschmelzung** oder in Form eines **identitätswahrenden Formwechsels** (sog. kreuzender Formwechsel) erfolgen. Während handelsrechtlich bei der Verschmelzung eine Vermögensübertragung stattfindet und mithin steuerlich der Sechste Teil des UmwStG (§ 20 - § 23 UmwStG) unmittelbar Anwendung findet, vollzieht sich der Formwechsel gem. § 190 ff. UmwG ohne Rechtsträgerwechsel und mithin ohne Vermögensübertragung. Der Sechste Teil des UmwStG kann daher nicht unmittelbar auf den identitätswahrenden Formwechsel angewendet werden. Aus diesem Grund wird für ertragsteuerliche Zwecke eine Vermögensübertragung von der umwandelnden Personengesellschaft auf eine Kapitalgesellschaft oder Genossenschaft fingiert, um die unterschiedliche ertragsteuerliche Besteuerungskonzeption von Personengesellschaften einerseits und Kapitalgesellschaften sowie Genossenschaften andererseits berücksichtigen zu können

Änderungen im UmwStG

und mithin die Besteuerung der bei der Personengesellschaft entstandenen stillen Reserven sicherzustellen, da infolge des Formwechsels ein Wechsel des Steuersubjekts eintritt.[7]

Aus diesem Grund sind nach § 25 Satz 1 UmwStG in den Fällen des Formwechsels i.S.v. § 190 UmwG sowie diesen vergleichbaren ausländischen Vorgängen mit Inlandsbezug die § 20 - § 23 UmwStG entsprechend anzuwenden. Dies entspricht der Vorgehensweise in *§ 25 UmwStG a.F.*, der Anwendungsbereich der Vorschrift wurde lediglich um den Formwechsel in eine Genossenschaft sowie um vergleichbare ausländische Vorgänge erweitert.[8]

Der Verweis in § 25 Satz 1 UmwStG auf die § 20 - § 23 UmwStG wird nach h.M. als **Rechtsgrundverweis** und nicht als Rechtsfolgeverweis angesehen.[9] Hieraus folgt, dass die Anwendungsvoraussetzungen der § 20 Abs. 1 und § 21 Abs. 1 UmwStG grds. durch den Formwechsel i.S.v. § 190 UmwG erfüllt werden müssen. Es wird durch die Verweisung in § 25 Satz 1 UmwStG lediglich die nach § 20 Abs. 1 UmwStG notwendige *„Einbringung in eine Kapitalgesellschaft oder Genossenschaft"* durch den Formwechsel ersetzt.

bb) Einbringungsgegenstand

Aus der Verweisung in § 25 Satz 1 UmwStG auf den Sechsten Teil des UmwStG folgt, dass der Formwechsel i.S.v. § 190 UmwG einen **Betrieb**, **Teilbetrieb**[10] oder **Mitunternehmeranteil** i.S.v. § 20 Abs. 1 UmwStG bzw. **Anteile an einer Kapitalgesellschaft oder Genossenschaft** i.S.v. § 21 Abs. 1 UmwStG grds. beinhalten muss.[11]

2. Anwendungsvorschriften

Die Regelungen der § 24 UmwStG sind erstmals auf Einbringungsvorgänge anzuwenden, bei denen die Anmeldung zur Eintragung der Einbringung in das maßgebende öffentliche Register **nach dem 12.12.2006** erfolgt ist (§ 27 Abs. 1 Satz 1 UmwStG). Für Einbringungen im Wege der Einzelrechtsnachfolge, die ohne Eintragung in ein öffentliches Register wirksam werden, sind die Regelungen der § 20 - § 23 UmwStG erstmals anzuwenden, wenn das wirtschaftliche Eigentum an den eingebrachten Wirtschaftsgütern nach dem 12.12.2006 übergegangen ist (§ 27 Abs. 1 Satz 2 UmwStG).

3. Besonderheiten des Formwechsels i.S.v. § 25 UmwStG

a) Erstellung einer Übertragungsbilanz gem. § 25 Satz 2 i.V.m. § 9 Satz 2 UmwStG

Aufgrund der handelsrechtlichen Identität zwischen der Personengesellschaft einerseits und der Kapitalgesellschaft oder Genossenschaft andererseits ist nach dem UmwG bei einem Formwechsel keine Bilanz aufzustellen. Die Bilanz des umzuwandelnden Rechtsträgers ist mit den darin enthaltenen Wertansätzen weiterzuführen.[12] Um die Konzeption des steuerlichen Bewertungswahlrechts - maßgeblich ist dabei die Bewertung durch die aufnehmende

---

7) Bei der Personengesellschaft sind aufgrund des Transparenzprinzips die Gesellschafter Subjekt der Einkommen- bzw. Körperschaftsteuer, während die Kapitalgesellschaft bzw. Genossenschaft entsprechend dem Trennungsprinzip selbst Subjekt der Körperschaftsteuer ist. Vgl. *Schmitt*, in: Schmitt/Hörtnagl/Stratz, UmwG/UmwStG, § 25 UmwStG Rz. 3 (4. Auflage).
8) Durch den Verweis auf § 190 UmwG beschränkte sich die Anwendung des *§ 25 UmwStG a.F.* nach bisherigem Recht auf den Formwechsel inländischer Personengesellschaften i.S.v. § 126 UmwG; vgl. *Schmitt*, in: Schmitt/Hörtnagl/Stratz, UmwG/UmwStG, § 25 UmwStG Rz. 13 (4. Auflage).
9) Vgl. *Schmitt*, in: Schmitt/Hörtnagl/Stratz, UmwG/UmwStG, § 25 UmwStG Rz. 4 (4. Auflage); *Widmann*, in: Widmann/Mayer, Umwandlungsrecht, § 25 UmwStG Rz. 4 (92. EL 01/2007).
10) Die Einbringung eines Teilbetriebs i.S.v. § 20 Abs. 1 UmwStG ist aufgrund des Formwechsels einer Personengesellschaft indes nicht möglich.
11) Vgl. *Schmitt*, in: Schmitt/Hörtnagl/Stratz, UmwG/UmwStG, § 25 UmwStG Rz. 19 (4. Auflage).
12) Vgl. *Schmitt*, in: Schmitt/Hörtnagl/Stratz, UmwG/UmwStG, § 25 UmwStG Rz. 34 (4. Auflage).

Kapitalgesellschaft - anwenden zu können, musste die übertragende Personengesellschaft bisher gem. *§ 25 Satz 2 UmwStG a.F.* eine Schlussbilanz aufstellen. Auf dieser Basis konnte das Wahlrecht zum Buchwert, Zwischenwert oder Teilwert ausgeübt werden.[13]

§ 25 Satz 2 UmwStG verweist nunmehr auf die Regelung des § 9 Satz 2 und 3 UmwStG, die den Formwechsel einer Kapitalgesellschaft in eine Personengesellschaft erfasst. In entsprechender Anwendung des § 9 Satz 2 UmwStG hat die übertragende Personengesellschaft auf den Zeitpunkt, in dem der Formwechsel wirksam wird, eine Übertragungsbilanz aufzustellen, die neben der Gesamthandsbilanz auch die Ergänzungs- und Sonderbilanzen der Gesellschafter umfasst. Die übernehmende Kapitalgesellschaft hat eine Eröffnungsbilanz zu erstellen.

b) Steuerlicher Übertragungsstichtag gem. § 25 Satz 2, § 9 Satz 2 und 3 UmwStG

Die analoge Anwendung der § 20 - § 23 UmwStG gilt grds. auch für die Regelungen zur steuerlichen Rückwirkung in § 20 Abs. 5 und 6 UmwStG. Durch den expliziten Verweis in § 25 Satz 2 UmwStG auf § 9 Satz 3 UmwStG ist die dort vorgesehene Rückwirkungsregelung anzuwenden.[14]

4. Entsprechende Anwendung der § 20 - § 23 UmwStG

Aufgrund der Rechtsgrundverweisung in § 25 Satz 1 UmwStG gelten die § 20 - § 23 UmwStG analog für den Formwechsel einer Personengesellschaft in eine Kapitalgesellschaft oder Genossenschaft. Daraus folgt, dass die steuerlichen Folgen eines Formwechsels i.S.v. § 25 UmwStG – bis auf wenige in Gliederungspunkt I.VII.3 dargelegte Unterschiede – ertragsteuerlich denen der Einbringung in eine Kapitalgesellschaft i.S.v. § 20 bzw. § 21 UmwStG entsprechen. Es kann daher auf die entsprechende Kommentierung des § 20 UmwStG in Gliederungspunkt I.V.3. sowie des § 21 UmwStG in Gliederungspunkt I.V.4. verwiesen werden.

---

[3] Die Finanzverwaltung ging zunächst wegen des Maßgeblichkeitsprinzips der Handelsbilanz für die Steuerbilanz (§ 5 Abs. 1 Satz 1 EStG) von einem zwingenden steuerlichen Buchwertansatz bei einem Formwechsel aus; vgl. BMF, Schreiben v. 25.03.1998, IV BZ - S 1978 - 21/98/IV B 2 - S 1909 - 33/98, BStBl. I 1998 S. 268 (UmwSt-Erlass) Rz. 20.30. Der BFH hat mit Urteil v. 19.10.2005, I R 38/04, DStR 2006 S. 271, jedoch eine Durchbrechung des Maßgeblichkeitsprinzips und mithin einen höheren steuerlichen als handelsrechtlichen Wertansatz zugelassen. Dem hat sich die Finanzverwaltung mit Schreiben v. 04.07.2006, IV B 2 - S 1909 - 12/06, DStR 2006 S. 1600 angeschlossen.

[4] Vgl. *Benz/Rosenberg*, BB Special 8/2006 S. 51 (77). Siehe auch Gliederungspunkt I.I.2.

Abschnitt I

Änderungen im UmwStG
VIII. Anwendungsvorschriften

Gesetzestext

Im Folgenden wird der Gesetzestext der Anwendungsvorschriften für das UmwStG in der Fassung des Gesetzes über steuerliche Begleitmaßnahmen zur Einführung der Europäischen Gesellschaft und zur Änderung weiterer steuerrechtlicher Vorschriften (SEStEG) v. 07.12.2006 wiedergegeben.[1]

---

§ 27 UmwStG n.F.

Anwendungsvorschriften

(1) [1]Diese Fassung des Gesetzes ist erstmals auf Umwandlungen und Einbringungen anzuwenden, bei denen die Anmeldung zur Eintragung in das für die Wirksamkeit des jeweiligen Vorgangs maßgebende öffentliche Register nach dem 12. Dezember 2006 erfolgt ist. [2]Für Einbringungen, deren Wirksamkeit keine Eintragung in ein öffentliches Register voraussetzt, ist diese Fassung des Gesetzes erstmals anzuwenden, wenn das wirtschaftliche Eigentum an den eingebrachten Wirtschaftsgütern nach dem 12. Dezember 2006 übergegangen ist.

(2) [1]Das Umwandlungssteuergesetz in der Fassung der Bekanntmachung vom 15. Oktober 2002 (BGBl. I S. 4133, 2003 I S. 738), geändert durch Artikel 3 des Gesetzes vom 16. Mai 2003 (BGBl. I S. 660), ist letztmals auf Umwandlungen und Einbringungen anzuwenden, bei denen die Anmeldung zur Eintragung in das für die Wirksamkeit des jeweiligen Vorgangs maßgebende öffentliche Register bis zum 12. Dezember 2006 erfolgt ist. [2]Für Einbringungen, deren Wirksamkeit keine Eintragung in ein öffentliches Register voraussetzt, ist diese Fassung letztmals anzuwenden, wenn das wirtschaftliche Eigentum an den eingebrachten Wirtschaftsgütern bis zum 12. Dezember 2006 übergegangen ist.

(3) Abweichend von Absatz 2 ist

1. § 5 Abs. 4 für einbringungsgeborene Anteile im Sinne von § 21 Abs. 1 mit der Maßgabe weiterhin anzuwenden, dass die Anteile zu dem Wert im Sinne von § 5 Abs. 2 oder Abs. 3 in der Fassung des Absatzes 1 als zum steuerlichen Übertragungsstichtag in das Betriebsvermögen des übernehmenden Rechtsträgers überführt gelten,
2. § 20 Abs. 6 in der am 21. Mai 2003 geltenden Fassung für die Fälle des Ausschlusses des Besteuerungsrechts (§ 20 Abs. 3) weiterhin anwendbar, wenn auf die Einbringung Absatz 2 anzuwenden war,
3. § 21 in der am 21. Mai 2003 geltenden Fassung ist für einbringungsgeborene Anteile im Sinne von § 21 Abs. 1, die auf einem Einbringungsvorgang beruhen, auf den Absatz 2 anwendbar war, weiterhin anzuwenden. [2]Für § 21 Abs. 2 Satz 1 Nr. 2 in der am 21. Mai 2003 geltenden Fassung gilt dies mit der Maßgabe, dass eine Stundung der Steuer gemäß § 6 Abs. 5 des Außensteuergesetzes in der Fassung des Gesetzes vom 7. Dezember 2006 (BGBl. I S. 2782) unter den dort genannten Voraussetzungen erfolgt, wenn die Einkommensteuer noch nicht bestandskräftig festgesetzt ist; § 6 Abs. 6 und 7 des Außensteuergesetzes ist entsprechend anzuwenden.

(4) Abweichend von Absatz 1 sind §§ 22, 23 und 24 Abs. 5 nicht anzuwenden, soweit hinsichtlich des Gewinns aus der Veräußerung der Anteile oder einem gleichgestellten Ereignis im Sinne von § 22 Abs. 1 die Steuerfreistellung nach § 8b Abs. 4 des Körperschaftsteuergesetzes in der am 12. Dezember 2006 geltenden Fassung oder nach § 3 Nr. 40 Satz 3 und 4 des Einkommensteuergesetzes in der am 12. Dezember 2006 geltenden Fassung ausgeschlossen ist.

---

1) Änderungen der Anwendungsvorschriften für das UmwStG durch später beschlossene Gesetze sind nicht berücksichtigt. Bezüglich der Anwendungsvorschriften für durch das *Gesetz über steuerliche Begleitmaßnahmen zur Einführung der Europäischen Gesellschaft und zur Änderung weiterer steuerrechtlicher Vorschriften (SEStEG)* v. 07.12.2006 geänderte Vorschriften in anderen Gesetzen siehe Gliederungspunkt H.IV.

Kommentierung

Die nachfolgenden Abbildungen stellen die Regelungen zur erstmaligen Anwendung der durch das *Gesetz über steuerliche Begleitmaßnahmen zur Einführung der Europäischen Gesellschaft und zur Änderung weiterer steuerrechtlicher Vorschriften (SEStEG)* v. 07.12.2006 eingefügten oder geänderten Vorschriften des UmwStG dar.[2] Zudem sind Vorschriften des UmwStG a.F. aufgeführt, die in der Fassung vor den Änderungen durch das SEStEG weiter anzuwenden sind.

1. Neue oder geänderte Vorschriften des UmwStG

Die nachstehenden Abbildungen stellen dar, ab wann die durch das SEStEG eingefügten oder geänderten Vorschriften des UmwStG Anwendung finden.

§ 27 Abs. 2 UmwStG regelt die letztmalige Anwendung der Vorschriften des UmwStG a.F. Die Regelungen des UmwStG a.F. (*§ 1 - § 28 UmwStG a.F.*) waren, sofern nachfolgend keine abweichenden Regelungen aufgeführt werden, letztmals für Umwandlungsvorgänge anzuwenden, bei denen die Anmeldung zur Eintragung in das maßgebende öffentliche Register bis zum 12. Dezember 2006 erfolgte. Bei Einbringungen, die ohne Eintragung in ein öffentliches Register wirksam werden, war das UmwStG a.F. anzuwenden, wenn das wirtschaftliche Eigentum an den eingebrachten Wirtschaftsgütern bis zum 12. Dezember 2006 übergegangen ist.

a) Allgemeine Vorschriften (§ 1, § 2 UmwStG)

Vorschrift UmwStG	Anwendung	Regelung in
§ 1, § 2 UmwStG	erstmals bei Anmeldung zur Eintragung der Umwandlung oder Einbringung in das maßgebende öffentliche Register nach dem 12.12.2006 sowie für Einbringungen, die ohne Eintragung in ein öffentliches Register wirksam werden, wenn das wirtschaftliche Eigentum an den eingebrachten Wirtschaftsgütern nach dem 12.12.2006 übergegangen ist	§ 27 Abs. 1 UmwStG

Abb. I.VIII. - 1: Anwendungsvorschriften für geänderte Vorschriften in § 1, § 2 UmwStG

b) Vermögensübergang bei Verschmelzung auf eine Personengesellschaft oder auf eine natürliche Person und Formwechsel einer Kapitalgesellschaft in eine Personengesellschaft (§ 3 - § 10 UmwStG)

Vorschrift UmwStG	Anwendung	Regelung in
§ 3 - § 10 UmwStG	erstmals bei Anmeldung zur Eintragung der Umwandlung oder Einbringung in das maßgebende öffentliche Register nach dem 12.12.2006	§ 27 Abs. 1 Satz 1 UmwStG

Abb. I.VIII. - 2: Anwendungsvorschriften für geänderte Vorschriften in § 3 - § 10 UmwStG

---

[2] Bezüglich der Anwendungsvorschriften für durch das *Gesetz über steuerliche Begleitmaßnahmen zur Einführung der Europäischen Gesellschaft und zur Änderung weiterer steuerrechtlicher Vorschriften (SEStEG)* v. 07.12.2006 geänderte Vorschriften in anderen Gesetzen siehe Gliederungspunkt H.IV.

Änderungen im UmwStG 908

c) Verschmelzung oder Vermögensübertragung (Vollübertragung) auf eine andere Körperschaft (§ 11 - § 14 UmwStG)

Vorschrift UmwStG	Anwendung	Regelung in
§ 11 - § 13 UmwStG[3]	erstmals bei Anmeldung zur Eintragung der Umwandlung oder Einbringung in das maßgebende öffentliche Register nach dem 12.12.2006	§ 27 Abs. 1 Satz 1 UmwStG

Abb. I.VIII. - 3: Anwendungsvorschriften für geänderte Vorschriften in § 11 - § 14 UmwStG

d) Aufspaltung, Abspaltung und Vermögensübertragung (Teilübertragung) (§ 15, § 16 UmwStG)

Vorschrift UmwStG	Anwendung	Regelung in
§ 15, § 16 UmwStG	erstmals bei Anmeldung zur Eintragung der Umwandlung oder Einbringung in das maßgebende öffentliche Register nach dem 12.12.2006	§ 27 Abs. 1 Satz 1 UmwStG

Abb. I.VIII. - 4: Anwendungsvorschriften für geänderte Vorschriften in § 15, § 16 UmwStG

e) Gewerbesteuer (§ 17 - § 19 UmwStG)

Vorschrift UmwStG	Anwendung	Regelung in
§ 18, § 19 UmwStG[4]	erstmals bei Anmeldung zur Eintragung der Umwandlung oder Einbringung in das maßgebende öffentliche Register nach dem 12.12.2006	§ 27 Abs. 1 Satz 1 UmwStG

Abb. I.VIII. - 5: Anwendungsvorschriften für geänderte Vorschriften in § 17 - § 19 UmwStG

---

[3] Im UmwStG i.d.F. des SEStEG ist § 14 UmwStG mit *„weggefallen"* gekennzeichnet, da § ⁹ UmwStG statt *§ 14 UmwStG a.F.* den Formwechsel in eine Personengesellschaft regelt.
[4] § 17 UmwStG i.d.F. des SEStEG ist, wie bereits *§ 17 UmwStG a.F.*, mit *„weggefallen"* gekennzeich net.

f) Einbringung von Unternehmensteilen in eine Kapitalgesellschaft oder Genossenschaft und Anteilstausch (§ 20 - § 23 UmwStG)

Vorschrift UmwStG	Anwendung	Regelung in
§ 20 - § 23 UmwStG	erstmals bei Anmeldung zur Eintragung der Umwandlung oder Einbringung in das maßgebende öffentliche Register nach dem 12.12.2006 sowie für Einbringungen, die ohne Eintragung in ein öffentliches Register wirksam werden, wenn das wirtschaftliche Eigentum an den eingebrachten Wirtschaftsgütern nach dem 12.12.2006 übergegangen ist	§ 27 Abs. 1 UmwStG
§ 22 UmwStG	**nicht anzuwenden** bei einbringungsgeborenen Anteilen i.S.v. *§ 21 Abs. 1 UmwStG a.F.*, deren Gewinn aus der Veräußerung oder einem gleichgestellten Ereignis i.S.v. § 22 Abs. 1 UmwStG nach *§ 8b Abs. 4 KStG a.F.* oder nach *§ 3 Nr. 40 Satz 3 und 4 EStG a.F.* von der Steuerfreistellung ausgeschlossen ist	§ 27 Abs. 4 UmwStG
§ 23 UmwStG	**nicht anzuwenden** bei einbringungsgeborenen Anteilen i.S.v. *§ 21 Abs. 1 UmwStG a.F.*, deren Gewinn aus der Veräußerung oder einem gleichgestellten Ereignis i.S.v. § 22 Abs. 1 UmwStG nach *§ 8b Abs. 4 KStG a.F.* oder nach *§ 3 Nr. 40 Satz 3 und 4 EStG a.F.* von der Steuerfreistellung ausgeschlossen ist	§ 27 Abs. 4 UmwStG

Abb. I.VIII. - 6: Anwendungsvorschriften für geänderte Vorschriften in § 20 - § 23 UmwStG

g) Einbringung eines Betriebs, Teilbetriebs oder Mitunternehmeranteils in eine Personengesellschaft (§ 24 UmwStG)

Vorschrift UmwStG	Anwendung	Regelung in
§ 24 UmwStG	erstmals bei Anmeldung zur Eintragung der Umwandlung oder Einbringung in das maßgebende öffentliche Register nach dem 12.12.2006 sowie für Einbringungen, die ohne Eintragung in ein öffentliches Register wirksam werden, wenn das wirtschaftliche Eigentum an den eingebrachten Wirtschaftsgütern nach dem 12.12.2006 übergegangen ist	§ 27 Abs. 1 UmwStG
§ 24 Abs. 5 UmwStG	**nicht anzuwenden** bei einbringungsgeborenen Anteilen i.S.v. *§ 21 Abs. 1 UmwStG a.F.*, deren Gewinn aus der Veräußerung oder einem gleichgestellten Ereignis i.S.v. § 22 Abs. 1 UmwStG nach *§ 8b Abs. 4 KStG a.F.* oder nach *§ 3 Nr. 40 Satz 3 und 4 EStG a.F.* von der Steuerfreistellung ausgeschlossen ist	§ 27 Abs. 4 UmwStG

Abb. I.VIII. - 7: Anwendungsvorschriften für geänderte Vorschriften in § 24 UmwStG

Änderungen im UmwStG

h) **Formwechsel einer Personengesellschaft in eine Kapitalgesellschaft oder Genossenschaft (§ 25 UmwStG)**

Vorschrift UmwStG	Anwendung	Regelung in
§ 25 UmwStG	erstmals bei Anmeldung zur Eintragung der Umwandlung oder Einbringung in das maßgebende öffentliche Register nach dem 12.12.2006	§ 27 Abs. 1 Satz 1 UmwStG

Abb. I.VIII. - 8: Anwendungsvorschriften für geänderte Vorschriften in § 25 UmwStG

2. Weitergeltung von Vorschriften des UmwStG a.F.

Die nachstehende Abbildung führt Vorschriften des UmwStG a.F. (in der Fassung vor Inkrafttreten des SEStEG) auf, die auch nach Inkrafttreten des SEStEG weiter anzuwenden sind, insbes. bezüglich der steuerlichen Behandlung von einbringungsgeborenen Anteilen i.S.v. *§ 21 UmwStG a.F.*

a) **Vermögensübergang auf eine Personengesellschaft oder auf eine natürliche Person (*§ 3 - § 10 UmwStG a.F.*)**

Vorschrift UmwStG	Anwendung	Regelung in
§ 5 Abs. 4 UmwStG a.F.	für einbringungsgeborene Anteile i.S.v. *§ 21 Abs. 1 UmwStG a.F.*, wobei die einbringungsgeborenen Anteile i.S.v. *§ 21 Abs. 1 UmwStG a.F.* zum Wert i.S.v. § 5 Abs. 2 oder Abs. 3 UmwStG als zum steuerlichen Übertragungsstichtag in das Betriebsvermögen des übernehmenden Rechtsträgers überführt gelten	§ 27 Abs. 3 Nr. 1 UmwStG

Abb. I.VIII. - 9: Weitergeltung von Vorschriften in *§ 3 - § 10 UmwStG a.F.*

b) **Einbringung eines Betriebs, Teilbetriebs oder Mitunternehmeranteils in eine Kapitalgesellschaft gegen Gewährung von Gesellschaftsanteilen (*§ 20 - § 23 UmwStG a.F.*)**

Vorschrift UmwStG	Anwendung	Regelung in
§ 20 Abs. 6 UmwStG a.F.	für Fälle des Ausschlusses des Besteuerungsrechts nach *§ 20 Abs. 3 UmwStG a.F.*, wenn auf die Einbringung das UmwStG a.F. gemäß § 27 Abs. 2 UmwStG anzuwenden war	§ 27 Abs. 3 Nr. 2 UmwStG
§ 21 UmwStG a.F.	für einbringungsgeborene Anteile i.S.v. *§ 21 Abs. 1 UmwStG a.F.*, wenn die Anteile auf einem Einbringungsvorgang beruhen, auf den das UmwStG a.F. gemäß § 27 Abs. 2 UmwStG anzuwenden war	§ 27 Abs. 3 Nr. 3 Satz 1 UmwStG

§ 21 Abs. 2 Satz 1 Nr. 2 UmwStG a.F.	für einbringungsgeborene Anteile i.S.v. *§ 21 Abs. 1 UmwStG a.F.*, wenn die Anteile auf einem Einbringungsvorgang beruhen, auf den das UmwStG a.F. gemäß § 27 Abs. 2 UmwStG anzuwenden war, ist die Stundung der Steuer in allen offenen Fällen nach § 6 Abs. 5 AStG vorzunehmen; § 6 Abs. 6 und 7 AStG sind entsprechend anzuwenden	§ 27 Abs. 3 Nr. 3 Satz 2 UmwStG

Abb. I.VIII. - 10: Weitergeltung von Vorschriften in *§ 20 - § 23 UmwStG a.F.*

Abschnitt J

Schreiben betr. Umwandlungssteuergesetz 1995 (UmwStG 1995); Zweifels- und Auslegungsfragen v. 25.03.1998

(IV B 7 - S 1978 - 21/98 / IV B 2 - S 1909 - 33/98, BStBl. I 1998 S. 268)

Im Folgenden wird der Wortlaut des *Schreibens betr. Umwandlungssteuergesetz 1995 (UmwStG 1995); Zweifels- und Auslegungsfragen* des BMF v. 25.03.1998 wiedergegeben. Der Inhalt bzw. Wortlaut der die einzelnen Randziffern des vorstehenden Erlasses betreffenden Rechtsprechung des Bundesfinanzhofs und/oder der Finanzgerichte wird jeweils an den entsprechenden Stellen in chronologischer Reihenfolge, beginnend mit der jeweils ältesten Quelle, zitiert. Entsprechendes gilt für zwischenzeitlich erlassene Verwaltungsanweisungen. Darüber hinaus wurden die Verweise auf die Einkommensteuer-, Körperschaftsteuer- und Gewerbesteuer-Richtlinien durch die Autoren aktualisiert.

Inhaltsübersicht:

Teil 1: Umwandlung von Körperschaften

A. Umwandlungsmöglichkeiten nach dem Umwandlungsgesetz (UmwG)

I.	Verschmelzung	Rz. 00.04 - 00.05
II.	Formwechsel	Rz. 00.06 - 00.07
III.	Spaltung	Rz. 00.08 - 00.12
IV.	Vermögensübertragung	Rz. 00.13 - 00.14

B. Steuerliche Folgen der Umwandlungen nach dem Umwandlungssteuergesetz (UmwStG)

1. Abschnitt: Allgemeine Vorschriften zum zweiten bis siebten Teil

Zu § 1 UmwStG: Anwendungsbereich der Vorschriften des zweiten bis siebten Teils

I.	Anwendungsbereich der §§ 2 bis 19 UmwStG	Rz. 01.01 - 01.06
II.	Bedeutung der registerrechtlichen Entscheidung	Rz. 01.07

Zu § 2 UmwStG: Steuerliche Rückwirkung

I.	Steuerlicher Übertragungsstichtag	Rz. 02.01 - 02.05
II.	Steuerliche Rückwirkung	Rz. 02.06 - 02.11
	1. Rückwirkungsfiktion	Rz. 02.06 - 02.10
	a) Grundsatz	Rz. 02.06 - 02.08
	b) Ausnahme von der Rückwirkungsfiktion für ausscheidende und abgefundene Anteilseigner	Rz. 02.09 - 02.10
	2. Formwechsel	Rz. 02.11
III.	Ausscheidende Anteilseigner	Rz. 02.12 - 02.14
	1. Vermögensübergang auf eine Personengesellschaft	Rz. 02.12 - 02.13
	2. Vermögensübergang auf eine Körperschaft	Rz. 02.14
IV.	Gewinnausschüttungen bei Vermögensübertragung auf eine Personengesellschaft oder eine andere Körperschaft	Rz. 02.15 - 02.37
	1. Andere Ausschüttungen i.S. des § 27 Abs. 3 Satz 2 KStG im Wirtschaftsjahr der Umwandlung	Rz. 02.15 - 02.20

Umwandlungssteuererlass v. 25.03.1998

    2. Vor dem steuerlichen Übertragungsstichtag begründete
       Ausschüttungsverbindlichkeiten .... Rz. 02.21 - 02.28
       a) Übertragende Körperschaft .... Rz. 02.21 - 02.23
       b) Zufluss beim Anteilseigner .... Rz. 02.24 - 02.25
       c) Übernehmender Rechtsträger ....Rz. 02.26
       d) Vorgezogene Aktivierung von Dividendenansprüchen ....Rz. 02.27
       e) Pensionsrückstellungen ....Rz. 02.28
    3. Nach dem steuerlichen Übertragungsstichtag beschlossene
       Gewinnausschüttungen sowie verdeckte Gewinnausschüttungen
       und andere Ausschüttungen i.S. des § 27 Abs. 3 Satz 2 KStG
       im Rückwirkungszeitraum, für die noch kein Schuldposten
       ausgewiesen ist .... Rz. 02.29 - 02.37
       a) Ausschüttungen auf Anteile, die unter die
           Rückwirkungsfiktion fallen ....Rz. 02.32
       b) Ausschüttungen auf Anteile, die nicht unter die
           Rückwirkungsfiktion fallen .... Rz. 02.33 - 02.37
V.   Andere Rechtsgeschäfte und Rechtshandlungen der
     übertragenden Körperschaft im Rückwirkungszeitraum .... Rz. 02.38 - 02.40
    1. Verbleibende Anteilseigner .... Rz. 02.38 - 02.39
    2. Voll ausscheidende Anteilseigner ....Rz. 02.40
VI. Pensionsrückstellungen zugunsten des Gesellschafter-
     Geschäftsführers ....Rz. 02.41
VII. Aufsichtsratsvergütungen .... Rz. 02.42 - 02.43

2. Abschnitt: Vermögensübergang auf eine Personengesellschaft oder auf eine natürliche Person

Zu § 3 UmwStG: Wertansätze in der steuerlichen Schlussbilanz der übertragenden Körperschaft

I.   Bewertungswahlrecht nach § 3 UmwStG .... Rz. 03.01 - 03.04
    1. Maßgeblichkeit der Handelsbilanz für die Steuerbilanz
       (§ 5 Abs. 1 EStG) .... Rz. 03.01 - 03.02
    2. Unter das Bewertungswahlrecht fallende Wirtschaftsgüter ....Rz. 03.03
    3. Übertragung auf einen Rechtsträger ohne Betriebsvermögen ....Rz. 03.04
II.   Ausländisches Vermögen der übertragenden Körperschaft ....Rz. 03.05
III. Aufstockung der Buchwerte der Wirtschaftsgüter bei Ausübung
     des Wahlrechts nach § 3 UmwStG ....Rz. 03.06
IV. Ansatz immaterieller Wirtschaftsgüter einschließlich Geschäfts-
     oder Firmenwert in der steuerlichen Übertragungsbilanz .... Rz. 03.07 - 03.08
    1. Vermögensübergang in ein Betriebsvermögen des
       übernehmenden Rechtsträgers ....Rz. 03.07
    2. Vermögensübergang auf einen Rechtsträger ohne
       Betriebsvermögen ....Rz. 03.08
V.   Übergang des Vermögens in eine ausländische Betriebsstätte ....Rz. 03.09
VI. Beteiligung der übertragenden Körperschaft an Personengesellschaften ....Rz. 03.10
VII. Beteiligung an ausländischen Kapitalgesellschaften (§ 8b Abs. 2 KStG) ....Rz. 03.11
VIII. Ausstehende Einlagen ....Rz. 03.12
IX. Umwandlungskosten ....Rz. 03.13
X.   Änderung der Ansätze in der steuerlichen Schlussbilanz der
     übertragenden Körperschaft ....Rz. 03.14
XI. Steuernachforderungen ....Rz. 03.15

Umwandlungssteuererlass v. 25.03.1998

Zu § 4 UmwStG: Auswirkungen auf den Gewinn der übernehmenden Personengesellschaft

I. Rechtsnachfolge i.S. des § 4 Abs. 2 UmwStG .... Rz. 04.01 - 04.08
   1. Abschreibung .... Rz. 04.01 - 04.06
   2. Sonstige Folgerungen .... Rz. 04.07 - 04.08
II. Übernahmegewinn und Übernahmeverlust (Übernahmeergebnis) .. Rz. 04.09 - 04.31
   1. Entstehungszeitpunkt ....Rz. 04.09
   2. Berechnung und Festsetzung .... Rz. 04.10 - 04.15
   3. Ermittlung des Übernahmeergebnisses bei negativem
      Buchwert des Vermögens der übertragenden Körperschaft
      (überschuldete Gesellschaft) .... Rz. 04.16 - 04.17
   4. Steuerliche Behandlung der eigenen Anteile der
      übertragenden Körperschaft bei der Ermittlung
      des Übernahmeergebnisses .... Rz. 04.18 - 04.20
   5. Erhöhung des Übernahmegewinns bzw. Kürzung des
      Übernahmeverlustes um einen Sperrbetrag
      i.S. des § 50c EStG .... Rz. 04.21 - 04.31
III. Zuaktivierung des Übernahmeverlustes (§ 4 Abs. 6 UmwStG) .... Rz. 04.32 - 04.36
IV. Fremdfinanzierte Anteile an der übertragenden Kapitalgesellschaft ....Rz. 04.37
V. Anwendung des § 15a EStG .... Rz. 04.38 - 04.41
VI. Anwendung des § 32c EStG auf den Übernahmegewinn ....Rz. 04.42
VII. Kosten der Vermögensübertragung ....Rz. 04.43
VIII. Missbräuchliche Gestaltungen .... Rz. 04.44 - 04.46
   1. Gestaltungen zur Herstellung der Abzugsfähigkeit von Verlusten ......Rz. 04.44
   2. Rückeinbringung .... Rz. 04.45 - 04.46

Zu § 5 UmwStG: Auswirkungen auf den Gewinn der übernehmenden Personengesellschaft in Sonderfällen

I. Anschaffung nach dem steuerlichen Übertragungsstichtag ....Rz. 05.01
II. Entgeltlicher Gesellschafterwechsel im Rückwirkungszeitraum ... Rz. 05.02 - 05.03
III. Einlage- und Übertragungsfiktion des § 5 Abs. 2, 3 und 4 UmwStG Rz. 05.04 - 05.24
   1. Anwendungsfälle der Einlagefiktion des § 5 Abs. 2 UmwStG ... Rz. 05.04 - 05.07
   2. Steuerliche Folgen für einzelne Gruppen von Anteilseignern ... Rz. 05.08 - 05.13
      a) Anteile im inländischen Betriebsvermögen und
          wesentliche Beteiligung i.S. des § 17 EStG ....Rz. 05.09
      b) Nicht wesentlich beteiligte unbeschränkt
          steuerpflichtige Anteilseigner, die ihre Anteile
          im Privatvermögen halten .... Rz. 05.10 - 05.11
      c) Beschränkt steuerpflichtige Anteilseigner der
          übertragenden Körperschaft ....Rz. 05.12
      d) Einbringungsgeborene Anteile ....Rz. 05.13
   3. Missbrauchstatbestand des § 5 Abs. 3 UmwStG .... Rz. 05.14 - 05.15
   4. Missbrauchsfälle i.S. des § 42 AO .... Rz. 05.16 - 05.24

Zu § 6 UmwStG: Gewinnerhöhung durch Vereinigung von Forderungen und Verbindlichkeiten

I. Entstehung des Folgegewinns aus dem Vermögensübergang ....Rz. 06.01
II. Besteuerung des Folgegewinns ....Rz. 06.02
III. Pensionsrückstellungen zugunsten eines Gesellschafters der
   übertragenden Kapitalgesellschaft .... Rz. 06.03 - 06.05

Umwandlungssteuererlass v. 25.03.1998

Zu § 7 UmwStG: Ermittlung der Einkünfte nicht wesentlich beteiligter Anteilseigner

I.	Anwendungsbereich	Rz. 07.01
II.	Negative Teilbeträge des verwendbaren Eigenkapitals	Rz. 07.02 - 07.04
III.	Eigene Anteile	Rz. 07.05
IV.	Zufluss der Einkünfte	Rz. 07.06

Zu § 10 UmwStG: Körperschaftsteueranrechnung

I.	Behandlung negativer EK-Teile (§ 10 Abs. 1 UmwStG)	Rz. 10.01 - 10.03
II.	Ausschüttungsbelastung auf Teilbeträge i.S. des § 30 Abs. 2 Nr. 2 oder 3 KStG (EK 02 oder EK 03)	Rz. 10.04
III.	Bescheinigungen nach § 10 Abs. 1 UmwStG	Rz. 10.05 - 10.06

Zusammenfassendes Beispiel zum 2. Abschnitt

3. Abschnitt: Verschmelzung oder Vermögensübertragung (Vollübertragung) auf eine andere Körperschaft

Zu § 11 UmwStG: Auswirkungen auf den Gewinn der übertragenden Körperschaft

I.	Bewertungswahlrecht nach § 11 Abs. 1 UmwStG	Rz. 11.01 - 11.19
	1. Voraussetzungen des Bewertungswahlrechts	Rz. 11.01 - 11.04
	2. Gegenleistung i.S. des § 11 Abs. 1 UmwStG	Rz. 11.05 - 11.11
	a) Gegenleistungen der übernehmenden Kapitalgesellschaft, die nicht in Gesellschaftsrechten besteht	Rz. 11.06 - 11.07
	b) Zahlungen durch die übertragende Kapitalgesellschaft	Rz. 11.08 - 11.09
	c) Zahlungen durch die Gesellschafter der übernehmenden oder übertragenden Kapitalgesellschaft	Rz. 11.10 - 11.11
	3. Anwendung des § 11 UmwStG in den Fällen der Verschmelzung auf den alleinigen Gesellschafter in der Rechtsform einer Kapitalgesellschaft	Rz. 11.12 - 11.13
	4. Verschmelzung von Schwestergesellschaften	Rz. 11.14
	5. Vermögensübertragung nach § 174 ff. UmwG gegen Gewährung einer Gegenleistung an die Anteilsinhaber des übertragenden Rechtsträgers	Rz. 11.15 - 11.17
	6. Ausübung des Bewertungswahlrechts	Rz. 11.18
	7. Selbst geschaffene immaterielle Wirtschaftsgüter einschließlich Geschäfts- oder Firmenwert	Rz. 11.19
II.	Aufdeckung der stillen Reserven	Rz. 11.20 - 11.21
III.	Besteuerung des Übertragungsgewinns	Rz. 11.22
IV.	Landesrechtliche Vorschriften zur Vereinigung öffentlich-rechtlicher Kreditinstitute oder öffentlich-rechtlicher Versicherungsunternehmen	Rz. 11.23
V.	Beteiligung der übertragenden Kapitalgesellschaft an der übernehmenden Kapitalgesellschaft	Rz. 11.24 - 11.30

Zu § 12 UmwStG: Auswirkungen auf den Gewinn der übernehmenden Körperschaft

I.	Buchwertverknüpfung	Rz. 12.01 - 12.02
II.	Übernahmegewinn und Übernahmeverlust (Übernahmeergebnis)	Rz. 12.03 - 12.11
	1. Steuerneutralität des Übernahmeergebnisses	Rz. 12.03
	2. Hinzurechnung nach § 12 Abs. 2 Sätze 2 bis 5 UmwStG	Rz. 12.04 - 12.08
	3. Zuwendungen an eine Unterstützungskasse	Rz. 12.09

| | 4. Begrenzung der Hinzurechnung (§ 12 Abs. 2 Satz 4 UmwStG) | Rz. 12.10 - 12.11 |
| III. | Eintritt in die Rechtsstellung der übertragenden Körperschaft (12 Abs. 3 UmwStG) | Rz. 12.12 - 12.27 |

- III. Eintritt in die Rechtsstellung der übertragenden Körperschaft (12 Abs. 3 UmwStG) .... Rz. 12.12 - 12.27
  1. Übergehender Verlustabzug .... Rz. 12.12 - 12.26
     a) Verbleibender Verlustabzug i.S. des § 12 Abs. 3 Satz 2 UmwStG .... Rz. 12.13 - 12.16
     b) Ausschluss des Übergangs des Verlustabzugs .... Rz. 12.17
        aa) Bis zur Neufassung des § 12 Abs. 3 Satz 2 durch das Gesetz zur Fortsetzung der Unternehmenssteuerreform .... Rz. 12.17 - 12.25
           (1) Geschäftsbetrieb .... Rz. 12.18
           (2) Einstellung des Geschäftsbetriebs .... Rz. 12.19 - 12.20
           (3) Verhältnis § 12 Abs. 3 Satz 2 UmwStG zu § 8 Abs. 4 KStG (Mantelkauf) .... Rz. 12.21
           (4) Missbräuchliche Gestaltungen i.S. des § 42 AO .... Rz. 12.22 - 12.25
        bb) Nach Neufassung durch das Gesetz zur Fortsetzung der Unternehmenssteuerreform .... Rz. 12.26
  2. Eintritt in die übrige Rechtsstellung .... Rz. 12.27

Zu § 13 UmwStG: Besteuerung der Gesellschafter der übertragenden Körperschaft

- I. Anwendung des § 13 UmwStG .... Rz. 13.01 - 13.04
- II. Anteile an der übertragenden Körperschaft gehören zu einem Betriebsvermögen (§ 13 Abs. 1 UmwStG) .... Rz. 13.05
- III. Anteile an der übertragenden Körperschaft gehören nicht zu einem Betriebsvermögen (§ 13 Abs. 2 UmwStG) .... Rz. 13.06 - 13.10
  1. Fortgeltung der Anschaffungskosten .... Rz. 13.06 - 13.08
  2. Einbringungsgeborene Anteile .... Rz. 13.09
  3. Verschmelzungsgeborene Anteile .... Rz. 13.10

4. Abschnitt: Formwechsel einer Kapitalgesellschaft und einer Genossenschaft in eine Personengesellschaft

Zu § 14 UmwStG: Entsprechende Anwendung von Vorschriften, Eröffnungsbilanz

- I. Maßgeblichkeit der handelsrechtlichen Schlussbilanz .... Rz. 14.01 - 14.03
- II. Steuerliche Rückwirkung .... Rz. 14.04 - 14.06

5. Abschnitt: Aufspaltung, Abspaltung und Vermögensübertragung (Teilübertragung)

Zu § 15 UmwStG: Aufspaltung, Abspaltung und Vermögensübertragung (Teilübertragung)

- I. Teilbetriebsvoraussetzung des § 15 Abs. 1 UmwStG .... Rz. 15.01 - 15.11
  1. Begriff des Teilbetriebs .... Rz. 15.02
  2. Mitunternehmeranteil .... Rz. 15.03 - 15.04
  3. 100-v.H.-Beteiligung an einer Kapitalgesellschaft .... Rz. 15.05 - 15.06
  4. Zuordnung von Wirtschaftsgütern zu den Teilbetrieben .... Rz. 15.07 - 15.09
  5. Fehlen der Teilbetriebsvoraussetzung .... Rz. 15.10 - 15.11
- II. Bewertungswahlrecht nach § 15 Abs. 1 i.V.m.§ 11 UmwStG .... Rz. 15.12
- III. Missbrauchstatbestand des § 15 Abs. 3 UmwStG .... 15.13 - 15.41
  1. Erwerb und Aufstockung i.S. des § 15 Abs. 3 Satz 1 UmwStG .. Rz. 15.14 - 15.21
  2. Veräußerung und Vorbereitung der Veräußerung (§ 15 Abs. 3 Satz 2 bis 4 UmwStG) .... Rz. 15.22 - 15.34

Umwandlungssteuererlass v. 25.03.1998

      a) Veräußerung i.S. des § 15 Abs. 3 Satz 2 bis 4 UmwStG ... Rz. 15.22 - 15.26
      b) Veräußerungssperre des § 15 Abs. 3 Satz 4 UmwStG ..... Rz. 15.27 - 15.31
      c) Rechtsfolgen einer schädlichen Anteilsveräußerung ...... Rz. 15.32 - 15.34
    3. Trennung von Gesellschafterstämmen (§ 15 Abs. 3
       Satz 5 UmwStG) .... Rz. 15.35 - 15.40
      a) Begriff der Trennung von Gesellschafterstämmen .... Rz. 15.36
      b) Vorbesitzzeit .... Rz. 15.37 - 15.40
    4. Bildung von „spaltfähigen Teilbetrieben" durch
       Betriebsaufspaltung .... Rz. 15.41
IV. Aufteilung des übergehenden Verlustabzugs (§ 15 Abs. 4 UmwStG) Rz. 15.42 - 15.49
    1. Aufteilungsmaßstab .... Rz. 15.42 - 15.44
    2. Feststellung der gemeinen Werte .... Rz. 15.45
    3. Ausschluss eines abweichenden Aufteilungsverhältnisses ..... Rz. 15.46 - 15.47
    4. Verlustabzug bei fehlender Teilbetriebseigenschaft i.S.
       des § 15 Abs. 1 UmwStG und in Fällen der
       Missbrauchsregelung des § 15 Abs. 3 UmwStG .... Rz. 15.48 - 15.49
V. Aufteilung der Buchwerte der Anteile gemäß § 13 UmwStG
    in den Fällen der Spaltung .... Rz. 15.50 - 15.51

6. Abschnitt: Gewerbesteuer

Zu § 18 UmwStG: Gewerbesteuer bei Vermögensübergang auf eine Personengesellschaft oder auf eine natürliche Person sowie bei Formwechsel in eine Personengesellschaft

I. Anwendung des § 18 Abs. 1 UmwStG ....Rz. 18.01
II. Übernahmeverlust ....Rz. 18.02
III. Missbrauchstatbestand des § 18 Abs. 4 UmwStG .... Rz. 18.03 - 18.10
    1. Begriff der Veräußerung und Aufgabe .... Rz. 18.04 - 18.06
    2. Auflösungs- und Veräußerungsgewinn ....Rz. 18.07
    3. Übergang auf Rechtsträger, der nicht gewerbesteuer-
       pflichtig ist ....Rz. 18.08
    4. Sonderfälle .... Rz. 18.09 - 18.10
      a) Einbringung eines Betriebs, Teilbetriebs oder
        Mitunternehmeranteils in eine Personengesellschaft ....Rz. 18.09
      b) Realteilung der Personengesellschaft ....Rz. 18.10

C. Auswirkungen der Umwandlung auf eine Organschaft

I. Umwandlung des Organträgers .... Org.01 - Org.11
    1. Verschmelzung .... Org.01 - Org.06
      a) Fortsetzung der körperschaftsteuerlichen Organschaft Org.02
      b) Fortsetzung einer gewerbesteuerlichen Organschaft
        und Begründung einer körperschaftsteuerlichen
        Organschaft bei bisher nur gewerbesteuerlicher
        Organschaft .... Org.03 - Org.04
      c) Erstmalige Begründung einer gewerbesteuerlichen
        oder körperschaftsteuerlichen Organschaft
        zur Übernehmerin .... Org.05 - Org.06
    2. Spaltung und Ausgliederung .... Org.07 - Org.08
      a) Fortführung des Gewinnabführungsvertrages Org.07
      b) Eingliederungsvoraussetzungen Org.08
    3. Formwechsel Org.09
    4. Mindestlaufzeit und vorzeitige Beendigung des
       Gewinnabführungsvertrages .... Org.10 - Org.11

II.	Umwandlung der Organgesellschaft .... Org.12 - Org.20
	1. Verschmelzung .... Org.12 - Org.14
	a) Anschließende Organschaft zur Übernehmerin Org.13
	b) Spätere Begründung einer Organschaft zur Übernehmerin Org.14
	2. Spaltung und Ausgliederung .... Org.15 - Org.17
	3. Formwechsel Org.18
	4. Abführungsverpflichtung für den Übertragungsgewinn Org.19
	5. Vorzeitige Beendigung des Gewinnabführungsvertrages Org.20
III.	Umwandlung einer anderen Gesellschaft auf die Organgesellschaft .. Org.21 - Org.27
	1. Fortgeltung der Organschaft Org.21
	2. Übernahmegewinn und Übernahmeverlust .... Org.22 - Org.26
	3. Übergehender Verlustabzug Org.27

D. Gliederungsmäßige Behandlung der Verschmelzung und Spaltung von Körperschaften auf Körperschaften

I.	Auswirkung des Vermögensübergangs durch Verschmelzung auf die Gliederung des verwendbaren Eigenkapitals .... Gl.01 - Gl.12
	1. Anwendungsbereich des § 38 KStG und Auswirkungen bei der übertragenden Körperschaft .... Gl.01 - Gl.04
	2. Schrittfolge bei Ermittlung der gliederungsmäßigen Auswirkungen der Verschmelzung auf die übernehmende, gliederungspflichtige Körperschaft ....Gl.05 - Gl.08
	3. Angleichung der Gliederungsrechnung an die Steuerbilanz bei der übernehmenden Körperschaft ....Gl.09 - Gl.12
II.	Auswirkung des Vermögensübergangs durch Spaltung auf die Gliederung des verwendbaren Eigenkapitals .... Gl.13 - Gl.18
	1. Anwendungsbereich des § 38a KStG Gl.13
	2. Aufteilungsschlüssel Gl.14
	3. Auswirkungen der Spaltung auf einen Sonderausweis i.S. des § 47 Abs. 1 Satz 1 Nr. 2 KStG und auf das verwendbare Eigenkapital der übernehmenden Körperschaft .... Gl.15 - Gl.18

E. Auswirkungen der Umwandlung bei einer Gesellschafter-Fremdfinanzierung

I.	Anwendung des § 8a KStG .... Rz. 8a.01
II.	Berechnung des zulässigen Fremdkapitals .... Rz. 8a.02 - 8a.05
III.	Herstellung des ursprünglichen Eigenkapitals .... Rz. 8a.06

Teil 2: Einbringung

1. Abschnitt: Einbringung in eine Kapitalgesellschaft gegen Gewährung von Gesellschaftsanteilen

Zu § 20 UmwStG: Bewertung des eingebrachten Betriebsvermögens und der Gesellschaftsanteile

I.	Anwendungsbereich .... Rz. 20.01 - 20.22
	1. Zivilrechtliche Formen der Einbringung .... Rz. 20.02
	2. Gegenleistung, Gewährung neuer Anteile .... Rz. 20.03 - 20.04
	3. Beteiligte der Einbringung .... Rz. 20.05 - 20.07
	4. Gegenstand der Einbringung .... Rz. 20.08 - 20.17
	a) Betriebe, Teilbetriebe .... Rz. 20.08 - 20.11
	b) Mitunternehmeranteile .... Rz. 20.12 - 20.14

Umwandlungssteuererlass v. 25.03.1998

   c) Mehrheitsvermittelnde Anteile an Kapitalgesellschaften ... Rz. 20.15 - 20.17
  5. Zeitpunkt der Einbringung (§ 20 Abs. 7, 8 UmwStG) .... Rz. 20.18 - 20.22
II. Bewertung durch die übernehmende Kapitalgesellschaft
  (§ 20 Abs. 2, 3 UmwStG) .... Rz. 20.23 - 20.36
  1. Inhalt und Einschränkungen des Bewertungswahlrechts ...... Rz. 20.23 - 20.25
  2. Verhältnis zum Handelsrecht (§ 20 Abs. 2 Satz 2 UmwStG,
   § 5 Abs. 1 EStG) .... Rz. 20.26 - 20.29
  3. Besonderheiten beim Formwechsel (§ 25 UmwStG) ....Rz. 20.30
  4. Ausübung des Wahlrechts, Bindung, Bilanzberichtigung ...... Rz. 20.31 - 20.36
III. Besteuerung des Einbringungsgewinns (§ 20 Abs. 4 bis 6 UmwStG) Rz. 20.37 - 20.40
IV. Besonderheiten bei Pensionszusagen zugunsten von
  einbringenden Mitunternehmern .... Rz. 20.41 - 20.47
  1. Behandlung bei der Personengesellschaft ....Rz. 20.41
  2. Behandlung bei der Kapitalgesellschaft .... Rz. 20.42 - 20.45
  3. Behandlung beim begünstigten Gesellschafter .... Rz. 20.46 - 20.47

Zu § 21 UmwStG: Besteuerung des Anteilseigners

I. Allgemeines .... Rz. 21.01 - 21.05
II. Gewinnverwirklichung ohne Veräußerung (§ 21 Abs. 2 UmwStG) . Rz. 21.06 - 21.10
III. Einbringungsgeborene Anteile in einem Betriebsvermögen .... Rz. 21.11 - 21.13
IV. Verlagerung stiller Reserven auf andere Gesellschaftsanteile ...... Rz. 21.14 - 21.16

Zu § 22 UmwStG: Auswirkungen bei der übernehmenden Kapitalgesellschaft

I. Allgemeines .... Rz. 22.01 - 22.04
II. Buchwertansatz (§ 22 Abs. 1 UmwStG) .... Rz. 22.05 - 22.07
III. Zwischenwertansatz (§ 22 Abs. 2 UmwStG) .... Rz. 22.08 - 22.10
IV. Teilwertansatz (§ 22 Abs. 3 UmwStG) .... Rz. 22.11 - 22.15

Zu § 23 UmwStG: Einbringung in der Europäischen Union

I. Grenzüberschreitende Einbringung von Unternehmen
  (§ 23 Abs. 1 bis 3 UmwStG) .... Rz. 23.01 - 23.09
  1. Allgemeines .... Rz. 23.01 - 23.03
  2. Einbringung eines inländischen Betriebs oder Teilbetriebs
   durch eine unbeschränkt steuerpflichtige in eine beschränkt
   steuerpflichtige EU-Kapitalgesellschaft (§ 23 Abs. 1 UmwStG) ....Rz. 23.04
  3. Einbringung einer inländischen Betriebsstätte durch eine
   beschränkt steuerpflichtige in eine unbeschränkt
   oder beschränkt steuerpflichtige EU-Kapitalgesellschaft
   (§ 23 Abs. 2 UmwStG) .... Rz. 23.05 - 23.07
  4. Einbringung einer (EU-)ausländischen Betriebsstätte durch
   eine unbeschränkt steuerpflichtige in eine nicht unbeschränkt
   steuerpflichtige EU-Kapitalgesellschaft (§ 23 Abs. 3 UmwStG) . Rz. 23.08 - 23.09
II. Anteilstausch über die Grenze (§ 23 Abs. 4 UmwStG) .... Rz. 23.10 - 23.14

2. Abschnitt: Einbringung in eine Personengesellschaft
Zu § 24 UmwStG: Einbringung in eine Personengesellschaft

I.	Anwendungsbereich, Allgemeines	Rz. 24.01 - 24.07
	1. Zivilrechtliche Formen der Einbringung	Rz. 24.01 - 24.03
	2. Entsprechende Anwendung der Regelungen zu §§ 20, 22 UmwStG	Rz. 24.04 - 24.06
	3. Rückbeziehung nach § 24 Abs. 4 UmwStG	Rz. 24.07
II.	Einbringung mit Zuzahlung	Rz. 24.08 - 24.12a
	1. Einbringung mit Zuzahlung zu Buchwerten	Rz. 24.09 - 24.12
	2. Einbringung mit Zuzahlung zu Teilwerten	Rz. 24.12a
III.	Ergänzungsbilanzen	Rz. 24.13 - 24.14
IV.	Anwendung der §§ 16, 34 EStG bei Einbringung zum Teilwert	Rz. 24.15 - 24.17
V.	Entsprechende Anwendung des § 24 UmwStG im Fall der Realteilung oder Spaltung von Personengesellschaften	Rz. 24.18 - 24.19

Teil 3: Übergangs- und Schlussvorschriften

I.	Erstmalige Anwendung des UmwStG v. 28.10.1994	S.01
II.	Steuerliche Rückwirkung	S.02 - S.03

Teil 4: Erstmalige Anwendung dieses BMF-Schreibens

Erstmalige Anwendung dieses BMF-Schreibens .... S.04 - S.05

Umwandlungssteuererlass v. 25.03.1998

Unter Bezugnahme auf das Ergebnis der Erörterungen mit den obersten Finanzbehörden der Länder gilt zur Anwendung des Umwandlungssteuergesetzes in der Fassung des Gesetzes zur Änderung des Umwandlungssteuerrechts v. 28.10.1994 (BGBl. I 1994 S. 3267, BStBl. I 1994 S. 839), zuletzt geändert durch Artikel 4 des Gesetzes zur Finanzierung eines zusätzlichen Bundeszuschusses zur gesetzlichen Rentenversicherung v. 19.12.1997 (BGBl. I 1997 S. 3121, BStBl. I 1998 S. 7), Folgendes:

Teil 1: Umwandlung von Körperschaften
A. Umwandlungsmöglichkeiten nach dem Umwandlungsgesetz (UmwG)

Rz. 00.01

Das Umwandlungsgesetz (UmwG) v. 28.10.1994 (BGBl. I 1994 S. 3210; ber. BGBl. I 1995 S. 428), sieht in § 1 Abs. 1 die folgenden Umwandlungsarten vor:

- Verschmelzung,
- Formwechsel,
- Spaltung,
- Vermögensübertragung.

Rz. 00.02

Die Aufzählung ist abschließend. Andere Umwandlungsarten bedürfen einer ausdrücklichen gesetzlichen Regelung (§ 1 Abs. 3 UmwG).

Rz. 00.03

Die Umwandlungsmöglichkeiten sind auf Rechtsträger mit Sitz im Inland beschränkt. Grenzüberschreitende Vorgänge (z.B. eine grenzüberschreitende Verschmelzung oder Spaltung), auch im Bereich der Europäischen Union, regelt das UmwG nicht.

__Urteil des EuGH v. 13.12.2005 (Rs. „SEVIC"), C-411/03:__[1]
Die Beschränkung der Umwandlungsmöglichkeiten auf Rechtsträger mit Sitz im Inland stellt einen Verstoß gegen primäres Europarecht, in concreto gegen die Niederlassungsfreiheit i.S.d. Artikel 43 und 48 EG-Vertrag, dar.

I. Verschmelzung

Rz. 00.04

Bei der Verschmelzung handelt es sich um die Übertragung des gesamten Vermögens eines Rechtsträgers auf einen anderen, schon bestehenden Rechtsträger (Verschmelzung durch Aufnahme) oder zweier oder mehrerer Rechtsträger auf einen neugegründeten Rechtsträger (Verschmelzung durch Neugründung) im Wege der Gesamtrechtsnachfolge unter Auflösung ohne Abwicklung. Den Anteilsinhabern des übertragenden Rechtsträgers wird dabei im Wege des Anteilstausches eine Beteiligung an dem übernehmenden oder neuen Rechtsträger gewährt.

---

1) Vgl. EuGH v. 13.12.2005 (Rs. „SEVIC"), C-411/03, NZG 2006 S. 112.

Rz. 00.05

Das UmwG sieht folgende Möglichkeiten der Verschmelzung vor:

auf von	Pers. Handels-Ges.	GmbH	AG	KGaA	e.G.	e.V./ wirtsch. Verein	Gen. Prüfungs-verband	VVaG	nat. Pers.
Pers. Handels-Ges.	§§ 39 - 45	§§ 39 - 45, 46 - 59	§§ 39 - 45, 60 - 77	§§ 39 - 45, 78	§§ 39 - 45, 79 - 98	–	–	–	–
GmbH	§§ 39 - 45, 46 - 59	§§ 46 - 59	§§ 46 - 59, 60 - 77	§§ 46 - 59, 78	§§ 49 - 59, 79 - 98	–	–	–	§§120 - 122 i.V.m. §§ 46 - 59
AG	§§ 39 - 45, 60 - 77	§§ 46 - 59, 60 - 77	§§ 60 - 77	§§ 60 - 77, 78	§§ 60 - 77, 79 - 98	–	–	–	§§120 - 122 i.V.m. §§ 60 - 77
KGaA	§§ 39 - 45, 78	§§ 46 - 59, 78	§§ 60 - 77, 78	§78	§§78, 79 - 98	–	–	–	§§ 120 - 122 i.V.m. §78
e.G.	§§ 39 - 45, 79 - 98	§§ 46 - 59, 79 - 98	§§ 60 - 77, 79 - 98	§§78, 79 - 98	§§ 79 - 98	–	–	–	–
e.v./ wirtsch. Verein	§§ 39 - 45, 99 - 104	§§ 46 - 59, 99 - 104	§§ 60 - 77, 99 - 104	§§78, 99 - 104	§§ 79 - 98, 99 - 104	§§99 - 104	–	–	–
Gen. Prüfungs-verband	–	–	–	–	–	–	§§105 - 108[2]	–	–
VVaG	–	–	(nur Vers.-AG) §§ 60 - 77, 109 - 119	–	–	–	–	§§109 - 119	–
nat. Pers.	–	–	–	–	–	–	–	–	–

II. Formwechsel

Rz. 00.06

Der Formwechsel entspricht der formwechselnden Umwandlung im bisherigen Recht. Diese Art der Umwandlung beschränkt sich auf die Änderung der Rechtsform eines Rechtsträgers unter Wahrung seiner rechtlichen Identität, und zwar grundsätzlich auch unter Beibehaltung des Kreises der Anteilsinhaber.

---

[2] **[amtliche Anmerkung:]** Vorgang ist nur zur Aufnahme durch einen übernehmenden Rechtsträger möglich.

Rz. 00.07

Handelsrechtlich ist der Formwechsel für folgende Rechtsformen zulässig:

von \ auf	GbR	Pers.Handels-Ges.	GmbH	AG	KGaA	e.G.
Pers.Handels-Ges.	§ 191 Abs. 2	§ 191 Abs. 2	§§ 214 - 225	§§ 214 - 225	§§ 214 - 225	§§ 214 - 225
GmbH	§§ 226, 228 - 237	§§ 226, 228 - 237	–	§§ 226, 238 - 250	§§ 226, 238 - 250	§§ 226, 251 - 257
AG	§§ 226, 228 - 237	§§ 226, 228 - 237	§§ 226, 238 - 250	–	§§ 226, 238 - 250	§§ 226, 251 - 257
KGaA	§§ 226 - 237	§§ 226, 228 - 237	§§ 226, 227, 238 - 250	§§ 226, 227, 238 - 250	–	§§ 226, 227, 251 - 257
e.G.	–	–	§§ 258 - 271	§§ 258 - 271	§§ 258 - 271	–
e.V./wirtsch. Verein	–	–	§§ 272 - 290	§§ 272 - 290	§§ 272 - 290	§§ 272, 283 - 290
VVaG	–	–		(nur größere VVaG) §§ 291 - 300		
Kö./Anstalt des öff. Rechts			§§ 301 - 304	§§ 301 - 304	§§ 301 - 304	

III. Spaltung

Rz. 00.08

Das Umwandlungsgesetz regelt erstmals die Spaltung von Rechtsträgern im Handelsrecht. Drei Formen der Spaltung sind möglich: Aufspaltung, Abspaltung und Ausgliederung.

Rz. 00.09

Bei der Aufspaltung teilt ein Rechtsträger sein Vermögen unter Auflösung ohne Abwicklung auf und überträgt die Teile jeweils als Gesamtheit im Wege der Sonderrechtsnachfolge (teilweise Gesamtrechtsnachfolge) auf mindestens zwei andere schon bestehende (Aufspaltung zur Aufnahme) oder neugegründete (Aufspaltung zur Neugründung) Rechtsträger. Die Anteile an den übernehmenden oder neuen Rechtsträgern fallen den Anteilsinhabern des sich aufspaltenden Rechtsträgers zu.

Rz. 00.10

Bei der Abspaltung bleibt der übertragende, sich spaltende Rechtsträger als Rumpfunternehmen bestehen. Er überträgt ebenfalls im Wege der Sonderrechtsnachfolge einen Teil oder mehrere Teile seines Vermögens jeweils als Gesamtheit auf einen oder mehrere andere, bereits bestehende oder neugegründete Rechtsträger. Die Anteilsinhaber des abspaltenden Rechtsträgers erhalten Anteile an dem übernehmenden oder neuen Rechtsträger.

Rz. 00.11

Die Ausgliederung entspricht im Wesentlichen der Abspaltung. Die Anteile an den übernehmenden oder neuen Rechtsträgern fallen jedoch in das Vermögen des ausgliedernden Rechtsträgers.

Rz. 00.12

Das Umwandlungsgesetz lässt folgende Spaltungsmöglichkeiten zu:

von \ auf	Pers. Handels-Ges.	GmbH	AG/KGaA	e.G.	e.V.	Gen. Prüfungs-verband	VVaG
Pers. Handels-Ges.	§§ 125, 135	§§ 125, 135, 138 - 140	§§ 125, 135, 141 - 146	§§ 125, 135, 147, 148	–	–	–
GmbH	§§ 125, 135, 138 - 140	§§ 125, 135, 138 - 140	§§ 125, 135, 138 - 140, 141 - 146	§§ 125, 135, 138 - 140, 147, 148	–	–	–
AG/KGaA	§§ 125, 133, 141 - 146	§§ 137 - 140, 141 - 146	§§ 141 - 147	§§ 141 - 146, 147, 148	–	–	–
e.G.	§§ 125, 135, 147, 148	§§ 125, 135, 138 - 140, 147, 148	§§ 125, 135, 141 - 146, 147, 148	§§ 125, 135, 147, 148	–	–	–
e.V./wirtsch. Verein	§§ 125, 135	§§ 125, 135, 138 - 140	§§ 125, 135, 141 - 146	§§ 125, 135, 147, 148	§§ 125, 135, 149	–	–
Gen. Prüfungs-verband	–	nur Ausgliedg. §§ 125, 135, 138 - 140, 150	nur Ausgliedg. §§ 125, 135, 141 - 146, 150	–	–	§§ 125, 150[3)]	–
VVaG	–	nur Ausgliedg. keine Übertrag. von Vers.verträgen §§ 125, 135, 138 - 140, 151	nur Vers.-AG; nur Auf-/Abspaltung §§ 125, 135, 141 - 146, 151	–	–	–	nur Auf-/Abspaltung §§ 125, 135, 151
Einzelkaufmann	nur Ausgliedg. §§ 125, 152[3)] - 157	nur Ausgliedg. §§ 125, 135, 138 - 140, 152 - 160	nur Ausgliedg. §§ 125, 135, 141 - 146, 152 - 160	nur Ausgliedg. §§ 125, 147[3)], 148, 152 - 157	–	–	–
Stiftungen	nur Ausgliedg. §§ 125, 161[3)] - 167	nur Ausgliedg. §§ 125, 135, 138 - 140, 161 - 167	nur Ausgliedg. §§ 125, 135, 141 - 146, 161 - 167	–	–	–	–
Gebiets-Kö.	nur Ausgliedg. §§ 125, 168[3)] - 173	nur Ausgliedg. §§ 125, 135, 138 - 140, 168 - 173	nur Ausgliedg. §§ 125, 135, 141 - 146, 168 - 173	nur Ausgliedg. §§ 125, 135, 147, 148, 168 - 173	–	–	–

IV. Vermögensübertragung

Rz. 00.13

Die Vermögensübertragung ist als Vollübertragung und als Teilübertragung zugelassen. Ihre Ausgestaltung entspricht bei der Vollübertragung der Verschmelzung, bei der Teilübertragung der Spaltung. Der Unterschied besteht darin, dass die Gegenleistung für das übertragene Vermögen nicht in Anteilen an den übernehmenden oder neuen Rechtsträgern besteht, sondern in einer Gegenleistung anderer Art, insbesondere in einer Barleistung.

---

3) [amtliche Anmerkung:] Vorgang ist nur zur Aufnahme durch einen übernehmenden Rechtsträger möglich.

Umwandlungssteuererlass v. 25.03.1998

Rz. 00.14

Die Vermögensübertragung ist auf folgende Fälle beschränkt:

von \ auf	Öff. Hand	VVaG	öffentl.-rechtl. Versicherungsunternehmen	Vers.-AG
GmbH				
Vollübertr.	§§ 175 Nr. 1, 176	–	–	–
Teilübertr.	§§ 175 Nr. 1, 177	–	–	–
AG/KGaA				
Vollübertr.	§§ 175 Nr. 1, 176	–	–	–
Teilübertr.	§§ 175 Nr. 1, 177	–	–	–
Vers.AG				
Vollübertr.	–	§§ 175 Nr. 2 Buchst. a), 178	§§ 175 Nr. 2 Buchst. a), 178	–
Teilübertr.	–	§§ 175 Nr. 2 Buchst. a), 179	§§ 175 Nr. 2 Buchst. a), 179	–
VVaG				
Vollübertr.	–	–	§§ 175 Nr. 2 Buchst. b), 180 - 183, 185 - 187	§§ 175 Nr. 2 Buchst. b), 180 - 183, 185 - 187
Teilübertr.	–	–	§§ 175 Nr. 2 Buchst. b), 184 - 187	§§ 175 Nr. 2 Buchst. b), 184 - 187
öffentl.-rechtl. Versicherungsunternehmen				
Vollübertr.	–	§§ 175 Nr. 2 Buchst. c), 188	–	§§ 175 Nr. 2 Buchst. c), 188
Teilübertr.	–	§§ 175 Nr. 2 Buchst. c), 189	–	§§ 175 Nr. 2 Buchst. c), 189

B. Steuerliche Folgen der Umwandlungen nach dem Umwandlungssteuergesetz (UmwStG)

1. Abschnitt: Allgemeine Vorschriften zum zweiten bis siebten Teil

Zu § 1 UmwStG: Anwendungsbereich der Vorschriften des zweiten bis siebten Teils

I. Anwendungsbereich der §§ 2 bis 19 UmwStG

Rz. 01.01

Die Vorschriften der §§ 2 bis 19 UmwStG regeln ausschließlich die steuerlichen Folgen der Umwandlung für die Körperschaft-, die Einkommen-, die Gewerbe- und die Vermögensteuer. Steuerliche Folgen für andere Steuerarten (z.B. die Umsatz-, die Grunderwerb- und die Erbschaftsteuer) regelt das UmwStG nicht. So bleibt die übertragende Körperschaft bis zur Eintragung der Umwandlung im Handelsregister Unternehmer im Sinne des UStG.

Rz. 01.02

Die Vorschriften des zweiten bis siebten Teils sind ausschließlich auf Umwandlungen i.S. des § 1 UmwG (vgl. unter A) – mit Ausnahme der Ausgliederung – anzuwenden.

Rz. 01.03

Der übertragende und der übernehmende Rechtsträger müssen ihren Sitz im Inland haben (Rz. 00.03). Als übertragende Rechtsträger kommen nur die in § 1 Abs. 1 UmwStG abschließend aufgezählten Körperschaften in Betracht. Diese Körperschaften müssen nach § 1 Abs. 5 UmwStG unbeschränkt steuerpflichtig i.S. des § 1 KStG sein. Ausländische

Gesellschaften mit Geschäftsleitung im Inland und Sitz im Ausland (BFH v. 23.06.1992, BStBl. II 1992 S. 972) kommen weder als übertragende noch als übernehmende Rechtsträger in Betracht.

Urteil des EuGH v. 13.12.2005 (Rs. „SEVIC"), C-411/03:[4]
Die Beschränkung der Umwandlungsmöglichkeiten auf Rechtsträger mit Sitz im Inland stellt einen Verstoß gegen primäres Europarecht, in concreto gegen die Niederlassungsfreiheit i.S.d. Artikel 43 und 48 EG-Vertrag, dar.

Rz. 01.04

Für eine Kapitalgesellschaft, an der ein Dritter atypisch still beteiligt ist (z.B. GmbH & Atypisch Still), gelten die Vorschriften des UmwStG für die Umwandlung von Körperschaften, obwohl steuerlich eine Mitunternehmerschaft (vgl. u.a. BFH v. 10.08.1994, BStBl. II 1995 S. 171) angenommen wird. Die atypisch stille Gesellschaft setzt sich – vorbehaltlich einer anderweitigen Bestimmung durch die an der Umwandlung Beteiligten – bei dem übernehmenden Rechtsträger fort.

Rz. 01.05

Die nach § 1 Abs. 2 bis 4 UmwStG auf die einzelnen Umwandlungsvorgänge des § 1 Abs. 1 UmwG (vgl. unter A) anzuwendenden Vorschriften des ersten bis siebten Teils des UmwStG ergeben sich aus folgender Übersicht:

1. **Verschmelzung**
   a) Körperschaft auf Personengesellschaft oder natürliche Person:
      §§ 2, 3 - 10, 17[5], 18 UmwStG
   b) Körperschaft auf Körperschaft:
      §§ 2, 11 - 13, 17[5], 19 UmwStG

2. **Formwechsel**
   a) Kapitalgesellschaft und Genossenschaft auf Personengesellschaft:
      §§ 14, 17[5], 18 UmwStG
   b) Körperschaft auf Körperschaft:
      Keine Regelung im UmwStG, da das Steuerrecht in diesen Fällen den identitätswahrenden Charakter der handelsrechtlichen Umwandlung nachvollzieht.

3. **Spaltung**
   a) Körperschaft auf Körperschaft:
      §§ 2, 15, 17[5], 19 UmwStG
   b) Körperschaft auf Personengesellschaft:
      §§ 2, 16, 17[5], 18 UmwStG

4. **Vermögensübertragung (Voll- oder Teilübertragung):**
   §§ 2, 11 - 13, 17[5], 19 oder 15, 17[5], 19 UmwStG

Rz. 01.06

Die Vorschriften des zweiten bis siebten Teils (§§ 2 bis 19 UmwStG) gelten nicht für die Ausgliederung. Die für das übertragene Vermögen gewährten Anteile werden hierbei nicht

---

4) Vgl. EuGH v. 13.12.2005 (Rs. „SEVIC"), C-411/03, NZG 2006 S. 112.
5) § 17 UmwStG aufgehoben; nach § 27 Abs. 4 UmwStG 1995 ist § 17 UmwStG i.d.F. des Gesetzes v. 28.10.1994 (BGBl. I 1994 S. 3267) letztmals auf Abfindungen anzuwenden, die auf Rechtsakten beruhen, bei denen der steuerliche Übertragungsstichtag (§ 2 Abs. 1 UmwStG) vor dem 01.01.1999 liegt.

den Anteilseignern, sondern dem übertragenden Rechtsträger selbst gewährt. Steuerlich handelt es sich um eine Einbringung, die unter die Vorschriften der §§ 20 ff. UmwStG fällt.

II. Bedeutung der registerrechtlichen Entscheidung

Rz. 01.07
Bei der Frage, ob eine Umwandlung i.S. des § 1 UmwG vorliegt, ist regelmäßig von der registerrechtlichen Entscheidung auszugehen.

Zu § 2 UmwStG: Steuerliche Rückwirkung
I. Steuerlicher Übertragungsstichtag

Rz. 02.01
Der steuerliche Übertragungsstichtag i.S. des § 2 Abs. 1 UmwStG ist mit dem handelsrechtlichen Umwandlungsstichtag nicht identisch.

Rz. 02.02
Der handelsrechtliche Umwandlungsstichtag (Verschmelzung § 5 Abs. 1 Nr. 6 UmwG, Spaltung § 126 Abs. 1 Nr. 6 UmwG, Vollübertragung § 176 i.V.m. § 5 Abs. 1 Nr. 6 UmwG, Teilübertragung § 177 i.V.m. § 126 Abs. 1 Nr. 6 UmwG) ist der Zeitpunkt, von dem an die Handlungen des übertragenden Rechtsträgers als für Rechnung des übernehmenden Rechtsträgers vorgenommen gelten. Der übertragende Rechtsträger hat auf den Schluss des Tages, der dem Umwandlungsstichtag vorangeht, eine Schlussbilanz aufzustellen (§ 17 Abs. 2 UmwG).

__Urteil des FG Köln v. 26.10.2004 (Revision anhängig unter IV R 69/05), 1-K-5268/00:__[6]
Bei einer im Zuge einer verschmelzenden Umwandlung zweier Kapitalgesellschaften neu gegründeten Personengesellschaft ist der Übernahmegewinn im Jahr 1996 anzusetzen, wenn die Parteien des Umwandlungsvertrages den Zeitpunkt, zu dem die Handlungen der übertragenden Rechtsträger als für Rechnung des übernehmenden Rechtsträgers gelten sollen, auf den 01.01.1996 00.05 Uhr festgelegt haben.

Der Zeitpunkt, zu dem die Handlungen des übertragenden Rechtsträgers als für Rechnung des übernehmenden Rechtsträgers gelten sollen, kann bei entsprechender vertraglicher Vereinbarung im Laufe eines Tages liegen.

Rz. 02.03
Der steuerliche Übertragungsstichtag ist der Tag, auf den der übertragende Rechtsträger die Schlussbilanz aufzustellen hat (Rz. 02.02). Die Wahl eines anderen steuerlichen Übertragungsstichtags ist nicht möglich. Wegen des steuerlichen Übertragungsstichtags beim Formwechsel einer Kapitalgesellschaft oder einer Genossenschaft in eine Personengesellschaft vgl. die Anweisungen zu § 14 UmwStG.

Beispiel:

Schlussbilanz:	31.12.2001
Umwandlungsstichtag:	01.01.2002
Steuerlicher Übertragungsstichtag:	31.12.2001

---

[6] Vgl. FG Köln v. 26.10.2004 (Revision anhängig unter IV R 69/05), 1-K-5268/00, EFG 2005 S. 1153.

Rz. 02.04

Nach § 17 Abs. 2 UmwG darf das Registergericht die Verschmelzung nur eintragen, wenn die Bilanz auf einen höchstens acht Monate vor der Anmeldung liegenden Stichtag aufgestellt worden ist. Die Vorschrift ist auf die Spaltung (§ 125 UmwG) und auf die Vermögensübertragung (§§ 176, 177 UmwG) entsprechend anzuwenden.

Steuerlich sind das Einkommen und das Vermögen der übertragenden Körperschaft sowie der Übernehmerin nach § 2 Abs. 1 UmwStG so zu ermitteln, als ob das Vermögen der Körperschaft mit Ablauf des steuerlichen Übertragungsstichtags ganz oder teilweise auf die Übernehmerin übergegangen wäre. Ist übernehmender Rechtsträger eine Personengesellschaft, gilt dies für das Einkommen und das Vermögen der Gesellschafter (§ 2 Abs. 2 UmwStG).

Rz. 02.05

Der Übertragungsgewinn und der Übernahmegewinn entstehen stets in demselben Veranlagungszeitraum.

> **Beispiel:**
> Die X-GmbH und die Y-GmbH werden handelsrechtlich zum 01.01.2002 durch Neugründung auf die XY-OHG verschmolzen. Die X-GmbH und die Y-GmbH erstellen ihre Schlussbilanzen zum 31.12.2001. Das Vermögen gilt steuerlich als am 31.12.2001 (24 Uhr) übergegangen (§ 2 Abs. 1 UmwStG). Der Übertragungsgewinn und das Übernahmeergebnis (§ 4 Abs. 4 bis 6 UmwStG) sind steuerlich dem VZ 01 zuzurechnen. Daher sind für den VZ 01 sowohl für die übertragenden als auch für den übernehmenden Rechtsträger alle erforderlichen Veranlagungen und Feststellungen durchzuführen. Bei einer Verschmelzung durch Neugründung ist die Umwandlung beim übernehmenden Rechtsträger der einzige Geschäftsvorfall im VZ 01.

II. Steuerliche Rückwirkung

1. Rückwirkungsfiktion

a) Grundsatz

Rz. 02.06

Wird die übertragende Körperschaft handelsrechtlich aufgelöst und ihr Vermögen ohne Abwicklung auf einen anderen Rechtsträger übertragen, geht die Vorschrift des § 2 Abs. 1 UmwStG davon aus, dass das Vermögen der übertragenden Körperschaft mit Ablauf des steuerlichen Übertragungsstichtags auf die Übernehmerin übergegangen ist und die übertragende Körperschaft nicht mehr besteht. Die Steuerpflicht der übertragenden Körperschaft endet mit Ablauf des steuerlichen Übertragungsstichtags. Die Steuerpflicht eines neugegründeten übernehmenden Rechtsträgers beginnt mit Ablauf dieses Stichtags.

Rz. 02.07

Der übertragende Rechtsträger besteht zivilrechtlich in der Zeit zwischen dem steuerlichen Übertragungsstichtag und der Eintragung der Umwandlung in das Handelsregister (Rückwirkungszeitraum) fort. Ab dem Umwandlungsstichtag (§ 5 Abs. 1 Nr. 6 UmwG und § 126 Abs. 1 Nr. 6 UmwG) gelten die Handlungen des übertragenden Rechtsträgers als für Rechnung des übernehmenden Rechtsträgers vorgenommen. Die Geschäftsvorfälle im Rückwirkungszeitraum werden auch steuerlich dem übernehmenden Rechtsträger zugerechnet.

Rz. 02.08

Die steuerliche Rückwirkungsfiktion des § 2 Abs. 1 UmwStG setzt nicht voraus, dass auch die gesellschaftsrechtlichen Voraussetzungen am steuerlichen Übertragungsstichtag vorliegen. So ist z.B. eine rückwirkende Verschmelzung durch Aufnahme (§§ 4 ff., 39 ff. UmwG) möglich, auch wenn die aufnehmende Gesellschaft am steuerlichen Übertragungsstichtag zivilrechtlich noch nicht besteht.

b) Ausnahme von der Rückwirkungsfiktion für ausscheidende und abgefundene Anteilseigner

Rz. 02.09

Von dieser Rückwirkung sind Anteilseigner der übertragenden Körperschaft insoweit ausgenommen, als sie in der Zeit zwischen dem steuerlichen Übertragungsstichtag und der Eintragung der Umwandlung im Handelsregister (Rückwirkungszeitraum) ganz oder teilweise aus der übertragenden Körperschaft (z.B. durch Veräußerung der Anteile) ausscheiden. Soweit sie ausscheiden, sind sie steuerlich im Rückwirkungszeitraum als Anteilseigner der übertragenden Körperschaft zu behandeln.

Rz. 02.10

Die vorstehenden Ausführungen gelten auch für Anteilseigner, die aus dem umgewandelten Rechtsträger gegen Barabfindung gemäß §§ 29, 125 und 207 UmwG ausscheiden. Bei Verschmelzung, Spaltung oder Formwechsel eines Rechtsträgers hat der übernehmende Rechtsträger jedem Anteilsinhaber, der gegen den Umwandlungsbeschluss des übertragenden Rechtsträgers Widerspruch eingelegt hat, den Erwerb seiner Anteile gegen eine angemessene Barabfindung anzubieten (§§ 29, 125 und 207 UmwG). Der abgefundene Anteilseigner scheidet danach zwar handelsrechtlich erst nach der Handelsregistereintragung und damit aus dem auch zivilrechtlich bereits bestehenden übernehmenden Rechtsträger aus. Steuerlich ist er jedoch so zu behandeln, als ob er aus dem übertragenden Rechtsträger ausgeschieden wäre (Rz. 02.13 und 02.15).

2. Formwechsel

Rz. 02.11

Die Rückwirkungsfiktion gilt entsprechend auch für den Formwechsel i.S. des § 14 UmwStG. § 14 Satz 3 UmwStG verweist insoweit auf die Rechtsfolgen des § 2 Abs. 1 UmwStG.

III. Ausscheidende Anteilseigner

1. Vermögensübergang auf eine Personengesellschaft

Rz. 02.12

Ein Anteilseigner, für den die Rückwirkungsfiktion des § 2 Abs. 1 UmwStG nicht gilt (Rz. 02.09 und 02.10), veräußert steuerlich Anteile an einer Körperschaft – nicht einen Mitunternehmeranteil. Der Veräußerungsgewinn ist beim Anteilseigner nach den für die Veräußerung von Anteilen an Körperschaften geltenden steuerlichen Vorschriften (z.B. §§ 17, 34 EStG) zu beurteilen.

Rz. 02.13

Der Übernahmegewinn der Personengesellschaft ist so zu ermitteln, als hätte der Erwerber die Anteile am steuerlichen Übertragungsstichtag angeschafft (§ 5 Abs. 1 UmwStG) und bei Vorliegen der Voraussetzungen des § 5 Abs. 2 und 3 UmwStG ins Betriebsvermögen der Personengesellschaft überführt. Wegen weiterer Auswirkungen wird auf die Ausführungen zu § 5 verwiesen.

Beispiel:

A ist Alleingesellschafter der X-GmbH und hält seine Anteile im Privatvermögen. Die X-GmbH wird rückwirkend zum 01.01.2002 auf die bereits bestehende Y-OHG verschmolzen. Die Eintragung im Handelsregister erfolgt am 15.06.2002. A veräußert am 01.03.2002 die Hälfte seiner Beteiligung. Beim Erwerber gehört die Beteiligung zum Betriebsvermögen.

Lösung:

Soweit A seinen Anteil an der X-GmbH veräußert, findet § 2 Abs. 1 UmwStG keine Anwendung. A veräußert einen Anteil an einer Kapitalgesellschaft. Der Erwerber erwirbt ebenfalls einen Anteil an einer Kapitalgesellschaft. Gemäß § 5 Abs. 1 UmwStG gilt dieser Anteil als am steuerlichen Übertragungsstichtag angeschafft und nach § 5 Abs. 3 UmwStG als in das Betriebsvermögen der Personengesellschaft mit den Anschaffungskosten überführt. Der Übernahmegewinn wird dem Erwerber insoweit zugerechnet.

2. Vermögensübergang auf eine Körperschaft
Rz. 02.14

Veräußert ein Anteilseigner, für den die Rückwirkungsfiktion des § 2 Abs. 1 UmwStG nicht gilt (Rz. 02.09 und 02.10), eine Beteiligung an der übertragenden Körperschaft, ist die Veräußerung steuerlich nach den allgemeinen Grundsätzen zu beurteilen (z.B. §§ 17, 34 EStG). Der Erwerber erwirbt auf den Übertragungsstichtag (§ 12 Abs. 4 i.V.m. § 5 Abs. 1 UmwStG) eine Beteiligung an der übertragenden Körperschaft. An ihre Stelle tritt im Rahmen der Umwandlung die Beteiligung an der übernehmenden Körperschaft. Für die Besteuerung des Erwerbers gilt dann insoweit § 13 UmwStG.

IV. Gewinnausschüttungen bei Vermögensübertragung auf eine Personengesellschaft oder eine andere Körperschaft

1. Andere Ausschüttungen i.S. des § 27 Abs. 3 Satz 2 KStG im Wirtschaftsjahr der Umwandlung
Rz. 02.15

Die in dem letzten Wirtschaftsjahr der übertragenden Körperschaft (Wirtschaftsjahr der Umwandlung) vorgenommenen anderen Ausschüttungen i.S. des § 27 Abs. 3 Satz 2 KStG (u.a. abgeflossene Vorabausschüttungen, abgeflossene verdeckte Gewinnausschüttungen) haben das Betriebsvermögen der übertragenden Körperschaft zum Übertragungsstichtag und damit auch das übergehende Vermögen bereits verringert.

Rz. 02.16

Für diese Ausschüttungen gilt das verwendbare Eigenkapital der übertragenden Körperschaft zum Schluss des Wirtschaftsjahres der Umwandlung, aber vor Verringerung durch diese Ausschüttungen und der sich durch den Vermögensübergang ergebenden Änderungen als verwendet (§ 28 Abs. 2 Satz 2 KStG). Wegen der Verringerung des verwendbaren Eigenkapitals der Übertragerin durch den Vermögensübergang in den Fällen der Verschmelzung und Spaltung zwischen Körperschaften vgl. unter Teil D.

Rz. 02.17

Die sich aufgrund der Ausschüttungen ergebenden Körperschaftsteueränderungen i.S. des § 27 Abs. 1 KStG sind in der Körperschaftsteuerveranlagung für den letzten Veranlagungszeitraum (Veranlagungszeitraum der Umwandlung) der übertragenden Körperschaft zu berücksichtigen (§ 27 Abs. 3 Satz 2 KStG).

Rz. 02.18

Die Steuerbescheinigung nach § 44 KStG ist von der übertragenden Körperschaft oder ihrem Rechtsnachfolger auszustellen.

Rz. 02.19

Bei Umwandlung auf eine Personengesellschaft ist für die Ermittlung der anzurechnenden Körperschaftsteuer nach § 10 Abs. 1 UmwStG, die Erhöhung des Übernahmegewinns nach § 4 Abs. 5 UmwStG sowie die Ermittlung der Einkünfte der nicht wesentlich beteiligten Anteilseigner i.S. des § 7 UmwStG von dem verwendbaren Eigenkapital der übertragenden Körperschaft nach Verrechnung der Ausschüttungen i.S. der Rz. 02.16, aber vor Verringerung durch die Vermögensübertragung auszugehen.

Rz. 02.20

Für den Zufluss beim Anteilseigner gelten die allgemeinen Grundsätze (vgl. u.a. H 154 „Zufluss bei Gewinnausschüttungen" EStH 1996[7]).

2. Vor dem steuerlichen Übertragungsstichtag begründete Ausschüttungsverbindlichkeiten

a) Übertragende Körperschaft

Rz. 02.21

Am steuerlichen Übertragungsstichtag bereits beschlossene, aber noch nicht verwirklichte (Abschnitt 77 Abs. 6 und 7 KStR 1995[8]) Gewinnausschüttungen sind als Schuldposten (Ausschüttungsverbindlichkeit) in der steuerlichen Übertragungsbilanz zu berücksichtigen. Das gilt sowohl für offene Gewinnausschüttungen für frühere Jahre als auch für beschlossene Vorabausschüttungen für das letzte oder frühere Wirtschaftsjahr der übertragenden Körperschaft (z.B. Vorabausschüttungsbeschluss vor dem steuerlichen Übertragungsstichtag, Zufluss im Rückwirkungszeitraum oder später), und auch für verdeckte Gewinnausschüttungen, die in dem Veranlagungszeitraum, in den der steuerliche Übertragungsstichtag fällt, nach § 8 Abs. 3 Satz 2 KStG bei der Ermittlung des Einkommens zu berücksichtigen sind, die aber erst im Rückwirkungszeitraum oder später abfließen (z.B. passivierte Tantieme, die erst nach dem steuerlichen Übertragungsstichtag gezahlt wird).

Rz. 02.22

Die Ausschüttungen gelten unabhängig von ihrer tatsächlichen Auszahlung und unabhängig davon, ob sie an ganz oder teilweise ausgeschiedene oder an verbleibende Anteilseigner geleistet werden, als am steuerlichen Übertragungsstichtag erfolgt. Die übertragende Körperschaft hat die Ausschüttungsbelastung herzustellen. Dabei sind vor dem steuerlichen Übertragungsstichtag beschlossene offene Ausschüttungen nach § 28 Abs. 2 Satz 1 KStG mit dem verwendbaren Eigenkapital zum Schluss des letzten vor dem Gewinnverteilungsbeschluss abgelaufenen Wirtschaftsjahrs zu verrechnen. Vorabausschüttungen und verdeckte Gewinnausschüttungen, die erst im Rückwirkungszeitraum oder später abfließen, sind mit dem verwendbaren Eigenkapital zum Schluss des Wirtschaftsjahrs der Umwandlung, aber vor Verringerung wegen dieser Ausschüttungen und der sich durch den Vermögensübergang ergebenden Änderungen zu verrechnen (vgl. Rz. 02.16).

Rz. 02.23

Die Körperschaftsteueränderung i.S. des § 27 Abs. 1 KStG ist in der Körperschaftsteuerveranlagung für den Veranlagungszeitraum zu berücksichtigen, in dem das Wirtschaftsjahr endet, für das die auf einem den gesellschaftsrechtlichen Vorschriften entsprechenden Gewinnverteilungsbeschluss für ein abgelaufenes Wirtschaftsjahr beruhende Ausschüttung erfolgt (§ 27 Abs. 3 Satz 1 KStG). Bei anderen Ausschüttungen tritt die Körperschaftsteueränderung

---

[7] Geändert durch EStH 1998; vgl. H 154 „Zuflusszeitpunkt bei Gewinnausschüttungen" EStH 1998 - 2003 und H 20.2 „Zuflusszeitpunkt bei Gewinnausschüttungen" EStH 2005.

[8] Geändert durch KStR 2004; vgl. jetzt H 75 „Abflusszeitpunkt" KStH 2004.

i.S. des § 27 Abs. 1 KStG für den Veranlagungszeitraum ein, in dem die Ausschüttung erfolgt (§ 27 Abs. 3 Satz 2 KStG). Da die vor dem steuerlichen Übertragungsstichtag begründeten anderen Ausschüttungen als zum steuerlichen Übertragungsstichtag erfolgt gelten, tritt die Körperschaftsteueränderung für den letzten Veranlagungszeitraum (Veranlagungszeitraum der Umwandlung) der übertragenden Körperschaft ein. Die Steuerbescheinigung nach § 44 KStG ist von der übertragenden Körperschaft oder dem übernehmenden Rechtsträger als Rechtsnachfolger auszustellen.

b) Zufluss beim Anteilseigner
Rz. 02.24

Für den Zufluss beim Anteilseigner ist danach zu unterscheiden, ob die Ausschüttung im Rückwirkungszeitraum Anteilen zuzurechnen ist, die unter die Rückwirkungsfiktion fallen oder nicht (Rz. 02.09 und 02.10). Ausschüttungen auf Anteile, die unter die Rückwirkungsfiktion fallen, gelten dem Anteilseigner, der Gesellschafter der übernehmenden Personengesellschaft wird, als mit dem Vermögensübergang am steuerlichen Übertragungsstichtag (§ 2 Abs. 1 UmwStG) zugeflossen. Für Zwecke der Kapitalertragsteuer ist der Zufluss i.S. des § 44 Abs. 1 Satz 2 EStG spätestens mit der Eintragung der Umwandlung im Handelsregister anzunehmen. Für Ausschüttungen auf Anteile, die nicht unter die Rückwirkungsfiktion fallen (Rz. 02.09 und 02.10), gelten die allgemeinen Grundsätze (vgl. u.a. H 154 „Zuflusszeitpunkt bei Gewinnausschüttungen" EStH 1996[9]).

Rz. 02.25

Bei Umwandlung auf eine Kapitalgesellschaft gelten für den Zufluss der Ausschüttung beim Anteilseigner ebenfalls die allgemeinen Grundsätze.

c) Übernehmender Rechtsträger
Rz. 02.26

Beim übernehmenden Rechtsträger stellt der Abfluss der Gewinnausschüttung lediglich eine erfolgsneutrale Erfüllung einer Ausschüttungsverbindlichkeit dar.

d) Vorgezogene Aktivierung von Dividendenansprüchen
Rz. 02.27

Rz. 02.21 - 02.26 gelten entsprechend in den Fällen der vorgezogenen Aktivierung von Dividendenansprüchen i.S. des BGH-Urteils v. 03.11.1975 (BGHZ 65 S. 230) und des EuGH-Urteils v. 27.06.1996 (EuGHE I 1996 S. 3133).

e) Pensionsrückstellungen
Rz. 02.28

Wegen der steuerlichen Behandlung von Pensionsrückstellungen ergeht ein gesondertes BMF-Schreiben zu dem BFH-Urteil v. 29.06.1994.[10]

---

9) Entspricht H 154 „Zuflusszeitpunkt bei Gewinnausschüttungen" EStH 1998 - 2003 und H 20.2 „Zuflusszeitpunkt bei Gewinnausschüttungen" EStH 2005.
10) Vgl. BFH v. 29.06.1994, I R 137/93, BStBl. II 2002 S. 366.

3. Nach dem steuerlichen Übertragungsstichtag beschlossene Gewinnausschüttungen sowie verdeckte Gewinnausschüttungen und andere Ausschüttungen i.S. des § 27 Abs. 3 Satz 2 KStG im Rückwirkungszeitraum, für die noch kein Schuldposten ausgewiesen ist

Rz. 02.29

Ausschüttungen der zivilrechtlich noch bestehenden übertragenden Körperschaft im Rückwirkungszeitraum sind steuerlich nach der Rückwirkungsfiktion des § 2 Abs. 1 UmwStG so zu behandeln, als hätte der übernehmende Rechtsträger sie vorgenommen. Bei Umwandlung einer Körperschaft auf eine Personengesellschaft handelt es sich um eine Entnahme.

Rz. 02.30

Dies gilt nicht für Ausschüttungen, die auf Anteile entfallen, für die die Rückwirkungsfiktion nicht gilt (Rz. 02.09 und 02.10).

Rz. 02.31

Daher sind den Anteilen, für die die Rückwirkungsfiktion nicht gilt, Ausschüttungen jeweils nach dem Verhältnis des Nennwertes dieser Anteile zum Nennwert der gesamten Beteiligung des Anteilseigners zuzuordnen.

a) Ausschüttungen auf Anteile, die unter die Rückwirkungsfiktion fallen

Rz. 02.32

Für im Rückwirkungszeitraum beschlossene Gewinnausschüttungen auf Anteile, die unter die Rückwirkungsfiktion fallen, ist in der steuerlichen Übertragungsbilanz kein Passivposten einzustellen. Das gleiche gilt für verdeckte Gewinnausschüttungen und andere Ausschüttungen i.S. des § 27 Abs. 3 Satz 2 KStG im Rückwirkungszeitraum. Die Ausschüttung stellt beim übernehmenden Rechtsträger grundsätzlich einen gewinnneutralen Vorgang (bei Umwandlung auf eine Personengesellschaft eine Entnahme – bei Umwandlung auf eine andere Körperschaft eine Gewinnausschüttung) dar. Bei der Umwandlung auf eine andere Körperschaft sind jedoch die Grundsätze der verdeckten Gewinnausschüttung (§ 8 Abs. 3 Satz 2 KStG) zu beachten.

b) Ausschüttungen auf Anteile, die nicht unter die Rückwirkungsfiktion fallen

Rz. 02.33

Im Rückwirkungszeitraum beschlossene offene Gewinnausschüttungen für frühere Wirtschaftsjahre und Vorabausschüttungen für das laufende Wirtschaftsjahr sowie verdeckte Gewinnausschüttungen i.S. des § 8 Abs. 3 Satz 2 KStG und andere Ausschüttungen i.S. des § 27 Abs. 3 Satz 2 KStG im Rückwirkungszeitraum auf Anteile, die nicht unter die Rückwirkungsfiktion fallen, werden steuerlich noch der übertragenden Körperschaft zugerechnet.

Rz. 02.34

In Höhe der durch diese Gewinnausschüttungen eintretenden Vermögensminderung ist in der steuerlichen Schlussbilanz der übertragenden Körperschaft ein passiver Korrekturposten einzustellen, der wie eine Ausschüttungsverbindlichkeit zu behandeln ist. Dadurch verringert sich das übergehende Vermögen. Der steuerliche Gewinn der übertragenden Körperschaft mindert sich hierdurch nicht. Er ist außerhalb der Steuerbilanz entsprechend zu korrigieren.

Rz. 02.35

Die übertragende Körperschaft hat die Ausschüttungsbelastung herzustellen (§ 27 Abs. 1 KStG). Für die genannten Ausschüttungen gilt das verwendbare Eigenkapital als verwendet, das sich vor Verringerung durch diese Ausschüttungen und der sich durch den Vermögensübergang ergebenden Änderungen ergibt (Rz. 02.16). Für nach dem steuerlichen Übertragungsstichtag beschlossene offene Gewinnausschüttungen für frühere Wirtschaftsjahre tritt die Minderung oder Erhöhung der Körperschaftsteuer für den Veranlagungszeitraum ein, in dem das Wirtschaftsjahr endet, für das die Ausschüttung erfolgt (§ 27 Abs. 3 Satz 1 KStG). Bei den anderen Ausschüttungen ändert sich die Körperschaftsteuer für den Veranlagungszeitraum der Umwandlung. Der passive Korrekturposten wird auch in der Steuerbilanz des übernehmenden Rechtsträgers ausgewiesen. Erfolgt später die Gewinnausschüttung, ist sie mit dem passiven Korrekturposten zu verrechnen.

Rz. 02.36

Bei den Anteilseignern führen die Ausschüttungen einschließlich der anzurechnenden oder zu vergütenden Körperschaftsteuer zu Einkünften i.S. des § 20 Abs. 1 Nr. 1 bis 3 EStG. Die Anrechnung und Vergütung der Körperschaftsteuer richtet sich nach § 36 Abs. 2 Nr. 3 Satz 2, 3, § 36b EStG, § 51 KStG. Die Anrechnung und Erstattung der Kapitalertragsteuer richtet sich nach § 36 Abs. 2 Nr. 2, § 44b und 44c EStG. Wegen des Zeitpunkts der Besteuerung gelten die allgemeinen Grundsätze (vgl. u.a. H 154 „Zeitpunkt bei Gewinnausschüttungen" EStH 1996[11]).

Rz. 02.37

Die Steuerbescheinigung i.S. des § 44 KStG ist von der übertragenden Körperschaft oder deren Rechtsnachfolgerin auszustellen.

Beispiel (Umwandlung auf eine Personengesellschaft):

An der X-GmbH sind die Gesellschafter A zu 10 v.H., B zu 40 v.H. und C zu 50 v.H. beteiligt. Die X-GmbH wird zum 01.01.2002 (steuerlicher Übertragungsstichtag 31.12.2001) zusammen mit der Y-GmbH durch Neugründung auf die XY-OHG verschmolzen. Die Gesellschafterversammlung der X-GmbH beschließt am 30.04.2002 eine Gewinnausschüttung für 2001. Auf A entfällt eine Dividende i.H. von 7.000 DM. Die Ausschüttung wird am 31.05.2002 ausgezahlt. A verkauft seine im Privatvermögen gehaltene Beteiligung an der X-GmbH zum 01.07.2002. Die Eintragung der Verschmelzung im Handelsregister erfolgt am 31.08.2002. Die X-GmbH verfügt zum 31.12.2001 über ausreichendes EK 45.

Lösung:

Für die Anteilseigner B und C der übertragenden X-GmbH, die Gesellschafter der übernehmenden XY-OHG werden, sind die Gewinnausschüttungen als Entnahmen zu behandeln. Nach § 2 Abs. 1 UmwStG ist davon auszugehen, dass das Vermögen der übertragenden Körperschaft bereits mit Ablauf des steuerlichen Übertragungsstichtags auf die Übernehmerin übergegangen ist und die Körperschaft im Zeitpunkt der Ausschüttung nicht mehr besteht. Die für die Gewinnausschüttung verwendeten offenen Rücklagen einschließlich der Körperschaftsteuerbelastung der X-GmbH werden im Übernahmeergebnis (§ 4 Abs. 4 bis 6 UmwStG) erfasst. Die darauf lastende Körperschaftsteuer ist bei Vorliegen der Voraussetzungen nach § 10 UmwStG anzurechnen.

Soweit die Ausschüttung auf A entfällt, gilt die Rückwirkung des § 2 Abs. 1 UmwStG nicht (vgl. Rz. 02.09). Die X-GmbH hat für diesen Teil der Ausschüttung die Ausschüttungsbelastung herzustellen (§ 27 Abs. 1 KStG).

---

11) Geändert durch EStH 1998; vgl. H 154 „Zuflusszeitpunkt bei Gewinnausschüttungen" EStH 1998 - 2003 und H 20.2 „Zuflusszeitpunkt bei Gewinnausschüttungen" EStH 2005.

Dividende	7.000 DM
aus EK 45 (55/70)	5.500 DM
KSt-Minderung (15/55)	1.500 DM

Die Minderung der Körperschaftsteuer (1.500 DM) tritt für den Veranlagungszeitraum ein, in dem das Wirtschaftsjahr endet, für das die Ausschüttung erfolgt – hier VZ 01 – (§ 27 Abs. 3 Satz 1 KStG) und wird im Rahmen der Körperschaftsteuerrückstellung berücksichtigt.

Die Ausschüttung ist mit dem verwendbaren Eigenkapital zum Schluss des Wirtschaftsjahrs der Verschmelzung (31.12.2001) zu verrechnen.

In die steuerliche Schlussbilanz der übertragenden Körperschaft ist in Höhe der auf der Gewinnausschüttung an A beruhenden Vermögensminderung gewinnneutral ein passiver Korrekturposten i.H. von 7.000 DM einzustellen. Die KSt-Minderung hat sich über die KSt-Rückstellung ausgewirkt. Der Korrekturposten mindert automatisch das Übernahmeergebnis (§ 4 Abs. 4 bis 6 UmwStG). Die XY-OHG weist den passiven Korrekturposten in ihrer Steuerbilanz aus. Die Gewinnausschüttung wird mit diesem Posten verrechnet.

Dem ausgeschiedenen Anteilseigner A fließt die Gewinnausschüttung der übertragenden Körperschaft am 31.05.2002 zu. Er hat diese Ausschüttung einschließlich der anzurechnenden Körperschaftsteuer als Einkünfte aus Kapitalvermögen zu versteuern (§ 20 Abs. 1 Nr. 1 und 3 EStG). Die Anrechnung der Körperschaftsteuer richtet sich nach § 36 Abs. 2 Nr. 3 EStG.

V. Andere Rechtsgeschäfte und Rechtshandlungen der übertragenden Körperschaft im Rückwirkungszeitraum

1. Verbleibende Anteilseigner
Rz. 02.38

Bei der steuerrechtlichen Beurteilung von anderen Rechtsgeschäften und Rechtshandlungen der zivilrechtlich im Rückwirkungszeitraum noch bestehenden Körperschaft ist die Ausnahmeregelung für ausscheidende bzw. abgefundene Anteilseigner (Rz. 02.09 und 02.10) nicht zu beachten, wenn der Anteilseigner im Rückwirkungszeitraum nur teilweise ausscheidet.

Rz. 02.39

Im Rückwirkungszeitraum gezahlte Vergütungen für die Tätigkeit im Dienst der Gesellschaft, für die Hingabe von Darlehen oder für die Überlassung von Wirtschaftsgütern an Anteilseigner, die Mitunternehmer der übernehmenden Personengesellschaft werden, sind dem Gewinnanteil der jeweiligen Mitunternehmer der übernehmenden Personengesellschaft hinzuzurechnen (§ 15 Abs. 1 Satz 1 Nr. 2 EStG). Eine Aufteilung der Vergütung entsprechend Rz. 02.31 findet nicht statt.

2. Voll ausscheidende Anteilseigner
Rz. 02.40

Anteilseigner der übertragenden Kapitalgesellschaft, die ausscheiden bzw. abgefunden werden, nehmen nicht an der Rückwirkung des § 2 Abs. 1 UmwStG teil (Rz. 02.09 und 02.10). Angemessene Beträge stellen Betriebsausgaben bei der übernehmenden Personengesellschaft dar und werden bei den ausgeschiedenen Anteilseignern nach allgemeinen Regeln der Besteuerung unterworfen. Soweit Zahlungen unangemessen sind, sind die Grundsätze der verdeckten Gewinnausschüttung (§ 8 Abs. 3 Satz 2 KStG) zu beachten.

Beispiel:

Angemessene Mietzahlungen der übertragenden Kapitalgesellschaft im Rückwirkungszeitraum an einen Anteilseigner, der im Rückwirkungszeitraum ausgeschieden ist. Die Vergütungen stellen Betriebsausgaben bei der Personengesellschaft und Einkünfte aus Vermietung und Verpachtung (§ 21 EStG) bei dem ausgeschiedenen Anteilseigner dar.

VI. Pensionsrückstellungen zugunsten des Gesellschafter-Geschäftsführers

Rz. 02.41

Auf die Ausführungen unter Rz. 02.28 und Rz. 06.03 - 06.05 wird verwiesen.

VII. Aufsichtsratsvergütungen

Rz. 02.42

Aufsichtsratsvergütungen der übertragenden Körperschaft für den Rückwirkungszeitraum gelten steuerlich nach § 2 Abs. 1 UmwStG als von dem übernehmenden Rechtsträger geleistet. An Dritte gezahlte Vergütungen stellen Betriebsausgaben des übernehmenden Rechtsträgers dar. Sie unterliegen dem teilweisen Abzugsverbot des § 10 Nr. 4 KStG, wenn die Übernehmerin der Körperschaftsteuer unterliegt.

Rz. 02.43

Zahlungen an Anteilseigner der übertragenden Körperschaft stellen bei der übernehmenden Personengesellschaft grundsätzlich Entnahmen dar. Ist bei Umwandlung auf eine Personengesellschaft Empfänger der gezahlten Vergütungen ein Anteilseigner, der im Rückwirkungszeitraum voll ausgeschieden ist und damit nicht Gesellschafter der übernehmenden Personengesellschaft wird, so mindern die Aufwendungen den Gewinn der übernehmenden Personengesellschaft. Der ausgeschiedene Anteilseigner hat die Aufsichtsratsvergütungen als Einkünfte i.S. des § 18 Abs. 1 Nr. 3 EStG zu versteuern.

2. Abschnitt: Vermögensübergang auf eine Personengesellschaft oder auf eine natürliche Person

Zu § 3 UmwStG: Wertansätze in der steuerlichen Schlussbilanz der übertragenden Körperschaft

I. Bewertungswahlrecht nach § 3 UmwStG

1. Maßgeblichkeit der Handelsbilanz für die Steuerbilanz (§ 5 Abs. 1 EStG)

Rz. 03.01

Nach § 3 UmwStG können die Wirtschaftsgüter in der steuerlichen Übertragungsbilanz mit dem Buchwert oder einem höheren Wert, höchstens mit dem Teilwert, angesetzt werden, wenn das Vermögen der übertragenden Körperschaft Betriebsvermögen der übernehmenden Personengesellschaft oder natürlichen Person wird. Handelsrechtlich gelten für die Übertragungsbilanz die Vorschriften über die Jahresbilanz und deren Prüfung entsprechend (§ 17 Abs. 2 Satz 2 UmwG). Ein über dem Buchwert liegender Wertansatz ist danach nur eingeschränkt möglich. In der handelsrechtlichen Jahresbilanz werden die Vermögensgegenstände mit den Anschaffungs- oder Herstellungskosten, vermindert um planmäßige und außerplanmäßige Abschreibungen, angesetzt (§§ 253, 254 HGB). Entfällt in einem späteren Geschäftsjahr der Grund für die außerplanmäßige Abschreibung, ist eine Wertaufholung bis zur Höhe der Anschaffungs- oder Herstellungskosten (bei abnutzbaren Wirtschaftsgütern vermindert um die planmäßige Abschreibung) zulässig (§ 253 Abs. 4, § 280 HGB). Nach dem Grundsatz der Maßgeblichkeit der Handelsbilanz für die Steuerbilanz (§ 5 Abs. 1 EStG)

Umwandlungssteuererlass v. 25.03.1998

können bei der derzeitigen handelsrechtlichen Rechtslage auch in der steuerlichen Übertragungsbilanz nur die in der Handelsbilanz zulässigen Werte angesetzt werden.

Urteil des BFH v. 19.10.2005, I R 34/04:[12]
Entgegen der Rechtsauffassung der Vorinstanz (Urteil des FG Baden-Württemberg v. 04.03.2004, 6-K-103/99) kommt der BFH zu dem Ergebnis, dass die nachträgliche Erhöhung der Wertansätze eines zu Buchwerten im Rahmen einer verschmelzenden Umwandlung von einer Kapitalgesellschaft auf eine andere Kapitalgesellschaft eingebrachten Betriebsvermögens keine Bilanzänderung, sondern eine rückwirkende Sachverhaltsgestaltung darstellt. Folglich war eine Erörterung der Rechtsfrage, ob im Rahmen der verschmelzenden Umwandlung übergegangene Wirtschaftsgüter steuerlich abweichend von den handelsrechtlichen Ansätzen mit höheren Werten als den Buchwerten ausgewiesen werden dürfen, durch den BFH nicht erforderlich.

Urteil des FG Baden-Württemberg v. 04.03.2004 (Revision unter I R 34/04), 6-K-103/99:[13]
Der Senat hatte zu klären, ob die nachträgliche Erhöhung der Wertansätze eines zu Buchwerten im Rahmen einer verschmelzenden Umwandlung von einer Kapitalgesellschaft auf eine andere Kapitalgesellschaft eingebrachten Betriebsvermögens eine Bilanzänderung darstellt.

In diesem Kontext folgt der Senat nicht der Auffassung der Finanzverwaltung, wonach aufgrund der Maßgeblichkeit der Handelsbilanz für die Steuerbilanz auch in der steuerlichen Übertragungsbilanz nur die in der Handelsbilanz zulässigen Werte angesetzt werden dürfen und das steuerrechtliche Wahlrecht in § 11 Abs. 1 Satz 2 UmwStG 1995 praktisch ins Leere läuft. Vielmehr vertritt der Senat die Rechtsauffassung, dass § 11 Abs. 1 Satz 2 UmwStG 1995 ein Bewertungswahlrecht zulässt und dass für bestimmte Wirtschaftsgüter statt dem Buchwert ein höherer, unter dem Teilwert liegender Wert angesetzt werden darf.

Urteil des FG Köln v. 20.09.2006 (Revision anhängig unter I R 97/06), 13-K-6307/02:[14]
Anlässlich einer Verschmelzung besteht auf der Ebene der übertragenden Gesellschaft ein steuerbilanzielles Wahlrecht, das übergehende Betriebsvermögen in der steuerlichen Übertragungsbilanz mit dem Zwischenwert gemäß § 11 Abs. 1 Satz 2 UmwStG 1995 anzusetzen und dabei stille Reserven aufzudecken.

Rz. 03.02
Setzt der übernehmende Rechtsträger nach § 24 UmwG in seiner Jahresbilanz über den Wertansätzen in der Schlussbilanz der übertragenden Körperschaft liegende Werte an, sind die Wirtschaftsgüter an dem der Umwandlung folgenden Bilanzstichtag auch in der Steuerbilanz insoweit bis zur Höhe der steuerlichen Anschaffungs- oder Herstellungskosten der übertragenden Körperschaft (ggf. gemindert um Absetzungen für Abnutzung) erfolgswirksam aufzustocken.

---

12) Vgl. BFH v. 19.10.2005, I R 34/04, BFH/NV 2006 S. 1099. Zu den Rechtsausführungen der Vorinstanz vgl. FG Baden-Württemberg v. 04.03.2004, 6-K-103/99, EFG 2004 S. 858.
13) Vgl. FG Baden-Württemberg v. 04.03.2004 (Revision unter I R 34/04), 6-K-103/99, EFG 2004 S. 858.
14) Vgl. FG Köln v. 20.09.2006 (Revision anhängig unter I R 97/06), 13-K-6307/02, Der Konzern 2007 S. 78.

2. Unter das Bewertungswahlrecht fallende Wirtschaftsgüter
Rz. 03.03

Das unter Rz. 03.01 dargelegte Bewertungswahlrecht gilt steuerlich nur für diejenigen Wirtschaftsgüter, die nach den Vorschriften der steuerlichen Gewinnermittlung in der steuerlichen Schlussbilanz der übertragenden Körperschaft ausgewiesen sind. Zu immateriellen Wirtschaftsgütern wird auf die Ausführungen zu Rz. 03.07 und 03.08 verwiesen.

3. Übertragung auf einen Rechtsträger ohne Betriebsvermögen
Rz. 03.04

Wird das Vermögen der übertragenden Körperschaft auf einen Rechtsträger ohne Betriebsvermögen übertragen, ist die Besteuerung der stillen Reserven der Wirtschaftsgüter nicht sichergestellt. Die Wirtschaftsgüter sind daher in der steuerlichen Schlussbilanz der übertragenden Körperschaft mit dem gemeinen Wert anzusetzen (vgl. § 16 Abs. 3 Satz 3 EStG). Zum Ansatz immaterieller Wirtschaftsgüter wird auf Rz. 03.08 hingewiesen.

II. Ausländisches Vermögen der übertragenden Körperschaft
Rz. 03.05

Das unter Rz. 03.01 dargelegte Bewertungswahlrecht gilt auch für ausländisches Vermögen der übertragenden Körperschaft, das im Rahmen der Umwandlung nach den Regelungen des UmwG im Wege der Gesamt- oder Sonderrechtsnachfolge auf die übernehmende Personengesellschaft übergeht. Wird ein über dem Buchwert liegender Bilanzansatz gewählt, sind die stillen Reserven dieser Wirtschaftsgüter auch dann in die Aufstockung gemäß § 3 UmwStG einzubeziehen, wenn das Besteuerungsrecht nach einem DBA nicht der Bundesrepublik Deutschland zusteht. Der Übertragungsgewinn unterliegt der inländischen Besteuerung jedoch nur, soweit das Besteuerungsrecht der Bundesrepublik Deutschland zusteht.

III. Aufstockung der Buchwerte der Wirtschaftsgüter bei Ausübung des Wahlrechts nach § 3 UmwStG
Rz. 03.06

Das unter Rz. 03.01 dargelegte Wahlrecht (Ansatz der Wirtschaftsgüter in der handelsrechtlichen und steuerlichen Schlussbilanz der übertragenden Körperschaft mit einem über dem Buchwert liegenden Wert) ist auch in der steuerlichen Schlussbilanz nur bei den einzelnen Wirtschaftsgütern möglich, bei denen die handelsrechtlichen Voraussetzungen der Wertaufstockung vorliegen.

IV. Ansatz immaterieller Wirtschaftsgüter einschließlich Geschäfts- oder Firmenwert in der steuerlichen Übertragungsbilanz

1. Vermögensübergang in ein Betriebsvermögen des übernehmenden Rechtsträgers
Rz. 03.07

Von der übertragenden Körperschaft selbst geschaffene immaterielle Wirtschaftsgüter (einschließlich eines originären Geschäfts- oder Firmenwerts) bleiben in der steuerlichen Schlussbilanz außer Ansatz. Sie sind gemäß § 5 Abs. 2 EStG nicht auszuweisen. Die unter Rz. 03.01 dargelegte handelsrechtliche Wertaufholung gilt auch für von der übertragenden Körperschaft erworbene immaterielle Wirtschaftsgüter. Ein von der übertragenden Körperschaft erworbener Geschäfts- oder Firmenwert wird bei Ansatz des übergehenden Vermögens mit einem über dem Buchwert liegenden Wert in der Steuerbilanz jedoch nicht aufgestockt. Ein eventueller Aufstockungsbetrag entfällt auf einen originären Firmenwert, der außer Ansatz bleibt.

2. Vermögensübergang auf einen Rechtsträger ohne Betriebsvermögen
Rz. 03.08

Wird das Vermögen der übertragenden Körperschaft nicht Betriebsvermögen des übernehmenden Rechtsträgers, sind die Wirtschaftsgüter in der steuerlichen Schlussbilanz der übertragenden Körperschaft einschließlich der selbst geschaffenen immateriellen Wirtschaftsgüter mit dem gemeinen Wert anzusetzen (Rz. 03.04). Das gilt auch für einen bestehenden originären Geschäfts- oder Firmenwert, es sei denn, der Betrieb der übertragenden Körperschaft wird nicht fortgeführt. Bei einer gewerblich geprägten Personengesellschaft i.S. des § 15 Abs. 3 Nr. 2 EStG wird das übergehende Vermögen in der Regel Betriebsvermögen.

V. Übergang des Vermögens auf eine ausländische Betriebsstätte
Rz. 03.09

Wird im Rahmen der Verschmelzung das inländische Vermögen der übertragenden Körperschaft einer ausländischen Betriebsstätte der Personengesellschaft zugeordnet, ist die Verlagerung des Vermögens auf die ausländische Betriebsstätte steuerlich als eigenständiger Vorgang zu würdigen. Die Besteuerung der Überführung von Wirtschaftsgütern in eine ausländische Betriebsstätte, deren Einkünfte durch ein DBA freigestellt sind, richtet sich nach dem BMF-Schreiben v. 12.02.1990 (BStBl. I 1990 S. 72).

VI. Beteiligung der übertragenden Körperschaft an Personengesellschaften
Rz. 03.10

Ist die übertragende Körperschaft an der übernehmenden oder einer anderen Personengesellschaft beteiligt, ist die Beteiligung in der Übertragungsbilanz mit dem auf sie entfallenden anteiligen Kapitalkonto der Personengesellschaft zu berücksichtigen.

VII. Beteiligung an ausländischen Kapitalgesellschaften (§ 8b Abs. 2 KStG)
Rz. 03.11

Auf den Teil des Übertragungsgewinns, der sich dadurch ergibt, dass die übertragende Körperschaft in ihrer steuerlichen Übertragungsbilanz eine Beteiligung an einer ausländischen Körperschaft mit einem über dem Buchwert liegenden Wert ansetzt, findet § 8b Abs. 2 KStG keine Anwendung.

VIII. Ausstehende Einlagen
Rz. 03.12

Nicht eingeforderte ausstehende Einlagen sind ein Wertberichtigungsposten zum Grund- oder Stammkapital und daher mangels Verkehrsfähigkeit kein Wirtschaftsgut. Sie sind in der steuerlichen Schlussbilanz der übertragenden Kapitalgesellschaft nicht zu berücksichtigen.

Verfügung der OFD Berlin v. 09.09.1999:[15]

Es ist gefragt worden, welche Auswirkungen sich beim Vermögensübergang von einer Kapitalgesellschaft auf eine Personengesellschaft ergeben, wenn ausstehende Einlagen auf das Grund- oder Stammkapital nicht eingefordert werden.

1. Übertragungsgewinn

Nicht eingeforderte ausstehende Einlagen sind ein Wertberichtigungsposten zum Grund- oder Stammkapital und daher mangels Verkehrsfähigkeit kein Wirtschaftsgut. Sie sind in der steuerlichen Schlussbilanz der übertragenden Kapitalgesellschaft nicht zu berücksichtigen (Rz. 03.12 des UmwSt-Erlasses v. 25.03.1998).

2. Übernahmegewinn/-verlust

a) Anteile im Betriebsvermögen

Anteile an einer Kapitalgesellschaft sind mit den Anschaffungskosten zu bewerten (§ 6 Abs. 1 Nr. 2 EStG). Zu den Anschaffungskosten der Anteile gehört nicht nur die bereits eingeforderte, sondern auch die noch nicht geforderte Einzahlungsverpflichtung. Der volle Ausgabebetrag ist zu aktivieren, eine noch bestehende Einzahlungsverpflichtung zu passivieren (sog. Brutto-Methode[16]).

Bei der Umwandlung auf eine Personengesellschaft ist dem übergehenden Vermögen der Saldo aus dem aktivierten Ausgabebetrag und der passivierten Einzahlungsverpflichtung gegenüberzustellen.

Beispiel:

Eine Kapitalgesellschaft wird auf eine Personengesellschaft verschmolzen. Die Anschaffungskosten einer Beteiligung haben 100 betragen. Es besteht noch eine Einzahlungsverpflichtung von 20.

Buchung bei Erwerb:

Beteiligung	100 an Bank		80
	Resteinzahlungsverpflichtung		20

Übernahmegewinn:

Übergehendes Vermögen		150
abzgl. Anschaffungskosten		
(Buchwert) der Anteile	100	
	- 20	- 80
Übernahmegewinn		70

b) Anteile i.S. des § 17 EStG im Privatvermögen

Bei Anteilen i.S. des § 17 EStG ist entsprechend zu verfahren.

Im Falle der Verschmelzung auf eine Personengesellschaft gelten die Anteile als mit den Anschaffungskosten eingelegt (§ 5 Abs. 2 UmwStG). Im Beispielsfall wären die Anschaffungskosten mit 100 - 20 = 80 anzusetzen. Damit würde sich auch hier ein Übernahmegewinn von 150 - 80 = 70 ergeben.

---

15) OFD Berlin, Verfügung v. 09.09.1999, St 447 - S 1978a - 1/99, ESt-Kartei Berlin UmwStG Nr. 1004.

16) Vgl. Senatsverwaltung für Finanzen Berlin, Erlass v. 06.01.1989, III B 11 - S 2139 - 1/88, ESt-Kartei Berlin § 6 Abs. 1 Nr. 2 EStG Nr. 3; ebenso Niedersächsisches Finanzministerium, Erlass v. 30.01.1989, S 2171 - 3 - 311, DB 1989 S. 355.

Erlass (koordinierter Ländererlass) des Niedersächsischen Finanzministeriums v. 30.01.1989:[17]

Nach meinem Bezugserlass (Erlass v. 27.02.1969, S 2171 - 3 - 311, DB 1969 S. 415) sind GmbH-Anteile bei Einzahlung des Stammkapitals in Teilbeträgen jeweils nur in Höhe des eingeforderten Betrages zu aktivieren und auch nur in dieser Höhe als angeschafft anzusehen. An dieser Auffassung kann nicht mehr festgehalten werden.

Bei betrieblich veranlassten Beteiligungen an Kapitalgesellschaften sind die Anteile im Übernahmezeitpunkt nach § 6 Abs. 1 Nr. 2 EStG mit den Anschaffungskosten zu aktivieren. Zu den Anschaffungskosten der übernommenen Stammanteile gehört nicht nur die bereits eingeforderte, sondern auch die noch nicht geforderte Einzahlungsverpflichtung.

Die Aktivierung der GmbH-Anteile im Übernahmezeitpunkt mit dem vollen Ausgabebetrag und die Passivierung einer noch bestehenden Einzahlungsverpflichtung (sog. Brutto-Methode) ist in allen noch offenen Fällen anzuwenden. Dies entspricht auch den handelsrechtlichen Grundsätzen ordnungsmäßiger Buchführung, insbesondere dem Vollständigkeitsgebot (§ 246 Abs. 1 HGB) und dem Verrechnungsverbot (§ 246 Abs. 2 HGB).

Dieser Erlass ist im Einvernehmen mit dem BMF und den obersten Finanzbehörden der anderen Länder ergangen.

IX. Umwandlungskosten

Rz. 03.13

Jeder an der Umwandlung beteiligte Rechtsträger hat die auf ihn entfallenden Kosten selbst zu tragen. Die bei der übertragenden Körperschaft anfallenden Umwandlungskosten sind keine Anschaffungskosten, sondern Betriebsausgaben. Zur steuerlichen Behandlung der Kosten der Umwandlung bei der übernehmenden Personengesellschaft wird auf Rz. 04.43 hingewiesen.

Urteil des BFH v. 15.10.1997, I R 22/96:[18]

Die bei Verschmelzung von Genossenschaften anfallende Grunderwerbsteuer gehört bei der übernehmenden Genossenschaft nach Maßgabe des UmwStG 1977 zu den aktivierungspflichtigen Anschaffungskosten. Dies gilt auch, wenn die übertragende und die übernehmende Genossenschaft vereinbart haben, die Grunderwerbsteuer jeweils zur Hälfte zu übernehmen. Wirtschaftlich gesehen handelt es sich bei der Steuer gleichwohl um ausschließlich eigenen Aufwand der übernehmenden Genossenschaft, für den die übertragende Genossenschaft in ihrer Verschmelzungsbilanz keine Rückstellung bilden darf.

Urteil des BFH v. 22.04.1998, I R 83/96:[19]

Die Frage nach der Zuordnung von verschmelzungsbedingten Kosten zum übertragenden oder zum übernehmenden Unternehmen richtet sich nach dem objektiven Veranlassungsprinzip und belässt den Beteiligten kein Zuordnungswahlrecht.

Zu den Kosten, die dem übertragenden Unternehmen zuzuordnen sind, gehören solche, die mit dessen Gesellschaftsform zusammenhängen. Sie sind gemäß § 4 Abs. 4 EStG als Betriebsausgaben abzugsfähig.

Die dem übernehmenden Unternehmen zuzuordnenden Kosten mindern den laufenden Gewinn, wenn sie nicht als objektbezogene Anschaffungskosten zu aktivieren sind.

---

17 Niedersächsisches Finanzministerium, Erlass v. 30.01.1989, S 2171 - 3 - 311, DB 1989 S. 355.
18 Vgl. BFH v. 15.10.1997, I R 22/96, BStBl. II 1998 S. 168.
19 Vgl. BFH v. 22.04.1998, I R 83/96, BStBl. II 1998 S. 698. Zu den Rechtsausführungen der Vorinstanz vgl. FG Köln v. 21.08.1996, 13-K-6812/95, EFG 1997 S. 329.

X. Änderung der Ansätze in der steuerlichen Schlussbilanz der übertragenden Körperschaft

Rz. 03.14

Ändern sich die Ansätze der steuerlichen Übertragungsbilanz nachträglich (z.B. im Rahmen einer Betriebsprüfung), ist die Übernahmebilanz des übernehmenden Rechtsträgers entsprechend zu ändern (§ 4 Abs. 1 UmwStG).

XI. Steuernachforderungen

Rz. 03.15

Ergeben sich für die übertragende Körperschaft Steuernachforderungen, sind diese zu Lasten der Wirtschaftsjahre zu passivieren, zu denen sie wirtschaftlich gehören. Das gilt auch für Steuernachforderungen aufgrund einer Betriebsprüfung. Ein Wahlrecht i.S. des R 20 Abs. 3 EStR 1996[20] besteht nicht.

Zu § 4 UmwStG: Auswirkungen auf den Gewinn der übernehmenden Personengesellschaft

I. Rechtsnachfolge i.S. des § 4 Abs. 2 UmwStG

1. Abschreibung

Rz. 04.01

Die übernehmende Personengesellschaft tritt hinsichtlich der Absetzungen für Abnutzung sowie der erhöhten Absetzungen und ähnlicher Erleichterungen entsprechend dem Grundsatz der Gesamt-/Sonderrechtsnachfolge in die Rechtsstellung der übertragenden Körperschaft ein (§ 4 Abs. 2 UmwStG).

Rz. 04.02

Das gilt nach § 4 Abs. 3 UmwStG auch dann, wenn die übergegangenen Wirtschaftsgüter in der steuerlichen Schlussbilanz der übertragenden Körperschaft mit einem über dem Buchwert liegenden Wert angesetzt sind. Die Absetzungen für Abnutzung bemessen sich dann bei der übernehmenden Personengesellschaft.

Rz. 04.03

- in den Fällen des § 7 Abs. 4 Satz 1 und Abs. 5 EStG nach der bisherigen Bemessungsgrundlage, vermehrt um den Unterschiedsbetrag zwischen dem Buchwert der Gebäude und dem Wert, mit dem die Körperschaft die Gebäude in der steuerlichen Schlussbilanz angesetzt hat. Auf diese Bemessungsgrundlage ist der bisherige Vomhundertsatz weiter anzuwenden. Wird in den Fällen des § 7 Abs. 4 Satz 1 EStG die volle Absetzung innerhalb der tatsächlichen Nutzungsdauer nicht erreicht, kann die Absetzung für Abnutzung nach der Restnutzungsdauer der Gebäude bemessen werden (vgl. R 44 Abs. 11 EStR 1996[21] und H 44 – „Nachträgliche Anschaffungs- oder Herstellungskosten" – EStH 1996[22]);

---

20 Entspricht R 20 Abs. 3 EStR 1998; erstmals weggefallen in EStR 1999.
21) Entspricht R 44 Abs. 11 EStR 1998 - 2001, R 44 Abs. 10 EStR 2003 und R 7.4 Abs. 9 EStR 2005.
22) Entspricht H 44 „Nachträgliche Anschaffungs- oder Herstellungskosten" EStH 1998 - 2003 und H 7.4 „Nachträgliche Anschaffungs- oder Herstellungskosten" EStH 2005.

Umwandlungssteuererlass v. 25.03.1998

Rz. 04.04
- in allen anderen Fällen nach dem Buchwert vermehrt um den Unterschiedsbetrag zwischen dem Buchwert der einzelnen Wirtschaftsgüter und dem Wert, mit dem die Körperschaft die Wirtschaftsgüter in der steuerlichen Schlussbilanz angesetzt hat, und der Restnutzungsdauer der Wirtschaftsgüter. Das gilt auch für übergehende erworbene immaterielle Wirtschaftsgüter mit Ausnahme eines Geschäfts- oder Firmenwerts.

Rz. 04.05
Die Restnutzungsdauer ist nach den Verhältnissen am steuerlichen Übertragungsstichtag neu zu schätzen.

Rz. 04.06
Für die Abschreibung eines Geschäfts- oder Firmenwerts gilt Folgendes:
- Ein von der übertragenden Körperschaft entgeltlich erworbener Geschäfts- oder Firmenwert ist von der übernehmenden Personengesellschaft mit dem bei der übertragenden Körperschaft bilanzierten Buchwert zu übernehmen. Eine Aufstockung des Buchwerts findet weder im Rahmen des § 3 Satz 1 UmwStG bei der übertragenden Körperschaft noch im Falle eines Übernahmeverlustes nach § 4 Abs. 6 UmwStG bei der übernehmenden Personengesellschaft statt. Die bisherige Abschreibung des Geschäfts- oder Firmenwerts ist von der Übernehmerin fortzuführen.
- Ist im Falle eines Übernahmeverlustes bei der übernehmenden Personengesellschaft nach § 4 Abs. 6 UmwStG ein Geschäfts- oder Firmenwert anzusetzen, ist dieser steuerlich als selbständiger Firmenwert anzusehen und über 15 Jahre (§ 7 Abs. 1 Satz 3 EStG) abzuschreiben.

2. Sonstige Folgerungen
Rz. 04.07
Da das Vermögen im Wege der Gesamtrechtsnachfolge übergeht, liegt keine Anschaffung der übergegangenen Wirtschaftsgüter vor (u.a. wird eine Investitionszulage nicht gewährt und finden § 6 Abs. 2 EStG sowie § 6b EStG keine Anwendung).

Rz. 04.08
Andererseits folgt aus der Gesamtrechtsnachfolge über die in § 4 Abs. 2 UmwStG ausdrücklich genannten Rechtsfolgen hinaus u.a., dass beim übernehmenden Rechtsträger Vorbesitzzeiten (z.B. § 6b EStG, § 26 Abs. 2 KStG, § 9 Nr. 2a GewStG, Schachtelprivileg) angerechnet und Behaltefristen nicht unterbrochen werden. Die Übernehmerin hat als Rechtsnachfolgerin § 2a Abs. 3 Satz 3 bis 5 EStG gegen sich gelten zu lassen.

II. Übernahmegewinn und Übernahmeverlust (Übernahmeergebnis)

1. Entstehungszeitpunkt
Rz. 04.09
Das Übernahmeergebnis entsteht mit Ablauf des steuerlichen Übertragungsstichtags (vgl. Rz. 02.05). Das gilt auch für einen Übernahmefolgegewinn i.S. des § 6 UmwStG.

2. Berechnung und Festsetzung
Rz. 04.10

Das Übernahmeergebnis berechnet sich nach § 4 Abs. 4 und 5 UmwStG wie folgt:

	Wert, mit dem die übergegangenen Wirtschaftsgüter i.S. des § 4 Abs. 1 UmwStG zu übernehmen sind, jedoch nach § 4 Abs. 5 UmwStG i.d.F. des Gesetzes zur Fortsetzung der Unternehmenssteuerreform kein negativer Wert
–	Buchwert der Anteile an der übertragenden Körperschaft
=	Übernahmegewinn/-verlust i.S. des § 4 Abs. 4 Satz 1 UmwStG
+	anzurechnende KSt gemäß § 10 Abs. 1 (§ 4 Abs. 5 UmwStG)
+	Sperrbetrag nach § 50c EStG (§ 4 Abs. 5 UmwStG)
=	Übernahmegewinn/-verlust i.S. des § 4 Abs. 4 und 5 UmwStG

Urteil des FG Köln v. 26.10.2004 (Revision anhängig unter IV R 69/05), 1-K-5268/00; [23]
Zum Übernahmegewinn der übernehmenden Personengesellschaft gehören auch steuerfreie Zuflüsse (hier: Investitionszulage), welche der übertragenden Kapitalgesellschaft gewährt wurden.

Rz. 04.11

Gehören am steuerlichen Übertragungsstichtag unter Berücksichtigung des § 5 UmwStG nicht alle Anteile an der übertragenden Körperschaft zum Betriebsvermögen der übernehmenden Personengesellschaft, bleibt der auf diese Anteile entfallende Wert der übergegangenen Wirtschaftsgüter bei der Ermittlung des Übernahmeergebnisses insoweit außer Ansatz (§ 4 Abs. 4 Satz 3 UmwStG).

Beispiel:

80 v.H. der Anteile an der übertragenden Kapitalgesellschaft gehören am steuerlichen Übertragungsstichtag – unter Berücksichtigung des § 5 UmwStG – zum Betriebsvermögen der übernehmenden Personengesellschaft.

20 v.H. der Anteile gehören zum Privatvermögen von nicht wesentlich an der übertragenden Kapitalgesellschaft beteiligten Anteilseignern.

In Höhe von 20 v.H. bleibt der Wert der übergegangenen Wirtschaftsgüter bei der Ermittlung des Übernahmegewinns oder Übernahmeverlustes außer Ansatz. Für die 20 v.H. Anteile entfällt die Ermittlung eines Übernahmegewinns oder Übernahmeverlustes und damit auch eine Aufstockung i.S. des § 4 Abs. 6 UmwStG.

Rz. 04.12

Ist die übertragende Körperschaft an der übernehmenden Personengesellschaft beteiligt, gehören zum übergehenden Vermögen auch die der übertragenden Körperschaft anteilig zuzurechnenden Wirtschaftsgüter der übernehmenden Personengesellschaft. Auf Rz. 03.10 wird hingewiesen.

---

[23] Vgl. FG Köln v. 26.10.2004 (Revision anhängig unter IV R 69/05), 1-K-5268/00, EFG 2005 S. 1153.

Rz. 04.13

Die nach § 10 Abs. 1 UmwStG anzurechnende Körperschaftsteuer und ein Sperrbetrag i.S. des § 50c Abs. 4 EStG sind nach § 4 Abs. 5 UmwStG dem Übernahmegewinn außerhalb der Steuerbilanz hinzuzurechnen, soweit die Anteile an der übertragenden Körperschaft am steuerlichen Übertragungsstichtag zum Betriebsvermögen der übernehmenden Personengesellschaft gehören.[24] Das BGH-Urteil v. 30.01.1995 (II Z R 42/94, NJW 1995 S. 1088) und das BFH-Urteil v. 22.11.1995 (I R 114/94, BStBl. 1996 II S. 531) sind insoweit nicht anzuwenden. Ein Übernahmeverlust ist außerhalb der Steuerbilanz entsprechend zu verringern.

Beispiel:

Die übernehmende Personengesellschaft ist zu 100 v.H. an der übertragenden GmbH beteiligt. Der Buchwert der Beteiligung beträgt 100. Die Personengesellschaft hat die übergegangenen Wirtschaftsgüter nach § 4 Abs. 1 UmwStG mit 250 anzusetzen (Buchwertfortführung). Die nach § 10 Abs. 1 UmwStG anzurechnende Körperschaftsteuer beträgt 50. Außerdem besteht ein Sperrbetrag i.S. des § 50c EStG in Höhe von 20.

Ermittlung des zu versteuernden Übernahmegewinns:

Werte der übergegangenen Wirtschaftsgüter nach § 4 Abs. 1 UmwStG (Buchwerte)	250
Buchwert der Beteiligung	- 100
Übernahmegewinn lt. Steuerbilanz	150
anzurechnende KSt nach § 10 Abs. 1 UmwStG	+ 50
Sperrbetrag i.S. des § 50c EStG	+ 20
zu versteuernder Übernahmegewinn	220

Rz. 04.14

Geht das Vermögen der Kapitalgesellschaft auf eine Personengesellschaft über, so muss das Übernahmeergebnis unter Berücksichtigung der unterschiedlichen Anschaffungskosten der Beteiligungen und der unterschiedlichen Höhe des Sperrbetrags nach § 50c EStG personenbezogen ermittelt werden. Dadurch kann z.B. beim Gesellschafter A ein Übernahmegewinn und beim Gesellschafter B ein Übernahmeverlust entstehen. Eine personenbezogene Ermittlung ist nur dann nicht erforderlich, wenn alle Gesellschafter der Personengesellschaft die Anteile an der übertragenden Kapitalgesellschaft zum gleichen Preis erworben haben (z.B. wenn die Anteilseigner noch die Gründungsmitglieder der übertragenden Kapitalgesellschaft sind) und keine verdeckten Einlagen oder andere nachträgliche Anschaffungskosten geleistet haben.

Rz. 04.15

Über den auf die Gesellschafter der Personengesellschaft entfallenden Übernahmegewinn bzw. Übernahmeverlust und die anteiligen Erhöhungsbeträge bzw. Minderungsbeträge i.S. des § 4 Abs. 5 UmwStG hat das Finanzamt, das für die übernehmende Personengesellschaft zuständig ist, im Rahmen der gesonderten Feststellung der Einkünfte nach § 180 AO zu entscheiden.

---

24) Die Regelung wurde nunmehr gesetzlich verankert (§ 4 Abs. 5 UmwStG i.d.F. des Gesetzes v. 23.10.2000, BGBl. I 2000 S. 1433).

3. Ermittlung des Übernahmeergebnisses bei negativem Buchwert des Vermögens der übertragenden Körperschaft (überschuldete Gesellschaft)

Rz. 04.16

Bei der Ermittlung des Übernahmeergebnisses nach bisherigem Recht ist keine Begrenzung des übergehenden Vermögens auf 0 DM vorgesehen. Ein Negativvermögen führt daher zu einem entsprechend höheren Übernahmeverlust. Zu missbräuchlichen Gestaltungen i.S. des § 42 AO wird auf Rz. 04.44 hingewiesen.

Rz. 04.17

Nach § 4 Abs. 5 Satz 1 UmwStG i.d.F. des Gesetzes zur Fortsetzung der Unternehmenssteuerreform bleibt ein Übernahmeverlust außer Ansatz, soweit er auf einem negativen Wert des übergehenden Vermögens beruht.

Beispiel:

Werte des übergehenden Vermögens nach § 4 Abs. 1 UmwStG	- 100
Buchwert der Beteiligung	- 250
	- 350
Korrektur nach § 4 Abs. 5 Satz 1 UmwStG	+ 100
Übernahmeverlust	250

4. Steuerliche Behandlung der eigenen Anteile der übertragenden Körperschaft bei der Ermittlung des Übernahmeergebnisses

Rz. 04.18

Besitzt die übertragende Körperschaft am steuerlichen Übertragungsstichtag eigene Anteile, gehen diese Anteile nicht auf die übernehmende Personengesellschaft über. Die Personengesellschaft hat nur die auf sie übergegangenen Wirtschaftsgüter mit dem in der steuerlichen Schlussbilanz der übertragenden Körperschaft enthaltenen Wert zu übernehmen (§ 4 Abs. 1 UmwStG).

Rz. 04.19

Bei der übertragenden Körperschaft gehen die eigenen Anteile durch die Umwandlung unter und sind in der steuerlichen Schlussbilanz nicht mehr zu erfassen. Der hierdurch entstehende Buchverlust ist in der steuerlichen Gewinnermittlung außerhalb der Bilanz hinzuzurechnen oder gewinnneutral auszubuchen.

Rz. 04.20

Der Übernahmegewinn ergibt sich in diesem Fall aus dem Unterschiedsbetrag zwischen dem Wert, mit dem die übergegangenen Wirtschaftsgüter nach § 4 Abs. 1 UmwStG zu übernehmen sind, und dem Buchwert der restlichen Anteile an der übertragenden Körperschaft, wenn sie am steuerlichen Übertragungsstichtag zum Betriebsvermögen der übernehmenden Personengesellschaft gehören (§ 4 Abs. 4 UmwStG). Der Übernahmegewinn erhöht sich um die gesamte nach § 10 Abs. 1 UmwStG anzurechnende Körperschaftsteuer.

Beispiel:

A-GmbH

Gesellschafter B	30 v.H.
Gesellschafter C	30 v.H.
Gesellschafter D	30 v.H.
eigene Anteile	10 v.H.

Umwandlungssteuererlass v. 25.03.1998

steuerliche Schlussbilanz der A-GmbH

eigene Anteile	50	Nennkapital	100
sonstige Aktiva	400	Rücklage	350
	450		**450**

Die Anteile der Gesellschafter B, C und D sind Betriebsvermögen der übernehmenden Personengesellschaft. Der Buchwert der Anteile beträgt 90.

Danach ergibt sich folgender Übernahmegewinn:

Buchwerte des übergehenden Vermögens	400
Buchwert der Anteile	90
Übernahmegewinn	310

Der Buchwert der eigenen Anteile in Höhe von 50 (Anschaffungskosten) ist bei der A-GmbH bei der steuerlichen Gewinnermittlung außerhalb der Bilanz hinzuzurechnen, wenn die Anteile gewinnmindernd ausgebucht worden sind.

5. Erhöhung des Übernahmegewinns bzw. Kürzung des Übernahmeverlustes um einen Sperrbetrag i.S. des § 50c EStG

Rz. 04.21

Nach § 4 Abs. 5 UmwStG erhöht sich ein Übernahmegewinn und ein Übernahmeverlust verringert sich um einen Sperrbetrag i.S. des § 50c EStG, soweit die Anteile an der übertragenden Körperschaft am steuerlichen Übertragungsstichtag zum Betriebsvermögen der übernehmenden Personengesellschaft gehören. Dabei ist zwischen folgenden Sachverhalten zu differenzieren (zur Neuregelung durch das Gesetz zur Fortsetzung der Unternehmenssteuerreform vgl. Rz. 04.29):

Rz. 04.22

a) Ein bei der übertragenden Körperschaft bereits bestehender Sperrbetrag i.S. des § 50c EStG, der darauf zurückzuführen ist, dass sie von einem Nichtanrechnungsberechtigten Anteile an einer anderen Kapitalgesellschaft erworben hatte, ist nicht nach § 4 Abs. 5 UmwStG zu berücksichtigen. Gehen diese Anteile durch die Verschmelzung auf die übernehmende Personengesellschaft über, hat die Personengesellschaft nach § 50c Abs. 8 EStG als Rechtsnachfolgerin den Sperrbetrag der Körperschaft fortzuführen.

Rz. 04.23

b) Ein Sperrbetrag i.S. des § 50c EStG ist dagegen nach § 4 Abs. 5 UmwStG zu berücksichtigen, wenn die übernehmende Personengesellschaft oder ihre Gesellschafter, deren Beteiligung an der übertragenden Körperschaft nach § 5 Abs. 2 bis 4 UmwStG als in das Betriebsvermögen der Personengesellschaft eingelegt bzw. überführt gilt, die Beteiligung an der Körperschaft von einem Nichtanrechnungsberechtigten erworben haben.

Beispiel:

Die übertragende Kapitalgesellschaft verfügt über ein Nennkapital von 200 TDM und über Rücklagen (EK 45) von 55 TDM. Vor der Verschmelzung veräußert der bisherige ausländische Alleingesellschafter seine Anteile zum Preis von 300 TDM an die inländische Personengesellschaft, auf die die Kapitalgesellschaft anschließend verschmolzen wird. Bei der Personengesellschaft ist wegen des Anteilserwerbs ein Sperrbetrag in Höhe von 100 TDM zu bilden.

Rz. 04.24

Die vorstehenden Ausführungen gelten auch, wenn der Gesellschafter im Vorfeld der Verschmelzung die Kapitalbeteiligung von einem Vorbesitzer erworben hat, der den Tatbestand des § 50c EStG erfüllt.

Rz. 04.25

c) Ein Sperrbetrag i.S. des § 50c EStG entfällt auch nicht im Nachhinein, wenn die Kapitalgesellschaft, deren Anteile nach § 50c EStG verhaftet sind, auf die Erwerberin der Anteile verschmolzen und aufgelöst wird.

Urteil des FG Rheinland-Pfalz v. 19.01.2005 (rechtskräftig), 1-K-2976/01:[25]
Ein Sperrbetrag i.S. des § 50c Abs. 11 EStG 1997, welcher den Anteilen einer Tochtergesellschaft anhaftet, verlagert sich bei einer Verschmelzung von der Tochtergesellschaft auf die Muttergesellschaft ohne Ausgabe neuer Anteile entgegen der Auffassung der Finanzverwaltung nicht auf die Anteile der Muttergesellschaft.

Rz. 04.26

d) Ein Sperrbetrag i.S. des § 50c EStG ist gemäß § 4 Abs. 5 UmwStG weiter zu berücksichtigen, wenn ein ausländischer Anteilseigner vor der Umwandlung eine inländische Betriebsstätte begründet, in die er die Anteile an der (späteren) übertragenden Körperschaft einbringt. Der zunächst nichtanrechnungsberechtigte Anteilseigner wird nach § 50c Abs. 6 EStG mit der Begründung der Betriebsstätte anrechnungsberechtigt.

Rz. 04.27

e) Das Übernahmeergebnis ist auch nach § 4 Abs. 5 UmwStG um einen Sperrbetrag i.S. des § 50c EStG zu korrigieren, wenn ein nichtanrechnungsberechtigter Anteilseigner der übertragenden Körperschaft Gesellschafter der Personengesellschaft wird und vor der Verschmelzung kein Sperrbetrag i.S. des § 50c EStG bestand. Der Wechsel vom nichtanrechnungsberechtigten Anteilseigner einer Körperschaft zum anrechnungsberechtigten Mitunternehmer einer Personengesellschaft infolge der Teilnahme an der Verschmelzung erfüllt den Tatbestand des § 50c Abs. 6 EStG.

Rz. 04.28

f) Ein Sperrbetrag i.S. des § 50c EStG ist nach § 4 Abs. 5 UmwStG nur in der Höhe zu berücksichtigen, in der die Anteile an der übertragenden Körperschaft gemäß § 5 UmwStG am steuerlichen Übertragungsstichtag zum Betriebsvermögen der übernehmenden Personengesellschaft gehören. Bezogen auf einen nicht wesentlich beteiligten Anteilseigner, der seine Anteile im Privatvermögen hält, wird damit – da er auch keinen Übernahmegewinn zu versteuern hat – auf die Nachversteuerung des Sperrbetrags verzichtet. Das gleiche gilt für nichtanrechnungsberechtigte (z.B. ausländische) Anteilseigner der übertragenden Körperschaft, deren Anteile nicht in die Ermittlung des Übernahmeergebnisses einbezogen werden (vgl. u.a. Rz. 05.10).

Rz. 04.29

Nach § 50c Abs. 11 EStG i.d.F. des Gesetzes zur Fortsetzung der Unternehmenssteuerreform sind die Absätze 1 bis 8 des § 50c EStG auch bei Erwerb von Anteilen von einem Anrechnungsberechtigten anzuwenden, wenn bei ihm die Veräußerung nicht steuerpflichtig war.

---

25) Vgl. FG Rheinland-Pfalz v. 19.01.2005 (rechtskräftig), 1-K-2976/01, EFG 2005 S. 1707. Vgl. auch Hessisches FG v. 02.03.2005 (Revision anhängig unter I R 41/05), 4-K-3876/01, EFG 2006 S. 1206.

Nach § 4 Abs. 5 UmwStG wird deshalb das Übernahmeergebnis um einen Sperrbetrag i.S. des § 50c EStG korrigiert.

Rz. 04.30
Eine Korrektur des Übernahmeergebnisses nach § 4 Abs. 5 UmwStG ist vorzunehmen, wenn der steuerliche Übertragungsstichtag in einen Veranlagungszeitraum ab 1997 fällt (§ 52 Abs. 1 EStG). Das gilt auch in den Fällen des Erwerbs von einem Anrechnungsberechtigten in Jahren vor 1997 (Alterwerb).

Rz. 04.31
Wird der steuerliche Übertragungsstichtag in den Veranlagungszeitraum 1996 zurückbezogen, liegt auch der steuerliche Übernahmeverlust, der nach § 4 Abs. 5 UmwStG um den Sperrbetrag i.S. des § 50c EStG korrigiert wird, im VZ 1996. Eine Korrektur um einen Sperrbetrag nach § 50c EStG in der erst ab VZ 1997 geltenden Fassung kommt nicht in Betracht.

III. Zuaktivierung des Übernahmeverlustes (§ 4 Abs. 6 UmwStG)[26]

Rz. 04.32
Ein nach Verrechnung mit der anzurechnenden Körperschaftsteuer und einem Sperrbetrag i.S. des § 50c EStG verbleibender Übernahmeverlust führt zur Aufstockung der Wertansätze der übergegangenen Wirtschaftsgüter bis zu den Teilwerten (§ 4 Abs. 6 UmwStG).

Rz. 04.33
Die Zuaktivierung des Übernahmeverlustes erfolgt stufenweise.

1. Schritt

Aufstockung der bilanzierten übergegangenen Wirtschaftsgüter bis zu den Teilwerten. Die Aufstockung ist ggf. in den Ergänzungsbilanzen der an der Umwandlung beteiligten Anteilseigner vorzunehmen.

2. Schritt

Ein darüber hinausgehender Betrag ist als Anschaffungskosten der übernommenen immateriellen Wirtschaftsgüter einschließlich eines Geschäfts- oder Firmenwerts zu aktivieren. Wegen eines Geschäfts- oder Firmenwerts wird auf Rz. 04.06 hingewiesen.

3. Schritt

Ein danach noch verbleibender Betrag ist nach bisherigem Recht als Übernahmeverlust abzugsfähig bzw. nach § 4 Abs. 6 Satz 2 UmwStG i.d.F. des Gesetzes zur Fortsetzung der Unternehmensteuerreform zu aktivieren und über 15 Jahre abzuschreiben.

Rz. 04.34
Innerhalb der jeweiligen Schritte sind die in den Buchwerten der Wirtschaftsgüter enthaltenen stillen Reserven prozentual gleichmäßig aufzulösen.

Rz. 04.35
Für die Absetzung für Abnutzung der nach § 4 Abs. 6 UmwStG aufgestockten Wirtschaftsgüter gelten die unter Rz. 04.01 bis 04.05 dargelegten Grundsätze.

---

26) Gilt letztmals für Umwandlungen des Jahres 2000. Nach § 4 Abs. 6 UmwStG i.d.F. des Gesetzes v. 23.10.2000 (BGBl. I 2000 S. 1433) bleibt ein Übernahmeverlust nunmehr außer Ansatz.

Rz. 04.36

Bei dem nach § 4 Abs. 6 Satz 2 UmwStG i.d.F. des Gesetzes zur Fortsetzung der Unternehmenssteuerreform nach Aufstockung materieller und Aktivierung evtl. vorhandener immaterieller Wirtschaftsgüter in Höhe des verbleibenden Übernahmeverlustes zu aktivierenden Spitzenbetrag handelt es sich um einen Bilanzposten, der kein Wirtschaftsgut darstellt. Eine Teilwertabschreibung ist nicht möglich. Der Aktivposten ist bei Beendigung der Übernehmerin (Liquidation) aufwandswirksam aufzulösen. Bei Umwandlung nach den Vorschriften des Umwandlungssteuergesetzes geht der Bilanzposten auf die Übernehmerin als Rechtsnachfolgerin über. Ein in der Ergänzungsbilanz eines Mitunternehmers ausgewiesener Spitzenbetrag mindert bei Veräußerung des Mitunternehmeranteils den Veräußerungsgewinn.

IV. Fremdfinanzierte Anteile an der übertragenden Kapitalgesellschaft

Rz. 04.37

Wird ein Anteilseigner, der seine Anteile an der übertragenden Kapitalgesellschaft mit Kredit erworben hat, Mitunternehmer der Personengesellschaft, führen Kreditzinsen künftig zu Sonderbetriebsausgaben dieses Mitunternehmers der Personengesellschaft, die im Rahmen der gesonderten Gewinnfeststellung (§ 180 AO) zu berücksichtigen sind.

V. Anwendung des § 15a EStG[27]

Rz. 04.38

Ein nicht ausgenutzter Verlustvortrag i.S. des § 15a EStG geht nicht auf den übernehmenden Rechtsträger über. Zu missbräuchlichen Gestaltungen i.S. des § 42 AO wird auf Rz. 04.44 hingewiesen.

Beispiel:

Verschmelzung einer Kapitalgesellschaft, die Kommanditistin einer KG ist, auf eine Personengesellschaft.

Rz. 04.39

Ein nach Aufstockung nach § 4 Abs. 6 UmwStG i.d.F. vor Änderung durch das Gesetz zur Fortsetzung der Unternehmenssteuerreform verbleibender Übernahmeverlust unterliegt ggf. als laufender Verlust der übernehmenden Personengesellschaft der Verlustabzugsbeschränkung des § 15a EStG. Bei der Ermittlung des Übernahmeergebnisses ist auch das Körperschaftsteuerguthaben (§ 4 Abs. 5 UmwStG) zu berücksichtigen (vgl. Rz. 04.13).

Rz. 04.40

Das Übernahmeergebnis fällt nicht in das für Zwecke des § 15a EStG unberücksichtigt bleibende Sonderbetriebsvermögen.

Rz. 04.41

Nach § 4 Abs. 6 Satz 2 UmwStG i.d.F. des Gesetzes zur Fortsetzung der Unternehmenssteuerreform wird der verbleibende Übernahmeverlust aktiviert und auf 15 Jahre abgeschrieben. Der Abschreibungsbetrag unterliegt ggf. als laufender Verlust der übernehmenden Personengesellschaft der Verlustverwendungsbeschränkung des § 15a EStG.

---

[27] Überholt durch Änderung des § 4 Abs. 6 UmwStG i.d.F. des Gesetzes v. 23.10.2000 (BGBl. I 2000 S. 1433).

VI. Anwendung des § 32c EStG auf den Übernahmegewinn

Rz. 04.42

§ 32c EStG ist auf den Übernahmegewinn nicht anzuwenden. Der Übernahmegewinn unterliegt nach § 18 Abs. 2 UmwStG nicht der Gewerbesteuer. Danach handelt es sich nicht um gewerbliche Einkünfte i.S. des § 32c Abs. 2 Satz 1 EStG.

Beschluss des BFH v. 05.11.1998, VIII B 74/98:[28]

Nach Auffassung des Senats ist es ernstlich zweifelhaft, ob Übernahmegewinne i.S. des § 4 Abs. 4 UmwStG 1995 von der Tarifbegrenzung des § 32c EStG erfasst sind.

VII. Kosten der Vermögensübertragung

Rz. 04.43

Bei der Ermittlung der Bemessungsgrundlagen für die Besteuerung der Übernehmerin und der übertragenden Körperschaft sind auch die Kosten der Vermögensübertragung (z.B. Grunderwerbsteuer) zu berücksichtigen. Jeder der Beteiligten hat die auf ihn entfallenden Kosten selbst zu tragen. Die bei der Übernehmerin angefallenen Kosten der Vermögensübertragung (Umwandlungskosten) sind Betriebsausgaben.

Urteil des BFH v. 15.10.1997, I R 22/96:[29]

Die bei Verschmelzung von Genossenschaften anfallende Grunderwerbsteuer gehört bei der übernehmenden Genossenschaft nach Maßgabe des UmwStG 1977 zu den aktivierungspflichtigen Anschaffungskosten. Dies gilt auch, wenn die übertragende und die übernehmende Genossenschaft vereinbart haben, die Grunderwerbsteuer jeweils zur Hälfte zu übernehmen. Wirtschaftlich gesehen handelt es sich bei der Steuer gleichwohl um ausschließlich eigenen Aufwand der übernehmenden Genossenschaft, für den die übertragende Genossenschaft in ihrer Verschmelzungsbilanz keine Rückstellung bilden darf.

Urteil des BFH v. 22.04.1998, I R 83/96:[30]

Die Frage nach der Zuordnung von verschmelzungsbedingten Kosten zum übertragenden oder zum übernehmenden Unternehmen richtet sich nach dem objektiven Veranlassungsprinzip und belässt den Beteiligten kein Zuordnungswahlrecht.

Zu den Kosten, die dem übertragenden Unternehmen zuzuordnen sind, gehören solche, die mit dessen Gesellschaftsform zusammenhängen. Sie sind gemäß § 4 Abs. 4 EStG als Betriebsausgaben abzugsfähig.

Die dem übernehmenden Unternehmen zuzuordnenden Kosten mindern den laufenden Gewinn, wenn sie nicht als objektbezogene Anschaffungskosten zu aktivieren sind.

---

28) Vgl. BFH v. 05.11.1998, VIII B 74/98, BFH/NV 1999 S. 468.
29) Vgl. BFH v. 15.10.1997, I R 22/96, BStBl. II 1998 S. 168.
30) Vgl. BFH v. 22.04.1998, I R 83/96, BStBl. II 1998 S. 698. Zu den Rechtsausführungen der Vorinstanz vgl. FG Köln v. 21.08.1996, 13-K-6812/95, EFG 1997 S. 329.

VIII. Missbräuchliche Gestaltungen

1. Gestaltungen zur Herstellung der Abzugsfähigkeit von Verlusten

Rz. 04.44[31]

Ein Gestaltungsmissbrauch i.S. des § 42 AO (zu den Kriterien vgl. Rz. 12.22) ist regelmäßig anzunehmen, wenn es Ziel der Gestaltung ist, die Abzugsfähigkeit der Verluste, die auf der Ebene der Kapitalgesellschaft steuerlich nicht geltend gemacht werden können, über § 4 Abs. 4 bis 6 UmwStG herzustellen. Dies ist regelmäßig der Fall, wenn bei der übertragenden Kapitalgesellschaft nach § 8 Abs. 4 KStG die Voraussetzungen für einen Verlustabzug nicht mehr vorliegen. Dies kann aber auch in anderen Fällen gegeben sein (z.B. § 2a Abs. 1 EStG, § 15a EStG, § 50c EStG bei nicht anerkannter Teilwertabschreibung), wenn es Ziel der Gestaltung ist, den steuerlichen Status zu verbessern. In den Fällen des Gestaltungsmissbrauchs dürfen sich die jeweiligen Verlustbeträge oder negativen Einkünfte nicht auf das Übernahmeergebnis auswirken. Es ist evtl. entsprechend zu erhöhen.

2. Rückeinbringung

Rz. 04.45

Ein Gestaltungsmissbrauch i.S. des § 42 AO (zu den Kriterien vgl. Rz. 12.22) ist regelmäßig zu prüfen, wenn durch Umwandlung einer Kapitalgesellschaft in eine Personengesellschaft zu Buchwerten zunächst das gespeicherte Körperschaftsteuerguthaben in Anspruch genommen sowie neues AfA-Volumen geschaffen wird und dann das übergegangene Vermögen zu Teilwerten (oder Zwischenwerten) zeitnah in eine oder mehrere Kapitalgesellschaften eingebracht wird.

Rz. 04.46

Als Rechtsfolge des Missbrauchs ist davon auszugehen, dass die Wirtschaftsgüter von der übertragenden Kapitalgesellschaft unmittelbar auf die übernehmende Kapitalgesellschaft übergegangen sind, und zwar zu den Werten, zu denen sie von der Personengesellschaft in die übernehmende Kapitalgesellschaft eingelegt worden sind. Die Zwischenschaltung der Personengesellschaft ist danach steuerlich nicht anzuerkennen.

Zu § 5 UmwStG: Auswirkungen auf den Gewinn der übernehmenden Personengesellschaft in Sonderfällen

I. Anschaffung nach dem steuerlichen Übertragungsstichtag

Rz. 05.01

Schafft die übernehmende Personengesellschaft Anteile an der übertragenden Körperschaft nach dem steuerlichen Übertragungsstichtag an, ist der Übernahmegewinn so zu ermitteln, als hätte sie die Anteile an dem Übertragungsstichtag angeschafft. Eine Anschaffung durch die übernehmende Personengesellschaft liegt vor, wenn die Anteile entgeltlich (BFH v. 13.01.1993, BStBl. II 1993 S. 346) und für das Gesamthandsvermögen erworben werden. Eine verdeckte Einlage der Anteile durch Gesellschafter der Personengesellschaft in das Betriebsvermögen der Personengesellschaft und eine Einlage gegen Gewährung von Gesellschaftsrechten sind keine Anschaffung der Personengesellschaft i.S. des § 5 Abs. 1 UmwStG. Insoweit sind die Grundsätze des § 5 Abs. 3 UmwStG anzuwenden. Zum entgeltlichen Gesellschafterwechsel wird auf die Ausführungen unter II. hingewiesen. Wegen der Abfindung an ausscheidende Anteilseigner vgl. Rz. 02.10.

---

31) Rz. 04.44 überholt durch Änderung des § 4 Abs. 6 UmwStG i.d.F. des Gesetzes v. 23.10.2000 (BGBl. I 2000 S. 1433).

II. Entgeltlicher Gesellschafterwechsel im Rückwirkungszeitraum

Rz. 05.02

Die Rückwirkungsfiktion des § 2 Abs. 1 UmwStG gilt nicht für den im Rückwirkungszeitraum ganz oder teilweise ausscheidenden und den abgefundenen Anteilseigner (vgl. Rz. 02.09 und 02.10). Hieraus folgt:

Rz. 05.03

Der Erwerber erwirbt zivilrechtlich Anteile an der übertragenden Körperschaft. Für die Anwendung der §§ 4 bis 10 und 18 UmwStG ist davon auszugehen, dass er die Anteile am steuerlichen Übertragungsstichtag angeschafft hat. § 5 Abs. 1 UmwStG ist entsprechend anzuwenden. Die Anteile gelten unter den Voraussetzungen der Einlage- und Übertragungsfiktionen des § 5 Abs. 2 und Abs. 3 UmwStG als in die übernehmende Personengesellschaft eingelegt oder überführt.

III. Einlage- und Übertragungsfiktion des § 5 Abs. 2, 3 und 4 UmwStG

1. Anwendungsfälle der Einlagefiktion des § 5 Abs. 2 UmwStG

Rz. 05.04

Die Einlagefiktion des § 5 Abs. 2 UmwStG gilt nur für Anteile an der übertragenden Kapitalgesellschaft i.S. des § 17 EStG, deren Veräußerung zu steuerpflichtigen Einkünften aus Gewerbebetrieb führt (§ 17 evtl. i.V.m. § 49 Abs. 1 Nr. 2 Buchstabe e) EStG). Steuerpflicht ist auch dann gegeben, wenn ein nicht wesentlich beteiligter Anteilseigner die Anteile an der übertragenden Kapitalgesellschaft innerhalb der letzten 5 Jahre von einem wesentlich Beteiligten unentgeltlich erworben hat (§ 17 Abs. 1 Satz 5 EStG).

Rz. 05.05

Nach § 5 Abs. 2 Satz 2 UmwStG i.d.F. des Gesetzes zur Fortsetzung der Unternehmenssteuerreform gelten Anteile, bei deren Veräußerung ein Veräußerungsverlust nach § 17 Abs. 2 Satz 4 EStG nicht zu berücksichtigen wäre, nicht als Anteile i.S. des § 17 EStG. Dabei kommt es nicht darauf an, ob sich im Falle einer gedachten Veräußerung konkret auch ein Veräußerungsverlust ergeben würde, sondern darauf, ob die Tatbestandsvoraussetzungen des § 17 Abs. 2 Satz 4 EStG erfüllt sind.

Rz. 05.06

Die Regelung dient zusammen mit § 7 Abs. 2 Satz 2 UmwStG[32] der Verhinderung von Gestaltungen, durch die mit einer kurzfristigen Aufstockung nicht wesentlichen in eine wesentliche Beteiligung eine Einbeziehung der Anteile in die Ermittlung des Übernahmeergebnisses zur Schaffung eines Übernahmeverlustes und eines daraus folgenden Stepup-Volumens erreicht wird. § 5 Abs. 2 Satz 2 und § 7 Abs. 2 Satz 2 UmwStG sind nicht anzuwenden, wenn sich ein Übernahmegewinn ergibt.

Beispiel:

A erwirbt im Jahre 1996 von B und C deren jeweilige 25-v.H.-Beteiligung an der X-GmbH. B und C waren noch nie wesentlich an der X-GmbH beteiligt. Die X-GmbH wird mit steuerlichem Übertragungsstichtag zum 31.12.1996 zum Buchwert auf die bestehende Y-OHG verschmolzen. Wegen der bei Erwerb der Anteile mitbezahlten stillen und offenen Rücklagen der X-GmbH würde sich für A ein Übernahmeverlust ergeben.

---

[32] Redaktioneller Fehler des BMF; richtig ist „§ 7 Satz 2 UmwStG".

Bei den von A erworbenen Anteilen wäre nach § 17 Abs. 2 Satz 4 EStG ein Veräußerungsverlust nicht zu berücksichtigen. Sie gelten nach § 5 Abs. 2 Satz 2 UmwStG nicht als Anteile i.S. des § 17 EStG und daher nicht nach § 5 Abs. 2 Satz 1 UmwStG als in das Betriebsvermögen der übernehmenden Personengesellschaft eingelegt. Sie nehmen nicht an der Ermittlung des Übernahmeergebnisses teil. Die Einkünfte des A sind nach § 7 UmwStG zu ermitteln.

Rz. 05.07

Werden von der Kapitalgesellschaft eigene Anteile gehalten, ist bei der Entscheidung, ob eine wesentliche Beteiligung i.S. des § 17 Abs. 1 Satz 4 EStG vorliegt, von dem um die eigenen Anteile der Kapitalgesellschaft verminderten Nennkapital auszugehen (H 140 „Eigene Anteile" EStH 1996[33]).

2. Steuerliche Folgen für einzelne Gruppen von Anteilseignern

Rz. 05.08

Die Verschmelzung auf eine Personengesellschaft hat auf die an der übertragenden Körperschaft beteiligten Anteilseigner, die Gesellschafter der Personengesellschaft werden, unter Berücksichtigung der Einlage- und Übertragungsfiktionen des § 5 Abs. 2 und 3 UmwStG folgende steuerliche Auswirkungen:

a) Anteile im inländischen Betriebsvermögen und wesentliche Beteiligung i.S. des § 17 EStG

Rz. 05.09

Anteile an der übertragenden Körperschaft, die sich am Übertragungsstichtag im inländischen Betriebsvermögen eines Gesellschafters der übernehmenden Personengesellschaft befinden, und wesentliche Beteiligungen i.S. des § 17 EStG eines Gesellschafters gelten nach den Einlage- und Übertragungsfiktionen des § 5 Abs. 2 und 3 UmwStG für die Ermittlung des Übernahmegewinns als am steuerlichen Übertragungsstichtag in das Vermögen der übernehmenden Personengesellschaft überführt. Der anteilige Übernahmegewinn oder Übernahmeverlust i.S. des § 4 Abs. 4 bis 6 UmwStG wird bei dem jeweiligen Gesellschafter der Personengesellschaft steuerlich erfasst. Die anteilige anrechenbare Körperschaftsteuer ist nach § 10 Abs. 1 UmwStG auf die Einkommen- oder Körperschaftsteuer der Gesellschafter anzurechnen. Dies gilt nach den Neuregelungen durch das Gesetz zur Fortsetzung der Unternehmenssteuerreform nicht für Anteile i.S. des § 17 Abs. 2 Satz 4 EStG.

Beispiel:

Erwerb von 100 v.H. der Anteile an einer GmbH kurz vor der Verschmelzung für 1.000 DM	
= Einlagewert i.S. des § 5 Abs. 2 UmwStG	1.000 DM
Buchwert des übergehenden Vermögens	- 100 DM
Übernahmeverlust	900 DM

Im Falle einer gedachten Veräußerung der Anteile zu 1.000 DM würde sich kein Veräußerungsverlust i.S. des § 17 EStG ergeben. Trotzdem ist keine wesentliche Beteiligung i.S. des § 5 Abs. 2 Satz 2 und des § 7 Satz 2 UmwStG anzunehmen.

---

33) Entspricht H 140 Abs. 2 „Eigene Anteile" EStH 1998 - 1999. Geändert durch EStH 2001; vgl. H 140 Abs. 2 „Eigene Anteile" EStH 2001 - 2003 und H 17 Abs. 2 „Eigene Anteile" EStH 2005.

Umwandlungssteuererlass v. 25.03.1998

b) Nicht wesentlich beteiligte unbeschränkt steuerpflichtige Anteilseigner, die ihre Anteile im Privatvermögen halten

Rz. 05.10

Die Einlage- und Übertragungsfiktionen des § 5 Abs. 3 UmwStG gelten nicht, wenn inländische Gesellschafter der übernehmenden Personengesellschaft an der Kapitalgesellschaft nicht wesentlich beteiligt sind und ihre Anteile im Privatvermögen halten oder nach den Neuregelungen durch das Gesetz zur Fortsetzung der Unternehmenssteuerreform für Anteile i.S. des § 17 Abs. 2 Satz 4 EStG. Der Wert der übergegangenen Wirtschaftsgüter bleibt insoweit bei der Ermittlung des Übernahmeergebnisses außer Ansatz (§ 4 Abs. 4 Satz 3 UmwStG). Der Gesellschafter erzielt durch die Umwandlung der Kapitalgesellschaft nicht dem Kapitalertragsteuerabzug unterliegende Einkünfte aus Kapitalvermögen in Höhe des auf ihn entfallenden verwendbaren Eigenkapitals – mit Ausnahme des EK 04 –, zuzüglich des ihm zuzurechnenden Körperschaftsteuerguthabens (§ 7 UmwStG). Das Körperschaftsteuerguthaben ist nach § 10 Abs. 1 UmwStG anzurechnen.

Rz. 05.11

Der nicht wesentlich beteiligte Anteilseigner, der Gesellschafter der übernehmenden Personengesellschaft wird, hat bei späterer Veräußerung des Mitunternehmeranteils den gesamten Veräußerungsgewinn einschließlich der stillen Reserven, die bei Übergang des Vermögens der übertragenden Körperschaft zu Buchwerten auf die Personengesellschaft vor dem steuerlichen Übertragungsstichtag entstanden sind, zu versteuern.

c) Beschränkt steuerpflichtige Anteilseigner der übertragenden Körperschaft

Rz. 05.12

Für beschränkt steuerpflichtige Anteilseigner, die durch die Umwandlung Gesellschafter der übernehmenden Personengesellschaft werden, gelten die Einlage- und Übertragungsfiktionen des § 5 Abs. 2 und 3 UmwStG nur, wenn ihre Anteile an der Kapitalgesellschaft zu einem inländischen Betriebsvermögen gehören (§ 49 Abs. 1 Nr. 2 Buchstabe a) EStG) oder es sich um eine wesentliche Beteiligung i.S. des § 17 EStG (§ 49 Abs. 1 Nr. 2 Buchstabe e) EStG) handelt, deren Veräußerung nicht durch ein DBA steuerfrei gestellt ist. Fehlt es daran, nehmen weder die Anteile noch der Wert der darauf entfallenden Wirtschaftsgüter an der Ermittlung des Übernahmeergebnisses teil (§ 4 Abs. 4 Satz 3 UmwStG). Die Anrechnung der auf den Gesellschafter entfallenden anteiligen Körperschaftsteuer ist nach § 10 Abs. 2 UmwStG ausgeschlossen. Die in den übergegangenen Wirtschaftsgütern enthaltenen stillen Reserven, die auf die Anteile des beschränkt steuerpflichtigen Gesellschafters entfallen, werden von der Personengesellschaft fortgeführt und müssen im Zeitpunkt der Auflösung als Betriebsstättengewinne versteuert werden.

d) Einbringungsgeborene Anteile

Rz. 05.13

Einbringungsgeborene Anteile an der übertragenden Körperschaft i.S. des § 21 UmwStG, die nicht zu einem inländischen Betriebsvermögen gehören, gelten als an dem steuerlichen Übertragungsstichtag in das Betriebsvermögen der übernehmenden Personengesellschaft mit den Anschaffungskosten eingelegt (§ 5 Abs. 4 UmwStG). Das gilt auch für einen nicht wesentlich beteiligten Anteilseigner, der seine Anteile im Privatvermögen hält. Die Anteile nehmen an der Ermittlung des Übernahmeergebnisses i.S. des § 4 Abs. 4 bis 6 UmwStG teil. § 7 UmwStG ist nicht anzuwenden. Für einbringungsgeborene Anteile, die zu einem inländischen Betriebsvermögen gehören, gilt § 5 Abs. 3 UmwStG.

3. Missbrauchstatbestand des § 5 Abs. 3 UmwStG

Rz. 05.14

Um Umgehungsmöglichkeiten auszuschließen, enthält § 5 Abs. 3 UmwStG einen Missbrauchstatbestand. Danach gelten Anteile, die innerhalb der letzten fünf Jahre vor dem steuerlichen Übertragungsstichtag in ein Betriebsvermögen des Anteilseigners oder in das Betriebsvermögen der übernehmenden Personengesellschaft eingelegt worden sind, als mit den Anschaffungskosten eingelegt, wenn die Anschaffungskosten den Buchwert unterschreiten. So wird die Besteuerung offener und stiller Reserven auch dann sichergestellt, wenn Anteile an der übertragenden Körperschaft unmittelbar vor dem Übertragungsstichtag in ein Betriebsvermögen oder in die übernehmende Personengesellschaft selbst eingelegt werden. Der Ansatz mit dem Teilwert scheidet in diesen Fällen aus.

Rz. 05.15

§ 5 Abs. 3 UmwStG wurde durch das Jahressteuer-Ergänzungsgesetz 1996 v. 18.12.1995 (BGBl. I 1995 S. 1959, BStBl. I 1995 S. 786) klarstellend neu gefasst. Die Neuregelung gilt nach § 27 UmwStG rückwirkend ab 01.01.1995.

4. Missbrauchsfälle i.S. des § 42 AO

Rz. 05.16

Insbesondere die folgenden Gestaltungen sind regelmäßig unter dem Gesichtspunkt eines Gestaltungsmissbrauchs i.S. des § 42 AO zu prüfen (zu den Kriterien vgl. Rz. 12.22), wenn nicht im Einzelfall bereits die Voraussetzungen von Regelungen zur Verhinderung von Verlustnutzungsgestaltungen nach dem Gesetz zur Fortsetzung der Unternehmenssteuerreform (insbesondere § 4 Abs. 5 UmwStG i.V.m. § 50c Abs. 11 EStG oder § 5 Abs. 2 Satz 2 und § 7 Satz 2 UmwStG) erfüllt sind:

1. Fall

Rz. 05.17

Ein nicht wesentlich beteiligter Anteilseigner veräußert seine Anteile vor der Verschmelzung der Kapitalgesellschaft auf eine Personengesellschaft an einen anderen Anteilseigner der Kapitalgesellschaft. In zeitlichem Zusammenhang mit der Verschmelzung der Kapitalgesellschaft auf die Personengesellschaft tritt er in einem zweiten Schritt in die Personengesellschaft ein, indem er entweder Mitunternehmeranteile „zurückerwirbt" oder den erzielten Veräußerungspreis als Kapitaleinlage in die Personengesellschaft einlegt. Im wirtschaftlichen Ergebnis kauft er damit seine vor der Verschmelzung „veräußerten" Anteile zurück.

2. Fall

Rz. 05.18

Die nicht wesentlich beteiligten Anteilseigner einer Kapitalgesellschaft veräußern ihre Anteile an eine in zeitlichem Zusammenhang mit der Verschmelzung von allen Anteilseignern gegründete Personengesellschaft. Danach wird die Kapitalgesellschaft auf die Personengesellschaft verschmolzen.

3. Fall

Rz. 05.19

Bei einer endgültig angestrebten Verschmelzung einer Kapitalgesellschaft auf eine Personengesellschaft wird eine Kapitalgesellschaft zwischengeschaltet.

Umwandlungssteuererlass v. 25.03.1998

Beispiel:[34]

An der X-GmbH sind A, B, C und D zu je 25 v.H. beteiligt. Die X-GmbH soll in eine GmbH & Co KG umgewandelt werden. Um einen Übernahmeverlust nach § 4 Abs. 4 bis 6 UmwStG geltend machen zu können, verkaufen A, B, C und D in einem ersten Schritt ihre Beteiligungen zunächst an die Y-GmbH und die Z-GmbH, an der sie jeweils ebenfalls zu je 25 v.H. beteiligt sind. In einem zweiten Schritt wandeln die Y-GmbH und die Z-GmbH dann die X-GmbH formwechselnd in die X-GmbH & Co. KG um. Infolge der hohen Anschaffungskosten für die Anteile an der X-GmbH ergibt sich bei der Y-GmbH und der Z-GmbH als Mitunternehmer der späteren KG durch die Umwandlung ein hoher Übernahmeverlust, der im Ergebnis zu einer Erstattung des bei der X-GmbH vorhandenen Körperschaftsteuerguthabens und zu einer Aufstockung der Wirtschaftsgüter gemäß § 4 Abs. 6 UmwStG führen würde. Die nicht wesentlich beteiligten Gesellschafter hätten dadurch die in den Gesellschaftsanteilen steckenden stillen Reserven steuerfrei realisiert. Würde die X-GmbH dagegen unmittelbar formwechselnd in eine Personengesellschaft umgewandelt, hätten die nicht wesentlich beteiligten Anteilseigner A, B, C und D das auf sie entfallende verwendbare Eigenkapital der X-GmbH zuzüglich der darauf lastenden Körperschaftsteuer gemäß § 7 UmwStG als Einkünfte aus Kapitalvermögen versteuern müssen. Die in den Anteilen der nicht wesentlich Beteiligten steckenden stillen Reserven wären nach der Umwandlung steuerverhaftet. Bei einer späteren Veräußerung des umwandlungsbedingten Mitunternehmeranteils entstünde ein Veräußerungsgewinn, der im Falle der Veräußerung der Anteile an der X-GmbH nicht steuerpflichtig gewesen wäre.

4. Fall

Rz. 05.20

Veräußerung einer zum Privatvermögen gehörenden wesentlichen Beteiligung an die übernehmende Personengesellschaft.

Beispiel:[35]

Die X-GmbH soll rückwirkend zum 01.01.1996 auf die bereits bestehende Y-GmbH & Co. KG verschmolzen werden. Die Anmeldung der Verschmelzung zur Eintragung ins Handelsregister ist bis Ende August 1996 erfolgt. Alleiniger Gesellschafter der X-GmbH und der Y-GmbH ist A. A hält die Beteiligung an der X-GmbH im Privatvermögen. Er veräußert die Beteiligung noch im August 1996 an die Y-GmbH & Co. KG. Für den Veräußerungsgewinn beansprucht er den ermäßigten Steuersatz nach §§ 17, 34 EStG. Auf Seiten der übernehmenden Y-GmbH & Co. KG gelten die Anteile an der X-GmbH nach § 5 Abs. 1 UmwStG als zum Übertragungsstichtag angeschafft. Es soll der Verschmelzungsverlust i.S. des § 4 Abs. 2 bis 6 UmwStG berücksichtigt werden.

5. Fall

Rz. 05.21

Nicht wesentlich beteiligte Anteilseigner legen die von ihnen erworbenen Anteile an einer Kapitalgesellschaft in zeitlichem Zusammenhang mit der Verschmelzung dieser Kapitalgesellschaft auf eine Personengesellschaft zum Teilwert in ein Betriebsvermögen der übernehmenden Personengesellschaft oder ein anderes Betriebsvermögen ein und umgehen den Missbrauchstatbestand des § 5 Abs. 3 UmwStG, da der Teilwert und Buchwert den Anschaffungskosten entsprechen.

---

34) Beispiel überholt durch Änderung des § 4 Abs. 6 UmwStG i.d.F. des Gesetzes v. 23.10.2000 (BGBl. I 2000 S. 1433).

35) Beispiel überholt durch Änderung des § 4 Abs. 6 UmwStG i.d.F. des Gesetzes v. 23.10.2000 (BGBl. I 2000 S. 1433).

6. Fall

Rz. 05.22

Kurz vor der Verschmelzung wird der Antrag auf Versteuerung nach § 21 Abs. 2 Nr. 1 UmwStG gestellt, um den ermäßigten Steuersatz und die Stundungsmöglichkeit nach § 21 Abs. 2 UmwStG in Anspruch nehmen zu können.

7. Fall

Rz. 05.23

Ein Missbrauchsfall kann auch dann anzunehmen sein, wenn die Regelung des § 5 Abs. 2 Satz 2 UmwStG i.d.F. des Gesetzes zur Fortsetzung der Unternehmenssteuerreform dadurch umgangen wird, dass eine Beteiligung in zeitlichem Zusammenhang mit der Umwandlung in ein Betriebsvermögen eingelegt wird.

Rz. 05.24

Erfolgt die Veräußerung der Anteile in den vorgenannten Gestaltungen an neugegründete Personen- oder Kapitalgesellschaften, an denen auch fremde Dritte beteiligt sind, so ist insgesamt ein Gestaltungsmissbrauch i.S. des § 42 AO anzunehmen. Eine quotale Betrachtung findet nicht statt.

Zu § 6 UmwStG: Gewinnerhöhung durch Vereinigung von Forderungen und Verbindlichkeiten

I. Entstehung des Folgegewinns aus dem Vermögensübergang

Rz. 06.01

Der Folgegewinn aus dem Vermögensübergang entsteht bei der Übernehmerin mit Ablauf des steuerlichen Übertragungsstichtags (Rz. 02.05). Ein Übernahmefolgegewinn entsteht auch, wenn infolge der Umwandlung Gesellschafter der übernehmenden Personengesellschaft einen Anspruch oder eine Verbindlichkeit gegenüber der Personengesellschaft haben (§ 6 Abs. 6 UmwStG).

II. Besteuerung des Folgegewinns

Rz. 06.02

Der Folgegewinn ist ein laufender Gewinn der Personengesellschaft. Er ist nicht Teil des Übernahmeergebnisses i.S. des § 4 Abs. 4 bis 6 UmwStG. Er ist auch dann in voller Höhe anzusetzen, wenn am steuerlichen Übertragungsstichtag nicht alle Anteile an der übertragenden Körperschaft zum Betriebsvermögen der übernehmenden Personengesellschaft gehören. § 4 Abs. 4 Satz 3 UmwStG gilt für den Folgegewinn nicht. Auf den Folgegewinn ist § 32c EStG anzuwenden.

III. Pensionsrückstellungen zugunsten eines Gesellschafters der übertragenden Kapitalgesellschaft

Rz. 06.03

Geht das Vermögen einer Kapitalgesellschaft durch Gesamtrechtsnachfolge auf eine Personengesellschaft über, so ist die zugunsten des Gesellschafters durch die Kapitalgesellschaft zulässigerweise gebildete Pensionsrückstellung von der Personengesellschaft nicht aufzulösen (BFH v. 22.06.1977, BStBl. II 1977 S. 798). Zuführungen nach dem steuerlichen Übertragungsstichtag, die durch die Gesellschafterstellung veranlasst sind, sind Vergütungen der

Personengesellschaft an ihren Gesellschafter (§ 15 Abs. 1 Satz 1 Nr. 2 EStG). Sie mindern den steuerlichen Gewinn der Personengesellschaft nicht. Wegen der Höhe der bei der Personengesellschaft fortzuführenden Pensionsrückstellung vgl. H 41 Abs. 8 EStH 1996[36].

Rz. 06.04

Im Falle des Vermögensübergangs auf eine natürliche Person ist die Pensionsrückstellung von der Übernehmerin ertragswirksam aufzulösen. Auf einen sich insgesamt ergebenden Auflösungsgewinn ist § 6 Abs. 2 UmwStG anzuwenden.

Rz. 06.05

Wird im Falle einer Rückdeckungsversicherung die Versicherung von dem übernehmenden Gesellschafter fortgeführt, geht der Versicherungsanspruch (Rückdeckungsanspruch) auf den Gesellschafter über und wird dadurch Privatvermögen. Er ist mit dem Teilwert zu übernehmen. Wird die Rückdeckungsversicherung von der übertragenden Kapitalgesellschaft gekündigt, ist der Rückkaufswert mit dem Rückdeckungsanspruch zu verrechnen. Ein eventueller Restbetrag ist ergebniswirksam aufzulösen. Auf R 41 Abs. 24 EStR 1996[37] wird hingewiesen.

Zu § 7 UmwStG: Ermittlung der Einkünfte nicht wesentlich beteiligter Anteilseigner

I. Anwendungsbereich

Rz. 07.01

§ 7 UmwStG gilt nur für nicht wesentlich beteiligte Anteilseigner, die unbeschränkt steuerpflichtig sind, ihre Anteile im Privatvermögen halten und Gesellschafter der übernehmenden Personengesellschaft werden und nach den Neuregelungen durch das Gesetz zur Fortsetzung der Unternehmenssteuerreform auch für Anteile i.S. des § 17 Abs. 2 Satz 4 EStG (§ 7 Satz 2 UmwStG).

II. Negative Teilbeträge des verwendbaren Eigenkapitals[38]

Rz. 07.02

Nach § 7 Satz 1 Nr. 1 UmwStG ist dem nicht wesentlich beteiligten Anteilseigner, der seine Beteiligung im Privatvermögen hält, der Teil des verwendbaren Eigenkapitals der übertragenden Körperschaft – mit Ausnahme des EK 04 (§ 30 Abs. 2 Nr. 4 KStG) – als Einkünfte aus Kapitalvermögen zuzurechnen, der seiner Beteiligung entspricht. Das gleiche gilt nach den Neuregelungen durch das Gesetz zur Fortsetzung der Unternehmenssteuerreform auch für Anteile i.S. des § 17 Abs. 2 Satz 4 EStG (§ 7 Satz 2 UmwStG).

Rz. 07.03

Negative Teilbeträge des verwendbaren Eigenkapitals sind unabhängig davon mit positiven Teilbeträgen zu verrechnen, ob es sich um mit Körperschaftsteuer belastete oder nicht belastete Teilbeträge handelt. Dabei sind die Eigenkapitalteile i.S. des § 30 Abs. 1 Satz 3 Nr. 1 und 2 und Abs. 2 Nr. 1 bis 3 KStG miteinander zu verrechnen. Nur der der Beteiligung entsprechende Anteil an einem positiven Saldo der Teilbeträge des verwendbaren Eigenkapitals – ausgenommen das EK 04 – ist dem Anteilseigner als Einkünfte aus Kapitalvermögen

---

36) Erstmals weggefallen in EStH 1998.
37) Entspricht R 41 Abs. 24 EStR 1998 - 2003. Geändert durch R 6a Abs. 23 EStR 2005.
38) Überholt durch Gesetz v. 23.10.2000 (BGBl. I 2000 S. 1433).

zuzurechnen. Ein negativer Saldo des verwendbaren Eigenkapitals führt nicht zu einer Erhöhung der Körperschaftsteuer.

Beispiel:

	EK 45	EK 02	EK 04
Fall 1	4.000	- 5.000	2.500
Fall 2	5.000	- 500	2.500

Einkünfte aus Kapitalvermögen i.S. des § 7 Satz 1 Nr. 1 UmwStG bei Beteiligung in Höhe von 10 v.H.

Fall 1: 0 DM
Fall 2: (10 v.H. von 4.500 DM) 450 DM

zuzüglich der anzurechnenden Körperschaftsteuer nach § 7 Satz 1 Nr. 2 UmwStG.

Rz. 07.04

Die nach § 7 Satz 1 Nr. 2 UmwStG zuzurechnende, anteilig auf den Anteilseigner entfallende anzurechnende Körperschaftsteuer ist nach den Grundsätzen zu § 10 UmwStG zu ermitteln.

III. Eigene Anteile

Rz. 07.05

Besitzt die übertragende Kapitalgesellschaft eigene Anteile, ist die Höhe der Beteiligung eines Anteilseigners nach dem Verhältnis des Nennbetrags seiner Anteile zur Summe der um die eigenen Anteile gekürzten Nennbeträge aller Anteile zu bemessen.

Beispiel:

Summe der Nennbeträge aller Anteile	100
eigene Anteile	- 10
	90
Anteile des nicht wesentlich beteiligten Anteilseigners	10

Dem Anteilseigner stehen somit nicht nur 10 v.H., sondern 11,1 v.H. der offenen Reserven zu.

IV. Zufluss der Einkünfte

Rz. 07.06

Die Einkünfte aus Kapitalvermögen gelten mit dem Ablauf des steuerlichen Übertragungsstichtags als zugeflossen (§ 2 Abs. 1 UmwStG).

Zu § 10 UmwStG: Körperschaftsteueranrechnung[39]

I. Behandlung negativer EK-Teile (§ 10 Abs. 1 UmwStG)

Rz. 10.01

Nach § 10 Abs. 1 UmwStG ist die Körperschaftsteuer, die auf den Teilbeträgen des für die Ausschüttung verwendbaren Eigenkapitals der übertragenden Körperschaft i.S. des § 30 Abs. 1 Nr. 1 und 2 KStG sowie auf den entsprechenden in der Gliederungsrechnung

---

39) Überholt durch Gesetz v. 23.10.2000 (BGBl. I 2000 S. 1433).

vorübergehend bis zu ihrer Umgliederung fortzuführenden Altkapitalteilen lastet, auf die Einkommensteuer oder Körperschaftsteuer der Gesellschafter der übernehmenden Personengesellschaft anzurechnen.

Rz. 10.02

Bei der Ermittlung der nach § 10 Abs. 1 UmwStG anzurechnenden Körperschaftsteuer, die auf den Teilbeträgen des für Ausschüttungen verwendbaren Eigenkapitals der übertragenden Körperschaft i.S. des § 30 Abs. 1 Nr. 1 und 2 KStG lastet, sind positive und negative Beträge an Körperschaftsteuer zu verrechnen (BFH v. 22.11.1995, BStBl. II 1996 S. 390).

Beispiel:

Rücklagen lt. Steuerbilanz	EK 50	EK 45	nach § 10 Abs. 1 UmwStG anzurechnende KSt	
15 TDM	- 40 TDM	55 TDM	(50/50 von -40 TDM)	- 40 TDM
			(45/55 von 55 TDM)	45 TDM
			anrechenbare KSt	5 TDM

Rz. 10.03

Negative nicht mit Körperschaftsteuer belastete EK-Teile (z.B. EK 02) bleiben unberücksichtigt.

Beispiel:

Rücklagen lt. Steuerbilanz	EK 45	EK 02	EK 03	nach § 10 Abs. 1 UmwStG anzurechnende KSt
15 TDM	55 TDM	- 40 TDM	0	45 TDM

II. Ausschüttungsbelastung auf Teilbeträge i.S. des § 30 Abs. 2 Nr. 2 oder 3 KStG (EK 02 oder EK 03)

Rz. 10.04

Eine Ausschüttungsbelastung auf die unbelasteten Teilbeträge i.S. des § 30 Abs. 2 Nr. 2 oder 3 KStG (EK 02 oder 03) ist nach § 10 Abs. 1 UmwStG nicht herzustellen.

III. Bescheinigungen nach § 10 Abs. 1 UmwStG

Rz. 10.05

Maßgebend für die nach § 10 Abs. 1 UmwStG anzurechnende Körperschaftsteuer ist das verwendbare Eigenkapital, das sich nach Berücksichtigung der Ausschüttungen, für die noch die übertragende Körperschaft die Ausschüttungsbelastung herzustellen hat (vgl. Rz. 02.16), und vor Berücksichtigung des Abgangs der EK-Bestände im Falle der Umwandlung ergibt. Dieses verwendbare Eigenkapital ist gesondert festzustellen. Der Nachweis der anrechenbaren Körperschaftsteuer kann vereinfacht durch Vorlage einer Ablichtung des Bescheides über die gesonderte Feststellung der Teilbeträge des verwendbaren Eigenkapitals nach § 47 Abs. 1 Nr. 1 KStG zum steuerlichen Übertragungsstichtag (Schluss des Wirtschaftsjahrs der Umwandlung) erbracht werden.

Rz. 10.06

Dem nicht wesentlich beteiligten Anteilseigner i.S. des § 7 UmwStG hat die übertragende Körperschaft oder der übernehmende Rechtsträger folgende Beträge zu bescheinigen:
- den Teil des für Ausschüttungen verwendbaren Eigenkapitals – mit Ausnahme des EK 04 –, der von ihm zu versteuern ist (§ 7 Satz 1 Nr. 1 UmwStG),
- den Teil der auf ihn entfallenden anzurechnenden Körperschaftsteuer (§ 7 Satz 1 Nr. 2 UmwStG). Für den vereinfachten Nachweis gilt Rz. 10.05 Satz 3 entsprechend.

Zusammenfassendes Beispiel zum 2. Abschnitt

Grundfall

Gesellschafter der X-GmbH (Stammkapital 1.000) sind A zu 50 v.H., B zu 30 v.H. und C zu 20 v.H. A hält eine Beteiligung, die er kurz vor der Verschmelzung zu Anschaffungskosten in Höhe von 2.000 (Buchwert) erworben hat, im Betriebsvermögen. B und C halten ihre Beteiligung im Privatvermögen. B hat seinen Anteil bei Gründung der GmbH für 300 erworben. C hat für seinen Anteil Anschaffungskosten i.H. von 700 aufgewendet.

Bilanz der X-GmbH zum 31.12.1995

	Buchwert	Teilwert			Buchwert	Teilwert
Firmenwert	0	1.000	Eigenkapital		1.000	3.000
			– Stammkapital	1.000		
			– Rücklagen	1.500		
			– Verlustvortrag	1.500		
Anlagevermögen	1.000	1.400	Verbindlichkeiten		1.500	1.500
Umlaufvermögen	1.500	2.100				
	2.500	4.500			2.500	4.500

Eigenkapitalgliederung der X-GmbH zum 31.12.1995

EK 50	EK 02
1.500	- 1.500

Die X-GmbH soll zum 01.01.1996 durch Neugründung zum Buchwert auf die A, B, C-OHG verschmolzen werden.

Abwandlung:

Wie Ausgangsfall, jedoch sind die Gesellschafter B und C beschränkt steuerpflichtig.

Lösung:

1. Grundfall

a) X-GmbH

Die X-GmbH kann nach § 3 UmwStG die Wirtschaftsgüter in ihrer steuerlichen Schlussbilanz mit dem Buchwert ansetzen, da das übertragene Vermögen bei der A, B, C-OHG Betriebsvermögen bleibt. Bei Buchwertansatz ergibt sich kein Übertragungsgewinn. Die in den Wirtschaftsgütern enthaltenen stillen Reserven gehen auf die übernehmende Personengesellschaft über.

b) A, B, C-OHG und Gesellschafter

Die A, B, C-OHG hat auf den Verschmelzungsstichtag eine handelsrechtliche und eine steuerliche Eröffnungsbilanz aufzustellen. Gemäß § 4 Abs. 1 UmwStG ist die A, B, C-OHG an die Wertansätze der Übertragungsbilanz der X-GmbH gebunden (Grundsatz der Wertverknüpfung). Die A, B, C-OHG tritt nach § 4 Abs. 2 u. 3 UmwStG in die Rechtsstellung der übertragenden X-GmbH ein (Grundsatz der Gesamtrechtsnachfolge).

Die von der X-GmbH übernommenen Wirtschaftsgüter sind anstelle der nach § 5 UmwStG als in das Betriebsvermögen der A, B, C-OHG eingelegt geltenden Beteiligung in die Bilanz aufzunehmen. In Höhe des Unterschiedsbetrages zwischen dem Wert, mit dem die übergegangenen Wirtschaftsgüter zu übernehmen sind, und dem Buchwert der Anteile an der übertragenden Körperschaft ergibt sich ein Übernahmegewinn oder Übernahmeverlust (§ 4 Abs. 4 UmwStG). Dabei gilt die im Betriebsvermögen gehaltene Beteiligung des A nach § 5 Abs. 3 UmwStG als mit dem Buchwert, die im Privatvermögen gehaltene wesentliche Beteiligung i.S. von § 17 EStG des B nach § 5 Abs. 2 UmwStG als mit den Anschaffungskosten in das Betriebsvermögen der A, B, C-OHG eingelegt.

Ein Übernahmegewinn nach § 4 Abs. 4 bis 6 UmwStG ist ohne tarifliche Begünstigung von den Gesellschaftern der übernehmenden Personengesellschaft nach § 15 Abs. 1 Satz 1 Nr. 1 oder 2 EStG zu versteuern. Bei Buchwertfortführung umfasst der Übernahmegewinn regelmäßig nur die in dem übertragenen Vermögen enthaltenen offenen Rücklagen. Gewerbesteuerlich ist der Übernahmegewinn nach § 18 Abs. 2 UmwStG nicht zu erfassen.

Ein Übernahmeverlust führt bei der übernehmenden Personengesellschaft (i.d.R. in Ergänzungsbilanzen der Gesellschafter) zu einer (steuerneutralen) Buchwertaufstockung bei den einzelnen Wirtschaftsgütern nach der Stufentheorie (§ 4 Abs. 6 UmwStG).

Für die im Privatvermögen gehaltene nicht wesentliche Beteiligung des C an der X-GmbH gilt die Einlagefiktion des § 5 Abs. 2 UmwStG nicht. Die anteilig hierauf entfallenden Wirtschaftsgüter werden bei der Ermittlung des Übernahmegewinns oder Übernahmeverlustes nicht berücksichtigt (§ 4 Abs. 4 Satz 3 UmwStG). C hat nach § 7 UmwStG das anteilig auf ihn entfallende verwendbare Eigenkapital der übertragenden Kapitalgesellschaft (offene Rücklagen) sowie die anzurechnende KSt als Einkünfte aus Kapitalvermögen zu versteuern.

Ein bei der Kapitalgesellschaft verbleibender Verlustabzug i.S. des § 10d Abs. 3 Satz 2 EStG geht trotz des Eintritts der Personengesellschaft in die Rechtsstellung der Kapitalgesellschaft nicht auf die Gesellschafter der übernehmenden Personengesellschaft über (§ 4 Abs. 2 Satz 2 UmwStG).

Die Eröffnungsbilanz der A, B, C-OHG und die Auswirkungen der Verschmelzung auf die Gesellschafter A, B und C bei Ansatz der Buchwerte der übergehenden Wirtschaftsgüter in der Bilanz der X-GmbH stellen sich wie folgt dar:

steuerliche Eröffnungsbilanz A, B, C-OHG 31.12.1995

verschiedene Aktiva	2.500	Kapital A	500
		Kapital B	300
		Kapital C	200
			1.000
		Verbindlichkeiten	1.500
	2.500		2.500

Die Auswirkungen auf die A, B, C-OHG und ihre Gesellschafter

	A 50 v.H. - Beteiligung im Betriebsvermögen	B 30 v.H. - Beteiligung im Privatvermögen	C 20 v.H. - Beteiligung im Privatvermögen
Buchwert des übergegangenen Vermögens	500	300	–
abzüglich Buchwert der Anteile	-2.000	-300	–
vorläufiges Übernahmeergebnis	-1.500	0	–
Zurechnung nach § 7 UmwStG	–	–	0
anzurechnende KSt (§ 4 Abs. 5, § 7 Nr. 2 UmwStG)	750	450	300
Übernahmergebnis	-750	450	–
Aufstockung gemäß § 4 Abs. 6 UmwStG	750	–	–
steuerpflichtiger Übernahmegewinn	0	450	–
Einkünfte aus Kapitalvermögen	–	–	300
Steuersatz (z.B. 50 v.H.)	0	225	150
anrechenbare KSt	750	450	300
Erstattung	750	225	150

Ergänzungsbilanz A

Anlagevermögen	200	Mehrkapital	750
Umlaufvermögen	300		
Firmenwert	250		
	750		**750**

A hat einen durch die Verschmelzung bedingten Übernahmeverlust in Höhe von 750 erzielt. In entsprechender Höhe hat er in einer Ergänzungsbilanz die anteilig auf ihn entfallenden Wirtschaftsgüter aufzustocken. Ferner erhält A ein Körperschaftsteuerguthaben in Höhe von 750 erstattet.

B hat einen steuerpflichtigen Übernahmegewinn in Höhe von 450 erzielt. Auf die Besteuerung des Übernahmegewinns ist der auf B entfallende Teil der anrechenbaren KSt anzurechnen (§ 10 UmwStG).

C ist als nicht wesentlich Beteiligter nicht in die Ermittlung des Übernahmegewinns oder -verlustes auf der Ebene der A, B, C-OHG einbezogen worden. Ihm werden gemäß § 7 UmwStG das auf seine Anteile entfallende verwendbare Eigenkapital 0 (bei Anwendung des § 7 UmwStG werden negative Teilbeträge des EK 0 mit positiven Teilbeträgen des belasteten EK – mit Ausnahme des EK 04 – verrechnet) und die anrechenbare KSt in Höhe von 300 als Einkünfte aus Kapitalvermögen zugerechnet. Die KSt von 300 ist auf seine ESt anrechenbar.

2. Abwandlung

Bei einem beschränkt steuerpflichtigen Gesellschafter, der nicht wesentlich an der übertragenden Kapitalgesellschaft beteiligt ist, sieht das UmwStG ebenso wie bei einem unbeschränkt Steuerpflichtigen keine Einlage in das Betriebsvermögen der übernehmenden Personengesellschaft vor. Das gleiche gilt für einen beschränkt steuerpflichtigen Gesellschafter mit wesentlicher Beteiligung, deren Veräußerung nicht der inländischen Besteuerung unterliegt. Auch hier gilt die wesentliche Beteiligung nicht gemäß § 5 Abs. 2 UmwStG in das Betriebsvermögen eingelegt. Bei diesen Anteilseignern kann kein steuerlich zu berücksichtigender Übernahmeverlust i.S. von § 4 Abs. 4 UmwStG entstehen.

3. Abschnitt: Verschmelzung oder Vermögensübertragung (Vollübertragung) auf eine andere Körperschaft

Zu § 11 UmwStG: Auswirkungen auf den Gewinn der übertragenden Körperschaft

I. Bewertungswahlrecht nach § 11 Abs. 1 UmwStG

1. Voraussetzungen des Bewertungswahlrechts

Rz. 11.01

Nach § 11 Abs. 1 UmwStG können die übergegangenen Wirtschaftsgüter in der steuerlichen Schlussbilanz für das letzte Wirtschaftsjahr der übertragenden Körperschaft (Übertragungsbilanz) mit dem Buchwert, einem höheren Wert, höchstens jedoch mit dem Teilwert angesetzt werden, soweit die spätere Besteuerung der stillen Reserven sichergestellt ist und soweit eine Gegenleistung nicht gewährt wird oder in Gesellschaftsrechten besteht. Handelsrechtlich gelten für die Übertragungsbilanz die Vorschriften über die Jahresbilanz und deren Prüfung entsprechend (§ 17 Abs. 2 Satz 2 UmwG). Ein über dem Buchwert liegender Wertansatz ist danach nur eingeschränkt möglich. In der handelsrechtlichen Jahresbilanz werden die Vermögensgegenstände mit den Anschaffungs- oder Herstellungskosten, vermindert um planmäßige und außerplanmäßige Abschreibungen angesetzt (§§ 253, 254 HGB). Entfällt in einem späteren Geschäftsjahr der Grund für die außerplanmäßige Abschreibung, ist eine Wertaufholung bis zur Höhe der Anschaffungs- oder Herstellungskosten (bei abnutzbaren Wirtschaftsgütern vermindert um die planmäßige Abschreibung) zulässig (§ 253 Abs. 4, § 280 HGB). Nach dem Grundsatz der Maßgeblichkeit der Handelsbilanz für die Steuerbilanz (§ 5 Abs. 1 EStG) können bei der derzeitigen handelsrechtlichen Rechtslage auch in der steuerlichen Übertragungsbilanz nur die in der Handelsbilanz zulässigen Werte angesetzt werden. Auf Rz. 03.01 wird hingewiesen.

Urteil des BFH v. 19.10.2005, I R 34/04: [40]

Entgegen der Rechtsauffassung der Vorinstanz (Urteil des FG Baden-Württemberg v. 04.03.2004, 6-K-103/99) kommt der BFH zu dem Ergebnis, dass die nachträgliche Erhöhung der Wertansätze eines zu Buchwerten im Rahmen einer verschmelzenden Umwandlung von einer Kapitalgesellschaft auf eine andere Kapitalgesellschaft eingebrachten Betriebsvermögens keine Bilanzänderung, sondern eine rückwirkende Sachverhaltsgestaltung darstellt. Folglich war eine Erörterung der Rechtsfrage, ob im Rahmen der verschmelzenden Umwandlung übergegangene Wirtschaftsgüter steuerlich abweichend von den handelsrechtlichen Ansätzen mit höheren Werten als den Buchwerten ausgewiesen werden dürfen, durch den BFH nicht erforderlich.

Urteil des FG Baden-Württemberg v. 04.03.2004 (Revision unter I R 34/04), 6-K-103/99: [41]

Der Senat hatte zu klären, ob die nachträgliche Erhöhung der Wertansätze eines zu Buchwerten im Rahmen einer verschmelzenden Umwandlung von einer Kapitalgesellschaft auf eine andere Kapitalgesellschaft eingebrachten Betriebsvermögens eine Bilanzänderung darstellt.

In diesem Kontext folgt der Senat nicht der Auffassung der Finanzverwaltung, wonach aufgrund der Maßgeblichkeit der Handelsbilanz für die Steuerbilanz auch in der steuerlichen Übertragungsbilanz nur die in der Handelsbilanz zulässigen Werte angesetzt werden dürfen

---

40) Vgl. BFH v. 19.10.2005, I R 34/04, BFH/NV 2006 S. 1099. Zu den Rechtsausführungen der Vorinstanz vgl. FG Baden-Württemberg v. 04.03.2004, 6-K-103/99, EFG 2004 S. 858.

41) Vgl. FG Baden-Württemberg v. 04.03.2004 (Revision unter I R 34/04), 6-K-103/99, EFG 2004 S. 858.

und das steuerrechtliche Wahlrecht in § 11 Abs. 1 Satz 2 UmwStG 1995 praktisch ins Leere läuft. Vielmehr vertritt der Senat die Rechtsauffassung, dass § 11 Abs. 1 Satz 2 UmwStG 1995 ein Bewertungswahlrecht zulässt und dass für bestimmte Wirtschaftsgüter statt dem Buchwert ein höherer, unter dem Teilwert liegender Wert angesetzt werden darf.

Urteil des FG Köln v. 20.09.2006 (Revision anhängig unter I R 97/06), 13-K-6307/02:[42]
Anlässlich einer Verschmelzung besteht auf der Ebene der übertragenden Gesellschaft ein steuerbilanzielles Wahlrecht, das übergehende Betriebsvermögen in der steuerlichen Übertragungsbilanz mit dem Zwischenwert gemäß § 11 Abs. 1 Satz 2 UmwStG 1995 anzusetzen und dabei stille Reserven aufzudecken.

Rz. 11.02

Setzt der übernehmende Rechtsträger nach § 24 UmwG in seiner Jahresbilanz über den Wertansätzen in der Schlussbilanz der übertragenden Körperschaft liegende Werte an, sind die Wirtschaftsgüter an dem der Umwandlung folgenden Bilanzstichtag auch in der Steuerbilanz insoweit bis zur Höhe der steuerlichen Anschaffungs- oder Herstellungskosten der übertragenden Körperschaft (ggf. gemindert um Absetzungen für Abnutzung) erfolgswirksam aufzustocken (vgl. Rz. 03.02).

Rz. 11.03

Bei einer Umwandlung auf eine unbeschränkt körperschaftsteuerpflichtige Körperschaft i.S. des § 1 Abs. 1 KStG ist die Besteuerung grundsätzlich sichergestellt. Dies gilt z.B. nicht, wenn die übernehmende Körperschaft von der Körperschaftsteuer befreit ist (u.a. nach § 5 KStG) oder das Vermögen in den nicht steuerpflichtigen Bereich einer juristischen Person des öffentlichen Rechts übergeht (Vermögensübertragung). Eine steuerneutrale Umwandlung ist dagegen möglich, soweit das übergehende Vermögen bei der übernehmenden Körperschaft einen steuerpflichtigen wirtschaftlichen Geschäftsbetrieb bildet oder zu einem vorher bestehenden steuerpflichtigen wirtschaftlichen Geschäftsbetrieb gehört.

Rz. 11.04

Die Sicherstellung der Besteuerung ist nur für stille Reserven zu beachten, die am Umwandlungsstichtag der inländischen Besteuerung unterliegen. Das Erfordernis der Sicherstellung der Besteuerung der stillen Reserven gilt u.a. nicht für im Rahmen der Umwandlung übergehendes ausländisches Betriebsstättenvermögen, dessen Besteuerung (aufgrund eines DBA) am Übertragungsstichtag einem anderen Staat zusteht.

2. Gegenleistung i.S. des § 11 Abs. 1 UmwStG

Rz. 11.05

Eine Gegenleistung, die nicht in Gesellschaftsrechten besteht, ist gegeben, wenn die übernehmende Körperschaft im Rahmen des Verschmelzungsvertrages (§ 5 i.V.m. § 29 UmwG) bare Zuzahlungen (z.B. einen Spitzenausgleich) oder andere Vermögenswerte an die übertragende Körperschaft oder deren verbleibende Anteilseigner gewährt. Eine Gegenleistung liegt auch vor, wenn die übernehmende Körperschaft der Umwandlung widersprechende Anteilseigner gemäß §§ 29, 125 und 207 UmwG bar abfindet.

---

[42] Vgl. FG Köln v. 20.09.2006 (Revision anhängig unter I R 97/06), 13-K-6307/02, Der Konzern 2007 S. 78.

a) Gegenleistungen der übernehmenden Kapitalschaft, die nicht in Gesellschaftsrechten bestehen

Rz. 11.06

Leistet die übernehmende Kapitalgesellschaft eine Zuzahlung (z.B. einen Spitzenausgleich i.S. der §§ 15, 126 Abs. 1 Nr. 3 UmwG), liegt eine Gegenleistung i.S. des § 11 Abs. 1 Nr. 2 UmwStG vor, die nicht in Gesellschaftsrechten besteht. Die übergegangenen Wirtschaftsgüter sind bei der übertragenden Kapitalgesellschaft insoweit mit dem Wert der Gegenleistung anzusetzen. Das gilt auch für die Barabfindung von der Umwandlung widersprechenden Anteilseignern.

Rz. 11.07

Zur steuerlichen Behandlung der Zuzahlungen bei den verbleibenden Anteilseignern vgl. Rz. 13.03 und der Barabfindung vgl. Rz. 13.04.

b) Zahlungen durch die übertragende Kapitalgesellschaft

Rz. 11.08

Eine Zahlung durch die übertragende Kapitalgesellschaft an einen ausscheidenden Anteilseigner stellt keine Gegenleistung i.S. des § 11 Abs. 1 Nr. 2 UmwStG dar. Je nach den Umständen des Einzelfalles kann der Vorgang als Erwerb eigener Anteile oder als verdeckte Gewinnausschüttung oder andere Ausschüttung zu beurteilen sein (vgl. BFH v. 06.12.1995, I R 51/95, BStBl. II 1998 S. 781). Ein Erwerb eigener Anteile zur Einziehung führt regelmäßig zu einer verdeckten Gewinnausschüttung.

Rz. 11.09

Zur Behandlung der Zahlungen beim Anteilseigner wird auf Rz. 13.04 verwiesen.

c) Zahlungen durch die Gesellschafter der übernehmenden oder übertragenden Kapitalgesellschaft

Rz. 11.10

Die Zahlungen an ausscheidende Anteilseigner durch die Gesellschafter der übernehmenden oder übertragenden Kapitalgesellschaft ist keine Gegenleistung i.S. des § 11 Abs. 1 Nr. 2 UmwStG.

Rz. 11.11

Die Zahlungen sind nach allgemeinen steuerrechtlichen Grundsätzen zu beurteilen. Sie führen zu einem Veräußerungserlös beim Empfänger und zu Anschaffungskosten beim leistenden Gesellschafter.

3. Anwendung des § 11 UmwStG in den Fällen der Verschmelzung auf den alleinigen Gesellschafter in der Rechtsform einer Kapitalgesellschaft

Rz. 11.12

Bei Verschmelzung einer Kapitalgesellschaft auf ihren alleinigen Gesellschafter in der Rechtsform einer anderen Kapitalgesellschaft fällt bei dieser die Beteiligung an der Überträgerin weg.

Rz. 11.13

Der Wegfall der Beteiligung an der übertragenden Gesellschaft ist keine Rückgabe der Beteiligung an die übertragende Gesellschaft. Eine Gegenleistung ist darin nicht zu sehen. Das

Bewertungswahlrecht nach § 11 Abs. 1 UmwStG kann in Anspruch genommen werden. Ein Übernahmegewinn oder Übernahmeverlust bleibt nach § 12 Abs. 2 UmwStG außer Ansatz.

4. Verschmelzung von Schwestergesellschaften

Rz. 11.14

Auf die Verschmelzung von Schwestergesellschaften sind die §§ 11 bis 13 UmwStG anzuwenden (wegen der Hinzurechnungsbesteuerung nach § 12 Abs. 2 Satz 2 UmwStG wird auf Rz. 12.07 verwiesen). Werden Schwestergesellschaften verschmolzen, ist handelsrechtlich zwingend eine Kapitalerhöhung bei der übernehmenden Kapitalgesellschaft vorgeschrieben. Die notwendige Kapitalerhöhung muss nicht den gesamten übertragenen Vermögenswert umfassen. Als Anschaffungskosten der Anteile an der übernehmenden Schwestergesellschaft nach der Verschmelzung gilt die Summe der Anschaffungskosten der Anteile an der übertragenden und an der übernehmenden Schwestergesellschaft vor der Verschmelzung. Der Wegfall der Beteiligung an der übertragenden Schwestergesellschaft ist daher nicht als Aufwand zu behandeln. Die Pflicht, Anteile des übernehmenden Rechtsträgers an die Anteilsinhaber des übertragenden Rechtsträgers zu leisten, bildet – auch bei der Verschmelzung beteiligungsidentischer Schwestergesellschaften – ein Wesensmerkmal der Verschmelzung. Eine Gegenleistung i.S. des § 11 Abs. 1 Nr. 2 UmwStG liegt nicht vor.

5. Vermögensübertragung nach § 174 ff. UmwG gegen Gewährung einer Gegenleistung an die Anteilsinhaber des übertragenden Rechtsträgers

Rz. 11.15

Nach § 174 UmwG kann ein Rechtsträger unter Auflösung ohne Abwicklung sein Vermögen ganz oder teilweise auf einen anderen bestehenden Rechtsträger (übernehmender Rechtsträger) gegen Gewährung einer Gegenleistung an die Anteilsinhaber des übertragenden Rechtsträgers, die nicht in Anteilen oder Mitgliedschaften besteht, übertragen. Wegen der Gewährung der Gegenleistung ist in folgenden Fällen ein steuerneutraler Vermögensübergang (Buchwertfortführung) i.S. des § 11 Abs. 1 UmwStG grundsätzlich nicht möglich:

- Vermögensübertragung einer Kapitalgesellschaft auf den Bund, ein Land, eine Gebietskörperschaft oder einen Zusammenschluss von Gebietskörperschaften (§§ 175 Nr. 1, 176, 177 UmwG)
- Vermögensübertragung einer Versicherungs-AG auf einen VVaG (§§ 175 Nr. 2 Buchstabe a), 178, 179 UmwG)
- Vermögensübertragung eines VVaG auf eine Versicherungs-AG oder ein öffentlich-rechtliches Versicherungsunternehmen
- Vermögensübertragung eines öffentlich-rechtlichen Versicherungsunternehmens auf eine Versicherungs-AG oder einen VVaG.

Rz. 11.16

Nach § 176 Abs. 2 UmwG tritt in diesen Fällen an die Stelle des Umtauschverhältnisses der Anteile die Art und Höhe der Gegenleistung. Die übergegangenen Wirtschaftsgüter sind daher nach § 11 Abs. 2 UmwStG mit dem Wert der Gegenleistung anzusetzen.

Rz. 11.17

Ein steuerneutraler Vermögensübergang ist aber dann möglich, wenn das Vermögen auf den alleinigen Anteilseigner übertragen wird (z.B. Kapitalgesellschaft auf eine Gemeinde, die zu 100 v.H. an der übertragenden Kapitalgesellschaft beteiligt ist). In diesen Fällen liegt eine Gegenleistung nicht vor. Der Wegfall der Beteiligung an der übertragenden Kapitalgesellschaft stellt keine Gegenleistung dar.

6. Ausübung des Bewertungswahlrechts

Rz. 11.18

Das unter Rz. 11.01 dargelegte Bewertungswahlrecht in § 11 Abs. 1 UmwStG gilt für das gesamte Betriebsvermögen der übertragenden Körperschaft, auch für die Wirtschaftsgüter in einer ausländischen Betriebsstätte, für die das alleinige Besteuerungsrecht einem anderen Staat (aufgrund eines DBA) zusteht. Bei Ansatz der Wirtschaftsgüter mit einem über dem Buchwert liegenden Wert unterliegt ein Übertragungsgewinn insoweit nicht der inländischen Besteuerung.

7. Selbst geschaffene immaterielle Wirtschaftsgüter einschließlich Geschäfts- oder Firmenwert

Rz. 11.19

In der Übertragungsbilanz sind von der übertragenden Körperschaft selbst geschaffene immaterielle Wirtschaftsgüter einschließlich eines Geschäfts- oder Firmenwerts nicht anzusetzen (vgl. Rz. 03.07).

II. Aufdeckung der stillen Reserven

Rz. 11.20

Wird eine Gegenleistung gewährt, die nicht in Gesellschaftsrechten besteht, ist das übergegangene Vermögen mit dem Wert der für die Übertragung gewährten Gegenleistung anzusetzen (§ 11 Abs. 2 Satz 1 UmwStG). Die Gegenleistung ist gleichmäßig auf alle übergegangenen Wirtschaftsgüter zu verteilen. Selbst geschaffene immaterielle Wirtschaftsgüter einschließlich eines Geschäfts- oder Firmenwerts sind nur zu berücksichtigen, wenn die übrigen Wirtschaftsgüter aufgrund der Gegenleistung bis zu den Teilwerten aufgestockt sind.

Rz. 11.21

Ist die Besteuerung der stillen Reserven nicht sichergestellt, sind in der Übertragungsbilanz die Wirtschaftsgüter – einschließlich der selbst geschaffenen immateriellen Wirtschaftsgüter und eines Geschäfts- oder Firmenwerts – mit dem Teilwert anzusetzen (§ 11 Abs. 2 Satz 2 UmwStG). Von dem Ansatz eines Geschäfts- oder Firmenwerts ist abzusehen, wenn der Betrieb der übertragenden Körperschaft nicht fortgeführt wird.

III. Besteuerung des Übertragungsgewinns

Rz. 11.22

Ein etwaiger Übertragungsgewinn unterliegt bei der übertragenden Körperschaft der Besteuerung nach allgemeinen Grundsätzen. Er entsteht mit Ablauf des Übertragungsstichtags (§ 2 Abs. 1 UmwStG).

IV. Landesrechtliche Vorschriften zur Vereinigung öffentlich-rechtlicher Kreditinstitute oder öffentlich-rechtlicher Versicherungsunternehmen

Rz. 11.23

Sehen landesrechtliche Vorschriften die Vereinigung öffentlich-rechtlicher Kreditinstitute oder öffentlich-rechtlicher Versicherungsunternehmen im Wege der Gesamtrechtsnachfolge vor, so sind die §§ 11 und 12 UmwStG bei dieser Vereinigung entsprechend anzuwenden, wenn die Vereinigung durch Gesamtrechtsnachfolge einer Verschmelzung i.S. des UmwStG entspricht.

Verfügung der OFD Hannover v. 27.12.2002:[43]

Die in Rz. 11.23 des UmwSt-Erlasses v. 25.03.1998 angesprochene Vereinigung von öffentlichen Kreditinstituten oder öffentlich-rechtlichen Versicherungsunternehmen ermöglicht – in entsprechender Anwendung der §§ 11 und 12 UmwStG – eine steuerneutrale Vermögensübertragung. Hinsichtlich des Zeitpunktes der Wirksamkeit einer solchen Vereinigung gilt das Folgende:

Der Zeitpunkt der Vereinigung richtet sich nach den maßgeblichen landesrechtlichen Vorschriften. So geht z.B. im Falle der Zusammenlegung von Sparkassen nach dem Sparkassengesetz für das Land Niedersachsen – NSpG – das Vermögen der übernommenen Sparkasse zu dem in der Genehmigung der obersten Sparkassenaufsichtsbehörde bestimmten Zeitpunkt der Zusammenlegung im Wege der Gesamtrechtsnachfolge auf die aufnehmende Sparkasse über (§ 2 Abs. 2 NSpG). Für einen hiervon abweichenden steuerlichen Übertragungsstichtag fehlt es an einer Rechtsgrundlage.

Nach einem Beschluss der obersten Finanzbehörden des Bundes und der Länder verhält es sich aber anders, wenn in dem betreffenden Landesgesetz eine Rückwirkung in Anlehnung an § 17 Abs. 2 UmwG geregelt ist. In diesem Fall gilt diese auch steuerrechtlich.

Verfügung der OFD Frankfurt am Main v. 24.02.2003:[44]

Rz. 11.23 des UmwSt-Erlasses v. 25.03.1998 enthält aus Billigkeitsgründen eine Sonderregelung für die Vereinigung öffentlich-rechtlicher Kreditinstitute oder öffentlich-rechtlicher Versicherungsunternehmen. Danach sind die §§ 11 und 12 UmwStG auf diese Vereinigungen entsprechend anzuwenden, wenn sie durch landesrechtliche Vorschriften im Wege der Gesamtrechtsnachfolge vorgesehen sind und einer Verschmelzung i.S. des UmwStG entsprechen. Damit wird auch öffentlich-rechtlichen Kreditinstituten und öffentlich-rechtlichen Versicherungsunternehmen eine Verschmelzung zu Buchwerten und ggf. eine Verlustübertragung ermöglicht.

Darüber hinaus findet § 2 UmwStG auf die Vereinigung von Sparkassen Anwendung, wenn in dem entsprechenden Landesgesetz eine Regelung zur Rückwirkung in Anlehnung an § 17 Abs. 2 UmwG getroffen wurde. Nach dem Hessischen Sparkassengesetz ist eine derartige Rückwirkung jedoch nicht vorgesehen.

Verfügung der OFD Hannover v. 30.01.2007:[45]

Die in Rz. 11.23 des UmwSt-Erlasses v. 25.03.1998 angesprochene Vereinigung von öffentlichen Kreditinstituten oder öffentlich-rechtlichen Versicherungsunternehmen ermöglicht – in entsprechender Anwendung der §§ 11 und 12 UmwStG – eine steuerneutrale Vermögensübertragung.

Hinsichtlich des Zeitpunkts der Wirksamkeit einer solchen Vereinigung gilt das Folgende:

Der Zeitpunkt der Vereinigung richtet sich nach den maßgeblichen landesrechtlichen Vorschriften. So geht z.B. im Falle der Zusammenlegung von Sparkassen nach dem Sparkassengesetz für das Land Niedersachsen (NSpG), Nds. GVBl. 2004 S. 609, das Vermögen der übernommenen Sparkasse zu dem in der Genehmigung der obersten Sparkassenaufsichtsbehörde bestimmten Zeitpunkt der Zusammenlegung im Wege der Gesamtrechtsnachfolge auf die aufnehmende Sparkasse über (§ 2 Abs. 2 NSpG). Für einen hiervon abweichenden steuerlichen Übertragungsstichtag fehlt es an einer Rechtsgrundlage.

---

43) OFD Hannover, Verfügung v. 27.12.2002, S 1978 - 87 - StH 233 / S 1978 - 43 - StO 215, ESt-Kartei Niedersachsen UmwStG Nr. 1.2.
44) OFD Frankfurt am Main, Verfügung v. 24.02.2003, S 1978 A - 19 - St II 11, DB 2003 S. 637.
45) OFD Hannover v. 30.01.2007, S 1978 - 43 - StO 243, DB 2007 S. 604.

Nach einem Beschluss der obersten Finanzbehörden des Bundes und der Länder verhält es sich aber anders, wenn in dem betreffenden Landesgesetz eine Rückwirkung in Anlehnung an § 17 Abs. 2 UmwG geregelt ist. In diesem Fall gilt diese auch steuerrechtlich.

V. Beteiligung der übertragenden Kapitalgesellschaft an der übernehmenden Kapitalgesellschaft

Rz. 11.24

Es bestehen keine Bedenken, bei Verschmelzung der Muttergesellschaft auf die Tochtergesellschaft aus Billigkeitsgründen auf übereinstimmenden Antrag aller an der Umwandlung Beteiligten die Vorschriften der §§ 11 - 13 UmwStG insgesamt entsprechend anzuwenden. § 13 UmwStG findet nur Anwendung, wenn die Anteile des Anteilseigners der inländischen Besteuerung unterliegen.

Urteil des FG Münster v. 20.05.2005 (rechtskräftig), 9-K-3656/03:[46]

Die umwandlungssteuerrechtliche Behandlung der Verschmelzung der Mutter- auf die Tochterkapitalgesellschaft richtet sich nach den §§ 11 bis 13 UmwStG 1995.

Anteile der Mutterkapitalgesellschaft an der Tochterkapitalgesellschaft, die im Zuge einer Verschmelzung der Mutter- auf die Tochtergesellschaft nicht untergehen, sind gemäß § 12 Abs. 1 i.V.m. § 4 Abs. 1 UmwStG 1995 in der Eröffnungsbilanz der Tochtergesellschaft als eigene Anteile zu aktivieren.

Eigene Anteile können gemäß § 6 Abs. 1 Nr. 1 Satz 2 EStG auf ihren niedrigeren Teilwert abgeschrieben werden.

Spiegelt der in der Bilanz der Mutterkapitalgesellschaft ausgewiesene Beteiligungsansatz an der Tochterkapitalgesellschaft erkennbar nicht mehr den zutreffenden Wert wider und erfolgt daher nach dem Vollzug der Verschmelzung der Mutter- auf die Tochtergesellschaft eine Teilwertabschreibung auf die eigenen Anteile, liegt bei mangelnder betrieblicher Veranlassung des Verschmelzungsvorgangs in Höhe des Abschreibungsbetrags eine verdeckte Gewinnausschüttung an die Gesellschafter vor.

Verfügung der OFD Koblenz v. 09.01.2006:[47]

In letzter Zeit wurde ein Gestaltungsmodell bekannt, mit dem die Nachversteuerung des EK 02 trotz Auskehrung der Liquidität vor Ablauf des Übergangszeitraums (2019) vermieden werden soll.

Dem Modell liegt folgender Sachverhalt zugrunde:

Durch Abwärtsverschmelzung einer Mutter-Gesellschaft (M) auf ihre Tochter-Gesellschaft (T; insbesondere Wohnungsunternehmen mit EK 02) wird in dem Modell erreicht, dass eine Verbindlichkeit der M gegenüber ihrem Anteilseigner auf die T übergeht. Bisher hätte die M die Verbindlichkeiten gegenüber ihrem Anteilseigner nur aus einer Ausschüttung der T tilgen können. Die Ausschüttung hätte bei der T eine Nachversteuerung von EK 02 ausgelöst. Durch die Abwärtsverschmelzung gelangt die Verbindlichkeit unmittelbar zur liquiden T. Statt einer Ausschüttung der T an die M und der Darlehenstilgung durch die M tilgt nun die T selbst das auf sie übergegangene Darlehen. Eine Ausschüttung, die zur Nachversteuerung des EK 02 führen würde, wird vermieden.

Derselbe Effekt wird erreicht, wenn die T eigene Anteile (bis zu 99 v.H.) von der M gegen Entgelt erwirbt. Bei dieser Gestaltungsvariante geht die Verbindlichkeit nicht tatsächlich,

---

46) Vgl. FG Münster v. 20.05.2005 (rechtskräftig), 9-K-3656/03, EFG 2005 S. 1561.
47) OFD Koblenz, Verfügung v. 09.01.2006, S 1978 A - St 33 2, FR 2006 S. 439.

wohl aber wirtschaftlich auf die T über. Die Tilgung erfolgt aus dem Entgelt, das die T für die erhaltenen Anteile an die M gezahlt hat. Auch hier ist eine Ausschüttung nicht erforderlich.
Bei der Beurteilung dieser oder vergleichbarer Fälle bitte ich folgende Auffassung zu vertreten:
Die steuerliche Behandlung der Abwärtsverschmelzung (Down-Stream-Merger) ist gesetzlich nicht geregelt. Lediglich im Wege der Billigkeit (Rz. 11.24 des UmwSt-Erlasses v. 25.03.1998) können auf Antrag die Grundsätze der Aufwärtsverschmelzung angewendet werden. Diese Billigkeitsregelung darf jedoch nicht dazu führen, dass ungerechtfertigte Steuervorteile erzielt werden.

Da die Beteiligung der M an der T durch die Abwärtsverschmelzung wegfällt, erhält die T für die Schuldübernahme keine Gegenleistung. Die Übernahme der Verbindlichkeit der M durch die T ist somit gesellschaftsrechtlich veranlasst; sie stellt insoweit eine verdeckte Gewinnausschüttung dar, wie sie bei der Übernehmerin T infolge der Verschmelzung zu einer unzulässigen Unterdeckung des Stammkapitals, insbesondere nach §§ 30, 31 GmbHG, führt. Die Übertragung des negativen Vermögens der M auf die T stellt insoweit eine Auszahlung i.S. des § 30 Abs. 1 GmbHG an die Gesellschafter der untergehenden M dar.

Verfügung der OFD Hannover v. 05.01.2007:[48]

Zu der Frage, ob und ggf. inwieweit in Gestaltungsmodellen der Abwärtsverschmelzung zur Auskehrung von Liquidität bei gleichzeitiger Vermeidung der Nachversteuerung des EK 02 eine verdeckte Gewinnausschüttung anzunehmen ist, wird folgende Auffassung vertreten:
In den Fällen der Abwärtsverschmelzung einer Muttergesellschaft auf ihre Tochtergesellschaft kann eine verdeckte Gewinnausschüttung insoweit vorliegen, als die Übernahme der Verbindlichkeiten der Überträgerin infolge der Verschmelzung bei der Übernehmerin zu einer unzulässigen Unterdeckung des Stammkapitals, insbes. nach §§ 30, 31 GmbHG führt. Die Übertragung des negativen Vermögens der Muttergesellschaft auf die Tochtergesellschaft stellt insoweit eine Auszahlung i.S. des § 30 Abs. 1 GmbHG an die Gesellschafter der untergehenden Muttergesellschaft dar:

Rz. 11.25

Bezogen auf die übertragende Muttergesellschaft setzt der Vermögensübergang zu Buchwerten somit voraus, dass die in dem übergehenden Vermögen enthaltenen stillen Reserven später bei der übernehmenden Kapitalgesellschaft (hier bei der Tochtergesellschaft) der Körperschaftsteuer unterliegen und eine Gegenleistung nicht gewährt wird oder in Gesellschaftsrechten besteht (§ 11 Abs. 1 UmwStG).

Rz. 11.26

Soweit die Muttergesellschaft eine steuerwirksame Teilwertabschreibung vorgenommen und damit die Voraussetzungen des § 12 Abs. 2 Satz 2 UmwStG geschaffen hat, muss die Hinzurechnungsbesteuerung bei der Muttergesellschaft auch bei der Verschmelzung der Muttergesellschaft auf die Tochtergesellschaft stattfinden. Durch die Verschmelzung der Muttergesellschaft auf die Tochtergesellschaft lässt sich die Hinzurechnungsbesteuerung gemäß § 12 Abs. 2 Satz 2 UmwStG nicht vermeiden (vgl. Rz. 12.07 und 12.08).

Rz. 11.27

Hält die übertragende Gesellschaft Anteile der übernehmenden Gesellschaft, die nach dem Vermögensübergang eigene Anteile der übernehmenden Gesellschaft werden, so brauchen die in diesen Anteilen enthaltenen stillen Reserven bei Vorliegen der Voraussetzungen des § 11 Abs. 1 UmwStG selbst dann nicht aufgedeckt zu werden, wenn die übernehmende Gesellschaft diese Anteile einzieht. Die Einziehung ist ein körperschaftsteuerlich neutraler ge-

---

48) OFD Hannover, Verfügung v. 05.01.2007, S 1978b - 22 - StO 243, DB 2007 S. 428.

sellschaftsrechtlicher Vorgang (BFH v. 28.01.1966, BStBl. III 1966 S. 245). Sie schmälert nicht das tatsächlich vorhandene Vermögen.

Rz. 11.28

Die Verschmelzung der Mutter- auf die Tochtergesellschaft führt auf der Ebene der Tochtergesellschaft nicht zu einem steuerpflichtigen Durchgangserwerb der Anteile, wenn die Gesellschafter der Muttergesellschaft für ihre Anteile an der Muttergesellschaft von dieser gehaltene Anteile an der Tochtergesellschaft erhalten.

Rz. 11.29

Wird kein Antrag auf Anwendung der §§ 11 bis 13 UmwStG aus Billigkeitsgründen gestellt, ist die Anwendung einzelner Vorschriften (z.B. § 11 UmwStG) ausgeschlossen. Folglich sind die dem übertragenen Vermögen enthaltenen stillen Reserven bei der Muttergesellschaft aufzulösen. Auch bei den Anteilseignern ist eine Realisierung der in den Anteilen enthaltenen stillen Reserven nach den allgemeinen Grundsätzen vorzunehmen.

Rz. 11.30

Die Vorschrift des § 8 Abs. 4 KStG ist zu beachten. Die Voraussetzung der Anteilsübertragung ist erfüllt. Aus einer mittelbaren Beteiligung an der Tochtergesellschaft ist eine unmittelbare Beteiligung geworden. Bei Vorliegen der übrigen Voraussetzungen kann § 8 Abs. 4 KStG anzuwenden sein.

Zu § 12 UmwStG: Auswirkungen auf den Gewinn der übernehmenden Körperschaft

I. Buchwertverknüpfung

Rz. 12.01

Die übernehmende Körperschaft hat das auf sie übergegangene Vermögen in entsprechender Anwendung des § 4 Abs. 1 UmwStG mit dem in der steuerlichen Schlussbilanz der übertragenden Körperschaft enthaltenen Wert zu übernehmen (§ 12 Abs. 1 UmwStG).

Rz. 12.02

Entsprechend dem Grundgedanken des § 13 Abs. 1 KStG sind im Falle des Vermögensübergangs von einer steuerbefreiten auf eine steuerpflichtige Körperschaft die übergegangenen Wirtschaftsgüter bei der übernehmenden Körperschaft mit dem Teilwert anzusetzen, und zwar unabhängig von dem Ansatz der Wirtschaftsgüter in der steuerlichen Schlussbilanz der übertragenden Körperschaft (§ 12 Abs. 1 Satz 2 UmwStG). Das gilt nicht, soweit die Wirtschaftsgüter bei der übertragenden Körperschaft zu einem partiell steuerpflichtigen wirtschaftlichen Geschäftsbetrieb gehört haben. Diese Wirtschaftsgüter hat die übernehmende Körperschaft mit dem in der steuerlichen Schlussbilanz der übertragenden Körperschaft enthaltenen Wert zu übernehmen (§ 12 Abs. 1 Satz 1 UmwStG).

II. Übernahmegewinn und Übernahmeverlust (Übernahmeergebnis)

1. Steuerneutralität des Übernahmeergebnisses

Rz. 12.03

Nach § 12 Abs. 2 Satz 1 UmwStG bleibt das Übernahmeergebnis bei der Ermittlung des Gewinns der übernehmenden Körperschaft außer Ansatz. Der Gewinn ist außerhalb der Bilanz entsprechend zu korrigieren.

2. Hinzurechnung nach § 12 Abs. 2 Satz 2 bis 5 UmwStG

Rz. 12.04

Übersteigen die tatsächlichen Anschaffungskosten den Buchwert der Anteile an der übertragenden Körperschaft, ist der Unterschiedsbetrag dem Gewinn der übernehmenden Körperschaft nach § 12 Abs. 2 Satz 2 UmwStG hinzuzurechnen. Dies ist insbesondere der Fall, wenn auf den Beteiligungsbuchwert in früheren Jahren eine Teilwertabschreibung vorgenommen worden ist oder eine Übertragung nach § 6b EStG erfolgt ist. Ausschüttungen aus dem EK 04 mindern die tatsächlichen Anschaffungskosten i.S. des § 12 Abs. 2 Satz 2 UmwStG.

Rz. 12.05

Der Unterschiedsbetrag wird in dem Veranlagungszeitraum, in dem der steuerliche Übertragungsstichtag abläuft (§ 2 Abs. 1 UmwStG), dem Gewinn der übernehmenden Körperschaft außerhalb der Bilanz hinzugerechnet.

Rz. 12.06

Eine Verrechnung des Hinzurechnungsbetrags mit einem nach § 12 Abs. 2 Satz 1 UmwStG außer Ansatz gelassenen Übernahmeverlust ist nicht zulässig.

Rz. 12.07

§ 12 Abs. 2 Satz 2 UmwStG ist in allen Fällen der Verschmelzung anzuwenden, in denen das Übernahmeergebnis nach § 12 Abs. 2 Satz 1 UmwStG außer Ansatz bleibt und Anteile untergehen, auf die vor dem steuerlichen Übertragungsstichtag eine Teilwertabschreibung vorgenommen worden ist. Das gilt auch in den Fällen, in denen die Mutter- auf die Tochtergesellschaft (Rz. 11.24 - 11.30) oder Schwestergesellschaften verschmolzen werden. Wird die Muttergesellschaft auf die Tochtergesellschaft verschmolzen, erhöht der Unterschiedsbetrag zwischen den tatsächlichen Anschaffungskosten und dem Buchwert der Anteile an der Tochtergesellschaft den Gewinn der Muttergesellschaft (vgl. Rz. 11.26).

Rz. 12.08[49]

Die Verschmelzung auf die Schwestergesellschaft führt bei der gemeinsamen Muttergesellschaft, die auf die Anschaffungskosten der Anteile an der verschmolzenen Tochtergesellschaft eine Teilwertabschreibung vorgenommen hat, zunächst nicht zu einer Hinzurechnung nach § 12 Abs. 2 Satz 2 UmwStG. Der Hinzurechnungsbetrag ist in geeigneter Weise festzuhalten. Wird anschließend jedoch die übernehmende ehemalige Schwestergesellschaft auf die Muttergesellschaft verschmolzen, ist bei der Muttergesellschaft eine Hinzurechnung nach § 12 Abs. 2 Satz 2 UmwStG sowohl hinsichtlich der Beteiligung an der früher auf die Schwestergesellschaft verschmolzenen Tochtergesellschaft als auch hinsichtlich an der nunmehr auf die Muttergesellschaft verschmolzenen Tochtergesellschaft vorzunehmen, soweit die Muttergesellschaft auf die Anschaffungskosten der Anteile an diesen Gesellschaften eine Teilwertabschreibung vorgenommen hatte.

3. Zuwendungen an eine Unterstützungskasse

Rz. 12.09

§ 12 Abs. 2 Satz 2 2. HS UmwStG stellt klar, dass entgegen dem BFH-Urteil v. 04.12.1991 (BStBl. II 1992 S. 744) auch die Zuwendungen eines Trägerunternehmens an eine Unterstützungskasse zu den tatsächlichen Anschaffungskosten der Beteiligung rechnen.

---

[49] Siehe ergänzend hierzu Rz. 19 des BMF-Schreibens v. 16.12.2003, IV A 2 - S 1978 - 16/03, BStBl. I 2003 S. 786.

4. Begrenzung der Hinzurechnung (§ 12 Abs. 2 Satz 4 UmwStG)

Rz. 12.10

Die Hinzurechnung nach § 12 Abs. 2 Satz 2 UmwStG (tatsächliche Anschaffungskosten abzüglich Buchwert der Anteile) darf den nach § 11 Abs. 2 UmwStG ermittelten Wert des übernommenen Vermögens, vermindert um den Buchwert der Anteile, nicht übersteigen (§ 12 Abs. 2 Satz 4 UmwStG). Der nach § 11 Abs. 2 UmwStG zu ermittelnde Wert des übernommenen Vermögens umfasst auch die selbst geschaffenen immateriellen Wirtschaftsgüter einschließlich eines Geschäfts- oder Firmenwerts.

Rz. 12.11

Die Begrenzung der Hinzurechnungsbesteuerung wurde durch das Gesetz zur Fortsetzung der Unternehmenssteuerreform gestrichen.

Beschluss des FG Baden-Württemberg v. 31.03.1999 (rechtskräftig), 6-V-25/98: [50]
Es bestehen ernsthafte Zweifel an der Hinzurechnung nach § 12 Abs. 2 UmwStG i.d.F. des Gesetzes zur Fortsetzung der Unternehmenssteuerreform v. 29.10.1997 (Aufhebung der sog. Deckelung in § 12 Abs. 2 Satz 4 UmwStG 1995 bei Verschmelzung). Eine abschließende Beurteilung dieser Rechtsfrage kann nach Auffassung des Senats nur durch eine Entscheidung des BFH geklärt werden.

III. Eintritt in die Rechtsstellung der übertragenden Körperschaft (12 Abs. 3 UmwStG)

1. Übergehender Verlustabzug

Rz. 12.12

Die übernehmende Körperschaft tritt bezüglich eines verbleibenden Verlustabzugs i.S. des § 10d Abs. 3 Satz 2 EStG[51] in die Rechtsstellung der übertragenden Körperschaft ein (§ 12 Abs. 3 Satz 2 UmwStG).

a) Verbleibender Verlustabzug i.S. des § 12 Abs. 3 Satz 2 UmwStG

Rz. 12.13

Verbleibender Verlustabzug ist nach § 10d Abs. 3 Satz 2 EStG der bei der Ermittlung des Gesamtbetrags der Einkünfte nicht ausgeglichene Verlust des letzten Wirtschaftsjahrs der übertragenden Körperschaft, vermindert um die nach § 10d Abs. 1 und 2 EStG abgezogenen Beträge und vermehrt um den auf den Schluss des vorangegangenen Veranlagungszeitraums festgestellten verbleibenden Verlustabzug.

Rz. 12.14

Maßgebend ist die Feststellung des verbleibenden Verlustabzugs nach § 10d Abs. 3 EStG.

Rz. 12.15

Der verbleibende Verlustabzug i.S. des § 10d Abs. 3 Satz 2 EStG geht mit Ablauf des Übertragungsstichtags (§ 2 Abs. 1 UmwStG) auf die übernehmende Körperschaft über.

---

50) Vgl. FG Baden-Württemberg v. 31.03.1999 (rechtskräftig), 6-V-25/98, Steuer-Eildienst 1999 S. 385. Siehe auch FG Baden-Württemberg v. 31.03.1999 (Revision eingelegt, BFH I R 38/99), 6-K-282/98, EFG 1999 S. 864.
51) Jetzt § 10d Abs. 4 Satz 2 EStG.

Urteil des BFH v. 31.05.2005, I R 68/03:[52)]
Bei Verschmelzung von Körperschaften kann ein im Übertragungsjahr bei der übertragenden Körperschaft eingetretener (laufender) Verlust mit Gewinnen der übernehmenden Körperschaft des Übertragungsjahrs verrechnet werden, sofern die Voraussetzungen des § 12 Abs. 3 Satz 2 UmwStG 1995 erfüllt sind. Der Verlust der übertragenden Körperschaft aus dem Übertragungsjahr ist nicht Bestandteil des nach § 12 Abs. 3 Satz 2 UmwStG 1995 verbleibenden Verlustabzugs i.S. des § 10d Abs. 3 Satz 2 EStG 1990.

Urteil des BFH v. 29.11.2006, I R 16/05:[53)]
Der BFH folgt in seiner Entscheidung der Auffassung der Finanzverwaltung, wonach der verbleibende Verlustabzug im Zeitpunkt des steuerlichen Verschmelzungsstichtages nach § 12 Abs. 3 Satz 2 i.V.m. Satz 1 UmwStG 1995 auf die übernehmende Körperschaft übergeht und von dieser in dem Veranlagungszeitraum abgezogen werden kann, in dem der steuerliche Übertragungsstichtag liegt.

Nichtanwendungserlass des BMF v. 07.04.2006:[54)]
In dem Urteil v. 31.05.2005 (I R 68/03, BStBl. II 2006 S. 380) hat der BFH im Zusammenhang mit der Ermittlung der Bezugsgröße für die Berechnung der Anrechnungshöchstbeträge nach § 26 Abs. 6 Satz 1 KStG 1991 i.V.m. § 34c Abs. 1 Satz 2 EStG 1990 entschieden, dass bei der Verschmelzung von Körperschaften ein im Übertragungsjahr bei der übertragenden Körperschaft eingetretener laufender Verlust mit Gewinnen der übernehmenden Körperschaft des Übertragungsjahrs verrechnet werden kann, sofern die Voraussetzungen des § 12 Abs. 3 Satz 2 UmwStG 1995 erfüllt sind. Der Verlust der übertragenden Körperschaft aus dem Übertragungsjahr sei nicht Bestandteil des nach § 12 Abs. 3 Satz 2 UmwStG 1995 verbleibenden Verlustabzugs i.S. des § 10d Abs. 3 Satz 2 EStG 1990.

Nach dem Ergebnis einer Erörterung mit den obersten Finanzbehörden der Länder sind die Grundsätze des BFH-Urteils insbesondere aus den nachfolgenden Gründen über den entschiedenen Einzelfall hinaus nicht anzuwenden.

- *Die Folgerungen des BFH, bei der Verschmelzung von Körperschaften könne ein im Übertragungsjahr bei der übertragenden Körperschaft eingetretener (laufender) Verlust mit Gewinnen der übernehmenden Körperschaft des Übertragungsjahrs im Wege des horizontalen Verlustausgleichs als „eigene Verluste" verrechnet werden, kann nicht aus den Regelungen des § 2 und des § 12 Abs. 3 Satz 2 UmwStG 1995 hergeleitet werden.*
- *Die in § 12 Abs. 3 Satz 2 UmwStG 1995 zitierte Vorschrift des § 10d Abs. 3 Satz 2 EStG 1990 erfasst ausdrücklich nur den Verlustvortrag. Der Verlustausgleich ist darin nicht enthalten.*
- *Ein Anspruch der Übernehmerin auf den laufenden Verlust der Überträgerin kann auch nicht auf § 45 Abs. 1 Satz 1 AO und ihre Eigenschaft als Rechtsnachfolgerin gestützt werden. Die Norm regelt nicht die materiellrechtlichen Voraussetzungen zur Entstehung von Forderungen und Schulden aus dem Steuerschuldverhältnis, sondern lediglich den Übergang solcher Ansprüche auf den Rechtsnachfolger. Der Abzug von Verlusten des Rechtsvorgängers gehört nicht zu diesen Ansprüchen.*
- *Das Urteil steht im Widerspruch zu anderen BFH-Urteilen. In den Urteilen v. 29.01.2003 (I R 38/01, BFH/NV 2004 S. 305) und v. 05.06.2003 (ebenfalls I R 38/01, BStBl. II 2003 S. 822) hat der BFH entschieden, dass nach der Verschmelzung einer GmbH auf eine*

---

52) Vgl. BFH v. 31.05.2005, I R 68/03, BStBl. II 2006 S. 380. Zu den Rechtsausführungen der Vorinstanz vgl. FG Rheinland-Pfalz v. 23.05.2003, 4-K-2755/01, EFG 2003 S. 1340.
53) Vgl. BFH v. 29.11.2006, I R 16/05, DB 2007 S. 664. Zu den Rechtsausführungen der Vorinstanz vgl. Hessisches FG v. 09.12.2004, 4-K-3458/03, EFG 2005 S. 333.
54) BMF, Schreiben v. 07.04.2006, IV B 7 - S 1978b - 1/06, BStBl. I 2006 S. 344.

andere Gesellschaft diejenigen Besteuerungsgrundlagen, die die übertragende GmbH in der Zeit vor der Verschmelzung verwirklicht hat, weiterhin dieser Gesellschaft zuzurechnen sind. Sie sind in den Steuerbescheiden und Feststellungsbescheiden zu berücksichtigen, die an die übernehmende Gesellschaft als Rechtsnachfolgerin der übertragenden Gesellschaft zu richten sind.

Rz. 12.16

Bei der übernehmenden Körperschaft ist ein Verlustabzug im Veranlagungszeitraum, in dem der steuerliche Übertragungsstichtag liegt, und ein Verlustvortrag in die folgenden Veranlagungszeiträume möglich. Ein Verlustrücktrag kommt nicht in Betracht. Die übernehmende Körperschaft kann einen Verlustrücktrag nur für ihre eigenen Verluste, nicht auch für den durch Verschmelzung auf sie übergegangenen verbleibenden Verlustabzug vornehmen.

Urteil des FG München v. 02.05.2006 (Revision anhängig unter I R 41/06), 7-K-2010/03:[55]
Bei umwandelnder Verschmelzung durch Aufnahme kann ein im Übertragungsjahr bei der übertragenden Gesellschaft eingetretener laufender Verlust nach Maßgabe des § 12 Abs. 3 Satz 3 UmwStG 1995 mit Gewinnen der übernehmenden Gesellschaft des Übertragungsjahrs verrechnet werden. Es kommt jedoch nicht zu einer Umqualifizierung des verbleibenden, durch Bescheid festgestellten Verlustvortrags in laufenden Verlust der übernehmenden Gesellschaft. Für die übernehmende Gesellschaft kommt deshalb auch ein Verlustrücktrag in frühere Veranlagungszeiträume nicht in Betracht. Der Verlustvortrag des übertragenden Rechtsträgers geht über, ohne seine Qualifizierung als Verlustvortrag zu verlieren; eine phasengleiche Verlustverrechnung ist damit nicht verbunden.

b) Ausschluss des Übergangs des Verlustabzugs
aa) Bis zur Neufassung des § 12 Abs. 3 Satz 2 durch das Gesetz zur Fortsetzung der Unternehmenssteuerreform

Rz. 12.17

Der Verlustabzug i.S. des § 10d Abs. 3 Satz 2 EStG geht nur über, wenn die übertragende Körperschaft ihren Geschäftsbetrieb im Zeitpunkt der Eintragung des Vermögensübergangs im Handelsregister noch nicht eingestellt hatte (§ 12 Abs. 3 Satz 2 UmwStG).

1. Geschäftsbetrieb
Rz. 12.18

Einen Geschäftsbetrieb kann jede Tätigkeit einer Kapitalgesellschaft darstellen (z.B. auch eine Vermögensverwaltung). Auch eine Gesellschaft, deren Haupttätigkeit sich darauf beschränkt, Beteiligungen an anderen Kapitalgesellschaften zu halten (Holdinggesellschaft), unterhält einen Geschäftsbetrieb i.S. des § 12 Abs. 3 Satz 2 UmwStG. Das Halten der Beteiligung an einer Kapitalgesellschaft reicht aus.

2. Einstellung des Geschäftsbetriebs
Rz. 12.19

Eine Kapitalgesellschaft hat ihren Geschäftsbetrieb eingestellt, wenn sie im wirtschaftlichen Ergebnis aufgehört hat, werbend tätig zu sein (vgl. BMF, Schreiben v. 11.06.1990,

---

55) Vgl. FG München v. 02.05.2006 (Revision anhängig unter I R 41/06), 7-K-2010/03, EFG 2006 S. 1384. Zu den Rechtsausführungen der Vorinstanz vgl. FG des Landes Brandenburg v. 21.02.2001, 2-K-1689/99, EFG 2001 S. 593.

IV B 7 - S 2745 - 7/91, BStBl. I 1990 S. 252). Eine Einstellung des Geschäftsbetriebs liegt danach dann vor, wenn die werbende Tätigkeit aufgegeben wird. Sie kann aber auch dann anzunehmen sein, wenn die verbleibende Tätigkeit im Verhältnis zur ursprünglichen Tätigkeit nur noch unwesentlich ist.

Beispiel:
Eine Verlustgesellschaft veräußert Teile des ursprünglichen Geschäftsbetriebs und vermietet nur noch ein zurückbehaltenes Geschäftsgrundstück an den Erwerber.

Der Geschäftsbetrieb ist im Zeitpunkt der Veräußerung der Teile des ursprünglichen Geschäftsbetriebs (Aufgabe der operativen Tätigkeit) eingestellt worden. Die Vermietung nur noch eines Geschäftsgrundstücks an den Erwerber ist im Verhältnis zur ursprünglichen operativen Tätigkeit unwesentlich und kann nicht als Fortführung des Geschäftsbetriebs angesehen werden. Ein Verlustabzug geht nicht nach § 12 Abs. 3 Satz 2 UmwStG über.

Urteil des BFH v. 05.06.2003, I R 38/01:[56]

Entgegen der Rechtsauffassung der Vorinstanz (Urteil des FG des Landes Brandenburg v. 21.02.2001, 2-K-1689/99) kommt der BFH zu dem Ergebnis, dass der Geschäftsbetrieb eines Unternehmens eingestellt ist, wenn die Tätigkeit des Unternehmens sich darauf beschränkt, mit Hilfe von Subunternehmern oder unter Einsatz ausgeliehener oder nur formal beschäftigter Arbeitnehmer Gewährleistungsverpflichtungen aus früher bearbeiteten Aufträgen zu erfüllen.

Urteil des BFH v. 29.11.2006, I R 16/05:[57]

Der Übergang des verbleibenden Verlustabzugs nach § 12 Abs. 3 Satz 2 UmwStG 1995 setzt nur voraus, dass zum Zeitpunkt der Eintragung der Verschmelzung in das Handelsregister die übertragende Körperschaft (irgend-)einen Geschäftsbetrieb unterhält, der das übertragende Unternehmen noch als wirtschaftlich aktiv erscheinen lässt. Nicht erforderlich ist, dass dieser Geschäftsbetrieb mit dem Betrieb, der die Verluste verursacht hat, identisch ist und einen vergleichbaren Umfang aufweist.

Urteil des FG des Landes Brandenburg v. 21.02.2001 (Revision unter I R 38/01), 2-K-1689/99:[58]

Eine Betriebseinstellung i.S. des § 12 Abs. 3 Satz 2 UmwStG in der bis zum 05.08.1997 geltenden Fassung kann erst dann angenommen werden, wenn es zum (totalen) Betriebsstillstand gekommen ist bzw. das Unternehmen endgültig aufgehört hat, werbend tätig zu sein, so dass der Betrieb als selbständiger Organismus des Wirtschaftslebens nicht weiterbesteht. Wird die bisherige gewerbliche Tätigkeit in reduziertem Umfang weiterbetrieben, liegt dagegen eine Einstellung des Geschäftsbetriebes nicht vor.

Rz. 12.20
Zur Einstellung und Wiederaufnahme eines Geschäftsbetriebs vgl. BFH v. 13.08.1997 (BStBl. 1997 II S. 829). Danach ist auch der Wechsel von einer aktiven Tätigkeit zu einer anderen aktiven Tätigkeit als Einstellung des wirtschaftlichen Geschäftsbetriebs anzusehen.

---

56) Vgl. BFH v. 05.06.2003, I R 38/01, DB 2007 S. 664. Zu den Rechtsausführungen der Vorinstanz vgl. FG des Landes Brandenburg v. 21.02.2001, 2-K-1689/99, EFG 2001 S. 593.
57) Vgl. BFH v. 29.11.2006, I R 16/05, DB 2007 S. 664. Zu den Rechtsausführungen der Vorinstanz vgl. Hessisches FG v. 09.12.2004, 4-K-3458/03, EFG 2005 S. 333.
58) Vgl. FG des Landes Brandenburg v. 21.02.2001 (Rechtsausführungen aufgehoben durch BFH v. 05.06.2003, I R 38/01), 2-K-1689/99, EFG 2001 S. 593.

3. Verhältnis § 12 Abs. 3 Satz 2 UmwStG zu § 8 Abs. 4 KStG (Mantelkauf)

Rz. 12.21

Voraussetzung für den Übergang des Verlustabzugs ist nach § 12 Abs. 3 Satz 2 UmwStG, dass die übertragende Körperschaft ihren Geschäftsbetrieb im Zeitpunkt der Eintragung des Vermögensübergangs in das Handelsregister noch nicht eingestellt hatte. Die Anwendung des § 8 Abs. 4 KStG bleibt daneben zu prüfen. Die Vorschrift des § 8 Abs. 4 KStG schließt den Abzug eigener Verluste der Kapitalgesellschaft aus, während § 12 Abs. 3 Satz 2 UmwStG den Übergang nicht verbrauchter Verluste der übertragenden Körperschaft auf die übernehmende Körperschaft ausschließt.

Beispiel:

Die B-GmbH mit nicht verbrauchten Verlustvorträgen wird auf die A-GmbH, die ebenfalls über hohe nicht verbrauchte Verlustabzüge verfügt, verschmolzen. Nach der Verschmelzung sind an der A-GmbH die bisher nicht beteiligten Gesellschafter der B-GmbH zu mehr als 75 v.H. beteiligt. Sind die übrigen Voraussetzungen des § 8 Abs. 4 KStG ebenfalls gegeben, kann die A-GmbH ihre eigenen Verlustvorträge nach § 8 Abs. 4 KStG künftig nicht mehr verrechnen. Eine Übertragung der nicht verbrauchten Verlustabzüge der B-GmbH ist ausgeschlossen, wenn die Voraussetzungen des § 12 Abs. 3 Satz 2 UmwStG erfüllt sind.

4. Missbräuchliche Gestaltungen i.S. des § 42 AO

Rz. 12.22

Gestaltungen, die darauf angelegt sind, den Verlustabzug der übertragenden Körperschaft durch Übergang auf eine andere Körperschaft nach § 12 Abs. 3 Satz 2 UmwStG zu nutzen, sind nach allgemeinen Besteuerungsgrundsätzen daraufhin zu prüfen, ob im Einzelfall ein Missbrauch rechtlicher Gestaltungsmöglichkeiten i.S. des § 42 AO vorliegt. Hiervon ist regelmäßig auszugehen, wenn eine Gestaltung gewählt wird, die gemessen an dem angestrebten Ziel der Steuerminderung dient und durch keine wirtschaftlichen oder sonstigen außersteuerlichen Gründe gerechtfertigt ist.

Rz. 12.23

Eine solche Prüfung ist insbesondere bei Gestaltungen, die nicht von den Neuregelungen durch das Gesetz zur Fortsetzung der Unternehmenssteuerreform erfasst werden, u.a. in folgenden Fällen angezeigt:

1. Fall

Rz. 12.24

Eine Kapitalgesellschaft, die ihre wirtschaftliche Aktivität eingestellt hat („Mantel"), wird kurzfristig „wiederbelebt" und dann mit Übergang des Verlustabzugs verschmolzen. Hier ist ein Missbrauchsfall i.S. des § 42 AO insbesondere dann anzunehmen, wenn „Wiederbelebung" und „Verschmelzung" in zeitlichem Zusammenhang stehen.

2. Fall

Rz. 12.25

Der Geschäftsbetrieb einer bei Verschmelzung noch (geringfügig) aktiven Verlustgesellschaft wird kurz nach der Handelsregistereintragung eingestellt.

bb) Nach Neufassung durch das Gesetz zur Fortsetzung der Unternehmenssteuerreform

Rz. 12.26

Nach § 12 Abs. 3 Satz 2 UmwStG i.d.F. des Gesetzes zur Fortsetzung der Unternehmenssteuerreform setzt der Übergang des Verlustabzugs voraus, dass der Betrieb oder Betriebsteil, der den Verlust verursacht hat, über den Umwandlungsstichtag hinaus in einem nach dem Gesamtbild der wirtschaftlichen Verhältnisse vergleichbaren Umfang fortgeführt wird. Wegen weiterer Einzelheiten ergeht ein besonderes BMF-Schreiben.

Schreiben des BMF v. 16.04.1999:[59]

Im Einvernehmen mit den obersten Finanzbehörden der Länder nehme ich zur Anwendung der durch das Gesetz zur Fortsetzung der Unternehmensteuerreform v. 29.10.1997 (BGBl. I 1997 S. 2590, BStBl. I 1997 S. 928) und das Gesetz zur Finanzierung eines zusätzlichen Bundeszuschusses zur gesetzlichen Rentenversicherung v. 19.12.1997 (BGBl. I 1997 S. 3121, BStBl. I 1998 S. 7) geänderten Vorschriften des § 8 Abs. 4 KStG und des § 12 Abs. 3 Satz 2 UmwStG wie folgt Stellung:

A. Verlust der wirtschaftlichen Identität (§ 8 Abs. 4 KStG)
1. Sachliche Anwendung
a) Hauptanwendungsfall

Rz. 01

Voraussetzung für den Verlustabzug nach § 10d EStG ist bei einer Körperschaft, dass sie nicht rechtlich, sondern auch wirtschaftlich mit der Körperschaft identisch ist, die den Verlust erlitten hat. Der Verlustabzug ist nach § 8 Abs. 4 KStG i.d.F. des Gesetzes zur Fortsetzung der Unternehmenssteuerreform bei einer Kapitalgesellschaft insbesondere zu versagen, wenn folgende Tatbestandsmerkmale erfüllt sind:

- *Es sind mehr als 50% der Anteile der Kapitalgesellschaft übertragen worden und*
- *die Kapitalgesellschaft führt ihren Geschäftsbetrieb mit überwiegend neuem Betriebs-vermögen fort oder nimmt ihn wieder auf.*

Rz. 02

Die Zuführung neuen Betriebsvermögens ist unschädlich (Sanierungsfälle), wenn

- *sie allein der Sanierung des Geschäftsbetriebs dient, der den verbleibenden Verlustabzug i.S. des § 10d Abs. 4 Satz 2 EStG verursacht hat, und*
- *die Kapitalgesellschaft den Geschäftsbetrieb in einem nach dem Gesamtbild der wirtschaftlichen Verhältnisse vergleichbaren Umfang in den folgenden fünf Jahren fortführt.*

b) Übertragung von mehr als 50% der Anteile an einer Kapitalgesellschaft und entsprechende Fälle

Rz. 03

Die Grenze von mehr als 50% der Anteile bezieht sich grundsätzlich auf das Nennkapital. Besitzt die Verlustgesellschaft eigene Anteile, bemisst sich der Umfang der übertragenen Anteile nach dem Verhältnis dieser Anteile zu dem Betrag des um die eigenen Anteile gekürzten Nennkapitals der Gesellschaft.

---

59) BMF, Schreiben v. 16.04.1999, IV C 6- S 2745 - 12/99, BStBl. I 1999 S. 455.

Rz. 04
Die Übertragung der Anteile kann entgeltlich oder unentgeltlich erfolgt sein. Der Anteilsübergang durch Erbfall einschließlich der Erbauseinandersetzung wird von § 8 Abs. 4 KStG nicht erfasst, jedoch der Fall der vorweggenommenen Erbfolge.

Rz. 05
Erwerber der Anteile können sowohl neue als auch bereits beteiligte Gesellschafter sein. Unerheblich ist, auf wie viele Erwerber und wie viele Erwerbsvorgänge sich die übertragenen Anteile verteilen. Die mehrfache Übertragung des nämlichen Anteils wird nur einmal gezählt. Entscheidend ist, dass insgesamt eine Quote von mehr als 50% der Anteile übertragen wird.

Beispiel:
An der X-GmbH sind A zu 90% und B zu 10% beteiligt. A veräußert
a) *60% der Anteile an der X-GmbH an den bisherigen Gesellschafter B, so dass nach dieser Veräußerung A zu 30% und B zu 70% an der X-GmbH beteiligt sind.*
b) *30% der Anteile an der X-GmbH an den bisherigen Gesellschafter B und weitere 30% der Anteile an der X-GmbH an den neuen Gesellschafter C, so dass nach dieser Veräußerung A zu 30%, B zu 40% und C zu 30% an der X-GmbH beteiligt sind.*

In beiden Fällen wurden mehr als die Hälfte der Anteile übertragen.

Rz. 06
Die Übertragung der Anteile muss in einem zeitlichen Zusammenhang stehen. Hiervon ist regelmäßig auszugehen, wenn innerhalb eines Zeitraums von fünf Jahren mehr als 50% der Anteile an der Kapitalgesellschaft übertragen werden.

c) Zuführung von überwiegend neuem Betriebsvermögen

Rz. 07
Die Zuführung von überwiegend neuem Betriebsvermögen ist sowohl im Fall der Fortführung als auch im Fall der Wiederaufnahme des Geschäftsbetriebs Voraussetzung für den Verlust der wirtschaftlichen Identität.

Rz. 08
Jede Kapitalgesellschaft hat nur einen einheitlichen Geschäftsbetrieb. Jede Tätigkeit einer Kapitalgesellschaft kann einen Geschäftsbetrieb darstellen (z.B. auch eine Vermögensverwaltung). Auch eine Gesellschaft, deren Haupttätigkeit sich darauf beschränkt, Beteiligungen an anderen Kapitalgesellschaften zu halten (Holdinggesellschaft), unterhält einen Geschäftsbetrieb. Das Halten der Beteiligung an einer Kapitalgesellschaft reicht für die Annahme eines Geschäftsbetriebs aus.

Rz. 09
Neues Betriebsvermögen überwiegt, wenn das über Einlagen und Fremdmittel zugeführte bzw. finanzierte Aktivvermögen das im Zeitpunkt der Anteilsübertragung vorhandene Aktivvermögen (BFH v. 13.08.1997, BStBl. II 1997 S. 829) übersteigt. Gehören zum Betriebsvermögen Beteiligungen an Organgesellschaften oder Personengesellschaften, ist das Aktivvermögen der Organgesellschaft in vollem Umfang bzw. das Aktivvermögen der Personengesellschaft zu dem Anteil der Beteiligung in den Vergleich einzubeziehen. Bewertungsmaßstab sind die Teilwerte des vorhandenen und des zugeführten Vermögens; etwaige immaterielle Wirtschaftsgüter sind zu berücksichtigen, auch wenn sie bei der steuerlichen Gewinnermittlung nicht angesetzt werden dürfen. Eine Saldierung von zugeführtem Aktivvermögen mit Ausschüttungen findet nicht statt.

Beispiel:

Die Vermögensgegenstände auf der Aktivseite der Bilanz der A-AG haben einen Teilwert von 1.000. Nach der Übertragung von mehr als der Hälfte der Anteile an der A-AG auf den Gesellschafter N legt dieser in die A-AG Vermögensgegenstände von 900 ein. 6 Wochen später nimmt die A-AG eine Gewinnausschüttung von 300 vor. Weitere 30 Tage später nimmt die A-AG ein Darlehen in Höhe von 200 auf.

Es ist bei einem ursprünglichen Betriebsvermögen von 1.000 überwiegend neues Betriebsvermögen in Höhe von (900 + 200 =) 1.100 zugeführt worden. Die Gewinnausschüttung mindert das zugeführte Betriebsvermögen nicht.

Rz. 10

Im Fall eines Branchenwechsels ist überwiegend neues Betriebsvermögen i.S.d. § 8 Abs. 4 KStG auch dann zugeführt, wenn für die von einer Kapitalgesellschaft wiederaufgenommene Tätigkeit überwiegend Vermögensgegenstände verwendet werden, die vor der Einstellung des ursprünglichen Geschäftsbetriebs noch nicht vorhanden waren (gegenständliche Betrachtungsweise entsprechend dem Urteil des BFH v. 13.08.1997, BStBl. II 1997 S. 829).

Rz. 11

Neues Betriebsvermögen kann auch durch Verschmelzung einer anderen Gesellschaft auf die Verlustgesellschaft zugeführt werden.

Rz. 12

Zwischen der Übertragung der Anteile und der Zuführung neuen Betriebsvermögens muss ein zeitlicher Zusammenhang bestehen. Deshalb ist in der Regel nur neues Betriebsvermögen zu berücksichtigen, das innerhalb von fünf Jahren nach der schädlichen Anteilsübertragung zugeführt wird. Vgl. hierzu auch die Ausführungen unter Rz. 24 bis 32.

d) Sanierungsfälle

aa) Zuführung neuen Betriebsvermögens zu Sanierungszwecken

Rz. 13

Die Zuführung neuen Betriebsvermögens ist unschädlich, wenn
- *sie allein der Sanierung dient,*
- *der Geschäftsbetrieb, der den Verlust verursacht hat, in einem nach dem Gesamtbild der wirtschaftlichen Verhältnisse vergleichbaren Umfang erhalten wird und*
- *die Körperschaft den Geschäftsbetrieb in diesem Umfang fünf Jahre fortführt.*

(1) Sanierung

Rz. 14

Allein der Sanierung dient die Zuführung neuen Betriebsvermögens, wenn die Kapitalgesellschaft sanierungsbedürftig ist und das zugeführte Betriebsvermögen den für das Fortbestehen des Geschäftsbetriebs notwendigen Umfang nicht wesentlich überschreitet.

Beispiel:

Die Holdinggesellschaft H erwirbt 100% der Anteile an der V-GmbH. Die V-GmbH hat im Zeitpunkt des Anteilserwerbs vortragsfähige Verluste in Höhe von 2,5 Mio. DM. Während des ersten Wirtschaftsjahrs nach dem Anteilserwerb wird die Verlustgesellschaft V-GmbH durch organisatorische Maßnahmen saniert und hat nach einem mittelfristig geltenden Finanzplan jährliche Gewinne in Höhe von 80.000 DM zu erwarten. Im zweiten Jahr nach dem Anteilserwerb legt die H Beteiligungen an anderen Unternehmen in die V-GmbH zu einen Wert ein, der den Wert des bisherigen Betriebsvermögens übersteigt. Die steuerpflichtigen Erträge aus diesen anderen Unternehmen belaufen sich auf jährlich 2 Mio. DM.

Die Zuführung des neuen Betriebsvermögens in die V-GmbH in Form von Beteiligungen führt zur Versagung des Verlustabzugs, weil die Zuführung nicht allein der Sanierung dient. Die V-GmbH war bereits saniert, so dass das Merkmal der Sanierungsbedürftigkeit fehlt. Die Zuführung des neuen Betriebsvermögens hat auch dem Zweck gedient, die Verluste der V-GmbH statt innerhalb der nächsten ca. 30 Jahre in nur zwei Jahren mit sonst steuerpflichtigen Gewinnen zu verrechnen.

(2) Verlustverursachender Geschäftsbetrieb

Rz. 15

Der Geschäftsbetrieb, der den verbleibenden Verlustabzug verursacht hat, ist regelmäßig der ursprüngliche Geschäftsbetrieb in dem Umfang, den er im Durchschnitt während der Verlustphase gehabt hat. Diese Phase endet spätestens mit dem Verlust der wirtschaftlichen Identität.

Rz. 16

Ein Abschmelzen des verlustverursachenden Geschäftsbetriebs (Rz. 15) bis zum Ablauf des Fortführungszeitraums (Rz. 21) um mehr als die Hälfte seines Umfangs ist für den Verlustabzug schädlich.

Beispiel:

Umfang der Gesellschaft im Durchschnitt während der Verlustphase	*100*
Umfang im Zeitpunkt des Anteilseignerwechsels	*60*
Umfang im Zeitpunkt des Verlustes der wirtschaftlichen Identität	*50*
Umfang nach Abschmelzen in der Sanierungsphase	*40*

= schädliches Abschmelzen

Rz. 17

Vergleichsmerkmale für die Fortführung des Verlustbetriebs in einem vergleichbaren Umfang (= Mindestumfang) können im Rahmen einer auf den Einzelfall bezogenen Gesamtwürdigung unter anderem der Umsatz, das Auftragsvolumen, das Aktivvermögen und die Anzahl der Arbeitnehmer sein.

Beispiel:

Der Personalbestand einer Kapitalgesellschaft mit dem Unternehmensgegenstand Anlagenbau ist vor Übertragung der Anteile von 500 Arbeitnehmern auf 200 Arbeitnehmer abgebaut worden, das Betriebsvermögen ist von einem Wert von 20 Mio. DM auf 8 Mio. DM abgeschmolzen, der Umsatz von 300 Mio. DM auf 140 Mio. DM zurückgegangen.

Der Verlustabzug ist untergegangen. Eine Sanierung i.S. des § 8 Abs. 4 KStG ist nicht mehr möglich, da der Betrieb nach allen Merkmalen wesentlich abgeschmolzen ist.

Rz. 18

Ein einmal eingestellter Geschäftsbetrieb kann nicht mehr saniert werden. Auch der Wechsel von einer aktiven Tätigkeit anderer Art (Branchenwechsel) kann als Einstellung des Geschäftsbetriebs anzusehen sein (BFH v. 13.08.1997, BStBl. II 1997 S. 829). Im Fall des Branchenwechsels ist verlustverursachender Geschäftsbetrieb nur der Geschäftsbetrieb nach dem Branchenwechsel. In einem solchen Fall kann bei einer Sanierung nur der hieraus entstandene Verlust abgezogen werden.

Rz. 19

Ein Branchenwechsel ohne wesentliche Änderung der personellen und sachlichen Ressourcen (Strukturwandel) gilt nicht als Einstellung des Geschäftsbetriebs.

Rz. 20

Im Fall der Verpachtung eines bisher aktiv betriebenen Geschäftsbetriebs führt die Kapitalgesellschaft den bisherigen Geschäftsbetrieb nicht fort. Die Begründung einer Betriebsaufspaltung beendet hingegen die Fortführung des Geschäftsbetriebs nicht.

(3) Fortführung des Geschäftsbetriebs

Rz. 21

Der fünf Zeitjahre betragende Fortführungszeitraum beginnt mit dem Zeitpunkt, in dem mehr als die Hälfte der Anteile übertragen und überwiegend neues Betriebsvermögen zugeführt worden ist. Das gilt auch für Fälle, in denen die Anteile vor 1997 übertragen worden sind.

Rz. 22

Wird der Geschäftsbetrieb innerhalb des Fünfjahreszeitraums ganz oder teilweise auf andere Weise als durch Gesamtrechtsnachfolge auf einen anderen Rechtsträger (z.B. durch Veräußerung oder im Wege der Einbringung durch Einzelrechtsnachfolge) übertragen, geht der Verlustabzug im Nachhinein verloren.

bb) Feststellungslast

Rz. 23

Der Steuerpflichtige trägt die Feststellungslast, dass die Zuführung des neuen Betriebsvermögens allein der Sanierung gedient hat. Bei Übertragung der Mehrheit der Anteile vor dem 06.08.1997 wird es aus Billigkeitsgründen nicht zu seinem Nachteil berücksichtigt, wenn er im Nachhinein den Nachweis der Fortführung des Geschäftsbetriebs in vergleichbarem Umfang nicht mehr führen kann. Die Regelung des § 8 Abs. 4 KStG ist aber anzuwenden, wenn die Finanzbehörde nachweisen kann, dass der Verlust der wirtschaftlichen Identität eingetreten ist.

e) Anwendung auf andere Körperschaften und auf andere Fälle des Verlustes der wirtschaftlichen Identität

Rz. 24

Der Ausschluss des Verlustabzugs nach § 8 Abs. 4 KStG gilt nicht nur für Kapitalgesellschaften, sondern auch für andere Körperschaften. Die Übertragung von mehr als 50% der Anteile bezieht sich in diesen Fällen auf die Beteiligungs- und Mitgliedschaftsrechte.

Rz. 25

§ 8 Abs. 4 Satz 2 KStG regelt den Verlust der wirtschaftlichen Identität nicht abschließend (BFH v. 13.08.1997, BStBl. II 1997 S. 829). Über den dort geregelten Hauptanwendungsfall hinaus ist der Verlustabzug nach § 8 Abs. 4 KStG auch in den Fällen ausgeschlossen, die diesem beispielhaft geregelten Fall wirtschaftlich entsprechen.

Rz. 26

Einem Gesellschafterwechsel durch Übertragung von mehr als 50% der Anteile sind z.B. gleichzusetzen:

– *Eine Kapitalerhöhung, bei der die neu eintretenden Gesellschafter die Einlage ganz oder teilweise leisten und nach der Kapitalerhöhung zu mehr als 50% beteiligt sind.*

– *Eine Verschmelzung auf die Verlustgesellschaft, wenn nach der Verschmelzung die an der Verlustgesellschaft bisher nicht beteiligten Gesellschafter zu mehr als 50% beteiligt sind.*

– *Die Einbringung eines Betriebs, Teilbetriebs oder Mitunternehmeranteils, wenn nach der Einbringung neu hinzugekommene Gesellschafter zu mehr als 50% beteiligt sind.*

Umwandlungssteuererlass v. 25.03.1998

Rz. 27
Entsprechendes gilt, wenn anstelle von neuen Gesellschaftern – oder neben diesen – bereits beteiligte Gesellschafter nach den vorgenannten Maßnahmen zusammen mehr als 50 Prozentpunkte höher am Nennkapital beteiligt sind als vorher.

Rz. 28
Der Verlustabzug kann nach § 8 Abs. 4 KStG auch dann verloren gehen, wenn mittelbar – auch über Personengesellschaften – gehaltene Beteiligungen an der Verlustgesellschaft übertragen werden. [60] *Dies gilt auch, wenn aus der mittelbaren Beteiligung eine unmittelbare Beteiligung an der Verlustgesellschaft wird (§ 8 Abs. 4 Satz 2 KStG, vgl. auch Rz. 11.30 des UmwSt-Erlasses v. 25.03.1998). Erfolgsneutrale Umstrukturierungen mittelbarer in mittelbare*[61] *Beteiligungen nach Maßgabe der §§ 11 ff. und 20 ff. UmwStG innerhalb verbundener Unternehmen i.S.v. § 271 Abs. 2 HGB stellen keine Anteilsübertragungen i.S. des § 8 Abs. 4 KStG dar.*

Rz. 29
Eine dem Hauptanwendungsfall gleichstehende Gestaltung kann u.a. auch vorliegen, wenn seine Voraussetzungen nicht vollständig erfüllt sind, aber durch zusätzliche andere Maßnahmen die wirtschaftliche Identität der Körperschaft aufgegeben worden ist. Dies ist u.a. der Fall, wenn zwar nicht mehr als 50% aller Geschäftsanteile übertragen werden, jedoch ein Anteilserwerber eine Rechtsposition erhält, die mit der eines Gesellschafters wirtschaftlich vergleichbar ist, der mehr als 50% der Geschäftsanteile an der Kapitalgesellschaft hält (BFH v. 13.08.1997, BStBl. II 1997, S. 829).

Rz. 30
In Ausnahmefällen kann auch die Übertragung von mehr als 50% der Stimmrechte ohne entsprechende Anteilsübertragung zu einem Verlust der wirtschaftlichen Identität der Körperschaft führen.

Rz. 31
Im Einzelfall kann die Zuführung neuen Betriebsvermögens auch dann schädlich sein, wenn sie vor dem Zeitpunkt der Anteilsübertragung beginnt oder sogar schon abgeschlossen ist, z.B. im Fall des kollusiven Zusammenwirkens von Veräußerer und Erwerber der Anteile. In diesem Fall wird der Umfang des zugeführten Betriebsvermögens mit dem Betriebsvermögen verglichen, das vor Beginn der Zuführung vorhanden war.

Rz. 32
Eine dem Hauptanwendungsfall gleichstehende Gestaltung kann darin liegen, dass der (neue) Gesellschafter der Verlustgesellschaft nicht dieser selbst, sondern deren Tochtergesellschaft(en) neues Betriebsvermögen zuführt, mit deren Gewinnausschüttungen die Verlustgesellschaft ihre Verlustvorträge verrechnen will.

f) Umfang des Abzugsverbots
Rz. 33
Die Verluste, die bis zu dem Zeitpunkt des Verlustes der wirtschaftlichen Identität entstanden sind, dürfen mit danach entstandenen Gewinnen weder ausgeglichen (§ 8 Abs. 4 Satz 4 KStG) noch von ihnen abgezogen werden. Verluste, die nach diesem Zeitpunkt entstanden

---

60) Überholt durch BFH v. 20.08.2003, I R 61/01, BStBl. II 2004 S. 616. Vgl. auch OFD Frankfurt am Main, Verfügung v. 05.10.2004, S 2745 A - 22 - St II 1.01, DStR 2004 S. 1882.
61) Redaktioneller Fehler des BMF; richtig ist „unmittelbare".

sind, bleiben dagegen ausgleichs- und abzugsfähig, auch wenn danach weitere Anteile übertragen werden oder zusätzlich neues Betriebsvermögen zugeführt wird.

g) Auswirkungen auf die Gliederungsrechnung
Rz. 34

Der Verlust der wirtschaftlichen Identität der Körperschaft führt nicht zu einem Wechsel des Steuersubjekts. Die Körperschaft hat daher die Teilbeträge des verwendbaren Eigenkapitals fortzuführen. Der nach § 8 Abs. 4 Satz 4 KStG nicht ausgleichsfähige Verlust verringert das EK 02.

2. Zeitliche Anwendung
Rz. 35

§ 8 Abs. 4 KStG i.d.F. des Gesetzes zur Fortsetzung der Unternehmenssteuerreform ist nach § 54 Abs. 6 KStG i.d.F. von Artikel 3 des Gesetzes zur Finanzierung eines zusätzlichen Bundeszuschusses zur gesetzlichen Rentenversicherung v. 19.12.1997 (BGBl. I 1997 S. 3121) erstmals für den Veranlagungszeitraum 1997 anzuwenden. Bei Vorliegen der übrigen Voraussetzungen entfällt hiernach der Verlustabzug nach § 10d EStG ab 1997 auch in Fällen, in denen der Verlust der wirtschaftlichen Identität schon vor 1997 eingetreten ist. Wegen der ab 1997 geltenden anderen Voraussetzungen für den Verlustabzug im Vergleich zu der am 31.12.1996 geltenden Rechtslage besteht keine Bindung an den auf diesen Zeitpunkt gesondert festgestellten vortragsfähigen Verlust. Ist der Verlust der wirtschaftlichen Identität erst im Jahr 1997 vor dem 06.08. eingetreten, gilt § 8 Abs. 4 KStG erstmals für den Veranlagungszeitraum 1998.

Beispiel 1:

60% der Anteile an der V-GmbH wurden am 31.12.1994 von A an B übertragen. Zum Ende des Jahres 1996 ist für die V-GmbH ein verbleibender Verlustabzug in Höhe von 500 TDM gesondert festgestellt worden. Im Jahr 1995 beginnt B mit der Zuführung neuen Betriebsvermögens, das nicht allein der Sanierung dient. Am 31.12.1996 ist diese finanzielle Umstrukturierung in der Weise abgeschlossen, dass die Schädlichkeitsgrenze (= überwiegend) überschritten wird.

Im Jahr 1997 ist die Berücksichtigung des Verlustes der V-GmbH in Höhe von 500 TDM nicht zulässig.

Beispiel 2:

Wie Beispiel 1 mit dem Unterschied, dass die Schädlichkeitsgrenze (= überwiegend) für die Zuführung neuen Betriebsvermögens erst im Jahr 1997, aber vor dem 06.08., überschritten wird.

Im Jahr 1997 kann ein Verlust, der zum 31.12.1996 festgestellt worden ist, noch abgezogen werden. Der Abzug eines danach verbleibenden Verlustbetrages ist ab 1998 nicht mehr möglich.

Beispiel 3:

Wie Beispiel 1 und 2 mit dem Unterschied, dass die Schädlichkeitsgrenze (= überwiegend) für die Zuführung neuen Betriebsvermögens erst nach dem 05.08.1997 überschritten wird. Der zum 31.12.1996 festgestellte vortragsfähige Verlust – ggf. zuzüglich eines Verlustes in 1997, der bis zum Zeitpunkt des Erreichens der Schädlichkeitsgrenze entstanden ist (erforderlichenfalls im Schätzungswege zu ermitteln) – kann in 1997 weder abgezogen noch ausgeglichen werden.

Umwandlungssteuererlass v. 25.03.1998

B. Übergang des verbleibenden Verlustabzugs nach § 12 Abs. 3 Satz 2 UmwStG
1. Sachliche Anwendung
Rz. 36

Nach § 12 Abs. 3 Satz 2 UmwStG i.d.F. des Gesetzes zur Fortsetzung der Unternehmenssteuerreform setzt der Übergang des Verlustabzugs auf die übernehmende Körperschaft voraus, dass der Betrieb oder Betriebsteil, der den Verlust verursacht hat, über den Umwandlungsstichtag hinaus in einem nach dem Gesamtbild der wirtschaftlichen Verhältnisse vergleichbaren Umfang fortgeführt wird.

a) Betrieb oder Betriebsteil, der den Verlust verursacht hat
Rz. 37

Der Betrieb umfasst ebenso wie der Geschäftsbetrieb i.S. des § 8 Abs. 4 KStG die gesamte wirtschaftliche Aktivität eines Unternehmens. Ein Betriebsteil ist demgegenüber eine abgrenzbare wirtschaftliche Aktivität, der bestimmte personelle und sachliche Ressourcen zugeordnet werden können (z.B. eine Produktlinie oder bei einer Holdinggesellschaft die einzelne Beteiligung). Ein Betriebsteil braucht nicht die Voraussetzungen eines Teilbetriebs i.S.v. R 139 Abs. 3 EStR 1996 zu erfüllen. Einzelne Wirtschaftsgüter oder reine Kostenstellen (z.B. die Forschungsabteilung eines Chemieunternehmens) erfüllen nicht die Voraussetzungen eines Betriebsteils.

Rz. 38

Der Verlustabzug geht auf die übernehmende Körperschaft nur über, wenn der ursprüngliche Betrieb, der den Verlust verursacht hat, fortgeführt wird. Wegen des Umfangs des verlustverursachenden Betriebs gelten die Ausführungen zu § 8 Abs. 4 KStG (Rz. 15 bis 20) entsprechend. Ist der ursprüngliche Betrieb im Umfang erheblich reduziert worden (z.B. auch durch Veräußerung oder Verpachtung von Produktionsanlagen an Dritte), steht § 12 Abs. 3 Satz 2 UmwStG dem Übergang des auf den Betrieb entfallenden verbleibenden Verlustabzugs entgegen, es sei denn, die Steuerpflichtige weist nach (z.B. aufgrund ihrer Betriebsabrechnung), dass der Verlust oder ein Teil des Verlustes einem bestimmten Betriebsteil zugeordnet werden kann, für den die Voraussetzungen der Fortführung erfüllt sind.

Rz. 39

Bei körperschaftsteuerlicher Organschaft ist für den Umfang des verlustverursachenden Betriebes oder Betriebsteils auch auf den Betrieb oder Betriebsteil der Organgesellschaft abzustellen. Dies gilt entsprechend für den Betrieb oder Betriebsteil einer Mitunternehmerschaft, an der die Körperschaft als Mitunternehmerin beteiligt ist.

b) Verlustabzug bei Betriebsteilen
Rz. 40

Liegen die Voraussetzungen für den Verlustabzug für den gesamten Verlustbetrieb nicht vor und weist die Steuerpflichtige nach, dass die Verluste einem bestimmten Betriebsteil zugeordnet werden können, so werden die für den Verlustübergang zugelassenen Teilbeträge in folgender Weise ermittelt, wenn Betriebsteile in der Zeit vor dem Übergang des verbleibenden Verlustabzugs Gewinne erzielt haben: Erzielt derselbe Betriebsteil neben den abziehbaren Verlusten auch Gewinne, ist eine Verlustverrechnung mit den Gewinnen aus demselben Betriebsteil vorzunehmen (= isolierte Betrachtung des verlustverursachenden Betriebsteils). Der so ermittelte Gesamtbetrag der Verluste der fortgeführten Betriebsteile wird erforderlichenfalls auf den verbleibenden Verlustabzug des Gesamtbetriebs begrenzt.

Beispiel:

Die A-GmbH besteht aus fünf dem Umfang nach gleichwertigen Betriebsteilen (BT), denen in den Jahren 01 und 02 folgende Gewinne (+) oder Verluste (-) zugerechnet werden können:

	BT 1	BT 2	BT 3	BT 4	BT 5	gesamt
01	+ 200	+ 200	+ 200	- 500	- 600	- 500
02	+ 100	0	0	- 100	+ 100	+ 100
Summe	+ 300	+ 200	+ 200	- 600	- 500	- 400

Die A-GmbH wird zum Ende des Jahres 02 auf die B-AG verschmolzen. Die B-AG führt nur den BT 5 fort.

Der Betrieb der A-GmbH wird nicht fortgeführt, denn er wird auf 1/5 seines bisherigen Umfangs abgeschmolzen. Der Gesamtverlust (- 400) der A-GmbH ist deshalb bei der B-AG nicht abziehbar.

Der Verlust des BT 5 in Höhe von - 500 ist dem Grunde nach bei der B-AG abziehbar. Dieser Betrag wird auf die Höhe des vortragsfähigen Gesamtbetrags der A-GmbH (= - 400) begrenzt.

c) Fortführung in einem dem Gesamtbild der wirtschaftlichen Verhältnisse vergleichbaren Umfang in den folgenden fünf Jahren

Rz. 41

Der Fünfjahreszeitraum beginnt mit dem steuerlichen Übertragungsstichtag.

Rz. 42

Für den Übergang des Verlustabzugs ist es unschädlich, wenn der Betrieb oder Betriebsteil in den folgenden fünf Jahren erweitert wird. Es genügt, wenn er mindestens in dem geforderten Umfang fortgeführt wird. Für die Beurteilung des Umfangs des Betriebs oder Betriebsteils gelten die Ausführungen unter Rz. 37 bis 39.

d) Übertragung von Teilen des verlustverursachenden Betriebs oder Betriebsteils

Rz. 43

Erforderlich ist die Fortführung des Betriebs oder Betriebsteils durch die übernehmende Körperschaft. Überträgt sie den Betrieb oder Betriebsteil ganz oder teilweise im Wege der Einzelrechtsnachfolge (z.B. Veräußerung, Einbringung), ist der Verlustübergang (nachträglich) zu versagen. Bei einer Gesamtrechtsnachfolge ist die Fortführung des Betriebs oder Betriebsteils durch den Rechtsnachfolger erforderlich.

Rz. 44

Die Begründung einer Betriebsaufspaltung während des Fortführungszeitraums beendet die Fortführung des Betriebs oder Betriebsteils nicht.

e) Fortführung in Spaltungsfällen

Rz. 45

Der Übergang des verbleibenden Verlustabzugs i.S. des § 10d Abs. 4 Satz 2 EStG setzt voraus, dass der verlustverursachende Betrieb oder Betriebsteil von der Kapitalgesellschaft in dem erforderlichen Umfang fortgeführt wird, bei der dieser Betrieb oder Betriebsteil im Rahmen der Umwandlung verbleibt oder auf die er übergeht. Unter diesen Voraussetzungen ist der Verlustabzug möglich, soweit er nach § 15 Abs. 4 UmwStG teilweise einer anderen übernehmenden Kapitalgesellschaft zuzuordnen ist.

Beispiel:

Die Verlustgesellschaft X-GmbH besteht aus den Teilbetrieben TB 1, TB 2 und TB 3. Verluste hat nur der TB 1 verursacht. Die X-GmbH wird aufgespalten in die TB 1-GmbH, die TB 2-GmbH und die TB 3-GmbH. Der verbleibende Verlustabzug wird nach § 15 Abs. 4 UmwStG aufgeteilt. TB 1-GmbH (1/10), TB 2-GmbH (3/10) und TB 3-GmbH (6/10).

Wenn der verlustverursachende Betriebsteil in dem erforderlichen Umfang von der TB 1-GmbH fortgeführt wird, steht § 12 Abs. 3 Satz 2 UmwStG auch dem Verlustabzug bei der TB 2-GmbH und der TB 3-GmbH nicht entgegen.

2. Zeitliche Anwendung

Rz. 46

Nach § 27 Abs. 3 UmwStG i.d.F. des Gesetzes zur Finanzierung eines zusätzlichen Bundeszuschusses zur gesetzlichen Rentenversicherung v. 19.12.1997 (BGBl. I 1997 S. 3121) ist die Neuregelung erstmals für Umwandlungsvorgänge anzuwenden, deren Eintragung im Register nach dem 05.08.1997 beantragt worden ist. Maßgebend ist der Eingang des Antrags bei dem zuständigen Register.

3. Verhältnis von § 12 Abs. 3 Satz 2 UmwStG zu § 8 Abs. 4 KStG

Rz. 47

Die Anwendung des § 8 Abs. 4 KStG ist neben der Anwendung des § 12 Abs. 3 Satz 2 UmwStG zu prüfen. Während § 12 Abs. 3 Satz 2 UmwStG den Übergang nicht verbrauchter Verluste der übertragenden Körperschaft auf die übernehmende Körperschaft ausschließt, untersagt § 8 Abs. 4 KStG den Abzug eigener Verluste der Körperschaft.

Beispiel:

Die B-GmbH mit nicht verbrauchten Verlustvorträgen wird auf die A-GmbH, die ebenfalls über hohe nicht verbrauchte Verlustabzüge verfügt, verschmolzen. Nach der Verschmelzung sind an der A-GmbH die bisher nicht beteiligten Gesellschafter der B-GmbH zu mehr als 50 v.H. beteiligt. Sind die übrigen Voraussetzungen des § 8 Abs. 4 KStG ebenfalls gegeben, kann die A-GmbH ihre eigenen Verlustvorträge nach § 8 Abs. 4 KStG künftig nicht mehr verrechnen. Eine Übertragung der nicht verbrauchten Verlustabzüge der B-GmbH ist nicht ausgeschlossen, wenn die Voraussetzungen des § 12 Abs. 3 Satz 2 UmwStG erfüllt sind.

Rz. 48

Die gegenüber der früheren Rechtslage verschärften Bestimmungen über die Versagung des Verlustabzugs ab 1997 können dazu führen, dass ein bei einem Umwandlungsvorgang in der Zeit vor 1997 bereits übergegangener Verlustabzug ab 1997 nicht mehr zu berücksichtigen ist. Das ist der Fall, wenn die Voraussetzungen für die Versagung des Verlustabzugs zwar nicht nach dem bisherigen, wohl aber nach dem jetzt geltenden § 8 Abs. 4 KStG vorliegen.

Rz. 49

Im Falle der Verschmelzung einer Verlust-Kapitalgesellschaft, deren Anteile zu mehr als der Hälfte übertragen worden sind, auf eine Gewinn-Kapitalgesellschaft und der Zuführung überwiegend neuen Betriebsvermögens von außen (außerhalb der Rechtsnachfolgerin, z.B. durch den Gesellschafter der übernehmenden Gesellschaft) liegt ein Anwendungsfall des § 8 Abs. 4 KStG vor. Der verbleibende Verlustabzug geht nach § 8 Abs. 4 KStG unter und kann nicht auf die übernehmenden Kapitalgesellschaften nach § 12 Abs. 3 Satz 2 UmwStG übergehen.

Beispiel:

Eine Gesellschaft (M) beabsichtigt, die Mehrheit der Anteile an einer verlusttragenden Gesellschaft (T) zu kaufen. Der Anteilseignerwechsel in Verbindung mit einer entsprechenden

Vermögenszuführung würde bei T zum Verlust der wirtschaftlichen Identität und damit zum Verbot des Verlustabzugs führen (§ 8 Abs. 4 KStG).
Um den verbleibenden Verlust der T zu nutzen, soll die T auf die M verschmolzen werden. Danach wird die Vermögenszuführung bei M vorgenommen.
Erfolgt die Zuführung von überwiegend neuem Betriebsvermögen von außen (z.B. durch den Gesellschafter der übernehmenden Gesellschaft), handelt es sich um eine dem Hauptanwendungsfall vergleichbare Gestaltung (§ 8 Abs. 4 Satz 1 KStG). Die Verschmelzung der T (Verlustgesellschaft) auf M (Gewinngesellschaft) ist als solche kein Ersatztatbestand für die Vermögenszuführung.

Rz. 50
Zur bisherigen Rechtslage gilt das BMF-Schreiben v. 11.06.1990 (BStBl. I 1990 S. 252) fort, soweit nicht in dem vorliegenden Schreiben zu den Voraussetzungen des § 8 Abs. 4 KStG i.d.F. des Steuerreformgesetzes 1990 abweichende (z.B. zum Branchenwechsel) oder ergänzende Regelungen getroffen werden.

2. Eintritt in die übrige Rechtsstellung

Rz. 12.27

Die Anweisungen zu § 4 UmwStG (Rz. 04.01 - 04.08) gelten entsprechend.

Zu § 13 UmwStG: Besteuerung der Gesellschafter der übertragenden Körperschaft

I. Anwendung des § 13 UmwStG

Rz. 13.01

Die Behandlung der Anteile bei den Gesellschaftern nach § 13 UmwStG ist unabhängig von der Ausübung des in Rz. 11.01 dargelegten Bewertungswahlrechts.

Rz. 13.02

Die Vorschrift des § 13 UmwStG ist entsprechend anzuwenden, wenn im Rahmen der Umwandlung an die Stelle von Anteilen an der übertragenden Körperschaft Mitgliedschaften an der übernehmenden Körperschaft treten oder umgekehrt (z.B. Vermögensübertragung von Versicherungs-AG auf VVaG oder umgekehrt). Treten an die Stelle von Mitgliedschaften Anteile, betragen die Anschaffungskosten der Anteile 0 DM.

Rz. 13.03

Die Rechtsfolgen des § 13 UmwStG gelten nur für den Anteiltausch im Rahmen der Umwandlung. Weitere Leistungen im Zusammenhang mit der Umwandlung beurteilen sich nach allgemeinen Grundsätzen und führen ggf. zu Anschaffungskosten der Anteile.

Rz. 13.04

Die Barabfindung führt beim Anteilseigner nach allgemeinen steuerlichen Grundsätzen zu Veräußerungserlösen bzw. zu sonstigen Bezügen i.S. des § 20 Abs. 1 Nr. 1 EStG, je nachdem, ob bei der Kapitalgesellschaft ein Erwerb eigener Anteile oder eine verdeckte Gewinnausschüttung vorliegt. Die Zuzahlung der übernehmenden Kapitalgesellschaft an verbleibende Anteilseigner stellt bei der übernehmenden Kapitalgesellschaft eine sonstige Leistung i.S. des § 41 Abs. 1 KStG dar und führt beim Anteilseigner zu sonstigen Bezügen i.S. des § 20 Abs. 1 Nr. 1 EStG.

II. Anteile an der übertragenden Körperschaft gehören zu einem Betriebsvermögen (§ 13 Abs. 1 UmwStG)

Rz. 13.05

Anteile an Kapitalgesellschaften oder sonstigen Körperschaften i.S. des § 43 KStG, die zu einem Betriebsvermögen gehören, gelten als zum Buchwert veräußert und die an ihre Stelle tretenden Anteile als mit diesem Wert angeschafft (§ 13 Abs. 1 UmwStG). Die Regelung erfasst nur Anteile, die zu einem inländischen Betriebsvermögen oder zu einem ausländischen Betriebsvermögen, das ausnahmsweise (bei Fehlen eines DBA) der deutschen Besteuerung unterliegt, gehören.

III. Anteile an der übertragenden Körperschaft gehören nicht zu einem Betriebsvermögen (§ 13 Abs. 2 UmwStG)

1. Fortgeltung der Anschaffungskosten

Rz. 13.06

Befanden sich die Anteile an der übertragenden Körperschaft nicht in einem Betriebsvermögen, so gelten sie für die Anwendung der §§ 17 und 23 EStG als zu den Anschaffungskosten veräußert und die an ihre Stelle tretenden Anteile als mit diesem Wert angeschafft (§ 13 Abs. 1 i.V.m. § 13 Abs. 2 Satz 1 UmwStG).

Rz. 13.07

§ 13 Abs. 2 UmwStG gilt nur für Anteile i.S. des § 17 EStG, wenn die Gewinne aus der Veräußerung der Anteile nach § 17 oder § 49 Abs. 1 Nr. 2 Buchstabe e) EStG der inländischen Besteuerung unterliegen, oder für Anteile, die die Voraussetzungen für eine Besteuerung nach § 23 oder § 49 Abs. 1 Nr. 8 EStG erfüllen.

Rz. 13.08

Läuft für die Anteile an der übertragenden Körperschaft eine Spekulationsfrist nach § 23 Abs. 1 Nr. 1 Buchstabe b) EStG, führt die Umwandlung auf der Ebene der Anteilseigner zu einem Veräußerungsgeschäft. Es wird eine neue Spekulationsfrist in Gang gesetzt.

2. Einbringungsgeborene Anteile

Rz. 13.09

Bei zum Privatvermögen gehörenden einbringungsgeborenen Anteilen treten die erworbenen Anteile an die Stelle der hingegebenen Anteile (§ 13 Abs. 3 UmwStG). Für zu einem der inländischen Besteuerung unterliegenden Betriebsvermögen gehörende Anteile gilt § 13 Abs. 1 UmwStG.[62]

3. Verschmelzungsgeborene Anteile

Rz. 13.10

Sind bei Anteilen, die nicht zu einem Betriebsvermögen gehören, die Voraussetzungen des § 17 EStG erfüllt, gelten die im Zuge des Vermögensübergangs gewährten Anteile als Anteile i.S. des § 17 EStG, auch wenn der Anteilseigner nach dem Vermögensübergang (z.B. Verschmelzung) nicht mehr wesentlich an der übernehmenden Körperschaft beteiligt ist (§ 13 Abs. 2 Satz 2 UmwStG). Ist ein nicht wesentlich beteiligter Anteilseigner nach dem Vermögensübergang (z.B. Spaltung) wesentlich an der übernehmenden Körperschaft beteiligt, gilt für diese Anteile der gemeine Wert am steuerlichen Übertragungsstichtag als Anschaffungskosten (§ 13 Abs. 2 Satz 3 UmwStG). Für die Ermittlung des gemeinen Werts der Anteile gilt § 9 Abs. 2 BewG.

4. Abschnitt: Formwechsel einer Kapitalgesellschaft und einer Genossenschaft in eine Personengesellschaft

Zu § 14 UmwStG: Entsprechende Anwendung von Vorschriften, Eröffnungsbilanz

I. Maßgeblichkeit der handelsrechtlichen Schlussbilanz

Rz. 14.01

Die Kapitalgesellschaft hat für steuerliche Zwecke auf den Zeitpunkt, in dem der Formwechsel wirksam wird, eine Übertragungsbilanz, die Personengesellschaft eine Eröffnungsbilanz aufzustellen (§ 14 Satz 2 UmwStG). Nach § 14 Satz 1 i.V.m. § 3 UmwStG können die Wirtschaftsgüter in der Übertragungsbilanz mit dem Buchwert, einem Zwischenwert, höchstens jedoch mit dem Teilwert angesetzt werden, wenn das übergehende Vermögen Betriebsvermögen der Personengesellschaft wird.

Rz. 14.02

Liegt für den steuerlichen Übertragungsstichtag eine formelle Handelsbilanz vor, ist hierin ein über dem Buchwert liegender Wertansatz eingeschränkt möglich. In der handelsrechtlichen Jahresbilanz werden die Vermögensgegenstände mit den Anschaffungs- oder Herstellungskosten, vermindert um planmäßige und außerplanmäßige Abschreibungen angesetzt (§§ 253, 254 HGB). Entfällt in einem späteren Geschäftsjahr der Grund für die außerplanmäßige Abschreibung, ist eine Wertaufholung bis zur Höhe der Anschaffungs- oder Herstellungskosten (bei abnutzbaren Wirtschaftsgütern vermindert um die planmäßige Abschreibung) zulässig (§ 253 Abs. 4, § 280 HGB). Nach dem Grundsatz der Maßgeblichkeit der Handelsbilanz für die Steuerbilanz (§ 5 Abs. 1 EStG) können bei der derzeitigen handelsrechtlichen Rechtslage auch in der steuerlichen Übertragungsbilanz nur die in der Handelsbilanz zulässigen Werte angesetzt werden.

---

[52] Teilweise überholt. § 13 Abs. 3 UmwStG ist auch auf Anteile an der übertragenden Gesellschaft anzuwenden, die zu einem Betriebsvermögen gehören. Vgl. BMF, Schreiben v. 16.12.2003, IV A 2 - S 1978 - 16/03, BStBl. I 2003 S. 786 Rz. 18.

Urteil des BFH v. 19.10.2005, I R 38/04:[63]

In den Fällen des Formwechsels einer Personengesellschaft in eine Kapitalgesellschaft darf die Kapitalgesellschaft das übergegangene Betriebsvermögen gemäß § 25 Satz 1 i.V.m. § 20 Abs. 2 Satz 1 UmwStG 1995 mit seinem Buchwert oder mit einem höheren Wert ansetzen.

Schreiben des BMF v. 04.07.2006:[64]

In dem BFH-Urteil v. 19.10.2005 (I R 38/04, BStBl. II 2006 S. 568) wird über eine formwechselnde Umwandlung einer Personengesellschaft (KG) in eine GmbH entschieden. Handelsrechtlich beschränkt sich der Formwechsel nur auf eine Änderung der Rechtsform des Unternehmensträgers unter Wahrung der rechtlichen Identität, so dass handelsrechtlich beim Formwechsel zwingend die Buchwerte fortzuführen sind. Abweichend von der handelsrechtlichen Betrachtung wird der Vorgang steuerrechtlich wie eine Einbringung des Betriebsvermögens einer Personengesellschaft in eine Kapitalgesellschaft behandelt (§ 25 i.V.m. § 20 UmwStG). Bei derartigen Einbringungsvorgängen hat die aufnehmende Kapitalgesellschaft das Wahlrecht, das übernommene Betriebsvermögen mit dem Buchwert, dem Teilwert oder einem Zwischenwert anzusetzen (§ 20 Abs. 2 UmwStG). Da für den Formwechsel gemäß § 25 UmwStG die Regeln über die Einbringung entsprechend anzuwenden sind, gilt dieses Wahlrecht auch für den Formwechsel. Dies hat der BFH in seinem Urteil v. 19.10.2005 (I R 38/04, BStBl. II 2006 S. 568) aus dem Wortlaut und auch aus der amtlichen Begründung des Regierungsentwurfs zu § 25 UmwStG (BT-Drs. 12/6885, § 25 UmwStG, S. 26) abgeleitet.

Die Finanzverwaltung hat demgegenüber in Rz. 20.30 des UmwSt-Erlasses v. 25.03.1998 die Auffassung vertreten, dass infolge des Grundsatzes der Maßgeblichkeit der Handelsbilanz für die Steuerbilanz nach § 5 Abs. 1 Satz 2 EStG in den Fällen des Formwechsels von einer Personengesellschaft in eine Kapitalgesellschaft auch steuerlich zwingend die Buchwerte fortzuführen sind. Unter Bezugnahme auf das Ergebnis der Erörterung mit den obersten Finanzbehörden der Länder nehme ich zur Anwendung des BFH-Urteils v. 19.10.2005 (I R 38/04, BStBl. II 2006 S. 568) wie folgt Stellung:

Die Grundsätze des genannten BFH-Urteils sind in allen noch offenen Fällen anzuwenden. Rz. 20.30 des UmwSt-Erlasses v. 25.03.1998 ist damit überholt.

Schreiben der OFD Münster v. 28.08.2006:[65]

Mit Urteil v. 19.10.2005 (I R 38/04, BStBl. II 2006 S. 568) hat der BFH entschieden, dass in den Fällen des Formwechsels einer Personengesellschaft in eine Kapitalgesellschaft (§ 25 UmwStG) die Kapitalgesellschaft das übergehende Betriebsvermögen mit seinem Buchwert oder mit einem höheren Wert ansetzen darf (§ 25 Satz 1 i.V.m. § 20 Abs. 2 Satz 1 UmwStG 1995). Nach dem Schreiben des BMF v. 04.07.2006 (IV B 2 - S 1909 - 12/06, BStBl. I 2006 S. 445) soll das Urteil in allen noch offenen Fällen angewendet werden.

Nunmehr ist die Frage aufgekommen, ob die Grundsätze des Urteils auch in den Fällen der formwechselnden Umwandlung einer Kapitalgesellschaft in eine Personengesellschaft (§ 14 i.V.m. §§ 3 ff. UmwStG 1995) anzuwenden sind. Nach Auffassung der Verwaltung ist das im Gesetz vorgesehene Bewertungswahlrecht durch die Maßgeblichkeit der Handelsbilanz für die Steuerbilanz (§ 5 Abs. 1 EStG) eingeschränkt (vgl. Rz. 14.01 bis 14.03 des UmwSt-Erlasses v. 25.03.1998). An dieser Rechtsauffassung hält die Finanzverwaltung auch weiterhin fest.

---

63) Vgl. BFH v. 19.10.2005, I R 38/04, BStBl. II 2006 S. 568. Zu den Rechtsausführungen der Vorinstanz vgl. FG München v. 23.03.2004, 7-K-4036/01, EFG 2004 S. 1334.
64) BMF, Schreiben v. 04.07.2006, IV B 2 - S 1909 - 12/06, BStBl. I 2006 S. 445.
65) Vgl. OFD Münster, v. 28.08.2006, Kurzinformation Einkommensteuer Nr. 18/2006, DB 2006 S. 1928.

Rechtsbehelfsverfahren in Fällen des Formwechsels einer Kapitalgesellschaft in eine Personengesellschaft, die im Hinblick auf das oben genannte Verfahren geruht haben, sollen wieder aufgenommen und entsprechend der oben dargestellten Verwaltungsauffassung entschieden werden.

Rz. 14.03

Liegt für den steuerlichen Übertragungsstichtag keine formelle Handelsbilanz vor, sind infolge der Maßgeblichkeit der Handelsbilanz für die Steuerbilanz steuerlich zwingend die Buchwerte fortzuführen.

II. Steuerliche Rückwirkung

Rz. 14.04

Für den Formwechsel einer Kapitalgesellschaft und einer Genossenschaft in eine Personengesellschaft enthält § 14 UmwStG eine eigene steuerliche Rückwirkungsregelung.

Rz. 14.05

Nach § 14 Satz 3 UmwStG können die Kapitalgesellschaft die Übertragungsbilanz und die Personengesellschaft die Eröffnungsbilanz für einen Stichtag aufstellen, der höchstens acht Monate vor Anmeldung des Formwechsels zur Eintragung in das Handelsregister liegt. Das Einkommen und das Vermögen der Kapitalgesellschaft bzw. der Personengesellschaft sind so zu ermitteln, als ob das Vermögen der Kapitalgesellschaft mit Ablauf des Stichtages der Bilanz, die dem Formwechsel zugrunde liegt, auf die Personengesellschaft übergegangen wäre (§ 2 Abs. 1 UmwStG).

Rz. 14.06

Diese steuerliche Rückwirkung gilt unabhängig davon, ob am steuerlichen Übertragungsstichtag die gesellschaftsrechtlichen Voraussetzungen für einen Formwechsel vorliegen (Rz. 02.08).

Beispiel:

Die A-GmbH soll zum 01.01.02 in eine GmbH & Co. KG formwechselnd umgewandelt werden. Die künftige Komplementär-GmbH wird erst im März 02 gegründet und übernimmt mit Wirkung ab 01.04.02 einen kleinen GmbH-Anteil. Der Formwechsel wird im Juni 02 zur Eintragung ins Handelsregister angemeldet.

Der rückwirkende Formwechsel der A-GmbH in eine GmbH & Co. KG zum 01.01.02 ist handelsrechtlich nicht möglich. Zivilrechtlich entsteht die Komplementär-GmbH erst mit ihrer Eintragung im Handelsregister. Steuerlich gilt die Rückwirkungsfiktion unabhängig von den zivilrechtlichen Voraussetzungen am steuerlichen Übertragungsstichtag.

5. Abschnitt: Aufspaltung, Abspaltung und Vermögensübertragung (Teilübertragung)

Zu § 15 UmwStG: Aufspaltung, Abspaltung und Vermögensübertragung (Teilübertragung)

I. Teilbetriebsvoraussetzung des § 15 Abs. 1 UmwStG

Rz. 15.01

Die §§ 11 bis 13 UmwStG sind auf die Aufspaltung, Abspaltung und Teilübertragung nur entsprechend anzuwenden, wenn ein Teilbetrieb auf eine andere Körperschaft übergeht (zur Spaltung auf eine Personengesellschaft vgl. § 16 UmwStG). Im Falle der Abspaltung oder

Umwandlungssteuererlass v. 25.03.1998

Teilübertragung muss das der übertragenden Körperschaft verbleibende Vermögen ebenfalls zu einem Teilbetrieb gehören (§ 15 Abs. 1 Satz 1 und 2 UmwStG).

1. Begriff des Teilbetriebs
Rz. 15.02

Die Voraussetzungen eines Teilbetriebs sind nach den von der Rechtsprechung und der Finanzverwaltung zu § 16 EStG entwickelten Grundsätzen (R 139 Abs. 3 EStR 1996)[66] zu beurteilen.

Beispiel:

Aus einem Produktionsbetrieb soll ein wertvolles, aber nicht zum notwendigen Betriebsvermögen gehörendes Betriebsgrundstück „abgesondert" werden. Um dies zu erreichen, wird der Produktionsbetrieb auf eine neue Gesellschaft abgespalten. In der Ursprungsgesellschaft bleibt das Grundstück und ein 100-v.H.-GmbH-Mantel oder ein geringfügiger/-wertiger Mitunternehmeranteil zurück.

Das zurückbleibende Vermögen erfüllt nicht die Voraussetzungen des § 15 Abs. 1 Satz 2 UmwStG, da das Grundstück weder dem „Teilbetrieb 100-v.H.-Beteiligung" noch dem Mitunternehmeranteil zugerechnet werden kann. Eine steuerneutrale Spaltung ist ausgeschlossen.

Schreiben des BMF v. 16.08.2000:[67]

Nach dem Urteil des BFH v. 02.10.1997 (BStBl. II 1998 S. 104) setzt die steuerbegünstigte Veräußerung oder Aufgabe eines Betriebs, Teilbetriebs oder Anteils eines Mitunternehmers nach den §§ 16 Abs. 1, 34 EStG voraus, dass alle wesentlichen Betriebsgrundlagen des Betriebs in einem einheitlichen Vorgang veräußert oder entnommen werden. Zu den wesentlichen Grundlagen eines Betriebs gehören nach diesem Urteil im Zusammenhang mit einer Betriebsveräußerung oder -aufgabe in der Regel auch solche Wirtschaftsgüter, die funktional gesehen für den Betrieb, Teilbetrieb oder Mitunternehmeranteil nicht erforderlich sind, in denen aber erhebliche stille Reserven gebunden sind. Zweck der §§ 16 Abs. 1, 34 EStG ist es, eine „zusammengeballte" Realisierung der über die Zeit entstandenen, gesammelten stillen Reserven nicht dem ungemilderten Einkommenstarif zu unterwerfen. Gemäß diesem Gesetzeszweck ist der Begriff der wesentlichen Betriebsgrundlage im Rahmen des § 16 EStG nach Auffassung des BFH anders auszulegen als im Rahmen der übrigen Vorschriften und Rechtsinstitute, in denen er eine Rolle spielt. Er ist hier quantitativ und nicht lediglich funktional zu verstehen, wie dies z.B. bei der Anwendung von § 6 Abs. 3 EStG, §§ 15 und 20 UmwStG der Fall ist. Demgemäß hat der BFH im Urteil v. 24.08.1989 (BStBl. II 1989 S. 1014) darauf hingewiesen, dass er lediglich bei der Betriebsveräußerung oder Betriebsaufgabe Wirtschaftsgüter wegen des Umfangs ihrer stillen Reserven als wesentliche Betriebsgrundlage ansehe. Angesichts des Erfordernisses einer normspezifischen Auslegung muss die Rechtsprechung, derzufolge im Rahmen des § 16 EStG auch funktional unbedeutende Wirtschaftsgüter wegen des Umfangs ihrer stillen Reserven als wesentliche Betriebsgrundlagen anzusehen sind, als gesichert betrachtet werden.

Unter Bezugnahme auf das Ergebnis der Erörterung mit den obersten Finanzbehörden der Länder nehme ich zur Frage des Begriffs der wesentlichen Betriebsgrundlage im Rahmen der §§ 15 und 20 UmwStG wie folgt Stellung:

In Übereinstimmung mit dem Urteil des BFH v. 02.10.1997 (IV R 84/96, BStBl. II 1998 S. 104) ist ein Wirtschaftsgut im Rahmen der Anwendung der §§ 15 und 20 UmwStG nicht

---

66) Entspricht R 139 Abs. 3 EStR 1998 - 2001. Geändert durch EStR 2003; vgl. R 139 Abs. 3 EStR 2003 und R 16 Abs. 3 EStR 2005.
67) Vgl. BMF, Schreiben v. 16.08.2000, IV C 2 - S 1909 - 23/00, BStBl. I 2000 S. 1253.

schon allein deshalb eine wesentliche Betriebsgrundlage, weil in ihm erhebliche stille Reserven ruhen (funktionale Betrachtungsweise). Für den Fall der Einbringung von Betriebsvermögen einer Personengesellschaft nach § 20 UmwStG gilt dieser Grundsatz darüber hinaus unabhängig davon, ob das betreffende Wirtschaftsgut bisher zum Gesamthandsvermögen der Personengesellschaft, zum Sonderbetriebsvermögen I oder zum Sonderbetriebsvermögen II gehört hat. Das Vorhandensein erheblicher stiller Reserven (quantitative Betrachtungsweise) ist aber dann entscheidend, wenn natürliche Personen an der Einbringung beteiligt sind und die aufnehmende Kapitalgesellschaft die Wirtschaftsgüter gemäß § 20 Abs. 4 UmwStG mit dem Teilwert ansetzt, weil es sich in diesem Fall um eine echte Betriebsveräußerung i.S. des § 16 EStG handelt und gemäß § 20 Abs. 5 Satz 1 und 2 UmwStG in diesem Fall die §§ 16, 34 EStG Anwendung finden.
Rz. 15.02 und Rz. 20.08 Satz 3 des UmwSt-Erlasses v. 25.03.1998, worin für den Begriff der wesentlichen Betriebsgrundlage umfassend auf die zu § 16 EStG ergangene Rechtsprechung sowie auf R 139 EStR 1996 verwiesen wird, sind insoweit überholt.

2. Mitunternehmeranteil

Rz. 15.03

Als Teilbetrieb gilt auch ein Mitunternehmeranteil (§ 15 Abs. 1 Satz 2 UmwStG).

Rz. 15.04

Auch ein Teil eines Mitunternehmeranteils ist als Teilbetrieb anzusehen (vgl. R 139 Abs. 4 EStR 1996)[68]. Er kann erfolgsneutral abgespalten werden. Der bei der übertragenden Körperschaft zurückbleibende Teil des Mitunternehmeranteils stellt dann ebenfalls einen Teilbetrieb dar.

3. 100-v.H.-Beteiligung an einer Kapitalgesellschaft

Rz. 15.05

Als Teilbetrieb gilt auch die Beteiligung an einer Kapitalgesellschaft, die das gesamte Nennkapital umfasst (§ 15 Abs. 1 Satz 3 UmwStG).

Rz. 15.06

Eine 100-v.H.-Beteiligung an einer Kapitalgesellschaft stellt keinen eigenständigen Teilbetrieb i.S. des § 15 Abs. 1 Satz 3 UmwStG dar, wenn sie einem Teilbetrieb als wesentliche Betriebsgrundlage zuzurechnen ist (vgl. Rz. 20.08). Wird die 100-v.H.-Beteiligung übertragen, stellt das zurückbleibende Vermögen keinen Teilbetrieb mehr dar.

4. Zuordnung von Wirtschaftsgütern zu den Teilbetrieben

Rz. 15.07

Konstitutiv für den Teilbetrieb sind jeweils nur die wesentlichen Betriebsgrundlagen. Wird eine wesentliche Betriebsgrundlage von mehreren Teilbereichen eines Unternehmens genutzt, liegen keine Teilbetriebe vor (Spaltungshindernis). Grundstücke müssen zivilrechtlich real bis zum Zeitpunkt des Spaltungsbeschlusses aufgeteilt werden. Ist eine reale Teilung des Grundstücks der Übertragerin nicht zumutbar, bestehen aus Billigkeitsgründen im Einzelfall keine Bedenken, eine ideelle Teilung (Bruchteilseigentum) im Verhältnis der tatsächlichen Nutzung unmittelbar nach der Spaltung ausreichen zu lassen.

---

68) Entspricht R 139 Abs. 4 EStR 1998. Geändert durch R 139 Abs. 4 EStR 1999 sowie durch R 139 Abs. 4 EStR 2003. Erstmals weggefallen in EStR 2005.

Rz. 15.08

Betriebsvermögen der Kapitalgesellschaft, das nicht zu den wesentlichen Betriebsgrundlagen gehört, kann grundsätzlich jedem der Teilbetriebe zur Kapitalverstärkung zugeordnet werden.

Verfügung der OFD Hannover v. 30.01.2007: [69)]

Im Fall der Spaltung nach § 15 UmwStG kann das Betriebsvermögen der Kapitalgesellschaft, das nicht zu den wesentlichen Betriebsgrundlagen gehört, grundsätzlich jedem der Teilbetriebe zur Kapitalverstärkung zugeordnet werden (Rz. 15.08 des UmwSt-Erlasses v. 25.03.1998). Hierunter fallen auch Verbindlichkeiten der Kapitalgesellschaft. Für Pensionsrückstellungen der Kapitalgesellschaft gilt in diesem Zusammenhang Folgendes:

– ***Bestehende Arbeitsverhältnisse***
   Gemäß § 249 Abs. 1 Satz 1 HGB i.V.m. § 131 Abs. 1 Nr. 1 Satz 1 UmwG haben diejenigen Rechtsträger die Rückstellungen zu bilden, die gemäß § 613a Abs. 1 Satz 1 BGB in die Rechte und Pflichten aus den am Spaltungsstichtag (§ 126 Abs. 1 Nr. 9 UmwG) bestehenden Arbeitsverhältnissen eintreten.

– ***Vor der Eintragung der Spaltung beendete Arbeitsverhältnisse***
   In den übrigen Fällen haben gemäß § 249 Abs. 1 Satz 1 HGB i.V.m. § 131 Abs. 1 Satz 1 UmwG die übernehmenden oder neuen Rechtsträger die Rückstellungen zu bilden, soweit sie auch die sich aus den Pensionszusagen ergebenden Verpflichtungen übernehmen.

Rz. 15.09

Es bestehen im Allgemeinen keine Bedenken, im Billigkeitswege einer 100-v.H.-Beteiligung oder einem Mitunternehmeranteil die Wirtschaftsgüter einschließlich Schulden zuzuordnen, die in unmittelbarem wirtschaftlichen Zusammenhang mit der Beteiligung oder dem Mitunternehmeranteil stehen. Dazu gehören bei einer 100-v.H.- Beteiligung alle Wirtschaftsgüter, die für die Verwaltung der Beteiligung erforderlich sind (z.B. Erträgniskonten, Einrichtung). Zur Zuordnung eines Verwaltungsgrundstücks wird auf Rz. 15.07 verwiesen.

5. Fehlen der Teilbetriebsvoraussetzung

Rz. 15.10

Die Teilbetriebe (Rz. 15.07 und 15.08) müssen spätestens im Zeitpunkt des Beschlusses über die Spaltung vorgelegen haben. Ein Teilbetrieb im Aufbau (H 139 Abs. 3 EStH 1996)[70)] genügt. Die Anwendung der §§ 11 bis 13 UmwStG ist ausgeschlossen, wenn es an dem Merkmal des Teilbetriebs fehlt oder am steuerlichen Übertragungsstichtag im Betriebsvermögen noch Wirtschaftsgüter enthalten sind, die nach den Grundsätzen in Rz. 15.07 und 15.08 keinem Teilbetrieb zugeordnet werden können (spaltungshindernde Wirtschaftsgüter). Die Zuordnung von Wirtschaftsgütern, die mehreren Teilbetrieben dienen (neutrales Vermögen), ist bis zum Spaltungsbeschluss (§ 125 i.V.m. § 13 Abs. 1 UmwG) möglich.

Rz. 15.11

Fehlt es an diesen Voraussetzungen, ist die Aufspaltung nach allgemeinen Grundsätzen wie eine Liquidation der übertragenen Körperschaft zu behandeln. Die Abspaltung ist als Sachausschüttung an die Anteilseigner der übertragenden Körperschaft zum gemeinen Wert der Wirtschaftsgüter und als Einlage dieser Wirtschaftsgüter in die aufnehmende Körperschaft zu beurteilen. Es werden jedoch nur die stillen Reserven der übertragenen Wirtschaftsgüter

---

69) OFD Hannover, Verfügung v. 30.01.2007, S 1978 - 43 - StO 243, DB 2007 S. 716.
70) Entspricht H 139 Abs. 3 „Teilbetriebe im Aufbau" EStH 1998 - 2003 und H 16 Abs. 3 „Teilbetriebe im Aufbau" EStH 2005.

aufgedeckt. Das gilt auch für immaterielle Wirtschaftsgüter einschließlich eines Geschäfts- oder Firmenwertes. Diese sind ggf. aufzuteilen. Die anderen Vorschriften des UmwStG (insbesondere § 2 Abs. 1 UmwStG) bleiben hiervon unberührt.

II. Bewertungswahlrecht nach § 15 Abs. 1 i.V.m. § 11 UmwStG

Rz. 15.12

Das unter Rz. 11.01 dargelegte Wahlrecht der übertragenden Körperschaft nach § 15 Abs. 1 i.V.m. § 11 UmwStG zwischen Buchwert oder einem höheren Wert kann nur wirtschaftsgutbezogen in einer handelsrechtlichen Jahresbilanz ausgeübt werden.

III. Missbrauchstatbestand des § 15 Abs. 3 UmwStG

Rz. 15.13

Zur Verhinderung von Missbräuchen enthalten die steuerlichen Spaltungsregelungen über die handelsrechtlichen Regelungen des UmwG hinaus weitere Voraussetzungen.

1. Erwerb und Aufstockung i.S. des § 15 Abs. 3 Satz 1 UmwStG

Rz. 15.14

Eine steuerneutrale Spaltung ist nach § 15 Abs. 3 Satz 1 UmwStG ausgeschlossen, wenn der „Teilbetrieb" Mitunternehmeranteil oder 100-v.H.-Beteiligung an einer Kapitalgesellschaft innerhalb von drei Jahren vor dem steuerlichen Übertragungsstichtag durch Übertragung von Wirtschaftsgütern, die kein Teilbetrieb sind, erworben oder aufgestockt worden ist. Hierdurch wird die Umgehung der Teilbetriebsvoraussetzung des § 15 Abs. 1 Satz 1 und 2 UmwStG verhindert.

Rz. 15.15

Der Missbrauchstatbestand des § 15 Abs. 3 Satz 1 UmwStG gilt im Falle der Abspaltung sowohl für das abgespaltene Vermögen als auch für den zurückbleibenden Teil des Vermögens. Das bedeutet, dass § 11 Abs. 1 UmwStG auch nicht anzuwenden ist, wenn ein bei der übertragenden Körperschaft zurückbleibender Mitunternehmeranteil oder eine zurückbleibende 100-v.H.-Beteiligung i.S. des § 15 Abs. 3 Satz 1 UmwStG innerhalb eines Zeitraums von drei Jahren vor dem steuerlichen Übertragungsstichtag durch Übertragung von Wirtschaftsgütern, die kein Teilbetrieb sind, erworben oder aufgestockt worden ist.

Rz. 15.16

Schädlich ist der Erwerb und die Aufstockung durch Übertragung von Wirtschaftsgütern, die keinen Teilbetrieb darstellen.

Beispiel 1:

Die GmbH 1 hält 60 v.H. der Anteile an der GmbH 2. Sie bringt die Anteile in eine neu zu gründende GmbH 3 gegen Gewährung von 100 v.H. der Anteile an dieser Gesellschaft ein (Zwischenholding).

Es handelt sich um einen schädlichen Vorgang i.S. des § 15 Abs. 3 Satz 1 UmwStG, da die 100-v.H.-Beteiligung durch Einbringung der 60-v.H.-Beteiligung an der GmbH 2 erworben wurde. Die 60-v.H.- Beteiligung war kein Teilbetrieb i.S. des § 15 Abs. 1 Satz 3 UmwStG.

Beispiel 2:

Die GmbH 1 bringt mehrere Mietwohngrundstücke, die keinen Teilbetrieb darstellen, in eine Personengesellschaft gegen Gewährung von Mitunternehmeranteilen ein.

Die Einbringung ist ein schädlicher Vorgang i.S. des § 15 Abs. 3 Satz 1 UmwStG.

Rz. 15.17

Bei Mitunternehmeranteilen ist im Ergebnis jede Einlage von Wirtschaftsgütern, die stille Reserven enthalten, in das Gesamthandsvermögen oder Sonderbetriebsvermögen innerhalb von drei Jahren vor dem steuerlichen Übertragungsstichtag schädlich, da sie zu einer Aufstockung der Beteiligung führt.

Rz. 15.18

Bei Beteiligungen an Kapitalgesellschaften sind dagegen verdeckte Einlagen in das Vermögen einer Kapitalgesellschaft regelmäßig unschädlich, weil durch sie die vorhandene Beteiligung i.d.R. nicht aufgestockt wird.

Rz. 15.19

§ 15 Abs. 3 Satz 1 UmwStG ist nicht anzuwenden, wenn die Beteiligung zwar aufgestockt wird, die Aufstockung aber nicht auf der Einlage von Wirtschaftsgütern durch den Anteilseigner, sondern auf der Zuführung durch einen Dritten in die Kapitalgesellschaft beruht.

Beispiel:

Eine GmbH 1 ist zu 60 v.H. an der GmbH 2 beteiligt. Weitere 40 v.H. der Anteile an der GmbH 2 werden von einem Anteilseigner der GmbH 1 verdeckt in die GmbH 1 eingelegt. Danach ist die GmbH 1 zu 100 v.H. an der GmbH 2 beteiligt. Die 100-v.H.-Beteiligung stellt einen Teilbetrieb i.S. des § 15 Abs. 1 UmwStG dar.

Der Vorgang ist nicht schädlich i.S. des § 15 Abs. 3 Satz 1 UmwStG, da die Aufstockung nicht auf einer Zuführung eines Wirtschaftsguts durch die GmbH 1 an die GmbH 2, sondern auf der Zuführung durch einen Dritten (dem Gesellschafter der GmbH 1) beruht.

Rz. 15.20

Bei Mitunternehmeranteilen und bei Anteilen an Kapitalgesellschaften sind der unentgeltliche Erwerb (z.B. Erbfall) und der entgeltliche Erwerb sowie die „Aufstockung durch unentgeltlichen oder entgeltlichen Erwerb" unschädlich.

Beispiel:

Die GmbH 1 ist zu 90 v.H. an der GmbH 2 beteiligt. Sie kauft von einem Dritten weitere 10 v.H. der Anteile und ist damit zu 100 v.H. an der GmbH 2 beteiligt. Der Zukauf ist unschädlich.

Rz. 15.21

§ 15 Abs. 3 UmwStG schließt in den Missbrauchsfällen eine steuerneutrale Spaltung nach § 11 Abs. 1 UmwStG aus. Diese Rechtsfolge trifft im Falle der Abspaltung nur den abgespaltenen Teil. Die stillen Reserven des bei der Übertragerin verbleibenden Vermögens werden nicht aufgedeckt.

2. Veräußerung und Vorbereitung der Veräußerung (§ 15 Abs. 3 Satz 2 bis 4 UmwStG)

a) Veräußerung i.S. des § 15 Abs. 3 Satz 2 bis 4 UmwStG

Rz. 15.22

Die Spaltung eines Rechtsträgers soll die Fortsetzung des bisherigen unternehmerischen Engagements in anderer Rechtsform ermöglichen. Die Steuerneutralität wird nicht gewährt, wenn durch die Spaltung die Veräußerung an außenstehende Personen vollzogen wird oder die Voraussetzungen für eine Veräußerung geschaffen werden (§ 15 Abs. 3 Satz 2 bis 4 UmwStG).

Rz. 15.23

Eine unentgeltliche Anteilsübertragung (Erbfolge, Erbauseinandersetzung, Realteilung) ist keine schädliche Veräußerung i.S. des § 15 Abs. 3 Satz 2 bis 4 UmwStG. Dies gilt nicht für Erbauseinandersetzungen mit Ausgleichszahlungen und Realteilungen, die nicht zum Buchwert erfolgen.

Rz. 15.24

Eine schädliche Veräußerung i.S. des § 15 Abs. 3 Satz 3 UmwStG ist jedoch beim Übergang (Tausch) der Anteile im Rahmen einer Verschmelzung, Spaltung oder Einbringung in eine Kapitalgesellschaft anzunehmen.

Erlass des Bayerischen Staatsministeriums der Finanzen v. 31.01.2000:[71]

Zum Anwendungsbereich des § 15 Abs. 3 Satz 2 bis 4 UmwStG haben die für die Anwendung des UmwStG zuständigen Referatsleiter der Länder im Umfrageverfahren Folgendes festgestellt:

Werden die Anteile an einer an der Spaltung beteiligten Körperschaft (Spaltgesellschaft) innerhalb von fünf Jahren nach dem steuerlichen Übertragungsstichtag dadurch veräußert, dass die Spaltgesellschaft verschmolzen, eingebracht oder – erneut – gespalten wird, ist § 11 Abs. 1 UmwStG nicht anwendbar (Rz. 15.24 des UmwSt-Erlasses v. 25.03.1998). Dies gilt auch dann, wenn nicht die Spaltgesellschaft unmittelbar, sondern ihre Anteilseignerin verschmolzen oder gespalten wird und die vom übernehmenden Rechtsträger ausgegebenen neuen Anteile an außenstehende Personen (Gesellschafter- bzw. Shareholder-Ebene) fallen.

Rz. 15.25

Eine Kapitalerhöhung innerhalb von fünf Jahren nach der Spaltung ist schädlich, wenn der Vorgang wirtschaftlich als Veräußerung von Anteilen durch die Gesellschafter zu werten ist. Die Aufnahme neuer Gesellschafter gegen angemessenes Aufgeld ist wirtschaftlich nicht als Veräußerung von Anteilen durch die Anteilseigner anzusehen, wenn die der Kapitalgesellschaft zugeführten Mittel nicht innerhalb der Fünfjahresfrist an die bisherigen Anteilseigner ausgekehrt werden.

Rz. 15.26

Die Umstrukturierung innerhalb verbundener Unternehmen i.S. des § 271 Abs. 2 HGB und juristischer Personen des öffentlichen Rechts einschließlich ihrer Betriebe gewerblicher Art stellt keine Veräußerung an eine außenstehende Person dar.

---

71) Bayerisches Staatsministerium der Finanzen, Erlass v. 31.01.2000, 33 - S 1978b - 10/2 - 57919, KSt-Kartei Bayern § 15 UmwStG Karte 1.

b) Veräußerungssperre des § 15 Abs. 3 Satz 4 UmwStG

Rz. 15.27

§ 11 Abs. 1 UmwStG ist nach § 15 Abs. 3 Satz 4 UmwStG nicht anzuwenden, wenn innerhalb von fünf Jahren nach dem steuerlichen Übertragungsstichtag Anteile an einer an der Spaltung beteiligten Körperschaft, die mehr als 20 v.H. der vor Wirksamwerden der Spaltung an der Körperschaft bestehenden Anteile ausmachen, veräußert werden.

__Urteil des BFH v. 03.08.2005, I R 62/04:__[72]

__Die Buchwertfortführung nach § 11 Abs. 1 UmwStG 1995 in Fällen der Spaltung von Unternehmen ist nach § 15 Abs. 3 Satz 4 UmwStG 1995 unwiderleglich in allen Fällen ausgeschlossen, in denen die Anteile innerhalb von fünf Jahren nach dem steuerlichen Übertragungsstichtag unter den weiteren Voraussetzungen dieser Regelung veräußert werden. Es handelt sich nicht um eine widerlegbare gesetzliche Beweislastregel.__

__§ 15 Abs. 3 Satz 4 UmwStG 1995 erfasst im Fall der Abspaltung sowohl die Veräußerung der Anteile an der übertragenden als auch an der übernehmenden Gesellschaft.__

Rz. 15.28

Die Quote von 20 v.H. bezieht sich auf die Anteile an der übertragenden Körperschaft vor der Spaltung. Die Quote ist entsprechend dem Verhältnis der übergehenden Vermögensteile zu dem bei der übertragenden Gesellschaft vor der Spaltung vorhandenen Vermögen aufzuteilen, wie es in der Regel im Umtauschverhältnis der Anteile im Spaltungs- und Übernahmevertrag oder im Spaltungsplan (§ 126 Abs. 1 Nr. 3, § 136 UmwG) zum Ausdruck kommt. Auf die absolute Höhe des Nennkapitals der an der Spaltung beteiligten alten und neuen Gesellschafter sowie auf die Wertentwicklung der Beteiligungen kann es nicht ankommen.

Rz. 15.29

Die nachfolgende Tabelle zeigt für ausgewählte Aufteilungsverhältnisse die Quote der Anteile an den aus der Spaltung hervorgegangenen GmbHs A und B, die – alternativ – höchstens veräußert werden dürfen, ohne die Steuerfreiheit der Spaltung zu gefährden:

Gesellschaft A

Anteil des übergegangenen Vermögens in v.H.	1	10	20	30	40	50
zulässige Quote in v.H.	100	100	100	66,7	50	40

Gesellschaft B

Anteil des übergegangenen Vermögens in v.H.	99	90	80	70	60	50
zulässige Quote in v.H.	20,2	22,2	25	28,6	33,3	40
Bei Veräußerung von Anteilen an der Gesellschaft A in Höhe der zulässigen Quote verbleiben für die Gesellschafter der Gesellschaft B	19,2	12,2	0	0	0	0

Rz. 15.30

Soweit einer der Gesellschafter die 20-v.H.-Quote ausgeschöpft hat, darf der andere Gesellschafter keine Veräußerung mehr vornehmen. Die Rechtsfolgen einer schädlichen Veräuße-

---

[72] Vgl. BFH v. 03.08.2005, I R 62/04, BFH/NV 2006 S. 691. Zu den Rechtsausführungen der Vorinstanz vgl. FG Düsseldorf v. 27.04.2004, 6-K-5068/01, EFG 2004 S. 1647.

rung treffen steuerrechtlich immer die übertragende Gesellschaft und damit mittelbar auch die übrigen Gesellschafter.

Rz. 15.31

Eine erfolgsneutrale Spaltung ist nicht auf Dauer ausgeschlossen. Nach Ablauf der fünfjährigen Veräußerungssperre ist die Veräußerung von Anteilen an den an der Spaltung beteiligten Körperschaften unschädlich.

c) Rechtsfolgen einer schädlichen Anteilsveräußerung
Rz. 15.32

Eine schädliche Veräußerung von Anteilen an der Nachfolgegesellschaft führt dazu, dass das gesamte auf die übernehmenden Rechtsträger übergegangene Vermögen mit dem Teilwert anzusetzen ist. Auswirkungen auf die übrigen Rechtsfolgen der Spaltung (den anteiligen Übergang von Verlustvorträgen, des Außeransatzbleibens eines Übernahmegewinns oder -verlustes und der Wertfortführung auf der Anteilseignerebene) ergeben sich nicht.

Rz. 15.33

Entfallen infolge der Anteilsveräußerung innerhalb von fünf Jahren nach dem steuerlichen Übertragungsstichtag die Voraussetzungen des § 15 UmwStG, sind die Körperschaftsteuerbescheide des Veranlagungszeitraums gemäß § 175 Abs. 1 Satz 1 Nr. 2 AO zu ändern, in dem der Spaltungsvorgang steuerlich erfasst wurde (rückwirkendes Ereignis).

Rz. 15.34

Die Festsetzungsverjährungsfrist beginnt gemäß § 175 Abs. 1 Satz 2 AO mit dem Ablauf des Kalenderjahrs, in dem die schädliche Veräußerung erfolgt. Wird der Tatbestand des § 15 Abs. 3 Satz 4 UmwStG durch mehrere zeitlich hintereinander liegende Veräußerungen verwirklicht, beginnt die Verjährung mit dem Ende des Kalenderjahrs, in dem die Veräußerung erfolgt, die letztlich die Rechtsfolge des § 15 Abs. 3 Satz 4 UmwStG auslöst.

3. Trennung von Gesellschafterstämmen (§ 15 Abs. 3 Satz 5 UmwStG)
Rz. 15.35

Bei der Trennung von Gesellschafterstämmen setzt die Anwendung des § 11 Abs. 1 UmwStG voraus, dass die Beteiligungen an der übertragenden Körperschaft mindestens fünf Jahre bestanden haben (§ 15 Abs. 3 Satz 5 UmwStG). Änderungen in der Beteiligungshöhe innerhalb der Fünf-Jahres-Frist bei Fortdauer der Beteiligung dem Grunde nach sind unschädlich.

a) Begriff der Trennung von Gesellschafterstämmen
Rz. 15.36

Eine Trennung von Gesellschafterstämmen liegt vor, wenn im Falle der Aufspaltung an den übernehmenden Körperschaften und im Falle der Abspaltung an der übernehmenden und der übertragenden Körperschaft nicht mehr alle Anteilsinhaber der übertragenden Körperschaft beteiligt sind.

b) Vorbesitzzeit
Rz. 15.37

Hat die übertragende Körperschaft noch keine fünf Jahre bestanden, ist grundsätzlich keine steuerneutrale Trennung von Gesellschafterstämmen im Wege der Spaltung möglich.

Rz. 15.38
Auch innerhalb verbundener Unternehmen i.S. des § 271 Abs. 2 HGB und juristischer Personen des öffentlichen Rechts einschließlich ihrer Betriebe gewerblicher Art findet keine Anrechnung eines Vorbesitzes eines anderen verbundenen Unternehmens auf die fünfjährige Vorbesitzzeit i.S. des § 15 Abs. 3 Satz 5 UmwStG statt.

Rz. 15.39
Zeiten, in der eine aus einer Umwandlung hervorgegangene Kapitalgesellschaft als Personengesellschaft mit den gleichen Gesellschafterstämmen bestanden hat, werden auf die Vorbesitzzeit i.S. des § 15 Abs. 3 Satz 5 UmwStG angerechnet. Für die Dauer der Beteiligung ist nicht allein auf das Bestehen der Kapitalgesellschaft abzustellen, sondern auch die vorangegangene unternehmerische Tätigkeit in der Personengesellschaft zu berücksichtigen.

Rz. 15.40
Zur Realteilung einer Personengesellschaft innerhalb der in § 15 Abs. 3 Satz 5 UmwStG enthaltenen Fünf-Jahres-Frist wird auf Rz. 24.18 hingewiesen.

4. Bildung von „spaltfähigen Teilbetrieben" durch Betriebsaufspaltung
Rz. 15.41
Soweit bei einer Betriebsaufspaltung eine Buchwertübertragung möglich ist, kann dies einen Missbrauch von Gestaltungsmöglichkeiten nach § 42 AO darstellen. Das ist etwa der Fall, wenn
- durch eine Betriebsaufspaltung spaltfähige Teilbetriebe geschaffen und
- im Anschluss an die Betriebsaufspaltung eine Spaltung der Besitz- oder Betriebsgesellschaft nach § 15 UmwStG durchgeführt wird.

IV. Aufteilung des übergehenden Verlustabzugs (§ 15 Abs. 4 UmwStG)
1. Aufteilungsmaßstab
Rz. 15.42
Die Aufteilung des verbleibenden Verlustabzugs ist im Verhältnis der übergehenden Vermögensteile zu dem bei der übertragenden Körperschaft vor der Spaltung bestehenden Vermögen vorzunehmen. Dabei ist von den gemeinen Werten der übergehenden Aktivposten abzüglich Verbindlichkeiten auszugehen.

Rz. 15.43
Das Verhältnis der gemeinen Werte der übergehenden Aktivwerte abzüglich Verbindlichkeiten entspricht in der Regel den Angaben zum Umtauschverhältnis der Anteile im Spaltungs- und Übernahmevertrag oder im Spaltungsplan (§ 126 Abs. 1 Nr. 3, § 136 UmwG) Dieses Verhältnis ist daher nur dann zu ermitteln, wenn das Umtauschverhältnis der Anteile nicht dem Verhältnis der übergehenden Vermögensteile zu dem bei der übertragenden Körperschaft vor der Spaltung bestehenden Vermögen entspricht oder wenn im Rahmen der Spaltung keine Anteile, sondern Mitgliedschaften an der übernehmenden Körperschaft erworben werden. Der Spaltungs- und Übernahmevertrag oder der Spaltungsplan werden dazu entsprechende Angaben enthalten.

Beispiel:

Vor der Spaltung

GmbH 1			
TB 1	100	NK	200
	(gemeiner Wert 400)		
TB 2	100		
	(gemeiner Wert 600)		
	200		200
	Gesellschafter A	50 v.H.	
	Gesellschafter B	50 v.H.	
	steuerlicher Verlustvortrag	2.000	

Nach der Spaltung

GmbH 2				GmbH 3			
TB 1	100	NK	100	TB	100	NK	100
(gem. Wert	400)			(gem. Wert	600)		
	100		100		100		100
Gesellschafter A 100 v. H.				Gesellschafter B 100 v. H.			

Der steuerliche Verlustvortrag wird im Rahmen der Spaltung im Verhältnis 400 : 600 aufgeteilt. Auf die GmbH 2 geht ein Verlustabzug in Höhe von 800 und auf die GmbH 3 ein Verlustabzug in Höhe von 1.200 über.

Rz. 15.44

Das Prüfungsrecht des Finanzamts bleibt unberührt.

2. Feststellung der gemeinen Werte
Rz. 15.45

Für die Ermittlung des gemeinen Werts der Anteile gilt § 9 Abs. 2 BewG.

3. Ausschluss eines abweichenden Aufteilungsverhältnisses
Rz. 15.46

Das Aufteilungsverhältnis nach § 15 Abs. 4 UmwStG ist auch dann zwingend, wenn der Verlust offensichtlich in einem bestimmten Teilbetrieb entstanden ist und dieser Teilbetrieb dadurch überschuldet ist.

Beispiel:

Aus einem Produktionsunternehmen werden mehrere 100-v.H.-Beteiligungen auf eine Nachfolgegesellschaft abgespalten. Bei der Ursprungsgesellschaft besteht ein hoher steuerlicher Verlustabzug, der wirtschaftlich ausschließlich durch den Produktionsbetrieb verursacht worden ist. Bei der Aufteilung des verbleibenden Verlustabzugs nach dem Verhältnis der gemeinen Werte des Produktionsbetriebs (geringer gemeiner Wert) und der übergehenden Beteiligungen (100-v.H.-Beteiligungen, sehr hoher gemeiner Wert) würde auf die Nachfolgegesellschaft ein sehr hoher Verlustabzug entfallen, obwohl der Verlust wirtschaftlich nicht durch die übergegangenen Beteiligungen verursacht worden ist.

Rz. 15.47

Die Höhe des zu verteilenden verbleibenden Verlustabzuges ist durch § 15 Abs. 4 Satz 2 UmwStG i.V.m. § 10d Abs. 3 Satz 2 EStG[73] festgelegt. Danach steht daher nur der um einen eventuellen Übertragungsgewinn geminderte Verlustabzug zur Verteilung zur Verfügung.

4. Verlustabzug bei fehlender Teilbetriebseigenschaft i.S. des § 15 Abs. 1 UmwStG und in Fällen der Missbrauchsregelung des § 15 Abs. 3 UmwStG

Rz. 15.48

§ 15 Abs. 4 UmwStG ist nicht anzuwenden, wenn die Voraussetzungen des § 15 Abs. 1 UmwStG nicht erfüllt sind (z.B. fehlende Teilbetriebseigenschaft). Ein Übergang von Verlustvorträgen ist in diesen Fällen ausgeschlossen.

Rz. 15.49

Liegt dagegen ein Spaltungsfall i.S. des § 15 Abs. 1 UmwStG vor, geht ein verbleibender Verlustabzug über, auch wenn ein Missbrauchstatbestand des § 15 Abs. 3 UmwStG erfüllt ist.

V. Aufteilung der Buchwerte der Anteile gemäß § 13 UmwStG in den Fällen der Spaltung

Rz. 15.50

Im Falle der Aufspaltung einer Körperschaft können die Anteilseigner der übertragenden Körperschaft Anteile an mehreren übernehmenden Körperschaften, im Falle der Abspaltung neben Anteilen an der übertragenden auch Anteile an der übernehmenden Körperschaft erhalten.

Rz. 15.51

Die Anwendung des § 15 Abs. 1 i.V.m. § 13 Abs. 1 und 2 UmwStG zwingt zu einer Aufteilung der Anschaffungskosten bzw. des Buchwerts der Anteile an der übertragenden Körperschaft. Der Aufteilung kann grundsätzlich das Umtauschverhältnis der Anteile im Spaltungs- oder Übernahmevertrag oder im Spaltungsplan zugrunde gelegt werden. Ist dies nicht möglich, ist die Aufteilung nach dem Verhältnis der gemeinen Werte der übergehenden Vermögensteile zu dem vor der Spaltung vorhandenen Vermögen vorzunehmen. Auch nach der Abspaltung eines Teilbetriebs auf die Muttergesellschaft ist der bisherige Buchwert der Beteiligung an der Tochtergesellschaft im Verhältnis des gemeinen Werts des übergegangenen Vermögens zum gesamten Vermögen der Tochtergesellschaft aufzuteilen.

---

73) Jetzt § 10d Abs. 4 Satz 3 EStG.

6. Abschnitt: Gewerbesteuer

Zu § 18 UmwStG: Gewerbesteuer bei Vermögensübergang auf eine Personengesellschaft oder auf eine natürliche Person sowie bei Formwechsel in eine Personengesellschaft

I. Anwendung des § 18 Abs. 1 UmwStG

Rz. 18.01

Das unter Rz. 03.01 dargelegte eingeschränkte Bewertungswahlrecht nach § 3 Abs. 1 i.V.m. § 18 Abs. 1 UmwStG gilt für die Gewerbesteuer, wenn das übergehende Vermögen Betriebsvermögen des übernehmenden Rechtsträgers wird und dadurch die Besteuerung der stillen Reserven sichergestellt ist. Die gewerbesteuerliche Erfassung der stillen Reserven ist gesetzlich nicht vorgeschrieben (z.B. Vermögensübergang von einer GmbH in das Betriebsvermögen eines Freiberuflers – § 18 EStG).

II. Übernahmeverlust[74]

Rz. 18.02

Ein Übernahmeverlust i.S. des § 4 Abs. 5 UmwStG ist bei der Gewerbesteuer ebenso wie ein Übernahmegewinn nicht zu berücksichtigen (§ 18 Abs. 2 UmwStG). Eine Aufstockung der Buchwerte nach § 4 Abs. 6 UmwStG findet für die Gewerbesteuer nicht statt. Für Zwecke der Gewerbesteuer ist eine eigene Gewinnermittlung vorzunehmen. Das gilt auch für die Gewerbekapitalsteuer.

Urteil des BFH v. 20.06.2000, VIII R 5/99: [75]

Der Senat vertritt die Auffassung, dass als gewerbesteuerlich nicht zu erfassender Übernahmegewinn i.S. des § 18 Abs. 2 UmwStG in der bis zum 31.12.1998 geltenden Fassung nur ein Gewinn und nicht auch ein Übernahmeverlust zu verstehen ist. Daher verbietet die Vorschrift auch nicht die Berücksichtigung von Absetzungen für Abnutzung auf die nach § 4 Abs. 6 UmwStG aufgestockten Buchwerte bei der Gewerbesteuer.

Verfügung der OFD Cottbus v. 18.04.2002: [76]

Aufgrund entsprechender Anfragen nehme ich zur gewerbesteuerrechtlichen Berücksichtigung von Übernahmeverlusten im Zusammenhang mit der (übertragenden oder formwechselnden) Umwandlung einer Körperschaft in eine Personengesellschaft bzw. beim Vermögensübergang einer Körperschaft auf eine natürliche Person wie folgt Stellung:

1. Rechtslage für Umwandlungen im Sinne des UmwStG 1995 mit einem steuerlichen Übertragungsstichtag vor dem 01.01.1999

Der BFH hat mit Urteil v. 20.06.2000 (VIII R 5/99, BStBl. II 2001 S. 35) wie folgt entschieden:

Als – gewerbesteuerlich – nicht zu erfassender Übernahmegewinn im Sinne des § 18 Abs. 2 UmwStG in der bis zum 31.12.1998 geltenden Fassung ist nur ein Gewinn und nicht auch ein Übernahmeverlust zu verstehen. Daher verbietet die Vorschrift auch nicht die Berück-

---

74) Überholt durch Änderung des § 4 Abs. 6 UmwStG durch Gesetz v. 23.10.2000 (BGBl. I 2000 S. 1433).
75) Vgl. BFH v. 20.06.2000, VIII R 5/99, BStBl. II 2001 S. 35. Zu den Rechtsausführungen der Vorinstanz vgl. FG Münster v. 22.01.1999, 11-K-7980/98, EFG 1999 S. 488.
76) OFD Cottbus, Verfügung v. 18.04.2002, S 1978a - 1 - St 221. Ebenso OFD Münster, Verfügung v. 06.11.2001, S 1978a - 109 - St 12 - 31, GmbHR 2002 S. 76 und OFD Düsseldorf, Verfügung v. 22.11.2002, S 1978a - A - St 13, EStG-Kartei NW UmwStG Nr. 802.

sichtigung von Absetzungen für Abnutzung auf die nach § 4 Abs. 6 UmwStG aufgestockten Buchwerte bei der Gewerbesteuer.

Die Finanzverwaltung hat sich der Auffassung des BFH angeschlossen. Mit Veröffentlichung des Urteils im BStBl. ist die in Rz. 18.02 des UmwSt-Erlasses v. 25.03.1998 zuvor vertretene – gegenteilige – Auffassung für Vermögensübergänge auf Personengesellschaften oder natürliche Personen sowie Formwechsel auf Personengesellschaften mit einem steuerlichen Übertragungsstichtag vor dem 01.01.1999 überholt.

Dies gilt insbes. auch für Umwandlungen, die „erst" in 1999 vorgenommen und (ertrag-)steuerlich nach § 2 UmwStG auf einen vor dem 01.01.1999 liegenden steuerlichen Umwandlungsstichtag zurückbezogen wurden.

Für die Gewerbesteuer hat das zur Folge:

Eine nach § 4 Abs. 6 UmwStG zulässigerweise vorgenommene Aufstockung (sog. „step-up") bleibt den betroffenen Steuerpflichtigen (Personengesellschaft bzw. Einzelunternehmen) auch über den 01.01.1999 hinaus erhalten. Damit können die auf die Buchwertaufstockungen nach § 4 Abs. 6 UmwStG a.F. entfallenden Abschreibungsbeträge für gewerbesteuerliche Zwecke bis zur vollständigen Abschreibung bzw. bis zum Ausscheiden der Wirtschaftsgüter aus dem Betriebsvermögen fortgeführt werden.

2. Rechtslage für Umwandlungen i.S. des UmwStG 1995 mit einem steuerlichen Übertragungsstichtag nach dem 31.12.1998, aber vor Anwendung des UmwStG i.d.F. des StSenkG

Die Vorschrift des § 18 Abs. 2 UmwStG ist durch Art. 6 Nr. 5 Steuerentlastungsgesetz (StEntlG) 1999/2000/2002 v. 24.03.1999 (BStBl. I 1999 S. 304 (388)) wie folgt geändert worden:

> *„Ein Übernahmegewinn oder -verlust ist nicht zu erfassen. Eine Aufstockung der Buchwerte nach § 4 Abs. 6 findet für die Gewerbesteuer nicht statt."*

Danach ist ein Übernahmeverlust bei der Gewerbesteuer ebenso wie ein Übernahmegewinn nicht zu berücksichtigen, wenn der steuerliche Übertragungsstichtag nach dem 31.12.1998 liegt. In diesen Fällen findet eine Aufstockung der Buchwerte nach § 4 Abs. 6 UmwStG für die Gewerbesteuer nicht statt (§ 18 Abs. 2 UmwStG i.d.F. des StEntlG 1999/2000/2002). Auf diese Umwandlungsvorgänge ist Rz. 18.02 des UmwSt-Erlasses v. 25.03.1998 uneingeschränkt anzuwenden.

Um in den Folgejahren eine einfachere Aufschlüsselung der Abschreibungen in

- *den Teil, der bei der Gewerbesteuer in Abzug gebracht werden kann (entspricht i.d.R. den Abschreibungen in Höhe der Buchwerte der übertragenen Wirtschaftsgüter), und*
- *die gewerbesteuerlich nicht zu berücksichtigenden Teilbeträge aus einer Aufstockung (der Buchwerte) nach § 4 Abs. 6 UmwStG*

vornehmen zu können, erfolgt der sog. „step-up", d.h. eine Aufstockung der Buchwerte in den Ergänzungsbilanzen der Mitunternehmer; vgl. dazu auch Rz. 04.33 des UmwSt-Erlasses v. 25.03.1998. Die hieraus folgenden Abschreibungen in den Ergänzungsbilanzen bleiben bei der Gewerbesteuer außer Ansatz.

Die Einstellung der Buchwertaufstockungen nach § 4 Abs. 6 UmwStG in eine Nebenabrechnung (entsprechend einer Ergänzungsbilanz) erscheint auch in den Fällen der Umwandlung einer Körperschaft auf eine natürliche Person, d.h. in ein Einzelunternehmen, sinnvoll, obwohl die Aufstellung einer „Ergänzungsbilanz" für Einzelunternehmen nach allgemeinen Grundsätzen nicht möglich ist.

3. Rechtslage für Umwandlungen i.S. des UmwStG i.d.F. des StSenkG

Die Vorschrift des § 4 Abs. 6 UmwStG ist durch Art. 5 Nr. 1 Steuersenkungsgesetz (StSenkG) v. 23.10.2000 (BStBl. I 2000 S. 1428 (1454)) wie folgt geändert worden:

„Ein Übernahmeverlust bleibt außer Ansatz."

Nach § 18 Abs. 2 i.V.m. § 4 Abs. 6 UmwStG i.d.F. des StSenkG bleibt damit ein Übernahmeverlust auf der Ebene der übernehmenden Personengesellschaft bzw. natürlichen Person bei der Gewerbesteuer – ebenso wie bei der Einkommensteuer bzw. Körperschaftsteuer – außer Ansatz.

Dies gilt nach § 27 Abs. 1a Satz 1 UmwStG i.d.F. des StSenkG erstmals für Umwandlungen, bei denen der steuerliche Übertragungsstichtag in dem ersten Wirtschaftsjahr der übertragenden Körperschaft liegt, für welches das („neue") KStG i.d.F. des StSenkG erstmals anzuwenden ist.

Hat die übertragende Körperschaft ein dem Kalenderjahr entsprechendes Wirtschaftsjahr, hat das zur Folge: Das KStG i.d.F. des StSenkG gilt erstmals für den VZ 2001, so dass unter den Regelungsbereich des UmwStG i.d.F. des StSenkG erstmals Umwandlungen mit einem nach dem 31.12.2000 liegenden steuerlichen Übertragungsstichtag fallen.

Hat die übertragende Körperschaft allerdings ein vom Kalenderjahr abweichendes Wirtschaftsjahr (bspw. vom 01.07. bis 30.06. des Folgejahres), hat das zur Folge: Das KStG i.d.F. des StSenkG gilt erstmals für den VZ 2002 (da Wirtschaftsjahr vom 01.07.2001 bis 30.06.2002), so dass unter den Regelungsbereich des UmwStG i.d.F. des StSenkG erstmals Umwandlungen mit einem nach dem 30.06.2001 liegenden steuerlichen Übertragungsstichtag fallen (können).

Wegen der erstmaligen Anwendung des UmwStG i.d.F. des StSenkG in den Fällen, in denen der steuerliche Übertragungsstichtag zurückbezogen werden soll, ist noch die (Missbrauchsverhinderungs-) Regelung in § 27 Abs. 1a Satz 2 UmwStG i.d.F. des StSenkG (ergänzt durch Art. 3 Nr. 12 Unternehmenssteuerfortentwicklungsgesetz [UntStFG] v. 20.12.2001, BStBl. I 2002 S. 35 [49]) wie folgt zu beachten:

Wird eine Umwandlung mit zulässiger Rückwirkung vom ersten Wirtschaftsjahr der übertragenden Körperschaft, für welches das KStG i.d.F. des StSenkG anzuwenden ist, in ein vorangegangenes Wirtschaftsjahr, für das – letztmalig – das „alte" KStG anzuwenden ist, vorgenommen, so gelten die steuerlichen Rechtsfolgen dieser Umwandlung als frühestens zu Beginn des Wirtschaftsjahres bewirkt, für welches das KStG i.d.F. des StSenkG erstmalig anzuwenden ist (§ 27 Abs. 1a Satz 2 UmwStG).

Dazu wird im Einzelnen noch in einem gesonderten BMF-Schreiben Stellung genommen werden.

Die Vorschrift des § 27 Abs. 1a Satz 2 UmwStG ist nach dem BMF-Schreiben v. 17.11.2000 (IV A 2 - S-1910 - 800/00, BStBl. I 2000 S. 1521) allerdings auf übereinstimmenden Antrag aller an der Umwandlung Beteiligten (dies sind: übertragende Körperschaft; übernehmende Personengesellschaft bzw. natürliche Person; beteiligte Gesellschafter) aus Billigkeitsgründen nicht anzuwenden, wenn lediglich, d.h. allein noch die Eintragung (der Umwandlung) im Register in dem ersten Wirtschaftsjahr der übertragenden Körperschaft erfolgt, für welches das KStG i.d.F. des StSenkG erstmals anzuwenden ist.

Für den Fall, dass die übertragende Körperschaft ein dem Kalenderjahr entsprechendes Wirtschaftsjahr hat, betrifft die Billigkeitsregelung die Fälle, in denen die Anmeldung der Umwandlung beim Register bereits vor dem 31.12.2000 erfolgte und lediglich die Registereintragung noch im Jahr 2001 erfolgt ist.

Entsprechendes gilt für die Fälle, in denen die übertragende Körperschaft ein vom Kalenderjahr abweichendes Wirtschaftsjahr hat.

III. Missbrauchstatbestand des § 18 Abs. 4 UmwStG

Rz. 18.03

Nach § 18 Abs. 4 UmwStG unterliegt ein Gewinn aus der Auflösung oder Veräußerung des Betriebs der Personengesellschaft ausnahmsweise dann der Gewerbesteuer, wenn innerhalb von 5 Jahren nach dem Vermögensübergang eine Betriebsaufgabe oder Veräußerung erfolgt. Das gilt entsprechend, soweit ein Teilbetrieb oder ein Anteil an der Personengesellschaft aufgegeben oder veräußert wird (§ 18 Abs. 4 Satz 2 UmwStG). Mit dieser Regelung soll verhindert werden, dass eine Kapitalgesellschaft, deren Liquidation der Gewerbesteuer unterliegt, zum Zwecke der Steuerersparnis vor der Liquidation in eine Personengesellschaft umgewandelt wird, deren Liquidationsgewinn nach Abschnitt 40 Abs. 1 GewStR 1990[77)] bei der Gewerbesteuer nicht erfasst wird.

Urteil des BFH v. 11.12.2001, VIII R 23/01:[78)]

Auch der Formwechsel einer Kapitalgesellschaft in eine Personengesellschaft erfüllt den Begriff des Vermögensübergangs i.S.v. § 18 Abs. 4 Satz 1 UmwStG 1995 (i.d.F. vor In-Kraft-Treten des StEntlG1999/2000/2002).

Die Veräußerung oder Aufgabe von Mitunternehmeranteilen an der – durch formwechselnde Umwandlung einer Kapitalgesellschaft entstandenen – Personengesellschaft untersteht auch dann § 18 Abs. 4 Satz 2 UmwStG 1995 (i.d.F. des Jahressteuergesetzes 1997), wenn die Anteile an der Kapitalgesellschaft zum Privatvermögen ihrer Gesellschafter gehört haben und die veräußerten (oder aufgegebenen) Mitunternehmeranteile unentgeltlich erworben worden sind (hier: aufgrund Erbfalls).

Urteil des FG Münster v. 24.06.2005 (Revision anhängig unter VIII R 45/05), 11-K-3961/04 G:[79)]

Eine der Veräußerung oder Aufgabe einer Personengesellschaft vorausgehende formwechselnde Umwandlung (hier einer GmbH in eine GmbH & Co. KG) führt nicht zu einem Vermögensübergang i.S. des § 18 Abs. 4 UmwStG 1995.

Der durch eine Veräußerung oder Aufgabe vor dem 01.01.1999 entstandene Gewinn unterliegt nicht der Gewerbesteuer.

Mit der Neufassung des § 18 Abs. 4 UmwStG durch das StEntlG 1999/2000/2002 v. 24.03.1999 konnte der Gesetzgeber Regelungen nur mit Wirkung für die Zukunft treffen und nur insoweit seine Motivation klarstellen. Rückwirkend, d.h. für Veräußerungen bis zum 31.12.1998, kann weder die Neufassung des § 18 Abs. 4 UmwStG noch dessen Begründung Wirkung entfalten.

Urteil des FG München v. 26.10.2005 (Revision anhängig unter XI R 27/06), 10-K-5637/02:[80)]

Auch der Formwechsel einer Kapitalgesellschaft in eine Personengesellschaft erfüllt den Begriff des Vermögensübergangs i.S.v. § 18 Abs. 4 Satz 1 UmwStG 1995 (i.d.F. vor In-Kraft-Treten des StEntlG 1999/2000/2002).

Die Veräußerung von Mitunternehmeranteilen an der durch formwechselnde Umwandlung einer Kapitalgesellschaft entstandenen Personengesellschaft ist auch dann § 18 Abs. 4

---

77) Entspricht A 39 Abs. 1 GewStR 1998.
78) Vgl. BFH v. 11.12.2001, VIII R 23/01, BStBl. II 2004 S. 474; Verfassungsbeschwerde nicht zur Entscheidung angenommen durch Beschluss des BVerfG v. 05.08.2002, 1 BvR 637/02.
79) Vgl. FG Münster v. 24.06.2005 (Revision anhängig unter VIII R 45/05), 11-K-3961/04 G, EFG 2005 S. 1733.
80) Vgl. FG München v. 26.10.2005 (Revision anhängig unter XI R 27/06), 10-K-5637/02, EFG 2006 S. 1296.

Satz 2 UmwStG 1995 gewerbesteuerpflichtig, wenn die Anteile an der Kapitalgesellschaft zum Privatvermögen ihrer Gesellschafter gehört haben.

Urteil des FG Baden-Württemberg v. 21.02.2006 (Revision anhängig unter IV R 22/06), 1-K-332/05: [81]

Die Umwandlung in eine Personengesellschaft im Wege des Formwechsels ist ein Vermögensübergang i.S.d. § 18 Abs. 4 Satz 1 UmwStG. Der Wortlaut der Vorschrift zwingt unter Berücksichtigung des § 18 Abs. 1 Satz 1 UmwStG, der Formwechsel und Vermögensübergang nebeneinander erwähnt, nicht zu einer Auslegung des Begriffs des Vermögensübergangs, die den Formwechsel ausschließt. Dies gilt unter Anwendung des § 18 Abs. 4 Satz 2 UmwStG i.d.F. des Jahressteuergesetzes 1997 auch, soweit ein Anteil an einer Personengesellschaft veräußert wird.

Abzustellen ist hinsichtlich der zeitlichen Anwendung dieser Vorschrift auf den Zeitpunkt der Veräußerung des Mitunternehmeranteils und damit auf den Übergang des wirtschaftlichen Eigentums. Der Gesichtspunkt des Vertrauensschutzes steht dieser Auslegung nicht entgegen. Insoweit liegt lediglich eine unechte Rückwirkung vor, da die Rechtsfolgen der Neuregelung erst solche Verträge betreffen, die nach dem 31. Dezember 1996 wirksam geworden sind. Ein schutzwürdiges Vertrauen in den Fortbestand der für die Steuerpflichtigen günstigen Rechtslage bestand schon deshalb nicht, weil die Ergänzung des § 18 Abs. 4 UmwStG der Beseitigung einer sachlich nicht zu rechtfertigenden Ungleichbehandlung diente.

Verfügung der OFD Koblenz v. 27.12.2004: [82]

Die KSt- und GewSt-Referatsleiter von Bund und Ländern haben Einzelfragen zu der Anwendung des § 18 Abs. 4 UmwStG bzw. des § 7 GewStG erörtert. Nach dem Ergebnis der Erörterungen gilt Folgendes:

1. Veräußerung von durch Einbringung von Mitunternehmeranteilen entstandenen einbringungsgeborenen Anteilen durch eine Kapitalgesellschaft (§ 7 GewStG)

Die Veräußerung eines Mitunternehmeranteils durch eine Kapitalgesellschaft war bis zum Erhebungszeitraum 2001 nicht gewerbesteuerpflichtig. Wurden Mitunternehmeranteile nach § 20 UmwStG zu Buch- oder Zwischenwerten in eine andere Kapitalgesellschaft eingebracht, konnte die einbringende Kapitalgesellschaft die als Gegenleistung für die Einbringung gewährten sog. einbringungsgeborenen Anteile ebenfalls gewerbesteuerfrei veräußern (R 40 Abs. 2 Satz 7 GewStR 1998 i.V.m. Rz. 21.13 des UmwSt-Erlasses v. 25.03.1998).

Ab dem Erhebungszeitraum 2002 ist die Veräußerung eines Mitunternehmeranteils durch eine Kapitalgesellschaft nach § 7 Satz 2 Nr. 2 GewStG gewerbesteuerpflichtig. Entsprechend unterliegt die Veräußerung von einbringungsgeborenen Anteilen durch eine Kapitalgesellschaft, die durch die Einbringung eines Mitunternehmeranteils entstanden sind, dann der GewSt., wenn der für die Einbringung erforderliche Rechtsakt (nicht der steuerliche Übertragungsstichtag) nach dem 31.12.2001 wirksam geworden ist.

2. Anwendung des § 18 Abs. 4 UmwStG und des § 7 Satz 2 Nr. 2 GewStG bei doppelstöckigen Personengesellschaften

Sind bei einer doppelstöckigen Personengesellschaft die Anteile an der Untergesellschaft durch eine Umwandlung nach den §§ 3 bis 10, 14 bzw. 16 UmwStG entstanden und werden die Anteile an der Obergesellschaft veräußert, ist auf die Veräußerung der Anteile an der Obergesellschaft § 18 Abs. 4 UmwStG nicht anwendbar.

---

81) Vgl. FG Baden-Württemberg v. 21.02.2006 (Revision anhängig unter IV R 22/06), 1-K-332/05, EFG 2006 S. 1027.

82) OFD Koblenz, Verfügung v. 27.12.2004, G 1421 A - St 3 - 079/04, DB 2005 S. 78.

Umwandlungssteuererlass v. 25.03.1998

Sind bei einer doppelstöckigen Personengesellschaft Gesellschafter der Obergesellschaft unmittelbar natürliche Personen und werden die Anteile an der Obergesellschaft veräußert, unterliegt der dadurch entstehende Gewinn nicht der GewSt nach § 7 Satz 2 Nr. 2 GewStG.

3. Steuerschuldnerschaft, Gewährung des Freibetrags und des Staffeltarifs in Fällen des § 18 Abs. 4 UmwStG

Schuldner der GewSt. nach § 18 Abs. 4 UmwStG ist die (aus der Umwandlung entstandene) Personengesellschaft (§ 5 Abs. 1 Satz 3 GewStG). Das gilt auch in den Fällen, in denen ein Anteil an der (umgewandelten) Personengesellschaft veräußert wird, d.h. die GewSt. entsteht auf der Ebene der Personengesellschaft und nicht auf der Ebene des veräußernden Mitunternehmers.

Für den Veräußerungsgewinn sind der Freibetrag und der Staffeltarif zu gewähren.

1. Begriff der Veräußerung und Aufgabe

Rz. 18.04

Das Vorliegen einer Aufgabe oder Veräußerung des Betriebs ist nach allgemeinen Grundsätzen (R 139 EStR 1996[83]; H 139 EStH 1996[84]) zu beurteilen.

Rz. 18.05

Eine Veräußerung oder Aufgabe des auf den übernehmenden Rechtsträger übergegangenen Betriebs liegt z.B. vor, wenn der übergegangene Betrieb in eine Kapitalgesellschaft eingebracht wird. Wird der Betrieb bzw. ein Teilbetrieb oder ein Mitunternehmeranteil nach § 20 UmwStG zu Buchwerten oder Zwischenwerten in eine Personengesellschaft eingebracht, tritt die übernehmende Gesellschaft in die Rechtsstellung der übertragenden Gesellschaft ein und ist daher für den Rest der Fünf-Jahres-Frist der Vorschrift des § 18 Abs. 4 UmwStG unterworfen.

Rz. 18.06

Wird der im Wege der Umwandlung übergegangene Betrieb innerhalb der Fünf-Jahres-Frist unentgeltlich übertragen, so ist eine Veräußerung des Betriebs i.S. des § 18 Abs. 4 UmwStG nicht gegeben. Jedoch ist der Rechtsnachfolger in diesem Fall für den Rest der Fünf-Jahres-Frist der Vorschrift des § 18 Abs. 4 UmwStG unterworfen.

Urteil des BFH v. 11.12.2001, VIII R 23/01:[85]

Hinsichtlich der unentgeltlichen Übertragung eines Mitunternehmeranteils hat der BFH entschieden, dass der Rechtsnachfolger für den Rest der Fünf-Jahres-Frist den Sanktionen des § 18 Abs. 4 UmwStG 1995 unterliegt.

2. Auflösungs- und Veräußerungsgewinn

Rz. 18.07

§ 18 Abs. 4 UmwStG erfasst die stillen Reserven im Zeitpunkt der Veräußerung, nicht im Zeitpunkt der Verschmelzung. Der „Nachversteuerung" unterliegen danach auch neu gebildete stille Reserven. § 18 Abs. 4 UmwStG erfasst auch dann einen evtl. Veräußerungsgewinn, wenn die Verschmelzung zum Teilwert erfolgte. Beim Ansatz mit den Teilwerten ist ein originärer Firmenwert nicht berücksichtigt worden, der bei der Veräußerung jedoch realisiert wird.

---

83) Entspricht R 139 EStR 1998 - 2003 und R 16 EStR 2005.
84) Entspricht H 139 EStH 1998 - 2003 und H 16 EStH 2005.
85) Vgl. BFH v. 11.12.2001, VIII R 23/01, BStBl. II 2004 S. 474.

Urteil des BFH v. 16.11.2005, X R 6/04:[86)]

Entgegen der Rechtsauffassung der Vorinstanz (FG Baden-Württemberg v. 14.01.2004, 5-K-448/02) kommt der BFH zu dem Ergebnis, dass nach § 18 Abs. 4 UmwStG 1995 nicht auch diejenigen stillen Reserven der Gewerbesteuer unterworfen werden, die in Buchwertansätzen solchen Betriebsvermögens ruhen, welches bereits vor der Verschmelzung im Betrieb des aufnehmenden Rechtsträgers (Einzelunternehmen oder Personengesellschaft) vorhanden war.

Urteil des BFH v. 20.11.2006, VIII R 47/05:[87)]

Wird eine Betriebskapitalgesellschaft auf die Besitzpersonengesellschaft (KG) verschmolzen und innerhalb von fünf Jahren nach dem Vermögensübergang ein Mitunternehmeranteil an der KG veräußert, so unterliegt der Teil des Veräußerungsgewinns, der auf das Vermögen entfällt, das der KG (aufnehmender Rechtsträger) bereits vor Umwandlung gehörte, nicht nach § 18 Abs. 4 UmwStG 1995 der Gewerbesteuer.

Urteil des FG Baden-Württemberg v. 14.01.2004 (Revision unter X R 6/04), 5-K-448/02:[88)]

Wird die Betriebs-GmbH auf das bisherige Besitz-Einzelunternehmen verschmolzen und dieses innerhalb von fünf Jahren nach der Verschmelzung veräußert, unterliegt der Veräußerungsgewinn voll der Gewerbesteuer. Die Steuerpflicht nach § 18 Abs. 4 UmwStG erfasst nicht nur die vor der Verschmelzung in der Kapitalgesellschaft enthaltenen stillen Reserven, sondern auch die stillen Reserven, die im Betriebsvermögen des übernehmenden Personenunternehmens (hier: Einzelunternehmen) vor der Verschmelzung vorhanden waren.

Urteil des FG Münster v. 29.03.2004 (rechtskräftig), 4-K-890/01 G:[89)]

Geht das Vermögen einer Kapitalgesellschaft im Wege der Verschmelzung auf eine Personengesellschaft oder ein Einzelunternehmen über und wird der Betrieb innerhalb von fünf Jahren nach dem Vermögensübergang aufgegeben oder veräußert, unterliegt der Aufgabegewinn oder Veräußerungsgewinn gemäß § 18 Abs. 4 Satz 1 UmwStG 1995 der Gewerbesteuer unabhängig davon, ob die Aufgabe oder Veräußerung mit triftigem Grund erfolgt ist.

Der Gewerbesteuer unterliegen nicht nur die stillen Reserven, die auf das Vermögen der umgewandelten Kapitalgesellschaft zurückgehen, sondern auch die vor dem Vermögensübergang vorhandenen stillen Reserven der übernehmenden Personengesellschaft oder des übernehmenden Einzelunternehmens.

3. Übergang auf Rechtsträger, der nicht gewerbesteuerpflichtig ist
Rz. 18.08

§ 18 Abs. 4 UmwStG gilt bei der Umwandlung einer Körperschaft für die übernehmende Personengesellschaft oder die übernehmende natürliche Person. Die Gewerbesteuer ist auch festzusetzen, wenn die übernehmende Personengesellschaft nicht gewerbesteuerpflichtig ist. § 18 Abs. 4 UmwStG ist ein Sondertatbestand der Gewerbesteuerpflicht.

---

86) Vgl. BFH v. 16.11.2005, X R 6/04, BFH/NV 2006 S. 693. Zu den Rechtsausführungen der Vorinstanz vgl. FG Baden-Württemberg v. 14.01.2004, 5-K-448/02, EFG 2004 S. 1259.
87) Vgl. BFH v. 20.11.2006, VIII R 47/05, BFH/NV 2007 S. 637. Zu den Rechtsausführungen der Vorinstanz vgl. FG Nürnberg v. 19.04.2005, I 110/2003, FG Report 2005 S. 99.
88) Vgl. FG Baden-Württemberg v. 14.01.2004 (Revision unter X R 6/04), 5-K-448/02, EFG 2004 S. 756.
89) Vgl. FG Münster v. 29.03.2004 (rechtskräftig), 4-K-890/01 G, EFG 2004 S. 1259.

Urteil des FG München v. 26.10.2005 (Revision anhängig unter XI R 27/06), 10-K-5637/02:[90]
Die Veräußerung von Mitunternehmeranteilen an der durch formwechselnde Umwandlung einer Kapitalgesellschaft entstandenen Personengesellschaft ist auch dann nach § 18 Abs. 4 Satz 2 UmwStG 1995 gewerbesteuerpflichtig, wenn die Anteile an der Kapitalgesellschaft zum Privatvermögen ihrer Gesellschafter gehört haben.
Steuerschuldner ist, wenn die Übernehmerin eine Personengesellschaft ist bzw. durch die Umwandlung eine Personengesellschaft entsteht, die Personengesellschaft und nicht der Gesellschafter, der seinen Anteil an der Personengesellschaft veräußert. Dem steht nicht entgegen, dass eine Partnerschaftsgesellschaft als Personengesellschaft im Übrigen nicht gewerbesteuerpflichtig ist.

4. Sonderfälle
a) Einbringung eines Betriebs, Teilbetriebs oder Mitunternehmeranteils in eine Personengesellschaft
Rz. 18.09

Die Einbringung eines Betriebs, Teilbetriebs oder Mitunternehmeranteils in eine Personengesellschaft, bei der das eingebrachte Vermögen mit dem Teilwert angesetzt wird, führt insoweit zu einem gewerbeertragsteuerpflichtigen Gewinn, als der Einbringende an der Übernehmerin beteiligt ist (vgl. § 24 Abs. 3 Satz 3 UmwStG i.V.m. § 16 Abs. 2 Satz 3 EStG). Es handelt sich um einen laufenden Gewinn, der der Gewerbeertragsteuer unterliegt. Eine Veräußerung liegt nicht vor, da das betriebliche Engagement nicht beendet, sondern fortgesetzt wird. Eine Veräußerung i.S. des § 18 Abs. 4 UmwStG liegt dagegen vor, soweit der Einbringende an der Übernehmerin nicht beteiligt ist.

b) Realteilung der Personengesellschaft
Rz. 18.10

Eine Realteilung der Personengesellschaft im zeitlichen Zusammenhang mit einer Umwandlung ist grundsätzlich wie eine unentgeltliche Übertragung zu behandeln. Die übernehmenden Gesellschafter der Personengesellschaft treten in die Rechtsstellung der Personengesellschaft ein, d.h. sie übernehmen die gewerbesteuerliche Steuerverhaftung für den Rest der Fünf-Jahres-Frist. Auch bei der Realteilung von Personengesellschaften ist die Aufdeckung der stillen Reserven möglich. Werden die stillen Reserven ganz oder teilweise aufgedeckt, ist § 18 Abs. 4 UmwStG anzuwenden.

C. Auswirkungen der Umwandlung auf eine Organschaft
I. Umwandlung des Organträgers

1. Verschmelzung
Org.01

Geht das Vermögen des Organträgers durch Verschmelzung auf ein anderes gewerbliches Unternehmen (Übernehmerin) über, tritt der übernehmende Rechtsträger in den Gewinnabführungsvertrag ein (zur vorzeitigen Beendigung des Gewinnabführungsvertrages vgl. Org.10 bis Org.11).

---

90) Vgl. FG München v. 26.10.2005 (Revision anhängig unter XI R 27/06), 10-K-5637/02, EFG 2006 S. 1296.

a) Fortsetzung der körperschaftsteuerlichen Organschaft

Org.02

Das Organschaftsverhältnis zur Übernehmerin ist erstmals mit Wirkung für das anschließende Wirtschaftsjahr der Organgesellschaft anzuerkennen, wenn der Übertragungsstichtag des Organträgers auf den letzten Tag des laufenden Wirtschaftsjahrs der Organgesellschaft fällt. Fällt der Übertragungsstichtag auf einen früheren Tag des laufenden Wirtschaftsjahrs der Organgesellschaft, ist das Organschaftsverhältnis zur Übernehmerin erstmals für das an diesem Stichtag laufende Wirtschaftsjahr anzuerkennen. Voraussetzung für die Anwendung der Sätze 1 und 2 ist, dass der Gewinnabführungsvertrag fortgeführt wird und die Organgesellschaft ununterbrochen in das Unternehmen des bisherigen und anschließend des künftigen Organträgers wirtschaftlich und organisatorisch eingegliedert ist. Eine im Rückwirkungszeitraum noch gegenüber der Übertragerin gegebene wirtschaftliche und organisatorische Eingliederung wird rückwirkend der Übernehmerin zugerechnet.

b) Fortsetzung einer gewerbesteuerlichen Organschaft und Begründung einer körperschaftsteuerlichen Organschaft bei bisher nur gewerbesteuerlicher Organschaft

Org.03

Hat zum übertragenden Unternehmen bisher nur eine gewerbesteuerliche Organschaft ohne Gewinnabführungsvertrag bestanden, sind für die Fortsetzung dieser Organschaft zur Übernehmerin die Ausführungen zu Org.02 entsprechend anzuwenden.

Org.04

Voraussetzung für die Begründung einer körperschaftsteuerlichen Organschaft zur Übernehmerin ist, dass zusätzlich bis zum Ende des Wirtschaftsjahrs der Organgesellschaft, für das das Organschaftsverhältnis erstmals gelten soll, zwischen der Organgesellschaft und der Übernehmerin ein Gewinnabführungsvertrag i.S. des § 14 Nr. 4 KStG abgeschlossen wird.

c) Erstmalige Begründung einer gewerbesteuerlichen oder körperschaftsteuerlichen Organschaft zur Übernehmerin

Org.05

Ein Organschaftsverhältnis zur Übernehmerin ist erst ab dem Beginn des Wirtschaftsjahrs der Organgesellschaft möglich, für das die Eingliederungsvoraussetzungen i.S. des § 14 Nr. 1 und 2 KStG während des gesamten Wirtschaftsjahrs tatsächlich vorliegen (vgl. Abschnitt 53 Abs.1 KStR)[91]. Für die wirtschaftliche und organisatorische Eingliederung gelten die Rückwirkungsfiktionen des § 2 Abs. 1 und des § 20 Abs. 8 UmwStG nicht. Diese Eingliederungsvoraussetzungen werden steuerlich nicht rückwirkend anerkannt.

Urteil des BFH v. 17.09.2003, I R 55/02:[92]

Der Senat vertritt die Auffassung, dass eine durch übertragende Umwandlung aus einer Personengesellschaft entstandene Kapitalgesellschaft jedenfalls dann rückwirkend vom Beginn eines Wirtschaftsjahres an gewerbesteuerliche Organgesellschaft sein kann, wenn der steuerliche Übertragungsstichtag gemäß § 20 Abs. 8 Satz 1 UmwStG 1995 auf den Beginn des Wirtschaftsjahres zurückverlegt wird und die Eingliederungsvoraussetzungen gemäß § 2 Abs. 2 Satz 2 GewStG 1999 i.V.m. § 14 Nr. 1 und 2 KStG 1999 tatsächlich bereits zu Beginn des Wirtschaftsjahres erfüllt waren.

---

91) Geändert durch KStR 2004; vgl. jetzt R 59 Abs. 1 KStR 2004.
92) Vgl. BFH v. 17.09.2003, I R 55/02, BStBl. II 2004 S. 534. Zu den Rechtsausführungen der Vorinstanz vgl. FG Hamburg v. 30.05.2002, VI 55/01, EFG 2002 S. 1318.

Umwandlungssteuererlass v. 25.03.1998

Schreiben des BMF v. 19.05.1999:[93]
Die Beurteilung von Einzelfällen liegt in der Zuständigkeit der jeweiligen Landesfinanzbehörden. Allgemein wird zu der in einer Anfrage vorgetragenen Problematik wie folgt Stellung genommen:

In Rz. Org. 05 des UmwSt-Erlasses v. 25.03.1998 zum UmwStG wird u.a. ausgeführt, dass für die wirtschaftliche und organisatorische Eingliederung die Rückwirkungsfiktion des § 2 Abs. 1 und § 20 Abs. 8 UmwStG nicht gelten. Beide Eingliederungsvoraussetzungen können als tatsächliche Vorgänge nicht rückbezogen werden.

Werden die künftigen Organgesellschaften erst durch die Umstrukturierung geschaffen, kommt als frühestmöglicher Zeitpunkt für ein steuerlich anzuerkennendes Organschaftsverhältnis daher der Zeitpunkt des zivilrechtlichen Entstehens der künftigen Organgesellschaften (Zeitpunkt der Eintragung im Handelsregister) in Betracht. Erst ab diesem Zeitpunkt können die betreffenden Eingliederungsvoraussetzungen zum Organträger tatsächlich erfüllt werden.

Zusatz der OFD Magdeburg und der OFD Frankfurt am Main:[94]

Unter Geltung des KStG n.F. setzt die Anerkennung eines Organschaftsverhältnisses nur noch die finanzielle Eingliederung sowie einen Gewinnabführungsvertrag voraus, wirtschaftliche und organisatorische Eingliederung sind hingegen nicht mehr erforderlich (§ 14 KStG n.F.). Die vorgenannte Nichtanwendung der Rückwirkungsfiktion des § 2 Abs. 1 UmwStG ist ausdrücklich nur auf die – nach neuem Recht nicht mehr erforderliche – wirtschaftliche und organisatorische Eingliederung beschränkt, so dass unter Geltung des KStG n.F. bereits im Jahr der Ausgliederung eines Teilbetriebs zur Neugründung einer Tochtergesellschaft ein Organschaftsverhältnis begründet werden kann.

Schreiben des BMF v. 24.05.2004:[95]
In seinem Urteil v. 17.09.2003 hat der BFH die rückwirkende Begründung eines Organschaftsverhältnisses anerkannt. In dem entschiedenen Fall war die zukünftige Organgesellschaft, eine GmbH & Co. KG, mit Vertrag v. 05.05.1999 rückwirkend zum 01.01.1999 formwechselnd in eine GmbH umgewandelt worden. Nach Auffassung des BFH hat die GmbH & Co. KG die Eingliederungsvoraussetzungen seit dem Beginn des Wirtschaftsjahres tatsächlich erfüllt. Der Mangel, dass die GmbH & Co. KG als Personengesellschaft selbst nicht Organgesellschaft sein konnte, werde durch die Rückwirkungsfiktion des § 25 i.V.m. § 20 Abs. 7 und Abs. 8 UmwStG behoben.

Nach dem Ergebnis der Erörterung mit den obersten Finanzbehörden der Länder sind die Grundsätze des Urteils über den entschiedenen Einzelfall hinaus nur anzuwenden, wenn der Sachverhalt dem Sachverhalt entspricht, der dem Urteil zugrunde lag.

Die Aussagen der Rz. Org.05, Org.13 und Org.18 des UmwSt-Erlasses v. 25.03.1998 und der Rz. des BMF-Schreibens v. 25.08. 2003 (IV A IV A 2 - S-2770 - 18/03, BStBl. I 2003 S. 437), wonach das Tatbestandsmerkmal der finanziellen Eingliederung nicht zurückbezogen werden kann, bleiben im Übrigen unberührt. So bleibt es insbes. dabei, dass bei einer Abspaltung, Ausgliederung oder Einbringung eines Teilbetriebs des Organträgers unter Abschluss eines Gewinnabführungsvertrages mit der neu gegründeten Tochtergesellschaft die rückwirkende Begründung eines Organschaftsverhältnisses nicht möglich ist.

---

93) BMF, Schreiben v. 19.05.1999, IV C 6 - S - 2770 - 13/99, FR 2002 S. 1036.
94) Zusatz aufgehoben durch OFD Frankfurt am Main, Verfügung v. 01.10.2003, S 1978 A - 19 - St II 1.02, DStR 2003 S. 2074.
95) BMF, Schreiben v. 24.05.2004, IV A 2 - S 2770 - 15/04, BStBl. I 2004 S. 549.

Verfügung der OFD Karlsruhe v. 01.01.2003:[96)]

Auf Bundesebene wurde erörtert, ob entgegen Rz. Org.05 des UmwSt-Erlasses v. 25.03.1998 die erstmalige Begründung eines Organschaftsverhältnisses bei Ausgliederung eines Teilbetriebs zur Einbringung in eine dadurch neu gegründete Tochtergesellschaft bereits auf den für die Ausgliederung maßgeblichen Rückwirkungszeitpunkt in Betracht kommt.

Nach Rz. Org.05 des UmwSt-Erlasses v. 25.03.2998 gelten die Rückwirkungsfiktionen des § 2 Abs. 1 und des § 20 Abs. 8 UmwStG nicht für die wirtschaftliche und organisatorische Eingliederung. Diese Eingliederungsvoraussetzungen werden als tatsächliche Vorgänge steuerlich nicht rückwirkend anerkannt, so dass ein Organschaftsverhältnis frühestens ab dem Zeitpunkt des zivilrechtlichen Entstehens (Eintragung im Handelsregister) der künftigen Organgesellschaft begründet werden kann.

Nach Auffassung der obersten Finanzbehörden des Bundes und der Länder ist an dieser Rechtsauffassung festzuhalten. Dies gilt unabhängig davon, dass ein ausgegliederter Teilbetrieb zuvor eine unselbständige Einheit innerhalb der ausgliedernden Gesellschaft darstellte und als solcher wirtschaftlich und organisatorisch abhängig war. Die wirtschaftliche und organisatorische Eingliederung kann sich nämlich nur auf Kapitalgesellschaften und nicht auf Teilbetriebe beziehen.

Durch den Wegfall der wirtschaftlichen und organisatorischen Eingliederung als Organschaftsvoraussetzungen (i.d.R. ab 2001) hat die Frage für die Zukunft an Bedeutung verloren.

Verfügung der OFD Frankfurt am Main v. 21.11.2005:[97)]

Ergänzend zu dem BMF-Schreiben v. 24.05.2004 (IV A 2 - S 2770 - 15/04, BStBl. I 2004 S. 549) führt die OFD Frankfurt am Main aus:

Nach dem Ergebnis der Erörterungen der obersten Finanzbehörden des Bundes und der Länder ist eine rückwirkende Organschaftsbegründung auch in folgendem Fall des § 20 UmwStG bei Schwestergesellschaften nicht möglich:

Eine Muttergesellschaft ist alleinige Anteilseignerin der Tochtergesellschaften T1- und T2-GmbH. Bei allen drei Gesellschaften entspricht das Wirtschaftsjahr dem Kalenderjahr. Die Anteile der T2-GmbH werden im Laufe eines Wirtschaftsjahres nach § 20 Abs. 1 Satz 2 UmwStG in die Schwestergesellschaft T1-GmbH eingebracht. Die Organschaft zwischen der T1-GmbH als Organträgerin und der T2-GmbH als Organgesellschaft soll rückwirkend ab 01.01. des Jahres der Einbringung gelten.

Das Tatbestandsmerkmal der finanziellen Eingliederung kann nicht zurückbezogen werden (s.o.). Dies bedeutet, dass die Eingliederungsvoraussetzungen im Verhältnis der T2-GmbH zur T1-GmbH nicht während des gesamten Wirtschaftsjahres tatsächlich vorlagen. Eine rückwirkende Organschaft zwischen der T1- und der T2-GmbH kann somit nicht begründet werden.

Org.06

Für die Begründung einer körperschaftsteuerlichen Organschaft ist zusätzlich der Abschluss eines Gewinnabführungsvertrages i.S. des § 14 Nr. 4 KStG erforderlich.

---

96) OFD Karlsruhe, Verfügung v. 01.01.2003, XIX, KSt-Kartei BW §§ 14 - 19 KStG Nr. 5.
97) OFD Frankfurt am Main, Verfügung v. 21.11.2005, S 1978 A - 19 - St II 1.02, DStR 2006 S. 41.

2. Spaltung und Ausgliederung
a) Fortführung des Gewinnabführungsvertrages
Org.07

Bei der Abspaltung und der Ausgliederung bleibt der Organträger bestehen, der Gewinnabführungsvertrag wird durch die Umwandlung nicht berührt. Wird der Organträger aufgespalten, treten die Übernehmerinnen nach Maßgabe des Spaltungsplans in den Gewinnabführungsvertrag ein (§ 131 Abs. 1 Nr. 1 UmwG).

b) Eingliederungsvoraussetzungen
Org.08

Verbleibt im Falle der Abspaltung und der Ausgliederung die die Mehrheit der Stimmrechte vermittelnde Beteiligung (Mehrheitsbeteiligung) an der Organgesellschaft beim bisherigen Organträger, besteht das Organschaftsverhältnis fort, wenn vom Organträger die Eingliederungsvoraussetzungen nach § 14 Nr. 1 und 2 KStG weiterhin erfüllt werden. Geht dagegen die Mehrheitsbeteiligung an der Organgesellschaft im Rahmen der Spaltung oder der Ausgliederung auf eine Übernehmerin über, gelten die Ausführungen zu Org.02 - Org.05 entsprechend.

3. Formwechsel
Org.09

Ein Formwechsel von einer Kapitalgesellschaft auf eine andere Kapitalgesellschaft oder auf eine Personengesellschaft hat auf den Fortbestand eines Gewinnabführungsvertrages keinen Einfluss und berührt die steuerliche Anerkennung der Organschaft nicht.

4. Mindestlaufzeit und vorzeitige Beendigung des Gewinnabführungsvertrages
Org.10

Für die Mindestlaufzeit des Gewinnabführungsvertrages nach § 14 Nr. 4 KStG ist die Laufzeit gegenüber dem bisherigen und dem künftigen Organträger zusammenzurechnen, wenn die Übernehmerin aufgrund der Umwandlung in den bestehenden Gewinnabführungsvertrag eintritt.

Org.11

Die Umwandlung des Unternehmens des Organträgers ist ein wichtiger Grund, einen noch nicht fünf aufeinanderfolgende Jahre durchgeführten Gewinnabführungsvertrag zu kündigen oder im gegenseitigen Einvernehmen zu beenden (vgl. Abschnitt 55 Abs. 7 KStR)[98], es sei denn, es handelt sich um eine formwechselnde Umwandlung von Kapitalgesellschaft auf Kapitalgesellschaft oder von Personen- auf Personengesellschaft.

II. Umwandlung der Organgesellschaft

1. Verschmelzung
Org.12

Geht das Vermögen der Organgesellschaft durch Verschmelzung auf einen anderen Rechtsträger über, wird ein bestehender Gewinnabführungsvertrag beendet. Die Organschaft endet zum Übertragungsstichtag.

---

[98] Entspricht R 60 Abs. 6 KStR 2004.

a) Anschließende Organschaft zur Übernehmerin

Org.13

Eine übernehmende Kapitalgesellschaft kann mit steuerlicher Wirkung ab dem Übertragungsstichtag (§ 2 Abs. 1 UmwStG) als Organgesellschaft anerkannt werden, wenn die Eingliederungsvoraussetzungen nach § 14 Nr. 1 und 2 KStG ab diesem Zeitpunkt vorliegen und der neu abzuschließende Gewinnabführungsvertrag die Voraussetzungen des § 14 Nr. 4 KStG erfüllt (z.B. Verschmelzung einer Organgesellschaft auf eine Schwestergesellschaft, die bisher nur die Voraussetzungen einer gewerbesteuerlichen Organschaft zum Organträger erfüllt hat). Die wirtschaftliche und organisatorische Eingliederung wird steuerlich nicht rückwirkend anerkannt (vgl. Org.05).

Urteil des BFH v. 17.09.2003, I R 55/02:[99]
siehe unter Rz. Org.05

Schreiben des BMF v. 19.05.1999:[100]
siehe unter Rz. Org.05

Verfügung der OFD Karlsruhe v. 01.01.2003:[101]
siehe unter Rz. Org.05

Schreiben des BMF v. 24.05.2004:[102]
siehe unter Rz. Org.05

Verfügung der OFD Frankfurt am Main v. 21.11.2005:[103]
siehe unter Rz. Org.05

b) Spätere Begründung einer Organschaft zur Übernehmerin

Org.14

Liegen die Voraussetzungen einer Organschaft am Übertragungsstichtag nicht vor, ist ein Organschaftsverhältnis erst ab Beginn des Wirtschaftsjahrs der Organgesellschaft möglich, für das die Eingliederungsvoraussetzungen i.S. des § 14 Nr. 1 und 2 KStG während des gesamten Wirtschaftsjahrs erfüllt sind (vgl. Abschnitt 53 Abs. 1 KStR)[104] und ein Gewinnabführungsvertrag i.S. des § 14 Nr. 4 KStG vorliegt.

2. Spaltung und Ausgliederung

Org.15

Die Organgesellschaft bleibt bei der Abspaltung und der Ausgliederung bestehen, der Gewinnabführungsvertrag wird durch die Umwandlung nicht berührt.

Org.16

Ein Organschaftsverhältnis besteht fort, wenn von der übertragenden Organgesellschaft die Eingliederungsvoraussetzungen des § 14 Nr. 1 und 2 KStG weiterhin erfüllt werden.

---

99) Vgl. BFH v. 17.09.2003, I R 55/02, BStBl. II 2004 S. 534. Zu den Rechtsausführungen der Vorinstanz vgl. FG Hamburg v. 30.05.2002, VI 55/01, EFG 2002 S.1318.
100) BMF, Schreiben v. 19.05.1999, IV C 6 - S - 2770 - 13/99, FR 2002 S. 1036.
101) OFD Karlsruhe, Verfügung v. 01.01.2003, XIX, KSt-Kartei BW §§ 14 - 19 KStG Nr. 5.
102) BMF, Schreiben v. 24.05.2004, IV A 2 - S 2770 - 15/04, BStBl. I 2004 S. 549.
103) OFD Frankfurt am Main, Verfügung v. 21.11.2005, S 1978 A - 19 - St II 1.02, DStR 2006 S. 41.
104) Geändert durch KStR 2004; vgl. jetzt R 59 Abs. 1 KStR 2004.

Org.17

Wird die Organgesellschaft aufgespalten, endet der Gewinnabführungsvertrag. Die jeweils übernehmende Kapitalgesellschaft kann unter den Voraussetzungen der Rz. Org.13 mit steuerlicher Wirkung ab dem Übertragungsstichtag als Organgesellschaft anerkannt werden.

3. Formwechsel
Org.18

Der Formwechsel einer Organgesellschaft in eine andere Kapitalgesellschaft (z.B. AG in GmbH oder GmbH in AG) berührt die steuerliche Anerkennung der Organschaft nicht. Beim Formwechsel in eine Personengesellschaft endet das Organschaftsverhältnis. Wird eine Personengesellschaft formwechselnd in eine Kapitalgesellschaft umgewandelt, ist ein Organschaftsverhältnis erstmals ab dem Beginn des Wirtschaftsjahrs der Organgesellschaft möglich, für das die Eingliederungsvoraussetzungen nach § 14 Nr. 1 und 2 KStG während des gesamten Wirtschaftsjahrs erfüllt sind und ein Gewinnabführungsvertrag i.S. des § 14 Nr. 4 KStG vorliegt. Die wirtschaftliche und organisatorische Eingliederung werden steuerlich nicht rückwirkend anerkannt (vgl. Org.05).

__Urteil des BFH v. 17.09.2003, I R 55/02:__[105]
siehe unter Rz. Org.05

__Schreiben des BMF v. 19.05.1999:__[106]
siehe unter Rz. Org.05

__Verfügung der OFD Karlsruhe v. 01.01.2003:__[107]
siehe unter Rz. Org.05

__Schreiben des BMF v. 24.05.2004:__[108]
siehe unter Rz. Org.05

__Verfügung der OFD Frankfurt am Main v. 21.11.2005:__[109]
siehe unter Rz. Org.05

4. Abführungsverpflichtung für den Übertragungsgewinn
Org.19

Setzt die Organgesellschaft bei einer Verschmelzung, Aufspaltung oder Abspaltung das übergehende Vermögen in ihrer steuerlichen Schlussbilanz mit einem über den Buchwert liegenden Wert an, unterliegt der sich daraus ergebende Übertragungsgewinn nicht der vertraglichen Gewinnabführungsverpflichtung und ist von der Organgesellschaft selbst zu versteuern (entsprechende Anwendung des Abschnitts 56 Abs. 1 Satz 2 KStR[110]).

---

105) Vgl. BFH v. 17.09.2003, I R 55/02, BStBl. II 2004 S. 534. Zu den Rechtsausführungen der Vorinstanz vgl. FG Hamburg v. 30.05.2002, VI 55/01, EFG 2002 S.1318.
106) BMF, Schreiben v. 19.05.1999, IV C 6 - S - 2770 - 13/99, FR 2002 S. 1036.
107) OFD Karlsruhe, Verfügung v. 01.01.2003, XIX, KSt-Kartei BW §§ 14 - 19 KStG Nr. 5.
108) BMF, Schreiben v. 24.05.2004, IV A 2 - S 2770 - 15/04, BStBl. I 2004 S. 549.
109) OFD Frankfurt am Main, Verfügung v. 21.11.2005, S 1978 A - 19 - St II 1.02, DStR 2006 S. 41.
110) Weggefallen in KStR 2004.

5. Vorzeitige Beendigung des Gewinnabführungsvertrages
Org.20
Die Umwandlung der Organgesellschaft ist ein wichtiger Grund, einen noch nicht fünf aufeinanderfolgende Jahre durchgeführten Gewinnabführungsvertrag zu kündigen oder im gegenseitigen Einvernehmen zu beenden (vgl. Abschnitt 55 Abs. 7 KStR)[111], es sei denn, es handelt sich um eine formwechselnde Umwandlung einer Kapitalgesellschaft auf eine Kapitalgesellschaft.

III. Umwandlung einer anderen Gesellschaft auf die Organgesellschaft

1. Fortgeltung der Organschaft
Org.21
Ein Organschaftsverhältnis besteht bei Umwandlung einer anderen Gesellschaft auf die Organgesellschaft fort, wenn die Organschaftsvoraussetzungen weiterhin vorliegen.

2. Übernahmegewinn und Übernahmeverlust
Org.22
Entsteht bei der Organgesellschaft im Rahmen der Umwandlung ein Übernahmegewinn, so ist hinsichtlich der handelsrechtlichen Abführungsverpflichtung wie folgt zu unterscheiden:

Org.23
Gewährt die übernehmende Organgesellschaft als Gegenleistung für die Übernahme des Vermögens neue Anteile, ist ein Übernahmegewinn gemäß § 272 Abs. 2 Nr. 1 HGB in die Kapitalrücklage einzustellen. Er erhöht den nach § 301 AktG abzuführenden Gewinn nicht. Gemäß § 275 Abs. 4 HGB werden Veränderungen der Kapitalrücklage erst nach dem für die Gewinnermittlung nach § 301 AktG maßgeblichen Jahresüberschuss ausgewiesen.

Org.24
Gewährt die übernehmende Organgesellschaft dagegen als Gegenleistung eigene Anteile, ist der Übernahmegewinn in dem Betrag, der nach § 301 AktG an den Organträger abzuführen ist, enthalten.

Org.25
Entsteht bei der Organgesellschaft ein Übernahmeverlust, so unterliegt dieser der Verlustübernahme nach § 302 AktG.

Org.26
Soweit ein Übernahmegewinn an den Organträger abzuführen ist oder soweit der Organträger einen Übernahmeverlust auszugleichen hat, stimmen das dem Organträger zuzurechnende steuerliche Einkommen und die vorgenommene Ergebnisabführung nicht überein. In entsprechender Anwendung des Abschnitts 59 Abs. 4 Satz 3 bis 5 KStR[112] ist eine Mehrabführung steuerlich als Gewinnausschüttung und eine Minderabführung steuerlich als Einlage zu behandeln. § 37 Absatz 2 KStG ist nicht anzuwenden.[113]

---

111) Entspricht R 60 Abs. 6 KStR 2004.
112) Weggefallen in KStR 2004.
113) Vgl. auch BMF, Schreiben v. 22.12.2004, IV B 7 - S 2770 - 9/04, BStBl. I 2005 S. 65.

3. Übergehender Verlustabzug

Org.27

Geht das Vermögen einer anderen Kapitalgesellschaft durch Verschmelzung oder Auf- oder Abspaltung auf die Organgesellschaft über, ist ein nach § 12 Abs. 3 Satz 2 UmwStG auf die Organgesellschaft übergehender nicht verbrauchter Verlustabzug bei ihr nach § 15 Nr. 1 KStG während der Geltungsdauer des Gewinnabführungsvertrages nicht abziehbar.

Verfügung der OFD Frankfurt am Main v. 06.07.2000:[114]

Ist eine Organgesellschaft an einer Mitunternehmerschaft beteiligt, so können aus der aufgelösten Mitunternehmerschaft stammende anteilige Gewerbeverluste bei einer Organschaft wie vororganschaftliche Verluste nur mit eigenen Gewerbeerträgen dieser Organgesellschaft verrechnet werden. Eine Verrechnung mit Gewerbeerträgen des Organträgers ist auch dann nicht möglich, wenn die Organgesellschaft selbst nur Gewerbeverluste hat. Diese Lösung ergibt sich in entsprechender Anwendung der Regelungen in Rz. Org 22 ff. (Umwandlung einer anderen Gesellschaft auf eine Organgesellschaft) des UmwSt-Erlasses v. 25.03.1998.

Danach ist bei einer körperschaftsteuerlichen Organschaft, bei der das Vermögen einer anderen Kapitalgesellschaft durch Verschmelzung oder durch Auf- und Abspaltung auf die Organgesellschaft übergeht, ein nach § 12 Abs. 3 Satz 2 UmwStG auf die Organgesellschaft übergehender, nicht verbrauchter Verlustabzug nach § 15 Nr. 1 KStG während der Geltungsdauer des Gewinnabführungsvertrags nicht abziehbar. Für die Anwendung gewerbesteuerlicher Organschaftsgrundsätze bedeutet dies, dass ein übergehender, nicht verbrauchter Verlustabzug nur bei der Ermittlung des Gewerbeertrags der Organgesellschaft berücksichtigt werden kann.

Entsprechend ist die ähnlich gelagerte Frage einer gewerbesteuerlichen Organschaft zu entscheiden, wenn eine Kapitalgesellschaft C auf eine andere Kapitalgesellschaft D verschmolzen wird und D Organgesellschaft ist. Ein im Zuge der Verschmelzung von C auf D übergehender Gewerbeverlust kann danach nur wie ein vororganschaftlicher Verlust bei der Ermittlung des Gewerbeertrags der Organgesellschaft D berücksichtigt werden (vgl. hierzu auch § 19 UmwStG).

D. Gliederungsmäßige Behandlung der Verschmelzung und Spaltung von Körperschaften auf Körperschaften[115]

I. Auswirkungen des Vermögensübergangs durch Verschmelzung auf die Gliederung des verwendbaren Eigenkapitals

1. Anwendungsbereich des § 38 KStG und Auswirkungen bei der übertragenden Körperschaft

Gl.01

Die Vorschrift des § 38 KStG regelt für die übernehmende Körperschaft die Auswirkungen des Vermögensübergangs durch Verschmelzung auf die Gliederung des verwendbaren Eigenkapitals.

Gl.02

Für die Gliederung des verwendbaren Eigenkapitals der übertragenden Körperschaft gilt Folgendes:

---

114) OFD Frankfurt am Main, Verfügung v. 06.07.2000, G 1427 A - 7 - St II 22, DStR 2000 S. 1436.
115) Teilweise überholt durch Gesetz v. 23.10.2000 (BGBl. I 2000 S. 1433).

Gl.03

Geht Vermögen durch Verschmelzung auf eine gliederungspflichtige Körperschaft über, ist das verwendbare Eigenkapital der Überträgerin gemäß § 38 Abs. 1 KStG den entsprechenden Teilbeträgen bei der Übernehmerin hinzuzurechnen. Nach § 2 Abs. 1 UmwStG geht das verwendbare Eigenkapital mit Ablauf des steuerlichen Übertragungsstichtags auf die Übernehmerin über. Bei der Überträgerin wird das verwendbare Eigenkapital nach der Vermögensübertragung gemäß § 47 Abs. 1 KStG gesondert festgestellt – evtl. Nullbestände – (vgl. Rz. 02.16).

Gl.04

Geht Vermögen durch Verschmelzung auf eine nicht gliederungspflichtige Körperschaft, auf eine Personengesellschaft oder auf eine natürliche Person über, ist bei der Überträgerin zum steuerlichen Übertragungsstichtag das verwendbare Eigenkapital nach Verringerung durch die Gewinnausschüttungen, für die die übertragende Körperschaft noch die Ausschüttungsbelastung herzustellen hat (vgl. Rz. 02.16 ff.), aber vor Verringerung durch die Vermögensübertragung gesondert festzustellen. Die festgestellten Teilbeträge sind maßgebend für die Anwendung der §§ 7, 10 und 12 Abs. 5 UmwStG. Bei der Übernehmerin ist eine Gliederung des verwendbaren Eigenkapitals nicht mehr durchzuführen.

2. Schrittfolge bei Ermittlung der gliederungsmäßigen Auswirkungen der Verschmelzung auf die übernehmende, gliederungspflichtige Körperschaft

Gl.05

Die übernehmende Körperschaft hat den Vermögensübergang erstmals in der Gliederung zum Schluss des Wirtschaftsjahrs zu berücksichtigen, in das der steuerliche Übertragungsstichtag (§ 2 Abs. 1 UmwStG) fällt. Dabei sind die gliederungsmäßigen Auswirkungen der Verschmelzung in drei getrennt vorzunehmenden Schritten zu ermitteln:

Gl.06

a) Die Teilbeträge des verwendbaren Eigenkapitals der übertragenden Körperschaft zum Übertragungsstichtag und ein evtl. vorhandener Sonderausweis i.S. des § 47 Abs. 1 Satz 1 Nr. 2 KStG sind den entsprechenden Teilbeträgen und einem evtl. vorhandenen Sonderausweis bei der übernehmenden Körperschaft hinzuzurechnen. Maßgebend ist das verwendbare Eigenkapital der übertragenden Körperschaft nach Verringerung durch Ausschüttungen, für die noch die übertragende Körperschaft die Ausschüttungsbelastung herzustellen hat (vgl. Rz. 02.16).

Gl.07

b) Die Summe der ursprünglichen Nennkapitalbeträge der an der Verschmelzung beteiligten Kapitalgesellschaften ist mit dem tatsächlich festgesetzten Nennkapital der übernehmenden Kapitalgesellschaft nach der Verschmelzung zu vergleichen. Ist das Nennkapital nach der Verschmelzung höher als die Summe der Nennkapitalbeträge vor der Verschmelzung, gehört dieser Teil des Nennkapitals zum verwendbaren Eigenkapital i.S. des § 29 Abs. 3 KStG und erhöht einen Sonderausweis i.S. des § 47 Abs. 1 Satz 1 Nr. 2 KStG. Für die Anwendung des Satzes 2 ist das Nennkapital nach Verschmelzung um eine bare Zuzahlung, eine Sacheinlage der Gesellschafter, die nach dem UmwG zulässig ist, sowie um denjenigen Teil des Nennkapitals nach Verschmelzung zu kürzen, der aus Rücklagen entstanden ist, die vor der Verschmelzung bei der oder den übertragenden Kapitalgesellschaften zu dem Teilbetrag i.S. des § 30 Abs. 2 Nr. 3 oder 4 KStG (EK 03, EK 04) gehört haben. Ist das Nennkapital nach der Verschmelzung niedriger als die Summe der Nennkapitalbeträge vor der Verschmelzung, verringert dieser Minderbetrag einen Sonderausweis i.S. des § 47 Abs. 1 Satz 1 Nr. 2 KStG, aber höchstens bis auf 0 DM.

Umwandlungssteuererlass v. 25.03.1998

Gl.08

c) Stimmt die Summe der zusammengerechneten Teilbeträge des verwendbaren Eigenkapitals infolge des Wegfalls von Anteilen an der übertragenden Gesellschaft oder aus anderen Gründen nicht mit dem verwendbaren Eigenkapital überein, das sich aus einer Steuerbilanz auf den unmittelbar nach dem Vermögensübergang folgenden Zeitpunkt bei der übernehmenden Körperschaft ergeben würde, ist die Summe der Teilbeträge an das verwendbare Eigenkapital nach der Steuerbilanz anzugleichen. Als „andere Gründe" sind nach dem Grundgedanken des § 38 KStG nur diejenigen anzusehen, die mit dem Vermögensübergang zusammenhängen, nicht dagegen Veränderungen im Betriebsvermögen der übernehmenden Körperschaft, die zwischen dem Zeitpunkt ihrer letzten Eigenkapitalgliederung vor dem steuerlichen Übertragungsstichtag und diesem Stichtag eingetreten sind.

3. Angleichung der Gliederungsrechnung an die Steuerbilanz bei der übernehmenden Körperschaft

Gl.09

Für die nach Rz. Gl.08 vorzunehmende Angleichung sind einander gegenüberzustellen:

Gl.10

a) die Summe der Teilbeträge des verwendbaren Eigenkapitals der übernehmenden Körperschaft zum Schluss des vorangegangenen Wirtschaftsjahrs und der übertragenden Körperschaft zum Übertragungsstichtag. Bei einer Verschmelzung im Wege der Neugründung, bei der die übernehmende Körperschaft zum Schluss des vorangegangenen Wirtschaftsjahrs noch nicht bestanden hat, ist das eigene verwendbare Eigenkapital mit 0 DM anzusetzen;

Gl.11

b) das verwendbare Eigenkapital, das sich aus einer Steuerbilanz auf den unmittelbar nach dem Vermögensübergang folgenden Zeitpunkt bei der übernehmenden Körperschaft ergeben würde, ohne den dem zum verwendbaren Eigenkapital gehörenden Teil des Nennkapitals i.S. des § 29 Abs. 3 KStG nach der Verschmelzung. Bei der Verschmelzung durch Neugründung ist auf die tatsächlich erstellte Eröffnungsbilanz abzustellen. Bei der Verschmelzung durch Aufnahme braucht die übernehmende Körperschaft auf den Stichtag des Vermögensübergangs eine Steuerbilanz nicht aufzustellen. Daher ist das zusammengefasste verwendbare Eigenkapital laut Steuerbilanz ausgehend von der Steuerbilanz der übernehmenden Körperschaft zum Schluss des vorangegangenen Wirtschaftsjahrs zu ermitteln (fiktive Steuerbilanz).

Gl.12

Weichen das zusammengefasste verwendbare Eigenkapital laut Gliederungsrechnung und laut Steuerbilanz unter Berücksichtigung des § 29 Abs. 3 KStG voneinander ab, unterbleibt eine Anpassung nach § 38 Abs. 1 Satz 4 und Abs. 2 KStG, soweit der Unterschiedsbetrag auf die von der Steuerbilanz abweichende Eigenkapitaldefinition in § 29 Abs. 1 KStG zurückzuführen ist. Ein verbleibender Unterschiedsbetrag, um den das zusammengefasste verwendbare Eigenkapital laut Gliederungsrechnung höher ist als das zusammengefasste verwendbare Eigenkapital laut Steuerbilanz, erhöht sich um einen nach § 12 Abs. 2 Satz 2 bis 4 UmwStG steuerpflichtigen Übernahmegewinn und verringert sich um die darauf entfallende Körperschaftsteuer und Gewerbesteuer. Der danach sich ergebende Unterschiedsbetrag ist beim Teilbetrag i.S. des § 30 Abs. 2 Nr. 4 KStG zu erfassen.

Beispiel 1: (Vermögensübergang auf den bisherigen Alleingesellschafter)

Das Vermögen der A-AG geht zum 30.09.02 (steuerlicher Übertragungsstichtag) im Wege der Verschmelzung durch Aufnahme auf die B-AG, den bisherigen Alleingesellschafter, über. Das Wirtschaftsjahr der übernehmenden Gesellschaft deckt sich mit dem Kalenderjahr. Die B-AG hat im Jahre 02 ein zu versteuerndes Einkommen von 250.000 DM erzielt, das ungemildert der Körperschaftsteuer unterliegt.

Das in der steuerlichen Übertragungsbilanz ausgewiesene Eigenkapital der A-AG (übertragende Gesellschaft) setzt sich wie folgt zusammen:

	DM	DM
Nennkapital		100.000
Verwendbares Eigenkapital		
a) Ungemildert belasteter Teilbetrag (EK 45)	400.000	
b) Nichtbelastbarer Teilbetrag i.S. des § 30 Abs. 2 Nr. 3 KStG (EK 03)	+ 50.000	
	450.000	+ 450.000
Eigenkapital		550.000

Der Buchwert der Anteile an der A-AG belief sich bei der übernehmenden B-AG am steuerlichen Übertragungsstichtag auf 200.000 DM.

Das Eigenkapital der B-AG (übernehmende Körperschaft) setzte sich in der gesonderten Feststellung zum 31.12.01 wie folgt zusammen:

	DM	DM
Nennkapital		500.000
Verwendbares Eigenkapital		
a) Ungemildert belasteter Teilbetrag (EK 45)	800.000	
b) Nichtbelastbarer Teilbetrag i.S. des § 30 Abs. 2 Nr. 3 KStG (EK 03)	+ 150.000	
c) Nichtbelasteter Teilbetrag i.S. des § 30 Abs. 2 Nr. 4 KStG (EK 04)	+ 50.000	
	1.000.000	+ 1.000.000
Eigenkapital		1.500.000

Das Eigenkapital der B-AG, das sich aus einer Steuerbilanz zum 30.09.02 ergeben würde, beträgt:

	DM	DM
Nennkapital		500.000
Bisheriges Vermögen	1.000.000	
Wegfall der Anteile an der A-AG	- 200.000	
	+ 800.000	+ 800.000
		1.300.000
Vermögen der A-AG		+ 550.000
Eigenkapital		1.850.000

Umwandlungssteuererlass v. 25.03.1998

Ermittlung des verwendbaren Eigenkapitals der übernehmenden Körperschaft zum 31.12.02

Summe der Teilbeträge des verwendbaren Eigenkapitals der beiden Gesellschaften			1.450.000
Zusammengerechnetes Eigenkapital, das sich aus der Steuerbilanz zum Übertragungsstichtag ergeben würde		1.850.000	
Darin enthaltenes Nennkapital		- 500.000	
Zusammengerechnetes verwendbares Eigenkapital nach der Steuerbilanz		1.350.000	- 1.350.000
Unterschiedsbetrag			100.000

	Summe der Teilbeträge DM	EK 45 DM	EK 03 DM	EK 04 DM
Bestand 31.12.01	1.000.000	800.000	150.000	50.000
Eigenkapitalzugang aus dem Einkommen (250.000 - 45 v.H. Körperschaftsteuer)	+ 137.500	+ 137.500		
Zurechnung der von der A-AG übernommenen Teilbeträge	+ 450.000	+ 400.000	+ 50.000	
Zwischensumme	1.587.500	1.337.500	200.000	50.000
Unterschiedsbetrag gemäß § 38 Abs. 1 Satz 4 KStG	- 100.000			- 100.000
Bestand 31.12.02	1.487.500	1.337.500	200.000	- 50.000

Beispiel 2: (Die Anteile an der übertragenden Gesellschaft gehören außenstehenden Gesellschaftern)

Das Vermögen der C-AG geht zum 30.09.02 (steuerlicher Übertragungsstichtag) im Wege der Verschmelzung durch Aufnahme auf die D-AG über. Das Wirtschaftsjahr der übernehmenden Körperschaft deckt sich mit dem Kalenderjahr. In der steuerlichen Schlussbilanz der übertragenden Gesellschaft sind die folgenden Werte ausgewiesen:

Aktiva	200.000 DM	Nennkapital	80.000 DM
		Rücklagen	120.000 DM
	200.000 DM		**200.000 DM**

Das verwendbare Eigenkapital der übertragenden C-AG setzt sich am 30.09.02 wie folgt zusammen:

	DM
Ungemildert belasteter Teilbetrag (EK 45)	30.000
Mit 30 v.H. belasteter Teilbetrag (EK 30)	+ 15.000
Nichtbelasteter Teilbetrag i.S. des § 30 Abs. 2 Nr. 3 KStG (EK 03)	+ 75.000
Insgesamt	120.000

Das bisherige Nennkapital der D-AG beträgt 120.000 DM.

Das verwendbare Eigenkapital der D-AG besteht zum Schluss des vorangegangenen Wirtschaftsjahrs nur aus dem ungemildert mit Körperschaftsteuer belasteten Teilbetrag (EK 45) in Höhe von 800.000 DM.

Die Aktionäre der C-AG erhalten für jede Aktie dieser Gesellschaft zwei neue Aktien der D-AG. In der Steuerbilanz der D-AG ergeben sich durch den Vermögensübergang folgende Zugänge:

Aktiva: + 200.000 DM
Passiva:
Nennkapital + 160.000 DM
Rücklagen + 40.000 DM

Ermittlung des verwendbaren Eigenkapitals der D-AG zum 31.12.02

	DM
Summe der Nennkapitalbeträge der beteiligten Gesellschaften vor der Verschmelzung	200.000
Nennkapital der D-AG nach der Verschmelzung	280.000
Mehrbetrag	80.000
Nennkapital, das aus der Umwandlung von EK 03 entstanden ist	75.000
Sonderausweis i.S. des § 29 Abs. 3 i.V.m. § 38 Abs. 1 Satz 2 KStG	5.000

Verprobung des verwendbaren Eigenkapitals der D-AG zum 31.12.2002

	DM	
Summe der Teilbeträge des verwendbaren Eigenkapitals der beiden Gesellschaften lt. Gliederung (800.000 DM + 120.000 DM)		920.000
Umwandlung von EK 03 in Nennkapital		- 75.000
verwendbares Eigenkapital zum 31.12.2002		845.000
Zusammengerechnetes verwendbares Eigenkapital, das sich aus der Steuerbilanz zum Übertragungsstichtag ergeben würde: 800.000 DM + (120.000 - 80.000)	840.000	
Sonderausweis i.S. des § 29 Abs. 3 i.V.m. § 38 Abs. 1 Satz 2 KStG	+ 5.000	-845.000
Übersteigender Betrag		0

Gliederung des verwendbaren Eigenkapitals der D-AG zum 31.12.02

	Summe der Teilbeträge DM	EK 45 DM	EK 03 DM	EK 03 DM	EK 04 DM
Bestand 31.12.01	800.000	800.000			
von der C-AG übernommene Teilbeträge	+ 120.000	+ 30.000	+ 15.000		+ 75.000
Umwandlung EK 03 in Nennkapital	- 75.000			- 75.000	
Zusammengerechnete Teileträge	845.000	830.000	15.000	–	–
Sonderausweis i.S. des § 29 Abs. 3 i.V.m. § 38 Abs. 1 Satz 2 KStG					5.000

Umwandlungssteuererlass v. 25.03.1998

Beispiel 3:

Das Vermögen der A-AG und der B-AG gehen zum 31.07.01 (steuerlicher Übertragungsstichtag) im Wege der Verschmelzung durch Neugründung auf die neugegründete C-AG über. Die C-AG hat als Wirtschaftsjahr das Kalenderjahr. Im Wirtschaftsjahr 01 erzielt die C-AG ein zu versteuerndes Einkommen von 100.000 DM.

Steuerliche Schlussbilanz der übertragenden A-AG

Aktiva	200.000 DM	Nennkapital	150.000 DM
		Rücklagen	50.000 DM
	200.000 DM		**200.000 DM**

Verwendbares Eigenkapital der übertragenden A-AG zum 31.07.01

Ungemildert belasteter Teilbetrag (EK 45)   50.000 DM

Steuerliche Schlussbilanz der übertragenden B-AG

Aktiva	300.000 DM	Nennkapital	200.000 DM
		Rücklagen	100.000 DM
	300.000 DM		**300.000 DM**

Verwendbares Eigenkapital der übertragenden B-AG zum 31.07.01

Ungemildert belasteter Teilbetrag (EK 45)   100.000 DM

Steuerliche Schlussbilanz der übertragenden C-AG

Aktiva	500.000 DM	Nennkapital	320.000 DM
		Rücklagen	180.000 DM
	500.000 DM		**500.000 DM**

Ermittlung des verwendbaren Eigenkapitals der C-AG zum 31.07.01

	DM
Nennkapital der C-AG nach Verschmelzung	320.000
Summe der Nennkapitalbeträge der A- und B-AG vor Verschmelzung	- 350.000
Minderbetrag	- 30.000

Der Minderbetrag würde gemäß § 38 Abs. 1 Satz 3 KStG einen nach § 47 Abs. 1 Satz 1 Nr. 2 KStG gesondert festgestellten Betrag verringern. Da die übernehmende C-AG neu gegründet wurde, ist bei ihr aber ein Sonderausweis bisher nicht vorhanden und eine Verringerung daher nicht möglich.

Verwendbares Eigenkapital der C-AG zum 31.12.01

	EK 45 DM	EK 30 DM
Bestände zum Schluss des Vorjahres	0	0
Zugang aus dem Einkommen 01 (100.000 DM - 45 v.H. Körperschaftsteuer)	+ 55.000	
Zurechnung der von der A-AG und der B-AG übernommenen Teilbeträge (50.000 DM + 100.000 DM)	+ 150.000	
Unterschiedsbetrag i.S. des § 38 Abs. 1 Satz 4 KStG (180.000 DM - 150.000 DM)		+ 30.000
Bestände zum 31.12.01	<u>205.000</u>	<u>30.000</u>

Verprobung nach § 38 Abs. 1 KStG:

Zusammengerechnetes verwendbares Eigenkapital lt. Gliederungsrechnung:

Bestand bei der C-AG zum Schluss des Vorjahrs	0
Bestände bei der A- und B-AG zum 31.07.01	<u>+ 150.000</u>
Zusammen	150.000
Verwendbares Eigenkapital der C-AG lt. Eröffnungsbilanz zum 31.07.01	- 180.000
Unterschiedsbetrag	- 30.000
Angleichung der Gliederungsrechnung an die Steuerbilanz	
Zurechnung des Unterschiedsbetrags von 30.000 DM zum Teilbetrag EK 04 gemäß § 38 Abs. 1 Satz 4 KStG	+ 30.000
	0

II. Auswirkung des Vermögensübergangs durch Spaltung auf die Gliederung des verwendbaren Eigenkapitals

1. Anwendungsbereich des § 38a KStG

Gl.13

Die Vorschrift des § 38a KStG regelt für die übernehmende Körperschaft, im Fall der Abspaltung auch für die übertragende Körperschaft, die gliederungsmäßigen Auswirkungen des Vermögensübergangs durch Spaltung. Bei der Aufspaltung gelten Rz. Gl.03 und Gl.04 entsprechend. Bei der Abspaltung sind das durch den Vermögensübergang verringerte verwendbare Eigenkapital und ein Sonderausweis i.S. des § 47 Abs. 1 Satz 1 Nr. 2 KStG zu verproben und ggf. an die Steuerbilanz anzupassen (vgl. Rz. Gl.07 und Gl.08).

2. Aufteilungsschlüssel

Gl.14

Die Teilbeträge des verwendbaren Eigenkapitals einschließlich eines Sonderausweises i.S. des § 47 Abs. 1 Satz 1 Nr. 2 KStG der übertragenden Körperschaft sind grundsätzlich in dem Verhältnis der gemeinen Werte der übergehenden Vermögensteile zu dem vor der Spaltung bestehenden Vermögen auf die übernehmenden Körperschaften, im Fall der Abspaltung auch auf die übertragende Körperschaft aufzuteilen. Dieses Verhältnis (Aufteilungsschlüssel) ergibt sich in der Regel aus den Angaben zum Umtauschverhältnis der Anteile im Spaltungs- und Übernahmevertrag oder im Spaltungsplan. Die Ermittlung der gemeinen Werte ist deshalb nur erforderlich, wenn der Spaltungs- und Übernahmevertrag oder der

Umwandlungssteuererlass v. 25.03.1998

Spaltungsplan keine Angaben zum Umtauschverhältnis der Anteile enthält oder dieses nicht dem Verhältnis der übergehenden Vermögensteile zu dem vor der Spaltung bestehenden Vermögen entspricht.

3. Auswirkungen der Spaltung auf einen Sonderausweis i.S. des § 47 Abs. 1 Satz 1 Nr. 2 KStG und auf das verwendbare Eigenkapital der übernehmenden Körperschaft

Gl.15

Die nach dem Aufteilungsschlüssel ermittelten anteiligen Teilbeträge des verwendbaren Eigenkapitals einschließlich eines evtl. vorhandenen Sonderausweises i.S. des § 47 Abs. 1 Satz 1 Nr. 2 KStG der übertragenden Körperschaft sind den entsprechenden Beträgen der übernehmenden Körperschaft hinzuzurechnen. Im Fall der Abspaltung verringern sich die Teilbeträge des verwendbaren Eigenkapitals und ein Sonderausweis bei der übertragenden Körperschaft entsprechend. Für die Prüfung, ob ein Sonderausweis i.S. des § 47 Abs. 1 Satz 1 Nr. 2 KStG bei der übernehmenden Körperschaft, im Fall der Abspaltung auch bei der übertragenden Körperschaft neu gebildet werden muss oder ob sich ein bereits bestehender Sonderausweis infolge der Spaltung verändert, sind gegenüberzustellen:

Gl.16

a) das Nennkapital der jeweiligen Körperschaft nach der Spaltung, gekürzt um bare Zuzahlungen anlässlich der Spaltung, um Sacheinlagen der Gesellschafter, die nach dem Umwandlungsgesetz zulässig sind, und um denjenigen Teil des Nennkapitals, der aus Rücklagen entstanden ist, die vor der Spaltung zu dem Teilbetrag i.S. des § 30 Abs. 2 Nr. 3 oder 4 KStG (EK 03, EK 04) gehört haben,

Gl.17

b) bei der übertragenden Körperschaft der rechnerische Anteil am Nennkapital vor der Spaltung und

Gl.18

c) bei der übernehmenden Körperschaft die Summe der Nennkapitalien der beteiligten Körperschaften vor der Vermögensübernahme (bei Spaltung ist das Nennkapital der übertragenden Körperschaft anteilig anzusetzen, § 38a Abs. 2 Satz 2 KStG).

Beispiel: (Abspaltung)

a) Sachverhalt

Die A-GmbH unterhält zwei Teilbetriebe. In ihrer Steuerbilanz sind vor der Abspaltung folgende Werte ausgewiesen:

Teilbetrieb 1	400.000 DM	Nennkapital	600.000 DM
Teilbetrieb 2	600.000 DM	Rücklagen	400.000 DM

Die gemeinen Werte der beiden Teilbetriebe sind gleich hoch (Aufteilungsschlüssel 1 : 1).

Das verwendbare Eigenkapital der A-GmbH
lt. Gliederungsrechnung (EK 45) beträgt 600.000 DM
Bisheriger gesondert festgestellter Betrag
i.S. des § 47 Abs. 1 Satz 1 Nr. 2 KStG (Sonderausweis) 200.000 DM

Der Teilbetrieb 2 wird gemäß § 123 Abs. 2 Nr. 1 UmwG durch Übertragung auf die bestehende B-GmbH abgespalten.

In der Steuerbilanz der B-GmbH sind vor der Spaltung folgende Werte ausgewiesen:

Aktiva	200.000 DM	Nennkapital	100.000 DM
		Rücklagen	100.000 DM

Das verwendbare Eigenkapital der B-GmbH
lt. Gliederungsrechnung (EK 45) beträgt   100.000 DM

b) Steuerbilanzen der beteiligten Körperschaften nach der Spaltung

Ausgehend von der Übertragungsbilanz der A-GmbH und von der Steuerbilanz der B-GmbH auf den Schluss des vorangegangenen Wirtschaftsjahrs würden sich auf den Zeitpunkt unmittelbar nach der Spaltung und der Vermögensübertragung folgende (fiktive) Steuerbilanzen ergeben:

A-GmbH

Aktiva		Nennkapital	200.000 DM
(1.000.000 – 600.000)	400.000 DM	Rücklagen	200.000 DM

B-GmbH

Aktiva		Nennkapital	600.000 DM
(200.000 + 600.000)	800.000 DM	Rücklagen	200.000 DM

Umwandlungssteuererlass v. 25.03.1998

c) Auswirkungen der Spaltung auf verwendbares Eigenkapital und Sonderausweis der übertragenden A-GmbH

Verwendbares Eigenkapital der A-GmbH

	DM	Summe der Teilbeträge (DM)	EK 45 (DM)	EK 04 (DM)	Sonderausweis i.S. des § 47 Abs. 1 Satz 1 Nr. 2 KStG (DM)
Bestände vor der Spaltung		600.000	600.000		200.000
Übergang auf die B-GmbH (§ 38a Abs. 1 KStG)		-300.000	-300.000		-100.000
Verbleibende Beträge		300.000	300.000		100.000
Angleichung der Nennkapitalsphäre:					
Maßgebliches Nennkapital nach der Spaltung	200.000				
Abzüglich rechnerischer Anteil am Nennkapital vor der Spaltung	-300.000				
Verringerung des Sonderausweises (§ 38a Abs. 2 i.V.m. § 38 Abs. 1 Satz 3 KStG)	+100.000				-100.000
Zwischensumme	0	300.000	300.000		0
Vergleich des verwendbaren Eigenkapitals lt. Gliederungsrechnung und lt. Steuerbilanz:					
Verwendbares Eigenkapital lt. Gliederungsrechnung nach der Spaltung	300.000				
Verwendbares Eigenkapital lt. fiktiver Steuerbilanz auf den Übertragungsstichtag	-200.000				
Unterschiedsbetrag gem. § 38 Abs. 1 Satz 4 KStG	100.000	-100.000		-100.000	
Bestände nach der Spaltung		200.000	300.000	-100.000	0

d) Auswirkungen der Spaltung auf verwendbares Eigenkapital und Sonderausweis der übernehmenden B-GmbH

Verwendbares Eigenkapital der B-GmbH

	DM	Summe der Teilbeträge (DM)	EK 45 (DM)	EK 04 (DM)	Sonderausweis i.S. des § 47 Abs. 1 Satz 1 Nr. 2 KStG (DM)
Bestände vor der Spaltung		100.000	100.000		0
Zurechnung der anteiligen Teilbeträge der übertragenen A-GmbH (§ 38a Abs. 1 KStG)		+300.000	+300.000		+100.000
Summe		400.000	400.000		100.000
Angleichung der Nennkapitalsphäre:					
Maßgebliches Nennkapital nach der Vermögensübernahme	600.000				
Nennkapital vor der Vermögensübernahme (bei der Spaltung ist das Nennkapital der Überträgerin anzusetzen)	-400.000				
Erhöhung des Sonderausweises	200.000				+200.000
Zwischensumme		400.000	400.000		300.000
Vergleich des zusammengefassten verwendbaren Eigenkapitals lt. Gliederungsrechnung und lt. Steuerbilanz:					
Verwendbares Eigenkapital lt. Gliederungsrechnung nach der Spaltung	400.000				
Abzüglich des zum verwendbaren Eigenkapital gehörenden Teils des Nennkapitals i.S. des § 29 Abs. 3 KStG	-300.000				
	100.000				
Abzüglich verwendbares Eigenkapital lt. fiktiver Steuerbilanz	-200.000				
Unterschiedsbetrag gemäß § 38 Abs. 1 Satz 4 KStG	-100.000	+100.000		+100.000	
Bestände nach der Spaltung		500.000	400.000	100.000	300.000

E. Auswirkungen der Umwandlung bei einer Gesellschafter-Fremdfinanzierung
I. Anwendung des § 8a KStG

Rz. 8a.01

Nach § 2 Abs. 1 UmwStG ist davon auszugehen, dass für die Ermittlung des Einkommens und des Vermögens der beteiligten Rechtsträger auch das Fremdkapital i.S. des § 8a KStG mit Ablauf des steuerlichen Übertragungsstichtags ganz oder teilweise auf den übernehmenden Rechtsträger übergegangen ist. Vergütungen für die Überlassung des übergegangenen Fremdkapitals werden ab dem Zeitpunkt des steuerlichen Vermögensübergangs dem übernehmenden Rechtsträger zugerechnet. Ist übernehmender Rechtsträger eine Körperschaft i.S. des § 8a KStG, sind ab diesem Zeitpunkt bei der steuerlichen Beurteilung die Grundsätze des § 8a KStG (vgl. BMF v. 15.12.1994, BStBl. I 1995 S. 25, 176) anzuwenden. § 8a KStG gilt für einen übertragenden Rechtsträger fort, wenn er nach Durchführung der Umwandlung weiter besteht (z.B. Abspaltung und Ausgliederung) und soweit Fremdkapital nicht übergegangen ist.

II. Berechnung des zulässigen Fremdkapitals

Rz. 8a.02

Maßgebend für die Berechnung des zulässigen Fremdkapitals ist nach § 8a Abs. 2 KStG das Eigenkapital der Kapitalgesellschaft in der Handelsbilanz zum Schluss des vorangegangenen Wirtschaftsjahrs (Rz. 28 BMF v. 15.12.1994, BStBl. I 1995 S. 25, 176). Der Vermögensübergang infolge der Umwandlung und auch der Übergang von Verbindlichkeiten wird zivilrechtlich erst im Zeitpunkt der Eintragung der Umwandlung in das Handelsregister wirksam (§ 20 Abs. 1 Nr. 1 und § 131 Abs. 1 Nr. 1 UmwG).

Rz. 8a.03

Führt die Umwandlung zu einer Neugründung, ergibt sich das Eigenkapital nach Vermögensübergang aus der handelsrechtlichen Eröffnungsbilanz des neuen Rechtsträgers. Für die Anwendung des § 8a KStG kann ausnahmsweise auf das Eigenkapital in der handelsrechtlichen Eröffnungsbilanz abgestellt werden (Rz. 29 BMF v. 15.12.1994, BStBl. I 1995 S. 25, 176). Dies gilt in den Fällen der Neugründung jedoch nicht, wenn der übertragende Rechtsträger fortbesteht (z.B. Aufspaltung oder Ausgliederung). Hier wird das im Rahmen der Umwandlung übertragene Vermögen regelmäßig noch in der dem Vermögensübergang vorangehenden Handelsbilanz ausgewiesen und nach § 8a Abs. 2 KStG bei dem übertragenden Rechtsträger für die Berechnung des zulässigen Fremdkapitals des folgenden Wirtschaftsjahrs zugrunde gelegt. Eine doppelte Inanspruchnahme des übertragenen Vermögens bei der Berechnung des zulässigen Fremdkapitals beim übertragenden und übernehmenden Rechtsträger ist ausgeschlossen. Ein Wahlrecht besteht nicht.

Rz. 8a.04

Wird die Umwandlung durch Aufnahme in einen bereits bestehenden Rechtsträger durchgeführt, erhöht sich das Eigenkapital laut Handelsbilanz zum Schluss des Wirtschaftsjahrs, in dem die Handelsregistereintragung erfolgt. Das durch die Umwandlung veränderte Eigenkapital des übernehmenden Rechtsträgers ist nach § 8a Abs. 2 KStG erst für das dem Wirtschaftsjahr der Eintragung der Umwandlung folgende Wirtschaftsjahr zu berücksichtigen.

Rz. 8a.05

Beteiligungen, die im Rahmen einer Umwandlung übertragen werden, sind bei einer Umwandlung zur Aufnahme erst in der Handelsbilanz zum Schluss des Wirtschaftsjahrs der Eintragung ins Handelsregister und bei Umwandlung durch Neugründung in der Eröffnungsbilanz des übernehmenden Rechtsträgers enthalten. Bei verbundenen Unternehmen ist in diesen Fällen für die Beurteilung des Vorliegens einer Holdinggesellschaft (§ 8a Abs. 4 Satz 1 und 2 KStG) und für die Eigenkapitalkürzung um die Buchwerte an Untergesellschaften (§ 8a Abs. 4 Satz 3 KStG) auf die Verhältnisse am Schluss des vorangegangenen Wirtschaftsjahrs oder in den Fällen der Neugründung auf die Verhältnisse im Zeitpunkt der Eröffnungsbilanz abzustellen.

III. Herstellung des ursprünglichen Eigenkapitals

Rz. 8a.06

Ist das Eigenkapital einer Kapitalgesellschaft vorübergehend durch einen Jahresfehlbetrag gemindert, kann das ursprüngliche Eigenkapital i.S. des § 8a Abs. 2 Satz 3 KStG durch eine Eigenkapitalmehrung in den drei auf das Verlustjahr folgenden Wirtschaftsjahren durch Jahresüberschüsse oder durch Einlagen (Rz. 34 BMF v. 15.12.1994, BStBl. I 1995 S. 25, 176) wiederhergestellt werden. Wird eine Kapitalgesellschaft umgewandelt, deren Eigenkapital vorübergehend durch einen Jahresfehlbetrag gemindert ist, kann die Wiederherstellung des ursprünglichen Eigenkapitals innerhalb der Dreijahresfrist durch Jahresüberschüsse oder durch Einlagen der übernehmenden Kapitalgesellschaft erfolgen. Eine vor der Umwandlung bei dem übernehmenden Rechtsträger bestehende Eigenkapitalminderung kann durch den Vermögensübergang im Rahmen der Umwandlung ausgeglichen werden, soweit dadurch nicht lediglich Beteiligungen zwischen verbundenen Unternehmen wegfallen.

Teil 2: Einbringung

1. Abschnitt: Einbringung in eine Kapitalgesellschaft gegen Gewährung von Gesellschaftsanteilen

Zu § 20 UmwStG: Bewertung des eingebrachten Betriebsvermögens und der Gesellschaftsanteile

I. Anwendungsbereich (§ 20 Abs. 1, 7, 8 UmwStG)

Rz. 20.01

Die Einbringung von Betriebsvermögen in eine Kapitalgesellschaft ist aus ertragsteuerlicher Sicht ein veräußerungs- bzw. tauschähnlicher Vorgang, bei dem die übernehmende Kapitalgesellschaft als Gegenleistung für das eingebrachte Betriebsvermögen neue Gesellschaftsanteile gewährt.

Urteil des BFH v. 17.09.2003, I R 97/02:[116]

Bei der Verschmelzung einer Personengesellschaft auf eine Kapitalgesellschaft gegen Gewährung von Gesellschaftsanteilen an der übernehmenden Gesellschaft handelt es sich auch nach Maßgabe des § 20 UmwStG 1995 um einen tauschähnlichen und damit entgeltlichen Vorgang. Bei der Einbringung anfallende Grunderwerbsteuer gehört bei der übernehmenden Gesellschaft deshalb zu den aktivierungspflichtigen Anschaffungsnebenkosten.

---

116) Vgl. BFH v. 17.09.2003, I R 97/02, BStBl. II 2004 S. 686. Zu den Rechtsausführungen der Vorinstanz vgl. FG Köln v. 05.09.2002, 13-K-5561/01, EFG 2002 S. 339.

Umwandlungssteuererlass v. 25.03.1998

Urteil des BFH v. 16.06.2004, X R 34/03: [117]
Bei der Übertragung der Wirtschaftsgüter im Rahmen der Begründung der Betriebsaufspaltung handelt es sich nicht um eine Betriebseinbringung i.S. des § 20 UmwStG 1995.

1. Zivilrechtliche Formen der Einbringung
Rz. 20.02
Einbringungen i.S. von § 20 UmwStG können stattfinden
a) im Wege der Gesamtrechtsnachfolge
   aa) durch Verschmelzung von Personenhandelsgesellschaften auf eine bereits bestehende oder neu gegründete Kapitalgesellschaft (vgl. § 2, § 3 Abs. 1 Satz 1 UmwG);
   bb) durch Aufspaltung und Abspaltung von Vermögensteilen einer Personenhandelsgesellschaft auf eine bereits bestehende oder neu gegründete Kapitalgesellschaft (vgl. § 123 Abs. 1 und 2 UmwG);
   cc) durch Ausgliederung von Vermögensteilen eines Einzelkaufmanns, einer Personenhandelsgesellschaft, einer Kapitalgesellschaft oder eines sonstigen sowohl in § 1 Abs. 1 KStG als auch in § 124 Abs. 1, 2. Alternative, § 3 Abs. 1 UmwG genannten Rechtsträgers auf eine bereits bestehende oder neu gegründete Kapitalgesellschaft;
b) im Wege des Formwechsels einer Personenhandelsgesellschaft in eine Kapitalgesellschaft nach § 190 UmwG. Der Formwechsel wird steuerlich wie ein Rechtsträgerwechsel behandelt (vgl. § 25 UmwStG);
c) im Wege der Einzelrechtsnachfolge
   aa) durch Sacheinlage i.S. von § 5 Abs. 4 GmbHG bzw. § 27 AktG bei der Gründung einer Kapitalgesellschaft oder
   bb) durch Sachkapitalerhöhung aus Gesellschaftermitteln (vgl. § 56 GmbHG, §§ 183, 194, 205 AktG) bei einer bestehenden Kapitalgesellschaft. Die Anwachsung (§ 738 BGB, § 142 HGB) wird ertragsteuerlich als Unterfall der Einzelrechtsnachfolge behandelt;
d) im Rahmen des § 23 UmwStG ggf. in sonstigen durch ausländisches Recht bestimmten Formen.

2. Gegenleistung, Gewährung neuer Anteile
Rz. 20.03
Voraussetzung für die Anwendung der §§ 20 - 23, 25 UmwStG ist, dass die Gegenleistung der übernehmenden Kapitalgesellschaft für das eingebrachte Vermögen zumindest zum Teil in neuen Gesellschaftsanteilen besteht. Neben den Gesellschaftsanteilen können auch andere Wirtschaftsgüter gewährt werden (vgl. § 20 Abs. 2 Satz 5, Abs. 4 Satz 2 UmwStG). Die Möglichkeit, das eingebrachte Betriebsvermögen teilweise statt durch Ausgabe neuer Anteile durch Zuführung zu den offenen Rücklagen zu belegen, bleibt unberührt (vgl. § 272 Abs. 2 Nr. 4 HGB, § 30 Abs. 2 Nr. 4 KStG).

Beispiel:
Die GmbH bilanziert die Sacheinlage mit 20.000 DM. Als Gegenleistung gewährt sie neue Gesellschaftsrechte im Nennwert von 15.000 DM (vgl. § 5 Abs. 1 Halbsatz 2, §

---

[117] Vgl. BFH v. 16.06.2004, X R 34/03, BStBl. II 2005 S. 378. Zu den Rechtsausführungen der Vorinstanz vgl. FG Düsseldorf v. 11.08.2003, 7-K-1200/02, EFG 2003 S. 1598.

56 GmbHG) und einen Spitzenausgleich in bar von 4.000 DM. Der Restbetrag von 1.000 DM wird den Kapitalrücklagen zugewiesen.

Rz. 20.04

Mangels Gewährung neuer Anteile ist die verdeckte Einlage keine Einbringung i.S. von § 20 UmwStG; ebenfalls nicht die sog. verschleierte Sachgründung oder verschleierte Sachkapitalerhöhung (vgl. BFH v. 01.07.1992, BStBl. II 1993 S. 131). Ein Fall des § 20 UmwStG ist auch dann nicht gegeben, wenn eine GmbH & Co. KG durch Ausscheiden der Kommanditisten und Anwachsung ihrer Anteile gemäß § 738 BGB, § 142 HGB[118] auf die Komplementär-GmbH umgewandelt wird, ohne dass die Kommanditisten einen Ausgleich in Form neuer Gesellschaftsrechte an der GmbH erhalten. Zu dem Verhältnis zwischen §§ 20 ff. UmwStG und der sog. Tauschrechtsprechung des BFH vgl. BMF-Schreiben v. 15.02.1995, BStBl. I 1995.[119]

3. Beteiligte der Einbringung

Rz. 20.05

Einbringende i.S. des § 20 UmwStG können prinzipiell natürliche Personen und alle in § 1 Abs. 1 KStG aufgeführten Körperschaften, Personenvereinigungen und Vermögensmassen sein. Bei der Einbringung eines Betriebs gewerblicher Art ist die juristische Person des öffentlichen Rechts Einbringende. Wird Betriebsvermögen einer Personengesellschaft eingebracht, so sind als Einbringende i.S. des § 20 UmwStG stets die Gesellschafter (Mitunternehmer) der Personengesellschaft anzusehen und nicht die Personengesellschaft selbst (vgl. auch BFH v. 16.02.1996, BStBl. II 1996 S. 342 für den Fall der Einbringung mehrerer Mitunternehmeranteile). Das gilt auch dann, wenn lediglich ein Teilbetrieb und nicht das gesamte Betriebsvermögen der Personengesellschaft eingebracht wird. Daher sind die Voraussetzungen insbesondere des § 20 Abs. 3 und des § 20 Abs. 5 Satz 1 UmwStG stets gesellschafterbezogen zu prüfen. Dessen ungeachtet ist bei der Ausgliederung von Vermögensteilen einer Personenhandelsgesellschaft in eine Kapitalgesellschaft der als Gegenleistung gewährte Gesellschaftsanteil dem Gesamthandsvermögen der Personenhandelsgesellschaft zuzurechnen.

Rz. 20.06

Übernehmende Kapitalgesellschaft i.S. von § 20 Abs. 1 Satz 1 UmwStG ist eine GmbH, eine AG oder eine KGaA mit Sitz oder Geschäftsleitung im Inland (vgl. § 1 Abs. 1 Nr. 1 KStG).

__Verfügung der OFD Magdeburg v. 06.10.1999:__[120]

Zu der Frage, ob § 20 UmwStG im Billigkeitswege über seinen Wortlaut hinaus auch auf die Einbringung von Betriebsvermögen in eine Genossenschaft als aufnehmenden Rechtsträger angewendet werden kann, nehme ich unter Bezugnahme auf das Ergebnis der Erörterung des Bundesministeriums der Finanzen mit den obersten Finanzbehörden der Länder wie folgt Stellung:

Der § 20 Abs. 2 Satz 1 UmwStG sieht als aufnehmenden Rechtsträger ausschließlich eine unbeschränkt körperschaftsteuerpflichtige Kapitalgesellschaft vor. Daher ist der § 20 UmwStG auf eine Einbringung in eine Genossenschaft als aufnehmenden Rechtsträger nicht anwendbar.

---

118) § 142 HGB aufgehoben durch Artikel 3 HRefG v. 22.06.1998 (BGBl. I 1998 S. 1474).
119) Vgl. auch Rz. 18 ff. des BMF-Schreibens v. 09.02.1998, IV B 2 - S 1909 - 5/98, BStBl. I 1998 S. 163. Die Anwendung der sog. Tauschrechtsprechung ist ab dem VZ 1999 durch die Änderung des § 6 Abs. 5 EStG i.d.F. des Gesetzes v. 24.03.1999 (BGBl. I 1999 S. 402) ausgeschlossen.
120) OFD Magdeburg, Verfügung v. 06.10.1999, S 1978c - 3 - St 232, DB 1999 S. 2240..

Die Einbeziehung von Genossenschaften als aufnehmende Gesellschaften ist im Übrigen auch deshalb nicht möglich, weil Genossenschaftsanteile eine an die Person des Genossen gebundene Mitgliedschaft in der Genossenschaft begründen und deshalb nicht an Dritte veräußert werden können. Genossenschaftsanteile können deshalb Anteilen an Kapitalgesellschaften nicht gleichgestellt werden. Die Anwendung des § 21 UmwStG würde wegen der mangelnden Veräußerbarkeit der Anteile ausscheiden. Damit könnte die Besteuerung nach § 21 UmwStG nicht sichergestellt werden.

Allerdings hat der BFH in seinem Urteil v. 26.10.1989 (IV R 355/84, BFH/NV 1991 S. 292) darauf hingewiesen, die Finanzverwaltung werde zu prüfen haben, ob Anlass für eine Billigkeitsmaßnahme bestehe, da die stillen Reserven des Betriebs sich in den Genossenschaftsanteilen der Kläger fortsetzten. Mit dieser Argumentation müsste jedoch für jede Einbringung in eine steuerpflichtige Körperschaft die Anwendung des § 16 EStG im Billigkeitswege modifiziert werden. Das könnte nur dann zulässig sein, wenn insoweit eine vom Gesetzgeber nicht erkannte Regelungslücke vorläge.

Es war aber in Vorbereitung auf die Neufassung des UmwStG 1995 bewusster Wille des Gesetzgebers, Genossenschaften nicht neben Kapitalgesellschaften als aufnehmende Gesellschaften zuzulassen.

Da der Gesetzgeber die Regelung der §§ 20 und 21 UmwStG 1995 nicht auf diese Fälle ausgedehnt hat, kann von einer unbewussten Regelungslücke nicht ausgegangen werden. Somit kommt eine analoge Anwendung der §§ 20, 21 UmwStG 1995 auf eine Einbringung in eine Genossenschaft im Billigkeitswege nicht in Betracht.

Rz. 20.07

Bei EU-Einbringungsfällen i.S. von § 23 UmwStG bestehen hinsichtlich des Einbringenden und der übernehmenden Kapitalgesellschaft Besonderheiten (vgl. § 23 UmwStG).

4. Gegenstand der Einbringung

Verfügung des Bayerischen Landesamtes für Steuern v. 06.03.2006: [121]

Nach dem Ergebnis der Sitzung ESt VII/05, TOP 8 reicht es im Rahmen der Anwendung des § 20 UmwStG für die Übertragung von Wirtschaftsgütern auf die aufnehmende Kapitalgesellschaft aus, dass dieser das wirtschaftliche Eigentum an den Wirtschaftsgütern verschafft wird. Die Übertragung auch des zivilrechtlichen Eigentums ist nicht zwingend notwendig.

Es gelten die allgemeinen bilanzsteuerrechtlichen Grundsätze. Ist mindestens die Voraussetzung des Vorliegens wirtschaftlichen Eigentums bei der aufnehmenden Kapitalgesellschaft erfüllt, sind die übertragenen Wirtschaftsgüter bei dieser zu bilanzieren. Damit ist dem steuerlichen Erfordernis der Übertragung der Wirtschaftsgüter auf den übernehmenden Rechtsträger Rechnung getragen.

Wann vom Vorliegen wirtschaftlichen Eigentums auszugehen ist, ist im jeweiligen Einzelfall nach den allgemeinen für die Annahme wirtschaftlichen Eigentums (§ 39 Abs. 2 Nr. 1 AO) geltenden Grundsätzen zu entscheiden.

Diese Grundsätze gelten gleichermaßen in Fällen der Einbringung von Wirtschaftsgütern in eine Personengesellschaft im Rahmen des § 24 UmwStG.

---

121) Bayerisches Landesamt für Steuern, Verfügung v. 06.03.2006, S 1978c - 6 St32/St33, FR 2006 S. 391.

a) Betriebe, Teilbetriebe
Rz. 20.08

Die Einbringung eines Betriebs oder Teilbetriebs i.S. von § 20 UmwStG liegt nur vor, wenn alle Wirtschaftsgüter, die wesentliche Betriebsgrundlagen des Betriebs oder Teilbetriebs bilden, in die Kapitalgesellschaft mit eingebracht werden; es genügt nicht, der Kapitalgesellschaft diese Wirtschaftsgüter nur zur Nutzung zu überlassen. Dies gilt auch für solche dem Betrieb oder Teilbetrieb einer Personengesellschaft dienende Wirtschaftsgüter, die nur einem Gesellschafter gehören (Sonderbetriebsvermögen I), vgl. BFH v. 16.02.1996, BStBl. II S. 342. Zu den Begriffen „Teilbetrieb" und „wesentliche Betriebsgrundlage" wird auf die zu § 16 EStG ergangene Rechtsprechung und R 139 EStR 1996[122] verwiesen. Bei der Einbringung eines Betriebs oder Teilbetriebs sind auch die dazugehörenden Anteile an Kapitalgesellschaften mit einzubringen, sofern diese wesentliche Betriebsgrundlagen des Betriebs oder Teilbetriebs sind.

In den Fällen mit Auslandsberührung vgl. die Ausführungen zu § 3 UmwStG Rz. 03.05 und Rz. 03.09.

Urteil des BFH v. 16.02.1996, I R 183/94:[123]

Die Einbringung einer Personengesellschaft in eine Kapitalgesellschaft i.S.v. § 20 UmwStG 1977 setzt voraus, dass auch die bisher dem Sonderbetriebsvermögen eines Gesellschafters (Mitunternehmers) zuzurechnenden Wirtschaftsgüter zivilrechtlich auf die aufnehmende Gesellschaft übergehen.

Werden solchen Wirtschaftsgüter bei der Einbringung vom Gesellschafter (Mitunternehmer) zurückbehalten und bleiben sie bei diesem im Rahmen einer Betriebsaufspaltung weiterhin Betriebsvermögen, so hat dieser Vorgang keine Gewinnauswirkung. Dem Gesellschafter bleibt nicht die Wahl, stattdessen die in den zurückbehaltenen Wirtschaftsgütern ruhenden stillen Reserven aufzudecken und zu versteuern.

Schreiben des BMF v. 16.08.2000:[124]

Nach dem BFH-Urteil v. 02.10.1997 (IV R 84/96, BStBl. II 1998 S. 104) setzt die steuerbegünstigte Veräußerung oder Aufgabe eines Betriebs, Teilbetriebs oder Anteils eines Mitunternehmers nach den §§ 16 Abs. 1, 34 EStG voraus, dass alle wesentlichen Betriebsgrundlagen des Betriebs in einem einheitlichen Vorgang veräußert oder entnommen werden. Zu den wesentlichen Grundlagen eines Betriebs gehören nach diesem Urteil im Zusammenhang mit einer Betriebsveräußerung oder -aufgabe in der Regel auch solche Wirtschaftsgüter, die funktional gesehen für den Betrieb, Teilbetrieb oder Mitunternehmeranteil nicht erforderlich sind, in denen aber erhebliche stille Reserven gebunden sind. Zweck der §§ 16 Abs. 1, 34 EStG ist es, eine „zusammengeballte" Realisierung der über die Zeit entstandenen, gesammelten stillen Reserven nicht dem ungemilderten Einkommenstarif zu unterwerfen. Gemäß diesem Gesetzeszweck ist der Begriff der wesentlichen Betriebsgrundlage im Rahmen des § 16 EStG nach Auffassung des BFH anders auszulegen als im Rahmen der übrigen Vorschriften und Rechtsinstitute, in denen er eine Rolle spielt. Er ist hier quantitativ und nicht lediglich funktional zu verstehen, wie dies z.B. bei der Anwendung von § 6 Abs. 3 EStG, §§ 15 und 20 UmwStG der Fall ist. Demgemäß hat der BFH im Urteil v. 24.08.1989 (IV R 135/86, BStBl. II 1989 S. 1014) darauf hingewiesen, dass er lediglich bei der Betriebsveräußerung oder Betriebsaufgabe Wirtschaftsgüter wegen des Umfangs ihrer stillen Reserven als wesentliche Betriebsgrundlage ansehe. Angesichts des Erfordernisses einer normspezifischen Auslegung muss die Rechtsprechung, derzufolge im Rahmen des § 16 EStG

---

122) Entspricht R 139 EStR 1998 - 2003 und R 16 EStR 2005.
123) BFH v. 16.02.1996, I R 183/94, BStBl. II 1996 S. 342.
124) BMF, Schreiben v. 16.08.2000, IV C 2 - S 1909 - 23/00, BStBl. I 2000 S. 1253.

auch funktional unbedeutende Wirtschaftsgüter wegen des Umfangs ihrer stillen Reserven als wesentliche Betriebsgrundlagen anzusehen sind, als gesichert betrachtet werden.

Unter Bezugnahme auf das Ergebnis der Erörterung mit den obersten Finanzbehörden der Länder nehme ich zur Frage des Begriffs der wesentlichen Betriebsgrundlage im Rahmen der §§ 15 und 20 UmwStG wie folgt Stellung:

In Übereinstimmung mit dem BFH-Urteil v. 02.10.1997 (BStBl. II 1998 S. 104) ist ein Wirtschaftsgut im Rahmen der Anwendung der §§ 15 und 20 UmwStG nicht schon allein deshalb eine wesentliche Betriebsgrundlage, weil in ihm erhebliche stille Reserven ruhen (funktionale Betrachtungsweise). Für den Fall der Einbringung von Betriebsvermögen einer Personengesellschaft nach § 20 UmwStG gilt dieser Grundsatz darüber hinaus unabhängig davon, ob das betreffende Wirtschaftsgut bisher zum Gesamthandsvermögen der Personengesellschaft, zum Sonderbetriebsvermögen I oder zum Sonderbetriebsvermögen II gehört hat. Das Vorhandensein erheblicher stiller Reserven (quantitative Betrachtungsweise) ist aber dann entscheidend, wenn natürliche Personen an der Einbringung beteiligt sind und die aufnehmende Kapitalgesellschaft die Wirtschaftsgüter gemäß § 20 Abs. 4 UmwStG mit dem Teilwert ansetzt, weil es sich in diesem Fall um eine echte Betriebsveräußerung i.S. des § 16 EStG handelt und gemäß § 20 Abs. 5 Satz 1 und 2 UmwStG in diesem Fall die §§ 16, 34 EStG Anwendung finden.

Rz. 15.02 und Rz. 20.08 Satz 3 des UmwSt-Erlasses v. 25.03.1998, worin für den Begriff der wesentlichen Betriebsgrundlage umfassend auf die zu § 16 EStG ergangene Rechtsprechung sowie auf R 139 EStR 1996 verwiesen wird, sind insoweit überholt.

Rz. 20.09

Die Zurückbehaltung wesentlicher Betriebsgrundlagen hat zur Folge, dass die im eingebrachten Vermögen ruhenden stillen Reserven aufzudecken und zu versteuern sind; die Grundsätze zur Überführung von Wirtschaftsgütern im Rahmen einer Betriebsaufspaltung bleiben unberührt. Werden wesentliche Betriebsgrundlagen im zeitlichen und wirtschaftlichen Zusammenhang mit der Einbringung in ein anderes Betriebsvermögen überführt, so ist die Anwendung des BFH-Urteils v. 19.03.1991 (BStBl. II 1991 S. 635) sowie der Grundsatz des § 42 AO zu prüfen.

Rz. 20.10

Bei der Einbringung zurückbehaltene Wirtschaftsgüter sind grundsätzlich als entnommen zu behandeln mit der Folge der Versteuerung der in ihrem Buchwert enthaltenen stillen Reserven, es sei denn, dass die Wirtschaftsgüter weiterhin Betriebsvermögen sind. Dies gilt auch für Wirtschaftsgüter, die keine wesentlichen Betriebsgrundlagen des eingebrachten Betriebs oder Teilbetriebs bilden, und für Wirtschaftsgüter, die dem Sonderbetriebsvermögen eines Gesellschafters zuzurechnen sind. Zur Anwendung der Tarifvergünstigung nach § 34 EStG vgl. BFH v. 25.09.1991, BStBl. II 1992 S. 406; zum Entnahmezeitpunkt vgl. BFH v. 28.04.1988, BStBl. II 1988 S. 829.

Urteil des BFH v. 07.07.1998, VIII R 5/96:[125]

Wird ein Einzelunternehmen gegen Gewährung von Gesellschaftsanteilen in eine GmbH eingebracht, behält der Einbringende jedoch betrieblich begründete Verbindlichkeiten zurück, so können die auf die zurückbehaltenen Schulden entfallenden und gezahlten Zinsen Werbungskosten bei den Einkünften aus den erlangten GmbH-Anteilen sein. Unterschreitet der gemeine Wert der erlangten GmbH-Anteile den Wert der zurückbehaltenen Betriebsschulden, stellen die fortan entstehenden Schuldzinsen zum einen Teil Werbungskosten bei

---

125) Vgl. BFH v. 07.07.1998, VIII R 5/96, BStBl. II 1999 S. 209. Zu den Rechtsausführungen der Vorinstanz vgl. FG Düsseldorf v. 26.08.1994, 18-K-33/88 E, EFG 1996 S. 971.

den Einkünften aus Kapitalvermögen und zum anderen Teil nachträgliche Betriebsausgaben im Zusammenhang mit dem ehemaligen Einzelunternehmen des Einbringenden dar.

Rz. 20.11

Gehören zum Betriebsvermögen des eingebrachten Betriebs oder Teilbetriebs Anteile an der übernehmenden Kapitalgesellschaft, so werden diese Anteile, wenn sie in die Kapitalgesellschaft miteingebracht werden, zu sog. eigenen Anteilen der Kapitalgesellschaft. Der Erwerb eigener Anteile durch eine Kapitalgesellschaft unterliegt handelsrechtlichen Beschränkungen. Soweit die Anteile an der Kapitalgesellschaft miteingebracht werden, würde der Einbringende dafür als Gegenleistung neue Anteile an der Kapitalgesellschaft erhalten. Bei dieser Situation ist es nicht zu beanstanden, wenn die Anteile an der Kapitalgesellschaft nicht miteingebracht werden. Die zurückbehaltenen Anteile an der Kapitalgesellschaft gelten in diesem Fall nicht als entnommen. Sie sind künftig als Anteile zu behandeln, die durch eine Sacheinlage erworben worden sind. Es ist dementsprechend auch für sie § 21 UmwStG anzuwenden.

b) Mitunternehmeranteile

Rz. 20.12

Die Grundsätze der vorstehenden Rz. 20.08 bis 20.11 gelten sinngemäß auch für die Einbringung von Mitunternehmeranteilen.

Rz. 20.13

Die Einbringung eines Mitunternehmeranteils i.S. von § 20 Abs. 1 UmwStG ist auch dann anzunehmen, wenn ein Mitunternehmer einer Personengesellschaft nicht seinen gesamten Anteil an der Personengesellschaft, sondern nur einen Teil dieses Anteils in eine Kapitalgesellschaft einbringt.

Rz. 20.14

§ 20 UmwStG gilt auch für die Einbringung von Mitunternehmeranteilen, die zu dem Betriebsvermögen eines Betriebs gehören. Werden mehrere zu einem Betriebsvermögen gehörende Mitunternehmeranteile eingebracht, so liegt hinsichtlich eines jeden Mitunternehmeranteils ein gesonderter Einbringungsvorgang vor. Wird auch der Betrieb eingebracht, zu dessen Betriebsvermögen der oder die Mitunternehmeranteile gehören, so sind die Einbringung des Betriebs und die Einbringung des bzw. der Mitunternehmeranteile jeweils als gesonderte Einbringungsvorgänge zu behandeln.

c) Mehrheitsvermittelnde Anteile an Kapitalgesellschaften

Rz. 20.15

Mehrheitsvermittelnde Anteile an Kapitalgesellschaften i.S. von § 20 Abs. 1 Satz 2 UmwStG liegen vor, wenn die übernehmende Gesellschaft nach der Einbringung unmittelbar die Mehrheit der Stimmrechte an der Gesellschaft hat, deren Anteile eingebracht werden. Begünstigt ist sowohl der Fall, dass eine Mehrheitsbeteiligung erst durch den Einbringungsvorgang entsteht, als auch der Fall, dass eine zum Umwandlungsstichtag bereits bestehende Mehrheitsbeteiligung weiter aufgestockt wird. Es genügt, wenn mehrere Personen Anteile einbringen, die nicht einzeln, sondern nur insgesamt die Voraussetzungen des § 20 Abs. 1 Satz 2 UmwStG erfüllen, sofern die Einbringungen auf einem einheitlichen Gründungs- oder Kapitalerhöhungsvorgang beruhen.

Umwandlungssteuererlass v. 25.03.1998

Beispiele:
a) die Y-AG erwirbt von A 51 v.H. der Anteile an der X-GmbH, an der die Y-AG bislang noch nicht beteiligt war;
b) die Y-AG erwirbt von B 10 v.H. der Anteile an der X-GmbH, an der die Y-AG bereits 51 v.H. hält;
c) die Y-AG hält bereits 40 v.H. der Anteile an der X-GmbH. Im Rahmen eines einheitlichen Kapitalerhöhungsvorgangs bringen C und D jeweils weitere 6 v.H. der Anteile an der X-GmbH ein.

Rz. 20.16
§ 20 UmwStG erfasst grundsätzlich auch den Fall der Einbringung einer im Privatvermögen gehaltenen wesentlichen Beteiligung an einer Kapitalgesellschaft. Dies ergibt sich aus der Verweisung auf § 17 Abs. 3 EStG in § 20 Abs. 5 Satz 2 UmwStG. Auf Rz. 21.04 wird hingewiesen.

Rz. 20.17
Die einzubringenden Anteile können auch an einer nicht unbeschränkt körperschaftsteuerpflichtigen Kapitalgesellschaft bestehen.

5. Zeitpunkt der Einbringung (§ 20 Abs. 7, 8 UmwStG)

Rz. 20.18
Die Einbringung i.S. von § 20 UmwStG wird steuerlich grundsätzlich zu dem Zeitpunkt wirksam, in dem das wirtschaftliche Eigentum an dem eingebrachten Vermögen auf die Kapitalgesellschaft übergeht. Die Übertragung des wirtschaftlichen Eigentums erfolgt regelmäßig zu dem im Einbringungsvertrag vorgesehenen Zeitpunkt des Übergangs von Nutzungen und Lasten.

Verfügung des Bayerischen Landesamtes für Steuern v. 06.03.2006:[126]

Nach dem Ergebnis der Sitzung ESt VII/05, TOP 8 reicht es im Rahmen der Anwendung des § 20 UmwStG für die Übertragung von Wirtschaftsgütern auf die aufnehmende Kapitalgesellschaft aus, dass dieser das wirtschaftliche Eigentum an den Wirtschaftsgütern verschafft wird. Die Übertragung auch des zivilrechtlichen Eigentums ist nicht zwingend notwendig.

Es gelten die allgemeinen bilanzsteuerrechtlichen Grundsätze. Ist mindestens die Voraussetzung des Vorliegens wirtschaftlichen Eigentums bei der aufnehmenden Kapitalgesellschaft erfüllt, sind die übertragenen Wirtschaftsgüter bei dieser zu bilanzieren. Damit ist dem steuerlichen Erfordernis der Übertragung der Wirtschaftsgüter auf den übernehmenden Rechtsträger Rechnung getragen.

Wann vom Vorliegen wirtschaftlichen Eigentums auszugehen ist, ist im jeweiligen Einzelfall nach den allgemeinen für die Annahme wirtschaftlichen Eigentums (§ 39 Abs. 2 Nr. 1 AO) geltenden Grundsätzen zu entscheiden.

Diese Grundsätze gelten gleichermaßen in Fällen der Einbringung von Wirtschaftsgütern in eine Personengesellschaft im Rahmen des § 24 UmwStG.

Rz. 20.19
Abweichend von den vorstehenden Grundsätzen darf der steuerliche Übertragungsstichtag gemäß § 20 Abs. 7, 8 UmwStG auf Antrag der übernehmenden Kapitalgesellschaft um bis zu acht Monate zurückbezogen werden. Für den Formwechsel einer Personenhandelsgesell-

---

[126] Bayerisches Landesamt für Steuern, Verfügung v. 06.03.2006, S 1978c - 6 St32/St33, FR 2006 S. 391.

schaft in eine Kapitalgesellschaft gelten nach § 25 Satz 1 UmwStG die Rückbeziehungsmöglichkeiten des § 20 Abs. 7, Abs. 8 Satz 1 und 2 entsprechend. Der Zeitpunkt des Übergangs des eingebrachten Betriebsvermögens i.S. von § 20 Abs. 8 Satz 3 UmwStG ist der Zeitpunkt, zu dem das wirtschaftliche Eigentum übergeht. Die Voraussetzungen des Teilbetriebs oder der mehrheitsvermittelnden Beteiligung i.S. des § 20 Abs. 1 Satz 2 UmwStG müssen bereits im Zeitpunkt des Beschlusses über die Spaltung und im Zeitpunkt des Abschlusses des Einbringungsvertrages vorgelegen haben. Die Rückbeziehung nach § 20 Abs. 7, 8 UmwStG hat zur Folge, dass auch die als Gegenleistung für das eingebrachte Vermögen gewährten Gesellschaftsanteile mit Ablauf des steuerlichen Übertragungsstichtags dem Einbringenden zuzurechnen sind.

Urteil des FG Nürnberg v. 12.02.1998 (rechtskräftig), I V 218/96:[127]

Mit rechtskräftigem Urteil hat das FG entschieden, dass die rückwirkende Einbringung des Teilbetriebs auf den steuerlichen Übertragungsstichtag gem. § 20 Abs. 8 UmwStG 1995 auch für die bewertungsrechtliche Zurechnungsfeststellung als maßgebend anzusehen ist, weil diese Vorschrift eine ausdrückliche gesetzliche Durchbrechung des bewertungsrechtlichen Stichtagsprinzips (§ 22 Abs. 4 Satz 3 Nr. 1 BewG) enthält. Die Rückbeziehung der Zurechnungsfeststellung gilt auch uneingeschränkt für die Grundsteuer.

Verfügung der OFD Hannover v. 15.10.1998:[128]

Gemäß § 20 Abs. 7 Satz 1 UmwStG ist bei der Einbringung eines Betriebs oder Teilbetriebs in eine Kapitalgesellschaft gegen Gewährung von Gesellschaftsanteilen das Einkommen und das Vermögen des Einbringenden und der übernehmenden Kapitalgesellschaft auf Antrag so zu ermitteln, als ob das eingebrachte Betriebsvermögen mit Ablauf des steuerlichen Übertragungsstichtags auf die Übernehmerin übergegangen wäre. Der steuerliche Übertragungsstichtag darf dabei bis zu acht Monate vor dem Tage des Abschlusses des Einbringungsvertrags liegen (§ 20 Abs. 8 Satz 3 UmwStG).

In einer beim FG Nürnberg anhängigen Klage war strittig, ob in einem derartigen Umwandlungsfall der Stichtag für die Zurechnung der mitübertragenen Grundstücke nach dem Datum des Vertragsabschlusses oder nach dem steuerlichen Übertragungsstichtag zu bestimmen ist. Mit rechtskräftigem Urteil v. 12.02.1998 (IV 218/96, EFG 1998 S. 922) hat das FG entschieden, dass die rückwirkende Einbringung des Teilbetriebs auf den steuerlichen Übertragungsstichtag gem. § 20 Abs. 8 UmwStG auch für die bewertungsrechtliche Zurechnungsfeststellung als maßgebend anzusehen sei, weil diese Vorschrift eine ausdrückliche gesetzliche Durchbrechung des bewertungsrechtlichen Stichtagsprinzips (§ 22 Abs. 4 Satz 3 Nr. 1 BewG) enthalte. Die Rückbeziehung der Zurechnungsfeststellung gilt nach der finanzgerichtlichen Entscheidung auch uneingeschränkt für die Grundsteuer.

Ich bitte, in gleichgelagerten Fällen nach diesem FG-Urteil zu verfahren.

Rz. 20.20

Vom Zeitpunkt der (steuerlichen) Wirksamkeit der Einbringung an geht die Besteuerung des eingebrachten Betriebs usw. von dem Einbringenden auf die übernehmende Kapitalgesellschaft über. Zum Verhältnis zwischen steuerlicher Rückwirkungsfiktion und Rückbeziehung gesellschaftsrechtlicher Wirkungen vgl. die Ausführungen zu § 2 UmwStG Rz. 02.08.

Rz. 20.21

Die Rückbeziehung hat nicht zur Folge, dass auch Verträge, die die Kapitalgesellschaft mit einem Gesellschafter abschließt, insbesondere Dienstverträge, Miet- und Pachtverträge und

---

127) Vgl. FG Nürnberg v. 12.02.1998 (rechtskräftig), IV 218/96, EFG 1998 S. 922.
128) OFD Hannover, Verfügung v. 15.10.1998, S 3106 - 111 - StH 267 / S 3106 - 91 - StO 251, Bew-Kartei § 22 BewG Karte 9.

Darlehensverträge, als bereits im Zeitpunkt der Einbringung abgeschlossen gelten. Ab wann derartige Verträge der Besteuerung zugrunde gelegt werden können, ist nach den allgemeinen Grundsätzen zu entscheiden. Werden die Anteile an einer Personengesellschaft eingebracht und sind Vergütungen der Gesellschaft an einen Mitunternehmer bislang gemäß § 15 Abs. 1 Satz 1 Nr. 2 EStG dem Gewinnanteil des Gesellschafters zugerechnet worden, so führt die steuerliche Rückbeziehung der Einbringung dazu, dass § 15 Abs. 1 Satz 1 Nr. 2 EStG bereits im Rückwirkungszeitraum auf die Vergütungen der Gesellschaft nicht mehr anwendbar ist. Die Vergütungen sind Betriebsausgaben der Kapitalgesellschaft, soweit sie als angemessenes Entgelt für die Leistungen des Gesellschafters anzusehen sind; Leistungen der Gesellschaft, die über ein angemessenes Entgelt hinausgehen, sind Entnahmen, für die § 20 Abs. 7 Satz 3 UmwStG gilt.

Die vorstehenden Grundsätze gelten nicht für einen Mitunternehmer, soweit er im Rückwirkungszeitraum aus der Gesellschaft ausscheidet, weil er insoweit seinen Mitunternehmeranteil nicht einbringt.

Rz. 20.22
Eine analoge Anwendung des § 2 Abs. 3 UmwStG kommt auch in den Fällen des § 20 Abs. 7 Satz 1 UmwStG in Betracht, wenn die Regelung des § 20 Abs. 7 Satz 1 UmwStG zu einer vorzeitigen oder doppelten Erfassung von Vermögenswerten führen würde.

II. Bewertung durch die übernehmende Kapitalgesellschaft (§ 20 Abs. 2, 3 UmwStG)

1. Inhalt und Einschränkungen des Bewertungswahlrechts

Rz. 20.23
Gemäß § 20 Abs. 2 Satz 1 und 6 UmwStG kann die Kapitalgesellschaft das eingebrachte Betriebsvermögen mit Buchwerten, Teilwerten oder mit zwischen den Buchwerten und Teilwerten liegenden Werten (Zwischenwerten) ansetzen. Der Ansatz des eingebrachten Betriebsvermögens mit einem niedrigeren Wert als dem bisherigen Buchwert ist nicht zulässig. Zu den Begriffen Buchwert, Teilwert und Zwischenwert vgl. Rz. 22.05, 22.08. und 22.11.

Rz. 20.24
Nach § 20 Abs. 3 UmwStG hat die übernehmende Kapitalgesellschaft das eingebrachte Betriebsvermögen mit dem Teilwert anzusetzen, wenn das Besteuerungsrecht der Bundesrepublik Deutschland hinsichtlich des Gewinns aus einer Veräußerung der dem Einbringenden gewährten Gesellschaftsanteile im Zeitpunkt der Sacheinlage ausgeschlossen ist. Ob ein inländisches Besteuerungsrecht hinsichtlich der Gesellschaftsanteile besteht, richtet sich vornehmlich nach den einschlägigen zwischenstaatlichen Abkommen zur Vermeidung der Doppelbesteuerung (DBA). Ein inländisches Besteuerungsrecht wird im Allgemeinen auch dann gegeben sein, wenn der Einbringende zwar weder Wohnsitz noch gewöhnlichen Aufenthalt im Inland hat, aber eine Betriebsstätte im Inland unterhält und die ihm als Einbringenden gewährten Anteile dieser Betriebsstätte zuzurechnen sind. Ein inländisches Besteuerungsrecht ist auch gegeben, wenn die Bundesrepublik Deutschland eine Doppelbesteuerung nach Maßgabe des einschlägigen DBA durch Anrechnung der ausländischen Steuer statt durch Steuerfreistellung vermeidet.

Rz. 20.25
Ein Zwang zum Ansatz von Zwischenwerten kann sich nach § 20 Abs. 2 Satz 4 oder 5 UmwStG ergeben. Das eingebrachte Betriebsvermögen darf auch durch Entnahmen während des Rückbeziehungszeitraums nicht negativ werden; deshalb ist eine Wertaufstockung nach § 20 Abs. 7 i.V.m. Abs. 2 Satz 4 UmwStG ggf. auch vorzunehmen, soweit das eingebrachte Betriebsvermögen ohne Aufstockung während des Rückwirkungszeitraums negativ würde.

2. Verhältnis zum Handelsrecht (§ 20 Abs. 2 Satz 2 UmwStG, § 5 Abs. 1 EStG)

Rz. 20.26

Bei der Anwendung des § 20 UmwStG ist der Maßgeblichkeitsgrundsatz des § 5 Abs. 1 Satz 2 EStG zu beachten. Danach ist das steuerliche Bewertungswahlrecht des § 20 Abs. 2 Satz 1 UmwStG in Übereinstimmung mit der handelsrechtlichen Jahresbilanz auszuüben. Mithin ist der Wert, mit dem das eingebrachte Betriebsvermögen in der Handelsbilanz der Kapitalgesellschaft angesetzt wird, grundsätzlich auch für den Wertansatz in der Steuerbilanz der Kapitalgesellschaft und damit für die Ermittlung des Veräußerungsgewinns sowie der Anschaffungskosten der Gesellschaftsanteile nach § 20 Abs. 4 UmwStG maßgebend (Wertverknüpfung), sofern der Wertansatz nicht gesetzlichen Vorschriften widerspricht (BFH v. 24.03.1983, BStBl. II 1984 S. 233).

Urteil des BFH v. 30.04.2003, I R 102/01: [129]

Wird ein Mitunternehmeranteil im Wege der Sachgründung in eine unbeschränkt körperschaftsteuerpflichtige Kapitalgesellschaft eingebracht und übernimmt die aufnehmende Kapitalgesellschaft die Mitunternehmerstellung des Einbringenden, so wird das Bewertungswahlrecht gemäß § 20 Abs. 2 UmwStG 1977 für die in dem Mitunternehmeranteil verkörperten Wirtschaftsgüter nicht in der Steuerbilanz der Kapitalgesellschaft, sondern in derjenigen der Personengesellschaft ausgeübt. Werden stille Reserven aufgedeckt, ist für die aufnehmende Kapitalgesellschaft eine Ergänzungsbilanz aufzustellen. Eine Bindung an den handelsbilanziellen Wertansatz für den eingebrachten Mitunternehmeranteil in der Eröffnungsbilanz der Kapitalgesellschaft besteht dabei nicht.

Rz. 20.27

Nach § 20 Abs. 2 Satz 2 UmwStG ist der Ansatz mit dem Buchwert für steuerliche Zwecke auch dann zulässig, wenn das eingebrachte Betriebsvermögen nach handelsrechtlichen Vorschriften mit einem höheren Wert angesetzt werden muss.

Beispiel:

A möchte sein Einzelunternehmen (Buchwert 20.000 DM, Teilwert 600.000 DM) in der Rechtsform einer GmbH fortführen.

Gemäß § 5 Abs. 1 GmbHG muss die GmbH bei der Gründung ein Mindeststammkapital von 50.000 DM ausweisen, was dazu führt, dass handelsrechtlich mindestens 30.000 DM stille Reserven der Sacheinlage aufgedeckt werden müssen. Ungeachtet des handelsrechtlichen Zwangs zur Höherbewertung ist hier gemäß § 20 Abs. 2 Satz 2 UmwStG steuerlich die Fortführung des Buchwerts von 20.000 DM möglich. In Höhe von 30.000 DM ist in diesem Fall in der Steuerbilanz der GmbH ein Ausgleichsposten auszuweisen.

Wählt A hingegen ein Stammkapital für die GmbH von 500.000 DM, so liegt in Höhe der Differenz zu dem Mindestkapital von 50.000 DM kein Zwang zur Höherbewertung aufgrund handelsrechtlicher Vorschrift i.S. von § 20 Abs. 2 Satz 2 UmwStG vor.

Der Ausgleichsposten, der in den Fällen des § 20 Abs. 2 Satz 2 UmwStG ausgewiesen werden muss, um den Ausgleich zur Handelsbilanz herbeizuführen, ist kein Bestandteil des Betriebsvermögens i.S. von § 4 Abs. 1 Satz 1 EStG, sondern ein bloßer „Luftposten"; er nimmt am Betriebsvermögensvergleich nicht teil. Er hat infolgedessen auch auf die spätere Auflösung und Versteuerung der im eingebrachten Betriebsvermögen enthaltenen stillen Reserven keinen Einfluss und ist auch später nicht aufzulösen oder abzuschreiben. Mindert sich die durch den Ausgleichsposten gedeckte Differenz zwischen der Aktiv- und der Passivseite

---

129 Vgl. BFH v. 30.04.2003, I R 102/01, II 2004 S. 804. Zu den Rechtsausführungen der Vorinstanz vgl. FG München v. 18.09.2001, 12-K-4528/98, EFG 2001 S. 151.

der Bilanz, insbesondere durch Aufdeckung stiller Reserven, so fällt der Ausgleichsposten in entsprechender Höhe erfolgsneutral weg. Bei der Anwendung des § 20 Abs. 4 UmStG sind Veräußerungspreis für den Einbringenden und Anschaffungskosten für die Kapitalgesellschaft der Betrag, mit dem das eingebrachte Betriebsvermögen in der Steuerbilanz angesetzt worden ist.

Rz. 20.28

Von einem handelsrechtlichen Zwang zur Höherbewertung i.S. von § 20 Abs. 2 Satz 2 UmwStG kann im Allgemeinen insbesondere auch dann ausgegangen werden, wenn der höhere Wertansatz der zutreffenden Darstellung der Beteiligungsverhältnisse dient.

Beispiel:

Das Stammkapital einer GmbH beträgt 10 Mio. DM. Wegen stiller Reserven in Höhe von 5 Mio. DM haben die Anteile insgesamt einen Wert von 15 Mio. DM. In die GmbH wird ein Betrieb eingebracht. Der Buchwert der eingebrachten Wirtschaftsgüter beträgt 1 Mio. DM, ihr Teilwert 5 Mio. DM.

Der Einbringende muss neue Geschäftsanteile mit einem Nennbetrag von 3,33 Mio. DM erhalten, da nur dann das von ihm eingebrachte Betriebsvermögen im Verhältnis zu dem bereits vor der Einbringung vorhandenen Vermögen nicht zu gering bewertet ist. Die GmbH muss infolgedessen ihr Stammkapital um 3,33 Mio. DM erhöhen und folglich in ihrer Handelsbilanz das eingebrachte Betriebsvermögen mindestens mit ebenfalls 3,33 Mio. DM bewerten.

In der Steuerbilanz der GmbH kann das eingebrachte Betriebsvermögen hingegen mit 1 Mio. DM bewertet werden. Dieser Betrag ist maßgebend für die Anwendung des § 20 Abs. 4 UmwStG. In Höhe von 2,33 Mio. DM ist in diesem Fall in der Steuerbilanz der GmbH ein Ausgleichsposten auszuweisen.

Rz. 20.29

Eine Übereinstimmung mit der Handelsbilanz ist auch dann nicht geboten, wenn das eingebrachte Betriebsvermögen im Zeitpunkt der Einbringung in der Steuerbilanz des Einbringenden zulässigerweise mit einem niedrigeren Wert ausgewiesen ist als in seiner Handelsbilanz. Das kann z.B. darauf beruhen, dass der Einbringende eine Steuervergünstigung in Anspruch genommen hat, die in der Handelsbilanz nicht berücksichtigt zu werden brauchte (z.B. Importwarenabschlag nach § 80 EStDV, Rechnungsabgrenzung nach § 4d Abs. 2 EStG; Bildung einer negativen Ergänzungsbilanz). In derartigen Fällen kann das eingebrachte Betriebsvermögen in die Steuerbilanz der Kapitalgesellschaft mit dem Wertansatz übernommen werden, der in der Steuerbilanz des Einbringenden (saldiert um Mehr- oder Minderwerte aus einer etwa vorhandenen Ergänzungsbilanz) im Zeitpunkt der Einbringung auszuweisen ist. Wird das eingebrachte Betriebsvermögen in der Handelsbilanz der Kapitalgesellschaft mit einem höheren Wert als in der Handelsbilanz des Einbringenden im Zeitpunkt der Einbringung ausgewiesen, so kann die Kapitalgesellschaft in ihrer Steuerbilanz das eingebrachte Betriebsvermögen gleichwohl mit dem Buchwert ansetzen, wenn die Voraussetzungen des § 20 Abs. 2 Satz 2 UmwStG erfüllt sind.

Beispiele:

a) Wertansatz des eingebrachten Betriebsvermögens beim Einbringenden vor der Einbringung
   in der Handelsbilanz 100.000 DM
   in der Steuerbilanz 80.000 DM
   Wertansatz des eingebrachten Betriebsvermögens in der Handelsbilanz der übernehmenden Kapitalgesellschaft 100.000 DM.

Die Kapitalgesellschaft kann in ihrer Steuerbilanz das eingebrachte Betriebsvermögen auch dann mit 80.000 DM ansetzen, wenn sie in ihre Handelsbilanz den Wertansatz des Einbringenden aus dessen Handelsbilanz übernimmt und für den Unterschiedsbetrag einen Ausgleichsposten von 20.000 DM bildet.

b) Setzt die Kapitalgesellschaft im Falle des Beispiels zu a) in ihrer Handelsbilanz das eingebrachte Betriebsvermögen mit 300.000 DM an, weil dieser Wert nach den handelsrechtlichen Vorschriften angesetzt werden muss, so kann gemäß § 20 Abs. 2 Satz 2 UmwStG in der Steuerbilanz das eingebrachte Betriebsvermögen mit 80.000 DM angesetzt und ein Ausgleichsposten in Höhe von 220.000 DM gebildet werden.

c) Setzt die Kapitalgesellschaft im Falle des Beispiels zu a) in ihrer Handelsbilanz das eingebrachte Betriebsvermögen mit 300.000 DM an, ohne dazu nach handelsrechtlichen Vorschriften verpflichtet zu sein, so kann sie das eingebrachte Betriebsvermögen in ihrer Steuerbilanz mit 280.000 DM ansetzen (Wertansatz in der Steuerbilanz des Einbringenden zuzüglich Aufstockungsbetrag). In diesem Falle ist ein Ausgleichsposten in Höhe von 20.000 DM zu bilden. Der Ausgleichsposten ist nach den oben dargelegten Grundsätzen zu behandeln.

3. Besonderheiten beim Formwechsel (§ 25 UmwStG)
Rz. 20.30

Handelsrechtlich ist der Formwechsel nur unter Buchwertfortführung möglich, weil § 24 des handelsrechtlichen UmwG im Fall des Formwechsels keine Anwendung findet. Infolge des Maßgeblichkeitsgrundsatzes nach § 5 Abs. 1 EStG sind daher in den Fällen des Formwechsels von einer Personengesellschaft in eine Kapitalgesellschaft auch steuerlich zwingend die Buchwerte fortzuführen.

Urteil des BFH v. 19.10.2005, I R 38/04:[130]

Handelsrechtlich beschränkt sich der Formwechsel nur auf eine Änderung der Rechtsform des Unternehmensträgers unter Wahrung der rechtlichen Identität, so dass handelsrechtlich beim Formwechsel zwingend die Buchwerte fortzuführen sind. Abweichend von der handelsrechtlichen Betrachtung wird der Vorgang steuerrechtlich wie eine Einbringung des Betriebsvermögens einer Personengesellschaft in eine Kapitalgesellschaft behandelt (§ 25 i.V.m. § 20 UmwStG 1995). Bei derartigen Einbringungsvorgängen hat die aufnehmende Kapitalgesellschaft das Wahlrecht, das übernommene Betriebsvermögen mit dem Buchwert, dem Teilwert oder einem Zwischenwert anzusetzen (§ 20 Abs. 2 UmwStG). Da für den Formwechsel gemäß § 25 UmwStG die Regeln über die Einbringung entsprechend anzuwenden sind, gilt dieses Wahlrecht auch für den Formwechsel.

Schreiben des BMF v. 04.07.2006:[131]

In dem BFH-Urteil v. 19.10.2005 (I R 38/04, BStBl. II 2006 S. 568) wird über eine formwechselnde Umwandlung einer Personengesellschaft (KG) in eine GmbH entschieden. Handelsrechtlich beschränkt sich der Formwechsel nur auf eine Änderung der Rechtsform des Unternehmensträgers unter Wahrung der rechtlichen Identität, so dass handelsrechtlich beim Formwechsel zwingend die Buchwerte fortzuführen sind. Abweichend von der handelsrechtlichen Betrachtung wird der Vorgang steuerrechtlich wie eine Einbringung des Betriebsvermögens einer Personengesellschaft in eine Kapitalgesellschaft behandelt (§ 25 i.V.m. § 20 UmwStG). Bei derartigen Einbringungsvorgängen hat die aufnehmende Kapitalgesellschaft das Wahlrecht, das übernommene Betriebsvermögen mit dem Buchwert, dem

---

130) Vgl. BFH v. 19.10.2005, I R 38/04, BStBl. II 2006 S. 568. Zu den Rechtsausführungen der Vorinstanz vgl. FG München v. 23.03.2004, 7-K-4036/01, EFG 2004 S. 1334.
131) BMF, Schreiben v. 04.07.2006, IV B 2 - S 1909 - 12/06, BStBl. I 2006 S. 445.

Teilwert oder einem Zwischenwert anzusetzen (§ 20 Abs. 2 UmwStG). Da für den Formwechsel gemäß § 25 UmwStG die Regeln über die Einbringung entsprechend anzuwenden sind, gilt dieses Wahlrecht auch für den Formwechsel. Dies hat der BFH in seinem Urteil v. 19.10.2005 (I R 38/04, BStBl. II 2006 S. 568) aus dem Wortlaut und auch aus der amtlichen Begründung des Regierungsentwurfs zu § 25 UmwStG (BT-Drs. 12/6885, § 25 UmwStG, S. 26) abgeleitet.

Die Finanzverwaltung hat demgegenüber in Rz. 20.30 des UmwSt-Erlasses v. 25.03.1998 die Auffassung vertreten, dass infolge des Grundsatzes der Maßgeblichkeit der Handelsbilanz für die Steuerbilanz nach § 5 Abs. 1 Satz 2 EStG in den Fällen des Formwechsels von einer Personengesellschaft in eine Kapitalgesellschaft auch steuerlich zwingend die Buchwerte fortzuführen sind. Unter Bezugnahme auf das Ergebnis der Erörterung mit den obersten Finanzbehörden der Länder nehme ich zur Anwendung des BFH-Urteils v. 19.10.2005 (I R 38/04, BStBl. II 2006 S. 568) wie folgt Stellung:

Die Grundsätze des genannten BFH-Urteils sind in allen noch offenen Fällen anzuwenden. Rz. 20.30 des UmwSt-Erlasses v. 25.03.1998 ist damit überholt.

Verfügung der OFD Frankfurt am Main v. 16.08.2006:[132]

Die Verfügung entspricht dem Schreiben des BMF v. 04.07.2006 (IV B 2 - S 1909 - 12/06, BStBl. I 2006 S. 445) mit folgendem Zusatz:

Es wird gebeten, die Auffassung zu vertreten, dass die Entscheidung über den Fall des Formwechsels nach § 25 UmwStG hinaus keine Auswirkung auf vergleichbare Regelungen (§§ 3, 11, 14 UmwStG) entfaltet.

4. Ausübung des Wahlrechts, Bindung, Bilanzberichtigung

Rz. 20.31

Das Bewertungswahlrecht nach § 20 Abs. 2 Satz 1 UmwStG ist als ausgeübt anzusehen, wenn die Kapitalgesellschaft die Steuererklärung für das Wirtschaftsjahr, in dem die Einbringung stattgefunden hat, einschließlich der zugehörigen Bilanz bei dem Finanzamt eingereicht hat (R 15 Abs. 2 EStR 1996)[133]. Aus der Bilanz oder der Steuererklärung muss sich ergeben, welchen Einbringungszeitpunkt die Kapitalgesellschaft wählt (vgl. Rz. 20.19), inwieweit die in dem eingebrachten Vermögen ruhenden stillen Reserven aufgelöst werden und mit welchem Wert die eingebrachten Wirtschaftsgüter und Schulden demnach anzusetzen sind.

Rz. 20.32

Für die Besteuerung der Kapitalgesellschaft und des Einbringenden ist ausschließlich die tatsächliche Bilanzierung durch die Kapitalgesellschaft maßgebend. Ob die Bilanzierung durch die Kapitalgesellschaft von etwaigen, mit dem Einbringenden getroffenen Vereinbarungen abweicht, ist steuerlich ohne Bedeutung. Bereits durchgeführte Veranlagungen des Einbringenden sind ggf. gemäß § 175 Abs. 1 Nr. 2 AO 1977 zu berichtigen.

Rz. 20.33

Da die Wahlrechtsausübung durch die Kapitalgesellschaft auch Auswirkungen auf die steuerlichen Verhältnisse des Einbringenden hat (vgl. § 20 Abs. 4 Satz 1, § 21 UmwStG), kann die Kapitalgesellschaft keine Bilanzänderung nach § 4 Abs. 2 Satz 2 EStG vornehmen (vgl. auch BFH v. 15.07.1976, BStBl. II 1976 S. 748, BFH v. 09.04.1981, BStBl. II 1981 S. 620).

---

132) OFD Frankfurt, Verfügung v. 16.08.2006, S 1978 A - 32 - St 52, BB 2006 S. 2130.
133) Entspricht R 15 Abs. 2 EStR 1998. Geändert durch R 15 Abs. 2 EStR 1999 sowie durch R 15 Abs. 2 EStR 2001. Vgl. jetzt R 4.4 Abs. 2 EStR 2005.

Rz. 20.34

Setzt die Kapitalgesellschaft das eingebrachte Betriebsvermögen mit dem Teilwert an und ergibt sich später, z.b. auf Grund einer Betriebsprüfung, dass die Teilwerte der eingebrachten Wirtschaftsgüter des Betriebsvermögens höher bzw. niedriger als die von der Kapitalgesellschaft angesetzten Werte sind, so sind die Bilanzwerte der Kapitalgesellschaft im Rahmen der allgemeinen Vorschriften grundsätzlich (vgl. Rz. 20.36) zu berichtigen. Der Bilanzberichtigung (vgl. § 4 Abs. 2 Satz 1 EStG) steht das Verbot der anderweitigen Wahlrechtsausübung im Wege der Bilanzänderung nicht entgegen. Denn das Wahlrecht bezieht sich nur auf die Möglichkeit, für alle Wirtschaftsgüter entweder den Teilwert oder den Buchwert oder einen Zwischenwert anzusetzen. Hat die Kapitalgesellschaft sich für den Ansatz der Teilwerte entschieden, die Teilwerte jedoch nicht richtig ermittelt, so können infolgedessen die Teilwerte im Rahmen der allgemeinen Vorschriften berichtigt werden. Veranlagungen des Einbringenden sind ggf. gemäß § 175 Abs. 1 Nr. 2 AO zu korrigieren. Zur Behandlung von Steuernachforderungen vgl. die Ausführungen zu § 3 UmwStG Rz. 03.15.

Rz. 20.35

Eine Bilanzberichtigung ist jedoch nicht möglich, wenn nicht klar zum Ausdruck gekommen ist, dass der Teilwert angesetzt werden soll.

Beispiel:

Die Kapitalgesellschaft hat das eingebrachte Betriebsvermögen, dessen Buchwert 500.000 DM betrug, mit einem Wert von 1 Mio. DM angesetzt, ohne dass erkennbar ist, dass es sich bei diesem Wert um den Teilwert handeln soll. Beträgt der Teilwert – wie später festgestellt wird – 1,2 Mio. DM, so bleibt die Kapitalgesellschaft an den Wertansatz von 1 Mio. DM gebunden. Der Vorgang ist als Einbringung zu Zwischenwerten zu beurteilen. Die Folge hiervon ist u.a. die Entstehung einbringungsgeborener Anteile i.S. von § 21 UmwStG bei dem Einbringenden, vgl. Rz. 21.01 bis 21.05.

Rz. 20.36

Hat die Kapitalgesellschaft aber in unmissverständlicher Weise, z.B. durch eine entsprechende Bilanzerläuterung, zum Ausdruck gebracht, dass es sich bei den von ihr angesetzten Werten um die Teilwerte handeln soll, so muss, wenn sich diese Wertansätze später als unrichtig erweisen, im Rahmen der allgemeinen Vorschriften eine Bilanzberichtigung durchgeführt werden; die Veranlagung des Einbringenden ist gemäß § 175 Abs. 1 Satz 1 Nr. 2 AO zu ändern. Ist allerdings der als Teilwert ausgegebene Wertansatz offenkundig zu niedrig, so ist die abweichende Erklärung der Kapitalgesellschaft unbeachtlich und der Vorgang muss als Einbringung zu Zwischenwerten behandelt werden.

III. Besteuerung des Einbringungsgewinns (§ 20 Abs. 4 bis 6 UmwStG)

Rz. 20.37

Setzt die Kapitalgesellschaft Teilwerte oder Zwischenwerte an, so ist der beim Einbringenden entstehende Gewinn nach § 20 Abs. 4 bis 6 UmwStG i.V.m. den für die Veräußerung des Einbringungsgegenstandes geltenden allgemeinen Vorschriften (insbesondere § 15, § 16 Abs. 1 Nr. 1 Halbsatz 2, § 17 oder § 23 EStG oder § 21 UmwStG) zu versteuern.

Rz. 20.38

Auf den Einbringungsgewinn ist auch die Vorschrift des § 6b EStG anzuwenden, soweit der Gewinn auf begünstigte Wirtschaftsgüter im Sinne dieser Vorschrift entfällt. Auf § 34 Abs. 1 Satz 4 EStG wird hingewiesen.

Umwandlungssteuererlass v. 25.03.1998

Rz. 20.39

Nach § 34 EStG begünstigt ist auch der Gewinn aus der Auflösung steuerfreier Rücklagen (vgl. BFH v. 17.10.1991, BStBl. II 1991 S. 392).

Rz. 20.40

Zur Stundungsmöglichkeit nach § 20 Abs. 6 i.V.m. § 21 Abs. 2 Satz 3 ff. UmwStG für den Fall des zwingenden Teilwertansatzes nach § 20 Abs. 3 UmwStG vgl. Rz. 21.10.

VI. Besonderheiten bei Pensionszusagen zugunsten von einbringenden Mitunternehmern

1. Behandlung bei der Personengesellschaft

Rz. 20.41

Zur Behandlung bei der Personengesellschaft vgl. R 41 Abs. 8 EStR 1996[134].

2. Behandlung bei der Kapitalgesellschaft

Rz. 20.42

Die Übernahme der Pensionsverpflichtung durch die Kapitalgesellschaft ist eine zusätzlich zu der Ausgabe neuer Anteile gewährte Gegenleistung i.S. des § 20 Abs. 2 Satz 5, Abs. 4 Satz 2 UmwStG, die das Bewertungswahlrecht nach § 20 Abs. 2 UmwStG grundsätzlich nicht ausschließt.

Beispiel:

Der Buchwert des eingebrachten Betriebsvermögens beträgt 100, der Teilwert beträgt 300. Der für die Leibrentenverpflichtung nach den Grundsätzen der Rz. 20.43 anzusetzende Wert beträgt 30.

Will die Kapitalgesellschaft das eingebrachte Betriebsvermögen mit dem Buchwert ansetzen, so können, da die Leibrentenverpflichtung mit 30 zu passivieren ist, neue Anteile mit einem Nennwert von 70 ausgegeben werden.

Will die Kapitalgesellschaft das eingebrachte Betriebsvermögen mit dem Teilwert ansetzen, so können, da auch in diesem Fall die Leibrentenverpflichtung mit 30 zu passivieren ist, neue Anteile mit einem Nennwert von 270 ausgegeben werden.

Die Möglichkeit, das eingebrachte Betriebsvermögen (teilweise) statt durch Ausgabe neuer Anteile durch Zuführung zu den offenen Rücklagen zu belegen, bleibt unberührt (vgl. Rz. 20.03).

Rz. 20.43

Die Leibrentenverpflichtung muss nach § 6 Abs. 1 Nr. 3 EStG mit ihrem Teilwert im Zeitpunkt der Einbringung (Barwert der künftigen Leistungen) bewertet werden.

Rz. 20.44

Wird der frühere Mitunternehmer Arbeitnehmer der Kapitalgesellschaft und gilt die Pensionszusage auch für die aufgrund dieses Arbeitsverhältnisses geleisteten Dienste, so hat die nach der Einbringung erbrachte Arbeitsleistung keinen Einfluss auf den Teil der Zusage, der als Teil der Gegenleistung für die Einbringung zu behandeln ist. Soweit die Pensionszusage die aufgrund des Arbeitsverhältnisses mit der Kapitalgesellschaft geleisteten Dienste abgilt, ist steuerlich von einer „neuen" Pensionszusage und einem Beginn des Dienstverhältnisses im Zeitpunkt der Einbringung auszugehen.

---

134) Erstmals weggefallen in EStR 1998.

Rz. 20.45

In den vorbezeichneten Fällen ist davon auszugehen, dass im Versorgungsfall die Leistungen teilweise aufgrund der im Zusammenhang mit der Einbringung übernommenen Leibrentenverpflichtung, teilweise aufgrund des Arbeitsverhältnisses der Kapitalgesellschaft mit dem Gesellschafter zu erbringen sind. Die zugesagte Leistung ist in dem Verhältnis aufzuteilen, in dem die Zeit vom Beginn des Dienstverhältnisses mit der Personengesellschaft bis zur Einbringung zu der Zeit von der Einbringung bis zum voraussichtlichen Eintritt des Versorgungsfalls steht.

Beispiel:

Die Personengesellschaft erteilt einem Mitunternehmer eine Pensionszusage, wonach ein Altersruhegeld von monatlich 1.500 DM ab Vollendung des 65. Lebensjahres zu zahlen ist. Bei Beginn des Dienstverhältnisses mit der Personengesellschaft war der Gesellschafter 35 Jahre alt. Bei der Einbringung ist der Gesellschafter 45 Jahre alt.

Bei der Ermittlung des Teilwerts der als Teil der Gegenleistung für das eingebrachte Betriebsvermögen zu behandelnden Pensionszusage gemäß § 6 Abs. 1 Nr. 3 EStG ist davon auszugehen, dass die Kapitalgesellschaft eine Leibrente in Höhe von monatlich 10/30 von 1.500 DM = 500 DM zahlen muss. Für die Bildung der Pensionsrückstellung nach § 6a EStG ist von einem Altersruhegeld von 1.000 DM und von einem Beginn des Dienstverhältnisses im Zeitpunkt der Einbringung auszugehen.

Erhöhungen der zugesagten Versorgungsleistungen nach der Einbringung sind als Teil der nach § 6a EStG zu behandelnden Pensionszusage anzusehen.

3. Behandlung beim begünstigten Gesellschafter

Rz. 20.46

Die von der Kapitalgesellschaft übernommene Pensionszusage ist ein sonstiges Wirtschaftsgut, das dem aus der Zusage berechtigten Gesellschafter zusätzlich zu den neuen Anteilen gewährt wird. Die Anschaffungskosten dieser Anteile sind daher nach § 20 Abs. 4 Satz 2 UmwStG um den gemeinen Wert der Pensionszusage (Barwert der künftigen Leistungen) zu kürzen. Für die Ermittlung des gemeinen Werts der Zusage gelten die Ausführungen unter Rz. 20.43 entsprechend. In dem Beispiel zu Rz. 20.41 betragen die Anschaffungskosten der neuen Anteile i.S. des § 20 Abs. 4 UmwStG 100 - 30 = 70.

Rz. 20.47

Die Pensionszahlungen sind zum Teil Einkünfte aus Leibrenten (§ 22 Nr. 1 Buchstabe a) EStG), zum Teil nachträgliche Einkünfte aus nichtselbständiger Arbeit (§ 19, § 24 Nr. 2 EStG), wenn der frühere Mitunternehmer Arbeitnehmer der Kapitalgesellschaft wird und die Pensionszusage auch für die aufgrund des Dienstverhältnisses mit der Kapitalgesellschaft geleisteten Dienste gilt. Für die Aufteilung gelten die Grundsätze unter Rz. 20.45 entsprechend. Wird der frühere Mitunternehmer nicht Arbeitnehmer der Kapitalgesellschaft, so sind die Pensionszahlungen in Höhe des Ertragsanteils Einkünfte aus Leibrenten (§ 22 Nr. 1 Buchstabe a) EStG).

Zu § 21 UmwStG: Besteuerung des Anteilseigners

I. Allgemeines

Rz. 21.01

Setzt die Kapitalgesellschaft Buchwerte oder Zwischenwerte an, so ist auf die gewährten Gesellschaftsanteile (sog. einbringungsgeborene Anteile) § 21 UmwStG anzuwenden.

Rz. 21.02

Die Veräußerung eines einbringungsgeborenen Anteils sowie die nach § 21 Abs. 2 Satz 1 UmwStG gleichgestellten Tatbestände sind auch dann steuerpflichtig, wenn die Anteile nicht nach allgemeinen Vorschriften, insbesondere nach § 17 EStG, steuerverstrickt sind. Sind Anteile sowohl nach § 21 UmwStG als auch nach § 17 EStG steuerverstrickt, so geht die Anwendung des § 21 UmwStG der des § 17 EStG vor.

Urteil des BFH v. 29.03.2000, I R 22/99:[135]

Als Veräußerungs- oder Aufgabegewinn für sog. einbringungsgeborene Anteile an einer GmbH gilt jener Betrag, um den der gemeine Wert der Anteile nach Abzug der Veräußerungs- oder Aufgabekosten die Anschaffungskosten gemäß § 20 Abs. 4 UmwStG 1995 übersteigt. Nachträgliche Anschaffungskosten sind zu berücksichtigen.

Rz. 21.03

§ 21 UmwStG gilt auch für Gesellschaftsanteile, die schon vor dem Inkrafttreten des Umwandlungssteuergesetzes 1969 durch die Einbringung eines Betriebs, Teilbetriebs oder Mitunternehmeranteils in eine Kapitalgesellschaft gegen Gewährung von Gesellschaftsrechten an der übernehmenden Kapitalgesellschaft entstanden sind, sofern bei der Einbringung die stillen Reserven des eingebrachten Betriebsvermögens einschließlich eines Geschäftswerts nicht voll realisiert worden sind (vgl. BFH v. 26.01.1977, BStBl. II 1977 S. 283).

Rz. 21.04

Die Einbringung von im Privatvermögen gehaltenen Anteilen, die weder nach § 23 EStG noch nach § 17 EStG noch nach § 21 UmwStG steuerverstrickt sind, führt nicht zur Entstehung einbringungsgeborener Anteile, weil die unmittelbare Veräußerung der Anteile ebenfalls nicht zu einer Steuerpflicht führen würde.

Rz. 21.05

§ 21 UmwStG ist auch dann anzuwenden, wenn einbringungsgeborene Anteile von einer Gesamthandsgemeinschaft veräußert werden. Werden die Anteile von einer Gesamthandsgemeinschaft veräußert, an der außer natürlichen auch juristische Personen beteiligt sind, so ist nur bezüglich des auf die natürlichen Personen entfallenden Gewinnanteils § 34 Abs. 1 EStG anzuwenden.

II. Gewinnverwirklichung ohne Veräußerung (§ 21 Abs. 2 UmwStG)

Rz. 21.06

In den Fällen des § 21 Abs. 2 UmwStG tritt für die Ermittlung des Veräußerungsgewinns an die Stelle des Veräußerungspreises der gemeine Wert der Anteile. Für die Ermittlung des gemeinen Werts der Anteile findet § 11 BewG keine Anwendung; es gilt insoweit § 9 Abs. 2 BewG.

Urteil des BFH v. 29.03.2000, I R 22/99:[136]

Als Veräußerungs- oder Aufgabegewinn für sog. einbringungsgeborene Anteile an einer GmbH gilt jener Betrag, um den der gemeine Wert der Anteile nach Abzug der Veräußerungs- oder Aufgabekosten die Anschaffungskosten gemäß § 20 Abs. 4 UmwStG übersteigt. Nachträgliche Anschaffungskosten sind zu berücksichtigen.

---

135) BFH v. 29.03.2000, I R 22/99, BStBl. II 2000 S. 508. Zu den Rechtsausführungen der Vorinstanz vgl. Niedersächsisches FG v. 13.01.1999, II 319/96, EFG 1999 S. 431.
136) BFH v. 29.03.2000, I R 22/99, BStBl. II 2000 S. 508. Zu den Rechtsausführungen der Vorinstanz vgl. Niedersächsisches FG v. 13.01.1999, II 319/96, EFG 1999 S. 431.

Rz. 21.07

Durch die Anwendung einer der Nummern des § 21 Abs. 2 Satz 1 UmwStG verlieren die Anteile die Steuerverstrickung nach § 21 UmwStG. § 21 Abs. 1 und 2 UmwStG gilt auch für den Fall, dass sich ein Verlust ergibt.

Rz. 21.08

Wird ein Antrag i.S. des § 21 Abs. 2 Satz 1 Nr. 1 UmwStG gestellt, so ist der gemeine Wert nach den Verhältnissen im Zeitpunkt der Antragstellung zu ermitteln; eine Rückbeziehung auf einen früheren Zeitpunkt ist nicht möglich. Für die Bearbeitung des Antrags ist das Wohnsitzfinanzamt des Anteilseigners zuständig (vgl. auch BFH v. 05.03.1986, BStBl. II 1986 S. 625). Durch die Antragsbesteuerung nach § 21 Abs. 2 Satz 1 Nr. 1 UmwStG beginnt die Spekulationsfrist des § 23 EStG nicht neu zu laufen. War der einbringungsgeborene Anteil der Antragsbesteuerung zugeführt worden, so schließt das die Anwendung des § 17 EStG auf die spätere Veräußerung des Anteils nicht aus.

Urteil des BFH v. 31.05.2005, I R 28/04:[137]

Entgegen der Rechtsauffassung der Vorinstanz (FG Düsseldorf v. 11.02.2004, 7-K-2917/02, EFG 2004 S. 1175) kommt der BFH zu dem Ergebnis, dass ein Antrag auf Entstrickung einbringungsgeborener Anteile nach § 21 Abs. 2 Satz 1 Nr. 1 UmwStG 1995 im Regelfall nicht widerrufen oder zurückgenommen werden kann.

Urteil des FG Baden-Württemberg v. 20.03.2003 (Revision anhängig unter VIII R 1/05), 6-K 187/01:[138]

Wird ein Antrag auf Steuerentstrickung nach § 21 Abs. 2 Satz 1 Nr. 2 UmwStG 1995 gestellt und liegt eine wesentliche Beteiligung vor, berührt die Antragsbesteuerung nicht die weiterhin bestehende Steuerverstrickung nach § 17 EStG.

Mit der Gewinnrealisierung wird der Buchwert bzw. werden die Anschaffungskosten der bisher einbringungsgeborenen Anteile bei dem Anteilseigner entsprechend erhöht.

Die Steuerverhaftung der einbringungsgeborenen Geschäftsanteile hindert nicht, bei der Feststellung, dass eine Beteiligung i.S. des § 17 EStG gegeben ist, die einbringungsgeborenen und die sonstigen Anteile zusammenzurechnen.

Urteil des FG Düsseldorf v. 11.02.2004 (Revision unter I R 28/04), 7-K-2917/02 E:[139]

Der Antrag auf Entstrickung einbringungsgeborener Anteile kann nach dem maßgeblichen Gesetzeswortlaut bis zur Bestandskraft des den Veräußerungsgewinn ausweisenden Einkommensteuerbescheides zurückgenommen werden.

Verfügung der OFD Koblenz v. 13.01.2003:[140]

Nach § 21 Abs. 2 Satz 1 Nr. 1 UmwStG findet bei sog. einbringungsgeborenen Anteilen eine Aufdeckung der stillen Reserven statt, wenn der Anteilseigner dies beantragt. Mit Eingang des Antrags bei dem Finanzamt wird der Antrag grundsätzlich wirksam, d.h. auf diesen Stichtag gelten die Anteile als veräußert. Der Anteilseigner kann in dem Antrag auch einen zukünftigen Zeitpunkt bestimmen. Eine Rückbeziehung des Antrags auf einen Tag vor dem

---

137) Vgl. BFH v. 31.05.2005, I R 28/04, BStBl. II 2005 S. 643. Zu den Rechtsausführungen der Vorinstanz vgl. FG Düsseldorf v. 11.02.2004, 7-K-2917/02 E, EFG 2004 S. 1175.
138) Vgl. FG Baden-Württemberg v. 20.03.2003 (Revision anhängig unter VIII R 1/05), 6-K-187/01. Siehe auch FG Baden-Württemberg v. 20.03.2003 (Revision anhängig unter VIII R 2/05), 6-K-188/01.
139) Vgl. FG Düsseldorf v. 11.02.2004 (Revision unter I R 28/04), 7-K-2917/02 E, EFG 2004 S. 1175.
140) OFD Koblenz, Verfügung v. 13.01.2003, S 1978 A, DB 2003 S. 180. Ebenso OFD Karlsruhe, Verfügung v. 01.09.2003, S 1978, ESt-Kartei BW UmwStG Nr. 6.1.

Eingang des Antrags bei dem Finanzamt ist nicht möglich (Rz. 21.08 des UmwSt-Erlasses v. 25.03.1998).

Zu der Frage, ob ein solcher Antrag widerrufen werden kann, bitte ich folgende Auffassung zu vertreten:

Der Antrag nach § 21 Abs. 2 Satz 1 Nr. 1 UmwStG kann nicht widerrufen werden.

Der Antrag ist eine empfangsbedürftige Willenserklärung, die grundsätzlich mit ihrem Zugang bei dem Finanzamt wirksam wird. Damit treten gem. § 21 Abs. 2 Satz 1 Nr. 1 i.V.m. Abs. 1 UmwStG die gleichen Rechtsfolgen ein, als hätte der Anteilseigner die Anteile mit Wirksamkeit des Antrags zum gemeinen Wert veräußert.

Der Antrag nach § 21 Abs. 2 Satz 1 Nr. 1 UmwStG ist Tatbestandsmerkmal. Er stellt kein steuerliches Wahlrecht dar, bei dem in Steuergesetz für einen bestimmten Tatbestand – ausnahmsweise – mehr als eine Rechtsfolge vorsieht und es dem Steuerpflichtigen überlassen bleibt, sich für eine dieser Rechtsfolgen zu entscheiden, vielmehr verwirklicht erst der Antrag den Sachverhalt, an den das Gesetz die Leistungspflicht knüpft (Gleichstellung der Rechtsfolgen mit denen einer Veräußerung).

Der durch die Antragstellung verwirklichte Sachverhalt (Veräußerung der Anteile zum gemeinen Wert) kann nicht mehr zurückgenommen oder widerrufen werden, da mit der Antragstellung der Anspruch aus dem Steuerschuldverhältnis nach § 38 AO entstanden ist und eine rückwirkende Gestaltung des Sachverhalts mit steuerrechtlicher Wirkung gesetzlich nicht vorgesehen ist.

Nur in den Fällen, in denen der Antrag für einen zukünftigen Zeitpunkt gestellt worden ist, der nach dem Eingang des Antrags beim zuständigen Finanzamt liegt, kann er noch bis zu dem Zeitpunkt zurückgenommen werden, in dem er wirken soll.

Auch die Grundsätze von Treu und Glauben begründen kein Widerrufsrecht des Steuerpflichtigen.

Rz. 21.09

Bei der Anwendung des § 21 Abs. 2 Satz 1 Nr. 3 UmwStG ist – ebenso wie im Rahmen des § 17 Abs. 4 EStG – der zu den Einnahmen i.S. des § 20 Abs. 1 Nr. 1 oder 2 EStG gehörende Teil der Bezüge auszusondern und der Besteuerung nach allgemeinen Vorschriften zu unterwerfen.

Rz. 21.10

Durch die Stundung nach § 21 Abs. 2 Satz 3 bis 6 UmwStG soll die Versteuerung des Veräußerungsgewinns in den Fällen erleichtert werden, in denen dem Steuerpflichtigen kein Veräußerungspreis zufließt. Die Stundung ist aber nicht mehr gerechtfertigt, sobald der Steuerpflichtige die Anteile vor Fälligkeit des letzten Teilbetrags veräußert. § 21 Abs. 2 Satz 5 UmwStG bestimmt daher, dass die Stundung mit dem Zeitpunkt der Veräußerung endet. Dies gilt nach § 21 Abs. 2 Satz 6 UmwStG entsprechend, wenn die Kapitalgesellschaft während des Stundungszeitraums aufgelöst und abgewickelt wird oder ihr Kapital herabgesetzt und an die Anteilseigner zurückgezahlt wird. Für die Frage der Sicherheitsleistung gelten die Grundsätze des § 222 AO.

III. Einbringungsgeborene Anteile in einem Betriebsvermögen

Rz. 21.11

§ 21 UmwStG gilt auch, wenn die einbringungsgeborenen Anteile zu einem Betriebsvermögen gehören. Dies kann sich zum Beispiel ergeben, wenn die einbringungsgeborenen Anteile dadurch entstanden sind, dass ein Teilbetrieb oder ein Anteil an einer Kapitalgesellschaft i.S. des § 20 Abs. 1 Satz 2 UmwStG aus dem Betriebsvermögen einer Personengesellschaft in die Kapitalgesellschaft eingebracht worden ist.

Rz. 21.12

Werden die einbringungsgeborenen Anteile später aus dem Betriebsvermögen entnommen, so ist auf den Entnahmegewinn § 6 Abs. 1 Nr. 4 EStG anzuwenden. Ist bereits vorher der Antrag nach § 21 Abs. 2 Satz 1 Nr. 1 UmwStG gestellt worden, so gilt als Buchwert der gemeine Wert i.S. des § 21 Abs. 2 Satz 2 UmwStG. Die Entnahme berührt den Charakter der einbringungsgeborenen Anteile nicht. Bei späterer Veräußerung der Anteile ist statt der Anschaffungskosten der Entnahmewert anzusetzen.

Rz. 21.13

Die Veräußerung oder Entnahme einbringungsgeborener Anteile unterliegt der Gewerbesteuer, wenn der Einbringungsvorgang, aus dem die Anteile stammen, im Fall des Ansatzes von Teilwerten oder Zwischenwerten Gewerbesteuer ausgelöst hätte (vgl. BFH v. 29.04.1982, BStBl. II 1982 S. 738). Dies ist insbesondere in folgenden Fallgestaltungen zu bejahen:

1. Der Steuerpflichtige ist eine natürliche Person und hat Anteile an Kapitalgesellschaften i.S. des § 20 Abs. 1 Satz 2 UmwStG eingebracht, die zu einem Betriebsvermögen gehörten. Auf die Abschnitte 39 Abs. 3[141] und 40 Abs. 1 Nr. 1 Satz 16 GewStR 1990[142] wird hingewiesen.

2. Der Steuerpflichtige ist eine Kapitalgesellschaft, eine Erwerbs- und Wirtschaftsgenossenschaft oder ein VVaG und hat einen Betrieb, Teilbetrieb oder einen Anteil an einer Kapitalgesellschaft i.S. des § 20 Abs. 1 Satz 2 UmwStG eingebracht. War ein Mitunternehmeranteil Gegenstand der Einbringung, so gelten die Grundsätze des BFH-Urteils v. 27.03.1996 (BStBl. II 1997 S. 224).

IV. Verlagerung stiller Reserven auf andere Gesellschaftsanteile

Rz. 21.14

Gehen im Rahmen der Gesellschaftsgründung oder einer Kapitalerhöhung aus Gesellschaftermitteln stille Reserven von einer Sacheinlage (§ 20 Abs. 1 UmwStG) oder von einbringungsgeborenen Anteilen auf andere Anteile desselben Gesellschafters oder unentgeltlich auf Anteile Dritter über, so tritt insoweit zwar keine Gewinnverwirklichung ein; diese Anteile werden aber ebenfalls von der Steuerverstrickung nach § 21 UmwStG erfasst (vgl. BFH v. 08.04.1992, BStBl. II 1992 S. 761, betreffend den Übergang eines Bezugsrechts ohne Entgelt; zur Behandlung nach einer zu Unrecht erfolgten Gewinnbesteuerung siehe BFH v. 10.11.1992, BStBl. II 1994 S. 222).

Beispiel:

Das Stammkapital der X-GmbH soll von 50.000 DM auf 100.000 DM erhöht werden. Der Verkehrswert der GmbH vor Kapitalerhöhung beläuft sich auf 400.000 DM. Den neu gebildeten Geschäftsanteil von nominell 50.000 DM übernimmt S gegen Bareinlage von 100.000 DM. Die Altanteile von ebenfalls nominell 50.000 DM werden von V, dem Vater des S, gehalten, der sie gegen Sacheinlage seines Einzelunternehmens zum Buchwert erworben hatte. Die Anschaffungskosten des V nach § 20 Abs. 4 UmwStG betragen 40.000 DM.

Durch die Einlage steigt der Verkehrswert der GmbH auf 500.000 DM. Davon entfallen 50 v.H. = 250.000 DM auf den jungen Geschäftsanteil des S, der jedoch nur 100.000 DM für seinen Anteil aufgewendet hat. Die Wertverschiebung ist darauf zurückzuführen, dass von den Anteilen des V 150.000 DM stille Reserven unentgeltlich auf den Geschäftsanteil des S übergegangen sind. Dementsprechend ist der Anteil

---

141) Geändert durch GewStR 1998; vgl. jetzt A 38 Abs. 3 GewStR 1998.
142) Geändert durch GewStR 1998; vgl. jetzt A 39 Abs. 1 Nr. 1 Satz 17 GewStR 1998.

des S zu 60 v.H. (150.000 DM / 250.000 DM) gemäß § 21 UmwStG steuerverstrickt. Da ein (teilweise) unentgeltlicher Vorgang vorliegt, sind S anteilig die Anschaffungskosten seines Rechtsvorgängers V zuzurechnen i.H. von 15.000 DM (40.000 DM x 150.000 DM / 400.000 DM), so dass sich die bei V zu berücksichtigenden Anschaffungskosten entsprechend auf 25.000 DM mindern.

Veräußern V und S ihre Anteile für jeweils 250.000 DM, so entsteht bei V ein Veräußerungsgewinn nach § 21 UmwStG von 250.000 DM - 25.000 DM = 225.000 DM; bei S ergibt sich ein Veräußerungsgewinn nach § 21 UmwStG von 60 v.H. von 250.000 DM = 150.000 DM - 15.000 DM = 135.000 DM. Der gleiche Veräußerungsgewinn von 225.000 DM + 135.000 DM = 360.000 DM hätte sich ergeben, wenn V seine Anteile vor der Kapitalerhöhung zum Verkehrswert veräußert hätte.

Soweit der Geschäftsanteil des S nicht gemäß § 21 UmwStG steuerverstrickt ist, richtet sich seine Behandlung nach allgemeinen Regeln. Vorliegend ergibt sich für S ein Gewinn nach § 17 EStG von 40 v.H. von 250.000 DM - 100.000 DM Einlage = 0 DM.

Rz. 21.15

Die entgeltliche Veräußerung von Bezugsrechten führt zur Gewinnverwirklichung nach § 21 Abs. 1 UmwStG. Auf die BFH-Urteile v. 08.04.1992, BStBl. II 1992 S. 761, und v. 13.10.1992, BStBl. II 1993 S. 477, wird hingewiesen.

Rz. 21.16

Wird eine Kapitalerhöhung aus Gesellschaftsmitteln vorgenommen, so gelten die jungen Anteile als Anteile, die durch eine Sacheinlage i.S. von § 20 Abs. 1 UmwStG erworben worden sind. Rz. 21.03 gilt entsprechend.

Zu § 22 UmwStG: Auswirkungen bei der übernehmenden Kapitalgesellschaft

I. Allgemeines

Rz. 22.01

Objektbezogene Kosten – hierzu gehört eine bei der Einbringung anfallende Grunderwerbsteuer – können auch nicht aus Vereinfachungsgründen sofort als Betriebsausgaben abgezogen werden, sondern sind als zusätzliche Anschaffungskosten der Wirtschaftsgüter zu aktivieren, bei deren Erwerb (Einbringung) sie angefallen sind.

Urteil des BFH v. 17.09.2003, I R 97/02:[143]

Bei der Verschmelzung einer Personengesellschaft auf eine Kapitalgesellschaft gegen Gewährung von Gesellschaftsanteilen an der übernehmenden Gesellschaft handelt es sich auch nach Maßgabe des § 20 UmwStG 1995 um einen tauschähnlichen und damit entgeltlichen Vorgang. Bei der Einbringung anfallende Grunderwerbsteuer gehört bei der übernehmenden Gesellschaft deshalb zu den aktivierungspflichtigen Anschaffungsnebenkosten.

Rz. 22.02

Bei Einbringungsvorgängen geht ein verbleibender Verlustabzug i.S. des § 10d Abs. 3 Satz 2 EStG nicht auf den übernehmenden Rechtsträger über, sondern verbleibt beim Einbringenden. Denn § 22 Abs. 1 und 2 UmwStG verweisen nur auf § 12 Abs. 3 Satz 1 UmwStG und nicht auch auf Satz 2 dieser Vorschrift, die den Verlustabzug behandelt. Gemäß § 22 Abs. 4 UmwStG gilt entsprechendes für den Verlustvortrag nach § 10a GewStG.

---

143) Vgl. BFH v. 17.09.2003, I R 97/02, BStBl. II 2004 S. 686. Zu den Rechtsausführungen der Vorinstanz vgl. FG Köln v. 05.09.2002, 13-K-5561/01, EFG 2002 S. 339.

Rz. 22.03

Die Grundsätze über den sog. Mantelkauf (§ 8 Abs. 4 KStG) sind auch bei der Einbringung eines Betriebs, Teilbetriebs oder Mitunternehmeranteils in eine Kapitalgesellschaft zu beachten. Bringen also neue Gesellschafter in eine Kapitalgesellschaft einen Betrieb, Teilbetrieb oder Mitunternehmeranteil ein, so ist der Kapitalgesellschaft der Abzug von bei ihr vor der Einbringung entstandenen Verlusten zu versagen, wenn die in § 8 Abs. 4 KStG genannten Voraussetzungen erfüllt sind.

Rz. 22.04

Bei Begünstigung des Einbringungsfolgegewinns gemäß § 22 Abs. 5 i.V.m. § 6 UmwStG ist die fünfjährige Sperrfrist des § 26 Abs. 1 UmwStG zu beachten.

II. Buchwertansatz (§ 22 Abs. 1 UmwStG)

Rz. 22.05

Buchwert ist der Wert, mit dem der Einbringende das eingebrachte Vermögen im Zeitpunkt der Sacheinlage nach den steuerrechtlichen Vorschriften über die Gewinnermittlung anzusetzen hat (§ 20 Abs. 2 Satz 3 UmwStG). Bei der Sacheinlage von Anteilen an Kapitalgesellschaften aus einem Privatvermögen treten an die Stelle des Buchwerts die Anschaffungskosten der Anteile.

Rz. 22.06

Bei Einbringung zu Buchwerten tritt die Kapitalgesellschaft in die Rechtsstellung des Einbringenden bezüglich der Absetzungen für Abnutzung, der erhöhten Absetzungen und Sonderabschreibungen und der übrigen in § 12 Abs. 3 Satz 1 UmwStG genannten Besteuerungsmerkmale ein. Die Kapitalgesellschaft ist daher z.B. an die bisherige Abschreibungsbemessungsgrundlage der übertragenen Wirtschaftsgüter, die bisherige Abschreibungs-Methode und die vom Einbringenden angenommene Nutzungsdauer gebunden. Steuerfreie Rücklagen können bei Buchwertansatz von der Kapitalgesellschaft fortgeführt werden. Die Regelung des § 12 Abs. 3 Satz 1 UmwStG gilt auch für das Nachholverbot des § 6a Abs. 4 EStG.

Rz. 22.07

Die Besitzzeitanrechnung (§ 22 Abs. 1 i.V.m. § 4 Abs. 2 Satz 3 UmwStG) bedeutet,

a) dass der Kapitalgesellschaft Vorbesitzzeiten des Einbringenden zugute kommen (bspw. bei der Frage, ob ein von der Kapitalgesellschaft veräußertes Wirtschaftsgut i.S. von § 6b Abs. 4 Nr. 2 EStG mindestens sechs Jahre ununterbrochen zum Anlagevermögen einer inländischen Betriebsstätte gehört hat);

b) dass die weitere Besitzzeit der Kapitalgesellschaft auf für den Einbringenden geltende Verbleibensfristen angerechnet wird. Veräußert die Kapitalgesellschaft die eingebrachten Wirtschaftsgüter vor Ende der für den Einbringenden maßgebenden Verbleibensfristen, sind die Veranlagungen des Einbringenden nach § 175 Abs. 1 Satz 1 Nr. 2 AO zu berichtigen.

III. Zwischenwertansatz (§ 22 Abs. 2 UmwStG)

Rz. 22.08

Bei Ansatz von Zwischenwerten sind die in den Wirtschaftsgütern, Schulden und steuerfreien Rücklagen ruhenden stillen Reserven um einen einheitlichen Vomhundertsatz aufzulösen. Zu diesem Zweck muss zunächst festgestellt werden, in welchen Buchwerten stille Reserven enthalten sind und wie viel sie insgesamt betragen. Diese stillen Reserven sind dann gleichmäßig um den Vomhundertsatz aufzulösen, der dem Verhältnis des aufzustockenden Betrags (Unterschied zwischen dem Buchwert des eingebrachten Betriebsvermögens und dem Wert, mit dem es von der Kapitalgesellschaft angesetzt wird) zum Gesamtbetrag der vorhandenen stillen Reserven des eingebrachten Betriebsvermögens entspricht (BFH v. 24.05.1984, BStBl. II 1984 S. 747). Bei der Aufstockung ist grundsätzlich sowohl das Anlagevermögen (einschließlich der vom Einbringenden hergestellten immateriellen Anlagegüter) als auch das Umlaufvermögen zu berücksichtigen. Bei der Aufstockung zum Zwischenwert ist ein bestehender selbst geschaffener Geschäftswert nur zu berücksichtigen, wenn die übrigen Wirtschaftsgüter und Schulden mit den Teilwerten angesetzt sind, aber gegenüber dem Wert, mit dem das eingebrachte Betriebsvermögen von der Kapitalgesellschaft angesetzt werden soll, noch eine Differenz verbleibt; diese Differenz ist dann durch den Ansatz des Geschäftswerts auszufüllen. Zum Verhältnis zwischen derivativem und selbst geschaffenem Firmenwert vgl. die Ausführungen zu § 4 UmwStG Rz. 04.06.

Rz. 22.09
Bei Einbringungen zu Zwischenwerten greift die Besitzzeitanrechnung nicht, da § 22 Abs. 2 im Gegensatz zu § 22 Abs. 1 UmwStG nicht auf § 4 Abs. 2 Satz 3 UmwStG verweist (vgl. BFH v. 26.02.1992, BStBl. II 1992 S. 988). Die Regelungen zu den Sonderabschreibungen nach dem Fördergebietsgesetz und zur Investitionszulage in den BMF-Schreiben v. 28.10.1993 (BStBl. I 1993 S. 904), v. 14.07.1995 (BStBl. I 1995 S. 374) und v. 12.02.1996 (BStBl. I 1996 S. 111) bleiben unberührt.

Rz. 22.10
Für die Absetzungen für Abnutzung der zu einem Zwischenwert eingebrachten Wirtschaftsgüter gilt Folgendes:

a) In den Fällen des § 22 Abs. 2 Nr. 1 UmwStG erhöhen sich die Anschaffungs- oder Herstellungskosten als Bemessungsgrundlage der Absetzungen für Abnutzung um den Aufstockungsbetrag. Der bisher geltende Vomhundertsatz ist weiter anzuwenden. AfA kann nur bis zur Höhe des Zwischenwerts abgezogen werden.

   Beispiel:
   Für eine Maschine mit Anschaffungskosten von 100.000 DM und einer Nutzungsdauer von 10 Jahren wird AfA nach § 7 Abs. 1 EStG von jährlich 10.000 DM vorgenommen. Bei Einbringung nach 3 Jahren beträgt der Restbuchwert 70.000 DM, die Restnutzungsdauer 7 Jahre. Die Kapitalgesellschaft setzt die Maschine mit 90.000 DM an. Ab dem Zeitpunkt der Einbringung ist für die Maschine jährlich AfA von 10 v.H. von (100.000 DM + 20.000 DM =) 120.000 DM = 12.000 DM vorzunehmen (7 x 12.000 DM = 84.000 DM). Im letzten Jahr der Nutzungsdauer ist zusätzlich zu der linearen AfA in Höhe von 12.000 DM auch der Restwert in Höhe von 6.000 DM (= 90.000 DM - 84.000 DM) abzuziehen.

   In den Fällen, in denen das AfA-Volumen vor dem Ablauf der Nutzungsdauer verbraucht ist, kann in dem verbleibenden Nutzungszeitraum keine AfA mehr abgezogen werden.
   Wird in den Fällen des § 7 Abs. 4 Satz 1 EStG auf diese Weise die volle Absetzung innerhalb der tatsächlichen Nutzungsdauer nicht erreicht, kann die AfA nach der Restnutzungsdauer des Gebäudes bemessen werden (vgl. BFH v. 07.06.1977, BStBl. II 1977 S. 606).

b) In den Fällen des § 22 Abs. 2 Nr. 2 UmwStG ist der Zwischenwert die Bemessungsgrundlage der weiteren Absetzungen für Abnutzung. Der Abschreibungssatz richtet sich nach der neu zu schätzenden Restnutzungsdauer im Zeitpunkt der Einbringung.

Beispiel:

Für eine Maschine mit einer Nutzungsdauer von 15 Jahren wird AfA nach § 7 Abs. 2 EStG von jährlich 20 v.H. vorgenommen. Der Restbuchwert bei Einbringung beträgt 70.000 DM. Die Kapitalgesellschaft setzt die Maschine mit 90.000 DM an und schätzt die Restnutzungsdauer auf 10 Jahre. Ab dem Zeitpunkt der Einbringung ist für die Maschine jährlich AfA von 30 v.H. vom jeweiligen Buchwert vorzunehmen.

c) Die Bemessungsgrundlage für die Sonderabschreibungen nach dem Fördergebietsgesetz wird durch einen Ansatz zum Zwischenwert nicht erhöht. Für den Mehrbetrag kann lediglich lineare AfA vorgenommen werden (vgl. 1 a des BMF-Schreibens v. 14.07.1995, BStBl. I 1995 S. 374).

IV. Teilwertansatz (§ 22 Abs. 3 UmwStG)

Rz. 22.11

Teilwert des Betriebsvermögens ist der Saldo der Teilwerte der aktiven und passiven Wirtschaftsgüter. Bei Teilwertansatz sind alle stillen Reserven aufzudecken, insbes. auch steuerfreie Rücklagen aufzulösen und selbst geschaffene immaterielle Wirtschaftsgüter, einschließlich des Geschäftswerts, anzusetzen. Dies gilt auch für die Fälle der Einbringung im Wege der Gesamtrechtsnachfolge; § 22 Abs. 3, 2. Alternative UmwStG begründet insoweit keine Besonderheiten, sondern setzt den durch § 20 Abs. 2, 3 UmwStG vorgegebenen Teilwertbegriff voraus.

Urteil des BFH v. 10.07.2002, I R 79/01:[144]
Bei der Einbringung zu Teilwerten oder Zwischenwerten gehören zum Teilwert halbfertiger Arbeiten auch darin enthaltene anteilige Gewinne.

Rz. 22.12

Als Teilwert einer Pensionsverpflichtung ist anzusetzen (in den Fällen der Einzelrechtsnachfolge und der Gesamtrechtsnachfolge)
- bei Pensionsanwartschaften vor Beendigung des Dienstverhältnisses des Pensionsberechtigten der nach § 6a Abs. 3 Nr. 1 EStG zu berechnende Wert; dabei ist als Beginn des Dienstverhältnisses des Pensionsberechtigten der Eintritt in den Betrieb des Einbringenden maßgebend,
- bei aufrechterhaltenen Pensionsanwartschaften nach Beendigung des Dienstverhältnisses des Pensionsberechtigten oder bei bereits laufenden Pensionszahlungen der Barwert der künftigen Pensionsleistungen (§ 6a Abs. 3 Nr. 2 EStG).

Rz. 22.13

Die Rechtsfolgen des Teilwertansatzes unterscheiden sich für die übernehmende Kapitalgesellschaft danach, ob die Einbringung im Wege der Einzelrechtsnachfolge (§ 22 Abs. 3, 1. Alternative UmwStG) oder der Gesamtrechtsnachfolge (§ 22 Abs. 3, 2. Alternative UmwStG) erfolgt. Bei Gesamtrechtsnachfolge gilt § 22 Abs. 2 UmwStG entsprechend.

Rz. 22.14

Kein Fall der Gesamtrechtsnachfolge ist die Anwachsung i.S. von § 738 BGB, § 142 HGB[145]. Erfolgt eine Einbringung sowohl im Wege der Gesamtrechtsnachfolge als auch im Wege der Einzelrechtsnachfolge, bspw. bei einer Verschmelzung einer KG auf eine GmbH mit gleich-

---

144) Vgl. BFH v. 10.07.2002, I R 79/01, BStBl. II 2002 S. 784. Zu den Rechtsausführungen der Vorinstanz vgl. FG Rheinland-Pfalz v. 10.07.2001, 2-K-2363/00, EFG 2001 S. 1519.
145 § 142 HGB aufgehoben durch Artikel 3 HRefG v. 22.06 1998 (BGBl. S. 1474).

zeitigem Übergang des Sonderbetriebsvermögens im Wege der Einzelrechtsnachfolge, so ist der Vorgang für Zwecke des § 22 Abs. 3 UmwStG einheitlich als Gesamtrechtsnachfolge zu beurteilen. Denn die §§ 20 bis 22 UmwStG verstehen die Umwandlung einer Personengesellschaft in eine Kapitalgesellschaft als einen einheitlichen Vorgang.

Rz. 22.15

Im Fall der Einzelrechtsnachfolge wird der Einbringungsvorgang für die Kapitalgesellschaft – allgemeinen Regeln entsprechend – als Anschaffung behandelt. Dies hat u.a. zur Folge, dass für die Absetzungen für Abnutzung der eingebrachten Wirtschaftsgüter ausschließlich die Verhältnisse der Kapitalgesellschaft maßgebend sind. Zu den Auswirkungen auf die Investitionszulage vgl. Rz. 19 und 21 des BMF-Schreibens v. 28.10.1993 (BStBl. I 1993 S. 904) und Rz. 3 des BMF-Schreibens v. 12.02.1996 (BStBl. I 1996 S. 111). Zu den Auswirkungen auf die Sonderabschreibungen nach dem Fördergebietsgesetz vgl. 1. und 2. des BMF-Schreibens v. 14.07.1995 (BStBl. I 1995 S. 374).

Zu § 23 UmwStG: Einbringung in der Europäischen Union

I. Grenzüberschreitende Einbringung von Unternehmensteilen (§ 23 Abs. 1 bis 3 UmwStG)

1. Allgemeines

Rz. 23.01

Der Begriff des Teilbetriebs in § 23 UmwStG entspricht dem Teilbetriebsbegriff in § 20 UmwStG und § 16 EStG. Der Begriff der Betriebsstätte ist im abkommensrechtlichen Sinne zu verstehen. Auf die Mitteilungspflichten des Steuerpflichtigen nach § 138 Abs. 2 AO wird hingewiesen.

Rz. 23.02

Die Einbringung von Mitunternehmeranteilen bzw. einer im Wesentlichen nur Mitunternehmeranteile haltenden Betriebsstätte ist nicht nach § 23 Abs. 1 bis 3 UmwStG begünstigt.

Rz. 23.03

Gemäß § 26 Abs. 2 Satz 3 UmwStG ist § 23 Abs. 1 bis 3 UmwStG nicht anzuwenden, soweit Gewinne aus dem Betrieb von Seeschiffen oder Luftfahrzeugen im internationalen Verkehr oder von Schiffen, die der Binnenschifffahrt dienen, nach einem Abkommen zur Vermeidung der Doppelbesteuerung in der Bundesrepublik Deutschland nicht besteuert werden können.

2. Einbringung eines inländischen Betriebs oder Teilbetriebs durch eine unbeschränkt steuerpflichtige in eine beschränkt steuerpflichtige EU-Kapitalgesellschaft (§ 23 Abs. 1 UmwStG)

Rz. 23.04

§ 23 Abs. 1 UmwStG erweitert die Einbringungsmöglichkeiten um Fälle, bei denen die übernehmende EU-Kapitalgesellschaft abweichend von § 20 Abs. 1 Satz 1 UmwStG nicht unbeschränkt körperschaftsteuerpflichtig ist. Der eingebrachte Betrieb oder Teilbetrieb wechselt aus dem Bereich der unbeschränkten in den Bereich der beschränkten Körperschaftsteuerpflicht.

Beispiel:

Die A-GmbH mit Sitz in Köln bringt einen Teilbetrieb steuerneutral zu Buchwerten in die in Saarbrücken gelegene Betriebsstätte einer französischen société anonyme (SA) mit Sitz in Paris ein und erhält hierfür im Gegenzug neue Anteile von der französischen SA (§ 23 Abs. 1 Satz 1 UmwStG). Die Möglichkeit der Einbringung des Teilbetriebs zu Buchwerten durch die A-GmbH in Köln besteht auch dann, wenn die inländische, in Saarbrücken angesiedelte Betriebsstätte der französischen SA erst durch den Einbringungsvorgang entsteht (§ 23 Abs. 1 Satz 2 UmwStG).

3. Einbringung einer inländischen Betriebsstätte durch eine beschränkt steuerpflichtige in eine unbeschränkt oder beschränkt steuerpflichtige EU-Kapitalgesellschaft (§ 23 Abs. 2 UmwStG)

Rz. 23.05

§ 23 Abs. 2 UmwStG erweitert die Einbringungsmöglichkeiten um Fälle, bei denen für die als Gegenleistung gewährten Gesellschaftsanteile im Allgemeinen abweichend von § 20 Abs. 3 UmwStG kein inländisches Besteuerungsrecht besteht.

Beispiel:

Eine französische SA mit Sitz in Paris bringt ihre in Saarbrücken belegene Betriebsstätte im Rahmen der Einbringung eines Teilbetriebs steuerneutral zu Buchwerten in die in Köln ansässige A-GmbH ein und erhält hierfür im Gegenzug neue Anteile von der inländischen A-GmbH (§ 23 Abs. 2, 1. Alternative UmwStG).

Abwandlung:

Die Einbringung der Betriebsstätte in Saarbrücken erfolgt nicht in die inländische A-GmbH, sondern in eine niederländische naamloze vennootschap (NV) mit Sitz in Eindhoven, die der Pariser SA neue Anteile gewährt (§ 23 Abs. 2, 2. Alternative UmwStG).

Rz. 23.06

Die einbringende und die übernehmende EU-Kapitalgesellschaft können ihren Sitz in demselben Mitgliedstaat der Europäischen Union haben.

Rz. 23.07

Gemäß § 26 Abs. 2 Satz 2 UmwStG ist § 23 Abs. 2 UmwStG nicht anzuwenden, wenn die einbringende Kapitalgesellschaft die erhaltenen Anteile innerhalb eines Zeitraums von sieben Jahren nach der Einbringung veräußert, es sei denn, der Steuerpflichtige weist nach, dass die erhaltenen Anteile Gegenstand einer Sacheinlage zu Buchwerten aufgrund von Rechtsvorschriften eines anderen Mitgliedstaates der Europäischen Union sind, die § 23 Abs. 4 UmwStG entsprechen. Die Veranlagung des Einbringungsjahres kann ggf. nach § 175 Abs. 1 Satz 1 Nr. 2 AO geändert werden.

4. Einbringung einer (EU-)ausländischen Betriebsstätte durch eine unbeschränkt steuerpflichtige in eine nicht unbeschränkt steuerpflichtige EU-Kapitalgesellschaft (§ 23 Abs. 3 UmwStG)

Rz. 23.08

§ 23 Abs. 3 UmwStG erweitert die Einbringungsmöglichkeiten um Fälle, bei denen die übernehmende EU-Kapitalgesellschaft abweichend von § 20 Abs. 1 Satz 1 UmwStG nicht unbeschränkt körperschaftsteuerpflichtig ist. Die regelmäßig dem Betriebsstättenstaat zugewiesene Besteuerung des Einbringungsgewinns kann nur vermieden werden, wenn das eingebrachte Betriebsvermögen bei der Kapitalgesellschaft und dementsprechend bei dem

Einbringenden die Gesellschaftsanteile mit dem Buchwert angesetzt werden. Für die Besteuerung der Gesellschaftsanteile vgl. § 8b Abs. 3 Nr. 1 KStG.

Beispiel:

Die A-GmbH mit Sitz in Köln bringt ihre ausländische, in Paris befindliche Betriebsstätte im Rahmen der Einbringung eines Teilbetriebs steuerneutral zu Buchwerten in eine in Le Havre ansässige französische SA ein und erhält hierfür im Gegenzug neue Anteile von der in Le Havre ansässigen SA (§ 23 Abs. 3 UmwStG).

Rz. 23.09

Bei der Prüfung, mit welchem Wert das eingebrachte Betriebsvermögen bei der ausländischen EU-Kapitalgesellschaft angesetzt wird, hat der Steuerpflichtige erhöhte Mitwirkungspflichten i.S. des § 90 Abs. 2 AO. Kommt er diesen Mitwirkungspflichten nicht nach, ist regelmäßig ein Ansatz zum Buchwert anzunehmen.

II. Anteilstausch über die Grenze (§ 23 Abs. 4 UmwStG)

Rz. 23.10

§ 23 Abs. 4 UmwStG erweitert die Einbringungsmöglichkeiten um Fälle, bei denen die übernehmende EU-Kapitalgesellschaft abweichend von § 20 Abs. 1 Satz 1 UmwStG nicht unbeschränkt körperschaftsteuerpflichtig ist. Auf die Mitteilungspflichten des Steuerpflichtigen nach § 138 Abs. 2 Nr. 3 AO wird hingewiesen.

Beispiel:

Die natürliche Person A ist zu 60 v.H. an der B-GmbH mit Sitz in Bonn beteiligt. A bringt die Anteile an der B-GmbH in eine in Paris ansässige SA ein und erhält im Gegenzug von der Pariser SA neue Anteile. Die Einbringung kann steuerneutral zum Buchwert vollzogen werden unter der Voraussetzung, dass die französische SA die erhaltenen Anteile ebenfalls zum Buchwert ansetzt (Buchwertverknüpfung über die Grenze, § 23 Abs. 4 UmwStG). Auf § 8b Abs. 3 Nr. 1 KStG wird hingewiesen.

Rz. 23.11

Die Umsetzung der Fusions-Richtlinie in § 23 UmwStG 1995 (§ 20 Abs. 6, Abs. 8 UmwStG 1977) sollte die – insbesondere in § 20 UmwStG – bereits vorhandenen Möglichkeiten zum steuerneutralen Anteilstausch nicht einschränken. Daher kann § 20 UmwStG ggf. alternativ zu § 23 Abs. 4 UmwStG angewendet werden.

Beispiel:

A bringt seine 60-v.H.-Beteiligung an der niederländischen X-NV in die Y-AG mit Sitz in Krefeld ein. Auf den Vorgang sind sowohl § 20 als auch § 23 Abs. 4 UmwStG anwendbar. Bei Anwendung des § 20 UmwStG kommt die in § 23 Abs. 4 Satz 3 UmwStG enthaltene Beschränkung für neben den Anteilen gewährte Gegenleistungen nicht zum Tragen. Außerdem besteht die Möglichkeit zur Rückbeziehung der Einbringung nach § 20 Abs. 7 und 8 UmwStG, die im Rahmen des § 23 Abs. 4 UmwStG fehlt.

Rz. 23.12

Über den Wortlaut der EU-Fusionsrichtlinie hinausgehend ist § 23 Abs. 4 UmwStG auch dann anzuwenden, wenn die EU-Kapitalgesellschaft, deren Anteile eingebracht werden, und die übernehmende EU-Kapitalgesellschaft in demselben Mitgliedstaat der Europäischen Union ansässig sind.

Rz. 23.13

Bei der Prüfung, mit welchem Wert die eingebrachten Anteile bei der ausländischen EU-Kapitalgesellschaft angesetzt werden, hat der Steuerpflichtige erhöhte Mitwirkungspflichten i.S. des § 90 Abs. 2 AO. Kommt er diesen Mitwirkungspflichten nicht nach, ist regelmäßig ein Ansatz zum Teilwert anzunehmen.

Rz. 23.14

Gemäß § 26 Abs. 2 Satz 1 UmwStG ist § 23 Abs. 4 UmwStG nicht anzuwenden, wenn die übernehmende Kapitalgesellschaft die erhaltenen Anteile ganz oder teilweise innerhalb eines Zeitraums von sieben Jahren nach der Einbringung veräußert, es sei denn, der Steuerpflichtige weist nach, dass die erhaltenen Anteile Gegenstand einer weiteren Sacheinlage zu Buchwerten aufgrund von Rechtsvorschriften eines anderen Mitgliedstaates der Europäischen Union sind, die § 23 Abs. 4 UmwStG entsprechen. Die Veranlagung des Einbringungsjahres kann ggf. nach § 175 Abs. 1 Satz 1 Nr. 2 AO geändert werden.

2. Abschnitt: Einbringung in eine Personengesellschaft (§ 24 UmwStG)
Zu § 24 UmwStG: Einbringung in eine Personengesellschaft

I. Anwendungsbereich, Allgemeines

1. Zivilrechtliche Formen der Einbringung

Rz. 24.01

Die Einbringung eines Betriebs, Teilbetriebs oder Mitunternehmeranteils in eine Personengesellschaft nach § 24 UmwStG ist möglich

im Wege der Einzelrechtsnachfolge, insbesondere

a) durch Aufnahme eines Gesellschafters in ein Einzelunternehmen gegen Geldeinlage oder Einlage anderer Wirtschaftsgüter. Aus Sicht des § 24 UmwStG bringt dabei der Einzelunternehmer seinen Betrieb in die neu entstehende Personengesellschaft ein;

b) durch Einbringung eines Einzelunternehmens in eine bereits bestehende Personengesellschaft oder durch Zusammenschluss von mehreren Einzelunternehmen zu einer Personengesellschaft;

c) durch Eintritt eines weiteren Gesellschafters in eine bestehende Personengesellschaft gegen Geldeinlage oder Einlage anderer Wirtschaftsgüter. Die bisherigen Gesellschafter der Personengesellschaft bringen in diesem Fall – aus Sicht des § 24 UmwStG – ihre Mitunternehmeranteile an der bisherigen Personengesellschaft in eine neue, durch den neu hinzutretenden Gesellschafter vergrößerte Personengesellschaft ein. Der bloße Gesellschafterwechsel bei einer bestehenden Personengesellschaft – ein Gesellschafter scheidet aus, ein anderer erwirbt seine Anteile und tritt an seine Stelle – fällt nicht unter § 24 UmwStG;

d) indem die Gesellschafter einer Personengesellschaft I ihre Gesellschaftsanteile (Mitunternehmeranteile) in die übernehmende Personengesellschaft II gegen Gewährung von Mitunternehmeranteilen an dieser Gesellschaft einbringen und das Gesellschaftsvermögen der Personengesellschaft I der übernehmenden Personengesellschaft II anwächst (§ 738 BGB, § 142 HGB[146]); [147]

---

[146] § 142 HGB aufgehoben durch den Artikel 3 HRefG v. 22.06.1998 (BGBl. I 1998 S. 1474).
[147] Zur Einbringung der Mitunternehmeranteile an einer Besitzpersonengesellschaft in eine Betriebspersonengesellschaft vgl. Nr. 5b) des BMF-Schreibens v. 28.04.1998, IV B 2 - S 2241 - 42/98, BStBl. I 1998 S. 583.

sowie auch im Wege der Gesamtrechtsnachfolge, und zwar
e) durch Verschmelzung von Personenhandelsgesellschaften nach §§ 2, 39 ff. UmwG;
f) durch Ausgliederung aus Körperschaften, Personenhandelsgesellschaften oder Einzelunternehmen auf Personenhandelsgesellschaften, § 123 Abs. 3 UmwG.

Rz. 24.02

§ 24 UmwStG ist auch anwendbar, wenn der Einbringende bereits Mitunternehmer ist und seinen Mitunternehmeranteil durch einen Vorgang der oben beschriebenen Art weiter aufstockt.

Bei Verschmelzung von Körperschaften auf Personenhandelsgesellschaften und bei Aufspaltung und Abspaltung aus Körperschaften auf Personenhandelsgesellschaften gelten die §§ 16, 3 ff. UmwStG.

§ 24 UmwStG ist nicht anzuwenden auf die formwechselnde Umwandlung einer Personengesellschaft[148] in eine Personengesellschaft, sowie auf den Beitritt einer GmbH zu einer bestehenden Personengesellschaft ohne vermögensmäßige Beteiligung. In derartigen Fällen fehlt es an einem Übertragungsvorgang, so dass ein Gewinn i.S. des § 16 EStG nicht entsteht und eine Wertaufstockung nicht möglich ist (vgl. BFH v. 21.06.1994, BStBl. II 1994 S. 856).

__Urteil des FG Münster v. 09.04.2003 (Revision anhängig unter IV R 70/05), 7-K-3775/00:__[149]

Eine Aufstockung der Buchwerte gem. § 24 UmwStG 1995 kommt bei Neueintritt eines Gesellschafters in eine bestehende Gesellschaft nur unter der Voraussetzung in Betracht, dass der eintretende Gesellschafter eine Einlage leistet oder dass sich die Beteiligungsverhältnisse in der Gesellschaft gegen Entgelt ändern.

Rz. 24.03

Teilbetrieb i.S. von § 24 Abs. 1 UmwStG ist auch eine zu einem Betriebsvermögen gehörende 100-v.H.-Beteiligung an einer Kapitalgesellschaft.

2. Entsprechende Anwendung der Regelungen zu §§ 20, 22 UmwStG

__Verfügung des Bayerischen Landesamtes für Steuern v. 06.03.2006:__[150]

Nach dem Ergebnis der Sitzung ESt VII/05, TOP 8 reicht es im Rahmen der Anwendung des § 20 UmwStG für die Übertragung von Wirtschaftsgütern auf die aufnehmende Kapitalgesellschaft aus, dass dieser das wirtschaftliche Eigentum an den Wirtschaftsgütern verschafft wird. Die Übertragung auch des zivilrechtlichen Eigentums ist nicht zwingend notwendig.

Es gelten die allgemeinen bilanzsteuerrechtlichen Grundsätze. Ist mindestens die Voraussetzung des Vorliegens wirtschaftlichen Eigentums bei der aufnehmenden Kapitalgesellschaft erfüllt, sind die übertragenen Wirtschaftsgüter bei dieser zu bilanzieren. Damit ist dem steuerlichen Erfordernis der Übertragung der Wirtschaftsgüter auf den übernehmenden Rechtsträger Rechnung getragen.

Wann vom Vorliegen wirtschaftlichen Eigentums auszugehen ist, ist im jeweiligen Einzelfall nach den allgemeinen für die Annahme wirtschaftlichen Eigentums (§ 39 Abs. 2 Nr. 1 AO) geltenden Grundsätzen zu entscheiden.

---

148) Redaktioneller Fehler des BMF; richtig ist „Personenhandelsgesellschaft".
149) Vgl. FG Münster v. 09.04.2003 (Revision anhängig unter IV R 70/05), 7-K-3775/00, EFG 2005 S. 1155.
150) Bayerisches Landesamt für Steuern, Verfügung v. 06.03.2006, S 1978c - 6 St32/St33, FR 2006 S. 391.

Diese Grundsätze gelten gleichermaßen in Fällen der Einbringung von Wirtschaftsgütern in eine Personengesellschaft im Rahmen des § 24 UmwStG.

Rz. 24.04

Von den Ausführungen zu § 20 UmwStG gelten für die Einbringung in eine Personengesellschaft nach § 24 UmwStG entsprechend:
- Rz. 20.05 betreffend die Person des Einbringenden,
- Rz. 20.08 - 20.11 betreffend die Einbringung von Betrieben und Teilbetrieben,
- Rz. 20.12 - 20.14 betreffend die Einbringung von Mitunternehmeranteilen,
- Rz. 20.23, 20.31 - 20.36 betreffend die Bewertung des eingebrachten Betriebsvermögens,
- Rz. 20.37 - 20.39 betreffend die Besteuerung des Einbringungsgewinns,
- Rz. 22.01, 22.04, 22.05 - 22.15 betreffend die Auswirkungen bei der übernehmenden Gesellschaft.

Verfügung der OFD Frankfurt am Main v. 19.09.2003: [151]

Es ist die Frage gestellt worden, ob bei Steuerpflichtigen, die ihren Gewinn nach § 4 Abs. 3 EStG ermitteln und ihn auch nach dem Zusammenschluss im Wege der Einbringung in eine Personengesellschaft weiter nach § 4 Abs. 3 EStG ermitteln wollen, auf die Aufstellung einer Einbringungsbilanz verzichtet werden kann.

Nach bundeseinheitlich abgestimmter Auffassung gilt hierzu Folgendes:

Die Einbringung stellt eine Sonderform der Veräußerung dar, für die das UmwStG bei Einbringung von Sachgesamtheiten unterschiedliche Wertansätze zulässt. Die alten Gesellschafter bringen ihre Mitunternehmeranteile in eine neue Mitunternehmerschaft ein und haben somit ihr Betriebsvermögen auf den Einbringungszeitpunkt in Anwendung der §§ 4 Abs. 1, 5 Abs. 1 EStG zu bewerten. Im Fall der Gewinnermittlung nach § 4 Abs. 3 EStG muss deshalb der Einbringungsgewinn auf der Grundlage einer Einbringungsbilanz des Einbringenden und einer Eröffnungsbilanz der aufnehmenden Gesellschaft ermittelt werden (siehe auch Beschluss des Großen Senats des BFH v. 10.10.1999, BStBl. II 2000 S. 123, EStH 16 Abs. 7).

Daher ist in derartigen Fällen auf den Einbringungszeitpunkt von der Gewinnermittlung nach § 4 Abs. 3 EStG unter Beachtung der in R 17 EStR und Anlage 1 niedergelegten Grundsätze zum Bestandsvergleich überzugehen. Ein dabei entstehender Übergangsgewinn ist als laufender Gewinn zu behandeln und nach dem bisherigen Gewinnverteilungsschlüssel zu verteilen. Die spätere Rückkehr zur Gewinnermittlung nach § 4 Abs. 3 EStG wird im Allgemeinen als nicht willkürlich zu erachten sein. Ein dabei entstandener Übergangsverlust ist nach dem neuen Gewinnverteilungsschlüssel zu verteilen.

Von einem Übergang zum Bestandsvergleich kann auch nicht im Hinblick darauf abgesehen werden, dass sich die bei dem zweimaligen Wechsel der Gewinnermittlungsart ergebenden Übergangsgewinne bzw. Übergangsverluste regelmäßig rechnerisch aufheben. Denn zur steuerlich zutreffenden Verteilung des Übergangsgewinns und des Übergangsverlustes einerseits sowie der Anteile der Gesellschafter am laufenden Gewinn vor und nach der Erbringung andererseits ist die Erstellung einer Bilanz auf den Einbringungszeitpunkt unerlässlich. Dies gilt unabhängig davon, ob durch Gewinnverteilungsabreden sichergestellt wird, dass neu eintretenden Gesellschaftern die Erträge aus Altforderungen nicht zufließen und ob die Einbringung zu Buch-, Teil- oder Zwischenwerten erfolgen soll, zumal der gewählte Wertansatz im Allgemeinen ohnehin nur anhand einer entsprechenden Einbringungsbilanz nachvollzogen werden kann.

---

[151] OFD Frankfurt am Main, Verfügung v. 19.09.2003, S 1978d A - 4 - St II 2.02, DStR 2003 S. 2074.

Darüber hinaus kann auch nur durch Bilanzierung sichergestellt werden, dass die zum Zeitpunkt der Einbringung offenen Forderungen vollständig erfasst und zutreffend verteilt werden.

Das BFH-Urteil v. 13.09.2001 (BStBl. II 2002 S. 287), in welchem der BFH anlässlich einer anderen Streitfrage nicht von einer Buchführungspflicht bei Einbringung zu Buchwerten ausgeht, wird von den Referatsleitern hinsichtlich der hier zur Diskussion stehenden Frage nicht für anwendbar gehalten, da der BFH in mehreren anderen Urteilen, in denen originär die Frage der Buchführungspflicht in Einbringungsfällen entschieden wurde, eine solche auch bei Einbringung zu Buchwerten ausdrücklich bejaht hat (Urteil v. 05.04.1984, BStBl. II 1984 S. 518 und Urteil v. 26.05.1994, BStBl. II 1994 S. 891).

Erlass des Senators für Finanzen Bremen v. 24.09.2003: [152]

Bei einer Einbringung eines Betriebes (Teilbetrieb, Mitunternehmeranteil) in eine Personengesellschaft nach § 24 UmwStG stellt sich die Frage, ob der Einbringende auf den Einbringungszeitpunkt zwingend zur Gewinnermittlung nach § 4 Abs. 1 EStG übergehen muss, wenn sowohl der Einbringende als auch die übernehmende Gesellschaft den Gewinn nach § 4 Abs. 3 EStG ermitteln. Der Übergang von der Gewinnermittlung nach § 4 Abs. 3 EStG zur Gewinnermittlung nach § 4 Abs. 1 EStG hat die Ermittlung eines Übergangsgewinns zur Folge. Entsprechendes gilt für die übernehmende Personengesellschaft bei dem Übergang von der Gewinnermittlung nach § 4 Abs. 1 EStG zur Gewinnermittlung nach § 4 Abs. 3 EStG.

Nach einer Entscheidung der Einkommensteuer-Referatsleiter von Bund und Ländern besteht eine Bilanzierungspflicht nach § 24 UmwStG auf den Einbringungszeitpunkt; im Fall der Gewinnermittlung nach § 4 Abs. 3 EStG muss der Einbringungsgewinn auf der Grundlage einer Einbringungsbilanz beim Einbringenden und einer Eröffnungsbilanz der aufnehmenden Gesellschaft ermittelt werden (siehe auch Beschluss des Großen Senats des BFH v. 18.10.1999, BStBl. II 2000 S. 123, EStH 16 Abs. 7). Dies ergibt sich auch aus den BFH-Urteilen v. 05.04.1984 (BStBl. II 1984 S. 518) und v. 26.05.1994 (BStBl. II 1994 S. 891); im BFH-Urteil v. 13.09.2001 (BStBl. II 2002 S. 287) war die Frage nicht entscheidungserheblich.

Auf die Erstellung einer Einbringungs- und Eröffnungsbilanz kann nicht verzichtet werden, da hierdurch u.a.

- *eine zutreffende Gewinnverteilung sichergestellt,*
- *der gewählte Wertansatz verbindlich festgelegt,*
- *der Umfang des übertragenen und ggf. zurückbehaltenen Betriebsvermögens bestimmt und*
- *ein Bilanzzusammenhang hergestellt wird.*

Dies gilt auch, wenn in eine bestehende Personengesellschaft ein weiterer Gesellschafter eintritt, denn auch dieser Vorgang ist grundsätzlich nach § 24 UmwStG zu beurteilen. Unabhängig davon, dass zivilrechtlich die Gesellschaft weiterhin existent bleibt, endet ertragsteuerlich die bisherige Mitunternehmerschaft, und eine neue Mitunternehmerschaft wird begründet; die bisherigen Gesellschafter bringen ihre Mitunternehmeranteile in diese neue Mitunternehmerschaft ein.

Ergänzend weise ich darauf hin, dass eine Verteilung des Übergangsgewinns aus Billigkeitsgründen auf das Jahr des Übergangs und die beiden folgenden Jahre nach R 17 Abs. 1 S. 4 EStR 2001 nicht in Betracht kommt, da die Einbringung nach § 24 UmwStG dem Grunde nach eine Betriebsveräußerung nach § 16 EStG darstellt und in diesen Fällen eine Verteilung des Übergangsgewinns nach R 17 Abs. 1 S. 5 EStR 2001 ausgeschlossen ist. Das

---

[152] Senator für Finanzen Bremen, Erlass v. 24.09.2003, S 1978d - 5655 - 110, DStZ 2003 S. 742.

gilt auch dann, wenn die Buchwerte angesetzt werden. Im Übrigen ist eine Verteilung des Übergangsgewinns auch deswegen nicht gerechtfertigt, weil bei dem anschließenden Übergang der Personengesellschaft von der Gewinnermittlung nach § 4 Abs. 1 EStG auf die Gewinnermittlung nach § 4 Abs. 3 EStG i.d.R. ein Übergangsverlust in gleicher Höhe entsteht, der sofort in voller Höhe berücksichtigt wird.

Rz. 24.05

Eine Einbringung in eine Personengesellschaft nach § 24 UmwStG ist – im Gegensatz zur Einbringung in eine Kapitalgesellschaft nach § 20 UmwStG – auch dann zum Buchwert möglich, wenn das eingebrachte Betriebsvermögen negativ ist. Denn in § 24 UmwStG fehlt eine § 20 Abs. 2 Satz 4 UmwStG entsprechende Regelung.

Urteil des BFH v. 19.10.1998, VIII R 69/95: [153)]

Bringt der Gesellschafter einer Personengesellschaft bei deren Gründung ein Wirtschaftsgut seines Privatvermögens (hier: eine wesentliche Beteiligung i.S.v. § 17 EStG) in die Personengesellschaft gegen die Gewährung eines Mitunternehmeranteils ein, so handelt es sich um einen tauschähnlichen Vorgang. Die empfangende Personengesellschaft hat als „Anschaffungskosten" für das eingebrachte Wirtschaftsgut dessen gemeinen Wert zu aktivieren. Entsprechende Grundsätze gelten auch dann, wenn die Einbringung des betreffenden Wirtschaftsguts gegen Gewährung von Personengesellschaftsrechten und ein weiteres Entgelt (z.B. Gutschrift auf einem Forderungskonto des einbringenden Gesellschafters bei der Personengesellschaft) erfolgt.

Schreiben des BMF v. 29.03.2000: [154)]

Der VIII. Senat des BFH behandelt im Urteil v. 19.10.1998 (VIII R 69/95, BStBl. II 2000 S. 230) die Einbringung einer wesentlichen Beteiligung i.S. des § 17 EStG aus dem Privatvermögen in das betriebliche Gesamthandsvermögen einer Personengesellschaft gegen Gewährung von Gesellschaftsrechten als tauschähnlichen Vorgang, der beim einbringenden Gesellschafter zu einer entgeltlichen Veräußerung i.S. des § 17 EStG und bei der aufnehmenden Personengesellschaft zu einem Anschaffungsgeschäft führt. Der BFH ist damit von der Auffassung der Finanzverwaltung abgewichen, die eine Veräußerung durch den Gesellschafter i.S. des § 17 EStG verneint und den Vorgang als Einlage i.S. des § 4 Abs. 1 Satz 5 EStG i.V.m. § 6 Abs. 1 Nr. 5 EStG ansieht (Schreiben des BMF-Schreiben v. 20.12.1977, BStBl. I 1978 S. 8 Rz. 49).

Unter Bezugnahme auf das Ergebnis der Erörterung mit den obersten Finanzbehörden der Länder nehme ich zur Anwendung der Rechtsgrundsätze des o.g. BFH-Urteils wie folgt Stellung:

I. Allgemeine Anwendung und Bedeutung des BFH-Urteils

Die Rechtsgrundsätze des BFH-Urteils v. 19.10.1998 (VIII R 69/95, BStBl. II 2000 S. 230) sind in allen offenen Fällen anzuwenden. Rz. 49 des BMF-Schreibens v. 20.12.1977 (BStBl. I 1978 S. 8) ist damit überholt.

Das BFH-Urteil ist zwar nur für die Übertragung einer im Privatvermögen gehaltenen wesentlichen Beteiligung i.S. des § 17 EStG ergangen, gilt aber der Sache nach allgemein für die Übertragung einzelner Wirtschaftsgüter aus dem Privatvermögen in das betriebliche Gesamthandsvermögen einer Personengesellschaft gegen Gewährung von Gesellschaftsrechten.

---

153) Vgl. BFH v. 19.10.1998, VIII R 69/95, BStBl. II 2000 S. 230.
154) BMF, Schreiben v. 29.03.2000, IV C 2 - S 2178 - 4/00, BStBl. I 2000 S. 462.

Umwandlungssteuererlass v. 25.03.1998

II. Änderungen gegenüber der bisherigen Rechtsauffassung im Einzelnen

Im Einzelnen ergeben sich aus der Anwendung des o.g. Urteils folgende Änderungen gegenüber der bisherigen Rechtsauffassung:

1. *Die Übertragung eines Einzelwirtschaftsguts aus dem Privatvermögen in das betriebliche Gesamthandsvermögen einer Personengesellschaft*

   a) *stellt einen tauschähnlichen Vorgang dar, wenn dem Einbringenden als Gegenleistung für das eingebrachte Einzelwirtschaftsgut Gesellschaftsrechte gewährt werden, die dem Wert des Wirtschaftsguts entsprechen (offene Sacheinlage). § 6 Abs. 1 Nr. 5 EStG kommt nicht zur Anwendung. Eine Gewährung von Gesellschaftsrechten ist anzunehmen, wenn die durch die Übertragung eintretende Erhöhung des Gesellschaftsvermögens dem Kapitalkonto des einbringenden Gesellschafters gutgeschrieben wird, das für seine Beteiligung am Gesellschaftsvermögen maßgebend ist (vgl. Rz. 24 des BMF-Schreibens v. 20.12.1977, BStBl. I 1978 S. 8). Die Verbuchung auf einem Darlehenskonto stellt keine offene Sacheinlage dar. Zur Abgrenzung zwischen Darlehenskonto und Kapitalkonto vgl. das BMF-Schreiben v. 30.05.1997 (BStBl. I 1997 S. 627).*

   b) *stellt eine Einlage dar, wenn dem Einbringenden überhaupt keine Gesellschaftsrechte gewährt werden (verdeckte Einlage).*

   c) *ist in einen tauschähnlichen Vorgang und eine Einlage aufzuteilen, wenn der Wert des übertragenen Wirtschaftsguts höher ist als die im Gegenzug eingeräumten Gesellschaftsrechte. Aufteilungsmaßstab ist das Verhältnis des Werts der gewährten Gesellschaftsrechte zum gemeinen Wert des übertragenen Wirtschaftsguts (vgl. BFH v. 17.07.1980, BStBl. II 1981 S. 11).*

   Da diese Grundsätze nicht nur bei der Einbringung wesentlicher Beteiligungen i.S. des § 17 EStG, sondern für alle Einzelwirtschaftsgüter gelten, führt z.B. die Einbringung von Grundstücken und grundstücksgleichen Rechten durch offene Sacheinlage in das betriebliche Gesamthandsvermögen einer Personengesellschaft innerhalb von zehn Jahren seit der Anschaffung im Privatvermögen zu einem privaten Veräußerungsgeschäft i.S. des § 23 Abs. 1 Satz 1 Nr. 1 EStG. Erfolgt die Einlage in das betriebliche Gesamthandsvermögen im Wege der verdeckten Einlage und wurde die Einlage nach dem 31.12.1999 vorgenommen, liegt ein privates Veräußerungsgeschäft i.S. des § 23 Abs. 1 Satz 5 Nr. 1 EStG vor, wenn das eingelegte Wirtschaftsgut innerhalb eines Zeitraums von zehn Jahren seit der Anschaffung im Privatvermögen aus dem Betriebsvermögen veräußert wird.

2. *Die o.a. Grundsätze gelten nicht nur bei der Einbringung in eine Personengesellschaft, sondern auch in eine andere Gesamthandsgemeinschaft (Gütergemeinschaft, Erbengemeinschaft).*

3. *Entsprechendes gilt bei der Übertragung eines Einzelwirtschaftsguts aus dem betrieblichen Gesamthandsvermögen einer Personengesellschaft oder anderen Gesamthandsgemeinschaft in das Privatvermögen. Das bedeutet, dass es sich auch im Falle der Übertragung gegen Minderung von Gesellschaftsrechten um einen tauschähnlichen Vorgang handelt.*

III. Einbringung wertgeminderter wesentlicher Beteiligungen

In Fällen der Einbringung wertgeminderter wesentlicher Beteiligungen gilt Folgendes:

1. *Die Einbringung einer wertgeminderten wesentlichen Beteiligung i.S. des § 17 EStG aus dem Privatvermögen in das betriebliche Gesamthandsvermögen einer Personengesellschaft gegen Gewährung von Gesellschaftsrechten stellt nach den Grundsätzen des BFH-Urteils v. 19.10.1998 (VIII R 69/95, BStBl. II 2000 S. 230) einen tauschähnlichen Vorgang dar. Im Zeitpunkt der Einbringung entsteht ein Veräußerungsverlust, der nach*

Maßgabe des § 17 Abs. 2 Satz 4 EStG zu berücksichtigen ist. R 140 Abs. 8 EStR findet keine Anwendung.

2. *In Fällen der Einlage einer wertgeminderten wesentlichen Beteiligung in einen als Einzelunternehmen geführten Betrieb desselben Steuerpflichtigen oder in das Sonderbetriebsvermögen desselben Steuerpflichtigen bei einer Mitunternehmerschaft sind R 140 Abs. 8 EStR sowie das BMF-Schreiben v. 05.12.1996 (BStBl. I 1996 S. 1500) weiterhin anzuwenden. Gleiches gilt für die Übertragung in das betriebliche Gesamthandsvermögen einer Personengesellschaft, soweit dem Einbringenden keine oder nur teilweise Gesellschaftsrechte gewährt werden (vgl. Abschnitt I Ziffer 1 Buchstaben b) und c)).*

IV. Übergangsregelung

Wird das Wirtschaftsgut vor dem 01.07.2000 in das bzw. aus dem Gesamthandsvermögen einer Personengesellschaft gegen Gewährung bzw. Minderung von Gesellschaftsrechten übertragen, so kann auf gemeinsamen Antrag der Beteiligten noch nach der bisherigen Auffassung der Finanzverwaltung verfahren werden, d.h. bei der Übertragung in das Gesellschaftsvermögen gegen Gewährung von Gesellschaftsrechten ist die Übertragung als Einlage (Rz. 49 des BMF-Schreibens v. 20.12.1977, BStBl. I 2000 S. 8) und bei der Übertragung in das Privatvermögen gegen Minderung von Gesellschaftsrechten als Entnahme zu behandeln. Die Beteiligten sind dann für die Zukunft an diese Behandlung gebunden. Bei einem gemeinsamen Antrag der Beteiligten ist die Einbringung auch für die Anwendung des § 23 EStG als Einlage anzusehen. Bei Einlagen, die nach dem 31.12.1999 vorgenommen werden, ist § 23 Abs. 1 Satz 5 Nr. 1 EStG zu beachten.

Entscheidend für den Zeitpunkt der Übertragung ist der Zeitpunkt des Übergangs des wirtschaftlichen Eigentums.

Rz. 24.06

Im Gegensatz zur Einbringung in eine Kapitalgesellschaft nach § 20 UmwStG genügt im Rahmen des § 24 UmwStG eine Einbringung in das Sonderbetriebsvermögen.

Urteil des FG Düsseldorf v. 30.04.2003 (rechtskräftig), 16-K-2934/01: [155]

Die Einbringung sämtlicher Wirtschaftsgüter eines Einzelunternehmens als Kommanditeinlage in das Sonderbetriebsvermögen des Gesellschafters einer neu gegründeten KG stellt ungeachtet des damit verbundenen Erwerbs eines Mitunternehmeranteils keinen tauschähnlichen Vorgang dar. Ein dennoch vorgenommener Teilwertansatz in der Gesellschaftsbilanz ist mangels eines Bewertungswahlrechts i.S.d. § 24 UmwStG nicht bindend und im Wege der Bilanzberichtigung rückgängig zu machen.

3. Rückbeziehung nach § 24 Abs. 4 UmwStG

Rz. 24.07

§ 24 Abs. 4, 2. Halbsatz UmwStG eröffnet die Möglichkeit einer Rückbeziehung der Einbringung für den Fall der Gesamtrechtsnachfolge nach den Vorschriften des handelsrechtlichen Umwandlungsgesetzes, also nicht für den Fall der Anwachsung. Stellt sich die Einbringung als Kombination von Gesamtrechtsnachfolge und Einzelrechtsnachfolge dar, so nimmt auch die Einzelrechtsnachfolge an der Rückbeziehung teil.

---

155) Vgl. FG Düsseldorf v. 30.04.2003 (rechtskräftig), 16-K-2934/01, EFG 2003 S. 1180.

Umwandlungssteuererlass v. 25.03.1998

II. Einbringung mit Zuzahlung

Rz. 24.08

§ 24 UmwStG ist nur anwendbar, soweit der Einbringende als Gegenleistung für die Einbringung Gesellschaftsrechte erwirbt; die Verbuchung auf einem Darlehenskonto reicht nicht aus. Zur Abgrenzung zwischen Darlehenskonto und Kapitalkonto vgl. das BMF-Schreiben v. 30.05.1997, BStBl. I 1997 S. 627.

Urteil des BFH v. 21.09.2000, IV R 54/99:[156)]
Nach Auffassung des Senats ist § 24 UmwStG 1995 bei einer Einbringung zu Teilwerten auch insoweit anzuwenden, als eine Zuzahlung in das Privatvermögen des Einbringenden erfolgt. Demgegenüber vertritt die Finanzverwaltung die Auffassung, § 24 UmwStG 1995 sei nur anwendbar, soweit der Einbringende als Gegenleistung für die Einbringung Gesellschaftsrechte erwirbt. Bei einer Zuzahlung in das Privatvermögen des Einbringenden handle es sich dagegen um eine Veräußerung von Eigentumsanteilen an den Wirtschaftsgütern des Betriebs, die der Einbringung zeitlich vorgehe.

Schreiben des BMF v. 21.08.2001:[157)]
Mit Urteil v. 21.09.2000 (BStBl. II 2001 S. 178) hat der BFH entschieden, dass für den Fall der Aufnahme eines Sozius in eine Einzelpraxis die Tarifbegünstigung des § 24 Abs. 3 Satz 2 UmwStG i.V.m. §§ 16 Abs. 4, 18 Abs. 3, 34 Abs. 1 EStG bei einer Einbringung zu Teilwerten auch insoweit anzuwenden ist, als eine Zuzahlung in das Privatvermögen des Einbringenden erfolgt. Gleichzeitig hat der BFH bestätigt, dass der Gewinn insoweit als laufender, nicht tarifbegünstigter Gewinn zu behandeln ist, als der Einbringende selbst an der Personengesellschaft beteiligt ist (§ 24 Abs. 3 Satz 3 UmwStG).

Unter Bezugnahme auf das Ergebnis der Erörterung mit den obersten Finanzbehörden der Länder werden die Grundsätze des oben genannten BFH-Urteils allgemein angewendet.

redaktionelle Anmerkung der Autoren:
Im Folgenden wurden durch das Schreiben des BMF v. 21.08.2001158) die fettgedruckten Änderungen in den Rz. 24.08 bis 24.12. vorgenommen.

1. Einbringung mit Zuzahlung zu Buchwerten[159)]

Rz. 24.09

Erhält der Einbringende neben dem Mitunternehmeranteil an der Personengesellschaft eine Zuzahlung, die nicht Betriebsvermögen der Personengesellschaft wird, so ist davon auszugehen, dass

- der Einbringende Eigentumsanteile an den Wirtschaftsgütern des Betriebes veräußert und
- die ihm verbliebenen Eigentumsanteile für eigene Rechnung, sowie die veräußerten Eigentumsanteile für Rechnung des zuzahlenden Gesellschafters in das Betriebsvermögen der Personengesellschaft einlegt (**vgl. Beschluss des Großen Senats des BFH v. 18.10.1999, BStBl. II 2000 S. 123)**[160)].

---

156) Vgl. BFH v. 21.09.2000, IV R 54/99, BStBl. II 2001 S. 178. Zu den Rechtsausführungen der Vorinstanz vgl. FG Rheinland-Pfalz v. 26.01.1999, 2-K-1083/98, EFG 1999 S. 911.
157) BMF, Schreiben v. 21.08.2001, IV A 6 - S 1909 - 11/01, BStBl. I 2001 S. 543.
158) Vgl. BMF, Schreiben v. 21.08.2001, IV A 6 - S 1909 - 11/01, BStBl. I 2001 S. 543.
159) Überschrift eingefügt durch BMF, Schreiben v. 21.08.2001, IV A 6 - S 1909 - 11/01, BStBl. I 2001 S. 543.
160) Verweis eingefügt durch BMF, Schreiben v. 21.08.2001, IV A 6 - S 1909 - 11/01, BStBl. I 2001 S. 543.

Rz. 24.10

Der Gewinn, der durch eine Zuzahlung in das Privatvermögen des Einbringenden entsteht, kann nicht durch Erstellung einer negativen Ergänzungsbilanz vermieden werden (BFH v. 08.12.1994, BStBl. II 1995 S. 599). Eine Zuzahlung liegt auch vor, wenn mit ihr eine zugunsten des Einbringenden begründete Verbindlichkeit der Gesellschaft getilgt wird (BFH v. 08.12.1994, BStBl. II 1995 S. 599).

Rz. 24.11

Die Veräußerung der Anteile an den Wirtschaftsgütern ist ein Geschäftsvorfall des einzubringenden Betriebs. Der hierbei erzielte Veräußerungserlös wird vor der Einbringung aus dem Betriebsvermögen entnommen. Anschließend wird der Betrieb so eingebracht, wie er sich nach der Entnahme des Veräußerungserlöses darstellt.

Beispiel:

A und B gründen eine OHG, die das Einzelunternehmen des A **zu Buchwerten**[161] fortführen soll. Das Einzelunternehmen hat einen Buchwert von 100.000 DM und einen Teilwert von 300.000 DM. A und B sollen an der OHG zu je 50 v.H. beteiligt sein.

A erhält von B eine Zuzahlung in Höhe von 150.000 DM, die nicht Betriebsvermögen der OHG werden soll.

Die Zahlung der 150.000 DM durch B an A ist die Gegenleistung für den Verkauf von je 1/2 Miteigentumsanteilen an den Wirtschaftsgütern des Einzelunternehmens. Nach Entnahme dieser Gegenleistung bringt A sein Einzelunternehmen sowohl für eigene Rechnung als auch für Rechnung des B in die OHG ein.

Der bei der Veräußerung der Anteile an den Wirtschaftsgütern erzielte Gewinn ist als laufender, nicht nach §§ 16, 34 EStG begünstigter Gewinn zu versteuern. Die Veräußerung eines Betriebs (§ 16 Abs. 1 Nr. 1 EStG) liegt nicht vor, weil nur Miteigentumsanteile an den Wirtschaftsgütern des Betriebs veräußert werden; die Veräußerung eines Mitunternehmeranteils (§ 16 Abs. 1 Nr. 2 EStG) liegt nicht vor, weil eine Mitunternehmerschaft im Zeitpunkt der Veräußerung der Miteigentumsanteile noch nicht bestand, sondern durch den Vorgang erst begründet wurde.

Wird ein bereits bestehender Mitunternehmeranteil eingebracht, so kann der Veräußerungsgewinn dagegen nach § 16 Abs. 1 Nr. 2, § 34 EStG tarifbegünstigt sein (vgl. auch BFH v. 08.12.1994, BStBl. II 1995 S. 599).

Rz. 24.12

Unter Berücksichtigung der Umstände des Einzelfalls kann es geboten sein, nach den vorstehenden Grundsätzen auch dann zu verfahren, wenn die Zuzahlung zunächst Betriebsvermögen der Personengesellschaft wird und erst später entnommen wird. Bei wirtschaftlicher Betrachtungsweise kann sich nämlich ergeben, dass die Zuführung der Zuzahlung zum Betriebsvermögen der Personengesellschaft und die Entnahme der Zuzahlung durch den Einbringenden nach den Vereinbarungen der Parteien den gleichen wirtschaftlichen Gehalt hat wie eine Zuzahlung, die unmittelbar an den Einbringenden erfolgt (so auch BFH v. 08.12.1994, BStBl. II 1995 S. 599). Insbes. wenn der Einbringende im Anschluss an die Einbringung größere Entnahmen tätigen darf und bei der Bemessung seines Gewinnanteils auf seinen ihm dann noch verbleibenden Kapitalanteil abgestellt wird, kann es erforderlich sein, den Zuzahlungsbetrag als unmittelbar in das Privatvermögen des Einbringenden geflossen anzusehen.

---

[161] Konkretisiert durch BMF, Schreiben v. 21.08.2001, IV A 6 - S 1909 - 11/01, BStBl. I 2001 S. 543.

Umwandlungssteuererlass v. 25.03.1998

2. Einbringung mit Zuzahlung zu Teilwerten[162]

Rz. 24.12a[163]

Für den Fall der Aufnahme eines Gesellschafters in ein bestehendes Einzelunternehmen ist bei einer Einbringung zu Teilwerten – vorbehaltlich der Regelung des § 24 Abs. 3 Satz 3 UmwStG – die Tarifbegünstigung des § 24 Abs. 3 Satz 2 UmwStG i.V.m. §§ 16 Abs. 4, 34 EStG auch insoweit anzuwenden, als eine Zuzahlung in das Privatvermögen des Einbringenden erfolgt (BFH v. 21.09.2000, BStBl. II 2001 S. 178).

III. Ergänzungsbilanzen

Rz. 24.13

Nach § 24 UmwStG darf die Personengesellschaft das eingebrachte Betriebsvermögen in ihrer Bilanz einschließlich der Ergänzungsbilanzen für ihre Gesellschafter mit seinem Buchwert im Zeitpunkt der Einbringung oder mit einem höheren Wert, höchstens mit dem Teilwert ansetzen. Werden die Buchwerte des eingebrachten Betriebsvermögens aufgestockt, so gilt Rz. 22.08 entsprechend. Der Wert, mit dem das eingebrachte Betriebsvermögen in der Bilanz der Personengesellschaft einschließlich der Ergänzungsbilanzen für ihre Gesellschafter angesetzt wird, gilt nach § 24 Abs. 3 UmwStG für den Einbringenden als Veräußerungspreis.

Urteil des BFH v. 06.07.1999, VIII R 17/05:[164]

Tritt ein Gesellschafter in eine bereits bestehende Gesellschaft ein, kann die Gesellschaft aus diesem Anlass die stillen Reserven auflösen und die Buchwerte des Gesellschaftsvermögens aufstocken. Die in Höhe der Aufstockungsbeträge für die Altgesellschafter gebildete negative Ergänzungsbilanz ist entsprechend dem Verbrauch, der Abnutzung oder der Veräußerung der Wirtschaftsgüter des Gesellschaftsvermögens aufzulösen.

Rz. 24.14

Bei der Einbringung eines Betriebs usw. in eine Personengesellschaft werden vielfach die Buchwerte des eingebrachten Betriebsvermögens in der Bilanz der Personengesellschaft aufgestockt, um die Kapitalkonten der Gesellschafter im richtigen Verhältnis zueinander auszuweisen. Es kommt auch vor, dass ein Gesellschafter als Gesellschaftseinlage einen höheren Beitrag leisten muss, als ihm in der Bilanz der Personengesellschaft als Kapitalkonto gutgeschrieben wird. In diesen Fällen können die Gesellschafter der Personengesellschaft Ergänzungsbilanzen aufstellen, durch die die sofortige Versteuerung eines Veräußerungsgewinns für den Einbringenden vermieden werden kann.

Beispiel:

A unterhält ein Einzelunternehmen mit einem buchmäßigen Eigenkapital von 100.000 DM. In den Buchwerten sind stille Reserven von 200.000 DM enthalten. Der wahre Wert des Unternehmens beträgt also 300.000 DM.

---

[162] Überschrift eingefügt durch BMF, Schreiben v. 21.08.2001, IV A 6 - S 1909 - 11/01, BStBl. I 2001 S. 543.

[163] Rz. 24.12a eingefügt durch BMF, Schreiben v. 21.08.2001, IV A 6 - S 1909 - 11/01, BStBl. I 2001 S. 543.

[164] Vgl. BFH v. 06.07.1999, VIII R 17/95, BFH/NV 2000 S. 34.

Die Schlussbilanz des A im Zeitpunkt der Einbringung sieht wie folgt aus:

Aktiva	100.000 DM	Kapital	100.000 DM

In das Einzelunternehmen des A tritt B als Gesellschafter ein; A bringt also ein Einzelunternehmen in die neue von ihm und B gebildete Personengesellschaft ein. A und B sollen an der neuen Personengesellschaft zu je 50 v.H. beteiligt sein. B leistet deshalb eine Bareinlage von 300.000 DM. Die Kapitalkonten von A und B sollen in der Bilanz der Personengesellschaft gleich hoch sein.

Die Eröffnungsbilanz der Personengesellschaft lautet wie folgt:

Aktiva		Kapital A	200.000 DM
Das von A eingebrachte Bertiebsvermögen	100.000 DM	Kapital B	200.000 DM
Kasse (Bareinlage des B)	300.000 DM		
	400.000 DM		**400.000 DM**

Da B eine Einlage von 300.000 DM geleistet hat, hat er 100.000 DM mehr gezahlt, als sein buchmäßiges Kapital in der Bilanz der neuen Personengesellschaft beträgt (B hat mit diesen 100.000 DM praktisch dem A die Hälfte der stillen Reserven „abgekauft"). Er muss in diesem Fall sein in der Bilanz der Personengesellschaft nicht ausgewiesenes Mehrkapital von 100.000 DM in einer Ergänzungsbilanz ausweisen.

Die Ergänzungsbilanz des B hat den folgenden Inhalt:

Mehrwert für Aktiva	100.000 DM	Mehrkapital	100.000 DM

Das von A in die Personengesellschaft eingebrachte Betriebsvermögen ist danach in der Bilanz der Personengesellschaft einschließlich der Ergänzungsbilanz des Gesellschafters B mit insgesamt 200.000 DM ausgewiesen (mit 100.000 DM in der Gesamtbilanz der Personengesellschaft und mit 100.000 DM in der Ergänzungsbilanz des B). Es war bisher bei A nur mit 100.000 DM angesetzt. Es würde sich danach für A ein Veräußerungsgewinn von 100.000 DM ergeben.

A kann diesen Veräußerungsgewinn dadurch neutralisieren, dass er seinerseits eine Ergänzungsbilanz aufstellt und in dieser dem in der Ergänzungsbilanz des B ausgewiesenen Mehrwert für Aktiva von 100.000 DM einen entsprechenden Minderwert gegenüberstellt, sog. negative Ergänzungsbilanz.

Diese negative Ergänzungsbilanz des A sieht wie folgt aus:

Minderkapital	100.000 DM	Minderwert für Aktiva	100.000 DM

Das eingebrachte Betriebsvermögen ist nunmehr in der Bilanz der Personengesellschaft und den Ergänzungsbilanzen ihrer Gesellschafter insgesamt wie folgt ausgewiesen: mit 100.000 DM in der Bilanz der Personengesellschaft zuzüglich 100.000 DM in der Ergänzungsbilanz des B abzüglich 100.000 DM in der Ergänzungsbilanz des A, insgesamt also mit 100.000 DM. Dieser Wert ist nach § 24 Abs. 3 UmwStG für die Ermittlung des Veräußerungsgewinns des A bei der Einbringung maßgebend.

Da der Buchwert des eingebrachten Betriebsvermögens in der Schlussbilanz des A ebenfalls 100.000 DM betrug, entsteht für A kein Veräußerungsgewinn.

Die Ergänzungsbilanzen für A und B sind auch bei der künftigen Gewinnermittlung zu berücksichtigen und korrespondierend weiterzuentwickeln. Dabei ergibt sich z.B. gegenüber der Bilanz der Personengesellschaft für den Gesellschafter B aus seiner (positiven) Ergänzungsbilanz ein zusätzliches AfA-Volumen und für den Gesellschafter A aus seiner (negativen) Ergänzungsbilanz eine Minderung seines AfA-Volumens (vgl. hierzu auch BFH v. 28.09.1995, BStBl. II 1996 S. 68).

Würde das von A eingebrachte Betriebsvermögen in der Eröffnungsbilanz der Personengesellschaft nicht mit seinem Buchwert von 100.000 DM, sondern mit seinem wahren Wert von 300.000 DM angesetzt werden und würden demgemäß die Kapitalkonten von A und B mit je 300.000 DM ausgewiesen werden, so könnte A zur Vermeidung eines Veräußerungsgewinns eine negative Ergänzungsbilanz mit einem Minderkapital von 200.000 DM aufstellen; für B entfiele in diesem Fall eine Ergänzungsbilanz.

Urteil des FG Münster v. 09.04.2003 (Revision anhängig unter IV R 70/05), 7-K-3775/00: [165]

Eine Aufstockung der Buchwerte gem. § 24 UmwStG 1995 kommt bei Neueintritt eines Gesellschafters in eine bestehende Gesellschaft nur unter der Voraussetzung in Betracht, dass der eintretende Gesellschafter eine Einlage leistet oder dass sich die Beteiligungsverhältnisse in der Gesellschaft gegen Entgelt ändern.

IV. Anwendung der §§ 16, 34 EStG bei Einbringung zum Teilwert

Rz. 24.15

Auf einen bei der Einbringung eines Betriebs, Teilbetriebs oder Mitunternehmeranteils in eine Personengesellschaft entstehenden Veräußerungsgewinn sind § 16 Abs. 4 und § 34 EStG nur anzuwenden, wenn das eingebrachte Betriebsvermögen in der Bilanz der Personengesellschaft einschließlich der Sonder- und Ergänzungsbilanzen der Gesellschafter mit dem Teilwert angesetzt wird; dabei ist auch ein vorhandener Geschäftswert mit auszuweisen (vgl. Rz. 22.11).

Rz. 24.16

Durch die Verweisung auf § 16 Abs. 2 Satz 3 EStG in § 24 Abs. 3 Satz 3 UmwStG ist klargestellt, dass der Einbringungsgewinn stets als laufender, nicht nach §§ 16, 34 EStG begünstigter Gewinn anzusehen ist, soweit der Einbringende wirtschaftlich gesehen „an sich selbst" veräußert.

§ 24 Abs. 3 Satz 3 UmwStG stellt bei der Betrachtung, ob eine Veräußerung an sich selbst vorliegt, nicht auf den einzelnen Gesellschafter, sondern auf die einbringenden Gesellschafter in ihrer gesamthänderischen Verbundenheit ab. Das ergibt sich aus dem Sinn und Zweck der Regelung sowie auch daraus, dass in der Bezugsform des § 16 Abs. 2 Satz 3 EStG die Mehrzahl gebraucht wird: „... dieselben Personen Unternehmer oder Mitunternehmer sind ...".

Beispiel:

An einer OHG sind vier Gesellschafter zu je 1/4 beteiligt. Es soll gegen Bareinlage in das Betriebsvermögen ein fünfter Gesellschafter so aufgenommen werden, dass alle Gesellschafter anschließend zu je 1/5 beteiligt sind.

---

[165] Vgl. FG Münster v. 09.04.2003 (Revision anhängig unter IV R 70/05), 7-K-3775/00, EFG 2005 S. 1155.

Wirtschaftlich gesehen gibt jeder der Altgesellschafter 1/5 an den Neuen ab; er veräußert also zu 4/5 „an sich selbst". Ein bei Teilwertansatz entstehender Gewinn ist nach der Regelung in § 24 Abs. 3 Satz 3 UmwStG i.V.m.§ 16 Abs. 2 Satz 3 EStG daher zu 4/5 nicht begünstigt.

Rz. 24.17

Gewinne, die im Rahmen einer Betriebsveräußerung oder Betriebseinbringung nach § 16 Abs. 2 Satz 3 EStG bzw. § 24 Abs. 3 Satz 3 UmwStG kraft gesetzlicher Anordnung als laufende Gewinne behandelt werden, sind gewerbesteuerpflichtig. Die gesetzliche Fiktion der Behandlung als laufender Gewinn erstreckt sich in diesen Fällen auch auf die Gewerbesteuer.

Urteil des BFH v. 15.06.2004, VIII R 7/01:[166]

Der Gewinn aus der Veräußerung des Anteils an einer Personengesellschaft unterliegt der Gewerbesteuer, soweit auf der Seite des Veräußerers und auf der Seite des Erwerbers dieselben Personen Mitunternehmer sind.

V. Entsprechende Anwendung des § 24 UmwStG im Fall der Realteilung oder Spaltung von Personengesellschaften

Rz. 24.18

In sinngemäßer Anwendung des § 24 UmwStG zugrunde liegenden Rechtsgedankens lässt die Rechtsprechung eine erfolgsneutrale Realteilung von Personengesellschaften zu (vgl. BFH v. 19.01.1982, BStBl. II 1982 S. 456; v. 10.12.1991, BStBl. II 1992 S. 385, und dazu das BMF-Schreiben v. 11.08.1994, BStBl. I 1994 S. 601). Die Realteilung ist jedoch erfolgswirksam zu behandeln, wenn andernfalls gesetzliche Vorschriften, insbesondere des Umwandlungssteuergesetzes, umgangen würden.

Beispiel 1:

Die Abspaltung einer Personengesellschaft aus einer Kapitalgesellschaft ist nach § 15 Abs. 3 Satz 5 i.V.m.§ 16 UmwStG bei der Trennung von Gesellschafterstämmen nur dann steuerneutral möglich, wenn die Beteiligungen an der übertragenden Körperschaft mindestens fünf Jahre vor dem steuerlichen Übertragungsstichtag bestanden haben. Ist diese Voraussetzung nicht erfüllt, so kann sie nicht dadurch umgangen werden, dass die Kapitalgesellschaft zunächst unter Anwendung der §§ 3 ff. UmwStG steuerneutral in eine Personengesellschaft umgewandelt wird, die hiernach real unter den Gesellschaftern geteilt wird. Erfolgt die Realteilung innerhalb der in § 15 Abs. 3 Satz 5 UmwStG genannten Fünf-Jahres-Frist, so führt sie zur Aufdeckung aller stillen Reserven nach § 16 Abs. 3 EStG.

Beispiel 2:

A betreibt (u.a.) den Teilbetrieb I, in dessen Buchwerten erhebliche stille Reserven ruhen. Der Teilbetrieb soll an B veräußert werden. Um die dabei eintretende Gewinnverwirklichung zu vermeiden, bringt A seinen gesamten Betrieb steuerneutral nach § 24 UmwStG in eine KG mit B ein, der eine Geldeinlage leistet. Kurze Zeit später kommt es zur Realteilung, bei der B den Teilbetrieb erhält, um ihn auf eigene Rechnung fortzuführen. Der Vorgang darf nicht – mit Hilfe der sog. Kapitalkontenanpassungsmethode (BFH v. 10.12.1991, BStBl. II 1992 S. 385) – steuerneutral abgewickelt werden. Es handelt sich um die verdeckte Veräußerung eines Teilbetriebs nach § 16 Abs. 1 Nr. 1 i.V.m. § 34 EStG.

---

166) Vgl. BFH v. 15.06.2004, VIII R 7/01, BStBl. II 2004 S. 754.

Umwandlungssteuererlass v. 25.03.1998

Rz. 24.19

Die vorstehenden Grundsätze gelten für die Aufspaltung und Abspaltung von Personenhandelsgesellschaften auf Personenhandelsgesellschaften nach § 123 Abs. 1 und 2 UmwG entsprechend.

Teil 3: Übergangs- und Schlussvorschriften

I. Erstmalige Anwendung des UmwStG v. 28.10.1994

S.01

Das UmwStG ist nach seinem § 27 Abs. 1 erstmals auf den Übergang von Vermögen anzuwenden, der auf Rechtsakten beruht, die nach dem 31.12.1994 wirksam werden. Ebenso wie das handelsrechtliche Umwandlungsgesetz (vgl. § 318 UmwG i.d.F. des Gesetzes zur Bereinigung des Umwandlungsrechts – UmwBerG – v. 28.10.1994, BGBl. I 1994 S. 3210) ist das UmwStG noch nicht auf solche Umwandlungen anzuwenden, zu deren Vorbereitung bereits vor dem 01.01.1995 ein Vertrag oder eine Erklärung beurkundet oder notariell beglaubigt oder eine Versammlung der Anteilsinhaber einberufen worden ist.

Urteil des BFH v. 19.05.1998, I R 7/98: [167]

Entsprechend der Auffassung der Finanzverwaltung kommt der Senat in seiner Entscheidung zu dem Ergebnis, dass die erstmalige Anwendung von § 12 Abs. 3 Satz 2 UmwStG 1995 voraussetzt, dass sämtliche (vorbereitenden) Rechtsakte, auf denen der Vermögensübergang beruht, nach dem 31.12.1994 wirksam werden (§ 27 Abs. 1 UmwStG 1995). Es genügt nicht, dass der Vermögensübergang als solcher nach dem 31.12.1994 durch Eintragung in das Handelsregister wirksam wird.

S.02

Die Neuregelungen durch das Gesetz zur Fortsetzung der Unternehmenssteuerreform sind nach § 27 Abs. 3 UmwStG i.d.F. des Gesetzes zur Finanzierung eines zusätzlichen Bundeszuschusses zur gesetzlichen Rentenversicherung erstmals auf Umwandlungsvorgänge anzuwenden, deren Eintragung im Handelsregister nach dem 05.08.1997 beantragt worden ist.

II. Steuerliche Rückwirkung

S.03

Bei Umwandlungen, auf die das neue UmwStG anzuwenden ist, kann dem Vermögensübergang eine Bilanz auf einen höchstens acht Monate vor der Anmeldung der Umwandlung zur Eintragung in das maßgebliche Register liegenden Stichtag zugrunde gelegt werden (§§ 2 Abs. 1 und 20 Abs. 8 UmwStG, § 17 Abs. 2 UmwG).

S.04

Nach § 34 Abs. 1 Satz 3 EStG i.d.F. des Gesetzes zur Fortsetzung der Unternehmenssteuerreform v. 29.10.1997 (BGBl. I 1997 S. 2590, BStBl. I 1997 S. 928) gelten in den Fällen, in denen nach dem 31.07.1997 mit zulässiger steuerlicher Rückwirkung eine Vermögensübertragung nach dem UmwStG erfolgt, die außerordentlichen Einkünfte als nach dem 31.07.1997 erzielt. Daher sind ungeachtet der steuerlichen Rückwirkung einer Einbringung in das Jahr 1996 oder das erste Halbjahr 1997 außerordentliche Einkünfte i.S. des § 34 Abs. 2 EStG einer natürlichen Person im Zusammenhang mit der Einbringung dem zweiten

---

[167] Vgl. BFH v. 19.05.1998, I R 7/98, BStBl. II 1998 S. 642. Zu den Rechtsausführungen der Vorinstanz vgl. FG Köln v. 25.11.1997, 13-K-1110/97, EFG 1998 S. 1018.

Halbjahr 1997 zuzuordnen und nach § 34 Abs. 1 EStG i.d.F. des Gesetzes v. 29.10.1997 zu besteuern, wenn die Einbringung nach dem 31.07.1997 erfolgt ist. Eine Einbringung ist vor dem 01.08.1997 erfolgt, wenn alle Rechtsakte, auf denen sie beruht, vor dem 01.08.1997 wirksam werden. Eine Einbringung gilt aus Billigkeitsgründen als vor dem 01.08.1997 erfolgt, wenn lediglich die Eintragung im Handelsregister nach dem 05.08.1997 (Beschluss des Bundestages zum Ergebnis des Vermittlungsausschusses zum Gesetz zur Fortsetzung der Unternehmenssteuerreform) vorgenommen worden ist.

Teil 4: Erstmalige Anwendung dieses BMF-Schreibens

S.05

Die Grundsätze dieses Schreibens gelten für alle noch nicht bestandskräftigen oder unter dem Vorbehalt der Nachprüfung stehenden Fälle, auf die das UmwStG v. 28.10.1994 (BGBl. I 1994 S. 3267, BStBl. I 1994 S. 839) mit seinen späteren Änderungen anzuwenden ist.

S.06

Die BMF-Schreiben v. 16.06.1978 (BStBl. I 1978 S. 235), v. 15.10.1982 (BStBl. I 1982 S. 896), v. 15.04.1986 (BStBl. I 1986 S. 164), v. 09.01.1992 (BStBl. I 1992 S. 47) und v. 19.12.1994 (BStBl. 1995 I S. 42) sind auf das UmwStG v. 28.10.1994 nicht anzuwenden.

Abschnitt K

Schreiben betr. Zweifelsfragen zu den Änderungen durch das Steuersenkungsgesetz (StSenkG) und das Gesetz zur Fortentwicklung des Unternehmensteuerrechts (UntStFG) v. 16.12.2003
(IV A 2 - S 1978 - 16/03, BStBl. I 2003 S. 786)

Unter Bezugnahme auf das Ergebnis der Erörterungen mit den obersten Finanzbehörden der Länder gilt zur Anwendung des Umwandlungssteuergesetzes in der Fassung der Bekanntmachung v. 15.10.2002 (BGBl. I 2002 S. 4133) Folgendes: Die Regelungen des BMF-Schreibens v. 25.03.1998 (BStBl. I 1998 S. 268) bleiben hiervon grundsätzlich unberührt.

A. Umwandlung von Körperschaft auf Personengesellschaft
I. Auswirkungen auf den Gewinn der übernehmenden Personengesellschaft (§ 4 UmwStG)

Rz. 1

Infolge des Systemwechsels vom Anrechnungsverfahren zum Halbeinkünfteverfahren sind die Regelungen zur Ermittlung des Übernahmeergebnisses (§ 4 Abs. 4, 5 und 6 UmwStG) angepasst worden. Das Übernahmeergebnis berechnet sich nunmehr wie folgt:

	Wert, mit dem die übergegangenen Wirtschaftsgüter nach § 4 Abs. 1 UmwStG zu übernehmen sind
./.	Buchwert der Anteile an der übertragenden Körperschaft
=	Übernahmegewinn/-verlust i.S. des § 4 Abs. 4 Satz 1 UmwStG
+	Sperrbetrag nach § 50c EStG
=	Übernahmegewinn/-verlust i.S. des § 4 Abs. 4 und 5 UmwStG

Rz 2

Ein sich danach ergebender Übernahmeverlust bleibt stets außer Ansatz, unabhängig davon, ob dieser auf natürliche Personen, Körperschaften, Personenvereinigungen oder Vermögensmassen als Gesellschafter der übernehmenden Personengesellschaft entfällt (§ 4 Abs. 6 UmwStG). Dabei ist unerheblich, wie bei einem vor der Verschmelzung ausgeschiedenen Anteilseigner dessen Veräußerungsergebnis steuerlich behandelt worden ist.

Rz. 3

Ein sich ergebender Übernahmegewinn ist auch dann in voller Höhe steuerfrei bzw. nur zur Hälfte steuerpflichtig, wenn die Anteile an der Kapitalgesellschaft einbringungsgeboren sind und der Veräußerungsgewinn bzw. Veräußerungserlös voll steuerpflichtig wären. Die Steuerfreistellung des Übernahmegewinns nach § 4 Abs. 7 UmwStG ist auf der Ebene der Mitunternehmer anzuwenden; bei mehrstöckigen Personengesellschaften auf der obersten Stufe der Mitunternehmer.

Rz. 4

Auf die Umwandlungskosten, die die übernehmende Personengesellschaft bzw. ihre Gesellschafter zu tragen haben, ist § 3c EStG anzuwenden.

II. Auswirkungen auf den Gewinn der übernehmenden Personengesellschaft in Sonderfällen (§ 5 UmwStG)

Rz. 5

Anteile eines Gesellschafters der übernehmenden Personengesellschaft an der übertragenden Körperschaft, die dieser im Privatvermögen hält und die eine Beteiligung i.S. des § 17 EStG bilden, ohne dass gleichzeitig die Voraussetzungen des § 21 UmwStG vorliegen, gelten für die Ermittlung des Übernahmeergebnisses als am Übertragungsstichtag in das Betriebsvermögen der Personengesellschaft zu Anschaffungskosten eingelegt (§ 5 Abs. 2 UmwStG). Die Frage, ob eine Beteiligung i.S. des § 17 EStG vorliegt, richtet sich nach der zum Zeitpunkt des zivilrechtlichen Wirksamwerdens der Umwandlung geltenden Fassung des § 17 Abs. 1 EStG. Das ist der Zeitpunkt der Eintragung der Umwandlung im Handelsregister (§ 20 UmwG).

Beispiel:

Die X-GmbH soll zum 31.12.2001 auf die P-OHG verschmolzen werden. Die übernehmende P-OHG hält 95% der Anteile an der übertragenden X-GmbH; die restlichen 5% der Anteile hält A. A ist bisher nicht an der P-OHG beteiligt.

a) Die Verschmelzung wird am 15.12.2001 im Handelsregister eingetragen; das Wirtschaftsjahr der X-GmbH entspricht dem Kalenderjahr.

b) Die Eintragung erfolgt am 15.01.2002; das Wirtschaftsjahr der X-GmbH entspricht dem Kalenderjahr.

c) Die Eintragung erfolgt am 15.01.2002; die X-GmbH hatte als Wirtschaftsjahr den Zeitraum vom 01.07. bis 30.06. gewählt.

Lösung:

Im Unterfall a) handelt es sich bei der Beteiligung des A mit 5% nicht um eine Beteiligung i.S. des § 17 Abs. 1 EStG, weil § 17 EStG a.F.[1)] mit einer Beteiligungsgrenze von mindestens 10% zur Anwendung kommt, denn das erste Wirtschaftsjahr der X-GmbH unter der Geltung des KStG n.F. ist am 15.12.2001 noch nicht abgelaufen (vgl. § 52 Abs. 34a EStG).

Im Unterfall b) handelt es sich bei der Beteiligung des A um eine Beteiligung i.S. des § 17 Abs. 1 EStG, weil das erste Wirtschaftsjahr der X-GmbH nach neuem Körperschaftsteuerrecht am 31.12.2001 bereits abgelaufen war. Nach § 17 Abs. 1 EStG n.F. ist eine Beteiligungsgrenze von mindestens 1% maßgebend.

In Unterfall c) handelt es sich bei der Beteiligung des A wie im Unterfall a) nicht um eine Beteiligung i.S. des § 17 Abs. 1 EStG, weil das erste Wirtschaftsjahr der X-GmbH unter der Geltung des KStG n.F. am 15.01.2002 noch nicht abgelaufen ist (vgl. § 52 Abs. 34a EStG).

Rz. 6

Für die bei der Anwendung des § 5 Abs. 2 Satz 2 UmwStG vorzunehmende Prüfung, ob ein Anwendungsfall des § 17 Abs. 2 Satz 4 EStG gegeben ist, gelten die vorstehenden Grundsätze entsprechend.

---

1) **[amtliche Anmerkung:]** EStG i.d.F. der Bekanntmachung v. 16.04.1997 - EStG 1997 - (BGBl. I 1997 S. 821, BStBl. I 1997 S. 415) = EStG a.F.; EStG 1997 unter Berücksichtigung der Änderungen durch das Steuersenkungsgesetz (BGBl. I 2000 S. 1433, BStBl. I 2000 S. 1428) = EStG n.F.

III. Ermittlung der Einkünfte bei Anteilseignern, die nicht im Sinne des § 17 EStG beteiligt sind (§ 7 UmwStG)

Rz. 7

§ 7 UmwStG betrifft Anteile an der übertragenden Kapitalgesellschaft, die zum Zeitpunkt des Vermögensübergangs zum Privatvermögen gehört haben und keine Anteile i.S. des § 17 EStG sind, und Anteile i.S. des § 17 Abs. 2 Satz 4 EStG. Es handelt sich um Anteile, die nicht in die Ermittlung des Übernahmeergebnisses einbezogen werden. Für die Prüfung der Beteiligungsgrenze wird auf die Ausführungen zu Rz. 5 hingewiesen.

Rz. 8

In diesen Fällen ist dem Gesellschafter das in der Steuerbilanz ausgewiesene Eigenkapital, vermindert um den Bestand des steuerlichen Einlagenkontos, welches sich nach Anwendung des § 29 Abs. 1 KStG ergibt, als Bezüge aus Kapitalvermögen i.S. des § 20 Abs. 1 Nr. 1 EStG zuzurechnen. Die Höhe der Zurechnung bestimmt sich nach dem Verhältnis der betreffenden Anteile zum Nennkapital an der übertragenden Kapitalgesellschaft ohne Berücksichtigung eigener Anteile. Für die Höhe der Beteiligung ist dabei auf den Zeitpunkt des Wirksamwerdens der Umwandlung, für die Höhe der Kapitalerträge jedoch auf den steuerlichen Übertragungsstichtag abzustellen.

Rz. 9

Zum steuerlichen Übertragungsstichtag ausstehende Einlagen auf das Nennkapital gehören, unabhängig davon, ob sie eingefordert sind oder nicht, nicht zum Eigenkapital im Sinne des § 7 UmwStG.

Rz. 10

Diese Bezüge unterliegen dem Kapitalertragsteuerabzug nach § 43 Abs. 1 Nr. 1 EStG. Die Kapitalertragsteuer entsteht im Zeitpunkt des Wirksamwerdens der Umwandlung.

IV. Körperschaftsteuerminderung und Körperschaftsteuererhöhung

Rz. 11

Gemäß § 10 UmwStG mindert oder erhöht sich die Körperschaftsteuerschuld der übertragenden Körperschaft um den Betrag, der sich nach den §§ 37 und 38 des Körperschaftsteuergesetzes ergeben würde, wenn das Eigenkapital als am Übertragungsstichtag für eine Ausschüttung verwendet gelten würde. Als für eine Ausschüttung verwendetes Eigenkapital in diesem Sinne gilt:

	In der Bilanz auf den steuerlichen Übertragungsstichtag ausgewiesenes Eigenkapital (nach Berücksichtigung einer evtl. KSt-Minderung oder KSt-Erhöhung)
./.	Betrag, der gemäß §§ 29 Abs. 1, 28 Abs. 2 Satz 1 KStG dem steuerlichen Einlagenkonto gutzuschreiben ist
=	als ausgeschüttet geltendes Eigenkapital i.S. des § 10 UmwStG

Ist das Nennkapital am steuerlichen Übertragungsstichtag nicht voll eingezahlt, gilt Rz. 9 entsprechend.

Rz. 12

Die KSt-Minderung nach § 37 KStG ist aus dem Bestand des KSt-Guthabens der übertragenden Körperschaft zum steuerlichen Übertragungsstichtag zu errechnen, der sich nach

Umwandlungssteuererlass v. 16.12.2003

Berücksichtigung der Ausschüttungen ergibt, die noch der übertragenden Körperschaft zuzurechnen sind (siehe Rzn. 23 - 27).

Rz. 13

Für die Anwendung des § 38 KStG ist ebenfalls auf die Bestände zum steuerlichen Übertragungsstichtag abzustellen, die sich nach Berücksichtigung der Ausschüttungen ergeben, die noch der übertragenden Körperschaft zuzurechnen sind (siehe Rzn. 23 - 27).

Beispiel:

Die X-GmbH (Wirtschaftsjahr = Kalenderjahr) wird auf die Y-OHG verschmolzen (steuerlicher Übertragungsstichtag: 31.12.05). In der steuerlichen Schlussbilanz zum 31.12.05 hat die X-GmbH folgende Eigenkapitalpositionen ausgewiesen:

Stammkapital	25.000
Gewinnvortrag	40.000
Jahresüberschuss	20.000

Bei Ermittlung des Jahresüberschusses für das Wirtschaftsjahr 05 hat die X-GmbH einen Körperschaftsteuer-Aufwand i.H. von 8.500 mindernd berücksichtigt. Bei der Ermittlung des zu versteuernden Einkommens für den Veranlagungszeitraum 05 wurde der Aufwand hinzugerechnet.

Im Wirtschaftsjahr 05 hat die X-GmbH offene Gewinnausschüttungen i.H. von 9.000 vorgenommen. Zum 31.12.04 wurde das KSt-Guthaben i.S. des § 37 KStG auf 4.000 und das EK 02 i.S. des § 38 KStG auf 20.000 festgestellt. Das zu versteuernde Einkommen der X-GmbH im Veranlagungszeitraum 05 beträgt 40.000.

Lösung:

Die Höhe der KSt-Schuld der X-GmbH im Veranlagungszeitraum der Umwandlung (05) ermittelt sich wie folgt:

Gem. § 10 UmwStG gelten am Übertragungsstichtag als ausgeschüttet

	In der Bilanz zum 31.12.05 ausgewiesenes Eigenkapital	85.000
./.	Betrag, der gemäß § 29 Abs. 1, § 28 Abs. 2 Satz 1 KStG dem steuerlichen Einlagekonto gutzuschreiben ist	25.000
=	als ausgeschüttet geltendes Eigenkapital gem. § 10 UmwStG	60.000

KSt-Schuld	
(25 v.H. von 40.000, § 23 Abs. 1 KStG)	10.000
KSt-Minderung auf Gewinnausschüttung in 05[a]: 1/6 von 9.000	-1.500
verbleibendes KSt-Guthaben = 2.500	
KSt-Minderung nach § 10 UmwStG i.V.m. § 37 KStG	
1/6 von 60.000 max. 2.500	-2.500
KSt-Erhöhung nach § 10 UmwStG i.V.m. § 38 KStG	
3/7 von 20.000[b], höchstens 3/10 des Bestandes aus	
EK 02 von 20.000	+ 6.000
verbleibende KSt-Schuld der X-GmbH im VZ 05	12.000

[a] **[amtliche Anmerkung:]** § 37 Abs. 2a KStG i.d.F. des Steuervergünstigungsabbaugesetzes - StVergAbG - (BGBl. I 2003 S. 660) ist in dem Beispiel nicht berücksichtigt (Moratorium und Höchstbetrag). Vgl. Rzn. 32 f. des BMF-Schreibens v. 06.11.2003 zu Übergangsregelungen IV A2 - S1910 - 156/03.

ᵇ [amtliche Anmerkung:]
Differenzrechnung:

Leistung i.S. des § 10 UmwStG (81.500 - 25.000)		56.500
Eigenkapital laut Übertragungsbilanz (nach Korrektur der KSt-Rückstellung)	81.500	
abzgl. Nennkapital (nach Anwendung § 29 Abs. 1 KStG n.F.)	–	
abzgl. Einlagekonto auf den steuerlichen Übertragungsstichtag	-25.000	
ausschüttbarer Gewinn	56.500	
abzgl. EK 02 auf den steuerlichen Übertragungsstichtag	-20.000	
verminderter ausschüttbarer Gewinn	36.500	-36.500
Verwendung EK 02		20.000

Da der bisherige Körperschaftsteuer-Aufwand nur 8.500 beträgt, ist die Körperschaftsteuer-Rückstellung um 3.500 zu erhöhen (bzw. erstmals zu bilden). Durch den zusätzlichen Körperschaftsteuer-Aufwand i.H. von 3.500 verringert sich der Jahresüberschuss auf 16.500 und demzufolge das Eigenkapital laut Steuerbilanz auf 81.500 (bisher 85.000). Allerdings ergibt sich in diesem Beispiel auch bei Zugrundelegung des geänderten Eigenkapitals eine KSt-Schuld i.H. von 12.000.

V. Gewerbesteuer bei Vermögensübergang auf eine Personengesellschaft

Rz. 14

§ 18 Abs. 4 UmwStG geht der Anwendung des § 7 GewStG vor. Der auf solche Veräußerungs- oder Aufgabegewinne beruhende Teil des Gewerbesteuermessbetrags ist bei der Steuerermäßigung nach § 35 EStG nicht zu berücksichtigen (§ 18 Abs. 4 Satz 3 UmwStG).

B. Verschmelzung oder Vermögensübertragung auf eine andere Körperschaft (§§ 11 bis 13 UmwStG)

I. Anwendung der §§ 11 bis 13 UmwStG auf eine Verschmelzung der Muttergesellschaft auf die Tochtergesellschaft

Rz. 15

Auf übereinstimmenden Antrag aller Beteiligten können bei Verschmelzungen einer Muttergesellschaft auf ihre Tochtergesellschaft aus Billigkeitsgründen die Vorschriften der §§ 11 bis 13 UmwStG angewendet werden (Rz. 11.24 des BMF-Schreibens v. 25.03.1998, a.a.O.). Der Antrag umfasst auch die in den Rzn. 16 und 17 genannten Auswirkungen. Die Rzn. 11.24 bis 11.30 des BMF-Schreibens v. 25.03.1998 bleiben im Übrigen unberührt.

Rz. 16

Ist auf die untergehenden Anteile der Muttergesellschaft eine steuerwirksame Teilwertabschreibung vorgenommen worden, so geht eine Wertaufholungsverpflichtung i.S. des § 6 Abs. 1 Nr. 1 Satz 4 EStG auf die Anteile an der Tochtergesellschaft über. § 8b Abs. 2 Satz 2 KStG ist anzuwenden.

Rz. 17

Soweit die Anteile an der Muttergesellschaft einbringungsgeboren i.S. des § 21 UmwStG sind, gelten auch die erworbenen Anteile an der Tochtergesellschaft als einbringungsgeboren (vgl. Rz. 18).

II. Besteuerung der Gesellschafter der übertragenden Körperschaft (§ 13 UmwStG)

Rz. 18

§ 13 Abs. 3 UmwStG ist auch auf Anteile an der übertragenden Gesellschaft anzuwenden, die zu einem Betriebsvermögen gehören. Rz. 13.09 des BMF-Schreibens v. 25.03.1998 ist insoweit überholt.

III. Hinzurechnung nach § 12 Abs. 2 Satz 2 und 3 UmwStG bei Verschmelzung zwischen Schwestergesellschaften

Rz. 19

Bei Verschmelzungen zwischen Schwestergesellschaften ist ergänzend zu Rz. 12.08 des BMF-Schreibens v. 25.03.1998 bei der gemeinsamen Muttergesellschaft eine Hinzurechnung i.S. des § 12 Abs. 2 Satz 2 und 3 UmwStG wegen einer Teilwertabschreibung auf die Anteile an der verschmolzenen Schwestergesellschaft auch dann vorzunehmen, wenn die Beteiligung an der übernehmenden Schwestergesellschaft durch Veräußerung wegfällt.

C. Einbringungstatbestände i.S. des § 20 ff. UmwStG

I. Erfassung des eingebrachten Betriebsvermögens im steuerlichen Einlagekonto

Rz. 20

Bei Einbringung eines Betriebs, Teilbetriebs oder Mitunternehmeranteils in eine unbeschränkt körperschaftsteuerpflichtige Kapitalgesellschaft (§ 20 UmwStG) ist der sich daraus ergebende Eigenkapitalzugang einschließlich in diesem Zusammenhang geleisteter Bareinlagen, soweit er den dem Anteilseigner im Zuge der Einbringung gewährten Teil des Nennkapitals übersteigt, dem steuerlichen Einlagekonto zuzuordnen. Zu Einzelheiten wird auf das BMF-Schreiben v. 04.06.2003 zur Anwendung der §§ 27 und 28 KStG (BStBl. I 2003 S. 366) hingewiesen.

II. Einbringungsgeborene Anteile

Rz. 21

In den Fällen, in denen die Realisierung der stillen Reserven in einbringungsgeborenen Anteilen nach § 3 Nr. 40 Satz 3 und 4 EStG voll steuerpflichtig ist, ist die Tarifermäßigung des § 34 Abs. 1 oder 3 EStG nach allgemeinen Grundsätzen zu gewähren, soweit die Einnahmen auf natürliche Personen entfallen.

III. Einbringung in der Europäischen Union (§§ 26 Abs. 2 Satz 1 und 23 Abs. 4 UmwStG)

Rz. 22

§ 26 Abs. 2 Satz 1 UmwStG i.d.F. des UntStFG ist nur anzuwenden, wenn die übernehmende oder eine dieser nachgeordnete Körperschaft die eingebrachte Beteiligung unmittelbar oder mittelbar veräußert oder auf einen Dritten überträgt.

Beispiel:

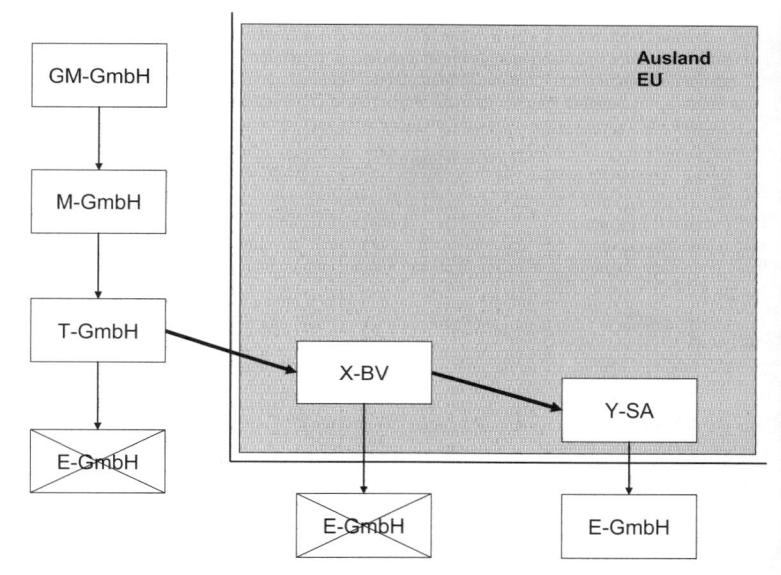

```
GM-GmbH
   │
   ▼
M-GmbH
   │
   ▼
T-GmbH ──────────► X-BV ──────► Y-SA
   │                 │            │
   ▼                 ▼            ▼
E-GmbH           E-GmbH        E-GmbH
(durchgestrichen) (durchgestrichen)
                                    Ausland EU
```

Die T-GmbH (T) ist die Einbringende nach § 23 Abs. 4 UmwStG (Einbringung der Anteile an der E-GmbH in die X-BV). Die Anteile an der E-GmbH (E) hat T durch Bargründung erworben.

Alternative 1:

Die GM-GmbH (Großmutter) veräußert ihre Beteiligung an der M-GmbH (Mutter).

Lösung:

Es liegt kein Fall des § 26 Abs. 2 Satz 1 UmwStG vor. § 26 Abs. 2 Satz 1 UmwStG ist nur anzuwenden, wenn die eingebrachten Anteile (an der E) durch die übernehmende Gesellschaft (hier X-BV) oder eine nachgeordnete Gesellschaft mittelbar oder unmittelbar veräußert werden. Veräußerungen durch übergeordnete Gesellschaften (GM, M und T) werden nicht erfasst.

Alternative 2:

T veräußert ihre Anteile an der X-BV.

Lösung:

Kein Fall des § 26 Abs. 2 Satz 1 UmwStG. Es werden nicht die eingebrachten Anteile veräußert. Die steuerliche Behandlung eines Veräußerungsgewinns richtet sich nach den allgemeinen Grundsätzen (§ 8b Abs. 2 und 4 KStG).

Alternative 3:

Die Y-SA veräußert die Anteile an E zum Teilwert.

Lösung:

Es liegt grundsätzlich ein Anwendungsfall des § 26 Abs. 2 Satz 1 UmwStG vor. Die Steuerfreiheit des § 23 Abs. 4 UmwStG für die Einbringung auf der Ebene der T entfällt rückwirkend, wenn die Veräußerung innerhalb von sieben Jahren nach der Einbringung erfolgt. Die steuerliche Behandlung des Einbringungsgewinns richtet sich nach den Vorschriften des Veranlagungszeitraums, in dem die Einbringung erfolgt ist.

D. Gewinnausschüttungen

Rz. 23

Bei der Behandlung von Gewinnausschüttungen und sonstigen Leistungen einer Körperschaft an ihre Anteilseigner gelten die Ausführungen des BMF-Schreibens v. 25.03.1998 unter Berücksichtigung der nachfolgenden Ergänzungen fort. Danach sind folgende Fallgruppen zu unterscheiden:

1. Leistungen, die im letzten Wirtschaftsjahr vor dem steuerlichen Übertragungsstichtag bereits erfolgt sind.
2. Vor dem steuerlichen Übertragungsstichtag begründete Ausschüttungsverbindlichkeiten bzw. als verdeckte Gewinnausschüttungen zu behandelnde Rückstellungen.
3. Leistungen, die erst im Rückwirkungszeitraum abfließen oder begründet werden und nicht unter Nr. 2 fallen.

Rz. 24

Die Leistungen zu Nr. 1 stellen bereits nach den normalen Grundsätzen Leistungen i.S. des §§ 27 Abs. 1 und 38 KStG dar. Sofern es sich dabei um offene Gewinnausschüttungen handelt, ist § 37 KStG zu beachten.

Rz. 25

Die unter Nr. 2 aufgeführten Beträge gelten als am steuerlichen Übertragungsstichtag bei der übertragenden Körperschaft abgeflossen. Bei den Anteilseignern, deren Anteile unter die Rückwirkungsfiktion des § 2 UmwStG fallen, gelten diese Beträge als am steuerlichen Übertragungsstichtag zugeflossen. Für die Anteilseigner, deren Anteile nicht unter die Rückwirkungsfiktion des § 2 UmwStG fallen (ausgeschiedene und abgefundene Anteilseigner, siehe Rz. 02.09 und 02.10 des BMF-Schreibens v. 25.03.1998), richtet sich der Zufluss der Leistung nach den allgemeinen Grundsätzen.

Rz. 26

Für die unter Nr. 3 bezeichneten Fälle ist in der Schlussbilanz der übertragenden Körperschaft noch ein passiver Korrekturposten zu bilden, soweit die Leistungen auf Anteilseigner entfallen, deren Anteile nicht unter die Rückwirkungsfiktion des § 2 UmwStG fallen. Dieser passive Korrekturposten ist wie eine zu diesem Stichtag bereits bestehende Ausschüttungsverbindlichkeit zu behandeln, so dass diese Beträge bereits am steuerlichen Übertragungsstichtag bei der übertragenden Körperschaft als abgeflossen gelten.

Für die Anteilseigner, deren Anteile unter die Rückwirkungsfiktion fallen, sind diese Beträge so zu behandeln, als hätte diese Leistung bereits der übernehmende Rechtsträger erbracht. Ein passiver Korrekturposten ist insoweit nicht zu bilden.

Rz. 27

Bei Gewinnausschüttungen im Rückwirkungszeitraum, die noch der übertragenden Körperschaft zuzurechnen sind, ist für die Frage, ob die Ausschüttung unter altes oder neues Recht fällt, nicht auf die tatsächliche Zahlung, sondern ggf. auf den fiktiven Abflusszeitpunkt abzustellen.

E. Auswirkungen einer Umwandlung auf das steuerliche Einlagekonto, den Sonderausweis, das KSt-Guthaben und den Bestand des EK 02

I. Übersicht

Rz. 28

Eine Verschmelzung bzw. eine Spaltung führt zu folgenden Kapitalveränderungen bei der übertragenden und bei der übernehmenden Körperschaft; dies gilt für die übertragende Körperschaft auch bei Umwandlung auf ein Personenunternehmen:

	Übertragende Körperschaft	Übernehmende Körperschaft
Verschmelzung und Aufspaltung	Fiktive Herabsetzung des Nennkapitals und damit Auflösung eines eventuell bestehenden Sonderausweises i.S. des § 28 Abs. 1 Satz 3 KStG (§ 29 Abs. 1, § 28 Abs. 2 KStG)	
		Zurechnung der Bestände des steuerlichen Einlagekontos (§ 29 Abs. 2 bzw. 3 KStG), eines KSt-Guthabens und eines Bestands an EK 02 (§ 40 Abs. 1 bzw. 2 KStG)
		Anpassung des Nennkapitals und ggf. Neubildung oder Anpassung eines Sonderausweises (§ 29 Abs. 4, § 28 Abs. 1 und 3 KStG)
Abspaltung	Fiktive Herabsetzung des Nennkapitals und Auflösung eines eventuell bestehenden Sonderausweises i.S. des § 28 Abs. 1 Satz 3 KStG (§ 29 Abs. 1, § 28 Abs. 2 KStG)	
	Anteilige Verringerung des KSt-Guthabens und des EK 02 (§ 40 Abs. 2 KStG) sowie des steuerlichen Einlagekontos (§ 29 Abs. 3 KStG)	Anteilige Hinzurechnung des KSt-Guthabens und des EK 02 (§ 40 Abs. 2 KStG) sowie des steuerlichen Einlagekontos (§ 29 Abs. 3 KStG)
	Erhöhung des fiktiv auf Null herabgesetzten Nennkapitals und ggf. Neubildung eines Sonderausweises (§ 29 Abs. 4, § 28 Abs. 1 KStG)	Anpassung des Nennkapitals und ggf. Neubildung oder Anpassung eines Sonderausweises (§ 29 Abs. 4, § 28 Abs. 1 und 3 KStG)

II. Anwendung des § 29 KStG n.F.[2]

1. Sachlicher Anwendungsbereich

Rz. 29

§ 29 KStG gilt für Umwandlungen i.S. des § 1 UmwG. Wegen fehlender betragsmäßiger Auswirkung kommt § 29 KStG für Fälle der Ausgliederung i.S. des § 123 Abs. 3 UmwG nicht zur Anwendung.

2. Behandlung bei der übertragenden Körperschaft

a) Fiktive Herabsetzung des Nennkapitals

Rz. 30

Beim übertragenden Rechtsträger gilt im ersten Schritt das Nennkapital zum steuerlichen Übertragungsstichtag als im vollen Umfang herabgesetzt. Auf die fiktive Kapitalherabsetzung ist § 28 Abs. 2 Satz 1 KStG entsprechend anzuwenden. Danach verringert sich zunächst ein gegebenenfalls bestehender Sonderausweis auf Null. Der übersteigende Betrag erhöht den Bestand des steuerlichen Einlagekontos. Maßgeblich ist der Bestand des Sonderausweises, der sich am steuerlichen Übertragungsstichtag ergibt. Die fiktive Herabsetzung des Nennkapitals gilt auch für den Fall der Abspaltung i.S. des § 123 Abs. 1 und 2 UmwG.

b) Verringerung der Bestände beim steuerlichen Einlagekonto, beim KSt-Guthaben und beim EK 02

Rz. 31

Bei einer Verschmelzung nach § 2 UmwG sowie bei einer Aufspaltung nach § 123 Abs. 1 UmwG verringern sich das steuerliche Einlagekonto, das KSt-Guthaben und das EK 02 des übertragenden Rechtsträgers im vollen Umfang (§ 29 Abs. 2 Satz 1, Abs. 3 Satz 1, 2 KStG, § 40 Abs. 1 bzw. 2 KStG). In den letzten gesonderten Feststellungen auf den Schluss des letzten Wirtschaftsjahres sind die Bestände vor dem Vermögensübergang zum Schluss des letzten Wirtschaftsjahres anzusetzen. Bei einer Abspaltung nach § 123 Abs. 2 UmwG verringern sich die Bestände des steuerlichen Einlagekontos, des KSt-Guthabens und des EK 02 anteilig in dem in § 29 Abs. 2 Satz 1 und 2 KStG bzw. § 40 Abs. 2 Satz 1 und 2 KStG genannten Umfang. Die verringerten Bestände sind festzustellen.

Rz. 32

Die Verringerung der Bestände erfolgt jeweils unabhängig von der Rechtsform des übernehmenden Rechtsträgers. Sie ist auch vorzunehmen, soweit eine Hinzurechnung des steuerlichen Einlagekontos bei der übernehmenden Körperschaft nach § 29 Abs. 2 Satz 2 KStG unterbleibt.

c) Anpassung des Nennkapitals bei Abspaltung

Rz. 33

Bei Abspaltung gilt das nach § 29 Abs. 1 KStG als auf Null herabgesetzt geltende Nennkapital des übertragenden Rechtsträgers (Rz. 30) als auf den Stand unmittelbar nach der Übertragung erhöht. Für die fiktive Kapitalerhöhung gilt § 28 Abs. 1 KStG entsprechend. Das Nennkapital verringert damit vorrangig das steuerliche Einlagekonto bis zu dessen Verbrauch, ein übersteigender Betrag ist als Sonderausweis zu erfassen. Maßgeblich ist dabei der Bestand des steuerlichen Einlagekontos, der sich nach Anwendung des § 29 Abs. 1 bis 3 KStG ergeben hat.

---

[2] **[amtliche Anmerkung:]** KStG 2002 = KStG n.F.; KStG 1999 = KStG a.F.

Umwandlungssteuererlass v. 16.12.2003

d) Zusammenfassendes Beispiel

Rz. 34

Beispiel:

Die X-GmbH (voll eingezahltes Nennkapital 300, davon Sonderausweis 100) wird hälftig abgespalten. Das Nennkapital nach Abspaltung soll 50 betragen.

Lösung:

	Vorspalte	Einlage-konto	Sonderaus-weis
Anfangsbestand		0	100
Betrag der fiktiven Kapitalherabsetzung	300		
− Verringerung des Sonderausweises	-100		-100
Rest, Zugang beim steuerlichen Einlagekonto	200	200	
Zwischenergebnis		**200**	**0**
− Abgang des steuerlichen Einlagekontos zu 50%		-100	
Zwischenergebnis		**100**	**0**
Betrag der fiktiven Kapitalerhöhung	50		
Verringerung des steuerlichen Einlagekontos	-50	-50	
Schlussbestände		**50**	**0**

3. Behandlung bei der übernehmenden Körperschaft

a) Hinzurechnung der Bestände des steuerlichen Einlagekontos, des KSt-Guthabens und des EK 02 bei der übernehmenden Körperschaft

Rz. 35

Soweit das Vermögen einer Körperschaft auf eine andere Körperschaft übergeht, erhöhen sich die Bestände des steuerlichen Einlagekontos, des KSt-Guthabens und des EK 02 der übernehmenden Körperschaft nach Maßgabe des § 29 Abs. 2 bzw. 3 KStG und § 40 Abs. 1 bzw. 2 KStG zum Schluss des Wirtschaftsjahrs, in das der steuerliche Übertragungsstichtag fällt.

b) Beteiligung der übernehmenden Körperschaft an der übertragenden Körperschaft (Aufwärtsverschmelzung)

Rz. 36

Ist die übernehmende Körperschaft (Muttergesellschaft) an der übertragenden Körperschaft (Tochtergesellschaft) beteiligt, unterbleibt eine Hinzurechnung des steuerlichen Einlagekontos im Verhältnis der Beteiligung der Muttergesellschaft an der Tochtergesellschaft (§ 29 Abs. 2 Satz 2 und Abs. 3 Satz 3 KStG).

Beispiel:

Die Muttergesellschaft hält 80% der Anteile an einer Tochtergesellschaft. Das steuerliche Einlagekonto der Tochtergesellschaft beträgt nach Anwendung des § 29 Abs. 1 KStG 100.

Alternative 1:

Die Tochtergesellschaft wird auf die Muttergesellschaft verschmolzen.

Lösung:

Nach § 29 Abs. 2 Satz 2 KStG erhöht sich das steuerliche Einlagekonto der Muttergesellschaft nur um 20% von 100 = 20.

Alternative 2:
Die Tochtergesellschaft wird hälftig auf die Muttergesellschaft abgespalten.
Lösung:
Nach § 29 Abs. 3 S. 3 i.V.m. Abs. 2 S. 2 KStG erhöht sich das steuerliche Einlagekonto der Muttergesellschaft um 100 x 50% x 20% = 10.

Rz. 37

Die Regelung gilt entsprechend, wenn die übernehmende Körperschaft (Muttergesellschaft) mittelbar, z.B. über eine andere Körperschaft (Tochtergesellschaft), an der übertragenden Körperschaft (Enkelgesellschaft) beteiligt ist.

c) Beteiligung der übertragenden Körperschaft an der übernehmenden Körperschaft (Abwärtsverschmelzung)

Rz. 38

Bei Beteiligung der übertragenden Körperschaft (Muttergesellschaft) an der übernehmenden Körperschaft (Tochtergesellschaft) verringert sich nach § 29 Abs. 2 Satz 3 bzw. Abs. 3 Satz 3 KStG das steuerliche Einlagekonto der Tochtergesellschaft im Verhältnis der Beteiligung der Muttergesellschaft an der Tochtergesellschaft.

Rz. 39

In den Fällen der Abwärtsverschmelzung finden die Regelungen des § 29 Abs. 1 und Abs. 2 Satz 1 KStG entsprechende Anwendung. Bei der Ermittlung des steuerlichen Einlagekontos der übernehmenden Tochtergesellschaft auf den Schluss des Umwandlungsjahrs ist daher wie folgt vorzugehen:

1. Fiktive Herabsetzung des Nennkapitals der Tochtergesellschaft auf Null (§ 29 Abs. 1 KStG)
2. Verringerung des nach (1) erhöhten Einlagekontos im Verhältnis der Beteiligung der Muttergesellschaft an der Tochtergesellschaft (§ 29 Abs. 2 Satz 3 KStG)
3. Fiktive Herabsetzung des Nennkapitals der Muttergesellschaft auf Null (§ 29 Abs. 1 KStG)
4. Hinzurechnung des nach (3) erhöhten Einlagekontos der Muttergesellschaft (§ 29 Abs. 2 Satz 1 KStG)
5. Fiktive Erhöhung des nach (1) auf Null herabgesetzten Nennkapitals der Tochtergesellschaft auf den Stand nach der Übertragung (§ 29 Abs. 4 KStG; Rz. 41 ff.)

Beispiel:

Die Muttergesellschaft M (Nennkapital 120, steuerliches Einlagekonto 80 und Sonderausweis 0) wird auf ihre 100%ige Tochtergesellschaft T (Nennkapital 120, steuerliches Einlagekonto 0 und Sonderausweis 50) verschmolzen. Das Nennkapital der T nach Verschmelzung beträgt 240.

Lösung:

Für das steuerliche Einlagekonto und den Sonderausweis der T ergibt sich danach:

	Vorspalte	Einlage-konto	Sonderaus-weis
Bestand vor der Verschmelzung		0	50
Fiktive Kapitalherabsetzung auf Null	120		
− Verringerung des Sonderausweises	-50		-50
Rest, Zugang beim steuerlichen Einlagekonto	70	70	
Zwischenergebnis		**70**	**0**
+ Verringerung i.H. der Beteiligung M an T		-70	
Zwischenergebnis		**0**	**0**
+ Zugang des steuerlichen Einlagekontos der M		80	
(nach Anwendung des § 29 Abs. 1 KStG n.F.)		120	
Zwischenergebnis		**200**	**0**
Betrag der fiktiven Kapitalerhöhung	240		
Verringerung des steuerlichen Einlagekontos	-200	-200	
Rest, Zugang beim Sonderausweis	40	0	40
Bestände nach der Verschmelzung		**0**	**40**

Rz. 40

Die Regelung gilt entsprechend, wenn die übertragende Körperschaft (Muttergesellschaft) mittelbar, z.B. über eine andere Körperschaft (Tochtergesellschaft), an der übernehmenden Körperschaft (Enkelgesellschaft) beteiligt ist.

d) Erhöhung des Nennkapitals

Rz. 41

Erhöht die übernehmende Körperschaft im Rahmen der Umwandlung ihr Nennkapital, finden darauf die Regelungen des § 28 Abs. 1 KStG entsprechende Anwendung (§ 29 Abs. 4 KStG). Das gilt allerdings nicht, soweit die Kapitalerhöhung auf baren Zuzahlungen bzw. Sacheinlagen beruht. Wurden in dem Wirtschaftsjahr im Rahmen oder außerhalb von Umwandlungsvorgängen weitere Kapitalerhöhungen aus Gesellschaftsmitteln vorgenommen, sind diese für die Anwendung des § 28 Abs. 1 KStG zusammenzurechnen.

e) Zusammenfassendes Beispiel

Rz. 42

Auf die M-GmbH wird die T-GmbH, an der sie zu 50% beteiligt ist, verschmolzen. Das nach § 29 Abs. 2 Satz 1 KStG zuzurechnende steuerliche Einlagekonto der T-GmbH beträgt 400.

Der Sonderausweis der M-GmbH beträgt 100, der Bestand des steuerlichen Einlagenkontos 0. Im Rahmen der Umwandlung wird das Nennkapital um 120 erhöht, wovon 70 auf bare Zuzahlungen entfallen. Nach der Verschmelzung wird das Nennkapital der M-GmbH durch Umwandlung von Rücklagen um weitere 100 erhöht.

	Vorspalte	Einlage-konto	Sonderaus-weis
Bestand vor Umwandlung		0	100
Zugang steuerliches Einlagekonto der T-GmbH	400		
− Kürzung nach § 29 Abs. 2 Satz 2 KStG (50%)	-200		
Rest, Zugang beim steuerlichen Einlagekonto	200	200	
Zwischenergebnis		**200**	**100**
Anpassung des Nennkapitals (Erhöhung um insgesamt 220 abzgl. bare Zuzahlungen i.H. von 70)	150		
Vorrangige Verwendung des Einlagekontos	-150	-150	
Zwischenergebnis		**50**	**100**
Verrechnung des Sonderausweises mit dem positiven steuerlichen Einlagekonto zum Schluss des Wirtschaftsjahres (§ 28 Abs. 3 KStG)		-50	-50
Schlussbestände		**0**	**50**

F. Anwendung des neuen Umwandlungssteuerrechts (§ 27 Abs. 1a UmwStG)

I. Allgemeines

Rz. 43

Nach § 27 Abs. 1a Satz 1 UmwStG sind die Vorschriften des UmwStG i.d.F. des StSenkG erstmals auf Umwandlungen anzuwenden, bei denen der steuerliche Übertragungsstichtag in dem ersten Wirtschaftsjahr der **übertragenden** Körperschaft liegt, für das das KStG n.F. erstmals anzuwenden ist. Maßgebend ist dabei das (fiktive) Wirtschaftsjahr, das die Übertragerin haben würde, wenn sie weiter bestünde.

Beispiel:

Die X-GmbH hat ein mit dem Kalenderjahr übereinstimmendes Wirtschaftsjahr. Im Jahr 2001 wird ihre rückwirkende Verschmelzung zum 30.11.2000 auf die Y-GmbH beschlossen und im Handelsregister eingetragen. Das für die Anwendung des § 27 Abs. 1a UmwStG maßgebliche Wirtschaftsjahr ist das Wirtschaftsjahr vom 01.01.2001 bis zum 31.12.2001. Da der Übertragungsstichtag in dem Wirtschaftsjahr 01.01.2000 bis 31.12.2000 liegt, auf das noch das KStG a.F anzuwenden ist, finden die Regelungen des UmwStG i.d.F. des StSenkG noch keine Anwendung.

II. Umwandlungen mit steuerlicher Rückwirkung auf eine Personengesellschaft oder eine natürliche Person während des Systemwechsels

Rz. 44

In den Fällen der Umwandlung mit steuerlicher Rückwirkung gelten nach § 27 Abs. 1a Satz 2 UmwStG die steuerlichen Rechtsfolgen als frühestens **zu Beginn** des Wirtschaftsjahres (Rz. 43) bewirkt, für das das KStG in der Fassung des StSenkG erstmals anzuwenden wäre. Der Übertragungsstichtag wird dadurch auf den ersten Tag dieses Wirtschaftsjahres verlagert. Auf den Schluss des letzten vor dem steuerlichen Übertragungsstichtag endenden Wirtschaftsjahres erfolgt die Umgliederung gem. § 36 KStG. Auf den steuerlichen Übertragungsstichtag sind die Bestände nach den §§ 27, 28, 37 und 38 KStG n.F. festzustellen. Diese Bestände sind für die Anwendung der §§ 7 und 10 UmwStG zugrunde zu legen. Die Festsetzung der Körperschaftsteuer unter Anwendung des § 10 UmwStG ist für den Veran-

Umwandlungssteuererlass v. 16.12.2003 1094

lagungszeitraum vorzunehmen, in dem das Wirtschaftsjahr endet, für das das KStG in der Fassung des StSenkG erstmals anzuwenden wäre.

Beispiel:

Die X-GmbH (Wirtschaftsjahr = Kalenderjahr) wird zum Stichtag 31.12.2000 auf die Y-OHG verschmolzen. Anmeldung und Eintragung der Verschmelzung erfolgen im Jahr 2001.

Würde die X-GmbH weiter bestehen, wäre im Wirtschaftsjahr 01 erstmals das neue KSt-Recht anzuwenden. Der steuerliche Übertragungsstichtag wird daher gem. § 27 Abs. 1a Satz 2 UmwStG auf den Beginn dieses Wirtschaftsjahres verlagert (01.01.01). Zum 31.12.2000 sind die Endbestände der Teilbeträge des verwendbaren Eigenkapitals nach § 36 KStG umzugliedern. Auf den 01.01.2001 sind die Bestände des steuerlichen Einlagekontos i.S. des § 27 KStG n.F., des Sonderausweises i.S. des § 28 KStG n.F., des KSt-Guthabens i.S. des § 37 KStG n.F. und des Teilbetrags EK 02 i.S. des § 38 KStG n.F. festzustellen; sie sind für die Anwendung der §§ 7 und 10 UmwStG zugrunde zu legen. Eine Körperschaftsteuerfestsetzung zur Anwendung des § 10 UmwStG ist für den Veranlagungszeitraum 2001 vorzunehmen.

Rz. 45

Die Regelung des § 27 Abs. 1a Satz 2 UmwStG gilt für den Vermögensübergang durch Verschmelzung, sowie durch Auf- oder Abspaltung und den Formwechsel von einer Körperschaft auf eine Personengesellschaft oder eine natürliche Person (§§ 3 bis 10, 14, 16 UmwStG), nicht hingegen für die übrigen Umwandlungen. Sie gilt ausschließlich für Umwandlungen, die in den Systemwechsel fallen (2000/2001 bzw. 2001/2002 bei abweichendem Wirtschaftsjahr).

G. Vermögensübertragung zwischen Körperschaften in der Übergangszeit

I. Allgemeines

Rz. 46

Für Vermögensübertragungen zwischen Körperschaften in der Übergangszeit sind die Sondervorschriften des § 27 Abs. 1a UmwStG nicht anzuwenden (vgl. Rz. 45). Es gelten daher die allgemeinen Grundsätze.

Die nachfolgenden Beispiele stellen die Auswirkungen dar, die sich ergeben, wenn für die übertragende Körperschaft und die übernehmende Körperschaft unterschiedliches Körperschaftsteuerrecht zur Anwendung kommt.

II. Für die übertragende Körperschaft gilt bereits das KStG n.F. und für die übernehmende Körperschaft gilt noch das KStG a.F.

Rz. 47

Beispiel:

Die X-GmbH (Wirtschaftsjahr = Kalenderjahr) wird zum 01.07.2001 auf die Y-GmbH (abweichendes Wirtschaftsjahr vom 01.07. bis 30.06.) verschmolzen. Steuerlicher Übertragungsstichtag ist der 30.06.2001.

Lösung:

1. Auswirkungen bei der übertragenden X-GmbH:

a) Zum 31.12.2000 Umgliederung der Teilbeträge des verwendbaren Eigenkapitals nach § 36 KStG n.F. und Feststellung nach § 36 Abs. 7 KStG n.F.

b) Zum steuerlichen Übertragungsstichtag (30.06.2001) ist zunächst eine fiktive Nennkapitalherabsetzung nach § 29 Abs. 1 i.V.m. § 28 Abs. 2 S. 1 KStG n.F. entsprechend Rz. 30 vorzunehmen.

c) Daran anschließend sind die Bestände auf diesen Stichtag nach den §§ 27 und 38 KStG n.F gesondert festzustellen und das KSt-Guthaben nach § 37 KStG n.F. zu ermitteln (vgl. Rz. 31).

2. Auswirkungen bei der übernehmenden Y-GmbH:

a) Zum 30.06.2001 Umgliederung der Teilbeträge des eigenen verwendbaren Eigenkapitals nach § 36 KStG n.F. und Feststellung nach § 36 Abs. 7 KStG n.F.

b) Die bei der X-GmbH festgestellten Bestände nach §§ 27 und 38 KStG n.F. sind den eigenen Beständen der Y-GmbH (§ 29 Abs. 2 und § 40 Abs. 1 KStG n.F.) zuzurechnen. Weiter ist bei der Y-GmbH zum 30.06.2001 das bei der X-GmbH ermittelte KSt-Guthaben i.S. des § 37 KStG n.F. zuzurechnen. Leistungen im Wirtschaftsjahr 2001/2002, die von der Y-GmbH vorgenommen werden, können bei Vorliegen der übrigen Voraussetzungen bereits zu einer Verringerung der von der X-GmbH übernommenen Bestände und insoweit auch zu einer Minderung oder Erhöhung der Körperschaftsteuer führen.

c) Bezüglich des steuerlichen Einlagekontos ist § 29 Abs. 2 Sätze 2 und 3 KStG n.F. zu beachten (vgl. Rz. 36).

d) Soweit bei der Y-GmbH im Rahmen der Verschmelzung eine Kapitalerhöhung stattgefunden hat, kann dies nach § 29 Abs. 4 KStG i.V.m. § 28 Abs. 1 KStG n.F. zur Bildung eines Sonderausweises führen (vgl. Rz. 41).

III. Für die übertragende Körperschaft gilt noch das KStG a.F. und für die übernehmende Körperschaft gilt bereits das KStG n.F.

Rz. 48

Beispiel:

Die X-GmbH (abweichendes Wirtschaftsjahr vom 01.07. - 30.06.) wird zum 01.07.2001 auf die Y-GmbH (Wirtschaftsjahr = Kalenderjahr) verschmolzen. Steuerlicher Übertragungsstichtag ist der 30.06.2001.

Lösung:

1. Auswirkungen bei der übertragenden X-GmbH:

a) Der steuerliche Übertragungsstichtag fällt in das Wirtschaftsjahr 2000/2001, für das noch das KStG a.F. gilt.

b) Zum 30.06.2001 werden die Teilbeträge des verwendbaren Eigenkapitals nach § 47 Abs. 1 KStG a.F. festgestellt.

c) Eine Umgliederung i.S. des § 36 KStG n.F. und eine fiktive Kapitalherabsetzung nach § 29 KStG n.F. findet bei der X-GmbH nicht statt, weil für die X-GmbH das neue Körperschaftsteuerrecht nicht mehr zur Anwendung kommt. Dies kann erst auf der Ebene der Y-GmbH stattfinden.

2. **Auswirkungen bei der übernehmenden Y-GmbH:**
   a) Am steuerlichen Übertragungsstichtag gilt bei der übernehmenden Y-GmbH bereits das neue Körperschaftsteuerrecht. Die Umgliederung nach § 36 KStG n.F. für ihr eigenes verwendbares Eigenkapital wurde bei ihr bereits auf den 31.12.2000 durchgeführt.
   b) Um die von der X-GmbH übernommenen Teilbeträge i.S. des § 30 KStG a.F. den bereits nach § 36 KStG n.F. umgegliederten Beständen hinzurechnen zu können, ist wie folgt vorzugehen:
      - In einer Nebenrechnung sind zunächst die von der X-GmbH übernommenen Teilbeträge in analoger Anwendung des § 36 KStG n.F. umzugliedern.
      - Aus einem positiven Endbestand des Teilbetrags EK 40 ist in analoger Anwendung des § 37 KStG n.F. das übernommene KSt-Guthaben zu ermitteln.
      - Entsprechend § 29 Abs. 1 KStG erfolgt die fiktive Herabsetzung des Nennkapitals der X-GmbH mit entsprechender Neutralisierung eines übernommenen Sonderausweises und Erhöhung des übernommenen Bestands des steuerlichen Einlagekontos.
      - Die sich aufgrund der Nebenrechnung ergebenden Bestände sind den entsprechenden Beständen der Y-GmbH zum Schluss des Wirtschaftsjahrs der Übertragung hinzuzurechnen. Ein übernommenes Körperschaftsteuer-Guthaben kann noch nicht zu einer Körperschaftsteuer-Minderung, ein übernommener Bestand des EK 02 noch nicht zu einer Körperschaftsteuer-Erhöhung für Leistungen dieses Wirtschaftsjahrs führen. Einlagerückzahlungen unter Nutzung des übernommenen Bestands des steuerlichen Einlagekontos sind ebenfalls nicht möglich.
   c) Soweit bei der Y-GmbH im Rahmen der Verschmelzung eine Kapitalerhöhung stattgefunden hat, kann dies nach § 29 Abs. 4 KStG i.V.m. § 28 Abs. 1 KStG n.F. zur Bildung eines Sonderausweises führen (vgl. Rz. 41).

Abkürzungsverzeichnis

A

A	Abschnitt
a.A.	anderer Ansicht/anderer Auffassung
a.a.O.	am angegebenen Ort
Abb.	Abbildung
abl.	ablehnend
ABl.	Amtsblatt
ABl. EG	Amtsblatt der Europäischen Gemeinschaften
Abs.	Absatz
Abschn.	Abschnitt
abw.	abweichend
abzgl.	abzüglich
ADS	Adler/Düring/Schmaltz, Rechnungslegung und Prüfung der Unternehmen, Kommentar, 6. Auflage, Stuttgart 2001
a.E.	am Ende
a.F.	alte(r) Fassung
AfA	Absetzung für Abnutzung
AfaA	Absetzung für außergewöhnliche technische und wirtschaftliche Abnutzung
AfArbSoz	Ausschuss für Arbeit und Soziales
AfWi	Ausschuss für Wirtschaft und Technologie
AG	Aktiengesellschaft, auch Die Aktiengesellschaft (Zeitschrift)
AHK	Anschaffungskosten/Herstellungskosten
AktG	Aktiengesetz
Alt.	Alternative
amtl.	amtlich
Anh.	Anhang
Anm.	Anmerkung
AO	Abgabenordnung
a.o.	außerordentlich
ARGE	Arbeitsgemeinschaft
Art.	Artikel
AStG	Gesetz über die Besteuerung bei Auslandsbeziehungen (Außensteuergesetz)
Aufl.	Auflage
Ausgliedg.	Ausgliederung
Az.	Aktenzeichen

B

BB	Betriebs-Berater (Zeitschrift)
Bd.	Band
Begr.	Begründung
Beil.	Beilage
Bem.	Bemerkung(en)
ber.	berichtigt
BergbauRatG	Gesetz über die Aufhebung des Gesetzes zur Förderung der Rationalisierung im Steinkohlenbergbau
Betr./betr.	Betreff, betrifft
BewG	Bewertungsgesetz

Abkürzungsverzeichnis

BFH	Bundesfinanzhof
BFH/NV	Sammlung amtlich nicht veröffentlichter Entscheidungen des Bundesfinanzhofs (Zeitschrift)
BFHE	Sammlung der Entscheidungen des Bundesfinanzhofs
BGB	Bürgerliches Gesetzbuch
BGBl.	Bundesgesetzblatt
BGH	Bundesgerichtshof
BGHZ	Sammlung der Entscheidungen des Bundesgerichtshofs in Zivilsachen
Blümich	Einkommensteuer/Körperschaftsteuer/Gewerbesteuer, Kommentar, Loseblattsammlung, München
BMF	Bundesministerium der Finanzen
BR-Drs.	Bundesratsdrucksache
Bsp.	Beispiel
bspw.	beispielsweise
BStBl.	Bundessteuerblatt
BT-Drs.	Bundestagsdrucksache
Buchst.	Buchstabe
BVerfG	Bundesverfassungsgericht
bzgl.	bezüglich
bzw.	beziehungsweise

C

ca.	circa
CGI	Code Général des Impôts (Französisches Allgemeines Steuergesetzbuch)
CNS	Konsultationsverfahren der Europäischen Union

D

DAV	Deutscher Anwaltverein
DB	Der Betrieb (Zeitschrift)
DBA	Doppelbesteuerungsabkommen
Der Konzern	Der Konzern (Zeitschrift für Gesellschaftsrecht, Steuerrecht, Bilanzrecht und Rechnungslegung der verbundenen Unternehmen)
ders.	derselbe
d.h.	das heißt
div.	diverse
DM	Deutsche Mark
Dötsch/Jost et al.	Dötsch/Jost/Pung/Witt, Die Körperschaftsteuer, Kommentar zum Körperschaftsteuergesetz, Umwandlungssteuergesetz und zu den einkommensteuerrechtlichen Vorschriften der Anteilseignerbesteuerung, Loseblattsammlung, Stuttgart
Doppelbuchst.	Doppelbuchstabe
Drs.	Drucksache
DStR	Deutsches Steuerrecht (Zeitschrift)
DStR-E	Deutsches Steuerrecht Entscheidungsdienst (Zeitschrift)
DStZ	Deutsche Steuerzeitung (Zeitschrift)

E

E	Entwurf
ebd.	ebendort, ebenda
Ecu	European Currency Unit

Abkürzungsverzeichnis

EFG	Entscheidungen der Finanzgerichte (Zeitschrift)
EG	Einführungsgesetz, auch Europäische Gemeinschaften
EG-Vertrag	Vertrag über die Europäische Union und Vertrag zur Gründung der Europäischen Gemeinschaft
eG	eingetragene Genossenschaft
EG-RL	Richtlinie der Europäischen Gemeinschaft
EGHGB	Einführungsgesetz zum Handelsgesetzbuch
ehem.	ehemalig(e)
EHUG	Gesetz über elektronische Handelsregister und Genossenschaftsregister sowie das Unternehmensregister v. 10.11.2006, BGBl. I 2006 S. 2553
Einf.	Einführung
Einl.	Einleitung
EK	Eigenkapital
EK 0	Unbelastetes Eigenkapital, das gem. § 30 Abs. 2 KStG a.F. in die Untergruppen EK 01 bis EK 04 gegliedert wurde
EK 02	Unbelastetes, aus steuerlichen Vermögensmehrungen entstandenes Eigenkapital i.S.v. § 30 Abs 2 Nr. 2 KStG a.F.
EK 03	Vor dem 01.01.1977 entstandene Altrücklagen i.S.v. § 30 Abs. 2 Nr. 3 KStG a.F.
EK 04	Einlagen der Anteilseigner gemäß § 30 Abs. 2 Nr. 4 KStG a.F.
EK 30	Ermäßigtes, mit 30% besteuertes verwendbares Eigenkapital gemäß § 30 Abs. 1 Nr. 2 KStG a.F.
EK 45	Vollbelastetes verwendbares Eigenkapital gemäß § 30 Abs. 1 Nr. 1 KStG a.F.
EK 50	Vollbelastetes verwendbares Eigenkapital gemäß § 30 Abs. 1 Nr. 1 KStG a.F.
EL	Ergänzungslieferung
endg.	endgültig
entspr.	entsprechend
ErbSt.	Erbschaftsteuer
Erg.	Ergänzung
ErgBd.	Ergänzungsband
Erl.	Erlass, auch Erläuterung
Ernst & Young	Körperschaftsteuergesetz, Kommentar, Loseblattsammlung, Bonn
ESt	Einkommensteuer
EStDV	Einkommensteuer-Durchführungsverordnung
EStG	Einkommensteuergesetz
EStH	Einkommensteuer-Hinweise
EStR	Einkommensteuer-Richtlinie
et al.	et alii
etc.	et cetera
EU	Europäische Union
EUGEN	Europäische Genossenschaft
EuGH	Europäischer Gerichtshof
EuGHE	Entscheidungssammlung des EuGH
EuGH Slg.	Sammlung der Rechtsprechung des Gerichtshofs der Europäischen Gemeinschaften
EUR	Euro
EU-RL	Richtlinie der Europäischen Union
e.V.	eingetragener Verein
evtl.	eventuell
EWIV	Europäische wirtschaftliche Interessenvereinigung

Abkürzungsverzeichnis

EWG .... Europäische Wirtschaftsgemeinschaft
EWR .... Europäischer Wirtschaftsraum

F

f. .... folgende (Seite)
fdf. .... federführend
ff. .... folgende (Seiten, Paragraphen)
FG .... Finanzgericht
FGO .... Finanzgerichtsordnung
FinanzA ...... Finanzausschuss
FK .... Fremdkapital
Flick/
Wassermeyer/
Baumhoff ..... Außensteuerrecht, Kommentar, Loseblattsammlung, Köln
FM .... Finanzminister, Finanzministerium
Fn. .... Fußnote
FN-IDW ...... Fachnachrichten des Instituts der Wirtschaftsprüfer in Deutschland e.V.
FR .... Finanzrundschau (Zeitschrift)
Frotscher/Maas . KStG UmwStG, Kommentar, Loseblattsammlung, Freiburg im Breisgau
FRL .... Fusionsrichtlinie (Richtlinie 90/434/EWG des Rates v. 23.07.1990 über das gemeinsame Steuersystem für Fusionen, Spaltungen, Abspaltungen, die Einbringung von Unternehmensteilen und den Austausch von Anteilen, die Gesellschaften verschiedener Mitgliedstaaten betreffen, sowie für die Verlegung des Sitzes einer Europäischen Gesellschaft oder einer Europäischen Genossenschaft von einem Mitgliedstaat in einen anderen Mitgliedstaat, ABl. Nr. L 225 v. 20.08.1990 S. 1; zuletzt geändert durch Richtlinie 2006/98/EG des Rates v. 20.11.2006, ABl. Nr. L 363 v. 20.11.2006 S. 129)
FRL-E .... Fusionsrichtlinie im Entwurf
FusionsRL .... Fusionsrichtlinie

G

GAAP .... Generally Accepted Accounting Principles
GAV .... Gewinnabführungsvertrag
GbR .... Gesellschaft bürgerlichen Rechts
gem. .... gemäß
Gen .... Genossenschaft
GenG .... Genossenschaftsgesetz
Ges. .... Gesetz
GewSt .... Gewerbesteuer
GewStDV ..... Gewerbesteuer-Durchführungsverordnung
GewStG ...... Gewerbesteuergesetz
GewStR ...... Gewerbesteuer-Richtlinie
g.F. .... gleiche Fassung
GG .... Grundgesetz (für die Bundesrepublik Deutschland)
ggf. .... gegebenenfalls
ggü. .... gegenüber
Glanegger/
Güroff .... Gewerbesteuergesetz, Kommentar, 6. Auflage, München 2006
gl.A. .... gleicher Ansicht
GmbH .... Gesellschaft mit beschränkter Haftung

Abkürzungsverzeichnis

GmbH-Handbuch	Gesellschaftsrecht, Rechnungswesen, Steuerrecht, Arbeits- und Sozialversicherungsrecht, GmbH-Formulare, Kommentar, Loseblatt-Sammlung, Köln
GesmbH	Gesellschaft mit beschränkter Haftung (Österreich)
GmbHG	Gesetz betreffend die Gesellschaften mit beschränkter Haftung
GmbHR	GmbH-Rundschau (Zeitschrift)
GoB	Grundsätze ordnungsmäßiger Buchführung
Gosch	Körperschaftsteuergesetz, Kommentar, München 2005
grds.	grundsätzlich
GrS	Großer Senat
GuV	Gewinn- und Verlustrechnung

H

H	Hinweis
h.A.	herrschende Auffassung
Haritz/Benkert	Umwandlungssteuergesetz, Kommentar, 2. Auflage, München 2000
HB	Handelsbilanz
HFA	Hauptfachausschuss des Instituts der Wirtschaftsprüfer in Deutschland e.V.
HFR	Höchstrichterliche Finanzrechtsprechung (Zeitschrift)
HGB	Handelsgesetzbuch
h.M.	herrschende Meinung
HR	Handelsregister
HRA des DAV	Handelsrechtsausschuss des Deutschen Anwaltsvereins
HRegGebV	Verordnung über Gebühren in Handels-, Partnerschafts- und Genossenschaftsregistersachen
Hrsg.	Herausgeber
hrsg.	herausgegeben
HS.	Halbsatz
Hübschmann/Hepp/Spitaler	Abgabenordnung Finanzgerichtsordnung, Kommentar, Loseblattsammlung, Köln

I

IAS	International Accounting Standards
i.d.	in der
i.d.F.	in der Fassung
i.d.R.	in der Regel
i.d.S.	in diesem Sinne
i.e.S.	im engeren Sinne
IDW	Institut der Wirtschaftsprüfer in Deutschland e.V.
IBFD	International Bureau of Fiscal Documentation, EC Corporate Tax Law, Kommentar, Amsterdam
IFRS	International Financial Reporting Standards
i.H.d.	in Höhe des
i.H.v.	in Höhe von
inkl.	inklusive
insbes.	insbesondere
InsO	Insolvenzordnung
i.R.	im Rahmen

Abkürzungsverzeichnis

i.R.d. . . . . im Rahmen der (des)
i.R.v. . . . . im Rahmen von
i.S. . . . . im Sinne
i.S.d. . . . . im Sinne der, des, dieser
IStR . . . . Internationales Steuerrecht (Zeitschrift)
i.S.v. . . . . im Sinne von
i.V.m. . . . . in Verbindung mit
IWB . . . . Internationale Wirtschafts-Briefe (Zeitschrift, Loseblattsammlung)
i.w.S. . . . . im weiteren Sinne

K

Kallmeyer . . . . . Umwandlungsgesetz, Verschmelzung, Spaltung und Formwechsel bei Handelsgesellschaften, Kommentar, 3. Auflage, Köln 2006
Kap. . . . . Kapitel
KapG . . . . Kapitalgesellschaft
KapErhStG . . . . Gesetz über steuerliche Maßnahmen bei Erhöhung des Nennkapitals aus Gesellschaftsmitteln
KG . . . . Kommanditgesellschaft
KGaA . . . . Kommanditgesellschaft auf Aktien
Kirchhof . . . . . . EStG-Kompaktkommentar, 6. Auflage, Heidelberg 2006
KiSt . . . . Kirchensteuer
KJ . . . . Kalenderjahr
Kom. . . . . Kommentar
KOM . . . . Kommission
koord. . . . . koordiniert(er)
krit. . . . . kritisch
KSt . . . . Körperschaftsteuer
KStDV . . . . Durchführungsverordnung zum Körperschaftsteuergesetz
KStG . . . . Körperschaftsteuergesetz
KStG-E . . . . Körperschaftsteuergesetz im Entwurf
KStH . . . . Körperschaftsteuer-Hinweise
KStR . . . . Körperschaftsteuer-Richtlinien

L

lt. . . . . laut
Lutter . . . . Umwandlungsgesetz, Kommentar, 3. Auflage, Köln 2004

M

m.a.W. . . . . mit anderen Worten
max. . . . . maximal
mind. . . . . mindestens
Mio. . . . . Million(en)
MitbestBeiG . . . Mitbestimmungs-Beibehaltungsgesetz
m.N. . . . . mit Nachweisen
Mrd. . . . . Milliarden
MU . . . . Mutterunternehmen
m.w.H. . . . . mit weiteren Hinweisen
m.w.N. . . . . mit weiteren Nachweisen
MgVG . . . . Gesetz über die Mitbestimmung der Arbeitnehmer bei einer grenzüberschreitenden Verschmelzung v. 21.12.2006, BGBl. I 2006 S. 3332

MoMiG	Entwurf eines Gesetzes zur Modernisierung des GmbH-Rechts und zur Bekämpfung von Missbräuchen v. 29.06.2006
MTRL	Mutter-Tochter-Richtlinie (Richtlinie 90/435/EWG des Rates v. 23.07.1990 über das gemeinsame Steuersystem der Mutter- und Tochtergesellschaften verschiedener Mitgliedstaaten, ABl. Nr. L 225 v. 20.08.1990 S. 6; ber. ABl. Nr. L 266 S. 20; zuletzt geändert durch Richtlinie 2006/98/EG des Rates v. 20.11.2006, ABl. Nr. L 363 v. 20.12.2006 S. 129)

N

nat. Pers.	natürliche Person
n.F.	neue Fassung
NJW	Neue Juristische Wochenschrift (Zeitschrift)
NK	Nennkapital
Nr.	Nummer
nrkr.	nicht rechtskräftig
NSpG	Niedersächsisches Sparkassengesetz
n.v.	nicht veröffentlicht
NV	naamloze vennootschap (Aktiengesellschaft nach niederländischem Recht)
NZG	Neue Zeitschrift für Gesellschaftsrecht (Zeitschrift)

O

o.ä.	oder ähnlich(en), ähnliches
OECD	Organization for Economic Co-Operation and Development (Organisation für wirtschaftliche Zusammenarbeit und Entwicklung)
OECD-MA	OECD-Musterabkommen
OECD-MK	OECD-Musterkommentar; abgedruckt z.B. in Vogel/Lehner, DBA - Doppelbesteuerungsabkommen, Kommentar, 4. Auflage, München 2003
öff.	öffentlich
öffentl.-recht.	öffentlich-rechtlich(es)
OFD	Oberfinanzdirektion
o.g.	oben genannt
OGAW	Organismen für gemeinsame Anlagen in Wertpapieren
OHG	Offene Handelsgesellschaft
o.J.	ohne Jahr
OLG	Oberlandesgericht
o.V.	ohne Verfasser

P

p.a.	per anno
PartG	Partnerschaftsgesellschaft
PartGG	Gesetz über Partnerschaftsgesellschaften Angehöriger Freier Berufe (Partnerschaftsgesellschaftsgesetz)
PersG	Personengesellschaft
PersGes.	Personengesellschaft
Pers.Handels-Ges.	Personenhandelsgesellschaft

Abkürzungsverzeichnis

Q
QuSt . . . . Quellensteuer

R
R . . . . Richtlinie
RAP . . . . Rechnungsabgrenzungsposten
RBW . . . . Restbuchwert
rd. . . . . rund
Rdnr./RdNr. . . . Randnummer(n)
RechtsA . . . . . . Rechtsausschuss
Rev. . . . . Revision
RFH . . . . Reichsfinanzhof
RIW . . . . Recht der Internationalen Wirtschaft (Zeitschrift)
rkr. . . . . rechtskräftig
RL . . . . Richtlinie
Rn. . . . . Randnummer(n)
Rs. . . . . Rechtssache
Rspr. . . . . Rechtsprechung
Rz. . . . . Randziffer(n)

S
S. . . . . Seite
s. . . . . siehe
SA . . . . société anonyme (Aktiengesellschaft nach schweizerischem, luxemburgischem und französischem Recht)
SCE . . . . Societas Cooperativa Europaea / Europäische Genossenschaft
SCE-RL . . . . . . SCE-Richtlinie (Richtlinie Nr. 2003/72/EG des Rates v. 22.07.2003 zur Ergänzung des Statuts der Europäischen Genossenschaft hinsichtlich der Beteiligung der Arbeitnehmer, ABl. Nr. L 207 v. 18.08.2003 S. 25)
SCE-VO . . . . . . Verordnung (EG) Nr. 1435/2003 v. 22.07.2003 über das Statut der Europäischen Genossenschaft (SCE), ABl. Nr. L 207 v. 18.08.2003 S. 1; geändert durch den Beschluss Nr. 15/2004 des Gemeinsamen EWR Ausschusses, ABl. Nr. L 116 v. 22.04.2004 S. 68
Schmidt . . . . . . Schmidt, Einkommensteuergesetz, Kommentar, 25. Auflage, München 2006
Schmitt/
Hörtnagl/Stratz . Umwandlungsgesetz, Umwandlungsteuergesetz, Kommentar, 4. Auflage, München 2006
Schr. . . . . Schreiben
s.d. . . . . siehe dort
SE . . . . Societas Europaea / Europäische (Aktien-)Gesellschaft
SEAG . . . . Gesetz zur Ausführung der Verordnung (EG) Nr. 2157/2001 des Rates v. 08.10.2001 über das Statut der Europäischen Gesellschaft (SE) (SE-Ausführungsgesetz - SEAG) v. 22.12.2004, BGBl. I 2004 S. 3675
SEBG . . . . Gesetz über die Beteiligung der Arbeitnehmer in einer Europäischen Gesellschaft (SE-Beteiligungsgesetz - SEBG) v. 22.12.2004, BGBl. I 2004 S. 3686
SEEG . . . . Gesetz zur Einführung der Europäischen Gesellschaft (SEEG) v. 22.12.2004, BGBl. I 2004 S. 3675
Semler/Stengel . Umwandlungsgesetz, Kommentar, München, 2003
Sen. . . . . Senat

Abkürzungsverzeichnis

SE-RL	Richtlinie Nr. 2001/86/EG des Rates v. 08.10.2001 zur Ergänzung des Statuts der Europäischen Gesellschaft hinsichtlich der Beteiligung der Arbeitnehmer, ABl. Nr. L 294 v. 10.11.2001 S. 22
SEStEG	Gesetz über steuerliche Begleitmaßnahmen zur Einführung der Europäischen Gesellschaft und zur Änderung weiterer steuerrechtlicher Vorschriften v. 07.12.2006, BGBl. I 2006 S. 2782
SE-VO	Verordnung (EG) Nr. 2157/2001 v. 08.10.2001 über das Statut der Europäischen Gesellschaft (SE), ABl. Nr. L 294 v. 10.11.2001 S. 1; geändert durch die Verordnung (EG) Nr. 885/2004, ABl. Nr. L 168 v. 01.05.2004 S. 1
Slg.	Sammlung
s.o.	siehe oben
sog.	sogenannt(e)/(en)
SpruchG	Spruchgesetz
s.r.o.	spolocnost s rucenim obmedzenym (GmbH nach slowakischem und tschechischem Recht)
Stpfl.	Steuerpflichtige(r)
str.	strittig
st. Rspr.	ständige Rechtsprechung
Stbg	Die Steuerberatung (Zeitschrift)
StuB	Steuern und Bilanzen (Zeitschrift)
StuW	Steuer und Wirtschaft (Zeitschrift)
s.u.	siehe unter
S.u.p.a.	società a accomandita per azioni (italienische Kommanditgesellschaft auf Aktien)

T

TB	Teilbetrieb
TDM	Tausend Deutsche Mark
Teilübertr.	Teilübertragung
teilw.	teilweise
TEUR	Tausend Euro
TG	Tochtergesellschaft
Tipke/Kruse	Abgabenordnung mit Finanzgerichtsordnung und Nebengesetzen, Kommentar, Loseblattsammlung, München
TU	Tochterunternehmen
Tz.	Textziffer

U

u.a.	unter anderem, auch und andere
u.ä.	und ähnliche(s)
u.a.m.	und andere(s) mehr
u.E.	unseres Erachtens
Übertr.	Übertragung
UmwBerG	Gesetz zur Bereinigung des Umwandlungsrechts v. 28.10.1994, BGBl. I 1994 S. 3210
UmwG	Umwandlungsgesetz
UmwSt-Erlass	Umwandlungssteuererlass
UmwStG	Umwandlungssteuergesetz
UmwStG-E	Umwandlungssteuergesetz im Entwurf
Urt.	Urteil

Abkürzungsverzeichnis

USA .... United States of America
usw. .... und so weiter
u.U. .... unter Umständen

V

v. .... von, vom
v.a. .... vor allem
V-AG .... Versicherungs-Aktiengesellschaft
Vers.vertr. ..... Versicherungsvertrag
Vfg. .... Verfügung
vGA .... verdeckte Gewinnausschüttung
vgl. .... vergleiche
v.H. .... vom Hundert
Vj. .... Vorjahr
VO .... Verordnung
Vogel/Lehner .. DBA - Doppelbesteuerungsabkommen, Kommentar, 4. Auflage, München 2003
Vol. .... Volume
Vollübertr. ..... Vollübertragung
Vorbem. ...... Vorbemerkung
vs. .... versus
v.T. .... vom Tausend
VU .... Versicherungsunternehmen
VVaG .... Versicherungsverein auf Gegenseitigkeit
VZ .... Veranlagungszeitraum

W

Widmann/
Mayer .... Umwandlungsrecht, Umwandlungsgesetz, Umwandlungssteuergesetz, Spruchverfahrensgesetz, Einbringung, Realteilung, Umsatzsteuer, Grunderwerbssteuer, Vertragsmuster, Kommentar, Loseblattsammlung, Bonn
wirtsch. Verein . wirtschaftlicher Verein
WirtschA ..... Wirtschaftsausschuss
WM .... Wertpapier-Mitteilungen (Zeitschrift)
WoBauFG ..... Gesetz zur steuerlichen Förderung des Wohnungsbaus und zur Ergänzung des Steuerreformgesetzes 1990 (Wohnungsbauförderungsgesetz) v. 22.12.1989, BGBl. I 1989 S. 2408
WPH .... WP-Handbuch, IDW (Hrsg.), 13. Auflage, Düsseldorf 2006
WPg .... Die Wirtschaftsprüfung (Zeitschrift)
WPK-Magazin . Mitteilungen der Wirtschaftsprüferkammer (Zeitschrift)
WWU .... Wirtschafts- und Währungsunion

Z

z. .... zu, zum, zur
z.B. .... zum Beispiel
ZGR .... Zeitschrift für Unternehmens- und Gesellschaftsrecht (Zeitschrift)
ZHR .... Zeitschrift für das gesamte Handelsrecht und Wirtschaftsrecht (Zeitschrift)
Ziff. .... Ziffer

ZIP	Zeitschrift für Wirtschaftsrecht (Zeitschrift)
zst.	zustimmend
z.T.	zum Teil
ztr.	zutreffend
zust.	zustimmend
zz.	zurzeit
zzgl.	zuzüglich

Stichwortverzeichnis

A

Abfindung bei Verschmelzung von Körperschaften 968, 992
Abfindungsangebot
- Minderheitsgesellschafterschutz bei grenzüberschreitender Verschmelzung 561
- Verschmelzung auf nicht börsennotierte AG 565

Absetzung für Abnutzung bei Umwandlung auf Personengesellschaft .... 943 f.
Abspaltung
- gesellschaftsrechtlich 924
- Nennkapital 1089

Abtretung des Körperschaftsteuer-Guthabens 676
Aktivierung des Körperschaftsteuer-Guthabens .... 676 f.
Anschaffungskosten gewährter Anteile
- einbringungsgeborene Anteile bei Einbringung von Unternehmensteilen in Kapitalgesellschaft .... 854 f.
- Gegenleistung der Einbringung von Unternehmensteilen in Kapitalgesellschaft .... 853 f.

Anschaffungskostenerhöhung gewährter neuer Anteile bei Einbringung von Unternehmensteilen in Kapitalgesellschaft ...... 861 f.
Anteilseignerwechsel bei Verschmelzung von Körperschaften u. Einbringung von Betrieben, Teilbetrieben und Mitunternehmeranteilen .... 981 ff.
Anteilsgewährung
- Gegenleistung bei Einbringung von Anteilen in Kapitalgesellschaft .... 866 f.
- Gegenleistung bei Einbringung von Unternehmensteilen in Kapitalgesellschaft .... 842 f.

Anteilsgewährungspflicht .... 566 f.
Anteilsinhaberversammlung
- Beschluss bei grenzüberschreitender Verschmelzung ... 547, 556
- Einberufung bei grenzüberschreitender Verschmelzung ..... 555 f.
- Modalitäten bei grenzüberschreitender Verschmelzung ..... 555 f.
- Vorbereitung bei grenzüberschreitender Verschmelzung ..... 555 f.
- Zustimmung bei grenzüberschreitender Verschmelzung ... 547, 556

Anteilstausch
- einfacher 867
- neu-einbringungsgeborene Anteile .... 854 f.
- qualifizierter .... 867 f.
- über die Grenze .... 1062 f.

Anteilsveräußerung
- rückwirkende Besteuerung bei Einbringung von Anteilen in Kapitalgesellschaft .... 874 f.

Antrag auf Buchwertfortführung
- Einbringung von Unternehmensteilen in Kapitalgesellschaft ..... 844 f.
- Einbringung von Unternehmensteilen in Personengesellschaft .... 896 f.
- Formwechsel Kapitalgesellschaft in Personengesellschaft ... 748 ff.
- Verschmelzung Körperschaft auf Körperschaft .... 778 ff., 793 f.
- Verschmelzung Körperschaft auf Personengesellschaft .... 748 ff.

Antrag auf Zwischenwertfortführung
- Einbringung von Unternehmensteilen in Kapitalgesellschaft ..... 844 f.
- Einbringung von Unternehmensteilen in Personengesellschaft .... 896 f.
- Formwechsel Kapitalgesellschaft in Personengesellschaft .... 748 ff.
- Verschmelzung Körperschaft auf Körperschaft .... 778 ff., 793
- Verschmelzung Körperschaft auf Personengesellschaft .... 748 ff.

Antragsentstrickung
- einbringungsgeborene Anteile .. 1053 f.
- Widerruf .... 1053 f.

Anwachsung .... 1036 f., 1059 f.
- Einbringung von Unternehmensteilen in Personengesellschaft 889
- Rückbeziehung 1069

Anwendungsbereich
- § 2 – § 19 UmwStG a.F. .... 926 ff.
- Anteilstausch 827

Stichwortverzeichnis

- Aufspaltung, Abspaltung und Vermögensübertragung Körperschaft auf Körperschaft.. 708 ff., 801 ff.
- Aufspaltung oder Abspaltung auf Personengesellschaft. 708 ff., 801 ff.
- Einbringung eines Betriebs, Teilbetriebs oder Mitunternehmeranteils in Kapitalgesellschaft .... 828 ff.
- Einbringung eines Betriebs, Teilbetriebs oder Mitunternehmeranteils in Personengesellschaft... 888 ff.
- Einbringung in eine Personengesellschaft.......... 1063 ff.
- Fusionsrichtlinie .... 575 ff.
- Neukonzeption SEStEG .. 707 ff., 827 f.
- persönlicher Anwendungsbereich der Regelungen zu grenzüberschreitenden Verschmelzungen... 549 ff.
- persönlicher Anwendungsbereich FRL........................ 578 ff.
- Sacheinlage..................... 829
- sachlicher Anwendungsbereich der Regelungen zu grenzüberschreitenden Verschmelzungen..... 548
- sachlicher Anwendungsbereich FRL...................... 575 ff.
- Steuerarten 926
- Vermögensübergang bei Formwechsel einer Kapitalgesellschaft in eine Personengesellschaft.... 708 ff., 739 ff.
- Verschmelzung einer Körperschaft auf eine Personengesellschaft oder eine natürliche Person .... 708 ff., 739 ff.
- Verschmelzung und Vermögensübertragung Körperschaft auf Körperschaft .... 708 ff., 769 ff.

Anwendungsvorschriften
- AStG......................... 702
- Aufspaltung, Abspaltung und Vermögensübertragung Körperschaft auf Körperschaft......... 807 ff.
- Aufspaltung oder Abspaltung Körperschaft auf Personengesellschaft........... 807 ff.
- Einbringung von Anteilen in Kapitalgesellschaft 837
- Einbringung von Unternehmensteilen in Kapitalgesellschaft 837
- Einbringung von Unternehmensteilen in Personengesellschaft.... 895 f.
- einbringungsgeborene Anteile .... 699 f., 701, 909 f.
- EStG 698
- Formwechsel Kapitalgesellschaft in Personengesellschaft 745
- Formwechsel Personengesellschaft in Kapitalgesellschaft....... 904
- GewStG 702
- KStG .... 700 f.
- Verschmelzung Körperschaft auf Personengesellschaft.......... 745
- Verschmelzung und Vermögensübertragung Körperschaft auf Körperschaft............ 776

Arbeitnehmerschutz
- grenzüberschreitende Verschmelzung 547, 563

atypische stille Beteiligung 927

Aufsichtsratsvergütungen im Rückwirkungszeitraum 937

Aufstockungsbetrag bei Einbringung von Unternehmensteilen in Kapitalgesellschaft 862

Aufzeichnungspflichten beim Ausgleichsposten nach § 4g EStG ... 635

Ausgleichsposten
- Antrag.................. 632, 637
- Auflösung .... 634 f.
- Aufzeichnungspflichten 635
- Bilanzierung .... 632 f.
- Bildung .... 632 f.
- Einbringung in eine Kapitalgesellschaft .... 1045 ff.
- Gewinnermittlung nach § 4 Abs. 3 EStG 633
- Personengesellschaften........... 633
- ratierliche Auflösung........... 634
- sofortige Auflösung............ 634 f.
- Umstellung von Wirtschaftsjahren .. 634
- Verzeichnis 633
- Wegfall der unbeschränkten Steuerpflicht 635
- Wirtschaftsgüter des Anlagevermögens............... 632

Auslandsvermögen bei Umwandlung Körperschaft auf Personengesellschaft......... 939 f.

Ausschluss des deutschen Besteuerungsrechts 622
- Anteile an einer SE/SCE.......... 639

Ausschüttungen
- Begründung vor Übertragungsstichtag .... 932 f.
- keine Rückwirkungsfiktion...... 934 f.
- Rückwirkungszeitraum......... 934 f.

- Umwandlungsjahr............ 931 f.
Ausschüttungsbelastung bei
Umwandlung Körperschaft
auf Personengesellschaft........... 962
Ausschüttungsfiktion
- Formwechsel Kapitalgesellschaft
  in Personengesellschaft... 745 f., 762 ff.
- Verschmelzung Körperschaft
  auf Personengesellschaft...745 f. 762 ff.

Auszahlungsanspruch auf
Körperschaftsteuer-Guthaben
- Abtretung..................... 679
- Ergebnisabführungsvertrag........ 678
- ertragsteuerliche Behandlung.... 678 f.
- handelsbilanzielle Behandlung..... 679
- Nachsteuer 680
- Organgesellschaft .... 678 f.
- steuerbilanzielle Behandlung .... 678 f.
- Übertragung 679
- Verschmelzung 679

B

Begründung des deutschen
Besteuerungsrechts
- Körperschaften 646
- natürliche Personen........... 643 ff.

Beschränkt steuerpflichtige
Anteilseigner
- Übernahmeergebnis 956

Beschränkung des deutschen
Besteuerungsrechts 622, 624
- Anteile an einer SE/SCE......... 639
- Veräußerungsfiktion bei Anteilen
  i.S.d. § 17 EStG 646

Besitzzeitanrechnung
- Einbringung in eine
  Kapitalgesellschaft .... 1057 f.
- Umwandlung Körperschaft
  auf Personengesellschaft.......... 944

Bestandskraft bei grenzüber-
schreitender Verschmelzung 560
Besteuerungslücke..............723 ff.
Betriebsaufspaltung bei
Einbringung in eine
Kapitalgesellschaft ......1035 f., 1039 f.
Betriebsstätte
- Belegenheit in ausländischem
  Mitgliedstaat bei grenzüber-
  schreitender Verschmelzung.....585 ff.
- Betriebsstätten der einbringenden
  Gesellschaft bei
  grenzüberschreitender
  Verschmelzung .... 585 ff., 588 ff.
- Betriebsstättenzurechnung der
  übertragenen Wirtschaftsgüter ... 586 f.
- deutsche Betriebsstätten in
  ausländischem EU-Mitgliedstaat
  ansässiger einbringender
  Gesellschaft .... 588 f.
- grenzüberschreitende
  Einbringung .... 1060 ff.
- Umwandlung Körperschaft auf
  Personengesellschaft.............. 940

Bewertungswahlrecht
- Einbringung in eine
  Kapitalgesellschaft 1044
- Formwechsel in eine
  Kapitalgesellschaft .... 1047 f.
- Formwechsel in eine
  Personengesellschaft..........993 ff.
- Spaltung 999
- Umwandlung Körperschaft
  auf Personengesellschaft.......937 ff.
- Verschmelzung von
  Körperschaften .... 966 f.

Bilanzänderung bei Einbringung
in eine Kapitalgesellschaft ...... 1048 f.
Buchwertansatz
- Antrag auf Buchwertfortführung
  bei Verschmelzung Körperschaft
  auf Körperschaft ....793 ff.
- Aufspaltung, Abspaltung und
  Vermögensübertragung Körper-
  schaft auf Körperschaft........... 807
- Aufspaltung oder Abspaltung
  Körperschaft auf Personen-
  gesellschaft.................... 814
- Bewertung des eingebrachten
  Betriebsvermögens bei Einbringung
  von Unternehmensteilen in
  Personengesellschaft........... 896 f.
- Definition Buchwert...........748 ff.
- der übertragenen Wirtschaftsgüter
  bei grenzüberschreitender
  Verschmelzung ....584 ff.
- Einbringung in eine
  Kapitalgesellschaft 1057
- Einbringung von Anteilen in
  Kapitalgesellschaft 867
- Einbringung von Unternehmens-
  teilen in Kapitalgesellschaft ..... 844 f.
- erweiterte Wertaufholung ....728 ff.

Stichwortverzeichnis

- grenzüberschreitende Einbringung von Unternehmensteilen und Anteilstausch .... 598 f.
- grenzüberschreitende Spaltung..... 597
- grenzüberschreitende Verschmelzung .... 592 f.
- übergehender Wirtschaftsgüter bei übernehmender Körperschaft bei Verschmelzung Körperschaft auf Körperschaft................ 787
- übergehender Wirtschaftsgüter bei übertragender Körperschaft bei Verschmelzung Körperschaft auf Körperschaft.............778 ff.
- übergehender Wirtschaftsgüter bei Verschmelzung Nicht-EU-/ EWR-Körperschaft auf Nicht-EU-/ EWR-Körperschaft mit Inlandsbezug................. 796 f.
- Verschmelzung Körperschaft auf Körperschaft.............. 778 f.

Buchwertverknüpfung
- Einbringung von Anteilen in Kapitalgesellschaft .... 868 f.
- Einbringung von Unternehmensteilen in Kapitalgesellschaft 852
- übergehender Wirtschaftsgüter bei grenzüberschreitender Verschmelzung 584, 588
- Verschmelzung von Körperschaften 974

D

Direktzugriff ....666 ff.
Diskontierung des Auszahlungsanspruchs auf Körperschaftsteuer-Guthaben 678
Dividendenanteil
- Formwechsel Kapitalgesellschaft in Personengesellschaft......... 745 f.
- Verschmelzung Körperschaft auf Personengesellschaft........... 745 f.

Doppelbesteuerung im Rückwirkungszeitraum ....723 ff.
doppelstöckige Personengesellschaft........... 1011 f.
doppelte Buchwertverknüpfung
- Einbringung von Anteilen in Kapitalgesellschaft........... 868 f.
- Einbringung von Unternehmensteilen in Kapitalgesellschaft 852

doppeltes Ansässigkeitskriterium
- Aufspaltung, Abspaltung und Vermögensübertragung....715 f., 806 f.
- Formwechsel Kapitalgesellschaft in Personengesellschaft....715 f., 743 f.
- Verschmelzung Körperschaft auf Personengesellschaft oder natürliche Person ....715 f., 743 f.
- Verschmelzung oder Vermögensübertragung Körperschaft auf Körperschaft....715 f., 774 f.

down-stream Verschmelzung....1083 ff.
- Nennkapital................. 1091 f.
- steuerliches Einlagekonto...... 1091 f.
- Verschmelzung von Körperschaften .... 972 f.

Drittstaaten-Anteilseigner .... 580 f.
Drittstaatenbetriebsstätte bei grenzüberschreitender Sitzverlegung einer SE/SCE......599 ff.
Durchgangserwerb
- down-stream Verschmelzung 974

E

eigene Anteile
- Einbringung in eine Kapitalgesellschaft 1041
- Übernahmeergebnis 947
- wesentliche Beteiligung, Privatvermögen................. 955

Eigenkapitalgliederung bei Spaltung...................1029 ff.
Eigenkapitalgliederung bei Verschmelzung ....1022 ff.
Eigenkapitalgliederung
- übernehmende Körperschaft, Spaltung ....1030 ff.
- übernehmende Körperschaft, Verschmelzung ....1023 ff.
- übertragende Körperschaft, Spaltung .... 1029 f.
- übertragende Körperschaft, Verschmelzung 1023

Eigenkapitalverprobung bei Verschmelzung 1024
einbringende Gesellschaft
- Besteuerung bei grenzüberschreitender Einbringung von Unternehmensteilen und Austausch von Anteilen 598
- Besteuerung bei grenzüberschreitender Spaltung ....594 ff.

Stichwortverzeichnis

- Besteuerung bei grenzüberschreitender Verschmelzung . . . . . 584 ff.

einbringender Rechtsträger
- Einbringung von Anteilen in Kapitalgesellschaft . . . . 864 f.
- Einbringung von Anteilen in Personengesellschaft. . . . . 892 f.
- Einbringung von Unternehmensteilen in Kapitalgesellschaft . . . . . 837 f.

Einbringung eines Teils eines Mitunternehmeranteils in Personengesellschaft 894

Einbringung in Kapitalgesellschaft
- Ausübung Bewertungswahlrecht . . 1048
- Besteuerung Anteilseigner . . . . . 1051 f.
- Rückbeziehung . . . . 1042 ff.
- tauschähnlicher Vorgang 1035
- Verlagerung stiller Reserven. . . . 1055 f.
- Zeitpunkt. . . . . 1042 ff.

Einbringung in Personengesellschaft
- im Wege der Einzelrechtsnachfolge. . . . . 892 f.
- im Wege der Gesamtrechtsnachfolge. . . . . 890 f.
- zivilrechtliche Formen . . . . 1063 f.

Einbringung von Anteilen in Kapitalgesellschaft
- Veräußerung eingebrachter Anteile . . . . 874 f.

Einbringung von Unternehmensteilen in Kapitalgesellschaft
- 100%ige Beteiligung an Kapitalgesellschaft 842
- Einbringung Mitunternehmeranteil 842
- verschleierte Sachgründung 843

Einbringung von Unternehmensteilen in Personengesellschaft
- 100%ige Beteiligung an Kapitalgesellschaft 894
- Ansatz zum gemeinen Wert 896
- Behandlung des eingebrachten Vermögens bei Personengesellschaft. 897
- Bewertung von Pensionsrückstellungen 896
- Buchwertansatz. . . . . 896 f.
- Einbringung aus Privatvermögen. 894
- Einbringung von Sonderbetriebsvermögen . . . 889, 894 f.
- gesellschaftsrechtliche Grundlage . . . . 888 ff.
- Gewährung Mitunternehmerstellung 895
- gewerbesteuerlicher Verlustvortrag 897
- im Wege der Einzelrechtsnachfolge . . . . 892 ff.
- im Wege der Gesamtrechtsnachfolge . . . . 890 ff.
- Sacheinlage. 889
- Sachgründung. 889
- Verbuchung auf Darlehenskonto . . . 895
- Verschaffung wirtschaftlichen Eigentums. 888
- Zuzahlung. 895
- Zwischenwertansatz . . . . 896 f.

Einbringung
- EU-Kapitalgesellschaft. . . . . 1060 ff.
- im Wege der Einzelrechtsnachfolge . . . . 833 f., 836 f., 892
- im Wege der Gesamtrechtsnachfolge . . . . 831 f., 835 f., 890 ff.
- Rückbeziehung . . . . 723 ff.
- zivilrechtliche Formen bei Einbringung von Anteilen in Kapitalgesellschaft . . . . 834 ff.
- zivilrechtliche Formen bei Einbringung von Unternehmensteilen in Kapitalgesellschaft . . . . . 828 ff.
- zivilrechtliche Formen bei Einbringung von Unternehmensteilen in Personengesellschaft. . . . 888 ff.

Einbringungsfolgegewinn bei Einbringung in Kapitalgesellschaft 1057

einbringungsgeborene Anteile . . . 1051 f.
- Abfärbung bei Einbringungsgeborenheit eingebrachter Anteile . . 877
- down-stream Verschmelzung 1083
- Einbringung in Kapitalgesellschaft 1084
- Gegenleistung der Einbringung von Unternehmensteilen in Kapitalgesellschaft . . . . 854 f.
- Gewerbesteuer 1011
- Tarifermäßigung § 34 EStG 1084
- Umwandlung Körperschaft auf Personengesellschaft. 956
- Verdoppelung bei Einbringung von Unternehmensteilen in Kapitalgesellschaft 855
- Verschmelzung von Körperschaften . . . . 992 f.
- wesentliche Beteiligung 1052

Stichwortverzeichnis

Einbringungsgewinn .... 1049 f.
- Ermittlung bei Einbringung von Anteilen in Kapitalgesellschaft. 873
- Ermittlung bei Einbringung von Unternehmensteilen in Kapitalgesellschaft .... 852 f.
- Ermittlung bei Einbringung von Unternehmensteilen in Personengesellschaft. 898
- rückwirkende Besteuerung bei Einbringung von Unternehmensteilen in Kapitalgesellschaft ..... 856 ff.

Einbringungsgewinn I
- Aufstockungsbetrag bei übernehmender Gesellschaft bei Einbringung von Unternehmensteilen in Kapitalgesellschaft .... 862 f.
- Einbringung von Unternehmensteilen in Kapitalgesellschaft ..... 857 f.
- Kosten der Vermögensübertragung bei Einbringung von Unternehmensteilen in Kapitalgesellschaft 859
- rückwirkende Nachversteuerung bei Einbringung von Unternehmensteilen in Kapitalgesellschaft ..... 861 f.
- Wertveränderung neu erhaltener Anteile bei Einbringung von Unternehmensteilen in Kapitalgesellschaft 859

Einbringungsgewinn II
- Einbringung von Anteilen in Kapitalgesellschaft .... 875 f.
- Einbringung von Unternehmensteilen in Kapitalgesellschaft 859
- Kosten der Vermögensübertragung bei Einbringung von Anteilen in Kapitalgesellschaft 876
- Wertveränderung neu erhaltener Anteile bei Einbringung von Anteilen in Kapitalgesellschaft. 876

eingebrachte Anteile
- Bewertung bei einfachem Anteilstausch 867
- Bewertung bei qualifiziertem Anteilstausch 867

eingebrachtes Betriebsvermögen
- Besteuerungsrechtsverlust bei Einbringung von Unternehmensteilen in Kapitalgesellschaft ..... 848 f.
- Buch- o. Zwischenwert bei Einbringung von Unternehmensteilen in Kapitalgesellschaft ..... 844 ff.
- Buch- o. Zwischenwert bei Einbringung von Unternehmensteilen in Personengesellschaft. ... 896 f.
- Erhöhung der Wertansätze bei übernehmender Gesellschaft. .... 862 f.
- gemeiner Wert bei Einbringung von Unternehmensteilen in Kapitalgesellschaft 844
- steuerliche Behandlung bei übernehmender Gesellschaft .... 850 ff.
- transparente Gesellschaft bei Einbringung von Unternehmensteilen in Kapitalgesellschaft ..... 849 f.

Einlage
- ausstehend auf Nennkapital 1081
- verdeckte. 667

Einlagefiktion bei Umwandlung Körperschaft auf Personengesellschaft. .... 954 ff.

Einlagekonto
- Berichtigung .... 671 f.
- Bescheinigung 671
- Einbringung in Kapitalgesellschaft 1084
- Feststellung. .... 666, 669 f.
- Rückzahlung bei Einbringung von Unternehmensteilen in Kapitalgesellschaft 860
- Umwandlung von Körperschaften. .... 1089 ff.
- up-stream Verschmelzung. ..... 1090 f.
- Zugang bei Einbringung von Anteilen in Kapitalgesellschaft. 878

Einlagen, ausstehend
- Umwandlung Körperschaft auf Personengesellschaft. .... 940 ff.

Einlagenrückgewähr. .... 666, 670 f.

Einnahmenüberschussrechnung bei Einbringung in Personengesellschaft. .... 1065 ff.

Einstellung des Geschäftsbetriebs
- Verlustabzug 978

Eintritt in die Rechtsstellung
- Einbringung in eine Kapitalgesellschaft. 1057

Eintritt in die steuerliche Rechtsstellung
- Verschmelzung Körperschaft auf Körperschaft. .... 790 ff.

Eintritt in Rechtsstellung bei Umwandlung auf Personengesellschaft. .... 943 f.

Stichwortverzeichnis

Einzelrechtsnachfolge
- Einbringung in eine Kapitalgesellschaft ...... 1036, 1059 f.
- Einbringung in eine Personengesellschaft. 1063, 1069

Einziehung eigene Anteile bei down-stream Verschmelzung ..... 973 f.

EK 02
- down-stream Verschmelzung .... 972 ff.
- Nachversteuerung bei Formwechsel Kapitalgesellschaft in Personengesellschaft. 764
- Umwandlung Körperschaft auf Personengesellschaft. .... 1081 ff.

Entnahme einbringungsgeborener Anteile .... 1054 f.

Entstrickung im Betriebsvermögen
- Abweichung zwischen Handels- und Steuerbilanz 623
- Anrechnung ausländischer Steuern . 627
- Anrechnungsüberhänge i.S.v. § 34c EStG 627
- Ansatz latenter Steuern. 623
- Ausgleichsposten .... 632 ff.
- Ausnahme bei Sitzverlegung einer SE/SCE 628
- Ausschluss des deutschen Besteuerungsrechts. 622, 638
- Beschränkung des deutschen Besteuerungsrechts. 622, 624, 638
- Bewertung. 629
- dem Grunde nach 622
- der Höhe nach. .... 629 f.
- Entstrickungsfälle. 626
- Gewinnermittlung nach § 4 Abs. 3 EStG 632
- Konkurrenzverhältnis zwischen § 4 Abs. 1 Satz 3 EStG und § 6 Abs. 5 Satz 1 EStG .... 628 f.
- Körperschaften .... 622, 638 ff.
- mehrfache Entstrickung 627
- Personengesellschaften. .... 623 f.
- Rechtsträgerwechsel. 639
- Rückführung eines Wirtschaftsgutes .... 635 f.
- Sachgesamtheiten 631
- Sitzverlegung einer SE/SCE. 628
- Sitzverlegung in Drittstaat ...... 641 f.
- Sitzverlegung in EU-/EWR-Staat. 639 f.
- Sofortversteuerung 632
- Stundungsregelung 632
- treaty override. 628
- Überführung von Sachgesamtheiten. 631
- Übertragung auf eine ausländische Personengesellschaft. 622
- Verschmelzung im Drittstaat 640
- Wertminderungen 631
- wiederholte Überführung eines Wirtschaftsgutes .... 627 f.
- zeitliche Anwendung bei Körperschaften 643
- zeitliche Anwendung bei natürlichen Personen. .... 637 f.
- Zeitpunkt der Entstrickung bei Körperschaften 643
- Zeitpunkt der Entstrickung bei natürlichen Personen. .... 632 f.

Entstrickung von Anteilen i.S.d. § 17 EStG
- Aufhebung der Stundung 653
- Ausnahmen. 648
- Beschränkung der unbeschränkten Steuerpflicht. 649
- der Höhe nach 649
- Einbringung der Anteile 650
- Entstrickung gem. § 17 Abs. 5 EStG .... 647 f.
- Entstrickungsfälle. .... 647 f.
- Erbfolge 650
- Ersatztatbestände .... 649 f.
- identitätswahrende Sitzverlegung .... 646 f.
- Mitteilungspflichten bei Stundung .. 654
- Rückkehr nach Wegzug in Drittstaat 651
- Schenkung. 650
- Sitzverlegung der Gesellschaft. .. 646 ff.
- Sitzverlegung einer SE 648
- Sofortversteuerung 649
- Stundung. .... 651 ff.
- Veräußerungsfiktion 646
- Vermeidung von Besteuerungslücken .... 649 ff.
- Wegfall der unbeschränkten Steuerpflicht 649
- Wegzug der Gesellschaft ...... 646 ff.
- Wegzug in Drittstaat .... 651 f.
- Wegzug in EU-/EWR-Staat ..... 652 f.
- Wertverluste .... 653 f.

Ergänzungsbilanz bei Einbringung in Personengesellschaft. .... 1072 ff.

Ergebnisabführungsvertrag. 678

Stichwortverzeichnis

Ermittlung bei Einbringung von Unternehmensteilen in Personengesellschaft
- Missbrauchsklausel .... 898 f.

erweiterte Einlagefiktion bei Verschmelzung Körperschaft auf Personengesellschaft oder natürliche Person .... 757 f.

erweiterte Wertaufholung
- Anteile an Kapitalgesellschaften im UmwStG .... 728 ff.
- natürliche Personen........... 728 ff.
- steuerwirksame Teilwertabschreibungen und Abzüge nach § 6b EStG bzw. vergleichbare Abzüge .... 728 ff.
- Unternehmensbeteiligungsgesellschaften .... 728 ff.
- Verschmelzung Körperschaft auf Körperschaft 792

EuGH-Entscheidung
- „Centros" .... 501, 506, 512 ff.
- „Inspire Art" .... 501, 506, 512 ff.
- „SEVIC" .... 501, 503 f., 505, 512 ff., 545 f., 549 f., 922, 927
- "Überseering" .... 501, 506, 512 ff.

Europäische (Aktien-) Gesellschaft .... 501, 549 f., 579 f.
- Gründung nach Umwandlungsrecht .... 508 ff.
- Sitzverlegung nach Umwandlungsrecht .... 506 ff.

Europäische Genossenschaft .... 501, 506 f., 511, 579 f.

F

Feststellung des Körperschaftsteuer-Guthabens .... 673 ff.
Forderungsverzicht............... 668
Formwechsel Personengesellschaft in Kapitalgesellschaft
- Einbringungsgegenstand.......... 904
- entsprechende Anwendung der § 20 - § 23 UmwStG......... 905
- Eröffnungsbilanz .... 904 f.
- Übertragungsbilanz .... 904 f.

Formwechsel
- Einbringung in eine Kapitalgesellschaft .... 1047 f.
- gesellschaftsrechtlich .... 923 f.
- Gewerbesteuer .... 1010 ff.
- grenzüberschreitend nach Umwandlungsrecht .... 502, 506 ff., 564
- innerstaatlich nach Umwandlungsrecht........ 502, 505 f.
- in Personengesellschaft......... 993 ff.
- Möglichkeiten nach UmwG a.F. .... 923 f.
- Organgesellschaft 1020, 1021
- Organschaft.............. 1018, 1020
- Organträger................... 1018
- Rückbeziehung 723
- Rückwirkung 930, 995

Fortführung der Anschaffungskosten
- Anschaffung der Anteile durch Verschmelzung Körperschaft auf Körperschaft .... 793 f.
- grenzüberschreitende Verschmelzung .... 584 ff.
- Veräußerung der Anteile durch Verschmelzung Körperschaft auf Körperschaft .... 793 f.

Fremdfinanzierung
- Umwandlung von Körperschaft auf Personengesellschaft.......... 951

G

Gegenleistung
- Einbringung in eine Kapitalgesellschaft .... 1036 f.
- Vermögensübertragung........... 969
- Verschmelzung von Körperschaften .... 966 ff., 970

Gegenstand
- Einbringung in eine Kapitalgesellschaft .... 1039 ff.

gemeiner Wert .... 629 f.
- Ansatz des Betriebsvermögens bei grenzüberschreitender Sitzverlegung der SE/SCE ...... 599 ff.
- Ansatz übergehender Wirtschaftsgüter bei grenzüberschreitender Verschmelzung i.R.d. FRL ...... 584 ff.
- Bewertung der eingebrachten Anteile bei übernehmender Gesellschaft bei Einbringung von Anteilen in Kapitalgesellschaft .... 867 f.
- Bewertung der erhaltenen Anteile bei Einbringendem bei Einbringung von Anteilen in Kapitalgesellschaft .... 870 f.

Stichwortverzeichnis

- Bewertung des eingebrachten Betriebsvermögens bei Einbringung von Unternehmensteilen in Kapitalgesellschaft............844 ff.
- Bewertung des eingebrachten Betriebsvermögens bei Einbringung von Unternehmensteilen in Personengesellschaft.............. 896
- erweiterte Wertaufholung.......... 728
- Schlussbilanzansatz bei Formwechsel Kapitalgesellschaft in Personengesellschaft......... 746 f.
- Schlussbilanzansatz bei Verschmelzung Körperschaft auf Körperschaft...............778 ff.
- Schlussbilanzansatz bei Verschmelzung Körperschaft auf Personengesellschaft......... 746 f.
- Veräußerungspreis der Anteile bei Verschmelzung Körperschaft auf Körperschaft................. 793

Genossenschaft................... 549
- Einbringung in eine Kapitalgesellschaft................. 1037 f.

Gesamtrechtsnachfolge
- Einbringung in Kapitalgesellschaft............ 1036, 1059 f.
- Einbringung in Personengesellschaft............ 1063 f., 1069
- übernehmende Personengesellschaft.................. 943 f.

Gesellschafterebene
- Besteuerung der Gesellschafter bei grenzüberschreitender Sitzverlegung i.R.d. FRL...................... 601
- Besteuerung der Gesellschafter bei grenzüberschreitender Spaltung i.R.d. FRL.............. 597
- Besteuerung der Gesellschafter bei grenzüberschreitender Verschmelzung i.R.d. FRL...... 592 ff.

Gesellschafterfremdfinanzierung bei Umwandlungen............... 1034

Gesellschafterwechsel
- Rückwirkungszeitraum............ 954

Gewerbesteuer
- Einbringung in eine Personengesellschaft............. 1075
- einbringungsgeborene Anteile 1055
- Vermögensübergang auf Personengesellschaft...... 1007 f., 1083

Gewinnabführungsvertrag... 1018, 1021
- Spaltung und Ausgliederung....... 1018, 1019, 1020
- Übertragungsgewinn............ 1020
- Verschmelzung...... 1014, 1017, 1018

Gewinnausschüttung
- ausgeschiedene Anteilseigner..... 1086
- passiver Korrekturposten 1086
- Umwandlung 1086

Gewinnermittlung nach § 4 Abs. 3 EStG
- Ausgleichsposten .... 632 f.
- Verzeichnis................... 633

Gläubigerschutz .... 651 f.

Gleichbehandlungsgrundsatz bei Umwandlung transparenter Gesellschaften i.R.d. FRL........ 605 f.

grenzüberschreitende Einbringung
- Einbringung in beschränkt steuerpflichtige EU-Kapitalgesellschaft................. 1060 f.
- von Unternehmensteilen....577, 598 ff.

grenzüberschreitende Sitzverlegung der SE/SCE ....599 ff.

grenzüberschreitende Spaltung
- Aufspaltung, Abspaltung und Vermögensübertragung Körperschaft auf Körperschaft......... 801 f.
- Aufspaltung oder Abspaltung Körperschaft auf Personengesellschaft.................. 801 f.
- ausländische EU-/EWR-Körperschaft mit Inlandsbezug.......... 801 f., 803
- Besteuerung übernehmender Gesellschaft i.R.d. FRL........... 597
- Einbringung von Anteilen in Kapitalgesellschaft 835
- Einbringung von Unternehmensteilen in Kapitalgesellschaft 832
- FRL............. 571 ff., 579 f., 594 ff.
- inländische Körperschaft ... 801 f., 803

grenzüberschreitende Umstrukturierung
- steuerneutrale (Ab-)Spaltung i.R.d. FRL.............. 576 f., 594 ff.
- steuerneutrale Einbringung von Unternehmensteilen i.R.d. FRL................ 577, 598 f.
- steuerneutraler Austausch von Anteilen ....577, 598 ff.
- steuerneutrale Sitzverlegung der SE/SCE i.R.d. FRL.....578, 599 ff.

Stichwortverzeichnis

- steuerneutrale Verschmelzung i.R.d. FRL .... 575 f., 584 ff.

grenzüberschreitende Umwandlung .... 501 f.
- Formwechsel nach Umwandlungsrecht.... 502, 506 ff., 564
- Sitzverlegung nach Umwandlungsrecht.... 502, 506 ff., 564
- Spaltung nach Umwandlungsrecht.. 502, 505, 545, 564
- Verschmelzung nach Umwandlungsrecht ... 502, 503 f., 545 ff., 548 ff.

grenzüberschreitende Verschmelzung
- ausländische EU-/EWR-Körperschaft auf Personengesellschaft mit Inlandsbezug. 739
- ausländische EU-/EWR-Körperschaft mit Inlandsbezug .. 769 f., 770 ff.
- ausländische Nicht-EU-/EWR-Körperschaften mit Innlandsbezug. .... 769 f.
- Einbringung von Unternehmensteilen in Kapitalgesellschaft .... 828 ff.
- Besteuerung der Gesellschafter i.R.d. FRL. .... 592 ff.
- Besteuerung einbringender Gesellschaft i.R.d. FRL. .... 584 ff.
- Besteuerung übernehmender Gesellschaft i.R.d. FRL. .... 589 ff.
- Körperschaft auf Körperschaft unter Beteiligung inländischer Körperschaften .... 769 f., 770 ff.
- Körperschaft auf Personengesellschaft unter Beteiligung inländischer Körperschaften. .... 739 ff.

grenzüberschreitender Anteilstausch .... 577, 598 ff.

Grunderwerbsteuer
- Anschaffungskosten 942
- Einbringung in eine Kapitalgesellschaft. 1035
- übernehmende Körperschaft. 1056

H

Hinzurechnungsbesteuerung
- Anwendungsvorschriften 691
- Ermittlung des Hinzurechnungsbetrags. .... 975 f.
- Fiktion der Übertragung zu Buchwerten. 687

- Halten einer Beteiligung an einer Kapitalgesellschaft. .... 687 f.
- Tatbestand des § 8 Abs. 1 Nr. 9 AStG. 688
- Umwandlung einer der Zwischengesellschaft nachgeschalteten Gesellschaft 690
- Umwandlung einer Zwischengesellschaft 690
- Umwandlung zu Buchwerten 687
- Verschmelzung von Körperschaften .... 975 ff.

Hinzurechnungsbetrag
- Anwendung des UmwStG 691
- Ermittlung. 691
- Übertragungsgewinn. 691

hybride Gesellschaft
- Einbringung von Unternehmensteilen in Personengesellschaft. 894
- FRL. .... 601 ff.

I

innerstaatliche Spaltung
- Aufspaltung oder Abspaltung ausländische EU-/EWR-Körperschaft auf ausländische EU-/EWR-Körperschaft mit Inlandsbezug. .... 801 ff.
- Aufspaltung oder Abspaltung einer Körperschaft auf eine Personengesellschaft. .... 801 ff.
- Aufspaltung oder Abspaltung inländische Körperschaft auf inländische Körperschaft .... 801 ff.
- Einbringung von Anteilen in Kapitalgesellschaft 835
- Einbringung von Unternehmensteilen in Kapitalgesellschaft 831

innerstaatliche Verschmelzung
- ausländische EU-/EWR-Körperschaft auf ausländische EU-/EWR-Körperschaft mit Inlandsbezug. .... 769 ff.
- ausländische EU-/EWR-Körperschaft auf ausländische EU-/EWR-Personengesellschaft mit Inlandsbezug. .... 739 ff.
- ausländische Nicht-EU-/EWR-Körperschaften mit Inlandsbezug. .... 796 f.
- Einbringung von Unternehmensteilen in Kapitalgesellschaft 831
- Körperschaft auf Körperschaft ... 769 ff.

- Körperschaft auf Personen-
gesellschaft . . . . 739 ff.
- steuerliche Behandlung . . . . 769 f.

K

Kapitalertragsteuer
- Ausschüttung 933
- Ausschüttung im Rückwirkungs-
zeitraum 935
- Einlagekonto 672
- Umwandlung Körperschaft auf
Personengesellschaft 1081

Kapitalgesellschaft
- grenzüberschreitender
Formwechsel nach
Umwandlungsrecht . . . . 502, 506 ff., 564
- grenzüberschreitende
Sitzverlegung nach
Umwandlungsrecht . . . . 502, 506 f., 564
- grenzüberschreitende
Spaltung nach
Umwandlungsrecht . . 502, 505, 545, 564
- grenzüberschreitende
Verschmelzung nach
Umwandlungsrecht . . 502, 503 f., 545 ff.
- innerstaatlicher Form-
wechsel . . . . 502, 505 f.
- innerstaatliche Spaltung nach
Umwandlungsrecht . . . . 502, 504 f.
- innerstaatliche Verschmelzung
nach Umwandlungsrecht 502, 503

**Kapitalherabsetzung bei Einbringung
von Unternehmensteilen in
Kapitalgesellschaft** 860

Kapitalrücklage . . . . 667 f.

**Ketteneinbringung bei Einbringung
von Unternehmensteilen in
Kapitalgesellschaft** 860

Kontrolle der Rechtmäßigkeit
- erste Stufe 546, 558
- zuständige Stelle . . . . 546 f., 557 f.
- zweite Stufe . . . . 546 f., 559 f.

Körperschaftsteueranrechnung
- Bescheinigung . . . . 962 f.
- negative EK-Teile 962
- Umwandlung Körperschaft auf
Personengesellschaft . . . . 961 f.

Körperschaftsteuer-Erhöhung . . . . 680 ff.
- grenzüberschreitende
Verschmelzung 681
- Sitzverlegung 681
- Stundung 681
- Umwandlung . . . . 1087 f.
- Umwandlung Körperschaft auf
Personengesellschaft . . . . 1081 ff.
- zinslose Stundung 681

Körperschaftsteuer-Guthaben . . . . 672 ff.
- Abrechnungszeitraum 675
- abweichendes Wirtschaftsjahr 673
- Aktivierung des Auszahlungs-
anspruchs . . . . 676 f.
- Änderung Feststellungsbescheid . . . 676
- Anspruch auf Auszahlung 675
- Bekanntgabe Festsetzungs-
bescheid 675
- Diskontierung des Anspruchs 678
- Entstehung 675
- Fälligkeit 675
- Festsetzung 675
- Feststellung . . . . 673 f.
- gesonderte Feststellung . . . . 674 f.
- Liquidationsfälle 675
- Moratorium 675
- Nachsteuer 680
- Organgesellschaften 675
- ratierliche Auszahlung 675
- Solidaritätszuschlag 675
- übernehmende Körperschaft . . . . 1090 ff.
- übertragende Körperschaft . . . . . 1087 f.
- Übertragung des Auszahlungs-
anspruchs 676
- Umlaufvermögen 677
- Umwandlung . . . . 673 f., 1087 ff.
- Umwandlung Körperschaft auf
Personengesellschaft . . . . 1081 ff.
- Umwandlungsfälle
i.S.v. § 1 Abs. 1 UmwStG 673
- Unverzinslichkeit des
Auszahlungsanspruchs 678
- Verzinsung bei Änderung der
Festsetzung 676

Körperschaftsteuer-Minderung
- Umwandlung Körperschaft
auf Personengesellschaft . . . . 1081 ff.

L

Liquidation
- Körperschafsteuer-Guthaben . . . . 673 f.
- Körperschaftsteuer-Erhöhung 681

M

Mantelkauf
- Einbringung in eine Kapital-
gesellschaft 1057

Stichwortverzeichnis

- Verlustabzug .... 980 ff.

Maßgeblichkeit
- Einbringung in eine Kapitalgesellschaft .... 1044 ff.
- Einbringung von Unternehmensteilen in Personengesellschaft...... 896
- Formwechsel in eine Kapitalgesellschaft .... 1047 f.
- Körperschaftsteuer-Guthaben 677
- Übertragungsbilanz Kapitalgesellschaft oder Genossenschaft .... 993 ff.
- Übertragungsbilanz Körperschaft .... 937 f., 966 f., 999

Mehrabführungen 669
- vororganschaftliche 673

mehrheitsvermittelnde Anteile
- Einbringung in eine Kapitalgesellschaft .... 1041 f.

Minderheitsgesellschafterschutz .. 560 f.

Missbrauch
- Anteiltausch über die Grenze 1063
- Aufstockung und Erwerb von Wirtschaftsgütern .... 999 f.
- Betriebsaufspaltung 1004
- Einbringung Betriebsstätte in EU-Kapitalgesellschaft 1061
- Einlage Anteile an übertragender Körperschaft 957
- nicht wesentlich beteiligte Anteilseigner .... 957 ff.
- Rückeinbringung 953
- Umwandlung Körperschaft auf Personengesellschaft ...... 953, 957 ff.
- Veräußerung .... 1001 ff., 1010 ff.
- Verlustabzug .... 980 ff.

Missbrauchsklausel bei Wegfall einbringungsgeborener Anteile ... 898 ff.

Missbrauchsvorbehalt
- FRL .... 581 ff.
- Missbrauch von rechtlichen Gestaltungsmöglichkeiten in der AO .... 581 ff.

Mitbestimmungsvereinbarung bei grenzüberschreitender Verschmelzung 547, 556

Mitunternehmeranteil
- Einbringung in eine Kapitalgesellschaft 1041
- Einbringung von Unternehmensteilen in Personengesellschaft.... 896 f.
- grenzüberschreitende Einbringung 1063

Mitwirkungspflichten
- grenzüberschreitende Einbringung 1063

Moratorium 675

N

Nachsteuer 680

Nachversteuerung von EK 02-Beträgen bei Formwechsel Kapitalgesellschaft in Personengesellschaft 764

Nachweiserfordernisse
- Sieben-Jahres-Frist bei Einbringung von Anteilen in Kapitalgesellschaft 879
- Sieben-Jahres-Frist bei Einbringung von Unternehmensteilen in Kapitalgesellschaft 864

Negativausweis des Einlagekontos .. 669

negatives Betriebsvermögen bei Einbringung in eine Personengesellschaft .... 1067 ff.

neue Anteile
- Einbringung in eine Kapitalgesellschaft .... 1036 f.
- Gegenleistung bei Einbringung von Anteilen in Kapitalgesellschaft... 866 f.

neutrales Vermögen bei Spaltung . 998 f.

nicht ausgeglichene negative Einkünfte
- Formwechsel Körperschaft in Personengesellschaft .... 756 f.
- Verschmelzung Körperschaft auf Personengesellschaft oder natürliche Person .... 756 f.
- Verschmelzung oder Vermögensübertragung Körperschaft auf Körperschaft .... 790 ff.

Niederlassungsfreiheit 501, 512 ff., 545 f.
- grenzüberschreitender Formwechsel nach Umwandlungsrecht .... 506 ff.
- grenzüberschreitende Sitzverlegung nach Umwandlungsrecht .... 506 ff.
- grenzüberschreitende Spaltung nach Umwandlungsrecht 505
- grenzüberschreitende Verschmelzung nach Umwandlungsrecht .... 503 f.

O

öffentlich-rechtliche Kreditinstitute .... 970 ff.
öffentlich-rechtliche Versicherung .... 970 ff.
Organgesellschaft 675
– Bilanzierung des Körperschaftsteuer-Guthabens .... 676 ff.
– ertragsteuerliche Behandlung des Körperschaftsteuerguthabens .... 678 f.
Organschaft
– Gewerbeverlust 1022
– Rückwirkung Eingliederung 1015, 1019, 1020
– Umwandlung auf Organgesellschaft .... 1021 f.
– Umwandlung Organgesellschaft .... 1018 ff.
– Umwandlung Organträger ..... 1014 ff.
– Verlustabzug 1022

P

Pensionsrückstellungen
– Bewertung bei Einbringung von Unternehmensteilen in Kapitalgesellschaft 844
– Bewertung bei Einbringung von Unternehmensteilen in Personengesellschaft 896
– Rückwirkungszeitraum 937
– Umwandlung Körperschaft auf Personengesellschaft .... 959 f.
Pensionszusage i.R.d. Einbringung in eine Kapitalgesellschaft ...... 1050 f.
Personengesellschaft
– grenzüberschreitender Formwechsel nach Umwandlungsrecht ... 502, 506 ff.
– grenzüberschreitende Spaltung nach Umwandlungsrecht 502, 505
– grenzüberschreitende Verschmelzung nach Umwandlungsrecht ... 502, 503 f.
– innerstaatlicher Formwechsel nach Umwandlungsrecht ... 502, 505 f.
– innerstaatliche Spaltung nach Umwandlungsrecht .... 502, 504 f.
– innerstaatliche Verschmelzung nach Umwandlungsrecht ... 502, 503
– mehrstöckig 1079
– Sitzverlegung nach Umwandlungsrecht .... 502, 506 ff.
Personenvereinigungen .... 579 f.

Publikumssondervermögen 550
Publizitätsrichtlinie .... 549 f.

Q

Qualifikationskonflikt im Rückwirkungszeitraum .... 726 ff.

R

Realteilung 1004, 1075
– Einbringung von Unternehmensteilen in Personengesellschaft .... 888 f.
– Gewerbesteuer 1014
Rechtsgrundverweis bei Formwechsel Personengesellschaft in Kapitalgesellschaft .... 903 f.
Rechtsträger ohne Betriebsvermögen 939, 940
Register
– Anmeldung bei grenzüberschreitender Verschmelzung .... 546 f., 557 ff.
– Eintragung einer grenzüberschreitenden Verschmelzung .... 546 f., 558 f., 559 f.
– Verfahren .... 546 f., 557 ff.
Rückbeziehung .... 723 ff.
– Bewertungsrecht (Zurechnungsfeststellung) ..... 1042 f.
– Einbringung in eine Personengesellschaft 1069
– Formwechsel in eine Kapitalgesellschaft .... 1042 f.
rückwirkende Besteuerung des Einbringungsgewinns
– Einbringung von Anteilen in Kapitalgesellschaft 874
– Einbringung von Unternehmensteilen in Kapitalgesellschaft 856
Rückwirkung
– ausscheidende Anteilseigner .... 936 f., 1043 f.
– Einkommens- und Vermögensermittlung 929
– Gesellschafterfremdfinanzierung .. 1034
– Gewinnausschüttung 1086
– Umwandlung auf Personengesellschaft, Übergang Halbeinkünfteverfahren .... 1093 f.
Rückwirkungsfiktion .... 929 f.
– ausscheidende, abgefundene Anteilseigner 930

Stichwortverzeichnis

Rückwirkungszeitraum
- Anteilserwerb .... 953 f.
- aufnehmender deutscher Rechtsträger .... 725 f.
- aufnehmender EU-/EWR-Rechtsträger .... 726 f.
- Begriff....................... 929

Rückzahlung
- des steuerlichen Einlagekontos bei Einbringung von Unternehmensteilen in Kapitalgesellschaft 860
- Kapitalrücklage................. 668
- Nachschüsse.................. 667
- Nennkapital.................. 669

S

Sacheinlage
- Einbringung von Anteilen in Kapitalgesellschaft 835
- Einbringung von Unternehmensteilen in Kapitalgesellschaft 829
- Einbringung von Unternehmensteilen in Personengesellschaft.... 888 ff.
- Gegenstand bei Einbringung von Unternehmensteilen in Kapitalgesellschaft .... 841 f.

Sachkapitalerhöhung
- Einbringung von Anteilen in Kapitalgesellschaft 835
- Einbringung von Unternehmensteilen in Kapitalgesellschaft 829

sachliche Vergleichbarkeitsprüfung
- Aufspaltung, Abspaltung und Vermögensübertragung... 714 f., 803 ff.
- Verschmelzung Körperschaft auf Personengesellschaft... 714 f., 741 f.
- Verschmelzung oder Vermögensübertragung von Körperschaft auf Körperschaft .... 714 f., 772 ff.

SCE-VO .... 511 ff.

Schlussbilanzansatz
- Betriebsstätten in anderen EU-Staaten ohne DBA-Freistellung .. 754 ff.
- down-stream Verschmelzung Körperschaft auf Körperschaft ... 786 f.
- Formwechsel Kapitalgesellschaft in Personengesellschaft......... 754 ff.
- Formwechsel Personengesellschaft in Kapitalgesellschaft .... 904 f.
- grenzüberschreitende Verschmelzung .... 584 ff.
- Verschmelzung Körperschaft auf Körperschaft............. 776 ff.
- Verschmelzung Körperschaft auf Personengesellschaft oder natürliche Person .... 746 ff.

SE-VO .... 508 ff., 512 ff.

Sicherheitsleistung
- Abgabe einer falschen Versicherung................. 558 f.
- Versicherung i.R.d. Anmeldung der Verschmelzung .... 558 f.

Sitzverlegung
- formwechselnd nach Umwandlungsrecht .... 502, 506 ff., 564
- grenzüberschreitend nach Umwandlungsrecht.... 502, 506 ff., 564
- identitätswahrend nach Umwandlungsrecht.......... 506, 564
- Körperschaftsteuer-Erhöhung...... 681
- SCE.......................... 628
- SE 628

Sitzverlegungsrichtlinie .... 506 ff., 512 ff., 564

Solidaritätszuschlag 675

Sonderausweis
- Spaltung (Abspaltung, Aufspaltung) ....1087 ff.
- übernehmende Körperschaft....1090 ff.
- übertragende Körperschaft .....1087 ff.
- Verschmelzung 1087, 1089

Sonderbetriebsvermögen
- Einbringung in eine Kapitalgesellschaft ....1039 ff.
- Einbringung in eine Personengesellschaft........ 889, 1069

Spaltung und Ausgliederung
- Organgesellschaft .... 1019 f.
- Organträger................... 1018

Spaltung
- Aufspaltung, Abspaltung, Vermögensübertragung (Teilübertragung) ....995 ff.
- Aufteilung Buchwert Anteile 1006
- gesellschaftsrechtlich .... 924 f.
- grenzüberschreitend nach Umwandlungsrecht 502, 505, 545, 564
- innerstaatlich nach Umwandlungsrecht .... 502, 504 f., 563 ff.
- Missbrauch ....999 ff.
- Möglichkeiten nach UmwG a.F... 924 f.
- Personenhandelsgesellschaften.... 1076
- Rückbeziehung .... 723 f.
- Teilbetrieb ....995 ff.

Stichwortverzeichnis

- zur Aufnahme nach Umwandlungsrecht .... 504 f.
- zur Neugründung nach Umwandlungsrecht .... 504 f.

Sperrbetrag nach § 50c EStG .... 945 f., 948 ff.

Spruchverfahren .... 560 ff.

Stammhaus
- Besteuerung der einbringenden Gesellschaft bei grenzüberschreitender Verschmelzung i.R.d. FRL .... 584 ff.
- Zentralfunktion .... 586 f., 752 f.

Steueraufschub bei grenzüberschreitender Sitzverlegung von SE/SCE .... 599 f.

steuerschädliche Veräußerung
- Einbringung von Anteilen in Kapitalgesellschaft .... 874 f.
- Einbringung von Unternehmensteilen in Kapitalgesellschaft ..... 856 f.
- gleichgestellte Vorgänge bei Einbringung von Anteilen in Kapitalgesellschaft .... 876 f.
- gleichgestellte Vorgänge bei Einbringung von Unternehmensteilen in Kapitalgesellschaft 860

Steuerverhaftung übergehender Wirtschaftsgüter bei grenzüberschreitender Verschmelzung i.R.d. FRL ... 584, 587 f.

Steuerverstrickung bei grenzüberschreitender Sitzverlegung von SE/SCE .... 599 ff.

Stundung
- Einbringung in eine Kapitalgesellschaft 1050
- einbringungsgeborene Anteile 1054
- Körperschaftsteuer-Erhöhung.... 681 f.

Stundungsregelung in § 4g EStG .... 632 f.

T

Tarifbegünstigung nach § 16, § 34 EStG ...... 1072, 1074 f.

Tarifermäßigung nach § 34 EStG .. 1083

Tätigkeitsvergütungen im Rückwirkungszeitraum 936

Teilbetrieb
- 100%ige Beteiligung 997
- Aufspaltung, Abspaltung, Teilübertragung .... 995 ff.
- Aufspaltung, Abspaltung und Vermögensübertragung von Körperschaft auf Körperschaft......... 808 ff.
- Begriff....................... 996 f.
- Begriffsdefinition .... 809 f.
- Einbringung in eine Kapitalgesellschaft .... 1039 ff.
- Einbringung in eine Personengesellschaft............ 1064
- grenzüberschreitende Abspaltung i.R.d. FRL................. 595 ff.
- grenzüberschreitende Einbringung 1060
- Mitunternehmeranteil 997
- Unterschied der Legaldefinition der FRL zum Typusbegriff im deutschen Ertragsteuerrecht .. 595 f.
- wesentliche Betriebsgrundlagen.. 997 f.
- Zuordnung von Wirtschaftsgütern bei grenzüberschreitender Verschmelzung .... 596 f.

Teilwertabschreibung
- down-stream Verschmelzung 973, 1083
- erweiterte Wertaufholung .... 728 ff.
- Verschmelzung von Schwestergesellschaften 975, 1084
- Verschmelzung von Körperschaften 975

Teilwertansatz
- Bewertung von Pensionsrückstellungen bei Einbringung von Unternehmensteilen in Kapitalgesellschaft 844
- Bewertung von Pensionsrückstellungen in der Schlussbilanz bei Formwechsel von Kapitalgesellschaft in Personengesellschaft........... 746 f.
- Bewertung von Pensionsrückstellungen in der Schlussbilanz bei Verschmelzung von Körperschaft auf Personengesellschaft .... 746 f.
- Einbringung in eine Kapitalgesellschaft .... 1044, 1049, 1059 f.
- Einbringungsgewinn.......... 1074 f.

transparente Gesellschaft
- Einbringung von Unternehmensteilen in Kapitalgesellschaft .... 849 f.
- FRL................... 580, 601 ff.

treaty override................... 631
- Anteile i.S.d. § 17 EStG 648

Stichwortverzeichnis

- Sitzverlegung einer SE/SCE....... 628
- **Trennung Gesellschafter-stämme**..................... 1003 f.
- **Typenvergleich**
  - Aufspaltung, Abspaltung und Vermögensübertragung... 716 ff., 806 f.
  - Betriebsstätten-Erlass.......... 717 ff.
  - Formwechsel Kapitalgesellschaft eine Personengesellschaft.... 716 ff., 743 ff.
  - LLC-Erlass................. 717 ff.
  - typisierende Sichtweise .... 716 ff.
  - Verschmelzung Körperschaft auf Personengesellschaft........... 716 ff., 743 ff.
  - Verschmelzung oder Vermögensübertragung Körperschaft auf Körperschaft....... 716 ff., 774 ff.

U

Übergang Halbeinkünfteverfahren .... 1094 ff.
übergehende Wirtschaftsgüter
- Bewertung bei übernehmender Körperschaft bei Verschmelzung Körperschaft auf Körperschaft..... 787
- Bewertung bei übernehmender Personengesellschaft bei Formwechsel Kapitalgesellschaft in Personengesellschaft........... 756
- Bewertung bei übernehmender Personengesellschaft oder natürlicher Person bei Verschmelzung Körperschaft auf Personengesellschaft oder natürliche Person 756
- Bewertung in der Schlussbilanz bei Verschmelzung Körperschaft auf Körperschaft............. 776 ff.

Übernahmeergebnis
- Privatvermögen wesentliche Beteiligung .... 1080 f.
- Umwandlung von Körperschaft auf Personengesellschaft........ 1079
- Verschmelzung von Körperschaften...................... 974

Übernahmefolgegewinn
- grenzüberschreitende Spaltung 597
- grenzüberschreitende Verschmelzung .... 591 f.

- Umwandlung Körperschaft auf Personengesellschaft............ 959
Übernahmegewinn
- ausstehende Einlagen .... 940 ff.
- Besteuerung bei Formwechsel Körperschaft in Personengesellschaft................. 761 f.
- Besteuerung bei Verschmelzung Körperschaft auf Personengesellschaft oder natürliche Person..................... 761 f.
- Ermittlung bei Formwechsel Körperschaft in Personengesellschaft.................. 756 ff.
- Ermittlung bei Verschmelzung Körperschaft auf Körperschaft ... 787 ff.
- Ermittlung bei Verschmelzung Körperschaft auf Personengesellschaft oder natürliche Person..................... 756 ff.
- Erwerb im Rückwirkungszeitraum .... 930 f.
- grenzüberschreitende Spaltung 597
- grenzüberschreitende Verschmelzung .... 591 f.
- Organgesellschaft 1021
- Tarifbegrenzung gem. § 32c EStG .. 952
- Umwandlung transparenter Gesellschaften i.R.d. FRL....... 604 f.
- Umwandlung von Körperschaft auf Personengesellschaft...... 944 ff., 947 ff., 1079
- Zeitpunkt.................... 929
Übernahmeverlust
- Aufstockung .... 950 f.
- Besteuerung bei Formwechsel Körperschaft in Personengesellschaft................. 761 f.
- Besteuerung bei Verschmelzung Körperschaft auf Personengesellschaft oder natürliche Person..................... 761 f.
- Ermittlung bei Formwechsel Körperschaft in Personengesellschaft.................. 756 ff.
- Ermittlung bei Verschmelzung Körperschaft auf Personengesellschaft oder natürliche Person .... 756 ff.
- Gewerbesteuer .... 1007 ff.
- grenzüberschreitende Spaltung 597

Stichwortverzeichnis

- grenzüberschreitende
  Verschmelzung .... 591 f.
- negatives Betriebsvermögen 947
- Organgesellschaft .... 1021 f.
- Umwandlung von Körperschaft
  auf Personengesellschaft... 945 ff., 1079
- Verschmelzung Körperschaft
  auf Körperschaft .... 787 ff.
- wesentliche Beteiligung .... 954 f.

übernehmende Gesellschaft
- grenzüberschreitende Einbringung
  von Unternehmensteilen und
  Anteilstausch i.R.d. FRL. 598
- grenzüberschreitende Spaltung
  i.R.d. FRL. 597
- grenzüberschreitende
  Verschmelzung i.R.d. FRL ...... 589 ff.

übernehmender Rechtsträger
- Einbringung von Anteilen in
  Kapitalgesellschaft 865
- Einbringung von Anteilen in
  Personengesellschaft 893
- Einbringung von Unternehmens-
  teilen in Kapitalgesellschaft ..... 839 f.

übernommenes Betriebsvermögen
- Erhöhung der Wertansätze bei
  übernehmender Gesellschaft ..... 862 f.

übertragene Wirtschaftsgüter
- Bewertung in der Schlussbilanz
  bei Verschmelzung Körperschaft
  auf Personengesellschaft oder
  natürliche Person .... 746 ff.
- Bewertung in der Schlussbilanz
  bei Formwechsel Körperschaft in
  Personengesellschaft .... 746 ff.

**Übertragung des Körperschaft-
steuer-Guthabens** 676

**Übertragung erhaltener Anteile bei
Einbringung von Unternehmensteilen
in Kapitalgesellschaft** 860

Übertragungsbilanz
- Formwechsel 993
- Formwechsel Personengesellschaft
  in Kapitalgesellschaft .... 904 f.
- Formwechsel Kapital-
  gesellschaft in Personen-
  gesellschaft .... 746 ff.
- Umwandlung Körperschaft auf
  Personengesellschaft .... 937 f.

Übertragungsfiktion
- Betriebsvermögen 955

Übertragungsgewinn
- ausstehende Einlagen .... 940 ff.
- Verschmelzung von
  Körperschaften 970
- Zeitpunkt 929

Übertragungsstichtag 928
- Ausschüttung .... 932 ff.
- Formwechsel Personengesell-
  schaft in Kapitalgesellschaft 905

**Umtauschverhältnis bei
grenzüberschreitender
Verschmelzung** .... 551 ff.

Umwandlung Kapitalrücklage .... 668 f.

**Umwandlung Körperschaft
in Personengesellschaft**
- Anteilserwerb 953
- beschränkt steuerpflichtige
  Anteilseigner 956
- eigene Anteile 961
- Einlagefiktion .... 954 ff.
- nicht wesentlich beteiligte
  Anteilseigner .... 960 f.
- Übertragungsfiktion .... 954 ff.

Umwandlung
- Hinzurechnungsbesteuerung ..... 686 ff.
- Kapitalrücklage .... 668 f.
- Körperschaftsteuer-Erhöhung 681
- Körperschaftsteuer-Guthaben 673
- Zwischeneinkünfte mit
  Kapitalanlagecharakter .... 686 ff.

Umwandlungskosten
- übernehmender Rechtsträger 952
- übertragender Rechtsträger 942
- Umwandlung von Körperschaft
  auf Personengesellschaft 1079

**Umwandlungsmöglichkeiten
nach UmwG a.F.** .... 922 ff.

Umwandlungsstichtag .... 928 f.

unbekannte Aktionäre .... 565 f.

**Unternehmensbeteiligungs-
gesellschaft** .... 729 f.

**Unverzinslichkeit des
Körperschaftsteuer-
Guthabens** 678

V

Veräußerungsanteil
- Formwechsel Kapitalgesellschaft
  in Personengesellschaft .... 745 f.
- Verschmelzung Körperschaft
  auf Personengesellschaft oder
  natürliche Person .... 745 f.

Veräußerungsgewinn
- erweiterte Wertaufholung ...... 728 ff.

Stichwortverzeichnis

- grenzüberschreitende Sitzverlegung i.R.d. FRL .... 599 ff.
- Umwandlungen transparenter Gesellschaften i.R.d. FRL ...... 601 ff.

Veräußerungspreis des Einbringenden bei Einbringung von Unternehmensteilen in Personengesellschaft 898

Veräußerungspreis übertragener Anteile bei Verschmelzung von Körperschaft auf Körperschaft ... 793 ff.

Veräußerungssperre .... 1002 f.

Verlustabzug
- Fortführung des verlustverursachenden Betriebs .... 981 ff.
- Spaltung .... 981 ff., 1004 ff.
- Verschmelzung von Körperschaften .... 976 ff.

Verluste bei Einbringung in eine Kapitalgesellschaft .... 1056 f.

Verlustvortrag
- Aufspaltung, Abspaltung und Vermögensübertragung Körperschaft auf Körperschaft 807
- Aufspaltung oder Abspaltung Körperschaft auf Personengesellschaft 814
- Formwechsel Körperschaft auf Personengesellschaft .... 756 f.
- grenzüberschreitende Sitzverlegung von SE/SCE .... 599 ff.
- Sitzverlegung .... 639 f.
- Stundung bei Wegzug in Drittstaat .. 651
- Stundung bei Wegzug in EU-/EWR-Staat 652
- Übertragung von Verlustvorträgen bei grenzüberschreitender Spaltung 597
- Übertragung von Verlustvorträgen bei grenzüberschreitender Verschmelzung .... 590 f.
- Verschmelzung Körperschaft auf Personengesellschaft oder natürliche Person .... 756 f.
- Verschmelzung oder Vermögensübertragung Körperschaft auf Körperschaft 791

Vermögensmassen .... 579 f.

Vermögensübergang auf Personengesellschaft
- Anteile im Privatvermögen 1080
- Gewerbeertrag .... 1007 ff.

Vermögensübertragung
- Körperschaft auf Körperschaft ... 769 f.
- Möglichkeiten nach UmwG a.F. .. 925 f.
- nach Umwandlungsrecht 502

verrechenbare Verluste
- Formwechsel Körperschaft auf Personengesellschaft .... 756 f.
- Verschmelzung Körperschaft auf Personengesellschaft oder natürliche Person .... 756 f.
- Verschmelzung oder Vermögensübertragung von Körperschaft auf Körperschaft 791
- übernehmende Personengesellschaft 951

Verschaffung wirtschaftlichen Eigentums bei Einbringung in Personengesellschaft 889

Verschmelzung von Körperschaften
- Eintritt in Rechtsstellung ... 976 ff., 991
- Sicherung Besteuerungsrecht .. 967, 970

Verschmelzung
- auf alleinigen Anteilseigner ..... 968 f.
- durch Neugründung nach Umwandlungsrecht .... 503 f.
- gesellschaftsrechtlich .... 922 f.
- grenzüberschreitend nach Umwandlungsrecht .... 502, 503 f., 545 ff.
- im Wege der Aufnahme nach Umwandlungsrecht .... 503 f.
- innerstaatlich nach Umwandlungsrecht 502, 503
- Körperschaftsteuer-Guthaben .... 679 f.
- Möglichkeiten nach UmwG a.F. .. 922 f.
- Muttergesellschaft auf Tochtergesellschaft (down-stream Verschmelzung) ...... 1083 ff., 1091 f.
- Muttergesellschaft auf Tochtergesellschaft (up-stream Verschmelzung) .... 1090 f.
- Organgesellschaft .... 1018 f.
- Organträger .... 1014 ff.
- Rückbeziehung .... 722 f.
- Schwestergesellschaften 969, 1084
- Teilwertabschreibung 1083
- Verschmelzungsrichtlinie ...... 501, 503 f., 512, 545 ff.

Verschmelzungsbericht
- Erstellung bei grenzüberschreitender Verschmelzung ..... 553 f.
- Inhalt bei grenzüberschreitender Verschmelzung 554
- Offenlegung bei grenzüberschreitender Verschmelzung 554
- Verzicht bei grenzüberschreitender Verschmelzung .... 553 f.

Stichwortverzeichnis

Verschmelzungs-
bescheinigung .... 546, 557 ff.
Verschmelzungsbeschluss
– Entbehrlichkeit bei
  grenzüberschreitender
  Verschmelzung 556
– grenzüberschreitende
  Verschmelzung .... 546 f., 556
verschmelzungsgeborene Anteile 993
Verschmelzungsplan
– Abfindungsangebot i.R.
  grenzüberschreitender
  Verschmelzung .... 551 ff., 561
– Aufstellung bei grenzüber-
  schreitender Verschmelzung. 546 f., 551
– Bekanntmachung 547, 553
– gemeinsamer Plan bei
  grenzüberschreitender
  Verschmelzung .... 546 f., 551
– Inhalt bei grenzüberschreitender
  Verschmelzung .... 551 ff.
– notarielle Beurkundung i.R.
  grenzüberschreitender
  Verschmelzung 553
Verschmelzungsprüfung
– Antragserfordernis 566
– Antragsfrist 566
– gemeinsame Prüfung bei
  grenzüberschreitender
  Verschmelzung .... 554 f.
– grenzüberschreitende
  Verschmelzung .... 547, 554 f.
– Prüfungsbericht bei
  grenzüberschreitender
  Verschmelzung .... 547, 554 f.
– sachverständige Prüfer bei
  grenzüberschreitender
  Verschmelzung .... 554 f.
– Verzicht bei grenzüberschreitender
  Verschmelzung .... 554 f.
Verschmelzungs-
richtlinie .... 501, 503 f., 512, 545 ff.
Verschmelzungsvertrag .... 551 ff.
Verstrickung im Betriebsvermögen
– der Höhe nach 649
– Körperschaften 646
– natürliche Personen .... 643 ff.
– weiße Einkünfte 645, 655
– zeitliche Anwendung 645
– Zuzug von natürlichen
  Personen .... 643 ff.

Verstrickung von Anteilen
i.S.d. § 17 EStG bei Zuzug
der Gesellschaft .... 654 f.
Verwendungsfestschreibung 672
Verwendungsreihenfolge 668
Vorabbescheinigung ...... 546 f., 557 ff.

W

weiße Einkünfte im
Rückwirkungszeitraum .... 723 f.
Wertaufholung
– erweiterte bei steuerwirksamen
  Teilwertabschreibungen und
  Abzügen nach § 6b EStG bzw.
  vergleichbaren Abzügen .... 728 ff.
– Fiktion bei Verschmelzung
  Körperschaft auf Personengesell-
  schaft oder natürliche Person .... 757 f.
Wertverknüpfung
– Einbringung von Anteilen in
  Kapitalgesellschaften 868
– Einbringung von Unternehmens-
  teilen in Kapitalgesellschaften 852
– einfache Buchwertverknüpfung
  beim Anteilstausch 870
– Formwechsel Körperschaft in
  Personengesellschaft 756
– grenzüberschreitende
  Spaltung 597
– grenzüberschreitende
  Verschmelzung 590
– Verschmelzung Körperschaft
  auf Personengesellschaft oder
  natürliche Person 756
– Verschmelzung oder
  Vermögensübertragung Körper-
  schaft auf Körperschaft 787
wesentliche Beteiligung
– Einbringung in eine Kapital-
  gesellschaft 1042
– Einbringung in eine
  Personengesellschaft .... 1067 ff.
– Einlagefiktion .... 954 ff.
wesentliche Betriebsgrundlage
– Einbringung in eine Kapital-
  gesellschaft .... 1039 ff.
– Spaltung, Einbringung .... 996 f.
Wiederaufleben einer
Darlehensverpflichtung 668
Wirksamwerden grenzüber-
schreitender Verschmelzung 560

Stichwortverzeichnis

wirtschaftliches Eigentum
- Einbringung in eine Kapitalgesellschaft 1038, 1042
- Einbringung in eine Personengesellschaft. . . . . 1064 f.

Wirtschaftsgüter
- immaterielle . . . . 939 f., 970
- spaltungshindernd. . . . . 997 f.

Z

zeitliche Anwendung
- Entstrickung im Betriebsvermögen von Körperschaften. 643
- Entstrickung im Betriebsvermögen von natürlichen Personen . . . . 637 f.
- Verstrickung im Betriebsvermögen von Körperschaften. 645
- Verstrickung im Betriebsvermögen von natürlichen Personen 645

zivilrechtliche Formen der Einbringung in eine Kapitalgesellschaft 1036

Zuführung neues Betriebsvermögen bei Verschmelzung von Körperschaften . . . . 981 ff.

zulässiges Fremdkapital bei Umwandlungen . . . . 1034 f.

zurückbehaltene Wirtschaftsgüter bei Einbringung in eine Kapitalgesellschaft . . . . 1040 f.

Zuschreibungsgebot . . . . 728 ff.

Zuzahlungen
- Aufspaltung, Abspaltung, Vermögensübertragung 804
- Einbringung in eine Personengesellschaft. . . . . 1070 ff.
- Einbringung von Unternehmensteilen in Kapitalgesellschaft. 843
- Einbringung von Unternehmensteilen in Personengesellschaft. 895
- grenzüberschreitende Spaltung 597
- grenzüberschreitende Verschmelzung . . . . 593 f.
- Kapitalgliederung . . . . 1092 f.
- Verschmelzung Körperschaft auf Personengesellschaft. . . . . 741 f.
- Verschmelzung, Vermögensübertragung Körperschaft auf Körperschaft 786
- Verschmelzung von Körperschaften . . . . 968, 991 f.

Zweites Gesetz zur Änderung des UmwG . . . . 503 f., 512 ff., 545 ff.

Zwischenwertansatz
- Absetzung für Abnutzung . . . . 943 f., 1058 f.
- Anschaffung der Anteile bei Verschmelzung Körperschaft auf Körperschaft . . . . 793 ff.
- Antrag bei Formwechsel Körperschaft in Personengesellschaft . . . 748 ff.
- Antrag bei Verschmelzung Körperschaft auf Körperschaft. 793
- Antrag bei Verschmelzung Körperschaft auf Personengesellschaft . . 748 ff.
- Definition Zwischenwert . . . 748 ff., 845
- Einbringung in eine Kapitalgesellschaft . . . . 1044, 1057 ff.
- Einbringung von Anteilen in Kapitalgesellschaft 867
- Einbringung von Unternehmensteilen in Kapitalgesellschaft . . . . . 844 f.
- Einbringung von Unternehmensteilen in Personengesellschaft. . . . 896 f.
- übergehender Wirtschaftsgüter bei Aufspaltung, Abspaltung und Vermögensübertragung Körperschaft auf Körperschaft. . . . . 808 ff.
- übergehender Wirtschaftsgüter bei Aufspaltung oder Abspaltung Körperschaft auf Personengesellschaft 812
- übergehender Wirtschaftsgüter bei Formwechsel Körperschaft in Personengesellschaft. . . . . 748 ff.
- übergehender Wirtschaftsgüter bei Verschmelzung Körperschaft auf Personengesellschaft. . . . . 748 ff.
- übergehender Wirtschaftsgüter bei übernehmender Körperschaft bei Verschmelzung Körperschaft auf Körperschaft 786
- übergehender Wirtschaftsgüter bei übertragender Körperschaft bei Verschmelzung Körperschaft auf Körperschaft . . . . 778 ff.
- übergehender Wirtschaftsgüter bei Verschmelzung Nicht-EU-/EWR-Körperschaften mit Inlandsbezug. 796 f.
- Veräußerung der Anteile bei Verschmelzung Körperschaft auf Körperschaft . . . . 793 ff.